STÁLIN

Stephen Kotkin

Stálin
Vol. 1: Paradoxos do poder, 1878-1928

TRADUÇÃO
Pedro Maia Soares

Copyright © 2014 by Stephen Kotkin

Grafia atualizada segundo o Acordo Ortográfico da Língua Portuguesa de 1990,
que entrou em vigor no Brasil em 2009.

Título original
Stalin: Vol. 1: Paradoxes of Power, 1878-1928

Capa
Tamires Cordeiro

Foto de capa
© Fototeca Gilardi Snc/akg-images/Latinstock

Preparação
Diogo Henriques

Índice remissivo
Probo Poletti

Revisão
Jane Pessoa
Valquíria Della Pozza

Dados Internacionais de Catalogação na Publicação (CIP)
(Câmara Brasileira do Livro, SP, Brasil)

Kotkin, Stephen
  Stálin : Vol. 1 : Paradoxos do poder, 1878-1928 /
Stephen Kotkin ; tradução Pedro Maia Soares. – 1ª
ed. – Rio de Janeiro : Objetiva, 2017.

  Título original: Stalin – Vol. 1: Paradoxes of
  Power, 1878-1928.
  ISBN 978-85-470-0029-5

  1. Chefes de Estado – União Soviética – Bio-
grafia 2. Ditadores – União Soviética – Biografia 3.
Presidentes e Chefes de Estado 4. União Soviética
– História – 1925-1953 5. União Soviética – Política
6. União Soviética – Política e governo – 1936-1953
I. Soares, Pedro Maia II. Título.

17-00906   CDD-947.0842092

Índice para catálogo sistemático:
1. Joseph Stálin : União Soviética : Biografia   947.0842092

[2017]
Todos os direitos desta edição reservados à
EDITORA SCHWARCZ S.A.
Praça Floriano, 19 — Sala 3001
20031-050 — Rio de Janeiro — RJ
Telefone: (21) 3993-7510
www.blogdacompanhia.com.br
facebook.com/editoraobjetiva
instagram.com/editora_objetiva
twitter.com/edobjetiva

para John Birkelund
homem de negócios, benfeitor, colega historiador

Aqueles que o compreenderam sorriram uns para os outros e balançaram a cabeça, mas para mim era grego.
Shakespeare, *Júlio César* (1599)

Sumário

Nota do tradutor sobre a transliteração 11

Prefácio e agradecimentos 13

Mapas 17

PARTE I: ÁGUIA DE DUAS CABEÇAS 27

1. Um filho imperial 37

2. O discípulo de Ladó 55

3. O inimigo mais perigoso do tsarismo 81

4. Autocracia constitucional 112

PARTE II: A GUERRA REVOLUCIONÁRIA DE DURNOVÓ 153

5. Estupidez ou traição? 161

6. O salvador calmuco 195

7. 1918: Dada e Lênin 245

8. Luta de classes e um partido-Estado 304

9. Viagens de descoberta 355

PARTE III: COLISÃO 421

10. Ditador 433

11. "Removam Stálin" 480

12. Pupilo fiel 533

13. Derrocada triunfante 593

14. Uma viagem à Sibéria 658

CODA: SE STÁLIN TIVESSE MORRIDO.. 719

Notas 735

Referências bibliográficas 993

Créditos das imagens.. 1093

Sobre o autor.. 1097

Índice remissivo.. 1099

Nota do tradutor sobre a transliteração

A transliteração dos nomes russos para a língua portuguesa (distinta da usada para a língua inglesa) contou com a colaboração da professora Elena Vássina, do Departamento de Línguas Orientais da Universidade de São Paulo, e seguiu quase sempre a orientação dominante nesse departamento. No entanto, nas Referências Bibliográficas e nas Notas, manteve-se a transliteração para o inglês e outras línguas que não o português dos títulos das obras citadas. Assim, no caso de alguns autores, como Trótski, por exemplo, foi mantida a diferenciação feita no original entre obras publicadas em inglês (Trotsky) e em russo (Trótski).

Prefácio e agradecimentos

Stálin, em três volumes, conta a história do poder da Rússia no mundo e do poder de Stálin na Rússia, transformada em União Soviética. Em alguns aspectos, o livro se aproxima de uma história mundial vista a partir do gabinete de Stálin (pelo menos, é como me parecia ao escrevê-lo). Anteriormente, publiquei um estudo de caso da época de Stálin de uma perspectiva da rua, na forma de história total de uma única cidade industrial. A perspectiva de gabinete é inevitavelmente menos granular no exame da sociedade mais ampla — as pequenas táticas do habitat —, mas o regime também constituía uma espécie de sociedade. Além disso, meu livro anterior estava preocupado com o poder, de onde ele vem e de que modo e com que consequências é exercido, e o mesmo se pode dizer deste. A história emana do gabinete de Stálin, mas não de seu ponto de vista. Ao observá-lo em sua busca pelas alavancas do poder em toda a Eurásia e além dela, precisamos ter em mente que outros antes dele haviam agarrado o leme do Estado russo, e que a União Soviética estava localizada na mesma geografia difícil e fustigada pelas mesmas grandes potências vizinhas tanto quanto a Rússia imperial, embora geopoliticamente sofresse ainda mais desafios, porque alguns antigos territórios tsaristas haviam se tornado estados independentes hostis. Ao mesmo tempo, o Estado soviético tinha uma conformação institucional autoritária mais moderna e mais marcada pela ideologia do que seu antecessor tsarista, e teve em Stálin um líder que se destacou por sua fusão incomum de convicções marxistas fervorosas e sensibilidade de grande potência, de tendências sociopatas e diligência e determinação excepcionais. Estabelecer o momento e as causas do surgimento desse personagem, perceptível em 1928, constitui uma tarefa. Outra envolve a forma de abordar o papel de um único indivíduo, até mesmo Stálin, na marcha gigantesca da história.

Enquanto os estudos de grandes estratégias tendem a privilegiar estruturas de larga escala e, às vezes, não levam suficientemente em conta as contingências ou os eventos, as biografias tendem a privilegiar a vontade individual e, às vezes, não conseguem dar conta das forças maiores em jogo. Evidentemente, o casamento de biografia e história pode melhorar ambas. Este livro pretende mostrar em detalhes como indivíduos, grandes e pequenos, são ambos habilitados e limitados pela posição relativa de seu estado em face de outros, pela natureza das instituições nacionais, pelo fascínio das ideias, pela conjuntura histórica (guerra ou paz, depressão ou crescimento) e pelas ações ou omissões de outros. Até mesmo ditadores como Stálin enfrentam um cardápio de opções limitado. Os acidentes abundam na história; as consequências não intencionais e os resultados perversos são a regra. As reordenações de paisagens históricas, em sua maioria, não são iniciadas por aqueles que conseguem dominá-las, de forma breve ou duradoura, mas pelas figuras que tomam a dianteira para fazê-lo, graças precisamente a uma aptidão para aproveitar as oportunidades. O marechal de campo conde Helmuth von Moltke, o Velho (1800-91), chefe do Estado-Maior da Prússia, e depois da Alemanha, por 31 anos, concebia a estratégia como um "sistema de expedientes" ou improvisações, ou seja, uma capacidade de tirar proveito próprio de acontecimentos inesperados criados por outras pessoas ou por acaso. Com frequência, observaremos Stálin extraindo mais das situações do que elas pareciam prometer, demonstrando astúcia e engenhosidade. Mas o domínio de Stálin também revela como, em ocasiões extremamente raras, as decisões de um único indivíduo podem transformar radicalmente as estruturas políticas e socioeconômicas de um país inteiro, com repercussões globais.

Esta é uma obra tanto de síntese como de pesquisa original, feita ao longo de muitos anos, em vários arquivos históricos e bibliotecas da Rússia, bem como nos mais importantes repositórios de documentos relacionados ao assunto existentes nos Estados Unidos. A pesquisa na Rússia é recompensadora, mas também pode ser gogolesca: alguns arquivos estão totalmente "fechados" para os pesquisadores, mas materiais deles circulam mesmo assim; o acesso é subitamente negado a materiais que o mesmo pesquisador consultou antes ou que podem ser lidos em arquivos digitalizados que os pesquisadores compartilham. Muitas vezes, é mais eficiente trabalhar em materiais de arquivo fora dos arquivos. Este livro também se baseia no estudo exaustivo de materiais escaneados, bem como em microfilmes de materiais de arquivo e documentos de fontes primárias publicados, que, para a época de Stálin, proliferaram quase além da capacidade de um único indivíduo examiná-los. Por fim, o livro tira proveito de uma imensa literatura acadêmica internacional. É difícil imaginar como seria a parte I deste volume sem o trabalho escrupuloso de Aleksandr Ostróvski sobre o jovem Stálin, por exemplo, ou a parte III sem a contestação incisiva de Valentin Sákharov à sabedoria convencional sobre o assim chamado Testamento de Vladímir Lênin. Foi Francesco Benvenuti quem demonstrou a fraqueza política de Trótski já durante a guerra civil russa, conclusão que amplifico no capítulo 8; foi Jeremy Smith quem finalmente desfez o nó do caso da Geórgia no início da década de 1920, envolvendo Stálin e Lênin, que os leitores encontrarão integrado às minhas próprias descobertas no capítulo 11. Muitos outros estudiosos merecem ser lembrados; eles são, como os acima, reconhecidos nas notas finais. (A maioria dos estudiosos que cito baseiam seus argumentos em documentos de arquivos ou outras fontes primárias, e muitas vezes consultei pessoalmente os documentos originais, antes ou depois de ler suas obras.) Quanto ao nosso protagonista, ele não oferece muita ajuda para chegar ao fundo de seu caráter e de sua forma de tomar decisões.

A origem de *Stálin* está em meu agente literário Andrew Wylie, cuja visão é justamente lendária. Meu editor na Penguin Press, Scott Moyers, examinou meticulosamente todo o manuscrito com seu toque hábil e brilhante, e me ensinou muito sobre livros. Simon Winder, meu editor no Reino Unido, formulou questões penetrantes e fez sugestões esplêndidas. Meus colegas, numerosos demais para agradecer pelo nome, ofereceram generosamente críticas incisivas, o que melhorou muito o texto. A pesquisa e a redação deste livro foram apoiadas por uma série de instituições notáveis, da Universidade Princeton, onde tenho o privilégio de lecionar desde 1989 e que me concedeu inúmeras licenças sabáticas, à Biblioteca Pública de Nova York, cujos tesouros venho explorando há várias décadas e que me beneficiou extraordinariamente com uma estadia de um ano em seu Cullman Center for Scholars and Writers, sob a direção de Jean Strouse. Tive a grande felicidade de contar com bolsas de fundações, entre elas as do American Council of Learned Societies, do National Endowment for the Humanities e da John Simon Guggenheim Memorial Foundation. Talvez o lugar onde contei com o maior apoio tenha sido a Hoover Institution, na Universidade Stanford, onde comecei como estudante visitante de pós-graduação da Universidade da Califórnia, em Berkeley, depois me tornei participante acadêmico visitante da oficina anual sobre arquivos soviéticos de Paul Gregory, National Fellow e, agora, um Research Fellow afiliado. Os arquivos abrangentes e a biblioteca de livros raros da Hoover, agora sob a hábil direção de Eric Wakin, continuam inigualáveis fora de Moscou para o estudo do século XX russo-soviético.

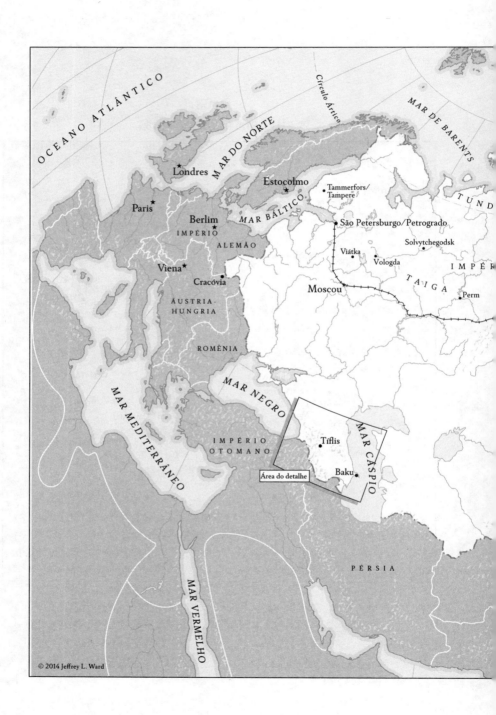

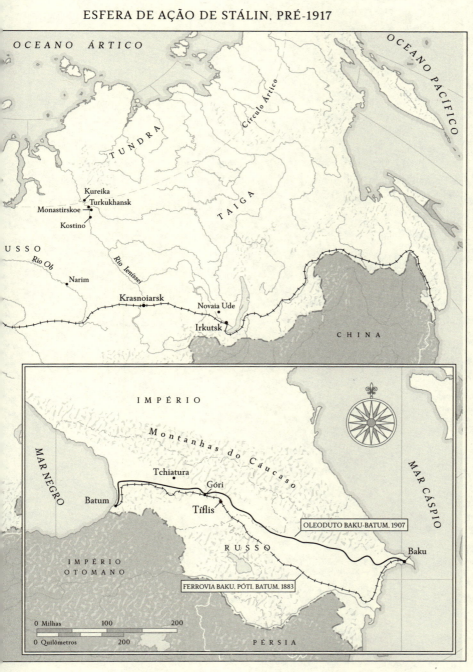

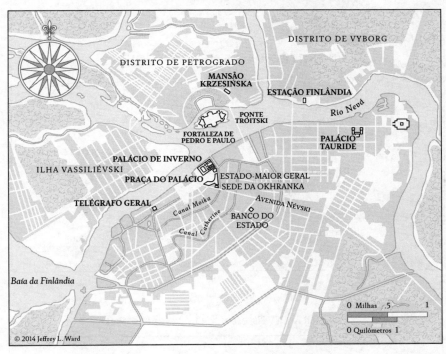

GUERRA CIVIL: ZONA CENTRAL, 1919

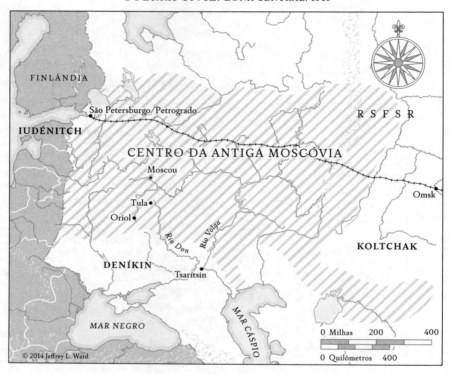

GUERRA CIVIL: MONGÓLIA EXTERIOR, 1921

CENTRO DE MOSCOU, ANOS 1920

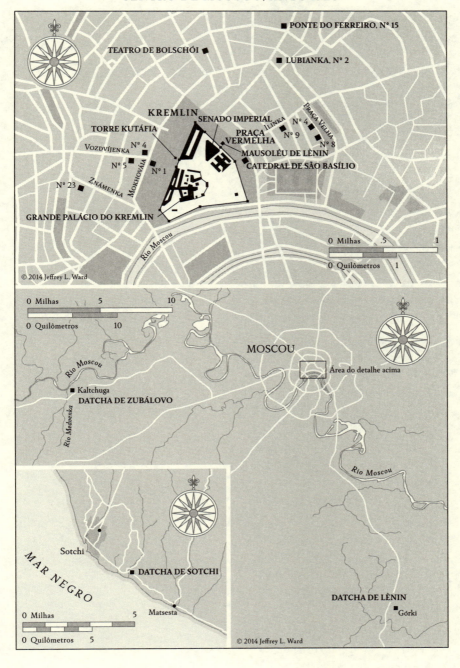

PARTE I

Águia de duas cabeças

Com toda a sua estatura, ele paira sobre a Europa e a Ásia, sobre o passado e o futuro.
Trata-se da pessoa mais famosa e, ao mesmo tempo, mais desconhecida do mundo.
HENRI BARBUSSE, *STALIN* (1935)

A águia de duas cabeças da Rússia aninhava-se numa extensão maior do que a de qualquer outro Estado, antes ou depois. O reino chegou a abranger não apenas os palácios de São Petersburgo e as cúpulas douradas de Moscou, mas as cidades de língua polonesa e iídiche de Vilna e Varsóvia, os portos do Báltico de Riga e Reval, fundados pelos alemães, os oásis de língua persa e turca de Bukhara e Samarcanda (local do túmulo de Tamerlão), e o povo aino da ilha de Sacalina, próxima ao oceano Pacífico. "Rússia" abrangia as cataratas e os assentamentos cossacos da tremendamente fértil Ucrânia e os pântanos e caçadores da Sibéria. Ela adquiriu fronteiras no Ártico e no Danúbio, no planalto da Mongólia e na Alemanha. A barreira do Cáucaso também foi violada e vencida, levando a Rússia aos mares Negro e Cáspio e dando-lhe fronteiras com o Irã e o Império Otomano. A Rússia imperial veio a se assemelhar a um caleidoscópio religioso, com uma quantidade de igrejas ortodoxas, mesquitas, sinagogas, casas de oração e velhos crentes, catedrais católicas, igrejas apostólicas armênias, templos budistas e totens de xamãs. O vasto território do império era um paraíso para os comerciantes, simbolizado pelos mercados de escravos nas estepes e, mais tarde, pelas feiras de encruzilhadas no vale do Volga. Enquanto o Império Otomano se estendia sobre partes de três continentes (Europa, Ásia e África), alguns observadores do início do século XX imaginaram que o Império russo de dois continentes não estava na Europa nem na Ásia, mas numa terceira entidade em si mesma: a Eurásia. Seja como for, o que o embaixador veneziano à Sublime Porta (Agosto Nani) disse certa vez sobre o reino otomano — "é mais um mundo do que um Estado" — se aplicava também à Rússia. Sobre esse mundo, o domínio de Stálin infligiria imensa convulsão, esperança e pesar.

As origens de Stálin, na cidade caucasiana de Góri, centro comercial e de artesãos, foram extremamente modestas — o pai era sapateiro, a mãe, lavadeira e costureira —, mas em 1894 ele entrou para um seminário teológico ortodoxo em Tíflis (hoje Tbilíssi), a maior cidade do Cáucaso, onde estudou para se tornar padre. Se nesse mesmo ano um súdito do Império russo adormecesse e acordasse trinta anos depois, sofreria vários choques. Em 1924, uma coisa chamada telefone possibilitava a comunicação instantânea através de grandes distâncias. Veículos moviam-se sem cavalos. Seres humanos voavam pelo céu. Com o raio X, era possível ver as pessoas por dentro. Uma nova física havia imaginado elétrons invisíveis dentro dos átomos, bem como a desintegração do átomo em radioatividade, e uma teoria estipulava que o espaço e o tempo eram inter-relacionados e curvos. As mulheres, algumas das quais eram cientistas, ostentavam cortes de cabelo e roupas moderníssimas, chamados de moda. Romances pareciam fluxos de consciência onírica e muitas pinturas famosas representavam apenas formas e cores.[1] Em consequência do que ficara conhecido como a Grande Guerra (1914-8), o todo-poderoso kaiser alemão fora deposto e dois grandes inimigos vizinhos da Rússia, os impérios Otomano e Austro-Húngaro, haviam desaparecido. Por sua vez, a Rússia estava quase intacta, mas era governada por uma pessoa de origens muito humildes que também vinha das fronteiras imperiais.[2] Para o nosso imaginário Rip Van Winkle de trinta anos em 1924, essa circunstância — um plebeu georgiano que assumira o manto dos tsares — talvez fosse o maior choque de todos.

A ascensão de Stálin ao topo vindo de uma periferia imperial era incomum, mas não única. Napoleone di Buonaparte, o segundo de oito filhos, nascera em 1769 na Córsega, uma ilha do Mediterrâneo anexada apenas um ano antes pela França; essa anexação (da república de Gênova) possibilitou que esse jovem de modesto privilégio frequentasse escolas militares francesas. Napoléon (na grafia francesa) nunca perdeu seu sotaque corso, mas não somente se tornou general francês como, aos 35 anos de idade, imperador hereditário da França. O plebeu Adolf Hitler nasceu totalmente fora do país que iria dominar: vinha de terras fronteiriças dos Habsburgo, que haviam sido deixadas de fora da unificação alemã de 1871. Em 1913, aos 24 anos de idade, ele se mudou da Áustria-Hungria para Munique, justamente a tempo de se alistar no Exército da Alemanha imperial para a Grande Guerra. Em 1923, Hitler foi condenado por alta traição pelo que veio a ser conhecido como o Putsch da Cervejaria de Munique, mas um juiz nacionalista alemão, ignorando a legislação aplicável, absteve-se de deportar o cidadão não alemão. Dois anos depois, Hitler entregou sua cidadania austríaca e tornou-se apátrida. Somente em 1932 é que adquiriu a nacionalidade alemã, quando foi naturalizado sob um pretexto (a saber, sua nomeação de "agrimensor" em Braunschweig, um reduto eleitoral do partido nazista). No ano seguinte, Hitler foi nomeado chanceler da Alemanha, em seu caminho para se tornar ditador. Pelos padrões de um Hitler ou um Napoleão, Stálin cresceu como um súdito inequívoco de seu império, a Rússia, que havia anexado a maior parte da Geórgia 77 anos antes de seu nascimento. Ainda assim, seu salto a partir da periferia humilde era improvável.

A explicação do regime ditatorial de Stálin apresenta enormes desafios. Seu poder de vida e morte sobre cada pessoa através de onze fusos horários — mais de 200 milhões de pessoas no pico do pré-guerra — ultrapassou em muito qualquer poder exercido pelos maiores autocratas da Rússia tsarista. Esse poder não pode ser descoberto na biografia do jovem Sossó Djugachvíli. A ditadura de Stálin, como veremos, foi um produto de forças estruturais imensas: a evolução do sistema político autocrático da Rússia; a conquista pelo Império russo do Cáucaso; o recurso do regime tsarista a uma polícia secreta e ao envolvimento com o terrorismo; o projeto europeu castelo no ar de socialismo; a natureza conspiratória clandestina do bolchevismo (uma imagem no espelho do tsarismo repressivo); o fracasso da extrema direita russa em se aglutinar num fascismo, apesar de todos os ingredientes; as rivalidades entre as grandes potências mundiais; e uma guerra mundial devastadora. Sem tudo isso, Stálin jamais teria chegado nem perto do poder. Somadas a esses fatores estruturais de grande escala houve contingências como a abdicação do tsar Nicolau II durante a guerra, os erros de cálculo coniventes de Aleksandr Kerenski (o último chefe do Governo Provisório que substituiu o tsar em 1917), as ações e, especialmente, as inações de muitos concorrentes do bolchevismo à esquerda, os muitos derrames de Lênin e sua morte precoce, em janeiro de 1924, e a vaidade e incompetência dos rivais bolcheviques de Stálin.

Considere-se ainda que o jovem Djugachvíli poderia ter morrido de varíola, como tantos de seus vizinhos, ou ser levado por outras doenças fatais que eram endêmicas nas favelas de Batum e Baku, onde ele promovia agitações pela revolução socialista. Um trabalho policial competente poderia tê-lo condenado aos trabalhos forçados (*kátorga*) em uma mina de prata, onde muitos revolucionários encontraram uma morte precoce. Djugachvíli poderia ter sido enforcado pelas autoridades em 1906-7, durante as execuções extrajudiciais da repressão que se seguiram à revolução de 1905 (mais de 1100 foram enforcados em 1905-6).[3] Ou então, poderia ter sido assassinado pelos inúmeros companheiros por ele traídos. Se Stálin tivesse morrido na infância ou na juventude, isso não teria detido uma guerra mundial, a revolução, o caos, e provavelmente alguma forma de retorno do autoritarismo na Rússia pós-Románov. E, no entanto, a determinação desse jovem de origem humilde para fazer algo de si mesmo, sua astúcia e seu aperfeiçoamento dos talentos organizacionais ajudariam a transformar todo o cenário estrutural da revolução bolchevique de 1917. Stálin, de forma brutal, engenhosa, incansável, construiu uma ditadura pessoal dentro da ditadura bolchevique. Depois, iniciou e levou a cabo uma reconstrução socialista sangrenta de todo o antigo império, comandou uma vitória na maior guerra da história da humanidade e levou a União Soviética ao epicentro das questões globais. Mais do que a de qualquer outra figura histórica, até mesmo Gandhi ou Churchill, uma biografia de Stálin, como veremos, acaba por se aproximar de uma história do mundo.

A história mundial é impulsionada pela geopolítica. Entre as grandes potências, o Império britânico, mais do que qualquer outro Estado, moldou o mundo nos tempos modernos. Entre 1688 e 1815, os franceses lutaram contra os ingleses pela supremacia global. Apesar de a França ter território e população maiores, a Grã-Bretanha foi a vencedora, graças principalmente a um Estado fiscal-militar enxuto, superior.[4] Com a derrota final de Napoleão, obtida com uma coalizão, os britânicos se tornaram a potência dominante do mundo. Ademais, sua ascensão coincidiu com o declínio da China sob a dinastia Qing, tornando o poderio britânico — político, militar, industrial, cultural e fiscal — genuinamente global. Em sua origem, a feliz expressão "o sol nunca se põe", que era usada para descrever a extensão dos domínios britânicos, dizia respeito ao império anterior da Espanha, mas acabou sendo aplicada ao Império britânico e a ele ficou associada. Na década de 1870, no entanto, ocorreram duas rupturas no mundo dominado pelos ingleses: a unificação da Alemanha do príncipe Otto von Bismarck, efetuada no campo de batalha por Helmuth von Moltke, o Velho, que com a velocidade de um raio levou ao surgimento de uma nova potência no continente europeu, e a restauração Meiji no Japão, que deu enorme impulso a uma nova potência no leste da Ásia. De repente, a Rússia imperial viu-se diante da nova potência mais dinâmica do mundo em sua irrequieta fronteira ocidental, e da mais dinâmica da Ásia em sua despovoada fronteira oriental. A Rússia entrava em um novo mundo, o mundo em que Stálin nasceu.

Até mesmo o pacote de atributos que chamamos de modernidade não foi resultado de algum processo sociológico inerente, um afastamento da tradição, mas de uma competição geopolítica violenta em que um Estado tinha de estar à altura das outras grandes potências na produção de aço moderno, Forças Armadas modernas e um sistema político moderno alicerçado nas massas, ou ser esmagado e potencialmente colonizado.[5] Esses eram os desafios com que se defrontavam especialmente as classes dirigentes conservadoras. Todo mundo sabe que Karl Marx, o jornalista e filósofo radical alemão, pairava sobre a Rússia imperial como sobre nenhum outro lugar. Mas, durante a maior parte da vida de Stálin, foi outro alemão — conservador — que pairou sobre o Império russo: Otto von Bismarck. Proprietário rural de uma família protestante Junker no leste de Brandemburgo que frequentara a Universidade de Göttingen, entrara para uma *Burschenschaften* (fraternidade) e era conhecido por ser bom de copo e devoto da fêmea da espécie. Bismarck não ocupou postos administrativos até 1862, embora tivesse sido embaixador na Rússia e na França. Mas, em menos de dez anos, tornou-se o Chanceler de Ferro e, usando a Prússia como base, forjou um novo e poderoso país. A Prússia, o proverbial "exército em busca de uma nação", havia se encontrado. Ao mesmo tempo, o chanceler alemão direitista mostrou aos governantes de todo o mundo como sustentar o poder do Estado moderno, mediante o cultivo de uma base política mais ampla, o desenvolvimento da indústria pesada, a introdução do bem-estar social e o estabelecimento de alianças com e contra várias outras grandes potências ambiciosas.

Bismarck, o estadista, foi memorável. Ele derrotou astutamente as legiões de adversários, dentro e fora dos principados alemães, e instigou três guerras rápidas, decisivas e limitadas para esmagar a Dinamarca, depois a Áustria e, por fim, a França, mas manteve o estado da Áustria-Hungria junto ao Danúbio em nome do equilíbrio do poder. Ele criava pretextos para atacar quando estava em posição superior, ou atraía os outros países a iniciar guerras depois que os havia isolado diplomaticamente. Fazia questão de ter alternativas, e jogava essas alternativas umas contra as outras. Dito isso, Bismarck não tinha um plano mestre para a unidade alemã — seu empreendimento foi uma improvisação, impulsionado em parte por considerações políticas internas (para controlar os liberais no Parlamento da Prússia). Mas sempre usava as circunstâncias e a sorte para levar vantagem suprema, rompendo as limitações estruturais, criando novas realidades no campo. "A política não é uma ciência exata, mas uma arte", dizia ele. "Não é uma matéria que possa ser ensinada. É preciso ter talento para ela. Até mesmo o melhor conselho não serve para nada se indevidamente executado."[6] Ele também falou sobre política em termos de cartas, dados e outros jogos de azar. "Pode-se ser tão astuto como o mais astuto deste mundo e, ainda assim, se comportar a qualquer momento como uma criança no escuro", observou sobre a vitória na guerra que instigou em 1864 contra a Dinamarca.[7] A guerra, queixou-se, era "uma tarefa ingrata. [...] É preciso contar com uma série de probabilidades e improbabilidades e basear os planos sobre esse cálculo". Bismarck não invocava a virtude, mas apenas poder e interesses. Mais tarde, esse estilo de governo se tornaria conhecido como "realpolitik", termo cunhado por August von Rochau (1810-73), um liberal nacional alemão decepcionado com o fracasso da criação de uma Constituição em 1848. Em suas origens, realpolitik significava prática política efetiva para concretizar objetivos idealistas. O estilo de Bismarck estava mais para o termo raison d'état: razão de Estado calculista, amoral. Em vez de princípios, havia objetivos, em vez da moralidade, meios.[8] Foi amplamente odiado até ser brilhantemente bem-sucedido, e depois foi idolatrado de forma irracional por ter esmagado a França, feito da Áustria um vassalo e unido a Alemanha.

Bismarck formou a Tríplice Aliança com a Áustria-Hungria e a Itália (1882) e assinou um "tratado de resseguro" secreto com a Rússia (1888), em que obteve neutralidade em caso de conflito, evitando assim uma possível guerra em duas frentes contra a França e a Rússia e acentuando o domínio do continente pela nova Alemanha. Seus dons eram os do cenáculo. Não possuía voz forte ou autoconfiança ao falar, e não passava muito tempo em meio ao público. Além disso, não era o governante: servia ao prazer do rei (e depois kaiser), Guilherme I. Nesse relacionamento fundamental, Bismarck revelou habilidade psicológica e tenacidade, manipulava sem cessar e com eficácia Guilherme I, ameaçando se demitir, usando todo tipo de histrionismo. Por sua vez, Guilherme I revelou-se um monarca diligente, atencioso e inteligente, com a esperteza de ceder a Bismarck em termos de política e ficar atento à miríade de penas que seu Chanceler de Ferro arrepiava.[9] Em parte, a estratégia do chanceler para tornar--se indispensável era tornar tudo o mais complexo possível, de tal modo que só ele sabia como as coisas funcionavam (isso ficou conhecido como suas "combinações"). Ele tinha sempre tantas bolas no ar que jamais podia parar de lutar para impedir que uma delas caísse, ao mesmo tempo que jogava outras tantas para o ar. Não se deve esquecer também que Bismarck gozava do benefício de contar com o melhor Exército terrestre do mundo na época (e uma pequena Marinha).

Outros aspirantes a estadistas da Europa foram para a escola com o exemplo de Bismarck da "política como arte".[10] Sem dúvida, do ponto de vista de Londres, que tinha o império da lei bem estabelecido, Bismarck significava uma ameaça. Mas da perspectiva de São Petersburgo, onde o desafio era encontrar um baluarte contra o extremismo de esquerda, ele parecia a salvação. E, de qualquer ponto de vista, seu engrandecimento da Prússia através da unificação alemã — sem apoio de um movimento de massas, sem nenhuma experiência anterior significativa de governo e contra muitos interesses poderosos — está entre as maiores realizações diplomáticas de qualquer líder nos últimos dois séculos.[11] Além disso, prestando homenagem indireta a um governante que havia vencido — Napoleão III da França —, Bismarck introduziu o sufrágio universal, pondo o destino político dos conservadores nas mãos do nacionalismo germânico dos camponeses para conseguir o domínio do Parlamento. "Se Mefistófeles subisse ao púlpito e lesse o Evangelho, alguém poderia ser inspirado por essa oração?", bufou um jornal dos alemães liberais derrotados. Bismarck também convenceu os conservadores germânicos a aceitar uma ampla regulamentação social, deixando para trás também os socialistas. O que fez da unificação de Bismarck uma façanha ainda mais importante foi o fato de a Alemanha recém-unificada logo passar por um crescimento econômico fenomenal. Aparentemente da noite para o dia, o país ultrapassou a Grã-Bretanha, maior potência do mundo, em indústrias modernas fundamentais, como aço e produtos químicos. Enquanto os ingleses se consumiam em seu (relativo) "declínio", o novo Reich bismarckiano forçava o realinhamento da ordem mundial. A Alemanha era "como uma grande caldeira", observou um russo, "criando um excesso de vapor em velocidade extrema, para o qual é necessária uma saída".[12] Como veremos, o establishment da Rússia — ou, pelo menos, seus elementos mais capazes — ficou obcecado por Bismarck. Juntos, esses dois alemães, Bismarck e Marx, constituíram a outra águia de duas cabeças da Rússia imperial.

Stálin parece bem conhecido por nós. Há muito tempo que uma imagem antiga — o pai batia nele; o seminário ortodoxo o oprimiu; ele desenvolveu um "complexo de Lênin" para ultrapassar seu mentor, depois estudou Ivan, o Terrível, e tudo isso levou ao massacre de milhões — é pouco convincente, mesmo em suas versões sofisticadas que combinam análises de cultura política russa e personalidade.[13] A humilhação, de fato, constitui muitas vezes fonte de selvageria, mas não está claro que Stálin tenha tido a infância predominantemente traumática que lhe costuma ser atribuída. Apesar do corpo deformado e de muitas doenças, ele exibia um intelecto vigoroso, uma sede de aperfeiçoamento e um talento especial para a liderança. É verdade que tinha um traço daninho. "O pequeno Sossó era muito levado", lembrou seu companheiro Grigóri Elisabedachvíli. "Ele adorava sua catapulta e um arco feito em casa. Certa vez, um pastor estava trazendo seus animais para casa quando Sossó saltou e atirou com a catapulta na cabeça de um deles. O boi ficou louco, o rebanho estourou e o pastor perseguiu Sossó, que desapareceu."[14] Mas primos que conheceram o jovem Stálin conseguiram manter contato com ele até sua morte.[15] Muitos de seus professores também sobreviveram para escrever memórias.[16] Além disso, mesmo que sua infância tenha sido totalmente miserável, como muitos a retrataram unilateralmente, essa circunstância explicaria pouco do Stálin posterior. Também não podemos encontrar muita ajuda na afirmação de Liev Trótski de que Stálin foi um mero produto da burocracia, um "*komitetchik* (homem de comitê) por excelência" — isto é, um ser supostamente menor que qualquer verdadeiro proletário ou intelectual (também conhecido como Trótski).[17] O pai e a mãe de Stálin eram ambos servos de nascimento e nunca receberam nenhuma educação formal, mas ele saiu de uma família de batalhadores, inclusive seu muito difamado pai. E a cidade natal de Stálin, Góri, caracterizada geralmente como um lugar atrasado, proporcionava uma boa quantidade de oportunidades educacionais.

Uma imagem mais recente do jovem Stálin, baseada numa ampla gama de materiais agora à disposição dos pesquisadores (inclusive lembranças solicitadas e moldadas na década de 1930 por Lavrenti Béria), recapturou o estudante capaz e o jovem talentoso. Essas memórias, no entanto, também foram utilizadas para descrever uma figura implausivelmente fanfarrona, um mulherengo e bandido machista da pitoresca variedade orientalista.[18] Isso proporciona uma leitura cativante. E também contém várias revelações valiosas. Ainda assim, a nova imagem também está longe de ser convincente. O jovem Stálin tinha um pênis, e ele o usou. Mas Stálin não era um Lothario da vida. Tanto Marx como Engels foram pais de filhos ilegítimos — Marx com sua governanta, uma paternidade que Engels reivindicou para protegê-lo —, mas é óbvio que essa não é a razão pela qual Marx entrou para a história.[19] O jovem Saddam Hussein também escrevia poesia, mas era um autêntico assassino décadas antes de se tornar ditador em Bagdá. O jovem Stálin era poeta, mas não assassino. Nem era uma espécie de chefe da máfia do Cáucaso, por mais que Béria achasse que tal imagem fosse lisonjeira para Stálin.[20] O jovem Stálin atraiu de fato pequenos grupos de sequazes em diferentes momentos, mas nada permanente. Com efeito, o fato predominante da atividade revolucionária clandestina de Stálin é que ele nunca consolidou uma base política no Cáucaso. Não levou com ele para a capital o equivalente à "rede Tikriti" de Saddam Hussein.[21] Examinando sobriamente, o jovem Stálin obteve sucesso bastante controverso na montagem de gráficas ilegais, no fomento de greves e na trama de expropriações financeiras. Seu papel nos bastidores de um espetacular assalto à luz do dia realizado em Tíflis, em 1907 — um fato estabelecido por Miklós Kun e lindamente narrado por Simon Sebag Montefiore —, mostra que o jovem Stálin faria qualquer coisa pela causa.[22] Mas o roubo não era um fim em si mesmo. Havia uma *causa*: o socialismo e a justiça social, ao lado do projeto de seu próprio avanço. Nada — as adolescentes, a violência, a camaradagem — o desviava do que se tornou a sua missão de vida.

Este livro vai evitar saltos especulativos ou o que é conhecido como preencher lacunas no registro da vida de Stálin.[23] Ele procurará navegar com cuidado entre as vívidas, porém duvidosas, histórias. O passado do futuro Stálin de atividades revolucionárias clandestinas no Cáucaso está infestado de mentiras do regime, calúnias de rivais e documentos desaparecidos.[24] Ainda assim, podemos dizer com certeza que as afirmações de que ele era *especialmente* traiçoeiro em trair companheiros são cômicas no contexto do que acontecia entre as fileiras social-democratas. Stálin era imperioso (tanto quanto Lênin e Trótski) e espinhoso (tanto quanto Lênin e Trótski). Ele lembrava de deslizes percebidos, uma espécie de clichê na cultura do Cáucaso, marcada por brigas de família, mas também comum entre os narcisistas (outra palavra para muitos revolucionários profissionais). É verdade que, mais do que a maioria, o jovem Stálin sempre se opunha a colegas ao fazer reivindicações de liderança independente de suas tarefas e façanhas formais; depois, invariavelmente, via a si mesmo como a parte prejudicada. Era frequentemente sociável, mas também mal-humorado e distante, o que o fazia parecer suspeito. E costumava gravitar em torno de pessoas como ele: intelligentsia parvenu de origem humilde. (Ele "cercava-se exclusivamente de pessoas que o respeitavam incondicionalmente e cediam a ele em todas as questões", escreveu mais tarde um inimigo.)[25] Não obstante, nos anos revolucionários selvagens de 1905-8, o jovem Stálin foi muito mais um articulista de pequenas publicações de pouca circulação. Mas eram ilegais e ele estava constantemente em fuga, seguido pela polícia enquanto corria entre Tíflis, Batum, Tchiatura, Baku e outros lugares do Cáucaso; Tammerfors (Finlândia russa), Londres, Estocolmo, Berlim, Viena, e o resto da Europa; Vologda, no norte da Rússia europeia, e Turukhansk, no leste da Sibéria.[26] Embora o futuro Stálin fosse incomum por nunca procurar emigrar, seu início de vida, que entre 1901 e 1917 incluiu um total de cerca de sete anos de exílio e prisão na Sibéria, bem como passagens curtas no exterior, foi mais ou menos típico para a clandestinidade revolucionária. Especialmente a partir de 1908, ele levou uma vida de penúria, pedindo dinheiro a todo mundo, alimentando ressentimentos e passando a maior parte de seu tempo, assim como outros prisioneiros e exilados, enlouquecido de tédio.

O homem que se tornaria Stálin era um produto tanto das guarnições imperiais russas na Geórgia, motivo pelo qual seu pai se mudara para Góri a fim de fazer sapatos, como dos administradores imperiais e religiosos, cujas medidas de russificação lhe deram uma educação, mas também, sem querer, amplificaram o despertar nacional georgiano do final do século XIX, que também o afetou muito.[27] Mais tarde, o jovem filho de Stálin confiaria em sua irmã mais velha, que lhe disse que o pai deles, em sua juventude, tinha sido um georgiano — e era verdade. "Enche-te de flores, ó terra amada,/ Rejubila-te, país dos ivérianos,/ E tu, ó georgiano, ao estudar,/ traz alegria para tua terra natal", escreveu Djugachvíli aos dezessete anos de idade, em um de seus precoces poemas românticos georgianos ("Manhã").[28] Ele publicou somente no idioma georgiano nos primeiros 29 anos de sua vida. "Ele falava um georgiano excepcionalmente puro", lembrou alguém que o conheceu em 1900. "Sua dicção era clara e sua conversa traía um animado senso de humor."[29] Sem dúvida, Stálin revelou-se um mau georgiano, pelo menos de acordo com o estereótipo: não honroso ao último grau, não totalmente leal aos amigos e familiares, não preocupado com dívidas antigas.[30] Ao mesmo tempo, a Geórgia era uma região diversificada e o futuro Stálin aprendeu o armênio coloquial. Também se envolveu com o esperanto (a língua internacionalista artificial), estudou, mas nunca dominou, o alemão (a língua nativa da esquerda), e abordou Platão em grego. Acima de tudo, tornou-se fluente na língua imperial: o russo. O resultado foi um jovem que se encantava com os aforismos do poeta nacional georgiano Chota Rustavéli ("Um amigo íntimo revelou-se um inimigo mais perigoso do que um inimigo"),[31] mas também com as obras inefáveis e melancólicas de Anton Tchékhov, em cujo *Jardim das cerejeiras* (1903) machados de especuladores derrubavam árvores de um pequeno nobre (a propriedade e mansão tinha sido vendida a um burguês vulgar). Stálin mergulhou tanto na história da Rússia imperial como na da Geórgia.

O que diferenciava o jovem Stálin no meio revolucionário bolchevique russo, além de suas origens georgianas, era a sua enorme dedicação ao aperfeiçoamento de si mesmo. Como marxista, devorava livros com o objetivo de mudar o mundo. Talvez nada se destaque mais do que seu intenso sectarismo político (mesmo numa cultura em que até um terço dos ortodoxos religiosamente orientais era cismático). Em seus anos de juventude, tornou-se um marxista de persuasão leninista e lutou não somente contra o tsarismo, mas contra outras facções revolucionárias.[32] Em última análise, no entanto, o fator mais importante na formação de Stálin e seu governo posterior, como iremos analisar em detalhes, implicava algo que ele encontrou apenas em parte na juventude, a saber, o funcionamento interno, os imperativos e os fracassos do Estado imperial russo e sua autocracia. A imensidão dessa história reduz o início da vida de Stálin à perspectiva correta. Mas também prepara o palco para compreender a imensidão do seu subsequente impacto.

1. Um filho imperial

Meus pais eram pessoas sem instrução, mas não me tratavam tão mal.
STÁLIN, DEZEMBRO DE 1931, EM ENTREVISTA AO JORNALISTA ALEMÃO EMIL LUDWIG[1]

Ao longo dos mais de quatro séculos desde o tempo de Ivan, o Terrível, a Rússia se expandiu, em média, 120 quilômetros quadrados *por dia*. O país preencheu um vasto bolsão limitado por dois oceanos e três mares: o Pacífico e o Ártico; o Báltico, o Negro e o Cáspio. A Rússia viria a ter uma extensão de litoral maior do que qualquer outro Estado, e as frotas russas estariam ancoradas em Kronstadt, Sebastopol e (eventualmente) Vladivostok.[2] Suas florestas ligavam-na à Europa, e as pastagens de estepe, de 10 mil quilômetros de largura, a conectavam à Ásia e proporcionavam uma espécie de "novo mundo" a descobrir.

Dito isso, o Império russo desafiava quase todos os pré-requisitos possíveis: seu clima continental era severo e suas enormes fronteiras abertas (estepes sem limites, florestas sem contornos) eram caras para defender ou governar.[3] Ademais, grande parte do império se situava demasiadamente ao norte. (A agricultura canadense está geralmente na mesma latitude de Kiev, muito abaixo das fazendas em torno de Moscou ou São Petersburgo.) E, embora a terra fosse abundante, nunca parecia haver mão de obra suficiente para trabalhar nela. Aos poucos, a autocracia havia sujeitado o campesinato à terra por meio de uma série de medidas conhecidas como servidão. A mobilidade dos camponeses nunca foi totalmente eliminada — os servos podiam tentar fugir e, se sobrevivessem, eram geralmente bem-vindos em outros lugares onde a mão de obra era escassa —, mas a servidão permaneceu consolidada coercitivamente até a sua emancipação, a partir de 1861.[4]

A expansão da Rússia, que superou resistências substanciais, transformou sua composição étnica e religiosa. Ainda em 1719, talvez 70% dos habitantes do país eram grão-russos (e mais de 85% totalmente eslavos), mas, no final do século seguinte, os russos compunham apenas 44% da população (cerca de 73% eslavos); em outras palavras, a maioria da população (56%) não era grão-russa. Entre os outros eslavos, os pequenos russos (ou ucranianos) eram 18%, os poloneses 6%, e os russos brancos (ou bielorrussos) 5%. Havia grupos menores de lituanos, letões, estonianos, finlandeses, alemães, georgianos, armênios, tártaros, calmucos e indígenas da Sibéria. Em 1719, a Rússia não tinha judeus, mas, graças à incorporação da Polônia, no final do século XVIII, os judeus passaram a compor em torno de 4% dos habitantes do império. Eles estavam legalmente confinados (com exceções) aos territórios anexados em que já viviam, ou seja, a antiga Polônia-Lituânia e partes do oeste da Ucrânia, terras que constituíam a Zona de Assentamento.[5] Estavam proibidos de possuir terras, o que os tornava mais urbanos e mais engajados em profissões do que o resto da população russa. Mas, apesar de toda a atenção histórica dedicada aos 5 milhões de judeus da Rússia, eram os muçulmanos, presentes desde o tempo da antiga Moscóvia, que constituíam o segundo maior grupo religioso do império, depois dos cristãos ortodoxos orientais. Os muçulmanos da Rússia imperial tinham uma das mais altas taxas de natalidade do reino, e viriam a ultrapassar 18 milhões de pessoas, mais de 10% da população. Muitos muçulmanos da Rússia falavam um dialeto persa, mas a maioria falava línguas túrquicas, dando à Rússia vários milhões de falantes de túrquico a mais do que havia no Império Otomano "turco".

O aumento territorial da Rússia ocorreu muitas vezes às custas dos otomanos, como na conquista do Cáucaso. Esse formidável reduto montanhoso, encravado entre os mares Negro e Cáspio, era mais alto do que os Alpes, mas em ambos os lados da cadeia, ao lado das praias, era possível encontrar planícies estreitas facilmente transponíveis — caminhos para a conquista. Na parte ocidental do Cáucaso, havia muito tempo que o turco servia de língua franca, refletindo o domínio otomano; nas partes orientais, era o persa, refletindo o domínio iraniano. Tropas leais ao tsar russo chegaram pela primeira vez ao mar Cáspio em 1556 — por algum tempo, Ivan, o Terrível, teve uma princesa cicarssiana caucasiana como esposa —, mas somente em 1722 o Império russo conseguiu tomar Baku, o principal assentamento junto ao Cáspio, do xá persa.[6] E foi somente por volta da década de 1860 que generais a serviço da Rússia conseguiram reivindicar todo o planalto. Em outras palavras, o avanço russo no Cáucaso se fez na vertical, em essência, uma manobra de flanqueamento e, depois, de subida das montanhas que consumiu mais de 150 anos e vidas incontáveis.[7] No Daguestão ("terra montanhosa"), um território que se assemelhava à fronteira noroeste tribal da Índia britânica, tropas russas contrainsurgentes massacraram aldeias inteiras para forçá-las a entregar supostos insurretos; os insurgentes, por sua vez, levavam a cabo vinganças contra os muçulmanos da região, acusados de cooperar com a Rússia. Também devastadores eram os machados de colonos camponeses eslavos, que entraram nos vales íngremes, mas férteis, e, para plantar, retiraram a cobertura florestal fundamental para os rebeldes. Para coroar tudo isso, no impulso final da conquista, nas décadas de 1860-70, talvez 400 mil dos 500 mil montanheses circassianos foram expulsos ou fugiram pela fronteira otomana.[8] Essas deportações e massacres, acompanhados pela apropriação de camponeses eslavos, facilitaram a assimilação do Cáucaso pela Rússia, motivo pelo qual o futuro Stálin veio a nascer súdito da Rússia.

Toda a construção ad hoc do império — e não há outro desse tipo — resultou em um amontoado de contradições. Os assim chamados crentes antigos, cristãos ortodoxos orientais que se recusaram a reconhecer a Igreja ortodoxa reformada ou o Estado russo, e foram banidos ou fugiram para o "remoto" Cáucaso, descobriram que só poderiam sobreviver através do fornecimento de serviços ao "Anticristo", isto é, o Exército imperial russo. Mesmo assim, as tropas de choque dos cossacos do império, outrora pioneiros livres e selvagens que se tornaram paladinos da autocracia, sofriam cronicamente de falta de suprimentos e tinham de apelar aos próprios montanheses que estavam tentando subjugar para conseguir comprar armas. Por sua vez, os montanheses inimigos do império, com as suas pitorescas *tcherkeskas* — longos casacos de lã que exibiam cartucheiras de fuzil no peito —, foram recrutados para a comitiva do tsar em São Petersburgo.[9] A maior contradição talvez resida na circunstância de que o Império russo fora implantado no Cáucaso, em grande medida, por convite: os governantes cristãos da Geórgia estavam lutando contra os otomanos e safávidas, ambos muçulmanos, e pediram proteção à Rússia cristã. Na prática, essa "proteção" foi efetuada por agentes imperiais oportunistas próximos da cena e logo tomou a forma de anexações, em 1801 e 1810.[10] A Rússia acabou com a dinastia Bagrationi da Geórgia e substituiu o patriarca da Igreja Ortodoxa Georgiana, antes independente, pelo metropolita da Igreja Ortodoxa Russa (chamado de exarca). E em mais uma contradição, a administração local "russa" encheu-se de georgianos, por serem irmãos em Cristo. Graças ao domínio russo, as elites georgianas obtiveram novos e poderosos instrumentos para impor a sua vontade sobre as ordens inferiores e sobre muitos outros povos do Cáucaso. Assim é o império: uma série de barganhas que dão poder aos ambiciosos.

Dentro do Império russo, a Geórgia tinha o seu próprio projeto imperial.[11] Dos 8,5 milhões de habitantes do Cáucaso contados no final do século XIX, cerca de um terço era muçulmano, enquanto metade era ortodoxa oriental, mas, destes últimos, apenas 1,35 milhão eram georgianos (por idioma). Essa minoria manteve-se no poder graças à Rússia. Evidentemente, os georgianos estavam longe de gostar de tudo sob a suserania russa. Em 1840, as autoridades imperiais de São Petersburgo decretaram que o russo seria a única língua oficial para os negócios na região do Cáucaso. Isso aconteceu depois da repressão russa (em 1832) por causa de uma conspiração para restaurar a monarquia georgiana (alguns nobres georgianos haviam planejado convidar autoridades russas locais para um baile e assassiná-las). A maioria dos conspiradores foi exilada em outros lugares do Império russo, mas logo autorizada a voltar e retomar a carreira no serviço público russo: o império precisava deles. A maioria das elites georgianas se tornaria e permaneceria em grande parte russófila.[12] Ao mesmo tempo, uma nova infraestrutura ajudava a superar os obstáculos à incorporação mais controlada pelos russos. Entre 1811 e 1864, uma estrada militar fundamental foi aberta para o sul; ela partia do povoado de Vladikavkaz ("dominar o Cáucaso") na planície, atravessava uma passagem no alto da montanha, acima de abismos aparentemente sem fundo, e chegava a Tíflis, a capital. Antes do final do século, a Ferrovia Transcaucasiana ligaria os mares Negro e Cáspio. Acima de tudo, as oportunidades de carreira induziram muitos georgianos a dominar o idioma russo, o maior elemento de infraestrutura imperial. Os georgianos decoravam e recontavam histórias sobre a resistência heroica da Geórgia à conquista russa, mas, se pudessem, também se casavam com pessoas das famílias russas de elite, assistiam a óperas russas e almejavam a cauda de pavão dos uniformes, títulos e medalhas imperiais, juntamente com cômodos apartamentos estatais, subsídios para viagens e "presentes" em dinheiro.[13] O que funcionava para as elites tornou-se disponível, em escala menor, para as classes mais baixas, que aproveitavam as oportunidades de frequentar novas escolas de língua russa no Cáucaso, patrocinadas pela Igreja Ortodoxa Russa. Aqui, então, estava o andaime imperial — conquista via conluio georgiano, russificação via Igreja ortodoxa — no qual o futuro Stálin iria subir.[14]

IDÍLIO DA CIDADE PEQUENA

Góri (monte), a cidade natal do futuro Stálin, situada nas ondulantes terras altas do vale do rio Mtkvari (Kura, em russo), servira durante séculos de parada para caravanas no cruzamento de três estradas: uma que seguia para o oeste, em direção ao mar Negro, uma para o leste, até o Cáspio, e a terceira para o norte, através da passagem de Tskhinvali, levando às pastagens da estepe.[15] Em outras palavras, Góri não era nenhum cafundó. No coração da cidade, no topo de sua colina mais alta, erguiam-se os muros amarelos com ameias de uma fortaleza do século XIII. Outras ruínas, dos jardins dos próceres da época em que Góri havia sido a capital do estado georgiano de Kartli, no século XVII, encontravam-se fora da cidade. Também não muito longe estavam as famosas águas minerais de Borjómi, onde o irmão de Alexandre II, vice-

-rei do Cáucaso, construíra uma residência de verão. Na própria Góri, logo abaixo das ruínas da antiga fortaleza, encontrava-se a Cidade Velha. Um segundo distrito, o Bairro Central, exibia inúmeras igrejas armênias e georgianas, enquanto um terceiro, que abrigava o quartel da guarnição imperial, foi batizado de Bairro Russo.[16] Em 1871, essa encruzilhada tornou-se um cruzamento da ferrovia do Império russo que ligou Tíflis, capital do Cáucaso, e Póti, um porto do mar Negro (conquistado dos otomanos em 1828). Na década de 1870, nas ruas estreitas, tortuosas e imundas de Góri circulavam talvez 7 mil habitantes, dos quais uma pequena maioria era armênia, sendo o resto georgiano, com algumas centenas de russos, bem como alguns abkhazianos e ossétios que haviam migrado de aldeias tribais vizinhas. Os comerciantes de Góri negociavam com o Irã, o Império Otomano e a Europa. Graças à sua forte presença comercial, bem como à Igreja ortodoxa, Góri tinha quatro escolas, inclusive uma sólida escola de dois andares fundada por autoridades eclesiásticas em 1818, não muito depois da incorporação da Geórgia pelo Império russo.[17] O resultado é que, enquanto em Tíflis um em cada quinze habitantes frequentava a escola — em comparação com um em cada trinta em todo o Cáucaso —, em Góri um em cada dez habitantes estava na escola.[18] Para os meninos nascidos naquela "colina", as portas podiam se abrir para o futuro.

O futuro pai de Stálin, Bessarion Djugachvíli (1850-1909), conhecido como Vissarion em russo e apelidado de Bessó, não era de Góri. Seu avô paterno (Zazá), um servo preso certa vez por sua participação em um levante camponês, talvez tenha vivido em uma aldeia tribal da Ossétia; o pai de Bessó, Vanó, também era servo e cuidava de vinhas numa aldeia chamada Didi Liló ("Liló Maior"), população de menos de quinhentos habitantes onde Bessó nasceu. Vanó levava suas uvas para a vizinha Tíflis, a cerca de dezesseis quilômetros de distância, mas morreu antes de completar cinquenta anos. Pouco depois, bandidos mataram Guiórgi, filho de Vanó que era estalajadeiro, e Bessó deixou Didi Liló para procurar trabalho em Tíflis, onde aprendeu a profissão de sapateiro na oficina de um armênio. Bessó falava um pouco de armênio, turco azeri e russo, embora não esteja claro se sabia escrever em georgiano. Por volta de 1870, quando estava com vinte anos, mudou-se para Góri, evidentemente a convite de outro armênio, Baramyants (russificado para Ióssif Barámov). Este último era dono de uma sapataria que fora contratada para suprir a guarnição imperial de Góri.[19] O Império russo era uma guarnição longínqua. Em 1870, toda a Sibéria era guardada por apenas 18 mil soldados, mas Khárkov, Odessa e Kiev eram guarnecidas por 193 mil soldados; Varsóvia, por outros 126 mil. Numa época em que a Índia britânica contava com 60 mil soldados e mil policiais, o Cáucaso tinha 128 mil soldados imperiais. Ou seja, havia muitos pés precisando de botas. Baramyants contratou vários mestres artesãos, entre eles Bessó, que parece ter gozado de sucesso e era evidentemente ambicioso. Com a ajuda financeira do "príncipe" Iákobi "Iákov" Egnatachvíli, um viticultor de Góri, dono de *dukhan* (bar) e campeão de luta livre, Bessó logo abriu sua própria sapataria, tornando-se artesão independente.[20]

Bessó enviou um casamenteiro para pedir a mão de Ekaterina (em georgiano Ketevan) "Keké" Gueladze, que diziam ser uma bela adolescente, magra de cabelos castanhos e olhos grandes.[21] Ela também era filha de servos e uma batalhadora. Seu sobrenome era comum no sul da Ossétia, levando a especulações de que também teria sangue ossétio, mas, tal como Bessó, sua língua nativa era o georgiano. O pai de Keké era um pedreiro e servo que cuidava do jardim de um armênio rico e morava numa aldeia nos arredores de Góri; era casado com outra serva, mas parece ter falecido antes (ou logo após) do nascimento de Keké. A mãe de Keké, numa atitude incomum, fez questão que a menina aprendesse a ler e escrever; na época, pouquíssimas mulheres georgianas eram alfabetizadas. Mas a mãe de Keké também morreu e a menina foi criada pelo irmão de sua mãe, também servo. A servidão na Geórgia era extraordinária até mesmo pelos confusos padrões imperiais russos: os principais nobres georgianos podiam possuir nobres menores, bem como sacerdotes, enquanto os sacerdotes podiam possuir nobres menores. Em parte isso se devia ao fato de o Estado tsarista mostrar deferência considerável à expansiva nobreza georgiana, que representava 5,6% da população da Geórgia, em comparação ao 1,4% para os nobres no império como um todo. A abolição da servidão no Cáucaso começou três anos depois do que no resto do Império russo, em outubro de 1864. Foi nessa época que a família de Keké se mudou da aldeia para Góri. "Como foi feliz aquela viagem!", ela relembrou a um entrevistador, no final de sua vida. "Góri estava festivamente decorada, multidões de pessoas inchavam como o mar."[22] Os Gueladze estavam livres, mas tinham pela frente o desafio de construir uma vida nova.

O casamento de Keké com Bessó em maio de 1874, na catedral da Assunção de Góri, foi no grandioso estilo georgiano, com uma procissão ostentatória e ruidosa pela cidade.[23] Iákov Egnatachvíli, benfeitor de Bessó, foi um dos padrinhos. Comentou-se que padre Cristófor Tcharkviani, outro amigo da família, cantou tão bem durante a cerimônia que o príncipe Iákov deu a ele dez rublos de gorjeta. Bessó, como a maioria dos georgianos, alfabetizados ou analfabetos, era capaz de citar *O cavaleiro com a pele de pantera*, de Chota Rustavéli, uma epopeia do século XII sobre três amigos cavaleiros que resgatam uma donzela de um casamento forçado. Ele gostava de usar um longo casaco preto circassiano, apertado com um cinto de couro, sobre calças largas que enfiava em botas de couro — um epígono da masculinidade caucasiana. É verdade que ele era conhecido por beber um pouco de seus ganhos de sapateiro; por sua vez, conforme o costume local, seus clientes muitas vezes lhe pagavam com vinho caseiro. Mas, apesar de todos os seus defeitos típicos, Keké via o artesão como um degrau acima na escala social. "Ele era considerado um jovem muito popular entre minhas amigas, e todas elas sonhavam em se casar com ele", ela relembrou para o entrevistador. "Minhas amigas quase explodiram de ciúmes. Bessó era um noivo invejável, um verdadeiro cavaleiro georgiano, com belo bigode, muito bem vestido e com a sofisticação especial de um morador da cidade." Bessó, acrescentou ela, podia ser "incomum, peculiar e taciturno", mas também "inteligente e orgulhoso". "Entre as minhas amigas, me tornei a garota desejada e bonita", concluiu Keké.[24]

Em dezembro de 1878, com quatro anos de casamento, quando Keké tinha por volta de vinte anos e Bessó estava com 28, o casal teve um filho, Ióssif (em georgiano, Iósseb) – o futuro Stálin.[25] Na verdade, Ióssif era o terceiro filho de Bessó e Keké, que pela tradição georgiana e ortodoxa oriental era visto como um dom especial de Deus. Mas seus filhos anteriores não haviam sobrevivido. O primogênito Mikheil morrera no início de 1876, com dois meses de idade; o segundo (Guiórgi) morreu em junho de 1877, com cerca de seis meses.[26] Ióssif, cujo diminutivo em georgiano era "Sossó" (ou "Sosseló"), cresceu como filho único e só ficou sabendo mais tarde dos fantasmas de seus irmãos. A família de três pessoas alugou uma pequena casa de madeira e tijolo, com um único cômodo, de um artesão ossétio. Localizava-se no bairro russo de Góri, perto dos quartéis das tropas imperiais, cujos calçados Bessó fazia. De apenas oito metros quadrados, a estrutura tinha uma mesa e quatro bancos, uma cama de tábua, um samovar, um baú e uma lâmpada de querosene. Roupas e outros pertences eram colocados em prateleiras abertas. Mas tinha um porão, onde se chegava por uma escada em caracol, e era ali que Bessó guardava suas ferramentas e abriu sua oficina, e ali Keké fez um berçário para Sossó.[27] Em outras palavras, a vida de Stálin começou em um porão.

Apesar das circunstâncias humildes, a história da família Djugachvíli teve os ingredientes de um idílio de cidade pequena: o artesão, a bela e o menino (sobrevivente). Consta que Keké nunca o perdia de vista.[28] Por volta de dois anos de idade, Sossó passou a sofrer da ladainha de doenças infantis (sarampo, escarlatina), e Keké, com medo de perder mais um filho, ia à igreja com frequência para rezar. Ela também produziu leite insuficiente, e Sossó teve então de mamar nos peitos de suas vizinhas: a sra. Egnatachvíli e Machó Abramidze-Tsikhitatrichvíli. Ainda assim, ele cresceu, e era cheio de vida. "Era um menino teimoso", lembrou Machó. "Quando sua mãe o chamava e ele não tinha vontade de responder, não parava de brincar."[29]

RUPTURA GEOPOLÍTICA, AJUDA DE FAMÍLIA SUBSTITUTA

Correndo pelas ruas de sua cidade montanhosa, o pequeno Sossó estava alheio ao resto do mundo, mas, na mesma década em que nasceu, a Alemanha proclamou com grande ostentação a fundação do Segundo Reich alemão — o primeiro havia sido o Sacro Império Romano — no Salão dos Espelhos de Versalhes, onde o grande Rei Sol Luís XIV recebera outrora os muitos pequenos príncipes alemães. A ruptura geopolítica da unificação alemã e sua consequente rápida industrialização alteraram radicalmente o espaço geopolítico da Rússia. Menos ostentosamente, mas com consequências quase similares, no Japão, em 1868, um grupo de rebeldes derrubou o xogunato Tokugawa em Edo (Tóquio) e, como uma forma de legitimar sua rebelião, "restaurou" nominalmente o imperador dormente, que assumiu o nome de Meiji (governo iluminado). O processo não foi de forma alguma suave, pois importantes regiões se rebelaram. Mas em 1872-3, quase todos os membros importantes da nova liderança do Japão já haviam viajado em missão a Europa e América, onde viram pessoalmente não só as maravilhas do mundo avançado, mas também que o mundo avançado não era um monólito. Os novos governantes do país decidiram aproveitar ao máximo esse conhecimento, adaptando elementos de cada país separadamente: preferiram o sistema educacional centralizado da França ao americano, mais frouxo; mas, em vez de seguir o modelo do Exército francês, optaram pelo sistema alemão de oficiais profissionais e um Estado-Maior, ao mesmo tempo que davam preferência a uma Marinha de estilo britânico. O imperador Meiji proclamou que "o conhecimento deve ser procurado em todo o mundo e, desse modo, deve ser reforçada a base do sistema político imperial". Essa proclamação resumia o segredo da ascendência da grande potência para sempre. Na realidade, houve muita resistência às novas escolas e outras importações estrangeiras; seria preciso o poder do Estado para forçar a transformação. Além disso, a industrialização resultante não esteve à altura da alemã. Dito isso, a economia do Japão decolou também, e transformou radicalmente o equilíbrio do poder na Ásia, na medida em que uma nova potência surgiu no outro flanco da Rússia.

Também na mesma década em que o futuro Stálin nasceu, os Estados Unidos da América se transformaram na maior economia nacional integrada do mundo. O país saíra recentemente de uma guerra civil que deixara 1 milhão de vítimas, entre elas 600 mil mortos em uma população de 32 milhões, ao mesmo tempo que introduziu navios couraçados, o reconhecimento feito por balões, a guerra de trincheiras e rifles de longo alcance. (A guerra também acabou com a renda que o jornalista freelance alemão Karl Marx recebia do *New York Tribune*, não mais tão interessado em assuntos europeus.) Porém, ao contrário do que esperavam os confederados, as tecelagens do Norte não eram dependentes do fornecimento de algodão cru do Sul (plantadores do Egito e da Índia podiam substituí-lo). Alguns estadistas britânicos, entre eles William Gladstone, haviam apoiado o Sul na esperança de uma diminuição do poder dos Estados Unidos, mas o governo britânico nunca reconheceu a independência da Confederação. Se uma nação agrária independente saísse vitoriosa e consolidada no Sul americano —

um dos maiores sistemas escravagistas do mundo moderno —, os britânicos estariam condenados à derrota no século XX e todo o curso dos acontecimentos mundiais teria sido radicalmente alterado. Em 1860, o valor dos escravos sulistas equivalia ao triplo do montante investido em manufaturas ou ferrovias, o que representava mais capital do que qualquer outro ativo americano, exceto a terra, mas, em vez do Sul escravista da cultura do algodão, foi o Norte industrial que triunfou. Entre 1870 e 1900, a economia reunida dos Estados Unidos se industrializou e triplicou de tamanho (com a ajuda da imigração em massa de sociedades não protestantes e não falantes de inglês), produzindo um surto espetacular que eclipsou até mesmo a explosão industrial na Alemanha e no Japão. A participação dos Estados Unidos na produção mundial subia para quase 30%. Esse colosso econômico, apesar das guerras coloniais americanas nas Filipinas e em Cuba, mantinha-se em grande parte alheio à política mundial. Mesmo assim, o poder americano começara a pairar sobre o sistema mundial, e nele se revelaria decisivo.

Esses imensos fatos geopolíticos que acompanharam o nascimento de Stálin e sua infância — uma Alemanha industrial unificada, um Japão industrial consolidado, um poder americano maior do que qualquer outro na história — sacudiriam o regime tsarista até seu cerne e, um dia, se contraporiam também a Stálin. Evidentemente, o jovem Sossó Djugachvíli não poderia ter noção dos processos geopolíticos que estavam moldando o seu mundo. Enquanto isso, na Góri da década de 1880, em um sinal de sucesso mediano, o pai recente e orgulhoso Bessó Djugachvíli tomou dois aprendizes de artesão. Um deles recordou depois ver sempre manteiga na mesa dos Djugachvíli, embora pareça que a família tenha vivido modestamente, comendo sobretudo *lobbio* e *lavach* (feijão-vermelho e pão sírio), bem como batatas e *badrijani nigvzit* (beringelas recheadas com pasta de nozes temperada).[30] Outro aprendiz, Vanó Khutsichvíli, apenas um ano mais moço do que Sossó, tornou-se uma espécie de irmão adotivo por algum tempo.[31] A música invadia a casa — Keké fazia serenata para Sossó com as harmonias polifônicas das canções folclóricas georgianas. Bessó, como a maioria dos homens da Geórgia, tocava instrumentos tradicionais, como o *duduk* de duas palhetas (que havia tocado em seu casamento). Ao mesmo tempo, parece que Bessó era um pouco taciturno. Restam poucas descrições dele em primeira mão. Uma pessoa lembrou que era "um homem magro, mais alto que a média. Tinha rosto comprido e um longo nariz e pescoço. Usava bigode e barba, e seus cabelos eram cor de azeviche". Mais tarde, vários outros homens seriam apresentados como "o verdadeiro pai" de Stálin. Mas duas testemunhas disseram que Sossó era a imagem escarrada de Bessó.[32]

Qualquer que fosse o papel paterno de Bessó e a promessa original de sua união com Keké, o casamento se desintegrou. A maioria dos biógrafos, seguindo a versão de Keké, costuma atribuir o colapso ao alcoolismo e a demônios interiores de Bessó,

45

afirmando que ele era um bêbado por natureza ou que passou a beber depois da morte precoce do primogênito e nunca mais parou.[33] Isso talvez seja verdade, embora, depois daquela tragédia inicial e, em particular, após o nascimento de Sossó, a oficina de Bessó pareça ter funcionado por um tempo. Na verdade, os sapatos tradicionais de estilo georgiano que ele fazia talvez tivessem dificuldades para competir com os novos estilos europeus.[34] Dito isso, Keké, ainda jovem e bonita, pode ter sido a causa do problema ao flertar com homens casados: Iákov Egnatachvíli, o dono de bar e campeão de luta livre de Góri; Damian Davrichévi, o policial de Góri; Cristófor Tcharkviani, o sacerdote de Góri: segundo rumores, todos eles poderiam ser o verdadeiro pai do futuro Stálin. Não está claro se Keké era namoradeira, muito menos promíscua. Ela havia sido ambiciosa ao casar com Bessó, o artesão, e pode ter avançado para homens de mais prestígio. Talvez *ela* fosse alvo deles.[35] Faltam provas confiáveis a respeito dos possíveis casos da mãe do futuro Stálin. Ainda assim, circulavam em Góri boatos sobre a promiscuidade de Keké. Bessó passou a chamar o filho de "pequeno bastardo de Keké", e parece que uma vez tentou estrangular a esposa enquanto a chamava de "prostituta"[36] (um epíteto bastante comum). Acredita-se também que Bessó tenha destruído o bar de propriedade de Egnatachvíli e atacado o chefe de polícia Davrichévi, que, por sua vez, pode ter mandado Bessó deixar Góri. De fato, por volta de 1884, Bessó partiu para Tíflis, oferecendo-se para trabalhar no Curtume Adelkhánov, de propriedade armênia.

Quem quer que fosse o culpado, o resultado foi um lar desfeito.[37] Em 1883, Keké e o pequeno Sossó começaram uma existência errante, mudando de casa pelo menos nove vezes durante a década seguinte. E esse não foi o único infortúnio do menino. No mesmo ano em que seu pai foi embora, ele contraiu varíola durante uma epidemia que devastou muitas famílias de Góri. Três dos seis filhos de seu vizinho Egnatachvíli pereceram. Keké apelou para uma curandeira. Sossó sobreviveu às febres. Mas seu rosto ficou para sempre cheio de cicatrizes, e ele ganhou o apelido de "Bexiguento" (*Tchopura*). Foi provavelmente por volta dessa época (1884), com seis anos de idade, que o cotovelo e o ombro esquerdo de Sossó começaram a se desenvolver de maneira anormal, reduzindo o uso de seu braço esquerdo. Várias causas foram propostas: um acidente de trenó ou de luta; uma colisão acidental com um faetonte (pequena carruagem), seguida de envenenamento do sangue provocado por uma ferida infectada.[38] De fato, Sossó foi atropelado perto da catedral católica romana de Góri por um raro (para Góri) faetonte, talvez porque ele e outros meninos, em um teste de coragem, tentassem agarrar os eixos.[39] Ainda assim, seu membro defeituoso talvez se devesse a uma causa genética. Seja como for, o cotovelo piorou ao longo do tempo. Keké, porém, era incansável e engenhosa. Para sustentar os dois, lavava e consertava roupas de outras pessoas e cuidava de suas moradias, inclusive a de Egnatachvíli, onde Sossó jantava com frequência. Em 1886, ela e Sossó mudaram-se para o andar superior da casa do padre Tcharkviani, um dos ex-companheiros de bebida de Bessó. A mudança foi provavelmente necessária devido à pobreza, mas também parece ter sido calculada: Keké implorou a Tcharkviani um lugar para Sossó na escola religiosa de Góri para o outono de 1886, quando ele já estaria com quase oito anos. Uma vez que isso não se concretizou, pediu ao padre que permitisse que os filhos adolescentes dele incluíssem Sossó nas aulas de russo que davam para a irmã mais moça, por quem o jovem Stálin pode ter sentido sua primeira paixão.

O plano de Keké funcionou, graças também à ambição do próprio Sossó. Alguns biógrafos destacaram que o futuro Stálin liderava uma "gangue de rua" em Góri, como se correrias pela rua fossem de algum modo peculiares para jovens do sexo masculino, no Cáucaso ou em qualquer outro lugar.[40] Em vez disso, o que o destacava era o fato de ser um leitor ávido com tendências autodidatas, que o impulsionavam para a frente. Em setembro de 1888, perto dos dez anos de idade, ele se juntou a cerca de 150 meninos, quase todos com sete ou oito anos, no programa preparatório obrigatório da escola paroquial para meninos georgianos. Era um curso de dois anos, mas seu russo aprendido por conta própria mostrou-se bom o suficiente para que completasse o programa em um único ano. No outono de 1889, começou o currículo escolar principal de quatro anos, onde o fato de ser estudioso, bem como de sua doce voz de contralto, eram apreciados — um motivo de orgulho para o menino. E, finalmente, pelo menos durante uma parte do dia, ele estava fora do alcance da mãe. Em 6 de janeiro de 1890, no entanto, durante a Festa da Epifania do Senhor — celebrada na Igreja ortodoxa como o batismo de Jesus no rio Jordão —, um faetonte desgovernado avançou na direção dos espectadores, onde estava o coro da escola da igreja. Atropelado uma segunda vez! "Sossó quis correr para o outro lado da rua, mas não o fez a tempo", lembrou Simon Goglitchidze, o mestre do coro da escola. "O faetonte o atingiu, o timão o acertou no rosto."[41] Sossó desmaiou e foi levado para casa. Jamais saberemos quão perto o futuro Stálin, então com onze anos, esteve da morte.[42] O cocheiro ficou preso por um mês. Goglitchidze contou que "felizmente as rodas só passaram por cima das pernas do menino", em vez de sua cabeça.[43] Mas o acidente prejudicou para sempre o modo de caminhar do futuro Stálin, levando a um segundo apelido depreciativo — "Galopador" (*Gueza*).

Consta que Bessó chegou e levou o filho ferido a Tíflis para receber tratamento médico; parece que Keké os acompanhou, mudando-se para a capital enquanto Sossó se recuperava.[44] Esse pode ser o acontecimento que deu origem à história, muito repetida, de que Bessó "sequestrou" o filho, porque era absolutamente contra o filho frequentar a escola.[45] A verdade é nebulosa. Parece que Bessó manifestou um *desejo* de arrancar Sossó da escola, talvez no ano anterior, em 1889, e talvez tenha sido convencido a não fazê-lo (ou forçado a devolver o menino rapidamente). Mas

47

o "sequestro" pode simplesmente referir-se à circunstância de que, em 1890, depois que Sossó se recuperou, Bessó o segurou em Tíflis e o colocou como aprendiz no Curtume Adelkhánov. Essa enorme empresa foi construída em 1875, quando Bessó morava em Góri, pelo magnata armênio Grigóri Adelkhánov, nascido em Moscou, que se mudou para Tíflis e se tornou chefe, na década de 1870, da associação de crédito da cidade, dominada pelos armênios. A fábrica de Adelkhánov estava equipada com máquinas e a partir de 1885 podia produzir 50 mil pares de calçados por ano, bem como 100 mil capas de feltro para as tropas imperiais. Sua receita anual ultrapassava 1 milhão de rublos, uma quantia colossal naquela época.[46] Bessó e o filho estavam alojados em um quarto barato numa parte antiga de Tíflis (Havlabar) e iam a pé para o trabalho; atravessavam a ponte metálica sobre o rio Mtkvari e passavam pela igreja medieval Metekhi, no alto das falésias, que o Império russo havia reconstruído para ser uma prisão.[47] Tal como Sossó, muitos dos trabalhadores de Adelkhánov eram menores de idade, geralmente filhos de trabalhadores adultos, de quem se esperava que contribuíssem para a renda da família, uma prática comum nas fábricas de Tíflis.[48] Em outras palavras, o desejo de Bessó de que o filho seguisse seus passos e aprendesse seu ofício, ainda que egoísta, era a norma.[49]

Graças a seu pai, o futuro líder do proletariado mundial teve um breve e desagradável encontro precoce com a vida fabril. A empresa de Adelkhánov tinha um posto médico, benefício que nenhuma outra fábrica do setor de couros de Tíflis oferecia, mas os dias de trabalho eram longos, os salários baixos e a garantia de emprego precária. A mesma mecanização que enfraquecera os artesãos independentes como Bessó tornara elementos da própria força de trabalho da fábrica redundantes ao longo do tempo. Além disso, os sapateiros adultos de Adelkhánov constituíam uma turma muito rude, predando os jovens. Na qualidade de aprendiz, Sossó pode ter servido apenas como menino de recados dos trabalhadores mais velhos, sem nem mesmo aprender a fazer sapatos. Ele certamente foi submetido ao mau cheiro nauseante de couro cru podre no porão úmido, incomensuravelmente pior do que o porão em que sua mãe tentara (sem sucesso) cuidar dele. Se Sossó Djugachvíli tivesse permanecido um proletário em treinamento na fábrica de Adelkhánov, ou fugido para se tornar um pivete de rua, é muito provável que não tivesse existido o futuro Stálin. Em vez disso, como todos os biógrafos observaram, Keké pressionou suas bem cultivadas conexões na Igreja para ajudá-la a recuperar seu amado menino. De modo muito parecido com o de Klara Hitler, uma católica devota que sonhava que seu filho Adolf ascenderia na sociedade para se tornar pastor, Keké Gueladze acreditava que seu menino Sossó estava destinado ao sacerdócio ortodoxo, um caminho que a abolição da servidão abrira para crianças de sua situação social modesta.[50] O menino deveria seu retorno ao caminho ascendente de estudo disciplinado e aperfeiçoamento de si mesmo à determinação da mãe.

Keké não admitia solução conciliatória. Rejeitou a saída proposta pelas autoridades da igreja de Tíflis segundo a qual Sossó teria permissão para cantar no coro da escola religiosa de Tíflis, mas continuaria morando com o pai. Ela não aceitava nada que não fosse o retorno de Sossó a Góri para o início do próximo ano letivo, em setembro de 1890.[51] Seu triunfo sobre o marido em uma sociedade profundamente patriarcal foi apoiado por amigos da família, que tomaram o lado da mulher, e pelo próprio menino: no cabo de guerra dos pais, entre se tornar sacerdote (escola) ou sapateiro, Sossó preferiu a escola e, portanto, sua mãe. Ao contrário de Bessó, Keké estava sempre pronta a fazer o que fosse preciso para que ele tivesse roupa no corpo e suas contas estivessem pagas. Ióssif "Sossó" Iremachvíli, que conheceu o futuro Stálin brigando com ele no pátio da escola paroquial, lembrou que o amigo "era devotado a uma única pessoa, sua mãe".[52] E Keké, por sua vez, era dedicada a ele. Mas não devemos idealizá-la. Ela também era dominadora. "A severidade de Stálin vinha de sua mãe", lembrou outro amigo de Góri, que mais tarde foi membro de escalão inferior da guarda pessoal do ditador (responsável por vinho e alimentos). "Sua mãe, Ekaterina Gueladze, era uma mulher muito severa e, em geral, uma pessoa difícil."[53] Por sua vez, Bessó parece ter seguido a mulher e o filho de volta a Góri. Se assim foi, não era a primeira vez que ele implorava a reconciliação a Keké. Mas o episódio de 1890 da recuperação de Sossó e de sua aprendizagem na fábrica em Tíflis marcou a ruptura final do casamento deles.[54] Bessó recusou-se a sustentar financeiramente a família e, de volta à escola de Góri, Sossó foi expulso porque sua família não pagou a taxa de matrícula de 25 rublos. "Tio Iákov" Egnatachvíli evidentemente entrou em cena e pagou a dívida.

Tio Iákov tornou-se o valioso pai substituto de Sossó.[55] Muito se falou sobre a paixão do jovem Stálin por um romance célebre, *O parricida* (1882), de Aleksandr Qazbégui (1848-93), que era herdeiro de uma família principesca georgiana (o avô participara da anexação da Geórgia pela Rússia e recebera por isso um feudo na montanha). As autoridades imperiais russas que eram alvo do romance de Qazbégui o proibiram, aumentando seu considerável fascínio. Na história, um jovem camponês chamado Iago e uma menina bonita, Nunú, se apaixonam, apesar da desaprovação da família, mas um oficial georgiano que colaborava com o Império russo estupra Nunú e aprisiona Iago graças a acusações forjadas. O melhor amigo de Iago, chamado Koba, um corajoso e lacônico montanhês (*mokheve*), faz um juramento de vingança — "Farei suas mães chorarem!" — e organiza uma fuga ousada para Iago. Porém, os homens do oficial georgiano matam Iago. Nunú morre de tristeza. Mas Koba jura vingança, persegue e executa o arrogante oficial — "Sou eu, Koba!", impondo uma justiça brutal. Koba é o único personagem do romance que sobrevive, tanto aos seus inimigos como a seus amigos.[56] Entre as várias dezenas de pseudônimos do jovem Stálin — entre eles, brevemente, Bessochvíli (filho de Bessó) —, Koba foi o que ficou. "Ele chamava a si

49

mesmo de 'Koba' e não queria que o chamássemos por qualquer outro nome", lembrou o amigo de infância Ióssif Iremachvíli. "Seu rosto brilhava de orgulho e prazer quando o chamavam de Koba."[57] Esse era o seu lado menino, lembrou um amigo: "Nós, seus amigos, víamos muitas vezes Sossó [...] empurrando o ombro esquerdo ligeiramente para a frente, com o braço direito levemente flexionado, segurando um cigarro na mão, andando apressado pelas ruas no meio da multidão". O vingador Koba (que significa "indomável" em turco) era certamente mais lisonjeiro do que Galopador ou Bexiguento. Mas vale a pena ressaltar que o pai substituto de Sossó Djugachvíli, Iákov Egnatachvíli, também teve o apelido de Koba, uma espécie de diminutivo para seu nome georgiano, Iákobi.

Muito se falou dos fracassos de Bessó e não o suficiente do apoio de Iákov "Koba" Egnatachvíli. Muito também se falou da violência no início da vida de Sossó Djugachvíli. Bessó batia em seu filho por raiva, humilhação, ou por nenhuma razão; Keké, a mãe que o idolatrava, também batia no menino. (Bessó batia em Keké, e Keké às vezes batia em Bessó por ser um bêbado.)[58] Evidentemente, uma fatia considerável da humanidade foi espancada por um ou ambos os pais. Tampouco Góri sofria de alguma cultura oriental especialmente violenta. É certo que a comemoração anual da Grande e Santa Segunda-Feira (semana da Páscoa), que recordava a expulsão dos persas muçulmanos em 1634, incluía uma noitada de pugilato. A cidade dividia-se em equipes por etnia, chegando a mil ou mais pugilistas, e a briga era arbitrada por padres bêbados. As crianças começavam os socos, antes de os adultos entrarem na refrega, e Sossó não poderia deixar de participar.[59] Mas essa violência festiva — punhos nus estouvados, seguido por abraços desordenados — era típica do Império russo, desde as cidades comerciais ucranianas até as aldeias siberianas. Góri não se destacava de forma alguma nisso. Ademais, outras atividades violentas atribuídas ao jovem Stálin são bem conhecidas entre meninos. Em Góri, realizavam-se torneios de luta livre, e entre os colegas de escola no pátio, o magro e forte Sossó era um bravo lutador, embora sujo, exibindo força significativa, apesar do braço esquerdo atrofiado. Alguns dizem que ele não recuava de lutar com adversários mais fortes e, às vezes, apanhava bastante. Mas Sossó estava evidentemente tentando seguir os passos de seu famoso pai substituto — os membros do clã Egnatachvíli, liderados por seu patriarca, eram campeões de luta livre de Góri. "O pequeno Stálin boxeava e lutava com certo sucesso", lembrou Ióssif "Sossó" Davrichévi, o filho do policial.[60]

A trajetória de Bessó, ao contrário, foi mais descendente. Parece que deixou o Curtume Adelkhánov não muito tempo depois de não ter conseguido reter o filho. Tentou a sorte consertando sapatos em uma barraca no bazar armênio de Tíflis, mas parece que não deu certo. A partir de então, nada se sabe de maneira confiável a respeito de sua vida; algumas fontes indicam que acabou se tornando um vagabundo, embora existam também indicações de que continuou exercendo sua profissão, talvez em uma loja de conserto de roupas.[61] Mais tarde, o futuro Stálin minimizaria a importância de sua origem "proletária" resultante da mobilidade social descendente do pai. "Meu pai não nasceu trabalhador, ele tinha uma oficina, com aprendizes, ele era um explorador", disse aos comandantes do Exército Vermelho em março de 1938. "Não morávamos muito mal. Eu tinha dez anos quando ele foi à bancarrota [*razorílsia*] e tornou-se proletário. Eu não diria que entrou para o proletariado com alegria. O tempo todo amaldiçoava a infelicidade de cair no proletariado. Mas a circunstância de não ter sorte, de ter virado fumaça, transformou-se num mérito [*zasluga*] para mim. Eu lhes asseguro, isso é uma coisa engraçada (risos)."[62] Na verdade, Bessó nunca saíra dos registros de sua comuna em Didi Liló e, portanto, continuava a ser um membro do estado camponês, condição jurídica que passou para o filho (como estava registrado nos passaportes internos tsaristas de Stálin até 1917). Mas, embora o futuro líder da União Soviética fosse um camponês de jure e filho de um operário de facto, ele estava ascendendo para a demi--intelligentsia graças ao apoio de Keké e do "tio" Iákov.

FÉ EM DEUS

De volta à escola para o ano letivo de 1890-1, Sossó foi obrigado a repetir de ano devido ao acidente com o faetonte, mas mergulhou nos estudos com determinação ainda maior. Consta que nunca se atrasou para as aulas e passava seu tempo livre em cima de livros — reminiscências posteriores que soam verdadeiras.[63] "Ele era um menino muito capaz, sempre em primeiro lugar em sua turma", lembrou um ex--colega de escola, acrescentando que "ele era [também] o primeiro em todos os jogos e brincadeiras". Alguns colegas também relembraram que Sossó se rebelou quando os meninos georgianos foram banidos para o canto do burro por falar sua língua nativa; alguns recordaram que, em nome de outros estudantes, ele não tinha medo de abordar os professores, que usavam imponentes uniformes estatais (túnicas com botões dourados). É provável que Sossó falasse com os professores em nome de outros meninos porque fora escolhido pelo professor de língua russa, batizado de "gendarme", para ser monitor de classe, um fiscal de disciplina. Independente do papel que possa ter desempenhado como intermediário, todos os professores, inclusive os georgianos, apreciavam sua diligência e a ânsia de ser chamado para fazer alguma coisa.[64] Ele cantava canções folclóricas russas e georgianas e canções de Tchaikóvski, estudou eslavônico e grego eclesiástico e foi escolhido para recitar a liturgia e cantar os hinos na igreja. A escola o premiou com o Livro dos Salmos de Davi com a dedicatória: "Para Ióssif Djugachvíli [...] pelo excelente progresso, comportamento e excelente recitação do Saltério".[65] Um colega de escola falou com entusiasmo de Sossó e outros meninos cantores "vestidos com suas opas, ajoelhados, os rostos erguidos, cantando Vésperas com vozes angelicais, enquanto os outros meninos se prostravam, cheios de um êxtase que não era deste mundo".[66]

Havia também um lado prosaico: para fazer face às despesas, Keké limpava a escola (por dez rublos mensais). Ela talvez tenha trabalhado também de empregada doméstica na casa do professor, mas em algum momento se tornou costureira regular de uma loja de roupas "chiques" da cidade e, por fim, se instalou em um apartamento (na rua da Catedral, em Góri).[67] Mas em breve, graças ao seu desempenho acadêmico exemplar, Sossó foi dispensado de pagar matrícula e, mais do que isso, passou a receber uma bolsa mensal de três rublos, mais tarde elevada para 3,50 e, depois, sete. Essa é talvez a melhor prova de que o filho do lar desfeito se destacou como um dos melhores alunos de Góri.[68] Na primavera de 1894, ao terminar a escola com a idade avançada de quinze anos e meio, ele poderia ter ido para o Seminário dos Professores de Góri, mais um passo acima. Uma opção ainda melhor se apresentou: o maestro do coro Simon Goglitchidze estava se mudando para a Escola de Formação de Professores Tsar Alexandre, em Tíflis, e disse que poderia levar consigo seu pupilo estrela de Góri com uma cobiçada bolsa de estudos totalmente financiada pelo Estado. Isso não era pouca coisa para uma família indigente. Mas, em vez disso, Sossó fez os exames de admissão ao Seminário Teológico, em Tíflis, para ser sacerdote. Ele se destacou nos exames quase que de ponta a ponta — estudos bíblicos, eslavônico eclesiástico, russo, catecismo, grego, geografia, caligrafia (embora não em aritmética) — e foi admitido. Era um sonho que se tornava realidade. O seminário de Tíflis — ao lado dos ginásios seculares daquela cidade (escolas médias de elite) para os filhos e filhas dos ricos — representava o mais alto degrau da escada educacional no Cáucaso, onde a administração imperial da Rússia se recusava a aprovar a criação de uma universidade. O curso de seis anos do seminário (normalmente a partir de catorze anos) levava, no mínimo, à vida de pároco ou de professor de aldeia na Geórgia rural, mas, para aqueles ainda mais ambiciosos, podia proporcionar um ponto de partida para uma universidade em outros lugares do império.

Nas biografias em geral, a figura da infância traumática — consequência da disseminação do freudismo — veio a desempenhar um papel enorme.[69] É simplório demais, mesmo para aqueles com infâncias genuinamente traumáticas. A infância do futuro Stálin certamente não foi fácil: doenças e acidentes, mudanças forçadas de casa, circunstâncias difíceis, um pai falido, uma mãe amorosa, mas severa, que os rumores diziam ser prostituta. Mas na vida adulta, mesmo quando se entregou a ressentimentos turvos que selariam o destino da maioria de seus colegas revolucionários, o ditador não expressou nenhuma raiva especial em relação aos pais ou às primeiras experiências de vida. O futuro líder do Kremlin não experimentou nada das intrigas sangrentas das infâncias vividas na corte de Ivan, o Terrível, ou de Pedro, o Grande (aos quais costumava ser comparado). O pai de Ivan morreu de um furúnculo quando o menino tinha três anos; sua mãe foi assassinada quando ele estava com sete. O tsar órfão Ivan, o Terrível, foi reduzido (por seus regentes) a implorar por sua comida e testemunhou a luta assassina das elites pelo poder em seu nome, chegando a temer que ele mesmo pudesse ser morto. O jovem Ivan deu para arrancar asas de aves e jogar cães e gatos de prédios. O pai de Pedro, o Grande, morreu quando ele tinha quatro anos. A partir de então, a vida do menino esteve sob a ameaça de facções beligerantes da corte ligadas às duas viúvas de seu pai. Quando Pedro foi proclamado tsar, aos dez anos de idade, a facção perdedora rebelou-se e o jovem Pedro viu parentes de sua mãe e amigos serem jogados sobre lanças erguidas. Com certeza, alguns analistas exageraram os horrores da infância de Ivan e Pedro, oferecendo explicações pseudopsicológicas para seus reinados cruéis. Ainda assim, o máximo que se poderia dizer sobre o jovem Djugachvíli era que ele talvez tivesse visto uma vez o pai ir atrás da mãe com uma faca.

Perto do que Ivan e Pedro passaram, o que foram as tribulações de infância do futuro Stálin? Pensemos, por exemplo, no início da vida de Serguei Kóstrikov, conhecido mais tarde pelo nome revolucionário Kírov, que viria a ser o melhor amigo de Stálin. Nascido em 1886 numa pequena cidade da província de Viátka, região central da Rússia, Kírov viria a ser considerado um dos líderes stalinistas mais populares do partido. Mas sua infância foi difícil: quatro de seus sete irmãos morreram ainda jovens, seu pai era um alcoólatra que abandonara a família e a mãe morrera de tuberculose quando o menino tinha apenas sete anos. Kírov cresceu em um orfanato.[70] Destino semelhante se abateu sobre um outro membro fundamental do círculo íntimo de Stálin, Grigóri (Grigol) "Sergo" Ordjonikidze, cuja mãe morrera quando ele era bebê e perdera o pai quando tinha dez anos. Em contraste, o jovem Stálin teve sua mãe coruja e vários mentores importantes, como as numerosas memórias da época indicam. Os parentes de Keké moravam por perto, entre eles seu irmão Guió e os filhos dele (o outro irmão de Keké, Sandala, seria morto pela polícia tsarista). E a família de Bessó (os filhos de sua irmã) continuou presente, mesmo depois que Bessó perdeu a custódia do filho, em 1890.[71] A família era a cola da sociedade georgiana, e Sossó Djugachvíli tinha não somente sua família de sangue, mas os parentes substitutos proporcionados pela família Egnatachvíli (bem como a Davrichévi). A pequena Góri tomava conta dos seus, formando uma comunidade unida.

Além de sua família extensa e a escola de Góri (uma passagem para subir na vida), a infância do futuro Stálin teve um aspecto redentor mais vital: a fé em Deus. Sua família pobre precisava encontrar meios para pagar a pesada anuidade anual do seminário ortodoxo (quarenta rublos) e mais alojamento e alimentação (cem rublos), além da sobrepeliz do uniforme escolar. Djugachvíli, então com dezesseis anos, pediu uma bolsa de estudos e lhe concederam uma parcial: casa e comida.[72] Para a anuidade, Keké apelou ao pai substituto de Sossó, "Koba" Egnatachvíli. O grande Koba tinha meios para enviar seus dois filhos naturais sobreviventes para um ginásio, em Moscou, e também veio em auxílio do pequeno Koba (Sossó). Mas, se o ricaço Egnatachvíli ou outros tivessem deixado de apoiar Sossó, ou se o reitor russo do seminário retirasse a bolsa de estudos parcial, os estudos de Djugachvíli estariam em perigo. Ele assumira um grande risco ao declinar da bolsa inteira na escola de formação de professores secular conseguida pelo maestro Goglitchidze. O motivo disso deve ter sido o fato de que tanto Keké como seu filho eram devotos. "Em seus primeiros anos de estudo", revelou uma publicação da era soviética de reminiscências, "Stálin era muito crente, ia a todos os serviços religiosos, cantava no coro da igreja. Ele não só observava todos os ritos religiosos, como sempre nos lembrava de observá-los."[73] Estudando entre os monges no seminário, o futuro Stálin pode ter pensado em se tornar ele próprio um monge. Mas as mudanças no Império russo e no resto do mundo abriram um caminho muito diferente.[74]

2. O discípulo de Ladó

Outros vivem do nosso trabalho; eles bebem o nosso sangue; nossa opressão
sacia a sede deles com as lágrimas de nossas esposas, filhos e parentes.
FOLHETOS, EM GEORGIANO E ARMÊNIO, DISTRIBUÍDOS
POR IÓSSIF DJUGACHVÍLI, 1902[1]

Tíflis exalava uma beleza mágica, inesquecível. Fundada em um desfiladeiro no século v, residência dos reis da Geórgia a partir do século vi, Tíflis — seu nome persa,
também usado em russo — era séculos mais velha do que a Kiev antiga, para não falar
das arrivistas Moscou e São Petersburgo. Na Geórgia, a cidade era chamada de Tblíssi
("lugar quente"), talvez por suas famosas fontes termais. ("Não devo deixar de mencionar", entusiasmou-se um visitante do século xix, "que os banhos da cidade não são
superados nem mesmo por aqueles de Constantinopla.")[2] Quando a Rússia anexou o
leste da Geórgia, em 1801, Tíflis tinha cerca de 20 mil habitantes, três quartos deles
armênios. No final do século, a cidade havia crescido rapidamente para 160 mil, com
uma pluralidade de armênios (38%), seguidos por russos e georgianos, e um punhado de persas e turcos.[3] Os bairros armênio, georgiano e persa da cidade subiam os
morros, com as casas dispostas em terraços, com varandas de vários níveis empolei-
radas umas sobre as outras, num estilo que lembrava os Bálcãs otomanos ou Salônica.
Em contraste, o bairro russo era plano e se destacava por suas avenidas largas, onde
se situavam o imponente palácio do vice-rei, o Teatro de Ópera, o Ginásio Clássico
nº 1, a catedral ortodoxa russa e as casas de funcionários russos (*tchinóvniki*) e da alta
burguesia armênia. As grandes reformas de 1860 na Rússia imperial haviam criado

55

organismos de governo municipais, eleitos por voto restrito, e armênios ricos passaram a compor a grande maioria das pessoas com direito a voto nas eleições municipais de Tíflis, permitindo que os comerciantes armênios controlassem a Duma da cidade. Mas eles não tinham controle sobre a administração executiva imperial, que era dirigida por funcionários russos, alemães e poloneses, muitas vezes contando com nobres georgianos, enriquecidos graças a órgãos estatais.[4] Contudo, os georgianos — não mais do que um quarto da população urbana — eram, até certo ponto, ofuscados em sua própria capital.

A distribuição urbana do poder era gritante. Na ampla e arborizada avenida Golovin, nome que homenageava um general russo, as lojas tinham placas em francês, alemão, persa e armênio, além de russo. Entre os artigos oferecidos estavam modas de Paris e sedas de Bukhara, que serviam para distinguir status, bem como tapetes iranianos (Tabriz), que ajudavam a distinguir os espaços interiores. Em contraste, nos labirínticos bazares armênios e persas da cidade, sob as ruínas de uma fortaleza persa, "todos tomam banho, fazem a barba, cortam os cabelos, vestem-se e despem-se como se estivessem em casa, em seus quartos", explicou um guia de língua russa para os labirintos de ourives e barracas de comida que serviam kebabs e vinhos baratos.[5] Viam-se mulás tártaros (azerbaijanos) com seus turbantes verdes e brancos, enquanto os persas usavam cafetãs e bonés de pele preta, com cabelos e unhas tingidos de vermelho.[6] Um observador descreveu uma praça típica (Maidan), perto de onde Sossó Djugachvíli morara por pouco tempo com o pai em 1890, como "um mingau de pessoas e animais, bonés de pele de carneiro e cabeças raspadas, barretes turcos e bonés pontudos", acrescentando que "todos gritam, batem, riem, praguejam, se acotovelam, cantam, trabalham e se agitam em várias línguas e vozes".[7] Mas, além da desordem oriental de suas ruas — que provocava exclamações dos autores de guias de viagem —, os anos que vão da década de 1870 até 1900 assistiram a uma transformação fundamental da sociedade pela ferrovia e pela industrialização, bem como por um despertar nacional georgiano facilitado pela expansão da imprensa periódica e pelas conexões do transporte moderno. Em 1900, Tíflis já ganhara uma pequena mas significativa intelectualidade, e uma crescente classe operária industrial.[8]

Foi nesse meio urbano em processo de modernização que Djugachvíli, que voltara para Tíflis em 1894, entrou para o seminário e atingiu a maioridade, não se tornando um sacerdote, mas um marxista e revolucionário.[9] Importado para a Geórgia na década de 1880, o marxismo parecia oferecer um mundo de certezas. Mas Djugachvíli não descobriu o marxismo sozinho. Um militante obstinado de vinte e poucos anos, Vladímir "Ladó" Ketskhovéli (nascido em 1876), seria o mentor revolucionário do futuro Stálin, que, ao olhar para trás, se diria discípulo dele.[10] Ladó era o quinto dos seis filhos de um sacerdote de uma aldeia nos arredores de Góri. Três anos adiante de

Djugachvíli na escola religiosa de Góri e depois no Seminário Teológico de Tíflis, Ladó adquiriu uma autoridade tremenda entre os seminaristas. Sob sua influência, o jovem Djugachvíli, já um enérgico autodidata, encontrou sua vocação para o resto da vida de agitador e professor, ajudando as massas obscuras a ver a luz a respeito da injustiça social e de uma suposta panaceia.

NACIONALISTA CULTURAL GEORGIANO

Em comparação com a pequena cidade de Góri, a capital do Cáucaso oferecia um grandioso drama da modernidade incipiente, mas Ióssif Djugachvíli não viu muito da cidade, pelo menos no início. Seu mundo imediato, o seminário teológico, tinha o apelido de Saco de Pedra — um bastião de quatro andares de fachada neoclássica. Se o principal ginásio clássico ocupava o topo da hierarquia educacional local, o seminário, mais acessível aos jovens pobres, não ficava muito atrás. O prédio, no extremo sul da avenida Golovin, na praça Ierevan, fora comprado pela Igreja ortodoxa de um magnata do açúcar (Konstantin Zubalachvíli) em 1873, para ser a nova sede do seminário. Para as centenas de estudantes que moravam no último andar, em um dormitório de estilo aberto, o regime diário durava geralmente das sete da manhã até as dez da noite. O toque dos sinos os convocava para a oração da manhã, seguida de chá (desjejum), aulas até as duas da tarde, uma refeição principal às três, depois mais ou menos uma hora fora dos muros, chamada às cinco, orações da noite, chá (uma ceia leve) às oito, lição de casa e apagar das luzes. "Dia e noite, nos faziam trabalhar dentro dos muros do quartel, e nos sentíamos como prisioneiros", lembrou outro "Sossó" de Góri, Ióssif Iremachvíli, que, como o jovem Stálin, frequentava o seminário depois de ter passado pela escola religiosa de Góri.[11] Concediam-se licenças ocasionais para visitar a aldeia ou cidade natal, mas, afora isso, somente os domingos proporcionavam algum tempo livre — e só depois das missas da Igreja ortodoxa, o que significava ficar de pé por três a quatro horas em ladrilhos de pedra. Idas ao teatro e outras blasfêmias estavam proibidas. Alguns seminaristas, no entanto, se atreviam a fugir para a cidade depois da chamada da noite, apesar das fiscalizações aleatórias noturnas do dormitório para surpreender a leitura de materiais ilícitos à luz de velas ou onanismo.

Para os seminaristas adolescentes, acostumados a famílias indulgentes e à liberdade das ruas, a disciplina rígida era sem dúvida frustrante, mas o seminário oferecia também infindáveis oportunidades para discussões apaixonadas com colegas sobre o sentido da existência e seu próprio futuro, bem como a descoberta de livros e conhecimentos. Evidentemente, a ênfase recaía sobre os textos sagrados, eslavônico eclesiástico e história (imperial) russa. Iósseb "Sossó" Djugachvíli, agora conhecido pela forma russificada de seu nome, Ióssif, estava em seu elemento e teve um bom desempenho. Tornou-se o tenor principal do coral da escola, uma conquista significativa, tendo em vista a quantidade de tempo que os meninos passavam na igreja e se preparando para ir à igreja. Também se tornou um leitor voraz e começou a manter um caderno de pensamentos e ideias. Na sala de aula, recebia em geral nota 4 (B), conseguia 5 (A) em canto eclesiástico e ganhava cinco rublos para cantar de vez em quando no Teatro de Ópera. Nos primeiros anos, suas únicas notas 3 (C) foram em composição final e grego. Recebia a nota máxima (5) em comportamento. No primeiro ano, ficou em oitavo lugar num grupo de 29 alunos; no segundo ano, subiu para quinto. Mas, no terceiro ano, 1896-7, caiu para 16º (de 24), e ao chegar ao quinto ano ficou em vigésimo (entre 23), sendo reprovado em Escrituras.[12] Uma vez que o lugar na sala de aula era determinado pelos resultados acadêmicos, sua carteira se afastava para cada vez mais longe dos professores. Até mesmo o coro que ele tanto amava deixou de lhe interessar, em parte por causa de problemas pulmonares recorrentes (pneumonia crônica).[13] Mas a principal causa do declínio de seu interesse e desempenho derivou do choque cultural provocado por forças modernizadoras e reações políticas.

Em 1879, um ano após o nascimento de Djugachvíli, dois nobres georgianos escritores, o príncipe Iliá Tchavtchavadze (nascido em 1837) e o príncipe Akaki Tseretéli (nascido em 1840), fundaram a Sociedade para a Propagação da Alfabetização entre os Georgianos. Muitos grupos diferentes que compunham os georgianos — cachétios, kartlianos, imeretianos, mingrelianos — compartilhavam a mesma língua, e Tchavtchavadze e Tseretéli esperavam despertar o renascimento cultural da Geórgia integrado por meio de escolas, bibliotecas e livrarias. Seu programa cultural populista conservador não propunha nenhuma deslealdade para com o império.[14] Mas no Império russo, do ponto de vista administrativo, não havia "Geórgia", apenas as duas províncias (*gubernias*) de Tíflis e Kutaísi, e a postura das autoridades imperiais era tão linha-dura que os censores proibiam qualquer publicação do termo "Geórgia" (Grúziya) em russo. Em parte porque muitos censores não conheciam o idioma georgiano, que não era escrito em letras cirílicas nem latinas, eles se mostravam mais tolerantes com as publicações da Geórgia, o que abria muito espaço para periódicos georgianos. Mas no seminário de Tíflis, para obrigar a russificação, o ensino da língua georgiana fora abolido em favor do russo, em 1872. (Na Geórgia, as missas ortodoxas eram rezadas em eslavônico eclesiástico e, desse modo, eram em grande parte ininteligíveis para os fiéis, assim como acontecia nas províncias de etnia predominantemente russa do império.) A partir de 1875, o seminário na capital georgiana deixou de ensinar história da Geórgia. Das duas dúzias de professores do seminário, todos formalmente nomeados pelo vice-rei russo, uns poucos eram da Geórgia, mas a maioria era de monges russos que haviam sido expressamente designados para a Geórgia graças a suas fortes posições nacionalistas russas. (Vários deles viriam a participar de movimentos de direita radical.) Além disso, o seminário empregava dois inspetores em tempo integral para manter os alunos sob "vigilância constante e incessante" até em seu tempo livre, ao mesmo tempo que recrutava informantes para ter olhos e ouvidos adicionais.[15]

As expulsões por "falta de confiabilidade" se tornaram lugar-comum, negando a finalidade educativa do seminário. Em resposta à severidade, os seminaristas de Tíflis, muitos deles filhos de sacerdotes ortodoxos, começaram (na década de 1870) a produzir boletins informativos ilegais e a constituir "círculos" de discussão secretos. Em 1884, um membro de um desses círculos do seminário de Tíflis, Silibistro "Silva" Jibladze (que liderara uma revolta em seu seminário menor), bateu na cara do reitor russo porque ele denegriu o georgiano, chamando-o de "língua de cães". Como os rapazes bem sabiam, o reino da Geórgia se convertera à fé cristã meio milênio antes dos russos, e mais de um século antes dos romanos. Jibladze foi condenado a três anos em um batalhão de punição. Então, em 1886, num gesto que ganhou notoriedade em todo o império, um outro estudante expulso assassinou o reitor do seminário de Tíflis usando um tradicional punhal longo caucasiano (*kinjal*).[16] Mais de sessenta seminaristas foram expulsos. "Alguns chegam ao ponto de desculpar o assassino", relatou o exarco da Geórgia ao Santo Sínodo, em São Petersburgo. "No fundo, todos aprovam."[17] Na década de 1890, os seminaristas já faziam greves. Em um boicote das aulas, em novembro de 1893, exigiram comida melhor (especialmente durante a Quaresma), o fim do regime de vigilância brutal, um departamento de língua georgiana e o direito de cantar hinos em georgiano.[18] Os eclesiásticos russificantes reagiram com a expulsão de 87 alunos — entre eles, o líder da greve, Ladó Ketskhovéli, de dezessete anos de idade — e o fechamento das portas, em dezembro de 1893.[19] O seminário foi reaberto no outono de 1894 com duas turmas de primeiro ano — os alunos admitidos em 1893 e 1894, e a este último grupo pertencia Ióssif Djugachvíli.

Quando o futuro Stálin entrou no seminário, os mecanismos disciplinares severos continuavam, mas, numa concessão, os cursos de literatura e história da Geórgia foram reinstituídos. No verão de 1895, depois de seu primeiro ano, Djugachvíli, então com dezesseis anos e meio, levou seus próprios versos em língua georgiana pessoalmente ao nobre editor Iliá Tchavtchavadze, sem permissão do seminário. O editor do *Iveria* (um termo para o leste da Geórgia), jornal de Tchavtchavadze, publicou cinco dos poemas de Djugachvíli, sob o pseudônimo georgiano amplamente utilizado para Iósseb/Ióssif: Sosseló.[20] Entre outros temas, os versos retratavam o contraste entre a violência (na natureza e no homem) e a doçura (em aves e na música), bem como um poeta errante que é envenenado por seu próprio povo. Outro poema servia de contribuição para o quinquagésimo jubileu do nobre georgiano príncipe Rapiel (Rafael) Eristavi, o poeta preferido do jovem Stálin.[21] Os versos de Eristavi eram "belos, emotivos e musicais", diria mais tarde o ditador, acrescentando que o príncipe era chamado com razão de o rouxinol da Geórgia — papel ao qual o próprio Djugachvíli pode ter aspirado. Um afetuoso sexto poema de Djugachvíli, "Velho Ninika", publicado em 1896 em *Kvali* (*O Sulco*), o semanário de outro Tseretéli, Guiórgi (nascido em 1842), apresentava um heroico sábio que narrava "o passado para os filhos de seus filhos". Em uma palavra, Djugachvíli também foi arrastado pela onda emocional do despertar georgiano do fin de siècle.

O espírito da época que afetou o jovem Djugachvíli foi bem captado no poema "Sulikó" (1895), ou "Pequena Alma", sobre o amor perdido e o espírito nacional esquecido. Escrito por Akaki Tseretéli, o cofundador da Sociedade Georgiana, "Sulikó" foi musicado e tornou-se um hino popular:

> *Em vão busquei o túmulo de minha amada;*
> *O desespero mergulhou-me na mais profunda aflição.*
> *Engasgado pelos soluços que irrompiam, gritei:*
> *"Onde está você, minha Sulikó?"*

> *Sozinha em cima de um espinheiro*
> *A beleza de uma rosa nasceu;*
> *Com olhos baixos, perguntei suavemente:*
> *"Não é você, ó Sulikó?"*

> *A flor tremeu em assentimento*
> *Inclinando sua linda cabeça;*
> *Em sua ruborizada bochecha brilharam*
> *Lágrimas que o céu da manhã derramara.*[22]

Quando ditador, Stálin cantaria "Sulikó" muitas vezes, em georgiano e em tradução para o russo (versão que se tornaria uma presença sentimental constante nas rádios soviéticas). Mas, em 1895-6, precisou esconder das autoridades do seminário seu sucesso ao publicar poemas em língua georgiana.

O nacionalismo é uma marca dessa época. Adolf Hitler, que havia nascido em 1889 perto de Brannau am Inn, na Áustria-Hungria, foi influenciado pelo brilho do Reich alemão de Bismarck quase que desde o nascimento. Seu pai, Alois, apaixonado nacionalista alemão de cidadania austríaca, foi funcionário da alfândega nas cidades de fronteira do lado austríaco; sua mãe, Klara, terceira esposa de Alois, era dedicada a Adolf, um dos dois de seus cinco filhos que sobreviveram. Aos três anos, Hitler mudou-se com sua família para Passau, do outro lado da fronteira, onde aprendeu a falar alemão no dialeto da baixa Baviera. Em 1894, a família voltou para a Áustria (perto de Linz), mas Hitler, apesar de ter nascido e passado a maior parte de seus anos de formação no império Habsburgo, nunca adquiriu a típica versão austríaca da língua alemã. Ele desenvolveria um desdém pela poliglota Áustria-Hungria e, com seus amigos de língua austríaco-alemã, cantaria o hino alemão "Deutschland über Alles"; os meninos cumprimentavam-se com o "Heil" alemão em vez do austríaco "Servus". Hitler frequentava a igreja, cantava no coro e, sob a influência da mãe, falava que seria padre católico, mas, sobretudo, cresceu imaginando tornar-se um artista. A morte de um irmão mais velho por sarampo, aos dezesseis anos (em 1900), parece tê-lo afetado seriamente, tornando-o mais mal-humorado, isolado, indolente. Seu pai, que queria que o menino também seguisse sua carreira de funcionário da alfândega, mandou-o contra a vontade para a escola técnica, em Linz, onde Hitler entrou em choque com os professores. Após a morte repentina de seu pai (em janeiro de 1903), o desempenho de Hitler na escola decaiu e sua mãe permitiu que ele se transferisse. Ele se formaria (com dificuldade) e, em 1905, iria para Viena, onde não conseguiu entrar na escola de belas-artes e passou a levar uma existência boêmia, sem emprego, vendendo aquarelas e sobrevivendo de sua pequena herança. O nacionalismo alemão, contudo, permaneceria. Em contraste, o futuro Stálin trocaria seu nacionalismo, o da pequena nação da Geórgia, por horizontes mais grandiosos.

POLÍTICA ESTUDANTIL

"Se estava satisfeito com alguma coisa", relembrou Petí Kapanadze, um colega de turma próximo de Djugachvíli, "ele estalava os dedos, gritava bem alto e saltava em uma perna só."[23] No outono de seu terceiro ano (1896), quando suas notas começaram a declinar, Djugachvíli entrou para um "círculo" estudantil clandestino, liderado pelo veterano Said (Seid) Devdariani. A conspiração deles pode ter sido ajudada, em parte, pelo acaso: junto com outros de saúde fraca, Djugachvíli fora retirado do dormitório principal e colocado em um alojamento separado, onde evidentemente se encontrava com Devdariani.[24] O grupo talvez tivesse dez membros, vários de Góri, e eles liam obras não religiosas, como literatura e ciências naturais — livros que não eram banidos pelas autoridades russas, mas proibidos no seminário, cujo currículo excluía Tolstói, Lérmontov, Tchékhov, Gógol e até mesmo obras do messiânico Dostoiévski.[25] Os rapazes obtinham os livros seculares da chamada Biblioteca Barata, mantida pela Sociedade Georgiana de Alfabetização de Tchavtchavadze, ou de um sebo de propriedade de um georgiano. Djugachvíli também adquiria esses livros de uma barraca em Góri dirigida por um membro da mesma sociedade. (O futuro Stálin, lembrou o livreiro, "brincava muito e contava histórias engraçadas da vida no seminário".)[26] Como em quase todas as escolas do Império russo, conspiradores estudantis contrabandeavam as obras para serem lidas sorrateiramente à noite e as escondiam durante o dia. Em novembro de 1896, o inspetor do seminário confiscou de Djugachvíli uma tradução de *Trabalhadores do mar*, de Victor Hugo, depois de já tê-lo encontrado com *Noventa e três*, romance de Hugo sobre a contrarrevolução na França. Djugachvíli também leu Zola, Balzac e Thackeray, em tradução russa, e inúmeras obras de autores georgianos. Em março de 1897, foi apanhado mais uma vez com literatura de contrabando: a tradução de uma obra de um darwinista francês que contradizia a teologia ortodoxa.[27]

Os monges do seminário, ao contrário da maioria dos sacerdotes ortodoxos russos, levavam uma vida celibatária, abjuravam da carne e rezavam constantemente, lutando para evitar as tentações deste mundo. Mas, apesar de seus sacrifícios pessoais, da dedicação ou títulos acadêmicos, aos alunos georgianos eles pareciam "déspotas, egotistas caprichosos que tinham em mente apenas seu próprio futuro", especialmente chegar a bispo (na tradição ortodoxa, posição ligada aos apóstolos). Por sua vez, Djugachvíli pode muito bem ter perdido seu interesse por assuntos sagrados como uma coisa natural, mas as políticas do seminário e o comportamento dos monges aceleraram seu desencanto, ao mesmo tempo que lhe proporcionaram certa determinação na resistência. Parece que ele foi perseguido por um inspetor do seminário recém-promovido, o padre-monge Dmítri, que era ridicularizado pelos alunos com o apelido de "Mancha Negra" (*chernoe piatno*). O rotundo Dmítri, sempre vestido de preto, havia sido professor do seminário de Sagrada Escritura (1896) antes de se tornar inspetor (1898). Embora fosse um nobre georgiano, cujo nome secular era David Abachidze (1867-1943), o inspetor revelou ter ainda mais fobia da Geórgia do que os monges russos chauvinistas. Quando Abachidze cobrou de Djugachvíli a posse de livros proibidos, este denunciou o regime de vigilância do seminário, chamou-o de Mancha Negra e ganhou cinco horas em uma escura "cela de isolamento".[28] Tempos depois, durante a sua ditadura, Stálin recordaria vividamente "a espionagem, a penetração na alma, a humilhação" do seminário: "Às nove da manhã, soa a campainha para o chá, vamos para o refeitório, e depois voltamos para os nossos quartos e descobrimos que durante esse intervalo alguém revistou e revirou todos os nossos baús".[29]

O processo de afastamento foi gradual, e nunca total, mas o seminário em que Djugachvíli tinha trabalhado tão duro para entrar o estava alienando. De início, o círculo ilícito de leitura ao qual pertencia não tinha intenções revolucionárias. No entanto, em vez de acomodar e moderar a curiosidade dos estudantes pelo que era, afinal, o melhor da literatura e da ciência moderna, os teólogos reagiram com interdição e perseguição, como se tivessem algo a temer. Em outras palavras, mais do que o círculo, era o seminário que estava fomentando radicalismo, ainda que involuntariamente. Trótski, em sua biografia de Stálin, escreve vividamente que os seminários da Rússia eram "famosos pela selvageria horripilante de seus costumes, pela pedagogia medieval e pela lei do punho".[30] É verdade, mas também simples demais. Muitos, talvez a maioria, dos egressos dos seminários ortodoxos russos tornaram-se sacerdotes. E embora seja verdade que quase todos os luminares social-democratas da Geórgia saíram do seminário de Tíflis — tal como os muitos membros radicais da Federação dos Trabalhadores Judeus (Bund) produzidos na famosa Escola Rabínica e Seminário dos Professores de Wilno —, isso se deve, em parte, ao fato de que esses lugares proporcionavam educação e uma forte dose de autodisciplina.[31] Os seminaristas povoavam as fileiras de cientistas da Rússia imperial (como o fisiologista Ivan Pávlov, famoso pelo reflexo canino), e os filhos e netos de sacerdotes também se tornaram cientistas (como Dmítri Mendeleiev, o inventor da tabela periódica). Os clérigos ortodoxos deram a todo o Império russo a maior parte de sua intelligentsia através de seus filhos e seu ensino. Eles transmitiam valores que toleravam a secularização de seus filhos ou alunos, a saber, esforço, pobreza digna, devoção aos outros e, acima de tudo, um sentimento de superioridade moral.[32]

A descoberta feita por Djugachvíli das inconsistências da Bíblia, sua leitura atenta de uma tradução de *Vida de Jesus*, do ateu Ernest Renan, e seu abandono do sacerdócio não significavam automaticamente que ele se tornaria um revolucionário. A revolução não era uma posição predeterminada. Era preciso outro passo importante. No seu caso, ele passou as férias do verão de 1897 na aldeia natal de seu amigo íntimo Mikheil "Micko" Davitachvíli, "onde teve oportunidade de conhecer a vida dos camponeses".[33] Na Geórgia, como no resto do Império russo, a emancipação imperfeita dos servos fizera pouco pelos camponeses, que se viram presos entre os pagamentos de "resgate" da terra aos seus antigos senhores e bandidos que desciam de esconderijos na montanha para cobrar tributos.[34] Na verdade, a emancipação "libertou" os filhos da nobreza, que, sem servos para administrar, deixaram suas propriedades rurais e foram para as cidades, onde, ao lado da juventude camponesa, assumiram a causa do campesinato.[35] O despertar georgiano de Djugachvíli evoluiu para o reconhecimento da opressão dos camponeses georgianos pelos donos da terra na Geórgia: o menino que talvez quisesse se tornar um monge agora "queria tornar-se um escrevente de aldeia" ou presbítero.[36] Mas seu senso de violação da justiça social se ligava ao que parecia ser sua ambição de liderança. No círculo ilegal do seminário, Djugachvíli e o Devdariani mais velho eram bons companheiros, mas também concorrentes pela posição de comando.[37] Em maio de 1898, quando Devdariani se formou e partiu para a Universidade de Tartu (Iurev), na região do Báltico dominada pelo Império russo, Djugachvíli teve seu desejo satisfeito ao assumir o círculo e conduzi-lo numa direção mais prática (política).[38]

Ióssif Iremachvíli, o outro "Sossó" de Góri no seminário, recordou que "quando criança e jovem ele [Djugachvíli] era um bom amigo, desde que a gente se submetesse à sua vontade imperiosa".[39] Contudo, foi bem nessa época que o "imperioso" Djugachvíli ganhou um mentor transformador: Ladó Ketskhovéli. Depois de sua expulsão por liderar a greve estudantil de 1893, Ladó havia passado o verão fazendo reportagens para o *Iveria*, jornal de Tchavtchavadze, sobre os problemas dos camponeses após a emancipação em seu distrito natal de Góri; depois disso, de acordo com os regulamentos, Ladó teve permissão para se inscrever em um seminário diferente, o que ele fez (em Kiev), em setembro de 1894. Em 1896, no entanto, foi expulso também de Kiev, preso por posse de literatura "criminosa" e deportado para a sua aldeia natal sob vigilância policial. No outono de 1897, Ladó retornou a Tíflis, entrou para um grupo de georgianos marxistas e passou a trabalhar numa gráfica com o objetivo de aprender composição para que pudesse produzir panfletos revolucionários.[40] Ele também restabeleceu contato com os seminaristas de Tíflis. Ketskhovéli era uma autoridade reconhecida entre eles: sua fotografia estava pendurada na parede do quarto de Djugachvíli (junto com fotos de Micko Davitachvíli e Petí Kapanadze).[41] Ainda que a Biblioteca Barata da Sociedade Georgiana de Alfabetização de Tchavtchavadze pudesse ter alguns textos marxistas, entre eles, talvez, um do próprio Marx (*Uma crítica da economia política*, parte da trilogia de *Das Kapital*), em termos de livros, Tíflis estava muito longe de Varsóvia.[42] Ladó, a partir de 1898, foi a principal fonte da transição do jovem Stálin, da típica defesa da justiça social conhecida como populismo para o marxismo.[43]

O MARXISMO E A RÚSSIA

Karl Marx (1818-83), nascido numa família abastada de classe média da Prússia, não foi, de modo algum, o primeiro socialista moderno. O neologismo "socialismo" remonta à década de 1830 e apareceu mais ou menos na mesma época que "liberalismo", "conservadorismo", "feminismo" e muitos outros "ismos", na esteira da Revolução Francesa, que começou em 1789, e da concomitante disseminação dos mercados. Um dos primeiros socialistas declarados foi um magnata do algodão, Robert Owen (1771-1858), que queria criar uma comunidade modelo para seus empregados, com pagamento de salários mais altos, redução das horas de trabalho, construção de escolas e moradias da empresa, e correção do vício e da embriaguez, numa visão paternalista de "seus" trabalhadores. Outros socialistas, especialmente os franceses, sonhavam com uma sociedade inteiramente nova, que iria além da melhoria das condições sociais. O conde Henri de Saint-Simon (1760-1825) e seus seguidores propunham que engenheiros sociais públicos, não privados, aperfeiçoassem a sociedade, tornando-a fraternal, racional e justa, numa versão atualizada da *República* de Platão. Charles Fourier (1772-1837) introduziu mais um elemento ao argumentar que o trabalho era o centro da existência e deveria ser edificante, não desumanizante; para tanto, Fourier também imaginou uma sociedade com um controle central.[44] Mas nem todos os radicais defendiam uma autoridade centralizada: Pierre-Joseph Proudhon (1809-65) atacou o sistema bancário, alegando que os grandes banqueiros se recusavam a conceder crédito aos pequenos proprietários ou aos pobres, e defendeu que a sociedade se organizasse com base na cooperação (mutualismo), de modo que o Estado se tornasse desnecessário. Ele chamou de anarquismo sua posição em defesa da escala menor da cooperação. Mas Marx, junto com seu colaborador Friedrich Engels (1820-95), o filho de um rico alemão produtor de algodão e sócio de uma plantação de algodão em Manchester, argumentava que o socialismo não era uma escolha, mas "o resultado necessário" de uma luta histórica maior governada por leis científicas, de tal modo que, gostasse ou não, a época de então estava condenada.

Muitos adeptos do conservadorismo também denunciavam os males do mercado, mas o que fez Marx se destacar entre os inimigos da nova ordem econômica foi sua celebração entusiasta do poder do capitalismo e da indústria moderna. Em *A riqueza das nações* (1776), o iluminista escocês Adam Smith havia apresentado argumentos influentes sobre concorrência, especialização (divisão do trabalho) e o poder do interesse próprio de aumentar a melhoria social. Mas em *O manifesto comunista* (1848), um panfleto escrito em tom enérgico, Marx, então com 29 anos de idade, falou com lirismo sobre como "o vapor e as máquinas revolucionaram a produção industrial" e como "a necessidade de um mercado em constante expansão para os seus produtos persegue a burguesia por toda a superfície do globo".[45] Esses avanços no sentido da "gigantesca indústria moderna" e o globalismo, descritos por Marx em 1848 como fatos consumados, estavam a décadas de distância, mesmo na Grã-Bretanha, apesar da transformação industrial da Inglaterra durante a infância alemã de Marx. Mas ele os previu. Ao olhar explicitamente para o futuro, Marx, ao contrário de Smith, estipulou que o capitalismo global perderia seu dinamismo. Em 1867, ele publicou o primeiro volume do que seria a trilogia chamada *Das Kapital*, em resposta ao economista político britânico clássico David Ricardo, bem como a Smith. Marx postulou que todo valor era criado pelo trabalho humano, e que os donos dos meios de produção confiscavam a "mais-valia" dos trabalhadores. Em outras palavras, o "capital" era o trabalho apropriado de outra pessoa. Os proprietários, argumentava Marx, investiam a mais-valia ganha ilicitamente (capital) em máquinas de poupar trabalho, aumentando assim a produção e a riqueza em geral, mas também reduzindo os salários ou eliminando postos de trabalho; enquanto os trabalhadores ficavam presos na miséria. Segundo Marx, o capital tendia a concentrar-se em cada vez menos mãos, inibindo um desenvolvimento maior. No interesse de maior progresso econômico e social, Marx pedia a abolição da propriedade privada, do mercado, do lucro e do dinheiro.

A revisão do pensamento socialista francês (Fourier, Saint-Simon) e da economia política britânica (Ricardo, Smith) feita por Marx repousava sobre o que o filósofo idealista alemão Georg Wilhelm Friedrich Hegel chamara de dialética, isto é, em uma lógica supostamente intrínseca de contradições segundo a qual as formas entravam em choque com seus opostos, de tal modo que o progresso histórico era alcançado por meio de negação e transcendência (*Aufhebung*). Assim, o capitalismo, devido às suas contradições internas, daria lugar, dialeticamente, ao socialismo. Mais amplamente, Marx argumentou que a história avançava em estágios — feudalismo, capitalismo, socialismo e comunismo (quando tudo seria abundante) — e que o motor decisivo eram as classes, como o proletariado, que deixariam de lado o capitalismo, assim como a burguesia havia supostamente deixado de lado o feudalismo e os senhores feudais. Em Marx, o proletariado torna-se o portador da razão universal de Hegel, uma suposta "classe universal porque seus sofrimentos são universais" — em outras palavras, não pelo fato de trabalhar em fábricas, mas por ser uma vítima, uma vítima que se transformava em redentor.

Marx pretendia que sua análise da sociedade fosse a vanguarda dos esforços para mudá-la. Em 1864, juntou-se com um grupo diversificado de esquerdistas influentes em Londres, inclusive anarquistas, a fim de criar a Associação Internacional dos Trabalhadores (1864-76), um órgão transnacional para unir os trabalhadores e os radicais do mundo. Na década de 1870, os críticos à esquerda já haviam chamado de autoritária a concepção de Marx da organização — "centralizar todos os instrumentos de produção nas mãos do Estado, isto é, do proletariado organizado como classe dominante" —, provocando recriminações e divisões. Depois da morte de Marx, em 1883, em Londres (onde foi enterrado), vários partidos socialistas e trabalhistas fundaram uma "Segunda Internacional", em Paris (1889). No lugar da "Marselhesa" "burguês-republicana" da Revolução Francesa de 1789, a Segunda Internacional adotou *L'Internationale* — cuja primeira estrofe diz: "De pé, ó vítimas da fome", assim como o hino socialista. A Segunda Internacional também adotou a bandeira vermelha, que havia aparecido na França em forte contraste com a bandeira branca da dinastia Bourbon e dos contrarrevolucionários que queriam restaurar a monarquia depois de sua derrubada. No entanto, apesar da música e do simbolismo francês, os sociais-democratas alemães, devotos do falecido Marx, passaram a dominar a Segunda Internacional. Súditos do Império russo, muitos deles no exílio europeu, viriam a ser os principais rivais dos alemães na Segunda Internacional.

Na Rússia imperial, a *ideia* de socialismo se enraizara quase meio século antes do aparecimento de um proletariado e devia sua fenomenal propagação à introspecção de uma autodenominada intelligentsia. Esta última — literalmente, a inteligência do reino — era composta de indivíduos instruídos, mas frustrados, que vinham inicialmente da pequena nobreza, mas ao longo do tempo também surgiram plebeus a quem foi concedido o acesso a escolas e universidades. A intelligentsia russa absorveu a mesma filosofia idealista alemã que influenciara Marx, só que sem o materialismo pesado que vinha da economia política britânica. Organizados em pequenos círculos (*kruzhok* em russo, *Kreis* em alemão), os socialistas russos defendiam a dignidade de todos, generalizando a partir de um sentimento de sua própria dignidade violada. Aleksandr Herzen e Mikhail Bakúnin, dois filhos de famílias privilegiadas de meados do século XIX que se conheciam, mostraram o caminho. Ambos acreditavam que, na Rússia, os camponeses poderiam servir de base para o socialismo, graças à instituição da comuna.[46] As comunas (*óbschchina*) ofereciam uma proteção coletiva contra geadas, secas e outros problemas mediante a redistribuição periódica de lotes de terras (em faixas separadas) entre as famílias, bem como outros meios.[47] Muitos camponeses não viviam em comunas, especialmente no leste (Sibéria) e no oeste e no sul (Ucrânia), onde não houvera servidão. Mas nas regiões centrais do Império russo, os poderes da comuna foram reforçados pela emancipação dos servos na década de 1860.[48] Uma vez que os camponeses que viviam em comunas não tinham propriedade privada como indivíduos — antes ou depois de emancipação —, pensadores como Herzen e Bakúnin imaginaram que os camponeses do império fossem inerentemente socialistas e, portanto, segundo eles, na Rússia, o socialismo poderia aparecer essencialmente *antes* do capitalismo. Armado somente com esse tipo de pensamento, na esteira da emancipação dos servos, autodenominados populistas (*naródniki*) foram para as aldeias da Rússia a fim de tirar os camponeses do atraso.

Os populistas estavam com pressa: o capitalismo começara a se espalhar e eles temiam que os servos libertados fossem transformados em escravos assalariados, com a burguesia exploradora tomando o lugar dos donos de servos. Ao mesmo tempo, julgava-se que o igualitarismo tão idealizado da vida na aldeia estava ameaçado pelo aparecimento do cúlaque, o camponês rico.[49] Mas até mesmo os camponeses pobres receberam os candidatos forasteiros a tutores com hostilidade. Como a tática de agitação do populismo não conseguiu encorajar a revolta em massa dos camponeses, alguns se voltaram para o terror político com o objetivo de despertar a revolta em massa nas cidades (o que também fracassaria). Outros radicais, no entanto, trocaram suas esperanças dos camponeses para o proletariado incipiente, graças à crescente influência de Marx na Rússia. Gueórgi Plekhánov (nascido em 1857), o pai do marxismo russo, atacou o argumento populista de que a Rússia poderia evitar o capitalismo porque possuía uma suposta tendência autóctone (a comuna camponesa) ao socialismo. Em 1880, Plekhánov foi para o exílio europeu (que duraria 37 anos), mas suas obras da década de 1880 — *Socialismo e luta política* (1883) e *Nossas diferenças* (1885) — infiltraram-se na Rússia e defenderam a posição de que as etapas históricas não podiam ser ignoradas: somente o capitalismo tornava o socialismo possível, e, portanto, a Rússia também precisaria passar por uma "revolução burguesa" antes de uma revolução socialista, ainda que o proletariado tivesse de ajudar a burguesia a fazer sua revolução.[50] Isso era o que Marx havia dito. Mais tarde, no entanto, Marx parece ter admitido que a experiência da Inglaterra, a partir da qual ele havia generalizado, talvez não fosse universal; que a burguesia talvez não fosse unicamente progressista (em termos históricos); e que a Rússia talvez fosse capaz de evitar o estágio capitalista completo.[51] Essa aparente heresia tinha origem na confiança de Marx no economista russo Nikolai F. Danielson, que foi seu confidente e lhe forneceu livros sobre a Rússia. Ainda assim, as opiniões quase populistas de Marx sobre a Rússia não eram amplamente conhecidas (só apareceriam em russo em dezembro de 1924). A crítica marxista de Plekhánov do populismo dominava o mundo intelectual.

O próprio Danielson fomentou essa dominação, colaborando na tradução russa de *Das Kapital*, a obra máxima de Marx em três volumes, que saiu na década de 1890 e atraiu um bom número de leitores, inclusive o futuro Stálin. Em 1896, com a publicação do terceiro volume, o hesitante censor russo a reconheceu finalmente como trabalho "científico", o que significava que poderia circular em bibliotecas e ser posta à venda.[52] Àquela altura, a economia política marxista já era tema acadêmico em algumas universidades russas e, na virada do século, até mesmo o diretor de uma das maiores fábricas têxteis do império, com sede em Moscou, colecionou um vasto tesouro de obras marxistas.[53] A Rússia era então um país de 1 milhão de proletários e mais de 80 milhões de camponeses. Mas o marxismo superou o populismo como "a resposta".

A partir da década de 1880, o marxismo também se disseminou no Cáucaso controlado pelos russos. Ele veio, em parte, dos movimentos de esquerda da Europa, através da Rússia, mas também da fermentação na Polônia russa, cuja influência chegou à Geórgia por intermédio dos poloneses enviados para o exílio no Cáucaso ou de georgianos que estudaram na Polônia tsarista. O marxismo georgiano também foi estimulado pela revolta geracional. Noé Jordánia emergiu como o Plekhánov do Cáucaso. Nascido em 1869, filho de uma família nobre da Geórgia ocidental, ele frequentou o Seminário Teológico de Tíflis e, juntamente com colegas como Silva Jibladze, o seminarista de Tíflis que dera na cara do reitor russo em 1884, criou o Terceiro Grupo (Mesame Dasi) em 1892. Eles visavam contrastar sua associação declaradamente marxista com o populismo conservador de Iliá Tchavtchavadze (Primeiro Grupo) e o liberalismo nacionalista (clássico) de Guiórgi Tseretéli (Segundo Grupo). Ao viajar pela Europa, Jordánia conhecera Karl Kautsky, o líder social-democrata alemão nascido em Praga, bem como Plekhánov. Em 1898, a convite do Tseretéli, Jordánia assumiu a editoria do periódico *Kvali*.[54] Sob sua direção, este se tornou o primeiro periódico marxista legal do Império russo, enfatizando o governo próprio, o desenvolvimento e a autonomia cultural da Geórgia dentro das fronteiras da Rússia (reminiscente dos sociais-democratas austríacos no reino multinacional dos Habsburgo). Em pouco tempo, a literatura marxista — inclusive cem cópias mimeografadas do *Manifesto comunista* traduzido do russo para o georgiano — seria contrabandeada para Tíflis e fortaleceria os círculos em crescimento dos jovens radicais do Cáucaso, como o de Djugachvíli.[55]

Tíflis se tornou o laboratório de organização deles. A cidade de pequenos comerciantes, carregadores e artesãos, cercada por um campo inquieto, tinha 9 mil artífices registrados, principalmente em artéis (associações) de uma e duas pessoas. Cerca de 95% de suas "fábricas" eram oficinas com menos de dez trabalhadores. Mas as grandes estações e oficinas ferroviárias (que abriram em 1883), juntamente com várias indústrias de tabaco e o Curtume Adelkhánov, contavam com um proletariado de pelo menos 3 mil (até 12 500 na província como um todo). Os trabalhadores ferroviários de Tíflis fizeram greves em 1887 e 1889 e, em meados de dezembro de 1898, pararam de novo, por cinco dias, numa greve importante organizada por Ladó Ketskhovéli e outros trabalhadores. Djugachvíli estava no seminário durante essa ação operária de segunda-feira a sábado.[56] Mas, graças a Ketskhovéli, o círculo de seminaristas de Djugachvíli, do qual acabara de assumir o controle, em maio de 1898, se ampliou para incluir meia dúzia de proletários da estação e das oficinas da ferrovia. Eles se reuniam geralmente no domingo, no bairro de Nakhalovka (Nadzaladevi), que era desprovido de calçadas, iluminação pública, rede de esgoto e água corrente.[57] Djugachvíli fazia palestras para os trabalhadores sobre "a mecânica do sistema capitalista", e "a necessidade de se engajar na luta política para melhorar a posição dos trabalhadores".[58] Por intermédio de Ladó, ele conheceu o agitador Silva Jibladze, que parece ter desempenhado um papel em ensinar Djugachvíli a promover a agitação entre os trabalhadores e em lhe atribuir novos "círculos".[59] Jibladze também pode ter sido a pessoa que apresentou Djugachvíli a Noé Jordánia.

Em algum momento de 1898, Djugachvíli foi visitar Jordánia no *Kvali*, do mesmo modo como havia abordado o aristocrata Tchavtchavadze no periódico *Iveria* (que então publicou sua poesia). Gentil e professoral, o aristocrata Jordánia, que não tinha uma aparência muito radical, recordou mais tarde que seu jovem e ousado visitante lhe disse: "Decidi largar o seminário para propagar suas ideias entre os trabalhadores". Jordánia disse que interrogou o jovem Djugachvíli sobre política e sociedade e depois o aconselhou a voltar para o seminário e estudar mais o marxismo. O conselho não foi bem recebido. "Vou pensar nisso", consta que o futuro Stálin respondeu.[60] Em agosto de 1898, Djugachvíli entrou para o Terceiro Grupo de georgianos marxistas, seguindo os passos de Ladó Ketskhovéli.

O Terceiro Grupo não era propriamente um partido político, que eram ilegais na Rússia tsarista, mas em março de 1898, em uma casa de madeira nos arredores de

Minsk, uma pequena cidade na Zona de Assentamento dos judeus, aconteceu um "congresso" de fundação do Partido Operário Social-Democrata Russo (POSDR), de inspiração marxista e imitação do partido alemão, que viria a ser o futuro partido governante da União Soviética. Era a segunda tentativa (um esforço anterior para fundar o partido, em Kiev, havia fracassado). O Bund (Federação) Trabalhista Judeu, que fora fundado cinco meses antes, ofereceu o apoio logístico para a reunião de Minsk. Eram apenas nove participantes, e apenas um operário de fato (fazendo com que alguns presentes se opusessem ao nome do futuro partido "Operário").* O ano de 1898 marcava o cinquentenário do *Manifesto comunista* de Marx e Engels, e durante o encontro de três dias os delegados aprovaram seu próprio manifesto, uma denúncia fulminante da "burguesia", que eles decidiram que precisava ser reformulado, a fim de ser divulgado, tarefa atribuída a Piotr Struve (nascido em 1870), filho do governador de Perm e bacharel da escola de direito imperial.[61] ("A autocracia criou na alma, no pensamento e nos hábitos dos russos educados uma psicologia e uma tradição de apostasia estatal", Struve explicou mais tarde.[62]) A polícia política tsarista não sabia nada a respeito do congresso de Minsk, mas os participantes já estavam em listas de vigilância e logo a maioria deles foi presa.[63] Vladímir Uliánov, mais conhecido como Lênin, tomou conhecimento desse congresso quando estava no leste da Sibéria, cumprindo a ordem de exílio interno de três anos, após quinze meses de prisão, por divulgar panfletos revolucionários e conspirar para assassinar o tsar. O congresso de Minsk viria a ser o único congresso pré-revolucionário do POSDR realizado em território do Império russo.[64] Mas em breve, no exílio europeu, um grupo de expatriados socialistas do qual faziam parte Plekhánov, seus dois satélites Pinchas Borutsch (também conhecido como Pável Axelrod) e Vera Zassúlitch, bem como os novatos Julius "Iúli" Tsederbaum (também conhecido como Mártov) e Lênin, publicou um jornal em língua russa, inicialmente em Stuttgart, em dezembro de 1900. Com o objetivo de unir os revolucionários da Rússia em torno de um programa marxista, chamava-se *Iskra* (*Centelha*), pois "a partir de uma faísca, um incêndio se acenderá".[65]

AGITADOR, PROFESSOR

O futuro Stálin (tal como Lênin) dataria sua "filiação partidária" de 1898. De volta ao seminário, no outono e inverno de 1898-9, suas infrações se acumularam: atrasar-se para a oração da manhã; violar a disciplina na liturgia (saindo evidentemente mais

---

* Boris Eidelman (o principal organizador), Stepan Rádtchenko, Aaron Kramer, Aleksandr Vannóvski, Abram Mutnik, Kazimir Petrussévitch, Pável Tutchápski, Natan Vigdórtchik e Shmuel Kats (o único operário).

70

cedo, queixando-se de dor nas pernas por ficar em pé por tanto tempo); chegar três dias atrasado de uma licença em Góri; deixar de cumprimentar um professor (o antigo inspetor Murakhóvski); rir na igreja; reclamar de uma revista; deixar as Vésperas. Djugachvíli recebia reprimendas e tinha de cumprir pena na cela de confinamento solitário do seminário. Em 18 de janeiro de 1899, foi proibido de deixar o local para ir à cidade por um mês, certamente devido à descoberta de uma grande quantidade de livros proibidos. (Outro estudante apanhado foi expulso.)[66] Com consequências mais graves, após o feriado da Páscoa, Djugachvíli não fez seus exames de fim de ano. Em 29 de maio de 1899, uma anotação em um órgão oficial do exarcado georgiano dizia de Djugachvíli: "expulso [uvolniáetsia] do Seminário por não aparecer no exame por motivo desconhecido".[67] Essa expulsão, com a enigmática expressão "motivo desconhecido", foi objeto de interpretações variadas, inclusive do próprio Stálin, que se gabou mais tarde de que foi "expulso de um seminário teológico ortodoxo por fazer propaganda marxista".[68] Mas em mais de uma ocasião, antes de se tornar governante, ele declarou que haviam cobrado, de repente, uma taxa, e ele não podia pagá-la, e que ao ir para o seu sexto ano, enfrentou a perda de seu apoio financeiro estatal parcial. Porém, sempre se recusou a especificar a razão de ter perdido a bolsa de estudos estatal.[69] Também não parece existir nenhuma indicação de que ele tenha apelado para a ajuda financeira de Egnatachvíli ou outro benfeitor. E nenhuma falta de pagamento foi registrada na resolução formal de expulsão. Ainda assim, sua situação financeira difícil era bem conhecida (havia implorado muitas vezes ao reitor por assistência financeira), e pode ser que os disciplinadores, liderados pelo inspetor Abachidze, tenham maquinado se livrar de Djugachvíli explorando sua pobreza.[70]

Quatro anos depois da expulsão de Djugachvíli em 1899, Abachidze seria promovido a bispo, um carimbo claro de aprovação ao seu trabalho.[71] Na verdade, a política de russificação do seminário havia fracassado. Já em 1897-8, as autoridades do Cáucaso parecem ter concluído que o seminário de Tíflis estava prejudicando os interesses da Rússia e devia ser fechado (de acordo com as memórias de um professor). Porém, em vez de fechá-lo de imediato, os eclesiásticos decidiram instituir um expurgo dos alunos georgianos.[72] O seminário encaminhou listas de alunos transgressores à polícia.[73] Em setembro de 1899, de quarenta a 45 seminaristas foram forçados a sair "a pedido deles". Em breve, os alunos georgianos desapareceriam totalmente do seminário. (O seminário seria completamente fechado em 1907.[74]) Djugachvíli poderia ter sido expulso, como parte do grande grupo, no outono de 1899. Mas a vendetta de Abachidze pode explicar por que a expulsão de Djugachvíli foi feita individualmente. Mesmo assim, ficamos com a curiosidade de que nenhuma razão foi dada para a ausência de Djugachvíli nos exames, e que ele, aparentemente, não entrou com uma petição para repeti-los. Uma possível pista: no ano em

71

que deixou o seminário, Djugachvíli pode ter sido pai de uma menina — Praskóvia "Pacha" Gueorgievna Mikhailóvskaia, que, na idade adulta, era muito parecida com ele.[75] O círculo estudantil de Djugachvíli alugava um casebre em Tíflis, no sopé do monte santo de Mtatsminda, para reuniões conspiratórias, mas os jovens podem tê-lo usado também para encontros amorosos.[76] Mais tarde, Stálin guardaria uma carta que recebeu sobre essa paternidade em seu arquivo. Se essa evidência circunstancial pode ser aceita, ela poderia explicar por que Djugachvíli encarou a perda de sua bolsa de estudos e não apelou para refazer seus exames ou para recuperar o financiamento estatal.[77]

Mas os biógrafos notaram outras curiosidades. Após a expulsão, Djugachvíli devia ao Estado mais de seiscentos rublos — uma quantia fantástica — por não entrar no sacerdócio ou servir à Igreja ortodoxa de alguma maneira (ou pelo menos tornar-se mestre-escola). A reitoria escreveu-lhe uma carta sugerindo que passasse a ser professor numa escola da igreja de nível inferior, mas ele não aceitou a oferta; contudo, parece que o seminário não utilizou as autoridades seculares para forçá-lo a cumprir sua obrigação financeira.[78] E tem mais: em outubro de 1899, sem ter pago o dinheiro que devia, Djugachvíli solicitou e recebeu um documento oficial do seminário testemunhando sua conclusão de quatro anos de estudo (uma vez que o quinto permaneceu incompleto). Ao expulso foi atribuída uma nota "excelente" (5) por comportamento.[79] Essas curiosidades, em que se suspeitaria normalmente de pagamento de suborno, podem ou não ser significativas. No fim das contas, o futuro Stálin talvez tenha simplesmente superado o seminário, sendo dois anos mais velho do que o seu grupo e estando já profundamente envolvido nas atividades revolucionárias de Ladó. Djugachvíli não ia entrar para o sacerdócio, e uma recomendação do seminário para continuar seus estudos na universidade parecia improvável. Djugachvíli supostamente confidenciou a um colega de escola que a expulsão foi um "golpe", mas, se assim foi, ele não lutou para ficar.[80]

Djugachvíli continuava um amante de livros, e se imaginava cada vez mais no papel de professor. Não passou o verão de 1899 em Góri, mas, de novo, na aldeia de Tsromi, com seu amigo Micko Davitachvíli, que era filho de sacerdote. Eles foram visitados por Ladó Ketskhovéli. A polícia revistou a casa de Davitachvíli, mas, ao que parece, a família fora avisada e a busca não deu em nada. Ainda assim, Micko estava no grande grupo que não continuou no seminário em setembro de 1899 "a seu pedido".[81] Djugachvíli acrescentaria muitos dos rapazes recém-expulsos do seminário ao círculo de estudos que dirigia.[82] Ele também continuou a se encontrar com trabalhadores e dar palestras a eles. Então, em dezembro de 1899, não muito tempo depois de ter obtido seu documento oficial do seminário de quatro anos de estudo — que pode ter pedido com o objetivo de arranjar trabalho —, Djugachvíli conseguiu um emprego no

Observatório Meteorológico de Tíflis, uma agência estatal. Foi um golpe de sorte, mas também ligado à sua associação com a família Ketskhovéli: Vanó Ketskhovéli, irmão mais moço de Ladó, trabalhava no observatório e Djugachvíli já estava morando com Vanó em outubro de 1899; um pouco mais tarde, convenientemente, um dos seis funcionários do observatório saiu.[83] Djugachvíli ganhava relativamente bem: 20-25 rublos por mês (numa época em que o salário médio na região do Cáucaso era de 14-24 rublos para mão de obra qualificada e 10-13 para não qualificada).[84] Além de remover a neve no inverno e varrer a poeira no verão, ele registrava temperaturas e pressões barométricas de hora em hora. O futuro Stálin também passava um bom tempo lendo e se tornou um agitador dedicado. Quando tinha o turno da noite, podia ler sobre marxismo durante o dia, ou dar aulas para grupos de trabalhadores, o que se tornou sua paixão absoluta.

Outra inspiração vinha de questionar o establishment socialista. Em solidariedade a Ladó Ketskhovéli, que às vezes se escondia durante a noite no observatório, Djugachvíli olhava com desconfiança para o *Kvali* de Jordánia. Sendo uma publicação legal, tinha de passar pela censura e mostrar contenção, oferecendo um "marxismo diluído", que era odiado pelos radicais mais jovens. Os folhetins do *Kvali*, argumentavam Ketskhovéli e Djugachvíli, "não faziam nada" pelos trabalhadores reais. Ladó sonhava em fundar seu próprio periódico ilegal e recrutar mais jovens propagandistas como Djugachvíli.[85] Jordánia e seus partidários se opunham a um periódico ilícito, temendo que isso pudesse fazer sombra para sua revista legal. Quando Djugachvíli escreveu uma crítica sobre a aparente docilidade e inércia do *Kvali*, Jordánia e os editores recusaram-se a publicá-la. Contaram a Jibladze e Jordánia que Djugachvíli fazia propaganda contra o periódico deles pelas costas.[86] Mas, qualquer que fosse o ressentimento pessoal, uma verdadeira diferença de tática estava em jogo: o futuro Stálin, em sincronia com Ladó, insistia que o movimento marxista passasse do trabalho educacional para a ação direta. Ladó mostrou o caminho ao organizar uma greve de condutores de bondes puxados a cavalo da cidade em 1º de janeiro de 1900. Os condutores ganhavam noventa copeques por uma jornada de trabalho de treze horas, e parte dessa quantia era tomada de volta em duvidosas "multas" no local de trabalho. Sua greve parou brevemente a capital e forçou um aumento salarial. *Isso é que era poder*. Porém, havia riscos, como Jordánia e Jibladze haviam observado. Um dos trabalhadores dos bondes forneceu informações sobre Ladó e, em meados de janeiro de 1900, ele escapou por pouco dos policiais de Tíflis, fugindo para Baku.[87] No mesmo mês, Djugachvíli foi preso pela primeira vez. Algumas semanas antes, havia completado a idade legal de 21 anos.

A acusação nominal era que seu pai devia impostos atrasados em Didi Liló, a aldeia que Bessó havia deixado mais de três décadas antes (sem, no entanto, sair

73

formalmente dos registros da vila). Djugachvíli foi encarcerado na prisão-fortaleza de Metekhi — aquela sobre o penhasco pelo qual havia passado com o pai com a idade de onze anos, a caminho do trabalho no Curtume Adelkhánov. Parece que Micko Davitachvíli e outros amigos juntaram o dinheiro e pagaram a dívida pendente da aldeia de Bessó, e assim Djugachvíli foi liberado. Keké chegou de Góri e, por um tempo, insistiu em ficar com ele em seu quarto no observatório — isso só podia ser constrangedor. Ela "vivia em ansiedade permanente em relação ao filho", lembrou uma vizinha e parente distante (Maria Kitiachvíli). "Eu me lembro bem de como ela vinha a nossa casa e chorava por causa de seu querido Sossó — onde ele está agora, os gendarmes o prenderam?"[88] Logo, a própria Keké seria vigiada pela polícia e, ocasionalmente, convocada para interrogatório. Ainda não está claro por que os policiais não prenderam Bessó, que estava morando em Tíflis (de vez em quando, Ióssif recebia botas artesanais do pai).[89] Também não está claro por que Djugachvíli não foi preso por conta de sua própria dívida para com o Estado da bolsa de estudos do seminário. A incompetência da polícia não pode ser descartada. Mas a prisão por dívida de Bessó parece ser um pretexto, um aviso a um jovem radical ou talvez uma manobra para marcá-lo: Djugachvíli foi fotografado para o arquivo da polícia. Ele voltou ao seu trabalho no observatório, mas também continuou suas palestras políticas ilegais e permaneceu sob vigilância. "De acordo com informações do agente, Djugachvíli é um social-democrata e realiza reuniões com os trabalhadores", anotou a polícia. "A vigilância estabeleceu que ele se comporta de uma maneira altamente cautelosa, sempre olhando para trás enquanto caminha."[90]

CLANDESTINIDADE

Em meio a luta de galos, banditismo e prostituição (política e sexual) no Cáucaso, a agitação socialista ilegal dificilmente se destacava, pelo menos de início. Ainda em 1900, a preponderância esmagadora dos habitantes de Tíflis sob vigilância policial era de armênios, que eram vigiados por medo de que mantivessem conexões com os armênios que viviam do outro lado da fronteira, no Império Otomano. Apenas alguns anos mais tarde, porém, a maioria dos dossiês policiais sobre suspeitos "políticos" era de georgianos e sociais-democratas — 238 deles, inclusive o de Djugachvíli.[91] Em 21 de março de 1901, a polícia invadiu as instalações do Observatório de Tíflis. Embora estivesse ausente durante a revista de suas coisas e as de outros funcionários, Djugachvíli talvez estivesse observando de não muito longe, de modo que foi descoberto e também sofreu uma revista pessoal.[92] Se assim foi, a polícia não o prendeu, talvez porque quisesse continuar a mantê-lo sob vigilância, para descobrir outros "subversivos". De qualquer modo, a carreira meteorológica do futuro Stálin tinha acabado. Ele passou à clandestinidade, de forma permanente.

Agora, Djugachvíli não tinha meios de sustento, além de receber por algumas aulas particulares, e vivia às custas de colegas, namoradas e dos proletários que buscava liderar. Ele se jogou em atividades conspiratórias, como encontrar refúgios e abrir gráficas ilegais para ajudar greves e manifestações do Dia do Trabalho. O Primeiro de Maio fora definido como feriado pelos socialistas de todo o mundo, com o objetivo de comemorar a revolta da praça Haymarket de Chicago, em 1886, quando a polícia atirou nos grevistas que reivindicavam uma jornada de trabalho de oito horas. Em Tíflis, as passeatas com bandeiras vermelhas do Primeiro de Maio haviam começado em 1898 com os ferroviários. Realizadas fora da cidade propriamente dita, as três primeiras atraíram 25 pessoas (1898), 75 (1899), depois quatrocentas (1900). Para o Primeiro de Maio de 1901, Djugachvíli estava envolvido em planos para uma passeata arrojada e arriscada pela avenida Golovin, no coração de Tíflis. Ele promoveu agitação na maior concentração de trabalhadores da cidade, nas oficinas da principal ferrovia de Tíflis. A polícia tsarista fez prisões preventivas e equipou cossacos montados com sabres e chicotes longos, mas pelo menos 2 mil trabalhadores e curiosos os desafiaram, gritando "Abaixo a autocracia!". Depois de um tumulto de 45 minutos, envolvendo o combate corpo a corpo, as ruas da capital do Cáucaso ficaram encharcadas de sangue.[93]

A polícia tsarista exilara sociais-democratas russos, por exercerem atividades revolucionárias, no Cáucaso — onde, é claro, ajudaram a fomentar as atividades revolucionárias —, e Djugachvíli conheceu Mikhail Kalínin, entre outros.[94] Mas o militante de 26 anos Ketskhovéli continuava a ser um elo fundamental para os sociais-democratas da Rússia imperial e um modelo para Djugachvíli. Clandestino em Baku, Ladó fundou um concorrente em língua georgiana do *Kvali*, batizado de *Brdzola* (*A Luta*), era um folheto violento que começou a ser publicado em setembro de 1901. Referindo-se ao choque sangrento do Primeiro de Maio de 1901 em Tíflis, um ensaio (anônimo) publicado em novembro-dezembro de 1901 raciocinava desafiadoramente que "os sacrifícios que fazemos hoje em manifestações de rua serão cem vezes compensados", acrescentando que "cada militante que cai na luta ou é arrancado de nossas fileiras [por prisão] desperta centenas de novos combatentes".[95] A gráfica clandestina que Ketskhovéli criou com Ábel Ienukidze, Leonid Krássin e outros sociais-democratas em Baku estava escondida no bairro muçulmano da cidade e tinha o codinome de "Nina" — palavra russa para Ninó (a santa padroeira da Geórgia). Eles publicavam também reimpressões do jornal russo *Iskra*, fundado recentemente por emigrados marxistas, cujos exemplares eram contrabandeados da Europa Central para Baku via Tabriz (Irã), a cavalo.[96] Nina logo se tornou a maior gráfica clandestina social-democrata de todo o Império russo, e confundiria a polícia tsarista de 1901 a 1907.[97] Foi através de Nina, bem como da *Brdzola* de Ladó, que o jovem Djugachvíli se familiarizou com as ideias de Lênin, que escreveu muitos dos editoriais inflamados (anônimos) dos treze números do *Iskra* que saíram até o final de 1901.[98]

Ketskhovéli, ao contrário de Jordánia, proporcionou a Djugachvíli acesso direto ao pulso da social-democracia russa, ajudando-o a tornar-se um marxista informado e agitador de rua militante. O último papel foi enxertado na já profunda disposição autodidata de Djugachvíli e em sua vocação sincera para esclarecer as massas. A partir de sua experiência pessoal, no entanto, Djugachvíli lamentaria que os trabalhadores muitas vezes não apreciavam a importância do estudo e do aperfeiçoamento pessoal. Em 11 de novembro de 1901, numa reunião do Comitê de Tíflis do recém-criado Partido Operário Social-Democrata Russo, ele não defendeu os membros trabalhadores, mas os da demi-intelligentsia, isto é, tipos como ele e Ladó. Argumentou que convidar trabalhadores para entrar no partido era incompatível com "conspiração" e exporia os membros à prisão. Lênin havia propagado essa visão nas páginas do *Iskra*. Ele também escreveu *O que fazer?* (março de 1902), um panfleto de amplo alcance que era uma autodefesa contra um ataque arrasador (em setembro de 1901) feito por outros marxistas do grupo de *Iskra*. Em breve, a defesa de Lênin de um partido centrado na intelligentsia dividiria o grupo.[99] Na reunião de novembro de 1901 do Comitê de Tíflis, entretanto, a maioria dos sociais-democratas do Cáucaso votou a favor da admissão de trabalhadores no partido, contra a posição semelhante à de Lênin de Djugachvíli.[100] Ao mesmo tempo, o Comitê decidiu enviar Djugachvíli para promover a agitação entre os trabalhadores do porto de Batum, no mar Negro.[101]

Batum era uma missão de alto nível. Distante apenas vinte quilômetros da fronteira otomana, o porto fora tomado aos otomanos com o resto da Adjara (Ajária) islâmica na guerra de 1877-8 e, depois de ser ligado à Ferrovia Transcaucasiana, tornou-se o terminal do mar Cáspio de exportação de petróleo da Rússia. O maior oleoduto do mundo, que ia de Baku a Batum, estava em construção (seria inaugurado em 1907), e seus patrocinadores — os irmãos suecos Nobel (famosos pela dinamite), os irmãos franceses Rothschild (famosos pelos bancos) e o magnata armênio Aleksandr Mantachian (nascido em 1842), conhecido em russo como Mantáchiov — buscavam romper o quase monopólio da Standard Oil americana no fornecimento de querosene para a Europa.[102] Djugachvíli também procurava aproveitar o boom do petróleo, com propósitos esquerdistas. (Em breve, o *Iskra*, junto com mais literatura marxista russa, começou a chegar lá de navio, vindo de Marselha.) A cidade portuária já tinha "Escolas Dominicais" para trabalhadores, criadas por Nikoloz "Karlo" Tchkheidze (nascido em 1864), um dos fundadores do Terceiro Grupo, e Isidor Ramichvíli (nascido em 1859), ambos camaradas próximos de Noé Jordánia.

O jovem Djugachvíli infiltrou-se no meio operário, onde "falava sem o refinamento de um orador", recordou mais tarde um colega hostil georgiano. "Suas palavras estavam imbuídas de poder, determinação. Ele falava com sarcasmo, ironia, martelando com contundência bruta", mas depois "se desculpava e explicava que estava falando a língua do proletariado, ao qual não foram ensinadas maneiras sutis ou eloquência aristocrática."[103] A pose de operário de Djugachvíli tornou-se verdadeira quando um conhecido conseguiu que fosse contratado pela companhia petrolífera Rothschild. Ali, em 25 de fevereiro de 1902, em meio à queda da demanda dos clientes, 389 trabalhadores (de um total de mais ou menos novecentos) foram demitidos com aviso prévio de apenas duas semanas, provocando uma paralisação total dois dias depois.[104] Seguiram--se prisões em massa. Secretamente, o chefe militar do Cáucaso confidenciou aos governadores locais que a "propaganda" social-democrata estava encontrando "solo receptivo" devido às condições terríveis de vida e de trabalho dos operários.[105] Além disso, a política de deportar os trabalhadores que protestavam para suas aldeias nativas só estava ampliando as ondas rebeldes no interior da Geórgia.[106] Em 9 de março, uma multidão carregando pedras de pavimentação tentou libertar companheiros da prisão transitória enquanto aguardavam a deportação. "Irmãos, não tenham medo", gritou um trabalhador preso, "eles não podem atirar, pelo amor de Deus, nos libertem." A polícia abriu fogo, matando pelo menos catorze.[107]

O "massacre de Batum" reverberou em todo o Império russo, mas, para Djugachvíli, que havia distribuído panfletos incendiários, provocou a prisão, em 5 de abril de 1902. Um relatório da polícia o caracterizou como "sem ocupação específica e residência desconhecida", mas "um professor dos trabalhadores".[108] Não está claro se Djugachvíli teve alguma influência sobre a militância dos operários. Mas foi acusado de "incitação à desordem e insubordinação contra autoridade superior".[109] Batum também deflagrou uma profunda animosidade que iria assombrar Djugachvíli nos círculos social-democratas do Cáucaso. Para substituí-lo, o Comitê de Tíflis enviou David "Mokheve" Khartichvíli. Mokheve defendia que somente trabalhadores deveriam ser membros plenos do Comitê de Tíflis, negando esse status aos intelectuais (como Djugachvíli). Ao chegar a Batum, Mokheve acusou Djugachvíli de ter provocado deliberadamente o massacre policial.[110] Mas, enquanto Djugachvíli estava na prisão, seus partidários de Batum resistiram à autoridade de Mokheve. Um relatório da polícia, baseado em informantes, observou que "o despotismo de Djugachvíli irritou muitas pessoas e a organização se dividiu".[111] Foi nesse período da prisão que Djugachvíli começou a usar habitualmente o pseudônimo de Koba, "vingador da injustiça".[112] Os membros do Comitê de Tíflis ficaram com raiva dele. Teriam provavelmente ficado mais irados se soubessem que, enquanto chafurdava por um ano na prisão provisória de Batum, em 1902-3, o futuro Stálin implorou duas vezes ao governador-geral do Cáucaso pela libertação, citando "uma tosse asfixiante cada vez pior e a situação desamparada de minha mãe idosa, abandonada pelo marido há doze anos e tendo a mim como seu único sustento na vida".[113] (Keké também mandou petição ao governador-geral por seu filho, em janeiro de 1903.) Essa atitude rastejante, se ficasse conhecida, poderia manchar a reputação de um revolucionário. Um médico da prisão examinou Djugachvíli, mas a polícia se opôs à clemência.[114] Em julho de 1903, quinze meses depois de sua detenção, Koba Djugachvíli foi condenado por decreto administrativo ao exílio de três anos nas terras de língua mongol buriata, na Sibéria Oriental.

Do lado de fora das grades de seu vagão de gado, em novembro de 1903, o futuro Stálin provavelmente viu o inverno de verdade pela primeira vez — terra coberta de neve, rios completamente congelados. Georgiano na Sibéria, Koba, o vingador, quase morreu congelado em sua primeira tentativa de fuga. Mas já em janeiro de 1904, ele conseguiu escapar do chefe de polícia da aldeia, andar mais de sessenta quilômetros até o terminal ferroviário e voltar ilegalmente para Tíflis.[115] Ele contaria três histórias diferentes sobre sua fuga, inclusive uma sobre uma carona que pegou com um entregador a quem entupiu de vodca. Na verdade, o futuro Stálin parece ter usado uma carteira de identidade da polícia, verdadeira ou falsificada, truque que agravou as suspeitas a respeito de sua fuga rápida (ele seria um colaborador da polícia?).[116] Durante a sua ausência de Tíflis, realizara-se um congresso para unificar os sociais-democratas do Cáucaso Sul e criar um "comitê de união" de nove membros; Djugachvíli faria parte dele.[117] Mesmo assim, seu antigo comitê de Batum o afastou. Ele foi associado ao banho de sangue da polícia e à divisão política local, e depois de seu retorno rápido desconfiavam que fosse um agente provocador.[118] Procurado pela polícia, ele voltou a Góri (onde obteve novos documentos falsos), depois foi para Batum e Tíflis. Sua eventual senhoria e amante na clandestinidade de Batum, Natacha Kirtava-Sikharulidze, então com 22 anos, recusou-se a acompanhá-lo a Tíflis; ele a amaldiçoou.[119] A vigilância policial na capital do Cáucaso era intensa e Djugachvíli mudou de endereço pelo menos oito vezes em um mês. Encontrou-se novamente com Liev Rozenfeld (mais conhecido como Kámenev), que o ajudou a achar um esconderijo. Um apartamento seguro pertencia a Serguei Allilúiev, um operador de máquinas qualificado que fora enviado a Tíflis, contratado pelas oficinas da ferrovia, e lá se casou. A casa da família de Allilúiev (futuro segundo sogro de Stálin), na periferia de Tíflis, tornou-se um centro de reunião social-democrata, proporcionando refúgio para agitadores que, por um tempo, escapavam da prisão e deportação.[120]

Kámenev também daria a Djugachvíli um exemplar da tradução russa (1869) de *O príncipe*, de Maquiavel, embora os revolucionários da Rússia quase não precisassem do teórico político italiano.[121] Serguei Netcháiev (1847-82), filho de um servo e fundador da sociedade secreta A Retaliação do Povo, havia observado, em 1871: "Tudo o que possibilita o triunfo da revolução é moral, e tudo o que está em seu caminho é imoral".[122]

Assim foram os primeiros anos revolucionários (1898-1903) inspirados por Ladó na vida do futuro ditador: uma vocação para agitador e professor de operários; uma estratégia de confronto sangrento no Primeiro de Maio em Tíflis; uma gráfica marxista ilegal para rivalizar com a legal; acusações de provocar um massacre policial e dividir o partido em Batum; um período de prisão longo e duro no oeste da Geórgia; uma demonstração de servilidade perante o governador-geral do Cáucaso; um breve exílio enregelante na Sibéria; suspeitas de colaboração com a polícia; uma vida em fuga. Quase num piscar de olhos, um menino religioso de Góri passara de contrabandista de Victor Hugo para dentro do seminário de Tíflis a participante, ainda que completamente obscuro, de um movimento socialista mundial. Em grande medida, isso não aconteceu graças a uma cultura de banditismo no Cáucaso, mas às profundas injustiças e à repressão da Rússia tsarista. O confronto aberto com o regime fora intencionalmente procurado por jovens exaltados que imaginavam que estavam sondando a intransigência da autocracia. Mas essa atitude combativa e arriscada logo seria adotada até mesmo por socialistas marxistas que resistiam a ela havia muito tempo, homens como Jordánia e Jibladze, do *Kvali*. O sistema político tsarista e as condições de vida no império promoviam a militância. No Cáucaso, como no império como um todo, os esquerdistas pularam a etapa da agitação em favor da criação de sindicatos — que continuaram ilegais na Rússia por muito mais tempo do que na Europa ocidental — e foram direto para a derrubada violenta da ordem abusiva.[123]

Até mesmo o funcionalismo dava sinais de ter consciência (em correspondência interna) do forte impulso à revolta: o regime fabril era mais do que brutal; fazendeiros e seus sicários tratavam os camponeses após a emancipação como bens móveis; qualquer tentativa de mitigar essas condições era tratada como traição.[124] "Primeiro, a gente se convence de que as condições existentes são erradas e injustas", Stálin explicaria mais tarde, de forma convincente. "Então, resolve fazer o melhor possível para saná-las. Sob o regime tsarista, qualquer tentativa genuína para ajudar nos põe fora dos limites da lei; a gente se vê caçado e perseguido como revolucionário."[125] Se viver sob o tsarismo o transformou, como a muitos outros jovens, num revolucionário combatente de rua, Djugachvíli também se dizia um esclarecedor — até então, quase que exclusivamente em forma oral —, bem como um intruso e um oprimido, um emergente que se opunha não só à polícia tsarista, mas também ao establishment revolucionário desorientado comandado por Jordánia.[126] Na tentativa de liderar os trabalhadores que protestavam, Djugachvíli obteve um sucesso ambíguo. Ainda assim, mostrou-se hábil no cultivo de um grupo coeso de jovens como ele. "Koba distinguia-se de todos os outros bolcheviques", lembrou um imigrante georgiano hostil, "pela sua energia inquestionavelmente maior, pela capacidade incansável para o trabalho duro, pelo desejo indomável de poder e, acima de tudo, por seu enorme talento organizacional", voltado para forjar "discípulos através dos quais podia [...] manter toda a organização em suas mãos".[127]

Mas, antes que Djugachvíli fosse à luta por conta própria, Ladó Ketskhovéli exemplificava para ele o revolucionário profissional ousado que lutava contra a injustiça e vivia na clandestinidade graças a sua sagacidade, desafiando a polícia tsarista.[128] Leonid Krássin julgava Ladó um gênio organizacional. Serguei Allilúiev consideraria Ladó a personalidade mais magnética do movimento socialista do Cáucaso. Mas na primavera de 1902, cessou a publicação de *Brdzola*, depois de apenas quatro números, após muitas prisões dos sociais-democratas de Baku. (Seu rival *Kvali* também fecharia em seguida.) Em setembro de 1902, o próprio Ketskhovéli foi detido e encarcerado na prisão-fortaleza de Metekhi, em Tíflis. Consternado com a prisão de seus companheiros, Ladó talvez tenha precipitado sua prisão, dando seu nome verdadeiro durante uma busca policial no apartamento de outra pessoa. De pé junto às enormes frestas das janelas das celas e gritando para companheiros de prisão e transeuntes, Ladó, "um rebelde [*buntar*]", "temido e odiado" pela administração prisional, parece ter atormentado diariamente os guardas da prisão. Um bilhete que tentou contrabandear para fora de Metekhi pode ter levado à prisão de Ábel Ienukidze. Em agosto de 1903, quando se recusou a se retirar da janela, um guarda da prisão, depois de uma advertência, atirou e matou Ladó, aos 27 anos de idade, através da janela de sua cela trancada.[129] Correria a história de que Ladó estava desafiadoramente gritando "Abaixo a autocracia!". Parece que ele estava disposto, talvez até mesmo ansioso, para morrer pela causa.

Mais tarde, Stálin não apagaria as façanhas revolucionárias independentes ou a existência de Ladó, ao contrário do que aconteceu com quase todos os outros ligados ao ditador em um momento ou outro, que foram "apagados".[130] (A casa em que Ladó nasceu seria incluída em cinejornais que mostravam a Geórgia soviética.)[131] A precocidade do martírio de Ladó certamente ajudou a esse respeito. Mas essa circunstância destaca o fato de que o próprio Ióssif Djugachvíli poderia ter sofrido o mesmo destino de seu primeiro mentor: a morte precoce em uma prisão tsarista.

3. O inimigo mais perigoso do tsarismo

O Império russo está todo em efervescência. Agitação e apreensão prevalecem em todas as classes. Isso se aplica igualmente aos trabalhadores, aos estudantes, à nobreza, inclusive à mais alta sociedade da Corte, aos industriais, comerciantes, lojistas, e, por último mas não menos importante, aos camponeses. [...] O único método comprovado de lidar com essa situação, que é proposto com frequência no exterior, é a concessão de uma Constituição; se isso fosse feito aqui, a consequência seria quase certamente uma revolução.
ADIDO AUSTRO-HÚNGARO EM SÃO PETERSBURGO, MEMORANDO PARA VIENA, 1902[1]

A Eurásia russa — 104 nacionalidades falando 146 idiomas, tal como enumerados no censo de 1897 — era o caleidoscópio mais espetacular do mundo, mas, na verdade, todos os impérios da época eram uma colcha de retalhos maluca.[2] A chave para o império na Rússia também não era o multinacionalismo em si, mas o sistema político. O início da administração do Estado moderno russo é geralmente atribuído a Pedro I, ou Pedro, o Grande, que reinou de 1682 a 1725, embora as grandes mudanças atribuídas a ele tivessem muitas vezes raízes no reinado de seu pai e até mesmo no de seu avô.[3] A Pedro também é atribuída a ocidentalização, embora ele desconfiasse do Ocidente e o usasse como meio para um fim, a saber, como fonte de progresso técnico.[4] Pedro, cuja mãe era descendente (distante) dos tártaros, tornou a Rússia ainda mais europeia do ponto de vista cultural. No aspecto institucional, organizou a administração do Estado conforme o modelo sueco. E introduziu uma Tabela de Posição Social, uma escada de incentivos para aumentar a competição por honra e privilégio, com o objetivo de abrir o serviço público a homens novos. Ao separar posição social de direito hereditário — ou, dito de outra forma, fazer do direito hereditário uma recompensa conferida pelo Estado —, Pedro ampliou a capacidade da autoridade governante. Mas comprometeu toda a sua construção do Estado ao envolver-se em tudo. Como observou um embaixador estrangeiro, Pedro "descobre diariamente, cada vez mais, que não consegue encontrar em todo o reino nenhum de seus parentes de sangue ou boiardos a quem possa confiar um cargo importante. Ele é, portanto, forçado a assumir sozinho o pesado fardo do reino e pôr suas mãos em um novo e diferente governo, deixando para trás os boiardos (a quem ele chama de cães infiéis)".[5] Em 1721, Pedro se promoveu unilateralmente a "imperador" (Imperator), uma reivindicação de paridade com o (não reinante) imperador romano. (Ele optou por "Imperador de Todas as Rússias", em vez do proposto "Imperador do Oriente".) Acima de tudo, Pedro criou sua própria persona, em parte via rituais humilhantes na corte — orgias com pênis artificiais, casamentos simulados — que acentuavam a centralidade da pessoa do autocrata e do acesso a ele.[6] A busca de um Estado forte passou a ser confundida com um personalismo intenso.

O método de construção do Estado de Pedro também reforçou a circunstância pela qual as elites russas permaneceram unidas pelos quadris ao poder autocrático. A Rússia nunca desenvolveu uma aristocracia de pleno direito, com suas próprias instituições corporativas que acabassem por decapitar o absolutismo (embora, em 1730, alguns nobres da Rússia tenham tentado isso).[7] É verdade que a nobreza russa acumulou tanta riqueza quanto suas congêneres da Áustria ou mesmo da Inglaterra. E, ao contrário da Áustria ou da Inglaterra, a aristocracia russa também produziu figuras culturais de distinção mundial: Lérmontov, Tolstói, Turguêniev, Glinka, Tchaikóvski, Rachmanínov, Skriábin, Mussórgski. Além disso, a pequena nobreza da Rússia era uma casa aberta: até mesmo bastardos (como Aleksandr Herzen) podiam alcançar status de nobre. Mas uma diferença ainda maior era que a aristocracia inglesa adquiria experiência política de classe dominante numa monarquia constitucional. Na Rússia, os donos de servos eram todo-poderosos em suas propriedades, mas, em última análise, viviam sob a tolerância do autocrata. O status social de elite baseava-se na prestação de serviços em troca de recompensas, que poderiam ser retiradas.[8] Além de *servir ao soberano* pelo emprego no Estado, os nobres russos tinham de trabalhar constantemente apenas para manter sua posição na hierarquia. É verdade que a maioria das famílias privilegiadas da Rússia conseguiu sobreviver durante séculos sob o domínio de autocratas. Ainda assim, nem todos os clãs da elite russa sobreviveram, e a diferença entre persistência próspera e exílio ou prisão podia parecer arbitrária.[9] Os poderosos do império precisavam de patronos ainda mais elevados na hierarquia para proteger a posse de suas propriedades e, às vezes, suas próprias pessoas.

Muitos observadores, entre eles Karl Marx, afirmaram que "a Rússia moderna não passa de uma metamorfose da Moscóvia".[10] Eles estavam errados: o Estado russo pós-

-Pedro e sua capital, São Petersburgo, assemelhavam-se mais ao absolutismo europeu do que à antiga Moscóvia. Mas essa circunstância estava obscurecida. Burocratas "desalmados", puxa-sacos "sem cérebro" e colecionadores "covardes" de condecorações estatais levaram uma surra imortal nas letras russas, em nenhum lugar melhor do que em *O inspetor geral* de Nikolai Gógol. Círculos da corte também zombavam das "Vossas Excelências" arrivistas da Rússia. Além dessas memórias e da pena sublime de Gógol, que continuam a seduzir os historiadores, podemos encontrar outras vozes importantes. O príncipe Boris A. Vassíltchikov, por exemplo, um aristocrata eleito para o conselho de administração local (*zémstvo*), perto de sua propriedade, e mais tarde governador de Pskov, compartilhava o desprezo pela burocracia imperial, antes de entrar nela. "Durante os meus dois anos de ministro, ganhei uma opinião muito elevada sobre as qualidades do funcionalismo de Petersburgo", escreveu ele. "O nível do pessoal das chancelarias e dos ministérios de Petersburgo era extremamente alto no que dizia respeito ao conhecimento, à experiência e ao cumprimento de seus deveres oficiais [...] além disso, fiquei impressionado com sua imensa capacidade para o trabalho duro."[11] É certo também que Vassíltchikov observou que poucos funcionários da Rússia imperial possuíam horizontes amplos, e muitos que tinham visão eram avessos a riscos e não estavam dispostos a apresentar seus pontos de vista contra opiniões expressas por gente acima deles.[12] A bajulação podia alcançar alturas de tirar o fôlego. E as autoridades contavam com laços escolares, relações de parentesco e casamento, panelinhas, tudo o que pudesse encobrir os erros e a incompetência. Não obstante, a autoridade de importantes patronos e protetores derivava muitas vezes de realizações, não apenas de conexões. Os fatos não podem competir com grandes histórias, mas podem ser teimosos: a Rússia imperial desenvolveu um estado fiscal-militar formidável que se mostrou capaz de mobilizar recursos impressionantes, certamente em comparação com seus rivais, os impérios Otomano e Habsburgo.[13]

Ainda na década de 1790, quando a Prússia — com 1% do tamanho do território da Rússia — tinha 14 mil funcionários, o império tsarista contava com apenas 16 mil e uma única universidade, que tinha poucas décadas de vida. Mas, no decorrer do século XIX, a burocracia russa cresceu sete vezes mais rápido do que a população e, em 1900, havia alcançado 385 mil funcionários, aumentando em cerca de 300 mil somente no período decorrido desde 1850. É verdade que, embora muitos dos caluniados governadores provinciais tenham ganhado grande experiência e habilidade administrativas, os aparatos provinciais de baixo prestígio continuaram a sofrer de uma escassez extrema de funcionários competentes e honestos.[14] E alguns territórios eram lamentavelmente mal governados: por exemplo, no vale de Fergana, o distrito mais populoso do Turquestão, a Rússia tinha somente 58 administradores e dois tradutores para, pelo menos, 2 milhões de habitantes.[15] No geral, em 1900, enquanto a Alemanha imperial tinha 12,6 funcionários por mil pessoas, a Rússia imperial ainda tinha menos de quatro, uma proporção que refletia a enorme população de 130 milhões do país, em comparação com os 50 milhões da Alemanha.[16] O Estado russo era sobrecarregado na parte superior e demasiadamente espalhado na base.[17] O governo da maior parte das províncias do império era deixado para a sociedade local, cujo alcance de administração, no entanto, era restringido por leis imperiais, e cujo grau de organização variava muito.[18] Algumas províncias, como Níjni Nóvgorod, iam muito bem.[19] Outras, como Tomsk, estavam atoladas em corrupção. A incompetência florescia mais no topo do sistema. Muitos adjuntos maquinavam para depor seu superior, o que reforçava a inclinação a contratar mediocridades para as fileiras superiores, pelo menos como principais adjuntos, e em nenhum lugar isso era mais evidente do que nas nomeações de ministros pelos tsares.[20] Mas, apesar da ausência de um exame para o serviço público, como o que norteava o recrutamento do funcionalismo na Alemanha e no Japão, as necessidades administrativas começaram lentamente a ditar a contratação com base na educação universitária e expertise.[21] Os funcionários da Rússia (tchinóvniki) começaram a ser recrutados em todas as classes sociais, e incontáveis milhares de plebeus se tornaram nobres graças ao serviço prestado ao Estado, um caminho de ascensão que seria estreito, mas nunca fechado.

Ao mesmo tempo, ao contrário do absolutismo na Prússia, Áustria, Grã-Bretanha ou França, a autocracia russa perdurou tempos modernos adentro. Frederico, o Grande, da Prússia, que reinou de 1740 a 1786, havia se proclamado "o primeiro servidor do Estado", marcando assim a separação entre Estado e soberano. Os tsares russos eram capazes de distribuir medalhas aos funcionários do Estado no valor de uma mina de prata siberiana, mas, ciumentos de suas prerrogativas autocráticas, hesitavam em reconhecer um Estado independente deles mesmos. O "princípio autocrático" mantinha-se até mesmo durante as crises mais graves. Em 1855, quando Alexandre II sucedeu ao pai, o moribundo Nicolau I disse ao filho: "Quero levar comigo todos os dissabores e os problemas e passar para você uma Rússia ordeira, calma e feliz".[22] Mas Nicolau I tinha envolvido o império numa custosa guerra na Crimeia (1853-6), procurando tirar proveito de um Império Otomano em contração. A Grã-Bretanha liderou uma coligação europeia contra São Petersburgo, e Alexandre II, com a perda de 450 mil súditos da Rússia imperial, viu-se forçado a aceitar a derrota pouco antes de o conflito se transformar numa guerra mundial.[23] Após a debacle — a primeira guerra perdida pela Rússia em 145 anos —, o tsar foi obrigado a aprovar uma série de grandes reformas, inclusive uma tardia emancipação dos servos. ("É melhor que isso venha de cima do que de baixo", ele advertiu os nobres recalcitrantes, que foram pouco apaziguados pelos enormes pagamentos de resgate que o Estado coletou dos camponeses em nome deles.)[24] Mas as prerrogativas autocráticas do próprio tsar permaneceram invioláveis. Alexandre II permitiu um grau sem precedentes de liberdade interna nas universidades, na imprensa, nos tribunais, mas, assim que os súditos russos exerceram essas liberdades civis, ele recuou.[25] O Tsar-Libertador, como veio a ser conhecido, recusou uma Constituição porque, como seu ministro do Interior observou, o imperador "estava genuinamente convencido de que isso prejudicaria a Rússia e levaria à sua dissolução".[26] Mas ele não deixaria nem mesmo que a lei estatal fosse aplicada a funcionários do Estado, para que não diminuísse a distribuição de justiça do autocrata.[27] Ao contrário, a concessão de um pouco de autonomia local, uma certa independência ao Judiciário, e alguma autonomia às universidades, ao lado da libertação dos servos, fizeram com que uma reafirmação do poder autocrático parecesse ainda mais urgente a Alexandre II. Assim, a chance de efetuar a Grande Reforma para estabelecer um Parlamento, quando poderia ter vingado — na década de 1860 e, novamente, na década de 1880 —, foi fatalmente perdida.[28]

A Rússia não carecia somente de um Parlamento, mas até mesmo de um governo coordenado, de modo a não infringir as prerrogativas do autocrata. É certo que Alexandre II aprovara um Conselho de Ministros para coordenar os assuntos do governo, mas a tentativa (1857) nasceu morta. Na prática, o tsar não quis ceder o poder de ter ministros individuais ignorando o órgão coletivo e se reportando a ele diretamente e em particular; por sua vez, os ministros foram coniventes com a sabotagem da reforma do governo, pois não queriam renunciar à influência adquirida através do acesso privado ao autocrata.[29] As reuniões do Conselho, como qualquer audiência imperial, envolviam principalmente esforços para adivinhar a "vontade autocrática", a fim de evitar a catástrofe de estar do lado errado das decisões. Apenas os mais habilidosos conseguiam, de vez em quando, implantar uma ideia como se fosse do próprio tsar.[30] Enquanto isso, cortesãos e conselheiros "não oficiais" continuavam a decidir as políticas públicas, até mesmo para os ministérios, e o funcionamento do governo russo mantinha-se descoordenado e secreto — para o funcionalismo. O tsarismo sofria uma debilitação que não conseguiria superar: os imperativos da autocracia solapavam o Estado. Do regime político resultante, as piadas diziam que era bastante simples: uma autocracia temperada por ocasionais assassinatos. A temporada aberta começara em 1866, com o primeiro de seis atentados contra Alexandre II. Ele foi finalmente explodido em pedaços. Em 1881, Alexandre III escapou por um triz várias vezes, uma delas na companhia de seu filho Nicolau, o futuro tsar. Em 1887, depois de um complô fracassado contra Alexandre III, Aleksandr Uliánov, um membro da clandestina Vontade do Povo — e irmão mais velho de Vladímir Uliánov (o futuro Lênin), então com dezessete anos —, recusou uma oferta de clemência e foi enforcado. A autocracia inflexível tinha muitos inimigos, entre os quais Ióssif Djugachvíli. Mas seu inimigo mais perigoso era ela própria.

A MODERNIDADE COMO IMPERATIVO GEOPOLÍTICO

Na virada do século, pelo menos cem assassinatos políticos já haviam deixado sua marca na Rússia imperial. Depois, o ritmo cresceu, pois os terroristas-assassinos passaram a perseguir o que chamavam de desorganização, provocando a polícia a fazer prisões e derramar sangue, o que, na deturpada lógica terrorista, estimularia a sociedade a se revoltar. O próximo membro da família real atingido foi o governador de Moscou, o grão-duque Serguei, filho mais moço de Alexandre II (e tio de Nicolau II), que foi decapitado por uma bomba dentro do Kremlin, em 1905. Até então, a política na Rússia era essencialmente ilegal: os partidos políticos e os sindicatos estavam proibidos; a censura significava que existiam poucas opções de discurso político além de jogar uma granada no carro de um funcionário e ver os pedaços do corpo voar (os dedos do grão-duque Serguei foram encontrados em um telhado próximo).[31] Em resposta, as autoridades tsaristas reorganizaram a polícia política, criando um novo órgão poderoso, a *Okhránnoe otdeliénie*, que os terroristas prontamente apelidaram de *okhranka*, ou seja, pejorativamente, "a pequena agência de segurança". Evidentemente, não somente a Rússia, mas também as dinastias europeias (Bourbon na França, Habsburgo na Áustria) haviam inventado a prática de "policiar", isto é, usar a instituição da polícia para ajudar a dirigir a sociedade; em comparação com os seus equivalentes europeus, a polícia política da Rússia não era *especialmente* nefasta.[32] A *okhranka* interceptava correspondências por meio de "salas escuras" secretas — que tinham por modelo os *cabinets noires* da França — onde agentes abriam cartas com vapor, liam tinta invisível e decodificavam os códigos dos revolucionários (se assim se podia chamá--los).[33] Inevitavelmente, os chefes de polícia descobriram que a correspondência deles também era violada, e alguns funcionários tsaristas passaram a enviar cartas a terceiros que lisonjeavam seus chefes.[34] Mesmo trabalhando junto com o Departamento de Polícia e o Corpo Especial de Gendarmes normais da Rússia, a sombria *okhranka* nunca alcançou a cobertura social de sua homóloga francesa, mais bem-dotada de verbas.[35] Mas a mística da *okhranka* aumentou seu alcance.

Muitos agentes da *okhranka* eram altamente qualificados e compunham uma espécie de "intelligentsia policial", compilando bibliotecas de obras revolucionárias para desacreditar as ideias dos revolucionários.[36] Eles incorporavam os últimos meios e métodos policiais internacionais, usando o livro de E. R. Henry sobre digitais da polícia de Londres e métodos de arquivamento da polícia alemã.[37] Porém, o combate ao terror era um trabalho sujo: com frequência, a *okhranka* se sentia obrigada a permitir que os terroristas levassem a cabo seus assassinatos para que a polícia pudesse rastrear o máximo possível as redes terroristas.[38] Pior do que isso: muitos infiltrados da *okhranka* executavam eles mesmos os assassinatos políticos, para provar sua boa-fé e permanecer em condições de continuar a vigilância. A polícia tsarista assassinar outros funcionários tsaristas era um negócio sujo que exacerbava as divisões internas entre grupos policiais rivais. Em consequência, os próprios agentes mais graduados da *okhranka* foram postos sob vigilância, e o resultado foi que houve mais diretores sendo mortos por vira-casacas do que sendo apanhados como traidores.[39] A *okhranka* também era objeto de desprezo do tsar Nicolau II, que quase nunca se dignou a se encontrar com o seu chefe.[40] E, no entanto, embora quase inteiramente sem conexões na corte, a *okhranka* era a única parte do estado genuinamente ancorada na sociedade. Além disso, apesar do envolvimento da agência de polícia com os terroristas que deveria combater, e sua alienação em relação ao regime que deveria proteger, a *okhranka* obteve sucesso após sucesso.[41] Ela lançou dúvidas eficazes sobre verdadeiros revolucionários ao espalhar que eram agentes da polícia, e apoiou os elementos revolucionários cuja preponderância prejudicaria as organizações terroristas. Stálin seria perseguido a vida inteira por rumores de que era um agente policial à paisana (acusações que seus muitos inimigos não conseguiram provar).[42] Liev Trótski também foi suspeito de colaboração policial.[43] Como um ex-chefe da *okhranka* se vangloriou, "os revolucionários [...] passaram a suspeitar uns dos outros, de modo que, no final, nenhum conspirador podia confiar em outro".[44]

No entanto, a hábil semeadura da discórdia entre os revolucionários naturalmente propensos à fragmentação e à orquestração de terroristas jamais poderia corrigir a mais profunda vulnerabilidade da ordem tsarista. O problema central da autocracia não era que sofresse ataques políticos, ou que o autoritarismo fosse ipso facto incompatível com a modernidade, mas que a autocracia russa era deliberadamente arcaica. O tsarismo se engasgou com a modernidade de que muito precisava e, em certa medida, buscava, a fim de ser uma grande potência competitiva.[45]

O que nós chamamos de modernidade não era algo natural ou automático. Tratava-se de um conjunto de atributos difíceis de alcançar — produção em massa, cultura de massa, política de massa — que as maiores potências dominavam. Esses Estados, por sua vez, forçavam outros países a alcançar também a modernidade, ou sofrer as consequências, inclusive a derrota na guerra e a possível conquista colonial. As colônias, do ponto de vista dos colonizadores, não eram apenas ativos geopolíticos (na maioria dos casos), mas, nas palavras de um historiador, também "uma forma de destacado consumo em escala nacional" — marcadores de status geopolítico, ou da falta dele, que impulsionavam a agressividade nas rivalidades entre Estados, como aqueles que sofriam os efeitos podiam atestar.[46] Em outras palavras, a modernidade não era um processo sociológico — um avanço da sociedade "tradicional" para a "moderna" —, mas um processo geopolítico: uma questão de obter o que fosse preciso para se juntar às grandes potências, ou cair vítima das mesmas.[47]

Consideremos a invenção de sistemas de fabricação de aço (década de 1850), uma forma forte e elástica de ferro que revolucionou as armas e possibilitou a existência de uma economia mundial ao transformar os transportes. O aço decolou graças, em parte, à invenção do motor elétrico (década de 1880), que possibilitou a produção em massa: a padronização dos aspectos básicos dos produtos, a subdivisão do trabalho em linhas de montagem, a substituição do trabalho manual por máquinas, a reorganização do fluxo entre oficinas.[48] Esses novos processos de fabricação aumentaram a produção mundial de aço de meio milhão de toneladas em 1870 para 28 milhões em 1900. Mas os Estados Unidos eram responsáveis por 10 milhões, a Alemanha, por oito, e a Grã--Bretanha, por cinco toneladas: um pequeno número de países detinha quase todo o aço. A esse quadro se poderia acrescentar a fabricação de produtos químicos cruciais — fertilizantes sintéticos para aumentar a produtividade agrícola, cloro alvejante para fazer algodão e explosivos (a dinamite de nitroglicerina de Alfred Nobel, 1866) para a mineração —, a construção da estrada de ferro e assassinatos. Quando alguns países obtiveram sucesso na indústria moderna, o mundo ficou dividido entre industrializados favorecidos (Europa Ocidental, América do Norte, Japão) e fornecedores de matéria-prima desfavorecidos (África, América do Sul, grande parte da Ásia).

Entre os atributos competitivos modernos estavam também as finanças e as instituições de crédito, moedas estáveis e sociedades por ações.[49] Mas, em muitos aspectos, a nova economia mundial repousava sobre camponeses nos trópicos que forneciam os produtos primários (matérias-primas) necessários aos países industrializados e que, por sua vez, consumiam muitos dos bens produzidos com suas matérias-primas. A comercialização estimulou a especialização em vez da subsistência — na China, por exemplo, vastas áreas de agricultura de subsistência se converteram ao algodão para alimentar os cotonifícios ingleses — e, em consequência, a expansão dos mercados possibilitou um enorme aumento na produção. Mas essa expansão também prejudicou a diversificação das culturas (para minimizar deficiências de subsistência) e as redes sociais de ajuda recíproca (para melhorar a sobrevivência), o que significa que os mercados prejudicaram os métodos tradicionais de lidar com secas cíclicas, que eram crônicas. As correntes de ar de El Niño (o aquecimento periódico do oceano Pacífico) exportam calor e umidade para algumas partes do mundo, criando um clima instável para a agricultura: chuvas torrenciais, inundações, deslizamentos de terra e incêndios florestais, bem como secas severas. O resultado foram três ondas de fome e doenças (1876-9, 1889-91, 1896-1900) que mataram entre 30 milhões e 60 milhões de pessoas na China, no Brasil e na Índia. Só na Índia, 15 milhões de pessoas morreram de fome, o equivalente à metade da população da Inglaterra na época. Não havia tamanha aniquilação desde a peste negra, no século XIV, ou a destruição dos nativos do Novo Mundo por doença, no século XVI. Se essa mortandade em massa tivesse ocorrido na Europa — o equivalente a trinta epidemias de fome irlandesas —, ela seria considerada um episódio central da história mundial. Além dos efeitos da comercialização e do clima, fatores adicionais entraram em cena: o colapso de uma bolha ferroviária nos Estados Unidos, por exemplo, levou a uma queda abrupta na demanda por importantes produtos tropicais. Acima de tudo, os governantes coloniais agravaram as incertezas do mercado e do clima com governos ineptos e racistas.[50] Somente na Etiópia, em 1889, a escassez absoluta era um problema; não se tratava de fomes "naturais", mas produzidas pelo homem, consequências de um mundo submetido à dominação das grandes potências.

O poder da modernidade podia ser terrivelmente mal administrado. Enquanto a Índia passava pela fome em massa, entre 1870-1900, as exportações de grãos para a Grã-Bretanha foram aumentadas de 3 milhões de toneladas para 10 milhões, suprindo um quinto do consumo de trigo britânico. Em 1907, um funcionário britânico com 35 anos de serviço admitiu: "A fome é agora mais frequente do que antes, e mais grave".[51] Mas os próprios ingleses eram os responsáveis por isso. Eles haviam construído a quarta maior rede ferroviária, na Índia, para tirar proveito de sua colônia, mas essa tecnologia, que poderia ter trazido alívio, levou embora a comida. O vice-rei britânico na Índia (Lord Lytton) se opunha por princípio aos esforços dos funcionários locais para estocar grãos ou interferir nos preços de mercado. Ele exigiu que os macilentos e os agonizantes trabalhassem por comida, porque, insistia, a ajuda alimentar encorajaria a fuga do trabalho (para não falar dos custos para os fundos públicos). Quando tentavam roubar de hortas, mulheres famintas eram submetidas à marcação em brasa, e às vezes tinham o nariz cortado ou eram mortas. Turbas rurais agrediam latifundiários e saqueavam lojas de grãos. Autoridades britânicas observaram o desespero e informaram Londres. "Um louco desenterrou e comeu parte de uma vítima de cólera, enquanto outro matou seu filho e comeu parte do menino", dizia um relatório da Índia. Os governantes Qing da China resistiram à construção de ferrovias, temendo que fossem utilizadas para penetração colonialista, por isso a capacidade da China de combater a fome era limitada. Eclodiram enormes revoltas camponesas — a Guerra de Canudos, no Brasil, a rebelião Boxer na China (onde cartazes diziam: "Nenhuma chuva vem do Céu. A Terra está ressecada e seca".). Mas, naquela época, os camponeses não podiam derrubar o imperialismo formal ou informal.

Os mercados e uma economia mundial tornaram possível uma prosperidade antes inimaginável, mas a maior parte do mundo tinha dificuldades para apreciar os benefícios. Acontece que a nova economia mundial não era totalmente abrangente. Muitos bolsões de território viviam fora das oportunidades e das pressões. Ainda assim, a economia mundial podia ser percebida como uma força da natureza. A eletricidade estimulou o aumento da demanda por cobre (fios), trazendo o estado americano de Montana, o Chile e o sul da África para a economia mundial, uma chance de pros-

89

peridade recém-descoberta, mas também submetendo suas populações às violentas oscilações de preços nos mercados mundiais de commodities. As consequências foram enormes. Além das ondas de fome, o colapso de um banco na Áustria em 1873 foi capaz de desencadear uma depressão que se espalhou até os Estados Unidos, causando desemprego em massa, enquanto, nas décadas de 1880 e 1890, a África foi devastada por recessões fora do continente — e depois engolida pela corrida imperialista dos europeus armados de modernidade.[52]

A Rússia imperial encarou o desafio da modernidade com considerável sucesso. Tornou-se a quarta ou quinta maior potência industrial do mundo, graças aos têxteis, e maior produtora agrícola da Europa, graças à enorme dimensão do país. Mas aí estava o problema: o PIB per capita da Rússia era apenas 20% do da Grã-Bretanha e 40% do alemão.[53] São Petersburgo tinha a corte mais opulenta do mundo, mas, quando o futuro Stálin nasceu, a média da expectativa de vida no país era de apenas trinta anos, mais alta do que na Índia britânica (23), mas não melhor do que na China, e bem abaixo da Grã-Bretanha (52), da Alemanha (49) e do Japão (51). A taxa de alfabetização no reinado do tsar Nicolau II estava em torno de 30%, inferior à da Grã-Bretanha no século XVIII. A elite russa sabia dessas comparações intimamente porque visitava a Europa com frequência e avaliava seu país não em comparação com potências de terceira categoria — o que chamaríamos de países em desenvolvimento —, mas com as de primeira. Porém, mesmo que as elites russas fossem mais modestas em suas ambições, seu país poderia esperar pouca trégua no início do século XX, tendo em vista a unificação e a rápida industrialização da Alemanha e a consolidação e a industrialização do Japão. Quando uma grande potência bate de repente à porta de seu país, com tecnologia militar avançada, oficiais que são alfabetizados e capazes, soldados motivados, instituições estatais bem geridas e escolas de engenharia no país, você não pode gritar "injusto". O avanço socioeconômico e político da Rússia tinha de ser, e era, medido em relação ao dos seus rivais mais avançados.[54]

Até mesmo os revolucionários da época reconheciam os dilemas da Rússia. Nikolai Danielson, o principal tradutor de *Das Kapital* para o russo, temia que o seu caminho preferido para a Rússia — uma evolução orgânica e sem pressa ao socialismo através da comuna camponesa (uma organização econômica descentralizada de pequena escala) — não sobrevivesse às pressões do sistema internacional, enquanto a burguesia russa também não estava à altura do desafio. "Por um lado, imitar o processo de desenvolvimento econômico lento de trezentos anos da Inglaterra pode deixar a Rússia vulnerável à dominação colonial por uma ou outra das grandes potências do mundo", escreveu Danielson em um prefácio para a edição russa da década de 1890 da obra de Marx. "Por outro lado, a introdução apressada, darwiniana, do livre mercado e da privatização de "estilo ocidental" pode produzir uma elite burguesa corrupta e uma maioria destituída, sem nenhum aumento nas taxas de produtividade." A Rússia parecia ter diante de si uma escolha terrível entre a colonização por países europeus e o aumento da desigualdade e da pobreza.[55]

Para o regime tsarista, as apostas eram altas, assim como os custos. Mesmo depois de conceder as Grandes Reformas, os governantes da Rússia continuaram a sentir limites fiscais cada vez maiores para suas aspirações internacionais. A Guerra da Crimeia (1853-6) havia depauperado as finanças estatais, mas a vitória na Guerra Russo-Otomana (1877-8) custou à Rússia ainda mais fundos do Tesouro. Entre 1858 e 1880, o déficit orçamentário do país explodiu de 1,7 bilhão para 4,6 bilhões de rublos, o que exigiu enormes empréstimos do exterior — dos rivais geopolíticos da Rússia, as grandes potências europeias.[56] A corrupção fazia com que quantias substanciais de dinheiro do Estado desaparecessem. (O tratamento das receitas do Estado como receita privada era talvez mais grotesco no Cáucaso, um ralo para as finanças imperiais.)[57] É verdade que a Rússia escapou ao destino do Império Otomano, que se tornou um cliente financeiro e geopolítico da Europa, ou da dinastia Qing (1636-1911), que dobrou o tamanho da China, em paralelo à expansão da Rússia, para depois falir e ser submetida a uma série de tratados internacionais profundamente desiguais, inclusive por parte da Rússia.[58] No início do século XX, o orçamento estatal russo tendia a ser superavitário, graças aos impostos sobre açúcar, querosene, fósforos, tabaco, bens importados e, sobretudo, vodca (o consumo de álcool per capita do Império russo era menor do que no resto da Europa, mas o Estado tinha o monopólio das vendas).[59] Ao mesmo tempo, porém, o orçamento do Exército russo era dez vezes maior do que o da educação. O ministro da Guerra, ainda assim, reclamava incessantemente da insuficiência de recursos.[60]

As pressões das grandes potências competitivas ajudaram a promover uma expansão do sistema de ensino superior da Rússia, a fim de produzir funcionários públicos, engenheiros e médicos.[61] Mas a autocracia passou a temer os estudantes de que precisava desesperadamente. Quando tentou estrangular as medidas de autonomia universitária, os estudantes entraram em greve, o que levou ao fechamento de instituições de ensino.[62] Dos presos no Império russo entre 1900 e 1905, a grande maioria tinha menos de trinta anos de idade.[63] Da mesma forma, a industrialização havia decolado na década de 1890, dando à Rússia muitas das fábricas modernas essenciais para ter poder internacional, mas os trabalhadores industriais também faziam greves por uma jornada de trabalho de oito horas e condições humanas de vida, levando ao fechamento de fábricas. Em vez de permitir organizações legais e tentar cooptar os trabalhadores, como foi inicialmente tentado por um talentoso chefe da *okhranka* em Moscou, a autocracia recorreu à repressão dos operários que a própria industrialização vital do Estado criava.[64] No campo, cuja colheita continuava a ser o maior determinante econômico estatal, as exportações de grãos da Rússia alimentavam grandes áreas da Europa, enquanto o consumo de alimentos no mercado interno crescia, apesar do rendimento comparativamente mais baixo das terras semeadas russas.[65] Mas na primavera de 1902, nas férteis províncias meridionais de Poltava e Khárkov, os camponeses se rebelaram em massa, saqueando e queimando propriedades de nobres, exigindo redução do preço do arrendamento das terras, bem como livre acesso a florestas e cursos de água, o que levou o romancista Liev Tolstói a dirigir petições ao tsar.[66] No ano seguinte, na província de Kutaísi, na Geórgia ocidental, em meio aos cem quilômetros quadrados de vinhas e folhas de chá de Guria, os camponeses foram provocados pela inepta repressão tsarista e se rebelaram. A província não tinha sequer um único empreendimento industrial, e a revolta assombrou os sociais-democratas. Mas, depois que os camponeses se reuniram, elaboraram demandas, elegeram líderes e fizeram juramentos mútuos de lealdade, os sociais-democratas georgianos tentaram liderá-los. Os aluguéis pagos aos proprietários foram reduzidos, permitiu-se a liberdade de expressão e os policiais foram substituídos por uma nova milícia "vermelha" numa "República Guriana" autônoma.[67]

A Rússia imperial tinha mais de 100 milhões de habitantes rurais que viviam sob condições extremamente diversas. Todos os países que passavam por modernização compelidas pelo sistema internacional estavam divididos por tensões sociais. Mas as tensões da Rússia eram amplificadas pela recusa do sistema autocrático a incorporar as massas ao sistema político, mesmo que por meios autoritários. E muitos aspirantes a revolucionários que tinham abandonado o populismo camponês em troca do marxismo trabalhista começaram a repensar essa escolha.

UMA DERROTA ESMAGADORA NA ÁSIA

Para a Rússia, o imperativo geopolítico de alcançar os atributos da modernidade tornou-se ainda mais caro em virtude de sua geografia. A tentativa de contenção da Rússia pela Grã-Bretanha falhou: a derrota da Guerra da Crimeia em solo russo ajudou a provocar um espasmo de conquistas russas na Ásia Central (décadas de 1860-80), depois da tomada da bacia do rio Amur à China (1860). Mas essas conquistas de terras aumentaram o desafio de ter uma geografia extensa e uma vizinhança difícil. O Império russo, diferentemente da outra grande potência continental do mundo, não estava aninhado com segurança entre dois grandes oceanos e dois vizinhos inofensivos como Canadá e México. A Rússia fazia fronteira ao mesmo tempo com Europa, Oriente Médio e Extremo Oriente. Essa circunstância deveria sugerir cautela na política externa. Mas o país tendia a ser expansionista justamente em nome da vulnerabilidade: mesmo quando as forças leais ao tsar tomavam territórios, elas imaginavam que estavam prevenindo ataques. E, depois que haviam conquistado uma região pela força, suas autoridades sempre insistiam que tinham de tomar também a próxima, a fim de poder defender seus ganhos anteriores. Os sentimentos de destino e insegurança se combinavam numa mistura inebriante.

A Rússia chegou ao Pacífico no século XVII, mas nunca desenvolveu seus vastos territórios asiáticos. Os sonhos de comércio com o Extremo Oriente não se concretizaram devido à falta de transporte confiável e econômico.[68] Mas então o país construiu a Ferrovia Transiberiana (1891-1903), que ligava a capital imperial ao Pacífico.[69] (Os Estados Unidos haviam concluído sua ferrovia transcontinental em 1869.) As considerações militares e estratégicas dominaram o projeto da estrada de ferro, pois os círculos militares clamavam por uma ferrovia, não por medo do Japão, mas da China. (Os opositores da ferrovia defendiam um aumento da força naval.)[70] Mas alguns funcionários propunham uma marcha forçada do desenvolvimento econômico da Sibéria (em 1890, toda a Sibéria tinha 687 empreendimentos industriais, a maioria deles artesanal, e quase 90% em processamento de alimentos e pecuária).[71] A Transiberiana foi o empreendimento pacífico mais caro da história moderna até então, envolvendo um desperdício colossal, esforço não mecanizado e trabalho forçado de prisioneiros e camponeses, em tudo semelhante à construção na mesma época do Canal do Panamá (e um presságio dos faraônicos planos quinquenais de Stálin).[72] Na década de 1880, engenheiros russos foram enviados em viagens de estudos aos Estados Unidos e ao Canadá, mas, na volta para casa, não utilizaram nenhuma das lições sobre a necessidade de trilhos mais fortes e balastro resistente.[73] Mesmo assim, contra a oposição interna e com pouca probabilidade, a linha foi construída, graças à força de vontade e a manipulações inteligentes do ministro das Finanças Serguei Witte.

Nascido em Tíflis em 1849, de família sueca luterana (do lado do pai) que se convertera à Igreja ortodoxa, Witte era funcionário do Estado russo e exercera cargos de nível médio na fronteira meridional do império. A família de sua mãe tinha um status mais elevado. Ele concluiu o ginásio em Kichiniov e a universidade em Odessa, onde começou sua longa carreira administrando as ferrovias da região, tornando-as rentáveis. Em 1892, na esteira da fome de 1891, tornou-se ministro das Finanças em São Petersburgo. Com apenas 43 anos, baixa posição inicial na hierarquia imperial, desconsiderado como uma espécie de "comerciante" (*kupets*), e ucraniano com sotaque russo, tornou-se, no entanto, a figura dominante na política russa da virada do século, incluindo até mesmo a política externa no alcance do seu ministério.[74]

Witte evidentemente não controlava o campo inteiro. Apenas em termos do poder executivo do Estado, ele tinha de lidar com o Ministério do Interior, o guarda-chuva para a *okhranka* e a polícia comum. De muitas maneiras, o governo da Rússia e até mesmo a política russa giravam em torno de dois grandes ministérios, Interior e Finanças, bem como da rivalidade entre eles. Ambos os ministérios conspiravam para se expandir no centro e ampliar seu alcance no resto do país.[75] Em 1902, por ocasião de seu jubileu conjunto de cem anos, ambos publicaram uma história de si mesmos. O Ministério do Interior contou a história da imposição e da manutenção da ordem interna, especialmente na Rússia rural; o das Finanças recordou a exploração produtiva dos recursos naturais e humanos do país, de onde as receitas podiam ser coletadas.[76] Apesar de ser um país esmagadoramente camponês, a Rússia não tinha um Ministério da Agricultura separado, embora tivesse um ministério de escala relativamente pequena e em evolução (até 1905-6) que era responsável pelas terras, cuja maior parte pertencia ao Estado ou à família imperial.[77] Um Ministério das Comunicações (ferrovias) e outro do Comércio e Indústria existiam como satélites do poderoso Ministério das Finanças. No início da década de 1900, os recursos orçamentários sob seu controle ultrapassavam várias vezes os disponíveis para o Ministério do Interior e sua polícia.[78] O Ministério das Finanças era o grande império burocrático dentro do Império russo.[79]

Witte também tinha de lidar com a corte. Ele vinha de uma família mediana, era mal-educado e casado com uma mulher judia, e tudo isso gerava grande polêmica na sociedade da corte. Mas com seu físico imponente, cabeça e tronco enormes sobre pernas curtas, Witte impôs ordem aos orçamentos imperiais, enchendo os cofres do Estado ao decretar o monopólio das bebidas alcoólicas.[80] Além disso, ampliou muito a prática recente do Ministério das Finanças de promover vigorosamente a industrialização, e o fez atraindo capitais estrangeiros, jogando com interesses franceses e alemães. Witte via a dívida externa como uma forma de ajudar a estimular a acumulação de capital nacional. Ele também valorizava a máquina estatal. Acima de tudo, enfatizava o imperativo geopolítico da industrialização. "Por maiores que sejam os resultados até agora, em relação às necessidades do país e em comparação com os países estrangeiros, nossa indústria ainda está muito atrasada", escreveu em memorando de 1900, instando Nicolau II a manter tarifas protecionistas. Witte acrescentava que "até mesmo a preparação militar de um país é determinada não só pela perfeição de sua máquina militar, mas pelo grau de seu desenvolvimento industrial". Sem ações enérgicas, advertia, "a lentidão do crescimento de nossas indústrias porá em risco o cumprimento das grandes tarefas políticas da monarquia". Os rivais da Rússia tomariam a dianteira no exterior e realizariam uma penetração econômica e, possivelmente, "uma invasão política triunfante" da própria Rússia.[81] Tal como Stálin faria, Witte priorizou de forma desequilibrada a indústria pesada e de grande escala em detrimento da indústria leve e do bem-estar da população predominantemente rural. O ministério de Witte divulgava estatísticas de consumo deliberadamente infladas para esconder os fardos impostos à população.[82] Witte também rabiscava suas ordens a lápis diretamente nos memorandos de subordinados ("Discuta isso de novo", "Escreva um resumo curto"), e trabalhava até tarde da noite, características consideradas típicas do futuro ditador soviético. Ele também antecipou Stálin no hábito de caminhar de um lado para o outro em seu gabinete enquanto as outras pessoas presentes tinham de ficar sentadas.

Witte imaginava-se um Bismarck russo, inspirando-se no uso que o chanceler alemão fazia do Estado para promover o desenvolvimento econômico, bem como em seu realismo na política externa. Ele também defendia, ao menos retoricamente, o que chamava de "monarquia social" de Bismarck, isto é, um programa conservador de bem-estar social para evitar o socialismo.[83] Possuía enormes habilidades administrativas, bem como a autoestima profunda exigida de um político poderoso.[84] Além de ser condecorado com a Ordem de Santa Anna, primeira classe — uma precursora tsarista da Ordem de Lênin —, ele recebeu mais de noventa prêmios de governos estrangeiros (impensáveis no contexto soviético). Por sua vez, com recursos do Ministério das Finanças, concedeu medalhas, apartamentos estatais, casas de campo, subsídios de viagens e "bônus" aos seus sequazes, aliados, clãs na corte e jornalistas (para receber cobertura favorável). De seu gabinete no Ministério das Finanças junto ao canal Moika, tinha uma bela vista para o Palácio de Inverno e a praça do Palácio, mas também frequentava assiduamente os salões nos palácios dos nobres ao longo do canal Fontanka. Na autocracia, era quase impossível que um ministro se tornasse um ator genuinamente independente. Witte dependia totalmente da confiança (*dovérie*) do tsar. Ele compreendia que outra chave para o poder implicava estar bem informado em meio ao não compartilhamento deliberado de informações dentro do governo.[85] Isso exigia uma ampla rede informal que penetrasse em todas as camadas superiores da sociedade. ("Um ministro", escreveu o sucessor de Witte no Ministério das Finanças, "não tinha opção senão ter um papel na Corte e na sociedade de Petersburgo se quisesse defender os interesses de seu departamento e manter sua posição.")[86] Em outras palavras, no governo tsarista, as intrigas incessantes não eram pessoais, mas estruturais, e Witte era mestre nisso: ele estabeleceu laços estreitos com tipos duvidosos da *okhranka*, a quem empregava para diversos propósitos, mas seus subordinados no ministério também estavam encarregados de entreouvir e registrar as conversas dos rivais, que Witte editava e enviava para o tsar. Depois de uma década de notório poder no topo do Estado russo, que provocou intermináveis ataques contra Witte desfechados por rivais e críticos sociais de suas políticas fiscais duras, Nicolau II perderia finalmente a confiança nele em 1903, afastando-o para um cargo em larga medida decorativo (Witte "caiu para cima", comentou-se na época). Mas seu histórico comando no Ministério das Finanças durou uma década, fazendo de Witte um dos mais importantes precursores de Stálin.

Witte imitava não somente Bismarck, mas também seu contemporâneo britânico na África, o magnata dos diamantes Cecil Rhodes (1853-1902), e via no Extremo Oriente seu espaço imperial pessoal.[87] Com o objetivo de encurtar o caminho de São

Petersburgo até o ponto terminal, em Vladivostok ("governante do leste"), ele construiu um ramo sul da Transiberiana que atravessava o território chinês da Manchúria. Sob o slogan de "penetração pacífica", ele e outras autoridades russas imaginavam que, com isso, evitariam que as rivais imperialistas da Rússia (Grã-Bretanha, Alemanha, França) dividissem a China da forma como haviam feito com o continente africano.[88] Outras autoridades russas, ao mesmo tempo que insistiam que cada conquista forçada deveria ser seguida por outra, a fim de poder defender os ganhos anteriores, competiam pelo favor do tsar, defendendo um passo adiante na invasão supostamente comedida promovida por Witte na China. O Ministério da Guerra tomou e depois arrendou Port Arthur (Lushun), um entreposto de águas quentes na península chinesa de Liaodong, que se projetava de forma muito estratégica no mar Amarelo. Mas a posição cada vez mais avançada da Rússia no leste da Ásia, da qual Witte foi cúmplice, chocou-se, não contra as potências europeias que tanto fascinavam as elites de São Petersburgo, mas contra o imperialismo agressivo dos japoneses.[89]

O Japão não era de modo algum uma potência da ordem da líder mundial, a Grã-Bretanha. O padrão de vida japonês era, talvez, um quinto do britânico, e o país, tal como a Rússia, continuava a ser uma economia dominada pela agricultura.[90] Na década de 1830, os salários reais do Japão, medidos em comparação com o preço do arroz, eram provavelmente um terço dos da Inglaterra, e continuavam a sê-lo no início do século XX. Ainda assim, isso significa que durante o salto industrial britânico, os salários reais japoneses haviam melhorado na mesma proporção que o crescimento dos salários reais na principal potência mundial.[91] Embora o Japão ainda exportasse produtos primários ou matérias-primas (seda crua) para a Europa, dentro da Ásia o Japão exportava bens de consumo. Com efeito, o crescimento rápido do comércio japonês se voltara predominantemente para dentro da Ásia, onde ganhou a admiração ou a inveja generalizada por descobrir o que parecia ser um atalho para a modernidade de estilo ocidental.[92] O país também estava montando rapidamente uma Marinha, tal como a Alemanha. (O modernizador conservador Bismarck também foi, em sua época, a figura estrangeira mais popular no Japão.)[93] Além disso, como aliado da Grã-Bretanha, em vez de ser submetido ao imperialismo informal, liderou uma mudança no leste da Ásia rumo ao livre-comércio, a ideologia dos fortes. O país derrotara a China em uma guerra pela península da Coreia (1894-5) e tomara Taiwan. Já na década de 1890, o Estado-Maior russo começou a elaborar planos de contingência para possíveis hostilidades com o Japão, após o choque da vitória acachapante sobre a China. Mas, em parte, por falta de inteligência militar, e principalmente em virtude do preconceito racial, os círculos dirigentes russos menosprezavam os "asiáticos" e os julgavam facilmente conquistáveis.[94] Enquanto o Estado-Maior japonês estimava a chance de prevalecer em não mais do que 50%, talvez dando uma margem segura a suas apostas, os círculos dirigentes russos estavam certos de que ganhariam se houvesse guerra.[95] Do mesmo modo, o adido naval britânico relatou o sentimento generalizado em Tóquio de que o Japão seria "amassado".[96] Quem deveria saber melhor do que ninguém era Nicolau II. Quando era tsarévitche, vira o Japão com seus próprios olhos, durante uma inédita (para um herdeiro real russo) grande excursão pelo Oriente (1890-1), onde a espada de um assassino japonês quase matou o futuro tsar e deixou uma cicatriz permanente em sua testa. (Um primo que o acompanhava defendeu um segundo golpe de sabre com uma bengala). Mas como tsar, diante de uma possível guerra, Nicolau desconsiderou os japoneses, chamando-os de "macacos", referindo-se a uma espécie asiática de símio de cauda curta.[97]

Negociadores russos e japoneses tentaram encontrar um modus vivendi mediante uma divisão do espólio, trocando o reconhecimento de uma esfera russa na Manchúria pelo reconhecimento de uma esfera japonesa na Coreia, mas "patriotas" de ambos os lados argumentavam que precisavam absolutamente tanto da Manchúria como da Coreia para proteger seus países. O Japão, que sentia a sua fraqueza diante da combinação de potências europeias que invadiam o leste da Ásia, teria provavelmente feito concessões se a Rússia estivesse disposta a fazê-las também, mas não estava claro o que a Rússia de fato aceitaria. Uma camarilha de intrigantes da corte, liderada por Aleksandr Bezobrázov, exacerbou as suspeitas do Japão com um plano para penetrar na Coreia enquanto se enriquecia com uma concessão florestal. Bezobrázov não detinha posição ministerial, mas Nicolau, como afirmação da "prerrogativa autocrática", proporcionava acesso frequente ao cortesão, usando-o para manter seus próprios ministros, inclusive Witte, fora de equilíbrio. Os pontos de vista mutáveis e mal comunicados de Nicolau II, e sua incapacidade de manter o próprio governo informado, muito menos de buscar a expertise de seus membros, tornavam a política russa no Extremo Oriente muito mais opaca e incoerente.[98] Os círculos dirigentes japoneses decidiram, antes que as negociações de um acordo com a Rússia se esgotassem, e após um debate interno prolongado e com desacordos, iniciar uma guerra total preventiva. Em fevereiro de 1904, o Japão rompeu relações diplomáticas e atacou navios russos ancorados em Port Arthur, uma operação rápida contra o lento gigante russo para demonstrar sua subestimada coragem, antes de buscar possivelmente a mediação de terceiros.[99] A frota russa do Pacífico caiu para os japoneses, que também conseguiram desembarcar sua infantaria na península coreana para atacar as posições russas na Manchúria. O choque foi profundo. "Não é mais possível viver dessa maneira", disse em editorial até mesmo o ultraconservador jornal russo *Novos Tempos*, em 1º de janeiro de 1905. Naquele mesmo dia, Vladímir Lênin chamou a imensa estrutura militar da autocracia de "uma bela maçã podre por dentro".[100] A Rússia despachou para o Oriente sua frota do Báltico, que estava do outro lado do mundo, a 18 mil milhas náuticas. Sete meses e meio depois, ao chegar ao teatro das hostilidades, em maio de 1905, oito navios de guerra modernos, construídos pelos operários qualificados de São Petersburgo, foram prontamente afundados com as bandeiras desfraldadas no estreito de Tsushima.[101]

O Estado russo subordinara tudo às prioridades e necessidades militares, e os Románov haviam atrelado sua imagem e legitimidade à posição internacional do país, por isso o choque Tsushima foi devastador.[102] Também em terra os japoneses conseguiram vitórias surpreendentes, como na batalha de Mukden, então o maior combate militar da história mundial (total de 624 mil soldados), no qual a Rússia tinha vantagem numérica.[103] A derrota dolorosa de Mukden aconteceu no dia do aniversário da coroação de Nicolau II.[104]

Esse fracasso na própria arena que justificava a existência da autocracia — o status de grande potência — não só expôs os fracassos políticos do tsarismo, como ameaçou causar o colapso político. Irromperam greves nas fábricas militares que produziam as armas para a guerra, de tal modo que, em 8 de janeiro de 1905, a capital de guerra da Rússia ficou sem eletricidade e informações (jornais). No domingo, 9 de janeiro de 1905, sete dias após Port Arthur cair para as forças japonesas, milhares de trabalhadores em greve e suas famílias se reuniram em seis pontos dos bairros operários, do outro lado dos portões de Narva e Niévski, para marchar até o Palácio de Inverno e apresentar uma petição ao "tsar-pai" em defesa da melhoria da vida dos trabalhadores, da proteção de seus direitos e dignidade por meio da convocação de uma Assembleia Constituinte.[105] Eram liderados por um padre conservador, carregavam ícones e cruzes ortodoxas e cantavam hinos religiosos e "Deus Salve o Tsar", enquanto os sinos das igrejas tocavam. Nicolau II se retirara para sua residência principal, o Palácio Alexandre, em Tsárskoe Seló, nos arredores da cidade, e não tinha nenhuma intenção de se encontrar com os peticionários. As autoridades que por acaso estavam no controle da capital decidiram cercar o centro da cidade com tropas. O grupo do sacerdote chegou somente até o portão de Narva no sudoeste, onde as tropas imperiais o receberam com tiros quando tentaram avançar. Em meio a dezenas de corpos, o padre exclamou: "Não há mais Deus, não há mais tsar!". Tiros também detiveram a marcha de homens, mulheres e crianças desarmados na ponte da Trindade, nos Jardins de Alexandre e em outros lugares. O pânico tomou conta e alguns manifestantes pisotearam outros até a morte. Naquele dia, cerca de duzentas pessoas foram mortas em toda a capital, e outras oitocentas ficaram feridas — trabalhadores, esposas, filhos, espectadores.[106] O "Domingo Sangrento" de São Petersburgo provocou greves muito maiores, o saque de lojas de bebidas alcoólicas e armas de fogo e uma fúria generalizada.

A imagem de Nicolau II como pai do povo nunca mais seria a mesma. ("Todas as classes condenam as autoridades e, em particular, o imperador", observou o cônsul dos Estados Unidos em Odessa. "O atual governante perdeu absolutamente a afeição do povo russo.")[107] Em fevereiro de 1905, o tsar prometeu vagamente uma Duma (assembleia) "consultiva" eleita, o que provocou alarme nas fileiras conservadoras, sem acalmar a agitação. No mês seguinte, todas as universidades foram (mais uma vez) fechadas.[108] Os grevistas interromperam o sistema ferroviário do império, forçando as autoridades do governo a viajar de barco para se encontrar com o tsar em seu palácio suburbano. Em junho de 1905, marinheiros tomaram o controle do navio de guerra *Potiômkin*, que fazia parte da frota do mar Negro — tudo o que restara da Marinha russa após a perda de suas frotas no Pacífico e no mar Báltico —, e bombardearam Odessa antes de buscar asilo na Romênia. "O caos era total", escreveu alguém de dentro da polícia, acrescentando que o trabalho da polícia política estava "parado".[109] Ondas de greves varreram a Polônia russa, o Báltico e o Cáucaso, onde "todo o aparato administrativo caiu em confusão", relembrou Noé Jordánia, o líder dos marxistas da Geórgia. "Estabeleceu-se uma liberdade de facto de reunião, greve e manifestação."[110] O governador da província de Kutaísin, no Cáucaso, passou para o lado dos revolucionários. Nas províncias de Kazan e Poltava, os governadores tiveram crises nervosas. Outros perderam a cabeça. "Você arrisca sua vida, você arrebenta seus nervos para manter a ordem a fim de que as pessoas possam viver como seres humanos, e o que encontra por toda parte?", queixou-se o governador Ivan Blok, de Samara. "Olhares cheios de ódio, como se você fosse uma espécie de monstro, um bebedor de sangue humano." Momentos depois, Blok foi decapitado por uma bomba. Colocado em um caixão aberto tradicional, seu corpo retorcido foi enfiado em seu uniforme de gala e uma bola de críquete substituiu sua cabeça.[111]

A frente interna implodira. Nos dois lados da guerra, cerca de 2,5 milhões de homens foram mobilizados, e cada lado sofreu entre 40 mil e 70 mil baixas. (Cerca de 20 mil civis chineses também morreram.) Na verdade, uma vez que o Japão não podia substituir suas perdas, suas grandes vitórias, como a de Mukden, talvez tenham levado Tóquio à beira da derrota.[112] Mas se sentiu a tentação de continuar a guerra para reverter seus reveses militares, Nicolau II não teve essa oportunidade. O fracasso dos japoneses na sabotagem da Transiberiana — um meio de transporte essencial para as tropas e materiais do inimigo — continua a ser um mistério.[113] Mas os camponeses russos se recusavam a pagar impostos e acabariam por danificar ou destruir mais de 2 mil casas senhoriais. Já em março de 1905, o Ministério do Interior havia concluído que, devido às revoltas, as convocações militares tinham se tornado impossíveis em 32 das cinquenta províncias da Rússia europeia.[114] Os créditos europeus, dos quais o Estado russo dependia para o fluxo de caixa, secaram, ameaçando inadimplência.[115] Em 23 de agosto de 1905 [5 de setembro, no Ocidente], Rússia e Japão assinaram um tratado de paz em Portsmouth, New Hampshire, intermediado pelo presidente dos Estados Unidos, Theodore Roosevelt. Convidado para interceder pelo Japão, Roosevelt mostrou-se ansioso para conter o poderio de Tóquio no Pacífico (um prenúncio do futuro). A Rússia foi bem representada por Witte, que recuperou o brilho perdido e conseguiu o melhor de uma situação ruim.[116] A Rússia teve de reconhecer a derrota, mas foi absolvida de pagar indenizações de guerra, enquanto o único território russo perdido foi metade da remota ilha de Sacalina (uma colônia penal). Mas a derrota repercutiu internacionalmente (muito mais do que a vitória da Etiópia sobre a Itália em 1896). A Rússia tornou-se a primeira grande potência europeia a ser derrotada por um país asiático em uma batalha simétrica — e perante a imprensa mundial. Em uma avaliação típica da época, um observador chamou a notícia da vitória "de um povo não branco sobre um povo branco" de nada menos do que "o evento mais importante que já aconteceu, ou é provável que venha a acontecer em nossa vida".[117]

SECTARISMO ESQUERDISTA

O adido militar do Japão em Estocolmo estava distribuindo barris de dinheiro para diversos adversários políticos do tsarismo no exílio europeu, mas manifestou considerável frustração. "Todos os assim chamados partidos de oposição são sociedades secretas, onde ninguém pode distinguir opositores do regime de agentes russos", ele relatou aos seus superiores, acrescentando que todos os revolucionários — ou provocadores? — usavam nomes falsos. De qualquer modo, seu trabalho, revelado pela interceptação de correspondência feita pela *okhranka*, mostrou-se absolutamente supérfluo.[118] Os revolucionários da Rússia recebiam muito mais ajuda da própria autocracia. Enquanto o Exército, a principal força da ordem do império, estava fora de suas fronteiras — numa guerra contra o Japão nos territórios da China e da Coreia —, os revolucionários russos eram mantidos fora da batalha. Até mesmo camponeses casados com mais de quarenta anos eram alvos de recrutadores militares, mas súditos sem residência fixa e com ficha criminal estavam livres para se rebelar dentro de casa. O futuro Stálin, então com 27 anos, era assim descrito em um relatório da polícia tsarista (1º de maio de 1904):

> Djugachvíli, Ióssif Vissariónovitch: [estatuto legal de] camponês da aldeia de Didi Liló, condado de Tíflis, província de Tíflis; nascido em 1881 de fé ortodoxa, frequentou a escola religiosa de Góri e o seminário teológico de Tíflis; solteiro. Pai, Vissarion, paradeiro desconhecido. Mãe, Ekaterina, residente na cidade de Góri, província de Tíflis. [...] Descrição: altura, 2 *archins*, 4,5 *verchki* [cerca de 1,65 metro), compleição média; tem a aparência de uma pessoa comum.[119]

Embora sua data de nascimento (1878) e altura (1,68 metro) não tenham sido corretamente registradas, essa "pessoa comum", exatamente por causa de suas atividades políticas, foi liberada do serviço militar — e como resultado pôde se posicionar bem no meio do levante de 1905. O ramo georgiano do Partido Operário Social-Democrata Russo (POSDR) o designou para Tchiatura, um fim de mundo no oeste da Geórgia onde centenas de pequenas empresas empregavam um total de 3700 mineiros e classificadores para extrair e transportar minério de manganês.

O pai de Witte, funcionário tsarista de nível médio, abrira os depósitos de manganês de Tchiatura em meados do século XIX.[120] Em 1905, graças à integração da Rússia na nova economia mundial promovida por Serguei Witte, as minas privadas e artesanais passaram a responder por não menos de 50% da produção mundial de manganês. Dominavam o "horizonte" pilhas altas de minério escavado, esperando para ser lavado, principalmente por mulheres e crianças, antes de ser exportado para uso na produção de aço alemã e britânica. Com a média dos magros salários entre quarenta e oitenta copeques por dia, rações cobertas de pó de manganês e "moradia" a céu aberto (no inverno, os trabalhadores dormiam nas minas), Tchiatura era, nas palavras de um observador, "uma verdadeira colônia de trabalho penal (kátorga)", mas os trabalhadores não tinham sido condenados por nada.[121] Mesmo pelos padrões da Rússia tsarista, as injustiças em Tchiatura eram notáveis. Porém, quando os trabalhadores se rebelaram, o regime convocou tropas imperiais, bem como justiceiros de direita que se autodenominavam Brigadas Sagradas, mas foram batizados de Centúrias Negras. Em resposta aos ataques físicos, Djugachvíli ajudou a transformar os "círculos" social-democratas de agitação em "brigadas de combate vermelhas" chamadas Centúrias Vermelhas.[122] Em dezembro de 1905, as Centúrias Vermelhas operárias, ajudadas por jovens bandidos radicais, assumiram o controle de Tchiatura e, portanto, de metade da produção mundial de manganês.

No ano anterior, Djugachvíli ainda defendia um Partido Operário Social-Democrata georgiano autônomo, separado dos sociais-democratas de toda a Rússia (imperial) — vestígio, talvez, de suas batalhas contra a russificação no seminário e na Geórgia de forma mais ampla. Mas os sociais-democratas da Geórgia rejeitavam uma luta pela independência nacional, raciocinando que, mesmo que conseguissem de alguma forma se separar, a liberdade para a Geórgia jamais duraria sem que a Rússia fosse livre. Os camaradas georgianos condenaram Djugachvíli, chamando-o de "georgiano bundista", e o obrigaram a retratar-se publicamente. O futuro Stálin escreveu um Credo (fevereiro de 1904) em que claramente repudiava a ideia de um partido georgiano separado; setenta exemplares foram distribuídos dentro do Partido Social-Democrata.[123] Além da poesia romântica juvenil e de dois editoriais não assinados da Brdzola que foram mais tarde atribuídos a Stálin, o Credo foi uma de suas primeiras publicações (historiadores posteriores do partido que reuniram seus escritos nunca o encontraram). Esse mea-culpa foi seguido por um longo ensaio — o verdadeiro início de sua carreira de publicista — em georgiano, datado de setembro-outubro de 1904 e intitulado "Como a social-democra-

cia compreende a questão nacional". Seu alvo era um partido recém-criado de sociais-
-federalistas cujo periódico, publicado em Paris, exigia autonomia georgiana, tanto no
Império russo como no movimento socialista. Ele repudiou veementemente a ideia de
partidos de esquerda "nacionais" separados, e recorreu ao sarcasmo ao falar do nacionalismo georgiano.[124] Em abril de 1905, um panfleto dirigido ao proletariado de Batum
observava que "a social-democracia russa é responsável não somente perante o proletariado russo, mas ante todos os povos da Rússia, que gemem sob o jugo da autocracia
bárbara — ela é responsável perante toda a humanidade, toda a civilização moderna".[125]
A Rússia, não a Geórgia. O episódio do Credo havia sido um ponto de inflexão.

Entrementes, em Tchiatura, ao participar da organização da ação direta das massas,
Djugachvíli estava em seu elemento radical, ajudando a transformar quase todas as
minas em um campo de batalha de facções do Partido Social-Democrata, importando
partidários fiéis de sua atividade clandestina anterior, especialmente de Batum. Alguns
observadores maravilharam-se com a forte lealdade de sua turma. Mesmo assim, os
trabalhadores de Tchiatura não elegeram Djugachvíli para seu líder, mas um jovem
georgiano magro, alto e carismático chamado Noé Ramichvíli (nascido em 1881). Ramichvíli conquistou os trabalhadores das minas porque alardeava o papel superior
que sua facção "menchevique" dos sociais-democratas do Cáucaso atribuía aos trabalhadores comuns no partido.[126] Djugachvíli, que aderiu à facção bolchevique dos
sociais-democratas do Cáucaso, amaldiçoava seus rivais, chamando-os de "amantes
de trabalhadores".[127] De Tchiatura, ele escreveu relatórios para Vladímir Lênin, o líder
da facção bolchevique exilado na Europa, sobre a luta de vida e morte — não contra o
regime tsarista, mas contra os mencheviques.[128]

A briga sectária entre bolcheviques e mencheviques surgira dois anos antes, em
julho de 1903, na sala de um clube de Londres, no II Congresso do Partido Operário Social-Democrata Russo (o primeiro desde o esforço de fundação, em Minsk,
com a participação de nove pessoas, em 1898). Fora do alcance da polícia tsarista,
os delegados adotaram uma carta e um programa ("A ditadura do proletariado é o
pré-requisito da revolução social"), mas duas personalidades fortes, Lênin e Mártov,
entraram em confronto pela estrutura partidária. A rixa irrompeu por causa de uma
proposta de Lênin para reduzir o conselho editorial do periódico Iskra de seis para
três membros (Plekhánov, Lênin e Mártov), uma proposta sensata que, no entanto,
explodiu no salão (a ata registra "gritos ameaçadores" e gritos de "vergonha"). Mas as
diferenças eram mais profundas. Todos os sociais-democratas russos consideravam o
capitalismo um mal a ser superado, mas o marxismo sustentava que a história deveria
avançar por etapas, e a maioria dos marxistas da Rússia apoiava a posição do estadista
mais velho Plekhánov de que a revolução socialista só poderia triunfar depois que uma
"revolução burguesa" tivesse acontecido e acelerado o desenvolvimento capitalista da

102

Rússia. Desse ponto de vista, os trabalhadores deveriam ajudar a débil burguesia russa a instituir o constitucionalismo, para que, décadas depois, os trabalhadores pudessem então transcender o capitalismo e avançar para o socialismo. Mas e se os trabalhadores se mostrassem *incapazes* de assumir esse papel? Mártov captou o cerne da questão ao escrever que a "reconciliação das tarefas revolucionário-democráticas com as socialistas" — isto é, a revolução burguesa com a revolução socialista — "é o enigma que o destino da sociedade russa propôs para a social-democracia russa".[129]

A questão do papel dos trabalhadores no processo histórico já dividira os sociais-democratas alemães. Na Alemanha, parecia que os proletários não estavam desenvolvendo uma consciência revolucionária, mas apenas uma consciência sindical (e o capitalismo não estava entrando em colapso) — uma posição claramente exposta por Eduard Bernstein, que concluiu que os socialistas deveriam abraçar a melhoria e a evolução, realizar o socialismo via capitalismo e não organizar a aniquilação do capitalismo. Karl Kautsky, um rival de Bernstein, chamou-o de marxista "revisionista", e insistiu que o socialismo e depois o comunismo ainda seriam alcançados através da revolução. Entrementes, as condições tsaristas não permitiam uma abordagem "revisionista" como a de Bernstein na Rússia, mesmo que Lênin se inclinasse para ela — o que não era o caso —, porque o sindicalismo e o constitucionalismo continuavam ilegais. Lênin admirava Kautsky, mas ia mais além, defendendo uma abordagem conspiratória porque a Rússia imperial era diferente da Alemanha na severidade das restrições à liberdade. Em *O que fazer?* (1902), ele previu uma revolução se "alguns profissionais, tão bem treinados e experientes como a polícia de segurança imperial, tivessem chance de organizá-la".[130] Sua postura foi denunciada como não marxista e ele foi acusado de blanquista — seguidor das ideias do francês Louis Auguste Blanqui (1805-81), que descartava a eficácia dos movimentos populares em favor da revolução executada por um pequeno grupo através de uma ditadura temporária usando a força.[131] De algum modo, no entanto, Lênin estava apenas reagindo à intensa militância operária no Império russo, como a Marcha do Dia do Trabalho, em Khárkov, em 1900 — sobre o qual havia escrito —, e os violentos choques do ano seguinte entre trabalhadores e policiais em Óbukhov. É verdade que ele, às vezes, parecia dizer, como Bernstein, que os trabalhadores, deixados à sua própria sorte, desenvolveriam apenas uma consciência sindical. Mas isso fez com que Lênin se tornasse mais, e não menos, radical. Basicamente, ele queria um partido de revolucionários *profissionais* para superar o bem organizado Estado tsarista, cuja fortíssima repressão militava contra o trabalho organizacional comum.[132] Mas Lênin não conseguiu convencer os outros: no congresso de 1903, embora houvesse apenas quatro operários genuínos entre 51 delegados, a concepção de Mártov — uma organização partidária mais ampla do que a formada apenas por revolucionários "profissionais" — venceu por uma pequena maioria (28 votos a 23). Lênin se recusou a aceitar o resultado e anunciou a formação de uma facção, que chamou de bolcheviques (majoritários), porque havia obtido a maioria em outras questões secundárias. A maioria de Mártov, por incrível que pareça, aceitou tornar-se conhecida como menchevique (minoritários).

Acusações, contra-ataques — e mal-entendidos — relacionados à divisão do verão de 1903 reverberariam durante a maior parte do século. A *okhranka* mal podia acreditar em sua sorte: os sociais-democratas tinham se voltado uns contra os outros! Já não era o suficiente para os revolucionários social-democratas lutar para evitar a prisão, enquanto competiam contra rivais na esquerda, como os socialistas revolucionários (srs): agora tinham também de lutar contra a "outra facção" dentro de seu próprio partido em cada comitê do império e no exterior, mesmo quando tinham dificuldades para explicar as diferenças entre bolcheviques e mencheviques.[133] É claro que o sectarismo entre os revolucionários era tão comum quanto cornear. Mesmo assim, o cisma de Lênin irritou seu até então amigo Mártov, bem como os aliados de Mártov, porque tinham acabado de conspirar com Lênin para conter o poder do Bund judaico dentro das fileiras da social-democracia russa (apenas cinco delegados bundistas foram autorizados a assistir ao congresso de 1903 do POSDR, apesar do grande número de proletários judeus).[134] E então... traição. Mártov e sua facção rejeitaram várias ofertas de mediação. A posição doutrinária de Lênin envolvia inequivocamente uma tentativa de tomar o poder no movimento, mas a divisão havia começado — e se manteve — como uma questão, pelo menos em parte, pessoal. As polêmicas internas tornaram-se mutuamente violentas, com acusações de mentiras e traição.

Quando a notícia da divisão se espalhou, Lênin foi duramente denunciado. Em 1904, Rosa Luxemburgo, a revolucionária nascida na Polônia que não se encontraria com Lênin por mais três anos, chamou a concepção dele de organização de "ultracentralismo militar". Trótski, que ficou do lado de Mártov, comparou Lênin com o jesuíta católico abade Emmanuel Joseph Sieyès — desconfiado em relação a outras pessoas, fanaticamente ligado à ideia, inclinado a ser ditador, ao mesmo tempo que alegava estar combatendo uma sedição supostamente onipresente. Em breve, Plekhánov chamaria Lênin de blanquista. Por sua vez, Lênin, instalado em Genebra, trabalhava com diligência para recrutar o estrategicamente importante e populoso ramo caucasiano do Partido Operário Social-Democrata para o seu lado, escrevendo sobre a "vileza reptiliana" do Comitê Central do partido (seus adversários). Ele poderia ter sucesso: afinal, muitos membros da facção de Lênin haviam sido exilados da Rússia europeia para o Cáucaso, onde disseminaram a influência bolchevique. Em 1904, em Tíflis, o futuro Stálin, que não fora ao congresso de 1903 em Londres (estava numa prisão preventiva tsarista), travou contato com Liev Kámenev, adepto da facção de Lênin. Mas em janeiro de 1905, o líder dos marxistas georgianos, Noé Jordánia, voltou para a Geórgia

104

do exílio europeu e conduziu a grande maioria dos marxistas caucasianos para o lado menchevique. Djugachvíli já entrara em choque com Jordánia em novembro de 1901 por defender um partido mais estreito, centrado na intelligentsia. Agora, contrariava Jordánia novamente, mantendo-se na facção bolchevique. Portanto, para ele, a divisão também era, em parte, pessoal. Doutrinariamente, a posição leninista de dar preeminência aos revolucionários profissionais também era adequada ao temperamento e à autoimagem de Djugachvíli.

A suposta influência pessoal de Lênin passou a ser citada como a explicação para a lealdade de Djugachvíli: diz-se que havia tempos o futuro Stálin admirava muito o líder bolchevique. Mas, se ele sentia por Lênin algum tipo de culto ao herói à distância, o primeiro encontro deles o enfraqueceu.[135] Os dois se conheceram em dezembro de 1905, no III Congresso do POSDR, em Tammerfors, Finlândia (então sob domínio russo), no qual Djugachvíli era um dos três delegados da facção bolchevique do Cáucaso.[136] Lênin havia retornado do exílio suíço somente em novembro de 1905, tendo escolhido não participar da maior parte dos eventos revolucionários daquele ano. Com pouco menos de 36 anos, ele era quase uma década mais velho que Djugachvíli.[137] (O "patriarca" de todos os delegados, Mikho Tskhakáia, do Cáucaso, tinha 39). Mas Djugachvíli observou no congresso do partido que os delegados provinciais, inclusive ele, atacaram as propostas políticas de Lênin, e que o líder bolchevique *recuou* e racionalizou que ele era um exilado sem contato com a realidade russa. "Eu esperava ver a águia da montanha de nosso partido, um grande homem, não só política, mas fisicamente, pois tinha formado para mim uma imagem de Lênin como um gigante, uma figura imponente e representativa de homem", Stálin recordaria. "Qual não foi minha decepção quando vi o indivíduo mais normal, de altura abaixo da média, sem nenhuma distinção dos mortais comuns."[138] (Os escritos de Stálin entre 1906 e 1913 traziam apenas duas citações de Lênin.) Lênin se tornaria o mentor indispensável de Stálin, mas levaria tempo para que o georgiano — e quase todos os outros da esquerda — viesse a apreciar a sua força de vontade, capaz de dobrar a história. De qualquer modo, no mesmo momento em que os aspirantes a revolucionários social-democratas da Rússia brigavam entre si com unhas e dentes em relação à natureza da revolução vindoura (burguesa ou socialista) e sobre a estrutura do partido (inclusivo ou "profissional"), a autoridade política tsarista já estava em desintegração completa, tornando a revolução iminente.

DESINTEGRAÇÃO E RESGATE

Enquanto Djugachvíli organizava as Centúrias Vermelhas em Tchiatura, em 8 de outubro de 1905, após a assinatura do tratado de paz russo-japonês, uma greve geral fechou São Petersburgo. Em cinco dias, mais de 1 milhão de trabalhadores aderiram, paralisando o telégrafo e a rede ferroviária. As tropas não podiam ser trazidas de volta — mais de 1 milhão de soldados russos ainda estavam no teatro de guerra do Extremo Oriente, após a cessação das hostilidades —, nem mobilizadas para executar o serviço de policiamento interno. Por volta de 13 de outubro, criou-se um soviete (conselho) em São Petersburgo com a função de comitê de coordenação de greve; ele duraria cerca de cinquenta dias e durante duas semanas desse período seria dirigido por Liev Trótski, um escritor prolífico e proeminente social-democrata que regressara recentemente do exílio.[139] Em 14 de outubro, foi anunciada uma repressão e, no dia seguinte, as autoridades fecharam a prestigiosa universidade da capital até o final do ano. Figuras do establishment, inclusive membros da família Románov, instaram Nicolau II a fazer concessões políticas para diminuir a distância entre o regime e a sociedade. Em toda a Europa, somente o Império Otomano, o principado de Montenegro e o Império russo ainda não dispunham de um Parlamento. Aconselhado a permitir mudanças que infringiam o princípio autocrático e estabeleciam um governo coordenado, o tsar escreveu para a mãe, a imperatriz viúva de origem dinamarquesa: "Ministros covardes se reúnem e discutem como alcançar a unidade de todos os ministros, em vez de agir decisivamente".[140] Recém-chegado de Portsmouth, New Hampshire, Serguei Witte tratou de aproveitar o momento e sugeriu ao tsar que ele tinha duas opções para salvar a autocracia: conceder uma Constituição, liberdades civis e, sobretudo, um governo ministerial coordenado, ou encontrar alguém que pudesse implementar uma repressão.[141] Em 15 de outubro, Nicolau II perguntou ao seu cortesão mais confiável, o linha-dura Dmítri Trépov, recém-nomeado governador-geral da capital e arquirrival de Witte, se ele poderia restaurar a ordem sem um massacre de civis. Trépov respondeu em 16 de outubro que "a sedição atingiu um grau em que é duvidoso que se possa evitar um derramamento de sangue".[142]

O tsar vacilou. Encomendou um projeto de proclamação de uma Duma meramente consultiva.[143] Ao que parece, também pediu ao seu tio, o grão-duque Nicolau, que assumisse poderes ditatoriais sob uma ditadura militar, ao que este respondeu que o Exército estava esgotado pela guerra em curso no Extremo Oriente e que, se o tsar não aceitasse o programa de concessões políticas de Witte, ele se mataria com um tiro.[144] Em 17 de outubro, persignando-se, Nicolau II relutantemente assinou a Proclamação sobre Melhoria da Ordem Estatal, publicada no dia seguinte, em que "impunha" — em jargão autocrático — liberdades civis, bem como uma legislatura bicameral. Não mais "consultiva", como proposto originalmente em fevereiro, a Duma do Estado seria uma câmara baixa de "representantes do povo" a ser eleita, ainda que por um sufrágio restrito — mais restrito do que a Espanha absolutista havia concedido em 1680 às suas cidades no Novo Mundo —, mas com o direito de emitir leis. A franquia foi concedida a cidadãos do sexo masculino maiores de 25 anos de idade, com exclusão de soldados e oficiais, mas as eleições passariam por quatro colégios eleitorais, e um peso extra foi atribuído aos camponeses comunais, em vez de individuais.[145] Ao mesmo tempo, o Conselho de Estado da Rússia, até então um órgão consultivo, em grande parte cerimonial, de membros nomeados da elite, como retratado na imensa pintura a óleo de Iliá Répin de 1903, se tornaria uma câmara alta. O plano era que o Senado servisse de freio conservador para a Duma. Metade dos novos membros do Conselho de Estado continuaria a ser nomeada pelo tsar, escolhida entre ex-ministros, governadores-gerais, embaixadores, ou seja, "homens idosos veneráveis, de cabelos brancos ou calvos, com a pele enrugada e muitas vezes encurvados pela idade, vestindo uniformes e adornados com todas as suas condecorações", como alguém de dentro do governo descreveu. A outra metade seria eleita por organismos escolhidos: a Igreja ortodoxa, assembleias provinciais, a bolsa de valores, a Academia de Ciências. Em comparação, os Estados Unidos aprovariam a Sétima Emenda, que previa a eleição direta de senadores, em 1911; toda a Câmara dos Lordes britânica era composta de nobres hereditários.[146]

De forma menos drástica, mas com não menos consequências, o tsar também admitiu, pela primeira vez, um governo unificado, com um primeiro-ministro. Serguei Krijanóvski, no cargo de vice-ministro do Interior, e encarregado de delinear a necessidade e a estrutura de um gabinete, atacou a "fragmentação" e o caráter fratricida dos ministérios russos. Ele alertou que a convocação de uma Duma, como a convocação dos Estados Gerais na França, em 1789, criava um fórum poderoso. O governo precisaria ser forte e unido para administrar o poder legislativo, ou então poderia haver consequências de estilo francês para a monarquia. Mas os ministros queriam um governo forte não somente devido à necessidade percebida de administrar a legislatura. O modelo que Witte tinha em mente era o da Prússia, que proporcionava ao ministro-presidente a autoridade — utilizada com grande vantagem por Bismarck — para controlar todos os contatos entre cada ministro e o monarca.[147]

Um gabinete forte, coordenado por um primeiro-ministro, pode parecer uma necessidade óbvia de qualquer Estado moderno, mas, em todo o mundo, ele surgira havia relativamente pouco tempo. Na Grã-Bretanha, o cargo de primeiro-ministro devia sua origem não planejada em grande parte ao fato de que o rei Jorge I (que reinou em 1714-27), da casa de Brunswick, de Hanover (um estado alemão), não falava inglês (passava pelo menos metade do ano em Hanover), e, por isso, a responsabilidade de presidir as reuniões de gabinete recaiu sobre um cargo recém-criado de primeiro-ministro, uma circunstância que seria institucionalizada. A Prússia ganhou um primeiro-ministro equivalente — ministro-presidente — e um gabinete de ministros em estágios, de 1849 a 1852, numa improvisação para lidar com o advento surpresa de uma legislatura em 1848.[148] (O natimorto governo de gabinete da Rússia de 1857 não incluía um primeiro-ministro.) Mas, enquanto o posto de primeiro-ministro britânico era atribuído ao líder da maioria na Câmara dos Comuns, o que significava que ele não devia sua posição ao capricho real, mas a maiorias parlamentares eleitas, o ministro--presidente da Prússia era nomeado ou removido do cargo pelo monarca, sem levar em consideração maiorias parlamentares (eleitorais).

A Rússia não seguiu o exemplo britânico — um sistema genuinamente parlamentar —, mas o prussiano. É verdade que a Duma poderia convocar ministros para apresentar um relatório, mas o tsar mantinha poder absoluto sobre a nomeação ou demissão dos mesmos, bem como um poder de veto absoluto sobre a legislação, o direito de dissolver a Duma e anunciar novas eleições, e o direito de declarar a lei marcial. Além disso, os ministros das Relações Exteriores, da Guerra, da Marinha e a corte ficavam fora do alcance do primeiro-ministro. Essas circunstâncias permitiram que Nicolau II, não sem a conivência de Witte, pensasse que as concessões não haviam violado seu juramento de defender a autocracia. Mas haviam: o trabalho dos então catorze ministros — com as exceções enumeradas — seria coordenado por alguém diferente do tsar da Rússia.[149]

Essa pessoa acabou por ser Witte, escolhido por Nicolau II para ser o primeiro primeiro-ministro da história da Rússia.

Nicolau II pedira-lhe para redigir a Proclamação de Outubro, mas, conhecendo bem o tsar, e, provavelmente, desejoso de manter certa distância do documento, Witte repassara a tarefa a uma pessoa que acontecia de estar hospedada em sua casa.[150] Witte, porém, editou os rascunhos e foi universalmente considerado a força por trás do documento.[151] E, no entanto, embora no auge do poder, Witte viu-se suspenso no ar, sem apoio total de ninguém: não do establishment atordoado, cuja maioria defendia a autocracia desenfreada e, além disso, não gostava do pedigree, da aspereza e da esposa judia de Witte; não do pequeno grupo de constitucionalistas, que ainda esperavam que a Constituição prometida fosse elaborada e aprovada; não dos representantes eleitos para o Soviete de Petersburgo, que consideravam a Duma uma farsa "burguesa"; não dos trabalhadores e estudantes grevistas, cuja greve geral havia arrefecido, mas que ainda desejavam justiça social; e não do campesinato rebelde, que interpretava livremente a Proclamação de Outubro como uma promessa de adiamento da redistribuição de terras, o que provocou novos distúrbios agrários.[152] Witte não tinha nem mesmo o apoio total de Nicolau II, que o promoveu, mas o julgava insolente. Mas pela pura força de sua personalidade, especialmente seu desejo de ser informado, ele se mostrou capaz de impor coordenação a grande parte do governo, até mesmo na política externa e nos assuntos militares, cujos ministros supostamente não respondiam ao primeiro--ministro.[153]

Mas quaisquer que fossem as habilidades impressionantes de Witte, a introdução de um primeiro-ministro e a promessa de uma Duma ainda por vir não restabeleceram a ordem pública. Ao contrário, a oposição tornou-se mais violenta após a divulgação da Proclamação de Outubro. A autocracia tsarista foi salva, literalmente, por um severo funcionário conservador que já fora demitido uma vez por abusar de seu poder de polícia em conexão com indiscrições sexuais. Piotr Durnovó (nascido em 1845), herdeiro da nobreza antiga e formado pela Academia Naval, estivera no mar durante as grandes reformas da década de 1860. Abandonou então a Marinha e tornou-se diretor da polícia por longo tempo (1884-93). Depois que um dos "gabinetes negros" que supervisionava interceptou uma carta de amor ao encarregado de negócios do Brasil da amante do próprio Durnovó, ele fez a polícia invadir o apartamento do diplomata para roubar o resto da correspondência. A mulher queixou-se do roubo ao seu amante diplomata, que em um baile da corte falou sobre a questão com o tsar Alexandre III. Consta que o tsar teria dito ao seu ministro do Interior: "livre-se deste porco no prazo de 24 horas".[154] Durnovó foi para exterior, demitido do serviço estatal, aparentemente para sempre. Contudo, em 1895, após a morte inesperada de Alexandre III causada por doença, aos 49 anos de idade, Durnovó conseguiu retomar sua carreira, chegando a vice-ministro do Interior. Em 23 de outubro de 1905, Witte o nomeou seu ministro interino do Interior, contra as objeções veementes dos liberais e a hesitação do tsar Nicolau II.[155] Três dias depois, os marinheiros do Báltico se amotinaram. Em 28 de outubro, Durnovó já havia esmagado o motim caótico, ordenando centenas de execuções. Ele contemplou uma repressão em todo o império, mas Witte (inicialmente) insistiu que agisse dentro dos parâmetros da Proclamação de Outubro — afinal, ela fora assinada pelo tsar. Porém, em breve Durnovó começou a tomar medidas mais duras, o que, é claro, agradou em cheio ao signatário da Proclamação de Outubro, bem como grande parte da burocracia estatal, depois que as medidas pareceram bem-sucedidas. "Todo mundo começou a trabalhar, a máquina entrou em alta velocidade", relembrou um alto funcionário da *okhranka*. "Começaram as prisões."[156] Com efeito, entre a promessa do tsar de uma Constituição (outubro de 1905) e a promulgação, seis meses depois, das Leis Fundamentais — Nicolau II se recusou a permitir que ela fosse chamada de Constituição —, a polícia de Durnovó prendeu muitas dezenas de milhares de pessoas (por algumas estimativas, até 70 mil).[157] Ele também demitiu inúmeros governadores e, mais importante, incitou o resto a tomar de volta todos os espaços públicos.

Durnovó mostrou *iniciativa*. Em meados de novembro de 1905, quando uma nova greve fechou o sistema de correios e telégrafos, ele a rompeu organizando substituições por cidadãos. Em 3 de dezembro, um dia depois que o Soviete de Petersburgo convocou os trabalhadores a retirar suas poupanças de bancos estatais, ele prendeu cerca de 260 deputados do Soviete, metade de seus membros, inclusive o presidente Trótski. Muitas autoridades alertaram que isso provocaria uma repetição da greve geral de outubro de 1905, mas Durnovó respondeu que uma demonstração de força mudaria a dinâmica política. Em 7 de dezembro de 1905, eclodiu uma revolta em Moscou, dando a impressão de que seus críticos tinham razão. Mas ele foi até Nicolau II, em Tsárskoe Seló, para apresentar um relatório e pedir instruções, sem a presença do primeiro-ministro Witte, seu superior (nominal), a quem Durnovó não se preocupava mais em consultar, embora Witte tivesse passado a assumir uma posição linha-dura. Ele nem sequer aparecia nas reuniões do governo (Conselho de Ministros), ou explicava suas ausências.[158] O tsar, como era de prever, estava disposto a incentivar a prática pré-1905, pela qual ministros como Durnovó se reportavam direta e privadamente a ele. Nicolau II escreveu à mãe: "Durnovó, o ministro do Interior, age soberbamente".[159] Agora, diante de uma revolta na antiga capital da Rússia, Durnovó mandou esmagá-la: 424 pessoas foram mortas e 2 mil feridas.[160] A repressão ocorreu em todo o império. "Solicito veementemente, neste e em outros casos semelhantes, que ordenem o uso da Força Armada sem a menor clemência e que os insurgentes sejam aniquilados e suas casas queimadas", ele instruiu sem rodeios funcionários da província de Kiev. "Nas circunstâncias atuais, a restauração da autoridade do governo só é possível por esses meios."[161] Na Geórgia, tropas imperiais recapturaram sangrentamente o povoado de mineração de manganês de Tchiatura, removendo a base política de Djugachvíli e de seus seguidores bolcheviques. Forças imperiais e Centúrias Negras também desbarataram a cidadela de camponeses georgianos mencheviques da República Guriana. Esmagada, a primeira república camponesa do mundo liderada por marxistas, como escreveu um estudioso, iria encontrar ecos "nos campos, colinas e florestas da Ásia".[162] Mas por enquanto, no final de 1907, as revoltas das massas camponesas haviam sido ceifadas em todo o império.[163] Foi uma façanha assombrosa.

A autocracia russa havia passado por uma experiência de quase morte. Ao todo, um exército de quase 300 mil homens, um número próximo da força terrestre que tinha lutado contra os japoneses, foi necessário para suprimir a agitação interna.[164] Uma tamanha mobilização para a repressão e a sobrevivência do regime teria sido impossível se os inimigos da Rússia em seu flanco ocidental, a Alemanha e a Áustria-Hungria, tivessem decidido tirar proveito da situação, o que teria sido fácil. Não seria preciso nem mesmo um ataque real do Ocidente, apenas uma mobilização, para paralisar e provavelmente condenar o regime tsarista.[165] Igualmente fundamental, as forças russas de repressão interna eram os mesmos camponeses de uniforme que tinham se amotinado quando — e porque — o regime tsarista parecera fraco, e que agora, quando o regime mostrava os dentes de novo, impunham a ordem estatal contra trabalhadores, estudantes e companheiros camponeses rebeldes.[166] Durnovó conseguiu mobilizá-los.

Temos aqui um daqueles momentos no jogo das estruturas históricas de grande escala em que a personalidade se mostrou decisiva: um ministro do Interior com menos disposição não teria conseguido. Quando "o regime cambaleava à beira de um abismo", concluiu acertadamente Vladímir Gurko, seu adjunto, ele "foi salvo por [...]. Durnovó, que adotou uma política quase independente e com a perseguição implacável dos elementos revolucionários restabeleceu certa ordem no país".[167]

Mas esse também foi um momento em que o talento de um estadista, em vez de suas deficiências, foi prejudicial ao seu país. O resgate da autocracia russa efetuado por Durnovó — quando ela deveria ter caído — acabaria tendo a consequência perversa de preparar o país para um choque muito pior durante uma guerra muito pior, que serviria de molde para uma nova ordem radical. Evidentemente, é impossível saber o que teria acontecido se a excepcional firmeza e habilidade da polícia de Durnovó não tivessem salvado o tsarismo em 1905-6. Ainda assim, nos perguntamos se a história de um sexto do planeta, e mais, teria sido tão catastrófica e teria visto o aparecimento da ditadura ultraviolenta de Stálin. Seja como for, a trégua que Durnovó ofereceu à Rússia seria de curta duração, frenética e cheia de inseguranças descontroladas. "Muito antes da Primeira Guerra Mundial", lembrou um contemporâneo, "todas as pessoas politicamente conscientes viviam como se estivessem em cima de um vulcão."[168]

4. Autocracia constitucional

Estamos cansados de tudo. Somos pessoas leais e não podemos ir contra o governo, mas também não podemos apoiar o governo atual. Somos forçados a ficar de lado e em silêncio. Essa é a tragédia da vida russa.

A. I. SAVENKO, DIREITISTA E ANTISSEMITA, CARTA PARTICULAR
INTERCEPTADA PELA OKHRANKA, 1914[1]

Olhando para aquela cabeça baixa e pequena, tinha-se a sensação de que, se fosse furada, todo o Capital de Karl Marx sairia dela assobiando como o gás de um recipiente. O marxismo era o seu elemento, nisso ele era invencível. Depois que assumia uma posição, nenhum poder na terra seria capaz de desalojá-lo dela, e ele era capaz de encontrar uma fórmula de Marx apropriada para cada fenômeno.

UM EX-COMPANHEIRO DE PRISÃO POLÍTICA FALANDO SOBRE
O JOVEM STÁLIN NA PRISÃO DE BAKU, 1908[2]

O Estado da Rússia surgira de exigências militares, em um ambiente geopolítico extremamente desafiador, mas também de ideais, sobretudo do ideal autocrático. Mesmo assim, porém, a duradoura autocracia russa estava longe de ser estável. Quase metade dos Románov após Pedro, o Grande, havia deixado o trono involuntariamente, em consequência de golpes ou assassinatos. O próprio Pedro teve seu filho mais velho e herdeiro condenado à morte por conspiração (treze dos quinze filhos que Pedro teve de duas esposas também morreram). Ele foi sucedido por sua segunda esposa, uma camponesa da costa do Báltico, que assumiu o nome de Catarina I, e depois por seu neto, Pedro II. Em 1730, quando Pedro II morreu de varíola no dia do seu casamento, a linhagem masculina dos Románov expirou. O trono passou para os parentes de Pedro II, primeiro para Anna, prima de seu pai, que reinou em 1730-40, e depois, graças a um golpe palaciano, para sua meia-tia Isabel, que reinou até 1761. Nenhuma delas produziu um herdeiro masculino. A Casa Románov evitou o desaparecimento por completo somente graças ao casamento de uma das duas filhas sobreviventes de Pedro, o Grande, com o duque de Holstein-Gottorp. Isso fez com que os Románov se tornassem uma família russo-alemã. Karl Peter Ulrich, o primeiro Holstein-Gottorp-Románov — que veio a ser Pedro III —, era um imbecil. Usava uniforme militar prussiano ao exercer as funções estatais russas, e seis meses depois foi deposto por um golpe de Estado liderado por sua esposa, uma princesa alemã chamada Sophie von Anhalt Auguste Frederike-Zerbst, que assumiu o trono com o nome de Catarina II (ou a Grande). Ela imaginava-se uma déspota esclarecida, e fez da alta cultura uma parceira da autocracia (algo que Stálin imitaria, governando como se estivesse no Senado imperial de Catarina, em Moscou). Catarina era Románov somente pelo casamento, mas a família governante da Rússia continuou a enfatizar seus vínculos, através da linhagem feminina que remontava a Pedro, e a usar apenas o sobrenome russo. Em 1796, Catarina foi sucedida por seu filho Paulo, que foi assassinado em 1801; depois vieram o filho de Paulo, Alexandre I (reinado 1801-25); o irmão de Alexandre, Nicolau I (1825-55); Alexandre II, que morreu em 1881, depois de ter as pernas destroçadas por uma bomba terrorista; Alexandre III, que se tornou herdeiro após a morte repentina de seu irmão mais velho e que, no poder, sucumbiu a uma doença renal (nefrite), aos 49 anos, em 1894; e finalmente Nicolau II.[3]

Com exceção de Alexandre III, que se casou com uma princesa dinamarquesa, noiva do irmão mais velho falecido, todos os "Románov" descendentes da Catarina alemã tomaram esposas de origem alemã. Esses casamentos entre nobres transformaram quase toda a realeza da Europa em parentes. A esposa alemã de Nicolau II — Alix Victoria Helena Louise Beatrice, princesa de Hesse-Darmstadt — era a neta favorita da rainha Vitória da Inglaterra. Nascida em 1872, um ano após a unificação alemã, Alix conheceu o tsarévitche "Nicky" quando tinha onze e ele quinze anos, no casamento de sua irmã Ella com o tio de Nicolau. Eles se encontraram de novo seis anos depois e se apaixonaram perdidamente. De início, o tsar Alexandre III e sua esposa, a imperatriz consorte Maria Fiodorovna, se opuseram ao casamento do filho Nicolau com a tímida e melancólica Alix, embora ela fosse afilhada deles. Os monarcas russos preferiam a filha do pretendente ao trono francês para solidificar a nova aliança da Rússia com a França. Por sua vez, a rainha Vitória preferia que Alix se casasse com o príncipe de Gales do Reino Unido, mas ela também mudou de opinião. O kaiser Guilherme II da Alemanha apoiou desde o início a união Alix-Nicky, na esperança de fortalecer os laços russo-alemães. A chegada de Alix à Rússia, no entanto, foi infausta, coincidindo com a morte prematura do imperador Alexandre III. "Ela chegou aqui atrás de um caixão", a multidão observou ao vislumbrá-la pela primeira vez, no funeral do imperador. "Ela traz desgraça."[4] A nova imperatriz consorte (que era luterana) converteu-se devidamente à Igreja ortodoxa e assumiu o nome de Alexandra. Sua lua de mel com Nicolau II consistiu em missas ortodoxas duas vezes por dia e visitas de notáveis para apresentar condolências pelo falecimento prematuro do sogro. Ela teve quatro filhas seguidas, o que também deixou todo mundo nervoso, porque uma lei imperial de sucessão aprovada em 1797, durante o reinado de Paulo I (1796-1801), filho de Catarina, a Grande, proibia que outra mulher ocupasse o trono. Finalmente, em agosto de 1904, no décimo ano de casamento, Alexandra produziu o tão esperado herdeiro do sexo masculino. Nicolau II deu ao menino o nome de seu governante Románov preferido, Aleksei, pai de Pedro, o Grande, remetendo aos dias de Moscou, antes da construção de São Petersburgo.

Tendo finalmente um herdeiro, Nicolau II deleitou-se com a repressão tenaz do ministro do Interior, Piotr Durnovó, pouco mais de um ano depois, mas não se retratou da Proclamação de Outubro. E assim, em 27 de abril de 1906, abriu-se a recém-criada Duma do Estado no Palácio de Inverno, com o discurso (conciso) do trono do monarca, numa imitação do costume britânico. Nicolau II lembrava estranhamente seu primo, o rei Jorge V. Mas, diante de todos os dignitários de pé, nacionais e estrangeiros, bem como os representantes eleitos dos plebeus, que se reuniram no Salão de São Jorge, o tsar subiu num estrado e falou apenas duzentas palavras, seguidas por um silêncio sepulcral.[5] A Rússia tornara-se algo que nunca havia existido: uma autocracia constitucional em que a palavra "constituição" era proibida.[6] Era uma mixórdia liberal-antiliberal. A Duma reuniu-se no palácio Tauride, que fora dado pela autocrata Catarina, a Grande, ao favorito da corte, príncipe Potiômkin, em 1783, por sua conquista da Crimeia; fora recuperado de sua família após sua morte e usado, mais recentemente, para armazenar adereços do teatro imperial. O jardim de inverno interno do palácio foi convertido em uma câmara de quase quinhentos lugares, batizada de Salão Branco. Apesar da exclusão da Duma dos pequenos "protetorados" da Ásia central de Khiva e Bukhara, bem como do Grão-Ducado da Finlândia (que tinha sua própria legislatura), muitos dos delegados russos sofreram um choque diante da impressionante diversidade de representantes do império, como se as elites da capital estivessem morando fora da Rússia imperial. Dentro do Salão Branco, sob um retrato gigantesco de Nicolau II, os principais defensores do constitucionalismo, os democratas constitucionais (cadetes) — um grupo liderado pelo professor de história da Universidade de Moscou Pável Miliukov — constituíam a *oposição*.[7] Ainda não estava claro quem — se é que havia alguém — apoiava a nova autocracia constitucional.

O primeiro-ministro Serguei Witte, que insistira mais do que ninguém junto ao tsar para instituir a Duma, apresentou sua renúncia depois da instalação do legislativo, exausto, enfermo e desprezado.[8] Witte não ganhou nenhuma retribuição especial pelo fato de ter sido a locomotiva principal por trás do espetacular surto industrial da Rússia a partir dos anos 1890, ou de ter ajudado a superar o abismo de 1905 entre o regime e a sociedade. Nicolau II achava Witte desonesto e sem princípios. ("Nunca vi tamanho camaleão".)[9] O tsar arrependeu-se imediatamente e para sempre das concessões políticas que Witte ajudara a extrair. Com a queda de Witte, Durnovó também foi obrigado a se demitir; seu serviço histórico como ministro do Interior também durou apenas seis meses, mas Nicolau II permitiu que continuasse a receber o salário de 18 mil rublos por ano e concedeu-lhe um assombroso presente em dinheiro de 200 mil rublos. (Witte recebeu a Ordem de Santo Alexandre Niévski, com diamantes.)[10] Durnovó entregou seu cargo ao governador da província de Sarátov, Piotr Stolypin, que em julho de 1906 conseguiu acrescentar ao seu portfólio o posto de primeiro- -ministro, substituindo assim tanto Durnovó como Witte.[11]

Alto, de olhos azuis e barba preta, figura de enorme charme e sensível à forma — muito diferente do abrasivo Witte —, Stolypin foi uma descoberta. Era de uma antiga família nobre russa e nascera em 1862, em Dresden (onde sua mãe estava visitando parentes no exterior). Seu pai, que era parente do renomado escritor Mikhail Lérmontov, possuía um Stradivarius, que ele mesmo tocava, fora ajudante militar de Alexandre II e comandante do Grande Palácio do Kremlin de Moscou; sua bem-educada mãe era filha do general que comandara a infantaria russa durante a Guerra da Crimeia e chegou a vice-rei da Polônia tsarista. O menino cresceu nas propriedades de sua abastada família na Lituânia tsarista, território da antiga Comunidade Polaco- -Lituana, e formou-se em ciências naturais (não em direito) pela Universidade Imperial de São Petersburgo. (Dmítri Mendeleiev, da tabela periódica, foi um de seus professores.) Tal como Stálin, Stolypin tinha um braço atrofiado, consequência de uma doença misteriosa na adolescência; escrevia usando a mão esquerda para guiar a direita. A deformidade o impediu de seguir a carreira militar do pai e dos parentes da mãe.[12] Mas em 1902, aos quarenta anos, tornou-se governador de Grodno, na fronteira polaco-lituana ocidental, região que englobava suas propriedades. Era a pessoa mais jovem no Império russo a deter o cargo de governador. Em 1903, foi transferido para governar Sarátov, no vale do Volga, centro da Rússia, cujas aldeias, ao contrário daquelas das fronteiras ocidentais, tinham comunas que periodicamente redistribuíam faixas de terra entre os camponeses. Sarátov também se tornou conhecida pela turbulência política. O tsar tivera a oportunidade de visitar a província, e Stolypin trabalhava incansavelmente para estar cercado por súditos que o admirassem. Durante a brutal repressão de 1905-6, ele foi o governador imperial mais enérgico da Rússia, bem como um executivo de coragem e visão, disposto a explicar a multidões reunidas sua justificativa para manter a lei e, se isso falhasse, liderar pessoalmente as tropas na repressão. Seu desempenho impressionou os cortesãos; Nicolau II enviou telegrama de congratulações pela "eficiência exemplar".

Quando Nicolau II o chamou à residência no Palácio de Alexandre, em Tsárskoe Seló, nos arredores de São Petersburgo, para informá-lo de sua elevação a primeiro-ministro, Stolypin protestou que não estava à altura de cargo tão alto e não conhecia as elites da capital. O tsar, com lágrimas nos olhos, grato, talvez, pela modéstia professada e pela deferência, agarrou a mão dele nas suas.[13] Esse aperto de mão foi visto, mais em retrospectiva do que em perspectiva, como uma oportunidade histórica que poderia ter salvo a Rússia imperial. Stolypin certamente se destaca como um dos funcionários mais dominantes a ocupar uma posição de poder na Rússia: autoconfiante em um ambiente de bajulação, orador consumado, bem como bom administrador, era uma autoridade estatal rara, com visão de longo prazo. "Se o Estado não retalia contra malfeitos", Stolypin afirmou ao ser nomeado, "então o próprio sentido do Estado está perdido."[14] O provinciano mostrou-se hábil na conquista da confiança do tsar e logo ofuscou todo o establishment de São Petersburgo.[15] Mas as tarefas que tinha diante de si eram assustadoras. Entre as chaves essenciais para desbloquear a modernidade estavam não somente a produção de aço e a produção em massa, que a Rússia mais ou menos conseguiu atingir, mas também a incorporação bem-sucedida das massas ao sistema político, ou seja, a política de massas.

Stolypin estava decidido a tirar o máximo proveito do novo sopro de vida dado ao regime pela repressão de Durnovó, dentro da nova situação criada pela pressão bem-sucedida de Witte sobre Nicolau II, para implantar o quase constitucionalismo da Proclamação de Outubro. Durante sua permanência no mais alto posto do governo (1906-11), ele esforçou-se, à sua maneira, para reinventar o sistema político russo. Mas os membros do establishment político conservador da Rússia, furiosos com a autocracia constitucional, opuseram-se diretamente aos esforços de Stolypin para criar um sistema de governo em favor deles. A esquerda, por motivos diferentes — ela fora "acalmada" pela derrota da revolta de 1905 e pela repressão de Stolypin —, também caíra em desespero. O nosso protagonista Ióssif "Koba" Djugachvíli perpetraria suas façanhas revolucionárias mais infames sob o governo de Stolypin. Mas permanece questionável que essas atividades incendiárias tenham tido alguma importância. Em contraste, os objetivos e frustrações dos programas de reforma de Stolypin, tal como os de Witte antes dele, nos dizem muito sobre o futuro regime de Stálin. Na época, vendo o mundo através de um prisma marxista canônico, o futuro Stálin não compreendeu quase nada do que Stolypin teve de enfrentar. Stálin nunca conheceu o primeiro-ministro tsarista; mais tarde, porém, em grande medida, seguiria seus passos.

O SEGUNDO CANDIDATO A BISMARCK DA RÚSSIA

Dois atributos pareciam definir a Rússia imperial. Em primeiro lugar, sua agricultura alimentava a Alemanha e a Inglaterra através de exportações, mas estava longe de ser eficiente: o país apresentava o menor rendimento agrícola da Europa (abaixo da Sérvia, considerada apenas uma "irmã mais moça"); sua produção de grãos por hectare era menos da metade da francesa ou mesmo da Áustria-Hungria.[16] Isso fazia com que o campesinato parecesse ser um problema urgente que precisava ser atacado. Em segundo lugar, a vida política russa tornara-se tumultuada, autodestrutiva, insana. Muita gente da elite, especialmente Nicolau II, esperava que as eleições iniciais de 1906 resultassem em uma Duma camponês-monarquista conservadora. Em vez disso, os democratas constitucionais tiveram sucesso eleitoral, o que surpreendeu até mesmo os próprios cadetes. Uma vez consagrados nas urnas, os liberais clássicos russos não mostraram intenção alguma de cooperar com a autocracia, e Nicolau II não tinha nenhuma intenção de fazer acordo com eles.[17] Além disso, os partidos socialistas que haviam boicotado as eleições para a Primeira Duma mudaram de postura e tiveram dezenas de deputados eleitos para a Segunda Duma (graças, em parte, ao voto dos camponeses). A *okhranka*, naturalmente, mantinha os deputados sob vigilância, usando informantes e ouvindo as conversas telefônicas.[18] Mas a polícia política não tinha resposta para a intransigência política de todos os lados. Ademais, essa intransigência era muito facilitada pelos péssimos procedimentos legislativos da Duma. Não havia mecanismos para distinguir assuntos mais e menos importantes, de tal modo que todos estavam sujeitos à legislação, e não a regulamentações governamentais mais simples. Além disso, a Duma carecia de um calendário fixo para o procedimento legislativo; grandes comissões de deputados resolviam leis antes de serem levadas ao plenário e algumas comissões deliberavam sobre um único projeto de lei por dezoito meses. Quando as leis passavam finalmente para a etapa seguinte, eram debatidas no plenário da Duma de novo, sem limites de tempo.[19] As instituições podem afundar em tantas minúcias processuais, especialmente quando forças políticas opostas se mostram incapazes de conciliação.

Do ponto de vista dos democratas constitucionais, o problema era que a revolução constitucional da Rússia não acabara com a autocracia. E, com efeito, Nicolau II usou sua prerrogativa para dissolver a primeira convocação da Duma depois de apenas 73 dias. O autocrata podia, graças ao artigo 87 das Leis Fundamentais, baixar leis por decreto durante o recesso legislativo. (Em teoria, essas leis deveriam ser confirmadas quando fosse retomada a legislatura, mas permaneciam em vigor enquanto o debate prosseguisse.)[20] A Segunda Duma, em 1907, que serviu ainda mais de plataforma para discursos contra o governo, foi tolerada por menos de noventa dias. Então, em 3 de junho de 1907, Stolypin restringiu unilateralmente ainda mais o voto para a Duma, fazendo Nicolau II se valer do artigo 87 para alterar as disposições eleitorais, medida que as Leis Fundamentais proibiam expressamente.[21] "Golpe de Estado!", gritaram os democratas constitucionais, que eram o alvo principal da manobra de Stolypin, ao lado dos mais esquerdistas. Foi, de fato, um golpe de Estado. Mas, do ponto de vista de Stolypin, os cadetes não eram nada angelicais: em 1905-7, eles foram coniventes com o terrorismo, condenando-o publicamente, mas fomentando-o por baixo do pano, a fim de enfraquecer a autocracia. Muitos funcionários tsaristas humildes foram mortos nesse conluio.[22] Mas, enquanto os intrigantes da corte estimulavam Nicolau II a acabar com o "experimento" da Duma, Stolypin estava tentando trabalhar com o legislativo para enraizar o governo suspenso no ar em algum tipo de base política que fosse compatível com a autocracia. "Não queremos professores, mas homens com raízes no campo, a nobreza local, e gente desse tipo", disse Stolypin ao professor Bernard Pares (o fundador dos estudos russos na Grã-Bretanha), em maio de 1908.[23]

Stolypin estava correto: para aprovar a legislação era necessário mais do que uma "união mística" entre o tsar e o povo. Tal como seu antecessor de curta duração Serguei Witte, ele se imaginava um Bismarck russo. "De forma alguma sou a favor de um governo absolutista", declarara o Chanceler de Ferro ao Reichstag alemão. "Considero a *cooperação* parlamentar — se corretamente praticada — útil e necessária, tanto quanto considero o *governo* parlamentar prejudicial e impossível."[24] O primeiro-ministro da Rússia também aceitava um Parlamento, mas não o parlamentarismo (um governo controlado pelo Parlamento), e a Duma russa, como o Reichstag alemão, era uma instituição representativa que se esforçava expressamente para não ser representativa. Sem dúvida, a franquia eleitoral na Alemanha era muito mais abrangente: todos os homens alemães com mais de 25 anos tinham o direito de votar. Além disso, graças às suas origens em 3 de junho de 1907, pairariam sobre a Terceira Duma da Rússia imperial previsões de novos golpes, o que era uma fonte de instabilidade. Mas, nos cálculos de Stolypin, tudo isso era um preço necessário a pagar a fim de obter os meios legais para modernizar o país.

Em Sarátov, Stolypin observara as mesmas injustiças que o jovem radical Stálin havia visto no Cáucaso: trabalhadores que sofriam traumas frequentes e labutavam longas horas por salários baixos, nobres donos de enormes extensões de terra, enquanto os camponeses esfarrapados cultivavam lotes minúsculos. No cargo de primeiro-ministro, Stolypin iniciou profundas reformas sociais. Os trabalhadores industriais alemães, graças à segunda linha da estratégia de Bismarck (roubar o público da esquerda), passaram a desfrutar de seguros de doença, acidente e velhice, bem como acesso a cantinas subsidiadas; Stolypin, no mínimo, queria introduzir o seguro social dos trabalhadores.[25] Mas, mais importante ainda, queria encorajar os camponeses a abandonar a *óbschchina* e consolidar terras agrícolas em unidades mais produtivas.

As elites russas tendiam a ver a sociedade camponesa como atrasada e alienada, e compartilhavam a determinação de transformá-la.[26] (Na verdade, um observador poderia ver o governo russo como uma *sociedade distinta* e alienada do império em geral, especialmente da sociedade camponesa que constituía a vasta maioria da população.)[27] Essa visão da elite assumiu uma inflexão predominantemente econômica, na medida em que o establishment russo passou a acreditar que os camponeses estavam cada vez mais pobres; algumas autoridades, como Witte, em seu período de ministro das Finanças, culpavam "a condição pobre de nossos camponeses" como o principal freio para a industrialização do Estado russo e seu engrandecimento geopolítico.[28] Stolypin foi mais longe, tratando o campesinato como um problema *político* que definia o regime. Uma análise como essa não era peculiar à Rússia. Na Prússia, os reformadores da década de 1820, visando combater a influência da Revolução Francesa, haviam argumentado que os proprietários camponeses eram os únicos defensores confiáveis da lei e da ordem e do Estado.[29] Essa era exatamente a opinião de Stolypin. Em vez de culpar "agitadores revolucionários" de fora pelos distúrbios rurais, Stolypin apontava para os baixos padrões de vida rural, notando ainda que grande parte da agitação camponesa de 1905-6 fora organizada pelas comunas.[30] Além disso, baseado em sua experiência nas fronteiras ocidentais sem comunas, ele concluiu que uma aldeia individualista próspera era uma aldeia pacífica. Assim, sua reforma agrária, possibilitada por um decreto de 9 de novembro de 1906, visava aumentar a produtividade agrícola e remover a base para a agitação camponesa através da criação de uma classe independente de proprietários entre os camponeses, que, uma vez equipados com créditos estatais e acesso à tecnologia, se virariam por conta própria. Em outras palavras, Stolypin queria transformar tanto a paisagem física rural, substituindo as faixas de terras comuns separadas por fazendas consolidadas, como a psicologia do homem rural.[31]

Em termos mundiais, o período de Stolypin foi de tentativas de ampliar as capacidades do Estado. Da Terceira República francesa ao Império russo, Estados de todos os tipos se lançaram em projetos ambiciosos, como a construção de canais, estradas e ferrovias para integrar seus territórios e mercados. Também promoveram o assentamento em novas terras mediante subsídios para colonização, drenagem de pântanos, represamento de rios e irrigação de campos. Essa transformação promovida pelo Estado — construção de infraestrutura, gestão de populações e de recursos — era muitas vezes testada pela primeira vez em possessões ultramarinas (colônias), depois reaplicada no próprio país; às vezes, era desenvolvida em casa e, depois, levada para o exterior, ou para o que chamavam de periferias imperiais. Estados que viviam sob o império da lei, quando governavam no exterior, punham em prática muitas das medidas de engenharia social características de Estados sem lei, mas, em suas sedes, os sistemas liberais diferiam dos autoritários quanto às práticas consideradas aceitáveis ou possíveis.[32] O que no entanto se destacava em todos os casos de engenharia social conduzida pelo Estado era como os pretensos "tecnocratas" raramente percebiam os benefícios, e muito menos a necessidade, de converter súditos (nacionais ou imperiais) em cidadãos. Os tecnocratas viam geralmente a "política" como um estorvo para uma administração eficiente. Nesse sentido, a ideia de Stolypin de incorporar camponeses — ao menos os "fortes e sóbrios" do campesinato — à ordem político-social em condições de igualdade com outros súditos era radical. Sem dúvida, ele pretendia que a propriedade desse uma participação efetiva, mais do que uma voz formal. Ainda assim, um assessor do primeiro-ministro o chamou de "fenômeno novo" no cenário russo, por buscar apoio político em partes da população mais ampla.[33]

A reforma foi um experimento projetado de forma flexível que amalgamava anos de discussões e esforços e permitia ajustes ao longo do caminho.[34] Mas tanto o impulso político da recém-criada classe leal dos pequenos proprietários rurais como a plena decolagem econômica que Stolypin imaginava se mostraram ilusórios. É evidente que, em qualquer sistema político, as grandes reformas são sempre tensas porque as instituições são mais complexas do que se percebe. Na prática, as comunas camponesas russas eram instituições mais flexíveis do que seus críticos imaginavam.[35] Mas a divisão comunal da terra em faixas separadas exigia coordenação com os outros habitantes da aldeia e tornava impossível a venda, o arrendamento, a hipoteca ou transferência legal de terras por indivíduos, ao mesmo tempo que inibia o investimento em terras que poderiam ser tiradas. As comunas protegiam de fato os camponeses da catástrofe em tempos difíceis, embora isso também dependesse da reunião permanente de recursos, induzindo as comunas a resistir a qualquer perda de membros. Com a reforma, o consentimento formal da comuna não era mais necessário para quem quisesse sair. As saídas ainda eram complicadas pela burocracia (acúmulo de casos na Justiça), bem como pelas tensões sociais, mas uma minoria substancial, talvez 20% dos 13 milhões de famílias camponesas da Rússia europeia, conseguiria deixar as comunas durante a reforma. Porém, esses novos pequenos proprietários privados geralmente não escapavam das faixas agrícolas de estilo comunal.[36] (Uma única propriedade podia, às vezes, ser dividida em quarenta ou cinquenta faixas.) A escassez de agrimensores, entre outros fatores, fazia com que muitos camponeses que haviam sido privatizados nem sempre pudessem consolidar a propriedade.[37] Muitas vezes, os camponeses mais voltados para a reforma simplesmente fugiam para a Sibéria, pois o reforço dos direitos de propriedade estimulou significativamente a migração em busca de novas terras, mas isso reduziu a produtividade nas fazendas que eles deixaram.[38] A complexidade da questão da terra podia ser estonteante. Mas onde as fazendas privatizadas, ou mesmo as não privatizadas, foram consolidadas — o objetivo principal das reformas econômicas de Stolypin —, a produtividade aumentou significativamente.[39]

No final, no entanto, as reformas econômicas e outras de Stolypin se defrontaram com os limites teimosos às reformas estruturais impostos pela política. Stolypin teve de iniciar sua ousada transformação agrária com o artigo 87 emergencial da Lei Fundamental, durante um recesso da Duma, e as mudanças provocaram uma profunda resistência entre os donos de propriedades rurais. Eles, assim como outros, bloquearam os esforços de modernização de Stolypin.[40]

O primeiro-ministro da Rússia tentaria não somente reorganizar as propriedades rurais camponesas e o crédito, introduzir seguros de acidente e doença para os trabalhadores, mas também expandir a autonomia dos governos locais do oeste católico do império, levantar as restrições jurídicas aos judeus, ampliar os direitos civis e religiosos e, em sentido amplo, inventar um governo central funcional e uma organização política geral.[41] Mas seu governo descobriu que precisava subornar muitos dos deputados conservadores da Duma se quisesse obter apoio para leis. E, mesmo assim, Stolypin não conseguiu os votos para sua legislação fundamental. Somente a reforma agrária e uma versão diluída do seguro dos trabalhadores foram aprovadas. Os conservadores diminuíram seu espaço de manobra. Em parte, ele foi vítima de seu próprio sucesso: havia estrangulado a revolução de 1905-6 e, no ano seguinte, esvaziou a Duma de muitos liberais e socialistas, tornando assim possível uma relação funcional entre o quase Parlamento e governo nomeado pelo tsar, mas a urgência havia desaparecido. Em um nível mais profundo, ele calculou mal. Com o golpe eleitoral que promoveu em junho de 1907, os grupos sociais que tinham mais a ganhar com seus programas de reforma foram excluídos da Duma ou ficaram em menor número do que os representantes dos interesses tradicionais — a pequena nobreza fundiária —, que tinham mais a perder.[42] Dito de outra forma, os interesses políticos que mais aceitavam a autocracia menos aceitavam as reformas modernizadoras.

O PROTOFASCISMO RUSSO

Não é evidente por si mesmo que a autocracia russa enfrentaria dificuldades graves para criar uma base política. O número de sociais-democratas passou de meros 3250 em 1904 para 80 mil em 1907 — um salto, sem dúvida, mas menos impressionante em termos relativos. O Partido Operário Social-Democrata Russo (POSDR) obteve pouco sucesso entre os de língua ucraniana, especialmente os camponeses, publicando quase nada nessa língua. No território que viria a ser a Ucrânia, o partido não tinha mais de mil membros.[43] A maioria dos membros do Bund Trabalhista Judeu, de esquerda, não era do sudoeste do império (Ucrânia), mas do noroeste (Bielorrússia, Polônia tsarista). Seja como for, mesmo acrescentando o Bund — com quem a maioria dos sociais-democratas russos não desejava uma relação próxima — e os partidos social-democratas equivalentes da Polônia e da Letônia, bem como os social-democratas semiautônomos georgianos, a força combinada deles na Rússia imperial não ultrapassava provavelmente 150 mil membros.[44] Em comparação, os democratas constitucionais, liberais clássicos (a favor da propriedade privada e do Parlamento) — que se dizia não terem nenhuma base social verdadeira na Rússia —, cresceram para cerca de 120 mil, e outro partido constitucionalista (outubristas), um pouco à direita dos cadetes, ganhou mais 25 mil.[45] Os socialistas revolucionários, que tinham por objetivo representar o proletariado agrícola, não conseguiram obter o apoio em massa dos camponeses em 1905-7, embora tenham atraído os trabalhadores urbanos e alcançado uma filiação formal de pelo menos 50 mil.[46] Mas acima de todos eles estava a firmemente monárquica e chauvinista União do Povo Russo, fundada em novembro de 1905, com comícios sob o teto da Academia de Equitação São Miguel Arcanjo, enquanto um coral da igreja cantava "Glória a Deus" e "Tsar Divino"; já em 1906, ela crescera para talvez 300 mil membros, com diretórios em todo o império, inclusive em pequenas cidades e aldeias.[47]

Durante o levante revolucionário, em que o constitucionalismo liberal foi empurrado para a linha de frente, enquanto o socialismo surgia como uma aspiração em todo o império, a ascensão da antiliberal União do Povo Russo constituiu uma história notável. Até 1905, os elementos autodenominados patrióticos enfrentavam limitações legais para se expressar publicamente, tendo de se contentar com procissões religiosas, comemorações de vitórias militares, funerais e coroações imperiais. Além disso, naquele ano revolucionário, a maioria dos conservadores viu-se numa situação complicada, não querendo entrar na arena política e muito menos dominá-la. Mas a União do Povo Russo era diferente.[48] Na qualidade de mais proeminente das muitas organizações de direita da Rússia, a União reunia cortesãos, profissionais e eclesiásticos, inclusive muitos egressos do velho seminário do jovem Stálin em Tíflis, ao lado de pessoas da cidade, operários e camponeses. Ao atrair os descontentes e desorientados, bem como os patriotas, a União conseguiu penetrar nas ordens inferiores e camadas médias "por tsar, fé e pátria", obtendo uma vantagem sobre a esquerda.[49] O regime tsarista, travado pela oposição do establishment direitista na Duma e no Conselho do Estado, parecia ter a opção da mobilização popular.

A União do Povo Russo ajudou a inventar um novo estilo de política de direita — novidade não somente na Rússia, mas na maior parte do mundo —, voltado para as massas, espaços públicos e ação direta, um fascismo *avant la lettre*.[50] Os membros e líderes da União — como o neto de um padre de aldeia da Bessarábia, Vladímir Purichkévitch, que gostava de exclamar "à minha direita há apenas a parede" — eram antiliberais, anticapitalistas e antissemitas (uma tríade redundante aos olhos deles).[51] Eles enfatizavam a singularidade da trajetória histórica da Rússia, rejeitavam o modelo europeu, pregavam a necessidade da primazia de ortodoxos sobre judeus e católicos (polacos) e exigiam a "restauração" das tradições russas. A União desdenhava da preocupação covarde do governo russo com sua segurança, que viam como uma indicação de falta de vontade para esmagar os liberais (e socialistas). A União também detestava o Estado modernizador, que considerava equivalente aos revolucionários socialistas. Os membros da União sustentavam que somente o autocrata deveria governar, e não a burocracia, muito menos a Duma. Eles coincidiam em parte com os justiceiros de direita conhecidos como Centúrias Negras, que ficaram tristemente célebres por pogroms contra os judeus na Zona de Assentamento e por lutarem ao lado das tropas imperiais na repressão contra os camponeses e trabalhadores rebeldes. Os direitistas russos de todos os matizes, depois de um início lento, mobilizaram-se num grau impressionante, distribuindo amplamente panfletos e jornais, organizando comícios em nome da defesa da autocracia, da ortodoxia e da nacionalidade contra os judeus e as intrusões europeias, como o constitucionalismo de estilo ocidental.

Os socialistas do império não se esquivaram de enfrentar o surto direitista. Com frequência, forçaram a União do Povo Russo a realizar comícios em lugares fechados, sob a ameaça de contramanifestações de esquerda e, depois, a fazer o controle de ingressos para manter à distância os terroristas de esquerda que explodiriam os direitistas em pedacinhos. A esquerda também extraía força e coesão consideráveis de Karl Marx e de seu "Cântico dos cânticos", o *Manifesto comunista* (1848). Contudo, os direitistas russos possuíam a verdadeira Escritura bíblica e o que deve ter sido um material genuinamente *eletrizante*: um jornal de direita russa apresentara ao mundo os chamados *Protocolos dos sábios de Sião*. Essa transcrição inventada de reuniões de uma suposta organização judaica retratava os judeus como uma conspiração mundial — visível, mas de alguma forma invisível — que rapinava os cristãos, enquanto tramava dominar o mundo.[52] Esse texto foi publicado primeiramente em russo, em folhetins que saíram durante nove dias (de 28 de agosto a 7 de setembro de 1903) no *Známia* [*Bandeira*], de São Petersburgo, e foi financiado pelo ministro do Interior, Viatcheslav von Plehve, e publicado pelo antissemita moldavo Pavalachii Cruşeveanu (nascido em 1860). Conhecido como Pável Kruchevan, ele não só supervisionou a compilação do texto em 1902-3 como instigou o grande pogrom de Kichenëv (Chişinau) em 1903 e fundou o ramo bessárbio da União do Povo Russo em 1905.[53] O antissemitismo, quer sério ou cínico, podia servir como um elixir político: a culpa de tudo o que dava errado podia ser, e era, atribuída aos judeus. Na Zona de Assentamento e nas regiões fronteiriças ocidentais (Volínia, Bessarábia, Minsk), os direitistas levaram quase todo o voto camponês, e no coração agrícola central (Tula, Kursk, Oriol), lugares de grandes perturbações agrárias, os direitistas conquistaram cerca de metade do voto campesino.[54] Na verdade, em toda a extensão da Rússia imperial, a simpatia pela direita política estava lá para ser galvanizada.[55]

123

Assim como a autocracia se recusara a usar a palavra "constituição" (ou mesmo "parlamento"), desde o início, a "União" do Povo Russo tinha abjurado a designação de "partido político" e apresentava-se como um movimento espontâneo, uma união orgânica do povo (narod). Mesmo assim, os altos funcionários do governo russo não estavam dispostos a aceitar o movimento em base permanente. Stolypin mantinha o expediente de financiar sub-repticiamente as organizações de direita e suas publicações antissemitas, entre os muitos jornais que seu governo financiava, mas o adjunto de Stolypin no Ministério do Interior de 1906 a 1911, Serguei Krijanóvski, que cuidava dos desembolsos para a União do Povo Russo e organizações similares, não fazia nenhuma distinção entre as técnicas políticas e os programas sociais da extrema direita — redistribuição da propriedade privada dos plutocratas para os pobres — e os dos partidos revolucionários de esquerda.[56] O governo não havia criado esses movimentos de massa e era cauteloso com eles. Assim, mesmo que as exigências da extrema direita de nivelamento social parecessem um blefe, a diretriz da okhranka ainda era tratar as organizações de direita como mais um movimento revolucionário. Algumas facções dentro da okhranka ignoravam ou subvertiam essa política. Mas, em geral, seus agentes consideravam os líderes da extrema direita "incultos" e "não confiáveis", e os mantinham sob vigilância, com razão. Exatamente como a esquerda radical, a União do Povo Russo compilava listas de funcionários e ex-funcionários do governo a serem assassinados.[57] Stolypin era um de seus alvos.[58] Seu influente assessor para política interna, um ex-rabino convertido à ortodoxia, era antissemita, mas o primeiro-ministro também tentou aliviar as restrições de residência, trabalho e educação aos judeus, tanto por razões de princípio como práticas, para minimizar a causa percebida do radicalismo judeu e melhorar a imagem da Rússia no exterior.[59] Stolypin conseguiu enfurecer a direita radical.

Muitos movimentos de direita, que se abstinham de uma retórica incendiária ou de armar "irmandades" de justiceiros para combater os esquerdistas e judeus e assassinar figuras públicas, eram consideravelmente menos explosivos do que a União do Povo Russo. No entanto, Nicolau II e outras autoridades do regime continuavam a olhar com receio para grandes reuniões públicas promovidas por seus defensores. O tsar e a maioria das autoridades governamentais, inclusive Stolypin, desaprovavam a "desordem" pública da mobilização política e queriam que a política voltasse da rua para os corredores do poder. Essa rejeição da rua valia até mesmo para os movimentos conservadores de apoio que não defendiam uma revolução de direita, mas, em geral, a restauração da autocracia arcaica que existia antes do advento da Duma.[60] Ademais, muitas das próprias organizações de direita teriam se abstido de mobilizar seguidores patrióticos a favor do regime, mesmo que tivessem permissão, ou fossem incentivados a fazê-lo: afinal, que tipo de autocracia precisava de ajuda? Em certo sentido, a própria sobrevivência da autocracia tolhia a direita russa, tanto moderada como radical.[61]

A maioria dos direitistas queria uma autocracia sem asterisco, ou seja, uma unidade mística de monarca e povo, e rejeitava qualquer coisa que fosse mais do que uma Duma consultiva, mas o próprio autocrata havia criado a Duma. Essa circunstância confundia e dividia a direita. Quase todos os direitistas acreditavam que a autocracia descartava ipso facto a oposição, o que, naturalmente, descartava a própria oposição dela. "No Ocidente, onde o governo é eleito, o conceito de 'oposição' faz sentido; lá ele se refere à 'oposição ao governo'; isso é claro e lógico", explicava o editor do semanário direitista de São Petersburgo *Unificação*. "Mas aqui o governo é nomeado pelo monarca e investido de sua confiança [...]. Estar em oposição ao governo imperial significa opor-se ao monarca."[62] Ainda assim, muitos direitistas desprezavam Stolypin apenas por sua vontade de se envolver com a Duma, embora essa fosse a lei e as manipulações da Duma pelo primeiro-ministro fossem triunfos do governo. Para alguns, inclusive Nicolau II, a mera existência de um primeiro-ministro era uma afronta à autocracia.[63] Em agosto de 1906, assassinos vestidos com uniformes oficiais quase mataram Stolypin ao dinamitar sua datcha estatal, onde recebia peticionários. "Era possível ver pedaços de carne humana e sangue por todos os lados", disse uma testemunha ao relembrar as 27 mortes instantâneas. Outra testemunha observou que Stolypin "entrou em seu estúdio semidemolido, com manchas de gesso no casaco e uma mancha de tinta na nuca. O tampo de sua escrivaninha fora arrancado pela explosão, que aconteceu no saguão, a uma distância de cerca de dez metros do escritório, e o tinteiro tinha atingido seu pescoço". Poucos meses depois, foi descoberta na casa do ex-primeiro-ministro Witte uma bomba-relógio, que não detonou porque o relógio havia parado. Nenhum dos atentados contra primeiros-ministros conservadores favoráveis à autocracia foi resolvido; indícios circunstanciais apontavam para um possível envolvimento de círculos de direita.[64]

Stolypin ganhou em estatura com o assassinato fracassado, graças a sua exibição de compostura e decisão, mas se sentiu obrigado a mudar a família para o Palácio de Inverno (perto de seu gabinete), considerado mais seguro do que a residência oficial do primeiro-ministro, junto ao canal Fontanka. Mesmo assim, a polícia obrigava o primeiro-ministro russo a alterar constantemente as saídas e entradas que utilizava. Insegurança para entrar ou sair do Palácio de Inverno! Muitos direitistas indignados, para dizer o mínimo, esperavam que Stolypin fosse substituído por Durnovó ou outra linha-dura que castrasse ou simplesmente abolisse a Duma. Ao mesmo tempo, outros monarquistas ultraconservadores — que, em princípio, não eram menos contra eleições e partidos políticos — passaram a se organizar para disputar as eleições que rejeitavam, tão somente para negar o uso da Duma pela "oposição" (liberais e socialistas, enfiados no mesmo saco). Mas os direitistas que aceitavam a Duma se tornaram execráveis para o resto. A política de rua moderna fraturou a direita russa.[65] O abismo entre a política de participação no Parlamento e de assassinato nunca foi superado.[66]

O PUBLICISTA

Quando foram submetidos pela primeira vez ao ataque feroz de Durnovó, os divididos sociais-democratas tentaram cerrar fileiras. Nas duas semanas anteriores à abertura da primeira Duma, entre 10 e 25 de abril de 1906, o POSDR convocou seu IV Congresso, sob o lema da "unidade". Realizado fora da Rússia, na segurança de Estocolmo, o que permitiu que os exilados participassem, o encontro reuniu, pelo menos fisicamente, os divididos mencheviques (62 delegados) e bolcheviques (46 delegados), bem como os partidos dos sociais-democratas letões e poloneses e o Bund.[67] Os sociais-democratas do Cáucaso, o segundo contingente mais numeroso do império, depois dos russos, já estavam perto da unidade, porque os bolcheviques da região eram muito poucos.[68] Mas a unidade mostrou-se esquiva na política. Djugachvíli acabou por ser o único bolchevique entre os onze delegados do Cáucaso presentes em Estocolmo, mas, ao subir à tribuna do congresso para falar sobre a aflitiva questão agrária, ele rejeitou corajosamente a proposta bolchevique de Lênin de uma estatização total da terra, bem como a exigência dos mencheviques russos de municipalização da terra. Em vez disso, aquele que imporia a coletivização da agricultura no futuro recomendou que *os camponeses ficassem com a terra*. A redistribuição das terras, argumentou Djugachvíli, facilitaria uma aliança operário-camponesa, numa concordância não reconhecida com seus adversários mencheviques georgianos. E acrescentou, reiterando o comentário de outro orador, que, mais do que isso, oferecer a terra aos camponeses roubaria a plataforma do Partido Socialista Revolucionário camponês, concorrente dos sociais-democratas na esquerda.[69] Não sabemos qual foi a impressão que essas sugestões causaram no congresso.[70] Naquele momento, a questão decisiva de uma redistribuição de terras aos camponeses, num Império russo esmagadoramente camponês, permaneceria sem resolução entre os sociais-democratas russos.

O que não podia ser deixado sem solução era a sobrevivência do partido. Em 1905, mencheviques e bolcheviques concordavam com a necessidade de formar esquadrões de combate para autodefesa: afinal de contas, o sistema tsarista injusto usava o terror. As duas facções também estavam de acordo de que, para obter armas e fundos, era preciso realizar "expropriações", muitas vezes em conluio com o submundo do crime.[71] Em consequência, o Império russo tornou-se um caldeirão ainda maior de terrorismo político, depois de se tornar uma ordem quase constitucional.

Até então, a polícia comum da Rússia imperial tinha sido muito pouco numerosa e distante entre si. Nas cidades, sua presença era muitas vezes escassa, e, fora delas, em 1900, havia menos de 8500 policiais e sargentos (*uriádniki*) para uma população rural de quase 100 milhões. Muitos policiais (ajudados por um punhado de sargentos) "supervisionavam" 50 mil a 100 mil súditos, numa área de mais de 2500 quilômetros quadrados. Em 1903, o Estado criou o cargo de guardas (*strájniki*), espalhando cerca de 40 mil na zona rural, o que elevou a proporção entre oficiais do Estado e população rural para cerca de um para cada 2600 habitantes. Os salários aumentaram, mas continuaram baixos, assim como os níveis de instrução e treinamento. O comportamento agressivo e arbitrário e o suborno tornavam a polícia profundamente impopular. A polícia comum costumava acusar ou deter pessoas sem incidência de um crime, e recorria à agressão física, no que chamavam de "a lei do punho". Sargentos de origem camponesa agiam como pequenos tiranos em relação aos moradores das aldeias, ostentando o seu poder, sob a teoria de que quanto mais severos fossem, maior seria sua autoridade.[72]

As revoltas de massas que começam em 1905 precipitaram um grande aumento nos efetivos da polícia. Mas, entre 1905 e 1910, mais de 16 mil funcionários tsaristas, de policiais da aldeia a ministros, seriam mortos ou feridos por terroristas revolucionários (em muitos casos, por assassinos mencheviques).[73] Incontáveis cocheiros e funcionários de ferrovia — proletários — também pereceram. Um alto oficial da polícia queixou-se de que os detalhes da fabricação de bombas "se tornaram tão difundidos que praticamente qualquer criança pode produzir uma e explodir sua babá".[74]

Esse terror político de esquerda instilou o medo em toda a oficialidade tsarista, mas o regime reagiu com selvageria.[75] Stolypin "agarrou a revolução pela garganta". Seu governo deportou dezenas de milhares de pessoas ao trabalho forçado ou exílio interno. Ele também criou tribunais especiais de campo que faziam justiça sumária para condenar mais de 3 mil opositores políticos à morte, enforcados em execuções públicas, uma medida dissuasiva que ficou conhecida como a gravata de Stolypin.[76] Nenhum regime pode deixar sem resposta o assassinato generalizado de seus funcionários, mas os tribunais tinham pouca afinidade com o devido processo legal. Seja como for, o povo entendeu a mensagem. Lênin, que chamou Stolypin de "carrasco-chefe" da Rússia, e outros revolucionários proeminentes fugiram, depois de um curto retorno ao país, nas circunstâncias (brevemente) mais livres de 1905.[77] Os candidatos a revolucionários se juntaram a cerca de 10 mil expatriados já residentes em colônias russas espalhadas pela Europa a partir de 1905. Os exilados esquerdistas ficaram sob a vigilância dos quarenta agentes e 25 informantes do departamento exterior da *okhranka*, dirigido da embaixada russa em Paris, que acumulou uma documentação enorme sobre os esforços muitas vezes patéticos dos exilados.[78]

· 127

Koba Djugachvíli estava entre os socialistas comprometidos que *não* procuraram fugir para o exterior. Em Estocolmo, ele conheceu não só Kliment "Klim" Vorochílov, uma relação fatídica para toda a vida, mas também o nobre polonês e bolchevique Félix Dzierżyński e o bolchevique russo Grigóri Radomílski (mais conhecido como Zinóviev). E encontrou seu velho inimigo do seminário de Tíflis, Seid Devdariani, agora menchevique georgiano. Djugachvíli retornou de Estocolmo ao Cáucaso na primavera de 1906. Usava um terno com um chapéu de verdade, e carregava um cachimbo, como um europeu. Somente o cachimbo perduraria.

De volta para casa, em um panfleto escrito em georgiano (1906) em que relatava o Congresso de Estocolmo, Djugachvíli desprezou o primeiro órgão legislativo da história russa. "Quem se senta entre dois assentos trai a revolução", escreveu. "Quem não está conosco está contra nós! A lamentável Duma e seus lamentáveis democratas constitucionais ficaram presos justamente entre dois assentos. Eles querem conciliar a revolução com a contrarrevolução, para que os lobos e as ovelhas possam pastar juntos."[79]

Djugachvíli também se casou.[80] Ketevan "Kató" Svanidze, então com 26 anos, era a mais nova das três irmãs Svanidze de Tíflis, que Djugachvíli havia conhecido, seja por intermédio de Aleksandr, filho de Svanidze e bolchevique (casado com uma cantora de ópera de Tíflis), ou de Mikheil Monosselidze, um velho amigo do seminário que se casara com outra das irmãs Svanidze, Sachikó.[81] O apartamento dos Svanidze ficava bem atrás da sede do distrito militar do Cáucaso Sul, no coração da cidade, e, desse modo, era considerado um abrigo muito seguro para os revolucionários: ninguém suspeitaria dele. No esconderijo, o desalinhado Djugachvíli escrevia artigos, regalava as irmãs com conversas sobre livros e revolução, e recebia membros de seu pequeno bando revolucionário. Evidentemente, Koba e Kató também se encontravam para fazer amor no Ateliê Madame Hervieu, o salão privado onde trabalhavam as irmãs, todas costureiras habilidosas. Em algum momento daquele verão de 1906, Kató informou a ele que estava grávida. Ele concordou em se casar com ela. Mas como Djugachvíli tinha documentos falsos e era procurado pela polícia, um casamento legal era complicado. Eles tiveram sorte de contar com um ex-colega de seminário, Kitá Tkhinvaléli, que se tornou padre e concordou em realizar a cerimônia, na calada da noite (duas da manhã de 15-16 de julho de 1906). No "banquete" para dez pessoas, onde o noivo exibiu sua voz e seu charme, o honroso papel de mestre de cerimônia (*tamadá*) coube a Mikho Tskhakáia, o ex-seminarista de Tíflis e bolchevique mais velho (então com 39 anos). Parece que Djugachvíli não convidou sua mãe, Keké, embora dificilmente pudesse passar despercebido que ela tivesse o mesmo nome — Ketevan (Ekaterina em russo) — da jovem noiva.[82] Na verdade, assim como Keké, Kató era devota, e também rezava pela segurança de Djugachvíli, mas, ao contrário de Keké, era recatada.

A bela e instruída Kató — a eras de distância do pó de manganês de Tchiatura — estava uma classe acima das namoradas habituais do futuro Stálin, e evidentemente conquistou seu coração.[83] "Fiquei espantado", observou Mikheil Monosselidze, "como Sossó, que era tão severo em seu trabalho e com seus camaradas, podia ser tão carinhoso, afetuoso e atento à esposa."[84] Dito isso, o casamento forçado não alterou sua obsessão pela revolução. Quase imediatamente após o casamento conspiratório do verão de 1906, ele se entregou às atividades clandestinas, abandonando a esposa grávida em Tíflis. Como precaução, ela não havia registrado o casamento em seu passaporte interno, conforme exigido por lei. Ainda assim, a polícia, avisada de alguma forma, prendeu Kató sob a acusação de abrigar revolucionários. Ela estava grávida de quatro meses. Sua irmã Sachikó apelou para a esposa de um oficial superior cujos vestidos eram feitos por elas e conseguiu que Kató, depois de um mês e meio na prisão, fosse libertada, sob a custódia da esposa do chefe de polícia. (As irmãs Svanidze também faziam os vestidos dela.) Em 18 de março de 1907, cerca de oito meses após o casamento, Kató deu à luz um filho. Batizaram o menino de Iákov, talvez em homenagem a Iákov "Koba" Egnatachvíli, pai substituto de Djugachvíli. Consta que o futuro Stálin ficou extasiado. Mas isso não impediu que ele continuasse a aparecer em casa apenas raramente. Como outros revolucionários, pelo menos aqueles que ainda circulavam em liberdade, ele estava sempre em fuga, alternando alojamentos e lutando contra seus rivais de esquerda. Os mencheviques georgianos controlavam a maior parte das publicações revolucionárias no Cáucaso, mas ele passou a desempenhar um papel desproporcional na pequena circulação da imprensa bolchevique, tornando-se editor dos periódicos bolcheviques georgianos, um por um. Na véspera do nascimento de Iákov, Djugachvíli, juntamente com Suren Spandarian (nascido em 1882) e outros, fundou o jornal *Baku Proletária*. Havia encontrado sua vocação de publicista.

A campanha resoluta de Stolypin de prisões, execuções e deportações dizimou o movimento revolucionário. Em vez das grandes marchas do Primeiro de Maio dos últimos anos, demonstrações de poder proletário, os esquerdistas tiveram de se contentar com a coleta de quantias miseráveis para as famílias do grande número de presos e montar "funerais vermelhos" para os prematuramente falecidos. Entre aqueles perdidos para a luta estava Guiórgi Téliia (1880-1907). Nascido em uma aldeia georgiana, Téliia fez alguns anos de escola na aldeia e, em 1894, aos catorze anos, seguiu para Tíflis, onde foi contratado pela ferrovia e, ainda adolescente, ajudou a organizar greves em 1898 e 1900. Foi demitido e, em seguida, preso. Como Djugachvíli, Téliia sofria de problemas pulmonares, mas seu caso era muito mais grave: tendo contraído tuberculose na prisão tsarista, sucumbiu à doença em 1907.[85] "O camarada Téliia não era um 'erudito'", o futuro Stálin comentou no funeral na aldeia natal do falecido, mas ele havia passado pela "escola" das oficinas ferroviárias de Tíflis, aprendido russo e

129

desenvolvido um amor pelos livros, exemplificando a célebre intelligentsia operária.[86] "Energia inesgotável, independência, profundo amor pela causa, determinação heroica e um dom apostólico", disse Djugachvíli de seu amigo martirizado.[87] Ele divulgou ainda que Téliia escrevera um ensaio importante, "Anarquismo e social-democracia", que permanecia inédito supostamente porque a polícia o confiscara. Os anarquistas georgianos haviam feito sua aparição no final de 1905, início de 1906 — mais um desafio à esquerda fracionada —, e o tema de como reagir era amplamente discutido.[88] De junho de 1906 a janeiro de 1907, Djugachvíli publicou seus próprios artigos sob uma rubrica quase idêntica a de Téliia, "Anarquismo ou socialismo?", e nos mesmos periódicos georgianos.

"Anarquismo ou socialismo?" não estava nem perto do nível do *Manifesto comunista* (1848) ou de *O 18 brumário de Luís Bonaparte* (1852), que o publicista Karl Marx (nascido em 1818) escrevera quando igualmente jovem. Ainda assim, os ensaios antianarquistas pouco originais de Djugachvíli citavam uma infinidade de nomes: Kropótkin, Kautsky, Proudhon, Spencer, Darwin, Cuvier, além de Marx.[89] Ele também mostrava que havia encontrado no marxismo sua teoria de tudo. "O marxismo não é apenas uma teoria do socialismo, é uma visão de mundo completa, um sistema filosófico", escreveu ele. "Esse sistema filosófico se chama materialismo dialético."[90] "O que é o materialismo?", ele perguntava no estilo catecismo pelo qual se tornaria famoso mais tarde. "Um exemplo simples: imagine um sapateiro que tinha sua própria loja modesta, mas depois não conseguiu suportar a concorrência das grandes lojas, fechou a sua e, digamos, se empregou na fábrica Adelkhánov, em Tíflis." O objetivo do sapateiro, continuava Djugachvíli, sem mencionar seu pai pelo nome, era acumular capital e reabrir o seu negócio. Mas o sapateiro "pequeno-burguês" acabou por perceber que nunca acumularia o capital e era, de fato, um proletário. E concluía: "Uma mudança na consciência do sapateiro seguiu-se à mudança em suas circunstâncias materiais".[91] Assim, para explicar o conceito de materialismo de Marx (a existência social determina a consciência), o futuro Stálin transformou seu pai numa vítima de forças históricas. Voltando-se para a prática, ele escreveu que "os proletários trabalham dia e noite, mas mesmo assim continuam pobres. Os capitalistas não trabalham, mas mesmo assim ficam mais ricos". Por quê? O trabalho fora transformado em mercadoria e os capitalistas eram donos dos meios de produção. Em última análise, afirmava Djugachvíli, os trabalhadores ganhariam. Mas teriam de lutar muito — greves, boicotes, sabotagens —, e, para isso, precisavam do Partido Operário Social-Democrata Russo e de uma "ditadura do proletariado".[92]

Aqui temos mais do que um vislumbre do futuro Stálin: a militância, as verdades confiantes, a capacidade de transmitir de forma acessível uma visão de mundo e uma prática política. Seu mundo de ideias — materialismo marxista, partido leninista — surge como derivado e catequético, mas lógico e profundamente definido.

Logo depois da publicação da série de ensaios, Djugachvíli atravessou clandestinamente a fronteira para participar do v Congresso do POSDR, realizado entre os dias 30 de abril e 19 de maio de 1907, na Igreja da Irmandade, no norte de Londres. Os luminares do congresso se hospedaram em Bloomsbury, mas Djugachvíli ficou com a massa de delegados no East End. Uma noite, completamente bêbado, envolveu-se numa briga com um inglês também bêbado, e o dono do bar chamou a polícia. Foi salvo da prisão pela intercessão do bolchevique inteligente e rápido Meir Henoch Mojszewicz Wallach, conhecido como Maksim Litvínov, que falava inglês. Na capital do imperialismo mundial, o futuro Stálin também encontrou Liev Bronstein (mais conhecido como Trótski), o destacado antigo líder do Soviete de Petrogrado, mas qual impressão que os dois possam ter tido um do outro permanece desconhecida. Stálin não falou do palanque; Trótski manteve distância até dos mencheviques.[93]

De acordo com Jordánia, Lênin estava maquinando um esquema nos bastidores: se os mencheviques georgianos se abstivessem de tomar partido na disputa bolchevique-menchevique entre os russos do partido, ele lhes daria carta branca em casa, às custas dos bolcheviques do Cáucaso. Nenhuma outra prova corrobora essa história da possível traição de Lênin a Djugachvíli, que tinha gastado tanto sangue e suor lutando pelo bolchevismo no Cáucaso.[94] Lênin frequentemente propunha ou fazia acordos que não tinha intenção de honrar. Qualquer que seja o caso aqui, Jordánia, no exílio posterior, estava tentando distanciar Stálin de Lênin. O que sabemos com certeza é que, quando se ouviram gritos de protesto no congresso porque Djugachvíli, junto com alguns outros, não havia sido formalmente eleito delegado — o que levou o menchevique russo Mártov a exclamar "quem são essas pessoas, de onde elas vêm?" —, o astuto Lênin, que presidia a sessão, fez com que Djugachvíli e os outros fossem reconhecidos como "delegados consultivos".

ORIENTAÇÃO GEOPOLÍTICA

Como se não bastassem os problemas internos, Stolypin precisava trabalhar com afinco para manter a Rússia fora de confusões no exterior. Eram particularmente altas as tensões com a Grã-Bretanha, uma potência global dominante. Os britânicos investiam um quarto da riqueza do seu país no exterior, financiando a construção de ferrovias, portos, minas e muitas outras coisas, todas fora da Europa. Com efeito, embora as manufaturas americanas e alemãs superassem a britânica em muitas áreas, os britânicos ainda dominavam os fluxos mundiais de comércio, finanças e informação. Nos oceanos, onde cargueiros a vapor haviam saltado em tamanho de duzentas toneladas, em 1850, para 7500 toneladas, em 1900, os britânicos possuíam mais da metade do transporte marítimo mundial. No início do século XX, dois terços dos cabos submarinos do mundo eram britânicos, proporcionando-lhes uma posição predominante nas comunicações globais. Noventa por cento das transações internacionais utilizavam libras esterlinas.[95] Chegar a um acordo com a Grã-Bretanha parecia muito do interesse da Rússia, desde que essa medida não antagonizasse a Alemanha.

No choque que se seguiu à derrota para o Japão em 1905-6, a Rússia assistiu a um debate interno vigoroso sobre o que era chamado de orientação externa (o que chamaríamos de grande estratégia). São Petersburgo já tinha uma aliança defensiva com a Terceira República da França que datava de 1892, mas Paris não ajudara na guerra da Ásia. Por outro lado, a Alemanha havia oferecido uma neutralidade benevolente durante a difícil Guerra Russo-Japonesa, e a Áustria-Hungria, aliada dos alemães, evitara de se aproveitar no sudeste da Europa. Abrira-se um espaço para uma reorientação conservadora que significava afastar-se da França democrática e se aproximar de uma aliança baseada no "princípio monárquico", ou seja, uma aliança com a Alemanha e a Áustria-Hungria, uma espécie de retorno à antiga Liga dos Três Imperadores de Bismarck. Mobilizados contra isso, no entanto, estavam os democratas constitucionais russos, anglófilos que queriam preservar a aliança com a França republicana e se aproximar da Grã-Bretanha liberal, a fim de fortalecer a Duma no front interno.[96] Em agosto de 1907, apenas dois meses após o golpe de Estado constitucional de Stolypin introduzir regras eleitorais mais estreitas para a Duma, ele optou por uma entente anglo-russa.[97] Stolypin era um pouco germanófilo e nada amigo do estilo britânico de monarquia constitucional, mas, em política externa, os democratas constitucionais, seus inimigos jurados, haviam vencido porque a reaproximação com a Grã-Bretanha parecia o melhor caminho para a Rússia garantir a paz externa, ao mesmo tempo que, conforme pensava Stolypin, não impedia as relações de amizade com a Alemanha.[98] Era bastante lógico. E o conteúdo do entendimento anglo-russo de 1907 era modesto, não passando, em geral, de uma delimitação de esferas de influência no Irã e no Afeganistão.[99] Mas, sem um tratado paralelo com a Alemanha, mesmo em nível simbólico, a humilde entente anglo-russa constituía uma inclinação.

Na verdade, Nicolau II assinara um tratado com a Alemanha: o astuto Guilherme II, em seu cruzeiro anual de verão de 1905, no mar Báltico, havia convidado Nicolau II, em 6 de julho (19 de julho no Ocidente), para um encontro secreto, e Nicolau concordara com entusiasmo. O objetivo do kaiser era criar um bloco continental centrado na Alemanha. "Ninguém tem a menor ideia do encontro", dizia o telegrama que Guilherme mandou em inglês, a língua comum. "Vai valer a pena ver a cara de meus convidados quando virem o seu iate. Uma bela brincadeira [...] Willy."[100] Na noite de domingo, 23 de julho, ele ancorou ao largo da Finlândia russa (perto de Vyborg), próximo ao iate de Nicolau II. No dia seguinte, o kaiser apresentou o rascunho de um acordo curto e secreto de defesa mútua, especificando que Alemanha e Rússia ajudariam uma a outra se uma delas entrasse em guerra com um terceiro país. Nicolau sabia que um tratado desse tipo com a Alemanha violava o tratado da Rússia com a França e pediu a Guilherme que o mostrasse em primeiro lugar a Paris, sugestão que o kaiser rejeitou. Mesmo assim, Nicolau II assinou o Tratado de Björkö, como foi chamado. O ministro das Relações Exteriores da Rússia e Serguei Witte (que retornara recentemente de Portsmouth, New Hampshire) ficaram chocados, e enfatizaram que o tratado não poderia entrar em vigor até que a França também o assinasse. Nicolau II cedeu e assinou uma carta elaborada por Witte e enviada a Guilherme II em 13 de novembro (26 de novembro no Ocidente), no sentido de que até a formação de uma aliança russo-franco-alemã, a Rússia observaria seus compromissos com a França. Isso provocou a fúria de Guilherme II. A aliança russo-alemã, embora nunca formalmente renegada, foi abortada.[101]

Esse fiasco reforçou inadvertidamente a importância da assinatura da entente com a Grã-Bretanha, que parecia sinalizar para uma firme orientação geopolítica e, ao mesmo tempo, para a derrota dos conservadores e germanófilos da Rússia. Além disso, uma vez que Grã-Bretanha e França já haviam assinado uma *entente cordiale*, o tratado entre Rússia e Grã-Bretanha criava, na verdade, uma entente tripla, em que cada um dos três países tinha agora uma "obrigação moral" de apoiar os outros, se algum deles entrasse em guerra. E, por causa da existência da Tríplice Aliança liderada pelos alemães com a Áustria-Hungria e a Itália, o acordo anglo-franco-russo deu a impressão de ser mais uma aliança do que um mero entendimento. Os acontecimentos solidificaram ainda mais essa sensação de duas alianças opostas. Em 1908, a Áustria-Hungria anexou a província eslava da Bósnia-Herzegóvina, que fazia parte do Império Otomano, e, embora a Áustria ocupasse o território desde 1878, direitistas russos apopléticos denunciaram a ausência de uma forte resposta russa à anexação formal, chamando-a de um "Tsushima diplomático" (evocando o afundamento ignominioso da frota russa do Báltico pelo Japão).[102] Mas Stolypin, apesar de ter sido acusado por alguns direitistas de abandonar a suposta "missão histórica" da Rússia no mundo, tinha dito numa conferência de oficiais russos que "a nossa situação interna não permite a condução de uma política externa agressiva", e se manteve firme.[103] Ainda assim, tendo em vista o antagonismo anglo-alemão, bem como o sistema de alianças europeias opostas, a entrada da Rússia na Tríplice Entente trazia riscos causados por eventos mundiais fora de seu controle.

Na Ásia, a Rússia continuava sem ajuda para impedir uma eventual nova agressão japonesa. A aliança anglo-japonesa, assinada em 1902 e cujo alcance foi ampliado em

1905, seria renovada novamente em 1911.[104] As duas potências navais do Pacífico, embora desconfiadas uma da outra, foram levadas à aliança por uma percepção britânica de que sua Marinha Real estava sobrecarregada pela defesa de um império global, bem como por uma percepção anglo-japonesa da necessidade de combater a expansão russa na Ásia, na Ásia Central e na Manchúria. E assim, quando os japoneses prometeram não apoiar os nacionalistas indianos na Índia britânica, a Grã-Bretanha concordou com a tomada japonesa da Coreia para fazer dela um protetorado ou colônia. Além da Coreia, que fazia fronteira com a Rússia, o Exército imperial japonês também havia avançado para o norte até Changchun durante a Guerra Russo-Japonesa, conquistando o sul da Manchúria (províncias da China). Embora os Estados Unidos tivessem atuado como uma espécie de influência constrangedora nas negociações do tratado de Portsmouth, mesmo assim o Japão conseguiu expulsar a Rússia do sul da Manchúria e reivindicou a região de Liaodung (com Port Arthur), que os japoneses rebatizaram de Território Arrendado de Kuantung, e que controlava o acesso a Beijing. O Japão também tomou o trecho Changchun-Port Arthur da Ferrovia Oriental chinesa, que os russos haviam construído e que passou a se chamar Ferrovia Meridional da Manchúria. A população civil japonesa do Território Arrendado de Kuantung e da zona dessa ferrovia aumentaria rapidamente, atingindo mais de 60 mil já em 1910. Previsivelmente, a necessidade de "defender" esses cidadãos, o direito de passagem da estrada de ferro e o surgimento de concessões econômicas estimularam a introdução de tropas japonesas e, em breve, a formação de um exército especial de Kuantung. O governo da China foi forçado a aceitar o deslocamento de tropas japonesas em solo chinês, esperando que sua presença fosse temporária. Mas, como os contemporâneos entenderam muito bem, a esfera de influência do Japão na Manchúria meridional seria uma ponta de lança para a expansão no continente asiático, inclusive para o norte, na direção da Rússia.[105]

Desse modo, os envolvimentos políticos estrangeiros representavam um dilema pelo menos tão ameaçador quanto a ausência de uma base política interna confiável da autocracia. Em combinação, cada um desses dilemas tornava o outro muito mais significativo. Ambas as escolhas estratégicas eficazes da Rússia — alinhar-se com a França e a Grã-Bretanha contra a Alemanha, ou aceitar ser uma parceira menor em uma Europa dominada pelos alemães, o que arriscava provocar a ira de França e Grã-Bretanha — continham um perigo substancial. Stolypin estava certo ao aliviar as tensões com a Grã-Bretanha ao mesmo tempo que tentava evitar uma escolha difícil entre Londres e Berlim, mas, nas circunstâncias da época, foi incapaz de costurar a situação. A postura do Japão agravava a situação da Rússia. Depois de 1907, a Grã-Bretanha não teria obrigações para com a Rússia se os japoneses aumentassem sua agressividade, mas a Rússia estaria em apuros se o antagonismo anglo-germânico crescesse. A postura decidida de

Stolypin de não intervenção nos Bálcãs em 1908 não alterou a corrente estratégica subjacente na direção de um imbróglio no exterior.

O BANDITISMO SEM SAÍDA

Em maio de 1907, de volta a Baku, Djugachvíli informou sobre o V Congresso do POSDR pelas páginas do *Baku Proletária*, o jornal clandestino da facção bolchevique. Ele comentou que o congresso havia sido dominado por mencheviques, muitos dos quais eram judeus. "Não faria mal a nós bolcheviques organizar um pogrom no partido", escreveu no relato, recordando as observações de outro bolchevique no congresso.[106] Esse comentário — que fora feito por alguém da Zona de Assentamento do Império russo e que Djugachvíli estava repetindo — apontava para as animosidades e o alto nível de frustração que, em 1907, acompanhavam as esperanças de unidade de 1905 agora desgastadas. Significativamente, esse foi o primeiro artigo escrito em russo assinado pelo futuro Stálin: ele nunca mais publicaria coisa alguma no idioma georgiano. A história não registra nenhuma explicação para essa mudança. Uma hipótese talvez seja seu desejo de assimilação. O grande triângulo da social-democracia que abrangia o noroeste do Império russo — de São Petersburgo até Moscou, e mais acima, até a Polônia e Letônia tsaristas — era europeu na cultura e na fisionomia. Abaixo disso, no sudoeste (metade inferior da Zona de Assentamento), a social-democracia era quase inexistente; mais ao sul, estava muito presente no Cáucaso, mas era predominantemente de linha menchevique. Em consequência, cada vez que participava de um congresso importante do partido, na companhia de sua facção bolchevique, Djugachvíli se via diante de uma cultura completamente europeizada, num meio em que seus traços e seu forte sotaque georgianos se destacavam. Os judeus da facção bolchevique dos sociais-democratas costumavam ser profundamente russificados, assim como muitos dos poloneses (alguns deles judeus) e letões; mas, mesmo quando não eram muito russificados, ainda eram reconhecidamente europeus. Desse modo, embora os outros bolcheviques não russos também se destacassem até certo ponto dos russos étnicos, Djugachvíli era visto como asiático. Isso talvez explique por que ele voltou do congresso do partido de 1906 vestido com um terno europeu. E essa circunstância pode ter motivado seu abandono abrupto da língua georgiana em 1907 em favor do russo em seus comentários políticos.

Os traços asiáticos não eram a única maneira desse bolchevique caucasiano se destacar, ou tentar se destacar. O V Congresso do POSDR, dominado pelos mencheviques, foi marcado pela decisão de mudar de tática. Embora a autocracia continuasse a proibir a política legal fora da Duma, que raramente se reunia, os mencheviques argumentavam que a estratégia de esquadrão de combate e expropriação não conseguira derrubar a ordem existente. Eles queriam então enfatizar o trabalho cultural (clubes operários e universidades populares), bem como concorrer às eleições para a Duma. Mártov observou que os sociais-democratas alemães haviam sobrevivido às leis antissocialistas de Bismarck dedicando-se a atividades legais no Reichstag e em outros locais.[107] Cinco representantes social-democratas do Cáucaso viriam a ser eleitos para a Duma, entre eles o patriarca Noé Jordánia. Nesse meio-tempo, uma resolução para proibir "expropriações" foi submetida a votação no v Congresso. Lênin e outros 34 bolcheviques votaram contra, mas a resolução foi aprovada. Tal como se recusara a cumprir a decisão de 1903 sobre a estrutura partidária, Lênin tramou com Leonid Krássin, um engenheiro e habilidoso fabricante de bombas, bem como com Djugachvíli, para fazer uma grande desapropriação na região do Cáucaso, violando a diretriz política do partido.[108]

Em 13 de junho de 1907, em plena luz do dia, no centro de Tíflis, na praça Ierevan, duas diligências que faziam a entrega de dinheiro para a agência de Tíflis do Banco do Estado foram atacadas com pelo menos oito bombas caseiras e tiros. O assalto rendeu cerca de 250 mil rublos, uma quantia fenomenal (mais do que Durnovó havia recebido como prêmio no ano anterior por ter salvo o tsarismo). A escala do roubo descarado não era sem precedentes: no ano anterior, em São Petersburgo, socialistas revolucionários haviam atacado uma carruagem fortemente vigiada a caminho da Alfândega para o Tesouro e saqueado 400 mil rublos, o maior roubo por motivos políticos de 1906.[109] Ainda assim, o ataque de Tíflis no ano seguinte — um dos 1732 realizados naquele ano por todos os grupos naquela província — foi espetacular.[110]

Koba Djugachvíli não se arriscou a sair na praça. Mas foi fundamental no planejamento do assalto. Entre os executantes da ação (cerca de vinte) estavam muitos membros de seu esquadrão dos tempos de Tchiatura e, em alguns casos, anteriores a isso. Naquele dia, o homem que assumiu a liderança na praça foi Simon "Kamó" Ter-Petrossian (nascido em 1882), um traficante de armas meio armênio, meio georgiano, então com 25 anos, que o futuro Stálin conhecia desde os tempos de Góri.[111] Dizia-se que Kamó estava "completamente encantado" com "Koba".[112] Naquele 13 de junho de 1907, as "maçãs" de Kamó despedaçaram três dos cinco guardas cossacos montados, dois funcionários do banco que acompanhavam as diligências e muitos espectadores. Pelo menos trinta pessoas morreram; os estilhaços feriram gravemente outras vinte.[113] Em meio à fumaça ofuscante e à confusão, o próprio Kamó pegou o saque manchado de sangue. Viajando de trem (primeira classe) disfarçado de príncipe georgiano com uma nova noiva (uma mulher da gangue), Kamó entregou o dinheiro a Lênin, que estava clandestino na Finlândia tsarista. (De acordo com Nadejda Krúpskaia, a esposa de Lênin, Kamó também levou castanhas cristalizadas e uma melancia.)[114] Não obstante a bravata e o desafio à política do Partido Social-Democrata, o roubo se assemelhava a um ato de desespero, ameaçando identificar completamente a causa dos sociais-democratas com o banditismo. Não menos importante, o Banco do Estado russo estava preparado: havia registrado os números de série das notas de quinhentos rublos e os enviou para as instituições financeiras europeias. Não está claro até hoje quanto do dinheiro roubado na praça Ierevan — se é que algum — foi útil para a causa bolchevique. "O butim de Tíflis não trouxe nada de bom", escreveu Trótski.[115]

Pombos-correios ansiosos por agradar às autoridades tsaristas ofereceram uma profusão de teorias conflitantes sobre quem havia cometido o roubo, mas a *okhranka*, com razão, supôs que a trama remetia a Lênin. Em dezembro de 1907, sentindo o perigo, ele deixaria seu refúgio na Finlândia e voltaria para o exílio europeu, aparentemente para sempre. Vários bolcheviques, como Maksim Litvínov, a quem Lênin encarregou de negociar os rublos roubados na Europa em nome do partido, foram presos.[116] A prisão de Litvínov provocou três diferentes investigações do POSDR, que duraram anos. As inquisições foram patrocinadas pelos mencheviques, que viram uma oportunidade de atacar a liderança de Lênin. Jordánia conduziu uma investigação interna. Silva Jibladze, o velho inimigo de Djugachvíli em Tíflis e Batum, realizou outra. Os mencheviques obtiveram o testemunho de um funcionário dos correios tsaristas subornado que fornecera informações privilegiadas sobre o horário da diligência e dedurou Djugachvíli. O futuro Stálin talvez tenha sido expulso temporariamente do partido. Na velhice, ele sofreria com os rumores de ter sido um criminoso comum e ter sido expulso do partido.[117] O fato é que, independentemente do resultado da suposta audiência disciplinar do partido, Djugachvíli nunca mais residiria em Tíflis. Ele fugiu para Baku com a esposa e o filho pequeno.[118]

Baku era Tchiatura de novo, só que em escala muito maior. Situada em uma península que se projeta no mar Cáspio, o porto petrolífero oferecia uma combinação de espetacular anfiteatro natural, antigo assentamento muçulmano labiríntico, cidade próspera e violenta de cassinos, moradias miseráveis, mansões vulgares — a de um plutocrata se parecia com cartas de baralho — e torres de petróleo.[119] No início da primeira década do século XX, a Rússia tsarista era responsável por mais da metade da produção mundial de petróleo, grande parte dela em Baku, e, enquanto o petróleo borbulhava e o mar circundante queimava, faziam-se fortunas espantosas. A leste da estação ferroviária de Baku ficavam as refinarias construídas pelos irmãos suecos Nobel, e mais a leste estava a companhia de petróleo e comércio dos Rothschild. Os operários faziam turnos de doze horas, sofrendo uma exposição mortal aos produtos químicos, moravam em gaiolas de coelhos e ganhavam salários miseráveis de dez a 14 rublos por mês, antes das "deduções" pelas refeições fornecidas pela fábrica. Pelos padrões do Cáucaso, o proletariado oprimido de Baku era imenso: pelo menos 50 mil petroleiros. Essa massa tornou-se o foco especial de agitadores bolcheviques radicais como Djugachvíli.[120]

As proezas de Djugachvíli em Baku não incluíam apenas fazer propaganda e organização política, mas também tomar reféns em troca de resgate, esquemas mafiosos de proteção, pirataria e, talvez, ordenar alguns assassinatos de suspeitos de serem provocadores e vira-casacas.[121] Como ele se distinguia nesse campo? Mesmo pelos padrões selvagens do Império russo da época, o assassinato político no Cáucaso era extraordinário. Dito isso, a maioria dos assassinatos revolucionários na região não era obra dos bolcheviques, mas da Dashnak armênia. A Federação Revolucionária Armênia foi fundada em Tíflis na década de 1890, inicialmente para libertar seus compatriotas no Império Otomano, mas logo abalou o Império russo.[122] A *okhranka* também temia os anarquistas. Ainda assim, mesmo que a desordem promovida pelo futuro Stálin não fosse a mais impressionante, ele relembraria seus dias de bandido em Baku com gosto. "Três anos de trabalho revolucionário entre os operários da indústria do petróleo me forjaram", observaria em 1926. "Recebi o meu segundo batismo em combate revolucionário."[123] O futuro ditador teve a sorte de não ter recebido uma "gravata Stolypin".

"Baseado nas expropriações de Tíflis", escreveu Trótski, Lênin "valorizava Koba como uma pessoa capaz de ir ou conduzir os outros até o fim." E acrescentou que "durante os anos da reação, [o futuro Stálin] não fez parte dos milhares que deixaram o partido, mas daquelas poucas centenas que, apesar de tudo, permaneceram leais a ele".[124]

Nesse meio-tempo, o ambiente tóxico de Baku exacerbou a fragilidade de Kató, a jovem esposa de Djugachvíli, que teve uma morte terrível em dezembro de 1907, de tifo ou tuberculose, sofrendo uma hemorragia intestinal.[125] Consta que, em seu funeral, o futuro Stálin tentou atirar-se no túmulo dela. "Minha vida pessoal está condenada", exclamou num ataque de autocomiseração, conforme lembrou um amigo.[126] Tardiamente, ele teria se repreendido por negligenciar a esposa, o que não o impediu de abandonar o pequeno Iákov aos cuidados da mãe e das irmãs de Kató, por um período que duraria catorze anos.

Quanto à sua emocionante carreira de bandido revolucionário, ela logo acabou. Já em março de 1908, Djugachvíli estava de volta à prisão tsarista, em Baku, onde estudou esperanto — um companheiro preso lembrou-se dele "sempre com um livro" —, mas foi novamente perseguido por acusações de trair camaradas (outros revolucionários foram presos logo depois dele).[127] Em novembro, estava de novo a caminho do exílio interno, em Solvytchegodsk, um antigo posto de comércio de peles no norte da Rússia e "uma prisão a céu aberto, sem grades".[128] Lá, centenas de quilômetros a nordeste de São Petersburgo, na floresta de taiga, era possível encontrar todas as tendências políticas — discutidas à exaustão — e todas as variedades de carreira criminosa entre os quinhentos exilados abrigados em casas de madeira. Quase sucumbindo a um ataque grave de tifo, Djugachvíli iniciou um romance com Tatiana Sukhova, outra exilada, que recordaria sua pobreza e sua mania de ler na cama durante o dia. "Ele brincava muito, e ríamos de alguns dos outros", observou ela. "O camarada Koba gostava de rir de nossas fraquezas."[129] A vida do camarada Koba havia de fato se tornado um caso triste e amargo após a fracassada experiência de 1905 de um avanço socialista. Sua linda e dedicada esposa estava morta; seu filho era um estranho para ele. E as façanhas dos inebriantes anos em Batum (1902), Tchiatura (1905), Tíflis (1907) e Baku (1908), bem como os congressos do partido na Finlândia Russa (1905), Estocolmo (1906) e Londres (1907), não haviam dado em nada. Algumas, como o roubo da diligência dos correios, saíram pela culatra.

No verão de 1909, Djugachvíli viu-se dependente de Tatiana Sukhova para escapar da desolada Solvytchegodsk de barco. Ele sempre foi dado a ruminações, como seu pai Bessó, e passou a alimentar cada vez mais ressentimentos. Grigol "Sergo" Ordjoniki-dze, que viria a conhecer seu conterrâneo georgiano melhor do que ninguém, comentou sobre a "suscetibilidade" (*obídchivy kharákter*) de Stálin muitos anos antes de ele se tornar ditador.[130] (O cabeça quente Ordjonikidze sabia do que estava falando — era um dos mais suscetíveis de todos.) Parece que Djugachvíli era propenso a explosões de raiva, e muitos contemporâneos o achavam enigmático, embora ninguém (na época) o considerasse um sociopata. Mas por mais taciturno, suscetível e enigmático que o futuro Stálin fosse, sua vida não era nada invejável. Não muito tempo depois de sua fuga, em 12 de agosto de 1909, seu pai morreu de cirrose. O funeral foi acompanhado por um único colega sapateiro, que fechou os olhos de Bessó. O pai do futuro ditador foi enterrado numa cova sem identificação.[131]

E o que o Djugachvíli mais jovem havia conquistado?

Posto de forma simples, o que valia sua vida? Com quase 31 anos de idade, não tinha dinheiro, residência fixa e outra profissão senão a de publicista, ilegal da maneira como ele a praticava. Havia escrito algum jornalismo marxista pouco original. Aprendera a arte de se disfarçar e escapar, fosse de forma banal (véu muçulmano feminino) ou mais inventiva, e, como ator, tentara vários personagens e pseudônimos: "Óssip Esquisitão", "Oska Bexiguento", "o Padre", "Koba".[132] O melhor que se poderia dizer de Esquisitão, Oska Bexiguento e Koba, o Padre, talvez fosse que ele era autodidata por excelência, jamais deixando de ler, sem dúvida como consolo, mas também porque continuava decidido a se aperfeiçoar e progredir. Era capaz também de exalar charme e inspirar lealdade fervorosa em seu pequeno bando. Este último, no entanto, estava agora disperso, e nenhum deles jamais teria grande importância.

Assim como o errante Bessó Djugachvíli passou despercebido pelo mundo, seu filho, o errante fugitivo Ióssif Djugachvíli, foi para São Petersburgo. No outono de 1909, refugiou-se no apartamento seguro de Serguei Allilúiev, o maquinista que fora

139

exilado em Tíflis e depois voltou para a capital, onde costumava abrigar Djugachvíli. (Nádia, filha de Serguei, acabaria por se tornar a segunda esposa de Stálin.) Dali, Djugachvíli logo voltou para Baku, onde a *okhranka* o seguiu durante meses — com o objetivo óbvio de descobrir sua rede clandestina — antes de prendê-lo de novo, em março de 1910. Prisão, exílio, pobreza: essa tinha sido sua vida desde aquele dia de março de 1901, quando teve de fugir do Observatório Meteorológico de Tíflis e passar à clandestinidade, e permaneceria assim até 1917. Mas a existência marginal de Djugachvíli não era um fracasso pessoal. Todos os muitos partidos revolucionários do império sofriam de considerável fragilidade, apesar do radicalismo dos trabalhadores russos e da volatilidade de seus camponeses.[133] Mas a *okhranka* conseguira pôr os *partidos* revolucionários numa rédea curta, criando grupos de oposição falsos para diluí--los.[134] Em 1909, os socialistas revolucionários assim infiltrados, especialmente sua ala terrorista, já haviam declinado drasticamente. Seu terrorista mais acabado, Evno Azef, um engenheiro elétrico, foi desmascarado como agente pago da polícia.[135]

Mais tarde, os fracassos e desânimos seriam esquecidos quando, retrospectivamente, a história do partido revolucionário fosse reescrita, e longos períodos na prisão ou no exílio se transformariam em histórias de heroísmo e triunfo. "Aqueles de nós que pertencem à geração mais velha [...] ainda são influenciados em até 90% pelos [...] velhos tempos na clandestinidade", refletiria mais tarde Serguei Kóstrikov, também conhecido como Kírov, para o diretório do partido de Leningrado que iria supervisionar. "Não apenas livros, mas cada ano adicional na prisão contribuía muito: era lá que pensávamos, filosofávamos e discutíamos tudo vinte vezes." E, no entanto, detalhes da vida de Kóstrikov demonstram que a clandestinidade era, no máximo, agridoce. Não somente as fileiras do partido estavam cheias de agentes da polícia como brigas familiares frequentemente arruinavam as relações pessoais. O maior problema era geralmente o tédio. Depois de uma série de detenções, Kóstrikov se estabeleceu em Vladikavkaz, no Cáucaso Norte (1909-17), onde adotou o pseudônimo sonoro de Kírov, talvez uma referência ao lendário rei persa Ciro (Kir, em russo). Ele conseguiu emprego permanente num jornal de língua russa legal de inclinação liberal (*Terek*), cujo proprietário se mostrou disposto a suportar muitas multas da polícia, e conviveu com círculos profissionais e técnicos enquanto lia um pouco de Hugo, Shakespeare, clássicos russos, bem como textos marxistas. Kírov foi preso novamente em 1911, por ter conexões com uma gráfica clandestina descoberta em Tomsk (onde ele havia originalmente aderido aos sociais-democratas), mas foi absolvido. Mais tarde, confessou que, antes de 1917, se sentia distante da vida intelectual do resto do império e sofria de um tédio terrível — e ele nem estava em algum deserto congelado, mas num clima ameno, ganhando salário, luxos com que o desamparado Djugachvíli só podia sonhar.[136]

AUTODESTRUIÇÃO PARALELA

Graças à *okhranka*, os anos entre 1909 e 1913 seriam relativamente pacíficos, certamente em comparação com a loucura dos anos anteriores.[137] O número de membros do Partido Social-Democrata, que atingiu um pico de talvez 150 mil em todo o império em 1907, caiu para menos de 10 mil em 1910. Os militantes da ala bolchevique estavam espalhados no exílio europeu ou siberiano. Em solo russo imperial, existiam apenas cinco ou seis comitês bolcheviques ativos.[138] Ao mesmo tempo, em 1909, a União do Povo Russo já se dividira e toda a extrema direita perdera seu dinamismo.[139] Naquele ano, Stolypin começou a alinhar-se abertamente com os nacionalistas russos e a promover a ortodoxia como uma espécie de fé nacional integradora. Ele fez isso por convicção religiosa profunda, bem como por cálculo político. A Rússia imperial contava com cerca de 100 milhões de súditos ortodoxos, cerca de 70% da população do império. Mas a união promovida pela ortodoxia oriental não era suficiente. "O erro que cometemos há muitas décadas", Serguei Witte registrou em seu diário, em 1910, "é que ainda não admitimos para nós mesmos que, desde o tempo de Pedro, o Grande, e Catarina, a Grande, não existe a Rússia: há somente o Império russo."[140] Sem dúvida, os movimentos nacionalistas e separatistas não russos permaneciam relativamente fracos; a rebelião armada se confinara em larga medida aos poloneses, que em represália perderam sua constituição separada, e às tribos das montanhas do Cáucaso. As lealdades imperiais mantinham-se fortes e as elites etnicamente diversificadas e fiéis da Rússia constituíam um trunfo enorme, mesmo na era mundial do nacionalismo. Mas o próprio grupo a que Stolypin apelava, os nacionalistas russos, causava a maior ruptura política precisamente por querer obrigar os não russos a tornar-se uma única nação russa. Ao pretender uma única nação "russa" definida pela fé (ortodoxa) — que imaginavam abranger grão-russos, russos pequenos (ucranianos) e russos brancos (bielorrussos) —, os nacionalistas impuseram proibições severas contra a língua e a cultura ucraniana. Previsivelmente, isso só alimentou ainda mais a consciência nacional ucraniana — e no papel de oposição, não de súditos fiéis. Trata-se dos mesmos processos deletérios que vimos em funcionamento no Cáucaso, no seminário de Tíflis e em outros lugares, em que os russificantes linhas-duras enfureciam um nacionalismo de outra forma leal, e em grande parte cultural. Foram os nacionalistas russos, mais do que os nacionalismos não russos, que ajudaram a desestabilizar o Império russo.[141]

A virada de Stolypin no sentido de uma ortodoxia como o nacionalismo, depois que seus esforços de reforma empacaram, era um testemunho de fraqueza e confirmava a falta de uma base política efetiva para o regime. Bismarck tinha conseguido durante mais de duas décadas exercer controle sobre a pauta legislativa, apesar do crescente poder das classes média e operária da Alemanha e da ausência de um partido político próprio. Os esforços hercúleos de Stolypin para forjar coalizões parlamentares semelhantes às de Bismarck sem seu próprio partido político fracassaram. Os projetos ambiciosos (para a Rússia) de modernização de Stolypin foram frustrados pela Duma, mas em última análise eles dependiam abjetamente do capricho do autocrata. Sem dúvida, não obstante a astúcia de Bismarck em relação ao Reichstag, a obra do Chanceler de Ferro também dependera, em última análise, de seu relacionamento com um único homem, Guilherme I. Mas Bismarck, um mestre na psicologia, conseguira fazer com que o kaiser dependesse *dele* por 26 anos. ("É difícil ser Kaiser sob Bismarck", gracejou certa vez Guilherme.)[142] Stolypin tinha de agir dentro de um sistema mais absolutista e com um absolutista menos qualificado, uma figura mais parecida com Guilherme II (que demitiu Bismarck) do que com Guilherme I. Nicolau II e sua esposa alemã Alexandra tinham ciúmes do funcionário mais talentoso que já servira a eles ou à Rússia imperial. "Você acha que eu gostava de sempre ler nos jornais que o presidente do Conselho de Ministros tinha feito isso [...] o presidente tinha feito aquilo?", comentou o tsar pateticamente ao sucessor de Stolypin. "Eu não conto? Eu não sou ninguém?"[143] Sem Stolypin, "o autocrata" se reafirmaria, nomeando primeiros-ministros inferiores e estimulando os ministros a obviar seu próprio governo. Essas ações decorriam, em parte, da personalidade de Nicolau II. Enquanto Alexandre III declarava categoricamente sua confiança vacilante em qualquer funcionário, Nicolau II não dizia nada, mas depois fazia intrigas secretas contra os alvos de seu descontentamento. Ele sempre procurava escapar das disputas ministeriais incessantes, mesmo quando as instigava. Esse comportamento provocava a fúria silenciosa — e, às vezes, não tão silenciosa — dos funcionários e corroía seu compromisso não apenas com o monarca pessoalmente, mas com o sistema autocrático.[144] Não obstante, os padrões mais profundos eram sistêmicos, não pessoais.

Nicolau II não podia agir como o seu próprio primeiro-ministro, em parte porque nem mesmo fazia parte do poder executivo — o autocrata, por definição, estava acima de todos os poderes —, enquanto o governo russo que nomeava nunca era um instrumento de seu poder autocrático, apenas uma limitação do mesmo. Tampouco Nicolau dera início às práticas de exacerbar deliberadamente as rivalidades institucionais e pessoais, estimulando conselheiros informais (cortesãos) a exercer o poder como ministros formais, jogando cortesãos contra ministros e instituições formais, em círculos de intrigas, e fazendo jurisdições se sobreporem.[145] Em consequência, se um ministério russo proibia alguma coisa, outro a liberava, entravando-se ou desacreditando-se uns aos outros intencionalmente. Até as mais altas autoridades russas corriam atrás das menores fofocas, por mais que fossem de terceira mão ou implausíveis; os traficantes de rumores, supostamente vindos de "cima", tinham acesso aos ouvidos mais poderosos. Todos falavam, mas ministros, até mesmo o primeiro-ministro nominal, muitas vezes não sabiam ao certo o que estava sendo decidido, como, nem por quem. Os funcionários tentavam ler "sinais": contavam com a confiança do tsar? Quem se dizia que estava se encontrando com o tsar? Poderiam conseguir em breve uma audiência? Enquanto isso, como um funcionário de alto nível observou, os ministérios se sentiam constantemente impelidos a ampliar suas áreas de influência à custa dos outros, a fim de conseguir fazer alguma coisa. "Havia realmente um grupo em constante mudança de oligarcas na chefia dos diferentes ramos da administração", explicou esse alto funcionário, "e uma ausência total de uma única autoridade estatal que direcionasse suas atividades para um objetivo claramente definido e reconhecível."[146]

Durante o esforço em última análise inútil de Stolypin para impor ordem ao governo, para não falar do país, Koba Djugachvíli experimentou um longo período de miséria, anos cheios de decepções e, com frequência, desespero. É certo que, graças aos congressos do partido ou ao destino comum do exílio, o futuro Stálin veio a conhecer quase todas as figuras mais importantes do comando revolucionário bolchevique — Lênin, Kámenev, Zinóviev e vários outros, como Félix Dzierżyński. Mas a aventura de Stálin no banditismo de 1907, em Tíflis, lhe granjeou uma notoriedade principalmente negativa, que ele teria de se esforçar muito para eliminar, e que o fez seguir para Baku. Lá, em 1910, ele tentara, mas não conseguira, obter permissão a tempo de se casar com uma mulher, Stefánia Petróvskaia, com o nítido objetivo de permanecer legalmente na cidade; em vez disso, foi deportado para o norte, de volta ao exílio interno em Solvytchegodsk. No final de 1911, a dona de sua mais recente cabana de exílio, a viúva Matriona Kuzákova, deu à luz um filho, Konstantin, provavelmente de Djugachvíli.[147]

Na ocasião, o futuro Stálin já tinha deixado Solvytchegodsk, tendo sido autorizado a deslocar-se para Vologda, a "capital" da província setentrional, onde continuou a perseguir saias camponesas. Juntou-se com a filha divorciada de outra senhoria, a criada Sófia Kriukova, e coabitou brevemente com Serafima Khorochénina, até que a sentença de exílio desta acabou e ela foi embora. Djugachvíli também levou para a cama a estudante adolescente Pelagueia Onúfrieva. Ocupou-se ainda em colecionar cartões-postais de pinturas clássicas russas. Vologda, ao contrário de Solvytchegodsk, tinha pelo menos uma biblioteca pública, e a polícia o observou visitá-la dezessete vezes durante um período de 107 dias. Ele leu Vassíli Kliuchévski, o grande historiador da Rússia, e assinou periódicos que lhe eram enviados pelo correio.[148] Ainda assim, magro em consequência de uma dieta escassa, perseguido pela vigilância, humilhado por revistas de surpresa, o "Caucasiano", como a polícia de Vologda o chamava, levava uma existência destituída. A *okhranka* reduzira a vida do futuro Stálin, mais uma vez, às ofertas de uma biblioteca provincial, bem como a uma garota menor de idade (nascida em 1892), a quem ele se lamentava pela esposa morta. A jovem Pelagueia, conhecida no código da *okhranka* como "o prato da moda", era, na verdade, namorada do companheiro mais próximo de Djugachvíli em Vologda, o bolchevique Piotr Tchíjikov, cujo período de exílio havia terminado, mas que tinha ficado por causa dela. Tchíjikov não só "compartilhava" sua namorada, como foi incumbido por seus superiores de ajudar na fuga "do camarada Koba".[149] Em setembro de 1911, levando documentos legais de Tchíjikov, Djugachvíli escapou de Vologda e foi novamente para São Petersburgo. Nos cafundós de Vologda (ou Sibéria), a vigilância da polícia tsarista era risível, mas na capital e nas grandes cidades, como São Petersburgo, Baku ou Tíflis, a okhranka mostrava-se vigilante e eficaz. Na capital, ela localizou Djugachvíli imediatamente e o prendeu três dias após sua chegada.

Nesse mesmo setembro de 1911, enquanto Djugachvíli era preso de novo em São Petersburgo, mais ao sul, na Ópera de Kiev, durante uma apresentação de A história do tsar Saltan, de Nikolai Rímski-Kórsakov, Mordekhai "Dmítri" Bogrov, um advogado de 24 anos e terrorista anarquista — a soldo clandestino da okhranka —, assassinou Stolypin. O mais alto estadista da Rússia, então em quase isolamento, em meio a rumores de sua iminente transferência para o Cáucaso ou a Sibéria, acompanhara a família imperial numa viagem para inaugurar um monumento a Alexandre II.[150] Mais uma vez, Stolypin fora advertido a respeito de conspirações contra ele, mas viajou de qualquer maneira, sem guarda-costas, que nunca usava, ou mesmo um colete à prova de balas (tal como eram na época). "Nós tínhamos acabado de sair do camarote", escreveu Nicolau II à mãe sobre o segundo intervalo, "quando ouvimos dois sons, como se algo tivesse caído. Pensei que um vidro da ópera poderia ter caído na cabeça de alguém, e corri de volta ao camarote para ver." Quando olhou para a orquestra, o tsar viu seu primeiro-ministro de pé, com o uniforme manchado de sangue; Stolypin, ao ver Nicolau II, ergueu a mão para fazer o tsar se afastar e, em seguida, fez o sinal da cruz. Morreu alguns dias depois, em um hospital. Era a 18ª tentativa de matar Stolypin. Seu assassino foi condenado e enforcado em sua cela dez dias depois do crime. Tornou-se de conhecimento público que os companheiros terroristas de esquerda de Bogrov suspeitavam que ele era colaborador da polícia e que tinha entrado no teatro com um passe fornecido pela polícia, entregue a ele apenas uma hora antes do espetáculo. Essas circunstâncias fomentaram especulações de que, através da okhranka, a extrema direita russa havia finalmente despachado o primeiro-ministro conservador que maldizia. Esse relato não comprovado, mas amplamente aceito, confirma que o primeiro-ministro nunca encontrou a base política conservadora que buscava para o regime autocrático. Mesmo antes de ser morto, Stolypin tinha sido politicamente destruído pelas próprias pessoas que estava tentando salvar.[151]

Enquanto a incoerência do governo tsarista continuava a passos largos na ausência de Stolypin, e a direita política ainda inconformada continuava a denunciar a "monarquia constitucional", Koba Djugachvíli foi deportado de volta para o exílio interno em dezembro de 1911.[152] Ele se viu mais uma vez na remota Vologda. Mas, de repente, o revolucionário georgiano subiu ao pináculo do bolchevismo russo (se é que se pode dizer isso), graças a mais uma ação ardilosa interna do partido. Em janeiro de 1912, os bolcheviques convocaram uma conferência minúscula — não um congresso — em Praga, onde a facção de Lênin conseguiu dezoito dos vinte delegados; afora dois mencheviques, a maior parte da facção não bolchevique dos sociais-democratas se recusou a participar. Sob a alegação duvidosa de que o antigo Comitê Central do partido havia "parado de funcionar", a conferência atribuiu a si mesma os poderes de um congresso e designou um novo Comitê Central, todo bolchevique.[153] Com efeito, a facção bolchevique reivindicou formalmente o domínio sobre a totalidade do Partido Operário Social-Democrata Russo. Em seguida, na primeira plenária do novo Comitê Central, Lênin decidiu cooptar Djugachvíli (no exílio em Vologda) in absentia para novo membro do Comitê. A reunião de Praga também criou um "birô da Rússia" do Comitê Central (para aqueles localizados em território russo), que Stálin reivindicava e no qual foi então colocado. Ele se tornou um dos doze principais bolcheviques, e um dos três do Cáucaso.[154] Os motivos que levaram Lênin a promovê-lo não estão bem documentados. Tendo em vista seus diferentes lugares de exílio (Europa Ocidental e leste da Rússia), eles tinham se encontrado poucas vezes nos mais ou menos seis anos desde a primeira reunião, em dezembro de 1905. Mas já em 1910, quando Stálin estava na clandestinidade em Baku, a liderança bolchevique no exílio queria pô-lo no Comitê Central. Por algum motivo isso não aconteceu naquela ocasião. Em 1911, Grigol Uratadze, o menchevique georgiano que estivera na prisão com Djugachvíli, despejou veneno no ouvido de Lênin sobre as expropriações ilegais de Djugachvíli e sua suposta expulsão no passado da organização em Baku. "Isso não significa nada!", teria exclamado Lênin. "Este é exatamente o tipo de pessoa de que preciso!"[155] Se Lênin disse isso, estava elogiando Stálin por reconhecer pouco ou nenhum limite ao que faria pela causa. A elevação em 1912 para o Comitê Central se tornaria um avanço importante na ascensão de Stálin, permitindo-lhe juntar-se a nomes como Zinóviev, a sombra de Lênin no exílio de Genebra, bem como o próprio Lênin.

O divisionismo e uma linha dura contra os socialistas "reformistas" não eram peculiares a Lênin.[156] O jovem socialista radical italiano Benito Mussolini (nascido em 1883), filho de um artesão pobre que deu ao filho o nome de um revolucionário mexicano, se mudou em 1902 para a Suíça, onde foi operário temporário, e pode ter conhecido Lênin; Mussolini certamente leu alguma coisa de Lênin.[157] Mas ele chegou à rejeição do anarcossindicalismo econômico italiano e do socialismo parlamentar por conta própria. Em 1904, clamou por "uma aristocracia de inteligência e vontade", uma vanguarda para conduzir os trabalhadores (uma posição que manteria no fascismo).[158] Insistiu nesse tema pelos jornais. No Congresso do Partido Socialista Italiano de julho de 1912, poucos meses depois de Lênin ter forçado a formação de um partido bolchevique autônomo, Mussolini, um delegado da pequena cidade de Forlì que ainda não tinha trinta anos, catapultou-se para a liderança do partido ao comandar a expulsão dos socialistas reformistas moderados (entre os partidários de Mussolini, conhecidos como intransigentes, estava Antonio Gramsci).[159] "A separação é uma coisa difícil, dolorosa", escreveu Lênin, saudando a ação de Mussolini, no *Pravda* (15 de julho de 1912). "Mas às vezes é necessária, e nessas circunstâncias, cada fraqueza, cada 'sentimentalismo' [...] é um crime. [...] Quando, para defender um erro, se forma um grupo que rejeita todas as decisões do partido, toda a disciplina do exército proletário, uma separação torna-se indispensável. E o partido do proletariado socialista italiano tomou o caminho certo, removendo os sindicalistas e reformistas de direita de suas fileiras."[160] O radicalismo extravagante, fosse bolchevique ou fascista incipiente, era ao mesmo tempo um programa político e uma disposição impaciente de briga de rua.

O salto de Stálin em 1912 do cafundó de Vologda para o pináculo do novo Comitê Central inteiramente bolchevique teria sido impensável sem o patrocínio de Lênin. No entanto, é preciso dizer que Lênin costumava usar absolutamente todo mundo, e usou também Stálin, como um não russo, para conferir atratividade à sua facção. Além disso, a onda de prisões tornou necessária a promoção de algumas pessoas. De todo modo, a promoção de Stálin ia além do puro simbolismo ou conveniência. Ele era leal e eficaz: era capaz de fazer as coisas. E, também importante, era um bolchevique no meio fortemente menchevique do Cáucaso. É verdade que as duas outras figuras do Cáucaso, Sergo Ordjonikidze e o infame mulherengo Suren Spandarian (sobre quem se dizia que "todas as crianças de Baku com até três anos de idade se parecem com Spandarian"), também estavam no estrato superior bolchevique nessa época. Ordjonikidze foi o principal correio entre Lênin e os bolcheviques que estavam no Império russo, e foi quem recebeu a tarefa, em fevereiro de 1912, de informar a Koba de sua condição de membro do Comitê Central e de seu novo subsídio do partido de cinquenta rublos mensais — uma quantia bem-vinda, mas que não liberaria Djugachvíli de continuar a furtar e pedir esmolas.[161] De qualquer modo, Stálin viria a dominar Ordjonikidze; Spandarian teria uma morte precoce. Considere-se ainda que Ivan "Vladímir" Belostótski, um metalúrgico e funcionário do seguro de trabalho, foi escolhido para o Comitê Central bolchevique na mesma ocasião, mas logo desapareceu.[162] Em outras palavras, Stálin, ao contrário do que se diria mais tarde, não era uma figura acidental promovida pelas circunstâncias. Lênin o colocou no círculo interno, mas ele havia chamado a atenção para si e, além disso, provaria o seu valor. Ele perdurou.

Como era de prever, os adversários socialistas de Lênin — bundistas, sociais-democratas letões, mencheviques — denunciaram a Conferência de Praga pela manobra ilegítima que era. Igualmente previsível, no entanto, seus esforços para responder com

146

um congresso próprio do partido, em agosto de 1912, se desintegraram em partidarismos irreconciliáveis.[163] Mais tarde, naquele mesmo mês, Djugachvíli fugiu novamente de Vologda, voltando para Tíflis, onde, no verão de 1912, não havia mais do que talvez cem bolcheviques. Quase toda a sua vida adulta fora consumida em lutas internas entre facções, mas, agora, até mesmo ele passou a defender a unidade entre os sociais-democratas "a todo custo" e, mais do que isso, a reconciliação e a cooperação com todas as forças que se opunham ao tsarismo.[164] Sua reviravolta era um sinal das perspectivas sombrias de todos os partidos de esquerda. Para ser justo, porém, nem mesmo as forças políticas que *apoiavam* nominalmente a autocracia conseguiam se unir.

Diante dos distúrbios em massa de apenas cinco anos antes, a *desmobilização* política da esquerda e da direita promovida por Stolypin havia sido incrivelmente bem-sucedida, mas à custa do estabelecimento de um sistema de governo duradouro. Sobre este último ponto, muitos observadores, especialmente em retrospectiva, atribuíram a falta de sistema de governo da Rússia a uma incapacidade inerente de forjar uma nação. Os russos compunham apenas 44% dos 130 milhões de habitantes do império, e, embora os ortodoxos chegassem perto de 100 milhões, eles estavam divididos em russos, ucranianos e bielorrussos, e dispersos territorialmente. Toda mobilização nacionalista interna da Rússia tinha de gerir também de alguma forma as substanciais minorias nacionais internas. Mas o regime de Stálin encontraria uma maneira de cultivar a lealdade dos diferentes grupos linguísticos de um Império russo reconstituído. O maior problema para a Rússia imperial não era a nação, mas a autocracia.

A autocracia não integrava as elites políticas nem as massas, e, enquanto isso, as ondas de militância que Durnovó e Stolypin tinham esmagado voltaram a irromper em uma faixa remota da floresta siberiana no final de fevereiro de 1912. Mais de 1600 quilômetros ao norte e leste de Irkutsk, junto ao rio Lena — a fonte do pseudônimo de Lênin de seus dias de exílio na Sibéria —, os trabalhadores das minas de ouro entraram em greve contra o dia de trabalho de quinze a dezesseis horas, os salários baixos (que eram muitas vezes penhorados por "multas"), minas aquáticas (os mineiros ficavam encharcados até os ossos), traumas (cerca de setecentos incidentes por mil mineiros), e o alto custo e a baixa qualidade de sua alimentação. Pênis de cavalos podres, vendidos como carne na loja da empresa, desencadearam a greve. As autoridades recusaram as demandas dos mineiros e seguiu-se um impasse. Em abril, quando a greve entrou em sua quinta semana, tropas do governo subsidiadas pela mina de ouro chegaram e prenderam os líderes eleitos do comitê de greve (exilados políticos que, ironicamente, queriam acabar com a greve). Isso não provocou o fim da greve, mas uma marcha pela libertação dos presos. Confrontada por uma multidão pacífica de talvez 2500 mineiros, uma linha de noventa ou mais soldados abriu fogo ao comando de seu oficial, matando pelo menos 150 trabalhadores e ferindo mais de cem, muitos alvejados pelas costas ao tentar fugir.

A imagem da vida de trabalhadores extinta pelo ouro capitalista mostrou-se especialmente potente: entre os acionistas britânicos e russos estavam clãs bancários, o ex-primeiro-ministro Serguei Witte e a imperatriz viúva. A notícia do massacre nos garimpos de Lena propagou-se pelos relatos de jornais nacionais — superando, na Rússia, a notícia contemporânea do naufrágio do *Titanic* — e estimulou manifestações trabalhistas em todo o império, abrangendo 300 mil trabalhadores no Primeiro de Maio de 1912 e depois.[165] As greves pegaram os combalidos partidos socialistas em grande parte de surpresa. "Os tiros em Lena quebraram o gelo do silêncio, e o rio do ressentimento popular está correndo novamente", Djugachvíli observou no jornal. "O gelo foi quebrado. A coisa começou!"[166] A *okhranka* concordou, relatando: "Uma atmosfera assim intensa não ocorria havia um longo tempo. [...] Muitos estão dizendo que o tiroteio de Lena faz lembrar o de 9 de janeiro [de 1905]" (Domingo Sangrento).[167] Os conservadores culparam o governo pelo massacre, assim como o diretor judeu da empresa e os acionistas estrangeiros. Uma comissão da Duma que investigou o massacre nos garimpos aprofundou a raiva do público, graças aos relatórios vívidos feitos pelo presidente da comissão, um deputado de esquerda e advogado chamado Aleksandr Kerenski.

SEGREDO TRÁGICO

Embora os direitistas exigissem obediência incondicional ao autocrata, alguns deles, a portas fechadas, passaram a fantasiar seu assassinato. Eles contemplavam o regicídio apesar de o filho de Nicolau II, Aleksei, ser uma criança — o direito russo exigia que o tsar tivesse dezesseis anos —, e de a maioria dos direitistas achar que o regente, o irmão mais moço do tsar, grão-duque Mikhail Aleksandrovitch, talvez fosse pior do que Nicolau II.[168] Mas em 1913, quando o império comemorou três séculos de domínio dos Románov com pompa espetacular, a frágil dinastia era a única base abrangente para a fidelidade que a autocracia permitia. As comemorações do tricentenário começaram em 21 de fevereiro com uma salva de 21 tiros dos canhões da Fortaleza de Pedro e Paulo — os mesmos canhões que haviam anunciado o nascimento do tsarévitche Aleksei nove anos antes. Em seguida, houve uma procissão imperial do Palácio de Inverno para a catedral de Nossa Senhora de Kazan. Em meio ao estrépito dos cascos, estandartes desfraldados e o bimbalhar dos sinos das igrejas, o ruído ficou ensurdecedor com a passagem do imperador e do pequeno Aleksei numa carruagem aberta. No baile daquela noite no Palácio de Inverno, as mulheres usavam vestidos de estilo moscovita arcaico e *kokochniks*, os toucados altos da Rússia medieval. Na noite seguinte, no célebre Teatro Mariínski da capital, o maestro Eduard Naprávnik, os te-

148

nores líricos Nikolai Figner e Leonid Sóbinov e as bailarinas Anna Pávlova e Matilda Krzesińska (outrora amante adolescente de Nicolau II) se uniram em um desempenho brilhante de *Uma vida para o tsar*, de Mikhail Glinka.

O envolvimento do público no tricentenário foi mantido conspicuamente leve. Além disso, as comemorações não se concentraram no Estado (*gossudárstvo*), mas nos grandes personagens Románov que haviam reinado (*gossudar*). Ao mesmo tempo, o imenso tamanho da Rússia foi o principal expediente usado para polir a dinastia. Na catedral de Kazan, decorada com mais de uma centena dos símbolos de Estado de Napoleão capturados pela Rússia, a missa ortodoxa foi acompanhada por uma declaração imperial, lida em todas as igrejas do império. "A Rus Moscovita expandiu-se e o Grande Império Russo está agora nas fileiras das primeiras potências do mundo", proclamava Nicolau II, o 18º Románov.[169] No ovo de Páscoa do tricentenário, fabricado por encomenda nas oficinas de Peter Carl Fabergé, águias de duas cabeças, bem como retratos em miniatura emoldurados em diamante de todos os dezoito governantes Románov, enfeitavam a casca exterior. A "surpresa" costumeira do pequeno ovo era um globo giratório interno, que contrastava as fronteiras da Rússia de 1613 com o império muito expandido de 1913.[170] Se a Casa Románov estava à altura de defender esse patrimônio, no entanto, era algo amplamente posto em dúvida.

Depois da Páscoa de 1913, a família imperial dedicou uma quinzena de comemoração para refazer a rota do primeiro Románov, Mikhail Fiódorovitch, em sentido inverso, partindo de Moscou para o centro do antigo patrimônio Románov de Kostroma, e de volta para uma entrada triunfal em Moscou. O rosto do ícone de Nossa Senhora de São Teodoro, em Kostroma, ícone patrono da dinastia Románov, estava tão enegrecido que a imagem era quase invisível, um presságio terrível.[171] Mas Nicolau II, encorajado pela renovação das raízes do século XVII, renovou suas intrigas para acabar com a autocracia constitucional, cancelando os direitos legislativos da Duma, tornando-a meramente consultiva, "de acordo com a tradição russa". Recuou, no entanto, de tentar o que ele e muitos outros conservadores tanto ansiavam.[172] Ademais, em meio ao culto do autocratismo, a inquietação se espalhava entre os defensores mais ferrenhos da monarquia. Apesar da pompa, muitas pessoas de classes superiores e inferiores da Rússia tinham passado a duvidar da aptidão de Nicolau II para governar. "Há autocracia, mas não autocrata", queixava-se o cortesão e erudito general Aleksandr Kireiev em uma anotação de diário já em 1902, sentimento que ao longo dos anos só havia aumentado, como uma onda provocada por uma pedra que se espalhasse por toda a lagoa do império.[173] Um mordomo da corte imperial, ao observar a procissão dos Románov à catedral de Kazan, concluiu que "o grupo tinha uma aparência muito trágica".[174] O imenso Império russo era, em última análise, um assunto de família, e a família parecia condenada. Não era simplesmente o fato de que Nicolau II, homem tradicionalmente conservador de família, dever e fé, estivesse piedosamente comprometido com a "ideia autocrática" sem os recursos pessoais para concretizá-la na prática. Ainda que o tsar hereditário fosse um governante capaz, o futuro da dinastia russa estaria em apuros.[175]

Devido a uma mutação genética que a princesa alemã Alexandra herdara de sua avó, a rainha Vitória da Grã-Bretanha, o tsarévitche russo Aleksei veio ao mundo com hemofilia, uma doença incurável que prejudicava a capacidade do corpo de parar um sangramento. A doença do herdeiro era um segredo de Estado. Mas o segredo não poderia alterar a probabilidade de que Aleksei morresse relativamente cedo, talvez antes de ter filhos. Também não havia como contornar a improbabilidade de que um menino pisando em ovos, sujeito à morte por hemorragia interna por esbarrar em móveis, viesse a ser um governante vigoroso, muito menos autocrático. Nicolau II e Alexandra não conseguiam aceitar todo o perigo que pairava sobre a dinastia. A hemofilia, um infeliz fator adicional acrescentado às falhas estruturais profundas da autocracia, era, na verdade, uma oportunidade para enfrentar a difícil escolha que a Rússia autocrática tinha diante de si, mas Nicolau II e Alexandra, seres fundamentalmente sentimentais, não tinham o realismo necessário para aceitar a transformação do regime em uma verdadeira monarquia constitucional, a fim de preservá-lo.[176]

A autocracia constitucional era autodestrutiva. Nicolau II trabalhava assiduamente não somente para bloquear a materialização do Parlamento que tinha concedido, mas até mesmo para bloquear a materialização de um poder executivo coordenado, como se fosse uma violação da autocracia. "Governo autocrático" constituía um oximoro, uma colisão de poder sacral irrestrito com formas legais de administração, uma luta entre funcionários para decidir se acatavam a "vontade" do autocrata ou agiam dentro das leis e dos regulamentos.[177] Portanto, pôr a culpa das falhas da Rússia imperial no "atraso" e nos camponeses é um equívoco. Stolypin foi derrotado principalmente pela própria autocracia, bem como pela incompreensão das elites. Ele manejava um arsenal de estratagemas e possuía uma enorme fortaleza pessoal, mas se defrontou com a resistência implacável do tsar, da corte e do establishment direitista, inclusive de Serguei Witte, que estava agora no Conselho de Estado.[178] O establishment não permitiu que Stolypin levasse adiante um programa completo de modernização para colocar a Rússia no caminho do poder e da prosperidade, a fim de enfrentar o conjunto de desafios geopolíticos. "Estou certamente triste com a morte de Stolypin", observou Piotr Durnovó, outro inimigo de Stolypin no Conselho de Estado, em uma reunião de políticos de direita em 1911. "Mas, pelo menos, acabaram-se as reformas."[179] De fato, a reforma morreu. Ao mesmo tempo, chama a atenção que Stolypin não tenha, em geral, tentado flanquear o establishment recalcitrante apelando diretamente às massas, apesar de sua eventual promoção de uma ampla "nação" oriental ortodoxa. Devotado à monarquia, ele procurou fundir poder autocrático divinamente ordenado e autoridade legítima, capricho e lei, tradição e inovação, mas confiou em uma política deliberadamente contra a massa, tendo como objetivo um regime de fidalgotes (como ele mesmo). Na emigração de 1928, um refugiado forçado a fugir da Rússia celebraria Stolypin como o Mussolini da Rússia, o primeiro "fascista ortodoxo oriental", um líder nacional-socialista.[180] De forma alguma. Os contraditórios cinco anos de Stolypin no cargo de primeiro-ministro careceram de uma ideologia radical, e ele continuou a ser um político de gabinete mesmo quando saía para falar ao povo.

Nos assuntos internacionais, Stolypin não conseguira evitar uma postura de alinhamento com a Grã-Bretanha contra a Alemanha. É fato que conseguiu uma importante e improvável vitória política às custas dos conservadores ao restringir os desejos russos nos Bálcãs e em outros lugares, embora as relações exteriores estivessem formalmente fora de sua jurisdição.[181] Essa restrição duramente conquistada, no entanto, estava destinada a não durar. Apenas três anos depois de sua morte, começaria uma guerra mundial que, quando combinada com os conservadores alienados da Rússia e a hemofilia secreta dos Románov, varreria a autocracia constitucional da Rússia e, em muito pouco tempo, todo o constitucionalismo russo. Mesmo então, não se enraizaria um fascismo russo.[182] Se alguém tivesse sido informado durante as celebrações do tricentenário dos Románov de 1913 que, em breve, uma ditadura fascista de direita e uma ditadura socialista de esquerda assumiriam o poder em diferentes países, será que essa pessoa teria imaginado que os irremediavelmente cismáticos sociais-democratas russos dispersos pela Sibéria e pela Europa seriam aqueles que tomariam e manteriam o poder, e não os sociais-democratas alemães, que nas eleições de 1912 haviam se tornado o maior partido político no Parlamento alemão? Por outro lado, quem teria previsto que a Alemanha acabaria por cultivar um bem-sucedido fascismo antissemita, em vez de a Rússia imperial, lar da maior população judia do mundo e dos infames *Protocolos dos sábios de Sião*?[183]

Um foco não na atividade revolucionária de esquerda, mas na geopolítica e alta política interna, revela a verdade central sobre a Rússia imperial: o regime tsarista viu-se privado de uma base política firme para enfrentar os desafios da competição internacional. Essa circunstância fez o regime depender cada vez mais da polícia política, seu único instrumento para todos os desafios. (O poeta Aleksandr Blok, que estudaria os arquivos da polícia tsarista após a revolução, considerou-a a "única instituição que funcionava adequadamente" na Rússia, maravilhando-se com sua capacidade "de dar uma boa caracterização do estado de espírito público".)[184] A complacência com a tentação da polícia não resultava de algum amor pela *okhranka* ou pelos métodos policiais; ao contrário, o tsar e outros a desprezavam completamente.[185] Na verdade, o excesso de confiança na polícia política derivava de um antagonismo irreconciliável entre a autocracia e os democratas constitucionais, e da profunda repulsa do sistema tsarista à mobilização de rua em seu nome. Em tempos modernos, não era suficiente desmobilizar adversários: os regimes tinham de mobilizar defensores. Um sistema deliberadamente limitado às estreitas camadas privilegiadas, apoiado pela polícia e por um exército camponês, não era, na Idade Moderna, um Estado politicamente organizado, especialmente para uma aspirante a grande potência que competia com os Estados mais fortes. O Estado moderno e integrado precisava de mais do que estandartes, procissões com ícones, hinos polifônicos ("Cristo ressuscitou") e a encenação em 1913 de uma peregrinação a Moscou originalmente realizada no século XVII. Durnovó, ao liderar o resgate da autocracia em 1905-6, mostrou-se capaz de redefinir o momento político na Rússia, mas incapaz de alterar as estruturas fundamentais. Stolypin, igualmente pronto para manejar a repressão, mas também muito mais criativo politicamente, se chocou com os limites políticos do tsarismo. De todos os fracassos da autocracia russa no que diz respeito à modernidade, nenhum seria tão grande quanto o seu fracasso na política de massas autoritária.

O desestímulo à política de massas moderna da Rússia autocrática deixaria as massas — e o profundo e generalizado anseio entre as massas por justiça social — nas mãos da esquerda. Por sua vez, os esquerdistas, entre eles o POSDR, estavam dilacerados por extremo facciosismo e estropiados por uma severa repressão estatal. Sob a autocracia, fracassaram em grande medida não apenas um fascismo russo, mas também os partidos de oposição de esquerda. E, no entanto, apenas uma década depois da morte de Stolypin, o social-democrata russo nascido na Geórgia Ióssif "Koba" Djugachvíli, um publicista e agitador, tomaria o lugar do herdeiro hemofílico dos Románov e forjaria uma autoridade ditatorial fantástica, muito além de qualquer poder efetivo exercido pelos tsares autocráticos da Rússia imperial ou Stolypin. Dizer que esse resultado era imprevisível seria um tremendo eufemismo.

PARTE II

A guerra revolucionária de Durnovó

O problema vai começar com a atribuição de culpa ao governo de todos os desastres. Nas instituições legislativas, vai começar uma campanha encarniçada contra o governo, seguida por agitação revolucionária em todo o país, com slogans socialistas, capazes de despertar e mobilizar as massas, começando com a divisão de terras e sucedida por uma divisão de todos os valores e propriedades. O Exército derrotado, tendo perdido seus homens mais confiáveis, e levado pela maré do desejo camponês primitivo por terra, se verá desmoralizado demais para servir de baluarte da lei e da ordem. As instituições legislativas e a oposição intelectual [...] serão impotentes para conter a onda popular, despertada por elas mesmas.
PIOTR DURNOVÓ, MEMORANDO DE FEVEREIRO DE 1914 PARA NICOLAU II,
SOBRE AS CONSEQUÊNCIAS DE UMA POSSÍVEL GUERRA CONTRA A ALEMANHA

Entre 1905 e 1911, irromperam revoluções no México, no Irã da dinastia Qajar, no Império Otomano, na China e em Portugal, bem como na Rússia, países que juntos continham um quarto da população terrestre. Todas levaram à introdução de constituições. Era um momento global, semelhante em alguns aspectos à década de 1780, quando eclodiram revoluções nos Estados Unidos, na França e no Caribe. Mas os experimentos constitucionais do início do século XX foram rapidamente minados ou revertidos em todos os casos. (Apenas em Portugal durou um pouco mais, ao longo de 38 primeiros-ministros, até o golpe militar de 1926.) A liberdade exercia uma poderosa atração, mas a institucionalização da liberdade era outra questão. O impulso em direção ao constitucionalismo implicava geralmente que tipos intelectuais, tais como o líder do Partido Democrata Constitucional da Rússia (Cadetes), Pável Miliukov, chegassem ao poder e procurassem usar o Estado como instrumento para modernizar o que percebiam como sociedades atrasadas. Mas o sonho de um salto liberal clássico para a modernidade liderado por intelectuais deparou com um muro social, composto de populações trabalhadoras urbanas e maiorias rurais orientadas para a comunidade. Nos exemplos tentadores da Grã-Bretanha e dos Estados Unidos, as ordens liberais clássicas foram institucionalizadas muito antes do alvorecer da política de massas.[1] No início do século XX, a introdução do constitucionalismo já se revelava demasiado estreita para satisfazer as massas. Os aspectos positivos das mudanças envolvidas no constitucionalismo eram muitas vezes desacreditados pela desordem social. (A Rússia registrou cerca de 17 mil distúrbios camponeses entre 1910 e 1914, somente na parte europeia do império.)[2] Além disso, embora os intelectuais liberalizantes se inspirassem nos países avançados da Europa, as potências europeias ajudavam a reprimir as aberturas políticas, auxiliando as "forças da ordem" na China, no México, no Irã e em outros lugares. No Império Otomano, os pretensos modernizadores recuaram da liberalização. A experiência constitucional da China cedeu aos senhores da guerra; o México entrou em guerra civil.[3] Na Rússia, também, houve uma guerra civil de facto (1905-7), que foi vencida pelas forças da ordem.

Se a Rússia se destacou no início do século XX, foi porque suas forças da ordem foram desmoralizadas na vitória: elas odiavam o resultado, a "autocracia constitucional", e passaram a desrespeitar o tsar, embora estivessem ligadas intrinsecamente a ele.[4] Ao mesmo tempo, a pretensa revolução socialista radical russa estava atolada numa desordem talvez ainda maior do que o constitucionalismo conflituoso. Os socialistas foram arrasados por um regime policial duro e por seu próprio divisionismo. O essencial é que a maioria dos socialistas russos apoiava o constitucionalismo (a democracia "burguesa"), e não o socialismo, como uma etapa necessária da história, ao mesmo tempo que desprezava a burguesia.

O "socialismo", concretamente, significava uma vida na Sibéria. É verdade que graças à anistia do jubileu de trezentos anos dos Románov, em 1913, muitos foram libertados do exílio interno. Liev Rozenfeld (Kámenev) retornou a São Petersburgo para assumir a direção do *Pravda*. O jornal fora criado na conferência do partido dominada pelos bolcheviques, realizada em Praga em janeiro de 1912, e começara a sair em 22 de abril do mesmo ano; Koba Djugachvíli escrevera o artigo principal da primeira edição, clamando por uma "unidade proletária, não importa o que aconteça".[5] Djugachvíli, membro recente do Comitê Central formado de maneira ilegítima pelos bolcheviques, havia voltado ilegalmente para São Petersburgo depois de fugir do exílio interno. Mas, no dia da publicação de seu artigo, a *okhranka* o prendeu numa emboscada, e, no verão, ele foi deportado para uma aldeia siberiana remota no extremo norte chamada Kolpáchevo, perto de Narim ("pântano" na língua khanti).[6] Em setembro de 1912, antes da chegada

154

do inverno, ele fugiu de barco e foi visitar Lênin em Cracóvia, viajando com o passaporte de um mercador persa. Lênin considerava-se um dos maiores especialistas do partido em assuntos nacionais. Mas Djugachvíli o surpreendeu com seu trabalho sobre as nacionalidades, o que levou Lênin a escrever para Górki: "Temos um georgiano maravilhoso que se sentou para escrever um grande artigo para *Iluminismo*, para o qual reuniu todos os materiais austríacos e outros".[7] "O marxismo e a questão nacional", não muito diferente da outra publicação longa de Djugachvíli ("Anarquismo ou socialismo?"), era em parte pouco original, definindo "uma nação" em termos de três características tomadas emprestadas do alemão Karl Kautsky (língua, território e laços econômicos comuns) e uma do marxista austríaco Otto Bauer (caráter nacional comum).[8] Mas o artigo era significativo por enfrentar um aspecto crucial da revolução no Império russo poliglota e por repudiar em grande parte as opiniões dos austro-marxistas e seus imitadores mencheviques georgianos. Era também significativo por sua assinatura: "Stálin" ("Homem de Aço").[9] Esse pseudônimo sonoro e forte não era apenas superior a Óssip Esquisitão, Oska Bexiguento, ou o muito específico Koba, do Cáucaso, mas também russificante. Quando o ensaio saiu na Rússia, no número de março-maio de 1913 da revista *Iluminismo*, "Stálin" já havia retornado para São Petersburgo. Lá, em um baile de angariação de fundos para o Dia Internacional da Mulher, foi emboscado mais uma vez, traído por outro membro do Comitê Central bolchevique, Roman Malinóvski, um ladrão que havia chegado à chefia do sindicato dos metalúrgicos, mas que também era um agente secreto da *okhranka*.[10] Stálin foi deportado para a Sibéria, onde também iria acabar Kámenev.

Malinóvski tornou-se o único bolchevique de alto nível a permanecer dentro da Rússia em liberdade. Lênin o havia encarregado de dirigir todo o aparato de atividade bolchevique dentro do império.[11] A concepção do líder de uma filiação partidária restrita aos revolucionários profissionais, uma medida supostamente necessária em condições de ilegalidade, apoiada também por Stálin, fracassou de maneira espetacular. Para ser justo, a *okhranka* também tinha uma organização terrorista socialista revolucionária igualmente ultraconspiratória.[12] Os revolucionários cada vez mais paranoicos da Rússia "se olhavam no espelho e se perguntavam se eles mesmos não eram provocadores", recordaria mais tarde o bolchevique Nikolai Bukhárin.[13]

Mas, apesar do virtuosismo da *okhranka*, a autocracia permanecia sob ameaça da nitroglicerina. Em conexão com o tricentenário dos Románov, a *okhranka* de São Petersburgo se reforçou, ao mesmo tempo que proibiu qualquer ajuntamento de multidões, temendo que se transformassem em manifestações de trabalhadores carregando bandeiras vermelhas, e que o tsar, como seu avô Alexandre II, pudesse ser assassinado.[14] Como relembrou o chefe do Corpo de Gendarmes, "a cidade foi literalmente transformada em um campo de guerra". Um "autocrata" inseguro em sua própria capital? A repressão indecorosa na capital empanou as celebrações. Apesar da grande aclamação

155

durante o jubileu dos Románov pela primeira exposição de ícones russos, das reapresentações das óperas de Modest Mussórgski *Boris Godunov* e *Khovánschina* e do ápice de gala do tricentenário em Moscou, em maio de 1913, as elites compreendiam muito bem que o tsar não poderia se aproximar do público.

O perigo físico para o autocrata era um constrangimento internacional.

Guilherme II da Alemanha, que era primo de Nicolau II, deu início ao seu próprio "ano festivo" de pompa em 1913. Comemorava seu aniversário de 54 anos, o jubileu de prata de seu reinado e o centenário da derrota de Napoleão pela Prússia. (Não importava que tivessem sido os russos que venceram Napoleão e ocuparam Paris. A Alemanha queria exibir sua dinastia e sua impressionante modernidade.)[15] A combinação de poder germânico no continente e medo do terror em São Petersburgo era mais forte na mente do homem que em 1905-6 salvara a dinastia Románov.

Piotr Durnovó via as relações exteriores através dos olhos de um policial.[16] Em 1904, ao eclodir a Guerra Russo-Japonesa, que havia considerado "sem sentido", ele disse a seu predecessor no Ministério do Interior: "Uma ideia ingênua: resolver a desordem interna com um sucesso no estrangeiro!".[17] Depois de sua demissão do Ministério do Interior, em abril de 1906, Durnovó atuou como líder do bloco de direita na câmara alta da Rússia (Conselho de Estado), um poleiro de onde tratou de subverter a experiência constitucional pós-1905 e causar pesar especial em Stolypin.[18] Durnovó tornou-se conhecido por expressar opiniões importunas não somente pelas costas das pessoas, mas na cara delas — e isso acontecia até mesmo diante do tsar.[19] Em fevereiro de 1914, ele apresentou um longo memorando a Nicolau II e a cerca de cinquenta destinatários da alta elite, buscando reorientar a política russa.[20] Nele, zombava dos que afirmavam que meras demonstrações de poder da Rússia e de unidade anglo-franco-russa dissuadiriam a Alemanha.[21] "O fator central do período da história do mundo pelo qual estamos passando agora é a rivalidade entre Inglaterra e Alemanha", explicava, acrescentando que entre elas "é inevitável uma luta de vida e morte". Ele argumentava que aquilo que havia sido inicialmente apenas um "entendimento" (entente) da Rússia com a Inglaterra se tornara, de alguma forma, uma aliança formal, e que tomar o lado da Grã-Bretanha em seu confronto com a Alemanha era desnecessário, porque não havia nenhum conflito fundamental de interesses entre a Alemanha e a Rússia. Além disso, ao contrário do pessoal do Ministério do Exterior que estava longe dos turvos ódios de classe que esse ex-policial havia enfrentado, Durnovó enfatizava que uma guerra seria catastrófica internamente e que o governo seria culpabilizado. "Em caso de derrota", escreveu ele no memorando de fevereiro de 1914 para Nicolau II, "a revolução social em sua forma mais extrema é inevitável." Durnovó previa especificamente que as terras da nobreza seriam expropriadas e que "a Rússia será jogada na anarquia total, da qual não dá para prever a saída".[22]

A análise — uma guerra evitável contra a poderosíssima Alemanha; a derrota da Rússia; as elites russas pressionando incautamente a autocracia, apenas para serem engolidas pela revolução social radical — era tão realista quanto contundente. Nada escrito por Vladímir Lênin, nem mesmo seu mais tarde célebre e polêmico *Estado e a revolução* (agosto de 1917), se aproximava da clarividência de Durnovó. "O tsarismo foi vitorioso", diria Lênin dos anos anteriores a 1917. "Todos os partidos revolucionários e de oposição foram esmagados. Abatimento, desmoralização, cisões, discórdia, deserção e pornografia tomaram o lugar da política."[23] Isso estava essencialmente correto no que dizia respeito aos revolucionários. Mas, embora a polícia tivesse contido os partidos revolucionários, a militância socialista dos operários (revivida durante o massacre de Lena em 1912) e, especialmente, as ondas de agitação camponesa por terra e contra a fome (que afetavam o Exército) constituíam uma ameaça contínua e muito maior. Isso era algo que o ultraconservador Durnovó via melhor do que os pretensos revolucionários profissionais. De 1900 a 1917, exceto por dois anos (1905-7), Lênin viveu fora da Rússia, principalmente na Suíça. Trótski esteve no exílio estrangeiro em 1902-3 e de 1907 a 1917. Kaménev e Grigóri Radomílski (Zinóviev) passaram longos trechos do período pré-1917 na prisão, na Sibéria ou na Europa. O mesmo valia para os adversários ferrenhos de Lênin entre os sociais-democratas, como Mártov e Pável Axelrod. Viktor Tchernov — o líder do Partido Socialista Revolucionário, o maior partido de esquerda da Rússia, esteve fora do país, sem interrupção, de 1899 até 1917. Durnovó conhecia o sistema tsarista não da perspectiva de Genebra, Paris ou Berlim, mas do interior, e, em particular, de dentro do Ministério do Interior. Ele sabia mais do que aqueles que estavam fora do país, ou até mesmo do que a maioria dos que estavam dentro, que a autocracia estava se esvaziando.[24] Igualmente importante, enquanto os membros do establishment russo temiam uma nova rebelião "estilo Pugatchiov", vinda de baixo, Durnovó condenava *as classes altas* da Rússia, especialmente os democratas constitucionais, que pressionavam a favor dos direitos políticos contra a autocracia, sem perceber, como ele via a situação, que as massas militantes seriam incitadas a ir muito mais longe e acabar com todos eles.[25]

Mas o que o presciente Durnovó propunha? Em vez da "aliança antinatural" da Rússia autocrática com a Grã-Bretanha governada pelo Parlamento, ele instava a fazer uma aliança de semelhantes com a Alemanha, uma monarquia conservadora, como parte de um eventual bloco continental que também incluiria a França (de alguma forma reconciliada com a Alemanha) e o Japão.[26] Mas como isso aconteceria? O kaiser alemão estava decidido a impor o controle de seu país sobre o estreito da Turquia, por onde passavam até 75% das exportações de grãos da Rússia, a chave para a prosperidade do império.[27] Além disso, na política interna, Durnovó inclinava-se para um novo estado de emergência, que ele havia imposto em 1905. Mas, na época de seu memorando, cerca de dois quintos dos 130 milhões de súditos do Império russo *já* viviam sob lei marcial ou regime especial ("proteção reforçada"). Fiel a seus princípios, Durnovó havia recusado a tentação de um populismo de direita para conquistar os camponeses com redistribuição de propriedades, não porque, como a maioria dos membros do Conselho de Estado ou da Duma, possuísse grandes extensões de terra (não as tinha), mas porque temia a desordem.[28] Tampouco condenava totalmente a democracia, aceitando que podia ser adequada para alguns países. Contudo, argumentava que a democracia traria desintegração para a Rússia, que precisava de "autoridade firme".[29] Mas sua estratégia de manter uma tampa — reter o máximo de poder centralizado possível, recusar-se a cooperar com a Duma, esperar que um verdadeiro autocrata viesse a assumir o comando — era uma política de imobilidade.[30] Ele captava o dilema central: o governo precisava de repressão para perdurar, mas a repressão alienava cada vez mais gente, estreitando ainda mais a base social do regime, o que exigia ainda mais repressão. "Estamos em um beco sem saída", lamentou-se Durnovó em 1912. "Temo que todos nós, junto com o tsar, não conseguiremos sair dele."[31]

Se acontecesse uma guerra contra a Alemanha, nem mesmo o maior policial vivo do regime tsarista poderia resgatar a autocracia pela segunda vez.[32] Não somente Durnovó, mas também Stolypin advertira que outra grande guerra "seria fatal para a Rússia e para a dinastia".[33] Durnovó compreendia, com mais profundidade, que uma queda *durante* uma guerra mundial moldaria tudo o que viesse depois.[34] Exatamente como ele profetizou, a nova guerra, contra a Alemanha, se transformou numa guerra revolucionária, que redundou em vantagem para os socialistas e produziu anarquia. "Por mais paradoxal que pareça", relembrou o menchevique social-democrata Fiódor Gurvitch (também conhecido como Fiódor Dan), "os reacionários radicais da burocracia tsarista captaram o movimento de forças e o conteúdo social dessa revolução que estava por vir muito mais cedo e melhor do que todos os 'revolucionários profissionais' russos."[35]

A nostalgia pela Rússia tsarista, ainda que compreensível, é equivocada: a "autocracia constitucional" nunca foi viável e não estava evoluindo para algo melhor, e a criação de associações civis jamais poderia substituir a ausência de instituições políticas liberais ou superar as não liberais.[36] Quando uma onda de partidos políticos havia surgido de repente, os esquerdistas ilegais tinham sido os primeiros: a Federação Revolucionária Armênia (Dashnak) (1890), o Partido Socialista Polonês (1892), o Bund judaico (1897), o Partido Operário Social-Democrata Russo (1898), que se dividiu em bolcheviques e mencheviques (1903), o Partido Operário Social-Democrata Ju-

158

deu ou Poaley Syjon (1900), o Partido Socialista Revolucionário (1901). Em 1905, nasceram os democratas constitucionais ou cadetes (liberais clássicos) e a União do Povo Russo (protofascistas), entre outros.[37] Todos esses partidos organizados, mesmo os antissocialistas, eram execrados pela autocracia, cuja intransigência os estigmatizava, inclusive os constitucionalistas. A radicalização dos tempos de guerra inclinaria o espectro político peculiar da Rússia mais para a esquerda, ao mesmo tempo que provocaria uma infinidade de práticas violentas. Como observou sagazmente um estudioso, "a revolução bolchevique fixou as práticas quase onipresentes, mas transitórias, da catástrofe transeuropeia de 1914-21 como uma característica permanente do Estado soviético". Era evidente, como acrescenta o estudioso, que aquelas práticas violentas, aquela construção de Estado, seriam conduzidas por ideias.[38] E não apenas qualquer ideia, mas visões de refazer tudo, de alto a baixo, conduzindo ao reino socialista do céu na terra. As ideias transcendentalmente poderosas, por sua vez, eram levadas adiante por gente nova empurrada para o cenário político pela revolução, como Stálin.

Para que um georgiano da pequena Góri — via Tíflis, Tchiatura, Baku e o exílio siberiano — chegasse a algum lugar perto do cume do poder e procurasse pôr em prática ideias marxistas, era preciso fazer o mundo inteiro desabar. E foi isso que aconteceu. Stálin teve um papel pequeno nos acontecimentos. Ao contrário dos anos turbulentos de 1905-8, ou do período posterior a março de 1917, a história de sua vida entre 1909 e o início de 1917 contém poucos momentos dignos de nota. A maioria dos relatos ou enfeita esses anos, tornando-os mais dramáticos do que foram, ou os ignora. Mas esse longo período de tempo, em que Stálin fez pouco ou nada, foi imensamente significativo para a Rússia e, com efeito, para o mundo. Para entender o papel de Stálin no súbito e assombroso episódio de 1917 e, sobretudo, para compreender todo o seu regime posterior, a momentosa história na qual ele teve pouca participação digna de nota deve ser descrita e analisada em profundidade. Mas, depois que chegou perto do poder, Stálin batalhou incansavelmente, como homem com senso de destino, e demonstrou talentos revolucionários que se revelaram especialmente apropriados no cenário da Eurásia.

As revoluções modernas são eventos espetaculares que impressionam pelos milhões de pessoas que se erguem e reivindicam o controle de seu destino, inspiradoras em suas novas solidariedades e no sentimento de possibilidades ilimitadas. Mas as revoluções também são sinais de decadência e deterioração, da ruptura de um sistema de governo e da formação desordenada de outro. O que quer que aconteça ou deixe de acontecer nas ruas, nos quartéis, nas fábricas, nos campos, é nos corredores do poder, central e provincial, que a revolução encontra um desfecho. É preciso, portanto, estudar a alta política e o cerne da formação institucional, as práticas e os procedimentos de governança, os modos de pensar e ser que informam o exercício do poder. A alta política é evidentemente moldada por forças sociais, pelas ações e aspirações das massas, mas a política não é redutível ao social. Com efeito, apesar de ter nascido da revolução mais popular da história, o novo regime no antigo Império russo tornou-se inexplicável para o povo, e até mesmo para si próprio. Um processo revolucionário com participação da massa não só pode culminar, como frequentemente culmina, em um regime restrito, e não porque a revolução tenha "degenerado", ou porque as boas intenções e um bom começo foram arruinados por malfeitores ou circunstâncias infelizes, mas porque a situação internacional influi a cada momento, as instituições se formam a partir dos fragmentos do antigo, bem como da voracidade do novo, e as ideias importam. A ditadura pode ser vista pelos revolucionários como criminosa ou como uma ferramenta de valor inestimável; os seres humanos podem ser vistos como cidadãos ou bens móveis, inimigos conversíveis ou inimigos congênitos; a propriedade privada pode ser vista como a pedra angular da liberdade ou da escravidão. Uma profunda e genuína sublevação por justiça social pode — dependendo das ideias dominantes e das práticas que a acompanham — institucionalizar as injustiças mais graves. Uma revolução bem-sucedida pode ser uma tragédia. Mas tragédias ainda podem ser projetos geopolíticos grandiosos. A revolução da Rússia tornou-se inseparável de dilemas de longa data e de novas visões do país como uma grande potência no mundo. Isso também poria em relevo as qualidades de Stálin.

5. Estupidez ou traição?

O que é isso, estupidez ou traição? (Uma voz da esquerda:
"Traição!" [Outra pessoa:] *"Estupidez!"* Risos.)
PÁVEL MILIUKOV, LÍDER DOS DEMOCRATAS CONSTITUCIONAIS
(CADETES), DISCURSO NA DUMA, NOVEMBRO DE 1916[1]

*Via de regra, um regime perece não devido à força de seus
inimigos, mas devido à inutilidade de seus defensores.*
LIEV TIKHOMÍROV, TEÓRICO CONSERVADOR RUSSO, 1911[2]

Em 1910, depois que Theodore Roosevelt se encontrou com o kaiser Guilherme II, o ex-presidente americano (1901-9) confidenciou à esposa: "Estou absolutamente certo de que estamos todos ferrados".[3] Após a morte do antecessor e avô do kaiser (aos 91 anos), o inexperiente Guilherme II havia demitido o chanceler Otto von Bismarck, então com 75 anos.[4] O jovem kaiser, que se revelou arrogante e inseguro, passou a tramar golpes contra a Constituição e o Parlamento da Alemanha e a se envolver em uma política externa vociferante, exacerbando o paradoxo da unificação de Bismarck, ou seja, que a Alemanha parecia ameaçar seus vizinhos ao mesmo tempo que era vulnerável a eles em duas frentes. Guilherme II, conhecido como Supremo Senhor da Guerra, se recusara a renovar o chamado Tratado de Resseguro russo-alemão de Bismarck e, assim, estimulou involuntariamente a reconciliação da Rússia com a França, aumentando a possibilidade de uma guerra em duas frentes.[5] Sua tentativa tardia de corrigir esse erro, ao manipular Nicolau II para que assinasse o Tratado de Björkö, fracassara.

Depois, havia o programa naval do kaiser. Em 1913, a Grã-Bretanha era responsável por 15% do comércio internacional, mas a Alemanha estava em segundo lugar, com 13%, e, no mundo cada vez mais interdependente do comércio mundial, especialmente da importação de alimentos vitais, tinha todo o direito de montar uma Marinha.[6] Mas Guilherme II e seu séquito começaram a concretizar a fantasia de ter sessenta navios de guerra no mar do Norte.[7] Isso havia estimulado a reconciliação da Grã-Bretanha com a França — apesar de uma quase guerra franco-britânica em 1898 por causa de colônias — e até mesmo com a autocrática Rússia. "O kaiser é como um balão", comentara certa vez Bismarck. "Se você não agarrar firme a corda, nunca sabe para onde irá."[8]

Sabemos que quando um não quer, dois não brigam, mas a postura da Grã-Bretanha em defesa de seu império "sobre o qual o sol nunca se põe" era agressiva. Os britânicos haviam cedido com relutância a hegemonia naval do hemisfério ocidental para os Estados Unidos em ascensão e, no Extremo Oriente, para o Japão, ao menos temporariamente. (Mesmo assim, os gastos com a Marinha Real consumiam um quarto das receitas estatais.) Ao mesmo tempo, a política externa britânica se fixara mais imediatamente em conter o que era visto como ameaças russas ao seu império na Pérsia, Ásia Central e China. Muitos consideravam a Rússia, em virtude de sua presença geográfica na Europa, no Oriente Médio e no Extremo Oriente, a única rival em potencial do Império britânico.[9] Ainda assim, mesmo antes da Entente anglo-russa de 1907, a ascensão do poder alemão era a situação mais imediata e explosiva, no que dizia respeito à Grã-Bretanha. Os laços econômicos e culturais anglo-germânicos eram fortes.[10] Mas o choque de interesses era igualmente forte, e, ao contrário do que acontecera nos casos de Estados Unidos e Japão, os britânicos não estavam inclinados a dar espaço ao poder da Alemanha. Em carta privada de 25 de setembro de 1901, Lord Curzon havia escrito: "Em minha opinião, a característica mais marcante do desenvolvimento internacional do próximo quarto de século não será o avanço da Rússia — que é, de qualquer modo, inevitável — ou a animosidade da França — que é hereditária —, mas o engrandecimento do Império alemão às custas da Grã-Bretanha; e penso que qualquer ministro das Relações Exteriores inglês que deseje servir bem seu país jamais deve perder de vista essa consideração".[11] Para administrar o antagonismo fundamental entre o poder dominante de então e uma Alemanha em busca de um lugar na ordem mundial que crescia junto à porta continental da Grã-Bretanha, era preciso que houvesse um estadista excepcional em ambos os lados.[12] Em vez disso, permitiu-se que o antagonismo desencadeasse uma corrida armamentista e dois sistemas hostis de aliança (ou entendimento): a Tríplice Entente de Grã-Bretanha, França e Rússia contra as Potências Centrais da Alemanha e Áustria-Hungria.

Alianças por si só jamais causam guerras; cálculos e erros de cálculo, sim.[13] A Alemanha julgava que o caminho para a vitória contra a Grã-Bretanha passava pela Rússia.

Assim como os imperialistas britânicos eram obcecados pela expansão da Rússia na Ásia, as altas autoridades militares alemãs se fixaram numa suposta "ameaça" russa na Europa. Entre a década de 1860 e 1914, o PIB da Rússia ficara ainda mais atrás do da Alemanha: a produção russa de aço, em 1914, por exemplo, não foi mais do que 25% da alemã. Mas, nesse mesmo intervalo, a economia da Rússia quadruplicou.[14] E os planejadores militares alemães, cujo trabalho era se preparar para uma possível guerra, insistiam em falar também da população gigantesca da Rússia (cerca de 178 milhões, contra 65 milhões da Alemanha) e do recente anúncio do Grande Programa Militar para o rearmamento da Rússia, que deveria estar completo em 1917.[15] O alto-comando do Exército alemão argumentava que não deveriam deixar a Rússia industrializada e a França — a outra potência terrestre da Europa, e aliada da Rússia — escolherem um momento propício para atacar em duas frentes, e que a Rússia era uma ameaça no futuro próximo que precisava ser atacada de forma preventiva. Em maio de 1914, o chefe do Estado-Maior alemão Helmuth von Moltke, o Jovem (nascido em 1848), queixou-se para o chefe do Estado-Maior austríaco que esperar mais implicaria "uma diminuição de nossas chances; era impossível competir com a Rússia em quantidade".[16] A Alemanha estava ansiosa pelo conflito, numa suposta autodefesa contra uma fraca Rússia que julgavam estar à beira de se tornar invencível.[17]

Os erros de cálculo britânicos eram mais antigos. A Grã-Bretanha oferecia a promessa de uma ordem mundial, a *Pax Britannica*, sem o desejo ou os meios para aplicá-la, ao mesmo tempo que seu imperialismo muito invejado inspirava imperialismos rivais que, por sua vez, provocavam medo no imaginário geopolítico britânico. "Foi a *ascensão* de Atenas e o *medo* que isso inspirou em Esparta que tornaram a guerra inevitável", escreveu o historiador grego antigo Tucídides. No século V a.C., um confronto entre os estados periféricos de Corinto e Córcira provocou um choque entre as potências de Atenas e Esparta, um confronto que ambas tinham procurado e de que ambas se arrependeriam. Bismarck chamava essas decisões de rolar "os dados de ferro". No caso de 1914, os britânicos não avaliaram todas as consequências da rivalidade que ajudaram a começar. Mas, enquanto o antagonismo anglo-alemão foi a causa básica da Grande Guerra, e a Rússia o principal fator complicador, o detonador foi fornecido não pelas rivalidades relacionadas com as colônias africanas, onde os esquerdistas e outros esperavam, mas pela Europa Oriental, onde Bismarck havia advertido em 1888 que uma guerra poderia acontecer por causa de "alguma maldita tolice nos Bálcãs".[18] Ali, enquanto o Império Otomano se contraía, os outros grandes impérios terrestres — Áustria-Hungria, Rússia, Alemanha — disputavam espaço uns contra os outros, como placas tectônicas, o que explica como a falha geológica da minúscula Sérvia precipitou uma guerra mundial e, na frente oriental, uma revolução no Império russo.

SARAJEVO E O PRESTÍGIO DE ESTADO

A Sérvia emergira do reino otomano no início do século XIX, e um século mais tarde aumentou seu território graças a duas guerras balcânicas (1912-3), mas nenhuma das duas resultou em uma guerra mais ampla. É certo que a Áustria-Hungria anexou a Bósnia-Herzegóvina (do Império Otomano) e, assim, aumentou enormemente sua população eslava meridional (iugoslava) de sérvios, croatas e muçulmanos bósnios. Essa anexação de 1908, que a Rússia não conseguiu evitar, provocou inúmeros complôs para defender a causa da independência do Sul eslavo tramados pela Jovem Bósnia, um grupo terrorista dedicado à causa iugoslava. Em 1914, esse grupo resolveu assassinar o governador austríaco em Sarajevo, capital da Bósnia-Herzegóvina. Mas, então, seus membros evidentemente leram no jornal que o herdeiro do trono dos Habsburgo, o arquiduque Francisco Ferdinando, estaria na cidade — dia e local exatos especificados — e decidiram trocar de alvo. O acaso fizera do arquiduque, sobrinho do kaiser Francisco José da Áustria-Hungria, o próximo na linha de sucessão: o filho do kaiser se suicidara. Muitos observadores esperavam que Francisco José, já com 84 anos e no poder havia 66, em algum momento desistiria do fantasma e que Francisco Ferdinando, de cinquenta anos, teria a chance de reorganizar e estabilizar a política interna do reino. Afinal, em 1913, o arquiduque, que tinha uma esposa eslava (tcheca), havia criticado o alto-comando militar da Áustria por "uma grande política da bravata, para conquistar os sérvios e Deus sabe o quê".

No domingo, 28 de junho de 1914 — aniversário de casamento do casal, mas também dia sagrado de são Vito na Sérvia —, o casal real, como anunciado, entrou em Sarajevo. O governador local havia deliberadamente escolhido o dia santo sérvio para a visita. A data comemorava 1389, quando, ao perder a batalha de Kosovo, acabando com o império da Sérvia, um sérvio havia, não obstante, conseguido assassinar o sultão otomano na sua tenda (os guardas decapitaram o assassino em seguida).[19] Enquanto Francisco Ferdinando fazia seu desfile público em automóvel aberto, o primeiro dos seis terroristas da Jovem Bósnia distribuídos ao longo do caminho deixou de agir. Um segundo jogou sua pequena bomba no carro do arquiduque, mas ela ricocheteou, e, apesar da explosão debaixo do carro que estava atrás, que feriu dois policiais, o herdeiro conseguiu prosseguir em seu caminho; os conspiradores restantes ainda estavam em posição, mas nenhum agiu. O herdeiro Habsburgo fez seu discurso no prédio mouro da prefeitura de Sarajevo. O ousado plano de assassinato fora mal executado.

Na prefeitura, depois dos discursos e cerimônias, o arquiduque decidiu alterar seu itinerário, a fim de visitar as vítimas da bomba no hospital. Gavrilo Princip, um jovem sérvio bósnio de dezenove anos, membro da Jovem Bósnia e um dos que não agiram naquele dia, tentou se recuperar, assumindo uma posição na rua Francisco José, perto da delicatéssen de Moritz Schiller, na esperança de apanhar Francisco Ferdinando no resto de sua visita. O motorista do arquiduque, sem saber do novo plano de ir ao hospital, fez uma curva errada para entrar na rua Francisco José, ouviu gritos de repreensão e começou a dar a ré, mas parou o carro — a cerca de um metro e meio de Princip. Seis dos oito irmãos de Princip haviam morrido na infância, e ele mesmo era tuberculoso, um fiapo de gente. Sonhara em se tornar poeta. De repente, à queima-roupa com a história, empunhou sua pistola e disparou contra o herdeiro austríaco, em destaque, com um capacete coberto com penas verdes, bem como em sua esposa (com a intenção de atingir o governador). Ambos morreram quase instantaneamente.

A Sérvia tinha acabado de travar duas guerras balcânicas, com pelo menos 40 mil mortos, e a última coisa que o país precisava era de outra guerra. Mas, depois que os terroristas da Jovem Bósnia, todos súditos austro-húngaros, foram capturados, alguns disseram ter sido secretamente armados e treinados pela inteligência militar sérvia, um ator pária naquele Estado pária.[20] O primeiro-ministro da Sérvia não criara o plano de assassinato, mas não o repudiou, e se mostrou incapaz de conter a euforia nacional da Sérvia, o que intensificou a fúria em Viena. "A grande área em frente ao Ministério da Guerra estava lotada", escreveu Liev Trótski, que vivia no exílio vienense e trabalhava como correspondente para um jornal de Kiev. "E não se tratava do 'público', mas de pessoas reais, em suas botas gastas, com dedos nodosos [...]. Eles agitavam bandeiras amarelas e pretas no ar, cantavam canções patrióticas, alguém gritou 'todos os sérvios devem morrer!'."[21] Se, em resposta ao "ultraje de Sarajevo", o kaiser Francisco José não fizesse nada, isso poderia incentivar futuros atos de terror político. Mas qual o grau da resposta? Os Habsburgo quase perderam seu Estado em 1740 e novamente em 1848-9; em 1914, tinham diante de si um dilema diferente de tudo, até mesmo do que o império multinacional russo enfrentava: das onze grandes nações que compunham a Áustria-Hungria, apenas cinco estavam mais ou menos exclusivamente dentro do reino; no caso das outras seis, a maioria se situava fora das fronteiras do império.[22] Os círculos dirigentes austríacos decidiram esmagar a Sérvia, mesmo com o grande risco de provocar uma guerra em toda a Europa, de fato arriscando suicidar-se por medo da morte.

Um enviado vienense visitou Berlim em 5 de julho a fim de solicitar o apoio da Alemanha para um acerto de contas com a Sérvia e voltou com o "total apoio" do kaiser Guilherme II. Havia ainda a questão do consentimento dos líderes de Budapeste, a metade húngara da Áustria-Hungria. Em 23 de julho, após discussões internas com os líderes húngaros (que deram seu apoio em 9 de julho), bem como intensos preparativos militares, Viena telegrafou um ultimato a Belgrado listando dez reivindicações, entre elas a concordância com uma comissão de investigação conjunta a ser supervisionada em solo sérvio por autoridades austríacas. Exceto pela última estipulação — uma violação de sua soberania — e uma outra, o governo da Sérvia aceitou as exigências, com condições. Naquele momento, o kaiser Francisco José poderia ter feito um recuo para salvar as aparências. "Quase nenhum gênio", escreveu o grande historiador Jacob Burckhardt sobre a maior família da Europa, os Habsburgo, "mas boa vontade, seriedade, meticulosidade; resistência e equanimidade no infortúnio."[23] Não mais: com o sentimento de que a monarquia estava em declínio, talvez fatal e correndo contra o tempo, Viena, em 28 de julho, declarou guerra — pela primeira vez na história — por telégrafo.[24]

Não se seguiu automaticamente um conflito mais amplo. A escalada — ou não — estava principalmente nas mãos de dois homens, primos de sangue e por casamento, "Willy" e "Nicky". Guilherme II tinha Nicolau II em baixa conta, tendo dito ao ministro das Relações Exteriores da Grã-Bretanha no funeral da rainha Vitória, em 1901, que o tsar era "apto apenas para viver em uma casa de campo e plantar nabos".[25] O kaiser não tinha conhecimento da grande estratégia russa. Nicolau II, de sua parte, contemporizou, observando que "a guerra seria desastrosa para o mundo, e, depois que tivesse estourado, seria difícil pará-la".[26] Durante o primeiro semestre de 1914, mais greves sacudiram São Petersburgo e outras partes do império, como os campos de petróleo de Baku, do que em qualquer momento desde 1905, e em julho de 1914, os trabalhadores tornaram-se particularmente ameaçadores, em parte por desespero diante da repressão. A Duma, antes do seu recesso de verão, no início de junho, estava rejeitando partes significativas do orçamento do governo, inclusive fundos para o Ministério do Interior, encarregado das repressões internas. Quanto ao poderio militar da Rússia, seus aliados França e Grã-Bretanha o superestimavam, enquanto Alemanha e Áustria-Hungria o subestimavam — mas não tanto quanto os próprios russos.[27] Além disso, Rússia e Sérvia não tinham sequer uma aliança formal, e o primo Nicky jamais iria para a guerra por causa de alguma suposta tolice romântica pan-eslava.[28] As autoridades russas instruíram os sérvios a dar uma resposta razoável à Áustria. Não obstante, o ponto principal era que a Rússia não permitiria que o poder alemão humilhasse a Sérvia por causa das repercussões para a reputação russa, especialmente após não ter evitado a anexação da Bósnia-Herzegóvina pela Áustria em 1908.[29] Nicolau II estava decidido a deter a Áustria-Hungria, que tinha começado a mobilização *por causa da Rússia*, não da Sérvia.

No final de julho, a liderança alemã reconsiderou momentaneamente a situação, em uma iniciativa de undécima hora, mas a Áustria-Hungria rejeitou a ideia de sondar a paz — e a Alemanha acedeu. Se Guilherme II tivesse recuado e controlado seu aliado dependente austro-húngaro, Nicolau II também teria recuado. Em vez disso, diante da beligerância do primo, da pressão interna das elites para não baixar a cabeça e da agitação em casa, o tsar ordenou, depois revogou e, finalmente, voltou a ordenar, em 31 de julho, uma mobilização total.[30]

Mas a Rússia não era nenhuma vítima inocente. As perpétuas maquinações para fazer o tsar abolir a Duma, ou reduzi-la a um mero órgão consultivo, ganharam força. Com efeito, a decisão de ir à guerra era um golpe lateral de Nicolau II contra a Duma que ele desprezava. A guerra permitiria sua recuperação de uma união mística não mediada entre o tsar e o povo (um prolongamento do tricentenário dos Románov do ano anterior). O tsar sofreu dores de consciência em relação aos súditos inocentes que seriam enviados para a morte, mas também sentiu uma tremenda libertação emocional dos desagradáveis comprometimentos políticos do ideal autocrático. Nicolau II também fantasiava um surto patriótico nacional, "como o que ocorreu durante a grande guerra de 1812".[31] Transmitindo essas ilusões, um jornal de província escreveu sobre a guerra que "não há mais partidos políticos, disputas, nenhum governo nem oposição, há apenas o povo russo unido, preparando-se para lutar por meses ou anos até a última gota de sangue".[32] Aí estava a grande ilusão: a hesitante e dúbia guerra para defender o prestígio internacional da Rússia era imaginada como um triunfo de política interna — multidões ajoelhando-se diante de seu tsar na Praça do Palácio. Ganharam força visões de um maior engrandecimento imperial: era uma oportunidade única em um século de tomar os Estreitos Turcos e as regiões armênias da Anatólia otomana; anexar os territórios de língua ucraniana e polonesa da Áustria; e expandir-se para a Pérsia, o Turquestão chinês e a Mongólia Exterior.[33]

Nicolau II não estava sozinho na súbita inversão da ligação tradicional na Rússia entre guerra e revolução — não mais causante, mas de algum modo preventiva.[34] Em Berlim, as inseguranças também alimentavam fantasias de expansão internacional e consolidação política interna. A vulnerabilidade em duas frentes da Alemanha produzira um plano de defesa para *conquistar o continente*. Conhecido como Plano Schlieffen, por ter sido esboçado pelo general conde Alfred von Schlieffen (1833-1913), e concebido originalmente, em parte, como uma maneira ousada de fazer lobby por mais recursos de guerra, o plano, retrabalhado por Helmuth von Moltke, o Jovem, passara a incluir o transporte de enormes exércitos através da Bélgica para entrar na França, num gigantesco movimento em arco, e, ao mesmo tempo, preparar-se para esmagar a Rússia. Esperava-se que a Alemanha pudesse superar a desvantagem numérica com surpresa tática, mobilidade e treinamento superior.[35] O Estado-Maior alemão, em ataques de pessimismo, manifestava menos ilusões em relação a uma guerra curta do que às vezes é reconhecido, mas não podia admitir que a guerra deixasse de ser um instrumento político eficaz: para eles, a guerra ainda prometia uma resolução decisiva de vários problemas estatais, e os civis não discordavam. Desse modo, a Alemanha violaria a neutralidade belga a fim de apoiar a Áustria contra a Rússia, com o objetivo maior de evitar perder a corrida armamentista para a Rússia, o que também significava guerra contra a Grã-Bretanha.[36]

167

Menos conhecido é o fato de que o Almirantado Britânico, o equivalente ao Estado-Maior alemão, planejava uma guerra em que provocaria o colapso rápido do sistema financeiro da Alemanha, paralisando assim sua economia e a capacidade militar de fazer a guerra — uma fórmula de vitória rápida com custo supostamente muito baixo, o equivalente britânico do plano de Schlieffen. O plano do Almirantado para acabar com a Alemanha foi elaborado por uma comissão sobre comércio com o inimigo presidida por Hamilton "Ham" Cuffe (1848-1934), conhecido como Lord Desart. Ele não somente estendia a guerra para muito além de considerações militares, como pressupunha uma forte intervenção estatal na economia de mercado do laissez-faire. O Almirantado queria controle sobre os movimentos em tempo de guerra de navios mercantes de bandeira britânica e sobre as cargas particulares que carregavam, censura sobre todas as redes de cabo e supervisão das atividades financeiras da City de Londres. Uma vez que a Grã-Bretanha tinha a maior Marinha e exercia monopólio da infraestrutura do sistema de comércio mundial, o Almirantado fantasiava que poderia de alguma forma administrar os efeitos do caos sobre a própria economia da Grã-Bretanha. Tudo isso violava o direito internacional. O gabinete britânico havia aprovado o plano do Almirantado em 1912, e até mesmo delegara previamente a autoridade para pô-lo em prática quando as hostilidades começassem. O que se debatia internamente no país era se a Grã-Bretanha poderia evitar também o envolvimento em ações estritamente militares (enviar tropas para o continente) ao mesmo tempo que negava à Alemanha acesso a transporte, comunicações e crédito.[37]

Grã-Bretanha e Alemanha quase recuaram da beira do abismo. Guilherme II não deu seu aval completo para a guerra até ficar sabendo que a Rússia havia se mobilizado.[38] O kaiser assinou a ordem de mobilização em 1º de agosto de 1914, às cinco horas da tarde, mas, apenas 23 minutos depois, chegou um telegrama do embaixador alemão em Londres. O secretário de Relações Exteriores britânico, sir Edward Grey, "acabou de me telefonar", escreveu o embaixador alemão, "e me perguntou se eu achava que poderia garantir que, caso a França permanecesse neutra em uma guerra entre a Rússia e a Alemanha, não atacaríamos os franceses".[39] Seria isso um equivalente do conselho (ignorado) de Piotr Durnovó a Nicolau II para ficar de fora de uma briga anglo-alemã, ou seja, uma expressão do sonho de Londres de escapar da guerra, direcionando o poderio alemão para o leste, contra a Rússia? Os detalhes do que ocorria em Londres eram escassos. A conversa entre Grey e o embaixador alemão durara apenas seis minutos. Mas o telegrama parecia ter abordado a questão central que iria conduzir a política mundial ao longo da primeira metade do século XX e se tornaria o principal dilema do regime de Stálin — como fazer murchar o poderio alemão?

Para o eufórico kaiser alemão, o telegrama de Londres de 1º de agosto parecia uma dádiva de Deus: a fragmentação da Tríplice Entente, e uma frente de batalha a menos. Grey *parecia* estar propondo que a Grã-Bretanha e até a França se mantivessem neutras no apoio da Alemanha à Áustria contra a Sérvia e, portanto, na briga da Alemanha com a Rússia. Quase apoplético, Von Moltke protestou contra o grande risco de segurança e o caos envolvido na suspensão do preciso plano de guerra alemão e (de algum jeito) em deslocar exércitos inteiros de oeste para leste. "Sua majestade, isso não pode ser feito. A mobilização de milhões não pode ser improvisada."[40] Mas, quando chegou um novo telegrama parecendo confirmar a neutralidade britânica se a Alemanha atacasse somente a Rússia, Guilherme II pediu champanhe. O kaiser telegrafou ao rei Jorge V, também seu primo, para dar sua palavra de que, embora continuassem mobilizadas no oeste (para proteção), as tropas alemãs não atravessariam a fronteira francesa. Parecia um acordo. Mas, naquela mesma noite, o rei britânico enviou uma resposta assombrosa. Redigida por Grey, ela chamava as conversas entre Grey e o embaixador alemão de "mal-entendido".[41] Era traição britânica? Não, apenas estupidez. Paris jamais concordaria com uma aniquilação alemã da Rússia porque isso alteraria drasticamente o equilíbrio de poder no continente em detrimento da França, e, de qualquer modo, a França tinha obrigações formais estabelecidas pelo tratado assinado com a Rússia. Grey — que considerava a Alemanha um navio de guerra sem leme, mas estava ele mesmo agindo de forma inexplicável — especificou tardiamente que, para Berlim, um acordo para evitar a guerra exigiria que a Alemanha deixasse também de atacar a Rússia. Guilherme II ficou furioso e ordenou que Von Moltke retomasse a ocupação da Bélgica. Seu "Plano Schlieffen" revisto estava em marcha.[42]

A Alemanha declarou guerra contra Rússia e França; a Grã-Bretanha declarou guerra à Alemanha.[43] Autoridades alemãs conseguiram, através de propaganda inteligente, fazer com que a ordem de guerra alemã parecesse uma resposta necessária à "agressão" da Rússia, que havia se mobilizado antes.[44] (Mais tarde, Stálin viria a partilhar profeticamente a conclusão geral de que qualquer mobilização, mesmo para dissuasão ou autodefesa, conduziria inexoravelmente à guerra.)[45]

O plano de Lord Desart também estava em marcha, pelo menos inicialmente, embora grupos financeiros, o Departamento de Comércio e outros interesses fossem veementemente contra essa grande estratégia. Mas julho de 1914 trouxera um pânico financeiro assombroso devido à perda de confiança: os bancos de Londres começaram a exigir o pagamento de empréstimos de curto prazo e a despejar uma quantidade imensa de letras de câmbio, congelando o mercado de Londres; as taxas de juros dispararam. Em Nova York, os investidores europeus se desfizeram de títulos americanos e exigiram o pagamento em ouro. O medo da guerra elevou tanto as taxas de seguro, no entanto, que o ouro deixou de ser enviado, embora o sistema financeiro mundial se baseasse no metal. "Antes que um único tiro tivesse sido disparado, e antes de qualquer destruição de riqueza, todo o tecido mundial de crédito se dissolveu", observaria um diretor-gerente da firma Lazard Brothers no outono de 1914. "A Bolsa de Valores foi fechada; o mercado de descontos, morto; [...] o comércio, paralisado em todo o mundo; moeda escassa; os recursos do banco da Inglaterra, altamente exigidos." Os Estados Unidos, que eram neutros, não tolerariam que o sistema econômico mundial fosse fechado pela Grã-Bretanha em sua disputa com a Alemanha. O governo britânico logo recuaria da tentativa de derrubar a economia alemã in totum e, em vez disso, improvisaria um esforço gradual de bloqueio econômico. Seria um fracasso. O fluxo transoceânico para a Alemanha de bens e matérias-primas financiado por bancos britânicos e transportado em navios britânicos aumentaria.[46] Enquanto isso, a Grã-Bretanha mandava um Exército terrestre para o continente.

A guerra mundial parecia inexorável. Durante décadas, os círculos dirigentes alemães imperiais careceram de prudência elementar a respeito de sua força recém-descoberta; a imperialista Grã-Bretanha não tinha uma liderança hábil e visionária necessária para aceitar e, assim, moderar o poder da Alemanha. Na Sérvia, tramavam-se assassinatos com desprezo pelas consequências. A Áustria-Hungria, privada de seu herdeiro, optou por um confronto existencial. Os círculos dirigentes alemães procuraram escorar seu único aliado, a Áustria sitiada, ao mesmo tempo que se sentiam inseguros quanto à incapacidade de vencer a corrida armamentista contra as grandes potências de ambos os lados da Alemanha, especialmente com o crescente arrojo militar de uma Rússia fraca, e, portanto, desenvolveram um plano de defesa que implicava a conquista da Europa.[47] A Rússia arriscou tudo, não por um duvidoso interesse pan-eslavo na Sérvia, mas pelo que uma falha em defender a Sérvia causaria para o seu prestígio.[48] E, finalmente, Grã-Bretanha e Alemanha tentaram, mas não conseguiram, fazer um acordo bilateral de último minuto às custas da Rússia. (A ideia persistiria.) Como se tudo isso não fosse motivo suficiente, era verão: o chefe do Estado-Maior Von Moltke estava de férias de quatro semanas em Karlsbad, até 25 de julho, em sua segunda visita demorada ao balneário naquele verão, para tratar de uma doença no fígado; o grão-almirante alemão Alfred von Tirpitz estava em uma estância termal na Suíça; o chefe do Estado-Maior austro-húngaro, marechal de campo barão Franz Conrad von Hötzendorf, estava nos Alpes com a amante; os ministros da Guerra alemão e austríaco também estavam de férias.[49] Fatores estruturais adicionais, como uma superestimação da ofensiva militar, também pesaram na marcha em direção ao Armagedom.[50] Mas se São Petersburgo tivesse provas irrefutáveis da cumplicidade da inteligência sérvia no assassinato do arquiduque, a honra do tsar poderia ter sido ofendida a ponto de ele se recusar a se levantar militarmente por Belgrado.[51] Se Princip tivesse desistido e ido para casa depois que ele e seus cúmplices fracassaram no assassinato, ou o motorista do arquiduque soubesse do plano revisto para visitar o hospital, a guerra mundial poderia ter sido evitada. Seja como for, a deflagração de uma guerra sempre depende dos que tomam as decisões, mesmo quando são eles mesmos os produtos, tanto quanto os árbitros, das estruturas dos Estados armados. Em 1914, em toda a Europa, com poucas exceções — de um astuto Piotr Durnovó, um trapalhão Edward Grey —, políticos, militares e, particularmente, governantes cobiçavam territórios e prestígio e acreditavam (ou esperavam) que a guerra resolveria todos os seus problemas domésticos e internacionais, revigoraria seu domínio no que eles julgavam ser um momento favorável.[52] Em outras palavras, quando contingências como a curva errada de um motorista numa rua de Sarajevo fizeram um minúsculo punhado de homens se ver diante da questão da guerra ou da paz mundial, eles hesitaram, mas escolheram a guerra, em nome, em combinações variadas, do prestígio do Estado, do engrandecimento do Estado e da revitalização do regime.[53]

A CONVOCAÇÃO DE LÊNIN

O conflito de agosto de 1914 transformou-se numa guerra mundial em parte devido à expectativa de que os Estados eram vulneráveis à conquista, mas prolongou-se devido à circunstância de que não o eram.[54] No final do outono de 1914, a Grande Guerra já se tornara um impasse: a Grã-Bretanha e, em menor medida, a Rússia haviam frustrado a tentativa de conquista preventiva da França pela Alemanha. A partir de então, e a cada dia que passava, a escolha para todos os beligerantes não poderia ser mais cruel: negociar um fim para o impasse, admitindo que milhões de soldados haviam sido despachados para mortes inúteis, ou continuar à procura de um golpe decisivo enquanto mandavam para a morte outros milhões. Todos os beligerantes escolheram a última opção. Dito de outra forma, se a decisão pela guerra foi, em primeira instância, da Áustria-Hungria, depois sucessivamente da Alemanha, da Rússia e da Grã-Bretanha, a decisão de prolongar a agonia foi de todos. Os Estados beligerantes ficaram sem dinheiro, mas persistiram na luta. Durante 52 meses de guerra, os governantes dos países mais instruídos e avançados tecnologicamente do mundo mobilizariam 65 milhões de homens. Cerca de 9 milhões foram mortos, mais de 20 milhões ficaram feridos e quase 8 milhões foram feitos prisioneiros ou desapareceram: no total, 37 milhões de baixas.[55]

Por dois anos, os britânicos deixaram, sobretudo, que russos e franceses absorvessem o impacto dos golpes da Alemanha.[56] Mas, em julho de 1916, durante o banho de sangue em Verdun — lançado pelos alemães numa nova estratégia de desgaste para superar o impasse, sangrando os franceses até a morte —, os britânicos contra-atacaram com uma ofensiva no Somme, mais a oeste na França. Pelo menos 20 mil soldados britânicos foram mortos e outros 40 mil feridos *durante as primeiras 24 horas*. Foi a maior perda de vidas — operárias e aristocratas — da história militar da Grã-Bretanha. Antes de terminar num impasse, como a batalha de Verdun, a do Somme matou ou mutilou 430 mil britânicos (3600 *por dia*), além de 200 mil franceses e talvez 600 mil alemães.[57] No total da frente ocidental, 80% dos 10 milhões de mortes no campo de batalha não foram causadas por "assassinato industrial", mas por tecnologias já bem conhecidas: armas pequenas e artilharia.[58] Ainda assim, agora as barragens de artilharia retalhavam homens de uma distância de mais de quarenta quilômetros (os ganhos territoriais eram medidos em metros). As metralhadoras não só se tornaram facilmente portáteis como podiam disparar agora seiscentos tiros por minuto, e por horas a fio sem parar, uma chuva de morte metálica.[59] O gás venenoso queimava os pulmões dos soldados nas trincheiras até que a mudança do vento muitas vezes trazia as nuvens letais de volta para o lado que lançara as armas químicas. (De todos os beligerantes, foi o Exército russo que mais sofreu com o gás de mostarda, por insuficiência de máscaras.)[60] No Império Otomano, que entrou na guerra ao lado da Alemanha e da Áustria-Hungria, súditos armênios foram acusados em massa de traição — colaborar com a Rússia para separar a Anatólia oriental — e massacrados ou forçados a marchar para longe de áreas de fronteira, resultando em 800 mil a 1,5 milhão de mortes de civis armênios. Na Sérvia, as perdas foram de 15% da população, um preço monstruoso até mesmo para um assassinato imprudente; as incursões sérvias em territórios dos Habsburgo, no entanto, não causaram um levante dos eslavos do sul, demonstrando que os temores austríacos que haviam motivado o confronto eram exagerados.[61] E o que dizer da alardeada Marinha alemã, cuja construção tinha incitado tanto os britânicos e levado a Europa rumo ao precipício? Durante toda a Grande Guerra, a frota alemã travou uma única batalha contra a Inglaterra, no verão de 1916, ao largo da costa da Dinamarca, onde os britânicos perderam mais navios, mas os alemães se retiraram e optaram por não arriscar sua preciosa Marinha novamente.

A própria guerra, não a subsequente paz atamancada de Versalhes, causou terríveis repercussões por décadas. "Esta guerra é trivial, apesar de toda a sua vastidão", explicou Bertrand Russell, um lógico da Universidade de Cambridge e neto de um primeiro-ministro britânico. "Nenhum grande princípio está em jogo, nenhum grande propósito humano está envolvido em ambos os lados. [...] O inglês e o francês dizem que estão lutando em defesa da democracia, mas não querem que suas palavras sejam ouvidas em Petrogrado ou Calcutá."[62] Além da hipocrisia assassina, foi o fato de que os homens poderiam dispor do destino de nações inteiras que Lênin, líder dos bolcheviques, assimilou. Mas, enquanto os governantes e generais europeus enviavam conscientemente milhões para a morte Deus sabe por quê, Lênin podia afirmar que estava disposto a sacrificar milhões por aquilo que agora, graças à guerra imperialista, parecia mais do que nunca uma causa justa: a paz e a justiça social. Marx, no *Manifesto comunista*, celebrava o intenso dinamismo do capitalismo, mas Lênin enfatizava a sua destrutividade sem limites: a guerra, na opinião dele, mostrava que o capitalismo havia irrevogavelmente esgotado todo o potencial progressista que já tivera. E os sociais-democratas da Europa, que não se opuseram à guerra, apesar de serem marxistas, passaram a ser igualmente irredimíveis aos seus olhos.[63] Entre os socialistas do mundo, Lênin se destacava agora por sua radicalidade. "Ainda estou 'apaixonado' por Marx e Engels e não posso suportar calmamente que sejam menosprezados", escreveu ele de Zurique para sua amante Inessa Armand, em janeiro de 1917. "Não, eles são realmente o artigo genuíno. É preciso estudá-los." E concluía a carta depreciando os "kautskistas", isto é, seguidores de Karl Kautsky, o social-democrata alemão e figura de destaque da Segunda Internacional Socialista (1889-1916), que a guerra destruiu.[64]

Lênin acrescentou uma política de imitação de técnicas de guerra à sua ideologia marxista, que o matadouro da guerra ajudou a validar de uma maneira que o período do pré-guerra nunca conseguiu.[65] Sua obra de propaganda seria quase fácil demais. Com a guerra em andamento, ele escreveu sua obra fundamental, *O imperialismo: Fase superior do capitalismo* (1916), uma adaptação das ideias do britânico John Hobson e do austríaco Rudolf Hilferding, em que argumentava que o capitalismo estaria condenado se não recorresse à exploração no exterior. Mas não era necessário ler Lênin para perceber a ligação entre a Grande Guerra e a ganância colonial. Entre 1876 e 1915, territórios imensos do mundo mudaram de mãos, geralmente de forma violenta.[66] A França havia acumulado um império global de vinte vezes o seu tamanho, e a Grã-Bretanha, de 140 vezes, colonizando centenas de milhões de pessoas. Fora da Europa, somente o Japão conseguira evitar o ataque europeu e, com suas próprias colônias ultramarinas, imitar a ganância europeia. Na África do Sudoeste controlada pelos alemães, quando os colonizados hereros se rebelaram (1904-7), a repressão se transformou em extermínio e quase o conseguiu: a Alemanha dizimou 75% dos nativos.[67] O mais infame de todos foi o império da minúscula Bélgica — oitenta vezes o seu tamanho —, que, na perseguição de borracha e glória, escravizou, mutilou e massacrou talvez metade da população do Congo, até 10 milhões de pessoas, nas décadas anteriores a 1914.[68] Mas foi isso que caracterizou a Grande Guerra: mesmo em países que praticavam o Estado de Direito, políticos e generais não trataram seus próprios cidadãos melhor do que haviam tratado seus súditos coloniais. O comandante britânico no Somme, general Sir Douglas Haig, não demonstrou preocupação com a vida humana, do inimigo ou de seus próprios homens. "Três anos de guerra e a perda de um décimo dos homens da nação não é um preço muito alto a pagar por tão grande causa", Haig escreveu em seu diário. Quando as baixas britânicas eram muito pequenas, o general via um sinal de perda de vontade.[69] Na França democrática, única república entre as grandes potências, dos 3,6 milhões de homens em armas em 1914, menos de 1 milhão permaneciam em 1917. Cerca de 2,7 milhões haviam sido mortos, feridos, feitos prisioneiros ou estavam desaparecidos. Os civis também morreram em massa. Nenhuma grande cidade europeia foi devastada — a Grande Guerra foi travada principalmente em aldeias e campos —, mas a "segurança" do Estado significava agora a destruição cultural do inimigo, como os alemães demonstraram desde o início na Bélgica: bibliotecas, catedrais e os civis que encarnavam a nação inimiga se transformaram em alvos de bombardeios e inanição deliberada.[70] "Isto não é uma guerra", escreveu para a família um soldado indiano ferido na carnificina da França em 1915, "é o fim do mundo."[71]

RECRUTAS E AUSENTES SEM PERMISSÃO

Stálin não foi à guerra. Naquele verão de 1914, aos 36 anos de idade, ele estava no segundo ano de uma condenação ao exílio interno de quatro anos em Turukhansk, no nordeste da Sibéria. Foi seu mais longo período consecutivo de banimento, e ele chafurdou perto do Círculo Polar Ártico até 1917. Dessa vez, as autoridades o levaram para muito além do terminal ferroviário, para que não fugisse. Enquanto duas gerações de homens, a flor da Europa, serviam de alimento para a besta, ele lutava contra pouco mais do que mosquitos e tédio.

Nenhum dos principais bolcheviques viu a ação no front. Lênin e Trótski estavam no confortável exílio estrangeiro. Em julho de 1915, Lênin escreveu a Zinóviev perguntando: "Você se lembra do nome de Koba?". Referia-se obviamente ao nome ou sobrenome verdadeiro de Koba. Zinóviev não se lembrava. Em novembro de 1915, Lênin escreveu a outro camarada: "Faça-me um grande favor: descubra com Stepko [Kiknadze] ou Mikha [Tskhakáia] o sobrenome de 'Koba' (Ióssif Dj-??). Nós esquecemos. Muito importante!". Não sabemos o que Lênin queria.[72] Ele logo estaria ocupado atribuindo indevidamente a conquista de 85% do mundo a motivações econômicas inexoráveis. Trótski, que andou de país em país durante o conflito, estava escrevendo ensaios jornalísticos sobre a guerra de trincheiras e o impacto psicossocial da guerra, a vida política em muitos países europeus e nos Estados Unidos, e as posturas dos movimentos socialistas em relação à guerra, propondo um "Estados Unidos da Europa" como forma de deter o conflito.[73] Mas Stálin, observaria Trótski mais tarde, não publicou absolutamente nada de importante durante o maior conflito da história mundial, uma guerra que turvou o movimento socialista internacional. O futuro árbitro de todo o pensamento não deixou pensamentos do período da guerra, nem sequer um diário.[74]

O isolamento extremo parece ter sido um fator para isso. Stálin escreveu numerosas cartas dos confins da Sibéria para bolcheviques no exílio europeu implorando por livros que ele já havia pedido, em particular sobre a questão nacional. Ele pensava reunir em volume seus ensaios sobre o assunto, com base em seu artigo de 1913 "O marxismo e a questão nacional". No começo de 1914, antes do início da guerra, ele terminou e enviou um longo artigo, "Sobre a autonomia cultural", mas o texto se perdeu (e nunca foi encontrado).[75] Escreveu a Kámenev (em fevereiro de 1916) dizendo que estava trabalhando em mais dois artigos, "O movimento nacional em seu desenvolvimento histórico" e "A guerra e o movimento nacional", e forneceu um esboço do conteúdo. Seu objetivo era resolver a relação entre guerra imperialista e nacionalismo e formas de Estado, desenvolvendo uma lógica para Estados multinacionais de grande escala.

O imperialismo como a expressão política [...]. A insuficiência das antigas estruturas do "Estado nacional". O rompimento dessas estruturas e a tendência a formar Estados de [múltiplas] nacionalidades. Por conseguinte, a tendência para a anexação e a guerra. [...] Consequentemente, a crença na libertação nac[ional]. A popularidade do princípio da auto-determinação nac. como um contrapeso ao princípio da anexação. A fraqueza óbvia (econômica ou não) dos Estados pequenos [...]. A insuficiência de uma existência completamente independente de Estados pequenos e médios e o fracasso da ideia de separação nac. [...] De um lado, uma união ampliada e aprofundada de Estados e, de outro, a autonomia de regiões nac. dentro dos Estados. [...] deveria se expressar na proclamação da autonomia de um território nac. no interior de Estados multinacionais na luta pelos Estados Unidos da Europa.[76]

Essas ideias antecederam a publicação de *O imperialismo: Fase superior do capitalismo*, de Lênin, e se enlaçavam um pouco com os escritos de Trótski sobre os Estados Unidos da Europa (que Lênin havia atacado). Mas os artigos do período de guerra prometidos por Stálin, que ele disse a Kámenev que estavam "quase prontos", nunca se materializaram.

O isolamento severo não pode ser a única explicação. No exílio siberiano, Stálin conheceu um futuro rival, Iankel "Iákov" Svérdlov (nascido em 1885), filho de um gravador judeu de Níjni Nóvgorod, que havia completado quatro anos de ginásio. Tal como Stálin, Svérdlov havia sido nomeado in absentia para o Comitê Central bolchevique após a reunião do partido realizada em Praga em 1912. Os dois foram traídos por Malinóvski, o agente da *okhranka* nas fileiras bolcheviques, e conviveram por vários anos em Turukhansk, inclusive na remota Kureika, um povoado de talvez trinta ou quarenta habitantes. Durante a guerra, Svérdlov conseguiu completar na Sibéria remota um panfleto histórico intitulado *Exílio em massa, 1906-1916*, e vários artigos: "Ensaios sobre a história do movimento operário internacional", "Ensaios sobre a região de Turukhansk", "A queda do capitalismo", "O cisma na social-democracia alemã", "A guerra na Sibéria".[77] Escreveu também cartas que revelavam uma rivalidade com Stálin. "Meu amigo [Stálin] e eu diferimos em muitos aspectos", disse em uma carta enviada a Paris em 12 de março de 1914. "Ele é uma pessoa muito animada e, apesar de seus quarenta anos, preservou a capacidade de reagir vivamente aos mais variados fenômenos. Em muitos casos, ele coloca novas questões onde para mim não há nenhuma mais. Nesse sentido, ele é mais novo do que eu. Não pense que o ponho acima de mim. Não, eu sou superior [*krupnee*], e ele mesmo percebe isso. [...] Nós apostamos e jogamos uma partida de xadrez, apliquei-lhe um xeque-mate, depois nos separamos tarde da noite. De manhã, nos encontramos de novo, e assim é todo dia, somos apenas nós dois em Kureika." Por um curto período, eles compartilharam o mesmo quarto. "Há dois de nós" em um único quarto, Svérdlov escreveu para sua segunda esposa, Klávdiia Novogoródtseva. "Comigo está o georgiano Djugachvíli, um velho conhecido [...]. Ele é um sujeito decente, mas egoísta demais na vida cotidiana." Em pouco tempo, Svérdlov não aguentou mais e saiu da casa. "Nós nos conhecemos bem demais", escreveu ele, em 27 de maio de 1914, para Lídia Besser, a esposa de um engenheiro revolucionário. "O mais triste é que, em condições de exílio ou na prisão, um homem fica nu diante de você e se revela em todos os seus aspectos mesquinhos [...]. Agora o camarada e eu moramos em lugares diferentes e raramente nos vemos."[78]

Stálin passou a se aproveitar das circunstâncias desoladoras de sua isolação. Quando um companheiro de exílio na Sibéria se afogou, Stálin tomou a biblioteca do sujeito somente para si, violando o código dos exilados e cimentando sua reputação de egocentrismo. Stálin também continuou a se dedicar ao passatempo de revolucionário exilado de seduzir e abandonar camponesas. Ele engravidou uma das filhas de seu senhorio, Lídia Perepríguina, de treze anos de idade, e quando a polícia interveio teve de prometer que se casaria com ela, mas depois traiu sua promessa; ela deu à luz um filho, que logo morreu. (Mais tarde, Stálin recordaria de seu cachorro na Sibéria, Tichka, mas não de suas companheiras e seus filhos bastardos.) Durante os oito meses de inverno de Turukhansk, o futuro ditador abria buracos no gelo do rio para pescar para o seu sustento, como os indígenas vestidos de peles ao seu redor, e saía em longas caçadas solitárias pelas florestas escuras e nevadas. ("Se você vive no meio de lobos", diria mais tarde, "deve se comportar como um lobo.")[79] Tempestades de neve súbitas quase lhe tiraram a vida. Sempre agitador e professor, também fazia sermões aos povos indígenas locais, iacutes e evenques, em seu quarto frio e apertado, cujas janelas não tinham vidros, tentando em vão recrutá-los para a luta revolucionária. Ele tinha uma plateia, mas poucos interlocutores de verdade, muito menos seguidores. (Sua suposta gangue do Cáucaso, que nunca passou de um minúsculo grupo de seguidores irregulares, havia muito tempo se dispersara, e nunca mais se reuniu.) Conseguiu transformar o pobre gendarme designado para vigiá-lo em um subordinado que buscava sua correspondência e o acompanhava em viagens não autorizadas para se encontrar com outros exilados nos povoados dispersos.[80] E seu companheiro armênio de exílio, Suren Spandarian, acompanhado da namorada, Vera Schweitzer, fez uma longa caminhada norte acima pelo rio congelado Ieníssei para visitá-lo. Mas, paupérrimo, Stálin escrevia principalmente para todos que conhecia pedindo dinheiro, bem como livros. "Minhas saudações a você, querido Vladímir Ilitch, calorosas saudações", escreveu a Lênin. "Saudações a Zinóviev, saudações a Nadejda! Como estão as coisas, como está sua saúde? Eu vivo como antes, mastigo meu pão, e estou chegando à metade de minha sentença. Chato, mas o que se pode fazer?" Em sua súplica às irmãs Allilúiev (em Petrogrado), Stálin queixava-se da "incrível inospitalidade da natureza nesta região maldita".[81] Ele teve um segundo filho de Lídia, Aleksandr — seu segundo bastardo sobrevivente, que, tal como o primeiro, Konstantin, em Solvytchegodsk, foi deixado para trás.

No final de 1916, Stálin recebeu uma convocação militar. Mas, em janeiro de 1917, depois de uma viagem de seis semanas através da tundra, em trenós puxados por renas, de Turukhansk até o centro de recrutamento em Krasnoiarsk, no sul da Sibéria, o futuro ditador foi desqualificado para o serviço militar em virtude de suas deformidades físicas.[82]

O que o estado tsarista pretendia tentando convocar gentalha como Stálin e seus companheiros de exílio interno? A Rússia, como a maioria das grandes potências, havia decretado o recrutamento universal na década de 1870. Depois disso, por algum tempo, os Estados não fizeram uso da capacidade de governo ou dos meios financeiros para realizar essas mobilizações completas. Na França, metade dos convocados do segundo ano ganhava missões não combatentes, enquanto, na Alemanha, cerca de metade dos possíveis recrutas estava frequentemente ausente das fileiras. Na Rússia, dois terços do grupo apto eram isentos do serviço militar. Com a aproximação da Grande Guerra, aumentou a necessidade de cumprir a convocação universal para as fileiras militares, mas os Estados ainda não conseguiam preenchê-las.[83] Mesmo assim, no início da guerra, a Rússia pôs em campo a maior força do mundo, com 1,4 milhão de homens em uniforme. Grã-Bretanha e França chamavam o Exército de sua aliada de "rolo compressor". Além disso, apesar dos protestos contra a convocação, mais de 5 milhões de súditos russos foram recrutados somente no segundo semestre de 1914.[84] Mas, assim como matou ou feriu quase todo o corpo de oficiais de 1914, a guerra destroçou os recrutas. Pelo menos 2 milhões de soldados russos encontraram a morte durante as hostilidades.[85] As autoridades tsaristas foram forçadas a cavar cada vez mais fundo.[86] Em 1914, da população da Rússia imperial, estimada em 178 milhões, quase 18 milhões estavam aptos para o serviço militar, e 15 milhões seriam recrutados. Trata-se de um número enorme, mas proporcionalmente menor do que na França (8 milhões de 40 milhões) e na Alemanha (13 milhões de 65 milhões). Durante a guerra, o trabalho assalariado nas fazendas russas caiu em quase dois terços, e as fábricas russas ficaram frequentemente sem mão de obra qualificada. As convocações também levaram metade dos professores primários (que já não eram abundantes). E, no entanto, os

177

limites relativos dos números russos apontavam para os limites do alcance do regime tsarista sobre o vasto império. A Rússia não conseguia tirar o máximo proveito do que apavorava o alto-comando alemão: sua população gigantesca.[87]

Dito isso, uma vez no campo de batalha, os soldados e oficiais de campo russos se saíram bem, apesar da escassez inicial — mais grave do que a sofrida pelos outros beligerantes — de granadas, rifles, munição, uniformes e botas.[88] Entre agosto e dezembro de 1914, os exércitos russos penetraram no flanco oriental da Alemanha e com o tempo conseguiram esmagar a Áustria-Hungria. Contra os exércitos otomanos, a Rússia se saiu muito melhor do que os britânicos, obtendo a vitória depois que os otomanos invadiram a Rússia no inverno 1914-5, esperando equivocadamente inflamar seus habitantes muçulmanos. O problema, no entanto, foi que os alemães se recuperaram, repeliram os avanços iniciais da Rússia e cercaram suas tropas em Tannenberg (sudeste de Danzig), forçando um recuo russo de quase 5 mil quilômetros.[89] No final de 1915, as forças lideradas pelos alemães já haviam não só revertido as conquistas russas do ano anterior, na Galícia dos Habsburgo, como haviam dominado a Polônia russa, com suas indústrias e minas de carvão vitais, além de grande parte da Bielorrússia e a Curlândia (no Báltico), ameaçando Petrogrado. Não obstante, de 1914 a 1916, o Exército russo segurou mais de cem divisões das Potências Centrais na frente leste; até 1917, a Rússia capturou mais prisioneiros alemães do que Grã-Bretanha e França juntas.[90]

A AUTOCRACIA PREPARA UMA REVOLUÇÃO

A Rússia fora para a guerra com uma Constituição não vinculativa anexada à autocracia, e nenhum dos lados do antagonismo Duma-autocracia compreendia ou tinha alguma simpatia pelo outro.[91] Nicolau II agarrava-se à autocracia, embora ela não lhe proporcionasse nenhum prazer pessoal e ele não se mostrasse à altura do papel.[92] Dito isso, o tsar muitas vezes passava a perna nos constitucionalistas: a Duma raramente era convocada para uma sessão. Reuniu-se por um dia, em 26 de julho de 1914, para aprovar os créditos de guerra (uma formalidade), e durante três dias em 26-29 de janeiro de 1915.[93] Após o recuo militar de 1915, que foi apresentado como uma terrível derrota, embora sua ordem tenha impressionado (e frustrado) os alemães, Nicolau II convocou a Duma e, em agosto de 1915, Pável Miliukov, chefe do Partido Democrata Constitucional, emergiu como o líder do bloco progressista de seis partidos. O bloco era composto de quase dois terços dos deputados da Duma e tinha por objetivo melhorar o esforço de guerra com o que os deputados chamavam de um governo de confiança.[94] Em um nível, isso significava um gabinete nomeado pelo tsar que tivesse avaliação positiva da Duma. Mas o ministro do Interior, suspeitando que os constitucionalistas queriam, na verdade, uma ordem verdadeiramente parlamentarista — um governo que refletisse a maioria eleitoral —, atacou o presidente da Duma, Mikhail Rodzianko, acusando-o de "estúpido e bombástico", e acrescentou: "Vocês querem mesmo é se reunir e fazer várias demandas: ministros responsáveis perante a Duma e, talvez, até uma revolução".[95] Enquanto isso, os conservadores procuravam se contrapor ao bloco progressista com um bloco conservador, mas, em agosto de 1915, os direitistas perderam um de seus maiores líderes, Piotr Durnovó, que sofreu um ataque de apoplexia, entrou em coma e morreu.[96]

Numa atitude ainda mais importante do que essa perda, Nicolau II continuou a dissuadir os partidos políticos de direita de se organizarem em seu nome por considerá-los tentativas de "interferir" em suas prerrogativas autocráticas.[97] Ele se recusava até mesmo a ter um secretário particular para organizar suas vastas responsabilidades e assegurar a execução de suas decisões, pois temia cair sob a influência dele; desse modo, o "autocrata" abria pessoalmente toda a sua correspondência. Mais tarde, Trótski observaria que a autocracia debilitada teve o autocrata enfraquecido que merecia. Isso é verdade, até certo ponto. O saudoso Alexandre III conseguira projetar vontade e autoridade; se não tivesse morrido prematuramente, estaria com 68 anos em 1914. Mas tudo o que se sabe sobre seu reinado indica que ele também se apegaria à autocracia e sua incoerência. O autocrata mantinha sozinho a prerrogativa das nomeações ministeriais, sem recomendação ou confirmação parlamentar, e se um tsar permitia que aquilo que percebia como lealdade e a linhagem superassem a competência, não havia nada a ser feito. Entre julho de 1914 e fevereiro de 1917, a Rússia viu um desfile de quatro primeiros-ministros diferentes e seis ministros do Interior, os quais se tornaram motivos de riso.[98] (Em muitos casos, funcionários capazes optavam por manter distância.) A reação inicial dos ministros diante da crise da guerra de 1915 foi a depressão. Enquanto isso, os generais nomeados por Nicolau II culpavam frequentemente bodes expiatórios pelos problemas que eles mesmos causavam.[99] O tsar, como era de prever, reagiu à crise de 1915 suspendendo a Duma que denegria. Ao mesmo tempo, imaginou que poderia inspirar as tropas e o povo em geral nomeando-se comandante supremo da linha de frente.[100] Em setembro de 1915, Nicolau II mudou-se para o quartel-general do Estado-Maior, na cidade de Mogilev, ocupando o lugar de seu robusto primo, o grão-duque Nicolau, que era conhecido nos círculos familiares como Nikolacha — e entre as massas, como Nicolau III.

Quase todos os que tinham uma posição alta o suficiente desaconselharam a medida. Entre eles, oito dos doze ministros do tsar o fizeram *por escrito* — outros dois, oralmente. Eles temiam que o monarca e a monarquia pudessem ser diretamente manchados por um esforço de guerra cambaleante. A súplica foi em vão: até mesmo uma maioria esmagadora de altos funcionários do Estado era incapaz de corrigir a vontade de um autocrata. Além de uma reviravolta (rara) do próprio autocrata, o sistema tsarista não proporcionava mecanismos de correção.

As famigeradas deficiências pessoais do tsar estavam em plena e fatal exibição. Em Mogilev, a cerca de oitocentos quilômetros da enlouquecedora capital russa, parece que Nicolau II finalmente encontrou aquele mundo ilusório que desejava, "sem partidos políticos, sem disputas, nenhum governo, nenhuma oposição [...] apenas um povo russo unido, pronto para lutar por meses ou anos até a última gota de sangue". Recordando suas fugas prolongadas de São Petersburgo para a Crimeia, Nicolau II fazia longos passeios com seus setters ingleses, passeava no campo em sua Rolls-Royce, ouvia música, jogava dominó e paciência e assistia a filmes. Às vezes mandava trazer Aleksei para visitá-lo em Mogilev, e o herdeiro "marchava com seu rifle e cantava em voz alta", interrompendo os conselhos de guerra. Na verdade, embora amasse o romance da pompa militar, Nicolau II não sabia quase nada de estratégia e tática, mas tampouco Nikolacha, formado pela Academia do Estado-Maior, nem o imperador alemão Guilherme II. Para a chefia do Estado-Maior, porém, Nicolau II havia nomeado o talentoso general Mikhail Alekseiev, um homem relativamente baixo, mas de "uma força militar gigantesca".[101] Ao mesmo tempo, era preciso que alguém cuidasse da mobilização para a guerra e da política interna, mas a fuga de Nicolau II para Mogilev havia, com efeito, deixado sua esposa encarregada da capital do império em tempo de guerra, em vez de uma figura política forte como Witte ou Stolypin.[102] Descrita pelo embaixador francês como "tristeza constante, vagos anseios, alternância entre emoção e exaustão, [...] credulidade, superstição", Alexandra não se esquivava de fazer recomendações pessoais e políticas, e de apresentar ao seu marido, "o autocrata", fatos consumados.[103] "Não temas o que fica para trás", escreveu a ele. "Não ria da velha e boba mulherzinha, mas ela veste 'calças' invisíveis."[104] Para a oficialidade russa, que travava uma guerra monumental pela sobrevivência da pátria, o que ela observava ou ouvia falar a respeito do regime era sentido como punhais no coração.

Quaisquer que fossem as deficiências pessoais de Nicolau II, Alexandra estava muito abaixo até mesmo dele como candidata a autocrata. De quebra, era alemã. São Petersburgo, nome de sonoridade alemã, fora rebatizada de Petrogrado, mas a mania da espionagem já havia tomado a Rússia. "Não há uma camada da sociedade que se possa garantir que esteja livre de espiões e traidores", trovejou o promotor militar que prendeu centenas, inclusive o ministro da Guerra, general Vladímir Sukhomlínov, que tinha uma longa lista de serviços prestados à pátria. Ele era inocente de traição, mas seu julgamento público transmitiu revelações prejudiciais sobre corrupção e incompetência profundas, que foram consideradas sedição (uma confusão perigosa que prefigurava aspectos do bolchevismo no poder).[105] Alexandra também escrevia incessantemente a Nicolau sobre "ministros traidores" e "generais traidores". Mas, em breve, os rumores sobre "forças obscuras" se voltaram contra ela e seu séquito, que incluía Grigóri Raspútin (Nóvykh). Nascido na Sibéria em 1869, filho de um camponês pobre, sem instrução e incapaz de escrever corretamente em russo, Raspútin, conhecido pela tsarina e pelo tsar como "nosso amigo", era um andarilho religioso e suposto monge que abrira caminho até o coração do poder. Rumores diziam que cheirava como um bode (por não tomar banho), e trepava também como um bode. Identificava-se com a seita banida khlisti, que ensinava a regozijar-se (*radiénie*), ou "pecar, a fim de expulsar o pecado"; Raspútin aconselhava seus seguidores a ceder às tentações, especialmente da carne, perguntando: "Como poderemos nos arrepender se não pecarmos antes?".[106] Espalharam-se histórias sobre um harém na corte, representado em desenhos das mãos manipuladoras de Raspútin emanando dos mamilos de uma Alexandra nua. Isso era mito. Mas a *okhranka* observou que ele se aproximava de cantoras em um restaurante e expunha seu pênis enquanto puxava conversa. O falso "Homem Santo" aceitava favores sexuais de mulheres nobres que buscavam sua influência na corte e enviava memorandos semialfabetizados sobre políticas públicas aos altos ministros. Autoridades tinham medo de incorrer em seu desagrado — ele nunca esquecia um sinal de desprezo — e habitualmente lhe davam presentes em dinheiro, mas alguns revidaram. Uma mulher, ligada a um monge rival, atrás do qual estavam altas figuras da corte, enfiara uma faca na barriga do místico em 29 de junho de 1914, um dia após o assassinato do arquiduque Francisco Ferdinando em Sarajevo, mas Raspútin, com as entranhas para fora, sobreviveu.[107]

Durante a guerra, os principais ministros do governo russo tentaram, mas não conseguiram, expulsar o "vagabundo siberiano" da capital. Alexandra estava irremovível.[108] Por quê? Por que ela permitiu que um impostor devasso e suposto agente alemão circulasse pelos corredores do poder? A resposta é dupla. Em primeiro lugar, apesar de toda a conversa de que Raspútin estava mandando nos assuntos de Estado através de Alexandra, era a tsarina que usava o suposto monge para expressar suas preferências pessoais e políticas como se fossem a "vontade de Deus", tornando assim o que ela queria mais palatável ao devoto Nicolau II. A influência de Raspútin começava quando Alexandra não tinha uma opinião, mas ele não tinha concepções políticas próprias definidas e duradouras.[109] Em segundo lugar, a hemofilia do herdeiro representava uma ameaça diária à sua vida. Ele podia sofrer uma hemorragia interna nas articulações, nos músculos e tecidos moles, e não havia cura, mas Raspútin poderia de alguma forma aliviar os sintomas do "Pequeno".

A família de Nicolau II certamente parecia enfeitiçada. Alexandre, seu primeiro irmão (e próximo da fila), havia morrido de meningite na infância (1870). Seu irmão seguinte, o grão-duque Gueórgi, companheiro de infância de Nicolau II, morreu em 1899, aos 28 anos (o tsar tinha uma caixa em que anotara piadas proferidas por Gueórgi e era ouvido rindo sozinho no palácio). Foi assim que Mikhail, o irmão mais moço de Nicolau II, se tornou herdeiro, até que o nascimento de Aleksei, em 1904, deslocou-o para o segundo lugar na sucessão e regente do menor, se Nicolau II morresse antes da maturidade de Aleksei (em 1920). Então, veio o diagnóstico de hemofilia incurável. No outono de 1912, numa reserva de caça imperial logo abaixo de Varsóvia, Aleksei, então com oito anos, bateu com a coxa ao sair de um barco. Essa ocorrência comum causou uma grande hemorragia interna e um tumor sangrento perto de sua virilha, que infeccionou e causou febre de mais de quarenta graus. A morte parecia iminente, mas uma operação estava fora de questão: seria impossível deter o fluxo de sangue de uma cirurgia. Nicolau e Alexandra rezaram para seus ícones mais venerados. Também apelaram a Raspútin. "Deus viu vossas lágrimas e ouviu vossas orações", dizia o telegrama que ele mandou enquanto viajava de volta da Sibéria. "O Pequeno não vai morrer." Milagrosamente, após o telegrama, o sangramento estancou, a febre cedeu e o tumor foi reabsorvido.[110] Os médicos ficaram espantados e o casal real ficou ainda mais ligado ao Homem Santo mágico. O grão-duque Mikhail também fez sua parte para vincular Nicolau e Alexandra a Raspútin. No outono de 1912, na época dos boatos de que Aleksei havia recebido os últimos sacramentos, Mikhail, o próximo em linha, evitou a okhranka e fugiu para Viena com sua amante, Natália Wulfert, uma plebeia divorciada, como se quisesse perder deliberadamente seu direito ao trono. Isso não deixava ninguém, exceto o precário menino.[111] Os incidentes que ameaçavam a vida de Aleksei continuaram — queda de uma cadeira, espirros fortes —, mas as divagações de Raspútin sempre acalmavam o menino (e sua mãe) e detinham o sangramento.

O misticismo e o ocultismo eram comuns entre os privilegiados da Rússia — assim como em todos os círculos aristocráticos da Europa —, mas a ansiedade de Nicolau e Alexandra em relação ao futuro da dinastia era inteiramente legítima. Contudo, nas monarquias europeias, o sigilo nos assuntos da corte era a norma, e o casal real russo recusava-se a revelar o segredo de Estado que explicava tudo, e que poderia ter conquistado a simpatia da massa. Nem mesmo os principais generais e ministros do governo sabiam a verdade sobre Aleksei. No vácuo de informação resultante, uma bacanal pública floresceu a respeito da libertinagem do suposto monge com Alexandra e sua camarilha maligna da corte. Essas histórias foram amplamente divulgadas e sabotaram a monarquia de uma forma que todos os supostos espiões (como Sukhomlínov) jamais conseguiram. Vendedores ambulantes ajudaram a queimar os Románov em efígie com panfletos do tipo Os segredos dos Románov e A vida e as aventuras de Grigóri Raspútin, em tiragens de 20 mil a 50 mil exemplares. E, para os analfabetos, postais ilustrados, esquetes de humor, versos e piadas fáceis de lembrar disseminavam as histórias da decadência moral e da traição da monarquia.[112] "Para que lutar", começaram a dizer os soldados na frente de batalha, "se os alemães já tomaram o poder?"[113]

O paradoxo supremo era que, apesar de tudo, em 1916, o Estado russo, ajudado por associações públicas autônomas fortemente entrelaçadas com as agências estatais, já havia melhorado imensamente a economia de guerra.[114] Até aquele ano, a Rússia precisava comprar a maioria de suas armas no exterior e os soldados russos muitas vezes tinham dificuldade para combinar a munição com elas — Arisakas japonesas, Winchesters americanas, Lee-Enfields britânicas, além de antigas Berdans russas.[115] As tropas da linha de frente estavam com falta de granadas, rifles, uniformes e botas (o Exército exigia 250 mil pares de botas *por semana*).[116] Mas, depois de dois anos de guerra, a Rússia começou a produzir grandes quantidades de rifles, munição, rádios sem fio, aviões.[117] Em 1916, a economia do país estava em grande atividade: empregos, lucros das fábricas e mercado de ações estavam em alta. Aproveitando o surto industrial, bem como o novo reconhecimento aéreo das posições inimigas, o general Aleksei Brussílov lançou uma ofensiva ousada em junho de 1916. Tecnicamente, ele só estava oferecendo apoio de flanco contra a Áustria-Hungria, como parte de uma ofensiva russa contra a Alemanha para aliviar a pressão contra a França e a Grã-Bretanha (que estavam atoladas nos matadouros de Verdun). Mas, em poucas semanas, Brussílov, adaptando uma forma grosseira de uma técnica avançada — artilharia combinada com infantaria móvel — numa frente ampla de ataque, rompeu as defesas austro-húngaras e devastou a retaguarda do inimigo. Suas forças aniquilaram quase dois terços do Exército da frente oriental da Áustria-Hungria: 600 mil inimigos mortos e feridos, 400 mil capturados.[118] Um chefe de Estado-Maior austríaco advertiu que "a paz deve ser feita em um espaço não muito longo de tempo, ou seremos fatalmente enfraquecidos, se não destruídos".[119] Em vez disso, o marechal de campo alemão Paul von Hindenburg foi enviado para assumir o comando direto sobre as forças dos Habsburgo naquilo que chamou de "a pior crise que a frente oriental já vira".[120]

"Nós ganhamos a guerra", gabou-se o ministro das Relações Exteriores russo, acrescentando que "a luta vai continuar por mais alguns anos".[121] No fim das contas, os próprios generais russos prejudicaram Brussílov. Um general insubordinado chegou mesmo a conduzir a Guarda Imperial — "fisicamente, os melhores animais humanos da Europa" — para pântanos, tornando-os alvos fáceis para aviões alemães.[122] Traído, além disso, pela ferrovia, Brussílov ficou sem suprimentos. Ele mesmo havia sacrificado a quantidade espantosa de 1,4 milhão de russos mortos, feridos e desaparecidos, e ficou sem reservas. A indignidade final veio numa cortesia da Romênia, que aderiu à Entente precisamente graças aos sucessos de Brussílov, mas depois teve de ser resgatada quando seu catastrófico Exército entrou em batalha. No entanto, Brussílov havia montado o melhor desempenho da Entente em toda a guerra, e os otimistas russos esperavam que 1917 seria o ano em que a vitória militar estaria ao alcance da mão. Politicamente, no entanto, as coisas pareciam cada vez mais instáveis. "Em nossa monarquia", observou um ex-ministro da Justiça em 1916, "há apenas um punhado de monarquistas."[123]

Em pouco tempo, a implosão política passou a parecer mais provável do que a vitória. No outono de 1916, eclodiram motins, alguns envolvendo regimentos inteiros, na

183

periferia de Petrogrado, onde as unidades de retaguarda haviam inchado com recrutas destreinados que se confraternizavam com operários.[124] Nicolau II jogou combustível na fogueira, que era a imagem da dinastia, ao transferir o acusado de traição Sukhomlínov — conhecido por ser defendido por Alexandra — da prisão para a detenção domiciliar. Em 1º de novembro de 1916, o respeitado Pável Miliukov, falando da tribuna da Duma, atacou o governo, pontuando sua acusação de má gestão da guerra com uma frase retumbante: "O que é isso, estupidez ou traição?". Muitos deputados gritaram "estupidez", outros "traição", e um grande número gritou "Ambos! Ambos!". Miliukov recebeu uma ovação.[125] A publicação do discurso incendiário foi proibida, mas um monarquista desiludido da Duma, Vladímir Purichkévitch, membro proeminente da União do Povo Russo, fez com que ele fosse distribuído ilegalmente em milhares de cópias na frente de batalha. O próprio Purichkévitch chamou ministros do governo de "marionetes de Raspútin". Horas antes do recesso de férias da Duma, ele ajudou a assassinar Raspútin, em uma trama liderada pelo príncipe Félix Iussúpov e o primo do tsar, grão-duque Dmítri Pávlovitch, além de funcionários da inteligência britânica. O cadáver mutilado e crivado de balas foi encontrado boiando no rio gelado da capital, alguns dias depois, em 19 de dezembro de 1916.[126] Nicolau II ficou ao mesmo tempo aliviado e revoltado.[127] Mas muitos membros do establishment que aplaudiram a morte sensacional do "alemão interno" continuaram a soar o alarme. O grão-duque Aleksandr Mikhálovitch escreveu a seu primo, o tsar, após o assassinato de Raspútin: "Por mais estranho que possa parecer, Nicky, estamos testemunhando uma revolução promovida pelo governo".[128]

Um autocrata estranhamente ausente da capital durante a guerra, um pseudomonge, na ausência do autocrata, fazendo o que bem entendia na corte, um governo de ministros insignificantes que iam e vinham anonimamente, histórias de traições na primeira página de todos os jornais, em todas as conversas de esquina, e, na Duma, a imagem da autocracia destruída sem volta. Maurice Paléologue, embaixador da França, principal aliada da Rússia, telegrafou a Paris em janeiro de 1917: "Sou obrigado a relatar que no momento atual o Império russo é dirigido por lunáticos".[129] Os rumores sobre golpes palacianos especulavam se Nicolau II e Alexandra seriam ambos assassinados ou apenas a tsarina.[130] No quartel do Estado-Maior, o general Alekseiev e altas patentes militares discutiam como haviam gerido a ofensiva de Brussílov sozinhos, e começavam a pensar no outrora impensável. Mas e se um golpe da esquerda contra Nicolau II acontecesse antes?

A ÚLTIMA GOTA D'ÁGUA

Revoluções são como terremotos: são sempre previstos, e às vezes acontecem. Ao longo de 1916 e no início de 1917, quase todas as seções da *okhranka* advertiam sobre a possibilidade de uma revolução (bem como de pogroms contra os judeus).[131] Os principais chefes revolucionários não estavam na Rússia — Lênin, Mártov, Tchernov e Trótski viviam no exterior —, e a *okhranka* havia neutralizado muitos dos líderes socialistas menores, que residiam em Petrogrado, se é que estes já não se haviam autoneutralizado por erros políticos.[132] Em 9 de janeiro de 1917, no 12º aniversário do Domingo Sangrento, 170 mil grevistas se concentraram na capital gritando "Abaixo o governo de traidores!" e "Abaixo a guerra!". Mas o dia transcorreu sem revolução, graças a várias prisões. Em 14 de fevereiro de 1917, cerca de 90 mil operários da capital entraram em greve, e novamente a polícia fez prisões em massa.[133] As greves persistiram; em 22 de fevereiro, uma greve patronal por causa de salários na indústria Putilov mandou milhares de homens para as ruas.[134] Várias fábricas deixaram de funcionar por falta de combustível, provocando ociosidade de mais trabalhadores. Por sorte, depois de um janeiro gelado, o tempo em Petrogrado estava excepcionalmente ameno. Em 23 de fevereiro, Dia Internacional da Mulher — 8 de março pelo calendário ocidental —, cerca de 7 mil mulheres que ganhavam salários baixos saíram em passeata das fábricas têxteis de Petrogrado gritando não só "Abaixo o tsar!" e "Abaixo a guerra!", mas também "Pão!". Por que os manifestantes exigiam pão no Dia Internacional da Mulher? Ao contrário do mito, o Estado tsarista conseguira resolver a maioria das exigências da guerra, como a ofensiva bem abastecida de Brussílov demonstrou (no final de 1917, a reserva de granadas chegaria a um total de 18 milhões).[135] Mas o Estado tsarista organizou mal o suprimento de alimentos.[136] O abastecimento estatal de emergência se tornou uma espécie de última gota d'água.

Antes da guerra, a Rússia havia alimentado a Alemanha e a Inglaterra, sendo responsável por 42% das exportações mundiais de trigo. O império funcionava como uma gigantesca máquina de exportação de grãos, de silos a ferrovias, transportando colheitas por distâncias muito longas em grandes quantidades para mercados distantes, até que a guerra fechou o comércio exterior, o que, em teoria, significava mais comida para o consumo interno da Rússia (cujos padrões eram baixos).[137] É verdade que a área plantada diminuiu ligeiramente quando os camponeses foram para a frente de batalha ou para cidades e os territórios ocidentais caíram sob ocupação estrangeira. Além disso, o Exército era formado por homens que anteriormente plantavam cereais, mas que agora os consumiam — metade dos grãos comercializáveis do país em 1916.[138] Mas esse não era o principal problema. Tampouco o problema *principal* era o sistema de transporte, bode expiatório de quase todo mundo. É verdade que a rede ferroviária não estava organizada para transportar grãos para mercados *dentro* do império. Mas uma causa mais fundamental foi que muitos camponeses se recusaram a vender seus grãos para o Estado porque os preços eram baixos, enquanto os preços dos bens industriais de que precisavam (como foices) haviam disparado.[139] E, mais importante ainda, os controles estatais em tempo de guerra, impulsionados por um profundo ânimo anti-comercial, haviam apertado os intermediários caluniados, mas essenciais (pequenos comerciantes de grãos), e não serviram como um substituto adequado, desorganizando assim o mercado interno de cereais.[140] Desse modo, embora a Rússia tivesse estoques de alimentos, no final de janeiro de 1917, as *remessas* de grãos para a capital, no norte, das regiões produtoras de cereais no sul nem sequer chegavam a um sexto dos níveis mais baixos de consumo diário.[141] Havia muito tempo que o governo resistia a impor um racionamento, temendo que um anúncio dessa medida provocasse expectativas de suprimento que não poderiam ser satisfeitas. Por fim, em 19 de fevereiro, o governo anunciou tardiamente que o racionamento começaria em 1º de março. Essa tentativa de acalmar a situação provocou pânico e corrida da população às prateleiras. Janelas de padarias foram quebradas. Empregados de padarias foram vistos transportando su-primentos, presumivelmente para revenda especulativa. Os habitantes de Petrogrado também souberam por boca a boca que, embora muitas padarias, sem farinha, per-manecessem abertas apenas algumas horas por dia, não faltava pão branco fresco em restaurantes caros.[142] Um agente da *okhranka* conjecturou que "os partidos revolucio-nários clandestinos estão preparando uma revolução, mas uma revolução, se ocorrer, será espontânea, muito provavelmente um motim da fome".[143]

A manifestação das mulheres de Petrogrado exigindo pão aconteceu quatro dias depois que o governo tsarista anunciou o racionamento iminente; sete dias depois da passeata, a centenária autocracia russa se dissolvia.

No inverno de 1917, a Rússia não sofreu epidemia de fome, como acontecera em 1891 e 1902, dois episódios que estavam vivos na memória do povo e não tinham causado a derrubada do regime político. (A fome de 1891-2 provocara a morte de pelo menos 400 mil pessoas.)[144] Durante a Grande Guerra, a escassez de alimentos na Alemanha, em parte causada por um bloqueio britânico projetado para matar de fome os civis e quebrar o ânimo germânico, já havia provocado grandes tumultos urbanos no final do outono de 1915, e esses tumultos continuaram a cada ano, mas o Estado ale-mão se seguraria até que o regime perdesse a guerra, em 1918. Passeatas por comida ou mesmo greves gerais não constituem uma revolução. É verdade que agitadores socialis-tas pululavam nas fábricas e nos quartéis e encontravam plateias receptivas.[145] Canções revolucionárias, como as que Stálin cantara quando estava em Tíflis, novas formas de tratamento ("cidadão" e "cidadania") e, sobretudo, uma história convincente da chacina sem sentido da guerra e da alta corrupção política haviam conquistado a capital, en-chendo o vazio simbólico que se abrira no tsarismo e promovendo a solidariedade do povo.[146] Alguns manifestantes de Petrogrado passaram a saquear e a se embebedar, mas muitos outros punham toalhas, panos e cobertores velhos dentro de seus casacos para enfrentar as chicotadas previstas dos cavaleiros cossacos. As multidões barulhentas que

186

tomaram as ruas de Petrogrado no final de fevereiro de 1917 eram corajosas e determinadas. Multidões que protestam são muitas vezes decididas e corajosas, mas a revolução é rara. A revolução não resulta de multidões decididas nas ruas, mas do abandono pela elite da ordem política existente. As manifestações por alimentos, bem como as greves, *revelavam* que o regime autocrático já estava oco. Quase ninguém o defenderia.

Não eram apenas as mulheres nas ruas: o general Brussílov advertia que o Exército não tinha alimentos para mais de dez dias — e não havia nenhuma dúvida de que ele e o resto das altas patentes culpavam a autocracia. "Toda revolução começa no topo", escreveu um oficial tsarista, "e nosso governo conseguira transformar os elementos mais fiéis do país em críticos."[147] Entre as camadas dirigentes, proliferavam complôs desesperados para derrubar o tsar, até mesmo entre os grão-duques Románov. Já no final de 1916, Aleksandr Guchkov, um ex-presidente da Duma, em conluio com o vice-presidente da Duma, iniciou discussões com o alto-comando para derrubar (de algum modo) Nicolau II, em favor de Aleksei, sob a regência do grão-duque Mikhail Aleksandrovitch, e nomear um governo que respondesse perante a Duma. (Uma das ideias de Guchkov envolvia a "captura" do trem do tsar.) Em uma trama paralela, o general Alekseiev, chefe do Estado-Maior, discutiu com o príncipe Gueórgi Lvov a ideia de prender Alexandra e, quando Nicolau II se opusesse, obrigá-lo a abdicar em favor do grão-duque Nikolacha (então em Tíflis). Ainda mais sério, em janeiro de 1917, antes das manifestações por alimentos e greves, o general de divisão Aleksandr Krymov, detentor de altas condecorações, solicitou uma reunião privada com o presidente da Duma Mikhail Rodzianko e um grupo seleto de deputados e lhes disse: "O sentimento no Exército é de tal ordem que todos receberão com alegria a notícia de um golpe de Estado. Ele tem de acontecer [...] contem com nosso apoio".[148] Evidentemente, jamais saberemos se um dos planos palacianos de golpe contra Nicolau II teria se concretizado se os operários não tivessem entrado em greve. Mas, depois que as massas tomaram as ruas da capital, as elites aproveitaram a oportunidade para abandonar o autocrata.

REPRESSÃO E DESERÇÃO

Na véspera da passeata das mulheres por pão, Nicolau II fizera uma curta visita ao Palácio Alexandre, em Tsárskoe Seló, nos arredores da capital, mas, em 22 de fevereiro, voltou ao seu refúgio em Mogilev. Lá, enterrou a cabeça numa história francesa da conquista da Gália por Júlio César. (Às favas que a França fosse aliada da Rússia.) "Meu cérebro se sente descansado aqui — nada de ministros e perguntas nervosas em que pensar", escreveu a Alexandra em 24-25 de fevereiro.[149] Durante aqueles dias sem perguntas inquietantes, metade da força de trabalho de Petrogrado, cerca de 300 mil pessoas iradas, entrou em greve e ocupou os principais espaços públicos da capital russa. Alexandra, uma das principais fontes de informação do tsar sobre os distúrbios, desconsiderou os grevistas, chamando-os de "um movimento de arruaceiros, jovens meninos e meninas correndo por aí e gritando que não têm pão", e garantiu ao marido que os distúrbios passariam, juntamente com o tempo excepcionalmente quente.[150] Mas o tsar tinha outras fontes de informação. E, embora fosse quase universalmente ridicularizado como indeciso, Nicolau II, do front da guerra, emitiu uma ordem inequívoca de repressão.

O levante em massa anterior que ocorrera na capital, em conexão com a Guerra Russo-Japonesa, tinha sido terrível, mas fracassara.[151] A aparente falta de grave preocupação de Nicolau II talvez estivesse também relacionada com o sucesso da utilização da força em 1905-6.[152] Mas isso acontecera quando Piotr Durnovó estava no poder, e antes que os árduos cinco anos de Stolypin tivessem terminado em fracasso, e antes que a debacle de Raspútin tivesse despido a autocracia de seus últimos trapos de legitimidade. Dessa vez, o general de brigada Serguei Khabálov, chefe do distrito militar de Petrogrado, supervisionava a segurança da capital. Na verdade, tratava-se de um general de gabinete que nunca comandara tropas no campo. Ele contava com auxiliares como o general de brigada Aleksandr Balk, que havia sido deslocado de Varsóvia pela ocupação alemã e nomeado comandante da cidade de Petrogrado por Nicolau II só depois que todos os outros candidatos fracassaram. Preferido de Alexandra e Raspútin, Balk, por sua vez, respondia ao ministro do Interior, Aleksandr Protopópov, quinto a ocupar esse posto em treze meses, um homem errático, volúvel, cheio de manias, que levara sua empresa têxtil à quase falência e agora se aconselhava em sessões com o espírito do falecido Raspútin.[153] Nicolau II desconfiara imediatamente e quis demitir Protopópov, mas não conseguiu superar a resistência de Alexandra, a quem ele havia escrito: "Eu sinto muito por Protopópov; ele é um homem bom e honesto, mas um pouco hesitante. É arriscado deixar o Ministério do Interior em tais mãos hoje em dia. Imploro-lhe para não arrastar Nosso Amigo nisso. Isso é de minha responsabilidade e desejo ser livre em minha escolha".[154]

Em vez disso, o dúbio ministro do Interior Protopópov ganhou poderes quase ditatoriais — "faça o que for necessário, salve a situação", disse-lhe o tsar. Mas ele não era nenhum Durnovó. Mais tarde, o favoritismo na nomeação de Protopópov — protegido não só de Alexandra e Raspútin, mas também de Rodzianko e outras autoridades do governo — serviria de bode expiatório para a Revolução de Fevereiro.[155] Mas Khabálov e Balk vinham se preparando para uma repressão. Com efeito, a Rússia, vista universalmente como um estado policial, tinha somente 6 mil policiais na capital em 1917, pouquíssimo para evitar as manifestações de massa. Mas o país mantinha gigantescas guarnições do Exército na retaguarda, com fins não apenas militares, mas também políticos: somente Petrogrado guardava pelo menos 160 mil soldados, além de outros 170 mil num raio de cinquenta quilômetros. Era o dobro do contingente em tempos de paz.[156] Em 1905, quando o regime sobreviveu, a guarnição inteira de São Petersburgo não passava de 2 mil homens.[157] Em 1917, a soldadesca acumulada na retaguarda incluía cadetes da escola e recrutas sem treinamento, mas a maioria da guarnição da capital era composta de cavalaria (cossacos) e unidades de guarda de elite. Era uma força formidável. Com efeito, um distrito militar de Petrogrado fora separado da frente norte no início de fevereiro de 1917 exatamente com o objetivo de liberar tropas para reprimir os distúrbios civis previstos.[158] Agora, essas manifestações se concretizavam: na manhã de 24 de fevereiro, o povo marchou novamente para pedir pão.

Por volta das nove da manhã do dia 25 de fevereiro, Nicolau II telegrafou para Khabálov: "Ordeno que acabe com os distúrbios na capital de uma vez, amanhã. Eles não podem ser permitidos neste momento difícil da guerra com a Alemanha e a Áustria".[159] Khabálov e Balk já haviam observado que alguns cossacos hesitavam em enfrentar as multidões em Petrogrado. "O dia 25 de fevereiro foi perdido por nós em todos os sentidos", Balk recordaria mais tarde, notando que "a multidão sentiu a fraqueza da autoridade e tornou-se impudente".[160] Agora, com a ordem do tsar na mão, Khabálov e Balk informaram em reunião dos ministros do governo realizada perto da meia-noite de 25-26 de fevereiro sobre a repressão do dia seguinte. Dúvidas ricochetearam no apartamento particular onde ocorreu a reunião do governo. Ao ouvir falar da repressão iminente, o ministro das Relações Exteriores aconselhou que todos eles "fossem imediatamente ao Imperador Soberano e implorassem à Sua Majestade para que fossem substituídos". A maioria ministerial se inclinava a tentar encontrar "um acordo" com a Duma.[161] Mas, nas altas horas da madrugada, a okhranka foi em frente e pegou mais de cem revolucionários conhecidos, e, ainda no mesmo dia (26 de fevereiro), ao som de cornetas, tropas imperiais dispararam contra manifestantes civis, em alguns casos usando metralhadoras. Cerca de cinquenta pessoas foram mortas e cem ou mais ficaram feridas (em uma cidade de 3 milhões de habitantes).[162] A demonstração de força deu a impressão de ter feito um buraco nas multidões festivas. E também endureceu as espinhas dos ministros do governo.[163] Na noite de 26 de fevereiro de 1917, o chefe da okhranka telefonou ao comandante Balk para informar que esperava "um declínio na intensidade dos distúrbios amanhã". Como em 1906, a repressão parecia ter funcionado.[164]

Essa confiança, no entanto, estava equivocada. Corretamente, os analistas da okhranka haviam concluído que em 1905-6 o regime tsarista fora salvo somente pela lealdade das tropas. E agora, presumia um agente da okhranka, "tudo depende das unidades militares. Se elas não se passarem para o lado do proletariado, o movimento morrerá rapidamente".[165] Mas num sinal de que as coisas não estavam totalmente sob controle, um regimento de guardas de elite — o batalhão de guardas da reserva Pavlóvski — tentara deter a matança de civis. Outra unidade de guardas, a da Volínia, cumprira as ordens.[166] Mas esses guardas ficaram acordados durante a noite discutindo a matança de civis desarmados que haviam promovido e, em 27 de fevereiro, quando as multidões se reuniram desafiadoramente nas ruas de novo, essa unidade de 24 mil soldados passou para o lado dos manifestantes.[167] Os guardas rebeldes também visitaram os alojamentos próximos de outras unidades, convocando o resto da guarnição da capital a se amotinar. Insurgentes entusiasmados saquearam e incendiaram a sede da *okhranka*.[168] Também esvaziaram as prisões de criminosos e camaradas — muitos presos poucos dias antes — e invadiram arsenais e fábricas de armas. Homens armados precipitaram-se contra Petrogrado em caminhões requisitados e veículos blindados de transporte, atirando desvairadamente em todas as direções.[169] "Estou fazendo tudo o que posso para acabar com a revolta", telegrafou Khabálov ao quartel-general. Mas também implorou "para enviarem tropas de confiança do front imediatamente". Mais tarde, na mesma noite, ele informou ao quartel-general que "os rebeldes detêm agora a maior parte da capital".[170] Khabálov pensou em bombardear a capital da Rússia com aviões.[171] Ele não sabia o que fazer, mas mesmo uma repressão bem executada depende da autoridade política por trás dela — e a autoridade política tsarista acabara havia muito tempo.[172]

Os acontecimentos avançaram rapidamente. O presidente da Duma, Rodzianko, ambicioso e com medo das multidões, telegrafou freneticamente ao quartel-general em Mogilev pra informar sobre "o estado de anarquia" na capital e instar o tsar a cancelar sua ordem de adiamento para que a Duma pudesse se reunir legalmente e formar um governo liderado por ela. "Mais uma vez, este gordo do Rodzianko escreveu-me muita bobagem, às quais não irei sequer me dignar a responder", comentou Nicolau II.[173] Enquanto esperavam em vão pelo tsar, os líderes da Duma se recusaram a infringir a lei e se reunir por conta própria. Mas dois deputados socialistas convenceram cerca de cinquenta a setenta dos 420 deputados a realizarem uma reunião "privada" no prédio da Duma, o Palácio Tauride, mas fora de seu local habitual, no ornamentado Salão Branco. Esses deputados não se declararam governo, mas um "Comitê Provisório da Duma de Estado para a Restauração da Ordem".[174] No mesmo Palácio Tauride e ao mesmo tempo, centenas de esquerdistas — entre eles, muitos libertados da prisão naquela manhã — se reuniram para reconstituir o Soviete de Petrogrado de Representantes dos Operários e Soldados de 1905.[175] O Comitê Provisório tinha concorrência. Os ministros do governo, por sua vez, mandaram um telegrama a Mogilev com suas renúncias, que o tsar se recusou a aceitar, mas eles começaram a desaparecer de qualquer maneira. "O problema é que em toda essa enorme cidade [Petrogrado] não era possível encontrar algumas centenas de pessoas simpáticas ao governo", lembrou um deputado de direita da Duma. "Na verdade, não havia um único ministro que acreditasse em si mesmo e no que estava fazendo."[176] A autocracia estava deserta, não só nas ruas e na guarnição da capital, mas também nos corredores do poder.

TRAIÇÃO

Por meio de relatórios policiais, Nicolau II sabia que os britânicos em Petrogrado — a embaixada de sua aliada, por quem ele entrara na guerra — estavam ajudando a oposição da Duma contra ele.[177] No dia 27 de fevereiro, no quartel do Estado-Maior, ele recebeu mensagens urgentes, inclusive de seu irmão grão-duque Mikhail, o regente do menino Aleksei, pedindo-lhe que anunciasse um novo "governo de confiança", que incluísse deputados da Duma.[178] Em vez disso, culpando Khabálov pela repressão malfeita, o tsar tomou duas decisões: primeiro, na manhã seguinte, bem cedo, ele voltaria para a capital (uma viagem de trem de catorze a dezesseis horas) — na verdade, para os arredores da capital, Tsárskoe Seló —, onde ele e Alexandra moravam com os filhos; em segundo lugar, uma força expedicionária do front (oitocentos homens) comandada pelo general Nikolai Ivanov, de 62 anos, iria para a capital "a fim de instituir a ordem".[179] O general Alekseiev, chefe do Estado-Maior, mandou que muitas unidades adicionais — pelo menos oito regimentos de combate — se vinculassem à expedição de Ivanov. Nicolau II concedeu ao general Ivanov poderes ditatoriais sobre todos os ministérios.[180] Mas o próprio tsar nunca conseguiu voltar para a capital. Desinformações deliberadas espalhadas por um astuto representante do Comitê Provisório da Duma exageraram a amplitude dos distúrbios operários na estrada de ferro, o que fez com que o trem do tsar andasse para lá e para cá por quase dois dias. Ele parou finalmente, na noite de 1º de março, no quartel-general da frente norte, em Pskov. O general Ivanov chegou facilmente a Tsárskoe Seló, mas, nesse meio-tempo, seu superior, o general Alekseiev, mudou de ideia e telegrafou a Ivanov para que não agisse na capital. Em vez disso, em meio a relatos da formação do Comitê Provisório da Duma e da diminuição da anarquia em Petrogrado, Alekseiev passou a exortar Nicolau II a conceder um governo liderado pela Duma.

O comandante da frente norte em Pskov, general Ruzski, já se pronunciara a favor de um governo liderado pela Duma bem antes de Alekseiev; agora, com a exortação deste, insistiu na ideia junto ao seu convidado inesperado, o soberano.[181] Nicolau II concordou em permitir que o presidente Rodzianko da Duma formasse um governo, mas insistiu que esse governo responderia a ele, não à Duma. Porém, mais tarde, depois de mais telegramas de Alekseiev, o tsar finalmente concedeu em ter um governo que respondesse à Duma. Nicolau II também instruiu pessoalmente Ivanov, a pedido de Alekseiev, para "por favor não tomar qualquer medida" (por enquanto), e depois retirou-se para o vagão-leito.[182] Tendo concedido uma monarquia constitucional verdadeira e um regime parlamentar, depois de tantos anos de resistência tenaz, o tsar não conseguiu dormir.[183] Sem que o insone Nicolau II soubesse, a partir das três e meia e pelas próximas quatro horas, Ruzski comunicou-se com Rodzianko na capital pelo tortuosamente lento fio direto, ou aparelho de Hughes (capaz de transmitir cerca de 1400 palavras por hora). Rodzianko chocou o general com a notícia de que já era tarde demais para uma monarquia constitucional, ao menos para Nicolau II, tendo em vista o radicalismo na capital.[184]

Informado por Ruzski, Alekseiev decidiu entrar em contato com todos os comandantes das frentes de batalha e exortá-los a apoiar a abdicação de Nicolau II "para salvar o Exército". Cada comandante, compartilhando do *esprit de corps* do Estado-Maior, deveria telegrafar diretamente para Pskov seu pedido para Nicolau abdicar, com cópias para Alekseiev. Mais tarde, naquela manhã de 2 de março de 1917, o general Ruzski, conforme instruções de Alekseiev, apresentou-se ao trem imperial do tsar levando as gravações da conversa em que Rodzianko pedia a abdicação em favor de Aleksei e do grão-duque Mikhail como regente.[185] Nicolau II escutou, foi até a janela do vagão, ficou em silêncio, e depois declarou que "estava preparado, se necessário ao bem-estar da Rússia, para se afastar". Nada foi decidido. Por volta das duas da tarde, no entanto, chegaram os telegramas dos comandantes do front — Brussílov e todos os outros, mais Alekseiev —, que pediam unanimemente a abdicação; Ruzski levou-os ao tsar, que fez o sinal da cruz e logo apareceu para solicitar que o quartel-general preparasse uma declaração de abdicação. Jamais saberemos se Nicolau II teria renunciado à sua sagrada vocação se tivesse ido para Tsárskoe Seló e para os braços de Alexandra. ("E você, que está sozinho, nenhum exército atrás de você, preso como um rato numa armadilha, o que pode fazer?", telegrafou-lhe a esposa em 2 de março.)[186] Estoico como sempre, o agora ex-tsar estava silenciosamente angustiado e confidenciou ao seu diário: "Ao meu redor não há nada além de traição, covardia e trapaça!".[187] Os diários do tsar indicam que foi somente a exortação de seus generais que o convenceu a abdicar.[188]

E assim, sob o pretexto de patriotismo, chegara-se finalmente à traição.

Ao violar seus juramentos — feitos ao tsar, afinal de contas —, os altos comandantes podiam imaginar que estavam salvando o Exército. As deserções iam de 100 mil a 200 mil por mês, engrossando as fileiras das multidões que protestavam e os bandos de criminosos, e entupindo estações ferroviárias de importância fundamental.[189] Além disso, a rebelião de fevereiro se espalhara de Petrogrado para Moscou e a frota do Báltico, ameaçando a frente de batalha.[190] Pensando nos distúrbios durante a Guerra Russo-Japonesa, Alekseiev concluiu que "uma revolução de cima é sempre menos dolorosa do que uma de baixo".[191] Mas, embora as palavras "ditadura militar" estivessem

192

nos lábios de muitas elites civis e existissem exemplos contemporâneos — o general Ludendorff, de facto, na Alemanha; os jovens oficiais turcos no Império Otomano —, Alekseiev e os militares russos abstiveram-se de reclamá-la para si.[192] Não era que os generais russos carecessem de confiança na própria capacidade para assumir os assuntos civis (já haviam usurpado muita autoridade operacional civil para administrar a guerra). Além disso, Alekseiev tinha muitas informações do Estado-Maior do Exército e do pessoal da Marinha na capital sobre a incompetência e a prevaricação dos líderes civis russos. Mas os oficiais detestavam o trabalho sujo de servir de força policial auxiliar e esmagar a rebelião interna, uma tarefa que prejudicava a função militar do Exército e o manchava perante a sociedade. Ademais, impregnados do éthos militar, não tinham desenvolvido horizontes políticos amplos.[193] E assim, precisando acabar com os distúrbios que assolavam a capital e salvar o esforço do Exército e de guerra, Alekseiev viu — ou imaginou ver — uma solução no Comitê Provisório da Duma, auxiliado pelo títere de um novo tsar, Aleksei, um menino de aparência querida.[194] Seus cálculos estavam destinados a ficar de pernas para o ar.

A Rússia era uma genuína grande potência, mas com um defeito trágico. Sua autocracia cruel e arcaica tinha de ser castrada para que surgisse um sistema melhor de qualquer tipo. Não moderna, em princípio, muito menos na prática, a autocracia teve uma morte merecida no turbilhão do antagonismo anglo-alemão, da balbúrdia do nacionalismo sérvio, da hemofilia legada pela rainha Vitória, da patologia da corte Románov, da má gestão do governo russo de seu suprimento de alimentos para a guerra, da determinação das mulheres e dos homens que marcharam pedindo pão e justiça, do motim da guarnição da capital e da deserção do alto-comando russo. Mas a Grande Guerra não quebrou um sistema autocrático funcional; ela esmagou um sistema já quebrado e totalmente exposto.

Sem saber que as altas patentes militares já haviam pressionado Nicolau II a abdicar, o autonomeado Comitê Provisório da Duma enviara dois deputados a Pskov para conseguir isso. Os emissários eram ambos velhos monarquistas e inveterados golpistas palacianos: Aleksandr Guchkov e Vassíli Chulguin. Eles estavam com a barba por fazer; Chulguin, em particular, lembrava um condenado.[195] "Após ter dado o meu consentimento à abdicação, devo ter certeza de que vocês consideraram que impressão isso vai causar em todo o resto da Rússia", disse Nicolau II à dupla. "Isso não acarretará consequências perigosas?"[196] Consequências haveria, sem dúvida.

Em fevereiro de 1917, Piotr Durnovó já estava havia um ano e meio em seu túmulo, mas suas profecias de fevereiro de 1914 estavam a caminho da realização: a revolta dos constitucionalistas contra a autocracia estava acelerando uma revolução social de massa. Lênin ainda estava fora da Rússia, atrás das linhas alemãs, na Suíça neutra. Stálin estava enfiado nos confins siberianos de Atchinsk, em um de seus inumeráveis exílios políticos internos. Lá, como em quase todo o Império russo (inclusive em sua Geórgia natal), a Revolução de Fevereiro chegou por telégrafo ("Tudo está nas mãos do povo"). No dia 3 de março, um soviete local assumiu o poder na cidade de Krasnoiarsk, o centro regional, e começou a prender oficiais tsaristas do lugar. Stálin, de repente livre pela primeira vez em quase dezessete anos, embarcou num trem da Ferrovia Transiberiana com destino a Petrogrado, a quase 5 mil quilômetros de distância. Viajou na companhia do camarada bolchevique exilado Liev Kámenev, e de sua mais recente namorada, Vera Schweitzer, viúva do membro do Comitê Central bolchevique Suren Spandarian, que havia perecido, aos 34 anos, em Turukhansk, um dos lugares de exílio de Stálin, devido a problemas pulmonares. O futuro ditador chegou à capital imperial em 12 de março de 1917, usando *valenki* siberianas (botas de feltro) e carregando pouco mais do que uma máquina de escrever.[197]

6. O salvador calmuco

*Alguns camaradas disseram que é utópico propor a questão da revolução
socialista, porque o capitalismo está pouco desenvolvido entre nós. Eles
estariam corretos se não houvesse guerra, se não houvesse desintegração,
se os fundamentos da economia não estivessem destruídos.*
IÓSSIF STÁLIN, CONGRESSO DO PARTIDO BOLCHEVIQUE, FINAL DE JULHO DE 1917[1]

Salvai a Rússia e um povo grato vos recompensará.
SAUDAÇÃO DE UM DEMOCRATA CONSTITUCIONAL AO GENERAL
LAVR KORNÍLOV, COMANDANTE SUPREMO, AGOSTO DE 1917[2]

"É assombroso", exclamou um revolucionário exilado aos ver nos jornais a notícia da
queda da monarquia russa em fevereiro. "É tão incrivelmente inesperado!"[3] Esse exilado tinha 47 anos de idade e se chamava Vladímir Uliánov, mais conhecido como
Lênin. Havia quase dezessete anos que morava fora da Rússia. Após o governo coer-
citivo e corrupto do tsarismo, com seus privilégios restritos, sua pobreza generalizada
e, sobretudo, sua negação persistente da dignidade humana, a esperança de novos
horizontes, compreensivelmente, foi às nuvens. Todo o império, enquanto estava em
guerra, tornou-se uma gigantesca e contínua reunião política, com o sentimento de
que tudo era possível.[4] Acontece que a derrubada do tsar e da dinastia durante a guerra
monumental veio a agravar quase todos os problemas de governo que ela pretendia
resolver. É evidente que a queda de qualquer regime autoritário não produz ipso facto
democracia. Deve-se criar e sustentar uma ordem constitucional atraindo e mantendo

a fidelidade da massa, e através da criação de instrumentos eficazes de governança. O Governo Provisório não conseguiria nada disso.

Enquanto a anarquia e a esperança entravam em erupção num país devastado pela guerra, proliferavam organizações de massa novas e transformadas.[5] Entre elas estavam não somente os movimentos revolucionários, como os bolcheviques e outros, e não apenas sovietes de base e comitês de soldados, mas, num nível ainda mais básico, o Exército e a Marinha. Em 1914, os 178 milhões de habitantes da Rússia imperial estavam dispersos por 22 milhões de quilômetros quadrados de território, mas a guerra recrutou cerca de 15 milhões de súditos imperiais para uma organização de massa — o "rolo compressor" russo. Essa concentração sem precedentes ensejaria, depois que o tsar desapareceu, um grau de atividade política de outra forma inatingível, inclusive congressos de deputados eleitos na própria frente de batalha. Em meados de 1917, cerca de 6 milhões de soldados estavam no front. Além disso, 2,3 milhões de soldados totalmente politizados estavam mobilizados em guarnições de retaguarda, em quase todos os centros urbanos do império.[6] Para esses milhões, a Revolução de Fevereiro significava "paz", um fim da aparentemente interminável Grande Guerra e o início de uma nova era.

Bem antes de 1917, as pessoas comuns aceitavam prontamente a ideia de um conflito irreconciliável entre trabalho e capital, mas, em vez de falar de classes, tendiam a falar de luz contra escuridão, honra contra insulto. Elas explicavam a luta contra seus senhores como uma trajetória de sofrimento, redenção e salvação, e não como acumulação de capital, mais-valia e outras categorias marxistas.[7] Isso mudaria quando linguagens de classe passaram a inundar todo o discurso público impresso e falado na Rússia revolucionária, das fazendas e fábricas ao Exército, à Marinha e aos corredores do poder. Até mesmo os democratas constitucionais liberais que se esforçavam para ficar acima das classes (ou sem classe) aceitaram fatalmente a definição da Revolução de Fevereiro como sendo "burguesa".[8] Admitiam assim, implicitamente, que ela não era, em si, um fim, mas uma estação no caminho de uma eventual nova revolução, para além do constitucionalismo liberal. Enquanto 1917 assistia à entrada em massa na política de soldados e marinheiros, reunidos em uma organização gigantesca, o Exército russo não passava como um rolo compressor sobre a Alemanha, mas sobre o sistema político de seu próprio país.

Tendo em vista o papel desempenhado pelo Exército em 1905-6 na salvação do regime e levando em conta o papel que seria de esperar que voltasse a ter, a decisão do tsar de jogar o dado de ferro havia sido uma aposta total no patriotismo das massas. O defeito fatal do regime tsarista era sua incapacidade de incorporar as massas à organização política, mas a politização disseminada das massas pela guerra fez com que a experiência constitucional de 1917, se quisesse ter alguma chance de sobreviver, precisasse incorporar não apenas qualquer massa, mas os soldados e marinheiros mobilizados. Mas se a Grande Guerra reestruturou de fato o cenário político, aprofundando muito as correntes de justiça social que já haviam tornado populares as concepções do socialismo antes de 1917, o Governo Provisório mostrou que não estava à altura desse desafio. Em cima de suas débeis estruturas de governo, todo o seu universo simbólico falhou miseravelmente, da utilização de uma águia tsarista, sem coroa, como símbolo do Estado ao seu novo hino nacional, "Deus salve o povo", cantado com a melodia de Glinka de "Deus salve o tsar". Caricaturas do Governo Provisório eram acompanhadas por panfletos, canções e gestos que desacreditavam todas as coisas burguesas, chamando os instruídos, os decentemente vestidos, os letrados, de gatos gordos e vigaristas; até mesmo a *Gazeta do Mercado de Ações* da Rússia zombava da burguesia.[9] Ao mesmo tempo, em 1917, muito mais até do que em 1905-6, a revolução constitucional da Rússia foi inundada por uma *cultura* revolucionária esquerdista multifacetada representada em gestos e imagens sugestivos: a "Internacional", bandeiras e slogans vermelhos e um programa vago mas convincente do poder popular: "Todo o poder aos sovietes". O poderoso símbolo da foice e o martelo apareceu na primavera de 1917 (bem antes do golpe bolchevique) e, em pouco tempo, captaria a conexão — ou a esperada conexão — entre as aspirações das populações urbanas e da gente do campo, aspirações reunidas em possibilidades de justiça social (socialismo). O clima político em 1917, como disse com razão um observador da época, caracterizava-se por "uma aspiração geral de uma enorme massa de russos a se declararem, não importava como, socialistas absolutos".[10]

De que modo o "socialismo" passou a ser bolchevismo e de que modo os bolcheviques passaram a ser leninistas são questões distintas. Lênin e os bolcheviques não inventaram nem tornaram amplamente popular na Rússia o repertório simbólico da longa história do socialismo europeu, ao qual a guerra e, depois, a Revolução de Fevereiro acrescentaram um forte ímpeto. Sem dúvida, o Império russo experimentou uma revolução socialista de massa — nas ruas das cidades e aldeias, no front da guerra e nas guarnições militares, nas fronteiras e até mesmo em regiões adjacentes, para além das fronteiras russas —, mas antes mesmo do golpe de outubro de 1917 os bolcheviques conseguiram reivindicar o repertório revolucionário socialista de forma relativamente rápida e quase monopolizá-lo. Lênin não fez "a revolução", mas estava pronto para se apropriar dela, até mesmo contra boa parte do círculo íntimo bolchevique.

O papel de Stálin em 1917 tem sido motivo de disputa. Nikolai Sukhánov (Himmer), o cronista onipresente dos acontecimentos revolucionários, que era membro do Partido Socialista Revolucionário e tinha uma esposa bolchevique, marcou para sempre as interpretações ao dizer que Stálin, em 1917, era "um borrão cinzento que emitia uma luz fraca de vez em quando e não deixava nenhum vestígio. Não há, de fato, nada mais a ser dito sobre ele".[11] A caracterização de Sukhánov, publicada no início da década de 1920, era totalmente errada. Stálin estava profundamente envolvido em todas as deliberações e ações do círculo mais íntimo da liderança bolchevique e, à medida que o golpe se aproximava e, em seguida, se efetivava, foi visto no centro dos acontecimentos. "Eu nunca o tinha visto em tal estado antes!", lembrou David Sagui-rachvíli (nascido em 1887), um colega social-democrata da Geórgia. "Essa pressa e o trabalho febril eram muito incomuns para ele, pois normalmente era muito fleumático, independente do que estivesse fazendo."[12] Acima de tudo, Stálin surgiu como uma voz poderosa da propaganda bolchevique. (Apesar de toda a conversa, a maior parte negativa, sobre seu envolvimento em expropriações durante os dias frenéticos de 1905-8, na clandestinidade, ele foi desde o início um agitador e propagandista.) No Dia do Trabalho de 1917, comentou que "se aproxima o terceiro ano desde que a burguesia voraz dos países beligerantes arrastou o mundo para o matadouro sangrento" — um de seus editoriais tipicamente incendiários.[13] Para círculos do partido, bem como para o público em geral, ele proferiu discurso após discurso, muitos dos quais foram publicados na imprensa. Stálin escrevia com frequência no principal jornal bolchevique, enquanto editava e conduzia à impressão muito mais textos.[14] Entre agosto e outubro — os meses críticos —, escreveu e publicou cerca de quarenta artigos de fundo no *Pravda* e em seus substitutos temporários, *Proletariado* e *Caminho dos Operários*.[15] Essa produção, em forte contraste com o seu silêncio durante os primeiros quase três anos da guerra, salientava a necessidade de tomar o poder em nome dos sovietes, o que, para Lênin, significava nas mãos dos bolcheviques.

O restabelecimento de instituições funcionais e uma nova autoridade para preencher um imenso vazio era uma tarefa assombrosa, que a guerra em curso tornava ainda mais enorme, diminuindo as opções políticas possíveis. Tudo isso pode dar a impressão de que uma nova ditadura era a conclusão inevitável. Mas os países não *caem* na ditadura mais do que irrompem na democracia. A ditadura também deve ser criada e sustentada. E a ditadura moderna — o governo de poucos em nome de muitos — exige não somente a incorporação das massas em um sistema de governo, mas um poderoso repertório simbólico e um sistema de crenças, além de instrumentos eficazes de governança e de repressão bem motivada.[16] Em meio ao tipo de colapso do Estado que a Rússia sofreu em 1917, a ideia — ou temor — de que seria criada uma ditadura moderna forte a partir do caos desenfreado só poderia parecer improvável. Uma explicação para o poder bolchevique, no entanto, reside na busca incansável do establishment russo por um salvador. Diversos esforços para evitar o triunfo do bolchevismo, em especial aqueles centrados no comandante supremo, general Lavr Kornílov, acabariam por ter o efeito perverso de fortalecê-lo decisivamente. O resultado do processo de participação em massa após fevereiro de 1917 manteve-se dependente da guerra e da estrutura fundamental do estado de ânimo dos soldados, mas também do espectro da contrarrevolução, numa analogia com a Revolução Francesa após 1789. Para os bolcheviques, a ideia de contrarrevolução foi uma dádiva.

LIBERDADE VERSUS AUTORIDADE FIRME

A revolução constitucional russa ganhou uma segunda chance; dessa vez, ao contrário de 1905-6, sem o autocrata. Porém, contratempos e ilegitimidade marcaram o Governo Provisório desde o seu nascimento. Nicolau II concordara em abdicar em favor do filho de treze anos e designar o grão-duque Mikhail, seu irmão, para regente. O alto-comando e o presidente da Duma, Rodzianko — todos monarquistas —, contavam com o angelical Aleksei para voltar a unir o país, ao mesmo tempo que recebiam carta branca. Mas o tsar, ao conversar mais uma vez com o médico da corte, ouviu de novo que a hemofilia era incurável e que, depois que o menino frágil assumisse a coroa, Nicolau teria de se separar dele e ir para o exílio. O paternal tsar renunciou também ao direito de Aleksei ao trono, designando Mikhail imediatamente.[17] Mas, pela lei de sucessão de 1797, um tsar só poderia ser sucedido por seu herdeiro legítimo — neste caso, o primogênito de Nicolau II —, e um menor como Aleksei não tinha o direito de renunciar ao trono.[18] Além da ilegalidade da nomeação do grão-duque Mikhail, ninguém se preocupou em consultá-lo; em 3 de março, aconteceu uma reunião apressada com ele em Petrogrado. Pável Miliukov, líder dos democratas constitucionais (cadetes), defendeu a manutenção da monarquia, ressaltando a tradição e a necessidade de preservar o Estado; Aleksandr Kerenski, então deputado da esquerda da Duma, instou Mikhail a recusar, destacando o estado de ânimo da população.[19] Mikhail ouviu, refletiu e decidiu não aceitar o cargo, a menos que uma futura Assembleia Constituinte (ou convenção constitucional) o convocasse para o trono.[20] Assim, o que os generais haviam começado — a abdicação de Nicolau II —, os políticos terminaram: a conversão de facto da Rússia em uma república. Dois juristas elaboraram apressadamente uma declaração de "abdicação", em que Mikhail transferia "plenos poderes" ao Governo Provisório, embora o grão-duque não tivesse tal autoridade. No caos da mudança de regime, a declaração de "abdicação" do não tsar Mikhail Románov forneceu a única "constituição" que embasaria o Governo Provisório não eleito.[21]

Revolução, por definição, implica violação de sutilezas legais. Mas, nesse caso, onze homens, escolhidos a dedo por Miliukov, de 58 anos, que assumiu o Ministério das Relações Exteriores, substituíram não apenas a autocracia esvaziada, mas também a *Duma*, de onde vieram.[22] Isso não aconteceu porque a Duma se tornara ilegítima.

Em março de 1917, a Duma continuava sendo aceita pela maioria das tropas da linha de frente, embora nem sempre confiassem nela.[23] Apesar de seus defeitos, ela ganhara algum crédito por entrar em choque com a autocracia ao longo dos anos. Depois de ser suspensa, alguns membros se reuniram, desafiando o tsar. Mas um rascunho de protocolo da primeira sessão do Governo Provisório (2 de março) indica que o grupo de homens reunidos contemplava recorrer ao infame artigo 87 das Leis Fundamentais tsaristas para governar sem um Parlamento, medida pela qual os constitucionalistas haviam denunciado violentamente Stolypin. O protocolo da primeira reunião também especificava que "a plenitude total do poder pertencente ao monarca deve ser considerada como transferida não para a Duma, mas para o Governo Provisório".[24] Com efeito, o Governo Provisório reivindicou as prerrogativas de ambos os poderes, legislativo e executivo: da antiga Duma (câmara baixa), bem como do Conselho de Estado (câmara alta, abolida por decreto governamental); do antigo Conselho de Ministros (o executivo, demitido pela declaração de abdicação de Nicolau II) e, em breve, do tsar que abdicara. De início, o Governo Provisório se reuniu no Palácio Tauride da Duma, mas logo se mudou para o Ministério do Interior e, depois, se instalou no Palácio Imperial Mariínski, onde o Conselho de Ministros e o Conselho de Estado haviam realizado suas sessões formais. Reuniões "privadas" da Duma (presididas ainda por Mikhail Rodzianko) com poucas presenças continuariam até 20 de agosto de 1917 e, de vez em quando, os ministros do Governo Provisório iam ao Tauride para conversar em particular com os membros de uma câmara sem finalidade. Mas não havia legislatura. Alguns de seus membros imploraram para que a legislatura fosse legalmente restabelecida, mas Miliukov e o restante do Governo Provisório não concordaram.[25]

O que era aquilo? O Governo Provisório não era um grupo bem-intencionado, mas desafortunado, que seria desfeito pelo colapso econômico sem precedentes e pela sedição bolchevique. Os rebeldes de dentro do velho regime sempre alegaram que queriam uma monarquia constitucional com um governo "responsável", ou seja, um governo baseado em maiorias parlamentares, mas, em seu grande momento histórico, eles criaram imediatamente outro governo central suspenso no ar. Em 2 de março, quando Miliukov anunciou publicamente quem eram os membros do Governo Provisório, no salão Catarina do Palácio Tauride, uma pessoa o interrompeu com uma pergunta: "Quem elegeu vocês?". "A Revolução Russa nos elegeu", respondeu Miliukov, e jurou se afastar "no momento em que representantes eleitos livremente pelo povo nos digam que querem dar nossos lugares para outros mais merecedores de sua confiança".[26] Ninguém os elegera, e, mais importante, ninguém teria a oportunidade de deselegê-los. O governo autodesignado prometeu de fato a "preparação imediata para a convocação da Assembleia Constituinte, baseada em voto universal, igual, direto e secreto, que irá determinar a forma de governo e a Constituição do país". O governo acrescentava que não tinha "a menor intenção de tirar proveito da situação militar para atrasar de algum modo a realização das reformas e medidas". Essa Assembleia Constituinte eleita por sufrágio universal — aquilo que tornava seu governo "provisório" — talvez tenha dado a impressão de tornar a Duma supérflua.[27] Mas, durante os oito meses de existência do Governo Provisório, por quatro vezes (março, maio, julho e setembro) ele deixou de criar uma convenção constitucional. As circunstâncias difíceis não podem ser responsabilizadas por essa falha. (Em 1848, quando a Monarquia de Julho francesa caiu, uma Assembleia Constituinte foi convocada em quatro meses.) Em vez disso, Miliukov e os cadetes protelaram deliberadamente as eleições para a Assembleia Constituinte, com medo dos votos de soldados e marinheiros "cansados da guerra", para não falar da massa camponesa.[28] Os constitucionalistas, que não tinham Constituição, também evitaram as urnas. A Revolução de Fevereiro foi um golpe de Estado liberal.

Durante toda a guerra, alguns liberais clássicos de Petrogrado, bem como de Moscou, vinham reivindicando tomar o poder para eles mesmos, e agora o tinham, ou assim parecia.[29] O único socialista do Governo Provisório inicial, Kerenski, de 36 anos — que foi ministro da Justiça, depois da Guerra, e finalmente primeiro-ministro, sem ter ocupado nenhum cargo executivo significativo antes de 1917 —, escreveria mais tarde que "com a abdicação do imperador, toda a máquina do aparelho governamental foi destruída".[30] É verdade, mas Kerenski tinha sido o mais entusiasmado proponente interno de um fim para a monarquia. Além disso, o Governo Provisório incentivou deliberadamente a desintegração do Estado russo. Em 4 de março de 1917, em vez de tentar salvar uma força policial a partir da polícia tsarista em dissolução, cujas repartições na capital tinham sido saqueadas, o Governo Provisório aboliu formalmente o Departamento de Polícia e a *okhranka*, ao mesmo tempo que designou os oficiais do Corpo Especial de Gendarmes para o Exército. Mas as recém-criadas "milícias de cidadãos", que deveriam substituir a polícia, fracassaram totalmente: disseminaram-se os saques e o colapso social, prejudicando tanto os pobres quanto os ricos e manchando a causa da democracia.[31] (Previsivelmente, algumas milícias eram chefiadas por ex-presidiários que escaparam ou foram libertados da prisão durante o caos.) Em 5 de março de 1917, o Governo Provisório demitiu todos os governadores e vice-governadores, quase todos nobres hereditários, num ataque ao "privilégio" e abortamento da "contrarrevolução". Alguns desses executivos provinciais haviam renunciado por vontade própria e alguns haviam sido presos no local. Contudo, a maioria dos governadores havia participado de cerimônias de inauguração do novo Governo Provisório e foi tratada automaticamente como desleal.[32] O Governo Provisório nunca teve agências locais, e os "comissários" que enviou aos órgãos de governo locais podiam ser ignorados. Esses órgãos, por sua vez, demoraram para se formar e funcionar, então sucumbiram muitas vezes ao caos econômico e governamental. As únicas instituições importantes do "antigo regime" que sobreviveram foram a burocracia ministerial e o Exército. Mas a influência dos funcionários do Estado se destroçou e, sob o comando de Kerenski, o Governo Provisório destruiria também o importantíssimo Exército, com consequências fatais.[33]

A nova Rússia tinha um princípio organizador que não podia ser ignorado e que estava disponível: o norte da "revolução". A decisão de Miliukov de não enraizar o governo na Duma levou o eleito Soviete de Petrogrado a cumprir esse papel parlamentar crucial. O Soviete, cujo ressurgimento estava na origem do Governo Provisório, passou a ocupar cada vez mais salas do Tauride, símbolo da oposição ao tsarismo e da representação eleita.[34] Contudo, como um híbrido de democracia representativa e direta (como um clube jacobino), o Soviete, que teria mais de 3 mil membros, lutou com grande dificuldade e, como veremos, em última instância, sem sucesso, para estar à altura de seu mandato popular em meio a expectativas cada vez mais radicalizadas.[35] Com efeito, mesmo antes do anúncio da formação do Governo Provisório, os soldados da guarnição, quando receberam ordens da Comissão Militar da Duma para retornar aos seus quartéis próximos e se submeterem à disciplina, invadiram uma sessão do Soviete, em 1º de março de 1917, e apresentaram demandas. Eles haviam tentado inicialmente apresentar seu caso à Duma, mas foram repelidos.[36] "Eu não sei com quem devo lidar, a quem ouvir", queixou-se um soldado deputado do Soviete de Petrogrado da autoridade militar naquele dia. "Tudo está confuso. Tenhamos um pouco de clareza."[37] Aquela que ficou conhecida como Ordem nº 1 autorizava "comissões de representantes eleitos das patentes inferiores" a julgar as relações entre soldados e seus oficiais, acabando efetivamente com a disciplina formal no Exército. De facto, esse estado de coisas já prevalecia na guarnição rebelde, mas agora os soldados e marinheiros do front, de jure, teriam de obedecer a seus oficiais e ao Governo Provisório apenas "na medida em que" considerassem que essas ordens não contradiziam decretos do Soviete.[38] Em 9 de março, Nicolau II perguntara ao novo ministro da Guerra, Aleksandr Guchkov, um dos dois representantes monarquistas da Duma enviados para obter a abdicação do tsar, se essa abdicação teria consequências. Agora, Guchkov ficava sabendo da Ordem nº 1 para o Exército somente após a sua publicação. Ele telegrafou ao general Alekseiev no quartel do front, informando que "o Governo Provisório não tem poder real de qualquer tipo e suas ordens são cumpridas somente na medida em que isso é permitido pelo Soviete", que controla "os soldados, as ferrovias, os correios e serviços telegráficos". Guchkov sugeria que o governo renunciasse em massa para reconhecer sua falta de autoridade.[39]

O Governo Provisório duraria 237 dias, 65 dos quais foram gastos tentando formar um gabinete (mais tempo do que a duração de qualquer um de seus quatro diferentes gabinetes). E havia outro problema: a autoridade *efetiva* do Soviete também era amplamente subestimada. Os comitês de soldados não se viam como subordinados a ele. Em 5 de março, o Governo Provisório e o Soviete baixaram em conjunto a Ordem nº 2, negando expressamente o direito de eleger oficiais e reafirmando a necessidade de disciplina militar — sem resultado algum.[40] Trótski chamaria essa situação de "duplo poder", mas mais se assemelhava a "duplos pretendentes ao poder": um Governo Provisório, sem uma legislatura ou instituições executivas eficazes, e um Soviete de Petrogrado que equivalia a um incômodo quase legislativo que não era legalmente reconhecido como tal.

Havia ainda um terceiro grupo: a direita política, que aceitou inicialmente a substituição da fracassada autocracia pelo Governo Provisório mas vivia com medo e também com esperança.[41] Cerca de 4 mil funcionários do "antigo regime" foram presos durante a Revolução de Fevereiro, muitos dos quais se entregaram para escapar do linchamento pela multidão. Com efeito, o derramamento de sangue havia sido relativamente pequeno: talvez 1300 feridos e 169 mortos, principalmente nas bases navais de Kronstadt e Helsinque, onde soldados rasos lincharam oficiais (movidos por rumores de traição). Ainda assim, a imprensa pós-Fevereiro intensificou a difamação de organizações de direita e os revolucionários atacaram a sede do grupo de extrema direita mais famigerado, as Centúrias Negras. (O Soviete de Petrogrado apreendeu algumas gráficas da direita para seu próprio uso.) Poucas semanas depois da abdicação de Nicolau II, Vladímir Purichkévitch — cofundador em 1905 da direitista União do Povo Russo, e coassassino de Raspútin — havia admitido em um panfleto, de ampla circulação em forma datilografada, que "o antigo regime não pode ser ressuscitado".[42] Em julho de 1917, no entanto, a extrema direita recuperaria seu pé na situação e Purichkévitch listaria incisivamente os judeus revolucionários da Rússia por seus nomes verdadeiros e exigiria a dissolução do Soviete de Petrogrado, bem como uma "reorganização" do "covarde" Governo Provisório.[43] Do lado da direita menos radical, muitos acreditavam, com razão, que haviam desempenhado um papel significativo na queda de Nicolau II e deveriam ter um lugar na nova ordem, mas as variadas associações de nobres e proprietários de terra, elites empresariais, autoridades da Igreja, funcionários do Estado tsarista, oficiais militares de direita e autointitulados patriotas de todos os tipos tiveram sérias dificuldades para serem aceitas na nova ordem depois de fevereiro de 1917. Ao contrário, simplesmente por exercerem seu direito legal de se organizar, os conservadores tradicionais foram alvo de acusações de "contrarrevolução".[44] Essa acusação contra um establishment desejoso em sua maioria de continuar a apoiar a Revolução de Fevereiro, mas essencialmente sem permissão para fazê-lo, se tornaria uma profecia autorrealizável.

E havia também o império. Após a remoção da instituição multinacional do tsar, muitas das regiões fronteiriças imperiais se declararam unidades nacionais (não províncias), com "autonomia em uma Rússia livre", mas suas enxurradas de telegramas urgentes ao Governo Provisório da capital ficavam frequentemente sem resposta e elas começaram a avançar em direção à independência de facto — Finlândia, Polônia, Ucrânia, o Cáucaso, os países bálticos. "Todo mundo concorda", escreveu Maksim Górki em junho de 1917, "que o Estado russo está se dividindo ao longo de suas costuras e caindo aos pedaços, como uma barca velha numa inundação."[45]

Naturalmente, para muita gente esse enfraquecimento foi libertador. Entre 1º e 11 de maio de 1917, a bancada muçulmana da extinta Duma convocou o I Congresso dos Muçulmanos de Todas as Rússias, um ato de solidariedade religiosa e comunitária, com cerca de novecentos participantes (o dobro do número esperado) de todo o país e de todo o espectro político — só o minúsculo punhado de militantes bolcheviques muçulmanos se recusou a comparecer. O congresso abriu com a recitação de um versículo do Alcorão. Depois, o professor S. A. Kotlarévski, chefe do departamento de religiões estrangeiras do Ministério do Interior do Governo Provisório, fez um discurso prometendo liberdade de consciência e desenvolvimento da educação nacional, ao mesmo tempo que defendia um país único e unificado, em vez de um federalismo baseado em unidades étnico-territoriais. Muitos delegados muçulmanos manifestaram desapontamento. Alguns, especialmente os tártaros, defendiam um Estado único para todos os povos turcos (sob domínio tártaro); alguns delegados pan-turcos se recusaram a falar russo, embora nenhuma língua turca fosse compreensível para todos os delegados. A resolução final sobre organização do Estado implicava um compromisso: "O tipo de estrutura governamental que servirá aos melhores interesses dos povos muçulmanos da Rússia deve ser uma república unida (federal), baseada na autonomia territorial; para os povos muçulmanos sem reivindicações territoriais, deve-se assegurar uma república popular baseada na autonomia cultural nacional". Embora mais de duzentos delegados tenham assinado uma petição de protesto contra a proposta de direitos iguais das mulheres à herança e contra a poligamia, ela foi aprovada, fazendo da Rússia o primeiro país com uma grande população muçulmana a fazê-lo.[46]

Com certeza, a liberdade era inebriante.[47] Todos os súditos da Rússia imperial viram-se diante de um grau sem precedentes de liberdades civis, independente da situação social: liberdade de associação e de imprensa, igualdade perante a lei, eleições com sufrágio universal para governos locais, direitos que o Governo Provisório, dominado por advogados e intelectuais, fixou em obsessivos detalhes legais.[48] Kerenski proclamaria exultante que a Rússia era o "país mais livre do mundo", que deixara de ser a última autocracia da Europa para ser seu "governo mais democrático" — e ele estava certo.[49] Mas a liberdade sem instituições governamentais efetivas não é, em última análise, duradoura. É um convite a toda sorte de aventureiros e supostos salvadores.[50] Em poucos meses, o delírio de liberdade de fevereiro metamorfoseou-se em um desejo desesperado por "autoridade firme".[51] No verão de 1917, muitos proeminentes democratas constitucionais, liberais clássicos, se juntariam a figuras tanto da direita tradicional como da direita radical ao verem um redentor no general Lavr Kornílov, comandante supremo do Exército russo.

Kornílov, que tinha 47 anos em 1917, embora fosse muito baixo, magro e rijo, com traços faciais mongóis, tinha muito em comum com o homem de 39 anos, altura média e corpulento que era Djugachvíli-Stálin. Kornílov também era plebeu, em contraste com os pequenos nobres Lênin e Kerenski — nascera na periferia do império, em Ust-Kamenogorsk (Oskemen), nas margens do Irtych (um afluente do Ob). Seu pai era cossaco, sua mãe ou uma cazaque ou uma altai calmuca (um misto de tribos turcas, mongóis e outras, conquistadas por senhores mongóis); ele foi criado como cristão ortodoxo em meio aos pastores nômades das estepes de Qazaq. Mas, enquanto Stálin procurava minimizar suas origens georgianas e misturar-se ao seu ambiente russo, Kornílov, que era meio russo, exibia seu exotismo, cercando-se de guardas turcomanos com mantos vermelhos e chapéus de pele altos, que portavam espadas curvas e chamavam seu líder, em turco, de Grande Boiardo (Kornílov falava turco fluentemente). Em mais um contraste com Stálin, Kornílov havia estudado em escolas militares do Império russo. Ele também foi um excelente aluno e, depois de ocupar postos na fronteira com o Afeganistão, de onde liderou expedições ao Afeganistão, ao Turquestão chinês e à Pérsia, formou-se na Academia do Estado-Maior em São Petersburgo. Em 1903-4, quando Stálin entrava e saía das prisões do Cáucaso e do exílio na Sibéria, Kornílov foi enviado à Índia britânica, onde, sob o pretexto de estudar a língua, preparou um relatório perspicaz sobre as tropas coloniais britânicas. Durante a Guerra Russo-Japonesa, enquanto Stálin pintava o diabo nas minas de manganês da Geórgia, Kornílov foi condecorado por bravura em batalhas terrestres na Manchúria; depois, foi adido militar da Rússia na China (1907-11). Lá, fez novamente muitas explorações a cavalo e travou contato com o jovem oficial chinês Jiang Jieshi, mais conhecido como Chiang Kai-shek, que mais tarde unificaria a China depois de uma revolução constitucional fracassada e governaria o país por duas décadas. Inteligente e corajoso, Kornílov parecia ser da mesma estirpe que Chiang Kai-shek. Durante a Grande Guerra, comandou uma divisão de infantaria e foi promovido a general de brigada. Em 1915, quando cobria a retirada de Brussílov, caiu prisioneiro das forças austro-húngaras, mas, em julho de 1916, conseguiu fugir e voltar para a Rússia, onde foi muito aclamado e ganhou uma audiência com o tsar. "Ele estava sempre na frente", observou Brussílov sobre seu subordinado no campo de batalha, "e com isso conquistou seus homens, que o adoravam."[52]

A estrela de Kornílov subia na medida em que a de Kerenski caía. A família deste último era de Simbirsk, na Rússia central, mesma cidade da família Uliánov. "Eu nasci sob o mesmo céu" de Lênin, escreveu Kerenski. "Vi os mesmos horizontes ilimitados da mesma margem alta do Volga." O pai de Kerenski era mestre-escola e, por um breve período, foi diretor da escola onde Lênin e seu irmão Aleksandr estudaram; o pai de Lênin, por sua vez, era inspetor escolar para a província e conheceu o pai de Kerenski antes que ele se mudasse com a família para Tachkent.[53] Mas, enquanto Lênin parecia destinado a seguir os passos do pai e começou a estudar direito (na Universidade de Kazan) com o objetivo de se tornar funcionário do Estado, para depois abandonar os estudos, Kerenski, onze anos mais moço que ele, formou-se em direito (São Petersburgo) e obteve um emprego de verdade, atuando como advogado das vítimas da repressão tsarista em 1905, quando ingressou no Partido Socialista Revolucionário. No Governo Provisório, Kerenski, quase sozinho, não teve medo das massas. Criou uma espécie de culto monárquico de si mesmo como "guia do povo" (*vojd naroda*), uma espécie de rei cidadão. "Em seus melhores momentos, era capaz de comunicar à multidão tremendos choques de eletricidade moral", escreveu Viktor Tchernov. "Era capaz de fazer rir e chorar, ajoelhar-se e erguer-se, pois ele mesmo se rendia às emoções do momento."[54] Ajoelhados, soldados e outras pessoas beijavam suas roupas, choravam e rezavam.[55] Passou a usar trajes semimilitares — estilo que Trótski e Stálin adotariam —, porém não se comparava a Napoleão, mas ao conde de Mirabeau, o orador popular que havia procurado um caminho do meio durante a Revolução Francesa. (Quando Mirabeau morreu de doença, em 1791, seu enterro inaugurou o Panthéon; em 1794, no entanto, foi desenterrado, e seu túmulo entregue a Jean-Paul Marat.) Quando a Rússia caiu na anarquia, porém, Kerenski também começou a falar da necessidade de "uma autoridade firme". Sob seu comando, o Governo Provisório começaria a retroceder nas liberdades civis e a libertar e reabilitar muitos dos funcionários tsaristas do Ministério do Interior, mas "autoridade firme" continuou a ser algo fora do alcance.[56] Daí o fascínio crescente por Kornílov: a fama de "homem a cavalo", o Napoleão da Revolução Russa, baixou sobre o salvador calmuco.[57] No caso, a *ideia* de uma "contrarrevolução" militar — uma expressão de esperança, de um lado, e de medo, do outro — se mostraria mais potente do que suas possibilidades reais.

OS COMPANHEIROS DE LÊNIN

Em 1917, a facção bolchevique de Lênin, que se tornara um partido independente em 1912, mostrou que era um grupo desorganizado, mas bom de luta na rua.[58] Os bolcheviques diziam ter agora cerca de 25 mil membros, um número impossível de verificar (a filiação nem sempre era formalizada), mas os militantes comprometidos eram perto de mil, e sua liderança cabia em torno de uma mesa de conferência (se não estivessem no exílio ou na prisão). Contudo, depois de Fevereiro, o bolchevismo tornou-se um fenômeno de massa na capital: nas fábricas de armamentos e de máquinas ao longo do rio Nevá, em Petrogrado, no enorme estaleiro franco-russo, na usina siderúrgica Putilov, no bairro de Petrogrado conhecido como o lado de Vyborg, havia uma grande concentração de operários industriais que foram atraídos pela agitação bolchevique. Em outras palavras, o ânimo radical dos trabalhadores estava vinculado às posições radicais do partido bolchevique. O distrito de Vyborg, em especial, tornou-se, de fato, uma comuna bolchevique autônoma.[59]

A sede do partido bolchevique, onde Stálin também estava escondido, foi instalada inicialmente numa mansão art nouveau "requisitada", cheia de lustres e excelentes garagens, e perfeitamente situada, não somente próxima ao distrito de Vyborg, mas em frente ao Palácio de Inverno. O conjunto foi tomado de Matilda Krzesińska, a primeira bailarina polonesa do Teatro Imperial Mariínski, que comprara a propriedade graças a seus amantes, Nicolau II (antes do casamento dele), e depois, simultaneamente, dois grão-duques Románov.[60] (Mais tarde, ela afirmou ter visto a bolchevique Aleksandra Kollontai no jardim da mansão vestindo o casaco de arminho que havia deixado lá.)[61] Essas expropriações de casas eram ilegais, mas o Governo Provisório, sem polícia, tinha dificuldades para revertê-las. A Federação dos Anarcocomunistas, surgida da prisão, tomou a antiga moradia do falecido Piotr Durnovó num belo parque adjacente às fábricas do lado de Vyborg.[62] Além de Vyborg, o bolchevismo desenvolveu baluartes fundamentais na frota do Báltico, estacionada em Helsinque e Kronstadt, perto de Petrogrado e acessível aos agitadores bolcheviques (bem como anarcossindicalistas). Nos lugares fora do alcance dos agitadores bolcheviques — fábricas na Ucrânia, a frota do mar Negro —, as massas inclinadas ao socialismo não se identificavam com o partido. E, no vasto campo, o bolchevismo conseguiu pouca presença durante boa parte de 1917 (dos mil delegados ao I Congresso de Deputados Camponeses de Todas as Rússias, talvez vinte se identificaram como bolcheviques).[63] E, em 1917, havia algo entre uma e duas dezenas de bolcheviques muçulmanos em todo o país.[64] Contudo, os baluartes bolcheviques eram estratégicos: a capital, a guarnição da capital e a frente de batalha perto da capital.

Os bolcheviques tinham de ganhar a sua posição, e o fizeram em bolsões. Para aqueles que estavam ao alcance da mensagem que Stálin e seus camaradas propagavam incansavelmente, o bolchevismo possuía ferramentas de recrutamento sem igual: a guerra odiosa e a explicação, que servia para todos os fins, da exploração de classe dos ricos sobre os pobres, que ressoava para além da imaginação mais desvairada de qualquer um. Dito isso, a guerra não propiciou necessariamente o triunfo bolchevique. O Governo Provisório, como veremos, não apenas escolheu permanecer na guerra, como lançou uma ofensiva catastrófica em junho de 1917.[65] Essa decisão tornou-se uma oportunidade para os mais radicais, e Lênin havia montado o partido bolchevique para se beneficiar disso.

No exílio em Zurique, morando em um único quarto, perto de uma fábrica de salsichas, Lênin vinha clamando pela derrota de seu país na guerra, mas não sofreu consequências legais. Ao contrário, foi incluído na anistia geral decretada em março de 1917 pelo Governo Provisório para as vítimas do tsarismo. Mas não tinha permissão oficial para retornar e, de qualquer modo, estava preso atrás das linhas alemãs.[66] A fim de voltar para a Rússia, ele solicitou ajuda da Alemanha através de intermediários, arriscando-se assim a ser acusado de agente alemão, a acusação devastadora que havia fatalmente atingido a autocracia tsarista.[67] O governo alemão estava investindo dinheiro nos radicais russos, especialmente nos socialistas revolucionários, a fim de derrubar o Governo Provisório e forçar a Rússia a sair da guerra nos termos alemães, e foi convencido a ajudar também o líder bolchevique fanático — referido como "um tártaro que atende pelo nome de Lênin".[68] Ambos os lados, no entanto, visavam enfraquecer as acusações de servir aos inimigos dos alemães, e, assim, Lênin atravessou as linhas alemãs para a Rússia no que foi chamado de trem selado, ou seja, seu vagão estava trancado e intermediários suíços neutros cuidaram de todos os contatos com as autoridades alemãs no caminho. O trem partiu de Zurique em 27 de março de 1917 (pelo calendário russo) para Berlim e, depois, para a costa do Báltico, com 32 imigrantes russos, dezenove deles bolcheviques (entre eles Lênin, sua esposa Nádia Krúpskaia, sua ex-amante francesa Inessa Armand e Zinóviev, com esposa e filho), bem como outros radicais.[69] Os sociais-democratas mencheviques Mártov e Axelrod optaram por não correr o risco da acusação de traição por aceitarem um acordo com os alemães sem permissão do Governo Provisório (os mencheviques acabaram viajando em um trem posterior).[70] A única obrigação de Lênin no acordo era agitar para obter a liberação de civis austríacos e alemães detidos na Rússia. Ele não teve escrúpulos em recorrer à ajuda logística e financeira da Alemanha imperial com o objetivo de subverter a Rússia, pois previa a revolução também na Alemanha, como resultado da guerra. Lênin nunca admitiu ter recebido dinheiro alemão, mas ele não era um agente alemão: tinha sua agenda própria.[71] Promoveu entre os bolcheviques uma discussão sobre como iriam se comportar caso fossem tomados sob custódia na fronteira russa por ordem do Governo Provisório e submetidos a interrogatório, temor que não se concretizou.[72] (Karl Radek, que tinha passaporte austro-húngaro, teve negada sua entrada na Rússia por ser súdito de um país inimigo.) Preocupado, o embaixador da França, aliada da Rússia, ao conversar com o chanceler Miliukov — que poderia ter bloqueado o retorno de Lênin —, viu na chegada do líder bolchevique um novo perigo radical.[73] Mas Lênin não foi preso na estação Finlândia de Petrogrado (na "Comuna Bolchevique" do distrito de Vyborg), onde chegou às 23h10 de 3 de abril de 1917, um dia depois do domingo de Páscoa. Na estação, Lênin subiu no topo de um veículo blindado, iluminado por holofotes especialmente trazidos para a ocasião, e falou para um considerável grupo de trabalhadores, soldados e marinheiros, que o estavam vendo pela primeira vez.

Na imensidão do Império russo, pouquíssimos tinham algum conhecimento de Lênin.[74] Muitas das centenas de milhares de aldeias só souberam da Revolução de Fevereiro em abril, no degelo da primavera. O retorno de Lênin em 3 de abril coincidiu com o início da invasão de terras em massa na Rússia, um fenômeno desconhecido na Revolução Francesa de 1789. Às vésperas da Grande Guerra, os camponeses russos possuíam em torno de 47% das terras do império, incluindo florestas e campos, tendo comprado terras dos nobres nas quatro décadas seguintes à emancipação, muitas vezes como um coletivo (comuna), às vezes individualmente, sobretudo a partir das reformas de Stolypin de 1906.[75] Mas, se o tamanho total das propriedades dos nobres fora reduzido a uma dimensão mais ou menos igual à das propriedades camponesas, os camponeses ainda respondiam por 80% da população, enquanto a nobreza rural não passava de 2%.[76] A expectativa dos camponeses de uma redistribuição total da terra era imensa, e o governo tsarista durante a guerra ajudou a estimulá-la, confiscando terras de alemães que viviam na Rússia imperial, que seriam supostamente redistribuídas para soldados russos valorosos ou camponeses sem terra. O Exército, por sua conta, prometia terras gratuitas para os ganhadores de medalhas, estimulando os rumores de que todos os soldados receberiam lotes no fim da guerra.[77] Durante o conflito, o confisco total pelo *governo* tsarista de terras agrícolas — que foram tomadas de alguns dos agricultores mais produtivos do império com pouquíssima ou nenhuma compensação, contribuindo para a grave escassez de grãos em 1916 e os tumultos por pão de 1917 — atingiu pelo menos 6 milhões de hectares.[78] Os camponeses começaram então a seguir o exemplo, tomando terras cultivadas, animais de tração, implementos, naquilo que chamaram de Repartição Negra. O Governo Provincial tentou resistir, argumentando que as decisões sobre reforma agrária precisavam aguardar a Assembleia Constituinte. Com efeito, mesmo depois que as expropriações se tornaram um fenômeno de massa, e embora nunca conseguisse reunir força suficiente para preveni-las ou revertê-las, o Governo Provisório recusou-se a aderir às expropriações de terras pelos camponeses sem compensação.

Anos de esforço colossal dos camponeses para realizar o sonho de Stolypin de ter um estrato de pequenos agricultores independentes e bem de vida em grandes fazendas cercadas acabaram quase da noite para o dia em 1917-8, sem resistência; ao contrário, muitos camponeses reduziram deliberadamente o tamanho de suas fazendas.[79] Até fazendas cercadas ainda menores sofreram redistribuições. A comuna reafirmou-se.[80] Até mesmo quando se envolviam em ilegalidades, os camponeses falavam em direitos e cidadania.[81] As propriedades da nobreza rural eram os alvos principais. Em muitos casos, elas haviam sobrevivido durante a Grande Guerra somente graças à capacidade de requisitar o trabalho dos 430 mil prisioneiros de guerra, e, na lógica camponesa, depois de fevereiro de 1917, se uma propriedade tivesse sido privada do trabalho camponês e estivesse ociosa, sua expropriação era legítima.[82] Com efeito, muitas das ocupações não ocorreram de uma só vez; em vez disso, os camponeses falavam em "excesso" de terras da pequena nobreza e de pôr terras "ociosas" para produzir — e tomavam mais e mais. Mas, uma vez que a maioria das ocupações era realizada coletivamente, como por uma aldeia, em que toda a responsabilidade era compartilhada e todos dividiam o saque em suas carroças, os camponeses reunidos tornavam-se geralmente tão radicais quanto os membros mais radicais presentes. Invariavelmente, os radicais os incitavam a pegar ainda mais coisas e até mesmo queimar as valiosas casas senhoriais. Colheitadeiras e joeiras eram grandes demais para carregar e eram deixadas para trás, às vezes destruídas. Quanto aos animais, muitas vezes os camponeses acendiam o forno, matavam ovelhas, gansos, patos e galinhas e faziam um banquete.[83] Mas, no final, poucos tiveram seus sonhos realizados: cerca de metade das comunas camponesas não ganhou nenhuma terra da revolução, enquanto grande parte da terra "obtida" já era arrendada por eles. Um estudioso estimou que, na década de 1920, em torno de 11% dos proprietários de terras da pequena nobreza continuaram cuidando do que restava de suas terras.[84] De qualquer modo, isso significa que a grande maioria foi expropriada. Os camponeses pararam de fazer pagamentos aos grandes proprietários e expropriaram coletivamente mais de 20 milhões de hectares de terras da pequena nobreza.[85]

Em comparação com essa imensa sublevação — a revolução dos próprios camponeses —, Lênin era apenas um indivíduo. E, no entanto, seu papel em 1917 foi fundamental. A teoria marxista sustentava que a história avançava por estágios — feudalismo, capitalismo, socialismo, comunismo —, de tal forma que, antes de chegar ao socialismo, era necessário desenvolver a fase burguesa-capitalista. Quase todos os bolcheviques esperavam que a revolução avançasse finalmente na direção do socialismo, mas a questão era quando: eles discutiam veementemente se a fase da revolução "burguesa" ou "democrática" estava terminada ou precisava ir mais longe, a fim de preparar o caminho para a revolução socialista. Lênin não propunha um salto imediato para o socialismo, o que seria uma blasfêmia, mas a aceleração do movimento em direção ao socialismo — o que ele chamaria de "um pé no socialismo" —, que significava não esperar pelo pleno desenvolvimento da revolução burguesa, mas tomar o poder político imediatamente.[86]

Em Petrogrado, o Birô Bolchevique da Rússia — "Rússia" em oposição aos exilados no estrangeiro (Lênin) — era liderado por Aleksandr Chliápnikov, de 32 anos, e Viatcheslav Mólotov, de 27, e eles (especialmente Mólotov) consideravam o Governo Provisório contrarrevolucionário. Em contraste, Stálin e Kámenev defendiam um apoio *condicional* à revolução "democrática", isto é, ao Governo Provisório, para que a revolução democrática fosse até o fim. Ao voltarem da Sibéria para Petrogrado, em 12 de março de 1917, nenhum dos dois foi convidado a integrar o Birô da Rússia, embora tenham oferecido a Stálin uma "posição consultora". (Ele foi repreendido por "certas características pessoais que lhe são básicas", numa referência evidente ao comportamento pessoal negativo junto aos companheiros de exílio da Sibéria.)[87] No dia seguinte, Mólotov, desde sempre um linha-dura, como Lênin, foi deixado de lado e Stálin se tornou membro propriamente dito do birô, enquanto Kámenev se tornava editor do *Pravda*.[88] Kámenev e Stálin mudaram imediatamente a linha do jornal, do repúdio absoluto ao Governo Provisório para uma oportunista aproximação, argumentando que ele estava condenado mas, no entrementes, tinha um trabalho histórico significativo a realizar. Isso provocou a ira de Lênin, à distância. Sua primeira carta irada foi publicada no *Pravda* distorcida, e a segunda foi suprimida por inteiro.[89] Mas então ele apareceu.

Lênin saudara Kámenev na fronteira com uma censura sorridente: "O que é isso que você está escrevendo no *Pravda*?".[90] Mesmo então, o órgão bolchevique se recusou a publicar textos de seu líder. Uma reunião do Comitê Central bolchevique, em 6 de abril de 1917, rejeitou liminarmente as teses de Lênin. Afinal, a revolução democrático-burguesa estava *apenas começando*, o país precisava sair da guerra e promover uma reforma agrária e econômica. E como o proletariado, ao derrubar o Governo Provisório, faria tudo isso? (Como comentou um bolchevique: "Como a revolução democrática pode ter acabado? Os camponeses não têm a terra!".)[91] Kámenev destacava especialmente que as classes burguesas nas cidades e os camponeses mais abastados tinham uma grande obra histórica a fazer em proveito da revolução socialista, a saber, levar a cabo a revolução democrático-burguesa até o fim.[92] Stálin considerava as teses de Lênin "um esquema, não há fatos nelas, e, portanto, não satisfazem".[93] O *Pravda* publicou finalmente as dez "Teses de abril" (cerca de quinhentas palavras) em 7 de abril, com a assinatura de Lênin, mas acompanhadas por um editorial de Kámenev que distanciava o partido de seu líder.[94]

Se os principais bolcheviques não tinham se inclinado a forçar a tomada do poder, o mesmo era ainda mais verdadeiro para o Soviete de Petrogrado. Antes do retorno de Lênin no final de março, representantes do Soviete se reuniram para criar um novo comitê executivo central de 72 pessoas de toda a Rússia, bem como vários departamentos de abastecimento alimentar, economia, negócios estrangeiros, afirmando assim o mandato do Soviete de Petrogrado para toda a Rússia. O Soviete também prometeu apoio condicional ao Governo Provisório "burguês" (cerca de metade dos delegados bolcheviques votaram a favor).[95] Na estação Finlândia, em 3 de abril, Nikoloz "Karló" Tchkheidze, o social-democrata menchevique georgiano que se tornara presidente do Soviete de Petrogrado, havia recebido Lênin em nome desse organismo na sala de recepção do antigo tsar. Do lado de fora, depois de denunciar a cooperação do Soviete de Petrogrado com o Governo Provisório, concluindo com um "viva a revolução socialista mundial!", Lênin subira no veículo blindado e fora para o quartel-general bolchevique, na mansão Krzesińska. Lá, bem depois da meia-noite, fez um "discurso trovejante" para cerca de setenta membros de sua facção, sentados em cadeiras dispostas em círculo.[96] No dia seguinte, em uma reunião do Soviete de Petrogrado, no Palácio Tauride, reiterou suas radicais "Teses de abril", argumentando que a patética burguesia russa era incapaz de levar a cabo suas tarefas históricas, o que obrigava a Rússia a acelerar a revolução democrático-burguesa na direção da revolução proletária socialista.[97] Um bolchevique tomou a palavra para comparar Lênin com o anarquista Bakúnin (que havia combatido Marx encarniçadamente). Outro orador chamou as teses de Lênin de "delírios de um louco".[98] Até mesmo Nádia Krúpskaia, a esposa de Lênin que o conhecia desde 1894, observou, de acordo com um amigo, que "parece que Lênin ficou louco", talvez um dos motivos para ele deixar de usá-la como sua principal secretária.[99] Outro bolchevique, no entanto, advertiu que "depois que Lênin ficar familiarizado com o estado das coisas na Rússia, ele mesmo vai rejeitar todas essas construções suas".[100] Quando Irákli Tseretéli, presidente do Comitê Executivo Central Soviético (e menchevique georgiano), ofereceu uma refutação fundamentada dos pontos de vista de Lênin tentando apaziguar a situação — "por mais irreconciliável que Vladímir Ilitch possa ser, estou convencido de que vamos nos reconciliar" —, Lênin se inclinou sobre o corrimão e gritou: "Nunca!".[101]

Lênin intimidava incansavelmente seu círculo íntimo e, às vezes, se dirigia também à multidão da sacada da mansão Krzesińska. No final de abril de 1917, em uma conferência do partido bolchevique, a maioria aprovou as resoluções de Lênin, em parte graças às manifestações de provincianos às vezes mais radicais, bem como de Stálin e outros fiéis que apoiavam seu líder.[102] Mas, apesar da vitória política formal de Lênin, a elite bolchevique continuava dividida a respeito de quando — e mesmo se deveria — lutar pelo poder do soviete em vez de completar a revolução democrático-burguesa. Enquanto insistia na ideia de que era preciso aproveitar o momento, Lênin enfatizava que o Comitê Central bolchevique estava muito atrasado em relação às massas. (Isso se revelaria verdadeiro: a inflamação das massas de fato mobilizou pretensas elites, inclusive a liderança bolchevique.)[103] Enquanto isso, Stálin, inicialmente aliado de Kámenev, tornava-se um aliado crucial de Lênin.

Stálin foi injustamente criticado como o homem que "perdeu" a Revolução de Outubro. É verdade que parece ter perdido a chegada de Lênin à estação Finlândia (talvez porque estivesse em uma reunião tentando converter mencheviques de esquerda para o lado dos bolcheviques).[104] Além disso, de início, ele resistiu ao radicalismo herético de Lênin (posição pela qual pediria desculpas públicas em 1924).[105] Na conferência do final de abril, porém, Stálin fez seu primeiro informe político para um encontro oficial bolchevique e rompeu com Kámenev, ficando do lado de Lênin. ("Apenas um partido unido pode levar o povo à vitória", escreveu ele sobre a conferência de abril no *Pravda dos Soldados*.)[106] Mas não cedeu de forma abjeta: enquanto Lênin defendia a estatização da terra, Stálin insistia que o campesinato deveria ficar com ela, posição que acabou por sair vencedora.[107] Stálin também rejeitou o slogan de Lênin de transformar a "guerra imperialista" em uma "guerra civil europeia", raciocinando que, além de terra, as massas desejavam a paz — e Lênin, agora, também clamou por uma paz imediata.[108] Assim, ele conseguiu tornar-se leal a Lênin, defendendo ao mesmo tempo posições que eram dele e de outros. Quando a candidatura de Stálin ao novo Comitê Central do partido composto de nove membros foi criticada por camaradas do Cáucaso que alegavam conhecê-lo bem, Lênin deu-lhe o aval. "Conhecemos o camarada Koba há muitos anos", disse aos delegados votantes. "Costumávamos vê-lo em Cracóvia, onde tínhamos nosso Birô. Sua atividade no Cáucaso foi muito importante. Ele é um bom funcionário em todos os tipos de trabalho responsável."[109] Na eleição do Comitê Central, Stálin foi o terceiro mais votado, com 97 votos, atrás somente de Lênin e Zinóviev (que logo se tornariam fugitivos). Stálin também substituiu Kámenev na editoria do *Pravda*.

Como editor e articulista, ele revelou talento para resumir questões complicadas de um modo que as tornava de fácil compreensão. Evidentemente, pediu desculpas a Mólotov por tê-lo atacado pelas costas em março — "De todos, você era o mais próximo de Lênin na fase inicial" —, e depois aproveitou o estilo de vida comunal que levavam para roubar a namorada de Mólotov.[110] Mas em breve ele se mudaria para o apartamento da família Allilúiev, levando todas as suas posses: máquina de escrever, livros e algumas roupas na mesma mala de vime com a qual havia voltado da Sibéria. Nádia, a filha de Allilúiev, acabara de fazer dezesseis anos, e voltou para o apartamento no final do verão de 1917 para completar o ano letivo escolar. Stálin conhecia a família Allilúiev desde 1900 (da época de Tíflis), um ano antes do nascimento de Nádia. Ele a tratava como uma filha, lendo contos de Tchékhov ("Camaleão", "Queridinha") para ela, sua irmã Anna e suas amigas.[111] Deixando as meninas extasiadas, Stálin transformava o tédio, a solidão e o desespero de seu exílio na Sibéria em histórias dramáticas de façanhas revolucionárias. Elas o chamavam de Sossó, e ele retribuía com apelidos para elas. Olga Allilúieva, mãe das meninas, gostava de Stálin — eles podem ter tido um caso —, mas não gostava de ver sua filha adolescente apaixonada pelo viúvo de 38 anos.[112] Nádia era capaz de ser desafiadora, inclusive com Stálin, mas também era atenta ao trabalho doméstico, como ele notou. Dentro de dez meses, o namoro se tornaria público.[113] Mas tudo isso ainda estava no futuro. Por enquanto, Stálin se tornara um protoapparatchik e defensor da linha leninista. Até mesmo Trótski concederia, mais tarde, que "Stálin era muito valioso nos bastidores da preparação da fração [bolchevique] para a votação", acrescentando, em tom de desprezo, que "ele tinha o dom de convencer a média dos líderes, especialmente os provincianos".[114]

Ao lado de Stálin, porém, outra figura do Comitê Central se destacou naquele abril: Iákov Svérdlov, de 32 anos, a quem Lênin havia finalmente conhecido em pessoa, em 7 de abril de 1917, e ao qual começou a atribuir várias tarefas, das quais Svérdlov deu conta com facilidade. Nascido em 1885, magro, com uma barbicha rala e óculos, ele se unira aos sociais-democratas russos em 1902, em Níjni Nóvgorod, e participara dos eventos de 1905, quando estava nos Urais. Em 1917, Svérdlov, ainda mais do que Stálin, manteve-se quase inteiramente nos bastidores. Embora não fosse um orador, possuía uma voz grave poderosa e uma postura de aço. Lênin o colocou no comando de uma pequena "secretaria" criada na conferência do partido de abril de 1917.[115] Durante os anos que Svérdlov passou em prisões tsaristas ou no exílio na Sibéria (1906-17), ele se mostrara capaz de memorizar os nomes verdadeiros, nomes de guerra, localizações e características de companheiros exilados dispersos, sem pôr nada incriminador no papel. Ele também havia compartilhado um quarto com Stálin em duas ocasiões (em Narim e Kureika), o que resultou em fortes conflitos pessoais e em certa rivalidade.[116] Agora, no entanto, os dois trabalhavam lado a lado. Na verdade, Svérdlov proporcionou uma espécie de escola de construção partidária para Stálin, enquanto os discursos eram deixados para os oradores, como Zinóviev. Com apenas meia dúzia de funcionárias na mansão Krzesińska, Svérdlov, auxiliado por Stálin, trabalhava para coordenar organizações partidárias distantes. Recebia um desfile de visitantes e, por sua vez, enviava emissários a comitês bolcheviques nas províncias, para dar início a periódicos e à filiação local, demonstrando um toque hábil no trato com os provincianos. Era obcecado por detalhes e *exigia* que tudo fosse submetido a sua atenção, ao mesmo tempo que valorizava as ações concretas. Evidentemente, tal como todos os movimentos políticos em 1917, o bolchevismo encarnava a bagunça. A organização não era — e não poderia ser — orientada para a produção de um partido centralizado, muito menos "totalitário", nas condições de 1917, mas para a obtenção de maiorias nas reuniões de representantes partidários na capital a favor das posições de Lênin. Em outras palavras, através da manipulação de regras, persuasão e favores, Svérdlov mostrou ao camarada Stálin como organizar uma facção leninista leal.[117]

FANATISMO

O fanatismo de Lênin tornou-se uma lenda instantânea (e eterna), mas quase todo mundo na cena política russa vivia sob a tirania das ideias fixas. Miliukov, tendo lutado com unhas e dentes na Duma contra a má condução da guerra pela autocracia, agarrou-

-se teimosamente à ideia de que a Revolução de Fevereiro significava um desejo universal de conduzir a guerra com mais sucesso. Portanto, opunha-se à reforma agrária e à convocação de uma Assembleia Constituinte antes da vitória militar, e até se recusava a permitir a revisão dos objetivos de guerra imperialistas do tsarismo, que incluíam secretamente a anexação de Constantinopla e dos Estreitos Turcos, a Polônia alemã e austríaca e outros territórios estrangeiros. Os danos causados por esse fanatismo foram quase tão graves quanto o seu abandono da Duma em março de 1917. Os líderes da ala menchevique dos sociais-democratas, por sua vez, estavam teimosamente aferrados à noção de que a revolução era de caráter "burguês" e, portanto, se recusaram a avançar para o socialismo, apesar do estímulo insistente das grandes massas que supostamente representavam. Os mencheviques logo entraram para o Governo Provisório, em coligação com os cadetes, assim como os socialistas revolucionários (SRs), o partido que ganhou mais membros em 1917. Eles não eram motivados pela pura teoria. Em parte, a derrota esmagadora de 1905-6 pairava sobre os socialistas moderados, numa advertência contra provocar a "contrarrevolução" com o radicalismo.[118] Mas a liderança menchevique aderiu à ideia central marxista de que o socialismo tinha de aguardar o pleno desenvolvimento do capitalismo russo e que, para isso, era necessária uma "revolução burguesa".[119] Eles se aferraram à "revolução burguesa" e apoiaram o Governo Provisório "burguês", ainda que sua propaganda atacasse muitas vezes "a burguesia".[120]

A figura política da Rússia que mais encarnou a linha socialista moderada desde o início foi Kerenski, que visava unir as revoluções "burguesa" e "proletária" e ficar acima dos partidos, para equilibrar esquerda e direita, inclinando-se ora para um lado, ora para o outro. Ao esforçar-se para ser indispensável para ambos os lados, passou a ser visto, previsivelmente, como inimigo dos dois.[121] A propaganda bolchevique espalhou rumores de que Kerenski era viciado em cocaína e morfina, usava roupas femininas e desviava dinheiro dos cofres públicos, numa campanha de difamação que viria a parecer plausível (e que foi acolhida pelo Ministério da Guerra britânico).[122] Vale a pena recordar, no entanto, que Kerenski havia, de início, atraído elogios de diversos quadrantes, inclusive dos grão-duques Románov e dos líderes do Soviete.[123] Seu fracasso político em 1917 foi, em parte, pessoal, mas em parte estrutural: ele não apostara no Soviete de Petrogrado, mas no Governo Provisório, e, quando a impotência deste ficou cada vez mais exposta, sua autoridade se desintegrou.[124] Desse modo, ele adquiriu a fama de fraco, de "falastrão" profissional, na frase zombeteira de seu inimigo Lênin, que tinha pouco contato com o preeminente líder. Lênin e Kerenski se encontraram pela primeira e única vez no I Congresso dos Sovietes de Todas as Rússias (3-24 de junho de 1917), realizado em uma escola militar de Petrogrado. Kerenski mostrou estar sob o encanto, se não sob a tirania, da Revolução Francesa.[125] "Como 1792 acabou na França? Terminou com a queda da

República e a ascensão de um ditador", disse Kerenski no congresso, em resposta a Lênin, referindo-se ao episódio autodestrutivo do terror de Robespierre e à ascensão de Napoleão. "O problema dos partidos socialistas da Rússia e da democracia russa é evitar um resultado como o que houve na França e aferrar-se às conquistas revolucionárias já feitas; cuidar para que nossos camaradas libertados da prisão não voltem para lá; que um Lênin, que esteve no exterior, possa ter a oportunidade de falar aqui de novo, e não ser obrigado a fugir de volta para a Suíça. Devemos cuidar para que os erros históricos não se repitam."[126]

ROLANDO OS DADOS DE FERRO

Kerenski podia sentir-se confiante. Nas eleições do I Congresso dos Sovietes, em junho de 1917, o partido bolchevique elegeu apenas 105 dos 777 delegados com direito a voto, contra 285 dos socialistas revolucionários e 248 dos mencheviques.[127] Somente alguma coisa extremamente dramática poderia reverter a sorte dos bolcheviques. E foi justamente um fato causador de uma reviravolta desse tipo que transpirou bem na metade daquele I Congresso dos Sovietes: uma ofensiva militar russa.

Talvez o enigma central de 1917 seja o motivo de o Governo Provisório ter decidido atacar as Potências Centrais em junho. As cidades russas transbordavam de aleijados; o campo começara a sofrer com a fome devido à desorganização da agricultura, ao sacrifício incompreensível de tantos homens e ao confisco de grãos. Alguém poderia pensar que para as autoridades do Governo Provisório, especialmente os liberais clássicos como os cadetes, que acreditavam sinceramente na liberdade, o uso do poder estatal para recrutar soldados e a expropriação de grãos para alimentar o Exército seriam abomináveis.[128] Mas esse alguém estaria errado. Tampouco a invocação incessante da democracia pelo Governo Provisório implicava seguir o sentimento contra a guerra dos soldados, que estava universalmente manifesto desde a queda do tsar e a "Ordem nº 1". Ainda assim, seria de esperar que os políticos, pelo menos, dessem atenção aos seus interesses carreiristas. Em 2 de maio, Pável Miliukov fora forçado a sair do Governo Provisório que ele mesmo havia nomeado (deixando Kerenski proeminente no gabinete) apenas por declarar que a Rússia "não tem nenhum desejo de escravizar ou degradar ninguém" na guerra, mas, não obstante, "cumpriria totalmente suas obrigações para com nossos aliados".[129] Até mesmo a ofensiva aliada mais bem-sucedida de toda a guerra, a de Brussílov, em 1916, havia, em última análise, fracassado. E o alto-comando alemão não planejava novas ações militares na frente oriental em 1917. Como é que alguém no seu perfeito juízo imaginaria que o Exército russo deveria — ou poderia — empreender uma ofensiva em 1917?

Uma parte não pequena da lógica da ofensiva fora herdada. Em novembro de 1916, em uma reunião na França, os Aliados ocidentais haviam, mais uma vez, pressionado o governo do tsar a se comprometer com uma ofensiva, nesse caso, na primavera de 1917, a fim de aliviar a pressão na frente ocidental.[130] Nicolau II concordara, e o Governo Provisório, que compartilhava os valores e, com efeito, admirava o Estado de direito dos Aliados, resolveu honrar esse compromisso. Àquela altura, no entanto, os próprios franceses não eram mais capazes de uma ofensiva: no final de maio de 1917, após um ataque fracassado às linhas alemãs, o Exército francês sofreu um motim em grande escala que afetou 49 das 113 divisões de infantaria. O comandante recém-nomeado, general Philippe Pétain, restaurou a disciplina, mas reconheceu que os soldados franceses e oficiais de campo continuariam a defender a pátria, mas não mais que isso.[131]

Porém, mesmo sem a pressão incongruente dos Aliados, Kerenski provavelmente teria ido em frente. Pouco antes dos motins na França, o comandante supremo da Rússia, Mikhail Alekseiev — que havia pressionado para fazer de Kerenski ministro da Guerra —, visitou sua frente de batalha, encontrando um colapso da disciplina, com as deserções chegando a mais de 1 milhão (dos 6 milhões a 7 milhões de soldados).[132] Mas Alekseiev, ressaltando as obrigações russas para com seus aliados, também escreveu em um memorando confidencial que resumia o ponto de vista dos principais comandantes, do qual compartilhava, que "a desordem no Exército não terá um efeito menos prejudicial na defesa do que no ataque. Ainda que não estejamos plenamente confiantes no sucesso, devemos partir para a ofensiva".[133] Apesar disso, Kerenski demitiu Alekseiev por ser "derrotista" e o substituiu pelo general Brussílov, o herói de 1916, mas Brussílov visitou o front e encontrou a mesmíssima desmoralização.[134] Sem dúvida, a esperança é eterna. A inteligência russa presumiu que o Exército austro-húngaro era muito vulnerável e que nem mesmo o Exército alemão conseguiria sobreviver a mais um inverno, de modo que um nocaute seria possível. E, se isso era verdade, a Rússia não queria ficar de fora da suposta derrota das Potências Centrais, a fim de participar da negociação de paz: um bom desempenho russo no campo de batalha forçaria os Aliados a levar as notas diplomáticas da Rússia mais a sério.[135] Mas a principal motivação de Kerenski parece ter sido a política interna: ele, assim como alguns generais russos, pensava — ou esperava — que uma ofensiva restauraria o Exército em colapso e suprimiria a rebelião interna. Em outras palavras, o próprio colapso do Exército russo servia de justificativa fundamental para a ofensiva.[136] "A guerra no front vai comprar a paz na retaguarda e no front", era o que se dizia.[137]

Desse modo, o Governo Provisório assumiu de bom grado a guerra fatalmente impopular do tsar. Kerenski, então apenas o ministro da Guerra, partiu para a frente de batalha a fim de reanimar o Exército, tal como fizera Nicolau II, ficando rouco de tanto arengar para as tropas sobre a ofensiva pela "liberdade". Mais de um soldado exclamou: "De que adianta esse slogan sobre terra e liberdade se tenho de morrer?". Os agitadores bolcheviques de Lênin invadiram os regimentos no front, junto com cerca de trinta guarnições urbanas, para minar o Exército, mas também para superar seus principais alvos: os agitadores mencheviques e os socialistas revolucionários. Os bolcheviques inundaram soldados e marinheiros altamente receptivos com materiais radicais de fácil digestão que caracterizavam a guerra como um sacrifício do sangue russo para os ricaços ingleses e franceses.[138] "Um único agitador", lamentou um general da linha de frente russa, "pode mobilizar um regimento inteiro com a propaganda dos ideais bolcheviques."[139] E aonde os bolcheviques não chegavam, chegava a propaganda alemã. Um soldado russo leu em voz alta um artigo do *Mensageiro Russo*, jornal alemão em língua russa, que dizia que "os ingleses querem que os russos derramem a última gota de seu sangue para a maior glória da Inglaterra, que busca seu lucro em tudo".[140] Não foi apenas a guerra horrenda que precipitara a queda da autocracia, mas também a ofensiva militar que possibilitou aos bolcheviques associar seu partido ao estado de ânimo da maior organização de massas do país, os 6 milhões ou 7 milhões de soldados no front, conseguindo um avanço espetacular para "entrincheirar o bolchevismo".[141]

Seria fácil jogar toda a culpa interna em Kerenski. Sua insistência em uma ofensiva militar contra o inimigo externo com o objetivo de derrotar o inimigo interno valeu a ele, o "revolucionário democrata", uma imagem não melhor que a do tsar e dos "reacionários" que haviam começado a matança em 1914. Não menos espantoso, no entanto, é o fato de o Soviete de Petrogrado, controlado por um bloco revolucionário menchevique--socialista, e até mesmo os comitês eleitos dos soldados terem apoiado a ofensiva militar de junho, e terem-no feito contra a vontade dos soldados e marinheiros que alegavam representar. Irákli Tseretéli, o menchevique georgiano, tinha chegado ao topo do Soviete defendendo uma posição que chamou de "defensismo revolucionário": se o Exército russo (de algum modo) continuasse a lutar, o Soviete (de algum modo) organizaria uma paz negociada "sem anexações", pressionando o público nos países Aliados.[142] Viktor Tchernov, líder dos SRs, apoiou a ideia, e o mesmo fizeram mencheviques proeminentes no Soviete (embora não o cético Iúli Mártov). Mas a proposta de uma conferência internacional em Estocolmo de socialistas pela paz, em junho de 1917, não se concretizou: Grã-Bretanha e França não tinham interesse em uma paz "democrática": elas queriam a derrota da Alemanha.[143] Sem a parte da "paz", a posição de Tseretéli, apesar de seu repúdio às anexações, equivalia a uma continuação da guerra, a mesma política do Governo Provisório. O *Pravda* deleitava-se em publicar dados relativos aos lucros em tempo de guerra de fábricas de propriedade privada e em pôr o Soviete ao lado do Governo Provisório como "órgão executivo" dos "senhores capitalistas e banqueiros".[144] Para as massas, a posição do Soviete de Petrogrado e dos comitês dos soldados tornou-se incompreensível: a guerra era imperialista, mas deveria continuar?[145] Mas, pior do que isso, a maioria do Soviete concordava que a Rússia deveria *atacar*? Os socialistas moderados aferraram-se ao princípio de cooperar com "a revolução burguesa", isto é, com o Governo Provisório e o Partido Democrata Constitucional. Em parte, também, pensavam que a ofensiva ajudaria a aumentar o poder de barganha da Rússia com as recalcitrantes Grã-Bretanha e França.[146] Os socialistas não bolcheviques estavam mortalmente errados.

Uma vez que os Aliados se recusavam a negociar o fim da guerra sem uma vitória decisiva, uma postura de defesa estratégica era a única política viável, tanto para o Governo Provisório como para o Soviete. Simultaneamente, o governo russo poderia ter roubado o holofote da extrema esquerda, tentando negociar uma paz em separado aceitável com a Alemanha. Se esse esforço falhasse, os alemães arcariam com a culpa, dando ao governo alguma legitimidade para permanecer nominalmente na guerra. Mas mesmo que não se conseguisse chegar a um consenso no establishment russo para romper com os Aliados e se aproximar da Alemanha separadamente, uma *ameaça* de fazê-lo poderia ter sido empunhada como moeda de troca para forçar os Aliados a aceitarem o desejo tardio do Governo Provisório, tal como publicamente professado, por fim, em uma conferência formal entre Aliados para discutir (e talvez redefinir) os objetivos da guerra.[147]

Em setembro-outubro de 1916, depois que o impulso da ofensiva de Brussílov fora detido, a Rússia tsarista e a Alemanha mantiveram conversações secretas para uma paz em separado na Suécia, Dinamarca, Suíça e em Kovno (um território da Rússia imperial sob ocupação alemã). Grã-Bretanha e França, ao saber dessas conversações, trataram de assinar novos acordos financeiros com a Rússia, concordando finalmente com alguns pedidos russos de longa data.[148] A Rússia dependia de seus parceiros Aliados para finanças e materiais, mas seu poder de barganha talvez fosse ainda maior em 1917. Seja como for, uma postura estritamente defensiva teria permitido uma trégua para esperar e ver, enquanto a entrada dos Estados Unidos na frente ocidental ganhava força.

Em vez disso, a aposta lunática da ofensiva de Kerenski e do Soviete começou em 18 de junho (1º de julho no calendário ocidental) com a maior barragem de artilharia da história da Rússia até então: dois dias sem parar, aproveitando um suprimento colossal de armas pesadas e projéteis produzidos pela classe operária russa (80% da qual trabalhavam na produção para a guerra). Apesar de algum sucesso inicial, especialmente das tropas sob o comando do general Kornílov, muitas unidades russas se recusaram a avançar; algumas tentaram matar seus comandantes, enquanto outras realizaram reuniões para discutir como escapar do inferno.[149] O principal avanço russo foi contra o "alvo fácil" da Áustria-Hungria — uma lição da ofensiva de Brussílov em 1916 —, mas a besta despertada do Exército alemão contra-atacou sem piedade.[150] A ofensiva gratuita da Rússia fez os alemães penetrarem muito mais longe em território da Rússia — tomaram a Ucrânia —, ao mesmo tempo que destroçavam o Exército russo.[151] A ofensiva também destroçou a autoridade dos deputados socialistas moderados no Soviete e dos comitês dos soldados.[152] Na tentativa de convencer os soldados a obedecer às ordens e voltar para a batalha, membros do Comitê Executivo do Soviete foram espancados e levados sob custódia, inclusive Nikolai Sokolov, um dos redatores da Ordem nº 1. Conforme escreveu apropriadamente um historiador: "Tudo o que aconteceu em 1917 poderia ser visto como uma batalha política entre aqueles que viam a revolução como um meio de levar a guerra até o fim e aqueles que viam a guerra como um meio de levar a revolução até o fim".[153]

O PRIMEIRO GOLPE FRACASSADO DE KERENSKI

Na primavera de 1917, de volta à Rússia, Lênin ocupou a margem da política russa — a margem esquerda —, de onde disparava contra Kerenski e falava mal dos outros marxistas do Soviete, mas a ofensiva de junho de 1917 lançada por Kerenski, apoiada pelo Soviete, justificou o extremismo de Lênin, que deixou de ser extremado. Significativamente, até mesmo o talentoso Liev Trótski aderiu.

Trótski era uma estrela em ascensão. Quase da mesma idade de Stálin, vinha de um canto diferente do império: do sul da Ucrânia, na Zona de Assentamento dos judeus, mais de trezentos quilômetros ao norte do porto de Odessa, no mar Negro. Seu pai, David Bronstein, era analfabeto, mas, graças ao trabalho duro, tornara-se um fazendeiro de tanto sucesso que, quando seu filho nasceu, a família possuía cem hectares de terras e arrendava outros duzentos.[154] Sua mãe, Aneta, também súdita leal do tsar, era uma mulher culta que escolhera a vida de esposa de fazendeiro e transmitira o amor da aprendizagem aos seus quatro filhos (sobreviventes de oito partos). O jovem Leib — Liev em russo — foi mandado para uma *heder*, escola primária judaica, embora não soubesse iídiche, mas foi transferido para uma escola alemã ligada a uma igreja luterana, em Odessa, onde foi o melhor aluno de sua turma, apesar de ter sido suspenso por um ano, devido a um conflito com um professor de francês suíço. Em sua próxima escola, na cidade de Nikolaiev, dedicou-se à literatura e à matemática; testemunhas oculares disseram que ele não tinha amigos íntimos. "A essência fundamental da personalidade de Bronstein", explicou G. A. Ziv, que o conheceu naquela época, "era demonstrar a sua vontade, sobressair acima de todos e em toda parte, e sempre ser o primeiro."[155] Por volta dos dezessete anos, Bronstein tornou-se revolucionário. Como Stálin, foi preso ainda adolescente (em 1898) e exilado na Sibéria. Em 1902, adotou o nome de família de um de seus carcereiros, tornando-se Trótski, fugiu e encontrou Lênin e Mártov, então aliados, em Londres, com 23 anos de idade. No ano seguinte, no fatídico II Congresso do Partido Operário Social-Democrata Russo, Trótski ficou do lado de Mártov na controvérsia sobre a organização do partido e logo atacou Lênin pela imprensa. Mas Trótski nunca se aproximou dos mencheviques e manteve distância de todos os grupos. Por longo período viveu na Europa, onde contribuiu para periódicos social-democratas alemães e gozou da companhia do papa marxista Karl Kautsky, a quem chamou de "um velho baixo de cabelos brancos e muito alegre", e com quem travou uma famosa polêmica sobre a necessidade do terrorismo ("o terror pode ser uma arma muito eficaz contra uma classe reacionária que não quer sair de cena").[156]

Trótski estava por acaso em Nova York quando o tsar caiu, e partiu para a Rússia em abril de 1917. No caminho, foi preso no Canadá, e libertado graças ao então ministro das Relações Exteriores, Miliukov, chegando à estação Finlândia de Petrogrado no dia 4 de maio, um mês depois de Lênin.[157] Imediatamente, o musculoso, vivaz e intransigente Trótski, com seu pincenê, se tornou uma sensação em suas rondas pelas maiores fábricas, bem como pelos quartéis da guarnição, que terminavam quase sempre à noite, no Cirque Moderne da capital, do outro lado do rio, em frente ao Palácio de Inverno, onde eletrizava enormes multidões com sua oratória política. O "anfiteatro nu, sombrio, iluminado por cinco pequenas luzes penduradas em um fio fino, estava lotado da arena até o teto, passando pelas fileiras de bancos íngremes e sujos, por soldados, marinheiros, operários, mulheres, todos ouvindo como se suas vidas dependessem daquilo", escreveu John Reed, o ex-líder de torcida de Harvard.[158] Trótski recordou que "cada centímetro quadrado estava cheio, cada corpo humano comprimido até seu limite. Meninos pequenos estavam sentados sobre os ombros dos pais; bebês mamavam nos seios das mães. [...] Abri caminho até a plataforma através de uma trincheira humana estreita, às vezes carregado por sobre as cabeças".[159] Um social-democrata comentou na época: "Aqui está um grande revolucionário que chegou, e tem-se a sensação de que Lênin, por mais inteligente que seja, está começando a se apagar ao lado do gênio de Trótski".[160] De fato, em 10 de maio, Lênin pedira a Trótski para se juntar aos bolcheviques.[161] Tendo zombado de Lênin impiedosamente por anos, e se afastado ainda mais dele em termos intelectuais durante a guerra, no verão de 1917 Trótski concordou em aderir aos bolcheviques, convertendo-se ao leninismo, isto é, à posição que defendia a transferência imediata do poder aos sovietes.

Mudanças estruturais subjacentes foram ainda mais decisivas. Acelerou-se a fragmentação de grande parte do Exército imperial russo com a formação de exércitos nacionais de facto — especialmente de ucranianos e finlandeses, mas também estonianos, lituanos, georgianos, armênios, tártaros da Crimeia —, prefigurando assim a dissolução do império.[162] O Governo Provisório se tornara ainda mais uma casca. O Soviete de Petrogrado e, sobretudo, os comitês de soldados estavam profundamente desacreditados. Mas, em julho de 1917, enquanto o cenário político continuava a se mover rapidamente na direção de Lênin, o partido bolchevique foi quase aniquilado.

Os democratas constitucionais retiraram-se do Governo Provisório de coalizão em 2 de julho; entre 3 e 5 de julho, em meio a rumores de que a guarnição da capital seria mobilizada para o front, uma revolta confusa ocorreu em Petrogrado envolvendo marinheiros de Kronstadt e um regimento de metralhadoras. Os soldados e marinheiros, trabalhando com radicais bolcheviques de escalão inferior, sob o lema "Todo o poder aos sovietes", conseguiram tomar os principais cruzamentos da capital. Centenas de pessoas foram mortas ou feridas. Kerenski estava no front da guerra. Em 4 de julho, uma enorme multidão no Palácio Tauride exigiu uma reunião com um líder do Soviete; quando Viktor Tchernov, o líder do Partido Socialista Revolucionário, apareceu, um marinheiro gritou: "Pegue o poder, seu filho da puta, quando ele é entregue a você". Os rebeldes levaram Tchernov sob custódia e ele teve de ser resgatado.[163] Mas uma chuva torrencial no início da noite dispersou a multidão.[164] O alto escalão bolchevique hesitou em aproveitar o momento, e Kerenski logo contra-atacou, acusando-os de traição pela insurreição armada e por receberem fundos de um inimigo estrangeiro. Foi uma jogada brilhante, tirando proveito de uma situação que ele não havia criado.

É incontestável que os bolcheviques estavam recebendo fundos alemães contrabandeados. De algum modo, o partido conseguia publicar jornais com uma tiragem total de mais de 300 mil exemplares por dia; a circulação do *Pravda* era de 85 mil exemplares. Em comparação com a imprensa burguesa (1,5 milhão por dia na capital), ou toda a imprensa socialista revolucionária menchevique (700 mil), as publicações bolcheviques podem parecer pouca coisa, mas o partido publicava também muitos panfletos e centenas de milhares de folhetos que requeriam financiamento.[165] Documentos que mostravam que Lênin e outros bolcheviques estavam na folha de pagamento dos alemães apareceram em 5 de julho nos jornais russos. "Agora eles vão nos fuzilar", disse Lênin a Trótski. "É o momento mais vantajoso para eles."[166] Na manhã de 6 de julho, o órgão de contraespionagem do Governo Provisório destruiu as redações e gráficas do *Pravda*. Tropas russas invadiram a "fortaleza" bolchevique (a mansão Krzesińska), onde cerca de quatrocentos bolcheviques, apesar de fortemente armados, se renderam. Andrei Vichínski, chefe da milícia dos cidadãos do centro de Moscou — e futuro juiz carrasco no terror de Stálin —, assinou mandados de prisão para 28 dos dirigentes bolcheviques, inclusive Lênin.[167] Informado, Lênin fugiu para o apartamento da família Allilúiev com a ajuda de Stálin, e depois para a Finlândia russa, com Zinóviev. Diz o folclore que Stálin raspou pessoalmente a barba de Lênin, para que ficasse parecido com um camponês finlandês.[168] Lênin pediu que lhe levassem seus cadernos, e nesse refúgio escreveu *O Estado e a revolução*, cujo texto terminaria em agosto-setembro de 1917. Na obra, ele afirmava que todos os Estados eram instrumentos para a dominação de certas classes sobre outras, de modo que qualquer nova classe no poder (como a classe operária) precisava criar sua forma própria de Estado —

"a ditadura do proletariado" — para suprimir os remanescentes das classes dominantes antigas e distribuir recursos durante a transição.[169] Enquanto isso, duas agências do Governo Provisório reuniam volumes e mais volumes de materiais de acusação, preparando o julgamento público de Lênin e seus camaradas por traição.[170]

Assim, não obstante o desastre da ofensiva militar de Kerenski, julho de 1917 parecia ser um ponto de inflexão, graças à ofensiva de Kerenski contra os bolcheviques. Ele iria arrebatar a vitória das garras da derrota. Ao todo, cerca de oitocentos bolcheviques e radicais foram presos, entre eles Kámenev, que quase foi linchado, mas não Stálin (por razões que permanecem obscuras).[171] Em 6 de julho, o ministro da Guerra voltou do front para a capital, em meio à divulgação das detenções, e no dia seguinte assumiu todo o governo, quando o primeiro-ministro nominal, príncipe Gueórgi Lvov, renunciou. Lvov observou que, "para salvar o país, é necessário agora fechar o Soviete e disparar contra o povo. Não posso fazer isso. Kerenski pode".[172]

Lvov, que desapareceu em um manicômio de Moscou, estava errado: tinha chegado o momento, não de Kerenski, mas de Lavr Kornílov. Em 7 de julho, Kerenski promoveu Kornílov ao comando da frente de batalha sudoeste. Em 12 de julho, Kerenski anunciou a restauração da pena de morte no front por indisciplina, e dois dias depois o aperto da censura militar. Não estava claro quem poderia aplicar essas medidas, mas em 18 de julho ele demitiu o general Brussílov e propôs Kornílov para comandante supremo do Exército. Antes de aceitar a oferta da Kerenski, Kornílov consultou os outros generais. Em março de 1917, quando havia substituído Serguei Khabálov no comando do distrito militar de Petrogrado, coubera a ele cumprir a ordem de prender a tsarina Alexandra, mas, no mês seguinte, quando tentou usar tropas para reprimir distúrbios na capital, o Soviete o forçou a suspender a ordem, alegando direito exclusivo para comandar a guarnição; indignado, Kornílov solicitara transferência para um comando no front. Lá, homens alistados faziam demandas aos oficiais, e seu sucesso de junho de 1917 ao abrir um buraco nas linhas austríacas sumiu quando as tropas russas se recusaram a avançar. O recurso ao terror no front contra os soldados russos se transformara em pilhagem, atrocidades contra civis e uma indisciplina ainda maior.[173] Não obstante, Kornílov exigia agora a castração do poder dos comitês de soldados e a reinstituição da pena de morte nas guarnições da retaguarda. Kerenski já ouvira demandas semelhantes, até mesmo de moderados do Estado-Maior, em uma conferência realizada no quartel-general em 16 de julho.[174] Kornílov exigia ainda autonomia completa nas operações militares e nas decisões sobre pessoal, bem como um plano de mobilização de guerra para a indústria, tal como o general Ludendorff tinha na Alemanha.[175] Em 21 de julho, os termos do ultimato de Kornílov vazaram para a imprensa, e sua popularidade na direita política disparou.[176] Verbalmente, Kerenski concordou com as condições de Kornílov, então o general assumiu o comando supremo, mas, quando o Ministério da Guerra elaborou os documentos para atender às condições de Kornílov, Kerenski protelou sua assinatura, arrastando o processo pelo mês de agosto adentro, aumentando a ira e as suspeitas de Kornílov, ao mesmo tempo que cresciam o temor de Kerenski do homem que ele havia promovido.[177]

Os bolcheviques convocaram um congresso do partido entre 26 de julho e 3 de agosto de 1917, o primeiro desde 1907 (o sexto, contando-se o da fundação do Partido Operário Social-Democrata Russo, em Minsk, em 1898, último a ter lugar em território russo). Os 267 participantes, entre eles 157 delegados com direito a voto, muitos das províncias, reuniram-se sob ameaça de prisão no distrito operário de Vyborg, em Petrogrado. Com Lênin e Zinóviev escondidos e Kámenev e Trótski na prisão, Svérdlov, ajudado por Stálin, organizou o encontro. Eles fizeram um trabalho de formiguinha, trazendo representantes de quase trinta regimentos do Exército da linha de frente e noventa fábricas de Petrogrado e unidades de guarnição, cujo ânimo era radical. Stálin destacou-se ao fazer a saudação de abertura e o principal informe político. "Ele estava com um casaco cinza modesto e de botas, e falava em voz baixa, sem pressa, completamente calmo", observou uma testemunha, que acrescentou, sobre a "georgianidade" de Stálin, que outro companheiro na mesma fileira "não pôde reprimir um leve sorriso quando o orador proferiu uma determinada palavra em um tom de especialmente suave com seu sotaque especial".[178] Stálin admitiu o grave dano causado pelo "prematuro" levante de julho. Mas, em tom desafiador, perguntou "o que é o Governo Provisório?", e respondeu: "É um fantoche, uma tela miserável por trás da qual estão os Democratas Constitucionais, a camarilha militar e o Capital dos Aliados — os três pilares da contrarrevolução". Haveria explosões, ele previu.

No último dia do congresso, na discussão do projeto de resolução baseado em seu relatório, Stálin se opôs a uma proposta de Evguéni Preobrajénski de incluir uma referência à revolução no Ocidente. "Não podemos excluir a possibilidade de que a Rússia venha a ser o país que abra a trilha para o socialismo", exclamou ele. "Nenhum país até agora gozou da liberdade que existe na Rússia; nenhum tentou concretizar o controle dos operários sobre a produção. Além disso, a base de nossa revolução é mais ampla do que na Europa Ocidental, onde o proletariado está completamente sozinho ante a burguesia. Aqui, os trabalhadores têm o apoio das camadas mais pobres do campesinato. Finalmente, na Alemanha, a máquina do poder estatal está funcionando incomparavelmente melhor do que a máquina imperfeita de nossa burguesia [...]. É necessário desistir da ideia antiquada de que só a Europa pode nos mostrar o caminho. Há um marxismo dogmático e um marxismo criativo. Eu defendo este último."[179]

Essas palavras notáveis evidenciam um nível de astúcia quase sempre negado a Stálin. Seu argumento convenceu, e uma emenda sobre a vitória da revolução socialista na Rússia, "sob a condição de uma revolução proletária no Ocidente", foi rejeitada.

Graças à análise perspicaz de Stálin, e ao respeito geralmente grande que tinha pela Rússia, de que Lênin não compartilhava, a posição de Lênin continuou ascendente, mesmo em sua ausência.[180] Mas Lênin ainda tinha diante de si a ameaça de um julgamento, e quando Stálin disse aos delegados do congresso que, sob certas condições, Lênin e Zinóviev poderiam submeter-se aos tribunais, foi duramente censurado. Mas o prometido julgamento dos bolcheviques nunca se concretizaria. Kerenski permitiu que seu duelo com Kornílov ofuscasse sua batalha com Lênin.[181]

O SEGUNDO GOLPE FRACASSADO DE KERENSKI

Em meados de julho, Kerenski convocou uma Conferência de Estado para meados de agosto em Moscou, a antiga capital, com convites para industriais, proprietários de terras, todos os antigos deputados da Duma, órgãos governamentais locais, instituições de ensino superior, representantes de sovietes e de organismos de camponeses, e altas patentes militares — cerca de 2500 participantes, que se reuniram no teatro Bolchói.[182] E foi de fato um grande teatro. O discurso de abertura de Kerenski, em 12 de agosto, causou forte impressão, confirmando aparentemente sua autoridade. Parece que a intenção de sua conferência era "consolidar" as forças políticas da Rússia, embora os jornais dissessem, meio de brincadeira, que ele chegara a Moscou, local de coroação dos tsares, "para coroar a si mesmo". O jornal do Soviete, empregando marcadores de classe, se queixou de que "fraques, casacas e camisas engomadas predominam sobre camisas russas de fixação lateral [populares]".[183] Mas, por sua vez, o Soviete havia excluído os bolcheviques de sua delegação porque eles não prometiam respeitar as decisões coletivas (inclusive a de abandonar ou não o congresso). Operários moscovitas desafiaram o Soviete e fizeram uma greve selvagem de 24 horas no dia da abertura, pela qual os bolcheviques reivindicaram o crédito.[184] "Os bondes não estão funcionando", noticiou o *Izvéstia*, "cafés e restaurantes estão fechados", inclusive o bufê dentro do Bolchói. Os trabalhadores do gás também entraram em greve e a cidade ficou às escuras.[185]

Kornílov chegou do front à luz do dia, em 13 de agosto, um domingo. Na estação Alexandróvski (mais tarde Bielorrussa), seus turcomanos com mantos vermelhos saltaram para a plataforma com sabres desembainhados, formando filas chamativas. Em meio a um mar de cadetes militares de aparência vistosa e bandeiras tricolores russas, o pequenino Kornílov surgiu em uniforme de gala e ganhou um banho de flores. Como um tsar, recebeu ministros, soldados e dignitários que o aguardavam, depois sua carreata de vinte sedãs, com o general em carro aberto, desfilou pela cidade, provocando ovações, inclusive quando parou para orar diante do ícone de Maria, Mãe de Deus, no santuário de Iverskaia (como faziam todos os tsares). À noite, outra cavalgada de simpatizantes — o ex-chefe do Estado-Maior e comandante supremo general Alekseiev, o líder dos democratas constitucionais Miliukov, o líder da extrema direita Purichkévitch — foi recebida pelo comandante supremo russo, um calmuco.[186]

O momento era fascinante: uma assembleia de Estado de todo o establishment russo, representantes da esquerda que haviam ignorado os bolcheviques, uma pátria em perigo real de conquista estrangeira, e aspirantes a salvador rivais.

Na sessão de 14 de agosto, presidida por Kerenski, ele convidou o comandante supremo para a tribuna. Um discurso intencionalmente inflamatório de um aliado cossaco de Kornílov fora encenado para fazer Kornílov parecer bem razoável.[187] "Perdemos toda a Galícia, perdemos toda Bucóvina", contou o salvador calmuco à plateia, alertando que os alemães estavam batendo às portas de Riga, a caminho da capital russa. Kornílov exigiu medidas fortes.[188] A direita explodiu em aplausos, enquanto a esquerda se mantinha em silêncio ou vaiava. Essa poderia ter sido a oportunidade de reverter a queda da Rússia e consolidar o establishment: alguns industriais queriam que a Conferência de Estado se tornasse um órgão permanente. Membros do Soviete que apoiavam a ordem e a autoridade poderiam ter sido alvos de cooptação e dividido a esquerda. Em 9 de agosto, Stálin, escrevendo no jornal *Trabalhador e Soldado*, havia advertido que "a contrarrevolução precisa de Parlamento próprio, um órgão burguês--latifundiário, formado sem o voto dos camponeses e destinado a substituir a ainda não convocada Assembleia Constituinte", "a única representante de todo o povo trabalhador".[189] Quatro dias depois, na abertura da Conferência de Estado de Moscou, Stálin escrevera que "os 'salvadores' fazer parecer que estão convocando uma 'simples reunião' que não vai decidir nada, [...] mas a 'simples reunião' pouco a pouco será transformada numa 'reunião estatal', depois numa 'grande assembleia', depois, em [...] um 'longo Parlamento'".[190] Kerenski, no entanto, não tinha nenhuma estratégia para a Conferência de Estado de Moscou, além de três dias de discursos.[191] Dela não decorreu nada institucional.

Até do ponto de vista simbólico ela fracassou. Em vez de uma demonstração de unidade patriótica, a Conferência (como Miliukov observaria) confirmou "que o país estava dividido em dois campos, entre os quais não poderia haver conciliação".[192] Pior do que isso: não apenas Stálin, mas toda a imprensa esquerdista, ao observar a exibição de nobres, industriais e militares reunidos, soou alarmes ainda mais histéricos sobre um suposto aumento da ameaça iminente de "contrarrevolução". Kerenski, a pessoa que estava por trás do encontro, chegaria à mesma conclusão: "Após a Conferência de Moscou, ficou claro para mim que a próxima tentativa de golpe de Estado viria da direita e não da esquerda".[193]

Kerenski tinha de culpar a si mesmo por levantar expectativas de soluções ousadas que eram instantaneamente frustradas. Um colapso completo no front continuou a ameaçar a própria sobrevivência do Estado russo, e muitos constitucionalistas — Miliukov, Lvov, Rodzianko — se inclinaram para um golpe militar de Kornílov, ainda que se preocupassem com a falta de apoio das massas populares e ignorassem os aspectos práticos do poder. A ideia, ou fantasia, era que Kornílov "restaurasse a ordem" pela força, possivelmente com uma ditadura militar, e, mais tarde, convocasse uma Assembleia Constituinte em condições favoráveis.[194] Pensamentos semelhantes de imposição da ordem tinham ocorrido ao general Alekseiev, ao vice-almirante Aleksandr Koltchak (comandante da frota do mar Negro até junho) e a outros que estavam em conversas com Kornílov. Este último certamente contemplava um golpe contra o Governo Provisório e o Soviete, a fim de suprimir um golpe bolchevique antecipado, enforcar Lênin e seus associados, dissolver o Soviete e talvez instalar-se no poder, pelo menos temporariamente.[195] Mas essa parecia ser a pior opção. O aspirante a conspirador militar não tinha comunicações seguras: motoristas, ajudantes, operadores de telégrafo relatariam atividades suspeitas às comissões dos soldados e ao Soviete.[196] Então Kornílov trabalhou *com* o Governo Provisório, que, como acertadamente concluiu, era incapaz de controlar a situação. Ainda assim, Kerenski contou a Kornílov que queria uma "autoridade forte", e trabalhar com o governo permitia a circulação legal das tropas. Em 6-7 de agosto, com a aprovação de Kerenski, Kornílov ordenara ao general de divisão Aleksandr Krymov, comandante do 3º Corpo de Cavalaria, que levasse suas tropas do sudoeste (frente romena) para Velíkiye Lúki (província de Pskov). As tropas de Krymov, uma parte das quais era conhecida como a Divisão Selvagem, contavam com montanhistas muçulmanos do Cáucaso Norte (tchetchenos, inguchétios, daguestanos), que eram considerados os mais confiáveis de todo o Exército e tinham sido usados para a imposição política no front.[197] Em 21 de agosto, Riga caiu, exatamente como Kornílov advertira na Conferência de Moscou, e Kerenski autorizou Kornílov a mover as tropas da linha de frente para perto de Petrogrado, a fim de defender a capital e reprimir um golpe dos bolcheviques, supostos agentes dos alemães. Essa ação permaneceu secreta.

Os socialistas moderados ainda defendiam uma postura nem/nem: nem negociar com a extrema direita contrarrevolucionária nem fazer tratos com a extrema esquerda em busca da conquista do poder.[198] Mas, para os bolcheviques, a polarização era bem-vinda e inevitável. "Ou, ou!", escreveu Stálin em 25 de agosto de 1917. "Ou com os latifundiários e capitalistas, e então o triunfo completo da contrarrevolução. Ou com o proletariado e o campesinato pobre, e então o triunfo completo da revolução. A política de conciliação e coligação está condenada ao fracasso."[199]

O movimento das tropas de Krymov, por ordem de Kornílov, com aparente aprovação de Kerenski, a fim de antecipar um suposto golpe bolchevique e fortalecer a autoridade política em nome do Governo Provisório irremediavelmente capenga, transformou-se em um confronto entre Kerenski e Kornílov. A partir do momento em que se iniciou, entre os dias 26 e 31 de agosto de 1917, os analistas se dividiram em duas interpretações aparentemente opostas.[200] A primeira, que era um golpe de Kornílov para tornar-se ditador, sob o pretexto de proteger o Governo Provisório. A segunda, que era uma provocação monstruosa de Kerenski para derrubar Kornílov e tornar-se ditador. Ambas as interpretações estão corretas.[201]

Por volta de meia-noite de sábado, 26 de agosto — após uma série de mensagens muito complicadas entre Kerenski e Kornílov, levadas por mensageiros e pseudomensageiros —, o primeiro-ministro convocou uma reunião de emergência do gabinete e pediu "plena autoridade (*vlast*)" para combater um complô contrarrevolucionário. Todos os ministros do Governo Provisório renunciaram.[202] Pouco depois, às 2h40 da madrugada de domingo, 27 de agosto, Kornílov telegrafou ao governo para dizer que, conforme acordado, com o objetivo de acabar com o levante bolchevique previsto para a capital, o Exército do general Krymov "estará reunido nos arredores de Petrogrado perto da noite de 28 de agosto. Solicita-se que Petrogrado seja colocada sob lei marcial em 29 de agosto".[203] Às quatro da manhã, Kerenski telegrafou a Kornílov, demitindo-o. No quartel-general, o Estado-Maior considerou a ordem uma falsificação ou um sinal de que Kerenski tinha sido tomado como refém pelos esquerdistas radicais. Kornílov mandou Krymov acelerar. Na capital, vários personagens ingênuos procuravam mediar o "mal-entendido", mas Kerenski os rejeitou. Em 27-28 de agosto, os jornais publicaram edições especiais com uma acusação de traição contra o comandante supremo, assinada por Kerenski.[204] Enfurecido, Kornílov telegrafou a todos os comandantes de linha de frente, dizendo que Kerenski era um mentiroso agindo sob pressão bolchevique "em harmonia com os planos do Estado-Maior alemão". Em seu apelo público, enfatizou que era "filho de um camponês cossaco" e afirmou o desejo de "somente salvar a Grande Rússia. Juro conduzir o povo da vitória sobre o inimigo até a Assembleia Constituinte, onde ele irá decidir seu próprio destino e escolher seu novo sistema político".[205] Kerenski voltou-se para o Soviete a fim de reunir forças para subverter a "contrarrevolução". Nas ferrovias, os trabalhadores e agitadores muçulmanos especialmente despachados assediaram as forças da Divisão Selvagem de Krymov. Trótski escreveria que "o exército que se levantou contra Kornílov era o futuro exército da Revolução de Outubro".[206] Na verdade, nenhuma luta aconteceu.[207] Krymov entrou em Petrogrado de automóvel na noite de 30-31 de agosto com a segurança pessoal garantida por Kerenski, e obedeceu a uma convocação do primeiro-ministro, que lhe disse para se apresentar a um tribunal militar. Krymov foi então para um apartamento particular e se matou com um tiro.[208]

Stálin regozijou-se com o "rompimento da contrarrevolução", mas advertiu que sua derrota continuava incompleta. "Contra os latifundiários e capitalistas, contra os generais e banqueiros, pelos interesses dos povos da Rússia, pela paz, pela liberdade, pela terra, este é o nosso lema", escreveu ele em 31 de agosto "A criação de um governo de trabalhadores e camponeses, esta é a nossa tarefa."[209] No cativeiro, o ex-tsar Nicolau II expressou, em particular, sua decepção por Kornilov fracassar no estabelecimento de uma ditadura militar. "Ouvi, então, pela primeira vez, o tsar se arrepender de sua abdicação", lembrou o tutor da corte Pierre Gilliard.[210] Em qualquer tentativa de golpe, até mesmo muitos de dentro continuam confusos e incertos, e o apoio se materializa principalmente se e quando o golpe começa a parecer bem-sucedido.[211] A Entente, em 28 de agosto, indicou que apoiaria os esforços da Rússia para "unificar" o país como parte do esforço de guerra conjunto; os interesses comerciais russos teriam apoiado Kornilov. Mas ele nem chegou a sair do quartel-general em Mogilev.[212] Tratava-se de um golpe militar estranho que dependia da cooperação de Kerenski, que efetivamente traiu Kornilov antes que o general tivesse chance de traí-lo.[213] Mas o lance de Kerenski contra Kornilov constituiu seu segundo golpe fracassado, após o golpe abortado de julho contra Lênin e os bolcheviques.

Jamais saberemos se existia no verão de 1917 um movimento direitista genuinamente de massa a ser galvanizado e, quem sabe, consolidado. Ainda assim, talvez possamos encontrar algumas luzes sobre as massas na história de um periódico de direita, o *Jornal Pequeno* (referindo-se à gente "pequena" ou comum), fundado em 1914 e publicado por Aleksei A. Suvórin (Poróchin), filho de um famoso articulista conservador russo. De formato grande, vulgar e gramaticalmente precário, o *Jornal Pequeno* publicava crônicas brilhantes da vida real em prosa e conquistou uma massa de seguidores entre as camadas inferiores de Petrogrado: operários, soldados, inválidos de guerra, desempregados, os que não tinham o dinheiro do aluguel, aqueles enganados por comerciantes — em suma, grande parte da capital em tempo de guerra. O jornal provocava lágrimas de riso nos leitores com esboços da vida cotidiana, mas também fustigava a covardia política das elites, fazia oposição aos partidos socialistas e exigiu a prisão de Lênin antes da emissão de um mandado pelo Governo Provisório. Acusava o Governo Provisório de Kerenski de inépcia e covardia, vangloriava-se das anexações de guerra mais ousadas e exigia que a liderança do governo passasse para homens fortes (especialmente o vice-almirante Koltchak). Publicava também as porcentagens de judeus nos sovietes, usando um código familiar como "Rabinóvitch". O Soviete de Petrogrado considerava o *Jornal Pequeno* uma "publicação-pogrom" e exortou os gráficos a não imprimi-lo. Mas, em junho de 1917, a circulação do periódico já aumentara para 109 mil exemplares, maior que a do *Pravda*, e alcançava leitores na guarnição da capital, bases navais próximas e fábricas. Dito isso, é impossível saber se a sua popularidade decorria principalmente de seu entretenimento indecente ou de seus apelos por uma "mão forte".[214]

Depois que Kornílov foi queimado, o jornal perdeu sua popularidade. Mas mesmo antes disso, ele passara a se autoproclamar "socialista", quase como os protonacional-socialistas, embora sem muita convicção no que se referia ao socialismo. Essa adesão reveladora, ainda que débil, demonstrava que qualquer movimento que se pretendesse à direita tinha agora de ser "socialista". O socialismo, de alguma forma, era uma estrutura inevitável no cenário político. O socialismo era também um dos principais males que motivavam Kornílov e outros da direita política. A guerra que ajudara a tornar a aspiração pelo socialismo quase universal estreitou muito as opções da direita russa. E o próprio instrumento que Kornílov queria usar para restaurar a ordem — o Exército — era agora mais do que nunca o instrumento fundamental da revolução socialista.[215]

DESVANECIMENTO

Infeliz Kerenski. Apesar de compreender a extrema necessidade de fortalecer a autoridade central, fez um jogo duplo que o forçou a uma escolha diabólica: ficar com o Estado-Maior do Exército (indispensável para impedir um golpe de esquerda) ou com o democraticamente eleito Soviete (que para ele significava as massas, cujo apoio tanto desejava).[216] Mas ao escolher o Soviete e desonrar Kornílov, figuras do establishment abandonaram o Governo Provisório para sempre; alguns até começaram a esperar por uma intervenção estrangeira para salvar a Rússia.[217] Dois generais do QG da frente de batalha recusaram pedidos urgentes de Kerenski para que substituíssem Kornílov. O primeiro-ministro totalmente falido — sem governo próprio, muito menos um Parlamento — foi obrigado a orientar o Exército russo a obedecer às ordens de Kornílov. "Um Comandante Supremo acusado de traição", Kornílov observou sobre si mesmo, "foi obrigado a continuar comandando seus exércitos, porque não há mais ninguém para nomear."[218]

Membros do governo instaram Kerenski a renunciar em favor do general Alekseiev. Em vez disso, ele se nomeou supremo comandante militar e designou Alekseiev, a quem havia recentemente chamado de "derrotista", para o cargo de chefe do Estado-Maior. Era o mesmo arranjo de Nicolau II. Alekseiev demorou três dias para concordar com o pedido de Kerenski; nove dias depois de nomeá-lo, Kerenski o demitiu.[219] O Governo Provisório original de onze membros, suspenso no ar, estava reduzido a um único homem. Kerenski nomeou-se chefe de um novo Conselho dos Cinco que evocava o Diretório de cinco membros da Revolução Francesa (1795-9), que visava ocupar o centro político, contra as extremas direita e esquerda; o falso Diretório da Rússia duraria nominalmente algumas semanas.[220] Os atos de Kerenski a partir de junho de 1917, em particular sua ofensiva militar, culminando com os de agosto de

1917, mudaram todo o cenário político: pulverizaram a direita, deram força à esquerda e ajudaram a empurrá-la ainda mais para a esquerda.

Em julho, o bolchevismo estava em baixa.[221] Trótski e Kámenev estavam na prisão, enquanto Lênin e Zinóviev se escondiam em um celeiro finlandês. Sobravam Svérdlov e Stálin. É duvidoso que essa dupla, sem Lênin e Trótski, pudesse ter levado o partido bolchevique ao poder. Stálin escrevia e editava o *Caminho dos Operários*, o porta-voz bolchevique que substituíra o fechado *Pravda*, enquanto Svérdlov trabalhava para manter uma organização de pé, pedindo aos provincianos que apresentassem exemplos concretos do seu trabalho (cópias de folhetos, detalhes da filiação), e depois lhes enviando instruções.[222] Mas liderar a revolução inteira, que era um fenômeno de rua e trincheira?

Não podia haver nenhuma dúvida a respeito da direção política de eventos. Apesar da realização bem-sucedida do VI Congresso do Partido no final de julho e início de agosto, o slogan "Todo o poder aos sovietes" fora arquivado, mas então, puf: a "contrarrevolução" aguardada havia tanto tempo de repente se materializou no final de agosto.[223] O slogan "Todo o poder aos sovietes!" foi ressuscitado num chamamento para mudar o poder de classe. Dizia-se que as classes dominantes estavam fracassando no comando da revolução democrático-burguesa (necessária para o socialismo); ao contrário, elas eram agora abertamente contrarrevolucionárias. Os generais não trairiam a paz. Os banqueiros não fariam reformas econômicas. Os latifundiários não redistribuiriam as terras. A burguesia estava ficando fraca demais. O poder teria de ser tomado, ou todas as conquistas, todo o processo revolucionário, estariam perdidos. Operários e camponeses teriam de liderar a revolução.[224] Os membros mais à esquerda dos socialistas revolucionários e até mesmo dos mencheviques, pela primeira vez, também aceitaram esse programa. "Nos dias de Kornílov", explicou o *Caminho dos Operários*, editado por Stálin, "o poder já tinha passado aos sovietes."[225]

A debacle de Kerenski-Kornílov inverteu completamente a situação dos bolcheviques.[226] Enquanto Kornílov e muitos outros oficiais de alta patente se submetiam à detenção no quartel-general de Mogilev, praticamente todos os bolcheviques presos que não tinham saído por conta própria foram libertados, inclusive Trótski (libertado sob fiança de 3 mil rublos em 3 de setembro). Em 25 de setembro, mesmo dia em que a ridícula ideia de Kerenski de "Diretório" foi aposentada, Trótski tornou-se presidente do Soviete de Petrogrado. Essa ascensão, da prisão para o topo do organismo popular, refletia a surpreendente maioria que os bolcheviques haviam recém-conquistado naquela assembleia. (Eles também conseguiram a maioria dos delegados ao Soviete de Moscou.) Não menos impressionante, uma grande parte das 40 mil armas que Kerenski mandara distribuir para resistir a Kornílov foi para os operários fabris; antes disso, a maioria dos trabalhadores não havia sido armada, e muitos desses "guardas ver-

231

melhos" acabariam no lado bolchevique. Stálin, escrevendo em 6 de setembro de 1917, reconheceu publicamente o presente do caso Kerenski-Kornílov: "Marx explicou a fraqueza da revolução de 1848 na Alemanha pela ausência de uma poderosa contrarrevolução que poderia ter fustigado a revolução e a fortalecido no fogo da batalha".[227] Na Rússia, ressaltava Stálin, o surgimento da contrarrevolução na pessoa de Kornílov confirmara a necessidade de "uma ruptura definitiva com os cadetes", ou seja, com o Governo Provisório. Em 16 de setembro, em mais um editorial, Stálin lançou uma exigência a plenos pulmões de transferência imediata de todo o poder aos sovietes. "A questão fundamental da revolução é a questão do poder", explicou. "O caráter de uma revolução, o seu caminho e resultado, é completamente determinado pela classe que está no poder." Assim, em nome da classe proletária, os socialistas deveriam tomar a direção da Revolução Russa.[228]

Após o amargo fracasso das "Jornadas de Julho", depois das quais os bolcheviques foram presos em massa, muitos não tinham confiança em qualquer tipo de insurreição, temendo uma possível destruição total. De seu esconderijo na Finlândia, no entanto, Lênin enviou diretivas maníacas exigindo um golpe imediato, com o argumento de que "uma onda de verdadeira anarquia pode tornar-se mais forte do que nós".[229] O mercado de ações da Rússia despencara. Desertores e criminosos promoviam saques. "Em Rostov, a prefeitura é dinamitada", noticiou um jornal de Moscou naquele outono. "Na província de Tambov há pogroms agrários. [...] No Cáucaso há massacres em vários lugares. Ao longo do Volga, perto de Kamychinsk, soldados saqueiam trens [...]".[230] Reapareceram as longas filas por pão, como em fevereiro de 1917.[231] Funcionários do suprimento de alimentos discutiam a desmobilização do Exército, porque não conseguiam alimentá-lo.[232] Kerenski, junto com um gabinete de ministros do Governo Provisório nominalmente revivido, mudou-se para a localização mais segura do Palácio de Inverno, onde ocupou os antigos apartamentos de Alexandre III, dormindo na cama do tsar e trabalhando em sua mesa; suas afetações pessoais tornaram-se objeto de ainda mais ridicularização, e não somente da direita raivosa, que espalhou histórias falsas sobre suas origens judaicas e seu trabalho clandestino para os alemães.[233] Em breve, também surgiram rumores, ao estilo Raspútin, de um caso entre Kerenski e uma das filhas de Nicolau II (ele se separara da esposa). Tudo isso incitava Lênin. "Temos milhares de operários e soldados armados em Petrogrado, que podem tomar de uma só vez o Palácio de Inverno, o edifício do Estado-Maior, a central telefônica e todas as maiores gráficas", insistiu novamente em 7 de outubro "Kerenski será obrigado a render-se."[234] Stálin reproduziu a mensagem de Lênin para o público em geral, enfatizando que os operários, camponeses e soldados deveriam esperar um novo ataque de Kerenski-Kornílov. "A contrarrevolução", Stálin alertou em artigo publicado na manhã do dia 10 de outubro, "está se mobilizando... preparem-se para repeli-la!"[235]

O Comitê Central estava protelando, no entanto, e Lênin arriscou-se a viajar da Finlândia para Petrogrado em algum momento entre 3 e 10 de outubro; neste último dia, em um apartamento seguro, usando peruca e óculos e sem barba, ele participou de sua primeira reunião com o Comitê Central desde julho. Dos 21 membros, somente doze estavam presentes. Svérdlov fez o relatório, citando o apoio popular supostamente generalizado a uma insurreição. Depois de uma noite quase inteira de intimidação, Lênin ganhou os votos de dez dos doze presentes para um golpe imediato; Kámenev e Zinóviev se opuseram. Stálin apoiou a resolução de Lênin, escrita a lápis em uma folha de papel rasgado de caderno infantil, no sentido de que "um levante armado é inevitável e o momento para ele está totalmente maduro". Mas não definia nenhuma data. ("Quando esse levante será possível — talvez em um ano — é incerto", Mikhail Kalínin anotaria em 15 de outubro.)[236] Em 18 de outubro, Zinóviev e Kámenev, em um jornal de pequena circulação, indicaram sua oposição a um golpe de Estado, o que serviu essencialmente para revelar que um golpe estava sendo planejado.[237] Lênin escreveu uma carta furiosa, chamando-os de fura-greves e exigindo sua expulsão.[238] Stálin, editor do principal jornal bolchevique, permitiu que Zinóviev publicasse uma resposta conciliatória e acrescentou uma nota editorial. "Nós, de nossa parte, expressamos a esperança de que, com a declaração de Zinóviev [...] o assunto possa ser considerado encerrado", afirmava a nota anônima. "O tom agressivo do artigo de Lênin não altera o fato de que, fundamentalmente, continuamos a pensar igual."[239] Zinóviev e Kámenev talvez fossem aliados potenciais para contrapor-se ao novo poder de Trótski.

Lênin não tinha telefone em seu esconderijo, o apartamento de Madame Fofanova, mas Krúpskaia ia e voltava com mensagens escritas e orais de Lênin pressionando o Comitê Central.[240] Entre 10 e 25 de outubro, ele veria Trótski apenas uma vez, no dia 18, no apartamento onde estava escondido, mas foi o suficiente; Trótski, na reunião do Comitê Central de 20 de outubro, condenou duramente a tentativa de Stálin de ser o pacificador interno do partido, e os membros votaram a favor da aceitação da renúncia de Kámenev. Trótski, mais ainda do que o Comitê Central, tornou-se o principal instrumento da vontade de Lênin. Kerenski, por sua vez, expulsou os bolcheviques da mansão Krzesińska ("o ninho de cetim de uma bailarina da corte", na frase picante de Trótski). Eles haviam se instalado numa escola de aperfeiçoamento para meninas da nobreza, o Instituto Smólni, mais longe ainda da capital do que o Palácio Tauride. O Soviete, expulso do Tauride, também se mudara para o Smólni. Lá, o comitê executivo central do Soviete aprovara por um voto de diferença (13 a 12) a criação de um Comitê Militar Revolucionário (CMR) de defesa, que o plenário do Soviete aprovou em 12 de outubro.[241] A justificativa para o corpo armado, proposto originalmente pelos mencheviques, era acalmar a turbulenta guarnição e defender a capital contra um ataque alemão. Mas Trótski, instigado por Lênin, usaria o CMR em favor dos bolcheviques para afastar a carcaça do Governo Provisório. Agora, tudo estava dando certo para Lênin.

O II Congresso dos Sovietes de Todas as Rússias fora programado para 20 de outubro — um tremendo lance de sorte no calendário —, e Trótski teve a brilhante ideia de tomar o poder simultaneamente ao congresso, apropriando-se de uma fonte fundamental de legitimidade, ao mesmo tempo que impunha um fato consumado a todos os outros socialistas.[242] Parecia improvável que muitos delegados chegassem a Petrogrado a tempo, e, em 17-18 de outubro, os socialistas moderados forçaram o Comitê Executivo Central a adiar o congresso para 25 de outubro, o que foi crucial para os bolcheviques, que ganharam tempo para empreender os preparativos do golpe.[243] (O Comitê Militar Revolucionário só realizou sua primeira reunião em 20 de outubro.)[244] "O governo soviético aniquilará a miséria das trincheiras", disse Trótski a uma plateia de soldados e marinheiros no dia 21, de acordo com a testemunha ocular Sukhánov. "Ele dará a terra e curará a desordem interna. O governo soviético dará tudo aos pobres e às tropas nas trincheiras. Se você, burguês, tem dois casacos de pele, dê um para um soldado. [...] Você tem um par de botas quentes? Fique em casa. Um operário precisa dele." Sukhánov acrescentou: "Foi proposta uma resolução para que os presentes defendessem a causa dos trabalhadores e dos camponeses até a última gota de sangue. [...] Quem é a favor? Como se fossem uma única pessoa, a plateia de mil homens ergueu as mãos". Uma cena semelhante ocorreu no dia seguinte, no Cirque Moderne, onde Trótski intimou a multidão a fazer um juramento de fidelidade: "Se vocês apoiam nossa política de levar a revolução à vitória, se dão à causa toda a sua força, se apoiam o Soviete de Petrogrado nesta grande causa sem hesitação, então vamos todos jurar nossa lealdade à revolução. Se vocês apoiam este juramento sagrado que estamos fazendo, levantem as mãos".[245] "Na véspera do II Congresso dos Sovietes, em 23 de outubro, o CMR liderado por Trótski afirmou sua reivindicação exclusiva para comandar a guarnição da capital e, por meio de seus comissários postados nos regimentos da guarnição, ordenou-lhes "prontidão para o combate".[246] Contudo, o CMR não sabia ao certo quais seriam seus próximos movimentos.

Na tarde de 24 de outubro, Stálin informou a uma reunião de delegados bolcheviques que haviam chegado para o congresso que dois possíveis rumos dividiam o CMR: um defendia "organizarmos um levante de imediato"; o outro aconselhava a "consolidarmos nossas forças". A maioria do Comitê Central do partido, indicou ele, inclinava-se para o último, ou seja, esperar e ver.[247] Kerenski veio para salvar, mais uma vez, ordenando a prisão de dirigentes bolcheviques — pessoas que ele havia libertado após a queda de Kornílov — e o fechamento de dois de seus jornais: *Caminho dos Operários* e *Soldado* (dois jornais de direita também deveriam ser fechados, numa medida de equilíbrio). Em 24 de outubro, na presença de Stálin, um punhado de cadetes militares e uma milícia de cidadãos destruíram os exemplares dos jornais recém-impressos e danificaram as prensas, mas o pessoal de Stálin correu até o Smólni com a notícia do ataque e o CMR enviou forças e fez as impressoras rodarem novamente.[248] Os preparativos para a defesa da revolução se tornaram ofensivos. Rumores de movimentos de tropas "suspeitos" na cidade — "kornilovistas!" — instigaram os guardas vermelhos a ocupar as estações ferroviárias, controlar as pontes e tomar o telégrafo. Quando o governo desconectou as linhas telefônicas para o Smólni, o CMR tomou a central telefônica, mandou reconectar as linhas e desligou as do Palácio de Inverno. Quando as luzes no Smólni pareciam estar passando por problemas, os guardas vermelhos tomaram a estação de geração de eletricidade. Mais tarde, Trótski diria com ironia que "estava sendo deixado para o governo de Kerenski, como se poderia dizer, sublevar-se".[249]

Na verdade, os bolcheviques teriam reivindicado o poder de qualquer maneira, pois não havia nada em seu caminho. Eles conseguiram ser completamente confusos e ainda assim tomar o poder porque o Governo Provisório simplesmente desapareceu, assim como a autocracia havia desaparecido.[250] Os guardas vermelhos, descritos como "um amontoado de meninos com roupas de operários, carregando armas com baionetas", não encontraram nenhuma resistência e, ao cair da noite de 24 de outubro, já controlavam a maior parte dos pontos estratégicos da capital.[251] Durante essa noite, Kerenski demitiu o comandante do distrito militar de Petrogrado, o coronel Gueórgi Polkóvnikov, mas este ignorou sua demissão e usou canais militares para telegrafar ao Estado-Maior: "Informo que a situação em Petrogrado é ameaçadora. Não há manifestações de rua ou distúrbios, mas prisões e a tomada sistemática de instituições e estações ferroviárias estão acontecendo. Nenhuma ordem está sendo cumprida. Os cadetes da escola militar estão abandonando seus postos sem resistência [...] não há garantia de que não se façam tentativas para capturar o Governo Provisório".[252] O coronel estava certo, mas quantos soldados da guarnição e irregulares os bolcheviques reuniram naquela noite ainda não está claro, talvez não mais que 10 mil.[253] O general Alekseiev diria mais tarde que tinha 15 mil oficiais em Petrogrado, dos quais um terço estava imediatamente pronto para defender o Palácio de Inverno, mas que sua oferta não foi aceita. (No caso, os oficiais se embebedaram.)[254] A guarnição de Petrogrado não participou em massa do golpe dos bolcheviques, mas, mais importante, não defendeu a ordem existente.[255] O general V. A. Tcheremísov, comandante do front norte próximo, acossado por um comitê militar revolucionário formado perto de seu quartel, rescindiu as ordens anteriormente dadas aos reforços que deveriam defender o Palácio de Inverno.[256] Tudo o que o Governo Provisório conseguiu reunir em sua defesa foram mulheres e crianças, isto é, um "Batalhão da Morte" só de mulheres (140) e umas poucas centenas de jovens cadetes militares sem entusiasmo, que foram auxiliados por uma unidade de bicicleta; alguns cossacos extraviados e quarenta inválidos de guerra cujo comandante tinha pernas artificiais.[257]

LÊNIN E TRÓTSKI

Em outubro de 1917, a Rússia contava com 1429 sovietes, 455 deles de deputados camponeses, um tremendo movimento de base, mas seu destino, em grande medida, estava nas mãos de dois homens. Lênin fora para o Smólni por volta das dez da noite de 24 de outubro — desobedecendo a uma diretiva do Comitê Central para permanecer na clandestinidade —, usando uma peruca e ataduras falsas no rosto. Uma patrulha de cadetes militares o deteve, junto com seu único guarda-costas, mas, após um rápido exame do líder bolchevique deliberadamente amarrotado, decidiu não prender o que parecia ser um bêbado. Sem passe, Lênin precisou entrar furtivamente no Smólni; uma vez lá dentro, começou a gritar em defesa de um golpe imediato.[258] Estava desperdiçando energia: o golpe já estava em andamento. Mas, na noite seguinte, o II Congresso dos Sovietes foi adiado, enquanto as forças do Comitê Militar Revolucionário estavam paradas do lado de fora do Palácio de Inverno quase sem guardas; o congresso não podia esperar mais e foi aberto finalmente às 22h40. O salão com colunas do Smólni, anteriormente utilizado para peças do instituto, estava cheio, com 650 a setecentas pessoas, pouco visíveis na névoa de fumaça de cigarro. Pouco mais de trezentas eram bolcheviques (o maior bloco), juntamente com cerca de cem SRs, que pendiam para o lado bolchevique. Mais de quinhentos delegados reconheceram que havia chegado o momento de dar "todo o poder aos sovietes", mas, diante do fato consumado bolchevique, muitos ficaram com raiva, em especial os socialistas moderados.[259] Iúli Mártov, o líder frágil e desajeitado dos mencheviques, com voz trêmula e rouca — sinais de sua tuberculose (ou do início de um câncer) —, apresentou uma resolução pedindo uma "solução pacífica" e negociações imediatas para um "governo totalmente democrático" e inclusivo. A resolução de Mártov foi aprovada por unanimidade, em meio a "aplausos ruidosos".[260] Mas, depois, críticos vociferantes do bolchevismo se ergueram para condenar a conspiração deles para prender o Governo Provisório "pelas costas do congresso" e fomentar a "guerra civil", levando, assim, a maioria dos delegados mencheviques e socialistas revolucionários a abandonar a reunião, para demonstrar sua desaprovação. "Falidos", Trótski gritou em seus calcanhares. "Vão para onde vocês pertencem — a pilha de lixo da história."[261]

"Mártov caminhou em silêncio e não olhou para trás; somente na saída parou", lembrou seu companheiro menchevique Boris Nicolaiévski. Um jovem agitador bolchevique do distrito de Vyborg surpreendeu o líder menchevique ao dizer: "E nós tínhamos pensado que, pelo menos, Mártov permanecerá com a gente". Mártov respondeu: "Um dia você vai entender o crime do qual é cúmplice", e acenou com a mão ao sair do salão do Smólni.[262]

Depois de meses de discussão aberta em jornais, quartéis, fábricas, esquinas e salas de estar, o golpe bolchevique estava feito e acabado antes que a grande maioria da população soubesse que tinha acontecido. Em 25 de outubro, os bondes e ônibus de Petrogrado funcionaram normalmente, as lojas abriram para os negócios, os teatros encenaram suas produções (Fiódor Chaliápin cantou *Don Carlos*). Em todo o império, fosse em Kiev ou Vladivostok, as pessoas tinham pouca ou nenhuma noção dos eventos na capital. No entanto, havia tempo que o fluxo de poder para os sovietes era inconfundível: já no verão de 1917, a base naval de Kronstadt se tornara uma pequena república de facto, governada por um soviete. O Soviete de Tachkent, ao mesmo tempo que se recusava a aceitar muçulmanos (98% da população local) como membros, havia tomado o poder antes do golpe bolchevique em Petrogrado.[263] Em setembro de 1917, a questão já não era a sobrevivência do fantasmagórico Governo Provisório, mas o que iria substituí-lo na capital. Um candidato poderia ter sido a Conferência de Estado de Moscou de agosto de 1917, uma possível Assembleia Constituinte (não eleita) do establishment, mas essa oportunidade, na medida em que existiu, foi desperdiçada. Isso deixou em campo apenas o Soviete de Petrogrado. Quanto a isso, a questão crítica era *quem* venceria dentro do Soviete. Ali, a ascensão da fortuna bolchevique foi impressionante. Em Petrogrado, como na maioria das outras cidades com grandes guarnições em tempo de guerra, a ofensiva suicida de junho promovida por Kerenski e seu encorajamento e, em seguida, a traição de Kornílov em agosto entregaram o Soviete aos bolcheviques. Esse ganho político meteórico foi consolidado pela ideia de Trótski de usar o recém-criado Comitê Militar Revolucionário para apresentar ao II Congresso dos Sovietes o fato consumado de uma tomada do poder pelos bolcheviques.[264] Mas os adversários socialistas do golpe bolchevique fizeram involuntariamente o resto ao abandonar o salão do congresso.[265]

Mais tarde, muitos exageraram a "arte da insurreição", especialmente Trótski. Em algum momento após as duas da manhã daquela primeira noite do Congresso dos Sovietes (25-26 de outubro), numa sessão especial paralela do Soviete de Petrogrado realizada durante o congresso, ele anunciou que as forças do Comitê Militar Revolucionário do Soviete de Petrogrado haviam finalmente localizado os ministros do Governo Provisório no interior do Palácio de Inverno, sentados ao redor de uma mesa à espera de serem presos. (Kámenev — o adversário bolchevique do golpe bolchevique — informaria o Congresso dos Sovietes sobre as prisões.) Lênin redigira uma proclamação sobre a transferência de poder (assinada pelo "Comitê Militar Revolucionário do Soviete de Petrogrado"), que o grandiloquente Anatóli Lunatchárski leu em voz alta para o congresso, enquanto era repetidamente interrompido por aplausos incontroláveis. Após discussão, os SRS presentes concordaram em apoiar o decreto com uma pequena alteração; um delegado dos internacionalistas mencheviques, que havia retornado ao salão, pediu uma emenda que clamava por um governo dos mais amplos elementos possíveis, mas foi ignorado. Por volta das cinco da manhã, os delegados que sobravam no salão, principalmente bolcheviques e SRS, aprovaram por maioria esmagadora a transferência de poder; apenas dois votaram contra e doze se abstiveram.[266] Por volta das seis horas, cerca de sete horas depois do início da sessão de abertura, os delegados se retiraram para descansar um pouco. Não havia governo funcionando. Os bolcheviques do CMR haviam arrastado à força os ex-ministros para as celas úmidas da Fortaleza de Pedro e Paulo, que até o caso Kornílov-Kerenski estiveram cheias de bolcheviques.[267] Porém, os guardas vermelhos nunca "atacaram" o Palácio de Inverno: apenas subiram sem oposição por portas ou janelas destrancadas, e muitos foram direto para as caves de vinho, as mais luxuosas da história.[268] Cada novo destacamento da Guarda Vermelha enviado para impedir um saque também se embebedou. "Tentamos inundar os porões com água", relembrou o líder das forças bolcheviques no local, "mas os bombeiros [...] também se embebedaram."[269]

O importante, no entanto, foi que a mudança fanfarronada de Kerenski e dos arremedos de "ministros" para o Palácio de Inverno ligou para sempre o Governo Provisório à sede do tsarismo opressivo. Essa conexão simbólica facilitaria as representações do golpe bolchevique de outubro — através das histórias de um ataque mítico ao Palácio de Inverno — como uma continuação da derrubada do antigo regime, unindo assim as revoluções de fevereiro e outubro.

Lênin ainda não comparecera ao Congresso dos Sovietes. Ele finalmente apareceu e foi recebido com aplausos estrondosos por volta das nove da noite de 26 de outubro, após a abertura da segunda (e última) sessão, ainda sob o disfarce que usara para evitar a captura ao cruzar a capital para chegar ao Smólni. (Como parte de seu disfarce, Lênin passara a usar um boné de trabalhador, que nunca mais abandonou, embora continuasse a usar ternos "burgueses".)[270] "Lênin — grande Lênin", registrou John Reed. "Uma figura baixa, atarracada, com uma grande cabeça pousada sobre os ombros, calva e protuberante [...] usando roupas surradas, com calças compridas demais para ele."[271] Ele não foi reconhecido por muitos. Era predominantemente russo, mas tinha também ascendência alemã, judaica e calmuca. Nascido no mesmo ano que Kornílov, estava firmemente na meia-idade. Ele "é baixo, de ombros largos e magro", observou o escritor de São Petersburgo Aleksandr Kuprin. "Ele não tem aparência repelente, de militante, ou de um pensador profundo. Tem maçãs do rosto salientes e olhos oblíquos. [...] A cúpula de sua testa é larga e alta, embora não tão exagerada quanto aparece nas fotos de frente. [...] Tem fios de cabelos nas têmporas, e a barba e o bigode ainda mostram quão ruivo foi na juventude. Suas mãos são grandes e feias [...] eu não conseguia parar de olhar para seus olhos [...] eles são estreitos; além disso, ele tende a apertá-los, sem dúvida um hábito para esconder a miopia, e isto, e os rápidos olhares sob as sobrancelhas, lhe dão um olhar de soslaio ocasional e, talvez, uma aparência de astúcia."[272] O bolchevique Gleb Kryżanowski registrou impressão semelhante da baixa estatura e dos olhos de Lênin ("incomuns, penetrantes, cheios de força e energia interior, castanhos muito escuros"), mas achou seu rosto surpreendentemente distinto, "um rosto agradável, moreno, com um toque asiático".[273] Não tão asiático na aparência quanto o do diminuto Kornílov, nem tão magro, o rosto de Lênin era, não obstante, parcialmente mongol.

Quem diria: *ali* estava o salvador calmuco da Rússia.

O fanático bolchevique leu um decreto sobre a paz imediata "para os povos e governos de todas as potências em conflito", interrompido por uma tempestade de aplausos e o canto da "Internacional".[274] Leu também um decreto sobre terras que endossava as ocupações de terra privadas e coletivas feitas pelos camponeses, em vez de uma estatização. Às objeções de que o decreto contradizia a antiga plataforma bolchevique e fora roubado dos SRs — não mais presentes no congresso —, Lênin respondeu: "Não importa quem redigiu. Como governo democrático, não podemos ignorar os sentimentos das camadas populares [*naródnie nizi*], apesar de não concordarmos com elas".[275] O decreto sobre as terras foi aprovado sem discussão.

Liev Kámenev, o presidente do Comitê Executivo Central do Soviete, havia habilmente retirado a resolução dura de Trótski que condenava os mencheviques e os SRs por terem abandonado a primeira sessão do congresso. Antes do aparecimento de Lênin, entre a primeira (25-26 de outubro) e a segunda (26-27 de outubro) sessão do Congresso dos Sovietes, Kámenev esforçou-se para chegar a um governo de coalizão com os SRs de esquerda, mas eles recusaram a exclusão de todos os outros socialistas. E assim, perto do final da segunda e última sessão do congresso, por volta das duas e meia da manhã (27 de outubro), Kámenev anunciou a formação de um governo "provisório" exclusivamente bolchevique. O internacionalista menchevique Boris Avílov levantou-se e previu que um governo assim poderia não resolver a crise de abastecimento de alimentos, nem acabar com a guerra. Previu ainda que a Entente não reconheceria um governo exclusivamente bolchevique e que este seria obrigado a aceitar uma paz em separado e onerosa com a Alemanha. Avílov propôs convidar os delegados soviéticos eleitos que haviam saído a voltar e, com eles, compor um governo democrático de todos os socialistas. A proposta de Avílov foi derrotada, conquistando somente um quarto dos votos (150) dos presentes no salão (600), apesar da considerável simpatia por essa posição até mesmo entre muitos bolcheviques.[276] Foi Trótski quem falou com mais veemência contra um acordo com os "traidores".[277]

Trótski compunha uma figura excessivamente arrojada, com seus cabelos escuros despenteados e olhos azuis, o pincenê de um intelectual e os ombros largos de um Hércules, mas exercia seu poder carismático em nome de Lênin. O poder de Lênin era estranho. "Eu me senti um pouco surpreso que uma pessoa que — independentemente de nossa opinião sobre sua ideologia — tivera uma tamanha influência sobre o destino de sua imensa pátria causasse uma impressão tão modesta", comentou um visitante finlandês do Smólni. "Seu discurso era muito simples e espontâneo, tal como seu comportamento. Quem não o conhecesse jamais seria capaz de compreender a força que ele devia possuir. [...] A sala não era de forma alguma diferente de qualquer das outras dependências do Smólni. [...] As paredes eram brancas, havia uma mesa de madeira e algumas cadeiras."[278] Seus instrumentos políticos não eram uma arquitetura imponente, uma burocracia, uma rede telefônica. Eram ideias e personalidade. "Todo o sucesso de Lênin [...] ao assumir o domínio sobre 150 milhões", diria um observador estrangeiro agudo, "se deve inteiramente ao encantamento de sua personalidade, que se comunicava a todos os que entravam em contato com ele."[279] Em 1917, ele era uma presença física rara. Aleksandr Chliápnikov, chefe do partido bolchevique dentro do país na época do retorno de Lênin, tinha sofrido um acidente de carro que o colocou no hospital e o tirou do Comitê Central; ele se dedicou ao sindicato. Lênin era muito mais influente, ainda que não tenha visitado tripulações de navios de guerra ou tropas em trincheiras; a maioria dos marinheiros e soldados sabia seu nome. Algumas vezes fizera discursos públicos, como o da sacada da mansão Krzesińska, ou arengas no Soviete de Petrogrado, e, em maio, operários militantes seguravam bandeiras que proclamavam "Viva Lênin!". Mas, tendo chegado à Rússia em 3 de abril de 1917, após uma ausência de quase dezessete anos, o líder bolchevique foi logo forçado a buscar refúgio na Finlândia tsarista.

Desde o início de julho de 1917, quando foi emitido o mandado para sua prisão, Lênin permaneceu clandestino, escondido por quase quatro meses consecutivos, até 24 de outubro.[280] Durante esse período crucial, quase nunca esteve com a cúpula bolchevique, muito menos com as massas. Era o equivalente de um cristão das catacumbas que, na duração de uma única vida, de repente saísse das cavernas para se tornar papa. A maioria das figuras políticas que têm uma trajetória vertiginosa de sucesso quase sempre só consegue isso costurando coalizões amplas, muitas vezes com companheiros muito improváveis, mas não Lênin. Ele obteve sucesso apesar de recusar a cooperação e criar cada vez mais inimigos. É claro que cultivou aliados entre a classe dos revolucionários profissionais, seguidores fiéis como Trótski, Svérdlov e Stálin. A torrente de suas teses polêmicas reforçou ainda mais seu poder, primeiro entre os revolucionários, que por sua vez popularizaram a postura intelectual e política de Lênin junto à massa. Ele era um mestre da frase incisiva e agressiva e da análise crua e ampla dos eventos e fundamentos da revolução.[281] Mas, independentemente de seu carisma e seu talento para a síntese, grande parte de seu poder decorreria de eventos que cruzaram seu caminho. Muitas vezes ele insistiu no que parecia ser uma linha maluca de ação, que depois funcionou a seu favor. Lênin parecia encarnar a vontade política.

Mais tarde, Trótski, apesar de toda a sua invocação marxista das supostas leis da história, se sentiria constrangido a admitir que, sem Lênin, não teria havido a Revolução de Outubro.[282] Por sua vez, Lênin nunca disse explicitamente que o mesmo era verdade de seu auxiliar indispensável Trótski. Mas outros o fizeram. "Vou lhe dizer o que fazemos com gente assim", disse o desesperado adido militar da Grã-Bretanha, general Alfred Knox, para um funcionário da Cruz Vermelha Americana sobre Lênin e Trótski. "Nós fuzilamos." Isso foi em 20 de outubro, véspera do previsto golpe bolchevique. O funcionário da Cruz Vermelha, aparentemente mais sábio, respondeu: "Mas o senhor está diante de vários milhões. General, não sou militar. Mas o senhor não está diante de uma situação militar".[283] Na verdade, o funcionário da Cruz Vermelha estava errado: ele confundiu a tomada do poder pelo segundo Congresso dos Sovietes, que havia se tornado inevitável, com a tomada do poder pelos bolcheviques sozinhos. O golpe bolchevique poderia ter sido evitado por um par de balas.

"A Revolução Russa", observou Rosa Luxemburgo, "é o maior acontecimento da guerra mundial."[284] Jamais saberemos se uma transição antes da guerra da autocracia constitucional para uma monarquia constitucional teria sido o suficiente para incorporar as massas a um sistema político estável. O que sabemos é que a longa e obstinada recusa, não apenas de Nicolau II, mas de quase todo o establishment russo, a abandonar a autocracia para salvar a monarquia garantiu que a queda da autocracia disfuncional precipitasse também uma desintegração das instituições estatais. Liberdade e ruptura do Estado tornaram-se sinônimos, e, nesse contexto, os liberais clássicos tiveram sua chance. O golpe liberal de fevereiro de 1917, nominalmente contra a autocracia, mas de fato contra a Duma, pressagiou o golpe bolchevique de outubro de 1917, nominalmente contra o Governo Provisório, mas de fato contra o Soviete. Ambos pareciam encabeçar o sentimento de massa do momento; ambos levaram ao poder um grupo muito mais restrito do que o sentimento das massas preferia. Ademais, esse sentimento das massas não ficou parado: a guerra mundial acelerou enormemente a radicalização do ânimo popular. Sem dúvida, a história das revoluções indica que um fracasso inevitável para satisfazer as esperanças milenaristas radicaliza naturalmente a populaça. Na Rússia, a surpresa, se é que houve, não estava no aprofundamento da radicalização popular, mas na fraqueza debilitante do establishment e das altas patentes das forças militares.[285]

A Rússia sempre foi um Estado policial que confiava principalmente no Exército para seu policiamento mais pesado, mas o país não só havia perdido sua polícia em março de 1917, como perdeu seu Exército depois. "A tomada do poder pela 'força' em um Estado moderno", observou o historiador Adrian Lyttelton a propósito da Itália, mas igualmente aplicável à Rússia, "nunca é possível, exceto quando o Exército ou a polícia executa o golpe, a menos que a vontade de resistir das forças governamentais tenha sido solapada."[286] A guerra mundial, especialmente a ofensiva militar de 1917, fez mais do que acelerar a radicalização popular: ela também desarmou o Exército como força da ordem. O radicalismo da época de guerra no Exército e na Marinha — de Vyborg e Helsinque a Pskov, que o Governo Provisório chamava de "triângulo podre" — serviu de andaime indispensável para o bolchevismo. "Outubro pode ter sido um 'golpe' na capital", escreveu um historiador, "mas no front foi uma revolução."[287] As Forças Armadas politizadas eram compostas predominantemente de camponeses, e, servindo no Exército ou não, eles levaram a cabo sua própria revolução. "Um país de extensão territorial sem limites, com uma população escassa, sofria com a falta de terras", comentou em retrospectiva o representante democrata constitucional na Duma, Vassíli Maklakov. "E a classe camponesa, que em outros lugares é geralmente um baluarte da ordem, na Rússia, em 1917, mostrou um temperamento revolucionário."[288] Mas, enquanto a revolução dos soldados e marinheiros se vinculava conscientemente ao bolchevismo, a revolução camponesa só aconteceu de coincidir com ele. Em pouco tempo, revolução camponesa e bolchevismo colidiriam.

Dentro do partido bolchevique, a maneira como o golpe de Petrogrado se desdobrou teria repercussões duradouras. A oposição de Kámenev e Zinóviev ao golpe foi uma mancha que carregariam pelo resto de sua vida. Quando os esforços de mediação de Stálin foram reprimidos por Trótski, o ressentimento de Stálin contra o presunçoso e notório intelectual transbordou. Num acesso de raiva, ele anunciou sua intenção de sair da editoria do jornal do partido. "A Revolução Russa derrubou não poucos tipos autoritários", escreveu Stálin com desdém sobre o dia em que apresentou sua demissão. "O poder da revolução expressa-se no fato de que ela não se curvou diante de 'nomes famosos', mas os pôs a serviço ou, quando se recusaram, os consignou ao esquecimento."[289] O Comitê Central rejeitou sua renúncia, mas, mesmo depois do bem-sucedido golpe, a virulência causaria ressentimento.[290] Mais tarde, no exílio, Trótski chamaria Svérdlov de "secretário-geral" da insurreição de outubro — um soco no olho do (então) secretário-geral Stálin. Trótski também defenderia Kámenev, o adversário do golpe, por ter desempenhado um "papel muito ativo" no mesmo, acrescentando enfaticamente que Stálin não desempenhara nenhum papel perceptível.[291] Isso era obviamente falso. É certo que Trótski, Kámenev, Lênin e Lunatchárski falaram todos no histórico II Congresso dos Soviets, ao passo que Stálin não. Mas ele fez um discurso aos delegados bolcheviques ao Soviete antes de o congresso se reunir, em 24 de outubro, demonstrando clara familiaridade com os preparativos militares e políticos para o golpe. Além disso, ao longo de 1917, sua atividade editorial foi prodigiosa, especialmente no verão e no outono.[292]

Os textos de Stálin explicavam a revolução em termos simples e acessíveis, inclusive durante o Congresso dos Sovietes. "Nos primeiros dias da revolução, o slogan 'Todo o poder aos sovietes' era uma novidade", escreveu ele no *Pravda* (26 de outubro de 1927), referindo-se ao período iniciado em abril de 1917. "No final de agosto, a cena mudou radicalmente" com "a rebelião de Kornílov. [...] Os sovietes na retaguarda e os comitês de soldados na frente, que estavam moribundos em julho-agosto, 'de repente' reviveram e tomaram o poder em suas mãos, na Sibéria e no Cáucaso, na Finlândia e nos Urais, em Odessa e Khárkov. [...] Desse modo, 'o poder dos sovietes' proclamado em abril por um 'pequeno grupo de bolcheviques em Petrogrado' obtém reconhecimento quase universal das classes revolucionárias no final de agosto." Ele diferenciava o avanço para o poder soviético das intermináveis mudanças no Governo Provisório que levaram os socialistas para dentro do gabinete. "Poder ao Soviete significa a purgação completa de cada órgão do governo na retaguarda e na frente, de cima a baixo. [...] Poder ao Soviete significa a ditadura do proletariado e do campesinato revolucionário [...], ditadura de massa aberta, exercida diante dos olhos de todos, sem truques e trabalho por trás dos panos, pois uma ditadura assim não tem motivos para esconder o fato de que não haverá misericórdia para os capitalistas que promoveram lockouts e intensificaram o desemprego [...] ou para os banqueiros especuladores que aumentaram o preço dos alimentos e causaram fome." Certas classes trouxeram miséria; outras classes trariam a salvação. "Essa é a natureza de classe do slogan 'Todo o poder aos sovietes'. Os acontecimentos internos e externos, a guerra prolongada e o desejo de paz, a derrota no front e a defesa da capital, a podridão do Governo Provisório [...], caos e fome, desemprego e exaustão — tudo isso está atraindo irresistivelmente as classes revolucionárias da Rússia ao poder." Restava ver como as "classes" exerciam o poder.

David Saguirachvíli, o compatriota georgiano social-democrata de Stálin, o conhecia desde 1901, quando tinha catorze anos e o futuro Stálin, 23. Sua criação fora semelhante à de Stálin — pai ausente, imersão em histórias de mártires georgianos e poetas nacionais, aversão aos administradores imperiais russos e soldados ocupantes, admiração pelos bandidos georgianos que lutavam por justiça e participação em um círculo de revolucionários —, mas ele se tornara menchevique. Contudo, quando Saguirachvíli, depois do golpe, se recusou a participar junto com seus colegas mencheviques do boicote ao Soviete dominado pelos bolcheviques, Stálin, em um corredor do Smólni, "pôs a mão sobre meu ombro da maneira mais amigável e [começou] a falar comigo em georgiano".[293] O georgiano Djugachvíli-Stálin, da periferia do Império russo, filho de sapateiro, tornara-se parte de uma nova estrutura de poder na capital do maior Estado do mundo, graças à geopolítica e à guerra mundial, a muitas decisões fatídicas e múltiplas contingências, mas também graças aos seus próprios esforços. Na lista dos bolcheviques eleitos para um novo Comitê Executivo Central do Soviete, o nome de Stálin aparecia em quinto lugar, logo antes de Svérdlov e depois de Lênin, Trótski, Zinóviev e Kámenev.[294] E, o que é ainda mais revelador, Stálin foi uma das duas únicas pessoas a quem Lênin deu permissão para entrar em seu apartamento privado na sede bolchevique do Smólni, uma proximidade e confiança que se revelariam cruciais.

7. 1918: Dada e Lênin

Tentemos por uma vez não ter razão.
SAMUEL ROSENSTOCK, CONHECIDO COMO TRISTAN TZARA ("TRISTE NO
MEU PAÍS"), POETA ROMENO JUDEU, "MANIFESTO DADA", 1918[1]

*Lunatchárski segurava a cabeça, com a testa contra a
vidraça, numa atitude de desespero irremediável.*
PÁVEL MALKOV, COMANDANTE DO KREMLIN, 30 DE AGOSTO DE 1918[2]

Poucas celebrações de rua acompanharam ou aconteceram logo depois do golpe bolchevique de outubro (em contraste com os dias vertiginosos durante e após fevereiro-
-março de 1917), mas, em uma semana, Lênin estava posando para escultores. Poucos,
no entanto, pensavam que esse golpe maluco duraria, mesmo antes de ter acontecido.
Durante o verão de 1917, a imprensa russa de quase todo o espectro político dissemi-
nara a ideia (como Pável Miliukov lembrou em 1918) de que "os bolcheviques decidi-
riam não tomar o poder, pois não tinham esperança de mantê-lo, ou, se o tomassem,
nele ficariam por pouquíssimo tempo. Em círculos muito moderados, esta última hipótese era até vista como altamente desejável, pois "curaria a Rússia do bolchevismo
para sempre".[3] Muitos membros da direita acolheram abertamente um golpe bolchevique, imaginando que os esquerdistas iriam rapidamente dar com os burros n'água, mas
não antes de acabar com o desprezado Governo Provisório.[4] Mesmo assim, quando o
golpe aconteceu, foi uma surpresa. Então, Lênin optou por um governo de gabinete,
em vez de abolir o Estado, e o II Congresso dos Sovietes — ao menos aqueles que

não o abandonaram — aprovou a formação de um governo unicamente bolchevique. É certo que o Conselho dos Comissários do Povo não era composto de ministros "burgueses", mas "comissários", nome derivado do francês antigo *commissaire*, que vinha do latim medieval *commisarius*, plenipotenciários de uma autoridade superior (neste caso, do "povo").[5] Mas isso duraria? Os homens "provisórios" de fevereiro que ousaram substituir o tsar (Miliukov, Kerenski) foram afastados.[6] Altos comandantes do Exército foram encarcerados ou se desesperaram, como Lavr Kornílov e Mikhail Alekseiev, o chefe de Estado-Maior mais duradouro e mais bem-sucedido na guerra (que foi obrigado a prender Kornílov). Os candidatos a substitutos políticos entre os socialistas não bolcheviques, como Viktor Tchernov e seus SRs, e Iúli Mártov e seus mencheviques, pareciam ter sido pisoteados. Mas em 1918 — ano mais curto da história milenar da Rússia, consequência da mudança efetuada, em fevereiro, do calendário juliano (ortodoxo oriental) para o gregoriano (ocidental)[7] — os bolcheviques também pareciam destinados ao esquecimento.

O suposto "regime" consistia, no topo, de apenas quatro pessoas: Lênin, Trótski, Svérdlov e Stálin, todos com ficha criminal por delitos políticos e nenhum com qualquer experiência administrativa. (Os quinze membros do Conselho dos Comissários do Povo haviam passado em conjunto dois séculos na prisão tsarista e no exílio.) Instalados no ar viciado do Smólni, o instituto de aperfeiçoamento do século XVIII para meninas de linhagem nobre, eles contavam com algumas mesas e sofás esfarrapados. Diante da pequena e suja sala de Lênin havia um espaço maior onde os membros do Conselho dos Comissários do Povo entravam e saíam; no início, não realizavam reuniões formais. A sala tinha uma divisória de madeira sem pintura para esconder um datilógrafo (a chancelaria) e um cubículo para uma operadora de telefonia (a rede de comunicações). A antiga diretora ainda ocupava a sala ao lado. Um marinheiro, designado por Svérdlov para ser o novo comandante do Smólni, organizou às pressas um perímetro ao redor do instituto e começaram a expurgar o prédio sala por sala.[8] Mas o primeiro carro oficial de Lênin, um magnífico Turcat-Méry de 1915 (que fora do tsar), foi roubado do Smólni por membros de uma brigada de incêndio que o venderam na Finlândia. (Stepan Guil, um motorista profissional de primeira classe e bom conversador, que conduzira o tsar e tornou-se o principal motorista de Lênin, comandou uma caçada que conseguiu recuperar o veículo.)[9] "Ninguém conhecia o rosto de Lênin na época", recordaria Krúpskaia. "À noite, costumávamos passear pelo Smólni e ninguém o reconhecia, porque não havia retratos na época."[10] Os treze comissários montaram "gabinetes" dentro do Smólni e tentavam visitar e exercer autoridade sobre os ministérios que buscavam substituir.[11] Stálin, anunciado como o comissário para as nacionalidades, não tinha ministério tsarista ou do Governo Provisório para tentar tomar.[12] Seu vice, Stanisław Pestkowski — participante do contingente bolchevique polonês que tomara o telégrafo central durante o golpe de outubro —, topou com uma mesa vazia no instituto, na qual pregou um cartaz escrito à mão: "Comissariado do Povo das Nacionalidades".[13] De acordo com Pestkowski, a sala ficava perto da de Lênin, e, "no decorrer do dia", Lênin "chamava Stálin um número infinito de vezes e aparecia em nosso escritório para levá-lo embora".[14] Diz-se que Lênin, talvez preferindo permanecer nos bastidores, ofereceu a presidência a Trótski, que a recusou.[15] Em vez disso, Trótski tornou-se "comissário das Relações Exteriores" e ganhou uma sala no andar de cima, aposento de uma antiga "diretora de andar" das meninas. Svérdlov continuou a supervisionar os assuntos do partido bolchevique.[16]

Que um começo assim humilde logo tenha se tornado uma das ditaduras mais fortes do mundo é mais do que fantástico. Lênin era essencialmente um panfletário. Em 1918, era identificado como "presidente do Conselho dos Comissários do Povo e jornalista", e ganhava mais dinheiro com honorários de publicações (15 mil rublos) do que com seu salário (10 mil rublos).[17] Trótski era escritor e um orador grandiloquente, mas também não tinha experiência ou formação na arte de governar. Svérdlov era um falsificador amador, graças à profissão de gravador de seu pai, e um excelente organizador político, mas sem experiência na elaboração de políticas. Stálin também era um organizador, agitador e, por pouco tempo, um bandido, mas principalmente um editor de periódicos; comissário das Nacionalidades foi efetivamente seu primeiro emprego regular desde o breve período como meteorologista adolescente em Tíflis.

Agora, esses quatro produtos da Rússia autocrática baixavam uma torrente de decretos no papel em que "aboliam" a hierarquia social na lei, no funcionalismo e nos tribunais; declaravam "o seguro social para todos os trabalhadores assalariados, sem exceção, bem como para os pobres das cidades e do campo"; anunciavam a formação de um Conselho Superior de Economia e uma determinação para impor o monopólio estatal de grãos e implementos agrícolas. Os decretos estavam cheios de termos como "modos de produção", "inimigos de classe", "imperialismo mundial", "revolução proletária". Publicados sob o nome de Vladímir Uliánov-Lênin — e assinados por ele e por Stálin, entre outros —, os decretos deveriam ter "força de lei".[18] Enquanto isso, o regime não tinha finanças ou funcionários. Trótski fracassou em seus vários esforços para tomar o prédio e o pessoal do Ministério das Relações Exteriores.[19] Sua primeira chegada no número 6 da Praça do Palácio, em 9 de novembro, foi recebida com escárnio, seguido por deserção em massa. É verdade que seus asseclas acharam finalmente um pouco de dinheiro em caixa no cofre do ministério, e Stálin, para financiar o seu "comissariado", fez Pestkowski absorver 3 mil rublos de Trótski.[20] Pestkowski deixara transparecer que havia estudado um pouco de economia em Londres e foi decretado "chefe do Banco do Estado".[21] Os funcionários riram dele e foi assim que ele acabou trabalhando para Stálin.

O decreto nomeando o desempregado Pestkowski para diretor do Banco Central e muitos pronunciamentos semelhantes tinham um aspecto absurdo que lembra as provocações da nova arte cênica conhecida como dadaísmo. Com esse nome absurdo, perfeitamente apropriado, o Dada surgira na Suíça neutra durante a Grande Guerra, principalmente entre exilados romenos judeus, no que eles chamavam de "Cabaret Voltaire", que, por coincidência, ficava na mesma rua em Zurique (Spiegelgasse, 1) do apartamento de Lênin no exílio durante a guerra (Spiegelgasse, 14). Tristan Tzara, o poeta dadaísta e provocador, e Lênin talvez tenham se enfrentado num tabuleiro de xadrez.[22] O Dada e o bolchevismo surgiram da mesma conjuntura histórica. Os criadores do dadaísmo ridicularizavam com inteligência a infernal Grande Guerra e seus interesses malévolos, bem como o comercialismo crasso, usando colagens, montagens, objetos encontrados, marionetes, poesia sonora, música ruidosa, filmes bizarros e brincadeiras pontuais encenadas para a nova mídia que ridicularizavam. Os happenings Dada também eram transnacionais e floresceriam em Berlim, Colônia, Paris, Nova York, Tóquio e Tíflis. Os artistas Dada, ou "antiartistas", como muitos preferiam ser conhecidos, não confundiam, digamos, um mictório reaproveitado como "fonte" com uma política nova e melhor.[23] Tzara compôs poemas cortando artigos de jornal em pedaços, sacudindo os fragmentos em um saco e esvaziando-os sobre uma mesa. Outro dadaísta fez uma palestra em que cada palavra era sufocada propositadamente pelo ruído ensurdecedor de um apito de trem. Essas táticas estavam a um mundo de distância do pedante e hiperpolítico Lênin: ele e seus decretos sobre uma nova ordem mundial foram emitidos sem ironia. Mas os decretos bolcheviques também eram baixados dentro de uma anarquia dadaísta.

Se o colapso da ordem tsarista foi uma revolução, a revolução foi um colapso. O imenso vácuo de poder aberto pela abdicação do tsar em tempo de guerra surpreendera o Governo Provisório como um golpe em sua cabeça professoral. "O general Alekseiev caracterizou bem a situação", escreveu um funcionário do Ministério das Finanças do Governo Provisório em seu diário, na véspera do golpe bolchevique. "A essência do mal não está na desordem, mas *na ausência de autoridade política* [*bezvlástie*]."[24] Depois de outubro, proliferaram as organizações que reivindicavam ampla autoridade, tal como antes, mas a "ausência de autoridade" piorou. O bolchevismo também se turvou com fraturas internas profundas, tumultos, rotatividade, e os instintos políticos superiores de Lênin — em comparação com outros líderes da Revolução Russa — não conseguiram superar o equivalente funcional do apito de trem ensurdecedor do dadaísta, a saber, a destruição e o caos produzidos pelo homem que levaram os bolcheviques à autoridade nominal. Alguns grupos poderosos, notadamente o Sindicato dos Ferroviários, insistiriam em um governo sem Lênin nem Trótski; a Alemanha, militarmente vitoriosa na frente oriental, parecia estar à beira da conquista completa da Rússia; o chefe da nova polícia política bolchevique foi feito refém em um quase golpe de esquerda contra o bolchevismo; e um assassino acertou duas balas em Lênin. No verão de 1918, a insurreição armada contra o regime seria aberta em quatro frentes. E, no entanto, Lênin e seu círculo íntimo composto de Trótski, Svérdlov e Stálin já tinham conseguido impor um monopólio político.

A ditadura bolchevique não foi um absoluto acidente, é claro. O cenário político russo tornara-se decisivamente socialista, como vimos. As fileiras de direita do Exército e do corpo de oficiais eram mais fracas na Rússia do que em qualquer outro país predominantemente camponês, e, ao contrário de outros lugares, a Rússia não tinha um partido camponês não socialista, circunstância decorrente, em parte, da intransigência e pura estupidez do velho establishment direitista a respeito da questão da terra. Além disso, os outros partidos socialistas russos contribuíram poderosamente para que os bolcheviques monopolizassem a causa socialista. Lênin não era um lobo solitário entre ovelhas políticas. Ele estava no topo de uma grande base política bolchevista centralizada nas maiores cidades e no interior da Rússia. Dito isso, a ditadura dos bolcheviques não surgiu automaticamente, mesmo nas partes da Rússia imperial que caíram nominalmente sob a sua jurisdição. A ditadura foi um ato de criação. Essa criação, por sua vez, não foi uma reação a uma crise imprevista, mas uma estratégia deliberada, e que Lênin perseguiu contra as objeções de muitos bolcheviques importantes. O impulso em direção à ditadura começou bem antes da guerra civil em grande escala — com efeito, o impulso ditatorial serviu como uma causa do conflito armado (fato universalmente observado pelos contemporâneos). Mas de nenhum modo isso significa que os bolcheviques estabeleceram estruturas efetivas de governança. Longe disso: o monopólio bolchevique andava de mãos dadas com o caos administrativo e social, que o extremismo de Lênin exacerbava, causando uma crise cada vez mais profunda, que ele citava como justificativa para seu extremismo. O colapso catastrófico do velho mundo, embora debilitante para milhões de pessoas reais, foi tomado como progresso pelos bolcheviques: quanto maior a ruína, melhor.

Alguém poderia pensar que a bagunça deveria ser mais do que suficiente para derrubar o governo e sua encenação. Os problemas de abastecimento, sozinhos, ajudaram a precipitar a queda da autocracia e revelaram o vácuo do Governo Provisório. Mas monopólio e anarquia se mostraram compatíveis porque o monopólio bolchevique não implicava controlar, mas negar aos outros um papel no comando do caos.[25] O bolchevismo era um movimento, uma ampla e independente anarquia de marinheiros e esquadrões de rua armados, operários, escribas e agitadores manchados de tinta, supostos funcionários empunhando selos de cera. Mas era também uma visão, um admirável novo mundo de abundância e felicidade, um profundo anseio pelo reino do céu na terra, acompanhado de esforços absurdos de decretação. Em 1918, o mundo experimentou a irreverência cáustica do Dada, bem como uma punhalada bolchevique involuntariamente dadaísta na lei, uma arte da performance que envolvia um público participativo substancial. No centro, Lênin persistia em sua estranha determinação, e Stálin o seguia de perto. Ele assumia a posição de um dos adjuntos para todos os fins de Lênin, preparado para assumir qualquer tarefa.

MONOPÓLIO

A teoria marxista do Estado era primitiva e proporcionava pouca orientação para além da Comuna de Paris (1870-1), que Marx havia tanto elogiado quanto denegrido. A Comuna, que durou 72 dias, inspirou a ideia da ditadura do proletariado (no prefácio de uma reedição de 1891 de *Guerra civil na França*, Engels escreveu: "Querem saber com o que se parece essa ditadura? Olhem para a Comuna de Paris. Aquela foi a Ditadura do Proletariado").[26] A Comuna também proporcionava inspiração graças ao seu caráter de participação da massa. Ainda assim, Marx havia observado que os *communards* "perderam um tempo precioso" organizando eleições democráticas, quando deveriam tratar de reunir forças para acabar com o "regime burguês" em Versalhes, e não conseguiram tomar o Banco Nacional Francês para expropriar seus cofres; o dinheiro foi usado para pagar o Exército em Versalhes, que esmagou a Comuna.[27] Lênin, numa reunião realizada em Genebra em 1908, no 37º aniversário da Comuna, e 25º da morte de Marx, reiterara o argumento de Marx de que a Comuna havia parado no meio do caminho, fracassando em extirpar a burguesia.[28] Não obstante, seu fascínio romântico persistia. Em 1917 e no início de 1918, Lênin imaginou um "estado do qual a Comuna de Paris foi o protótipo", com "democracia de baixo, democracia sem burocracia, sem polícia, sem Exército permanente; trabalho social voluntário garantido por uma milícia formada a partir de um povo universalmente armado".[29] Isso também fazia parte da semelhança não intencional com o dadaísmo. Ainda em abril de 1918, Lênin insistiria que "todos os cidadãos devem participar do trabalho dos tribunais e do governo do país. É importante para nós atrair literalmente todos os trabalhadores para o governo do Estado. É uma tarefa de enorme dificuldade. Mas o socialismo não pode ser implementado por uma minoria, por um partido".[30] Depois que se instalou a sensação de cerco que o próprio golpe bolchevique havia precipitado, porém, Lênin deixou de defender a Comuna como modelo inspirador, e ela se tornou apenas uma advertência sobre a necessidade de eliminar decisivamente inimigos.[31] E os inimigos não acabavam.

Atrás de seus slogans vencedores sobre paz, terra, pão e todo o poder aos sovietes, e suas metralhadoras, Lênin e os partidários do bolchevismo sentiam-se perpetuamente ameaçados. Na manhã do dia do golpe de Estado de 25 de outubro de 1917, Aleksandr Kerenski, com o objetivo nominal de voltar com unidades confiáveis do front, fugira de Petrogrado em dois automóveis, um deles "emprestado" da vizinha embaixada dos Estados Unidos.[32] "Resistam a Kerenski, que é um kornilovista!", proclamaram os bolcheviques; na verdade, Kerenski encontrou na frente de batalha apenas algumas centenas de soldados cossacos do 3º Corpo de Cavalaria do general Krymov — o mesmo subordinado de Kornílov que Kerenski acusara de traição e que, depois de uma conversa com Kerenski, se suicidara.[33] Em 29 de outubro, em combate nos arredores de Petrogrado, pelo menos duzentos foram mortos e centenas ficaram feridos — mais do que nas revoluções de fevereiro e outubro, mas a desmoralizada cavalaria remanescente não foi páreo para a miscelânea de milhares de guardas vermelhos e soldados da guarnição reunida pelo Comitê Militar Revolucionário de Petrogrado.[34] Kerenski evitou por pouco ser capturado e fugiu de novo, para o exílio no exterior.[35] Outros antibolcheviques reuniram cadetes da escola militar na capital e tomaram o hotel Astória (onde residiam alguns altos bolcheviques), o Banco do Estado e a central telefônica, mas também foram facilmente derrotados.[36] Mesmo assim, os bolcheviques jamais deixaram de temer a "contrarrevolução", seguindo o exemplo da Revolução Francesa, especialmente o episódio de agosto de 1792, quando a agressão externa aparentemente facilitou a subversão interna.[37] "Ainda me lembro", diria David Saguirachvíli, "dos rostos ansiosos dos líderes bolcheviques [...] que vi nos corredores do Instituto Smólni."[38] Essa ansiedade só aumentaria.

Apesar da criação de um Conselho dos Comissários do Povo somente bolchevique, a maioria dos socialistas da Rússia continuava a favor da formação de um governo que incluísse todos os socialistas, sentimento também evidente entre muitos bolcheviques. Liev Kámenev, membro do Comitê Central bolchevique, tornou-se o novo presidente do Comitê Executivo Central do Soviete, o corpo permanente do Congresso dos Sovietes, em nome do qual o poder fora tomado. Durante o golpe, Kámenev procurara trazer os SRs mais de esquerda e, possivelmente, outros socialistas para um governo revolucionário, e continuou a fazê-lo depois, temendo que um regime somente bolchevique estivesse condenado ao fracasso. Essa perspectiva foi reforçada em 29 de outubro, quando a liderança do Sindicato dos Ferroviários apresentou um ultimato, apoiado pela ameaça de uma greve poderosa, em que exigia um governo de todos os socialistas para evitar uma guerra civil.[39] Isso ocorreu durante a incerteza de um possível retorno de Kerenski. Em 1905, uma greve dos ferroviários havia paralisado as autoridades tsaristas por um tempo e agora poderia frustrar os esforços bolcheviques para se defender. Em uma reunião de representantes dos soldados da guarnição, também em 29 de outubro, Lênin e Trótski obtiveram apoio contra a "contrarrevolução" das 23 unidades que ali estavam representadas (de um total de 51).[40] Mas Kámenev, junto com Zinóviev e outros altos bolcheviques, concordaram formalmente em permitir a entrada de SRs e mencheviques no Conselho dos Comissários do Povo.[41] Enquanto o Comitê Central menchevique concordava em negociar com os bolcheviques um governo de todos os socialistas por um único voto, o Sindicato dos Ferroviários insistia num governo totalmente sem Trótski nem Lênin. Kámenev e seus aliados propuseram ao Comitê Central bolchevique que Lênin permanecesse no governo, mas cedesse a presidência a alguém como o líder do Partido Socialista Revolucionário, Viktor Tchernov. Os bolcheviques ficariam apenas com pastas menores.[42]

Lênin parecia estar perdendo o controle do partido. Em 1º de novembro de 1917, o principal editorial de um jornal controlado pelos bolcheviques anunciava "um acordo entre todas as facções" de toda a esquerda socialista, acrescentando que "os bolcheviques" sempre entenderam que "democracia revolucionária" significava "uma coligação de todos os partidos socialistas [...] não o domínio de um único partido".[43] Kámenev estava pronto para entregar o que, na mente de Lênin, eram os frutos do golpe de Estado de outubro. Mas Trótski, Svérdlov e Stálin possibilitaram que Lênin vencesse o desafio. Também em 1º de novembro, na reunião do autônomo Comitê dos Bolcheviques de Petersburgo — que, excepcionalmente, teve a participação de membros do Comitê Central —, Lênin acusou de traição as tentativas de Kámenev de se aliar com o SRs e os mencheviques, dizendo: "Não posso nem falar sobre isso a sério. Há muito tempo Trótski disse que essa união era impossível. Trótski compreendeu isso, e, desde então, não houve um bolchevique melhor". Lênin já havia dividido os sociais--democratas, e agora ameaçava dividir os bolcheviques. "Se há de haver uma divisão, que assim seja", disse ele. "Se vocês têm uma maioria, tomem o poder [...] e iremos para os marinheiros."[44] Trótski propôs negociar apenas com a ala esquerda dos SRs, que estavam em processo de cisão para criar um partido independente e poderiam ser parceiros menores dos bolcheviques. "Qualquer autoridade [*vlast*] é força", trovejou Trótski. "A nossa autoridade é a força da maioria do povo sobre a minoria. Isso é inevitável, isso é marxismo."[45] Naquele mesmo dia, em uma reunião de acompanhamento do Comitê Central bolchevique — quando Moscou ainda não estava nas mãos dos bolcheviques, mas com o abrandamento da ameaça (mais aparente do que real) de um ataque a Petrogrado dos cossacos liderados por Kerenski —, Lênin explodiu com Kámenev por realizar negociações de coalizão a sério, e não como uma cobertura para o envio de reforços militares para tomar o poder em Moscou. Lênin exigiu que as negociações cessassem por completo e que os bolcheviques apelassem diretamente às massas. Kámenev retrucou que o Sindicato dos Ferroviários tinha um "poder enorme". Svérdlov argumentou contra o rompimento das negociações, de um ponto de vista tático, mas também recomendou a prisão de membros da liderança sindical ferroviária.[46] (Stálin não compareceu à reunião de 1º de novembro; ele apareceu mais tarde naquela noite, em uma reunião adiada do Comitê Executivo Central do Soviete, onde a batalha continuou.)[47]

A posição intransigente de Lênin foi reforçada no dia seguinte, quando forças pró-bolcheviques tomaram definitivamente o Kremlin, em Moscou, em nome do "poder soviético". O vaivém de uma semana de confrontos armados na zona central de Moscou envolveu uma fração minúscula da população total da cidade, talvez 15 mil de cada lado; os bolcheviques tiveram 228 mortos, mais do que em qualquer outro lugar, enquanto os defensores do governo perderam um número desconhecido de combatentes. "O fogo da artilharia dirigido contra o Kremlin e o resto de Moscou não está causando nenhum dano para as nossas tropas, mas está destruindo monumentos e lugares sagrados e provocando a morte de cidadãos pacíficos", dizia a proclamação de cessar-fogo deles, o que equivalia a uma rendição.[48] No dia seguinte, em Petrogrado, Kámenev e Zinóviev conseguiram que o Comitê Executivo Central do Soviete endossasse a continuação das negociações para um governo de todos os socialistas, mas com Kerenski derrotado e Moscou em suas mãos, Lênin reuniu-se individualmente com Trótski, Svérdlov, Stálin, Dzierżyński e outras cinco pessoas, levando-os a assinar uma resolução que denunciava como "traição" os esforços de uma "minoria" do Comitê Central bolchevique para renunciar ao monopólio do poder.[49] Acusar companheiros próximos, que haviam passado anos na clandestinidade, na prisão e no exílio, de traição devido a diferenças políticas era típico de Lênin.

A história poderia ter sido diferente se Kámenev pagasse para ver e dissesse a Lênin para ir aos marinheiros. Mas, em vez de denunciar Lênin como um fanático desequilibrado, tomar o controle do Comitê Central e tentar ele mesmo reunir as fábricas, ruas, organizações locais do partido bolchevique e outros partidos socialistas em nome da ideia esmagadoramente popular de um governo de todos os socialistas, Kámenev entregou seu lugar no Comitê Central. Zinóviev e outros três também renunciaram.[50] Vários bolcheviques se demitiram do Conselho dos Comissários do Povo, entre eles Aleksei Ríkov (comissário do Interior). "Defendemos a necessidade de formar um governo socialista de todos os partidos soviéticos", declararam. "Achamos que, fora disso, há apenas um caminho: a preservação de um governo puramente bolchevique por meio do terror político."[51] E, assim, os opositores bolcheviques de Lênin entregaram a ele duas instituições fundamentais: o Comitê Central e o governo.

Havia ainda o Comitê Executivo Central do Soviete de Petrogrado, que Kámenev presidia e que muitos consideravam o novo órgão supremo: o próprio Lênin elaborara uma resolução, aprovada pelo II Congresso dos Sovietes, em outubro de 1917, que subordinava o Conselho dos Comissários do Povo ao Soviete.[52] Mas, em 4 de novembro, Lênin foi ao Comitê Executivo Central do Soviete para dizer a seus membros que não tinham jurisdição legal sobre o Conselho dos Comissários do Povo. A votação sobre essa questão estava inclinada a derrotar Lênin, mas, de repente, este insistiu que ele, Trótski, Stálin e outro comissário do povo presente também votariam. Os quatro comissários do povo votaram a favor no que era essencialmente um voto de confiança no governo deles, enquanto três bolcheviques moderados se abstiveram, permitindo que a moção de Lênin fosse aprovada por 29 votos a 23.[53] Foi assim que o governo exclusivamente bolchevique se livrou da supervisão legislativa. Lênin ainda não tinha terminado: em 8 de novembro, no Comitê Central bolchevique, ele forçou Kámenev a renunciar da presidência do Comitê Executivo Central do Soviete.[54] (No mesmo dia, Zinóviev se retratou e voltou ao Comitê Central bolchevique. Antes do fim do mês, Kámenev e Ríkov também se retratariam, mas Lênin não os aceitou de volta de imediato.) Lênin manobrou rapidamente para que Svérdlov fosse nomeado presidente do Soviete; ele ganhou o posto fundamental por uma diferença de apenas cinco votos.

Svérdlov tornou-se mais do que nunca o organizador indispensável. Era agora, ao mesmo tempo, secretário do partido bolchevique e presidente do Comitê Executivo Central do Soviete, e transformou habilmente este último em um órgão bolchevique de facto, "orientando" suas reuniões para obter os resultados desejados.[55] Ao mesmo tempo, Svérdlov conseguiu o que Kámenev fora incapaz de fazer: persuadiu os SRs de esquerda a participar de um Conselho dos Comissários do Povo controlado pelos bolcheviques, no papel de minoria, com o objetivo de dividir os socialistas antibolcheviques.[56] A ascensão meteórica dos SRs de esquerda entre o final de 1917 e o início de 1918 talvez perdesse apenas para a dos bolcheviques no verão e no outono de 1917. A razão era óbvia: a guerra imperialista continuava, e o mesmo acontecia com a guinada em direção ao esquerdismo cada vez mais radical. Em dezembro-janeiro houve até rumores de que alguns bolcheviques de esquerda queriam se juntar aos SRs de esquerda em um novo golpe, prender Lênin e formar um novo governo, talvez sob o comando do comunista de esquerda Grigóri "Iúri" Piatakov. A entrada dos SRs de esquerda para o Conselho dos Comissários do Povo tirou o Sindicato dos Ferroviários de uma frente unida de oposição ao monopólio bolchevique, e seus esforços para forçar uma verdadeira coalizão de todos os socialistas fracassaram. Essa entrada também reforçou a posição dos bolcheviques nas províncias.[57] Eles não tinham um programa agrário quando roubaram o dos SRs em outubro de 1917; Svérdlov admitiu que, antes da revolução, os bolcheviques "não haviam realizado absolutamente nenhum trabalho entre os camponeses".[58] Nesse contexto, os SRs de esquerda não ofereciam somente uma vantagem tática imediata, mas uma promessa política de longo alcance.[59]

A maioria dos SRs de esquerda se reconhecia como parceiros menores, não como membros de uma coalizão genuína, e eles, em grande parte, ocuparam cargos na Tcheká (Comissão Extraordinária de Combate à Contrarrevolução, Sabotagem e Especulação) ou no Exército, como comissários militares. Enquanto isso, a ofensiva política monopolista de Lênin continuava inabalável, tendo por alvo a esfera pública. Antes do golpe de outubro, ele denunciara a censura como "feudal" e "asiática", mas agora considerava a imprensa "burguesa" "uma arma não menos perigosa do que bombas ou metralhadoras".[60] Ele intimidou e fechou cerca de sessenta jornais no final de outubro e em novembro de 1917. É verdade que, num jogo de gato e rato, como brincou Isaiah Berlin, o jornal liberal *Dia* foi fechado, reapareceu brevemente como *Entardecer*, em seguida como *Noite*, depois *Meia-Noite* e, finalmente, *Noite Mais Escura*, quando então foi fechado para sempre.[61] Jornais reconhecidamente de esquerda também foram atingidos. "A história se repete", reclamou o jornal socialista revolucionário de direita *Causa do Povo*, que fora fechado na época do tsarismo.[62] Alguns SRs de esquerda também se juntaram aos gritos de indignação com a censura bolchevique da imprensa. De acordo com o decreto bolchevique, as repressões eram "de natureza temporária e serão removidas por um decreto especial, tão logo as condições normais sejam restabelecidas", mas, é claro, as condições "normais" nunca mais voltaram.[63]

SEM GOVERNO

Trótski relembraria sem pudor que, "a partir do momento em que o Governo Provisório foi declarado deposto, Lênin agiu em assuntos grandes e pequenos como se fosse o Governo".[64] É verdade, mas, enquanto Lênin impunha o monopólio político na região de Petrogrado onde se situavam o Smólni e o Palácio Tauride, a autoridade na esfera mais ampla se fragmentava ainda mais. O golpe acelerou a desintegração do império. Entre novembro de 1917 e janeiro de 1918, pedaço após pedaço da Rússia imperial se destacou como um iceberg em colapso no mar — Finlândia, Estônia, Letônia, Lituânia, Polônia, Ucrânia, Geórgia, Armênia, Azerbaijão. A conversão dessas antigas províncias fronteiriças em autodeclaradas "repúblicas nacionais" deixou uma "Rússia soviética" truncada numa relação incerta com a maioria dos territórios mais desenvolvidos do reino. Stálin, como comissário das Nacionalidades, tentou controlar essa dissolução, assinando, por exemplo, um tratado que estabelecia uma fronteira com a recém-independente Finlândia (a fronteira passava precariamente perto de Petrogrado). No interior da Rússia, também, as províncias se declararam "repúblicas" — Kazan, Kaluga, Riazan, Ufa, Orenburg. Às vezes, isso era imposto de cima, como no caso da República Soviética do Don, que se esperava que evitasse a intervenção militar alemã com base na "autodeterminação".[65] Independentemente de suas origens, as repúblicas provincianas não governavam seus territórios nominais: condados e aldeias declararam-se supremos. Em meio à quase total descentralização, proliferaram arremedos de "conselhos dos comissários do povo". Um "Conselho dos Comissários do Povo" de Moscou não mostrou nenhuma intenção de se subordinar ao Conselho dos Comissários do Povo de Lênin e alegou jurisdição sobre mais de uma dezena de províncias vizinhas. "Devido aos comissariados paralelos, pessoas e repartições [locais] não sabem para onde se virar e têm de lidar com os dois níveis simultaneamente", queixou-se um observador, acrescentando que os peticionários "costumam apelar para ambos os comissariados, provincial e central, aceitando como legal a decisão que lhes seja mais benéfica."[66]

Enquanto as funções básicas de governo eram ocupadas por organismos muito locais — ou nenhum —, as autoridades centrais nominais corriam atrás de dinheiro. Já na tarde de 25 de outubro, e várias vezes depois disso, Wiaczesław Mężyński, outro bolchevique polonês, levara um destacamento armado ao Banco do Estado russo.[67] Ele havia sido por um tempo caixa do banco Crédit Lyonnais, em Paris, e era o novo "comissário do povo para *assuntos do Ministério das Finanças*" — como se fosse haver comissariado financeiro duradouro na nova ordem, e não somente confiscos. Suas ações levaram o pessoal do Ministério das Finanças e do Banco do Estado Russo à greve.[68] Os bancos privados também fecharam as portas e, quando forçados por ameaças armadas a reabrir, se recusaram a honrar cheques e saques do governo bolchevique.[69] Por fim, Mężyński simplesmente roubou o Banco do Estado e pôs 5 milhões de rublos na mesa de Lênin.[70] Seu assalto inspirou funcionários bolcheviques — e impostores — a confiscar mais dinheiro dos bancos. Por sua vez, os donos de caixas de depósito, sob a ameaça de que seus valores seriam confiscados, foram obrigados a comparecer a "inventários", mas, quando apareceram com suas chaves, seus bens foram confiscados: moeda estrangeira, ouro e prata, joias e pedras preciosas.[71] Em dezembro de 1917, os pagamentos de juros de títulos (cupons) e dividendos de ações praticamente acabaram.[72] Em janeiro de 1918, os bolcheviques repudiariam todas as dívidas internas e externas do Estado tsarista, estimadas em cerca de 63 bilhões de rublos — cerca de 44 bilhões de rublos em obrigações domésticas e 19 bilhões em estrangeiras.[73] Independentemente das diatribes ideológicas, eles não tinham a menor condição de pagar a dívida.[74] Ondas de choque atingiram o sistema financeiro internacional, o rublo foi retirado dos mercados europeus e cortou-se o financiamento internacional para a Rússia. O sistema financeiro do país deixou de existir. O crédito à indústria secou.[75] Uma "fome" de papel-moeda logo infestou o país.[76]

Ao mesmo tempo, centenas de milhões de camponeses russos estavam engajados numa redistribuição das terras de propriedade da nobreza rural, da família imperial, da Igreja ortodoxa e dos próprios camponeses (beneficiários das reformas de Stolypin, muitos dos quais acabaram expropriados).[77] Boris Brutzkus, um economista letão que vivia na Rússia, considerou a revolução camponesa de 1917-8 "um movimento em massa de fúria elementar, como o mundo jamais viu".[78] Em média, no entanto, os camponeses parecem ter obtido um mero meio hectare adicional de terra. Alguns mostravam ceticismo prudente em relação aos novos terrenos, mantendo-os separados de suas posses anteriores, caso alguém viesse para tomá-los. (Às vezes, tinham de viajar uma distância tão grande para trabalhar nos novos lotes que desistiam deles.)[79] Mas os camponeses deixaram de pagar arrendamentos e tiveram suas dívidas para com o Banco Rural canceladas.[80] No geral, os tumultos fortaleceram a comuna redistributiva e os camponeses médios, que não contratavam outros, nem vendiam seu próprio trabalho.[81] Não sabemos ao certo quanto de mérito foi atribuído aos bolcheviques pela redistribuição das terras, embora Lênin tenha plagiado o popular Decreto da Terra Socialista Revolucionário. (Os SRs, ao participarem em coalizão com os cadetes no Governo Provisório, haviam abandonado sua plataforma de redistribuição imediata de terras.) O comissário bolchevique para a agricultura, ao pronunciar que o Decreto da Terra tinha "a natureza de um grito de guerra destinado a conclamar as massas", acrescentou reveladoramente que "a expropriação é um fato consumado. Retomar a terra dos camponeses é impossível sob qualquer condição".[82] O decreto foi alardeado em todos os jornais e publicado como um livreto (soldados que retornavam para suas aldeias natais ganharam calendários com a cópia do decreto, para que tivessem alguma coisa que não fosse o Decreto da Terra para enrolar seus cigarros).[83] Mas as maiores concentrações de terras privadas do Império russo estavam na região do Báltico, nas províncias ocidentais, na Ucrânia e no Cáucaso Norte, as quais estavam fora do controle bolchevique. Seria preciso muito mais do que decretos de papel para empurrar os camponeses na direção do bolchevismo.

O tumulto e a violência rural pioraram o abastecimento alimentar urbano já fortemente perturbado pela guerra. Petrogrado, que ficava distante das principais regiões agrícolas, e até mesmo Moscou foram forçadas a adotar rações de fome, uns 220 gramas de pão por dia.[84] Combustíveis e matérias-primas começaram a desaparecer por completo, o que levou os trabalhadores a passar da ajuda ao funcionamento de suas fábricas à tomada delas ("controle operário"), apenas para tentar mantê-las abertas, medidas que no mais das vezes fracassaram. O proletariado inteiro, diminuindo de seu pico de talvez 3 milhões, foi superado em número pelos 6 milhões de refugiados internos, quantidade que subia para talvez 17 milhões, contando soldados desertores e prisioneiros de guerra.[85] Essa enorme população transitória se transformava frequentemente em bandos armados que saqueavam cidades pequenas, bem como a zona rural.[86] Nas cidades, os soldados irregulares da Guarda Vermelha e as tropas da guarnição continuavam a incitar a desordem pública — e o bolchevismo não tinha outra força policial além deles. Os soldados da linha de frente deveriam receber cerca de cinco rublos por mês, enquanto os guardas vermelhos ganhavam dez rublos *por dia*, quantia equivalente ao salário diário dos operários fabris, mas muitas fábricas haviam fechado e deixado de pagar-lhes. E, assim, as fileiras da Guarda Vermelha, compostas de operários fabris que receberam rifles ou simplesmente saquearam arsenais, incharam.[87] Com ou sem braçadeiras vermelhas, os saqueadores atacaram as adegas dos inúmeros palácios da capital; alguns "se sufocaram e se afogaram no vinho", registrou uma testemunha ocular, enquanto outros saíam atirando a esmo.[88] Em 4 de dezembro de 1917, o regime anunciou a formação da Comissão contra Pogroms do Vinho, comandada por Vladímir Bonch-Bruevitch, um oficial tsarista convertido ao bolchevismo. "As tentativas de invadir adegas, armazéns, fábricas, barracas, lojas, apartamentos privados", ameaçava o jornal do Soviete, "serão interrompidas por tiros de metralhadora sem nenhum aviso", num sinal perfeito da violência sem freios.[89]

Mas o regime descobriu uma ameaça maior: corria o rumor de que os funcionários do antigo regime estavam planejando uma "greve geral". Muitos deles já estavam em greve, como os trabalhadores da telefonia, e até mesmo farmacêuticos e professores primários; em geral, somente o pessoal da limpeza e porteiros estavam aparecendo para trabalhar nos ministérios.[90] Em 7 de dezembro, o Conselho dos Comissários do Povo criou uma segunda força de emergência, a "temporária" Comissão Extraordinária de Combate à Contrarrevolução, Sabotagem e Especulação, conhecida por seu acrônimo russo Tcheká, cuja sede ficava na rua Gorókhovaia, 2. "Agora é guerra — cara a cara, uma luta até o fim, vida ou morte!", disse ao Conselho dos Comissários do Povo o bolchevique Félix Dzierżyński, polonês de linhagem nobre que chefiava a Tcheká. "Eu proponho, eu exijo um órgão para o acerto revolucionário de contas com os contrarrevolucionários."[91] Dzierżyński (nascido em 1877) passara onze anos em prisões tsaristas e no exílio na Sibéria, de onde saiu com poucos dentes, o rosto parcialmente paralisado com um sorriso torto e uma paixão ardente por justiça.[92] Em suas duas primeiras semanas, a Tcheká prendeu cerca de trinta supostos conspiradores que pertenciam a uma União dos Sindicatos de Funcionários do Estado, e usaram suas cadernetas de endereços confiscadas para fazer detenções posteriores. Outros funcionários, cujos salários, apartamentos, rações de comida e liberdade estavam em perigo, reconsideraram sua oposição ao novo governo.[93] Os bolcheviques passaram então a maior parte de janeiro debatendo se deviam permitir que esses "instrumentos do capitalismo" e "sabotadores" retornassem aos seus postos estatais.

A maioria dos revolucionários da Rússia, até mesmo muitos bolcheviques ferrenhos, achava execrável a nova polícia política.[94] Muitos tipos sem escrúpulos, inclusive criminosos, entraram para a Tcheká e muitas vezes não estavam preocupados apenas ou exclusivamente com a repressão política. A Tcheká havia acrescentado o combate à "especulação" ao seu mandato, mas a própria agência se tornou uma grande especuladora.[95] "Eles procuravam os contrarrevolucionários", escreveu uma testemunha ocular dos ataques da Tcheká, "e levavam os seus objetos de valor."[96] Encheram armazéns de mercadorias apreendidas como "propriedade do Estado", obtidas por coerção e sem recompensa. Elas eram então distribuídas como favor a funcionários e amigos, ou vendidas. Em meados de maio de 1918, a Tcheká se estabeleceu em Bogorodsk, um centro da indústria de curtumes junto ao Volga, com uma população de 30 mil habitantes, mas, em 29 de maio, um ataque destruiu seu prédio. Um destacamento de Níjni Nóvgorod, a capital provincial, chegou e realizou execuções. "Confiscamos 200 mil rublos em artigos de ouro e prata e 1 milhão de rublos em lã de ovelha", informou a Tcheká. "Os donos das fábricas e a burguesia estão em fuga. A Comissão decidiu confiscar as propriedades dos que fugiram e vendê-las aos trabalhadores e camponeses."[97] ("Trabalhadores e camponeses" podia incluir chefes do partido e oficiais da polícia.) Quando foram acusadas de saques, a Tcheká e as autoridades bolcheviques muitas vezes reagiram com negações genéricas, embora Lênin tenha acertado no slogan conveniente: "Nós saqueamos os saqueadores".[98]

A Tcheká estava longe de estar sozinha nos negócios escusos. "Todo mundo que queria 'nacionalizar' o fez", relembrou um funcionário do novo Conselho Supremo de Economia.[99] O caos das expropriações e da especulação foi, em alguns aspectos, mais desestabilizador do que quaisquer complôs genuínos da contrarrevolução. E o papel da Tcheká no fornecimento de segurança era duvidoso. Em janeiro de 1918, o carro de Lênin foi metralhado por trás (duas balas atravessaram o para-brisa) e o Smólni foi submetido a sustos de bombas.[100] Em fevereiro, a Tcheká já proclamara o poder de execução sumária contra "a hidra da contrarrevolução" — uma declaração que parecia ser de pânico, bem como de desprezo pelas liberdades "burguesas".[101] Uma autoavaliação secreta da polícia política feita em meados de 1918 observaria que "nós não tínhamos a força, a capacidade ou o conhecimento, e o tamanho da Comissão [extraordinária] era insignificante".[102]

VOTAÇÃO

Assim era o monopólio bolchevique na anarquia sem Estado: fábricas ociosas, bêbados armados e guardas vermelhos saqueadores, um sistema financeiro deliberadamente quebrado, estoques de alimentos esgotados, uma parceria ambígua com os SRs de esquerda e uma polícia secreta ineficaz, entregue ao roubo de propriedades e à especulação que deveria combater — e, por cima de tudo isso, o Governo Provisório, pouco antes de sua morte, havia finalmente marcado eleições para uma Assembleia Constituinte, com início previsto para 12 de novembro de 1917.[103] As ironias seriam ricas: os democratas constitucionais haviam hesitado em permitir a realização de eleições democráticas, temendo as consequências do voto de camponeses, soldados, marinheiros e operários, mas, agora, o ditatorial Lênin decidia deixar que as eleições democráticas prosseguissem.[104] A perspectiva de uma convenção constitucional iminente neutralizaria uma parte da oposição socialista mais feroz ao Conselho dos Comissários do Povo exclusivamente bolchevique, e, de qualquer modo, não poucos bolcheviques importantes imaginavam que poderiam ganhar. O partido certamente tentou, suprimindo a propaganda de outros candidatos, e, em sua própria imprensa, tratou de atacar as alternativas, denunciando os socialistas revolucionários ("lobos em pele de cordeiro"), os sociais-democratas mencheviques ("escravos da burguesia abrindo caminho para a contrarrevolução") e os democratas constitucionais ("saqueadores capitalistas"). Tudo parecia encaminhado para a intimidação em massa e a fraude. Mas, por incrível que pareça, a Rússia teve suas primeiras eleições de verdadeiro sufrágio universal.

O trabalho para organizar a votação foi imenso, talvez o maior empreendimento cívico no reino desde a emancipação dos camponeses, meio século antes. Uma Comissão Eleitoral genuinamente independente de dezesseis membros de Todas as Rússias comandou o processo, em que a supervisão local foi realizada por conselhos regionais, de condados e comunas, compostos de representantes do poder judiciário, órgãos governamentais locais, como os *zémtsvos* da época tsarista, mas também os sovietes, assim como membros do eleitorado. Os conselhos eleitorais de cidades, municípios e condados elaboraram listas de eleitores: todos os moradores, homens e mulheres, acima de vinte anos de idade.[105] Cerca de 44,4 milhões de pessoas votaram com cédulas secretas de papel, a grandes distâncias, durante a guerra, em 75 territórios, bem como no front e nas frotas navais (quase 5 milhões de soldados e marinheiros votaram). Não houve votação na Finlândia (cuja independência logo foi reconhecida pelos bolcheviques); nos territórios sob ocupação alemã (Polônia, parte do litoral do Báltico) ou no Turquestão russo desgovernado, e retornos de algumas regiões acabaram perdidos. Em 28 de novembro de 1917, a data original de convocação da Assembleia Constituinte, a votação ainda estava incompleta e seu início foi adiado, o que fez com que os defensores da Assembleia marchassem naquele dia até o Palácio Tauride. Lênin reagiu propondo um decreto para prender os principais políticos democratas constitucionais como "inimigos do povo" (um termo que os adversários dos bolcheviques haviam aplicado pela primeira vez ao bando de Lênin), antes mesmo de terem tomado os seus lugares.[106] A resolução de Lênin contra os cadetes em 28 de novembro foi apoiada por todos os membros do Comitê Central bolchevique, exceto um: Stálin.[107] As razões de Stálin para isso permanecem obscuras. Seja como for, no dia seguinte, o Comitê Central, mediante decreto secreto, formalizou a nova ordem política, atribuindo a Lênin, Trótski, Svérdlov e Stálin o direito de decidir "todas as questões de emergência".[108] E o que não era emergência?

Mas, apesar da repressão e da afirmação de poderes ditatoriais, a eleição produziu uma expressão da vontade popular.[109] Levando-se em conta toda a extensão da Eurásia, além das duas capitais, um estudioso sustentou que, até meados de 1918, a maioria das pessoas permanecia muito mais comprometida com instituições particulares (sovi-etes, comitês de soldados, comitês de fábrica) do que com partidos específicos.[110] Porém isso estava mudando, pois, na eleição, apresentaram-se à população opções de partidos. Quatro quintos da população que vivia no campo e que não tinha partido agrícola não socialista para escolher votaram nos socialistas revolucionários preocupa-dos com os camponeses — pouco menos de 40% do total de votos registrados, quase 18 milhões —, enquanto 3,5 milhões votaram nos socialistas revolucionários da Ucrâ-nia. Outros 450 mil votaram nos socialistas revolucionários de esquerda da Rússia (que se cindiram somente depois que as listas eleitorais já estavam prontas). A votação total dos SRs foi mais forte nos territórios agrícolas mais férteis e nas aldeias em geral, onde o comparecimento às urnas foi extraordinariamente elevado: 60% a 80%, em comparação com cerca de 50% nas cidades. Os SRs tiveram seu maior percentual na Sibéria, uma região de agricultura e pouca indústria.

Os SRs venceram a eleição. Mas a divisão do Partido Socialista Revolucionário mos-trou uma forte tendência na direção da variante socialista radical (os SRs da Ucrânia já estavam mais à esquerda do que seus colegas da Rússia). A votação social-democrata também foi substancial, mas não para a ala menchevique; apenas os mencheviques da Geórgia se saíram bem, acumulando 660 mil votos (30% dos votos no Cáucaso); os mencheviques russos obtiveram somente 1,3 milhão, menos de 3% do total da vota-ção. Em contraste, cerca de 10,6 milhões de pessoas votaram nos bolcheviques social--democratas — 24% dos votos apurados. Em oito províncias, mais de 50% votaram nos bolcheviques. Os bolcheviques e os SRs dividiram o voto militar, cada um levando cerca de 40%, mas a frota do mar Negro, distante da agitação bolchevique, deu o dobro dos votos para os SRs, enquanto a frota do Báltico, facilmente alcançada pelos agitadores bolcheviques, deu o triplo dos votos para os bolcheviques. Além disso, eles ganharam esmagadoramente no Grupo de Exército Ocidental e no Grupo do Exército do Norte, bem como nas grandes guarnições urbanas, chegando a 80% entre os solda-dos estacionados em Moscou e Petrogrado. Assim, os votos dos soldados e marinheiros (camponeses fardados) na capital e próximo dela salvaram o bolchevismo de uma der-rota ainda mais esmagadora para os SRs, como o próprio Lênin admitiu mais tarde.[111]

Os votos não socialistas não passaram de 3,5 milhões, dos quais cerca de 2 milhões foram para os democratas constitucionais. Isso deixou os cadetes com menos de 5% dos votos. Significativamente, no entanto, quase um terço dos votos dos cadetes foi registrado em Petrogrado e Moscou — em torno de meio milhão de votos. Os bol-cheviques receberam quase 800 mil votos nas duas capitais, mas os cadetes ficaram em segundo lugar (e superaram os bolcheviques em onze das 38 capitais provinciais). Assim, as fortalezas supremas do bolchevismo eram também fortalezas do "inimigo de classe", uma fonte de constante ansiedade bolchevique em relação a uma iminente "contrarrevolução".[112] E talvez o fato mais importante de todos: não havia à vista uma direita política organizada. Em meio ao clima de "democracia revolucionária", redistribuição de terras e paz, o eleitorado da Rússia votou maciçamente nos socialistas; partidos socialistas de todos os tipos receberam coletivamente mais de 80% dos votos.[113]

O bolchevismo se saiu melhor do que os não bolcheviques esperavam. Em certo sentido, cerca de metade do antigo Império russo votou pelo socialismo, mas contra o bolchevismo: o eleitorado parecia desejar poder para o povo, terra e paz, mas sem manipulação bolchevique. Em outro sentido, no entanto, os bolcheviques garantiram uma vitória eleitoral no centro estratégico do país (Petrogrado e Moscou), bem como entre os cruciais eleitores armados (guarnições da capital e marinheiros do Báltico). Para Lênin, isso era suficiente. Outros partidos e movimentos demoraram a ter uma compreensão plena da situação e, o que é ainda mais importante, desse poder político de massa do bolchevismo (já visível no front no verão de 1917). "Quem não vê que o que temos não é um regime 'soviético', mas uma ditadura de Lênin e Trótski, e que a ditadura deles depende das baionetas dos soldados e operários armados que eles enganaram?", lamentou o socialista revolucionário de centro Nikolai Sukhánov em novembro de 1917 no *Vida Nova*, jornal que editava e que Lênin logo fechou.[114] Mas não era engano, embora a prevaricação e a prestidigitação bolcheviques fossem abundantes. Na verdade, a ditadura de Lênin compartilhava com grande parte da massa um maximalismo popular, o fim da guerra de qualquer jeito, uma vontade de ver o uso da força para "defender a revolução", e uma luta de classes sem remorsos dos que nada tinham contra os ricos — posições que eram divisivas, mas também atraentes. Lênin tirava força do radicalismo popular.[115]

Em 5 de janeiro de 1918, às quatro horas da tarde, a tão esperada Assembleia Constituinte se instalou no antigo Salão Branco do Palácio Tauride da Duma, mas numa atmosfera ameaçadora. Os bolcheviques haviam inundado as ruas com partidários armados e artilharia. Surgiram rumores de que a eletricidade seria desligada — delegados socialistas revolucionários tinham chegado com velas — e que havia vagões de detenção a caminho. Lá dentro, a galeria dos espectadores estava lotada de marinheiros estridentes e provocadores. Apartes ensurdecedores, tilintar dos ferrolhos de rifles e estalos de baionetas pontuavam os discursos.[116] Cerca de oitocentos delegados haviam conquistado assentos, entre eles 370-380 socialistas revolucionários, 168-175 bolcheviques, 39-40 SRs de esquerda, bem como dezessete mencheviques e dezessete democratas constitucionais, mas estes últimos foram declarados ilegais e não compareceram, assim como muitos mencheviques.[117] Um dado crucial é que os SRs ucranianos não compareceram. Devido a essas ausências e prisões, os delegados presentes somavam entre quatrocentos e quinhentos.[118] Lênin observava atrás das cortinas do antigo camarote do governo.[119] No plenário, a bancada bolchevique era liderada por Nikolai Bukhárin, de trinta anos, bem descrito por John Reed como "um homem baixo de barba ruiva, com os olhos de um fanático — 'mais à esquerda do que Lênin', diziam dele".[120] Os delegados elegeram o presidente do partido Socialista Revolucionário, Viktor Tchernov, para presidir a Assembleia; os bolcheviques apoiaram a SR de esquerda Maria Spiridónova, uma renomada terrorista, que teve impressionantes 153 votos, 91 a menos do que Tchernov. Uma moção bolchevique para limitar o âmbito da Assembleia Constituinte foi derrotada (237 a 146). Lênin fez um fiel militante, líder dos marinheiros do Báltico, anunciar que os delegados bolcheviques estavam se retirando; os delegados SRs de esquerda, entre eles Spiridónova, se retiraram mais tarde.[121] Cerca de doze horas depois, por volta das quatro da manhã, um marinheiro da frota do Báltico subiu ao palco, bateu no ombro de Tchernov (ou puxou sua manga) e berrou que o comissário bolchevique da Marinha "quer que os presentes deixem a sala". Quando Tchernov respondeu que "isso cabe à Assembleia Constituinte decidir, se você não se importa", o marinheiro retrucou: "Eu sugiro que vocês saiam da sala, pois já é tarde e os guardas estão cansados".[122] Tchernov fez votarem rapidamente algumas leis e suspendeu a sessão às 4h40. Na tarde daquele dia (6 de janeiro), quando os delegados chegaram para retomar os trabalhos, as sentinelas impediram a entrada.[123] A Assembleia Constituinte da Rússia terminou depois de um único dia, e nunca mais se reuniu. (Até mesmo o original dos protocolos da reunião foi roubado da residência de Tchernov em Praga.)[124]

As ameaças bolcheviques não eram segredo.[125] "Não estamos dispostos a dividir o poder com ninguém", escreveu Trótski sobre a Assembleia Constituinte antes da inauguração. "Se pararmos no meio do caminho, então não será uma revolução, será um aborto [...] uma libertação histórica falsa."[126] O Partido Socialista Revolucionário havia vencido nas frentes do sudoeste, romena e caucasiana de forma decisiva, mas sua liderança não conseguiu trazer tropas para a capital e nem mesmo aceitar uma oferta de ajuda armada da guarnição de Petrogrado.[127] Alguns líderes socialistas revolucionários abjuraram do uso da força por princípio; a maioria temia que tentativas de mobilizar soldados dispostos a defender a legislatura eleita serviriam como pretexto para os bolcheviques a fecharem, o que eles fizeram de qualquer modo.[128] Nenhuma obrigação de defender a Assembleia Constituinte foi sentida no campo, onde a revolução camponesa havia ajudado a varrer toda a panóplia da burocracia tsarista, dos governadores provinciais a polícia local e capitães da terra, que foram substituídos pelo governo autônomo dos camponeses.[129] Na capital, dezenas de milhares de manifestantes, inclusive operários fabris, marcharam até o Palácio Tauride para tentar salvar a Assembleia Constituinte, mas bolcheviques leais dispararam contra eles.[130] Foi a primeira vez, desde fevereiro e julho de 1917, que civis foram mortos a tiros nas cidades russas por motivos políticos, mas os bolcheviques se safaram.

263

A existência do Soviete de Petrogrado ajudou a diminuir o apego popular a uma Assembleia Constituinte.[131] Lênin caracterizou o Soviete bolchevizado como uma "forma superior" de democracia, não o tipo procedimental ou burguês celebrado na Grã-Bretanha e na França, mas a democracia da justiça social e do poder popular (da classe baixa). Esse ponto de vista repercutiu amplamente na Rússia, ainda que estivesse longe de ser aceito o modo tendencioso como Lênin igualava a Assembleia Constituinte de esmagadora maioria socialista à democracia "burguesa".[132] Reforçando o momento, o Comitê Executivo Central do Soviete, dominado por Svérdlov, havia pré-agendado um III Congresso dos Sovietes de Todas as Rússias para 10 de janeiro, data que acontecia de ser imediatamente posterior àquela em que a Assembleia Constituinte seria dispersada.[133] Muitos dos delegados boicotaram o encontro em protesto, mas os presentes legalizaram retroativamente o fechamento forçado da Assembleia Constituinte.[134]

O FRACASSO DE TRÓTSKI

Paz! Imediata, universal, para todos os países, para todos os povos: a popularidade do bolchevismo foi impulsionada, sobretudo, pela promessa de se livrar da odiosa guerra. No II Congresso dos Sovietes, no entanto, Lênin, de repente, foi ambíguo. "O novo poder faria de tudo", ele prometeu, "mas não podemos dizer que acabaremos com a guerra simplesmente enfiando nossas baionetas no chão [...] não dissemos que faremos a paz hoje ou amanhã."[135] (As notícias dos jornais a respeito de seu discurso omitiram essas palavras.) O "Decreto sobre a Paz" — que mencionava Inglaterra, França e Alemanha, mas não os Estados Unidos, "como as potências mais poderosas que participam da guerra atual" — emitido pelo congresso convidara todos os beligerantes a respeitar um armistício de três meses e negociar uma "paz justa, democrática [...] imediata, sem anexações e sem indenizações". (Outras proclamações bolcheviques convidavam os cidadãos dos países beligerantes a derrubar seus governos.)[136] Lênin e Stálin transmitiram pelo rádio instruções às tropas russas para desistir da luta — apelo obviamente desnecessário. Lênin enviou ao quartel-general alemão uma oferta não codificada de um cessar-fogo incondicional, sabendo que a Entente também receberia a mensagem (quando o fizeram, viram nela a confirmação de sua crença de que ele era um agente alemão). Grã-Bretanha e França recusaram-se a reconhecer o regime bolchevique e não responderam ao Decreto sobre a Paz, nem às notas formais de Trótski. Mas a Entente enviou comunicados ao quartel-general de campo da Rússia.[137] Enquanto isso, um marinheiro que trabalhava para Trótski vasculhou os cofres do Ministério do Exterior russo e localizou os tratados de guerra secretos do tsarismo com a Grã-Bretanha e a França que previam anexações; Trótski publicou os documentos condenando a Entente, chamando-a de "os imperialistas".[138] (Quase nenhum jornal dos países aliados reproduziu os textos revelados.)[139] O que não estava claro era o que poderia ser feito — se é que havia algo a fazer — a respeito do Exército alemão cada vez mais próximo.

O alto-comando russo em Mogilev, a mais de seiscentos quilômetros de Petrogrado, não participara do golpe de outubro, mas fora devastado pela revolução que ajudara a acelerar com o pedido de abdicação do tsar, em fevereiro de 1917. Em 8 de novembro de 1917, Lênin e Trótski passaram um rádio ao supremo comandante interino da Rússia, o general de 41 anos Nikolai Dukhónin — ex-chefe do Estado-Maior de Kornílov —, para que iniciasse negociações de paz em separado com os alemães. Dukhónin recusou a ordem de trair os aliados da Rússia. Lênin mandou distribuir a correspondência para todas as unidades a fim de mostrar que a "contrarrevolução" queria continuar a guerra. E também demitiu Dukhónin, substituindo-o por Nikolai Krylenko, de 32 anos, que até então ocupava o posto mais baixo da hierarquia de oficiais da Rússia (alferes, ou segundo-tenente).[140] Em 20 de novembro de 1917, ele chegou a Mogilev com um trem lotado de soldados e marinheiros pró-bolcheviques. Dukhónin rendeu-se devidamente a ele.[141] Embora não tendo fugido, Dukhónin não impediu a fuga do general Kornílov e de outros oficiais superiores tsaristas que estavam detidos numa prisão mosteiro das proximidades desde que se renderam ao pessoal de Kerenski (em setembro de 1917). Ao descobrir a fuga, os soldados e marinheiros furiosos atiraram em Dukhónin e o espetaram com baionetas enquanto ele estava deitado de bruços no chão, e depois, por vários dias, usaram seu corpo nu para a prática de tiro ao alvo.[142] Krylenko não conseguiu ou não se dispôs a detê-los. Ao contrário dos generais Alekseiev e Brussílov antes dele, o alferes não visitou os campos de batalha. Não obstante, obteve um quadro da situação: o Exército russo não estava desmoralizado, mas efetivamente não existia mais.

Por sua vez, a Alemanha também tinha motivos para querer um acordo. Tréguas negociadas entre soldados alemães e russos começaram a se espalhar por toda a frente oriental. Alguns especialistas estavam prevendo escassez de alimentos e agitação civil na frente interna alemã no inverno de 1917-8, problemas que pairavam com gravidade ainda maior sobre a Áustria-Hungria. As batalhas ferozes contra a França e a Grã-Bretanha na frente ocidental continuavam, agora com os Estados Unidos fazendo parte da Entente. Ludendorff decidira reunir todas as suas forças para uma grande ofensiva de primavera no Ocidente e viriam a calhar tropas que fossem, presumivelmente, liberadas do leste. Todas essas considerações, e um desejo de consolidar seus ganhos imensos no front oriental, induziram as Potências Centrais, em 15 de novembro de 1917 (28 de novembro no Ocidente), a aceitar a oferta bolchevique de armistício como um prelúdio para negociações.[143] Embora os bolcheviques defendessem uma paz geral, e não em separado, a Entente se recusou a participar das negociações, e, naquele mesmo dia, Trótski e Lênin anunciaram que "se a burguesia dos países aliados nos forçar a concluir uma paz separada [com as Potências Centrais], a responsabilidade será deles".[144] Para o local das negociações, os bolcheviques propuseram Pskov, que permanecia sob controle russo (e onde Nicolau II havia abdicado), mas a Alemanha escolheu a fortaleza de Brest-Litovsk, em um território tsarista que servia agora de local de comando alemão.[145] Ali, o armistício foi assinado rapidamente em 2 de dezembro (15 de dezembro, no Ocidente). (Numa violação imediata dos termos, a Alemanha remanejou seis divisões para o front ocidental.)[146] Uma semana depois, iniciaram-se as negociações de paz.

Ao chegar, o bolchevique Karl Radek — nascido Karl Sobelsohn em Lemberg (Lviv), no oeste da Ucrânia, então pertencente ao império Habsburgo — havia jogado propaganda contra a guerra pela janela do trem para soldados rasos alemães, instando-os a se rebelar contra seus comandantes.[147] Sentado à mesa com o secretário de Relações Exteriores alemão, barão Richard von Kühlmann, e o chefe do Estado-Maior dos exércitos alemães no Leste, general de brigada Max Hoffmann, Radek inclinou-se e soprou a fumaça. No jantar de abertura no refeitório dos oficiais, uma mulher da delegação russa, socialista revolucionária de esquerda, gentilmente reencenou o assassinato cometido por ela de um governador tsarista para o anfitrião da reunião, o marechal de campo e príncipe Leopoldo da Baviera. O chefe da delegação bolchevique, Adolf Ioffe — que o ministro das Relações Exteriores austríaco, conde Ottokar Czernin, observou enfaticamente que era judeu —, comentou: "Tenho muita esperança de que seremos capazes de despertar a revolução também em seu país".[148] Assim os plebeus esquerdistas da Zona de Assentamento russa e do Cáucaso se puseram em guarda contra os aristocratas e senhores da guerra alemães, membros da casta militar mais extraordinária do mundo.[149] Após alguns desentendimentos iniciais, logo ficou evidente que a demanda bolchevique de "paz sem indenizações e anexações" jamais seria aceita; as delegações alemã e austríaca, invocando a "autodeterminação", exigiram o reconhecimento russo da independência da Polônia, Lituânia e Letônia ocidental, que as Potências Centrais haviam ocupado em 1914-6.[150] A única salvação dos bolcheviques era esperar que as tensões da guerra precipitassem a revolução na Alemanha e na Áustria-Hungria (se a guerra não causasse antes o colapso interno dos países da Entente).[151] Para uma segunda rodada de "negociações", Lênin enviou Trótski com o objetivo de chamar a atenção e protelar.[152] Os bolcheviques conseguiram que os alemães permitissem publicidade a respeito das negociações, o que estimulou muito a postura pública, e o desempenho de Trótski em Brest-Litovsk o catapultou para a fama internacional. Depois de sorrir durante uma longa diatribe alemã sobre a repressão bolchevique de opositores políticos, Trótski disparou: "Nós não prendemos grevistas, mas capitalistas que submetem os trabalhadores a lockouts. Nós não atiramos em camponeses que exigem terra, mas prendemos os proprietários e oficiais que tentam atirar em camponeses".[153]

Trótski logo mandou telegrama a Lênin para aconselhar que as negociações fossem rompidas sem um tratado. "Vou consultar Stálin e lhe darei minha resposta", Lênin telegrafou. A resposta resultou em um recesso no início de janeiro de 1918, durante o qual Trótski voltou a Petrogrado para consultas.

O Comitê Central bolchevique reuniu-se em 8 de janeiro para discutir a Alemanha, dois dias depois da dispersão violenta da Assembleia Constituinte e logo após um relatório oficial, entregue por Mikhail Bonch-Bruevitch, irmão de Vladímir, o faz-tudo de Lênin, advertindo que "o início de uma fome total no Exército é uma questão de poucos dias".[154] Quando Lênin pressionara por um golpe, ele insistira que a Alemanha estava perto de uma revolução, mas, agora, mudou de tom: a revolução mundial continuava a ser um sonho, observou, enquanto a revolução socialista da Rússia era um fato; para salvar este último, instava que aceitassem quaisquer termos que os alemães oferecessem.[155] Trótski retrucou que a Alemanha não retomaria a luta, eliminando qualquer necessidade de capitular. Mas um grupo bolchevique de esquerda liderado por Nikolai Bukhárin, do qual faziam parte Dzierżyński, Mężyński e Radek, defendeu uma retomada *russa* das hostilidades. Eles consideravam a posição de Lênin derrotista. Assim, o Comitê Central se dividiu em três posições: capitulação (Lênin); protelar e blefar (Trótski); guerra de guerrilha revolucionária para acelerar a revolução na Europa (Bukhárin). Dos dezesseis membros do Comitê Central presentes com direito a voto em 9 de janeiro, somente três — com destaque para Stálin — ficaram ao lado de Lênin.

Stálin objetou que "a posição de Trótski não é uma posição", acrescentando que "não há movimento revolucionário no Ocidente, nada existe, somente potencial, e não podemos contar com um potencial. Se os alemães começarem uma ofensiva, isso fortalecerá a contrarrevolução aqui". Ele ainda observou que, "em outubro, falamos de uma guerra santa, porque nos foi dito que a mera palavra 'paz' provocaria uma revolução no Ocidente. Mas isso estava errado".[156] "Bukhárin, por outro lado, recuou e admitiu que "a posição de Trótski — esperar que os trabalhadores em Berlim e Viena entrassem em greve — "é a mais correta". A proposta de Trótski ("acabar com a guerra, não assinar a paz, desmobilizar o Exército") foi a vencedora, por nove a sete votos.[157] Após a reunião, Lênin escreveu que a maioria "não leva em consideração a mudança nas condições que exige uma mudança rápida e abrupta da tática".[158] Isto era Lênin: furiosamente contra qualquer concessão aos socialistas russos moderados, mas exigindo que os comunistas fizessem concessões abjetas aos militaristas alemães.

Um III Congresso dos Sovietes reuniu-se em 10 de janeiro de 1918 (e durou até o dia 18) no Palácio Tauride, e os delegados bolcheviques tinham uma pequena maioria (860 dos 1647 presentes no final, pois mais delegados continuaram a chegar).

O congresso aprovou uma resolução para apagar todas as referências, em qualquer compêndio de futuros decretos soviéticos, à Assembleia Constituinte recentemente dissolvida. Na qualidade de comissário das Nacionalidades, Stálin apresentou um relatório e o congresso criou formalmente a República Socialista Federativa Soviética da Rússia (RSFSR). Comentando sobre a Assembleia Constituinte, Stálin concluiu que, "nos Estados Unidos, eles têm eleições gerais, e aqueles que acabam no poder são criados do bilionário Rockefeller. Isso não é um fato? Nós enterramos o parlamentarismo burguês, e os martovitas querem nos arrastar de volta para o período da Revolução de Fevereiro (risos, aplausos). Mas, como representantes dos trabalhadores, precisamos que o povo não seja apenas eleitor, mas também governante. Os que exercem autoridade não são aqueles que elegem e votam, mas aqueles que governam".[159] Trótski fez um informe sobre Brest-Litovsk. "Quando terminou seu grande discurso", um entusiasta britânico registrou, "a imensa assembleia de operários, soldados e camponeses russos se levantou e [...] cantou a Internacional."[160] Mas, apesar do clima de guerra revolucionária, o congresso evitou uma resolução obrigatória para um lado ou outro. Trótski voltou a Brest-Litovsk em 17 de janeiro (30 de janeiro no Ocidente) para embromar mais.

Em Petrogrado, no dia seguinte, o Comitê Central bolchevique debateu se deveria convocar uma conferência do partido para discutir uma possível paz em separado. "Que conferência?", retrucou Lênin. Svérdlov considerou ser impossível organizar uma conferência do partido com suficiente rapidez e propôs uma consulta a representantes das províncias. Stálin lamentou a falta de clareza na posição do partido, e, recuando um pouco, sugeriu que "a opinião do meio — a posição de Trótski — nos deu uma saída dessa situação difícil". Stálin propôs "dar aos porta-vozes dos diferentes pontos de vista mais chance de serem ouvidos e convocar uma reunião para chegar a uma posição clara".[161] Trótski tinha razão: o esforço de guerra da Rússia não era o único que estava se desintegrando. As Potências Centrais também estavam sob tremenda pressão: na Alemanha, uma onda de greves foi reprimida, mas a privação em massa causada pelo bloqueio britânico persistia; a Áustria estava implorando à Alemanha, e até à Bulgária, por alimentos de emergência.[162] Nesse meio-tempo, porém, os alemães ganharam um trunfo: uma delegação do governo ucraniano, conhecida como a Rada Central — socialista, mas não bolchevique —, apareceu em Brest-Litovsk. O principal político civil alemão chamou o grupo de pessoas de vinte e tantos anos de "rapazinhos" (*Bürschchen*), mas em 27 de janeiro (9 de fevereiro no Ocidente) a Alemanha assinou um tratado com eles.[163] Não importava que, àquela altura, os guardas vermelhos da Rússia já tivessem deposto a Rada Central, em Kiev.[164] Os representantes da Rada Central prometeram à Alemanha e à Áustria grãos, manganês e ovos ucranianos em troca de ajuda militar contra as forças bolcheviques e a criação de uma região rutena (ucraniana) autônoma na Galícia e na Bucóvina austríacas. (O conde de Czernin, ministro das Relações Exteriores da Áustria, deu-lhe o apelido de "Paz do Pão".)[165] Quaisquer que fossem as aspirações dos intelectuais e figuras políticas ucranianas, a Ucrânia independente, para a Alemanha, era um instrumento para subjugar a Rússia e sustentar o esforço de guerra do Reich no Ocidente.[166]

Com a Ucrânia aparentemente no bolso, a delegação alemã sentiu-se triunfante. No dia seguinte (28 de janeiro, 10 de fevereiro no Ocidente), Trótski chegou para fazer uma longa acusação de "imperialismo", que a delegação alemã tomou como um prelúdio para uma tempestuosa capitulação bolchevique. Fazia cerca de cinquenta dias que as negociações haviam começado; o Exército russo praticamente evaporara. Mas, em vez de se curvar diante dessas realidades, Trótski terminou seu discurso proclamando uma política de "nem guerra, nem paz". Ou seja, a Rússia estava saindo da guerra, mas se recusava a assinar um tratado. Depois de um silêncio, o general de brigada alemão Hoffmann, arquiteto da grande vitória em Tannenberg, murmurou: "Nunca ouvi falar disso".[167] A delegação bolchevique saiu para pegar um trem. "Na viagem de volta a Petrogrado, todos nós estávamos com a impressão de que os alemães não começariam uma ofensiva", recordou Trótski.[168] Um telegrama ambíguo sobre "paz" enviado de Brest para a capital soviética provocara telegramas de Petrogrado ao front, onde os soldados irromperam em cânticos e disparo cerimonial de canhões, para celebrar "a paz".[169] Trótski chegou ao Smólni em meio ao júbilo, em 31 de janeiro de 1918 (no dia seguinte, seria 14 de fevereiro na Rússia, graças à adoção do calendário ocidental gregoriano). Lênin, cético, se perguntou se Trótski teria perpetrado um truque de mágica. Um telegrama diplomático de Brest-Litovsk a Viena provocou preparativos para uma celebração da vitória na exaurida capital dos Habsburgo: multidões encheram as ruas e bandeirolas começaram a subir.[170]

Mas os altos oficiais alemães advertiram que nunca conseguiriam o prometido grão ucraniano sem uma ocupação militar. Em um conselho de guerra realizado em 13 de fevereiro — mesmo dia em que Trótski chegou de volta ao Smólni —, o marechal de campo Hindenburg ressaltou que o armistício não resultara em um tratado de paz e, portanto, não valia mais; ele insistiu numa política para "esmagar os russos [e] derrubar seu governo". O kaiser concordou.[171] Cerca de 450 mil soldados das Potências Centrais entraram na Ucrânia, com a permissão da deposta Rada Central. (Tumultos irados irromperam entre os de língua polonesa em relação às promessas feitas à Ucrânia na Galícia; tropas polonesas que entraram na Ucrânia sob o comando Habsburgo formaram sua própria força armada.)[172] A partir de 18 de fevereiro, uma força alemã paralela (52 divisões) avançou duzentos quilômetros em duas semanas através do norte do território russo, capturando Minsk, Mogilev e Narva, e pondo os alemães num caminho desobstruído em direção a Petrogrado. "Esta é a guerra mais engraçada que já fiz", observou Hoffmann sobre sua operação (chamada Raio). "Colocamos no trem um pouco de infantaria com metralhadoras e uma peça de artilharia e avançamos até a próxima estação ferroviária, apreendemo-la, prendemos os bolcheviques, embarcamos outro destacamento e seguimos em frente."[173]

O MASSACRE DE KOKAND

Os eventos em outras partes do antigo espaço imperial russo seguiram uma dinâmica que não era ditada pela geopolítica da Alemanha contra a Entente, nem pelos duetos acrimoniosos de Trótski e Lênin. O Soviete de Tachkent, que compreendia principalmente colonos eslavos e soldados da guarnição, conseguira tomar o poder na segunda tentativa, em 23 de outubro de 1917, antes mesmo do golpe bolchevique em Petrogrado. Em meados de novembro, um Congresso dos Sovietes locais se reuniu sem nenhum membro nativo da região.[174] "Os soldados enviados das províncias do interior da Rússia, os camponeses ali assentados pelo antigo regime em terras confiscadas de nosso povo e os trabalhadores acostumados a nos encarar com arrogância — essas eram as pessoas que estavam nesse momento para decidir o destino do Turquestão", lembrou Mustafá Shokai-Uly (Chokayev), um líder muçulmano.[175] O Congresso dos Sovietes de Tachkent decidiu por 97 a 17 votos negar cargos governamentais aos muçulmanos.[176] Os ulemás, sábios muçulmanos que julgavam falar pela massa, estavam reunidos simultaneamente em seu próprio congresso, em outra parte de Tachkent, e, acostumados a apresentar petições às autoridades coloniais, votaram em peso para pedir ao Soviete de Tachkent que compusesse um órgão político local mais representativo, uma vez que "os muçulmanos do Turquestão [...] compreendem 98% da população".[177] Ao mesmo tempo, um grupo diferente de muçulmanos, autodenominados modernistas e conhecidos como o Jadid, viu uma oportunidade de passar a perna nos ulemás tradicionais e, no início de dezembro de 1917, reuniu-se em Kokand, uma cidade murada que fora capturada pelos russos havia apenas 34 anos. Com cerca de duzentos representantes, entre eles 150 do populoso vale próximo de Fergana, esse congresso resolveu em 11 de dezembro declarar o "Turquestão territorialmente autônomo, em união com a República Federal Democrática Russa", ao mesmo tempo que prometia proteger as minorias nacionais locais (eslavos) de todas as formas possíveis".[178] Constituiu-se um Governo Provisório e elegeu-se uma delegação à Assembleia Constituinte, reservando-se um terço dos assentos para os não muçulmanos. O congresso também debateu se deveriam buscar uma aliança com os cossacos da estepe antibolcheviques, proposição que dividiu os delegados, mas que parecia inevitável como o único caminho para continuar a importar grãos: o regime tsarista obrigara os agricultores locais a passar a cultivar algodão.

Os representantes da Autonomia de Kokand foram para Tachkent, em 13 de dezembro, a fim de anunciar sua existência no território soviético. Era uma sexta-feira (o dia sagrado dos muçulmanos) e, por coincidência, dia do aniversário de Maomé. Dezenas de milhares de homens, muitos com turbantes brancos e carregando bandeiras verdes ou azul-claras, marcharam para o quartel russo da cidade. Muitos ulemás também se uniram à manifestação, assim como alguns russos moderados. Os manifestantes, que exigiam o fim das revistas domiciliares e requisições, invadiram a prisão, libertando os encarcerados pelo Soviete de Tachkent.[179] Soldados russos dispararam contra a multidão, matando várias pessoas; outras morreram no tumulto resultante.[180] Os presos foram recapturados e executados.

Dominados por intelectuais muçulmanos educados na Rússia imperial, os líderes da Autonomia de Kokand pediram às autoridades bolcheviques na capital russa "para reconhecer o Governo Provisório do Turquestão autônomo como o único governo do Turquestão" e autorizar a dissolução imediata do Soviete de Tachkent, "que é composto de elementos estrangeiros hostis à população nativa do lugar, em oposição ao princípio da autodeterminação dos povos".[181] Stálin, na qualidade de comissário das Nacionalidades, foi o responsável pela resposta. "Os sovietes são autônomos em seus assuntos internos e exercem suas funções baseando-se em suas forças reais", escreveu. "Portanto, não caberá aos proletários nativos do Turquestão recorrer à autoridade central soviética com petições para dissolver o Conselho dos Comissários do Povo do Turquestão." E acrescentou que, se a Autonomia de Kokand achava que o Soviete de Tachkent tinha de acabar, "eles mesmos deveriam dissolvê-lo pela força, se essa força estiver disponível para os proletários e camponeses nativos".[182] Tratava-se de uma admissão cabal tanto da impotência dos bolcheviques centrais como do papel da força na determinação dos eventos revolucionários. Mas era evidente que o Soviete de Tachkent tinha o controle das armas herdadas das guarnições coloniais da época tsarista. A Autonomia de Kokand tentou, mas não conseguiu, criar uma milícia popular (reuniu sessenta voluntários). Faltavam-lhe os meios para cobrar impostos e suas missões diplomáticas aos cazaques da estepe e ao emirado de Bukhara não resultaram em nada. Após a dissolução da Assembleia Constituinte pelos bolcheviques, Kokand tentou persuadir o Soviete de Tachkent a convocar uma Assembleia Constituinte do Turquestão — a qual, evidentemente, teria uma grande maioria muçulmana. Em 14 de fevereiro, o Soviete de Tachkent mobilizou as tropas da guarnição local, outros soldados das estepes de Orenburg, dashnaks armênios e trabalhadores eslavos armados para esmagar a "falsa autonomia", montando um cerco à cidade velha de Kokand. Em quatro dias, eles romperam os muros e começaram a massacrar a população. Cerca de 14 mil muçulmanos foram mortos, muitos deles metralhados; a cidade foi saqueada e incendiada.[183] O Soviete de Tachkent aproveitou o momento para intensificar as requisições de estoques de alimentos, desencadeando uma epidemia de fome em que talvez 900 mil pessoas tenham morrido, assim como uma fuga em massa para o Turquestão chinês.[184] Stálin e os bolcheviques teriam uma dura tarefa para casar a revolução com a questão anticolonial na prática.

CAPITULAÇÃO

Não havia forças bolcheviques confiáveis no caminho da marcha do Exército alemão para o leste comandada pelo general Max Hoffmann. "Para nós, bem como do ponto de vista socialista internacional, a preservação da República [Soviética] está acima de tudo", Lênin argumentou numa reunião do Comitê Central em 18 de fevereiro, mesmo dia em que Hoffmann retomara o avanço alemão.[185] Para Lênin, ceder territórios que os bolcheviques de qualquer modo não governavam — e, em sua mente, cedê-los apenas temporariamente, até a revolução mundial — constituía um preço que valia a pena pagar. De início, no entanto, Lênin mais uma vez não conseguiu a maioria do Comitê Central. Stálin voltou a ficar ao seu lado. "Queremos falar direto, ir direto ao cerne da questão", disse ele na reunião do Comitê Central. "Os alemães estão atacando, não temos forças, chegou a hora de dizer que as negociações devem ser retomadas."[186] Essa declaração constituía um repúdio inequívoco da posição de Trótski. Durante todo o processo, Trótski havia sido a figura oscilante, e continuava assim. Algum tempo antes de seu retorno a Brest-Litovsk em meados de janeiro, Lênin tivera uma conversa confidencial com ele; ambos, evidentemente, defenderam seus argumentos, mas Lênin perguntou a Trótski o que ele faria se, de fato, os alemães retomassem sua ofensiva e não eclodisse nenhum levante revolucionário na retaguarda da Alemanha. A capitulação teria de ser assinada? Trótski havia concordado que, se essas circunstâncias viessem a se concretizar, não se oporia ao pedido de Lênin para aceitar uma paz punitiva em termos alemães.[187] Então, Trótski manteve a palavra, retirando seu voto contrário. Isso deu a Lênin uma maioria de 7 votos a 5 (com uma abstenção) em favor da capitulação imediata, contra os defensores da "guerra revolucionária".[188]

Um radiograma assinado por Lênin e Trótski concordando com os termos originais foi enviado aos alemães.[189] Mas os alemães não responderam; e o general Hoffmann continuou sua marcha. Em 21 de fevereiro, forças alemãs começaram a intervir na guerra civil finlandesa, onde o golpe de outubro havia dividido os oficiais do Exército imperial russo. (Tropas alemãs ajudariam os finlandeses nacionalistas liderados pelo general Carl Gustav Mannerheim a derrotar os guardas vermelhos e derrubar uma República dos Trabalhadores Socialistas Finlandeses apoiada pelos bolcheviques.)[190]

Não ter aceitado os termos alemães imediatamente parecia agora uma aposta muito maior. Com exceção da Ucrânia e das terras meridionais dos cossacos (4,5 milhões de pessoas), o "poder soviético" parecia triunfante em todos os lugares, mas o silêncio de Berlim fez a retomada do ataque militar alemão na frente oriental parecer um momento crítico da revolução socialista.[191] A consequência foi um dos episódios mais sangrentos da guerra, em termos per capita. Mais desesperado do que nunca, Lênin mandou Trótski sondar a Entente, tentando apelar aos imperialistas franceses para salvar a revolução socialista dos imperialistas alemães.[192] "Estamos transformando o partido num monte de esterco", exclamou Bukhárin, em lágrimas, a Trótski.[193] "Todos nós, inclusive Lênin", recordou Trótski, "tínhamos a impressão de que os alemães haviam chegado a um acordo com os aliados a respeito de esmagar os Sovietes."[194] A responsabilidade disso teria recaído sobre Trótski e Bukhárin.

Por fim, na manhã de 23 de fevereiro, chegou por mensageiro a resposta alemã à capitulação bolchevique, na forma de um ultimato cujos termos eram muito mais onerosos do que antes da postura de Trótski de nem guerra nem paz. Naquela mesma tarde o Comitê Central se reuniu. Svérdlov detalhou as condições alemãs: a Rússia soviética também teria de reconhecer a independência — sob ocupação alemã — do celeiro da Ucrânia, assim como do petróleo do mar Cáspio e dos portos estratégicos bálticos da Finlândia e Estônia, tudo a ser dominado pela Alemanha. Além disso, os bolcheviques teriam de desarmar todos os guardas vermelhos, desmantelar sua Marinha e pagar uma indenização colossal. Em outras palavras, os alemães continuavam a fazer uma grande aposta no bolchevismo, ao mesmo tempo que o continham e extraíam vantagens. Davam 48 horas para os bolcheviques aceitarem, muitas das quais já haviam passado enquanto o documento alemão estava em trânsito. Lênin declarou que "os termos devem ser aceitos", caso contrário renunciaria, uma ameaça que fez por escrito (no *Pravda*).[195] Svérdlov apoiou Lênin. Mas Trótski e Dzierżyński foram contra. O mesmo fez Bukhárin. Outro esquerdista linha-dura sugeriu testar o blefe de Lênin, afirmando que "não há nenhuma razão para se assustar com a ameaça de renúncia de Lênin. Devemos tomar o poder sem V. I. [Lênin]". Até mesmo Stálin — um dos mais ferrenhos aliados de Lênin nessa questão — vacilou. Ele sugeriu que "é possível não assinar, mas iniciar negociações de paz", acrescentando que "os alemães querem provocar nossa recusa". Esse poderia ter sido um momento de avanço, quando Stálin fez pender a balança, rompendo o domínio de Lênin. Mas Lênin retrucou que "Stálin está equivocado" e voltou a insistir em aceitar a imposição alemã para salvar o regime soviético. A breve vacilação de Stálin terminou. Em parte isso aconteceu porque Trótski pendeu na direção de Lênin. Ele afirmou que os termos "eram os melhores de todos quando Kámenev fez a primeira viagem [a Brest-Litovsk] e teria sido melhor se Kámenev e Ioffe tivessem assinado a paz" naquela ocasião. De qualquer modo, "agora as coisas estavam bem claras". Graças a quatro abstenções — inclusive a de Trótski —, Lênin, apoiado por Svérdlov e Stálin, ganhou a votação no Comitê Central por 7 votos a 4.[196]

No Palácio Tauride, onde o Comitê Executivo Central do Soviete estava em sessão e incluía não bolcheviques, além de uma grande facção dos SRs de esquerda e alguns mencheviques, as discussões foram retomadas tarde da noite e continuaram pela manhã de 24 de fevereiro, quando o ultimato alemão expiraria, às sete horas. Gritos de "traidor!" receberam Lênin quando ele subiu à tribuna. "Deem-me um exército de 100 mil homens, um exército que não trema diante do inimigo, e não assinarei a paz", respondeu ele. "Vocês podem levantar um exército?" Às quatro e meia da manhã, a capitulação foi aprovada por 116 votos a 85, com 26 abstenções: os SRs de esquerda constituíram grande parte da oposição.[197] Lênin se apressou em mandar uma nota aos alemães do transmissor de rádio especial em Tsárskoe Seló.[198] Nem Trótski nem ninguém do círculo íntimo queria voltar a Brest-Litovsk para assinar o tratado humilhante. A tarefa coube a Grigóri Sokólnikov, que havia evidentemente sugerido Zinóviev e depois foi designado "voluntário".[199] A delegação bolchevique chegou a Brest-Litovsk, mas teve de esquentar cadeira enquanto o Exército alemão tomava Kiev, em 1-2 de março de 1918, reinstalando o governo da Rada Central, e apresentava novas demandas turcas por mais concessões territoriais dos russos no Cáucaso. A assinatura ocorreu em 3 de março. "Hoje é o seu dia", rosnou Radek para o general Hoffmann, "mas, no final, os Aliados vão impor um Tratado de Brest-Litovsk a vocês."[200] Radek estava certo: os Aliados se convenceram, em grande parte como consequência de Brest-Litovsk, que a Alemanha imperial era incapaz de moderação e de uma paz negociada, e precisava ser derrotada.

Trótski, metido a esperto, calculara mal e decidiu renunciar ao cargo de comissário das Relações Exteriores (Lênin o nomearia comissário da Guerra). Mas Lênin havia sido aquele que insistira obsessivamente no golpe de outubro e era agora vilipendiado pela capitulação.[201] A Rússia foi obrigada a renunciar a 3,3 milhões de quilômetros quadrados de território — mais do que o dobro do tamanho da Alemanha, terras pelas quais a Rússia imperial havia derramado sangue e dinheiro para conquistar ao longo dos séculos da Suécia, da Polônia, do Império Otomano e de outros países. A amputação retirou um quarto da população da Rússia (cerca de 50 milhões de pessoas), um terço de sua indústria e mais de um terço de seus campos de cereais.[202] A Alemanha dominava agora uma vasta cunha para o leste, que se estendia do Ártico ao mar Negro. Os súditos da Alemanha imperial e da Áustria-Hungria receberam isenção dos decretos de estatização bolcheviques, o que significava que poderiam possuir propriedade privada e se envolver em atividades comerciais em solo russo soviético, e os cidadãos alemães que haviam perdido propriedades devido a confiscos tsaristas eram agora credores de compensações. Os bolcheviques estavam obrigados a desmobilizar seu

274

Exército e sua Marinha e cessar a propaganda internacional (os alemães consideravam a propaganda bolchevique muito mais perigosa do que as tropas russas).[203] Nenhum governo russo havia entregue tanto território ou soberania.

A ruína tomou conta de Petrogrado. Um ano se passara desde os áureos tempos da abdicação de Nicolau II, em 2 de março de 1917, quando o tsar havia perguntado a dois deputados da Duma: "Não haverá consequências?". E haviam decorrido apenas cinco meses desde que o internacionalista menchevique Boris Avílov se levantara em 27 de outubro de 1917, no II Congresso dos Sovietes, durante o golpe bolchevique, e previra que um governo exclusivamente bolchevique não seria capaz de resolver a crise do abastecimento de alimentos, nem acabar com a guerra, que a Entente não reconheceria um governo somente bolchevique e que os bolcheviques seriam obrigados a aceitar uma paz em separado e onerosa com a Alemanha. Esse dia havia chegado. E, ainda por cima, os aliados da Rússia na guerra instituíram um bloqueio econômico de facto e não demorariam a confiscar os bens da Rússia no exterior.[204]

O partido de Lênin estava dividido e desmoralizado.[205] No VII Congresso (Extraordinário) do Partido, realizado no Palácio Tauride em 5-8 de março de 1918, apareceram apenas 46 delegados (em comparação com os cerca de duzentos do congresso anterior, no verão de 1917). Os autointitulados comunistas de esquerda, que haviam sido os grandes defensores do golpe de Lênin em 1917, rejeitaram a capitulação de Brest-Litovsk. Bukhárin e outros bolcheviques de esquerda fundaram um novo periódico chamado *Comunista*, expressamente para denunciar o tratado "obsceno", e, no congresso, tomaram a palavra para pedir "guerra revolucionária" contra a Alemanha imperial. Lênin fez passar uma mudança de nome do Partido Operário Social-Democrata Russo (bolcheviques) para Partido Comunista russo (bolcheviques) e pediu que o partido aceitasse Brest-Litovsk. As recriminações duraram mais de três dias. Lênin assinalou que seus adversários tinham causado a catástrofe ao recusarem a melhor oferta inicial alemã. Ele ganhou a votação por 30 votos a 12, com quatro abstenções (entre elas, novamente a de Trótski).[206] Essa votação, no entanto, foi, sob muitos aspectos, um mero exercício de afirmação da autoridade do líder: Lênin insistiu em assinar o tratado, mas já havia deixado de acreditar que até mesmo as concessões de Brest-Litovsk fossem suficientes para deter o avanço alemão sobre Petrogrado. Em 24 de fevereiro, dia em que Lênin telegrafou a aceitação dos termos alemães, o general de brigada Hoffmann tomou Pskov, 240 quilômetros a sudoeste da capital e com linha ferroviária direta para ela. Dois dias depois, Lênin aprovou uma ordem secreta para abandonar a capital da Revolução Russa. Era uma bela ironia. Quando o Governo Provisório de Kerenski decidira, no início de outubro de 1917, mudar-se de Petrogrado para Moscou por motivos de segurança, o jornal dos bolcheviques *Caminho dos Operários*, editado por Stálin, acusara-o de traição por entregar a capital aos alemães.[207] Kerenski havia recuado.[208] Mas agora — como os acusadores de Lênin haviam previsto — ele não só entregava tudo aos alemães, como se preparava para abandonar a capital russa.

FUGA E ENTRINCHEIRAMENTO

Os preparativos de evacuação bolcheviques, cujos rumores estavam nas primeiras páginas dos jornais havia meses, não podiam ser ocultados. Já no final de fevereiro de 1918, as missões diplomáticas americanas e japonesas mudaram-se para a segurança de Vologda, enquanto franceses e britânicos tentaram sair totalmente da Rússia para a Suécia pela Finlândia: apenas os britânicos conseguiram passar; os franceses também acabaram em Vologda (onde Stálin estivera exilado). Vladímir Bonch-Bruevitch, chefe das "operações de inteligência" do governo — uma sala no Smólni —, valeu-se de artimanhas para garantir a segurança de Lênin: uma carga carimbada com "Conselho dos Comissários do Povo" foi carregada à vista em uma estação de passageiros central, enquanto, sob a cobertura da noite, em uma estação abandonada do sul de Petrogrado, um trem de antigos vagões imperiais era montado em segredo. Bonch-Bruevitch enviou duas equipes de agentes desconhecidos uns dos outros (estilo *okhranka*) para manter vigilância sobre o ramal em desuso, espionar as casas de "chá" das proximidades e espalhar rumores sobre um trem sendo preparado para os médicos que se dirigiam ao front. Alguns vagões foram carregados com carvão, máquinas de escrever e telefones; acrescentaram-se vagões para o transporte de automóveis. Bonch-Bruevitch também encheu dois carros somente com literatura do partido bolchevique (sem incluir a sua biblioteca pessoal).[209] Na noite de domingo, 10 de março, o trem secreto — que levava Lênin, sua irmã e sua esposa, o poeta Efim Pridvórov (também conhecido como Demian Bédni), Svérdlov, Stálin, o chefe da Tcheká, Dzierżyński, com uma única mala, e um destacamento de guardas — partiu com as luzes apagadas. Dois trens que transportavam os membros do Comitê Executivo Central do Soviete (muitos dos quais não eram bolcheviques) seguiram à distância, sem saber o que estava à frente deles. A ansiedade era alta: 120 quilômetros a sudeste de Petrogrado, o trem de Lênin foi atrasado quando cruzou inesperadamente com um trem que transportava tropas armadas desmobilizadas. Somente quando o trem de Lênin estava a três estações de Moscou foi que Bonch-Bruevitch avisou o Soviete de Moscou da sua existência. Ao chegar às oito da noite de 11 de março, Lênin foi recebido por um pequeno grupo de "trabalhadores", falou para o Soviete de Moscou e se instalou no dourado hotel Nacional, onde uma equipe de telegrafistas que o acompanhava também foi alojada.[210]

O que chegou no trem principal era o "Estado" soviético em março de 1918: a pessoa de Lênin, um punhado de lugares-tenentes leais, ideias bolcheviques e alguns meios para divulgá-las e uma guarda armada.

A guarda armada era especialmente incomum. Um apelo desesperado para formar uma força de defesa "com os melhores elementos com consciência de classe das classes trabalhadoras" fora feito em meados de janeiro de 1918, durante as negociações de Brest-Litovsk, quando os alemães estavam marchando para leste sem encontrar obstáculos, mas a convocação não deu em nada.[211] No trem que escoltava a revolução para Moscou estavam os fuzileiros letões do Exército tsarista. Antes da Grande Guerra, o Exército imperial russo se recusara a aprovar unidades expressamente nacionais; somente em 1914-5 as autoridades permitiram "legiões" de voluntários tchecoslovacos, servo-croatas e poloneses formadas por prisioneiros de guerra que queriam voltar a lutar para ajudar a libertar seus compatriotas sob o domínio dos Habsburgo. Os finlandeses tiveram essa permissão negada, mas, em agosto de 1915, a Rússia admitiu brigadas de voluntários da Letônia, com o objetivo de explorar seu antagonismo à Alemanha. Em 1916-7, as duas brigadas de letões já tinham cerca de 18 mil soldados em oito regimentos (e depois dez), cada um deles com o nome de uma cidade da Letônia, mas também incluíam húngaros, finlandeses e outros. Depois das pesadas baixas da luta no inverno de 1916-7, eles se voltaram contra o sistema tsarista. A maioria era composta de camponeses sem terra ou pequenos agricultores arrendatários e se inclinava fortemente para os sociais-democratas. Em 1917, sua terra natal, sob ocupação alemã, se separou da Rússia. Ainda assim, seu comandante autoritário, coronel Jukums Vācietis (nascido em 1873), o sexto dos oito filhos de uma família de camponeses sem terra da Curlândia tsarista, cujo professor de russo havia sido um estudante populista radical, decidiu levar seus soldados para o lado dos bolcheviques.[212] Os letões que guardavam o trem de Lênin eram a única força disciplinada, pronta para tudo, que se erguia entre o bolchevismo e o esquecimento.

Outros trens levaram para Moscou uma grande quantidade de objetos de valor: o Estado-Maior naval levou arquivos, mapas, equipamentos de escritório, móveis, cortinas, tapetes, espelhos, cinzeiros, fogões, utensílios de cozinha, pratos, samovares, toalhas, cobertores e ícones sagrados — 1806 itens enumerados no total.[213] O trem do Comissariado das Relações Exteriores carregou "taças de ouro, colheres douradas, facas e similares" dos cofres imperiais.[214] Mas ainda não se sabia o que Moscou reservava. "Os círculos burgueses estão contentes com o fato de, por uma estranha reviravolta do destino, estarmos realizando o sonho eterno dos eslavófilos de devolver a capital para Moscou", comentou Zinóviev. "Estamos profundamente convencidos de que a mudança da capital não vai durar muito tempo e que as difíceis condições que determinam sua necessidade passarão."[215] O Conselho dos Comissários do Povo de Moscou não queria arriscar e declarou prontamente sua "independência" no dia em que o governo de Petrogrado chegou. Lênin nomeou uma comissão composta dele mesmo, Stálin e Svérdlov para derrubar o que chamaram de tsarismo moscovita paralelo.[216]

Ao mesmo tempo, iniciou-se uma busca armada por propriedades utilizáveis. Moscou se assemelhava a uma aldeia que crescera demais, com ruas estreitas e sujas de pedras irregulares — nada como as amplas avenidas em linha reta da barroca Petrogrado —, e carecia de edifícios administrativos.[217] O Comitê Executivo Central do Soviete de Moscou já havia ocupado a Mansão do Governador; o próprio Soviete de Moscou teve de brigar pelo outrora grandioso e agora dilapidado hotel Dresden (em frente à Mansão do Governador). Alguns membros do Comitê Executivo Central se mudaram para o hotel Nacional (rebatizado de Casa dos Sovietes nº 1), mas muitos outros acabaram no hotel Lux, na principal artéria de Moscou, a rua Tverskáia.[218] A maioria dos órgãos estatais se dispersou: o novo Conselho Supremo da Economia, criado para combater as tendências anarcossindicalistas da indústria, reivindicaria oitenta estruturas, praticamente nenhuma delas construída originalmente para escritórios.[219] O Comissariado da Guerra tomou o modesto hotel Frota Vermelha, também na rua Tverskáia, mas, além disso, reivindicou a Escola Militar Alexandre, as Galerias Comerciais Altas na Praça Vermelha, e espaços privilegiados no Kitai-gorod, o setor comercial murado perto do Kremlin. O Conselho dos Sindicatos ficou com um orfanato, um prédio neoclássico do século XVIII às margens do rio Moscou, e também com um espaço de recepção luxuoso no antigo Clube da Nobreza de Moscou. A Tcheká apropriou-se das instalações de duas companhias de seguros privadas, a Iákor (Âncora) e a filial russa da Lloyd's, na rua Bolcháia Lubianka.[220] Como era de prever, a competição foi sem pudor: quando os membros do comitê do partido de Moscou foram ocupar um local que haviam obtido numa permuta, descobriram que o equipamento de cozinha e os cabos telefônicos tinham sido arrancados das paredes, e as lâmpadas haviam sumido.

O hotel mais magnífico de Moscou, o Metrópole, era uma joia art nouveau originalmente concebida para ser um teatro de ópera. A estrutura foi encomendada pelo industrial das ferrovias e patrono das artes Savva Mámontov (1841-1918), mas ele foi preso sob acusações de fraude, e, depois disso, o projeto mudou, resultando no hotel, que foi inaugurado em 1905. A guerra o deixou quase irreconhecível, e, com a revolução, a propriedade foi estatizada, rebatizada de Segunda Câmara dos Sovietes, e seus 250 quartos foram tomados por parvenus do novo regime. Guardas fizeram uma barricada na entrada e instalou-se um sistema de passes; o interior estava cheio de percevejos e altas autoridades, junto com seus parentes, camaradas e amantes. Efraim Skliánski, alto adjunto de Trótski no Comissariado da Guerra, havia requisitado vários apartamentos em andares diferentes para o seu "clã". Bukhárin morava ali, assim como sua futura amante Anna Lárina, então uma criança (eles se conheceram quando ela tinha quatro anos e ele, 29). O comissário das Relações Exteriores Gueórgi Tchitchérin e muita gente de sua pasta estavam particularmente bem instalados; muitos também tinham escritórios ali. O Comissariado do Comércio ganhou uma suíte de dois quartos com banheira. Iákov Svérdlov tinha sua recepção pública para o Comitê Executivo Central do Soviete no andar de cima, enquanto as sessões formais do comitê se realizavam no salão-restaurante de banquetes em desuso. Em meio à escuridão e ao frio severo de uma capital sem combustível, o antigo hotel opulento se transformou numa ruína imunda. As crianças residentes faziam suas necessidades em carrinhos de luxo nos corredores, onde os adultos jogavam pontas de cigarro acesas. Os banheiros e grandes banhos eram particularmente execráveis. Tumultos ferozes irrompiam por causa dos pacotes de alimentos distribuídos irregularmente pelo Estado para os moradores de elite. Esses pacotes podiam conter roupas, até mesmo cobiçados sobretudos. Entrementes, a "administração" da Segunda Câmara dos Sovietes roubava tudo o que fosse removível.[221] O Metrópole havia tardiamente se transformado num teatro de ópera.

Mas o centro do poder estava em outro lugar. Para acomodar o Conselho dos Comissários do Povo, entre as opções consideradas estavam um albergue para mulheres aristocratas, perto da Porta Vermelha medieval da cidade, ou o Kremlin medieval, que, no entanto, havia sido negligenciado, física e politicamente: o carrilhão do relógio da Torre do Portão Salvador, que dava para a Praça Vermelha, ainda tocava "Deus Salve o Tsar" a cada hora.[222] Independente das associações do Kremlin com a Moscóvia antiga ou seu mau estado, ele tinha muros altos e portões com cadeados, e uma localização central sem par. Depois de uma semana no hotel Nacional, Lênin transferiu suas operações para uma das obras-primas do Kremlin: Catarina, a Grande, encomendara uma residência para quando estivesse em Moscou; em vez disso, a estrutura neoclássica resultante foi construída para o Senado Imperial (o mais alto órgão judicial do Império russo), cujos gabinetes espaçosos e luxuosos foram posteriormente entregues aos Tribunais de Justiça. Lênin, um advogado frustrado, instalou-se no andar superior (terceiro), na antiga suíte do procurador do Estado.[223] O estábulo de equitação (*manège*), logo depois dos portões do Kremlin, se tornou a garagem do governo, embora a maioria dos funcionários viesse em trenós e *drochkies* [carruagens abertas de quatro rodas] requisitados da população.[224] O comandante do Smólni, Pável Malkov, um protegido de Svérdlov, tornou-se o novo comandante do Kremlin e começou a tirar as freiras e os monges do mosteiro e convento que ficavam do lado de dentro do Portão do Salvador. Malkov também mobiliou o gabinete de Lênin, encontrou um alfaiate para vestir o regime e começou a estocar alimentos.[225] Para se alojar, Lênin ganhou um apartamento de dois quartos no Prédio da Cavalaria do Kremlin, na antiga residência (agora dividida) do comandante da cavalaria. Trótski e Svérdlov também se mudaram para o Prédio da Cavalaria. "Lênin e eu pegamos acomodações de frente para o corredor, compartilhando a mesma sala de jantar", Trótski escreveu mais tarde, vangloriando-se de que "Lênin e eu nos encontrávamos dezenas de vezes por dia no corredor e visitávamos um ao outro para falar sobre as coisas". (Eles jantavam caviar vermelho subitamente abundante, cuja exportação havia parado.)[226] No final de 1918, cerca de 1800 pessoas novas (incluindo familiares) teriam apartamentos no Kremlin.

Stálin também participou dessa luta por espaço. Para seu Comissariado das Nacionalidades, ele planejou tomar o Grande Hotel Siberiano, mas o Conselho Supremo da Economia invadira o prédio. ("Este foi um dos poucos casos em que Stálin sofreu uma derrota", observou Pestkowski com cautela.)[227] Em vez disso, ele conseguiu algumas pequenas casas isoladas, depois que a Tcheká as trocou pelos prédios das companhias de seguros. Entrementes, logo antes da mudança para a capital, no final de fevereiro ou início de março, parece que ele se casou com Nadejda "Nádia" Allilúieva, de dezesseis anos, filha do trabalhador qualificado Serguei Allilúiev, que nos anos pré-revolucionários havia abrigado Stálin em Tíflis e São Petersburgo.[228] Ela ainda era uma menina, e surpreendentemente séria. ("Há muita fome em Petrogrado", escreveu para a esposa de outro bolchevique, na véspera de seu casamento com Stálin. "Eles distribuem apenas um oitavo de libra de pão todos os dias, e um dia não nos deram nada. Eu mesmo amaldiçoei os bolcheviques.")[229] Seus parentes observaram o casal brigando já durante a fase de "lua de mel" do casamento.[230] Stálin dirigia-se a ela no familiar ("ti"); ela usava o formal ("vi"). Ele a contratou para ser sua secretária no comissariado (no ano seguinte ela passaria a ser secretária de Lênin e entraria para o partido).[231] O casal obteve um apartamento no Kremlin, por alguma razão, não no Prédio da Cavalaria com Lênin, Trótski e Svérdlov, mas num ainda mais modesto anexo de três andares que servia ao Grande Palácio do Kremlin. Seus aposentos no segundo andar do alojamento dos criados, no assim chamado Corredor das Frauleins, com três janelas opacas, tinha o novo endereço de rua Comunista, 2.[232] Stálin queixou-se a Lênin do barulho que vinha da cozinha comunitária e dos veículos do lado de fora, e exigiu que os veículos do Kremlin fossem proibidos de ir além do arco onde começavam os alojamentos residenciais depois das onze da noite (um sinal, talvez, de que ele ainda não era o insone que viria a ser).[233] Obteve também um escritório governamental no edifício do Senado Imperial, tal como Lênin e Svérdlov, mas raramente estava lá.

OS MESES MAIS CRUÉIS: PRIMAVERA DE 1918

Dez dias depois que o Tratado de Brest-Litovsk havia terminado nominalmente com as hostilidades na frente oriental, o Exército alemão capturou Odessa, na costa do mar Negro. A partir do dia seguinte, 14 de março, o IV Congresso dos Sovietes de Todas as Rússias reuniu-se em Moscou para ratificar o tratado. O Comitê Executivo Central do Soviete havia votado a favor de recomendar a aprovação — em meio a gritos de "Judas [...] espiões alemães!" — somente graças a manipulações de Svérdlov e, mesmo assim, por muito pouco (abstenções e votos contrários constituíram maioria).[234] No congresso, a ratificação também foi tensa. "Imaginem que dois amigos estão caminhando à noite e são atacados por dez homens", Lênin tentou argumentar com os delegados. "Se os bandidos isolarem um deles, o que o outro pode fazer? Ele não pode prestar assistência, e, se fugir, é um traidor?"[235] A fuga de uma luta não parecia nada convincente. Ainda assim, dos 1232 delegados com direito a voto — entre os quais 795 bolcheviques e 283 socialistas revolucionários de esquerda —, 784 votaram a favor da ratificação, 261 contra, e os restantes se abstiveram ou não votaram.[236] Os comunistas de esquerda foram que se abstiveram. Mas os SRs de esquerda, parceiros minoritários dos bolcheviques, votaram contra em massa, declararam que seu partido "não se submetia aos termos do Tratado" e abandonaram o Conselho dos Comissários do Povo (onde haviam entrado dois meses antes). E Lênin nem sequer ousara divulgar todas as disposições do tratado antes da votação. "Somos chamados a ratificar um tratado cujo texto alguns de nós não viram — pelo menos, nem eu nem meus companheiros o viram", reclamou o líder menchevique Iúli Mártov. "Vocês sabem o que estão assinando? Eu não [...]. E dizem que não há diplomacia secreta!"[237] Mártov não sabia da missa a metade: sem o conhecimento dos delegados do Congresso dos Sovietes, Lênin havia autorizado Trótski a conspirar com representantes americanos, ingleses e franceses na Rússia para obter promessas de apoio da Entente contra os alemães, e, em troca, Lênin prometera sabotar a ratificação do Tratado de Brest-Litovsk.

Os governos da Entente, que ainda viam Lênin e Trótski como agentes alemães, não responderam à oferta.[238] Mas uma esquadra da Marinha britânica, uma força simbólica, havia desembarcado no porto de Murmansk, na costa noroeste da Rússia (oceano Ártico), em 9 de março, com o objetivo expresso de combater as forças alemãs e finlandesas que ameaçavam a ferrovia de Murmansk, bem como armazéns militares. Na verdade, ao reavivar uma frente oriental, britânicos e franceses queriam impedir a Alemanha de transferir divisões dessa frente para a frente ocidental. Esse desejo aumentou muito quando as Potências Centrais começaram a ocupar e extrair as riquezas da Ucrânia. Em outras palavras, os britânicos intervieram inicialmente não para derrubar o bolchevismo, mas para diminuir as vantagens de guerra recém-obtidas pelas Potências Centrais.[239] Mas o que havia começado, em grande parte, como uma medida preventiva para impedir o acesso da Alemanha aos depósitos militares russos se tornaria, ao longo do tempo, uma campanha subfinanciada contra a suposta ameaça que o comunismo representava para o Império britânico na Índia.[240]

Por sua vez, Lênin e Trótski haviam acolhido a entrada militar da Entente em solo russo como um contraponto à Alemanha. Stálin, numa reunião do Conselho dos Comissários do Povo realizada em 2 de abril de 1918, com os alemães prestes a capturar Khárkov, propôs uma mudança na política no sentido de buscar uma coalizão militar antigermânica com a Rada Central ucraniana, que os bolcheviques haviam derrubado dois meses antes, e que a Alemanha havia restaurado no mês anterior.[241] A proposta de Stálin era complementar às negociações de Trótski com agentes da Entente com o objetivo de ajudar a organizar e treinar um novo Exército Vermelho, bem como operadores e equipamentos ferroviários. Três dias depois, tropas japonesas, sob o pretexto de "proteger" cidadãos japoneses, desembarcaram em Vladivostok. Lênin e Trótski se opuseram veementemente: tratava-se de uma intervenção militar que não haviam pedido.

A Alemanha, que estava ansiosa para quebrar a aliança do Japão com a Grã-Bretanha, havia encorajado a intervenção japonesa contra a Rússia, um desembarque que aumentava a perspectiva de uma ocupação de flanco oeste-leste, baseada em um interesse comum, para reduzir a Rússia a uma dependência colonial. Lênin, apesar de toda a névoa de suas categorias de classe, compreendia bem a possibilidade de uma aliança germano-japonesa, assim como havia compreendido o antagonismo de interesses de Estado entre a Alemanha e a Grã-Bretanha, de um lado, e, de outro, o Japão e os Estados Unidos.[242] Mas Lênin batalhava para induzir a Grã-Bretanha e a França, sem falar no distante Estados Unidos, a se alinharem com a Rússia comunista contra Japão e Alemanha. Apesar da ruptura de 1917, a posição estratégica da Rússia soviética assemelhava-se à da Rússia imperial. A grande diferença entre o passado e o presente era que partes da Rússia imperial haviam se separado e poderiam ser usadas por potências estrangeiras hostis contra a Rússia.

Stálin estava preocupado com esses territórios perdidos. Em 19 de março de 1918, escreveu aos bolcheviques do Cáucaso, instando-os a fortalecer as defesas de Baku, e, uma semana depois, o *Pravda* publicou um artigo seu denunciando esquerdistas não bolcheviques ("Contrarrevolucionários do Cáucaso Sul sob uma máscara socialista").[243] Em 30 de março, ele falou pelo aparelho de Hughes ao líder do Soviete de Tachkent sobre os eventos no Turquestão. Em 3-4 de abril, o *Pravda* publicou uma entrevista com ele sobre um projeto de Constituição em que estava trabalhando, baseado numa proposta de estrutura federal e em um novo nome para a Rússia soviética: República Socialista Federativa Soviética da Rússia (RSFSR).[244] Em 9 de abril, Stálin enviou uma mensagem, publicada no *Pravda*, aos Sovietes de Kazan, Ufa, Orenburg e Tachkent, indicando que o princípio da autodeterminação havia "perdido seu significado revolucionário" e poderia ser substituído. Em 29 de abril, o Conselho dos Comissários do Povo designou Stálin plenipotenciário da RSFSR para negociar um tratado de paz com a Rada Central ucraniana. No mesmo dia, os alemães traíram seus parceiros ucranianos de tratado da Rada Central e instalaram um "hetmanato" fantoche ucraniano, um nome deliberadamente arcaico, sob a direção do general Pavlo Skoropádski. Mas seu desgoverno, ao lado da ocupação austríaco-alemã, provocou insurreições camponesas e um conflito armado multifacetado.[245] "Quando entraram na Ucrânia, as forças alemãs encontraram um caos absoluto", relatou um oficial alemão. "Não raro, deparávamos com aldeias vizinhas cercadas por trincheiras e lutando entre si pela terra dos antigos proprietários."[246] Os prometidos estoques de grãos que haviam atraído um exército de ocupação de quase meio milhão de soldados não se materializaram.

Stálin não teve melhor sorte na organização de ações pró-bolcheviques no território da Ucrânia, mas, num sinal de sua crescente visibilidade e importância — e da frustração de Iúli Mártov com Lênin —, Mártov reviveu as acusações de cumplicidade de Stálin no espetacular assalto à diligência de Tíflis em 1907 e no roubo de um vapor em 1908, escrevendo em um jornal menchevique que Stálin "havia sido expulso pela organização do partido por seu envolvimento em expropriações".[247] Stálin processou Mártov por calúnia em um Tribunal Revolucionário e, em 1º de abril, negou as acusações no *Pravda*, afirmando "que, eu, Stálin, nunca fui chamado perante a comissão disciplinar de qualquer organização partidária. Em particular, nunca foi expulso". E acrescentou, com requintada ironia, que "ninguém tem o direito de fazer acusações como Mártov, exceto com documentos na mão. É desonesto jogar lama com base em meros boatos".[248] O tribunal reuniu-se em 5 de abril perante casa cheia. Mártov teve negado seu pedido de mudança para um tribunal civil com júri popular, mas partiu para a ofensiva. Solicitou tempo para apresentar documentos, explicando que, para fins de conspiração, nenhum registro escrito do partido havia sido conservado, mas testemunhas poderiam comprovar suas alegações. Então, iria reunir depoimentos de bolcheviques georgianos, como Isidor Ramichvíli, que havia presidido o órgão disciplinar no processo de Stálin relacionado à sua participação em um assalto à mão armada em 1908 de um navio a vapor e o espancamento quase fatal de um trabalhador que conhecia o passado obscuro do bolchevique. Stálin objetou que não haveria tempo suficiente para esperar por testemunhas. Mesmo assim, o tribunal adiou o processo contra Mártov por uma semana, e, segundo alguns relatos, o menchevique Boris Nicolaiévski foi recolher testemunhos no Cáucaso, retornando com depoimentos de Ramichvíli, de Silva Jibladze e outros. De volta a Moscou, no entanto, diz-se que Nicolaiévski descobriu que todos os outros registros do caso haviam desaparecido. Svérdlov e Lênin — que admirava Mártov, apesar de todas as suas diferenças — ajudaram a fechar o inquérito.[249] Em 18 de abril de 1918, o tribunal julgou Mártov culpado de difamação, mas só lhe aplicou uma censura; antes do fim do mês, o veredicto foi anulado.[250] Em 11 de maio, Svérdlov, que supervisionou o caso Mártov por trás dos bastidores, fez o

Comitê Executivo Central do Soviete aprovar o fechamento do jornal menchevique por publicar informações falsas com frequência.[251] Mas o passado bandido de Stálin jamais desapareceria.[252]

A REVOLTA DA LEGIÃO TCHECOSLOVACA

O general Alekseiev, ex-chefe do Estado-Maior e depois comandante supremo de Nicolau II, havia criado uma rede clandestina de oficiais depois de fevereiro de 1917; em seguida ao golpe bolchevique, convocou-os para constituir um exército de voluntários entre os cossacos do Don, em Novotcherkassk.[253] O Exército de Voluntários começou com apenas quatrocentos a quinhentos oficiais. Entre eles estava Kornílov, de antepassados cossacos, que, após ser libertado da prisão perto de Mogilev, viajou para o sul disfarçado de camponês, com um passaporte romeno falso.[254] Alekseiev, de 61 anos, estava com câncer e designou Kornílov, então com 48, para o comando militar, embora os dois não se dessem bem. As forças de Kornílov, compostas de ex-oficiais tsaristas, cossacos e cadetes da escola militar (adolescentes), sofreram ataques pesados a partir de meados de fevereiro de 1918. Ele buscou refúgio, conduzindo alguns milhares de voluntários para o sudeste, na direção de Kuban, através de muita neve e estepes áridas, com pouco abrigo e comendo o que conseguiam saquear. Os voluntários aprisionados tinham os olhos arrancados — e respondiam na mesma moeda. ("Quanto mais terror, mais vitórias!", exortava Kornílov.)[255] Após a terrível "marcha do gelo" de 770 quilômetros em oito dias, os sobreviventes exaustos chegaram perto de Ekaterinodar, a capital de Kuban, e descobriram que ela não estava nas mãos dos cossacos, mas dos vermelhos, em superioridade numérica. Um general (Kalédin) já se suicidara. Kornílov foi morto quando uma bomba atingiu seu quartel-general, numa casa de fazenda, em 12 de abril de 1918, e o sepultou sob o teto desabado. "Uma nuvem de gesso branco se espalhou", contou um oficial sobre o quarto de Kornílov; quando viraram o general, viram estilhaços alojados em sua têmpora.[256] Os brancos fugiram rapidamente, e unidades pró-bolcheviques exumaram seu corpo despedaçado, o arrastaram para a praça principal de Ekaterinodar e o queimaram sobre uma pilha de lixo.[257] "Pode-se dizer com certeza", vangloriou-se o exultante Lênin, "que, no principal, a guerra civil acabou."[258] A guerra civil russa estava prestes a começar.

Kornílov não foi a única morte notável do mês: Gavrilo Princip faleceu na prisão-fortaleza de Terezin (a futura Theresienstadt nazista), onde cumpria vinte anos pelo assassinato do herdeiro austríaco em Sarajevo. O tuberculoso Princip, enfraquecido por desnutrição, doença e perda de sangue causada por um braço amputado, pesava quarenta quilos e tinha 23 anos. O império Habsburgo de setecentos anos sobreviveria a ele por alguns meses.[259]

Quanto à guerra civil da Rússia, ela foi precipitada a partir de lugares totalmente inesperados. Na Grande Guerra, a Rússia havia capturado cerca de 2 milhões de prisioneiros das Potências Centrais, em sua maioria súditos austro-húngaros.[260] No decorrer da Grande Guerra, na expectativa de ganhar uma nova pátria tchecoslovaca com uma vitória da Entente, a Legião Tchecoslovaca, que chegou a compreender cerca de 40 mil prisioneiros de guerra, bem como desertores, serviu ao tsar e participou da ofensiva de Kerenski em junho de 1917. Em dezembro de 1917, foram postos sob comando francês.[261] Trótski tramava usar os legionários (que pendiam para o lado social-democrata) como núcleo de um novo Exército Vermelho, mas Paris insistiu que eles fossem transferidos para a França, na frente ocidental.[262] O porto mais próximo da Rússia no oeste, em Arkhangelsk (1200 quilômetros ao norte de Petrogrado), estava cercado de gelo em março, então as tropas armadas foram enviadas via Sibéria para Vladivostok, de onde deveriam seguir por mar para a França.[263] Mas a Alemanha exigira que os bolcheviques detivessem e desarmassem a Legião Tchecoslovaca, uma obrigação inserida no Tratado de Brest-Litovsk. Por sua vez, a Entente pediu que as tropas que ainda não haviam chegado a Omsk, na Sibéria Ocidental, dessem meia-volta e fossem mandadas para Murmansk e, finalmente, Arkhangelsk, para lutar contra os alemães nas proximidades. Os japoneses se recusaram subitamente a transportar por navio os legionários de Vladivostok para o Ocidente, auxiliando os alemães e mantendo a Sibéria para si mesmos. Por sua vez, os legionários só queriam lutar contra os austríacos e alemães, e estavam compreensivelmente desconfiados de todas aquelas idas e vindas. Em meio a suspeitas, eclodiu um tumulto em Tcheliabinsk (Urais orientais) em 14 de maio de 1918, quando um trem russo com prisioneiros húngaros parou ao lado de um trem das tropas da Legião Tchecoslovaca. Houve troca de insultos. Um húngaro jogou um objeto de metal que feriu um tcheco; os tchecos invadiram o outro trem e enforcaram o sujeito que atirara o objeto. O Soviete de Tcheliabinsk deteve vários tchecos e eslovacos numa investigação. Em 25 de maio, Trótski telegrafou: "Todo tchecoslovaco armado encontrado na ferrovia deve ser fuzilado no local".[264] Essa ordem estúpida jamais poderia ser cumprida. Ainda assim, suspeitando que os bolcheviques pretendiam entregá-los aos alemães, a Legião Tchecoslovaca tomou Tcheliabinsk e, depois, uma cidade após a outra: Penza (29 de maio), Omsk (7 de junho), Samara (8 de junho), Ufa (5 de julho), Simbirsk (22 de julho), e assim por diante, até controlar toda a Ferrovia Transiberiana, bem como grande parte do vale do Volga, mais de dois terços do antigo Império russo.[265] Eles conquistaram mais território do que ninguém na Grande Guerra.[266]

A Legião Tchecoslovaca não nutria nenhum desejo especial de lutar contra ou derrubar os bolcheviques, mas, no vácuo aberto por suas conquistas de autodefesa, surgiu mais de uma dúzia de movimentos antibolcheviques ao longo da região do Volga e na

Sibéria, do final de maio até junho de 1918.[267] Também brotaram governos nos territórios tsaristas sob ocupação alemã e naqueles que não estavam sob domínio germânico, entre eles o Cáucaso, onde os britânicos desembarcaram uma força expedicionária perto dos campos de petróleo. Com os alemães de posse da Ucrânia, os tchecos com a Sibéria Ocidental, os cossacos com o Don e o Exército Voluntário no controle de Kuban, o centro da Rússia, onde os bolcheviques estavam abrigados, ficou sem alimentos — e a colheita de outono ainda estava distante. Em 29 de maio, o Conselho dos Comissários do Povo designou Stálin plenipotenciário especial para o sul da Rússia com o objetivo de obter alimentos para as capitais famintas de Moscou e Petrogrado. "Ele equipou um trem inteiro", relembrou Pestkowski. "Levou um aparelho de Hughes, aviões, dinheiro em notas pequenas, um pequeno destacamento militar, alguns especialistas. Acompanhei-o até a estação. Ele estava muito alegre, totalmente confiante na vitória."[268] Em 6 de junho, Stálin chegou a Tsarítsin, junto ao Volga. Se capturassem a cidade, as forças antibolcheviques poderiam cortar a passagem de todos os alimentos e estabelecer uma frente unida da Ucrânia através dos Urais e da Sibéria.[269] A nomeação implicava uma vasta expansão de seus contatos administrativos com as várias nacionalidades não russas, e uma transformação de seu papel no regime bolchevique. Mas nesse meio-tempo, com a revolta da Legião Tchecoslovaca e a ausência de um verdadeiro Exército bolchevique, a sobrevivência do regime parecia cada vez mais duvidosa.

O NÃO GOLPE

A única potência a reconhecer o regime bolchevique foi a Alemanha, que mantinha uma embaixada verdadeira em Moscou, numa mansão que pertencera a um magnata alemão do açúcar, numa rua tranquila perto da Arbat. Em 23 de abril de 1918, o conde Wilhelm Mirbach (nascido em 1871), que estivera em Petrogrado para negociar a troca de prisioneiros com os bolcheviques e trabalhara na embaixada no período tsarista, chegou a Moscou como embaixador, com a missão de garantir que não ocorresse nenhuma aproximação russa com a Entente. Mirbach vinha relatando que o regime bolchevique "não vai durar muito tempo" e que para varrê-lo do mapa bastaria uma "leve pressão militar" de forças alemãs enviadas através da Estônia. O conde cortejava abertamente grupos monarquistas para substituir os bolcheviques e se comportava como se Moscou já estivesse sob ocupação alemã.[270] A maioria dos bolcheviques respondeu na mesma moeda. "O embaixador alemão chegou", publicou o *Pravda*, "não como um representante das classes trabalhadoras de um povo amigo, mas como plenipotenciário de uma gangue militar que, com insolência sem limites, mata, estupra e saqueia todos os países."[271] Em 1º de maio, Dia Internacional dos Trabalhadores, as tropas alemãs atingiram a base naval de Sebastopol, na Crimeia, sede da frota do mar Negro. Em 8 de maio, os alemães tomaram Rostov, na bacia do rio Don, onde incitaram a reunião de forças antibolcheviques. Forças pró-bolcheviques tiveram de evacuar, mas conseguiram transferir para Moscou moedas de ouro, joias e outros objetos de valor confiscados que encheram três caixas de madeira, um recipiente de metal e seis bolsas de couro.[272] Dois dias depois, numa reunião do Comitê Central com a presença de apenas meia dúzia de membros, Grigóri Sokólnikov, o signatário do Tratado de Brest-Litovsk, argumentou que a ofensiva da Alemanha violava o tratado e defendeu uma renovação da aliança formal com França e Grã-Bretanha.[273]

A Alemanha ocupou dezessete antigas províncias tsaristas, além da Polônia. Em meio a rumores sobre cláusulas secretas em Brest-Litovsk e sobre os alemães ditando as políticas do governo soviético, os jornais alertavam para uma iminente conquista alemã de Moscou e Petrogrado. Com efeito, o alto-comando alemão julgava viável um avanço até as duas capitais. Naquele momento, no entanto, em meados de maio de 1918, quando estavam a menos de 160 quilômetros de Petrogrado (em Narva) e a quinhentos quilômetros de Moscou (em Mogilev), os alemães pararam de avançar.[274] Por quê? O constante apaziguamento de Berlim efetuado por Lênin desempenhou um papel nisso. Igualmente importante, os círculos dirigentes alemães consideravam a invasão supérflua: o bolchevismo parecia condenado. Mirbach, recebido por Lênin no Kremlin em 16 de maio, informou no mesmo dia a Berlim que o líder bolchevique "continua a manter seu inesgotável otimismo", mas "também admite que, embora seu regime ainda permaneça intacto, o número de seus inimigos aumentou. [...] Ele baseia sua autoconfiança, sobretudo, no fato de que somente o partido governante dispõe de poder organizado, enquanto os outros [partidos] concordam apenas na rejeição do regime existente". No relatório de Mirbach de 16 de maio sobre as dificuldades de Lênin, o kaiser Guilherme II escreveu: "Ele está acabado".[275]

Nesse contexto Iákov Svérdlov procurou promover o renascimento do Partido Comunista, que parecia estar atrofiando. Em 18 de maio de 1918, fez circular uma resolução que instava a "deslocar o centro de gravidade do nosso trabalho um pouco no sentido da ampliação do partido", e estipulava que "todos os membros do partido, independentemente de seu emprego ou de seus cargos, estão obrigados a participar diretamente em organizações partidárias e não devem desviar-se das instruções do partido emitidas pelo centro pertinente".[276] A subordinação ao centro, no entanto, continuava difícil. Entrementes, a estratégia de Lênin era influenciar Berlim com uma análise de custo-benefício. "Se os comerciantes alemães obtêm vantagens econômicas, compreendendo que por meio da guerra não vão conseguir nada de nós, que vamos queimar tudo, então sua política será bem-sucedida", ele instruiu o novo enviado soviético a Berlim, Adolf Ioffe, em 2 de junho de 1918. "Podemos fornecer matérias-

-primas."[277] Mas para o governo alemão, que já havia tomado o celeiro da Ucrânia, o grande prêmio continuava sendo Paris. Em 4 de junho, a embaixada alemã em Moscou advertiu Berlim de que os bolcheviques poderiam rasgar o acordo de Brest-Litovsk ("As ações dessa gente são absolutamente imprevisíveis, principalmente em um estado de desespero."), mas a mensagem principal da embaixada era que o bolchevismo estava no fim de sua corda ("a fome está nos invadindo [...]. As reservas de combustível estão sumindo. [...] Os bolcheviques estão terrivelmente nervosos, provavelmente sentindo que seu fim se aproxima, e, portanto, os ratos estão começando a fugir do navio que afunda [...] Talvez eles tentem fugir para Níjni Nóvgorod ou Ekaterinburg").[278] Diplomatas alemães faziam contatos com políticos tanto do regime tsarista como do Governo Provisório a respeito de uma restauração.[279] Em 25 de junho, em outra mensagem enviada a Berlim, Mirbach previu de novo o fim iminente do bolchevismo.[280]

Enquanto isso, as bobagens arrogantes de Mirbach em Moscou eram mais do que compensadas pelos bolcheviques em Berlim. Graças ao Tratado de Brest-Litovsk, a foice e o martelo tremulavam no número 7 da Unter den Linden, local da antiga embaixada tsarista. Ioffe, filho de um rico comerciante e agitador comunista de esquerda, se recusara a apresentar suas credenciais ao kaiser, oferecia jantares no território da embaixada para a Liga Espartaquista e outros esquerdistas alemães, e canalizava dinheiro para os sociais-democratas alemães, com o objetivo claro de derrubar o regime imperial alemão. A embaixada soviética tinha uma equipe de várias centenas de pessoas, entre elas agitadores listados como adidos que participavam de reuniões de organizações socialistas alemãs. Ioffe também distribuía armas, muitas vezes importadas via mala diplomática.[281] Por seu turno, o general Ludendorff, em 28 de junho, defendeu novamente que os bolcheviques fossem eliminados da Rússia para que a Alemanha pudesse criar um regime fantoche. Não importava que os alemães não tivessem reservas, nem mesmo para a frente ocidental. O Ministério das Relações Exteriores alemão, mais calmo, argumentou contra tais recomendações absurdas: os bolcheviques já apoiavam o Tratado de Brest-Litovsk, do que mais Berlim precisava? E o pessoal do Ministério do Exterior acrescentava que as várias forças antibolcheviques da Rússia não escondiam sua simpatia pela Entente. Que alternativa Ludendorff apresentava de um grupo pró-alemão que pudesse substituir os bolcheviques? O kaiser ignorou os pedidos de Ludendorff e até permitiu que os bolcheviques voltassem a mobilizar muitos de seus fuzileiros letões contra os inimigos internos no vale do Volga.[282] A lealdade de Lênin aos alemães valeu a pena.[283] Mas, em Moscou, as pessoas não sabiam nada sobre a decisão do kaiser de repelir a proposta de Ludendorff de uma invasão para acabar com o bolchevismo. O que elas viam era o imperioso Mirbach, símbolo físico da parceria detestada com o militarismo alemão — circunstância que levou os socialistas revolucionários de esquerda a entrar em ação.

ACIMA: Ascensão do Japão e primeiros sinais de catástrofe: o navio capitânia *Petropavlovsk*, da frota russa no Pacífico, depois de bater em duas minas ao largo de Port Arthur, Guerra Russo-Japonesa, 13 de março de 1904. Para compensar a perda, a Rússia enviou sua frota do Báltico para o outro lado do mundo, mas seus navios também foram prontamente afundados em batalha.

À ESQ.: Serguei Witte, hotel New Hampshire, agosto de 1905. O apoio de Witte à construção da Ferrovia Transiberiana foi responsável, em parte, por provocar a guerra com o Japão, mas, depois da derrota russa, ele negociou uma paz vantajosa em Portsmouth, New Hampshire. Nicolau II o nomeou primeiro-ministro — o primeiro que a Rússia teve em sua história —, mas não conseguia suportá-lo.

Cerimônia de abertura da Duma do Estado (a câmara baixa), presidida pelo czar Nicolau II, sala do trono do Palácio de Inverno, 27 de abril de 1906. O czar arrependeu-se imediatamente de ter concedido a criação da primeira legislatura da história da Rússia e tramou para castrá-la ou aboli-la.

Piotr Durnovó, ministro do Interior cuja repressão política resgatou a autocracia em 1905-6. Um colega de governo relembrou que ele era "baixo, todo músculos e nervos". Esta caricatura feita por Zinóvi Grjebin fazia parte de uma série ("Olimpo") de retratos mordazes de altos funcionários.

Piotr Stolypin (segundo a partir da direita, de branco), que sucedeu a Witte no posto de primeiro-ministro e, ao mesmo tempo, Durnovó no Ministério do Interior, em Kiev, agosto de 1911, enquanto Nicolau II saúda camponeses da província de Kiev. Pouco depois, Stolypin seria assassinado no Teatro de Ópera de Kiev.

Uma metáfora do esvaziamento da autocracia: a datcha oficial de Stolypin, 12 de agosto de 1906. Nessa primeira tentativa de assassinato, 28 pessoas morreram, inclusive a filha de quinze anos do primeiro-ministro, e muitas outras ficaram severamente feridas. Fotografia de Karl Bulla.

A rainha Vitória (sentada ao centro) e seus parentes reais: o kaiser alemão Guilherme II (sentado à esquerda, olhando para cima) e o futuro czar Nicolau II da Rússia (de chapéu-coco), no Palácio de Coburgo, Alemanha, 21 de abril de 1894, dois dias após o casamento dos netos de Vitória, a princesa Vitória Melita ("Ducky"), de Saxe-Coburgo/Edimburgo e Ernst Ludwig de Hesse, Alemanha. Alix de Hesse, outra neta e irmã da noiva, acabara de aceitar a proposta de casamento de Nicolau e, em breve, se tornaria Alexandra da Rússia.

Aleksei, herdeiro do trono, aos seis anos, com seu servente naval, Andrei Derevenko, numa bicicleta feita especialmente para ele, na terra natal de sua mãe, agosto de 1910. Para evitar fadiga, ou mesmo um arranhão — que poderia ser mortal para o menino hemofílico —, Aleksei era muitas vezes carregado no colo. Ele herdou a doença ameaçadora da mãe, e ela, da rainha Vitória.

Bessarion "Bessó" Djugachvíli. A única imagem conhecida de quem se acredita ser Bessó, pai de Stálin.

Ketevan "Keké" Gueladze, mãe de Stálin.

ACIMA: Casa em que nasceu Stálin, em Góri, Geórgia.

À DIR.: Iákov "Koba" Egnatachvíli, dono de taberna em Góri, que rumores falsos diziam ser o pai de Stálin. Ele pagou pela educação de Stálin.

Colégio religioso de Góri, alunos e professores, fim dos anos 1880; o jovem Ióssif Djugachvíli está bem no centro da última fileira. Esta é a primeira fotografia conhecida de Stálin.

Professores e estudantes do seminário ortodoxo de Tíflis, 1896; Djugachvíli (última fileira, segundo a partir da esquerda) está sem barba.

Prédio neoclássico do seminário, apelidado de Saco de Pedra, onde durante um tempo Stálin morou, além de estudar sob um regime de vigilância e delação.

Ladó Ketskhovéli (1877-1903), primeiro mentor de Stálin em marxismo e revolução. Foi morto por carcereiros czaristas, destino que coube a muitos esquerdistas e poderia ter vitimado Stálin.

A cela de prisão de Stálin, Kutaísi, cerca de 1903 (fotografada em 1949).

Um close-up de Stálin tirado de uma fotografia de grupo na prisão de Kutaísi (Geórgia), 1903.

Infortúnio e miséria: Stálin junto ao esquife de Ekaterina "Kató" Svanidze, que havia conquistado seu coração, mas morreu de hemorragia causada por tifo ou tuberculose em dezembro de 1907. Eles tinham se casado no ano anterior. Stálin deixou seu filho Iákov, com dez meses de idade, para ser criado por parentes.

Fotos do prontuário policial de Stálin, Baku, 30 de março de 1910. Stálin costumava passar seu tempo na prisão lendo livros, estudando esperanto e negando rumores de que era um informante da polícia, os quais, embora não confirmados, jamais cessariam.

Sarajevo, capital da Bósnia-Herzegóvina, na Áustria-Hungria, 28 de junho de 1914. O arquiduque Francisco Ferdinando, herdeiro do trono dos Habsburgo, em um carro que se aproxima da esquina da delicatéssen Schiller, onde Gavrilo Princip, um rapaz de dezenove anos, o esperava após um malfadado complô assassino. O arquiduque alterara seu itinerário, mas o motorista não foi informado, começou a virar na rua errada e afogou o motor do carro.

Princip, por volta de 1915, cumprindo prisão perpétua.

Aldeia de Kureinka, na Sibéria, logo abaixo do Círculo Ártico, onde Stálin passaria a maior parte da Grande Guerra. O isolamento desolado das oito construções e dos dezesseis residentes é evidente mesmo durante a curta estação sem acumulação de neve e ventos gelados.

Exilados em Monastirskoe, centro administrativo da região siberiana de Turukhansk (que era maior do que Grã-Bretanha, França e Alemanha juntas), julho de 1915. Svérdlov, de óculos, está sentado na fileira da frente; ao lado dele, de chapéu, está Grigóri Petróvski. Stálin está na última fileira, de chapéu preto. À direita de Stálin está Liev Kámenev e, à sua esquerda, Suren Spandarian, que morreu nesse deserto gelado aos 34 anos. Kámenev estava sendo submetido a um "julgamento" do partido por contradizer a ideia de Lênin de que os bolcheviques deviam buscar uma derrota militar russa.

Lavr Kornílov, supremo comandante militar da Rússia imperial, 1917. Segundo Kerenski, ele "passava pouco tempo em salas de estar elegantes, embora suas portas estivessem sempre abertas a qualquer oficial do Estado-Maior. [...] Era considerado tímido e até um tanto 'selvagem'". Na verdade, os patriotas russos procuraram em Kornílov sua salvação.

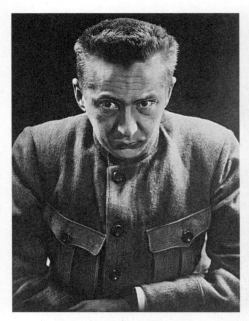

Aleksandr Kerenski versus Vladímir Lênin. Lênin foi fotografado por Pável Júkov, que, como estes dois adversários políticos, também era nativo de Simbirsk.

Matilda Krzesińska, primeira bailarina de origem polonesa do Teatro Imperial Mariínski e ex-amante de Nicolau II, São Petersburgo, 1900. Sua elegante mansão foi confiscada em 1917 e usada como primeiro quartel-general bolchevique até julho. A bailarina emigrou para a França, casou-se com um de seus dois amantes grão-duques Románov e viveu quase cem anos. Fotografia de Iákov Steinberg.

Exterior da mansão art nouveau, situada estrategicamente do outro lado do rio, em frente ao Palácio de Inverno. Lênin faria discursos retumbantes da pequena sacada.

ACIMA: Tomada do poder. II Congresso dos Sovietes, estandartes proclamando "Todo o poder aos sovietes", Palácio Tauride, Petrogrado, segunda noite do golpe, 26 de outubro de 1917. Fotografia de Pável Otsup. "Quando entrei no salão", escreveu o cronista Nikolai Sukhánov, "lá estava um homem calvo e bem barbeado que eu não conhecia de pé no pódio, falando excitadamente com uma voz possante e um tanto rouca, um pouco gutural e com uma ênfase espetacular no final das frases. Ha! Era Lênin."

À DIR.: Julius Tsederbaum, conhecido como Mártov, que liderou a saída dos mencheviques no primeiro dia do congresso, em protesto contra o golpe bolchevique. Ele atacaria Stálin em 1918 e provocaria indisposições entre este e Lênin.

ACIMA: Governo bolchevique (Conselho dos Comissários do Povo), Smólni, Petrogrado, Lênin no centro, Stálin de pé, com a mão no rosto, início de 1918, durante o breve período em que os SRs de esquerda, como Proch Prochian, comissário dos Correios e Telégrafos (à dir. de Lênin), participaram do governo dominado pelos bolcheviques. Trótski está ausente (provavelmente porque estava nas negociações com a Alemanha em Brest-Litovsk).

À ESQ.: Maria Spiridónova, terrorista famosa, líder dos SRs de esquerda, Petrogrado, 1917. Ela poderia ter acabado com Lênin em julho de 1918, mas não o fez.

Página do álbum de fotografias de Stálin que o mostra em 1915 e Nádia Allilúieva em 1917; ele casou-se com ela em 1918, e naquela primavera a levou para Tsarítsin como sua secretária. Em 1918, em Tsarítsin, Stálin criou uma ditadura local que prenunciou sua assunção do poder em todo o país.

Trótski, de roupa de couro, comissário da Guerra e recém-nomeado presidente do Conselho Militar Revolucionário da República, junto ao Volga, perto de Kazan, setembro de 1918. Lênin acabara de sofrer um atentado e Trótski retornou à frente de batalha para salvar a situação, depois de uma visita relâmpago a Moscou.

Os SRs de esquerda haviam renunciado ao Conselho dos Comissários do Povo por causa de Brest-Litovsk, mas não aos seus postos na Tcheká ou no Comitê Executivo Central do Soviete. Em 14 de junho de 1918, os bolcheviques expulsaram o punhado de eleitos mencheviques e revolucionários socialistas de direita do Comitê Executivo Central e fecharam seus jornais. "Mártov, xingando os 'ditadores', 'bonapartistas', 'usurpadores' e 'açambarcadores' com sua voz de tuberculoso, pegou o casaco e tentou vesti-lo, mas suas mãos trêmulas não conseguiam entrar nas mangas", relembrou uma testemunha bolchevique. "Lênin, branco como giz, levantou-se e olhou para Mártov." Mas um SR de esquerda caiu na gargalhada.[284] O partido dissidente alegava ter mais de 100 mil filiados.[285] Era um número consideravelmente menor do que os mais de 300 mil bolcheviques (e ambos eram microscópicos num país de cerca de 140 milhões de habitantes). Mas, apesar da vantagem numérica bolchevique, muitos contemporâneos esperavam, ou temiam, que os SRs de esquerda — com base na ressonância cada vez maior de sua postura contra o Tratado de Brest-Litovsk — conseguissem dominar a maioria dos delegados eleitos para o próximo V Congresso dos Sovietes, com abertura prevista para 28 de junho. Haveria uma opção na esquerda socialista radical além dos bolcheviques?

O Comitê Central dos SRs de esquerda resolveu apresentar uma resolução no congresso que denunciava Brest-Litovsk e conclamava para uma guerra de guerrilha (quixotesca), como a que estava em curso na Ucrânia contra a ocupação alemã.[286] Em 24 de junho, Svérdlov adiou a abertura do congresso para o início de julho, enquanto fabricava mais delegados bolcheviques. (Utilizando um pretexto, Svérdlov também expulsara todos os mencheviques e SRs de direita do Comitê Executivo Central do Soviete.) Os SRs de esquerda realizaram seu III Congresso do Partido de 28 de junho a 1º de julho, quando resolveram lutar contra o imperialismo alemão e pelo poder soviético, eliminando os Conselhos dos Comissários do Povo, para que os comitês executivos dos sovietes pudessem governar.[287] Enquanto isso, Svérdlov, presidente do Comitê Executivo Central, produzia centenas de delegados soviéticos suspeitos, além do peso extra já atribuído ao voto dos operários em relação ao dos camponeses (o eleitorado dos SRs de esquerda). Quando o congresso começou, no teatro Bolchói de Moscou, na noite de 4 de julho, havia 1035 participantes com direito a voto, entre eles 678 comunistas, 269 SRs de esquerda e 88 outros, em sua maioria não afiliados.[288] (Os delegados sem direito a voto, cerca de duzentos SRs de esquerda e outros duzentos comunistas, elevaram o número de presentes para 1425, dos quais dois terços tinham entre vinte e trinta anos de idade; em conjunto, os participantes haviam passado 1195 anos na prisão por motivos políticos.)[289] A fraude evidente não era a única fonte da raiva contra os bolcheviques: delegados de Ucrânia, Letônia e Cáucaso Sul descreveram os horrores da ocupação e a exploração de seus recursos pelo imperialismo alemão.

"Abaixo Mirbach!" "Abaixo Brest!" — gritaram os SRs de esquerda, com o embaixador da Alemanha sentado como convidado de honra em um camarote da frente. Provocativamente, Trótski argumentou que todos os "agentes do imperialismo estrangeiro" que estavam tentando provocar uma nova guerra com a Alemanha deveriam "ser fuzilados no ato".[290]

Maria Spiridónova, líder de maior destaque da esquerda do Partido Socialista Revolucionário, havia sido uma forte defensora da coalizão com os bolcheviques, mas para ela a gota d'água já havia chegado em junho de 1918, quando os bolcheviques enviaram destacamentos armados a aldeias para "requisitar" cereais. Ela levantou-se para denunciar as políticas bolcheviques.[291] Lênin afirmou descaradamente que "nós provavelmente cometemos um erro ao aceitar a socialização de vocês da terra na nossa lei [decreto] de 26 de outubro [de 1917]".[292] Quando a maioria bolchevique reforçada pela fraude derrotou a resolução dos SRs de esquerda de renunciar ao tratado com a Alemanha imperial, Lênin lançou uma isca aos adversários: "Se essas pessoas preferirem abandonar o congresso, boa viagem".[293] Mas ele não sabia o que o esperava: a liderança da esquerda do PSR, sabendo que a sua resolução contra o tratado poderia ser derrotada, tinha resolvido despertar as massas e provocar uma ruptura nas relações germano-soviéticas com atos terroristas "contra representantes notórios do imperialismo alemão".[294] Assim, o V Congresso dos Sovietes serviu de motivação para a ação dos SRs de esquerda, assim como o II Congresso servira para um golpe bolchevique.

Spiridónova, na noite de 4 de julho, havia encarregado Iákov Bliúmkin, de vinte anos de idade, de assassinar o embaixador alemão, conde Mirbach.[295] Filho de um judeu auxiliar de loja em Odessa, Bliúmkin havia chegado a Moscou em abril de 1918 e, como muitos SRs de esquerda, havia trabalhado na Tcheká, um dos cerca de 120 funcionários na época (incluindo motoristas e mensageiros de campo).[296] Trabalhou na contraespionagem, e entre suas responsabilidades estava a embaixada alemã. Em 5 de julho, Spiridónova subiu ao palco do Bolchói, acusou os bolcheviques de assassinarem a revolução e, com Lênin audivelmente rindo atrás dela, prometeu que iria "pegar novamente o revólver e a granada de mão", como fizera nos tempos tsaristas.[297] Pandemônio! Uma granada explodiu em um dos balcões superiores do Bolchói, mas Svérdlov, que presidia a sessão, impediu que houvesse uma debandada em direção às saídas.[298]

No dia seguinte, com o Congresso dos Sovietes programado para retomar os trabalhos no final da tarde, Bliúmkin chegou à embaixada alemã acompanhado pelo fotógrafo Nikolai Andreiev, com procuração assinada por Félix Dzierżyński que os autorizava a solicitar uma reunião urgente com o embaixador. Na embaixada, o primeiro-secretário Kurt Riezler, filósofo notável, além de diplomata, anunciou que se encontraria com eles em nome do embaixador. (Riezler fizera parte do pessoal do Ministério das Relações Exteriores alemão que conduzira as negociações secretas para enviar Lênin no trem selado para a Rússia em 1917.)[299] Mirbach, no entanto, veio ao encontro dos visitantes; Bliúmkin tirou uma Browning de sua pasta e abriu fogo três vezes — e errou o alvo. Quando Mirbach correu, o fotógrafo disparou contra o embaixador pelas costas e atingiu a parte de trás de sua cabeça. Bliúmkin jogou uma bomba e os dois assassinos pularam uma janela e fugiram num carro que os aguardava. Mirbach morreu por volta das 15h15.[300]

Spiridónova e os SRs de esquerda esperavam que o assassinato político provocasse uma reação militar alemã, obrigando os bolcheviques a voltar para a guerra. O congresso reabriria às quatro da tarde, e no momento em que Lênin discutia a estratégia com Trótski, Svérdlov e Stálin, o telefone tocou no Kremlin. Bonch-Bruevitch transmitiu a notícia sobre o ataque na embaixada alemã; Lênin mandou que ele fosse para o local.[301] Radek, o novo comissário das Relações Exteriores Gueórgi Tchitchérin e Dzierżyński também foram. Os alemães exigiram a presença de Lênin. O líder bolchevique chegou com Svérdlov em torno das cinco horas, soube dos detalhes do assassinato e apresentou condolências. O adido militar alemão achou que Lênin parecia assustado.[302] A Alemanha reagiria com um ataque militar?

Lênin ficou sabendo que a própria organização criada para proteger a revolução bolchevique, a Tcheká, estava envolvida numa conspiração contra eles. Bliúmkin tinha deixado para trás suas credenciais e Dzierżyński, sem acompanhamento de guarda, foi para as instalações militares da Tcheká, na travessa dos Três Grandes Santos, onde Bliúmkin fora visto anteriormente. Lá, o líder da Tcheká descobriu toda a liderança dos SRs de esquerda, que deixou claro que Bliúmkin agira por ordens dela. "Você está perante um fato consumado", disseram a Dzierżyński. "O Tratado de Brest está anulado; a guerra com a Alemanha é inevitável [...]. Que aqui seja como na Ucrânia, vamos passar à clandestinidade. Vocês podem manter o poder, mas devem deixar de ser lacaios de Mirbach."[303] Dzierżyński, embora tivesse sido contra o Tratado de Brest--Litovsk no Comitê Central bolchevique, ordenou que todos fossem presos; em vez disso, eles o fizeram refém.[304]

Ao receber a notícia da captura do chefe da Tcheká, Lênin "ficou branco, como normalmente acontecia quando estava enfurecido ou chocado com uma mudança inesperada e perigosa dos acontecimentos", de acordo com Bonch-Bruevitch.[305] Lênin convocou Mārtiņš Lācis, um letão de trinta anos, cujo nome de batismo era Jānis Sudrabs, para assumir o lugar de Dzierżyński.[306] Quando Lācis apareceu na sede principal da Tcheká, na rua Bolcháia Lubianka, guardada, como sempre, pelo Destacamento de Combate da Tcheká, controlado pelos SRs de esquerda, os marinheiros quiseram matá-lo. Foi a intercessão de Piotr Aleksandrovitch Dmitriévski, conhecido como Aleksandrovitch, um adjunto de Dzierżyński, que salvou a vida de Lācis.[307] Se ele, e talvez Dzierżyński também, tivessem sido fuzilados "no ato" — nas palavras do desabafo de Trótski de dois dias antes —, o regime bolchevique poderia ter sido rompido. Da forma como as coisas estavam, Lênin e Svérdlov pensaram em abandonar o Kremlin.[308]

Spiridónova foi ao Bolchói para a retomada noturna do V Congresso dos Sovietes e para anunciar que a Rússia havia sido "libertada de Mirbach". Vestida de preto, trazia um cravo escarlate no peito e carregava "uma pequena pistola Browning de aço na mão".[309]A abertura foi adiada, no entanto, e a confusão reinou. Por volta das oito horas daquela noite (6 de julho), toda a facção de esquerda do PSR, mais de quatrocentas pessoas, junto com convidados, se mudou para o andar de cima a fim de discutir a situação, em meio a rumores de que letões armados haviam cercado o Bolchói. A facção bolchevique retirou-se para outros lugares (alguns podem ter saído do teatro).[310] "Estávamos sentados em nossa sala esperando que vocês viessem nos prender", disse Bukhárin a um SR de esquerda. "Uma vez que não o fizeram, decidimos prendê-los."[311] Por seu turno, os SRs de esquerda da Tcheká haviam enviado marinheiros para as ruas com o objetivo de fazer reféns bolcheviques, tomando mais de duas dezenas de automóveis que passavam, e ainda detinham Dzierżyński e Lācis. Lênin descobriu que a guarnição de Moscou não iria defender os bolcheviques: a maioria dos soldados se mantinha neutra ou estava do lado dos SRs de esquerda antigermânicos. "Hoje, por volta das três horas da tarde, um SR de esquerda matou Mirbach com uma bomba", telegrafou Lênin para Stálin, em Tsarítsin. "O assassinato é claramente do interesse dos monarquistas ou dos capitalistas anglo-franceses. Os SRs de esquerda [...] prenderam Dzierżyński e Lācis e começaram uma insurreição contra nós. Estamos prestes a liquidá-los hoje à noite e vamos dizer ao povo toda a verdade: estamos a um fio de cabelo da guerra" com a Alemanha.[312] Stálin responderia no dia seguinte que os SRs de esquerda estavam "histéricos".[313] Tinha razão.

Mas o contra-ataque não estava assegurado. Muitas das poucas unidades vermelhas confiáveis haviam sido enviadas para o leste a fim de combater a rebelião da Tchecoslováquia. Por volta da meia-noite de 6-7 de julho, Lênin convocou o mais alto comandante da Letônia, o corpulento coronel Jukums Vācietis. "O Kremlin estava escuro e vazio", disse Vācietis da sala de reuniões do Conselho dos Comissários do Povo, onde Lênin finalmente apareceu, e perguntou: "'Camarada, aguentaremos até de manhã?'. Depois de fazer a pergunta, Lênin continuou olhando fixo para mim".[314] Vācietis foi tomado de surpresa. Ele simpatizava com os SRs de esquerda e poderia ter decidido, no mínimo, ficar neutro e, assim, talvez, condenar à derrota os bolcheviques. Mas sua própria experiência lutando contra os alemães durante o Natal de 1916 causara baixas colossais, e retomar a guerra não o atraía de forma alguma. (De qualquer modo, não havia Exército russo nenhum para isso.) Ademais, ele esperava que a guerra causasse o colapso do regime imperial alemão, tal como acontecera com o tsarismo russo, então por que sacrificar os soldados para nada? O que Vācietis não sabia era que Lênin não confiava nele: uma meia hora antes de recebê-lo naquela noite, havia chamado os dois comissários políticos ligados aos letões para obter garantias a respeito de sua lealdade.

Também não estava claro que os soldados rasos letões lutariam pelos bolcheviques. Em 6 de julho, os SRs de esquerda haviam esperado a chegada do tenente-coronel Mikhail Muraviov (nascido em 1880), um militante russo da esquerda do PSR e também comandante dos fuzileiros letões, mas ele não apareceu na capital.[315] Porém, o contra-ataque de Vācietis aos SRs de esquerda estava planejado para começar algumas horas depois do encontro dele com Lênin, na madrugada de 7 de julho, para aproveitar a escuridão, mas acontecia de ser o dia de São João Batista, um feriado nacional letão, e os fuzileiros haviam decidido comemorar com uma excursão ao Campo de Khodynka, nos arredores de Moscou.[316] Nenhum letão, guarda vermelho ou quem quer que fosse se reuniu em seus pontos de partida.[317] O ataque teria de esperar pela luz do dia. As unidades militares da Tchéká estavam sob o comando do ex-marinheiro do Báltico e SR de esquerda Dmítri Pópov; alojados dentro das muralhas do distrito de Kitai-gorod, em Moscou, eram seiscentos a oitocentos homens no total, em sua maioria marinheiros. Contra eles, Vācietis afirmou mais tarde ter reunido talvez 3300 homens (menos de quinhentos deles eram russos).[318] Os letões relembrariam depois que a unidade de Pópov estava mais bem armada do que eles, com armas pesadas, dezenas de metralhadoras e quatro carros blindados. "Eles haviam tomado uma fileira de casas e as fortificaram", explicou Vācietis. Na verdade, Pópov, cuja unidade incluía muitos finlandeses, além dos marinheiros, andara tentando recrutar mais combatentes para o seu lado e esperava negociar com os bolcheviques. Em vez disso, Vācietis mandou buscar um obus de 152 milímetros para reduzir o reduto da Tchéká a escombros, mesmo com Dzierżyński lá dentro.[319] Quando o bombardeio começou a destruir o prédio, bem como as estruturas vizinhas, Pópov e seus homens começaram a fugir (deixaram Dzierżyński para trás). As fontes divergem sobre a duração do confronto (talvez muitas horas, talvez quarenta minutos). Os dois lados tiveram em torno de dez mortos e cerca de cinquenta feridos. Centenas de SRs de esquerda foram detidos.[320] Treze ou mais, entre eles Spiridónova, foram transferidos para celas dentro do Kremlin. Às quatro da tarde, o Conselho dos Comissários do Povo pronunciou "o levante [...] liquidado".[321]

A Tchéká iniciou um contragolpe imediato contra os SRs de esquerda, consolidando o monopólio bolchevique.[322] Invadiu as redações e quebrou as máquinas de impressão de periódicos não bolcheviques.[323] Bliúmkin fugiu para a Ucrânia. Mas muitos SRs de esquerda sob custódia dos bolcheviques, entre eles Aleksandrovitch, o salvador de Lācis, foram executados de imediato, sem julgamento; os bolcheviques anunciaram publicamente que cerca de duzentos foram fuzilados.[324] A grande maioria dos SRs de esquerda de todo o país simplesmente passou para o partido bolchevique. Enquanto isso, sem os delegados do PSR de esquerda, o Congresso dos Sovietes retomou suas sessões em 9 de julho, e Trótski regalou os delegados com detalhes do "levante".[325] Com efeito, um SR de esquerda chamado Proch Prochian fora à Repartição Central dos Telégrafos por volta da meia-noite de 6 de julho e proclamara: "Nós matamos Mirbach, o Conselho dos Comissários do Povo está tomado". Prochian, que por um breve período havia sido comissário dos Correios e Telégrafos, enviou uma série de telegramas confusos para todo o país, e um deles se referia ao PSR de esquerda como "o partido atualmente governante".[326] Mas afora essa iniciativa individual, não houve um golpe do PSR de esquerda. Sua liderança deixara claro várias vezes, antes e durante os eventos, que o partido estava preparado para se defender com vigor, mas não para tomar o poder: o levante deles era em nome do poder soviético "contra os imperialistas" (Alemanha), não contra os bolcheviques.[327]

Esse episódio põe em acentuado relevo o golpe de Lênin sete meses antes, em outubro de 1917. Assim como em 1917, no verão de 1918, o poder estava lá para ser tomado: os SRs de esquerda não tinham perspectivas piores contra Lênin e os bolcheviques do que Lênin tivera contra Kerenski. Eles entraram na Tcheká e assumiram seu controle total, conquistaram uma grande parte da guarnição mediante agitação, e controlavam as passagens do Kremlin, inclusive para o Senado Imperial, onde ficava o gabinete de Lênin.[328] Mas faltava-lhes algo fundamental: vontade. Lênin estava fanaticamente determinado a tomar e manter o poder, e sua vontade fora decisiva no golpe bolchevique, assim como a ausência de vontade revelava-se decisiva agora, no não golpe dos SRs de esquerda.

Lênin havia perseguido incansavelmente o poder pessoal, mas não pelo simples poder: ele também era movido pela visão da justiça social através da revolução, bem como por uma convicção supostamente científica (marxista) em sua correção, ainda que muitos contemporâneos o julgassem louco.[329] Mas o tempo todo Lênin tivera sorte com seus oponentes socialistas: Viktor Tchernov, da populosa direita dos SRs, que recuara diante de ofertas de força por parte da guarnição da capital para proteger a Assembleia Constituinte; Iúli Mártov, dos mencheviques, que se agarrara à "fase burguesa" da história, mesmo sem uma burguesia; Liev Kámenev, que se opusera ao golpe bolchevique e tentara acabar com o monopólio bolchevique mediante um governo de coalizão de todos os socialistas, e depois implorara para ser readmitido no Comitê Central bolchevique. E, agora, Maria Spiridónova, que também não foi páreo para Lênin.[330] Com apenas 34 anos de idade em 1918, ela era a única líder da esquerda socialista revolucionária amplamente conhecida, mas acontecia de ser a única mulher chefe de qualquer força política em 1917-8, e, como tal, havia muito tempo que era objeto de condescendência ("uma histérica incansável de pincenê, a caricatura de Atena", comentou um jornalista alemão).[331] Mas ela certamente não carecia de energia. Em

294

1906, aos 22 anos, havia matado com um tiro de revólver um general da polícia tsarista por ter sufocado uma rebelião camponesa em 1905, crime pelo qual foi condenada à prisão perpétua na Sibéria Oriental. Na prisão e em trânsito, sofreu espancamentos, abuso sexual e torturas, como apagarem cigarros em seus seios nus. Ela tinha coragem. Era capaz também de ter clareza política: ao contrário da grande maioria dos SRs de esquerda, e dos autoproclamados bolcheviques de esquerda, Spiridónova apoiara o Tratado de Brest-Litovsk. "A paz não foi assinada [...] pelos bolcheviques", observara com perspicácia, mas "por necessidade, fome, falta de desejo de todo o povo — sofrido, cansado — de lutar."[332] Mas Lênin e Svérdlov haviam manipulado várias vezes sua sinceridade. Agora, em julho de 1918, ela inesperadamente os tivera na mão, mas não avançou em sua estratégia inicial e deixou de aproveitar a oportunidade.

O contra-ataque bolchevique aos SRs de esquerda culminaria em um "julgamento" secreto contra o partido. Spiridónova seria condenada a apenas um ano, e depois anistiada.[333] Mas uma força política outrora poderosa estava agora neutralizada.[334] Sem os SRs de esquerda, o Congresso dos Sovietes, em seu último dia (10 de julho), aprovou uma Constituição que declarava que "todo o poder central e local pertence aos sovietes" e exigia a "abolição de toda exploração do homem pelo homem, a completa eliminação da divisão da sociedade em classes, a repressão implacável dos exploradores, o estabelecimento de uma organização socialista da sociedade e a vitória do socialismo em todos os países".

ASSASSINATO E QUASE ASSASSINATO

Os Románov ainda estavam vivos, e ofereciam um potencial ponto de convergência, fosse para os bolcheviques, em um julgamento público, ou para a libertação dos antibolcheviques. O irmão de Nicolau, grão-duque Mikhail, havia sido preso por Kerenski e depois deportado pelos bolcheviques para uma prisão nos Urais (Perm). Lá, nas primeiras horas de 13 de junho de 1918, cinco homens armados da Tcheká, liderados por um velho terrorista que cumprira pena em prisões tsaristas, encenaram uma fuga do grão-duque a fim de executá-lo. O corpo crivado de balas de Mikhail foi queimado em uma fundição. Os bolcheviques não quiseram admitir a execução e fizeram circular rumores de que Mikhail fora libertado pelos monarquistas e desaparecera.[335] Quanto a Nicolau, o Governo Provisório decidira exilá-lo com sua família no exterior, mas o Soviete se opusera, e, de qualquer modo, o rei Jorge V da Inglaterra, que era primo de Nicolau e de Alexandra, retirou uma oferta para recebê-los.[336] Então Kerenski enviara a realeza russa para a prisão domiciliar na mansão do governador de Tobolsk (o trem de Nicolau foi disfarçado de "missão da Cruz Vermelha" e ostentava uma bandeira japonesa).[337] O simbolismo do exílio na Sibéria reverberou. Mas, enquanto corriam boatos sobre a vida confortável do antigo tsar e de complôs monarquistas para libertá-lo, o Soviete dos Urais resolveu levar Nicolau para Ekaterinburg. Em abril de 1918, porém, Svérdlov enviou um agente de confiança para levá-lo de Tobolsk a Moscou. Quando o trem do ex-tsar passava por Ekaterinburg, bolcheviques o sequestraram e o puseram na mansão requisitada de Nikolai Ipátiev, um engenheiro reformado do Exército, em torno da qual ergueram uma paliçada e puseram um grande destacamento de guarda. Em Moscou, asseclas de Lênin recolhiam materiais para submeter Nicolau à Justiça, evento debatido na imprensa, mas o julgamento continuava a ser "adiado".[338] "Na época", escreveu Trótski sobre as discussões a portas fechadas a respeito do julgamento, "Lênin estava bastante sombrio."[339]

Em julho de 1918, a Legião Tchecoslovaca já avançava sobre Ekaterinburg e o comissário militar bolchevique dos Urais foi a Moscou para discutir a defesa de sua região e, presumivelmente, a situação de Nicolau e família. Em 2 de julho, o Conselho dos Comissários do Povo designou uma comissão para elaborar um decreto que estatizava as propriedades da família Románov. Dois dias depois, a recém-criada Tcheká de Ekaterinburg substituiu o Soviete local na guarda da família real. Nicolau vivia em confusão evidente: descobrira os *Protocolos dos sábios de Sião*, o infame tratado antissemita forjado na Rússia imperial sobre uma conspiração judaica mundial, que agora lia em voz alta para sua esposa alemã e filhas; e se o comunismo fosse uma conspiração judaica?[340] Logo a Tcheká forjou uma grosseira carta monárquica em francês que alegou ser uma conspiração para libertar e restaurar o tsar. Sob esse pretexto, na calada da noite de 16-17 de julho de 1918, sem acusação formal e muito menos julgamento, uma "sentença" de morte por fuzilamento foi executada contra Nicolau, Alexandra, o filho Aleksei (de treze anos), as quatro filhas (com idades entre dezessete e 22), o médico da família e três criados. Iákov Iuróvski, o oitavo dos dez filhos de uma costureira judia e um vidraceiro (e suspeito de ser ladrão), liderou o pelotão de execução de onze pessoas. Sua saraivada de balas de pistola ricocheteou nas paredes de tijolo do porão e queimou os executores (alguns ficaram surdos). Aleksei sobreviveu aos tiros — deu um gemido —, mas Iuróvski foi até ele e atirou à queima-roupa. Algumas das filhas, cujos corpos escondiam joias que repeliram as balas, foram despedaçadas à baioneta. O esquadrão de Iuróvski enterrou os corpos perto de uma estrada de terra em uma aldeia (Koptiáki) vinte quilômetros ao norte de Ekaterinburg. Eles derramaram ácido sulfúrico sobre os cadáveres para desfigurá-los e deixá-los irreconhecíveis, queimaram e enterraram separadamente os corpos de Aleksei e de uma filha confundida com Alexandra. Nesse mesmo dia, 19 de julho, Iuróvski partiu para Moscou a fim de apresentar relatório.[341] O governo central bolchevique jamais admitiu sua responsabilidade, e a ação foi atribuída aos bolcheviques dos Urais.[342] No dia em que publicou a notícia da morte do tsar — anunciando falsamente a sobrevivência de Aleksei e Alexandra —, o governo bolchevique também publicou o decreto que estatizava as propriedades da família Románov (aprovado seis dias antes).[343] "Não houve nenhum sinal de tristeza ou simpatia entre o povo", observou o ex-primeiro-ministro tsarista Vladímir Kokóvtsov, que no dia do anúncio andou em um bonde de Petrogrado. "A notícia da morte do tsar foi lida em voz alta, com sorrisos, zombarias e comentários vulgares." Alguns passageiros disseram: "Já foi tarde!".[344]

A execução sumária dos Románov e a incapacidade de montar um julgamento político público indicavam desespero. Os bolcheviques não tinham força militar capaz de combate verdadeiro e as tentativas de montar algum tipo de exército fracassaram, pois os soldados se dispersavam em busca de alimento, transformando-se em bandos de assaltantes. Até mesmo os confiáveis letões procuravam por outras opções. "Na época, acreditava-se que a Rússia central se transformaria em um teatro de guerra intestina e que os bolcheviques dificilmente se manteriam no poder", lembrou Vācietis, o comandante letão, do verão de 1918. Ele temia uma "aniquilação completa dos fuzileiros letões" e iniciou negociações secretas com o incontrolável Riezler, o encarregado de negócios temporário que substituíra o falecido Mirbach. Temendo que os bolcheviques caíssem e fossem substituídos por um regime pró-Entente, Riezler pediu secretamente um golpe para instalar um governo em Moscou igualmente amigável a Berlim, mediante o envio de um batalhão de granadeiros alemães para "guardar" a embaixada.[345] Lênin se recusou a permitir essa invasão (mas consentiu com a vinda de alguns alemães em pequenos grupos, sem uniformes).[346] De qualquer modo, os superiores de Riezler no Ministério das Relações Exteriores em Berlim não viam necessidade de abandonar Lênin, que havia paralisado a Rússia e se mantinha fiel à Alemanha.[347] Contudo, Riezler esperava derrubar os bolcheviques com uma possível defecção dos fuzileiros letões, cujas unidades guardavam o Kremlin, e encontrou um grupo receptivo e ansioso para retornar à terra natal, sob ocupação alemã. Se os letões fossem repatriados, Vācietis prometia que se manteriam neutros em um confronto germano-bolchevique.[348] O general Ludendorff, no entanto, minou as negociações de Riezler, argumentando que a Letônia seria contaminada pela propaganda bolchevique se os fuzileiros fossem repatriados. A Reichswehr ajudou a salvar o bolchevismo, mais uma vez.

As forças da Legião Tchecoslovaca e antibolcheviques tomaram Ekaterinburg, em 25 de julho de 1918, menos de uma semana depois de Nicolau ter sido enterrado.[349] "A Entente comprou os tchecos, levantes contrarrevolucionários propagam por toda parte, a burguesia está usando toda a sua força para nos liquidar", escreveu Lênin no dia seguinte para a revolucionária alemã Clara Zetkin.[350] Em agosto de 1918, os britânicos, contra o desejo dos bolcheviques, saíram de Murmansk (onde os bolcheviques os tinham convidado a ancorar) para o maior porto de Arkhangelsk, em busca de uma melhor base de operações, na esperança de restaurar uma frente oriental contra a Alemanha, estabelecendo uma conexão com a Legião Tchecoslovaca. Surgiram rumores de que as forças da Entente marchariam sobre Moscou, 1200 quilômetros ao sul.[351] O pânico espalhou-se na ferrovia mal construída do norte. "Entre nós, ninguém duvidava de que os bolcheviques estavam condenados", escreveu um agente enviado a Moscou pelo ex-general tsarista Mikhail Alekseiev, que havia conseguido ser designado comissário adjunto do Comércio. "Estabelecera-se um círculo em torno do poder soviético, e tínhamos certeza de que os bolcheviques não escapariam dele."[352] Ao norte estavam os britânicos e, em breve, estariam os americanos (com diferentes planos); a leste, a Legião Tchecoslovaca e outras forças antibolcheviques, que capturaram Kazan (em 7 de agosto); ao sul, forças antibolcheviques auxiliadas pela Alemanha que avançavam em direção a Tsarítsin, prontas para fazer a conexão com as forças antibolcheviques do leste. E a oeste estavam os alemães, que ocupavam a Polônia, a Ucrânia e o litoral do Báltico, e mantinham uma força na Finlândia, a pedido do governo desse país. Lênin e o círculo interno do poder pensaram em abandonar Moscou e ir para Níjni Nóvgorod, no interior mais profundo.[353] Funcionários bolcheviques também começaram a solicitar passaportes diplomáticos para suas famílias e documentos de viagem para a Alemanha; dinheiro foi transferido para bancos suíços.[354]

Lênin poderia voltar para o lugar de onde viera? "Os bolcheviques diziam abertamente que seus dias estavam contados", relatou o novo embaixador alemão, Karl Helfferich (nomeado acima de Riezler), que instava Berlim a romper relações com os bolcheviques e, por razões de segurança, não se aventurava a sair de sua residência em Moscou.[355]

Lênin, porém, inventou sua mais ousada e desesperada manobra até então. No mesmo dia em que os britânicos desembarcaram a força expedicionária em Arkhangelsk, onde um golpe de Estado local pôs uma figura não bolchevique no poder, ele enviou seu comissário das Relações Exteriores à embaixada alemã para pedir o que o líder bolchevique havia muito temia: uma invasão alemã em direção à capital imperial russa de Petrogrado. "Tendo em vista o estado da opinião pública, uma aliança militar aberta com a Alemanha não é possível; o que é possível é uma ação paralela", Gueórgi Tchitchérin disse a Helfferich. O comissário do povo não pediu aos alemães para ocupar Petrogrado, mas para *defendê-la*, marchando sobre Murmansk e Arkhangelsk contra as forças da Entente. Além disso, no sul, Tchitchérin solicitou que os alemães parassem de apoiar as forças antibolcheviques e mobilizassem tropas para atacá-las. Em seu informe a Berlim, Helfferich disse que "Tchitchérin deixou claro que o pedido de tropas alemãs no norte e no sul veio diretamente de Lênin".[356] Apesar da discussão inconclusiva sobre se os alemães poderiam ou não ocupar Petrogrado, o resultado seria um novo tratado ainda mais opressivo, "complementar" ao de Brest-Litovsk, assinado em Berlim, em 27 de agosto de 1918. Lênin concordou em renunciar à Estônia e à Livônia (Lituânia), vender à Alemanha 25% da produção dos campos de petróleo de Baku; permitir que a Alemanha utilizasse a frota do mar Negro; e pagar reparações de guerra no valor de 6 bilhões de marcos, metade em reservas de ouro. A Alemanha prometeu mandar carvão, rifles, balas, metralhadoras e evacuar a Bielorrússia, promessas de um país esgotado que não valiam o papel em que foram impressas.[357] Três cláusulas secretas — a despeito da condenação bolchevista da "diplomacia secreta" dos capitalistas — previam uma ação alemã contra as forças aliadas em solo russo no norte e no sul e a expulsão dos ingleses de Baku, uma tarefa para a qual a Alemanha obteve o direito de desembarcar naquele porto.[358]

Lênin se agarrou à Alemanha imperial como a ferrugem marinha no casco de um navio adernado. Se durante os rumores furiosos de 1914-7 a traição imaginada da corte tsarista em favor dos alemães jamais fora verdadeira, em 1918 a traição abjeta dos bolcheviques em favor dos alemães foi verdadeira demais. O tratado de 27 de agosto era uma capitulação pior do que a de Brest-Litovsk, e fora buscado por Lênin voluntariamente. Com ele, Lênin esperava não somente evitar ser derrubado pelos alemães, como garantir o direito de recorrer à ajuda alemã contra uma tentativa da Entente de derrubá-lo. "Houve uma coincidência de interesses", escreveu Lênin à mão — evitando secretários — ao enviado bolchevique à Suécia. "Teríamos sido idiotas se não explorássemos isso."[359] Por sua vez, os alemães não eram menos cínicos, pois estavam decididos, como o ministro das Relações Exteriores expressou, "a trabalhar com os bolcheviques ou a usá-los, enquanto estiverem no controle, para o nosso melhor proveito".[360] A primeira parcela do pagamento prometido pelos bolcheviques, 120 milhões de rublos em ouro, foi remetida em agosto (outros pagamentos seriam feitos em setembro).

O coronel Vācietis foi despachado para a cidade de Kazan a fim de ajudar a limpar a bagunça dos vermelhos e salvar a situação. Em 30 de agosto de 1918, Lênin escreveu a Trótski que, se a cidade de Kazan não fosse retomada, Vācietis deveria ser fuzilado.[361] Na noite desse mesmo dia, uma sexta-feira, o líder bolchevique foi à Fábrica de Máquinas Mikhelson, no coração da zona industrial saturada de operários de Moscou, para dar uma palestra. As sextas-feiras eram "dias de festa" em Moscou e as autoridades se dispersavam à noite pela cidade para falar em reuniões de operários e soldados. Lênin compareceu a cerca de 140 dessas reuniões em Moscou e seus arredores imediatos entre março e julho.[362] Ele foi para a Mikhelson, seu segundo discurso público do dia, sem um destacamento de guarda, nem motorista (que ficou no carro). A ideia de assassinar altas autoridades bolcheviques passava pela cabeça de muita gente. Em 1918, membros do serviço secreto britânico pediram evidentemente que um espião britânico nascido na Rússia inventasse um pretexto para uma entrevista com Stálin com o objetivo de assassiná-lo (o britânico alegou ter se negado a executar a missão).[363] Naquela manhã de 30 de agosto, o chefe da Tcheká de Petrogrado, Moissei Urítski, outro ex-menchevique que aderira aos bolcheviques, foi assassinado na antiga sede do Estado-Maior tsarista, na Praça do Palácio (a praça ganharia o seu nome). Dzierżyński partiu de Moscou para supervisionar a investigação.[364] Lênin já havia falado na Mikhelson quatro vezes. Naquela noite, o local — a oficina de granadas de mão — estava lotado. Mas Lênin estava muito atrasado, e às nove, duas horas depois do início programado, um orador substituto foi finalmente enviado para a multidão. Cerca de 45 minutos depois, o carro de Lênin estacionou e ele subiu ao palco imediatamente. "Camaradas, não vou falar por muito tempo, temos uma reunião do Conselho dos Comissários do Povo", começou ele e, em seguida, fez uma arenga de uma hora de duração sobre "Ditadura burguesa versus ditadura do proletariado". O público tinha muitas perguntas difíceis (apresentadas, conforme o costume, por escrito), mas Lênin alegou que não havia tempo para respondê-las. "Nós temos uma conclusão", resumiu, convocando sua audiência a pegar em armas para defender a revolução. "Vitória ou morte!"[365]

Lênin saiu, mas, antes de entrar no carro que o esperava, tombou baleado no peito e no braço esquerdo (a bala entrou em seu ombro). O motorista Stepan Guil e alguns membros da comissão de fábrica o deitaram no banco de trás do carro. Lênin estava branco como um lençol e o sangue jorrava, apesar dos torniquetes; ele também sofreu hemorragia interna.[366] Foram para o Kremlin. Lá, o comandante Malkov juntou travesseiros da coleção dos tsares no Grande Palácio do Kremlin e os levou ao apartamento de Lênin no Senado Imperial, para onde o líder ferido fora levado. Ninguém sabia como estancar o sangramento, e Lênin desmaiou de perda de sangue e dor.[367] O chefe da garagem do Kremlin saiu atrás de tanques de oxigênio: um tanque foi alugado da farmácia A. Bloch e H. Freiman, na vizinha rua Tverskáia, por oitenta rublos, outro em uma farmácia mais distante por 55 rublos. (O chefe do departamento de automóveis, em seu relatório, escreveu que, "uma vez que o dinheiro foi pago de meu próprio bolso, gostaria de pedir que me fosse devolvido".)[368] A primeira pessoa que o prostrado Lênin pediu para ver foi Inessa Armand, sua ex-amante, que chegou com sua filha.[369] Bonch-Bruevitch ordenou alerta máximo à guarda do Kremlin.[370] Svérdlov convocou um famoso médico; enquanto isso, Vera, a esposa de Bonch-Bruevitch, que era médica, verificava o pulso de Lênin e lhe injetava morfina.[371]

Na Mikhelson, a suposta autora dos disparos, Feiga Roidman (também conhecida como Fânia Kaplan), foi detida em um ponto de bonde nas proximidades.[372] Socialista revolucionária de direita de 28 anos de idade, ela confessou o crime em seu interrogatório inicial e insistiu que ninguém mais estava envolvido, embora fosse quase cega e estivesse escuro onde Lênin foi baleado. (A assassina pode ter sido uma cúmplice, Lídia Konoplióva, uma SR anarquista e rival de Kaplan, ou outra pessoa.)[373] Svérdlov, em nome do Comitê Executivo Central do Soviete, denunciou a direita dos SRs como "mercenários dos britânicos e franceses".[374] Bonch-Bruevitch enviou telegramas a Trótski (então na frente sudeste, em Sviiájsk) a respeito da temperatura, do pulso e da respiração de Lênin.[375] Trótski voltou para Moscou imediatamente. Em 2 de setembro de 1918, ele falou ao Comitê Executivo Central do Soviete, chamando Lênin não apenas de "o líder da nova época", mas de "o maior ser humano da nossa época revolucionária", e, embora admitindo que os marxistas acreditavam em classes, não em personalidades, reconheceu que a perda de Lênin seria devastadora. O discurso de Trótski seria publicado na imprensa e amplamente distribuído como panfleto.[376] No mesmo dia, o regime declarou a criação do Conselho Militar Revolucionário da República, chefiado por Trótski. No dia seguinte, Svérdlov mandou o comandante Malkov executar Kaplan, o que ele fez, e depois queimou o corpo em um tambor de metal no Jardim de Alexandre, no Kremlin.[377] Em 4 de setembro, Vācietis, em vez de enfrentar um pelotão de fuzilamento, foi promovido a comandante em chefe da Guarda Vermelha. Os soldados dos fuzileiros letões estavam ficando desiludidos com o comportamento ditatorial bolchevique.[378] Vācietis contatou novamente os alemães em busca da repatriação de seus homens para a Letônia, mas foi de novo rejeitado.[379]

Desde o início, a sobrevivência da aventura bolchevique estivera em dúvida, no momento mesmo em que o novo regime começou a arrancar insígnias de prédios tsaristas e derrubar estátuas antigas, como as de Alexandre II dentro do Kremlin e as de Alexandre III diante da catedral do Cristo Redentor. Lênin e outros, usando cordas, derrubaram cerimoniosamente a grande cruz ortodoxa dentro do Kremlin, em homenagem ao grão-duque Serguei (Románov), o governador-geral de Moscou assassinado em 1905.[380] No lugar dessas insígnias seriam erguidas estátuas a Darwin, Danton, Aleksandr Radischev e outros do panteão da esquerda. "Estou exasperado até as profundezas de minha alma", escreveu Lênin ao comissário da Cultura Anatóli Lunatchárski em 12 de setembro de 1918, dias depois de ter sido baleado. "Não há nenhum busto de Marx ao ar livre. [...] Eu o repreendo por essa negligência criminosa."[381]

Os bolcheviques tinham começado a rebatizar as ruas de Moscou: a praça da Ressurreição se tornaria praça da Revolução; a antiga rua Basmánnaia, rua Karl Marx; a Pretchistenka, rua Kropótkin; a Grande Nikita, Aleksandr Herzen.[382] Naquele ano de 1918, na maior artéria de Moscou, a Tverskáia, na junção entre as travessas Bolchói e Máli Gnezdnikóvski, o Café Bim-Bom fervia de gente. Pertencia a Ivan Raduński, membro fundador da dupla de palhaços Bim e Bom (que nessa época era composta de Mieczysław Staniewski, o Bim). A célebre dupla datava de 1891 e era especializada em sátiras mordazes acompanhadas por números musicais. O café de Bom era um formigueiro maluco da nova capital bolchevique, frequentado por todos os tipos, desde políticos (o líder menchevique Iúli Mártov, o jovem SR de esquerda Iákov Bliúmkin) a artistas (o escritor Iliá Ehrenburg, interpretando o palhaço Vladímir Durov). Inevitavelmente, o café também atraía elementos criminosos de Moscou, entre eles uma figura que havia embolsado o dinheiro proveniente da venda da mansão do ex-governador--geral de Moscou, localizada na mesma rua do café, fingindo que a propriedade era sua residência. Mas, quando os humoristas irreverentes começaram a zombar do novo regime bolchevique, fuzileiros letões que estavam na plateia atiraram nas instalações e começaram a perseguir Bim e Bom. O público riu, supondo que aquilo fazia parte do número. Os palhaços seriam presos.[383]

Apesar dessa repressão reflexiva e dos planos grandiosos, o pretenso regime havia atingido o ponto mais baixo em 1918. Em Moscou, corriam rumores de que Lênin havia morrido e sido enterrado em segredo. Zinóviev disse em um discurso público feito em 6 de setembro de 1918 que Lênin era "o maior líder já conhecido pela humanidade, o apóstolo da revolução socialista", e comparou o famoso *O que fazer?* com os Evangelhos, sacralizando uma imagem que, intencionalmente ou não, parecia agourenta.[384] Bonch-Bruevitch tratou de filmar Lênin às pressas — contra a vontade dele — no exterior do recinto do Kremlin, no primeiro documentário jamais feito sobre ele que provava que estava vivo.[385] Ao mesmo tempo, os bolcheviques proclamaram um Terror "para esmagar a hidra da contrarrevolução".[386] Zinóviev, para causar efeito, anunciaria que quinhentos "reféns" haviam sido fuzilados em Petrogrado, execuções de ex-funcionários tsaristas presos que foram levadas a cabo em lugares públicos.[387] Houve pelo menos 6185 execuções sumárias no Terror Vermelho de 1918 — em dois meses. Houvera 6321 condenações à morte por tribunais russos entre 1825 e 1917, nem todas cumpridas. Sem dúvida, não são fáceis de calcular as execuções na Rússia tsarista: a repressão da revolta polonesa em 1830, por exemplo, esteve com frequência fora do sistema judicial, enquanto as cortes marciais de 1905-6 não foram, em geral, computadas nas estatísticas "normais". Contudo, a magnitude do Terror Vermelho foi clara.[388] E o vangloriar-se público de seu alcance estava projetado para ser parte de seu efeito. "O aventureirismo criminoso dos socialistas revolucionários, guardas brancos e outros pseudossocialistas nos obriga a responder aos desígnios criminosos dos inimigos da classe trabalhadora com o terror em massa", trovejou Jēkabs Peterss, vice-chefe da Tcheká, no *Izvéstia*. A mesma edição trazia um telegrama de Stálin pedindo "um terror aberto, em massa, sistemático, contra a burguesia".[389]

As convicções centrais do bolchevismo a respeito do capitalismo e da luta de classes eram consideradas tão incontestáveis que todos os meios, até mentiras e execuções sumárias, eram vistos não somente como apropriados, mas moralmente necessários. O demonstrativo Terror Vermelho, tal como o seu precedente francês, deixaria uma impressão indelével, tanto em inimigos como em adeptos (recentes) dos bolcheviques.[390] Confrontados com a extinção, os bolcheviques brandiam o espectro da "contrarrevolução" e a disposição das massas populares de arriscar sua vida defendendo "a revolução" contra a contrarrevolução, a fim de construir um Estado real. O que no verão e no outono de 1918 parecia para todo o mundo um dadaísmo político logo se tornaria uma ditadura ambiciosa e duradoura.[391]

8. Luta de classes e um partido-Estado

A guerra mundial terminou formalmente com a conclusão do armistício. [...]
Na verdade, porém, tudo o que vivemos e continuamos a vivenciar a partir
daquele momento é uma continuação e transformação da guerra mundial.
PIOTR STRUVE, ROSTOV (CONTROLADA PELOS BRANCOS), NOVEMBRO DE 1919[1]

Todo especialista militar deve ter um comissário à sua direita
e à sua esquerda, ambos com um revólver na mão.
LIEV TRÓTSKI, COMISSÁRIO DA GUERRA, 1918[2]

Além de seu monopólio de 1917-8, os bolcheviques criaram um Estado em 1918-20. Desconsidera-se com frequência essa distinção. Negar aos outros pela força o direito de governar não é o mesmo que governar e controlar recursos. O novo Estado tomou forma por meio da predação, do confisco e da redistribuição de coisas materiais (cereais, edifícios, objetos de valor), bem como da intimidação ou do recrutamento de pessoas, refratados através da noção de guerra de classe revolucionária. O regime resultante, observou um estudioso, "significou também uma burocracia crescente, necessária para expropriar os antigos proprietários e para administrar as propriedades recém-expropriadas".[3] Em muitos casos, os burocratas, mesmo quando não eram remanescentes do regime anterior, continuaram a usar papel timbrado do regime tsarista ou do Governo Provisório. Dito isso, tratava-se de um Estado muito particular: uma polícia política armada que se assemelhava a um bando de criminosos; um comissariado de aquisição de alimentos em expansão, que superou inúmeros rivais na batalha pelo crescimento burocrático; um aparelho de distribuição para alocar os despojos e se alimentar deles; um imenso Exército Vermelho assolado por deserções; uma hidra partidária ineficiente, mas, graças à aura da emergência, cada vez mais hierárquica, que absorvia e distribuía funcionários; e uma máquina de propaganda que se estima que já contava com cerca de 50 mil militantes em 1918, e que produzia jornais, cartazes, dramatizações, filmes e trens de agitação, embora confinada, em larga medida, às cidades e ao Exército.[4] Apesar da existência dos sovietes, bem como de tribunais revolucionários, tratava-se de um Estado quase inteiramente executivo, mas que se irritava com outros executivos rivais que reivindicavam poder, assim como, em nível nacional e local, "comissários" entravam em choque com "comissários", aqueles que eram nomeados e aqueles que se nomeavam. Acima de tudo, o novo Estado devia sua existência à guerra civil, como acontece com a maioria dos Estados, mas permaneceu, em tempos de paz, uma contrainsurgência.[5] A guerra civil não foi algo que deformou os bolcheviques; ela os formou e, com efeito, os salvou do dadaísmo e do quase esquecimento de 1918.[6] É certo que, antes mesmo do início da guerra civil total, os bolcheviques não eram tímidos em relação à desapropriação e ao terror. Mas a guerra civil proporcionou a oportunidade de desenvolver e validar a luta contra as "classes exploradoras" e os "inimigos" (nacionais e internacionais), transmitindo assim uma sensação de aparente legitimidade, urgência e fervor moral aos métodos predatórios.[7] Como explicou Lênin, "a classe dominante jamais entrega seu poder à classe oprimida".[8] E, assim, o poder tinha de ser reivindicado pela força num processo contínuo, não de uma única vez. A "tomada do poder" seria representada de novo, todos os dias.[9]

Stálin, tal como Lênin, é considerado corretamente um admirador dos grandes adornos estatais, mas, no início, a idolatria do Estado não impulsionou a construção do Estado bolchevique.[10] Tampouco a força motriz foram as condições devastadoras da guerra mundial e da revolução. Foi antes uma combinação de ideias ou hábitos de pensamento, em especial uma profunda antipatia pelos mercados e por todas as coisas burguesas, bem como métodos revolucionários sem barreiras, o que exacerbou a catástrofe, em um círculo que se retroalimentava.[11] Muitíssimos regimes justificam a lei marcial, os fuzilamentos sumários, as batidas policiais e os confiscos citando circunstâncias de emergência, mas, como regra geral, não proíbem totalmente o comércio privado nem declaram a estatização da indústria, não racionam a comida por classe (trabalhadores versus elementos não trabalhadores) nem convocam "camponeses pobres" e trabalhadores para desapropriar cúlaques, e tampouco tentam subverter as principais potências mundiais porque são capitalistas ("imperialistas"). A construção do Estado bolchevique se iniciou com medidas desesperadas para enfrentar a escassez de alimentos nas cidades, que fora herdada e depois severamente agravada, mas *todos* os desafios eram vistos como uma questão de contrarrevolução por parte de alguém, em algum lugar. "Em nome da salvação da revolução da contrarrevolução": assim começavam incontáveis documentos do período, seguidos por diretivas para "requisitar" farinha, gasolina, armas, veículos, pessoas.[12] "Hoje é o primeiro aniversário da revolução", comentou um ex-oficial tsarista (referindo-se à Revolução de Fevereiro). "Há um ano, quase todos se tornaram revolucionários; e agora, contrarrevolucionários."[13] A ideia da contrarrevolução era uma presença constante.

A luta de classes implacável formava o núcleo do pensamento de Lênin — a Grande Guerra, em sua opinião, provara irrevogavelmente que o capitalismo havia perdido seu direito a continuar existindo —, mas o Estado soviético não nasceu completamente armado de sua cabeça. Entre as massas, havia um éthos antiburguês intuitivo — exploradores contra explorados, ricos contra pobres — que poderia motivar e justificar uma mobilização total para combater a contrarrevolução e defender a revolução. Consideremos um episódio revolucionário do final do verão de 1918, em Kamychinsk, junto ao Volga, uma cidade mercantil de serrarias, moinhos de vento e melancias. "A Tcheká registrou toda a grande burguesia e, no momento, eles estão sendo mantidos em uma barcaça", proclamou orgulhosamente um grupo que havia se constituído em polícia política local. "Durante o dia, os [prisioneiros] trabalham na cidade." Ninguém teve de explicar a esses defensores locais da revolução quem era a "burguesia" ou por que eles eram o inimigo. E quando membros da "burguesia" que estavam na barcaça de Kamychinsk ficaram subitamente doentes e a Tcheká consentiu que fosse feita uma inspeção por um médico da vizinha Sarátov, que prescreveu melhores rações e liberação do trabalho forçado, os tchekistas duvidosos decidiram investigar o passado do médico e descobriram que ele era um impostor. "Agora ele também está na barcaça", regozijou-se o agente.[14] Essas barcaças-prisões para "estranhos à classe" surgiram ao longo do Volga — nenhuma mais impressionante do que a de Tsarítsin, sob o comando de Stálin — assim como em todo o antigo Império russo.[15] As práticas de viés ideológico que geraram as barcaças possibilitaram que dezenas de milhares de novas pessoas em milhares de lugares consolidassem um novo poder irresponsável.[16] (Gângsteres apolíticos e aproveitadores também entraram em ação, para roubar a "burguesia".) As ações violentas contra a "contrarrevolução" decorrentes da lógica da revolução socialista também provocaram indignação. "A quem pertence o poder nas províncias?", perguntou um irritado funcionário do comissariado no outono de 1918. "Aos sovietes e seus comitês executivos ou às Tchekás?"[17] A resposta não poderia ser mais clara: quando os aldeões da província de Samara, também no vale do Volga, revelaram que queriam realizar uma nova eleição para a liderança da Tcheká local, os tchekistas prepararam suas armas. E quando um camponês assustado fugiu correndo, um tchekista de dezesseis anos o baleou pelas costas. "Preste atenção especial a isso e escreva no jornal", pediu um camponês, "que aqui está um companheiro que pode matar quem ele quiser."[18]

Ali estava o momento da descoberta: de baixo para cima, em todos os lugares, as ideias e práticas da guerra revolucionária de classes produziram o Estado soviético. Marx escrevera sobre emancipação, liberdade, mas também sobre luta de classes. Para a revolução ter sucesso, para que a humanidade se libertasse e progredisse, tudo o que estivesse ligado à "burguesia" e ao capitalismo precisava ser esmagado. Tudo o que impedisse a aniquilação da burguesia e do capitalismo também precisava ser eliminado, inclusive outros socialistas. É verdade que nem todo mundo aderiu à desordem. A imensa maioria da população tratou somente de sobreviver, buscando comida, trapaceando, deslocando os outros. Ao mesmo tempo, uma quantidade substancial de pessoas também procurou *viver* a revolução, aqui e agora, organizando comunas, construindo creches para crianças, escrevendo ficção científica. "Todos os aspectos da existência — social, econômico, político, espiritual, moral, familiar — estavam abertos para a moldagem por mãos humanas", escreveu Isaac Steinberg. "Em todos os lugares, a paixão propulsora era criar algo novo, efetivar uma total diferença do 'mundo antigo'."[19] Mas, dentro da utopia, o princípio de classe era fundamentalmente intolerante. Muitos bolcheviques que estavam convencidos a servir a humanidade começaram a ver que seus dedicados esforços para acabar com o sofrimento e as diferenças sociais estavam produzindo o oposto. Essa percepção foi esmagadora para alguns, mas, para a maioria, constituiu um degrau na escada da progressão na carreira revolucionária.[20] Crentes verdadeiros misturavam-se com oportunistas, ascetas revolucionários com trapaceiros, e juntos, em nome da justiça social e de um novo mundo de abundância, levaram a inépcia, a corrupção e a arrogância a alturas pouco conhecidas até mesmo na Rússia tsarista.[21]

Os exércitos de militantes camponeses em luta contra o bolchevismo requisitavam cereais de aldeias sob seu controle pela força, ao mesmo tempo que denunciavam as injustiças do mercado e instituíam uma organização semelhante à do Exército Vermelho, até a formação de unidades para uso contra a população civil e o emprego de comissários políticos para garantir a lealdade. Os brancos antibolcheviques também tinham batalhões de ordem interna, confisco de grãos, comissários políticos e terror, como os civis lamentavam.[22] Mas os bolcheviques, ao contrário de seus inimigos, se gabavam de ter uma resposta científica abrangente para tudo, e gastavam recursos consideráveis para disseminar sua ideologia. O pensamento do partido equiparava o bolchevismo ao movimento da história e, assim, transformava todos os críticos em contrarrevolucionários, mesmo que fossem companheiros socialistas. Enquanto isso, na tentativa de administrar indústria, transporte, combustível, alimentação, moradia, educação, cultura, tudo ao mesmo tempo, durante uma época de guerra e ruína, os revolucionários se defrontaram com sua própria falta de experiência, e a solução para seus problemas causava-lhes horror ideológico: tiveram de contar com inimigos de classe — "especialistas burgueses" — herdados dos tempos tsaristas, que muitas vezes detestavam o socialismo, mas estavam dispostos a ajudar a reconstruir o país devasta-do. Aleksandr Verkhóvski, general tsarista e ministro da Guerra do Governo Provisó-rio, profetizou sobre os bolcheviques imediatamente após o golpe de outubro: "Essas pessoas, embora prometam tudo, não darão nada — em vez de paz, guerra civil; em vez de pão, fome; em vez de liberdade, roubo, anarquia e assassinato".[23] Mas Verkhóvski logo se juntou ao Exército Vermelho. Isso oferece um forte contraste com a hesitação extrema de quase todos os remanescentes do velho regime alemão de cooperar com a República de Weimar. Mas os especialistas tsaristas cooperativos não eram dignos de confiança, mesmo se fossem leais, porque eram "burgueses". A dependência de indiví-duos percebidos como inimigos de classe moldou e, na verdade, entortou a política e as instituições soviéticas. Os tecnicamente qualificados, objeto de desconfiança polí-tica, eram emparelhados com os politicamente leais, que não tinham competência téc-nica, primeiro no Exército, e depois em todas as instituições, de ferrovias a escolas.[24] O resultado não intencional — um cão de guarda comunista sendo a sombra de cada "especialista burguês" — persistiria mesmo depois que os comunistas foram treinados e se tornaram especialistas, criando um dualismo permanente "partido-Estado."

O Estado revolucionário tornou-se cada vez mais poderoso sem nunca superar sua natureza caótica, improvisada. A supervisão era ad hoc, intermitente. Steinberg, um socialista revolucionário de esquerda que foi comissário da justiça durante o governo de coligação de curta duração em 1918, tentou, mas não conseguiu, conter o poder arbitrário da Comissão Extraordinária de Combate à Contrarrevolução, Sabotagem e Especulação. Mas as lutas internas burocráticas sozinhas não o derrotaram. Quando a capital mudou para Moscou, em março de 1918, a central da Tcheká tinha apenas 131 funcionários, 35 dos quais eram soldados rasos, dez motoristas, e muitos outros que eram secretários ou mensageiros, não havendo mais do que uns 55 agentes.[25] Eles car-regavam o "orçamento" em seus bolsos e coldres. Além disso, a criação de uma Tcheká separada para Moscou foi feita à custa do aparato central. É verdade que em agosto de 1918, mesmo após a expulsão em massa dos SRs de esquerda, a polícia política da capital já havia crescido para 683 membros.[26] Mas, o que é mais importante, no final do verão de 1918, o *Izvéstia* noticiaria a existência de Tchekás locais em 38 províncias e, mais abaixo, em 75 condados (*uiezd*).[27] Além disso, criou-se uma Tcheká separada das ferrovias para combater a "contrarrevolução" em toda a longa rede ferroviária, e surgiram "departamentos especiais" da Tcheká para a segurança do Exército Vermelho. Ninguém coordenava ou controlava esses policiais políticos. As Tchekás locais e as di-versas Tchekás paralelas formavam-se, em grande parte, por conta própria. Um exem-plo disso era a barcaça de Kamychinsk; outro, a Tcheká de Ekaterinburg, que "estava alojada no número 7 da rua Púchkin — um prédio de dois andares não muito grande, com um porão profundo em que os prisioneiros eram enfiados", escreveu um agente que trabalhou lá. "Oficiais brancos e padres [eram] atulhados como sardinhas, juntamente com camponeses que haviam escondido seus grãos contra as requisições. Todas as noites, tínhamos uma 'liquidação de parasitas'", ou seja, prisioneiros eram tirados do calabouço, obrigados a atravessar o pátio e mortos a tiros. Esse agente acrescentou que, em consequência do confisco da "burguesia", "havia uma grande massa de coisas diversas: joias, cédulas de dinheiro, bijuterias, roupas, provisões. Levamos tudo para um único lugar e dividimos entre nós".[28] Em geral, a polícia política era uma bagunça, corrupta e com objetivos contraditórios.[29] Mas "a Tcheká" não constituía apenas uma agência estatal formal; era também uma mentalidade mortal, uma pressuposição da existência de inimigos de classe e um mandato para empregar quaisquer meios em sua erradicação.[30] Aos críticos socialistas da polícia política, como Steinberg, sempre diziam que as execuções sumárias eram "temporárias", até que a luta de classes fosse vencida, ou acontecesse a revolução mundial, ou algum outro ponto no horizonte tivesse sido atingido. Nesse meio-tempo, diziam os tchekistas, a história perdoaria um excesso de dureza, mas não de fraqueza. A lei de Lynch e a autocontratação — também conhecida como luta de classes — desacreditavam a causa e ao mesmo tempo galvanizavam militantes. O caos violento era uma forma de "administração", impulsionada por uma visão fanaticamente mantida.

O fracionamento do espaço geopolítico da Rússia imperial, bem como a simultaneidade de muitos eventos da guerra civil de uma extremidade da Eurásia à outra, militam contra a facilidade de narração. (Einstein disse uma vez que "a única razão para o tempo é para que não aconteça tudo no mesmo instante".) A seguir, tratamos da ditadura de Stálin em Tsarítsin (1918), da fundação da Internacional Comunista (1919), do Tratado de Versalhes (1919), das revoluções de esquerda ou quase revoluções na Alemanha, Hungria e Itália (1919) e do combate entre vermelhos e brancos (1918-20). O próximo capítulo continua a história da guerra civil, com o exame da Guerra Soviético-Polonesa (1919-20), o Congresso dos Povos do Oriente (1920), a reconquista do Turquestão (1920), as revoltas das massas camponesas em Tambov e em outros lugares (1920-1), a revolta dos marinheiros de Kronstadt (1921), o X Congresso do Partido, a guerra de reconquista na Geórgia (1921) e a criação do primeiro satélite soviético na Mongólia. Mas mesmo esse vasto panorama fica aquém de um relato completo do que aconteceu. Uma única Rússia deixou de existir, substituída por uma proliferação de Estados, em que os governos subiam e caíam (Kiev mudou de mãos dezenove vezes). O que manteve unido o espaço fracionado foram a reconstituição da autoridade do Estado, as heranças profundas da russificação, as ideias e as intrigas e redes pessoais que as acompanharam. Aqui veremos Stálin emergindo como a força dominante no regime, atrás apenas de Lênin. "Não há dúvida", escreveu Trótski mais tarde, "que Stálin, como muitos outros, foi moldado no ambiente e nas experiências da guerra civil, juntamente com todo o grupo que mais tarde lhe possibilitou estabelecer uma ditadura pessoal [...] e toda uma camada de operários e camponeses elevada à condição de comandantes e administradores."[31] A guerra civil da Rússia produziu uma onda de pessoas, instituições, relações e radicalismos. Dentro do turbilhão, podiam-se discernir as possibilidades da futura ditadura pessoal de Stálin.

BRANCOS E VERMELHOS, OFICIAIS E CEREAIS

Após a morte do general Lavr Kornílov, em abril de 1918, um de seus ex-companheiros de prisão, o general de divisão Anton Deníkin (nascido em 1872), assumiu o comando militar do Exército de Voluntários. Filho de uma costureira polonesa e um servo russo cuja "emancipação" viera na forma de convocação militar (para o período usual de 25 anos), Deníkin foi chefe de Estado-Maior depois dos generais Alekseiev, Brussílov e, por fim, Kornílov. De início, ele procurou manter em segredo a morte do carismático Kornílov, temendo deserções em massa.[32] Mas as forças sob seu comando, que então somavam mais de 10 mil homens, mantiveram-se unidas e garantiram a bacia do rio Kuban como base. Depois que Alekseiev morreu de câncer (em 8 de outubro de 1918), Deníkin passou também ao comando político. Sua ascensão no sul foi acompanhada no noroeste pela do general Nikolai Iudénitch (nascido em 1862), que era filho de um funcionário menor da corte, ex-comandante das forças russas contra o Império Otomano e "homem de menos de um metro e sessenta de altura que pesava 127 quilos, com o corpo em forma de um cupé, com pernas imperceptíveis".[33] Iudénitch aproveitou o refúgio na separatista Estônia para montar uma segunda base antibolchevique menor. Por fim, havia Aleksandr Koltchak (nascido em 1874), filho de um general de brigada da artilharia que era o mais jovem vice-almirante da história da Rússia (promovido em 1916), homem de coragem e patriotismo, cuja leitura preferida, dizia-se, era *Os protocolos dos sábios de Sião*.[34] Em 1918, ele retornou de uma missão inútil aos Estados Unidos através de Vladivostok, mas, em 16 de novembro, quando estava a caminho de se juntar ao Exército de Voluntários no sul, um golpe em Omsk (Sibéria Ocidental) levou os socialistas revolucionários ao poder. Dois dias depois, cossacos siberianos prenderam os socialistas e convidaram Koltchak para assumir o comando como "Supremo Governante" da Rússia. Koltchak aceitou, chamando suas novas funções de "uma cruz", mas promoveu-se a almirante — a mais de 5 mil quilômetros do porto mais próximo, e sem uma frota.[35]

Koltchak (leste), Deníkin (sul) e Iudénitch (noroeste) comandavam três grupos antibolcheviques separados, tachando os "comissários" de agentes alemães e judeus, profanadores de tudo o que era querido aos patriotas russos e crentes ortodoxos. Os

310

bolcheviques, por sua vez, ridicularizavam seus inimigos chamando-os de "brancos", uma evocação da cor dos partidários da restauração monárquica contra a revolução na França depois de 1789. Nenhum dos líderes brancos buscava restaurar a monarquia.[36] Mas pretendiam desfazer a revolução socialista.

A tarefa dos líderes brancos de montar um exército podia parecer ao alcance, mas implicava atrair oficiais que eram totalmente diferentes deles. Ao entrar na Grande Guerra, em 1914, o corpo de oficiais russos era dominado por homens formados pela Academia do Estado-Maior (como Alekseiev, Kornílov, Deníkin), bem como pelos guardas imperiais de elite; 87,5% dos generais e 71,5% dos oficiais do Estado-Maior eram descendentes de famílias nobres. (Não importava que a maioria não possuísse propriedade alguma.)[37] Mas a Rússia perdeu mais de 60 mil oficiais somente nos dois primeiros anos da Grande Guerra. Ao mesmo tempo, as patentes de oficiais da Rússia imperial e, depois, do Governo Provisório incharam para um quarto de milhão. Tanto os substitutos como os novos recrutas vinham, em maioria esmagadora, do campesinato e das classes urbanas mais baixas.[38] (Com exceção dos judeus, praticamente qualquer homem em idade militar que tivesse um mínimo de educação formal podia se tornar oficial.)[39] Muitos desses oficiais tsaristas de origem humilde se transformaram em pequenos tiranos que abusavam mais do soldado comum do que os militares de classe alta.[40] Mas sua origem social significava que não estavam muito inclinados a uma orientação antissocialista. Em outras palavras, a catástrofe da Grande Guerra não só tornara possível o improvável golpe bolchevique, como também tornara mais difícil a oposição armada conservadora ao bolchevismo. Ao mesmo tempo, os brancos complicaram muito uma tarefa já difícil ao se recusarem a reconhecer ocupações de terras pelos camponeses, alienando assim sua potencial base de massa. Se não fosse pelos cossacos, que acabaram apoiando Deníkin, mas relutavam em combater além dos seus territórios de origem do Don e Kuban; pelos legionários tchecos, que relutavam em deixar os Urais e a Sibéria, a menos que fosse para voltar para casa, mas que, às vezes, lutavam para Koltchak; e pela Entente, que forneceu ajuda militar, não teria havido nenhum movimento Branco.

O nascimento do Exército Vermelho também foi difícil.[41] Os bolcheviques não queriam recrutas camponeses, uma classe da qual desconfiavam, e inicialmente tentaram recrutar apenas operários, uma fantasia que teve de ser abandonada.[42] Além disso, a grande maioria dos bolcheviques não queria ex-oficiais tsaristas: a revolução fora deflagrada por soldados e marinheiros revoltados contra a autoridade deles. Na verdade, os esquerdistas do Partido Comunista, assim como os críticos mencheviques, repudiavam um Exército permanente com "um Bonaparte", exigindo uma milícia democrática leal aos sovietes.[43] Mas Trótski — que se tornou o novo comissário da Guerra e da Marinha, e que não tinha nenhum treinamento especial nas artes militares (jamais servira no Exército) — se pronunciou fortemente a favor de um Exército profissional liderado por verdadeiros militares.[44] Trótski consideraria a famosa e democratizadora Ordem nº 1 de 1917 "o único documento valioso da Revolução de Fevereiro", mas não deu espaço para a democracia no Exército Vermelho.[45] Os comitês de soldados que haviam derrubado o tsar foram formalmente abolidos em março de 1918.[46] Trótski também lançou um apelo aos ex-oficiais tsaristas, até mesmo generais (27 de março), e declarou numa entrevista a um jornal publicada no dia seguinte que "o legado tsarista e o aprofundamento da desordem econômica minaram o senso de responsabilidade das pessoas. [...] Isso tem de parar. No Exército, como na frota soviética, disciplina deve ser disciplina, soldados devem ser soldados, marinheiros, marinheiros, e ordens, ordens".[47] Ele também continuava a insistir que "precisamos ter professores que saibam alguma coisa sobre a ciência da guerra".[48] Stálin estaria entre os mais enfáticos na rejeição desses "especialistas militares". Mas Lênin compartilhava a visão de Trótski sobre a necessidade de expertise, fazendo dela uma política oficial.[49] Stálin e outros oponentes dos especialistas burgueses, porém, continuaram a luta.[50]

Assim, as chaves para a possibilidade de vitória vermelha — especialistas militares e recrutas camponeses — permaneciam sob suspeita de traição. Na verdade, enquanto a revolução camponesa estruturou de muitas maneiras toda a guerra civil, a incorporação perigosa de ex-oficiais tsaristas estruturou todo o Estado soviético.

A maioria dos ex-oficiais tsaristas que participaram da guerra civil se encaminhou para as forças antibolcheviques: cerca de 60 mil para Deníkin, 30 mil para Koltchak e 10 mil para outros comandantes.[51] Mas, no final dos combates, cerca de 75 mil estavam incorporados ao Exército Vermelho, compondo mais de metade do corpo de oficiais de cerca de 130 mil. Ainda mais impressionante, 775 generais e 1726 oficiais do Estado--Maior tsarista serviriam no Exército Vermelho em um momento ou outro.[52] Seus motivos variavam do patriotismo, da preservação da instituição militar e dos generosos salários e rações à preocupação com seus familiares mantidos como reféns. Seriam eles leais? Essa questão levara o Governo Provisório a introduzir "comissários" lado a lado ao corpo de oficiais tsaristas herdado para evitar a contrarrevolução, e os bolcheviques expandiram essa prática.[53] Cada comandante em cada nível deveria ter pelo menos um comissário, ao lado dos quais foram instituídos "departamentos políticos" nomeados para o trabalho de escritório e de propaganda.[54] Entre os poderes dos comissários políticos bolcheviques estavam "impedir qualquer medida contrarrevolucionária, de onde quer que possa vir" e prender "aqueles que violarem a ordem revolucionária".[55] Supunha-se que somente os oficiais deveriam tomar todas as decisões operacionais, mas, na prática, essas decisões passaram a ser consideradas válidas somente com as assinaturas do comandante e do comissário, abrindo caminho para o envolvimento do comissário em assuntos puramente militares.[56] As tensões políticas e militares tornaram-se endêmicas.[57]

Tivemos então uma guerra civil estranha: brancos empurrando camponeses para longe e tentando recrutar oficiais das classes mais baixas para combater os socialistas; vermelhos dando postos de comando a oficiais tsaristas, embora somente sob guarda armada, e recrutando camponeses, mas com relutância. Se os brancos tivessem abraçado a revolução camponesa, ou os vermelhos empurrado todos os ex-oficiais tsaristas para as mãos dos brancos, Lênin, Trótski, Stálin e o resto teriam sido devolvidos ao exílio ou pendurados em postes de luz.

Dentro dessa atmosfera política eletrificada, a guerra civil russa foi, em muitos aspectos, uma guerra da cidade contra o campo, uma disputa por grãos (trigo, centeio, aveia, cevada).[58] Contudo, nem as falhas no suprimento de alimentos nem o recurso à requisição foram criações do bolchevismo. No outono de 1916, o Ministério da Agricultura tsarista introduzira um sistema de cotas de cereais (*prodrazviórstka*), pelo qual cotas a preços fixos eram aplicadas às autoridades provinciais, que por sua vez as aplicavam às autoridades do condado, até as aldeias. Como era de prever, o sistema fracassou. Em março de 1917, depois que marchas por pão ajudaram a precipitar a queda do tsar, o Governo Provisório criou um ministério autônomo para o suprimento de alimentos e declarou um "monopólio dos cereais" sobre a distribuição, com exceção de um mínimo fixo a ser deixado com os produtores, mas as comissões de abastecimento provincial e distrital não podiam extrair o grão, enquanto a inflação corroía o dinheiro oferecido aos camponeses (de qualquer modo, os bens de consumo estavam, em larga medida, indisponíveis para compra).[59] Petrogrado comia, escassamente, apenas porque intermediários desrespeitavam o monopólio e entupiam os portos fluviais, estradas e ferrovias, muitas vezes forçados a viajar perigosamente no teto dos vagões do trem, para trazer alimentos das aldeias e revendê-los. No final de agosto de 1917, durante o confronto Kerenski-Kornílov, o Governo Provisório dobrou de repente o preço que seus agentes estatais pagavam aos camponeses pelos cereais, uma concessão que críticos internos chamaram de "capitulação completa", mas o suprimento de papel-moeda, para não falar de sacas e vagões, foi insuficiente. O Governo Provisório viu-se na dependência da cooperação dos camponeses para alimentar as cidades e o Exército, mas sem disposição para ceder aos desejos deles na questão da terra.[60] Em 16 de outubro de 1917, normalmente um mês de abundância após a colheita, o (último) ministro do Abastecimento do Governo Provisório observou em tom desesperado: "Temos de cessar nossas tentativas de persuasão [...] uma mudança para a compulsão é agora absolutamente necessária".[61] A guerra e uma tentativa de administração estatal do abastecimento haviam levado o governo a uma ação do Estado ainda mais desajeitada na forma de confiscos e distribuições.[62]

Os bolcheviques, que tinham ainda menos tolerância para com os comerciantes privados, resolveram fazer valer o fracassado monopólio estatal dos cereais do Governo Provisório, ao mesmo tempo que o reinventaram em termos de classe, buscando mobilizar os camponeses "pobres" para localizar depósitos de grãos. Os camponeses pobres não atenderam à convocação, mas a capacidade bolchevique de impor a compulsoriedade se mostrou muito mais vigorosa.[63] Mesmo assim, a política subjacente de cotas de fornecimento obrigatórias a preços estabelecidas artificialmente a serem trocadas por bens industriais inexistentes não alimentaria as cidades e o Exército. O Exército Vermelho passou de inexistente no início de 1918 a um efetivo espantoso de 600 mil soldados já em dezembro do mesmo ano, pelo menos em termos de rações solicitadas; as pessoas ociosas estavam famintas.[64] A promessa de comida ajudou a impulsionar o recrutamento, mas cumprir a promessa era outra questão. Na realidade, muitos soldados e a maioria das pessoas comuns comiam porque grande parte da população se transformara em comerciantes privados ilegais (nem sempre por vontade própria).[65] Um jornal não bolchevique, observando ironicamente que "centenas de milhares de membros de diferentes comitês precisam ser alimentados", ofereceu uma sugestão lógica: restauração legal do livre-comércio e dos preços livres dos cereais.[66] Com efeito, essa teria sido a resposta, mas era uma heresia.

Lênin não entendia quase nada de agricultura russa, utilização da terra, trabalho migrante, ou das operações reais da comuna camponesa, para não falar de incentivos de mercado. No final de janeiro de 1918, ele designara Trótski para presidir uma efêmera Comissão Extraordinária para a Alimentação e os Transportes; não muito tempo depois, criou-se um Comissariado dos Alimentos e, em 25 de fevereiro, Aleksandr Tsiurupa, formado em agricultura, foi nomeado comissário. Lênin sugeriu que todos os camponeses fossem obrigados a entregar cereais, e que aqueles que não o fizessem "fossem fuzilados no ato". Tsiurupa e o próprio Trótski se opuseram a isso.[67] Lênin continuou a denunciar (9 de maio de 1918) "aqueles que têm grãos e não os entregam nas estações ferroviárias e pontos de embarque devidamente designados", declarando-os "inimigos do povo".[68] Naquele mesmo mês, o regime proclamou uma "ditadura da comida" e "uma grande cruzada contra os especuladores de grãos, cúlaques, sanguessugas, desorganizadores, subornados", que haviam ficado "gordos e ricos durante a guerra" e "agora se recusam a dar pão para as pessoas que passam fome".[69] "Dzierżyński e Lunatchárski alertaram que esse ataque poderia pôr em perigo as relações bolcheviques com o campesinato, mas Lênin ignorou as objeções.[70] No inverno, com a guerra civil em pleno andamento, os bolcheviques desistiriam de uma política *oficial* de guerra contra cúlaques e especuladores e voltariam a uma de cotas de fornecimento obrigatório de gêneros alimentícios a preços fixos, em troca de bens industriais.[71] Ainda assim, na prática, continuaram a empregar destacamentos de bloqueio para interditar comerciantes privados e requisitar alimentos à mão armada em nome da luta de classes, uma plataforma para o florescimento de Stálin.[72]

MAIS QUE UMA BARCAÇA: STÁLIN EM TSARÍTSIN (1918)

Nenhuma região seria mais decisiva na guerra civil do que o vale do Volga, uma fonte primordial de alimentos e recrutas, bem como um separador estratégico entre os dois grandes exércitos brancos de Koltchak (Urais-Sibéria) e Deníkin (Don-Kuban).[73] Nenhum lugar sintetizou melhor a dinâmica revolucionária da luta de classes do que Tsarítsin, na confluência dos rios Volga e Tsaritsa. A cidade tornara-se o maior centro industrial do sudeste da Rússia (150 mil habitantes) e havia percorrido o caminho da revolução de modo compacto, passando da ausência de bolcheviques (fevereiro de 1917) à dominação deles (setembro de 1917), antes mesmo do golpe em Petrogrado.[74] A Tsarítsin vermelha era um entroncamento ferroviário fundamental para cereais e matérias-primas que ligavam o Cáucaso a Moscou, mas estava próxima dos grandes vales do Don e do Kuban, terras dos cossacos, onde se formou a base meridional do Exército Branco de voluntários.[75] A situação militar em torno de Tsarítsin ficara precária, mas os trabalhadores de Moscou e Petrogrado estavam recebendo pouco mais de cem gramas de pão, dia sim, dia não, e Tsarítsin, situada em meio a regiões produtoras de cereais, parecia uma solução. Para comandar uma expedição ao sul em busca de alimentos, Lênin selecionou um operário bolchevique durão, Aleksandr Chliápnikov, que era comissário do Trabalho. Tsiurupa, que se tornara íntimo de Lênin, sugeriu que Stálin também fosse enviado. Aconteceu de Chliápnikov ficar retido em Moscou e Stálin acabou indo sem ele. Em 4 de junho de 1918, ele partiu de Moscou com 460 homens armados e, dois dias depois, chegou à estação ferroviária de Tsarítsin.[76] Em essência, seu papel era o de bandido-chefe bolchevique no sul para alimentar a capital no norte. Ele já era um alto membro do governo central (ou Conselho dos Comissários do Povo) e foi nomeado concomitantemente "diretor para assuntos de alimentos no sul da Rússia". A crise alimentar e a designação casual de Stálin como único chefe de uma expedição armada para mitigá-la possibilitaram que ele reprisasse seus feitos em Batum (1902), Tchiatura (1905) e Baku (1907), mas dessa vez com consequências muito mais relevantes.

Lênin já havia nomeado alguém para o comando militar supremo de Tsarítsin: Andrei Snéssarev (nascido em 1865), um oficial do Estado-Maior tsarista que havia ascendido ao posto de general de divisão durante o Governo Provisório e oferecera seus préstimos aos vermelhos. Ele chegara a Tsarítsin em 27 de maio de 1918, com um mandato do Conselho dos Comissários do Povo assinado por Lênin que o designava para chefiar o novo Comissariado Militar do Cáucaso Norte. Com as forças vermelhas se desfazendo, Snéssarev decidiu criar um verdadeiro exército com as unidades militares maltrapilhas de guerrilheiros do lugar, muitas das quais haviam sido recentemente expulsas da Ucrânia pelo avanço da Reichswehr e se assemelhavam mais a gangues de bandidos. Seu primeiro relatório para o centro (29 de maio) indicava uma extrema necessidade de mais especialistas militares tsaristas.[77] Em 2 de junho, porém, um comissário político de Tsarítsin informou Moscou de que os moradores "ouviram muito pouco sobre a formação de um Exército Vermelho. [...] Aqui temos uma massa de quartéis-generais e chefes, começando com os básicos até os extraordinários e os do comando supremo".[78] Quatro dias depois, Stálin chegou.

Ele não se instalou no hotel França, mas em um vagão de trem estacionado, e, como um comandante, vestiu uma túnica sem colarinho — o estilo quase militar de traje que Kerenski tornou famoso — e encomendou a um sapateiro um par de botas pretas de cano alto.[79] Stálin também levou a reboque sua esposa adolescente, Nádia; ela usava uma túnica militar e trabalhava em seu "secretariado" de viagem. Já em seu primeiro dia de trabalho, 7 de junho, ele se gabou para Lênin de que enviaria oito trens expressos carregados de grãos, que "bombearia" da região fértil, e acrescentou: "Esteja certo, nossa mão não tremerá". Ao mesmo tempo, reclamou: "Se os nossos 'especialistas' militares (sapateiros!) não estivessem dormindo ou ociosos, a linha férrea não teria sido cortada, e, se a linha for restaurada, não será por eles, mas apesar deles".[80] Em 10 de junho, Lênin lançou uma proclamação "a todos os labutadores" em que anunciava que a ajuda alimentar estava a caminho: "O comissário do povo Stálin, localizado em Tsarítsin e no comando de todo o provisionamento de alimentos do Don e do Kuban, telegrafou-nos sobre as imensas reservas de grãos que ele espera enviar logo para o norte".[81] Com efeito, dentro de poucas semanas, Stálin despachou os primeiros carregamentos de grãos para o norte; consta que foram cerca de 9 mil toneladas, embora a quantidade total de grãos que conseguiu enviar para o norte não esteja clara até hoje. Contudo, não poupou nada nem ninguém para isso. Seus telegramas frequentes a Lênin prometiam novas remessas de alimentos e destilavam veneno contra outros funcionários do regime que agiam em paralelo, os quais descrevia como sabotadores.[82]

Entre os principais instrumentos do filho do sapateiro estava a Tcheká de Tsarítsin, que acabara de anunciar sua existência em maio de 1918, quando tomou uma mansão de dois andares com vista para o Volga. Transformaram o andar de cima em escritórios e alojamentos e dividiram o andar inferior em celas, que logo se encheram de prisioneiros espancados até ficarem inconscientes para "confessar". Entre os alvos estavam "burgueses", sacerdotes, intelectuais e oficiais tsaristas, muitos dos quais haviam respondido a um apelo local para se juntar ao Exército Vermelho. Operários e camponeses também eram presos como contrarrevolucionários se se atrevessem a criticar as detenções arbitrárias e a tortura, ou se alguém dissesse que haviam feito isso.[83] Os rumores de atrocidades faziam parte da mística da Tcheká: dizia-se que a de Khárkov escalpelava as vítimas, que a de Ekaterinoslav as apedrejava ou crucificava, e que a de Krementchug as empalava em estacas.[84] Em Tsarítsin, dizia-se que a Tcheká cortava ossos humanos com serrotes.[85] Aleksandr I. Tcherviakov (nascido em 1890), que surgiu como chefe regional da Tcheká em Tsarítsin, comportava-se como um tirano, e ele e seus bandidos vestidos de couro acertavam eles próprios suas contas, inclusive com outros agentes da Tcheká, mas agora tinham de responder a Stálin.[86] Uma testemunha ocular, o bolchevique Fiódor Ilin, que assumira o nome Raskólnikov do personagem de Dostoiévski, relembrou que "Stálin em Tsarítsin era tudo" — chefe de facto da Tcheká regional e, em breve, do Exército Vermelho regional.[87]

Snéssarev montara um Exército Vermelho de 20 mil homens e organizara as defesas do perímetro de Tsarítsin enquanto a luta grassava ao longo da ferrovia Tsarítsin--Ekaterinodar.[88] Stálin, no entanto, estava maquinando para substituir o ex-oficial tsarista. Em 10 de julho, telegrafou a Lênin para dizer que "há uma abundância de grãos no sul, mas, para obtê-lo, precisamos de um aparato eficiente que não encontre obstáculos por parte dos escalões [militares], comandantes e afins". Portanto, concluía, "para o bem da causa, preciso de poderes militares. Já escrevi sobre isso, mas não recebi resposta. Muito bem. Nesse caso, eu devo, sem formalidades, demitir os comandantes do Exército e comissários que prejudicam a causa. [...] A ausência de um papel de Trótski não vai me deter".[89] Tratava-se de uma descarada insubordinação à autoridade do comissário da Guerra, que Trótski engoliu surpreendentemente bem. Em 17 de julho, ele telegrafou para Stálin indicando que Snéssarev deveria ser mantido como comandante, mas que "se você considerar que é indesejável manter Snéssarev como comissário militar, me informe e eu o removerei. Atenciosamente, Trótski".[90] Stálin aproveitou a oferta. Em 19 de julho, recebeu a aprovação para substituir Snéssarev e seu Comissariado Militar do Cáucaso Norte por um Conselho Militar Revolucionário local, composto de três pessoas: Stálin; o alto dirigente bolchevique de Tsarítsin Serguei Mínin, filho de padre e, como Stálin, ex-aluno do seminário; e um outro funcionário local. A ordem de Moscou trazia a seguinte anotação: "O presente telegrama é enviado com a aprovação de Lênin".[91] Lênin precisava de comida.[92] Stálin queria autonomia de Trótski.

Stálin expropriou então o departamento de operações de Snéssarev: um inventário de 22 de julho listava máquina de escrever (Remington), uma; telefone (linha da cidade), um; telefone (Tsarítsin QG), um; mesas, quatro; cadeiras de vime, sete; canetas, três; lápis, cinco; pastas, uma; lata de lixo, uma.[93] Stálin havia forçado Snéssarev, que considerava homem de Trótski, a unir dois exércitos, sob o comando de Klim Vorochílov.[94] Nascido em Lugansk, cidade de mineração de carvão da região de Donbass, na Ucrânia, de onde vinha também Aleksandr Tcherviakov, da Tcheká de Tsarítsin, Vorochílov conhecera Stálin no IV Congresso do Partido, em 1906 (eles dividiram um quarto). Sua origem era igualmente humilde: filho de uma lavadeira e de um camponês que trabalhava nas minas e ferrovias. Vorochílov terminou sua educação formal aos oito anos, cuidou de animais e aprendeu a profissão de serralheiro. Em agosto de 1917, assumiu a direção da Duma da cidade de Lugansk no lugar de Tcherviakov, dirigindo-a até fevereiro de 1918, quando os alemães invadiram a Ucrânia, e passou para a guerra de resistência, que constituiu sua primeira experiência militar.[95] Ele havia recuado da Ucrânia para Tsarítsin com outros guardas vermelhos. Além de ser bom cavaleiro e atirador, era um verdadeiro proletário, o que lhe rendia alguma popularidade junto aos soldados rasos, mas não era um estrategista. "Pessoalmente, Vorochílov não possui em grau suficiente as características necessárias a um chefe militar", escreveu Snéssarev a Trótski em julho de 1918, acrescentando que "não observa regras elementares do comando de tropas".[96] Mas Stálin, junto com Vorochílov, impôs um plano de defesa que estipulava a remoção de tropas de defesa do norte de Tsarítsin para seu lado sul e oeste, a fim de lançar uma ofensiva. A estratégia foi devidamente implementada em 1º de agosto. Em três dias, Tsarítsin perdeu contato com Moscou; unidades tiveram de ser transferidas de volta para o norte da cidade. Stálin escreveu a Lênin (4 de agosto) culpando a "herança" de Snéssarev.[97]

Stálin mandou prender Snéssarev e vários militares da era tsarista como parte de uma operação contra "especialistas militares", que incluiu desde toda a direção de artilharia local até os escreventes.[98] Eles foram detidos numa barcaça atracada no rio, em frente ao quartel-general da Tcheká. Trótski enviou um assessor, o siberiano Aleksei Okúlov, para investigar, e ele libertou Snéssarev (que foi transferido para outro lugar), ao mesmo tempo que criticava Stálin e Vorochílov. Trótski também enviou um telegrama duro ordenando que Tsarítsin deixasse que os oficiais tsaristas fizessem seu trabalho, mas Stálin escreveu em cima, "não levem em conta".[99] Muitos dos cerca de quatrocentos detidos e amontoados na barcaça morreriam de fome ou de um tiro na nuca naquele verão de 1918.

Stálin estava alimentando uma incandescente intriga paralela contra uma expedição em busca de combustível de alto nível. Os combustíveis também estavam escassos em Moscou, e Lênin encarregara o bolchevique K. E. Makhróvski, do Conselho Supremo da Economia, de montar uma expedição até a refinaria de Grózni, no Cáucaso Norte, com 10 milhões de rublos em dinheiro para obter petróleo. Acompanhado pelo perito não comunista N. P. Alekseiev, do Comissariado dos Transportes, bem como por Serguei Kírov, dirigente do Soviete da província de Terek (Cáucaso Norte), o trem tanque especial de Makhróvski chegou a Tsarítsin por volta de 23 de julho, a caminho de Grózni. Stálin informou-os de que as linhas ferroviárias mais ao sul haviam caído nas mãos dos rebeldes tchetchenos e cossacos de Terek. Makhróvski, depois de também não conseguir pôr as mãos nos suprimentos de combustível que avistara em Tsarítsin, retornou a Moscou a fim de apresentar um relatório, deixando para trás o trem de combustível vazio e os 10 milhões de rublos em uma mala trancada com sua esposa e o especialista Alekseiev. Em 13 de agosto, Kírov abordou a esposa de Makhróvski e exigiu o dinheiro, em nome de Stálin. Ela se recusou a entregá-lo e depois conversou com Alekseiev sobre uma maneira de escondê-lo em outro lugar. Makhróvski voltou a Tsarítsin em 15 de agosto. Depois de mais idas e vindas a respeito dos 10 milhões e assuntos relacionados ao dinheiro, na noite de 17-18 de agosto, Stálin mandou prender Alekseiev e levá-lo para a Tcheká, acompanhado por Makhróvski, para enfrentar a acusação de ser mentor de uma ampla conspiração com o objetivo de tomar o poder. Teriam conspirado com ele, conforme as acusações que variavam, ex-oficiais tsaristas, oficiais sérvios, socialistas revolucionários, sindicalistas, um dos "generais" de Trótski, ex-funcionários do Governo Provisório.[100] "Todos os especialistas são burgueses, e a maioria é contrarrevolucionária", consta ter dito Tcherviakov, o chefe da Tcheká.[101]

Makhróvski também foi preso. A Tcheká de Tsarítsin se recusou a reconhecer seu mandato governamental assinado por Lênin. "Camarada, desista de falar sobre o centro e a necessidade de subordinação das localidades a ele", o interrogador Ivanov disse a Makhróvski, de acordo com o relato deste (apresentado a Lênin). "Em Moscou, eles fazem as coisas à maneira deles, e aqui fazemos tudo de novo à nossa própria moda. [...] O centro não pode ditar nada para nós. Nós ditamos nossa vontade para o centro, pois somos o poder nas localidades."[102] Mais tarde, naquele mesmo mês, quando o Soviete local procurou investigar as prisões infundadas e as execuções sumárias pela Tcheká de Tsarítsin, esta se defendeu alegando que seu mandato vinha do centro. Na verdade, seguia as ordens de Stálin, que acabaria por soltar Makhróvski, mas conseguiu o que buscava: o dinheiro da expedição, veículos e todos os outros bens.[103]

Stálin tinha sua barcaça-prisão, tal como seus homólogos locais acima e abaixo do Volga, mas tinha mais do que uma barcaça. Com alarde, a Tcheká de Tsarítsin dirigida por Stálin anunciou a descoberta de milhões de rublos destinados a financiar a contrarrevolução; seguiram-se prisões em massa e a execução de 23 líderes de um "complô Alekseiev contrarrevolucionário-Guarda Branca de SRs de direita e oficiais da Centúria Negra".[104] Não houve julgamento. Alekseiev foi espancado até se transformar numa pasta sangrenta, depois fuzilado, junto com seus dois filhos (um adolescente); outros que foram detidos por qualquer motivo, ou sem motivo, foram enfiados no "complô". Stálin fez uso enérgico da imprensa, tendo transformado (em 7 de agosto) o jornal local *Notícias do Distrito Militar do Cáucaso Norte* no periódico voltado para as massas *Soldado da Revolução*; o desbaratamento da "conspiração" de Alekseiev foi devidamente anunciado numa edição "extra" (21 de agosto de 1918). "Stálin punha grandes esperanças na agitação", escreveu o coronel Anatóli Nossóvitch, um ex-oficial tsarista e membro da equipe de comando do Exército Vermelho em Tsarítsin. "Ele costumava comentar nas discussões sobre artes militares que tudo que se dizia sobre a necessidade delas era bom, mas se o comandante mais talentoso do mundo carecesse de soldados politicamente conscientes, devidamente preparados pela agitação, então, acreditem em mim, ele não seria capaz de fazer qualquer coisa contra os revolucionários, que eram em número reduzido, mas altamente motivados."[105]

Quando a notícia do grande "complô de Alekseiev" veio a público, o general Piotr Krasnov, recém-eleito *ataman* (líder) dos cossacos do Don, e seu exército cercavam Tsarítsin, mas as execuções de Stálin não decorreram do pânico.[106] Muitos *estavam* em pânico diante da perspectiva da entrada dos cossacos na cidade vermelha, mas Stálin desenvolvia uma estratégia, empunhando o espectro da "contrarrevolução" para galvanizar os trabalhadores e intimidar possíveis antibolcheviques. Em um espetáculo político, a Tcheká forçou "a burguesia" a cavar trincheiras de defesa ao redor da cidade e conduziu à força os presos da "barcaça" para a prisão, acompanhados por sussurros de que estavam sendo levados à morte. Dizia-se que havia informantes por toda parte.[107] Acima de tudo, o extermínio dos "inimigos" da Tcheká dirigida por Stálin ganhou uma forte mensagem de propaganda: foi dito que, enquanto as forças brancas de Krasnov cercavam Tsarítsin, os inimigos internos da revolução estavam planejando organizar uma revolta para permitir que os cossacos capturassem a cidade.[108] (Mais tarde, isso seria chamado de quinta-coluna.) Ali, em embrião minúsculo, estava o roteiro dos inúmeros julgamentos fabricados dos anos 1920 e 1930, que culminaram no terror monstruoso de 1937-8.

O modus operandi marcado pela luta de classes estava tão arraigado em Stálin que ele procurou restaurar linhas ferroviárias decisivas com a prisão ou execução sumária dos poucos especialistas técnicos que realmente sabiam alguma coisa sobre ferrovias porque eram de outra classe, sabotadores por definição. Na verdade, ele não era tão imprevidente a ponto de ser contra todos os ex-oficiais tsaristas.[109] Mas confiava em novatos, aqueles que, como ele, vinham do "povo", desde que permanecessem leais. O proletário Vorochílov (nascido em 1881) não demonstrava nenhuma inclinação para perseguir suas próprias ambições às custas de Stálin. Ele considerava as ações de Stálin "um expurgo implacável dos retrógrados, administrado com mão de ferro" — dificilmente um vício entre os bolcheviques.

Por volta dessa época (agosto de 1918), depois que Kazan caiu para os brancos, Trótski foi a Sviiájsk, perto de Kazan, onde conheceu o ex-coronel tsarista e comandante letão Jukums Vācietis, a quem promoveu a comandante supremo vermelho (posto que estava vago).[110] Trótski também conheceu Fiódor Raskólnikov, comandante da flotilha do Volga, e dois comissários, Ivan Smirnov (o "Lênin siberiano") e Arkádi Rozengolts, um grupo de batalha de Kazan que formaria uma espécie de equivalente ao grupo de Stálin em Tsarítsin.[111] Para salvar a frente em vias de colapso, Trótski ordenou que "se alguma unidade recuar por sua própria vontade, o primeiro a ser fuzilado será o comissário, o segundo, o comandante [...] covardes, egoístas e traidores não escaparão de uma

320

bala".[112] "As objeções de Trótski a Stálin, portanto, não incluíam o excesso de desumanidade, somente o amadorismo e a insubordinação militar. Stálin, por sua vez, se irritava com as ordens militares vindas de longe, que, segundo ele, não levavam em conta "as condições locais". Ele estava desviando ilegalmente suprimentos enviados de Moscou para a frente mais ao Cáucaso Sul, trancafiando e fuzilando especialistas militares e desejando ter trabalhadores armados para manter a cidade, ao estilo da Guarda Vermelha.

Em Tsarítsin, Stálin revelou-se em profundidade: raivosamente partidário do pensamento de classe e do autodidatismo; teimoso e irascível; atento às lições políticas, mas militarmente ignorante. Trótski percebeu o diletantismo marcial, a teimosia e a irascibilidade, mas pouco mais. Poucos, além de Vorochílov, compreenderam plenamente Stálin. Mas uma pessoa que o "captou" foi o ex-oficial tsarista Nossóvitch (nascido em 1878), um descendente da nobreza que se juntou aos vermelhos em 1918 e escapou da guilhotina de Stálin para os alheios à classe operária e críticos ao desertar para os brancos naquele outono, ato que reconfirmou a opinião de Stálin sobre especialistas militares.[113] "Stálin não hesita na escolha dos caminhos para realizar seus objetivos", escreveu Nossóvitch (com o pseudônimo de Um Homem do Mar Negro) em seu relato em tempo real do acampamento vermelho. "Inteligente, esperto, educado e extremamente astuto, [Stálin] é o gênio do mal de Tsarítsin e seus habitantes. Todos os tipos de requisição, despejos de apartamentos, buscas acompanhadas por roubo descarado, prisões e outros tipos de violência usados contra civis se tornaram fenômenos cotidianos na vida de Tsarítsin." Nossóvitch explicou corretamente a verdadeira natureza da missão do georgiano para obter grãos a qualquer custo e as ameaças reais que os vermelhos de Tsarítsin enfrentavam. Captou não somente a sede de poder absoluto de Stálin, mas sua dedicação absoluta à causa: ele roubou 10 milhões de rublos e uma frota de veículos de seu próprio lado, não para luxos pessoais, mas para a defesa da revolução; executava "contrarrevolucionários" sem provas nem julgamento, não por sadismo ou pânico, mas como estratégia política, para galvanizar as massas. "Para ser justo", concluía Nossóvitch, "a energia de Stálin poderia ser invejada por qualquer um dos antigos administradores, e sua capacidade de fazer as coisas em qualquer circunstância era algo que valia a pena ir à escola para aprender."[114] Não obstante, Tsarítsin estava pendurada por um fio.

STÁLIN É CHAMADO DE VOLTA E ESCAPA POR POUCO

Quando Lênin foi baleado na fábrica Mikhelson, em 30 de agosto de 1918, Stálin trocou telegramas com Svérdlov sobre a condição precária de saúde de seu chefe.[115] Com Stálin e Trótski ausentes de Moscou, Svérdlov assumiu o comando; de pequena estatura física, mas com voz potente de barítono, era autoritário numa sala de reunião,

321

mas não tinha nada da estatura de um Lênin. Trótski era o mais proeminente depois deste, enquanto o status de Stálin crescia, mas os dois tinham desenvolvido uma profunda inimizade mútua; Svérdlov não podia resolver as diferenças entre eles, nem ficar acima dos dois. Os três tiveram de rezar pela recuperação de Lênin: a sobrevivência bolchevique dependia disso.

Enquanto Lênin convalescia, Trótski e Stálin aprofundaram seu antagonismo. Em 11 de setembro de 1918, uma "frente sul" substituiu o distrito militar do Cáucaso Norte e Svérdlov convocou Stálin a Moscou; ele chegou em 14 de setembro, e no dia seguinte teve uma audiência com Svérdlov e Lênin. Em 17 de setembro, em uma sessão do Conselho Militar Revolucionário da República à qual Stálin compareceu, Trótski nomeou Pável Sytin, um ex-general de brigada do Exército tsarista, comandante da frente sul, acima de Vorochílov.[116] Stálin chegou de volta a Tsarítsin em 24 de setembro; três dias depois, se queixou a Lênin de que a cidade estava totalmente sem munição e não chegava nada de Moscou ("algum tipo de negligência criminosa, traição pura e simples. Se isso persistir, vamos com certeza perder a guerra no sul").[117] Naquele mesmo dia, Stálin exigiu dos militares um carregamento de novas armas e cem conjuntos completos de uniformes (mais do que o número de soldados no local), e, em tinta roxa, ameaçou: "Declaramos que, se essas exigências (que são o mínimo, considerando o número de soldados na frente sul) não forem atendidas com a máxima urgência, seremos forçados a cessar as ações militares e nos retirarmos para a margem esquerda do Volga".[118]

O general Sytin chegou a Tsarítsin em 29 de setembro de 1918; imediatamente Stálin e Mínin obstruíram sua prerrogativa de nomear os comandantes ou emitir ordens operacionais, e se opuseram ao seu plano para garantir o contato com Moscou, mudando o quartel-general para fora de Tsarítsin.[119] Em 1º de outubro, Stálin pediu formalmente que Sytin fosse substituído por Vorochílov.[120] Svérdlov telegrafou em tom severo naquele mesmo dia: "Todas as decisões do Conselho Militar Revolucionário da República" — Trótski — "são obrigatórias para os Conselhos Militares Revolucionários do front".[121] Trótski queixou-se para Svérdlov (2 de outubro de 1918), e mandou uma ordem direta (3 de outubro) a Stálin e Vorochílov para não interferirem em assuntos militares.[122] Naquele mesmo dia, Stálin escreveu a Lênin vituperando longamente contra seu inimigo. "A questão é que Trótski, em geral, não pode passar sem gestos ruidosos", escreveu Stálin. "Em Brest-Litovsk, ele deu um golpe na causa com sua gesticulação 'esquerdista' disparatada. Sobre a questão dos tchecoslovacos, prejudicou igualmente a causa com sua gesticulação diplomática barulhenta. [...] Agora, ele dá mais um golpe com sua gesticulação sobre disciplina, e, no entanto, o que toda essa disciplina trotskista significa na realidade é a espionagem dos mais proeminentes líderes na frente de guerra pelas costas de especialistas militares do campo dos contrarrevolucionários 'apartidários'."[123] Com efeito, embora argumentasse que a revolução mudaria radicalmente tudo, até mesmo a fala, Trótski insistia que a revolução não havia mudado a guerra: as mesmas táticas operacionais, logística e organização militar básica ainda valiam.[124] Em assuntos militares, Stálin era o esquerdista, travando uma luta de classes implacável contra ex-oficiais tsaristas, qualquer que fosse o comportamento deles. Dissimuladamente, Stálin concluía seu telegrama de 3 de outubro a Lênin: "Não sou amante de barulho e escândalo", e "agora, antes que seja tarde demais, é necessário refrear Trótski, mantê-lo sob controle". Svérdlov aconselhou diplomacia, mas, em 4 de outubro, Trótski, de outro lugar no sul, telegrafou a ele, com cópia para Lênin: "Insisto categoricamente que Stálin seja chamado de volta".[125]

E assim o confronto chegava à sua conclusão lógica: Trótski e Stálin, cada um de seu lado, apelando a Lênin para a remoção do outro.

Em sua fúria incrédula, Trótski destacou que, na frente sul, o Exército Vermelho tinha três vezes mais soldados do que os brancos, e ainda assim Tsarítsin continuava em grave perigo.[126] "Vorochílov poderia comandar um regimento, mas não um exército de 50 mil soldados", escreveu ele num telegrama de 4 de outubro exigindo o chamamento de Stálin. "No entanto, eu o deixarei [Vorochílov] no comando do 10º Exército de Tsarítsin com a condição de que fique subordinado ao comandante [geral] Sytin, da frente sul." Trótski ameaçou que "se essa ordem não for cumprida até amanhã, mandarei Vorochílov e Mínin a uma corte marcial e divulgarei o fato em uma ordem do dia ao Exército. [...] Não há mais tempo para diplomacia. Tsarítsin deve seguir as ordens ou cair fora".[127] Em 5 de outubro, Svérdlov orientou novamente Stálin, Mínin e Vorochílov a cumprir as ordens de Trótski.[128]

Lênin cedeu à exigência de Trótski de chamar Stálin de volta — Tsarítsin não podia ser perdida —, mas recusou-se a puni-lo. "Recebi a notícia da partida de Stálin de Tsarítsin para Moscou", Svérdlov telegrafou a Trótski (5 de outubro). "Considero necessária máxima cautela nesse momento em relação ao pessoal de Tsarítisin. Há muitos velhos camaradas lá. Tudo deve ser feito para evitar o conflito, sem recuar de manter uma linha dura. Escusado dizer que estou comunicando apenas a minha opinião."[129] Svérdlov revelava com tato seu julgamento de Stálin, ao mesmo tempo que impunha limites a Trótski. Em 6 de outubro, Stálin partiu para Moscou, e se encontrou com Lênin dois dias depois.[130] Em Tsarítsin, em 7 de outubro, uma assembleia presidida por Mínin com mais de cinquenta militantes do partido, do Soviete e sindicalistas aprovou uma resolução recomendando "um congresso nacional para reexaminar e avaliar a política do centro" de contratação de ex-chefes militares tsaristas. Esse ato — gente das províncias pedindo ao Comitê Central que revertesse uma política — demonstrava tanto a descentralização do poder em 1918 como a confiança das pessoas do lugar na "proteção" de Stálin.[131] Em Moscou, no entanto, Stálin não conseguiu vencer a disputa e foi afastado do cargo na frente sul, embora tenha sido nomeado membro do Conselho Militar Central da República, numa óbvia tentativa de acalmá-lo.[132] Ele teria agora de se comunicar com Trótski por telegramas ao "presidente do Conselho Militar" do "membro do Conselho Militar Stálin".[133]

Stálin voltou para Tsarítsin por volta de 11 de outubro, evidentemente na companhia de Svérdlov, que tinha por objetivo impor uma resolução diplomática local ao campo em pé de guerra dos vermelhos.[134] Os brancos chegaram à periferia de Tsarítsin em 15 de outubro de 1918, um dia em que a situação foi descrita como "catastrófica" num telegrama enviado pelo comandante militar supremo Vācietis a Vorochílov, com cópia para Sytin e Trótski; Vācietis acusava Vorochílov de se recusar a cooperar com seu superior, Sytin.[135] Stálin deixou Tsarítsin em 19-20 de outubro, no calor da batalha decisiva. Trótski chegou para substituí-lo e salvar a defesa da cidade.[136]

Tsarítsin seria salva — por pouco — não por Trótski, mas por Dmítri Jloba, cuja Divisão de Aço de 15 mil homens deixou o front do Cáucaso, percorreu oitocentos quilômetros em dezesseis dias e surpreendeu a retaguarda desguarnecida dos brancos.[137] Em 25 de outubro, a Divisão de Aço empurrou os cossacos de volta para o outro lado do Don.[138] Quatro dias depois, Stálin informou a um plenário do Soviete de Moscou quão perigosa a situação havia estado.[139] Com efeito, se Tsarítsin tivesse caído naquele outono de 1918, ele poderia ter enfrentado uma investigação do governo e sofrido medidas disciplinares, bem como danos permanentes à sua reputação.[140]

UMA VIRADA MUNDIAL (NOVEMBRO DE 1918-JANEIRO DE 1919)

Lênin não era o único a fazer grandes apostas. O alto-comando da Alemanha tentara uma aposta imensa depois da outra: o Plano Schlieffen (1914) para ganhar uma guerra de movimento; Verdun (1916) para sangrar o inimigo até o fim, numa nova estratégia de desgaste; guerra irrestrita de submarinos (1917) para romper o bloqueio naval britânico; enviar Lênin para casa a fim de fomentar o caos e tirar a Rússia da guerra; e, depois de uma vitória alemã na frente oriental, uma ofensiva total na frente ocidental lançada em 21 de março de 1918.[141] Em junho, o Exército alemão no Ocidente chegara a sessenta quilômetros de Paris, perto o suficiente para atingi-la com artilharia pesada do canhão Grande Bertha. Mas a Reichswehr não conseguiu tomar a capital francesa, depois de sofrer 1 milhão de baixas.[142] As tropas dos Estados Unidos, provocadas a entrar na guerra pelos submarinos alemães, começaram a chegar à França ao ritmo de 120 mil soldados por mês (os Estados Unidos entraram na guerra, no início de 1917, com um *total* de 150 mil homens em armas). Enquanto isso, Canadá, Austrália, Nova Zelândia, Índia e África do Sul puseram ainda mais homens em ação militar na defesa da Grã-Bretanha do que poriam os Estados Unidos, e, em agosto de 1918, os Aliados reforçados contra-atacaram. É verdade que, graças ao Tratado de Brest-Litovsk — ou melhor, à disposição de Berlim de violar as proibições de seus próprios tratados —, a Alemanha deslocou meio milhão de soldados para a frente ocidental, aumentando sua força nessa região de 150 para 192 divisões.[143] Mas, em 28 de setembro de 1918, o vice-comandante do Estado-Maior, general Erich Ludendorff, o homem responsável pela ofensiva ocidental, informou ao seu superior, marechal de campo Paul von Hindenburg, que o Reich não tinha perspectiva de ganhar: a Alemanha não contava com reservas para enviar à batalha. O que Ludendorff não disse foi que, durante a ofensiva ocidental, quase 1 milhão de soldados da Reichswehr estavam atolados numa ocupação desordenada do leste que, em vez de extrair recursos, os consumiu.[144] (A Alemanha teve de exportar 80 mil toneladas de carvão apenas para pôr em funcionamento as ferrovias da Ucrânia.) Ludendorff pôs a culpa no bolchevismo e na "infecção" que causara nas tropas alemãs, lamentando: "Eu sempre sonhei com essa revolução [russa], que tanto aliviaria o fardo de nossa guerra, mas hoje o sonho se realiza subitamente de uma maneira inesperada".[145] Mas, como um estudioso explicou, "o homem que derrotou Ludendorff, o soldado, foi menos o [comandante supremo aliado] marechal Foch do que Ludendorff, o político".[146]

Entrementes, para salvar a Reichswehr — que estava por toda parte em solo estrangeiro, da França à Ucrânia —, Ludendorff propôs importunar os Aliados com um pedido de cessar-fogo imediato, mas os civis de um novo gabinete alemão não concordaram, ao mesmo tempo que pensaram em fazer uma mobilização total da população civil para uma última defesa, exatamente o oposto da futura lenda da punhalada pelas costas.[147] Ludendorff logo mudou de ideia a respeito do pedido de um armistício e renunciou ao seu posto; o gabinete nunca conseguiu a mobilização civil.

Em 9 de novembro, dentro do neoclássico teatro Bolchói, Lênin alardeou para os delegados ao VI Congresso dos Sovietes de Todas as Rússias que "nunca estivemos tão perto da revolução proletária internacional como estamos agora".[148] Nesse mesmo dia, o monarquista convicto Hindenburg e outros membros do alto-comando alemão, temendo uma versão alemã do tipo de revolução que haviam incitado na Rússia, através do envio de Lênin, pressionaram o kaiser a abdicar. O trem imperial de Guilherme II foi manobrado para a Holanda, e, uma vez em segurança pessoal, o kaiser assinou uma abdicação formal.[149] (Diferentemente de seu primo executado Nicky, Willy teria uma vida longa e morreria em paz no exílio.) Em seguida, em 11 de novembro de 1918, assinou-se um armistício no vagão de trem do marechal Foch, numa floresta francesa perto das linhas do front. O armistício determinava a retirada imediata das tropas alemãs de todos os lugares, exceto do antigo Império russo, onde os alemães deveriam permanecer até novas instruções da Entente.[150] Dois dias depois, Moscou repudiou unilateralmente o Tratado de Brest-Litovsk, bem como o Tratado Complementar de agosto de 1918 (com sua indenização de 6 bilhões de rublos já parcialmente paga).[151] (Os Aliados vitoriosos logo obrigariam a Alemanha a renunciar ao Tratado de Brest--Litovsk.) Depois de 52 meses horrendos, a Grande Guerra havia terminado. Lênin estava de tão bom humor que libertou os socialistas não bolcheviques da prisão e, em 30 de novembro de 1918, voltou a legalizar o partido menchevique.[152]

As repercussões da guerra foram imensas e duradouras. Durante o conflito, o PIB havia aumentado nos Estados Unidos e no Reino Unido, mas na Áustria, na França, no Império Otomano e na Rússia havia despencado entre 30% e 40%.[153] A Grande Guerra exigiu níveis sem precedentes de tributação e controle econômico estatal em todos os países beligerantes, a maioria dos quais não seriam revertidos.[154] Além dos 8,5 milhões de mortos na guerra e dos quase 8 milhões feitos prisioneiros ou desaparecidos, uma epidemia de gripe infectou 500 milhões de pessoas em todo o mundo e matou pelo menos 50 milhões, o equivalente a 3% da população mundial (algumas estimativas chegam a 100 milhões).[155] Cerca de 20 milhões de pessoas voltaram para casa de algum modo mutiladas. Um milhão e meio de britânicos ficaram aleijados (os inválidos receberam compensação: dezesseis xelins por semana por um braço direito perdido, onze xelins e seis pence por mão e antebraço direito perdidos, dez xelins por braço esquerdo perdido, nada por um rosto desfigurado). Na Alemanha, cerca de 2,7 milhões de pessoas retornaram com incapacidades relacionadas à guerra, ao lado de meio milhão de viúvas de guerra e 1,2 milhão de órfãos. No interesse de manter a ordem pública, sem falar nas dívidas relacionadas com a guerra, foram concedidas pensões a soldados e viúvas. Entre outras políticas sociais de emergência influenciadas pela guerra estavam decretos de emergência de moradia que, querendo ou não, introduziram uma regulamentação governamental permanente. Seguro-desemprego, auxílio doença em dinheiro, subsídios para parto e funerais foram expandidos em um protoestado de bem-estar social, estimulado pela guerra. O Império russo teve 2 milhões de mortos e 2,5 milhões de feridos.[156] Estima-se que 2,4 milhões de súditos russos contraíram doenças, enquanto 3,9 milhões foram feitos prisioneiros, uma rendição em massa equivalente à de todos os prisioneiros de guerra dos outros beligerantes combinados.[157] Foi nesse contexto que Trótski falou com desdém da "tagarelice papista-quaker sobre a santidade da vida humana" e Lênin citou Maquiavel, segundo o qual "a violência só pode ser combatida com violência".[158]

As grandes apostas de Lênin — aceitar a ajuda alemã para voltar à Rússia, o golpe em Petrogrado, a paz submissa em separado com a Alemanha — haviam valido a pena. Rússia e Alemanha, em lados opostos na guerra, mas agora ambas vencidas, ofereciam um contraste esclarecedor. Ele admitiria que "a guerra nos ensinou muito, não só que as pessoas sofrem, mas que aqueles que têm a melhor tecnologia, disciplina e máquinas saem por cima".[159] Na época, muitos comentaram as semelhanças entre os métodos de Ludendorff (nascido em 1865) e Lênin (nascido em 1870), bem como entre as políticas de guerra alemã e bolchevique em geral.[160] Os ocupantes militares alemães da Europa Oriental recorreram ao registro da população, confisco de bens, recrutamento compulsório e emissão promíscua de decretos, alegando um mandato ilimitado, ao mesmo tempo que se afundavam no caos administrativo criado por eles mesmos. Mas, ao contrário dos bolcheviques, os alemães na Europa Oriental não organizaram a população política e culturalmente. Nenhum jornal de língua nativa ou escola de língua nativa foi criado para envolver e moldar as sociedades locais. Em vez disso, os alemães estavam obcecados em manter seus funcionários alemães mergulhados na *Kultur*, para que não se identificassem com os nativos. Se não fosse pelos judeus que falavam iídiche e se adaptaram rapidamente ao alemão como tradutores, os senhores alemães teriam sido incapazes de se comunicar.[161] Os alemães não criaram narrativas de propósito abrangente que despertassem o envolvimento da massa, e não montaram organizações de massa. A experiência da Alemanha na Europa Oriental demonstrou não somente quanto o bolchevismo devia à Grande Guerra, mas quanto transcendia uma ocupação de estilo militar.[162] Além disso, se compararmos o reino particular de Ludendorff na Lituânia, Bielorrússia ocidental e Letônia com o de Stálin em Tsarítsin, veremos que este último exibia os talentos exatamente opostos aos de Ludendorff: amadorismo militar, mas astúcia política.

Vorochílov, o protegido de Stálin, perdurava como comandante do 10º Exército em Tsarítsin.[163] De início, o comandante supremo Vãcietis queria que ele fosse demitido, mas Trótski, ao mesmo tempo que insistia na remoção imediata de Serguei Mínin ("executa políticas extremamente prejudiciais"), permitiu que Vorochílov continuasse, desde que alguém competente fosse designado para ficar ao seu lado.[164] Mas não demorou para que Trótski telegrafasse a Svérdlov exigindo também a remoção de Vorochílov ("não mostra iniciativa, trivialidades, sem talento").[165] Entrementes, Vãcietis suavizou sua posição e indicou que não se opunha com veemência à nomeação de Vorochílov para um comando do Exército Vermelho na Ucrânia (talvez não tivesse outro candidato para o cargo).[166] Trótski explodiu. "É necessário um acordo, mas não podre", disse a Lênin (11 de janeiro de 1919). "Essencialmente, todo o pessoal de Tsarítsin se reuniu em Khárkov [...]. Considero a proteção que Stálin dá à tendência de Tsarítsin uma úlcera perigosa, pior do que a traição dos especialistas militares [...]. Vorochílov, juntamente com a guerra de guerrilha ucraniana, uma falta de cultura, demagogia, isso é uma coisa que não podemos ter, sob quaisquer circunstâncias."[167]

A inimizade entre Vorochílov e Trótski tornou o primeiro muito mais valioso para Stálin. Vorochílov, Mínin e seus subordinados entraram em uma campanha de sussurros vingativos contra Trótski, espalhando o boato de que o comissário da Guerra estava mancomunado com generais tsaristas e mandava comunistas ao fuzilamento — um cheiro de traição.[168] (Stálin podia soprar seu veneno contra Trótski diretamente no ouvido de Lênin.) Os comunistas de esquerda, como Nikolai Bukhárin, que editava o *Pravda*, usaram o pessoal de Tsarítsin para aprofundar sua própria campanha contra Trótski com o objetivo de "democratizar" a organização militar.[169] Impelido a reagir, Trótski, no início de 1919, ridicularizou "o novo burocrata soviético que, tremendo diante de seu trabalho", com inveja dos competentes, sem vontade de aprender, busca um bode expiatório para suas próprias deficiências. "Essa é a verdadeira ameaça à causa da revolução comunista, [...] os verdadeiros cúmplices da contrarrevolução."[170] Aqui já estava a essência da futura crítica de Trótski ao stalinismo.

Lênin continuava a demonstrar confiança em seu protegido georgiano, apesar de tê-lo afastado abruptamente de Tsarítsin, e, em janeiro de 1919, enviou Stálin para uma nova região de conflito, Viátka, oeste dos Urais, a fim de investigar por que Perm e a região circundante haviam caído para o almirante Koltchak.[171] Stálin viajou com Dzierżyński e novamente acompanhado pela esposa, Nádia, bem como pela irmã desta, Anna Alliluieva (nascida em 1896); o secretário pessoal de Dzierżyński, Stanisław Redens (nascido em 1892), também polonês, se apaixonou e logo se casaria com a cunhada de Stálin. Quanto à debacle vermelha em Perm, Stálin e Dzierżyński fizeram três relatórios separados em que registravam a péssima desorganização dos comunistas e a hostilidade da população local contra o regime (em virtude da requisição de alimentos), mas atribuíam a culpa primeiro a Trótski, depois a Vācietis. Os relatórios listavam explicitamente os ex-oficiais tsaristas do lado vermelho que haviam desertado para os brancos. E também admitiam que o regime bolchevique deveria evitar designar, para a supervisão dos comandantes da era tsarista, camaradas que fossem "jovens demais", ou "demagogos" do partido, o que significava um ligeiro recuo da linha dura anterior de Stálin, talvez um indício da intervenção de Lênin.[172] Enquanto isso, no domingo, 19 de janeiro, quando ia ao encontro de Krúpskaia, que convalescia no ar fresco dos bosques dos arredores de Moscou, Lênin teve sua Rolls-Royce roubada por três homens armados. O líder da revolução, sua irmã, o motorista (Stepan Guil) e um guarda-costas fizeram o resto do caminho a pé.[173]

VERSALHES, 1919: A ANOMALIA

Poucos tratados de paz passaram para a história de forma menos favorável do que o de Versalhes. As negociações iniciaram-se em Paris, em 18 de janeiro de 1919, aniversário da unificação da Alemanha, e foram concluídas no Salão dos Espelhos de Versalhes — onde o Reich alemão fora proclamado —, em 28 de junho de 1919, exatamente cinco anos depois do assassinato do arquiduque Francisco Ferdinando. Trinta e sete países enviaram delegações (alguns, mais de uma), miríades de comissões de especialistas trabalharam nas reivindicações étnicas e territoriais e quinhentos jornalistas informaram sobre o andamento do processo, mas apenas três pessoas determinaram o resultado: David Lloyd George (Grã-Bretanha), Georges Clemenceau (França) e Woodrow Wilson (Estados Unidos), um ex-professor de Princeton que se tornou o primeiro presidente americano em exercício a viajar à Europa. O objetivo de Clemenceau, então com 78 anos, era neutralizar o poder econômico e a população superiores da Alemanha; Lloyd George queria alcançar objetivos coloniais e navais da Grã-Bretanha às custas da Alemanha; e Wilson pensava numa paz segura e permanente, embora incentivasse a imposição francesa de punição à Alemanha. O texto final continha 440 cláusulas; as primeiras 26 diziam respeito a uma nova Liga das Nações, as restantes 414 admitiam a suposta culpa exclusiva alemã pela guerra. A Alemanha foi proibida de manter mais de 100 mil soldados ou qualquer aeronave militar e perdeu 13% de seu território, inclusive a Alsácia e a Lorena para a França, suas colônias estrangeiras e sua frota mercante. A França quis ficar também com a Renânia, mas Lloyd George se opôs; em vez disso, a região foi desmilitarizada. A recém-reconstituída Polônia recebeu a maior parte da Prússia Ocidental alemã, enquanto Danzig, predominantemente de etnia alemã, tornou-se uma "cidade livre", e criou-se um assim chamado corredor polonês entre os territórios alemães, isolando a Prússia Oriental alemã. Para financiar a reconstrução dos territórios francês e belga e a dívida de guerra britânica para com os Estados Unidos, a Alemanha foi condenada a pagar 132 bilhões de marcos de ouro, então equivalente a 31,4 bilhões de dólares ou 6,6 bilhões de libras esterlinas. (Cerca de 440 bilhões dólares em 2013.)[174]

A imposição alemã do Tratado de Brest-Litovsk à Rússia serviu como justificativa para a paz punitiva de Versalhes, exatamente como o impudente bolchevique Karl Radek previra para os negociadores alemães de Brest. Os termos de Versalhes, entretanto, foram atacados publicamente, até mesmo no Ocidente. O marechal francês Foch comentou: "Isso não é uma paz, é um armistício por vinte anos".[175] Ainda assim, ao contrário do que o Tratado de Brest-Litovsk fazia com a Rússia imperial, a Alemanha não foi desmembrada. (Lloyd George disse que "não podemos aleijá-la e esperar que pague".) Além disso, os tratados que se seguiram com os outros beligerantes derrotados — St. Germain com a Áustria (10 de setembro de 1919), Neuilly com a Bulgária (27 de novembro de 1919), Trianon com a Hungria (4 de junho de 1920), Sèvres com a Turquia (10 de agosto de 1920) — foram de certo modo mais duros. (Somente os turcos, pegando em armas, conseguiram rever os seus termos do tratado.) A paz dos vencedores de Versalhes certamente tinha falhas, além de sua atribuição de culpa exclusiva à Alemanha. Ela consagrou a autodeterminação e a nação, ao mesmo tempo que promovia o revisionismo territorial: Versalhes e seus tratados irmãos aprovaram a concessão de Estados próprios a 60 milhões de pessoas, enquanto transformavam outros 25 milhões em minorias nacionais. (Houve também um salto no número de apátridas). Edvard Beneš e Tomáš Masaryk conseguiram extrair territórios, às custas da Hungria, para a nova Tchecoslováquia, embora ambos tivessem lutado do lado austríaco perdedor. A Romênia obteve terras etnicamente mistas à custa dos húngaros. Mas, se a Hungria era a pátria legítima dos húngaros, de acordo com a autodeterminação nacional, por que tantos húngaros ficaram presos em outro lugar? Os judeus não tinham pátria separada, tornando-se uma minoria em cada Estado. A autodeterminação não se aplicava a nenhum dos povos coloniais sob os Impérios britânico e francês, ambos os quais se expandiram: em 1919, o Império britânico chegou a abranger um quarto do planeta. Muitos despojos de guerra eram coloniais: novas possessões ricas em minerais na África, novos campos de petróleo no Oriente Médio. Tomáš Masaryk, que foi o primeiro presidente da nova Tchecoslováquia, chamou a Conferência de Paz de Versalhes de um "laboratório construído sobre um vasto cemitério".

Além das falhas profundas de princípios, Versalhes fracassou totalmente em termos de política de poder: os Estados Unidos voltariam para casa, os britânicos recuariam e os franceses, que compartilhavam uma fronteira terrestre com a Alemanha, não poderiam arcar com o ônus de fazer cumprir as disposições do tratado.[176] Uma paz punitiva é punitiva somente se há uma unidade de vontade para aplicá-la, o que faltava. Tudo isso já era fatal o suficiente, mas, mesmo antes que as potências abandonassem a estrutura de Versalhes, ela estava sendo erguida sobre uma anomalia temporária: a desintegração simultânea do poder alemão e do poder russo. *Ambas* as condições não poderiam durar; no caso, nenhuma das duas duraria.

A contribuição da Rússia ao esforço dos Aliados na Primeira Guerra Mundial (até 1917) não foi reconhecida. Os britânicos haviam imaginado que, para derrotar a Alemanha, o "rolo compressor" russo, junto com a França, faria o grosso da luta (e morreria), deixando suprimento e financiamento para a Grã-Bretanha, mas o tratamento dos russos como mercenários britânicos e bucha de canhão teve de ser abandonado, ainda que tenha gerado um ressentimento duradouro.[177] Ao mesmo tempo, a Grã-Bretanha se viu numa dependência a que não estava acostumada dos imperativos estratégicos de seus aliados, e, no pós-guerra, Londres buscaria uma grande estratégia de manter distância, derivada de velhas preferências (fazer com que outros lutem) e prioridades (o império), bem como da experiência da Grande Guerra.[178] Quanto à Rússia bolchevique no aqui e agora, os Aliados não sabiam o que fazer. Foch defendia uma guerra preventiva, Clemenceau era a favor da contenção (um cordão sanitário); e, enquanto Lloyd George imaginava moderar o bolchevismo através do comércio, outras figuras políticas britânicas queriam reverter a ameaça esquerdista.[179] Por sua vez, alguns imperialistas britânicos sorriam diante da retirada forçada da soberania russa sobre o Cáucaso e esperavam consolidar a política de Ludendorff de partição imperial no Oriente, mas outros britânicos, com um olhar cauteloso para a Alemanha, preferiam uma Rússia reunificada como contrapeso. No final, apesar de toda a conversa sobre a possível propagação do "bacilo bolchevique", Versalhes mostrou-se muito menos preocupado com a Rússia do que com a Alemanha. Mas as duas acabaram por ser inseparáveis.[180] Grande parte da classe política da Alemanha se recusaria a aceitar o veredicto de Versalhes; a exclusão da Rússia soviética da conferência de paz, da qual participaram delegações da Geórgia, do Azerbaijão, da Armênia e da Ucrânia, deu a Moscou motivos adicionais para tratar o resultado como ilegítimo. Versalhes, dirigido contra a Alemanha e em desrespeito à Rússia, iria empurrar as duas párias para os braços uma da outra, na medida em que cada uma delas se esforçaria para ressuscitar sua potência mundial, formando uma base para o mundo de Stálin.[181]

COMISSÁRIO PARA-RAIOS

Os bolcheviques tentaram opor-se de imediato a Versalhes. Em 24 de janeiro de 1919, uma carta-convite foi enviada por telégrafo para o mundo, e, em 2 de março, um grupo semi-internacional de cerca de cinquenta comunistas e outros esquerdistas compareceu a uma reunião em Moscou que veio a ser a terceira Internacional (Comunista), ou Comintern. O piso do longo e estreito Salão Mitrofánov do Senado Imperial do Kremlin foi coberto com tapetes caríssimos, e as janelas receberam cortinas brilhantes, mas os aquecedores do espaço frígido ficaram parados por falta de combustível. Cerca de cinquenta convidados do diretório do partido em Moscou sentaram-se numa espécie de galeria. "Os delegados tomaram seus assentos em cadeiras frágeis junto a mesas frágeis obviamente emprestadas de algum café", relembrou um comunista francês. "Nas paredes, havia fotografias: os fundadores da Primeira Internacional, Marx e Engels; os líderes ainda homenageados da Segunda, principalmente aqueles que não estão mais entre nós."[182] A viagem à Rússia soviética foi difícil devido ao bloqueio aliado e às destruições da guerra civil; somente nove delegados vieram do estrangeiro. Vários partidos de esquerda concederam "mandatos" a indivíduos já residentes em Moscou. Mesmo assim, apenas 34 participantes tinham credenciais para representar os partidos comunistas, ou quase comunistas, de cerca de vinte países (muitos dos quais haviam feito parte do império tsarista). Lênin, Trótski, Stálin, Tchitchérin, Bukhárin e Zinóviev foram designados delegados com direito a voto (seis pessoas compartilhando cinco votos; Stálin assinou seus mandatos).[183] "Quem tivesse participado dos antigos congressos da Segunda Internacional teria ficado muito decepcionado", comentou um comunista russo no *Pravda*.[184] Mas, quando mais participantes apareceram, a assembleia ousadamente votou para se transformar em congresso de fundação do Comintern. A caneta de Trótski deixou escapar uma explosão de êxtase. "Os tsares e os sacerdotes, antigos governantes do Kremlin de Moscou, jamais, devemos supor, tiveram uma premonição de que no interior de suas paredes cinzentas, um dia, se reuniriam os representantes do setor mais revolucionário da humanidade moderna", escreveu ele no último dia do Congresso do Comintern (6 de março), acrescentando que "nós somos testemunhas e participantes de um dos maiores eventos da história mundial".[185] Lênin planejara realizar a assembleia abertamente em Berlim, mas os sociais-democratas alemães foram contra.[186] Em Moscou, Lênin fez de Zinóviev (que falava um pouco de alemão) presidente de um comitê executivo, que também incluía Radek, que estudara em universidades alemãs e suíças e era influenciado por Rosa Luxemburgo, antes de se voltar contra ela, para depois lhe pedir ajuda para fundar o Partido Comunista alemão.[187] Os "delegados" aprovaram as teses de Lênin que denunciavam a "democracia burguesa" e defendiam a "ditadura do proletariado" — exatamente o ponto de disputa com os sociais-democratas alemães. Essa fissura da esquerda, agora institucionalizada em nível mundial, jamais seria fechada.[188]

Por sua vez, o VIII Congresso do Partido Comunista russo estava previsto para começar logo após o encontro do Comintern, na noite de 16 de março, com uma meia sessão, para que os delegados pudessem comparecer a uma comemoração da Comuna de Paris, mas em 8 de março Iákov Svérdlov retornou a Moscou de uma viagem a Oriol com uma forte febre da qual nunca se recuperou. Rumores conflitantes diziam que ele fizera um discurso para os trabalhadores no frio da rua, ou que fora morto com um golpe na cabeça aplicado por um operário fabril com um objeto pesado — em retaliação a privação e repressão bolcheviques. Na verdade, Svérdlov morreu de tifo ou gripe.[189] De seu apartamento no Kremlin, Lênin, de acordo com Trótski, telefonou ao Comissariado da Guerra em 16 de março: "'Ele se foi. Ele se foi. Ele se foi.' Por um tempo, cada um de nós segurou o receptor nas mãos e pôde sentir o silêncio do outro lado. Então desligamos. Não havia mais nada a dizer".[190]

Svérdlov foi enterrado na Praça Vermelha, próximo à Muralha do Kremlin, no primeiro grande funeral de Estado bolchevique. Sua morte provocou o cancelamento do tributo à Comuna de Paris e um atraso de dois dias no congresso do partido. Ele foi aberto na noite seguinte ao funeral, em 18 de março, no rotundo Salão Catarina do Senado Imperial (que seria renomeado Svérdlov). Trótski também estava ausente: obtivera permissão do Comitê Central para voltar à frente, tendo em vista a situação "extremamente grave". Embora ele também quisesse que todos os delegados do Exército Vermelho retornassem ao front, os soldados protestaram e foram autorizados a decidir por si próprios; muitos ficaram no congresso.[191] No discurso da noite de abertura, Lênin saudou Svérdlov como "o mais importante organizador para o partido como um todo". Todos ficaram de pé.[192] Graças, em parte, às habilidades de Svérdlov, mas também à formação de um Exército Vermelho, o partido havia dobrado de tamanho desde o congresso anterior, um ano antes. Estavam presentes convidados, 301 delegados com direito a voto e 102 delegados sem direito a voto, representando 313 766 membros do partido na Rússia soviética (220 495), na Finlândia, Lituânia, Letônia, Bielorrússia e Polônia, que não estavam sob domínio soviético.[193] Uma pesquisa com os mais de quinhentos participantes estabeleceu que 17% eram judeus e quase 63% russos, uma informação que pouco fez para alterar as percepções.[194] Os brancos e outros opositores dos bolcheviques diziam em tom de insulto que o regime era "judeu bolchevique", com um Exército Vermelho "judeu" (Trótski).[195]

Entre os principais itens da pauta do congresso estava o emprego generalizado de ex-oficiais tsaristas, uma política controversa identificada com Trótski, a qual Lênin precisou defender na ausência dele. O debate foi prolongado e acalorado (20-21 de março).[196] Lênin havia explicado a questão no dia da abertura. "A organização militar era completamente nova, não fora proposta antes, nem mesmo teoricamente", declarou em 18 de março, acrescentando que os bolcheviques estavam experimentando, mas que "sem uma defesa armada, a república socialista não poderia existir".[197] A Rússia soviética, portanto, precisava de um Exército regular disciplinado, e de especialistas militares experientes. Lênin sabia que teria de influenciar o salão cheio de comunistas, cuja ideologia de classe compartilhava, mas cuja flexibilidade era muito menor do que a dele. Então, o líder bolchevique instruíra uma pessoa a quem atribuíra a tarefa de fazer um relatório ao congresso a empregar a palavra "ameaçadora" [*grozno*] para a situação no front, ilustrá-la com um grande mapa codificado por cores visível para todo o auditório, e pôr a culpa no fracasso da tática de guerrilha.[198] Mesmo assim, falou-se sobre a traição cometida por ex-oficiais tsaristas admitidos nas fileiras vermelhas (um punhado de casos, entre dezenas de milhares de oficiais em serviço).[199]

Além disso, Trótski havia publicado várias defesas do uso de ex-oficiais tsaristas, mas sua lógica brutal foi vista como politicamente surda, e os adversários ficaram ainda mais indignados. ("Então, vocês podem me dar dez comandantes de divisão, cinquenta comandantes de regimento, dois comandantes de Exército e um comandante do front — hoje? E todos eles comunistas?")[200] Trótski também havia publicado "teses" na véspera do congresso defendendo a política militar e escalou Grigóri Sokólnikov para defendê-las; Vladímir Smirnov, um comunista de esquerda, fez a refutação.[201] Sokólnikov tentou argumentar que o perigo não estava nos ex-oficiais tsaristas, mas no campesinato. Os críticos, apelidados de "oposição militar", poderiam oferecer poucos proletários — além de Vorochílov — para substituir os ex-oficiais tsaristas em postos de comando, e em vez disso propuseram o reforço do papel dos comissários e do Partido Comunista no Exército Vermelho, o que Trótski admitiu, por intermédio de

Sokólnikov. A questão política, portanto, deslocou-se sutilmente: tratava-se agora de saber se comissários fortes significavam apenas um maior controle político ou, nas palavras de Smirnov, "uma maior participação na direção dos exércitos".[202] Apesar desse estreitamento do desacordo, discursos inflamados de princípio (a favor e contra o uso de "especialistas militares") continuaram a dominar as sessões.[203]

Stálin deixou que Vorochílov arcasse com a pior parte das críticas pelos eventos em Tsarítsin, e depois tomou a palavra para asseverar que a Europa tinha exércitos de verdade e que "ninguém pode resistir sem um Exército rigorosamente disciplinado", bem como "um Exército consciente, com departamentos políticos altamente desenvolvidos". Não muito tempo antes, ninguém menos que Korniílov, na Conferência de Estado de Moscou, em agosto de 1917, insistira, sob muitos aplausos, que "só um Exército unido por uma disciplina de ferro" poderia salvar a Rússia da ruína.[204] Em segundo lugar, Stálin revelou uma atitude hostil para com o campesinato ao declarar que "os elementos não operários, que constituem a maioria do nosso Exército, camponeses, não vão lutar pelo socialismo, não vão! Voluntariamente, eles não vão lutar".[205] Ao enfatizar a disciplina e desconsiderar o campesinato, ele assumia uma posição próxima à de Trótski, a quem no entanto não mencionou pelo nome.[206]

Lênin tomou a palavra novamente, em 21 de março de 1919. "Às vezes, ele dava um passo ou dois na direção da plateia, depois recuava, às vezes olhava para suas anotações sobre a mesa", recordou uma testemunha. "Quando queria destacar o ponto mais importante ou expressar a inaceitabilidade da posição da oposição militar, erguia a mão."[207] Lênin admitiu que "quando Stálin mandou fuzilar pessoas em Tsarítsin, achei que foi um erro". Tratava-se de uma observação reveladora: um erro, não um crime.[208] Mas agora, após receber mais informações, Lênin admitia que as execuções ordenadas por Stálin em Tsarítsin não eram um erro. Mas rejeitou insinuações de Stálin de que o Comissariado da Guerra havia perseguido Vorochílov, e repreendeu o protegido de Stálin pelo nome: "O camarada Vorochílov é culpado por se recusar a abandonar a velha guerra de guerrilhas [*partizanschina*]".[209] A ofensiva de Lênin pôs a "oposição militar" na defensiva e provavelmente virou a maré na votação. Em 21 de março de 1918, 174 votaram a favor das teses do Comitê Central (redigidas por Trótski e apoiadas por Lênin) e 95 a favor das teses da oposição militar, com três abstenções.[210] Após a votação, com a vitória na mão, Lênin criou uma comissão de reconciliação de cinco pessoas — três do lado vencedor, duas do lado perdedor —, que, juntas, confirmaram alguns ajustes nas teses de Trótski em 23 de março.[211]

Stálin votara com Lênin.[212] Também assinou o telegrama (22-23 de março) a Trótski que informava que suas teses haviam sido aprovadas, um sinal, sem dúvida, dos esforços de Lênin para reconciliar os dois.[213] O acordo político fora previsto por um funcionário do partido de Níjni Nóvgorod chamado Lázar Kaganóvitch, em um artigo na imprensa local que foi resumido no *Pravda*, no qual ele censurava os críticos dos especialistas militares, mas também advertia contra "uma fé excessiva" neles, propondo que fossem observados de perto pelo partido.[214] Kaganóvitch, admirador precoce de Trótski, em breve se tornaria um dos mais importantes colaboradores de Stálin.

A controvérsia militar quase eclipsou outra questão importante no congresso: a falta de combustível ou alimentos. Os opositores estavam ridicularizando o bolchevismo chamando-o de banditismo, bem como de "socialismo da pobreza e da fome". Suren Martirosian (conhecido como Varlam Avanéssov), recém-nomeado para o colegiado da Tcheká, disse aos delegados que "agora as grandes massas [...] não exigem que agitemos a respeito de pão, mas que o forneçamos".[215] Os alimentos extraídos de uma economia em contração radical iam principalmente para dois "exércitos": um no campo e outro atrás de escrivaninhas.[216] Os cartões de racionamento estipulavam o direito a quantidades específicas de alimentos, com base na classe, mas com frequência as provisões não estavam disponíveis: o Comissariado dos Alimentos bolchevique não atingia o nível de alimentos adquiridos pelo Estado tsarista em 1916-7.[217] Por mais que os agentes estatais obtivessem cereais, as ferrovias arruinadas não podiam transportar tudo para as cidades, a mão de obra não era suficiente para descarregar os grãos e os moinhos em funcionamento eram muito poucos. Ao mesmo tempo, talvez 80% dos cereais requisitados em nome do Estado eram desviados para o mercado negro.[218] Num êxodo em massa para a sobrevivência, a população de Moscou, que havia aumentado durante a Grande Guerra para 2 milhões, caiu para menos de 1 milhão.[219] Mesmo assim, a escassez urbana de alimentos continuava crônica.[220] Os habitantes que restavam nas cidades tinham pouca escolha, a não ser tentar evitar os destacamentos de bloqueio e aventurar-se no campo para comprar e transportar comida para a cidade, e eram conhecidos como "sacoleiros". (Quando o historiador Iúri Gothier, funcionário do Museu Rumiántsev de Moscou — depois Biblioteca Lênin —, voltou de uma série de palestras em Tver, em 1919, registrou "o balanço da viagem" em seu diário como sendo "treze quilos de manteiga".)[221]

O pequeno comércio ilegal privado mantinha o país vivo, mas o usufruto pessoal da burocracia ameaçava sufocá-lo. O membro do Comitê Central Viktor Noguin tentou chamar a atenção dos delegados do congresso para "fatos terríveis sobre embriaguez, devassidão, corrupção, roubo e comportamento irresponsável de muitos trabalhadores do partido, de deixar o cabelo em pé".[222] O congresso autorizou um novo comissariado para o controle do Estado (que seria rebatizado de Inspetoria dos Operários e Camponeses); algumas semanas após o congresso, Stálin seria nomeado seu comissário, acumulando o cargo com o de comissário das Nacionalidades, com amplos poderes de investigação para supervisionar a administração do Estado central e local.

O congresso, definido pelo estatuto como órgão máximo do partido, também elegeu um novo Comitê Central, a executiva do partido que assumia o poder entre os congressos. Era composto de dezenove membros — o nome de Lênin vinha em primeiro lugar, o resto em ordem alfabética —, bem como oito membros candidatos. O congresso aprovou um novo estatuto do partido (que duraria até 1961). Cinquenta delegados votaram contra a inclusão de Trótski no Comitê Central, um número muito superior aos votos negativos de qualquer outro candidato.[223] Um de seus partidários mais próximos, Adolf Ioffe, não foi reeleito (e jamais voltaria ao Comitê Central). Trótski surgira como um para-raios, e o antagonismo à sua imperiosa "administratividade" se estenderia para além dos delegados no salão e afloraria em discussões nas principais organizações do partido.[224]

O congresso também formalizou a existência de um pequeno "birô político" (Politbiuró) e secretariado do partido, ao lado de um recém-criado e maior "birô de organização" (Orgbiuró). Como explicou Lênin, "o Orgbiuró aloca forças [pessoal], enquanto o Politbiuró decide as políticas".[225] O Politbiuró tinha cinco membros com direito a voto — Lênin, Trótski, Stálin, Liev Kámenev e Nikolai Krestínski — e três membros candidatos (sem direito a voto): Zinóviev, Kalínin e Bukhárin.[226] Krestínski substituiu Svérdlov na secretaria do partido. O cofre à prova de fogo de Svérdlov foi entregue ao comandante do armazém do Kremlin, ainda trancado. Ele continha moedas de ouro tsarista, no valor de 108 525 rublos, artigos de ouro e pedras preciosas (705 itens no total), cédulas tsaristas no valor de 750 mil rublos e nove passaportes estrangeiros, um em nome de Svérdlov, como se os bolcheviques temessem ter de fugir dos brancos.[227]

AS FORÇAS DA ORDEM

Durante toda a cacofonia de Versalhes, o mundo estava mudando, e mudaria ainda mais, de maneiras que escapavam ao controle dos principais protagonistas da França, da Grã-Bretanha e dos Estados Unidos. No início de 1919, a inflação induzida pela guerra obliterou a poupança da classe média, levando muita gente a trocar os móveis da família, até o piano, por sacos de farinha ou batatas, enquanto veteranos de guerra ficavam ao redor de restaurantes, implorando por migalhas. Formaram-se "conselhos" (sovietes) em Berlim e em dezenas de cidades da Europa Central, a maioria com o objetivo de restabelecer a ordem pública e distribuir alimentos e água, mas a revolução também estava no ar.[228] As pessoas não sonhavam somente em pôr alguma coisa no estômago vazio, mas, com o fim do militarismo e da guerra, dos cassetetes da polícia e da repressão política, dos extremos obscenos de riqueza e pobreza. Um Partido Comunista alemão foi fundado em dezembro de 1918 a partir do movimento espartaquista liderado por Rosa Luxemburgo, uma revolucionária judeu-polonesa nascida na Rússia tsarista.[229] Da prisão alemã de Breslau, pouco antes de ser libertada e ajudar a fundar o Partido Comunista alemão, ela atacou Lênin e o bolchevismo, escrevendo que "liberdade somente para os partidários do governo, somente para os membros de um partido, por mais numerosos que possam ser, simplesmente não é liberdade. Liberdade é sempre e exclusivamente liberdade para quem pensa de forma diferente".[230] Mas Luxemburgo atacou o reformismo dos sociais-democratas alemães com verve ainda maior.[231] Ela jamais teve a chance de mostrar como seu compromisso retórico com a liberdade funcionaria na prática, em consequência de uma revolução socialista. Em janeiro de 1919, as ações dos operários, apoiados pelos comunistas alemães, levaram a uma greve geral — meio milhão de trabalhadores marcharam em Berlim — e, em seguida, a um controverso levante armado, o que provocou uma repressão; Karl Liebknecht, que pressionara a favor da insurreição armada, e Luxemburgo, que se opusera a ela, foram assassinados. Isso nos lembra que Lênin e Trótski *não* foram assassinados em 1917. Os carrascos dos dois líderes comunistas alemães eram chamados de Freikorps, uma milícia nacionalista de extrema direita composta de soldados que retornavam da linha de frente da guerra, chamados pelo vacilante governo alemão para combater os esquerdistas. Ao todo, cerca de cem pessoas foram mortas; dezessete membros dos Freikorps também morreram.

Em contraste, em Munique, Kurt Eisner, um jornalista alemão de origem judaica, tentou conciliar os novos conselhos sovietes de base com o parlamentarismo, estilo Kerenski, mas também fracassou. Em vez disso, em 7 de abril de 1919, um novo partido, que rompeu com os socialistas democratas, apoiado por grupos de anarquistas, declarou uma República Soviética da Baviera. Seis dias depois, comunistas alemães tomaram o poder, esvaziaram as prisões, começaram a montar um Exército Vermelho (recrutando desempregados) e enviaram telegramas de vitória a Moscou. Em 27 de abril, Lênin respondeu com saudações e conselhos: "Os trabalhadores foram armados? A burguesia foi desarmada? [...] As fábricas capitalistas e a riqueza em Munique e as fazendas capitalistas em seus arredores foram confiscadas? As hipotecas e os pagamentos de aluguel por pequenos camponeses foram cancelados? Todos os estoques de papel e todas as gráficas foram confiscadas? [...] Vocês tomaram todos os bancos? Fizeram reféns burgueses?".[232] Em muito pouco tempo, porém, a partir do Primeiro de Maio de 1919, cerca de 30 mil Freikorps e 9 mil soldados regulares do Exército alemão esmagaram a República Soviética da Baviera.[233] Mais de mil esquerdistas foram mortos na luta ferrenha. (Eisner foi assassinado por um extremista de direita.) Em vez de uma revolução bolchevique de extrema esquerda, a Alemanha convocou uma Assembleia Constituinte, em Weimar (fevereiro a agosto de 1919), que produziu uma república parlamentar de centro-esquerda. Forças direitistas antiliberais continuaram sua mobilização.[234]

Um cenário parecido desdobrou-se na Itália, que, embora fosse nominalmente uma vencedora da Grande Guerra, havia sofrido um total de 700 mil baixas dos 5 milhões de homens convocados e um déficit orçamentário de 12 bilhões de liras. Houve greves em massa, ocupações de fábricas e, em alguns casos, tomadas políticas de cidades do norte, o que incitou a criação de um movimento embrionário na direita chamado fascismo — uma liga de combate fortemente unida para defender a nação contra a ameaça socialista. Na Hungria, que estava sofrendo graves mutilações territoriais, uma República Socialista Soviética foi declarada em 21 de março de 1919, sob a liderança do comunista Béla Kun [Kohn], que estivera na Rússia como prisioneiro de guerra e conhecera Lênin. Kun e o núcleo de um partido húngaro se reuniram alguns meses antes em um hotel de Moscou, mas, ao retornarem à Hungria, ele e outros líderes foram jogados na prisão. Os sociais-democratas da Hungria, designados para formar um governo, decidiram fundir-se com os comunistas, na esperança de obter ajuda militar da Rússia, a fim de restaurar as fronteiras imperiais do país anteriores a 1918. Kun "foi direto da cela para um posto ministerial", escreveu um observador. "Ele havia sido muito espancado na prisão e seu rosto mostrava os ferimentos que sofrera e dos quais pretendia se vingar totalmente."[235] Lênin saudou a revolução húngara, e, no Primeiro de Maio de 1919, os bolcheviques prometeram que, "antes do fim do ano, toda a Europa será soviética".[236] "O governo de Budapeste emitiu uma profusão de decretos estatizando ou socializando indústrias, empresas comerciais, habitação, transportes, bancos e propriedades rurais maiores do que 65 hectares. Igrejas e padres, mansões e nobres sofreram ataques. Os comunistas também criaram uma Guarda Vermelha sob o comando de Mátyás Rákosi, à qual aderiram a polícia e a guarda nacional, e Kun tentou um golpe em Viena (seus mercenários conseguiram pôr fogo no Parlamento austríaco). Mas, quando Kun buscou uma aliança formal com Moscou e tropas do Exército Vermelho, Trótski respondeu que não podia abrir mão de nenhuma força.[237] Tanto fazia: Kun mandou a Guarda Vermelha invadir a Tchecoslováquia, para recuperar a Eslováquia, e a Romênia, para recuperar a Transilvânia. Um correspondente estrangeiro observou que, "repetidamente, ele [Kun] mobilizava as massas com uma injeção hipodérmica de oratória para a turba".[238] Mas a "ofensiva revolucionária" fracassou e os comunistas renunciaram em 1º de agosto de 1919. Kun fugiu para Viena. A república comunista de 133 dias acabara. ("Esse proletariado precisa da ditadura mais desumana e cruel da burguesia para se tornar revolucionário", queixou-se Kun pouco antes de fugir para o exílio.) Forças romenas entraram em Budapeste em 3-4 de agosto. O contra-almirante Miklós Horthy, na Hungria sem mar (como o "almirante" Koltchak na Sibéria), montou um embrionário Exército Nacional, cujas unidades instituíram um Terror Branco contra esquerdistas e judeus, matando pelo menos 6 mil pessoas a sangue-frio. Enquanto os romenos, antes de ir embora, limpavam tudo, de açúcar e farinha a locomotivas e máquinas de escrever, Horthy logo denominou-se "Sua Alteza Sereníssima o Regente do Reino da Hungria" e instituiu uma ditadura de direita.[239]

338

A OFENSIVA BRANCA DE 1919: QUEDA E ASCENSÃO DE TRÓTSKI

As pretensas forças da ordem da Rússia — os três exércitos diferentes dos brancos no leste, sul e noroeste — lutavam com uma das mãos, às vezes ambas, nas costas. Tal como os bolcheviques (e a *okhranka* antes deles), os brancos criaram "serviços de informações" para compilar relatórios sobre o clima político vigente elaborados por informantes secretos — refugiados, atores, empregados das ferrovias, obstetras —, mas não faziam nenhum uso efetivo das informações obtidas.[240] Eles "não entendiam nem mostravam qualquer interesse pelos problemas sociais", queixou-se um ativista político branco. "Todos os seus interesses estavam no poder militar, e todas as suas esperanças estavam centradas numa vitória militar."[241] Sob o slogan "Rússia, una e indivisível", os brancos se recusavam a reconhecer as aspirações das minorias nacionais em cujos territórios atuavam, impedindo uma aliança com forças antibolcheviques ucranianas ou outras.[242] Os ultrajes antissemitas perpetrados pelo exército de Deníkin e, em especial, por tropas antibolcheviques ucranianas, marcaram o movimento branco.[243] Entre 1918 e 1920, somente na Ucrânia, mais de 1500 pogroms resultaram na morte de até 125 mil judeus, que "eram mortos nas estradas, nos campos, nos trens; às vezes famílias inteiras pereciam, e não sobrava ninguém para informar sobre o destino deles".[244] Os brancos agiam hipocritamente em relação a seus patrocinadores britânicos e franceses, e nunca moderavam a hostilidade contra a Alemanha.[245] Além disso, estavam espalhados fora do centro do país, em um círculo descontínuo de 8 mil quilômetros — dos Urais e da Sibéria, atravessando as estepes do sul, até a periferia de Petrogrado — que apresentava imensos desafios logísticos e de comunicações. As duas principais frentes, a sul de Deníkin e a leste de Koltchak, nunca se conectaram.[246] Deníkin e Koltchak nunca se encontraram.

E, no entanto, apesar da falta de unidade, de alianças ou de apoio popular, os brancos montaram uma ofensiva em 1919 que ameaçou o domínio bolchevique no coração moscovita.[247] A ofensiva ocorreu em três avanços separados: de Koltchak, do leste em direção a Moscou, na primavera de 1919; de Deníkin a partir do sul, também em direção a Moscou, na primavera-verão de 1919; e de Iudénitch a partir do norte, em direção a Petrogrado, no outono de 1919. Cada uma dessas investidas teve início somente depois que a anterior se revelou insuficiente.

Koltchak comandava cerca de 100 mil homens, e, embora o almirante não estivesse familiarizado com operações terrestres, suas forças conseguiram avançar para o oeste, surpreendendo os vermelhos ao tomar Ufa em março de 1919, dividindo as linhas orientais dos bolcheviques e ameaçando Kazan e Samara, no médio Volga. (Foi por isso que Trótski recebeu permissão para ignorar o VIII Congresso do Partido e voltar para o front.) O avanço de Koltchak, porém, foi detido em maio de 1919, graças a Mikhail Frunze, um operário fabril de 34 anos transformado em comandante, que restabeleceu a disciplina e liderou um contra-ataque.[248] Mas foi justamente então que Deníkin, cujo Exército Voluntário — agora com o nome de Forças Armadas da Rússia Meridional — havia crescido para 150 mil soldados com os cossacos e camponeses recrutados na Ucrânia, e cujos suprimentos vinham da Entente, fez seu avanço.[249] Oficial de Estado-Maior que nunca comandara um grande exército no campo, Deníkin revelou-se um soldado formidável. Em 12 de junho de 1919, suas forças capturaram Khárkov, na Ucrânia. Em 30 de junho, capturaram Tsarítsin. ("As hordas a cercaram", lamentou o *Pravda* [1º de julho de 1919]. "Os tanques ingleses e franceses capturaram a fortaleza operária. [...] Tsarítsin caiu. Viva Tsarítsin.")[250] Ao todo, em 1919, Deníkin aniquilaria exércitos vermelhos que chegavam perto de 200 mil soldados mal liderados, mal equipados e, em muitos casos, famintos. Depois que entrou em Tsarítsin e foi à missa em sua catedral ortodoxa, no dia 3 de julho, Deníkin "ordenou que nossas forças armadas avancem em direção a Moscou".[251] Trótski, como sempre, culpou as táticas guerrilheiras dos vermelhos pelo estabelecimento de uma frente antibolchevique do Volga às estepes ucranianas. E ele tinha razão. Apesar de ter lançado um decreto proibindo Vorochílov de comandar de novo um exército, em junho de 1919 este recebera o comando do 14º Exército na Ucrânia — e prontamente entregou Khárkov às forças de Deníkin. Isso o levou perante um Tribunal Revolucionário, que concluiu que ele era incapaz de exercer um alto-comando. ("Todos conhecemos Klim", observou Moissei Rukhimóvitch, o comissário militar na Ucrânia e amigo de Vorochílov. "Ele é um sujeito corajoso, mas, comandar um exército, nem pensar. Uma companhia, no máximo.")[252] Quanto à capturada Tsarítsin, estivera recentemente sob o comando de Vorochílov. Mas as duas derrotas para os brancos apenas encorajaram a turma de Vorochílov, isto é, os inimigos bolcheviques de Trótski.

Trótski era raramente visto no Comissariado da Guerra, administrado por Efraim Skliánski, um fumante inveterado formado pela faculdade de medicina de Kiev, ainda na casa dos vinte anos, que se revelou um administrador capaz e se mantinha em contato constante com o front através do aparelho de Hughes.[253] ("Pode-se chamá-lo às duas ou três da manhã e encontrá-lo em sua mesa", diria Trótski.)[254] Trótski vivia em seu trem blindado, que fora montado em agosto de 1918, quando ele correu para Sviiájsk.[255] Exigia duas locomotivas e estava abastecido com armas, uniformes, botas de feltro e recompensas para os soldados valentes: relógios, binóculos, telescópios, facas finlandeses, canetas, capas impermeáveis, cigarreiras. O trem tinha uma gráfica (cujos equipamentos ocupavam dois vagões), estação telegráfica, estação de rádio, central elétrica, biblioteca, equipe de agitadores, garagem com caminhões, carros e tanque de gasolina, unidade de reparo de trilhos, casa de banhos e secretariado. Tinha também um destacamento de doze guarda-costas, que saía em busca de alimentos (animais de caça, manteiga, aspargos). Os aposentos de Trótski, num vagão longo e confortável, haviam pertencido anteriormente ao ministro imperial das ferrovias. As conferências realizavam-se no vagão-restaurante.[256] Os homens vestiam-se de couro preto, da cabeça aos pés. Trótski, que tinha então cabelos da cor do azeviche que combinavam com seus olhos azuis, vestia uma túnica de estilo militar sem gola (agora conhecida como *vojdióvka*). A bordo, ele emitiria mais de 12 mil ordens e escreveria inúmeros artigos, muitos para o jornal do trem (*En Route*).[257] Stálin também passou praticamente toda a guerra civil em movimento, e também tinha um trem, mas sem cozinheiros, taquígrafos ou máquina impressora. O trem de Trótski rodaria mais de 100 mil quilômetros, mobilizando, impondo disciplina, elevando o moral.[258] Transformou-se também em uma unidade militar independente (participou de combates treze vezes), e assumiu um caráter mítico. "A notícia da chegada do trem também alcançava as linhas inimigas", recordaria Trótski.[259] Mas sua chegada significava também uma cascata de ordens, muitas vezes emitidas sem sequer informar, muito menos consultar, os comandantes vermelhos do lugar.[260] Vorochílov estava longe de ser a única pessoa com quem Trótski entrou em confronto.[261]

Os problemas chegaram a um ponto crítico numa rancorosa reunião plenária do Comitê Central em 3 de julho de 1919, mesmo dia em que Deníkin deu ordem para avançar sobre Moscou.[262] Stálin vinha clamando pela demissão de Jukums Vācietis, o comandante supremo vermelho que se tornara próximo de Trótski. No final de maio e início de junho de 1919, no front de Petrogrado, Stálin desmascarou uma "conspiração" de especialistas militares, uma alegação que ajudou a pôr a plenária de julho em movimento.[263] Vācietis, por sua vez, ficou irritado com as incessantes acusações de que ex-oficiais tsaristas como ele eram sabotadores, mas também entrou em conflito com outro ex-coronel tsarista, Serguei Kámenev (nenhuma relação com Liev), que tinha suas próprias ambições. Kámenev, comandante vermelho da frente oriental, queria perseguir Koltchak em sua retirada para a Sibéria, enquanto seu superior Vācietis, apoiado por Trótski, temia ser atraído para uma armadilha. Trótski mandou remover Kámenev do comando, mas, depois que seu substituto, um ex-general tsarista, mudou a direção do ataque principal cinco vezes em dez dias, Trótski concordou em reconduzir Kámenev.[264] (Sobre a questão da estratégia mais ampla, Trótski viria a admitir que Kámenev estava correto.) Então, foi a vez de Vācietis ser demitido. Trótski sugeriu que fosse substituído por Mikhail Bonch-Bruevitch, mas perdeu a votação. Serguei Kámenev passou a ser o novo comandante em chefe.[265] Diferentemente do Vācietis letão, Kámenev era russo e oito anos mais moço. Lênin também revisou o Conselho Militar Revolucionário da República de forma unilateral: reduziu drasticamente o número de membros de quinze para seis, mudou sua sede de Sérpukhov (cem quilômetros ao sul da capital) para Moscou, para que pudesse exercer um controle maior, e expulsou os fervorosos partidários de Trótski. Stálin também foi retirado. Trótski permaneceria como presidente e Skliánski como vice-presidente; passaram a ser membros Serguei Kámenev; Iákov Drabkin, conhecido como Serguei Gússev, homem de Kámenev e, inicialmente, inimigo de Stálin; Ivar Smilga (outro letão); e Aleksei Ríkov, o vice de Lênin.[266] Tendo perdido a luta em torno do comandante em chefe, e depois de ver o órgão sob sua presidência ser expurgado sem ser consultado, Trótski apresentou sua demissão de todos os postos militares e do partido. Em 5 de julho, o Comitê Central se recusou a aceitá-la.[267]

A promoção de Serguei Kámenev entrou em vigor em 8 de julho de 1919.[268] No dia seguinte, Trótski, já de volta ao front (em Vorónej), foi notificado de que Vãcietis havia sido preso, quase um ano depois de ter salvado o regime bolchevique dos SRs de esquerda. Enquanto o protegido de Stálin, Vorochílov, fora disciplinado por um motivo concreto (a rendição de Khárkov), Vãcietis, protegido de Trótski, fora preso por acusações turvas de associações com a Guarda Branca. Vãcietis foi libertado em seguida — alguém da cúpula do poder frustrou a maquinação de Stálin —, mas a advertência a Trótski fora feita.[269] Tratava-se de mais uma humilhação extraordinária.[270]

Trótski gostava de se representar como acima de tudo, como se a política do regime bolchevique não envolvesse calúnias e difamações constantes. Um alto funcionário da Tcheká, Wiaczesław Mężyński, numa visita ao trem blindado de Trótski, lhe havia informado confidencialmente que Stálin estava "insinuando a Lênin e alguns outros que você está reunindo homens ao seu redor que são especialmente hostis a Lênin". Em vez de contratar o poderoso e simpático tchekista no ato, como Stálin teria feito, Trótski alega ter repreendido Mężyński.[271] De qualquer modo, Stálin não era o único conspirador que falava mal de Trótski, mostrando que ex-oficiais tsaristas estavam desertando do Exército Vermelho e levando suas tropas com eles. Denúncias contra o comissário da Guerra chegavam a Moscou, incitadas por sua arrogância pessoal e defesa insistente da supremacia dos oficiais do velho regime nas tomadas de decisão militares, o que parecia trair sua ausência de uma perspectiva de classe.[272] Trótski também conseguiu irritar os oficiais tsaristas que era acusado de defender, com seu desdém pela obediência a procedimentos e pelos horizontes intelectuais estreitos dos mesmos, em comparação com o seu.[273] A crise no campo de batalha do verão de 1919 permitira que os adversários de Trótski se recuperassem da derrota de apenas quatro meses antes, no VIII Congresso do Partido, graças a Lênin; tardiamente, ele fez o Comitê Central, se não subordinar os militares ao partido, pelo menos afirmar o comando duplo partido-forças militares como uma conquista especial da revolução.[274] Mas, se Lênin percebeu que seu comissário da Guerra estava ficando ambicioso demais, não deixou transparecer, pois continuou a dar todas as indicações de que Trótski era indispensável. Em 1919, ao tentar conquistar o cético Maksim Górki, por exemplo, Lênin disse: "Mostre-me outro homem capaz de organizar quase um Exército modelo em um único ano e ganhar o respeito dos especialistas militares. Temos um homem assim".[275] Se Lênin tivesse permitido a Stálin e seu bando uma vitória completa sobre Trótski em julho de 1919, o resultado da outra batalha — a guerra civil contra os brancos — poderia ter sido diferente.[276]

Trótski correu para a vacilante frente sul contra Deníkin, enquanto Serguei Kámenev, um graduado da Academia do Estado-Maior imperial, elaborava um plano de contra-ataque descendo o Don em direção a Tsarítsin, para flanquear e separar Deníkin de sua base principal. Vācietis, apoiado por Trótski, havia defendido um avanço ao longo da bacia carbonífera de Donetsk, território mais hospitaleiro (cheio de trabalhadores e de estradas de ferro), em vez de atravessar as terras dos cossacos, onde uma ofensiva vermelha uniria a população contra o bolchevismo. O Politbiuró, inclusive Stálin, havia apoiado o plano de Serguei Kámenev. O resultado foi que Deníkin tomou Kiev e capturou quase toda a Ucrânia, enquanto avançava contra o centro enfraquecido do Exército Vermelho em Moscou. Em 13 de outubro, as forças de Deníkin tomaram Oriol, a cerca de 380 quilômetros da capital (distância semelhante à que separa a fronteira com a Alemanha de Paris, o que dá uma ideia das distâncias envolvidas na Rússia). Em 15 de outubro, o Politbiuró mudou de posição tardiamente, endossando o plano de batalha original de Vācietis e Trótski; Stálin também concordou que Trótski tinha razão.[277] Com o combate ao norte de Oriol em pleno vigor, Trótski reuniu forças do lado vermelho, que era duas vezes mais numeroso, e começou a tirar proveito da expansão demasiada dos brancos e outras vulnerabilidades. Foi então que as forças de Iudénitch, 17 mil soldados junto com seis tanques fornecidos pelos britânicos, avançaram da Estônia em direção a Petrogrado, capturando Gatchina (16-17 de outubro) e, depois, Tsárskoe Seló, nos arredores de Petrogrado. A cidade, congelada e faminta, teve uma queda de população de 2,3 milhões para 1,5 milhão à medida que os operários fugiam das fábricas ociosas para as aldeias.[278] O famoso distrito operário de Vyborg, a "Comuna bolchevique" de 1917, havia definhado de 69 mil para 5 mil pessoas.[279] "Esquadrões de soldados meio maltrapilhos, com os rifles pendurados nos ombros por uma corda, caminhavam sob as bandeirolas vermelhas de suas unidades", disse uma testemunha ocular de Petrogrado em 1919. "Era a metrópole do Frio, da Fome, do Ódio e da Resistência."[280] Lênin propôs que a antiga capital fosse abandonada a fim de que as forças vermelhas pudessem ser deslocadas para a defesa de Moscou; ele foi apoiado por Zinóviev, chefe do partido de Petrogrado. Trótski, junto com Stálin, insistiu que "o berço da revolução" fosse defendido até a última gota de sangue, com combate corpo a corpo nas ruas, se necessário.[281]

Numa decisão crucial, o almirante Koltchak, o "governante supremo" branco, se recusou a reconhecer a independência da Finlândia, e por isso o líder finlandês Karl Mannerheim se recusou a fornecer tropas ou uma base finlandesa de operações para o assalto de Iudénitch a Petrogrado, enquanto a Entente também retinha o apoio.[282] Trótski correu para o noroeste, seguido de reforços — as forças de Iudénitch não tinham conseguido manter a ferrovia —, e deteve a ofensiva dos brancos. "A presença de Trótski no local funcionou de imediato: a disciplina apropriada foi restaurada e as agências militares e administrativas estiveram à altura da tarefa", explicou Mikhail Lachévitch (nascido em 1884), um importante comissário político. "As ordens de Trótski, claras e precisas, sem poupar ninguém, e extraindo de todos o máximo esforço e execução precisa e rápida das ordens de combate, mostraram de imediato que havia uma mão firme na direção. [...] Trótski penetrava em todos os detalhes, aplicando a cada item em questão sua energia fervente e incansável e sua incrível perseverança."[283] Iudénitch foi derrotado, seus soldados levados de volta para a Estônia, desarmados e internados. O próprio Iudénitch emigrou para a Riviera francesa.[284] Deníkin, apesar de ter 99 mil soldados de combate, conseguiu reunir apenas 20 mil para liderar o assalto a Moscou, e, com sua extensa frente de batalha — mais de mil quilômetros, a partir de sua base em Kuban —, abriram-se grandes lacunas quando seus homens avançaram.[285] Perto de Oriol, a tentativa de Deníkin de tomar Moscou também foi derrotada.[286] Em 7 de novembro de 1919, segundo aniversário da revolução, Trótski, tendo acabado de completar quarenta anos, já tinha em suas mãos um triunfo esplendoroso. Seus colegas festejaram tanto seu trem blindado como sua figura pública com a Ordem da Bandeira Vermelha, a mais alta condecoração estatal da Rússia soviética. Liev Kámenev, de acordo com Trótski, propôs que Stálin recebesse a mesma distinção. "A troco de quê?", objetou Mikhail Kalínin, ainda de acordo com Trótski. Após a reunião, Bukhárin puxou Kalínin de lado e disse: "Você não entende? Isso é ideia de Lênin. Stálin não consegue viver se não tiver o que outra pessoa tem". Stálin não compareceu à cerimônia no Bolchói, e, quando anunciaram sua Bandeira Vermelha, quase ninguém aplaudiu. Trótski recebeu uma ovação.[287]

FRACASSOS BRANCOS

Petrogrado e Moscou foram mantidas. Koltchak foi feito prisioneiro em Irkutsk (Sibéria oriental) e, sem julgamento, executado por um pelotão de fuzilamento às quatro da manhã de 7 de fevereiro de 1920; seu corpo foi chutado para dentro de um buraco aberto no congelado Uchakovka, um afluente do Angara: uma sepultura nas águas do rio para o almirante.[288] O "governante supremo" seria o único líder branco importante a ser capturado. Com Koltchak, desapareceu o ouro da Rússia imperial. A Rússia tsarista possuía cerca de oitocentas toneladas de ouro na véspera da Grande Guerra, uma das maiores reservas do mundo, que a partir de 1915 começou a ser evacuada dos cofres do Banco do Estado para Kazan e outros locais, por motivo de segurança, mas a maior parte foi tomada pela Legião Tchecoslovaca em 1918. (Trótski mandou fuzilar sumariamente o comandante vermelho e o comissário que entregaram Kazan e o ouro imperial.) O ouro acabou sob a custódia de Koltchak — 480 toneladas de lingotes, além de moedas de catorze estados, num total de mais de 650 milhões de rublos, enviados em 36 vagões para Omsk, na Sibéria. Rumores diziam que o ouro havia afundado no lago Baikal ou fora apreendido pelo governo japonês.[289] Na verdade, Koltchak havia caoticamente distribuído quase 200 milhões de rublos em suas campanhas (a maior parte do resto foi desviada via Vladivostok para o Banco de Shanghai e seria consumida na emigração).[290] Deníkin não movera uma palha para tentar resgatar Koltchak. Seus exércitos, após a derrota ao norte de Oriol, empreenderam uma retirada ininterrupta para o sul e, em março de 1920, dispersaram-se na península da Crimeia, salvando uma retaguarda de talvez 30 mil soldados. Deníkin, obrigado a passar o comando ao general de divisão, barão Piotr Wrangel, fugiu para Paris. O barão, de uma família com raízes alemãs, até recentemente havia comandado somente uma divisão de cavalaria. Alto e magro, vestia teatralmente uma *tcherkeska*, o longo cafetã preto do Cáucaso Norte com cartuchos de balas cruzados no lado de fora. Apesar da mudança na liderança e do refúgio (temporário) na Crimeia, os brancos estavam esgotados.

Sobre este último bastião do movimento branco, Stálin informou a Trótski que seria emitida uma diretiva para um "extermínio total do corpo de oficiais de Wrangel". A ordem foi dada e executada. Uma Ordem da Bandeira Vermelha foi concedida a um comandante vermelho por "ter limpado a península da Crimeia de oficiais brancos e agentes de contrainteligência que haviam ficado para trás, removendo-se até trinta governadores, cinquenta generais, mais de trezentos coronéis e outro tanto de agentes de contrainteligência, num total de até 12 mil elementos brancos".[291] No geral, não existem estatísticas confiáveis de baixas nas escaramuças entre vermelhos e brancos. As mortes de vermelhos em combate foram estimadas em 701 mil; as de brancos, em algo entre 130 mil e muitas vezes isso.[292] A ausência de dados confiáveis é por si só uma indicação da natureza dos antagonistas, não somente do baixo valor que davam à vida humana, mas também dos severos limites da capacidade de governo de cada lado.

A vitória militar dos vermelhos não pode ser atribuída a uma estratégia magnífica: os erros foram abundantes.[293] Tampouco a inteligência militar ganhou a guerra.[294] A vitória também não adveio da produção no front interno. Para reviver a indústria militar e o abastecimento, os bolcheviques criaram inúmeras comissões "centrais", que sofriam uma reorganização perpétua, muitas vezes aprofundando a ruína.[295] Eles haviam zombado dos problemas de abastecimento tsarista, mas o Estado tsarista havia equipado uma força dez vezes maior do que o Exército Vermelho no campo — e supriu também o Exército Vermelho. Algo entre 20% e 60% dos 11 milhões de rifles, 76 mil metralhadoras e 17 mil canhões do antigo regime sobreviveram à Grande Guerra, uma herança inestimável que foi parar em mãos vermelhas quase que em sua totalidade.[296] Em 1919, a Rússia soviética fabricou apenas 460 mil rifles (em comparação com o 1,3 milhão da Rússia tsarista em 1916), 152 canhões de campo (contra 8200 em 1916) e 185 mil granadas (contra 33 milhões em 1916).[297] A partir de 1919, o Exército Vermelho tinha talvez 600 mil rifles em funcionamento, 8 mil metralhadoras e 1700 canhões. A fábrica de Tula (fundada por Pedro, o Grande) produzia cerca de 20 milhões de cartuchos de munição por mês, enquanto as forças vermelhas usavam de 70 milhões a 90 milhões.[298] Um observador polonês dos assuntos soviéticos, Józef Piłsudski (que conheceremos no próximo capítulo), disse corretamente ao embaixador britânico, antes dos principais confrontos entre vermelhos e brancos de 1919, que os exércitos de ambos os lados eram igualmente de baixa qualidade, mas que, não obstante, os vermelhos empurrariam os brancos de volta para o mar Negro.[299]

Na verdade, os bolcheviques precisavam apenas manter a posição; os brancos precisavam desalojá-los.[300] Os entroncamentos ferroviários, depósitos, quartéis e o núcleo administrativo central do antigo Exército tsarista estavam localizados nas capitais e no centro sob domínio vermelho.[301] Além disso, os brancos puseram em campo menos de 300 mil soldados (160 mil no sul, não mais de 20 mil no norte, e talvez 100 mil no leste), ao passo que o número de combatentes vermelhos atingiu um pico de 800 mil. É verdade que cerca de metade da população da Rússia soviética registrada para mobilização — 5,5 milhões, inclusive 400 mil nos chamados exércitos de trabalho — não se apresentou ou desertou entre 1918 e 1920, mas os recrutas não desertaram para o outro lado, mas da guerra em si (em particular, na época da colheita).[302] Além disso, o Exército Vermelho podia repor soldados, porque, ocupando a zona central, contava com cerca de 60 milhões de pessoas, a maioria delas russa, uma população maior do que a de qualquer país da Europa. Os brancos, sobretudo nas fronteiras imperiais, tinham talvez 10 milhões de pessoas sob controle, muitas das quais não russas.[303] Quanto à intervenção de ingleses, franceses e americanos, eles não enviaram soldados suficientes para derrubar o bolchevismo, mas o fato de terem enviado tropas foi uma dádiva para a propaganda bolchevista.[304]

A retaguarda vermelha também se manteve. Muitos previam tentativas de subverter o regime, especialmente o próprio regime. No verão de 1919, por meio de informantes e violação de correspondência, a Tcheká descobriu tardiamente uma rede clandestina conhecida como Centro Nacional, composta de ex-políticos e oficiais tsaristas, em Moscou e São Petersburgo, que estavam conspirando em favor de Deníkin.[305] Lênin, ao ser informado da descoberta do Centro Nacional, instruiu Dzierżyński "a capturar [suspeitos] de forma rápida, enérgica e *ampla*".[306] Em 23 de setembro de 1919, a Tcheká anunciou a execução de 67 espiões e sabotadores.[307] Dois dias depois, duas bombas foram jogadas pela janela do salão de festas da sede do partido em Moscou, uma mansão de dois an-

346

dares na travessa Leóntiev, residência da condessa Uvárova que os bolcheviques haviam tomado em 1918 dos SRs de esquerda após o pseudogolpe fracassado deles; cerca de 120 militantes e agitadores do Partido Comunista de todas as zonas da cidade estavam reunidos para uma palestra sobre o desmascaramento do Centro Nacional. Segundo alguns relatos, Lênin deveria comparecer ao evento (mas não foi). Doze pessoas (entre elas, o secretário do partido de Moscou Vladímir Zagórski) foram mortas e 55 feridas (inclusive Bukhárin). A Tcheká suspeitou imediatamente de vingança da Guarda Branca, e no dia 27 de setembro anunciou execuções relacionadas a uma "conspiração da Guarda Branca". A Tcheká logo descobriu que o culpado da bomba era um anarquista (ajudado por um SR de esquerda familiarizado com o edifício). Uma vasta varredura ocorreu para erradicar os esconderijos anarquistas em toda a capital, acompanhada de exortações à classe operária para manter vigilância.[308] A subversão interna em massa nunca se concretizou.

A liderança vermelha também deu uma contribuição, ainda que de uma forma complicada. Lênin jamais visitou o front. Ele acompanhou a guerra civil através de mapas, do telégrafo e do telefone do Senado Imperial.[309] Absteve-se de assumir o título de comandante supremo e, em geral, ficou de fora do planejamento operacional, mas conseguiu cometer ou apoiar vários dos maiores erros. Ninguém atribuiu a vitória a ele. Mas a liderança crucial de Lênin na luta contra os brancos foi sentida em três momentos significativos: em seu apoio ao recrutamento promovido por Trótski, a partir do início de 1918, de ex-oficiais tsaristas, inclusive de alto escalão; em sua recusa em permitir que Trótski destruísse Stálin definitivamente em outubro de 1918; e, sobretudo, em sua recusa em permitir que Stálin derrotasse Trótski definitivamente em julho de 1919.[310] Quanto a Trótski, sua contribuição também foi equivocada. Ele cometeu erros quando interveio em questões operacionais, e sua intromissão irritou muitos comissários e comandantes, mas ele também organizou, disciplinou e motivou as massas combatentes.[311] Trótski era excelente na agitação, e se destacou nisso, o que, no entanto, se tornou uma fonte de ressentimento entre seus camaradas, mas proporcionou uma tremenda força ao regime.[312] O papel de Stálin permanece confuso. Apesar do fracasso de Tsarítsin, Lênin ainda o enviou em missões críticas de solução de problemas (nos Urais, em Petrogrado, Minsk, Smolensk, ao sul). As falhas e os gargalos verdadeiros eram enormes, mas nos relatórios de Stálin era impossível separar fatos de exageros ou invenções. A cada vez, ele desmascarava conspirações antissoviéticas; a cada vez, ele desobedecia às ordens diretas de Moscou; a cada vez, ele criticava todos, exceto ele mesmo, enquanto nutria queixas, como se fosse vítima de incompreensão e calúnia. Dito isso, Trótski recordaria ter perguntado a outro membro do Comitê Central, no Conselho Militar Revolucionário da frente sul, se eles poderiam se virar sem Stálin. "Não", foi a resposta. "Não consigo exercer pressão como Stálin."[313] "A capacidade de exercer pressão", concluiria Trótski, "era o que Lênin tanto valorizava em Stálin" — um elogio ambíguo, mas correto.[314]

No fim das contas, no entanto, as debilidades políticas dos brancos atingiram dimensões épicas.[315] Eles nunca ultrapassaram o nível de senhores da guerra anárquicos, pior ainda do que a ocupação do general Ludendorff.[316] Os "políticos", no universo mental dos brancos, eram gente como Kerenski: trapalhões, traidores.[317] Koltchak criou uma "ditadura militar", que reafirmava as dívidas estatais e as leis tsaristas, condenava o "separatismo" e ordenava que as fábricas fossem devolvidas aos seus proprietários e as terras agrícolas à aristocracia.[318] Mas não havia nenhum governo, militar ou de outra natureza, enquanto camarilhas de oficiais e políticos se envolviam em assassinatos políticos e negócios em benefício próprio.[319] A respeito da péssima ofensiva de Koltchak em 1919, escreveu um observador: "No Exército, a desorganização, no Quartel-General Supremo, analfabetismo e planos malucos; no governo, decadência moral, discórdia e o domínio do ambicioso e egotista; [...] na sociedade, pânico, egoísmo, suborno e todos os tipos de coisas repugnantes".[320] Iudénitch só tardiamente formou um governo no noroeste, sob intensa pressão britânica, e produziu um Frankenstein ideológico de monarquistas e socialistas (mencheviques e socialistas revolucionários, que desconfiavam uns dos outros, para não falar dos monarquistas). A visão política de Deníkin consistia de um regime militar "temporário" destinado a ficar acima da política; os eventos de 1917 o convenceram de que, na Rússia, democracia era igual a anarquia (a Assembleia Constituinte, disse ele, havia surgido "nos dias de insanidade popular").[321] A missão britânica, patrocinadora de Deníkin, disse-lhe (em fevereiro de 1920) que seria um "desastre completo se você chegasse a Moscou, porque teria deixado para trás uma área ocupada que não estaria consolidada".[322] Somente Wrangel, quando já era tarde demais, nomeou ministros civis genuínos, apoiou o autogoverno local, reconheceu formalmente os governos separatistas no antigo território russo imperial e admitiu a propriedade camponesa da terra — mas seu decreto agrário (de 25 de maio de 1920) exigia que agricultores pagassem ao seu governo pela terra que já controlavam.[323]

A ausência debilitante de uma máquina de governo foi agravada pelo fracasso dos brancos no campo das ideias. A propaganda vermelha marcou-os com eficácia como aventureiros militares, lacaios de potências estrangeiras, restauradores do antigo regime. Os brancos montaram sua própria propaganda, desfiles militares e revista de tropas abençoadas por sacerdotes ortodoxos. Suas bandeiras vermelhas, brancas e azuis — as cores nacionais da Rússia anterior a 1917 — muitas vezes traziam imagens de santos ortodoxos; outras tinham caveiras e ossos cruzados. Os brancos copiaram a prática bolchevique dos trens de agitação. Mas seu slogan — "Sejamos um único povo russo" — não persuadia.[324] Em outros lugares, quando irromperam revoluções ou minirrevoluções de esquerda, como na Baviera católica romana, na Hungria e na Itália, houve um deslocamento para a direita, galvanizado, em parte, pelo espectro do bolchevismo.

Com efeito, em toda a Europa, as forças da ordem, incluindo os sociais-democratas que se opunham ao comunismo, estavam em ascensão. Estava claro que as chaves para os resultados políticos não eram a ruína da guerra, a queda da monarquia, motins militares, greves, a formação de sovietes locais ou os esforços de ação direta da esquerda para tomar o poder, mas a força, ou fraqueza, de movimentos organizados de direita e exércitos camponeses confiáveis. Os brancos em minoria, apesar de alienarem completamente os camponeses, tinham contado com revoltas populares para se juntar a eles.[325] Mas ao contrário do que acontecera na Itália, na Alemanha e na Hungria, eles nem sequer tentaram reinventar um movimento contra a esquerda com base no populismo de direita, e nem mesmo um Horthy surgiu entre eles. "Psicologicamente, os brancos se comportaram como se nada tivesse acontecido, enquanto o mundo todo ao redor deles havia entrado em colapso", observou Piotr Struve. "Nada prejudicou tanto o movimento 'branco' como essa condição de ficar psicologicamente parado em circunstâncias anteriores, circunstâncias que haviam deixado de existir [...] em uma revolução, somente revolucionários podem encontrar seu caminho."[326]

OS FUNCIONÁRIOS HERDARÃO A TERRA

Lênin, em notas para um discurso que não conseguiria fazer, abraçou a guerra civil: "A Guerra Civil nos ensinou e nos temperou (Deníkin e outros foram bons *professores*; eles nos ensinaram com seriedade, todos os nossos melhores funcionários [*rabótniki*] estavam no Exército)".[327] Ele tinha razão. Ademais, o autoritarismo não era um subproduto. O triste destino dos comitês de fábrica, dos sovietes de base, dos comitês camponeses, dos sindicatos e outras estruturas da revolução de massa dificilmente pode ser considerado misterioso. Tipos bolcheviques trabalharam arduamente para assumir ou esmagar as organizações de base, numa enérgica *Gleichschaltung* [coordenação] (como um historiador do início da construção do Estado bolchevique apropriadamente apelidou o processo, por analogia com o regime nazista posterior).[328] Até mesmo muitos delegados eleitos para os sovietes passaram a ver os organismos de base eleitos como obstáculos à administração.[329] Mas a oposição aos movimentos de base e, com frequência, às formas independentes de expressão política estava enraizada em crenças fundamentais. O regime de Lênin estabeleceu como sua razão de ser a maximização da produção, não da liberdade. "A ditadura do proletariado", como disse Trótski, "se expressa na abolição da propriedade privada dos meios de produção", não no controle pelos operários da indústria ou outras formas participativas de tomada de decisão.[330] O próprio significado de "contrôle", uma palavra francesa adaptada para o russo, passou de controle espontâneo dos trabalhadores sobre as operações da fábrica a controle da burocracia sobre as fábricas e os trabalhadores.[331] A ideia motriz era a superação do capitalismo e a construção do socialismo; o instrumento incomparável era o poder centralizado do Estado.

A máquina administrativa foi criada a partir do caos e, por sua vez, fomentou o caos. O esforço pela hierarquia, em grande medida, advinha de um desejo de regularização, previsibilidade. O regime estava tendo um momento difícil não só governando, mas gerindo a si mesmo. No Comissariado das Finanças, mais de 287 milhões de rublos desapareceram em um único roubo, em outubro de 1920, ação realizada com a ajuda de funcionários de dentro.[332] Um regime criado por confisco começara a confiscar-se, e nunca mais parou. Os autores de *Moscou vermelha*, um manual urbano publicado no final da guerra civil, observavam que "cada revolução tem seu traço feio, embora transitório: o aparecimento no palco de todos os tipos de vilões, enganadores, aventureiros e simples criminosos, que se ligam ao poder com um ou outro tipo de objetivo criminoso. O perigo que representam para a revolução é colossal".[333] A linha divisória entre idealismo e oportunismo, no entanto, era muitas vezes tênue. A revolução foi um terremoto social, uma rachadura aberta na terra que permitiu que todo tipo de gente se erguesse e assumisse posições que de outra forma teria de esperar décadas para ocupar, ou jamais ocuparia, e a missão revolucionária se sobrepunha a seu sentimento quanto a seu próprio destino.

A reconstituição do funcionamento do poder estatal acabou por ser a principal tarefa após o golpe bolchevique, e o que salvou os bolcheviques do esquecimento, mas a manutenção dos beneficiários consumiu uma parte substancial do orçamento do Estado, sem falar dos que tiravam proveito próprio. Cerca de 5 mil bolcheviques e membros de suas famílias se instalaram no Kremlin e nos melhores hotéis do coração de Moscou. Coletivamente, eles obtiveram um bom número de serviçais e engoliram recursos consideráveis durante a guerra civil. Seus apartamentos, não só o de Lênin, eram aquecidos por caldeiras, embora fosse difícil encontrar combustível. Dentro do Kremlin, tinham acesso a um berçário para crianças, clube, ambulatório e casa de banhos, bem como a centros de distribuição "fechados" para alimentos e vestuário. (Trótski alegou ter encontrado vinhos do Cáucaso na "cooperativa" do Conselho dos Comissários do Povo em 1919 e tentado removê-los, uma vez que a venda de bebidas alcoólicas estava oficialmente proibida, contando para Lênin, na presença de Stálin, mas Stálin supostamente replicou que os camaradas do Cáucaso não podiam passar sem vinho.)[334] Em comparação com a corte e a alta nobreza tsarista, os privilégios da elite bolchevique não eram extravagantes — um apartamento, uma dacha, um automóvel, pacotes de alimentos —, mas em meio a escombros e penúria essas vantagens eram significativas e gritantes.[335] Os privilégios para funcionários tornaram-se um ponto sensível para além do regime central. "Nós nos afastamos das massas e tornamos di-

350

fícil atraí-las", escreveu um bolchevique de Tula a Lênin, em julho de 1919. "O velho espírito de camaradagem do partido morreu completamente. Foi substituído por uma nova regra de um homem só em que o chefe do partido dirige tudo. O recebimento de propina tornou-se universal: sem ela, nossos quadros comunistas simplesmente não sobreviveriam."[336]

Havia também muito idealismo no aparelho, mas a epidemia de "burocratismo" chocou os revolucionários. De repente, "burocratas" estavam por toda parte: grosseiros, rancorosos, prevaricadores, malversadores, obcecados em esmagar rivais e elogiar a si mesmos.[337] Mas um dos muitos paradoxos revolucionários era que, embora todas as "forças sociais" fossem entendidas em termos de classe, fossem inimigas (burguesia, cúlaques, pequeno-burgueses) ou amigas (operários e, às vezes, camponeses), a única classe que não podia ser chamada assim era a que estava no poder.

Simbolicamente, um sistema binário vermelho-branco — bolcheviques contra todos os outros, inclusive aqueles que fizeram a Revolução de Fevereiro e os socialistas não bolcheviques — definiu o novo regime. Isso foi captado de forma dramática no terceiro aniversário da revolução (7 de novembro de 1920), numa reencenação da "tomada do Palácio de Inverno" montada em Petrogrado, que envolveu muito mais gente do que o evento original — em torno de 6 mil a 8 mil participantes e 100 mil espectadores. No espetáculo, na imensa praça em frente ao edifício barroco, um dos mais grandiosos espaços públicos do mundo, dois grandes palcos (vermelho e branco) foram montados e ligados por uma ponte arqueada. Às dez da noite, trombetas anunciaram o início da ação e uma orquestra de talvez quinhentos músicos tocou uma composição sinfônica intitulada "Robespierre", que fluiu suavemente para a "Marselhesa". Refletores iluminaram a plataforma da direita, revelando o Governo Provisório, Kerenski num trono (!) e vários ministros, generais brancos e capitalistas opulentos. Gesticulando, Kerenski faz um discurso pomposo e recebe grandes sacos de dinheiro. De repente, holofotes iluminam a plataforma à esquerda, mostrando as massas, exaustas do trabalho da fábrica, muitos mutilados da guerra, em um estado caótico. Aos gritos de "Lênin" e trechos da "Internacional", porém, eles se aglomeram em torno de uma bandeira vermelha e formam unidades disciplinadas da Guarda Vermelha. Na ponte de ligação, começa uma luta armada, na qual os vermelhos levam vantagem. Kerenski foge em um carro na direção do Palácio de Inverno, bastião do antigo regime, mas é perseguido por guardas vermelhos — e pelo público. Ele escapa, vestido de mulher, mas as massas "invadem" o Palácio. Cerca de 150 potentes projetores de luz iluminam o Palácio de Inverno, e através de suas janelas colossais podem-se ver batalhas pantomímicas, até que as luzes em cada janela ficam vermelhas.[338] Aqueles que questionassem quaisquer aspectos daquele brilho poderiam se ver, tal como Kerenski e os socialistas moderados, no campo branco, que se mostrou para sempre expansível.

Institucionalmente, o regime de monopólio bolchevique não somente formou um Estado, mas, com a assimilação em massa de ex-oficiais tsaristas, tornou-se um partido-Estado. "A instituição de comissários" no Exército Vermelho, Trótski havia explicado a respeito dos cães de guarda políticos, era "para servir como um andaime. [...] Pouco a pouco, poderemos remover esse andaime".[339] No entanto, esse desmantelamento nunca aconteceu, por mais que os próprios comissários tenham pedido a remoção deles.[340] Ao contrário, em breve Viatcheslav Mólotov, um apparatchik central, alardeou em um panfleto que a tarefa de governar havia tornado o Partido Comunista soviético distinto dos outros. Entre outras inovações, ele destacava a implantação de comissários políticos ao lado de técnicos especialistas — e não apenas no Exército Vermelho, mas em todo o aparato econômico e administrativo.[341] Nada semelhante a esse partido-Estado existira na Rússia tsarista. Esse dualismo perduraria, mesmo depois que a maioria esmagadora dos funcionários, oficiais do Exército ou professores, passou a ser de membros do partido, tornando-se uma fonte adicional de proliferação e desperdício burocrático.

Tradicionalmente, a guerra civil russa, ainda mais do que o golpe de outubro, tem sido vista como o momento de Trótski. Ele estava onipresente na imaginação do público e seu trem resumia o Exército Vermelho e sua vitória. Mas os fatos não confirmam a noção de que Trótski emergiu do conflito significativamente mais forte do que Stálin.[342] Ambos eram radicais até a medula, mas, na questão dos ex-oficiais tsaristas, Stálin defendeu uma linha "proletária", enfurecendo Trótski (a raiva de Trótski era a inspiração de Stálin). Sem dúvida, Stálin não rejeitava todos os especialistas militares, apenas os "alheios à classe", classificação que para ele incluía os de ascendência nobre e aqueles que haviam atingido um escalão alto antes de 1917, enquanto Trótski também defendia a formação de ex-oficiais não comissionados, bem como puros neófitos.[343] A esse respeito, Trótski afirmou que se em 1918 os ex-oficiais tsaristas compunham três quartos do pessoal de comando e administrativo vermelho, ao final da guerra civil eles eram apenas um terço.[344] Mas quaisquer que sejam os totais precisos, a contratação de ex-oficiais tsaristas e de especialistas "burgueses" em outras esferas ajudou a concentrar a negatividade em torno de Trótski, que se tornou um para-raios, amplamente detestado dentro do regime que ajudou a levar à vitória, muito mais cedo do que normalmente se reconhece, bem no meio de suas façanhas da guerra civil. Ao mesmo tempo, o papel de Stálin na guerra civil — jogando uns contra os outros — foi substancial, como até mesmo Trótski reconheceu.[345] E o episódio de Tsarítsin em 1918, uma situação desesperadora para os vermelhos e para Stálin pessoalmente, ofereceu uma prévia do recurso utilizado por Stálin de divulgar conspirações de "inimigos" e fazer execuções sumárias a fim de impor a disciplina e conseguir apoio político.

Trótski era judeu, mas, como quase todos os intelectuais e revolucionários no Império russo, totalmente assimilado à cultura russa, e, ademais, tinha olhos azuis admiráveis e um nariz nem longo nem curvo, embora alegasse que ser judeu era uma limitação política. Os camponeses certamente sabiam que ele era judeu.[346] O chefe da Cruz Vermelha dos Estados Unidos na Rússia chamou Trótski de "o maior judeu desde Cristo", mas os jornais da Guarda Branca estavam cheios de menções aos "comissários judeu-bolcheviques" e ao "Exército Vermelho judeu" liderado por Trótski.[347] Em 1919, ele recebeu uma carta de um membro coreano do Partido Comunista russo a respeito dos rumores de que "a mãe-pátria fora conquistada pelos comissários iídiches. Todos os desastres do país estão sendo atribuídos aos judeus. Estão dizendo que o regime comunista é sustentado por cérebros judeus, rifles letões e idiotas russos".[348] O *Times* de Londres afirmou (em 5 de março de 1919) que três quartos (!) das principais posições na Rússia soviética eram ocupados por judeus. Era possível ouvir muitos comunistas soviéticos dizendo "Chmólni" em vez de Smólni, ou "prejidium" em vez de "presidium".[349] Trótski guardava em seus arquivos um exemplar de um livro alemão de 1921 com desenhos de todos os bolcheviques judeus e prefácio de Alfred Rosenberg.[350] Também os camponeses sabiam que ele era judeu.[351] Mais tarde, ele citaria a percepção que tinha de si mesmo como judeu para explicar por que havia recusado, em 1917, a proposta de Lênin para que fosse comissário do Interior (ou seja, o policial do regime).[352] Mesmo assim, havia aceitado outras nomeações de alto nível, e o grau em que seu judaísmo constituía realmente uma desvantagem ainda não está claro. Na alta direção, somente o georgiano Djugachvíli-Stálin não era em parte judeu. A condição judia da avó materna de Lênin era então desconhecida, mas outros líderes eram judeus notórios e isso não os inibia: o nome de batismo de Zinóviev era Ovsei-Gerchon Radomílski, e ele usava o sobrenome materno, Apfelbaum; Kámenev, nascido Liev Rozenfeld, tinha pai judeu; ambos eram casados com judias.[353] Trótski-Bronstein conseguiu ser um para-raios não somente por sua condição de judeu, mas de todas as maneiras.

Stálin, ao contrário de Trótski, não cometera a ousadia de desafiar Lênin publicamente em debates de alto nível, como o de Brest-Litovsk, como se fosse igual ao líder, provocando sua ira. É verdade que Stálin se envolvia muitas vezes em malfeitos políticos perturbadores.[354] Mas Lênin não poderia se aborrecer com o terror indiscriminado praticado por Stálin com o objetivo de dissuadir inimigos e mobilizar a base operária, porque era o principal defensor do "atirar primeiro, perguntar depois" como forma de transmitir lições políticas. (Lênin apoiava as medidas severas de Trótski de fuzilar desertores, mesmo que fossem membros do partido.) Lênin também não era ingênuo:

percebia a personalidade egocêntrica e propensa a intrigas de Stálin, mas valorizava suas convicções revolucionárias inabaláveis e seu estilo de fazer o que fosse preciso, uma habilidade apropriada para uma guerra de classe revolucionária total. O papel de Stálin para Lênin era visível em agrupamentos internos do regime. "Todos os bolcheviques que ocupavam altos cargos", lembrou Arkádi Borman, um comissário adjunto do Comércio, "podiam ser divididos em duas categorias: protegidos pessoais de Lênin e o resto. Os primeiros sentiam-se firmes e seguros nos confrontos dentro do governo e sempre levavam vantagem."[355] Stálin era ao mesmo tempo o membro de mais alta hierarquia do grupo de Lênin e o tardio criador de sua própria facção, que coincidia em parte com a de Lênin. A facção paralela de Trótski não coincidia em parte com a de Lênin e por isso se tornou alvo do líder bolchevique. (O ambicioso Zinóviev tinha o seu próprio grupo, em Petrogrado.) Ao apelar a Lênin, Stálin conseguiu durante a guerra civil escapar da subordinação a Trótski, apesar da posição deste último na presidência do Conselho Militar Revolucionário. Mais adiante, como veremos, as mesas seriam viradas e Trótski se veria apelando a Lênin para tentar escapar da subordinação a Stálin no partido. O crescimento de Stálin já estava bem avançado e, no entanto, estava apenas começando.

9. Viagens de descoberta

Conheço a Rússia tão pouco. Simbirsk, Kazan, Petersburgo, exílio, e é tudo!
LÊNIN, NA ILHA DE CAPRI, RESPONDENDO À CONVERSA DE ALGUÉM SOBRE
A ALDEIA RUSSA, C. 1908, EM REMINISCÊNCIAS DE MAKSIM GÓRKI[1]

A existência isolada de repúblicas soviéticas independentes não tem base firme em vista
das ameaças à sua existência pelos Estados capitalistas. Os interesses gerais de defesa
das repúblicas soviéticas, de um lado, e, de outro, a necessidade de restaurar as forças
produtivas destruídas pela guerra, e, como uma terceira consideração, a necessidade das
repúblicas soviéticas produtoras de alimentos de fornecer ajuda às que não os produzem,
tudo isso dita obrigatoriamente uma união estatal das repúblicas soviéticas separadas
como o único caminho de salvação do jugo imperialista e da opressão nacional [...].
RESOLUÇÃO DO X CONGRESSO DO PARTIDO BASEADA EM
INFORME DE STÁLIN, 15 DE MARÇO DE 1921[2]

A revolução e a guerra civil irromperam no Império russo, um Estado surpreendentemente heterogêneo que se estendia por dois continentes, Europa e Ásia. Dito isso, esse reino não apresentava um desafio para governar especialmente difícil do ponto de vista do nacionalismo. A Rússia imperial não tivera "repúblicas" da Geórgia ou da Ucrânia; oficialmente, os ucranianos nem existiam (eram "pequenos russos"). É verdade que a Rússia imperial permitira dois assim chamados protetorados (Bukhara, Khiva), enquanto a Finlândia havia desfrutado de certo grau de autonomia, mas o resto do império estava dividido em governadorias (*gubernii*). Então a guerra mundial, a ocupação militar alemã e a guerra civil deram à luz os países independentes, Finlândia, Polônia, Lituânia, Letônia e Estônia, nenhum dos quais o Exército Vermelho conseguiu reconquistar. A guerra mundial, as ocupações e a guerra civil também ajudaram a criar Ucrânia, Bielorrússia, Geórgia, Armênia e Azerbaijão, todos reconquistados pelo Exército Vermelho, mas, mesmo depois de cair para as forças vermelhas, essas repúblicas nacionais conservaram importantes atributos de Estado. De repente, a nação era fundamental.

A Grande Guerra alterou irrevogavelmente o cenário político, ajudando a dissolver os três grandes impérios terrestres, mas, ao contrário da Áustria-Hungria e do Império Otomano, a Rússia foi ressuscitada, embora não in totum, e não da mesma forma. O que pôs a Rússia à parte e transformou sua guerra civil numa guerra parcialmente bem-sucedida para recuperar territórios do antigo Império russo foi uma combinação de instrumentos e ideias: o Partido Comunista, a liderança de Lênin (real e simbólica), a descoberta tardia bolchevique do expediente do federalismo, a visão de uma revolução mundial — não apenas russa, o que fez da "autodeterminação" um conceito flexível — e as maquinações de Stálin. Um espectro extremamente amplo de figuras políticas da Rússia imperial, que ia do estadista tsarista Piotr Stolypin e outros à direita ou à esquerda de Stálin, com os democratas constitucionais no meio, havia concluído pela necessidade de formas de autonomia local-nacional, mas somente sob a égide de um Estado forte (gossudárstvennost).[3] A história de como Stálin chegou a esse ponto é um aspecto menos conhecido de sua odisseia na guerra civil; é também um dos sucessos misteriosos da construção do Estado bolchevique.

Em novembro de 1918, Lênin havia observado: "Desde o início da Revolução de Outubro a política externa e as relações internacionais se tornaram a principal questão diante de nós".[4] O bolchevismo não era apenas um empreendimento de construção de Estado, mas uma ordem mundial alternativa. O recurso bolchevique à federação reconhecia um direito formal de sucessão dos povos dependentes da Eurásia soviética, o que significava um toque de clarim para os povos coloniais de todo o mundo.[5] A estrutura do Estado, a política de minorias nacionais, a política colonial e a política externa tornaram-se indistinguíveis.

A Alemanha, antiga inimiga da Rússia, havia reconhecido o novo Estado soviético, mas depois entrou em colapso, enquanto Grã-Bretanha e França, antigas aliadas da Rússia, eram agora antagonistas: elas reconheceram as novas repúblicas independentes do Azerbaijão, da Armênia e da Geórgia, sem reconhecer a Rússia soviética. Mas a Grande Polônia e a Grande Romênia, dois grandes vencedores em Versalhes, emergiram como as inimigas mais imediatas dos soviéticos do lado ocidental. No outro flanco, o antigo Extremo Oriente russo caiu sob a ocupação de tropas japonesas, em parte como resultado do pedido do presidente norte-americano Woodrow Wilson no sentido de que o Japão fornecesse soldados para uma expedição planejada de onze países e 25 mil homens para resgatar a Legião Tchecoslovaca e salvaguardar os depósitos militares na Sibéria. De início, os japoneses se recusaram a intervir militarmente na Rússia, mas em 1918 enviaram ainda mais tropas do que fora pedido, motivados por um desejo de reverter perdas territoriais históricas, bem como pelo anticomunismo. O Japão ocupou o Extremo Oriente soviético com mais de 70 mil soldados, envolvidos numa luta contra muitos inimigos diferentes, com um saldo de talvez 12 mil mortos e quase 1 bilhão de ienes gastos. Não obstante, depois que os americanos deixaram Vladivostok, em 1920, os japoneses permaneceram.[6] O resultado foi que Japão, Polônia, Romênia e Grã-Bretanha se combinaram para constituir uma espécie de anel em torno das Repúblicas Socialistas Soviéticas, embora, como veremos, revoluções soviéticas pipocassem, brevemente, no Irã, graças à reconquista do Cáucaso Sul, e de forma duradoura na Mongólia.

Em 1921, com os resultados das guerras de reconquista mais ou menos claros, a população das repúblicas soviéticas somava talvez 140 milhões de habitantes, entre os quais cerca de 75 milhões de russos, e, entre os 65 milhões de não russos, cerca de 30 milhões de falantes de turco e persa. Os camponeses eram em torno de 112 milhões na população total da área soviética. A questão nacional era também ipso facto a questão camponesa: eles compunham a vasta maioria das pessoas em todas as nações da Eurásia russa.

Não os camponeses per se, mas membros do Partido Comunista reforçaram a vitória dos vermelhos contra os brancos.[7] Em 1919, durante um expurgo, quase metade dos filiados do partido no papel foi expulsa; em 1920, durante outro expurgo, mais de um quarto foi expulso, mas o partido continuou a crescer.[8] Expandiu-se de 340 mil (março de 1918) para mais de 700 mil membros no final da guerra civil, enquanto os membros do partido no Exército Vermelho passaram de 45 mil para 300 mil. Mas mesmo que os camponeses não fossem decisivos, eles compunham, muitas vezes com relutância, três quartos dos soldados do Exército Vermelho, em qualquer momento dado. Os soldados camponeses costumavam desertar com os fuzis do Exército. Eles também se valiam de rifles de caça e armas caseiras. Em 1920-1, pelo menos 200 mil camponeses na Ucrânia, nos vales do Volga, do Don e do Kuban, nas províncias de Tambov e Vorónej e, especialmente, na Sibéria ocidental pegaram em armas contra o desgoverno bolchevique, numa revolta alimentada pelo início, em setembro de 1920, da desmobilização do Exército Vermelho. O regime respondeu com notável brutalidade, mas também grandes concessões. Em 1921, os camponeses forçaram Lênin a acabar com o confisco, e ele, por sua vez, impôs ao X Congresso do Partido a chamada Nova Política Econômica (NPE), que permitia que os camponeses vendessem grande parte do que plantavam. Os confiscos não cessaram: um Estado construído em cima da ideia e das práticas da luta de classes precisava de tempo para se ajustar a uma NPE.

Mas o resultado da guerra civil em grande parte da Eurásia — a criação do partido--Estado bolchevique monopolista — ia de mãos dadas com uma federação que reconhecia a identidade nacional e com mercados legalizados que reconheciam a revolução camponesa paralela.

A palavra "caleidoscópica" não serve para descrever a guerra civil na Eurásia, em especial nos anos 1920-1. A "Eurásia" precisa ser entendida geograficamente. Em russo, bem como em alemão e inglês, o termo surgira no final do século XIX para designar a Europa mais a Ásia, mas no início do século XX seu significado havia mudado para alguma coisa distinta de ambas, algo místico.[9] Um pequeno grupo de intelectuais inventivos, que havia sido jogado no exterior pela revolução, e acontecia de ter uma herança ucraniano-polonesa-lituana, declarou subitamente que a composição geográfica e étnica do dissolvido Império russo fundira cristianismo oriental e influências da estepe numa nova síntese transcendente. "Os russos e os que pertencem aos povos do 'mundo russo' não são nem europeus nem asiáticos", escreveram os exilados que haviam fugido para o Ocidente em seu manifesto *Êxodo para o Oriente* (1921). "Ao fundirmo-nos com o elemento nativo da cultura e da vida que nos rodeia, não temos vergonha de nos declarar *eurasianos*."[10] A Eurásia deles, governada de Moscou, economicamente autossuficiente e politicamente demótica (do povo, mas não democrática), era supostamente algum tipo de unidade sinfônica.[11] Nada poderia estar mais longe da verdade, como veremos e como Stálin reconhecia plenamente, porque ele estava administrando a diversidade. Apesar de sua admiração pela grande nação russa e pela classe operária russa, e de sua persistente preferência pela autoridade centralizada e pelo governo do partido (classe) sobre os interesses nacionais, ele reconhecia a necessidade de moldar apelos e instituições para acomodar diferentes nações.[12] Logo no início, fez da igualdade linguística e da nativização da administração a peça central de seu ponto de vista sobre a questão nacional.[13] Evidentemente, o outro lado da tentativa do Partido Comunista russo de captar a lealdade dos nativos, abraçando Estados nacionais, era que os comunistas com inclinações nacionalistas desses Estados obtinham veículos para suas aspirações. Se houvesse realmente uma síntese "eurasiana" do modo como os exilados fantasiavam, a vida de Stálin teria sido muito mais simples.

A guerra civil da Rússia equivaleu a uma espécie de "viagens de descobrimento" eurasianas, ainda que, ao contrário de Cristóvão Colombo e Vasco da Gama, os viajantes não tenham cruzado oceanos literais. Um elenco impressionante de personagens dança nesse palco: o marechal polaco Józef Piłsudski e o bolchevique polonês Józef Unszlicht; o líder bigodudo dos cossacos vermelhos Semion Budióni e o cavaleiro armênio Haik Bjichkian, conhecido como Gai Dmítrievitch Gai, que cavalgou no flanco de Mikhail Tukhatchévski; os comunistas muçulmanos tártaros Sahib Garei Said--Galíev e Mirsäyet Soltangäliev, que queriam matar um ao outro, e um basquírio não

comunista, Akhmetzaki Valídi, que bloqueou o imperialismo tártaro de Soltangäliev;
Danzan e Sükhbaatar, dois nacionalistas mongóis que colaboraram até sacarem punhais um contra o outro; Mirza Kuchek Khan, o bem-educado e pretenso libertador
da Pérsia da influência estrangeira, e Reza Khan, o líder cruel de um golpe de direita
em Teerã; o judeu bielorrusso Gueórgi Vóldin, conhecido como Safárov, comissário
no Turquestão, e o letão Jēkabs Peterss, um tchekista da velha escola no Turquestão
que quase destruiu a carreira do grande comandante proletário Mikhail Frunze; o líder dos rebeldes camponeses Aleksandr Antónov e seu inimigo bolchevique Vladímir
Antónov-Ovséienko, que havia invadido o Palácio de Inverno e prendido o Governo
Provisório, mas não conseguira dominar a fúria camponesa em Tambov; os obreiristas
bolcheviques Aleksandr Chliápnikov e Aleksandra Kollontai, que lideraram uma oposição interna do Partido Comunista; o comunista ucraniano com inclinações nacionalistas Mikola Skripnik e os comunistas georgianos com inclinações nacionalistas Pilipe
Makharadze e Budú Mdivani; o olvidável ex-general de brigada tsarista Aleksandr Kozlóvski na ilha-fortaleza de Kronstadt e o inesquecível ex-oficial cossaco tsarista barão
Roman von Ungern-Sternberg, um alemão do Báltico que seguiu os passos de Gêngis
Khan. E, no entanto, o personagem principal, ainda mais do que Lênin, acabou por
ser a reencarnação georgiana de Stolypin na esfera nacional. Stálin tentou realizar uma
agenda estatal que procurava combinar a conservação de um Estado unitário grande
com esforço nacional, e um punho de ferro contra o separatismo, apesar de que Stálin,
tanto na aparência como na realidade, fosse um homem por excelência das fronteiras.[14]

O significado inesperado da questão nacional na guerra civil foi uma outra questão que deu poder a Stálin e o colocou numa estreita relação de trabalho com Lênin.
Os dois, muitas vezes, diante da hostilidade dos bolcheviques linhas-duras opostos
totalmente ao nacionalismo e de bolcheviques de mentalidade nacionalista opostos à
centralização, tatearam na direção de um federalismo viável em consonância com os
princípios marxistas, os fatos consumados e a geopolítica.[15]

FEDERALISTAS ACIDENTAIS

Quatro palavras de ordem acompanharam o golpe em 1917: paz, terra, pão e autodeterminação nacional, mas esta última noção havia muito tempo importunava a
esquerda. "A nacionalidade do trabalhador não é francesa nem inglesa ou alemã, é o
trabalho", escreveu Marx em seus primeiros anos. "Seu governo não é francês, nem
inglês ou alemão, é o capital. Seu ar nativo não é francês, nem alemão ou inglês, é o
ar da fábrica."[16] Mas, em virtude da questão irlandesa, Marx mudou de posição mais
tarde; o direito à autodeterminação foi incluído no programa da Primeira Interna-

cional.[17] O ensaio "Nacionalidade moderna" (1887), de Karl Kautsky, constitui o primeiro grande esforço marxista para elaborar a posição ortodoxa de que as relações capitalistas de mercadorias haviam produzido nações que, presumivelmente, desapareceriam junto com o capitalismo (o artigo foi traduzido para o russo em 1903). Uma posição marxista linha-dura sobre as nações fora delineada em 1908-9 por Rosa Luxemburgo, que também sustentava que o capitalismo havia gerado o nacionalismo, dividindo o proletariado internacional ao amarrá-lo às suas classes dominantes, mas negava a autodeterminação, exceto para os explorados da classe operária, uma posição que atraiu os esquerdistas obcecados pela questão da classe na poliglota Europa Oriental.[18] Então uma outra concepção marxista surgiu na Áustria-Hungria, onde Otto Bauer e outros defendiam um programa complexo de "autonomia cultural nacional" independente do território para conciliar nação com classe.[19] O ensaio de Stálin "A questão nacional e a social-democracia" (1913) rejeitava o que ele considerava uma tentativa austro-marxista de substituir a luta de classes (luxemburguismo) pela nacionalidade "burguesa" (cultura); ele perguntava, por exemplo, quem havia designado os beis e mulás muçulmanos para falar pelos trabalhadores muçulmanos, e observava que muitas práticas "culturais" (religião, sequestro de noiva, uso de véu) teriam de ser erradicadas. Stálin visava especialmente os ecos da "autonomia cultural nacional" austro-marxista no Cáucaso (Jordánia e os mencheviques georgianos), insistindo que a autonomia deveria ser apenas territorial (ou seja, não extensiva aos que estavam fora de seus países de origem). Ainda assim, ele concluía que o nacionalismo poderia servir à emancipação do proletariado mundial, ajudando a conquistar trabalhadores suscetíveis aos apelos nacionalistas.[20] Lênin, a quem se atribuiu erroneamente ter encomendado a Stálin a refutação dos austro-marxistas, acusou Rosa Luxemburgo de desconsiderar o nacionalismo em um ensaio em um jornal de emigrados russos publicado em Genebra, em 1914.[21] Ele distinguia entre o nacionalismo de uma nação opressora e o nacionalismo dos oprimidos (como a causa irlandesa que influenciara Marx), e aceitava parcialmente o direito à autodeterminação não apenas por razões táticas, à maneira de Stálin, mas também por razões políticas morais: a emancipação dos trabalhadores das nações oprimidas.[22] Na mente de Lênin, não se poderia ser a favor tanto do socialismo como do imperialismo (opressão nacional por um Estado grande).

Assim era, então, o corpus da doutrina marxizante, polêmicas escritas de um para o outro: o ortodoxo Kautsky (cidadão majoritário da Alemanha), a linha-dura Luxemburgo (polonesa assimilada à Alemanha) e o linha-branda Bauer (multinacionalista austro-húngaro) contra Stálin (um georgiano assimilado à Rússia imperial) e contra Lênin (um súdito majoritário da Rússia). Essas ideias se tornaram um campo de batalha ainda maior no contexto real da guerra civil russa.

As bases bolcheviques encarnavam o personagem multinacional da Rússia imperial (como demonstram os nomes apresentados neste livro no idioma original), mas os bolcheviques também estavam totalmente russificados (como mostram as grafias mais típicas de seus nomes). Não obstante, eles estavam conscientes da diferença entre a Rússia étnica e a Rússia imperial. Trótski, um judeu russificado, pintou a Rússia em termos culturais profundamente negativos, exigindo uma "ruptura definitiva do povo com o asianismo, com o século XVII, com a santa Rússia, com ícones e baratas".[23] Lênin, que criticava com veemência o chauvinismo grão-russo por ser um mal especial que "desmoraliza, degrada, desonra e prostitui [as massas trabalhadoras], ensinando-as a oprimir outras nações e encobrir essa vergonha com expressões hipócritas e quase patrióticas", ainda concedia que um nacionalismo popular poderia surgir entre os russos étnicos.[24] Stálin fora outrora um crítico apaixonado da russificação. "Gemendo sob o jugo estão as nações oprimidas e comunidades religiosas, inclusive os poloneses, que estão sendo expulsos de sua terra natal [...] e os finlandeses, cujos direitos e liberdades, concedidos pela história, a autocracia está arrogantemente atropelando", ele havia escrito em georgiano, no periódico *Brdzola* (novembro-dezembro de 1901). "Gemendo sob o jugo estão os judeus eternamente perseguidos e humilhados que não têm sequer os miseravelmente poucos direitos usufruídos por outros súditos da Rússia — o direito de viver em qualquer parte do país que escolherem, o direito de frequentar a escola, o direito de ser empregado em repartições do governo, e assim por diante. Gemendo estão os georgianos, os armênios e outras nações privadas do direito de ter suas próprias escolas e trabalhar em repartições do governo, sendo obrigadas a submeter-se à política vergonhosa e opressiva da *russificação*."[25] Mas Stálin rapidamente deixou de lado esse nacionalismo georgiano e negou, em artigo publicado no *Proletariatis Brdzola*, em setembro de 1904, que existissem caraterísticas nacionais ou um espírito nacional.[26] Em 1906, ainda escrevendo em língua georgiana, ele já argumentava que a autonomia nacional cortaria "o nosso país [Geórgia] da Rússia e o ligaria à barbárie asiática".[27] Assim, enquanto Lênin protestava contra o chauvinismo russo, Stálin preocupava-se com o atraso não russo e passava a ver a tutela russa como uma alavanca para erguer outras nações, no que talvez fosse um eco de sua experiência pessoal nas escolas ortodoxas russas.[28] Essa diferença teria consequências.

Na qualidade de especialista na questão nacional reconhecido no círculo mais interno do partido em virtude de sua herança georgiana e do ensaio de 1913, Stálin tornou-se a figura mais importante na determinação da estrutura do Estado soviético. Não era por acaso que o primeiro governo bolchevique incluía um Comissariado das Nacionalidades, chefiado por ele.[29] A dissolução do Império russo na guerra e na revolução havia criado uma situação extraordinária em que a sobrevivência da revolução estava, de repente, indissoluvelmente ligada à circunstância de que vastas extensões da Eurásia russa tinham pouco ou nenhum proletariado. Com o objetivo de encontrar aliados contra o "imperialismo mundial" e a "contrarrevolução", o partido viu-se buscando alianças táticas com nacionalistas "burgueses" em alguns territórios, em especial naqueles sem indústrias, mas mesmo quando existia um proletariado. Os primeiros esforços nesse sentido envolveram terras de língua polonesa: já em novembro de 1917, o Comissariado das Nacionalidades montou um subórgão polonês para recrutar comunistas poloneses e manter a Polônia dentro do espaço russo soviético. Não importava que o regime não controlasse nenhum território polonês naquele momento e que promessas retóricas em série feitas pelos beligerantes da Grande Guerra houvessem aumentado a aposta em uma Polônia independente. O vice-comissário de origem polonesa de Stálin, Stanisław Pestkowski, supervisionou os planos para sovietizar a Polônia, e seu recalcitrante luxemburguismo fez pouco mais do que intensificar as divisões internas da esquerda polonesa e gerar atrito entre sovietes locais e ramos locais de comitês de poloneses.[30] Os eventos mostrariam que a Polônia não era apenas uma nação, mas um fator geopolítico em si mesmo. Subórgãos similares no Comissariado das Nacionalidades surgiram para a Lituânia, Armênia, judeus, Bielorrússia, e assim por diante, mas o comissariado e a atenção de Stálin foram especialmente absorvidos pelos territórios muçulmanos da Eurásia russa e a busca de colaboradores muçulmanos afáveis. Foi criado um subórgão muçulmano, mas seus líderes tinham uma agenda própria: uma Tartária "autônoma" que abrangesse quase todos os muçulmanos da antiga Rússia tsarista. Em maio de 1918, Stálin apoiou inicialmente essa Grande Tartária, como forma de assegurar algum controle político, mas muito em breve passou a considerá-la um veículo perigoso em desacordo com o monopólio bolchevique e uma ameaça capaz de angariar a fidelidade dos muçulmanos não tártaros.[31] Stálin, apesar de sua maior familiaridade com a Eurásia, também teve uma curva de aprendizado.

O federalismo, principal instrumento de Stálin, tinha começado com pouco apoio entre os bolcheviques. Enquanto, na Revolução Americana, os federalistas eram aqueles que defendiam um governo central forte, na Revolução Francesa, os que eram contra um Estado absolutista, os federalistas russos queriam enfraquecer o poder central. Foi o ponto de vista francês que influenciou Marx, que rejeitava o federalismo. (Os anarquistas eram os que apoiavam a frouxidão, a descentralização e o federalismo.)[32] Lênin havia escrito (1913) que "os marxistas são naturalmente hostis à federação e à descentralização", e explicou numa carta privada do mesmo ano que era "contra a federação por princípio" porque "enfraquece o vínculo econômico e é uma forma inadequada para um Estado único".[33] Em março de 1917, Stálin havia publicado "Contra o federalismo", argumentando que "o federalismo na Rússia não resolve nem pode resolver a questão nacional, [mas] apenas a confunde e complica com ambições quixotescas de fazer voltar a roda da história".[34] Mas a roda havia virado, e rapidamente. Em 1918, no poder, Stálin admitiu que o federalismo — não a "unificação forçada", como no regime tsarista, mas uma "união voluntária e fraterna das massas trabalhadoras de todas as nações e povos da Rússia" — era um expediente necessário, mas temporário, uma fase de "transição" em direção ao socialismo.[35] Uma comissão constitucional para a Rússia soviética foi apressadamente montada em 1º de abril de 1918, sendo Stálin o único que também era membro do Conselho dos Comissários do Povo; ele escreveu as teses que serviram de base para o projeto de documento publicado em 3 de julho, quando foi submetido à aprovação do Comitê Central. Formalmente, a Constituição foi adotada no Congresso dos Sovietes, realizado de 4 a 10 de julho — aquele que ocorreu durante o quase golpe dos SRs de esquerda em Moscou.[36] A Rússia soviética tornou-se oficialmente a República Socialista Federativa Soviética da Rússia, ou RSFSR.[37] O termo "federação" ocorria no título e nos primeiros princípios da Constituição, mas não no corpo do texto, especificando os mecanismos de governo, isto é, a federação na prática.[38] Não obstante, ainda que a maioria das entidades "autônomas" que compunham a RSFSR tenha rapidamente caído para exércitos de ocupação dos brancos e outras forças antibolcheviques, a Rússia soviética continuou a ser uma federação.

Stálin foi quem desenvolveu a lógica bolchevique para o federalismo, que, em sua descrição, implicava uma maneira de vincular os muitos povos a um único Estado integrado. "O poder soviético ainda não conseguiu tornar-se um poder popular com a mesma intensidade nas regiões de fronteira habitadas por elementos culturalmente atrasados", escreveu ele no *Pravda* (9 de abril de 1918). Para Stálin, a tarefa bolchevique era separar as massas dos nacionalistas "burgueses", promovendo "escolas, tribunais, administrações, órgãos de poder e instituições sociais, políticas e culturais em que as massas trabalhadoras [...] usem seu próprio idioma".[39] Em outras palavras, sua compreensão ia além da tutoria: mesmo que a Grande Rússia, como cultura superior, estendesse uma mão amiga aos vários povos, eles ainda precisavam de educação e propaganda em suas línguas nativas e participação na gestão de seus próprios assuntos. Temos aqui a versão comunista de uma descoberta que fora feita por missionários ortodoxos russos em áreas remotas do império: a saber, que a Bíblia precisava ser ensinada nas línguas vernáculas do império, a fim de fazer com que os não cristãos a lessem e se convertessem. Assim também seria com o comunismo. Não se tratava de uma influência direta dos missionários ortodoxos sobre o bolchevismo, mas de circunstâncias estruturalmente semelhantes que levaram a abordagens semelhantes.[40] Stálin revelou-se um missionário de facto.

A primeira discussão importante do partido sobre a questão nacional ocorreu no VIII Congresso, em março de 1919. Esse foi também o congresso que reafirmou o uso de oficiais tsaristas, cuja presença exigia comissários políticos, que solidificaram a estrutura básica de um partido-Estado dualista. Sobre a questão nacional, Bukhárin, Piatakov e outros comunistas de esquerda exigiram uma posição luxemburguista linha-dura (o fim do slogan da autodeterminação para as nações).[41] Afinal, a defesa do federalismo era a posição dos mencheviques, do Bund judaico, dos dashnaks armênios e nacionalistas ucranianos não socialistas. Lênin respondeu que as nações existiam "objetivamente" e que "não reconhecer algo que está lá fora é impossível".[42] Ele prevaleceu na votação, que identificou o nacionalismo como um "mal necessário". O congresso chegou a pôr o princípio da autodeterminação no programa do Partido Comunista, ainda que só depois de rejeitar a formulação de Stálin ("autodeterminação para as massas trabalhadoras") em favor do que foi chamado de autodeterminação do "ponto de vista histórico de classe". Na verdade, Stálin podia aceitar essa formulação, que significava que, se uma nação estava passando da democracia burguesa para a democracia soviética, então o proletariado era a classe merecedora de autodeterminação, mas, se fosse do feudalismo para a democracia burguesa, então os burgueses "nacionalistas" poderiam ser chamados para uma coalizão política.[43] Mas o mais significativo no VIII Congresso era uma resolução que estabelecia a natureza estritamente não federal do partido. "Todas as decisões do Partido Comunista russo são incondicionalmente obrigatórias em todos os ramos do partido, independentemente da composição nacional destes", declarava a resolução. "Os Comitês Centrais dos partidos comunistas ucraniano, letão e lituano gozam dos direitos dos comitês regionais do partido e estão totalmente subordinados ao Comitê Central do Partido Comunista russo."[44] Desse modo, o VIII Congresso, enquanto mantinha um estado federalista, confirmava um partido não federal. Em outras palavras, o federalismo tinha de continuar subordinado ao "proletariado".

SUPREMACIA NA EUROPA ORIENTAL

A Polônia não existiu entre 1795 e 1918. Józef Piłsudski (nascido em 1867), descendente de nobres empobrecidos, formado no mesmo ginásio de Vilnius de Félix Dzierżyński e ex-terrorista político contra o tsarismo, em nome da independência polonesa, tinha lutado na Grande Guerra ao lado das Potências Centrais, mas recusou-se a fazer um juramento de fidelidade à Alemanha, o que o levou à prisão. Em 8 de novembro de 1918, três dias antes do armistício, os alemães o libertaram; ele retornou de trem para Varsóvia, de maneira não muito diferente do retorno de Lênin para Petrogrado no ano anterior. Quando a Polônia voltou ao mapa, 123 anos após sua partição, suas fronteiras continuavam indeterminadas. Seis moedas sem valor, para não mencionar os burocratas de três impérios defuntos (Áustria, Alemanha e Rússia), mantinham-se em circulação, e crime, fome e tifo se espalhavam.[45] Piłsudski, o novo chefe de Estado, negociou a evacuação da guarnição alemã de Varsóvia, bem como de outras tropas alemãs do reino de Ober Ost, de Ludendorff (muitos deixaram suas armas para os poloneses). Ele também montou uma unidade de espionagem e sabotagem chamada Organização Militar da Polônia e, com auxílio francês, começou a improvisar um Exército. "Literalmente, tudo precisa ser reconstruído, da base para o topo", escreveu o instrutor militar francês Charles de Gaulle, que acabara de sair de um campo de prisioneiros alemão.[46] A partir do início de 1919, contra os bolcheviques de mentalidade expansionista, bem como contra os nacionalistas locais, as legiões polacas improvisadas por Piłsudski conquistaram partes da Bielorrússia, Lituânia e Ucrânia, inclusive os campos de petróleo da Galícia.[47] No outono de 1919, os poloneses se ofereceram para tomar Moscou para a Grã-Bretanha, com um exército de 500 mil, ao custo proposto de algo entre 600 mil e 1 milhão de libras esterlinas por dia; ninguém se mostrou disposto a pagar (os britânicos ainda apoiavam Deníkin).[48] Em dezembro de 1919, Piłsudski sondou Paris, em busca de apoio para uma grande ofensiva polonesa contra o bolchevismo; a França via na Polônia o bastião oriental da Paz de Versalhes, mas ofereceu apenas uma resposta ambígua.[49] Os soviéticos também apelaram à França, e nutriam a fantasia de obter ajuda militar do círculo de Ludendorff contra a Polônia.[50] No final, a Polônia e a Rússia soviética travariam uma guerra em grande parte com seus próprios recursos.

A Guerra Soviético-Polonesa de 1919-20 espelhou outras escaramuças de fronteira: Romênia com Hungria pela Transilvânia, Itália com Iugoslávia por Rijeka/Fiume, e Polônia com Alemanha por Poznań/Pomerânia e com Tchecoslováquia pela Silésia. A Grande Romênia, em especial, com sua monarquia intacta, surgiu como uma nova potência na fronteira sudoeste da Rússia soviética. Mas o conflito Varsóvia-Moscou foi maior, uma batalha de grande escala pela supremacia na Europa Oriental que moldaria profundamente o período entreguerras.[51] E também moldaria a política interna bolchevique.

Lênin e Piłsudski haviam morado na Cracóvia dos Habsburgo, na mesma rua e no mesmo período, como exilados da Rússia tsarista. Piłsudski foi preso por causa do complô para assassinar Alexandre III, o mesmo que levou à execução do irmão de Lênin. Mas a sobreposição dos mapas da Comunidade Polônia-Lituânia (1569-1795), outrora o maior Estado da Europa e do Império russo e maior Estado da história mundial, inspirou dois imperialismos concorrentes.[52] No poder, Lênin e Piłsudski lançaram um para o outro propostas de paz, em sua maioria de má-fé, e afirmaram estar empreendendo ações militares defensivas, até mesmo quando abrigavam ambições grandiosas. Lênin considerava a Polônia "burguesa" o principal campo de batalha para a revolução contra a ordem mundial de Versalhes, ou um trampolim da Entente para intervir na Rússia socialista — o que precisava ser impedido —, ou um corredor em potencial para fomentar a revolução bolchevique na Alemanha.[53] Piłsudski, um social-

-democrata e nacionalista polonês que adicionara a seu nome o título de marechal, queria uma Rússia truncada e uma Grande Polônia, na forma de uma "federação" com Bielorrússia e Lituânia dominada pelos poloneses e aliada a uma Ucrânia pequena independente.[54]

A Ucrânia, que em momentos e de maneiras diferentes fizera parte da Polônia--Lituânia e da Rússia imperial, tinha visto sua saída na dissolução dos três maiores impérios mundiais em 1918, mas, ao contrário do que aconteceu no caso da Polônia, as potências reunidas em Versalhes recusaram-se a reconhecer sua independência. Governos fantoches da Alemanha, da Rússia bolchevique e da Polônia, para não mencionar o general Deníkin, subiram e caíram, mas, em meio às reivindicações concorrentes, o interior do país continuava ingovernável para quem pretendesse governá-lo. Em abril de 1920, o líder ucraniano nacionalista deposto Simon Petliura, cujo assim chamado Diretório controlava muito pouco do território ucraniano e que estava asilado em Varsóvia, assinou uma aliança militar com Piłsudski, conhecida como Tratado de Varsóvia. Em troca da ajuda polonesa na luta por uma Ucrânia independente contra os bolcheviques, Petliura abandonou reivindicações à Galícia Oriental (centrada em Lwów/Lviv), motivo pelo qual a maioria de língua ucraniana que vivia lá o denunciou. Piłsudski enfrentou o protesto ruidoso de nacionalistas poloneses que se opunham totalmente à existência da Ucrânia, mas argumentou que as forças polonesas não poderiam guarnecer toda a enorme Ucrânia e que, tendo em vista a história do imperialismo russo, "não pode haver Polônia independente sem uma Ucrânia independente". Ao mesmo tempo, reivindicou territórios para a Polônia com grandes populações de língua ucraniana.[55] Entre esses territórios estava sua terra natal, Wilno/Vilna/Vilnius, também reivindicada por Lituânia e Bielorrússia. Além disso, os poloneses haviam capturado Minsk, também reivindicada pela Bielorrússia e até mesmo por alguns lituanos. (A Bielorrússia, em sua maior forma, abrangia as províncias russas imperiais de Grodno, Vilna, Minsk, Mogilev e Vitebsk; Brest-Litovsk ficava na província de Grodno.)

Em Moscou, em meio a essas considerações de peso, uma manifestação contra a Polônia, marcada para 22 de abril de 1920, foi adiada para que a Rússia soviética pudesse comemorar o aniversário de cinquenta anos de Lênin. Os dois principais jornais do regime foram dedicados quase que exclusivamente ao líder bolchevique, com louvores de Trótski, Zinóviev, Bukhárin e Stálin, que saudou a extirpação dos inimigos feita por Lênin.[56] Mas na reunião do regime de 23 de abril, Stálin cometeu a ousadia de lembrar os erros políticos de Lênin, entre eles suas demandas vociferantes, não atendidas, de que o golpe de outubro fosse executado antes da realização do Congresso dos Sovietes. "Sorrindo e olhando com astúcia para nós", Stálin observou, "ele disse, 'sim, vocês provavelmente estavam certos.'" Lênin não tinha medo de reconhecer seus erros.[57]

No mesmo dia, Lênin apresentou uma oferta de paz à Polônia em que cedia toda a Bielorrússia e grande parte da Ucrânia.[58] Essa proposta faria com que qualquer avanço militar polonês para o leste parecesse uma agressão não provocada. Se o marechal polonês tivesse pagado para ver o blefe bolchevique e aceitasse a oferta de paz de Lênin, das duas, uma: ou Piłsudski mostraria que ela era uma fraude, se os bolcheviques não cumprissem os termos propostos, ou obteria uma fronteira polonesa mais para o leste, sem ter de lutar. Em vez disso, em 25 de abril, citando uma suposta necessidade de se antecipar a uma ofensiva bolchevique, Piłsudski jogou pesado e enviou cerca de 50 mil soldados poloneses para a Ucrânia.[59] Ajudado por forças nacionalistas ucranianas, seu exército capturou Kiev em 7 de maio de 1920, anunciando a libertação da Ucrânia da Rússia. Na verdade, os bolcheviques haviam abandonado a cidade sem luta, buscando inflamar o sentimento russo contra os poloneses e conservar as forças vermelhas, que estavam se concentrando no norte.

Lênin não viu na marcha para o leste de Piłsudski um impulso nacionalista messiânico polonês, mas uma maquinação do imperialismo mundial, enquanto na propaganda bolchevique se tratava de um conflito baseado nas classes. "Ouçam, trabalhadores, ouçam, camponeses, ouçam, soldados do Exército Vermelho", proclamou Trótski. "A *szlatchta* [nobreza] e a burguesia polonesas nos atacaram numa guerra [...]. Morte à burguesia polonesa. Sobre seu cadáver, concluímos uma aliança com a Polônia operário-camponesa."[60] Mas o próprio Trótski advertiu em privado não esperar o apoio de um levante operário polonês.[61] Stálin, sempre atento ao poder do nacionalismo, também expressou um ceticismo inicial. Enquanto Deníkin e Koltchak não tinham nenhuma retaguarda "própria", escreveu ele no *Pravda* (25 e 26 de maio de 1920), "a retaguarda do Exército polonês parece ser homogênea e *nacionalmente* unida [...]. A retaguarda polonesa não é certamente homogênea [...] no sentido de classe, [mas] os conflitos de classe não atingiram uma intensidade capaz de prejudicar o sentimento de unidade nacional". O sentimento nacional vencendo o de classe entre os poloneses: heresia, mas verdade. Stálin, no entanto, concordava com Lênin em um ponto: também via a mão da Entente por trás da Polônia.[62] Com efeito, a própria imprudência de Piłsudski parecia, à primeira vista, um indício desse suposto apoio. Além disso, o Ministério da Guerra britânico acabaria por enviar fuzis e artilharia para ele; as armas haviam sido contratadas no ano anterior, mas, no novo contexto, pareciam apoio britânico à "agressão" polonesa. Na verdade, os britânicos, assim como os franceses, ficaram irritados com a ofensiva de Piłsudski na primavera de 1920.

Quaisquer que fossem as dimensões do confronto — nacional e internacional ou de classe —, ele começou como um confronto de excedentes militares da Grande Guerra. Talvez 8 milhões de poloneses lutaram para as Potências Centrais na Grande Guerra; 2 milhões lutaram no Exército tsarista.[63] Agora, os poloneses ainda usavam

367

seus uniformes austríacos ou alemães, nos quais fixavam um alfinete com uma águia branca. Muitos poloneses que foram prisioneiros de guerra do Ocidente tinham uniformes franceses. As tropas vermelhas, em muitos casos, usavam uniformes tsaristas, aos quais afixavam fitas vermelhas, bem como chapéus pontudos com estrelas vermelhas. Alguns poloneses também usavam seus velhos uniformes tsaristas russos.

Quanto ao campo de batalha, ele se assemelhava a um triângulo, com pontos em Varsóvia no oeste, Smolensk no norte e Khárkov no sul. Dentro do triângulo estava o pântano de Pripet, o que significava que um avanço para o oeste só poderia ocorrer em ambos os lados da floresta alagada: pelo eixo do norte Smolensk-Vilnius-Grodno-Varsóvia (a rota de Napoleão, em sentido inverso); ou através do eixo do sul Kiev-Rivne/Równe-Lublin-Varsóvia (que os soviéticos chamavam de frente sudoeste). Essas duas linhas acabavam por se encontrar, mas faltava-lhes uma única base na retaguarda ou um único quartel-general, o que complicava as operações militares dos vermelhos.[64] Mas a arremetida dos poloneses até Kiev os deixara longe de casa e vulneráveis a contra-ataques. Em uma inovação no campo de batalha, o lado russo pôs em campo o 1º Exército de Cavalaria, criado em 1919 para combater os cossacos. O líder desses equivalentes de cossacos vermelhos era Semion Budióni, um cavaleiro alto, corpulento e imponente, detentor da Medalha de São Jorge por bravura no Exército tsarista, onde havia sido primeiro-sargento. Vorochílov era o comissário político do 1º Exército de Cavalaria, o que significava que seu chefe maior era Stálin. Essa força chegou a 18 mil sabres — antigos cossacos, militantes, bandidos —, e em suas fileiras podiam-se encontrar jovens comandantes, como Gueórgi Júkov (nascido em 1896) e Semion Timochenko (nascido em 1895). Trótski, como de hábito, foi desdenhoso: depois de visitar a força de cavalaria, o comissário da guerra disse que se tratava de "uma horda", com "um comandante cossaco", acrescentando que "para onde ele leva seu bando, eles vão: para os vermelhos hoje, amanhã para os brancos".[65] Mas Budióni e seu exército, formado para combater a devastadora cavalaria cossaca dos brancos, haviam empurrado as forças de Deníkin para o mar em Novorossíisk, no sudeste, em fevereiro de 1920. Suas táticas combinavam mobilidade suprema com massa: sondavam os pontos fracos do inimigo e depois concentravam todas as forças sobre esse ponto a fim de penetrar através das linhas e causar estragos na retaguarda do inimigo, forçando assim uma retirada do inimigo em pânico, que eles convertiam barbaramente numa derrota fragorosa. Para ir de Novorossíisk à frente sudoeste, o 1º Exército de Cavalaria vermelho viajou mais de 1200 quilômetros a cavalo.[66] No final de maio de 1920, a inteligência polonesa detectou de um avião a tempestade de pó que a cavalaria vermelha estava levantando em seu caminho.[67]

Antes de a cavalaria vermelha varrer a Ucrânia, em 29 de abril de 1920, o comandante supremo vermelho Serguei Kámenev escrevera a Lênin solicitando que Mikhail

Tukhatchévski fosse colocado no comando geral do exército em campo para uma campanha polonesa.[68] Tukhatchévski não era um aristocrata qualquer: podia traçar sua ascendência até um clã nobre do Sacro Império Romano que havia servido aos príncipes de Rus no século XII. Sua mãe era camponesa. Ele se formara em primeiro lugar da turma na Escola Militar Alexandre em 1914, e escolhera a Guarda Semiónov, um dos dois regimentos mais antigos e prestigiados do império, que eram agregados à corte. "Ele era um jovem bem-proporcionado, um tanto presunçoso, que se sentia nascido para grandes coisas", relembrou um amigo.[69] Outro colega lembrou que Tukhatchévski se comportava despoticamente em relação a calouros e que "todo mundo tentava evitá-lo, com medo". (Dizia-se que três jovens cadetes disciplinados por ele haviam se suicidado.)[70] Durante a Grande Guerra, Tukhatchévski caiu prisioneiro dos alemães em junho de 1915, tornando-se um dos 5391 oficiais russos detidos como prisioneiros de guerra. Ao contrário do general Lavr Kornílov, que logo fugiu, Tukhatchévski definhou dois anos e meio em Ingolstadt, um campo de prisioneiros nos arredores de Munique (o mesmo lugar em que de Gaulle foi internado). Ele conseguiu voltar para a Rússia poucos dias antes da tomada do poder pelos bolcheviques, apresentou-se logo como voluntário ao Exército Vermelho e também entrou para o partido (abril de 1918).[71] No verão de 1918, forças brancas o capturaram em Simbirsk, mas o jovem ativista bolchevique Jonava Vareikis o resgatou.[72] No outono de 1918, Tukhatchévski esmagou os brancos em Simbirsk (cidade natal de Lênin) e, em 1919, triunfou nas terras altas dos Urais, perseguindo o exército de Koltchak até a Sibéria, onde seria aniquilado.[73] Quando falou na Academia do Estado-Maior em dezembro de 1919, delineando uma teoria da "guerra revolucionária", já era reconhecido como o principal comandante vermelho. Na primavera de 1920 sua estrela subiu ainda mais quando, no comando da frente do Cáucaso, ajudou a esmagar o exército de Deníkin. Então com 27 anos, a mesma idade de seu ídolo Napoleão durante a famosa campanha italiana, ele chegou à frente ocidental na semana em que Kiev caiu para os poloneses e começou a reunir forças para um grande ataque a noroeste.

Outro ex-oficial tsarista, Aleksandr Egórov (nascido em 1883) — um metalúrgico e tenente-coronel que havia assumido Tsarítsin depois de Vorochílov e a perdera, depois perdera Oriol para Deníkin, mas, em seguida, iniciara uma contraofensiva espetacularmente bem-sucedida — foi nomeado comandante da frente sudoeste. Era a frente para a qual Stálin havia sido recentemente nomeado comissário. Entre as responsabilidades do sudoeste estava eliminar o que restava dos brancos de Wrangel na Crimeia, mas também assumir agora um papel secundário no contra-ataque à Polônia. Em 3 de junho de 1920, Stálin telegrafou a Lênin para exigir um armistício imediato com Wrangel ou uma ofensiva total para esmagá-lo rapidamente. Lênin escreveu a Trótski horrorizado ("Isto é obviamente uma utopia"). Trótski sentiu-se ultrajado porque Stálin havia ignorado sua autoridade como chefe do Conselho Militar Revolucionário da República e ido direto a Lênin. "Isso foi possivelmente para fomentar a discórdia", admitiu Lênin. "Mas a questão deve ser discutida com urgência."[74] Nenhuma decisão imediata foi tomada em relação a Wrangel. Em 5 de junho, na Ucrânia, a cavalaria de Budióni rompeu as linhas polonesas. "Tomamos Kiev"", regozijou-se Trótski em 12 de junho, acrescentando que "os poloneses em retirada destruíram as estações de passageiros e vagões de carga, a usina elétrica, a rede de água e a catedral de Vladímir". Ele aconselhou divulgar essas histórias a fim de exercer pressão internacional sobre os poloneses para que parassem de destruir mais infraestrutura durante sua retirada.[75] Enquanto isso, os vermelhos, em seu avanço, saqueariam e profanariam tudo pelo caminho: igrejas, lojas, casas. "O cartão de visita universal dos soldados vermelhos era merda — na mobília, nas pinturas, nas camas, nos tapetes, nos livros, nas gavetas, nos pratos", explicou um escritor.[76]

Em 24 de junho de 1920, Stálin expressou publicamente dúvidas sobre a lentidão da missão na campanha da Polônia para um jornal no QG da frente sudoeste, em Khárkov: "Alguns não estão satisfeitos com os sucessos na frente e gritam 'Marcha sobre Varsóvia'", observou, em palavras evidentemente direcionadas a Tukhatchévski. "Outros não estão satisfeitos com a defesa de nossa república contra o ataque inimigo, e orgulhosamente proclamam que só podem fazer a paz com 'uma Varsóvia vermelha soviética.'"[77] Mas essas dúvidas se perderam na euforia dos sucessos no campo de batalha. Em 2 de julho, numa diretiva emitida no QG da frente ocidental em Smolensk (sua cidade natal), assinada também pelos comissários da frente ocidental Ivar Smilga e Józef Unszlicht, Tukhatchévski declarou: "Soldados da revolução operária! A hora da vingança chegou. Nossos soldados estão indo para a ofensiva em toda a frente [...]. Aqueles que participam dela esmagaram Koltchak, Deníkin e Iudénitch [...]. Que as terras arruinadas pela guerra imperialista testemunhem o ajuste de contas sangrento da revolução com o velho mundo e seus servidores [...]. No Ocidente será decidido o destino da revolução mundial. Sobre o cadáver da Polônia branca encontra-se o caminho para a conflagração mundial. Em nossas baionetas, levaremos felicidade e paz para a humanidade trabalhadora [...]. Para Vilna, Minsk e Varsóvia, marchem!".[78]

Oito dias depois, no sul, Budióni, tendo rechaçado completamente as forças polonesas, ocupou o que tinha sido o quartel-general de campo de Piłsudski, no ponto de lançamento de sua campanha ucraniana, a cidade de Równe/Rivne, e seu altamente simbólico hotel Versalhes.[79] Lênin gostava de denunciar a Polônia como a "filha bastarda" de Versalhes. O Exército Vermelho já estava junto ao rio Bug, a divisão grosseira entre o território em sua maior parte de língua polonesa e aquele de maioria ucraniana.[80] Embora Tukhatchévski já tivesse conclamado para uma marcha sobre Varsóvia, o lado vermelho continuava sem saber que estratégia adotar. Trótski, Stálin, Dzierżyński e Radek — que acabara de voltar de um ano numa prisão de Berlim e era considerado bem informado sobre os assuntos poloneses — argumentavam que uma ofensiva contra Varsóvia nunca teria sucesso, a menos que a classe trabalhadora polonesa se rebelasse, uma perspectiva remota.[81] Stálin acrescentou, numa advertência pública pelo *Pravda* (11 de julho de 1920), que "é ridículo falar de uma 'marcha sobre Varsóvia' e, mais amplamente, sobre a solidez de nossos sucessos, enquanto o perigo de Wrangel não seja liquidado".[82] Naquele mesmo dia, no entanto, Minsk caiu para as forças comandadas por Tukhatchévski. O governo da Polônia havia novamente apelado aos Aliados. O governo francês, ainda irritado com a imprudência de Piłsudski, não obstante sugeriu uma operação antibolchevique; o governo britânico, em 11 de julho, enviou aos bolcheviques uma nota assinada pelo secretário de Relações Exteriores, Lord Curzon, propondo um armistício em termos territoriais ocidentais favoráveis à Rússia soviética, um armistício com Wrangel e uma zona neutra na Crimeia (refúgio de Wrangel), acompanhada de uma severa advertência para não entrar no território polonês "etnográfico". A nota parecia estabelecer uma fronteira soviético-polonesa a cerca de oitenta quilômetros a leste do Bug (basicamente a mesma fronteira de 1797 entre a Prússia e a Rússia imperial); ela se tornaria conhecida como a linha Curzon.[83] Os poloneses ficaram atônitos: parecia que os britânicos estavam dando territórios orientais que consideravam seu patrimônio "histórico" (independentemente de quem pudesse estar vivendo lá em 1920).[84] Para Lênin, parecia que os ingleses queriam, ao estilo Gibraltar, anexar a península da Crimeia, apontando uma adaga, como a Polônia branca, contra os vermelhos; em 12-13 de julho, ele recomendou com insistência "uma aceleração frenética da ofensiva contra a Polônia".[85]

O ímpeto do campo de batalha ajudou a cumprir os desejos de Lênin: o 1º Exército de Cavalaria já havia entrado em terras polonesas. Isaac Bábel (nascido em 1894), um garoto da cidade de Odessa vinculado a uma das divisões de Budióni, manteve um diário que mais tarde usou para escrever os contos reunidos em *O Exército de Cavalaria*, fazendo poesia da selvageria.[86] O avanço paralelo ao norte de Tukhatchévski também foi liderado por cavaleiros, o 3º Corpo de Cavalaria, sob o comando de Haik Bjichkian. Conhecido como Gai Dmítrievtch Gai (nascido em 1887), ele era natural de Tabriz, na Pérsia, e filho de pai armênio e mãe persa que haviam emigrado da região do Cáucaso, mas em 1901 retornaram a Tíflis; Gai lutou pela Rússia na Grande Guerra. Embora tivesse a metade do tamanho do 1º Exército de Cavalaria que lhe servira de modelo, e não contasse com um Bábel para imortalizar suas façanhas, o 3º Corpo de Cavalaria de Gai conseguiria percorrer duas vezes o terreno com o dobro da velocidade dos sabres de Budióni, e contra as principais concentrações polonesas, cujas linhas traspassaram repetidas vezes. Pessoalmente, Gai não era páreo para Budióni em equitação, mas igualava-se nas táticas de terror e, o que é mais importante, sabia como empregar a cavalaria como ponta de lança para a infantaria.[87] (Este seria o último recurso signi-

371

ficativo à cavalaria na história da Europa.) Impaciente, Lênin instruiu o comissário das Relações Exteriores Gueórgi Tchitchérin, que estava negociando um tratado com os nacionalistas lituanos (assinado em 12 de julho), afirmando que "nenhuma dessas concessões é importante [...]. Devemos ocupar e sovietizar [...]. Precisamos, primeiro, sovietizar a Lituânia e depois devolvê-la aos lituanos".[88] Com efeito, Gai expulsou os poloneses de Wilno/Vilnius, entrando na cidade em 14 de julho, antes dos nacionalistas lituanos.[89] No dia seguinte, recebeu sua segunda Ordem da Bandeira Vermelha.[90]

Em 14 de julho, Serguei Kámenev aconselhou o comissário da Guerra Trótski que qualquer que fosse a posição que o regime adotasse em relação à nota de Curzon, com os poloneses em fuga, "seria mais desejável entrar em negociações de paz sem cessar as operações de combate".[91] Dois dias depois, o Comitê Central se reuniu para discutir, entre outras questões, a nota de Curzon; Stálin, no quartel-general da frente sudoeste, em Khárkov, era o único membro ausente do Politbiuró. Trótski insistiu nas negociações, argumentando que o Exército Vermelho e o país estavam exaustos da guerra.[92] Mas a maioria seguiu a posição de Lênin de rejeitar a mediação da Entente e continuar a ação militar.[93] Em 17 de julho, Lênin telegrafou aos dois principais comissários da linha de frente, Stálin e Smilga (frente ocidental), gabando-se de sua vitória política e instruindo-os: "Favor agilizar a ordem para uma ofensiva furiosamente intensa".[94] Já em 19 de julho, as forças de Gai tomaram Grodno. O comandante supremo Serguei Kámenev chegou a Minsk, o novo QG da frente ocidental, para fazer um levantamento da situação; por volta da meia-noite de 22-23 de julho, orientou Tukhatchévski no sentido de que Varsóvia fosse capturada até 12 de agosto, em apenas seis semanas de campanha do Exército Vermelho.[95]

Lênin havia subido ao poder denunciando a guerra "imperialista". Se tivesse aceitado a nota de Curzon como base para um acordo de paz — por vontade própria ou por conta de um cenário impensável em que Trótski e Stálin se uniriam para impor ao Politbiuró seu ceticismo bem fundamentado —, então os poloneses teriam sido forçados a aceitá-la também, ainda que com relutância. Isso poria a Ucrânia, a maior parte da Bielorrússia e a Lituânia em mãos soviéticas. Em vez disso, Lênin sonhava em acender uma chama revolucionária pan-europeia. Ele jogou pesado.

O VOO DA IMAGINAÇÃO DE LÊNIN

Moscou criou um "Comitê Revolucionário Polonês" em 23 de julho que consistia em um punhado de bolcheviques poloneses, entre eles os tchekistas Dzierżyński e Unszlicht. Nesse mesmo dia, a frente sudoeste de Stálin redirecionou suas forças da ponta avançada Lublin-Varsóvia para mais ao sul, em direção a Lwów/Lviv, capital oriental da Galícia.[96] Em parte, isso aconteceu porque a ofensiva do norte ia muito bem. Além disso, a Grande Romênia, a potência do sudeste da Europa, cujas forças haviam esmagado a República Soviética da Hungria, ocupara a Bessarábia tsarista e entrara em choque com tropas soviéticas; Stálin queria deter as forças romenas.[97] Trótski também estava preocupado que a Romênia pudesse continuar a ofensiva, agora que o Exército Vermelho havia cruzado a linha Curzon. A ocupação de Lwów/Lviv, portanto, poderia garantir o flanco soviético com a Romênia e proporcionar uma base para a ofensiva militar revolucionária na Europa Central que Lênin desejava. Liev Kámenev, que estava negociando o reconhecimento da União Soviética com os ingleses em Londres, escrevera a Lênin sobre a urgência de capturar Lwów/Lviv, porque Curzon a reconhecera como pertencente à Rússia e porque era uma porta de entrada para a Hungria.[98] Em 23 de julho, Lênin escreveu entusiasmado a Stálin sobre uma investida de sovietização até a península italiana: "Zinóviev, Bukhárin e eu também achamos que a revolução na Itália deve ser estimulada imediatamente [...]. A Hungria deve ser sovietizada, e talvez também as terras tchecas e a Romênia". Stálin, mimando Lênin, respondeu no dia seguinte, de Khárkov, que seria de fato "um pecado não incentivar a revolução na Itália [...]. Precisamos levantar âncora e avançar antes que o imperialismo consiga pouco a pouco consertar sua carroça quebrada [...] e inicie sua própria ofensiva decisiva". Stálin também observou que a Polônia já estava essencialmente "derrotada".[99]

Avanço a toda a velocidade: no eixo do norte Smolensk-Varsóvia, em 30 de julho, o Comitê Revolucionário Polonês montou um QG num palácio nobre confiscado com vista para Białystok/Belostok, uma cidade de maioria de língua iídiche.[100] Ali, o punhado de bolcheviques poloneses importados se declarou governo "provisório" de uma Polônia socialista.[101] O governo local e as organizações comunitárias locais foram dissolvidos. Fábricas, propriedades rurais e florestas foram declaradas "estatizadas". Lojas e armazéns (a maioria de donos judeus) foram saqueados.[102] "Pela sua liberdade e a nossa!", proclamava o manifesto do Comitê Revolucionário Polonês.[103] Em 1º de agosto, os exércitos de Tukhatchévski atravessaram as linhas polonesas e tomaram Brest-Litovsk, de rico simbolismo e a menos de duzentos quilômetros de Varsóvia. Seus ataques de choque, destinados a exercer pressão psicológica, além de militar, estavam cercando o inimigo, enquanto Gai saltava à frente, no flanco direito, para aniquilar os soldados poloneses em retirada. A cavalaria de Gai logo chegou à vizinhança de Toruń, a noroeste de Varsóvia e a somente 240 quilômetros de Berlim, mas ele tinha ordens para não cruzar a fronteira alemã.[104] Ao mesmo tempo, o Exército Vermelho era forçado a se alimentar dos produtos das terras que conquistava, e suas fileiras estavam murchando. "Alguns estavam descalços, outros usavam perneiras de fibra liberiana, outros, ainda, algum tipo de confecção de borracha", comentou um observador a respeito dos soldados vermelhos. Um pároco de uma cidade polonesa, dificilmente pró-soviético,

373

disse sobre os invasores do Exército Vermelho que "o coração doía diante da visão dessa turba faminta e esfarrapada".[105] Além disso, depois que o teimoso Tukhatchévski reconheceu que sua carga imprudente havia exposto seu flanco esquerdo, ele e Serguei Kámenev buscaram tardiamente cobri-lo com um deslocamento apressado para o norte das forças da frente sudoeste que estavam sob o comando de Egórov e Stálin, e transferi-las para o comando de Tukhatchévski.[106] Mas a mudança e transferência da frente sudoeste para a frente oeste polonesa nunca aconteceu.

Os bolcheviques estavam divididos a respeito de seguir adiante ou não, enquanto o campo de batalha mudava rapidamente. O governo britânico ameaçava com uma intervenção militar ou sanções contra os bolcheviques, e, em 2 de agosto, o Politbiuró (na ausência de Stálin) discutiu a possibilidade de concluir uma paz com a "Polônia burguesa", mas, para Lênin, a Polônia era tal qual a Crimeia: dois trampolins para o imperialismo mundial, em cujo pináculo ele via Londres. E assim, decidiu-se que a luta continuaria, mas a frente sudoeste deveria ser dividida, com uma parte se desviando para a frente sul (contra Wrangel) e o resto se integrando à frente ocidental de Tukhatchévski (contra Piłsudski). Porém, Stálin e Egórov resistiram. Em 3 de agosto, Lênin escreveu a Stálin: "Não entendo completamente por que você não está satisfeito com a divisão das frentes. Comunique suas razões". E concluía insistindo na "liquidação acelerada de Wrangel".[107] No dia seguinte, Lênin pediu a avaliação de Stálin. "Eu não sei, francamente, por que você precisa da minha opinião", Stálin respondeu irritado (4 de agosto), acrescentando que "a Polônia foi enfraquecida e precisa de um espaço para respirar", o que não deveria ser concedido por negociações de paz. A ofensiva para dentro da Polônia, embora não fosse ideia dele, estava agora em andamento.[108] A plenária do Comitê Central reuniu-se em 5 de agosto e endossou novamente a decisão do Politbiuró de continuar as operações militares; Serguei Kámenev repassou as ordens.[109]

Mas as principais forças sob o comando de Stálin que receberam ordem de seguir para o norte, o 1º Exército de Cavalaria de Budióni, agora cheio de cicatrizes de batalha, haviam sido cercadas perto de Lwów/Lviv, longe de Varsóvia. Elas romperam o cerco em 6 de agosto, mas estavam "em colapso por exaustão, incapazes de se mover", e buscaram um refúgio de vários dias para lamber suas feridas. Budióni também pretendia retomar o cerco sobre Lwów/Lviv e completar sua captura.[110] Além disso, Egórov e Stálin, que deveriam combater Wrangel, simplesmente não queriam entregar sua melhor cavalaria para Tukhatchévski.[111] Lênin telegrafou a Stálin em 7 de agosto dizendo que "seus sucessos contra Wrangel irão ajudar a remover a hesitação dentro do Comitê Central" a respeito de continuar as operações militares contra a Polônia, mas acrescentou que "muito depende de Varsóvia e seu destino".[112] Em 10 de agosto, as forças de Tukhatchévski já se aproximavam dos arredores de Varsóvia.[113] A necessidade de enviar Budióni para fazer conexão com Tukhatchévski parecia menor. No dia seguinte, Lênin telegrafou novamente a Stálin: "Nossa vitória é grande e será maior ainda se derrotarmos Wrangel [...]. Faça todos os esforços para tomar toda a Crimeia com um golpe imediato, a qualquer custo. Tudo depende disso".[114] Em 11 e 12 de agosto, Kámenev repetiu suas ordens para redirecionar unidades da frente sudoeste de Lwów/Lviv para Lublin.[115] Stálin ignorou tanto as ordens de Serguei Kámenev (a respeito de Lublin) como as instruções de Lênin (sobre Wrangel), numa insubordinação aparentemente flagrante.[116]

O que Stálin estava pensando? Trótski especularia que, uma vez que Tukhatchévski ia capturar Varsóvia, Stálin, pelo menos, queria Lwów/Lviv e, portanto, "estava travando sua própria guerra".[117] Mas, independentemente da vaidade de Stálin, deixar de tomar Lwów/Lviv naquele momento parecia estupidez. Os relatórios soviéticos diziam que a marcha da frente ocidental em direção a Varsóvia prosseguia esplendidamente por conta própria, enquanto as ordens de transferência para a frente sudoeste eram quase inúteis, uma vez que era quase impossível para Budióni ou outros abrir caminho até perto de Varsóvia a tempo de fazer uma diferença (os vermelhos imaginavam que a captura da capital polonesa se daria por volta de 16 de agosto).[118] Ademais, Lênin havia inicialmente aprovado a captura de Lwów/Lviv por Stálin, a fim de adquirir um trampolim revolucionário. Ainda assim, em 13 de agosto, Serguei Kámenev repetiu a ordem de transferência.[119] Stálin e Egórov responderam que suas unidades estavam imersas na batalha por Lwów/Lviv e que alterar suas tarefas de combate "era já impossível".[120] Em 14 de agosto, Stálin foi chamado a Moscou para esclarecer a disputa. (Por fim, Budióni abandonaria relutantemente o cerco de Lwów/Lviv em 20 de agosto — um erro estratégico — para ser deslocado numa direção, num dia, e noutra direção, no dia seguinte.)[121]

Mas eis a parte mais intrigante de tudo: Tukhatchévski recebeu ordem para não atacar Varsóvia diretamente e circundá-la na direção do noroeste da cidade, em parte para impedir que a Entente enviasse aos poloneses suprimentos de Danzig e do Corredor Polonês, mas com o objetivo principal de entregar aqueles territórios à Alemanha. Politicamente, a Alemanha vacilava entre o ódio do comunismo e a busca de ajuda internacional contra a Polônia. Um oficial polonês observou que o governo alemão "achava impossível conciliar sua política externa, que exigia a aniquilação da Polônia, com sua política interna, que era em grande parte orientada pelo medo de uma revolução espartaquista".[122] Na verdade, o governo alemão estava comprometido com o revisionismo das fronteiras, mas apenas por meios pacíficos; por incrível que pareça, o Exército Vermelho ia voluntariamente restaurar as fronteiras alemãs de 1914, a fim de dar um golpe de morte na Ordem de Versalhes. Alguns comandantes vermelhos da linha de frente até disseram a observadores alemães que estavam dispostos a marchar com a Alemanha contra a França.[123]

O que Lênin estava pensando? Durante todo o processo de decisão fundamental a respeito das operações na Polônia, de 19 de julho até 7 de agosto de 1920, Lênin esteve preocupado com o II Congresso da Internacional Comunista, que atraiu mais de duzentos participantes, muito mais do que o lamentável congresso de fundação de março de 1919.[124] Ao chegarem a Petrogrado, local da primeira vitória socialista, eles foram recebidos com uma suntuosa refeição no Grande Salão do Smólni, participaram de uma marcha com os trabalhadores e, depois, na antiga bolsa de valores, assistiram a uma peça teatral de época, interpretada por um elenco de milhares, intitulada *Espetáculo dos dois mundos*. Lênin, em seu discurso de abertura, profetizou que o Tratado de Versalhes teria o mesmo destino que o de Brest-Litovsk.[125] Quando os delegados viajaram a Moscou, para continuar o congresso, as autoridades bolcheviques reuniram na capital vermelha o que alegaram ser 250 mil operários para cumprimentá-los (os trabalhadores ganharam folga remunerada para aparecer, seguida de minibanquetes nas cantinas).[126] O congresso foi retomado no antigo Salão de Vladímir, uma sala do trono do Kremlin medieval. (Os delegados foram alojados no Delovói Dvor, um antigo hotel e empório de Moscou.) *Esquerdismo, doença infantil do comunismo*, obra em que Lênin criticava quase todos os socialistas não bolcheviques e escrita em abril de 1920, saiu em junho em russo, e, em julho, em alemão, inglês e francês; cada delegado recebeu um exemplar. Do ponto de vista das questões mais imediatas, as sessões do congresso debruçaram-se sobre um imenso mapa da Polônia, no qual os avanços do Exército Vermelho eram marcados sempre que chegavam novas notícias. Esse foi o contexto em que Lênin enviara o entusiasmado telegrama de 23 de julho sobre ir além da Polônia, em que dizia que "a situação no Comintern é esplêndida".[127]

O congresso veio na esteira de manifestações de massa contra o colonialismo na Coreia e na China, e, embora as maiores delegações não russas fossem da Alemanha, Itália e França, o segundo congresso contou com pelo menos trinta delegados asiáticos, em comparação com o I Congresso do Comintern, cuja escassa representação asiática tivera apenas alguns exilados chineses e coreanos. Lênin enfatizou que "o mundo inteiro está agora dividido em um grande número de nações oprimidas e um número muito pequeno de nações opressoras que são extremamente ricas e fortes no sentido militar", e que a Rússia soviética estava liderando essa luta. O que ele não disse diretamente no congresso do Comintern foi que a Alemanha, seu aliado desde 1917, deveria ajudar a esmagar o imperialismo mundial e Versalhes.

Nisso estava a fonte da manobra militar imprudente de Tukhatchévski para recuperar Danzig e o Corredor Polonês para a Alemanha. Instigadas por Lênin, as tropas de Tukhatchévski ao norte de Varsóvia entraram num vazio, sem reservas, e com um flanco esquerdo ainda totalmente exposto (o mais próximo de Varsóvia). Ele teve de supor ou ter a esperança de que, em seu recuo, Piłsudski não conseguiria se reagrupar.

O líder polonês havia recuado todas as forças polonesas até as portas de Varsóvia, facilitando o avanço inebriante de Tukhatchévski, mas também ganhando tempo. Ainda assim, o marechal polaco não gozava nada de seu prestígio posterior, tendo conduzido seu partido político pré-1914 à divisão, suas legiões na Grande Guerra ao confinamento e sua invasão da Ucrânia a uma invasão da Polônia. A Entente o considerava um cadáver político e militar, e o mesmo pensavam Lênin e Tukhatchévski. Mas na mesma manhã do dia em que os bolcheviques esperavam pela queda de Varsóvia (16 de agosto), Piłsudski lançou uma contraofensiva: cinco divisões atravessaram uma abertura de quase 160 quilômetros na ala esquerda de Tukhatchévski, avançando mais de sessenta quilômetros em 24 horas, sem encontrar o Exército Vermelho. Piłsudski começou a suspeitar de uma armadilha e visitou de carro o front, em busca do inimigo. Ao cair da noite, os poloneses, aprofundados na retaguarda de Tukhatchévski, já haviam tomado as armas pesadas soviéticas, que estavam sendo levadas para bombardear Varsóvia.

Choque! Em 17 de agosto, o *Pravda* ainda noticiava que "as tropas brancas polonesas fogem sob os ataques do punho operário-camponês". Naquele mesmo dia, Stálin, que estava em Moscou porque fora chamado de Khárkov, pediu para ser liberado de todos os seus deveres militares. Tukhatchévski, no QG de Minsk, tomou conhecimento tardio do rompimento de sua ala esquerda pelos poloneses e ordenou uma retirada. "Anos depois, ele diria a respeito daquele dia que havia envelhecido dez anos", observou um contemporâneo.[128] Serguei Kámenev telefonou para Minsk, logo após a meia-noite de 18-19 de agosto, exigindo saber por que o contra-ataque polonês havia sido uma surpresa, o que revelava sua profunda ignorância.[129] Em 19 de agosto, Lênin implorou desesperadamente a Radek, que acabara de ser acrescentado ao "governo" do Comitê Revolucionário Polonês que se preparava para instalar-se em Varsóvia, para "ir diretamente a Dzierżyński e insistir em que a nobreza e os cúlaques fossem destruídos impiedosamente, de forma mais rápida e enérgica" e "que os camponeses sejam ajudados efetivamente a tomar terras e florestas".[130] Já no dia seguinte, no entanto, Lênin informou Liev Kámenev, em Londres, que "é pouco provável que tomemos Varsóvia em breve".[131] O *Pravda* (de 21 de agosto) lamentou: "Apenas uma semana atrás, tivemos relatos brilhantes da frente polonesa". Kámenev respondeu que "a política da baioneta, como de costume, entrou em colapso 'devido a circunstâncias imprevistas'" — uma censura indisfarçável a Lênin.[132]

Piłsudski obteve uma vitória espetacular, o "milagre do Vístula". Na retirada que se seguiu, Tukhatchévski perdeu três de seus cinco exércitos, um aniquilado e dois que fugiram; os outros dois ficaram gravemente mutilados.[133] Foi uma derrota avassaladora, do tipo que muitas vezes acaba com carreiras militares. Gai fugiu com sua famosa cavalaria para a Prússia Oriental alemã, onde foram desarmados e presos.[134] As acusações foram inevitáveis. Uma vez que a força total do Exército Vermelho no assalto final a Varsóvia foi de 137 mil homens e as operações vermelhas na Crimeia e Lwów/ Lvov combinadas mobilizaram 148 mil soldados, essas tropas foram consideradas o fator decisivo ausente. E Egórov e Stálin não haviam feito a transferência delas.[135] Não importava que a transferência em tempo da cavalaria de Budióni não fosse uma tarefa simples. Uma ordem havia sido dada. Em 1º de setembro de 1920, o Politbiuró aceitou a renúncia de Stálin de seus postos militares.[136] O caminho estava aberto para fazer de sua insubordinação o bode expiatório. E o exército de Piłsudski ainda estava em marcha para o leste.

POVOS DO ORIENTE

No Cáucaso Sul (conhecido em russo como Transcaucásia), após a dissolução simultânea dos impérios Otomano e Russo (e, no caso da Armênia, depois dos confrontos militares com os otomanos), Armênia, Azerbaijão e Geórgia emergiram como Estados independentes. Mas em 27 de abril de 1920, sem disparar um tiro, o Exército Vermelho bolchevique capturou Baku, capital do governo do Partido Musavat, o partido nacionalista do Azerbaijão, cuja bandeira combinava o azul, que simbolizava a civilização turca, o verde do Islã e o vermelho do socialismo europeu. O bolchevique georgiano Grigol "Sergo" Ordjonikidze (o principal comissário político) e ninguém menos que Tukhatchévski (comandante militar) haviam encontrado um momento oportuno para atacar quando os azerbaijanos decidiram enviar 20 mil dos 30 mil soldados de seu Exército para reagir aos choques entre as comunidades de armênios e azerbaijanos em uma região de montanha disputada conhecida como Karabakh.[137] Além disso, Baku — exceção numa região muçulmana — tinha uma população substancial de operários fabris, alguns dos quais pertenciam ao partido bolchevique e viam com bons olhos uma invasão vermelha. Com efeito, Baku, em um dos casos em que Stálin e Trótski concordavam, tornou-se um trampolim. Na madrugada de 18 de maio de 1920, uma força naval soviética de talvez treze canhoneiras, que misturava marinheiros soviéticos, infantaria e cavalaria do Azerbaijão soviético e estivadores iranianos de Baku, invadiu o Irã, em busca de navios e munições russos anteriormente controlados pelo líder militar branco Deníkin e agora nas mãos de uma ocupação militar britânica do Irã.[138]

O desembarque foi liderado por Fiódor Raskólnikov, bem como por Ordjonikidze (o comissário), que achava que os britânicos poderiam tentar reequipar os navios e enviá-los de volta à ação contra os vermelhos. Mas os militares britânicos entregaram tudo e se retiraram para o interior, em direção a Teerã. "A política colonial inglesa se defrontou com as verdadeiras forças do Estado dos Trabalhadores em Anzali e sofreu uma derrota", escreveu a jornalista soviética Larissa Reisner, que era casada com Raskólnikov.[139] Em 24 de maio, Mirza Kuchek Khan (nascido em 1880), líder de um movimento anticolonial e constitucionalista de longa data na floresta de Gilan, no norte do Irã, que se opunha ao envolvimento tanto de russos como de britânicos, foi convencido a tirar proveito da incursão vermelha e, citando a alegação bolchevique de ser anti-imperialista, declarou-se chefe de uma República Socialista Soviética da Pérsia, na província de Gilan.[140] Liev Karakhan, um funcionário das Relações Exteriores que acompanhava a força invasora, telegrafou a Moscou para dizer que "os trabalhadores e os democratas burgueses devem ser unidos em nome da liberdade da Pérsia e instigados a se levantar contra os britânicos e expulsá-los do país", embora advertisse contra a sovietização completa, tendo em vista o subdesenvolvimento.[141] Mas Gueórgi Tchitchérin, comissário das Relações Exteriores, queixou-se amargamente a Lênin, descartando o episódio como "república de Gilan de Stálin".[142]

A coalizão de Kuchek — ultraesquerdistas e constitucionalistas, anarquistas e chefes curdos anti-imperialistas e russos — era instável, e ele abjurou do papel de autocrata ao estilo de Lênin; com efeito, saiu da capital da província (Resht) e voltou para a floresta em julho de 1920, permitindo que agentes soviéticos e comunistas iranianos assumissem o poder.[143] Os bolcheviques do Irã pensavam em combinar sua força heterogênea de 1500 guerrilheiros da floresta iranianos, azerbaijanos de ambos os lados da fronteira, curdos e armênios com reforços do Exército Vermelho em uma marcha sobre Teerã. Isso nunca aconteceu, devido a forças contrárias iranianas. Mas, entusiasmado com o sucesso no norte do Irã, Ordjonikidze ajudou a sugerir e planejar, a partir do final de julho de 1920, o que seria um Congresso dos Povos do Oriente que ocorreria em Baku, agora a vitrine de Moscou no Cáspio para atrair os muçulmanos.[144]

O Congresso dos Povos do Oriente, a maior reunião até então sob a égide do Comintern, foi inaugurado em 1º de setembro de 1920, não muito depois do fracasso bolchevique no Ocidente contra a Polônia. O Comintern visava reunir as "massas escravizadas" de Turquia, Armênia e Pérsia, e, como que por encomenda, o Tratado de Sèvres de 20 de agosto de 1920, que a Entente impôs ao Império Otomano derrotado, revelava o que britânicos e franceses pretendiam do Oriente Próximo: foram confirmadas as concessões petrolíferas e comerciais para Inglaterra e França em terras otomanas, as propriedades alemãs foram tomadas pela Entente e a partição das terras otomanas — um dos objetivos de guerra secretos da Entente — se iniciou com a declaração de mandatos e protetorados. Enquanto isso, em Baku, reuniam-se quase 1900 delegados, cerca de 60% dos quais eram mulheres; os maiores contingentes eram de línguas turca e persa, seguidos de armênios e russos e, depois, georgianos. Compareceram também delegações da Índia (quinze participantes) e China (oito). Um número substancial, talvez a maioria dos participantes, não era de comunistas, mas de nacionalistas radicais.[145] O manifesto do congresso exigia a "libertação de toda a humanidade do jugo da escravidão capitalista e imperialista".[146] Os discursos russos foram instantaneamente traduzidos para o turco azerbaijano e persa. Karl Radek, o exilado húngaro Béla Kun e o norte-americano John Reed fizeram discursos, mas o principal orador foi Zinóviev, presidente do Comintern. "Irmãos", ele bradou, "convocamos vocês para uma guerra santa, em primeiro lugar contra o imperialismo britânico!" (*Aplausos turbulentos, gritos prolongados de "Hurra". Os membros do congresso levantam-se, brandindo suas armas. O orador não consegue continuar por algum tempo. Todos os delegados se levantam e aplaudem. Gritos de "Juramos fazer isso".*)[147]

Na verdade, a política do Comintern estava dividida em relação ao mundo colonial. Lênin havia argumentado que, tendo em vista o tamanho limitado do proletariado colonial, os partidos comunistas de lá precisavam entrar em coligações com os nacionalistas burgueses para emancipar os povos coloniais das potências imperialistas. Mas outros, como Manabendra Nath Roy, de Bengala, insistiam que os comunistas em cenários coloniais deveriam se preparar para tomar o poder eles mesmos. Alguns delegados achavam que a primeira estratégia não excluía uma mudança para a segunda no momento oportuno.[148] Mas Roy se recusou a participar do congresso de Baku, dizendo que se tratava do "circo de Zinóviev".[149]

Stálin não foi ao congresso de Baku — a guerra polonesa ainda estava em andamento —, mas, por ser comissário das Nacionalidades, tivera mais contato com as minorias nacionais comunistas da Rússia soviética do que qualquer outra figura do comando bolchevique.[150] Não que apreciasse as brigas intermináveis entre os representantes nacionais que alimentavam queixas sem fim e reivindicações sem limites. Seu adjunto, Stanisław Pestkowski, relembrou que Stálin "desaparecia de repente, fazendo-o com habilidade extraordinária: 'só por um instante', ele desaparecia da sala e se escondia em um dos recantos do Smólni e, mais tarde, do Kremlin. Era impossível encontrá-lo. No início, costumávamos esperar por ele. Mas, por fim, adiávamos a reunião".[151] Mais tarde, durante a guerra civil, Stálin esteve quase sempre longe no front.[152] Mesmo quando aparecia no comissariado, tendia a minar os esforços da equipe para regularizar um processo de decisão política (suas decisões sem consulta os levaram a reclamar junto ao Comitê Central).[153] O comissariado não tinha jurisdição sobre lugares como Azerbaijão, Bielorrússia ou Ucrânia, os quais, mesmo quando ressovietizados, eram formalmente independentes da Rússia soviética. O mandato do comissariado tampouco se estendia à maioria da população da Rússia soviética (os russos); em vez disso, dizia respeito aos 22% na RSFSR que constituíam minorias nacionais. Mas, quanto a isso, Stálin havia cultivado um círculo de radicais muçulmanos jocosamente chamado de "xaria-itas soviéticos", em particular o basquírio Akhmetzaki Valídi (nascido em 1890) e o tártaro Mirsäyet Soltangäliev (nascido em 1892).

Tártaros e basquírios, que viviam ao norte do mar Cáspio — eram os muçulmanos mais setentrionais do mundo —, eram ambos povos de língua turca, mas os tártaros eram sedentários e muito mais numerosos, enquanto os basquírios permaneciam seminômades. Eles se misturavam. O tártaro Soltangäliev, nascido em uma aldeia perto de Ufa (Basquíria), era filho de um professor de uma *maktaba*, onde estudou pelo "novo método" (Jadid) do modernizador muçulmano Ismail Gasprínski. Além do tártaro e do árabe, o pai de Soltangäliev lhe ensinou russo, o que lhe permitiu entrar na Escola Pedagógica de Kazan, uma incubadora da elite tártara, inclusive da maioria dos bolcheviques tártaros.[154] Em 1917, em resposta a colegas muçulmanos que o acusavam de traição por ter cooperado com os bolcheviques, Soltangäliev explicou que "eles também declararam guerra ao imperialismo inglês, que oprime Índia, Egito, Afeganistão, Pérsia e Arábia. Eles também são os únicos que levantaram armas contra o imperialismo francês, que escraviza Marrocos, Argélia e outros países árabes da África. Como eu não poderia passar para o lado deles?".[155] Ele ajudou a organizar a defesa de Kazan contra os brancos, e, embora fosse um indisfarçável imperialista tártaro dentro da Rússia e um pan-turaniano cujas ambições se estendiam de Kazan ao Irã e ao Afeganistão, Turquia e Arábia, Stálin fez dele o mais poderoso muçulmano comunista da Rússia, nomeando-o chefe do Escritório Central das Organizações Comunistas dos Povos do Oriente. Informalmente, ele era conhecido como o presidente do Partido Comunista muçulmano, embora essa entidade não existisse. Quanto ao turcologista basquírio Valídi, ele não era comunista, mas um socialista moderado e patriota basquírio que fez um caminho diferente para chegar a Stálin: durante os dias negros da guerra civil contra Koltchak, Valídi se ofereceu para desistir de liderar seus 6500 soldados basquírios contra os vermelhos e voltar suas armas contra o almirante. Stálin, em conexão com as negociações com Valídi em Moscou, publicou um artigo insinuante no *Pravda*, "Nossas tarefas no Oriente" (2 de março de 1919), em que observava que os 30 milhões de habitantes de língua turca e persa da Rússia soviética "apresentam uma rica diversidade de povos culturalmente atrasados que estão ou presos na Idade Média ou só recentemente entraram no reino do desenvolvimento capitalista [...]. Suas limitações culturais e seu atraso, que não podem ser eliminados de um único golpe, fazem com que sejam levados em conta (e assim continuarão) na questão da construção do poder soviético no Oriente". Tratava-se de um desafio a ser enfrentado.[156]

As conversações de Stálin com os basquírios coincidiram com o I Congresso do Comintern e, depois, com o VIII Congresso do Partido, e, em Moscou, Valídi descobriu que, em comparação com os luxemburguistas antinacionalistas que conhecera, "Lênin e Stálin pareciam realmente ser pessoas muito positivas". Valídi também se encontrou com Trótski e notou que ele e Stálin se odiavam (e competiam para agradar-lhe). Mais adiante, percebeu que Stálin era um provocador. Valídi recordaria como, um pouco mais tarde, na Ucrânia, Stálin o convidou para visitá-lo em seu trem da guerra civil, num vagão da era tsarista. "Bebemos vinho georgiano e comemos frango grelhado", escreveu. "Stálin era afetuoso. Tocando em meus sentimentos, ele disse que era um oriental, que trabalhava exclusivamente para nós, povos orientais, representantes de pequenas nações oprimidas. Todos os nossos infortúnios decorriam de Trótski, a quem ele chamou de judeu internacionalista. Ele [Stálin] nos compreendia bem, porque era filho de um escritor georgiano, e ele mesmo havia crescido em um meio nacionalista. Acusou os russos de chauvinismo e os amaldiçoou. Ele, tal como Lênin, disse que eu deveria trabalhar no nível de toda a Rússia, e não me envolver muito na gestão de uma pequena nação: todas as nações irão gradualmente obter direitos."[157] Essa postura asiática era um lado de Stálin que quase ninguém via.[158]

A recompensa de Valídi por trair Koltchak na véspera da planejada ofensiva de primavera dos brancos foi a criação da República Socialista Soviética Autônoma da Basquíria, com um tratado assinado em 20 de março de 1919, terceiro dia do VIII Congresso do Partido (Lênin se apressara para chegar a um acordo que serviria de modelo para o congresso). Os comandantes militares basquírios que haviam sido da Guarda Branca foram subitamente transformados em Comitê Revolucionário Basquírio, numa reviravolta que nenhum dos lados via com confiança.[159] (Valídi admitiria que escondera de seus homens as negociações com as autoridades soviéticas.)[160] Na época da Rússia imperial, os basquírios, que talvez fossem 2 milhões, espalhados pelas encostas do sudoeste dos Urais, nunca foram servos e conseguiram manter seu próprio exército. Valídi, que desenhou o mapa de sua autonomia, não maximizava território, mas população étnica, e de uma maneira que minimizaria a inclusão de colonos russos. O resultado foi uma Basquíria Menor.[161] De qualquer modo, os nacionalistas tártaros ficaram furiosos: o sonho de uma Grande Tartária que abrangia a Basquíria sofrera um golpe mortal.[162]

A criação por Stálin de uma República Basquíria em 1919 — tal como a fracassada tentativa anterior de uma união de tártaros e basquírios — não decorria de uma estratégia bem pensada de dividir para reinar em âmbito nacional; antes, era um improviso que visava dividir as forças antibolcheviques.[163] No campo, porém, aconteceu um desastre. Comunistas russos e não basquírios entraram na região e sabotaram direta e indiretamente a autonomia: eles estavam lutando para criar um mundo comunista, não pelos "direitos" de alguma pequena nação. Por sua vez, oficiais do Exército Vermelho local entenderam o acordo como uma rendição e trataram de desarmar e prender os combatentes basquírios, provocando revolta. Além disso, a horda da cavalaria vermelha promoveu saques, assassinatos e estupros. O seu principal comandante, ninguém menos que o cavaleiro Gai, tentou sem sucesso conter a indisciplina (mais tarde ele foi acusado de ser um armênio e com toda probabilidade deliberadamente antimuçulmano).[164] Gai recusou as súplicas de Valídi para permitir que as unidades basquírias permanecessem intactas, mas o resultado foi que o 1º Regimento de Cavalaria basquírio conseguiu se reconstituir — do lado de Koltchak. Valídi enviou um telegrama desesperado a Stálin sobre os mal-entendidos e as atrocidades. (Stálin, na distância de Moscou, o convidou para discussões.)[165] Apenas um avanço branco pôs fim à bacanal de violência do Exército Vermelho, mas, depois que os brancos foram expulsos novamente, os vermelhos executaram uma "vingança" em cima dos basquírios. O derramamento de sangue e as recriminações amargas tornaram-se uma questão de debate nacional, o que levou o Politbiuró, em abril de 1920, a nomear uma comissão basquíria chefiada por Stálin. Valídi foi convocado a Moscou e lhe disseram que ele era necessário lá, evidentemente para separá-lo de sua base na Basquíria. Stálin disse a ele que fora Trótski quem decidira detê-lo em Moscou, e que Trótski e Dzierżyński estavam preocupados com a crescente autoridade de Valídi nas províncias orientais.[166] Valídi reuniu-se com a "comissão" basquíria e Kámenev lhe disse que estavam expandindo a Basquíria para incluir Ufa e outras regiões de maiorias russas.[167] Severas restrições à autonomia dos basquírios foram promulgadas em 19 de maio de 1920: as forças militares, os suprimentos, as finanças e muitas outras coisas foram subordinadas diretamente à RSFSR.[168] O Politbiuró se sentiu constrangido a declarar que a República Autônoma da Basquíria "não era um acaso, um fenômeno temporário [...], mas uma parte orgânica e autônoma da RSFSR" — uma indicação da existência dos que duvidavam, em todos os lados.[169]

A "autonomia" circunscrita da Basquíria tornou-se um modelo. Entre 1920 e 1923, a RSFSR criaria dezessete repúblicas e províncias autônomas nacionais em seu território.[170] A próxima foi a Tartária. Mesmo sem a Basquíria (por enquanto), Soltangäliev tentou mais uma vez fazer Lênin aceitar um grande Estado turco da Tartária, ligado ao Turquestão e à estepe cazaque, sob liderança tártara, algo semelhante à federação polonesa imaginada por Piłsudski, que incluiria Ucrânia, Bielorrússia e Lituânia. Em vez disso, em 27 de maio de 1920, foi declarada uma pequena República Socialista Soviética Autônoma da Tartária, que incluía somente 1,5 milhão dos 4,2 milhões de tártaros da Rússia (não somente ficavam de fora três quartos dos tártaros do país, como os tártaros se tornavam a maioria na Basquíria).[171] Além disso, em vez de Soltangäliev, Stálin escolheu, para chefiar o governo tártaro, Sahib Garei Said-Galíev (nascido em 1894), um homem com muito menos seguidores entre os muçulmanos de fora da Tartária, menos nacionalista, mais obediente e inimigo intransigente de Soltangäliev. Said-Galíev logo acusou Soltangäliev de tentar matá-lo; este respondeu que o pretenso assassinato foi simulado para desacreditá-lo; uma investigação de Moscou foi inconclusiva, exceto em estabelecer que Said-Galíev passava grande parte de seu tempo sentado, bebendo chá e brigando.[172] Soltangäliev e seus partidários continuaram decididos a usar todas as armas ao seu alcance para transformar Kazan em uma capital muçulmana para o Oriente.[173] Por sua vez, Valídi e seus seguidores conspiraram secretamente para sair de seus cargos oficiais e se opor ao regime soviético pela força. Em junho de 1920, desapareceram na clandestinidade, juntando-se aos "basmatchi" no Turquestão. (O epíteto derivava provavelmente da palavra turca "basmaci", e conotava saqueadores ou bandidos de fronteira, análogos ao cossacos; era geralmente aplicado pelos falantes de russo a todos os muçulmanos que realizavam guerra de guerrilhas ou outro tipo de resistência ao regime bolchevique.) Na Repúbica Socialista Soviética Autônoma da Basquíria, comunistas russos furiosos, que haviam deixado os contrarrevolucionários escaparem, expurgaram os funcionários basquírios restantes e instituíram outro terror contra os basquírios.[174] As deserções provocaram um escândalo que poderia prejudicar Stálin politicamente: afinal, Valídi era visto como seu protegido.

Em setembro de 1920, quando se iniciou o Congresso dos Povos do Oriente em Baku, Mirsäyet Soltangäliev, que havia sido um dos proponentes originais e convidado a falar, não estava nem por perto: Stálin o impedira até mesmo de assistir ao congresso. Mas Valídi escapou de uma caçada da Tcheká, viajou do Turquestão por via férrea e outros meios para Baku e participou do evento, embora a polícia política estivesse varrendo a cidade à sua procura.[175] Em 12 de setembro, Valídi escreveu uma carta a Lênin, Stálin, Trótski e Ríkov em que dizia que a política soviética para as minorias nacionais equivalia à prática colonial tsarista, e reclamava que Stálin o havia enganado. Ele considerava o georgiano "um ditador insincero e mascarado que joga com as pessoas". Stálin tentou atrair Valídi a Moscou, supostamente enviando-lhe uma mensagem em que observava que ele era "muito mais inteligente e mais enérgico do que Soltangäliev", "uma pessoa extraordinária e poderosa, com caráter e força de vontade, alguém que faz acontecer", que tinha provado ser "capaz de criar um exército a partir dos basmatchi". Valídi nunca seria apanhado.[176]

UMA ARCA NA ÁSIA CENTRAL

No antigo Turquestão tsarista, surgiram vários centros candidatos à autoridade. O domínio bolchevique entre os turcomanos fora rapidamente derrubado em 1918 e substituído por um governo transcaspiano antibolchevique, que era em grande medida proletário, mas sua necessidade desesperada de requisitar cereais também provocou revolta, e o "governo" transcaspiano foi reduzido a uma vaga presença nas cidades. Ele foi afastado por tropas do Exército Vermelho em luta com as forças de Koltchak, na Sibéria, que atacaram e conquistaram Merv e Achkhabad (julho de 1919), Kizil Arvat (outubro de 1919) e, por fim, a capital turcomana de Krasnovodsk (fevereiro de 1920). Mais para o interior, um segundo grande centro de poder, Tachkent, era controlado pelo soviete local dominado pelos eslavos, que, como vimos, havia massacrado a Autonomia de Kokand muçulmana em fevereiro de 1918. O Soviete de Tachkent sobreviveu a um golpe interno em janeiro de 1919, aplicado pelo seu próprio comissário da Guerra, que conseguiu executar catorze destacados comunistas locais, mas depois "passou a embebedar-se", de acordo com uma testemunha ocular britânica, e foi derrubado por um destacamento de prisioneiros de guerra húngaros que ainda estavam por lá.[177] Um Terror Vermelho suntuoso matou cerca de 4 mil vítimas, além das mortes por falta de alimentos, enquanto Stálin instruía o Soviete de Tachkent, em 12 de fevereiro de 1919, "a elevar o nível cultural das massas trabalhadoras e educá-las de uma maneira socialista, promover uma literatura nas línguas locais, nomear pessoas do lugar que estejam mais estreitamente relacionadas com o proletariado das organizações soviéticas e atraí-las para o trabalho de administrar o território".[178] Tropas do Exército Vermelho chegaram a Tachkent sob o comando de Mikhail Frunze, um rapaz camponês que tinha mãe russa e pai moldavo, enfermeiro do Exército que servira no Turquestão tsarista, onde o menino nasceu. Frunze não possuía nenhum treinamento militar especial, mas, em novembro de 1919, começou a fortalecer a insurgência contra a resistência basmatchi.[179] Os últimos centros de autoridade no Turquestão eram os dois pequenos "emirados" de Khiva e Bukhara, que haviam gozado de estatuto especial na Rússia tsarista e, depois de 1917, não caíram sob o controle vermelho. Pareciam joias cintilantes sob vidro mal protegido diante de ladrões bem armados.

Bukhara tinha status de ícone no mundo muçulmano do interior da Ásia por ser um tradicional centro de ensino islâmico e de mestres sufis, e alguns bolcheviques alertaram para as consequências de uma tomada à força.[180] Na primavera de 1920, Gerch Broido, representante das Relações Exteriores que estava de saída da comissão do Turquestão, escreveu a Lênin: "Acho que, no sentido militar, não seria difícil esmagar o exército deles, mas isso criaria uma situação de guerra prolongada em que o Exército Vermelho viria a ser não o libertador, mas o ocupante, e os guerreiros de Bukhara serão vistos como defensores [...]. Os reacionários usarão essa situação". Uma invasão militar, ele alertou, poderia até unir amplamente povos muçulmanos e turcos contra o regime soviético.[181] Frunze, no entanto, não seria dissuadido. Khiva foi tomada em primeiro lugar, e, em junho de 1920, foi declarada a República Soviética Popular de Khorezm. Depois, em 24 de julho de 1920, Frunze escreveu a Lênin, explicando que, no que dizia respeito a Bukhara, a espera da revolução que viesse de dentro demoraria uma eternidade, e instando a fazer a "revolução de fora".[182] Os preparativos para invadir Bukhara foram simultâneos ao avanço final do Exército Vermelho em direção a Varsóvia. A partir de 30 de agosto de 1920, depois que um pequeno grupo de turcos comunistas encenou uma "revolta" e pediu "ajuda", as forças do Exército Vermelho atacaram o emirado de Bukhara com cerca de 15 mil soldados. Os defensores tinham pelo menos o dobro desse número, incluindo os irregulares, mas os vermelhos tinham armas superiores, inclusive onze aviões, e bombardearam mesquitas e minaretes antigos da cidade, caravanas, santuários e túmulos. Em 2 de setembro, tomaram a enorme fortaleza de Arca do emir, seguindo-se incêndios de grandes proporções e saques em massa — cafetãs de seda, joias e até mesmo pedras. Pode-se imaginar o destino que teve o harém. Em 4 de setembro, Frunze emitiu uma ordem para deter a pilhagem, ameaçando os soldados com execução, mas serviu-se de espadas finas e outros troféus. Consta que os maiores despojos vieram dos cofres do emir, que a dinastia havia acumulado ao longo dos séculos e foram estimados em 15 milhões de rublos em ouro; o tesouro foi "transferido" para Tachkent. O emir, por sua vez, fugiu para o Afeganistão, e pode ter levado consigo uma parte do tesouro.[183] Era o último descendente direto de Gêngis Khan, o líder mongol do século XII, a reinar em algum lugar do mundo.

Frunze foi transferido para a Crimeia, onde comandaria as operações que logo expulsariam o exército do barão Wrangel para o exílio, acabando para sempre com a resistência dos brancos e cumulando o comandante vermelho com todas as honras militares. Mas a transferência de Frunze para fora do Turquestão foi ensombrecida por relatórios enviados a Moscou sobre o saque vergonhoso de suas tropas e a destruição gratuita de Bukhara.[184] A notícia da pilhagem do ouro se espalhou por todo o Oriente, prejudicando a reputação dos soviéticos.[185] Jēkabs Peterss, o plenipotenciário da Tcheká no Turquestão, escreveu a Dzierżyński e Lênin, pelas costas de Frunze, sobre o mau comportamento militar. Em toda a Eurásia, os vermelhos estavam lutando entre si pelos despojos de guerra e pelas prerrogativas do poder sem prestação de contas — agentes da polícia contra oficiais do Exército, burocratas do partido contra a polícia, plenipotenciários nacionais contra potentados regionais. As denúncias inundaram Moscou; pessoas "inconvenientes" caíram em desgraça ou foram simplesmente fuziladas. Mas raramente esse tipo de acerto atingiu o nível do que aconteceu no Turquestão, e raramente pareceu envolver altos princípios.

Peterss, um letão que havia nascido em 1886 numa região do mar Báltico no extremo noroeste do país, enfrentou Frunze, um moldavo de uma região junto ao mar Negro no extremo sudoeste do país que havia nascido em Pichpek, em 1885, à sombra das montanhas Pamir, no leste profundo. Peterss não era um carreirista calculista tentando escalar o pau de sebo: ele já estava no topo absoluto, com o prestígio de ser um dos fundadores da Tcheká; havia inclusive substituído Dzierżyński na sua direção por um breve período (durante o fiasco dos SRs de esquerda, quando Dzierżyński foi feito refém). É certo que Peterss não estava acima de fraudar a verdade: em sua biografia para o partido, por exemplo, alegava ser filho de um camponês pobre, depois de ter dito a uma jornalista americana que seu pai tinha muitas terras e mão de obra contratada, mas todo mundo fazia isso. (Inevitavelmente, a mulher achou que ele era "um rapazinho intenso, rápido, nervoso, com um emaranhado de cabelos pretos encaracolados, nariz arrebitado que dava ao seu rosto uma sugestão de ponto de interrogação, e um par de olhos azuis cheios de ternura".)[186] Peterss tampouco tinha o menor melindre no processo da revolução e na luta de classes: em 1919, em Petrogrado, havia comandado execuções em massa de personagens do antigo regime, que identificou através do catálogo telefônico. Corrupção, no entanto, ele não tolerava: era da velha escola. Após o saque de Bukhara, prendeu o comandante de campo vermelho, Belov, que descobriu estar de posse de um saco de ouro, prata e dinheiro.[187] Isso induziu Peterss a mandar seus tchekistas parar e cercar o trem de Frunze. Em um acesso de raiva, Frunze escreveu a Tachkent em 21 de setembro de 1920: "Ontem à noite, todo o corpo do Exército, com exceção de mim e [Gleb] Boki, foi objeto de revistas, desacreditando-me aos olhos de subordinados".

Frunze insistiu que as autoridades de Tachkent tinham uma lista de todos os objetos de valor que haviam confiscado em Bukhara e colocado em seu trem, e que Peterss tinha uma cópia. Foi necessária a intervenção do secretário do partido de Moscou, Viatcheslav Mólotov, para acabar com o Tribunal Revolucionário que Peterss havia montado, enterrando o assunto na Comissão de Controle Central do partido. Não obstante, Dzierżyński pediria a um de seus agentes mais confiáveis "para montar uma lista, secretamente, sem alarmar ninguém, de onde e como (a quem e quanto) o ouro do emir de Bukhara foi distribuído".[188] Os resultados desse pedido permanecem desconhecidos.

Uma "República Socialista Soviética Autônoma" do Turquestão foi solenemente proclamada em 24 de setembro de 1920.[189] Uma República Soviética Popular de Bukhara, emparelhada com Khorezm, seguiu-se em 8 de outubro. Stálin desempenhara quase nenhum papel nesses eventos do Turquestão, mas em breve suas ações seriam decisivas para o destino da Ásia Central. Entrementes, um número inquietante de altos funcionários de sua futura ditadura pessoal havia lançado ou promovido sua carreira nas conquistas do Turquestão. Valerian Kúibichev, por exemplo, o futuro chefe da Comissão de Controle do partido, era presidente da comissão do Turquestão no verão de 1920, trabalhando para implantar o domínio bolchevique mais profundamente e planejar as conquistas do emirado. Boki, o futuro chefe do departamento de criptografia secreta de Stálin, serviu ao lado de Frunze. No diretório político do Exército do Turquestão, um jovem agente desconhecido chefiava o departamento de registro e informação: Aleksandr Poskrióbichev, futuro alto assessor de Stálin, que controlaria o funcionamento interno da ditadura por décadas. Outro jovem agente comunista, Lázar Kaganóvitch, foi enviado como funcionário de alto nível do partido ao Turquestão em setembro de 1920.[190] No mesmo mês, Grigóri Sokólnikov substituiu Frunze no comando da frente do Turquestão e do birô do Partido Comunista na região. Em Tachkent, Sokólnikov introduziu uma reforma monetária local e se livrou da moeda local sem valor, pressagiando uma reforma monetária em todo o país que ele iria supervisionar como futuro comissário das Finanças de Stálin, em Moscou. No Turquestão, Sokólnikov também revogou a requisição em favor de um imposto em espécie, o que seria chamado, em Moscou, de Nova Política Econômica. O Turquestão foi um laboratório de políticas, e uma arca para as carreiras bolcheviques.

SEM GLÓRIA

Guerras perdidas sempre provocam ondas nos sistemas políticos. Com a derrota na guerra contra a Polônia ainda fresca, Lênin fez um relatório incoerente sobre ela na abertura da IX Conferência do Partido, realizada em Moscou em 22 de setembro de 1920, diante de 241 delegados (116 com direito a voto). Ele declarou que, depois que os vermelhos haviam derrotado os exércitos brancos, aqueles lacaios da Entente, "o período de defesa da guerra com o imperialismo mundial estava acabado e que poderíamos — e tínhamos a obrigação de — explorar a situação militar para lançar uma guerra ofensiva". A "sondagem" com baionetas tivera por objetivo revelar se a revolução havia realmente amadurecido na Polônia, "o centro de todo o sistema atual do imperialismo internacional", bem como na Alemanha, mas, como se viu, "a prontidão era pouca". Não obstante, Lênin concluía alegremente que "nós já minamos o Tratado de Versalhes e vamos esmagá-lo na primeira oportunidade conveniente", porque "apesar do fracasso completo na primeira instância, nossa primeira derrota, vamos continuar mudando de uma política defensiva para uma política ofensiva sem parar, até que acabemos com todos eles para sempre".[191] O relatório político de Lênin não seria sequer votado (pela primeira vez em uma reunião do partido desde a tomada do poder), e ele nem se preocuparia em comparecer à sessão de encerramento (25 de setembro).[192] O noticiário do *Pravda* sobre o discurso de Lênin de 22 de setembro omitiu as referências a "uma guerra ofensiva" ou à tentativa de "sovietizar a Polônia", para não falar da "catastrófica", "gigantesca", "inaudita derrota".[193] Na discussão da conferência, Radek responsabilizou expressamente Lênin, o que levou outros a fazerem o mesmo. Coube a Stálin defender o revolucionarismo do Comitê Central. De repente, Trótski desancou Stálin por ter enganado o Comitê Central, ao informar que o Exército polonês em retirada havia perdido toda a capacidade de lutar, e por sabotar a campanha ao não implementar as ordens de transferência de tropas. Lênin endossou, atacando violentamente o seu protegido georgiano.

No segundo dia (23 de setembro), Stálin fez questão de responder a Trótski e Lênin, e revelou que manifestara dúvidas sobre a campanha na Polônia.[194] A verdade é que a marcha sobre Varsóvia fora obra de Tukhatchévski e Serguei Kámenev. Mas é evidente que Lênin foi o principal motor por trás do desastre, e agora ele puxava o tapete de Stálin, transferindo a culpa de sua leitura demasiado otimista da situação revolucionária para o ritmo excessivo do avanço militar.[195] Na verdade, se Tukhatchévski tivesse chegado a Varsóvia apenas três dias antes, seu plano de batalha maluco poderia ter pego o campo polonês em desordem.[196] Mas o que a captura de Varsóvia poderia render?[197] Tukhatchévski não tinha uma perspectiva melhor de manter Varsóvia do que Piłsudski de manter-se em Kiev. O Exército Vermelho sabia de antemão que não poderia guarnecer toda a terra e não tivera a intenção de fazer isso, mas a justificativa de Lênin para a guerra — desencadear um levante dos trabalhadores polacos — fracassara.[198] Os vermelhos ganharam muito poucos desertores do lado polonês; nem mesmo ucranianos e bielorrussos desertaram em grande quantidade para o lado vermelho. Quanto ao Partido Comunista polonês, sua quantidade de filiados era minúscula, e tinha de competir pela lealdade dos operários — para não falar da aliança da maioria dos camponeses — com o Bund judaico, o Poalej Syjon (socialistas sionistas), os sociais--democratas e o grande movimento sindical independente da Polônia.[199] Somente na região de Białystok/Belostok havia Comitês Revolucionários poloneses populares, e duraram menos de um mês.[200] Até mesmo o chefe do Comitê Revolucionário Central polonês em Białystok/Belostok havia advertido contra a esperança de instigar uma revolução operária na Polônia, tendo em vista as solidariedades nacionais.[201] Lênin ignorara suas advertências.

Em círculos mais fechados, pelo menos, Lênin podia mostrar contrição.[202] Mas Tukhatchévski continuaria impenitente anos afora.[203] "A luta entre a Polônia capitalista e a revolução proletária soviética estava se desenvolvendo em escala europeia", ele alegaria em palestras sobre a guerra, das quais uma seção tinha o título "Revolução a partir do Exterior [*izvne*]". "Todo o palavreado sobre o despertar do sentimento nacional na classe trabalhadora polonesa em conexão com nossa ofensiva se deve apenas à nossa derrota. [...]. Exportar a revolução era uma possibilidade. A Europa capitalista estava abalada em seus alicerces, e, não fossem nossos erros estratégicos e nossa derrota no campo, a guerra polonesa poderia ter se tornado o elo entre a Revolução de Outubro de 1917 e a revolução na Europa Ocidental."[204] Tukhatchévski evitaria culpar Stálin.[205] Mas outros, nomeadamente Boris Chapóchnikov, um oficial tsarista que logo se tornou chefe do Estado-Maior vermelho, culparia expressamente a frente sudoeste — Egórov e Stálin — por ir "contra a reciprocidade das duas frentes".[206]

Tínhamos, então, Lênin errando loucamente nos cálculos; o aristocrata tsarista Tukhatchévski ajudando a Rússia soviética a se meter numa guerra ofensiva que visava inflamar a "revolução a partir do exterior", para alegar, anos mais tarde, que não tinha sido um erro; e o proletário Stálin, que advertira contra esse aventureirismo, transformado em bode expiatório por insubordinação.[207]

No campo de batalha, os soviéticos tiveram sorte. Forças polonesas recapturaram Wilno, a cidade natal de Piłsudski, em 7 de outubro de 1920, mas Tukhatchévski conseguiu estabilizar o recuo vermelho no local das trincheiras da Grande Guerra ("ao atacar Varsóvia, recuei para Minsk", observou ele mais tarde).[208] Os dois lados exaustos concordaram com um armistício em Riga, em 12 de outubro de 1920 (para entrar em vigor no dia 18), com uma fronteira cerca de duzentos quilômetros a leste da linha Curzon. Nesse mesmo dia, Zinóviev, presidente do Comintern, estava em Halle, na Alemanha, participando do Congresso Especial do Partido Social-Democrata Independente, com o objetivo de dividi-los e anexar sua ala esquerda ao pequeno grupo dos comunistas alemães. Nessa época, havia 103 sociais-democratas independentes no Reichstag, contra 278 sociais-democratas e dois comunistas. Zinóviev foi vigorosamente refutado por Rudolf Hilferding e pelo velho rival menchevique de Lênin, Iúli Mártov, mas, num salão decorado com emblemas soviéticos, a votação pendeu para Moscou.[209] "Nós vamos em direção à completa eliminação do dinheiro", explicou Zinóviev. "Pagamos salários em mercadorias. Introduzimos bondes sem tarifas. Temos escolas públicas gratuitas, refeições gratuitas, ainda que temporariamente pobres, apartamentos sem aluguel, iluminação gratuita. Estamos realizando tudo isso muito lentamente, sob as condições mais difíceis. Temos de lutar incessantemente, mas temos uma saída, um plano."[210] Por incrível que pareça, as autoridades alemãs haviam concedido um visto a Zinóviev, mas agora prontamente o deportaram. Até dezembro, no entanto, cerca de 300 mil dos 890 mil sociais-democratas independentes se uniriam aos comunistas alemães, que passariam a somar então 350 mil filiados.[211] De repente, havia um partido comunista de massas no coração da Europa.[212] Ao mesmo tempo, a social-democracia alemã havia sido profundamente debilitada, com consequências futuras.

Com a Romênia, não houve mais confrontos militares imediatos, mas em 28 de outubro de 1920, em Bucareste, as potências da Entente reconheceram a anexação da Bessarábia feita pela Grande Romênia; a Rússia soviética rejeitou o tratado e pediu um plebiscito, demanda que foi ignorada.[213]

Contra os poloneses, os vermelhos tiveram cerca de 25 mil mortos e gravemente feridos; as perdas dos poloneses foram de talvez 4500 mortos, 22 mil feridos e 10 mil desaparecidos.[214] Outros 146 mil homens do Exército Vermelho caíram prisioneiros na Polônia e na Alemanha; quantos deles morreram no cativeiro polonês é uma questão que continua em disputa, talvez algo entre 16 mil e 18 mil (mil se recusaram a voltar). Dos 60 mil prisioneiros de guerra poloneses na Rússia soviética, cerca de metade voltou viva (uns 2 mil se recusaram a voltar).[215] Lênin tentou se consolar com a alegação de que "sem ter obtido uma vitória internacional, que consideramos a única vitória certa, conquistamos a capacidade de existir lado a lado com potências capitalistas".[216]

390

É evidente que nada disso havia sido conquistado. Quanto a Piłsudski — que, depois de tantas vítimas, também terminara aproximadamente no mesmo lugar em que estava antes de sua invasão da Ucrânia —, ele desconsiderou a campanha em que dezenas de milhares de poloneses morreram e ficaram mutilados dizendo ter se tratado de "uma espécie de briga de crianças".[217]

Enquanto isso, o Exército Vermelho, sem esperar pela primavera, transferiu grandes formações da frente polonesa para o sul, a fim de enfrentar Wrangel. Em 7 de novembro de 1920, terceiro aniversário da revolução, 135 mil soldados supervisionados por Mikhail Frunze atacaram a península da Crimeia, em uma manobra complexa. "Hoje, podemos celebrar nossa vitória", disse Lênin na celebração do aniversário, no Bolchói.[218] Com efeito, Wrangel ordenou uma evacuação total para os Estreitos Turcos e Constantinopla. Entre os dias 13 e 16 de novembro, de Sebastopol, Ialta, e outros portos da Crimeia, 126 navios transportando cerca de 150 mil soldados, membros da família e outros civis partiram da Rússia; Wrangel saiu a bordo do *General Kornílov*.[219] A Tcheká atacou aqueles que ficaram para trás, executando milhares de pessoas, inclusive mulheres.[220] E assim, não muito tempo depois que as ambições da Polônia "branca" de substituir a Rússia soviética como a grande potência da Europa Oriental foram detidas, os brancos dentro da Rússia estavam definitivamente vencidos. Não houve glória para Stálin: fora-lhe originalmente atribuída a destruição de Wrangel, mas ele se demitiu de seus postos militares ao longo da campanha polonesa.

INVERNO DO DESCONTENTAMENTO (1920-1)

Os brancos, sob muitos aspectos, serviram de criadas involuntárias dos bolcheviques ao alienarem os camponeses ainda mais, mas, depois que deixaram de ser uma ameaça no campo de batalha em 1920, os bolcheviques ficaram cara a cara com a maioria raivosa da população. Paradoxalmente, como observou um historiador, "a conclusão da paz com a Polônia e a eliminação de Wrangel foram psicologicamente desfavoráveis, do ponto de vista dos comunistas".[221] Esses eventos removeram a ameaça imediata, ao mesmo tempo que expuseram a incompetência agressiva do regime. Assim, enquanto a crise de 1918 fora superada pela mobilização para a guerra civil, e as crises no campo de batalha de 1919-20 foram vencidas, em grande parte, graças aos fracassos políticos dos brancos, uma nova crise, sob muitos aspectos mais profunda, eclodiu naquele outono-inverno de 1920-1: o povo da Rússia soviética não estava somente congelando, morrendo de fome e sendo atacado por doenças, mas também amargurado. Como toda violência extrema, a guerra — e, em particular, a guerra civil — transforma as escolhas e os comportamentos individuais, de tal forma que as noções de "apoio" político, adaptadas dos tempos de paz, não podem ser aplicadas tão facilmente.[222] Mas a privação e, até certo ponto, a desilusão podem ter sido ainda piores do que aquelas de quatro anos antes, sob o reinado de Nicolau II, às vésperas da Revolução de Fevereiro.

Os camponeses foram invadidos por todos os lados e obrigados a escolher alianças, pelo menos até que os exércitos seguissem em frente. "Os brancos iam e vinham, e os vermelhos, e muitos outros, sem qualquer cor", como recapitulou poeticamente o escritor Viktor Chklóvski.[223] Os camponeses compreendiam muito bem que os brancos queriam restaurar os velhos barões e negavam as diferenças nacionais, mas também detestavam o recrutamento do bolchevismo e as "requisições" forçadas de grãos. Em meados de 1918, em toda a Eurásia, já surgira em larga escala a resistência camponesa aos confiscos bolcheviques de cereais.[224] Destacamentos de requisição começaram a usar não apenas rifles, mas metralhadoras e, em alguns casos, bombas. Ainda assim, os camponeses resistiam. "Muitas das aldeias estão agora bem armadas, e raramente uma expedição em busca de grãos termina sem vítimas", relatou um jornal. "Um bando de 'partidários' famintos atacou um trem de alimentos", noticiou o *Pravda* de Ufa, em 1918. "Eles primeiro cortaram os trilhos e depois abriram fogo contra a guarda do trem."[225] A alternativa óbvia seria permitir um sistema de incentivos de mercado que encorajasse os camponeses a resolver a crise de abastecimento de alimentos, pagando um imposto fixo e ficando com os lucros de seu trabalho. Mas, quando os camponeses exigiam livre-comércio, os agentes bolcheviques percebiam a mais escura ignorância.[226] Contudo, os camponeses viviam lembrando a todos que haviam feito a sua própria revolução.

Em agosto de 1920, enquanto Lênin fantasiava sobre derrubar toda a ordem de Versalhes por meio da conquista da Polônia, e Tukhatchévski perdia seu exército em um vazio ao norte de Varsóvia, teve início uma rebelião camponesa em Tambov, 560 quilômetros a sudeste de Moscou. Tudo começou com um punhado de rebeldes que mataram alguns membros de um esquadrão de confisco e depois reagiram às tentativas de represália bolcheviques; no outono de 1920, as forças rebeldes locais já somavam 8 mil homens. Seu líder, Aleksandr Antónov (nascido em 1889), havia realizado expropriações no período pré-revolucionário para financiar o Partido Socialista Revolucionário (ele foi detido e enviado para trabalhos forçados na Sibéria); sob a tirania bolchevique, ele voltou ao terrorismo clandestino. Muitos dos rebeldes camponeses tinham servido no Exército tsarista ou no Exército Vermelho, dos quais desertaram (os soldados estacionados em pequenas cidades poderiam muito bem ser prisioneiros de guerra, tão pouca provisão recebiam). Os rebeldes formaram uma rede entre aldeias que chamaram de União do Campesinato Trabalhador, se infiltraram na Tcheká de Tambov, empregaram táticas de guerrilha contra o pessoal e as instalações do regime, usando às vezes uniformes do Exército Vermelho, e criaram uma central de operações composta de pessoas escolhidas em votação secreta, com excelente reconhecimento e um departamento de agitação forte. Um congresso de rebeldes de Tambov aboliu formalmente a autoridade bolchevique, exigindo a "vitória da revolução socialista genuína", sem interferir na propriedade da terra camponesa.[227] O aspecto mais interessante das reivindicações dos camponeses de Tambov talvez fosse a defesa da "igualdade política de todos sem distinção de classe".[228] O regime só entendeu vagamente o que estava acontecendo. O comandante supremo Serguei Kámenev havia informado ao governo que milhares de camponeses famintos em Tambov, bem como nas províncias de Vorónej e Sarátov, estavam implorando junto às autoridades locais por sementes das estações de coleta de grãos. Em alguns casos, relatou Kámenev, "as multidões estavam sendo fuziladas com metralhadoras".[229] Não obstante momentos de compreensão como Kámenev demonstrou, o alcance da catástrofe rural ainda estava obscurecido em Moscou por ideias fixas de guerra de classe, e o regime rotulava as queixas legítimas dos camponeses de "uma revolta de cúlaques, bandidos e desertores".

O plenipotenciário Vladímir Antónov-Ovséienko, que em 1917 liderara a invasão do Palácio de Inverno, chegou em fevereiro de 1921 para refazer a desmoralizada Tcheká local e intensificar os esforços para cercar e aniquilar o exército camponês, mas a repressão sozinha não resolveria a situação. A colheita revelava-se fraca e os distúrbios políticos já haviam forçado o Comissariado do Abastecimento de Alimentos a "suspender" as aquisições de grãos em treze províncias.[230] Em 9 de fevereiro, chegaram relatos de mais uma imensa onda de agitação armada na Sibéria rural que cortara ligações ferroviárias e remessas de alimentos.[231] Quatro dias depois, uma equipe da Tcheká informou a respeito de Tambov que "os atuais levantes camponeses diferem dos anteriores, no sentido de que têm um programa político, organização e um plano".[232] Vassíli Ulrich, um alto funcionário do mortífero Tribunal Revolucionário enviado a Tambov no início de 1921, informou a Moscou sobre os odiados destacamentos de grãos que "não há nada mais que eles possam fazer além de despertar mais animosidade e provocar mais explosões de rebeldia". Embora não fosse mole, Ulrich recomendou que os camponeses que demonstrassem lealdade ao regime soviético fossem recompensados, a fim de "silenciar aqueles agitadores socialistas revolucionários que alegam que o poder soviético tira apenas do camponês".[233] Em consequência, naquele fevereiro de 1921, em Tambov, a política de cotas obrigatórias de grãos a serem entregues a preço fixo foi substituída por um imposto em espécie que permitiu aos camponeses reter grande parte dos seus cereais para venda — uma concessão muito significativa, até então em uma única província.[234]

"SOVIETES SEM PARTIDOS"

A rebelião rural foi acompanhada por greves urbanas significativas.[235] Nas lojas havia apenas um quinto dos bens de consumo disponíveis em 1913. Os trabalhadores que permaneceram em Petrogrado estavam sendo forçados a executar "deveres operários" não remunerados. Então, em 12 de fevereiro de 1921, as autoridades anunciaram o fechamento temporário de 93 fábricas, inclusive a famosa Putilov, por falta de combustível, ameaçando quase 30 mil trabalhadores com o desemprego e a perda completa de rações (já escassas).[236] Quando muitas das fábricas reabriram as portas, dez dias depois, coletivos de trabalho entraram em greve, exigindo abertamente o fim da ditadura comunista e o retorno aos sovietes, com eleições realmente livres.[237] Grupos mencheviques e socialistas revolucionários divulgaram suas próprias declarações antibolcheviques; a Tcheká culpou erroneamente os socialistas não bolcheviques por incitar as greves, como se os próprios trabalhadores não fossem capazes de se opor às políticas opressivas e falhas do regime. Em 24 de fevereiro, quando uma multidão de vários milhares começou a aparecer nas ruas, Grigóri Zinóviev, chefe do partido em Petrogrado, fez a Tcheká prender socialistas não bolcheviques em massa (cerca de trezentos mencheviques e socialistas revolucionários), mandou jovens cadetes militares dispersarem as manifestações com tiros de advertência disparados para o ar e baixou a lei marcial, exatamente como o general tsarista Khabálov havia feito na época de Nicolau II, na mesma cidade, quatro anos antes, quase no mesmo dia. Os operários em greve foram impedidos de entrar nas fábricas, mas, ao mesmo tempo, rações extras foram subitamente liberadas para a cidade, e removeram-se os destacamentos que bloqueavam as viagens de ida e volta para a zona rural em busca de alimentos. Ainda assim, a notícia da lei marcial, junto com rumores sobre derramamento de sangue, chegou à fortaleza de Kronstadt, a pouco mais de trinta quilômetros de Petrogrado, em uma ilha no golfo da Finlândia e QG da frota do Báltico.[238]

Em Kronstadt, em 1917, durante o Governo Provisório, nunca houve "poder duplo", apenas sovietes, o que fazia da fortaleza um minúsculo Estado socialista. Em 1921, a guarnição da ilha era composta de 18 mil marinheiros e soldados, além de 30 mil civis; em 1º de março, cerca de 15 mil deles se reuniram na Praça da Âncora e aprovaram por maioria esmagadora uma resolução de quinze pontos que estipulava a liberdade de comércio, bem como "a liberdade de expressão e imprensa para todos os trabalhadores e camponeses, anarquistas e partidos socialistas de esquerda" — ou seja, não para a burguesia, tampouco para os socialistas de direita. Os marinheiros também exigiam "Todo o poder aos sovietes, e não aos partidos".[239] Apenas dois funcionários bolcheviques presentes votaram contra a resolução, enquanto Mikhail Kalínin, o presidente do Soviete de Todas as Rússias (chefe de Estado) que viera para falar aos marinheiros, era vaiado e perdia uma votação sobre se poderia continuar falando. Um regime socialista estava diante de uma rebelião socialista decidida no seio de suas forças armadas.

Naquela noite de 1º de março, os marinheiros criaram um Comitê Revolucionário Provisório para supervisionar a ordem na ilha e preparar eleições livres, justas e secretas, com vários candidatos para o Soviete de Kronstadt. No dia seguinte, na Casa do Iluminismo (antiga Escola dos Engenheiros), Stepan Petritchenko (nascido em 1892), intendente no encouraçado *Petropavlovsk* que havia sido comunista mas perdera sua filiação em um "recadastramento", abriu um encontro de 202 delegados cuja presidência era composta unicamente de pessoas não pertencentes ao partido. Os comunistas da fortaleza chegaram ao QG do partido pedindo 250 granadas; mas, naquela noite, a maioria dos membros do partido e agentes da Tcheká evacuou através do gelo para o continente: o Comitê Revolucionário chegou ao poder sem derramamento de sangue. No dia seguinte, o regime de Moscou emitiu um comunicado, assinado por Lênin e Trótski, que denunciava a rebelião como uma "conspiração da Guarda Branca" incitada pela inteligência francesa, que adotava resoluções da "Centúria Negra Socialista Revolucionária".[240] Alguns agentes da Tcheká relataram com precisão as demandas dos marinheiros, como "liberdade de imprensa, remoção de destacamentos de controle, liberdade de comércio, reeleição para os sovietes com sufrágio secreto e universal".[241] Mas a polícia política bolchevique tomou esposas e filhos dos marinheiros em Petrogrado como reféns, cortou todas as comunicações, em um bloqueio da ilha, e jogou panfletos de um avião: "Vocês estão cercados por todos os lados [...]. Kronstadt não tem comida, não tem combustível". "Estão contando contos de fadas para vocês, que Petrogrado apoia vocês."[242] Os marinheiros, ao contrário de 1917, não tinham meios para comunicar a verdade sobre sua insurreição. O regime usou seu monopólio de imprensa para difamar os rebeldes e reunir fiéis a fim de reprimir marinheiros e soldados proletários em nome do objetivo maior proletário de defender a revolução. Além disso, as autoridades, ao contrário de 1917, possuíam um instrumento confiável de repressão: a Tcheká.

Dentro da república de Kronstadt, eclodiram discussões acaloradas sobre a proposta de partir para o ataque, tomar dois locais no continente, Oranienbaum, ao sul, e Sestroretsk, ao norte, a fim de ampliar o perímetro de defesa da ilha; o Comitê Revolucionário rejeitou a ideia. Os marinheiros se comportavam de forma transparente, viviam os ideais que professavam, publicavam quase todos os avisos do governo soviético, sem cortes, no jornal de Kronstadt (editado pelo presidente do Soviete de Kronstadt de 1917), e enviaram delegações a Petrogrado para negociar; as autoridades bolcheviques prenderam os negociadores (que seriam executados), instituíram uma campanha de difamação cruel e emitiram um ultimato de rendição, agindo exatamente como o regime tsarista repressivo, como os marinheiros denunciaram.[243] Em 5 de março de 1921, o Politbiuró atribuiu secretamente a Tukhatchévski a tarefa de "liquidar" o levante e marcou o ataque para 8 de março, data da abertura do x Congresso do Partido (que fora adiada de 6 de março). Na tarde do dia 5 de março, Trótski chegou em seu trem blindado a Petrogrado, onde alguns meses antes havia vencido Iudénitch; o comissário da guerra vinha acompanhado por Tukhatchévski e Serguei Kámenev.[244] Na noite de 7 de março, uma barragem de artilharia atingiu Kronstadt, e às cinco da manhã a repressão começou quando a infantaria do Exército Vermelho (com muitos soldados envoltos em lençóis brancos) cruzou em vários pontos o congelado e branco golfo da Finlândia. Mas o ataque pesado ao longo de vários quilômetros de gelo foi rechaçado. "A posição dos marinheiros está defendida e eles respondem à artilharia com fogo", Tukhatchévski timidamente relatou a Serguei Kámenev.[245] Trótski telefonou pedindo uma explicação.[246] A notícia era chocante: até mesmo as unidades do Exército Vermelho especialmente escolhidas e de extrema confiança haviam vacilado.[247]

Na mesma manhã de 8 de março, cerca de novecentos delegados (694 com direito a voto), que representavam mais de 700 mil membros do Partido Comunista, se reuniram em Moscou para o x Congresso do Partido, sob bandeiras vermelhas que proclamavam a vitória do "proletariado".[248] A extensa plateia e as cinco camadas de camarotes do teatro Bolchói estavam lotadas a ponto de explodir. Os brancos haviam sido dispersados — no campo de batalha, na prisão ou exílio —, mas a indústria de grande escala caíra 82% desde 1913, a produção de carvão era de um quarto do nível de 1913, a de eletricidade, um terço.[249] O combate contra a Polônia havia exposto os limites da base econômica do Exército Vermelho, exigindo uma pausa para a reconstrução.[250] Politicamente, a força de trabalho não agrícola havia declinado desde o golpe de outubro de 3,6 milhões para 1,5 milhão de trabalhadores, e mais de um terço destes eram artesãos, deixando apenas 950 mil operários industriais no Estado operário.[251] Isso contrastava com a existência de, talvez, 2,4 milhões de funcionários. Os operários de Petrogrado e de outros lugares, bem como os marinheiros da frota do Báltico, exigiam o mesmo programa instilado neles por agitadores bolcheviques em 1917 — "Todo o poder aos sovietes!" —, mas agora sem os membros do partido bolchevique. Os camponeses também haviam pegado em armas em nome de um verdadeiro poder do povo. A revolução mundial não se materializara; ao contrário, as tentativas de revolução em torno da Rússia soviética foram esmagadas. E, para completar, Lênin enfrentava uma oposição organizada dentro dos círculos do partido. Evidentemente, esse tipo de oposição a ele havia sido constante: nos dias de clandestinidade, Mártov e os mencheviques foram contra a concepção de Lênin do partido e das táticas; em 1917, Zinóviev e Kámenev se opuseram à tomada do poder; em 1918, Bukhárin e os comunistas de esquerda foram contra o Tratado de Brest-Litovsk; em 1919, a oposição militar se opusera aos oficiais tsaristas. Mas, agora, uma autointitulada oposição dos Operários, liderada por dois fiéis bolcheviques, Aleksandr Chliápnikov e Aleksandra Kollontai, exigia "democracia partidária" e sindicatos de verdade para defender os direitos dos trabalhadores.

Lênin estava furioso com a oposição dos Operários, mas ele mesmo lhes permitira uma ampla oportunidade de expor suas críticas. Por decisão do Comitê Central, a imprensa partidária vinha publicando polêmicas desagradáveis sobre os sindicatos desde novembro-dezembro de 1920.[252] Esse debate *público*, fora das salas de reuniões do partido, tão atípico, talvez fosse uma provocação de Lênin para fazer Trótski desacreditar a si mesmo ao espalhar seu posicionamento do tipo "apertar os parafusos". Trótski exigia que os sindicatos se tornassem um braço do Estado. Lênin parece ter conspirado com Zinóviev para provocar e depois contra-atacar Trótski (que Zinóviev desprezava); Stálin também o contra-atacou.[253] No congresso, Lênin ganhou a batalha política: os sindicatos não foram incorporados ao Estado (Trótski), mas tampouco ganharam autonomia (Chliápnikov). E, no entanto, Lênin mostrou-se um vencedor ressentido.[254] "Camaradas", disse ele em sua saudação de abertura, "nós nos permitimos o luxo de ter discussões e debates dentro do nosso partido."[255] A implicação era que esse "luxo" ia acabar. Lênin também mostrou sua raiva, dizendo a Chliápnikov que a resposta adequada à sua crítica deveria ser uma arma.[256] E, embora Trótski, ao contrário de Chliápnikov, tenha recusado os apelos de seus partidários para formar uma facção formal para o congresso, Lênin não engolia seu exibicionismo. "Camaradas, hoje o camarada Trótski polemizou comigo de forma especialmente educada e me repreendeu ou me chamou de hipercauteloso", disse aos delegados em 14 de março, em uma de suas explosões mais leves. "Eu devia agradecer-lhe o elogio e lamentar que me falta a oportunidade para devolvê-lo."[257]

AS RELAÇÕES ENTRE AS REPÚBLICAS SOCIALISTAS SOVIÉTICAS

A responsabilidade de Stálin no X Congresso do Partido, previsivelmente, foi a questão nacional. A batalha contra Deníkin e outros brancos em 1919-20 possibilitara que o Exército Vermelho reconquistasse a Ucrânia em nome do poder soviético, mas a República Socialista Federativa Soviética da Rússia sentiu-se constrangida a assinar, em 28 de dezembro de 1920, um assim chamado tratado de união com a República Socialista Soviética da Ucrânia, um dos muitos desses tratados com as diferentes repúblicas soviéticas.[258] Mas, apesar do nome do tratado, a RSFSR e a RSS ucraniana não estabeleceram uma cidadania de união abrangente ou órgãos supremos de governo acima daqueles dos Estados membros, e continuaram a atuar separadamente nas relações internacionais. A Ucrânia soviética, tal como a Rússia soviética, viria a assinar uma infinidade de tratados entre Estados — com Polônia, Áustria, Lituânia, Letônia, Estônia — até o final de 1921.[259] O país mantinha missões no estrangeiro, em Praga, Berlim, Varsóvia, Viena, muitas vezes no mesmo prédio das missões da RSFSR; a Ucrânia também tinha um escritório de representação em Moscou.[260] Na véspera do congresso do partido, Stálin publicou teses sobre as relações entre as repúblicas soviéticas não integradas. Ele argumentava que a abordagem com tratados, que apenas havia começado, já estava "esgotada", exigindo uma nova abordagem. "Nenhuma república soviética tomada separadamente pode se considerar a salvo da exaustão econômica e da derrota militar pelo imperialismo mundial", escreveu. "Portanto, a existência isolada de repúblicas soviéticas independentes não tem base firme em vista das ameaças à sua existência pelos Estados capitalistas [...]. As repúblicas soviéticas nacionais que se libertaram da sua burguesia e da burguesia estrangeira somente serão capazes de defender sua existência e conquistar as forças unidas do imperialismo mediante uma união política estreita."[261] Porém, um Estado assim integrado exigiria concessões significativas por parte das repúblicas não russas, como a Ucrânia.[262]

Amplificando essas teses apresentadas no congresso do partido em um relatório de 10 de março, Stálin defendeu "uma federação de repúblicas soviéticas" e apresentou a RSFSR, uma federação, como modelo. Ele criticou Tchitchérin, o comissário das Relações Exteriores, que estava emergindo como rival, e elogiou "a falta de Estados na Ucrânia, no Azerbaijão, no Turcomenistão e em outras regiões fronteiriças", mas advertiu que o pan-islamismo e o pan-turquismo eram um "desvio" enraizado na opressão nacional do passado, em vez de um programa voltado para o futuro que pudesse ser abraçado.[263] O impacto do discurso de Stálin parece ter sido abaixo do esperado. Trótski e Zinóviev estavam ausentes, em Petrogrado, assoberbados com a rebelião de Kronstadt. Na tribuna, o georgiano falou devagar, com seu sotaque característico e voz suave — ainda não havia microfones. Após aplausos educados, Klim Vorochílov, o fiel seguidor de Stálin designado para presidir a sessão, recomendou uma pausa. "Se não fizermos um intervalo", admoestou os delegados, "deveremos proibir aqui da maneira mais rigorosa as idas e vindas, a leitura de jornais e outros atos de impertinência."

Vorochílov anunciou ainda que, devido às mudanças de programação relacionadas com a situação em Kronstadt, os delegados teriam a noite de folga e poderiam ir ao teatro Bolchói, e informou: "Hoje, o Bolchói apresenta 'Boris Godunov', só que sem Chaliápin".[264] O próprio Vorochílov poderia ter feito o papel, mas ele estava prestes a partir para Kronstadt.

Quarenta delegados, aparentemente da delegação do Turquestão, haviam assinado uma petição exigindo outro relatório sobre nacionalidades feito por Gueórgi Vóldin, conhecido como Safárov. Um polonês-armênio nascido em São Petersburgo em 1891, que alternava capacetes de estilo britânico com bonés de operário, Safárov

398

chegara ao Turquestão junto com Frunze e logo foi nomeado para o birô do partido. Ele apresentou um relatório confuso, admitindo que "na fronteira [oriental] não tínhamos um movimento revolucionário forte", e que, "no Turquestão, o Partido Comunista surgiu somente depois da Revolução de Outubro", seu modo de explicar por que estava cheio de trapaceiros.[265] Safárov exigiu "correções" nas teses de Stálin. Na discussão, um dos que se manifestaram, Anastas Mikoian, funcionário armênio do partido no Azerbaijão, também contestou Stálin, objetando que "nas teses do camarada Stálin nada é dito sobre como deveríamos abordar as classes nas fronteiras, como deveríamos exatamente determinar a estrutura de classes dessas nacionalidades". Como sempre, mesmo em casos em que indivíduos como Mikoian insistiam em que as condições locais deveriam ser levadas em conta, os bolcheviques tentavam pensar e agir através da ideologia.[266]

Quando a discussão foi abruptamente cortada, Mikola Skripnik (nascido em 1872), um comunista da Ucrânia seis anos mais velho do que Stálin, interveio da plateia: "A questão nacional é importante, dolorosa; o camarada Stálin, em seu relatório, não resolveu de nenhum modo essa questão".[267] Mas a ele não foi dada a tribuna. Tampouco Safárov pôde fazer uma declaração final. Stálin ficou com a última palavra, e atacou uma série de acusações. "Aqui tenho uma nota escrita no sentido de que nós, comunistas, supostamente forçamos de modo artificial a existência de uma nação bielorrussa", declarou. "Isso é falso, porque existe uma nação bielorrussa, a qual tem sua própria língua, diferente do russo, e a cultura da nação bielorrussa pode ser criada somente na sua própria língua. Discursos assim foram feitos há cinco anos sobre a Ucrânia, a respeito da nação ucraniana [...]. É óbvio que a nação ucraniana existe e o desenvolvimento de sua cultura é um dever dos comunistas. Não se pode ir contra a história."[268]

O congresso votou a favor de adotar as teses de Stálin in totum como uma base e de formar uma comissão de dezessete pessoas para ação futura. Seu ponto fundamental — que "as repúblicas soviéticas nacionais [...] somente serão capazes de defender sua existência e conquistar as forças unidas do imperialismo mediante uma união política estreita" — apontava para a ação resoluta da parte dele.[269] Logo após o congresso do partido, em 11 de abril de 1921, Stálin anexaria a República Socialista Soviética Autônoma do Turquestão à República Socialista Federativa Soviética da Rússia.

"BREST-LITOVSK CAMPONÊS", "UNIDADE" DO PARTIDO

Depois de sindicatos e da questão nacional, o x Congresso do Partido voltou-se para a questão do campo arruinado e em ebulição. A delegação da Sibéria partira para Moscou "armada até os dentes", como um delegado recordou, precisando atravessar territórios invadidos por camponeses rebeldes que empunhavam armas primitivas.[270] Por iniciativa de Lênin, na manhã de 15 de março, após a eleição para o novo Comitê Central, o congresso aprovou uma resolução que concedia um imposto em espécie não apenas em Tambov, mas em toda a Rússia soviética. O imposto seria menor do que as cotas obrigatórias mais recentes, e os grãos que sobrassem depois do pagamento do imposto poderiam ser vendidos pelos camponeses a preços de mercado — o que pressupunha a legalização do comércio privado.[271] "Não há necessidade de entrar em grandes detalhes sobre as causas da reconsideração", Lênin explicou ao congresso, acrescentando que "não há dúvida de que, em um país onde a imensa maioria da população pertence aos pequenos produtores donos de terra, uma revolução socialista só é possível através de uma série de medidas de transição, o que seria desnecessário em um país capitalista desenvolvido."[272]

Com efeito, o comércio privado ilegal já era responsável por pelo menos 70% das vendas de cereais. Mas a oposição à legalização persistia. Os méritos relativos das cotas obrigatórias em comparação com a tributação e o comércio privado vinham sendo debatidos desde 1918, quase sempre terminando com afirmações de que o proletariado precisava "liderar" os camponeses (o que significava o confisco de grãos para alimentar as cidades).[273] Em fevereiro de 1920, Trótski propusera um imposto em espécie que incentivaria mais o plantio, o que significava que os agricultores de sucesso (cúlaques) não seriam penalizados, mas, em vez de mencionar que isso seria acompanhado por livre-comércio, falou de "troca de mercadorias" (*tovaroobmen*) e "obrigações de trabalho" (*povinnost*). Suas teses *dirigistas* foram rejeitadas.[274] O fato é que, em consequência da revolta em Tambov, até mesmo o esquerdista radical Bukhárin concluíra pela necessidade de concessões.[275] Mas, para a maioria do congresso, a proposta de Lênin veio como um golpe atordoante, porque ele admitia, ao contrário de Trótski em 1920, que a introdução do imposto precisava do comércio privado legal.[276]

A necessidade de uma nova política era óbvia, mas desmoralizante. "Como é possível que um partido comunista reconheça a liberdade de comércio e de transição para ele?", Lênin perguntou-se diante dos delegados. "Não há nisso contradições irreconciliáveis?" Ele não respondeu, limitando-se a chamar as questões de "extremamente difíceis".[277] Mas, independentemente do pântano teórico, Lênin insistiu tardiamente que o país devastado pela guerra precisava de uma trégua. Sua liderança foi crucial para romper o que ele ajudara a criar, ou seja, o círculo vicioso militante da requisição em que a escassez de grãos fornecidos para as cidades levava cada vez mais ao confisco feito de arma em punho, resultando em cada vez menos grãos.[278] Lênin tirou uma folga na sessão da tarde do mesmo dia (15 de março), quando David Riazánov, um respeitado teórico marxista, chamou com felicidade a mudança para um imposto em espécie e livre-comércio de "Brest-Litovsk camponês".[279] O Tratado de Brest-Litovsk com a Alemanha sofrera ampla oposição no partido, mas logo ficara claro que Lênin tinha razão. E ele novamente conseguiu o que queria.

O Brest-Litovsk camponês de Lênin foi acompanhado por uma recusa absoluta de fazer concessões aos críticos políticos. Em 16 de março, último dia do congresso do partido, ocorreu uma surpresa tão repleta de consequências quanto a mudança para o comércio privado legal: Lênin tomou a palavra novamente e falou em defesa de uma resolução "sobre a unidade partidária". Ele exigia a dissolução imediata de grupos que apoiavam plataformas separadas, sob pena de expulsão do partido. (Ironicamente, o surgimento da oposição dos Operários resultara da decisão de permitir o debate público sobre a questão sindical e eleger delegados do congresso por "plataforma".) Em outras palavras, o arquifaccionário Lênin queria agora o fim de todas as facções (exceto a sua). "Não acho que será necessário dizer muito sobre este assunto", voltou a observar dissimuladamente ao introduzir a resolução sobre unidade que, em suma, tornava ilegal a "oposição".[280] Os delegados presentes ao congresso votaram: 413 a favor e 25 contra, com duas abstenções.[281] Karl Radek, com sua franqueza característica, afirmou que "ao votar a favor dessa resolução, sinto que ela pode muito bem se voltar contra nós". Não obstante, apoiava "a unidade do partido": "Que o Comitê Central, em um momento de perigo, tome as medidas mais severas contra os melhores camaradas do partido, se o julgar necessário".[282]

O x Congresso do Partido foi de importância monumental em toda a linha, inclusive pelos indícios do crescimento de Stálin. Ele não podia esperar alcançar a notoriedade de que Trótski gozava, mas encarou uma das questões mais importantes que o partido tinha diante de si — as relações ambíguas entre as diversas repúblicas soviéticas — e se mostrou capaz de forçar essas relações em direção a uma estrutura mais integrada. Stálin também se manteve politicamente perto de Lênin em relação ao grande problema dos sindicatos e, em geral, superou seu rival Trótski do ponto de vista organizacional. Quando Lênin selecionou a chapa para o novo Comitê Central, negou indicação de reeleição a vários partidários de Trótski: Ivan Smirnov, Nikolai Krestínski, Leonid Serebriakov, Evguéni Preobrajénski. Eles foram substituídos por Mólotov, Vorochílov, Ordjonikidze, Iemelian Iaroslávski, Hryhory (Grigóri) Petróvski, todos simpáticos a Lênin, mas também muito próximos de Stálin. Serguei Kírov, Valerian Kúibichev e Vlas Tchubar, também próximos de Stálin, tornaram-se membros candidatos do Comitê Central. Quando se reuniu logo depois do congresso, o novo Comitê Central elegeu um Politbiuró composto de Lênin, Stálin, Trótski, Zinóviev, Kámenev e Mólotov, agora listado como "secretário responsável", elemento potencialmente decisivo.[283] Graças à propensão incansável de Trótski a polemizar e exasperar, Lênin estava ajudando a formar uma facção antitrotskista nas altas esferas do poder que cairia nas mãos de Stálin.

Os que frequentavam essas esferas estavam usando a expressão "facção de Stálin" (*stalinisti*) em contraste com a "facção de Trótski" (*trotskisti*).[284]

GUARDAS BRANCOS, IMPERIALISTAS, SOCIALISTAS REVOLUCIONÁRIOS

Tudo isso estava a anos-luz de distância dos marinheiros de Kronstadt. No momento em que o congresso do partido estava se encerrando, a "república de Kronstadt" não partidária completava quinze dias. O regime mobilizou e armou cerca de mil comunistas de várias províncias e enviou um trem especial de Moscou com mais de duzentos delegados do congresso do partido, liderados por Vorochílov, parte de uma nova força de contrainsurgência de 24 mil homens.[285] Além disso, os delegados mobilizados ouviram rumores de que centenas de cadetes da escola militar que tentaram invadir a fortaleza tinham morrido no gelo. Havia medo.[286] Em 16 de março, dia em que a resolução sobre a "unidade do partido" foi votada, Tukhatchévski lançou uma segunda ofensiva com um bombardeio de artilharia, seguido por um furioso ataque da infantaria. Depois de intensos combates de rua, a cidade caiu para as forças do regime na manhã de 18 de março. Alguns dias antes, a liderança dos marinheiros pedira asilo ao governo finlandês e, apesar de uma advertência de Trótski a Helsinque, transmitida por Tchitchérin, recebera uma rápida resposta positiva, possibilitando que 8 mil marinheiros rebeldes escapassem de navio.[287] Não sabemos até hoje quantos defensores de Kronstadt pereceram nos combates.[288] O Exército Vermelho teve 1200 mortos; dois delegados do congresso morreram e 23 ficaram feridos.[289] Os governos finlandês e soviético compartilharam a responsabilidade pela remoção dos corpos da superfície congelada do golfo da Finlândia. Um Tribunal Revolucionário montado em Kronstadt decretaria 2103 sentenças de morte; outros 6459 marinheiros receberam anos de prisão em campos de trabalho.

Em 18 de março, em Moscou, os bolcheviques celebraram o cinquentenário da Comuna de Paris, cuja repressão levara a talvez 30 mil execuções imediatas. Não sabemos se alguém comentou essa ironia.[290]

Poucos dias depois, em uma sessão do Politbiuró, Lênin trocou bilhetes com Trótski sobre a abolição da frota do Báltico, uma consumidora voraz de combustível e comida e um provável incômodo político futuro; Trótski defendeu a necessidade de uma Marinha.[291]

No mesmo dia em que começou a destruição de Kronstadt (16 de março de 1921), após longas negociações, a Rússia soviética e a Grã-Bretanha assinaram um acordo comercial.[292] Os soviéticos demonstraram alguma força diplomática. Reza Khan, que

402

havia tomado o poder em Teerã, na Pérsia, em um golpe de Estado em 21 de fevereiro de 1921, com a ajuda de tropas de cossacos brancos e assistência britânica, denunciou imediatamente o tratado anglo-persa existente e assinou um tratado de amizade soviético-persa que especificava a retirada das tropas soviéticas e britânicas. O Afeganistão independente também assinou um tratado com a Rússia soviética, como garantia contra uma nova invasão britânica. E a Turquia de Atatürk começou negociações com os soviéticos que resultariam em um pacto três semanas depois.[293] Os três tratados — com Pérsia (26 de fevereiro), Afeganistão (28 de fevereiro) e Turquia (16 de março) — significavam reconhecimento diplomático da Rússia soviética. A inteligência britânica empregou um dos principais criptógrafos da Rússia tsarista e conseguiu decifrar os códigos de Moscou, de modo que, quando Tchitchérin negou o envolvimento soviético na Pérsia, a Grã-Bretanha sabia que ele estava mentindo. Lênin foi interceptado, dizendo: "Aquele porco do Lloyd George não tem escrúpulos nem vergonha no jeito como engana. Não acreditem em uma palavra do que ele diz".[294] Não obstante, o governo britânico havia concluído em meados de março que, "apesar dos acontecimentos na Rússia [Kronstadt, Tambov], a posição do governo soviético, sem qualquer reserva, é firme e estável".[295] Moscou tomou o acordo comercial preliminar como um reconhecimento político de facto pela principal potência imperialista. As mercadorias britânicas também eram cobiçadas para ajudar os camponeses da Rússia soviética a vender seus grãos (de modo que houvesse alguma coisa a comprar).[296]

Após o acordo de comércio com a Grã-Bretanha, em 18 de março, os soviéticos finalmente assinaram um tratado de paz com a Polônia, em Riga, que também acarretou reconhecimento diplomático.[297] O Tratado de Riga, porém, não resolveu as queixas russo-polonesas históricas ou mais recentes, nem alterou suas aspirações em relação à Europa Oriental.[298]

Oito países reconheciam agora a existência da Rússia soviética no sistema internacional de Estados: Irã, Afeganistão, Turquia, Polônia, Lituânia, Letônia, Estônia e Finlândia. A RSFSR também tinha relações definidas por tratados com outras Repúblicas Socialistas Soviéticas, como a Ucrânia. O reconhecimento diplomático alemão viria em breve, mas, enquanto isso, Zinóviev e Bukhárin, no Comintern, encorajados pelo húngaro Béla Kun, que residia na Alemanha em nome do Comintern, decidiram brincar com fogo: em 21 de março de 1921, os comunistas alemães foram estimulados a empreender uma tomada maluca de poder.[299] A insurreição foi esmagada.[300] Cerca de 4 mil sentenças foram proferidas em tribunais especiais recém-criados. O número de filiados do Partido Comunista alemão caiu quase pela metade, para 180 mil. Os bolcheviques de Moscou puseram a culpa do fracasso em "contrarrevolucionários", entre eles o social-democrata alemão Hilferding, que meses antes havia lutado em vão contra o apelo de Zinóviev para que os sociais-democratas independentes passassem para o lado dos comunistas.[301] O Congresso do Comintern terminaria em 12 de julho com a subordinação completa ao partido russo do Partido Comunista alemão seriamente debilitado (por enquanto).[302]

Os inimigos se tornaram uma obsessão bolchevique cada vez maior. Lênin dissera no X Congresso do Partido que a revolta de Kronstadt era liderada por generais brancos e SRs, e que "essa contrarrevolução pequeno-burguesa é, sem dúvida, mais perigosa do que Deníkin, Iudénitch e Koltchak juntos, porque estamos lidando com um país no qual o proletariado é uma minoria".[303] O foco central das acusações de contrarrevolução aos marinheiros era o único general de brigada tsarista presente na ilha, Aleksandr Kozlóvski, um eminente oficial do Estado-Maior e especialista de artilharia a serviço dos vermelhos, que fora premiado com um relógio por Fiódor Raskólnikov, comandante da frota do Báltico, "por coragem e façanha de armas na batalha contra Iudénitch".[304] A Tcheká havia corretamente informado que o general Kozlóvski não era membro do Comitê Revolucionário de Kronstadt, mas insistiu, absurdamente, que "ele é o principal líder do movimento".[305] Kozlóvski fugiu para a Finlândia (onde se tornou professor de língua russa em Vyborg). Em breve, Lênin advertiria sobre a presença de 700 mil emigrantes russos na Europa e que "nenhum país na Europa deixava de ter alguns elementos da Guarda Branca".[306] Os bolcheviques, evidentemente, é que tinham 75 mil ex-oficiais tsaristas em suas fileiras, inclusive centenas de ex-generais, e também haviam restaurado o livre-comércio capitalista. Em relação a Kronstadt, a Tcheká se mostrou incapaz de organizar um grande julgamento de fachada de socialistas revolucionários e "espiões da Entente".[307] Não obstante, Dzierżyński concluiu numa avaliação interna secreta que "enquanto continuar a ser um lar isolado da revolução comunista e estiver sob cerco capitalista, a Rússia soviética vai precisar usar a mão de ferro para acabar com as aventuras dos guardas brancos".[308]

O líder menchevique Iúli Mártov, cofundador com Lênin do *Centelha* original, periódico dos exilados russos marxistas, havia deixado a Rússia em outubro de 1920 para participar da fatídica conferência de esquerdistas alemães em Halle e não fora autorizado a voltar; ele estava mortalmente tuberculoso e logo iria para um sanatório na Floresta Negra, mas continuou sua crítica devastadora em um novo jornal de emigrados que fundou no início de 1921, o *Arauto Socialista*. Mártov enfatizava que a imprudente tentativa de Lênin de sovietização da Polônia resultara na "rendição ao imperialismo polonês de uma série de territórios não poloneses, contra os interesses das classes trabalhadoras russas".[309] Ele também criticava Lênin por sua postura em relação a Kronstadt.[310] Sobretudo, destacava que os mencheviques haviam estado o tempo todo com a razão — a revolução na Rússia fora prematura, como demonstravam os erros de Lênin, o recurso à repressão política e as mudanças nas políticas no que dizia respeito ao campesinato.[311] E, no entanto, Mártov estava de volta ao exílio,

404

enquanto Lênin ocupava o Kremlin. "Quem quiser brincar com parlamentarismo, assembleias constituintes, conferências sem partido, pode ir fazer companhia a Mártov no exterior", Lênin trovejou em abril de 1921, em seu panfleto *Sobre o imposto em espécie*. "Vamos manter os mencheviques e SRs, tanto os abertos como os disfarçados de 'apartidários', na prisão."[312]

Enquanto isso, em Tambov, mesmo depois que o benefício do imposto em espécie foi concedido, os rebeldes camponeses não desistiram, empregando recrutamento e buscando novos adeptos ao invadir províncias vizinhas (Sarátov, Vorónej), enquanto atacavam depósitos de armas. Eles tomaram grãos e gado, bem como pessoas, e aumentaram suas forças para mais de 20 mil homens.[313] Assim fortalecidos, em abril de 1921, conseguiram derrotar o Exército Vermelho em várias batalhas. O plenipotenciário Antónov-Ovséienko, em seus relatórios, suplicou a Moscou por mais tropas. Em 26 de abril, Efraim Skliánski aconselhou Lênin "a enviar Tukhatchévski para esmagar a revolta de Tambov"; Lênin concordou.[314] O fracasso de Tukhatchévski na captura de Varsóvia não o prejudicara.[315] O Politbiuró deu-lhe um mês para "liquidar" a rebelião de Tambov.[316] Em 6 de maio, ele montou seu QG em uma fábrica de pólvora nos arredores de Tambov e anunciou os preparativos para uma "campanha de choque" de pacificação do tipo limpar e ocupar, empregando forças móveis para exterminar os rebeldes, depois infantaria para ocupar as aldeias limpas, de modo a negar refúgio. Mais de 100 mil soldados do Exército Vermelho, principalmente urbanos, foram mobilizados, junto com destacamentos especiais da Tcheká. Depois de execuções públicas, tomada de reféns e deportações de aldeias inteiras para campos de concentração, na terceira semana de junho de 1921 restava apenas um pequeno número de rebeldes.[317] Tukhatchévski expulsou os rebeldes remanescentes das florestas com artilharia, metralhadoras e gás cloro "para matar todos os que se escondem lá dentro".[318] Pelo menos 11 mil camponeses foram mortos entre maio e julho; os vermelhos perderam 2 mil soldados. Muitas dezenas de milhares de homens foram deportados ou enterrados. "Os próprios bandidos vieram a reconhecer [...] o que significa o poderio soviético", observou o chefe do campo de prisioneiros sobre seu programa de reeducação.[319] Aleksei Ríkov, adjunto de Lênin, alertado por comunistas preocupados de Tambov sobre a campanha selvagem, procurou fazer com que Tukhatchévski fosse controlado, de forma a não alienar os camponeses, mas Serguei Kámenev pediu perseverança: "No geral, desde a nomeação do camarada Tukhatchévski para o comando em Tambov, todas as medidas que foram tomadas se mostraram totalmente adequadas e eficazes".[320]

O líder rebelde Aleksandr Antónov fugiu. A Tcheká, sabendo que ele sonhava em unificar os socialistas revolucionários de esquerda e direita e os democratas constitucionais, espalhou a notícia de um "congresso" de todos os movimentos militantes antibolcheviques, que foi aberto em 28 de junho de 1921, em Moscou. Três "delegados" dos SRs de direita, dois deles agentes da Tcheká, insistiram que Antónov deveria participar do congresso. Ele não apareceu, mas o estratagema possibilitou a prisão em massa de seus partidários. Antónov, que se escondeu nas florestas pantanosas por quase um ano, seria finalmente localizado, graças à informação de um farmacêutico, e morto num tiroteio, em junho de 1922; foi sepultado no QG local da Tcheká — um mosteiro de Tambov.[321]

A ABSORÇÃO DO NACIONALISMO GEORGIANO

Stálin chegou a Baku em novembro de 1920, dois meses após o Congresso dos Povos do Oriente, e no dia 8 telegrafou a Lênin: "Uma coisa não está em dúvida. É necessário levar tropas rapidamente para as fronteiras da Armênia, com a necessidade de entrar com elas até Ierevan. Ordjonikidze está fazendo preparativos nesse sentido". Isso foi antes de Sergo Ordjonikidze ter recebido autorização operacional de Moscou.[322] No outono de 1920, tropas turcas invadiram a antiga Armênia tsarista, governada nominalmente por nacionalistas conhecidos como dashnaks, mas acossada por mais de meio milhão de refugiados, epidemias e fome.[323] Em 28 de novembro, Ordjonikidze e Stálin conspiraram para enviar tropas através da fronteira da Rússia com a Armênia, encenar uma "revolta" e declarar uma República Soviética da Armênia ("pela vontade das massas trabalhadoras da Armênia"). Os dashnaks, como o Musavat no Azerbaijão, se renderam.[324] A reconquista soviética da Armênia quase provocaria uma guerra com a Turquia, mas suas consequências mais imediatas foram sentidas na Geórgia.

A terra natal de Stálin era governada desde 1918 por sociais-democratas georgianos de inclinação menchevique, que não governavam via sovietes, abolidos por eles, mas através de um Parlamento, sob a condição de que primeiro era preciso uma revolução democrática (burguesa).[325] O primeiro-ministro menchevique da Geórgia, Noé Jordánia, era aquele que, em 1898, havia dito a Stálin, então com vinte anos de idade, ansioso para se juntar ao movimento socialista, que retornasse aos seus estudos. Em 1904, ele havia humilhado Stálin novamente, forçando-o a abjurar do "bundismo georgiano", isto é, a defesa de um Partido Social-Democrata georgiano formalmente separado e de um Estado georgiano independente.[326] Mas então vieram a guerra mundial, a revolução, a dissolução imperial, e voilà — o menchevismo georgiano se transformou em um veículo para o nacionalismo georgiano.[327] Lênin e Tchitchérin, como parte da busca de reconhecimento formal da Grã-Bretanha, haviam reconhecido a independência da Geórgia menchevique em um tratado de 7 de maio de 1920, comprometendo-se a não interferir em seus assuntos.[328] Em troca, o governo georgiano, em um codicilo que permaneceu secreto, concordou em legalizar a atividade do Partido Comunista em seu território, e os agentes bolcheviques no Cáucaso, entre eles um jovem chamado Lavrenti Béria, logo começaram a subverter o Estado menchevique.[329] Foi quando os georgianos estavam em Moscou aguardando para assinar a versão final do tratado que o Exército Vermelho capturou o Azerbaijão. A Armênia veio em seguida. As forças bolcheviques tinham agora a Geórgia menchevique essencialmente cercada.

Lênin e outros dirigentes bolcheviques viam os mencheviques com um misto de desprezo e medo. É verdade que os mencheviques russos não foram impedidos de participar do VIII Congresso dos Sovietes (o último a que iriam comparecer), realizado de 22 a 29 de dezembro de 1920 num teatro Bolchói mal iluminado e sem aquecimento, quando Lênin revelou um fantástico plano de eletrificação da Rússia.[330] Mas Trótski — que no II Congresso dos Sovietes, em outubro de 1917, já consignara os mencheviques e socialistas revolucionários de direita ao lixo da história — informou aos 2537 delegados que, "agora que a guerra civil terminou, os mencheviques e SRs são especialmente perigosos e devem ser combatidos com especial impiedade", posição repetida por Dzierżyński. Fiódor Dan, um dos líderes mencheviques, destacou que Lênin, em seu discurso, apresentara uma longa lista de países com os quais a Rússia soviética havia assinado tratados de paz, mas omitira um: a Geórgia.[331] Na verdade, Lênin estava secretamente pedindo máxima cautela ao lidar com os sentimentos nacionalistas georgianos, sem dúvida ressabiado pelo fiasco na Polônia. Lênin ordenou explicitamente a Ordjonikidze "não autodeterminar a Geórgia".[332]

Trótski e Stálin, no entanto, concordavam, assim como haviam concordado sobre o uso de Baku como trampolim revolucionário, quanto à necessidade de tomar a Geórgia militarmente.[333] Com efeito, Stálin não mostrou nenhuma hesitação em relação à Geórgia, como havia manifestado repetidamente a respeito da Polônia. Em cima de sua ira contra os mencheviques georgianos, ele articulou uma justificativa estratégica de uma política para o futuro. "A importância do Cáucaso para a revolução é determinada não somente pelo fato de que se trata de uma fonte de matérias-primas, combustíveis e provisão de alimentos", disse ele ao *Pravda* (em 30 de novembro de 1920), "mas também por sua posição entre a Europa e a Ásia e, em parte, entre a Rússia e a Turquia, bem como pela presença de estradas econômicas e estratégicas de grande importância."[334] Acima de tudo, Stálin argumentava que a Geórgia menchevique proporcionava "uma zona de intervenção e ocupação estrangeira", uma zona de apoio para os agressores que quisessem atacar o centro da Rússia soviética, emprestando assim aparente urgência à questão.[335]

Muitos bolcheviques previam que o governo da Geórgia menchevique entraria em colapso sob o peso de sua própria impopularidade e incompetência e, portanto, aconselhavam a esperar por uma revolta popular. Ainda assim, o número de comunistas georgianos chegava a apenas 15 mil, o que não constituía uma força a ser levada em conta, enquanto os mencheviques tinham pelo menos 75 mil filiados e poderiam reivindicar maior apoio dos trabalhadores.[336] E, à medida que surgiam acusações sobre a perfídia do governo menchevique — por exemplo, no apoio a rebeldes antissoviéticos no Cáucaso Norte —, a oposição em Moscou a uma ação militar diminuía. Em 14 de fevereiro de 1921, Lênin abandonou a cautela e Ordjonikidze obteve finalmente permissão para uma invasão. Na verdade, em 11-12 de fevereiro, Ordjonikidze, com a conivência de Stálin em Moscou, bem como de Trótski, havia enviado unidades do Exército Vermelho da Armênia para a Geórgia e encenado uma "revolta" de rebeldes armênios e russos no distrito de Lori, disputado por várias etnias, pretexto para uma invasão total do Exército Vermelho.[337] Em 15 de fevereiro, um ataque total foi lançado a partir do Azerbaijão. Em 16 de fevereiro, o georgiano bolchevique Pilipe Makharadze anunciou a criação de uma República Soviética da Geórgia e pediu "ajuda" à Rússia soviética. Já em 25 de fevereiro, o Exército Vermelho entrava em uma Tíflis abandonada, para ser poupada dos bombardeios.

Ordjonikidze fez em sua Geórgia natal o que Frunze havia feito em seu Turquestão nativo. "Viva a Geórgia soviética!", exultou ele em um telegrama para Moscou. Stálin também estava feliz com a destruição dos lacaios da Entente. Mas Lênin, que ameaçara demitir-se diante da possível presença de outros socialistas no governo revolucionário da Rússia em 1917, agora instruía Ordjonikidze a tentar formar uma coalizão com os mencheviques georgianos derrotados.[338] O motivo para isso parece ter sido seu sentimento de que a base política do bolchevismo na Geórgia "pequeno-burguesa" era fraca. Além disso, ele parecia sensível ao fato de que a invasão do Exército Vermelho havia manchado a reputação internacional dos soviéticos: a Geórgia tornou-se uma cause célèbre entre os sociais-democratas europeus. Perplexo, Ordjonikidze telegrafou em 3 de março de 1921 para Lênin: "Todo o possível está sendo feito para promover contato e entendimento com a intelligentsia georgiana".[339] Mas ele achava que pisar em ovos era uma política perdedora.[340] De qualquer modo, os mencheviques georgianos recusaram a oferta de coalizão de Lênin.

A Geórgia não era a Polônia, certamente não no sentido militar, e as três repúblicas pequenas e instáveis do Cáucaso Sul careciam de um país equivalente à Polônia, em cuja saia pudessem se agarrar para garantir a independência, como acontecera no caso das três pequenas repúblicas bálticas. Os mencheviques georgianos estavam voltados para Londres e Paris, mas as potências da Entente não vieram em seu auxílio. A França prometera apenas carabinas e metralhadoras enferrujadas que haviam sido abandonadas pelos brancos e estavam guardadas em um armazém de Istambul. Ministros georgianos ainda estavam em Paris implorando ao governo francês por ajuda militar no dia em que Tíflis caiu.[341] Os britânicos estavam de olho no petróleo do mar Cáspio e haviam enviado uma força expedicionária para impedir que ele ficasse nas mãos da Alemanha, mas depois se viram às voltas com as despesas e a complexidade de uma ocupação prolongada do Cáucaso. "Estou sentado em cima de um paiol de pólvora que milhares de pessoas estão tentando explodir", escreveu de Tíflis o comissário britânico para sua esposa.[342] Curzon, o ministro das Relações Exteriores, instava seu governo a manter a custosa presença militar britânica no Cáucaso Sul, bem como no norte da Pérsia, a fim de evitar a reconquista russa, mas o ministro da Guerra Winston Churchill — tão antibolchevique quanto Curzon — argumentou que uma Rússia ainda mais dividida suscitava o espectro de um futuro crescimento alemão em toda a Europa Oriental, e talvez também no Levante.[343]

Os britânicos evacuaram de Baku e Tíflis, voltaram para o porto de Batum e em seguida deixaram o Cáucaso para sempre (7 de julho de 1920). Os georgianos comemoraram a saída da Grã-Bretanha como um triunfo sobre o imperialismo, cobrindo Batum com bandeiras da Geórgia, mas a retirada britânica, junto com a hesitação francesa, permitiu que Moscou e Ancara decidissem o destino dos georgianos.[344] Mustafa Kemal, da Turquia, priorizava a anexação de províncias habitadas por armênios (Kars, Ardahan), em vez de auxiliar os irmãos turcos do Azerbaijão, e via na Rússia soviética uma aliada contra Versalhes (um paralelo à reaproximação germano-soviética em andamento).[345] Quando o Exército Vermelho invadiu a Geórgia a partir do leste e do norte, os turcos avançaram do sul, dispostos a tomar o porto de Batum, para onde a liderança georgiana havia fugido diante do avanço do Exército Vermelho. Já em 11 de março de 1921, o navio francês *Ernest Renan* carregava estoques de ouro georgiano, tesouros da igreja e arquivos para Istambul, a fim de levá-los para a França.[346] Cinco dias depois, a Turquia anunciou a anexação de Batum. Mas 10 mil soldados da Geórgia menchevique conseguiram desarmar a pequena tropa de 2 mil da guarnição turca.[347] O Exército Vermelho, com a conivência menchevique, entrou no porto em 22 de março para tirá-lo da Turquia.[348] Três dias depois, navios franceses e italianos levaram o governo menchevique, seu comando militar e refugiados para Istambul, saindo do mesmo porto de onde haviam dado adeus aos britânicos.[349]

Enquanto isso, Stálin foi atingido por uma doença debilitante e submetido a uma dieta especial. Em 15 de março de 1921, Nádia Allilúieva escreveu a Kalínin que "quinze galinhas (exclusivamente para Stálin), sete quilos de batatas e uma roda de queijo foram incluídos no pacote mensal de alimentos", mas "dez galinhas já foram consumidas e ainda faltam quinze dias para o fim do mês. Stálin só pode comer frango por causa de sua dieta". Ela pedia que o número de galinhas mensais fosse aumentado para vinte e as batatas, para treze quilos.[350] Em 25 de março, ele passou por uma cirurgia para remoção do apêndice.[351] Lênin mandou um assistente enviar-lhe "quatro garrafas do melhor vinho do Porto. É necessário fortalecer Stálin antes de sua operação".[352] Mas Stálin estava sofrendo de outros males, talvez relacionados ao tifo, talvez a uma tuberculose crônica não ativa, contraída antes da revolução. (Svérdlov, com quem ele dividira um quarto no exílio siberiano, tinha tuberculose; numa época anterior à penicilina, não havia cura para a doença.) Em abril de 1921, o Politbiuró mandou Stálin para uma estância termal, e ele passou de maio a agosto de 1921 em Naltchik, no Cáucaso Norte.[353] Lênin enviou vários telegramas a Ordjonikidze indagando sobre a saúde de Stálin e a opinião dos médicos.

As férias médicas de Stálin coincidiram com a turbulência política contínua do outro lado das montanhas, no Cáucaso Sul. Em 10 de abril de 1921, em uma reunião com cerca de 3 mil operários e representantes de trabalhadores no Teatro de Ópera de Tíflis, na avenida Rustavéli, uma assembleia aprovou uma resolução que instava o Comitê Revolucionário bolchevique a defender o direito da Geórgia à autodeterminação e à independência, e pediu a legalização de todas as organizações socialistas não dedicadas a derrubar o regime e até mesmo a formação de um Exército Vermelho georgiano separado. Esses sentimentos só fizeram se aprofundar. Ordjonikidze ficou desesperado por ajuda para conseguir que seus compatriotas se submetessem aos novos senhores bolcheviques e convidou Stálin a atravessar as montanhas e ir a Tíflis. Stálin concordou e participou de uma plenária do birô do Cáucaso em 2-3 de julho de 1921, quando Ordjonikidze apresentou um informe sobre a situação política.[354] Em 5 de julho, numa outra grande reunião com os trabalhadores no Teatro de Ópera, Stálin começou por "saudar os trabalhadores de Tíflis em nome da revolução, sublinhando o seu papel de liderança", mas a plateia o recebeu com vaias de "traidor" e "assassino". O orador principal, o velho marxista georgiano Isidor Ramichvíli, acusou Stálin e os bolcheviques de conquista violenta e recebeu uma ovação. Aleksandr Dgebuadze, um líder dos operários de Tíflis, disse de Stálin: "Quem lhe pediu para vir aqui? O que aconteceu com o nosso tratado? Por ordens do Kremlin, derrama-se sangue aqui e você fala sobre amizade! Sossó, você nos faz rir!".[355] O público entoou canções georgianas de liberdade.[356]

Naquela noite, depois da humilhação pública em seu território nativo georgiano, Stálin mandou a Tcheká prender mais de uma centena de mencheviques social-democratas locais, entre eles Ramichvíli e Dgebuadze, enchendo a prisão de Metekhi, da época tsarista, e também a cadeia de construção mais recente sob ela. (Quando Stálin descobriu que seu amigo de infância Sossó Iremachvíli, agora menchevique, havia sido preso, deu um jeito para que ele fosse libertado e o convidou para um encontro, mas Iremachvíli recusou, considerando Stálin um traidor — e emigrou, levando consigo um conhecimento íntimo do jovem Stálin da época de Góri.)[357]

Em 6 de julho, Stálin foi ao QG do partido bolchevique local, onde caiu de pau na liderança georgiana (Pilipe Makharadze, Mamiia Orakhelachvíli, Budú Mdivani) e falou para uma assembleia geral do Partido Comunista de Tíflis. "Lembro-me dos anos 1905-17, quando só se podia observar a solidariedade fraternal completa entre os trabalhadores e a gente labutadora das nacionalidades do Cáucaso Sul, quando os laços de fraternidade ligavam trabalhadores armênios, georgianos, azerbaijanos e russos em uma única família socialista", consta que Stálin teria dito. "Agora, na minha chegada a Tíflis, estou espantado com a ausência da antiga solidariedade entre os trabalhadores do Cáucaso Sul. O nacionalismo surgiu entre os trabalhadores e camponeses, e há um forte sentimento de desconfiança em relação a seus camaradas de outras nacionalidades." Ele pôs a culpa desse "espírito de nacionalismo agressivo" nos três anos de governo dos mencheviques, do Partido Musavat no Azerbaijão e dos dashnaks da Armênia, e convocou os bolcheviques georgianos para uma "luta implacável contra o nacionalismo e pela restauração dos antigos laços de fraternidade internacional". Stálin também abordou a ideia da Federação do Cáucaso Sul para conter os três nacionalismos, mas esta foi recebida com objeção vigorosa.[358] Os bolcheviques georgianos não se mostraram menos nacionalistas do que os mencheviques depostos. De fato, com Polônia, Finlândia e Estados bálticos de fora, o nacionalismo dos georgianos, juntamente com o dos ucranianos, seria o mais difícil de controlar. A conquista política e espiritual da pátria georgiana de Stálin *depois* de 1921 também moldaria dramaticamente sua ditadura pessoal.

O PRIMEIRO SATÉLITE SOVIÉTICO

Quando escrevem sobre Stálin e projetam no passado um psicopata e assassino precoce, certos biógrafos estão, na verdade, descrevendo um contemporâneo de Stálin, o barão Roman von Ungern-Sternberg.[359] O selvagem e demente barão nasceu na Áustria na década de 1880, filho de mãe aristocrata alemã e pai alemão báltico de uma família nobre antiga, mas o menino, como seus ancestrais que participaram das Cruzadas, cresceu no litoral báltico da Rússia imperial. Serviu no Exército imperial russo, inclusive em formações de cossacos multiétnicas nas regiões de Baikal oriental e Amur, e ganhou uma infinidade de condecorações por bravura na Grande Guerra. Também foi punido por teimosia. Corajoso e cruel, tinha por modelo os cavaleiros teutônicos das Cruzadas, mas também consta ter se gabado aos amigos de que um dia se tornaria imperador da China e talvez até restaurasse o grande Império mongol de Gêngis Khan na Eurásia. O barão casou-se com uma princesa manchu de dezenove anos de idade, o que lhe deu um segundo título de nobreza, manchuriano. Era um monarquista convicto e inimigo dos sacrilégios do bolchevismo, e reuniu uma assim chamada Divisão Selvagem de cossacos, tártaros, mongóis e tibetanos, entre outros, para lutar contra os vermelhos na guerra civil, mas após a derrota de Koltchak procurou refúgio na Manchúria. Em outubro de 1920, o barão conduziu sua pequena Divisão Selvagem, de oitocentos homens, numa marcha de vários milhares de quilômetros, da

Manchúria à Mongólia Exterior, que havia sido província da China até 1911, quando se tornou independente de facto, em consequência da queda da dinastia Qing, mas que em 1919 foi reocupada por tropas chinesas que deflagraram um reinado de terror. Os chineses haviam deposto o Bogd Gegen, um Buda vivo — o terceiro, após o Dalai Lama (em Lhasa) e o Panchen Lama, na hierarquia budista lamaísta — e governante temporal da Mongólia, a quem o barão pretendia restaurar. Mas, no final de outubro e início de novembro de 1920, Ungern-Sternberg não conseguiu tomar Urga, a capital mongol ocupada pelos chineses que contava com uma guarnição de até 12 mil soldados. Depois de matar seus desertores, ele se retirou para o leste da Mongólia, onde pegou mais retardatários do Exército Branco da Sibéria Oriental, recrutou mais soldados mongóis e tibetanos para libertar a terra budista, saqueou caravanas que iam e vinham da China, alimentou seu vício em ópio e poliu sua reputação de bravura e carnificina. Os homens que chicoteava até a carne cair eram levados ao hospital para se recuperar, a fim de que pudessem ser surrados novamente. Às vezes, o barão tocava fogo nos cabelos da vítima amarrada; outras vezes, derramava água nas narinas e terebintina no reto.[360]

No início de fevereiro de 1921, Ungern-Sternberg renovou seu ataque a Urga, com cerca de 1500 homens contra pelo menos 7 mil chineses. Mas, dessa vez, no auspicioso Ano-Novo lunar (4 de fevereiro), ele triunfou.[361] Demorou alguns dias para limpar os cadáveres, cerca de 2500, a maioria com ferimentos de sabre da cavalaria. Seguiu-se a pilhagem. Reforços chineses de longe foram interceptados, rendendo centenas de camelos que valiam armas, suprimentos e prata.[362] Em 21 de fevereiro — mesmo dia em que Reza Khan, o futuro xá, deu um golpe de direita em Teerã, quatro dias antes de Ordjonikidze tomar a capital da Geórgia dos mencheviques, e sete dias antes do início da revolta de Kronstadt —, Ungern-Sternberg reinstalou cerimoniosamente o Bogd Gegen na capital mongol.[363] Desfrutando de adulação mongol e tibetana, o barão deflagrou a violência contra comissários bolcheviques, judeus e qualquer pessoa com defeitos físicos. Compilou-se uma lista de 846 alvos, 38 deles judeus, que foram sumariamente executados.[364]

Havia muito tempo que comerciantes e aventureiros russos usavam a Mongólia Exterior como uma porta de entrada para a China. Dessa vez, o regime bolchevique enviou para Urga, com um pequeno grupo de "conselheiros", Serguei Boríssov, um altaiano (oirot) e chefe do departamento mongol-tibetano do Comintern.[365] Boríssov, que vinha de um povo xamânico que os budistas tentaram converter (de sua parte, ele frequentou uma escola ortodoxa russa), tinha por objetivo forjar uma aliança com mongóis nacionalistas, que já haviam feito contato com os soviéticos em Buriat, no leste da Sibéria. Os mongóis nacionalistas compreendiam dois agrupamentos. Um deles, o grupo de Urga Oriental, era liderado por Danzan (nascido em 1885), um funcionário de baixo escalão da alfândega e filho ilegítimo de uma mulher pobre, e incluía

Sükhbaatar (nascido em 1893), que aos dezenove anos se tornou comandante de um regimento de metralhadoras do exército de Bogd Gegen. O outro grupo, conhecido como Morro Consular (a área de Urga ocupada principalmente por russos), era o mais radical. Liderado por Bodoo (nascido em 1895), um professor de língua mongol numa escola russa, incluía Choybalsan (nascido em 1895), um ex-lama e filho bastardo de uma mulher empobrecida que fugira de um mosteiro; no exercício de trabalhos subalternos, ele conhecera o diretor de uma escola de tradutores do russo, onde se matriculou antes de ir estudar em Irkutsk, a capital da Sibéria Oriental.[366] Em 25 de junho de 1920, os dois grupos mongóis uniram forças na tenda de Danzan para formar o Partido Popular da Mongólia, com o objetivo de "liquidar o inimigo estrangeiro, que é hostil à nossa religião e raça; restaurar os direitos perdidos e verdadeiramente reviver o Estado e a religião; [...] dar total atenção aos interesses das massas pobres e humildes; e viver sem ser opressor nem oprimido".[367] Eles concordaram com Boríssov em enviar uma delegação a Moscou a fim de pedir ajuda.[368] Em novembro de 1920, uma delegação mongol de sete pessoas chegou à capital soviética e se reuniu com Lênin e Stálin.[369]

A essa altura, o Bogd Gegen fora restaurado como khan e Urga fora ocupada por Ungern-Sternberg. Entre 1º e 3 de março de 1921, ocorreu uma conferência do Partido Popular da Mongólia em Troitskosavsk (Kiakhta), do lado soviético da fronteira, com talvez 26 delegados no último dia.[370] Para derrubar Ungern-Sternberg, eles constituíram um Comitê Provisório Revolucionário e um Exército Revolucionário do Povo de cerca de quatrocentos cavaleiros que se reuniu no sudeste da Sibéria e, em 18 de março — mesmo dia em que os soviéticos assinaram um tratado de paz com a Polônia —, atravessou a fronteira mongol-soviética, seguido por unidades do Exército Vermelho.[371]

Não havia "situação revolucionária" na Mongólia, para usar o jargão do Comintern, mas a ocupação do barão Ungern-Sternberg foi uma dádiva, proporcionando o pretexto para a invasão bolchevique e um golpe revolucionário. Na época da ofensiva mongol-soviética da primavera de 1921 contra a "base contrarrevolucionária" na Mongólia, o exército de Ungern-Sternberg, que vivia de extravagantes "requisições" de pastores mongóis, também estava em movimento. Em 21 de maio, ele lançou uma proclamação convocando os russos da Sibéria a se levantar contra o bolchevismo, em nome do "senhor legítimo da Terra Russa, o imperador de Todas as Rússias, Mikhail Aleksandrovitch", ao mesmo tempo que jurava "exterminar comissários, comunistas e judeus".[372] (Não importava que o grão-duque Mikhail, irmão de Nicolau II, tivesse sido executado em Perm, em 1918.) Em 16 de junho, o Politbiuró aprovou tardiamente uma "ofensiva revolucionária". Um "pedido" oficial de ajuda militar soviética foi inventado. Sükhbaatar e as forças do Exército Vermelho tomaram Urga em 5-6 de julho de 1921.[373]

413

Stálin estava de férias longe de Moscou e sendo denunciado como imperialista bolchevique na capital da Geórgia. Simultaneamente aos eventos na Geórgia e na Mongólia, acontecia o III Congresso do Comintern em Moscou, e um de seus temas principais era a libertação nacional. "Eu gostaria de enfatizar aqui a importância do movimento nas colônias", disse Lênin aos 605 delegados de mais de cinquenta países, em 5 de julho. "Está bastante claro que, nas próximas batalhas decisivas da revolução mundial, o movimento da grande maioria da população do globo, que será direcionado de início para a libertação nacional, irá se voltar contra o capitalismo e o imperialismo e, talvez, desempenhar um papel muito maior do que esperamos." De repente, os países atrasados seriam líderes revolucionários ("aprovação animada"). E, assim como a Rússia soviética oferecia "um baluarte forte para os povos orientais em suas lutas pela própria independência, do mesmo modo, os países orientais são nossos aliados em nossa luta comum contra o imperialismo mundial".[374] Em 11 de julho, a independência da Mongólia foi declarada novamente. Enquanto isso, as forças de Ungern-Sternberg haviam convenientemente capturado ou expulsado um grande número de chineses a caminho da Sibéria, mas não conseguiram provocar a revolta antissoviética na própria Sibéria, e ele estava em fuga; um relatório do Comintern caracterizou seus homens como "especuladores, viciados em morfina, fumantes de ópio [...] e uma escória de elementos contrarrevolucionários".[375] Segundo uma testemunha ocular de sua marcha final, o barão, "com a cabeça caída no peito, cavalgou silenciosamente diante de suas tropas. Ele havia perdido o chapéu e a maior parte de suas roupas. Em seu peito nu, pendiam de um cordão amarelo brilhante numerosos talismãs e amuletos mongóis. Ele parecia a reencarnação de um homem-macaco pré-histórico".[376]

Ungern-Sternberg sobreviveu a uma tentativa de assassinato (sua tenda foi metralhada), mas foi capturado e entregue ao Exército Vermelho em 22 de agosto de 1921, e revelou sua identidade aos captores.[377] Seu conselheiro mongol evidentemente fugiu com 1800 quilos de ouro, prata e pedras preciosas que estavam escondidos em um fundo de rio. Um comboio escoltou o barão até Novonikoláievsk, capital da Sibéria Ocidental, onde os interrogatórios estabeleceram que ele "não estava de forma alguma psicologicamente saudável".[378]

Lênin, comunicando-se pelo aparelho de Hughes, ordenou um julgamento público, que deveria ter lugar em Moscou, mas Ivan Smirnov, conhecido como o Lênin siberiano, insistiu que os efeitos seriam maiores se ele fosse julgado in loco.[379] Em 15 de setembro de 1921, montou-se um julgamento diante de milhares de pessoas, no teatro de verão de madeira do parque principal de Novonikoláievsk, às margens do rio Ob. O barão apareceu com seu cafetã mongol amarelo, sua cruz de São Jorge da Rússia imperial presa ao peito. Depois de cerca de seis horas, ele foi declarado culpado de trabalhar em defesa dos interesses do Japão para criar um Estado na Ásia Central, de tentar restaurar os

Románov, além de tortura, antissemitismo e atrocidades. Ele negou somente a conexão com os japoneses.[380] Foi executado na mesma noite ou nas primeiras horas do dia seguinte pela Tcheká local.[381] Outros colheriam os frutos de sua loucura. O barão não só expulsara as tropas chinesas da Mongólia, em nome dos mongóis, como sua selvageria ajudara a espantar os camponeses chineses, que talvez fossem 100 mil em 1911, mas não passavam de 8 mil em 1921.[382] Em 14 de setembro de 1921, o governo da Mongólia declarou que não reconhecia a suserania chinesa.[383] Em nome da Rússia soviética, Tchitchérin emitiu um comunicado ambíguo que não negava expressamente as reivindicações chinesas de soberania, mas reconhecia de fato a independência da Mongólia.[384]

A contribuição de Ungern-Sternberg foi histórica tanto para a independência mongol como para a criação do primeiro satélite soviético — muito antes da Europa Oriental depois da Segunda Guerra Mundial —, pois, após sua derrota, o Exército Vermelho ficou por lá.[385] Uma delegação mongol chefiada por Danzan e que incluía Sükhbaatar chegou a Moscou, em setembro de 1921, surpreendendo o Comissariado Soviético das Relações Exteriores (que estava tentando estabelecer relações diplomáticas com a China). Os mongóis procuravam ajuda no âmbito das finanças, infraestrutura e armas, e queriam discutir disputas territoriais com a Rússia soviética e concessões econômicas ainda do tempo da Rússia imperial.[386, 387] Realizaram-se cinco sessões, a partir de 26 de outubro de 1921, no Metropol. Boris Chumiátski, um funcionário do Comintern da Buriácia, explicou a Lênin em 2 de novembro que seria uma sorte ver ali uma revolução burguesa, que dirá uma socialista, pois a Mongólia estava atrasada dois séculos em relação à Rússia soviética: quase a metade da população masculina era composta de monges em mosteiros, e a única figura de autoridade era o Bogd Gegen, um Buda vivo. Mas Chumiátski acrescentou que "Sükhbaatar é o ministro da Guerra, um plebeu, o novo filho que surge nas relações mongóis. Incomumente corajoso, embora jovem [...]. Uma das figuras mais ativas do Partido Popular Mongol e o melhor orador [...]. Totalmente voltado para a Rússia soviética. Fala um pouco de russo".[388] Em 5 de novembro, o governo soviético, depois de renunciar a tratados secretos tsaristas, assinou seu próprio tratado desigual com a Mongólia Exterior.[389] As tropas do Exército Vermelho eram "convidadas" a ficar e os dois governos — não os dois Estados, para não criar antagonismo aberto com a China — se reconheciam mutuamente. Chumiátski fez um documentário (ele viria a dirigir a indústria cinematográfica sob Stálin). O Bogd Gegen foi mantido como governante nominal e a Mongólia tornou-se uma monarquia constitucional, mas também uma "democracia popular de um tipo novo".[390]

Em toda a história, nenhuma outra guerra civil aconteceu em um território tão imenso. Em comparação com a Grande Guerra, nenhuma das batalhas militares da guerra civil russa ou das guerras de reconquista territorial foi significativa em escala, mas, não obstante, de 8 milhões a 10 milhões de pessoas morreram entre 1918 e 1923. É provável que 90% fossem civis. Tifo, febre tifoide, cólera, gripe e fome podem ter matado mais do que o fogo inimigo. Incontáveis soldados feridos no campo de batalha pereceram devido à ausência de médicos, medicamentos, transporte ou hospitais. Além disso, até 200 mil pessoas foram vítimas do Terror Vermelho, e pelo menos 50 mil do Terror Branco. A destruição de riqueza também foi épica. Em 1921, a produção econômica nem sequer chegava a um sexto do nível anterior a 1914; a safra de grãos de 1921 foi metade da de 1913.[391] A Rússia passaria de exportadora mundial de grãos (1913) ao canibalismo (1923).[392] Além disso, médicos, cientistas, professores, artistas e outros emigraram em massa, talvez num total de 1,5 milhão, a maioria dos quais (ao contrário do que aconteceu na França depois de 1789) não voltaria, estendendo a civilização da Eurásia russa para todo o mundo e moldando a política externa da Rússia soviética. Dentro do país, não uma, mas duas estruturas poderosas surgiram: a revolução camponesa, em que os brancos se dariam mal, e a ditadura bolchevique, que foi obrigada a conceder um "Brest-Litovsk camponês". Com este último, Lênin, um apostador inveterado, havia apostado novamente. Mais tarde, ele diria que a "derrota econômica" da primavera de 1921 fora "mais grave" do que as derrotas militares infligidas por Koltchak, Deníkin ou Piłsudski.[393] Infelizmente, porém, a concessão tardia de Lênin de um imposto em espécie e do comércio privado legal no x Congresso do Partido, em março de 1921, apesar de considerável oposição partidária, chegou tarde demais para poupar o país da morte em massa por fome (um tema do capítulo 10), embora não tarde demais para salvar o regime.

O combate russo-eurasiano foi também uma guerra econômica, pois cada avanço no campo de batalha trouxe despojos: grãos, aguardente caseira, roupas, botas, querosene, ou, no caso de Bukhara, ouro. Apreendidos por soldados ou outras pessoas armadas, os troféus geralmente apareciam em mercados negros recém-criados. O banditismo também floresceu. Todos os tipos de armas militares (fuzis, metralhadoras, munições de artilharia) estavam à venda nos mercados de territórios controlados pelo Exército Vermelho. Às vezes, o armamento não vinha do campo de batalha, mas direto de armazéns ou terminais de trens, o suborno de funcionários e guardas sendo meramente um custo de fazer negócios. A revolução para acabar com o mercado transformou todo o país, inclusive o regime, em praticantes de comércio ilegal de mercadorias. "A Nova Política Econômica", observou um funcionário da comissão de planejamento estatal, "não caiu do céu, mas surgiu do solo culpado e se desenvolveu a partir dos 'pecados' de outubro contra o sistema capitalista."[394] Havia algo estranho no estabelecimento de mercados legais com uma avalanche de decretos, baixados em abril, maio, junho e julho de 1921, que concediam permissão reluta para esta ou aquela atividade privada. (Um decreto de 9 de agosto de 1921 obrigava os órgãos estatais a implementar os decretos.)[395] Mas os legados da desapropriação forçada não foram rapidamente superados.[396] As leis de propriedade da NPE, em muitos aspectos, continuavam presas a ambiguidades não resolvidas das relações de mercado sob o governo do Partido Comunista.

A política nacional estava presa a um emaranhado semelhante. Stálin era o bolchevique dos círculos do poder que demonstrava a melhor avaliação da panóplia da Eurásia russa. Tinha ideias fortes sobre nacionalidades e confiança suficiente para instruir Lênin nessa área.[397] Mas Lênin ignorou suas advertências sobre o nacionalismo polonês e forçou uma malfadada ofensiva militar ocidental para instigar a revolução de fora.[398] A derrota esmagadora da Rússia soviética para a Polônia em 1920 conferiu uma dimensão geopolítica aberta ao "mal necessário" de abraçar o nacionalismo: a República Soviética da Ucrânia, bem como a República Soviética da Bielorrússia, de cuja criação Stálin participou, apareciam agora como contrapesos ao engrandecimento polonês.[399] Mas, enquanto o nacionalismo polonês se tornou um problema externo com repercussões internas, o nacionalismo georgiano, também forte, foi engolido graças, em grande medida, às maquinações de Stálin. Ele se preocupava em descobrir como controlar esse nacionalismo e usá-lo para fins comunistas. Em seu cerne, era um intransigente em termos de classe, mas também estava convencido da necessidade de encontrar um modus vivendi com os comunistas das minorias nacionais, mesmo que não fosse tolerar o separatismo quando sentisse que o território poderia ser usado por inimigos externos da União Soviética para enfraquecer e talvez invadir o Estado soviético.[400]

Lênin tinha uma preocupação muito diferente: a atitude condescendente e a discriminação total, para não dizer a violência, que prevaleciam nas relações da grande Rússia com os povos menores, que em sua opinião mostravam a Rússia soviética sob um ângulo ruim. Em 9 de setembro de 1921, Adolf Ioffe enviou a Lênin um telegrama aflito afirmando que, no Turquestão, as diferenças políticas entre dois funcionários bolcheviques haviam provocado animosidade entre os russos e os nativos da região. Respondendo em 13 de setembro de 1921, Lênin exigiu mais informações ("fatos, fatos e fatos"), e concluiu: "Para toda a nossa *Weltpolitik* é tremendamente importante conquistar a confiança dos nativos; três e quatro vezes conquistar; provar que não somos imperialistas, que não toleraremos um desvio nesse sentido. Esta é uma questão de nível mundial, sem exagero, de nível mundial [...]. Isso afeta a Índia, o Oriente, nisso não podemos brincar, aqui temos de ser mil vezes cautelosos".[401]

Por essa época, Lênin tinha começado a fazer apartes de imenso significado teórico. Em 1921, ele observou que os bolcheviques só tinham conseguido levar a cabo uma revolução democrático-burguesa; ainda não haviam chegado ao socialismo.[402] A

417

questão de quando e, especialmente, de como o socialismo na Rússia seria realmente construído se tornara mais aguda com o fracasso surpreendente da revolução mundial, e as revelações das "viagens de descobrimento" da guerra civil sobre a profundidade do atraso e desespero em toda a agora esmagada Eurásia.

Stálin continuou a decifrar o quadro maior das perspectivas globais da revolução, inclusive a relação da guerra com a revolução. Em um exemplar de uma obra de 1920 de Radek, ele escreveu: "Na Rússia, os operários e soldados se juntaram (porque a paz não fora alcançada), mas na Alemanha não, porque lá a *paz* já havia sido obtida".[403] Em um exemplar de 1920 de *Guerra e a crise do socialismo*, de Zinóviev, anotou: "Sem essa derrota [da Rússia pelo Japão em 1905] também não teria havido uma Revolução Russa".[404] Esses sentimentos foram expressos pouco antes de o Exército Vermelho conseguir servir de instrumento da revolução, reconquistando as antigas fronteiras imperiais — Ucrânia, Turquestão, Cáucaso Sul —, bem como a Mongólia. Mas Stálin ainda não oferecia declarações abrangentes sobre a relação do Exército Vermelho com a revolução.[405] Ele revelava um certo pessimismo em correspondência privada com Tchitchérin. "Suas objeções à minha carta sobre a política econômica para os países do Oriente, baseadas em extremo pessimismo na questão de nossa própria condição econômica, pressupõem que o capital da Entente penetrará agora nos países orientais e que, em conexão com isso, estamos impotentes", Tchitchérin escreveu a ele (22 de novembro de 1921). "Mas não é bem assim. Estamos falando de um processo mais prolongado, durante o qual não estaremos parados. Mesmo naqueles países organicamente ligados ao capital ocidental, a burguesia nacional não vai capitular tão rapidamente diante de um ataque do capital da Entente, e entre eles haverá uma luta prolongada." Tchitchérin citou Romênia, Turquia, Pérsia e Egito. Mas Stálin não se convenceu. "É claro que vamos sair da ruína econômica em algum momento, e, quando o fizermos, poderemos falar sobre as ações econômicas nesses Estados." Nesse meio-tempo, no entanto, o valor de troca do rublo estava caindo, a Rússia soviética não tinha nada para exportar, sua balança comercial não era boa e o país não tinha ouro suficiente. Stálin argumentou que era melhor para a Rússia soviética desenvolver as partes do país que faziam fronteira com o Oriente — Turquestão, Sibéria, Azerbaijão.[406]

Stálin revelou publicamente seu pessimismo no final de 1921: "Foi-se com o vento o 'medo' ou 'horror' da burguesia mundial diante da revolução proletária, que havia tomado [a burguesia mundial], por exemplo, nos dias do avanço do Exército Vermelho sobre Varsóvia", escreveu ele no *Pravda* (17 de dezembro de 1921). "E com ele passou o entusiasmo sem limites com que os trabalhadores da Europa costumavam receber quase todas as notícias sobre a Rússia soviética." Em termos geopolíticos, o poder russo no mundo foi muito diminuído em geral pela guerra civil. O acordo de comércio duramente conquistado com a Grã-Bretanha era um louro farpado. "Não devemos esquecer que missões e associações comerciais e de todo tipo que agora inundam a Rússia para negociar com ela e ajudá-la são ao mesmo tempo os melhores espiões da burguesia mundial, e que agora a burguesia mundial conhece a Rússia soviética, com seus lados fracos e fortes, melhor do que nunca — circunstâncias repletas de perigos extremamente graves em caso de novas ações intervencionistas", escreveu Stálin. Ele destacou Polônia, Romênia e Finlândia, e ainda Turquia e Afeganistão, bem como o Japão, como desafios formidáveis.[407] O vitorioso Estado soviético surgira cercado, penetrado. Seus tensos esforços para estabelecer um modus vivendi temporário com as potências capitalistas andavam de mãos dadas com sua reaproximação interna com o capitalismo da Nova Política Econômica. A guerra revolucionária de Durnovó tivera um resultado paradoxal.

PARTE III

Colisão

Lênin nasceu para a revolução. Ele foi um verdadeiro gênio das explosões revolucionárias e o grande mestre da liderança revolucionária. Lênin nunca se sentiu mais livre ou mais feliz do que na época dos choques revolucionários.
STÁLIN, JANEIRO DE 1924[1]

A verdade é que a revolução socialista terminou em individualismo puro [...].
A grande conquista da classe bolchevique foi a criação de uma classe camponesa extremamente consciente do valor da propriedade privada da terra.
MAX SERING, ESTUDIOSO ALEMÃO DA AGRICULTURA RUSSA, 1921[2]

Uma vez na vida e outra na morte, o futuro pode ser previsto — como quando o ex-ministro do Interior tsarista Piotr Durnovó predisse que, se a Rússia perdesse uma guerra contra a Alemanha, haveria uma revolução social de massa e a catástrofe —, mas quase sempre a clarividência é impossível. Nesta última categoria encaixam-se o fato e as consequências da saúde de Vladímir Lênin. Ele era uma figura política singular. O pesadelo da Grande Guerra e a crise abrangente tornavam ainda mais improvável que um Estado de direito substituísse a autocracia tsarista, mas a contribuição maligna de Lênin não deve ser subestimada. Em agosto de 1917, mesmo antes do golpe bolchevique, ele havia comentado: "Quem não sabe que a história mundial de todas as revoluções mostra que a luta de classes se transforma, não por acaso, mas inevitavelmente, em guerra civil?".[3] Uma vez no poder, transformou a violência política em princípio.[4] Em sua concepção, os socialistas moderados eram mais perigosos do que

421

os contrarrevolucionários explícitos, os quais eram incitados pelos moderados com sua "ornamentada fraseologia socialista revolucionária e menchevique sobre um governo do povo, uma Assembleia Constituinte, liberdades e coisas assim [...]. Aquele que não aprendeu isso com toda a história do século XIX é um idiota irremediável".[5] Por trás da discordância mundana ele não via opinião legítima, mas forças malévolas. Sua concepção de política nem sequer permitia a política.[6] Lênin clamava contra a ideia de que toda sociedade era composta de múltiplos interesses que mereciam representação política competitiva e equilibrada, pois isso abria as portas ingenuamente para os interesses "errados" ("burgueses" ou "pequeno-burgueses").[7] Repudiava como farsa burguesa qualquer separação entre os poderes executivo, legislativo e judiciário.[8] Rejeitava o Estado de direito, que considerava um instrumento de dominação de classe, não uma proteção contra o Estado.[9] Descartava a auto-organização da sociedade para manter o Estado sob fiscalização.[10] O resultado disso foi uma intensificação brutal de muitas características debilitantes do tsarismo: emasculação do Parlamento, multiplicação dos funcionários parasitas do Estado, perseguições e extorsões de cidadãos e empresários — em suma, um poder executivo que não prestava contas e que foi enormemente realçado em sua arbitrariedade cruel por uma ideologia radiante da justiça social e do progresso. Mas, então, Lênin ficou fatalmente doente.

Raras vezes na história do mundo um homem desempenhou um papel tão descomunal e, de repente, foi marginalizado — resultado que lembra, por caminhos políticos muito diferentes, as vitórias de Abraham Lincoln na guerra civil e na emancipação dos escravos, seguidas por seu assassinato. O desaparecimento prematuro de Lênin foi um segundo choque revolucionário não intencional, menor apenas do que a tomada do poder, e abriu inesperadamente o caminho para Stálin chegar ao poder supremo.

As más condições de saúde de Lênin o haviam afetado mais do que quase todos sabiam. Ele sofreu de várias doenças comuns à época, entre elas febre tifoide, gripe e erisipela (uma doença de pele), mas também tinha dores de cabeça terríveis, insônia e desmaios — numa caçada durante a guerra civil, por exemplo, ele caiu de repente em um toco de árvore, incapaz de se mover ("formigamento", disse ele). No inverno de 1920-1, a insônia e as dores de cabeça tornaram-se ainda mais frequentes, o que deixou perplexa sua bateria de médicos. "Infelizmente estou muito doente", ele escreveu a Clara Zetkin em alemão, em fevereiro de 1921, durante os dias tensos da rebelião de Tambov e das greves de operários de Petrogrado. "Meus nervos estão *kaputt*."[11] No mês seguinte, durante o X Congresso do Partido, ele continuou a se queixar de se sentir debilitado. Seus nervos estavam à beira do colapso em julho de 1921, quando seu apartamento no Kremlin estava sendo reformado: ele determinou que as paredes entre os quartos se tornassem "absolutamente à prova de som e os pisos absolutamente livres de rangidos".[12] No verão de 1921, o Politbiuró decretou várias vezes, sem sucesso, que Lênin tirasse férias de um mês; por fim, em agosto, ele cedeu.[13] Em meados de setembro de 1921, quando tentou retomar a carga de trabalho, não conseguiu. Em outubro, desmaiou várias vezes.[14] Em dezembro de 1921, não suportou nem mesmo uma carga de trabalho drasticamente reduzida; o Politbiuró decretou novas férias de seis semanas, e, em 6 de dezembro, Lênin partiu para o campo, onde deveria se limitar a um máximo de uma hora por dia de conversas telefônicas sobre assuntos prioritários. Retornou ao Kremlin em 13 de janeiro de 1922, mas seu estado não melhorou, e ele voltou para o campo nos arredores de Moscou, decidido a ir à capital somente para as reuniões do Politbiuró e do governo. Mas até mesmo isso se tornou cada vez menos frequente. Em 1º de março de 1922, Lênin voltou ao Kremlin, mas no dia seguinte sua família e equipe observaram uma perda periódica da fala e da sensibilidade do lado direito.[15] Em 4 de março, ele disse a um de seus médicos que "sua canção havia sido cantada, seu papel desempenhado, e que precisava passar sua causa para alguém".[16]

Lênin nunca designou um sucessor. Mas em março de 1922, num ato crucial, criou o novo posto de "secretário-geral" do partido, expressamente para Stálin. Inventaram--se histórias, por razões compreensíveis, a respeito de como Lênin nunca teve *realmente* a intenção de dar tanto poder a Stálin. Essas histórias, no entanto, são desmentidas pelos fatos. Lênin vinha confiando a Stálin uma ampla gama de questões, e, já em agosto-setembro de 1921, o havia posto quase em tempo integral para supervisionar os assuntos do partido; Stálin passou a preparar a agenda das reuniões do Politbiuró e a nomear funcionários.[17] É verdade que havia dois outros secretários do Comitê Central na época, mas Stálin era o mais velho. Apesar dessa antiguidade, Lênin optou por enfatizar a posição predominante de Stálin com uma designação anunciada no XI Congresso do Partido (realizado entre 27 de março e 2 de abril de 1922) e formalizada numa plenária do Comitê Central em 3 de abril, com a presença de Lênin nos dois eventos.[18] Stálin foi eleito "secretário-geral" no congresso por 193 votos a favor e 16 contra; os outros 273, mais da metade dos delegados com direito a voto, se abstiveram.[19] Tratava--se de uma iniciativa de Lênin, e ele certamente sabia o que estava fazendo. Pouco antes da abertura do XI Congresso, no Kremlin, organizou uma reunião conspiratória em uma sala ao lado, reunindo seus seguidores mais confiáveis, 27 pessoas, para garantir a eleição ao Comitê Central de seus candidatos preferidos, contra os seguidores de Trótski; o nome de Stálin estava marcado na lista de Lênin como "secretário-geral".[20] No próprio congresso, onde todos os 27 nomes na lista de Lênin foram devidamente eleitos, um delegado (Preobrajénski) questionou como Stálin conseguia manter tantas posições simultâneas, mas Lênin defendeu bravamente seu protegido.[21]

Lênin não pretendia de forma alguma entregar o poder *supremo* a Stálin. Pode-se ter uma ideia do que imaginava para a nova posição de Stálin a partir do fato de que o Politbiuró concordara com o pedido de Zinóviev para criar um "secretário-geral" do

Comintern, encarregado de cuidar de seus assuntos do dia a dia, nomeando para o cargo Otto Kuusinen, um comunista finlandês residente em Moscou, enquanto Zinóviev (em Petrogrado) continuava a ser o presidente (*predsedátel*).[22] De forma semelhante, Lênin continuou a ser presidente do governo (Conselho dos Comissários do Povo), enquanto Stálin se tornava secretário-geral do aparelho (do partido).[23] É evidente que o Partido Comunista da Rússia superava em muito o Comintern como base de poder, e o "presidente" de Stálin não estava bem.[24] Contudo, ninguém sonhava que Lênin ficaria completamente incapacitado, e com tanta rapidez. Em março de 1922, Stálin importara dois médicos alemães, Otfried Förster (neurologista) e Félix Klemperer (especialista em pulmão), a um custo de 50 mil rublos de ouro cada um.[25] Klemperer concluiu que as dores de cabeça de Lênin advinham do envenenamento causado pelo chumbo das balas que, após a tentativa de assassinato de quatro anos antes, ainda estavam alojadas em seu corpo (uma no pescoço, e outra, que havia perfurado seu pulmão, na clavícula esquerda).[26] Em 22 de abril, Lênin completou 52 anos e, no dia seguinte, passou por uma cirurgia para remover a bala do pescoço: ela estava a três milímetros de sua artéria carótida.[27] Depois da cirurgia, em 19 de maio, de bom ânimo, escreveu um bilhete brincalhão para Stálin.[28] Os médicos do hospital, no entanto, registraram "um nervosismo geral, [...] neurastenia", que atribuíram ao "excesso de trabalho". Em 23 de maio, Lênin voltou ao campo para continuar sua recuperação pós-cirúrgica.[29] Lá, aconteceu a catástrofe: na noite de 26-27 de maio, sofreu um grave lapso de memória, perda parcial da fala e paralisia parcial da perna e do braço direitos. O regime emitiu um boletim informando que Lênin estava com um mal de estômago.[30] Na verdade, ele havia sofrido um grande acidente vascular cerebral — apenas sete semanas depois de ter promovido Stálin a secretário-geral.

A doença de Lênin tornou-se outro caminho para Stálin se aproximar dele. O derrame, um segredo de Estado (como a hemofilia do tsarévitche Aleksei), expôs a escassez de confidentes e protetores do líder comunista. Ele não tinha filhos que pudessem ser considerados possíveis herdeiros, e nenhuma guarda pretoriana, cujo líder tentasse montar um golpe de Estado, como tantas vezes acontece nas ditaduras. Havia o Politbiuró, mas Mólotov, que trabalhou em estreita colaboração com ele e o conhecia bem, relembraria que "Lênin não tinha amigos no Politbiuró".[31] Um motivo disso talvez fosse seu menosprezo implacável em relação aos colegas.[32] Na verdade, ele contava com uma equipe de trabalho extremamente leal, que incluía um gerente de negócios e várias secretárias, uma das quais, a mais jovem, era Nádia Allilúieva, a esposa de Stálin.[33] Mas depois da morte de sua amante Inessa Armand (no outono de 1920), Lênin ficou com apenas duas pessoas íntimas de confiança: sua irmã solteira mais moça, Maria Uliánova (nascida em 1878), que trabalhava no *Pravda*, e sua esposa, Nádia Krúpskaia (nascida em 1869), que trabalhava no Comissariado do Esclarecimento; ambas moravam com ele.[34] Stálin estava bem posicionado como braço direito e faz-tudo de Lênin.

Sem que o mundo soubesse, o líder supremo se retirara para os densos bosques dos arredores de Moscou onde ficava a vivenda rural de Górki, uma grande propriedade do século XVI que mudara de mãos várias vezes e estava em mau estado de conservação no início do século XX, quando uma senhora duas vezes viúva (de um importante colecionador de arte e do penúltimo governador-geral de Moscou) mandou remodelar o prédio principal em espalhafatoso estilo "Império russo". O resultado foi uma opulenta mansão amarelada com seis colunas brancas na frente, que os bolcheviques desapropriaram. Lênin foi pela primeira vez para Górki em 25 de setembro de 1918, cerca de um mês após a tentativa quase fatal de assassiná-lo.[35] (Para prolongar a recuperação do irrequieto líder, Iákov Svérdlov começou a reformar para ele um apartamento novo no Senado Imperial do Kremlin: três quartos, para Lênin, Krupskáia e Uliánova, bem como uma cozinha de serviço e uma pequena sala de jantar onde antes havia um corredor, mas visivelmente sem espaço para receber convidados.)[36] Quando sua saúde piorou, ele começou a passar cada vez mais tempo na vivenda: ao todo, cerca de metade dos cinco anos seguintes à sua visita inicial. Górki ganhou uma equipe da qual fazia parte o operário-cozinheiro Spiridon Pútin (avô de Vladímir Pútin), uma grande biblioteca e uma linha telefônica direta com Moscou. Leonid Krássin, ex-vendedor da empresa alemã Siemens na Rússia tsarista e agora comissário bolchevique do Comércio Exterior, comprou uma Rolls-Royce "Silver Ghost", em 1921, para uso exclusivo de Lênin, enquanto um projetor de filme lhe permitia assistir a cinejornais de aniversários bolcheviques e linhas de montagem de Henry Ford.[37] Não obstante, Lênin passou a se sentir isolado em sua segunda casa, preso por uma doença incapacitante.[38] Stálin visitou Górki mais do que qualquer outra pessoa do círculo íntimo — doze vezes —, e, conforme Maria Uliánova, alegrava Lênin com tiradas engraçadas, imitando ironicamente outros membros do regime, compartilhando piadas a respeito da vigilância policial exercida sobre os médicos que o atendiam.[39] Stálin usaria essas visitas para contar vantagem: chegava de Górki direto para as reuniões do Politbiuró, distribuía "saudações de Ilitch" e transmitia oralmente as diretrizes do líder.

Os problemas médicos de Lênin não decorriam do chumbo na bala ou do excesso de trabalho (tampouco de sífilis: os exames deram negativo, mas mesmo assim lhe aplicaram arsênico, o remédio da época).[40] Em 27 de maio de 1922, o neuropatologista V. V. Kramer concluiu definitivamente que não só a enxaqueca, a ansiedade aguda e a insônia de Lênin decorriam de uma doença do cérebro, mas que "a base de sua doença não é somente excesso de fadiga do cérebro, mas também uma grave doença dos vasos sanguíneos no cérebro". O diagnóstico foi irrigação insuficiente de sangue no cérebro causada por uma obstrução das artérias com placa fibrosa (ateriosclerose). Kramer observou que seu paciente "perdeu a capacidade de recordar até mesmo frases curtas, ao mesmo tempo que mantém o intelecto na íntegra" — uma dinâmica sombria que intensificou a ansiedade de Lênin em relação a ficar paralisado.[41] "Quando os primeiros sinais óbvios de doença cerebral apareceram", Uliánova recordaria, "Lênin falou sobre isso com Stálin, pedindo-lhe veneno, já que sua existência perderia sentido. Stálin prometeu atender ao pedido, caso fosse necessário, ao mesmo tempo que tratava [a possibilidade disso] com ceticismo."[42] Em 29 de maio, depois de não conseguir responder ao médico quanto era doze vezes sete, o líder bolchevique "decidiu [...] que estava tudo acabado para ele e exigiu que convocássemos Stálin o mais breve possível". O outro médico russo de Lênin, A. M. Kojévnikov, desaconselhou a reunião, mas Lênin foi inflexível. Stálin chegou em 30 de maio com Nikolai Bukhárin, que permaneceu de fora, deixando-os sozinhos por talvez cinco minutos. No caminho de volta para o carro, acompanhado por Bukhárin e Uliánova, Stálin revelou que Lênin o lembrara do pedido de cianeto "para ajudá-lo a deixar o palco, caso ficasse paralisado", e dissera que "agora chegou este momento". Os três decidiram evidentemente mandar Stálin voltar e dizer que conversara com os médicos e eles não consideravam seu estado irreversível, o que era uma mentira descarada.[43] Kojévnikov registrou em seu caderno: "Stálin visitou. Conversa sobre *suicidium*".[44] Se Stálin queria envenenar Lênin, o líder bolchevique lhe oferecera uma oportunidade de ouro para fazê-lo, como um gesto humanitário, com testemunhas confiáveis. Stálin não fez isso.

A doença de Lênin também teve um impacto em suas relações com Trótski. Ninguém lhe causara mais mágoa. Certa vez, em uma reunião do Politbiuró, Trótski estava sentado estudando inglês e fez uma breve pausa para criticar a má organização do órgão, o que fez Lênin perder a compostura. Em outra reunião do Politbiuró, consta que Trótski chamou o líder bolchevique de "desordeiro", levando-o a ficar "branco como giz".[45] Em março de 1921, Lênin considerou Trótski "um homem temperamental [...] no que se refere à política [*politika*], ele não tem a menor ideia".[46] No verão de 1921, Lênin participou de uma maquinação destinada a transferir Trótski para a Ucrânia, medida à qual Trótski resistiu, violando a disciplina partidária; Lênin voltou atrás.[47] Por sua vez, também violando as regras do partido, "Lênin propôs que fizéssemos reuniões do Politbiuró sem Trótski", lembrou Mólotov. "Nós conspiramos contra ele." Mólotov, cujas lembranças concordam com o registro de arquivos, acrescentou que "as relações de Lênin com Stálin eram mais próximas, ainda que do tipo profissional".[48] Mas, em 1922, Lênin parece ter tentado se reconciliar e equilibrar Stálin e Trótski. No verão desse ano, ele pareceu milagrosamente melhorar — notícia comemorada no *Pravda* —, e, em 11 de julho, Stálin o visitou.[49] "Ilitch cumprimentou-o de forma amigável, brincou, riu, exigiu que eu desse hospitalidade a Stálin, eu trouxe vinho e tal", relembrou Uliánova, que acrescentou que "durante essa e subsequentes visitas eles falaram sobre Trótski [...]. Discutiram um convite a Trótski para visitar Ilitch." Ela afirmou que o convite "tinha o caráter da diplomacia", denotando um mero abrandamento, mas parece ter sido genuíno.[50] Trótski, embora devidamente convidado, nunca foi ver Lênin na casa de Górki, em 1922.[51] Em 14 de julho, Stálin mandou um telegrama a Ordjonikidze contando que "pela primeira vez, depois de um mês e meio, os médicos permitiram visitas a Lênin. Hoje já escrevemos diretivas ditadas por ele. Os médicos acham que em um mês ele poderá voltar ao trabalho à maneira antiga".[52] Escrevendo para um amigo íntimo, Stálin não demonstrou medo do retorno de Lênin, um sinal de confiança em sua posição e, talvez, de afeição por Lênin — ou de dissimulação. Em 18 de julho, Lênin escreveu alegremente a Stálin: "Felicite-me! Ganhei permissão para ler *jornais*!".[53] Naquele mesmo dia, escreveu de novo a Stálin para lembrá-lo de perguntar se Kámenev não tinha se esquecido, como havia concordado, de responder a Lênin sobre Trótski.[54] Lênin talvez os estivesse incentivando a desistir de se aliarem.

Os esforços de Lênin para reconciliar e equilibrar Trótski e Stálin não foram fáceis. O partido que fundara e Stálin agora conduzia possuía poder demais. Em 20 de julho, por exemplo, quando todo o Politbiuró, inclusive Trótski, resolveu que "Lênin não deve ter absolutamente nenhuma reunião" sem permissão desse órgão diretivo, encarregaram Stálin de supervisionar o cumprimento da ordem.[55] Stálin tentou não exagerar. Na XII Conferência do Partido (4-7 de agosto de 1922), o primeiro grande encontro desde sua nomeação para secretário-geral — que ele e sua equipe organizaram —, Stálin foi observado comportando-se com extrema humildade. "Esse tipo de conduta", lembrou Anastas Mikoian, "aumentou o prestígio de Stálin aos olhos dos delegados."[56] A confiança continuada de Lênin na gestão de Stálin dos assuntos do partido está copiosamente documentada nos arquivos, mas o mesmo acontece com o desespero contínuo de Lênin para fazer alguma coisa a respeito do Conselho dos Comissários do Povo e do futuro do regime de forma mais ampla. Em 2 de setembro de 1922, ele conversou com sua irmã Maria sobre a idade das principais figuras e observou que seria bom ter pessoas de várias faixas etárias no Comitê Central, para garantir a longevidade.[57] Em 11 de setembro, escreveu a Stálin (para todo o Politbiuró) propondo uma expansão do número de seus vices formais, acrescentando Trótski ao Conselho dos Comissários do Povo e Kámenev ao Conselho do Trabalho e Defesa (um órgão executivo paralelo importante, ainda que menor).[58] Não sabemos os motivos de Lênin para isso: ele estava propondo levar Trótski para perto do topo do governo, mas, em vez de oferecer-lhe a pasta da economia, que era a preferência de Trótski, parecia querer que este assumisse a pasta de ideologia e educação, bem como questões de segunda ordem dos assuntos internacionais.[59] Estaria Lênin, que havia acabado de intimidar o partido a engolir os mercados legalizados da Nova Política Econômica, preocupado com a obsessão de Trótski pelo planejamento estatal? Ou estaria tentando elevar a posição de Trótski? É impossível dizer com certeza, mas é provável que tivesse ambas as considerações em mente: conter os impulsos contra a NPE de Trótski e equilibrar o poder de Stálin.

A proposta de Lênin representava uma imensa oportunidade para Trótski começar a reivindicar o posto do líder.[60] Stálin apresentou-a aos sete membros do Politbiuró (provavelmente no mesmo dia em que a recebeu) para votação por telefone. Stálin, Ríkov e Kalínin ("sem objeção") votaram com Lênin; Kámenev e Mikhail Efríemov, conhecido como Tomski, abstiveram-se. Uma pessoa votou contra a designação de Trótski — o próprio Trótski: "Eu recuso categoricamente".[61] O biógrafo mais notável de Trótski presume que ele tenha recusado porque "não tinha dúvida de que, mesmo como vice de Lênin, dependeria a cada passo de decisões tomadas pela secretaria-geral, que selecionava o pessoal bolchevique para os vários departamentos do governo e apenas com isso os controlava efetivamente".[62] Depender de Stálin era, de fato, uma abominação para Trótski. Mas, igualmente importante, parece que Trótski esperava por uma grande reforma da administração que permitiria o planejamento de toda a economia sob sua liderança. Em 12 de setembro, Stálin foi visitar Lênin, evidentemente para discutir a situação. A postura de Trótski fez com que, na reunião do Politbiuró de 14 de setembro, somente Kámenev fosse acrescentado às fileiras dos vices, tanto do Conselho dos Comissários do Povo como do Conselho do Trabalho e Defesa, o que significava que também presidiria reuniões do Politbiuró. O protocolo dessa reunião declarou: "O Politbiuró registra a recusa categórica do camarada Trótski com pesar".[63] A recusa — assim como o fato de não visitar Lênin em Górki, em 1922 — foi uma escolha de Trótski.[64]

Imediatamente após a recusa de Trótski para se tornar vice de Lênin no governo, o *Pravda*, órgão do aparelho partidário que Stálin controlava, destacou suas visitas em setembro de 1922 a Lênin em um suplemento ilustrado (24 de setembro) destinado a demonstrar como o líder estava indo bem. O jornal citava Stálin enumerando a quantidade de assuntos que ele e Lênin haviam supostamente discutido: "a situação interna... a colheita... a condição da indústria... a taxa de câmbio do rublo... o orçamento... a situação externa... a Entente... o comportamento da França... Inglaterra e Alemanha... o papel da América... Os SRs e os mencheviques... a imprensa branca... a emigração... as lendas disparatadas sobre a morte de Lênin".[65] Na verdade, Stálin estava enumerando suas próprias responsabilidades ilimitadas. Além disso, o artigo trazia uma fotografia, tirada por Uliánova, de Lênin feliz ao ar livre, sentado ao lado de Stálin, sorrindo e transmitindo uma suposta saúde corada, bem como a proximidade de Stálin, para todo o partido, o país e o mundo.[66] A luta pela sucessão estava em andamento, mas as perspectivas de recuperação de Lênin não haviam acabado e, em 2 de outubro de 1922,

428

após uma ausência de quatro meses, ele retornou a Moscou e presidiu no dia seguinte a reunião do Conselho dos Comissários do Povo. "A reunião foi grande, 54 pessoas estavam presentes", lembrou a chefe do secretariado de Lênin, Lídia Fotíieva. "Todos queriam ver Lênin, tão logo e tão perto quanto possível."[67] Mas a questão de Trótski permanecia. Àquela altura, Lênin reagiu fortemente aos esforços de Kámenev e Stálin para reduzir o poder de Trótski. "Você escreve: (o Comitê Central) está lançando ou está se preparando para lançar um canhão saudável ao mar'", Lênin observou em carta a Kámenev. "Lançar Trótski ao mar — que é o que você está insinuando, não há outra interpretação — seria o cúmulo do absurdo. Se você não considera que me tornei irremediavelmente estúpido, então como pode pensar uma coisa dessas?!!!" Lênin chegou ao ponto de terminar com uma citação de *Boris Godunov*, de Púchkin, que alertava para "crianças ensanguentadas diante dos olhos", numa clara alusão ao preço da traição em nome da ambição política.[68]

A esperança de que Lênin pudesse superar seus problemas de saúde aumentaram em 31 de outubro, quando, em sua primeira aparição pública desde o derrame, ele fez o discurso de encerramento de uma sessão do Comitê Executivo Central Soviético, que provocou uma prolongada ovação.[69] Mas a euforia não durou muito. Ele recusou o convite para retornar, em 7 de novembro de 1922, quinto aniversário da Revolução de Outubro, à fábrica Mikhelson, agora batizada com seu nome, onde fora baleado em 1918.[70] Em 13 de novembro, falou no IV Congresso do Comintern por uma hora, em alemão, mas estava encharcado de suor e disse às pessoas que durante o discurso havia "esquecido o que já havia dito e o que ainda tinha a dizer".[71] Em 20 de novembro, fez um discurso público ao Soviete de Moscou, no teatro Bolchói. "Viva Ilitch!", gritou o público ao vê-lo, aplaudindo até as mãos doerem. Quando Kámenev apresentou Lênin como orador, irrompeu novamente uma ovação prolongada.[72] Mas uma testemunha recordou que Lênin "pareceu-me ainda mais exausto do que no IV Congresso do Comintern".[73] Um comunista francês que estava presente observou que "aqueles que o estavam vendo pela primeira vez disseram 'este ainda é o mesmo Lênin!'. Mas, para os outros, essa ilusão não era possível; em vez do Lênin alerta que haviam conhecido, o homem diante deles agora estava fortemente afetado pela paralisia, suas feições permaneciam imóveis [...] sua habitual fala rápida, simples, confiante, deu lugar a um discurso errático, hesitante".[74] O próprio Lênin declarou no discurso que "havia perdido a capacidade de trabalhar por um tempo longo".[75] No dia seguinte (21 de novembro), um "diário dos deveres das secretárias" foi criado para monitorar Lênin; a primeira anotação foi feita por Allilúieva (a esposa de Stálin).[76] Quatro dias depois, ele estava andando pelo corredor quando suas pernas sofreram espasmos que o fizeram cair. Levantou-se com muita dificuldade. Após consulta aos médicos, teve de cancelar reuniões e discursos. Em 30 de novembro, dia em que perdeu uma sessão do Politbiuró, escreveu: "manter na prateleira" — ou seja, não devolver para a biblioteca — num exemplar do *Testamento político* de Engels (Moscou, 1922).[77] Talvez fosse escrever o seu próprio testamento político?

Poucas questões da história soviética envolveram mais intrigas do que o assim chamado Testamento de Lênin, que é datado de dezembro de 1922-janeiro de 1923, mas que, como veremos, Lênin não poderia ter ditado naquele período — ao contrário do que diz a erudição consolidada — ou mesmo em qualquer outro momento. Porém, seja qual for sua proveniência, o documento ameaçava gravemente a embrionária ditadura pessoal de Stálin e tornou-se um aspecto duradouro e perturbador de seu governo. Normalmente apresentado em apoio à deslegitimação da posição de Stálin como sucessor de Lênin, o Testamento é importante como uma chave para entender a psique e o comportamento de Stálin. Ele ajudou a ressaltar seus demônios, seu sentimento de perseguição e vitimização, sua desconfiança de tudo e de todos, mas também seu senso de destino pessoal e determinação de ferro. De nenhum modo se pretende com isso confirmar que Stálin era o sucessor legítimo de Lênin. Mas vale a pena lembrar que a afirmação de que Stálin "usurpou" o poder tem um aspecto absurdo. Além do fato de que a ascensão de Stálin dentro do regime se deveu muito às ações de Lênin; o regime comunista nasceu de um golpe de Estado e, enquanto alegava governar em nome do proletariado, executava operários que se atreviam a questionar o monopólio atribuído pelo partido a si mesmo. Foi o partido que usurpou o poder. Com efeito, os estudiosos que repetem, intencionalmente ou não, o que disseram Trótski e seus partidários estão acusando Stálin de roubar o que já havia sido roubado.[78]

Do mesmo modo, as afirmações de uma liderança coletiva bolchevique que teria antecedido Stálin soam falsas. A secretaria de Lênin assumia uma gama essencialmente ilimitada de questões, criando um precedente, e ninguém fez mais do que Lênin para estabelecer um exemplo vivo de governo de um único homem no comando. (Quando os outros "líderes coletivos" discordavam de Lênin, ele ameaçava expulsá-los ou, se isso não funcionasse, sair do partido e criar um novo.) Além da manobra diversionista da pretensa usurpação e do unilateralismo supostamente sem precedentes de Stálin, Trótski e outros críticos do regime de Stálin também afirmaram que seu triunfo não refletia nenhuma capacidade especial, apenas circunstâncias especiais. Isto é falso. Ainda assim, temos de ter cuidado para não errar na direção oposta e idolatrá-lo. Ele era um grande especialista em administração e manipulação, mas vamos observar Stálin aprendendo no trabalho e falhando com frequência. Isso não se devia apenas a suas abundantes deficiências, mas também ao fato de que Lênin ajudara a criar uma ditadura ideologicamente cega e um antagonismo mundial custoso. A difícil administração do desafio do poder russo no mundo, agora mais complicada ainda pela ditadura leninista comunista, teria confundido qualquer sucessor. Os esforços de Stálin foram imensos, mas os resultados decididamente ambíguos.

A parte III examinará a criação por Stálin de uma ditadura pessoal dentro da ditadura bolchevique, e o modo como pôs em prática esse notável poder. Foi Stálin que formou a União das Repúblicas Socialistas Soviéticas, ajudou a fazer funcionar a Nova Política Econômica e explicitou a natureza do leninismo para a massa do partido. Ele não só conseguiu implantar e cultivar um imenso número de fiéis, como também inventou para si o papel de fiel discípulo de Lênin. Seu papel como guardião da ideologia foi tão importante em sua ascensão quanto a força burocrática bruta. Na década de 1920, as plenárias, as conferências e os congressos do Partido Comunista constituíram o cerne da vida política soviética e da biografia de Stálin; as brigas políticas moldaram não somente seus métodos de governo, mas também seu caráter e sua imagem. Numa medida extraordinária, eram as escaramuças a respeito de *ideias*, e não só pelo poder pessoal, que preocupavam a ele e seus rivais na luta para definir o avanço da revolução. A ideologia era a realidade bolchevique: os documentos, sejam aqueles divulgados na época ou mantidos em segredo, estão absolutamente saturados com a maneira marxista-leninista de pensar o seu vocabulário: o proletariado, o bonapartismo, a pequena burguesia, o imperialismo, o cerco capitalista, inimigos de classe, especialistas militares, homens da NPE, cúlaques, socialismo. O domínio e o controle sobre a ideologia tornaram-se a chave para o poder supremo, mas ao mesmo tempo o conteúdo da ideologia se mostrou tragicamente verdadeiro, nos assuntos internos e externos.

A ditadura bolchevique não foi o único resultado da revolução e da guerra civil. O que emergiu do campo de batalha foram duas revoluções paralelas: uma nas cidades do norte, onde uma classe em expansão de funcionários — a base social do regime — e instituições que proliferavam e se sobrepunham disputavam ferrenhamente entre si o poder e os despojos; e outra na zona rural, onde camponeses donos de pequenas propriedades haviam tomado a terra, ainda de longe a principal fonte de riqueza do país. (Mólotov recordaria bem mais tarde que "a revolução aconteceu em um país pequeno-burguês.")[79] Essas duas revoluções estavam em rota de colisão. A revolução camponesa entrincheirada não conseguiu deter o entrincheiramento da ditadura comunista, mas, não menos do que o ambiente internacional, funcionou como uma restrição grave às ambições bolcheviques. Por sua vez, o acordo com os camponeses mostrou-se extremamente difícil para o estômago de muitos adeptos fiéis do partido. Com efeito, ao longo do tempo, tal como os militantes temiam, a acomodação forçada da Nova Política Econômica começaria a mudar a composição e a disposição política no Partido Comunista, alarmando Stálin. Sua colisão com Trótski, na esteira da doença de Lênin, seria um mero prelúdio. Mais profundamente, o palco estava montado para uma das verdadeiras colisões múltiplas na história russa e, com efeito, mundial: entre a ditadura pessoal de Stálin e todo o campesinato russo-eurasiano.

Que Stálin acabaria por iniciar uma inversão violenta da revolução camponesa é um fato literalmente fantástico. O perspicaz estudioso alemão da agricultura russa Max Sering concluiu, numa análise feita em 1921, que "um regime na Rússia em que os camponeses não possuam com independência a terra que cultivam é agora *inconcebível*".[80] Sering errou no sentido de que os camponeses não eram, de jure, donos da terra, mas supunham que seus direitos de uso equivaliam à propriedade, e anular isso parecia inconcebível. Stálin, porém, mostraria que Sering, bem como a maioria descrente do Partido Comunista, estavam errados. A coletivização e a expropriação violenta dos agricultores mais abastados (desculaquização) — o choque revolucionário de Stálin em 1928-30 — viriam a ter consequências significativamente mais complexas até do que o choque do golpe de Lênin em 1917. O que se destaca na ação de Stálin não é apenas o seu desejo de iniciar uma transformação socialista do campo, que todos os bolcheviques esperavam ver em algum momento, mas o fato de que, quando encontrou resistência em massa e causou ruína insondável, Stálin *a levou até o fim*. Nenhuma outra pessoa que fazia parte ou estava perto da liderança bolchevique, inclusive Trótski, poderia ter mantido o curso numa sangrenta aventura de engenharia social como aquela, numa escala como aquela. A partir de janeiro de 1928, Stálin utilizaria a ditadura pessoal que construiu meticulosamente para converter em realidade uma visão do socialismo anticapitalista, transformando e destruindo totalmente a Eurásia.

10. Ditador

Foi uma época em que trabalhamos inicialmente em Vozdvíjenka, e depois mudamos para a Praça Velha. Trabalhávamos juntos até a meia-noite, meia-noite e meia, uma da manhã, e depois tínhamos que ir a pé para o Kremlin pela rua Ilinka. Eu, Mólotov, Kúibichev, outros. Lembro-me de um inverno, caminhávamos pela rua, ele [Stálin] estava usando um chapéu com protetores de orelha, orelhas batendo. [...] Ríamos e ríamos, ele dizia alguma coisa, nós respondíamos, fazendo piadas uns com os outros [...] totalmente livres [volnitsa]. [...] Quem nos visse perguntaria: quem é essa turma? Praticamente não tínhamos guarda-costas. Muito poucos. Talvez uma ou duas pessoas a pé, era tudo. [...] Foi uma época feliz da vida. E Stálin estava de bom humor.
LÁZAR KAGANÓVITCH, REMEMORANDO O PERÍODO 1922-4[1]

Tudo na União Soviética depende, em última instância, da colheita.
RELATÓRIO DIPLOMÁTICO BRITÂNICO, DEZEMBRO DE 1924[2]

A criação por Stálin de uma ditadura dentro da ditadura não era previsível. Lênin era o líder indiscutível [vojd], e ninguém imaginava que ele poderia ficar incapacitado. Quando isso aconteceu, de repente, quase todo mundo supôs que prevaleceria a liderança coletiva: ainda que outros altos bolcheviques acreditassem, no fundo de seus corações, que podiam ser iguais a Lênin, eles entendiam que ninguém mais os perceberia desse modo. Além disso, os consideráveis dons políticos de Stálin eram subestimados ou até desprezados. Trótski, em uma frase brilhante, definiria Stálin como a "mediocridade notável de nosso partido", enquanto Kámenev, de acordo com

Trótski, o considerava "um político de cidade pequena".[3] Por fim, havia um outro fator menos conhecido que fazia parecer improvável uma ascendência de Stálin: várias pessoas o haviam precedido na chefia do partido, e, depois que a primeira delas morreu, o ceticismo definiu que ninguém poderia dar conta do trabalho, que dirá transformá-lo no ponto focal de todo o regime.

Iákov Svérdlov, o administrador original do partido, ou "secretário" (a partir de abril de 1917), era famoso porque, como disse um funcionário, "conhecia nosso partido melhor do que ninguém".[4] Com efeito, com uma equipe de apenas seis pessoas, Svérdlov tinha muito trabalho enquanto os comitês partidários se multiplicavam em todo o vasto país, indo de menos de seiscentos em 1917 para 8 mil em 1919, e ele era simultaneamente o presidente do Comitê Executivo Central Soviético (chefe de Estado), que cuidava das relações com os socialistas não bolcheviques.[5] Quando Svérdlov morreu, em 1919, com apenas 33 anos, tendo passado doze desses anos em prisões tsaristas e no exílio, Lênin achou que não encontraria um substituto.[6] Para o Comitê Executivo Central, Lênin chegou a propor a volta de Kámenev, que ele havia tirado do cargo em 1917. Por fim, o russo Mikhail Kalínin, filho de um camponês pobre, e de aparência camponesa, ganhou aprovação para o cargo, mas o Comitê Executivo Central já deixara de ser um lugar de poder.[7] No aparelho do partido, Elena Stássova, especialista em códigos, assumiu o cargo de secretária, mas depois de alguns meses "julgou-se insuficientemente competente em questões políticas" e, no final de 1919, afastou-se.[8] Seu substituto, o terceiro predecessor de Stálin, foi Nikolai Krestínski, formado pela Faculdade de Direito da Universidade de São Petersburgo e comissário das Finanças. Krestínski era um membro original tanto do Politbiuró como do Orgbiuró, cargos que ocupou simultaneamente enquanto assumia a secretaria, uma posição de comando extraordinária no topo do partido. Tinha uma memória lendária, mas a amplitude do trabalho parece tê-lo assoberbado demais.[9] Em abril de 1920, Leonid Serebriakov e Evguéni Preobrajénski se juntaram a Krestínski, sendo incumbidos de melhorar o contato com organizações locais do partido.[10] Mas nenhum dos três mostrou-se capaz ou diligente, como demonstravam denúncias violentas pela imprensa do partido (algo semelhante perseguia Krestínski no Comissariado das Finanças).[11] Pastas empilhavam-se sem serem examinadas e funcionários lamentavam que brigas desagradáveis pelo poder (*skloki*) paralisassem o trabalho do partido em quase todos os lugares.[12] Porém, não foi a incompetência que acabou com o trio Krestínski--Serebriakov-Preobrajénski, mas o apoio destes a Trótski na briga sindical de 1920-1. Lênin limpou a casa, fazendo com que no X Congresso do Partido nenhum dos três fosse reeleito para o Comitê Central.[13]

Para ser o novo "secretário responsável" do partido, Lênin promoveu Viatcheslav Mólotov, o quarto Stálin antes de Stálin. Ele relembraria: "Inesperadamente para mim, em 1921 me tornei secretário do Comitê Central".[14] Dois outros foram nomeados ao lado dele, Iemelian Iaroslávski e Vassíli Mikháilov, ambos organizadores medianos. Nenhum dos dois durou. As horas eram longas e o trabalho duro: a secretaria era assediada com relatórios sobre embriaguez de funcionários, aceitação de suborno, analfabetismo político e pedidos de fornecimento de quadros competentes, enquanto nomeados ou indicados potenciais apareciam aos montes em busca de orientação, permissões ou favores. O secretariado do partido relatou que, em 1921, emitiu passagens para 254 468 visitantes de seus escritórios, ou uma média de quase setecentos por dia, incluindo finais de semana.[15] Mas, quando fez de Stálin o "secretário-geral", em abril de 1922, no lugar de Iaroslávski e acima de Mólotov, Lênin estava compensando a falta de peso político suficiente do temível Mólotov e buscando uma liderança de alto nível, bem como eficiência.[16] "O poder [*vlast*] do Comitê Central é colossal", Lênin escreveu na primavera de 1922, pouco antes de promover Stálin. "Dispomos de 200 mil a 400 mil funcionários do partido, e, por meio deles, milhares e milhares de pessoas apartidárias. E essa gigantesca causa comunista é totalmente conspurcada por um burocratismo nebuloso!" Lênin exigia que se ficasse acima das "ninharias, que as empurrassem para assessores e adjuntos", e que fossem assumidos os desafios realmente superadores.[17] Stálin tornou-se então a única pessoa presente simultaneamente no Politbiuró, no Orgbiuró e na secretaria — e aguentou.

As explicações para a ascensão de Stálin apontaram com razão para aspectos notáveis do Partido Comunista, em particular as nomeações centralizadas e o sigilo conspiratório que proporcionavam influência incomparável sobre informações, agendas, conexões com as bases e supervisão de cada órgão estatal.[18] Com certeza, tudo isso poderia ser utilizado para o engrandecimento institucional e pessoal, mas esses mecanismos tinham de ser ainda mais desenvolvidos e aproveitados. Em frase famosa, Trótski escreveu que "Stálin não criou o aparato. O aparato o criou".[19] Foi exatamente o oposto: Stálin criou o aparato, e foi um feito colossal.[20] Sem dúvida, poderemos vê-lo aprendendo no trabalho, cometendo erros significativos, e levaria um tempo para que emergisse como o líder (*vojd*) reconhecido não só do partido, mas do país. Porém, ele demonstrou uma capacidade organizacional insuperável, um apetite gigantesco pelo trabalho, uma mente estratégica e uma falta de escrúpulos que lembrava seu professor e mestre Lênin.[21] Stálin mostrou-se capaz de empunhar as alavancas que herdou e de inventar novas. É certo que, com demasiada frequência, seu poder, inclusive sobre o pessoal, foi visto como o de uma máquina impessoal. O que Trótski e outros não viram ou se recusaram a reconhecer foi que Stálin tinha um toque político hábil: ele lembrava de nomes e episódios da biografia das pessoas, impressionando-as com sua familiaridade, preocupação e atenção, sem levar em conta o lugar que ocupavam na hierarquia, mesmo que fossem apenas serviçais. Em seus quarenta e tantos anos, encontrou sua vocação no aparelho do partido: era, apesar de todo o seu mau humor, uma pessoa do povo, um político ao estilo chefe de enfermaria, embora no comando de instrumentos muito além dos sonhos de um chefe de enfermaria: o alcance, a disciplina e a ideologia de futuro radiante do Partido Comunista.

Mas o que mais se destaca na ascensão de Stálin é que, estruturalmente, lhe foi entregue a possibilidade de uma ditadura pessoal, e ele começou a perceber esse potencial apenas cumprindo os deveres de secretário-geral.

Ele ganhou um poder excepcional quase que instantaneamente. Em 1922, quando assumiu, o aparato do Comitê Central, o secretariado e o Orgbiuró já contavam com cerca de seiscentas pessoas, um enorme crescimento em comparação com os trinta funcionários de dois anos antes. Ninguém comandava algo parecido com essa assessoria pessoal: a chancelaria de Lênin, no Conselho dos Comissários do Povo, tinha 102 funcionários.[22] Diferentemente do governo, o partido não era apenas um órgão executivo, mas uma organização de massas que pretendia fazer sombra a todas as outras instituições. O impacto de Stálin sobre essa máquina foi imediato. Mólotov instituíra melhorias importantes, como um catálogo rudimentar do pessoal do partido, mas Stálin ampliaria imensamente tudo isso.[23] Durante toda a primavera e o verão de 1922, ele trouxe gente cheia de energia das províncias e obrigou as organizações locais do partido a enviar relatórios bimestrais na forma de cartas pessoais de duas páginas. Em seis meses decorridos entre 1º de maio de 1922 e 15 de janeiro de 1923, o aparato registrou o recebimento de 13 674 protocolos de reuniões locais, 1737 relatórios sumários, 324 relatórios sobre o clima político e outras 6337 informações, enquanto enviava 141 circulares diretivas.[24] No XII Congresso do Partido (1923), o primeiro após a nomeação de Stálin, os oradores se maravilharam com as melhorias da secretaria.[25] Stálin tinha uma memória fenomenal, como Krestínski, mas foi severo e pôs as coisas em ordem. Ele *gostava* do trabalho. Sobretudo, *fazia* o trabalho. "Ilitch tem nele, sem dúvida, o Cérbero mais confiável, que guarda sem medo os portões do Comitê Central", escreveu Amaiak Nazaretian, o alto assessor de Stálin, um armênio que ele importara do Cáucaso, a Sergo Ordjonikidze (9 de agosto de 1922). "O trabalho do Comitê Central se transformou significativamente agora. O que encontramos aqui era indescritivelmente ruim. E qual era a opinião nas localidades sobre o aparato do Comitê Central? Agora todo mundo foi sacudido."[26]

A própria geografia física do regime falava das assombrosas forças da posição de Stálin. Os endereços em si mesmos parecem significar pouco — Vozdvíjenka, 5, depois Praça Velha, 4; Známenka, 23; Bolcháia Lubianka, 2; Ponte do Ferreiro, 15; Ilinka, 9 —, mas revelam as linhas cruciais de contato entre as forças de segurança e as forças militares.[27] Há muito tempo que os estudiosos estabeleceram que as máquinas partidárias provinciais haviam se tornado uma cornucópia de recrutas para o aparelho central e de partidários fiéis de Stálin nas localidades, mas também veremos como Stálin, na posição de chefe do partido, começou muito cedo a exercer sua autoridade através de policiais secretos, trazendo alguns deles para dentro do aparato do partido e mantendo contato muito estreito com a polícia na rua Lubianka. Ele também impôs um controle eficaz sobre os militares. Depois que o Politbiuró ou as reuniões do Comitê Central aconteciam, voltava para seu gabinete e implementava as decisões — ou optava por não fazê-lo. De seu escritório no partido, dava início a maquinações de fora das reuniões, via burocratas do partido e agentes da polícia secreta. Conseguiu carta branca para fazer as nomeações para sua equipe.[28] Mas também plantou seus partidários por todos os lugares, e encontrou ou cultivou inimigos para eles, a fim de manter os fiéis sob vigilância. Isso ia muito além de apenas cumprir os deveres do cargo de secretário-geral, mas também estava estruturalmente embutido nessa posição. Stálin teria de mostrar contenção, deferência e falta de ambição incomuns para não construir uma ditadura pessoal dentro da ditadura.

A geografia da autoridade, no entanto, também expõe limites ao poder do regime e da ditadura pessoal de Stálin, em particular, a quase ausência do partido na imensidão do campo, onde viviam quatro quintos da população. Na véspera do golpe de outubro, os bolcheviques contavam apenas com quatro células rurais do partido e 494 membros camponeses, em um país que se espalhava por dois continentes.[29] Em 1922, depois das desmobilizações em massa dos soldados do Exército Vermelho que voltaram para suas aldeias nativas, o número de membros do partido no campo chegou a 200 mil, de um total de 515 mil comunistas em todo o país.[30] Mas de toda a população rural de quase 120 milhões, os membros do partido ainda representavam menos de 0,001%. Somente uma em cada 25 aldeias tinha uma célula do partido. As capitais provinciais estavam enfeitadas com bandeiras vermelhas e slogans comunistas, mas um observador que caminhasse dez minutos para além dos limites de uma cidade teria dificuldades para encontrar sinais visíveis do regime.[31] Isso não significava que o domínio do partido nas cidades ia bem. Nas eleições para os sovietes urbanos, o regime se sentiu obrigado a mudar o voto secreto para aberto, com monitores da polícia secreta presentes, e os resultados eram previsíveis, como mostra a eleição de dezembro de 1922 na metalúrgica Gujon de Moscou (logo depois rebatizada de Martelo e Foice): os candidatos bolcheviques foram eleitos por uma margem de cem votos a dois — com 1900 abstenções.[32] Além de intimidar, o regime cooptava trabalhadores para a administração, oferecendo salários regulares, moradia, lojas especiais e outros benefícios, mas também os encarregando de passar sermão nos trabalhadores irritados ao perceber os privilégios e a corrupção dos comunistas.[33] A base social do regime comunista era ele mesmo. Isso significava que o regime em expansão era ele mesmo uma sociedade, e o centro dessa sociedade era Stálin.

Diferentemente do assessor Nazaretian, a maioria dos que conseguiram encontrar Stálin na década de 1920 captou meros vislumbres. Marina Rindziúnskaia, uma escultora do Museu da Revolução contratada para criar uma imagem dele, observou que era um homem "de estatura média" e que tinha um jeito estranho de caminhar. "Com a mão esquerda enfiada no bolso, ele avançava todo de uma só vez", escreveu ela. "Quando se virava, não virava gradualmente, cabeça, pescoço e depois o corpo, mas completamente, como um soldado."[34] Mas o que o movia? Mesmo aqueles que trabalhavam com Stálin geralmente não conseguiam avaliá-lo. Aleksandr Barmine, então um oficial do Estado-Maior de 23 anos de idade, teve um primeiro vislumbre de Stálin em 1922, no IV Congresso do Comintern, no Salão de São Jorge do Kremlin, e alegou tê-lo visto "não só como ele é diante de delegações ou de plateias de admiradores, mas trabalhando em seu gabinete". Em pessoa, "parece mais grosseiro e mais comum, e também mais baixo", escreveu mais tarde. "Seu rosto é bexiguento e amarelado. [...] Seus olhos são castanho-escuros com um tom de avelã. Sua expressão não diz nada sobre o que ele sente. Para mim, há nele uma curiosa tristeza e mau humor. O homem não parece europeu nem asiático, mas um cruzamento entre os dois." Nas reuniões, segundo Barmine, Stálin sentava num canto, fumava um cachimbo que enchia com tabaco de cigarro e rabiscava, mas acumulou poder graças a sua "força de vontade, paciência, astúcia, capacidade de perceber as fragilidades humanas e jogar com elas com desprezo, e o dom supremo de perseguir um objetivo escolhido de forma inflexível e sem escrúpulos".[35] Era uma avaliação simplista — mestre na psicologia, vontade de ferro — que veio a ser amplamente difundida, em especial retrospectivamente, mas que negligenciava a imersão de Stálin no marxismo, uma fonte fundamental de seu poder. E que deixava em aberto a questão de por que tantas pessoas eram suscetíveis a ele.[36] O carreirismo puro era uma das razões de procurarem ligar-se ao secretário-geral, mas muitos eram atraídos para Stálin devido à sua dedicação tenaz à causa revolucionária e ao poder do Estado.

DA VOZDVÍJENKA À PRAÇA VELHA

Antes de Lênin ficar doente, o regime girava em torno de sua localização física: a datcha em Górki ou o escritório e apartamento no Senado Imperial do Kremlin, entre os quais o regime tinha seu principal espaço de encontro, usado tanto pelo Conselho dos Comissários do Povo como pelo Politbiuró.[37] A sede do Comitê Central era menos grandiosa e ficava fora das muralhas do Kremlin. De início, o pessoal do partido se estabeleceu numa pensão, onde o "aparato" se espremia em um único apartamento, embora logo tenham derrubado a parede, ligando-o ao apartamento vizinho. Stássova, depois Krestínski e em seguida Mólotov tiveram escritórios ali. Ficava na Vozdvíjenka,

uma rua radial, que ia das muralhas do Kremlin, do Portão da Trindade-Torre de Kutáfia ao Arbat. (O endereço era Vozdvíjenka, 4, embora do outro lado do edifício
fosse listado como Mokhováia, 7.)[38] Em 1920, o aparato em expansão mudou-se para
o outro lado da rua, Vozdvíjenka, 5, uma estrutura mais augusta construída no final
do século XVIII por Matvei Kazakov, o arquiteto do Senado Imperial do Kremlin,
mas que tinha apenas uma fração do tamanho deste.[39] "As antessalas estavam lotadas
de visitantes; inúmeros funcionários, a maioria moças de saias curtas e sapatos en-
vernizados de salto alto, passavam com os braços cheios de documentos", escreveu
um anarquista russo-americano sobre uma visita feita em 1920, acrescentando que
as funcionárias "tinham aparência pálida, com olhos fundos e maçãs do rosto salta-
das, consequência da desnutrição sistemática, excesso de trabalho e preocupação".[40]
Vozdvíjenka, 5, ficava perto do local histórico de um mosteiro que fora queimado
no incêndio para expulsar Napoleão. Antes disso, havia sido o local da Oprítchnina
de Ivan, o Terrível. Ali, no edifício neoclássico abarrotado, Stálin teria seu primeiro
gabinete de secretário-geral.[41]

Que esse aparato de *serviço* do partido viesse a se tornar todo-poderoso foi uma
surpresa, mas não um acidente.[42] Lênin havia escolhido uma forma ministerial de governo, mas os comissários do povo, muito ocupados, enviavam representantes às reuniões do supostamente deliberativo Conselho dos Comissários do Povo, que, de todo
modo, Lênin dominava, independentemente de quem estivesse presente.[43] O mais importante é que Lênin havia insistido que o partido, principalmente o Politbiuró, mas,
até certo ponto, o Comitê Central, fosse um órgão de decisão política superior. Essa
escolha foi reforçada pela circunstância de que nem o Conselho dos Comissários do
Povo nem os comissariados tinham ramificações locais e dependiam de organizações
partidárias locais para a implementação das decisões, bem como para fornecer pessoas
consideradas leais.[44] Tecnicamente, o partido não era um órgão estatal, e, assim, suas
decisões precisavam ser formuladas como decretos do Conselho dos Comissários do
Povo ou leis do Comitê Executivo Central Soviético, e essa redundância provocava
confusão, com alguns sugerindo que o partido fosse abolido, outros, que se abolis-
sem os sovietes.[45] Nada foi eliminado. Os departamentos do aparato central do partido passaram a ser uma estrutura paralela à do Conselho dos Comissários do Povo.
Nem todos os que trabalhavam no Comitê Central eram funcionários de alto nível
(ou *otvétstvennie rabótniki*); muitos eram taquígrafos, contadores, motoristas — com
efeito, cerca de 240 dos seiscentos membros do pessoal não eram filiados ao partido;
340 eram do sexo feminino.[46] (Ali, como em outros lugares, a datilografia e a maior
parte das atividades de arquivo eram realizadas por esposas, amantes ou "damas burguesas" dos bolcheviques.)[47] Não obstante, o aparato do regime partido-cêntrico atraía
pessoas talentosas, que desenvolveram áreas de conhecimento especiais, tocando em

quase todas as esferas da administração: pessoal, propaganda, comunicações, Exército, Marinha, política externa, segurança, finanças.[48]

Em busca de mais espaço, o aparato central do partido mudou-se no final de dezembro de 1923 para o Kitai-gorod, centro de comércio da cidade (cujos muros altos e torres do portão datavam da época medieval), onde passou a ocupar o imóvel da Praça Velha, 4, uma grande e antiga casa de comércio da Associação Mercantil de Moscou datada de 1915.[49] Da mudança feita durante o inverno, o funcionário Aleksei Balachov lembrava que "a própria equipe carregou e descarregou os móveis e documentos em trenós, formando um longo comboio".[50] Na estrutura que misturava estilo modernista e neoclássico, construída pelo capital mercantil, Stálin pegou um escritório no último [quinto] andar, com acesso somente através de dois outros escritórios, que acomodavam seus principais assessores e um mensageiro especial de documentos. A suíte de Stálin era espaçosa e organizada, com uma porta nos fundos que dava para uma ampla sala de conferências, onde ele e Mólotov conversavam frequentemente (atrás dessa sala de reuniões ficava o escritório de Mólotov).[51] Dentro do gabinete de Stálin, à esquerda, havia uma mesa grande que podia acomodar vinte pessoas; à direita, no canto mais distante, ficava sua escrivaninha, junto com uma pequena mesa com telefones, e seu cofre pessoal. Ele ainda não era o noctâmbulo que viria a ser. "Stálin levantava-se geralmente em torno das nove da manhã e chegava ao Comitê Central, na Praça Velha, às onze", de acordo com um guarda-costas que o acompanhou por muito tempo. "Stálin trabalhava com frequência até tarde da noite, especialmente nos anos após a morte de Lênin, quando teve de travar uma luta ativa contra os trotskistas."[52] Depois do trabalho, voltava a pé para casa, percorrendo a curta distância até a Praça Vermelha, e atravessava o Portão do Salvador (o que tinha um relógio), muitas vezes com Mólotov, que também morava no Kremlin.

Tinha também um escritório no edifício do Senado Imperial, resultado de seu cargo no governo (comissário do povo para as Nacionalidades), mas parece que o usava muito pouco. O Kremlin, no entanto, era também o local das duas reuniões semanais do Politbiuró. Desde 1922, havia apenas sete membros titulares (Lênin, Stálin, Trótski, Zinóviev, Kámenev, Ríkov, Tomski) e três candidatos ou membros sem direito a voto (Bukhárin, Kalínin, Mólotov), mas Stálin logo acrescentaria um quarto (Jānis Rudzutaks). As sessões do Politbiuró, porém, reuniam muitas outras pessoas, como numerosos técnicos do aparato, vários membros do Comitê Central, membros da Comissão Central de Controle e outros convidados a participar de partes das reuniões com base em itens pertinentes da agenda. As plenárias do Comitê Central eram ainda maiores e aconteciam uma ou duas vezes por mês.[53] Mas o Orgbiuró, que cuidava das decisões sobre pessoal, reunia-se com muito mais frequência do que qualquer outro órgão do partido, e suas sessões às vezes duravam dias inteiros — eram conhecidas como orgias.

E a secretaria do partido estava essencialmente em sessão contínua. Além disso, os burocratas do partido podiam pedir a assistência das equipes de comissariados inteiros quando coletavam informações e preparavam pautas, relatórios ou recomendações do Politbiuró e do Comitê Central para Stálin.

A ditadura emergente de Stálin dentro da ditadura, apesar de não ter nenhuma ligação, física ou pessoal, com o antigo regime na velha capital, se parecia, no entanto, com o tsarismo em um aspecto importante. Antes de 1917, o locus do poder era a chancelaria imperial, nominalmente um aparato de serviço que se reportava diretamente ao tsar e acabou por se fundir com a chancelaria pessoal do tsar.[54] "O chefe da chancelaria", escreveu um dos seus chefes, "era completamente independente e não subordinado ao presidente do Comitê de Ministros."[55] Os ministros eram muitas vezes menos informados do que os funcionários da chancelaria, os únicos que haviam desenvolvido uma visão geral do Estado, acumulando vasto poder graças à dimensão e à complexidade do reino, bem como às suas próprias aspirações e habilidades. Tudo isso poderia ser dito do aparato central do Partido Comunista em relação ao Conselho dos Comissários do Povo ou ao Comitê Executivo Central Soviético. Mas, enquanto a chancelaria imperial nunca conseguiu subordinar totalmente os ministérios — a luta burocrática interna havia frustrado os esforços dos tsares para transformar a chancelaria em um cão de guarda pessoal de todo o Estado —, no caso soviético, cada instituição em todo o país, com exceção das comunas camponesas, tinha uma organização partidária que possibilitava que o partido funcionasse como um cão de guarda do Estado e da sociedade.[56] As onipresentes células partidárias derivavam seu poder de um potente sistema de visão de mundo e crenças. Em outras palavras, a máquina de Stálin não era a autocracia tsarista reeditada, mas uma moderna ditadura de partido único.[57]

O endereço da Praça Velha, 4, coração do regime soviético, veio a apresentar um contraste formidável para aqueles que conheceram os dias informais de 1917. Aleksandr Ilin, conhecido como o Genebrino, recordou a "sede" original do Comitê Central em Petrogrado "como uma serena cena familiar", com "todos sentados à mesa de jantar e tomando chá". Agora havia "um prédio gigantesco com um labirinto de seções e subseções. Há um número imenso de funcionários em cada andar, sempre apressados".[58] Ilin considerava essa metamorfose burocrática inevitável, mas triste. O que parece que ele não viu é que dentro do novo "prédio gigantesco" ainda havia intimidade e camaradagem. Funcionários subiam de elevador com Stálin; alguns topavam com ele no corredor. A porta de seu escritório ficava destrancada. "Às vezes, eu levava um livro de sua biblioteca para a sala de leitura", lembrou o funcionário Balachov. "Lá, havia armários com uma biblioteca esplêndida. Stálin recebia dois exemplares de cada livro publicado pela editora central, muitas vezes exemplares autografados. Muitos autores mandavam pessoalmente seus livros. Stálin nos passava exemplares, que dividíamos entre nós."

Ele não trancava sua escrivaninha. "À noite, trancava no cofre todos os documentos secretos", explicou Balachov. "Na área de recepção, alguém estava de serviço, e mais adiante havia guardas, então, o que ele tinha a temer?"[59]

NOMENKLATURA E CONSPIRAÇÃO

O aparato de Stálin acumulou poder, em primeiro lugar, graças à influência sobre o pessoal. A imensa maioria dos membros do partido tinha empregos de tempo integral, fossem em fábricas ou comissariados, e suas atividades partidárias eram vistas como voluntárias, mas um pequeno número era pago para se dedicar exclusivamente às tarefas do partido (apparatchiks), tal como dirigir as organizações partidárias, e, embora esses funcionários devessem supostamente ser eleitos, durante a guerra civil as eleições haviam ficado em segundo plano. Quando a luta acalmou, muitos funcionários insistiram na volta das eleições, o que levou Lênin, no XI Congresso do Partido (março-abril de 1921), a dizer que, "se o Comitê Central for privado do direito de distribuir o pessoal, não será capaz de dirigir a política".[60] Stálin, em 6 de junho de 1922, enviou uma circular sobre a prerrogativa dos supervisores do Comitê Central de indicar os candidatos (geralmente apenas um) à eleição para cargos locais do partido.[61] Candidatos a potentados regionais queriam impor sua vontade sobre os outros moradores, em parte por ambição pessoal, em parte por frustração com a proliferação de agências e centros de poder, e o aparato central tomou partido, pondo para fora funcionários locais do lado que não apoiava. Isso permitiu que alguns funcionários regionais consolidassem a autoridade como chefes provinciais do partido, que, por sua vez, centralizaram seu poder intervindo mais embaixo e fazendo sua gente ser "eleita" para chefes do partido em unidades administrativas menores.[62] Stálin jamais poderia ele mesmo centralizar todo o país, mas podia efetivamente centralizar os chefes que estavam centralizando suas províncias.[63]

O sucesso de Stálin manteve-se circunscrito pelas grandes distâncias do país e por redes de proteção mútua (semeistvennost), mas o aparato central obrigava os moradores locais a apresentar cada vez mais dados pessoais, forçados através de campanhas periódicas de verificação ou "expurgos", e conseguiu registrar todos os membros do partido no país.[64] Os funcionários de Stálin incitavam os apparatchiks locais a denunciar uns aos outros para o centro, e enviavam comissões itinerantes para acabar com as panelinhas locais ou pelo menos controlá-las.[65] Era o velho jogo de gato e rato que se alastrava pela Rússia, com lugares distantes lutando para escapar ou de alguma forma lidar com comandos centrais, mas agora o centro tinha o mecanismo potente do partido e da disciplina partidária. O que se destaca não é o fato de que as organizações locais do partido conseguissem muitas vezes rejeitar candidatos propostos pelo centro a cargos destacados do partido, mas que o aparato central conseguisse impor-se em alto grau. O Orgbiuró fez pelo menos mil nomeações apenas entre abril de 1922 e março de 1923; entre elas, nada menos que 42 novos chefes provinciais do partido.[66] Stálin dificilmente poderia conhecer cada um dos quadros que estavam sendo mudados.[67] Mas o desejo de promoção deixava os provincianos ansiosos para agradar-lhe, se não conseguissem enganá-lo. Em setembro de 1922, Stálin criou uma comissão para promover funcionários locais de destaque para Moscou. Em avaliações escritas confidenciais de 47 secretários dos comitês provinciais do partido, um funcionário nos Urais (Leonid) foi considerado "incapaz de liderar o trabalho tanto do soviete como do partido. Cai sob influência externa. [...] Um funcionário abaixo do nível provincial". Mas de outro, Nikolai Uglánov, de Níjni Nóvgorod, foi dito que mostrava "iniciativa. Ele é capaz de unir funcionários para realizar o trabalho. Autoritário".[68] Em 1923, Stálin nomeou Uglánov membro com direito a voto do Comitê Central e, no ano seguinte, o levou para a capital, promovido a segundo-secretário da organização de Moscou e, em breve, primeiro-secretário.[69]

As nomeações e transferências de altos funcionários foram sistematizadas com o desenvolvimento, por iniciativa do Orgbiuró de Stálin, de uma "nomenklatura" (lista de nomes). Os funcionários que ocupavam uma posição na nomenklatura não podiam ser removidos sem a aprovação do aparato central. A lista inicial (novembro de 1923) continha cerca de 4 mil posições/funcionários: primeiros-secretários de repúblicas, províncias e condados; comissários do povo e seus adjuntos; comandantes de distritos militares; embaixadores.[70] Especialmente notável era a aplicação do processo de nomenklatura controlada pelo partido à indústria estatal. A definição de todas essas nomeações implicava uma grande quantidade de trabalho, e Stálin procurou reduzir o número de cargos pelos quais o aparato central seria responsável.[71] As organizações provinciais do partido imitavam o centro com sua própria nomenklatura de nomeações sob seu controle. Persistiam tensões entre a prática da nomeação e o princípio da eleição e entre as prerrogativas centrais e locais, mas a invenção do sistema de nomenklatura e sua demanda por dados pessoais atualizados eram um mecanismo de clientelismo notável em mãos enérgicas. Stálin valorizava a competência, que interpretava em termos de lealdade. "Precisamos reunir funcionários de tal modo que as pessoas que ocupam esses cargos sejam capazes de implementar diretivas, compreendendo essas diretivas, aceitando essas diretivas como suas próprias e dando-lhes vida", observou no XII Congresso do Partido (abril de 1923).[72] O cumprimento das diretivas do Comitê Central tornou-se o mantra de Stálin, e a suspeita de não cumprimento, sua obsessão.[73]

O aparato de Stálin utilizava instrumentos adicionais. Ivan Ksenofóntov, membro fundador da Tcheká que havia supervisionado o Supremo Tribunal Revolucionário durante a guerra civil, foi colocado no comando da diretoria de negócios do partido, que geria questões mundanas, como as mensalidades dos filiados e o orçamento do partido, mas também controlava escritórios e mobiliário, apartamentos, pacotes de alimentos, assistência médica, carros e motoristas, viagens ao exterior.[74] A diretoria de negócios tinha o poder de conceder ou não favores, proporcionando enorme influência a Stálin. Outro dispositivo fundamental era o sistema telefônico do governo. Para evitar a escuta das telefonistas, o regime desenvolveu um *vertúchka*, assim chamado porque tinha disco, então uma novidade. No início, a rede governamental com telefones de disco conectava cerca de sessenta pessoas, mas logo cresceu para algumas centenas, e servia como um sinal de poder (ou a falta dele, para os que não tinham acesso ao sistema).[75] Um desertor alegou que Stálin supervisionou a instalação do sistema de *vertúchka* e, desse modo, arranjou uma maneira de grampear as conversas.[76] Isso é plausível, mas não confirmado por outros elementos de prova, pelo menos nesse período inicial.[77] O que podemos dizer é que a maioria dos telefones *vertúchka* estava na Praça Velha e reforçava o aparato partidário como um ponto nodal.[78] O regime também criou uma unidade especial de criptografia que, embora nominalmente fosse uma divisão da Tcheká, na prática era autônoma, de modo que os telegramas do Politbiuró não passavam pela chefia da polícia secreta.[79] Dirigidos por Gleb Boki, um ucraniano nascido em Tíflis que estudara matemática e física no Instituto de Mineração de São Petersburgo — e que também havia fundado uma colônia para troca de esposas e orgias alcoólicas —, os especialistas em criptografia codificavam e decodificavam centenas de telegramas por dia para as organizações regionais do partido, embaixadas no exterior e funcionários em férias.[80]

Somente Stálin, em nome do Comitê Central, podia emitir diretivas para cada localidade e instituição, enquanto tudo o que era enviado dos comissariados, da polícia secreta ou das forças militares para o Politbiuró ou para o Comitê Central ia para o secretariado do partido. A sala de correios da Praça Velha se assemelhava a uma operação militar em que os mensageiros da polícia secreta colavam, costuravam, punham e tiravam selos de envelopes; os mensageiros também tinham de levar armas carregadas, limpas e bem lubrificadas, e verificar e reverificar a identidade dos destinatários.[81] Mas as queixas de vazamentos e violações tornaram-se constantes e os funcionários eram perpetuamente advertidos.[82] Em julho de 1922, Iaroslávski, que havia sido deslocado para o birô do partido na Sibéria, perdeu a pasta em que levava um livro de códigos e uma caderneta de anotações. As autoridades ofereceram uma recompensa de 100 milhões de rublos, obviamente sem nenhuma intenção ou possibilidade de pagar; a pasta foi encontrada, mas sem o seu conteúdo.[83] Em abril de 1923, foi proibido registrar por escrito qualquer coisa relativa à segurança do Estado; em vez disso, as questões de segurança deveriam ser discutidas primeiramente na secretaria de Stálin, antes de serem levadas ao conhecimento do Politbiuró.[84] Em 19 de agosto de 1924, o Politbiuró baixou uma resolução "sobre conspiração no tratamento de documentos do CC", com um apêndice que definia as "regras de tratamento dos documentos conspiratórios do CC". Muitas das instruções exigiam que os funcionários "observem absoluta conspiração no manuseio de documentos", em termos de quem os via e como eram guardados; qualquer funcionário que buscasse um documento secreto tinha de assiná-lo. Muitos tinham de ser devolvidos após a leitura.

O excesso de sigilo tornou-se uma sede insaciável que reforçou o controle de Stálin. A partir da direção de negócios, ele e seus funcionários criaram uma entidade separada chamada "departamento secreto", encarregada de denúncias e investigações, dos arquivos do partido e dos contatos com a polícia secreta. De início modesto em tamanho, esse departamento se expandiria, em meados da década de 1920, para várias centenas de funcionários e teria filiais nos diretórios locais do partido, nas forças militares, fábricas, agências estatais e, por fim, em todas as instituições importantes. Esses departamentos secretos constituíam um sistema de informações paralelo, um regime dentro do regime, que podia ser usado para intimidar: os funcionários não sabiam o que estava sendo registrado e relatado nesses canais paralelos. O departamento secreto central estava isolado fisicamente por portas de aço. "O *sanctum sanctorum* no prédio cinza da Praça Velha é o departamento secreto", escreveu um funcionário soviético depois de ter desertado. "Sobe-se por um elevador, depois anda-se por um corredor aparentemente interminável. As reuniões são realizadas à noite. O edifício está então na semiescuridão, vazio e silencioso. Cada passo dado provoca um eco sonoro e solitário. Então, fica-se cara a cara com os postos de guarda internos. Um passe especial é verificado. Finalmente, passa-se pela porta de aço que separa esse departamento do resto do edifício. E então, aproxima-se a última porta."[85]

Considerável parte do poder do aparato provinha de sua mística. A escultora Rindziúnskaia disse dos interiores raramente vislumbrados da Praça Velha que "a primeira coisa que me surpreendeu nessa instalação foi a limpeza impressionante e uma espécie de reticência taciturna, se se pode dizer assim. Reticência das palavras, reticência do movimento, nada supérfluo". Na vez seguinte em que encontrou Stálin, em seu estúdio, ela lhe disse ter ficado nervosa com a sensação assustadora (*jutko*) no QG do Comitê Central. "Fico muito, muito contente", Stálin teria respondido, sorrindo, "é assim que deveria ser."[86] Mas de todos os segredos do aparato, o maior deles era o "decretismo" desenfreado, a exigência obsessiva de relatórios escritos, e as comissões em viagens intermináveis exacerbavam o caos administrativo em todo o partido-Estado, e também enterravam a Praça Velha em papel. A ditadura involuntariamente impõe limites a si mesma. A equipe do Orgbiuró estudava manuais escritos pelo prolífico Platon Lébedev, conhecido pelo nome de Kérjentsev, como *Princípios da organização*, cujas duas primeiras edições haviam se esgotado em questão de meses; a terceira edição (1924) saiu com uma tiragem de 5 mil exemplares. Com o objetivo de oferecer "liderança prática e concisa para organizadores de subalternos em qualquer esfera em que trabalhem", Kérjentsev citava textos americanos e britânicos e reproduzia ilustrações de um sistema britânico de fichas para o pessoal que, segundo ele, deveriam ser compiladas não apenas por ordem alfabética, mas também por ocupação e geografia.[87] Mas suas instruções para diretivas claramente especificadas, acompanhamento e depois ajustes inteligentes esqueciam-se de levar em conta a tendência das ditaduras de deixar acontecer, ou mesmo promover, múltiplas jurisdições e outras ineficiências deliberadas, como forma de assegurar o controle político.

A conspiração para tomar o poder se comportava como uma conspiração no poder.[88] O aparato, em teoria, deveria ser transparente para o partido em geral; Lênin insistira que houvesse uma folha de presença em ordem alfabética — que incluía o nome de Stálin — pendurada no complexo do partido, para controle das horas de expediente.[89] Dito isso, as próprias ordens escritas de Lênin eram muitas vezes distribuídas apenas sob a condição de que lhe fossem devolvidas ou destruídas imediatamente após a leitura. Ele instava constantemente, como escreveu em 1919, referindo-se à subversão bolchevique do Turquestão, que as coisas precisavam ser realizadas "de forma extremamente conspiratória (como soubemos trabalhar no tempo do tsar)".[90] Em outras palavras, as origens e a perpetuação da conspiração tinham pouco a ver com a personalidade de Stálin, ainda que, por natureza, Stálin fosse um arquiconspirador e, agora, o principal beneficiário.

ZNÁMENKA, 23

A oeste do Kremlin, paralela à Vozdvíjenka, ficava a rua Známenka, nome que se referia a uma antiga igreja (Sinais da Virgem Santa). No número 23 dessa rua, local da antiga Escola Militar Alexandre, instalaram-se o Conselho Militar Revolucionário da República, o Comissariado da Guerra e o Estado-Maior bolchevique.[91] Durante a guerra civil, a Známenka foi um centro de poder, mas isso mudou rapidamente com a vitória e a desmobilização, quando o Exército Vermelho encolheu de cerca de 5 milhões para 600 mil soldados no final de 1923 (as deserções responderam por uma parte significativa da redução). Igualmente importante, o Exército foi minado por "departamentos políticos" do Partido Comunista em todas as suas unidades, que ficaram sob o controle de uma Administração Política autônoma — mas isso se tornou um alvo para Stálin. Em 1923, o Orgbiuró encomendou um "estudo" do trabalho partidário no Exército, supostamente para verificar se esse trabalho era realizado de acordo com as instruções do Orgbiuró; determinou ainda que representantes do aparato partidário estivessem presentes nos debates sobre as atividades organizacionais do partido em todos os distritos militares, e que a administração política do Exército enviasse relatórios periódicos ao Comitê Central. No outono de 1923, o Orgbiuró já havia instituído o equivalente a uma nomenklatura controlada pelo partido para cargos superiores do Exército, entre eles, os membros dos Conselhos Militares Revolucionários do centro e de distritos militares regionais, bem como seus auxiliares; os principais comandos militares; o pessoal-chave das administrações políticas do Exército; procuradores militares e academias militares.[92] Todos os altos funcionários bolcheviques, inclusive o comissário da Guerra Trótski, reconheceram a supremacia do partido.

Além de as forças militares serem politicamente fracas no partido-Estado soviético, ao contrário do que costuma acontecer na maioria das ditaduras, os militares também sofriam com as condições frágeis da sociedade. O regime esperava usar o Exército Vermelho como uma "escola para o socialismo", e Trótski assumiu um papel muito ativo na condução da formação política.[93] Stálin, previsivelmente, procurou aproveitar essa questão, dizendo ao XII Congresso que enquanto outros tendiam a ver o Exército Vermelho através da lente da ofensiva e defesa militar, ele via "um ponto de coleta de operários e camponeses".[94] Cerca de 180 mil camponeses seriam recrutados anualmente durante a década de 1920.[95] Um estudo de 1924 revelou que os alistados não tinham a menor ideia sobre a "linha do partido bolchevique, a luta do partido contra os mencheviques e contra outros grupos estrangeiros".[96] Outra pesquisa revelou que quase 90% dos educadores políticos do Exército não tinham mais de dois anos de ensino primário. Enquanto isso, jornais e palestras estavam cheios de palavras estrangeiras, neologismos e jargões incompreensíveis.[97] "Vamos ser francos", disse um educador do Exército. "Quando falamos sobre bancos, bolsas de valores, parlamentos, trustes, reis das finanças e democracias, não somos compreendidos."[98] De certa forma, o Exército Vermelho raramente ia além de ser um curso básico de língua russa para a população multinacional de recrutas e não era exatamente uma base de poder político. Tampouco o Exército era um baluarte da segurança soviética.[99] "Se Deus não nos ajudar [...] e nos envolvermos em uma guerra, seremos totalmente derrotados", comentou Stálin em 1924.[100] Dito isso, a subordinação das forças militares ao aparato do partido estava muito adiantada, com a ressalva de que Trótski continuava a ser seu chefe nominal. Mas já no final de 1923, a Inspetoria dos Operários e Camponeses, controlada por Stálin, havia apontado que Trótski realmente não administrava o trabalho diário do Comissariado da Guerra e da Marinha.[101]

LUBIANKA, 2

O bairro de Lubianka, em Moscou, devia seu nome à conquista por Ivan III da medieval Nóvgorod ("Lubianitas" era o nome de um distrito dessa cidade levado para Moscou por aqueles que foram forçados a se mudar). Na primavera de 1918, a Tcheká central, chegando de Petrogrado, havia requisitado o número 11 da rua Bolcháia Lubianka (local do primeiro escritório de Dzierżyński em Moscou), bem como o número 13, perto do principal quarteirão comercial da cidade. Com a ampliação da equipe e a criação de uma Tcheká separada da região de Moscou, no outono de 1919, o Departamento Especial da Tcheká que supervisionava a segurança no Exército tomou o número 2 da Bolcháia Lubianka, onde a rua estreita se abria para a Praça Lubianka. Tratava-se de um elegante edifício retangular de cinco andares, com um relógio no alto da fachada, que fora construído em 1900 pela Companhia de Seguros de Todas as Rússias e, tal como a estrutura sólida ocupada pelo aparato do partido nas proximidades da Praça Velha, refletia a situação financeira e os gostos do capital mercantil moscovita. A companhia de seguros havia alugado as lojas do térreo (uma livraria, uma loja de máquinas de costura, outra de camas e uma cervejaria), bem como cerca de vinte apartamentos de até nove dependências cada um, mas os moradores já haviam sido expulsos, as lojas esvaziadas e o edifício destinado para os sindicatos soviéticos quando a Tcheká entrou em cena. Em 1920, montou-se uma prisão interna (mais tarde, ela seria ampliada, quando se acrescentaram dois andares ao edifício). "Do lado de fora, parece qualquer coisa, menos uma prisão", relatou um companheiro de cela. A Tcheká também se apropriou de outros prédios próximos, e por isso, escreveu um observador, "ocupa um bairro inteiro no centro da cidade [...] aqui estão localizadas as intermináveis seções e subseções administrativas: 'operações secretas', 'investigação', 'estatística', 'dados e gráficos' e outras funções. [...] É uma *cidade inteira dentro da cidade*, trabalhando [...] dia e noite".[102]

Lubianka, 2, não estava subordinada ao governo civil, mas a Lênin e ao Politbiuró, o que significa que esse instrumento também caiu sob a tutela de Stálin, na sua qualidade de chefe do aparato partidário.[103]

O efetivo da Tcheká era menor do que parecia.[104] Em março de 1921, ela apresentou um orçamento para 2450 funcionários, mas conseguiu contratar apenas 1415, e apenas a metade desse total era composta de agentes genuínos, embora em janeiro de 1922 a equipe central já tivesse crescido para 2735, um número que mais ou menos manteria. Em novembro de 1923, a polícia secreta também comandava 33 mil soldados de fronteira, 25 mil soldados da ordem interna e 17 mil guardas de escolta.[105] O número de informantes secretos na folha de pagamento caiu de supostos 60 mil em 1920 para 13 mil no final desse ano.[106] As agências provinciais da Tcheká variavam no tamanho da equipe, com cerca de quarenta pessoas na maioria dos casos, das quais somente a metade era composta de agentes, para cobrir vastas áreas de território com opções de transporte muitas vezes limitadas. A Tcheká contava com sua reputação temível. O *Pravda* publicava relatos de vítimas da Tcheká sendo esfoladas vivas, empaladas, escalpeladas, crucificadas, amarradas a pranchas que eram empurradas lentamente para dentro de fornos candentes ou em contêineres de água fervente. Dizia-se que, no inverno, a Tcheká derramava água sobre prisioneiros nus, criando estátuas de gelo, enquanto alguns prisioneiros tinham o pescoço torcido a tal ponto que a cabeça saltava fora.[107] Verdade ou não, o fato é que essas histórias contribuíam para a mística da Tcheká. Mas, se servia para multiplicar sua força, essa reputação também provocava repulsa.[108] Em maio de 1919, por iniciativa de Dzierżyński, a Tcheká foi obrigada a se reportar semanalmente ao recém-criado Orgbiuró, ou seja, a Stálin. Dzierżyński foi acrescentado ao Orgbiuró em 1920.[109] Ele também nomeou o agente Mikhail Kédrov para chefiar uma comissão que viajava pelo país por trem blindado para erradicar impostores da Tcheká e a prevaricação. Mas os sádicos e a gentalha que eram expurgados por desacreditarem o regime apareciam em outros lugares em diferentes agências regionais. Kédrov, com metade da formação de médico e pianista virtuoso, era ele mesmo famoso pela brutalidade, e consta ter procurado atendimento psiquiátrico.[110]

A Tcheká não escondia o uso das prisões herdadas do tsarismo, reconstruindo, por exemplo, o "isolador" da época tsarista de Verkhne-Uralsk, expressamente para "presos políticos". Circulavam rumores de que suas fileiras estavam cheias de veteranos da odiada *okhranka*, o que era falso — a Tcheká os caçava —, mas assim mesmo prejudicial à sua reputação.[111] Fosse qual fosse a origem dos agentes, "as pessoas estão começando a olhar para nós como *okhranniki*", preocupou-se um vice-presidente da Tcheká, o letão Jānis Sudrabs, conhecido agora como Mārtiņš Lācis.[112] Também não ajudava na reputação o fato de que uma proporção substancial dos carcereiros, interrogadores e carrascos da Rússia soviética não fosse composta de russos, mas muitas vezes de poloneses e judeus, uma circunstância derivada, em parte, das categorias daqueles que haviam sido oprimidos pelo tsarismo e, em parte, dos métodos de recrutamento (os judeus e poloneses recrutavam gente sua).[113] Propostas para coibir os abusos e a autoridade da Tcheká estiveram em discussão durante todo o ano de 1921 — afinal, a guerra civil fora vencida, então por que a polícia secreta continuava a realizar execuções sumárias? Kámenev, o principal defensor no Politbiuró de uma reforma da polícia, disse em uma reunião de metalúrgicos naquele ano que "há pessoas que odeiam com razão a Lubianka".[114] Ele propôs limitar o mandato da Tcheká aos crimes políticos, espionagem, banditismo e segurança nas ferrovias e nos armazéns, delegando todo o resto para o Comissariado da Justiça. Lênin apoiou Kámenev.[115] O mesmo fez Stálin. Dzierżyński opôs-se a abrir mão dos amplos poderes extrajudiciais da organização.[116] Mas Lênin se manteve firme, e, em 6 de fevereiro de 1922, ela foi substituída pela assim chamada Administração Política do Estado (GPU), com funções devidamente circunscritas, embora não no mesmo grau da proposta de Kámenev.[117]

A conversão para a GPU não foi efetivada de imediato no Cáucaso Sul, onde a ameaça de revoltas era considerada grande demais, o que indica que a reforma foi concebida como uma verdadeira redução no poder, mas essa intenção seria subvertida, e pelo próprio Lênin.[118] Em 20 de fevereiro de 1922, ele escreveu ao comissário da Justiça exigindo um "fortalecimento da repressão contra os inimigos políticos do poder soviético e os agentes da burguesia (em particular, os mencheviques e socialistas revolucionários)", e pediu "uma série de julgamentos demonstrativos" nas grandes cidades, "julgamentos exemplares, ruidosos, educacionais", com "uma *explicação* de seu significado para as massas populares através dos tribunais e da imprensa".[119] Já houvera vários julgamentos públicos, desde o da condessa Sofia Panina (1918) até casos que envolviam o Banco do Estado, a loja de departamentos estatal, o truste têxtil, bem como alguns encenados no Donbass saturado de operários para mobilizar o proletariado e fazer uma advertência aos administradores econômicos que não eram do partido.[120] Mas esse último julgamento era o maior até então. Lênin, em Górki, apesar de seu derrame de maio de 1922, examinou os dossiês de prisão.[121] De 8 de junho a 7 de agosto de 1922, 34 membros putativos do Partido Socialista Revolucionário de Direita ocuparam o banco dos réus no Salão das Colunas da Casa dos Sindicatos. Todos haviam sido presos pelo regime tsarista por atividade revolucionária, mas agora, de acordo com o *Pravda*, eles eram "traidores lacaios da burguesia". A GPU usou arquivos capturados do Comitê Central dos SRs para tentar autenticar as acusações. (Dziga Vértov fez um filme de propaganda, *O Julgamento SR*.)[122] Grigóri "Iúri" Piatakov, o juiz presidente, proferiu sentenças de morte predeterminadas.[123] Mas os protestos cresceram no exterior e Kámenev encontrou uma solução de compromisso inteligente: propôs que as execuções fossem suspensas por ora, mas que fossem levadas a cabo em caso de novas ações "criminosas" por parte do partido SR.[124] Presos na Lubianka, os SRs condenados à morte tornaram-se, na verdade, reféns.[125]

A cruzada de Lênin contra companheiros socialistas comprometeu a reforma da polícia. Em agosto de 1922, a GPU obteve o poder formal de exilar ou condenar pessoas a um campo de trabalhos forçados, sem julgamento ou condenação judicial, e em novembro foi concedida essa prerrogativa, mesmo para os casos em que não houvesse um ato antissoviético específico, exclusivamente com base em "suspeitas".[126] Uma subversão da reforma da polícia secreta teria provavelmente acontecido de qualquer maneira: a mentalidade de cerco estava embutida no bolchevismo, e a GPU ocupou o mesmo prédio da Tcheká, com o mesmo pessoal.[127] Ainda assim, Lênin também forçou pessoalmente a deportação no outono de 1922 de teólogos, linguistas, historiadores, matemáticos e outros intelectuais em dois navios alemães fretados, apelidados de Vapores dos Filósofos. As anotações da GPU sobre eles registravam: "sabe uma língua estrangeira", "utiliza ironia".[128] Um número muito maior do que o *Pravda* (31 de agosto de 1922) chamou de "Wrangels e Koltchaks ideológicos" foi deportado para campos de trabalho remotos como Solovki, oficialmente Campo do Norte de Designação Especial, no local de um antigo mosteiro, numa ilha do mar Branco.[129] A divisão de classes ideologizada do mundo atribuía um poder sem fim à polícia secreta. "Os elementos que estamos despachando ou despacharemos são em si mesmos politicamente inúteis", disse Trótski à jornalista estrangeira de esquerda Louise Bryant, viúva de John Reed, que publicou a entrevista no *Pravda* (30 de agosto de 1922). "Mas eles são armas potenciais nas mãos dos nossos possíveis inimigos. No caso de novas complicações militares [...] seríamos obrigados a fuzilá-los de acordo com as normas da guerra." Aqui temos a concepção mais tarde atribuída a Stálin de que os soviéticos não podiam tolerar inimigos *potenciais* em seu seio porque sua presença incentivaria e facilitaria a intervenção estrangeira.[130]

Stálin era inundado por informes da polícia secreta. Em meados da década de 1920, a GPU alegou ter mais de 2 milhões de soviéticos sob permanente vigilância.[131] A *okhranka* havia produzido o "informe do tsar" (*tsarskii listok*), uma compilação de observações sobre "a oposição", bem como sobre catástrofes naturais, explosões e crimes não políticos sensacionais, que era produzida semanalmente e acumulava até seiscentas páginas por ano, e que Nicolau II lia e anotava. Mas a polícia secreta soviética compilava resumos extensos sobre o clima político (*svodki*) com muito mais frequência, contando com informantes em quase todas as instituições e povoações, até o nível das aldeias.[132] Cerca de 10 mil pessoas também estavam envolvidas em perlustrar a correspondência, em comparação com as cinquenta que exerciam essa atividade para o Estado tsarista em 1914.[133] Cada exemplar dos resumos da polícia secreta era numerado e enviado a Lênin e Stálin, Trótski e seu adjunto Skliánski nas forças militares, mas não a Zinóviev ou Kámenev, embora estes últimos tenham sido logo incluídos.[134] Mas, além disso, Stálin, em nome do Comitê Central, buscava relatos especiais em primeira mão, fora dos canais normais, recrutando suas próprias redes de informantes.

RUA PONTE DO FERREIRO E HOTEL LUX

Descendo a rua da sede da GPU chegava-se às enormes instalações do Comissariado das Relações Exteriores, na rua Ponte do Ferreiro, 15. O nome (*Kuznetski most*) vinha de uma antiga ponte de pedra sobre o rio Neglinnaia, aterrado havia muito tempo. Antes da revolução, a elegante rua era conhecida por casas de moda, livrarias, oficinas de fotografia e restaurantes, e a sede do comissariado era um prédio opulento, semineoclássico, de seis andares, construído em 1905-6 com duas alas simétricas, confiscado da Companhia de Seguros de Todas as Rússias em 1918.[135] Tinha residências resplandecentes (Iagoda, um chefe adjunto da GPU, morava ali), bem como escritórios. Dos ministérios do período tsarista após o golpe, o das Relações Exteriores foi o que sofreu a maior renovação, com o corpo diplomático sendo preenchido por uma combinação de antigos emigrantes bolcheviques que retornavam e jovens agitadores. "Bem, o que somos nós, diplomatas soviéticos?", Leonid Krássin gostava de dizer. "Eu sou engenheiro, Krestínski é professor. Esse é o tipo de diplomatas que somos." Os soviéticos se recusavam a usar o termo "burguês" embaixador e chamavam seus enviados de "representantes plenipotenciários", mas, em 1923, o Comissariado das Relações Exteriores distribuiu aos enviados ao exterior "Instruções curtas sobre como seguir as regras de etiqueta observadas nas sociedades burguesas".[136] Piotr Vóikov, o enviado à Polônia, até tentou convencer seus jovens colegas diplomatas da importância das danças de salão. "Ele disse, por exemplo, que as maiores vitórias diplomáticas foram obtidas em conservatórios", lembrou um pupilo. "Não citarei os exemplos que ele deu em apoio dessa teoria espantosa; é suficiente dizer que o mais recente exemplo citado por ele se referia à Conferência de Viena" de 1815.[137] Em 1924, quando o comissariado tinha 484 pessoas em posições de responsabilidade, 33% tinham formação universitária, uma proporção muito maior do que no aparato central do partido.[138] Menos da metade do pessoal do comissariado era composta de russos étnicos.[139]

Não muito longe da Ponte do Ferreiro ficava o hotel Lux, na rua Tverskáia, 36, conhecido, não sem ironia, como o "quartel-general da revolução mundial" depois que foi entregue ao Comintern. Era o lugar onde todos os filiados do partido podiam ser criticados — com exceção de um deles.[140] Para o III Congresso Mundial do Comintern (junho-julho de 1921), o Lux recebeu cerca de seiscentos delegados de 52 países em seus pequenos quartos.[141] As instalações estavam infiltradas de agentes disfarçados da GPU que persuadiam ou forçavam os estrangeiros a dar informações uns sobre os outros. Os contatos com os cidadãos soviéticos viriam a ser estritamente regulamentados.[142] Mas o Lux tinha elegância art déco acompanhada por água quente uma vez por semana. Os escritórios propriamente ditos do Comintern ficavam em outro lugar, na mansão de dois andares que pertencera ao barão do açúcar Serguei Berg e fora sede da primeira embaixada alemã (onde Mirbach fora assassinado), na travessa do Dinheiro. Em 1921, Lênin chamou Otto Kuusinen (nascido em 1881), ex-presidente dos sociais-democratas finlandeses e fundador do Partido Comunista finlandês, que estava em Estocolmo, para assumir a secretaria-geral do Comintern e desfazer a confusão das operações cotidianas do órgão. Por sua vez, Kuusinen contratou um assistente pessoal, Mauno Heimo (nascido em 1896), que chegou a Moscou em 1924 e assumiu as operações do dia a dia do Comintern. "A bem dizer, não há uma organização no Comintern, e você e eu precisamos criar uma", consta que Kuusinen lhe disse. "Não há equipe adequada nem delimitação adequada de responsabilidades. Mil e quinhentas pessoas estão sendo pagas por seu trabalho, mas ninguém sabe quem é seu superior ou que autoridade tem, ou o que deveria estar fazendo."[143] A primeira ordem de serviço de

Heimo foi obter instalações melhores. Ele pôs os olhos na rua Mokhováia, 6 (também conhecida como Vozdvíjenka, 1), um prédio de cinco andares logo adiante do Portão da Trindade-Torre de Kutáfia do Kremlin.[144] No inacessível último andar (quinto) do edifício, a GPU dominava, supervisionando o verdadeiro trabalho: transferências ilegais de dinheiro para partidos comunistas estrangeiros, vistos falsos e passaportes estrangeiros roubados e adulterados para reutilização.

Os fundos do Comintern costumavam desaparecer, presumivelmente roubados; havia também rumores de que o órgão estava infiltrado pela inteligência estrangeira. Outros órgãos soviéticos tendiam a desprezar a organização ("milhares de parasitas do Comintern estavam nas folhas de pagamento do governo", observou um agente da inteligência soviética).[145] "Para entender o funcionamento do Comintern é preciso perceber duas coisas", escreveu a mulher de Kuusinen: "Em primeiro lugar, estava sempre sendo reorganizado, e, em segundo lugar, uma grande parte da atividade era fictícia".[146] O comissário das Relações Exteriores Tchitchérin defendia a separação das funções de seu comissariado e do Comintern, que chamaria de seu "inimigo interno número um" (a "hidra da GPU" ficava apenas com o segundo lugar). Mas ninguém menos do que ele havia enviado o convite para o congresso de fundação da Internacional Comunista em 1919, ao qual era um dos delegados.[147] Embora se supusesse que somente agentes do Comintern deveriam realizar tarefas ilegais no exterior, na prática, o pessoal da embaixada fazia o mesmo.[148] O pessoal do Comintern (conhecidos como "estrangeiros") geralmente tinha escritórios sob cobertura frágil dentro das embaixadas soviéticas, que também abrigavam a GPU ("vizinho próximo") e a inteligência militar ("vizinho distante"). Além disso, a retórica pública dos altos dirigentes soviéticos, entre os quais se incluíam os membros do Politbiuró que faziam parte do comitê executivo do Comintern, se alinhava quase sempre com "os oprimidos", contra os governos de supostos países parceiros diplomáticos. Todavia, o Comissariado das Relações Exteriores emitia intermináveis memorandos para lembrar ao Politbiuró que a notoriedade do Comintern e as execuções sumárias da GPU reduziam o espaço soviético de manobra internacional: os governos estrangeiros não confiavam que tal regime levasse a cabo negócios legítimos, e, se assumiam o risco, acontecia invariavelmente um escândalo envolvendo as maquinações desleais Comintern-soviéticas.

Além da política externa de dupla face de Moscou, cujo objetivo era fomentar a revolução nos próprios países com os quais tentava ter relações e comércio normais, estava a visão de mundo debilitante baseada em classes. Lênin argumentava que a "burguesia" internacional jamais poderia aceitar a existência permanente de um Estado operário, mas a verdade era o oposto: embora a hostilidade ocidental em relação ao regime soviético fosse com frequência intransigente e alguns indivíduos ocidentais estivessem comprometidos com sua derrubada, a hostilidade *dos governos* ocidentais foi principalmente "esporádica, difusa, desorganizada", como explica George Kennan. Ele acrescenta que, embora "muitas pessoas dos governos ocidentais tenham passado a odiar os líderes soviéticos pelo que eles *fizeram*", os comunistas "odiavam os governos ocidentais pelo que eles *eram*, independentemente do que faziam".[149] Assim, Moscou podia ver um governo trabalhista e um governo tóri como essencialmente idênticos: ambos imperialistas e, portanto, ambos pérfidos. Em outras palavras, a hostilidade da Entente contra a Rússia soviética não causou mais antagonismo ocidental do que uma aceitação teria causado uma disposição bolchevique amistosa, não intrometida. Lênin argumentava que, se os capitalistas tinham aceitado o regime soviético em alguma medida, foi apenas porque foram forçados a isso, seja pela militância de seus próprios trabalhadores ou por sua dependência da busca de novos mercados (como o da Rússia).[150] Stálin aceitava esta linha in totum e explicava que, quando o momento fosse propício, os capitalistas interviriam militarmente de novo, com o objetivo de restaurar o capitalismo.[151] Enquanto isso, nas negociações para novos acordos comerciais e créditos de longo prazo, os capitalistas sempre exigiam como condição prévia o reembolso da repudiada dívida do Estado tsarista da época e compensações pelas propriedades estrangeiras nacionalizadas.[152] Embora permitisse que o Comissariado das Relações Exteriores anunciasse a disposição soviética de entrar em discussões sobre dívidas tsaristas contraídas antes de 1914, Lênin desprezaria as oportunidades que resultariam disso.[153]

O primeiro-ministro Lloyd George, um liberal no sentido clássico do laissez-faire e livre-comércio do século XIX, apresentou a ideia de uma conferência internacional para reabilitar a Rússia e a Alemanha, em um acordo de paz melhor, visando a reconstrução econômica europeia, o que poderia beneficiar a Grã-Bretanha e talvez escorar seu frágil governo de coalizão com um ato ousado.[154] No início de 1922, os soviéticos aceitaram o convite para participar da conferência, com abertura prevista para 10 de abril em Gênova, onde 34 países estariam representados.[155] Lênin não compareceria em pessoa, supostamente por preocupações com a segurança (a Tcheká informou que os poloneses estavam planejando assassiná-lo na Itália); de fato, Lênin, depois de voltar do exílio em 1917, nunca mais saiu da Rússia.[156] Entretanto, ele ditou a postura soviética. O comissário das Relações Exteriores Gueórgi Tchitchérin, preparando-se para ir a Gênova, perguntou-lhe: "Se os americanos pressionarem fortemente por 'instituições representativas', você não acha que poderíamos, em troca de alguma compensação decente, fazer algumas pequenas alterações na nossa Constituição?". Lênin escreveu "loucura" na carta, fez com que ela circulasse no Politbiuró e acrescentou que "isso e a carta seguinte mostram claramente que Tchitchérin está doente e muito".[157] (Os americanos acabaram recusando-se a participar da conferência em Gênova.) "Isso é ultrassecreto", escreveu Lênin a Tchitchérin um pouco mais tarde. "Convém a nós que Gênova seja destruída [...] mas não por nós, é claro."[158] Não sabemos se, no final, as instituições políticas das grandes potências estavam prontas para uma détente plena com Moscou.[159] Mas, em vez de perceber sua ambivalência, Lênin enxergou uma tentativa combinada de uma frente capitalista unida contra os soviéticos, embora se tratasse de uma conferência expressamente concebida para ajudar a Rússia com o reconhecimento diplomático e comercial.[160]

Lênin não estava sozinho na sabotagem à iniciativa de Lloyd George. O primeiro-ministro francês Raymond Poincaré, que não se dignou a comparecer, forçou a retirada da pauta de qualquer oportunidade para os alemães discutirem suas reivindicações de reparação. Poincaré considerou que o esforço de Lloyd George para remendar Versalhes ("nem vencedores nem vencidos") era feito às custas dos franceses, mas sua estratégia linha-dura saiu pela culatra. No Tratado de Versalhes, em 1919, a França inserira uma cláusula (artigo 116) que concedia à Rússia — pós-bolchevique, supunha-se — o direito de obter reparações alemãs pela guerra, e agora os soviéticos insinuavam que iriam fazer valer esse direito. Walther Rathenau, o recém-nomeado ministro das Relações Exteriores alemão, que estava orientado para a aproximação com o Ocidente, sentiu-se não obstante constrangido a pedir negociações bilaterais com a Rússia para remover a espada de Dâmocles do artigo 116.[161] Quando circularam rumores de que, durante as sessões de abertura de Gênova, os soviéticos estavam empenhados em negociações anglo-francesas separadas na casa de campo de Lloyd George, sem a Alemanha, Rathenau solicitou encontros com o primeiro-ministro britânico, mas foi rejeitado. À 1h15 de 16 de abril, os soviéticos aceitaram a sugestão de uma reunião com os alemães no mesmo dia.[162] A equipe de Rathenau tentou novamente alertar os britânicos, mas o assistente de Lloyd George não atendeu ao menos duas chamadas. O amadorismo diplomático do primeiro-ministro britânico amplificou involuntariamente a inflexibilidade irrealista do primeiro-ministro francês, bem como a traição ultrassecreta de Lênin.[163] Sob chuva torrencial, a delegação alemã dirigiu-se à delegação soviética, instalada no hotel Imperiale, situado na estrada entre o pequeno resort à beira-mar de Santa Margherita e a cidade de Rapallo, e, no início da noite do mesmo dia, um domingo de Páscoa, foi assinado um tratado bilateral. Os termos haviam sido definidos na semana anterior na Alemanha (Tchitchérin viajara para Gênova via Berlim), mas só agora Rathenau concordara com eles.[164]

O Tratado de Rapallo fez da Alemanha, pela segunda vez, a primeira grande potência a reconhecer formalmente o Estado soviético — a anterior havia sido o revogado Tratado de Brest-Litovsk —, e essa retomada das relações diplomáticas veio sem a necessidade de pagamento da dívida tsarista ou concessões internas como o abrandamento da ditadura bolchevique. Os alemães aceitaram a validade das expropriações de propriedades alemãs e os soviéticos renunciaram a todas as reivindicações contidas no artigo 116. Os dois lados concordaram em comerciar conforme o que viria a ser chamado de estatuto de nação mais favorecida.[165] Rathenau, que, além de seu cargo no governo, era o diretor-geral da AEG, o conglomerado elétrico alemão, entendia muito bem o valor econômico da Rússia como fornecedora de matérias-primas e cliente da Alemanha, especialmente com a Nova Política Econômica e a restauração da mercado. (Rathenau, o primeiro judeu a ser ministro das Relações Exteriores alemão, seria assassinado por radicais de direita dali a dois meses.) Rapallo reafirmava a importância da Alemanha para o destino bolchevique e parecia prevenir as suspeitas de Lênin de uma coalizão global das potências contra o regime soviético. A recusa francesa em reconhecer as queixas alemãs, a incapacidade britânica de controlar os franceses e a manipulação soviética do artigo 116 — uma invenção francesa — levaram ao pesadelo da França e à fantasia de Lênin: um aparente eixo germano-soviético.[166] Rapallo foi acompanhado por rumores de protocolos secretos sobre obrigações militares equivalentes a uma aliança, que Tchitchérin negou categoricamente em uma nota para a França.[167] Na verdade, os laços entre o Exército Vermelho e a Reichswehr já eram próximos, e, em 11 de agosto de 1922, os dois países assinaram um acordo formal secreto de cooperação militar. Atenuando os efeitos das restrições de Versalhes, o Exército alemão obteria instalações de treinamento secretas dentro da União Soviética para suas forças aéreas e blindadas, em troca de acesso soviético à tecnologia industrial militar alemã, em fábricas que seriam construídas em solo soviético para suprir as forças armadas de ambos os países.[168] Essa, pelo menos, era a promessa.

Lênin dirigia as Relações Exteriores como um feudo pessoal. Ele teve provavelmente mais conversas telefônicas com Tchitchérin do que com qualquer outra pessoa, e também considerável contato direto com ele, mas tratava seu comissário das Relações Exteriores como um moleque de recados. Mesmo depois do Tratado de Rapallo, Tchitchérin e a delegação soviética queriam assinar o acordo de Gênova e começaram a ir um pouco além de suas instruções para discutir dívidas repudiadas do tempo da guerra, não vendo nenhuma maneira de reconstruir a devastada Rússia senão com a ajuda ocidental, mas Lênin condenou seus negociadores por suas "indescritíveis vacilações vergonhosas e perigosas".[169] Por fim, nenhuma dívida tsarista foi paga e nenhuma propriedade estatizada foi compensada para a Entente, e, em consequência, não se formou nenhum consórcio de investimentos para a Rússia e nenhum tratado de paz com a Rússia foi assinado.[170] Lênin acreditava que as potências capitalistas seriam compelidas a reavivar a economia russa pela lógica do desenvolvimento capitalista mundial e, portanto, perdera um momento único para uma possível reintegração da Rússia na comunidade europeia. (A próxima reunião desse tipo para os soviéticos aconteceria em Helsinque, em 1975.) Ao mesmo tempo, a República de Weimar e a ditadura bolchevique não eram regimes aparentados, e sua cooperação seria angustiante na medida em que a Alemanha continuava a procurar aproximação com o Ocidente.[171] O modo

como os soviéticos obteriam tecnologia avançada em larga escala permanecia pendente. Depois que Lênin ficou incapacitado, Stálin se tornou a figura central na política
externa, herdando todos esses desafios do legado intransigente leninista. Nas relações
internacionais, Stálin era qualquer coisa, menos um ditador.

PRAÇA VELHA, 8

Quando Stálin ganhou a chance de construir uma ditadura pessoal, não só Lênin
tinha sofrido um derrame, como a Rússia soviética estava prostrada, tendo perdido milhões de pessoas para a guerra, o terror político e a emigração. O deslocamento extremo
foi agravado pela orgia bolchevique de requisição de grãos, depois por uma seca severa,
calor intenso e ventos quentes que converteram a terra preta em uma região semiárida.
A área semeada já havia encolhido, mas agora 5,5 milhões dos meros 15 milhões de
hectares semeados deixaram de produzir, causando uma fome cuja escala não era vista
desde o século XVIII. Os camponeses foram reduzidos à ingestão de poções venenosas
feitas de ervas daninhas, ossos moídos, cascas de árvore ou palha de seus telhados, bem
como cães, gatos, ratos e carne humana.[172] Mais de 35 milhões de pessoas sofreram uma
fome intensa — todo o vale do Volga (o epicentro), o sul dos Urais e as repúblicas tártara e basquíria, o Cáucaso Norte, grande parte do sul da Ucrânia, a Crimeia. Estima-se
que de 5 milhões a 7 milhões de pessoas tenham perdido a vida entre 1921 e 1923 devido à fome e a doenças a ela relacionadas, chegando a 50 mil mortes por semana.[173] Nas
piores áreas atingidas pela fome, a GPU postaria guardas nos cemitérios para evitar que
os famintos desenterrassem cadáveres para comer. Apenas no vale do Volga e na Crimeia, as autoridades registraram mais de 2 milhões de órfãos, sobreviventes milagrosos,
embora muitas vezes com olhos vazios, estômagos distendidos e pernas de palito.[174]

Lênin, depois de repelir as demandas para revogar a NPE, enviou um plenipotenciário para obter alimentos junto às regiões das estepes, que foram colocadas sob lei
marcial. Quando advertiu que cumprir totalmente as cotas de grãos deixaria regiões
sem nem mesmo sementes, o plenipotenciário recebeu ordens para proceder conforme as instruções originais.[175] No início de 1922, Lênin enviou Félix Dzierżyński numa
expedição para obter alimentos na Sibéria, cuja colheita, não afetada pela grave seca
em outros lugares, era mais ou menos normal.[176] Dzierżyński morava em seu vagão de
trem, estilo guerra civil, e escreveu desesperado a sua esposa Sófia Muchkat diante
da enormidade das tarefas e da inadequação de sua liderança como comissário concomitante das Ferrovias. ("Só agora, no inverno, entendo claramente a necessidade de
se preparar para o inverno no verão".) Sua permanência foi prolongada — foi quando
Dzierżyński estava na Sibéria, em 6 de fevereiro de 1922, que a Tcheká foi abolida e

substituída pela GPU — e abriu-lhe os olhos. "A experiência da Sibéria demonstrou para mim as falhas fundamentais do nosso sistema de administração", escreveu à esposa em fevereiro de 1922. "Até mesmo as melhores ideias e diretrizes de Moscou não chegam aqui e pairam no ar."[177] Enquanto isso, a GPU informava de uma província siberiana (14 de fevereiro de 1922) que "os abusos por parte de agentes de aquisição atingem proporções absolutamente espantosas. [...] Em todos os lugares, camponeses presos são trancados em celeiros gelados, açoitados com chicotes [*nagaiki*] e ameaçados de fuzilamento". Os camponeses que fugiam para a floresta eram "primeiro perseguidos e atropelados pelos cavalos. Depois, eram despidos e trancados em celeiros sem nenhum aquecimento. Muitas mulheres foram espancadas até ficarem inconscientes, enterradas nuas na neve, estupradas".[178]

Obcecado por obter alimentos para as cidades famintas do noroeste, o regime respondeu de forma lenta e ineficaz às regiões rurais que morriam de fome.[179] Lênin se recusava a procurar ajuda de governos "imperialistas", mas o escritor exilado Maksim Górki, com a conivência dele, lançou um apelo particular a "todas as pessoas honradas", e Herbert Hoover, o secretário de Comércio americano, respondeu afirmativamente apenas dois dias depois. Hoover (nascido em 1874), filho de um quaker, ficara órfão quando criança e fizera parte da turma inaugural da Universidade Stanford, onde se formou em engenharia de minas, e durante a Grande Guerra fundara a Administração Americana de Auxílio (ARA), inicialmente uma agência do governo que foi convertida em agência privada com financiamento estatal. Ao atender ao apelo para ajudar a Rússia soviética, ele estabeleceu duas condições: que o pessoal de auxílio americano fosse autorizado a agir de forma independente e que os cidadãos norte-americanos em prisões soviéticas fossem libertados. Lênin amaldiçoou Hoover e assentiu. Em um triunfo monumental de filantropia e organização, Hoover reuniu mais de 60 milhões de dólares em ajuda alimentar estrangeira, principalmente na forma de milho, sementes de trigo, leite condensado e açúcar, grande parte doada pelo Congresso dos Estados Unidos, uma parte paga pelo regime soviético com escassas divisas e ouro (derretido de objetos confiscados de igrejas e outros objetos de valor). Utilizando trezentos agentes de campo que empregaram até 100 mil ajudantes soviéticos em 19 mil cozinhas de campanha, a ARA alimentou em seu auge quase 11 milhões de pessoas diariamente.[180] Górki escreveu a Hoover que "sua ajuda entrará para a história como um feito único, gigantesco, digno da maior glória, que permanecerá por muito tempo na memória de milhões de russos [...] que você salvou da morte".[181]

Stálin pôs pressão sobre o Comissariado das Relações Exteriores para comprar grãos estrangeiros e participou da instituição da vigilância sobre os trabalhadores humanitários estrangeiros.[182] Propôs também que se cobrasse da ARA o custo do transporte de seus suprimentos de emergência de alimentos no território soviético.[183] Graças às doações estrangeiras e às compras no exterior de sementes, bem como a um retorno de condições climáticas favoráveis e ao instinto de sobrevivência dos camponeses, a safra de 1922 acabou por ser robusta. Um alívio adicional foi proporcionado pelos efeitos tardios dos incentivos da Nova Política Econômica aos camponeses, de modo que em 1923 se iniciou uma recuperação.[184] O regime, a contragosto, também desempenhou um papel. Ele aprovou o Código Agrário, que proibia a compra e venda de terras e restringia a legalidade e, até certo ponto, a realidade do arrendamento de terras e da contratação de mão de obra agrícola não familiar, mas permitia que os camponeses plantassem legalmente todos os tipos de culturas, criassem qualquer tipo de gado e construíssem qualquer tipo de estrutura na terra; as mulheres foram reconhecidas como membros iguais da família camponesa. Acima de tudo, o Código Agrário permitia que as famílias camponesas exercessem uma verdadeira escolha da forma jurídica da posse da terra: comunal-reparticional, fazenda coletiva, até mesmo propriedades autônomas consolidadas (ou seja, stolypinismo).[185] O Código Agrário não usava o termo "comuna", substituindo-o por "sociedade agrária", mas o regime foi obrigado a reconhecer que a comuna tinha autoridade para se autogovernar.[186] O regime também se viu obrigado a reduzir drasticamente o apoio financeiro às fazendas coletivas, que encolheram para uma parte ainda menor das terras aráveis (menos de 1%). A reviravolta foi impressionante: camponeses, fossem comunal-reparticionais ou autônomos consolidados, obtiveram uma ampla liberdade econômica.

O tamanho e a execução pontual da colheita continuavam a ser os principais determinantes do bem-estar do país, e a revolução camponesa que acompanhou a tomada bolchevique do poder foi forte o suficiente para remodelar o Estado soviético. O Comissariado de Abastecimento Alimentar da guerra civil, "comissariado das requisições", cedeu sua posição predominante ao Comissariado da Agricultura, uma espécie de "comissariado dos camponeses" dentro da ditadura do proletariado. Pontuando a mudança, Aleksandr Smirnov (nascido em 1898), um membro fiel do partido com pendor prático, foi transferido de vice-comissário do Abastecimento para vice-comissário da Agricultura, a caminho de assumir o posto mais alto em 1923. O "comissariado das requisições" ficava nas Galerias Comerciais Altas, bem na Praça Vermelha; o "comissariado dos camponeses" estava localizado, por incrível que pareça, no número 8 da Praça Velha, logo depois da sede do Partido Comunista, no antigo hotel e complexo comercial Boiarski Dvor, construído em 1901-3 em estilo art nouveau.[187] Na epidemia de fome, o pessoal do Comissariado da Agricultura encontrou uma razão de ser, concluindo que a agricultura camponesa estava perpetuamente à beira do abismo, porque os camponeses ignoravam as melhores práticas da agricultura moderna. Portanto, precisavam ser instruídos por agrônomos e outros especialistas.[188] O Comissariado da Agricultura se transformaria no maior do regime, com mais de 30 mil funcionários nos escritórios central e regionais, além de outros 40 mil trabalhando em silvicultura. Isso superava em muito até mesmo o Comissariado do Interior, ou seja, a polícia comum e a GPU combinadas, bem como o segundo maior — o Comissariado das Finanças.[189]

ILINKA, 9

A existência de um Comissariado das Finanças sob o regime comunista foi uma surpresa. Durante a guerra civil, o regime não havia recolhido nenhum imposto, financiando-se pelo confisco de grãos e outros bens e imprimindo dinheiro de papel.[190] A base monetária do país estava envolta em confusão. A população ainda usava *nikoláievski* (rublos da época de Nicolau II), *dúmskie* (rublos associados ao período da Duma) e *kérenki* (rublos do período de Kerenski e do Governo Provisório), que o próprio regime soviético imprimiu por um tempo sem a coroa sobre a águia de duas cabeças, bem como moeda estrangeira, que circulava ilegalmente e a taxas de câmbio cada vez mais altas.[191] Os brancos, nos territórios que controlavam, haviam aceitado *kérenki* impressos pelos soviéticos, mas não rublos soviéticos (*sovznáki*), nos quais os brancos carimbavam "dinheiro para idiotas".[192] A violenta inflação resultante fez da vodca o principal meio de troca e reserva de valor, à medida que o escambo tomava conta da economia. As coisas não eram tão ruins quanto na hiperinflação da Alemanha de Weimar, onde o dólar, que valia sessenta marcos em 1921, explodiu para 4,2 trilhões dois anos depois, mas um importante economista da época tsarista estimou que, entre 1914 e 1923, o rublo se desvalorizou em 50 milhões de vezes.[193] Alguns fanáticos bolcheviques afirmavam que a hiperinflação constituía uma forma de luta de classes e um deles chamou as impressoras de "metralhadoras do Comissariado das Finanças". Os ideólogos também asseveravam que o "fim do dinheiro" marcava um avanço nos estágios de civilização em direção ao comunismo.[194] Em 1924, porém, a moeda soviética seria estabilizada e a economia remonetizada, uma virada impressionante dos eventos alcançada por um Comissariado das Finanças reconstruído.

O Comissariado das Finanças ocupou as grandiosas instalações da agência em Moscou do expropriado Banco Internacional de São Petersburgo, na rua Ilinka, 9. O nome da rua vinha do antigo mosteiro de Ilia (Elias), o Profeta, mas ela estava cheia de galerias comerciais, bancos e casas de câmbio, e havia servido como o centro financeiro da Moscou pré-revolucionária, dentro do bairro comercial murado conhecido como Kitai-gorod. Também se situava na Ilinka o Comissariado do Comércio Exterior (no número 14) e a Inspetoria dos Operários e Camponeses, que Stálin havia fundido com a Comissão de Controle Central do Partido (número 21), à qual muitos comunistas foram convocados para serem disciplinados. O Exército Vermelho, além de seu principal complexo na Známenka, havia tomado uma segunda estrutura para a sua administração política no número 2 da Ilinka, as antigas Galerias Comerciais Médias de atacado, bem perto da Praça Vermelha, onde publicaria seu jornal *Estrela Vermelha*. A Ilinka ligava a Praça Velha à Praça Vermelha e era a rua que Stálin percorria a pé todos os dias para ir e voltar do trabalho, junto com seus camaradas de partido que também moravam em apartamentos do Kremlin. Sem as conquistas macroeconômicas de Ilinka, 9, Stálin não teria gozado da estabilidade que não só resgatou o regime soviético, como lhe permitiu concentrar-se na construção de sua ditadura pessoal. O comissário das Finanças era Grigóri Sokólnikov (nascido em 1888), que substituiu o infeliz Nikolai Krestínski em 1922, não muito tempo depois que Stálin ocupou sua antiga posição no topo do aparato do partido.

Sokólnikov tinha uma fantástica biografia revolucionária.[195] Crescera no privilégio burguês de uma família judaica de Moscou: seu pai era médico e dono de um sobrado onde a família ocupava oito dependências no piso superior e mantinha uma farmácia lucrativa no térreo. Grigóri era o filho mais velho e teve governantas alemãs e francesas, frequentou um ginásio clássico no bairro de Arbat (com Nikolai Bukhárin e Boris Pasternak) e filiou-se aos bolcheviques de Moscou em 1905 (talvez tenha derivado seu *nom de révolution* do distrito de Sokólniki da cidade). Acabou na Sibéria, depois no exílio estrangeiro, onde concluiu o doutorado em economia na Sorbonne. Sokólnikov retornou à Rússia no trem fechado de Lênin e, em julho de 1917, foi eleito para o pequeno Comitê Central bolchevique, trabalhou em estreita colaboração com Stálin como um dos principais redatores da imprensa do partido e participou das principais decisões a favor de um golpe de Estado, que ajudou a concretizar.[196] Depois, supervisionou a estatização dos bancos.[197] Aos 29 anos de idade, substituiu Trótski na chefia da delegação a Brest-Litovsk e assinou o tratado.[198] Durante a guerra civil, apesar de carecer de treinamento militar formal, não serviu como comissário político, mas como comandante, ganhando uma Ordem da Bandeira Vermelha.[199] Em 1920, Stálin pediu que Sokólnikov fosse despachado para onde ele estava, na frente sul contra os poloneses.[200] Em vez disso, encarregaram-no do reconquistado Turquestão, onde, como vimos, organizou uma contrainsurgência e introduziu o imposto em espécie da NPE antes que este fosse introduzido no país como um todo, legalizou mercados privados e realizou uma reforma monetária.[201] Em Moscou, após uma cirurgia na Alemanha (ele tinha uma doença hepática, entre outros males), Sokólnikov contou com uma equipe de profissionais pré-revolucionários das finanças, forçou uma restauração do Banco do Estado e impediu a deportação do professor Leonid Iuróvski, que encabeçou a criação de uma nova moeda chamada tchervonets, um rublo "duro" de emissão limitada e lastreado em barras de ouro e reservas estrangeiras.[202] Além disso, suplementou os tchervonets com moedas de ouro cunhadas com um retrato do assassinado Nicolau II.

Sokólnikov conseguiu realizar suas reformas macroeconômicas contra a resistência e incompreensão generalizada do partido.[203] As reservas em divisas e ouro tinham sido essencialmente esgotadas para financiar as importações emergenciais de grãos, mas a boa colheita de 1922 possibilitou a retomada das exportações, que por sua vez levaram à reconstrução das reservas em ouro, de 15 milhões de rublos em janeiro de 1923 para 150 milhões um ano depois, e permitiram a decolagem dos tchervonets.[204] Os rublos soviéticos comuns (*sovznáki*) foram submetidos a três crises de substituição em níveis severamente depreciados, enquanto os tchervonets passavam a responder por cerca de 80% da moeda em circulação.[205] Sokólnikov impôs também disciplina ao balanço de pagamentos, e, em 1924, os soviéticos teriam um superávit comercial.[206] Ele supervisionou a introdução de um sistema regular de orçamento, com receitas de direitos aduaneiros, transportes e, principalmente, da tributação direta (o imposto agrícola em espécie, um imposto de renda), mas também novos impostos especiais de consumo sobre itens comuns, como fósforos, velas, tabaco, vinho, café, açúcar e sal. O imposto sobre o sal fora abolido em 1881, fazendo com que seu renascimento por Sokólnikov fosse extraordinário. Em 1923, o regime também reintroduziu o monopólio das vendas de vodca (o ridicularizado "orçamento bêbado" dos tsares), obtendo receitas significativas.[207] A GPU solapou o trabalho de Sokólnikov — o Politbiuró aprovou a proposta de Dzierżyński de expulsar todos os "especuladores", incluindo cambistas, de Moscou e outras grandes cidades —, mas Sokólnikov resistiu.[208] "Quanto mais financiamento seus agentes recebem", Sokólnikov teria dito a Dzierżyński, "mais casos fabricados haverá."[209] O lobby industrial também combateu Sokólnikov com unhas e dentes, alegando que o dinheiro apertado estava estrangulando a indústria soviética.[210] Mas Sokólnikov não deu trégua, insultando-os ao declarar que "a impressão de dinheiro é o ópio da economia".[211] Em 1924, o articulista Mikhail Lúrie, conhecido como Iúri Lárin, acusou o Comissariado das Finanças de estar impondo sua própria "ditadura".[212] Com efeito, Sokólnikov ajudou Stálin a aprender macroeconomia, a relação entre a oferta de moeda, inflação, balança de pagamentos e taxas de câmbio. Stálin o apoiou.[213]

"SOB A ASA DE STÁLIN"

O poder de Stálin decorria da atenção aos detalhes, mas também às pessoas, e não apenas qualquer pessoa, mas muitas vezes pessoas novas. A Sociedade dos Velhos Bolcheviques foi criada em 28 de janeiro de 1922 e Stálin discursou em sua reunião inaugural.[214] Os membros precisavam ter entrado para o partido antes de 1905 e esperavam o reconhecimento do esforço e do exílio sob o tsarismo e de sua antiguidade. Mas, embora o regime tivesse decidido reservar os postos de secretário provincial do partido para quem tivesse se filiado pelo menos antes da Revolução de Fevereiro, na prática, essa diretriz foi desrespeitada. Os bolcheviques antigos estavam proporcionalmente representados até demais na administração, mas com preponderância de cargos de nível inferior, com exceção do Politbiuró.[215] Esses velhos militantes, sobretudo aqueles que haviam passado pela emigração europeia, muitas vezes olhavam com desconfiança para os novos membros, considerados simplórios toscos, mas estes, por sua vez, viam os velhos bolcheviques como suspeitamente burgueses. Ambos os grupos haviam passado pela mesma experiência de guerra civil, e os mais jovens saíram dela confiantes de que não precisavam saber várias línguas estrangeiras ou ter educação universitária para fazer as coisas. Stálin, embora fosse evidentemente um velho bolchevique, favorecia os novatos. Muitos vinham do meio operário ou camponês, mas nem todos.[216] Em 1921, um quarto dos membros do partido *admitiu* ter origens de colarinho-branco. Porém, entre eles não predominavam os que haviam servido às instituições tsaristas: muitos eram produto da Revolução de Fevereiro, tendo entrado em vários órgãos do Governo Provisório. Depois de outubro, enxertaram-se no novo regime.[217] "A nova elite política não era predominantemente de origem proletária", observou um estudioso. "Era, no entanto, predominantemente plebeia."[218] A Revolução foi levada a cabo pelos que tinham educação parcial, que, com frequência, continuavam a estudar à noite, depois de longas horas no trabalho.[219] Stálin identificava-se com eles: eram versões mais jovens dele mesmo. Todavia, as pessoas mais próximas a ele apresentavam uma mistura eclética.

O mais importante era Viatcheslav Scriabin (nascido em 1890), mais conhecido como Mólotov, "o Martelo", talvez o primeiro apparatchik puro do regime (Krestínski havia sido concomitantemente secretário do partido e comissário das Finanças). Filho de um balconista de loja, Scriabin conseguiu se inscrever no Instituto Politécnico de São Petersburgo, mas entrou para o partido e tornou-se editor do *Pravda* quando o jornal teve uma breve vida legal. Em 1915, adotou seu pseudônimo partidário, tendo explicado mais tarde que "Mólotov" era mais fácil de pronunciar do que "Scr-ia-bin" para alguém que como ele gaguejava, e que "Martelo" soava proletário, industrial e poderia impressionar os operários que não amavam muito os membros intelectuais do partido.[220] (Como Lênin, Mólotov preferia um terno e gravata burgueses.) Tal como Stálin, Mólotov havia passado algum tempo no exílio pré-revolucionário em Vologda, onde ganhou seu sustento tocando violino em um restaurante para entreter comerciantes bêbados. Ele e Stálin talvez tenham se encontrado pela primeira vez em São Petersburgo, em 1912, na casa de um dentista que era também um esconderijo.[221] Por duas vezes, Stálin o deixou para trás — em 1917, no *Pravda*, e em 1922, na secretaria do partido —, e Mólotov poderia ter nutrido rancor e tramado para derrubá-lo. Em vez disso, aderiu ao georgiano, cedendo aos desejos de Lênin e aos onze anos de senioridade de Stálin. Trótski zombava dele como a "personificação da mediocridade", mas Lênin, pretendendo fazer um elogio, chamou seu protegido de "o melhor arquivista da Rússia".[222] Boris Bajánov, que trabalhou no aparato no início da década de 1920, também ficou impressionado. "É um burocrata muito consciencioso, não brilhante, mas extremamente trabalhador", escreveu. "É calmo, reservado. [...] Com todos que se aproximam dele, é correto, uma pessoa totalmente acessível, sem grosseria, sem arrogância, sem sede de sangue, sem se esforçar para humilhar ou esmagar alguém."[223] As palavras de Bajánov dizem tanto sobre a cultura política bolchevique quanto sobre Mólotov.

Valerian Kúibichev (nascido em 1888), russo nativo da Sibéria, era de uma família militar hereditária. Estudou na Escola de Cadetes Omsk, depois se mudou para a capital a fim de entrar na Academia Militar de Medicina, mas em 1906 foi expulso por atividade política e fugiu da provável prisão. Conseguiu entrar na faculdade de direito da Universidade de Tomsk, mas abandonou-a um ano mais tarde, entrou na clandestinidade bolchevique e foi preso e exilado várias vezes, inclusive para Narim (a partir de 1910) e Turukhansk (a partir de 1915), locais onde Stálin também estivera exilado. Kúibichev era músico experiente como Mólotov e poeta como Stálin. Participou do golpe de Estado bolchevique de 1917, na cidade de Samara, junto ao Volga, serviu na frente sul durante a guerra civil e depois teve um papel de comando na reconquista do Turquestão. Não sabemos em que exato momento ele chamou a atenção de Stálin. O georgiano fez dele membro pleno do Comitê Central e secretário do Comitê Central em 1922. No final de 1923, nomeou-o chefe da Comissão Central de Controle do partido, que fora criada para ser uma corte neutra de recursos, mas que, sob Stálin, se tornou um porrete para punir membros do partido.[224] Kúibichev perseguiu cruelmente a resistência local, percebida e real, as diretivas centrais, e alinhou funcionários atrás de Stálin nas regiões e no centro.[225] Trótski chamou-o de "o principal infrator e corruptor dos estatutos e da moral do partido".[226] Sua lealdade a Stálin era absoluta.[227] Kúibichev também parece ter desempenhado um papel na vinda para Moscou de outro funcionário indispensável da facção de Stálin: Lázar Kaganóvitch.

Kaganóvitch (nascido em 1893) vinha de uma aldeia da Zona de Assentamento tsarista dos judeus, perto da pequena cidade de Tchernóbil, e personificava a coorte plebeia bruta. Seu pai era um trabalhador rural e fabril sem instrução; sua mãe dera à luz treze filhos, seis dos quais sobreviveram. Lázar falava russo e ucraniano, com algumas noções de iídiche, e frequentou brevemente uma *heder* [escola elementar] ligada a uma sinagoga. Mas sua família não tinha condições de educá-lo e ele foi aprendiz de um ferreiro local, depois se mudou para Kiev e se juntou a um de seus irmãos num ferro-velho. Aos catorze anos, Kaganóvitch começou a trabalhar numa fábrica de sapatos — o que Stálin poderia ter feito se tivesse menos opções em Góri e Tíflis. Em 1912, se filiou ao partido em Kiev, lutou na Grande Guerra e, após o golpe bolchevique, em janeiro de 1918, com 24 anos de idade, foi para Petrogrado como delegado bolchevique à Assembleia Constituinte.[228] Durante a guerra civil, atuou em Níjni Nóvgorod e Vorónej, onde predominava o pessoal de Trótski. Mas, durante a controvérsia sobre os sindicatos, Kaganóvitch, então sindicalista, ficou do lado de Lênin contra Trótski. Apenas dois meses depois de Stálin se tornar secretário-geral, foi contratado para o aparato central e encarregado do Departamento de Organização e Instrução, que logo absorveu o Departamento de Registros e Designação, onde supervisionaria o sistema da nomenklatura. A ligação de Kaganóvitch ao carismático Trótski pode ter se prolongado para além da guerra civil (de acordo com um assessor no aparato, Kaganóvitch "por um tempo bastante longo tentou se parecer com Trótski. Mais tarde, todos queriam copiar Stálin").[229] Mas ele logo enfureceria Trótski com ataques fulminantes ad hominem. Era indiscutivelmente proletário e, como Stálin, desconfiava dos intelectuais e "especialistas burgueses".[230] Kaganóvitch era um belo orador e líder natural, com imensa energia e força organizacional. "Ele é um companheiro alegre, nada tolo, jovem e enérgico", escreveu Bajánov.[231] Em 1924, Stálin fez dele secretário do Comitê Central.[232]

A facção de Stálin tinha tentáculos em todo o país. Ele escolheu vários fiéis unidos pelo serviço comum, anterior ou atual, na Ucrânia, a República-chave depois da Rússia. Outras figuras em torno dele vieram do Cáucaso: o georgiano Sergo Ordjonikidze (nascido em 1886), chefe do partido na Geórgia; o russo Serguei Kírov (nascido em 1886), chefe do partido no Azerbaijão; e o armênio Anastas Mikoian (nascido em 1895), chefe do partido no Cáucaso Norte. Outra figura que acabou próxima do ditador foi Mikhail Kalínin (nascido em 1875), três anos mais velho do que Stálin, e que também passara um tempo no Cáucaso durante os anos de cladestinidade.[233] Stálin fez com que seu fiel colaborador durante a guerra civil, Klim Vorochílov, fosse nomeado chefe do Distrito Militar do Cáucaso Norte (1921-4); ele acabou sendo o único membro do "clã" de Tsarítsin a permanecer próximo de Stálin.[234] Outras figuras da época da guerra civil na frente sul, sobretudo aquelas associadas à Cavalaria do 1º Exército, veriam sua sorte crescer com Stálin, entre elas o comandante da Cavalaria Semion Budióni, bem como Aleksandr Egórov. Mas, no início de 1920, Mólotov, Kúibichev e Kaganóvitch constituíam o núcleo íntimo do clã político de Stálin. Os observadores começaram a dizer que esses homens caminhavam "sob a asa de Stálin" (*khodit pod Stalinim*).[235]

A equipe de assessores de Stálin era altamente capaz. O armênio Amaiak Nazaretian era filho de comerciante, estudara (mas não se formara) na faculdade de direito da Universidade de São Petersburgo e era considerado "um homem muito culto, inteligente, bem-intencionado e bem equilibrado", assim como um dos poucos que, como Vorochílov e Ordjonikidze, se dirigiam a Stálin com o familiar "tu" (*ti*).[236] Ele contava também com Ivan Tovstukha (nascido em 1889), que estudara no exterior e parecia

465

uma espécie de professor; quando refugiado em Paris, dera palestras sobre arte para um grupo de bolcheviques no Museu do Louvre. (De acordo com Bajánov, Stálin teria dito a ele: "Minha mãe tinha um bode que se parecia exatamente com você, só que não usava pincenê".)[237] Após a revolução, Tovstukha trabalhou para Stálin no Comissaria-do das Nacionalidades, e, em 1922, imediatamente após se tornar secretário-geral, Stálin o levou para o aparato partidário. Conhecido por ser taciturno, Tovstukha sofria de tuberculose e tinha apenas um pulmão, mas logo substituiria Nazaretian como alto assessor de Stálin.[238] O georgiano também trouxe o nativo de Odessa Liev Mekhlis (nascido em 1889), filho de um oficial tsarista de baixa patente e membro pré-re-volucionário do partido Poaley Syjon. Mekhlis vinha da Inspetoria dos Operários e Camponeses, que Stálin supostamente dirigia; lá, havia supervisionado reduções do número de funcionários do Estado e de despesas, especialmente em dinheiro, e lutara contra as fraudes, gabando-se num questionário de 1922 de como havia "endireitado o aparato [do Estado]".[239] Mudou-se para a Casa dos Sovietes nº 1 (na Granóvski), um grau abaixo de um apartamento no Kremlin. Era severo e antissocial. "As conversas entre ele e seus subordinados eram assim: 'Faça o seguinte. Está claro? Dispensado'. Meio minuto", relembrou o burocrata Balachov. Enquanto se dirigia a Tovstukha de forma respeitosa, Stálin tendia a ser abrupto com Mekhlis. "Stálin poderia dizer, por exemplo, 'Mekhlis, fósforos!' ou 'lápis!'", observou Balachov. "Não com Tovstukha. [Stálin] era muito respeitoso para com ele, o ouvia. [Tovstukha] era uma pessoa reser-vada, seca, falava pouco, mas era muito inteligente. Era um bom líder." Mas, embora "Mekhlis tivesse uma personalidade difícil", concluiu Balachov, "Stálin o valorizava por essas qualidades, acreditando que ele cumpriria qualquer tarefa, qualquer que fosse o custo".[240]

Inúmeras pessoas novas entraram no círculo de Stálin nesses primeiros anos. Al-guns ficariam pelo caminho, enquanto outros fariam carreiras notáveis, como Gueórgi Malenkov (1902-88), filho de um funcionário da ferrovia, de origem macedônia, que havia estudado num ginásio clássico e depois na Escola Técnica de Moscou, e Serguei Sirtsov (nascido em 1893), que vinha da Ucrânia, entrara no partido na Politécnica de São Petersburgo (a qual não terminou) e atuara como comissário político durante a guerra civil, responsável pela deportação forçada de cossacos. Sirtsov também partici-pou, como delegado do X Congresso do Partido, da repressão a Kronstadt em 1921, e foi nomeado chefe de pessoal do aparato do Comitê Central no mesmo ano, antes de ser transferido para chefiar a agitação e propaganda em 1924.[241] Entre os apparatchiks de Stálin estavam Stanisław Kossior (nascido em 1889), designado pelo secretário--geral para chefiar o partido em toda a Sibéria, Andrei Jdánov (nascido em 1896), que ficou com a província de Níjni Nóvgorod, e Andrei Andreiev (nascido em 1895), que Stálin manteve no aparato central como secretário do Comitê Central. Esses e outros exemplos mostram que Stálin não promovia somente os de baixa instrução. Isso se aplica especialmente a Sokólnikov, um mestre da língua russa, bem como de seis línguas estrangeiras, músico consumado, que era um verdadeiro *intelligent*, o oposto de Kaganóvitch (que havia trabalhado sob o comando de Sokólnikov no Turquestão).[242] Mas Sokólnikov, não menos que Kaganóvitch, era um organizador extremamente eficaz.[243] Ele ajudou a transformar a NPE de Lênin de slogan em realidade, e, no entanto, Lênin o menosprezava.[244] Stálin, porém, era atencioso. É certo que Sokólnikov morava fora do Kremlin (ele e sua jovem terceira esposa, uma escritora, tinham um apartamento no complexo de elite secundário na Granóvski), mas, em 1924, Stálin o promoveria a membro candidato do Politbiuró.

EM BUSCA DE ALAVANCAGEM

Muitas nomeações não foram feitas por Stálin. Gueórgi Tchitchérin (nascido em 1872), por exemplo, um aristocrata e parente distante de Aleksandr Púchkin, foi nomeado por Lênin.[245] Tchitchérin, e não Stálin, era o notívago original do regime: ele morava em um apartamento ao lado do seu escritório, na Ponte do Ferreiro, 15, e trabalhava até altas horas da madrugada, sendo conhecido por telefonar a subordinados às quatro ou cinco da manhã para solicitar informações ou transmitir ordens. (Para relaxar, tocava Mozart no piano.) Para alavancagem, Stálin buscou o principal adjunto de Tchitchérin, Maksim Litvínov (nascido em 1876), que, apesar de pertencer a uma família rica de banqueiros de Białystok, por ser judeu teve recusada sua admissão ao ginásio e depois à universidade.[246] Litvínov nunca engoliu o fato de Tchitchérin, que se tornara bolchevique somente em janeiro de 1918, ser nomeado comissário das Relações Exteriores, em vez dele mesmo, que era membro original dos sociais-democratas russos desde 1898 (os dois estavam em Londres quando chegou a convocação para Tchitchérin).[247] Lênin disse a Litvínov que ele era um "militante do partido" indispensável no comissariado, e ele contava com uma certa confiança, baseada em seu serviço de longa data ao partido.[248] Mas também era visto como suspeitoso e desconfiado, maquinando para se promover, dado a fazer pose, mas sofrendo de complexo de inferioridade, ansioso por ser amado, manipulador.[249] Seu antagonismo com Tchitchérin tornou-se lendário. "Não se passa um mês sem que eu receba um bilhete marcado com a indicação 'estritamente confidencial, apenas para membros do Politbiuró' de um ou outro", escreveu o funcionário íntimo do poder Bajánov. "Nesses bilhetes, Tchitchérin reclamava que Litvínov era podre, ignorante, um criminoso bruto e grosseiro a quem jamais deveriam ter dado deveres diplomáticos. Litvínov escrevia que Tchitchérin era homossexual, idiota, maníaco, um indivíduo anormal."[250]

O Politbiuró ordenou que Tchitchérin levasse Litvínov às suas sessões sobre temas ocidentais, e, para contrabalançar, Tchitchérin promoveu Liev Karakhanian, conhecido como Karakhan (1889-1937), um armênio nascido em Tíflis, a seu vice para o Oriente.[251] Karakhan pertencera ao grupo de internacionalistas de Trótski, tendo entrado com ele no partido bolchevique no verão de 1917; inicialmente, Stálin quis substituir o armênio, insistindo que o regime precisava de um muçulmano mais favorável aos povos orientais. Logo, porém, a correspondência de Stálin com Karakhan se tornaria obsequiosa. ("Como está a sua saúde e como tem se sentido? Você deve sentir falta [da URSS]. [...] Não acredite nos diplomatas japoneses nem por um segundo; o povo mais traiçoeiro. [...] Minha reverência a sua esposa. Saudações. I. Stálin. P.S. Até agora estou vivo e saudável. [...]"). Karakhan respondia no mesmo tom ("Aperto sua mão. Com cordiais saudações. Do seu L. Karakhan"). Parece que Karakhan conseguiu cair nas graças de Stálin, que, por sua vez, estava à procura de uma pessoa de sua confiança dentro do comissariado. Mas Litvínov também concorria a essa função imitando gritantemente as ideias de Stálin.[252] Essa dinâmica podia ser vista em todo o sistema soviético — Stálin procurando animosidades pessoais para manipular em seu favor; funcionários apelando para o favor dele contra rivais políticos.

ARMA SECRETA

Três homens compunham o núcleo interno da Tcheká-GPU, e cada um deles desenvolveu relações estreitas com Stálin. Primeiro foi Dzierżyński, que nascera em 1877 perto de Minsk, na fronteira entre Lituânia e Bielorrússia, sendo um dos oito filhos de uma família de latifundiários da nobreza polonesa. Ele ficou órfão e estudou fervorosamente para o sacerdócio católico.[253] "Deus está no meu coração!", consta ter dito ao irmão mais velho. "E se eu alguma vez chegasse à conclusão, como você, de que Deus não existe, me mataria. Eu não poderia viver sem Deus."[254] Na escola, se converteu ao marxismo, foi expulso dois meses antes da formatura do ginásio de Wilno e, em suas próprias palavras, tornou-se "um agitador de sucesso", que "conseguia se comunicar com as massas totalmente intocadas, em reuniões sociais, tabernas, e onde quer que os trabalhadores se reunissem".[255] Mas acabou passando um total de onze anos em prisões tsaristas, em exílio interno e nas colônias penais de trabalhos forçados, e ficou tuberculoso.[256] "Seus olhos pareciam banhados em lágrimas de tristeza eterna, mas sua boca sorria com uma bondade indulgente", observou a escultora britânica Clare Sheridan, que fez um busto dele em 1920. (Dzierżyński lhe disse que "se aprende paciência e calma na prisão".)[257] Tinha certa vulnerabilidade política, por ter se unido aos bolcheviques somente em abril de 1917 e, depois, se oposto a Lênin em relação ao Tratado de

Brest-Litovsk (1918) e aos sindicatos (1921), mas foi aplaudido como o carrasco dos contrarrevolucionários e por viver como um asceta revolucionário, dormindo em seu escritório sem aquecimento numa cama de ferro, subsistindo a chá e cascas de pão.[258] Respondia a Lênin pessoalmente, e, depois que o líder ficou incapacitado, aproximou-se ainda mais de Stálin. O georgiano não era nem ameaçado por Dzierżyński nem totalmente dependente dele para favores da polícia secreta.

Wiaczesław Mężyński, outro polonês, tornara-se o primeiro vice de Dzierżyński, e, como seu chefe era ao mesmo tempo comissário das Ferrovias (e, a partir de 1924, seria também presidente do Conselho Supremo da Economia), era ele que dirigia a polícia secreta. Natural de São Petersburgo, filho de um aristocrata e professor polonês que se convertera à ortodoxia oriental, graduou-se pela faculdade de direito de São Petersburgo. Fez parte dos exilados na Europa por onze anos, trabalhando como caixa de banco (em Paris) ou lecionando numa escola bolchevique (em Bolonha), enquanto pintava quadros e publicava sonetos. Em 1917, em Smólni, consta que tocava valsas de Chopin no piano de cauda da antiga escola de aperfeiçoamento de meninas e tinha a aparência de um banqueiro ou dândi, com seu terno de três peças. Depois de seu breve período como primeiro comissário das Finanças e alguns trabalhos diplomáticos — Mężyński conhecia uma dúzia de línguas —, Dzierżyński o promoveu na Tcheká, considerando-o infalível em instintos operacionais.[259] Os dois moravam no Kremlin e tinham datchas perto um do outro, em Arkhaneglskoe (Górki-6). Abundavam lendas sobre ele: que conduzia os interrogatórios deitado em um sofá coberto de sedas chinesas, tingia os dedos e as unhas do pé de vermelho, usava pincenê de armação de ouro e se casara com uma antiga governanta da família Nobel (ela o deixara e levara os filhos). Lênin o chamava de "meu neurótico decadente".[260] De fato, Mężyński recebia pessoas deitado em um sofá. Um acidente de automóvel em Paris danificara severamente sua audição e os nervos, provocando uma osteoartrite da coluna vertebral. Além disso, havia contraído escarlatina e difteria na juventude, tifo aos 28 anos, e sofria de angina aguda, arteriosclerose, cardiomegalia, enxaquecas, arritmia respiratória e infecção renal. Tinha 1,75 metro de altura, mas pesava mais de noventa quilos, fumava cinquenta a 75 cigarros por dia e não conseguia mais do que cinco horas de sono devido à insônia.[261] Embora Mężyński tivesse advertido Trótski durante a guerra civil sobre as incessantes intrigas de Stálin pelas suas costas, os dois, ambos ex-poetas, se deram bem. De qualquer modo, a profusão de doenças de Mężyński o tornava pouco ameaçador, ao mesmo tempo que possibilitava que Stálin o deixasse de lado.

O funcionário mais relevante da polícia secreta para Stálin era Jenokhom Jehuda, mais conhecido como Guenrikh Iagoda, que se pronunciava Iagóda, embora Stálin o chamasse insolentemente de Iágoda (baga). (Maksim Górki o chamaria de "pequena baga" [*iágodka*]). Iagoda nascera em 1891, na província de Iaroslavl, e era um dos oito filhos de uma família judeu-polonesa, mas no ano seguinte sua família se estabeleceu em Níjni Nóvgorod; seu pai era joalheiro, sua mãe, filha de relojoeiro. O pai de Iagoda era primo do pai de Iákov Svérdlov. O jovem Iagoda estudou no ginásio, onde aprendeu alemão e estatística, mas em 1907 tornou-se ativo na política revolucionária, principalmente como anarquista. Uma de suas irmãs era anarquista e aprendiz de farmacêutica, e ele foi aprendiz de farmácia por seis meses, em 1912; em maio do mesmo ano, foi preso em Moscou, aparentemente por roubo e tráfico de bens roubados, inclusive armas e dinamite. Iagoda também foi aprendiz de gravador do pai de Svérdlov, e corriam rumores de que teria roubado todas as suas ferramentas, se estabelecido por conta própria, fracassado, voltado e pedido desculpas, para depois fazer tudo isso de novo. Na Grande Guerra, foi recrutado (um de seus irmãos foi executado por se recusar a servir), e, em 1915, casou-se com uma sobrinha de Svérdlov, que proporcionou sua futura entrada no regime: ele se tornou chefe da diretoria de negócios da Tcheká em novembro de 1919, embora sua autobiografia no partido ressaltasse suas façanhas militares "em quase todas as frentes", com "as funções mais variadas, até atirar".[262] No final de 1920, Iagoda ganhou o direito de assinar diretivas na ausência de Dzierżyński. Em setembro de 1923, tornou-se segundo vice-presidente da GPU, preenchendo o vácuo criado pelas múltiplas responsabilidades de Dzierżyński e pelas doenças de Mężyński. Iagoda, que não dominava línguas estrangeiras, deixou sua marca na gestão econômica e na intriga.[263] Seus relatórios diretos para Stálin datam do verão e outono de 1922, uma circunstância que reflete a nova posição de Stálin como secretário-geral, mas também seu cultivo dos agentes da polícia.[264]

Iagoda tornou-se a arma secreta de Stálin, mas o ditador não se arriscava e cultivava a amizade de inimigos de Iagoda dentro da polícia secreta. Era o caso de Artur Fraucci (1891-1937), natural da província de Tver, filho de um queijeiro italiano da Suíça e de uma letã-estoniana, fluente em alemão e francês, medalha de ouro no ginásio e formado pela Politécnica de São Petersburgo. Fraucci ia com frequência à ópera para ouvir o baixo Fiódor Tchaliapin, e ele mesmo cantava, tocava piano e desenhava. Entrou para a Tcheká graças a conexões (uma das irmãs de sua mãe casara-se com Mikhail Kédrov), mudou seu nome para Artur Artúzov (mais fácil para ouvidos russos), e, em julho de 1922, ganhou o comando da contraespionagem.[265] Na sede da rua Lubianka, ocorriam brigas frequentes entre clãs rivais da Tcheká, tanto quanto contra os "contras" (contrarrevolucionários), e Artúzov e sua equipe profissional desdenhavam de Iagoda e sua gente por sua limitada competência na contraespionagem. (Esqueçamos que a inteligência polonesa, que conhecia o pessoal soviético e os métodos policiais russo-soviéticos intimamente, tinha se infiltrado na inteligência soviética.)[266] Além de Artúzov, Stálin tinha uma relação estreita com Józef Unszlicht, que dirigiria a inteligência militar.

Iagoda também tornou mais fácil para Stálin controlá-lo devido a seu alto padrão de vida e atividades comprometedoras. Ele queixava-se ao asceta Dzierżyński que os policiais "não tinham dinheiro ou crédito, alimentos e uniformes, carecem das coisas mais necessárias", o que levava a "desmoralização, recebimento de propina e outras flores que desabrocham luxuriantes neste solo". Em Karelia, observou ele, faltava até mesmo papel para escrever sobre a falta de tudo.[267] Mas o próprio Iagoda passou a residir no edifício de elite da Ponte do Ferreiro, que reconstruíra à custa do Estado, adquiriu uma imensa datcha, e convocava reuniões da GPU movidas a crepes e caviar e regadas a vodca em apartamentos privados. Também montou um círculo de personagens suspeitos. Em um dos casos, mais de duzentas garrafas de conhaque e rum confiscados desapareceram quando estavam sob os cuidados de um dos "cobradores" de Iagoda.[268] Um assecla ainda mais notório, Aleksandr "Sacha" Lúrie, negociava no exterior objetos de valor "confiscados" em troca de moeda forte, nominalmente em nome da GPU, dava a Iagoda uma participação em seu negócio de diamantes e obtinha vinhos finos estrangeiros e vibradores. Iagoda adquiriu o odor fétido de um *commerçant*, e seu chefe supremo, Stálin, podia acompanhar de perto as maquinações suspeitas graças a gente como Lúrie — era a garantia do ditador.

"A QUESTÃO DIZ RESPEITO À LIDERANÇA"

O que nos traz ao ponto focal do regime, o próprio ditador. O caráter de Stálin se tornaria um fator central na história mundial e, por isso, estaria presente em todas as avaliações. Um estudioso observou que uma "política de emergência permanente" gerada por guerra, revolução e guerra civil resultou bastante apropriada às qualidades pessoais de Stálin. Isso é verdade, mas aplicável à grande maioria dos bolcheviques.[269] Um "insight" retrospectivo sobre o caráter de Stálin pode ser profundamente enganador. Ele se identificava com a maioria dos principais revolucionários: em 1920, no espaço reservado à "profissão" de um questionário do partido, escreveu "publicista [*publitsist*]".[270] Lênin, em um questionário partidário semelhante do ano anterior, escrevera "homem de letras" [*literator*]; Trótski, quando admitido na Sociedade dos Ex-Presos Políticos, apontou como profissão "escritor revolucionário".[271] (Obviamente, redação e edição estavam entre as poucas atividades legais para os revolucionários na Rússia tsarista.) Mas, embora sentisse orgulho de sua imersão nas tradições da intelectualidade marxista e russa, Stálin era também um autodenominado *praktik*: um profissional, um fazedor, o mais próximo que um revolucionário proletário podia chegar de assumir uma identidade de proletário. Dito isso, Stálin sempre voltava à pedra de toque dos escritos de Lênin. O fato fundamental a respeito dele era que via o mundo através do marxismo.

É provável que a caracterização mais difundida de Stálin, especialmente entre os intelectuais, seja aquela que lhe atribuía um complexo de inferioridade. "Em virtude de sua enorme inveja e ambição", afirmaria Trótski, "Stálin não podia evitar o sentimento constante de sua inferioridade intelectual e moral."[272] Trótski reuniria todos os boatos e indícios que mostravam a inferioridade de Stálin. "Estou fazendo tudo o que ele me pediu para fazer, mas não é o suficiente para ele", disse Ábel Ienukidze, de acordo com Leonid Serebriakov, que disse a Trótski: "Ele quer que eu admita que ele é um gênio".[273] Mas subsistem dúvidas sobre a compreensão que Trótski tinha de Stálin. Os dois não conviviam. "Nunca fui ao apartamento de Stálin", admitiu Trótski, o que, no entanto, não o impediu de afirmar que entendia Stálin.[274] Sem dúvida, Stálin possuía a ambição ardente de ser alguém importante e, com efeito, trabalhou incansavelmente para isso. Assinava um número considerável de periódicos e, em breve, instruiria Tovstukha a organizar sua enorme biblioteca de acordo com matérias: filosofia, psicologia, sociologia, economia política, história da Rússia, história de outros países, diplomacia, assuntos militares, literatura, crítica literária, memórias. Isso não era para exibição, mas para trabalho.[275]

As afirmações relativas ao sentimento de inferioridade de Stálin revelam, no mínimo, outro tanto sobre o sentimento de superioridade dos outros — e não apenas no caso de Trótski. Considere-se Boris Bajánov, que possuía formação universitária e uma imagem elevada de si mesmo, e que, depois de ter emigrado, menosprezaria a inteligência de Stálin, observando que, "com muita frequência, ele não sabia o que fazer ou como fazê-lo, mas não o revelava. Muitas vezes eu o vi hesitar, preferindo acompanhar os acontecimentos em vez de encaminhá-los". Supostamente esse comportamento demonstrava que Stálin era ignorante, sem cultura, de pouca leitura.[276] E, no entanto, numa entrevista, Bajánov acabou lançando uma luz positiva sobre as inclinações circunspectas de Stálin: "Stálin tinha o muito bom senso de nunca dizer nada antes que todos os outros desenvolvessem seus argumentos por completo. Ficava observando o andamento da discussão. Quando todos já haviam falado, ele dizia: Bem, camaradas, acho que a solução para o problema é tal e tal, e, então, repetia as conclusões para as quais a maioria se inclinava. E, com o tempo, passou-se a dizer de Stálin que [...] tinha uma espécie de sabedoria fundamental que o levava a propor as respostas certas para as perguntas difíceis".[277]

Episódios que mostram a mesquinhez de Stálin são muitos, mas dificilmente notáveis. Considere-se o seguinte: no final de 1920, Lênin talvez tenha feito ao seu inimigo intelectual Iúli Mártov um favor não intencional ao negar-lhe a reentrada na Rússia soviética depois que este participou de uma conferência na Alemanha, possibilitando assim que Mártov evitasse um julgamento futuro que se abateria sobre os mencheviques. Acontece que Mártov estava tuberculoso, e, dois anos mais tarde, Lênin pediu a

Stálin que fundos do partido fossem transferidos para pagar por seus cuidados médicos, em Berlim. Stálin, sem dúvida lembrando-se das acusações de banditismo feitas por Mártov em 1918, e que haviam resultado em um processo judicial por difamação, teria respondido a Lênin: "O quê, desperdiçar dinheiro com um inimigo da classe operária? Encontre outro secretário [do partido] para isso!".[278] Mártov morreu em 4 de abril de 1923; Ríkov compareceu ao funeral, em Berlim, em nome de Lênin. Mas isso dificilmente pode ser citado como prova do pendor especial de Stálin por vingança. Ele não estava sozinho em sua má vontade em relação a Mártov. Radek, que escreveu o obituário para o *Izvéstia*, descartou o menchevique como "o representante mais sincero e desinteressado da outrora revolucionária pequena burguesia".[279] Trótski não foi mais gentil, chamando Mártov de "o Hamlet do socialismo democrático".[280] Os críticos de direita de Mártov, entre eles os democratas constitucionais e seu próprio partido menchevique, acusaram-no corretamente de ter sido doutrinário e politicamente míope.[281] E Lênin, com exceção de Mártov, perseguiu não apenas a extirpação política, mas a extirpação física dos sociais-democratas mencheviques.

Stálin jogava com os favoritos, sendo caloroso com alguns, fazendo intrigas contra muitos. (Budióni, o comandante da cavalaria vermelha, relembrou que o georgiano levantava dúvidas em privado sobre esta ou aquela pessoa que ele havia designado.)[282] Mas no início da década de 1920, não há provas concretas de corrupção moral épica. Trótski contava a seguinte historieta, evidentemente de 1922, atribuída a Bukhárin: "Acabo de ver Koba. Sabe como ele passa o tempo? Tira seu filho de um ano de idade da cama, enche a boca com a fumaça do cachimbo e a sopra no rosto do bebê. 'Isso faz dele mais forte', diz Koba. [...] 'Isso é bárbaro', eu disse. Você não conhece Koba. Ele é assim, um pouco esquisito".[283] Essa história parece verdadeira, mas apenas depois seria vista de maneira mais sinistra. De acordo com um alto funcionário do Comissariado de Abastecimento Alimentar, Lênin lhe disse numa reunião, em 1921: "Quando olho nos seus olhos, você parece concordar comigo e dizer 'sim', mas eu dou as costas e você diz 'não'".[284] Se essa anedota fosse contada sobre Stálin, seria tomada como prova categórica de paranoia clínica.

Poucas pessoas entenderam Stálin no início. "Se estou satisfeito com o meu trabalho?", escreveu Amaiak Nazaretian a seu amigo íntimo Ordjonikidze (14 de junho de 1922), que estava em Tíflis. "Sim e não. Por um lado, passei por uma grande escola e curso de todos os assuntos russos e mundiais, estou passando por uma escola de disciplina, aprendendo a exatidão no trabalho, e, desse ponto de vista, estou satisfeito. Por outro lado, o trabalho é totalmente voltado para o papel, laborioso, subjetivamente pouco satisfatório, trabalho manual, que toma tanto tempo que é impossível espirrar e respirar, especialmente sob a mão de ferro de Koba." Nazaretian acrescentava que "não há muito a aprender com ele. Ao conhecê-lo bem de perto, desenvolvi respeito incomum por ele. Ele tem um caráter que só pode ser invejado. Não posso me ofender. Sua severidade é acompanhada de atenção pelo pessoal".[285] Nazaretian captou Stálin perfeitamente: tanto solícito como exigente, e, sobretudo, obstinadamente trabalhador. Isso não era tudo. "Ele é astuto", escreveu Nazaretian em outra carta a Ordjonikidze (9 de agosto de 1922). "Duro como uma noz, você não o abre de imediato."[286] Os inimigos de Stálin, previsivelmente, viam essa combinação de solicitude e astúcia em termos sombrios.[287]

Stálin podia ser muito fechado e inacessível, mas também era capaz de encantar, e mostrou ser um patrono leal àqueles que estavam "debaixo de sua asa".[288] Mikoian, que conheceu Stálin em 1919, percebeu bem a impressão que este causava naqueles que protegia. Ele recordaria que em 1922, quando era chefe do partido em Níjni Nóvgorod, Stálin o convocara ao seu apartamento no Kremlin, em conexão com as eleições dos delegados regionais para o XI Congresso do Partido, e Lênin entrara em sua casa sem rodeios. "Stálin cresceu aos meus olhos. Vi que ele era a mão direita de Lênin em assuntos internos importantes do partido." No verão de 1922, Stálin transferiu Mikoian para a chefia do diretório sudeste do partido (com sede em Rostov). "Depois do XI Congresso do Partido, Stálin começou energicamente a reunir quadros, organizá-los e fazê-los rodar nas províncias e no centro", continuou Mikoian. "E, tanto quanto eu sabia, gostei do que ele fez e do que estava ligado ao meu trabalho." Stálin compreendia rapidamente as preocupações trazidas por Mikoian e nunca rejeitou nenhuma das recomendações dos dirigentes provinciais. "Tudo isso reforçou minha confiança em Stálin e comecei a me voltar para ele com frequência, e, nas minhas viagens a Moscou, eu o visitava." Mikoian acrescentou que, "naquela época, Stálin trabalhava com toda a sua força [...]. Ele estava em excelente forma, o que suscitava respeito, e suas maneiras e comportamento suscitavam simpatia".

O ambicioso Mikoian, com seus cálculos carreiristas, estava claramente prestando muita atenção a uma força política em ascensão. "Na primavera de 1923, acho que em maio, estando em Moscou, dei uma passada em seu apartamento", continuou. "Ele morava no primeiro prédio à direita da Portão da Trindade do Kremlin, no segundo andar de um edifício de dois andares. As instalações eram simples, não especialmente amplas, exceto pela sala de jantar. Seu escritório era muito pequeno." (Mais tarde, quando Stálin se mudou para uma residência melhor no Kremlin e trouxe Mikoian para Moscou, cedeu-lhe esse apartamento.) "Stálin saiu do escritório de sua casa com o braço na tipoia. Era a primeira vez que eu via isso, e naturalmente lhe perguntei qual era o problema." Stálin: "Meu braço dói, especialmente na primavera. Reumatismo, parece. Acaba passando". Seus problemas de artrite haviam provavelmente começado na infância e piorado ao longo do tempo, em especial durante o exílio na Sibéria; o recrudescimento periódico era acompanhado por amigdalite e gripe.[289] (Em 1904, quando

Stálin tinha 26 anos, a polícia tsarista observou "um traço distintivo: o movimento de seu braço esquerdo é restrito, em consequência de um antigo deslocamento". Isso foi claramente registrado a partir das próprias palavras de Stálin.)[290] Quando Mikoian lhe perguntou por que não procurava tratamento, ele respondeu: "E o que os médicos farão?". Mas Mikoian consultou médicos e convenceu Stálin a ir para o sul em busca de tratamento, a partir de 1923, nos banhos medicinais próximos de Matsesta.[291] As águas sulfurosas funcionaram, aliviando a dor nas articulações, e ele começou a passar férias no sul todos os anos. "Stálin gostava tanto de Sotchi que ia para lá mesmo depois de não precisar mais dos banhos de Matsesta", concluiu Mikoian.[292] (Na verdade, as dores persistiram.)

Outro ponto de encontro privilegiado era a datcha de Stálin nos arredores de Moscou. Essa casa de campo em Usovo, na margem esquerda do rio Medvenka, pertencera a Levon Zubálov [Zubalachvíli], e era uma das quatro vivendas de alvenaria que o falecido magnata do petróleo de Baku havia construído em um amplo terreno para si e membros da família, em mata fechada atrás de muros altos de tijolos.[293] A casa principal (chamada de Zubálovo-4) tinha dois andares; Stálin e a esposa tinham quartos separados no andar superior, onde ficava também seu escritório. Nadejda (nascida em 1901), sua segunda esposa, que havia sentado em seu joelho quando era criança e se casara com ele quando tinha dezoito anos (e ele 41), trabalhava na secretaria de Lênin. Ela queria uma carreira, e não ser conhecida como a esposa do governante, mas sofria de fortes dores de cabeça e estados de espírito depressivos.[294] O piso inferior era usado por um fluxo constante de parentes e parasitas: os clãs estendidos dos Allilúiev e dos Svanidze (a família da primeira esposa falecida de Stálin), com ninhadas de cunhadas, cunhados e cônjuges. No mesmo ano em que nasceu Vassíli, o primeiro filho de Stálin com Nádia, Iákov, o filho abandonado de seu primeiro casamento, então com catorze anos, foi enviado de Tíflis para morar com ele em Moscou. Stálin o abandonara para ser criado pela irmã de sua mãe na Geórgia; a mudança para Moscou foi uma transição difícil, uma vez que ele não sabia russo e nem conhecia o pai. Stálin tratava Iákov com hostilidade, chamando-o de "meu bobo" na frente dos outros, em parte, talvez, porque o lembrava da linda esposa georgiana que havia perdido. Durante algum tempo, a família Stálin contou com outro membro jovem, Artiom Sergueiev, que havia nascido dezenove dias depois de Vássia, no mesmo hospital, e que Stálin adotou depois que o pai do menino, um camarada da guerra civil, morreu na batida de um vagão experimental de alta velocidade equipado com um motor de avião.

Zubálovo ficava a uns treze quilômetros de Moscou e não tinha estrada direta; no inverno, eram necessárias correntes nas rodas de um veículo ou de um autotrenó (um chassi de carro com esteiras de tanque). Stálin ia para lá com pouca frequência, principalmente aos domingos. Contudo, a datcha tinha uma pianola, reminiscência dos tempos antigos de Zubálov — milagrosamente, ainda funcionava — que ele adorava, por ser muito apaixonado por música. Além disso, Stálin cuidava da horta da propriedade, bem como dos gansos, galinhas, galinhas-d'angola e de um pequeno apiário. De uma fazenda vizinha, às vezes tomava emprestado um trenó puxado por cavalos, como numa cena de Tchékhov, um de seus autores preferidos. "Nos finais de tarde, Stálin realmente adorava andar de trenó", relembrou Artiom.[295] Ali estava um Stálin que poucos viam. A datcha de Trótski, conhecida como o Quartel, era mais grandiosa, localizada ao norte de Moscou, no povoado de Arkhangelskoe, no estatizado Palácio Iussúpov, uma propriedade que pertencera à família Golítsin e, antes, à Cheremétiev, onde a arte ainda pendia das paredes: Tiepolo, Boucher, Fragonard; não era conhecida como um lugar de encontro social. Em contraste, os Ordjonikidze e, mais tarde, Serguei Kírov, talvez o melhor amigo de Stálin, visitavam-no em Zubálovo. O casal Mikoian e seus quatro meninos ocupavam uma datcha ainda maior no local (Zubálovo-2), onde os Vorochílov também ganharam a sua própria casa de veraneio, assim como a família Bukhárin.[296] Mas, às vezes, Stálin chegava a Zubálovo de mau humor e começava a brigar com Nádia. O casamento dos dois sofria as tensões decorrentes das diferentes concepções do papel da esposa.

Lídia Fotíieva, com quem Nádia trabalhava, lembrava da mulher de Stálin como sendo "muito bonita", com "olhos georgianos" (seu avô era georgiano), mas também observou que "Stálin era muito rude com ela", embora não levantasse a voz ("Stálin sempre falava baixinho"). Quando Nádia trabalhava na secretaria de Lênin, ele às vezes também ditava para ela, mas queria, sobretudo, que ela desempenhasse o papel de anfitriã para os convidados em seu apartamento. Quando ela estava grávida de Vássia (1920-1), Stálin insistiu para que largasse o trabalho fora de casa. Fotíieva afirmou que quando contou para Lênin a pressão que Stálin estava fazendo sobre Nádia, ele pediu para ser mantido informado; quando Stálin recuou, Lênin observou: "asiático". Em 10 de dezembro de 1921, oito meses após o nascimento de Vássia, Nádia — esposa de um membro do Politbiuró e secretária pessoal de Lênin — foi expulsa durante um expurgo do partido por "passividade" política.[297] "Ela escreveu um apelo a Lênin. Quem teria tido a ousadia ou o poder de expurgar nesse caso? Apenas uma pessoa, que estava, evidentemente, tentando forçar a esposa a voltar para casa. Lênin ditou uma nota por telefone para o chefe da Comissão Central de Controle do partido pedindo a reintegração de Nádia.[298] Ela foi reintegrada na condição de candidata e recuperou a filiação plena somente em 1924.[299] Retomou o trabalho de secretária na revista *Revolução e Cultura*, parte do império editorial do *Pravda*, não querendo ser conhecida ou tratada como a esposa do secretário-geral. Nádia podia ser extremamente difícil, propensa a enxaquecas e depressão. Ao mesmo tempo, Stálin era um marido patriarcal egocêntrico e mau pai.

Esse era, então, o homem no centro do regime no início da década de 1920: agradável, mas reservado, charmoso, mas dissimulado, atencioso, mas severo, sociável, mas malévolo para com a mulher que buscava seu amor. Mas, dentro da "família" dos apparatchiks, Stálin era o patrono supremo. "Não obstante toda a sua inteligente brutalidade de disposição, se é que posso usar essa expressão", Nazaretian concluiu sobre as peculiaridades de Stálin, "ele é uma pessoa suave, tem bom coração e é capaz de valorizar o mérito das pessoas."[300] Em última análise, o que mais se destacava em Stálin era o seu comando no interior do aparato. "Trabalhar ao lado de Stálin não era fácil, especialmente para os líderes do secretariado e os assessores mais próximos", lembrou o funcionário Aleksei Balachov. "Havia grande tensão ao seu redor. [...] Era preciso trabalhar o dia inteiro, sem exagero, indo para casa somente para dormir." Todos ficavam exaustos, e sonhavam em obter licença para estudar. Uma vez, de acordo com Balachov, eles realizaram uma reunião do que chamaram de os "verdadeiros leninistas" — conhecidos também como os Vinte —, e "Stálin disse: 'Camarada Dzierżyński, [Grigóri] Kánner aqui pediu para ser liberado para estudar. O que você acha disso?'. Todos os assessores ficaram atentamente quietos. 'Isso é fantástico', respondeu Dzierżyński. 'Tenho uma cela livre. Vamos deixá-lo sentado lá para estudar'. Ficamos todos gelados".[301] (Kánner, descrito como "um homem baixo" que tinha "cabelo preto encaracolado" parecido com "lã de ovelha", entrara para a equipe de Stálin no início de maio de 1922, e ganhou a reputação de receber as atribuições mais desagradáveis.)[302] Balachov acrescentou que "não havia medo. Havia respeito pela tenacidade, laboriosidade, exatidão [de Stálin]. Eu achava que havia muito a aprender com ele sobre como se tornar um bom líder-organizador".[303]

Balachov, no entanto, fez um comentário adicional: o secretário-geral vivia dentro da bolha do aparato. "Eu não gostava que Stálin fosse um funcionário do aparato, um apparatchik. A administração do partido e do país fluía de nós à maneira de uma chancelaria, sem ouvir as massas. É claro que ele [Stálin] se encontrava com muitas pessoas diferentes, participava de reuniões com correspondentes de aldeias, por exemplo, especialistas. Mas tudo isso acontecia no gabinete. Era como se as pessoas estivessem fumando tabaco barato [*makhorka*] e nada fosse visível na nuvem de fumaça."[304] Mas, se tinha contato limitado com as massas, Stálin tinha um extraordinário grau de contato com jovens funcionários do regime. Enquanto Trótski zombava abertamente dos funcionários dizendo que pervertiam a revolução, Bukhárin supostamente disse depois ao menchevique Fiódor Dan que Stálin "é como o símbolo do partido, os estratos mais baixos confiam nele".[305] Balachov, que era um protegido de Kaganóvitch, mas que, por conta de um tio, via Trótski em ambientes privados, observou que durante todos os anos em que trabalhou no aparato central (1922-6) Trótski apareceu apenas uma vez.[306] Stálin identificava-se com essas pessoas, ouvia suas preocupações e, embora talvez não fosse capaz de empatia genuína, trabalhava para que funcionários de nível médio e baixo aumentassem suas habilidades, dominassem o marxismo e a administração. Ele desenvolveu uma visão romântica do sistema soviético que manteria durante toda a vida. "O que deve significar a dit[adura] do *partido?*", escreveu em um exemplar de uma obra de Lênin de 1923. "Um poder estatal baseado na força? Não, isso é besteira! Direitos ilimitados do partido? Também não! A questão não diz respeito a direitos, diz respeito à confiança no partido, e confiança não pressupõe de forma alguma direitos ilimitados do partido como condição necessária. A questão diz respeito à liderança."[307] Enfiado no poder, Stálin viu-se pelo resto da vida numa busca, não só por glória pessoal, mas também por decifrar os segredos de governar sobre homens e coisas, a fim de aumentar o poder russo no mundo.

Vozdvíjenka e, depois, a Praça Velha tornaram-se o centro da vasta roda do reino de Stálin. Como seu antecessor imperial russo, o Estado soviético surgiu como um labirinto de relações clientelistas que atravessavam as instituições formais. Mas as relações patrão-cliente de Stálin eram fortemente institucionais: a máquina partidária comunista, apesar de todas as suas ineficiências e atritos, era algo que o regime tsarista não possuía. Por causa do partido, a imensa quantidade de seguidores pessoais que compunha o partido-Estado convergiu para uma única pessoa, o líder do partido.[308] Em um período extremamente curto, Stálin teve gente em todos os lugares importantes, e o grau em que os funcionários ao serviço da causa compreenderam que também o serviam pessoalmente foi extraordinário. As pessoas se surpreendiam com esse poder de tirar o fôlego porque subestimavam Stálin. Mas, se esse grau de controle político fora estabelecido de forma tão rápida, mesmo por uma pessoa imediatamente reconhecida como sendo uma das grandes figuras políticas de todos os tempos, isso ainda teria surpreendido os contemporâneos. É certo que a capacidade da ditadura em 1922-4 era limitada, mas era maior do que a do tsarismo, pois, ao contrário da autocracia, o regime soviético promovia ativamente a mobilização em massa em seu favor. E, no entanto, o Estado soviético também havia fracassado até então para descobrir o segredo de integrar plenamente as massas mobilizadas em um sistema político autoritário.

Os arranjos políticos e até mesmo físicos do regime refletiam as revoluções duplas de 1917-8, bolchevique e camponesa, que se encaravam com cautela. Além disso, os dois pilares do governo da Nova Política Econômica — no número 8 da Praça Velha (agricultura) e no número 9 da rua Ilinka (finanças) — flanqueavam o aparato central do partido. Os três corpos estavam abrigados bem no coração do distrito comercial e financeiro da Moscou pré-revolucionária (Kitai-gorod), e todos os três eram encarnações arquitetônicas do capital e das aspirações mercantis. Não está claro quanto Stálin estava consciente de estar instalado no epicentro capitalista pré-revolucionário de Moscou, ao mesmo tempo que dirigia o Partido Comunista e comandava uma tolerância comunista do capitalismo (NPE). O que está claro é que ele estava imerso na ideologia comunista. Muitos regimes têm uma polícia secreta e caçam inimigos. O que diferenciava esse regime era sua estrutura especial de partido único e uma ideia transcendente, a visão de um novo mundo de abundância, justiça social e paz. Muitos estavam comprometidos com a construção desse mundo dentro do sistema de partido único, mas outros ficaram desapontados porque esse mundo ainda não se materializara. Falava-se da Nova Política Econômica como de um Termidor, o nome revolucionário francês para o mês de julho, quando, em 1794, ocorreu uma contrarrevolução e os jacobinos foram derrubados. Sem dúvida, os bolcheviques haviam eles mesmos introduzido a NPE e continuavam no poder.[309] Mas alguns observadores previam uma inevitável desestatização forçada da indústria, com as correspondentes mudanças no sistema político. A NPE, desse ponto de vista, era apenas a primeira concessão.[310]

Em novembro de 1922, Lênin havia confessado que "nós ainda não sabemos onde e como devemos nos reestruturar, nos reorganizar, de tal modo que após o recuo possamos começar um movimento inflexível para a frente".[311] Caberia a Stálin prover uma resposta. Antes disso, porém, ele teve de lidar com Trótski. Toda ditadura precisa de um "inimigo" onipresente que o ameace de dentro. Para esse papel, Trótski era feito sob medida, um presente para Stálin, depois que ele percebeu isso. Não foi Trótski, muito menos Zinóviev ou Kámenev, mas o principal patrono de Stálin, Lênin — ou, pelo menos, um ditado atribuído a Lênin —, que se revelaria a mais séria ameaça ao poder absoluto inerente à posição de secretário-geral, e ao equilíbrio psíquico de Stálin.

11. "Removam Stálin"

> *O camarada Stálin, ao assumir a secretaria-geral, concentrou*
> *poder ilimitado em suas mãos, e não tenho certeza de que será*
> *sempre capaz de usar esse poder com cautela suficiente.*
> DITADO ATRIBUÍDO A LÊNIN, SUPOSTAMENTE DATADO DE 24 DE
> DEZEMBRO DE 1922 E DIVULGADO NO FINAL DE MAIO DE 1923[1]

> *Stálin é demasiado rude, e esse defeito, embora bastante tolerável em nosso meio*
> *e nas relações entre nós comunistas, se torna intolerável em um secretário-geral.*
> *É por isso que sugiro que os camaradas pensem em uma maneira de remover Stálin.*
> DITADO ATRIBUÍDO A LÊNIN, SUPOSTAMENTE DATADO DE 4 DE
> JANEIRO DE 1923 E DIVULGADO EM JUNHO DE 1923[2]

Stálin viu-se numa posição de poder supremo antes que a maioria das pessoas soubesse dele, muito menos do seu poder. Trótski, no outono de 1922, parece ter sido um dos primeiros a reconhecer que, com Lênin afastado, Stálin detinha um poder assombroso. Já no verão de 1923, Zinóviev e Bukhárin, como veremos, ficaram espantados com a quantidade de recursos com que Stálin contava para agir. Examinando os instrumentos ao dispor do georgiano no aparato central, como fizemos no último capítulo, seu caminho para o poder absoluto parece uma moleza. Mas, enquanto os meios para montar uma ditadura dentro da ditadura caíam em suas mãos, a coisa mais surpreendente aconteceu: Lênin parecia clamar pela remoção de Stálin. Seu imenso poder ficou sob assédio justamente quando ele o construía de maneira enérgica. A moleza do secretário-geral se parecia mais com um bivaque traiçoeiro em território inimigo.

A irritação de Lênin com Trótski foi amplamente documentada por um longo período, mas sua suposta exasperação com Stálin surgiu de repente em forma documental enigmática, na primavera e no verão de 1923. A peça central ficaria conhecida como o Testamento de Lênin (*zaveschánie*) e foi apresentada pela esposa deste, Nadejda Krúpskaia, com a ajuda, ou conluio, das mulheres que trabalhavam para Lênin, especialmente Maria Volóditcheva e Lídia Fotíieva, a chefe da secretaria do líder bolchevique. Não subsistem originais dos documentos mais importantes atribuídos a Lênin (que não tinham o título de "testamento" — na verdade, não tinham nenhum título quando vieram à tona pela primeira vez). Sua autenticidade nunca foi provada, como demonstrou um estudioso russo num exame escrupulosamente detalhado. Ele argumenta, corretamente, que, a menos que apareçam provas documentais persuasivas que corroborem que Lênin ditou essas palavras, temos de tratar sua autoria com cautela.[3] Dito isso, o fato é que esses documentos — tenham derivado ou não das palavras do próprio Lênin e, em caso afirmativo, de que forma — se tornaram uma realidade na vida política soviética e, em particular, na vida de Stálin. Analisaremos os documentos atribuídos a Lênin não por suas supostas datas de ditado, mas pelas datas e pelo contexto em que foram divulgados e, sobretudo, por suas consequências. Sua frase fundamental — "remover Stálin" — assombraria eventualmente a Eurásia Soviética e o resto do mundo, mas, em primeira instância, assombraria o próprio Stálin.

Os acontecimentos de 1922-3 foram bastante bizarros. O gatilho dos problemas políticos potencialmente mortais de Stálin acabou por ser a Geórgia, a terra natal que ele deixara para trás, mas havia conspirado a fim de reconquistá-la para o regime bolchevique. O evento específico na Geórgia que pôs em movimento uma grande roda de intrigas em Moscou contra a continuação de Stálin no cargo de secretário-geral do Partido Comunista foi um tapa na cara de alguém. Stálin não teve nenhum papel nesse ato — ele estava ocupado com a tarefa hercúlea de pôr em funcionamento um Estado viável a partir das estruturas ambíguas, soltas e nem mesmo confederadas das diversas repúblicas soviéticas que emergiram da guerra civil. Seu domínio das complexas informações nacionais, e não apenas sua posição de secretário-geral, era uma das principais fontes de sua supremacia. Mas não muito tempo depois da pesada atribuição de montar o que viria a ser a União das Repúblicas Socialistas Soviéticas, Stálin foi apanhado numa trama delirante de Zinóviev para instigar um "outubro alemão", ou golpe comunista, no único país de todo o mundo capitalista hostil que já havia prometido à União Soviética cooperação militar e transferência de tecnologia clandestinas. Além disso, o regime soviético, ao mesmo tempo que alegava perceber uma "situação revolucionária" na Alemanha, estava ele mesmo assolado por ondas de greves dos operários em cujo nome governava.[4] E a Nova Política Econômica, que deveria trazer recuperação, trouxe um abismo entre os preços dos gêneros alimentícios no interior e os preços de produtos manufaturados feitos nas cidades. Enquanto isso, Lênin sofria uma sucessão de derrames.

Muitas vezes, esse período é narrado em termos da formação de um triunvirato governante composto de Stálin, Kámenev e Zinóviev, mobilizado contra Trótski. Há verdade nisso, embora, por muitos anos, tenha prevalecido a avaliação errônea de que Stálin era o sócio minoritário. Mas o triunvirato contra Trótski foi ofuscado pela circunstância de que, mesmo quando estava se tornando operacional, ocorreu uma conspiração contra Stálin, iniciada por Zinóviev e Bukhárin, com o último tentando, mas não conseguindo, servir como autodesignado intermediário entre Zinóviev e Trótski. A narrativa do triunvirato não deve eclipsar a história muito mais importante, a saber, as tentativas no círculo interno bolchevique de superar a circunstância estrutural imprevista da capacidade do secretário-geral do partido de construir uma ditadura dentro da ditadura. Esses esforços, por sua vez, geraram uma nova realidade, sobreposta à primeira: o sentimento de Stálin de injustiça e traição. Se no capítulo anterior, empunhando as alavancas do poder, ele deu a impressão de ser encantador e confiante, embora ocasionalmente esquisito, neste capítulo, lutando contra Zinóviev, Trótski e, especialmente, o ditado atribuído a Lênin, Stálin se mostrará desconfiado e autocomplacente, um potentado que se via como vítima.

A vida dos comunistas — congressos, plenárias do Comitê Central, reuniões do Politbiuró (vida de Stálin) — não abrangia nem mesmo uma fração dos filiados comuns, e muito menos definia o ritmo da vida no imenso país. Para a maioria dos camponeses, que continuavam a compor a esmagadora maioria dos habitantes, o partido era apenas um adversário ganancioso que ocultava suas atividades de coleta de impostos e recrutamento por trás de uma elaborada camuflagem retórica. (As reuniões do Partido eram fechadas ao público, sobretudo por medo de que as pessoas sem partido atacassem os membros do plenário.) Os camponeses estavam preocupados em sobreviver à fome e cultivar a terra, com o tamanho e a saúde de seus rebanhos (se os tivessem), com as ervas daninhas e o tempo, em obter e manter seus implementos, em evitar doenças e roedores e certificar-se de que seus cônjuges não procurassem, de repente, tirar partido das novas leis comunistas sobre o divórcio. A terra do socialismo era pobre e lutava para sair da devastação. No início da década de 1920, a renda per capita soviética, pelo menos em termos de atividade econômica registrada, não passava provavelmente de cerca de setenta rublos anuais. O que se segue, portanto, não é um retrato da vida do país, que Stálin via principalmente através dos relatórios secretos distorcidos enviados a ele por telégrafo e mensageiros de campo, mas um retrato demarcado pela formação da URSS e por um suposto "outubro alemão", de uma ditadura com capacidades circunscritas, mas ambições grandiosas, e de um homem no centro de tudo que estava habilmente ampliando essas capacidades ditatoriais do Estado, ao mesmo tempo que olhava com frequência por cima do ombro.

UNIÃO DAS REPÚBLICAS SOCIALISTAS SOVIÉTICAS – E UM TAPA EM TÍFLIS

A grande história da formação da URSS está saturada de equívocos, com Lênin escalado no papel de defensor das nacionalidades e Stálin como um chauvinista russo e arquicentralizador.[5] De fato, Stálin propôs forjar um Estado unitário por meio da absorção das demais repúblicas soviéticas pela República Socialista Federativa Soviética da Rússia (RSFSR), mas ele também propôs conceder-lhes "autonomia" na maioria dos assuntos internos, e, de início, Lênin aceitara seu plano. A reação de Trótski fora similar: "A proposta do camarada Stálin apresenta-se como muito atraente do ponto de vista da simplicidade".[6] Essa estrutura ganhou impulso em meados de 1922, quando os comunistas georgianos permitiram que o Banco Otomano, financiado por capitais britânicos e franceses, abrisse uma filial em Tíflis, provocando a fúria de Grigóri Sokólnikov, comissário das Finanças para a Rússia soviética, que exigiu que a licença do banco para operar na Geórgia fosse rescindida, o que, por sua vez, provocou a fúria do Comitê Central Comunista da Geórgia.[7] Mas seria possível pôr o gênio dos Estados nacionais desencadeado pela Grande Guerra de volta à lâmpada? Stálin achava que sim.

Como chefe de uma comissão do Orgbiuró sobre estrutura estatal, ele elaborou teses em defesa da "unificação [das repúblicas soviéticas] em uma única federação, fundindo assuntos militares e econômicos e as conexões externas (relações exteriores, comércio exterior) em um todo e preservando para as repúblicas autonomia em assuntos internos".[8] Mas a proposta formal de absorção pela RSFSR de Ucrânia, Bielorrússia, Geórgia, Armênia e Azerbaijão foi aceita somente pelos Comitês Centrais do Azerbaijão, que tinham diante de si um Estado iraniano que costumava governá-lo, e da Armênia, que encarava a Turquia, onde armênios haviam sido massacrados. O Comitê Central da Geórgia concordou apenas com "a unificação da força econômica e da política em geral, mas com a retenção de todos os atributos de independência". O Comitê Central bielorrusso solicitou as mesmas relações de tratado, tal como existiam então entre a Ucrânia soviética e a Rússia soviética — ambiguidade com independência de facto —, enquanto o Comitê Central ucraniano nem sequer discutiu o novo projeto.[9] Somente um esforço extraordinário de uma figura extraordinária produziria um Estado integrado funcional.

O adversário mais obstinado de Stálin foi inicialmente o então chefe do governo ucraniano Kristo Stántchev, conhecido como Cristian Rakóvski, homem respeitado cujas conclamações por uma autoridade central mais fraca possível equivaliam a uma confederação. Mas Stálin não seria tão facilmente detido: em 23 e 24 de setembro, enquanto Rakóvski e outros estavam de férias, ele fez a comissão aprovar seu plano de um estado unitário com autonomia.[10] O secretariado do partido em Moscou circulou imediatamente a papelada para os membros do Comitê Central da Rússia soviética, mesmo antes de uma reunião do Politbiuró. Stálin também argumentou junto a Lênin sobre a extrema urgência de seu plano, observando que o aparato da RSFSR tinha de constantemente rever decisões das repúblicas, enquanto repúblicas protestavam contra a interferência "ilegal" da Rússia soviética. Ele apresentou uma escolha rígida: ou independência genuína ("um divórcio"), "ou a verdadeira unificação das repúblicas soviéticas em um todo econômico, com extensão formal dos poderes do Conselho dos Comissários do Povo, do Conselho do Trabalho e Defesa, e do Comitê Executivo Central da RSFSR sobre [aqueles] das repúblicas independentes". Stálin observou que estas continuariam a manter "autonomia real [...] nas áreas de língua, cultura, justiça, assuntos internos, agricultura". E advertiu Lênin que os "independentistas entre os comunistas", incentivados pelo "liberalismo de Moscou" durante a guerra civil, continuariam crescendo se não fossem postos de joelhos.[11] Lênin recebeu a carta de Stálin em 25 de setembro, depois que a comissão do Orgbiuró aprovara o plano. No dia seguinte, Stálin foi até Górki para uma longa reunião privada. Ele nunca mais visitaria o local (Lênin retornou a Moscou na semana seguinte.) De acordo com um relato, ele foi visto partindo de Górki de mau humor.[12]

Lênin vetou a ideia do Estado unitário, instruindo Stálin a mudar os termos, de "entrar" na RSFSR para "unificação formal junto com a RSFSR numa União das Repúblicas Socialistas Soviéticas da Europa e Ásia". Essa contraproposta pressupunha que as unidades, inclusive a Rússia soviética, seriam membros iguais e que, à medida que mais países passassem por revoluções socialistas, eles também poderiam entrar na federação. Stálin concedeu a mudança, permitindo que Lênin alardeasse a Kámenev naquele dia "a importância da concessão [de Stálin]".[13] Lênin insistiu que o Comitê Executivo Central do Soviete da RSFSR não se tornasse o único para o Estado único, contradizendo Stálin, mas também propôs comissariados da União, enquanto Stálin os havia proposto para cada república (finanças, alimentação, trabalho).[14] Ademais, Lênin, na maneira como se comportava na chefia do governo da RSFSR, tomando decisões para todas as repúblicas soviéticas, não era um verdadeiro federalista.[15] Mas na carta a Kámenev, ele insistia que "é importante não pôr lenha no fogo do 'lobby da independência', não para destruir a independência delas, mas para criar um novo nível, uma federação de repúblicas iguais". Stálin, no entanto, também achava que a questão envolvia princípios, queixando-se de que, no plano de Lênin, algumas repúblicas — Ucrânia, Bielorrússia — estavam sendo tratadas de forma igual à Rússia, mas outras, as diversas repúblicas autônomas dentro da RSFSR, não recebiam o mesmo tratamento. Ele argumentou que o seu plano de autonomia para *todas* as repúblicas nacionais era, na verdade, mais justo, o que certamente valia para Basquíria, Tartária ou Turquestão, que no plano de Stálin seriam iguais à Ucrânia ou à Bielorrússia. Ao mesmo tempo, na versão de Stálin, a república russa seria a nave-mãe, que era a objeção de Lênin.

Por falar nisso, Lênin jamais pusera os pés na Geórgia, ou mesmo na Ucrânia; Stálin tinha muito mais experiência pessoal da diversidade do reino e, embora consciente da necessidade de tolerar o nacionalismo a fim de garantir a fidelidade política, reconhecia uma necessidade estatal de controlá-lo. Ao contrário de Lênin, que via os georgianos como uma pequena nação vítima da Rússia imperial, Stálin sabia que o chauvinismo nacional georgiano oprimia os outros povos do Cáucaso.[16] Mais do que isso, suspeitava com razão que a agenda dos comunistas georgianos incluía, na verdade, a independência da Geórgia através de mera confederação. Polikarp "Budú" Mdivani, um membro da comissão do Orgbiuró e do Comitê Central da Geórgia, tinha conseguido enviar uma carta a Lênin — Bukhárin foi o pombo-correio — que lançava acusações a Stálin, bem como a Ordjonikidze, o mais alto escalão bolchevique no Cáucaso Sul.[17] Em 27 de setembro, logo depois de se encontrar com Stálin, Lênin recebeu Mdivani.[18] Nesse mesmo dia, Stálin explodiu e escreveu uma carta irada para todos os membros do Politbiuró, acusando Lênin de "liberalismo nacional", bem como de "açodamento". Jamais um alto dirigente do partido havia usado um tom tão destemperado em comunicações escritas ao líder bolchevique.[19] Mas ele sabia que Lênin estava sendo incoerente: no início de 1922, o líder bolchevique acusara os comunistas da Ucrânia — "o pessoal de lá é dissimulado" — de tentar escapar das diretivas do partido numa luta contra o centralismo de Moscou.[20] Isso era precisamente o que Stálin entendia que seus camaradas georgianos estavam fazendo agora — daí sua explosão. Não obstante, o plano que Stálin fez circular para a plenária do Comitê Central de 5-8 de outubro de 1922 correspondia inteiramente à versão de Lênin de uma união federal das Repúblicas Socialistas Soviéticas. Embora Lênin estivesse doente demais para comparecer à plenária, Stálin garantiu que o plano do líder bolchevique fosse aprovado.[21]

A proposta de Stálin de absorção pela Rússia enfrentou obstáculos fatais, não apenas Lênin e os comunistas nacionalistas georgianos, mas também os líderes bolcheviques da Ucrânia, entre eles Rakóvski, um búlgaro que crescera na Romênia, bem como os comunistas ucranianos, que lutaram com unhas e dentes na comissão do Orgbiuró.[22] Com efeito, perdido na confusão gerada por Mdivani estava o fato de que os opositores de um Estado unitário haviam vencido. (Foram levantadas objeções à designação "da Europa e Ásia" — e se houvesse revoluções na África ou nas Américas? — e a limitação geográfica foi abandonada.) O Estado soviético tornou-se uma federação. Também perdida nas paixões turbulentas estava a circunstância de que Stálin era o suposto centralizador na Eurásia, mas Lênin era o centralizador global. Durante a guerra polonesa, ele havia pretendido não apenas sovietizar, mas também incorporar vários Estados nos calcanhares de um avanço do Exército Vermelho Europa adentro. Stálin respondera que, "para as nações que faziam parte da antiga Rússia, podemos e devemos considerar nosso tipo (soviético) de federação como um caminho apropriado para a unidade internacional", mas não para "uma futura Alemanha, Polônia, Hungria, Finlândia soviéticas. Esses povos [...] dificilmente concordarão em entrar diretamente em um vínculo federativo com a Rússia soviética segundo o modelo ucraniano ou basquiriano". Em vez disso, havia considerado "a confederação (uma união de Estados independentes) a forma mais adequada de se unir".[23] "Stálin também tinha deixado Finlândia e Polônia à parte, como insuscetíveis de se unir numa federação com a Rússia soviética, apesar de terem sido constituintes da "velha Rússia".[24] A resposta de Lênin, se houve alguma, perdeu-se ou foi destruída, mas sua essência foi captada em um resumo feito por Stálin: Lênin desprezou a proposta de confederação europeia de Stálin por ser "chauvinismo, nacionalismo", e insistiu que "precisamos de uma economia mundial centralizada, dirigida por um único órgão".[25] Stálin não tinha ilusões desse tipo.

Perdida também na confusão gerada pelos georgianos de 1922 estava a circunstância de que qualquer estrutura estatal federal na Eurásia estaria limitada antes mesmo de existir. Isso porque, embora o Partido Comunista russo houvesse autorizado a criação de partidos comunistas nacionais, em conexão com a formação da URSS, a natureza não federal do partido, definida no VIII Congresso, em 1919, não fora revogada. Bateu-se muita cabeça para pôr em prática a estrita subordinação a Moscou dos partidos comunistas das repúblicas, mas, em última análise, como os marxistas gostavam de dizer, o partido superou o Estado. Com efeito, era assim que nacionalistas comunistas como Mdivani poderiam ser chamados a prestar contas: eles estavam sujeitos à disciplina do Partido Comunista, ou seja, ao domínio do aparato controlado por Stálin em Moscou.

Embora os ucranianos e georgianos tenham conseguido impedir a anexação à Rússia, os georgianos continuavam profundamente insatisfeitos: não estavam lhes concedendo o mesmo status da Ucrânia na União, e culpavam Ordjonikidze por isso. Sergo Ordjonikidze, com 36 anos de idade em 1922, nascera na Geórgia ocidental em uma família não serva e estudou medicina em Tíflis, qualificando-se como enfermeiro, ao mesmo tempo que aderia aos bolcheviques (1903). Em 1907, conheceu Stálin, também conhecido como Koba, na cela número 3 da prisão de Baku.[26] Em 1920-1, em conluio com Stálin, retomou militarmente Armênia, Azerbaijão e Geórgia, aumentando a ira dos georgianos. Somente a intervenção enérgica de Lênin o poupou de ser expulso do Comitê Central. "O que posso fazer?", Ordjonikidze se defendeu. "Sou uma pessoa de sangue quente. Talvez quando tiver cinquenta anos eu amadureça um pouco, mas por ora não posso fazer nada a respeito disso."[27] Não muito tempo depois, em novembro de 1921, apesar das objeções de seus companheiros bolcheviques georgianos, ele deu início à formação de uma Federação do Cáucaso Sul.[28] Georgianos estavam forçando a saída da grande população armênia de Tíflis, direta ou indiretamente, e o Conselho dos Comissários do Povo da Geórgia divulgou instruções para a cidadania na Geórgia soviética baseadas em critérios étnicos.[29] Disputas territoriais armadas, barreiras alfandegárias e outros atos de "veneno chauvinista" também conspiravam a favor de uma federação.[30] Após o mais recente fato consumado de Ordjonikidze, Lênin, em carta a Stálin (28 de novembro de 1921), considerou a formação de uma Federação do Cáucaso Sul prematura, mas a aceitou.[31] O tratado formal dessa federação foi assinado em 12 de março de 1922.

O Comitê Central da Geórgia havia se recusado a aderir. Aleksandr Svanidze, irmão de Kató, primeira esposa de Stálin, escreveu-lhe desesperado. "Querido Ióssif! Nenhuma reunião recente do Comitê Central deixou de começar e terminar com cenas tempestuosas entre Sergo e Budú. [...] Ensine-os a tratar um ao outro com respeito. P.S. Serei infinitamente grato a você por me tirar deste meio e me dar a chance de trabalhar em alguma missão no exterior."[32] Mdivani, tal como Ordjonikidze, descendia da nobreza do oeste da Geórgia e também era teimoso e impulsivo, mas a intensa animosidade pessoal entre os dois advinha de divergências políticas significativas a respeito do lugar da Geórgia na União.[33] O plano de federação de Ordjonikidze foi aprovado em um congresso do partido georgiano com o apoio de delegados da base.[34] Ele também contava com o apoio de Stálin, que não apresentou aos georgianos nenhum dos argumentos em nome da "igualdade" nacional que havia defendido para os basquírios e tártaros. Isso decorria, em parte, de rancores — Stálin e Mdivani se conheciam e se detestavam havia muito tempo —, mas também da posição de fronteira ocupada pela Geórgia. O secretário-geral raciocinava que, como o caso do menchevismo georgiano havia provado, o "atraso" socioeconômico gerava "oportunistas" que, consciente ou inconscientemente, utilizavam o nacionalismo para separar territórios da Rússia soviética, que fazia o jogo da burguesia internacional através da criação de "uma zona de intervenção e ocupação estrangeira".[35] Mdivani e seus aliados reclamaram junto a Lênin de um influxo de não georgianos para a Geórgia, da concessão de território georgiano para a Turquia e do abandono de reivindicações territoriais georgianas em relação à Armênia e ao Azerbaijão.[36] Na cabeça de Stálin, esse comportamento não era diferente daquele dos mencheviques georgianos.

Quando a formação da URSS entrou em sua fase final, Ordjonikidze explodiu, prometendo expurgar a "podridão chauvinista" do Comitê Central da Geórgia. Em 21 de outubro de 1922, às 2h55 da manhã, Mdivani ligou de Tíflis ao Kremlin pelo aparelho de

Hughes e desfiou uma longa lista de invectivas contra Ordjonikidze para Ábel Ienukidze, o georgiano que era secretário do presidium do Comitê Executivo Central Soviético. Ienukidze respondeu rispidamente que, se a situação na Geórgia havia deteriorado, o "solo fora preparado pela maioria do Comitê Central georgiano".[37] Lênin também já tivera sua cota deles, repreendendo severamente Mdivani em um telegrama enviado naquele mesmo dia, em que defendia Ordjonikidze e propunha que a disputa fosse levada à secretaria do partido — ou seja, Stálin.[38] Em Tíflis, o Comitê Central local reuniu-se na presença de Ordjonikidze e Ríkov (que acontecia de estar no sul), mas a maioria aprovou uma resolução para juntar-se à URSS, não sob a forma de uma Federação do Cáucaso Sul, mas como a república georgiana, contra a decisão do Comitê Central da Rússia soviética, num desrespeito flagrante da disciplina partidária. Os georgianos foram orientados a renunciar e, em 22 de outubro, nove dos onze membros do Comitê Central da Geórgia tomaram essa medida. Ordjonikidze conseguira realizar seu expurgo.[39] Mas, ainda assim, os georgianos se recusaram a desistir, e um aliado de Mdivani levantou acusações formais do partido contra Ordjonikidze por persegui-lo com um peso de papel de mármore e uma faca, e de ameaçar mandar fuzilá-lo. Ordjonikidze negou as acusações.[40]

Embora a Federação do Cáucaso Sul tivesse sido criada pela maioria dos votos georgianos, as acusações não podiam ser ignoradas, e o Politbiuró decidiu, em 25 de novembro de 1922, enviar uma comissão de investigação de três pessoas encabeçada pelo chefe da GPU, Dzierżyński, que estava de férias perto de Tíflis, em Sukhum, no mar Negro.[41] Lênin, por algum motivo, não participou da votação por telefone que confirmou a composição da comissão, mas pode ter pedido a Ríkov, que também estava de férias em Sukhum, para ser seus olhos e ouvidos. Ríkov hospedou-se no apartamento de Tíflis de Ordjonikidze, onde marcou um encontro com seu ex-colega de exílio siberiano Akaki Kabakhidze, que pertencia ao grupo de Mdivani. É provável que os presentes estivessem bebendo. Kabakhidze acusou Ordjonikidze de manter um belo cavalo branco às custas do Estado. Mais tarde, Mikoian, amigo de Ordjonikidze, explicaria que o animal havia sido um presente de membros de uma tribo da montanha do Cáucaso — presente assim não podia ser recusado — e que Ordjonikidze o entregara aos estábulos do Estado, montando-o de vez em quando.[42] Ordjonikidze bateu em Kabakhidze. Ríkov separou os dois e relatou a Moscou que a altercação havia sido pessoal, não política.[43] Mas o tapa reverberaria e formaria a base de uma contestação à ditadura de Stálin.

BUSCA FRACASSADA POR DITADURA ECONÔMICA

Enquanto Stálin se ocupava em tentar forjar um Estado que funcionasse em toda a Eurásia, Trótski tratava de tentar tomar o comando sobre a economia. Pouco antes do

XI Congresso do Partido, na primavera de 1922 — aquele em que Stálin foi designado secretário-geral do Partido Comunista —, ele enviara um bilhete crítico a Lênin reclamando de que as organizações partidárias provinciais estavam se ocupando de questões econômicas, como a campanha de semeadura agrícola ou o arrendamento de fábricas. "Sem a emancipação do partido, como partido, do governo e da supervisão direta, é impossível limpá-lo do burocratismo e a economia, da corrupção", escreveu ele, insistindo que o partido limitasse sua atenção a questões como a formação da juventude em matéria de teoria.[44] Lênin escreveu no bilhete: "para o arquivo".[45] Trótski, no entanto, continuou sua luta para forjar uma "ditadura econômica", propondo uma enorme expansão dos poderes da minúscula comissão de planejamento estatal, que não fazia planejamento econômico, apenas consultas ad hoc aos administradores.[46] Mas o tipo de planejamento que Trótski desejava era incompatível com a NPE. Enquanto ele alertava para o afogamento da revolução num oceano de camponeses pequeno-burgueses, Lênin alertava que os camponeses eram os "juízes" dos bolcheviques: os trabalhadores rurais estavam estendendo o "crédito" político dos bolcheviques e deixariam de fazê-lo se estes não conseguissem elevar os padrões de vida.[47] Lênin chamava a "aliança" (*smitchka*) da classe operária com o campesinato de uma necessidade, "na medida em que não existe ainda a possibilidade de contar com a classe operária vitoriosa da Europa".[48] Por iniciativa de Lênin, o XI Congresso reafirmou a NPE, bem como a predominância do partido em todas as esferas, inclusive na economia.

Após sua derrota no congresso, Trótski passou a criticar Lênin em relação à provável ineficácia de suas propostas para melhorar o desempenho do Estado.[49] A discussão esquentou quando Trótski declarou, em discurso feito em outubro de 1922, que, se conseguisse aguentar mais dez anos, o capitalismo mundial ficaria "forte o suficiente para acabar com a revolução proletária de uma vez por todas em todo o mundo e, é claro, também na Rússia soviética".[50] Não há dúvida de que Trótski estava tentando mudar a versão de Lênin da NPE e provocar uma resposta deste. Em 20 de novembro de 1922, no Soviete de Moscou, naquela que viria a ser sua última aparição pública, Lênin declarou que "jamais duvidamos de que deveríamos [...] alcançar o sucesso sozinhos". Ele tentou enfatizar que "o socialismo não é agora uma questão do futuro distante", sugerindo que rivalidades entre as potências capitalistas proporcionariam uma abertura, mas, no geral, ele estava perplexo: "Nós trouxemos o socialismo para a vida cotidiana e agora precisamos entendê-lo". Os trabalhadores estavam organizando a produção nas fábricas, os camponeses estavam formando cooperativas, talvez o socialismo — ou, pelo menos, suas sementes — estivesse nisso.[51] Trótski insistia em denunciar o desespero da posição de Lênin, exigindo industrialização imediata mediante um planejamento. Na verdade, Lênin estava dizendo: sejam pacientes, o regime está totalmente seguro agora e, com o tempo, vencerá se realizar seu trabalho de regulamentação das relações capitalistas. Trótski estava dizendo para construir o socialismo na economia naquele momento, ou então a oportunidade estaria perdida para sempre.[52]

O SEGUNDO DERRAME

O retorno de Lênin à vida pública, depois de uma convalescença longa, lenta e parcial, seria breve: de 2 de outubro a dezembro de 1922.[53] Em 7 de dezembro, depois de sair de uma reunião do Politbiuró, ele foi conduzido de volta a Górki, onde foi visitado dois dias depois por Ríkov, que acabara de voltar de Tíflis.[54] Ele insistiu em voltar para o Kremlin, o que fez em 12 de dezembro, mas, após discussões com seus auxiliares de governo em seu gabinete do Kremlin durante o dia, e receber Dzierżyński à noite, para ouvir sobre os acontecimentos da Geórgia, retirou-se para seu apartamento, no mesmo corredor, sentindo-se muito mal.[55] Esse viria a ser o último dia de trabalho em seu gabinete. Na manhã seguinte, sofreu dois ataques. "Ele está tendo ataques de paralisia todos os dias", registrou o diário dos médicos. "Vladímir Ilitch está abalado e preocupado com a deterioração de seu estado."[56] Ainda assim, encontrou-se com Stálin no apartamento a partir de meio-dia e meia por mais de duas horas.[57] Nesse mesmo dia, no entanto, comunicou aos seus auxiliares que seria forçado a tirar novas férias depois de "liquidar" as questões em que estava trabalhando.[58] Em 14 e 15 de dezembro, continuou trabalhando em seu apartamento, insistindo com vários funcionários, inclusive Trótski, que evitassem a diluição do monopólio estatal sobre o comércio.[59] Em 15 de dezembro, queria ditar uma carta sobre a questão nacional, mas não conseguiu.[60] Não obstante, enviou uma carta a Stálin relatando que havia terminado a "liquidação" de assuntos urgentes, e lembrou-lhe que Trótski defenderia a sua posição sobre o monopólio do comércio na próxima plenária, advertindo contra qualquer retrocesso.[61]

Nas memórias de Trótski, essa carta serviria como prova de que Lênin havia proposto que ele e Trótski formassem um "bloco" sobre o monopólio do comércio, e que Lênin e Stálin tiveram uma ruptura nas relações a respeito dessa questão, além de suas disputas relacionadas com a questão nacional.[62] Mas, numa troca de cartas ocorrida nessa mesma época, Lênin e Trótski ressaltaram não somente seu acordo parcial (monopólio do comércio), mas suas diferenças incessantes (planejamento).[63] Além disso, em relação ao monopólio do comércio, assim como à estrutura da URSS, Stálin prontamente cedeu aos desejos de Lênin. Não havia bloco, nem ruptura.

Antes que pudesse partir para Górki a fim de retomar sua convalescença, nas primeiras horas de 15-16 de dezembro, Lênin sofreu o que pode ter sido uma série de derrames menores. "Sua condição piorou", escreveram os médicos. "Ele pode escrever com dificuldade, mas o que escreve é ilegível, as letras se sobrepõem umas às outras

[...] ele não conseguiu tocar a ponta do nariz com a ponta do dedo."[64] Ele jamais voltaria a escrever.[65] Apesar de enxaquecas, espasmos, perda de memória e de fala, crises de paralisia e desespero, Lênin conseguiu de alguma forma ditar uma carta a seus três adjuntos (registrada pela mão de Krúpskaia) instruindo que Ríkov deveria ficar com a comissão de planejamento estatal.[66] Em algum momento entre 16 e 18 de dezembro, ditou uma carta para Stálin comunicando que dias antes (14 de dezembro) havia recebido Kámenev e tivera "uma animada conversa política. Dormi bem, me sentia excelente. Então, na sexta-feira [15 de dezembro], paralisia. Exijo seu aparecimento imediato, para lhe dizer uma coisa, caso a doença se agrave".[67] Lênin temia o início da paralisia total e queria veneno. Stálin não está registrado no livro de visitantes do gabinete de Lênin, mas, tal como Kámenev, poderia ter ido ao apartamento.[68] Em 18 de dezembro de 1922, uma plenária do Comitê Central elegeu Stálin para ser o responsável pelo "isolamento de Vladímir Ilitch em termos de relações pessoais com a equipe e correspondência", em obediência às ordens dos médicos, baseadas em um diagnóstico de tensão por excesso de trabalho.[69] As visitas a Lênin foram proibidas, com exceção de membros da família imediata, médicos, enfermeiros e secretárias, e aqueles poucos com permissão de contato foram proibidos de agitá-lo com a discussão de assuntos atuais.[70]

O diário dos médicos não registra nenhuma atividade de Lênin em 19-22 de dezembro.[71] Trótski alegou que, em 21 de dezembro, Lênin ditou uma carta calorosa para ele ("com as melhores saudações camaradas") via Krúpskaia, agradecendo-lhe por ganhar a batalha sobre o monopólio do comércio exterior.[72] Mas, no arquivo de Trótski, a suposta carta não é um original, mas cópia de uma cópia; a cópia no arquivo de Lênin é uma cópia *daquela* cópia.[73] Lênin certamente tinha razões para estar satisfeito: a plenária de 18 de dezembro do Comitê Central votara a favor de sua posição de manter o monopólio estatal do comércio exterior — o projeto de resolução estava nas mãos de Stálin.[74] O plenário também havia votado a favor da versão preferida de Lênin da nova estrutura do Estado, a URSS, que Stálin havia arranjado. Por fim, a plenária rejeitou a insistência de Trótski em uma reorganização da gestão econômica sob a comissão de planejamento estatal.[75] Outras dúvidas a respeito do ditado de 21 de dezembro estão ligadas ao fabrico, por Krúpskaia, de um incidente em 22 de dezembro, pelo qual Stálin, depois de ter supostamente tomado ciência do pretenso ditado congratulatório de Lênin para Trótski no dia anterior, telefonou para repreendê-la.[76] Com efeito, Stálin ficaria com raiva de Krúpskaia, mas isso ocorreria um mês depois, e, como veremos, a diferença de tempo é crucial. O que sabemos com certeza é que, em 22 de dezembro, Lênin conseguiu ditar um pedido formal (através de Lídia Fotíieva) a Stálin de cianeto "como uma medida humanitária".[77] Logo em seguida, concretizaram-se os piores temores de Lênin: durante a noite de 22-23 de dezembro, sofreu seu segundo grande acidente vascular cerebral.[78] "Absolutamente nenhum movimento", escreveram os médicos, "nem do braço direito, nem da perna direita."[79]

Sabemos também com certeza que, na noite de 23 de dezembro, Lênin conseguiu permissão para um ditado de cinco minutos com uma estenógrafa, uma vez que, de acordo com o diário dos médicos, "ele está ansioso com uma questão e preocupado em não conseguir adormecer". Depois de um pouquinho de ditado, "ele se acalmou". O original do ditado de 23 de dezembro parece ter sido escrito por Nádia Allilúieva.[80] Nesse caso, essa foi a última vez que a esposa de Stálin foi convocada para tomar um ditado.[81] Tratava-se de uma carta pessoal a Stálin, como fica claro pelo fato de que era endereçada a um "Você" com maiúscula (para uma pessoa), e não com minúscula (para um grupo); o assunto combinava com o papel de Stálin de chefe do partido, a saber, uma proposta de expansão do Comitê Central dos 27 membros de então para cinquenta ou mesmo cem.[82] O ditado de Lênin a Stálin também requeria a concessão de funções legislativas, mas não executivas, para a comissão de planejamento estatal, e observava que ele estava preparado para "se aproximar da posição de Trótski até certo ponto e sob certas condições". Lênin insistiu muito que estava em condições de continuar a ditar, levando a subcomissão do Politbiuró responsável por ele (Stálin, Kámenev, Bukhárin) a realizar uma conferência com seus médicos em 24 de dezembro; eles resolveram que "Vladímir Ilitch tem o direito de ditar todos os dias por cinco a dez minutos, mas isso não pode ter o caráter de correspondência, e Vladímir Ilitch não pode esperar receber quaisquer respostas" — restrições que, longe de acalmar Lênin, provocaram sua ira, prejudicando sua aparente finalidade médica.[83] A ordem também aumentou as suspeitas já quase paranoicas de Lênin de que seus colegas do Politbiuró estavam escondendo decisões políticas dele que contradiziam suas instruções.

Stálin evidentemente informou Trótski de imediato sobre a carta de 23 de dezembro de Lênin, inclusive a concessão não especificada a Trótski na economia.[84] Ao que parece, Trótski sentiu-se encorajado, pois, em 24 e 26 de dezembro de 1922, enviou duas cartas ao Comitê Central reiterando sua proposta de uma reorganização grandiosa das instituições executivas, insistindo para que o assunto fosse colocado na pauta do próximo congresso do partido.[85] Nas cartas, ele efetivamente buscava uma fusão da comissão de planejamento estatal com o Conselho Supremo da Economia, sob seu comando.[86] Lênin recebeu uma cópia das cartas e rejeitou expressamente a proposta de Trótski de um superministério para dirigir a economia, e, contra as críticas de Trótski, defendeu o presidente da comissão de planejamento estatal Gleb Kryżanowski, respeitado especialista de fala mansa.[87] A equipe de Lênin passou imediatamente seu ditado de 27 de dezembro a Stálin para o Politbiuró.[88]

Em 30 de dezembro de 1922, no teatro Bolchói, a URSS foi formalmente aclamada pelo X Congresso dos Sovietes, que passava a ser o I Congresso dos Sovietes da URSS.

As repúblicas constituintes ganharam o controle sobre os comissariados de Justiça, Educação, Agrário, Saúde e Segurança Social, enquanto o governo da União, em Moscou, controlava os comissariados de Guerra, Relações Exteriores, Comércio Exterior e Finanças, bem como a GPU, agora rebatizada de "unida", ou OGPU. Lênin perdera as plenárias do Comitê Central tanto de outubro de 1922 como de dezembro de 1922, quando a forma do novo Estado fora discutida, e não pudera comparecer e falar no X Congresso dos Sovietes, mas a estrutura estatal da URSS estava de acordo com a sua visão de uma federação de membros iguais. É verdade que o partido se antepunha à natureza federativa da URSS, mas o fato de, como insistia Lênin, as Repúblicas Socialistas Soviéticas como a Ucrânia formarem uma federação conjunta com a RSFSR teria consequências imensas um dia. A URSS se dissolveria em suas repúblicas, mas a RSFSR permaneceria intacta. A forma preferida de Lênin de uma URSS era, em última análise, uma aposta na revolução mundial, enquanto a proposta de Stálin — anexação à RSFSR — teria sido uma aposta na Rússia histórica, sem excluir a revolução mundial.

PRIMEIRO RECONHECIMENTO

Por recomendação dos médicos, Trótski ganhou seis semanas de férias a partir de 6 de janeiro de 1923, mas permaneceu em Moscou. Nesse mesmo dia, Stálin enviou uma carta ao Comitê Central propondo que Trótski passasse a presidente do Conselho Supremo de Economia e vice-presidente do governo, proposta que Stálin atribuiu, corretamente, a Lênin.[89] Trótski não aceitou. Em 15 de janeiro, Trótski detalhou por escrito por que já havia recusado o cargo de vice-primeiro ministro, por sugestão de Lênin, em setembro de 1922, dizendo que não gostava da prática de um "colegiado de vices", que afastava as pessoas da direção dos respectivos comissariados, bem como das políticas do aparato do partido (sob o comando de Stálin). Por exemplo, decisões sobre assuntos militares estavam sendo tomadas "de facto contra os interesses da instituição e até mesmo às suas costas", por isso "não considero possível assumir ainda mais responsabilidades por mais instituições". Trótski alegou que Lênin propusera a criação de uma comissão para examinar a seleção, o treinamento e a promoção de quadros — jurisdição de Stálin —, mas ela nunca chegou a ser criada porque a doença de Lênin piorou.[90] Em 17 de janeiro, Stálin propôs que Trótski se tornasse chefe da comissão de planejamento estatal, bem como vice-presidente do governo.[91] Trótski mais uma vez recusou.[92] Ao se recusar a se tornar o principal vice com Lênin gravemente doente, Trótski, na verdade, estava se recusando a assumir o governo. Parece inexplicável. Uma parte da explicação consiste na insistência constante de Trótski na substituição da "ditadura das finanças" de Sokólnikov (como ele escreveu nessa troca de cartas) por uma "ditadura da indústria", que, no entanto, Lênin recusava terminantemente. Não menos importante, Trótski compreendia que Stálin, como chefe do partido, poderia controlar o governo (através do processo da nomenklatura, entre outros meios), e ele simplesmente não assumiria uma posição subordinada a Stálin, ainda que se abstivesse de dizer isso explicitamente.

O desejo de Trótski de uma ditadura da indústria e de acabar com a supervisão da economia pelo partido tinha tanto um aspecto administrativo (planejamento, superindustrialização) como um aspecto político: era sua resposta à ditadura do aparato do partido de Stálin. Mas Stálin, que não gostava da NPE tanto quanto Trótski, compreendia, como Lênin, e por causa de Lênin, a necessidade de táticas flexíveis pela causa maior. Por isso, aceitava a NPE. Dito de outro modo, em 1922, Stálin podia ter sua ditadura do partido e a NPE de Lênin. Trótski não poderia ter sua ditadura econômica e a NPE. Isso significa que as acusações de trotskismo que Stálin faria, com todos os tipos de distorções, tinham, no entanto, alguma base: em relação à economia, Trótski exercia forte pressão contra a política fundamental de Lênin. Esse episódio também mostra que, com Lênin incapacitado, Trótski reconheceu a súbita imensidão do poder de Stálin.

Mas Stálin, de repente, tornou-se vulnerável graças ao tapa em Tíflis. Lênin via agora sua *bête noire* — o chauvinismo da Grande Rússia — nas pessoas de um georgiano (Ordjonikidze) e de um polonês (Dzierżyński), que ele suspeitava terem encoberto os eventos na Geórgia.[93] Em 25 de janeiro de 1923, sem Lênin, o resto do Politbiuró se reuniu — até mesmo Trótski compareceu, embora estivesse de férias —, ouviu a comissão de Dzierżyński, bem como Mdivani, e depois votou pela aprovação das conclusões de Dzierżyński, inocentando Ordjonikidze e removendo os quatro principais comunistas georgianos da Geórgia.[94] Por ordens médicas, ninguém deveria manter Lênin informado sobre assuntos do partido, mas, em 24 de janeiro, a secretaria de Lênin registrou que ele orientou Maria Volóditcheva a requisitar os materiais da Comissão Dzierżyński de Stálin ou Dzierżyński, para que seu secretariado pudesse estudá-los e relatá-los a ele, de modo que ele pudesse preparar um informe para o próximo XII Congresso do Partido (previsto para a primavera de 1923).[95] Sua desconfiança inata foi intensificada pela doença e pela prescrição de redução do envolvimento político. De acordo com os médicos, ele começou a acusar Fotíieva, sua secretária-chefe, de "fazer intrigas" contra ele, porque ela descobrira que Dzierżyński estava fora de Moscou, mas disse que, quando ele voltasse, lhe pediria o dossiê.[96] Mais ou menos na mesma época, final de janeiro, Stálin e Krúpskaia tiveram um confronto por telefone. As fontes indicam que o conflito foi provocado pelo pedido do relatório Dzierżyński, que a secretaria de Lênin fez formalmente a Stálin em 29 de janeiro.[97]

Stálin viu nesse pedido um prova prima facie de que alguém, provavelmente Krúpskaia, estava informando Lênin sobre os assuntos do partido e do Estado, contra a proibição rigorosa estabelecida pelo Politbiuró por instrução dos médicos. Mólotov, que o conhecia muito bem, recordou mais tarde que "Stálin ficou irritado: 'Por que tenho de suportá-la? Dormir com Lênin não significa necessariamente entender o leninismo!'. Stálin me disse algo assim: 'Só porque ela usa o mesmo banheiro de Lênin, tenho de apreciá-la e respeitá-la como se ela fosse Lênin?'. Ele foi demasiado grosseiro e rude".[98] "Krúpskaia caracterizaria a rudeza de Stálin ao telefone como extraordinária, mas isso não é corroborado por nenhuma outra fonte. Maria Uliánova, que foi testemunha ocular, pois o telefone ficava no corredor, do lado de fora do quarto de Lênin em Górki, lembraria que Stálin havia apontado a violação de Krúpskaia da decisão do Politbiuró "de uma forma bastante ríspida" e que Krúpskaia ficara histérica: "Ela não parecia ela mesma, gritava, rolava no chão, e assim por diante". Talvez Krúpskaia estivesse deliberadamente tentando encenar um incidente memorável. Uliánova recordaria ainda que Krúpskaia contou a Lênin sobre o incidente "depois de vários dias" e que ela (Krúpskaia) e Stálin se reconciliaram.[99]

O fato de o incidente grosseiro ter ocorrido no final de janeiro — e não, como a maioria dos relatos afirma, em 22 de dezembro — ajuda a explicar por que, em 1º de fevereiro de 1923, Stálin leu uma declaração no Politbiuró pedindo para ser "liberado da responsabilidade pela supervisão do regime estabelecido pelos médicos para o camarada Lênin". O Politbiuró rejeitou por unanimidade seu pedido.[100] Nesse mesmo dia, Stálin também entregou os materiais da Comissão Dzierżyński à secretaria de Lênin. O pedido era pouco ortodoxo, uma vez que os materiais deveriam ser reexaminados por uma nova "comissão", que nenhum órgão do partido havia autorizado, e que era composta do mero pessoal técnico, sem prestígio.[101] No dia seguinte, o Politbiuró discutiu, mais uma vez, a insistência de Trótski em concentrar a autoridade econômica na comissão de planejamento estatal e abrir as comportas para financiar a indústria; a questão foi adiada.[102] Suas propostas foram encaminhadas a todo o Comitê Central e, em última instância, ao XII Congresso do Partido.[103] Trótski persistia em sua busca por ditadura econômica para contrabalançar a ditadura de Stálin no partido.

DITADO SUSPEITO

Maria Glasser, secretária de Lênin que cuidava das questões do Politbiuró, lembrou que, entre dezembro de 1922 e março de 1923, o líder bolchevique, "tendo apenas meia hora por dia, raramente mais, e às vezes menos, apressou-se temerosamente para dizer e fazer tudo o que era necessário".[104] Mas o professor Kramer observou, em fevereiro, que "Vladímir Ilitch estava achando difícil lembrar uma palavra que queria ou era incapaz de ler o que havia ditado à secretária, ou começava a dizer algo completamente incoerente".[105] Apesar da rigorosa proibição de lhe transmitir informações políticas, todos os materiais do regime ainda eram enviados para sua secretaria, e Lênin, confinado em sua pequena sala no apartamento do Kremlin, persuadia suas secretárias a lhe passarem informações sobre eventos atuais e fazer chamadas telefônicas em seu nome. Foram essas mulheres leais, Fotíieva, Volóditcheva e, sobretudo, Krúpskaia, que assumiram a tarefa de interpretar suas palavras quase ininteligíveis e a pantomima meio paralisada.[106] Em 14 de fevereiro de 1923, consta que ele instruiu uma secretária a "transmitir a alguém dos insultados [georgianos] que ele está do lado deles". Lênin acrescentou: "Stálin sabia? Por que não reagiu?".[107] Os médicos registraram que, em 20 de fevereiro, Krúpskaia ocultou de Lênin os protocolos do X Congresso dos Sovietes, que mostravam que Stálin havia cumprido a vontade de Lênin.[108] Em 3 de março, Fotíieva registrou ter passado para Lênin o dossiê sobre a Geórgia que refutava o relatório da Comissão Dzierżyński artigo por artigo.[109]

O contradossiê era descaradamente tendencioso. Apenas um exemplo: ele omitia o fato relevante de que a carta secreta de Pilipe Makharadze ao Comitê Central, com a resposta de Kámenev, fora vazada para o jornal dos mencheviques emigrados *Arauto Socialista*, ou seja, os georgianos haviam divulgado segredos de Estado.[110] O contradossiê também fazia um juízo político do tapa em Tíflis ("as diferenças carregam um caráter político e devem ser levantadas no próximo congresso do partido"). Não está claro quem inseriu essas avaliações. Sugeriu-se o envolvimento de Trótski.[111] Mas, sentindo-se mal, ele estava enfiado em seu apartamento no Kremlin, num prédio diferente do de Lênin. "Nem Lênin nem eu podíamos chegar ao telefone; além disso, os médicos proibiram terminantemente Lênin de manter quaisquer conversas telefônicas", Trótski escreveria, acrescentando que as secretárias de Lênin iam e vinham entre os dois com mensagens, entre as quais estava um bilhete, datado de 5 de março de 1923, supostamente de Lênin, rogando a Trótski "para fazer a defesa do caso da Geórgia na reunião do Comitê Central do partido. Esse assunto está agora em 'tramitação' nas mãos de Stálin e Dzierżyński, e não posso contar com a imparcialidade deles. Com efeito, muito pelo contrário!".[112] Nesse mesmo dia, Trótski ligou para a secretaria de Lênin e falou com Volóditcheva, queixando-se de que estava doente demais para fazer o que Lênin solicitara. E acrescentou que o comportamento de Ordjonikidze no incidente era uma aberração.[113]

As circunstâncias apontam Krúpskaia como a responsável pelo dossiê contra Dzierżyński e pelo bilhete para Trótski. Outro suposto ditado de Lênin, que também teria sido tomado por Volóditcheva, era para Stálin, e ele o recebeu no dia seguinte.[114] Estava datilografado, e dele não subsiste nenhuma cópia estenográfica manuscrita. Tampouco o pessoal da secretaria de Lênin fez a costumeira anotação obrigatória do envio de uma carta. O texto datilografado exigia um pedido de desculpas por maltratar

Krúpskaia e ameaçava com a ruptura nas relações. Por algum motivo, cópias foram enviadas a Zinóviev e Kámenev. Stálin já havia pedido desculpas a Krúpskaia, mas o incidente era agora reavivado. Em 7 de março, Stálin respondeu por escrito: "Cerca de cinco semanas atrás [ou seja, final de janeiro], tive uma conversa com a camarada N. Konstantinova, que considero não só sua esposa, mas também minha velha camarada do partido, e lhe disse (por telefone) aproximadamente o seguinte: 'Os médicos proíbem dar informações políticas a Ilitch, considerando que esse regime é um meio muito importante de curá-lo, e você, Nadejda Konstantinova, violou esse regime; não é permitido jogar com a vida de Ilitch', e assim por diante". Stálin continuou: "Não considero que se possa encontrar alguma coisa rude ou não permissível 'contra' você nessas palavras, pois meu único objetivo era que você recuperasse a saúde. Além disso, considerei ser meu dever supervisionar a implementação do regime. Minhas explicações para N. Kon[staninova] confirmaram que não havia nada aqui, e nem poderia haver, além de um mal-entendido trivial. No entanto, se você acha que, a fim de manter 'relações', devo 'retirar' as palavras que disse acima, posso retirá-las, mas me recuso a entender do que se tratava, onde minha 'culpa' reside, e o que realmente querem de mim".[115]

Contudo, outro suposto ditado de Lênin, um telegrama datado de 6 de março, foi endereçado a Mdivani e Makharadze: "Estou com vocês nesta questão com todo o meu coração. Estou indignado com a grosseria de Ordjonikidze e a conivência de Stálin e Dzierżyński. Estou preparando notas e um discurso para vocês".[116] Apenas alguns meses antes, Lênin admoestava severamente Mdivani e Makharadze. Não estava claro que ele estivesse em condições de ditar cartas. Em 6 de março, os médicos registraram o seguinte: "Quando ele acordou, chamou uma enfermeira, mas quase não conseguiu conversar com ela, queria que a enfermeira chamasse Nadejda Konstantinova, mas não conseguia dizer o nome dela. [...] Vladímir Ilitch estava com uma cara confusa, a expressão em seu rosto era assustadora, seus olhos estavam tristes, sua aparência questionadora, as lágrimas rolavam de seus olhos. Vladímir Ilitch está agitado, ele chora para falar, mas não consegue encontrar as palavras, e acrescenta: 'Ah, o diabo, ah, o diabo, uma doença como essa, isso é um retorno à velha doença', e assim por diante. Depois que se tomaram medidas, 'sua fala melhorou', V. I. Lênin se acalmou e adormeceu".[117]

Vale ressaltar que Trótski mais tarde escreveria que "Lênin entrou em contato clandestino com os líderes da oposição georgiana (Mdivani, Makharadze e outros) contra a facção de Stálin, Ordjonikidze, Dzierżyński, *por intermédio de Krúpskaia*" (grifo do autor).[118] Talvez Krúpskaia, interpolando as intenções de Lênin, tenha inventado as três cartas de março. Talvez ela tenha primeiro enunciado as palavras para Lênin e ele as tenha repetido. Talvez ele próprio tenha murmurado versões delas. Provavelmente jamais saberemos. Qualquer que fosse a sua proveniência, as cartas tiveram consequências. Em 7 de março, Kámenev, escrevendo a Stálin, divulgou o apoio de Lênin aos "desviacionistas nacionais" na Geórgia; escrevendo a Zinóviev, Kámenev atribuiu a si mesmo o papel de pacificador.[119] Àquela altura, o estado de saúde de Lênin havia piorado acentuadamente: ele sofreu uma convulsão na noite de 6 para 7 de março.[120] (O diário mantido pelas secretárias de Lênin termina no meio de uma frase em 6 de março.)[121] A resposta escusatória de Stálin a Lênin, de 7 de março, sobre Krúpskaia, foi registrada como "não lida" por Lênin. As três cartas de março foram os últimos documentos atribuídos a Lênin pelas datas a eles atribuídas, mas não os últimos que surgiriam em seu nome.

TERCEIRO DERRAME E ARTIGO FALSO

Na noite de 9 para 10 de março de 1923, Lênin sofreu outro derrame, que resultou em "perda completa da fala e paralisia completa das extremidades direitas", segundo o professor Kramer, o neurologista.[122] O diário dos médicos registrou em 11 de março que "ele continua tentando dizer alguma coisa, mas saem somente sons fracos, desconexos. [...] Hoje, especialmente perto da noite, sua compreensão do que lhe diziam estava pior, às vezes ele respondia 'não' quando deveria dizer 'sim'". No dia seguinte, os médicos escreveram: "Ele não consegue entender o que lhe pedem para fazer. Mostraram-lhe uma caneta, seus óculos e uma faca de papel. Quando lhe pediram para dar os óculos, ele os deu, quando pediram a caneta, ele deu os óculos de novo".[123] Em 11 de março, Stálin enviou uma mensagem codificada a todas as organizações do partido provinciais e das repúblicas: "Mais do que nunca, os comitês provinciais precisam estar informados sobre o estado de ânimo das massas, de modo a não permitir que haja confusão". Na década de 1920, Moscou costumava ser agitada por rumores e vazamentos, e os jornais soviéticos travavam polêmicas com os periódicos dos emigrados, de tal modo que manter alguma coisa totalmente em segredo estava fora de questão. A doença de Lênin foi divulgada publicamente em uma edição especial do *Pravda* em 12 de março, embora com a máxima cautela: "algum enfraquecimento das funções de movimento da mão e da perna direitas", "alguma perturbação em sua fala".[124] Essa nota publicada, assinada pelos médicos alemães, foi o suficiente para que os leitores argutos deduzissem que Lênin sofrera uma paralisia parcial.[125]

Naquele mesmo dia, a OGPU enviou mensagens cifradas às agências regionais instruindo-as a intensificar a atividade: "O estado de saúde do camarada Lênin é crítico. Um fim fatal é possível. Montem imediatamente uma 'troika' secreta a fim de tomar todas as medidas necessárias para evitar distúrbios antissoviéticos".[126] Dzierżyński preocupou-se que os emigrados na França pressionassem aquele país e talvez a Polônia a aproveitar a situação e fazer uma intervenção militar. O Politbiuró contemplou introduzir a lei marcial. Uma mobilização parcial ocorreu em 14 de março. Sobre a discussão para divulgar a doença de Lênin ao público, Trótski logo declararia em um discurso: "Camaradas, acho que vocês podem imaginar o estado de espírito em que essa reunião do Politbiuró ocorreu. [...] Nós nos perguntamos com alarme genuíno como os de fora do partido receberiam a notícia — o camponês, o soldado do Exército Vermelho".[127]

Tudo era filtrado através do prisma da sucessão. A partir de 14 de março de 1923, o *Pravda* começou a lançar boletins especiais a respeito da saúde de Lênin. Acontecia de ser o 25º aniversário da fundação oficial do partido, e o vigésimo do II Congresso do Partido, quando a facção bolchevique se constituíra, e o jornal trazia ensaios comemorativos. Um deles se destacou: "Liev Trótski: o organizador da vitória", de Karl Radek, que considerava Trótski "o primeiro líder [*vojd*]" e usava uma linguagem altissonante para louvar o "gênio" de Trótski, elogiando até temas controversos, como "sua corajosa determinação de utilizar especialistas militares para criar o Exército".[128] Circularam rumores de que Lênin havia designado Trótski seu sucessor.[129] Em pouquíssimo tempo, a OGPU apresentou um relatório sobre as conversas entreouvidas, de trabalhadores em cidades e camponeses perto das cidades ou ao longo das linhas férreas, porque "a notícia sobre a doença de Lênin mal havia começado a penetrar na aldeia genuína". Algumas pessoas não acreditaram nas notícias, outras expressaram preocupação com Lênin. De acordo com a OGPU, as pessoas discutiam possíveis sucessores de Lênin pelo nome, supostamente mencionando Trótski "sem especial simpatia", o que a OGPU atribuía ao "antissemitismo das massas". Entre os outros citados com possibilidades de virem a assumir a presidência do Conselho dos Comissários do Povo estavam Kámenev, Bukhárin, Zinóviev e Dzierżyński.[130] Stálin não era mencionado. No país em geral, na primavera de 1923, ele era pouco conhecido. Mas o relatório da OGPU foi apresentado a ele.

Lênin tentava freneticamente conseguir que os enfermeiros lhe dessem cianeto ou convocar Stálin para que o fizesse. No sábado, 17 de março, a própria Krúpskaia convocou Stálin, dizendo-lhe que Lênin estava em um estado "horrível" e exigia veneno novamente.[131] Stálin foi até o apartamento de Lênin no Kremlin, e naquele mesmo dia escreveu um bilhete explicativo para Kámenev e Zinóviev, seguido, quatro dias depois, de uma nota para todo o Politbiuró. Stálin não foi admitido no quarto de Lênin; Krúpskaia transmitiu o pedido de veneno de Lênin e a resposta de Stálin, uma vaga promessa de que, "no momento necessário, realizarei seu pedido, sem vacilar". Mas ele disse ao Politbiuró que "não tenho força para cumprir essa solicitação de V. Ilitch e devo recusar a missão, uma vez que não é humana e necessária". Os membros do Politbiuró apoiaram as manobras procrastinadoras de Stálin.[132] Também em 21 de março, a secretaria de Lênin deixou de receber documentos do regime, um corte que somente Stálin poderia ter ordenado.[133]

Enquanto isso, Kámenev agira de acordo com o papel que atribuíra a si mesmo de pacificador da Geórgia e, junto com Kúibichev (Comissão Central de Controle), fora ao II Congresso do Partido georgiano, que abriu em Tíflis em 14 de março.[134] Os delegados do Partido da Geórgia se recusaram a reintegrar Mdivani e outros sete "desviacionistas nacionais" no novo Comitê Central georgiano de 25 membros, mas os emissários moscovitas pressionaram.[135] Para Sergo Ordjonikidze, Kámenev estava fazendo jogo duplo.[136] Em 21 de março, Stálin telegrafou a Ordjonikidze para admoestá-lo de que havia sabido por Kámenev e Kúibichev que a constituição da Federação do Cáucaso Sul estava "errada e ilegal", porque faltavam aos comissariados econômicos das três repúblicas funções operacionais genuínas. "Esse erro deve ser corrigido obrigatória e imediatamente."[137] De súbito, em 23 de março, Trótski, assumindo tardiamente a causa do Comitê Central georgiano, pressionou o Politbiuró a remover Ordjonikidze, mas somente um outro membro votou com ele. Kámenev e Kúibichev retornaram a Moscou e fizeram um relato ao Politbiuró, em 26 de março, sobre os erros de "ambos os lados" na Geórgia. Trótski manteve o ataque.[138] Em 1º de abril, tentou fazer com que Bukhárin escrevesse um artigo de destaque sobre a questão nacional antes do próximo congresso do partido (que fora adiado de 30 de março para 17 de abril). Nada apareceu no *Pravda* escrito por Bukhárin.[139] Mas então sobreveio um acontecimento extraordinário: em 16 de abril, Lídia Fotíieva telefonou a Kámenev para informar que havia um novo artigo de Lênin sobre as nacionalidades.

Fotíieva telefonou depois a Stálin com a mesma informação. Stálin se recusou a receber o "artigo", afirmando que "não se envolveria".[140] O artigo, intitulado "Notas sobre a questão das nacionalidades", afastava-se de forma significativa das ideias antigas e até mesmo recentes de Lênin sobre as nacionalidades, defendendo a confederação.[141] Nas "Notas", Lênin também afirmava que "penso que a pressa de Stálin e sua paixão pela pura administração, juntamente com o seu rancor contra o famigerado 'socialismo nacionalista', desempenharam um papel fatal nisso", referindo-se à animosidade despertada na Geórgia. "Na política, o rancor geralmente desempenha o mais vil dos papéis."[142]

As supostas "Notas" de Lênin estavam datadas de 30-31 de dezembro de 1922, mas Fotíieva observou depois que o longo artigo fora ditado em duas sessões de quinze minutos.[143] A transcrição não tinha assinatura ou iniciais. As provas existentes apontam com grande força para uma manobra de Krúpskaia e das secretárias de Lênin a fim de forjar o que interpretaram como a vontade de Lênin. Elas sabiam que ele se interessava pelo caso da Geórgia; com efeito, o instigaram nesse sentido. Trótski também pode ter sido cúmplice. Houve controvérsia depois que ele afirmou ter recebido o texto das "Notas" antes do Comitê Central — e, supostamente, antes do terceiro derrame de Lênin —, mas inexplicavelmente o guardara para si.[144] E o suposto ditado de Lênin se encaixava nas opiniões de Trótski publicadas no *Pravda* (20 de março de 1923).[145] Ainda mais revelador, as secretárias de Lênin continuaram trabalhando no contradossiê sobre a Geórgia, para um relatório de Lênin a ser apresentado num futuro congresso do partido, mesmo depois que ele teve o terceiro acidente vascular cerebral e perdeu para sempre a capacidade de falar. O material delas contém a seguinte nota (de 12 de março): "Agrupar o material não tanto em defesa dos desviacionistas [nacionais] quanto na falha dos chauvinistas de grande poder", referindo-se a Stálin. Na verdade, o dossiê contra a Comissão Dzierżyński parece um primeiro rascunho das "Notas sobre a questão das nacionalidades". Em 16 de abril, quando Fotíieva pôs as "Notas" em movimento, Trótski apresentou tardiamente a pretensa carta de Lênin, supostamente ditada em 6 de março, para Mdivani. Espalharam-se rumores de que "Lênin havia expressado confiança em Trótski e lhe dera algumas tarefas e prerrogativas importantes".[146]

LÊNIN AUSENTE

O XII Congresso do Partido, que teve lugar em 17-25 de abril de 1923, em Moscou, com 408 delegados com direito a voto entre 825 participantes, foi o primeiro que Lênin perdeu desde o VI Congresso, no verão de 1917, quando estava na clandestinidade. Inicialmente, como de costume, o Politbiuró atribuíra a Lênin o principal relatório político, que agora no entanto ficou para Zinóviev.[147] "Vocês lembram com que sede nós sempre ouvimos esse discurso, a sede de um homem que, num dia de verão abafado, cai de boca em uma fonte clara e profunda para se saciar", observou Zinóviev, provocando expectativas para depois não satisfazê-las.[148] Stálin, em seu relatório organizacional, vangloriou-se de que "nos últimos seis anos, o Comitê Central nunca preparou um congresso do modo como preparou este".[149] Na verdade, a abertura foi adiada porque as eleições de delegados foram anuladas e novas eleições foram realizadas em locais distantes, com "representantes" do Comitê Central presentes. O tagarela Zinóviev admitiu mais tarde que "as pessoas poderiam nos dizer: o Comitê Central do partido, logo antes de um congresso em que o Comitê Central seria criticado, [...] reuniu seus próprios delegados, cerceando os direitos eleitorais de membros. [...] Mas tínhamos de fazer isso do ponto de vista dos interesses da revolução. Do ponto de vista dos benefícios para a revolução, [decidimos] permitir a votação apenas daqueles que são a genuína guarda do partido".[150] Tradução: os partidários de Trótski foram sacrificados. Pode-se ter ideia da acrimônia a partir de uma anedota: quando Vorochílov viu Radek no congresso caminhando atrás de Liev Trótski, gritou algo no sentido de "lá vai Liev [Leão] e atrás dele sua cauda". Radek começou a trabalhar e, poucos momentos depois, produziu uma réplica: "Oh, Klim, seu cabeça vazia,/ Cheia de esterco/ Melhor ser a cauda de Liev/ Do que o cu de Stálin".[151]

A entrada de Trótski, em meio a luzes flamejantes e câmeras de cinema em ação, provocou uma estrondosa ovação.[152] Ele fez um discurso longo e complexo que introduziu uma metáfora brilhante para captar a grande crise que atormentava a política econômica do regime. A indústria soviética, de recuperação mais lenta do que a agricultura, estava produzindo bens insuficientes, o que levava a preços mais altos (uma situação agravada pela organização da economia industrial em trustes que se entregavam à manipulação monopolista de preços); ao mesmo tempo, os preços para a produção dos agricultores estavam caindo, e o diferencial de preço inibia camponeses de comercializar seus grãos. Trótski apresentou um gráfico sensacional que mostrava o aumento dos preços dos bens manufaturados e a queda dos preços dos produtos agrícolas, que comparou à abertura das lâminas de uma tesoura.[153] Seu discurso culminou numa louvação ao planejamento. "Nossa Nova Política Econômica foi estabelecida a sério e por um longo tempo, mas não para sempre", declarou, chamando o mercado de "fenômeno diabólico", o que provocou aplausos.[154] Trótski não especificou como uma transição para o planejamento poderia acontecer, mas indicou como pagaria por isso: "Pode haver momentos em que o Estado não pague um salário inteiro ou pague apenas a metade, e você, o trabalhador, dá um crédito ao seu Estado às custas de seu salário". Algumas vozes se ergueram contra esse convite à exploração do trabalho, mas os membros da liderança, em sua maior parte, evitaram envolver-se no discurso, que foi seguido de aplausos.[155] O que Trótski fez então? "Assim que terminou, ele deixou o salão", comentou um admirador estudante. "Não houve nenhum contato pessoal nos corredores."[156]

Stálin apresentou um segundo relatório, sobre as nacionalidades, e, sendo incapaz de superar Trótski na teatralidade, concentrou-se na substância e fez o maior discurso de sua carreira até então. Absteve-se de afirmar que as "Notas sobre a questão das nacionalidades" de Lênin eram uma falsificação, mas deixou vazar que "o camarada Lênin esqueceu, esqueceu muito, recentemente. Ele esqueceu que com ele nós aprovamos os fundamentos da União (Voz: ele não estava na plenária)".[157] Stálin passou a refutar os argumentos das "Notas" ponto por ponto. Stálin conhecia seu Lênin. Ele provou meticulosamente que o próprio Lênin havia rejeitado o argumento da confederação, citando com precisão sua própria correspondência com o líder, assim como muitos outros escritos deste. Demonstrou que Lênin defendia uma federação, que era como a União recém-formada havia sido projetada e aprovada; Lênin defendia uma economia única, integrada; "para Lênin, a questão nacional é uma questão subordinada a uma questão superior — a questão dos trabalhadores".[158] Stálin provou ainda que Lênin havia sido um defensor precoce de uma Federação do Cáucaso Sul para conter os excessos nacionalistas.[159] Esclareceu a questão observando que os georgianos oprimiam minorias nacionais, e não apenas os povos tribais (abkhazianos e ossétios), mas também armênios; bastava ver os esforços das autoridades da Geórgia para deportar armênios e "transformar Tíflis em uma verdadeira capital da Geórgia".[160] Em outras palavras, os grandes russos não tinham o monopólio do chauvinismo. De qualquer modo, a questão mais importante não era o chauvinismo, mas o atraso e a necessidade de desenvolvimento. O partido precisava empregar os instrumentos da autonomia regional e do ensino da língua nativa, que agora consolidariam as nações, para poder desenvolver uma política confirmada no congresso como "indigenização" (*korenizátsia*).[161]

Vozes dissidentes tentaram contra-atacar. Rakóvski lamentou a usurpação de prerrogativas das repúblicas e uma insidiosa "psicologia administrativa, burocrática", e tentou usar Lênin contra Stálin, mas este montou uma réplica forte, com um relato preciso de sua discussão com Lênin de 1920, durante a guerra polonesa, citando a si mesmo e a resposta de Lênin para mostrar que Lênin era o arquicentralizador, enquanto ele admitia as diferenças.[162] Skripnik, da Ucrânia, disse que o chauvinismo da Grande Rússia era "sugado com o leite materno", de tal modo que havia se tornado "instintivo em muitos, muitos camaradas" — inclusive, de alguma forma, no georgiano Stálin —, enquanto Mdivani denunciou a "criação artificial" da Federação do Cáucaso Sul. Ninguém tentou usar a suposta carta de Lênin a Mdivani — nem Trótski, nem mesmo o próprio Mdivani. Este último tentou usar as "Notas sobre a questão das nacionalidades", o pretenso artigo de Lênin, mas Kámenev, que presidia a sessão, o interrompeu.[163] Apenas Bukhárin juntou-se a Rakóvski no apoio a uma confederação (depois que a União federativa já havia sido formada).[164] A grande maioria dos delegados alinhou-se com Stálin. "Ouviu-se o trovão dos aplausos de todos os lugares", admitiu Bukhárin.[165] Até mesmo Evguéni Preobrajénski — que contestara Lênin no congresso anterior sobre o fato de Stálin ter tantos cargos concomitantes — reconheceu que "o informe do camarada Stálin foi extremamente substantivo, eu diria que foi um informe muito inteligente".[166]

Stálin gozou de um momento de grande visibilidade e de uma vitória esmagadora.[167] O próprio Trótski, ao pôr diante do congresso a escolha entre a autoridade de Lênin e a sua em relação às questões da Nova Política Econômica e da União federativa, possibilitou que Stálin demonstrasse que ele era o único fiel a Lênin. Kámenev também havia dito que "a NPE poderia ser encerrada com um único decreto de vocês ou de qualquer órgão superior do poder soviético, e isso não causaria nenhum tremor político", enquanto Zinóviev observava que "não é a vez da NPE agora".[168] Stálin estava desconfiado da "influência corruptora de elementos da NPE" sobre o partido, e até mesmo culpou a NPE e o capital privado pelo crescimento do chauvinismo da Grande Rússia e dos "nacionalismos georgiano, azerbaijano, uzbeque e outros", mas, entre os altos dirigentes do regime, foi o único que defendeu a NPE de Lênin.[169] Ele foi reconfirmado como secretário-geral. Nas eleições para o novo Comitê Central, Trótski ficou em 35º lugar em número total de votos positivos, e não no segundo lugar que ocupara nas eleições do congresso anterior. Kámenev ficou em 24º, Zinóviev em 32º, e Stálin empatou com Lênin no primeiro lugar (384 votos de um total de 386).[170] Trótski não teria sequer permanecido como membro do Comitê Central se Stálin não houvesse expandido radicalmente esse organismo, como Lênin propusera em seu ditado de 23 de dezembro.

DITADO MILAGROSO

Em 15 de maio de 1923, Lênin foi transportado em ritmo de lesma do Kremlin para Górki, com uma equipe de médicos. Além da paralisia, sofria de insônia, perda de apetite, problemas de estômago, febre e perda de memória. Ele tentava desesperadamente reconquistar a capacidade da fala, sobretudo recitando o alfabeto e cantando a Internacional.[171] Mas sua fala estava limitada a um punhado de palavras — "congresso", "camponês", "operário" —, e, quando ele repetia as palavras que Krúpskaia lhe dizia, não ficava claro se entendia o significado delas. Os médicos observaram que "lhe davam lascas de pão seco, mas por um longo tempo ele não conseguia pôr a mão diretamente sobre o prato e a punha ao redor dele".[172] Tinha crises de choro e se enfurecia com os médicos, como se fosse culpa deles. Estava absolutamente claro que ele jamais voltaria a desempenhar qualquer papel na vida política. A partir de 16 de maio, não houve mais boletins oficiais sobre sua saúde. A pressão sobre Krúpskaia era enorme.[173] O trabalho da vida de Lênin, o destino da revolução, teria de ser levado adiante por outros, e, enquanto ela passava os dias com um inválido sem esperança, Stálin havia surgido como sucessor.

Mas então o céu estalou e um relâmpago atravessou as nuvens: em algum momento do final de maio de 1923, Krúpskaia apareceu com um documento muito curto supostamente ditado por Lênin. Ela o entregou a Zinóviev, com quem mantinha relações estreitas que remontavam ao exílio na Suíça.[174] Foi dito que Volóditcheva, mais uma vez, teria tomado o ditado, ao longo de várias sessões, registradas em 24-25 de dezembro de 1922.[175] Mas o suposto ditado não havia sido registrado no diário de documentos da secretaria de Lênin. Era um texto datilografado; não se encontrou nenhum original taquigrafado ou estenografado nos arquivos. Lênin não rubricara o texto datilografado, nem mesmo com a mão esquerda não paralisada.[176] De acordo com Trótski, o texto datilografado não tinha título.[177] Mais tarde, seriam afixados os títulos — Testamento de Lênin ou "Carta ao Congresso" —, e uma mitologia complexa seria inventada sobre como o ditado havia sido colocado em um envelope lacrado com cera, com instruções de Lênin de que fosse aberto somente após sua morte. Naturalmente, Krúpskaia dera o texto a Zinóviev enquanto Lênin ainda estava vivo.

São pedaços extraordinários de papel que consistem em avaliações pungentes de seis pessoas. (Quando Stálin recebeu e leu o ditado, consta ter exclamado: "Ele caga nele mesmo e caga em nós!".)[178] Porém, vários altos funcionários foram omitidos, entre eles Ríkov, Tomski e Kalínin, membros plenos do Politbiuró, e Mólotov, um membro candidato do Politbiuró que trabalhava em estreita colaboração com Lênin.[179] Em contrapartida, Bukhárin, outro membro candidato do Politbiuró, era mencionado, assim como Piatakov. Lênin encontrou-se com os dois em Górki e estava preocupado com os quadros da próxima geração; o suposto ditado chamava-os de "as melhores e mais excepcionais forças (entre as forças jovens)". Contudo, o documento cravava uma estaca em ambos:

> Bukhárin não é apenas um teórico muito valioso e importante do partido; é também considerado, com razão, o preferido de todo o partido, mas seus pontos de vista teóricos só podem ser classificados de totalmente marxistas com grande reserva, pois há algo de escolástico neles (nunca fez um estudo da dialética e, penso eu, nunca a entendeu completamente). [...] Quanto a Piatakov, ele é, sem dúvida, um homem de vontade e habilidade excepcional, mas mostra muito fervor pela administração e pelo lado administrativo do trabalho para que se possa confiar nele em uma questão política séria.

O ditado exortava Bukhárin, então com 34 anos, e Piatakov, com 32, a "encontrarem ocasião para aprimorar seus conhecimentos e corrigirem sua unilateralidade". Esse conselho aparentemente paternal era uma aguilhoada.

Mas os comentários imediatamente anteriores, sobre Zinóviev e Kámenev, eram ainda mais contundentes:

> O episódio de outubro com Zinóviev e Kámenev não foi, é claro, um acidente, mas tampouco se pode pôr a culpa neles pessoalmente, não mais do que se pode atribuir ausência de bolchevismo a Trótski.

Era isso: uma única frase sobre duas das figuras mais importantes do regime, um perdão aparente para sua oposição ao golpe de outubro, na forma de um lembrete devastador do episódio.

O que precedia a rejeição de Kámenev e Zinóviev, no entanto, era equivalente a um terremoto político.

> O camarada Stálin, ao assumir à secretaria-geral, concentrou poder ilimitado em suas mãos, e não tenho certeza de que será sempre capaz de usar esse poder com cautela suficiente.

Stálin, de algum modo, havia obtido "poder ilimitado" para si mesmo, como se Lênin não o tivesse feito secretário-geral. A próxima linha também era de arregalar os olhos:

Trótski, como provou sua luta contra o Comitê Central em conexão com a questão do Comissariado das Ferrovias, distingue-se pelas mais altas habilidades. Ele é pessoalmente talvez o homem mais capaz no Comitê Central atual, mas tem mostrado autoconfiança em demasia e excesso de preocupação com o lado puramente administrativo dos assuntos.[180]

O ditado advertia que "essas duas características dos dois líderes de destaque do Comitê Central atual" — falta de cautela de Stálin, insensatez política presunçosa de Trótski — "podem inadvertidamente levar a um cisma, e se o nosso partido não tomar medidas para evitar isso, o cisma pode acontecer inesperadamente".[181]

Embora o texto levantasse dúvidas sobre todos os seis, bem como sobre outros que não tinham merecido uma menção, Trótski emerge como a figura central, chamado de o mais capaz, perdoado por seu grave não bolchevismo até 1917, e mencionado mesmo quando o texto trata de outros líderes. Antes, durante e depois do XII Congresso do Partido, Trótski esteve sob ataque difamatório implacável. Havia panfletos anônimos de oposição que exigiam a remoção de Stálin, Zinóviev e Kámenev do Comitê Central, mas surgiu um número muito maior de obras "clandestinas" contra Trótski, tal como *Uma pequena biografia de um homem grande* (corriam rumores de que seria de autoria de Tovstukha, assecla de Stálin) e *O que Ilitch escreveu e pensou sobre Trótski* (que desenterrava comentários desagradáveis de Lênin).[182] Manifestamente, todas as frases do suposto ditado do final de dezembro de 1922 correspondem a textos anônimos pró-Trótski ou a discursos pró e anti-Trótski durante o congresso: a ameaça de um cisma, a necessidade de remover o triunvirato ou grupo líder, o não bolchevismo de Trótski (mencionado por Zinóviev), a rudeza de Stálin. Um verdadeiro rascunho do ditado apareceu na forma do discurso feito no congresso pelo sindicalista Vladímir Kossior (irmão de Stanisław Kossior), que acusou o "triunvirato", o "secretariado" e os "principais órgãos do partido" de terem interesses diferentes dos do partido como um todo e de ameaçarem provocar um cisma.[183] No geral, há uma forte sensação de que o autor do ditado supostamente feito em dezembro de 1922 tenha estudado os discursos do XII Congresso do Partido, realizado na primavera de 1923.[184] Durante o congresso — que terminou em 25 de abril —, ninguém, nem mesmo Krúpskaia, sugeriu a existência do suposto ditado de Lênin. Por que ela optou por não mostrar esse documento ao XII Congresso do Partido? Ela havia trazido à luz as "Notas sobre a questão das nacionalidades", uma falsificação grosseira que não conseguiu chamar nenhuma atenção.

Não se pode excluir a possibilidade de que Lênin tenha ditado o texto datilografado sem título com avaliações de seis pessoas, apesar da ausência de indícios que corroborem isso. É também possível que alguém, conhecendo os pensamentos de Lênin, tenha traduzido alguns gestos e palavras quase inaudíveis, mas genuínos, nesse texto. Mas pode ser que os intermediários tenham falsificado Lênin sem um ditado específico. O momento de sua divulgação, no final de maio de 1923, ajusta--se perfeitamente a um argumento circunstancial de que o suposto ditado teria sido produzido como parte da luta interna em conexão com o resultado do XII Congresso do Partido — o triunfo de Stálin, a derrota de Trótski. A aparição do documento também aconteceu após a remoção de Lênin do Kremlin para Górki e o fim dos boletins oficiais sobre seu estado de saúde, o que indicava certa desesperança a respeito de sua situação.[185] Além disso, em de 2 de junho de 1923, ou logo antes, Krúpskaia entregou a Zinóviev o que disse ser um ditado de Lênin sobre a comissão de planejamento estatal que, assombrosamente, apoiava agora o velho desejo de Trótski de uma ditadura econômica, contra a qual Lênin havia lutado com unhas e dentes durante seu segundo derrame.[186]

Uma coisa é indiscutível: o milagroso ditado não poderia ter saído do santuário mais íntimo de Lênin sem o envolvimento de Krúpskaia.[187] Mas por que ela apoiaria Trótski? Ela e Stálin estavam a ponto de brigar havia algum tempo, mas sua acrimônia com Trótski remontava havia muito mais tempo.[188] Depois que se tornara não apenas a mulher de Lênin, mas também sua secretária, em 1898, ela se viu no meio de uma polêmica acirrada que causaria a divisão bolchevique-menchevique, e em suas cartas dessa época lançou farpas afiadas não só contra Mártov, mas também contra Trótski, chamando um de seus folhetos de "a perversão mais escandalosa do movimento revolucionário em anos".[189] Mais recentemente, Krúpskaia estava bem ciente da profunda exasperação de Lênin com as constantes polêmicas públicas de Trótski com ele durante a guerra civil e o início da NPE. É errado vê-la do lado de Trótski, assim como é errado ver Maria Uliánova do lado de Stálin.[190] Ambas procuravam atingir um equilíbrio, sem favorecer ninguém.[191] Krúpskaia, em seu quarto de século ao lado de Lênin, havia frequentado aulas magistrais de intriga política e, sem dúvida, acreditava do fundo de seu coração conhecer os desejos de Lênin. Bem de dentro do regime, ela podia ver o "poder ilimitado" de Stálin, e sua jogada, se é que foi isso, parece concebida para negar ao georgiano a posição de único sucessor de Lênin.

OPERAÇÃO PARLAMENTO-2 (SOLTANGÄLIEVISMO)

Stálin, logo após o XII Congresso, tratou de fazer uma astuciosa manipulação própria, voltada para os quadros do partido compostos de minorias nacionais, que ele suspeitava de deslealdade. Começou com o Departamento Oriental da OGPU, que era responsável por muçulmanos e budistas, fosse no exterior ou em território soviético. Fundado e liderado pelo letão Jēkabs Peterss, esse departamento havia instituído uma estreita vigilância sobre comunistas muçulmanos soviéticos, rastreando tudo, desde pontos de vista políticos a ligações sexuais. Em uma operação chamada Parlamento-2, um alvo em particular era o tártaro Mirsäyet Soltangäliev, um protegido de Stálin e ave rara. A Tartária tinha apenas 3483 membros do partido, dos quais somente 28,5% eram tártaros.[192] Ali estava um comunista muçulmano letrado, com uma massa de seguidores em um eleitorado difícil (como Stálin sabia bem do seu tempo de agitação entre os muçulmanos de Batum e Baku), mas Soltangäliev passara a criticar Stálin em fóruns partidários em relação a questões como a inclusão do Turquestão muçulmano na RSFSR, em vez de sua manutenção como república autônoma da União.[193] Ele chamava os povos muçulmanos do vale do Volga, sul dos Urais, Ásia Central e Cáucaso de trampolim da revolução mundial, lutou contra o mandado do Comissariado Agrícola da RSFSR sobre terras na Tartária, patrocinando a glorificação do canato tártaro medieval, e pressionou para impor o tártaro como língua dos muçulmanos em toda a Rússia soviética. Informalmente, na primavera de 1923, Stálin se aproximou de Soltangäliev e o informou de que lhe haviam mostrado uma carta conspiratória dele a um camarada da Basquíria que indicava a existência de uma organização clandestina, e o advertiu para tomar cuidado. Tivesse ou não essa intenção, a advertência levou Soltangäliev a escrever em código a um de seus correspondentes para pedir que suas cartas anteriores fossem destruídas.[194] A carta foi interceptada pela OGPU e enviada a Kúibichev, presidente da Comissão Central de Controle do partido, que, no início de maio de 1923, convocou Soltangäliev, o expulsou do partido por pan-turquismo, pan-islamismo e nacionalismo e o prendeu.[195]

Embora o XIII Congresso do Partido tivesse acabado de discutir a questão nacional em profundidade, a expulsão de um membro do governo central (colégio do Comissariado das Nacionalidades) parecia suficiente ao Politbiuró para convocar uma reunião especial dos comunistas de outras nacionalidades, 58 dos quais compareceram, junto com duas dúzias de membros e membros candidatos do Comitê Central. Em 9 de junho de 1923, sob a presidência de Kámenev e com os participantes muçulmanos cientes de que Soltangäliev estava na prisão interna da Lubianka, Kúibichev abriu a reunião de quatro dias com um informe que continha trechos da carta incriminadora de Soltangäliev pedindo que suas cartas anteriores fossem destruídas, bem como de seu interrogatório. Kúibichev afirmou que Soltangäliev admitira ter escrito a correspondência secreta, considerara "legal" sua prisão e admitira que "também seria legal aplicar a maior punição para mim — a execução. Digo isso sinceramente". Kúibichev concluiu que Soltangäliev cometera transgressões graves, mas poderia ser liberado, porque havia admitido suas ações; caso contrário, apesar das provas apresentadas (nesse fórum secreto), o tártaro poderia tornar-se um mártir.[196] Grande parte do debate que se seguiu foi tomada por aqueles que haviam trabalhado em estreita colaboração com Soltangãliev e tentavam se explicar. Mas Ordjonikidze observou que no Turquestão, onde estivera recentemente, a luta interna ocorria entre sunitas e xiitas, turcos e persas, sem envolver o comunismo nacional, enquanto, na região do Cáucaso, os alunos da escola de professores muçulmanos do Azerbaijão usavam distintivos com a imagem do turco Mustafá Kemal. Ele defendeu a formação internacionalista dos comunistas de minorias nacionais (como a que ele mesmo tivera). Em contraste, o comunista ucraniano Skripnik observou que alguém estava tentando usar esse incidente "para mudar a política" no sentido de uma linha mais dura contra os comunistas nacionais (Trótski gritou "completamente correto").[197] Skripnik, junto com Rakóvski, estava dando trabalho a Stálin na comissão constitucional para finalizar as estruturas de governo da União.[198]

Stálin falou na discussão depois do relatório de Kúibichev, embora seu informe estivesse marcado para aquela noite. "O nacionalismo é a ideia-obstáculo fundamental no caminho do crescimento de quadros marxistas, uma *avant-garde* marxista, na zona de fronteira", afirmou, equiparando os nacionalistas muçulmanos aos mencheviques, a "uma ideologia burguesa" e a uma plataforma para relançar uma burguesia nas condições da NPE. Antes da reunião, ele talvez contemplasse um Tribunal Revolucionário que culminaria em pena de morte.[199] Mas, agora, Stálin concordou com seu assecla Kúibichev sobre a necessidade de libertar Soltangãliev. "O sujeito admitiu todos os seus pecados e pediu perdão", declarou Stálin, como se estivesse sendo magnânimo. "Ele foi expulso do partido e, é claro, não será readmitido. Mas com que propósito ele deveria ser mantido na prisão?" Quando uma voz interrompeu para perguntar que trabalho Soltangãliev poderia fazer, Stálin respondeu: "Ele não é dos nossos, ele é estrangeiro, mas lhe garanto que não é pior do que certos especialistas militares que realizam um trabalho muito importante em cargos importantes".[200] A equiparação de um comunista de minoria nacional com especialistas militares tsaristas era reveladora de suas suspeitas generalizadas de deslealdade. Ele fez de Soltangãliev um exemplo como meio de intimidação e controle. Enquanto Zinóviev conseguia inadvertidamente revelar sua ignorância dos assuntos nacionais, Kámenev, que estava dentro da hábil manipulação de Stálin para apertar os parafusos políticos, encerrou o encontro lembrando aos participantes que ameaças internas, como o soltangãlievismo, poderiam tornar-se uma arma nas mãos da Grã-Bretanha, "a maior potência imperialista".[201] Em 14 de junho, Mężyński mandou liberar Soltangãliev, depois de 45 dias de prisão. (Ele acabaria relegado a trabalhar na associação de caça do país.)[202] Stálin fez com que um relato estenográfico do encontro fosse rapidamente distribuído para a discussão exigida em todas as organizações do partido nas repúblicas nacionais. No partido do Tartaristão, a discussão foi presidida pelo chefe da OGPU local.[203] Haveria "indigenização" dos quadros nacionais, como mandava o XII Congresso do Partido, mas também vigilância da OGPU. Ali estavam técnicas que Stálin poderia aplicar em outros grupos, além dos comunistas muçulmanos.

"REUNIÃO DE CAVERNA"

Em 10 de julho de 1923, Zinóviev e Bukhárin deixaram Moscou para férias prolongadas em Kislovodsk, a estância termal do sul do país famosa por suas "águas ácidas" medicinais.[204] Antes de partir, a dupla havia ficado a par de mais um documento surpreendente supostamente escrito por Lênin, que foi chamado de "A carta de Ilitch sobre o secretário". Ela teria sido ditada pelo líder bolchevique em 4 de janeiro de 1923, como um adendo aos ditados datados de 24-25 de dezembro; Fotíieva alegou ter tomado esse ditado adicional.[205] Krúpskaia havia novamente abordado Zinóviev.[206] Kámenev, que estava em Moscou nesse momento, também sabia a respeito da carta. O conteúdo era explosivo:

> Stálin é rude demais, e esse defeito, embora totalmente tolerável no meio e entre nós comunistas, torna-se intolerável no cargo de secretário-geral. É por isso que sugiro que os camaradas pensem em uma maneira de transferi-lo desse posto e nomear uma pessoa diferente que em todos os outros aspectos difira de Stálin por ter apenas uma vantagem, a saber, a de ser mais tolerante, mais leal, mais polido e mais atencioso para com os camaradas, menos caprichosos e assim por diante. Essa circunstância pode parecer algo sem importância. Mas acho que, do ponto de vista das salvaguardas contra um cisma e do ponto de vista do que escrevi acima sobre a relação entre Stálin e Trótski, não é uma bagatela, ou é uma bagatela que pode assumir uma importância decisiva.[207]

Poderia Lênin querer demitir Stálin apenas quinze meses depois de ter criado o cargo de secretário-geral expressamente para ele? Se assim for, por que o ditado não sugere um substituto? E por que a carta também menciona Trótski?

Não há nenhum original estenográfico da "Carta de Ilitch sobre o secretário [geral]". No diário das atividades de Lênin mantido pela equipe de secretárias não há nenhuma menção a essa tal de "Carta de Ilitch". Em 4 de janeiro, o diário dos médicos registrou que Lênin passou a noite sem dormir e com "má" disposição, "fez ditado duas vezes e leu", mas nenhuma fonte corrobora o *conteúdo* do ditado de 4 de janeiro.[208] É também curioso o fato de que Zinóviev não tenha tomado conhecimento dessa "carta" no final de maio, juntamente com as avaliações de seis autoridades do regime. O novo texto datilografado surgiu apenas em junho.[209]

Esse suposto ditado — talvez o documento mais momentoso de toda a história do regime até hoje — deveria ter radicalizado a dinâmica política. Mas Zinóviev e Bukhárin, de posse do conhecimento da clara instrução de Lênin para encontrar uma maneira de remover Stálin da secretaria-geral, não o fizeram. O que a dupla fez foi realizar uma "reunião de caverna", conspiratória, nas falésias rochosas, com alguns outros dirigentes que também estavam de férias em Kislovodsk ou nas proximidades.[210] Os participantes, além de Zinóviev e Bukhárin, foram Grigóri Ievdokímov, chefe sindical em Petrogrado e um dos aliados mais próximos de Zinóviev; Mikhail Lachévitch, comandante das Forças Armadas siberianas e outro partidário de Zinóviev; e Klim Vorochílov, defensor ferrenho de Stálin e comandante do distrito militar do Cáucaso Norte, com sede em Rostov, que recebeu um telegrama para ir a Kislovodsk, a cerca de cem quilômetros de distância.[211] Havia cinco "homens das cavernas" no total. Um convite também fora enviado a Mikhail Frunze, comandante do distrito militar da Ucrânia e da Crimeia, que estava de férias em Jeleznovodsk, a 480 quilômetros de distância, mas ele só chegou no dia seguinte.[212]

Embora Trótski também estivesse de férias em Kislovodsk, todos os relatos apontam que ele não participou da reunião de caverna.[213] Evidentemente, ele estava tão descontente quanto Zinóviev ou Bukhárin com a forma como Stálin dirigia a secretaria do partido, mas, ao polemizar contra potenciais aliados e manter-se à distância, tornava extremamente difícil qualquer aliança com ele. Naquele verão, ele estava absorto principalmente em escrever, embora tenha concordado em receber o escritor esquerdista americano Max Eastman, que foi a Kislovodsk durante sua estadia de 21 meses na União Soviética para falar com Trótski sobre a biografia dele que pretendia escrever ("o homem mais universalmente talentoso no mundo de hoje", escreveria Eastman).[214]

Zinóviev explicaria depois que "todos os participantes entendiam que a secretaria com Lênin era uma coisa, mas, sem Lênin, algo totalmente diferente". Bukhárin, que talvez tenha estimulado o processo da caverna, propôs que "politizassem" a secretaria, isto é, que a transformassem em um pequeno Politbiuró, acrescentando (ao lado de Stálin) Zinóviev e Trótski, ou talvez Trótski e Kámenev, ou Trótski e Bukhárin. "Houve grandes discussões sobre isso", Zinóviev continuou em sua explicação, "e muitos (inclusive eu) consideraram que o camarada Trótski trabalharia conosco, e, juntos, teríamos sucesso na criação de um equilíbrio de poder."[215]

Um "triunvirato" consolidado contra Trótski se formaria somente no verão de 1923; em vez disso, a preocupação imediata gerada pelos três derrames de Lênin não era o poder de Trótski, mas o de Stálin.

511

Alguns dias após a reunião de caverna, Sergo Ordjonikidze, o chefe do comitê regional do partido do Cáucaso Sul, com sede em Tíflis, que tinha uma viagem previamente agendada a Berlim via Moscou para tratamento médico, passou por Kislovodsk. Zinóviev informou Ordjonikidze, considerado fiel seguidor de Stálin, sobre as discussões da caverna e entregou-lhe uma carta (datada de 29 de julho) para Stálin e Kámenev.[216] Previsivelmente, Stálin se enfureceu. Enquanto isso, Zinóviev recebia duas cartas de Stálin (datadas de 25 e 27 de julho) relatando várias medidas que havia tomado.[217] A mais importante, para Zinóviev, dizia respeito à decisão de contrariar diretrizes do Comintern para que os comunistas alemães fizessem ações mais ousadas. Isso enfureceu Zinóviev. Em 30 de julho, ele mandou uma carta acusatória a Kámenev, em Moscou, queixando-se de sua cumplicidade na tomada de decisão peremptória e sem consulta por parte de Stálin. "Você está em Moscou", escreveu Zinóviev. "Você não tem pouca influência. E está simplesmente deixando Stálin zombar de nós." Ele citava vários exemplos e depois acrescentava: "Stálin consultou alguém sobre essas nomeações? Não a nós, é claro". Mesmo nas sessões do Comintern, presididas por Zinóviev (e Bukhárin), Stálin era dominante: "Stálin chega, dá uma olhada e decide. E Bukhárin e eu somos 'corpos mortos' — não nos perguntam nada". Então Zinóviev arrematava com contundência:

> Não devemos mais tolerar isso. Se o partido está condenado a passar por um período (provavelmente muito curto) de governo de uma única pessoa [edinoderjávie] — Stálin —, que assim seja. Mas, pelo menos, não tenho a intenção de encobrir toda essa porcaria. Na prática, não existe um "triunvirato", há a ditadura de Stálin. Ilitch estava mil vezes correto.

A referência final só podia se referir à "Carta de Ilitch sobre o secretário".[218]

Zinóviev lembrava Kámenev de que "você mesmo disse isso mais de uma vez", e parecia ao mesmo tempo irado ("se você não responder a esta carta, não escreverei nunca mais") e esperançoso: "Mas o que me surpreende é que Vorochílov, Frunze e Sergo acham quase a mesma coisa". Aqui, no entanto, Zinóviev talvez estivesse dizendo uma meia verdade. A posição de Frunze sobre o exercício do poder de Stálin não está clara, embora ele talvez se inclinasse para uma estratégia de "equilíbrio", enquanto Ordjonikidze, ainda que Stálin tivesse acabado de salvar sua pele política na questão georgiana, era dono de seu nariz e devia sua alta posição no partido não somente a Stálin, mas também a Lênin.[219] No entanto, qualquer que fosse a disposição de Frunze e Ordjonikidze, Vorochílov certamente se opunha a Zinóviev.[220] Entrementes, Bukhárin também escreveu a Kámenev (em 30 de julho), queixando-se de que, na sua ausência e sem consulta, Stálin havia nomeado um coletivo editorial temporário para supervisionar o Pravda. Na verdade, o Politbiuró havia nomeado Evguéni Preobrajénski, o aliado

512

de Trótski, para ser editor temporário, mas ele havia renunciado devido à reintrodução do monopólio da vodca (a prática tsarista muito criticada de obter receita da embriaguez), e esse ato inesperado obrigou Stálin a tomar uma medida alternativa temporária, até que Bukhárin retornasse de férias.[221] O poder rotineiro de ação de Stálin, nesse caso e em outros, parece ter chocado Bukhárin e Zinóviev. Eles descobriram que Stálin tinha, de fato, "poder ilimitado".

Zinóviev achava que seu comportamento estava sendo razoável — "Não interprete mal. Considere com calma", escreveu a Stálin em 31 de julho —, tendo em vista que havia um ditado atribuído a Lênin que pedia a *remoção* de Stálin, e ele estava pedindo apenas que Stálin compartilhasse o poder.[222] Mas o secretário-geral não aceitou de bom grado a proposta. Além disso, não tinha visto o suposto ditado de Lênin, e sem dúvida estava ansioso, talvez assustado, em relação ao que o documento inteiro poderia conter. Ordjonikidze escreveu a Vorochílov (3 de agosto de 1923) que Stálin considerava as propostas de Zinóviev-Bukhárin parecidas com a nomeação de "comissários políticos" para vigiá-lo, como se ele fosse indigno de confiança, como um daqueles ex-generais tsaristas. Stálin passou ao contra-ataque no mesmo dia (3 de agosto) e escreveu a Zinóviev e Bukhárin: "Recebi a carta de vocês [de 29 de julho], falei com Sergo. Não entendo o que devo fazer para que vocês não me amaldiçoem, ou qual é o problema aqui?". Stálin propôs um encontro cara a cara: "Se vocês consideram a possibilidade de continuação do trabalho amigável (pois da conversa com Sergo comecei a entender que vocês evidentemente não são contra preparar uma ruptura, como algo inevitável)".[223]

Stálin não deixaria que fizessem com ele o que havia acabado de fazer com o tártaro Soltangäliev. Depois de mais uma carta de Zinóviev-Bukhárin (6 de agosto), escrita em um tom conciliador ("a menção a uma 'ruptura' vem de sua exaustão, é óbvio. Essa possibilidade está excluída"), Stálin explodiu. "Por que foi necessário citar a carta de Ilitch sobre o secretário [geral], que desconheço — não há provas de que não sou apaixonado por cargos e, portanto, não tenho medo de cartas?", escreveu em 7 de agosto. "O que se pode chamar de grupo quando seus membros tentam intimidar um ao outro?" E acrescentava que as decisões não estavam sendo tomadas pela secretaria sozinha, sem os outros, e que as agendas não estavam sendo decididas sem a contribuição de alguém que não fosse da secretaria. Retratava-se como vítima: "Vocês são pessoas de sorte: têm a oportunidade de discutir nas férias todos os tipos de planos, debatê-los, e assim por diante, e, enquanto isso, eu estou aqui sendo puxado como um cão numa corrente, cuspindo, e acabo por ser 'culpado'". Ele estava fazendo todo o trabalho! Zombando da pretensa amizade de Zinóviev e Bukhárin, desafiou: "Sou a favor de uma mudança na secretaria [geral], mas sou contra instituir comissários políticos (já temos não poucos: o Orgbiuró, o Politbiuró, a plenária)".[224]

A resposta de Stálin, envolta em autocomiseração, mas vigorosa — e incluindo uma aparente oferta de demissão —, provocou a carta mais cortante de Zinóviev e Bukhárin até então. "Sim, existe uma carta de V. I. em que ele aconselha o XII Congresso a não o reeleger para a secretaria", escreveram eles em 10 de agosto: "Nós (Bukhárin, Kámenev, e eu) decidimos não falar com você sobre isso ainda. Por uma razão compreensível: você já toma os desentendimentos com V. I. de forma demasiado subjetiva, e não queríamos deixá-lo nervoso". Nervoso eles já o haviam deixado, é claro, e a tentativa de abrandamento era tensa:

Não há Ilitch. A secretaria do COMITÊ CENTRAL, portanto, objetivamente (sem más intenções de sua parte), começa a desempenhar o papel no Comitê Central que a secretaria desempenha em outros diretórios do partido na província, isto é, de fato (*não formalmente*), ela *decide tudo*. Isso é um fato, que é impossível negar. Ninguém quer instituir comissários políticos. (Você considera até o Orgbiuró, o Politbiuró e a plenária comissários políticos!) [...] A situação (com Trótski e com várias "plataformas") fica mais complicada e a insatisfação no partido cresce (não olhe para a superfície). Daí a busca de uma melhor forma de colaboração.

O documento foi escrito à mão por Bukhárin, mas assinado apenas por Zinóviev. Ele concluía: "Não pense nem por um minuto que estamos conspirando. Tire férias merecidas. Os melhores votos. Zinóviev".[225] Mas essa carta nunca foi enviada.[226] Stálin programara partir para Kislovodsk em 15 de agosto de 1923, para férias de um mês e meio, mas decidiu adiá-las.[227]

DELÍRIO

Uma questão fundamental que atrasou as férias de Stálin foi a perspectiva de uma revolução estilo outubro na Alemanha.[228] Tratava-se, de longe, do país mais importante do mundo para a URSS. Sofrendo uma inflação devastadora, a Alemanha havia desafiadoramente atrasado o pagamento de suas reparações de guerra. A França fora a mais atingida na Grande Guerra (travada em seu território), mas a Grã-Bretanha queria reduzir as obrigações alemãs, o que deixava os franceses ainda mais enfurecidos. A Comissão de Reparações declarou a inadimplência alemã, e França e Bélgica ocuparam militarmente o vale do Ruhr, onde estavam 80% do aço, ferro-gusa e carvão da Alemanha.[229] Isso fez despencar o mercado alemão e agravou a inflação galopante (em novembro de 1923, um dólar valia 130 bilhões de marcos).[230] Expressando solidariedade para com sua parceira de Rapallo, a Rússia soviética advertiu a inimiga Polônia a não tirar proveito de crise da Alemanha e tomar a Prússia Oriental, do outro lado do corredor polonês criado em Versalhes.[231] Moscou também instou Letônia e Lituânia a concordarem com uma política de não intervenção nos assuntos alemães. Ao mesmo tempo, Zinóviev e Bukhárin decidiram que o momento era propício à URSS para intervir nos assuntos alemães, montando um golpe de Estado comunista. Em Kislovodsk, enquanto meditava sobre como conter o poder de Stálin, a dupla recebeu uma carta (datada de 11 de julho) de Heinrich Brandler (nascido em 1881), um ex-pedreiro e líder comunista alemão que tinha uma experiência de quarto de século na luta revolucionária. Brandler gabou-se de que os comunistas alemães fariam em breve um grande comício antifascista e que "para cada comunista que for morto mataremos dez fascistas".[232]

Enquanto Karl Radek advertia Brandler de evitar qualquer confronto que pudesse servir de pretexto a uma ofensiva anticomunista maciça, Zinóviev tomou a carta de Brandler como um sinal de determinação e a ação de Radek como insubordinação — Zinóviev presidia o Comintern. Stálin apoiou Radek, expressando ceticismo em sua troca de correspondência com Zinóviev sobre a Alemanha, do mesmo modo como havia reagido à suposta maturidade da Polônia para a revolução em 1920. Brandler, por sua vez, ignorou os avisos de Radek e, em 31 de julho, anunciou publicamente a intenção dos comunistas alemães "de conquistar o poder político". Poucos dias depois, proclamou a iminente "queda da ordem burguesa" e o início de uma "guerra civil".[233] Stálin continuou cético. Embora a Alemanha tivesse em 1923 uma classe operária muito maior do que a da Rússia em 1917, em sua carta a Zinóviev de 7 de agosto ele enumerou as circunstâncias especiais que favoreceram os bolcheviques em 1917, e enfatizou não só, ou mesmo principalmente, o apoio dos trabalhadores ao bolchevismo, mas também que os bolcheviques tiveram um povo desesperado pela paz e um campesinato ansioso por tomar as propriedades dos latifundiários. "No momento, os comunistas alemães não têm nada disso", observou ele. "Eles têm, é claro, um país soviético como vizinho, o que nós não tínhamos, mas o que podemos oferecer-lhes neste momento? Se o poder na Alemanha, por assim dizer, tombar agora e os comunistas o tomarem, eles acabariam caindo. Isso na melhor das hipóteses. Na pior, serão reduzidos a pedacinhos [...]. Em minha opinião, os alemães deveriam ser contidos e não incentivados."[234]

Essa discordância não seria resolvida à distância, e, em 9 de agosto, Stálin fez o Politbiuró pedir formalmente que os membros retornassem das férias para a discussão direta. Zinóviev e Bukhárin responderam afirmativamente em 12 de agosto. Trótski estipulou que a interrupção de seu tratamento médico não deveria durar "mais do que uma semana".[235]

As greves em massa haviam tomado a Alemanha, envolvendo 3 milhões de trabalhadores, numa escala que surpreendeu até mesmo os militantes comunistas alemães, e, depois que o governo central alemão renunciou, seu lugar foi ocupado pelo polí-

tico liberal clássico Gustav Stresemann, numa grande coalizão que incluía os sociais-
-democratas alemães. Antes mesmo disso, os sociais-democratas de esquerda haviam
entrado nos governos regionais da Turíngia e da Saxônia, estado natal de Brandler.
A radicalização evidente na Alemanha alimentou o fervor inicial de Zinóviev; Stálin
alertou para uma provável intervenção militar de França e Polônia contra um governo
dos operários alemães que também engolfaria a URSS.[236] Em 21 de agosto, o Politbiuró
resolveu enviar 1 milhão de marcos de ouro aos alemães por canais clandestinos, o
início de um rio de dinheiro que saía de um país pobre e arruinado, ainda sofrendo
de uma fome severa.[237] Dois dias depois ocorreu uma discussão intensa no Politbiuró,
na qual Stálin apoiou a ideia de um golpe de Estado, mas de forma ultrassecreta. "O
ponto de vista de Stálin está correto", observou Trótski. "Não pode parecer que nós,
não só o Partido Comunista russo, mas também o Comintern, estamos maquinando."
Trótski parecia estar cético, exigindo um plano detalhado de insurreição, enquanto
Stálin declarava, liricamente, que "ou a revolução na Alemanha fracassa e nos derruba,
ou então obtém sucesso, tudo vai bem, e nossa situação fica garantida". Havia nisso
provavelmente algum cálculo frio em andamento: se a Alemanha se tornasse comunista e ficasse registrado que Stálin não lhe dera apoio, ele iria acabar parecendo com
Zinóviev e Kámenev em 1917. Contudo, a reviravolta de Stálin revela um grau de entusiasmo desnecessário a uma demonstração calculada. Ele se entusiasmou ao falar que
a URSS precisava de "uma fronteira com a Alemanha", que poderia ser criada tentando
"derrubar um dos Estados burgueses fronteiriços". Quando Tchitchérin perguntou se a
URSS deveria trabalhar para consolidar os Estados da Tchecoslováquia e Iugoslávia ou
preparar levantes neles, vozes gritaram "é claro, as duas coisas".[238]

Em 25 de agosto, o Comintern lançou um apelo mundial aos sindicalistas e socialistas de todos os matizes para uma ação unificada em face da ameaça "fascista". Ninguém respondeu.[239] Nesse mesmo dia, Trótski instruiu seu adjunto no Comitê Militar
Revolucionário da República, Efraim Skliánski, a preparar o Exército Vermelho para
um possível ataque da Entente.[240] Três dias depois, o secretário do Comitê Central
Rudzutaks enviou um telegrama codificado aos comitês provinciais no sentido de que
uma revolução era iminente na Alemanha e que esperassem uma intervenção militar
burguesa contra a Alemanha, tal como tinha acontecido com a Rússia soviética.[241]

TERROR PERPÉTUO

Stálin sabia que sua extensa facção seria agressiva em sua defesa. Quando informara Kúibichev e Rudzutaks, os outros secretários do Comitê Central e seus partidários ferrenhos, eles teriam rido das intrigas de Zinóviev.[242] E, no entanto, aquilo

não era motivo para riso: tratava-se de uma instrução óbvia de Lênin para remover Stálin que estava nas mãos de membros do Politbiuró. Um forte testemunho indireto do medo que Stálin sentia apareceu na revista *Revolução Proletária*. Em seu nono número, de 1923, que saiu em setembro, foram publicadas as cartas de Lênin da primavera de 1917 para Karpínski e Ganétski, as mesmas que a polícia do Governo Provisório havia interceptado e usado para acusar Lênin de agente alemão traidor em julho de 1917.[243] Esperava-se que esses documentos comprometedores, publicados a partir de cópias da polícia, saíssem em um periódico de exilados com o objetivo de desacreditar Lênin, mas em uma revista soviética, preparada para publicação em agosto de 1923? Talvez fosse uma coincidência bizarra, mas parece altamente provável que Stálin, que controlava os arquivos de Lênin, tenha posto em movimento a publicação com o objetivo de dar um golpe na reputação de Lênin.[244] Se assim for, trata-se de um ato de desespero. Não sabemos quando exatamente Stálin leu a "Carta de Ilitch". Seria de esperar que se encontrasse uma cópia dela, com anotações a lápis, em seu arquivo, mas nenhuma cópia subsiste. Talvez nunca saibamos quem a mostrou a ele, quando, em que circunstâncias e com que tipo de reação. Podemos, no entanto, supor que quando Zinóviev e Bukhárin retornaram a Moscou, por volta de 20 de agosto de 1923, Stálin tenha exigido vê-la. Mas é possível que Krúpskaia não tivesse dado uma cópia a Zinóviev, mas apenas permitido que este a lesse, o que só teria aumentado o terror de Stálin.

Stálin neutralizou a iniciativa da reunião de caverna com uma proposta inteligente, aceita pelos outros, de acrescentar ao Orgbiuró — não, como originalmente proposto, à secretaria —, como membros plenos, dois membros do Politbiuró, Zinóviev e Trótski, junto com dois novos membros candidatos, Ivan Kórotkov (um chefe regional do partido promovido para Moscou) e Bukhárin (listado em segundo lugar). Como era de prever, Trótski e Bukhárin nunca compareceram a uma única reunião de trabalho intensivo do Orgbiuró; Zinóviev afirmaria ter participado uma ou duas vezes.[245]

Parte do fracasso das maquinações da reunião de caverna decorreu do comportamento de Trótski. Bukhárin explicaria que "eu, pessoalmente, queria unificar as maiores figuras em um estrato superior do Comitê Central, a saber, Stálin, Trótski e Zinóviev. [...] Tentei com todas as minhas forças trazer a paz para dentro do partido. [...] O camarada Zinóviev vacilou, e logo tomou a posição de atacar impiedosamente Trótski, arruinando esse plano. O camarada Trótski, por sua vez, fez todo o possível para agravar as relações".[246] É verdade, mas um fator ainda maior foi a posição de Kámenev.[247] Por dirigir reuniões de forma eficiente, ele ganhou a reputação de ser prático como um homem de negócios, mas aqueles que o conheciam melhor sabiam que era um intrigante inveterado. Seu pensamento naquele momento não está documentado. Ele conhecia bem Zinóviev e talvez não tivesse uma opinião tão alta deste quanto Zinóviev tinha de si mesmo. Do mesmo modo, Kámenev conhecia Stálin de longa data, desde o início do século, em Tíflis, e em 1917 os dois retornaram ao mesmo tempo do exílio na Sibéria para Petrogrado, depois trabalharam juntos. Kámenev certamente compreendia que Stálin não era nenhum anjo — suscetível, dissimulado, um provocador desagradável —, mas claramente não o considerava um perigo *especial*, do contrário teria participado da ação contra ele. Eis um indicador de que, em 1923, pelo menos, o monstruoso Stálin de depois ainda não existia ou não era visível para quem trabalhava muito próximo dele. Ao contrário, parece que Kámenev considerava Stálin administrável. Ele disse a Ordjonikidze que as queixas de Zinóviev e Bukhárin eram exageradas.[248] É provável que também apreciasse a carga pesada que Stálin estava carregando como secretário-geral. O projeto de constituição da URSS foi cerimonialmente aprovado pelo Comitê Executivo Central Soviético em 6 de julho de 1923, no Grande Palácio do Kremlin — o Comissariado das Nacionalidades foi abolido, de modo que Stálin não tinha mais um cargo formal no governo —, mas a estrutura da União ainda precisava ser implementada, e para isso Stálin era indispensável.[249] Quaisquer que fossem os cálculos precisos — ou erros de cálculo — de Kámenev, o fato de ter ficado ao lado de Stálin foi deliberado e crucial para a sobrevivência política do secretário-geral.

Zinóviev e Bukhárin julgaram mal Kámenev, que, por sua vez, julgou mal Stálin, mas o comportamento de Zinóviev é o maior mistério. Todos entendiam que ele desejava ser o número um.[250] E, naquele verão de 1923, Krúpskaia lhe entregou uma carta de Lênin aconselhando que removessem Stálin. Mas Zinóviev não fez isso. Teve a chance de alterar o curso da história, e não a aproveitou. Sem dúvida, era preciso levar em conta as opiniões de Ríkov, Kalínin e Tomski, bem como as de Mólotov; e o fato de Kámenev ficar ao lado de Stálin, mesmo numa proposta muito aquém da remoção, foi uma surpresa horrível para Zinóviev. Ademais, Trótski mantivera-se, como de costume, distante em relação às sondagens reconhecidamente incipientes que Zinóviev parece ter feito por intermédio de Bukhárin. Não obstante, ele poderia ter forçado a questão para remover Stálin da posição central de secretário-geral, exigindo que a vontade de Lênin fosse cumprida. Poderia ter exigido uma plenária do Comitê Central sobre o assunto, até mesmo um congresso extraordinário do partido. Em vez disso, convocara uma reunião numa caverna e assinara seu nome em algumas cartas a Stálin que Bukhárin escrevera, para depois nem sequer enviar uma delas. Tendo em vista o fato de que a personalidade de Stálin viria a ter consequências momentosas, o fracasso de Zinóviev em agir de acordo com sua própria flagrante ambição e forçar a questão da remoção de Stálin — ainda mais do que a hesitação de Kámenev em cortar alguns dos poderes do secretário-geral — foi sem dúvida a ação (ou omissão) mais consenquencial de um membro do Politbiuró depois que Lênin ficou irreversivelmente à margem da história.

O fato de Krúpskaia vazar no verão 1923 a "Carta de Ilitch sobre o secretário [geral]" acabou por ser um ponto de inflexão que nada infletiu. Para Stálin, no entanto, o episódio não tinha acabado. Ele provavelmente suspeitava que Zinóviev voltaria ao suposto ditado de Lênin, talvez revelando-o ao Comitê Central, talvez mais além. E Trótski também não se envolveria? Quanto tempo duraria o apoio de Kámenev? E o que dizer do papel proeminente de Bukhárin na intriga da caverna? A maior preocupação de Stálin, no entanto, continuava a ser Lênin, embora o líder bolchevique não pudesse falar nem escrever. Em Górki, ele era levado para passear pela propriedade em uma cadeira de rodas importada, lutando para arranhar algumas palavras com a mão esquerda ("mama", "papa"), e ouvindo Krúpskaia ler para ele como se ele fosse um bebê.[251] Lênin jamais voltaria à vida pública. Mas documentos atribuídos a ele haviam sido divulgados aos poucos, meses depois de terem sido supostamente ditados. Por meio da OGPU, Stálin podia manter uma estreita vigilância sobre as idas e vindas em Górki, sob o pretexto de segurança, mas não podia controlar Krúpskaia, e não podia saber se outros documentos com supostas instruções de "Ilitch" ainda viriam à luz. Por fim, Stálin parece ter partido para Kislovodsk no final de agosto.[252] Mas imagina-se que tipo de "férias" teve com a espada de Dâmocles sobre sua cabeça. De qualquer modo, a trégua duvidosa foi curta, pois ele estaria participando de reuniões na capital já na terceira semana de setembro.

HUMILHAÇÃO

A febre revolucionária varreu Moscou em setembro de 1923. Brandler chegara no final de agosto e, em meados de setembro, outros comunistas alemães chegaram e encontraram a cidade repleta de estandartes proclamando o iminente "Outubro Alemão", enquanto fábricas realizavam reuniões para discutir como os trabalhadores soviéticos poderiam ajudar seus camaradas alemães.[253] Mas os comunistas alemães estavam brigando com unhas e dentes, divididos em esquerda, direita e facções de centro, e Brandler implorava a Zinóviev ou Trótski para que liderassem a insurreição. Naquele mês de setembro, um levante promovido pelo Comintern na Bulgária, com o objetivo de derrubar um governo que havia chegado recentemente ao poder por um golpe de Estado, foi esmagado, e depois as forças da ordem búlgaras iniciaram uma onda de represálias, matando 2 mil militantes comunistas e agrários, mas isso também não fez com que retardassem os planos para a Alemanha.[254] Zinóviev buscava um avanço na Alemanha para apagar a mancha de ter se oposto à tomada do poder em outubro de 1917. Mas Stálin não estava para ser superado. "A revolução vindoura na Alemanha é o mais importante evento mundial de nossos dias", escreveu ele em 20 de setembro, em

519

resposta ao pedido de um artigo do editor de *A Bandeira Vermelha*, o órgão comunista alemão. "A vitória da revolução na Alemanha teria significado mais substantivo para o proletariado da Europa e da América do que a vitória da Revolução Russa há seis anos. A vitória do proletariado alemão, sem dúvida, mudaria o centro da revolução mundial de Moscou para Berlim."[255]

As reuniões do Politbiuró ou de sua comissão alemã ocorreram de 21 a 23 de setembro.[256] Um item-chave da pauta era o que fazer com os sociais-democratas alemães. Se concordassem em ser parceiros secundários dos comunistas, seria útil cooperar com eles, argumentou Stálin; se não aceitassem essa posição, isso os denunciaria perante os trabalhadores, o que seria melhor.[257] Bem no meio dessas sessões, Ábel Ienukidze, secretário do presidium do Comitê Executivo Central, aprovou formalmente um brasão da URSS com um martelo e uma foice sobre um globo representado sob raios de sol, com a inscrição "Trabalhadores do mundo, uni-vos!" em seis línguas (russo, ucraniano, bielorrusso, georgiano, azerbaijano e armênio).[258] Zinóviev estendeu-se sobre a possível formação dos Estados Unidos das Repúblicas Operário-Camponesas da Europa.[259] Trótski publicou uma visão geral das táticas revolucionárias nas revoluções francesa e russa no *Pravda* (23 de setembro de 1923), que pretendia que fossem instruções para as forças comunistas na Alemanha. Não está claro qual o efeito que o artigo, que foi republicado em alemão em Berlim, teve sobre os organizadores comunistas alemães, mas ele provocou um protesto oficial do embaixador alemão em Moscou.[260] Zinóviev estava fora de si de fervor e ficou noite após noite com Trótski nos escritórios do Comissariado da Guerra, fazendo perguntas sobre as operações na Alemanha a Serguei Kámenev, o comandante em chefe militar do Exército Vermelho.[261] Brandler vangloriou-se perante um congresso do Partido Comunista polonês realizado nas proximidades de Moscou de que os comunistas alemães tinham mais de 350 mil membros e seriam capazes de pôr em campo 200 mil trabalhadores armados, o equivalente a quinze divisões de 5 mil soldados cada uma, e 330 grupos guerrilheiros para a guerra atrás das linhas — números que eram de arregalar os olhos, ou de cegá-los.[262]

De 23 a 25 de setembro, ocorreu uma plenária do Comitê Central no Grande Palácio do Kremlin, com 52 participantes. No dia da abertura apresentaram-se dois informes, um de Zinóviev sobre a situação internacional, que dizia respeito à Alemanha, e outro do primeiro vice-chefe de governo Ríkov sobre a defesa do país e a criação de um fundo de reserva especial.[263] A plenária aprovou para o golpe de Estado alemão a data de 9 de novembro, aniversário da abdicação do kaiser e da revolução "burguesa" (isto é, da fundação da república).[264] Kúibichev informou sobre as mudanças na composição do Conselho Militar Revolucionário, liderado por Trótski. Em outras palavras, em vez de uma discussão sobre a aparente demanda de Lênin para encontrar uma maneira de remover Stálin — a "Carta de Ilitch sobre o secretário [geral]" —, Trótski foi emboscado por um projeto, desenvolvido sem que fosse consultado, para ampliar e encher o Conselho Militar Revolucionário de partidários de Stálin, Zinóviev e Kámenev. Ele anunciou sua intenção de se demitir de todos os seus cargos, inclusive do Politbiuró e do Comitê Central, e pediu para ser enviado ao exterior "como um soldado da revolução" a fim de ajudar os comunistas alemães no golpe planejado.[265] Quando Fiódor Sóbinov, conhecido como Nikolai Komarov, um participante da plenária de Petrogrado filho de camponeses pobres e ex-operário fabril, perguntou de repente por que Trótski "dava-se ares", ele explodiu. Ergueu-se, disse: "peço que me excluam da lista de atores desta comédia humilhante", e saiu pisando forte, decidido a bater a porta de ferro fundido — uma estrutura metálica maciça pouco dada a batidas demonstrativas. Só conseguiu fechá-la muito devagar, revelando involuntariamente sua impotência.[266]

Fosse de propósito ou por pura sorte, Stálin, Zinóviev e Kámenev haviam humilhado Trótski.

Uma delegação foi enviada ao seu apartamento para convencê-lo a voltar, mas ele se recusou e a plenária continuou e repreendeu oficialmente o seu comportamento.[267] Os protocolos observaram ainda: "Enviar excerto ao camarada Trótski imediatamente". Em sua ausência, a plenária votou a favor de acrescentar vários membros do Comitê Central ao Conselho Militar Revolucionário.[268] Era a segunda vez que a sua composição era alterada contra Trótski; a primeira havia sido por Lênin, em março de 1919, e também precipitara o anúncio de sua renúncia. Naquela ocasião, a demissão havia sido rejeitada, e Lênin o aplacara. Dessa vez também, a renúncia de Trótski foi rejeitada, mas sem Lênin para acalmar as coisas e equilibrar as personalidades.

Só então os outros altos membros do Politbiuró começaram a agir coordenadamente como um triunvirato. Em uma das sessões subsequentes do órgão, quando eclodiu um bochicho entre Trótski e Zinóviev, este último explodiu: "Você não vê que está em um pequeno círculo [óbrutch]? [...] Seus truques não funcionam mais, você está em minoria, você está no singular". A partir de então, sempre que Zinóviev e Kámenev iam secretamente até Stálin na secretaria para combinar questões antes das reuniões do Politbiuró, seus encontros clandestinos ganharam a alcunha secreta de "o pequeno círculo".[269] O círculo deles em torno de Trótski o provocou.

OPOSIÇÃO DE ESQUERDA

A legalização relutante dos mercados promovida pela NPE não fizera nada para aliviar a miséria flagrante dos trabalhadores em cujo nome o regime governava. A indústria fora reorganizada em trustes gigantescos (metalurgia, algodão) e as empresas consideradas mais importantes, conhecidas como os altos-comandos, foram postas sob a égide do Estado, mas isso não impedira que muitas fábricas fossem fechadas ou arrendadas, às vezes para seus antigos proprietários capitalistas. Os operários supérfluos eram dispensados, enquanto aqueles que não eram demitidos tinham os salários vinculados a cotas de produção, tal como no antigo regime.[270] Por sua vez, engenheiros e "especialistas" gozavam de privilégios evidentes, como se nenhuma revolução houvesse acontecido. "O especialista vive melhor, ganha mais, dá ordens, faz exigências; o especialista é um estranho, o especialista não fez a Revolução de Outubro", explicou o chefe dos sindicatos Mikhail Tomski, resumindo a opinião dos trabalhadores.[271] Quando lhes diziam que o país era pobre, os operários retrucavam que os funcionários deveriam ir aos restaurantes da cidade, onde os chefões do partido não pareciam estar passando dificuldades.[272] A partir da primavera de 1923, essa situação inflamável provocou nas maiores fábricas ondas de greves que continuaram até o outono.[273] As inteligências soviética e britânica observaram independentemente uma ligação entre os rumores esperançosos de guerra iminente e de queda do regime soviético.[274] A OGPU realizou prisões generalizadas, mas os trabalhadores muitas vezes atacavam novamente para libertar seus companheiros, de acordo com relatórios secretos enviados para a sede do partido. A coisa estava parecida com a dinâmica do Kronstadt: somente fanáticos ("unidades para fins especiais") bateriam na cabeça dos proletários.[275]

A propaganda bolchevique procurava explicar a agitação operária referindo-se a uma suposta "diluição" do proletariado devido a chegadas recentes do campo e às mulheres, ou com sofismas. "Embora existam vários partidos dos trabalhadores, há apenas um partido proletário", afirmou Zinóviev em uma série de palestras sobre a história do partido, por ocasião de seu 25º aniversário, em 1923. Acrescentou que "um partido pode ser um partido dos trabalhadores em sua composição, mas não ser proletário em sua orientação, programa e política".[276] Em outras palavras, o "proletariado" do regime já não era mais, nem mesmo em parte, uma entidade sociológica, mas totalmente ideológica.

A polícia secreta fez valer com rigor a proibição de sindicatos independentes e de movimentos operários que não fossem comunistas, mas uma aparente alternativa dentro do partido único surgiu em torno de Trótski e ficou conhecida como a oposição de esquerda. No outono de 1923, Trótski começou a exigir "democracia interna no partido", criticando que "a burocratização do aparato partidário se desenvolveu em proporções inéditas por meio do método de seleção pela secretaria [nomeação]", e que "foi criado um amplo estrato de funcionários que, ao entrar no aparato do governo do partido, renuncia completamente à sua própria opinião partidária, ou, pelo menos, à sua manifestação aberta".[277] Evidentemente, não era de surpreender que os ataques bolcheviques à propriedade privada e ao Estado de direito não tivessem resultado na formação de um serviço público eficiente, ágil e receptivo. Não era provável que apparatchiks que deviam, por um lado, se envolver numa impiedosa guerra de classe com execuções sumárias fossem, por outro, abrir caminho a uma pólis grega. Satrapias burocráticas isentas de prestar contas à sociedade, intimidação política e desenfreado proveito próprio eram consequências inevitáveis do próprio compromisso de Trótski com o comunismo. Além disso, mesmo quando protestava contra a degeneração burocrática, ele estava propondo uma superburocracia de especialistas (de preferência comandada por ele) para "planejar" a economia. O programa positivo da oposição de esquerda prometia quase nada aos trabalhadores em greve. No outono de 1917, Trótski mostrara ser um mago político, capaz de popularizar até mesmo as ideias mais difíceis para o trabalhador, levando enormes multidões a fazer juras sagradas de fidelidade às posições que ele defendia, mas, no outono de 1923, ele não estava escrevendo sobre a situação dos trabalhadores concretos e suas famílias que precisavam de emprego ou moradia, mas abstratamente sobre a "crise". Salários em atraso e deduções forçadas para "empréstimos" ao Estado eram feitos sob medida para apelos populistas, mas Trótski não fez nenhum esforço para fazer demagogia com isso.

Contudo, a crítica de Trótski causou impacto considerável no aparato. Em 12 de outubro de 1923, apenas quatro dias depois de ter enviado uma missiva violenta ao Comitê Central, Mólotov mandou para todas as organizações do partido uma circular secreta que enumerava apartamentos "excessivamente luxuosos", "estábulos com cavalos de raça e montaria", "pesados gastos em restaurantes", e assim por diante. "À disposição do Comitê Central está uma série de fatos que indicam que organizações partidárias centrais e provinciais do partido [...] mantêm frotas de automóveis e de carruagens puxadas por cavalos sem qualquer necessidade relacionada ao trabalho", dizia a circular. "Chegou ao nosso conhecimento que, com muita frequência, vagões especiais foram enviados aos balneários do sul com o único propósito de transportar um único passageiro. [...] À custa do Estado, vagões de carga inteiros foram despachados para os balneários do sul transportando automóveis."[278] O aparato foi inundado por relatos sobre funcionários embriagados, sedentos de poder, ladrões, que estavam "desconectados das massas", como dizia o jargão — a não ser que estivessem tentando estuprá-las.[279]

No outono de 1923, Trótski forçou um debate público sobre o triunvirato, mas seus limites eram notavelmente estreitos — polêmicas furiosas a respeito do monopólio dos procedimentos do partido para discussão das complexidades da sociedade moderna em termos de classe, sem nenhum senso de humanidade comum.[280] Além de seu programa estéril no que dizia respeito às massas sem partido, a oposição de esquerda estava em séria desvantagem perante a estrutura do regime. O próprio bolchevismo não passava de uma facção, uma minoria que, em 1903, se separara e se autodenominara majoritária (bolchevique), enquanto rotulava seus oponentes de minoritários (mencheviques), mas, depois da resolução sobre a unidade partidária do x Congresso, não havia como membros do partido de mesma opinião criticarem as políticas do regime sem correrem o risco de expulsão. Uma assim chamada Declaração dos 46 — um grupo díspar de críticos das diretrizes políticas — tentou virar a mesa, exigindo que "o regime faccionário" do aparato central do partido fosse "substituído por um regime de unidade entre camaradas e de democracia interna no partido".[281] Nem Trótski nem vários de seus mais importantes partidários apuseram seus nomes ao texto. Não obstante, o triunvirato mobilizou órgãos partidários para condenar o documento, bem como a carta de Trótski, como facciosismo ilegal.[282] Porém, os fracassos do regime eram tão flagrantes que as resoluções da oposição de esquerda estavam ganhando votos de protesto em reuniões de organizações partidárias primárias em Moscou. Nazaretian, o alto assessor de Stálin, jogou as contagens vencedoras no lixo e enviou resultados falsos para publicação no *Pravda*. Mas o auxiliar de Nazaretian sentiu uma pontada de consciência e confessou. Ambos seriam transferidos para fora do aparato central, mas as contagens de votos distorcidas não foram refeitas.[283] A luta contra Trótski acelerou a institucionalização da violação pelo partido de suas próprias regras.[284] Quando os partidos comunistas francês e polonês iniciaram protestos contra a difamação de Trótski, Stálin acusou-os de tentarem dividir o Comintern.[285] O principal promotor da ação francesa, Boris Lifschitz, conhecido como Souvarine, escreveria mais tarde uma excelente biografia condenatória de Stálin.[286]

CONFRONTO

Trótski unia — em vez de dividir — seus inimigos com uma personalidade implacavelmente desdenhosa.[287] Também distante por natureza, não tinha ideia das consequências disso, mesmo num olhar retrospectivo, como quando relembrou ter se recusado a conviver com outros do grupo dirigente porque "odiava infligir tamanho tédio a mim mesmo. As visitas às casas uns dos outros, o comparecimento assíduo ao balé, as festas regadas a álcool em que as pessoas que estavam ausentes eram ridicularizadas não me atraíam [...]. Por essa razão, muitas conversas em grupo paravam no momento em que eu aparecia".[288] Não obstante, Trótski às vezes lutava muito.[289] Porém, sofreu um revés físico. Conforme seu relato, num domingo de outubro de 1923, quando caçava gansos, maçaricos, narcejas e patos ao norte de Moscou, nos pântanos da província de Tver, entrou num pântano profundo de água fria, não conseguiu se aquecer no carro e voltou com sintomas de gripe.[290] Qualquer que fosse a causa, suas febres eram reais, e ele ficou confinado à cama por ordens médicas. Em deferência, por sugestão de Kámenev, a reunião do Politbiuró de 16 de outubro realizou-se no estúdio do apartamento de Trótski no Kremlin, no Edifício da Cavalaria. Essa foi a reunião que decretou uma investigação imediata da Comissão Central de Controle sobre o "faccionalismo" de Trótski. O comissário da Guerra, de acordo com sua esposa, "saiu de seu estúdio ensopado, despiu-se e foi para a cama. Suas roupas e a roupa de cama tiveram de ser secas, como se ele tivesse se encharcado numa tempestade".[291]

Com Trótski sob ataque político e febril, um evento bizarro ocorreu: em 18 de outubro de 1923, Lênin apareceu no Kremlin, onde não ia havia cinco meses.[292] Foi assim: após a costumeira refeição da tarde em Górki, ele exigiu ser empurrado em sua cadeira de rodas até a garagem, usou seus sapatos ortopédicos para subir no Silver Ghos e se recusou a sair, insistindo — por seu comportamento — que estava indo para Moscou. Convenceram-no a mudar para um veículo fechado e ele partiu por volta das quatro da tarde, com Krúpskaia, Maria e enfermeiros, enquanto outros, entre os quais seus médicos, os professores Óssipov, Rózanov, Priórov e um grupo de guarda-costas, viajaram em veículos acompanhantes. Ao chegar ao Senado Imperial, Lênin examinou seu apartamento no Kremlin, tomou chá e almoçou. Passou a noite ali. Visitou seu gabinete no Kremlin em 19 de outubro, onde pegou livros de sua biblioteca (três volumes de Hegel, obras de Plekhánov). Insistiu em ser empurrado pelo Kremlin, onde, evidentemente, as pessoas o reconheceram, mas uma forte chuva forçou-o a fazer um passeio de carro pelo centro de Moscou, inclusive pela Exposição Agrícola e de Artesanato de Todas as Rússias, que se encerraria em breve e que havia avidamente acompanhado pela imprensa, mas que viu somente através das janelas do veículo por causa da chuva. Concordou em retornar a Górki no início da noite, exausto.[293] "A notícia da chegada de Vladímir Ilitch espalhou-se pelo Kremlin, e as pessoas olhavam pelas janelas e portas", relembrou o motorista de Lênin.[294] É inconcebível que Stálin não soubesse disso, pois os canais da OGPU teriam alertado a secretaria do partido sobre os movimentos do líder. Além disso, os motoristas de Lênin se apresentaram ao chefe da Garagem de Objetivo Especial, que era o principal motorista de Stálin. Trótski, por ser comissário da Guerra, teria recebido a informação pela guarnição do Kremlin e do distrito militar de Moscou. Estranhamente, no entanto, todos os relatos concordam que Lênin não se reuniu com Stálin, Trótski, Zinóviev, Kámenev ou qualquer outra pessoa da liderança.

Em 18 e 19 de outubro (quinta e sexta-feira), o espaço de reunião habitual do Politbiúro e do Conselho dos Comissários do Povo, ao lado do gabinete e apartamento de Lênin, ficou vazio. Não sabemos se Lênin esperava assistir a reuniões lá. "Ele [Lênin] queria ver um dos camaradas nessa visita?", perguntou Maria Uliánova mais tarde, ao relembrar aquela viagem. "Acho que não. Julgo isso pelo fato de que, pouco antes da viagem, quando ele pediu alguma coisa e, por mais que tentássemos, não conseguimos entender o que queria, perguntei-lhe se não gostaria de ver algum de seus camaradas. Mencionei alguns nomes, mas ele balançou a cabeça com veemência — não tinha nenhum motivo para vê-los, já que fora privado da oportunidade de trabalhar."[295] De qualquer modo, as fontes concordam que, no carro que o trouxe de Górki, ao se aproximar de Moscou e ter a visão do horizonte de domos dourados, Lênin apontou animadamente com o dedo, num gesto agora familiar que se supunha dizer: "É isso, é isso, é isso, é iiiiissso!".[296] Lênin permaneceu animado durante todo o tempo que passou em Moscou. De volta a Górki, ficou claramente triste. Sua viagem parece ter cumprido um desejo de longa data de ver Moscou mais uma vez. Jamais poria os pés no Kremlin novamente.

Se Lênin estava procurando a "conspiração no poder" bolchevique, não a encontrou porque, apesar de a reunião do Politbiuró ter ocorrido em 18 de outubro, por ironia do destino, ela foi convocada para o apartamento de Trótski, no Edifício da Cavalaria, um prédio diferente daquele em que ficava o apartamento de Lênin. (A reunião talvez também tenha terminado antes de Lênin chegar de Górki.) Na ordem do dia estava a extrema necessidade de enviar grãos para a Alemanha, prevendo-se a provável guerra civil decorrente do planejado golpe comunista e o possível comportamento dos vizinhos da Alemanha. "Acho que é melhor se abster de sondar os poloneses e, em vez disso, sondar os letões — os letões podem ser intimidados, postos contra a parede, e assim por diante", escreveu Stálin em um pedaço de papel durante a reunião. "Não se pode fazer isso com os poloneses. Os poloneses devem ser isolados, vamos ter de lutar com eles. Nunca vamos desentocá-los, apenas revelaremos nossas cartas. [...] Os poloneses devem ser isolados. Os letões devem ser comprados (e intimidados). Os romenos devem ser comprados. Mas, com os poloneses, devemos esperar."[297] Para Stálin, uma revolução alemã, além de todo o resto, era aconselhável como um meio de lidar com a existência dos novos Estados independentes que se espalhavam, no todo ou em parte, por antigos territórios tsaristas.

Em 19 de outubro, com Lênin passeando pelo Kremlin e Trótski enfurnado no Edifício da Cavalaria, o Politbiuró respondeu coletivamente às cartas críticas de Trótski ao Comitê Central em um longo texto escrito principalmente por Stálin — datilografado e distribuído pela secretaria do partido. "Se o nosso partido não obrigar o camarada Trótski a repudiar esses erros monstruosos que ele cometeu em sua 'carta-plataforma' de 8 de outubro de 1923, então, não somente o Partido Comunista russo, mas também a URSS e a revolução alemã sofrerão um dano colossal", declarava a resposta do Politbiuró.[298] O Politbiuró marcou uma nova reunião (no apartamento de Trótski), bem como uma plenária conjunta do Comitê Central e da Comissão Central de Controle, para 25-27 de outubro. Na noite de abertura, imediatamente após o informe de Stálin, Trótski falou por 45 minutos. A chamada plenária conjunta era mais um truque de Stálin para acrescentar mais gente fiel ao aparato. Ele reforçou-se ainda mais, convidando não somente o pessoal da Comissão de Controle, já favorável à punição de Trótski, como "representantes" de dez grandes organizações partidárias "industriais", que nada mais eram que chefes provinciais do partido que o Orgbiuró de Stálin havia designado para seus postos. Ao mesmo tempo, foram convidados a comparecer apenas doze dos 46 signatários da Declaração, e somente no segundo dia.[299] Esse dia foi dedicado à discussão, que culminou em sumários, primeiro de Trótski (22h33-23h25), depois de Stálin (23h25-00h10). Stálin fez o secretário Boris Bajánov, do Politbiuró, compilar secretamente resumos dos discursos, prevendo usá-los contra Trótski.[300]

Esse foi o primeiro confronto direto entre Stálin e Trótski, sem a presença de Lênin, em um fórum do partido, e os presentes tinham de entender o que estava em jogo.

Trótski, no ataque, admitiu que estava sendo acusado de reincidência, tendo em vista seu papel no debate sindical dois anos antes, mas acusou que agora, "dentro do Politbiuró, há outro Politbiuró, e dentro do Comitê Central há outro Comitê Central, de modo que fui efetivamente afastado da discussão [...] em consequência, eu só tinha esse caminho". Na tentativa de explicar o aparentemente inexplicável — por que havia recusado o pedido de Lênin para ser um vice-chefe do governo —, ele revelou que, em 1917, havia declinado do convite de Lênin para ser ministro do Interior. "O fato, camaradas, é que há um aspecto pessoal do meu trabalho que embora não desempenhe nenhum papel na minha vida pessoal e na minha existência cotidiana tem, não obstante, um grande significado político. Trata-se de minha origem judaica. [...] Eu recusei firmemente a oferta dele, afirmando, como antes, que não devíamos dar aos nossos inimigos a chance de dizer que nosso país estava sendo governado por um judeu."[301] Mais recentemente, quando Lênin propôs que ele se tornasse seu vice no governo, Trótski disse ter recusado o convite pelos mesmos motivos. É difícil acreditar nessa revelação. Trótski aceitou outras nomeações de alto nível no governo.

Em seu discurso à plenária, Trótski admitiu que ele e Lênin haviam discordado sobre a política econômica e que as relações tinham se tornado tensas. Mas ressaltou, mais uma vez, que o partido devia cuidar da ideologia e da vida partidária, enquanto especialistas em economia dirigiam a economia. "Se eu fosse removido de outro trabalho e enviado para a comissão de planejamento estatal, não faria objeção", disse ele. "A comissão de planejamento estatal é o nosso órgão mais importante", mas a atual arquitetura institucional não combinava com ele. "Volto à pergunta: o que eu faria no Conselho dos Comissários do Povo se a comissão de planejamento estatal não fosse reorganizada?" Ele alegou que seu caráter era tal que "não consigo suportar desleixo, falta de cuidado". Ao encerrar, pediu aos presentes que não o condenassem por facciosismo. "Camaradas, [...] tentem pensar e entender a minha situação. Eu estava em circunstâncias extremamente trágicas" — a imprensa do partido e uma campanha de boatos o acusavam de ser contra Lênin, de criar o "trotskismo"; outros se reuniam às suas costas, ele estava fechado em um círculo: "Eu tinha de fugir".[302]

Stálin, em seu discurso, demonstrou desprezo. "Alguém poderia ser contra o aperfeiçoamento da comissão de planejamento estatal? É ridículo construir uma plataforma em torno da necessidade de melhorar a comissão de planejamento estatal. [...] Em vez de discutir essas questões sérias, você sai por aí com plataformas. Em todas as declarações dos oposicionistas, não encontrei uma única proposta concreta." Aos pedidos concretos destes por democracia partidária, ele respondeu: "O Comitê Central implementa as decisões dos congressos do partido", acrescentando que "democratas dizem ao congresso que não precisamos nos distanciar da influência da NPE. Vamos ver se o congresso vai concordar com você." À queixa de um participante de que "não há discussão", Stálin comparou-o ao "'me dê atmosfera' da Senhora de Tchékhov. Há momentos em que não é uma questão de discussão". Descaradamente, acrescentou que "nunca houve ocasião em que alguém veio ao Comitê Central propondo discutir uma questão e o Comitê Central se recusou a discutir". Ele acusou o grupo dos 46 e Trótski de conduzirem suas declarações acusatórias sobre os "erros" do Comitê Central fora dos canais partidários adequados, apelando diretamente à massa do partido. Stálin asseverou que "uma discussão no centro agora seria especialmente perigosa. Tanto os camponeses como os operários perderiam a confiança em nós, os inimigos iriam considerá-la uma fraqueza. Nós experimentamos uma discussão desse tipo em 1921. Naquela época, perdemos assustadoramente. [...] Trótski iniciou-a então, recusando-se a acatar a sugestão de Lênin para limitar a discussão à comissão sindical. [...] Trótski repetiu esse passo, que nos havia ameaçado de cisma".[303] Na verdade, em 1921, Lênin havia deliberadamente provocado Trótski ao debate público; agora, em 1923, Trótski não recorrera à massa partidária — não tinha essa possibilidade porque Stálin controlava a imprensa do partido.

Depois que Stálin falou, não foi permitida nenhuma refutação. Não obstante a algaravia de Trótski sobre suas recusas para se tornar vice de Lênin e sua obsessão pelo planejamento, ele não tivera de recorrer a mentiras puras. Stálin estava desesperadamente inventando argumentos espúrios e se mostrou suscetível, um valentão intelectual. É claro que a sala já fora preparada: na votação de uma longa resolução condenando Trótski e a oposição de esquerda por facciosismo e cisma, registraram-se 102 votos a favor, apenas dois contra e dez abstenções. Violando as regras do partido, os vinte "representantes" das dez grandes organizações partidárias "industriais" convidados por Stálin e que não eram membros do Comitê Central foram autorizados a votar.[304] Essa manipulação era um sinal de fraqueza. Stálin nunca usou a transcrição registrada secretamente desse confronto com Trótski.

A outra inimiga capital de Stálin, Krúpskaia, que havia participado da plenária "conjunta", em 31 de outubro, enviou uma carta de censura forte a Zinóviev. Ela havia votado com a maioria contra Trótski, mas agora, em particular, insistia que Trótski não era a única pessoa a ser responsabilizada pelas divisões partidárias e que "os trabalhadores julgariam severamente não somente Trótski, mas nós", embora o que estava acontecendo no partido "estivesse sendo escondido" deles. "O momento é sério demais para criar um cisma e tornar psicologicamente impossível para Trótski trabalhar." Ela criticava a "linguagem destemperada", "as querelas pessoais e brigas", e ressentia-se particularmente do "abuso do nome de Vladímir Ilitch. [...] As referências a Ilitch foram desnecessárias e insinceras. [...] Foram mera hipocrisia". Parecia especialmente irritada com insinuações de que as cartas que Trótski escrevera aos órgãos internos do partido haviam agravado a doença de Lênin ("eu deveria ter gritado que isso era uma mentira"). Ela lembrou Zinóviev da advertência ditada de Lênin de um cisma por causa de Stálin.[305] E, no entanto, Krúpskaia, que era a única que poderia falar com autoridade dos supostos desejos de Lênin, não expressara nada disso na plenária, onde isso teria importado. Ela confiara em Zinóviev, que estava embriagado com a revolução mundial e simplesmente não se mostrava à altura da tarefa de conter o poder de Stálin.

A GPU e o Comintern haviam inundado a Alemanha de agentes e dinheiro, e trabalhavam lado a lado com o Comissariado das Relações Exteriores, tomando emprestado seus códigos de criptografia e a mala diplomática, com a aprovação de Tchitchérin.[306] Mas as descabeladas afirmações de Brandler sobre as vastas forças comunistas alemãs à disposição foram denunciadas: Mátyás Rákosi (nascido em 1892), um agente do Comintern húngaro na Alemanha, informou a Moscou que a proporção entre as forças da ordem e os comunistas armados era de vinte para um. Ao contrário do que Brandler alardeara, a Saxônia tinha apenas oitocentos rifles, e não 200 mil.[307] Agentes do Comintern que deveriam adquirir e armazenar armas fracassaram em gerir a difícil tarefa ou roubaram os fundos. Mas a falha mais profunda era que os comunistas alemães detinham maioria em somente duzentos dos 1400 comitês sindicais locais, e em apenas 5 mil dos 70 mil comitês de fábrica.[308] A maioria esmagadora dos operários alemães era filiada ao Partido Social-Democrata. No outono de 1923, havia, com efeito, duas conspirações comunistas na Alemanha: uma contra o governo alemão e outra contra os sociais-democratas alemães. Stálin havia proposto uma "frente unida" contra a direita alemã como mera tática, destinada a dividir os sociais-democratas e desacreditar sua ala esquerda, deixando todo o espaço revolucionário para os comunistas. Por sua vez, os sociais-democratas, como os comunistas detectaram e comunicaram a Moscou, emitiram sua própria circular secreta conclamando à cooperação com os comunistas alemães somente em caso de necessidade absoluta contra a direita, enquanto secretamente criavam unidades de combate para defesa contra ataques esperados dos comunistas.[309] Em vez de desacreditar os sociais-democratas de esquerda aos olhos dos operários, a estratégia de Stálin de uma falsa "frente unida" expôs totalmente os comunistas alemães.[310]

Os arsenais vazios, o despreparo dos comunistas alemães e o gelo dos sociais--democratas levaram o esquadrão soviético em campo a cancelar o levante no último minuto. "Lembro-me bem da noite de 22 de outubro [de 1923] em nosso apartamento no hotel Lux, onde Otto [Kuusinen], [Óssip] Piátnitski e [Dmítri] Manuílski estavam à espera de um telegrama de Berlim que deveria informá-los de que a revolução havia estourado", relembrou Aino, a esposa de Kuusinen, um dos muitos oficiais da inteligência militar soviética sob cobertura do Comintern. "Eles permaneceram por horas no estúdio de Otto, fumando e tomando café. Havia uma linha telefônica direta para a cama de Lênin em Górki, e ela foi mantida aberta durante toda a noite: Lênin não podia falar, exceto murmurar algumas sílabas, mas sua mente estava totalmente alerta." Nenhum telegrama de Berlim chegou, e o trio se dispersou ao amanhecer. "Os líderes do Comintern estavam loucos de fúria e decepção e mal podiam esperar para descobrir o que dera errado e, não menos importante, de quem era a culpa."[311] Porém, em Hamburgo, a segunda maior cidade da Alemanha, trezentos comunistas levantaram-se por iniciativa própria, entre os dias 23 e 25 de outubro de 1923, atacando delegacias de polícia e tomando muitas armas, mas reforços os esmagaram; estima-se que noventa pessoas foram mortas e centenas feridas.[312] Em Moscou, o Politbiúro ficou chocado tanto com o adiamento quanto com o massacre.[313] Na Alemanha, os agentes soviéticos ficaram chocados com a política anti-Trótski divisiva na URSS, ameaçando abandonar seu trabalho na Alemanha.[314] Stálin tentava decifrar o que acontecera. "Se Ilitch estivesse na Alemanha, ele diria: 'Acho que o principal inimigo da revolução são os sociais-democratas, especialmente a sua ala esquerda'", escreveu ao grupo de agentes soviéticos em Berlim (8 de novembro de 1923).[315] No dia seguinte, num sinal de sua confusão, voltou atrás, escrevendo que os sociais-democratas "esquerdistas tinham razão em muitos aspectos": os comunistas alemães não contavam com o apoio dos operários e uma tomada do poder fracassaria.[316] Os comunistas, no entanto, não eram o único grupo político a cometer um fiasco: em 8 de novembro, Adolf Hitler, junto com Hermann Göring, Rudolf Hess e um esquadrão de camisas pardas, lançara um golpe na cervejaria Bürgerbräukeller, em Munique.[317]

O regime bolchevique estava sufocando o país e a si mesmo em papelada e burocracia, com fraudes em massa em meio ao empobrecimento, hostil ao mercado, mas dependente dele, com medo das inclinações políticas não só dos camponeses, mas também dos operários. No interior da confusão turbulenta, no entanto, Stálin estava construindo uma ditadura pessoal. Ele vivia de teses e antíteses, compilação e divulgação de protocolos de reuniões, intensa labuta no Orgbiuró de expansão da máquina pessoal e absorção das denúncias e dos relatórios secretos enviados por e sobre a OGPU, as forças militares, embaixadas estrangeiras, correspondentes de jornais. Mais do que ninguém, ele dera à luz a URSS. Foi ele quem planejou pôr de joelhos os comunistas muçulmanos do populoso Oriente. Foi o único que defendeu a execrável Nova Política Econômica de Lênin. Objetivamente, ninguém era mais fundamental para o dia a dia do empreendimento comunista, conclusão que Stálin provavelmente tirou por si mesmo. Mas, durante esses anos, seu poder foi gravemente ameaçado por uma folha de papel que pedia sua remoção. As memórias de Volóditcheva e Fotíieva, escritas após a morte de Stálin (por razões óbvias), contêm uma série de detalhes implausíveis ou totalmente impossíveis. Os médicos de Lênin também nunca esclareceram a origem do ditado.[318] Krúpskaia, tanto quanto os registros históricos indicam, nunca explicou publicamente as circunstâncias específicas de como o ditado aconteceu. Mólotov lembraria que "Krúpskaia tinha um grande rancor contra Stálin. Mas ele também tinha rancor contra ela, porque a assinatura de Lênin em seu testamento teria sido aposta sob a influência de Krúpskaia. Ou assim Stálin acreditava".[319] Trata-se de uma formulação estranha porque o ditado não leva a assinatura de Lênin, mas indica que Stálin acreditava que Krúpskaia fora cúmplice no conteúdo e, possivelmente, até mesmo na própria existência dos documentos.

Maria Uliánova não parece ter se envolvido diretamente em nenhum aspecto do ditado, mas visitou seu irmão quase todos os dias durante a doença, e destacou dois incidentes relativos a Stálin que perturbaram Lênin. Um deles aconteceu em 1921, quando o líder menchevique Iúli Mártov adoeceu e Stálin recusou o pedido de Lênin de transferência de fundos para seu tratamento médico. O outro foi o caso da Geórgia em 1922, muito mais importante. "Certa manhã, Stálin me chamou ao escritório de Lênin", explicou ela, alguns anos mais tarde. "Estava com aparência muito deprimida e triste. 'Não dormi a noite inteira', disse-me. 'Quem Ilitch pensa que sou, como ele me trata! Como se eu fosse algum tipo de traidor. Eu o amo com toda a minha alma. Diga-lhe isso em algum momento'." Uliánova relembrou que "senti pena de Stálin. Pareceu-me que ele estava sinceramente ofendido". O imenso poder de Stálin também estava em jogo. Uliánova transmitiu ao irmão a mensagem de Stálin de que o amava, mas Lênin a recebeu friamente. Ela então disse ao irmão que, "afinal, Stálin é inteligente", o que levou Lênin a franzir a testa e dizer: "Ele não é nada inteligente". Uliánova acrescentou que essas palavras não foram proferidas com raiva, mas com naturalidade, e condiziam com o que ela sabia ser de longa data a opinião do irmão — uma observação devastadora. Ela acrescentou, tentando suavizar, mas piorando o golpe, que Lênin "valorizava Stálin como um tipo prático". Isso tinha de machucar. Uliánova elogiou a dedicação e o esforço de Stálin, mas concluiu que Lênin queria que as peculiaridades deste fossem mantidas sob controle e, por isso, pedira sua remoção da secretaria-geral.[320]

Sem provar a autoria do irmão ou a data precisa da geração do ditado, Uliánova, que não era inimiga de Stálin, corroborou que o ditado refletia com exatidão a opinião de Lênin. Igualmente revelador, Mólotov, fiel admirador de Stálin durante toda a vida, validou as críticas do ditado. "Acho que Lênin tinha razão em sua avaliação de Stálin. Eu mesmo disse isso no Politbiuró, logo após a morte de Lênin. Acho que Stálin se lembrava disso, porque depois da morte de Lênin nos reunimos no apartamento de Zinóviev, no Kremlin, cerca de cinco de nós, e falamos sobre o 'Testamento'. Eu disse que considerava correta toda a avaliação de Stálin feita por Lênin. Stálin, é claro, não gostou disso. Não obstante, continuamos próximos por muitos anos. Acho que ele me apreciava porque eu falava sobre determinados assuntos de uma maneira que outros evitavam hipocritamente, e ele viu que eu abordava a questão do 'Testamento' sem rodeios."[321] O próprio Stálin nunca manifestou publicamente suspeitas sobre a autenticidade do ditado de Lênin. Ele não podia escapar do fato de que o ditado, independentemente de como tivesse sido produzido, concordava com uma visão disseminada de seu caráter. Em outras palavras, mesmo que tivesse sido parcial ou totalmente inventado, o ditado soava verdadeiro. A liderança de Stálin, como vimos no capítulo anterior, percorreu um longo caminho para manter todo o imenso regime junto, mas ele podia ser malévolo e possuía poder demais.

Embora Stálin culpasse Krúpskaia, o ditado pode ter tido uma influência sobre seus sentimentos por Lênin. As provas diretas de seu estado emocional em 1922-3 são escassas. As reminiscências de seus colegas mais próximos, como Kaganóvitch, falam com carinho desses anos na sede do partido, de um Stálin gregário que ria e brincava, exalando cordialidade. ("Foi um momento feliz da vida. E Stálin estava em bom estado de espírito".)[322] Mas a história registra também os comentários escritos de Stálin na carta a Zinóviev em Kislovodsk, reforçados pelas observações de outras pessoas de seu círculo íntimo na época de seu sentimento de vitimização e autocomiseração. E o papel do ditado estava apenas começando.

12. Pupilo fiel

*A partir do nosso convívio, o camarada Lênin intimou-nos a manter bem alto
e salvaguardar a pureza do grande título de membro do partido. Juramos a ti,
camarada Lênin, que cumpriremos tua ordem com honra!*

*A partir do nosso convívio, o camarada Lênin intimou-nos a salvaguardar
a unidade do partido como a menina dos nossos olhos. Juramos a ti,
camarada Lênin, que essa ordem também cumpriremos com honra!*
STÁLIN, 26 DE JANEIRO DE 1924[1]

Assim eram os paradoxos da ascensão vertiginosa de Stálin: ele teve "poder ilimitado"
muito cedo, a partir da primavera de 1922, quando foi nomeado secretário-geral do
partido e no mês seguinte Lênin sofreu seu primeiro grande derrame, mas, apenas um
ano depois, na primavera de 1923, surgiu uma folha de papel que pedia seu afastamento.
Essa díade supremacia-insegurança definiu seu regime interno e moldou seu caráter.
Também andou em paralelo com a própria relação atormentada da ditadura bolchevique com o mundo exterior: a suposta inevitabilidade global da causa revolucionária
em meio ao cerco capitalista. Naturalmente, essa combinação de ambição agressiva e
mentalidade de cerco era bem conhecida ao longo da história da Rússia, uma grande
potência cujas aspirações sempre pareciam exceder suas capacidades no complicado
espaço da Eurásia. Mas essa situação também decorria da obra de Lênin — a tomada do
poder por um partido monopolista e uma abordagem cínica das relações internacionais.
Tanto a revolução como um todo como a ditadura pessoal de Stálin dentro dela viram-se
encerradas numa espécie de paranoia estrutural, intrínseca, triunfante, mas cercada por

gente mal-intencionada e inimigos. O dilema da revolução e a personalidade de Stálin começaram a se reforçar mutuamente e a assumir a forma de uma espécie de faixa de Moebius sob a pressão exercida pelo ditado de Lênin. Na vida de Stálin, Lênin seria sempre a relação mais importante, uma relação de protegido, não somente de fato, mas, fundamentalmente, na concepção dele mesmo. Stálin teve um sucesso espetacular em 1924 ao posicionar-se como o herdeiro de Lênin, como veremos; porém, mais uma vez de maneira paradoxal, isso só aumentaria a ameaça existencial representada pelo ditado.

Stálin obteve ajuda para suavizar o seu dilema de ninguém menos que Trótski. Único entre aqueles que estavam no topo do regime, Trótski não era um bolchevique antigo e o atraso de sua conversão (julho de 1917) o tornava vulnerável a acusações de ser um intruso — um menchevique, não um verdadeiro leninista. Textos do próprio Trótski forneciam farta munição para essa acusação. Em agosto de 1904, após a cisão bolchevique- -menchevique, Trótski denunciou Lênin como "um advogado desleixado", um "Robes- pierre" que buscava "uma ditadura *sobre* o proletariado". A saraivada de epítetos incluía "hediondo", "libertino", "demagógico", "mal-intencionado e moralmente repugnante". Essas denúncias desmesuradas de Trótski continuaram ao longo dos anos.[2] Lênin de- volveu as invectivas em escritos que eram igualmente preservados em âmbar. "Um novo panfleto de Trótski saiu recentemente [...] um pacote de mentiras descaradas", escreveu Lênin em outubro de 1904.[3] Em agosto de 1909, ele escreveu que "Trótski se comporta como um desprezível carreirista e divisionista. Ele apoia o partido da boca para fora e se comporta pior do que qualquer divisionista".[4] Em uma carta particular de outubro desse mesmo ano, Lênin cunhou o termo pejorativo "trotskismo".[5] Em janeiro de 1911, referiu-se a "Judas Trótski".[6] Ainda no início de 1917, escreveu (a Inessa Armand): "Aí você tem Trótski!! Sempre fiel a si mesmo = distorce, trapaceia, posa de esquerdista, ajuda os direitistas quanto pode".[7] Os asseclas de Stálin no aparato central que haviam tomado posse do arquivo de Lênin tiveram pouca dificuldade para trazer à tona suas gemas anti-Trótski.[8] Nada precisava ser inventado, embora muito viesse a ser fabricado ou retirado de contexto. Trótski, no entanto, ampliava os efeitos ao apresentar-se como igual a Lênin e até mesmo, em alguns aspectos, seu superior. Ele não parecia compreen- der que sua relação com Lênin era uma questão não de fato, mas de posicionamento.[9]

Que Stálin teve sorte com os rivais, de Trótski para baixo, há muito tempo já se compreendeu.[10] É certo que Kámenev e Zinóviev, ambos cinco anos mais jovens do que Stálin, tinham habilidades políticas melhores do que normalmente se lhes atribuem, especialmente Zinóviev, que construiu uma máquina formidável em Leningrado. Dito isso, os estudiosos observaram corretamente que Kámenev era visto como um adjunto, em vez de líder por seu próprio mérito, e que a personalidade de Zinóviev despertava inimizades generalizadas (a comunista italiana Angelica Balabanoff considerava-o, "de- pois de Mussolini [...], o indivíduo mais desprezível que já conheci").[11] Mas o que talvez seja bem menos apreciado é que Trótski foi menos o obstáculo do que o instrumento do crescimento de Stálin. Assim como o regime bolchevique precisou de uma guerra civil para formar um Estado, Stálin precisava de "oposição" para consolidar sua ditadura pessoal — e ele a encontrou. Em comparação com o deleite de Trótski em polemizar contra essa ou aquela política do regime, que se prestava a acusações de cisma e facciosismo, Stálin se apresentava como o fiel defensor do Comitê Central e do legado de Lênin. Ao mesmo tempo, era o único com características físicas pronunciadas, inclusive o nariz saliente e o forte sotaque, mas Trótski acabou por ser o estrangeiro.[12] Em comparação com o bem vestido Trótski, Stálin poderia ser visto como o soldado de infantaria trabalhador e subvalorizado da revolução. Em comparação com a popularidade de Trótski entre a pequena intelligentsia cosmopolita da Rússia — ele dominava várias línguas europeias e era autor de obras fluentes sobre cultura e política —, Stálin poderia ser o representante da muito maior camada mediana, cujas aspirações ele captava perfeitamente.[13] Stálin ganhou a chance de ouro de se tornar o leninista ortodoxo, bem como um nome familiar, ao lutar e vencer o mundialmente famoso Trótski.

Stálin certamente mostrou astúcia, manobrando sempre para tomar o meio-termo ortodoxo e para conduzir seus críticos à posição de pretensos cismáticos e divisionistas, ao mesmo tempo que empregava o dispositivo clássico de tirar vantagem da mudança de alianças políticas, mas esses estratagemas de manuais, em última análise, têm os seus limites. A sucessão era uma briga não somente pelo poder bruto, mas também por ideias e narrativas. Nada é mais poderoso do que uma história convincente, especialmente no quadro de uma revolução, o que requer um esforço para criar novos símbolos, novos vocabulários, novas formas de olhar o mundo, novas identidades, novos mitos.[14] Em 1924, Stálin produziu mais textos do que até mesmo em 1917. Sua obra principal daquele ano e de sua vida até então, "Fundamentos do leninismo", era um plágio.[15] Foi um sucesso marcante, refletindo não só desonestidade, mas diligência e até mesmo juízo correto: ele escolheu um excelente texto e parece tê-lo melhorado. Além disso, produziu uma segunda grande obra, "Socialismo em um único país", que era o seu próprio, e, ao contrário da sabedoria recebida, não tinha nada a ver com o abandono da revolução mundial e tudo a ver com imaginar uma abordagem marxista viável à geopolítica. Na qualidade de candidato a aluno fiel de Lênin, Stálin surgiu em 1924-5 como um ideólogo ("capital", "a burguesia", "imperialismo") e como um pensador geoestratégico embrionário.

REVELAÇÃO

Em 8 de janeiro de 1924, o *Pravda* divulgou que Trótski estava doente, uma declaração, de acordo com informantes da OGPU, que os militantes da base tomaram como um sinal de sua remoção iminente.[16] Ele estava com febres violentas, enxaquecas, dores no peito, catarro nas vias respiratórias superiores, aumento das glândulas brônquicas e perda de apetite e peso. Alguns especialistas acharam que estava com uma infecção paratifoide; os médicos do Kremlin diagnosticaram gripe.[17] Seus partidários mantiveram a luta.[18] Mas com Trótski convalescendo em uma aldeia nos arredores de Moscou, Stálin o atacou numa plenária de dois dias do Comitê Central (14-15 de janeiro de 1924), e foi ainda mais implacável em seu relatório para a XIII Conferência do Partido (16-18 de janeiro), à qual compareceram 350 delegados, a maioria dos quais sem direito a voto, uma óbvia lotação da galeria para o máximo de hostilidade.[19] Stálin repreendeu os membros do partido que "fetichizavam" a democracia como "possível sempre e em todas as condições", como se "somente a má vontade de 'apparatchiks' impedisse a sua introdução". Ele quis saber por que os trabalhadores comuns tinham de se submeter à disciplina partidária, enquanto Trótski "imagina ser um super-homem acima do Comitê Central, acima de suas leis, acima de suas decisões".[20] Então Stálin sacou o cassetete: "Acho que chegou o momento em que devemos divulgar a cláusula da resolução sobre unidade partidária feita por sugestão do camarada Lênin, aprovada pelo X Congresso de nosso partido, mas que não foi objeto de divulgação" — a saber, a pena de expulsão do Comitê Central por dois terços de votos, por formar uma facção ilegal.[21] Stálin parece ter achado muito mais fácil tirar o melhor de Trótski na ausência deste.[22] A XIII Conferência demonizou a oposição de esquerda por ser "não só um afastamento direto do leninismo, mas a expressão manifesta de desvio pequeno-burguês".[23] Após o discurso fulminante de Stálin para encerrar o encontro, um jornalista italiano observou que a maioria "das pessoas considera que o papel político do camarada Trótski acabou".[24]

Trótski parece ter caído em depressão devido ao opróbrio implacável, envenenado com calúnias do próprio partido ao qual ele dedicara todo o seu ser. Evidentemente, não deixara de condenar e difamar os mencheviques, os SRs, ou os marinheiros revolucionários de Kronstadt, mas nada disso diminuiu o impacto sobre ele.[25] "As páginas do *Pravda* pareciam não ter fim, e cada linha do jornal, até mesmo cada palavra, uma mentira", observou sua mulher, Natália Sedova. "L. D. se manteve em silêncio. [...] Na família, evitávamos falar sobre a perseguição, mas não conseguíamos falar de outra coisa."[26] O médico mais confiável de Trótski, Fiódor Guetier, receitou um repouso prolongado nos subtrópicos soviéticos, e assim, em 18 de janeiro de 1924, mesmo dia do discurso de Stálin de encerramento da conferência do partido, Trótski se retirou para o mar Negro. O momento viria a ser fatal.

Lênin estava morto para o regime, mas ainda vivo. Os jornais soviéticos espalhavam falsas esperanças sobre sua saúde.[27] Durante os intervalos da XIII Conferência, Maria Uliánova disse aos delegados reunidos ao seu redor que ele estava melhor e havia assistido às festividades do Natal ortodoxo em Górki.[28] Enquanto isso, Krúpskaia procurava aliviar o tormento do marido e, em 19 de janeiro, leu para ele um conto de *Amor à vida* (1906), de Jack London, sobre um garimpeiro de ouro canadense no deserto, desprovido de alimentos, que é seguido por um lobo que espera pela sua morte. No dia seguinte, Lênin acordou sentindo-se mal; naquela noite, começou a apontar para os olhos. Um oftalmologista chamado de Moscou chegou por volta das dez da noite, mas não detectou nada mais do que miopia em um olho. Na segunda--feira, 21 de janeiro, Lênin foi examinado por seus médicos; minutos depois que eles partiram, começou a ter convulsões. Bukhárin, como de costume, se hospedara nas instalações do diretório do partido de Moscou em Górki, perto da propriedade de Lênin, e, embora normalmente tivesse apenas permissão para observar Lênin de longe, dessa vez parece que foi chamado por um médico.[29] "Quando entrei correndo no quarto, cheio de medicamentos e médicos, Ilitch deu seu último suspiro", alegaria Bukhárin. "Seu rosto virou para trás e ficou horrivelmente pálido, ouviu-se um chiado, as mãos tremeram."[30] Krúpskaia relembrou que, com o peito de Lênin gorgolejando, seu guarda-costas-enfermeiro segurou-o nos braços, e que Lênin "ocasionalmente gemeu baixinho, um tremor percorreu seu corpo, no começo segurei sua mão quente e úmida, mas depois apenas observei enquanto a toalha ficava vermelha de sangue e o selo da morte se instalava em seu rosto mortalmente pálido".[31] Os médicos aplicaram respiração artificial. Ele morreu às 18h50.[32]

Maria Uliánova telefonou para o Kremlin e sua chamada foi redirecionada para o presidium do XI Congresso dos Sovietes de Todas as Rússias, que estava sendo realizado no Salão Beethoven, um espaço menor do teatro Bolchói; ela pediu para chamar Stálin ou Zinóviev. Evidentemente, Stálin pegou o telefone.[33] A notícia abalou o salão. "Eu nunca tinha visto tantos homens chorando", recordou um jovem de dezessete anos da Liga da Juventude Comunista, testemunha ocular no teatro.[34] Os membros do círculo interno foram para o apartamento de Zinóviev no Kremlin e por volta das nove e meia da noite partiram para Górki em veículos equipados com esteiras de trenó.[35] Ríkov estava doente e Trótski estava a caminho da região subtropical soviética. Mólotov e Rudzutaks permaneceram na sede do partido para preparar declarações públicas; Dzierżyński também ficou em Moscou para supervisionar a ordem pública. Em Górki, consta que Stálin foi o primeiro a entrar no quarto, de maneira teatral. "Ele caminhou pesadamente, solenemente, decisivamente, mantendo a mão direita atrás da jaqueta semimilitar", escreveu uma testemunha, acrescentando que, ao se despedir, "Stálin, impulsivamente, emocionalmente, subitamente, se aproximou da cabeça de Lênin: 'Adeus, adeus, Vladímir Ilitch. [...] Adeus!'. Pálido, pegou a cabeça de Lênin com ambas as mãos, levantou-a, levou-a quase ao peito, ao seu coração, e, firmemente, beijou-o nas bochechas e nos lábios. [...] Acenou com a mão e deu um passo brusco para trás".[36] Kámenev, Zinóviev e Bukhárin também pronunciaram suas despedidas, e o escultor Serguei Merkúlov fez uma máscara mortuária e um molde de gesso das mãos de Lênin, que encontraria um lugar no gabinete de Stálin na Praça Velha.[37]

O círculo interno retornou a Moscou de madrugada, às duas e meia da manhã de 22 de janeiro, e convocou uma reunião do presidium do Comitê Executivo Central Soviético para aprovar uma comissão funérea e discutir arranjos.[38] Em Górki, iniciou-se uma autópsia durante o qual o cérebro de Lênin foi aberto, revelando depósitos de gordura que bloqueavam as artérias que deveriam levar sangue (e oxigênio) para o cérebro, um problema para o qual não havia cura. Algumas artérias estavam tão calcificadas que um fio de cabelo humano não conseguiria passar por elas. A pressão aumentou e as artérias finalmente estouraram, o que resultou em um grande rio de sangue em seu cérebro. Os vasos destruídos estavam na parte do cérebro que controla a função respiratória, e assim Lênin parou de respirar.[39] Os relatórios públicos foram obsessivos, detalhando minuciosamente até mesmo o peso exato de seu cérebro (1340 gramas).[40] Em privado, o professor Kramer (o neurologista) registrou que a doença de Lênin "durou no total cerca de dois anos e meio, e suas características gerais apresentavam sinais que afligiam todos os neurologistas, russos ou estrangeiros, porque não combinavam com a doença convencional do sistema nervoso".[41] O pai de Lênin morrera aparentemente com cinquenta e poucos anos de uma hemorragia cerebral, talvez provocada por um entupimento das artérias. O problema havia afetado o humor de Lênin: euforia seguida rapidamente por depressão, riso sem motivo, irritabilidade extrema.[42]

Lênin estivera incapacitado por mais de um ano, mas agora o regime tinha de enfrentar sua ausência eterna. Kalínin, em 22 de janeiro, pediu aos delegados do XI Congresso dos Sovietes de Todas as Rússias que se levantassem quando a orquestra iniciou uma marcha fúnebre. "Camaradas", ele começou, com lágrimas escorrendo pelo rosto, "devo lhes dar uma notícia terrível. A saúde de Vladímir Ilitch...". Gritos atravessaram o salão. Alguns delegados prorromperam em soluços. Kámenev, Zinóviev, Budióni e outros membros do presidium choraram. Ábel Ienukidze, secretário do Comitê Executivo Central Soviético, interrompeu e impôs calma, Kalínin despencou novamente. Mikhail Lachévitch subiu no estrado para anunciar os detalhes da visitação e do sepultamento. O congresso foi suspenso.[43] Não há registro confiável do estado emocional de Stálin. No dia anterior à morte súbita de Lênin, um funcionário que visitou o pequeno apartamento dele no Grande Palácio do Kremlin notou "uma abundância de livros".[44] Era assim que Stálin se relacionava e sempre se relacionaria com Lênin — através de seus escritos —, e como Stálin se expressaria. Na manhã do dia 23 de janeiro, o caixão de Lênin foi transportado de Górki para Moscou, chegando por volta de uma da tarde, sob o acompanhamento da orquestra do Bolchói tocando uma marcha fúnebre. O caixão, envolto em um pano vermelho, seguiu em procissão de oito quilômetros até a Casa dos

Sindicatos e foi colocado no Salão das Colunas (onde Svérdlov fora velado).[45] O catafalco, no meio do grande espaço, foi cercado por inúmeras coroas de flores, lírios perfumados e uma guarda de honra em rodízio. Naquela noite, às sete horas, as portas foram abertas ao público. Já na primavera de 1923, quando Lênin ficou gravemente doente, os comandantes militares regionais tinham recebido um telegrama secreto com ordens de se prepararem para acabar com revoltas.[46] Agora, Dzierżyński enviou instruções através dos canais da OGPU para "dar a atenção principal às Centúrias Negras, monarquistas, guardas brancos", ao mesmo tempo que deviam "manter completa calma e antecipar o pânico, não dando pretexto para pânico por comportamento exterior ou prisões em massa infundadas".[47]

Se alguém lesse os resumos da OGPU sobre o clima político entregues à sede do partido, como Stálin fez, teria pensado que a URSS fora invadida por monarquistas e gente "antiga", sacerdotes e mulás, intelligentsia hostil, trabalhadores mal-humorados, camponeses amantes de propriedade, descontentes do Exército Vermelho.[48] Dzierżyński não parava de se queixar a Iagoda de que "esses resumos produzem uma impressão muito deprimente, totalmente escura, sem nenhum raio de luz". (Iagoda respondia invariavelmente que "nossa tarefa é iluminar o lado sombrio. [...] Assim, é natural que nossos resumos produzam impressões escuras".)[49] Em janeiro de 1924, os informes do campo sugeriam que, sem Lênin, os camponeses esperavam que o regime entrasse em colapso e as potências imperialistas aproveitassem para intervir novamente.[50] Assim, o regime soviético estava totalmente despreparado para o derramamento emocional: ao longo de três dias, entre 500 mil e 1 milhão de pessoas passaram pelo caixão aberto de Lênin no Salão das Colunas, na Casa dos Sindicatos, suportando filas de dois quilômetros e meio de comprimento, em temperaturas abaixo de trinta graus negativos. (Delegações do Estado ou de agências do partido podiam visitar fora da fila, em horários predeterminados.) É certo que muita gente se alegrou ao ver Lênin morto. Mas um grande número de pessoas parece ter acreditado que ele era melhor do que os outros comunistas, quando mais não fosse, apenas por ter introduzido a NPE, uma admissão de erro e uma política humana.[51] "Uma enorme proporção da população", escreveu uma testemunha ocular da cena junto ao esquife que não fazia parte do regime, "reagiu à morte de Lênin com dor inabalável."[52]

PARALISIA POLÍTICA VERSUS JURAMENTOS SAGRADOS

Quatro dias depois de partir de Moscou para os subtrópicos soviéticos da Abkházia, o trem de Trótski parou na estação de Tíflis no início da terça-feira, 22 de janeiro, com a última etapa para a costa do mar Negro ainda por percorrer. Mas um mensageiro chegou a seu vagão com um telegrama decodificado, enviado pelos canais da polícia secreta: "Digam ao camarada Trótski. No dia 21 de janeiro, às 18h50, o camarada Lênin morreu prematuramente. Morte causada por paralisia de seu centro respiratório. Enterro no sábado, 26 de janeiro. Stálin". Trótski telegrafou de volta: "Considero necessário retornar a Moscou". O trem foi mantido na estação. Uma hora depois, veio a resposta de Stálin: "O funeral será no sábado, você não chegará a tempo. O Politbiuró considera que, em seu estado de saúde, você deve continuar para Sukhum. Stálin".[53] Trótski afirmou que, uma vez em Sukhum, convalescendo sob cobertores em uma varanda ao ar livre, ele ficaria sabendo que o funeral fora adiado por um dia, até domingo, provando que Stálin o havia enganado.[54] Stálin era certamente desonesto, mas trens especiais continuavam a chegar à capital, alguns de mais longe do que Tíflis, de tal modo que a comissão do funeral, presidida por Dzierżyński, anunciou somente em 25 de janeiro que o funeral de Lênin seria adiado para domingo (27 de janeiro).[55] (Além disso, trabalhadores haviam dinamitado o solo congelado em frente ao Muro do Kremlin, mas ainda estavam construindo uma cripta temporária de madeira.) Mesmo com o calendário inicial de Stálin, Trótski teria quase cem horas para fazer os 1600 quilômetros de volta a Moscou. Quando Lênin fora baleado, em setembro de 1918, Stálin permanecera em Tsarítsin, mas Trótski voltara correndo da longínqua frente oriental da guerra civil, chegando a Moscou somente no segundo dia depois do atentado. Foi quando o regime criou um Conselho Militar Revolucionário da República, que em janeiro de 1924 Trótski ainda comandava. Se temia que seu trem não chegaria a tempo a Moscou, poderia ter requisitado um avião militar ou civil que estivesse à mão no distrito militar do Cáucaso Sul, cuja sede era ali mesmo em Tíflis.

Trótski não foi o único alto funcionário a perder o funeral: Ríkov, que estava gripado, tinha ido à Itália com a esposa para uma cura de repouso de alguns meses, sob um nome falso, mas sua ausência não influiu em sua carreira política; afinal, ele era o vice e potencial sucessor de Lênin apenas do ponto de vista burocrático. Todo mundo em Moscou estava esperando Trótski. "Nos últimos três dias, circulou a informação de que ele estava voltando do Cáucaso, onde estava doente", escreveu o repórter do *New York Times*. "Mais de uma vez, multidões se reuniram para saudá-lo na estação, e os fotógrafos oficiais foram enviados para esperar durante horas gélidas diante do Salão das Colunas para filmar sua entrada. Até o fim, muita gente acreditava que ele viria."[56] Liev Sedov, o desconsolado filho de dezessete anos de Trótski, que também estava com febre bem acima de 38 graus, levantou-se da cama em Moscou para prestar sua homenagem a Lênin no Salão das Colunas, sem compreender a ausência do pai.[57] Trótski também estaria ausente do cinejornal mostrado para as massas e o mundo.[58] Décadas mais tarde, ele lamentaria: "Eu deveria ter voltado a qualquer preço".[59] É verdade, mas ele também escreveria mais tarde que, naquele 22 de janeiro, quando seu trem estava parado na estação de Tíflis, ele quis ficar sozinho após receber a notícia da morte de Lênin. Atendendo ao pedido de uma delegação de autoridades locais, escrevera apressadamente um pequeno tributo: "E agora Vladímir Ilitch não existe mais. O partido está órfão. A classe operária está órfã. Esse foi o sentimento despertado pela notícia da morte do nosso mestre e líder. Como seguiremos em frente, como encontraremos o caminho, como não nos perderemos? [...] Nossos corações estão mergulhados na dor sem limites, todos nós, que pela grande graça da História nascemos contemporâneos de Lênin, que trabalhamos ao seu lado, que aprendemos com ele [...]. Como havemos de ir em frente? Com a lâmpada do leninismo em nossas mãos".[60] Eloquente, e talvez indicativo do sentimento de orfandade do próprio Trótski.

Depois de ser desmoralizado pela velhacaria das reuniões do partido de janeiro de 1924 manipuladas por Stálin, que o acusaram de divisionismo, a morte de Lênin oferecia a Trótski uma oportunidade para reverter os reveses das sessões a portas fechadas, para ofuscar todos eles no maior palco, a Praça Vermelha. Ele poderia ter chegado dramaticamente de longe, como Lênin fizera uma vez na estação Finlândia, e usado seus poderes para captar a tristeza predominante da morte de Lênin, eletrizar a multidão, encarnar a Revolução em sua próxima fase. Era ninguém menos que Trótski que havia escrito sobre a "arte da insurreição", e agora ele poderia tentar usar essa arte para esmagar o "pequeno círculo" ao seu redor, formado por aqueles que considerava pigmeus. Em nome da causa maior de salvaguardar a revolução, ele poderia ter violado a disciplina partidária, lendo em voz alta, na Praça Vermelha, o suposto ditado de Lênin, usando como seu mantra a convocação de Lênin "para remover Stálin da secretaria-geral", depois, ir de fábrica em fábrica para mobilizar os trabalhadores, tal como em 1917 — e que o prendessem se tivessem coragem. Claro que, para fazer tudo isso, precisava perceber a morte de Lênin como uma oportunidade estratégica, e precisava de uma história convincente sobre como o grande sonho socialista poderia ser ressuscitado, por que todas aquelas discussões duras que tivera com Lênin haviam sido incidentais, e por que ele (Trótski) era o único qualificado para levar adiante a causa sagrada leninista. Uma tarefa difícil, para dizer o mínimo. Mas quem poderia duvidar de que, se tivesse descoberto que outros conspiravam contra ele, Lênin teria montado um golpe contra seu próprio partido? Stálin, na posição de Trótski, teria sido incapaz de ações de rua dramáticas para conquistar as massas. É óbvio que não precisava fazer isso: já tinha nas mãos as alavancas do poder, abrigadas na Praça Velha. Com efeito, Stálin se mudou para a nova sede do partido na Praça Velha precisamente em janeiro de 1924.

Para Stálin, a morte de Lênin apresentou um tipo diferente de oportunidade, e ele a aproveitou. Em 26 de janeiro, com mais de 2 mil delegados no interior do Bolchói, iniciou-se o II Congresso dos Sovietes da URSS, que dedicou seu primeiro dia à memória de Lênin. Depois de Kalínin (chefe de Estado) e Krúpskaia (viúva), Zinóviev tomou a palavra, maravilhou-se com as multidões que tinham vindo para prestar sua última homenagem e aconselhou todos a sempre se perguntarem "o que o camarada Lênin faria se estivesse em meu lugar?". Mas o que Zinóviev faria no lugar de Lênin? Incerto. Em seguida falou Stálin, que evocou um chamado místico. "Camaradas, nós, os comunistas, somos pessoas de um molde especial", afirmou, em suas primeiras declarações conhecidas sobre a morte de Lênin. "Somos feitos de material especial. Somos aqueles que constituem o exército do grande estrategista proletário, o exército do camarada Lênin. Não há nada mais alto do que a honra de pertencer a esse exército. Não há nada mais alto do que o título de membro do partido, cujo fundador e líder era o camarada Lênin. Não é dado a todos ser membro desse partido." Agora, aqueles a quem fora concedida essa honra seriam testados. "A partir do nosso convívio, o camarada Lênin intimou-nos a manter bem alto e salvaguardar a pureza do grande título de membro do partido. Juramos a ti, camarada Lênin, que cumpriremos tua ordem com honra!", disse Stálin. "A partir do nosso convívio, o camarada Lênin nos intimou a salvaguardar a unidade do partido como a menina dos nossos olhos. Juramos a ti, camarada Lênin, que essa ordem também cumpriremos com honra!" E sucessivamente seguiram-se os votos coletivos: para salvaguardar a ditadura do proletariado, a aliança operário-camponesa da Nova Política Econômica, a União das Repúblicas Socialistas Soviéticas, a Internacional Comunista. A cada vez, ele entoava a promessa coletiva: "Cumpriremos essa ordem com honra!".[61] Os encantamentos litúrgicos de Stálin destacaram-se nitidamente, não somente do conteúdo monótono oferecido por Zinóviev, normalmente um orador incomparável, mas dos comentários de todos.[62] Quando os discursos foram publicados no *Izvéstia*, no entanto, o editor cortou a aura religiosa do discurso.[63] Talvez algumas sensibilidades comunistas estivessem ofendidas. Mas Stálin, como secretário-geral, fez o *Pravda* republicar os discursos na íntegra, três dias depois.[64] Poucos dias após a morte de Lênin, o ex-seminarista revelava a fórmula vencedora que iria adotar: dedicar zelosamente sua vida e o partido inteiro ao cumprimento da sagrada "ordem" de Lênin.

Os delegados do Congresso dos Sovietes votaram para mudar o nome de Petrogrado para Leningrado, erguer monumentos a Lênin em toda a União e publicar suas obras em milhões de cópias, depois suspenderam os trabalhos para o funeral ao ar livre, que teve lugar no dia seguinte, 27 de janeiro, e durou seis horas num frio cortante de 34 graus abaixo de zero.[65] Às quatro da tarde, quando o caixão foi colocado em uma cripta temporária de madeira, todos os rádios e telégrafos transmitiram uma única mensagem: "Levantem-se, camaradas. Ilitch está sendo baixado ao túmulo!". Todas as fábricas e transportes pararam e o país inteiro viveu um momento dramático, com cinco minutos de silêncio. Às quatro horas e seis minutos, as rádios transmitiram uma nova mensagem: "Lênin morreu — viva o leninismo!".

A busca de precedência retrospectiva na proximidade do falecido Lênin estava em pleno andamento.[66] Em 28 de janeiro, Stálin fez outro discurso, dessa vez para cadetes militares do Kremlin, e afirmou que havia recebido uma "carta simples, mas profundamente significativa", de Lênin em 1903, que ele não apresentou, mas que aumentava em mais de dois anos o período em que eles realmente se conheciam.[67] Por sua vez, os partidários de Trótski estavam imprimindo cópias do suposto ditado de Lênin para distribuir aos membros do partido que haviam chegado de todo o país para o funeral. O pessoal de Trótski adicionou o título escrito "Testamento" (*zaveschánie*), que o documento ostentou pela primeira vez. A Comissão Central de Controle proibiu expressamente a circulação dos documentos de Lênin em 30 de janeiro.[68] Nessa mesma noite, o II Congresso dos Sovietes retomou os trabalhos e, no dia seguinte, ratificou a nova Constituição da URSS.[69] Ríkov foi formalmente nomeado presidente do Conselho dos Comissários do Povo da URSS, mas, no tradicional espaço de encontro no terceiro andar do Senado Imperial, a cadeira de Lênin, em frente à porta de seu antigo escritório, foi deixada vazia.[70] Contudo, muitos detalhes testemunham a ascensão de Stálin, entre eles o fato de que ele havia se encarregado da Garagem de Propósito Especial do regime. Nada revelava mais poder do que a alocação dos escassos carros estatais. Por acaso, ele tinha um interesse especial por automóveis, do Vauxhall 1914 de seis cilindros comprado na Inglaterra para a mãe de Nicolau II (e usado por Pável Miliukov depois da Revolução de Fevereiro) ao Packard Twin Six de doze cilindros (originalmente adquirido para as forças armadas tsaristas) que Stálin tinha em Tsarítsin. Em breve, ele decidiria a compra de um conjunto de carros de fabricação americana para o regime: Lincolns, Cadillacs, Buicks, e, para si mesmo, um Packard, que continuaria a ser a máquina preferida de Stálin durante décadas — pesado, mas rápido.[71] Nesse ínterim, com Lênin enterrado, no início de fevereiro de 1924, Stálin tirou férias.

Curiosamente, foram as férias de Trótski que testemunharam a ascensão de Stálin. Naquele inverno de 1924, Trótski e a esposa visitaram pela primeira vez a Abkházia e sua capital, Sukhum, junto ao ameno mar Negro. Trótski parece ter se fascinado com o lugar. Eles foram instalados em uma casa de campo, o Sinop (sinóptico), localizada nos arredores da cidade, em um monte cercado por um parque botânico com centenas de variedades de flora e fauna que o proprietário anterior à revolução importara de todo o mundo.[72] "Na sala de jantar da casa de repouso havia dois retratos na parede, um, envolto em preto, de Vladímir Ilitch, o outro de L. D. [Trótski]", escreveu Natália Sedova.[73] O anfitrião do casal era o pequeno Nestor Lakoba, que era quase surdo — o amplificador de som que usava pouco ajudava —, mas Trótski simpatizou com o comportamento simples de um comunista amado por seus compatriotas da Abkházia (jocosamente conhecida como Lakobistão).[74] Lakoba visitava Trótski quase todos os dias, trazendo laranjas, tangerinas e limões, e travando longas discussões. Sua hospitalidade caucasiana tinha, no entanto, outra finalidade: Dzierżyński havia enviado um telegrama no dia da partida de Trótski de Moscou observando que a viagem de repouso do comissário da Guerra para Sukhum "ficou amplamente conhecida até no exterior, de modo que estou preocupado que os guardas brancos tentem um assassinato". Ah, sim, os terroristas da Guarda Branca: Dzierżyński solicitou que Trótski fosse mantido em isolamento esplêndido. Naquele mesmo dia, Lakoba também recebeu uma carta de Tíflis, escrita por Ordjonikidze, o chefe do partido no Cáucaso Sul, pedindo-lhe para "cuidar" de Trótski e acrescentando que, em Tíflis, "as coisas vão esplendidamente bem. A oposição de esquerda foi esmagada até os alicerces".[75]

Tranquilizado pela hospitalidade caucasiana exemplar, Trótski parece não ter suspeitado das segundas intenções por trás do que era, afinal, a terra natal de Stálin.[76] Já no dia em que Trótski desembarcara em Sukhum, 23 de janeiro, um agente da polícia muito jovem (nascido em 1899), que já se tornara vice-chefe da Tcheká georgiana, escreveu a Iagoda, em Moscou, para dizer que já havia visitado Trótski. A razão aparente da visita era informar Trótski de que ele tinha de fazer um discurso (ainda febril, ele prometeu escrever um artigo). A verdadeira razão era uma iniciativa pessoal de avaliar o pensamento de Trótski. "A morte de Ilitch o afetou muito", relatou o interlocutor da polícia secreta. "Ele acha que, neste momento, o que é necessário é cerrar fileiras [splotchennost]. [...] Lênin só pode ser substituído por um coletivo. O camarada Trótski não se sente bem."[77] O precoce tchekista georgiano pedia humildemente a Iagoda, seu superior, que compartilhasse imediatamente o relatório solicitado com Stálin. O nome do agente da polícia secreta era... Lavrenti Béria.

A quarentena política de Trótski foi rompida por Krúpskaia, que lhe enviou um bilhete afetuoso (29 de janeiro) enfatizando que, cerca de um mês antes, "quando ele estava folheando seu livro, Vladímir Ilitch parou no lugar onde você resume Marx e Lênin e pediu-me para lê-lo de novo: ele escutou com muita atenção e, depois, examinou-o ele mesmo. E há outra coisa que quero lhe contar: a atitude de V. I. em relação a você no momento em que nos visitou em Londres vindo da Sibéria não se alterou até a sua morte. Desejo-lhe, Liev Davidóvitch, força e saúde, e o abraço calorosamente".[78] Essa era a mesma Krúpskaia que, no início daquele mesmo mês, havia repudiado os escritos recentes de Trótski, negando que o partido estivesse alienado das massas e destacando que suas acusações de burocratismo vinham sem solução prática, exceto substituir as autoridades vigentes por partidários de Trótski.[79] Mas agora Krúpskaia fazia um ato político demonstrativo, para contrabalançar Stálin.[80] Este, porém, enviou uma delegação, liderada por Mikhail Frunze, para informar Trótski de que ele (Frunze) substituiria Efraim Skliánski, o fiel primeiro vice de Trótski no Comissariado da Guerra.[81] Na Abkházia, Trótski já estava bem o suficiente para caçar, o voraz passatempo que era a causa primeira de suas febres. Lakoba, um excelente atirador, vazou para o principal jornal local, *Aurora do Oriente*, que Trótski "mata patos em voo; nos arredores de Sukhum, nem um único lago ou pântano que contivesse animais de caça escapou de seus olhos".[82] Foi Trótski que não escapou da atenção de Lakoba até meados de abril de 1924, quando finalmente desembarcou em Moscou.

LENINISMO

A mumificação de Lênin para visitação em uma cripta perto do Muro do Kremlin pode parecer inevitável, mas muitos membros do círculo interno — talvez a maioria — se opuseram à ideia; a decisão foi tomada por Dzierżyński, o presidente da comissão do funeral, que havia outrora estudado para o sacerdócio católico, e foi apoiada por Stálin, o seminarista. Dzierżyński argumentou que "se a ciência pode preservar um corpo humano por um longo tempo, então por que não fazê-lo?", acrescentando que "os tsares eram embalsamados somente porque eram tsares. Vamos embalsamar Lênin porque ele era uma ótima pessoa, diferente de qualquer outra".[83] A preservação de Lênin como uma relíquia sagrada visível exigia um nível extraordinariamente elevado de técnica científica, que não surgiu de imediato; o principal cientista acabou por descobrir uma nova solução misturando glicerina, álcool, água, acetato de potássio e cloreto de quinino, que conseguiu restaurar o corpo.[84] Para um mausoléu mais permanente que substituiria a cripta original construída às pressas, o regime contratou o arquiteto Aleksei Schússev, conhecido pela estação ferroviária de Kazan, em Moscou, em estilo art nouveau, que apresentaria um projeto atraente de três cubos dispostos horizontalmente e ligados por corredores, baseado em antigos motivos maias.[85] No interior, Lênin seria colocado em um sarcófago forrado de vermelho, coberto com vidro hermético, vestido não com seu terno burguês habitual, mas com uma túnica cáqui e a Ordem da Bandeira Vermelha, concedida postumamente, presa em seu peito.[86] Leonid Krássin havia proposto a inclusão de um terraço de onde se poderia falar para as massas, ideia que Schússev adotou, mas somente nos flancos, e não em toda a parte superior da frente.[87] A abertura formal do mausoléu ao público ocorreria ainda em 1924.[88] "O corpo está em perfeito estado de conservação", diria entusiasmado Walter Duranty, do *New York Times*, observando que os professores soviéticos se gabavam de que, ao contrário das múmias dos faraós egípcios, não apenas o corpo, mas todo o rosto fora preservado. Duranty acrescentaria que "os embalsamadores conseguiram até lhe dar um sorriso".[89] A múmia realista de uma figura quase santificada viria a ter um valor incalculável para o regime.

Inesperadamente, o regime soviético ganhara um potente espaço sagrado na Praça Vermelha. (Muitos visitantes de Lênin adotaram uma postura supersticiosa.)[90] Enquanto isso, criava-se o Museu Lênin.[91] Alguns itens não foram expostos ao público. O artista Iúri Ánnenkov, convidado a selecionar fotografias para um livro, notou um frasco de vidro em que estava "o cérebro de Lênin preservado em álcool [...] um hemisfério estava saudável e de tamanho normal, com circunvoluções claramente definidas; o outro, que pendia como por uma fita, estava enrugado, amassado, esmagado, e não era maior do que uma noz".[92] Publicamente, o museu humanizou Lênin com fotografias de sua infância, ao lado de episódios heroicos da revolução. "Em uma caixa de vidro está o revólver com o qual ele foi baleado em 1918", escreveu um professor de Chicago. "A bala extraída, com os relatórios assinados pelos médicos que realizaram a operação, também está em exibição."[93] A codificação do legado escrito de Lênin também estava em andamento. O informal Instituto Lênin surgira por iniciativa do diretório partidário de Moscou, mas Stálin o transferiu para o aparato central, em parte para colocá-lo em melhor situação financeira, mas principalmente para garantir seu controle.[94] Ele impôs seu assessor marxista erudito, Ivan Tovstukha, como a pessoa responsável pelas operações do dia a dia.[95] E encomendaria um novo edifício de cinco andares em estilo modernista, na Praça Soviética (anteriormente Praça Tver), um dos primeiros grandes edifícios públicos a ser construído após a revolução.[96] Kámenev continuou a ser o editor das *Obras reunidas* de Lênin, mas Tovstukha supervisionou a publicação imediata, ou supressão, de documentos essenciais de Lênin.[97] Pediu-se a todos que conheceram Lênin que enviassem suas reminiscências ao Instituto Lênin.[98] Krúpskaia enviou as dela a Stálin para comentários; ele publicaria o texto sem submeter a ela sua edição.[99]

O perfil publicado no *Pravda*, escrito provavelmente por Bukhárin, deu voz à ortodoxia emergente: a modéstia de Lênin, a força intensa de sua lógica, a fidelidade aos princípios, a fé nas massas, a perseverança e a vontade.[100] O que deixou de ser mencionado foi sua extrema crueldade. Lênin amava as pessoas somente "em geral", resumiu bem o escritor autoexilado Maksim Górki em um pequeno livro de 1924. "Seu amor olhava muito à frente, através das névoas do ódio."[101] Mólotov, que trabalhou intimamente com Lênin e Stálin, julgaria Lênin "o mais severo" e "mais duro".[102] Lênin gostava de se ver como igual a Marx (uma vez, quando um operário lhe pediu uma fotografia como lembrança do encontro deles, Lênin tirou do bolso um pequeno broche com o retrato de Marx). Mas, embora os retratos de Lênin e Marx em tamanho gigante fossem pendurados lado a lado na Praça Vermelha nos principais feriados, muitos chamavam Marx de o teórico, e Lênin, de o (mero) praticante.[103] Stálin resolveria a igualdade entre eles. Em abril de 1924, entrou na toca do tigre, a Universidade Comunista Svérdlov, onde a oposição de esquerda ganhara a votação em uma reunião do partido, no outono de 1923.[104] As palestras de Stálin seriam publicadas em fascículos em abril e maio de 1924 sob o título "Fundamentos do leninismo".[105]

Havia muito tempo que Stálin tinha o traço de ser um organizador, não um teórico.[106] Poucos sabiam que ele havia plagiado de cabo a rabo seu "Anarquismo ou socialismo?" (1906-7) do falecido Guiórgi Téliia. Agora, para "Fundamentos do leninismo", ele plagiou *A doutrina da revolução de Lênin*, um manuscrito do então ainda vivo Filipp Ksenofóntov (não confundir com Ivan Ksenofóntov, o agente da Tcheká). Ksenofóntov (nascido em 1903), jornalista e editor, foi subitamente despachado para Tachkent, em meio a rumores de que havia protestado contra os "empréstimos" de Stálin. (Em carta a ele endereçada, Stálin expressou sua gratidão pela ajuda; mais tarde, o ditador lhe negaria permissão para citar essa carta.)[107] Em 1924, enquanto estava em Tachkent, Ksenofóntov publicou um livro sobre o décimo aniversário da Grande Guerra, *Lênin e a guerra imperialista 1914-1918*, em que sua apresentação do leninismo seguia de perto aquela publicada sob o nome de Stálin.[108] Segundo ele, o leninismo não era apenas o marxismo na prática, como muitos sugeriam, mas "a ciência da política revolucionária da classe operária nas condições do imperialismo, isto é, a teoria e prática da revolução proletária".[109] Os "Fundamentos do leninismo" de Stálin apresentavam um versão mais concisa: "O leninismo é o marxismo da época do imperialismo e da revolução proletária".[110] Stálin também deixava bem claro que Lênin, e não Trótski (tampouco Stálin), havia sido a razão da vitória em 1917.

O esforço paralelo de Trótski, uma compilação publicada em maio de 1924 de materiais mais antigos e memórias atuais, adotou uma postura muito diferente da de Stálin.[111] Sua obra *Sobre Lênin* era, como se poderia esperar, menos sobre Lênin do que sobre a suposta proximidade especial de Trótski ao líder (como enfatizado na resenha bajuladora do livro de um partidário de Trótski).[112] Mas Trótski fez de si mesmo o colíder da revolução, a própria postura que lhe causara problemas frequentes enquanto Lênin estava vivo. Com efeito, ele retratava Lênin em outubro de 1917 como *pedindo conselhos a Trótski*. A indignação foi intensa. Mólotov atacou Trótski por mostrar que Lênin era propenso a erros (falível).[113] Zinóviev o desancou por igualar o tropeço dele (Trótski) de Brest-Litovsk em 1918 ao fracasso de Lênin na guerra polonesa de 1920.[114] Mas Zinóviev, cuja vaidade talvez fosse maior até que a de Trótski, em suas próprias reminiscências incluiu trechos que ninguém teria sido estúpido o suficiente para pôr em letra de fôrma, como este: "Certa vez, em Paris, estávamos bebendo ao sucesso de seu novo livro e ficamos no café até altas horas (embora, para ser honesto, eu não pudesse imaginar quem leria o livro, além de um punhado de sociais-democratas)".[115] Com mais frequência, Zinóviev ia para o outro extremo da subserviência constrangedora, mesmo para os padrões da hagiografia emergente: "Tão poderoso quanto o oceano; tão duro e inacessível como o monte Branco; tão brando quanto o sol do sul; tão grande quanto o mundo; tão humano quanto uma criança".[116] Apesar de toda a sua destreza oratória, na página escrita Zinóviev tendia a ser difuso, o oposto de Stálin.

Já na primavera de 1924, estava evidente que Stálin havia vencido a batalha da apresentação do leninismo.[117] "O livro de Stálin é, sem dúvida, até agora, o melhor texto sobre leninismo, apesar de não ter um título altissonante e pretensioso, ao contrário de outras publicações do tipo", observou uma resenha assinada em *Bolchevique*. O resenhista Aleksandr Slepkov (nascido em 1899) era um produto da Universidade Comunista Svérdlov, onde as palestras haviam sido feitas, bem como do Instituto de Professores Vermelhos (1924), a primeira instituição de ensino superior fundada com base no marxismo em todas as matérias, desde a crítica literária à ciência natural. Ele encarnava o público-alvo de Stálin.[118] Slepkov fez algumas críticas — de uma obra do secretário-geral —, mas teceu um elogio especial ao conceito do livro em geral, à organização e à exatidão de cada capítulo, à economia de expressão e à clareza do princípio central do partido "como uma expressão dos interesses históricos do proletariado".[119]

"CARTA AO CONGRESSO"

O XIII Congresso do Partido teve lugar em 23-31 de maio de 1924, no Grande Palácio do Kremlin, e contou com a participação de 1164 delegados (748 com direito a voto), que representavam 736 mil filiados do partido. Apenas cerca de 150 mil viviam fora das cidades, e, desses, 61 mil habitavam as regiões centrais da república russa e da Ucrânia. Toda a Bielorrússia soviética tinha apenas cerca de 3 mil filiados ao partido; o Extremo Oriente soviético, mais ou menos o mesmo número.[120] Embora tivesse continuado a crescer, o regime permanecia bastante estreito. Para o congresso, o triunvirato tomara medidas para não correr riscos: a oposição de esquerda foi limitada somente a delegados sem direito a voto e de suas fileiras apenas Trótski havia sido eleito para o presidium do congresso de 42 pessoas.[121]

Todo mundo sabia que esse congresso seria incomum, com Lênin ausente para sempre, mas os delegados ainda teriam um choque. Krúpskaia vinha negociando havia meses para publicar o ditado de Lênin, que agora estava sendo chamado de "Carta ao Congresso".[122] Alguns ditados já haviam sido publicados, mas não as explosivas seis avaliações de possíveis sucessores ou a "Carta de Ilitch sobre o secretário", pedindo o afastamento de Stálin.[123] Trótski, o único que argumentou a favor da publicação, fez anotações da discussão. Kámenev: "Isso não pode ser publicado: é um discurso que não foi lido no Politbiuró. Não passa disso". Zinóviev: "N. K. [Krúpskaia] também era da opinião de que isso só deveria ser dado ao Comitê Central. Eu não perguntei sobre publicá-lo, porque pensei (e penso) que isso está excluído". Stálin: "Sugiro que não há necessidade de publicar, especialmente porque não há autorização para publicação de Ilitch".[124] Na noite de 21 de maio, na costumeira plenária do Comitê Central de véspera de congresso, Kámenev apresentou um informe em nome de uma comissão especial para os documentos de Lênin.[125] Não subsiste transcrição dessa reunião. De acordo com o apparatchik Bajánov, Kámenev leu em voz alta o ditado, após o que Zinóviev se levantou para defender Stálin, defesa que Kámenev reforçou enquanto presidia a discussão.[126]

Stálin se ofereceu para renunciar. "Bem, sim, eu sou definitivamente grosseiro", disse Stálin, segundo Trótski. "Ilitch propõe que vocês encontrem outra pessoa que seja diferente de mim apenas na polidez externa. Tudo bem, tentem encontrar uma pessoa assim." Mas em um salão repleto de partidários de Stálin, uma voz gritou: "Isso não é nada. Nós não nos assustamos com grosseria, o nosso partido inteiro é rude, proletário".[127] Um belo truque, mas o momento foi extraordinário mesmo assim. Durante o episódio da reunião de caverna, no verão de 1923, Stálin, irritado, dera a entender que poderia desistir do posto de secretário-geral, mas isso estava em uma mera carta particular.[128] Aqui se tratava de uma plenária, que tinha o poder de destituí-lo. Mas Stálin escapou: a plenária antes do congresso o manteve no cargo.[129]

Em 23 de maio, o XIII Congresso abriu com um desfile de Jovens Pioneiros, uma organização para crianças de dez a dezesseis anos, no túmulo de madeira de Lênin, na Praça Vermelha.[130] Naquele dia, Stálin autografou um exemplar de seu livro sobre Lênin para o chefe do partido do Azerbaijão numa linguagem que não usava para mais ninguém: "Para o meu amigo e querido irmão Kírov". Zinóviev apresentou o principal informe político, tal como havia feito no XII Congresso, e exigiu que a oposição de esquerda se retratasse publicamente.[131] Trótski se levantou para falar e sua presença despertou aplausos prolongados, tal como acontecera no congresso anterior. Tendo uma oportunidade de partir para a ofensiva e ler em voz alta o ditado de Lênin, Trótski não o fez. Tampouco se retratou. Em vez disso, tentou desarmar seus críticos com a conciliação. "Camaradas, nenhum de nós deseja ser, nem pode ser contra o nosso partido. Em última análise, o partido está sempre certo, porque o partido é o instrumento único dado ao proletariado para a realização das suas tarefas fundamentais. [...] Eu sei que é impossível estar certo contra o partido. É possível estar certo somente com o partido e através do partido, porque a história não criou outros caminhos para a realização do que é certo." Ele parafraseou o ditado inglês — "meu país, certo ou errado" — para concluir que "este ainda é o meu partido".[132] O gesto saiu pela culatra. Até mesmo Krúpskaia repreendeu-o, observando que, se o partido estava sempre certo, ele jamais deveria ter instigado o debate que durava meio ano sobre um novo caminho.[133] Uma resolução formal condenou novamente a oposição de esquerda por ser um "desvio pequeno-burguês". Surgiram rumores de que Trótski ficara em 51º lugar entre os 52 membros eleitos para o novo Comitê Central, uma difamação talvez instigada por Stálin, porque o regime quebrou a tradição e não anunciou os totais de votos.[134]

549

A plenária pré-congresso decidira apresentar a "Carta ao Congresso" não nas sessões do congresso, mas a cada delegação individualmente.[135] Isso significava que o registro estenográfico do congresso, controlado pela secretaria de Stálin, poderia omitir o que acontecesse nessas discussões. Contudo, as memórias oferecem uma indicação. "Eles leram a carta, e todo mundo ficou chocado", relembrou Aleksandr Miltchakov (nascido em 1903), um funcionário da Liga da Juventude Comunista, que anotou que sua delegação do Cáucaso Norte pediu que o texto fosse lido novamente. "Depois da repetição, os leitores propuseram o seguinte: levando em conta a difícil situação do país e do partido, a condição do Comintern e o fato de que o camarada Stálin promete levar em consideração as críticas do camarada Lênin, há uma proposta para pedir ao camarada Stálin que permaneça no cargo de secretário-geral. A delegação do Cáucaso Norte concordou com isso."[136] Afirmações semelhantes ocorreram na reunião de 25 de maio das delegações da região industrial central e do vale do Volga (presididas por Issái "Filipp" Goloschókin e Nikolai Uglánov, adeptos de Stálin) e no encontro de 26 de maio dos delegados provinciais dos Urais, Sibéria, Extremo Oriente, Basquíria e Viátka (presidido por Mikhail Lachévitch, um firme partidário de Zinóviev). Esses encontros bem orquestrados aceitaram garantias de que Stálin havia reconhecido as críticas de Lênin e prometia modificar seu comportamento, bem como as afirmações de que ele já havia melhorado, que estava assumindo uma carga colossal, e que, de qualquer maneira, o que quer que houvesse preocupado Lênin, o tempo havia mostrado que Stálin não tinha abusado de seu poder em razão de seu caráter.[137] O novo Comitê Central votou por unanimidade para reelegê-lo secretário-geral.[138] Até mesmo o acréscimo resultante da reunião de caverna de Zinóviev e Trótski ao Orgbiuró foi formalmente rescindido.

Se, ao contrário do mito, o ditado de Lênin foi amplamente lido e discutido, muitos documentos reveladores foram suprimidos. Um grupo de trabalhadores desempregados, por exemplo, escrevera uma carta aos camaradas Zinóviev, Kámenev, Stálin — em ordem alfabética russa — em que declaravam que "ninguém, camaradas, está falando seriamente sobre o exército de 1 milhão de desempregados".[139] Pedindo em vão que sua carta fosse lida no congresso, os autores acrescentavam: "Nós pedimos, nos deem trabalho, nos deem um pedaço de pão, nos deixem ganhar o nosso sustento para que nossas famílias não morram de fome lá onde há 'esplendor'".[140] A raiva em aldeias não era menos franca. "Vocês açougueiros vermelhos deveriam saber que a caldeira de vapor da paciência camponesa pode explodir um dia", gritou um morador indignado para um agitador em 1924, de acordo com um sumário da polícia. "Vocês precisam saber que os camponeses maldizem vocês usurpadores em suas orações matinais. [...] Onde está a verdade? Onde está a justiça? Por que vocês nos enganam com palavras como liberdade, terra, paz e igualdade?"[141]

LIÇÕES DO FASCISMO

Ao lado do bolchevismo, o fascismo constituiu a outra grande revolta em massa da era da Grande Guerra contra a ordem constitucional liberal. Em 1922, Benito Mussolini, apesar de seu partido fascista ter obtido apenas 35 assentos em quinhentos, em seu melhor desempenho em eleições abertas, exigiu ser nomeado primeiro-ministro, ameaçando marchar sobre Roma com hordas de camisas-negras, conhecidos como *squadristi*. Os esquadrões tinham armas leves e o número de seus participantes foi exagerado.[142] A "marcha" proposta era um blefe colossal, um exercício de guerra psicológica, e o rei Vítor Emanuel III parecia disposto a chamar o Exército para dispersar os desordeiros. Mas o rei recuou do previsível derramamento de sangue, e o Exército bem equipado não agiu por conta própria.[143] Ao contrário, as altas patentes, bem como círculos empresariais influentes, o papa e até mesmo alguns constitucionalistas, achavam que se deveria dar uma chance a Mussolini para "restaurar a ordem", como um antídoto para a esquerda. O rei vacilante telegrafou a Mussolini para lhe pedir que aceitasse ser primeiro-ministro em uma coalizão (com somente 35 fascistas na Câmara dos Deputados).[144] Em 30 de outubro de 1922, o líder fascista de 39 anos de idade chegou em um vagão-dormitório de luxo e desceu na última estação antes de Roma, onde então entrou como se em uma marcha. Mussolini quase perdera a coragem; um camarada levantou seu ânimo.[145] Foi somente depois de ter sido nomeado primeiro-ministro que cerca de 20 mil manifestantes fascistas entraram em Roma. Muitos deles não tinham conseguido se reunir nos locais determinados, e muitos dos que apareceram portavam poucas armas ou alimentos. Depois que os *squadristi* desfilaram como conquistadores, prestando homenagem ao túmulo do soldado desconhecido e ao palácio do rei, a quem saudaram em estilo romano antigo (braço direito estendido), Mussolini os mandou para casa.[146] Mas a presença deles em Roma criou o mito de um bem-sucedido golpe de Estado.

O fascismo intrigou os comunistas russos. De Roma, Iemelian Iaroslávski — o promotor do sádico louco e pretenso conquistador da Mongólia, barão Von Ungern-Sternberg —, em carta a Lênin de 3 de outubro de 1922, previu que o fascismo italiano estava à beira da tomada do poder, salientou que suas habilidades organizacionais estavam influenciando os trabalhadores, "que estão impressionados com a força dos fascistas", e acrescentou que "os nossos colegas italianos" (isto é, os comunistas italianos) "têm algo a aprender com os fascistas".[147] Mas sua suposição presciente de que o fascismo era um movimento de direita capaz de atrair trabalhadores e camponeses causou pouca impressão em Moscou. Em vez disso, o *Izvéstia*, em 31 de outubro e durante vários dias depois, havia reimprimido discursos feitos no Comintern que destacavam as origens socialistas (não comunistas) de Mussolini, e ligavam o Partido Socialista da

Itália ao triunfo fascista.[148] Mussolini, o apóstata socialista, realçaria a aparência de uma ligação socialista-fascista ao passar em breve a usar fraques, colarinho de ponta virada e polainas, como um inimigo da classe burguesa. Essa impressão superficial feita em conexão com a biografia e a roupa de Mussolini foi reforçada no pensamento comunista pela lealdade dos trabalhadores alemães aos sociais-democratas, particularmente durante o fracasso do golpe comunista do outono de 1923. Mas, na realidade, o fascismo e a social-democracia eram inimigos implacáveis. Com efeito, como um historiador observou, "bolchevismo e fascismo eram ambos heresias do socialismo".[149] Além disso, a direita tradicional, e não os sociais-democratas, havia levado o fascismo ao poder na Itália, enquanto os comunistas haviam dividido a esquerda e galvanizado a direita na Itália e na Alemanha.

A incapacidade de Stálin de entender o fascismo era evidente. Ele seguia a postura de Lênin, para quem os esquerdistas não bolcheviques — mencheviques, SRs e outros moderados — eram os mais perigosos de todos os contrarrevolucionários, porque se escondiam atrás da máscara do socialismo. Essa profunda divisão na esquerda reforçava o erro de interpretação do fascismo e foi institucionalizada em nível mundial no V Congresso Mundial do Comintern, que se reuniu de 17 de junho a 8 de julho de 1924 no ornamentado Salão Andreiev do Grande Palácio do Kremlin, com 504 delegados de 46 partidos e 49 países. O congresso foi realizado sob o slogan explícito de "bolchevização", o que significava que os partidos membros eram obrigados a se organizar conforme a linha leninista para combater o "desvio pequeno-burguês", e significava também russificação, facilitando uma ampliação do papel do Comintern de Stálin (ele não falava alemão).[150] Stálin assumiu o assento de Trótski no Comitê Executivo do Comintern.[151] Durante as denúncias intermináveis de Trótski e seus "patetas" estrangeiros, um delegado da Indochina francesa interrompeu: "Acho que os camaradas ainda não compreenderam bem a ideia de que o destino do proletariado de todo o mundo [...] está intimamente ligado ao destino das nações oprimidas nas colônias". Seu nome era Nguyen Ai-Quoc, mais conhecido como Ho Chi Minh.[152] Apesar da atmosfera acrimoniosa, os delegados encerraram os trabalhos cantando coletivamente a "Internacional". Eles também visitaram a múmia de Lênin e uma sessão do congresso foi montada na Praça Vermelha, com os oradores empoleirados no cubo.[153] Mas o V Congresso ficou marcado pela institucionalização da análise, como Zinóviev disse em seu discurso, de que "os fascistas são a mão direita e os sociais-democratas a mão esquerda da burguesia". Stálin reiterou a posição, argumentando que o Comintern não precisava "de uma coligação com a social-democracia, mas do combate letal contra ela por ser o pilar do poder fascistizado".[154]

Se o fascismo italiano oferece uma lição crucial sobre os limites fatídicos do pensamento de Stálin, sua história traz outra lição transcendente sobre como as ditaduras se enraízam. Em abril, a lista nacional do primeiro-ministro Mussolini ganhou 66,3% dos votos, contra apenas 14,6% para os socialistas e comunistas e 9,1% para os católicos. Isso deu aos fascistas 374 dos 535 assentos. Em 30 de maio de 1924, Giacomo Matteotti, filho de uma família rica do Veneto, formado pela faculdade de direito de Bolonha e líder do Partido Socialista Unido, que havia persistentemente criticado Mussolini e tinha enorme prestígio, acusou os fascistas de intimidação e fraude completa, exigiu que as eleições fossem anuladas e concluiu: "Já fiz o meu discurso. Agora preparem minha oração fúnebre".[155] Onze dias depois, foi enfiado em um carro, esfaqueado várias vezes com uma faca de carpinteiro e espancado até a morte. Seu corpo foi encontrado dois meses depois, em 16 de agosto, numa cova rasa a cerca de trinta quilômetros de Roma. O motivo para o seu assassinato permanece obscuro.[156] Mas a cumplicidade fascista foi estabelecida desde o início: cinco bandidos com ligações com a polícia secreta fascista foram presos quase que imediatamente. A cumplicidade de Mussolini, ou ao menos sua presciência, tornou-se uma questão de especulação; ela nunca foi provada ou refutada, mas o assassinato sabotou suas intrigas secretas para ampliar sua coalizão e levou seu governo ao ponto de um colapso. Manifestações antifascistas ocorreram nas ruas, correu o rumor de uma greve geral e muitos adeptos centristas de Mussolini na Câmara retiraram suas insígnias do Partido Fascista. (Toscanini recusou-se a tocar o hino da juventude fascista "Giovinezza" no La Scala, dizendo que o teatro de ópera "não era uma cervejaria".)[157] Mussolini parecia evasivo ao ser questionado. Em dezembro de 1924, acreditava-se que ele teria de renunciar. O rei se recusou a demiti-lo, e então os deputados antifascistas do Parlamento, para pressioná-lo, deixaram a Câmara, indo para o monte Aventino, onde na Roma antiga os plebeus haviam exigido vingança contra os patrícios.[158] Esse ato insensato lembrava o dos mencheviques e SRs que, em outubro de 1917, abandonaram o Congresso dos Sovietes.

O líder dos antifascistas no Senado italiano "era a favor de prender Mussolini por um *coup de main*", explicou um historiador, mas a maioria dos antifascistas se recusava a empregar meios extralegais.[159] Nesse meio-tempo, Mussolini foi inflamado por fascistas linhas-duras que condenavam o assassinato idiota de Matteotti, exigiam uma renovação de baixo para cima do fascismo e o ameaçaram com um golpe, numa nova marcha sobre Roma.[160] Em 3 de janeiro de 1925, Mussolini ergueu-se na Câmara e afirmou que "declaro aqui, perante esta assembleia solene e perante todo o povo italiano, que eu, e eu sozinho, assumo a responsabilidade política, moral e histórica por tudo o que aconteceu". E desafiou os deputados a processá-lo. Eles não o fizeram. Em 10 de janeiro, por decreto, Mussolini proibiu todos os partidos, exceto o fascista, e controlou a imprensa. Também se recusou a deixar seus adversários voltarem ao Parlamento e declarou que haviam perdido o mandato em consequência de sua secessão. Só então a Itália transformou-se de monarquia constitucional em ditadura de partido único. O cartão de inscrição no Partido Fascista tornou-se pré-requisito para o emprego em universidades e escolas. Em breve, Mussolini passou a chamar-se *duce*. Foi essa reviravolta da crise Matteotti contra os adversários dele, e não a Marcha sobre Roma de 1922, que significou a tomada do poder pelos fascistas

Há momentos na história que poderiam ter sido pontos de inflexão, mas não viraram na direção oposta, como aconteceu em 1924, simultaneamente na Itália fascista, graças à secessão parlamentar, bem como ao rei, e na União Soviética, graças a Zinóviev e Kámenev. O congresso era um dos poucos momentos vulneráveis de Stálin, e ele pedira para ser removido na plenária pré-congresso, de tal modo que Zinóviev e Kámenev poderiam ter posto essa medida na pauta do congresso. Eles não tinham como ignorar as ambições de Stálin.[161] Talvez estivessem contentes por acreditar que ele fora ferido pela revelação do ditado. Contudo, o oportunismo poderia ter feito com que aproveitassem o suposto ditado de Lênin para derrubar o secretário-geral. No caso da Itália, a destruição política de Mussolini poderia ter possibilitado que o frágil sistema parlamentar sobrevivesse à pressão dos esquadrões da rua e à incompetência do rei, embora a morte de Mussolini pudesse, em vez disso, facilitar a ascensão de gente como Roberto Farinacci, o mais duro e asqueroso dos chefes locais fascistas, que poderia ter promovido uma revolução social fascista ainda mais radical. No caso da URSS, a remoção de Stálin poderia se mostrar temporária, tendo em vista a mediocridade de seus rivais; ou, por isso mesmo, poderia ter precipitado uma eventual dissolução do regime de partido único que ele mantinha unido.

Assim como Mussolini triunfou sobre a crise Matteotti, Stálin triunfou sobre o ditado de Lênin, embora não tenha saído ileso. Os quase 1200 delegados ao XIII Congresso do Partido presenciaram sua humilhação. Muitos deles, sem dúvida, levaram as histórias para os três quartos de 1 milhão de filiados do partido que representavam. Uma menção ao ditado de Lênin apareceu no jornal menchevique de Paris *Arauto Socialista* (24 de julho de 1924).[162] O mundo inteiro estava começando a saber: Lênin havia pedido a remoção de Stálin.

GEOPOLÍTICA SOVIÉTICA

Em Moscou não havia respostas fáceis para a circunstância de que a URSS era uma pretensa ordem global alternativa, mas a ordem existente não desaparecera.[163] Em meados da década de 1920, cerca de vinte países, entre eles quase todas as grandes potências — Alemanha, Grã-Bretanha, França, Itália (mas não os Estados Unidos) —, bem como o Japão e a Polônia, já reconheciam o Estado soviético, mas nenhum deles via um parceiro de confiança no Estado comunista. Como poderiam, tendo em vista o comportamento soviético?[164] Em certo sentido, a URSS não era diferente de todos os países da época, trabalhando para interceptar e decodificar os sinais de rádio e a correspondência estrangeiros. Desde 1921, um departamento especial de criptologia era capaz de ler os telegramas cifrados de embaixadas estrangeiras de Moscou para Berlim e para Ancara, e, em 1924, os códigos poloneses foram decifrados (em 1927, foi a vez dos códigos japoneses); o acesso a esse tráfego alimentou um já profundo cinismo soviético a respeito das "relações diplomáticas", vistas como relação com o inimigo.[165] Ao mesmo tempo, os britânicos haviam decifrado os códigos soviéticos e podiam comparar o discurso comunista interno com a prevaricação externa, o que deixava em farrapos a já baixa credibilidade soviética. Stálin, no entanto, ao contrário de seus curiosos congêneres estrangeiros, tinha pouca compreensão ou interesse na necessidade simultânea de cultivar confiança nos assuntos internacionais. Enquanto as embaixadas estrangeiras em solo soviético eram tratadas como cavalos de Troia do imperialismo — até mesmo pactos comerciais vitais eram perseguidos por pressupostos de espionagem e subversão por "agentes do imperialismo" —, as embaixadas soviéticas no exterior eram quartéis de instigação de golpes comunistas no exterior, mesmo quando a URSS estava desenvolvendo relações diplomáticas e econômicas com esses mesmos países.[166]

A Mongólia ocupava um lugar especial por ser o único outro país que tivera uma "revolução" de estilo comunista. Na morte de Lênin, o embaixador alemão, conde Ulrich von Brockdorff-Rantzau, havia depositado uma coroa de flores em nome de todo o corpo diplomático de Moscou, mas o embaixador da Mongólia depositou uma coroa separada "para o líder mundial dos trabalhadores, amigo e defensor dos povos menores".[167] Em 1924, o Bogd Gegen, chefe de Estado quase monárquico, morreu, aos 55 anos de idade. Não foi permitida nenhuma determinação tradicional de sua reencarnação. Em vez disso, os soviéticos supervisionaram a proclamação de uma "República Popular da Mongólia".[168] "Assessores" soviéticos já estavam mexendo os pauzinhos por trás dos líderes nominais mongóis.[169] Após a criação de uma versão mongol da OGPU, a filiação ao partido mongol encolheu pela metade por causa dos expurgos; seguiram-se muitas mortes misteriosas, inclusive de vários dos revolucionários mongóis originais que haviam procurado ajuda soviética. Ao visitar o país, um funcionário do Ministério das Relações Exteriores alemão achou que a Mongólia estava "praticamente a caminho de se tornar uma província russa".[170] Embora tentativas lideradas pelos soviéticos de criar uma única cooperativa de comércio centralizado tenham fracassado e apenas quatrocentas crianças mongóis estivessem matriculadas nas escolas, criaram-se instrumentos de doutrinação política: em 10 de novembro de 1924, a primeira edição de um jornal em língua mongol, o órgão do Partido Popular da Mongólia, foi publicada em Irkutsk, na Sibéria.[171] A construção de uma ordem socialista em uma nação de pastores e monges representava sérios problemas para a ideologia comunista, bem como para a prática. De imediato, porém, o satélite mongol deveria servir aos interesses de segurança soviéticos como base avançada para a libertação nacional na Ásia.

Para a Europa, o sonho de golpes comunistas não morreu com os fiascos alemão e búlgaro. Na primavera de 1924, Pēteris Ķuzis, conhecido como Jan Berzin, um ex-membro dos Fuzileiros da Letônia e chefe da inteligência militar soviética, infiltrou cerca de sessenta agentes na Estônia, a fim de preparar uma tomada de poder com os comunistas do país.[172] Porém, a contrainteligência estoniana havia intensificado a infiltração dos comunistas clandestinos, e, em um julgamento efetuado em 10-27 de novembro de 1924, 149 comunistas locais foram acusados de participação em uma organização comunista clandestina (o partido estava proibido) e de serem agentes da URSS. Sete foram absolvidos, mas, para os condenados, as sentenças foram graves: um pegou pena capital; 39, prisão perpétua; e 28, quinze anos atrás das grades.

Apesar disso, o golpe de Moscou foi em frente.[173] Antes do amanhecer de segunda-feira, 1º de dezembro, algumas centenas de homens em pequenos esquadrões — comunistas bálticos na clandestinidade, estivadores armados da Marinha mercante soviética, pessoal do consulado soviético — atacaram posições estratégicas em Tallinn, capital do país.[174] Os golpistas perseguiram militares seminus em torno de seus quartéis na escuridão, lançaram granadas sem ter puxado os pinos e subiram em tanques sem perceber que as saídas da garagem de tanques estavam bloqueadas.[175] Ainda assim, os esquadrões conseguiram ocupar a principal estação ferroviária durante quase duas horas, onde mataram o ministro das Ferrovias (que chegou para investigar a comoção), e tomaram a residência do chefe do governo e um aeródromo militar. Mas a revolta operária que deveria acompanhar essas ações nunca se concretizou. Às dez da manhã, o golpe tinha acabado.[176] Oficialmente, doze dos mais de 250 golpistas foram mortos nos combates; outros iriam morrer e cerca de 2 mil seriam presos durante uma perseguição de vários meses. Alguns escaparam para a URSS. A imprensa soviética escreveu fantasiosamente sobre um levante de trabalhadores da Estônia sufocado por uma "camarilha burguesa de guardas brancos".[177]

Exatamente nesse momento, Stálin lançava mais um panfleto contra Trótski no *Pravda* (20 de dezembro de 1924), que republicou como prefácio de sua coletânea *No caminho para Outubro* (janeiro de 1925), com o título "Socialismo em um único país", apontando que tal coisa era possível.[178] Stálin já havia dito isso no VI Congresso do Partido, em agosto de 1917, e agora, essencialmente, estava apenas afirmando a existência de sete anos da União Soviética. Lênin havia tranquilamente mudado de opinião, reconhecendo que, se necessário, o socialismo poderia ser construído em um único país.[179] Até mesmo Trótski, em uma palestra inédita na Universidade Comunista

Svérdlov, na primavera de 1923, afirmara que "se o mundo inteiro entrasse em colapso, exceto a Rússia, pereceríamos? [...] Não, não pereceríamos, tendo em vista nossos recursos, tendo em vista a circunstância de que constituímos um sexto do planeta".[180] É verdade que "Fundamentos do leninismo", quando publicado em fascículos no *Pravda* em abril e maio de 1924 e no volume *Sobre Lênin e o leninismo* (maio de 1924), continha um trecho que negava a possibilidade do socialismo em um único país, mas este foi retirado em uma segunda edição, no final de 1924.[181] Além disso, Stálin só estava declarando a possibilidade do socialismo em um único país *em primeiro lugar*, pois observava que a vitória "final" do socialismo requeria a ajuda do proletariado de vários países, e que a revolução mundial ainda ocorreria, provavelmente como resultado de revoltas em países sob o jugo do imperialismo, e eles poderiam esperar ajuda da URSS. Isso significava que a vitória do socialismo em um único país, na verdade, "tinha um caráter internacional", e que a Rússia tinha uma missão especial, agora em forma revolucionária.[182] O ensaio tornou-se o seu texto mais incompreendido, mas, quando publicado inicialmente, não despertou controvérsia.[183]

Mais tarde, o jornal dos mencheviques na Europa, *Arauto Socialista*, exageraria a posição de Stálin como "uma bagatela para a Europa — devemos nos virar sozinhos".[184] Esse sentimento tinha raízes profundas na Rússia. A postura internacional da Rússia imperial havia vacilado entre a busca da valorização de alianças ocidentais e a busca de uma missão messiânica especial em um espaço próprio, como herdeira do Império bizantino e dos grandes impérios mongóis da Eurásia. A declaração de Stálin sobre o socialismo em um único país se parecia superficialmente com uma declaração de independência desse tipo — a União Soviética poderia avançar sem esperar pela revolução no Ocidente —, e, portanto, com uma tolerância do velho ditado do espaço expansivo autossuficiente. Mas o entrincheiramento não emancipou a Rússia do Ocidente: este continuou mais forte, e, portanto, uma ameaça geopolítica, ao mesmo tempo que possuía as máquinas avançadas indispensáveis à Rússia (e agora à URSS). Uma postura do tipo "fortaleza Rússia" jamais funcionara, apesar da tentação, como Stálin, não menos do que Trótski, sabia. A chave para o seu artigo sobre "Socialismo em um único país" não estava em um pretenso desprezo do Ocidente, mas em um trecho no qual ele explicava a relativa facilidade da vitória bolchevique com base em três condições, todas relacionadas com a Grande Guerra: a existência de dois "blocos imperialistas, o anglo-francês e o austro-alemão", cujo confronto fez com que deixassem de dar atenção séria à revolução na Rússia; a geração pela odiada guerra de um anseio profundo de paz na Rússia, o que fez a revolução proletária parecer o caminho para sair do conflito; e o fato de a guerra ter estimulado fortes movimentos dos trabalhadores dos países imperialistas que simpatizavam com a revolução na Rússia.[185] Em outras palavras, mesmo que tivesse mostrado uma compreensão primitiva do fascismo decorrente da análise de classe, Stálin realizou um avanço ideológico ao ligar a revolução à guerra, em vez de apenas à classe.

Além disso, Stálin reconheceu que a revolução mundial proporcionava à União Soviética uma ferramenta para prosseguir em sua missão global especial e para sair do seu espaço geopolítico fechado. Desde os dias da antiga Moscóvia, a Rússia se expandira às custas dos vizinhos mais fracos (Suécia, Polônia, Império Otomano, China), sempre sob o pretexto de buscar segurança em meio a fronteiras escancaradas. O que parecia puro aventureirismo — a penetração na Ásia Central e, depois, na Manchúria, onde a Rússia havia construído uma ferrovia para encurtar o caminho até Vladivostok — podia ser visto como a conclusão lógica de um avanço que de outra forma teria sido obrigado a parar no meio de lugar nenhum.[186] De certo modo, a instigação bolchevique da revolução mundial foi o supremo expansionismo "defensivo". Mas, enquanto as fronteiras tsaristas eram vulneráveis a potências estrangeiras que promoviam conflitos dos inimigos *internos* do tsarismo, agora muitas das fronteiras eram ocupadas por países antissoviéticos plenamente desenvolvidos: Estônia, Letônia, Lituânia, Finlândia, Polônia, Romênia. Conhecidos no jargão soviético como os "limítrofes", eles impunham às grandes potências o fardo de garantir sua cooperação para qualquer intervenção militar na URSS, mas, aos olhos soviéticos, isso fazia dos pequenos Estados nada mais do que joguetes nos projetos do imperialismo mundial. Parte do cálculo de Stálin para o golpe na Estônia incluíra o desejo de impedir que as forças antissoviéticas tivessem uma base de operações no Báltico.[187] Uma análise da inteligência soviética informava que a Finlândia realizara em 1924 uma conferência com os três países bálticos para a troca de informações sobre a URSS, contando com os postos de escuta em Helsinque, Riga, Tallinn (Revel), Lwów e Vilna, e com agentes de recrutamento entre familiares dos emigrantes que esperavam se unir a seus entes queridos na emigração.[188] (Essa inteligência reforçava a inclinação a ver como ilegítima a independência dos antigos territórios russos imperiais.)[189] As considerações sobre a posição da Rússia no mundo haviam motivado o entusiasmo de outro modo inexplicável de Stálin pelo golpe comunista na Alemanha, que ele via como um golpe na Polônia independente assim como nos países bálticos.

Stálin fez observações reveladoras sobre o fracassado golpe na Estônia em uma plenária do Comitê Central realizada em 19 de janeiro de 1925, durante uma discussão sobre o orçamento de defesa. Ele havia inserido na pauta da plenária a questão da continuação de Trótski como comissário da Guerra e chefe do Conselho Militar Revolucionário.[190] Trótski, sem esperar para ser demitido, apresentara sua renúncia em 15 de janeiro e partira novamente para a Abkházia.[191] Kámenev propôs maliciosamente que Stálin substituísse Trótski no comando militar; Stálin não estava disposto a sair do comando do aparelho partidário, nem tampouco dividi-lo.[192] Mikhail Frunze, um recém-nomeado membro candidato do Politbiuró e já chefe das operações do dia a dia do Comissariado da Guerra, foi promovido de primeiro vice a comissário.[193] Mas a plenária também foi digna de nota pela análise da Estônia. Stálin argumentou que "o povo de lá começou a agir, fez algum barulho e tentou ganhar alguma coisa, mas todos os fatos mostram que, sem a presença do Exército Vermelho, unido e vigilante e criando fatos [em campo], nada sério será alcançado". Ele acrescentou que "nossa bandeira, como antigamente, continua a ser a bandeira da paz, mas, se a guerra começa, então não devemos ficar de braços cruzados — devemos agir, mas agir por último. E agiremos a fim de jogar o peso decisivo na balança, um peso que pode ser dominante. Daí minha conclusão: estar pronto para tudo, preparar o nosso Exército, calçá-lo e vesti-lo, treiná-lo, melhorar sua tecnologia, melhorar suas armas químicas, aviação e, em geral, elevar nosso Exército Vermelho às alturas necessárias. Isso nos é exigido pela situação internacional".[194]

Stálin reiterou seu tema da guerra-revolução após o aniversário da morte de Lênin (21 de janeiro de 1925), quando a administração política do Exército Vermelho, poucos dias depois de deixar de obedecer a Trótski, publicou uma lista de leituras recomendadas, com *Sobre Lênin e o leninismo* de Stálin em primeiro lugar.[195] "Isso pode parecer estranho, mas é um fato, camaradas", disse ele numa conferência do partido de Moscou em 27 de janeiro. "Se, em 1917, as duas principais coligações de países capitalistas durante a guerra imperialista não estivessem envolvidas em um combate mortal uma contra a outra, se não estivessem engalfinhadas, sem se preocupar e sem tempo para participar de uma disputa com o regime soviético, este dificilmente teria sobrevivido. Lutas, conflitos e guerras entre os nossos inimigos são, repito, o nosso maior aliado."[196] A geopolítica soviética estava nascendo.

MENOSPREZANDO A REAPROXIMAÇÃO EUROPEIA

É compreensível que Stálin se sentisse seduzido pela visão de uma colheita oportunista dos frutos de uma guerra entre as potências capitalistas. Os comunistas pareciam estar diante do mesmo dilema que atormentara a política externa tsarista, a saber, voltar-se para a Alemanha, como Durnovó havia defendido, ou para Inglaterra e França, caminho que o malfadado regime tsarista escolhera.[197] Tal como Lênin, Stálin considerava a Grã-Bretanha o principal pilar do imperialismo global, refratando uma anglofobia familiar da Rússia imperial através do prisma do marxismo-leninismo. Além disso, uma reprise da aliança franco-russa minguou não só porque o regime comunista era execrável para a França, mas porque o valor estratégico da Rússia havia declinado graças à ressurreição de um Estado polonês do outro lado da Alemanha; para conter

Berlim, Paris procurou uma parceria com Varsóvia. Stálin, por sua vez, preocupava-se menos em conter o poderio alemão — justificativa para a aliança tsarista com a França — do que em se beneficiar da Alemanha como fonte de solidariedade contra Versalhes e de transferência de tecnologia. Mas Stálin teria uma surpresa desagradável: os dois blocos opostos que haviam oferecido à Rússia tsarista uma escolha fatídica arrebataram essa escolha da URSS.

Primeiro aconteceram algumas manobras soviéticas. Stálin desprezou as exigências das potências capitalistas, especialmente dos britânicos, de coisas como cláusulas anti-propaganda em acordos bilaterais — os britânicos faziam propaganda incessante contra as políticas internas soviéticas, tais como repressões, como se sua própria polícia não batesse em trabalhadores em greve —, mas os soviéticos engoliram isso e simbolicamente renunciaram à propaganda do Comintern no Império britânico.[198] Isso garantiu o cobiçado reconhecimento diplomático em fevereiro de 1924 e, em 8 de agosto do mesmo ano, a concordância do primeiro governo trabalhista da Grã-Bretanha com um projeto de tratado comercial que proporcionava aos produtos britânicos o status de nação mais favorecida. Em troca, a URSS receberia empréstimos significativos, embora somente após a conclusão bem-sucedida das negociações sobre a situação das dívidas tsaristas.[199] Antes que este último acordo fosse fechado, em 29 de outubro o Partido Trabalhista perdeu as eleições parlamentares (secretamente subvertidas pelos serviços de inteligência britânicos). O conservador Stanley Baldwin tornou-se primeiro-ministro e o novo secretário de Relações Exteriores, Austen Chamberlain, enviou nota oficial a Moscou, afirmando: "O governo de Sua Majestade considera que não pode recomendar esses tratados para exame pelo Parlamento ou propô-los ao rei para ratificação por Sua Majestade". Veio à tona uma carta falsa atribuída a Zinóviev que parecia confirmar a subversão do Comintern nas Ilhas Britânicas, bem como flertes políticos do Partido Trabalhista com Moscou.[200] Enquanto os interesses anticomunistas agiam no Reino Unido, na URSS nem todos os comunistas apreciavam o valor a ser obtido com o reembolso das dívidas contraídas pelo sangrento regime tsarista aos capitalistas britânicos sugadores de sangue.[201] Contudo, o poder dos principais países capitalistas não podia ser ignorado.[202] O Ocidente tinha a tecnologia.

Moscou também conseguira estabelecer relações comerciais com Berlim, que foram coroadas por reconhecimento diplomático, e havia a perspectiva de modernizar a indústria soviética com a ajuda alemã, mas, também aqui, as ações do Comintern atrapalharam, especialmente a tentativa de golpe comunista na Alemanha.[203] Enquanto Berlim lamentava que os comunistas alemães tramassem secretamente com os nacionalistas de direita contra a República de Weimar, os soviéticos estavam enlouquecidos com a busca alemã de reaproximação com o Ocidente. Na Alemanha, elementos pró-ocidentais, em documento secreto capturado pela inteligência militar soviética, afirmavam que, "sem dúvida, Moscou está disposta a sacrificar os interesses da Alemanha".[204] Mas havia também uma "Escola Oriental" da diplomacia alemã, representada pelo embaixador alemão em Moscou, conde Ulrich von Brockdorff-Rantzau, que tinha apoiado Koltchak e outras forças antibolcheviques, mas, mesmo antes da derrota final delas, procurara tirar o máximo do regime bolchevique.[205] Em 1919, quando era ministro das Relações Exteriores da Alemanha de Weimar, Brockdorff-Rantzau liderou a delegação alemã às conversações de Versalhes e declarou publicamente que admitir que a Alemanha era a única culpada seria uma mentira. Além disso, advertiu que os termos de Versalhes gerariam uma combinação de nacionalismo e socialismo em seu país.[206] Ele considerava que manter laços estreitos com os soviéticos seria uma forma de superar a imposição francesa de Versalhes e reviver a missão especial da Alemanha no mundo. Sem dúvida, estava aborrecido com o bolchevismo, mas odiava tudo que era francês, exceto o conhaque, e temia que seus colegas em Berlim alinhassem a Alemanha com a Grã-Bretanha, empurrando assim os soviéticos para os braços da França, uma repetição do cenário fatal das duas frentes da Grande Guerra. O conde e Tchitchérin, também aristocrata, encontraram uma causa comum, chegando mesmo a observar horários noturnos semelhantes (os dois se reuniam muitas vezes depois da meia-noite).[207] E, o que era mais importante, o *pas de deux* Tchitchérin-Brockdorff-Rantzau combinava com as inclinações leninistas anglofóbicas e germanófilas de Stálin.

Uma dimensão oculta dos laços germano-soviéticos envolvia a cooperação militar clandestina iniciada por Lênin.[208] Versalhes havia imposto restrições severas ao tamanho, à formação e à produção de armas do Exército alemão, e até mesmo à capacidade de enviar adidos militares ao exterior, mas os soviéticos ofereceram permissão à Alemanha para violar essas restrições. Grandes fabricantes alemães (Blohm & Voss, Krupp, Albatrosswerke) puderam construir submarinos, aviões e artilharia em território soviético, e a Reichswehr obteve instalações de treinamento secretas. Por sua vez, os soviéticos procuraram atrair empresas alemãs, através de arrendamentos ou concessões, para que assumissem e revivessem fábricas de armas moribundas. Moscou recebeu uma missão militar alemã "não oficial" sob a forma de uma comissão para a verificação de concessões econômicas alemãs em território da URSS, conhecida como Centro de Moscou em documentos secretos, e chefiada por uma espécie de Lawrence da Arábia, Oskar von Niedermeyer, que liderara missões durante a Grande Guerra ao Afeganistão e ao Império Otomano para mobilizar tribos contra os britânicos. Os alemães utilizaram o Centro de Moscou para reunir informações, bem como para cooperar, mas a Junkers reabriu uma fábrica de aviões nos arredores de Moscou (em Fili).[209] E a Alemanha manteve a promessa dos cobiçados créditos adiantados e financeiros para compras industriais soviéticas muito além da esfera militar. No outono de 1924, sabendo que Von Brockdorff-Rantzau respondia diretamente ao chanceler alemão, Tchitchérin ofereceu ao embaixador uma ampliação da parceria de Rapallo para um "bloco continental" com a França contra a Inglaterra, enfatizando o choque de interesses soviéticos e britânicos na Ásia.[210]

Em Berlim, onde a desconfiança dos soviéticos perdurava, o consenso era de que o país precisava da Grã-Bretanha para revisar Versalhes contra a França; a Alemanha recusou a oferta soviética.[211] Rejeitado no bloco continental, Tchitchérin, com total apoio do Politbiuró, propôs uma aliança bilateral germano-soviética.[212] O lado alemão não rejeitou de imediato a ideia, levando em conta a inimizade e as reivindicações de ambos os países contra a Polônia, mas sobre este último ponto o lado soviético hesitou, pelo menos tal como apresentado por Tchitchérin, que buscava uma garantia de segurança contra uma agressão por parte ou a partir do território da Polônia, mas não uma nova partição desse país.[213] Por outro lado, os soviéticos não haviam ignorado a França, que também reconheceu a URSS (em outubro de 1924), mas os conservadores franceses manifestaram extremo desagrado ao ver a bandeira vermelha tremulando na embaixada reaberta. Karl Radek, membro do Comintern, divulgou as negociações soviéticas com a França em jornais alemães, mas não comoveu Berlim. Não obstante o avanço do Tratado de Rapallo, o flerte germano-soviético se assemelhava a um casamento de conveniência, em que cada parceiro enganava o outro. Enquanto isso, Stálin arengava sobre "a luta entre a Grã-Bretanha e a América por petróleo, pelo Canadá, pelos mercados, a luta entre o bloco anglo-americano e o Japão pelos mercados do Oriente, a luta entre Grã-Bretanha e França por influência na Europa e, por último, a luta entre a Alemanha escravizada e a Entente dominante — tudo isso são fatos conhecidos que indicam que os sucessos que o capital alcançou são transitórios, que o processo de 'recuperação' do capitalismo contém em si mesmo os germes da sua fraqueza e desintegração inerentes". E o ministro das Relações Exteriores alemão Gustav Stresemann fazia sondagens para a normalização das relações com a Entente.[214]

A Grã-Bretanha, que priorizava seu império, hesitava em comprometer recursos significativos na Europa continental e, portanto, estava disposta a integrar a Alemanha política e economicamente para remover a suposta base para a guerra, e talvez até conseguir que a Alemanha "administrasse" a União Soviética. O secretário das Relações Exteriores, Austen Chamberlain, numa atitude incomum para um alto funcionário de Londres, era sensível às preocupações de segurança dos franceses, mas estava ansioso para afastar a Alemanha da União Soviética. Por seu turno, Stresemann continuava interessado em manter a cooperação militar germano-soviética. Um acordo para abrir uma escola de aviação foi assinado em 15 de abril de 1925, e as obras se iniciaram na cidade soviética de Lipetsk (ela entraria em pleno funcionamento em dois anos).[215] Em agosto de 1925, oficiais da Reichswehr observaram pela primeira vez manobras do Exército Vermelho (eles chegaram disfarçados de operários comunistas alemães). Um grupo de oficiais do Exército Vermelho, disfarçados de búlgaros, fez a mesma coisa, indo à Alemanha para observar as manobras de outono. "O comando alemão tratou de impedir nosso contato com os soldados", informou a Moscou Mikhail Tukhatchévski, chefe da delegação, em 3 de outubro de 1925, acrescentando que "estabeleceu-se a observação secreta". (Os motoristas alemães dos soviéticos, previsivelmente, fingiram não saber russo.) Tukhatchévski ficou particularmente impressionado pela forma como "a disciplina na massa de soldados é firme e profundamente inculcada. Não observei tratamento rude de soldados por oficiais, mas pelos suboficiais. [...] Nota-se a imensa proporção de aristocratas entre os oficiais no comando de campo e no Estado-Maior".[216] Contudo, bem naquele momento, as sondagens ocidentais de Stresemann produziram resultados.

O Pacto de Paz de Locarno consistiu de um pacote de sete acordos negociados em um centro turístico junto ao lago Maggiore (5-16 de outubro de 1925) entre Grã-Bretanha, França, Itália, Bélgica e Alemanha, bem como Polônia e Tchecoslováquia. A Alemanha reconheceu suas fronteiras no oeste (a fronteira da Renânia), cedendo a Alsácia-Lorena à França, e concordou com uma arbitragem vaga a respeito de suas fronteiras no leste, deixando aberta a possibilidade de uma futura revisão. Abriu-se o caminho para a admissão da Alemanha na Liga das Nações, mudando sua situação de pária. "As portas de guerra estão fechadas", declarou o ministro das Relações Exteriores da França, Aristide Briand (que havia chefiado o governo durante o cerco de Verdun). Mas nenhum compromisso de não agressão ou garantias mútuas comparáveis foi definido para as relações da Alemanha com seus vizinhos orientais menores. O ministro polonês das Relações Exteriores, Józef Beck, reclamaria de que "a Alemanha foi oficialmente convidada a atacar o leste, em troca da paz no oeste". O ex-chefe de Estado Józef Piłsudski observou que "todo polonês honesto cospe quando ouve esta palavra [Locarno]".[217] Ainda assim, os três personagens principais (Briand, Stresemann e Chamberlain) ganharam o prêmio Nobel da Paz. Os soviéticos, que não foram convidados, ficaram alarmados com o fato de a Alemanha ter sido aparentemente atraída de volta à órbita ocidental como parte de uma suposta coalizão antissoviética liderada pelos britânicos. Tchitchérin conseguiu de Stresemann a promessa de que a Alemanha não participaria de sanções contra a URSS nem buscaria uma reaproximação de fronteira com a Polônia.[218] Mas permaneceram as suspeitas sobre os motivos da Alemanha. A imprensa soviética escreveu a respeito de "um bloco imperialista antissoviético unido".[219]

As implicações de Locarno — os dois blocos capitalistas fazendo acordos — ameaçavam derrubar a teoria de Stálin de uma colheita pendente dos frutos de uma guerra intracapitalista. Seria uma "estabilização" capitalista?[220] Stálin tentou decifrar o significado de Locarno em anotações para um discurso que faria antes do final de 1925. "Eles querem repetir a história de 'pactos garantidos' que existia antes da Guerra Franco-Prussiana. Então, e agora, o agrupamento de forças para uma nova guerra está escondido sob a expressão assegurar a paz (garantia de paz)." Mas, nos velhos tempos, Stálin continuava, a Rússia havia sido bucha de canhão para as camarilhas imperialistas, ao passo que agora "a Rússia não pode ser e não será uma arma, ou uma reserva, ou bucha de canhão para os Estados burgueses". Ele também enfatizava o jogo dos conservadores britânicos, que suspeitava estarem tramando para usar a Polônia contra a URSS.[221] Em outras observações de 1925, Stálin caracterizava a situação internacional como análoga ao momento imediatamente anterior à Grande Guerra.[222] Em outras palavras, recusavam-se a aceitar a noção de uma estabilização capitalista *duradoura*. Apesar do choque de Locarno, Stálin insistia em prever uma guerra fratricida entre blocos imperialistas e a URSS na posição de potencial beneficiária, e explosões revolucionárias como consequência possível. Não acreditar nisso implicaria a necessidade de profundas concessões soviéticas às potências capitalistas em princípios básicos, até mesmo a concessão de pluralismo político interno. Ou a disputa inata por mercados e colônias entre as potências capitalistas levava à guerra fratricida, ou o leninismo estava errado e a URSS em apuros.

UM DUUNVIRATO

O aparato de Stálin e o de Zinóviev em Leningrado inundavam o espaço público com panfletos tendenciosos que desfaziam o heroísmo de Trótski no golpe de outubro e na guerra civil e denegriam sua imagem ("Pelo leninismo, contra o trotskismo").[223] Stálin tinha os meios para tornar essa campanha onipresente em toda a imprensa provincial.[224] Contudo, tinha um longo caminho a percorrer para extirpar a fama de Trótski, especialmente em nível internacional: em um relatório de fevereiro de 1925 interceptado pela OGPU, um diplomata britânico considerava Trótski — depois de sua demissão — "a figura mais poderosa no bolchevismo russo" e até mesmo "o indivíduo mais significativo na Europa revolucionária socialista". Uma cópia do documento chegou às mãos de Stálin.[225] Mas Trótski já não era mais seu único alvo. Já no final de 1924, Stálin começou a agir contra seus aliados Kámenev e Zinóviev. Substituiu um protegido de Kámenev na chefia do partido e na secretaria do Comitê Central de Moscou por Nikolai Uglánov, homem de sua confiança.[226] Uglánov havia originalmente trabalhado com Zinóviev em Leningrado, mas os dois entraram em choque e Stálin o encontrou e promoveu de Níjni Nóvgorod para a capital; em Moscou, Uglánov esquivou-se das lisonjas de Zinóviev.[227] O mais importante é que Nikolai Bukhárin fora promovido a fim de preencher o lugar de Lênin, o que mantinha o número de membros plenos (com direito a voto) em sete, e Stálin passou a ser muito solícito com ele. A partir de agosto de 1924, as reuniões pré-Politbiuró do triunvirato foram ampliadas para um "septeto":

Bukhárin,Ríkov, Tomski e Kúibichev, além de Zinóviev, Kámenev e Stálin, isto é, todos os membros do Politbiuró, exceto Trótski, mais o chefe da Comissão Central de Controle (Kúibichev).[228] Mas Stálin já estava trabalhando numa nova configuração, uma aliança com Bukhárin, e também com Ríkov e Tomski.[229]

Trótski ajudou no plano de Stálin, inadvertida mas decisivamente. No final de 1924, da estância termal de Kislovodsk, recuperando-se de novo de febres, ele detonou outra bomba por escrito: "Lições de Outubro".[230] Ele relembrava a oposição de Zinóviev e Kámenev ao golpe de 1917, que Trótski rotulava de "deserção" e "de forma alguma acidental" — uma frase que vinha direto do ditado de Lênin. (Stálin não era mencionado, como se não estivesse por perto em 1917.) Trótski, sendo quem era, também não conseguiu resistir a demonstrar que por vezes havia corrigido Lênin. Contudo, atingia em cheio o triunvirato. Stálin mobilizou todas as forças anti-Trótski: pelo menos trinta artigos denunciando o "trotskismo" apareceram no *Pravda* no espaço de dois meses; entre eles, os escritos por Bukhárin, Kámenev, Zinóviev e até Sokólnikov.[231] Em um único número, o *Pravda* publicou um ataque longo de Kámenev e outro de Stálin, conciso e devastador.[232] A refutação de Krúpskaia elogiava a "energia colossal" de Trótski, mas o considerava fraco em "análise marxista" e inclinado "a uma abordagem puramente 'administrativa' e totalmente superficial" do papel do partido, ecoando também o ditado de Lênin.[233] Mas os danos causados a Zinóviev e Kámenev foram graves: a maior parte da massa do partido não tinha ideia da oposição dos dois ao golpe de 1917, e Trótski juntou isso ao fracasso do golpe alemão de 1923, advertindo que essa "covardia" seria perigosa no futuro.

As mudanças de alianças políticas de Stálin para enfraquecer os rivais — com Zinóviev e Kámenev contra Trótski; com Bukhárin, Ríkov e Tomski contra Zinóviev e Kámenev — não constituem prova de especial genialidade: não passavam do primeiro ano do curso de Ditadura Pessoal. Não obstante, suas táticas elementares surpreenderam seus parceiros de outrora. Zinóviev, Kámenev e Krúpskaia, que ainda morava no apartamento que havia compartilhado com Lênin, passaram a se reunir os três por conta própria. Ao mesmo tempo, as provocações de Stálin a eles eram também evidentes: Mólotov, no secretariado do partido, deixou de convidar os partidários de Zinóviev para as sessões semifechadas do partido sem Trótski, talvez para induzir os de Leningrado a se reunirem por conta própria, dando assim a aparência de uma facção ilegal. Além disso, Trótski mais tarde alegou (o que é plausível) que asseclas de Stálin espalharam rumores de que seu chefe estava em busca da conciliação com Trótski e havia mesmo enviado emissários à Abkházia em março de 1925. (O avião que transportava os emissários caiu.) "Stálin, sem se enredar pessoalmente", escreveu Trótski, "estava apenas tentando semear ilusões entre os 'trotskistas', e pânico entre os zinovievistas."[234] E o golpe de misericórdia? Quando Zinóviev e seus partidários de Leningrado exigiram agressivamente a expulsão de Trótski do Politbiuró, do Comitê Central e até mesmo do partido, Stálin *defendeu* Trótski contra esses ataques.[235] Quanto a Bukhárin, depois de atacar ferozmente Trótski, virou sua fluente maldade contra Kámenev e Zinóviev com prazer. Inteiramente sob o patrocínio de Stálin, Bukhárin se tornou a metade de um duunvirato emergente.

"ENRIQUEÇAM"

Não foi Bukhárin, o ideólogo, mas Grigóri Sokólnikov, o comissário das Finanças, que fez a Nova Política Econômica funcionar. Sokólnikov não tinha a pose típica do bolchevique vestido de couro. "Cavalheiro de aparência afeminada, ele tinha o rosto de um marajá indiano", observou sua esposa, Galina Serebriakova. "Seus gestos refinados, face aristocrática limpa com nariz orgulhoso direto, olhos escuros oblongos, alto, lábios de contorno invulgar e orelhas maravilhosas, tinha a postura bem desenvolvida e fisicamente poderosa de um nobre inglês."[236] Mas Sokólnikov era severo. Ele fez campanha para elevar os salários dos apparatchiks e eliminar os envelopes de dinheiro ("bônus"), os pacotes especiais de alimentos, os ateliês especiais de moda, as datchas fornecidas pelo Estado, os automóveis pessoais e todo o resto. Essas gratificações se enraizaram, mesmo com o aumento dos salários, mas, em seus árduos esforços para separar o orçamento do Estado das finanças pessoais dos apparatchiks, Sokólnikov vivia o que pregava. "Ele não tolerava presentes de pessoas desconhecidas e tampouco de subordinados", sustentou sua esposa. "Economizava cada copeque do poder soviético, e não somente não gastava o dinheiro dado a ele para viagens ao exterior como sempre devolvia a maior parte de seus adiantamentos." No exterior, sempre viajava de terceira classe e ficava nos hotéis mais baratos.[237]

Sokólnikov tirou lições para a URSS da experiência capitalista europeia do pós-guerra. Em discurso proferido em julho de 1924, por exemplo, argumentou que na França e na Alemanha a "burguesia" havia usado a inflação às custas dos trabalhadores e camponeses para sustentar a indústria de propriedade *privada*. Ele acreditava que a indústria estatal era preferível, mas advertia que os *interesses* da indústria estatal podiam entrar em conflito com os interesses do "Estado como organização política". Em outras palavras, se a indústria estatal impusesse sua vontade, a inflação resultante seria paga pelos camponeses, que não podiam girar o seu dinheiro rapidamente e assistiriam a sua desvalorização. Sokólnikov também deduziu da inflação europeia que, na ausência de uma moeda estável, o Estado soviético poderia cair numa crise política, como acontecera na França, para não falar da Alemanha de Weimar. Ele concluía que, mesmo que o Estado soviético *tentasse* usar a inflação para apoiar a indústria, seria forçado a recuar, tal como acontecera com "a burguesia" na Europa.[238] Mas muitos comunistas não acreditavam que o ouro fosse uma garantia de valor sob o socialismo e que a URSS precisasse acumular reservas em divisas capitalistas, embora se confortassem com o fato de que o partido controlava os "postos de comando" (indústria pesada, ferrovias, comércio exterior).[239] Contudo, os trustes estavam lutando para pagar salários atrasados, sem condições de investir no futuro. "Existe na União Soviética uma grande escassez de capital", observou um relatório diplomático britânico secreto em dezembro de 1924. "A necessidade de reequipar as fábricas é grande, mas onde estão os recursos para pagar por esse equipamento?"[240]

A produção industrial em 1925 foi, em média, menos de metade da de 1913, e os adversários de Sokólnikov no lobby industrial soviético gritavam que ele estava estrangulando a própria "base material" de que o país precisava para construir o socialismo. Mais importante ainda, o economista de esquerda Evguéni Preobrajénski apresentou um trabalho científico intitulado "A lei fundamental da acumulação socialista", que, baseado na ideia de acumulação capitalista primitiva de Marx, defendia uma etapa de "expropriação do excedente do produto" forçada, o que significava extrair recursos do campo e do trabalho artesanal a preços baixos.[241] As reformas monetárias e os orçamentos rigorosos de Sokólnikov haviam pago dividendos — em 1924, um imposto em dinheiro substituíra o imposto em espécie e a economia fora remonetizada —, mas, na indústria estatal, os custos estavam subindo e a produtividade do trabalho não, enquanto grassavam a má gestão e o desperdício. Os trustes estatais estavam amplamente protegidos da disciplina de mercado: perversamente, aqueles que tinham melhor desempenho recebiam dotações orçamentais inferiores, enquanto os piores podiam contar com resgates em vez de falência.[242] A hesitação de Sokólnikov era totalmente justificada. Ele defendeu seu ponto de vista escrevendo livros e artigos que caracterizavam o sistema da URSS como "capitalismo de Estado" e argumentavam que os métodos capitalistas eram essenciais em um período de transição para benefício do proletariado, e que o país poderia reviver economicamente somente se reconectado à economia mundial.[243]

O que fez Sokólnikov tropeçar, no entanto, foi o fato de que a colheita de 1924 tinha sido ruim e, em algumas regiões, a fome não havia terminado. As exportações de grãos para obter moeda estrangeira seriam totalmente suspensas naquele verão de fome.[244] O chefe de governo Ríkov e Iagoda, da OGPU, visitaram o vale do Volga acompanhados por jornalistas. ("Camarada Iagoda", comentou o jornalista soviético Mikhail Koltsov, "alguma vez lhe ocorreu que sem chifres você simplesmente não parece estar no seu papel?" Todo mundo gargalhou, inclusive Iagoda.) Ríkov falou para uma enorme multidão na praça central de Sarátov, sua cidade natal, onde doze anos antes, sob o antigo regime, ele havia sido espancado durante uma manifestação de Primeiro de Maio. "Estas mesmas pedras ficaram vermelhas com o nosso sangue", disse ele.

"Naquela época, sonhávamos com uma Rússia resgatada da praga do tsarismo. Esse sonho se realizou. Mas destruir o absolutismo era apenas uma parte de nossa tarefa. Nosso objetivo hoje é construir uma Rússia socialista verdadeiramente livre." A praça irrompeu em aplausos. Mas, quando Ríkov percorreu as aldeias, os camponeses lhe perguntaram: "O que é um cúlaque? Pode ser um mujique que possui um cavalo, uma vaca e algumas aves?". Ríkov tentou acalmar os camponeses, mas respondeu: "Se deixarmos os cúlaques prosperarem, veremos em breve uma volta ao velho sistema: uns poucos camponeses ricos em cada aldeia e o resto na miséria. Vocês querem esses exploradores?".[245] Evidentemente, Ríkov sabia muito bem que o perigo era uma administração incompetente e corrupta.[246] Mas o debate no partido sobre política agrícola se consumiu em discussões sobre diferenciação de classes, em meio a relatos de que cúlaques haviam tomado o controle das cooperativas e sovietes de aldeias.[247]

O Estado, como nos tempos do tsar, não podia "ver" tudo de cabo a rabo, até as aldeias autogovernadas. A revolução camponesa havia fortalecido as comunas, rebatizadas de "sociedades agrárias", que o regime via como sobreviventes de uma era atrasada. Pelo sistema de comunas, os animais de criação eram de posse individual (familiar), embora muitas vezes pastoreados em comum, e a terra era trabalhada por famílias e não coletivamente (com exceção de algumas gadanhadas nos prados). Mas a comuna como um coletivo concedia os direitos de uso da terra, alocando para cada família várias faixas de dimensão e localização variadas, que a comuna periodicamente redistribuía de acordo com a mudança de tamanho das famílias e outras considerações. Melhorar uma das faixas atribuídas com estrume ou outros meios fazia pouco sentido, porque elas poderiam ser realocadas. Em regiões de solos negros, o número de faixas costumava ser de vinte a trinta por agregado familiar; em áreas de outros tipos de terra, de cinquenta a oitenta. Algumas faixas podiam ter somente de dois a quatro metros de largura e meros 180 metros de comprimento. Elas também podiam ficar a quinze ou mais quilômetros de distância umas das outras, e, às vezes, os camponeses se recusavam a cultivá-las. Uma parte das terras aráveis era perdida para os caminhos de acesso, enquanto as redistribuições podiam ser demoradas, exigindo medições in situ e reuniões inflamadas. A legislação soviética tentou restringir as redistribuições por serem ineficientes, mas os esforços para pôr as aldeias sob o controle de sovietes rurais frequentemente fracassavam. As comunas geravam sua própria renda — elas recolhiam os impostos —, enquanto os sovietes rurais requeriam subsídios de cima (e gastavam os fundos em salários administrativos).[248] Os camponeses podiam sair da comuna, estilo Stolypin, e no noroeste, na Ucrânia e na Bielorrússia, predominavam fazendas fechadas, em vez de comunas, mas também nessas regiões o partido e o soviete eram apenas uma presença ocasional. Em 1924, a revista teórica do partido se referiu zombeteiramente à NPE como a nova política "Stolypin-soviética", bem como um "desvio cúlaque".[249]

Sokólnikov insistia que o principal instrumento de luta contra o "perigo cúlaque" tinha de ser econômico — tributação progressiva —, mas os bolcheviques precisavam de mais grãos, imediatamente. O Politbiuró foi obrigado a aprovar importações de grãos, que custavam moeda forte vital. Mesmo assim, em várias províncias, inclusive no vale do Volga visitado por Ríkov, os camponeses adentrariam o ano de 1925 ainda consumindo substitutos de alimentos. Os rebanhos estavam aumentando de tamanho, o consumo estava crescendo e a superfície semeada finalmente atingiu o nível de 1913, mas o rendimento por hectare era substancialmente mais baixo, e a comercialização de grãos em geral parecia estar em declínio.[250] Os preços agrícolas subiram vertiginosamente, de 102 para 206 copeques por quilo de centeio, e circularam notícias de cúlaques que compravam e mantinham estoques de grãos prevendo novas subidas dos preços. O *Pravda* acusou o capital privado de "desorganizar" o mercado interno de grãos.[251] O regime foi forçado a gastar mais receitas orçamentárias em salários mais altos para os operários de fábricas estatais para que estes pudessem comprar pão. Ao mesmo tempo, as importações ameaçavam a forte disciplina monetária e orçamentária de Sokólnikov: as importações de grãos empurrariam o país de volta ao déficit comercial. O "atraso" da agricultura levou a culpa dos vários dilemas de condição climática infeliz, má administração e erros de política pública.

A posição de Stálin era uma combinação ao estilo de Lênin de táticas flexíveis e crenças fundamentais inabaláveis. Ele instou os dirigentes do partido a conquistar a confiança do campesinato, exceto dos cúlaques, seguindo ao pé da letra as diretrizes do falecido Lênin sobre a NPE. Afirmou também que o caminho de desenvolvimento capitalista empobreceria os camponeses soviéticos, produzindo uma subclasse de escravos assalariados condenados a labutar em latifúndios, e que os comerciantes privados iriam sangrar os camponeses, por isso enfatizou a adesão em massa de camponeses a cooperativas agrícolas e comerciais, também de acordo com a concepção de Lênin da NPE.[252] Mas em 7 de novembro de 1924, sétimo aniversário da revolução, Stálin visitou a fábrica Dínamo em Moscou e ofereceu um vislumbre de seu pensamento mais profundo na frase que deixou no livro dos visitantes: "Desejo para os trabalhadores da Dínamo e para os trabalhadores de toda a Rússia que nossa indústria se expanda, a fim de que o número de proletários na Rússia, no curto prazo, aumente para 20-30 milhões, que a agricultura coletiva floresça em aldeias e subordine a agricultura privada à sua influência". As palavras escritas por Stálin naquele dia — um manifesto esquerdista — só foram publicadas vários anos depois.[253] Em janeiro de 1925, dessa vez em um ambiente público, Stálin revelou alguma coisa de suas ideias, geralmente mantidas longe do público. "[O campesinato] está do nosso lado, estamos vivendo com ele, estamos construindo uma nova vida junto com ele, seja isso bom ou ruim", disse em uma reunião do diretório partidário de Moscou. "Esse aliado, vocês sabem,

569

não é muito forte, o campesinato não é um aliado tão confiável quanto o proletariado dos países capitalistas desenvolvidos." Mas Stálin também vinha acusando implacavelmente Trótski de subestimar o campesinato, e no discurso caracterizou o "trotskismo" como "descrença nas forças da nossa revolução, descrença na aliança [*smitchka*] entre operários e camponeses", que era indispensável para o sucesso da NPE e para o triunfo final da revolução.[254] Em outras palavras, os ataques a Trótski se traduziam em forte apoio à NPE.

Esse era o pano de fundo para a XIV Conferência do Partido em abril de 1925, quando, continuando a aceitar o conselho de Sokólnikov sobre a necessidade de disciplina fiscal e estabilidade da moeda, ao mesmo tempo que concordava com a insistência de Bukhárin na conciliação sobre a questão camponesa, Stálin supervisionou um aumento das concessões da NPE. O Comitê Central reduziu o imposto sobre a agricultura e o custo das máquinas agrícolas, ampliou os direitos de arrendar terras e contratar mão de obra, aprimorou os programas de empréstimo e suavizou as restrições ao comércio de pequena escala.[255] Esperava-se que essas medidas trouxessem uma colheita abundante tanto para alimentar o país como para, através de exportações, financiar um ritmo mais rápido da industrialização.[256]

Stálin apreciava demonstrar suas habilidades de liderança junto às pessoas, sobretudo porque os outros membros da direção do país o consideravam inferior. Uma vez, por exemplo, o Politbiuró discutia a união dos comissariados de Comércio Interno e Externo e a designação de Aleksandr Tsiurupa, ex-adjunto de Lênin, para comandá-los. Então, Kámenev foi falar com ele. "Ele acenou com a mão, ficou branco e tão obviamente ressentido que eu desisti da conversa", escreveu Kámenev a Stálin. Mas Stálin respondeu: "Eu também falei com ele (ele mesmo solicitou). Externamente, ele protestou contra a sua candidatura, mas seus olhos estavam sorrindo. Eu lhe disse que, à luz disso, ele concordava, obviamente. Ele permaneceu em silêncio. Acho que ele vai aceitar".[257] Em matéria de economia política internacional, Stálin também se revelou habilidoso e rápido no estudo. A União Soviética operava em um mundo financeiro capitalista que, para melhor ou pior, assistira à reintrodução de um padrão quase-ouro e da institucionalização das reservas em divisas conversíveis, mas quase ninguém no Comitê Central compreendia essas questões.[258] Stálin invariavelmente tomava a palavra para explicar as coisas, empregando seu estilo canônico (primeiro ponto, segundo ponto, terceiro ponto). Nas deliberações sobre preços, por exemplo, explicava por que as margens comerciais ainda estavam em operação, embora se tratasse de comércio socialista. Também reforçou o argumento de Sokólnikov sobre o nexo causal entre emissões monetárias e inflação, e advertiu que os gastos tinham de ser mantidos sob controle, o que significava suportar altos níveis de desemprego e menores taxas de expansão da economia, tal como os capitalistas faziam, pelas mesmas razões.[259] Mas foi

Bukhárin, com a bênção de Stálin, que tomou a frente para explicar o aprofundamento da NPE.

Em 17 de abril de 1925, em um discurso memorável feito numa reunião do partido de Moscou, Bukhárin atacou aqueles que desdenhavam da aldeia, pois "nada é mais prejudicial do que a não compreensão de que nossa indústria depende do mercado camponês", isto é, da demanda e da capacidade dos camponeses de pagar por bens manufaturados. Mas lamentou que "o estrato superior rico do campesinato e os camponeses médios, que se esforçam para ficar ricos, agora estão com medo de acumular. Criou-se uma tal situação que o camponês tem medo de montar um telhado de metal sobre a sua casa, para não ser chamado de cúlaque; se ele compra máquinas, faz isso de maneira que os comunistas não vejam. A tecnologia superior se torna conspiratória". Os camponeses pobres, por sua vez, queixavam-se de que o poder soviético impedia a sua contratação pelos camponeses mais abastados. (A maioria dos camponeses que contratava mão de obra também trabalhava; eles não eram proprietários rentistas.) As atitudes do partido estavam segurando a produção da qual dependiam o bem-estar do Estado e as esperanças de industrialização. Bukhárin descartou a fantasia de fazendas coletivas, porque os camponeses simplesmente não estavam aderindo a elas. "É verdade que devemos de todas as maneiras fazer propaganda da criação de fazendas coletivas junto aos camponeses, mas não é verdade quando as pessoas sustentam que há uma autoestrada para o movimento da massa camponesa em direção ao caminho do socialismo", afirmou. Em vez disso, a resposta era dar incentivos econômicos. "É preciso dizer a todo o campesinato, a todos os seus estratos: 'Enriqueçam, acumulem, desenvolvam suas fazendas'", disse ele aos militantes do partido. "Só os idiotas podem dizer que devemos ter sempre pobres; agora precisamos conduzir a política de uma maneira que os pobres desapareçam."[260]

Não obstante a retórica tipicamente inflamatória de Bukhárin, ele estava apenas tirando as conclusões lógicas das políticas do próprio regime: Os comunistas queriam uma safra menor? Os camponeses deveriam ser incentivados a produzir menos apenas para não parecerem cúlaques? A fúria contra a lógica agressiva de Bukhárin, porém, explodiu. Além disso, foi então que críticas violentas foram tardiamente lançadas contra o "Socialismo em um único país" de Stálin, reduzindo os argumentos deste a um posicionamento contra a revolução mundial e fazendo com que ele sentisse o gosto de seu próprio remédio.[261] A combinação do discurso incauto de Bukhárin com o artigo deliberadamente mal interpretado de Stálin proporcionou uma oportunidade significativa para os críticos do novo duunvirato. Em maio de 1925, Zinóviev afirmou que "a pior coisa que pode acontecer a um partido revolucionário é perder sua perspectiva [revolucionária]".[262] Ele tinha ciência do descontentamento crescente em relação às disparidades de riqueza e privilégios com base em seu conhecimento de Leningrado, onde os trabalhadores se envolviam repetidamente em operações tartaruga e greves, e, nesse contexto, um aprofundamento da NPE seria percebido como — e de fato estava se tornando — uma aposta nos cúlaques.[263] Considerou a defesa de Bukhárin uma abertura involuntária de caminho para a restauração capitalista prevista pelos críticos emigrados quando diziam que os bolcheviques seriam forçados a fazer concessões cada vez maiores ao capitalismo. Zinóviev afirmaria que 14% dos camponeses produziam 60% dos grãos, enquanto ganhavam meio bilhão de rublos.[264] A portas fechadas, em junho de 1925, Stálin declarou que "o slogan 'Enriqueçam' não é o nosso slogan", acrescentando que "o nosso lema é a acumulação socialista".[265] Bukhárin teve de repudiar publicamente seu apelo ao enriquecimento, enquanto a oposição continuava a criticá-lo pela declaração.

Mas todas as perguntas sobre a Nova Política Econômica permaneciam de pé. O próprio Lênin havia alertado sobre os perigos de uma restauração capitalista autoinfligida no "Brest-Litovsk camponês", mas, enquanto o Brest-Litovsk original tinha sido revogado com a derrota da Alemanha na guerra na frente ocidental, não estava claro o que derrubaria a NPE, se é que isso aconteceria. Quanto tempo duraria o recuo? As declarações de Lênin eram muito ambíguas ("seriamente, e por um longo tempo", "um longo período, medido em anos", "não menos que uma década, e provavelmente mais", "25 anos é demasiado pessimista").[266] A única coisa clara era que a NPE não se destinava a durar para sempre. Entrementes, ela estava levando para o socialismo ou para a restauração completa do capitalismo? E como ela estava facilitando o imperativo de se industrializar? Esquerdistas como Preobrajénski insistiam que a NPE jamais produziria o "excedente" necessário para financiar a industrialização; portanto, por que ceder aos cúlaques?[267] O próprio Stálin escreveu no *Pravda* em maio de 1925 que "precisamos de 15-20 milhões de proletários industriais", num momento em que o país tinha talvez 4 milhões.[268] Isso era viável? Era fácil falar sobre explorar as contradições entre os imperialistas, mas como o socialismo sobreviveria sem uma indústria mecânica moderna? Se as fazendas dos cúlaques deviam ser perseguidas e contidas, como a agricultura dos pequenos camponeses serviria para construir o país, em condições de cerco capitalista? Como a Rússia da NPE se tornaria a Rússia socialista? "O mais importante agora é não inflamar de forma alguma a luta de classes na aldeia", disse Stálin, contra a linha de Zinóviev, em um resumo da XIV Conferência do Partido em maio de 1925, ao mesmo tempo que acrescentava que "a liderança da classe operária é a garantia de que a construção prossegue no caminho para o socialismo".[269]

A polícia, o partido e os jornalistas continuavam a relatar o profundo ressentimento nas aldeias contra os cúlaques, ao mesmo tempo que ignoravam a raiva contra as autoridades.[270] O regime dirigia a sua própria ira aos negociantes privados, depreciados como "homens da NPE". A grande maioria deles era composta de pés-rapados, pequenos vendedores ambulantes do que haviam eles mesmos plantado ou fabricado (ou de seus bens), mas agentes da OGPU periodicamente baixavam nos bazares e faziam arrastões. "Havia uma linha muito tênue entre lucros admissíveis e especulação ilegal", escreveu uma testemunha ocular das prisões, um processo conhecido como escumar a NPE. "O cozinheiro sabe como escumar a sopa de peixe, mas duvido que todos os 'homens da NPE' compreendiam o que eles eram: a escuma do peixe."[271] Poucos homens da NPE atingiam escala, usando sua riqueza para abrir restaurantes, casas de bilhar, casas de banho, instalações de lazer; em outras palavras, pontos de congregação pública, onde as pessoas trocavam notícias, boatos e ideias, e alguns exerciam influência sobre a rede ferroviária estratégica, pagando subornos a funcionários mal pagos. Havia até mesmo uma companhia aérea privada com sede na Ucrânia, uma das três únicas linhas aéreas do país, que servia Khárkov (a capital), Rostov, Odessa, Kiev e Moscou.[272] Mas nenhum "homem da NPE" podia subir e manter-se acima dos outros sem a cumplicidade das autoridades, especialmente da OGPU, que ocupava as melhores salas desses restaurantes.[273] Fora da espessa sopa ideológica, o maior desafio da União Soviética não eram os cúlaques, nem os "homens da NPE", mas o comportamento ao estilo "Enriqueçam" de funcionários comprometidos com extorsões e fraudes imensas.[274]

TESTAMENTO REPUDIADO

Stálin tinha uma preocupação adicional: o maldito ditado de Lênin, que partidários de Trótski haviam chamado de Testamento. Alguém passara uma cópia para o escritor Max Eastman, que sabia um pouco de russo, tendo casado com Elena Krylenko, irmã de Nikolai (então vice-comissário da Justiça). Na primavera de 1925, Eastman publicou *Desde que Lênin morreu*, que divulgava a análise feita por Trótski de uma deformação burocrática comandada por Stálin, trazia trechos do suposto ditado de Lênin e fazia referência à carta calorosa que Krúpskaia enviara a Trótski imediatamente após a morte de Lênin. Uma vez que Cristian Rakóvski, o enviado soviético à França (uma forma de exílio), havia lido o manuscrito de Eastman, o americano tomou isso como uma aprovação de Trótski. Em Moscou, no entanto, Trótski tentou se explicar, alegando que não tinha contato com Eastman havia mais de um ano e meio e jamais lhe passara documento secreto algum. Mas o livro de Eastman estava sendo citado na imprensa "burguesa" e provocava perguntas entre os comunistas no exterior.[275] O aparato de Stálin fez uma tradução para o russo, e ele escreveu uma longa carta, em 17 de junho de 1925, citando muitas passagens específicas como "calúnia" contra Lênin e o partido, e exigindo que Trótski as refutasse em texto impresso. Trótski foi convocado perante o Politbiuró no dia seguinte e recebeu ordens para denunciar o livro de

Eastman. Stálin rejeitou a primeira versão da resposta de Trótski, que foi publicada na França, depois de ter sido vazada por Manuílski, agente do Comintern e seguidor fiel de Stálin, a fim de denegrir Trótski.

Stálin editou pessoalmente o texto final de Trótski.[276] A longa nota apareceu em inglês no *Sunday Worker* (19 de julho) e, depois, em russo, na principal revista teórica do partido soviético. "Em certas partes de seu livrinho, Eastman diz que o Comitê Central 'escondeu' do partido uma série de documentos extremamente importantes que foram escritos por Lênin no último período de sua vida", dizia o texto de Trótski. "Isso não pode ser chamado de outra coisa senão calúnia do Comitê Central de nosso partido." O texto de Trótski declarava ainda que Lênin, contrariamente às afirmações de Eastman, não tinha a intenção de publicar esses documentos, e que eles ofereciam apenas "conselhos de natureza organizacional", e ainda que "Lênin não deixou nenhum 'Testamento', e a própria natureza de suas relações com o partido, como a natureza do próprio partido, excluía um 'Testamento'".[277] O texto de Trótski também afirmava que o documento de Lênin não fora escondido, mas "examinado pelo XIII Congresso do Partido da forma mais atenta".[278] Trótski concluía que "o livrinho de Eastman só pode servir aos piores inimigos do comunismo e da revolução, e constitui, nesse sentido, uma arma contrarrevolucionária objetiva".[279] Os partidários de Trótski, que, correndo risco pessoal, vinham circulando clandestinamente o Testamento, ficaram chocados. "Ele se tornou desprezível", comentou um deles sobre o que via como as mentiras às quais Trótski apusera seu nome.[280] Mas o Politbiuró havia votado sobre os termos do texto e Trótski estava sujeito à disciplina partidária.[281]

A viúva de Lênin também foi convocada a repudiar Eastman, e seus comentários também foram publicados no *Sunday Worker* (2 de agosto de 1925) e na revista teórica do partido.[282] "Todos os delegados ao congresso se familiarizaram com as cartas, tal como Lênin queria", asseverava o texto de Krúpskaia. "Elas estão sendo chamadas incorretamente de 'testamento', uma vez que o testamento de Lênin, no verdadeiro sentido da palavra, é muito mais extenso — ele inclui seus últimos artigos e aborda os fundamentos do partido e do trabalho soviético." Ela condenava a forma como os "inimigos do Partido Comunista russo estão tentando usar o 'Testamento' para desacreditar os atuais dirigentes do partido, para desacreditar o próprio partido". Também repudiava o uso que Eastman fazia de sua carta privada para Trótski de janeiro de 1924: "De forma alguma essa carta deveria ser interpretada como o foi por Max Eastman. Não se pode concluir dela que Lênin considerava Trótski seu vice".[283] Não há nenhum registro da reação de Stálin.[284] Mas, se imaginou que esse presente de seus inimigos havia enfiado uma estaca no Testamento, ele estava enganado. O Testamento jamais morreria.

574

A ASCENSÃO DE VOROCHÍLOV

A teoria geopolítica de Stálin pressupunha um Exército Vermelho robusto, mas esse instrumento causava problemas ao regime. Mesmo antes de sua promoção a comissário, Frunze havia dirigido uma comissão militar que, em setembro de 1925, fez aprovar uma reforma que combinava o sistema de milícia territorial existente (e inadequado) com um Exército regular de tempos de paz, melhorava as condições de vida e suprimento e aumentava a filiação do Exército ao partido e aos grupos de apoio da Liga da Juventude Comunista.[285] Frunze imaginava a substituição total dos ex-oficiais tsaristas por comandantes vermelhos (como ele mesmo) e uma rápida industrialização para transformar a base material das forças militares, que continuava abaixo do nível de 1916 (durante a ofensiva de Brussílov), enquanto a produção militar ocidental havia avançado. Com a NPE, Frunze mal conseguiu manter fábricas militares dedicadas: o militarismo vermelho não era apenas um palavrão, mas caro.[286] Entrementes, as intrigas em torno de ex-oficiais tsaristas não haviam diminuído, embora o número deles tivesse sido cortado de um pico de 75 mil (incluindo suboficiais) para menos de 2 mil.[287] Os ex-oficiais tsaristas dominavam as instituições de ensino militar, inclusive a Academia do Estado-Maior, enquanto não mais do que cerca de 6% do Exército Vermelho pertencia ao Partido Comunista.[288] Até mesmo Trótski, o maior responsável pelo seu recrutamento em massa, dividia os ex-oficiais tsaristas, em uma publicação de 1925, em uma minoria que havia conscientemente escolhido lutar contra os brancos e uma maioria "sem firmeza, sem convicção e covarde" que havia ficado com o bolchevismo, mas poderia ainda virar a casaca.[289] É difícil saber o que ameaçava mais o Exército: a base material primitiva ou a política de classe paranoica.

Relatórios da OGPU retratavam os ex-oficiais tsaristas como uma casta muito unida com valores compartilhados, capaz de agir como um corpo coletivo, à espreita de uma oportunidade, enquanto a inteligência externa soviética estava organizada quase que inteiramente para penetrar nos círculos dos emigrados, especialmente naqueles com aspecto militar.[290] Os departamentos especiais da OGPU no Exército montavam falsas conspirações antissoviéticas, usando antigos oficiais brancos que estavam na Tcheká como provocadores, para descobrir estados de ânimo antissoviéticos, enquanto, no exterior, uma complexa operação da OGPU conhecida como o Truste (ou o Sindicato) era criada em torno de um falso "centro" monarquista clandestino que supostamente unia ex-oficiais tsaristas, altos oficiais tsaristas e industriais expropriados que serviam ao regime bolchevique enquanto conspiravam secretamente contra ele.[291] Agentes do Truste contrabandeavam para o exterior alguns documentos autênticos, ganhando assim confiança e possibilitando que alimentassem a desinformação sobre a situação e os planos do Exército Vermelho.[292] Mesmo os emigrados céticos que sabiam dos métodos da

OGPU queriam acreditar que sua terra natal poderia de alguma forma ser tomada de volta dos bolcheviques ímpios e bárbaros, e especulavam interminavelmente sobre uma possível figura napoleônica que liderasse um movimento patriótico, mencionando na maioria das vezes Mikhail Tukhatchévski: um nobre de nascimento, ambicioso megalomaníaco e que, segundo os rumores, "imitava Napoleão em tudo e lia constantemente sua biografia e história".[293] Uma publicação de emigrantes que ridicularizava Tukhatchévski como "um típico aventureiro, apaixonado por si mesmo, autossuficiente, em busca de uma única coisa: carreira e poder", admitia que ele "poderia ser determinado" a seguir os passos do general francês que massacrara os *communards* de Paris. Afinal, se Tukhatchévski fizera isso em Kronstadt com os marinheiros e em Tambov com os camponeses, o que eram os comunistas para ele?[294] A inteligência soviética promoveu essas fantasias sobre a deslealdade de Tukhatchévski, alimentando-as através de múltiplos canais, como a revista de língua russa patrocinada pela OGPU *Guerra e Paz*, em Berlim, que o considerava um salvador nacionalista antibolchevique ligado a círculos de espionagem estrangeiros.[295] Na Rússia, Tukhatchévski estava sob rigorosa vigilância policial.[296]

Uma fonte adicional de ansiedade era a saúde frágil de Frunze. Apesar da operação para tratar uma úlcera perfurada em 1916, ele continuava a padecer de uma inflamação crônica, e os médicos o advertiram de que seus órgãos internos estavam completamente fragilizados, aconselhando uma excisão cirúrgica, o único tratamento conhecido na época, mas ele só aceitava tratamentos menos invasivos. Assim foi durante anos, até o verão de 1925, quando sua hemorragia interna se agravou consideravelmente; no início de setembro, o Politbiúro ordenou que ele tirasse sete semanas de férias. Frunze partiu para Ialta com sua esposa, Sofia, mas em 29 de setembro voltou para dar entrada no hospital do Kremlin. Nada menos do que doze dos melhores clínicos e cirurgiões o examinaram em duas rodadas, concordando com a necessidade de cirurgia.[297] "Agora me sinto completamente saudável, e é risível sequer pensar em operação, que dirá fazê-la", Frunze escreveu a Sofia, que ainda estava na Crimeia, em 26 de outubro. "Não obstante, ambos os conjuntos de consultas decidiram fazê-la. Eu, pessoalmente, estou satisfeito com essa decisão. Que eles descubram de uma vez por todas o que há lá e tentem estabelecer um verdadeiro tratamento."[298] Dois dias depois, ele foi transferido para o hospital Soldatiónkov, o melhor do país, onde Lênin tinha sido operado, e na tarde seguinte uma equipe liderada pelo dr. V. N. Rózanov, que tratara de Lênin, realizou a operação. Um dia e meio depois, nas primeiras horas de 31 de outubro de 1925, Frunze morreu, conforme notícia no jornal, de insuficiência cardíaca causada pela anestesia.[299] Parece que lhe administraram uma dose exagerada de clorofórmio, o que pode ter provocado distrofia nos músculos de seus órgãos vitais.[300] Frunze foi enterrado no Muro do Kremlin em 3 de novembro.[301] Pichpek, na Quirguísia, onde ele havia crescido, foi rebatizada com seu nome.

Instigaram-se rumores de que gente de Trótski havia matado o comandante proletário, numa vingança por ele ter tomado seu lugar, enquanto acólitos de Trótski viravam o jogo, acusando Stálin.[302] Além dessas falsas acusações, a suscetibilidade bolchevique a doenças tornou-se o assunto do dia quando um psiconeurologista apresentou um relatório sombrio sobre "exaustão e desgaste revolucionário" generalizados.[303] Cerca de metade de todas as visitas de altas figuras do partido a clínicas médicas devia-se a distúrbios nervosos (com a tuberculose vindo bem atrás, em cerca de um quarto dos casos).[304] Dois especialistas alemães foram importados para examinar uma lista de cinquenta figuras do regime, a começar por Dzierżyński e Mężyński e indo até Ríkov e Stálin; os resultados desses exames não são conhecidos, mas as discussões internas indicam a aceitação, inclusive por Trótski, do fato de que Frunze morreu de causas naturais, mesmo que uma melhor assistência médica pudesse tê-lo salvo.[305] Para Stálin, o falecimento de Frunze representou mais uma oportunidade. Tukhatchévski, durante um momento dos costumeiros rumores, manifestou seu apoio a Sergo Ordjonikidze — o que foi devidamente comunicado —, mas o que aconteceu era óbvio: Stálin nomeou seu colaborador próximo Vorochílov.[306]

Vorochílov, após seu papel questionável na guerra civil, havia escrito a Stálin implorando para sair do Exército ("você deveria ter pena de mim"), mas Stálin ignorara seus apelos.[307] Em maio de 1924, ele o promoveu a comandante do distrito militar de Moscou, no lugar de Nikolai Murálov, auxiliar de Trótski. Com a ausência de Frunze, Vorochílov era o próximo mais alto comandante "proletário". O homem de Zinóviev, Mikhail Lachévitch, tornou-se primeiro vice-comissário da Guerra.[308] Tukhatchévski tornou-se o chefe do Estado-Maior, o assim chamado cérebro do Exército, e um forte rival de Vorochílov, que começou a diminuir os poderes do chefe do Estado-Maior, retirando a inteligência militar de sua alçada. Tukhatchévski queixou-se amargamente por escrito, mas Vorochílov permaneceu impassível.[309] É provável que ninguém desprezasse Trótski mais do que Vorochílov, nem mesmo o próprio Stálin, mas a animosidade Vorochílov-Tukhatchévski atingiria dimensões operísticas. Isso proporcionava a Stálin um controle rígido, mas não fazia nada para elevar a capacidade de luta. "A situação do Exército Vermelho é muito difícil", relatou Tukhatchévski. "Se souberem disso, os inimigos podem querer tentar alguma coisa."[310]

AS CONFUSÕES DE DZIERŻYŃSKI

Kámenev, embora próximo de Stálin, havia se juntado à oposição de Zinóviev e, a partir de setembro de 1925, seus discursos começaram a desaparecer da imprensa e até mesmo dos registros "taquigráficos" das reuniões do partido.[311] Ele não tinha máquina política e editora, ao contrário de Zinóviev, em Leningrado, mas sabia fazer intriga e conseguiu recrutar o comissário das Finanças Sokólnikov para protestar contra a liderança do duunvirato Stálin-Bukhárin. Juntamente com Krúpskaia, eles produziram uma "plataforma dos quatro", que, embora não publicada, foi distribuída aos membros do Comitê Central e da Comissão Central de Controle, onde foi discutida na plenária de 3-10 de outubro.[312] Sokólnikov, ao contrário dos outros signatários, defendia a política camponesa conciliatória da NPE, mas se opunha ao estrangulamento do debate interno no partido e às táticas de intimidação. O astuto Kámenev tinha até cortejado o chefe da OGPU, Dzierżyński, e não sem sucesso: na noite de 5-6 de outubro, Dzierżyński enviou uma carta abjeta a Stálin, que também endereçou a Ordjonikidze (mas não a Krúpskaia, indicando que ela também pode ter desempenhado um papel em recrutá-lo). "Peço que fique sabendo de uma reunião da facção de leninistas com a seguinte carta minha", iniciava Dzierżyński, divulgando a existência de "uma conspiração" de Zinóviev e Kámenev, um "novo Kronstadt dentro do nosso partido", que, segundo ele, era especialmente alarmante porque "o campesinato, em sua maioria, não está conosco, embora não seja contra nós — ainda não organizamos os camponeses para o nosso lado". Depois de explicar que um cisma no partido abriria as portas para os inimigos e tornaria inevitável um Termidor, Dzierżyński confessava que havia entrado para a conspiração antes de recuperar a razão. "Não sou político, sou incapaz de encontrar uma solução ou propor uma, talvez ao me julgar você encontre o fragmento de uma solução. Mas estou deixando a facção [oposição], permanecendo leninista, porque não quero ser participante de um cisma, que traz a morte para o partido." Com a expectativa de ser afastado do cargo, Dzierżyński ofereceu-se para assumir qualquer trabalho que lhe dessem.[313]

Stálin precisava saber quem mais na OGPU poderia ter sido recrutado para o lado da oposição. Dzierżyński, como chefe da polícia política e alguém cuja sólida reputação o tornava invulnerável à remoção, ocupava uma posição potencialmente decisiva. Stálin, naturalmente, não fez nenhum movimento para afastá-lo; a revelação pública de uma rixa entre os dois teria sido danosa.

Dzierżyński havia sido um firme comunista de esquerda que pendurara em seu escritório da Lubianka um retrato da mártir esquerdista Rosa Luxemburgo, mas sua experiência de trabalho prático como chefe concomitante do Conselho Supremo da Economia, onde empregava um exército de economistas "burgueses", fizera dele um ferrenho defensor da NPE.[314] Já em 1923, ele denunciava "a ascensão de aparatos cada vez mais novos, o burocratismo monstruoso de todos os tipos, montanhas de papel e centenas de milhares de escrevinhadores, a tomada de grandes edifícios e instalações, a epidemia de automóvel", e o que apelidou de "kormlénie legal", isto é, funcionários que viviam como parasitas daqueles que deveriam servir, como na antiga Moscóvia.[315]

Previa que a burocracia arrogante e a gatunagem levariam à falência do sistema, mas não oferecia soluções práticas.[316] Stálin, que o chamava de "Félix" em suas cartas confidenciais a Mólotov (ao passo que chamava todos os outros por seus sobrenomes), sabia que Dzierżyński estava sobrecarregado e tinha um problema de coração. Dzierżyński sofreu seu primeiro ataque cardíaco no final de 1924, mas ignorou os avisos dos médicos de que devia limitar suas horas de trabalho.[317] No verão de 1925, apresentara sua demissão.[318] Stálin já havia partido para Sotchi e lhe escreveu (25 de julho de 1925): "Eu lhe imploro que não faça isso", pedindo paciência.[319] Nesse mesmo dia, Stálin escreveu a Bukhárin: "Dzierżyński está apenas nervoso, ele está se afogando. Isso vai passar".[320] Em agosto de 1925, quando Tovstukha telegrafou a Stálin para perguntar se Dzierżyński, que estava indo para o sul em férias, podia visitá-lo em Sotchi, Stálin respondeu: "Com prazer receberei Dzierżyński e seus amigos do trabalho. Stálin".[321] Não muito tempo depois, Dzierżyński foi abordado por Kámenev, que estava ciente das frustrações da OGPU com a política econômica.

Embora Dzierżyński tenha rapidamente recuado em relação a Kámenev e Zinóviev, a oposição não desistiu, tomando a ofensiva em conferências partidárias regionais rivais, inclusive uma da organização de Moscou, que se abriu em 5 de dezembro de 1925 (e foi até o dia 13), e outra da organização de Leningrado, que começou e terminou mais cedo. Em Leningrado os delegados atacaram Bukhárin e seu slogan "Enriqueçam"; em Moscou, Bukhárin zombou intensamente de Zinóviev e seus partidários, chamando-os de "moças histéricas", e forçou a aprovação de uma resolução que condenava o comportamento do diretório partidário de Leningrado por ser "antipartido".[322] Além da disputa sobre o viés aparentemente pró-cúlaque da NPE, o partido de Leningrado lutava para defender sua autonomia. Mas a nova oposição possuía tendências contraditórias, como o jornal dos emigrados mencheviques apontou.[323] Sokólnikov, em seu discurso, exaltou as relações de mercado, que chamou de diferentes das do capitalismo, e os agricultores instruídos, a quem chamou de diferentes dos cúlaques. Essa formulação tinha o potencial de tornar os mercados compatíveis com o socialismo, pelo menos no campo. Sokólnikov, no entanto, também punha o dedo no problema fundamental no cerne da NPE: "Estamos incentivando os camponeses médios até um certo limite, e então começamos a estrangulá-los". Em outras palavras, a política limitava o crescimento econômico. Outro orador, Iákov Iákovlev, fundador e editor do *Jornal Camponês*, propôs simplesmente que o regime permitisse que os camponeses registrassem a terra que cultivavam como propriedade privada, a ser comprada, vendida ou herdada, argumentando que a posse legal, em vez do mero direito de uso, aumentaria a produção, porque os camponeses poderiam passar os frutos do seu trabalho árduo para os filhos.[324]

Quanto a Dzierżyński, em 12 de dezembro ele enviou a Stálin uma longa carta enumerando os problemas intratáveis da economia, citando a sua incapacidade de administrá-los, apontando para sua saúde, seus nervos, e pedindo autorização para se demitir do Conselho Supremo da Economia: "Tenho certeza de que, se Vladímir Ilitch estivesse vivo, ele honraria meu pedido".[325] Stálin voltou a negar a demissão. Mas também descobriu que, em algum momento do final de 1925, com o XIV Congresso do Partido se aproximando, várias figuras importantes se reuniram no apartamento do comunista ucraniano Grigóri Petróvski e, sem a participação de Dzierżyński, discutiram a substituição de Stálin por ele na secretaria-geral.[326] Mas, ao contrário dos chefes da polícia secreta na maioria das ditaduras, Dzierżyński não aspirava ao poder supremo. Com efeito, ele não falaria no XIV Congresso.

DENÚNCIAS DE ANIVERSÁRIO

Stálin adiou duas vezes o XIV Congresso do Partido, e, quando este finalmente se reuniu (18-31 de dezembro de 1925), dezoito meses haviam se passado desde o anterior, o intervalo mais longo até então. A delegação de Leningrado chegou cedo, em 14 de dezembro, espalhando-se por fábricas e organizações partidárias urbanas para defender sua posição. No congresso anterior, quando Stálin ainda mantinha uma aliança com Zinóviev, os dois concordaram em realizar o próximo em Leningrado, mas, em outubro de 1925, a nova maioria do Politbiuró votou por anular essa decisão por estar "fora de prazo". O congresso reuniu 1306 delegados (665 votantes), que representavam 1,088 milhão de membros e candidatos a membros do partido. Pela primeira vez desde antes da revolução, Stálin apresentou o principal informe político. Mas, no dia da abertura, Zinóviev havia disparado uma salva antecipada no *Pravda de Leningrado*. "Eles lutam contra o cúlaque, mas oferecem o slogan 'Enriqueçam!'", acusou. "Eles proclamam que a Rússia da NPE é um país socialista." Em seu discurso, Stálin, astuciosamente, não fez menção a desentendimentos com Zinóviev e Kámenev, para que a oposição fosse vista como a causa da dissensão. Efetivamente, os delegados de Leningrado pediram que Zinóviev fosse autorizado a apresentar um informe paralelo, que teve lugar na tarde do segundo dia, durou quatro horas, e tinha Bukhárin como alvo principal.[327] Depois de um intervalo, foi dada a palavra a Bukhárin, cuja lenga-lenga durou ainda mais.[328] A atmosfera era beligerante. Krúpskaia, em nome da oposição, não mencionou Stálin, mas atacou o slogan de Bukhárin "Enriqueçam" por ser antissocialista, ao mesmo tempo que repreendia os delegados por seus apartes "vergonhosos" a Zinóviev. Ela citou o congresso do partido de 1906, em Estocolmo, quando os mencheviques tinham maioria, dando a entender que seu grupo atual, com Zinóviev e Kámenev, embora fosse minoria, era constituído pelos verdadeiros bolcheviques leninistas.[329] Porém, por incrível que pareça, a sensação do congresso acabou por ser Kámenev, que era conhecido pela ambiguidade, mas fez um discurso com palavras duras no dia 21 de dezembro.[330] Era nada menos que o dia do aniversário de Stálin (oficialmente, ele completava 46 anos).

Kámenev começou referindo-se a suas responsabilidades como diretor nominal do Instituto Lênin, com a intenção de afirmar suas credenciais leninistas, depois mirou nos retratos "cor-de-rosa" da Nova Política Econômica de Lênin.[331] "Eu critiquei o camarada Stálin em várias conferências, e repito no congresso: você, na verdade, não concorda com essa linha [pró-NPE], mas a protege, e é nisso que está em falta como líder do partido", disse Kámenev. "Você é um homem forte, mas não permite que o partido rejeite fortemente essa linha, que a maioria pensa ser incorreta." Ele chamou Stálin de "prisioneiro dessa linha incorreta, cujo autor e genuíno representante é o camarada Bukhárin". Mas Kámenev foi muito além de separar Stálin de Bukhárin.

> Nós somos contra criar uma teoria do "líder", somos contra a construção de um "líder". Somos contra a ideia de que a secretaria, através da combinação de políticas e organização na prática, deve ficar acima do principal órgão político, isto é, o Politbiuró. [...] Pessoalmente, sugiro que o nosso secretário-geral não é alguém capaz de unificar o velho quartel-general bolchevique ao seu redor. [...] Precisamente porque falei em numerosas ocasiões com o camarada Stálin, precisamente porque falei em numerosas ocasiões com um grupo de camaradas de Lênin, eu digo aqui no congresso: cheguei à conclusão de que o camarada Stálin não pode exercer a função de unificar o quartel-general bolchevique.

Enquanto proferia essas palavras notáveis, Kámenev foi interrompido várias vezes, e a vaia se tornou quase ensurdecedora:

> "Mentira!" "Bobagem." "Então é isso que eles querem." "Stálin! Stálin!" Os delegados erguem-se e saúdam o camarada Stálin. Tempestade de aplausos. [...] "Viva o camarada Stálin." Prolongada tempestade de aplausos. Gritos de "Viva". Comoção geral.
> O estenograma publicado continua: "Ievdokímov, de seu lugar: 'Viva o Partido Comunista russo! Viva! Viva!' (Os delegados erguem-se e gritam 'Viva!'. Barulho. Longos aplausos tempestuosos.) Ievdokímov, de seu lugar: 'Viva o Comitê Central do nosso partido! Viva!'. (Os delegados gritam 'Viva!'.) 'O partido acima de tudo! Certo!' (Aplausos e gritos, 'Viva!'.)".[332]

Stálin nunca teve um aniversário assim (nem teria de novo).

Foi dada a palavra a Tomski, para repúdio: "É ridículo falar como alguns camaradas falaram aqui, tentando representar alguém como tendo concentrado poder em suas mãos. [...] Como isso pôde acontecer?".[333] A resposta à pergunta de Tomski era, em parte, o próprio Kámenev, que havia auxiliado Stálin em quase todos os passos do caminho.

A celebração do aniversário de Stálin não tinha terminado: naquela mesma noite, Sokólnikov tomou a palavra. Stálin confiava nele totalmente em relação à NPE. "As relações de Gária com Stálin [...] eram amigáveis", relembraria sua esposa, Galina Serebriakova, referindo-se ao marido pelo diminutivo de seu primeiro nome verdadeiro (Gerch). "Ouvi muitas vezes as conversas deles pela *vertúchka*. Nunca houve nenhuma tensão ou desigualdade no tom ou na interação. [...] Antes do congresso, de acordo com o que Gária me disse, Stálin se encontrou com ele e lhe implorou para não apoiar Krúpskaia e Klávdiia Nikoláieva, para não falar do Testamento de Lênin e da necessidade de eleger um secretário-geral diferente. Mas Gária não concordou. 'Você vai se arrepender, Grigóri', Stálin o advertiu, e, mais tarde, naquela mesma noite, o chamou pela *vertúchka*, pedindo o apoio dele e para que não mencionasse o Testamento em seu discurso." Sokólnikov se recusou a recuar.[334] No congresso, ao falar por quase uma hora, ele citou Lênin contra Bukhárin, declarou que a URSS era um "capitalismo de Estado" e apelou para não desapropriar os cúlaques, mas aumentar o nível da agricultura, a fim de ter mais grãos para exportação e assim pagar as importações de máquinas, o que, por sua vez, desenvolveria a agricultura em um círculo virtuoso, o único caminho realista para a industrialização. Mas, embora Sokólnikov apoiasse a maioria do Comitê Central de Stálin-Bukhárin contra a oposição na política econômica, apoiou esta última contra o Comitê Central em sua crítica à ausência de democracia partidária e à concentração de poder nas mãos de Stálin.[335]

O estenograma publicado trazia apenas o esqueleto do discurso de Sokólnikov, mas a versão inédita contém os detalhes. Das caracterizações tendenciosas de Zinóviev e Kámenev em resoluções oficiais e na imprensa do partido, ele perguntou: "Desde quando vocês começaram a empregar essas expressões de acusação?". Ele foi interrompido várias vezes — "Dê fatos!" —, mas persistiu, declarando que não podia imaginar o Politbiuró sem Kámenev e Zinóviev, e exigiu que o Politbiuró, e não a secretaria, dirigisse o país. Afirmou ainda que Stálin, como secretário-geral, não devia participar simultaneamente do Politbiuró. "Não tenho absolutamente nenhum sentimento de hostilidade, pessoal ou política, em relação ao camarada Stálin, absolutamente nenhum. Preciso dizer isso porque as pessoas estão alegando que a nossa relação é ditada pela hostilidade pessoal. Não é, e não tenho dúvida de que, para todo o partido, o trabalho do camarada Stálin traz o mais enorme benefício." Contra as acusações de que a conversa de mudar o secretário-geral equivalia a um golpe de Estado, Sokólnikov declarou com naturalidade: "Será que no congresso não podemos discutir uma questão que qualquer diretório partidário provincial pode discutir, a saber, quem será o secretário?". Sokólnikov concluiu com um desafio: se "o camarada Stálin" quer desfrutar "do tipo de confiança que o camarada Lênin tinha", então "conquiste essa confiança, camarada!".[336]

O poder de Stálin — sua extensão e legitimidade — dominou grande parte do resto do congresso. Vorochílov afirmou que "é evidente que a natureza ou o destino permitem que o camarada Stálin formule questões com mais sucesso do que qualquer outro membro do Politbiuró. O camarada Stálin, e eu confirmo isso, é o principal membro do Politbiuró".[337] Zinóviev falou de novo, e invocou o Testamento. "Sem Vladímir Ilitch, tornou-se claro para todos que a secretaria do Comitê Central iria adquirir um significado absolutamente decisivo", declarou, na linguagem das cartas que havia enviado a Stálin da reunião de caverna. "Todos pensaram, como poderíamos fazer as coisas [...] de modo que tivéssemos um equilíbrio bem conhecido de forças e não cometêssemos grandes erros políticos. [...] Naquela ocasião, algum tipo de confronto pessoal amadureceu — e confrontos bastante agudos — com o camarada Stálin."[338] Isso deu chance para que Stálin fizesse uma piada: "E eu não sabia que no nosso partido ainda existia gente das cavernas!".

Os bajuladores apressaram-se a rejeitar a conversa sobre uma ditadura pessoal de Stálin.[339] "Agora, sobre esse 'poder ilimitado' da secretaria e do secretário-geral", disse Serguei Gússev, que Stálin nomeara para dirigir o departamento que supervisionava os jornais, "vejam o que a experiência diz sobre isso. Houve abuso desse poder ou não? Provem um único fato de abuso desse poder. Quem apresenta uma prova disso? Nós, os membros da Comissão Central de Controle nas reuniões do Politbiuró, observamos sistematicamente o trabalho da secretaria do Politbiuró e, em parte, o trabalho do secretário-geral. Vimos algum abuso desse 'poder sem limites'? Não, não vimos tais abusos de poder".[340] Quando um delegado de Leningrado reclamou da onipresença das denúncias, de tal forma que "um amigo não pode contar a seu amigo mais próximo os pensamentos que vão em sua alma", Gússev revidou: "Lênin nos ensinou que cada membro do partido deve ser um tchekista, ou seja, deve observar e denunciar. [...] Se sofremos de alguma coisa, não é de denúncias, mas da ausência de denúncias".[341]

Questões políticas momentosas também foram abordadas. O informe de Stálin invocava a "coexistência pacífica" com os capitalistas, uma expressão que nascera com o próprio regime, mas, enquanto algumas figuras, como Litvínov, vice-comissário das Relações Exteriores, viam nisso esforços comuns para a prevenção de qualquer guerra — socialismo como paz para todos —, Stálin sustentava que, uma vez que os conflitos internacionais eram, no fundo, de natureza econômica, ele esperava — e, na verdade, contava com isso — que as potências capitalistas colidissem entre elas. A resolução do congresso aludiu apenas a "certo período de 'coexistência pacífica' entre o mundo da burguesia e o mundo do proletariado".[342] Enquanto isso, a União Soviética sofria uma hemorragia de ouro para importar máquinas e alimentos e sustentar a taxa de câmbio dos tchervonets, políticas que eram insustentáveis; Stálin jogou em ambos os lados,

583

repetindo a insistência de Sokólnikov em "uma balança comercial positiva, na contenção do ritmo de industrialização e na importância de evitar a inflação", mas acusando o Comissariado das Finanças de tentar manter a União Soviética em dependência econômica do Ocidente.[343] As correções de Stálin ao texto de Bukhárin para o congresso salientavam um vago rearmamento técnico futuro da agricultura com máquinas e um misterioso "apoio abrangente" dos camponeses à agricultura coletivizada. A versão de Stálin foi aprovada no congresso.[344] O congresso também decidiu criar, de alguma forma, uma indústria militar de classe mundial.[345]

O discurso de encerramento de Stálin, em 23 de dezembro, foi inestimável, afirmando que Zinóviev e Kámenev "exigem o sangue do camarada Bukhárin", mas "não deveremos dá-lo a vocês". E continuou: "Não concordamos com Zinóviev e Kámenev, porque sabíamos que uma política de corte de membros estava repleta de grandes perigos para o partido, que o método de cortar, o método de sangria — e eles estavam pedindo sangue —, é perigoso e contagioso. Hoje uma pessoa é cortada, amanhã outra, no dia seguinte, uma terceira — mas o que restará do partido? (Aplausos)".[346]

A resolução condenava a delegação de Leningrado pelas "tentativas de minar a unidade do nosso partido leninista".[347] Os delegados ao congresso apoiaram Stálin não só porque foram designados por ele, ao estilo chefe de pavilhão, e podiam reconhecer o seu poder de comando, mas também porque em casa tinham um inimigo comum — "oposicionistas" (isto é, seus rivais) —, e Stálin os ajudava de forma proativa a solidificar seu poder local.[348] Nas eleições para o novo Comitê Central, houve 217 votos contra Kámenev, 224 contra Zinóviev, 87 contra Stálin e 83 contra Bukhárin.[349] Trótski não estava na chapa. Ele nunca mais compareceria a congressos do partido. Antes, alguns de seus partidários vinham defendendo um bloco com Zinóviev e Kámenev contra Stálin — afinal, Zinóviev e Kámenev admitiam agora que os "trotskistas" estavam certos o tempo todo —, mas outras pessoas leais a Trótski queriam manter distância de ambos os lados. Trótski se encontrara secretamente com Zinóviev e Kámenev, mas nada resultou disso.[350] Circulavam rumores de que Stálin, um pouco antes do congresso, buscara o auxílio da facção de Trótski para destruir Zinóviev.[351] Se isso é verdade, não foi porque Stálin precisava da ajuda de Trótski, mas para semear mais discórdia entre os oposicionistas. No congresso, membros fiéis a Stálin (Mikoian, Iaroslávski) elogiaram Trótski contra Zinóviev e Kámenev. Trótski, por sua vez, nada disse quando Zinóviev invocou o Testamento de Lênin. Sentado no presidium do congresso, ele se manteve em silêncio, mesmo quando se dirigiram diretamente a ele. Ao longo das quase duas semanas de sessões, fez uma única intervenção. Chama mais atenção ainda o fato de não ter reagido à ousada e corajosa denúncia que Kámenev fez da ditadura pessoal de Stálin. "A explosão foi absolutamente inesperada para mim", ele escreveria. "Durante o congresso, esperei na incerteza, porque toda a situação havia mudado. Isso parecia absolutamente claro para mim."[352]

E AGORA, UM

Em janeiro de 1926, Vorochílov, sem ter sido membro candidato do Politbiuró, tornou-se membro pleno, o único homem das forças militares a conseguir isso no governo de Stálin. Mólotov e Kalínin também foram promovidos a membros plenos, elevando para nove o número de membros com direito a voto. Kámenev foi rebaixado para membro candidato, juntando-se a Dzierżyński e três protegidos de Stálin (Rudzutaks, Petróvski, Uglánov). Stálin removeu Sokólnikov do Politbiuró e do posto de comissário das Finanças. A esposa de Sokólnikov observou que "Stálin não rompeu de uma vez por todas as relações com Sokólnikov. Eles se viam com menos frequência".[353] As políticas de Sokólnikov de controle financeiro e acumulação de reservas de ouro foram formalmente reconfirmadas numa reunião do Politbiuró, mas sem ele para lutar com unhas e dentes contra o lobby industrial, parece que as emissões de moeda deram um salto.[354] Kámenev foi nomeado comissário do Comércio, apesar de suas veementes objeções ("Eu não conheço esse negócio", escreveu ao Comitê Central), em retaliação ao seu discurso vulcânico.[355] A máquina de Zinóviev em Leningrado representava um desafio maior, e Stálin enviou para lá uma grande comissão expansiva liderada por Mólotov e Vorochílov, bem como esquadrões de militantes da Liga da Juventude Comunista. Realizaram-se reuniões estrepitosas do partido nas universidades e grandes fábricas de Leningrado. "Ontem estive na fábrica Três Ângulos, um coletivo de 2200", escreveu Serguei Kírov, designado por Stálin para assumir o partido de Leningrado, ao seu amigo Ordjonikidze em 16 de janeiro, ainda usando o timbre do partido do Azerbaijão. "Houve um tumulto incrível, como eu não via desde os tempos de outubro [de 1917]. Eu nem sequer imaginava que uma reunião de membros do partido como aquela era possível. Às vezes, chegou ao nível das bofetadas de verdade. Digo a você, não estou exagerando."[356] Para garantir a passagem das resoluções contra Zinóviev, Mólotov despejou ameaças: "filho da puta, sabotador, contrarrevolucionário, vou transformá-lo em pó, vou levá-lo perante a Comissão Central de Controle".[357]

Kírov implorou a Stálin que o deixasse voltar para Baku, mas ele era indispensável para o secretário-geral em Leningrado.[358] Durante seu primeiro ano lá, Kírov visitaria quase todas as fábricas de Leningrado — mais de 180 no total —, admitiria que era fraco em teoria e conquistaria as pessoas com sua simplicidade e franqueza. "Descobri pela primeira vez que Kírov era um orador maravilhoso", escreveu uma testemunha, acrescentando que a oratória dele "não se distinguia por especial profundidade, mas estava cheia de alegorias, metáforas, comparações, provérbios populares. Senti que falava com sinceridade."[359]

Kámenev aferrou-se a um acordo com o lado de Stálin e disse na reunião do Politbiuró de 18 de março de 1926: "No congresso, quando afirmei que Stálin não pode unir em torno de sua pessoa o Estado-Maior bolchevique, e quando o congresso protestou ruidosamente contra isso e deu a Stálin uma ovação de pé, eu poderia ter acabado com essa ovação se tivesse dito que só estava repetindo as palavras de Ilitch". Stálin interveio: "Por que não disse?". Kámenev: "Porque eu não queria empregar esse tipo de método".[360] E pensar que esse era o bolchevique que, em 1904, havia dado a Stálin um exemplar de Maquiavel em tradução russa. Kámenev foi um presente para Stálin quase tanto quanto Trótski, e ainda mais do que Zinóviev.

Para semear mais discórdia, Stálin chegou a ponto de se encontrar cara a cara com Trótski, ainda que continuassem a chover calúnias sobre Trótski na imprensa do partido sob o controle de Stálin.[361] Kámenev, por sua vez, convidou Trótski para uma reunião privada em seu apartamento no Kremlin com Zinóviev, a primeira desse tipo em três anos, e o lisonjeou: "Basta que você e Zinóviev apareçam na mesma plataforma e o partido encontrará seu verdadeiro Comitê Central".[362] Eles encontraram uma causa comum imitando o sotaque e os movimentos de corpo de Stálin, e escreveram declarações quase apologéticas uns para os outros. Mas um partidário de Trótski recordou, contestando: "Como poderíamos sentar-nos à mesma mesa com os burocratas que nos haviam caçado e caluniado, que haviam assassinado os princípios e as ideias do partido?".[363] Trótski, por sua vez, viajando incógnito (raspara o cavanhaque), partiu para dois meses de tratamento médico em Berlim.[364] Muitos anos mais tarde, ao comentar sobre as maquinações do início de 1926, ele citaria um de seus partidários: "Nem com Stálin nem com Zinóviev; Stálin vai trapacear e Zinóviev vai fugir".[365]

Stálin viajou para libertar Leningrado pessoalmente e, em 12 de abril, apresentou um informe ao partido local sobre uma plenária recente do Comitê Central. O jornalista Piotr Boldóvkin, conhecido como Cháguin, foi convocado ao apartamento de Kírov, onde também encontrou Stálin. Ele entregou as provas do discurso do secretário-geral em que estava trabalhando e se preparou para ir embora, mas Kírov e sua esposa, Maria Markus, o convidaram a ficar para o jantar, junto com os outros. Cháguin relembrou: "Kírov disse que 'seria difícil sem Lênin, é claro, mas temos o partido, o Comitê Central, o Politbiuró, e eles conduzirão o país pelo caminho leninista'. Stálin caminhou pela sala e disse: 'Sim, isso é verdade — o partido, o CC, o Politbiuró. Mas pensem, o povo entende pouco disso. Durante séculos o povo russo viveu sob um tsar. O povo russo é tsarista. Por muitos séculos, o povo russo, especialmente os camponeses, acostumou-se a ter uma pessoa como chefe. E agora, deve haver um'".[366]

EVENTOS AMEAÇADORES

Três anos de cooperação militar clandestina com a Alemanha fizeram pouco para aumentar a produção soviética de armas. No entanto, em mais uma tentativa de avanço, o polonês Józef Unszlicht, comissário adjunto militar para armamentos que falava alemão, liderou uma delegação que foi a Berlim na primavera de 1926 em busca de uma grande expansão da produção conjunta germano-soviética em território soviético: tanques, artilharia pesada, metralhadoras, instrumentos ópticos de precisão, telefones de campo, rádios.[367] Mas na grande recepção oferecida em 30 de março de 1926, na embaixada soviética, na Unter den Linden, à qual compareceram o chanceler, o ministro das Relações Exteriores e o comandante em chefe do Exército, o governo alemão parecia hesitante, de acordo com o relatório soviético, querendo "reduzir o seu papel ao de intermediário entre empresas alemãs privadas e organizações soviéticas".[368] As empresas privadas alemãs, por sua vez, preferiam vender armas e não ajudar potenciais concorrentes a fabricá-las. Herbert von Dirksen, funcionário do Ministério das Relações Exteriores alemão, advertiu seu governo de que Moscou considerava o aumento da cooperação militar "a prova mais convincente de nosso desejo de continuar nossa relação com ele".[369] Mas, embora o establishment alemão tivesse menos esperanças em relação ao grau de revisionismo da paz de Versalhes que os britânicos permitiriam, o governo alemão ainda não queria um acordo com Moscou que pudesse ser entendido como antibritânico, enquanto a natureza não liberal do regime de Moscou, apesar da NPE, despertava antipatia na Alemanha.[370] Contudo, o pesadelo alemão era perder o Oriente sem conquistar o Ocidente, e um compromisso surgiu: o Pacto de Neutralidade e Não Agressão Germano-Soviético de 24 de abril de 1926, também conhecido como Tratado de Berlim, que reafirmou o acordo anterior de Rapallo: os dois países prometeram neutralidade caso um deles fosse objeto de um ataque não provocado por uma terceira parte. Parecia alguma coisa, mas equivalia a pouco, essencialmente uma promessa da Alemanha de não conceder a uma potência direitos de trânsito para a URSS.[371] Enquanto a Alemanha tivesse esperanças de reaproximação com o Ocidente, a URSS era um meio para esse fim.[372]

Stálin não excluíra um acordo com a Grã-Bretanha, embora a considerasse o baluarte da ordem imperialista mundial, mas a economia política global atravessou o caminho da retomada das negociações comerciais. A decisão coletiva da Europa de retornar ao ouro na paridade anterior à Grande Guerra entre ouro e libra esterlina significava um retorno à taxa de câmbio libra esterlina-dólar (4,86 dólares), o que tornava as exportações britânicas caras. Uma moeda sobrevalorizada levava a déficits na balança de pagamentos e a uma saída de ouro, o que comprimia a atividade econômica doméstica. Os críticos diziam que isso significava sacrificar a indústria no altar do ouro, mas a solução óbvia — a desvalorização da libra — foi vista no distrito financeiro de Londres como equivalente a uma declaração de falência ou inflicção de fraude aos credores. O ministro das Finanças Winston Churchill se perguntara por que o presidente do Banco da Inglaterra "mostra-se perfeitamente feliz diante do espetáculo de a Grã-Bretanha possuir o melhor crédito no mundo ao mesmo tempo que tem 1,25 milhão de desempregados", e afirmou que "preferia ver as Finanças menos orgulhosas e a Indústria mais contente".[373] (Isso proporciona insights sobre os debates dentro da União Soviética entre Sokólnikov, apoiado por Stálin, e o lobby industrial de Piatakov.) O padrão ouro e a austeridade fiscal atingiram especialmente a mineração britânica. A Grande Guerra havia prejudicado as exportações e possibilitado que outros países desenvolvessem suas indústrias domésticas de carvão, enquanto a Alemanha exportava carvão "gratuito" para pagar suas obrigações decorrentes do Tratado de Versalhes, levando a uma queda dos preços mundiais num momento em que a produtividade britânica estava em declínio em veios sobrecarregados. Um grande ajuste estrutural para remover o excesso de capacidade era inevitável, mas os mineiros britânicos e suas famílias constituíam talvez 10% da população da Grã-Bretanha, e seu salário já havia caído. Alguns proprietários de minas estavam dispostos a fazer acordos, outros estavam ansiosos para abolir o quadro de negociação nacional criado durante a Grande Guerra e impor condições; o governo conservador acabou entrando em conluio com os proprietários mais intransigentes e, em 1º de maio de 1926, cerca de 1 milhão de mineiros foram dispensados. Diante do jogo pesado, os mineiros britânicos decidiram lutar em vez de fazer um acordo.[374] Em solidariedade, mais de 1,5 milhão de trabalhadores britânicos de outros segmentos iniciaram em 3 de maio a primeira (e única) greve geral da história britânica, que parou toda a economia, inclusive a produção e a distribuição de alimentos.[375] Em 4 de maio, o Politbiuró resolveu apoiar financeiramente os trabalhadores britânicos, com um anúncio publicado na imprensa.[376] Zinóviev, no *Pravda*, entusiasmou-se com "grandes eventos" na Grã-Bretanha.[377] Mas a greve geral fracassou, e, embora se arrastasse por meses, a greve dos mineiros acabaria em cortes salariais. A União Soviética saíra em um limbo e, na barganha, arriscou arruinar as esperanças de uma retomada das negociações de um acordo de comércio bilateral melhor.

Os eventos na Polônia foram os mais diretamente ameaçadores. O sistema parlamentar do país viu um desfile de nada menos que catorze gabinetes diferentes até maio de 1926, quando o złoty, a moeda polaca, entrou em colapso.[378] O tratado germano-soviético de Berlim, apesar de sua modéstia, provocou o pesadelo em Varsóvia de um retorno à partilha do país pelos vizinhos poderosos. Com Dzierżyński longe, voltando das férias no início de maio e prestes a viajar para a Ucrânia por um mês — ele instruiu Iagoda em Moscou a ficar de olho em Aleksandr Guchkov, o ex-ministro da Guerra no Governo Provisório —, o marechal polonês reformado Józef Piłsudski, um cidadão comum, deixou sua casa na manhã de 12 de maio, encontrou-se com as tropas leais a ele e marchou sobre a vizinha Varsóvia.[379] O marechal esperava que essa demonstração de força e seu prestígio obrigassem o presidente a dissolver o governo de centro-direita formado havia uma semana; em vez disso, o presidente chegou para enfrentar Piłsudski na ponte que levava a Varsóvia. O pretendido golpe de Estado sem derramamento de sangue degenerou em escaramuças. Piłsudski, desconcertado, teve sorte: em 13 de maio, o comandante das forças do governo, em vez de levar suas vitórias táticas à conclusão decisiva, esperou por reforços, um equívoco que se tornou fatal quando antigos companheiros de Piłsudski do Partido Socialista — não o Exército com que contava — conspiraram com os trabalhadores da estrada de ferro para bloquear a passagem das tropas leais ao governo de direita enquanto faziam passar por ela reforços leais a Piłsudski. Em 14 de maio, o presidente e o primeiro-ministro deixaram o cargo. No passado, Piłsudski não aceitara a ideia de dar um golpe. "Se eu infringisse a lei, estaria abrindo as portas a todos os tipos de aventureiros para dar golpes de Estado", dissera a um jornalista, alguns anos antes, em comentários que foram publicados em 27 de maio.[380] Agora ele era senhor da Polônia de novo. A Assembleia o elegeu presidente, mas ele não aceitou, ficando como comandante em chefe e ministro da Guerra. Partidos políticos, sindicatos e imprensa sobreviveram, enquanto a semidemocracia da Polônia se tornava uma ditadura branda.

O governo britânico, que não se envolvera no golpe, o acolheu com prazer.[381] As já tensas relações soviético-polonesas pioraram.[382] Tukhatchévski foi despachado para Minsk e Aleksandr Egórov para Khárkov — deveriam estar preparados se Piłsudski tentasse repetir sua marcha para o leste de vários anos atrás —, enquanto a agência noticiosa soviética TASS negava rumores de que tropas do Exército Vermelho se concentravam nas proximidades da fronteira com a Polônia, dizendo que se tratava de uma típica provocação polonesa.[383] O marechal insistiu com o enviado soviético em Varsóvia que os russos deviam considerá-lo estúpido se acreditavam que ele queria uma guerra, na qual a Polônia não podia ganhar nada.[384] Verdade seja dita, parecia improvável que a Polônia pudesse desempenhar o papel de uma potência europeia significativa estando imprensada entre uma Alemanha hostil e uma União Soviética hostil, ela mesma antagônica à Lituânia, desdenhosa da Tchecoslováquia, fria até mesmo em relação à sua aliada França e discriminatória contra suas grandes populações étnicas ucranianas e bielorrussas, ao mesmo tempo que nutria projetos territoriais a respeito da Ucrânia e da Bielorrússia soviéticas. Mas o comissário das Relações Exteriores Tchitchérin considerava Piłsudski "imprevisível". A Grande Romênia também era uma preocupação, pois o projeto nacional romeno havia se radicalizado em meio à adição de muitas minorias, consequência da Grande Guerra. Ela ganhou o terceiro mais poderoso movimento fascista depois de Itália e Alemanha, e sua ideologia nacionalista antiurbana e antissemita misturava-se com antibolchevismo.[385] A Romênia recusou-se inclusive a conceder reconhecimento diplomático à URSS. É certo que se tratava somente de uma nação de 17 milhões de camponeses, e a Polônia, de apenas 32 milhões de camponeses. Mas elas assinaram um tratado de ajuda mútua em 1926, e a combinação dos dois Estados implacavelmente antissoviéticos, em aliança com a França — ou estimulada por alguma outra maquinação imperialista mais furtiva —, deixou Moscou muito nervosa.

Stálin também tinha de se preocupar com um flanco oriental exposto. Em 1925, o Japão concordou em reconhecer diplomaticamente a URSS e desocupar o norte de Sacalina, ao mesmo tempo que mantinha a metade meridional da ilha e recebia um extenso contrato de arrendamento para extração de petróleo e carvão no norte, enquanto a União Soviética confirmava a supremacia japonesa na Manchúria.[386] Mas as prolongadas negociações sobre convenções de pesca e concessões de madeira destacaram a falta fundamental de cortesia, e, em Moscou, poucos duvidavam que o Japão tiraria proveito de qualquer possível complicação na situação internacional da União Soviética. No Extremo Oriente soviético, a população de coreanos, cuja terra natal fora anexada ao Império japonês, havia quase triplicado, para perto de 170 mil em 1926, chegando a um quarto da população total da região estratégica de Vladivostok.[387] Os soviéticos sabiam que os japoneses cultivavam espiões entre essa enorme população do Leste Asiático. Stálin permitiu a formação de um distrito nacional coreano e de dezenas de municípios nacionais coreanos, com escolas de língua coreana, mas o regime também começou a discutir a deportação para longe dos coreanos concentrados na fronteira, o que apontava para uma sensação de vulnerabilidade.[388] Na parte europeia do território soviético, o número de poloneses era estimado entre 2,5 milhões e 4 milhões, e supunha-se que pelo menos alguns dos muitos descontentes entre eles colaboravam com a espionagem polonesa.[389] Além disso, havia finlandeses no lado soviético da fronteira com a Finlândia. A URSS não estava sozinha em suas suspeitas de deslealdade de populações de outras etnias que viviam no lado interno de suas fronteiras internacionais, mas as fronteiras soviéticas eram incomparavelmente vastas.[390]

A morte de Lênin o trouxe de volta à vida para o regime e, em especial, para Stálin. A posição política de Trótski era dependente da proximidade física de Lênin.[391] Mas, mesmo que ele tivesse sido mais hábil em termos políticos, sua biografia (ex- -menchevique, intelectual), sua personalidade (desdenhosa, distante) e sua posição (comissário da Guerra) davam-lhe poucas chances de suceder a Lênin, especialmente contra um rival poderoso. É claro que, na cabeça de Trótski, Stálin era uma deformação trazida à existência pelos "radicais cansados, pelos burocratas, pelos homens da NPE, os cúlaques, os arrivistas, os delatores, por todos os vermes que estão rastejando para fora do solo revolto da revolução adubada com esterco".[392] Está claro que Stálin caracterizaria seu inimigo exatamente da mesma maneira. Se não houvesse um Trótski, Stálin teria de inventá-lo. Ou, mais precisamente, Stálin inventou o Trótski de que ele precisava, uma tarefa que parece simples somente quando vista em retrospecto. Stálin derrotou Trótski no terreno em que o georgiano era percebido como mais vulnerável, mas se mostrou forte: a ideologia. Sua propagação de um leninismo acessível e persuasivo, que também aconteceu de lhe dar o papel de fiador, era talentosa, ainda que inescrupulosa em seu plágio. Stálin certamente mobilizou todas as suas vantagens burocráticas e manobrou com habilidade, mas também estudava assiduamente. "Devo acrescentar algumas palavras para tentar explicar a eficácia de Stálin como escritor e orador, que lhe dava uma vantagem sobre outros oradores e escritores mais qualificados", comentou um crítico literário soviético da época. "Kámenev, Zinóviev, Bukhárin e até Trótski estavam muito menos familiarizados com os escritos de Lênin do que Stálin. [...] Ao contrário deles, Stálin estudava os textos de Lênin e conhecia o Lênin impresso intimamente. Ele não tinha problemas para selecionar uma citação de Lênin, se precisasse dela."[393]

Stálin se posicionou para honrar as "ordens" de Lênin. Ele poderia ter feito uma escolha diferente, como Trótski, e se apresentar como igual a Lênin. Também tinha ego para isso. Mas optou por uma posição mais estratégica, a aparência de humildade, do mero discípulo, e fez isso de maneira soberba.[394] É estranho dizer, mas Stálin demonstrou também muito mais capacidade de empatia do que Trótski. Mais tarde, Trótski zombaria cruelmente de Lázar Kaganóvitch, o funcionário iletrado e fiel escudeiro de Stálin, deixando de apreciar seus imensos talentos organizacionais e sua perspicácia. Kaganóvitch — que havia sido admirador de Trótski — acabou por se revelar a pessoa mais incisiva, avaliando Trótski como extremamente talentoso para falar em público e até mesmo em organização (referindo-se à guerra civil), mas lamentavelmente inferior a Stálin em estratégia.[395] Com efeito, Stálin era um estrategista, improvisando destramente diante de oportunidades inesperadas e, desse modo, aproveitando a vantagem, inclusive no caso da oportunidade colossal apresentada por tipos arrivistas como Kaganóvitch e incontáveis outros como ele. Mas Stálin emergiu vencedor com rancor, turvado por autocomiseração, ressentimento, sentimento de vitimização. Muitos estudiosos atribuíram esses sentimentos a um complexo de inferioridade, asserção que pode ou não ser verdadeira. Mas o certo é que ele exerceu sua ditadura pessoal em meio a uma hostilidade estrutural profunda: ele era o discípulo de um homem que parecia ter pedido sua remoção. Esse estado de sítio espelhava a posição da revolução como um todo.

A visão geopolítica de Stálin de uma União Soviética capaz de evitar o envolvimento naquilo que ele via como a inevitável próxima guerra intraimperialista, que produziria novas revoluções, foi posta em dúvida pela aparente reaproximação dos dois blocos capitalistas em Locarno, bem como pela postura hostil das recém-independentes Polônia, Finlândia, Estônia, Letônia, Lituânia e Romênia expandida, e do Japão. Stálin entrou no verão de 1926 em meio à profunda inquietação quanto à inimizade dos vizinhos, para não falar da trajetória ambígua da Nova Política Econômica. E o maldito Testamento continuava a persegui-lo.

13. Derrocada triunfante

Camaradas! Já faz três anos que lhes peço para me liberar das funções de secretário-
-geral. A cada vez, a plenária negou-me isso. [...] Admitirei que havia necessidade,
apesar da conhecida carta do camarada Lênin, de me manter no cargo de secretário-
-geral. Mas essas condições se foram agora. Elas se foram porque a oposição está
esmagada [...]. Agora é o momento, a meu ver, para considerar as instruções de
Lênin. Por isso, peço à plenária para me liberar do cargo de secretário-geral do
Comitê Central. Garanto-vos, camaradas, que o partido só tem a ganhar com isso.
STÁLIN, PLENÁRIA DO COMITÊ CENTRAL, 19 DE DEZEMBRO DE 1927[1]

O apartamento de Stálin localizava-se no segundo andar do Palácio de Diversões do Kremlin (Potéchni Dvor), uma modesta residência de três andares junto ao Portão da Trindade que pertencera a um boiardo. Mais recentemente, fora a moradia do comandante do Kremlin. O apartamento tinha seis cômodos: uma sala de jantar oval, dois quartos de criança, um quarto principal e um escritório, bem como uma pequena sala de telefone. Stálin ficou com o quarto principal, sua esposa, Nadejda "Nádia" Allilúieva, com um dos quartos das crianças. Vassíli ("Vássia"), de cinco anos, e Artiom, o menino nascido no mesmo ano, cujo pai morrera na guerra civil, compartilhavam o outro. O primeiro filho de Stálin, Iákov, então com dezenove anos, dormia na sala de jantar. O quarto de Nádia tinha uma janela que dava para os Jardins de Alexandre e a Torre de Kutáfia, única torre de ponte levadiça remanescente no Kremlin.[2] No geral, o apartamento não era luxuoso. Contudo, marcava uma melhoria: era o segundo apartamento no Kremlin da família, o primeiro tendo sido num anexo barulhento do Grande Palácio do Kremlin.[3] Depois que Stálin se queixou disso a Lênin, Abram Be-

593

lenki, o chefe da guarda pessoal da liderança, sugeriu que ele se mudasse para quartos do próprio Grande Palácio. Natália Sedova, esposa de Trótski e diretora de museu, não concordou, insistindo que o palácio ficasse sob jurisdição do museu.[4] Ela cedeu, oferecendo escritórios do museu para a residência, mas, em vez disso, Stálin desalojou o comandante.[5] Em seguida, Belenki tentou mimar Stálin, mas se deu mal. "Na mudança para o novo apartamento, alguém do departamento de negócios do Comitê Executivo Central, talvez o camarada Belenki da GPU, se encarregou de encomendar mobília nova às custas do Estado para o meu apartamento", reclamou Stálin. "Essa operação extravagante realizou-se contra a minha declaração incisiva de que o mobiliário antigo me satisfazia plenamente." Ele pedia que o chefe da Comissão Central de Controle investigasse e punisse o culpado e que os móveis recém-comprados fossem imediatamente removidos para o depósito ou para onde fossem necessários.[6] O pessoal do regime tinha dificuldades para andar na linha tênue entre o compromisso sincero de Stálin com uma vida modesta e a bajulação que brotava o tempo todo ao seu redor.

Stálin não fazia muito o papel de pai de família. O apartamento do Kremlin era obviamente apertado. A datcha de dois andares em estilo gótico de Zubálovo, nos arredores de Moscou, tinha doze dependências e menos de quinhentos metros quadrados, mas as visitas de Stálin aos domingos eram irregulares, mesmo no verão. Sua mãe viúva, Keké Gueladze, continuava a viver na Geórgia e não visitava Moscou; Nadejda mantinha contato ("Enviamos saudações de Moscou. Estamos vivendo bem, todos com saúde. As crianças estão crescendo...").[7] Os pais de Nádia, Serguei e Olga Allilúieva, mudaram-se para Leningrado. Os sogros do primeiro casamento de Stálin com Kató Svanidze viviam em Moscou e o visitavam de vez em quando, mas não sabemos com que frequência; ele pouco via a esposa. A vida conjugal dos dois não era feliz. Ele parece ter amado Nádia, mas era desatento e, quando dava atenção a ela, tornava-se muitas vezes agressivo, gritando-lhe obscenidades, ou o que talvez fosse mais difícil de suportar, recusando-se a falar com ela.[8] Nádia sofria de graves enxaquecas e de isolamento. "Eu definitivamente não tenho nada a ver com ninguém em Moscou", ela escreveu no início de 1926 a Maria Svanidze, a esposa do cunhado de Stálin do primeiro casamento, que estava em Berlim e reclamava de tédio. "Às vezes é mesmo estranho: depois de todos esses anos, não ter um único amigo próximo, mas, evidentemente, é uma questão de caráter. É estranho, mas me sinto mais perto de pessoas de fora do partido (com as mulheres, é claro). Obviamente, porque elas são mais simples." Nádia tinha pouco interesse em se entregar ao papel e às prerrogativas de esposa do líder. Ao contrário, temia não ser levada a sério se não trabalhasse fora de casa, mas, ao mesmo tempo, queria estar qualificada para qualquer cargo que obtivesse. Quando escreveu a Svanidze, estava nos últimos estágios de sua segunda gravidez e acrescentou: "Estou muito arrependida de ter me amarrado com ainda mais laços familiares".[9]

Uma filha, Svetlana, nasceu em 18 de fevereiro de 1926; seu berçário foi montado no quarto de Nádia. Em toda a documentação volumosa que Stálin deixou, não há registro de sua reação. Ele podia dar muita atenção aos filhos quando estava em casa, geralmente em almoços tardios, e, quando tinha tempo, perguntava sobre as coisas deles, presenteava-os com livros, mandava-os ao teatro, buscava discipliná-los de um modo que lhes desse lições de vida. A responsabilidade pelos filhos e pela casa ficava, em grande parte, com a criada principal, Karolina Til, que também buscava as refeições da família na cantina do Kremlin. Por mais que Stálin possa ter amado Nádia, a mulher com quem se casou quando ela era adolescente não era a anfitriã alegre e submissa que ele procurava agora, tendo em vista seu patriarcalismo e sua posição de líder. No mínimo uma vez Nádia foi com Vassíli e Svetlana para a casa de seus pais, em Leningrado.[10] Os fofoqueiros do Kremlin a criticaram por "abandoná-lo".[11] Fiel, ela voltou. A bondade de Iákov fez com que ele se aproximasse de seus meios-irmãos, bem como de sua madrasta (apenas seis anos mais velha), com quem compartilhava a crueldade da tirania doméstica de Stálin.[12] Quando ele se formou numa escola técnica de eletromecânica e, em vez de entrar na universidade, anunciou sua intenção de se casar com Zóia Gunina, uma colega de escola de dezesseis anos, Stálin explodiu. Sozinho, Iákov apontou uma arma para o próprio coração na cozinha do apartamento da família no Palácio de Diversões e errou o tiro nesse órgão vital por centímetros, somente se ferindo. Stálin, em carta a Nádia, rotulou Iákov de "desordeiro e chantagista, que não tem e não poderia ter mais nada a ver comigo".[13] O ato de Iákov, aos olhos de Stálin, não foi um grito de desespero diante da desaprovação implacável de seu pai, mas um esforço para exercer pressão. Iákov se casaria com Zóia, e Nádia instalaria o casal no apartamento de seus pais. Zóia daria à luz uma menina — a primeira neta de Stálin —, mas ela morreria ainda bebê de pneumonia.[14]

Até mesmo o poder absoluto de Stálin não lhe agradava absolutamente. Ele exultava com esse poder, que ao mesmo tempo provocava sua autocomiseração. Emocionava-o ser o centro das atenções, aquele que tomava as decisões, o sucessor de Lênin, o líder, mas lhe corroía o fato de todos saberem que o Testamento de Lênin pedia sua remoção. O prazer vertiginoso e o tormento, a ambição de longa data e o fardo atual, os paradoxos de seu poder, pesavam em suas costas. Após a complicação de montar o enorme XIV Congresso do Partido, e muito mais que isso, ele estava exausto. "Estou pensando em tirar umas férias curtas de duas semanas, estou realmente cansado", havia escrito em 1º de fevereiro de 1926 a Ordjonikidze, que estava em Tíflis. Mas o poder ilimitado de Stálin continuava a assediá-lo: reuniões com o presidente do Banco do Estado, o pessoal da administração estatística estatal, o presidente da cooperativa central de consumo, as ferrovias, autoridades ucranianas, autoridades da Basquíria, da Bielorrússia, do Daguestão, do Cazaquistão, mongóis buriates, o comissário da Saúde, administradores de trustes estatais, um chefe local do partido, outro chefe local do partido, delegações de trabalhadores, funcionários sindicais, editores de jornais, reitores de universidades, funcionários das Relações Exteriores, embaixadores, comunistas estrangeiros, polícia secreta, altas patentes militares, organizadores da juventude, negociações finais para o tratado decepcionante com a Alemanha, organizadores de mulheres, o desfile e recepções do Primeiro de Maio, a primeira greve geral na Grã-Bretanha. Por fim, ele conseguiu escapar. "Estarei perto de Sotchi, em poucos dias", escreveu novamente para Ordjonikidze em 16 de maio. "Como está planejando passar suas férias? Koba."[15] Stálin chegou em 23 de maio. Quase imediatamente, enviou um telegrama cifrado a Mólotov, que estava tomando conta das coisas em Moscou (segunda-feira, 24 de maio): "Cheguei aqui domingo à noite. O tempo está péssimo. [...] Belenki me disse que: 1) Trótski estava de volta a Moscou [de Berlim] já na quarta-feira de manhã; 2) Preobrajénski foi visitá-lo em Berlim (para um encontro?). Interessante".[16] Sim, mesmo em férias.

Cerca de quatro anos depois de ter sido nomeado secretário-geral, seu domínio pessoal era seguro, mesmo quando estava longe de Moscou. Dito isso, a sobrevivência de seu poder ainda dependia de manter a maioria no Politbiuró. Até janeiro de 1926, as mudanças na composição dos membros plenos (com direito a voto) desse órgão foram raras: Elena Stássova participara brevemente, após a morte de Svérdlov, em julho-setembro de 1919; Lênin removera Nikolai Krestínski em 1921, promovendo Zinóviev em seu lugar; Bukhárin tomara o lugar do falecido Lênin, em 1924. Até 1926, Zinóviev e Trótski ainda eram membros plenos. Mas em janeiro de 1926, enquanto rebaixava Kámenev a membro candidato (sem direito a voto), Stálin conseguira promover Vorochílov, Mólotov e Kalínin a membros plenos. Sua maioria de votos no órgão de nove pessoas era composta desses três últimos, bem como do trio Ríkov, Bukhárin e Tomski. O desgastado Dzierżyński era um dos cinco membros candidatos, assim como os protegidos de Stálin Nikolai Uglánov, o chefe do partido de Moscou Jānis Rudzutaks, um secretário do Comitê Central e Petróvski, o funcionário do Estado ucraniano homenageado em 1926 com a mudança do nome de Iekaterinoslav, décima maior cidade do país, para Dnepropetrovsk. Em outras palavras, muitos dos partidários de Stálin não tinham direito a voto. É verdade que, a partir do verão de 1926, ele conseguiria alterar a composição do Politbiuró ainda mais a seu favor. Mas seria preciso esperar até o final de 1927, quando se realizaria o XV Congresso do Partido, para expulsar totalmente a oposição Zinóviev-Trótski do partido e para o exílio interno. E, durante todo esse tempo, a asquerosa briga política não pararia nunca, fórum após fórum do partido, arrastando para dentro dela todos os que estavam ao redor de Stálin e interferindo na psique dele.

Além disso, o triunfo político completo de Stálin sobre a oposição, em dezembro de 1927, viria depois de derrocada após derrocada de suas políticas. Quase todos os problemas podiam ser rastreados até a fonte da força do regime: a ideologia comunista. O socialismo bolchevique (anticapitalismo) atraiu e deu sentido às tropas de choque dos militantes, forneceu o vocabulário e a visão de mundo de milhões de filiados ou não ao partido e obteve o monopólio sobre a esfera pública, mas essa mesma ideologia, fonte de poder político, não oferecia nenhuma força para a situação internacional ou para a economia doméstica do quase mercado vacilante. Ao contrário, a ideologia deixava esses enormes desafios ainda menos tratáveis. A tomada do poder resultara em um conjunto restrito de opções para a administração do poder da Rússia no mundo, tornando-a perpendicular às grandes potências no estrangeiro e à população camponesa majoritária do país. Reforçando essa sensação de assédio havia uma dinâmica pessoal pela qual a vitória política de Stálin só aguçava sua sede de vingança. A benevolência estava além dele. Em relação a rivais derrotados, ele mostrava apenas falsa magnanimidade. Revolucionários dedicados, companheiros de armas de longa data, tornavam-se supostos traidores por questionarem o seu governo pessoal ou as políticas do regime. Essa demonização era obviamente inerente ao bolchevismo e seguia de perto o comportamento de Lênin, mas Stálin a levou ainda mais longe, aplicando-a a comunistas. Depois que esmagou seus rivais no partido, eles se tornaram supostos terroristas que conspiravam para matá-lo e estavam em conluio com potências estrangeiras.

Os problemas da revolução suscitaram a paranoia em Stálin, que suscitou a paranoia inerente à revolução. Os anos de 1926-7 assistiram a uma intensificação mútua qualitativa em ambas, que estava relacionada a eventos, bem como ao crescimento da oposição. Mas parece que as pessoas reunidas em torno de Stálin não o percebiam como um tirano criminoso. Elas certamente tinham passado a entender que ele tendia a ser suscetível e vingativo, mas também viam um líder motivado, incansável, rigoroso e habilidoso do partido e da causa, cujos humores e caprichos esperavam conter, usando o Politbiuró como mecanismo fundamental. Se alguém do lado de dentro já havia percebido as profundezas de seu caráter em dezembro de 1927, essa é uma questão que permanece em aberto.

UM PASSEIO PELO CÁUCASO

Assim que Stálin chegou a Sotchi, o esperto Anastas Mikoian, de trinta anos, chefe do partido no território vizinho do Cáucaso Norte, o emboscou em 26 de maio. Mikoian, cujas cartas eram intimamente endereçadas ao "Querido Sossó" — o diminutivo com que a mãe de Stálin chamava o filho —, era quem o havia convencido a experimentar os banhos sulfurosos medicinais em Matsesta, perto de Sotchi, o que o levava para essas férias anuais no sul.[17] Dessa vez, Mikoian convenceu Stálin a fazer um passeio por sua terra natal, o Cáucaso Sul. Eles partiram da costa do mar Negro de trem naquele mesmo dia, na direção de Tíflis. Stálin levou consigo somente roupa de baixo e um rifle de caça. "Primeiro vou vagabundear um pouco, depois vou cuidar da minha saúde e recuperação", comentou.[18] Tovstukha telegrafou em 28 de maio contando que, numa reunião do Politbiuró, Trótski e Mólotov estiveram a ponto de brigar a respeito de um contrato de concessão estrangeira que Mólotov achava desvantajoso; Trótski o assinara meses antes, mas só agora os detalhes tinham vindo à luz. Bem, que Mólotov resolvesse a parada com Trótski. Nesse mesmo dia, um membro da comitiva de Stálin respondeu a Tovstukha: "O Senhor está de muito bom humor".[19]

"O Senhor" (*khoziáin*), termo patrimonial derivado de um senhor de mansão, estava cada vez mais se tornando um apelido de Stálin, mas, no sul, para seus compatriotas de longa data, ele ainda era Koba, o vingador. Ele e Mikoian visitaram Borjómi, a terra das famosas águas minerais, Kutaísi e até mesmo Góri. (Só podemos imaginar a comoção.) Em algum momento durante a viagem, Stálin encontrou-se com Peti "Piotr" Kapanadze, um velho amigo do seminário de Tíflis cuja fotografia estivera pendurada na parede de Stálin e que se tornara padre.[20] Em Tíflis, Stálin foi à ópera e visitou os bastidores, como gostava de fazer, para cumprimentar os cantores e o diretor. Na capital da Geórgia, ele e Mikoian ficaram no apartamento de Ordjonikidze, onde o irmão mais velho de Sergo, Konstantin, relembrou que Stálin cantava uma música georgiana obscena.[21] Ali estava a companhia preferida de Stálin. Só faltava a presença do amigo mútuo e compatriota caucasiano honorário Kírov, agora em Leningrado.

Em Moscou, na ausência de Stálin, o Politbiuró reuniu-se em 3 de junho de 1926 para discutir as greves na Grã-Bretanha. Trótski se manifestaria publicamente contra a continuação do apoio soviético aos sindicatos ligados ao establishment britânico, a fim de não reforçar as forças de colaboração com o regime burguês e enfraquecer o Partido Comunista britânico, deixando a classe operária britânica despreparada para a iminente crise-oportunidade para um avanço revolucionário.[22] A sessão do Politbiuró, com 43 pessoas presentes, durou seis horas. No dia da reunião, em um telegrama de instruções para Mólotov, Stálin corretamente intuiu que a greve geral havia sido uma "provocação dos conservadores britânicos", ou seja, "o capital, não a revolução, estava no ataque". E acrescentou que, "em consequência, não temos uma nova fase de ataque violento da revolução, mas uma estabilização contínua, temporária, não permanente, mas mesmo assim estabilização, cheia de novas tentativas do capital de fazer novos ataques aos trabalhadores, que continuam sendo forçados a se defender". Ele condenou a postura radical de Trótski, bem como de Zinóviev, que, sem uma revolução num futuro próximo, só ameaçavam dividir o movimento sindical britânico.[23] Stálin considerava o apoio soviético aos sindicatos britânicos e trabalhadores em greve um elemento dissuasor para novas agressões à URSS. Ainda assim, queria concluir as negociações comerciais bilaterais de 1924, que estavam penduradas. Durante a greve geral, o encarregado de negócios britânico em Moscou fizera mais um apelo particular a Londres para retomar as negociações de "um acordo de um tipo ou outro com a Rússia".[24] Mas, diante do anúncio soviético de transferências de dinheiro para os grevistas, além dos esforços soviéticos clandestinos para disseminar a revolução nas colônias, os planos do governo britânico de reabrir as negociações comerciais seriam colocados na geladeira.[25]

Nem Gênova (1922) — a ideia de reintegração da União Soviética e da Alemanha na ordem internacional — tampouco Rapallo (1922) — a ideia de uma relação especial de trapaceiros mútuos com a Alemanha — haviam garantido uma política de segurança soviética viável. E agora os conservadores britânicos lideravam uma estridente campanha pública propondo represálias contra a União Soviética, embora a greve geral houvesse fracassado e acabado. Trótski, na reunião do Politbiuró, queixou-se de que ela jamais fora discutida internamente, o que não era verdade: o Politbiuró a discutira em 4, 6 e 14 de maio, e criara uma comissão para o assunto, liderada por Tomski, o chefe dos sindicatos soviéticos (Trótski não era membro dessa comissão). Aqueles que estavam presentes à reunião de 3 de junho rejeitaram as teses de Zinóviev no Comintern sobre as lições da greve britânica. A atmosfera já profundamente acrimoniosa foi agravada por uma zombaria quase constante. Kámenev perguntou sarcasticamente aos importunos ameaçadores que falavam enquanto ele falava: "Por que vocês estão todos me ajudando?". Trótski aparteou: "'Liderança coletiva' é precisamente quando todos atrapalham uns aos outros ou todos atacam uns aos outros (risos)". Trótski talvez estivesse tentando aliviar a tensão.[26] *Liderança coletiva — ha, ha, ha!* Stálin receberia um informe completo.

No Cáucaso, Stálin estava em casa de um jeito que não havia estado por longo tempo. Em 8 de junho, encontrou-se com uma delegação das Oficinas da Ferrovia Principal de Tíflis, onde, mais de duas décadas antes, havia sido um jovem agitador. "Devo dizer em sã consciência, camaradas, que não mereço nem metade das coisas lisonjeiras que foram ditas aqui sobre mim", sugeriu modestamente, de acordo com o jornal local. "Eu sou, ao que parece, um herói da Revolução de Outubro, o líder do Partido Comunista da União Soviética, o líder da Internacional Comunista, um milagroso cavaleiro-guerreiro, e tudo o que se possa imaginar. Isso é um absurdo, camaradas, e um exagero absolutamente desnecessário. É o tipo de coisa que normalmente é dita ao lado da sepultura de um revolucionário falecido. Mas não tenho nenhuma intenção de morrer ainda. [...] Eu realmente fui, e ainda sou, um dos discípulos dos trabalhadores avançados das oficinas ferroviárias de Tíflis." Embora mantendo essa falsa postura de humildade, Stálin passou a descrever como havia subido na clandestinidade revolucionária, desde seu primeiro "círculo" de trabalhadores, em 1898, quando se tornou um "discípulo dos trabalhadores", até 1917, quando passou a ser discípulo de "meu grande professor, Lênin". Nada de intelectual pretensioso, mas um operário revolucionário esforçado e estreitamente ligado aos trabalhadores e ao Fundador. "Desde noviço (Tíflis), passando por aprendiz (Baku) e um dos capatazes da nossa revolução (Leningrado) — essa, camaradas, é a escola da minha universidade revolucionária [...] a imagem verdadeira de quem eu era e em quem me transformei, se falarmos sem exagero e em boa consciência. (Aplausos se transformando em ovação.)"[27]

Uma reação muito diferente das vaias e maldições que ele havia recebido cinco anos antes em Tíflis, quando deixara uma sala de reuniões com a cabeça entre as pernas. Dessa vez, Ordjonikidze e seus homens haviam, evidentemente, feito tudo ao seu alcance para não correr riscos. Mas a apresentação de Stálin de si mesmo nas oficinas ferroviárias não foi publicada para um público nacional, tampouco suas observações sobre os assuntos externos. Particularmente notáveis foram seus comentários sobre o golpe de Estado na Polônia ocorrido no mês anterior. Ele denunciou retrospectiva e demagogicamente o Partido Comunista polonês por ter apoiado a ação de Piłsudski (contra um governo conservador), depois delineou com precisão as diferenças políticas entre as forças de Piłsudski e seus rivais de direita, os democratas nacionais, prevendo que, embora os primeiros fossem militarmente mais fortes, estes últimos venceriam: a Polônia se tornaria mais direitista e chauvinista. Entrementes, Stálin chamou Piłsudski de "pequeno-burguês", mas não fascista, uma opinião que viria a mudar depois, quando o próprio Piłsudski se movesse na direção que Stálin havia atribuído aos rivais poloneses do ministro da Guerra.[28] Assim, enquanto o nacionalismo georgiano parecia a caminho de ser domado, o sentimento nacional na Polônia independente era inteiramente outra questão.

Em Moscou, o rancor corria solto. Em outra reunião do Politbiuró, em 14 de junho, na ausência de Stálin, quando Dzierżyński, de volta de sua viagem pela Ucrânia, afirmou que era um "crime" registrar suas deliberações internas (uma solicitação legal feita pela oposição), Trótski rebateu: "Devemos orientar a GPU a nos impedir de falar; isso simplificará tudo".[29] Dzierżyński estava indignado com as garras da burocracia e disse aos seus subordinados do Conselho Supremo da Economia naquele mês de junho que a máquina administrativa soviética estava "baseada na desconfiança universal", concluindo: "Temos de jogar fora esse sistema". O aparato metastático, acrescentou, estava "deixando operários e camponeses sem casa e lar, aqueles que por seu trabalho criam as verdadeiras coisas de valor".[30] Para Ríkov, ele escreveu: "Não concordo com a política deste governo. Não a compreendo e não vejo nenhum sentido nela".[31] Para Kúibichev, escreveu que mesmo os bons administradores estavam "afogando-se em coordenação interinstitucional, relatórios, documentos, comissões. Os capitalistas, cada um deles tem seus meios e responsabilidade central. Temos agora o Conselho do Trabalho e Defesa e o Politbiuró respondendo por tudo. [...] Isso não é trabalho, é uma agonia". Ao mesmo tempo, ele temia que suas críticas pudessem estar "fazendo o jogo daqueles que gostariam de levar o país para o abismo — Trótski, Zinóviev, Piatakov. [...] Se não encontrarmos a linha e o ritmo corretos de desenvolvimento, nossa oposição vai crescer e o país terá seu ditador, o coveiro da revolução, independentemente das belas plumas de seu traje. Quase todos os ditadores de hoje são ex-comunistas — Mussolini, Piłsudski".[32]

MALES EM ABUNDÂNCIA

Os três mosqueteiros do Cáucaso diminuíram o ritmo do passeio: Ordjonikidze acompanhou Stálin e Mikoian no trem de retorno até Póti, o porto do mar Negro, e, de lá, Stálin e Mikoian tomaram um barco para Sotchi, aonde chegaram em 15 de junho de 1926. Tem-se a sensação de que Stálin, se pudesse passar o ano todo em Sotchi, dirigindo o regime de lá, ficaria contente. Ele leu documentos do regime por prazer e não somente por obrigação, jogou boliche (*gorodki*) e se dedicou à jardinagem. "Ele gostava de fazer piqueniques", lembrou a filha do chefe dos guarda-costas de Stálin, o lituano Ivan Jūsis. "Normalmente, íamos para as montanhas e procurávamos um lugar interessante, e lá nos instalávamos. Sempre levávamos uma toalha branca. Levávamos kebabs e diferentes sanduíches abertos: com caviar, com peixes — esturjão, salmão. Havia também queijo e ervas, especialmente coentro. Meu pai sabia fazer linguiça de carne de urso, estilo lituano, que Stálin adorava."[33] Jūsis parece ter sido particularmente próximo de Stálin. Em Moscou, mudara da travessa Varsonófiev (perto da Lubianka), onde a elite dos tchekistas morava, para o Grande Palácio do Kremlin, em um dos apartamentos anteriormente ocupados por damas de companhia. Dzierżyński morava no final do mesmo corredor; o famoso poeta proletário Demian Bédni, em um andar acima, numa residência suntuosa, assim como Vorochílov. Em Sotchi, Jūsis não era um mero guarda-costas, mas um companheiro.

Stálin sofrera uma intoxicação alimentar causada por um peixe estragado e os médicos o forçaram a fazer uma dieta. Também conseguiram realizar um exame médico extenso, talvez o registro mais detalhado de sua saúde até então. Ivan Valedínski, recém-nomeado diretor científico do sanatório de Matsesta, e três outros médicos examinaram-no em uma pequena sala da datcha nº 4, onde ele estava hospedado. "O camarada Stálin entrou da ala da varanda, sentou-se diante de nós médicos e se portou de maneira muito simples", lembrou Valedínski. "Nós médicos nos sentimos à vontade." Descobriram que ele tinha tuberculose crônica, embora não ativa. Seus intestinos causavam-lhe problemas, como se tivesse sido envenenado. (Na verdade, havia contraído tifo na juventude, o que deixa úlceras nas paredes do estômago.) Sofria crises de diarreia. Tinha dor no peito causada por sangue insuficiente para o coração, que ele automedicava com limões. Queixava-se de dores nos dedos da mão esquerda. Suas juntas estavam inflamadas e vermelhas. Os médicos notaram um começo de atrofia muscular em seu ombro esquerdo. "Mialgia e artrite do membro superior esquerdo", escreveram eles. (Mialgia ou dor muscular, se não for causada por um trauma, resulta muitas vezes de infecções virais.) Os médicos também observaram erupções de angina crônica (abscesso peritonsilar), que causavam dores de garganta e inchaço. A respiração de Stálin era pesada, mas a causa disso, patologia em seu pulmão direito (derrame pleural ou excesso de líquido), só seria descoberta muitos anos depois. Talvez fosse essa a causa da suavidade de sua voz: mesmo depois que surgiram os microfones, às vezes ele mal era ouvido.

Valedínski escreveria que, durante o exame objetivo dos órgãos internos de Stálin, não foram encontrados elementos de quaisquer alterações patológicas. Contudo, o exame parece ter levado a um diagnóstico de síndrome de Erb-Charcot — fadiga, cólicas e emagrecimento progressivo.[34] Fosse qual fosse o diagnóstico correto, o braço esquerdo de Stálin com o cotovelo supurado continuara a deteriorar-se e mal podia ser usado. Ele também sentia um rangido permanente nos joelhos, bem como no pescoço, quando se virava. Seus músculos doloridos mostraram alguns sinais de distrofia, talvez também sintomas de Erb, embora isso pudesse ser uma doença genética.[35] Os médicos recomendaram uma dúzia de banhos sulfurosos em Matsesta. "Ao sair do exame, Stálin me perguntou: 'Que tal um pouco de brandy?'." Valedínski respondeu que "aos sábados é possível ficar um pouco animado, e aos domingos realmente relaxar, mas às segundas-feiras, ir para o trabalho com a cabeça limpa". E acrescentou, usando um código malicioso comunista para uma ocasião de convívio, que "essa resposta agradou ao camarada Stálin e, na próxima vez, ele organizou um 'sábado voluntário' [*subbotnik*] que foi muito memorável para mim".[36] Stálin simpatizou claramente com Valedínski, que era filho de um sacerdote que também completara o seminário e, depois, com a permissão do pai, fora para Tomsk a fim de obter a formação de médico, após o que obteve um título de doutor, serviu na Grande Guerra e foi chamado para o sanatório do Kremlin. Stálin podia ser tremendamente encantador quando queria, em especial com o pessoal de serviço. E o alívio que Sotchi-Matsesta trouxe pode ter influenciado seu humor para melhor.

Apesar dos efeitos remanescentes do peixe estragado, havia notícias agradáveis: a oposição dera mais um presente inadvertido ao ditador que desprezava. Grigóri Belenki, um oposicionista de esquerda que conseguira manter sua posição de chefe do partido do distrito de Krásnaia Présnia de Moscou, organizou uma reunião em uma datcha nos bosques, a cerca de trinta quilômetros de Moscou. Talvez setenta pessoas tenham comparecido. Visavam organizar adeptos nas grandes fábricas, instituições de ensino superior e órgãos estaduais.[37] "Mesmo que houvesse apenas uma chance em cem de regeneração da revolução e da democracia de seus trabalhadores, essa chance tinha de ser aproveitada a qualquer custo", afirmou um participante.[38] Belenki estimava o apoio de 62 células do partido em seu distrito. "Se pudermos tomar Krásnaia Présnia, podemos tomar tudo", ele teria dito.[39] Era tudo ilusão. Quem colocaria o pescoço para fora por *eles*, com os capangas da GPU conspicuamente presentes nas salas de reuniões de células do partido e votando por meio de mãos levantadas? Para o encontro no bosque, Belenki havia convidado Mikhail Lachévitch, primeiro vice-comissário da Guerra, que, quando perguntado se os oposicionistas estavam se organizando no Exército, supostamente respondeu: "Aqui, a situação é excelente".[40] Pelo menos um participante informou sobre o grupo, e já em 8-9 de junho começaram os interrogatórios.[41] Uma reunião clandestina da oposição na floresta, envolvendo o primeiro vice-comissário da Guerra: maná do céu.

Tovstukha telegrafou a Sotchi em 24 de junho para dizer que, tendo em vista a ausência de Stálin, adiaria a plenária do Comitê Central para 12 de julho. Stálin resolveu tirar o máximo proveito da mais recente "conspiração" da oposição e escreveu em 25 de junho "para Mólotov, Ríkov, Bukhárin e outros amigos" que o "Grupo de Zinóviev" deve estar envolvido nesse "caso Lachévitch". Zinóviev não estivera presente naquele dia na floresta, mas, no fim das contas, *tudo estava ligado*. Stálin acrescentou alguns comentários tendenciosos sobre como os limites da oposição "leal" haviam sido pela primeira vez violados, e exigiu não somente que Lachévitch fosse demitido do Comissariado da Guerra, mas que Zinóviev fosse removido do Politbiuró e, por extensão, do Comintern. E concluiu com alegria evidente: "Eu lhes asseguro que, no partido e no país, ninguém vai sentir pena de Zinóviev, porque o conhecem bem".[42]

Pura alegria. Um funcionário que acompanhava Stálin informou a seus superiores em Moscou que o poeta Demian Bédni "aparece muitas vezes e nos regala com piadas obscenas". Porém, estava mais do que na hora de persuadir o ditador a voltar para a capital. Em 1º de julho de 1926, Mólotov escreveu, insistindo: "Consideramos necessária a sua chegada em 7 de julho". A correspondência de Mólotov revela apreço pela forte liderança de Stálin, e afeição. Ele partiu para Moscou não antes do dia 6 de julho.[43] Assim que chegou à capital, Dzierżyński escreveu afirmando que a Inglaterra estava por trás do golpe de Piłsudski na Polônia. "Uma série de dados mostra com clareza indubitável (para mim) que a Polônia está preparando um ataque militar contra nós com o objetivo de separar a Bielorrússia e a Ucrânia da URSS. Todo o trabalho de Piłsudski está concentrado nisso. [...] Em pouco tempo a Romênia deve receber uma enorme quantidade de armas da Itália, inclusive submarinos." Ao mesmo tempo, ele observava "um avivamento da atividade de todos os guardas brancos nas fronteiras" — Finlândia, Estônia, Letônia, Lituânia e Polônia. Quase imediatamente depois do golpe de Piłsudski, a União Soviética havia proposto pactos de não agressão à Estônia e à

Letônia, mas nenhuma das duas respondeu afirmativamente.[44] Dzierżyński sustentava que somente considerações políticas internas seguravam Piłsudski e que, para montar sua invasão, tudo de que ele precisava era galvanizar a opinião pública. Dzierżyński queria que o Comitê Central verificasse a capacidade de prontidão para o combate, de abastecimento, de mobilização e de evacuação do Exército Vermelho.[45] Bem-vindo de volta a Moscou, camarada Stálin! (A incansável saudação em cada encontro que tocava em seus ouvidos.)

O TESTAMENTO, DE NOVO

A plenária adiada do Comitê Central foi aberta em 14 de julho e durou até o dia 23. No segundo dia, fora da reunião, Dzierżyński instruiu Iagoda a remover os arquivos da OGPU das regiões de fronteira mais próximas à Polônia e à Romênia. Sugeriu também transferir os espiões, guardas brancos e bandidos detidos nas prisões perto das fronteiras ocidentais.[46] Para a plenária, Dzierżyński apresentou um relatório em 20 de julho. Tendo recentemente instruído Iagoda a limpar Moscou e outras cidades de especuladores, ele reclamava agora que a OGPU provincial "detinha, exilava, prendia, pressionava e chantageava comerciantes privados (que entretanto estavam preparados para trabalhar 14-16 horas por dia)".[47] Chamou Piatakov, o partidário de Trótski que era vice-chefe da comissão de planejamento estatal, de "o maior desorganizador da indústria". A Kámenev, que o havia recrutado para a oposição, disse: "Você está empenhado em intrigas [politikantsvo], não em trabalho". Dzierżyński declarou que se soubesse de antemão dos encontros secretos da oposição nos arredores de Moscou, "não hesitaria em pegar duas companhias de soldados da OGPU com metralhadoras e resolver a questão". Suando profusamente, pálido, ele mal conseguiu terminar antes de voltar ao seu lugar. Logo recebeu ajuda, e o puseram em um divã fora da sala de reunião. Alguém administrou-lhe cânfora. Dzierżyński chegou a começar a voltar para seu apartamento nas proximidades do Grande Palácio do Kremlin, mas tombou. Com 49 anos de idade, estava morto. Sofrera evidentemente um ataque cardíaco durante seu discurso na plenária. A autópsia revelou arteriosclerose avançada, especialmente nos vasos sanguíneos do coração.[48] "Depois de Frunze, Dzierżyński", Stálin disse no curto comentário que fez no funeral, em 22 de julho. "O terror da burguesia — era assim que o chamavam."[49]

A plenária continuou. Trótski leu uma declaração em nome dele mesmo, de Zinóviev e Kámenev em que anunciava a luta comum dos três contra a tirania do aparato, a defesa dos interesses dos trabalhadores contra a NPE, a necessidade do aumento de impostos sobre os cúlaques, da coletivização da agricultura e da industrialização rápida. Stálin tinha o "caso Lachévitch" no bolso, mas a oposição estava circulando o

Testamento de Lênin, e sem as frases sobre o não bolchevismo de Trótski. Stálin encarou o Testamento e o leu em voz alta, na sua totalidade. Trótski escreveu mais tarde que Stálin estava sufocando a raiva e sofreu repetidas interrupções que denunciavam suas distorções. "No final, ele perdeu completamente a razão e, levantando-se na ponta dos pés, forçando a voz, com uma mão levantada começou a gritar, com a voz rouca, acusações e ameaças malucas, que deixaram estupefato todo o salão", alegou Trótski. "Nem antes nem depois eu o vi em tal estado."[50] Mas o registro hoje disponível da discussão mostra a oposição na defensiva e Stálin no ataque.

"É incorreto chamar a carta de Lênin de Testamento", Stálin observou em um longo discurso feito em 22 de julho. "A carta de Lênin menciona seis camaradas. De três deles, Trótski, Kámenev e Zinóviev, ela diz que tinham erros de princípio que não eram acidentais. Não creio que não seria imodesto se eu observasse aqui o fato de que não há uma única palavra no 'testamento' sobre os erros de princípio de Stálin. Ilitch repreende Stálin e observa sua rudeza, mas na carta não existe sequer um indício de que Stálin tenha erros de princípio."[51] Acrescentou que tinha levado as críticas em conta, enquanto Trótski, Zinóviev e Kámenev as haviam ignorado. O método de Trótski, afirmou Stálin, era atacar com rumores e, em especial, tornar tudo uma questão de personalidades. "A carta diz que não devemos culpar Trótski 'pessoalmente' por seu não bolchevismo [...] disso segue-se que o camarada Trótski precisa ser curado de 'não bolchevismo'. Mas disso não se segue que o camarada Trótski teve assegurado o direito de revisar o leninismo, e que devemos assentir com a cabeça quando ele revisa o leninismo." Trótski aparteou dizendo "passado" a respeito de seu não bolchevismo, ao que Stálin respondeu: "A carta não diz 'passado', diz apenas não bolchevismo. [...] Duas coisas diferentes. O 'não bolchevismo' de Trótski é um fato. A impossibilidade de responsabilizar o camarada Trótski 'pessoalmente' pelo não bolchevismo também é um fato. Mas o não bolchevismo de Trótski existe e a luta contra isso é necessária — isso também é um fato, sem sombra de dúvida. Lênin não deve ser distorcido."[52] Stálin desconsiderou as "Notas sobre a questão das nacionalidades" de Lênin como um assunto de memória enfraquecida do líder, e afirmou que Mdivani e os georgianos mereciam uma punição muito mais séria do que a que ele (Stálin) havia infligido: afinal, eles haviam criado uma facção, o que era ilegal. Stálin não admitiu nada além de sua própria grosseria, que, à luz da luta contra o aparente não leninismo de Trótski, podia realmente parecer insignificante.[53]

Stálin também não esqueceu o "episódio de Outubro" de Zinóviev e Kámenev, que, ecoando o Testamento, chamou de "não acidental", uma característica definidora contínua, crônica, endêmica, como o não bolchevismo de Trótski. "O 'episódio' poderia ser repetido. Vocês não acham, camaradas, que uma repetição dos erros de outubro de Zinóviev e Kámenev, uma certa reincidência desses erros, foi demonstrada diante de nós no XIV Congresso do Partido?" Stálin respondeu a sua pergunta retórica: "É verdade. Dessa conclusão resulta que os camaradas Kámenev e Zinóviev não levaram em conta as diretivas de Lênin".[54] Zinóviev, quando teve a chance de responder, admitiu: "Eu cometi muitos erros. [...] Meu primeiro erro em 1917 é conhecido de todos. [...] Meu segundo erro, que considero ainda mais perigoso, porque o erro de 1917 foi feito sob Lênin, e Lênin o corrigiu, e nós também, com a ajuda dele, depois de alguns dias, mas o meu erro em 1923 consistiu em...". Nesse ponto Ordjonikidze o interrompeu: "O que você está fazendo, tomando todo o partido por tolo?". Ordjonikidze deixara-se apanhar na intriga da reunião de caverna do verão de 1923 e não queria que os membros da plenária soubessem disso.

Desse modo, Stálin não só neutralizou a principal arma que eles tinham — o maldito Testamento — como os açoitou com ela.[55] Ao mesmo tempo, continuou a ser o servo humilde, executor da vontade do partido. "As delegações do XIII Congresso discutiram essa questão, e não considero falta de humildade informar que todas as delegações, sem exceção, defenderam a manutenção de Stálin no cargo de secretário-geral. Eu tenho essas resoluções aqui e posso lê-las em voz alta, se vocês quiserem. Voz: 'Desnecessário'. Stálin: Apesar disso, imediatamente após o XIII Congresso do Partido, na primeira plenária do nosso Comitê Central, ofereci minha demissão. Apesar de meu pedido para ser removido, a plenária decidiu, e se bem me lembro, por unanimidade, que eu deveria permanecer no cargo de secretário-geral. O que eu poderia ter feito, camaradas? Não sou uma pessoa de livre vontade e me subordino à decisão da plenária."[56]

O voto da plenária tirou Zinóviev totalmente do Politbiuró. "Abaixo as facções e a luta divisionista", dizia a resolução. "Vivam a unidade e a coesão do partido leninista."[57] E, no entanto, Stálin conseguiu manter sua pose de moderado, observando que, contra a insistência de Zinóviev e Kámenev, tinha se recusado a remover Trótski do Politbiuró.

Stálin fez Rudzutaks ser promovido a membro pleno do Politbiuró, assumindo o lugar de Zinóviev, enquanto os dois do Cáucaso, Mikoian e Ordjonikidze, eram nomeados membros candidatos, juntamente com Kírov, de Leningrado, Kaganóvitch e Andrei Andreiev. Poucos dias depois, Stálin informou a Mikoian, chefe do partido no Cáucaso Norte, que ele seria transferido para Moscou a fim de substituir Kámenev como comissário do Comércio. Mikoian resistiu, mas Stálin o obrigou a aceitar.[58] Para substituir Dzierżyński na chefia do Conselho Supremo da Economia, designou Valerian Kúibichev, o que abriu um buraco na Comissão Central de Controle do partido. Convocou então Ordjonikidze de Tíflis para dirigi-la, advertindo-o a "não corcovear", mas a transferência exigiu uma considerável queda de braço.[59] Antes que o ano acabasse, Stálin teria dois novos aliados fundamentais na capital (Mikoian e Ordjonikidze), para combinar com seu aliado fundamental em Leningrado (Kírov).[60]

O gabinete de Dzierżyński tornou-se um santuário dedicado ao asceta incorruptível. "Uma mesa simples, um biombo velho que escondia uma cama de ferro estreita [...] ele nunca ia para a casa da família, exceto em férias", comentou um de seus antigos colegas de escola.[61] O homem que havia insistido em preservar a múmia de Lênin foi homenageado com uma versão menor: uma efígie feita a partir das máscaras mortuárias de seu rosto e de suas mãos foi colocada em seu uniforme sob uma caixa de vidro no clube dos oficiais da OGPU.[62] Um culto a Dzierżyński sustentaria o regime da polícia. Diziam que ele arrancava flores, ao mesmo tempo que evitava cuidadosamente pisar em um formigueiro próximo — mas ai dos inimigos da revolução.[63] Mężyński foi formalmente promovido a presidente da OGPU. "Todo mundo ficou surpreso porque ele não tinha nada de militar", lembrou a agente Raíssa Sobol. "Ele falava em voz baixa, e só podia ser ouvido porque a sala estava em tenso silêncio. E sua maneira de falar não era do estilo de comando, mas contemplativa. O presidente, estranhamente, se assemelhava a um professor."[64] Mas fisicamente mal, e também deprimido pela morte de Dzierżyński, Mężyński foi para Matsesta para uma temporada de seis semanas de banhos sulfurosos.

Os comentários desagradáveis a respeito do Testamento se estenderam para além da sessão da plenária. Zinóviev havia acusado que, "numa carta particular ao camarada Stálin, Lênin rompeu relações de camaradagem com ele".[65] Stálin respondeu por escrito. "Lênin nunca rompeu relações de camaradagem comigo. Isso é difamação de uma pessoa que perdeu a cabeça. Podem-se julgar as relações pessoais de Lênin comigo pelo fato de ele, quando estava doente, ter se voltado várias vezes para mim com missões importantes, o tipo de missão que jamais tentou atribuir a Zinóviev, Kámenev ou Trótski. Os membros do Politbiuró e camaradas Krúpskaia e Maria Ilíchina [Uliánova] sabem a respeito dessas missões."[66] (Stálin absteve-se de especificar que se tratava de pedidos de veneno.) Em 26 de julho de 1926, Uliánova emprestou sua posição confiável de irmã de Lênin à defesa de Stálin na controvérsia do Testamento, assinando uma carta formal ao presidium da plenária conjunta que acabara de encerrar; os arquivos contêm um rascunho feito para ela por Bukhárin (ela trabalhava no *Pravda*, onde ele era editor). "V. I. Lênin valorizava muito Stálin", afirmava a carta, usando as iniciais de seu irmão. "V. I. costumava chamá-lo e lhe dava as instruções mais íntimas, instruções do tipo que só se pode dar a alguém em quem se confia particularmente, alguém que se conhece como um revolucionário sincero, como um companheiro próximo. [...] Com efeito, durante todo o tempo de sua doença, quando tinha a possibilidade de ver seus companheiros, ele com mais frequência convidava o camarada Stálin, e, durante os momentos mais difíceis da sua doença, Stálin foi o único membro do Comitê Central que ele convidou." Ela admitiu que ocorrera um incidente, "de caráter puramente pessoal, sem nenhuma ligação com a política", porque Stálin havia defendido a proibição dos médicos de que Lênin se envolvesse em assuntos políticos enquanto estava doente. "O camarada Stálin pediu desculpas e com isso o incidente se encerrou. [...] As relações entre eles eram e permaneceram as mais próximas e de mais camaradagem."[67]

Não muito tempo depois, sentindo evidentemente as dores da culpa, Uliánova escreveu uma segunda carta, para a qual ninguém forneceu um rascunho, em que diz que estivera refletindo sobre aqueles dias de forma mais ampla, e não apenas no contexto de bloquear as intrigas de Kámenev e Zinóviev, e achara sua carta original incompleta: Lênin, de fato, queria frear o poder de Stálin, retirando-o da secretaria-geral devido às suas características pessoais.[68] Mas a segunda carta particular de Uliánova, ao contrário da primeira, não circulou entre os membros da plenária conjunta. Krúpskaia, que participava da plenária conjunta e, assim, presumivelmente, era uma destinatária da carta original de Uliánova, ao que parece, não procurou contradizê-la.[69] Krúpskaia ainda queria publicar o Testamento, mas Stálin ressaltou que apenas um congresso, órgão máximo do partido, tinha o direito de retirar a proibição de publicação que fora decidida pelo XIII Congresso do Partido. "Lamento que a plenária conjunta do Comitê Central e da Comissão Central de Controle não tenha o direito de decidir publicar essas cartas na imprensa. Lamento profundamente isso e vou fazê-lo no XV Congresso do nosso partido."[70] A menção ao Testamento foi incluída na transcrição da plenária divulgada para as organizações do partido em todo o país.[71] Uma nuvem escura acompanhava cada avanço suado sobre a oposição.

O NOVO DIRIGENTE DA RÚSSIA (OLHOS NA AMÉRICA)

Zinóviev ainda era, nominalmente, o presidente do Comintern, mas iam muito longe os dias em que Stálin conduzia os assuntos da Internacional Comunista com ele. Kuusinen, o secretário-geral do Comintern, que se referia a Zinóviev pelas costas como o sátrapa, vinha informando todos os assuntos sérios ao secretário-geral.[72] Stálin nomeara Kámenev embaixador na Itália. O comissário do Comércio de curta duração levou sub-repticiamente 600 mil rublos de ouro para financiar o Partido Comunista italiano. No único encontro conhecido entre Kámenev e Mussolini, o Duce ficou indignado ao receber como enviado um homem que não somente era comunista como estava em desgraça com seu próprio governo. Por sua vez, Kámenev disse a Mussolini que estava "grato por fugir da Rússia e de Stálin".[73] Um dia antes de exilar Kámenev, Stálin concedeu uma entrevista — sua primeira — a um jornalista americano. O entrevistador, Jerome Davis, era ex-líder da Associação Cristã de Moços na Rússia, militante trabalhista e professor da Divinity School da Universidade Yale, que chegou à URSS numa delegação americana de cerca de vinte autodenominados progressistas. Davis conseguiu obter sua audiência com Stálin sob o pretexto de ser capaz de ajudar no reconhecimento diplomático americano do Estado soviético.[74] Ele publicaria um ensaio sensacional, "O novo dirigente da Rússia", como chamou Stálin, no *New York American*, de propriedade do conservador William Randolph Hearst. "Depois de um caloroso aperto de mãos", escreveu Davis, "acabei sentado a uma mesa, diante de uma personalidade poderosa e magnética, com cabelos pretos crespos, bigode viril, olhos castanhos e um rosto com marcas visíveis de varíola, e um sorriso acolhedor e amigável."[75]

Davis preencheu um vácuo. Mas sua matéria exclusiva para a rede de Hearst passou praticamente sem comentários no resto da imprensa norte-americana, uma circunstância que, de acordo com o diretor da sucursal da TASS em Nova York, não teria acontecido se tivesse sido escrita para a Associated Press ou para o *New York Times* — um trecho que Stálin sublinhou.[76] Ainda assim, independentemente da decepção com a falta de ressonância internacional, a entrevista publicada oferecia algo para ambos os lados: retratava um Stálin muito articulado (uma vantagem soviética) e continha detalhes interessantes sobre sua vida e suas aparentes concepções políticas (uma façanha de Davis).

Durante a entrevista, quando Davis solicitou uma cópia da biografia de Stálin, o ditador lhe entregou uma fotografia, com uma nota curta. "Isso é muito pouco", respondeu o jornalista. "Como você se tornou comunista?" Stálin: "Isso é difícil de dizer. A princípio, as pessoas vão para a oposição, depois se tornam revolucionárias, depois escolhem um partido. Tínhamos muitos partidos — socialistas revolucionários, mencheviques, anarquistas, bolcheviques". Davis pressionou: "Por que comunista?". Stálin: "Tínhamos tantos comunistas porque o capitalismo russo era o mais selvagem. [...] Tínhamos o sistema político mais severo, de modo que mesmo os tipos mais pacíficos entraram na oposição; e porque uma simples oposição não poderia ajudar os oposicionistas. Dos ricos aos trabalhadores, eles foram mandados para o exílio na Sibéria, [então] batalharam para criar um partido que fosse o mais vigoroso a se posicionar contra o governo e agisse com mais decisão. Portanto, todos aqueles inclinados para a oposição simpatizavam com os bolcheviques e viam neles heróis". Stálin contou a história de como supostamente fora expulso do seminário por ler Marx. Também apresentou uma teoria do governo, explicando que o Partido Comunista tinha 1 milhão de filiados — uma organização de combate, não um clube de discussão —, mas uma organização, mesmo com 1 milhão de membros, não poderia governar um país tão grande: uma vez tomadas as decisões, elas precisavam ser executadas. Para isso, um regime precisava de um sentimento compartilhado de missão. Davis apontou para a natureza conspirativa do bolchevismo, e Stálin se referiu ao "gabinete na sombra" da política britânica, e afirmou que o Politbiuró era eleito novamente a cada ano.[77] Quando Davis tocou nos

609

camponeses, Stálin disse: "Você não pode fazer nada somente com propaganda. Esperamos atrair os camponeses porque criamos as condições materiais para levar os camponeses para o lado bolchevique". Os camponeses precisavam de bens de consumo a preços acessíveis, de crédito, de ajuda durante a fome. "Eu não diria que eles estão em êxtase em relação aos bolcheviques. Mas os camponeses são práticos e, comparando com os capitalistas, que não queriam falar com eles e os exploravam, e os comunistas, que falam com eles, os persuadem e não os roubam, eles chegam à conclusão de que é melhor conosco. Eles não nos tomam como o ideal, mas nos consideram melhores do que os outros."[78]

Enquanto tentava tenazmente suavizar a imagem do Estado soviético, o tema principal de Stálin era o quebra-cabeça de obter reconhecimento diplomático, comércio e investimento americano para o avanço da economia soviética. Ele queixou-se de que não estava claro o que mais poderia fazer de concreto; a URSS fizera abundantes pronunciamentos públicos de seu desejo de manter relações normais. Davis indicou que, para o reconhecimento do Estado, Stálin deveria considerar o reconhecimento da dívida tsarista e do governo de Kerenski, compensar a maioria dos americanos que sofreram confiscos e abster-se de utilizar representantes soviéticos no exterior em trabalhos de propaganda. Stálin retrucou que qualquer agitação contra os Estados Unidos decorria do fato de não reconhecerem o Estado soviético, ao contrário de outras potências. No lado comercial, ele apontou para os lucros obtidos por Averell Harriman nas minas de ouro de Lena, graças aos baixos salários soviéticos em termos internacionais. Davis perguntou se os soviéticos cumpriam seus acordos. "Em relação aos bolcheviques, propagam-se diversos mitos, de que eles não comem, não bebem, de que não são gente, não têm família e não fazem nada senão lutar uns com os outros e depor uns aos outros (e depois se descobre que todos ainda estão lá), que dia e noite eles enviam diretivas para o mundo inteiro", respondeu Stálin. "Aqui, isso só provoca riso." Ele não aceitava que o governo dos Estados Unidos se recusasse a negociar com o comunismo por razões morais; afinal, desde quando os imperialistas têm moral? "A Alemanha está abaixo dos Estados Unidos em nível técnico, cultura, mas a Alemanha faz mais arrendamentos [concessões], conhece melhor o mercado, se envolve mais. [...] Por quê?", perguntou Stálin. "A Alemanha nos concede crédito." Stálin desejava o mesmo dos Estados Unidos. "Tendo em vista a capacidade técnica americana e seu abundante capital excedente, nenhum país do mundo está mais bem equipado para ajudar a Rússia. [...] A tecnologia insuperável da América e as necessidades e a enorme população da Rússia renderiam grandes lucros para os americanos, se eles cooperassem."

O que Stálin via nos Estados Unidos não é difícil de entender: em breve, o país seria responsável por um terço da produção mundial. Considere-se o Modelo T de Henry Ford, cuja oferta não conseguia acompanhar o ritmo da demanda. Quando abriu uma nova fábrica em Highland Park, Ford aproveitou transportadores mecanizados para fazer a estrutura dos automóveis percorrer uma linha, ao longo da qual cada trabalhador tinha uma tarefa de montagem simplificada, repetitiva, para executar em um sistema conhecido como produção em massa. Isso implicava a padronização dos elementos centrais dos produtos e a reorganização do fluxo entre oficinas, e possibilitava a substituição do trabalho manual por máquinas. Na fábrica da Ford de River Rouge, perto de Detroit, saía um carro pronto da linha de montagem a cada dez segundos, e os efeitos eram sentidos em toda a economia e em milhares de comunidades. River Rouge sozinha empregava 68 mil operários, tornando-se a maior fábrica do mundo, mas, mais do que isso, seus carros precisavam de milhões de toneladas de ligas de aço, bem como grandes quantidades de vidro, borracha, tecidos e petróleo. Os carros também precisavam de estradas e postos de serviço. Ao todo, cerca de 4 milhões de empregos estavam ligados direta ou indiretamente ao automóvel, numa força de trabalho de 45 milhões de trabalhadores. A produção e a organização empresarial americanas embasbacaram o mundo.[79] Mas isso era apenas a metade da história. Já em 1925, em todo o país, um em cada seis americanos tinha um carro e, em Los Angeles, um em cada dois, consequência do fato de que a padronização permitiu uma queda no preço do Modelo T, de 850 para 290 dólares. Ford havia expandido ainda mais o mercado para seus carros ao pagar aos seus operários cinco dólares por dia, aproximadamente o dobro do salário médio fabril do país. "A condição necessária, precedente da produção em massa", Ford escreveu, "é uma capacidade, latente ou desenvolvida, de *consumo de massa*, a capacidade de absorver uma grande produção. Os dois caminham juntos, e, neste último, podem-se rastrear as razões para o primeiro."[80] Na década de 1920, a renda média das famílias nos Estados Unidos aumentou em 25%. Em meados da década, 11 milhões de famílias possuíam casa própria. Stálin compreendia pouco do poder transcendente dessa república do *consumidor*. E os benefícios para a URSS da modernidade industrial americana permaneciam impalpáveis.

O COVEIRO DA REVOLUÇÃO

Naquele agosto de 1926, com Stálin em Moscou, gente de todas as esferas que se possam imaginar fez fila na Praça Velha: chefes locais do partido, membros da Comissão Central de Controle, o presidente da cooperativa central de consumo, funcionários dos comissariados do Trabalho e do Comércio, o enviado soviético à Pérsia, um editor de *Bolchevique*, o presidente interino da Juventude Comunista Internacional, o vice-comissário da Guerra e até Filipp Ksenofóntov, o autor original dos "Fundamentos do leninismo" de Stálin.[81] E assim a coisa continuou, até que no final de agosto Stálin voltou para sua amada Sotchi, de onde retornaria no final de setembro. Lá, manifestou consternação a respeito dos atrasos no recebimento de reportagens de jornais da Grã-Bretanha sobre a greve dos mineiros. Em Moscou, uma delegação britânica estava prestes a chegar e, em 27 de agosto, ele mandou um telegrama ordenando que enviassem aos mineiros britânicos em greve uma quantia substancial, da ordem de 3 milhões de rublos.[82] Em 5 de setembro, Mólotov o informou de que a URSS havia despachado 3 milhões de rublos, retirados dos salários dos trabalhadores soviéticos dos trustes estatais, um pretenso ato de solidariedade que alimentou os protestos anticomunistas na Grã-Bretanha.[83] Mas Stálin não seria intimidado pelo capital financeiro.

Nesse momento, Trótski pôs no papel algumas reflexões. Ele escreveu que "o slogan da unidade do partido, nas mãos da facção dominante, torna-se cada vez mais um instrumento de terror ideológico", suprimindo as críticas internas. Mais do que isso, detectou uma estratégia explícita de "destruição completa daquele núcleo que até recentemente era conhecido como a velha guarda leninista, e sua substituição pela liderança de um único homem, Stálin, baseada num grupo de camaradas que sempre concordam com ele". Trótski previu que "o mando de um único homem no partido, que Stálin e seu grupo mais estrito chamam de 'unidade do partido', exige não somente a destruição e a extirpação da oposição unida atual, mas a remoção gradual da liderança dos representantes mais autênticos e influentes da atual facção dominante. Está absolutamente claro que Tomski, Ríkov, Bukhárin, pelo passado, pela autoridade, e assim por diante, não podem e não são capazes de desempenhar o papel, sob Stálin, interpretado por Uglánov, Kaganóvitch, Petróvski e outros". Trótski previa uma fase vindoura em que Kaganóvitch e o resto iriam perseguir Ríkov, Bukhárin e Tomski. Previu ainda que "elementos oportunistas do partido abririam fogo contra Stálin, por estar infectado demais por preconceitos 'de esquerda' e impedir a ascensão mais rápida e mais aberta deles".[84] É notável que Trótski tenha sido quase o único capaz de discernir a direção da dinâmica política, mas mais notável ainda é o fato de não ter conseguido compreender Stálin como a força motriz autônoma de uma ditadura pessoal ao considerá-lo um mero instrumento para as forças sociais maiores de um crescimento do poder burocrático.

Trótski, Zinóviev e Kámenev haviam tardiamente formado o que chamaram de oposição unida e, no início de outubro de 1926, reuniram-se mais uma vez no apartamento de Kámenev, no Kremlin, para discutir a estratégia, agora com Zinóviev já expulso do Politbiuró. Trótski continuava a questionar Zinóviev sobre seus ataques violentos anteriores ao "trotskismo", que haviam gerado animosidade duradoura.[85] Mas o trio, olhando para a correlação de forças, decidira oferecer a Stálin uma trégua, prometendo desistir da atividade de oposição.[86] Ele ditou os termos: eles declarariam que todas as decisões do Comitê Central deviam ser obedecidas, repudiariam publicamente toda a atividade divisionista e desautorizariam seus adeptos entre os comunistas estrangeiros (Ruth Fischer, Arkadi Maslow, Boris Souvarine). O *Pravda* publicou essa declaração conjunta, assinada também por Sokólnikov e Piatakov, em 17 de outubro.[87] No dia seguinte, porém, coincidiu de Max Eastman publicar o texto inteiro do Testamento de Lênin no *New York Times*, uma notícia bombástica que, com exceção da URSS, foi reproduzida em jornais de todo o mundo.[88] Em 19 de outubro, Stálin renunciou mais uma vez, dessa vez por escrito. "Um ano e meio de trabalho conjunto no Politbiuró com os camaradas Zinóviev e Kámenev após a saída e, depois, a morte de Lênin deixou absolutamente claro para mim a impossibilidade de trabalho político conjunto honesto e sincero com esses camaradas nos limites de um colegiado estreito", escreveu numa nota para a próxima plenária do Comitê Central. "Em vista disso, peço-lhes que considerem que deixei o Politbiuró." E acrescentou que, uma vez que alguém que não fosse membro do Politbiuró não poderia dirigir a secretaria e o Orgbiuró, deveriam considerá-lo como tendo deixado esses cargos também. Pedia férias de dois meses e, depois disso, queria uma designação para a desolada Turukhansk, na Sibéria, onde estivera preso no exílio pré-revolucionário, ou para a remota Iacútia, ou talvez no exterior.[89]

Stálin deu uma boa impressão de sentir pena de si mesmo. Do seu ponto de vista, a publicação do Testamento no *New York Times* reforçou sua visão preconceituosa dos oposicionistas como inimigos traiçoeiros. Naturalmente, nem sua maioria no Politbiuró — inclusive aqueles que Trótski previra que em breve seriam eclipsados — nem sua maioria no Comitê Central aceitaram seu pedido por escrito de demissão. Ao contrário, em 22 de outubro o *Pravda* publicou "teses" de Stálin denunciando a oposição, bem a tempo para a XV Conferência do Partido.[90] No dia seguinte, ele fez com que a plenária conjunta do Comitê Central e da Comissão Central de Controle, reunida para finalizar a pauta da conferência, inserisse um "informe especial" sobre a oposição que ele mesmo apresentaria: a trégua, com menos de uma semana de vida, estava morta.[91]

A XV Conferência do Partido foi aberta no dia 26 de outubro (e durou até 3 de novembro) e teve a participação de 194 delegados votantes, além de 640 sem direito a voto, um público considerável. Foi então que Trótski, tardiamente, denunciou o "Socialismo em um único país" de Stálin como uma "traição" da revolução mundial e uma garantia da restauração do capitalismo na Rússia.[92] Zinóviev também se manifestou ruidosamente sobre esse tema: "A teoria da vitória final em um único país está errada. Chegaremos à vitória final porque a revolução em outros países é inevitável".[93] (Obviamente, Stálin havia dito que a vitória *final* era impossível em um único país.) Krúpskaia ficou em silêncio, num abandono evidente da causa da oposição. Em 1º de novembro, Stálin apresentou o informe em que narrava toda a história da oposição de seu ponto de vista e ridicularizava a suposta musicalidade dos textos de Trótski. "Leninismo como uma 'sensação muscular em trabalho físico'", citou Stálin, com sarcasmo.

613

"Novo, original, profundo, não? Vocês entenderam alguma coisa? (Risos.) Tudo é muito bonito, musical e, se quiserem, até grandioso. Só está faltando uma pequena coisa: o toque simples e humano do leninismo."[94]

Trótski levantou-se, virou-se para o georgiano, apontou-lhe o dedo e exclamou: "O primeiro-secretário apresenta sua candidatura ao cargo de coveiro da revolução!". Stálin ficou vermelho de raiva e saiu da sala, batendo a porta. A sessão acabou em tumulto.

No apartamento de Trótski no Edifício da Cavalaria, seus partidários, que chegaram antes dele, manifestaram apreensão com sua explosão. Piatakov: "Por quê, ó por que Liev Davidóvitch disse aquilo? Stálin nunca vai perdoá-lo!"[95] Trótski provocara grande irritação em Stálin, mas, se teve alguma satisfação com isso, foi de curta duração; no dia seguinte, quando se reiniciaram os trabalhos da conferência, Stálin tinha nas mãos os votos para expulsar Trótski do Politbiuró. Kámenev deixou de ser membro candidato do Politbiuró e Stálin pôs a demissão de Zinóviev da chefia do Comintern na pauta da reunião seguinte do executivo desse organismo. Zinóviev e Kámenev culparam Trótski por ter provocado a ira de Stálin. Todos eles tentaram se defender contra as calúnias do ditador, mas foram implacavelmente interrompidos. Iúri Lárin apontou para o que chamou de "um dos episódios mais dramáticos da nossa revolução, [...] a revolução está deixando para trás alguns de seus líderes".[96] O discurso de Bukhárin foi especialmente cruel, até mesmo por seus padrões, citando sarcasticamente a expressão de Trótski "coveiro da Revolução" para virar a mesa.[97] Stálin ficou tão encantado com os comentários frívolos de Bukhárin que aparteou: "Muito bom, Bukhárin. Muito bom, muito bom. Ele não discute com eles, ele retalha!".[98]

Ah, a doce satisfação de recriminações violentas. Stálin teve a palavra final da conferência, em 3 de novembro, e ridicularizou longamente Zinóviev, Kámenev e Trótski, provocando gargalhadas.[99] Enquanto isso, uma nova lei eleitoral de novembro de 1926 privava ainda mais os cúlaques e comerciantes privados do direito de voto, numa forte inclinação contra a NPE, e vários oradores na conferência do partido alertaram para uma guerra no horizonte.

ANALISANDO A SITUAÇÃO ESTRATÉGICA

Nada garantia a segurança soviética, e, não obstante a retórica belicosa e as ações muitas vezes agressivas do regime, o país se sentia vulnerável. As teorias soviéticas por trás de um casus belli provável variavam, desde a recusa de Moscou a pagar os empréstimos da era tsarista ou fornecer matéria-prima suficiente a um ardente desejo ocidental de continuar a dissolução da Rússia, separando a Ucrânia, o Cáucaso e a

Ásia Central. Uma vez que um bloqueio de fornecimento poderia sufocar a União Soviética, circulavam rumores de que os imperialistas nem precisariam lançar um ataque, mas apenas chantagear o regime para fazer concessões.[100] Porém, uma guerra de verdade não podia ser excluída e a OGPU informou que ela poderia assumir a forma de uma agressão por uma aliança polaco-romena, provocada a atacar e apoiada por Grã-Bretanha e França, o que provavelmente atrairia também Letônia, Lituânia, Estônia e Finlândia — todos os países "limítrofes".[101] Tchitchérin advertiu repetidamente os Estados bálticos de que a disposição de servirem de peões das potências ocidentais em uma coalizão antissoviética resultaria um dia em perda da independência. E fez uma advertência semelhante à Polônia.[102] A OGPU também estava convencida de que potências estrangeiras hostis planejavam mobilizar elementos descontentes dentro do território soviético — afinal, a Entente havia usado esse expediente antes (os brancos durante a guerra civil russa).

Não era nenhum segredo que, mesmo sem estímulo britânico, a ditadura de Varsóvia cobiçava as partes da Ucrânia e da Bielorrússia que ainda não controlava.[103] Stálin lia relatórios e mais relatórios secretos sobre a infiltração polonesa da Ucrânia soviética e da Bielorrússia soviética e sobre os preparativos de operações de sabotagem em território soviético. Ele instituíra uma muito divulgada região nacional polonesa dentro da Bielorrússia para neutralizar os sentimentos antissoviéticos entre os poloneses residentes na União Soviética, mas não havia certeza de que isso fosse ajudar em alguma coisa.[104] Para testar Piłsudski, em agosto de 1926, os soviéticos retomaram as negociações iniciadas no início do ano de um pacto de não agressão, mas as conversações não deram em nada. Para manter o equilíbrio, a Polônia havia planejado acordos paralelos com Moscou e Berlim, mas nem sequer iniciou conversações com a Alemanha. Corriam rumores de uma invasão polonesa da Lituânia, onde um governo de esquerda havia esvaziado as prisões de presos políticos, entre eles, comunistas, e, em 28 de setembro de 1926, assinado um tratado de não agressão com a União Soviética, reforçando os clamores de "bolchevismo". Não importava que houvesse sido o governo anterior da Lituânia, democrata-cristão direitista, a iniciar as negociações com Moscou. O pacto soviético-lituano tinha um lado antipolonês.[105] No flanco oriental da URSS, a inteligência militar soviética continuava a alertar sobre a probabilidade de uma nova intervenção militar japonesa. O Japão havia deixado sua ocupação militar do território soviético da época da guerra civil mais tarde do que qualquer das outras potências intervencionistas. Havia anexado a Coreia e considerava que a Manchúria e até mesmo a Mongólia (um satélite soviético) estavam em sua esfera de influência. Em agosto de 1926, Tóquio recusou a oferta soviética de um pacto de neutralidade. O chefe da OGPU siberiana, Henriks Štubis (nascido em 1894), um letão que usava o nome Leonid Zakóvski, informou Mężyński de que "círculos de guardas brancos russos na China estavam significativamente animados", o que, para ele, não significava dinamismo dos emigrantes, mas planos do Japão para uma agressão ao norte. Zakóvski recomendava preparar unidades de guerra de guerrilha no lado soviético da fronteira para combater a ocupação militar japonesa.[106]

A Grã-Bretanha, no entanto, era a maior preocupação, como sempre. O adido militar britânico estava oferecendo banquetes em sua embaixada de Moscou para altas patentes do Exército Vermelho, como a OGPU relatou a Stálin, usando a hospitalidade para tirar proveito da "nossa falação, soltar as línguas [...] nossos camaradas costumam ficar bêbados nesses banquetes". Oficiais soviéticos embriagados falavam de missões secretas realizadas na China, o que incitava os já ultradesconfiados britânicos como a proverbial bandeira vermelha diante de um touro.[107] Em Londres, o Comitê Interdepartamental sobre a Agitação no Oriente catalogou intrigas bolcheviques na Turquia, Afeganistão, China, Pérsia e na joia da coroa, a Índia.[108] Em 3 de dezembro de 1926, o jornal britânico *Manchester Guardian*, fazendo uso de informações vazadas, denunciou a cooperação militar germano-soviética clandestina, que violava o Tratado de Versalhes. Dois dias depois, o jornal social-democrata alemão republicou a reportagem.[109] Seguiu-se um alvoroço no Reichstag, onde os sociais-democratas denunciaram as atividades ilegais do Exército alemão. Aconteceu de Tchitchérin estar em Berlim, em licença médica, e ele e o embaixador Krestínski apelaram ao chanceler alemão Wilhelm Marx, em 6 de dezembro, para suavizar as coisas. O *Pravda* admitiu tardiamente o escândalo em 16 de dezembro, pondo a culpa do vazamento nos "lacaios social-democratas alemães da Entente". O jornal soviético confirmou que os alemães, com base em concessões (arrendamentos), haviam ajudado a construir instalações no território soviético para a produção de aviões, gás venenoso e munições, mas reafirmou o direito soviético à defesa.[110] Internamente, a Grã-Bretanha contemplou cortar relações diplomáticas, ao que o Foreign Office se opôs, no momento, por razões pragmáticas: essa medida não seria suficiente para alterar o comportamento soviético e incentivaria aqueles em Berlim que queriam uma "orientação para o leste". Contudo, as relações britânico-soviéticas estavam no fio da navalha. "Os soviéticos, para todos os efeitos e propósitos — com exceção do conflito armado direto —, estão em guerra com o Império britânico", escreveu um funcionário da chancelaria britânica em 10 de dezembro de 1926. "Seja pela interferência nas greves em nosso país ou por fomentar as forças antibritânicas na China, a verdade é que, por suas ações em todo o mundo, de Riga a Java, o poder soviético tem como principal objetivo a destruição do poder britânico."[111]

Uma semana depois, os militares da Lituânia derrubaram o governo democraticamente eleito — uma coalizão de esquerda de sociais-democratas, membros da União Popular Camponesa e pequenos partidos de minorias étnicas de alemães, poloneses e judeus. Os golpistas instalaram uma ditadura de direita sob o comando de Antanas Smetona, cuja União Nacional Lituana tinha 2 mil filiados em todo o país e uma representação parlamentar de três assentos. Os democratas-cristãos, que nas eleições que levaram a coalizão de esquerda ao poder haviam deixado de obter maioria pela primeira vez, apoiaram o golpe. Declarou-se lei marcial e centenas de lituanos comunistas foram presos. A inimizade lituano-polonesa tinha agora que competir com a solidariedade anticomunista.

Quando resumiu a posição internacional da URSS no final de 1926, o chefe da inteligência militar soviética, Jan Berzin, reconheceu um aumento das tensões, mas considerou "improvável" uma ação militar antissoviética em 1927.[112] Mas, além de cultivar relações de amizade com Turquia, Pérsia e China, suas recomendações foram quase totalmente reativas: dificultar o acordo germano-polonês a respeito de Danzig e a Alta Silésia, subverter uma aliança entre a Polônia e os países do Báltico, impedir que a Alemanha se passasse para o Ocidente, agravar as tensões entre Grã-Bretanha-França e Alemanha e até mesmo Grã-Bretanha e França, bem como entre os Estados Unidos e o Japão.[113] O clichê comunista sobre a "fragilidade" da estabilização capitalista e sobre o movimento revolucionário crescente na Europa e no mundo colonial defrontava-se com a dura realidade. Os gastos militares soviéticos no ano fiscal de 1926-7 atingiram somente 41% do nível de 1913.[114] O Exército Vermelho não tinha tanques, exceto os de fabricação ocidental que haviam capturado dos brancos durante a guerra civil.[115] Os soldados do Exército Vermelho usavam bicicletas nos desfiles na Praça Vermelha e durante os exercícios de guerra. Um terço dos recrutas não tinha sequer uniforme.[116] Tampouco o país tinha em 1926 um plano de guerra que abrangesse as várias contingências, de acordo com Vorochílov.[117] Em 26 de dezembro desse ano, o vice-comissário da Defesa Mikhail Tukhatchévski, como parte do trabalho de produzir um plano de guerra, ressaltou que, em caso de hostilidades, "nossos miseráveis recursos para a mobilização mal durariam até a primeira etapa do combate". Ele estava disputando a nomeação para chefe do setor de defesa da comissão de planejamento estatal e era dado a dramatizações. Porém, estava correto. "Nossa situação só se deterioraria, particularmente no caso de um bloqueio", continuou ele. "Nem o Exército Vermelho nem o país estão prontos para a guerra."[118]

De repente, Stálin renunciou de novo. Em 27 de dezembro, escreveu a Ríkov: "Peço-lhe para me liberar do cargo de secretário-geral do Comitê Central. Afirmo que não posso mais trabalhar neste cargo, que não estou em condições de trabalhar por mais tempo neste cargo".[119] Não sabemos o que o levou exatamente a esse último ataque de autocomiseração. Apenas quatro dias antes, ele escrevera a Mólotov, que estava de férias no sul: "Você não precisa se apressar a voltar — pode permanecer facilmente mais uma semana (ou até mais). [...] As coisas estão indo muito bem para nós aqui".[120]

Os humores de Stálin estavam se tornando quase tão difíceis de analisar quanto as intenções dos inimigos externos da União Soviética.

ESTADO DE SÍTIO

A grande estratégia soviética, na ausência de uma verdadeira força militar ou de uma única aliança, equivalia à espera de um quase milagre (uma guerra intracapitalista). Com a situação externa aparentemente piorando, Vorochílov, no início de janeiro de 1927, declarou em uma conferência partidária da província de Moscou, em discurso reproduzido no *Pravda*: "Não devemos esquecer que estamos à beira de uma guerra, e que esta guerra estará longe de ser divertida".[121] Ríkov e Bukhárin fizeram discursos semelhantes nessa época, anunciando que a guerra poderia acontecer dentro de dias, ou na primavera, ou no outono.[122] Esses alarmes não se originaram de informações específicas dos órgãos de inteligência, mas de ansiedades que se aprofundavam, combinadas com uma tendência para agrupar eventos díspares e atribuir causas conspiratórias a eles.[123] "Torna-se mais claro a cada dia", observou um diplomata britânico em Moscou no início de 1927, "que o pânico que agora existe, que é audível em todos os pronunciamentos de homens públicos e legível em cada manchete da imprensa, não é 'falsificado', [...] mas representa de fato os sentimentos e as emoções do Partido Comunista e do governo soviético."[124]

Nem tudo o que se falava na União Soviética estava relacionado com o cerco capitalista. De meados de janeiro de 1927 a fins de março, Serguei Prokófiev voltou do exílio em Paris para uma turnê desgastante por Moscou, Leningrado e a sua Ucrânia natal (Khárkov, Kiev, Odessa). Ele partira em 1918, casara-se com uma cantora espanhola e ganhara aclamação internacional, embora nunca tenha deslumbrado a Europa como Stravínski (o qual achava que Prokófiev era o maior compositor da Rússia, depois dele mesmo). De volta à terra natal — havia mantido o passaporte —, ele ouviu Dmítri Chostakóvitch, então com vinte anos, tocar sua Primeira Sonata para Piano numa noite de jovens compositores. A cena musical na URSS estava animada e intensa, e a ópera de Prokófiev *O amor das três laranjas* emocionou as plateias soviéticas. Ao mesmo tempo, seu telefone foi grampeado, ele não conseguiu obter a libertação de um primo preso (seu companheiro de infância) e ficou desgastado com ensaios, apresentações, admiradores, empresários e vigaristas ("Se é assim que as coisas são", disse a um tintureiro, "talvez você possa me dizer por que Moscou inteira não está passando calças para ganhar a vida?"). O cenógrafo Isaak Rabinóvitch disse a Prokófiev que "Moscou parece absolutamente uma vergonha", e, tendo em vista quanto tempo uma reconstrução completa levaria, divulgou um plano pessoal de pintar "uma rua totalmente em azul, outra que cruza, em duas cores". A caminho da Polônia, até mesmo o funcionário da alfândega soviética reconheceu Prokófiev e perguntou: "O que há no baú, laranjas?".[125]

Stálin não recebeu Prokófiev. Na verdade, não há músicos, atores, diretores, dançarinos, escritores ou pintores no livro de registro de seu gabinete de 1927. Ele certamente tinha um forte interesse pelas artes, especialmente por música, mas só mais tarde adquiriria autoridade para convocar artistas à vontade. Por enquanto, visitava-os quando assistia a suas apresentações. Adorava teatro, onde havia uma espantosa sequência de peças: *A floresta* e *O mandato*, de Aleksandr Ostróvski e Nikolai Erdan respectivamente, que Vsévolod Meyerhold produziu; e *Dias dos turbins*, de Mikhail Bulgákov, o dramaturgo preferido de Stálin. Ele também ia ocasionalmente ao famoso cinema no teto do pavilhão da Casa Nirnzee, então o edifício mais alto de Moscou, localizado na travessa Bolchói Gnezdnikov, 10, subindo a rua Tverskáia para quem ia do Kremlin.[126] (Também eram vistos lá Bulgákov e outros luminares do *beau monde* de Moscou.) Durante a turnê de Prokófiev, Stálin encontrou tempo para atender Konstantin Guerulaitis-Stepuro, um conhecido dos tempos de exílio em Turukhansk que não era filiado ao partido, mas foi ao gabinete da Praça Velha em horário de expediente para tratar de um "assunto pessoal". Ele estava desempregado, uma trajetória de vida que contrastava violentamente com a ascensão de Stálin dos mesmos pântanos congelados da Sibéria.[127]

Mas as atividades de lazer eram um luxo. Stálin sabia que a Grã-Bretanha estava incentivando a Alemanha a assumir o controle sobre Danzig e o Corredor Polonês, compensando a Polônia com parte da Lituânia (ou mesmo toda ela).[128] A Alemanha era a sua grande frustração. O comando militar alemão, no mesmo dia em que o *Manchester Guardian* denunciou a cooperação clandestina germano-soviética, deu a aprovação final para a assinatura de um acordo em Moscou cujo propósito era abrir uma escola de blindados conjunta e secreta em Kazan. Para Moscou, no entanto, isso estava muito abaixo das esperanças. Unszlicht, numa visão pessimista, delineou para Stálin todas as dimensões da cooperação — a escola de aviação (Lipetsk), a Tomko, nome em código da instalação de testes de guerra química (Samara), as metralhadoras Dreise, as armas químicas da empresa Bersol, a concessão de aviões Junkers (Fili) e a escola de blindados (Kazan) —, mas concluiu que "nossas tentativas de atrair investimentos alemães para nossa indústria militar por intermédio da RWM fracassaram". Unszlicht recomendava "continuar o nosso trabalho conjunto nas escolas de blindados e de aviação e em testes de guerra química".[129] Outros membros do establishment soviético defendiam os intercâmbios. "Todos os camaradas, sem exceção, que vieram aqui para participar de manobras ou para frequentar as academias acharam muito útil a exibição das inovações tecnológicas do Exército alemão", Krestínski, de Berlim, argumentou com Litvínov, em 18 de janeiro de 1927. "O que estamos oferecendo aos alemães não nos custa nada, porque eles pagam por tudo, e não há nenhum problema em encontrar nas profundezas da URSS locais secretos para suas escolas e outros estabelecimentos militares menores."[130] O objetivo de reforçar a base material do Exército Vermelho, no entanto, não era alcançado.[131]

Nesse meio-tempo, a contraespionagem soviética interceptou um documento japonês intitulado "Medidas estratégicas gerais contra a Rússia", que foi traduzido para o russo em 7 de fevereiro. Ele propunha aguçar "a luta racial, ideológica e de classe na União Soviética e, em especial, as tensões internas no Partido Comunista", e unificar todas as nações asiáticas em território soviético contra a Rússia europeia. Como alvos, enumerava os soldados não russos do Exército, com os quais poderiam obter informações secretas sobre os planos e as operações militares soviéticos no Extremo Oriente. O documento também sugeria incitar os Estados nas fronteiras ocidental e meridional da União Soviética a se antecipar à capacidade dos soviéticos de deslocar tropas para o leste e sabotar os transportes e a infraestrutura da URSS, além das ligações telegráficas e telefônicas.[132]

Stálin estava no limite. Maksim Litvínov havia feito comentários em uma reunião do colegiado do Comissariado das Relações Exteriores em meados de janeiro de 1927 que criticavam acerbamente a postura internacional soviética, e um informante escreveu a Stálin contando isso em detalhes. Ele dizia que Litvínov argumentara que "a política inglesa para conosco é hostil porque nós mesmos temos uma política hostil em relação a eles", e que "a Inglaterra é uma grande potência e na sua política externa desempenhamos um papel relativamente insignificante". A maior heresia de Litvínov, conforme esse relato secreto, consistia em afirmar que "os nossos interesses na Europa não estão em conflito com os interesses ingleses e é um grande erro ver a 'mão da Inglaterra' em todos os lugares". O exemplo que dava: o golpe de Piłsudski na Polônia. Isso contradizia a cosmovisão inteira de Stálin. Até mesmo na Ásia, observava o informante, Litvínov considerava os interesses bilaterais britânicos-soviéticos compatíveis e rejeitava a política soviética para a Grã-Bretanha como ruído autodestrutivo; para ele a inteligência militar soviética e os relatórios de inteligência estrangeiros que via continham até 99% de desinformação ou fantasias dos agentes soviéticos. "O camarada Litvínov insiste em enfatizar que estava dando sua opinião pessoal, que está em contradição com a nossa política oficial", observou o informante, acrescentando que o vice-comissário das Relações Exteriores ainda alertou que a URSS estava tropeçando em direção a guerra.[133] Na plenária do Comitê Central de 12 de fevereiro de 1927, Vorochílov fez uma apresentação sobre a preparação militar soviética; o Politbiuró criticou seu rascunho de teses: "disse muito pouco sobre a adaptação de toda a indústria e da economia em geral às necessidades da guerra".[134] Litvínov fez uma avaliação da situação internacional. Stálin, que evidentemente já sabia o que Litvínov vinha dizendo, rabiscou um bilhete para Mólotov durante a plenária sobre a conveniência de fazer uma declaração corretiva. Mólotov respondeu que algum comentário irônico poderia caber, mas aconselhou a apenas deixar passar a matéria. Ríkov escreveu que "Stálin deveria fazer, possivelmente, uma declaração cautelosa".

Litvínov, no entanto, insistiu em sua posição e enviou, em 15 de fevereiro de 1927, uma carta a Stálin, com cópias para todos os membros do Politbiuró, na qual o vice--comissário das Relações Exteriores afirmava corajosamente que o colegiado do seu comissariado concordava com sua análise "em pelo menos 95%, talvez 100%, inclusive Tchitchérin". Litvínov admitia que não havia ameaça de guerra no Oriente, apenas uma certa vulnerabilidade da retaguarda oriental soviética em caso de guerra no Ocidente, e que a ameaça ocidental emanava de Piłsudski, da Romênia, aliada da Polônia, e de todos os estados limítrofes, exceto a Lituânia (inimiga da Polônia). Enfatizava que a Polônia era um ator independente, não um joguete nas mãos do Ocidente, mas admitia que ela poderia tentar tirar vantagem das hostilidades soviético-ocidentais. Portanto, a política externa soviética deveria se esforçar não somente para evitar uma aliança polaco-báltica, mas também para evitar a criação de condições gerais para a guerra, como um conflito anglo-soviético artificial, que também sairia caro para a URSS. Além disso, uma vez que a França tinha grande influência sobre a Polônia, Litvínov instava a redobrar esforços para conseguir um acordo com Paris mediante concessões na questão das repudiadas dívidas da Rússia imperial. Em páginas adicionais que não fazem parte da carta original (pelo menos como montada no arquivo), Litvínov fazia outros comentários sobre a Alemanha, destacando a probabilidade e as consequências adversas do afastamento dos alemães de seus flertes convenientes com a URSS para se aproximarem do Ocidente. Ele fez cópias de sua carta para alguns, mas não todos os membros do colegiado de Relações Exteriores (Boris Stomoniákov, Teodor Rotstein, Rakóvski, Krestínski). "Exorto o Politbiuró a discutir o acima relatado e apontar para o Comissariado das Relações Exteriores quais são as conclusões que estão incorretas", concluía Litvínov impudentemente, como se ele próprio tivesse acabado de conduzir uma revisão completa da política externa.

Enfurecido, Stálin elaborou um memorando de várias páginas para o Politbiuró, datado de 19 de fevereiro e finalizado quatro dias depois, escrito inteiramente com lápis vermelho. Começava por salientar que, ao contrário do Litvínov, ele (Stálin) o havia refutado na plenária, não em seu próprio nome, mas em nome de todo o Politbiuró, e que a afirmação de Litvínov de que a totalidade do colegiado de relações exteriores o apoiava fora contradita pelas observações na plenária de Liev Karakhan (a quem Litvínov não enviara sua carta). Em resumo, Stálin reiterava que o inimigo número um era a "burguesia financeira inglesa e o governo conservador", que "estavam desenvolvendo uma política de cerco da URSS a partir do Oriente (China, Afeganistão,

Pérsia, Turquia) e do Ocidente (os estados limítrofes e assim por diante)". Zombou da afirmação de Litvínov de que "se as relações se deterioram é, sobretudo, culpa da imprensa do nosso partido e de nossos oradores, pois, se não fosse por esses pecados (extremismo da imprensa e dos oradores), teríamos um pacto com a Inglaterra". A Grã--Bretanha trabalhava vigorosamente contra a política revolucionária da URSS na China, que, Stálin insistia, era essencial para a segurança soviética e para a libertação mundial. Ele argumentou ainda que Litvínov não compreendia a política soviética em relação à Alemanha, "enfiando no mesmo saco todos os Estados burgueses, sem diferenciar a Alemanha das outras 'grandes potências'". O próprio Stálin parecia fazer exatamente isso, notando que o Comitê Central tinha ampla clareza de que o desenvolvimento econômico soviético provocaria um conflito inevitável com os Estados capitalistas. "Não podemos ter ilusões sobre a possibilidade de estabelecer relações 'boas' e 'amistosas' com 'todos' os Estados burgueses", escreveu ele. "Em algum momento, surgirá um grave conflito com esses Estados burgueses que são conhecidos por serem os mais hostis em relação a nós, e isso não pode ser evitado, seja por um tom moderado na imprensa ou pela experiência sagaz dos diplomatas." Um Estado socialista, Stálin concluía, "deve conduzir uma política externa socialista", o que significava não ter interesses comuns "com as políticas imperialistas das chamadas grandes potências", somente "explorar as contradições entre os imperialistas".

Sem surpresa, o Politbiuró aprovou, em 24 de fevereiro, a declaração de seu líder sobre as premissas e os objetivos da política externa soviética e resolveu obrigar o Comissariado das Relações Exteriores a seguir as diretrizes do Comitê Central, bem como a desistir de continuar o debate questionando a posição dos britânicos de "principal inimigo". Por coincidência, nesse mesmo dia, o ministro das Relações Exteriores britânico entregou a Moscou uma nota com palavras duras, repleta de trechos de discursos dos líderes soviéticos, exigindo que a URSS cessasse imediatamente a propaganda antibritânica e o apoio militar à revolução no exterior. Comentários similares de "propaganda" sobre a União Soviética poderiam ter sido reunidos a partir dos discursos de figuras políticas britânicas, mas, como advertiu Litvínov, as relações estavam no fio da navalha. Ainda assim, o Comissariado das Relações Exteriores, na sequência do ataque de Stálin, respondeu a Londres com ameaças.[135]

Stálin, aparentemente sem querer, estava levando a URSS para um estado de sítio. Um dia depois da nota britânica, operários de várias fábricas de Leningrado entraram em greve e os descontentes fizeram uma manifestação na ilha de Vassíliev exigindo liberdade de expressão e de imprensa, e eleições livres para os comitês de fábrica e sovietes. Em vez de ver isso como uma expressão das aspirações dos trabalhadores, o regime considerou que os proletários estavam oferecendo-se como cúmplices de uma intervenção estrangeira pela burguesia internacional.[136] Em meio ao turbilhão de conversas derrotistas na sociedade relatado pela OGPU, Stálin resolveu tentar conter os rumores. "A guerra não vai acontecer, nem na primavera nem no outono deste ano", afirmou aos operários das oficinas ferroviárias de Moscou, em palavras publicadas no *Pravda* (3 de março de 1927). "Não haverá guerra este ano porque nossos inimigos não estão prontos para a guerra, porque nossos inimigos temem os resultados da guerra mais do que ninguém, porque os trabalhadores do Ocidente não querem lutar contra a URSS, e lutar sem os trabalhadores é impossível, e, finalmente, porque estamos conduzindo uma política de paz firme e inabalável, e isso dificulta a guerra com o nosso país."[137] Mas os informes que ele estava recebendo continuavam a levantar questões sobre a frente interna soviética. "Em caso de complicações externas, não temos uma retaguarda camponesa segura", um alto funcionário da cooperativa central de consumo escreveu a Stálin e ao Politbiuró naquela primavera. Seu argumento principal era que o nível de exportações de produtos agrícolas e matérias-primas de então — "menos da metade do nível do pré-guerra" — não poderia pagar pela necessária industrialização.[138]

IMPLOSÃO

Lênin ensinara que o capitalismo seria enfraquecido, talvez de forma fatal, se pudesse ser amputado de seus territórios coloniais e semicoloniais, de onde extraía mão de obra barata, matérias-primas e mercados. Ele também considerava os povos coloniais uma "reserva estratégica" para a revolução proletária nos países avançados da Europa.[139] Portanto, a estratégia soviética não se basearia exclusivamente ou mesmo principalmente nos comunistas da Ásia, mas faria amizade com o inimigo da classe, os partidos nacionais burgueses, e impediria que os comunistas estrangeiros formassem sovietes. Quando o comunista indiano refutou Lênin e exigiu a formação de sovietes também no mundo colonial, o líder soviético continuou a insistir que, no conjunto, os trabalhadores em cenários coloniais eram poucos e fracos demais para tomar o poder, mas admitiu que os sovietes seriam apropriados em alguns casos. Assim, tanto a prevenção de sovietes como sua formação eram plenamente leninistas.

O pensamento de Stálin sobre a Ásia desenvolveu-se dentro do molde leninista. Ele acreditava que os partidos comunistas e os operários em cenários coloniais deveriam apoiar a consolidação de Estados "nacionais revolucionário-democráticos" independentes contra as "forças imperialistas", uma luta análoga não à revolução bolchevique, mas aos eventos russos de 1905 e fevereiro de 1917. "Em outubro de 1917, as condições internacionais eram extraordinariamente favoráveis para a Revolução Russa", disse ele aos comunistas indonésios em 1926. "Essas condições não existem agora, pois não há guerra imperialista, não há divisão entre os imperialistas. [...] Portanto, vocês devem começar com reivindicações revolucionário-democráticas."[140] Mas Stálin também advertiu que a aliança proposta com a burguesia no mundo colonial tinha de ser um "bloco revolucionário", uma junção do "Partido Comunista e do partido da burguesia revolucionária". Seu modelo era a China.

Na década de 1920, a China ainda estava despedaçada pelo caos que se seguiu à queda do imperador e à fundação de uma república em 1911. Em Beijing, um quase governo foi reconhecido internacionalmente. Mas tratava-se, na verdade, de um líder local, um dos muitos que detinham poder regional em todo o país. No sul, fora estabelecida uma capital rival em Cantão (Guangzhou) pelos nacionalistas, ou Guomindang, um movimento que buscava atrair as classes mais baixas, mas não com base na classe: o Guomindang era antes um movimento nacionalista guarda-chuva, supraclassista, que tinha um apelo significativo, mas era difuso. Ao mesmo tempo, um grande número de assessores soviéticos ajudava a transformar um conjunto disperso de intelectuais militantes no Partido Comunista chinês, que se conectou a um movimento de trabalhadores urbanos de fábricas de algodão, docas, usinas de energia, ferrovias e linhas de bondes, gráficas e construção de máquinas de precisão que disseminou um vocabulário político e uma visão de mundo baseada na classe ao lado do nacionalismo.[141] Quando os comunistas chineses realizaram o seu congresso de fundação, em julho de 1921, numa escola para meninas na concessão francesa de Shanghai, estavam presentes dois funcionários do Comintern, um enviado especial de um líder comunista chinês que não pôde comparecer e doze delegados, representando 53 membros do partido no total.[142] (Mao Tsé-tung participou como delegado da província de Hunan.) Em julho de 1926, o Partido Comunista chinês havia crescido para talvez 20 mil filiados. Mas havia somente 120 apparatchiks em tempo integral pagos pelo partido, principalmente em Shanghai, Cantão e Hunan.[143] Contudo, um ano depois, o partido já triplicara de tamanho, para quase 60 mil.[144] Mas os assessores soviéticos também ajudaram a transformar as frouxas redes pessoais do Guomindang em um partido militarizado, hierárquico, de estilo leninista. O Guomindang tinha talvez 5 mil membros a mais do que os comunistas, e eram mais bem instruídos: um quinto frequentara a universidade. Mas a filiação a ele não passava muitas vezes de um mero marcador de status: em resposta a um questionário sobre suas atividades relacionadas ao partido, mais de um terço respondeu "nada". Outros 50% afirmaram ter participado de algum trabalho de propaganda. Apenas 6% tinham participado em ações de massa.[145] Os comunistas eram um partido de militantes. Dito isso, nenhum dos dois era um verdadeiro partido de massas: a China tinha quase 500 milhões de habitantes.

A política do Comintern obrigou os comunistas chineses a se tornarem o parceiro minoritário em uma coalizão com o Guomindang, a fim de reforçar o papel deste último como baluarte contra o "imperialismo" (influência britânica). Para isso, além da criação de dois partidos paralelos, rivais mortais em aliança forçada, os assessores soviéticos também montaram um verdadeiro exército disciplinado na China.[146] Os soviéticos não atenderam ao pedido de Sun Yat-sen, o fundador do Guomindang, de enviar tropas do Exército Vermelho para a Manchúria por ser uma medida perigosamente provocadora que talvez causasse "uma intervenção japonesa".[147] Mas os soviéticos forneceram-lhe armas, dinheiro e assessores militares. Enviaram talvez 100 mil dólares por ano ao Partido Comunista chinês, um subsídio substancial, mas mais de 10 milhões de rublos anuais em ajuda militar ao Guomindang.[148] Parte disso foi para a Academia Militar de Whampoa (Huangpu), perto de Cantão, inaugurada em 1925 e comandada pelo protegido de Sun Yat-sen e seu chefe de gabinete, Chiang Kai-shek (nascido em 1887), que fora educado no Japão.[149] Depois que Sun Yat-sen morreu de câncer de fígado, em 12 de março de 1925, aos 58 anos, Chiang ganhou a luta pela sucessão. Um assessor soviético o considerou "vaidoso, reservado e ambicioso", mas mesmo assim o julgou útil, desde que fosse "elogiado de forma delicada" e tratado "na base da igualdade. E nunca mostrando que se quer usurpar nem mesmo uma partícula de seu poder".[150] Na verdade, os assessores soviéticos em campo, ao mesmo tempo que superestimavam o valor de sua expertise e assessoria, tendiam a olhar de cima para os oficiais chineses e, muitas vezes, usurpavam os cargos de chineses nominalmente no comando. Contudo, a Academia Whampoa ajudou a montar o Exército mais forte da China, que Chiang Kai-shek comandava.[151]

Ideologicamente, o leninismo fundia anti-imperialismo com anticapitalismo, mas muitos intelectuais chineses, inclusive aqueles que se tornaram marxistas, concluíram que as depredações que a China sofria nas mãos de potências estrangeiras faziam do anti-imperialismo a tarefa fundamental.[152] Trótski, em uma nota para si mesmo, escreveu que "o principal critério para nós [na China] não é o constante fato da opressão nacional, mas a trajetória cambiante da luta de classes", exatamente o oposto do sentimento na China.[153] Stálin sustentava que a revolução mundial precisava do supostamente "burguês" Guomindang para derrotar os senhores da guerra e seus patrões imperialistas, unindo assim a China, e que os comunistas deveriam entrar em uma aliança com a "burguesia revolucionária", mas se preparar para uma eventual ação independente em algum momento.[154] Para ele, portanto, a aliança dos comunistas chineses com o Guomindang pressupunha traição: deveriam ganhar posições na base do movimento conjunto e depois aplicar alavancagem, como na mecânica, de baixo para cima.[155] Isso permitiria que os comunistas chineses capturassem a "revolução" por dentro. A política soviética chamava a aliança comunista com o Guomindang de bloco interior.

Em comparação com os fracassos na Alemanha, Bulgária e Estônia, a China destacou-se como um brilhante sucesso do Comintern.[156] Sob a superfície, no entanto, os vários assessores do Comintern apoiavam seus próprios protegidos, fragmentando a cena política chinesa e competindo para prejudicar uns aos outros. "Outro dia, no decorrer de uma longa conversa com Stálin, tornou-se evidente que ele acredita que os comunistas se dissolveram no Guomindang, que eles não têm uma organização independente de pé e que o Guomindang os está 'maltratando'", queixou-se Grigóri Zarkhin, conhecido como Voitínski, a Liev Karakhan, o embaixador soviético em Beijing, em 25 de abril de 1925. "O camarada Stálin, ao manifestar seu pesar pela condição dependente dos comunistas, sem dúvida pensava que essa situação era historicamente inevitável no momento atual. Ele ficou muito surpreso quando explicamos que os comunistas têm a sua própria organização, mais coesa do que o Guomindang, que eles têm o direito de crítica dentro do Guomindang, e que o trabalho do próprio Guomindang, em grande medida, está sendo realizado por nossos camaradas." Voitínski atribuiu a visão mal informada de Stálin aos informes de Mikhail Grusenberg, conhecido como Borodin, um judeu bielorrusso educado na Letônia que havia sido diretor de escola em Chicago.[157] Mas Voitínski, que deveria supostamente defender a aliança, propôs a independência dos comunistas. Os acontecimentos também caminhavam nesse sentido.

O maior conflito subjacente talvez fosse a desconfiança de Chiang Kai-shek em relação aos comunistas, ainda que cobiçasse a ajuda militar soviética. Em 1923, Chiang chefiara uma missão a Moscou em nome de Sun. "A julgar pelo que vi, não é possível confiar no Partido Comunista russo", escreveu em uma carta privada. "Do que eles nos contaram na Rússia soviética, podemos acreditar em apenas 30%."[158] Em 20 de março de 1926, ele forçou a prisão de todos os comissários políticos ligados a unidades militares, que eram em sua maioria comunistas, pôs os assessores soviéticos sob prisão domiciliar e desarmou os comitês de greve dos trabalhadores. Chiang queria eliminar os sindicatos e usar expedições punitivas para acabar com a agitação camponesa (e tomar seus estoques de arroz para alimentar o Exército). Fez também com que suas forças de segurança torturassem comunistas chineses para extrair informações sobre complôs. Os comunistas pediram novamente autorização formal de Moscou para se retirar do bloco interior e contra-atacar Chiang, mas Stálin recusou. Em maio de 1926, Chiang fez a Executiva Central do Guomindang expulsar todos os comunistas de altos cargos, embora tenha libertado os assessores soviéticos detidos. Em Moscou, uma comissão do Politbiuró ouviu em 20 de maio um relatório sobre o "golpe" de Chiang Kai-shek.[159] Mas Stálin manteve o bloco interior.[160]

Trótski dera pouca atenção à China.[161] Na verdade, ele presidia uma comissão que propôs antecipar-se a uma temida aliança anglo-japonesa e declarar a "autonomia" da Manchúria, efetivamente subornando o Japão com a oferta de um satélite, da mesma forma que os soviéticos haviam obtido a Mongólia Exterior.[162] Mas Trótski partiu em licença médica para Berlim e publicamente permaneceu em silêncio sobre a China. Zinóviev, porém, fez barulho, o que enfureceu Stálin. Zinóviev tinha sido o principal porta-voz do Comintern a favor da política do bloco interior e havia mesmo chamado o Guomindang de "um partido de camponeses e operários (multiclasse)". Ainda em fevereiro de 1926, ele defendia a aceitação de um pedido do Guomindang para ser admitido no Comintern.[163]

Em julho de 1926, Chiang Kai-shek lançou a Expedição do Norte contra os senhores da guerra para expandir o domínio do Guomindang sobre toda a China, com o apoio no planejamento de Vassíli Bliukher, o principal conselheiro militar soviético ligado ao governo de Guomindang, em Nanjing. Enquanto fazia a ofensiva de unificação, entre julho e dezembro de 1926, o Guomindang dividiu-se: uma facção esquerdista estabeleceu seu próprio exército na cidade central de Wuhan, uma base que incluía uma aglomeração de Hankow e outras cidades, na bacia do Yangtzé, a oeste de Shanghai. Durante a Expedição do Norte, Chiang decidiu avançar para o leste na direção de Shanghai, contra os apelos de Borodin. Quando seu exército estava nos arredores da cidade, os sindicatos influenciados pelos comunistas convocaram uma greve geral e mobilizaram seus piquetes, numa terceira tentativa de tomar Shanghai de seu governante senhor da guerra. No final de março de 1927, 500 mil trabalhadores deixaram a cidade de quase 3 milhões de habitantes. A insurreição de Shanghai estava fora da política do "bloco interior"; alguns líderes chineses locais almejavam formar um soviete.. Mas o Comintern ordenou aos comunistas de Shanghai que largassem as armas e não se opusessem ao exército de Chiang, o qual, em consequência, entrou em Shanghai em 1º de abril sem resistência. "Chiang Kai-shek está se submetendo à disciplina", Stálin disse a cerca de 3 mil funcionários reunidos no Salão das Colunas da Casa dos Sindicatos, em 5 de abril. "Por que dar um golpe de Estado? Por que afastar a direita quando temos a maioria e a direita nos escuta?" Ele reconhecia que "Chiang Kai-shek talvez não tivesse nenhuma simpatia pela revolução", mas acrescentou que o general estava "comandando o exército e não pode fazer diferente contra os imperialistas". A ala direita do Guomindang, ressaltou Stálin, tinha "conexões com os comerciantes ricos e pode levantar dinheiro junto a eles. Assim, eles precisam ser utilizados até o fim, espremidos como um limão, e depois jogados fora".[164]

Porém, havia presságios de desastre por toda parte. Em 6 de abril de 1927, às onze horas da manhã, uma multidão atacou a embaixada soviética em Beijing e a polícia metropolitana, tendo solicitado o consentimento do corpo diplomático estrangeiro mais amplo, entrou no complexo soviético e apreendeu documentos incriminatórios a respeito da subversão apoiada pela União Soviética na China.[165] Enquanto isso, em Shanghai, o chefe dos serviços especiais de Chiang Kai-shek combinava com os principais gângsteres um atentado contra os vermelhos. Em 12 de abril, forças irregulares recrutadas pelas gangues, assim como forças do Guomindang, destruíram a sede dos comunistas chineses. Nos dois dias seguintes, sob chuva torrencial, eles usaram metralhadoras e rifles para massacrar os comunistas e sindicalistas nos principais bairros de Shanghai. Várias centenas de pessoas foram mortas, talvez mais; milhares de rifles foram confiscados dos trabalhadores e comunistas foram caçados em buscas de casa em casa.[166] O Comintern ordenou que os trabalhadores da cidade evitassem conflitos com as forças de Chiang — que os estavam massacrando. A ordem não foi posta em prática, mas sua infâmia não foi esquecida.[167] Os comunistas sobreviventes fugiram para o campo.

Em 13 de abril, uma plenária de três dias do Comitê Central Soviético previamente programada foi aberta em Moscou. A maior parte do debate dizia respeito à economia. Mas um aliado de Zinóviev propôs que fosse acrescentada à pauta uma revisão da política para a China. Stálin o interrompeu várias vezes, mas depois prometeu uma discussão. Zinóviev emboscou então a plenária com mais de cinquenta páginas de "teses" que condenavam os erros de Stálin na China, argumentavam que esse país estava maduro para uma revolução socialista e que o Guomindang de Chiang Kai-shek estava fadado a se tornar uma ditadura antissocialista, como a de Atatürk na Turquia, enquanto os operários e camponeses chineses eram forçados a combater o Guomindang com o equivalente a bambus.[168] Na sessão de 15 de abril, Trótski e Stálin trocaram farpas sobre o ataque de Chiang:

TRÓTSKI: Até agora, essa questão avançou com a sua ajuda.

STÁLIN (interrompendo): Com a sua ajuda!...

TRÓTSKI: Nós não promovemos Chiang, não mandamos para ele nossos retratos autografados.

STÁLIN: Ha, ha, ha.

Com efeito, Chiang Kai-shek era membro honorário do comitê executivo do Comintern, e, poucos dias antes de seu ataque de 12 de abril aos comunistas chineses, a alta cúpula bolchevique recebera retratos autografados dele, distribuídos pelo Comintern (em breve, chegariam cartas solicitando que as fotos fossem devolvidas).[169] A facção de Stálin berrou para interromper a estenografia da plenária, que foi suspensa sem responder às acusações da oposição. Stálin permitiu que as teses de Zinóviev fossem anexadas às minutas da reunião, mas uma circular secreta do departamento de imprensa do Comitê Central advertiu que a plenária havia proibido a discussão aberta dos acontecimentos na China; ao mesmo tempo, apareceram artigos em vários jornais do partido nas províncias tentando refutar os argumentos da oposição sobre a derrota na China.[170]

Nos termos da camisa de força marxista-leninista, Chiang e a burguesia haviam "traído" a revolução chinesa e entregado sua sorte aos senhores feudais e tesoureiros imperialistas. Na verdade, ele não sucumbira ao dinheiro: era simplesmente anticomunista. Chiang não permitiu que Borodin e Bliukher "escapassem" e continuou a buscar as boas graças de Moscou, mesmo depois do massacre. E, verdade seja dita, para Stálin, o forte exército do Guomindang ainda parecia a melhor aposta para a unificação e a estabilidade da China. Chiang continuou sua marcha para o norte, com grande custo, para derrotar os senhores da guerra e expulsar os imperialistas. No Primeiro de Maio de 1927, seu retrato foi carregado pela Praça Vermelha, ao lado dos de Lênin, Stálin e Marx. Mas Stálin foi acusado de ficar ao lado do burguês "reacionário" e trair a revolução chinesa. Trótski, que fizera suas primeiras críticas públicas da política para a China somente em 31 de março de 1927, começou a argumentar, retrospectivamente, que a URSS deveria ter permitido que os comunistas chineses saíssem do bloco interior e formassem sovietes.[171] Mas fora somente durante a Expedição do Norte Nacionalista para vencer os senhores da guerra e unir a China que o Partido Comunista chinês conseguira tardiamente tornar-se uma força política nacional. Contudo, a crítica da oposição, mesmo que tardia e irrealista, destacou a forma como o bloco interior, que pressupunha uma tomada do poder pelos comunistas de dentro, havia, ao contrário, possibilitado uma tomada do poder pelo Guomindang. Graças à União Soviética, o Guomindang tinha um exército e os comunistas chineses, não. Nenhuma célula do Partido Comunista existiu no exército Guomindang até muito tarde, e, mesmo então, elas foram patéticas.[172]

Stálin gabara-se de que uma eventual traição estava embutida no bloco interior, e ele estava certo — mas não foi ele a cometê-la. Chiang Kai-shek tomara a dianteira, e, nesse meio-tempo, Stálin ainda estava totalmente dependente dele como instrumento contra a influência ("imperialismo") britânica na China.

A política externa soviética parecia estar num beco sem saída de sua própria autoria. Tchitchérin, em longa licença médica na Riviera Francesa e na Alemanha, em busca de tratamento para suas doenças, nem todas psicossomáticas (diabetes, polineurite), escreveu a Stálin e Ríkov que as diatribes idiotas de Bukhárin contra os alemães na imprensa soviética haviam causado tanto dano que "estou voltando a Moscou a fim de solicitar meu afastamento do cargo no Comissariado das Relações Exteriores".[173] A preocupação mais imediata, no entanto, era a Grã-Bretanha. Em 12 de maio de 1927, a polícia britânica começou em Londres uma incursão de quatro dias às instalações da Sociedade Cooperativa de Todas as Rússias (na rua Moorgate, 49), que funcionava de acordo com as leis britânicas; o mesmo prédio abrigava os escritórios da missão comercial soviética oficial. Cofres e caixas-fortes foram arrombados com perfuratrizes e documentos foram levados embora.[174] O pessoal da codificação foi espancado e confiscaram livros de códigos; o retrato de Lênin foi desfigurado.[175] Um incidente semelhante, vários anos antes, prejudicara severamente o comércio germano-soviético;

dessa vez também, Moscou não "mostrou fraqueza". Em 13 de maio, o Politbiuró resolveu iniciar uma campanha de imprensa beligerante e manifestações públicas para atacar a Grã-Bretanha por ser belicista.[176]

Mais ou menos na mesma época, o Japão recusou as sondagens soviéticas para um pacto de não agressão.[177] Como se isso não fosse o suficiente para Stálin, as ações de Chiang Kai-shek haviam dado novo alento às arengas de Trótski. "Stálin e Bukhárin estão traindo o bolchevismo na sua essência, seu internacionalismo revolucionário proletário", queixou-se Trótski a Krúpskaia (17 de maio de 1927). "A derrota da revolução alemã em 1923, as derrotas na Bulgária e na Estônia, a derrota da greve geral na Inglaterra [1926] e da revolução chinesa em abril enfraqueceram seriamente o comunismo internacional."[178] No dia seguinte, abriu-se a oitava plenária do Comintern, com Stálin decidido a ter reconfirmada sua linha em relação à China.[179] Em seu discurso de 24 de maio, ele ridicularizou Trótski, afirmando que "se assemelha a um ator, em vez de um herói, e um ator não deve ser confundido com um herói em nenhuma circunstância", acrescentando, em referência ao primeiro-ministro britânico, "nasce alguma coisa parecida com uma frente unida de [Austen] Chamberlain a Trótski".[180] Trótski revidou: "Nada facilitou tanto o trabalho de Chamberlain quanto a falsa política de Stálin, especialmente na China".[181]

Stálin estava na defensiva. O plenário Comintern, sem surpresa, aprovou uma resolução que "declara que as propostas da oposição (Trótski, Zinóviev) são claramente oportunistas e capitulacionistas".[182] Mas, em 27 de maio, o governo conservador da Grã-Bretanha surpreendeu o ditador soviético com o rompimento de relações diplomáticas.[183] Stálin ficou furioso: os imperialistas davam refúgio a organizações de emigrados antissoviéticos, financiavam clandestinos antissoviéticos em solo soviético (na Ucrânia e no Cáucaso), enviavam enxames de agentes e depois subiam no pedestal para acusar uma suposta subversão do Comintern?! Foi um golpe, no entanto. A Grã-Bretanha se tornara um dos principais parceiros comerciais da União Soviética.[184] E parecia que os conservadores britânicos poderiam estimular sua classe operária a uma guerra contra os soviéticos. A imprensa soviética encheu-se com advertências de guerra iminente e realizaram-se reuniões de massa para discutir preparativos de guerra, que involuntariamente atiçaram conversas derrotistas.[185] Stálin sabia que os britânicos não estavam se preparando para invadir, mas estava convencido de que os imperialistas incitariam outros à luta. Parece que Ríkov achava a mesma coisa.[186] Sabia-se que a Grã-Bretanha estava ocupada em construir um amplo bloco antissoviético composto de Romênia, Finlândia e os Estados bálticos, ao mesmo tempo que trabalhava para reconciliar Alemanha e Polônia.[187]

Sob imensa pressão, Stálin começou uma reviravolta na China e enviou um longo telegrama em 1º de junho de 1927 aos agentes do Comintern em Wuhan, na base do

Guomindang de esquerda, instruindo-os a formar um exército revolucionário de 50 mil homens, submeter oficiais "reacionários" a um tribunal militar, proibir qualquer contato com Chiang Kai-shek — o comandante em chefe do exército existente, ao qual todos os soldados e oficiais haviam jurado fidelidade — e conter os "excessos" camponeses.[188] Não havia como cumprir essas ordens. Manabenda Rath Roy, um dos destinatários, mostrou o telegrama ao líder do Guomindang de esquerda, que já estava inclinado a buscar a reconciliação com o Guomindang de direita em Nanjing, e agora via provas da traição de Moscou.[189]

TERRORISMO

Não obstante a gravidade dos acontecimentos, em 5 de junho de 1927, Stálin partiu para férias de verão em sua amada Sotchi, dessa vez na datcha maior, a de número 7, conhecida como Puzanovka, em referência ao nome do antigo proprietário, e localizada em uma ribanceira entre Sotchi e Matsesta. "Quando nós, os médicos, chegamos à datcha, Nadejda Serguéievna Alliluíeva saudou-nos, uma mulher muito querida e hospitaleira", relembrou Ivan Valedínski. "Naquele ano, examinei Stálin três vezes: antes, durante e depois dos banhos em Matsesta. Tal como no ano anterior, ele queixou-se de dores nos músculos de suas extremidades." Foi também submetido a raios X e eletrocardiograma. Não surgiu nada de anormal. Até a sua pressão arterial estava normal. "Esse exame mostrou em geral que o organismo de Stálin estava totalmente saudável", relembrou Valedínski. "Notamos sua disposição alegre e olhar atento, animado." Os banhos quentes eram seguidos por longos repousos sem roupa, exceto por um cobertor, para permitir que o sangue fluísse até a pele, os músculos e as extremidades. "Esse expediente terapêutico levava calor para as mãos e os pés de Stálin", observou Valedínski. Após a série de banhos medicinais, Stálin convidou Valedínski e os outros médicos para um "brandy" no sábado, que durou até altas horas de domingo. No início da reunião, Vássia e Svetlana apareceram no terraço. "Ióssif Vissariónovitch estava animado, começou a brincar de soldado com eles, atirou em um alvo. Stálin, na verdade, atirava com muita precisão."[190]

No dia seguinte ao início de suas férias, uma nova lei sobre crimes contrarrevolucionários foi incorporada ao código penal da RSFSR. Esses crimes já estavam definidos de forma abrangente e vaga, mas agora eram ampliados. Qualquer tentativa de "enfraquecer" — não derrubar — o sistema soviético tornava-se contrarrevolução; "atos terroristas" contra o pessoal do regime ou representantes do movimento operário foram colocados em pé de igualdade com levante armado, sujeitos à pena de morte; e a penalidade por não informar o conhecimento prévio de um crime contrarrevolucionário foi elevada de um para dez anos de prisão.[191] Tratava-se de uma iniciativa de Stálin, estimulada pela revelação do jogo duplo da OGPU para prender emigrados, conhecido como o Truste, e um consequente e malfadado atentado de agentes duplos forçados por emigrantes a detonar, em 3 de junho, uma bomba em um dormitório da OGPU em Moscou (na Lubianka Menor, 3/6).[192] Mas em 7 de junho, uma organização terrorista compartimentada de emigrados que era desconhecida da OGPU conseguiu detonar uma bomba no clube central do partido de Leningrado, no canal Moika, 59, ferindo ao menos 26 pessoas; uma delas morreu em consequência dos ferimentos. Os três terroristas envolvidos conseguiram voltar para a Finlândia.[193] Um ato terrorista ainda mais espetacular ocorreu nesse mesmo dia na plataforma da estação de trem de Varsóvia: um jornalista de um jornal de língua bielorrussa na Lituânia independente, Boris Koverda, atirou no enviado soviético à Polônia, Piotr Vóikov. Exilados monarquistas estavam de olho em Vóikov porque ele fora presidente do Soviete do Ural, que havia assassinado os Románov.[194] Mas como o filho de dezenove anos de um exilado anticomunista driblou a pletora de policiais uniformizados e à paisana presentes na estação permanece um mistério; na verdade, também é um mistério como Koverda sabia que Vóikov estaria na estação naquela manhã.[195] (Ele estava lá para se despedir do pessoal da diplomacia soviética que estava a caminho de Moscou depois da expulsão de Londres). Aos 39 anos, Vóikov morreu uma hora depois, em um hospital militar polonês.

Para Stálin, o suspeito assassinato em território polonês seguia de perto a invasão britânica em Londres, o rompimento das relações iniciado pelos britânicos e a explosão na China, onde a política soviética estava orientada a negar um ponto de apoio aos imperialistas. "Eu sinto a mão da Inglaterra", escreveu ele na parte de trás de um telegrama cifrado que Mólotov lhe mandou em 8 de junho a respeito do assassinato de Vóikov. "Eles querem [nos] provocar [a entrar em] um conflito com a Polônia. Eles querem repetir Sarajevo." Stálin recomendou montar um ou dois julgamentos de espiões ingleses e, nesse meio-tempo, ordenou que "todos os monarquistas proeminentes em nossas prisões e campos de concentração devem ser imediatamente declarados reféns", e "cinco ou dez" devem ser fuzilados, acompanhado de anúncios na imprensa.[196] Mólotov fez com que a diretriz de Stálin fosse formulada como um decreto do Politbiuró. Naquele dia, a OGPU recebeu poderes extrajudiciais adicionais, inclusive a reintrodução de tribunais de emergência, conhecidos como troikas, para agilizar os casos (formalmente aprovados apenas em algumas províncias para auxiliar as operações de contrainsurgência).[197] Mólotov respondeu em 9 de junho: "Alguns camaradas hesitaram a respeito da necessidade de publicar o comunicado do governo" sobre repressão retaliatória, "mas agora todos estão de acordo que era hora."[198] Na noite de 9-10 de junho, cerca de vinte nobres, que haviam sido detidos recentemente por fazer parte de uma "organização" monarquista, foram acusados de tramar "atos terroristas" contra líderes soviéticos e foram executados sem julgamento. Cinco foram acusados de ser agentes da inteligência britânica.[199] As organizações do partido mobilizaram reuniões em centenas de fábricas para ratificar as execuções, e foi citada a aprovação dos trabalhadores: "Finalmente, a Tcheká resolveu trabalhar".[200]

"Na minha opinião pessoal", escreveu Stálin de Sotchi em telegrama para Mężyński: "os agentes de Londres aqui estão enterrados mais profundamente do que parece, e ainda virão à tona." Ele queria que Artúzov, da contrainteligência, divulgasse as prisões a fim de esmagar os esforços dos britânicos para recrutar agentes e atrair a juventude soviética para a OGPU.[201] Em julho, o *Pravda* noticiaria as execuções de um grupo de "guardas brancos terroristas" supostamente sob a direção de um espião britânico em Leningrado.[202] Na Sibéria, onde nem um único processo de espionagem havia sido iniciado no segundo semestre de 1926, muitos foram montados em 1927.[203] Mężyński relatou secretamente ao Politbiuró que a OGPU havia realizado 20 mil buscas de casa em casa e prendido mais de 9 mil pessoas em toda a União.[204] "Uma grande nuvem negra, o medo está suspenso sobre toda a sociedade e paralisa tudo", informou um diplomata sueco a Estocolmo.[205] A mente de Stálin e a atmosfera política do país estavam se fundindo.

O REI ESTÁ NU

Os persistentes rumores de guerra provocaram corridas às lojas, estocagem e manifestações jactanciosas de recusa a lutar ou de sabotar em caso de conflito, as quais foram captadas nos relatórios da OGPU sobre o estado de ânimo político, ecos dos temores mais profundos do regime.[206] Por volta de 15 de junho, Tchitchérin retornou a Moscou de sua prolongada licença médica na Europa. "Todo mundo em Moscou estava falando de guerra", ele contaria ao correspondente estrangeiro americano e simpatizante da revolução Louis Fischer. "Tentei dissuadi-los. 'Ninguém está planejando nos atacar', enfatizei. Então, um colega me esclareceu. Ele disse: 'Shh. Nós sabemos. Mas precisamos disso contra Trótski'".[207] Os esforços de Tchitchérin para diminuir as tensões internacionais são compreensíveis, mas o temor da guerra surgiu diretamente da paranoia estrutural inerente da revolução (cerco capitalista), combinada com a política externa insolente do regime.[208] As relações com o inimigo (as potências capitalistas) jamais poderiam ser mais do que oportunistas; os críticos internos, independentemente de suas intenções declaradas, transmitiam desunião, enfraqueciam uma URSS cercada e incitavam os inimigos externos. E as autoridades do partido, nem todas suficientemente educadas no marxismo-leninismo, eram suscetíveis a cantos de sereia.

Quando Stálin escreveu a Mólotov de Sotchi (17 de junho) que, "a fim de reforçar a retaguarda, devemos conter a oposição imediatamente", ele não estava apenas defendendo seus interesses e sendo cínico.[209] O embate contra Tróstski era agora uma questão de segurança do Estado, embora continuasse a ser obsessivamente pessoal. Depois de analisar a transcrição de uma sessão punitiva da Comissão Central de Controle, ele escreveu irado a Mólotov (23 de junho) que "Zinóviev e Trótski, e não os membros da Comissão, fizeram o interrogatório e a acusação. É estranho que alguns dos membros da comissão não tenham aparecido. Onde está Sergo? Aonde ele foi e por que está se escondendo? Que vergonha! [...] Trótski e Zinóviev vão realmente receber essa 'transcrição' para distribuir! Isso é tudo de que precisamos."[210]

Na verdade, Ordjonikidze estivera presente: Trótski havia feito um longo monólogo, em parte para ele. "Eu digo que você está voltado para o burocrata, para o funcionário, mas não para as massas", ele afirmou, em meio a muitas interrupções. "A organização funciona como uma grande estrutura de apoio mútuo interno, proteção mútua."[211] No entanto, Ordjonikidze hesitava em bater o martelo. Ele comentou a respeito de Zinóviev e Kámenev que "eles trouxeram uma boa quantidade de benefícios para o nosso partido".[212] Os votos a favor e contra a expulsão estavam mais ou menos divididos. Ordjonikidze, Kalínin e até mesmo Vorochílov argumentaram que a questão da expulsão de membros da oposição do Comitê Central deveria ser adiada para o próximo congresso do partido. Stálin insistiu que seu voto fosse contado in absentia, enquanto Mólotov fazia Kalínin mudar de lado, proporcionando a margem de votos para a expulsão.[213] Ordjonikidze, no entanto, a substituiu por uma reprimenda. Mesmo assim, Trótski lhe disse que "a extirpação da oposição era apenas uma questão de tempo".[214]

Stálin encontrou tempo para trocar cartas de Sotchi com um jovem professor, Serafim Pokróvski (nascido em 1905), que entrara numa discussão por escrito com o ditador sobre se a política do partido, em 1917, havia favorecido uma aliança com todo o campesinato ou apenas com o campesinato pobre. "Quando comecei esta correspondência com você, pensei que estava lidando com um homem que buscava a verdade", escreveu o ditador irritado, em 23 de junho de 1927, acusando o professor de imprudência. "Uma pessoa deve possuir o descaramento de um ignorante e a autocomplacência de um equilibrista tacanho para virar as coisas de cabeça para baixo com tanta sem-cerimônia quanto você, estimado Pokróvski. Acho que chegou a hora de parar de me corresponder com você. I. Stálin."[215] Ele *odiava* ser contradito em questões teóricas.

A derrocada na China tinha potencial para dominar o XV Congresso do Partido, motivo pelo qual Stálin pressionou para a expulsão de antemão. Em 27 de junho, Trótski escreveu ao Comitê Central: "Esta é a pior crise desde a revolução".[216] Os defensores da linha de Stálin agarraram-se à facção de esquerda do Guomindang em Wuhan, onde os comunistas mantinham duas pastas (Agricultura e Trabalho), mas, naquele mesmo dia, Stálin escreveu a Mólotov: "Temo que Wuhan perderá a coragem e se submeterá a Nanjing" (isto é, Chiang Kai-shek). Ainda assim, Stálin tinha espe-

634

rança: "Temos de insistir veementemente com Wuhan para não se submeter a Nanjing enquanto ainda há uma chance para insistir. Perder Wuhan como um centro separado significa perder, pelo menos, um centro para o movimento revolucionário, perder a possibilidade de assembleias e comícios livres para os trabalhadores, perder a possibilidade da existência aberta do Partido Comunista, perder a possibilidade de uma imprensa revolucionária aberta — em uma palavra, perder a possibilidade de organizar abertamente o proletariado e a revolução". Ele propôs que Wuhan fosse subornada. "Eu lhe garanto, vale a pena dar um extra de 3 milhões a 5 milhões para Wuhan."[217] Mas Mólotov, estranhamente, estava em pânico. "Um único voto acabará sendo decisivo", ele escreveu a Stálin em 4 de julho. "Pergunto-me cada vez mais se você não terá de voltar a M[oscou] antes do previsto." Mólotov delatou a Stálin que Vorochílov, a definição viva de fidelidade a Stálin, "está chegando ao ponto de manifestar total menosprezo 'por sua liderança nos últimos dois anos'".[218]

Stálin nomeara os chefes do partido provinciais que compunham dois terços dos membros com direito a voto do Comitê Central, mas esse órgão ainda podia agir contra ele se não conseguisse salvaguardar a revolução.[219] Contudo, ele não demonstrou nenhuma preocupação. "Estou doente e deitado na cama, então serei breve", escreveu a Mólotov de Sotchi em algum momento do início de julho de 1927. "Eu poderei ir à plenária se for necessário e se você adiá-la." Nesse meio-tempo, o governo da esquerda do Guomindang em Wuhan desarmou os trabalhadores, o que pegou Stálin de surpresa pela segunda vez, mas ele continuou a posar de impassível e escreveu em 8 de julho: "Nós usamos a liderança Wuhan tanto quanto possível. Agora é hora de descartá-la". Estava delirando? "Não tenho medo da situação no grupo [sua facção]. Por quê? Explicarei quando voltar." Mas no dia seguinte, talvez com as notícias se decantando, Stálin ficou irado, acusando Mólotov e Bukhárin de enganá-lo (por não fornecerem as más notícias completas sobre Wuhan), e Vorochílov de arranjar um pretexto para parar de enviar fundos do Comissariado da Defesa para Wuhan. "Ouvi dizer que algumas pessoas estão arrependidas em relação à nossa política na China", escreveu ele em 11 de julho. "Quando eu chegar, vou tentar provar que a nossa política foi e continua sendo a única política correta." Porém, em 15 de julho, o regime de Wuhan também desencadeou um terror contra os comunistas. Stálin recusava-se a admitir erros. Fazê-lo seria, na realidade, reconhecer que a oposição demonizada tinha razão, que suas concepções políticas iam além do ódio pessoal por ele e não eram equivalentes a traição. Stálin estava pensando em fazer Trótski desaparecer, enviando-o para o Japão, evidentemente como embaixador. Mas isso teria dado a Trótski uma oportunidade para capitalizar em cima dos fracassos de Stálin na política para a Ásia, o que levou o ditador a esquecer rapidamente a ideia.[220] Contudo, ele estava desesperado para se livrar de seu inimigo de longa data.

REVIRAVOLTA

Na primavera de 1927, Vorochílov havia relatado de forma sombria que a indústria soviética simplesmente não conseguia atender às necessidades do Exército Vermelho, mesmo em fuzis ou metralhadoras, para não falar de armas avançadas.[221] Mas saber disso não significava ter acesso a informações secretas.[222] "Como poderemos competir com os imperialistas", escutou-se um recruta do Exército Vermelho dizer, de acordo com um relatório da polícia secreta. "Eles têm navios de guerra, aviões, canhões, e nós não temos nada."[223] Não é de admirar que em julho de 1927, com Stálin ainda em Sotchi, Unszlicht tenha ido novamente a Berlim para tentar obter um acordo de produção industrial conjunta, dizendo aos alemães que a URSS esperava ser atacada por Polônia e Romênia. As propostas soviéticas haviam alcançado uma escala assombrosa e os alemães estavam desconfiados. O rompimento das relações anglo-soviéticas havia provocado um debate interno no Ministério das Relações Exteriores alemão, conforme relatou um participante, sobre "se os laços da Alemanha com a Rússia valem o suficiente para nossos interesses políticos presentes e futuros, de tal modo que valha a pena assumir os custos e riscos políticos envolvidos na sua manutenção". Alguns alemães pressentiam desespero. "O governo soviético está calculando uma catástrofe em futuro próximo", informou o conde Brockdorff-Rantzau, o embaixador geralmente simpático da Alemanha em Moscou.[224] Berlim não aceitou as propostas de Unszlicht. A Alemanha tornara-se uma das duas principais parceiras comerciais da URSS (a outra era a Grã-Bretanha), situação análoga à dos tempos tsaristas, mas muito abaixo das aspirações soviéticas, e, politicamente, Moscou não foi capaz de separar Berlim de Londres e Paris. Mas os soviéticos não podiam se dar ao luxo de ver também as relações bilaterais com a Alemanha totalmente desfeitas.[225] E Stálin, mesmo agora, não iria desistir da ajuda alemã para a indústria militar soviética. Ainda assim, a imprensa partidária atacou a Alemanha.

Stálin voltou de férias cedo, chegando a Moscou no sábado, 23 de julho.[226] A plenária estava programada para abrir seis dias depois. Na véspera, 28 de julho, o *Pravda* publicou um ataque prolixo de Stálin à oposição naquele momento de perigo. "Dificilmente se pode duvidar de que a questão básica do momento é a questão da ameaça de uma nova guerra imperialista", dizia ele. "Não é uma questão de algum 'perigo' indefinido e intangível de uma nova guerra. É uma questão de uma ameaça real e genuína de uma nova guerra em geral, e de uma guerra contra a URSS em particular [...] há uma luta pelos mercados de consumo, pelos mercados de exportação de capital, por mares e rotas secas para esses mercados, por uma nova divisão do mundo." O que segurava os imperialistas, asseverava ele, era o medo do enfraquecimento mútuo, diante das possibilidades revolucionárias representadas pela União Soviética e pelo proletariado internacional. "O povo soviético jamais vai esquecer os estupros, saques e incursões militares que nosso país sofreu há apenas alguns anos, graças à gentileza do capital inglês. Mas a burguesia inglesa não gosta de lutar com as próprias mãos. Ela sempre preferiu realizar guerras com as mãos dos outros", encontrando idiotas úteis para "tirar suas castanhas do fogo". Desse modo, ele concluía que "nossa missão é fortalecer a retaguarda e limpá-la da escória, inclusive terroristas e incendiários 'nobres' que ateiam fogo às nossas usinas e fábricas, porque a defesa do nosso país é impossível sem uma retaguarda revolucionária forte". Os britânicos, Stálin afirmava, estavam subsidiando a clandestinidade antissoviética na Ucrânia e no Cáucaso, em Leningrado e Moscou, financiando "bandos de espiões e terroristas, que explodem pontes, põem fogo em fábricas e cometem atos de terrorismo contra embaixadores da URSS".[227] Esse era o contexto no qual se devia ver a oposição.

Na plenária, Mólotov acusou Trótski e Kámenev de desorganizarem a retaguarda do país, enquanto o inimigo externo recrutava tropas, e declarou que pessoas assim "deveriam ser presas". Vorochílov fez o discurso mais agressivo, virando-se a certa altura para Zinóviev para dizer "você não sabe absolutamente nada". Trótski reagiu imediatamente: "Esta é a única coisa correta que você pode dizer de si mesmo". Ele acusou Vorochílov de ter participado do rebaixamento de militares que eram superiores a ele (Primakov, Putna). Vorochílov retrucou que Trótski havia executado comunistas durante a guerra civil. Trótski: Vorochílov "mente como um canalha ignominioso". Vorochílov: "Você é o canalha e o inimigo autoproclamado do nosso partido".[228] E assim foi, por dias a fio. Treze membros do Comitê Central apresentaram uma "plataforma de oposição" que queriam discutir no próximo XV Congresso do Partido, mas Adolf Ioffe e outros da oposição alegaram que o documento havia sido divulgado sem consulta entre eles mesmos, comportamento semelhante ao do próprio "aparato" que Trótski criticava havia muito tempo.[229] Apesar da insistência veemente de Stálin para que Zinóviev e Trótski fossem expulsos por atividade divisionista, o plenário aceitou a proposta de Ordjonikidze, chefe da Comissão Central de Controle do partido, pela qual os dois poderiam declarar sua lealdade e permanecer.

A política na China continuava a ser a maior pedra no sapato de Stálin. No final de julho, o *Pravda* havia declarado: "O slogan de [formar] sovietes é correto agora".[230] O Comintern autorizou uma série de ações armadas na China, o que viria a ser chamado de os levantes da colheita do outono. Doía em Stálin a crítica de Trótski segundo a qual ele havia suposto que a burguesia chinesa poderia liderar uma revolução, quando era ela mesma contrarrevolucionária. Em seu discurso na plenária conjunta, Stálin negara ter instruído os comunistas chineses a se prostrar perante o Guomindang e restringir a luta agrária dos camponeses.[231] Durante a plenária de Moscou, em 7 de agosto, os comunistas chineses reuniram-se em sessão de emergência em Hankow; Stálin despachara o comunista georgiano e funcionário da Liga da Juventude Bessó Lominadze para salvar a situação. Bukhárin telegrafara instruções para criticar a liderança comunista chinesa por "erros oportunistas". A coisa toda estava numa terrível confusão: o Comitê Central chinês foi acusado de não prever a traição do Guomindang em um bloco interior que esses mesmos comunistas chineses haviam detestado, mas que foram forçados por Moscou a entrar; os mesmos comunistas chineses que não haviam sido autorizados por Moscou a formar sovietes foram acusados de terem desarmado os trabalhadores e camponeses. E, o mais estranho de tudo, foi dito que a aniquilação dos comunistas chineses pelo Guomindang havia acelerado o estágio burguês-democrático da revolução chinesa.

O dizimado partido chinês tinha agora de se preparar para terríveis insurreições em massa.[232] O Politbiuró soviético — do qual já não faziam mais parte Zinóviev, Kámenev e Trótski — orientou tranquilamente o Comintern a contrabandear 300 mil dólares em moeda forte para os comunistas chineses, e Stálin ordenou um envio de 15 mil armas e 10 milhões de cartuchos.[233] Como Mao Tsé-tung (nascido em 1893) observou na sessão de Hankow presidida por Lominadze, "o poder vem do cano de uma arma". Mas o Guomindang, graças a Stálin, ainda tinha muito mais armas.

TEATRO DO ABSURDO

A escassez se tornara endêmica, e a distância entre o entendimento do socialismo pelas massas, para quem ele significava liberdade, abundância e justiça social, e pelo regime do partido, para o qual significava controle político mais rígido e sacrifícios pela industrialização, dominava os relatórios de vigilância da polícia. "Precisamos de manteiga, não de socialismo", exigiram os operários da fábrica Putilov de Leningrado em 6 de setembro.[234] Dois dias depois, realizou-se uma sessão conjunta do presidium do Politbiuró e da Comissão Central de Controle, em conexão com o plano da oposição de apresentar sua "plataforma" para o próximo congresso do partido. Trótski e Zinóviev foram convocados ao Politbiuró, de onde haviam sido expulsos. Zinóviev destacou que na plenária do partido, quando Kámenev sugerira que eles apresentassem uma plataforma, ninguém se opusera, mas agora isso era denunciado como um ato criminoso. Depois que Zinóviev e seu ex-subordinado Uglánov discutiram aos gritos e Stálin interrompeu novamente, Zinóviev lhe disse: "Todo o mal que poderia fazer a nós você já fez". Mólotov, em tom sarcástico, perguntou a Zinóviev e Kámenev se eles haviam sido "corajosos em outubro de 1917". Zinóviev lembrou-lhes que não apenas Trótski, mas também Bukhárin se opusera ao Tratado de Brest-Litovsk, em 1918, e Kaganóvitch interveio: "Bukhárin não vai repetir seus erros". Nikolai Murálov, partidário de Trótski, chamou de folhetim a resolução que condenava a oposição por sua plataforma e desafiou-os a deixar que todos os membros do partido a lessem e decidissem por si. "As mães vêm [às reuniões do partido] com bebês e o som do leitor é interrompido pelo som do bebê sugando no peito. Junto com o leite de suas mães, os bebês sugam esse ódio pela oposição", comentou ele. Bukhárin culpou as vítimas: "Eu acho que é o partido que está sendo submetido a ataques e agressões sistemáticos por parte da oposição". Zinóviev: "Você não é o partido". Bukhárin: "Os ladrões sempre gritam 'peguem o ladrão!'. Zinóviev está sempre fazendo isso". (Comoção no salão. Presidente toca a campainha. Exclamação inaudível de Zinóviev.)[235]

Trótski mostrou que também ele podia ser feroz. Quando foi dada a palavra ao seguidor de Stálin, Ábel Ienukidze, ele o interrompeu para salientar que, em 1917, Ienukidze "andava argumentando contra os bolcheviques quando eu o puxei para dentro do partido". Depois que Trótski insistiu, Ienukidze explodiu: "Olha, eu estou no partido desde a sua formação e fui bolchevique catorze anos antes de você". Mais adiante, quando Rudzutaks tomou a palavra, Trótski o interrompeu para dizer que, por trás das costas dele, Stálin manifestava uma opinião baixa sobre sua capacidade administrativa. "Você viu isso em seus sonhos", Stálin aparteou. Rudzutaks respondeu: "Eu conheço você, camarada Trótski. Você se especializou em caluniar pessoas. [...] Você esqueceu o famoso telefone que Stálin supostamente instalou em seu apartamento. Você foi como um menino ou estudante que conta mentiras [sobre escutas telefônicas] e se recusou a permitir uma inspeção técnica". Trótski: "Que os telefones são grampeados é um fato". Quando Bukhárin falou, Trótski também o interrompeu, afirmando que Bukhárin queria prender Lênin durante as negociações de Brest-Litovsk com a Alemanha. "Maravilhoso", Bukhárin respondeu. "Você diz que aquele momento era ideal, que durante o Tratado de Brest houve ampla discussão e liberdade de facções. E nós consideramos isso um crime".[236] Trótski tomou a palavra e foi atrás de Stálin também, trazendo à tona episódios da guerra civil. "Lênin e eu o removemos duas vezes do Exército Vermelho quando ele pôs em prática uma política errada. Nós o afastamos de Tsarítsin, depois da frente sul, onde ele pôs em prática uma política incorreta." Quando Stálin o interrompeu, Trótski se referiu a um documento que possuía de Lênin: "Lênin escreve que Stálin está errado ao falar contra o comandante supremo, ele se queixa, é volúvel. Isso aconteceu!". Stálin interrompeu novamente. "Camarada Stálin, não interrompa, você terá a última palavra, como sempre." Stálin: "E por que não?".[237]

Ao tomar a palavra, Stálin negou que tivesse sido retirado duas vezes do front, alegando que havia sido Trótski o removido, o que levou Trótski a interrompê-lo. Stálin: "Você diz inverdades porque é um covarde patético, com medo da verdade". Trótski: "Você se coloca numa situação ridícula". Trótski mostrou que, uma vez que o partido o pusera e o mantivera na chefia do Exército Vermelho durante a guerra civil, Stálin estava efetivamente caluniando o partido. "Você é uma pessoa patética", disse Stálin novamente, "desprovida do sentimento elementar de verdade, um covarde e falido, descarado e desprezível, que se permite falar coisas que absolutamente não correspondem à realidade." Trótski: "Isso é Stálin na totalidade: rude e desleal. O que é isso, um líder ou um charlatão ambulante?". O tempo previsto de Stálin acabou e Trótski propôs que lhe fossem dados mais cinco minutos. Stálin: "O camarada Trótski exige igualdade entre o Comitê Central, que executa as decisões do partido, e a oposição, que solapa essas decisões. Um estranho negócio! Em nome de que organização você tem o direito de falar assim tão insolentemente com o partido?". Quando Zinóviev respondeu que, antes de um congresso, os membros do Partido tinham o direito de falar, Stálin ameaçou "cortá-los" do partido. Zinóviev: "Não corte, não ameace, por favor". Stálin: "Eles dizem que, no tempo de Lênin, o regime era diferente, que, com Lênin, os oposicionistas não foram expulsos para outros locais, não foram exilados, e assim por diante. Vocês têm uma memória fraca, camaradas da oposição. Não lembram que Lênin sugeriu exilar Trótski na Ucrânia? Camarada Zinóviev, isso é verdade ou não? Por que você está em silêncio?". Zinóviev: "Eu não estou sob interrogatório". (Risos, ruído, a campainha do presidente da sessão.)[238]

E então, aquilo apareceu novamente. Trótski: "E você esconde o Testamento de Lênin? Lênin em seu Testamento revelou tudo sobre Stálin. Não há nada a acrescentar ou subtrair". Stálin: "Você mente se afirma que alguém está escondendo o testamento de Lênin. Você sabe muito bem que ele é conhecido de todo o partido. Você também sabe, bem como o partido, que o testamento de Lênin demole você, o atual líder da oposição. [...] Você é patético, sem nenhum sentido de verdade, um covarde, um falido, insolente e descarado, que se permite falar coisas totalmente em desacordo com a realidade".[239]

É de se perguntar por que Stálin submeteu-se a essa discussão ao convocar Trótski e Zinóviev ao Politbiuró. A resolução do Politbiuró, mais uma vez, chamou a plataforma da oposição de um esforço "para criar um partido trotskista, no lugar do partido leninista".[240] Aos repetidos pedidos de Zinóviev para publicar a plataforma deles, a resposta de Stálin foi manifestamente fraca: "Nós não estamos preparados para transformar o partido em um clube de discussões".[241]

No dia seguinte, 9 de setembro de 1927, Stálin recebeu uma delegação de representantes dos trabalhadores norte-americanos. Eles queriam saber se Lênin fizera alguma revisão do marxismo, se o Partido Comunista controlava o governo e os sindicatos soviéticos, como eles sabiam se os comunistas tinham apoio de massa na ausência de competição partidária. "A delegação aparentemente não se opõe a que o proletariado da URSS prive a burguesia e os latifundiários de suas fábricas e oficinas, de sua terra e ferrovias, bancos e minas (risos), mas parece-me que a delegação está um pouco surpresa que o proletariado não tenha se limitado a isso, mas tenha ido além e privado a burguesia de direitos políticos", respondeu Stálin, desafiando-os:

Gerch Brilliant, conhecido como Grigóri Sokólnikov (terceiro a partir da direita), comandante da frente de batalha no Turquestão, com seu subordinado Lázar Kaganóvitch (segundo a partir da direita) e membros locais da Comissão Bolchevique do Turquestão, outono de 1920. Kaganóvitch viria a ser um protegido de Stálin no aparato central. Sokólnikov se tornaria comissário das Finanças no governo de Stálin e supervisionaria a Nova Política Econômica.

Barão Roman von Ungern-Sternberg, candidato a restaurador do grande Império mongol, que, em vez disso, involuntariamente, entregou a Mongólia Exterior para os soviéticos, fotografado durante seu interrogatório pelos bolcheviques que o capturaram, usando a cruz de São Jorge da Rússia imperial por bravura em seu cafetã mongol. Dizia-se que ele arrancava os corações de quem capturava e os punha em tigelas de crânios como oferenda aos deuses budistas tibetanos.

Baionetas do Exército Vermelho celebram a vitória sobre as tropas do barão Piotr Wrangel, as últimas do Exército Branco, Crimeia, 1920.

Gólgota. O que a fraqueza imperial e a ambição desmedida, o épico erro de cálculo e as ideias fixas provocaram: vítimas da fome, Tsarítsin, inverno de 1921-2. Em 1925, a cidade seria rebatizada de Stalingrado.

Stálin e Lênin em Górki, nos arredores de Moscou, setembro de 1922. Fotografia de Maria Uliánova, irmã de Lênin. Stálin fez com que imagens de sua visita fossem publicadas para mostrar a suposta recuperação de Lênin — e sua proximidade com o líder bolchevique. Esta pose não estava entre as publicadas.

Abril de 1923, XII Congresso do Partido. Stálin, entre os mais de oitocentos participantes, no Grande Palácio do Kremlin, sem séquito. Lênin não compareceu. Logo depois, Krúpskaia apresentou subitamente um ditado atribuído a Lênin em que ele pedia a remoção de Stálin da secretaria-geral do partido.

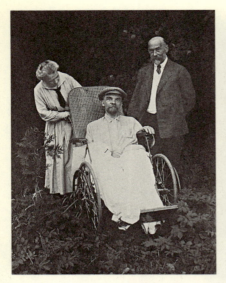

Lênin em Górki, 1923, em uma de suas últimas fotografias, com médico e enfermeira, tirada por Maria Uliánova.

Funeral de Lênin. Stálin e Mólotov com o ataúde, no gélido 27 de janeiro de 1924.

O escultor Serguei Merkúlov dando forma à máscara mortuária de Lênin, que acabaria no gabinete de Stálin.

O best-seller de Stálin *Sobre Lênin e o leninismo* (Moscou, 1924). O domínio da ideologia, e não somente do aparato partidário, forneceu a base para o poder de Stálin.

ACIMA: **Praça Velha, 4**, a sede do Partido Comunista (à dir. da torre branca), e **Praça Velha, 8**, o Comissariado da Agricultura (à esq. da torre), ambos atrás do muro de Kitai-gorod que cercava o bairro comercial de Moscou. Da Praça Velha, 4, Stálin controlava a polícia, as forças militares e as relações exteriores, além do partido.

À DIR.: **Ponte do Ferreiro, 15**: Comissariado das Relações Exteriores.

Známenka, 23: Escola Militar de Alexandre, que se tornou o Comissariado da Guerra e quartel-general do Estado-Maior.

Lubianka, 2: Sede da Tcheká-GPU-OGPU.

Equipe da ditadura de Stálin dentro da ditadura, Praça Velha, 1924: Amaiak Nazaretian (sentado na extrema direita), alto auxiliar de Stálin; Ivan Tovstukha (de pé, segundo a partir da esquerda), também alto auxiliar; Grigóri Kánner (de pé, na extrema esquerda). Apesar da aparência de comuna anarquista, os funcionários eram muito qualificados.

Stálin e os militares: XIV Conferência do Partido, Moscou, abril de 1925. Da esq. para a dir.: Mikhail Lachévitch (comissário adjunto da Guerra), Mikhail Frunze (comissário da Guerra), Aleksandr Smirnov, Aleksei Ríkov, Kliment Vorochílov (comandante do distrito militar de Moscou), Stálin, Mikola Skripnik, Andrei Búbnov (chefe do departamento político do Exército Vermelho), Grigol "Sergo" Ordjonikidze, Józef Unszlicht (comissário adjunto da Guerra). Frunze, que havia substituído Trótski, estaria morto antes do final do ano. Stálin promoveria seu homem de confiança, Vorochílov.

Félix Dzierżyński, chefe da polícia secreta soviética, em licença para recuperação, Sukhum, Abkházia, costa do mar Negro, 1922. Há muito tempo com má saúde e excesso de trabalho, ele morreria de ataque cardíaco no verão de 1926.

Carregando o corpo de Dzierżyński, julho de 1926. Da dir. para a esq.: Unszlicht à frente, Ienukidze, Bukhárin, Ríkov, Stálin e Vorochílov (de boné).

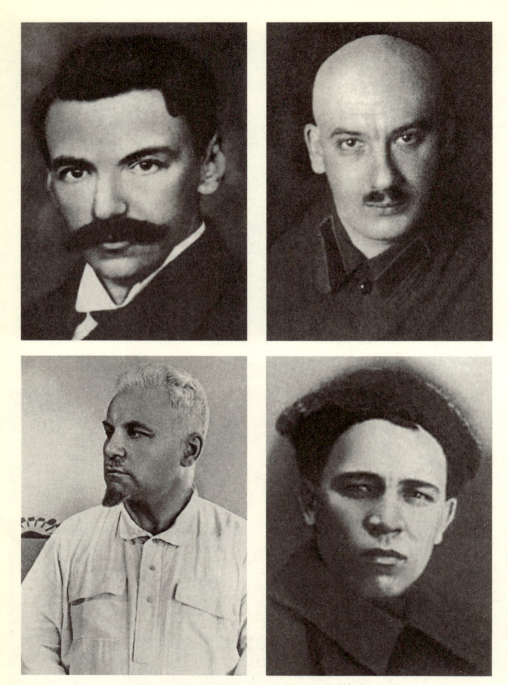

HIERARCAS DA OGPU. NO ALTO, À ESQ.: Wiaczesław Mężyński, que substituiu Dzierżyński, mas que também estava muito doente. NO ALTO, À DIR.: Jenokh Jehuda, conhecido como Guenrikh Iagoda (novo primeiro chefe adjunto), agente secreto de Stálin na polícia secreta. ABAIXO, À ESQ.: Artur Fraucci, conhecido como Artúzov (chefe da contrainteligência), inimigo de Iagoda. Dzierżyński o chamava de "o camarada absolutamente mais limpo". ABAIXO, À DIR.: Iefim Ievdokímov, chefe da OGPU no Cáucaso Norte, que, quando visitou Stálin na datcha de Sotchi, levou o presente da sabotagem industrial fabricada.

Uma caricatura de Valéri Mejlauk que ridiculariza as críticas supostamente oportunistas de Zinóviev à Nova Política Econômica, dezembro de 1925. Legenda: "Macha, hoje à noite é a plenária do Comitê Central; tire para fora as marionetes do cúlaque e do homem da NPE e, depois que eu voltar, cubra-as de novo com naftalina, porque não vamos precisar mais delas até o outono".

Stálin com o recém-empossado chefe do partido em Leningrado Serguei Kírov, que substituiu Zinóviev, Smólni, abril de 1926. Da dir. para a esq.: Nikolai Antípov, novo segundo-secretário de Leningrado; Stálin; Kírov; Nikolai Chvérnik, segundo-secretário que estava indo para o aparato do Comitê Central; Fiódor Sóbinov, conhecido como Nikolai Komarov, presidente do Soviete de Leningrado.

Três mosqueteiros do Cáucaso, verão de 1926:
Mikoian, Stálin e Ordjonikidze, numa fotografia retocada publicada em jornal.

À ESQ.: Potéchni Dvor (Palácio de Diversões), triângulos no teto datados do século XVII, única residência boiarda remanescente dentro do Kremlin, onde moravam Stálin e sua família. Aleksei Ríkov também morava ali. As águias de duas cabeças sobre as torres do Kremlin seriam removidas somente na década de 1930.

ABAIXO: Zubálovo-4, nos arredores frondosos e isolados de Moscou, datcha da família Stálin a partir de 1919, antiga propriedade do georgiano Levon Zubalachvíli (russificado para Zubálov), um magnata do petróleo de Baku.

Vassíli Stálin (nascido em 1921, à esq.) e Artiom Sergueiev, Ialta, 1926. Artiom nasceu alguns meses depois de Vassíli e, depois que perdeu o pai naquele ano, em um acidente da guerra civil, foi informalmente adotado pela família de Stálin.

Nádia e a recém-nascida Svetlana, 1927. Retrato do famoso fotógrafo moscovita Nikolai Svichtchov-Paola, que tinha um estúdio particular. Álbum de fotografias de Serguei Allilúiev, sogro de Stálin.

Iákov Djugachvíli (nascido em 1907), primeiro filho de Stálin, de seu casamento com Kató Svanidze, c. 1927.

Karolina Til (à esq.), que administrava a casa de Stálin, e Aleksandra Bitchkova, babá de Svetlana.

O marechal polonês Józef Piłsudski, vencedor da Guerra Soviético-Polonesa, numa visita de Estado à Romênia, aliada militar da Polônia, setembro de 1922. A Polônia, especialmente em aliança com a Romênia, era a principal ameaça nos relatórios da inteligência militar soviética.

Chiang Kai-shek, 13 de março de 1927, na véspera do massacre de seus aliados políticos do Partido Comunista chinês. Depois de saber que seu ataque estava em andamento, Chiang confidenciou ao seu diário privado que tinha o coração "leve" e que os comunistas "mereciam ser mortos". No entanto, Stálin sentiu-se constrangido a ficar ao lado do homem forte chinês, um baluarte contra a influência britânica e japonesa na China.

O Exército Vermelho desfila em bicicletas na Praça Vermelha, em frente ao mausoléu de Lênin em forma de cubo, 1º de maio de 1926. Fotografia de Piotr Otsup. Os militares soviéticos, que também usavam bicicletas em manobras, não estavam em condições de travar uma guerra importante.

No auge do triunfo, XV Congresso do Partido, dezembro de 1927. À esq. de Stálin está Minei Gubelman, conhecido como Iemelian Iaroslávski, um pau para toda obra. Antes e depois do congresso, Stálin pediu mais uma vez para ser aliviado do cargo de secretário-geral.

Fileira de inimigos: adidos militares estrangeiros no Desfile de Primeiro de Maio, Praça Vermelha, 1928.

Stálin, Barnaul, Sibéria, 22 de janeiro de 1928. Muitos desses funcionários siberianos, inclusive o chefe regional do partido, Serguei Sirtsov (à dir. de Stálin), se opunham à política de coletivização forçada que Stálin havia anunciado em um discurso histórico a portas fechadas em Novossibirsk, dois dias antes. Aos que posaram para essa fotografia, ele disse, a respeito de tal política: "Agora veremos quem é um verdadeiro comunista e quem apenas fala como um comunista. [...] Possuímos todo o poder que queremos, mas carecemos da capacidade de exercê-lo".

O meio de transporte de Stálin do fim da linha férrea à reunião de Barnaul: um cavalo chamado Marat e um trenó de madeira (com um sobretudo usado como cobertor). Em 1928, Barnaul não tinha nenhum veículo motorizado.

O julgamento de Chákhti, primavera de 1928, Salão das Colunas, na Casa dos Sindicatos, jornalistas estrangeiros. O julgamento foi filmado e recebeu publicidade intensa. Stálin usou Chákhti para provocar furor e mobilizar as massas.

Protocolos do interrogatório, a única "prova" apresentada no tribunal.

Sistema de classe na aldeia, província de Viátka, 1928, nas vésperas da desculaquização: um "cúlaque" (camponês rico), de botas de couro, observa o trabalho de um camponês pobre, com os pés enrolados em toalhas e sandálias de fibra vegetal. Na verdade, a maioria dos camponeses que contratavam mão de obra também trabalhava.

Caricatura de Stálin feita por Nikolai Bukhárin, 20 de fevereiro de 1928. Stálin tratava seu aliado político Bukhárin como um irmão mais moço, mas, antes que o ano acabasse, se voltaria contra ele de um modo que exibia seu virtuosismo político e sua malignidade excepcional. "Ele está manobrando para nos retratar como culpados de um cisma", Bukhárin queixou-se a Kámenev em 11 de julho de 1928.

"Nos países ocidentais, onde a burguesia está no poder, ela mostra alguma magnanimidade para com a classe trabalhadora? Ela não empurra os verdadeiros partidos revolucionários da classe operária para a clandestinidade? Por que o proletariado da URSS deveria mostrar magnanimidade para com seu inimigo de classe? Vocês precisam ser lógicos". Os americanos também perguntaram sobre as diferenças entre Stálin e Trótski. Stálin respondeu que as diferenças não eram pessoais e haviam sido delineadas em publicações.[242]

Em 12 de setembro, Trótski partiu para um descanso no Cáucaso, mas nessa mesma noite Stálin arranjou uma surpresa desagradável para ele. A oposição decidira distribuir sem permissão a sua plataforma para o próximo congresso do partido, e alguns deles haviam secretamente datilografado o documento com cópias de carbono, mas informantes e provocadores da OGPU tinham se infiltrado no grupo e, na noite de 12-13 de setembro, invadiram a "gráfica clandestina".[243] Um dos envolvidos havia sido oficial nas forças do barão Wrangel — uma conexão "Guarda Branca", com status de oficial militar, o que facilitou as insinuações de planejamento de golpe.[244] Outro detido no escândalo da "gráfica" "confessou" convenientemente que sua intenção era dar um golpe militar, semelhante ao de Piłsudski na Polônia. Stálin fez o aparato central distribuir várias cópias desses materiais da OGPU em 22 de setembro para uma reunião do Politbiuró e da Comissão Central de Controle; depois, as "confissões" foram enviadas a todos os membros do Comitê Central, ao comitê executivo do Comintern e aos secretários provinciais do partido.[245] Alguns membros do Comitê Central continuaram sem se convencer das acusações de um golpe militar, apesar das prisões que foram feitas.[246] Além disso, como Mężyński e, depois, até mesmo Stálin admitiria, o oficial da Guarda Branca *era* o informante da OGPU.[247]

Trótski interrompeu seu retiro no sul e retornou a Moscou para combater a provocação, mas o que o esperava era uma sessão executiva do Comintern, em 27 de setembro, na qual os capangas de Stálin de todos os partidos comunistas estrangeiros o evisceraram verbalmente e depois o expulsaram do órgão. Bukhárin, sem ironia, disse na cara de Trótski: "Para você não há Internacional Comunista, existe Stálin, ou, no máximo, Stálin e Bukhárin, e o resto são mercenários". Stálin resumiu que "os oradores de hoje falaram tão bem, especialmente o camarada Bukhárin, que não há nada que eu possa acrescentar", ao que Trótski aparteou: "Você está mentindo". Stálin: "Guarde suas palavras fortes para você mesmo. Você está se desacreditando com este insulto. Você é um menchevique!". Somente Voja Vujović, o iugoslavo que dirigia a Juventude Internacional Comunista, ficou do lado de Trótski, e ele também foi expulso.[248] No final de setembro, o *Pravda* informou sobre um caso de desmascaramento de "monarquistas-terroristas" dirigidos pelos serviços secretos britânicos e letões: ali estava o novo meme.[249] Assessores militares soviéticos, liderados por Vassíli Bliukher, voltaram

641

da China, onde tiveram uma visão em primeira mão do que poderia acontecer a uma luta supostamente revolucionária malfeita — ser tomada por uma figura militar, como Chiang Kai-shek.[250] Depois que unidades do Exército comunista chinês começaram a realizar ações de guerrilha contra o Guomindang, Stálin mudou formalmente a política de apoiar a fase "burguesa" da revolução. O *Pravda*, em editorial de 30 de setembro de 1927, congratulou-se com a criação de um "exército revolucionário dos trabalhadores e camponeses chineses". Isso parecia a adoção não reconhecida da linha da oposição derrotada.[251] Qual o efeito que essa medida poderia ter na China, se é que teria algum, ainda estava por ser visto.

RUPTURA FRANCO-SOVIÉTICA

Serguei Witte, quando ministro das Finanças tsarista, havia incentivado o boom industrial da Rússia de 1890 (importações de máquinas ocidentais) por meio de empréstimos externos de longo prazo, pagos com o trabalho dos camponeses (exportações de grãos) e afiançados por uma aliança política com a França (o principal fornecedor de créditos), mas em 1918 os bolcheviques haviam repudiado as dívidas da era tsarista, fazendo propaganda por necessidade (uma incapacidade de pagar).[252] Posteriormente, em quase todas as negociações com as potências capitalistas, aflorou a necessidade de honrar essas dívidas. A partir de 1926, Moscou entrou em negociações secretas com Paris oferecendo-se a pagar uma indenização de 60 milhões de francos-ouro (aproximadamente 12 milhões de dólares) por ano, durante *62 anos consecutivos*, em troca de 250 milhões de dólares em créditos imediatos. O governo francês estava interessado em compensação para portadores de títulos, na venda de bens de capital francês e nas importações de petróleo soviético, mas não em usar o dinheiro do contribuinte para financiar um regime comunista. Os conservadores franceses armaram um escândalo. Depois que o governo de coalizão francês caiu por razões não relacionadas a essa questão, seu sucessor acrescentou um pedido de compensação para os franceses donos de propriedades na Rússia que foram estatizadas. Em abril de 1927, a contrainteligência francesa, em uma operação amplamente noticiada, deteve mais de cem agentes da inteligência militar soviética que haviam confiado em comunistas franceses, que, é claro, estavam sob rigorosa vigilância policial. De acordo com as autoridades francesas, "os documentos encontrados mostram que existe uma vasta organização de espionagem, muito maior do que qualquer outra descoberta desde a guerra".[253] Esse era o estado das coisas quando irrompeu um escândalo que envolvia o enviado soviético a Paris, Cristian Rakóvski, que escrevera um pequeno livro sobre o estadista príncipe Klemens von Metternich, mas que, por apoiar Trótski, ganhara uma embaixada, numa espécie de exílio.[254]

Em agosto de 1927, quando estava em Moscou para consultas, Rakóvski assinara uma declaração da oposição que convocava "todos os proletários honestos de um país capitalista" a "trabalhar ativamente para a derrota de seu governo" e "cada soldado estrangeiro que não deseja servir aos senhores de escravos de seu país a se passar para o Exército Vermelho".[255] Normalmente, os embaixadores não costumam fazer apelos públicos por traição em massa nos países que os hospedam. Mas o ato ia bem além das fraquezas pessoais de Rakóvski e atingia o coração da lógica retorcida da política externa soviética, que participava da ordem capitalista mundial e, ao mesmo tempo, trabalhava para derrubá-la.[256]

Rakóvski desmentiu rapidamente que sua convocação à traição se aplicasse à França (ainda se aplicava a todos os outros lugares) e prometeu um pacto de "não interferência" mútua, mas os adversários franceses da reaproximação foram fulminantes. "O convidado de uma casa promete não roubar os talheres?", perguntou a imprensa.[257] Em setembro de 1927, na tentativa de salvar a situação, os soviéticos chegaram a propor um pacto de não agressão completo, quase uma aliança, e até informaram o público soviético da oferta de pagar grandes quantias aos detentores franceses de obrigações tsaristas. "Nós compramos a possibilidade de relações econômicas pacíficas com um dos países capitalistas da Europa, e a França nos vende essa possibilidade", explicou o *Pravda*.[258] Mas nada funcionou. Rakóvski foi declarado persona non grata e, em meados de outubro, entrou em seu carro e voltou para a URSS.[259] Moscou havia apoiado vigorosamente seu representante enquanto ele estava em Paris, mas, em casa, expulsou-o de imediato do partido por trotskismo. "Os franceses me expulsaram de Paris por ter assinado uma declaração da oposição", explicou Rakóvski, vestindo um elegante paletó esportivo ocidental, ao escritor francês Pierre Naville. "Stálin me expulsou do Comissariado das Relações Exteriores por ter assinado a mesma declaração. Mas, em ambos os casos, deixaram que eu ficasse com o paletó."[260] (Ao retornar, os diplomatas soviéticos eram obrigados a entregar todos os bens adquiridos no estrangeiro, com exceção das roupas.) As prolongadas negociações franco-soviéticas entraram em colapso. A França não chegou a romper relações diplomáticas, ao contrário da Grã-Bretanha, e Paris receberia um embaixador soviético substituto, mas as perspectivas permaneceram sombrias para um acordo de crédito e muito piores para um pacto franco-soviético.

O CONFRONTO FINAL

O grosseiro confronto de setembro de 1927 no Politbiuró repetiu-se numa plenária conjunta do Comitê Central e da Comissão Central de Controle, que teve lugar de 21 a 23 de outubro. Trótski, em resposta a uma proposta de resolução para expulsá-lo, bem como a Zinóviev, do Comitê Central, citou o Testamento de Lênin: "Removam Stálin, que poderá levar o partido a uma cisão e à ruína". Partidários de Stálin gritaram "mentiroso", "traidor", "escória" e, é claro, "coveiro da revolução". Trótski esticou um braço e leu seu texto sob uma chuva de insultos. "Primeiro, uma palavra sobre o assim chamado trotskismo. A fábrica de falsificação está trabalhando a todo vapor e dia e noite para construir o 'trotskismo'." E acrescentou: "A grosseria e a deslealdade sobre as quais Lênin escreveu já não são mais apenas qualidades pessoais; elas se tornaram a marca registrada da facção dirigente, elas se tornaram a sua política e seu regime".[261] Ele tinha razão. Quando revelou que o ex-oficial de Wrangel associado à "gráfica" da oposição era, na verdade, um agente da OGPU, alguém gritou: "Isso está fora da pauta da reunião". Kaganóvitch gritou: "Menchevique! Contrarrevolucionário!". O presidente da sessão tocava e tocava a campainha.[262] Uma pessoa jogou um volume enorme de estatísticas econômicas em Trótski; outra atirou um copo de água (exatamente como o direitista Purichkévitch havia feito com o constitucionalista liberal Miliukov na Duma tsarista). A estenógrafa registrou o seguinte: "Assobio renovado. Uma comoção aumentando constantemente. Nada pode ser ouvido. O presidente pede ordem. Mais assobios. Gritos de 'desça do palanque'. O presidente suspende a sessão. O camarada Trótski continua a ler seu discurso, mas nenhuma palavra pode ser ouvida. Os membros da plenária abandonam seus lugares e começam a sair do salão".[263]

Stálin se preparara cuidadosamente. Ele iniciou seu discurso de 23 de outubro com sua já habitual autocomiseração: a oposição o estava xingando. "De qualquer forma, o que é Stálin, Stálin é uma pequena pessoa. Vejam Lênin. Quem não sabe que a oposição, liderada por Trótski, durante o bloco de agosto, realizou uma campanha de desordeiros contra Lênin?" Então, leu a infame carta particular de 1913 de Trótski para Karlo Tchkheidze denunciando Lênin. "Essa linguagem, que linguagem, prestem atenção, camaradas. Isto é Trótski escrevendo. E ele está escrevendo sobre Lênin. Alguém pode ficar surpreso que Trótski, que trata tão sem-cerimônia o grande Lênin, de cuja bota ele não é digno, possa agora amaldiçoar em vão um dos muitos pupilos de Lênin — o camarada Stálin?"

Mężyński havia falado sobre a atividade criminosa da oposição, citando o testemunho do oficial de Wrangel preso, bem como informações de fora do partido sobre a gráfica ilegal da oposição e seu "bloco" com elementos antissoviéticos, e Stálin se remeteu a Mężyński: "Por que foi necessário que o camarada Mężyński falasse sobre guardas brancos, com quem alguns trabalhadores da gráfica ilegal estavam associados? Para dissipar a mentira e calúnia que a oposição está espalhando em seus folhetos contra o partido a respeito dessa questão. [...] Quais são as mensagens do informe do camarada Mężyński? A oposição, ao organizar uma gráfica clandestina, amarrou-se à intelligentsia burguesa, e uma parte dessa intelligentsia, por sua vez, revelou-se conectada com os guardas brancos que contemplam um golpe militar".

Stálin falou então do Testamento, lembrando a todos que ele fora lido para os delegados do congresso do partido, e que Trótski havia publicado um repúdio da afirmação de Eastman de que o Testamento fora escondido. Ele leu um trecho do repúdio de Trótski de 1925: "Está claro, não? Trótski escreveu isso". Leu, então, em voz alta os trechos do Testamento incriminatórios de Zinóviev, Kámenev e Trótski. "Está claro, parece." Comentou que, "na realidade, Lênin em seu 'testamento' acusa Trótski de 'não bolchevismo' e, em relação a Kámenev e Zinóviev em outubro, diz que o erro deles não foi um 'acidente'. O que isso significa? Isso significa que politicamente não se pode confiar em Trótski [...] nem em Kámenev e Zinóviev". Em seguida, Stálin leu o trecho do Testamento a respeito dele mesmo. "Isso é completamente verdade. Sim, eu sou rude, camaradas, em relação àqueles que grotesca e traiçoeiramente destroem e dividem o partido. Eu não escondi e não escondo isso." A rudeza de Stálin estava *a serviço da causa*. Sua rudeza era *fervor*. Quanto ao pedido de sua remoção no Testamento, "na primeira plenária do Comitê Central após o XIII Congresso do Partido, pedi para ser liberado de minhas funções de secretário-geral. O congresso discutiu essa questão. Cada delegação discutiu essa questão e todas as delegações, por unanimidade, inclusive Trótski, Kámenev, Zinóviev, obrigaram Stálin a permanecer nesse cargo. O que eu poderia fazer? Desertar de meu posto? Isso não é da minha natureza. Eu nunca abandonei qualquer posto, e não tenho o direito de fazê-lo. Quando o partido impõe uma obrigação a mim, devo obedecer. Um ano mais tarde, apresentei novamente minha demissão à plenária, mas novamente me obrigaram a permanecer".[264] Sim, eles o fizeram: como sempre, o fiel e humilde servo. Quando Stálin perguntou se não chegara o momento de concordar com os muitos camaradas que exigiam a expulsão de Zinóviev e Trótski do Comitê Central, os presentes explodiram numa ovação. O *Pravda* publicaria o discurso de Trótski de forma truncada. No mesmo dia, publicaria também o de Stálin, incluindo os trechos do Testamento de Lênin sobre ele mesmo que havia lido em voz alta.[265]

O primeiro confronto direto entre Stálin e Trótski em um fórum do partido acontecera exatamente quatro anos antes; 23 de outubro de 1927 viria a ser a última vez que eles se veriam. No dia seguinte, ao receber uma cópia da "transcrição", com o direito de fazer correções ou aditamentos, conforme a política do partido, Trótski reclamou: "As minutas não mostram [...] atiraram um copo em mim do presidium. [...] Elas não mostram que um dos participantes tentou me arrastar para fora do pódio pelo braço. [...] Enquanto eu estava falando, o camarada Iaroslávski jogou um livro de estatísticas em mim [...] empregando métodos equivalentes aos de desordeiros fascistas".[266]

As transcrições dessas reuniões foram mostradas a centenas de funcionários do regime, de chefes regionais do partido a militares e embaixadores no exterior. Esses funcionários, por sua vez, deveriam discutir o conteúdo com os subordinados, pois as transcrições foram feitas para serem didáticas. Mas o que poderiam fazer da substância dessas reuniões de alto nível funcionários que tentavam vestir e alimentar trabalhadores, persuadir os camponeses a vender grãos ou defender os interesses soviéticos no exterior? Quem estava no comando do país? É claro que, fossem quais fossem os pensamentos que os funcionários pudessem ter, tendo em vista as redes de vigilância mútua e a atmosfera carregada de desconfiança que Stálin acentuava cada vez mais, eles tinham de tomar cuidado para não expressá-los. Enquanto isso, a plenária havia aprovado por ordem de Stálin resoluções que pediam "uma ofensiva mais decisiva contra os cúlaques", bem como "a possibilidade de uma transição para uma restrição maior, mais sistemática e persistente aos cúlaques e comerciantes privados".[267] A colheita de 1926-7 foi vários milhões de toneladas menor do que a de 1925-6, em consequência do mau tempo, que causou a perda de colheitas em algumas regiões. E, o que era pior, aquele outubro de 1927 viu uma queda acentuada na aquisição de grãos para menos da metade do montante recolhido no mesmo período do ano anterior. Os camponeses estavam desviando grãos para forragem de animais de corte e do gado leiteiro, que rendiam preços mais elevados, mas também estavam acumulando estoques em meio à incerteza do temor da guerra. Eles tinham dinheiro suficiente na mão para pagar seus impostos e esperar pela subida dos preços agrícolas. Sem mais grãos, o regime se defrontava com uma possível epidemia de fome na primavera em cidades do norte e no Exército Vermelho. Em outubro de 1927, o principal periódico do comércio previu que "uma distribuição regulada e um racionamento estendido a toda a população" podiam ser necessários.[268]

DÉCIMO ANIVERSÁRIO: PRETEXTO PARA REPRESSÃO

Stálin havia apresentado a teoria de que, ao demonstrar desunião e fraqueza interna, as ações da oposição eram objetivamente obras de traidores que, quisessem ou não, convidavam à intervenção estrangeira, mas agora uma nova e sinistra distorção foi acrescentada. Em 1º de novembro de 1927, Mólotov, no *Pravda*, chamou a "perseguição" da oposição a Stálin de uma máscara para ataques malignos contra o partido. "Exacerbar a luta com ataques pessoais e denúncias contra indivíduos pode servir como incitação direta a projetos terroristas criminosos contra os líderes do partido", escreveu ele, sem nenhum senso de ironia. Esse artigo talvez tenha sido a primeira acusação à oposição do partido de candidatos a assassinos. Imitando ainda mais Stálin, Mólotov acrescentou em 5 de novembro, também no *Pravda*, que "certo odor de SR de esquerda exala da cloaca da oposição".[269] Os SRs de esquerda, na narrativa bolchevique, eram golpistas.

Nesse mesmo dia, quando se aproximava o décimo aniversário da revolução, Stálin recebeu uma delegação de oitenta estrangeiros simpatizantes de vários países, apenas para que o questionassem sobre os poderes da polícia secreta soviética. Ele defendeu a OGPU como "mais ou menos equivalente ao Comitê de Segurança Pública criado durante a Grande Revolução Francesa", nas palavras reproduzidas pelo *Pravda*, e sugeriu que a burguesia estrangeira estava envolvida na difamação à polícia secreta soviética. "Do ponto de vista da situação interna, o estado da revolução é seguro e firme, então poderíamos passar sem a OGPU", ele concedeu, mas acrescentou que "somos um país cercado por Estados capitalistas. Os inimigos internos da nossa revolução são agentes dos capitalistas de todos os países. Os Estados capitalistas oferecem uma base e uma retaguarda para os inimigos internos de nosso país. Ao lutar contra inimigos internos, estamos levando a cabo uma luta contra os elementos contrarrevolucionários de todos os países. Julguem por vocês mesmos se poderíamos passar sem órgãos punitivos nos moldes de uma OGPU em tais condições". Foi dito que os estrangeiros aplaudiram vigorosamente.[270]

O regime político havia estreitado sensivelmente. Quando Kámenev e Rakóvski tentaram falar para o diretório do partido de Moscou, foram calados por vaias. Segundo relatos, a votação orquestrada contra eles foi de 2500 a 1.[271] Esse foi o contexto em que, em 7 de novembro de 1927, décimo aniversário da revolução, Stálin e o resto da liderança subiram ao cubo do mausoléu às dez horas da manhã para o desfile anual. As câmeras cinematográficas estavam rodando quando as unidades do Exército Vermelho e, em seguida, os operários das maiores fábricas desfilaram em colunas preestabelecidas. O centro de Moscou era um acampamento armado, na expectativa de que a oposição viesse a tentar montar uma contramanifestação perto da Praça Vermelha. Os manifestantes da oposição naquele dia não eram numerosos, e Stálin e a OGPU haviam preparado agentes à paisana e outros para atacar qualquer estandarte ou discurso da oposição. Alguns oposicionistas que marcharam nas fileiras junto com seus coletivos de trabalho tentaram erguer retratos de Trótski, assim como de Lênin. Alguns deles conseguiram por alguns momentos interromper os atos oficiais na Praça Vermelha, em um canto do grande espaço público, com discursos de improviso e estandartes ("Abaixo o cúlaque, o homem da NPE e o burocrata!"). Mas capangas orientados por oficiais à paisana da OGPU os espancaram e os detiveram.[272] Não sabemos quantos manifestantes souberam do que estava acontecendo. Não existia nenhum jornal fora do controle do regime para divulgar as ações da oposição.[273] Trótski e Kámenev circularam pelas ruas de Moscou de carro, mas em uma rua secundária perto da Praça da Revolução foram recebidos por assobios de desaprovação; tiros foram disparados para o ar. Os capangas do regime quebraram as janelas do veículo.[274] Naquela noite, Stálin assistiu em pré-estreia a *Outubro*, filme de Serguei Eisenstein sobre 1917, e obrigou o diretor a retirar as cenas que mostravam Trótski e a fazer alterações no retrato de Lênin ("o liberalismo de Lênin não é oportuno").[275]

Na China, o Guomindang aproveitou esse feriado comunista para invadir o consulado soviético em Shanghai; uma semana depois, o governo de Nanjing cortaria as relações diplomáticas com a URSS. Em Moscou, Stálin agiu rapidamente para capitalizar em cima das contramanifestações quixotescas da oposição, o que lhe possibilitou exercer pressão a favor da repressão da oposição do partido, contra as objeções de outros membros do governo. Em uma plenária conjunta do Comitê Central e da Comissão de Controle, em 14 de novembro de 1927, Trótski e Zinóviev foram expulsos do partido por incitar a contrarrevolução; Kámenev, Rakóvski e outros foram expulsos do Comitê Central.[276] No dia seguinte, amigos ajudaram Trótski a sair de seu apartamento no Kremlin, alojando-o na casa de um partidário seu, do lado de fora das muralhas do Kremlin, na rua Granóvski.[277] A partir de 16 de novembro, Zinóviev, Kámenev, Radek e outros foram expulsos do Kremlin. A cidadela foi logo completamente fechada para quem não trabalhasse no regime, e o turismo foi interrompido.[278]

Nas primeiras horas da madrugada de 17 de novembro, o diplomata soviético Adolf Ioffe suicidou-se com um tiro. A esposa de Ioffe, Maria, que trabalhava na redação do jornal *Signal*, recebeu o telefonema. Ele estava de cama com polineurite contraída no Japão e, embora já tivesse ido à Áustria para tratamento médico, mais recentemente, o Politbiuró recusara seu pedido para financiar um tratamento na Alemanha; Ioffe se ofereceu para pagar a viagem, mas ainda assim Stálin se recusou a deixá-lo ir. O diplomata conhecera Trótski em 1910, se juntara aos bolcheviques com ele no verão de 1917 e assinara o telegrama, em nome de Lênin, que nomeava Trótski comissário da Guerra. Ioffe deixou uma carta de suicídio de dez páginas cujo tema principal era "Termidor começou" e que Maria Ioffe fez chegar a Trótski por intermediários de confiança.[279] "Minha morte é o protesto de um lutador que foi levado a um estado tal que não pode de forma alguma reagir a essa desgraça", escreveu Ioffe, acrescentando a respeito de Trótski que "você esteve sempre certo e você sempre recuou. [...] Sempre achei que você não tinha suficiente obstinação imutável leninista, a disposição dele para permanecer mesmo sozinho no caminho que escolheu para a criação de uma maioria futura, um reconhecimento futuro da correção do caminho".[280]

Os funerais de camaradas perdidos na luta eram um ritual sagrado da antiga clandestinidade revolucionária, mas isso acontecia agora sob o próprio regime comunista. O enterro de Ioffe foi realizado em 19 de novembro e atraiu uma multidão considerável para um dia de trabalho. Tchitchérin, Litvínov e Karakhan do Comissariado das Relações Exteriores, bem como Trótski, Zinóviev e Lachévitch da oposição, acompanharam o cortejo para o Cemitério de Novodévitchi, um lugar de honra inferior somente ao Muro do Kremlin. "A composição dos presentes ao funeral também nos faz parar e pensar, pois não havia trabalhadores", recordou uma testemunha. "A oposição unida não tinha apoio proletário."[281] Entre os muitos elogios, Trótski falou por último, e pouco. "A luta continua. Todos permaneçam em seus postos. Que ninguém vá embora." Essas palavras foram seu último discurso público na União Soviética. A multidão cercou Trótski, bloqueando sua saída por um longo tempo, tentando transformar o funeral em uma manifestação política. Mas foram dispersados.[282] Naquela mesma noite, por carta recebida de Ríkov, Trótski foi dispensado de seu último cargo administrativo oficial (presidente da comissão de concessões estrangeiras).[283]

No dia seguinte, Ríkov falou durante o x Congresso do Partido Comunista da Ucrânia e queixou-se do uso pela oposição das expressões "Stálin, o Ditador" e "métodos stalinistas". "Tudo isso é uma calúnia má e vil contra todo o partido e contra o camarada Stálin", declarou Ríkov, acrescentando que no Politbiuró "nenhuma questão é decidida unilateralmente por um único membro".[284] Sua afirmação era ao mesmo tempo verdadeira e falsa. No Politbiuró, no qual Ríkov havia entrado no mesmo dia em que Stálin tornou-se secretário-geral, ele era um membro central de uma maioria sólida. Mas sabia melhor do que quase todos que Stálin decidia previamente muita coisa fora do Politbiuró — na Praça Velha, em seu apartamento do Kremlin, em sua datcha em Sotchi, por telefone com a OGPU.

XV CONGRESSO DO PARTIDO (2-19 DE DEZEMBRO DE 1927)

O xv Congresso foi o maior fórum do partido até então, com 1669 delegados (898 com direito a voto). Trótski e Zinóviev não estavam entre eles. A oposição não tinha sequer um único delegado com direito a voto.[285] Após a cerimônia de abertura, Stálin fez o informe político principal pela segunda vez. Ao mero anúncio de seu nome, os delegados explodiram ("aplausos prolongados e tempestuosos; uma ovação de todo o salão, gritos de 'Viva'"). "Nosso país, camaradas, existe e se desenvolve em uma condição de cerco capitalista", começou ele. "Sua posição externa não depende apenas de suas forças internas, mas também do estado desse cerco capitalista, das condições dos países capitalistas que circundam nosso país, dos pontos fortes e fracos deles, dos pontos fortes e fracos das classes oprimidas do mundo inteiro." Desse modo, apresentou uma avaliação detalhada da economia mundial, do comércio internacional e dos mercados externos, e do que ele chamou de preparativos para uma nova guerra imperialista para redividir os despojos globais. "Temos todos os sinais da crise mais profunda e da crescente instabilidade do capitalismo mundial", concluiu ele, chamando a estabilização capitalista de "cada vez mais podre" e os movimentos anticoloniais e operários de "crescentes". Stálin analisou então o desenvolvimento econômico da URSS, na indústria e na agricultura, a expansão da classe trabalhadora, a elevação do nível cultural geral do país, concluindo que "o poder soviético é o mais estável do mundo". (Aplausos tempestuosos.)[286] Depois de uma pausa para o almoço, Stálin voltou para a plataforma e se dedicou a uma fala irada sobre a oposição. Ao todo, falou durante quatro horas.

No dia do informe de Stálin (3 de dezembro), Kámenev apresentou uma petição, com os nomes de 121 oposicionistas que estavam programados para expulsão, mas prometiam acatar as decisões do partido.[287] Stálin zombou deles e, como Zinóviev exigira uma vez de Trótski, exigiu: "Eles devem renunciar a suas concepções antibolcheviques aberta e honestamente, diante de todo o mundo. Eles devem, aberta e honestamente, diante de todo o mundo, denunciar os erros que cometeram, erros que se tornaram crimes perante o partido. Ou isso, ou podem deixar o partido. E, se não saírem, vamos expulsá-los!". Pandemônio.[288] Durante a discussão, os poucos membros da oposição a quem foi dada a palavra, como Grigóri Ievdokímov e Nikolai Murálov, foram vaiados implacavelmente, e depois, quando deixaram a tribuna, verbalmente caluniados. "Não se pode ter confiança nesses enganadores do partido", recitou Kuzma Ryndin, um delegado de Tcheliabinsk (e futuro chefe do partido de lá). "Chega dessa zombaria do partido: o partido e o proletariado não vão tolerar isso. [...] Todos aqueles que querem nos impedir de trabalhar — fora com eles do partido!" Filipp Goloschókin declarou: "Se tratarmos com timidez a oposição, estaremos cortando nossas próprias gargantas". Quando Kámenev observou que membros da oposição foram presos por suas opiniões políticas, Ríkov respondeu que, "apesar da situação que a oposição tentou criar, há apenas alguns na prisão. Não creio que posso dar garantias de que a população prisional não terá de ser aumentada um pouco em um futuro próximo". (Vozes da plateia: Correto!.)[289]

Kámenev fora autorizado a participar como delegado sem direito a voto, e suas observações, mais uma vez, foram memoráveis, embora totalmente diferentes de dois anos antes, quando negara a capacidade de Stálin de unir o partido. "Diante de nós está a questão de escolher um de dois caminhos", explicou, em meio a constantes interrupções e acusações de trotskismo, mentira e piores. "Uma dessas estradas é um segundo partido. Essa estrada, nas condições da ditadura do proletariado, é ruinosa para a revolução. É o caminho da degeneração política e de classe. Essa estrada está proibida para nós, excluída por todo o sistema de nossas concepções, por todos os ensinamentos de Lênin. [...] Resta, portanto, a segunda estrada [...] submeter-se completa e totalmente ao partido. Nós escolhemos esse caminho porque estamos profundamente convencidos de que uma política leninista correta pode triunfar no nosso grupo e através dele, não fora do partido e contra ele."[290] Desse modo, via-se que, no fim das contas, Stálin havia unido o partido: a degradação de Kámenev era a prova disso.

Em comentários feitos em 7 de dezembro para fechar a discussão de seu informe, Stálin declarou triunfante: "Não tenho nada substancial a dizer sobre os discursos de Ievdokímov e Murálov, pois não havia nada de substância neles. A única coisa a dizer sobre eles é: Alá, perdoai-os". Os delegados riram e aplaudiram. Ele chamou o discurso capitulacionista de Kámenev de hipócrita e o partido, de um organismo vivo: "O velho, o obsoleto cai (aplausos), o novo cresce e se desenvolve (aplausos). Alguns deixam o palco. [...] Novas forças crescem, no topo e nos níveis mais baixos, levando a causa em frente. [...] E se agora alguns líderes caem da carreta da revolução, não querendo sentar--se firmemente na carreta, então, nisso não há nada de surpreendente. Isso só irá liber-tar o partido daqueles que ficam de pernas cruzadas e impedem o partido de avançar". Para aqueles que "caem da carreta, então esse caminho é a estrada deles!" (Aplausos entusiasmados. O congresso inteiro se levanta e dá ao camarada Stálin uma ovação.)[291]

Uma resolução que condenava a oposição foi posta em votação imediata e aprovada por unanimidade. Então, o maldito Testamento reapareceu, mais uma vez.

Em julho de 1926, Stálin desafiara seus críticos a exigir no próximo congresso do partido (que era agora) que o Testamento de Lênin fosse publicado. Em 9 de de-zembro, Ordjonikidze fez uma proposta formal nesse sentido, para reverter a decisão do XIII Congresso do Partido. Ríkov propôs que todos os últimos ditados de Lênin fossem publicados, e não somente a parte conhecida como Testamento, e que o Tes-tamento fosse incluído nos anais do XV Congresso. A proposta de Ríkov foi aprovada por unanimidade.[292] Mas o Testamento não apareceu nos anais publicados.[293] Em vez disso, Stálin fez com que ele saísse durante o congresso como um boletim separado "somente para os membros do partido", em uma tiragem de 13 500 exemplares, nove vezes o número de delegados. O método de distribuição e o número de pessoas que leram um exemplar não ficaram claros.[294]

Muita coisa foi passada por alto no congresso. Através de canais da polícia secreta, chegavam relatórios alarmantes sobre uma "fome de mercadorias" e sobre a ira popu-lar generalizada. "As filas para alimentos e materiais para vestuário tornaram-se um fenômeno diário (Centro, Bielorrússia, vale do Volga, Cáucaso Sul), juntamente com aglomerações e brigas", informava a OGPU. "Houve casos em que mulheres desmaia-ram." A polícia dava atenção especial às mulheres em filas de alimentos, baseada em precedentes históricos, e as ouvia lamentando que demoravam um dia inteiro para comprar farinha e que seus maridos estavam voltando para casa do trabalho e não en-contravam nada para comer.[295] Para acalmar os trabalhadores, o regime anunciara um dia de trabalho de sete horas, o que não caiu bem com os camponeses já sedentos de bens manufaturados. "Mesmo agora, não há produtos nas lojas, e com um dia de traba-lho de sete horas não haverá absolutamente nada", declarou um camponês, de acordo com o relatório da OGPU de dezembro de 1927 sobre o estado de ânimo do país. Um "cúlaque" teria declarado: "Se os camponeses estivessem reunidos em algum tipo de organização e pudessem dizer com uma só voz que não venderiam o trigo por esse preço, então os trabalhadores ficariam com suas mercadorias e morreriam de fome, e aí eles esqueceriam o turno de sete horas".[296] A revolução bolchevique se parecia cada vez mais com um fracasso triunfante.

A política para a China de Stálin não acabava de implodir. Em 11 de dezembro de 1927, durante o congresso do partido, os comunistas chineses finalmente formaram um soviete em Cantão (Guangzhou); ele durou sessenta horas antes que forças do Guomindang aniquilassem seus adeptos. Somando tudo, o Partido Comunista chinês perdera talvez 85% de seus membros em 1927. "A revolução não podia desenvolver--se em Cantão, Shanghai, Tientsin, Hankow, ou em qualquer dessas regiões onde a indústria estava mais desenvolvida, porque ali o imperialismo e a burguesia chinesa ocupavam posições mais fortes", raciocinou Mikhail Fortus, o especialista soviético em China que usava o nome de Pável Mif. Ele sugeriu um recuo para o noroeste remoto, onde os comunistas poderiam reunir forças para um ataque posterior às "fortalezas imperialistas".[297] Mao Tsé-tung vinha insistindo na necessidade de montar uma base rural e exércitos camponeses, em vez de tentar tomar as cidades. Mas foi Chiang Kai-shek que empurrou os comunistas, ativistas de um movimento urbano, para o campo. Em dezembro de 1927, de acordo com a OGPU, os camponeses soviéticos que ouviam as notícias de jornais lidas em voz alta sobre a catastrófica derrota comunista na China interpretaram que isso significava a derrota dos comunistas em Moscou. Pura ilusão.[298]

A oposição unida se dividiu. Em 10 de dezembro, Kámenev, e Ievdokímov e Bakáiev, partidários de Zinóviev, repetiram seus apelos por escrito de reintegração, prometendo dispersar sua facção e pedindo a libertação de oposicionistas que haviam sido presos.[299] Mas, no mesmo dia, Murálov e Rakóvski, adeptos de Trótski, ao mesmo tempo que anunciavam sua concordância com a impossibilidade de formar um segundo partido, mantinham seu direito de continuar a defender pontos de vista opostos dentro do partido único.[300] Stálin decidiu não aceitar a rendição dos companheiros de Zinóviev. Em vez de simplesmente pedir que permanecessem em silêncio, como inicialmente havia exigido, agora ordenava que se retratassem publicamente e se humilhassem pelo resto da semana. Em 17 de dezembro, as expulsões de Trótski, Zinóviev e outros do partido, que já haviam sido votadas na plenária anterior, foram confirmadas.[301] Dois dias depois, Zinóviev, Kámenev e outros, 23 pessoas no total, assinaram uma petição degradante ao congresso — nem sequer foram autorizados a entrar no salão para apresentá-la pessoalmente — em que renunciavam a suas "concepções errôneas e antileninistas". Stálin se recusou novamente a reintegrá-los.[302] Ordjonikidze entrou em negociações sobre a disposição dos trotskistas de maior destaque que queriam continuar trabalhando em alguma coisa, mas Stálin logo os dispersou no exílio interno.[303] Enquanto no Politbiuró de meados de 1924 os grão-russos respondiam por 46% dos membros, sendo um terço de judeus e os três restantes um polonês, um letão e um georgiano, agora eram dois terços de russos (e a maioria de russos se manteria a partir de então).[304] A conversa no congresso era que "Moisés tirara os judeus do Egito, e Stálin os tirou do Comitê Central".[305]

Um dia antes do fim do congresso (18 de dezembro), a polícia secreta soviética comemorou seu décimo aniversário com um desfile de tropas montadas e veículos blindados pela Praça Vermelha, recebido pelo primeiro vice-presidente Iagoda, seu chefe de facto, e uma noite de gala no Bolchói exibindo a "espada e escudo" da revolução. Os operários da fábrica Dínamo de Moscou fizeram uma enorme espada de metal que foi exibida no palco, e os trabalhadores presentes à cerimônia pediram que ela permanecesse desembainhada até que "tudo o que resta da burguesia seja uma lembrança". Naquela manhã, o *Pravda* declarara guerra a "quem não estiver no caminho da revolução proletária: o especulador, o sabotador, o bandido, o guarda branco, o espião, o camarada de ontem, traidor e inimigo mais vil de hoje".[306] No Bolchói, Vorochílov e Bukhárin discursaram. Kaganóvitch observou que a "luta de classes" estava assumindo novas formas, especialmente a de pressão econômica, e que a NPE havia produzido classes hostis ao proletariado.[307] O chefe da OGPU, Wiaczesław Mężyński, ainda muito doente, fez breves observações. Fotografias e histórias de façanhas da polícia secreta foram espalhadas pelas primeiras páginas dos jornais durante três dias seguidos. "Se existe alguma coisa a lamentar agora", escreveu um dos tchekistas dos velhos tempos, "não é que éramos cruéis demais, mas que éramos lenientes demais com nossos inimigos."[308] Os celebrantes foram distribuídos pelos restaurantes de elite da capital no Nacional, no Grande Hotel e no Savoy, e em cada um deles Iagoda fez uma aparição curta para ser saudado como "o grande tchekista".[309] A Ordem da Bandeira Vermelha, a mais alta condecoração do Estado, foi conferida não somente a ele, mas a quase todos os altos membros da casta; quase que o único esquecido foi Artúzov, a *bête noire* de Iagoda, que perdeu o controle da contraespionagem.

A vitória de Stálin dificilmente poderia ter sido mais total, mas ele se entregou ao seu sentimento de vitimização e autocomiseração. Em 19 de dezembro, na plenária inaugural do Comitê Central recentemente confirmado pelo congresso, trouxe à tona novamente o pedido do Testamento de Lênin de seu afastamento da secretaria-geral. Concedeu que podia ter havido razões para que o partido não tivesse atendido ao pedido de Lênin anteriormente: existia a oposição. Mas não mais. "Nunca antes a oposição sofreu uma derrota tamanha, pois ela não só foi esmagada, como expulsa do partido", Stálin declarou triunfante. "Agora já não vemos aqueles motivos pelos quais a plenária teria pensado correto recusar o meu pedido de me liberar das funções de secretário-geral. E, além disso, temos as instruções de Lênin, que não podemos deixar de levar em conta e que, na minha opinião, é necessário pôr em prática." O funcionário do Orgbiuró Aleksandr Dogádov aparteou para sugerir a votação da proposta de Stálin, sem discussão, talvez protegendo a todos de terem de competir em seus panegíricos. Vorochílov recomendou imediatamente a rejeição do pedido de Stálin. Ríkov, que como chefe do governo presidia essas reuniões, pôs em votação a proposta de Dogádov. Mãos se ergueram: quem era a favor da manutenção de Stálin na secretaria-geral? Quem era contra? O voto favorável foi unânime, com uma única abstenção, não identificada.[310]

Ríkov havia habilmente manobrado para conter a erupção. Mas, então, Stálin fez uma nova proposta: "Talvez o Comitê Central considere conveniente eliminar a instituição de uma secretaria-geral. Na história do nosso partido, houve um tempo em que esse cargo não existia". Vorochílov interrompeu de novo. Mas Stálin respondeu com uma história rápida do partido antes da criação de uma secretaria-geral acima dos outros secretários que trabalhavam no Comitê Central. "Não sei por que é necessário preservar esta instituição morta", afirmou. "Enquanto no topo nenhum direito ou dever especial está conectado, na prática, com a instituição do secretário-geral, em outros lugares existem deformações e em todas as províncias há uma briga por causa dessa instituição entre os camaradas que são chamados de secretários, por exemplo, nos comitês centrais nacionais. Muitos secretários-gerais foram criados e em certos lugares eles têm direitos especiais. Por que precisamos disso?" Ele pediu que o cargo fosse eliminado. "É fácil fazer isso, ele não está nos estatutos do partido."

Mais uma vez, coube a Ríkov administrar a situação. Ele afirmou inequivocamente que o Comitê Central manteria o cargo de secretário-geral que Lênin havia criado e que fora concedido a Stálin pelo voto de todos, inclusive dos oposicionistas agora expulsos do partido. Declarou que Stálin havia justificado plenamente sua nomeação por seu trabalho, tanto antes da morte de Lênin como depois. Dessa vez, a votação foi unânime. Os atos de Ríkov, como suas observações no recente Congresso do Partido Ucraniano, indicavam que ou ele confiava plenamente que podia controlar Stálin, ou compreendia que a única opção, mesmo para titãs como ele, era ficar nas boas graças de Stálin e esperar pelo melhor. Ou talvez Ríkov não fosse mais perspicaz em relação a Stálin do que Kámenev havia sido quando deixara escapar a chance de removê-lo. A ameaça de Stálin era muito mais evidente agora. Mas a ameaça de Stálin também estava totalmente presente no vocabulário e na visão de mundo do regime — cerco capitalista, inimigos onipresentes, vigilância, impiedade — que Ríkov compartilhava e que ele mesmo havia usado contra a oposição, ao mesmo tempo que fazia média com o campesinato, com exceção dos cúlaques.

Ninguém obrigou Stálin a apresentar sua demissão várias vezes. Ele renunciara com tanta frequência que o ritual poderia ter se tornado cansativo para aqueles submetidos a ele. Sem incluir as insinuações contidas na carta de 7 de agosto de 1923 para Bukhárin e Zinóviev, relacionada com a primeira divulgação da "Carta de Ilitch sobre o secretário", após a reunião de caverna, houve declarações claras de resignação em seis ocasiões conhecidas: na véspera do XIII Congresso do Partido, em maio de 1924, e, depois, imediatamente após o congresso; em 19 de agosto de 1926, em carta ao Comitê Central; em 27 de dezembro de 1926, em carta a Ríkov em nome do Comitê Central; e, agora, mais uma vez, em 19 de dezembro de 1927. Nos três congressos do partido realizados desde que o Testamento de Lênin viera à tona, Stálin não renunciou apenas em um deles (o XIV), o qual, no entanto, havia degenerado em gritaria sobre o seu "poder ilimitado". E agora, nessa primeira plenária após o XV Congresso, mesmo depois de Ríkov afirmar a existência do cargo de secretário-geral, Stálin não estava satisfeito. "Camaradas, na primeira votação, a respeito de minha dispensa das funções de secretário, eu não votei, esqueci de votar", ele interrompeu. "Peço que considerem o meu voto contra."[311]

O que era isso? A expressão de um profundo poço de ressentimento? A manifestação de seus temores mais sombrios, o seu afastamento pelo Comitê Central? Um teste provocador dos homens que compunham o regime? Uma maneira estranha de saborear seu triunfo e a expulsão da oposição? Um gesto de falsa modéstia de um homem que adorava posar de humilde, ainda que indispensável, servo do partido? Era, talvez, tudo isso — supremacia e cerco, exaltação e autocomiseração, os paradoxos do poder de Stálin.

Ele havia alcançado uma posição de poder que superava os sonhos mais fantásticos de qualquer um, exceto, talvez, o dele, mas o poder para ele implicava responsabilidade pelo avanço da vitória comunista em casa e no exterior. Nenhuma guerra eclodiu em 1927, mas surgiram rumores de que foi somente porque o regime soviético fizera secretamente concessões, entregando grãos, ouro, cavalos, portos, minas de carvão, território. (Alguns engraçadinhos conjecturaram que as potências ocidentais se abstiveram de derrubar o regime soviético a fim de dar aos socialistas de todo o mundo mais tempo para ver a loucura completa de suas ilusões.) O XV Congresso aprovou uma resolução sobre a industrialização que propunha, em termos marxistas clássicos, a produção dos meios de produção, e, no entrementes, a importação de máquinas que ainda não eram produzidas na URSS.[312] Como isso seria financiado? A polícia secreta informava o aumento de ataques, até assassinatos, contra as autoridades soviéticas, enquanto as aquisições de grãos pelo Estado estavam fracassando. Em 12 de dezembro de 1927, o comunista de esquerda Valerian Obolenski, conhecido como Ossínski, enviou uma carta a Ríkov e Stálin em reação ao informe que Ríkov apresentara no congresso, apontando a ausência de uma crise geral, apenas uma crise parcial na coleta de grãos. Ossínski, que trabalhava na Administração Central de Estatística e conhecia bem a agricultura, disse que o processo de coleta de grãos já estava "completamente perdido" para aquele ano — palavras espantosas —, "mesmo que os preços de aquisição fossem aumentados. Esse aumento já é uma derrota, especialmente porque poderia provocar uma nova retenção de grãos, na expectativa de novos aumentos de preços". Ossínski vinha exortando repetidamente Mikoian e outros altos funcionários (janeiro de 1927, verão de 1927, outono de 1927) a aumentar os preços da aquisição e baixar os preços dos bens industriais para os camponeses. "Acredito que as causas mais fundamentais da queda (até agora pela metade) da nossa campanha de aquisição, uma queda que se transformará em dificuldades profundas de ordem geral, é a intensificação da nossa produção para ritmos e numa direção que não correspondem às reais possibilidades de nosso país."[313] A carta de Ossínski implicava que alguma coisa drástica teria de ser feita em relação às aquisições de grãos, ou a industrialização se tornaria um sonho impossível.

Sokólnikov, o ex-ministro das Finanças, mais uma vez insistiu que "ritmos americanos" de industrialização só seriam possíveis por meio do desenvolvimento da agricultura, e considerou idiota avaliar as reservas camponesas de grãos como expressão de algum tipo de guerra dos cúlaques contra o poder soviético. Ele defendeu o uso de alavancas econômicas sem um retorno à requisição.[314] No final, o xv Congresso do Partido havia votado uma resolução a mando de Stálin "sobre o trabalho no campo", que pedia para "utilizar todo o poder dos órgãos econômicos, e basear-se, como antes, nas massas camponesas pobres e médias, para desenvolver ainda mais a ofensiva contra os cúlaques e adotar várias novas medidas para limitar o desenvolvimento do capitalismo no campo e conduzir a economia camponesa pelo caminho do socialismo".[315] Ainda não estava claro o que essas "novas medidas" acarretavam. Mas, durante a votação da resolução final a respeito do campo, nos momentos derradeiros do congresso, apareceu uma emenda: "No momento presente, a tarefa de transformação e fusão de pequenas fazendas individuais em fazendas coletivas de grande escala deve ser definida como a tarefa fundamental do partido no campo".[316] Coletivização, *naquele momento*? A transcrição registra "barulho no salão" quando a emenda foi lida; a presidência da sessão observou que restavam somente vinte minutos para o encerramento do congresso e pediu aos delegados que permanecessem sentados. A resolução emendada, de acordo com a ata, foi aprovada por unanimidade.[317]

Após a rejeição de sua renúncia, Stálin comemorou em 21 de dezembro seu aniversário de 48 anos.[318] Quase meio século deveria ser mais do que suficiente para que os observadores pudessem entendê-lo, mas ele se revelava não mais do que a vasta e escura floresta da taiga siberiana. Até mesmo o grande furo biográfico do diretor da ACM americana Jerome Davis foi posto em dúvida: Stálin proibiu sua republicação no original russo e, em dezembro de 1927, fez um funcionário do Comissariado das Relações Exteriores tentar convencer a Associated Press a desacreditar a entrevista de Davis como uma fabricação.[319] Contudo, em conexão com a data de aniversário, o principal assessor de Stálin, Ivan Tovstukha, retrabalhou o material biográfico que fora reunido coletivamente no aparato central e, dessa vez, conseguiu obter a concordância de Stálin para publicá-lo — assinado somente por Tovstukha — na Enciclopédia Granat de cerca de 250 revolucionários em 1927. O material sobre Stálin também saiu na forma de um panfleto autônomo, numa tiragem inicial de 50 mil exemplares. Finalmente, uma *biografia* de Stálin. Ela catalogava reverencialmente sua passagem através das estações revolucionárias da cruz: a descoberta de Marx, a organização na clandestinidade, os vários congressos iniciais, os episódios de exílio e outras punições políticas. O texto tinha catorze páginas, em tipo grande, em negrito.[320]

14. Uma viagem à Sibéria

Não podemos viver como ciganos, sem reservas de grãos.
STÁLIN, PLENÁRIA DO COMITÊ CENTRAL, 9 DE JULHO DE 1928[1]

Stálin era uma pessoa ideológica. Para ele, o principal era a ideia.
LÁZAR KAGANÓVITCH[2]

Stálin embarcou em um trem fortemente vigiado com destino à Sibéria. Era domingo, 15 de janeiro de 1928.[3] Ele raramente viajava, mesmo dentro do país, com exceção das idas ao mar Negro para se aliviar, nos banhos sulfurosos, das dores terríveis em seus músculos e articulações. A Sibéria, no entanto, ele conhecia bem de antes da revolução de 1917, pois fora deportado para lá inúmeras vezes pelo regime tsarista, a mais recente durante a Grande Guerra. Stálin havia lutado no Front do Tédio e Mosquito, ou seja, chafurdara por anos, como exilado político, nos pântanos alternadamente congelados ou derretidos do extremo norte. Mas, na viagem de 1928, não iria além do sul da região: Novossibirsk e o celeiro de Altai, na Sibéria ocidental, bem como Krasnoiarsk, na Sibéria oriental, onde, no início de 1917, uma junta de recrutamento o havia rejeitado, devido aos dedos colados de seu pé esquerdo e ao cotovelo esquerdo ulcerado que não dobrava corretamente. Agora, onze anos depois, Stálin voltava a essas regiões remotas como governante do país, o secretário-geral do Partido Comunista. Em Novossibirsk, em reuniões com os líderes locais, ele exigiria medidas coercivas para superar a crise estatal de aquisição de grãos. Stálin também declararia, de forma inesperada, a inevitabilidade de levar adiante a coletivização da agricultura imediatamente. Poucos dias depois, tomaria um ramal para Barnaul, um centro administrativo da região mais rica do cultivo de grãos da Sibéria, para se reunir com funcionários de baixo escalão. Em comparação com os 20 milhões de veículos a motor nos Estados Unidos, os automóveis e caminhões na União Soviética talvez chegassem a 5500, e Barnaul não tinha um único deles. Do terminal, Stálin foi levado para o encontro num trenó primitivo de cesto de madeira, meio de transporte que sugeria a enormidade da tarefa de refazer a vida camponesa em dois continentes.

CRISE AUTORREALIZÁVEL

O moderno poder russo, também em sua versão soviética, ainda dependia de trigo e centeio. Apesar de todos os sonhos de modernidade, em 1928 a indústria mal restabelecera os níveis de 1913, mesmo com a recuperação prolongada proporcionada pelos mercados parcialmente legalizados da Nova Política Econômica.[4] Em contraste, a indústria na Grã-Bretanha e na Alemanha estava 10% maior do que em 1913; na França, 40%; e nos Estados Unidos, imensos 75%.[5] A Rússia havia perdido terreno. Ao mesmo tempo, a NPE pressupunha a disposição dos camponeses de vender seus "excedentes", isto é, os grãos além do que consumiam como alimento ou bebida alcoólica, não apenas para os operadores privados (homens da NPE), mas também para os agentes de compras estatais, a preços estabelecidos pelo governo. Com o ano agrícola sendo contado de julho a junho e as colheitas e aquisições estatais com início no verão, de julho a dezembro de 1927, o Estado soviético havia garantido apenas 5,4 milhões de toneladas de grãos. A meta para o período era de 7,7 milhões de toneladas, mostrando um déficit escancarado que ameaçava deixar Moscou e Leningrado, bem como o Exército Vermelho, com fome na primavera. As aquisições para novembro e dezembro de 1927 foram particularmente alarmantes, atingindo apenas metade do total em comparação com o ano anterior.[6] Relatórios em pânico chegavam de lugares longínquos como o Uzbequistão soviético, onde os produtores de algodão, com pouca comida, insistiam em mudar para culturas que pudessem alimentá-los, e as autoridades começavam a requisitar todos os grãos de qualquer um que os cultivasse.[7] Em Moscou, as autoridades dificilmente poderiam suportar grandes agitações: as manifestações de rua provocadas pela falta de pão haviam acompanhado a queda do regime tsarista, e a escassez tinha desempenhado um papel no enfraquecimento do Governo Provisório.

As perspectivas de longo prazo eram ainda mais preocupantes. A Rússia tsarista alimentara Inglaterra e Alemanha, e as exportações de grãos haviam atingido talvez 9 milhões de toneladas em 1913, mas, em 1927, constituíram míseros 2,2 milhões de toneladas, rendendo muito menos divisas para financiar as importações de máquinas e a industrialização. Ao mesmo tempo, Stálin recebeu uma tabela que mostrava uma queda drástica na porcentagem da colheita que era comercializada desde os tempos tsaristas, de 26% para 13% (de colheitas menores).[8] Em consequência da revolução camponesa, uma parte da terra que era utilizada para a produção comercializada fora tomada e agora estava ocupada por agricultura de subsistência, de modo que, mesmo que as colheitas fossem de tamanho comparável, menos grãos seriam comercializados para além das fronteiras das aldeias.[9] Sem dúvida, a produção agrícola soviética superava a da China ou a da Índia. Mas a URSS competia com Grã-Bretanha, França e Alemanha, e, apesar de algumas melhorias em implementos e máquinas, crédito e cooperativas de comercialização, a agricultura continuava decididamente atrasada. Três quartos de todo o grão eram semeados manualmente, quase metade era colhida por foices e gadanhos, e dois quintos eram debulhados por correntes ou dispositivos manuais semelhantes.[10] A agricultura russa não estava avançando, enquanto, nas grandes potências, a mecanização estava em marcha acelerada. A grande preocupação era como aumentar a produção total de grãos. Após o pico na colheita de 1925-6 promovido pela NPE (77 milhões de toneladas), a safra de 1926-7 decepcionara, com cerca de 73 milhões, e a de 1927-8 desapontaria também, estimada oficialmente nos mesmos 73 milhões de toneladas, mas que provavelmente não ultrapassaria 70 milhões.[11] Eram fatos incontornáveis que teriam desafiado qualquer governo russo, mas as medidas bolcheviques haviam minado inexoravelmente o quase mercado da NPE.[12]

A indústria privada na URSS diminuíra para menos de 10% da produção total, e sua participação continuava a cair, mas os principais produtores, fábricas estatais organizadas como trustes gigantescos, tinham poucos incentivos para reduzir seus custos de produção indevidamente elevados ou até mesmo para fabricar produtos vendáveis. Um decreto de 1927 sobre trustes enfatizava cotas de produção, e não o lucro, como critério orientador, o que agravava os incentivos já perversos de maiores subsídios para pior desempenho.[13] A incapacidade do regime de resistir ao ímpeto de financiar a necessária expansão industrial com a impressão de dinheiro resultou em inflação, que, por sua vez, provocou controles de preços ainda mais desajeitados, piorando o funcionamento do mercado. Em outras palavras, a aplicação de medidas administrativas para a economia só exacerbou os desequilíbrios e alimentou a inclinação para mais medidas administrativas, num círculo vicioso.[14] "Se há uma escolha entre o programa de industrialização e o equilíbrio no mercado, o mercado deve ceder", fanfarronou-se Valerian Kúibichev, chefe do Conselho Supremo da Economia, para o diretório do partido em seu reduto, em janeiro de 1928. Ele admitiu que o mercado "pode ser uma corrente, mas um comunista e bolchevista sempre foi e é capaz de nadar contra a corrente", e concluiu que "a vontade do partido pode criar milagres [...] e está criando e criará milagres apesar de todos esses fenômenos de mercado".[15] Apenas algumas semanas de-

660

pois, Kúibichev proclamou no presidium do Conselho Supremo da Economia que "a vontade do Estado esmagou a conjuntura de [mercado]".[16] Essa bazófia idiota revelava involuntariamente as dimensões autoinfligidas das aquisições de grãos acentuadamente menores feitas pelo Estado.

Alguns camponeses estavam segurando seus grãos por medo de uma nova epidemia de fome, mas os especialistas atribuíam a diminuição da comercialização principalmente à menor produção per capita, maior consumo per capita dos camponeses e, sobretudo, à diferença de preço entre grãos (baixo) e bens manufaturados desejados pelos camponeses (alto), aquela tesoura infame, na metáfora de Trótski, cujas lâminas se abriam em direções opostas.[17] Pagar aos camponeses preços substancialmente mais elevados pelos grãos e restringir impiedosamente as emissões monetárias fecharia as lâminas, mas a primeira medida implicaria cobrar preços mais altos dos trabalhadores pelo pão, além de prejudicar a industrialização (compras internas de grãos a preços mais elevados reduziriam as receitas da exportação); a outra medida implicaria uma diminuição das ambições de expansão industrial.[18] Stálin relutava em fazer de novo esse tipo de concessão política ao campesinato, uma vez que, depois de tomar essa medida, o regime estava novamente no mesmo lugar. Em vez disso, em 1927, o Politburó havia ordenado uma redução substancial de preços para os fabricantes, cuja implementação Stálin chamou de "reduzir o sobrepreço, quebrar a resistência das cooperativas e de outras agências comerciais a todo custo".[19] Alguns anos antes, essa manobra havia funcionado, quando havia capacidade industrial ociosa para reavivar, mas agora, mesmo com os preços mais altos, a demanda não vinha sendo atendida por causa da oferta limitada, e a redução de preço — nada menos que no verão, quando os trabalhadores entravam em férias e a produção normalmente sofria — reforçou a tendência a esvaziar as prateleiras.[20] "Em alguns distritos", registrou a polícia secreta em uma pesquisa de estado de ânimo político do país feita em dezembro de 1927, "os camponeses vão à cooperativa todos os dias para perguntar se as mercadorias chegaram."[21] É verdade que, durante todo o mês de janeiro de 1928, as fábricas têxteis da região de Moscou funcionaram também aos sábados, para produzir manufaturas para as regiões produtoras de cereais, mas a fome de mercadorias persistiu.[22]

Os rumores de uma guerra iminente também contribuíram para a relutância dos camponeses em se desfazer de seus grãos; a organização siberiana do partido exigiu uma suspensão "da agitação estúpida na imprensa" a respeito de uma invasão estrangeira iminente.[23] E, para completar o quadro, as autoridades do partido tinham se distraído. No dia 7 de novembro de 1927 comemorou-se o décimo aniversário da revolução, uma bebedeira prolongada; depois, vieram as eleições para o XV Congresso do Partido e suas sessões durante boa parte de dezembro. "Ninguém com autoridade se preocupa com a compra de grãos", um espião alemão, posando de jornalista, escreveu sobre os funcionários rurais na Sibéria. "Todos os chefes do partido, as autoridades, estão em

661

Moscou para o congresso do partido, para as celebrações do jubileu, para as sessões do Soviete e outras coisas, e os chefes de escalão mais baixo do partido, as organizações de juventude e os correspondentes nas aldeias têm na cabeça apenas o aniversário da revolução."[24] Mas, logo depois do congresso, o Politbiuró realizou uma sessão especial dedicada exclusivamente à aquisição de grãos.[25] E o *Pravda* começou a bater o gongo. De repente, como captou um repórter que estava em Moscou pelo *Times* de Londres (3 de janeiro de 1928), irrompeu a discussão pública sobre "as medidas mais drásticas para arrancar o grão dos camponeses".

Stálin aumentou a pressão em duas linhas. Uma era a polícia secreta, que ganhara a prerrogativa de impor sentenças fora dos canais judiciais. Em 4 de janeiro, Iagoda, o subchefe da OGPU, orientou todas as sucursais regionais da polícia secreta "a prender imediatamente os maiores comerciantes privados de grãos [...] realizar as investigações rapidamente, de forma persuasiva. Enviar os casos aos conselhos especiais. Comunicar imediatamente a influência resultante no mercado".[26] Stálin queria que o envolvimento público da polícia secreta fosse minimizado ("cessar a publicação de comunicados a respeito de nossas operações na coleta de grãos", orientou o chefe da OGPU Wiaczesław Mężyński a Vsévolod Balítski, chefe da OGPU na Ucrânia, em janeiro de 1928).[27] A outra linha envolvia o aparato do partido: quatro circulares secretas com palavras duras foram enviadas para todas as principais organizações do partido durante um único mês, começando em 14 de dezembro (durante o congresso do partido).[28] As circulares adiantavam o prazo para remeter os pagamentos de impostos rurais de 1º de abril para 15 de fevereiro de 1928, e os pagamentos de seguros de 31 para 15 de janeiro, alterações que as autoridades obrigaram os camponeses a ratificar em reuniões de massa.[29] Mas os camponeses cumpriram suas obrigações em dinheiro com a venda de carne, laticínios e couros, cujos preços eram predominantemente definidos pelo mercado e altos por causa da demanda. Os grãos, que foram prontamente armazenados, eles retiveram.[30] Os relatórios internos da polícia secreta alertavam para "um fortalecimento da agitação cúlaque" — isto é, discussões entre os camponeses sobre segurar até a primavera, prevendo preços melhores.[31]

Os membros do Politbiuró, atentos à possível fome na primavera e à agitação urbana, se o abastecimento de alimentos falhasse, bem como aos danos causados à industrialização se não houvesse grãos para exportar, haviam cautelosamente cedido à insistência de Stálin em "medidas de emergência". Sua terceira circular secreta ao partido, enviada em 6 de janeiro de 1928, reconhecia que, "apesar de duas diretivas firmes do Comitê Central para reforçar a aquisição de grãos, nenhum avanço ocorreu", e anunciava a formação de uma comissão do Comitê Central para os grãos chefiada por ele mesmo, o que lhe proporcionava não apenas autoridade de facto, mas de jure para pôr em prática as medidas de emergência que considerava necessárias. Com essa autoridade extra, Stálin estendeu a lei contra a especulação usada pela OGPU contra comerciantes privados — artigo 107 do Código Penal — aos produtores de grãos por "não liberarem mercadorias para o mercado".[32] O simples fato de não vender grãos plantados tornou-se um crime passível de até três anos de prisão e confisco de bens. Centenas de detenções divulgadas ocorreram na Ucrânia e no Cáucaso Norte, e publicaram-se relatórios sobre a descoberta de depósitos consideráveis de grãos "acumulados".[33] Nesses locais, Stálin contava com lugares-tenentes de confiança, como Kaganóvitch, chefe do partido na Ucrânia, e Andrei Andreiev, outro protegido, que o ditador acabara de nomear chefe do partido no vasto território do Cáucaso Norte. Mas mesmo esses homens de confiança o obrigaram a exercer pressão (Andreiev, recém-chegado, escreveu à esposa em janeiro de 1928 que, "agora, a sério, tenho de emitir diretrizes para conter os fanáticos", não exatamente uma mensagem do secretário-geral).[34] Stálin despachou Mikoian ao Cáucaso Norte, mas, ao lado da Ucrânia, essas regiões estavam muito atrasadas na produção de seus habituais dois terços dos grãos comercializados no país, e assim Stálin voltou-se para os Urais e a Sibéria, que chamou de "as últimas reservas". Em 9 de janeiro, o Politbiuró resolveu mandar a campo seus dois altos dirigentes, Viatcheslav Mólotov, que foi direcionado para os Urais, e Sergo Ordjonikidze, que foi enviado à Sibéria. Em 12 de janeiro, no entanto, Ordjonikidze disse estar doente e sua viagem foi cancelada.[35] No dia seguinte, Stálin convocou funcionários da Agricultura, do Abastecimento e do Comércio.[36] E decidiu ir pessoalmente à Sibéria.[37]

Stálin não seria a única pessoa em movimento naquele janeiro de 1928. Em um golpe desagradável, Boris Bajánov, um ex-assessor do santuário mais íntimo, na Praça Velha, fugiu do país, em 1º de janeiro, quando os guardas de fronteira ainda estavam sentindo os efeitos da celebração do Ano-Novo. Foi o primeiro grande desertor soviético. Bajánov fora transferido para fora da Praça Velha depois de não devolver equipamentos esportivos importados que tomara emprestado; em seguida, teve filhos ilegítimos com duas amantes diferentes, uma das quais levou para o exterior como sua "esposa", às custas do Estado. Havia pensado em fugir para Romênia, Finlândia ou Polônia antes de conseguir ser transferido para Achkhabad, no Turcomenistão, a poucos quilômetros da fronteira mais porosa com o Irã. Com apenas 27 anos, levou consigo documentos secretos do Politbiuró para provar sua boa-fé. Não está claro se teve ajuda de serviços de inteligência estrangeiros para cruzar a fronteira, mas, uma vez na Pérsia, foi evidentemente ajudado para atravessar as montanhas na direção da Índia, de onde partiu para Marselha, deixando para trás sua amante, que foi apanhada tentando atravessar a fronteira para o Irã sozinha.[38] Bajánov aderira ao partido quando adolescente, em sua Ucrânia natal, e conseguiu entrar no Orgbiuró aos 22 anos. Sua traição constrangedora, mantida em segredo do público soviético, mostrou que o sonho de um futuro radiante não era somente a fonte da força do sistema, mas também sua principal vulnerabilidade: as pessoas podiam ficar muito iradas com suas ilusões anteriores. Já em 2 de janeiro, Gueórgi Arutiúnov, conhecido como Agabékov, um armênio que chefiava o departamento oriental da inteligência soviética, encabeçou uma caça ao homem em solo estrangeiro (até o próprio Agabékov também desertar).[39] Bajánov passaria por longos interrogatórios da inteligência francesa, gerando centenas de páginas sobre as maquinações soviéticas clandestinas para minar as potências ocidentais e sobre o regime opaco de Stálin, contando aos franceses, por exemplo, que o georgiano era "extremamente astuto, com um incrível poder de dissimulação e, sobretudo, muito rancoroso".[40] Não demorou para que Bajánov publicasse um relato em francês, por escrito, em que dizia que Stálin "possuía em alto grau o dom para o silêncio, e nesse aspecto era único em um país onde todo mundo fala demais".[41]

Em geral, Bajánov entendeu mal o líder soviético, como quando afirma que ele "não lia nada e não se interessava por nada" e "só tinha uma paixão, absoluta e devoradora: o desejo de poder".[42] Stálin vivia para a revolução e o poder do Estado russo, motivo que o levou a voltar à Sibéria. Seu poder pessoal ia muito além da Praça Velha, por meio do telégrafo, do telefone, dos jornais, do rádio e da ideologia comunista, mas essas ferramentas mal chegavam às aldeias. Tampouco esse poder se estendia ao exterior. A recusa soviética de renunciar à internacionalização da revolução através do apoio a movimentos de libertação operários e nacionais em outros países assegurava que o princípio central das relações exteriores leninistas — trato com o inimigo — se tornara uma profecia autorrealizável, mas persistia o desafio de obter de algum modo tecnologia industrial avançada das potências capitalistas. Para complicar ainda mais a posição soviética, os preços do mercado mundial de trigo em 1927-8 despencaram, uma deflação que afetou também outros produtos de exportação soviéticos (madeira, óleo, açúcar). Ao mesmo tempo, o aumento das tarifas no exterior magnificou o soco no estômago.[43] Ali estava o golpe que a economia política global aplicava em todos os produtores de bens primários: para obter a moeda forte de que precisava para comprar máquinas, a União Soviética teria de vender suas mercadorias com perda.[44] Além disso, apesar de alguns sucessos na obtenção de créditos de curto prazo e alguns de médio prazo dos governos austríaco e alemão para comprar equipamentos e cobrir os déficits comerciais, os soviéticos não conseguiram obter financiamento de longo prazo de Paris, Londres ou mesmo Berlim. Stálin não podia tolerar que o regime soviético rastejasse diante da burguesia internacional, em vez de contar com o proletariado internacional para tábua de salvação. Assim como os camponeses estavam se recusando a vender seus grãos, os capitalistas estrangeiros, no mínimo, podiam visar a morte do regime comunista recusando-se a vender sua tecnologia avançada.

Stálin vivia mergulhado nos resumos sombrios da OGPU sobre o estado de espírito político do país, que sua visão de mundo transformava em um circuito de retroalimentação, e que transbordava de conversas entreouvidas contra o regime e outras lembranças de que a URSS estava cercada por forças hostis e infestada de inimigos internos.[45] As regiões fronteiriças soviéticas eram suspeitas: na Ucrânia, no norte e no sul do Cáucaso, na Bielorrússia e no Extremo Oriente, a polícia informava: "Temos alguns elementos com os quais a contrarrevolução estrangeira poderia contar em um momento de complicações externas".[46] Especialistas em indústria e militares da época tsarista eram suspeitos. De acordo com um informante da polícia, o ex-general de brigada Nikolai Pnévski, um nobre, chefe do Estado-Maior da força aérea tsarista que estava na diretoria de intendência do Exército Vermelho, declarou em relação à ruptura de relações diplomáticas pela Grã-Bretanha que "o colapso do poder soviético é inescapável, como um sistema construído sobre areia", e acrescentou: "Esse rompimento é um prelúdio para a guerra, que deverá, levando-se em conta o baixo nível de tecnologia militar da URSS e as dificuldades políticas e econômicas internas causadas por uma guerra, liquidar com o bolchevismo de uma vez por todas".[47] As aldeias eram suspeitas: "Conversei com muitos camponeses e posso dizer sem rodeios que, no caso de um conflito com Estados estrangeiros, uma parcela significativa dos camponeses não defenderá o poder soviético com entusiasmo, e isso também é relatado em relação ao Exército", disse ao Politbiuró Mikhail Kalínin, que posava de ancião camponês do país.[48] A imprensa dos emigrantes russos trazia informações vazadas sobre o funcionamento interno secreto do regime soviético.[49] Para Stálin, seu círculo íntimo também se tornara suspeito. Sem consultá-los, e com uma noção muito vaga de como correriam as coisas, ele embarcou em 1928 para o maior jogo de sua vida política.

UM DISCURSO DE FAZER TREMER A TERRA

Stálin está chegando. O chefe do partido da Sibéria, Serguei Sirtsov, partiu numa inspeção urgente do celeiro do oeste siberiano — Barnaul, Bíisk, Rubtsovsk — a fim de se certificar de que os funcionários estavam preparados para receber o secretário--geral.[50] Como veterano do aparato interno de Stálin em Moscou, onde havia passado por uma escola da intriga, Sirtsov tinha apenas 33 anos quando, dois anos antes, Stálin lhe entregara a Sibéria (no lugar do partidário de Zinóviev, Mikhail Lachévitch). Em 17 de janeiro de 1928, poucas horas antes da chegada de Stálin, Sirtsov orientou o partido siberiano a aprovar um plano concreto para a implementação da diretiva do Comitê Central que mandava utilizar o artigo 107 contra os "açambarcadores" de grãos: a polícia secreta da Sibéria iria prender uma cota de entre quatro e dez cúlaques de cada distrito produtor de grãos, acusados de "manter grandes reservas de grãos e usar a escassez de pão para especular e aumentar os preços". "Iniciem a operação imediatamente!", ordenou o chefe da OGPU siberiana Zakóvski.[51] Em 18 de janeiro, cerca de sessenta altos funcionários da Sibéria, representando o birô do partido e o pessoal local de aquisição de grãos, viram-se na presença de Stálin e sua falange de assessores, bem como funcionários que ele havia enviado com antecedência.[52] Ele disse-lhes que a Sibéria tivera uma colheita abundante e estabeleceu uma cota de pouco mais de 1 milhão de toneladas de grãos que deveriam ser enviadas para o Centro, deixando somente 400 mil toneladas para as necessidades da própria Sibéria.[53] Exigiu também que especificassem pelo nome quem seria o responsável em cada condado pela implementação e por garantir que as ferrovias dessem conta — sem desculpas.[54] Como esperado, Stálin insistiu ainda que o artigo 107 fosse aplicado a qualquer pessoa que se recusasse a vender estoques de cereais. Sirtsov revelou a operação já iniciada (no dia anterior) contra a acumulação na Sibéria.[55] Stálin aceitou esse presente, ao mesmo tempo que suavizou sua visita, mudando a responsabilidade pela aplicação da medida da polícia política para a procuradoria, o que significava explicar a política relativa aos grãos na imprensa local, seguir a lei (*v zakonnom poriadke*) e preparar julgamentos públicos de cúlaques com procedimentos simplificados, a fim de induzir o resto dos camponeses a comercializar os cereais.[56]

Os assessores de Stálin haviam reunido uma coleção de folhetos e outros dados publicados em anos recentes pelo diretório partidário siberiano sobre as aldeias, que ele leu durante a longa viagem de trem.[57] Nas cidades por onde passou, pediu jornais novos e observou, por exemplo, que o *Trabalhador do Ural*, publicado em Sverdlovsk, não continha "uma única palavra" sobre aquisições de grãos; mais adiante, em Tiumen, descobriu que o *Bandeira Vermelha* local trazia muitas matérias sobre aquisição de grãos — na Ucrânia. O relatório da OGPU de janeiro de 1928 sobre o estado de ânimo político na Sibéria estava cheio do que era rotulado de agitação dos cúlaques. ("Vocês querem recriar 1920, tirar grãos à força dos rapazes, mas não terão sucesso, venderemos uma vaca, venderemos duas, mas grãos não daremos.") Panfletos antissoviéticos foram anexados ao extenso relatório.[58] Em Novossibirsk, Stálin sentou-se e leu todos os números de janeiro de *Sibéria Soviética* e constatou que só muito recentemente o principal jornal da região começara a dar atenção às aquisições. Concluiu que o partido da Sibéria "não estava seguindo uma linha de classe".[59] Contudo, graças à veloz ação preventiva de Sirtsov, Stálin parece ter saído com uma impressão positiva do encontro de 18 de janeiro em Novossibirsk.[60] Em telegrama cifrado (19 de janeiro, 8 horas) para Stanisław Kossior, um secretário do Comitê Central que estava ajudando a cuidar das coisas na Praça Velha (e que havia sido chefe do partido na Sibéria), Stálin escreveu: "A principal impressão do encontro: extremamente atrasado com as aquisições, muito difícil conseguir de volta o que foi perdido, só dá para recuperar o que foi perdido através de pressão brutal e habilidade da liderança, os funcionários estão preparados para começar a trabalhar a fim de corrigir a situação".[61]

Autoengano? Stálin enviara algumas circulares secretas ameaçadoras, introduzira uma inovação política (a ampliação da aplicação do punitivo artigo 107) e fizera uma visita pessoal ("pressão brutal"), e *voilà*... choveriam cereais para as cidades e o Exército? Os indícios de problemas estavam lá: um dos participantes da reunião em Novossibirsk, Serguei Zagumiónni, recém-nomeado chefe da sucursal siberiana do Banco Agrícola da URSS, teve a audácia de desafiar a autoridade de Stálin. As acusações verbais de Zagumiónni não foram a única voz discordante naquele dia: o presidente da união de cooperativas de consumo da Sibéria pediu uma agitação hábil, em vez de coerção.[62] Mas, no dia seguinte (19 de janeiro), Zagumiónni achou por bem elaborar suas objeções por escrito para Stálin, bem como para Sirtsov, argumentando que, se os cúlaques fossem presos somente por se recusarem a vender os grãos de seus galpões de armazenamento, os camponeses médios e pobres considerariam isso o fim da NPE, o que resultaria em menos cereais para o país, resultado oposto do pretendido. "Eu não quero ser profeta", escreveu Zagumiónni, antes de profetizar a catástrofe. Ele chegou a afirmar que tinha um conhecimento superior ao de seus superiores, incluindo Stálin: "Eu conheço bem a aldeia, tanto de crescer nela mesma como de cartas recentes de meu pai, um camponês pobre".[63] Stálin sublinhou vários trechos a lápis ou acrescentou comentários zombeteiros ("ha ha") à carta. Não sabemos se ele compreendeu plenamente que os pensamentos de Zagumiónni eram compartilhados por outras pessoas naquela reunião de funcionários, e não só ali, mas decidiu falar ao birô siberiano do partido de novo, em 20 de janeiro, para um círculo mais estreito.

Desculpando-se por divulgar a existência e o conteúdo de uma carta particular de Zagumiónni, que não foi convidado para esse encontro, Stálin enfatizou que "as medidas propostas de que falei anteontem vão atacar o cúlaque, o monopolizador de mercado, de modo que não haverá manipulação de preços. E então o camponês vai entender que não haverá aumento de preços, que é necessário levar grãos para o mercado, caso contrário irá para a prisão. [...] O camarada Zagumiónni diz que isso vai levar a uma diminuição na aquisição de grãos. Como assim?". A compreensão que Stálin tinha do "mercado" não comportava oferta e demanda, mas a capacidade do Estado de pôr as mãos na produção dos camponeses. Na Ucrânia, ele declarou: "Eles esmagaram a cabeça dos especuladores e o mercado ficou saudável novamente".[64] Negou que estivesse revogando a NPE, mas lembrou aos presentes que "o nosso país não é um país capitalista, mas um país socialista, que, ao permitir a NPE, manteve ao mesmo tempo a palavra final para o Estado, por isso estamos agindo corretamente". E acrescentou que "a argumentação com o uso de força tem o mesmo significado que a argumentação com a utilização de meios econômicos, e, às vezes, significado maior, quando o mercado [aquisição de grãos] foi mimado e eles tentam fazer toda a nossa política econômica entrar nos trilhos do capitalismo, o que não vamos fazer".

Logo, para reforçar sua contestação à afirmação de Zagumiónni de que camponeses médios e até mesmo pobres ficariam do lado dos cúlaques que fossem atacados, Stálin e o birô siberiano do partido estipulariam que 25% dos grãos confiscados aos cúlaques nos julgamentos públicos seriam redistribuídos para os camponeses pobres e camponeses médios "economicamente fracos", ligando assim estes últimos à campanha de aquisição de grãos do partido.[65] O desafio de Zagumiónni havia estimulado um aguçamento da política agrária, mas pode ter feito muito mais. Stálin, que normalmente jogava com as cartas escondidas, ofereceu uma visão de seu pensamento mais profundo.[66]

À queima-roupa, ele disse de repente ao círculo de funcionários siberianos que o desenvolvimento agrícola soviético chegara a um beco sem saída. Contou que, na revolução, a nobreza fora expropriada e suas grandes fazendas subdivididas, mas principalmente em pequenas unidades camponesas que não se especializavam, plantando um pouco de tudo — cereais, girassóis, criando vacas leiteiras. "Uma economia mista assim, a variedade da pequena unidade familiar, é uma desgraça para um país grande", argumentou ele, um problema de escala imensa, porque, se antes da revolução havia cerca de 15 milhões de camponeses proprietários individuais [edinolítchniki], agora esse número se aproximava dos 25 milhões. A maioria deles não dispunha de máquinas, conhecimentos científicos ou fertilizantes.[67] "De onde vem a força do cúlaque?", perguntou Stálin. "Não do fato de ter nascido forte, nada desse tipo, mas do fato de que sua agricultura é de grande escala." O tamanho é que fazia o cúlaque tirar proveito das máquinas e se modernizar. "Podemos desenvolver uma agricultura à maneira dos cúlaques, com fazendas individuais, seguindo o exemplo das grandes fazendas e do latifúndio, como na Hungria, na Prússia Oriental, nos Estados Unidos da América, e assim por diante?", perguntou Stálin. "Não, não podemos. Somos um país soviético, queremos implantar uma economia coletiva, não só na indústria, mas também na agricultura. Precisamos seguir esse caminho." Além disso, explicou Stálin, mesmo que o regime soviético quisesse se desenvolver pelo caminho das grandes fazendas de proprietários individuais, essa escolha seria um fracasso porque "todo o sistema soviético, todas as nossas leis, todas as nossas medidas financeiras, todas as medidas para fornecer equipamentos agrícolas às aldeias, tudo aqui se move na direção de limitar a agricultura de grande escala de proprietário individual". O sistema soviético "repudia o cúlaque em todos os sentidos, o que resultou no beco sem saída em que nossa agricultura entrou agora". Para sair disso, concluiu ele, "só resta o caminho do desenvolvimento de fazendas de grande escala de tipo coletivo". Precisamente, fazendas coletivas (colcozes), não as cooperativas utilizadas por pequenos agricultores: "A unificação das fazendas pequenas e minúsculas da família camponesa em grandes fazendas coletivas [...] para nós é o único caminho".[68]

O *único* caminho: Stálin não era de expressar reflexões ociosas. Dentro do Partido Comunista, durante a maior parte da década de 1920, a NPE havia sido violentamente atacada pela oposição de esquerda e, depois, pela oposição unida. Stálin defendera a NPE contra esses ataques esquerdistas.[69] Mas essas questões não eram discutidas interminavelmente somente nas reuniões formais do partido. Muitas noites, a facção de Stálin convergia para o Kremlin depois do trabalho — Stálin, Mólotov, Ordjonikidze, e outros vindos da Praça Velha, Vorochílov, da Známenka — e se reunia no apartamento de alguém, com frequência no de Vorochílov (o maior), às vezes no de Stálin, onde eles ruminavam sobre a safra estagnada e a necessidade imperiosa de modernizar a agricultura, a grande quantidade de inimigos, a ausência de aliados, a falta de armas modernas no Exército. Os homens duros da facção de Stálin esperavam que ele descobrisse uma maneira prática de avançar. O dilema da NPE não era apenas que a taxa de crescimento industrial fosse muito baixa, fazendo com que as pessoas se perguntassem quanto tempo levaria para que a URSS se tornasse um país verdadeiramente industrial. O dilema não estava apenas no nível técnico não moderno e nos pequenos lotes divididos da agricultura soviética, que produziam colheitas insuficientes para sustentar as exportações de grãos necessárias para financiar a importação de máquinas, inclusive para a agricultura. O dilema não estava nem mesmo no fato de o regime não ter controle sobre o suprimento de alimentos ou sobre o campo, tornando-se refém das ações e decisões do campesinato. Todos esses eram problemas profundos, mas o dilema *central* da NPE era ideológico: sete anos de NPE, e o socialismo (não capitalismo) não estava à vista. A NPE equivalia a tolerar o capitalismo a contragosto em um país que fizera uma revolução declaradamente anticapitalista ou socialista.

Não sabemos exatamente quando Stálin concluiu que aquele era o momento para forçar a aldeia a entrar no caminho do socialismo. Kalínin, num olhar retrospectivo, chamaria uma comissão do Politbiuró sobre fazendas coletivas, criada em 1927 e chefiada por Mólotov, de uma "revolução mental".[70] Mas, pouco antes de embarcar para a Sibéria, Stálin havia dito numa conferência do partido de Moscou (23 de novembro de 1927) que "prosseguir com uma política de discórdia com a maioria dos camponeses significa começar uma guerra civil na aldeia, tornar difícil suprir nossa indústria com matérias-primas camponesas (algodão, beterraba, linho, couro, lã etc.), interromper a oferta de produtos agrícolas para a classe trabalhadora, minar as próprias bases de nossa indústria".[71] Na verdade, em Novossibirsk, Stálin argumentou contra si mesmo. Ele não foi uma voz solitária. Kārlis Baumanis, um letão conhecido como Karl Bauman (nascido em 1892) e alto funcionário do diretório partidário de Moscou, havia enfaticamente afirmado no mesmo fórum do partido em Moscou (27 de novembro) que "não pode haver dois socialismos, um para o campo e outro para a cidade".[72] Contudo, isso ainda não era reconhecido como política oficial. É verdade que durante os últimos minutos do XV Congresso do Partido, em dezembro de 1927, no momento em que secava a tinta das expulsões dos esquerdistas Trótski, Zinóviev e Kámenev, uma resolução sobre o "trabalho na aldeia" ganhara uma emenda reveladora sobre a criação de fazendas coletivas em grande escala como tarefa fundamental do partido no campo. O significado dessa resolução proposta por Stálin, redigida em termos genéricos e sem cronograma, pode ter escapado ao partido em geral, e muito mais ao país em geral. As fazendas coletivas em grande escala não foram mencionadas nas quatro circulares alarmistas do Comitê Central sobre aquisições de grãos que Stálin havia enviado a todas as organizações locais do partido entre 14 de dezembro e 14 de janeiro, dia anterior à sua partida para a Sibéria.[73] Mólotov e Stálin tinham gabinetes ao lado de uma sala de conferência comum e ninguém via ou falava mais do que ele com o secretário-geral, mas o longo informe dele ao Comitê Central (25 de janeiro de 1928) a respeito de sua viagem de aquisição de grãos aos Urais, e antes dessa, à Ucrânia, não dizia nada sobre forçar a coletivização geral.[74] Ademais, o discurso de Stálin na Sibéria, em 20 de janeiro, fora restrito ao mais estreito dos círculos. Até mesmo o simples fato de sua viagem à Sibéria foi mantido em sigilo: nenhuma menção apareceu em qualquer jornal soviético.[75] Não obstante, o discurso siberiano inédito fez a terra tremer.

Quase dezoito anos antes, em agosto de 1910, Piotr Stolypin, o maior de todos os funcionários da era tsarista, havia atravessado as estepes da Sibéria ocidental, às vezes cavalgando mais de oitocentos quilômetros para longe de terminais ferroviários e rios, para se encontrar com camponeses, que acabaram por aclamá-lo.[76] Stolypin escreveu à esposa: "Eu, pelo menos, vi e aprendi coisas que não se pode aprender em documentos".[77] As corajosas reformas do primeiro-ministro tsarista — para extirpar o que considerava as raízes da agitação camponesa, incentivando os camponeses a sair das comunas, consolidar a terra em fazendas contíguas e converter esses terrenos maiores em propriedade privada — almejavam nada menos do que uma reconstrução total da Rússia. É verdade que a Sibéria, ao contrário da Rússia europeia, não tinha comunas, mas, como uma lei para estender as fazendas de propriedade privada para a Sibéria (apresentada em 14 de junho de 1910) não fora aprovada, Stolypin temia que seu programa paralelo para estimular a migração de camponeses para as terras abertas da Sibéria acabasse por implantar a comuna naquela região.[78] Ele temia ainda que o forte espírito de igualitarismo camponês que encontrou na Sibéria contrariasse os valores individualistas, mas autoritário-monárquicos, que procurava inculcar.[79] No relatório publicado de sua viagem, Stolypin recomendava que a propriedade privada da terra fosse fixada na Sibéria de jure, e não apenas de facto, e ressaltava que a Sibéria não precisava somente de agricultura de pequena escala (que estava florescendo), mas de "propriedades privadas maiores".[80] Mas, quando seu relatório foi publicado, Stolypin estava morto — derrubado por um assassino no Teatro de Ópera de Kiev. Ali estava um ponto de inflexão importante que, no fim das contas, não mudou nada.

Stálin não foi ao Altai, no noroeste, perto de Slavgorod, onde Stolypin fora aclamado por milhares de camponeses em campo aberto, e onde, em 1912, eles haviam erguido um obelisco de pedra em sua memória.[81] De qualquer modo, não teria visto o monumento a Stolypin: em 1918, fora destruído durante as ocupações de terras revolucionárias de camponeses que reverteram grande parte da onda em direção a fazendas consolidadas e fortaleceram as comunas com suas faixas separadas.[82] Mas, sob a NPE, os yeomen de Stolypin haviam ressurgido. O regime soviético apoiava a conversão em fazendas consolidadas com rotação de culturas em diversos campos para fins de eficiência, sem apoiar sua conversão em propriedade privada de jure. Mas para a reorganização da terra em toda a URSS, havia somente 11 500 topógrafos e outros técnicos, lembrando a escassez que, em certa medida, impedira o progresso das reformas de Stolypin.[83] De qualquer forma, as fazendas consolidadas de diversos campos respondiam por menos de 2% das terras aráveis em 1922, 15% em 1925 e cerca de 25% em 1927.[84] Mesmo quando a consolidação ocorreu, foi em grande parte sem mecanização e com uma torrente de reclamações de que os camponeses ricos que podiam pagar suborno a funcionários locais haviam manobrado a obra a seu favor. Não está claro se Stálin se encontrou com camponeses na Sibéria, para não falar de grandes multidões, como fez Stolypin.[85] O que está claro é que, embora desprezasse Stolypin, Stálin viu-se diante dos desafios de seu antecessor — a aldeia como a chave para o destino dos camponeses da Rússia como um suposto problema político em oposição ao regime dominante. Mas Stálin propunha impor uma política diametralmente oposta: a aniquilação do agricultor individual em favor de fazendas de propriedade coletiva, cultivadas coletivamente.

Argumentos acadêmicos de que não existia "nenhum plano" para coletivizar a Eurásia soviética estão totalmente fora de questão.[86] Nenhum plano *poderia* existir, porque, na verdade, atingir a coletivização quase completa era, na época, inimaginável em termos práticos. Coletivizar um sexto da terra? Como? Com que instrumentos? Até mesmo o ultraesquerdista Trótski, em um discurso de vários anos antes, havia chamado a "transição para formas coletivas" de agricultura uma questão de "uma ou duas gerações. No próximo período, somos obrigados a levar em conta o imenso significado da agricultura individual do pequeno camponês".[87] Em 1928, os camponeses ainda não estavam entrando voluntariamente para fazendas coletivas. Enquanto as cooperativas comerciais e mercantis abrangiam cerca de 55% das famílias camponesas, cooperativas orientadas para a produção eram raras. As fazendas coletivas constituíam não mais do que 1% do total e incluíam, em média, somente quinze ou dezesseis famílias, e cada uma possuía apenas oito cavalos e oito a dez vacas: eram anões econômicos.[88] Ao mesmo tempo, administrativamente, o regime tinha uma presença mínima no campo: fora das capitais provinciais, os vestígios de bandeiras vermelhas, slogans e símbolos da nova ordem desapareciam, e o pessoal dedicado era extremamente raro em campo. O censo do partido de 1922 informara que apenas 0,13% dos moradores das aldeias era filiado ao partido; em 1928, essa porcentagem havia dobrado, mas ainda era de apenas 0,25% dos habitantes rurais: meros 300 mil comunistas rurais em um total de 120 milhões de habitantes.[89] A Sibéria tinha somente 1331 células do partido mesmo em seus 4009 sovietes de aldeia (e poucas aldeias tinham um soviete em funcionamento).[90] Além disso, não está claro o que constituía uma "célula do partido": um soviete da Igreja ortodoxa na Sibéria Ocidental denunciou a célula local do partido por jogar cartas e carreirismo; outra célula rural do partido fazia sessões espíritas para se comunicar com o espírito de Karl Marx.[91] Esses quadros políticos, já assoberbados, tentando adquirir um mínimo da safra, poderiam forçar 120 milhões de habitantes rurais a formar fazendas coletivas?

Poderia Stálin ganhar aprovação dos altos dirigentes soviéticos para um programa de coletivização total? Ele teria de driblar não só os oponentes pró-NPE no Politbiuró como Bukhárin, Tomski e Ríkov, mas também a sua própria facção de fiéis, que não tinham certeza a respeito desse regime. O próprio Stálin ainda não sabia como ou por intermédio de quem a coletivização total se realizaria. Um "plano", para fazer o impossível? Ao mesmo tempo, no entanto, Stálin concluíra, como seu discurso em Novossibirsk demonstrava, que o impossível era uma necessidade. Em sua opinião, o regime estava preso em algo muito pior do que uma tesoura de preços, a saber, um círculo vicioso baseado nas classes. Os bolcheviques precisavam desesperadamente que os camponeses produzissem boas colheitas, mas, quanto mais os camponeses produzissem, mais eles se transformariam em inimigos de classe, isto é, cúlaques. Dito de outra maneira, um campo não coletivizado não era politicamente ameaçador somente se os camponeses fossem pobres, mas, se fossem pobres, produziriam grãos insuficientes para alimentar as cidades do norte, ou o Exército Vermelho, e para exportação. É por isso que, no fim das contas, os estudiosos que descartam as motivações marxistas para a coletivização estão tão errados quanto aqueles que exageram a ausência de um "plano" ou tornam a coletivização "necessária".[92] Stálin havia ligado os pontos ideológicos, atingindo a lógica plena de uma perspectiva baseada em classes. Tudo seria improvisado, é claro. Mas Stálin não iria improvisar a introdução do Estado de direito e da ordem constitucional; não improvisaria a concessão de liberdade aos camponeses; não improvisaria a restrição ao poder da polícia. Ele improvisaria um programa de construção do socialismo, impondo à força a existência de fazendas coletivas em grande escala e a ausência de propriedade privada. Precisamos entender não só por que Stálin fez isso, mas como.

EXILANDO A ESQUERDA, PONDO EM PRÁTICA O ESQUERDISMO

A partida de Stálin em 15 de janeiro de 1928 ocorrera quase simultaneamente à deportação forçada de Trótski de Moscou.[93] Cada um deles se definira em relação ao outro: dois discípulos de Lênin, capazes de maneira muito diferente, ambos de regiões fronteiriças imperiais, mas um deles um intelectual que havia estudado um pouco na universidade da Ucrânia, o outro ainda mais um autodidata, com vários anos de estudo em um seminário ortodoxo da Geórgia. Trótski estava morando no apartamento de Aleksandr Beloboródov, o bolchevique que assinara a ordem para executar Nicolau II, mas que fora recentemente expulso do partido por oposicionismo (também estava sofrendo ataques de angina). De início, Stálin propôs exilar Trótski na cidade meridional de Astrakhan, mas Trótski se opôs devido ao clima úmido, temendo os efeitos sobre sua malária crônica, e Stálin alterou então o destino para Alma-Ata, um assentamento provincial no árido sudeste do Cazaquistão. Segundo um relato, Bukhárin telefonou a Trótski para informá-lo sobre o destino da sua deportação.[94] De acordo com outras fontes, Trótski foi convocado à OGPU, onde um funcionário subalterno leu o decreto: exílio interno, partida marcada para 16 de janeiro, seria apanhado às dez da noite. De qualquer modo, ele começou a empacotar uma vida inteira de atividade política, enchendo cerca de vinte caixotes. "Em todos os corredores e passagens havia pilhas de livros e mais livros — o alimento dos revolucionários", escreveu o correspondente de um jornal alemão que conseguiu entrevistar Trótski em 15 de janeiro.[95] Em 16 de janeiro, o atarracado Trótski, com os cabelos quase brancos e pele de aspecto doentio, esperou pela polícia secreta com sua esposa, Natália Sedova, e os dois filhos, o mais velho dos quais, Liev, planejava deixar a esposa e o filho em Moscou para acompanhar o pai ao exílio como seu "comissário" de comunicações e relações exteriores.[96]

Passou a hora marcada, no entanto, e a OGPU não apareceu. Cristian Rakóvski, o enviado soviético à França que caíra recentemente em desgraça e era um ardente defensor de Trótski, irrompeu no apartamento de Beloboródov com a notícia de que uma multidão se concentrara na estação ferroviária de Kazan, pendurara um retrato de Trótski no vagão e desafiadoramente gritara "Viva Trótski!". Por fim, a OGPU ligou para dizer que a partida seria atrasada por dois dias. A polícia secreta havia comicamente calculado mal (ao informar a Trótski a data e hora corretas de sua partida). Coube a Stanisław Kossior enviar um telegrama ao trem de Stálin (a caminho da Sibéria) para informar que, em 16 de janeiro, uma multidão de 3 mil pessoas se reuniu na estação de trem em Moscou e que tiveram de adiar o banimento de Trótski por dois dias, porque sua esposa adoecera (Sedova teve de fato febre).[97] Kossior disse ainda que "a multidão tentou deter o trem, gritando 'abaixo os gendarmes', 'fora os judeus', 'abaixo os fascistas'". Dezenove pessoas foram detidas. "Eles bateram em vários agentes da

OGPU", escreveu Kossior, como se a polícia secreta armada tivesse sido ameaçada. Um manifestante, de acordo com Kossior, soube do adiamento de dois dias e chamou a multidão para voltar em 18 de janeiro. Isso parece ter acordado a OGPU, pois os agentes apareceram no apartamento de Beloboródov na manhã seguinte (17 de janeiro). Enganado, Trótski se recusou a ceder, mas a OGPU enfiou-lhe à força o casaco de pele e o chapéu em cima do pijama e chinelos e o levou para a estação Iaroslavl.[98] Kossior acrescentou em seu telegrama cifrado a Stálin que "tivemos que levantá-lo e levá-lo à força, porque ele se recusou a ir por conta própria e se trancou no quarto, por isso foi necessário arrombar a porta".[99]

A coisa toda em torno de Trótski deixara uma impressão desagradável no caráter de Stálin. Quem realmente avaliou o que ele havia atravessado na prolongada briga de galos? O fiasco da política para a China havia sido uma decisão muito difícil. Mas, apesar da mágoa que Trótski havia causado, vários membros do Politbiuró foram reticentes, ou até mesmo contra exilá-lo.[100] Para Kossior, Stálin respondeu laconicamente: "Recebi a mensagem sobre as palhaçadas de Trótski e dos trotskistas".[101]

Dessa vez, Kossior e a OGPU providenciaram para que a estação de trem estivesse totalmente vazia: soldados de metralhadora em punho e carros blindados fecharam todos os acessos. Mesmo assim, o momento não passou sem dissonância. "Não posso esquecer a época em que servi sob o comando dele no front", o tchekista de alto nível Gueórgi Prokófiev, encarregado da deportação e embriagado ao meio-dia, teria dito a um correspondente estrangeiro que tinha simpatia aos soviéticos. "Que homem! E como nós o amávamos! Ele fez milagres, milagres, eu lhe digo. [...] E sempre com palavras [...] cada palavra uma bomba, uma granada." Mas, agora, o outrora poderoso líder estava reduzido a um espetáculo patético. De acordo com o jornalista, erguido nos braços de um oficial da OGPU, "ele tinha a aparência de um paciente tirado de uma cama de hospital. Debaixo do casaco de pele, não tinha nada, exceto pijamas e meias. [...] Trótski foi enfiado como bagagem no trem".[102] Em um único vagão que o levava com os membros de sua família, o trem da OGPU partiu de Moscou, sem os vinte caixotes de livros e artigos, muitos deles cópias que Trótski tinha de memorandos ultrassecretos do Politbiuró. Quase trinta anos antes, ainda adolescente, Bronstein havia vislumbrado Moscou pela primeira vez: de um vagão que o levava de uma prisão em Odessa para o exílio na Sibéria. Agora, tinha seu último vislumbre de Moscou, também de um vagão de transporte de prisioneiros.[103] Trótski logo chegou à última estação da ferrovia da Ásia Central, Frunze (Bichkek), na Quirguízia; incrivelmente, lá reencontrou seus caixotes de livros e até mesmo seu arquivo. Um ônibus carregado com a bagagem os conduziu pelos derradeiros 240 quilômetros, através das montanhas nevadas, e chegou a Alma-Ata às três da manhã de 25 de janeiro. Ele e a família foram alojados no hotel Sete Rios, na rua — quem diria! — Gógol.[104]

Não foi somente Trótski: em 20 de janeiro — dia em que Stálin revelou suas ruminações sobre coletivização às autoridades siberianas —, os jornais soviéticos publicaram a notícia do exílio interno de dezenas de oposicionistas, "vociferadores e raivosos da esquerda", como Stálin gostava de chamá-los, os quais foram dispersados para o leste (Uralsk, Semipalatinsk, Narim, Tobolsk, Barnaul), para o norte (Arkhangelsk) ou para o sul (Astrakhan, Armênia).[105] Radek, já em Tobolsk, na Sibéria, enviou a primeira carta que Trótski recebeu em Alma-Ata.[106] De início, Stálin não impediu a correspondência entre os trotskistas, já que, graças à polícia secreta, podia lê-la. Trótski respondeu a Radek com alguns conselhos: "Aconselho-o fortemente a organizar uma maneira adequada de vida, a fim de se preservar. O que for preciso. Ainda temos muita, muita utilidade".[107] Em 1928, Trótski não tinha ideia de que seria aquele que preencheria o enorme vácuo de informações sobre Stálin, com escritos que modelariam profundamente todas as visões do ditador, ou que Stálin descobriria "utilidades" especialmente sinistras para Trótski. Ele ocupava um grande espaço na psique de Stálin, o qual acabaria por ampliar Trótski na mesma escala no imaginário político soviético, como a causa e encarnação de tudo o que era mau. Nesse meio-tempo, tendo acabado de banir o antigo líder dos "vociferadores e raivosos de esquerda" de dentro do partido, Stálin, na Sibéria, começou imediatamente a empurrar o partido e o país para a esquerda.

O PARTIDO COMUNISTA SOB VIGILÂNCIA

Stálin e sua comitiva puseram-se em marcha na Sibéria. Depois do discurso surpreendente em Novossibirsk, ele partiu no dia seguinte — o do quarto aniversário da morte de Lênin, feriado nacional — para Barnaul, uma cidade de mineração de prata nas proximidades da cordilheira de Altai que fora fundada com trabalho servil para atender às necessidades militares da Rússia imperial. O severo clima continental trazia os ventos quentes e secos dos desertos asiáticos no verão, e os ventos úmidos e gélidos do Ártico durante o longo inverno, com nevascas que podiam ultrapassar a altura humana. Mas seu solo, de terra preta ou castanho-marrom, fazia dessa região um paraíso para os camponeses russos.[108] Em 22 de janeiro, as autoridades de Barnaul reuniram um grupo considerável para saudar Stálin e Sirtsov na plataforma da ferrovia (Zakóvski, da OGPU, que supervisionava as viagens locais de Stálin, também chegou). Trenós de madeira lotavam a praça em frente à estação ferroviária. Aquele destinado a Stálin, "isolado com uma pele de urso e um sobretudo para que o líder não congelasse", como uma testemunha lembrou, era puxado por um cavalo chamado Marat (o revolucionário francês), e conduzido por um comandante da OGPU local que se tornaria um carrasco premiado.[109] Stálin cedeu aos pedidos para tirar uma fotografia de grupo, mas não

675

haveria banquete. Em discurso, admitiu que "uma das causas" para a crise da aquisição de grãos era que "a discussão [com a oposição] desviou nossa atenção, depois a vitória fácil no congresso, o clima de férias dos camaradas que foram para casa após o congresso". Mas ele não estava lá para aceitar desculpas e desconsiderou completamente as razões locais populares para a escassez — tempestades de neve severas, falta de bens manufaturados para venda, uma suposta colheita menor —, enfatizando que "a causa está em nós mesmos, em nossas organizações". "Estamos atrasados, camaradas", ele advertiu. "Alguns funcionários estão até surpresos: 'Como é isso', dizem, 'nós enviamos um monte de grãos para fora e, lá em Moscou, eles uivam'. [...] Nenhuma desculpa e recuo dos alvos podem ser permitidos! [...] Exerçam pressão a respeito disso em estilo bolchevique." (Aplausos.)[110]

Depois de Stálin, Sirtsov reforçou a mensagem, declarando que a participação dos "camponeses médios" na comercialização de grãos em janeiro de 1928, em comparação com o ano anterior, havia diminuído de 60% para 30%. Em outras palavras, não eram somente os cúlaques que estavam estocando cereais. Era por isso que Stálin queria mandar uma mensagem aos camponeses médios através da prisão de cúlaques: a retenção de grãos não seria tolerada.[111] No dia seguinte, em Rubtsovsk, outra sede de condado, para onde as autoridades de Semipalatinsk também foram convocadas, o aparecimento de Stálin provocou fortes aplausos, ao que ele respondeu: "Gente excelente, vocês siberianos, são capazes de bater palmas em uníssono, mas não são capazes de trabalhar!".[112] Depois da reunião, Stálin compartilhou de um pouco de conhaque caseiro, o pretexto sendo, evidentemente, o frio severo, de acordo com um dos participantes, que acrescentou que, apesar de "uma pequena nevasca", Stálin "estava disposto a voltar a pé" para o seu trem especial fortemente vigiado, onde passou a noite.[113]

O ditador soviético não tinha viajado para apurar os fatos, mas para explicar a razão de ser das medidas coercivas e assegurar a execução das mesmas, mas ainda assim a viagem estava sendo uma revelação. Ele estava aprendendo, por exemplo, que os cúlaques pareciam ser muito mais fortes do que até ele mesmo achava. Não importava que a riqueza camponesa fosse cíclica e que pouquíssimas famílias se mantivessem ricas através das gerações, de modo a formar uma classe capitalista distinta; em qualquer momento dado, *havia* cúlaques. E "a ofensiva do capital no campo siberiano", uma das regiões agrícolas mais abastadas, tinha sido uma obsessão dos trotskistas. Sirtsov descartara essa conversa como "vociferação histérica", mas o estudo que encomendara mostrava que as máquinas agrícolas e o crédito estavam nas mãos dos ricos.[114] Agora Stálin ouvia em primeira mão um depoimento que confirmava isso. Ademais, em vez de combater esses desdobramentos, ele também soube que o partido na Sibéria parecia contaminado por eles, um problema que também havia sido uma preocupação da oposição de esquerda. Liev Sosnóvski, um jornalista oposicionista exilado para Barnaul, escreveu para Trótski no Cazaquistão sobre a visita secreta de Stálin à Sibéria, numa carta que seria contrabandeada para fora e publicada na imprensa dos emigrantes, tornando-se a única admissão pública das viagens de Stálin. Sosnóvski concluía que o aparato partidário siberiano "não estava à altura da tarefa da nova abordagem" (aplicação de medidas coercivas contra os camponeses).[115] Metade dos comunistas da Sibéria aderira ao partido a partir de 1924, durante a Nova Política Econômica, e um terço ainda estava envolvido na agricultura, uma proporção de arregalar os olhos; a liderança do partido siberiano ainda via a industrialização como destinada a servir às necessidades da agricultura e queria priorizar implementos agrícolas, armazenagem de grãos, processamento de alimentos.[116] Parecia mentira, mas, depois de ter exilados os trotskistas, Stálin estava descobrindo que seu problema não era o pequeno número de oposicionistas: era o partido como um todo.[117]

O aparato siberiano já era mal-afamado devido à bebida. "A embriaguez tornou-se um fenômeno diário, eles se embebedam com prostitutas e partem em seus veículos, até mesmo os membros da direção de células do partido", dissera Zakóvski numa reunião da célula do partido no interior da OGPU siberiana, observando que seus chefes em Moscou haviam chamado atenção para isso. O próprio Zakóvski, um apaixonado pela *dolce vita*, que agenciava várias amantes, raramente longe de uma garrafa, concluiu: "Tudo bem beber, mas só no nosso círculo estreito de tchekistas e não em lugares públicos" (isso talvez incluísse passear em veículos escassos e facilmente identificáveis com prostitutas à vista).[118] A embriaguez, no entanto, não foi o motivo da repreensão de Stálin. "Será que vocês têm medo de perturbar a tranquilidade da pequena nobreza cúlaque?", perguntou ameaçadoramente aos funcionários da Sibéria.[119] Descobrira que muitos deles "vivem nas casas dos cúlaques, comem e dormem com eles" porque, como lhe haviam dito, "as casas dos cúlaques são mais limpas e eles os alimentam melhor".[120] Dirigentes do partido rural estavam loucos para se casar com filhas de cúlaques. Essas historietas inflamavam a sensibilidade marxista de Stálin: o funcionalismo soviético estava ficando em situação de dependência material e política dos ricos.

Stálin esperava que a polarização de classes nas aldeias, supostamente disseminada e crescente, seria galvanizada por suas medidas. "Se dermos um sinal para pressionar e atacar os cúlaques, [a massa dos camponeses] ficará mais do que entusiasmada com isso", havia dito a Sirtsov em particular durante a viagem à Sibéria.[121] E, superficialmente, suas medidas coercivas pareciam bem-sucedidas. Já em 24 de janeiro, ocorreu no condado de Barnaul o primeiro julgamento público da Sibéria nos termos do artigo 107 (de três cúlaques), com ampla cobertura dos jornais no dia seguinte.[122] Naquele que talvez fosse o caso mais sensacional, o cúlaque Teplov, do condado de Rubtsovsk, um patriarca septuagenário de uma grande família, foi acusado de possuir três casas, cinco celeiros, cinquenta cavalos, 23 vacas, 108 ovelhas e doze porcos, ao mesmo tempo que "acumulava" 242 toneladas de grãos. "Por que eu deveria vender grãos ao poder soviético quando eles não vão me vender máquinas?", ele teria dito. "Se me vendessem um bom trator, isso seria outra coisa." Teplov foi condenado a onze meses e perdeu 213 toneladas de seus cereais; grande parte do resto apodreceu.[123] Ao todo, cerca de 1400 cúlaques da Sibéria seriam submetidos a julgamento em janeiro e fevereiro de 1928. Os relatos dos jornais afirmavam invariavelmente que os tribunais estavam lotados de observadores camponeses.[124] Dos condenados, as autoridades conseguiriam tomar apenas 12 mil toneladas de grãos (menos de 1% das aquisições regionais de grãos daquele ano), mas essa informação não foi divulgada publicamente.[125] E, o que era mais problemático, a procuradoria siberiana estava arrastando os pés, recusando-se a aprovar a maioria dos mandados de prisão de Zakóvski para indivíduos em listas de vigilância — ex-oficiais tsaristas, ex-brancos da Guerra Civil — nos termos do artigo 58 (contrarrevolução), o que significava penalidades significativamente mais severas do que para a especulação.[126] Enquanto Stálin ainda estava na Sibéria Ocidental, a revista *No Caminho Leninista*, da organização local do partido, reconheceu não somente uma "falta de entusiasmo", mas uma "enxurrada de protestos" de membros do aparato legal, até mesmo contra a diretiva do partido de estender o artigo 107 aos produtores de grãos, por ser uma violação da lei soviética. Segundo certas fontes, Stálin teria respondido que "leis escritas por bolcheviques não podem ser usadas contra o poder soviético".[127]

É óbvio que Stálin tinha ambições muito maiores do que a aplicação do artigo 107. Ele continuava a andar na ponta dos pés em torno do destino da NPE. Quando questionado, insistia que ela continuaria, para alívio de todos. Mas não compreendiam que ele havia voltado à formulação original da NPE como um recuo *temporário combinado com uma ofensiva socialista*. O mesmo número (31 de janeiro de 1928) de *No Caminho Leninista* que publicou as divergências sobre a aplicação do artigo 107 afirmava que "a fazenda de pequena escala, dispersa, individual, é, por sua própria natureza, reacionária. Sobre essa base, é impossível um maior desenvolvimento da força produtiva do país, indispensável para nós". O editorial concluía: "Campo — em direção ao cultivo coletivo em grande escala".[128] Esse talvez tenha sido o primeiro editorial na URSS sobre a momentosa reviravolta prestes a acontecer.

Mas, se o partido siberiano não conseguia sequer tomar os cereais dos cúlaques, como poderia executar a transformação socialista total do campo? Hierarcas do partido da Sibéria montaram um vasto show de mobilização, informando a realização de improváveis 12 mil reuniões de "camponeses pobres" entre janeiro e março de 1928 (abrangendo supostamente 382600 participantes).[129] Tudo isso culminou na primeira conferência de "camponeses pobres", que se iniciou em 1º de março de 1928, em Novossibirsk, com 102 delegados e ampla cobertura em toda a União. "Precisamos esclarecer para todos na aldeia que o cúlaque é um acumulador maldoso de grãos e um inimigo do Estado", disse um delegado citado no *Pravda*.[130] Na linha de frente, no entanto, nas organizações partidárias de nível de condado, os apparatchiks ordenaram que as novas "troikas" criadas para agilizar as aquisições de grãos deveriam operar exclusivamente nas instalações do partido, sem revelar sua existência, "de modo a não causar erros de interpretação entre a população e entre uma parte das massas mais baixas do partido".[131] Stálin queria ampla publicidade para as duras medidas coercivas; nos distritos rurais, o partido queria escondê-las.

Ninguém encarnou melhor o desafio de realizar uma nova revolução do que Sirtsov. Ele se despediu de Stálin depois de um encontro do partido em Omsk e voltou para o QG da Sibéria Ocidental em Novossibirsk, onde, no dia 31 de janeiro, reiterou para o diretório do partido na Sibéria as garantias de Stálin de que a Nova Política Econômica não estava sendo revogada.[132] Sirtsov não era um liberal — havia encabeçado a deportação sangrenta de cossacos de sua Ucrânia natal durante a guerra civil —, mas via a coletivização como uma medida exclusiva para camponeses pobres que tinham dificuldades para sobreviver sozinhos. Em uma conferência sobre questões rurais realizada no ano anterior à visita de Stálin, ele exortara: "Ao camponês médio, à fazenda forte e ao bem de vida, dizemos: 'Acumulem e boa sorte'".[133] Mesmo depois da visita de Stálin, Sirtsov expressou fé nos benefícios para o estado do sucesso do camponês individual. Como ele diria aos comunistas siberianos no próximo grande encontro regional do partido, em março de 1928: "Quando uma aranha suga o sangue de uma mosca, ela também trabalha duro".[134] Compreensivo em relação aos cúlaques, e ao mesmo tempo protegido de Stálin. Sirtsov não estava sozinho. Outro alto funcionário na Sibéria, Roberts Eihe (nascido em 1890), um letão que vinha de uma família de agricultores pobres e começara sua carreira no Comissariado de Aquisição de Alimentos durante a guerra civil, repetira a opinião de Sirtsov numa conferência regional do partido, em 1927 ("Os camaradas que em seu medo do cúlaque pensam que, ao devastar fazendas fortes, vamos acelerar a construção socialista [...] estão profundamente equivocados").[135] Agora, no entanto, Eihe começou a repetir a interpretação de Stálin de uma generalizada "sabotagem cúlaque". Funcionários como Eihe, que não só possuíam estômago forte para o derramamento de sangue contra seu próprio povo, como eram capazes de mudar conforme os novos ventos políticos, subiriam ainda mais alto. Com efeito, Eihe logo substituiria Sirtsov na chefia do partido da Sibéria. Zakóvski também avançaria ainda mais em sua brilhante carreira.[136] A ambição desmedida combinada com medo animal seria um instrumento formidável na caixa de ferramentas de Stálin. Contudo, seria necessário muito mais do que altos funcionários oportunistas para realizar uma transformação totalizante da Eurásia soviética.

Enquanto Stálin viajava de Barnaul e Rubtsovsk para Omsk, e depois na direção leste, para Krasnoiarsk (por sugestão de Sirtsov, mas na companhia de Eihe), seus telegramas para Moscou continuavam a indicar progressos no objetivo imediato ("A aquisição ganhou vida. Um sério avanço deve começar no final de janeiro ou início de fevereiro"). Mas, em vez de citar a atitude séria das autoridades locais, como antes, ressaltava como *ele* havia "provocado todo mundo, do jeito que deveria ser feito".[137] Em Krasnoiarsk, muito tarde da noite de 31 de janeiro, encontrou-se com altas autoridades do partido convocadas de toda a Sibéria Oriental — na delegacia da polícia secreta do distrito. Stálin exortou-as a respeito da aquisição de grãos, mas também ligou expressamente o imperativo "refrear os cúlaques" à circunstância do "cerco capitalista", e observou que "a futura guerra pode irromper de repente, ela será longa e exigirá forças imensas". A reunião terminou por volta das seis da manhã do dia 1º de fevereiro. Stálin mandou um telegrama para Mikoian (ainda no Cáucaso Norte) no qual o instruía a aumentar as metas de grãos de fevereiro na Sibéria, de 235 mil para 325 mil toneladas. "Isso vai estimular as aquisições", escreveu ele. "E agora é necessário."[138] Em 2 de fevereiro, Stálin partiu na direção de Moscou.[139] No dia seguinte, os jornais de Krasnoiarsk convocaram a população a "atacar os cúlaques".[140] Antes que ele chegasse de volta à capital, a "troika do grão" da Sibéria elevou sua própria meta de fevereiro para 400 mil toneladas. Mas o que se podia esperar na ausência de Stálin era incerto. As aquisições de fevereiro na região acabaram por ser uma vez e meia maiores do que as de janeiro, mas não 400 mil toneladas. A cota de março seria fixada em 375 mil toneladas, mas as autoridades siberianas acreditavam que seriam capazes de entregar apenas 217 mil toneladas por mês.[141]

Stálin chegou de volta a Moscou em 6 de fevereiro de 1928, depois de três semanas na estrada. Na Praça Velha, ele poderia seguir as repercussões de sua viagem, não somente através dos canais partidários, mas também pelos relatórios da polícia secreta. Em 10 de fevereiro, por exemplo, a OGPU apresentou um resumo do clima político preocupante, observando que, na Sibéria, "membros do partido se relacionam com as medidas para reforçar as aquisições de grãos em muitos distritos de forma quase igual ao comportamento do resto da massa de camponeses". Nomes eram dados, condado por condado, daqueles que se recusavam a participar da coerção, e citavam-se manifestações de alguns no sentido de que a oposição estava certa: o Comitê Central estava levando o país à crise.[142] Em 13 de fevereiro, Stálin despachou mais uma circular secreta da Praça Velha para as organizações partidárias de toda a União, admitindo que "estamos saindo da crise da aquisição de grãos", mas afirmando que o partido "havia negligenciado a luta contra os cúlaques e o perigo cúlaque" e estava cheio de pessoas que queriam "viver em paz com os cúlaques". De forma ameaçadora, os chamou de "comunistas", entre aspas. Ele exigia que trabalhassem, "não pelo bem de seus empregos, mas pelo bem da revolução", e que os altos chefes do partido "verifiquem e expurguem decisivamente as organizações do partido, dos sovietes e das cooperativas durante o decorrer da campanha de aquisição, expulsem elementos estranhos e parasitas e os substituam por funcionários do partido testados e não partidários checados".[143] Mas, se o partido estava sob influência tão forte da NPE, do capitalismo e dos cúlaques, de onde viriam os quadros de confiança?

Ainda mais confuso para o regime, o conflito rural revelava não ser de classes, mas principalmente de geração e gênero; o regime indiretamente admitiu isso ao reclamar que o que chamava de camponeses médios e até mesmo pobres estavam "sob a influência" dos cúlaques.[144] Para fomentar uma "luta de classes" importante nas aldeias seria preciso aparentemente enfiar gente de fora nelas. Já em decorrência da viagem à Sibéria de Stálin, cerca de cem operários de Moscou e Leningrado militantes comunistas foram enviados para a Sibéria a fim de estimular as extorsões de cúlaques. Em toda a União, Stálin logo mobilizou para a aquisição de grãos cerca de 4 mil funcionários urbanos do partido dos níveis de província e condado, "os bolcheviques mais ferrenhos e mais experientes", bem como 26 mil "ativistas" dos níveis mais baixos.[145] Os enviados também encontraram alguns parceiros locais. Oleg Barabáchev, um ativista e jornalista da Liga da Juventude Comunista, nascido em Odessa em 1904, que fora transferido de Leningrado para a Sibéria, escreveu no jornal *Sibéria* (do qual era editor) que "Stálin está certo ao dizer que o partido está pronto para o slogan da desculaquização". Barabáchev dirigia-se aos operários do partido. Ao observar uma reunião de célula do partido num cruzamento ferroviário perto de Omsk, ele escreveu sobre o medo da classe operária diante da escassez de alimentos e da inflação dos preços, e sobre seu desejo de ver prisões de "especuladores cúlaques".[146] Barabáchev poderia ter mencionado também um forte apetite pelas cabeças de engenheiros e especialistas da era tsarista que continuavam a desfrutar de notórios privilégios e poderes. Para saciar esses ressentimentos, Stálin mostrou-se irresistível, e seus adversários políticos, incapazes de detê-lo.

O DILEMA DE RÍKOV

Aleksei Ríkov, que dirigia as operações cotidianas do governo, não viajava a determinada região para coletar grãos à força. (Como não o faziam nem Tomski nem Bukhárin.) Ríkov considerava a NPE, apesar de todas as suas imperfeições, preferível ao que ele considerava uma alternativa desestabilizadora. Russo de origem camponesa, natural de Sarátov, onde Stolypin havia sido governador, Ríkov (nascido em 1881) sempre fora bolchevique e ocupou a posição de Lênin, presidente do Conselho dos Comissários do Povo. (Estranhamente, não conseguiu completar o mesmo curso de Lênin para obter uma licenciatura em direito na Universidade de Kazan.)[147] Ríkov era quase da idade de Stálin e morava no mesmo prédio dele, no Kremlin, mas os dois não conviviam. Ele nunca vacilara durante a luta interna contra a oposição, mas, apesar de ter apoiado as medidas coercitivas de Stálin para encher os cofres estatais de grãos, ele foi pego de surpresa pela inclinação de Stálin, após a viagem à Sibéria, de manter o "emergencismo".[148] Afinal, tinham acabado de expurgar Trótski e a oposição unida, e Stálin ia agora pôr em prática o programa deles?[149] Ao defender a revogação das medidas de coação, Ríkov poderia apontar para as próprias ações enérgicas de Stálin que haviam evitado a crise imediata: as aquisições de fevereiro viriam a ser as mais altas até então para um único mês (1,9 milhão de toneladas), fazendo com que as aquisições totais da safra 1927-8 saltassem à frente das do ano anterior. Ríkov também combateu as metas de industrialização cada vez mais irrealistas exigidas por Kúibichev. Em 7 de março de 1928, após uma reunião do Politbiuró em que Mólotov, um delegado de Stálin, atacou o plano industrial-financeiro proposto por Ríkov para 1927-8 por ser pouco ambicioso, Ríkov imitou o ditador soviético: enviou uma carta de renúncia a Stálin, Mólotov e Bukhárin. Pediu para ser transferido aos Urais, do mesmo modo que Stálin pedira para ser enviado à remota Turukhansk, onde estivera exilado. No mesmo dia, Ríkov enviou uma segunda carta, para deixar claro que falava sério.[150]

Stálin não tentou se aproveitar da renúncia de Ríkov para se livrar de um possível rival. Ele dependia muito de Ríkov, particularmente na gestão da economia, uma não pequena atribuição. Assim, tal como Ríkov fizera por ele, procurou acalmar o chefe do governo. "Não se pode colocar a questão assim: precisamos nos reunir, beber um pouco e falar de coração aberto", escreveu em resposta à carta de demissão de Ríkov. "É desse modo que vamos resolver todos os mal-entendidos." Não só Bukhárin mas também Mólotov rejeitaram a possibilidade de sua renúncia. Parece que Ríkov havia deixado clara sua posição.[151] Sua autoridade não seria desrespeitada nas grandes decisões econômicas, particularmente em relação à indústria e ao orçamento, ou então poderiam achar outra pessoa para assumir as imensas responsabilidades de chefe do executivo. Porém, as fraquezas políticas da Ríkov eram muitas, a começar pela circunstância de que um membro crucial de seu bloco, Bukhárin, não era uma pessoa de caráter forte ou perspicácia, e terminando com o fato de que Stálin tinha muitas maneiras de vigiá-lo e derrotá-lo, mas ele, exceto pela ameaça de demissão, não tinha nenhuma influência sobre Stálin.

Apesar do poder de tomar decisões do Politbiuró, nenhum de seus membros dispunha de meios para garantir que Stálin executasse suas decisões formais (e não implementasse outras). Entre as reuniões, Stálin tinha responsabilidade formal pelos assuntos mais importantes, como a supervisão de todas as organizações partidárias e órgãos estatais; na prática, suas prerrogativas eram muito mais amplas, tendo em vista a geografia do poder, o sistema de comunicações e o extremo sigilo do regime.[152]

Mikoian relata um incidente do final da década de 1920, quando discordou de Stálin sobre um determinado procedimento: o Politbiuró apoiou a posição de Stálin, mas a decisão nunca foi posta em prática, aparentemente porque Stálin havia mudado de ideia; o Politbiuró, no entanto, nunca revogou a decisão formal.[153] Em outra ocasião, Stálin optara por informar Ríkov sobre tumultos no Cáucaso, que duraram várias semanas, somente depois que ele os havia controlado.[154] Stálin dominava todos os canais oficiais e estabeleceu fontes informais de informação, enquanto seus funcionários pessoais realizaram tarefas muitas vezes não formalmente especificadas.[155] Nenhuma outra pessoa podia verificar quais dados haviam sido recebidos ou reunidos pelo Comitê Central, mas não disponibilizados para os membros do Politbiuró, ou que instruções haviam sido dadas a várias agências em nome do Comitê Central. Sobretudo, somente Stálin tinha os meios para monitorar secretamente os outros altos funcionários para a própria "segurança" deles e para recrutar os subordinados deles como informantes, porque somente ele, em nome do Comitê Central, fazia a conexão com a OGPU.

UMA CIDADE CHAMADA "POÇOS DE MINAS" (CHÁKHTI)

A conexão com a polícia funcionou apenas três dias depois da renúncia rejeitada de Ríkov, em 10 de março de 1928, quando o *Pravda*, num editorial de primeira página não assinado, alardeou que a OGPU havia desmascarado um complô contrarrevolucionário de "especialistas burgueses" treinados na época do tsar que, segundo o jornal, estavam trabalhando em nome dos proprietários de minas "capitalistas" pré-revolucionários que viviam agora no exterior, com o objetivo de sabotar o poder soviético e restaurar o capitalismo.[156] A suposta sabotagem ocorrera em um pequeno povoado mineiro conhecido como Chákhti, ou "Poços de Minas", com população de 33 mil habitantes.[157] Mas os mineiros de carvão de Chákhti eram vizinhos da estratégica bacia de Donetsk, na Ucrânia, e a "investigação" envolveria altas autoridades econômicas na Ucrânia e até mesmo em Moscou, bem como as relações com a Alemanha. Ríkov, em uma visão geral do caso de Chákhti publicada no *Pravda* (11 de março), apoiou todas as acusações, mas também advertiu contra a excessiva "perseguição dos especialistas". E escreveu ainda que "a questão da crise de grãos foi retirada da ordem do dia". Mas, para Stálin, Chákhti e o "emergencismo" na aldeia eram uma única coisa. Ele estava desencadeando uma nova luta de classes confusa para expandir a base social do regime e sua própria influência política, a fim de acelerar a industrialização e coletivizar a agricultura. Soubera das origens de Chákhti em Sotchi, na falésia com vista para o mar Negro, o único lugar em que conseguia relaxar, na companhia de gordos pacotes de documentos secretos e de seus serviçais masculinos. Uma pessoa que Stálin visitou quando estava lá foi o chefe de longa data da OGPU do Cáucaso Norte, Iefim Ievdokímov, responsável pela segurança do ditador durante as estadias anuais no sul, uma oportunidade de dar água na boca.

Ievdokímov era um fenômeno. Nascera em 1891 em uma pequena cidade na estepe cazaque, com duas igrejas e uma mesquita, onde seu pai camponês servia no Exército tsarista, mas crescera em Tchita, na Sibéria, onde completou cinco anos de escola primária. Tornou-se sindicalista anarquista e foi para Moscou, participando do golpe revolucionário do outono de 1917. No ano seguinte, depois que o regime mudou a capital para Moscou, Ievdokímov juntou-se aos bolcheviques e ao Exército Vermelho. No verão de 1919, Dzierżyński o nomeou chefe de todos os departamentos especiais de polícia do Exército Vermelho. Logo depois, ele foi enviado para a guerra civil na Ucrânia, onde se destacou em massacres de guardas brancos. No banquete oferecido por ocasião de sua partida, Vsévolod Balítski, substituto de Ievdokímov, o saudou como o "melhor agente do departamento secreto da República" e entregou-lhe sua segunda Ordem da Bandeira Vermelha por "combate enérgico ao banditismo".[158] Ievdokímov elogiou os presentes dizendo que eram uma "máquina bem organizada", e que ele mesmo era apenas "uma alavanca dessa máquina, que regula seu funcionamento". Quando transferido para o vasto território do Cáucaso Norte, em 1923, levou consigo para Rostov um bando de companheiros que o adoravam como a um padrinho benevolente ou chefe cossaco (atamã).[159] Ao contrário do que acontecia nos empregos burocráticos na sede da Lubianka, no Cáucaso Norte a guerra civil nunca havia terminado e a vida de Ievdokímov implicava campanhas implacáveis e atrozes contra os "bandidos" nas montanhas escarpadas. Depois de "operações em massa" para confiscar cerca de 20 mil rifles na Tchetchênia, um número semelhante na Inguchétia e na Ossétia, e mais de 12 mil em Karachaevo-Cherskesk e Balkaro-Kabarda, Ievdokímov escreveu a Iagoda que "o pessoal está armado até os dentes e profundamente sombrio".[160] O Cáucaso Norte treinou uma geração de agentes da GPU, bem como guardas de fronteira, em técnicas infernais de contrainsurgência contra civis.

Ievdokímov levara um presente para Stálin em Sotchi, no verão de 1927. Stálin, "como de costume, me perguntou como estavam as coisas", ele recordaria mais tarde, em uma grande reunião em Moscou. "Falei-lhe, em particular, sobre esse caso" — a história de um "complô contrarrevolucionário" na cidade de Vladikavkaz. "Ele ouviu atentamente e fez perguntas detalhadas. No final da conversa, eu disse o seguinte: 'Para mim, está claro que estamos lidando com pessoas que estão conscientemente prejudicando a produção, mas não está claro para mim quem é o líder delas. Ou são os Estados-Maiores [de potências estrangeiras], em especial o polonês, ou é a companhia que, no passado, foi dona dessas empresas e tem interesse em prejudicar a produção, ou seja, a empresa belga.'" Stálin, de acordo com Ievdokímov, "me disse: 'Quando você terminar sua investigação, envie os dados para o Comitê Central'" — o que significava contornar os canais normais da OGPU. "Eu voltei, reuni a gangue do submundo [*bratva*] — peço desculpas pela expressão —, isto é, os camaradas [risos], e disse: ponham-se em campo."[161] Entusiasmado com suas sessões face a face com Stálin, Ievdokímov compilou um álbum com fotos de prontuário de 79 "guardas brancos" da guerra civil que viviam no território do Cáucaso Norte, que enviou ao chefe local do partido solicitando autorização para liquidá-los, não devido a qualquer coisa que tivessem feito, mas ao que poderiam fazer. Era "muito importante aniquilá-los", escreveu Ievdokímov ao chefe do partido, porque eles poderiam servir como "uma verdadeira força contra nós, no caso de um conflito internacional".[162] O método do álbum de fotos de Ievdokímov para execuções aceleradas por precaução constituía uma inovação. Ele ganhou, quase sem precedentes, uma terceira Ordem da Bandeira Vermelha. Nesse meio-tempo, a cidade onde Stálin havia encenado sua descoberta de um complô contrarrevolucionário de "estranhos à classe" e executado quase duas dezenas de "espiões" e "sabotadores" em 1918, Tsarítsin, foi rebatizada de Stalingrado.

O caso de Vladikavkaz fabricado por Ievdokímov fracassou, mas ele entregou a Stálin outro caso, o da cidade carvoeira de Chákhti, que tinha sua origem na atmosfera de 1927 de medo de uma guerra, quando a OGPU reexaminou percalços industriais com um olho em possível sabotagem. Dessa vez, algumas "confissões" estavam por vir.[163] Os documentos do caso Chákhti caíram nas mãos de Stálin não muito tempo depois que ele voltou de sua viagem à Sibéria e confirmou suas suspeitas de que os cúlaques estavam desenfreados e que o Partido Comunista rural estava de conluio com os inimigos de classe.[164] Em 2 de março de 1928, o mesmo dia em que recebeu um longo relatório sobre Chákhti com uma carta de Iagoda, o ditador recebeu também Ievdokímov, na presença de Iagoda.[165] Em 8 de março, o Politbiuró aprovou um julgamento público.[166] No dia seguinte, um grupo do Politbiuró analisou a minuta das acusações e as reescreveu completamente (grande parte do documento está riscada), alterando datas e outros supostos fatos. Após o anúncio público das acusações, Nikolai Krylenko, o procurador-geral da URSS, seria despachado para Rostov, a terceira maior cidade da RSFSR, e Khárkov, a capital da RSS ucraniana, com não mais do que um mês para terminar todo o trabalho.[167] O regime se satisfaria com 53 réus, a maioria dos quais (35) eram engenheiros de minas formados antes da revolução; outros eram mecânicos ou eletricistas. O julgamento foi transferido da região carbonífera de Donetsk para Moscou a fim de causar o máximo efeito.

Chákhti representava um amontoado de fatos, fabricações e leis distorcidas. Uma investigação sobre o diretório partidário de Chákhti descobriu que ela não estava atenta à indústria (sua principal atribuição) e preocupava-se com a luta interna entre facções do Don (russa) e Kuban (ucraniana), com o predomínio da última.[168] Contudo, em

1927-8, o Truste do Carvão de Donetsk, com sede na capital da Ucrânia, conseguira extrair 2,5 milhões de toneladas de carvão, superando os níveis de 1913, uma recuperação impressionante depois do colapso da guerra civil. Enquanto a extração mecanizada era responsável por 15,8% da produção de carvão de toda a União, a proporção chegava a 45% no distrito Chákhti-Donetsk. Eram conquistas significativas, somente possíveis graças a engenheiros e gerentes qualificados, bem como aos trabalhadores. Ao mesmo tempo, equipamentos caros importados eram muitas vezes utilizados de forma inadequada, em parte porque se encaixavam mal na tecnologia existente ou porque não havia instaladores e operadores qualificados. A ofensiva resoluta para produzir carvão, junto com uma organização incompetente, fez com que os procedimentos de segurança fossem desobedecidos, minas fossem indevidamente abertas e inundadas e ocorressem explosões. Alguns réus de Chákhti admitiram a redução de salário dos trabalhadores e a elevação das normas de trabalho — que era uma política do regime —, e havia ligações com os antigos proprietários das minas: o regime soviético os recrutara, na emigração, para que arrendassem de volta suas propriedades e as reanimassem. Um engenheiro de minas acusado admitiu ter recebido "fundos estrangeiros" para explodir uma mina, mas a mina em questão (Novo-Azov) fora detonada em 1921 por ordem do Truste do Carvão, que não tinha capacidade suficiente para restaurar todas as minas e fechou algumas por razões de segurança. Rumores e fofocas deram credibilidade adicional às acusações. O embaixador polonês estava convencido de que especialistas alemães realizavam espionagem (coleta de informações), em favor da Alemanha, embora não sabotagem, mas o embaixador da Lituânia disse a seu colega alemão que uma grande organização financiada pelos poloneses havia realizado sabotagem perto de Chákhti.[169]

Pela lei soviética, a sabotagem não precisava ser deliberada: se as diretrizes ou as ações de alguém resultassem em acidentes, então se podia supor intenções contrarrevolucionárias.[170] Mas, em Chákhti, o regime estava alegando intenção, o que significava que a OGPU tinha de fazer os réus confessarem, um desafio de alto grau no qual a polícia secreta empregava confinamento solitário em pisos insuportavelmente frios, insônia forçada por noites a fio ("interrogatórios" pelo método da "correia transportadora") e promessas de penas mais leves. Isso produzia reviravoltas cômicas: quando um réu que confessou tudo previu para seu advogado de defesa que ficaria preso somente por alguns meses, o advogado o informou de que ele poderia pegar a pena de morte, o que o induziu a uma retratação. Mas o "investigador" se recusou a registrar a mudança de opinião, enquanto outro acusado temia que a retratação acabasse por destruir a ambos. (O advogado de defesa abandonou o caso.)[171] Stálin insistiu que a má intenção acontecera por ordem de financiadores internacionais, o que aumentou ainda mais o desafio dos interrogadores, pois o julgamento ia ser público e visível para estrangeiros. O chefe da OGPU, Mężyński, sofrendo de dores intensas, bem como ataques de gripe, partiria em breve para Matsesta a fim de se submeter a tratamentos de banhos de enxofre; não era problema dele.[172] Iagoda teve de assumir o comando em Moscou. Nem ele nem Ievdokímov eram estúpidos: compreenderam que não havia sabotagem deliberada.[173] Mas a pressão de Stálin era intensa e Ievdokímov e Iagoda deram ao ditador o que ele queria, de histórias de "uma poderosa organização contrar-revolucionária que opera há muitos anos" no Truste do Carvão de Donetsk ao "conluio de cidadãos alemães e poloneses".[174]

INTERVENÇÃO "ECONÔMICA" ESTRANGEIRA

Cinco engenheiros alemães, quatro dos quais eram empregados da AEG que instala-vam turbinas e máquinas de mineração, foram presos em conexão com Chákhti. (O Po-litbiuró decidira que os especialistas ingleses deveriam ser interrogados, mas liberados.) A narrativa soviética explicava que a classe trabalhadora europeia, impressionada com as conquistas soviéticas, impedia uma invasão militar dos belicistas burgueses, mas os imperialistas se voltaram para a guerra invisível — uma contrarrevolução ou "sabotagem" (*vredítelstvo*) econômica, um novo método de luta antissoviética.[175] Em 10 de março, o presidente do conselho de administração da AEG telegrafou do Ministério das Relações Exteriores em Berlim ao embaixador Brockdorff-Rantzau em Moscou pedindo-lhe para comunicar que a AEG abandonaria todas as operações e retiraria todo o seu pessoal se seus funcionários não fossem libertados; no dia seguinte, o embaixador leu o telegrama para Tchitchérin. Em 12 de março, o vice-comissário das Relações Exteriores Litvínov telegrafou de Berlim a Stálin e Tchitchérin a respeito do impacto terrível das prisões sobre as relações soviético-alemãs.[176] Tchitchérin tentou limitar os danos, avisando previamente o embaixador alemão sobre um evento desagradável iminente, o qual, ele esperava, poderia ser administrado conjuntamente.[177] Mas para a Alemanha aquilo era um absurdo. Apenas um mês antes do anúncio do "complô", os soviéticos haviam inicia-do novas negociações comerciais bilaterais em Berlim, prometendo pedidos firmes de 600 milhões de marcos, entre outros incentivos, em troca de um crédito de 600 mi-lhões de marcos, bem como empréstimos a longo a prazo. Os soviéticos também esta-vam solicitando que os mercados financeiros alemães negociassem títulos do governo soviético.[178] Os industriais e financistas alemães tinham a sua própria lista de exigências, mas, agora, tudo parecia em vão. Stálin perdera os créditos franceses no fiasco provoca-do pelo comportamento do enviado soviético Cristian Rakóvski, mas agora ele insultava os alemães. Na nota de 2 de março de 1928 para o resto do Politbiuró, Stálin, junto com Mólotov, escreveu que "o caso poderia assumir um aspecto mais interessante se um julgamento correspondente fosse organizado no momento das eleições na Alemanha".[179]

Em 15 de março de 1928, a Alemanha suspendeu indefinidamente as negociações bilaterais de comércio e crédito devido às prisões de seus cinco cidadãos.[180] A agência TASS culpou Berlim pela ruptura das negociações, e a imprensa soviética, instigada pelo aparato de Stálin, deitou e rolou, vomitando acusações contra a perfídia alemã. Nikolai Krestínski, enviado soviético à Alemanha, mandou uma carta a Stálin em 17 de março (com cópia para Tchitchérin) pedindo a libertação de um dos cidadãos alemães presos, Franz Goldstein. Enfurecido, Stálin respondeu quatro dias depois, com cópia para Tchitchérin, acusando Krestínski de cumplicidade vergonhosa com a tentativa alemã de usar as prisões "para pôr a culpa em nós pela ruptura das negociações". E acrescentou: "O representante de um Estado soberano não pode conduzir negociações nesse tom que você considera necessário adotar. É difícil entender que os alemães, da maneira mais insolente, estão interferindo em nossos assuntos internos, e você, em vez de romper as negociações com eles, continua a ser simpático com eles? O assunto chegou a tal ponto que o *Frankfurter Zeitung* publicou suas divergências com Moscou sobre a questão dos presos alemães. Não há como ir mais longe do que isso. Com saudações comunistas. Stálin".[181]

De repente, no entanto, Goldstein, bem como Heinrich Wagner, ambos funcionários da AEG, foram liberados. Goldstein, de acordo com um bilhete que o especialista em contraespionagem Artur Artúzov escreveu para Mężyński, havia contado a seus interrogadores da OGPU que ele sabia de três guardas brancos emigrados que trabalhavam para a AEG na Alemanha, no departamento russo, e eram extremamente antissoviéticos, e que ele os havia visto com uma grande quantia de dinheiro. Numa tentativa de agradar ainda mais, indicou sua disposição de retornar ao trabalho na URSS.[182] Porém, interrogado em Berlim pelo Ministério das Relações Exteriores, Goldstein negou as alegações soviéticas de sabotagem, atribuindo a avaria de equipamentos ao desinteresse dos trabalhadores, ao temor de detenção dos especialistas que não eram do partido, aos superintendentes ineptos do partido e à desorganização geral. Publicamente, expressou raiva por ter sido preso sob acusações forjadas quando tentava salvar a indústria soviética, alertou outros alemães para não disponibilizar "seu conhecimento e habilidade" ao regime soviético e detalhou as horríveis condições iniciais de seu confinamento em uma prisão soviética de província (Stalino), provocando protestos ruidosos.[183] Enquanto isso, três alemães que não tinham sido libertados — Max Maier, Ernst Otto e Wilhem Badstieber (que trabalhava para a mineradora Knapp) — eram mantidos incomunicáveis, numa violação de tratados bilaterais que especificavam que os funcionários consulares alemães tinham o direito de vê-los. Isso não era tudo: Tchitchérin havia repassado uma nota de Iagoda para Brockdorff-Rantzau detalhando os supostos crimes de um cidadão alemão, cujo nome não era de ninguém que estivesse na União Soviética; alguém cujo nome era parecido com o do acusado estivera pela última vez na União Soviética em 1927, o que reforçou as dúvidas alemãs sobre a "causa" da OGPU.[184]

A detenção de cidadãos alemães também teve impacto nas relações franco-soviéticas, confirmando a opinião de muitos franceses de que Moscou não era um lugar para fazer negócios. Tal como a França, a Alemanha chegou perto de romper relações diplomáticas, mas algumas empresas alemãs começaram a retirar o restante de seus engenheiros.[185] Stálin continuava a querer especialistas alemães, tecnologia alemã, capital alemão — mas em seus termos. Em 22 de março a AEG decidiu prosseguir com seus vários projetos de construção na União Soviética. Uma semana depois, 22 dias após as prisões, o regime soviético informou à embaixada alemã que o cônsul em Khárkov podia visitar os cidadãos alemães (confinados em Rostov); o embaixador alemão insistiu que alguém da embaixada em Moscou fosse autorizado a visitá-los, o que foi concedido. As visitas, realizadas em 2 de abril, duraram dez minutos por prisioneiro, na presença de três agentes da OGPU.[186] Cinco dias depois, os três alemães foram transferidos para a prisão de Butirka, em Moscou, em preparação para o julgamento.

INCITAÇÃO À LUTA DE CLASSES

Stálin estava brincando com fogo. Toda a indústria de mineração de carvão soviética tinha, talvez, 1100 engenheiros formados, e levar cinquenta deles a julgamento em apenas um processo era economicamente perigoso, em especial porque muitos outros foram para a inatividade por medo, e os trabalhadores foram incitados a cometer agressões verbais e físicas.[187] "Eu sei que, se houver um desejo, pode-se acusar o inocente, assim são os tempos", dizia o bilhete de um engenheiro sem conexão com o caso de Chákhti que cometeu suicídio depois de ser chamado de "chakhtiita" e ameaçado de prisão. "Não quero a difamação, não quero sofrer sendo inocente e tendo que me justificar, prefiro a morte à difamação e ao sofrimento."[188] Toda a indústria de Leningrado tinha apenas onze engenheiros para cada mil operários; Moscou, nove, os Urais, quatro.[189] Com exceção de Mólotov, os partidários de Stálin que apoiaram a coerção contra os camponeses trabalhavam para conter a histeria que Stálin estava provocando em relação a Chákhti.[190] Ordjonikidze, diretor da inspetoria de operários e camponeses da Comissão Central de Controle, disse em 26 de março a um grupo de recém-formados que os engenheiros de Chákhti eram atípicos, que eles eram vitais para a indústria soviética, que os especialistas estrangeiros deviam ser autorizados a trabalhar na indústria soviética e que os especialistas soviéticos deviam ir para o exterior.[191] Kúibichev, que havia sido um comunista de esquerda na guerra civil contra a utilização de "especialistas militares" tsaristas, agora, como presidente do Conselho

Supremo da Economia, disse a um grupo de administradores industriais, em discurso publicado na *Gazeta do Comércio e Indústria*, o jornal do conselho, que "cada afirmação errada, cada acusação injusta que tenha sido exagerada desproporcionalmente, cria um ambiente muito difícil para o trabalho, e essas críticas já deixam de ser construtivas".[192] Em 28 de março, ele assegurou a um grupo de engenheiros e cientistas que o caso Chákhti não anunciava uma nova política de Moscou em relação aos especialistas técnicos, e que "o governo tomará todas as medidas para garantir, em relação ao caso Chákhti, que nem um único engenheiro inocente sofra".[193]

Enquanto a facção de Stálin se opunha ao processo de Chákhti, seus adversários no Politbiuró no que dizia respeito à política coercitiva dos camponeses apoiavam as acusações de sabotagem da economia. Vorochílov escreveu alarmado (29 de março) para Mikhail Tomski, chefe dos sindicatos, que acabara de voltar da região do carvão: "Micha, diga-me com franqueza, não estamos indo direto contra a parede com a abertura do julgamento no caso Chákhti? Não há excesso neste caso por parte das autoridades locais, inclusive da OGPU regional?". Tomski, um ex-litógrafo baixo e atarracado, com dentes horrorosos, surdo de um ouvido, que bebia em excesso e sofria de depressão, mas também de uma rudeza charmosa e espírito cáustico, era o único operário puro no Politbiuró (o camponês Kalínin também havia trabalhado em fábricas) e genuinamente popular entre os trabalhadores, muito mais do que Stálin.[194] Havia muito tempo que Tomski era um entusiasta da "proletarização" do aparato de governo para combater o burocratismo, e a convocação pelo regime do ativismo operário era água para o seu moinho.[195] Ele informou a Vorochílov que os especialistas burgueses "estão fazendo conluios ao nosso redor!". Os planos soviéticos de mineração estavam sendo "aprovados pelos franceses", devido aos laços estrangeiros dos engenheiros. "O quadro está claro", ele tranquilizou Vorochílov. "Os personagens principais confessaram. Minha opinião é que não seria tão ruim se meia dúzia de comunistas fossem presos."[196] Bukhárin, em discurso para o diretório do partido de Leningrado (13 de abril de 1928), não só endossou a linha de Stálin sobre a sabotagem generalizada na indústria do carvão como também a probabilidade de encontrar "organizações" semelhantes sabotando outras indústrias, e destacou a necessidade de "democracia proletária" na forma de reuniões de produção. Bukhárin ressaltou a correção da vigilância soviética pelo fato de que, após as prisões dos alemães, explodira uma vociferante campanha antissoviética na Europa Ocidental e as relações com a Alemanha haviam se deteriorado bruscamente.[197] Bukhárin, como ele próprio havia dito em *O ABC do comunismo*, escrito em coautoria com Preobrajénski, estava há muito predisposto a ver "engenheiros burgueses" como traidores. Também queria evitar dar a Stálin pretexto para acusá-lo de cisma e partidarismo. Mas Chákhti dizia menos respeito a um ataque político aos defensores da NPE no partido do que a Stálin passar a perna em sua própria facção leal.

O ditador também estava apelando diretamente aos trabalhadores, buscando reconquistá-los e mobilizá-los para a industrialização e a coletivização. Os assalariados na indústria, que estavam distribuídos por cerca de 2 mil fábricas estatizadas, chegaram a 2,7 milhões em 1928, superando finalmente o total de 1913 (2,6 milhões).[198] (Outro meio milhão de operários estava empregado na construção civil.) Mas os proletários ainda estavam enfiados em dormitórios apertados e quartéis, e não poucos eram sem--teto. As necessidades da vida cotidiana (alimentação, vestuário, moradia) consumiam três quartos do salário dos trabalhadores, quando tinham salário: o desemprego nunca caiu abaixo de 1 milhão durante a NPE, e se aproximava de 20% da população com condições físicas em idade de trabalho. Um em cada quatro operários industriais, até mesmo na capital, estava desempregado, situação vergonhosa que clamava por explicações ou bodes expiatórios.[199] No entanto, uma dispendiosa vida noturna de prostituição se desenrolava diante dos olhos dos trabalhadores: para quem era isso, na terra do proletariado?[200] O que acontecera com a revolução? A guerra civil fora travada e vencida para entregar o poder a homens da NPE e especuladores? A "classe universal" da história passava fome enquanto cúlaques acumulavam imensos depósitos de grãos impunemente? Trabalhadores eram enviados a minas que desabavam sobre eles, e tudo não passava de acidente? "Especialistas burgueses" e diretores de fábricas viviam luxuosamente em cinco ou mais cômodos, com água corrente e eletricidade, criados e motoristas?[201] O que o autoproclamado Estado operário estava fazendo pelos trabalhadores? As dúvidas sobre a firmeza do proletariado induziram os funcionários do partido — os apparatchiks — a se considerarem a base social do regime, uma situação esquisita, mesmo sem a crítica trotskista da "burocracia". Além disso, uma campanha pública maldosa retratara os trabalhadores como malandros e interesseiros, bêbados e desertores, enquanto as "reuniões de produção" com os trabalhadores organizados por sindicatos estavam, na verdade, servindo como uma forma de impor cotas de produção mais elevadas. Em 1928, no entanto, os comitês do partido assumiram o controle dessas reuniões, que deram então oportunidade aos trabalhadores do chão de fábrica para expor a má gestão, o desperdício e a autocontratação.[202]

Os dados do caso Chákhti anunciavam efetivamente que os chefes poderiam ser traidores.[203] As revelações do *Pravda* afirmavam também que a sabotagem vinha acontecendo havia anos "sob o nariz de 'líderes comunistas'". Assim incitados, membros mais jovens do partido aproveitaram a oportunidade para utilizar os ressentimentos e as ambições de classe reprimidos de jovens proletários, para não falar de seus próprios ressentimentos e ambições. De acordo com os resumos policiais do estado de ânimo da população, os trabalhadores que acompanhavam o caso Chákhti apontavam frequentemente para fenômenos semelhantes em seus locais de trabalho. "Na nossa fábrica há uma enorme má administração econômica, máquinas boas são jogadas num celeiro", entreouviram um trabalhador da fábrica Bolchevique em Leningrado dizer, de acordo com um relatório datado de 24 de março de 1928. "Isto aqui é uma segunda [Chákhti]."[204] Sentimentos desse tipo chegaram à zona rural. "Onde estavam o partido, as forças sindicais e a OGPU que por dez anos deixaram que fôssemos dominados completamente?", um correspondente de aldeia escreveu numa carta ao *Jornal Camponês*, acrescentando reclamações sobre os órgãos locais de investigação que também deixavam de punir "burocratas" e "elementos estranhos" que perseguiam camponeses.[205]

As tentativas dos trabalhadores de criar organizações independentes continuavam sendo brutalmente reprimidas, mas os ressentimentos operários seriam agora avivados, e não apenas ocasionalmente, mas numa campanha ruidosa contra os inimigos tanto no estrangeiro como dentro do país.[206] Convocaram-se muitas reuniões para "discutir" a sabotagem na indústria do carvão e em outros setores, e alguns operários presentes a esses eventos exigiram que os "destruidores" fossem condenados à morte; engenheiros e administradores que chamaram o caso Chákhti de uma fábrica cínica de bodes expiatórios reforçaram as suspeitas de que especialistas que ainda não tinham sido acusados também poderiam ser culpados.[207] Em lugares em que não existia intelligentsia técnico-científica, como na atrasada Província Autônoma de Mari, junto ao Volga, a OGPU acusou intelectuais humanistas (de origem camponesa, principalmente) pelo crime de estudar e ensinar a história de sua região e seu povo.[208] A luta de classes estava de volta. Esqueçam a aposta de Lênin nos camponeses pobres, para não falar da aposta de Stolypin nos camponeses prósperos; Stálin iria apostar no empenho de homens jovens das classes inferiores *urbanas* para liderar uma reorganização socialista da aldeia que muitos deles haviam apenas recentemente deixado para trás. Ali estava uma técnica múltipla de mandar: uma "luta" não somente contra cúlaques acumuladores de grãos nas aldeias, mas também contra os especialistas "burgueses" estranhos à classe nas cidades, e contra os funcionários do partido que eram voluntariamente coniventes com inimigos ou complacentes, o que equivalia à conivência. Tratava-se de uma mobilização de massa cuja mensagem era sedutora: o regime não permitiria que os sonhos dos trabalhadores fossem abandonados, perdidos numa falta de vigilância, vendidos por moedas de Judas. Mas a campanha arriscava provocar uma imensa disrupção, para um resultado incerto.[209]

RECUO TÁTICO (ABRIL DE 1928)

Stálin estava tão pouco preocupado com os efeitos nocivos de coerção sobre os camponeses quanto com os efeitos nocivos de prisões e suicídios entre os engenheiros da indústria. Ele havia escrito a Kaganóvitch na Ucrânia, no dia anterior à partida de Moscou para a Sibéria, para advertir que ninguém devia ter medo de usar o cacete.

"Muitos comunistas pensam que não podem tocar no revendedor ou no cúlaque, pois isso poderia assustar os camponeses médios e afastá-los de nós", explicou ele. "Essa é a ideia mais podre de todas as ideias podres que existem na cabeça de alguns comunistas. A situação é exatamente a oposta." A coerção prometia enfiar uma cunha entre cúlaques e camponeses médios, argumentou Stálin: "Somente com essa política o camponês médio perceberá que a perspectiva de aumento dos preços de grãos é uma invenção dos especuladores, [...] que é perigoso amarrar o próprio destino ao destino dos especuladores e cúlaques, e que ele, o camponês médio, deve cumprir o seu dever de aliado da classe trabalhadora".[210] Mas, mesmo pelas estatísticas da própria OGPU, os verdadeiros cúlaques eram uma minoria entre aqueles que estavam presos, e as prisões de não cúlaques geravam pressões significativas contra a política coercitiva.[211] O comissário da Justiça Nikolai Ianson mandara uma circular em que classificava as medidas extraordinárias de "temporárias" e indicava que elas expirariam no final do ano agrícola (junho de 1928).[212] Mas muitas autoridades, não só Ríkov, queriam que o "emergencismo" acabasse imediatamente. Esse foi o pano de fundo de uma plenária conjunta do Comitê Central e da Comissão Central de Controle realizada entre os dias 6 e 11 de abril. No primeiro dia, o regime anunciou o "caso Sotchi": líderes do partido e do soviete da cidade balneária do mar Negro foram acusados de, durante três anos, se apropriar fraudulentamente de bens do Estado, exercer cargos oficiais para ganho pessoal e se envolver em embriaguez e devassidão moral. A investigação levou à surpreendente expulsão de setecentos membros, quase 12% dos membros do partido do mar Negro. Alguns dos expulsos eram heróis da guerra civil.[213] Os camponeses não eram o único alvo da intimidação de Stálin.

Na pauta da plenária estavam relatórios sobre aquisições de grãos (Mikoian) e o caso Chákhti (Ríkov), e a combinação desses dois assuntos revelou a estratégia astuta de Stálin. Ríkov, em 9 de abril, procurou dissipar as dúvidas sobre o caso Chákhti, apontando, por exemplo, que Nikolai Krylenko, da procuradoria, havia conferido o trabalho da OGPU (as organizações eram rivais) e que Tomski, Mólotov e Iaroslávski foram ao Donbass para verificar pessoalmente. "A principal conclusão consiste no fato de que o caso não só não está exagerado como é maior e mais grave do que se poderia prever quando foi descoberto." Ríkov observou que alguns réus já haviam confessado: depois de lutar ao lado de Deníkin, haviam trabalhado para o poder soviético, mas para os dois lados, enquanto desfrutavam de enormes privilégios. Não sabemos se ele acreditava na história de Chákhti ou simplesmente achava que ela tinha valor de uso, mas estava tentando administrá-la. "Não podemos alcançar a industrialização do país sem especialistas", acrescentou. "Nesse ponto, estamos excepcionalmente atrasados e nossa atenção para essa questão é excepcionalmente fraca."[214] Sessenta pessoas se inscreveram para o debate durante o qual Kúibichev falou contra a perseguição aos especialistas e Mólotov respondeu com a linha dura de Stálin.[215]

Stálin tomou a palavra na manhã do dia 10 de abril e afirmou que os especialistas burgueses, no caso Chákhti, haviam sido financiados por emigrantes russos e organizações capitalistas ocidentais, chamando tais ações de "uma tentativa de intervenção econômica, não acidentes industriais. Com a oposição esmagada, declarou, o partido quis ficar satisfeito, mas precisava manter-se vigilante. "Seria estúpido supor que o capital internacional nos deixará em paz", advertiu. "Não, camaradas, isso não é verdade. As classes existem, o capital internacional existe, e não pode ficar calmo diante do desenvolvimento de um país que está construindo o socialismo." Para ele, a União Soviética tinha diante de si dois caminhos: ou continuar a pôr em prática uma política revolucionária e organizar a classe operária mundial e os povos coloniais em torno da URSS, caso em que o capital internacional criaria dificuldades a cada passo, ou recuar, caso em que o capital internacional "não seria contra nos 'ajudar' a transformar nosso país socialista em uma 'bela' república burguesa". A Grã-Bretanha propusera dividir Pérsia, Afeganistão e Turquia em duas esferas de influência: a URSS poderia fazer essa concessão? "Vozes uníssonas: Não!" Os Estados Unidos haviam exigido que a URSS renunciasse à política de revolução mundial: a URSS poderia fazer essa concessão? "Vozes uníssonas: Não!" A URSS poderia estabelecer relações "amistosas" com o Japão se ele concordasse em dividir a Manchúria com ela: a URSS poderia concordar com essa concessão? "Não!" E assim prosseguiu Stálin. Acabar com o monopólio estatal sobre o comércio exterior, pagar as dívidas da guerra imperialista dos governos tsarista e provisório? "Não!" A recusa da URSS em fazer essas concessões, asseverou Stálin, havia estimulado a "intervenção econômica" pelo capital internacional usando inimigos internos — logo, Chákhti. De algum modo, tudo fazia sentido.

Stálin mencionou ter visto uma peça de teatro, *Os trilhos estão zumbindo*, do jovem dramaturgo "proletário" Vladímir Kírshon (nascido em 1902). O protagonista era um diretor de fábrica comunista, promovido dentre os operários, que, quando tenta reorganizar a fábrica gigantesca, descobre que precisa reorganizar as pessoas, inclusive ele próprio. "Vejam essa peça e verão que o operário-diretor é um mártir idealista que deveria ser apoiado em todos os sentidos", advertiu Stálin, acrescentando que "os homens da NPE ficam à espreita do operário-diretor, ele é prejudicado por esse ou aquele especialista burguês, sua própria esposa o ataca, e, apesar de tudo isso, ele sustenta a luta".[216]

O plenário votou uma resolução de apoio integral à linha de Stálin a respeito de Chákhti como "preparação para intervenção e guerra contra a URSS".[217] A máquina policial do partido entrou bem na linha: o chefe da OGPU ucraniana Balítski escreveu secretamente a Iagoda para contar que os interrogatórios de Chákhti haviam fortalecido plenamente "as conclusões do camarada Stálin em seu informe à plenária" no que dizia respeito à "preparação de uma intervenção".[218] Kaganóvitch, chefe do partido na Ucrânia, transmitiu a mesma conclusão a Stálin e pediu para o partido "reforçar o papel da GPU" nos trustes industriais mediante a inserção de "plenipotenciários da OGPU, algo como os órgãos [autônomos] da GPU para o transporte".[219] Kaganóvitch conhecia Stálin muito bem.

Stálin, leninista até a raiz, exerceu uma pressão implacável em relação a Chákhti, mas, quanto às aquisições de grãos, executou um recuo tático.[220] Sua posição ainda dependia de obter a maioria dos votos do Politbiuró, e ele fez concessões a Ríkov — que, apesar de tudo, aceitou Chákhti —, a fim de reter os votos de Vorochílov, Ordjonikidze e Kalínin. A resolução da plenária sobre a aldeia mencionava "influência cúlaque" sobre as aquisições, mas estipulava que "no fundo dessas dificuldades estava a pronunciada violação do equilíbrio de mercado" — a posição de Ríkov. Choviam reclamações sobre excessos relacionados com as medidas de emergência: em meados de abril, as prisões totalizavam 16 mil em toda a União, entre elas 1864 nos termos do artigo 58 (contrarrevolução), e a resolução da plenária encerrava a aplicação do artigo 107 aos agricultores por não vender grãos.[221] Mais do que isso: os funcionários que haviam punido camponeses que não eram cúlaques ("violações da linha de classe") deveriam ser punidos; alguns foram julgados e até executados.[222] Foi uma reviravolta assombrosa.

Funcionários do partido de nível inferior que esquadrinhavam os jornais em busca de diferenças sutis nos discursos publicados dos altos líderes começaram a sussurrar sobre uma divisão entre Stálin e Ríkov. "Acho que oposicionistas (ocultos), que sempre se infiltram em reuniões do partido, escrevem sobre facções de Ríkov e Stálin", escreveu Stálin em um bilhete para Vorochílov, durante uma reunião do Politbiuró, em abril de 1928.[223] Talvez tenha sido a mesma reunião (23 de abril) em que Stálin insistiu na questão da formação de "fazendas estatais" gigantescas — fazendas novas onde antes não existiam — nas terras virgens do norte do Cazaquistão, nos Urais, no sul da Sibéria, no Cáucaso Norte, até mesmo na Ucrânia. Ele tomou como modelo a imensa fazenda mecanizada (38 mil hectares) de Thomas Campbell, em Montana, talvez a maior e mais produtiva do mundo.[224] Quando Kalínin, um defensor da fazenda estatal, observou que elas seriam suplementares às fazendas existentes (que acabariam por ser coletivizadas), Stálin aparteou para aprovar (duas vezes).[225] O recuo de Stálin, em outras palavras, era apenas parcial. Ele conseguira que a plenária reconhecesse o direito do partido de reintroduzir medidas de emergência, se a situação as pedisse. Após a plenária, disse ao diretório partidário de Moscou (13 de abril) que, embora "a crise tenha sido superada", se "elementos capitalistas [tentassem] novamente 'nos enganar'", o artigo 107 voltaria.[226]

Stálin não precisaria esperar muito tempo: a aquisição de grãos em abril seria somente um quinto da de março e um décimo da de fevereiro; os camponeses estavam evitando as autoridades estaduais e vendendo em bazares por cinco vezes o preço oferecido pelo Estado. A margem para erro na economia soviética havia diminuído em consequência de tropeços do regime e da contradição maior entre economia de mercado e regime socialista. Algumas regiões, especialmente Ucrânia e Cáucaso Norte, sofreram uma seca e uma quebra de safra. No norte do Cazaquistão, o mau tempo e uma colheita fraca levaram muitas famílias a tentar obter alimentos para consumo próprio em mercados, o que empurrou os preços para cima; mas, quando a colheita da safra começou, os cereais para venda desapareceram dos mercados. Postos de vigilância foram montados nas estradas para impedir que levassem cereais para essas regiões com safra ruim, enquanto camponeses em melhor situação — os que tinham grãos — se recusavam a vendê-lo pelos preços baixos estabelecidos, mas temiam vendê-lo pelos preços elevados do mercado. Alguns camponeses pobres se perguntavam por que os cúlaques não estavam sendo ainda mais espremidos.[227] Convocou-se apressadamente uma série de conferências com chefes provinciais do partido, com início em 24 de abril, sob a presidência e organização de Mólotov e Mikoian: alguns chefes regionais pediram a renovação da aplicação do artigo 107 e uma redefinição de cúlaque, de alguém que possuía 36 toneladas de grãos para alguém que possuía doze toneladas ou mesmo sete, e criticaram as propostas de anistiar os camponeses e processar os funcionários que conseguiram garantir grãos. Um secretário provincial exigiu o fim das discussões na imprensa de "excessos", que, segundo ele, haviam produzido "um estado de ânimo desmobilizado".[228] Mólotov, repetindo Stálin como sempre, disse-lhes que, "muitas vezes, cúlaques escrevem para Moscou sob o disfarce de camponeses pobres. Como vocês veem, os cúlaques sabem melhor do que ninguém como manobrar em torno de Moscou".[229] Nem todos entraram na linha: alguns chefes regionais do partido manifestaram um bem fundado ceticismo de que os cereais necessários estavam lá fora, para serem tomados, enquanto, nos bastidores, a briga era para afastar a política da coerção.[230] Mas, sob a pressão da queda de aquisições, já em 26 de abril, o Politbiuró votou a favor de restabelecer a aplicação do artigo 107 aos agricultores.[231]

O ano de 1928 foi o ano da esperança de que Stálin iria recuar, mas as provas de sua determinação continuavam visíveis em todos os lugares. Os resumos da polícia secreta sobre o estado de ânimo do país, bem ao ponto, se afastavam cada vez mais de menções a tesoura de preços, déficit de bens manufaturados ou outros fatos, para evocar "sabotagem" e "inimigos de classe".[232] Às vezes, os sinais da exibição de força de Stálin eram comicamente involuntários. Por exemplo, agências locais da OGPU enviaram alguns resumos do estado de ânimo político a comitês do partido e sovietes de suas regiões, mas, em 16 de maio de 1928, Iagoda enviou uma circular "absolutamente secreta" lamentando que, "nos resumos de estado de ânimo político distribuídos a instituições locais, alguns se referiam pejorativamente a funcionários pelo nome", o que criou a "falsa impressão" de que esses funcionários estavam sob estrita vigilância do que diziam e para quem. "É necessário remover toda menção a funcionários não só nos resumos de estados de ânimo externos, mas também nos de caráter interno."[233] Funcionários do regime sob vigilância da polícia secreta: uma falsa impressão, obviamente.

JULGAMENTO TEATRAL

Jamais houvera na União Soviética algo parecido com o espetáculo do julgamento de Chákhti, que se iniciou em 18 de maio de 1928, no Salão das Colunas de paredes de mármore da Casa dos Sindicatos, e durou 41 dias.[234] Foi o primeiro grande julgamento público de toda a União desde 1922, mas muito mais do que isso. Outros julgamentos de 1928, também projetados para incutir lições políticas, tais como a audiência em tribunal militar sobre uma suposta "rede de espionagem" anglo-finlandesa na zona fronteiriça de Leningrado, não conseguiram adquirir nada remotamente parecido com a intensidade e o significado de Chákhti.[235] Ele foi encenado em Moscou para ter uma exposição máxima; quase cem jornalistas estrangeiros e soviéticos escolhidos a dedo cobriram o processo.[236] Mais de 30 mil pessoas seriam conduzidas pelo tribunal guarnecido de cortinas vermelhas (o partido diria que foram 100 mil) — operários, militantes da Juventude Comunista, delegações de fora da cidade. "Multidões entravam ruidosamente e brigavam pelos melhores assentos", escreveu um correspondente americano. "Os camarotes encheram-se gradualmente de diplomatas, autoridades influentes e outros espectadores privilegiados — muitas mesuras e apertos de mão."[237] Andrei Vichínski, o juiz supremo, destacava-se em seu terno e pincenê; Nikolai Krylenko, o procurador-geral, usava uma jaqueta de caça, calças de equitação e perneiras. Chákhti foi filmado para cinejornais e um documentário independente, e a cabeça raspada de Krylenko brilhava sob a luz dos refletores.[238] O processo foi transmitido pelo rádio. Chákhti eletrizou o país.

Os capitalistas foram evidentemente embora, de modo que os engenheiros e gerentes pré-revolucionários tiveram que assumir seus papéis.[239] Dos 53 réus, vinte se declararam culpados, onze admitiram parcialmente as acusações e o restante sustentou sua inocência. Aqueles que negaram as acusações não esconderam sua aversão ao regime soviético, ou sua descrença no sonho de construir o socialismo, mas argumentaram que, sendo profissionais, ainda podiam realizar o seu trabalho com consciência; sua admissão de opiniões hostis, no entanto, foi tomada como prova de envolvimento em sabotagem. Krylenko citou supostas declarações de trabalhadores sobre abusos sofridos nas mãos dos "vampiros da classe operária".[240] Ele "incitou as pessoas do início ao fim", recordou mais tarde um correspondente estrangeiro pró-soviético. "Nunca perdia uma oportunidade de discursar para o público escolhido pela polícia e ganhar aplausos. Houve momentos em que alguns dos réus aplaudiram junto com a multidão."[241] Mas detalhes das confissões davam datas diferentes para a criação da "organização" contrarrevolucionária. A coreografia foi mais perturbada ainda quando o técnico alemão Max Maier (nascido em 1876) disse a Vichínski que tinha assinado sua confissão somente porque estava exausto dos interrogatórios noturnos e não sabia russo (então não sabia o que assinara). Quando Vichínski pediu a Maier para confirmar a culpa do habitante soviético Abram Bachkin, Maier disse que se tratava do engenheiro mais consciencioso que ele conhecia na União Soviética, absolutamente dedicado ao destino das turbinas importadas; Bachkin, sentado na gaiola dos réus, gritou de repente que sua própria confissão anterior (feita minutos antes) tinha sido uma mentira. Vichínski declarou um recesso. Cerca de quarenta minutos depois, Bachkin reconfirmou sua anterior autoincriminação.[242]

Supunha-se que ninguém que fosse inocente confessaria. Além disso, por baixo das manipulações havia preocupações parcialmente verificáveis. Em março de 1927, o chefe do departamento de concessões estrangeiras para a Força Aérea foi preso, acusado de comprar deliberadamente peças de aviões de má qualidade da Junkers por um preço inflado — o que proporcionou um belo excesso de lucro para a firma alemã enquanto ele embolsava uma polpuda propina — e de prejudicar a segurança soviética. O funcionário também foi acusado de revelar o estado da indústria aeronáutica soviética ao pessoal alemão em seu apartamento, algo que entre profissionais poderia parecer conversa de trabalho, mas que foi além disso e entrou no campo da espionagem. Dois meses depois da prisão, ele foi executado junto com supostos cúmplices. Apenas por motivos pecuniários mundanos, especialistas da era tsarista, em conluio com estrangeiros, podiam tirar vantagem da ignorância técnica do pessoal de supervisão soviético, pouco instruídos ou propensos a aceitar suborno. Evidentemente, Stálin, com sua desconfiança ilimitada, supôs que interesses de classe hostis também os motivavam. De qualquer modo, os engenheiros burgueses dispunham de um poder potencialmente de longo alcance, e Stálin não via outro recurso senão uma severa intimidação.[243]

As figuras centrais do que foi apelidado de Centro de Moscou eram Lázar Rabinóvitch (nascido em 1860), Solomon Imenitov (nascido em 1865), representante do Truste do Carvão de Donetsk em Moscou, que foi acusado de não relatar seu conhecimento da atividade contrarrevolucionária, e Nikolai Skorutto (nascido em 1877), um funcionário do Conselho Supremo da Economia que estava voltando dos Estados Unidos via Berlim, leu sobre as prisões de seus colegas e mesmo assim continuou sua viagem para Moscou. Skorutto informou ao tribunal que havia confessado, mas, de acordo com um jornalista presente, "o tribunal foi eletrizado por um grito sobrenatural do camarote onde estavam os familiares de presos. "Kólia", a mulher gritou: "Kólia querido, não minta, não! Você sabe que é inocente". Skorutto desmaiou. Vichínski decretou recesso. Depois de dez minutos, Skorutto falou novamente, declarando que decidira retirar sua confissão. "Eu tinha esperança de que este tribunal seria mais brando comigo se me declarasse culpado e acusasse os outros", afirmou.[244] Rabinóvitch, tal como Imenitov, negou as acusações. "Sou absolutamente inocente, não me arrependo de nada, não vou implorar por nada", afirmou. Ninguém menos que Lênin o encarregara, na qualidade de chefe de toda a indústria soviética de carvão, da restauração das minas de carvão arruinadas pela guerra civil. "Tenho atrás de mim cinquenta anos de completa confiança, respeito e honra, como resultado da minha vida pública e privada. Fui aberto com todos. Na medida de minhas forças, servi à causa do proletariado, que me via com confiança total e ajudou a criar um bom ambiente de trabalho para mim. Meu trabalho foi consciencioso até o fim. Eu não sabia nada a respeito de sabotagem."[245] Mas Rabinóvitch formara-se no Instituto de Minas de São Petersburgo e começara sua carreira em 1884; fora também deputado democrata constitucional na Duma tsarista — à primeira vista, uma prova de interesses hostis à classe operária. Ele pediu uma sentença de morte. Ganhou seis anos de prisão: "Durmo tão profundamente na prisão como em minha própria cama. Tenho a consciência limpa e não tenho nada a temer".[246] (Ele morreria na prisão.)

O embaixador alemão Von Brockdorff-Rantzau, de cuja altura se dizia que o ajudava a ser o dignitário "mais conspícuo" na seção dos estrangeiros, estava sofrendo de câncer na garganta, mas se recusou a sair de Moscou para tratamento médico urgencial (embora tenha desistido do conhaque).[247] O conde estava furioso porque não havia cidadãos franceses ou poloneses no banco dos réus, somente alemães, e lamentou que sua própria defesa incondicional da manutenção de relações tornara possível aquele abuso de seu país para fins soviéticos. Contudo, o *Izvéstia* (29 de maio) tentou ao menos reduzir a agressividade de Stálin, publicando que "o Reich alemão não está no banco dos réus, tampouco a indústria alemã ou as empresas alemãs como tais, somente cidadãos alemães". As eleições alemãs que Stálin tinha em mente quando aprovou a prisão dos alemães aconteceram durante o julgamento. Os sociais-democratas lideraram a votação, com 9,2 milhões (30% dos votos), enquanto os comunistas alemães também ganharam, obtendo 3,2 milhões, rompendo a barreira dos 10% e chegando em quarto lugar. A proibição do Partido Nazista, devido ao Putsch da Cervejaria, havia sido levantada, mas eles tiveram apenas 2,6% dos votos. Em 31 de maio, Vorochílov escreveu a Stálin que o alto-comando alemão estava recomendando que oito oficiais soviéticos visitassem novamente a Alemanha naquele ano para estudos; os alemães queriam também seis observadores nas manobras soviéticas, inclusive o general Von Blomberg. Vorochílov interpretou isso como um desejo por parte da Alemanha de manter a vigilância sobre o crescente poder do Exército Vermelho e escreveu que "os alemães consideram o Exército Vermelho poderoso o suficiente para encarar um confronto com a Polônia e a Romênia". Ele recomendava aceitar a oferta alemã, e anexou uma lista de oficiais do

Exército Vermelho propostos para a viagem. Stálin concordou.[248] Nada disso o deixou mais perto de obter financiamento para a industrialização e tecnologia de ponta.

UM BOM PÚLPITO (MAIO-JUNHO DE 1928)

Na primavera, uma onda renovada de aquisições sob coação de grãos provocou aumento acentuado dos preços, longas filas e bolsões de fome. A perspectiva de racionamento pairava sobre as grandes cidades.[249] Tentando transmitir o desespero e a raiva provocados quando, pela segunda vez em um curto período de tempo, esquadrões armados vieram à procura de grãos "escondidos", uma autoridade dos Urais relatou a história de um homem idoso que se enforcou: "Seu filho mostrara à comissão todas as suas reservas. Eles os deixaram, catorze pessoas, com apenas dois *poods* [32 quilos] de cereais. O velho de oitenta anos decidiu que seria uma boca demais para alimentar. [...] Estou preocupado principalmente com as crianças. Qual será a impressão delas do poder soviético, quando seus representantes só trazem medo e lágrimas aos seus lares?".[250]

A OGPU orientou seus informantes — que eram 8596 em toda a União — a prestar muita atenção à "agitação antissoviética" em bares das aldeias e nas filas de mulheres.[251] Algumas localidades começaram a improvisar o racionamento da comida que tinham em mãos. Sirtsov escreveu da Sibéria (24 de maio de 1928) contando que os camponeses não tinham mais cereais e que até mesmo as cidades da Sibéria talvez tivessem de encarar a fome.[252] Stálin despachou Stanisław Kossior, que levou junto seu assessor Aleksandr Poskrióbichev (que em breve seria um alto assessor de Stálin) para Novossibirsk. Em 3 de junho, no "simpósio sobre grãos" do comitê do partido siberiano para o qual foram convocadas autoridades de todas as regiões da Sibéria, bem como do Cazaquistão e dos Urais, Kossior enfatizou a necessidade de pressionar os cúlaques com o artigo 107.[253] Em todo o país, a aquisição de grãos no ano agrícola até junho de 1928 acabaria apenas ligeiramente abaixo da do ano anterior (10 382, em vez de 10 590 milhões de toneladas).[254] Mas a retomada no final de abril de "medidas extraordinárias", como se a seca fosse pouco, desorganizou ainda mais os mercados internos de grãos.[255] Em junho, o regime voltaria a importá-los. E o mais preocupante era que muitos agricultores não haviam conseguido adquirir sementes para semear.[256] Outros simplesmente se recusavam a plantar, apesar das circulares secretas e das exortações da imprensa.[257]

Stálin não seria dissuadido. Em 28 de maio de 1928, ele apareceu no Instituto dos Professores Vermelhos, localizado na antiga Escola Tsaréviche Nicolau, na rua Ostojenka, 53; convites também foram enviados para estudantes selecionados da Universidade Comunista Svérdlov, para a Associação Russa do Instituto de Pesquisas em Ciências Sociais e para a Academia Comunista, sem mencionar o nome do palestrante, o que intensificou a expectativa. Em preparação, "as mulheres da limpeza haviam dado uma lavagem extra e encerado os pisos, trabalhadores haviam limpado o pátio, bibliotecários exibiram os melhores livros, limpadores de chaminés subiram nos telhados e os professores fizeram fila no barbeiro", de acordo com um jovem tchetcheno comunista do Instituto, que acrescentou que as autoridades haviam pendurado um retrato a óleo de corpo inteiro de Stálin no salão, mas "a cabeça, grosseiramente cortada com um instrumento contundente, jazia no chão". Os vândalos haviam grudado um cartaz no peito pintado de Stálin, composto de letras recortadas de um jornal: "O proletariado não tem nada a perder, exceto a cabeça de Stálin. Proletários de todos os países, rejubilem-se!".[258] Um retrato substituto de Stálin, sentado ao lado de Lênin em Górki, em 1922, foi rapidamente instalado. Não se sabe quem cometeu o vandalismo. Trótski e a esquerda haviam sido enormemente populares no Instituto; a maioria dos estudantes de esquerda fora expulsa. Os alunos, porém, talvez não se dessem conta de que Stálin estava prestes a fazer o discurso de esquerda mais agressivo de sua vida. Intitulada "Sobre o front dos grãos", a palestra retomava o até então desconhecido admirável mundo novo de sua peroração de 20 de janeiro em Novossibirsk.

Ele esboçou novamente uma visão excitante de uma modernização agrícola imediata e total para fazendas de grande escala — não da variedade cúlaque individual, mas coletivizada. Onde atualmente não havia fazendas para coletivizar, haveria novas fazendas estatais imensas. "Stálin falou calma, monotonamente, e com longas pausas", lembrou o comunista tchetcheno. "É óbvio que tinha um sotaque georgiano, que se tornava especialmente perceptível quando ficava nervoso." Ele "falou por cerca de duas horas sem parar. Bebeu frequentemente água de um copo. Uma vez, quando levantou a garrafa, ela estava vazia. Irromperam risos no salão. Uma pessoa do presidium entregou-lhe uma garrafa nova. Stálin tomou de uma única vez quase um copo cheio, depois virou-se para a plateia e disse, com uma risada maliciosa: 'Vocês veem, quem ri por último, ri melhor! De qualquer forma, tenho uma boa notícia para vocês: terminei'. Irromperam aplausos". Depois de um recesso de dez minutos, Stálin respondeu a perguntas por escrito, algumas das quais eram irreverentes: um estudante indagou evidentemente sobre o bilhete suicida de Adolf Ioffe, partidário de Trótski; outro quis saber por que a OGPU tinha informantes nas fileiras do partido (ambas ficaram sem resposta). Os estudantes reunidos também perguntaram sobre as implicações do discurso de Stálin para a NPE; ele respondeu referindo-se aos ensinamentos dialéticos e táticos de Lênin. "Estávamos presentes em um evento histórico", observaria o comunista tchetcheno mais tarde. "Stálin expôs pela primeira vez seu plano para a futura 'revolução da fazenda coletiva.'"[259] O discurso foi publicado no *Pravda* (2 de junho de 1928).[260]

A juventude, ao lado da classe operária, constituía o principal público de Stálin para o salto acelerado ao socialismo. A filiação à Liga da Juventude Comunista havia aumentado de 22 mil (no final de 1918) para mais de 2 milhões (dos quase 30 milhões elegíveis), tornando-a uma organização de massas. No final da década de 1920, cerca de um terço dos filiados ao partido havia pertencido à Liga da Juventude.[261] O aparato de Stálin estava enviando militantes armados da Liga da Juventude, entre outros, para as aldeias, onde mediam os "excedentes" a olho, batiam na cabeça dos camponeses com revólveres e os trancavam em latrinas até que entregassem seus depósitos de grãos. Ao mesmo tempo, as detenções policiais nos termos do artigo 107 e do artigo 58 dispararam novamente em maio e junho, provocando o início de uma "desculaquização" espontânea. Muitos camponeses fugiram para cidades próximas ou outras regiões; alguns até aderiram a fazendas coletivas, com medo de morrer de fome se não o fizessem. Mas alguns camponeses começaram a organizar uma resistência. "As reservas de grãos na aldeia não serão entregues ao governo", resolveu um grupo de camponeses do condado de Bíisk, no oeste da Sibéria, onde Stálin estivera secretamente no início do ano. As autoridades do partido tentaram impedir que os camponeses se reunissem, mas, em Bíisk, um camponês pobre foi ao soviete rural e disse ao presidente: "Dê grãos para os camponeses pobres. Se não, vamos tomá-los à força. Iremos em primeiro lugar ao secretário do partido, e, se ele não nos der grãos voluntariamente, vamos matá-lo. Temos de tomar todo o grão e estabelecer um poder soviético limpo, sem comunistas". Em outros lugares, informou-se que outros camponeses disseram: "Vamos pegar nossos forcados e nos tornarmos guerrilheiros".[262] Espalharam-se rumores de uma invasão estrangeira e do retorno dos brancos. "O campesinato está sob o jugo do bandido Stálin", dizia uma carta recebida pelo governo de Ríkov em junho de 1928. "O camponês pobre e trabalhador é seu inimigo."[263]

O cerco que Stálin estava impondo gerava provas da necessidade de um cerco, pois a OGPU relatava a disseminação do estado de ânimo cúlaque, sentimento nacionalista ucraniano e estado de espírito "camponês" no Exército.[264] A crise geral que Ríkov temia estava se desdobrando.

Stálin havia parado de falar com Bukhárin, assim como muitas vezes ele se recusava a falar com sua esposa, Nádia — um tratamento de silêncio que, no caso de Bukhárin, também deixava perplexo e enfurecido alguém que achava que era próximo de Stálin.[265] Em maio e, de novo, no início de junho de 1928, Bukhárin enviou cartas endereçadas a "Koba", tentando estabelecer uma conexão. "Considero a situação interna e externa do país *muito difícil*", escreveu ele, acrescentando que não conseguia discernir nenhum plano de ação para sair dela, fosse em relação a impostos, bens manufaturados, preços ou importações, nada. A próxima colheita já estava para acontecer. Incrédulo, Bukhárin enfatizou o que considerava um fato escandaloso: Jan Sten, um respeitado teórico marxista, estava dizendo que "o XV Congresso do Partido estivera *equivocado*, que os trotskistas acabaram por ter razão e foram justificados pela história". De fato, escreveu

Bukhárin, "nossas medidas extraordinárias (necessárias) *já* estão sendo transformadas ideologicamente numa nova linha política". Ele concluía sugerindo que, após os próximos Congresso do Comintern e Congresso do Partido Comunista chinês em Moscou, "estarei disposto a ir seja para onde for, sem nenhuma briga, sem nenhum ruído, e sem nenhuma luta". A carta de Bukhárin revelava que ele simplesmente não podia acreditar que Stálin fosse alterar irrevogavelmente todo o panorama estratégico na direção da esquerda radical. "As fazendas coletivas, que só serão construídas ao longo de vários anos, não vão nos carregar. Não seremos capazes de lhes fornecer capital operacional e máquinas imediatamente."[266]

Stálin não reagiu.[267] Mas uma briga eclodiu na reunião do Politbiuró de 27 de junho, quando Bukhárin, Tomski e Ríkov declararam a política do partido em ruptura e Mólotov denunciou a declaração deles como "antipartido", uma formulação sinistra.[268] Nessa ou talvez na reunião seguinte do Politbiuró, quando Stálin criou uma comissão de compromisso em que estavam ele mesmo e Ríkov, pode ter ocorrido o pior confronto até então entre Stálin e Bukhárin. O ditador finalmente se dignou a recebê-lo em seu gabinete. "Você e eu somos os Himalaias — os outros são insignificantes", Stálin o lisonjeou, de acordo com as memórias de esposa de Bukhárin. Depois, numa reunião do Politbiuró, quando Stálin deu uma surra em Bukhárin, este divulgou o elogio, inclusive a frase em que dizia que os outros eram "insignificantes". Lívido, Stálin gritou: "Você está mentindo. Você inventou essa história para envenenar os outros membros do Politbiuró contra mim".[269]

SEGUNDO RECUO TÁTICO (PLENÁRIA DE JULHO DE 1928)

A ira camponesa continuava a ferver. "O mais alto nível de governo está baseado na trapaça, essa é a opinião de todo mundo lá fora", escreveu um camponês em 4 de julho de 1928 para o *Jornal Camponês*. "A morte do camarada Lênin foi uma pena. Ele morreu cedo, sem poder levar este negócio até o fim. Assim, vocês camaradas do governo, em caso de guerra, não contem demais com os camponeses. [...] Nossos cereais vão para alimentar Inglaterra, França e Alemanha, enquanto os camponeses ficam sentados e passam fome por uma semana."[270] Naquele mesmo dia, abriu-se outra plenária conjunta do Comitê Central e da Comissão Central de Controle, com seus primeiros dias consagrados aos assuntos do Comintern. Depois, em 6 de julho, Mikoian fez um informe sombrio. O comércio exterior estava em "uma situação extraordinariamente tensa, mais ainda do que nos últimos dois anos", observou ele. A produção de petróleo superava substancialmente o consumo interno, mas as exportações de petróleo não podiam gerar as receitas que os grãos traziam (como tampouco as exportações de madeira, peles, açúcar e algodão). As exportações de grãos haviam sustentado o surto de industrialização tsarista. Mikoian observou que talvez não mais do que um terço dos níveis de exportação tsaristas poderia ser realisticamente possível, a menos que as colheitas soviéticas aumentassem milagrosamente aos trancos e barrancos.[271] A inquietude tomava conta das altas autoridades partidárias.[272]

Mais tarde naquela noite, à uma e meia da manhã do dia 7 de julho, Andrei Vichínski fez a leitura dos veredictos do julgamento de Chákhti no Salão das Colunas. Quatro dos 53 réus foram absolvidos, entre eles os dois alemães, Ernst Otto e Max Maier. Outros quatro foram julgados culpados, mas condenados a penas suspensas, entre eles Wilhelm Badstieber (que foi absolvido nos termos do artigo 58, mas condenado pelo artigo 53, relativo a suborno). Otto e Maier, libertados em duas horas, foram para a residência do embaixador; Badstieber, também solto, fora demitido pela Knapp e se recusou a voltar para a Alemanha. O conde Brockdorff-Rantzau partiu de Moscou finalmente; ninguém do Comissariado das Relações Exteriores apareceu na estação para se despedir.[273] O procurador-geral Krylenko pedira 22 sentenças de morte, exclamando "execução" após cada nome durante seu sumário; no fim das contas, foram pronunciadas onze sentenças de morte, mas seis foram comutadas para prisão. Ao todo, cerca de quarenta pessoas foram para a prisão, a maioria com penas de quatro a dez anos, embora muitos tenham pegado de um a três anos. A encenação desses julgamentos públicos, mesmo sob censura e com convite somente para o público estrangeiro, não foi nada fácil: o regime nunca publicou uma transcrição separada do espetáculo imperfeito.[274] Contudo, um panfleto que resumia o julgamento para agitadores destacava que a sabotagem acabou frustrada porque o proletariado era forte e exortava o partido a aproximar os trabalhadores da produção, aumentar a autocrítica para combater o burocratismo, tornar-se um "comissário" melhor na vigilância dos especialistas burgueses e produzir novos quadros de engenheiros soviéticos.[275] Stálin afirmaria que o julgamento de Chákhti ajudara "a reforçar a prontidão de ação da classe operária".[276]

Na plenária, na noite de 9 de julho, o secretário-geral não deu quartel aos críticos. O Politburó, afirmou, havia recorrido a medidas extraordinárias somente porque houvera uma verdadeira emergência — "não tínhamos reservas". Stálin atribuiu à coerção a salvação do país. "Aqueles que dizem que medidas extraordinárias são ruins em qualquer circunstância estão errados."[277] Depois, voltou-se bruscamente para a grande estratégia. Enquanto a Inglaterra se industrializara graças a suas colônias, a Alemanha aproveitara a indenização imposta em consequência da guerra franco-prussiana de 1870-1, e os Estados Unidos utilizaram empréstimos da Europa, a URSS não tinha colônias, indenizações ou empréstimos externos de longo prazo, sobrando apenas os "recursos internos". Quanto a isso, nenhum bolchevique poderia discordar. Mas Stálin procurou levar a lógica da posição bolchevique até o fim. Os camponeses "pagam ao Estado não somente os impostos usuais, diretos e indiretos, mas também pagam a mais nos preços relativamente elevados dos produtos industriais e, em segundo lugar, recebem menos pelos produtos agrícolas", explicou ele, com naturalidade. "Trata-se de um imposto adicional cobrado do campesinato, no interesse do crescimento da indústria, que serve a todo o país, inclusive aos camponeses. Isso é algo parecido com um 'tributo' [*dan*], algo como um sobreimposto, que somos forçados a tomar temporariamente, para preservar e promover o presente ritmo do desenvolvimento industrial, para sustentar a indústria em nome de todo o país." Stálin não procurou dourar a pílula: "O assunto sobre o qual estou falando é desagradável. Mas não seríamos bolcheviques se acobertássemos esse fato e fechássemos os olhos para isso, que, sem um imposto adicional sobre o campesinato, infelizmente nossa indústria e nosso país não podem se virar".[278] Mas, apesar de sua aparente lógica de ferro, o uso do termo "tributo" — expressão não publicada na época — provocou as pessoas presentes no salão.[279]

Stálin rejeitou outras opções políticas, como a proposta do membro da plenária Sokólnikov de elevar o preço pago aos camponeses pelos grãos (em 25%). "É necessário fechar as 'tesouras' entre a cidade e o campo, todos esses pagamentos a menos e pagamentos em excesso?", perguntou Stálin, em seu estilo agora típico. "Sim, sem dúvida, eles devem ser eliminados. Será que podemos eliminá-los agora, sem enfraquecer a nossa indústria e nossa economia como um todo? Não, não podemos."[280] Assim era ostensivamente a "lógica" brutal da industrialização acelerada: a extração do "tributo" sobrepunha-se às concessões de mercado, pelo menos por enquanto. O "tributo" poderia tornar-se permanente? Stálin não disse. Mas previu que a estrada à frente seria ainda mais árdua. "À medida que avançarmos, a resistência dos elementos capitalistas aumentará, a luta de classes se tornará mais aguda e o poder soviético, cujas forças crescerão cada vez mais, executará uma política de isolamento desses elementos, [...] uma política de supressão da resistência dos exploradores. Nunca se viu e nunca se verá as classes obsoletas entregarem suas posições de forma voluntária, sem tentar organizar a resistência [...] o movimento em direção ao socialismo deve levar à resistência por parte dos elementos exploradores contra esse movimento, e a resistência dos exploradores deve conduzir a um aguçamento inevitável da luta de classes."[281]

Durante a guerra civil, Lênin descobrira a ideia de escalada da resistência dos inimigos implacáveis quando sua derrota se aproximava.[282] E, antes disso, antes que alguém tivesse ouvido o nome de Stálin, Gueórgi Plekhánov, o pai do marxismo na Rússia, observara que, quando percebessem que eram uma classe historicamente condenada, os capitalistas se empenhariam numa maior resistência.[283] Dito isso, a afirmação de Stálin de um "aguçamento da luta de classes", tal como seu uso do termo "tributo", foi considerada heterodoxa por muitas pessoas no salão. Mas Stálin definiu a decisão dos camponeses de não vender sua produção para o Estado a preços fixos baixos como uma "greve de grãos", nada menos do que "a primeira ação séria, sob as condições da NPE, empreendida pelos elementos capitalistas do campo contra o governo soviético".[284] Mais do que qualquer outra figura, Stálin durante anos havia batido na tecla das circunstâncias do cerco capitalista, da hostilidade dos elementos da classe capitalista dentro da URSS e dos perigos representados pela nova burguesia da era NPE (cúlaques), das ligações entre inimigos externos e internos, da ameaça de uma "intervenção" renovada — em uma palavra, Chákhti. Chákhti era um colossal fato consumado, não menor do que a viagem à Sibéria. E, em uma dessas coincidências estranhas que sempre acompanham uma estratégia bem executada — ou seja, uma improvisação numa certa direção estratégica —, as cinco sentenças de morte do julgamento de Chákhti foram cumpridas no mesmo dia do discurso de Stálin na plenária.

Contudo, o julgamento de Chákhti acabara e restava uma estrada de volta ao "emergencismo". Imediatamente depois de Stálin, na manhã de 10 de julho, Bukhárin tomou a palavra. Ele ainda estava com tanto medo de cair na armadilha de permitir que Stálin o acusasse de "oposição" à linha do Comitê Central que se recusou a expor suas diferenças, deixando de apelar para o grande público de alto nível de mais de 160 pessoas, incluindo os convidados.[285] Ele admitira que os cúlaques eram uma ameaça e precisavam ser pressionados e até mesmo expropriados — em outras palavras, que a coerção no campo era necessária, até certo ponto. Ele admitira que era necessário construir o socialismo, industrializar o país, combater a sabotagem com vigilância. E Stálin, o tático, esvaziara a crítica de Bukhárin com seu recuo na plenária de abril de 1928, pelo qual Stálin assumiu o mérito, mesmo sem ter de ir até o fim, graças a uma combinação de eventos induzidos (a coerção produzindo retornos decrescentes) e manipulações (Chákhti). Perseguido por seguidores fiéis de Stálin enquanto tentava falar, Bukhárin insistiu que a plenária discutisse fatos e falou de cerca de 150 grandes protestos em todo país, mencionando "uma revolta em Semipalatinsk, violência nas bolsas de trabalho de Leningrado e Moscou, um levante em Kabardia" — eventos que haviam de fato ocorrido (além de muitos outros semelhantes).[286] Com efeito, entre 20 de maio e 15 de junho de 1928, treze conflitos violentos foram registrados nas bolsas de trabalho de várias cidades.[287] Ele citou cartas de aldeias e de operários, evidentemente recebidas pelo *Pravda*, onde ainda era editor-chefe nominal, mas também alegou que acabara de saber sobre muitos desses fatos perturbadores de agitação social somente porque fora pessoalmente à OGPU e lá ficara por dois dias, lendo os relatórios sobre estado de ânimo político (que supostamente deveriam ser apresentados ao Politbiuró). Kossior gritou: "Por que você o encarcerou [Bukhárin] na GPU?" (risos). Mężyński respondeu: "Por espalhar o pânico" (risos).

Bukhárin insistiu, com base nas provas de descontentamento e instabilidade social, que as medidas extraordinárias tinham de ser interrompidas. "Para sempre?", alguém gritou. Bukhárin admitiu que essas medidas podiam por vezes ser necessárias, mas não deviam se tornar permanentes, pois, do contrário, "teremos um levante dos camponeses, que os cúlaques vão assumir, organizar, liderar. A espontaneidade pequeno-burguesa se levantará contra o proletariado, vai esmagar sua cabeça, e, em consequência da intensificação da luta de classes, a ditadura do proletariado desaparecerá". Diante do quadro de crise social e rebelião camponesa pintado por Bukhárin, Stálin gritou: "Um sonho terrível, mas Deus é misericordioso" (risos).[288]

Em 11 de julho, em meio à intimidação, Kalínin apresentou um informe sobre as fazendas estatais e opôs-se ao exílio forçado de cúlaques, que representava um risco de perda de seus grãos antes que novas fontes entrassem em operação. "Será que alguém, mesmo uma única pessoa, vai dizer que há grãos suficientes?", perguntou ele. "Todas essas conversas de que o cúlaque esconde grãos, de que há cereais, mas ele não os entrega, são conversas, apenas conversas. [...] Se o cúlaque tivesse muitos grãos, nós os teríamos." Ali estava um voto do Politbiuró que Ríkov-Tomski-Bukhárin poderiam recrutar para a revogação das medidas de emergência. Mas Kalínin também concordava até certo ponto com Stálin, dizendo que a escassez de grãos era consequência de um "déficit de produtividade", que "nos empurra para a organização de fazendas estatais".[289]

Stálin falou novamente naquela tarde, polemizando com outros oradores, sobretudo Tomski. (Depois de observar Stálin atacar verbalmente Tomski, Sokólnikov teve outra reunião privada com Kámenev em que disse que Stálin parecera "sombrio, verde, maldoso, irritado. Uma visão ameaçadora. [...] O que nos impressionou mais foi sua grosseria".)[290] Tomski, tal como Bukhárin (e Ríkov), havia proposto recuar da beira do abismo. "Você recua hoje, recua amanhã, recua depois de amanhã, recua sem fim — isso é o que ele diz que vai fortalecer a aliança" entre operários e camponeses, disse Stálin. "Não, camaradas, isso não é verdade. [...] A política de concessões permanentes não é a nossa política."[291] E então, provocando um choque, Stálin capitulou: a plenária, por unanimidade, revogou as "medidas extraordinárias".[292] Os preços dos grãos logo foram aumentados.[293] Diligências e prisões não autorizadas em busca de grãos e o fechamento de bazares tornaram-se delitos puníveis; processos baseados no artigo 107 contra camponeses pobres e médios foram interrompidos, e os camponeses atrás das grades foram libertados por uma anistia.[294] As múltiplas intervenções de Stálin na plenária não podiam deixar nenhuma dúvida sobre seu profundo compromisso com a diretriz anunciada em Novossibirsk e reprisada no Instituto de Professores Vermelhos.[295] Mas, pela segunda vez, ele empreendeu uma retirada tática. Talvez quisesse evitar ser aquele que forçara uma votação dividida e um "cisma". Também devia saber que Bukhárin mantivera conversações com outros membros do Politbiuró, entre eles Ordjonikidze, Vorochílov e Kalínin, sobre sua remoção da secretaria-geral na plenária, o que lhe sugeria cautela.[296] Dito isso, era mais fácil recuar sabendo que podia simplesmente voltar para a Praça Velha e acionar a OGPU.

INTRIGA DE INTRIGAS?

A oposição unida de Zinóviev, Kámenev e Trótski, de curta duração, não conseguira mais do que agravar a já extrema acrimônia destes.[297] No início de 1928, Stálin exilara Zinóviev e Kámenev em Kaluga, a cerca de 180 quilômetros de Moscou. Zinóviev continuou a implorar reintegração ao partido e escreveu um artigo humilhante no *Pravda*, em maio de 1928, levando o impiedoso Trótski a observar que "Zinóviev se assemelha a um pássaro molhado, e sua voz, nas páginas do *Pravda*, soa como o pio de um maçarico do pântano".[298] Por fim, em junho de 1928, Stálin permitiu que Zinóviev e Kámenev, juntamente com cerca de quarenta oposicionistas, fossem reintegrados.[299] Mas parece que os lacaios de Stálin divulgaram um falso rumor de que Bukhárin e seus aliados haviam votado contra a readmissão de Zinóviev e Kámenev, boato que, previsivelmente, deixou Bukhárin em polvorosa. Grigóri Sokólnikov era razoavelmente próximo tanto de Kámenev como de Bukhárin, e parece que Kámenev, durante uma viagem de Kaluga a Moscou, contou-lhe sobre o boato e ele mencionou isso para Bukhárin, que por sua vez lhe pediu para atuar como pacificador. Sokólnikov enviou uma carta a Kámenev em Kaluga, fornecendo-lhe seu número de telefone em Moscou; Kámenev telefonou em 9 de julho e Sokólnikov chamou-o à capital para um encontro com Bukhárin.

Não sabemos quanto esse episódio foi totalmente planejado por um Stálin extremamente astuto, e quanto foi um acaso que ele conseguiu usar a seu favor. O que está claro é que Stálin não fez nada para conter o rumor. Também está claro que qualquer contato com Kámenev no exílio teria sido violado ou grampeado pela OGPU. Sokólnikov, no entanto, não fazia nem um pouco o tipo disposto a participar de uma das intrigas de Stálin. Mas Kámenev? Ele podia viajar sem problemas para Moscou. Stálin nem lhe havia tomado o apartamento no Kremlin, onde, na manhã de 11 de julho, com a plenária ainda em andamento, Kámenev recebeu outro telefonema de Sokólnikov. "O assunto foi muito mais longe, Bukhárin teve uma ruptura final com Stálin", afirmou Sokólnikov. "A questão da remoção de Stálin foi colocada concretamente: Kalínin e Vorochílov voltaram atrás em sua palavra." Ali estava uma bomba, relatada — através de uma linha grampeada — por um membro do Comitê Central a um não membro, de forma imprudente, sem medo. Sokólnikov e Kámenev tinham um laço em comum:

708

eram as duas únicas pessoas que haviam pedido a remoção de Stálin da secretaria-geral em um congresso do partido, e Sokólnikov talvez não tivesse abandonado essa ideia. É provável que Kámenev também acalentasse esse sonho, mas também parece que estava ansioso, como Zinóviev, para voltar ao favor e retomar uma posição elevada compatível com a sua percepção de si mesmo e de seu passado. Logo após o segundo telefonema, Sokólnikov apareceu no apartamento de Kámenev com Bukhárin. (Sokólnikov sairia antes de Bukhárin.) Kámenev, que fizera anotações de sua conversa conspiratória com Sokólnikov, repetiu o procedimento, descrevendo como Bukhárin irrompeu num discurso emocional de deslealdade a Stálin.

"Consideramos a linha de Stálin fatal para toda a revolução", disse Bukhárin a Kámenev, de acordo com as anotações. "As divergências entre nós e Stálin são muito mais graves do que foram com você. Ríkov, Tomski e eu formulamos unanimemente a situação da seguinte forma: seria muito melhor se no Politbiuró tivéssemos Zinóviev e Kámenev em vez de Stálin." Bukhárin acrescentou que falara abertamente sobre isso com Ríkov e Tomski, e que não falava com Stálin havia semanas. "Ele é um intrigante sem princípios, que subordina tudo à manutenção de seu poder. Ele muda a teoria baseado em quem quer afastar em dado momento." Depois de todos aqueles anos juntos, Bukhárin ainda não sabia que Stálin era um esquerdista radical e um leninista de táticas flexíveis. Mas pelo menos entendeu que ele "tinha feito concessões" na plenária de julho "a fim de enfiar uma faca em nós" e que "estava manobrando para nos transformar em divisionistas". Bukhárin também revelou que Stálin "não havia sugerido uma única execução no caso Chákhti"; em vez disso, ficou sentado, enquanto outros faziam isso por ele, parecendo o moderado, ao mesmo tempo que também fazia concessões ostensivas em todas as negociações. Ainda assim, Bukhárin ridicularizou como "analfabetismo idiota" duas formulações de Stálin na plenária: "tributo" do campesinato e o aguçamento da luta de classes à medida que o socialismo crescia. Kámenev pediu a Bukhárin para elucidar a extensão de suas forças e Bukhárin citou, além dele mesmo, Tomski, Ríkov, Nikolai Uglánov, alguns leningradenses, mas não os ucranianos (a quem Stálin havia "comprado" com a remoção de Kaganóvitch), acrescentando que "Iagoda e Trillisser" (da OGPU) "estão conosco", mas que "Vorochílov e Kalínin recuaram no último minuto". Ele também disse que Ordjonikidze "não é nenhum cavaleiro. Ele veio até mim e amaldiçoou Stálin, mas, no momento decisivo, nos traiu", e que "o pessoal de Petersburgo [Leningrado] [...] ficou com medo quando a conversa chegou até a possibilidade de remover Stálin [...] há um medo terrível de uma divisão".[300]

Que diabos Bukhárin estava fazendo ao falar para Kámenev, que não era membro do Politbiuró e estava no exílio interno, sobre esses assuntos ultrassecretos e graves? Bukhárin não era ingênuo. Ele advertiu Kámenev para não lhe telefonar, pois sabia que havia escutas (certa vez, Stálin havia lhe mostrado a transcrição de uma conversa íntima entre Zinóviev e sua esposa).[301] Disse também a Kámenev que estavam sendo seguidos. Mas Bukahrin parece ter sido instigado pelo desespero. Kámenev observou que "os lábios de Bukhárin às vezes tremiam de emoção. Às vezes, ele dava a impressão de uma pessoa que sabe que está condenada".[302] E, assim, ele havia assumido o risco. Mas suas ações também mostram que não havia perdido a esperança. Seu principal objetivo parece ter sido negar o boato de que havia votado contra a reintegração de Kámenev, a fim de evitar que Kámenev e Zinóviev fossem recrutados por Stálin contra Bukhárin, Tomski e Ríkov. A noção de que Stálin teria reintegrado os dois exilados em Kaluga porque precisava deles é de pasmar, mas Bukhárin evidentemente supôs que Stálin não poderia governar o país sozinho.[303] Bukhárin também não acreditava que a facção de Stálin contasse com gente de estatura (para Kámenev, referiu-se ao "idiota do Mólotov, que me ensina marxismo e a quem chamamos de 'burro de pedra'"). Assim, se Stálin, movendo-se expressivamente para a esquerda, ia abandonar Bukhárin, Tomski e Ríkov, pareceu a Bukhárin que o georgiano não teria outra escolha senão chamar de volta Zinóviev, Kámenev e, talvez, até mesmo Trótski. O encontro baseou--se nesse triste equívoco.

Kámenev, por sua vez, pode ter entretido delírios semelhantes a respeito de Stálin precisar de seus serviços na mudança para a esquerda, mas, no caso dele, Bukhárin poderia muito bem ser um meio para um fim.[304] Bukhárin disse a Kámenev que "Stálin conhece somente um meio: a vingança, e enfia uma faca em suas costas. Recordemos a teoria da 'doce vingança'". Ele se referia a uma anedota a respeito de Stálin, repassada por Kámenev, que viria de um piquenique em grupo do início da década de 1920, quando alguém perguntara qual era a melhor coisa do mundo, o tipo de pergunta feita em estado de embriaguez. Kámenev supostamente respondera "livros", Radek, "uma mulher, a sua mulher", Ríkov, "conhaque", e Stálin, "vingança contra os inimigos".[305] Obviamente, cada pessoa na anedota — que existe em muitas variantes — era estereotipada: o livresco Kámenev, o mulherengo espirituoso Radek, o supostamente alcoólatra Ríkov, o vingativo Stálin. Mas e se Kámenev estivesse se dando ao gosto de uma pontinha de vingança contra Bukhárin, que, afinal de contas, o havia venenosamente atacado nos últimos congressos do partido? E se Kámenev estivesse querendo agradar a Stálin? Ele era um intrigante de primeira ordem. Havia trabalhado lado a lado com Stálin muitas vezes, inclusive na talentosa intriga contra Soltangäliev e os comunistas muçulmanos. É possível que Kámenev tivesse armado contra Bukhárin. Ele não só fez anotações de uma reunião conspiratória como as enviou por correio para Zinóviev em Kaluga.[306]

Kámenev alegaria mais tarde que havia planejado permanecer em Moscou por algum tempo e não queria esperar para contar a Zinóviev em pessoa. Talvez isso fosse verdade. No entanto, poderia alguém como Kámenev, que havia passado quinze anos na clandestinidade bolchevique e que conhecia intimamente as práticas da polícia secreta soviética, duvidar de que uma carta assim — para Zinóviev — não passaria sem ser interceptada e denunciada? Depois, há a questão do retrato excepcionalmente condenatório que Kámenev pintou de Bukhárin, o qual se queixaria mais tarde de que as anotações de Kámenev "são, para dizer o mínimo, unilaterais, tendenciosas, com a omissão e a confusão de uma série de pensamentos importantes".[307] Mais precisamente, Sokólnikov observaria que as notas de Kámenev "representam um interesse específico no sentido de uma avaliação da agudeza e do aguçamento das relações internas".[308]

Talvez jamais venhamos a saber se Kámenev pretendia se vingar de Bukhárin e reabilitar-se com Stálin por meio de um documento tão bizarro e tendencioso. Seja como for, não foi Kámenev que iniciou o tête-à-tête estapafúrdio no rigorosamente vigiado território do Kremlin. A conspiração de Bukhárin com Kámenev, que ele evidentemente empreendeu sem o conhecimento de seus aliados Ríkov e Tomski, deu a Stálin um presente gigantesco. Bukhárin havia divulgado segredos do Politbiuró a alguém que não era membro e admitira um esforço para remover Stálin, citando nomes. Ríkov, convocado para uma audiência particular com Stálin, descobriu que Bukhárin estava negociando assuntos secretos do Politbiuró com Kámenev, o ex-cúmplice de Trótski que caíra em desgraça, numa tentativa de remover o secretário-geral. Ríkov dirigiu-se ao apartamento de Bukhárin no Kremlin e lhe deu um esporro por ser uma "mulher tola, não um político".[309] Stálin tinha Mólotov e, em segundo lugar, Kaganóvitch, asseclas confiáveis, capazes e agressivos, organizadores e executores de sua vontade; Ríkov tinha o quê? Tomski, um lutador muito duro, mas inferiorizado, e Bukhárin, que lamentavelmente carecia de suficiente cálculo político para a posição fundamental que ocupava no regime. Graças às anotações de Kámenev, Bukhárin também conseguira envolver Ordjonikidze, talvez o único fiel a Stálin que não o detestava. Ordjonikidze foi forçado a se explicar perante Koba. Iagoda também teve de apresentar uma explicação por escrito a Stálin relativa à menção de Bukhárin do apoio da OGPU à derrubada do secretário-geral. Tudo isso a partir de um rumor falso sobre a oposição de Bukhárin à reintegração de Kámenev e Zinóviev.

TIJOLOS FUTUROS, MALEVOLÊNCIA NO PRESENTE

Os sinais de um mundo virando de cabeça para baixo eram inconfundíveis. Em 12 de julho, Mólotov fechou a plenária do partido soviético com um informe sobre a formação de novos especialistas em que apontava para o atraso dos laboratórios de ciência soviética e do ensino técnico, dando como exemplo uma escola de Moscou cujos equipamentos datavam de 1847 e os livros didáticos de 1895. Ele divulgou que a imensa República Socialista Federativa Soviética da Rússia tinha somente 117 alunos estudando para doutorado em temas técnicos. Obviamente, a polícia secreta e a imprensa, com a conivência raivosa de Mólotov, estavam atrás dos poucos especialistas burgueses realmente qualificados.[310] Mas Stálin não ia ficar em dívida com esses estranhos à classe. Durante a plenária soviética, chegou ao fim o VI Congresso do Partido Comunista da China, em Moscou, o primeiro congresso chinês realizado fora da China, com a presença de 84 delegados (Mao não participou). Moscou aceitou formalmente a formação de unidades militares comunistas separadas, um processo já em curso, mas Stálin ainda insistiu que tinha de ser sob a bandeira do Guomindang, apesar dos massacres de Chiang Kai-shek. De sua parte, Chiang continuara sua campanha de unificação militar, tomando Beijing, em 6 de julho, de um ex-bandido e senhor da guerra (Zhang Zuolin, esperando a proteção japonesa, recuara para a Manchúria, mas foi morto por uma bomba a caminho). Stálin viu-se ainda extirpando ideias trotskistas de dentro do Partido Comunista chinês, ainda que estivesse então promovendo uma versão delas em seu país.[311]

Somente os kremlinologistas extremamente afiados poderiam penetrar na bruma do regime. Após ler a versão publicada do discurso de Stálin na Academia Comunista, que recapitulava o que o ditador dissera numa sessão fechada na Sibéria, Boris Bakhmétiev, o deposto embaixador do Governo Provisório nos Estados Unidos, escreveu em agosto de 1928 a Vassíli Maklakov, seu companheiro democrata constitucional no exílio, que "o regime ditatorial não pode se sentir firmemente plantado e tranquilo porque a principal esfera da vida econômica do país — a agricultura — depende, em última análise, da boa vontade dos muitos milhões de camponeses proprietários individuais". Bakhmétiev considerava Stálin "um dos poucos incontrovertíveis fanáticos remanescentes [...] embora a maioria dos autores estrangeiros esteja inclinada a ver nele somente um oportunista, levando a Rússia de volta ao capitalismo", e observava que o ditador havia "reconhecido que o poder soviético precisa ter a fonte da produção agrícola em suas mãos", tal como fizera com a indústria. Bakhmétiev destacava ainda que os fazendeiros chamados de cúlaques — "ainda que, em essência, sejam sujeitos que têm dois cavalos e duas ou três vacas e não sejam exploradores" — haviam gradualmente passado a exercer a função da antiga pequena nobreza agrária, produzindo o excedente de que as autoridades governamentais precisavam desesperadamente. Bakhmétiev não levava a sério a polêmica de meados da década de 1920 de Stálin com Trótski e outros a respeito da NPE porque agora Stálin começara a estrangular esses produtores-cúlaques, e observava que essas medidas eram corretas do ponto de vista da "lógica marxista e doutrina comunista", que, em lugar de proprietários privados, precisava de "fábricas de pão, isto é, fazendas coletivas e estatais", que "forneceriam grãos suficientes para emancipar o regime dos caprichos e sentimentos das massas camponesas". Bakhmétiev compreendeu até mesmo que, "dentro do partido, pode-se detectar uma corrente, que é muito mais feroz e rápida do que eu pensava, contra o novo rumo de Stálin".[312]

Mas nem Bakhmétiev nem aqueles dentro do regime previram que a momentosa mudança de Stálin no sentido de forçar a rápida coletivização e industrialização centrava-se em uma humilhação prolongada e meticulosamente sádica de Bukhárin. Em 17 de julho, inaugurou-se o VI Congresso do Comintern em Moscou (que iria até 1º de setembro), com mais de quinhentos participantes de mais de cinquenta partidos comunistas de todo o mundo. Não houvera congresso desse tipo desde 1924, um hiato embaraçosamente longo. Não importava: Stálin recorreu a mais um cassetete contra o seu parceiro de duunvirato. Logo depois de seu retorno da Sibéria, uma plenária do Comitê Executivo do Comintern já havia desmascarado o que foi chamado de desvio direitista. Tomski, um dos alvos disso, observou sobre a campanha suja: "A cada dia, uma pequena pincelada — aqui uma salpicada, ali outra salpicada. Aha! [...] em consequência dessa pitada esperta de trabalho, nos transformaram em 'direitistas'".[313] Bukhárin deixara de aparecer na sede do Comintern, embora ainda fosse seu chefe nominal. Então os agentes de Stálin espalharam rumores nos corredores do congresso de que os dias de Bukhárin na liderança estavam contados, que ele era o próximo na fila para o exílio interno em Alma-Ata. Trótski, de lá, colaborou para retribuir a Bukhárin todos os seus anos de calúnias maldosas, observando que o número de horas que Bukhárin falara no congresso era inversamente proporcional ao seu poder de decisão.[314] Com o congresso se arrastando durante o verão, em agosto de 1928 Stálin enfiou Mólotov no Comitê Executivo do Comintern para reforçar o pogrom contra as "tendências direitistas".[315]

Stálin não via com bons olhos os esforços de Bukhárin, que remontavam à reunião de caverna de 1923, para reduzir seus poderes ou mesmo removê-lo da secretaria-geral, mas não se tratava de um caso como o de Trótski, em que a inimizade havia sido feroz desde o momento em que ele aderira aos bolcheviques, no verão 1917, e se transformara em ódio. Stálin tratava Bukhárin como o irmão mais moço que nunca tivera, ou até mesmo como um filho, apesar da diferença de apenas dez anos que os separava.[316] Quando Bukhárin morou em três cômodos na Casa dos Sovietes nº 2, ou seja, no hotel Metrópole, com seu pai viúvo (professor de matemática aposentado), e sua residência tornou-se local de encontro para jovens acólitos e aliados políticos, Stálin também aparecia. Em 1927, Stálin transferiu Bukhárin para o Kremlin. Esfir Gurvitch, a segunda esposa de Bukhárin, uma judia da Letônia formada pela Universidade de São Petersburgo, continuava a morar separada dele, no Metrópole, mas se tornara amiga de Nádia Alliúieva, a esposa de Stálin. As filhas dos casais, ambas chamadas Svetlana, tornaram-se amigas íntimas na datcha de Zubálovo. Bukhárin ia e voltava de Zubálovo com Stálin em seu Packard, um privilégio inédito. Bukhárin e Gurvitch observaram pessoalmente as agressões de Stálin a Nadejda, e mais tarde circularam rumores de que

Stálin criara discórdias entre Gurvitch e Bukhárin porque ela estava bem informada demais sobre a vida privada dele. (O casal se separaria em breve.)[317] Mas as causas eram significativamente mais profundas e tinham a ver com a estratégia de construção do socialismo. Contudo, a maldade era extraordinária. Stálin obrigou Bukhárin, o "teórico", a redigir os documentos do programa do congresso, depois riscou o texto e reescreveu tudo, de cima a baixo. A declaração de uma inclinação do Comintern para a esquerda saiu em nome de Bukhárin.[318] A malevolência de Stálin era palpável.

O irreconciliável cisma combinado com guerra civil da esquerda mundial também estava em exibição. O vi Congresso do Comintern institucionalizou totalmente a difamação dos partidos socialistas (não comunistas) como criados dos fascistas. Palmiro Togliatti, líder do Partido Comunista italiano que não tinha nenhum amor pela social-democracia, não obstante, considerava sua base de classe (as massas trabalhadoras) distinta da do fascismo (pequena burguesia e alta burguesia) e fez objeções à palavra de ordem "social-fascismo" ("Pensamos que essa formulação é absolutamente inaceitável. Nossa delegação é decididamente contrária a essa distorção da realidade").[319] Bukhárin também declarou que "seria um erro pôr a social-democracia e o fascismo no mesmo saco".[320] Mas na atmosfera ameaçadora, em que dominavam Mólotov e outros lacaios de Stálin, o "social-fascismo" foi enfiado garganta abaixo do resto da esquerda, um complemento para o "desvio de direita" dentro do Partido Comunista.[321]

Stálin adiara suas férias habituais em Sotchi, originalmente previstas para o período de 10 de junho a 2 de agosto de 1928, durante o Congresso do Comintern. Essas férias não estão bem documentadas.[322] Sabemos que o dr. Valedínski levou o renomado neuropatologista Vassíli Verzílov e o terapeuta Vladímir Schuróvski, mas não temos nenhum registro de seus diagnósticos. Stálin parece ter feito as queixas habituais, dor nos músculos e articulações, que eram aliviadas nos banhos de enxofre quente. Conversou também com os médicos sobre agricultura e a necessidade de fortalecer as fazendas estatais, assuntos que estavam claramente em sua cabeça.[323]

Kámenev encontrou-se com Bukhárin ao menos outras três vezes (embora não saibamos se para seus próprios fins, ou como agente duplo de Stálin, ou ambos).[324] No fim das contas, Kalínin, um proponente das fazendas estatais, se aliara a Stálin na plenária, provocando rumores de que Stálin estava de posse de dados comprometedores a respeito dele (as ligações de Kalínin com bailarinas eram notórias). Stálin soube que Tomski estava vigorosamente tentando conquistar Andreiev, o inseguro protegido do secretário-geral. Stálin escreveu evidentemente a Mólotov, em agosto de 1928, que "em nenhuma circunstância Tomski (ou qualquer outra pessoa) deve ter permissão para 'dar em cima' de Kúibichev ou Mikoian".[325]

Em consequência da renovação das importações de grãos entre julho e setembro de 1928, a URSS começou a despender muito ouro (no valor de 145 milhões de rublos) e outros metais preciosos (mais 10 milhões de rublos). As reservas cambiais caíram em cerca de 30%, para apenas 330 milhões de rublos. Ninguém emprestaria dinheiro para a URSS a longo prazo, de modo que o crescente desequilíbrio comercial só poderia ser financiado por créditos de curto prazo, cuja renovação era cara e pouco segura. A dívida externa soviética subiu para 370 milhões de rublos.[326] Os bancos alemães começaram a questionar a conveniência de renovar os financiamentos de curto prazo; a Alemanha sofria seu próprio declínio no fluxo de capital americano. "Observam-se dificuldades em duas frentes perigosas: moeda estrangeira/comércio externo e aquisição de grãos", Mikoian escreveu a Stálin ("Querido Sossó"), em 23 de agosto de 1928. Ele alegava que havia um incipiente "bloqueio de crédito" contra a URSS por parte de Alemanha, Estados Unidos e França, onde círculos políticos e industriais se manifestavam contra fazer negócios na URSS devido às incertezas. "Isso impõe a necessidade de reduzir o plano de importações; teremos de cortar onde dói", escreveu Mikoian. "Este ano haverá grande redução em nosso ritmo de desenvolvimento no que diz respeito às importações." Ele pediu maior atenção a outras exportações, além de grãos. Quanto ao "front dos grãos", ele caracterizou as aquisições como muito tensas.[327]

A sensação de crise geral era palpável. O geoquímico-mineralogista Vladímir Vernádski (nascido em 1863) registrou em seu diário, em agosto de 1928, que, "quando alguém retorna do exterior, fica espantado com a expectativa de guerra e a correspondente propaganda na imprensa", e que "nas aldeias dizem: a guerra está chegando, vamos nos vingar: os comunistas, a intelectualidade, em uma palavra, a cidade".[328]

Stálin vivia em seu mundo. "Acho que o bloqueio de crédito é um fato!", respondeu a Mikoian em 28 de agosto. "Deveríamos ter esperado isso nas condições de dificuldade de grãos. Os alemães são especialmente prejudiciais para nós, porque gostariam de nos ver completamente isolados, a fim de tornar mais fácil para eles monopolizar as nossas relações com o Ocidente (inclusive com a América)."[329] Um pouco depois (17 de setembro), talvez mais bem-humorado, Stálin escreveu de novo a Mikoian: "Estive na Abkházia. Bebemos à sua saúde".[330] Não sabemos se Stálin avaliou toda a seriedade da informação alarmante de Mikoian. Mikoian também escreveu a Ríkov — que também estava de férias longe de Moscou —, em 19 de setembro, sobre o bloqueio financeiro internacional incipiente e a consequente redução forçada das importações. Ele informou que se formaram longas filas em Leningrado quando os camponeses foram à cidade à procura de alimento, e que a colheita parcialmente fracassada na Ucrânia também estava causando agitações em todos os territórios vizinhos, com as pessoas vagando em busca de provisões. A longa carta concluía que a saúde de Ordjonikidze havia piorado e que os médicos não conseguiam nem mesmo chegar a um acordo sobre o diagnóstico.[331] Ordjonikidze foi enviado à Alemanha para tratamento médico.[332] Ríkov, antes do fim do mês, iria à Ucrânia para examinar os esforços de ajuda alimentar em conexão com a quebra de safra. "Há mais de quatro anos, lutamos contra a seca na Ucrânia", afirmou em um discurso publicado na imprensa local. "A eficácia de nossos gastos, obviamente, não pode ser considerada suficiente."[333]

Mas também em 19 de setembro, Valerian Kúibichev, o defensor fanático do máximo de industrialização, disse em uma reunião do diretório partidário de Leningrado que um plano de cinco anos para a indústria seria posto em execução, e de forma ambiciosa. "Dizem-nos que estamos 'industrializando demais' e 'mordendo mais do que podemos mastigar'", falou com desdém de críticos como Ríkov. "A história, no entanto, não nos permitirá avançar mais devagar; caso contrário, o próximo ano pode levar a uma série de anomalias ainda mais graves."[334] Bukhárin respondeu irado no *Pravda* (30 de setembro de 1928) com um ataque intitulado "Notas de um economista", que era ostensivamente dirigido a "trotskistas" não citados pelo nome, significando Kúibichev e o secretário-geral do partido, que estava por trás dele. Exigindo uma industrialização equilibrada, "livre de crises", Bukhárin previa que a eliminação total do mercado, junto com a coletivização forçada do campesinato, produziria uma burocracia incomensurável que sufocaria o partido. Sobre o "plano" de industrialização, Bukhárin zombeteiramente escreveu que "não é possível construir fábricas 'de hoje' com 'tijolos futuros'".[335]

Construir edifícios agora com tijolos futuros era, no entanto, justamente a proposta de Stálin. Ele começou, mas nunca terminou, uma resposta escrita às "Notas de um economista" de Bukhárin.[336] Talvez tenha pensado que era melhor não lhe conceder uma discussão pública. Depois que voltou de Sotchi, fez com que o Politbiuró, apesar das objeções de Ríkov, Tomski e Bukhárin, repreendesse o *Pravda* pela publicação do artigo sem a autorização do Comitê Central.[337] Nada do que Bukhárin disse suavizou a posição de Stálin. "Por melhor que seja o andamento das aquisições de grãos, elas não vão remover a base das nossas dificuldades; elas podem curar (vão curar, acho eu, neste ano) as feridas, mas não podem curar a doença enquanto as máquinas não aumentarem a produtividade de nossos campos e a agricultura não for organizada sobre uma nova base", Stálin havia escrito a Mikoian em 26 de setembro. "Muitos pensavam que a remoção das medidas extraordinárias e a elevação dos preços dos grãos seriam a base para eliminar as dificuldades. Esperanças vazias de liberais bolcheviques vazios!"[338]

Uma terceira onda de aquisições coercivas atingiu as aldeias no outono de 1928, com mais força do que a primeira (janeiro-fevereiro) ou a segunda (final de abril e início de julho).[339] A pressão provocou protestos de camponeses em uma escala não prevista. Antes do fim do ano, o regime anunciou formalmente a introdução do racionamento de pão nas principais cidades.[340] As safras maiores esperadas devido a sementes melhores, fertilizantes, tratores e outras máquinas, bem como a suposição de que a agricultura coletivizada iria superar o trabalho individual privado, não estavam à vista. Stálin continuou a repelir os murmúrios de Bukhárin sobre renúncia, enquanto atacava publicamente os direitistas como um grave perigo para o partido. Em breve, Bukhárin deduziria: "Em vez de simplesmente me dizer 'nós não confiamos em você, Bukhárin, parece-nos que você conduz uma linha incorreta, vamos nos separar' — que é o que eu propus que fosse feito —, você fez isso de forma diferente. Foi preciso inicialmente difamar, desacreditar, atropelar, então já não seria uma questão de concordar com o meu pedido de renúncia, mas sim de 'remoção' 'por sabotagem'. O jogo está absolutamente claro".[341]

O pacificador Ordjonikidze, de volta de tratamento médico na Alemanha, escreveu uma longa carta em novembro de 1928 a Ríkov, que estava abatido e, mais uma vez, contemplando renunciar. "A conversa com você e com outros (Stálin) me convence de que não existem diferenças fundamentais, e isso é o mais importante", disse ele, absurdamente. E, ainda mais absurdo, acrescentou: "Estou francamente lhe implorando para promover a reconciliação entre Bukhárin e Stálin", como se Ríkov tivesse poderes para isso. O que Ríkov deve ter pensado? Ordjonikidze era um bolchevique inflexível, um georgiano impregnado dos costumes caucasianos, uma pessoa que crescera sem pai nem mãe, um homem notoriamente espinhoso e de pavio curto, mas não tinha nada da extrema vingatividade de Stálin. Além disso, embora muito próximo de Stálin, parecia não o compreender, ou não querer compreendê-lo naquele momento. Atribuía a animosidade persistente dentro do Politbiuró apenas à recente campanha de aquisição de grãos, sem reconhecer que essa grave coerção era a nova realidade permanente, e que Stálin via os críticos dessa política como inimigos.[342]

Stálin foi atrás de Nikolai Uglánov, um protegido de outrora que ele promovera a chefe da máquina partidária de Moscou, e que era um perseguidor indispensável dos trotskistas. Mas Uglánov se aliara abertamente a Bukhárin e foi substituído pelo faz-tudo Mólotov no final de novembro. Naquele mês, Bukhárin conseguiu finalmente obter uma audiência há muito tempo almejada com Stálin, que durou seis horas. De acordo com Mikoian, Bukhárin disse a Stálin que "não quero lutar, porque vai prejudicar o partido. Se uma briga começar, você vai nos declarar renegados do leninismo". Bukhárin acrescentou, "mas vamos chamar vocês de organizadores da fome".[343] Stálin, no entanto, não arredava o pé: em sua viagem à Sibéria, declarara sua intenção de forçar o país na direção do anticapitalismo, e, desde que retornara a Moscou, havia, além disso, alimentado uma malevolência arrepiante em relação a aliados políticos e amigos íntimos.

CODA

Se Stálin tivesse morrido

Ele faria o que pretendia. Stálin forçaria a coletivização das aldeias soviéticas e estepes nômades habitadas por mais de 100 milhões de pessoas entre 1928 e 1933, uma história retomada no volume II. Pelo menos 5 milhões de pessoas, muitos dos agricultores ou pastores mais produtivos do país, seriam "desculaquizados", isto é, enfiados em vagões de gado e despejados em ermos distantes, muitas vezes no inverno; alguns se desculaquizariam eles mesmos, correndo para vender ou abandonar suas posses a fim de escapar da deportação. Aqueles forçados a entrar em coletivos queimariam plantações, abateriam animais e assassinariam funcionários.[1] Tropas de choque urbanas do regime quebrariam a resistência camponesa, mas o inventário de cavalos do país despencaria de 35 milhões para 17 milhões, de gado, de 70 milhões para 38 milhões, de porcos, de 26 milhões para 12 milhões, de ovelhas e cabras, de 147 milhões para 50 milhões. No Cazaquistão, as perdas seriam ainda mais espantosas: gado, de 7,5 milhões para 1,6 milhão, ovelhas, de 21,9 milhões para 1,7 milhão. Em todo o país, quase 40 milhões de pessoas sofreriam de fome severa ou inanição, e entre 5 milhões e 7 milhões de pessoas morreriam na terrível epidemia de fome, cuja existência o regime negou.[2] "Todos os cães foram comidos", diriam a uma testemunha ocular numa aldeia da Ucrânia. "Comemos tudo em que podíamos pôr as mãos — gatos, cães, ratos do campo, pássaros. Quando amanhecer, você verá que as árvores foram descascadas, pois isso também foi comido. E o estrume de cavalo foi comido. Sim, o estrume de cavalo. Brigamos por ele. Às vezes, há grãos inteiros nele."[3]

Os historiadores que argumentam que a coletivização de Stálin era necessária para forçar um país camponês a entrar na era moderna estão absolutamente errados.[4] A União Soviética, tal como a Rússia imperial, tinha diante de si o imperativo de se modernizar a fim de sobreviver na ordem internacional brutalmente insensível, mas os sistemas de mercado mostraram-se totalmente compatíveis com a industrialização acelerada, inclusive em países rurais. A coletivização forçada por atacado só parecia ser necessária dentro da camisa de força da ideologia comunista e de seu repúdio ao capitalismo. E, do ponto de vista econômico, a coletivização não conseguiu cumprir o que prometia. Stálin supôs que ela aumentaria tanto a participação estatal nas compras de grãos de baixo custo como o tamanho total da safra, mas, embora as aquisições tenham dobrado imediatamente, as safras encolheram. A longo prazo, a agricultura coletiva não se revelaria superior à agricultura capitalista de grande escala, ou tampouco à agricultura capitalista de menor escala, quando esta última foi provida de máquinas, fertilizantes, agronomia e distribuição eficaz.[5] No curto prazo, a coletivização não contribuiria em nada, em média, para o crescimento industrial soviético.[6]

A coletivização tampouco era necessária para sustentar uma ditadura. Capital privado e ditadura são totalmente compatíveis. Na Itália fascista, os industriais mantiveram um tremendo poder autônomo. Mussolini, como Stálin, apoiou os esforços para atacar a inflação e um déficit na balança de pagamentos, apesar do impacto negativo sobre o emprego interno, pois ele também considerava a moeda "forte" uma questão de prestígio do regime. Mas, embora para Mussolini a economia também estivesse subordinada ao seu poder político, ele não era um ideólogo de esquerda casado com teorias da luta de classes e afins. Tudo de que ele precisava era o reconhecimento pelos industriais de sua supremacia política. Ele conseguiu isso, apesar da revalorização da lira promovida em 21 de dezembro de 1927, à qual os industriais tinham sido firmemente contrários — as exportações diminuíram (e o desemprego disparou para pelo menos 10%) —, porque Mussolini rejeitou a exigência da ala sindicalista do fascismo para forçar a produção e o consumo sob a égide do Estado. Em vez disso, o regime fascista baixou os impostos e os custos do transporte para a indústria nacional, aumentou os subsídios para a depreciação e amortização, priorizou os produtores nacionais em contratos com o governo, incentivou a concentração da indústria para reduzir a concorrência, a fim de manter altos os níveis de lucro, aumentou as tarifas e assumiu um pouco do risco cambial associado à dívida contraída pela indústria italiana no exterior.[7] A ditadura italiana não destruiu as pessoas economicamente bem-sucedidas do país, que podiam ser presas rapidamente se fossem tolas o suficiente para insinuar uma oposição política. Nada disso significa defender de algum modo o fascismo italiano como modelo, mas apenas destacar que nada impedia a ditadura comunista de abraçar o capital privado — isto é, nada exceto ideias fixas.

Tampouco o clima adverso na economia mundial obrigava à coletivização.[8] A deflação mundial nos preços das commodities atingiu com força a União Soviética, reduzindo as receitas provenientes da venda ao exterior de grãos, petróleo, madeira e açúcar, mas Stálin, em seu grande discurso na Sibéria de 20 de janeiro de 1928, não fez qualquer menção a essas condições como um fator em sua decisão. Se os termos globais de comércio para os produtores de bens primários tivessem sido favoráveis, teria Stálin dito em Novossibirsk "vamos desenvolver em grande escala fazendas cúlaques de propriedade privada, com mão de obra contratada? Vejam os altos preços mundiais dos grãos, nunca teremos de coletivizar o campesinato!". Se a União Soviética tivesse obtido créditos externos abundantes de longo prazo em 1927-8, Stálin teria dito "vamos redobrar a aposta nos mercados internos? E daí se pusermos em risco o monopólio do partido!". A ideia perniciosa de que o capitalismo global fez com que Stálin apelasse à violência extrema e à montagem de um sistema de comando brutal a fim de exercer controle sobre os produtos de exportação necessários para financiar a industrialização ignora o vasto acervo de provas sobre a relevância da ideologia, e inclusive do seu papel na piora da posição internacional da URSS. Na década de 1920, houve um debate interno no país sobre a forma de modernizá-lo, mas foi um debate extremamente estreito em que opções importantes foram bloqueadas.[9]

Por essa razão, não faz sentido simplificar a coletivização como apenas mais um exemplo de intimidação infame pelo Estado russo de um país predominantemente camponês, porque sua estação agrícola — em seu clima setentrional, semelhante ao do Canadá — durava somente 125 dias, talvez a metade da duração na Europa, onde o rendimento por hectare era maior. A imagem de um Estado russo ocupante militar cruel através dos séculos é unilateral: Alexandre emancipou os servos e as reformas camponesas de Stolypin foram voluntárias. E Stálin era motivado por mais do que a concorrência com rivais europeus mais afortunados. Como Stolypin, ele queria fazendas contíguas consolidadas, não as pequenas faixas separadas da comuna, mas descartou a aposta de Stolypin nos fazendeiros independentes (cúlaques). Os críticos do bolchevismo no exterior incitaram os profissionais do antigo regime a trabalhar para o regime soviético com o objetivo precisamente de transformá-lo a partir de dentro, em direção a uma ordem nacionalista russa e uma plena restauração capitalista.[10] Essa esperança era o temor de Stálin. A coletivização daria aos comunistas o controle sobre o imenso campo, um objetivo que nenhum regime russo até então tivera. Mas o que é mais fundamental, a coletivização, tal como a indústria dirigida e possuída pelo Estado, constituía uma forma de modernização ostensiva que negava o capitalismo. Desse modo, Stálin "resolveu" o dilema bolchevique de como, nas palavras do último discurso público de Lênin, a "Rússia da NPE poderia tornar-se a Rússia socialista".[11]

Há sempre alternativas na história. A questão pertinente é: havia uma alternativa dentro da revolução leninista? Nikolai Bukhárin expusera o pensamento mágico subjacente à NPE quando ele e Stálin se aproximaram numa aliança política. Ele escrevera em *O caminho para o socialismo e a aliança operário-camponesa*: "Tínhamos pensado que era possível destruir as relações de mercado de um só golpe, imediatamente. Descobriu-se que vamos chegar ao socialismo *precisamente através* das relações de mercado". Como? "As relações de mercado serão destruídas em consequência de seu próprio desenvolvimento." Como, exatamente? Bem, explicou Bukhárin, no capitalismo, as grandes entidades acabam esmagando as pequenas na competição do mercado, logo, no caso da União Soviética, as grandes empresas sob controle do Estado, bem como as cooperativas camponesas amalgamadas, iriam simplesmente acabar com as pequenas fazendas privadas.[12] Uma versão desse lance de mágica — que a União Soviética poderia, de alguma forma, "crescer para o socialismo" através da NPE — havia tomado muitos bolsões do partido. Mas Bukhárin também era aquele que, inadvertidamente, havia cristalizado a impossibilidade de crescer para o anticapitalismo via mercado com sua conclamação aos camponeses: "Enriqueçam!".[13] Era evidente que, como qualquer camponês poderia lhe dizer — e como muitos fizeram, escrevendo para, entre outros jornais, o *Pravda*, que Bukhárin editava —, assim que uma família camponesa conseguia alcançar algum sucesso, era logo espremida impiedosamente pela tributação punitiva. E em 1928, com o déficit na aquisição de grãos, os camponeses que trabalhavam duro estavam sujeitos a sanções criminais. Quando esquadrões armados confiscaram oito novilhos, sete vacas, quatro bezerros, três cavalos, 36 toneladas de trigo, uma carroça, uma máquina de debulha e um moinho de B. Bondarenko, na província de Aktiubinsk, ao mesmo tempo que o sentenciaram a um ano de prisão, ele pediu ao juiz que desse uma explicação para sua condenação, porque não era culpado de um crime. "Nosso objetivo é desculaquizá-lo", retrucou o juiz.[14] Ali estava a formulação fatídica.

A NPE, através do seu próprio sucesso mediano, estava produzindo cúlaques, que, por sua vez, eram aqueles que produziam a safra. Kámenev, no encontro de 11 de julho de 1928, perguntou a Bukhárin sobre seu plano para a aquisição de grãos e registrou a seguinte resposta: "Pode-se perseguir o cúlaque tanto quanto possível, mas temos de fazer as pazes com o camponês médio". Mas na zona rural, onde as decisões eram tomadas por funcionários que aplicavam a mesma análise de classe, um fazendeiro que tinha três vacas em 1925 e passou a ter seis em 1928, de repente, era registrado como "inimigo de classe". Em Vologda, um centro de laticínios onde Stálin passara vários anos de exílio interno, somente entre 1927 e 1928 o número de cúlaques saltou de 6315 para 8462, mais de 2 mil novos "sanguessugas", num período em que a província contava com apenas 2500 comunistas rurais.[15] Para grãos comercializados, o regime tornou-se dependente de 2 milhões de famílias de camponeses produtores domésticos que semearam mais de oito hectares cada um.[16] Tratava-se de uma população substancial — não os supostos 3% a 4% de cúlaques de Bukhárin —, suscetível de ser reclassificada como inimiga de classe devido ao seu trabalho duro. A análise de classe

722

que toda a liderança bolchevique adotava, inclusive Bukhárin, assegurava efetivamente que a NPE tinha de falhar se tivesse sucesso.

Bukhárin não representava uma alternativa genuína a Stálin, mesmo deixando de lado o fato de que não tinha peso político ou uma base de poder organizacional. Uma figura com reputação mais sólida e um conjunto de habilidades era Aleksei Ríkov, de longe o proponente mais importante da NPE. O credenciado Ríkov presidia as reuniões do Politbiuró e foi ele que abriu e fechou o XV Congresso do Partido. Administrador talentoso, possuía qualidades que Kámenev tinha apenas em um grau menor e de que Zinóviev e Trótski careciam quase completamente. Ríkov "era gregário e cordial, e costumava visitar seus subordinados em suas casas, mesmo que não fossem comunistas", observou Simon Liberman, que o conhecia desde 1906 e trabalhou com ele após a revolução. "Ele adorava tomar um trago e ter longas conversas com eles. Sua leve gagueira o tornava bem mais humano do que a maioria de seus colegas intimidantes."[17] O médico provincial gentil e caloroso que Liberman imaginava não era o Ríkov que perseguira Trótski em busca de vingança e nunca vacilou durante a luta interna contra a oposição. Dizia-se que era propenso ao abuso de álcool — de acordo com uma piada grosseira, a última vontade de Trótski era que, ao morrer, seu cérebro fosse preservado em álcool, com a instrução de que o cérebro fosse para Stálin e o álcool para Ríkov —, mas não está claro se isso era verdade. Ríkov era um bolchevique firme, mas do tipo prudente, a favor da disciplina fiscal e de viver dentro de seus meios. Ele não contestava que, com o tempo, a agricultura de pequena escala teria de ser substituída pela de grande escala e por fazendas mecanizadas, e que as fazendas modernizadas seriam "socialistas" (coletivizadas), mas valorizava a estabilidade gerada pela conciliação de classe da NPE. Sua posição não era tanto que a NPE iria transmutar o capitalismo em socialismo (Bukhárin) quanto que a coletivização forçada não podia ser feita e que qualquer tentativa de executá-la iria simplesmente destruir o progresso que houvera desde a guerra civil e a fome, provocando uma nova catástrofe.

Ríkov acabou por ser sombriamente presciente em relação às terríveis consequências desestabilizadoras da coletivização forçada, mas, na questão do que fazer em vez disso, ele tinha poucas ideias, exceto a de deter a trajetória de queda da NPE. Porém, outra figura que trabalhou sob as ordens de Ríkov por muitos anos tinha algumas ideias: Grigóri Sokólnikov. Ex-colega de ginásio de Bukhárin, ele também era conhecido por sua delicadeza e seu intelectualismo. Pertencia àquele grupo de bolcheviques — Krássin; Tchitchérin, Rakóvski — de famílias abastadas, o que podia ser politicamente problemático. Mas revelara-se quase perfeito para o papel de comissário das Finanças. E quando Bukhárin estava aliado a Stálin e expulsou a oposição unida, Sokólnikov entrou em confronto com o ditador, insistindo em um debate aberto dentro do monopólio do partido comunista, inclusive com direito a um debate aberto com

Zinóviev e Kámenev, de quem Sokólnikov discordava fundamentalmente a respeito da política econômica. Mesmo depois do bafafá sobre o discurso "Enriqueçam" de Bukhárin, Sokólnikov não deixou de exaltar as relações de mercado. Sem dúvida, ao contrário de Iákov Iákovlev, o fundador e editor do *Jornal Camponês*, Sokólnikov não chegava ao ponto de defender que o regime permitisse que os camponeses registrassem sua posse de facto de terra como propriedade privada passível de ser comprada, vendida ou herdada. Contudo, defendera que o mercado, pelo menos no campo, era compatível com o socialismo, e não apenas durante a conjuntura difícil de então, mas permanentemente. Ele também insistia que os chamados cúlaques eram bons agricultores, não inimigos.

Sokólnikov concordou com a insistência de Ríkov e Bukhárin em uma versão de industrialização compatível com o equilíbrio de mercado, mas ia muito mais longe e rejeitava explicitamente a visão, atraente para quase todos os comunistas, de conseguir um planejamento econômico abrangente na prática (aceitava a possibilidade menor de coordenação).[18] Naturalmente, quase todos os especialistas não bolcheviques do Comissariado das Finanças e de outros lugares estavam dizendo isso, mas Sokólnikov era membro do Comitê Central. Ele não havia argumentado em favor do capitalismo — é difícil imaginar como um bolchevique poderia fazer isso e sobreviver numa posição de liderança —, e pôr em prática seu socialismo de mercado não teria sido fácil. O partido-Estado soviético carecia muito da capacidade institucional necessária para regulamentar a economia de mercado com habilidade (com exceção de Sokólnikov). Isso valia especialmente para a economia mista mercado-Estado da NPE, que exigia uma compreensão sutil dos efeitos sobre a macroeconomia do controle de preços e da utilização do poder do Estado contra comerciantes privados.[19] Não obstante, a aceitação do mercado e a rejeição do planejamento como uma quimera eram a condição sine qua non de qualquer caminho alternativo àquele que Stálin proclamara em Novossibirsk em janeiro de 1928.

Quando tirara Sokólnikov do Politbiuró e do Comissariado das Finanças no início de 1926, Stálin o havia nomeado vice-presidente da comissão de planejamento estatal — consciente de que ele não acreditava em planejamento —, mas isso não acabara com a carreira de Sokólnikov. Ele fez parte de uma delegação soviética a uma conferência econômica mundial convocada pela Liga das Nações que se realizou em Genebra, em maio de 1927, quando fez um discurso substantivo e metódico sobre a economia soviética e o socialismo que evidentemente impressionou pelo menos alguns membros do público estrangeiro. (Sokólnikov, doutor pela Sorbonne, falava francês ainda melhor do que Bukhárin.) Ele argumentou que o modo de industrialização soviético era distinto devido à coordenação e à participação das massas, mas pediu comércio e cooperação entre o mundo capitalista e a União Soviética, especialmente na forma de investimento estrangeiro.[20] O aplauso emanou de "cada assento do Parlamento da economia capitalista", nas palavras de um jornalista suíço simpático à esquerda, de acordo com o *Pravda*. "Até mesmo os ingleses aplaudiram, em sinal de aprovação ao discurso de Sokólnikov."[21] Essa avaliação favorável no órgão partidário foi seguida, no verão de 1927, pelo rompimento de Sokólnikov com a oposição.[22] Em dezembro de 1927, no XV Congresso, Stálin permitiu que ele fosse reeleito para o Comitê Central, situação quase única para um ex-oposicionista. Na primavera de 1928, deslocaria Sokólnikov para a presidência do truste do petróleo; as exportações de petróleo começaram a gerar receitas orçamentárias significativas.

Dito isso, Sokólnikov era apenas um indivíduo, não uma facção. Nenhum militar de alta patente era leal a ele; nenhum alto agente da GPU trabalhava para ele; ele não tinha rede telefônica do Kremlin (a *vertúchka*) a seu dispor, exceto quando era convocado a atendê-la; nenhum poder para mandar diretivas em nome do Comitê Central do qual fazia parte. Havia desfrutado sua maior influência sob o patrocínio de Stálin, e agora, também, sua postura a favor do mercado e contra o planejamento teria exigido um patrono com força política, como Ríkov. Uma liderança político-intelectual Ríkov-Sokólnikov teria oferecido uma verdadeira alternativa a Stálin somente se Ríkov e outros, numa coalizão de governo, tivessem mudado de opinião a respeito do anticapitalismo na aldeia. Essa eventualidade teria levantado questões de peso: o regime seria capaz de administrar um sistema (o socialismo) para a cidade e outro (capitalismo pequeno-burguês) para o campo? Um arranjo desse tipo permitiria o socialismo na cidade? O Partido Comunista teria de desistir finalmente de seu monopólio político e, em caso afirmativo, uma liderança Ríkov-Sokólnikov teria concordado ou sobrevivido a isso? Ríkov, que era muito mais próximo de Stálin do que Sokólnikov e basicamente não entendia de mercados, teria aceitado Sokólnikov como parceiro?[23]

É claro que a existência da ditadura pessoal de Stálin significava que qualquer alternativa real ao seu trajeto preferido — e não um mero exercício intelectual — tinha de acabar com seu poder, fosse derrotando-o em uma votação, porque os membros de sua facção desertassem, ou removendo-o do cargo. Bukhárin havia tentado essa manobra e fracassado, mas quando Stálin, ao apresentar sua demissão, deu a Ríkov a chance, ele não a aproveitou. Talvez Ríkov tenha agido por autopreservação política, tendo em vista o poder e a disposição vingativa de Stálin. Mas ele e outros do Politbiuró passaram a ver em Stálin não somente uma pessoa egocêntrica, irascível, com frequência taciturna e vingativa, mas também um comunista indomável e líder de força interior, totalmente dedicado às ideias de Lênin, capaz de carregar nas costas todo o aparato, o país e a causa da revolução mundial.[24] Stálin exibia uma mente estratégica, que tinha suas crueldades — como avaliar os pontos fracos de Bukhárin para fins sádicos, além de políticos —, mas também suas recompensas por gerir as nacionalidades e as máquinas partidárias regionais. Além disso, o grupo reunido ao seu redor estava incomparavelmente abaixo dele. Ordjonikidze não era nenhum estrategista e estava quase sempre doente; Vorochílov não era um militar, e sabia disso; Kírov tinha ares de um político público, mas era dado à preguiça e mulherengo; Kaganóvitch era um organizador de talento, mas com pouca instrução; Mikoian adorava Stálin, não só por razões carreiristas, mas porque era jovem; Kalínin era subestimado, mas também não era um Stálin; Mólotov podia ter algum poder político, mas mesmo ele agia à sombra de Stálin. O lado negro do ditador tinha se tornado uma questão não pequena para gerir, mas administrar inteiramente sem sua liderança?

Talvez, no fim das contas, Ríkov tenha se agarrado à esperança de que Stálin se daria conta da loucura de sua virada coercitiva. Mas Stálin acusaria Bukhárin e Ríkov de não aceitarem a lógica do seu próprio leninismo. Se a União Soviética precisava mecanizar a agricultura com base em fazendas consolidadas (o que fez), e se alguém acreditava que isso deveria ocorrer em última instância dentro de uma estrutura so-cialista (não capitalista) (na liderança, quase todos acreditavam nisso), e se os campo-neses não estavam entrando para os coletivos voluntariamente (não estavam), qual era a conclusão leninista? Ou tomar os meios de produção no campo, ou estar preparado para sacrificar o monopólio do partido no longo prazo, pois, de acordo com o marxis-mo, a classe era o determinante da política, e o florescimento de uma nova burguesia traria inevitavelmente consequências políticas. Stálin "era incorruptível e irreconciliá-vel em questões de classe", recordaria Nikita Khruschóv, um funcionário em ascensão no aparelho partidário ucraniano na época da viagem de Stálin à Sibéria. "Era uma de suas qualidades mais fortes, e ele era muito respeitado por isso."[25]

Em última análise, a principal alternativa a Stálin era o abandono voluntário ou a desestabilização involuntária do regime-bolchevique que o próprio Stálin quase cau-sou, e não somente em virtude da coletivização.

Governantes autoritários do mundo inteiro quase nunca eram tão ousados a pon-to de fazer frente às grandes potências, pondo seus regimes pessoais em risco. Eles buscavam o ganho pessoal, nomeavam parentes e cupinchas, montavam haréns, faziam discursos populistas em defesa dos interesses da pátria e, depois, vendiam seus países para os europeus ou gringos, enchendo seus bolsos e os de seus asseclas. Essa era, por exemplo, a história típica dos caudilhos latino-americanos. A União Soviética, sem dúvida, tinha uma concepção de si mesma como potência global, o centro da revolução mundial, mas era também um país de camponeses que ainda sofria as consequências de uma guerra civil e da fome, e assim mesmo fazia frente ao mundo. Os bolcheviques, com o seu golpe de Estado, criaram uma situação de cerco capitalista, depois passaram a se comportar de uma maneira que reforçou essa situação, tentando dar golpes em países nos quais haviam conquistado com muita luta o reconhecimento diplomático e buscando ampliar as relações comerciais. Mas, se os desafios para o poder russo no mundo, sempre grandes, se tornaram mais difíceis sob o regime comunista, que não tinha alianças ou amigos de verdade, eles ficaram ainda mais complicados em consequência do desafio descarado de Stálin.

Junto com os choques anteriores da unificação alemã por Bismarck e da restauração Meiji no Japão, dificultando o relacionamento, e além da competição de longa data com o Império britânico, foi acrescentada uma série de novos choques: os Estados antissovietes nos territórios da antiga Rússia imperial — as "fronteiras" da Polônia, Finlândia, os Bálticos, e também a Grande Romênia. Além disso, Alemanha, Estados Unidos, Grã-Bretanha, França e até mesmo a Itália possuíam a tecnologia industrial mundial avançada, e os soviéticos vinham atraindo a ganância dos capitalistas, oferecendo-se para pagar um bom dinheiro sob a forma de contratos de assistência técnica, para máquinas avançadas e assistência na montagem e na operação das mesmas. Isso não estava funcionando. Mas, embora tivesse tentado fazer um acordo com a França, reconhecendo dívidas tsaristas, Stálin detestava a perspectiva de se tornar dependente de banqueiros estrangeiros, ou conceder mudanças nos arranjos políticos internos soviéticos. Numa atitude de provocação, mandou prender engenheiros alemães na fabricação do processo de Chákhti quase imediatamente depois de retomar as negociações de grandes empréstimos e investimentos alemães, chocando Berlim e outras capitais. A União Soviética, publicou o *Pravda* sombriamente no final do verão de 1928, teria de confiar "em nossa própria força, sem ajuda exterior".[26] Mas andar sozinho era uma ilusão: o Exército Vermelho poderia ser esmagado pela tecnologia superior.

Ao causar a perda em massa dos agricultores mais produtivos do país e metade do seu gado na coletivização, bem como ao não conseguir obter as máquinas necessárias para a industrialização soviética, inclusive tratores para a agricultura, o governo de Stálin corria o risco de destruir a revolução leninista. Mas um acontecimento fortuito salvou sua aposta imprudente. Em 4 de setembro de 1929, os preços das ações começaram a cair em Nova York e, em 29 de outubro, o mercado financeiro quebrou. Uma série de fatores estruturais e erros de políticas transformou o deslocamento financeiro numa Grande Depressão. Em 1933, a produção industrial cairia em 46% nos Estados Unidos, 41% na Alemanha e 23% na Grã-Bretanha. A taxa de desemprego nos Estados Unidos atingiria 25% e seria ainda maior em outros lugares. O comércio internacional cairia pela metade. A construção chegaria praticamente à paralisação. O infortúnio do mundo foi a grande e imprevista fortuna de Stálin.

É claro que, no pensamento marxista, isso não foi um acidente: o capitalismo era visto como inerentemente propenso a altos e baixos, a economia de mercado produzia

727

depressões, má alocação de capital, desemprego em massa, problemas para os quais o planejamento era supostamente a resposta. Mas nunca houvera uma crise capitalista na escala da Grande Depressão (e não houve desde então). Ademais, o momento da Depressão não poderia ter sido melhor para Stálin: logo depois que ele lançou a coletivização e a desculaquização. O resultado foi um golpe de sorte. Mais de mil fábricas seriam construídas ou refeitas de alto a baixo, e quase todos os projetos e máquinas avançadas vieram do exterior.[27] A Depressão proporcionou a Stálin uma alavancagem sem precedentes: de repente, os capitalistas precisavam do mercado soviético, tanto quanto os soviéticos precisavam da tecnologia avançada deles. Sem a Grande Depressão, os capitalistas teriam criado incentivos tão tremendos para entrar no mercado soviético, não importasse o quê? Com efeito, as potências capitalistas não só venderam sua melhor tecnologia para o regime comunista, como continuaram a fazer isso mesmo depois que descobriram que os soviéticos violavam contratos ao comprar projetos para uma fábrica e usá-los para construir outras, artifício que foi amplamente registrado em indignados documentos internos de empresas estrangeiras; os capitalistas não tinham outros clientes para bens de capital em grande quantidade. Os estudiosos que dizem que Moscou enfrentou uma "economia mundial não cooperativa" veem os fatos exatamente às avessas.[28] A ideologia e o monopólio do partido eram os constrangimentos; a economia global, a facilitadora. Na verdade, a crise econômica mundial foi um presente duplo. Nada deu contribuição maior para legitimar o sistema de Stálin. Mas ele não tinha ideia de que a Grande Depressão estava logo adiante e que iria trazer os capitalistas estrangeiros de joelhos.

Por causa da Grande Depressão, esquecemos quão insensata era a aposta de Stálin — tão grande ou maior do que o golpe de outubro de Lênin, o acordo de Brest-Litovsk e a NPE. O Partido Comunista, para não falar do país, não estava preparado para a coletivização forçada total. Stálin podia usar a polícia para driblar o partido, é claro, mas também teve de montar um julgamento público para atiçar as chamas da "luta de classes". A campanha de mobilização em massa lançada com o julgamento de Chákhti acarretou a prisão de muitos engenheiros qualificados em meio a uma grave escassez, quando eles eram extremamente necessários para a industrialização ambiciosa do regime.[29] A perturbação causada pela retirada de engenheiros supostamente recalcitrantes ou sabotadores foi pior do que os problemas que esses supostos sabotadores poderiam ter causado. A coletivização e a campanha de luta de classes exigiram também que Stálin passasse a perna em seu próprio círculo interno, o que parece fácil somente quando visto em retrospecto.

O julgamento de Chákhti e ações relacionadas a ele pareciam proporcionar à ditadura pessoal de Stálin o poder de superar a resistência dos apparatchiks à coletivização e enraizar o regime em algo mais do que em si mesmo. Essa tarefa era urgente não só para refutar a crítica de Trótski — que a base do regime de Stálin eram os funcionários —, mas porque Stálin acreditava realmente na base social da classe trabalhadora. Além disso, muitos jovens, especialmente aqueles que ele estava agora tentando mobilizar, continuaram secretamente a simpatizar com Trótski.[30] Mais amplamente, a decepção se generalizara na sociedade soviética ao longo dos fracassos da revolução em proporcionar abundância e justiça social. A grande maioria das manifestações "antissoviéticas", registradas nos resumos da polícia, era, na verdade, constituída de falas da população exigindo ou desejando que o regime cumprisse com os objetivos socialistas. Uma saudade do "Pai Lênin", equivocada quanto aos fatos brutais de seu governo, fazia sentido em termos de um desejo de recuperar a promessa da revolução. O processo de Chákhti prometeu uma chance de recuperar o ímpeto anterior. Mas que toda essa agitação, do campo às minas e fábricas, fosse funcionar a favor de Stálin, isso não estava garantido. Ele pôs tudo em jogo, inclusive seu poder pessoal.

As biografias remetem muitas vezes à formação da personalidade de seus retratados, inclusive seus pontos de vista sobre autoridade e obediência — ou seja, sobre o poder —, à infância e, especialmente, à família deles. Mas será que precisamos mesmo localizar as fontes da postura política de Stálin ou até mesmo de sua alma perturbada nas surras que ele supostamente levou quando criança em Góri? É provável que essas surras jamais tenham ocorrido, certamente não na intensidade em que geralmente têm sido retratadas, mas mesmo que tivessem? Do mesmo modo, foram a vigilância opressiva, as denúncias e a administração arbitrária do seminário de Tíflis as experiências formadoras fundamentais da vida de Stálin? O local de treinamento para sacerdotes era um ninho de tirania e delações, mas assim o era toda a Rússia durante a autocracia, e muitos dos mencheviques georgianos mais brandos saíram do mesmo seminário. É certo que sua intensa relação com o temerário Ladó Ketskhovéli e a morte prematura deste nas mãos dos carcereiros tsaristas deixaram-lhe uma impressão duradoura, ajudando a solidificar suas convicções marxistas de toda a vida. E sua prolongada luta de bolchevique fiel a Lênin contra a esmagadora maioria menchevique dos sociais-democratas da Geórgia também deixou uma marca duradoura, plantando ou trazendo à tona alguns de seus demônios interiores. Em outras palavras, os traços pessoais marcantes de Stálin que influíam em suas decisões políticas momentosas surgiram em consequência da política. Essa sugestão de explicar a pessoa de Stálin por meio da política é mais do que uma conveniência (a ausência de fontes abundantes e confiáveis sobre os primeiros anos de sua vida e o que se passava em sua cabeça). Ainda que tivesse herdado de Lênin a possibilidade de uma ditadura pessoal, Stálin passou por provações psicológicas significativas na luta para ser aclamado sucessor de Lênin.

Foram necessários anos de manobras e tensão para se livrar de Trótski, uma rivalidade que começou já em 1917, intensificou-se durante a guerra civil até o ponto da obsessão, e dominou a vida interna do partido após o início da doença fatal de Lênin. A batalha contra Trótski deixou uma marca profunda no caráter de Stálin. Um impacto não menos profundo aconteceu na luta com o ditado de Lênin. A partir de maio-junho de 1923, Stálin envolveu-se em vários anos de lutas durante os quais o suposto Testamento de Lênin apareceu de repente, e continuou a reaparecer, se recusando a ir embora. Com seus múltiplos instrumentos de poder pessoal, ele perseguiu impiedosamente todos aqueles que manifestavam diferenças de opinião, mas ele sempre era a vítima. Levando-se em conta as fontes existentes, não podemos estabelecer se isso se devia a algum tipo de complexo de perseguição de longa data ou de safra mais recente. Mas podemos dizer com certeza que a guerra política intestina com a oposição — não apenas com Trótski, Zinóviev, Kámenev, mas também com o Testamento — trouxe esse comportamento à tona.

No fim das contas, a "luta da sucessão" foi contra um pedaço de papel — algumas linhas datilografadas, sem assinatura, sem iniciais de identificação. Stálin triunfou sobre a recomendação que o documento continha, mas o Testamento continuou a transmitir um eco irreprimível: a personalidade de Stálin é perigosa; encontrem uma maneira de remover Stálin. Ele demitiu-se várias vezes. Fez um acordo de trégua com eles, e eles publicaram o Testamento no *New York Times*. Não podia confiar em ninguém. Ao mesmo tempo, era o responsável por *tudo*. Tudo recaía em suas costas. Mas eles apreciavam isso? Que tentassem fazer melhor. Eles reafirmavam sua liderança. Mas nunca era suficiente.

Fechado e gregário, vingativo e solícito, Stálin ultrapassa qualquer tentativa de contê-lo dentro de um sistema binário. Ele era, por inclinação, um déspota que, quando queria, sabia ser totalmente encantador. Era um ideólogo e um pragmático flexível. Agarrava-se obsessivamente a coisas sem importância, mas era um pensador geoestratégico precoce — único entre os bolcheviques —, propenso, no entanto, a erros estratégicos flagrantes. Como governante, era tanto astuto quanto míope, diligente e autodestrutivo, cínico e crente verdadeiro. O calculismo frio e as viagens de ilusão absurda foram produtos de uma mesma mente. Era astuto o suficiente para ver através das pessoas, mas não o suficiente para escapar de uma litania de crenças sem sentido. Sobretudo na década de 1920, mergulhou cada vez mais em conspirações. Mas o aumento de sua desconfiança já excessiva, que beirava a paranoia, era fundamentalmente político e espelhava a paranoia estrutural embutida na revolução bolchevique, a situação difícil de um regime comunista num mundo avassaladoramente capitalista, cercado e penetrado por inimigos.

A Revolução Russa contra a tirania, a corrupção e, não menos importante, contra a incompetência do tsarismo inflamou esperanças crescentes de um novo mundo de abundância, justiça social e paz. Mas tudo isso foi impedido pelos bolcheviques, que, de forma involuntária, mas implacável, reproduziram as patologias e a rapina do antigo regime em novas formas (ainda mais do que seus precursores da Revolução Francesa, como Alexis de Tocqueville demonstrou para a França). O motivo não era a circunstância, mas o monopólio político intencional, bem como a convicção comunista, que aprofundou as circunstâncias debilitantes citadas para justificar cada vez mais estatização e violência. Sem dúvida, a classe socioeconômica foi (e continua sendo) inegável. Mas a construção de uma ordem política baseada na classe, em vez de na humanidade comum e na liberdade individual, foi (e sempre será) ruinosa. Todos os socialistas não leninistas eventualmente descobriram que, se queriam uma democracia verdadeira, teriam que abandonar a chamada de Marx para negar e transcender o capitalismo e os mercados. No caso soviético, para qualquer um que não esteja irremediavelmente afundado na sopa ideológica, os eventos proporcionaram uma ampla oportunidade de refletir e reconhecer a extrema necessidade de sair do beco sem saída leninista: abandonar a abordagem autodestrutiva da luta de classes, aceitar o mercado como não inerentemente mau, incentivar agricultores prósperos a continuar e ajudar os outros a se erguer. Mas admitir isso, para quase todos os bolcheviques consequentes, era demais.

Ainda assim, mesmo dentro do quadro agravante leninista, um líder soviético poderia ter tomado um desvio para reduzir a paranoia embutida nas relações do regime com o mundo exterior e sua situação interna. Um líder soviético poderia ter pago o preço da acomodação parcial, compreendendo que o capitalismo não estava morrendo em todo o mundo e que as potências capitalistas não estavam decididas a derrubar o regime revolucionário a todo custo. Mas Stálin não era esse líder. É óbvio que todos os regimes autoritários, para suprimir a dissidência e agitar as massas, exigem cinicamente uma profusão de "inimigos". Em cima disso, porém, Stálin intensificou a insanidade inerente ao leninismo por convicção e características pessoais, assegurando que o estado permanente da guerra com o mundo inteiro conduzisse a um estado de guerra com a população majoritária do país, levando o programa leninista ao seu pleno objetivo final de anticapitalismo.

Stálin não gostara da NPE tanto quanto Trótski, embora, como Lênin, e por causa de Lênin, apreciasse o recurso ao pragmatismo pela causa maior. Mas em 1928, imediatamente após a deportação de Trótski para o Cazaquistão, Stálin pôs em prática suas velhas convicções de esquerda porque, como Lênin em 1921, quando a NPE fora implantada, sentiu que a sobrevivência da revolução estava em jogo e que tinha espaço político para agir. Ele jamais poderia admitir que Trótski e a oposição de esquerda tinham razão em sua crítica da NPE: estava além do caráter de Stálin ser verdadeiramente magnânimo, e isso teria prejudicado sua justificativa para o exílio interno de Trótski, provocando pedidos em favor da reintegração dele. Mas aqueles que acreditam que

Trótski poderia e teria feito a mesma coisa que Stálin estão enganados. Trótski simplesmente não era o líder que as pessoas achavam que ele era, ou que Stálin acabou por ser.

Sem Lênin, Trótski nunca voltou a demonstrar a liderança que teve em 1917 e durante a guerra civil, sob a autoridade de Lênin. No campo de jogo muito desigual da ditadura pessoal que Stálin herdou por força de sua nomeação para secretário-geral e do derrame de Lênin, Trótski ainda foi capaz de manter polêmicas brilhantes, mas não de montar uma facção cada vez maior, de dividir seus inimigos e subsumir suas convicções a considerações táticas necessárias. Mais do que isso, Trótski nunca foi um administrador incansável e detalhista, ou um estrategista capaz de improvisação impiedosamente oportunista. Seja qual for a sobreposição entre suas crenças fundamentais e as de Stálin, as capacidades e a determinação de Stálin eram de uma ordem de magnitude maior.

Mas e se Stálin tivesse morrido?[31] Ele sofrera um caso grave de apendicite em 1921, necessitando de cirurgia. "Foi difícil garantir o resultado", relembrou o dr. V. N. Rózanov. "De manhã e à noite, Lênin me ligou no hospital. Ele não só perguntou sobre a saúde de Stálin, mas exigiu o relatório mais completo."[32] Stálin havia se queixado de dor, apesar de um anestésico local, e Rózanov administrou uma dose forte de clorofórmio, o tipo de dose forte que ele daria a Frunze em 1925, que morreu não muito tempo depois de ser operado.[33] Stálin, que talvez sofresse também de úlceras (possivelmente causadas por tifo), foi descansar depois da cirurgia, por ordem do Politbiuró, em Naltchik, no Cáucaso Norte, de maio a agosto de 1921.[34] Em dezembro do mesmo ano, foi novamente incapacitado por doença.[35]

Mais tarde, os médicos do Kremlin registraram que ele tivera malária em algum momento de sua juventude. Em 1909, no exílio, sofreu um ataque de tifo no hospital Viátka: uma recaída, pois tivera um primeiro ataque na infância. Seu segundo irmão mais velho Guiórgi, que nunca conheceu, morrera de tifo. Em 1915, no exílio siberiano, contraiu reumatismo, que recrudescia periodicamente, acompanhado de amigdalite e gripe.[36] Stálin também teve tuberculose antes da revolução. Sua primeira esposa, Kató, morreu de tuberculose ou tifo. Iákov Svérdlov, com quem morou em um único quarto no exílio siberiano, tinha tuberculose, e Stálin saiu de casa. Parece que Svérdlov morreu dessa moléstia em 1919. A tuberculose poderia ter matado Stálin também.

Poderia ter sido assassinado. Os arquivos registram ocasiões em que assassinos potenciais conseguiram aproximar-se dele ou foram detectados em lugares onde era provável que ele aparecesse. Uma noite, no teatro, por exemplo, Dzierżyński notou alguém na entrada olhando para os anúncios postados; quando Stálin saiu, havia uma pessoa diferente no mesmo lugar, fazendo a mesma coisa. "Se eles não são *nossos*", instruiu em um bilhete escrito naquela mesma noite, "então, com certeza, é preciso prestar atenção. Esclarecer e relatar."[37]

Àquela altura, Mussolini já havia sido alvo de quatro tentativas de assassinato, a mais recente quando um adolescente em Bolonha atirou nele, errando por pouco.[38] Em 6 de julho de 1928, durante a plenária do partido soviético, uma bomba foi jogada contra o escritório de passes da OGPU em Moscou. Os agressores tinham ligação com terroristas emigrados.[39] Nikolai Vlássik (nascido em 1896), filho de camponeses pobres da Bielorrússia, que trabalhava no departamento responsável pela segurança dos líderes, mas estava de férias na época, foi chamado de volta a Moscou e incluído numa força-tarefa encarregada de reorganizar a segurança para a Tcheká, o Kremlin, as datchas do governo e o deslocamento de líderes entre lugares. Em 1928, de acordo com Vlássik, que viria a ser o chefe da guarda pessoal de Stálin, o ditador tinha apenas seu guarda-costas lituano Jūsis, que o acompanhava nas viagens para suas datchas em Zubálovo e Sotchi e nas caminhadas de e para a Praça Velha.[40] Stálin estava ao alcance de um assassino determinado, para não falar de alguém de dentro do regime.

Sokólnikov, nas reuniões com Kámenev no verão 1928, citando Bukhárin, disse que Tomski, quando estava bêbado, se aproximara e sussurrara no ouvido de Stálin: "Em breve nossos trabalhadores vão começar a atirar em você".[41] Essa história existe em outras versões, muitas vezes como um incidente na datcha de Stálin em Sotchi, onde, no dia do aniversário de alguém, um grupo estava bebendo, comendo kebabs e cantando canções populares e revolucionária russas.[42] Quaisquer que sejam os detalhes, assassinar Stálin não estava fora de cogitação no Politbiuró.

Se Stálin tivesse morrido, a probabilidade da coletivização total *forçada* — o único tipo — teria sido perto de zero, e a probabilidade de que o regime soviético viesse a se transformar em outra coisa ou se desintegrado teria sido alta. "Mais do que quase qualquer outro grande homem da história", escreveu o historiador E. H. Carr, "Stálin ilustra a tese de que as circunstâncias fazem o homem, não o homem as circunstâncias."[43] Totalmente, eternamente errado. Stálin fez história, reorganizando toda a paisagem socioeconômica de um sexto da terra. Atravessando a rebelião em massa, a fome em massa, o canibalismo, a destruição do gado do país e uma desestabilização política sem precedentes, Stálin não vacilou. Não obstante os artifícios na forma de recuos táticos, ele continuaria em frente, mesmo quando altos funcionários do regime lhe diziam na cara que uma catástrofe se desenrolava — velocidade total em direção ao socialismo. Isso exigiu manobras extraordinárias, intimidação e violência da parte dele. Exigiu também uma profunda convicção de que aquilo tinha de ser feito. Stálin foi especialmente hábil na construção de uma terrível ditadura pessoal, mas também um trapalhão que não entendeu o fascismo e tropeçava em política externa. Mas ele tinha força de vontade. Foi para a Sibéria em janeiro de 1928 e não olhou para trás. A história, para o melhor e para o pior, é feita por aqueles que nunca desistem.

Notas

As citações completas encontram-se na bibliografia.

PARTE I: ÁGUIA DE DUAS CABEÇAS [pp. 27-36]

1. Stephen Kern, *Culture of Time and Space*.
2. Alfred J. Rieber, "Stalin: Man of the Borderlands".
3. "Polozhenie o voenno-polevykh sudakh"; Donald Rawson, "The Death Penalty in Tsarist Russia".
4. John Brewer, *Sinews of Power*.
5. Stephen Kotkin, "Modern Times".
6. Otto Pflanze, *Bismarck*, I, p. 82. A frase famosa, "a política é a arte do possível", que Bismarck supostamente disse a Meyer von Waldeck em 11 de agosto de 1867, não tem uma fonte direta (é citada em Heinz Amelung, *Bismarck-Worte*, e ver também Ralph Keyes, *Quote Verifier*). Mas o conceito perpassa por todos os pensamentos registrados de Bismarck.
7. Otto Pflanze, *Bismarck*, I, p. 242.
8. Ibid., *Bismarck*, I, pp. 81-5; Jonathan Steinberg, *Bismarck*, pp. 130-2.
9. Jonathan Steinberg, *Bismarck*, p. 198.
10. Bismarck era incapaz de se contentar com a mera fruição da glória, e sua inquietação costumava criar-lhe problemas desnecessários, à medida que suas mudanças constantes de tática diminuíam seu espaço de manobra. Ele criou suas maiores dificuldades numa batalha gratuita (*Kulturkampf*) contra os católicos da Alemanha, uma iniciativa onerosa e questionável. Bruce Waller, *Bismarck at the Crossroads*.
11. Jonathan Steinberg, *Bismarck*, pp. 184, 241 (citando o *Kölnische Zeitung*).
12. Príncipe S. N. Trubetskoy, citado em V. P. Riabuchínski, *Velikaia*, I, p. 96.
13. Robert C. Tucker, *Stalin as Revolutionary*. Para uma crítica, ver Ronald Grigor Suny, "Beyond Psychohistory". A principal fonte para as pancadas que Bessó bêbado dava no filho é Joseph Iremachvíli, *Stalin und die Tragödie*. Iremachvíli, também de Góri, frequentou o seminário de Tíflis com Stálin, tornou-se um menchevique e, em outubro de 1921, foi deportado para a Alemanha junto com outros sessenta. Seu livro foi o primeiro a relatar a infância de Stálin e a psicologizar o futuro ditador. O recurso de Tucker à psico-

logia em seu primeiro volume, em parte para compensar fontes inacessíveis, é compreensível. No segundo volume de Tucker, Stálin é retratado como um governante com personalidade paranoica que se identifica com outros governantes paranoicos, em particular Ivan, o Terrível, e que *escolhe* da cultura política russa os elementos de um estilo paranoico de mandar. Robert C. Tucker, *Stalin in Power*. Tucker não completou o projetado terceiro e último volume antes de sua morte, em 2010.

14. RGASPI, f. 558, op. 4, d. 665, l. 14; Museu Stálin, 1955, 146, pp. 1-11 (Elisabedachvíli); Joseph Dawrichewy, *Ah: Ce Qu'On*, pp. 82-4. Stálin retornaria — para coletivizar dezenas de milhões de cabeças de gado.

15. "Na velhice, ele mandaria para eles e alguns colegas de escola pacotes de dinheiro", observou um estudioso sobre Stálin. Donald Rayfield, *Stalin and His Hangmen*, p. 8.

16. Em setembro de 1931, quando soube que seu antigo professor de história no Seminário, Nikolai Makhatadze, então com 73 anos, estava na prisão de Metekhi em Tíflis, Stálin instruiu Béria a libertá-lo. RGASPI, f. 558, op. 11, d. 76, l. 113.

17. Leon Trotsky, *Stalin*, pp. 61-2. Isaac Deutscher, biógrafo tanto de Trótski como de Stálin, seguiu Trótski ao situar Stálin na "margem seminômade dos desclassificados", ou seja, abaixo de um genuíno *intelligent*. Isaac Deutscher, *Stalin*, pp. 24-6.

18. Simon Sebag Montefiore, *Young Stalin*. Lê-se o livro de Montefiore como se fosse um romance.

19. Francis Wheen, *Karl Marx*.

20. Simon Sebag Montefiore, *Young Stalin*, p. 10.

21. Somente a mudança posterior de Lavrenti Béria para Moscou dependeu totalmente de Stálin, mas Béria, ao contrário de Stálin, forjara uma enorme máquina no Cáucaso, a qual, também diferente de Stálin, ele levou consigo para Moscou e a espalhou pelo Estado soviético.

22. Miklós Kun, *Unknown Portrait*, pp. 74-5; Simon Sebag Montefiore, *Young Stalin*, pp. 3-16. Sobre a questão do roubo na estrada, Emil Ludwig escreveu, em sua entrevista de 1931 com Stálin, que "foi a única pergunta a que ele não respondeu — exceto que a respondeu deixando-a de lado". "Iz besedy", *Bolshevik*, pp. 42-3.

23. Alguns dos mais consumados praticantes da arte da biografia consideram que é uma necessidade preencher as lacunas. Ver, por exemplo, as meditações de Hermione Lee em *Virginia Woolf's Nose*.

24. O arquivo da Social-Democracia Georgiana perdeu-se. Erik van Ree, "The Stalinist Self", p. 263, n. 18, citando Stephen Jones, comunicação pessoal, agosto de 2006.

25. Razhden Arsenidze, "Iz vospominaniia o Staline", p. 219. Ver também Boris Ivanov, um companheiro de exílio na Sibéria, em Robert C. Tucker, *Stalin as Revolutionary*, pp. 160-1.

26. Stálin respondeu a um questionário na IV Conferência do Partido Comunista ucraniano, em março de 1920, no qual reivindicou oito prisões, sete casos de exílio e seis fugas entre 1902 e 1913. Mais tarde, naquele mesmo ano, para um periódico social-democrata sueco, mencionou sete prisões, seis casos de exílio e cinco fugas. Isso se tornou fonte de confusão em suas biografias oficiais. Aleksandr V. Ostróvski, *Kto stoial*, p. 7. Essa edição (2004) difere levemente da anterior (Olma, 2002).

27. Os anos de escola do jovem Stálin coincidiram com o reinado de Alexandre III (1881-94), quando todas as escolas primárias do império foram colocadas sob o controle do Santo Sínodo para magnificar a influência (que já era alta) da Igreja ortodoxa na educação. *Istoricheskii ocherk razvitiia tserkovnykh*.

28. Donald Rayfield, "Stalin as Poet".

29. Roy Stanley de Lon, "Stalin and Social Democracy", p. 169.

30. Robert Service, *Stalin*, p. 27; Charles King, *Ghost of Freedom*, pp. 183-4.

31. Pokhlebkin, *Velikii psevdonim*, p. 76; Joseph Iremachvíli, *Stalin und die Tragödie*, p. 18.

32. Aleksandr V. Ostróvski, *Kto stoial*; RGASPI, f. 71, op. 10, d. 273 (Vladímir Kaminski, "An Outline of the Years of Childhood and Youth of Stalin"); Alfred. J. Rieber, "Stalin as Georgian: The Formative Years",

pp. 18-44; Stephen F. Jones, *Socialism*. Uma lista dos pseudônimos e codinomes de Stálin encontra-se em Edward Ellis Smith, *Young Stalin*, pp. 453-4. Uma lista de todas "as garotas" — dez até 1918, sem incluir as duas esposas — encontra-se em Simon Sebag Montefiore, *Young Stalin*, p. xxviii.

1. UM FILHO IMPERIAL [pp.37-54]

1. Ludwig perguntou ao ditador se ele se tornara um revolucionário profissional por causa de maus-tratos recebidos quando criança. Stálin dificilmente admitiria que sua dedicação à revolução advinha de seus ressentimentos infantis, mas mesmo assim sua negação soa verdadeira. "Iz besedy", *Bolshevik*, 1932, n. 8, reimpresso em *Sochineniia*, XIII, pp. 104-23 (113).

2. Mairin Mitchell, *Maritime History*.

3. Dominic C. B. Lieven, *Empire*, p. 204.

4. Jerome Blum, *Lord and Peasant*; Marc Raeff, *Understanding Imperial Russia*; Steven L. Hoch, *Serfdom and Social Control*.

5. Isabel de Madariaga, *Russia in the Age*; John Doyle Klier, *Russia Gathers her Jews*.

6. Paul Bushkovitch, "Princes Cherkasskii".

7. John F. Baddeley, *Russian Conquest*; W. E. D. Allen, "Caucasian Borderland", p. 230; Moshe Gammer, *Muslim Resistance*.

8. Alguns se reassentaram nas terras baixas do Cáucaso Norte, em vez de atravessar a fronteira. Vladímir V. Degóev, *Kavkaz i velikie*; Thomas M. Barrett, *Edge of Empire*; Nicholas Breyfogle, *Heretics and Colonizer*; Austin Jersild, *Orientalism and Empire*.

9. Charles King, *Ghost of Freedom*, p. 140. O famigerado pró-cônsul do Cáucaso russo imperial, general Aleksei Ermólov (1771-1861), que se queixava de que "as montanhas estão cheias de gente sem governo", vestia-se com trajes locais e cercava-se de artefatos do Cáucaso.

10. Zurab Avalov, *Prisoedinenie Gruzii k Rossii*; Nikolas K. Gvosdev, *Imperial Policies*. Ver também W. E. D. Allen, *History of the Georgian People*; e Muriel Atkin, "Russian Expansion", pp. 139-87.

11. Um estudioso escreveu que os "georgianos tinham alguns motivos para serem gratos ao domínio russo". Donald Rayfield, *Stalin and His Hangmen*, p. 3. Em 1915, a população local já alcançara 11,5 milhões de habitantes, incluindo o Cáucaso Sul (Transcáucaso) e o Cáucaso Norte.

12. David Marshall Lang, *Last Years*; Stephen F. Jones, "Russian Imperial Administration". Ver também Ronald Grigor Suny, *Georgian Nation*, pp. 70-3.

13. Platon Zubov, *Kartina Kavkazskogo*, I, p. 151. Um observador estrangeiro chamou Tíflis de "uma segunda São Petersburgo". D. J. van Halen, *Memoirs*, II, p. 167.

14. Para as maneiras que mostravam que Stálin era um homem das fronteiras imperiais, ver Alfred J. Rieber, "Stalin: Man of the Borderlands".

15. *Kavkaz: spravochnaia kniga storozhila*, p. 60; A. Ajavákov, "Gorod Gori"; Vassíli Sidorov, *Po Rossii*, pp. 460-77; A. M. Górki, "Prazdnik shiitov"; G. Bukhnikachvíli, *Gori*.

16. Sofron Mgaloblichvíli, *Vospominaniia*, p. 11, 14.

17. D. Gogokhiiá, "Na vsiu zhizn zapomnilis eti dni", p. 7.

18. Em fevereiro de 1920, um terremoto danificou a cidade. No guia de viagem do Cáucaso de 1927, de mais de quatrocentas páginas, Góri mereceu pouco mais de uma página, que destacava as ruínas da cidade e seus famosos pêssegos, mas não mencionava que era a cidade natal de Stálin. E. S. Baténina, *Kavkaz*, pp. 395-6.

19. Miklós Kun, *Unknown Portrait*, p. 19, n. 30.

20. V. Kaminski e I. Vereschágiun, "Detstvo", pp. 24-5.

21. Simon Sebag Montefiore, *Young Stalin*, p. 19 (citando GF IML, f. 8, op. 2, cap. 1, l. pp. 143-6: M. K. Abramidze-Tsikhatatrichvíli). A data oficial do casamento (em oposição ao noivado) é dada às vezes como sendo maio de 1872, a qual Montefiore usa, citando GF IML, f. 8, op. 5, d. 213 (sem número de página) e RGASPI, f. 558, op. 4, d. 1, l. 1. Mas se eles se casaram em 1872, é enigmático o motivo de ele escrever "Keké logo ficou grávida" (22). Tampouco está claro por que escreve "pouco depois de nove meses do casamento, em 14 de fevereiro de 1875" (22). A data oficial de nascimento da mãe de Stálin nas fontes soviéticas também variava, às vezes dada como 1860. Parece que ela era pelo menos dois anos mais velha e seus obituários afirmaram que ela era quatro anos mais velha (nascida em 1856), evidentemente para fazê-la parecer mais velha na ocasião de seu casamento: dezesseis (se 1872) ou dezoito (se 1874). *Zaria vostoka*, 8 de junho de 1937.

22. V. Kaminski e I. Vereschaguin, "Detstvo", pp. 24-5 (Elisabedachvíli); Simon Sebag Montefiore, *Young Stalin*, p. 21 (citando: GF IML, f. 8, op. 2, d. 15, l. pp. 2-15: "memórias" inéditas de Keké). As reminiscências de Keké foram registradas por L. Kasradze, em agosto de 1935, quando ela estava perto dos oitenta anos. De acordo com Montefiore, as "memórias recentemente descobertas" permaneceram "intocadas" por setenta anos. Ostróvski usa "uma conversa" com Keké que data de maio de 1935, em sua edição de 2002 de *Kto stoial*.

23. Sobre os casamentos em Góri: David Suliachvíli, *Uchenicheskie gody*, pp. 24-8.

24. Simon Sebag Montefiore, *Young Stalin*, pp. 19-20 (citando GF IML, f. 8, op. 2, d. 15, l. pp. 2-15: "memórias" inéditas de Keké).

25. Mais tarde, Stálin mudou seu ano de nascimento de 1878 para 1879. RGASPI, f. 558, op. 4, d. 61, l. 1. No final de 1920, ainda dava como data de nascimento 6 de dezembro de 1878, mas, em 1922, um de seus assistentes publicou uma "correção" para 21 de dezembro de 1879, que se tornou a data oficial. *Izvestiia TsK KPSS*, 1990, n. 11, p. 134 (Tovstukha). Não está claro até hoje por que Stálin escolheu um dia diferente, bem como um ano diferente. Para mais discussões sobre o ano de nascimento de Stálin, ver Miklós Kun, *Unknown Portrait*, pp. 8-10, 60; e Alfred J. Rieber, "Stalin, Man of the Borderlands", p. 1659.

26. Segundo alguns rumores, uma menina nasceu em 1875 e viveu uma semana, mas não há provas disso.

27. V. Kaminski e I. Vereschaguin, "Detstvo", pp. 27-8.

28. G. K. Júkov, *Vospominaniia*, III, p. 215.

29. RGASPI, f. 558, op. 4, d. 665 (Abramidze-Tsikhatatrichvíli).

30. Aleksandr V. Ostróvski, *Kto stoial*, p. 93 (citando Dató Gasitachvíli, GF IML, f. 8, op. 2, cap. 2, d. 8, l. 196, 200); V. Kaminski e I. Vereschaguin, "Detstvo", p. 30 (Elisabedachvíli). Ver também GF IML, f. 8, op. 2, cap. 1, d. 10, l. pp. 23-47 (Goglitchidze); e Joseph Iremachvíli, *Stalin und die Tragödie*, pp. 8-10.

31. Khutsichvíli escreveu para Stálin em 1939: RGASPI, f. 558, op. 11, d. 722, l. 51.

32. M. P. Lobánov, *Stalin v vospominaniakh*, pp. 13-4 (D. Papiachvíli); GF IML, f. 8, op. 2, cap. 1, d. 53 (Aleksandr Tsikhatatrichvíli); V. Kaminski e I. Vereschaguin, "Detstvo", p. 26; Aleksandr V. Ostróvski, "Predki Stalin". "Bessarion era uma pessoa muito esquisita", relembrou outra testemunha. "Era de altura mediana, moreno, com grande bigode negro e longas sobrancelhas, sua expressão era severa e andava com ar melancólico." RGASPI, f. 8, op. 2, d. 1, l. 48 (N. Tlachadze). No Museu Stálin de Góri há uma cópia da única fotografia conhecida de Bessó, em idade avançada, mas não há certeza de que a foto seja realmente dele.

33. Simon Sebag Montefiore, *Young Stalin*, pp. 25-8. Embora Montefiore siga de perto o relato de Keké sobre o comportamento dissoluto de Bessó, citando suas "memórias" (as entrevistas), ele também apresenta a prova de sua "maldade grosseira", que contradiz o relato unilateral dela.

34. Joseph Dawrichewy, *Ah: Ce Qu'On*, pp. 26-7. (Dawrichewy era filho do policial de Góri.)

35. De acordo com o dúbio Sergo Béria (filho de Lavrenti), Keké teria dito à sua avó: "Quando eu era jovem, limpava casas de pessoas e, quando encontrava um rapaz bonito, não perdia a oportunidade". Sergo Béria, *Beria My Father*, p. 21.

36. Joseph Dawrichewy, *Ah: Ce Qu'On*, pp. 30-5.

37. Alesandr V. Ostróvski, *Kto stoial*, pp. 88-9; Robert Service, *Stalin*, p. 17. Stálin nunca bebeu demais, e, embora tenha sido promíscuo quando jovem adulto, desenvolveu uma pronunciada pudicícia.

38. Aleksandr V. Ostróvski, *Kto stoial*, p. 89 (citando "Detskie i shkolnye gody Iosifa Vissarionovicha Dzhugachvíli [Stalina]": GF IML, f. 8, op. 6, d. 306, l. 13; Gori. d. 287/1, l. 2).

39. David Suliachvíli, *Uchenicheskie gody*, pp. 9-16.

40. "Iákov era travesso e inquieto quando criança", relembrou a esposa de Svérdlov. "Ele organizava jogos para todas as crianças da rua." K. T. Svérdlova, *Iakov Mikhailovich Sverdlov* [1976], p. 60.

41. Aleksandr V. Ostróvski, *Kto stoial*, p. 99 (citando GF IML, f. 8, op. 2, cap. 1, d. 10, l. 57); V. Kaminski e I. Verescháguin, "Detstvo", p. 37 (Goglitchidze).

42. V. Kaminski e I. Verescháguin, "Detstvo", p. 37 (Elisabedachvíli).

43. Aleksandr V. Ostróvski, *Kto stoial*, pp. 93-4 (citando GF IML, f. 8, op. 2, cap. 1, d. 10, l. 57; S. Goglitchidze); "Detskie i shkolnye gody Iosifa Vissarionovicha Dzhugachvili", GF IML, f. 8, op. 6, d. 306, l. 13.

44. Aleksandr V. Ostróvski, *Kto stoial*, p. 101 (citando GF IML, f. 8, op. 2, cap. 1, d. 48, l. 14-5: E. K. Djugachvíli, maio de 1935). Nas reminiscências de Goglitchidze, Sossó voltou para a escola dentro de duas semanas, o que é obviamente falso: por que ele teria de repetir de ano?

45. *Pravda*, 27 de outubro de 1935. Nas memórias, as datas em que Bessó tirou Sossó da escola estão em conflito. Por exemplo, Machó Abramidze, vizinha e ama de leite de Stálin, relembrou que Bessó ameaçou tirar Sossó da escola no segundo ano, o que teria sido em 1891-2, e que seu marido e Iákov Egnatachvíli tentaram dissuadi-lo disso. V. Kaminski e I. Verescháguin, "Detstvo", pp. 43-5.

46. *Novoe obozrenie*, 6 de janeiro de 1891; Khoshtaria-Brose, *Ocherki sotsialno-ekonomicheskoi*, pp. 46-7.

47. A fortaleza de Metekhi data do século V, mas foi destruída muitas vezes, inclusive pelo xá da Pérsia na década de 1790. O Império russo a reconstruiu em 1819 para ser uma prisão, e ela continuou a sê-lo até 1934, quando foi transformada no Museu Estatal de Arte da República Socialista Soviética da Geórgia (e depois, num instituto científico). Em 1959, a fortaleza foi demolida.

48. F. E. Makharadze e G. E. Khatchapuridze, *Ocherki*, pp. 143-4.

49. O mestre do coro Goglitchidze, que é citado muitas vezes no "sequestro", e que depois assumiu o mérito pela carreira escolar de Sossó, fez parecer que Bessó simplesmente não engolia o fato de Sossó estudar: "A ideia de que seu filho iria para a escola e não aprenderia uma profissão não dava descanso ao pai. E, um belo dia, Vissarion chegou a Góri e deu Sossó para a fábrica Adelkhánov". M. P. Lobánov, *Stalin v vospominaniakh*, p. 20.

50. Leon Trotsky, *Stalin*, p. 9.

51. V. Kaminski e I. Verescháguin, "Detsvo", p. 45 (Goglitchidze).

52. Joseph Iremachvíli, *Stalin und die Tragödie*, pp. 5-6. Svetlana, a filha do segundo casamento de Stálin, que quando criança conheceu Keké, mas não Bessó, disse mais tarde que Stálin era "muito mais parecido com ela do que com o pai". Svetlana Alliluyeva, *Twenty Letters*, p. 204.

53. Vladímir Lóguinov, *Teni Stalina*, p. 56 (citando Pável Russichvíli). Russichvíli conheceu Stálin na primavera de 1938, na datcha de Zaretche, nos arredores de Moscou, na companhia de outros georgianos, entre eles Dató Gassitachvíli e os Agnatachvíli, além de Béria. Stálin, ao entrar na casa, disse em georgiano: "Que Deus dê saúde a todos desta casa" (Lóguinov, pp. 60-1). Gassitachvíli, que esperou muito tempo em Moscou para ser recebido por Stálin, morava em Góri em um único cômodo com uma cama de metal (seus filhos ocupavam o resto do pequeno espaço).

54. Aleksandr V. Ostróvski, *Kto stoial*, pp. 94-5; RGASPI, f. 558, op. 4, d. 669 (Kapanadze); GF IML, f. 8, op. 2, cap. 1, d. 48, l. 14-5 (E. Djugachvíli, maio de 1935).

55. Akaki Mgeladze, *Stalin*, p. 242 (citando Guram Ratichvíli, um neto de Iákov Egnatachvíli).

56. David Marshall Lang, *Modern History*, pp. 114-5; Robert C. Tucker, *Stalin as Revolutionary*, pp. 80-1; Simon Sebag Montefiore, *Young Stalin*, p. 63.

57. Joseph Iremachvíli, *Stalin und die Tragödie*, p. 18. Não sabemos quando o jovem Stálin leu pela primeira vez o romance. Em 1893, um ano antes de ele entrar no Seminário na capital da Geórgia, Qazbégui morreu na miséria num hospício georgiano, mas Tchavtchavadze escreveu um proeminente obituário.

58. Joseph Iremachvíli, *Stalin und die Tragödie*, p. 14; Svetlana Alliluyeva, *Only One Year*, p. 360 ("A mãe batia no menino, e o marido batia nela"); e Id., *Twenty Letters*, pp. 153-4, p. 204.

59. V. Kaminski e I. Verescháguin, "Detstvo", pp. 49-50; sobre a participação de Stálin: RGASPI, f. 71, op. 10, d. 273, l. 86-8.

60. Joseph Dawrichewy, *Ah: Ce Qu'On*, p. 82; Joseph Iremachvíli, *Stalin und die Tragödie*, p. 5; V. Kaminski e I. Verescháguin, "Detstvo", 29-32, 48-50 (B. Ivanter, A. Khakonov). "Aqueles Egnatachvíli eram lutadores famosos, eram conhecidos em toda a Kartli", consta que o futuro Stálin rememorou. "Mas o primeiro e mais forte era Iákov." Simon Sebag Montefiore, *Young Stalin*, pp. 38-9 (citando Candide Tcharviani, "Memoirs" [manuscrito inédito], p. 3). Sobre a cultura de rua de Góri, ver David Suliachvíli, *Uchenicheskie gody*, p. 41-6.

61. Edward Ellis Smith, *Young Stalin*, pp. 28-9 (citando um relatório da polícia russa de agosto de 1909 guardado nos Hoover Institution Archives); Simon Sebag Montefiore, *Young Stalin*, pp. 57, 70. Sobre o bazar armênio em Tíflis, perto do Maidan, ver P. P. Nadéjdin, *Kavkazskii krai*, pp. 318-9.

62. Stálin continuou: "Lembro que tinha dez anos e não estava feliz porque meu pai perdera tudo, e não sabia que isso seria registrado como uma vantagem para mim quarenta anos depois. Mas é uma vantagem que eu não fiz absolutamente nada para ter". RGASPI, f. 558, op. 11, d. 1121, l. 49-50, reimpresso em *Istochnik*, n. 2, pp. 54-5, 2001.

63. Aleksandr V. Ostróvski, *Kto stoial*, p. 96 (citando GF IML, f. 8, op. 2, cap. 1, d. 1, l. 228-9, 236-9; Piotr Adamichvíli).

64. V. Kaminski e I. Verescháguin, "Detstvo", p. 36 (Elisabedachvíli), p. 41 (Goglitchidze); "Neopubliko-vannye materialy iz biografii tov. Stalina", *Antireligioznik* (Khabelachvíli). O professor de línguas do jovem Stálin era Vladímir Lavrov.

65. V. Kaminski e I. Verescháguin, "Detstvo", pp. 41-2; Joseph Iremachvíli, *Stalin und die Tragödie*, pp. 7-8.

66. GF IML, f. 8, op. 2, cap. 1, d. 10, l. 23-47 (Goglitchidze), d. 54, l. 202-15 (Koté Tcharkviani); Simon Sebag Montefiore, *Young Stalin*, pp. 43-4.

67. V. Kaminski e I. Verescháguin, "Detstvo", p. 34 (Elisabedachvíli).

68. Isso aparece não somente nas memórias internas da era de Stálin, mas também nas do emigrado Irema-chvíli (*Stalin und die Tragödie*, p. 8). Ver também David Suliachvíli, *Uchenicheskie gody*, p. 13.

69. Otto Rank, *Trauma of Birth*; Karen Horney, *Neurotic Personality*; Id., *Neurosis and Human Growth*; Erik H. Erikson, *Young Man Luther*; Robert C. Tucker, "Mistaken Identity"; Id., "A Stalin Biography's Memoir", pp. 63-81.

70. *Tovarishch Kirov*; A. M. Kóstrikova e E. M. Kóstrikova, *Eto bylo*; S. S. Sinelnikov, *Kirov*.

71. Donald Rayfield, *Stalin and His Hangmen*, p. 8.

72. Aleksandr V. Ostróvski, *Kto stoial*, p. 109. A Geórgia tinha três seminários; o terceiro era em Kutaísi.

73. "Neopublikovannye materialy iz biografii tov. Stalina", *Antireligioznik* (Grigóri Glurdjidze).

74. Joseph Dawrichewy, *Ah: Ce Qu'On*, pp. 47, 60. O pai chefe de polícia de Dawrichewy o enviou para o Ginásio Clássico nº 1, em Tíflis.

2. O DISCÍPULO DE LADÓ [pp. 55-80]

1. Aleksandr V. Ostróvski, *Kto stoial* (2002), p. 197.

2. G. Poulet Cameron, *Personal Adventures*, I, p. 83. Ver também Moritz Wagner, *Travels in Persia*, II, p. 119.

3. N. I. Badriachvíli, *Tiflis*; Chalva K. Tchkhétia, *Tblisi*. O censo de 1897 registrou 159590 habitantes. Desses, 47 mil eram armênios, mas em 1910 eles já eram mais de 120 mil, de um total de 303 mil habitantes, ou mais de 40%. *Pervaia vseobschaia perepis naseleniia Rossiiskoi imperii*, XI-XIV; *Kavkaz: Opisanie kraia*; Ronald Grigor Suny, "Tiflis", pp. 249-82. A cidade tornou-se predominantemente georgiana em 1970.

4. Tíflis tinha seis jornais em armênio, cinco em russo e quatro em georgiano. K. N. Báguilev, *Putevoditel po Tíflisu*. Sobre o direito a voto no império, ver Hugh Seton-Watson, *Russian Empire*, pp. 662-3.

5. Grigorii Moskvitch, *Putevoditel po Kavkazu*, p. 246. Diz-se que a cidadela de Narikala data originalmente do domínio persa, no século IV, mas o nome é turco e do período mongol (século XIII); um terremoto derrubou a fortaleza em 1827.

6. Karl Baedeker, *Russia: A Handbook*, pp. 465-71.

7. I. D. Antchabadze e N. Ia. Volkova, *Stary Tblisi*, pp. 98-9. Em Tíflis, dizia-se que "um grego trapaceia três judeus, mas um armênio trapaceia três gregos".

8. F. E. Makharadze e G. E. Khatchapuridze, *Ocherki*, pp. 66, 114-7; G. Khatchapuridze, "Gruziia vo vtoroi", pp. 46-66; Ronald Grigor Suny, *Georgian Nation*, pp. 124-43.

9. Alfred J. Rieber, "Stalin as Georgian: The Formative Years".

10. Robert C. Tucker, *Stalin as Revolutionary*, pp. 89-90.

11. Joseph Iremachvíli, *Stalin und die Tragödie*, pp. 16-7. Ver também D. Gogokhiiá, "Na vsiu zhizn zapomnilis eti dni", pp. 14-5.

12. RGASPI, f. 558, op. 4, d. 21, d. 29, d. 665. Isso está bem descrito em Miklós Kun, *Unknown Portrait*, p. 26.

13. Miklós Kun, *Unknown Portrait*, p. 27 (citando RGASPI, f. 558, op. 1, d. 4327: petição datada de 3 de junho de 1898).

14. J. W. R. Parsons, "Emergence and Development", pp. 268-9. Tchavtchavadze foi assassinado em 1907, crime que não foi solucionado.

15. Stephen F. Jones, *Socialism*, p. 52; "Gruzinskii ekzarkhat", IV, pp. 197-209; Kirion, *Kratkii ocherk*; Mikhail Agursky, "Stalin's Ecclesiastical Background", p. 4.

16. Metropolitan Manuil (Lemechévski), *Die Russischen Orthodoxen Bischöfe*, II, pp. 197-207 (203); Filipp Makharadze, *Ocherki revoliutsionnogo dvizheniia*, pp. 57-8; David Marshall Lang, *Modern History*, p. 109. Pilipe (Filipp) Makharadze, um dos líderes da greve de uma semana em 1890, teve permissão para se formar. Jibladze foi expulso. O estudante executor foi Ióseb Laguiachvíli; o reitor era Pável Tchudetski.

17. Citado em Boris Souvarine, *Stalin*, pp. 14-5.

18. N. Jordánia, *Moia zhizn*, pp. 11-5; Grigóri I. Uratadze, *Vospominaniia*, pp. 58-9.

19. "Iz zaiavleniiia", pp. 174-5; Filipp Makharadze, *Ocherki revoliutsionnogo dvizheniia*, pp. 57-8.

20. Aleksandr V. Ostróvski, *Kto stoial*, p. 112 (citando GF IML, f. 8, op. 2, d. 52, l. 198-9:1. Tsintsadze).

21. Donald Rayfield, "Stalin as Poet"; *Sochineniia*, XVII, pp. 1-6.

22. Id., *Literature of Georgia*, 3. ed., pp. 182-3.

23. RGASPI, f. 558, op. 1, d. 655 (Kapanadze).

24. Aleksandr V. Ostróvski, *Kto stoial*, p. 125 (citando GF IML, f. 8, op. 2, cap. 1, d. 12, l. 176: Devdariani); RGASPI, f. 558, op. 4, d. 665, l. 128 (Parkadze); Joseph Iremachvíli, *Stalin und die Tragödie*, p. 17. Iremachvíli também pertencia ao círculo de Devdariani. Este, que se tornou filósofo, foi fuzilado em 1937 pelos

homens de Béria. Seu manuscrito, "Uma história do pensamento georgiano", evidentemente desapareceu. Donald Rayfield, *Stalin and His Hangmen*, p. 49.

25. Joseph Iremachvíli, *Stalin und die Tragödie*, pp. 16-7. Ver também Thomas Darlington, *Education in Russia*, pp. 286-8.

26. Roy Stanley de Lon, "Stalin and Social Democracy", p. 170. Sofron Mgaloblichvíli, que se formara no seminário de Tíflis e retornou a Góri na década de 1870, trouxe consigo muitos livros escondidos em idioma georgiano que se tornaram uma biblioteca de facto. Ele e outros criaram um círculo populista que inevitavelmente foi infiltrado pela polícia; em 1878, fizeram-se prisões. (Tão importante quanto isso, os ativistas viram que os camponeses eram indiferentes ao pessoal da cidade.) Sofron Mgaloblichvíli, *Vospominanii*, p. 120. Em Góri, uma "organização militar-conspiratória", ligada frouxamente à Vontade do Povo de São Petersburgo, também foi fechada pela polícia. Um menos extravagante "círculo de seminaristas", inspirado por Terra e Liberdade, perdurou até à década de 1890. Entre seus membros estavam filhos dos nobres da cidade e um rapaz de ascendência camponesa, Arsen Kalanadze, que cuidava da banca de livros que atendia os alunos da escola eclesiástica e seminaristas. G. Glurdjidze, "Pamiatnye gody", p. 18.

27. V. Kaminski e I. Vereschaguin, "Detstvo", p. 71.

28. No outono de 1898, o inspetor Abachidze registrou o seguinte: "Djugachvíli, Ióssif (v. I), durante uma revista dos pertences de certos alunos do quinto ano, várias vezes falou alto com os inspetores, dando voz a seu descontentamento quanto às revistas...". V. Kaminski e I. Vereschaguin, "Detstvo", pp. 65, 84. Ver também "Neopublikovannye materialy iz biografii tov. Stalina", *Antireligioznik* (Razmadze).

29. "Iz besedy", reimpresso (em forma mais editada) em *Sochineniia*, XIII, pp. 104-23 (na p. 113). Sobre as revistas, ver também G. Glurdjidze, "Pamiatnye gody", p. 20; V. Kaminski e I. Vereschaguin, "Detstvo", p. 66 (Vanó Ketskhovéli).

30. Leon Trotsky, *Stalin* [1946], p. 10.

31. Stephen F. Jones, *Socialism*, pp. 51, n. 11. Ver também Karlo S. Tchelidze, *Iz revoliutsionnogo*.

32. Laurie Manchester, *Holy Fathers*. Os filhos de padres (*popovitchi*) perfaziam 1% da população do império.

33. RGASPI, f. 71, op. 10, d. 273, l. 185; Alfred J. Rieber, "Stalin as Georgian", p. 34. Davitachvíli emigrou para Leipzig.

34. Em Góri, consta que Tarasei Mgaloblichvíli organizou bandos para defender os camponeses. Sofron Mgaloblichvíli, *Vospominaniia*, pp. 35-6, 37-9.

35. Stephen F. Jones, *Socialism*, pp. 22-6.

36. RGASPI, f. 71, op. 10, d. 273, l. 201-2 (Elisabedachvíli). O jovem Stálin ajudou Elisabedachvíli a se preparar para exames no verão de 1898.

37. As reminiscências da era de Stálin invertem os papéis: "Neopublikovannye materialy iz biografii tov. Stalina", *Antireligioznik* (Razmadze).

38. Aleksandr V. Ostróvski, *Kto stoial*, p. 139 (citando GF IML, f. 8, op. 2, cap. 1, d. 12, l. 181: S. Devdariani); RGASPI, f. 558, op. 1, d. 665; Joseph Iremachvíli, *Stalin und die Tragödie*, p. 21.

39. Joseph Iremachvíli, *Stalin und die Tragödie*, pp. 5-6.

40. Ladó talvez tenha sido apresentado ao Terceiro Grupo por Aleksandr Tsulukidze, que havia entrado em 1895. L. P. Béria e G. Broido, *Lado Ketskhoveli*, pp. 9-10; G. Khatchapuridze, "Gruziia vo vtoroi", p. 66; V. Ketskhovéli, "Druzia i soratniki tovarishcha Stalina", pp. 75-86.

41. RGASPI, f. 71, op. 10, d. 272, l. 67.

42. *Katalog Tíflisskoi Deshevoi biblioteki*, pp. 15, 17. Ver também RGASPI, f. 71, op. 10, d. 273, l. 179 (Ignatii Nonochvíli).

43. RGASPI, f. 71, op. 10, d. 273, l. 85 (Parkadze); Grigóri I. Uratadze, *Vospominaniia*, p. 15. Sobre como Ladó levou Stálin para a vida na clandestinidade, ver Robert C. Tucker, *Stalin as Revolutionary*, pp. 89-90.

44. Nicholas V. Riasanovsky, *Teaching of Charles Fourier*.

45. Karl Marx e Friedrich Engels, *Communist Manifesto*, pp. 64-5, 67.

46. Martin Malia, *Alexander Herzen*. Ver também John Randolph, *House in the Garden*.

47. Na Rússia, os camponeses existiam em três formas institucionais: servos que viviam em terras de propriedade de nobres (cerca de 42%), camponeses do Estado que residiam em terras estatais arrendadas (cerca de 53%), camponeses da corte que pertenciam diretamente à família imperial, numa condição a meio caminho entre servos e camponeses estatais (cerca de 5%). Vladimir M. Kabuzan, *Izmenenie v razmeshchenii*. Ver também Olga Crisp, "State Peasants"; Zack Deal, *Serf and Peasant Agriculture*.

48. Os direitos agrários concedidos aos camponeses vinham na forma de lotes comunais, com a comuna respondendo coletivamente pela quitação dos pagamentos exigidos à nobreza, enquanto os direitos a florestas (combustível) e campos (pastagem do gado) permaneciam sob controle dos nobres, o que era uma fonte constante de ira dos camponeses. Mas em que medida a emancipação alterou de fato os padrões de posse de terras aráveis no longo prazo ainda é uma questão em discussão. Alexander Gershchenkron, "Agrarian Policies"; Steven L. Hoch, *Serfdom and Social Control*; Peter Gatrell, *Government, Industry, and Rearmament*; Georgii E. Mirónov, *Gosudari i gosudarevy liudi*. A reforma de 1865 da posse de terra dos camponeses estatais destinou-lhes a mesma terra a preço menor.

49. Richard Wortman, *Crisis of Russian Populism*.

50. Samuel H. Baron, *Plekhanov*; Samuel H. Baron, "Between Marx and Lenin"; Theodore H. von Laue, "The Fate of Capitalism in Russia".

51. Karl Marx e Friedrich Engels, *Selected Correspondence* [1944], pp. 354-5. Ver também Teodor Shanin, *Late Marx*.

52. "Tsensura".

53. M. Liádov, "Zarozhdenie legalnogo", pp. 107 ss.

54. N. Jordánia, *Moia zhizn*, pp. 8-9, 13, 25, 27.

55. Gorgiladze, "Rasprostranenie marksizma v Gruzii", v, pp. 472.

56. Filipp Makharadze, *Ocherki revoliutsionnogo dvizheniia*, pp. 53, 72-3; Aleksandr V. Ostróvski, *Kto stoial*, p. 141 (citando GARF, f. 124, op. 7, d. 144, l. 1-6).

57. Aleksandr V. Ostróvski, *Kto stoial*, pp. 130-1; *Sochineniia*, VIII, pp. 173-4.

58. RGASPI, f. 71, op. 10, d. 273, l. 195-7. O futuro sogro de Stálin data corretamente de 1898 seu primeiro encontro com operários. Serguei Allilúiev, "Vstrechi s tovarishchem Stalinym", p. 154.

59. *Sochineniia*, VIII, p. 174; Alfred J. Rieber, "Stalin as Georgian", pp. 35-9; Stephen F. Jones, *Socialism*, pp. 71-5.

60. N. Jordánia, "Staline, L'Écho de la lutte"; N. Vakar, "Stalin".

61. Struve viria a ser cofundador do Partido Democrata Constitucional, ou Cadetes, em outubro de 1905, quando os partidos políticos se tornaram legais.

62. P. V. Struve, "Istoricheskii smysl russkoi revoliutsii i natsional'nye zadachi".

63. Dos nove presentes, um morreria em 1911; cinco deixariam a Rússia pouco depois da revolução de 1917; um partiu em 1922; dois (entre eles, Eidelman) seriam executados nos expurgos de Stálin. Vadim Medish, "First Party Congress".

64. Um segundo congresso "de fundação", quatro anos depois, em Białystok, na Polônia russa, fracassaria.

65. Edward Hallet Carr, *Bolshevik Revolution*, I, pp. 6-7; *Vsesoiuznaia Kommunisticheskaia Partiia* (b) *v rezoliutsiiakh* (6. ed.), I, pp. 7-10. Depois que terminou de cumprir sua sentença de exílio na Sibéria, em

janeiro de 1900, Lênin e sua jovem esposa, Nadejda Krúpskaia (casados em julho de 1898), mudaram-se para Pskov, mas dentro de poucos meses partiram para o exílio estrangeiro na Alemanha. Robert Service, *Lenin*, I, pp. 80-1; Edward Hallett Carr, *Bolshevik Revolution*, III, p. 3.

66. RGASPI, f. 558, op. 4, d. 53, l. 2, 157 e outros não numerados; d. 60, l. 1-4; V. Kaminski e I. Vereschá-guin, "Detstvo", pp. 84-5 (Talakvadze); Aleksandr V. Ostróvski, *Kto stoial*, pp. 140-1 (o estudante expulso foi Vassíli Kelbakiani).

67. GIAG, f. 440, op. 2, d. 64, l. 7ob; *Dukhovnyi vestnik gruzinskogo ekzarkhata* (15 de junho-1º de julho de 1899), n. 12-3, 8; V. Kaminski e I. Verescháguin, "Detstvo", p. 86.

68. Stálin fez essa alegação em um questionário do partido em 1932, e ela passou a fazer parte do cânone comunista. RGASPI, f. 558, op. 1, d. 4349, l. 1; G. F. Aleksandrov, *Iosif Vissarionovich Stalin*, p. 10; E. Iaroslávski, *O Tovarishche Staline*, p. 14; *Istoricheskie mesta Tblisi*, p. 29; Robert C. Tucker, *Stalin as Revolutionary*, p. 91. Mais tarde, a mãe de Stálin tentou assumir a culpa e afirmou que o retirou porque ele havia contraído tuberculose. Na verdade, Keké estava brava com a expulsão dele. Edward Ellis Smith, *Young Stalin*, p. 54 (citando uma entrevista com Keké feita por H. R. Knickerbocker, *New York Evening Post*, 1º de dezembro de 1930); GF IML, f. 8, op. 2, cap. 1, d. 32, l. 258-9 (Maria Kublidze).

69. Essas declarações foram feitas em 1902 (na prisão de Batum), em 1910 (Baku) e em 1913. Aleksandr V. Ostróvski, *Kto stoial*, pp. 142-3 (citando GIAG, f. 153, op. 1, d. 3431, l. 275; RGASPI, f. 558, op. 4, d. 214, l. 9ob); Simon Sebag Montefiore, *Young Stalin*, p. 73 (citando RGASPI, f. 558, op. 1, d. 635 e f. 71, op. 10, d. 275).

70. V. Kaminski e I. Verescháguin, "Detstvo", p. 84; Simon Sebag Montefiore, *Young Stalin*, pp. 70-3. Abachidze parece ter tentado, sem sucesso, expulsar Djugachvíli já no outono de 1898. RGASPI, f. 558, op. 4, d. 665, l. 211-2 (Vassó Kakhanichvíli); GF IML, f. 8, op. 2, cap. 1, d. 10., l. 141 (Gogokhiiá); *Zaria vostoka*, 12 de agosto de 1936 (Gogokhiiá); GF IML, f. 8, op. 2, cap. 1, d. 47, l. 126-7 (Talakvadze).

71. Devido ao seu extremismo pró-russo, Abachidze teve de ser retirado da Geórgia em 1905. Ele serviu na Ucrânia (Podólia), no Turquestão e na Crimeia, onde, em 1914, entrou para a Marinha como capelão da frota do mar Negro. Em 1918, recusou-se a reconhecer a restauração da autonomia da Igreja ortodoxa georgiana. Na guerra civil, apoiou os brancos e o exército de Wrangel, emigrando em 1919. No final da década de 1920 apareceu em Kiev, onde se formara na Academia Teológica muito anos antes (1896), e se tornou um monge eremita, mudando seu nome monástico para Antoni. De algum modo, sobreviveu aos expurgos na Ucrânia que destruíram o clero, e depois sobreviveu à ocupação nazista, morrendo de causas naturais em dezembro de 1943, pouco depois que o Exército Vermelho retomou Kiev. Foi enterrado no Mosteiro das Cavernas de Kiev, com uma lápide de mármore. Manuil (Lemechèvski), *Die Russischen Orthodoxen Bischöfe*, III, pp. 27-8; Mikhail Agursky, "Stalin's Ecclesiastical Background", p. 10.

72. Mikhail Agursky, "Stalin's Ecclesiastical Background", p. 6 (citando Anônimo, *Iz vospominanii russkogo uchitelia pravoslavnoi gruzinskoi dukhovnoi seminarii* [Moscou, 1907]); e Nikolai Durnovó, *Sudba gruzinskoi tserkvi*.

73. Miklós Kun, *Unknown Portrait*, p. 30.

74. RGASPI, f. 71, op. 10, d. 73, l. 153-4; V. Kaminski e I. Verescháguin, "Detstvo", pp. 62-6. Em 1900 dizia-se que já havia somente cinquenta georgianos entre os trezentos estudantes, e, em 1905, apenas quatro georgianos se formaram. O Seminário de Kutaísi foi fechado em 1905.

75. Em 1938, a tia do marido de Pacha escreveu a Stálin sobre sua sobrinha; a carta chegou a Poskrióbichev em 16 de abril de 1938 via NKVD (V. Ivanov). A carta mencionava enfaticamente que a mãe de Stálin sabia da existência da criança, e que Pacha ficara sozinha e carente depois que o marido, o filho e a mãe morreram. Pacha tentara evidentemente visitar Stálin em março de 1938, entregando em sua secretaria fotografia

e cópias de suas cartas para ele ao longo dos anos. Ela morava na província de Sarátov, mas desapareceu em Moscou, sem dúvida presa. B. S. Ilizárov, *Tainaia zhizn*, pp. 284-7 (citando RGASPI, f. 558, op. 11, d. 775, l. 9-13). Stálin preservou a carta da tia do marido em seu arquivo. "Em sua juventude, o camarada Sossó sentiu alguma simpatia por certa pessoa, mas não durou muito", relembrou de forma elíptica Grigóri Elisabedachvíli. RGASPI, f. 558, op. 1, d. 655.

76. D. Gokokhiiá, "Na vsiu zhizn zapomnilos eti dni", p. 13; Simon Sebag Montefiore, *Young Stalin*, pp. 72-3.

77. Em suas memórias, uma pessoa afirma que Djugachvíli já estava ausente do Seminário quando a instituição reabriu depois do recesso de Páscoa, antes mesmo do início do período de exames, tendo ido para casa, em Góri. RGASPI, f. 558, op. 4, d. 665, l. 381 (Talakvadze); GF, f. 8, op. 2, cap. 1, d. 47, l. 126-7.

78. Miklós Kun, *Unknown Portrait*, pp. 32-3; Aleksandr V. Ostróvski, *Kto stoial*, pp. 146-7 (citando GIAG, f. 440, op. 2, d. 82, l. 59; RGASPI, f. 558, op. 4, d. 65, l. 3-3ob).

79. RGASPI, f. 558, op. 4, d. 65, l. 1-4; Vanó Ketskhovéli, "Na zare sozdanii partii rabochego klassa", *Zaria vostoka*, 17 de julho de 1939, 3.

80. Joseph Dawrichewy, *Ah: Ce Qu'On*, p. 67. Iremachvíli alega que tentou convencer Djugachvíli a não deixar o seminário, porque isso significaria perder uma chance de entrar na universidade, mas ele achava que as autoridades não permitiriam que frequentasse a universidade e que, de qualquer modo, estava comprometido com a revolução como uma profissão. Joseph Iremachvíli, *Stalin und die Tragödie*, pp. 23-4.

81. GF IML, f. 8, op. 2, cap. 1, d. 48, l. 164 (Elisabedachvíli); d. 12, l. 28-9 (P. Davitachvíli).

82. Simon Sebag Montefiore, *Young Stalin*, p. 79; Erik van Ree, "The Stalinist Self", p. 266, citando G. Elisabedachvíli, I. V. Stalin State House Gori-Museum Fond, f. 3, op. 1, d. 1955/146, l. 1-11, 20-31 (em georgiano).

83. GF IML, f. 8, op. 5, d. 429, l. 170 (Vanó Ketskhovéli); Vanó Ketskhovéli, "Na zare sozdaniia partii rabochego klassa"; "K istorii fabrik i zavodov Tblisi"; V. Berdzenichvíli, "Iz vospominanii"; RGASPI, f. 558, op. 4, d. 651, l. 50-3.

84. Stephen F. Jones, *Socialism*, p. 91.

85. V. Ketskhovéli, "Druzia i soratniki tovarishcha Stalina", pp. 75-86; Stephen F. Jones, *Socialism*, pp. 71-2.

86. Joseph Iremachvíli, *Stalin und die Tragödie*, p. 22; N. Vakar, "Stalin"; Robert C. Tucker, *Stalin as Revolutionary*, pp. 87-8.

87. RGASPI, f. 71, op. 10, d. 273, l. 240; Vanó Ketskhovéli, "Iz vospominanii o Lado Ketskhoveli", *Zaria vostoka*, 17 de agosto de 1939, 3; *Lado Ketsokhveli*, pp. 76, 109-10.

88. "Neopublikovannye materialy iz biografii tov. Stalina", *Antireligioznik* (Kitiachvíli).

89. Simon Sebag Montefiore, *Young Stalin*, p. 70 (baseando-se em Anna Gueladze, prima de Keké).

90. RGASPI, f. 558, op. 4, d. 72, l. 5; Aleksandr V. Ostróvski, *Kto stoial*, p. 160; Alfred J. Rieber, "Stalin as Georgian", p. 39; G. A. Galoian, *Rabochee dvizhenie i natsionalnyi vopros v Zakavkaze*, pp. 10-2.

91. Stephen F. Jones, *Socialism*, pp. 70, 99.

92. Aleksandr V. Ostróvski, *Kto stoial*, p. 161 (citando GF IML, f. 8, op. 2, cap. 1, d. 15, l. 245; N. L. Dombrovski).

93. *Lado Ketskhoveli*, p. 24; Stephen F. Jones, *Socialism*, pp. 100-1; David Tutaev, *Alliluyev Memoirs*, p. 49-51.

94. Outra figura-chave foi Viktor Kurnatóvski, então com 32 anos, que Stálin conheceu em Tíflis, em 1900. Kurnatóvski encontrara-se com Lênin. Roy Medvedev, *Let History Judge*, p. 30.

95. Em 1938, Béria atribuiu o artigo a Stálin e Ketskhovéli. Mais tarde, Stálin assumiu sozinho a autoria do ensaio, que foi traduzido para o russo com o título "Rossiiskaia sotsial-demokraticehskaia partiia i ee blizhaishie zadachi". *Sochineniia*, I, pp. 11-31 (27); L. P. Béria e G. Broido, *Lado Ketskhoveli*, pp. 17-33.

Stálin também alegou falsamente ser o autor do primeiro editorial (não assinado) de *Brdzola. Sochineniia*, I, pp. 4-9; Isaac Deutscher, *Stalin*, pp. 56-7; Stephen F. Jones, *Socialism*, p. 315.

96. "Podpolnaia titpografiia 'Iskra' v Baku (Materialy Vano Sturua)", pp. 137-8; Ienukidze, *Nashi podpol'nye tipografii na Kavkaze*, p. 24; V. Ketskhovéli, "Druz'ia i soratnikitovarishcha Stalina", pp. 75-86; G. Lelachvíli, "Lado Ketskhovéli", pp. 87-90; Stephen F. Jones, *Socialism*, pp. 72-3. Houve insinuações de que a polícia política tsarista pagava bônus pela liquidação de gráficas revolucionárias, levando a exageros da quantidade delas, mas um dos chefes da polícia política alegou ter liquidado dez delas e não ter ganhado nada por isso. A. P. Martínov, *Moia sluzhba*, pp. 100, 313-4.

97. N. Makéev, "Bakinskaia podpolnaia tipografiia 'Nina' (1901-1905)", XVII, pp. 90-109; A. Arenshtein, "Tipografiia Leninskoi 'Iskry' v Baku"; E. N. Nalbandian", "'Iskra' i tipografiia 'Nina' v Baku", XXIV, pp. 3-30; A. Sarkíssov, *Bakinskaia tipografiia leninskoi "Iskry"*.

98. E. Faerman, "Transportirovka 'Iskry' iz-za granitsy i rasprostranenie ee v Rossii v 1901-1903 gg.", pp. 54-92; V. V. Koroliova, "Deiatelnost V. I. Lenina po organizatsii dostavki 'Iskry' v Rossiiu (dekabr 1900 g.-noiabr 1903 g.)"; *Podpolnye tipografii Leninskoi "Iskry" v Rossii*; V. Kojevnikova, "Gody staroi *Iskry*".

99. Lars T. Lih, *Lenin Rediscovered*; Edward Hallet Carr, *Bolshevik Revolution*, I, pp. 11-22; Adam B. Ulam, *The Bolsheviks*, pp. 160-216.

100. S. T. Arkomed, *Rabochee dvizhenie*, pp. 81-4 (84); Sevastii Talakavadze, *K istorii*, I, p. 62; Alfred J. Rieber, "Stalin as Georgian", p. 39; Sevastii Talakavadze, *K istorii*, pp. 62-3; Stephen F. Jones, *Socialism*, p. 106; Erik van Ree, "Stalinist Self", p. 267 (citando GARF, f. 102, op. 199, d. 175, l. 93). Arkomed (cujo verdadeiro nome era S. A. Kardjian) fez evidentemente o discurso em novembro de 1901 que provocou as objeções de Stálin a admitir operários. A primeira edição do livro de Arkomed saiu em 1910 no exterior, mas a versão de 1923 (que difere somente no acréscimo de notas) foi publicada na União Soviética e conseguia criticar astutamente Stálin sem nomeá-lo.

101. RGASPI, f. 70, op. 10, d. 273, 292. A alegação dos inimigos de Stálin de que um tribunal do partido o expulsara do Comitê de Tíflis por intrigas contra Silva Jibladze não encontra sustentação nos registros remanescentes de vigilância da polícia, que mencionam que Djugachvíli não foi a uma reunião do Comitê de Tíflis em 25 de novembro de 1901, mas não falam nada a respeito de uma expulsão. Na verdade, parece que ele entrou para o comitê em novembro de 1901 (um de nove). Aleksandr V. Ostróvski, *Kto stoial*, pp. 169-73. Sobre a suposta expulsão, ver N. Vakar, "Stalin"; N. N. Jordánia, "Staline, L'Écho de la lutte", pp. 3-4; e Grigóri I. Uratadze, *Vospominaniia*, p. 67. As queixas de Silva Jibladze contra Stálin eram especialmente amargas. Em 1921, depois que as forças bolcheviques reconquistaram o Cáucaso, Jibladze decidiu não emigrar para organizar os mencheviques na clandestinidade. Ele teve morte súbita em fevereiro de 1922, evidentemente por má saúde; seus camaradas retiraram seu corpo de um "apartamento conspiratório", mas a polícia secreta bolchevique de Tíflis o confiscou. Diz-se que Béria esteve envolvido nisso (Béria estava então na Tcheká georgiana, da qual se tornaria chefe em novembro de 1922). O túmulo de Jibladze, se houve algum, continua a ser um mistério. Grigorii I. Uratadze, *Vospominaniia*, p. 278.

102. Robert W. Tolf, *The Russian Rockefellers*. Mantáchev nascera em Tíflis e crescera na Tabriz iraniana. Esadze, *Istoricheskaia zapiska ob upravlenii Kavkazom*; Firouzeh Mostashari, *On the Religious Frontier*.

103. Razhden Arsenidze, "Iz vospominaniia o Staline", pp. 220-1.

104. Não muito tempo depois, por volta do Ano-Novo de 1902, irrompeu um incêndio na fábrica mecanizada, seguido por uma pequena greve, depois uma grande. O rumor de que Djugachvíli, então com 24 anos, instigou o incêndio na fábrica dos Rothschild e depois usou a greve dos operários para extorquir fundos para os cofres revolucionários em troca de sufocar incidentes de incêndio criminoso é fantasioso. Na verdade, os operários de Rothschild apagaram o fogo, mas somente os chefes ganharam compensação

extra, provocando ira; ademais, a primeira grande greve aconteceu na A. I. Mantáchev, iniciada em 31 de janeiro de 1902, quando um operário foi descontado por supostamente conversar no trabalho com seus companheiros. Em 18 de fevereiro de 1902, com as demandas dos operários relativas às condições de trabalho e ao regime de punições parcialmente satisfeitas, a Mantáchev retomou seu funcionamento.

105. O chefe militar do Cáucaso ordenou uma investigação interna das condições de vida dos trabalhadores, produzindo um material histórico: F. E. Makharadze e G. E. Khachapuridze, *Ocherki*, pp. 137-8 (relatório de arquivo datado de 28 de março de 1903).

106. Muitos operários da Mantáchev que protestavam foram deportados para suas aldeias de origem, em especial para a Gúria (Geórgia ocidental), o que fez crescer o movimento camponês nessa região entre 1902 e 1906. Stephen F. Jones, *Socialism*, pp. 102, 129-58.

107. Depois que a greve começou, o governador militar da província de Kutaísi exigiu que os operários retomassem as operações; ele se recusaram a obedecer: 32 foram presos e aguardavam a deportação. Outros operários foram em passeta até a prisão, cantando canções revolucionárias e exigindo a libertação dos companheiros ou a prisão de todos. Esses operários foram enganados a entrar no quartel da prisão de trânsito. A raiva ferveu, levando ao confronto mortal. *Batumskaia demonstratsiia*, pp. 9-11, 99-103 (Teofil Gogoberidze), pp. 177-202, 203-41 (na p. 207); S. T. Arkomed, *Rabochee dvizhenie*, pp. 110-8.

108. GARF, f. 102, op. 199, d. 175, l. 47-8.

109. Em algum momento, Djugachvíli pode ter retornado a Tíflis, para o apartamento de seu amigo Kamó, em busca de ajuda para montar uma gráfica clandestina. "Kamó era um especialista nessas coisas", disse com entusiasmo Grigóri Elisabedachvíli. Aleksandr V. Ostróvski, *Kto stoial*, pp. 174-80; G. K. Jvania, *Bolshevistkaia pechat Zakavkazia nakanune*, p. 70; I. S. Tchulok, *Ocherki istorii batumskoi kommunicheskoi organizatsii*, pp. 39-52. Um cobrador de trem, Mchviobadze, supostamente levou clandestinamente Stálin de Batum para Tíflis, disfarçado com o uniforme e boné de cobrador, e uma lanterna. RGASP, f. 558, op. 1, d. 655; Miklós Kun, *Unknown Portrait*, p. 4.

110. Erik van Ree, "The Stalinist Self", p. 270 (citando RGASPI, f. 124, op. 1, d. 1931, l. 11: reminiscências de Todria); *Batumskaia demonstratsiia*, pp. 98-9 (Todria).

111. Donald Rayfield, *Stalin and His Hangmen*, p. 26; Miklós Kun, *Uknown Portrait*, p. 59; Anna S. Allilúieva, *Vospominaniia*, pp. 37, 168.

112. V. V. Pokhlébkin, *Velikii psevdonim*, pp. 47-50. Montefiore, utilizando memórias, representa Djugachvíli como "o chefe da prisão de Batum, dominando seus amigos, aterrorizando os intelectuais, subornando os guardas, fazendo amizade com os criminosos". Simon Sebag Montefiore, *Young Stalin*, p. 103. Compare-se com as memórias do emigrado Uratadze: "Quando saíamos para nos exercitar e todos íamos para esse ou aquele canto do pátio da prisão, Stálin ficava sozinho e caminhava para a frente e para trás com seus passos curtos, e, se alguém tentasse falar-lhe, abria a boca com aquele sorriso frio e talvez dissesse algumas palavras". Grigóri I. Uratadze, *Vospominaniia*, p. 65.

113. Aleksandr V. Ostróvski, *Kto stoial*, p. 194; RGASPI, f. 558, op. 4, d. 619, l. 172, reimpresso em *Sochineniia*, XVII, pp. 7-8.

114. O médico era Grigol Eliava. No início de 1903, esperando deportação para o exílio, então com 25 anos, Djugachvíli talvez tenha sido convocado para o Exército tsarista, mas foi dispensado graças à intervenção de um influente amigo da família. Joseph Dawrichewy, *Ah: Ce Qu'On*, p. 31.

115. Serguei Allilúiev, *Proidennyi put*, p. 109.

116. A atmosfera ficou mais tensa porque seu súbito retorno foi seguido de perto por prisões em massa em Tíflis de sociais-democratas. Aleksandr V. Ostróvski, *Kto stoial*, pp. 212-6; RGASPI, f. 558, op. 4, d. 537, l. 21 (M. Uspenski); *Perepiska V. I. Lenina*, II, pp. 114-5.

117. F. E. Makharadze e G. E. Khatchapuridze, *Ocherki*, p. 71; I. S. Tchulok, *Ocherki istorii batumskoi kommunisticheskoi organizatsii*, pp. 70-2.

118. Aleksandr V. Ostróvski, *Kto stoial*, p. 214 (citando GF IML, f. 8, op. 2, d. 4, l. 53: Makharadze, e cap. 1, d. 6, l. 231: Bogutchava); Razhden Arsenidze, "Iz vospominanii o Staline", p. 218.

119. Aleksandr V. Ostróvski, *Kto stoial*, p. 216 (citando GF IML, f. 8., op. 2, cap. 1, d. 43, l. 217: Sikharulidze); Simon Sebag Montefiore, *Young Stalin*, p. 123 (citando GF IML, F. 8, op. 2, cap. 1, d. 26, l. 22-6: Sikharulidze, e d. 26, l. 36-9: Sikharulidze).

120. Serguei Allilúiev, *Proidennyi put*, pp. 108-9.

121. Niccolo Machiavelli, *Gosudar*.

122. Alphons Thun, *Istoriia revoliutsionnykh dvizhenii v Rossii*.

123. F. Makharadze, *K tridsatiletiiu sushchestvovaniia Tiflisskoi organizatsii*, p. 29.

124. Stephen F. Jones, *Socialism*, pp. 183-4.

125. Jerome Davis, "Stalin, New Leader"; Id., *Behind Soviet Power*, p. 14. Para mais informações sobre Davis, ver capítulo 13. Em sua biografia de Stálin, Robert Tucker enfatiza com razão as convicções marxistas de Stálin, mas abstrai e dramatiza a conversão ao marxismo: "o grande tema da luta de classes... [sua visão] da sociedade do passado e do presente como um grande campo de batalha, onde duas forças hostis — a burguesia e o proletariado — travam um combate mortal". Na verdade, bastava viver na Rússia imperial, como o próprio Stálin explicou, para que muitos jovens se tornassem marxistas. Robert C. Tucker, *Stalin as Revolutionary*, pp. 115-21.

126. Os dois primeiros títulos das *Obras completas* de Stálin datam de 1901, na *Brdzola*, mas nenhum dos dois era assinado. O primeiro ensaio publicado com sua assinatura, além de seus poemas românticos, data de 1º de setembro de 1904. *Sochineniia*, I, pp. 3-55.

127. Razhden Arsenidze, "Iz vospominaniia o Staline", pp. 235-6.

128. Sobre Ladó como "camarada sênior", ver também A. Ienukidze, *Nashi podpolnye tipografii na Kavkaze*, pp. 5, 24; e Alfred J. Rieber, "Stalin as Georgian", pp. 36-7.

129. Serguei Allilúiev, "Moi vospominaniia", pp. 173-5; S. Bóltinov, "Iz zapisnoi knizhki arkhivista", pp. 271-5; Adam B. Ulam, *Stalin*, p. 38. O tiro em Ketskhovéli justificou o aparecimento na prisão do vice-governador. Um destacamento de cossacos removeu o corpo para o enterro imediato. L. P. Béria e G. Broido, *Lado Ketskhoveli*, pp. 201-18 (esp. 214).

130. L. P .Béria e G. Broido, *Lado Ketskhoveli*, publicado no Cáucaso durante o terror de Stálin; A. Gulíev, *Muzhestvennyi borets za kommunizm*.

131. RGAKFD, ed. khr. 15421 (1937).

3. O INIMIGO MAIS PERIGOSO DO TSARISMO [pp. 81-111]

1. Abraham Ascher, "The Coming Storm", p. 150. O adido, C. Kinsky, trabalhou com o embaixador Aloys Lexa von Aehrenthal (1854-1912).

2. Vladímir M. Kabuzan, *Russkie v mire*.

3. Lindsey Hughes, *Peter the Great*, p. 11.

4. Vasily Klyuchevsky, *Peter the Great*, pp. 257, 262-5.

5. Citado em Paul Bushkovitch, *Peter the Great*, p. 210; tradução do alemão ligeiramente modificada.

6. Claes Peterson, *Peter the Great's Administrative and Judicial Reforms*; Evgeny Anisimov, *Reforms of Peter the Great*; Ernest A. Zitser, *Transfigured Kingdom*.

7. A tentativa de 1730, feita por dois clãs nobres, de limitar o poder do tsar, estabelecendo condições para o acesso ao trono, fracassou, em grande medida, devido à oposição dos outros clãs. Brenda Meehan Waters, *Autocracy and Aristocracy*.

8. Richard Hellie, "Structure of Russian Imperial History". Sob o governo de Stálin, essa obrigação de prestar serviços seria estendida, abrangendo não somente funcionários públicos e oficiais militares, como também gerentes de fábricas, dirigentes de fazendas coletivas, cientistas, escritores, músicos e até dançarinos de balé.

9. Marc Raeff, "Bureaucratic Phenomenon"; Marc Raeff, "Russian Autocracy"; Michael Cherniavsky, *Tsar and People*, pp. 82-90; Theodore Taranovski, "The Politics of Counter-Reform", cap. 5; Dominic C. B. Lieven, *Aristocracy in Europe*. LeDonne sustenta que a Rússia desenvolveu uma elite governante acanhada. John P. LeDonne, *Absolutism and Ruling Class*. Ver também Hans Joachim Torke, "Das Russische Beamtentum".

10. Tal como citado em Alexander Yanov, *Origins of Autocracy*, p. vii.

11. Boris Vassílhtchikov, *Vospominaniia*, pp. 142-4, esp. 227-8; Dominic C. B. Lieven, "Russian Senior Officialdom", p. 221.

12. S. Iu Vitte, *Vospominaniia* [1960], III, p. 460.

13. P. G. M. Dickson, *Finance and Government*.

14. Richard G. Robbins, "Choosing the Russian Governors", p. 542; Richard G. Robbins, *Tsar's Viceroys*; John Keep, "Light and Shade".

15. *Otchet po revizii Turkestankogo kraia*, pp. 38, 47; Adeeb Khalid, *Politics of Cultural Reform*, p. 60. Com frequência, eslavos eram mandados ao Turquestão como punição, e a região era o que havia de mais parecido com uma colônia. O regime tsarista quis fazer da cidade de Tashkent uma vitrine de seu governo, mas, no final do século XIX, era provavelmente mais fácil ir de Londres para a Índia do que de São Petersburgo para o Turquestão.

16. P. A. Zaontchkóvski, *Pravitel stvennyi apparat samoderzhavnoi Rossii v XIX v.*, pp. 221-2; S. M. Tróitski, *Russkii absoliutizm i dvorianstvo v xviii veke*, pp. 212-6; Hans Rogger, *Russia in the Age of Modernization*, pp. 49-50; Orlando Figes, *A People's Tragedy*, p. 46. Médicos, professores universitários, engenheiros e muitos outros profissionais liberais eram, tecnicamente, funcionários do Estado, o que leva à imprecisão nos números e comparações. De acordo com outro cálculo, em 1900 havia 524 mil pessoas no serviço público. Gregory L. Freeze, "Reform and Counter-Reform", pp. 170-99 (186). Em 1912, dizia-se que a Rússia tinha um funcionário para cada sessenta habitantes urbanos, e um para cada 707 habitantes rurais. N. A. Rubákin, *Rossiia v tsifrakh*, p. 64.

17. Otto Hoetzsch, *Russland*, p. 270.

18. Lutz Häfner, *Gesellschaft als lokale Veranstaltung*. Ver também S. Frederick Starr, *Decentralization and Self-Government*.

19. Catherine Yevtuhov, *Portrait of a Russian Province*.

20. A. A. Pólovtsov, *Dnevnik*, I, p. 477; A. S. Suvórin, *Dnevnik*, pp. 25, 327; V. N. Lamzdorf, *Dnevnik*, p. 310. Ver também Hans Rogger, *Russia in the Age of Modernization*, prefácio.

21. Ver as observações de Kokóvtsov, citadas em Dominic C. B. Lieven, "Russian Senior Officialdom", p. 209 (citando TsGIAL, f. 1200, op. 16/2, d. 1 e 2, s. 749); Id., *Russia's Rulers*, p. 292. A nobreza lutou contra os exames introduzidos por Alexandre I; eles foram abandonados em 1834.

22. S. S. Tatíschev, *Imperator Aleksandr Vtoroi*, I, p. 140.

23. Winfried Baumgart, *Crimean War*; Stephan, "Crimean".

24. Alfred J. Rieber, "Alexander II"; Id., *Politics of Autocracy*.

25. P. N. Miliukov, *Ocherki po istorii Russkoi kultury*, I, pp. 145-9. Sobre o liberalismo russo, ver Victor Leontovitsch, *Geschichte des Liberalismus*; George Fischer, *Russian Liberalism*; Michael Karpovitch, "Two Types of Russian Liberalism", pp. 129-43; Marc Raeff, "Some Reflections"; Richard Pipes, *Peter Struve*; V. V. Chelokháiev, *Russkii liberalizm*.

26. P. A. Valúiev, *Dnevnik P. A. Valueva*, I, p. 181. Temia-se que um Parlamento viesse a ser um trampolim para a nobreza polonesa.

27. Ekaterina Pravílova, *Zakonnosti prava lichnosti*; Richard Wortman, "Russian Monarchy and the Rule of Law". Um funcionário (*tchinóvnik*) só podia ser indiciado e levado a julgamento com a aprovação de seu superior. N. M. Korkunov, *Russkoe gosudarstvennoe pravo*, II, p. 552.

28. Sobre as consequências no longo prazo do fracasso da instauração de uma Constituição e de uma legislatura na década de 1860 e, de novo, na de 1880, ver George F. Kennan, "The Breakdown of the Tsarist Autocracy", em Richard Pipes, *Revolutionary Russia*, pp. 1-15.

29. S. V. Makárov, *Sovet ministrov Rossiiskoi Imperii*, p. 41.

30. Mikhail Dolbilov, "Rozhdenie imperatorskikh reshenii".

31. David Cchavchavadze, *The Grand Dukes*, p. 128.

32. Iain Lauchlan, *Russian Hide-and-Seek*, pp. 57-74. Ver também Maurice Laporte, *Histoire de l'Okhrana*; Sidney Monas, *The Third Section*, pp. 40-1; Ronald Hingley, *The Russian Secret Police*; Fredric S. Zuckerman, *The Tsarist Secret Police*; Charles A. Ruud e Sergei A. Stepánov, *Fontanka 16*; Z. I. Peregúdova, *Politicheskii sysk Rossii*; e P. E. Schegoliov, *Okhranniki i avantiuristy*.

33. A. T. Vasilyev, *Ochrana*, pp. 41, 55, 57. Em 1913, havia sete salas escuras. R. Kántor, "K istorii chernykh kabinetov", p. 93. O chefe de criptologia da *okhranka* foi depois empregado pela polícia secreta soviética. S. Hoare, *Fourth Seal*, p. 57. O agente da *okhranka* de Kiev, Karl Zivert, inventou um dispositivo de abrir as cartas sem desfazer o lacre, técnica que seria passada para a KGB. David Kahn, *Codebreakers*. Em Tíflis, cuja sala escura ficou fechada por pouco tempo em 1905, havia sete pessoas na equipe.

34. Quando se tornou ministro do Interior, no final de 1905, Durnovó encontrou uma cópia de uma carta interceptada que havia escrito instruindo que sua correspondência não deveria ser lida. Iain Lauchlan, *Russian Hide-and-Seek*, p. 122. Ver também Vladímir Iosifovitch Gurko, *Features and Figures*, p. 109. A violação de correspondência era tecnicamente ilegal pela lei russa; a equipe da sala escura usava códigos para se referir uns aos outros. Mas eles foram revelados em 1908 pelo ex-funcionário graduado M. E. Bakai.

35. Jonathan W. Daly, *Autocracy Under Siege*, p. 105. A polícia mais numerosa da Rússia, os Gendarmes, tinha entre 10 mil e 15 mil homens.

36. Sidney Monas, "The Political Police", pp. 164-90. Zubátov, chefe da *okhranka* de Moscou, introduziu métodos de arquivamento atualizados, arquivos antropométricos e sucursais nas províncias. Suicidou-se com um tiro em 1917. V. B. Jilínski, *Organizatsiia i zhizn okhrannago otdeleniia*, p. 120.

37. Iain Lauchlan, *Russian Hide-and-Seek*, p. 167, n. 77.

38. Vassíliev conta a história de um certo Sliótov, que chegou com um grupo em São Petersburgo para assassinar Nicolau II. Um dos conhecidos de Sliótov era um informante da *okhranka*. Mas, embora sua intenção tenha sido levada à atenção das mais altas autoridades policiais, elas não o prenderam. A polícia raciocinou que outros membros de sua conspiração talvez fossem desconhecidos da *okhranka*. Assim, a polícia fez com que alguém advertisse Sliótov de que ele fora descoberto, esperando com isso facilitar e observar a fuga de todo o bando. O perigo imediato ao imperador foi evitado, e, embora alguns dos fugitivos pudessem no futuro tentar cometer assassinatos políticos, agora, pelo menos, a polícia teria certeza de que conhecia todos eles. A. T. Vasilyev, *Ochrana*, pp. 71-2.

39. A. T. Vasilyev, *Ochrana*, pp. 71-2; Iain Lauchlan, *Russian Hide-and-Seek*, p. 221; Charles A. Ruud e Sergei A. Stepánov, *Fontanka 16*, pp. 125-51. Vassíliev explicou que, uma vez que os agentes recrutados levavam vida dupla, a certa altura eles perdiam o controle, então "autoridades da polícia eram muitas vezes mortas por agentes a serviço delas que até então haviam sido de total confiança" (*Ochrana*, pp. 77-8).

40. Iain Lauchlan, *Russian Hide-and-Seek*, pp. 90-1. Em 1905, uma agência de segurança separada (*okhrana*) foi criada para a corte; a muito maior *Okhránnoe otdeliénie* (*okhranka*) não era chamada de *okhrana*. Stálin se encontraria não somente com seus chefes de polícia, mas até com seus assassinos.

41. Richard Pipes, *The Degaev Affair*. O primeiro congresso oficial do Partido Socialista Revolucionário Unido só aconteceu de dezembro de 1905 a janeiro de 1906, na Finlândia russa. S. Sliótov, *K istorii vozniknoveniia partii sotsialistov revoliutsionerov*, pp. 76-8.

42. Isaac Don Levine, *Stalin's Great Secret*; Edward Ellis, Smith, *Young Stalin*; Roman B. Brackman, *Secret File*. Apesar de esforços ingentes, nem Nikolai Iejov nem Lavrenti Béria parecem ter conseguido encontrar documentação comprometedora persuasiva sobre o suposto trabalho de Stálin para a *okhranka*. Já outros, como Roman Malinóvski, foram expulsos devido aos seus laços com a *okhranka* enquanto ainda estavam vivos. Simon Sebag Montefiore, *Young Stalin*, p. xxiii.

43. Trótski seria acusado de ter traído o Soviete de São Petersburgo pela polícia em 1905 e de ter sido um agente da *okhranka* desde 1902. V. V. Chulhguin, *Chto nam v nikh ne nravitsia*, p. 281; Dmitri Volkogonov, *Trotsky*, p. 40. Stálin não usou o material apresentado por Iejov e Béria na acusação de Trótski, talvez porque lembrasse demais os rumores sobre ele mesmo. Iákov Svérdlov também esteve sob suspeição. Iu Lipátnikov, "Byl li agentom okhranki Sverdlov?". Mais tarde, Kámenev também seria acusado de ligações com a *okhranka*. Liev Trótski, *Stalin*, p. 221; Robert Slusser, *Stalin in October*, pp. 201-4.

44. A. T. Vasilyev, *Ochrana*, p. 96. Ver também Jonathan W. Daly, *Autocracy Under Siege*, pp. 117-23.

45. "O antigo regime", resumiu bem um estudioso, "nunca aceitou as necessidades de uma economia industrial moderna." Peter Gatrell, *Government, Industry, and Rearmament*, p. 326. Sobre o desempenho econômico tsarista, em termos comparativos, ver Paul R. Gregory, *Russian National Income*.

46. Lewis H. Gann, "Western and Japanese Colonialism", p. 502.

47. Stephen Kotkin, "Modern Times".

48. Patrick Fridenson, "The Coming of the Assembly Line to Europe", pp. 159-75; David Hounshell, *From the American System to Mass Production*.

49. Charles Conant, *Wall Street and the Country*; Herbet Feis, *Europe: the World's Banker*.

50. Mike Davis, *Late Victorian Holocausts*.

51. Sir Henry Cotton, *New India*, p. 83.

52. Daniel R. Headrick, *Tools of Empire*.

53. A produção industrial da Rússia não passava de 10% da dos Estados Unidos. Paul R. Gregory, *Before Command*, pp. 17-22.

54. Quando William Fuller pergunta, "como e por que o regime russo foi tão bem-sucedido em traduzir seus recursos militares em poder no século XVIII e no início do XIX, e tão malsucedido ao tentar fazer a mesma coisa desde então", ele busca uma resposta em considerações internas do país. Mas, na verdade, poderia referir-se a avanços nas outras grandes potências. O sucesso ou insucesso da Rússia, também em termos militares, sempre foi relativo. William C. Fuller, *Strategy and Power*, p. xiv.

55. Esther Kingston-Mann, "Deconstructing the Romance of the Bourgeoisie". Em 1893, sob pseudônimo, Danielson publicou sua resposta, uma interpretação russa de Marx: Nikolai-on, *Ocherki nashego preformennogo obshchestvennogo khoziaistva*.

56. *Rossiia: Entsiklopedicheskii slovar*, pp. 192-209. Em dezembro de 1903, o primeiro-ministro inglês Arthur Balfour notou o óbvio, que o "ponto forte da Rússia é sua vasta população e o caráter inexpugnável de seus territórios. Seu ponto fraco são as finanças". Keith Neilson, *Britain and the Last Tsar*, p. 242.

57. Em 1888, os gastos anuais do império com a Geórgia foram estimados em 45 milhões de rublos, contra uma receita de apenas 18 milhões. E. Kondratenko, *Kratkii ocherk ekonomicheskogo polozheniia Kavkaza po noveishim ofitsialnym i drugim otchetam*, p. 77.

58. Paul C. Hickey, "Fee-Taking"; Van de Ven, "Public Finance".

59. Olga Crisp, *Studies in the Russian Economy*, pp. 26-8; Andrew Babkov, "National Finances", p. 184; V. K. Dmitriev, *Kriticheskie issledovaniia o potreblenii alkogoliia v Rossii*, p. 157.

60. William C. Fuller, *Strategy and Power*; A. P. Pogrebínski, *Ocherki istorii finansov dorevoliutsionnoi Rossii*, p. 176. As despesas militares engoliram 30% dos gastos do governo russo em 1913. Uma diminuição dos 60% do século XVIII, quando o Estado gastava quase nada em capital humano (educação, saúde etc.). Peter Gatrell, *Russia's First World War*, p. 8; Arcadius Kahan, *The Plow*, 336.

61. Alfred J. Rieber, "Persistent Factors", pp. 315-59; John P. LeDonne, *Russian Empire and the World*.

62. Jonathan W. Daly, *Autocracy Under Siege*, pp. 108-10; Aleksánder I. Spiridóvitch, *Zapiski zhandarma*, pp. 81-2.

63. Aleksánder I. Spiridóvitch, "Pri tsarskom rezhime", I. V. Guéssen, *Arkhiv russkoi revoliutsii*, XV, p. 141. Ver também Richard Pipes, *Russian Revolution*, p. 4.

64. Jeremiah Schneiderman, *Sergei Zubatov and Revolutionary Marxism*.

65. Paul R. Gregory, "Grain Marketings and Peasant Consumption"; Barry K. Goodwin e Thomas Grennes, "Tsarist Russia".

66. M. Sukénnikov, *Krestianksaia revoliutsiia na iuge Rossii*.

67. Stephen F. Jones, *Socialism*, pp. 129-58; Teodor Shanin, *Rots of Otherness*, II, pp. 103-7.

68. V. .F Borzunov, "Istoriia sozdaniia transsibirskoi zhelezno-dorozhnoi magistrali".

69. J. N. Westwood, *History of Russian Railways*; J. N. Westwood, *Historical Atlas*.

70. Steven Marks, *Road to Power*, pp. 35-41.

71. *Sibir i velikaia zhelznaia doroga*, p. 211; N. D. Putíntsev, "Statisticheskii ocherk Tomskoi gubernii", pp. 83-4. A Sibéria ainda respondia por 80% do ouro russo na década de 1880, embora sua participação estivesse em declínio.

72. Steven Marks, *Road to Power*, pp. 184, 217; David McCullough, *Path Between the Seas*, pp. 173, 610. Os primeiros planejadores soviéticos consideravam essa ferrovia uma precursora: V. I. Grinevétski, *Poslevoennye perspektivy Russkoi promyshlennosti*, p. 62.

73. S. K. Kann, "Opyt zheleznodorozhnogo stroitelstva v Amerike i proektirovanie Transsiba", pp. 114-36.

74. A. E. Kaufman, "Cherty iz zhizni gr. S. Iu. Witte"; David MacLaren McDonald, *United Government*, pp. 11-30.

75. George L. Yaney, "Some Aspects of the Imperial Russian Government".

76. *Ministerstvo vnutrennykh del*; *Ministerstvo finansov, 1802-1902*.

77. O Ministério dos Domínios Estatais (1837-94) tornou-se Ministério da Agricultura e Domínios Estatais (1894-1905), e depois Administração Central de Assentamento da Terra e Agricultura (1905-15). *Selsko-khozyaystvennoe vedomstvo*. Formalmente, um Ministério da Agricultura separado existiu somente durante a guerra (1915-7).

78. George L. Yaney, "Some Aspects of the Imperial Russian Government", p. 74.

79. A. N. Kuropatkin, *Russian Army*, I, pp. 139-40.

80. W. K. von Korostowetz, *Graf Witte*, p. 20.

81. "Dokladnaia zapiska Witte Nikolaiu II"; Theodore H. von Laue, *Sergei Witte*, pp. 1-4; Id., "Secret Memorandum".

82. Theodore H. von Laue, "High Cost".

83. Francis W. Wcislo, *Tales of Imperial Russia*, esp. pp. 104-11.

84. Vladímir Iosifovitch Gurko, *Features and Figures*, pp. 56-61; Francis W. Wcislo, *Tales of Imperial Russia*, pp. 144-53; S. D. Urússov, *Zapiski tri goda*, p. 588. Ver também Sidney Harcave, *Count Sergei Witte*.

85. B. A. Románov, "Rezentsiia", p. 55.

86. Dominic C. B. Lieven, *Russia's Rulers*, p. 139 (citando *Novoe vremia*, 9 de setembro de 1915, 3).

87. A. P. Iswolsky, *Recollections of a Foreign Minister*, p. 121; Vladímir Iosifovitch Gurko, *Features and Figures*, p. 259.

88. B. A. Románov, *Rossiia v Manchzhurii*, p. 11, n. 2; Dietrich Geyer, *Russian Imperialism*, pp. 186-219.

89. Andrew Malozemoff, *Russian Far Eastern Policy*. Ver também David Schimmelpenninck, *Toward the Rising Sun*.

90. Jeffrey J. Williamson, "Globalization", p. 20.

91. Kevin O'Rourke e Jeffrey J. Williamson, *Globalization and History*.

92. Walter LaFeber, *The Clash*, p. 67; Cemil Aydin, *Politics of Anti-Westernism in Asia*, p. 81.

93. Lewis H. Gann, "Western and Japanese Colonialism", p. 503.

94. Evgeny Sergeev, *Russian Military Intelligence*, pp. 31-52; William C. Fuller, *Strategy and Power*, pp. 328-9. Em 1899, um funcionário russo lamentara: "Se os diplomatas russos tivessem sido mais alertas e empreendedores, talvez tivessem obtido um entendimento secreto com o Japão na época da guerra [sino--japonesa] em 1894-5 para a partilha conjunta do Extremo Oriente". Citado em George Alexander Lensen, "Japan and Tsarist Russia", p. 339, n. 9.

95. J. N. Westwood, *Russia Against Japan*, p. 22; James D. White, *Diplomacy of the Russo-Japanese War*, pp. 142-3; Ian Nish, *Origins of the Russo-Japanese War*, pp. 241-2.

96. John Ferris, "Turning Japanese", II, p. 129.

97. E. E. Ukhtómski, *Puteshestvie na Vostok ego imperatorskogo vysohchestva gosudaria naslednika tsarevi-cha*; Ian Shin, "The Otsu incident".

98. David MacLaren McDonald, *United Government*, pp. 31-75; Raymond A. Esthus, "Nicholas II"; Vladímir Iosifovitch Gurko, *Features and Figures*, p. 264; G. Patrick March, *Eastern Destiny*, pp. 173-84.

99. Yoji Koda, "The Russo-Japanese War".

100. *Vpered!*, 1º de janeiro de 1905; M. Pavlóvitch, "SSSR i vostok", pp. 21-35.

101. Nicolau registrou em seu diário: "Foi finalmente confirmada a notícia sobre a destruição de quase todo o esquadrão nos dois dias de batalha". *Dnevnik imperatora Nikolaia II* (1923), p. 201.

102. Dominic C. B. Lieven, *Empire*, p. 159.

103. Bruce Menning, *Bayonets Before Bullet*, pp. 152-99; Ian Nish, "Clash of Two Continental Empires", I, p. 70.

104. *Dnevnik Imperatora Nikolaia II*, 1991, p. 315.

105. N. S. Trússova, *Nachalo pervoi russkoi revoliutsii*, pp. 28-30; Daniel Field, "Petition Prepared for Presentation to Nicholas II".

106. George Gapon, *Story of My Life*, pp. 144, 180-8; Vladímir Iosifovitch Gurko, *Features and Figures*, p. 345; Shmuel Galai, *Liberation Movement in Russia*, p. 239; A. N. Pankrátova, *Revoliutsiia*, IV, p. 103, p. 811, n. 112; A. N. Zachíkhin, "O chisle zhertv krovavogo voskresenia"; Serguei S. Oldenburg, *Istoriia tsarstvovaniia Imperatora Nikolaia II*, I, pp. 265-6.

107. Heenan, citado em William C. Askew, "An American View", p. 43.

108. G. G. Savitch, *Novyi gosudarstvennyi stroi Rossii*, pp. 11-4; Jonatha W. Daly, *Autocracy Under Siege*, pp. 168-9; Andrew Verner, *Crisis of Russian Autocracy*, pp. 182-217.

109. A. P. Martínov, *Moia sluzhba*, p. 59.

110. N. Jordánia, *Moia zhizn*, p. 44. Tropas foram chamadas para restaurar a ordem ao menos 2699 vezes nos primeiros dez meses de 1905 (em comparação com 29 vezes em 1900).

111. Richard G. Robbins Jr., *The Tsar's Viceroys*, pp. 230-2, citando I. F. Koshko, *Vospominania gubernatora* (*1905-1914 gg.*): *Novgorod, Samara, Penza* (Petrogrado, 1916), pp. 83-8. Em julho de 1904, o governador-

-geral do Cáucaso, Golítsin, havia partido após ser ferido num ataque terrorista. Foi substituído pelo enérgico conde Illarion Vorontsov, um criador de cavalos e investidor em petróleo que era próximo do tsar e se tornou vice-rei (o posto foi recriado). Em 1905, Vorontsov pediu permissão para renunciar, mas foi obrigado a ficar (até 1915).

112. J. N. Westwood, *Russia Against Japan*, pp. 135, 153.

113. A história secreta da guerra de Tani Toshio culpou a inteligência japonesa, enquanto Robert Valliant dá mérito aos esforços russos de autodefesa. Robert Britton Valliant, "Japan and the Trans-Siberian Railroad", p. 299.

114. William C. Fuller, *Strategy and Power*, pp. 403-4; John W. Steinberg, *All the Tsar's Men*, p. 121.

115. Dietrich Geyer, *Russian Imperialism*, pp. 234-6.

116. John Albert White, *Diplomacy of the Russo-Japanese War*, pp. 227 ss.

117. Cemil Aydin, *Politics of Anti-Westernism*, pp. 71-92 (p. 73: Alfred Zimmern da Universidade de Oxford). Ver também Geoffrey Barraclough, *Introduction to Contemporary History*.

118. Akashi Motojirō, *Rakka ryūsui*. A *okhranka* interceptou sua correspondência e publicou um panfleto, "The Seamy Side of Revolution: Japanese Funds and the Armed Uprising in Russia" (1906), documentando as atividades do coronel. *Iznanka revoliutsii: Vooruzhennoe vozstanie v Rossii na iaponskie sredstva* (São Petersburgo: A. S. Suvórin, 1906), um panfleto de dez copeques. Akashi foi chamado da Alemanha e nomeado chefe da polícia militar da colônia japonesa na Coreia, onde encabeçou o tipo de repressão pela qual ficou famoso.

119. Roy Medvedev, "New Pages from the Political Biography of Stalin", em Robert C. Tucker, *Stalinism*, p. 199 (pp. 200-1). Há dezesseis *verchki* em um *archin*, que é igual a 71 centímetros.

120. Theodore H. von Laue, *Sergei Witte*, p. 40.

121. Citado em F. E. Makharadze e G. E. Khatchapuridze, *Ocherki*, p. 135. Ver também I. A. Tchakhvachvíli, *Rabochee dvizhenie*, p. 63.

122. Entre os organizadores das "Centúrias Vermelhas" no Cáucaso estavam Mikhó Tsakakaia, Pilipe Makharadze, Mikhó Botcharidze, Budú Mdivani, e o menchevique Silva Jibladze, além de Djugachvíli. Talakavadze, *K istorii*, I, p. 143; G. Parkadze, "Boevye bolshevistskie druzhiny v Chiature v 1905 gody", pp. 46-50. Ver também Simon Sebag Montefiore, *Young Stalin*, p. 112; e Erik van Ree, "The Stalinist Self", pp. 275-6.

123. "Predislovie k pervomu tomu", em *Sochineniia*, I, p. 10; XVII, pp. 622-37 (relato do próprio Stálin, em notas registradas por Vassíli D. Mochálov, em um encontro no Kremlin, 28 de dezembro de 1945); Robert Service, *Stalin*, pp. 54-5 (citando as memórias inéditas escritas em georgiano de Serguei Kavtaradze); Robert C. Tucker, *Stalin as Revolutionary*, pp. 140-1.

124. "Kak ponimaet sotsial demokratiia natsionalnyi vopros?", *Sochineniia*, I, pp. 32-55 (de *Proletariatis Brdzola*, set.-out. 1904). Ver também Robert C. Tucker, *Stalin as Revolutionary*, pp. 140-1.

125. RGASPI, f. 71, op. 10, d. 183, l. 111, citado em Erik van Ree, *Political Thought of Joseph Stalin*, p. 69.

126. Ramichvíli seria assassinado em Paris por um agente soviético. Ver Khariton A. Tchavichvíli, *Patrie, prisons, exil*. Tchavichvíli (1886-1975) era um jornalista social-democrata que emigrou e trabalhou em conexão com a Liga das Nações.

127. Aleksandr V. Ostróvski, *Kto Stoial*, pp. 231-6 (citando GF IML, f. 8, op. 5, d. 320, l. 2-2ob); Liev Trótski, *Stalin*, p. 59; Robert C. Tucker, *Stalin as Revolutionary*, p. 104. Na primeira conferência dos bolcheviques do Transcáucaso realizada em Tíflis no final de novembro de 1904, Djugachvíli estava entre os doze delegados. Eles criaram um "Birô do Cáucaso" separado (não está claro se Djugachvíli estava inicialmente incluído) e discutiram a conferência bolchevique em Londres, que se realizaria em abril de 1905, chamada por Trótski de "Congresso Constituinte do Bolchevismo". Os quatro delegados (bolcheviques) do

Cáucaso presentes em Londres eram Kámenev, Tskhakaia, Japaridze e Niévski. Djugachvíli permaneceu em Tchiatura. RGASPI, f. 558, op. 4, d. 651, l. 226-7 (M. Tchodrichvíli); *Perepiska V. I. Lenina*, III, pp. 215-22; V. K. Taratuta, "Kanun revoliutsii 1905 g. na Kavkaze"; M. A. Moskaliov, *Bolshevistskie organizatsii Zakavkazia Pervoi russkoi revoliutsii i v gody stolypinskoi reaktsii*, p. 72; Aleksandr V. Ostróvski, *Kto stoial*, p. 223.

128. RGASPI, f. 558, op. 4, d. 649, l. 361 (S. Khanoian, *Zaria vostoka*, 24 de janeiro de 1925); op. 1, d. 938, l. 5-8; Stephen F. Jones, *Socialism*, p. 122; Sevasti Talakavadze, *K istorii*, pp. 119-20; B. Bibineichvíli, *Kamo*, p. 70; Khariton Tchavichvíli, *Patrie, prisons, exil*, pp. 68-9, 71-9, 88-9, 92, 113, 116-7; Aleksandr V. Ostróvski, *Kto stoial*, pp. 231-6; Erik van Ree, *Political Thought of Joseph Stalin*, p. 271; *Sochineniia*, I, pp. 99-103.

129. Israel Getzler, *Martov*, p. 219, citando L. Mártov, *Vpered ili nazad?* (Genebra, 1904), p. 2.

130. *PSS*, VI, pp. 126-7.

131. "Quem tem ferro tem pão", uma citação de Blanqui, apareceu no cabeçalho do primeiro jornal socialista de Mussolini, *Il Popolo d'Italia*.

132. Lars Lih, *Lenin Rediscovered*. Entre as muitas descobertas de Lih, ele também mostrou que Lênin não estava, no fim das contas, tão distante de Kautsky, que havia escrito em 1899: "A Social-Democracia é o partido do proletariado militante; ela busca esclarecê-lo, educá-lo, organizá-lo, expandir seu poder político e econômico por todos os meios disponíveis, conquistar cada posição que possa possivelmente ser conquistada, e assim provê-lo da força e da maturidade que lhe possibilitarão finalmente conquistar poder político e derrubar o domínio da burguesia" (pp. 87-8).

133. Adam B. Ulam, *The Bolsheviks*, pp. 193-4.

134. Boris Sapir, *Fedor Ilich Dan*, pp. 50-5. Fiódor Dan, que com Mártov ajudara Lênin contra o Bund, foi também quem contrabandeou para a Rússia os primeiros exemplares de *O que fazer?* de Lênin (1902), no fundo falso de uma mala. Até a década de 1940, Dan, vivendo no exterior, considerava o bolchevismo e o menchevismo complementares, em vez de opostos. Ver André Liebich, "Menshevik Origins". A polícia também foi atrás do Bund, que, entre junho de 1903 e julho de 1904, teve quase 4500 membros presos. Henri Minczeles, *Histoire générale du Bund*, p. 119.

135. Joseph Iremachvíli, *Stalin und die Tragödie*, pp. 21-3; Razhden Arsenidze, "Iz vospominaniia o Staline", p. 235; e Robert C. Tucker, *Stalin as Revolutionary*, pp. 99, 133-7. Na velhice, o próprio Stálin diria: "Se não houvesse existido Lênin, eu teria permanecido menino cantor e seminarista". Isso é falso, obviamente: Djugachvíli abandonou o coro e o seminário muito antes de saber alguma coisa, se tanto, a respeito de Lênin. Akaki Mgeladze, *Stalin*, p. 82.

136. Robert Himmer, "First Impressions Matter". Na conferência da União Caucasiana do Partido Operário Social-Democrata Russo, realizada em Tíflis em 26-30 de novembro de 1905, os presentes discutiram a necessidade de unificar bolcheviques e mencheviques, e elegeram três delegados para o vindouro V Congresso do Partido: Djugachvíli, Piotor Montin e Gueórgi Téliia. RGASPI, f. 558, op. 4, d. 655, l. 185 (G. Parkadze). O congresso deveria ocorrer em São Petersburgo, mas a prisão em massa dos membros do Soviete de São Petersburgo ordenada pelo ministro do Interior Durnovó em 3 de dezembro forçou uma mudança de local. Aleksandr V. Ostróvski, *Kto stoial*, pp. 242-5.

137. Em agosto de 1906, Lênin e Krúpskaia recuaram para a segurança da Finlândia tsarista e depois voltaram para o exílio europeu, em dezembro de 1907.

138. Stálin, "O Lenine", reimpresso em *Sochineniia*, VI, pp. 52-64 (p. 54). Ver também Boris Souvarine, *Stalin*, p. 82; Leon Trotsky, *Stalin*, p. 69; Joseph Dawrichewy, *Ah: Ce Qu'On*, p. 160, 212-3.

139. Roy Medvedev, *Let History Judge*, p. 97. As exatas circunstâncias da criação do soviete em 1905 são matéria de disputa. Voline, *Unknown Revolution*; Leon Trotsky, *1905* [1922]; Id., *1905* [1971]. Ver também F. Samóilov, *Pervyi sovet rabochikh deputatov*.

140. Citado em Andrew Verner, *Crisis of Russian Autocracy*, p. 234; "Perepiska Nikolaia II i Marii Fedorovny".

141. B. Maksákov, "Iz arkhiva S. Iu. Vitte" e "Doklady S. Iu. Vitte Nikolaiu II", pp. 107-43, 144-58; Vladimir Iosifovitch Gurko, *Features and Figures*, p. 396; Andrew Verner, *Crisis of Russian Autocracy*, pp. 228-33; S. Iu Witte, *Samoderzhavie i zemtsvo*, p. 211. Questionado em 1908 sobre as mudanças políticas na autocracia, Witte teria respondido que "tenho uma constituição em minha cabeça [...] mas quanto ao meu coração...", momento em que cuspiu no chão. Bernard Pares, *My Russian Memoirs*, p. 184.

142. Trépov, "Vespoddaneishaia zapiska D. F. Trepova".

143. Howard D. Mehlinger e John M. Thompson, *Count Witt*, pp. 29-46.

144. S. Iu Witte, *Vospominaniia* [1923-4], III, pp. 17, 41-2; Aleksandr Pilenko, *At the Court of the Last Tsar*, p. 97; "Zapiska A. F. Redigera o 1905 g.", *Krasnyi arkhiv*, n. 14, p. 8, 1931. O grão-duque, originalmente adepto da repressão, havia mudado de ideia. "Zapiska Vuicha", em S. Iu Witte, *Vospominaniia* [1960], III, p. 22.

145. *Svod zakonov Rossiiskoi imperii*, I, p. 2; G. G. Sávitch, *Novyi gosudarstvennyi stroi Rossii*, pp. 24-5; Abraham Ascher, *Revolution of 1905*, II, pp. 63-71.

146. A. P. Borodin, *Gosudarstvennyi sovet Rossii*; E. Iurtáeva, *Gosudarstvennyi sovet v Rossii*; Alexandra Korros, *A Reluctant Parliament*; Vladímir Iosifovitch Gurko, *Features and Figures*, pp. 22-3. No início do reinado de Nicolau II, o Conselho de Estado crescera para perto de cem homens designados (de 35), mas menos de quarenta tinham alguma participação ativa, e o tsar não tinha nenhuma obrigação de consultá--los. No total, em torno de 215 homens seriam designados para esse Conselho durante todo o reinado de Nicolau II, e mais de dois terços deles dependiam do salário para se sustentar, em vez de contar com uma riqueza herdada — não eram, de fato, pessoas independentes.

147. David MacLaren McDonald, *United Government*, pp. 83-6 (citando RGIA, f. 1544, op. 1, d. 5, l. 3-9 [Krijanóvski] e l. 270 [Witte]). Ver também Gilbert S. Doctorow, "Introduction of Parliamentary Institutions".

148. Helma Brunck, *Bismarck*, p. 36.

149. Sobre os ministérios, ver George L. Yaney, *Systematization*, pp. 286-318. Sempre que falavam nas sessões da Duma (ou do Conselho de Estado), os ministros do governo começavam com a expressão "Com o consentimento do Imperador", indicando que até mesmo a transmissão de informação era um favor imperial.

150. O redator foi o membro do Conselho de Estado Aleksei Obolenski. *Iuridicheskii vestnik*, v. 11, n. 3, p. 39, 1915 (A. S. Alekseiev).

151. Andrew Verner, *Crisis of Russian Autocracy*, p. 434; David MacLaren McDonald, *United Government*, p. 10.

152. P. Máslov, *Agrarnyi vopros v Rossii*, II, pp. 159-60; Maureen Perrie, "Russian Peasant Movement".

153. David MacLaren McDonald, *United Government*, pp. 190-211. Witte, sem os poderes formais de um primeiro-ministro, conseguira exercer uma espécie de domínio graças a sua personalidade enérgica no frouxo Conselho de Ministros (dissolvido em abril de 1906).

154. Alexander Gerassimoff, *Der Kampf*, p. 67; Aleksandr V. Guerássimov, "Na lezvii s terroristami", II, pp. 139-342 (pp. 183-4); S. Iu Witte, *Vospominaniia* [2000], II, p. 288; III, pp. 74-5, 619. Nas lembranças de Witte, o diplomata representava a Espanha.

155. Witte havia evidentemente tentado fazer de Durnovó vice-ministro do Interior, mas ele recusou o cargo. S. D. Urússov, *Zapiski tri goda*, pp. 589-92; Vladímir Iosifovitch Gurko, *Features and Figures*, pp. 180, 406, 411-2; S. Iu Witte, *Vospominaniia* [2000], III, pp. 71-2; Jonathan W. Daly, *Autocracy Under Siege*, pp. 173-4.

156. A. P. Martínov, *Moia sluzhba*, p. 59. Martínov supervisionou a *okhranka* de Moscou de 1912 a 1917.

157. W. Santoni, "P. N. Durnovó", pp. 118-20; Abraham Ascher, *Revolution of 1905*, II, p. 22. As Leis Fundamentais da Rússia de 1906 tinham por modelo as constituições da Prússia e do Japão, que abjuravam do genuíno governo parlamentar. Paul Miliukov et al., *Histoire de Russie*, III, pp. 1123-4; Gilbert S. Doctorow, "Fundamental State Law".

158. Aleksandr V. Guerássimov, *Na lezvii*, p. 52; D. N. Liubímov, "Sobytiia i liudi (1902-1906 gg.)", RGA-LI, f. 1447, op. 1, d. 39, l. 464; Stepan P. Belétski, "Grigorii Rasputin", n. 22, p. 242; Vladímir Iosifovitch Gurko, *Features and Figures*, p. 410.

159. "Nikolai II — imperatritse Marii Fedeorovne, 12 ianvaria 1906", p. 187.

160. John Keep, *Rise of Social Democracy*, pp. 251-2; Laura Engelstein, *Moscow 1905*.

161. A. N. Pankrátova, *Revoliutsiia*, v, II, pp. 76-7.

162. Teodor Shanin, *Rots of Otherness*, II, pp. 278-9.

163. Andrei V. Chestakov, *Krestianskaia revoliutsiia*, p. 50.

164. Abraham Ascher, *Revolution of 1905*, II, pp. 157-8. Os camponeses convocados para o Exército voltavam praticamente à servidão: não somente ficavam sob a tirania dos oficiais, como eram forçados a cultivar e fabricar suas próprias roupas e implementos.

165. William C. Fuller, *Strategy and Power*, pp. 138-9.

166. John Bushnell, *Mutiny amid Repression*. Ver também William C. Fuller, *Civil-Military Conflict*, pp. 144-55. De maio a julho de 1906, os motins voltaram (de novo, mais de duzentos no total), e a velha ordem parecia condenada, pela segunda vez.

167. Vladímir Iosifovitch Gurko, *Features and Figures*, p. 7. Ver também Jonathan W. Daly, *Autocracy Under Siege*, p. 176; e Dominic C. B. Lieven, *Russia's Rulers*, p. 216.

168. Fiódor Stepun, *Byvshee i nesbyvsheesia*, p. 304.

4. AUTOCRACIA CONSTITUCIONAL [pp. 112-52]

1. Mikhail Loukianov, "Conservatives and 'Renewed Russia'", p. 776 (citando carta de A. I. Savenko para N. K. Savenko, 28 de abril de 1914: GARF, f. 102, op. 265, d. 987, l. 608).

2. Semion Vereschak, "Stalin v tiurme"; Robert C. Tucker, *Stalin as Revolutionary*, p. 117. O fato de essas recordações datarem de janeiro de 1928, em vez de da década de 1930, e que tenham aparecido numa publicação de emigrados, não em uma publicação oficial soviética, aumenta sua credibilidade.

3. E. Borges, "The New Tsar".

4. Pierre Gilliard, *Thirteen Years*.

5. N. A. Tagántsev, *Perezhitoe*, pp. 35-6. Ver também Vladimir N. Kokovtsov, *Out of My Past*, pp. 129-31.

6. M. A. Taube, "Vospominaniia", p. 171, mans., Bakhmeteff Archive, Columbia University. Sobre a estrutura institucional, ver Marc Szeftel, *Russian Constitution*; e Robert McKean, *Russian Constitutional Monarchy*.

7. V. A. Maklakov, *Pervaia Gosudarstvennaia Duma*, pp. 59-117; Terence Emmons, *Formation of Political Parties*, pp. 21-88.

8. Howard D. Mehlinger e John M. Thompson, *Count Witte*, pp. 313-29.

9. Não ajudava o fato de Witte, um gigante em estatura, ser a imagem escarrada de Alexandre III, e que o retrato deste último, estranhamente parecido com Witte, estivesse pendurado no estúdio de Nicolau II como uma lembrança íntima e constante da inadequação do tsar em relação ao seu pai. Nicolau II atribuiria mais tarde uma "verdadeira paz semelhante à Páscoa" em seu coração ao saber da morte de Witte (entre

outros fatores). Witte faria a seguinte observação: "Nasci monarquista e espero morrer monarquista, mas espero que nunca mais exista um tsar como Nicolau II". Boris V. Ananitch e R. Ganélin, "Opyt kritiki memuarov S. Iu. Witte", pp. 298-374 (p. 299); S. Iu Witte, *Vospominaniia* [1960], III, p. 336.

10. A. P. Borodin, *Gosudarstvennyi sovet Rossii*, p. 49; Mark Aldanov, "Durnovó", p. 39.

11. As intrigas associadas à subida de Stolypin ao posto de primeiro-ministro continuam obscuras. *Russkie vedomosti*, 1° de julho de 1906, p. 2 (Miliukov); Vladimir N. Kokovtsov, *Out of My Past*, pp. 146-56; D. N. Chípov, *Vospominaniia i dumy o perezhitom*, pp. 445-8, 457; P. N. Miliukov, *Vtoraia Duma*, p. 226; Id., *Vospominaniia* [2000], I, p. 380; Abraham Ascher, *P. A. Stolypin*, pp. 110-4.

12. Várias cirurgias não conseguiram corrigir a deformidade. Abraham Ascher, *P. A. Stolypin*, p. 15.

13. Ibid., pp. 44-6, 88-90, 94-6; T. Fallows, "Governor Stolypin", pp. 160-90; Peter Waldron, *Between Two Revolutions*, p. 189, n. 30 (RGIA, f. 1276, op. 3, d. 959, l. 75).

14. Guennadi Sidoróvnin, *Stolypin, zhizn i smert*, p. 197; Jonathan Daly, *Watchful State*, p. 34.

15. Serguei E. Krijanóvski, *Vospominaniia*, pp. 209-21.

16. Geroid T. Robinson, *Rural Russia*, p. 130; Maurice Hindus, *Russian Peasant*, pp. 91-2.

17. Howard D. Mehlinger e John M. Thompson, *Count Witte*, pp. 288-41.

18. P. E. Schegoliov, *Padenie*, V, pp. 406, 411, 415 (Krijanóvski); Iain Lauchlan, *Russian Hide-and-Seek*, pp. 115-23; Charles A. Ruud e Sergei A. Stepánov, *Fontanka 16*, pp. 111-6.

19. Peter Waldron, *Between Two Revolutions*, pp. 106-14.

20. O tsar era obrigado a convocar a Duma apenas dois meses por ano. Além disso, há uma boa indicação de que o primeiro-ministro Goremikin, o substituto imediato de Witte, e Nicolau II conspiraram para permitir que a Duma permanecesse em sessão apenas o tempo suficiente para se desacreditar aos olhos do público. A Duma foi dispensada — e o mesmo aconteceu com Goremikin. Andrew Verner, *Crisis of Russian Autocracy*, pp. 332-4. Mesmo depois do advento da Duma, Nicolau II, em conversa com o embaixador alemão, comentou sobre a autocracia que "não pode haver outro sistema em nações semidesenvolvidas: uma coroa quer uma mão firme e dura sobre ela [...] eu sou o senhor aqui". Hans Rogger, *Russia in the Age of Modernization*, p. 19, citando Seraphim, *Russische Porträts*, I, p. 250.

21. Abraham Ascher, *P. A. Stolypin*, pp. 205-7. De acordo com a nova lei eleitoral, dois terços dos eleitores (no colégio eleitoral) eram da nobreza e comerciantes com propriedades, deixando um terço para os camponeses, operários e habitantes urbanos. Regiões inteiras do império, como o Turquestão, não tiveram representação. Harper, *New Electoral Law*; Gilbert S. Doctorow, "The Russian Gentry". Parece que Nicolau II considerou a nova lei eleitoral de 3 de junho de 1907 o primeiro passo de volta à autocracia sem freios. Richard Wortman, *Scenarios of Power*, II, p. 527.

22. Melissa Kirschke Stockdale, "Politics, Morality and Violence".

23. "Memorandum by Professor Pares Respecting His Conversations with M. Stolypin", em Dominic C. B. Lieven, *British Documents on Foreign Affairs*, VI, pp. 180-4 (183). Ver também Peter Waldron, *Between Two Revolutions*, pp. 58-62.

24. Citado em Max Klemm, *Was sagt Bismarck dazu?*, II, p. 126.

25. George Steimetz, *Regulating the Social*; Hermann Beck, *Origins of the Authoritarian Welfare State*; E. P. Hennock, *Origin of the Welfare State*.

26. Yanni Kotsonis, *Making Peasants Backward*.

27. Ver a interpretação idiossincrática e sugestiva de George Yaney em *Systematization*.

28. S. Iu Witte, *Vospominaniia* [2000], I, p. 724 (carta ao tsar). Ver também David A. J. Macey, *Government and Peasant*.

29. J. Gagliardo, *From Pariah to Patriot*, pp. 238-42.

30. Nikolai Kárpov, *Krestianskoe dvizhenie*, pp. 94-7; Cathy A. Frierson, *Aleksandr Nikolaevich Englehardt's Letters*; Anatole Leroy-Beaulieu, *Empire of the Tsars*, II, pp. 45-6; A. A. Kofod, *Russkoe zemleustroistvo*, p. 23.

31. Judith Pallot, *Land Reform in Russia*, p. 31.

32. Portanto, falar de um estilo de governança geral "altamente modernista" está profundamente errado. James C. Scott, *Seeing like a State*.

33. Abraham Ascher, *P. A. Stolypin*, p. 11 (citando S. E. Krijanóvski).

34. George L. Yaney, "The Concept of the Stolypin Land Reform".

35. Sobre a flexibilidade econômica da comuna, amplamente notada pelos contemporâneos, ver S. Grant, "The Peasant Commune", esp. pp. 334-6; Steven Nafziger, "Communal Institutions"; e Paul R. Gregory, *Before Command*, pp. 48-50. Cerca de 80% das comunas eram "reparticionais", as outras, principalmente nas fronteiras com a Polônia e a Lituânia, eram hereditárias. Nelas, os direitos de uso eram melhores e existiam alguns direitos de transferência. Não havia comunas nas províncias do Báltico e na Sibéria.

36. Dorothy Atkinson, *End of the Russian Land Commune*, pp. 71-100; Judith Pallot, *Land Reform in Russia*; Serguei M. Dubróvski, *Stolypinskaia zemelnaia reforma*. Mas ver também Robert E. Blobaum, "To Market! To Market!".

37. Mikhail A. Davidov, *Vserossiiskii rynok v kontse XIX-nachale XX vv. i zheleznodorozhnaia statistika*. Ver também D. A. Tarasiuk, *Pozemelnaia sobstvennost poreformennoi Rossii*. Além disso, os camponeses tinham alguns cavalos: uma estimativa para 1912 indica que 36,5% das famílias camponesas não tinham cavalos, 40,4% tinham um ou dois, e 1,9% tinha quatro ou mais. Naum Jasny, *Socialized Agriculture*, pp. 147-9.

38. Eugenia Chernina et al., "Property Rights". Às vezes, ao contrário, as próprias comunas eliminavam subitamente suas divisões em faixas para consolidar fazendas contíguas. George L. Yaney, *Urge to Mobilize*.

39. Paul Castañeda Dower e Andrei Markevitch, "Do Property Rights in Russia Matter?".

40. A reforma agrária de novembro de 1906, suplementada por outras medidas, passaria formalmente na Duma e no Conselho de Estado, e seria aprovada pelo tsar em junho de 1910. *Polnoe sobranie zakonov Rossiiskoi imperii*, XXX/I, n. 33743, pp. 746-53. O tsar aprovou a lei de seguro dos trabalhadores somente depois da morte de Stolypin.

41. A mudança eleitoral de 1907, dos nobres nas profissões liberais (cadetes) para nobres proprietários de terras nos *zémstvos* provinciais, permitiu que estes lutassem contra as tentativas de Stolypin de ampliar e abrir o autogoverno local. Francis W. Wcislo, *Reforming Rural Russia*. Ver também Neil B. Weissman, *Reform in Tsarist Russia*.

42. V. S. Diákin, "Stolypin i dvoriantsvo"; Peter Waldron, *Between Two Revolutions*, pp. 115-77, 182-3; A. P. Borodin, *Gusdarstvennyi sovet Rossii*.

43. Ralph Carter Elwood, *Russian Social Democracy*.

44. D. Lane, *Roots of Russian Communism*, pp. 11-155, 21-8; Joshua D. Zimmerman, *Politics of Nationality*. Em novembro de 1901, o Comitê de Tíflis se tornara oficialmente o diretório georgiano do Partido Operário Social-Democrata Russo, essencialmente unido ao partido russo, embora sem perder sua autonomia. Os representantes da social-democracia na Duma eram predominantemente do Cáucaso — os oradores Tseretéli, Zurábov, Makharadze e Ramichvíli. Stephen F. Jones, *Socialism*, p. 223; Firuz Kazemzadeh, *Struggle for Transcaucasia*, p. 187.

45. Terence Emmons, *Formation of Political Parties*, pp. 146-7.

46. Maureen Perrie, *Agrarian Policy*, p. 186. Os SRs alegavam ter 350 mil pessoas "sob constante influência do partido". Oliver H. Radkey, *Agrarian Foes*, pp. 61-3.

47. Donald C. Rawson, *Russian Rightists*, pp. 59, 62; L. M. Spírin, *Krushenie pomeschchikikh i burzhuaznykh partii*, p. 167; S. A. Stepánov, *Chernaia sotnia*, pp. 107-8.

48. Hans Rogger, "Formation of the Russian Right, 1900-1906", pp. 66-94.

49. Heinz-Dietrich Löwe, "Political Symbols". Ver também J. W. Bohon, "Reactionary Politics in Russia"; J. Brock, "Theory and Practice".

50. Geoffrey Brunn e Victor S. Mamatey, World in the Twentieth Century, p. 891. O único equivalente contemporâneo foi, no final do século XIX e início do XX, a mobilização de direita de rua e urna dos trabalhadores e da classe média baixa na Viena dos Habsburgo, capital de outro império poliglota, também com uma dinastia e uma grande população judia. Carl Schorske, Fin-de-Siècle Vienna, pp. 116-80.

51. S. Liubosh, Russkii fashist.

52. Depois de sua publicação no periódico de São Petersburgo, uma versão ampliada dos protocolos saiu em livro em 1905, editada por Serguei Nilus, que se queixou de que ninguém lhes dava atenção séria. Nilus permaneceu na Rússia depois da revolução bolchevique e finalmente alcançou a fama por ser o editor dos protocolos. Apesar de múltiplas detenções, ele sempre foi libertado. Morreu em 1929. Norman Cohn, Warrant for Genocide, pp. 90-8.

53. Cesare G. de Michelis, Non-Existent Manuscript. Essa descoberta desbanca a hipótese anterior de que o "documento" difamatório foi compilado de tratados antissemitas franceses motivados pelo caso Dreyfus da década de 1890 e pelo primeiro Congresso Sionista Internacional (Basileia, 1897) e partejado pela okhranka. Henri Rollin, L'Apocalypse de notre temps.

54. Donald C. Rawson, Russian Rightists, pp. 75-106, 172-224.

55. Em Kiev, uma cidade de língua polonesa e judia cercada por um interior ortodoxo oriental de língua ucraniana, os direitistas haviam mostrado o caminho, utilizando a agitação de rua e a urna para dominar a Duma Municipal em 1906. Os camponeses de língua ucraniana do sudoeste enviaram uma maioria esmagadora de nacionalistas russos (ortodoxos orientais) como seus representantes à Duma estatal. Faith Hillis, "Between Empire and Nation"; Natan Meir, Kiev. Sobre os esforços conservadores para se organizar em 1912-3, ver V. S. Diákin, Burzhuaziia, pp. 54-5, 169-70.

56. Serguei E. Krijanóvski, Vospominaniia, pp. 153-4.

57. Iain Lauchlan, Russian Hide-and-Seek, pp. 278-80.

58. Krasnyi arkhiv, n. 32, p. 180, 1929.

59. Abraham Ascher, P. A. Stolypin, pp. 121-7, 173-4; Abraham Ascher, "Prime Minister P. A. Stolypin"; Anna Geifman, Thou Shalt Kill, pp. 99-100.

60. Hans Rogger, Jewish Policies, p. 232; Heinz-Dietrich Löwe, Antisemitismus und reaktionäre Utopie.

61. Hans Rogger, "Russia", pp. 443-500.

62. S. Kuzmin, Pod gnetom svobod, I, p. 170.

63. Mikhail Loukianov, "Conservatives and 'Renewed Russia'"; E. R. W. Newstad, "Components of Pessimism".

64. Vladimir N. Kokovtsov, Out of My Past, pp. 164-5; Vladímir Iosifovitch Gurko, Features and Figures, pp. 497-8; Abraham Ascher, P. A. Stolypin, pp. 138-42; Iain Lauchlan, "The Accidental Terrorist".

65. O último chefe da okhranka tsarista negou cumplicidade nos pogroms, ao mesmo tempo que se referia a exploradores judeus "que simplesmente não conseguem se acostumar a ganhar a vida por outro meio que não seja os negócios e o comércio". A. T. Vasilyev, Ochrana, p. 101.

66. Donald C. Rawson, Russian Rightists.

67. Havia 112 delegados votantes, 62 com inclinações mencheviques, 42 mais ligados aos bolcheviques, e o resto, representantes do Bund e sociais-democratas da Polônia, Lituânia, Letônia, Ucrânia e Finlândia. Os georgianos compunham um quarto de todos os delegados mencheviques, mas receavam o que consideravam a volubilidade dos mencheviques russos. Stephen F. Jones, Socialism, p. 213.

68. Um importante estudioso disse que a Geórgia tinha "o mais bem-sucedido movimento social-democrata do império russo antes de 1917". Stephen F. Jones, *Socialism*, p. xi. Jordánia afirmaria que a social-democracia no Cáucaso, mais do que em qualquer outro lugar do império, era um movimento multicultural, mas isso não era verdade. N. Jordánia, *Moia zhizn*, pp. 38-9.

69. Essa posição também foi defendida pelo delegado bolchevique S. A. Suvórin. *Chetvertyi (obiedini-telinyi) siezd RSDRP*, p. 339; N. Jordánia, *Moia zhizn*, p. 34; Razhden Arsenidze, Boris Nicolavsky Collection, caixa 667, pastas p. 4-5 (entrevistas com Arsenidze, julho de 1961); Stephen F. Jones, *Socialism*, pp. 63-4, 69, 95-6, 124. Arsenidze foi preso no mesmo mês do IV Congresso, abril de 1906.

70. Mais tarde, depois que Djugachvíli se tornou o ditador Stálin, seu colega de quarto russo bolchevique no hotel de Estocolmo, Klim Vorochílov, não se lembraria da substância de qualquer proposta política do georgiano, mas de sua capacidade, em privado, de declamar Púchkin, bem como Shakespeare, Goethe e Whitman em tradução russa. Vorochílov também rememoraria o futuro Stálin em Estocolmo como sendo "atarracado, não alto, mais ou menos da minha idade, com um rosto moreno, no qual havia marcas de varíola que mal se viam — vestígios, talvez, de varíola na infância". Inevitavelmente, Vorochílov também achou que o Stálin de Estocolmo tinha "olhos notavelmente radiantes", e que estava "completamente banhado de energia, alegre e cheio de vida". K. E. Vorochílov, *Rasskazy o zhizni*, p. 247. Ele escreveu pela primeira vez essas memórias não publicadas sobre esses eventos na década de 1920. RGASPI, f. 74, op. 2, d. 130; op. 1, d. 240. Ver também Liev Trótski, *Stalin*, I, p. 112. Stálin também se destacava por não pertencer à casta nobre do campo da Georgia ocidental, ao contrário de Jordánia ou Ordjonikidze. Aleksandr V. Ostróvski, *Kto stoial*, pp. 568-72.

71. Edward Ellis Smith, *Young Stalin*, p. 197; Anna Geifman, *Thou Shalt Kill*, pp. 222-5.

72. Neil Weissman, "Regular Police". A Rússia imperial também havia introduzido os assim chamados capitães da terra (*zemskie nachalniki*) nas aldeias, em 1889; eles também eram totalmente desprezados. V. A. Beer, *Kommentarii*.

73. No total, o terror político deixou pelo menos 17 mil pessoas mortas ou feridas nas últimas décadas do regime tsarista. Anna Geifman, *Thou Shalt Kill*, pp. 21, 264, n. 57, pp. 58, 59; Hoover Institution Archives, Boris Nicolavsky Collection, caixa 205, pasta "Lopukhin", protocolo 37, pp. 59-66.

74. Aleksánder I. Spiridóvitch, *Istoriia bolshevizma v Rossii*, p. 120.

75. Anna Geifman, *Thou Shalt Kill*, p. 249.

76. Iain Lauchlan, *Russian Hide-and-Seek*, p. 245 (citando GARF, f. 102, op. 295, d. 127, e Hoover Institution Archives, Boris Nicolavsky Collection, caixa 205, pasta "Lopukhin", protocolo 37, pp. 59-66). Menos de duzentas pessoas foram executadas por crimes políticos entre 1825 e 1905. Para os camponeses realocados que viajavam para o leste, o governo fornecia vagões de carga especiais para transportar gado e equipamentos agrícolas. (Durante a época soviética, esses "vagões Stolypin" seriam equipados com barras de ferro para transportar prisioneiros.)

77. V. I. Lênin, "Stolypin i revoliutsiia", *Sotsial-Demokrat*, 18 de outubro de 1911, em *Sochineniia*, 2. e 3. eds., XVII, pp. 217-25.

78. O departamento estrangeiro da *okhranka* em Paris fora criado em 1884; uma agência em Berlim existiu de 1900 a 1905. Iain Lauchlan, *Russian Hide-and-Seek*, p. 103; V. K. Agafónov, *Zagranichnaia okhranka*; Patenaude, *Wealth of Ideas*. A Rússia tivera apenas 3900 exilados internos até 1901. As listas de pessoas sob investigação da polícia, que em 1889 tinham 221 nomes, em 1910 chegariam a 13 mil. Iain Lauchlan, *Russian Hide-and-Seek*, p. 153 (citando Hoover Institution Archives, Okhrana Collection, caixa 157, pastas 2-6).

79. "Sovremennyi moment i obedinitelnyi szed rabochei partii", *Sochineniia*, I, pp. 250-76, 410, n. 74 (pp. 250-1).

80. GF IML, f. 8, op. 2, cap. 1, d. 43, l. 154 (Aleksandra Svanidze-Monoselidze).

81. Em setembro de 1905, ele se escondeu com a família Svanidze em Tíflis, mas talvez tenha se escondido com eles antes. Miklós Kun, *Unknown Portrait*, p. 341 (citando RGASPI, f. 558, op. 4, d. 651: Elisabedachvíli). Svanidze pai ganhava a vida trabalhando na ferrovia e era proprietário de terras, e a mãe de Kató (Sepora) descendia da nobreza georgiana; eles mandaram Aliocha estudar na Alemanha, o que indica que tinham certos meios.

82. Aleksandr V. Ostróvski, *Kto stoial*, p. 235 (citando Gori, d. 287/1, l. 8-9: M. M. Monosselidze); Joseph Dawrichewy, *Ah: Ce Qu'On*, p. 228; Robert C. Tucker, *Stalin as Revolutionary*, p. 107; Vladímir Allilúiev, *Khronika odnoi semi*, p. 108.

83. De acordo com Pelagueia Onúfrieva, a namorada adolescente de Stálin durante seu exílio em Vologda, "ele me contou quanto a amara e como foi duro perdê-la. 'Fiquei tão dominado pela dor', disse, 'que meus camaradas me tiraram o revólver.'". Miklós Kun, *Unknown Portrait*, p. 117 (citando RGASPI, f. 558, op. 4, d. 547). Consta também que Stálin disse para Svetlana, sua filha do segundo casamento, a respeito de Kató, que "ela era muito doce e linda: ela derreteu meu coração". Simon Sebag Montefiore, *Young Stalin*, p. 159 (citando fitas de entrevista de Svetlana de posse de Rosamund Richardson).

84. Aleksandr V. Ostróvski, *Kto stoial*, p. 253 (citando Gori, d. 287/1, l. 14: M. Monosselidze, d. 39/2, l. 49-50: Berdzenovhvíli, d. 146/2, l. 61: Elisabedachvíli; GIAG, f. 440, op. 2, d. 39, l. 36-7); GF IML, f. 8, op. 5, d. 213, l. 43-4; RGASPI, f. 71, op. 1, d. 275, l. 31; GF IML, f. 8, op. 2, cap. 1, d. 43, l. 155: A. Svanidze--Monosselidze); Simon Sebag Montefiore, *Young Stalin*, p. 160 (citando GF IML, f. 8, op. 2, cap. 1, d. 34, l. 317-54: Monosselidze).

85. Zinaída T. Gueguechidze, *Georgii Teliia*, pp. 34-9.

86. Em 1899, Lênin escreveu: "Entre os trabalhadores, cresce um empenho pelo conhecimento e pelo socialismo, verdadeiros heróis estão surgindo, que, apesar das condições infames de vida e dos regimes de trabalho nas fábricas, semelhantes ao trabalho forçado, encontram em si mesmos caráter e força de vontade para estudar, estudar e estudar, fazendo deles sociais-democratas conscientes, 'uma intelligentsia operária'". V. I. Lênin, *Sochineniia*, 2. e 3. eds., IV, p. 258.

87. "Pamiati tov. G. Teliia", *Sochineniia*, II, pp. 27-31 (Dro, 22 de março de 1907). Mikho Tskhakaia também fez um discurso fúnebre, pouco antes de ser forçado a emigrar e partir para Genebra. Zinaída T. Gueguechidze, *Georgii Teliia*, pp. 41-2.

88. Jamais saberemos quanto da obra de Téliia Stálin tomou emprestado ou quanto pode tê-la aperfeiçoado. "Eles [os artigos] foram escritos por partes, ali na gráfica, às pressas, sobre meus joelhos, e entregues ao tipógrafo", Stálin diria depois. B. S. Ielizárov, *Tainaia zhizn*, pp. 240-1. Os primeiros quatro foram publicados em *Akhali Tskhovreba* (*Nova Vida*) em junho e julho de 1906. Esse jornal foi fechado e os quatro artigos foram republicados, em "linguagem acessível", a pedido dos editores, em *Akhali Droeba* (*Novos Tempos*) em dezembro de 1906 e janeiro de 1907. Mais quatro artigos saíram em fevereiro de 1907 em *Chveni Tskhovreba* (*Nossa Vida*), que também foi logo fechado, e outros quatro em *Dro* (*Tempo*) em abril de 1907. *Sochineniia*, I, pp. 294-372; as versões originais dos quatro primeiros estão em um apêndice (pp. 373-92). Stálin também "corrigiu" os artigos antes de incluí-los em suas *Obras completas*, alegando que não estavam polidos. Ver as notas de Vassíli Mochálov, 28 de dezembro de 1945, *Sochineniia*, XVII, pp. 625-6. Mochálov era o chefe da Seção Stálin Desk do IMEL e entrou em choque com o diretor da instituição, V. S. Krujkov. O afiliado georgiano do IMEL também estava envolvido em encontrar os originais e nas traduções para o russo. As provas do primeiro volume de suas *Obras completas*, com as marcas de Stálin feitas com lápis colorido em "Anarquismo e socialismo?", foram descobertas na datcha de Kunstevo depois de sua morte. Ele havia retirado dois prefácios, o do editor das *Obras completas* e o que ele mesmo escrevera. B. S. Ielizárov, *Tainaia zhizn*, p. 228 (citando RGASPI, f. 558, op. 11, d. 911, l. 15; d. 910, l. 5ob).

89. Também por volta dessa época, o panfleto sarcástico de Plekhánov "Anarquismo e socialismo", de 1894, apareceu numa segunda edição ampliada. Esse panfleto foi escrito originalmente em francês e traduzido para o alemão, inglês e russo (2. ed. Moscou: V. O. Kartchaguin, 1906). Os ensaios de Djugachvíli não invocam Plekhánov. Em particular, em carta escrita a Lênin, depois que Plekhánov criticou *O que fazer?*, Djugachvíli escreveu: "Ou o homem ficou maluco, ou está mostrando ódio e hostilidade". *Sochineniia*, I, pp. 56-7. Stálin mandou republicar *K voprosu o razvitii monisticheskogo vzgliada na istoriiu* de Plekhánov em 1938; um exemplar com as anotações do ditador foi preservado.

90. *Sochineniia*, I, p. 297 [modificado], p. 375 [original].

91. Ibid., pp. 314-6.

92. Ibid., I, pp. 331, 344-5, 348, 368.

93. Boris Souvarine, *Stalin*, p. 109. Tróstski afirmou ter tomado conhecimento da presença de Stálin em Londres em 1935 apenas através da biografia de Souvarine (edição francesa). Leon Trotsky, *Stalin*, p. 90.

94. N. Jordánia, *Moia zhizn*, p. 53; Robert Service, *Stalin*, p. 66.

95. Por iniciativa francesa, entre 1865 e 1871, discutiram-se planos para um único Banco Central europeu e uma única moeda, chamada de "Europa", mas os ingleses e alemães resistiram à ideia. Em vez disso, na década de 1870, os alemães aderiram ao padrão ouro dos britânicos, seguido por outros países (o Japão em 1897), garantindo convertibilidade e taxas de câmbio estáveis. Luca Einaudi, *Money and Politics*.

96. Horst Jablonowski, "Die Stellungnahme der russischen Parteien", pp. 5, 60-93.

97. Do lado britânico, a reconciliação com a Rússia foi facilitada pela substituição dos "vitorianos" (aqueles nascidos nas décadas de 1830-40), irritados com a penetração russa na Ásia Central, pelos "eduardianos" (nascidos nas décadas de 1850-60), que chegaram à maioridade depois da unificação promovida por Bismarck na Alemanha. Keith Neilson, *Britain and the Last Tsar*, pp. 48-50, 267-88.

98. David MacLaren McDonald, *United Government*, pp. 103-11.

99. Algumas questões que não puderam ser resolvidas, como a do Tibete, foram postas em discussão. Rogers Platt Churchill, *Anglo-Russian Convention*; B. J. Williams, "Great Britain and Russia", pp. 133-47; Alevtina F. Ostáltseva, *Anglo-russkoe soglashenie 1907 goda*.

100. Herman Bernstein, *Willy-Nicky Correspondence*, pp. 107-8.

101. David MacLaren McDonald, *United Government*, pp. 77-81. O *Izvéstia* (29 de dezembro de 1917) publicou depois a letra morta do tratado. Ver também M. A. Nekliudov, "Souvenirs diplomatiques"; M. Bompard, "Le Traité de Bjoerkoe"; Sidney B. Fay, "The Kaiser's Secret Negotiations"; L. A. Féiguina, *Borkskoe soglashenie*; S. Iu Witte, *Vospominaniia* [1922], II, pp. 476-81; A. P. Iswolsky, *Recollections of a Foreign Minister*, pp. 40-3; e I. I. Astáfiev, *Russko-germanskie diplomaticheskie otnosheniia*.

102. A. V. Bogdanóvitch, *Tri poslednikh samoderzhavtsa* [1924], p. 461.

103. S. Pachukanis, "K istorii anglo-russkogo soglasheniia", p. 32; Michel de Taube, *La Politique russe*, p. 118. O único outro direitista proeminente que talvez compartilhasse plenamente a circunspecção da política externa de Stolypin era seu crítico em assuntos internos Durnovó. Mas ele não apreciava totalmente que Stolypin — que nem era responsável pelos assuntos militares ou externos (prerrogativas do tsar) — houvesse evitado habilmente que a Rússia repetisse uma desventura externa em 1908. David MacLaren McDonald, *United Government*, p. 151.

104. Ian Hill Nash, *The Anglo-Japanese Alliance*; Phillips Payson O'Brien, *The Anglo-Japanese Alliance*; Gordon Daniels et al., "Studies in the Anglo-Japanese Alliance".

105. Alvin D. Coox, *Nomonhan*, pp. 1-16.

106. "Londonski siezd Rossiiskoi sotsial-demokraticheskoi rabochei partii (Zapiski delegata)", em *Sochineniia*, II, pp. 46-77 (pp. 50-1), de *Bakinskii proletarii*, 20 de junho e 10 de julho de 1907.

107. Israel Getzler, *Mártov*, p. 124.

108. Para Djugachvíli, esse não foi o primeiro nem o último exercício desse tipo, de acordo com Sossó Dawrichewy, o ex-seminarista de Tíflis e filho de padre de Góri (que a *okhranka* confundia com Kamó). Joseph Dawrichewy, *Ah: Ce Qu'On*, pp. 174-5, 177, 181, 213, 237-8.

109. Aleksandr V. Guerássimov, *Na lezvii s terroristami*, p. 92.

110. O governador militar do Cáucaso também informou que, em 1905 e 1906, o banditismo e os assassinatos resultaram em 1239 mortes e um número igual de gravemente feridos. Anna Geifman, *Revoliutsionnyi terror*, pp. 21, 34-5, 228.

111. Miklós Kun descobriu a pasta de disciplina interna do partido sobre Litvínov que provava o envolvimento de Stálin. Miklós Kun, *Unknown Portrait*, pp. 74-80. Ver também Simon Sebag Montefiore, *Young Stalin*, pp. 3-16 (citando, entre muitas fontes, as memórias inéditas de Sachikó Svanidze, cunhada de Stálin), pp. 178-91. Os arquivos que subsistem da *okhranka* sobre o assalto de Ierevan foram expurgados. G. A. Bordiugov, *Neizvestnyi Bogdanov*, II, pp. 120-42. Kamó obtivera informações de dentro dos correios através de outro funcionário, Guigó Kasradze.

112. GF IML, f. 8, op. 2, cap. 1, d. 7, l. 64-84 (G. F. Vardoian); *Perspektivy*, n. 6, pp. 51-7, 1991; Anna Geifman, *Revoliutsionnyi terror*, pp. 163-4; Aleksandr V. Ostróvski, *Kto stoial*, p. 257; Abdurakhman Avtorkhánov, *Proiskhozhdenie*, I, pp. 183-6; RGASPI, f. 332, op. 1, d. 53. Kamó tinha três anos de escolarização. Sua adoração por Stálin é narrada nas lembranças da irmã mais moça de Kamó, Javariia Khutuluchvíli: Miklós Kun, *Unknown Portrait*, p. 75; *Perspektivy*, n. 6, pp. 51-7, 1991; Aleksandr V. Ostróvski, *Kto stoial*, p. 257; Abdurakhman Avtorkhánov, *Proiskhozhdenie*, I, pp. 183-6; RGASPI, f. 332, op. 1, d. 53. Ver também Grigóri I. Uratadze, *Vospominaniia*, pp. 130-2, 163-7; Edward Ellis Smith, *Young Stalin*, pp. 193-211; Erik van Ree, "The Stalinist Self", pp. 275-6; Erik van Ree, "Reluctant Terrorists?"; e Simon Sebag Montefiore, *Young Stalin*, p. 7 (citando Candide Tcharkviani, "Memoirs", manuscrito, p. 15).

113. Diz o folclore que, por um momento, em meio aos corpos e ao caos, parecia que o assalto dera errado; foi quando Kamó, vestido como um oficial do Exército, entrou com seu faetonte no meio da fumaça, pegou a maioria dos sacos de dinheiro e enganou um policial que chegava. Medvédeva Ter-Petrosian, "Tovarishch Kamo", p. 130. Vinte mil rublos ficaram para trás na carruagem; um de seus condutores tentou embolsar 9500 rublos, mas foi apanhado.

114. Bertam D. Wolfe, *Three Who Made a Revolution*, pp. 393-4; Anna Geifman, *Revoliutsionnyi terror*, p. 164; Krupskaya, *Reminiscences of Lenin*, p. 155.

115. Liev Trótski, *Stalin*, p. 109.

116. L. Mártov, *Spasiteli ili uprazdniteli?*, pp. 22-3.

117. B. Bibineichvíli, *Kamo*, pp. 30-1, 371. O ousado Kamó acabaria entrando e saindo de prisões psiquiátricas; em 1922, seria atropelado pelo carro de um funcionário soviético quando andava de bicicleta em Tíflis. Em maio de 1907, danificara o olho esquerdo com uma de suas bombas, o que pode ter contribuído para o acidente.

118. Djugachvíli talvez tenha ido ao exterior para visitar Lênin em agosto de 1907 (Stuttgart) e janeiro de 1908 (Suíça).

119. Tom Reiss, *The Orientalist*, pp. 11-3; Joseph N. Hone e Page L. Dickinson, *Persia in Revolution*, pp. 158-68.

120. G. K. Ordjonikidze, "Borba s menshevikami", p. 42. Muitos dos trabalhadores muçulmanos eram imigrantes sazonais azerbaijanos, tanto legais como ilegais, das províncias do norte do Irã. Audrey Alstadt, "Muslim Workers", pp. 83-91; e Cosroe Chaqueri, *Soviet Socialist Republic of Iran*, pp. 24-5, que estima que 20% a 50% dos homens do norte do Irã com idade entre vinte e quarenta anos acabavam trabalhando por algum período de tempo do outro lado da fronteira, principalmente no Cáucaso russo.

121. Semion Vereschak, "Stalin v tiurme", p. 1306; Semion Vereschak, "Okonchanie", p. 1308.

122. O regime tsarista também havia virado os dashnaks contra o poder russo, em parte por confiscar propriedades da Igreja armênia em 1903 (o que Nicolau II teve de revogar em 1905). Ronald Grigor Suny, *Transcaucasia*, pp. 166-7; Ronald Grigor Suny, *Looking Toward Ararat*, pp. 48-9, 92.

123. "Otvet na privetstviia rabochikh glavnykh zheleznodorozhnykh masterskikh v Tiflise", em *Sochineniia*, VIII, pp. 174-5. Ronald Grigor Suny, "Journeyman for the Revolution".

124. Leon Trotsky, *Stalin* [1985], I, pp. 158, 163.

125. Simon Sebag Montefiore, *Young Stalin*, pp. 190-3 (citando memórias da família Svanidze e uma entrevista com um primo de Svanidze).

126. Joseph Dawrichewy, *Ah: Ce Qu'On*, p. 35; GDMS, f. 87, d. 1955/146, l. 51-6 (Elisabedachvíli). A principal fonte sobre o casamento sempre foi o emigrado menchevique Iremachvíli, que alegava ter comparecido ao funeral de Kató e apontava sua morte como a ruptura que deixara Stálin "desprovido de qualquer restrição moral". Joseph Iremachvíli, *Stalin und die Tragödie*, pp. 30-40.

127. RGASPI, f. 558, op. 4, d. 655, l. 18.

128. Razhden Arsenidze, "Iz vospominaniia o Staline", p. 224; Isaac Deutscher, *Stalin*, p. 110.

129. RGASPI, f. 558, op. 4, d. 647 (Sukhova).

130. Dubínski-Mukhadaze, *Ordzhonikidze*, p. 92.

131. RGASPI, f. 71, op. 1, d. 275, l. 23; Edward Ellis Smith, *Young Stalin*, pp. 28-9; Robert H. McNeal, *Stalin*, p. 336, n. 15; Miklós Kun, *Unknown Portrait*, p. 18. Svetlana disse que ele morreu de uma facada que levou numa briga de taberna, mas sem dar nenhuma prova nesse sentido. Svetlana Alliluyeva, *Twenty Letters*, 153n. Em 1939, Stálin ordenou ao diretório do partido em Tíflis que não colhesse informações históricas sobre Bessó.

132. Entre os sociais-democratas — supostamente seus camaradas — Stálin era rejeitado como o "pé esquerdo de Lênin". Razhden Arsenidze, "Iz vospominaniia o Staline", p. 223.

133. Sobre a fragilidade dos partidos revolucionários, apesar do radicalismo da classe operária, ver Robert McKean, *St. Petersburg*.

134. Jonathan Daly, *Autocracy Under Siege*, pp. 117-23.

135. Azef tornara-se chefe da Organização de Combate Socialista Revolucionária. Segundo alguns relatos, enquanto esteve na folha de pagamento da *okhranka*, supervisionou 28 ataques terroristas bem-sucedidos a autoridades do governo; a *okhranka* nunca adivinhou seus motivos e fidelidades. Em 1909, fugiu para a Alemanha, deixando o Partido Socialista Revolucionário desconcertado e se sentindo derrotado. "Azef" tornou-se uma metáfora para todo o sistema tsarista. Boris Nicolaevsky, *Aseff*; Nurit Schleifman, *Undercover Agents*; Anna Geifman, *Entangled in Terror*; Jonathan Daly, *Watchful State*, pp. 81-109.

136. John Biggart, "Kirov Before the Revolution"; B. M. Mostíev, *Revoliutsionnaia publitsistika Kirova*; Alla Kirílina, *Neizvestnyi Kirov*.

137. Jonathan Daly, *Watchful State*, pp. 110-1.

138. Harold Shukman, *Lenin and the Russian Revolution*, p. 126.

139. P. E.E Schegoliov, *Padenie*, VI, pp. 176-7 (N. E. Márkov).

140. S. Iu Witte, *Vospominaniia* [1960], III, pp. 274-5; Geoffrey A. Hosking, *Russia*, p. 479.

141. David R. Jones, "Non-Russian Nationalities", pp. 35-63; Edward Thaden, *Russification in the Baltic Provinces*; Theodore Weeks, *Nation and State*; Bradley Woodworth, "Civil Society"; Darius Staliunas, *Making Russians*; Serguei E. Krijanóvski, *Vospominaniia*, p. 128. Sobre a incompatibilidade entre o nacionalismo russo e o Estado tsarista, ver Andreas Kappeler, *Russian Empire*, pp. 238-42. Algo muito semelhante aconteceu na danosa magiarização da Hungria em sua metade diversa do império Habsburgo depois do "compromisso" de 1867, que criou a monarquia dual da Áustria-Hungria.

142. Jonathan Steinberg, *Bismarck*, p. 3 (citando Karl Heinz Börner, *Wilhelm I, deutscher Kaiser und König von Preussen: eine Biographie* [Berlim: Akadamie, 1984], p. 221).

143. Vladímir N. Kokóvtsov, *Iz moego proshlogo*, I, pp. 282-3.

144. David MacLaren McDonald, *United Government*, pp. 10, 209, 213.

145. Alfred J. Rieber, *Politics of Autocracy*.

146. Vladímir Iosifovitch Gurko, *Features and Figures*, p. 30. Para observações similares, trinta anos antes, ver W. T. Stead, *Truth about Russia*, pp. 199-200.

147. "K. Kuzakov — syn I. V. Stalina", *Argumenty i fakty*, n. 39, p. 12, 1995. A história da camponesa Kusákova e seu filho bastardo chegou aos ouvidos dos Allilúiev, que a repassou para Svetlana. Svetlana Alliluyeva, *Only One Year*, p. 330.

148. Evguéni S. Grómov, *Stalin*, pp. 34-9.

149. Stálin guardava entre seus papéis pessoais uma fotografia de Pelegueia Onúfrieva e Piotr Tchíjikov: *Izvestiia TsK KPSS*, n. 10, p. 190, 1998. Tchíjikov morreu pouco depois de retornar à casa dos pais, em 1912. Tinha vinte e poucos anos. Pelegueia morreu em 1955; seu marido, Fomin, foi preso.

150. Hugh O'Beirne, um funcionário antigo da embaixada britânica em São Petersburgo, informou a Londres em junho de 1911 que Stolypin estava "deprimido" e sua posição era "insegura". Keith Neilson, *Britain and the Last Tsar*, p. 74. Ver também E. Chmielski, "Stolypin's Last Crisis".

151. Richard Pipes, *Russian Revolution*, pp. 183-91; Geoffrey A. Hosking, *Russian Constitutional Experiment*, p. 136; P. E. Schegoliov, *Padenie*, VI, p. 252 (Gutchkov). Em janeiro de 1913, Nicolau II acabou com o julgamento dos policiais ligados aos assassinatos, inclusive A. I. Spiridóvitch.

152. Aleksandr V. Ostróvski, *Kto stoial*, pp. 321-47.

153. *VI (Parizhskaia) Vserossiskaia konferentsiia RSDRP*. Sobre se foi em Praga em 1912 que surgiu um partido bolchevique autônomo, ver Lars Lih, "1912".

154. Entre os eleitos para o Comitê Central em Praga estavam Lênin, Zinóviev, Malinóvski (um espião da *okhranka*), Filipp Goloschókin, D. Schwarzman e os dois colegas de Stálin do Cáucaso, o georgiano Ordjonikidze e o armênio Suren Spandarian; os cooptados foram Stálin e Ivan Belostótski, e, um pouco mais tarde, Grigóri Petróvski e Iákov Svérdlov.

155. Grigóri I. Uratadze, *Vospominaniia*, p. 234.

156. Esse tema, com muitas referências, é desenvolvido por Richard Pipes, *Russia under the Bolshevik Regime*, pp. 248-9.

157. Renzo de Felice, *Mussolini*, 35n; Yvon de Begnac, *Palazzo Venezia*, p. 360; Angelica Balabanoff, *My Life as a Rebel*, p. 44-52.

158. A. James Gregor, *Fascist Persuasion*, p. 49.

159. Id., *Young Mussolini*, p. 35; Simonetta Falasca-Zamponi, *Fascist Spectacle*, pp. 42-3.

160. *PSS*, XXI, p. 409. Em novembro de 1914, depois que a guerra irrompeu, Mussolini voltou atrás e declarou apoio à participação do governo italiano na guerra, o que levou à sua expulsão do Partido Socialista. A nação, argumentou ele, não podia ser ignorada.

161. Stálin recebia honorários pela publicação ocasional e ajuda da Cruz Vermelha Política, além de um subsídio, a partir de 1912, dos cofres do partido bolchevique. Ainda assim, escrevia para quase todo mundo que conhecia pedindo pacotes de comida e roupas. "Não tenho outra escolha senão mencionar isso", escreveu para sua amante Tatiana Slovatinskaia em 1913. "Não tenho dinheiro e fiquei até sem comida." Ela mandou um pacote, pelo qual ele agradeceu: "Não sei como posso lhe retribuir, minha querida amada!". Não demorou muito, estava implorando a ela de novo. RGASPI, f. 558, op. 4, d. 5392. Na década de 1920, Stálin a recompensou com um cargo no departamento secreto do Comitê Central, seu feudo mais fechado.

Em 1937, a filha de Slovatinskaia foi presa, seu genro executado e ela mesma (junto com dois netos) expulsa de um conjunto residencial de elite. Oleg Khlevniuk, *Stalinskoe politburo*, p. 307.

162. Miklós Kun, *Unknown Portrait*, pp. 127-8; Liev Trótski, *Stalin* [1990], I, pp. 192-3.

163. *Pisma P. B. Akselroda-Iu. O. Martovu*, I, pp. 292-3.

164. Stephen F. Jones, *Socialism*, p. 221.

165. Michael S. Melancon, *The Lena Goldfields Massacre*; Leopold H. Haimson, "Workers' Movement After Lena".

166. Simon Sebag Montefiore, *Young Stalin*, p. 246 (de *Zvezda*, nenhuma citação).

167. Michael S. Melancon, *The Lena Goldfields Massacre*, p. 155.

168. S. R. Míntslov, *Petersburg*, pp. 111, 231; Hans Rogger, *Jewish Policies*, p. 225; A. V. Bogdanóvitch, *Tri poslednikh samoderzhtsa* [1990], p. 493; Sergei Podbolotov, "Monarchists Against Their Monarch". Em 1903, oficiais da guarnição de Belgrado haviam invadido o palácio real sérvio e assassinado seu rei, um fato reconhecido pelos direitistas russos. "Conto-te um segredo?", confidenciou ao seu diário em 1905 B. V. Nikólski, o líder das Centúrias Negras russas e confidente de Nicolau II. "Acho que é impossível fazer o tsar recobrar a sensatez. Ele é pior do que incapaz! Ele é, Deus me perdoe, um total ninguém! [...]. Precisamos de alguma coisa sérvia." Nikólski, "Iz dnevnikov", p. 77. "Não tenho nenhuma esperança nos partidos monarquistas", escreveu um professor direitista de Kiev a um colega em Moscou. "Para ter poder, eles precisam de um monarca verdadeiro, mas, em vez disso, temos uma espécie de miserável *manjar branco*." Y. A. Kulakóvski, em A. V. Chevtsov, *Izdatelskaia deiatelnost russkikh nesotsialisticheskikh partii*, p. 26.

169. V. I. Nazánski, *Krushenie velikoi Rossii*, pp. 76-7.

170. N. I. Suvórov, *Trekhsotletie doma Romanovykh*; *Moskovskie vedomosti*, 23 de fevereiro de 1913, p. 1; Richard Wortman, *Scenarios of Power*, II, pp. 439-80.

171. V. A. Sirtsov, *Skazanie o Fedorovskoi Chudotvornoi*. O ícone de são Teodoro (Fiódor), também conhecido como a Virgem Negra, foi tomado pela seita renovadora (*obnovléntsi*), que o restaurou em Moscou em 1928. Em 1944, quando a seita foi dissolvida, a Igreja ortodoxa retomou o ícone; ele permanece em Kostroma, embora os bolcheviques tenham derrubado seu lar original (catedral da Assunção de Kostroma).

172. V. P. Semennikov, *Monarkhiia pered krusheniem*; P. E. Schegoliov, *Padenie*, IV, pp. 195-6.

173. Rossiiskaia Gosudarstvennaia Biblioteka, otdel rukopisi (RGB OR, f. 126 (Kireevikh-Novikovikh), k. 13 (Dnevnik A. A. Kiréieva, 1900-1904), l. 131. À medida que os anos passavam, Kireiev continuaria esse refrão: "O soberano [...] é instável em tal grau que é impossível depender dele". RGB OR, f. 126, k. 14, l. 343ob (22 de dezembro de 1908). Ver também S. Ia Elpatévski, *Vospominaniia*, p. 264.

174. Richard Wortman, *Scenarios of Power*, II, pp. 464, 466 (Ivan Tolstói).

175. Boris V. Ananitch e R. Ch. Ganélin, "Nikolai II"; Dominic C. B. Lieven, *Nicholas II*; Mark D. Steinberg em Mark Steinberg e Vladímir M. Khrustalëv, *Fall of the Romanovs*, pp. 1-37; Robert D. Warth, *Nicholas II*.

176. Hans Rogger, *Russia in the Age of Modernization*, pp. 22-3.

177. Anatóli V. Remniov, *Samoderzhavnoe pravitelstvo*, pp. 6, 471.

178. Os defensores de Witte afirmariam mais tarde, com razão, que ele havia antecipado Stolypin ao propor a emancipação dos camponeses da comuna, e que recebessem propriedade privada e direitos civis, mas eles deixavam de observar que, depois que Stolypin introduziu a legislação, Witte se opôs a ela no Conselho de Estado. Para uma comparação dos dois, ver Peter Struve, "Witte und Stolypin", III, pp. 263-73.

179. Tal como comunicado em dezembro de 1911 ao professor britânico Bernard Pares: "Papers Communicated by Professor Pares, December 23, 1911", em Dominic C. B. Lieven, *British Documents on Foreign Affairs*, VI, pp. 185-8 (p. 187).

180. F. T. Goriatchkin, *Pervyi russkii fashist*.

181. David MacLaren McDonald, "A Lever Without a Fulcrum", pp. 268-314.

182. O fascismo floresceria entre os emigrantes russos. Ver, em meio a uma extensa literatura, Márkov, *Voiny temnykh sil*. Ardente antissemita, Márkov (o mais moço dos dois irmãos na Duma) tornou-se nazista.

183. Hans Rogger, *Jewish Policies*, p. 190.

184. Jonathan Daly, *Watchful State*, p. xi (citando I. Blok, "Poslednie dni starogo rezhima", em I. V. Guéssen, *Arkhiv russkoi revoliutsii*, IV, p. 13).

185. O regime "estava numa posição precária", explicou um antigo vice-ministro do Interior. "Em tempos normais, nenhum governo deveria usar métodos empregados por revolucionários, pois, em suas mãos, esses métodos se tornam armas de dois gumes." Vladímir Iosifovitch Gurko, *Features and Figures*, p. 437.

PARTE II: A GUERRA REVOLUCIONÁRIA DE DURNOVÓ [pp. 153-60]

1. O estado de direito da Grã-Bretanha demorou de 1832 até 1912 para efetuar uma transição do sufrágio extremamente limitado aos homens proprietários ao voto universal.

2. John Channon, "The Peasantry in the Revolutions of 1917", em Edith Rogovin Frankel, *Revolution in Russia*, p. 117.

3. Charles Kurzman, *Democracy Denied*.

4. Anotação no diário de Zinaída Gippius em agosto/setembro de 1915: "A direita — eles não entendem nada, não vão a lugar nenhum e impedem os outros de ir a algum lugar. O centro — eles entendem, mas não vão a lugar nenhum, e esperam (pelo quê?). A esquerda — eles não entendem nada, mas vão como os cegos sem saber para onde ou para que objetivo último". *Siniaia kniga*, p. 32.

5. "Nashi tseli" [sem assinatura], *Pravda*, 22 de abril de 1912, em *Sochineniia*, II, pp. 248-9.

6. Boris Souvarine, *Stalin*, p. 133.

7. *PSS*, XLVIII, p. 162.

8. Roy Medvedev, *Let History Judge*, pp. 820-1.

9. Foi publicado em panfleto separado no ano seguinte (São Petersburgo: Priboy, 1914); uma versão muito revisada apareceu em *Sochineniia*, II, pp. 290-367. Ver também Iúri Felchtínski, *Razgovory s Bukharinym*, p. 10.

10. Em abril de 1912, havia em torno de 55 revolucionários na folha de pagamento somente da *okhranka* de Moscou. N. Smirnov, *Repressirovanoe pravosudie*, pp. 101-3.

11. Bertram D. Wolfe, "Lenin and the Agent"; Iain Lauchlan, *Russian Hide-and-Seek*, p. 254; V. I. Lênin, "Deposition in the Case of R. V. Malinovsky: Protocols of 26 May 1917, N. A.", em Richard Pipes, *Unknown Lenin*, p. 35; Ralph Carter Elwood, *Roman Malinovsky*.

12. A. V. Luchínskaia, *Velikii provokator Evno Azef*; Anna Geifman, *Entangled in Terror*. Depois de ter sido denunciado como agente da *okhranka* em 1909, Azev escapou para a Alemanha, onde ficou preso até 1917 e morreu no ano seguinte, aparentemente de uma doença do fígado.

13. "Vystuplenie N. I. Bukharina", p. 78. No romance de G. K. Chesterton *O homem que era quinta-feira* (1908), sete anarquistas, cujos codinomes eram os dias da semana, tramam para explodir o Brighton Pier, mas todos eram agentes da polícia.

14. Iain Lauchlan, *Russian Hide-and-Seek*, p. 194.

15. Jeffrey R. Smith, "Monarchy Versus the Nation".

16. O pessoal do Ministério das Relações Exteriores russo estava muito distante dos turbulentos ódios sociais que Durnovó temia. Vladímir Iosifovitch Gurko, *Features and Figures*, pp. 481-562 (comentando, entre outros, A. P. Izvólski e S. D. Sazónov).

17. Durnovó para Plehve, em D. N. Liubímov, "Sobytiia i liudi (1902-1906 gg.)" (RGALI, f. 1447, op. 1, d. 39, l. 461).

18. *Novoe vremia*, 26 de abril de 1912; Aldanov, "Durnovó", pp. 39-40; Dominic C. B. Lieven, "Bureaucratic Authoritarianism". A ficha do serviço público de Durnovó (RGIA, f. 1162, op. 6, d. 190, l. 82-109) encontra-se em *Almanakh: Iz glubiny vremen*, n. 4, pp. 151-65, 1995. Ver também A. P. Borodin, "P. N. Durnovó"; A. P. Chikman, *Deiateli otechestvennoi istorii*; e Ia. V. Glinka, *Odinnadtsat let v Gosudarstvennoi Dumy*. Stolypin e Durnovó tornaram-se inimigos praticamente desde o momento em que se conheceram, em 1904. Abraham Ascher, *P. A. Stolypin*, pp. 48-9.

19. "Durnovó destacava-se entre os estadistas daquela época, incluindo Witte, por seu grande fundo de informações, as ideias independentes, a coragem para expressar suas opiniões e o conhecimento de estadista dos eventos", de acordo com seu vice, Vladímir Gurko. Vladímir Iosifovitch Gurko, *Features and Figures*, pp. 413-5.

20. David MacLaren McDonald, "The Durnovo Memorandum".

21. Dominic C. B. Lieven, *Russia and the Origins*, p. 5.

22. Durnovó também compreendeu que a guerra não seria rápida e previu em que campos Itália, Turquia e os Estados dos Bálcãs ficariam, e até mesmo que o Japão e os Estados Unidos desempenhariam um papel. O memorando de Durnovó foi encontrado entre os papéis de Nicolau II pelos bolcheviques, e Evguéni Tarle publicou uma versão deles em 1922: "Zapiska P. N. Durnovó Nikolaiu II". Ver também E. V. Tarle, "Germanskaia orientatsiia i P. N. Durnovó". Em tradução completa para o inglês: Frank A. Golder, *Documents of Russian History*, pp. 3-23. Witte se permitira se comunicar com Nicolau II em termos bruscos sobre a derrota militar durante a Guerra Russo-Japonesa. Emile Joseph Dillon, *Eclipse of Russia*, pp. 294-5 (alegando citar diretamente a cópia de uma carta que Witte lhe deu).

23. V. I. Lênin, *Detskaia bolezn' "levizny" v kommunizme* (Petrogrado, 1920), reimpresso em PSS, XLI, pp. 3-90 (p. 10).

24. Em 1913, antes mesmo da eclosão da guerra, disseminou-se o temor entre as elites de que "o espectro de 1905 voltaria a se tornar realidade", registrou M. F. von Kotten. M. Kórbut, "Uchet departamentom politsii opyta 1905 goda", p. 219. Em abril de 1914, o conde V. V. Musin-Púchkin resumiu o clima na corte ao escrever para seu sogro que "os círculos mais burgueses estão se tornando revolucionários, e é pior nas províncias do que na capital. Absolutamente todos estão descontentes". O conde acrescentou que "o que é mais estúpido e irritante é que não existem motivos básicos para descontentamento". Michael Cherniavsky, *Prologue to Revolution*, pp. 12-3.

25. M. O. Gershenzon, em Boris Shagrin e Albert Todd, *Landmarks*, p. 81; Maurice Paléologue, *An Ambassador's Memoirs*, III, pp. 349-50.

26. Na verdade, nem britânicos nem franceses confiavam na duração de um antagonismo russo-alemão, porque nenhum interesse essencial dividia São Petersburgo e Berlim. Mas, na Rússia, os principais germanófilos — Witte e Durnovó — não estavam mais em posições de poder suficiente para influenciar Nicolau II. Um declínio do sentimento pró-alemão em São Petersburgo serviu de pano de fundo para o memorando de Durnovó de fevereiro de 1914. Dominic C. B. Lieven, "Pro-Germans"; I. V. Bestújev, *Borba*, pp. 44-6.

27. Fritz Fischer, *War of Illusions*, pp. 334-6.

28. O ex-vice de Durnovó observou que seu chefe "não conseguia compreender as profundezas psicológicas do povo". Vladímir Iosifovitch Gurko, *Features and Figures*, p. 415.

29. "Governar um Estado é um negócio duro", Durnovó explicara no final de 1910. "A própria justiça cede às demandas de interesses estatais mais altos [...]. O tsar tem de ser terrível [apavorante], mas benigno, terrível antes de tudo e benigno depois." *Gosudarstvennyi Sovet: stenograficheskii otchet*, sexta sessão, 17 de dezembro de 1910, col. 595; Dominic C. B. Lieven, "Bureaucratic Authoritarianism", p. 395, n25.

30. Dominic C. B. Lieven, *Russia's Rulers*, pp. 277-308.

31. "A doença do herdeiro, a irritabilidade da imperatriz, a indecisão do soberano, o surgimento de Raspútin, o caráter assistemático da política do governo em geral", relembrou Aleksandr Naúmov, outro membro direitista do Conselho de Estado, "tudo isso forçava os funcionários públicos honestos e sérios a ponderar o atual estado de coisas e a olhar com cautela para um futuro indeterminado." A. N. Naúmov, *Iz utselevshikh vospominanii*, II, pp. 214-5 (inclui a citação de Durnovó).

32. Anos depois, entre os emigrantes, correria a história de que o tsar convidara Durnovó a assumir as rédeas do governo na qualidade de primeiro-ministro. "Vossa Alteza", teria dito Durnovó, "meu Sistema como chefe do governo ou ministro do Interior não pode fornecer resultados rápidos, só pode se mostrar depois de alguns anos, e esses anos serão um período de comoção total: dissolução das Dumas, assassinatos, execuções, talvez levantes armados. Vós, Vossa Alteza, não seríeis capaz de tolerar esses anos e iríeis me demitir; sob essas condições minha presença no poder não trará nada de bom, somente danos." A ideia de que Durnovó tentaria mais uma vez convencer Nicolau II e depois *declinar* de um convite para assumir o poder é mais do que fantástica. Contudo, a fantástica citação atribuída a ele reflete como ele e outros haviam basicamente desanimado. Boris Vassíltchikov, *Vospominaniia*, p. 225; Dominic C. B. Lieven, *Russia's Rulers*, pp. 229-30.

33. V. L. Malkov, *Pervaia mirovaia voina*, p. 99.

34. Arthur Mendel, "Peasant and Worker". Mendel estava comentando sobre Leopold Haimson, cujo influente artigo argumentava que a revolução na Rússia era inevitável, em virtude de uma polarização social dual: entre trabalhadores e o resto da sociedade, e entre a sociedade educada e a autocracia. Leopold H. Haimson, "Problem of Social Stability".

35. Theodore Dan, *Origins of Bolshevism*, p. 399. Publicado originalmente em russo (1946), na véspera da morte do exilado Dan em Nova York.

36. Geoffrey A. Hosking, *Russian Constitutional Experiment*. Para uma atualização, ver Robert McKean, "Constitutional Russia", e a resposta de Peter Gatrell (pp. 82-94). Uma sociedade civil é impossível numa ordem política não liberal, mas os estudiosos continuam a imaginar uma sociedade civil na Rússia tsarista, centrando-se na existência de associações, que gozavam de algumas proteções civis e pouca influência sobre o Estado. Jacob Walkin, *Rise of Democracy*; Joseph Bradley, *Voluntary Association*; Christopher Ely, "Question of Civil", pp. 225-42.

37. V. V. Chelokháiev, *Politicheskie partii Rossii*.

38. Peter Holquist, "Violent Russia", pp. 651-2.

5. ESTUPIDEZ OU TRAIÇÃO? [pp. 161-94]

1. *Rech*, 13 de dezembro de 1916, traduzido e reproduzido em Frank A. Golder, *Documents of Russian History*, pp. 154-66 (p. 164).

2. L. A. Tikhomírov, "Nuzhny li printsipy?", p. 69.

3. Edmund Morris, *Colonel Roosevelt*, p. 56.

4. "O kaiser me despachou como um lacaio", escreveu o amargurado ex-chanceler. Mais tarde, Bismarck exerceu uma forma de vingança, escolhendo, para seu epitáfio, "um servidor alemão fiel do kaiser Guilherme I". Jonathan Steinberg, *Bismarck*, pp. 454-5, 463, 480. A demissão de Bismarck pelo kaiser lembrou a maneira como Nicolau II tratou Witte.

5. George F. Kennan, *Fateful Alliance*.

6. Avner Offer, *The First World War*, pp. 324-30. Os Estados Unidos ocupavam o terceiro lugar no comércio internacional com 11%: David Kennedy, *Over Here*, p. 298.

7. Jonathan Steinberg, *Yesterday's Deterrent*.

8. Citado em Paul Kennedy, "The Kaiser and Weltpolitik: Reflexions on Wilhelm II's Place in the Making of German Foreign Policy", em John C. G. Röhl e Nicolaus Sombart, *Kaiser Wilhelm II*, pp. 143-68 (p. 155). Ver também John C. G. Röhl, "Introduction" e "The Emperor's New Clothes: A Character Sketch of Kaiser Wilhelm II", no mesmo volume (pp. 1-62); Isabel V. Hull, *Entourage of Kaiser Wilhelm II*; e Hewitson, "The Kaiserreich in Question".

9. Keith Neilson, *Britain and the Last Tsar*.

10. Charles E. McClelland, *German Historians and England*; Raymond James Sontag, *Germany and England*; e Sebastian Conrad, *Globalisation and Nation*.

11. Citado em Earl of Ronaldshay, *Life of Lord Curzon*, III, p. 117.

12. Paul M. Kennedy, *Rise of the Anglo-German Antagonism*, p. 360.

13. A literatura sobre as causas gerais das guerras desenvolveu-se em vários sentidos a partir do exemplo da Grande Guerra. Geoffrey Blainey, *The Causes of War*; Michael Howard, *The Causes of Wars*. Infelizmente, as obras de ciência política sobre as causas das guerras entraram num beco sem saída há algum tempo, do qual ainda não saíram completamente: Fearon, "Rationalist Explanations for War". Mais útil é Robert Jervis, *Perception and Misperception*.

14. Peter Gatrell, *The Tsarist Economy*, pp. 31-2.

15. Norman Stone, *The Eastern Front*, p. 42; Alfred Knox, *With the Russian Army*, I, p. xix.

16. Fritz Fischer, *War of Illusions*, p. 400; Volker R. Berghahn, *Germany and the Approach of War*, p. 181. "A Rússia não para de crescer", observou o chanceler civil da Alemanha Theobald von Bethmann-Hollweg. "Ela paira sobre nós como um pesadelo." Ver também Troy E. Pollock, *Creating the Russian Peril*; e Annika Mombauer, *Helmuth von Moltke*. A indústria naval britânica construía navios de guerra com o dobro da velocidade e a metade do custo da indústria naval russa, mas a Grã-Bretanha tinha o fardo autoatribuído de dominar os caminhos marítimos do mundo. Peter Gatrell, *Government, Industry and Rearmament*.

17. William C. Wohlforth, "The Perception of Power"; John C. G. Röhl, "Germany", em Keith Wilson, *Decisions for War*, pp. 33-8.

18. Élie Halévy, *The World Crisis*, pp. 24-5; Ver também R. J. Crampton, "The Balkans", pp. 66-79.

19. Sidney B. Fay, *The Origins of the World War*, II, p. 335; Luigi Albertini, *Origins of the War of 1914*, II, pp. 74-88; Vladímir Dedijer, *The Road to Sarajevo*; Wayne S. Vucinich, "Mlada Bosna and the First World War", pp. 45-70; Z. A. B. Zeman, *The Break-Up*, pp. 24-34; Joachim Remak, *Sarajevo*; David MacKenzie, *Apis*, pp. 123 ss. Em 3 de junho de 1910, Bogdan Žerajić (um sérvio de 22 anos) tentara matar o imperador Francisco José; doze dias depois, Žerajić tentara matar o então governador da Bósnia-Herzegóvina, general Marijan Verešanin. Tendo fracassado, suicidou-se.

20. Mark Cornwall, "Serbia", em Keith Wilson, *Decisions for War*, pp. 55-96.

21. Liev Trótski, *Sochineniia*, XVII/1, p. 190.

22. A postura agressiva de Francisco José lembrou a alguns o comportamento britânico na Guerra dos Bôeres, quinze anos antes, quando Londres, temendo perder seu domínio da África meridional, inventou os campos de concentração e procurou aniquilar a "arrogante" população africâner da Cidade do Cabo. Dominic C. B. Lieven, "Dilemmas of Empire", p. 187.

23. Adam Wandruszka, *House of Habsburg*, p. 178.

24. O processo de decisão da Áustria foi julgado com severidade (A. J. P. Taylor, *The Struggle for Mastery*, p. 521; Samuel Williamson, *Austria-Hungary*, p. 211). Mas, para uma defesa sagaz da aposta da Áustria-Hungria, ver Paul W. Schroeder, "Stealing Horses", pp. 17-42. Em 3 de agosto de 1914, quando a Inglaterra declarou guerra, dentro de quatro minutos os comandantes britânicos no Extremo Oriente já sabiam, via telégrafo.

25. Lord Thomas Newton, *Lord Lansdowne*, p. 199.

26. Dominic C. B. Lieven, *Russia and the Origins*, pp. 77-80. Nicolau talvez tenha sido influenciado não somente por Durnovó e a malfadada Guerra Russo-Japonesa, mas também pelo livro amplamente discutido do banqueiro russo-polonês Iwan Bloch, *Budushchaia voina*, 6 v. (São Petersburgo: Efron, 1898). O último volume foi traduzido para o inglês com o título *The Future of War in its Technical, Economic, and Political Relations: Is War Now Impossible?* (Nova York: Doubleday & McClure, 1899).

27. Risto Ropponen, *Die Kraft Russlands*; William C. Fuller, "The Russian Empire", pp. 110-20.

28. Imediatamente depois do início da guerra, o ministro das Relações Exteriores russo pressionou a Sérvia a ceder o território da Macedônia (para a Bulgária). Maurice Paléologue, *An Ambassador's Memoirs*, I, pp.22-3 (anotação de 23 de julho de 1914).

29. Luigi Albertini, *Origins of the War of 1914*, II, pp. 352-62; Dominic C. B. Lieven, *Russia and the Origins*, pp. 139-51; D. W. Spring, "Russia and the Coming of War", pp. 57-86. Entre os relatos gerais, o de Albertini se destaca por ter um conhecimento completo das fontes russas.

30. L. F. C. Turner, "The Russian Mobilization in 1914", pp. 252-66; Dietrich Geyer, *Russian Imperialism*, pp. 312-3; S. D. Sazónov, *Vospominaniia*, pp. 248-9 (Sazónov era ministro das Relações Exteriores). Para os documentos relevantes, ver "Nachalo voiny 1914 g.: podennaia zapis'".

31. Hans Rogger, "Russia in 1914". Alexandra, em carta a Nicolau, fantasiou que a guerra havia "animado os espíritos, limpado as mentes estagnadas, trazido uma unidade de sentimento", e chamou a guerra de uma "guerra saudável no sentido moral". Bernard Pares, *Letters of the Tsaritsa*, p. 9 (24 de setembro de 1914). Sobre o anúncio público da guerra feito por Nicolau da sacada do Palácio de Inverno, ver A. T. Vasilyev, *Ochrana*, p. 36.

32. O jornal acrescentava: "Aqui começa a segunda Grande Guerra Patriótica". Peter Gatrell, *Russia's First World War*, p. 18. Sobre a defesa da guerra pela imprensa em 1914 na Alemanha e na Rússia, ver Fritz Fischer, *War of Illusions*, pp. 370-88. "Por que é que, em geral, a guerra é um mal, mas somente esta é de algum modo boa?", escreveu a poeta de São Petersburgo Zinaída Gippius em seu diário, em agosto de 1914. Zinaída Gippius, *Siniaia kniga*, p. 12.

33. Como observou John LeDonne: "Não se tratava de metas de um establishment político que havia perdido a coragem e estava hipnotizado pelo perigo alemão". Sem dúvida, como observou com razão Boris Nolde, os objetivos da guerra imperialista da Rússia não haviam impulsionado a decisão em favor da guerra, mas surgiram depois que a guerra começara. Porém, isso não ocorreu vindo do nada. Olhando em retrospectiva, um dos principais culpados, o ex-ministro russo das Relações Exteriores, Aleksandr P. Izvólski, tentou exculpar a Rússia com o argumento de que as ações russas foram motivadas somente pelos temores de uma hegemonia alemã na Europa. John LeDonne, *Russian Empire and the World*, pp. 366-7; Boris Nolde, "Tseli i realnost v velikoi voine", pp. 81-6; Alexander Izvólski, *Memoirs*, p. 83.

34. "Tendo resistido à guerra por muito tempo por medo de suas repercussões sociais, o governo russo entrou nela pelo mesmo motivo", escreveu David MacLaren McDonald, *United Government*, p. 207.

35. Terence Zuber, *Inventing the Schlieffen Plan*. Ver também Jack Snyder, *Ideology of the Offensive*, caps. 4-5; e Sagan, "1914 Revisited".

36. Stig Förster, "Dreams and Nightmares: German Military Leadership and the Images of Future War", pp. 343-76 (esp. pp. 360, 365, 372); Holger H. Herwig, "Germany and the 'Short War' Illusion", p. 688; Jack Snyder, *Ideology of the Offensive*, pp. 112, 122-4; Michael Howard, *The First World War*, pp. 28-9; Avner Offer, "Going to War in 1914".

37. Nicholas Lambert, *Planning Armageddon*. Um dos argumentos de Schlieffen em defesa da necessidade de uma vitória rápida havia sido a suposta impossibilidade de sustentar uma guerra de atrito, tendo em vista as novas restrições econômicas da guerra. Luigi Albertini, *Origins of the War of 1914*, III, pp. 369 ss.

38. Christopher Clark, *Kaiser Wilhelm II*, pp. 214-8.

39. Embaixador príncipe Karl Max Lichnowsky para Berlim, 1º de agosto de 1914, em *Die deutschen Dokumente zum Kriegsausbruch*. 2. ed., 4 v. (Berlim: Deutsche Verlagsgesellschaft für Politik und Geschichte, 1922), III, p. 66; Luigi Albertini, *Origins of the War of 1914*, III, pp. 171-8, 380-6; Volker R. Berghahn, *Imperial Germany*, pp. 282-3. Sobre a preocupação e a contenção do kaiser, ver David Stevenson, *Cataclysm*, pp. 21-35.

40. Barbara Wertheim Tuchman, *Guns of August*, p. 99 (citando as memórias de Von Moltke).

41. Harold Nicolson, *King George V*, pp. 328-9 (citando a nota de Grey, dos Royal Archives); Harry F. Young, "The Misunderstanding of August 1, 1914".

42. Helmuth von Moltke, *Erinnerungen*, p. 21; Hans von Zwehl, *Erich von Falkenhayn*, pp. 58-9.

43. Segundo um acordo de outubro de 1907, em vigor a partir de 26 de janeiro de 1910, o direito internacional exigia uma declaração de guerra antes de iniciar as hostilidades.

44. "O governo [alemão]", escreveu o chefe de gabinete naval em seu diário, em tom de aprovação, "conseguiu muito bem fazer parecer que fomos nós os atacados." Volker R. Berghahn, *Germany and the Approach of War*, pp. 213 ss.

45. A. J. P. Taylor chamou-a de "guerra pelo quadro de horários", culpando erroneamente a mobilização e até afirmando que nenhuma das grandes potências buscara a guerra. A. J. P. Taylor, *War by Timetable*.

46. O governo britânico tinha os meios para impor o bloqueio, mas não a capacidade de coordenar as muitas agências governamentais envolvidas. A guerra econômica, que foi a pedra angular da grande estratégia britânica, acabou sendo uma ideia adicional. Nicholas Lambert, *Planning Armageddon*, citado na p. 189 (Robert Brand). Ver também Niall Ferguson, *Pity of War*, pp. 189-97; e Id., "Political Risk".

47. Enquanto Taylor argumentava que a "paz teria dado à Alemanha o domínio da Europa dentro de poucos anos", Ferguson contrapunha que a neutralidade britânica teria sido seguida, na pior das hipóteses, por uma paz alemã moderada imposta à França e à futura integridade da Bélgica. A. J. P. Taylor, *The Struggle for Mastery*, p. 528; Niall Ferguson, *Pity of War*, pp. 168-73, 442-62.

48. Dominic C. B. Lieven, *Russia and the Origins*, pp. 142-3.

49. Isso não significa absolver Von Moltke: em junho de 1915, depois de ser substituído por Erich von Falkenhayn, o megalomaníaco Von Moltke queixou-se em privado a um amigo de que "é terrível ser condenado à inatividade nesta guerra que eu preparei e iniciei". Ele morreu um ano depois. Annika Mombauer, "A Reluctant Military Leader?", p. 419.

50. David Stevenson, *Armaments*; Stephen van Evera, "The Cult of the Offensive". Ver também G. Lowes Dickinson, *International Anarchy*.

51. Dominic C. B. Lieven, *Russia and the Origins*, p. 139-40. Sobre honra, ver Avner Offer, "Going to War in 1914".

52. Para uma visão geral básica da tomada de decisões, ver Richard F. Hamilton e Holger H. Herwig, *Decisions for War*.

53. O foco nos estadistas, utilizando memórias (e não arquivos então fechados), caracteriza o incrivelmente influente *Guns of August*, de Barbara Wertheim Tuchman. Ver Strachan, *The First World War* [2004], p. 68; Hew Strachan, *The First World War* [2003], I, pp. 4-162; David Stevenson, *Cataclysm*; e Stephen van Evera, "Why Cooperation Failed".

54. Thomas J. Christensen e Jack Snyder, "Chain Gangs", p. 66.

55. John Horne, *A Companion to World War I*, p. 249. "Todas as nações da Europa hoje, em minha humilde avaliação, se assim posso dizer, enlouqueceram", observou o primeiro-ministro do Canadá (Wilfrid Laurier) alguns anos antes da guerra (1911). Citado em Avner Offer, *The First World War*, p. 268.

56. David French, *British Strategy*, pp. xii, 200-1.

57. Cyril Pearce, *Comrades in Conscience*, p. 169; John Keegan, *The First World War*, pp. 278-99; Marc Ferro, *The Great War*, pp. 91-2. Ver também Robin Prior e Trevor Wilson, *The Somme*.

58. David Edgerton, *The Shock of the Old*, pp. 142-6.

59. John Ellis, *Social History of the Machine Gun*.

60. Ludwig F. Haber, *The Poisonous Cloud*, p. 243.

61. Jonathan E. Gumz, *Resurrection and Collaps*.

62. Bertrand Russell, *Justice in War Time*, pp. 13-4.

63. Neil Harding, *Leninism*, pp. 8-11, 113-41.

64. *Bolshevik*, 1949, n. 1, reimpresso em *PSS*, XLIX, pp. 377-9 (378); Lars Lih, *Lenin*, p. 13. Lih, cujo corpo de obras transborda de ideias perspicazes originais, infelizmente faz de Lênin um social-democrata europeu típico, mais ou menos como Walter Kaufmann, o tradutor de Nietzsche para o inglês, fez do pensador radical alemão um liberal americano.

65. "O patriotismo esteve em exposição apenas esporadicamente e desapareceu quase por completo em 1915 [...]. Os russos tinham uma boa ideia de quem estavam combatendo na guerra, mas não por quem e pelo quê." Hubertus F. Jahn, *Patriotic Culture*, pp. 134, 173. O patriotismo de guerra era um sentimento de classe alta: Vladímir Iosifovitch Gurko, *Features and Figures*, p. 538.

66. Dominic C. B. Lieven, *Empire*, p. 46.

67. Isabel V. Hull, *Absolute Destruction*, pp. 5-90.

68. Adam Hochschild, *King Leopold's Ghost*.

69. Robin Prior e Trevor Wilson, *The Somme*, p. 222; Gerard J. de Groot, *Douglas Haig*, p. 242 (citando Haig, "Memorandum on Policy for the Press", 26 de maio de 1916).

70. Alan Kramer, *Dynamic of Destruction*. Um historiador observou que "os Aliados e, em particular, os ingleses conseguiram dar a impressão de que agiam brutalmente ou inescrupulosamente com remorso; os alemães sempre pareciam estar apreciando aquilo". Com efeito, as primeiras atrocidades não provocadas na Bélgica, embora exageradas, eram verdadeiras. A. J. P. Taylor, *The First World War*, p. 57.

71. David Omissi, *The Sepoy and the Raj*, pp. 117-8.

72. *PSS*, XLIX, pp. 101, 161.

73. Ian D. Thatcher, *Leon Trotsky*, p. 212. Ver também A. Martínov, "Ot abstraktsii k konkretnoi deiatelnosti"; e Ian D. Thatcher, "Trotskii, Lenin, and the Bolsheviks".

74. *Biulleten oppozitsii*, n. 14, p. 8, agosto de 1930; Liev Trótski, *Stalin School of Falsification*, pp. 184-5. O último texto do volume II das *Obras completas* de Stálin data de janeiro-fevereiro de 1913, e o primeiro do volume III data de março de 1917. Roy Medvedev, *Let History Judge*, p. 37.

75. Erik van Ree, "Stalin and the National Question", pp. 224, 237, n. 64 (citando RGASPI, f. 30, op. 1, d. 20; f. 558, op. 1, d. 57); Shveitzer, *Stalin v turukhanskoi ssylke*. Até mesmo quando Stálin estava preparando suas obras coligidas, o artigo inédito, que se dizia que ocupava dois cadernos de exercícios escritos à mão, não foi encontrado. RGASPI, f. 558, op. 4, d. 62, l. 308ss, 424).

76. Erik van Ree, "Stalin and the National Question", p. 225 (citando RGASPI, f. 558, op. 1, d. 54, d. 56).

77. Iákov Mikhailovitch Svérdlov, *Izbrannye proizvedennye*, I, pp. 386-90.

78. *Krasnoiarskii rabochii*, 25 de julho de 2003 (citando Gosudarstvennyi arkhiv Krasnoiarskogo kraia): Disponível em: <www.krasrab.com/archive/2003/07/25/16/view_article>. Acesso em 29 nov. 2016; *Pechat i revoliutsiia*, 1924, kn. 2, p. 66; Iákov Mikhailovitch Svérdlov, *Izbrannye proizvedennye*, I, pp. 276-7. D. A. Volkogónov, *Stalin: Politicheskii portret*, I, p. 51. Ver também K. T. Svérdlova, *Iakov Mikhailovich Sverdlov* [1985], pp. 171-208.

79. Trata-se de uma citação de outubro de 1938: *Istoricheskii arkhiv*, n. 5, p. 13, 1994; RGASPI, f. 558, op. 11, d. 1122, l. 55. Sobre seu voto de casamento, ver *Istochnik*, n. 4, p. 74, 2002.

80. A biblioteca pertencera a Dubrovinski. Em 1929, quando o gendarme Mikhail Miérzliakov encarava a expulsão de seu *colcoz* devido a seu passado na polícia tsarista, ele escreveu a Stálin, que escreveu ao soviete da aldeia: "Mikh Miérzliakov cumpriu a tarefa que lhe foi dada pelo chefe de polícia de acordo com o regulamento, mas sem o rigor policial usual. Ele não me espionava. Ele não fez da minha vida um tormento. Ele não me intimidou. Ele tolerou meus frequentes desaparecimentos. Ele criticou seus superiores em várias ocasiões por suas muitas ordens e receitas. Considero meu dever confirmar isso para vocês". RGASPI, f. 558, op. 4, d. 662.

81. A. V. Kvachónkin, *Bolshevistskoe rukovodstvo*, p. 21 (RGASPI, f. 558, op. 1, d. 53, l. 1-3, 27 de fevereiro de 1915); Svetlana Allilúieva, *Vospominaniia*, p. 118. Anna era outra das filhas de Serguei Allilúiev. RGASPI, f. 558, op. 4, d. 662. Stálin estava em Kureika (1914-6), e mais tarde disse às crianças do lugar: "Eu era caprichoso, às vezes chorava, muito, uma existência dura". TsKhIDNI Krasnoiarskogo Kraia, f. 42, op. 1, d. 356, l. 22.

82. Aleksandr V. Ostróvski, *Kto stoial*, pp. 414-8. Svérdlov também escapou da guerra porque era judeu.

83. Geoffrey Best, "The Militarization of European Society", pp. 13-29.

84. O Exército da Rússia foi para a batalha principalmente a pé, com carretas puxadas por cavalos e bois, embora os soldados russos estivessem espalhados por cerca de 20 milhões de quilômetros quadrados de território. Em 1914, cada recruta russo teve de viajar, em média, três vezes mais do que os soldados alemães, austro-húngaros ou franceses para chegar ao campo de mobilização. Alfred Knox, *With the Russian Army*, I, p. xxxiii; S. K. Dobrorolski, *Die Mobilmachung der russischen Armee*, p. 28; N. N. Golovin, *Voennye usiliia Rossii*, I, pp. 51, 61; II, pp. 69-71; A. A. Brussílov, *Moi vospominaniia*, p. 76; Iu Danílov, *Rossiia v mirovoi voine*, pp. 191-2; I. I. Rostunov, *Russkii front*, pp. 100-1.

85. Muitos deles morriam a caminho de hospitais muitos distantes na retaguarda, tendo sido empilhados "no chão de vagões de carga, sem nenhum cuidado médico". Dos 5 milhões de soldados russos hospitalizados, cerca de metade tinha ferimentos de guerra; o resto sofria de doenças — tifo, febre tifoide, cólera, disenteria — ou congelamento, que com frequência exigia amputações. Anna Viroubova, *Memories of the Russian Court*, p. 109. Ver também P. N. Miliukov, *Vospominaniia*, II, p. 199; Mikhail V. Rodzianko, *Reign of Rasputin*, pp. 115-7.

86. Em 1916, a introdução tardia da conscrição no Turquestão tsarista — além do fornecimento forçado de cavalos e gado para o Exército a preços abaixo do mercado — provocou uma grande rebelião. Na violência, que matou talvez 2500 russos, ao menos 300 mil nômades das estepes foram deslocados e muitos fugiram para a China. A. B. Piaskóvski, *Vosstanie 1916 godu*; Gulnar Kendirbai, "The Alash Movement", V, p. 855; Richard Pipes, *Formation of the Soviet Union*, p. 84. Durante a guerra, os britânicos também enfrentaram revoltas na Índia, no Egito, na Irlanda e em outros lugares do seu império.

87. Norman Stone, *The Eastern Front*, p. 215.

88. Dennis E. Showalter, *Tannenberg*.

89. N. N. Golovin, *The Russian Army*, pp. 220-1. Ver também A. A. Polivánov, *Iz dnevnikov i vospominanii*, p. 186.

90. Norman Stone, *The Eastern Front*, pp. 12, 93. A Força Aérea russa, criada em 1912, tinha talvez 360 aviões e dezesseis dirigíveis em 1914 — a maior Força Aérea do mundo —, mas a maioria das aeronaves estava no chão por falta de peças de reposição, permitindo que os alemães se movimentassem sem que fossem observados.

91. Serguei S. Oldenburg, *Gosudar Imperator Nikolai II Aleksandrovitch*; depois ampliado para Serguei S. Oldenburg, *Istoriia tsarstvovanie Imperatora Nikolaia II*; e traduzido como Serguei S. Oldenburg, *Last*

Tsar. Não era apenas a Duma. "O antagonismo entre a autoridade imperial e a sociedade civil é o maior flagelo de nossa vida política", lamentou o ministro da Agricultura Aleksandr Krivochéin durante a guerra. "O futuro da Rússia continuará precário enquanto governo e sociedade insistirem em olhar um para o outro como dois campos hostis." Citado em Maurice Paléologue, *La Russie*, I, p. 289. Em fevereiro de 1914, Krivochéin não aceitara, por motivos de saúde, assumir o cargo de primeiro-ministro.

92. Vladímir Iosifovitch Gurko, *Features and Figures*, p. 19; V. I. Mámontov, *Na Gosudarevoi sluzhbe*, pp. 144-5, 151-3; Aleksandr Massólov, *Pri dvore imperatora*, pp. 11-2; Dominic C. B. Lieven, *Nicholas II*, p. 117; Orlando Figes, *A People's Tragedy*, pp. 15-24.

93. A Duma reuniu-se também em julho-agosto de 1915, no primeiro aniversário da guerra, em fevereiro--maio de 1916 e em novembro de 1916-fevereiro de 1917.

94. Vladímir Iosifovitch Gurko, *Features and Figures*, p. 576. "Precisamos lutar, pois o governo consiste em canalhas", explicou Vassíli Chulhguin, do Partido Nacionalista. "Mas, uma vez que não pretendemos ir para as barricadas, não podemos incitar os outros a fazer isso." N. Lapin, "Progessivnyi blok v 1915-1917 gg.", p. 114.

95. P. E. Schegoliov, *Padenie*, VII, pp. 116-75 (Rodzianko, sobre Maklakov), 124. Ver também Vladímir Iosifovitch Gurko, *Features and Figures*, pp. 521-2. Os volumes de Schegoliov eram a obra da "Comissão Extraordinária de Inquérito para a Investigação de Atos Ilegais de Ministros e Outras Pessoas Responsáveis do Regime Tsarista", criada pelo Governo Provisório e fechada pelos bolcheviques, que não obstante publicaram parte dos materiais (que foram transcritos pelo poeta Aleksandr Blok).

96. O Estado pagou 4 mil rublos pelo funeral de Durnovó.

97. Iu Kiriánov, *Pravye partii*.

98. Ver o quadro em N. P. Eróchkin, *Ocherki istorii*, p. 310.

99. B. D. Galhpérina, *Sovet ministrov Rossiiskoiimperii*; Michael Cherniavsky, *Prologue to Revolution*. Nos distritos ocidentais perto do front, o alto-comando russo tomou o lugar do governo civil, mas, administrativamente, os militares não se saíram muito melhor. D. W. Graf, "Military Rule behind the Russian Front".

100. David R. Jones, "Nicholas II"; Serguei S. Oldenburg, *Last Tsar*, IV, pp. 38-42; A. A. Brusilov, *Soldier's Note-Book*, pp. 267-8; Vladímir Iosifovitch Gurko, *Features and Figures*, pp. 567-71; Frank A. Golder, *Documents of Russian History*, pp. 210-1. Como observou Witte a respeito de Nicolau II, "uma suave névoa de misticismo refrata tudo o que ele contempla e engrandece suas funções e sua pessoa". Emile Joseph Dillon, *Eclipse of Russia*, p. 327 (citando uma suposta entrevista com Witte).

101. Basil Gourko, *War and Revolution*, pp. 10-1; Mikhail Lemke, *250 dnei*, p. 149; William C. Fuller, *Civil--Military Conflict*, p. 41.

102. David R. Jones, "Nicholas II".

103. Palavras de Maurice Paléologue, citado em V. Kantoróvitch, *Byloe*, n. 22, pp. 208-9, 1923.

104. *Letters of the Tsaritsa*, pp. 114, 116 (22 de agosto de 1915).

105. William C. Fuller, *Foe Within*; K. F. Chatsilo, "Delo polkovnika Miasoedova"; Alfred Knox, "General V. A. Sukhomlinov".

106. René Fülöp-Miller, *Rasputin*, p. 215; Edvard Radzinsky, *Rasputin File*, p. 40.

107. A corte negou sua licenciosidade sexual. Anna Viroubova, *Souvenirs de ma vie*, p. 115. O assassinato de Sarajevo ocorreu em 28 de junho pelo calendário ocidental, 15 de junho pelo calendário russo; o atentado contra Raspútin aconteceu em 29 de junho pelo calendário ocidental, 16 de junho pelo russo. O assassino era Khionia Gússeva, de Tsarítsin.

108. Vladímir N. Kokóvtsov, *Iz moego proshlogo*, II, p. 40; Stepan P. Belétski, *Grigorii Rasputin*, pp. 32-6.

109. Martin Kilcoyne, "The Political Influence of Rasputin".

110. Robert K. Massie, *Nicholas and Alexandra*, pp. 199-202; Joseph T. Fuhrmann, *Rasputin*, pp. 93-8; Edvard Radzinsky, *Rasputin File*, p. 187. Os nervos da perna esquerda de Aleksei haviam atrofiado, provocando dores lancinantes durante o verão de 1913, mas o grave perigo de 1912 havia passado. Pierre Gilliard, *Thirteen Years*, pp. 28-30. Não contaram para Gilliard, tutor de Aleksei, a causa da doença do menino.

111. Rosemary A. Crawford e Donald Crawford, *Michael and Natasha*, pp. 122-46.

112. Orlando Figes e Boris Kolonítski, *Interpreting the Russian Revolution*, p. 10; RGIA, f. 1278, op. 10, d. 11, l. 332; Andrei Maylunas e Sergei Mironenko, *A Lifelong Passion*, p. 529.

113. Berta Grave, *Burzhuaziia nakanune fevral'skoi revoliutsii*, p. 78. Ver também Allan K. Wildman, *End of the Russian Imperial Army*, I, p. 156.

114. Sobre o que ele chama de "complexo paraestatal" de organizações sociais durante a guerra na Rússia, ver Peter Holquist, *Making War*, p. 4. Lewis Siegelbaum mostrou que, em comparação com outras potências, a cooperação com "interesses e grupos sociais anteriormente fora da ou mesmo hostis à máquina estatal" estava "menos desenvolvida na Rússia durante a guerra". Mas isso provavelmente não era verdade em 1916. Lewis H. Siegelbaum, *Politics of Industrial Mobilization*, p. xi.

115. W. Bruce Lincoln, *Passage Through Armageddon*, p. 61.

116. S. O. Zagorsky, *State Control of Industry*, p. 46; Maurice Paléologue, *La Russie*, I, pp. 231-2.

117. Norman Stone, *The Eastern Front*, p. 227; A. P. Pogrebínski, "Voenno-promyshlennye komitety"; Paul P. Gronsky e Nicholas J. Astrov, *The War and the Russian Government*.

118. Alekseiev não concordou com a abordagem "frente ampla" de Brussílov, instando-o a atacar numa frente estreita de vinte quilômetros, mas Brussílov manteve seu plano e, como previa, isso fez com que o inimigo não conseguisse saber para onde mandar reservas. A. A. Brusilov, *Soldier's Note-Book*, p. 204-75; A. A. Brussílov, *Moi vospominaniia*, p. 237; B. H. Liddel Hart, *The Real War*, pp. 224-7; Alfred Knox, *With the Russian Army*, II, pp. 432-82; I. I. Rostunov, *Russkii front*, p. 321-3; Id., *General Brusilov*, pp. 154-5; Timothy C. Dowling, *The Brusilov Offensive*.

119. Norman Stone, *The Eastern Front*, p. 243.

120. Ele também observou, no entanto, que "às vezes, em nossas batalhas com os russos, tínhamos de remover os montes de cadáveres do inimigo diante de nossas trincheiras para poder ter um campo aberto de fogo contra novas ondas de ataque". Paul von Hindenburg, *Out of My Life*, I, p. 193; II, p. 69. Ver também Robert B. Asprey, *German High Command*.

121. Citado em Louise McReynolds, "Mobilising Petrograd's Lower Classes", p. 171.

122. Alfred Knox, *With the Russian Army*, II, pp. 462-9; Lyons, *Diary*, pp. 103-10.

123. Jonathan Daly, *Watchful State*, p. 180 (I. G. Scheglóvitov).

124. M. G. Fleer, *Rabochee dvizhenie*, p. 309.

125. A. S. Rezánov, *Shturmovoi signal P. N. Miliukova*, pp. 43-61; Serguei S. Oldenburg, *The Last Tsar*, IV, pp. 99-104; T. M. Bohn, "'Dummheit oder Verrat'?"; Semyon Lyandres, "Progressive Bloc Politics". Miliukov tentou depois racionalizar sua promoção de falsidades: P. N. Miliukov, *Vospominaniia*, II, pp. 276-7; V. S. Diákin, *Russkaia burzhuaziia*, p. 243. Ver também Thomas Riha, *A Russian European*; e Melissa Kirschke Stockdale, *Paul Miliukov*.

126. Richard Pipes, *Russian Revolution*, pp. 261-6; Frank A. Golder, *Documents of Russian History*, pp. 166-75. Purichkévitch já havia sido acusado publicamente de querer derrubar Nicolau II. "Sovremennoe pravosudie", *Dym otechestva*, n. 22, pp. 1-2, 1914. O embaixador britânico George Buchanan acreditara nos rumores espalhados por agentes alemães na corte russa, e um agente do serviço secreto de inteligência da Grã-Bretanha parece ter participado da conspiração, temeroso de uma possível paz em separado da Rússia com a Alemanha: o tenente Oswald Rayner, que Iussúpov conhecia de uma estadia em Oxford, estava

evidentemente presente no assassinato e jantou com Iussúpov no dia seguinte. Uma conversa entre os superiores de Rayner em São Petersburgo indica seu possível envolvimento. Andrew Cook, *To Kill Rasputin*.

127. Vladímir N. Voeikov, *S tsarem*, p. 178; Richard Pipes, *Russian Revolution*, pp. 266-7. Os assassinos nunca foram levados a julgamento.

128. V. Mikháilovitch, *Kniga vospominanii*, p. 186; Id., *Once a Grand Duke*, p. 184. Aleksandr Mikháilovitch era filho de um irmão (grão-duque Mikhail Nikoláievitch) do avô de Nicolau II, o tsar Alexandre II. O príncipe Iussúpov, um dos assassinos de Raspútin, era genro do grão-duque Aleksandr Mikháilovitch.

129. W. Bruce Lincoln, *Passage through Armageddon*, p. 312 (citando "Télégramme secret de M. Paléologue au Ministère des Affaires Etrangères", AdAE, Guerre 1914-1918, Russie, Dossier Générale n. 646, pp. 78-9).

130. Sir George Buchanan, *My Mission to Russia*, II, p. 41.

131. Martínov, chefe da *okhranka* em Moscou, observou que as massas não estavam radicalizadas devido a agitadores de fora, mas devido aos erros do governo e a uma queda do prestígio do tsar, bem como aos escândalos da corte. "Tsarskaia okhrana o politicheskom polozhenii v strane v kontse 1916 g.", *Istoricheskiii arkhiv*, n. 1, pp. 204-9, 1960; Pokróvski e Guélis, "Politcheskoe polozhenie Rossii nakanune fevralskoi revoliutsii v zhandarmskom osveshchenii", citado em Robert V. Daniels, *Russian Revolution*, pp. 9-12.

132. "Fevralskaia revoliutsiia i okhrannoe otdelenie". "Não havia líderes autênticos em cena de qualquer um dos partidos. Estavam todos no exílio, na prisão ou no exterior." Nikolai Sukhánov, *Russian Revolution*, I, p. 21.

133. E. N. Burdjálov, *Vtoraia russkaia revoliutsiia*, pp. 90-1, 107-8.

134. David Longley, "Iakovlev's Question, or the Historiography of the Problem of Spontaneity and Leadership in the Russian Revolution of February 1917", em Edith Rogovin Frankel, *Revolution in Russia*, pp. 365-87.

135. Aleksei A. Manikóvski, *Boevoe snabzhenie russkoi armii* [1923].

136. Matsuzato Kimitaka, "Soryokusensoto chihotochi".

137. Alexis N. Antsiferov, *Russian Agriculture*.

138. T. M. Kitánina, *Voina, khleb i revoliutsiia*, pp. 70-1.

139. Nikolai Kondrátiev, *Rynok khlebov*, pp. 137-8; Peter Holquist, *Making War*, pp. 31-2.

140. Lars Lih, *Bread and Authority*; Peter Holquist, *Making War*, pp. 44-6. Antes da guerra, somente um terço da produção de cereais da Rússia chegava ao mercado, e metade disso ia para a exportação.

141. Nikolai Kondrátiev, *Rynok khlebov*, p. 127; Peter Struve, *Food Supply in Russia*, p. 128; N. Jitkov, "Prodfurazhnoe snabzhenie russkikh armii"; Pável Volobúiev, *Ekonomicheskaia politika Vremmenogo Pravitelstva*, pp. 384-7; George L. Yaney, *Urge to Mobilize*, pp. 408-19; T. M. Kitánina, *Voina, khleb i revoliutsiia*, pp. 217-8.

142. Lars Lih, *Bread and Authority*, p. 12; "Gibel tsarskogo Petrograda", pp. 7-72. "Temos trigo nos moinhos de farinha, os quais não têm combustível, farinha onde não há vagões de carga para transportá-la, e vagões de carga onde não há carga para carregar", comentou o prefeito de Moscou. Citado em V. S. Diákin, *Russkaia burzhuaziia*, p. 314.

143. O agente advertiu que "mães, exaustas de ficar de pé em filas sem fim, e [...] olhando para seus filhos famintos e doentes, estão talvez muito mais próximas de uma revolução do que os senhores Miliukov e Cia., ou seja, o Bloco Progressista da Duma". Mas esse cálculo subestimava Miliukov. Tsuyoshi Hasegawa, *February Revolution*, p. 201 (citando GARF, f. POO, op. 5, d. 669 [1917], l. 25-33); P. E. Schegoliov, *Padenie*, I, p. 184 (Khabálov).

144. Peter Gatrell, *Russia's First World War*, p. 170.

145. I. I. Míltchik, "Fevralskie dni".

146. Boris I. Kolonítski, *Symvoly vlasti i borba za vlast*, pp. 14-37. Richard Wortman sustenta que "a abdicação simbólica de Nicolau II aconteceu muito antes de ele deixar efetivamente o trono, em fevereiro de 1917". Richard Wortman, "Nicholas II", p. 127. Ver também Mark Steinberg, "Revolution", pp. 39-65; e Orlando Figes, *A People's Tragedy*, pp. 307-53.

147. Vladímir Iosifovitch Gurko, *Features and Figures*, p. 546. Ver também Iu Kiriánov, *Pravye partii*, II, pp. 604-46; e P. Sádikov, "K istorii poslednikh dnei tsarskogo rezhima", pp. 241-2.

148. V. S. Diákin, "Leadership Crisis"; Id., *Russkaia burzhuaziia*, pp. 300-2; Frank A. Golder, *Documents of Russian History*, p. 116; *Sovremennye zapiski*, n. 34, p. 279 (Maklakov), 1928; "Aleksandr Ivanovitch Guchkov rasskazyvaet", *Voprosy istorii*, n. 7-8, p. 205, 1991; Mikhail V. Rodzianko, *Reign of Rasputin*, pp. 244-5, 253-4; William Gleason, "Alexander Guchkov"; Bernard Pares, *Fall of the Russian Monarch*, pp. 427-9; George Katkov, *Russia, 1917*, p. 215; Tsuyoshi Hasegawa, *February Revolution*, p. 187. Pipes desconsidera os complôs como conversa fiada. Richard Pipes, *Russian Revolution*, pp. 269-70.

149. Mark Steinberg e Vladímir M. Khrustalëv, *Fall of the Romanovs*, p. 72; A. L. Hynes, *The Letters of the Tsar*, p. 315 (24 de fevereiro de 1917); *Journal intime de Nicholas II*, p. 93.

150. Mark Steinberg e Vladímir M. Khrustalëv, *Fall of the Romanovs*, p. 73 (carta de Alexandra para Nicolau, 25 de fevereiro de 1917); *Journal intime de Nicholas II*, p. 92. O primeiro telegrama de Khabálov para o quartel-general sobre os distúrbios de Petrogrado foi recebido no dia 25, às 18h08, mas talvez Alekseiev o tenha repassado ao tsar somente no dia seguinte. A. A. Sergueiev, "Fevralskaia revoliutsiia 1917 goda", pp. 4-5; Evguéni I. Martínov, *Tsarskaia armiia*, pp. 80-1.

151. "Que revolução?", zombou a principal figura bolchevique na capital, Aleksandr Chliápnikov, membro do Comitê Central (desde 1915) que também estava próximo do estado de ânimo dos trabalhadores, em 25 de fevereiro de 1917. "Deem aos trabalhadores um pedaço de pão e o movimento acabará!" Tsuyoshi Hasegawa, *February Revolution*, p. 258 (citando Svechnikov, "Vyborgskii raionnyi komitet", pp. 83-4). Ver também "Gibel tsarskogo Petrograda", pp. 39-41; P. E. Schegoliov, *Padenie*, I, pp. 191-4 (Khabálov); II, pp. 231-3 (Beliáev).

152. Vladímir N. Voeikov, *S tsarem*, pp. 195-200.

153. E. D. Tcherménski, *IV Gosudarstvennaia Duma*, p. 196, n. 4, p. 201; Jonathan Daly, *Watchful State*, pp. 189-92; Bernard Pares, *Fall of the Russian Monarchy*, pp. 378-81, 393-6, 416-9.

154. Joseph T. Fuhrmann, *Complete Wartime Correspondence*, p. 6. Havia também o ministro da Guerra Mikhail Beliáev, conhecido como "cabeça morta", um funcionário que Nicolau II caracterizava como "um homem extremamente fraco que sempre cede em tudo". Tsuyoshi Hasegawa, *February Revolution*, pp. 160-3.

155. Mais tarde, Balk foi o primeiro a acusar Khabálov, bem como Beliáev, de indeciso. *Poslednie novosti*, 12 de março de 1921.

156. "Gibel tsarskogo Petrograda", p. 32; E. N. Burdjálov, *Vtoraia Russkaia revoliutsiia*, p. 96; Allan K. Wildman, *End of the Russian Imperial Army*, I, p. 121.

157. Abraham Ascher, *Revolution of 1905*, I, p. 225.

158. E. N. Burdjálov, *Russia's Second Revolution*, pp. 91-3. O plano de contingência para reprimir os protestos de rua na capital não incluía a possibilidade de chamar tropas do front, talvez uma consequência da criação de um distrito militar separado em Petrogrado. Tsuyoshi Hasegawa, *February Revolution*, p. 163.

159. O telegrama de Nicolau II ao general Khabálov não chegou até nós. Temos apenas o testemunho de Khabálov: P. E. Schegoliov, *Padenie*, I, pp. 190-1. Comparar com Evguéni I. Martínov, *Tsarskaia armiia*, p. 81.

160. "Gibel tsarskogo Petrograda", p. 38.

161. Ibid., pp. 39-41; P. E. Schegoliov, *Padenie*, I, pp. 191-4 (Khabálov); II, pp. 231-3 (Beliáev).

162. *Kak russkii narod zavoeval svobodu*, p. 8.

163. Poucas horas depois de se mostrarem inclinados a fazer um acordo com a Duma, os ministros do governo *tomaram a iniciativa* de usar a autoridade do tsar para adiar a Duma! Katkov supôs que o chefe de governo, Nikolai Golítsin, tinha um decreto não datado assinado pelo tsar para adiar a Duma e agiu por conta própria, acrescentando a data. George Katkov, *Russia, 1917*, p. 287. Ver também A. T. Vasilyev, *Ochrana*, p. 215.

164. Nikolai Sukhánov, *Zapiski*, I, pp. 53, 59. Ver também o relato da perspectiva da polícia em Jonathan Daly, *Watchful State*, pp. 201-6.

165. E. N. Burdjálov, *Russia's Second Russian Revolution*, p. 161; Id., *Vtoraia russkaia revoliutsiia*, p. 182. Quando a *okhranka* quis monitorar a confiabilidade política das Forças Armadas, altas patentes militares resistiram, com o sentimento de honra ofendido. A vigilância sobre os militares não teria feito nenhuma diferença. Iain Lauchlan, *Russian Hide-and-Seek*, pp. 333-6.

166. Alguns membros da guarda de Pavlóvski foram presos. "Uma terrível brecha na fortaleza do tsarismo", registrou Sukhánov. Nikolai Sukhánov, *Russian Revolution*, I, p. 29. A respeito do encontro em 26 de fevereiro, Balk relembrou que seu escritório foi visitado por um grande número de autoridades da polícia e do Estado preocupadas com a situação. "Conversando com eles sobre os eventos, não foi mencionado um golpe de Estado. Desordem, sim, mas a Rússia havia experimentado muitas desordens nos últimos anos, e nós, do Ministério do Interior, estávamos longe de ficarmos histéricos; estávamos acostumados ao fato de que não era possível evitar vítimas em ambos os lados, mas a ideia de que as tropas, no final, não reprimiriam a rebelião era impensável." "Gibel tsarskogo Petrograda", pp. 42-3.

167. As palavras do general K. I. Globachiov: Rafail Ganélin, "The Day Before the Downfall", pp. 245-55; Rafail Ganélin et al., "Vospominaniia T. Kirpichnikova", pp. 178-95. Sobre a recusa dos cossacos da região do Don, em dezembro de 1916, de atirar nas mulheres cujos maridos estavam no front, ver Barbara Engel, "Not by Bread Alone", pp. 712-6.

168. "Fevralskaia revoliutsiia i okhrannoe otdelenie", *Byloe*, 29 de janeiro de 1918, pp. 175-6.

169. Tsuyoshi Hasegawa, *February Revolution*, pp. 233-8. "Não sei quantas colisões vi naqueles dias", relembrou um motorista de veículo blindado, Viktor Chklóvski. Viktor Chklóvski, *Sentimental Journey*, p. 16.

170. A. A. Sergueiev, "Fevralskaia revoliutsiia 1917 goda", p. 8 (telegrama de Khabálov para Nicolau II, 27 de fevereiro, enviado às 12h10, recebido às 12h20); pp. 15-6 (telegrama de Khabálov para Alekseiev, 27 de fevereiro, enviado às 20h, recebido às 0h55).

171. Na noite de 27 de fevereiro, Balk pediu evidentemente permissão ao ministro do Interior para recuar com as tropas para Tsárskoe Seló. "O quê? Você, chefe da cidade, acha que vai se retirar de Petrogrado? O que é isto?" P. E. Schegoliov, *Padenie*, II, pp. 149-50 (Protopópov). Protopópov confundiu a data.

172. Vassíliev, o último chefe do Departamento de Polícia tsarista, estava correto quando escreveu que "não há possibilidade de suprimir a revolta". Mas, como muitos depois dele, atribuiu erroneamente essa impossibilidade a uma falta de unidades militares confiáveis na capital, sustentando que, "com alguns regimentos confiáveis, seria possível manter a ordem em Petersburgo com bastante facilidade". A. T. Vasilyev, *Ochrana*, p. 221.

173. P. E. Schegoliov, *Padenie*, V, pp. 32-49 (p. 38) (Frederiks).

174. A. A. Búblikov, *Russkaia revoliutsiia*, p. 17; V. Kantoróvitch e D. Zaslávski, *Khronika fevralskoi revoliutsii*, pp. 28-9; M. Skóbelev, "Gibel tsarizma"; Robert Paul Browder e Alexander F. Kerensky, *Russian*

780

Provisional Government, I, pp. 41-7; Richard Abraham, *Kerensky*, pp. 131-2; E. D. Tcherménski, "Nachalo vtoroi rossiiskoi revoliutsii", p. 99. Ver também Semyon Lyandres, "On the Problem of 'Indecisiveness'".

175. *Izvestiia*, 28 de fevereiro de 1917, em Frank A. Golder, *Documents of Russian History*, pp. 287-8; N. Avdeiev, *Revoliutsiia 1917 goda*, I, p. 41; A. Blok, "Poslednie dni tsarizma", *Byloe*, n. 15, p. 28, 1919. Um "grupo central operário" se formara em novembro de 1915 como ligação entre o comitê militar-industrial e os operários. Outra fonte do soviete foi um grupo de liderança em Petrogrado, todo do Partido Socialista, que começara a se aglutinar em novembro de 1916 e se encontrou com frequência logo antes e durante os dias de fevereiro. Michael S. Melancon, *Socialist Revolutionarie*, pp. 256-64.

176. V. V. Chulhguin, *Dni*, p. 127. O príncipe Nikolai Golítsin, último primeiro-ministro (nomeado em dezembro de 1916), alegara doença e implorara a Nicolau II para não o designar. P. E. Schegoliov, *Padenie*, I, p. 331 (Golítsin). Ver também Zinaída Gippius, *Siniaia kniga*, pp. 75-6 (página do diário de 25 de fevereiro de 1917).

177. Vladímir N. Voeikov, *S tsarem*, p. 175.

178. Robert Paul Browder e Alexander F. Kerensky, *Russian Provisional Government*, I, p. 86; Semyon Lyandres, "'O Dvortsovom perevorote ia pervyi raz uslyshal posle revoliutsii...'", p. 252.

179. Nicolau II notou "expressões assustadas", mas também que Alekseiev queria "um homem muito enérgico" para assumir a responsabilidade de restaurar a ordem. Mark Steinberg e Vladímir M. Khrustalëv, *Fall of the Romanovs*, p. 83. Ver também Paul Beckendorff, *Last Days*, pp. 2-3.

180. Evguéni I. Martínov, *Tsarskaia armiia*, pp. 114-5; Aleksánder I. Spiridóvitch, *Velikaia voina i fevralskaia revoliutsiia*, III, pp. 240 ss.; P. E. Schegoliov, *Padenie*, V, pp. 317-8 (Ivanov); George Katkov, *Russia, 1917*, pp. 315-6; Tsuyoshi Hasegawa, *February Revolution*, pp. 461-4.

181. Tsuyoshi Hasegawa, *February Revolution*, pp. 473-92.

182. Evguéni I. Martínov, *Tsarskaia armiia*, p. 145; A. A. Sergueiev, "Fevralskaia revoliutsiia 1917 goda", p. 31; S. N. Viltchkóvski, "Prebyvanie Gosudaria Imperatora v Pskove 1 I 2 marta 1917 goda, po razskazu general-ad'iutanta N. V. Ruzskogo", *Russkaia letopis*, n. 3, p. 169, 1922. Alekseiev, por conta própria, já mandara Ivanov desistir. A. A. Sergueiev, "Fevralskaia revoliutsiia 1917 goda", p. 31.

183. Em fevereiro de 1916, em vez de convocar os deputados da Duma ao Palácio de Inverno, como era costume nas raras ocasiões em que Nicolau II se dignou a encontrá-los, o tsar fora em pessoa ao Palácio Tauride da Duma. Após o Te Deum, Nicolau falou (suas palavras foram inaudíveis para muitos), e depois cantou-se espontaneamente o hino da Rússia, "Deus salve o tsar". Mas os bons sentimentos do gesto de Nicolau logo se dissiparam. Rodzianko pediu-lhe de novo um "governo responsável". "Vou pensar nisso", respondeu Nicolau, ao sair. Mikhail V. Rodzianko, *Krushenie imperii*, pp. 149-50; D. Dubénski, *Ego Imperatorskoe Velichestvo Gosudar Imperator Nikolai Aleksandrovitch*, IV, p. 221. Ver também Maurice Paléologue, *La Russie*, II, p. 196; e P. N. Miliukov, *Vospominaniia*, II, p. 226.

184. Mark Steinberg e Vladímir M. Khrustalëv, *Fall of the Romanovs*, pp. 103-5; A. A. Sergueiev, "Fevralskaia revoliutsiia 1917 goda", pp. 55-9.

185. A. A. Sergueiev, "Fevralskaia revoliutsiia 1917 goda", pp. 72-3.

186. Mark Steinberg e Vladímir M. Khrustalëv, *Fall of the Romanovs*, p. 93. De início, Nicolau não mencionou a abdicação para Alexandra, a quem deram a entender somente que o tsar fizera "concessões" (que na visão dela poderiam ser retiradas). Joseph T. Fuhrmann, *Complete Wartime Correspondence*, pp. 699-701. "Nunca esqueça que você é e deve continuar a ser [um] imperador autocrático", ela o exortaria. A. L. Hynes, *The Letters of the Tsar*, p. 105.

187. Mark Steinberg e Vladímir M. Khrustalëv, *Fall of the Romanovs*, p. 107; *Journal intime de Nicholas II*, p. 93. Katkov havia argumentado que Nicolau II já estava destruído por ter concedido um governo parla-

mentar, violando desse modo o princípio autocrático, de tal modo que a abdicação em si mesma, contra o senso comum, implicava um passo menor. George Katkov, *Russia, 1917*, p. 323.

188. Serguei S. Oldenburg, *Gosudar Imperator Nikolai II Aleksandrovitch*, pp. 29-31; Serguei S. Oldenburg, *Last Tsar*, IV, pp. 152-61; Vladímir N. Voeikov, *S tsarem*, pp. 207-19; N. S. Russky, "An Account of the Tsar's Abdication"; Iu Danílov, "Moi vospominaniia", pp. 223-34; G. Danílov, "How the Tsar Abdicated"; Sir Peter Bark, "Last Days of the Russian Monarchy". Como um estudioso resumiu, "o Exército, de fato, destruiu o velho regime simplesmente por não defendê-lo". Matitiahu Mayzel, *Generals and Revolutionaries*, p. 49.

189. No outono de 1917, a Rússia já tinha ao menos 1 milhão de desertores. Mikhail Frénkin, *Russkaia armiia*, p. 197.

190. Iu Danílov, "Moi vospominaniia", p. 221; A. A. Sergueiev, "Fevralskaia revoliutsiia 1917 goda", pp. 37-40; Allan K. Wildman, *End of the Russian Imperial Army*, I, p. 120.

191. Oleg Airapetov, "Revolution and Revolt", pp. 94-118 (p. 114).

192. Para um argumento de que o movimento de Alekseiev contra Nicolau II equivaleu a um golpe de Estado de facto, ver Eric Lohr, "War and Revolution", II, pp. 658, 664-5. Sobre as tomadas de poder pelos militares, ver Ellen Kay Trimberger, *Revolution from Above*.

193. William C. Fuller, *Civil-Military Conflict*, pp. 228, 262.

194. Matitiahu Mayzel, *Generals and Revolutionaries*, pp. 78-9; V. V. Chulhguin, *Days*, pp. 180-3; William C. Fuller, *Civil-Military Conflict*, pp. 259-63. Ver também John W. Steinberg, *All the Tsar's Men*.

195. P. E. Schegoliov, *Padenie*, VI, pp. 263-6 (Gutchkov); de Nicolas de Basily, *Memoirs*, pp. 127-31. "Quem ficaria com ele?" Chulhguin havia perdido a esperança em Nicolau II. "Ele não tem ninguém, ninguém." V. V. Chulhguin, *Gody*, p. 459.

196. Mark Steinberg e Vladímir M. Khrustalëv, *Fall of the Romanovs*, pp. 96-100 (p. 98).

197. William Henry Chamberlin, *Russian Revolution*, I, p. 85; Aleksandr V. Ostróvski, *Kto stoial*, pp. 418-23; V. I. Chveitzer, "V achinskoi ssylke"; Id., *Stalin v Turukhanskoi ssylke*, RGASPI, f. 558, op. 4, d. 662, l. 275 (Chveitzer); Baikalov, "Moi vstrechi s Osipom Dzhugashvili", p. 118; A. Baikaloff, *I Knew Stalin*, pp. 27-30; David Tutaev, *Alliluyev Memoirs*, pp. 189-90; Aleksandr G. Chliápnikov, *Kanun semnadtsatogo goda*, II, pp. 444-6; Simon Sebag Montefiore, *Young Stalin*, p. 304.

6. O SALVADOR CALMUCO [pp. 195-244]

1. *VI siezd*, pp. 111-2, p. 114.
2. Leon Trotsky, *History of the Russian Revolution*, II, p. 150 (citando o deputado da Duma Fiódor I. Rodítchev, membro do Comitê Central dos Cadetes).
3. V. A. Karpínski, "Vladimir Ilich za granitsei", II, pp. 105-6; Orlando Figes, *A People's Tragedy*, p. 385. No mês anterior, o impaciente Lênin lamentara em discurso feito para jovens socialistas suíços: "Nós, os mais velhos, não sobreviveremos para ver as batalhas decisivas da revolução vindoura". PSS, XXX, p. 328; Robert C. Tucker, *Lenin Anthology*, p. 292.
4. P. K. Kornakov, "Znamena Fevralskoi revoliutsii", pp. 12-26; Id., "Opyt privlecheniia veksilologicheskikh pamiatnikov dlia resheniia geral' dicheskikh problem".
5. John Keep, *Russian Revolution*, p. ix. Somente uma em nove aldeias tinha um "soviete" antes de outubro de 1917.
6. Howard J. White, "1917 in the Rear Garrisons", pp. 152-68 (pp. 152-3).
7. Mark Steinberg, *Moral Communities*; Id., "Workers and the Cross".
8. William G. Rosenberg, "Representing Workers".

9. Boris I. Kolonítski, "Anti-Bourgeois Propaganda".

10. A. A. Kizevétter, "Moda na sotsializm".

11. Nikolai Sukhánov, *Zapiski*, II, pp. 265-6. Sukhánov, procurado pela polícia, vivia ilegalmente na capital, escondido sob seu nome verdadeiro (Himmer), que usou para obter um cargo no Ministério da Agricultura de especialista para a irrigação no Turquestão.

12. Roy Stanley de Lon, "Stalin and Social Democracy", p. 198.

13. *Pravda*, 18 de abril de 1917 (1º de maio no calendário russo), em *Sochineniia*, II, pp. 37-8.

14. Em todos os volumosos escritos de Lênin de julho a outubro de 1917 (v. XXXIV de *PSS*), o nome de Stálin é mencionado apenas uma vez. Robert H. McNeal, *Stalin's Works*, pp. 51-7. Stálin também participou da comissão bolchevique que preparou as eleições para a Assembleia Constituinte e apareceu na lista de candidatos. (Um de seus distritos eleitorais (Stavropol) teve de lhe escrever para perguntar pelo seu nome verdadeiro, idade, endereço e ocupação, a fim de obedecer à lei de registro de candidatos. Robert H. McNeal, *Stalin*, pp. 35-6 (citando *Perepiska Sekretariata TsK RSDRP (b)*, I, p. 378).

15. O nome do órgão do partido mudou várias vezes em 1917, em resposta aos esforços para fechá-lo: *Rabochii i soldat* (23 de julho-9 de agosto), *Proletarii* (13-24 de agosto), *Rabochii* (25 de agosto-2 de setembro) e *Rabochii put* (3 de setembro-26 de outubro).

16. "A versão antiga (do autoritarismo) era o governo de poucos em nome de poucos; o autoritarismo moderno é o governo de poucos em nome de muitos." Amos Perlmutter, *Modern Authoritarianism*, p. 2.

17. *Sobranie uzakonenii i rasporiazhenii pravitelstva*, n. 54, p. 344, 6 de março de 1917; Frank A. Golder, *Documents of Russian History*, pp. 297-8; P. E. Schegoliov, *Otrechenie Nikolaia II*; Evguéni I. Martínov, *Tsarskaia armiia*, p. 160; *Last Days at Tsarskoe Selo*, pp. 46-7. "Não posso me separar dele", disse Nicolau a respeito de Aleksei a Chulhguin e Gutchkov. Serguei P. Melgunov, *Martovskie dni*, p. 192 (citando as anotações estenográficas da reunião em Pskov); Mark Steinberg e Vladímir M. Khrustalëv, *Fall of the Romanovs*, pp. 96-100.

18. Nicolas de Basily, *Memoirs*, pp. 119-20.

19. Serguei P. Melgunov, *Martovskie dni*, pp. 226-7; P. N. Miliukov, "From Nicholas II to Stalin". Kerenski prenderia o grão-duque quatro meses depois sob acusações forjadas de traição; o grão-duque foi executado em 12 de junho de 1918.

20. Mikhail V. Rodzianko, em I. V. Guéssen, *Arkhiv russkoi revoliutsii*, VI, p. 62; V. V. Chulhguin, *Dni*, pp. 295-307; Evguéni I. Martínov, *Tsarskaia armiia*, p. 181; P. N. Miliukov, *Istoriia vtoroi*, I, pp. 53-5; Id., *Vospominaniia*, II, pp. 316-8.

21. Os dois juristas eram Vladímir Nabókov e Boris Nolde. Vladímir Nabókov, "Vremennoe pravitelstvo", pp. 17-22; Boris Nolde, "V. D. Nabokov v 1917 g.", em I. V. Guéssen, *Arkhiv russkoi revoliutsii*, VII, pp. 5-14 (pp. 6-8); Vergil D. Medlin e Steven L. Powers, *V. D. Nabokov*, pp. 17-28, 49-55; Serguei P. Melgunov, *Martovskie dni*, pp. 356-7; George Katkov, *Russia, 1917*, pp. 409-15; Peter Holquist, "Dilemmas". Tampouco a Duma poderia transferir legalmente o poder supremo para o Governo Provisório: As Leis Fundamentais de 1906 não concediam à Duma nem mesmo autoridade legislativa plena e, de qualquer modo, Nicolau II havia suspendido a legislatura.

22. P. N. Miliukov, *Vospominaniia*, II, p. 299; V. V. Chulhguin, *Dni*, p. 182; Vladímir Nabókov, *Vremennoe pravitelstvo*, pp. 67-8. Parece que Miliukov decidiu, por conta própria, não enraizar o governo na Duma, em parte para excluir seu presidente, Mikhail Rodzianko. Essa Duma era também a do "golpe" eleitoral de 1907 de Stolypin, que os cadetes haviam denunciado. Em 1920, Miliukov viria a se arrepender da decisão de deixar de lado Rodzianko em favor do medíocre príncipe Lvov. Em 1920, Rodzianko emigrou para o novo reino dos sérvios, croatas e eslovenos, onde morreu na penúria quatro anos depois, aos 64 anos.

23. N. E. Kakúrin, *Razlozhenie armii*, pp. 25-7; E. N. Burdjálov, *Russia's Second Revolution*, p. 179.

24. V. N. Stórojev, "Fevralskaia revoliutsiia 1917 g."; Vladímir Nabókov, *Vremennoe pravitelstvo*, pp. 39-40; Vitáli I. Stártsev, *Vnutrenniaia politika*, pp. 114-6. Afinal, o Governo Provisório manteve todas as leis tsaristas não expressamente revogadas e emendadas até um momento em que uma Assembleia Constituinte pudesse ser convocada.

25. O Estado subsidiava a publicação de centenas de milhares de exemplares das "resoluções" da Duma. Em junho de 1917, um Congresso dos Sovietes votou para "abolir" a Duma; na verdade, o Governo Provisório aboliu-a formalmente em 7 de outubro, como foi anunciado nos jornais. Vera Vladímirova, *Kontr-revoliutsiia*, p. 72; A. Drezen, *Burzhuaziia i pomeshchiki 1917 goda*, pp. 4-5; B. D. Galhpérina et al., "Chastnye soveshchanii gosudarstvennoi dumy", pp. 111-7.

26. P. N. Miliukov, *Istoriia vtoroi*, I/i, p. 51; Id., *The Russian Revolution*, I, p. 36.

27. Robert Paul Browder e Alexander F. Kerensky, *Russian Provisional Government*, I, pp. 135-6.

28. Lionel Kochan, "Kadet Policy in 1917". Ver também P. N. Miliukov, *Istoriia vtoroi*, I/i, p. 51; Id., *The Russian Revolution*, I, p. 36.

29. Fiódor A. Gaidá, *Liberalnaia oppozitsiia*. Um retrato anterior dos liberais durante a guerra mostrava-os como covardes e sem sede de poder: Raymond Pearson, *The Russian Moderates*.

30. Hoover Institution Archives, Alexander F. Kerensky Papers, caixa 1, pasta 19: "The February Revolution Reconsidered", 12 de março de 1957, com Leonard Schapiro (texto datilografado com partes riscadas); Schapiro é admirador de Kerenski. Ver também Hans Rogger, *Russia in the Age of Modernization*, p. 25. O último chefe da *okhranka* admitiu que sua agência mantivera Kerenski sob vigilância, mas "infelizmente" seu alvo "tinha imunidade por ser membro da Duma"; Vassíliev escreveu ao ministro da Justiça para pedir a revogação dessa imunidade, mas, antes que a resposta chegasse, Kerenski assumiu o Ministério da Justiça e leu o pedido de Vassíliev. "Em sua [nova] posição", acrescentou Vassíliev, Kerenski "tomou conhecimento da proposta que eu havia feito de restringir sua liberdade." A .T. Vasilyev, *Ochrana*. pp. 213-4. Vassíliev morreu em Paris em 1928.

31. A. P. Zviágintseva, "Organizatsiia i deiatelnost militsii Vremmenogo pravitelstva Rossii"; Tsuyoshi Hasegawa, "Crime, Police and Mob Justice", pp. 241-71. Ao menos um grande criptógrafo-analista da *okhranka* escapou para a Inglaterra e ajudou Londres a decifrar os códigos soviéticos durante a década de 1920.

32. N. Avdeiev, *Revoliutsiia 1917 goda*, I, p. 73; Vergil D. Medlin e Steven L. Powers, *V. D. Nabokov*, pp. 62-3, 83-4; B. Dubentsov e A. Kulikov, "Sotsialnaia evoliutsiia vysshei tsarskoi biurokratii", pp. 75-84; Daniel Orlovsky, "Reform During Revolution", pp. 100-25; William G. Rosenberg, *Liberals*, p. 59. Sobre a Revolução de Fevereiro nas províncias, ver Marc Ferro, *La Révolution de 1917*, pp. 126-31. Para Moscou, ver E. N. Burdjálov, "Revolution in Moscow". Para o Turquestão, Adeeb Khalid, "Tashkent 1917".

33. S. Kulikov, "Vremennoe pravitelstvo", pp. 81-3; Allan K. Wildman, *End of the Russian Imperial Army*, I, p. 3. Sobre os exércitos em crises políticas e revoluções, ver Samuel E. Finer, *Man on Horseback*.

34. Michael S. Melancon, "From the Head of Zeus".

35. Victor M. Tchernov, *Great Russian Revolution*, p. 103. O soviete correspondia mal às filiações partidárias, frustrando não somente Tchernov.

36. Boyd, "Origins of Order Number 1"; Aleksandr G. Chliápnikov, *Semnatsadtyi god*, I, p. 170; Allan K. Wildman, *End of the Russian Imperial Army*, I, p. 189.

37. Tsuyoshi Hasegawa, *February Revolution*, p. 396.

38. *Izvestiia*, 2 de março de 1917; Frank A. Golder, *Documents of Russian History*, pp. 386-7; Robert Paul Browder e Alexander F. Kerensky, *Russian Provisional Government*, II, pp. 848-9; Aleksandr G. Chliápnikov, *Semnatsadtyi god*, I, pp. 212-3; G. I. Zlokázov, *Petrogradskii Sovet rabochikh*, pp. 58-62; Viktor I.

Miller, *Soldatskie komitety russkoi arm*, pp. 25-30. Ver também a versão um pouco diferente no *Pravda*, 9 de março de 1917.

39. Vergil D. Medlin e Steven L. Powers, *V. D. Nabokov*, p. 88; Aleksandr G. Chliápnikov, *Semnadtsatyi god*, II, p. 236; L. S. Gaponenko, *Revoliutsionnoe dvizhenie*, pp. 429-30. O próprio Gutchkov iria em maio.

40. Frank A. Golder, *Documents of Russian History*, pp. 386-90; Robert Paul Browder e Alexander F. Kerensky, *Russian Provisional Government*, II, pp. 851-4. A Ordem nº 2 não foi publicada no principal órgão do soviete. A Ordem nº 3, que foi publicada, reiterava a proibição de eleições para oficiais. *Izvestiia*, 8 de março de 1917.

41. O príncipe E. N. Trubetskoi, membro dos Cadetes, captou também as esperanças das elites, escreven-do que "todos participaram da revolução, todos a fizeram: o proletariado, os militares, a burguesia e até a nobreza". *Rech*, 5 de março de 1917. Sobre os temores da elite, ver Richard Pipes, *Russian Revolution*, p. 289.

42. V. M. Purichkevitch, *Bez zabrala*, pp. 3-4. Foi também impresso em Moscou e Moguiliov, e circulou datilografado entre o Exército e a Marinha.

43. Id., *Vpered!*; *Moskovskie vedmoosti*, 23 de julho de 1917, pp. 1-3. Ver também P. Ch. Tchkhartichvíli, "Chernosotentsy v 1917 godu", *Voprosy istorii*, n. 8, pp. 133-43, 1997.

44. Matthew Rendle, *Defenders of the Motherland*.

45. *Novaia zhizn*, 29 de junho de 1917. Górki havia trabalhado numa barcaça.

46. Shafiga Daulet, "The First All-Muslim Congress of Russia"; Tamurbek Davletchin, *Sovetskii Tatarstan*, pp. 64-5; Azade-Ayse Rorlich, *Volga Tatars*, pp. 127-9; S. M. Dimanshtein, *Revoliutsiia i natsionalnyi vo-pros*, III, pp. 294-5.

47. "A grande tarefa está cumprida!", declarou o Governo Provisório em 6 de março de 1917. "Nasce uma Rússia nova e livre." *Vestnik vremmenogo pravitelstva*, 7 de março de 1917, em Robert Paul Browder e Alexander F. Kerensky, *Russian Provisional Government*, I, p. 158; *Rech*, 8 de março de 1917, p. 5; Fiódor Stepun, *Byvshee i nebyvsheesia*, II, pp. 48-9.

48. Leonard Schapiro, "The Political Thought of the First Provisional Government", em Richard Pipes, *Revolutionary Russia*, pp. 97-113; Howard J. White, "Civil Rights", pp. 287-312.

49. *Rechi A. F. Kerenskogo* (Kiev, 1917), p. 8. Em abril de 1917, Kerenski disse aos soldados da linha de frente: "Podemos desempenhar um papel colossal na história mundial se conseguirmos fazer com que outras nações percorram o nosso caminho". *A. F. Kerenskii ob armii i voine* (Odessa, 1917), pp. 10, 32; *Rech A. F. Kerenskogo, voennogo i morskogo ministra, tovarishcha predsedatelia Petrogradskogo Soveta rabochikh i soldatskikh deputatov, proiznesennaia im 29 aprelia, v soveshchanii delegatov fronta* (Moscou, 1917), p. 3; Harvey J. Pitcher, *Witnesses*, p. 61. Irakli Tseretéli, líder soviético, anteviu "a vitória final da democracia dentro do país e para além de suas fronteiras". I. G. Tseretéli, *Vospominaniia*, I, p. 147.

50. "No momento", observou o eminente estudioso e político cadete Vladímir Vernádski em maio de 1917, "temos democracia sem a organização da sociedade." Peter Holquist, *Making War*, p. 49 (citando *Rech*, 3 de maio de 1917).

51. Os liberais clássicos também redescobriram rapidamente a importância da "consciência de estado" (*gosudarstvennost*). William G. Rosenberg, *Liberals*, pp. 134-69; Peter Holquist, *Making War*, pp. 49-51.

52. Anton Deníkin, que lutou lado a lado com Kornílov na Galícia dos Habsburgo, comentou que "ele era extremamente resoluto na condução das operações mais difíceis e até aparentemente condenadas ao fracasso. Tinha uma coragem pessoal incomum que impressionava muito seus soldados e o tornava extre-mamente popular entre eles". A. I. Deníkin, *Ocherki russkoi smuty*, pp. 145-6. Ver também Alexander F. Kerensky, *The Catastrophe*, p. 297.

53. Alexander F. Kerenski, "Lenin's Youth — and My Own", p. 69. Mais tarde, Kerenski chegaria ao ponto de alegar que "depois da morte do velho Uliánov, meu pai, graças a sua íntima associação com a família Uliánov, tornou-se o guardião dela". Alexander F. Kerenski, *The Catastrophe*, p. 79.

54. Victor M. Tchernov, *Great Russian Revolution*, p. 174.

55. Boris I. Kolonítski, "Kerensky", pp. 138-49; Id., "'Democracy' in the Consciousness of the February Revolution"; V. B. Stankévitch, *Vospominaniia*, p. 65.

56. Iain Lauchlan, *Russian Hide-and-Seek*, p. 48; Howard J. White, "Civil Rights", p. 295.

57. "A ele vinham os honestos e os desonestos, os sinceros e os intrigantes, líderes políticos e militares e aventureiros", escreveu o general Deníkin, "e todos com uma única voz gritavam: Salve-nos!" Leon Trotsky, *History of the Russian Revolution* [1961], p. 463.

58. Sheila Fitzpatrick, "The Civil War", pp. 57-76 (p. 74).

59. Robert V. Daniels, *Red October*, pp. 12-3.

60. Krista Lynn Sigler, "Kshesinskaia's Mansion"; Coryne Hall, *Imperial Dancer*; Leon Trotsky, *History of the Russian Revolution*, III, pp. 58-61. Bandos armados tomaram a propriedade em março de 1917. O advogado de Krzesińska apelou ao Governo Provisório por reintegração, em vão, mas ela conseguiu uma decisão favorável dos tribunais (a ordem de despejo dos bolcheviques só chegou em junho e não foi imediamente cumprida).

61. M. Kchesínskaia, *Vospominaniia*, p. 191.

62. Reagindo a rumores de que a mansão se tornara um antro de orgias, sabás de feiticeiras e depósito de armas, a polícia, com a concordância do Soviete de Petrogrado, expulsou os ocupantes. "Somando no total em torno de cem, eles eram a escória mais baixa da humanidade dos cortiços de Petrogrado, vestidos com farrapos e com rostos de aparência maldosa onde se viam todos os sinais de libertinagem e vício", relembrou Boris Nikítin, chefe do Escritório de Contrainteligência, que era ele mesmo objeto de rumores indecentes. Ele acrescentou: "A maioria deles obviamente não usava água e sabão havia anos. [...] Entre os prisioneiros havia cerca de trinta que poderiam ser mulheres, a julgar por suas roupas". Nikítin, *Fatal Year*, pp. 82-98; Nikolai Sukhánov, *Russian Revolution*, II, pp. 386-8.

63. *Vestnik istorii*, n. 4, p. 26, 1957.

64. Alexandre S. Bennigsen e S. Enders Wimbush, *Muslim National Communism*, p. 16.

65. Rex A. Wade, "Why October?".

66. Em março, o Governo Provisório havia discutido, caso Lênin voltasse, se deveriam permitir que entrasse no país. Vergil D. Medlin e Steven L. Powers, *V. D. Nabokov*, p. 143.

67. A viagem de Lênin foi arranjada por Jacob Fürstenberg, também conhecido como Ganetski, um socialista austro-polonês com um negócio de contrabando que trabalhava para Aleksandr Helphand, conhecido como Parvus, um judeu nascido em Minsk, social-democrata alemão, detentor de um doutorado e aproveitador da guerra. Evguénia Sumenson, que foi detida em julho de 1917 pela contrainteligência do Governo Provisório, confirmou que lidava com dinheiro, e inclusive com o recebimento de mais de 2 milhões de rublos, que seriam todos de Ganetski. Após fevereiro de 1917, consta que a correspondência de Lênin com Ganetski só foi superada pelas cartas para Inessa Armand. David Shub, *Lenin*, p. 182; Serguei P. Melgunov, "*Zolotoi nemetskii klyuchik*", p. 157; Werner Hahlweg, *Lenins Rückkehr nach Russland*, pp. 15-6; *PSS*, XLIX, p. 406; N. K. Krúpskaia, *Memories of Lenin*, II, pp. 200-12. Ganetski continuou a prestar serviços financeiros para Lênin depois que os bolcheviques estavam no poder, mas, em 1937, foi preso, torturado e executado como espião polonês-alemão e trotskista; na verdade, Stálin enviara Ganetski à Polônia em setembro de 1933 para recuperar um arquivo de Lênin. D. A. Volkogónov, *Lenin: Life and Legacy*, pp. 127-8. A ideia de abordar os alemães talvez tenha sido originalmente de Mártov.

68. Philipp Scheidemann, *Memoiren enies Sozialdemokraten*, pp. 427-8; Gerald Freund, *Unholy Alliance*, p. 1.

69. Na fronteira alemã, os passageiros mudaram para um trem de dois vagões (um para os russos, outro para a escola alemã) que os levou a um porto no Báltico, onde embarcaram num vapor sueco para a Suécia, de onde foram de trem para a Finlândia, atravessaram a fronteira finlandesa em trenós e embarcaram num último trem que percorreu os cerca de trinta quilômetros até Petrogrado. Fritz Platten, *Die Reise Lenins*, p. 56; G. Zinóviev, *God revoliutsii*, p. 503; Werner Hahlweg, *Lenins Rückkehr nach Russland*, pp. 99-100; Aleksandr G. Chliápnikov, *Kanun semnadtsatogo goda*, II, pp. 77-8; Karl Radek, *Living Age*, 25 de fevereiro de 1922, p. 451; Alfred Erich Senn, *Russian Revolution in Switzerland*, pp. 224-8. Radek ficou em Estocolmo até outubro.

70. Mártov e seus camaradas mencheviques esperaram pela permissão oficial do Ministério das Relações Exteriores russo e voltaram para a Rússia cerca de um mês depois de Lênin, em 9 de maio de 1917, deixando para outros mencheviques que já estavam na Rússia a tarefa de responder ao desafio das teses de abril de Lênin. Israel Getzler, *Martov*, pp. 147-50.

71. George Katkov, "German Foreign Office Documents".

72. G. Ia. Sokólnikov, "Avtobiografiia", em G. Ia. Sokólnikov, *Novaia finansovaia politika*, pp. 39-50 (p. 42).

73. Maurice Paléologue, *La Russie*, III, pp. 305, 307-8. Muito depois, Miliukov diria em suas memórias que naquela época não tinha conhecimento da "nova" postura de Lênin. P. N. Miliukov, *Vospominaniia*, I, p. 337.

74. Andreiev, *Vospominaniia*, pp. 52-5.

75. Judith Pallot, *Land Reform in Russia*; Pojigáilo, *P. A. Stolypin*. Aqueles que afirmam que na véspera da guerra a questão da terra na Rússia estava sendo melhorada têm razão. V. S. Frank, "The Land Question".

76. Menos da metade da pequena nobreza (talvez um ou dois em cada cinco) vivia dos frutos da terra em 1914. Seymour Becker, *Nobility and Privilege*, p. 28.

77. Um estudioso observou que "os generais pareciam estar falando e agindo como revolucionários". George L. Yaney, *Urge to Mobilize*, p. 418.

78. K. G. Kotélnikov e V. L. Mueller, *Krestianskoe dvizhenie*; Eric Lohr, *Nationalizing the Russian Empire*; Ivan Sóbolev, *Borba s "nemetskim zasiliem"*. A Igreja ortodoxa e a coroa (a família imperial) também possuíam uma quantidade considerável de terras.

79. Teodor Shanin, *Awkward Class*, pp. 145-61.

80. V. Keller e I. Romanenko, *Pervye itogi agrarnoi reformy*, p. 105.

81. "The Peasants' Revolution", em Robert V. Daniels, *Russian Revolution*, pp. 87-91. O mais intrigante relato da revolução camponesa talvez se encontre na ficção de Yevgeny Zamyatin, "Comrade Churygin Has the Floor", pp. 193-203.

82. Alexis N. Antsiferov, *Russian Agriculture*, pp. 290-6; John Keep, *Russian Revolution*, pp. 211-2.

83. Figes fala de uma resposta localizada e orientada para as aldeias de um governo de base urbana, em grande medida insensível. Ele também observa que os camponeses expulsaram a pequena nobreza mediante tomadas de terra, mas não derrubaram as instituições tradicionais do governo local. Orlando Figes, *Peasant Russia*, pp. 42, 66-7.

84. John Channon, "Tsarist Landowners". No final de 1927, mais de 10 750 membros da pequena nobreza rural ainda viviam em suas propriedades na RSFSR, porém mais de 4 mil foram expulsos, pondo mais terra nas mãos dos camponeses. V. P. Danílov, *Rural Russia*, p. 98.

85. Richard Pipes, *Russian Revolution*, pp. 717-8; M. P. Kim, *Istoriia Sovetskogo krestianstva*, p. 16; V. P. Danílov, *Pereraspredelenie zemel'nogo fonda Rossii*, pp. 283-7; Dorothy Atkinson, *End of the Russian Land Commune*, pp. 178-80; A. D. Maliávski, *Krestianskoe dvizhenie*.

86. Neil Harding, *Leninism*, pp. 92-5.

87. "Protokoly i rezoliutsii Biuro TsK RSDRP (b) (mart 1917 g.)", *Vestnik istorii KPSS*, n. 3, p. 143, 1962; Robert C. Tucker, *Stalin as Revolutionary*, p. 163; Adam B. Ulam, *Stalin*, pp. 132-4.

88. *Pravda*, 15 de março de 1917. Mólotov recordaria que Kámenev e Stálin "me expulsaram porque tinham mais autoridade e eram dez anos mais velhos". Feliks Chuev, *Molotov Remembers*, p. 91.

89. Aleksandr G. Chliápnikov, *Semnadtsatyi god*, I, pp. 219-20; Robert Slusser, *Stalin in October*, pp. 46-8. Mais tarde, Stálin pediu desculpas por sua "postura errada" ao chegar de volta à capital em março de 1917. *Sochineniia*, VI, p. 333.

90. F. F. Raskólnikov, *Krosnshtadt i piter*, p. 54.

91.Lars Lih, "The Ironic Triumph of 'Old Bolshevism'".

92. Live Kámenev, *Mezhdu dvumia revoliutsiiami*.

93. E. N. Burdjálov, *Vestnik istorii*, n. 4, p. 51, 1956; V. E. Poletáev, *Revoliutsionnoe dvizhenie*, pp. 15-6; Robert C. Tucker, *Stalin as Revolutionary*, p. 168.

94. *PSS*, XXXI, pp. 72-8; Robert Slusser, *Stalin in October*, p. 60; Leon Trotsky, *History of the Russian Revolution* [1961], pp. 312-3. No dia seguinte à publicação, 8 de abril, uma reunião do Comitê Bolchevique da Cidade de Petersburgo decidiu por treze votos a dois rejeitar a posição de Lênin. (O comitê bolchevique da capital não mudou seu nome para Petrogrado.)

95. M. N. Tsapenko, *Vserossiiskoe soveshchanie soveta rabochikh*; N. Avdeiev, *Revoliutsiia 1917 goda*, I, pp. 114, 162-3. "É pura merda!", gritou Lênin, quando estava no exílio e leu o discurso de Tchkheidze, líder do Soviete de Petrogrado. "Vladímir, que linguagem!", Krúpskaia supostamente interveio. Lênin: "Repito: merda!". Michael Futrell, *Northern Underground*, p. 154.

96. Nikolai Sukhánov, *Zapiski*, III, pp. 26-7; VII, p. 44.

97. "A Rússia *neste momento*", declarou Lênin, "é o mais livre de todos os países beligerantes do mundo", e os revolucionários tinham de tirar vantagem dessa liberdade. *PSS*, XXXI, pp. 113-6; Robert V. Daniels, *Red October*, p. 4; Robert Service, *Lenin*, II, p. 157.

98. *Leninskii sbornik*, VII, pp. 307-8. Não temos a transcrição do discurso nem da discussão, mas temos as anotações de Lênin para o discurso: *Leninskii sbornik*, XXI, pp. 33. Ver também F. F. Raskólnikov, *Na boevykh postakh*, p. 67.

99. Raphael R. Abramóvitch, *Soviet Revolution*, p. 30.

100. Nikolai Sukhánov, *Russian Revolution*, I, p. 287.

101. N. A. Uglánov, "O Vladmire Iliche Lenine". Em 1905, Mártov admitira que, na revolução burguesa vindoura, os socialistas poderiam assumir o poder, mas somente se a revolução estivesse em perigo. Em 1917, Mártov deu um nó em si mesmo tentando distinguir entre uma luta por poder (*vlast*) e por governo (*pravitelstvo*). Israel Getzler, *Martov*, p. 167 (citando *Iskra*, 17 de março de 1905, e *Rabochaia gazeta*, 22 de agosto de 1917).

102. Robert Service, *Bolshevik Party in Revolution*, pp. 53-7. Muitos provincianos não eram de forma alguma leninistas e tiveram de ser intimidados a deixar de lado o desejo de voltar a se unir aos mencheviques.

103. T. J. Ulricks, "The 'Crowd' in the Russian Revolution"; Leon Trotsky, *History of the Russian Revolution* [1961], pp. 124-66 (esp. pp. 130-1).

104. Nenhuma fonte *da época* põe Stálin na chegada de Lênin. Trótski, que ainda não era bolchevique, também estava ausente. Robert Slusser, *Stalin in October*, pp. 49-52; Liev Trótski, *Stalin*, p. 194. Somente mais tarde Stálin foi inserido, ou no grupo que havia subido no trem de Lênin no lado russo da fronteira fino-russa (Beloostrov), ou chefiando o grupo de boas-vindas na estação Finlândia. Sobre essa inserção tardia, ver G. Zinóviev, "O puteshestvii", *Pravda*, 16 de abril de 1924; E. Yaroslavsky, *Landmarks*, p. 94;

e Feliks Chuev, *Molotov Remembers*, p. 93. Mólotov, no fim da vida, estava talvez "lembrando" da pintura soviética de Lênin descendo na plataforma com Stálin atrás dele.

105. "Isso foi um erro profundo, pois implantou ilusões pacifistas, levou água ao moinho de defensismo e atrapalhou a propaganda revolucionária para as massas." *Sochineniia*, VI, p. 333.

106. Reimpresso em B. M. Vólin, *Sedmaia*, pp. ix-x.

107. Ióssif Stálin, "Zemliu krestianam", *Pravda*, 14 de abril de 1917, reimpresso em *Sochineniia*, III, pp. 34-6.

108. Robert Service, *Stalin*, p. 128; Robert Service, *Lenin*, II, pp. 223-8.

109. *VII aprelskaia vserossiiskaia konferentsiia*, pp. 225-8, 323.

110. Feliks Chuev, *Molotov*, pp. 216-7, 297. Trata-se de uma versão levemente ampliada de Feliks Chuev, *Sto sorok*. Feliks Chuev, *Molotov Remembers*, p. 93.

111. Anna S. Allilúieva, *Vospominaniia*, pp. 185-90.

112. Svetlana Alliluyeva, *Twenty Letters*, pp. 90-4; Tutaev, *Alliluyev Memoirs*, pp. 131-45, 168-75, 211-5.

113. Larisa Vasileva, *Kremlin Wives*, pp. 56-8; Anna S. Allilúieva, *Vospominaniia*, pp. 183-91; Miklós Kun, *Unknown Portrait*, pp. 211-5; Simon Sebag Montefiore, *Young Stalin*, cap. 40.

114. Leon Trotsky, *Stalin*, pp. 207-9. Em outro livro, Trótski chama Stálin de "um forte organizador, mas teórica e politicamente primitivo". Leon Trotsky, *History of the Russian Revolution*, I, p. 288.

115. *VII aprelskaia vserossiiskaia konferentsiia*; *Petrogradskaia obshchegorodskaia konferentsiia RSDRP (bolshevikov)*, p. 324; *Pravda*, 24 de abril-2 de maio de 1917. Lênin ficou sabendo de Svérdlov no exílio e tentou se corresponder com ele e trazê-lo para encontros do partido fora da Rússia tsarista, mas os dois só se encontraram em 1917. Charles Duval, "The Bolshevik Secretariat", p. 47 (citando Leon Trotsky, *Selected Works*, II, p. 292).

116. "Iz perepiski Sverdlova", *Pechat i revoliutsiia*, n. 2, p. 64, 1924; Leon Trotsky, *Stalin*, p. 173; Bertram D. Wolfe, *Three Who Made a Revolution*, p. 623; *Iakov Mikhailovitch Sverdlov* (1926).

117. *Perepiska sekretariata TsK RSDRP (b)*, I, pp. v-ix; S. Pestkóvski, "Vospominaniia o rabote v Narkomnatse", p. 126; Liev Trótski, *Sochineniia*, VIII, p. 251; XXI, p. 336; N. Bukhárin, "Tovarishch Sverdlov", *Pravda*, 18 de março de 1919, p. 1.

118. Elizabeth White, *Socialist Alternative to Bolshevik Russia*, p. 15.

119. Oskar Anweiler, "The Political Ideology of the Leaders of the Petrograd Soviet in the Spring of 1917", em Richard Pipes, *Revolutionary Russia*, pp. 114-28; David S. Anin, "The February Revolution". Sobre o governo de coalizão, ver I. G. Tseretéli, *Vospominaniia*, II, pp. 401-17.

120. Vera Broido, *Lenin and the Mensheviks*, pp. 14-5. Leonard Schapiro viu a fraqueza dos socialistas moderados em termos de escrúpulos: *Origin of the Communist Autocracy* [1956]. Orlando Figes vê o apego a uma estratégia de revolução burguesa como destruidor de um resultado socialista democrático perdido, em vez de uma inclinação ao moinho de vento errado: *A People's Tragedy*, p. 331.

121. P. N. Miliukov, *Istoriia vtoroi*, I/iii, pp. 3-6; P. N. Miliukov, *The Russian Revolution*, III, pp. 1-4. Em 22 de maio, Kerenski disse ao Soviete de Petrogrado que "partidos não existem para mim no momento atual porque sou um ministro russo; para mim, só existem o povo e uma lei sagrada: obedecer à vontade da maioria". Oliver H. Radkey, *Agrarian Foes*, p. 225. Nas províncias, a "coalizão" só funcionou brevemente: os comitês de organizações públicas locais surgiram sob auspício liberal e reconheciam o lugar e, às vezes, a supremacia de organizações que representavam operários, soldados, camponeses, mas logo os comitês sucumbiram ao governo e ao caos econômico. As suspeitas baseadas em classe ganharam rédea solta. William G. Rosenberg, *Liberals*, pp. 59-66; Howard J. White, "Civil Rights", pp. 290-3 (citando GARF, f. 1788, op. 2, d. 64).

122. Orlando Figes e Boris Kolonítski, *Interpreting the Russian Revolution*, p. 102.

123. Serguei P. Melgunov, *Martovskie dni*, pp. 105-13; David S. Anin, "The February Revolution", p. 441.

124. Kerenski relembraria o "espírito de unidade, fraternidade, confiança mútua e autossacrifício" no Tauride nos primeiros dias e lamentaria que "depois [...] cada vez mais dos nossos se revelaram homens com ambições pessoais, homens com um olho na chance principal, ou meros aventureiros". Na verdade, enquanto Karlo Tchkheidze seguia a política do soviete e se recusava a ser considerado para uma pasta do Governo Provisório, Kerenski, depois que o Comitê Executivo Central negou seu pedido de participar do Governo Provisório, irrompeu na reunião do soviete de 2 de março e exclamou: "Camaradas! Vocês confiam em mim?". Ele fingiu desmaiar e obteve uma ovação, que pareceu abençoar sua aceitação no cargo de ministro da Justiça. Desse modo, tornou-se a única pessoa a participar do soviete e do Governo Provisório. A liderança do Soviete de Petrogrado nunca o perdoou por sua manipulação, que beirou a chantagem. *Izvestiia revoliutsionnoi nedeli*, 3 de março de 1917; Dmítri F. Svertchkov, *Kerenskii*, p. 21; Alexander F. Kerensky, *The Catastrophe*, pp. 21, 52-61.

125. John Keep, "1917".

126. Robert Paul Browder e Alexander F. Kerensky, *Russian Provisional Government*, III, p. 1305. No Congresso dos Sovietes de junho, a maioria votou a favor da política de apoio ao Governo Provisório e da guerra. Irakli Tseretéli, então ministro dos Correios e Telégrafos, observou que não havia nenhum partido preparado para assumir as responsabilidades de governar sozinho. "Há, sim!", refutou Lênin. O salão caiu na risada. *PSS*, XXXI, p. 267; Robert Service, *Lenin*, II, p. 181.

127. William Henry Chamberlin, *Russian Revolution*, I, p. 159; John Keep, *Russian Revolution*, pp. 131-2.

128. O fato de os socialistas serem a favor da paz ajudou a torná-la intragável para os liberais da Rússia. Seria "absurdo e criminoso renunciar ao maior prêmio da guerra [...] em nome de uma ideia humanitária e cosmopolita de socialismo internacional", disse Miliukov. Richard Stites, "Miliukov and the Russian Revolution", prefácio de Miliukov e Stites, *The Russian Revolution*, p. xii. Como observou Clausewitz, guerra e liberalismo clássico não combinavam muito bem. Carl von Clausewitz, *On War*, p. 85.

129. Miliukov comportou-se como seu ego teimoso e contraprodutivo, mas Kerenski admitiu seu papel em levar "a coisa a um ponto crítico". Alexander F. Kerensky, *The Kerensky Memoirs*, p. 246. O primeiro-ministro príncipe Lvov formou uma "coalizão", isto é, levou alguns líderes do soviete (além de Kerenski) para o Governo Provisório, levando Gutchkov a renunciar em protesto e fatidicamente abrir caminho para Kerenski assumir a pasta da guerra. Robert Paul Browder e Alexander F. Kerensky, *Russian Provisional Government*, III, p. 1045 (*Rech*, 28 de março de 1917, 2); III, 1098 (*Rech*, 20 de abril de 1917, 4); Nikolai Sukhánov, *Zapiski*, III, pp. 254-443 (esp. pp. 304-7); P. N. Miliukov, *Istoriia vtoroi*, I/i, pp. 91-117; Rex A. Wade, *Russian Search for Peace*, pp. 38-48. Príncipe Lvov, *Rech*, 28 de março de 1917, p. 2, em Robert Paul Browder e Alexander F. Kerensky, *Russian Provisional Government*, III, p. 1045. *Russkie vedomosti*, 2 de maio de 1917, p. 5, em Robert Paul Browder e Alexander F. Kerensky, III, p. 1267. "Não havia fim das disputas entre mim e Kerenski, nas reuniões do gabinete, quanto à linha a tomar na política externa e nas políticas em geral", escreveu Miliukov a respeito de seus dois meses como ministro das Relações Exteriores. P. N. Miliukov, "From Nicholas II to Stalin".

130. Louise Erwin Heenan, *Russian Democracy's Fatal Blunder*, pp. 11-21. Ver também Ward Rutherford, *The Tsar's War*.

131. Guy Pedroncini, *Les Mutineries de 1917*; Leonard V. Smith, *Between Mutiny and Obedience*. Aqueles que culpam os Aliados pelo bolchevismo, devido à sua insistência em que os russos montassem uma ofensiva, estão parcialmente com razão. John Wheeler-Bennett, *Forgotten Peace*, pp. 51-2, 292.

132. Em meados de abril, o general Alekseiev retornara do front para dar informações ao Governo Provisório (a reunião teve lugar no apartamento do ministro da Guerra Gutchkov porque ele estava doente), e

falou do estado de ânimo anárquico do Exército e do colapso da disciplina. Vergil D. Medlin e Steven L. Powers, *V. D. Nabokov*, pp. 135, 140.

133. Aleksandr G. Chliápnikov, *Semnadtsatyi god*, III, pp. 291-3 (30 de março de 1917, para Gutchkov).

134. A. A. Brusilov, *Soldier's Note-Book*. Ver também "The Diary of General Boldyrev", em C. E. Vulliamy, *From the Red Archives*, pp. 189-26.

135. Louise Erwin Heenan, *Russian Democracy's Fatal Blunder*, pp. 51-2.

136. Em uma versão de suas memórias, Kerenski concedeu que, ao visitar o front em 1917, percebeu que "depois de três anos de sofrimento amargo, milhões de soldados cansados da guerra estavam se perguntando: 'Por que devo morrer agora quando em casa uma vida nova e mais livre está apenas começando?'". Ele também disse ter encontrado "um patriotismo saudável" em alguns, o qual queria estimular. Alexander F. Kerensky, *The Kerensky Memoirs*, pp. 276-7. Sobre os esforços de Kerenski para equilibrar concessões inevitáveis à "democracia" no Exército com a manutenção da capacidade de lutar, ver Robert Paul Browder e Alexander F. Kerensky, *Russian Provisional Government*, II, pp. 882.

137. V. B. Stankévitch, *Vospominaniia*, p. 246. Ver também Louise Erwin Heenan, *Russian Democracy's Fatal Blunder*, p. 54; e E. H. Wilcox, *Russia's Ruin*, p. 196-7.

138. Roger Pethybridge, *Spread of the Russian Revolution*, pp. 154-70 (esp. p. 161).

139. Allan K. Wildman, *End of the Russian Imperial Army*, II, p. 53 (Radko-Dmítriev, comandante do 12º Exército).

140. Jon E. Lewis, *Eyewitness World War I*, p. 279.

141. Viktor Chklóvski, comissário do Exército para o Governo Provisório, escreveu a respeito de uma fuga da realidade para a "trincheira do bolchevismo". Viktor Chklóvski, *Sentimental Journey*, p. 60. "A magnitude dos feitos bolcheviques no front foi realmente espetacular", escreveu um historiador. Allan K. Wildman, *End of the Russian Imperial Army*, II, p. 264. Ver também Marc Ferro, "The Russian Soldier in 1917".

142. I. G. Tseretéli, *Vospominaniia*, I, pp. 364-681. Em 14 de março de 1917, o Soviete de Petrogrado havia aprovado "Um apelo a todos os povos do mundo" denunciando a guerra imperialista e seus objetivos de anexação. *Izvestiia*, 15 de março de 1917, p. 1, em Robert Paul Browder e Alexander F. Kerensky, *Russian Provisional Government*, III, p. 1077.

143. Merle Fainsod, *International Socialism*; Forster, *Failures of the Peace*, pp. 113-25; Rex A. Wade, *Russian Search for Peace*, pp. 17-25; Id., "Argonauts of Peace"; D. G. Kirby, *War, Peace, and Revolution*; Nikolai Sukhánov, *Zapiski*, II, pp. 336-42. Sukhánov faz um retrato de Tseretéli (*Zapiski*, III, pp. 131-8).

144. *Pravda*, 29 de abril de 1917. Ver também Allan K. Wildman, *End of the Russian Imperial Army*, I, p. 38.

145. O soviete havia forçado o Governo Provisório a prometer não retirar as tropas da capital e enviá-las ao front (para amortecer a revolução). A. A. Brusilov, *A Soldier's Note-Book*, p. 291.

146. Rex A. Wade, "Why October?", pp. 42-3.

147. Robert Paul Browder e Alexander F. Kerensky, *Russian Provisional Government*, II, pp. 1120-1; Israel Getzler, *Martov*, pp. 149-52. Não sabemos o grau de sinceridade do Governo Provisório ao fazer profissão pública, em 3 de junho de 1917, de um desejo de organizar uma conferência dos Aliados para rever os tratados de guerra.

148. Anatóli V. Ignátiev, *Russko-angliiskie otnosheniia nakanune*, pp. 42, 48, 50-1; *Berner Tagwacht* [Berna], 11, 13 e 14 de outubro de 1916. Ver também Louise Erwin Heenan, *Russian Democracy's Fatal Blunder*, pp. 8-9. O lado alemão havia indicado uma disposição de ceder a Galícia e a Bucóvina dos Habsburgo e os Estreitos Turcos, desde que o Exército russo conseguisse ocupá-los, mas, em troca, a Alemanha queria a Letônia e um protetorado sobre territórios de língua predominantemente polonesa. Em contraste, a vitória dos Aliados sobre a Alemanha prometia à Rússia tudo isso e mais — Bucóvina, Armênia turca, partes da Pérsia — sem ter de ceder nada em troca.

149. Robert Paul Browder e Alexander F. Kerensky, *Russian Provisional Government*, II, p. 967; Robert Feldman, "The Russian General Staff". Assim como em 1916, Brussílov, agora comandante supremo, usou "tropas de choque" para iniciar o ataque, seguidas por infantaria composta de camponeses recrutados.

150. William C. Fuller, *Foe Within*, pp. 237-8; Alfred Knox, *With the Russian Army*, II, p. 462.

151. Sir Alfred Knox disse da ofensiva de julho que o Exército russo estava "irreparavelmente perdido como organização de luta". Alfred Knox, *With the Russian Army*, II, p. 648.

152. "A pior coisa em relação aos comitês era que em nenhum momento eles perdiam contato com aqueles que os elegeram", escreveu o comissário do front do Governo Provisório Viktor Chklóvski, acrescentando que "os delegados [da linha de frente] ao soviete não apareciam durante meses em suas unidades. Os soldados ficavam na completa ignorância do que estava acontecendo nos sovietes". Viktor Chklóvski, *Sentimental Journey*, p. 18.

153. Orlando Figes, *A People's Tragedy*, p. 380. O barão britânico dos meios de comunicação Lord Beaverbrook perguntou a Kerenski em junho de 1931: "Você teria controlado os bolcheviques se tivesse feito uma paz em separado?". Kerenski respondeu: "Claro, estaríamos em Moscou agora". Beaverbrook fez a pergunta lógica: "Então por que não fez isso?". "Éramos ingênuos demais", respondeu Kerenski. Bruce Lockhart, *British Agent*, p. 177.

154. David Bronstein seria expropriado durante a revolução; Trótski arranjou-lhe um lugar de administrador de um moinho de trigo requisitado próximo de Moscou, mas ele morreria de tifo em 1922.

155. G. A. Ziv, *Trotskii*, p. 12. Ver também Carr, *Socialism in One Country*, I, p. 163; e D. A. Volkogónov, *Trotsky*, p. 5.

156. "Terrorizim i kommunizm", reproduzido em Liev Trótski, *Sochineniia*, XII, p. 59.

157. Sir George Buchanan, *My Mission to Russia*, II, pp. 120-1.

158. John Reed, *Ten Days* [1919], p. 21. "Trótski entrou na história de nosso partido de forma um tanto inesperada e com brilho instantâneo", diria Anatóli Lunatchárski. Anatóli Lunatchárski, *Revolutiuonary Silhouettes*, p. 59.

159. Leon Trotsky, *My Life*, pp. 295-6.

160. Moissei Urítski, citado em Anatóli Lunatchárski, *Revoliutsionnye siluety*, p. 24.

161. *Leninskii sbornik*, IV, p. 303; Angelica Balabanoff, *Impressions of Lenin*, pp. 127-8; Nikolai Sukhánov, *Zapiski*, VII, p. 44; F. F. Raskólnikov, "V tiurme Kerenskogo", pp. 150-2; Robert Slusser, *Stalin in October*, pp. 108-14; Simon Liberman, *Building Lenin's Russia*, p. 76.

162. Mikhail Frénkin, *Zakhvat vlasti bolshevikami*; V. B. Stankévitch, *Vospominaniia*, pp. 147-8; A. I. Deníkin, *Ocherki russkoi smuty*, II, pp. 127 ss.; Richard Pipes, *Formation of the Soviet Union*, pp. 52-6; Lew Shankowsky, "Disintegration of the Imperial Russian Army", esp. pp. 321-2.

163. Os rebeldes enfiaram Tchernov em um veículo e o declararam "preso". Trótski correu para fora e conseguiu libertá-lo. P. N. Miliukov, *Istoriia vtoroi*, I/i, pp. 243-4; Nikolai Sukhánov, *Zapiski*, IV, pp. 444-7; Vladímirovna, "Iiulskie dni", pp. 34-5; F. F. Raskólnikov, "V iiulskie dni", pp. 69-71; Alexander Rabinowitch, *Prelude*, p. 188. Diz-se que o regimento de Tsárskoe Seló enviado para prender a liderança soviética decidiu, em vez disso, guardar o Tauride. Nikolai Sukhánov, *Zapiski*, IV, pp. 448-9.

164. Nikolai Sukhánov, *Zapiski*, IV, pp. 511-2; Nikítin, *Rokovye gody*, p. 148; G. Zinóviev, *Proletarskaia revoliutsiia*, n. 8-9, p. 62, 1927; *Pravda*, 17 de julho de 1927, 3 (F. F. Raskólnikov); *Krasnaia gazeta*, 16 de julho de 1920, p. 2 (Mikhail Kalínin); *Petrogradskaia Pravda*, 17 de julho de 1921, p. 3 (G. Veinberg); *VI siezed RSDRP*, p. 17 (Stálin); Leon Trotsky, *History of the Russian Revolution*, II, p. 13; *PSS*, XXXII, pp. 408-9; Milorad M. Drachkovitch e Branko Lazitch, *Lenin and the Comintern*, I, p. 95 (citando Trótski, *Bulletin Communiste*, 20 de maio de 1920, p. 6); Meriel Buchanan, *Petrograd*, pp. 131-46 (Buchanan era filha do embaixador britânico). Ver também Alexander Rabinowitch, *Prelude*, pp. 174-5.

165. Entre 7 e 24 de julho, os bolcheviques não puderam publicar seu jornal em Petrogrado. Búdnikov, *Bolshevistskaia partiinaia*; D. A. Volkogónov, *Trotsky*, p. 197; Boris I. Kolonítski, "Anti-Bourgeois Propaganda", p. 184. Consta que Lênin mandou destruir o dossiê do Governo Provisório sobre a alta traição bolchevique. Seja como for, documentos alemães subsistentes provam, sem sombra de dúvida, o financiamento alemão. Z. A. B. Zeman, *Germany and the Revolution in Russia*, p. 94; A. G. Látichev, *Rassekrechennyi Lenin*; D. A. Volkogónov, *Lenin: politicheskii portret*, I, pp. 220-2; Werner Hahlweg, *Lenins Rückkehr nach Russland*. Dito isso, os 66 telegramas entre Petrogrado e Estocolmo reunidos pelo Ministério da Justiça do Governo Provisório para o julgamento em julho de 1917 foram desmascarados como falsificações (por ex-agentes da *okhranka*). Semion Lyandres, "The Bolsheviks' 'German Gold' Revisited: An Inquiry into the 1917 Accusations", Carl Beck Papers, 1995; George F. Kennan, "The Sisson Documents"; Helena M. Stone, "Another Look"; Hill, *Go Spy the Land*, pp. 200-1.

166. Leon Trotsky, *O Lenine*, p. 58; Id., *History of the Russian Revolution*, III, p. 127. O Governo Provisório supostamente reservou os documentos mais sensacionais para um julgamento público.

167. Nikítin, *Rokovye gody*, pp. 115-6, 122-3; Arkadi Vaksberg, *Stalin's Prosecutor*, pp. 13-27. Para as acusações específicas, ver *Rech*, 22 de julho de 1917, traduzido em Robert Paul Browder e Alexander F. Kerensky, *Russian Provisional Government*, III, pp. 1370-7.

168. Anna S. Allilúieva, *Vospominnaiia*, pp. 181-90; D. A. Volkogónov, *Stalin: Triumph and Tragedy*, pp. 24-6; Robert Slusser, *Stalin in October*, pp. 162-78, 139-50; Robert Service, *Lenin*, pp. 283-91; Alexander F. Kerensky, *The Catastrophe*, pp. 229-44. Muitos mencheviques defenderam a libertação dos bolcheviques, raciocinando que hoje eram eles, amanhã seria todo o soviete.

169. A. J. Polan, *Lenin and the End of Politics*.

170. Depois das acusações públicas de ter recebido dinheiro dos alemães, que Lênin disse que eram mentiras, ele ficou mais cauteloso. D. A. Volkogónov, *Lenin: Life and Legacy*, pp. 116-21. O processo contra Lênin no Governo Provisório foi comandado por Pável A. Aleksándrov, que seria detido em abril de 1939 (e preso em Butirka). Ele supostamente testemunhou que havia trabalhado junto com Kerenski no caso de Lênin de "traição contra o Estado" e "espionagem". Os investigadores do NKVD consideraram o trabalho de investigação de Aleksándrov contra o bolchevismo "uma fabricação", e consta que Béria fez seus homens recuperarem documentos de arquivo do Governo Provisório para incriminar Aleksándrov por seu trabalho. Hoover Institution Archives, Volkogonov Papers, contêiner 3, Postanovlenie from Kobulov, 16 de abril de 1939.

171. *Novaia zhizn*, 5 de agosto de 1917 (A. S. Zarúdnii); *Zhivoe slovo*, 6 de julho de 1917, p. 1; N. Avdeiev, *Revoliutsiia 1917 goda*, III, p. 167; Peter Polovtsoff, *Glory and Downfall*, pp. 256-8.

172. T. I. Pólner, *Zhiznennyi put kniazia Georgiia Evgenevicha Lvova*, p. 258. Naquele mesmo dia, Kerenski mandou transferir Nicolau II e a família real para a detenção na Sibéria (a mudança seria realizada em 31 de julho). Em 15 de julho, o Governo Provisório afirmou autoridade sobre os "comissários políticos" que o soviete enviou para a linha de frente.

173. Joshua Sanborn, "Genesis of Russian Warlordism", pp. 205-6.

174. A conferência do Estado-Maior pediu a volta da pena de morte na retaguarda, a limitação dos comitês de soldados a funções econômicas e educacionais e a restrição dos poderes dos comissários políticos nas forças militares. Robert Paul Browder e Alexander F. Kerensky, *Russian Provisional Government*, II, pp. 989-1010.

175. A. I. Deníkin, *Ocherki russkoi smuti*, pp. 446-7; Leon Trotsky, *History of the Russian Revolution*, II, p. 570; Nikolai Sukhánov, *Zapiski*, IV, pp. 469-70.

176. *Russkoe slovo*, 21 de julho de 1917, 2.

177. Kerenski aprovou finalmente em 17 de agosto que os decretos fossem submetidos à aprovação do gabinete. Evguéni I. Martínov, *Kornilov*, pp. 74-5, 100; Alexander F. Kerensky, *Prelude to Bolshevism*,

p. 27. Kornílov esteve duas vezes na capital, em 3 e 10 de agosto. Na primeira vez, manteve discussões com Kerenski e o Governo Provisório (um jornal noticiou que "Kerenski fez uma profunda reverência ao general Kornílov"), mas, evidentemente, quando Kornílov começou a discutir planos de guerra, Kerenski e Sávinkov, *sotto voce*, disseram-lhe para tomar cuidado. A implicação era que os planos secretos de guerra da Rússia seriam vazados por alguns ministros do governo, como se fossem agentes do inimigo. B. S. Sávinkov, *K delu*, pp. 12-3; A. S. Lukomski, *Vospominaniia*, I, p. 227; Id., *Memoirs of the Russian Revolution*, p. 99; *Russkoe slovo*, 4 de agosto de 1917, p. 2. O soviete denunciou Kornílov e sua visita à capital. *Izvestiia*, 4 de agosto de 1917.

178. *Voprosy istorii*, n. 2, pp. 12-3, 1966 (citando I. G. Korolev).

179. *VI siezed RSDRP*, p. 250.

180. Ibid., pp. 28, 30-6; *Sochineniia*, III, p. 17.

181. Durante o Congresso do Partido Bolchevique, em 27 de julho, o bolchevique georgiano Grigol "Sergo" Ordjonikidze, que estava realizando negociações relativas ao possível comparecimento de Lênin perante o tribunal, perguntou a representantes do Soviete de São Petersburgo qual era a posição deles diante da ordem de prisão emitida pelo Governo Provisório contra Lênin por ele ser um espião alemão. Os mencheviques poderiam ter executado uma doce vingança, dizendo aos negociadores bolcheviques que defenderiam Lênin até a morte e depois traí-los. Mas o presidente do soviete, o menchevique georgiano Karlo Tchkheidze — que Lênin havia insultado em abril ao retornar à Rússia —, era um homem de princípios. "Se prenderem Lênin hoje, prenderão a mim amanhã", disse ele. "Os líderes dos mencheviques e dos socialistas revolucionários não acreditam na culpa de Lênin [...]. Eles deveriam ter exigido energicamente uma investigação do caso de Lênin e Zinóviev, mas não o fizeram [...]. Não devemos entregar o camarada Lênin sob nenhuma circunstância [...] devemos [...] salvaguardar nossos camaradas até que tenham garantido um julgamento justo." *VI siezd RSDRP*, pp. 310-1.

182. Ariadna Tyrkova-Williams, *From Liberty to Brest Litovsk*, p. 167; Daniel Orlovsky, "Corporatism or Democracy", pp. 67-90. Comentou-se que uma Conferência de Figuras Públicas, realizada também em Moscou, entre 8 e 10 de agosto, por iniciativa do industrial Riabuchínski e presidida por Rodzianko, seria uma ocasião para discutir um golpe. Em torno de quatrocentas pessoas compareceram ao evento e aconteceram muitas reuniões paralelas em privado. *Moskovskie vedomosti*, 11 de agosto de 1917; G. N. Sevostiánov, *Delo Generala Kornilova*, II, pp. 223-4 (testemunho de Lvov); George Katkov, *The Kornilov Affair*, pp. 142-3 (citando Maklakov).

183. *Izvestiia*, 13 de agosto de 1917. Em contraste, ver *Russkoe slovo*, 12, 13, 14, 15 e 17 de agosto de 1917.

184. M. N. Pokróvski e Ia. A. Iákovlev, *Gosudarstvennoe soveshchanie*, p. 335.

185. *Izvestiia*, 13 de agosto de 1917.

186. Kornílov também falou com Kerenski por telefone naquela noite. *Russkoe slovo*, 15 de agosto de 1917, pp. 3-4. Consta que Kornílov acreditou que Kerenski não queria que ele comparecesse à conferência. Robert Paul Browder e Alexander F. Kerensky, *Russian Provisional Government*, III, pp. 1546-54 (Lukomski). Kerenski chamou evidentemente Kornílov em 14 de agosto, antes da sessão. P. N. Miliukov, *Istoriia vtoroi*, I/ii, pp. 134-5; Id., *Russian Revolution*, II, p. 108.

187. Peter Holquist, *Making War*, pp. 90-1, citando N. M. Melnikov, "A. M. Kaledin", *Donskaia letopis*, (Viena: Donskaia istoricheskaia komissiia, pp. 1923-4), I, pp. 24-5. 3v.

188. Kornílov concluiu: "Acredito no gênio do povo russo, acredito na razão do povo russo e acredito na salvação do país. Acredito no futuro brilhante de nossa terra natal e acredito na eficiência combativa de nosso Exército e que sua antiga glória será restaurada. Mas declaro que não há tempo a perder [...]. É preciso determinação e a execução firme e inflexível das medidas delineadas. (Aplausos)". M. N. Pokróvski

e Ia. A. Iákovlev, *Gosudarstvennoe soveshchanie*, pp. 60-6; Robert Paul Browder e Alexander F. Kerensky, *Russian Provisional Government*, III, pp. 1474-8; N. Avdeiev, *Revoliutsiia 1917 goda*, IV, pp. 54-5.

189. Ióssif Stálin, "Protiv moskovskogo soveshchaniia", *Rabochii i soldat*, 8 de agosto de 1917, em *Sochineniia*, III, pp. 193-5.

190. Ióssif Stálin, "Kuda vedet moskovskoe soveshchane?", *Proletarii*, 13 de agosto de 1917, em *Sochineniia*, III, pp. 200-5 (p. 201)

191. "A Conferência de Estado será capaz de insistir na implementação das exigências do comandante supremo ou não?", preocupara-se no início o jornal direitista *Novos Tempos*. "Tudo permanecerá como antes?" *Novoe vremia*, 13 de agosto de 1917, p. 5. Ver também *Rech*, 12-17 de agosto de 1917. Para todas as reações imediatas na imprensa ao discurso de Kornílov, ver Robert Paul Browder e Alexander F. Kerensky, *Russian Provisional Government*, III, pp. 1515-22. Uma segunda conferência de figuras públicas teria lugar em 12-14 de outubro, com Rodzianko novamente na presidência e observando que "o horizonte político de nosso país ficou ainda mais sombrio [...]. Somos chamados de reacionários, somos chamados de kornilovistas". *Russkie vedomosti*, 13 de outubro de 1917, p. 5; Robert Paul Browder e Alexander F. Kerensky, *Russian Provisional Government*, III, pp. 1745-7.

192. P. N. Miliukov, *Russian Revolution*, II, p. 100; N. Sávitch, *Vospominaniia*, pp. 247, 250-1.

193. Alexander F. Kerenski, *Delo Kornílova*, p. 81. "O general Kornílov veio à Conferência de Moscou com grande pompa", escreveu Kerenski mais tarde. "Na estação, foi recebido por toda a elite da capital [...]. Nas ruas de Moscou estavam distribuindo panfletos intitulados 'Kornílov, o herói nacional'." Alexander F. Kerensky, *The Catastrophe*, p. 315. Ver também P. N. Miliukov, *Istoriia vtoroi*, II, p. 133; Id., *Russian Revolution*, II, p. 107.

194. N. Dúmova, "Maloizvestnye materialy po istorii Kornílovshchiny", p. 78; N. Sávitch, *Vospominaniia*, pp. 246-50. Ver também William G. Rosenberg, *Liberals*, pp. 196-233, que mostra a cumplicidade do partido Cadete, bem como sua divisão em relação a uma possível ditadura de Kornílov. Depois da prisão do general, Miliukov, sob o pretexto de tirar umas férias, partiria em surdina da capital. O jornal que ele editava, o *Rech*, foi então submetido à censura do Governo Provisório. O *Novoe vremia*, ainda mais à direita, foi fechado.

195. George Katkov apresentou provas persuasivas de que Kerenski implicou-se numa provocação, mas concedeu que "podemos presumir que Kornílov tinha certos planos em mente caso o governo não tomasse a direção desejada". O general Lukomski, confidente de Kornílov, havia admitido esses planos da parte de Kornílov. George Katkov, *Russia, 1917*; Id., *The Kornilov Affair*, p. 65; A. S. Lukomski, *Vospominaniia*, I, pp. 228-9; Id., *Memoirs of the Russian Revolution*, pp. 100-1.

196. É por isso que alguns membros do Estado-Maior, desgostosos como estavam, não viam outra maneira de prosseguir com a guerra a não ser cooperar com as repugnantes forças "democráticas" (comitês de soldados). Allan K. Wildman, "Officers of the General Staff and the Kornilov Movement".

197. A. S. Lukomski, *Vospominaniia*, I, pp. 228, 232. Em junho de 1917, o comandante da Divisão Selvagem Tchavatchadze dissera aos seus homens: "Cavalheiros, lamento muito que os jovens oficiais que entraram para nossas cores recentemente tenham de iniciar suas carreiras de luta fazendo uma espécie de trabalho de polícia um tanto repulsivo". Sergei Kournakoff, *Savage Squadrons*, p. 321.

198. Lars Lih, *Lenin*, p. 140.

199. *Rabochii*, 25 de agosto de 1917, em *Sochineniia*, III, pp. 251-5.

200. Para uma visão geral, ver J. L. Munck, *Kornílov Revolt*. Kerenski e seus sequazes moldaram a maior parte do registro histórico sobre o caso Kornílov. Mas R. R. Raupakh, um membro da comissão de investigação, coletou depoimentos de testemunhas no sentido de proteger Kornílov. Allan K. Wildman, "Officers

of the General Staff and the Kornilov Movement", em Edith Rogovin Frankel, *Revolution in Russia*, pp. 76-101 (p. 101, n. 36). Kornílov foi praticamente o único participante que não escreveu um relato (ele morreu no ano seguinte); para o depoimento de Kornílov em setembro de 1917, ver George Katkov, *Russia, 1917*, apêndice.

201. "O caso Kornílov representou, de um lado, uma reação contra a desintegração do velho Exército, e, de outro, uma junção de duas intrigas, que não eram exatamente a mesma, mas estavam intimamente entrelaçadas e voltadas na mesma direção", isto é, de Kerenski e Kornílov. Viktor Chklóvski, *Sentimental Journey*, p. 63. Há uma terceira opinião de que o caso envolveu mal-entendidos de ambos os lados; mal-entendidos houve muitos, mas as coisas eram mais obscuras do que isso.

202. *Russkoe slovo*, 31 de agosto de 1917 (N. V. Nekrássov); Evguéni I. Martínov, *Kornilov*, p. 101. Em meio a insistentes rumores de um golpe bolchevique, o dia 27 de agosto se destacava por ser a data do aniversário de seis meses da Revolução de Fevereiro, e isso talvez fizesse parte dos cálculos de datas de Kornílov.

203. N. Avdeiev, *Revoliutsiia 1917 goda*, IV, p. 98. Ver também N. Ukraintsev, "A Document on the Kornilov Affair" (Ukraintsev foi membro da Comissão de Investigação criada por Kerenski e desinfla o relato deste). Ver também Richard Pipes, *Russian Revolution*, pp. 448-64; e Alexander Rabinowitch, *Bolsheviks Come to Power*, pp. 117-27.

204. A. S. Lukomski, *Vospominaniia*, I, p. 242; N. Avdeiev, *Revoliutsiia 1917 goda*, IV, pp. 100-1; *Novaia zhizn*, 31 de agosto de 1917; Alexander F. Kerenski, *Delo Kornílova*, pp. 104-5; Richard Abraham, *Kerensky*, p. 277; Richard Pipes, *Russian Revolution*, pp. 457-9.

205. D. A. Tchugáev, *Revoliutsionoe dvizhenie*, p. 446; N. N. Golovin, *Rossiiskaia kontr-revoliutsiia*, I/ii, p. 37; Richard Pipes, *Russian Revolution*, p. 460.

206. Leon Trotsky, *My Life*, 331.

207. Alexander Rabinowitch, *Bolsheviks Come to Power*, pp. 148-9.

208. Krymov teria declarado que "a última cartada para salvar a pátria foi derrotada — não vale mais a pena viver", e deixado um bilhete de suicídio para Kornílov, mas nenhum texto subsiste. Evguéni I. Martínov, *Kornilov*, pp. 135-42, 14-51; N. Avdeiev, *Revoliutsiia 1917 goda*, IV, pp. 143, 343-50; Alexander F. Kerensky, *Delo Kornílova*, pp. 75-6; Robert Paul Browder e Alexander F. Kerensky, *Russian Provisional Government*, III, pp. 1586-9.

209. Ióssif Stálin, "Protiv soglasheniia s burzhuaziei", *Rabochii*, 31 de agosto de 1917, em *Sochineniia*, pp. 236-7. Ver também Id., "My trebuem", *Rabochii*, 28 de agosto de 1917, em *Sochineniia*, pp. 256-60.

210. Pierre Gilliard, *Thirteen Years*, p. 243; Mark Steinberg e Vladímir M. Khrustalëv, *Fall of the Romanovs*, p. 198 (para a anotação de Nicolau II em seu diário).

211. Os oficiais da capital foram alertados a preparar uma reação. (Matthew Rendle, *Defenders of the Motherland*, pp. 182-3.) Eles tomaram poucas ou nenhuma medida, mas, na verdade, não havia medidas a serem tomadas: o episódio terminara antes mesmo de Krymov pôr os pés em Petrogrado. Portanto, não é correto que "o apoio firme" tenha sido "mínimo". (Allan K. Wildman, "Officers of the General Staff and the Kornilov Movement", em Edith Rogovin Frankel, *Revolution in Russia*, p. 98.) Não devemos esquecer também que Kerenski espalhou mentiras e plantou deliberadamente confusão a respeito do que estava acontecendo, semeando incerteza e inação entre os possíveis defensores de Kornílov. (Richard Pipes, *Russian Revolution*, pp. 460-1.) A respeito da incerteza entre as elites em relação a Kornílov, ver Matthew Rendle, *Defenders of the Motherland*, p. 234. Dito isso, Wildman está certo ao dizer que Kornílov teve seu apoio mais forte entre os oficiais mais antigos que haviam sido alunos da Academia do Estado-Maior.

212. "Como foi que Kornílov *enviou* suas tropas enquanto ele mesmo permaneceu calmamente no quartel--general?", observou Zinaída Gippius em seu diário daquele período. Ela percebeu, em tempo real, uma

provocação de Kerenski, em vez de um golpe de Kornílov. Zinaída Gippius, *Siniaia kniga*, pp. 180-1 (31 de agosto de 1917).

213. A óbvia traição de Kerenski a Kornílov foi notada na época por um correspondente neozelandês, Harold Williams. Irene Zohrab, "The Socialist Revolutionary Party", pp. 153-4.

214. Boris I. Kolonítski, "Pravoekstremistskie sily", pt. 1, pp. 111-24. Nesse meio-tempo, os defensores de Kornílov entre industriais e financistas de Petrogrado e Moscou podem tê-lo prejudicado devido às suas animosidades mútuas. J. D. White, "The Kornilov Affair".

215. A maioria do alto-comando desprezava os comitês (sovietes) de soldados, incapaz de compreender que a desintegração do Exército fora parcialmente contida pelo advento dos comitês. Allan K. Wildman, *End of the Russian Imperial Army*, I, p. 246.

216. Ver a análise do solidário colega advogado Vladas Stanka [V. B. Stankévitch], comissário em chefe político de Kerenski para as forças militares, que sustentou que as ações de Kerenski, embora basicamente ineficazes, eram as únicas compatíveis com a defesa dos valores democráticos. V. B. Stankévitch, *Vospominaniia*, pp. 215-22. Ver também John Keep, *Soviet Studies*.

217. Jes Peter Nielsen e Boris Weil, *Russkaia revoliutsiia glazami Petrogradskogo chinovnika*, p. 9 (19 de setembro de 1917).

218. N. N. Golovin, *Rossiiskaia kontr-revoliutsiia*, I/ii, pp. 71, 101. Pipes cita, como veredicto final dos motivos de Kornílov, as observações da testemunha ocular britânica. E. H. Wilcox, *Russia's Ruin*, p. 276; Richard Pipes, *Russian Revolution*, p. 464.

219. Alekseiev havia aparentemente aceitado tentar proteger Kornílov e outros traidores detidos. Ivanov, *Kornílovshcina i ee razgrom*, p. 207.

220. "O prestígio de Kerenski e do Governo Provisório", escreveu a esposa de Kerenski, "foi completamente destruído pelo caso Kornílov, e ele ficou com quase nenhum defensor." Orlando Figes, *A People's Tragedy*, p. 455 (citando O. L. Kerénskaia, "Otryvki vospominanii", p. 8, em House of Lords Record Office). O Diretório perdurou até 25 de setembro, quando foi substituído pela assim chamada terceira coalizão (e encarnação final) do Governo Provisório. Robert Paul Browder e Alexander F. Kerensky, *Russian Provisional Government*, II, pp. 1659-61.

221. No III Congresso de Sindicatos de Todas as Rússias, realizado em Petrogrado em 20-28 de junho de 1917, os bolcheviques tinham 73 delegados, de um total de 211; os mencheviques, SRs e outros socialistas moderados tinham uma maioria que derrotou as moções bolcheviques contra a cooperação com a "burguesia". *Tretia Vserossiiskaia konferentsiia professionalnykh soiuzov* (Moscou: VTSSPS, 1917). Nas eleições municipais de junho de 1917 em Moscou, os SRs triunfaram (58%); os bolcheviques ficaram em quarto lugar, depois dos cadetes e mencheviques. Timothy J. Colton, *Moscow*, p. 83.

222. Charles Duval, "The Bolshevik Secretariat", p. 57; Iu Steklov, *Bortsy za sotsializm*, II, pp. 397-8; Ia. S. Sheynkman, "Sverdlov", *Puti revoliutsii* [Kazan], n. 1, p. 7, 1922; Nikolai I. Podvóiski, *Krasnaia gvardiia*, p. 23; K. T. Svérdlova, *Iakov Mikhailovitch Sverdlov* [1957], pp. 301, 336; Iákov Mikhailovitch Svérdlov, *Izbrannye proizvedennye*, II, pp. 38, 48-9, pp. 277; Leonard Schapiro, *Communist Party*, p. 173. Galina, a esposa de Sukhánov, trabalhava na secretaria de Svérdlov.

223. Nikolai Sukhánov, *Zapiski*, I, p. 201.

224. Lars Lih, "The Ironic Triumph of 'Old Bolshevism'" (citando *Listovki Moskovskoi organizatsii Bolshevikov, 1914-1925 gg.* [Moscou: Politcheskaia literatura, 1954]).

225. Serguei P. Melgunov, *Bolshevik Seizure of Power*, p. 4.

226. Alexander F. Kerensky, *The Catastrophe*, p. 321; Liev Trótski, *Istoriia russkoi revoliutsii*, II, pp. 136-40; William Henry Chamberlin, *Russian Revolution*, I, p. 277; Allan K. Wildman, *End of the Russian Imperial Army*, II, p. 185; Boris I. Kolonítski, "Kerensky", p. 146.

227. Ióssif Stálin, "Svoim putem", *Rabochii put*, 6 de setembro de 1917, em *Sochineniia*, III, pp. 272-4.

228. Id., "Dve linii", *Rabochii put*, 16 de setembro de 1917, em *Sochineniia*, III, pp. 293-5.

229. V. I. Lênin, "Letter to the Bolshevik Central Committee, the Moscow and Petrograd Committees and the Bolsheviks Members of the Moscow and Petrograd Soviets", em *Selected Works*, II, p. 390. Ver também D. A. Volkogonov, *Lenin: Life and Legacy*, p. xxxi (RGASPI, f. 2, op. 1, d. 4269, l. 1); e *PSS*, XXXIV, pp. 435-6.

230. Robert Paul Browder e Alexander F. Kerensky, *Russian Provisional Government*, III, pp. 1641-2.

231. "Agora, qualquer discussão nos lugares públicos da Rússia diz respeito à comida", escreveu um estrangeiro depois de viajar pelo vale do Volga. Morgan Philips Price e Tania Rose, *Dispatches from the Revolution*, p. 65. Em 15 de outubro, havia reserva de alimentos para talvez três ou quatro dias na capital. *Ekonomicheskoe polozhenie*, II, pp. 351-2. No início de outubro, o diretor da indústria Putilov informou que estava completamente sem carvão e que treze das oficinas da fábrica estavam fechando. *Ekonomicheskoe polozhenie*, II, pp. 163-4.

232. T. M. Kitánina, *Voina, khleb i revoliutsiia* (Leningrado, 1985), pp. 332-3 (13 de outubro de 1917); N. N. Golovin, *Russian Army*, pp. 175-6.

233. Richard Abraham, *Kerensky*, p. 244.

234. Robert V. Daniels, *Red October*, p. 61.

235. Ióssif Stálin, "Kontrrevoliutsiia mobilizuetsia — gotovtes k otporu", *Rabochii put*, 10 de outubro de 1917, em *Sochineniia*, III, pp. 361-3.

236. Liev Trótski, *O Lenine*, pp. 70-3; Leon Trotsky, *History of the Russian Revolution* [1961], pp. 148-9; Robert Slusser, *Stalin in October*, pp. 226-36; *Protokoly Tsentralnogo komiteta RSDRP (b)*, p. 55; Praskóvia F. Kudelli, *Pervyi legalnyi Peterburgskii komitet Bolshevikov*, p. 316 (Kalínin); T. A. Abróssimova, *Peterburgskii komitet RSDRP (b)*, p. 508; Alexander Rabinowitch, *Bolsheviks Come to Power*, pp. 209-16.

237. *Novaia zhizn*, 18 de outubro de 1917, p. 3. Liev Kámenev preocupava-se com as supostamente bem organizadas tropas leais ao governo, cossacos e junkers (cadetes), e advertiu que o fracasso de um levante possivelmente destruiria o partido para sempre. Raskólnikov alega ter discutido com Kámenev, mas nenhum dos dois conseguiu convencer o outro. F. F. Raskólnikov, "Nakanune Oktiabrskoi revolutsii" [escrito em 1921-2], RGVA, f. 33 987, op. 2, d. 141, l. 463-500; D. A. Volkogónov Papers, contêiner 17.

238. *PSS*, XXXIV, pp. 419-27; *Protokoly tsentralnogo komiteta RSDRP (b)*, pp. 106-7. Ao forçar o partido a dar um golpe, Lênin ameaçara renunciar ao Comitê Central e opor-se publicamente a ele, continuando na base do partido, direito que não concedia a ninguém mais (*Protokoly tsentralnogo komiteta RSDRP (b)*, p. 74).

239. *Novaia zhizn*, 18 de outubro de 1917; *Protokoly tsentralnogo komiteta RSDRP*, pp. 106-18; Robert Slusser, *Stalin in October*, pp. 234-7.

240. M. V. Fofánova, "Poslednoe podpolie V. I. Lenina".

241. *Izvestiia*, 14 de outubro de 1917, p. 5; N. Avdeiev, *Revoliutsiia 1917 goda*, V, pp. 70-1. Ver também Nikolai Sukhánov, *Zapiski*, VII, pp. 40-1; Paul P. Gronsky e Nicholas J. Astrov, *The War and the Russian Government*, p. 112. Trótski havia falado ao Soviete de Petrogrado sobre o CMR: "Eles dizem que estamos montando um quartel-general para tomar o poder. Não fazemos segredo disso". Liev Trótski, *Sochineniia*, III, p. 15.

242. Quando o Governo Provisório anunciou finalmente a eleição da Assembleia Constituinte para 12 de novembro, muitos membros do soviete quiseram cancelar o II Congresso dos Sovietes, mas os bolcheviques ajudaram a mantê-lo, pondo em sua pauta propostas legislativas para a Constituinte.

243. N. Avdeiev, *Revoliutsiia 1917 goda*, V, p. 109; *Novaia zhizn*, 18 de outubro de 1917, p. 3.

244. O CMR elegeu uma liderança de cinco membros (três bolcheviques e dois SRs de esquerda) e impôs sua autoridade sobre a guarnição. D. A. Tchugáev, *Petrogradskii voenno-revoliutsionnyi komitet*, I, p. 63.

245. Nikolai Sukhánov, *Zapiski*, VII, p. 91; D. A. Volkogónov, *Trotsky*, p. 88.

246. D. A. Tchugáev, *Petrogradskii voenno-revoliutsionnyi komitet*, I, pp. 84, 86; Dietrich Geyer, "The Bolshevik Insurrection in Petrograd", em Richard Pipes, *Revolutionary Russia*, pp. 164-79.

247. Trótski falou para o mesmo grupo e confirmou a apresentação de Stálin, observando que uma consolidação ou postura defensiva permitiria a abertura do congresso. Presumivelmente, os votos estavam à mão para aprovar uma transferência de "todo poder aos sovietes". Alexander Rabinowitch, *Bolsheviks Come To Power*, pp. 252-4; Id., "The Petrograd Garrison and the Bolshevik Seizure of Power", em Richard Pipes, *Revolutionary Russia*, pp. 172-91. Mais tarde, Trótski e Stálin alegaram que essa postura "defensiva" havia sido camuflagem. Liev Trótski, *O Lenine*, p. 69; I. I. Mints, *Dokumenty velikoi proletarskoi revoliutsii*, I, p. 3 (Stálin).

248. "O governo existente de latifundiários e capitalistas deve ser substituído por um governo novo, um governo de operários e camponeses", declarava o editorial confiscado de Stálin. "Se todos vocês agirem com solidez e firmeza, ninguém ousará resistir à vontade do povo." *Sochineniia*, III, p. 390. Ver também *Rech*, 25 de outubro de 1917, p. 2; Alexander F. Kerensky, *The Catastrophe*, pp. 325-6; *Izvestiia*, 25 de outubro de 1917, p. 7.

249. Leon Trotsky, *History of the Russian Revolution*, III, p. 121. Ver também V. B. Stankévitch, *Vospominaniia*, p. 258. Em 17 de outubro, o ministro do Interior havia informado que tinha sob seu comando tropas confiáveis suficientes para debelar qualquer insurreição, mas não o suficiente para esmagar preventivamente a esquerda. Na noite de 21-22 de outubro, Kerenski assegurou ao comandante supremo, general Dukhonin, que sairia para encontrá-lo em Mogilev, "sem temer algum tipo de agitação, rebelião e coisas assim". Robert Paul Browder e Alexander F. Kerensky, *Russian Provisional Government*, III, p. 1744. Mas os nervos estavam à flor da pele. "Eu só desejo que [os bolcheviques] saiam para acabar com eles", Kerenski disse ao embaixador britânico Buchanan. Sir George Buchanan, *My Mission to Russia*, II, p. 201. Durante as reuniões de massa de 22 de outubro, proclamado "Dia do Soviete de Petrogrado", Sukhánov registrou "um clima beirando o êxtase". Nikolai Sukhánov, *Russian Revolution*, II, p. 584.

250. "O governo do sr. Kerenski caiu diante dos insurgentes bolcheviques porque não tem defensores no país", noticiou corretamente o correspondente do *Manchester Guardian*. M. Philips Price, *Manchester Guardian*, 20 de novembro de 1917, reproduzido em Morgan Philips Price e Tania Rose, *Dispatches from the Revolution*, p. 88. "A facilidade com que Lênin e Trótski derrubaram o último governo de coalizão de Kerenski revelou sua impotência interna. O grau dessa impotência foi um espanto na época até mesmo para pessoas bem informadas." Leon Trotsky, *History of the Russian Revolution*, III, p. 870 (citando Nabókov, sem mencioná-lo).

251. John Reed, *Ten Days* [1919], p. 73; Rex A. Wade, *Red Guards and Workers' Militias*, pp. 196-207.

252. Robert V. Daniels, *Red October*, p. 166; "Stavka 25-26 oktiabria 1917 g."

253. Eram 160 mil soldados na guarnição da cidade propriamente dita e outros 85 mil nos arredores. Sukhánov estima que, na cidade, no máximo um décimo participou, "muito provavelmente menos". Nikolai Sukhánov, *Zapiski*, VII, p. 161; Iu. G. Soloviov, "Samoderzhavie i dvorianskii vopros", p. 77; E. F. Erikálov, *Oktiabrskoe vooruzhennoe vosstanie*, p. 435.

254. Serguei P. Melgunov, *Kak Bolsheviki zakhvatili vlast*, pp. 87-9. Cerca de trinta projéteis foram disparados da Fortaleza de Pedro e Paulo e dois atingiram algum alvo (um acertou uma cornija). Ninguém foi ferido, muito menos morto no bombardeio. N. Avdeiev, *Revoliutsiia 1917*, v, p. 189.

255. P. N. Miliukov, *Istoriia*, III, p. 256.

256. I. S. Lutovínov, *Likvidatisiia miatezha Kerenskogo-Krasnogo*, p. 7.

257. E. F. Erikálov, *Oktiabrskoe vooruzhennoe vosstanie*, p. 435; Alexander Rabinowitch, *Bolsheviks Come to Power*, p. 305. Em 14 de outubro, o general Tcheremísov havia emitido uma ordem insinuando que unidades da guarnição de Petrogrado seriam deslocadas para o front.

258. Eino Rákhia, "Poslednoe podpole Vladimira Ilicha", pp. 89-90; Id., "Moi predoktiabrskie i posleoktiabrskie vstrechi s Leninym", pp. 35-6; Robert V. Daniels, *Red October*, pp. 158-61; Alexander Rabinowitch, *Bolsheviks Come to Power*, p. 266.

259. K. G. Kotélnikov, *Vtoroi vserossiiskii siezd sovetov*, pp. 144-53.

260. Ibid., pp. 4, 34-5; Nikolai Sukhánov, *Zapiski*, VII, pp. 198-9; Sergei D. Mstislávski, *Piat dnei*, p. 72; Id., *Five Days*, p. 125.

261. Nikolai Sukhánov, *Zapiski*, VII, p. 203; Leon Trotsky, *History of the Russian Revolution*, III, p. 311 (citando Sukhánov).

262. Boris Nikolaévski, "Stranitsy proshlogo", *Sotsialisticheskii vestnik*, julho-agosto de 1958, p. 150. O bolchevique que enfrentou Mártov foi Ivan Akulov.

263. Alexander G. Park, *Bolshevism in Turkestan*, pp. 12-3; Adeeb Khalid, "Tashkent 1917", p. 279; Ióssif Stálin, "Vsia vlast sovetam!", *Rabochii put*, 17 de setembro de 1917, em *Sochineniia*, III, pp. 297-9; Blank, "Contested Terrain".

264. Robert V. Daniels, *Red October*, p. 226; Rex A. Wade, *Russian Revolution*, pp. 302-3.

265. "Partimos sem saber para onde ou por quê", escreveu Sukhánov alguns anos depois, "desligando-nos do soviete, misturando-nos com elementos da contrarrevolução, desacreditando-nos e degradando-nos aos olhos das massas [...]. Além disso, ao partir deixamos os bolcheviques totalmente livres e senhores completos da situação." Nikolai Sukhánov, *Zapiski*, VII, pp. 219-20. Ver também Leonard Schapiro, *Origins of the Communist Autocracy* [1965], pp. 66-8. Os que abandonaram o congresso montaram um "Comitê para a Salvação da Pátria e da Revolução", mas ele carecia da ressonância mágica do soviete. Em 29 de outubro, os cadetes da escola militar (junkers) sob o comando deles tomaram a estação de telefonia, o banco estatal e o hotel Astoria, depois puseram os olhos no Smólni, mas o Comitê Militar Revolucionário retomou todos esses lugares e dispersou com facilidade os junkers. *Novaia zhizn*, 30 de outubro de 1917, p. 3.

266. A história não registrou em nenhum lugar precisamente quantos delegados haviam deixado o salão. K. G. Kotélnikov, *Vtoroi vserossiiskii siezd sovetov*, pp. 53-4; Robet Paul Browder e Alexander F. Kerensky, *Russian Provisional Government*, III, pp. 1797-8; *Dekrety Sovetskoi vlasti*, I, pp. 1-2. Na véspera, Lunatchárski havia se manifestado, em texto impresso, contra a insurreição, junto com Kámenev e Zinóviev.

267. K. G. Kotélnikov, *Vtoroi vserossiiskii siezd sovetov*, pp. 164-5; *Izvestiia*, 26 de outubro de 1917, pp. 5-6; 27 de outubro, p. 4; 28 de outubro, p. 4; Alexander Rabinowitch, *Bolsheviks Come to Power*, pp. 273-304; Robert V. Daniels, *Red October*, pp. 187-96. Embora a maioria dos livros didáticos situe as prisões na sala do gabinete (Salão Malachite, à margem do rio), os ministros do governo haviam mudado para a sala de jantar privada do tsar Nicolau II, que dava para o pátio interno. M. Lévin, "Poslednie chasy vremennogo pravitelstva v 1917 g.", *Krasnyi arkhiv*, n. 56, pp. 136-8, 1933 (anotações de P. I. Paltchínski).

268. Alexander Rabinowitch, *Bolsheviks Come to Power*, pp. 269-92; Orlando Figes, *A People's Tragedy*, pp. 485-95. John Reed, sua esposa, Louise Bryant, e Albert Rhys Williams simplesmente entraram no Palácio de Inverno, esperando entrevistar Kerenski, deram uma volta e saíram, enquanto guardas vermelhos estavam do lado de fora; os guardas vermelhos entraram finalmente por janelas e portas destrancadas. Ver *Delo naroda*, 29 de outubro de 1917, pp. 1-2 (S. L. Máslov).

269. Leon Trotsky, *Stalin*, pp. 228-34; Edvard Radzinsky, *Stalin*, pp. 115-9.

270. Lênin chegara à estação Finlândia em abril de 1917 usando um chapéu vistoso (que aparece na fotografia que tirou a caminho, em Estocolmo). Nikolai I. Podvóiski, "V. I. Lenin v 1917", *Istoricheskii arkhiv*, n. 6, pp. 111-32 (115), 1956.

271. John Reed, *Ten Days* [1919], pp. 125-7; K. G. Kotélnikov, *Vtoroi vserossiiskii siezd sovetov*, pp. 59, 165-6; N. Avdeiev, *Revoliutsiia 1917 goda*, v, pp. 179-80; *Izvestiia*, 26 de outubro de 1917, p. 7. Lênin aparecera também (depois de Trótski) na sessão paralela do Soviete de Petrogrado realizada em 25 de outubro, por volta das duas e meia da manhã.

272. D. A. Volkogónov, *Lenin: Life and Legacy*, p. xxxvi (citando *Obshchee delo* [Paris], 21 de fevereiro de 1921).

273. Ibid. (citando *Velikii Lenin* [Moscou, 1982]), pp. 16-7.

274. K. G. Kotélnikov, *Vtoroi vserossiiskii siezd sovetov*, pp. 15-21, 59-68.

275. Ibid., p. 22.

276. Nikolai Sukhánov, *Zapiski*, III, p. 361.

277. K. G. Kotélnikov, *Vtoroi vserossiiskii siezd sovetov*, pp. 25-30, 82-7.

278. Martin McCauley, *Russian Revolution*, pp. 282-3, tradução da obra de K. G. Idman, *Maame itsenäistymisen vuosilta* (Porvoo-Helsinque, 1953), p. 216.

279. René Fülöp-Miller, *Mind and Face of Bolshevism* [1927], p. 29. Robert Service observou que Lênin "não era uma pessoa insignificante [na Rússia] em 1917, mas sua celebridade crescera no interior dos grupos políticos clandestinos da Rússia". Robert Service, *Lenin*, I, p. 1.

280. Pável Maliantóvitch (um menchevique), recentemente nomeado ministro da Justiça, mandou por telegrama um decreto assinado para todos os promotores provinciais deixando claro que a ordem de prisão de Lênin ainda estava em vigor em setembro de 1917. Ele foi executado por um pelotão de fuzilamento em 2 de janeiro de 1940, aniversário da morte de Lênin.

281. Sobre Lênin como "gênio revolucionário", ver Leonard Schapiro, "Lenin after Fifty Years", p. 8.

282. "Se eu não estivesse presente em 1917 em Petersburgo, mesmo assim a Revolução de Outubro teria acontecido — desde que Lênin estivesse presente e no comando", confidenciou Trótski no seu diário no final de março de 1935. "Se Lênin ou eu não estivesse presente em Petersburgo, não teria havido Revolução de Outubro." *Trotsky's Diary in Exile* [1963], pp. 53-4.

283. *Bolshevik Propaganda: Hearings before a Subcommittee on the Judiciary, United States Senate*, p. 790; William Hard, *Raymond Robins' Own Story*, p. 52.

284. M. A. Waters, *Rosa Luxemburg Speaks*, p. 367.

285. Crane Brinton, *Anatomy of Revolution*. No entanto, o processo de radicalização de Brinton, através de três estágios (róseo, polarização, radicalização), acabou em contrarrevolução (Termidor).

286. Adrian Lyttelton, *Seizure of Power*, p. 86.

287. Allan K. Wildman, *End of the Russian Imperial Army*, II, p. XV. Durante os oito meses de existência torturada do Governo Provisório, a Rússia teve mais de mil greves, muitíssimo mais do que antes da queda da monarquia: 41 mil trabalhadores em março de 1917, 384 mil em julho, 965 mil em setembro e 441 mil em outubro. Daniel Orlovsky, "Russia in War and Revolution", p. 244. Mas as greves não derrubaram o Governo Provisório, assim como não haviam destituído a monarquia.

288. V. A. Maklakov, "The Agrarian Problem".

289. "Okruzhili mia teltsy mnozi tuchny", *Rabochii put*, 20 de outubro de 1917, reproduzido em *Sochineniia*, III, pp. 383-6.

290. *Protokoly Tsentralnogo komiteta RSDRP (b)*, p. 107 (20 de outubro de 1917).

291. Leon Trotsky, *History of the Russian Revolution*, III, p. 211. "Passei a noite decisiva de 25-26 de outubro junto com Kámenev nos escritórios do Comitê Militar Revolucionário, respondendo a perguntas ao telefone e enviando instruções." Trótski acrescentou: "Simplesmente não posso responder à pergunta sobre qual foi o papel de Stálin naqueles dias decisivos". Liev Trótski, *Stalinskaia shkola falsifakatsii*, p. 26.

Até mesmo as relações de Stálin não o valorizavam. "Naquela época", escreveu Fiódor Allilúiev, que teste-munhou os cochilos de Stálin no apartamento de sua família, "o camarada Stálin só era verdadeiramente conhecido pelo pequeno círculo de pessoas que haviam cruzado com ele no trabalho político clandesti-no." RGASPI, f. 558, op. 4, d. 668, l. 30 (F. S. Allilúiev, "V Moskve [Vstrecha s t. Stalinym]", manuscrito datilografado sem data). Todos os principais bolcheviques da linha de frente em outubro — Raskólnikov, Dibenko, Nikolai I. Podvóiski, Krylenko — seriam assasinados pelo regime de Stálin.

292. A afirmação de Tucker de que "Stálin não estava em seu elemento na turbulenta política de massa de 1917" é desmentida pela experência dele em Tchiatura, em 1905. Robert C. Tucker, *Stalin as Revolutionary*, p. 178.

293. Roy Stanley de Lon, "Stalin and Social Democracy", p. 204. Depois que a Assembleia Constituinte foi dispersada, em janeiro de 1918, Saguirachvíli, desanimado, deixou Petrogrado e voltou para Tíflis.

294. K. G. Kotélnikov, *Vtoroi vserossiiskii siezd sovetov*, pp. 90, 174-5. A lista foi provavelmente submetida a Kámenev.

7. 1918: DADA E LÊNIN [pp. 245-303]

1. Robert Motherwell, *Dada Painters and Poets*, pp. 78-9, 81.

2. Pavél D. Malkov, *Reminiscences*, p. 178.

3. Miliukov acrescentou que "a experiência mostrou que essa confiança frívola em si mesmo era um pro-fundo erro". P. N. Miliukov, *Istoriia vtoroi*, I/iii, p. 179. John Reed escreveu que "nunca ocorreu a ninguém — com exceção, talvez, de Lênin, Trótski, dos operários de Petersburgo e dos soldados mais simples" — que "os bolcheviques ficariam no poder mais do que três dias". John Reed, *Ten Days* [1919], p. 117.

4. "Prefiro Lênin, um inimigo aberto, a Kerenski, aquele lobo com pele de cordeiro", escreveu um funcio-nário em 31 de outubro de 1917. Jes Peter Nielsen e Boris Weil, *Russkaia revoliutsiia glazami Petrogradskogo chinovnika*, p. 21. Kerenski acusou acerbamente esses tipos de "bolcheviques da direita".

5. Leon Trotsky, *On Lenin*, p. 114; Vladímir Miliutin, *O Lenine*, pp. 4-5; T. H. Rigby, *Lenin's Government*, p. 23.

6. Orlando Figes, "Failure of February's Men". Ver também os comentários amargos de Tchernov em *Great Russian Revolution*, pp. 256-7.

7. Em 1918, o calendário juliano estava treze dias atrasado em relação ao gregoriano; na Rússia, a quarta--feira, 31 de janeiro de 1918, foi seguida pela quinta-feira, 14 de fevereiro. A partir de então, a "Revolução de Fevereiro" seria comemorada em 13 de março (pelo menos até 1927, quando cessaram suas comemora-ções oficiais), enquanto a "Revolução de Outubro" seria celebrada em 7 de novembro. O Natal ortodoxo passou a cair em 7 de janeiro.

8. Iúri Lárin, "Ukolybeli", pp. 16-7; S. S. Pestkóvski, "Ob oktiabrskikh dniakh v Pitere", pp. 99-100; Pável D. Malkov, *Zapiski* [1967], pp. 42-7; D. A. Tchugáev, *Petrogradskii voenno-revoliutsionnyi komitet*, I, p. 485.

9. Stepan K. Gil, *Shest let s V. I. Leninym*, pp. 10-3. Lênin tinha também um luxuoso Delaunay-Belleville 70, um seis cilindros à frente de seu tempo, que fora comprado para Nicolau II.

10. N. K. Krúpskaia, "Lenin v 1917 godu", *Izvestiia*, 20 de janeiro de 1960, reproduzido em *O Lenine*, p. 54. Ela fez essas observações em 1934.

11. M. P. Iróchnikov, *Sozdanie*, pp. 156-61. Os melhores relatos contemporâneos são de M. Latsis, *Prole-tarskaia revoliutsiia*, n. 2, esp. p. 144, 1925.

12. O Soviete de Petrogrado havia criado uma comissão, em 11 de junho de 1917, para tratar dos assuntos com a Rada ucraniana (que estava exigindo autonomia).

13. O plano original para as nacionalidades talvez previsse apenas uma "comissão", em vez de um comissariado pleno. E. N. Gorodétski, *Rozhdenie*, p. 158.

14. O bajulador Pestkóvski escreveu: "Lênin não podia ficar sem Stálin nem mesmo por um único dia". S. S. Pestkóvski, "Vospominaniia o rabote v narkomnaste", p. 128.

15. Liev Trótski, *Moia zhizn*, II, pp. 62-4; Nikolai Sukhánov, *Zapiski*, VII, p. 266; I. A. Zalkind, "N.K.I.D. v semnadtsatom godu". Ver também Isaac Deutscher, *Prophet Armed*, p. 325.

16. *Izvestiia TsK KPSS*, n. 5, p. 155, 1989 (26 de agosto de 1918, carta ao comitê do partido de Vologda). Saguirachvíli especulou que Stálin cobiçava o cargo de Svérdlov, conforme o que ouvira de Ordjonikidze. Roy Stanley de Lon, "Stalin and Social Democracy", p. 199. Svérdlov estava com frequência fora, em reuniões em nome da secretaria do partido, e raramente no Smólni.

17. Em 1918, Lênin ganhou 24 683,33 rublos, 9683,33 como salário de presidente do Sovnarkom e 15 mil de honorários de publicações; os pagamentos eram feitos por Bonch-Bruevitch, que cuidava do dinheiro do partido. RGASPI, f. 2, op. 1, d. 11186, l. 2 (20 de setembro de 1919).

18. James Bunyan e Harold H. Fisher, *Bolshevik Revolution*, pp. 185-7; *Sobranie uzakonenii i rasporiazhenii rabochego i krestianskogo pravitelstva*, n. 1, pp. 10-1, 1917; A. G. Goikhbarg [Hoichberg], *Sotsialnoe zakonodatel'stvo sovetskoi respubliki*; Id., *A Year in Soviet Russia*; Leon Trotsky, *My Life*, p. 342.

19. E. L. Magerovsky, "The People's Commissariat", I, pp. 29-31.

20. S. S. Pestkóvski, "Ob Oktiabrskikh dniakh v Pitere", p. 104; Leon Trotsky, *Stalin*, p. 245.

21. *Izvestiia*, 27 de novembro de 1917, p. 6. Pestkóvski foi nomeado para o banco por intermédio de Wiaczesław Mężyński, outro polonês em alto cargo.

22. Andrei Codrescu, *Posthuman Dada Guide*, p. 11.

23. Tom Sandqvist, *Dada East*; Dickerman, *Dada*.

24. Jes Peter Nielsen e Weil Boris, *Russkaia revoliutsiia glazami Petrogradskogo chinovnika*, p. 13 (22 de outubro de 1917).

25. Jan Gross sugeriu corretamente que "os arquitetos do Estado soviético descobriram muito cedo que se acumula poder simplesmente negando-o aos outros". Jan Gross, "War as Social Revolution", p. 32.

26. Karl Marx e Friedrich Engels, *Selected Correspondence* [1965], pp. 331, 338; Id., *Selected Works*. Ver Alvin Gouldner, *The Two Marxisms*, pp. 350-1. Louis Auguste Blanqui, o leninista original, havia passado toda a existência da Comuna na prisão.

27. David McLellan, *Karl Marx: Selected Writings*, pp. 592-4; Karl Marx e Friedrich Engels, *The Civil War In France*, em *Selected Works*, I, pp. 473-545; Id., *Selected Correspondence* [1965], pp. 318-20 (cartas a Kugelmann, 12 e 17 de abril de 1871).

28. *Zagranichnaia gazeta*, 23 de março de 1908.

29. V. I. Lênin, *Collected Works*, XXIV, p. 170, n. 24.

30. Ibid., XXVII, p. 135.

31. Richard Sakwa, "The Commune State in Moscow".

32. Robert D. Warth, *The Allies*, p. 159. O chefe da Chancelaria do Governo Provisório, quando questionado se poderia fornecer um carro para a fuga de Kerenski da Rússia, pensou tratar-se de golpe de um ladrão para roubar um veículo! Vitáli I. Stártsev, "Begstvo Kerenskogo"; Vergil D. Medlin e Steven L. Powers, *V. D. Nabokov*, pp. 157-8. Kerenski chegou a Tsárskoe Seló (e seu crucial transmissor de rádio), mas teve de recuar para mais longe, a Pskov (Quartel-General da Fronteira Norte), onde Nicolau II havia abdicado. Houve uma breve luta nos montes Pulkovo, perto de Petrogrado, em 30 de outubro, mas as forças antibolcheviques foram facilmente reprimidas. Kerenski nunca retornou a Petrogrado.

33. P. N. Krasnov, "Na vnutrennom fronte", em I. V. Guéssen, *Arkhiv Russkoi revoliutsii*, I, pp. 148-51; Alexander F. Kerenski, *The Catastrophe*, pp. 340-3; Robert V. Daniels, *Red October*, pp. 205-6.

34. *Novaia zhizn*, 30 de outubro de 1917, p. 3.

35. *Izvestiia*, 3 de novembro de 1917, p. 5; Alexander F. Kerenski, *Russia and History's Turning Point*, pp. 443-6.

36. *Novaia zhizn*, 30 de outubro de 1917, p. 3; *Delo naroda*, 30 de outubro de 1917, p. 2; *Izvestiia*, 30 de outubro de 1917, p. 2; A. R. Williams, *Through the Russian Revolution*, pp. 119-49. Ver também John Reed, *Ten Days* [1919], pp. 193-207; e Aron M. Guíndin, *Kak Bolsheviki ovladeli gosudarstvennym bankom*.

37. M. Málichev, *Oborona Petrograda*.

38. Roy Stanley e Lon, "Stalin and Social Democracy", pp. 257-8.

39. *Novaia zhizn*, 30 de outubro de 1917, p. 2; John Keep, *Debate on Soviet Power*, pp. 44-5; P. Vompe, *Dni oktiabrskoi revoliutsii i zheleznodorozhniki*, p. 10.

40. *Izvestiia*, 31 de outubro de 1917, pp. 7-8; N. Avdeiev, *Revoliutsiia 1917 goda*, VI, pp. 23, 45.

41. *Protokoly Tsentralnogo komiteta RSDRP* (b), 1958, pp. 122-3. *The Bolsheviks and the October Revolution: Central Committee Minutes*, pp. 127-8.

42. N. Avdeiev, *Revoliutsiia 1917 goda*, IV, pp. 22-3; *Protokoly Tsentralnogo komiteta RSDRP* (b), pp. 271-2, n. 156; P. Vompe, *Dni oktiabrskoi revoliutsii i zheleznodorozhniki*. Ver também Raphael R. Abramóvitch, *Soviet Revolution*.

43. *Rabochii i soldat*, 1º de novembro de 1917. Ver também *Delo naroda*, 31 de outubro de 1917, 2.

44. As minutas publicadas em 1927 omitem o trecho com elogios a Trótski: *Pervyi legalnyi Peterburgskii komitet Bolshevikov*. Trótski reproduziu uma fotografia das minutas do Comitê dos Bolcheviques de Petersburgo, 1º de novembro de 1917. *Biulleten oppozitsii*, n. 7, pp. 30-2, 1929.

45. *Peterburgskii komitet RSDRP* (b) *v 1917 godu*, p. 546. O jovem Mólotov também apoiou a linha dura (p. 544).

46. "Zasedanie TsK 1 noiabria 1917 g.", *Protokoly Tsentralnogo komiteta RSDRP* (b), pp. 124-30. Stálin não está na lista de presença.

47. *Protokoly Tsentralnogo komiteta RSDRP* (b), p. 272, n. 162; *Protokoly zasedanii VTsIK*.

48. *Oktiabrskoe vosstanie v Moskve: Sbornik dokumentov* (Moscou: Gosizdat moskovskoe otdelenie, 1922), pp. 97-8, reproduzido em James Bunyan e Harold H. Fisher, *The Bolshevik Revolution*, p. 179; Richard Pipes, *Russian Revolution*, pp. 501-3; Diane Koenker, *Moscow Workers*, pp. 332-4; Roger Pethybridge, *Spread of the Russian Revolution*, p. 198. Ver também *Sovety v Oktiabre*, pp. 31-86; Serguei P. Melgunov, *Kak Bolsheviki zakhvlatili vlast*, pp. 277-382; Nikolai N. Ovsiánnikov (Org.); Guennádi S. Ignátiev, *Oktiabr 1917 goda*; A. I. Grunt, *Moskva 1917-i*, cap. 6.

49. *Protokoly Tsentralnogo komiteta RSDRP* (b), pp. 133-4; *The Bolsheviks and the October Revolution: Central Committee Minutes*, pp. 138-40; *Lenin v pervye mesiatsy sovetskoi vlasti*, p. 46.

50. *Perepiska sekretariata TsK RSDRP* (b), II, p. 27.

51. *Izvestiia*, 4 de novembro de 1917; N. Avdeiev, *Revoliutsiia 1917 goda*, VI, pp. 423-4; *Protokoly Tsentralnogo komiteta RSDRP* (b), pp. 133-7; *Proletarskaia revoliutsiia*, n. 8-9, pp. 321-51; n. 10, pp. 246-98; n. 11, pp. 202-14, 1927; n. 2, pp. 132-69, 1928.

52. *Dekrety Sovetskoi vlasti*, I, p. 20.

53. John Keep, *Debate on Soviet Power*, p. 86; Alexander Rabinowitch, *Bolsheviks in Power*, pp. 48-9. Uma contagem levemente diferente dos votos encontra-se em Richard Pipes, *Russian Revolution*, pp. 524-5.

54. *Protokoly Tsentralnogo komiteta RSDRP* (b), p. 146; *The Bolsheviks and the October Revolution: Central Committee Minutes*, pp. 151-2; Vladímir D. Bonch-Bruevitch, *Na boevykh postakh*, p. 164; *Novaia zhizn*, 9 de novembro de 1917.

55. Iu. Steklov, *Bortsy za sotsializm*, II, pp. 400-1; Konstantin Paustovsky, *Story of a Life*, p. 529; Liev Trótski, *Sochineniia*, VIII, p. 254. Svérdlov tinha autoridade para tomar decisões sozinho, mas consultava

Lênin assiduamente. M. P. Iróchnikov, *Predsedatel soveta narodnykh komissarov V. I. Ulianov* (*Lenin*), p. 57 (citando as memórias inéditas de Paniuchkin).

56. Sobre os rumores para instalar Grigóri Piatakov na chefia de um novo governo, ver *Pravda*, 15 de dezembro de 1923, 16 de dezembro de 1923 e 3 de janeiro de 1924; e *Biulleten oppozitsii*, abril de 1938, n. 65, pp. 13-4.

57. Donald J. Raleigh, *Revolution on the Volga*, p. 319.

58. *VII ekstrennyi siezd RKP* (*b*), *mart 1918 goda*, p. 6. Os editores soviéticos inseriram uma nota considerando a declaração correta de Sverdlov "não exata" (p. 359).

59. Iúri Felchtínski, *Bolsheviki i levye esery*.

60. *Dekrety Sovetskoi vlasti*, I, pp. 24-5.

61. Isaiah Berlin e Ramin Jahanbegloo, *Conversations*, p. 4. Ver também Pitirim A. Sorokin, *Leaves from a Russian Diary*, pp. 105-6.

62. *Delo naroda*, 25 de novembro de 1917, p. 4.

63. *Izvestiia*, 28 de outubro de 1917, p. 2; James Bunyan e Harold H. Fisher, *Bolshevik Revolution*, p. 220.

64. Liev Trótski, *O Lenine*, p. 102.

65. Peter Holquist, *Making War*, pp. 130-1.

66. Timothy J. Colton, *Moscow*, p. 103 (Tikhomírov em *Izvestiia*, 30 de abril de 1918).

67. David McLellan, *Karl Marx: Selected Writings*, pp. 592-4. Ver também V. I. Lênin, "Lessons of the Commune", *Zagranichnaia gazeta*, 23 de março de 1908.

68. "Com os funcionários de nosso órgão", relembrou uma autoridade do Ministério das Finanças, "os bolcheviques no Smólni eram sempre polidos, e somente depois de não conseguirem nada recorriam a ameaças, dizendo que, se não entregássemos 15 milhões em dinheiro, eles tomariam o Banco do Estado e pegariam quanto precisassem", arrombando os cofres. O pessoal do Ministério das Finanças entrou em greve. Jes Peter Nielsen e Boris Weil, *Russkaia revoliutsiia glazami Petrogradskogo chinovnika*, pp. 14-5 (25 de outubro de 1917), p. 23 (6 de novembro de 1917).

69. James Bunyan e Harold H. Fisher, *Bolshevik Revolution*, pp. 225-31; *Vlast sovetov*, n. 11, p. 5, 1919; Leon Trotsky, "Vospominaniia ob oktiabrskom perevorote"; Id., *My Life*, p. 293.

70. *Denezhnoe obrashchenie i kreditnaia sistema Soiuza SSR za 20 let*, 1-2; V. M. Morózov, *Sozdanie i ukreplenie sovietskogo gosudarstvennogo apparata*, p. 52; *Novaia zhizn*, 16 de novembro de 1917; *Ekonomicheskaia zhizn*, 6 de novembro de 1918, pp. 2-3 (V. Obolenski-Ossínski). Às vezes, também atribui-se a Mężyński o título de comissário do povo "temporário" ou "em exercício" para o Ministério das Finanças. O comissário era, nominalmente, Skortsov-Stepánov. Os bolcheviques conseguiram obter a cooperação das autoridades do Ministério das Finanças e do diretor do Tesouro (P. M. Trokhimóvski). *Proletarskaia revoliutsiia*, n. 10, pp. 62-3; M. P. Iróchnikov, *Sozdanie*, p. 195, 1922.

71. M. J. Larsons, *Im Sowjet-Labyrinth*, pp. 61-6.

72. Jes Peter Nielsen e Boris Weil, *Russkaia revoliutsiia glazami Petrogradskogo chinovnika*, p. 40 (29 e 31 de dezembro de 1917). O Conselho dos Comissários do Povo decretou a suspensão desses pagamentos em 11 de janeiro de 1918. *Obzor finansogo zakonodatel'stva, 1917-1921, gg.* (Petrogrado, 1921), p. 15.

73. G. G. Schwittau, *Revoliutsiia i narodnoe khoziaistv*, p. 337; V. P. Diatchenko, *Istoriia finansov SSSR*, pp. 24-7; *Svoboda Rossii*, 19 de abril de 1918, p. 5; S. S. Katzenellenbaum, *Russian Currency and Banking*, pp. 55-60; James Bunyan e Harold H. Fisher, *Bolshevik Revolution*, pp. 607-9; *Papers Relating to the Foreign Relations of the United States: Russia*, III, pp. 32-3.

74. O serviço da dívida chegara a 345 milhões de rublos por ano de 1909 a 1913, mas, em 1918, explodiu devido à enorme dívida da guerra. Michael R. Dohan, "Foreign Trade", p. 218.

75. O Banco do Estado russo tinha o monopólio da emissão de moeda (desde 1891). As reservas totais de ouro em novembro de 1917 somavam 1,26 bilhão de rublos. Zakharii V. Atlas, *Ocherki po istorii denezhnogo obrashcheniia*, pp. 16-8; Edward Hallett Carr, *Bolshevik Revolution*, II, pp. 133-7.

76. V. I. Lênin, *Collected Works*, XLII, p. 64. Em fevereiro de 1918, Lênin estimou as obrigações das despesas estatais em 28 bilhões de rublos e as receitas, em 8 bilhões, em consequência do não pagamento de impostos. *PSS*, XXXV, pp. 326-7, 331. Os bolcheviques logo começaram a temer que o papel-moeda facilmente disponível pudesse financiar a contrarrevolução. *Pravda*, 19 de abril de 1918. O período de Mężyński nas finanças foi curto: em abril de 1918 ele já estava na Tcheká.

77. Launcelot Owen, *Russian Peasant Movement*.

78. B. D. Brutzkus, "Die russische Agrarrevolution". Na Ucrânia, celeiro crítico que alimentava dezenas de milhões, a revolução camponesa foi comparada a um ciclone. Arthur Adams, "The Great Ukrainian Jacquerie", em Taras Hunczak, *The Ukraine*, pp. 247-70.

79. Richard Pipes, *Russian Revolution*, pp. 718-9. Ver também John Channon, "The Bolsheviks and the Peasantry".

80. Ao contrário, a inflação logo obliterou qualquer economia que tivessem no banco de poupança estatal ou enterrada no terreno de suas cabanas. Richard Pipes, *Russian Revolution*, pp. 719-21.

81. Dorothy Atkinson, *End of the Russian Land Commune*, p. 185.

82. *Novaia zhizn*, 31 de dezembro de 1917, p. 2 (Kolegáev). Os liberais do Governo Provisório consideravam Viktor Tchernov, líder do Partido Socialista Revolucionário e ministro da Agricultura do Governo Provisório, a inspiração e a encarnação do caos causado pelos confiscos de terras, mas, no campo, Tchernov e os SRs eram vistos como traidores por se oporem à redistribuição imediata das terras. Os SRs locais romperam com os dirigentes centrais do partido, mas o partido como um todo não ganhou nenhum império por isso. Tchernov chamou o campesinato de "a esfinge da história política da Rússia", mas a caracterização se aplicava a ele mesmo. V. M. Tchernov, *Rozhednie revoliutsionnoi Rossii*, p. 75. Os bolcheviques tomaram emprestado mais do que o programa agrário do PSR. "Conseguimos uma cópia do programa municipal do PSR (eles o criaram, creio eu, em 1905) e começamos a estudá-lo e a montar nosso programa municipal de uma forma muito parecida", relembrou um bolchevique de Moscou na primavera de 1917. S. Iu. Vólin, "Vokrug Moskovskoi Dumy", p. 98.

83. "Nenhuma lei foi mais amplamente divulgada do que a lei agrária", lembrou Vladímir D. Bonch-Bruevitch, *Na boevikh postakh*, p. 115. A história sobre os calendários não aparece na primeira edição do ano anterior das memórias de Bonch-Bruevitch (Federatsiia, 1930), pp. 125-7. Ver também Roger Pethybridge, *Spread of the Russian Revolution*, p. 154.

84. John Keep, *Russian Revolution*, p. 178.

85. Lewis H. Siegelbaum, "The Workers Group", p. 155.

86. Peter Gatrell, *A Whole Empire Walking*.

87. D. A. Tchugáev, *Petrogradskii voenno-revoliutsionnyi komitet*, II, p. 111.

88. "Os afogados foram tirados das adegas e empilhados em fileiras na Praça do Palácio." Vladímir Antónov-Ovséienko, *Zapiski o grazhdanskoi voine*, I, pp. 19-20.

89. *Izvestiia*, 6 de dezembro de 1917; Vladímir D. Bonch-Bruevitch, *Na boevykh postakh*, p. 191. Bonch-Bruevitch também reuniu rumores a respeito de inimigos disfarçados que estavam estocando armas e documentos falsificados, aos quais respondeu com prisões peremptórias. Nikolai Zubov, *F. E. Dzerzhinskii*, p. 161.

90. M. P. Iróchnikov, *Sozdanie*, pp. 96, 201, 214-5; Z. Z. Serebrianski, "Sabotazh i sozdanie novogo gosudarstvennogo apparata", pp. 8-11.

91. GARF, f. 130, op. 1, d. 1, l. 29-30, 30ob; *Izvestiia*, 10 de dezembro de 1917; S. K. Tsvigun, *V. I. Lenin i VChK* [1975], p. 34, n. 1; G. A. Belov, *Iz istorii Vserossiiskoi Chrezvychainoi komissii*, pp. 72-9; *Krasnyi arkhiv*, n. 5, pp. xiv-xv, 1924; *PSS*, XXXV, pp. 156-8; *Pogranichnye voiska SSSR 1918-1928*, p. 67; D. A. Tchugáev, *Petrogradskii voenno-revoliutsionnyi komitet*, III, pp. 663-4; M. Latsis, *Chrezvychainye komissii*, pp. 7-8; Vladímir D. Bonch-Bruevitch, "Kak organizaovalas vchK", *Ogonek*, n. 3, 1927, reproduzido em *Vospominania o Lenine*, pp. 134-9 (p. 137) e ampliado em *Na boevykh postakh*, pp. 193-203 (pp. 198-9); Edward Hallett Carr, "Origins and Status". A discussão pelo Conselho dos Comissários do Povo do relatório de Dzierżyński foi apresentada como um "decreto" (e alterada) quando publicada mais tarde: G. A. Belov, *Iz istorii Vserossiiskoi Chrezvychainoi komissii*, pp. 78-9. Ver também *Proletarskaia revoliutsiia*, n. 10, v. 33, pp. 5-6, 1924 (Peterss) e n. 9, v. 58, pp. 82-3, 1926 (Vācietis); e *Pravda*, 18 de dezembro de 1927, p. 2. Para o bilhete de Lênin a Dzierżyński, ver *PSS*, XXXV, pp. 156-8; S. K. Tsvigun, *V. I. Lenin i VChK* [1975], p. 37, e [1987], pp. 19, 22. A expressão "jacobino proletário" está em Nicolai Zubov, *F. E. Dzerzhinskii*, p. 162, e aparece como "jacobino revolucionário" numa edição anterior: *Feliks Edmundovich Dzerzhinskii: kratkaia biografiia*. 2. ed. (Moscou: OGIZ, 1942), p. 53. A Tcheká substituiu tecnicamente o CMR, cujo poder era real e que acabou subitamente em 5 de dezembro de 1917. T. H. Rigby, "The First Proletarian Government"; Water Pietsch, *Revolution und Staat*, pp. 44-66. A afirmação de que Lênin criou apressadamente a Tcheká porque temia que os SRs de esquerda que haviam concordado em entrar para o governo insistiriam na moderação é contradita pelo fato de ele ter permitido a participação deles no colegiado dirigente da Tcheká. M. Latsis, *Otchet VChK za chetyre goda ee deiatelnosti, 20 dekabria 1917-20 dekabria 1921 g.* Moscou: vchK, 1922, I, p. 8; Alexander Rabinowitch, *Bolsheviks in Power*, pp. 81-7, 103. Mas cf. Richard Pipes, *Russian Revolution*, pp. 536-7.

92. RGASPI, f. 76, op. 2, d. 270, l. 32-3.

93. Um instrumento fundamental para acabar com a greve foi o fechamento da Duma Municipal de Petrogrado, que havia sobrevivido ao golpe e servia de ponto de reunião. *Dekrety Sovetskoi vlasti*, I, p. 91.

94. Ia. Peters, "Vospominaniia o rabote vchK", p. 10. Um dos poucos sucessos do Governo Provisório havia sido a criação de um órgão voltado para o vazamento sistemático e sensacional dos arquivos secretos sobre os truques sujos da *okhranka*. M. A. Ossorguin, *Okhrannoe otdelenie i ego sekrety*; A. Avrekh, "Chrezvychainaia sledstvennaia komissiia vremennogo pravitelstva"; Z. I. Peregúdova, "Deitelnost komissii Vremennogo pravtitelstva i sovetskikh arkhivov"; Charles A. Ruud e Serguei A. Stepanov, *Fontanka 16*, pp. 315-21. Os arquivos da polícia foram saqueados e queimados por revoltosos; alguns altos funcionários da *okhranka* retiraram seus arquivos quando foram embora, apagando seus fracassos, entre outras coisas. Ainda assim, o trabalho da Comissão — presidida por Muraviov (conhecido pela *okhranka* como "A Mosca") — seria publicado em sete volumes [1927], baseado em GARF, f. 1647 (A. Avrekh, "Chrezvychainia sledstvennaia komissiia"); V. B. Jilínski, *Organizatsiia i zhizn okhrannago otdeleniia*, pp. 4-6. Julgava-se que o arquivo da agência de Paris fora destruído pelo embaixador tsarista, mas ele apareceu em 1957 (e está agora nos Hoover Institution Archives).

95. "Os inimigos do poder soviético", explicou Dzierżyński, "são tanto nossos oponentes políticos como todos os bandidos, ladrões, especuladores e outros criminosos." *Novaia zhizn*, 9 de junho de 1918, p. 4.

96. Vassíli F. Kleméntiev, *V Bolshevitskoi Moskve*, p. 53. Kleméntiev, um oficial de artilharia do Exército imperial russo, talvez devesse sua presença em Moscou ao general Kornílov; aqueles que diziam ter conexão com Kornílov haviam ordenado que Kleméntiev e o coronel Perkhurov preparassem forças antibolcheviques em Moscou, mas Kleméntiev alega que foram recebidos com indiferença.

97. James Bunyan, *Intervention*, p. 229 (uma tradução de *Ezhedelnik chrezvychainoi komissii*, 1918, n. 4, pp. 29-30).

98. George Leggett, *The Cheka*, p. 56.

99. Os motivos das "nacionalizações" (saques, não assunção do controle pelo Estado) podiam variar de ambição profissional — o confiscador esperava se destacar como um administrador melhor das propriedades — à cobiça ("às vezes, um dono de fábrica concorrente fazia uma visita especial ao conselho provincial da economia nacional levando os presentes necessários"). I. V. Guéssen, *Arkhiv russkoi revoliutsii*, VI, pp. 310-1 (Gurovitch).

100. Em 1º de janeiro de 1918, Lênin entrou em seu carro para voltar ao Smólni depois de falar na Academia de Equitação São Miguel Arcanjo de Petrogrado para um heterogêneo "exército socialista" que partia para o front. "Eles haviam andado poucos metros quando o veículo foi metralhado por trás", noticiou o *Pravda* mais tarde. Dentro do carro, o socialista suíço Fritz Platten — um intermediário na canalização de dinheiro alemão para os bolcheviques e organizador do retorno de Lênin para a Rússia em trem fechado — empurrou a cabeça de Lênin para baixo; consta que uma das mãos de Platten foi arranhada por uma bala. *Pravda*, 3 de janeiro de 1918, 14 de janeiro de 1925 (devido ao novo calendário, o aniversário do evento passou a ser em 14 de janeiro, treze dias depois), 21 de janeiro de 1926; G. Zinóviev, "Piat let", manuscrito, RGASPI, f. 324, op. 1, d. 267, l. 1-17, Hoover Institution Archives, Volkogonov Papers, contêiner 14; Vladímir D. Bonch-Bruevitch, *Tri pokusheniie na V. I. Lenina*, pp. 3-77; *Sovetskaia Rossiia*, 3 de janeiro de 1963; D. A. Volkogonov, *Lenin: Life and Legacy*, p. 229. O discurso que Lênin fez naquele dia foi publicado somente muitos anos depois (*Pravda*, 17 de janeiro de 1929). Continuamos sem saber quem estava por trás da tentativa de assassinato. O jornal do Partido Socialista Revolucionário (direita) foi o primeiro a revelar o incidente, sugerindo que os bolcheviques o haviam montado para desacreditar os SRS, mas os SRS de direita podem ter posto em movimento o assassinato, executado por outros desastradamente.

101. *Iz istorii VChK*, pp. 95-6.

102. Alexander Rabinowitch, *Bolsheviks in Power*, p. 97 (citando GARF, f. 130, op. 2, d. 1098, l. 8), p. 97 (citando TsA FSB RF, f. 1, op. 2, d. 25, l. 1: relatório de Ivan Polukarov).

103. Logo depois do golpe de 25 de outubro, Vladímir Bonch-Bruevitch, o faz-tudo de Lênin, foi ao Palácio Mariínski para se encontrar com o ex-chefe da chancelaria, Vladímir Nabókov (pai do futuro romancista), que havia ajudado a redigir o dúbio documento fundador do Governo Provisório — a declaração de "abdicação" de Mikhail Aleksandrovitch. "Ele me recebeu como um velho amigo, foi extremamente polido", escreveu Nabókov, e "tentou me convencer de que a base da autoridade bolchevique era tão legal quanto a do Governo Provisório, se não mais." Vergil D. Medlin e Steven L. Powers, *V. D. Nabokov*, pp. 170-2. Ver também *Izvestiia*, 28 de outubro de 1917, p. 2.

104. De início, Lênin havia pensado em "adiar" a eleição. Leon Trotsky, *Lenin*, p. 110. Para o decreto de 27 de outubro de 1917 que confirma que a eleição ocorreria tal como marcado, de 12 a 14 de novembro, ver *Dekrety Sovetskoi vlasti*, I, pp. 25-6.

105. Não chegaram os resultados das regiões de Kaluga e da Bessarábia e de três distritos do Extremo Oriente — Kamchatka, Iakutsk e Ferrovia Oriental Chinesa —, embora tenha havido votação nesses lugares. O distrito de Kuban-Mar Negro da província do Cáucaso Norte teve eleições somente na capital, Ekaterinodar.

106. *Izvestiia*, 10 de dezembro de 1917, p. 3; *Dekrety Sovietskoi vlasti*, I, pp. 165-6; G. A. Belov, *Iz istorii Vserossiiskoi Chrezvychainoi komissii*, pp. 66-8; *PSS*, XXVI, p. 315; S. K. Tsvigun, *V. I. Lenin i VChK*, pp. 15-7.

107. GARF, f. 130, op. 1, d. 1, l. 19-20; D. A. Volkogonov, *Trotsky*, p. 91.

108. *Protokoly Tsentralnogo Komiteta RSDRP* (b), p. 157 (29 de novembro de 1917); *The Bolsheviks and the October Revolution: Central Committee Minutes*, p. 164; Leon Trotsky, *Stalin*, pp. 240-1.

109. Oliver H. Radkey, *Russia Goes to the Polls*.

110. Peter Holquist, *Making War*.

111. V. I. Lênin, *Sochineniia*, 2. e 3. eds., XXIV, pp. 631-49 (p. 638).

112. Oliver H. Radkey, *Russia Goes to the Polls*, pp. 16, 34-5; Pleg N. Známenskii, *Vserossiiskoe Uchreditelnoe Sobranie*, pp. 275, 338, 358, quadros 1 e 2. A votação foi feita de acordo com listas eleitorais, com representação proporcional; os candidatos tinham permissão para concorrer simultaneamente em não mais do que cinco distritos; os eleitos em mais de um distrito tinham de escolher.

113. Oliver H; Radkey, *Russia Goes to the Polls*, pp. 14-23.

114. D. A. Volkogónov, *Lenin: Life and Legacy*, p. 252. Sukhánov assumira a editoria no lugar de Maksim Górki. *Vida Nova* (*Novaia zhizn*) seria fechado pelos bolcheviques em 1918, depois do assassinato do embaixador alemão, conde Mirbach.

115. Com efeito, roubaram um revólver do sobretudo de Lênin, que estava pendurado num cabide, durante uma reunião de bolcheviques na Assembleia Constituinte; descobriu-se que o culpado era um marinheiro que supostamente fazia parte da guarda da Assembleia. Ele foi prontamente levado para fora e fuzilado. Iúri Felchtínski, *Brestskii mir, oktiabr 1917 goda — noiabr 1918 g.* (Moscou, 1992), p. 219.

116. *Pravda*, 20 de abril de 1924, p. 3 (Trótski).

117. N. V. Sviatítski, *Kogo russkii narod izbral*, pp. 10-1.

118. Oleg N. Známenskii, *Vserossiiskoe*, p. 339; L. G. Protássov, *Vserossiiskoe Uchreditolnoe Sobranie*.

119. Para enfraquecer os bolcheviques moderados que vinham levando a sério a Assembleia Constituinte como um parlamento do povo, ele e Svérdlov haviam manipulado pautas e comparecimento às reuniões da bancada bolchevique. James Bunyan e Harold H. Fisher, *Bolshevik Revolution*, p. 363; Alexander Rabinowitch, *Bolsheviks in Power*, pp. 88-92.

120. John Reed, *Ten Days* [1919], p. 248.

121. I. S. Malchévski, *Vserossiiskoe*, p. 217; Gueórgi N. Golikov, *Vladimir Ilich Lenin*, V, pp. 180-1.

122. I. S. Malchévski, *Vserossiiskoe uchreditolnoe*, p. 110.

123. Alguns estudiosos sustentaram que o Governo Provisório foi, em última análise, responsável pelo fracasso da Assembleia Constituinte: se as eleições tivessem sido realizadas antes, "um regime parlamentarista na Rússia teria certamente tido uma chance de luta". Graeme J. Gill, *Peasants and Government*, p. 98. Ver também Jonathan Frankel, "The Problem of Alternatives", em Edith Rogovin Frankel, *Revolution in Russia*, pp. 3-13. Kerenski talvez tenha tentado comparecer à Assembleia Constituinte, mas ele não fora eleito delegado e foi recusado pelo Comitê Central do PSR. Mark Vichniak, *Vserossiiskoe uchreditelnoe sobranie*, p. 106; Id., *Dan proshlomu*, p. 365. Mark Vichniak (nascido em 1883) foi secretário da Assembleia Constituinte e registrou corajosamente seus anais; ele tentou combater o bolchevismo, esteve preso em Kiev e emigrou para Paris em abril de 1919.

124. D. A. Volkogonov, *Lenin: Life and Legacy*, pp. 177-8, citando Arkhiv INO OGPU, 17 458, vol. II, p. 215.

125. "Devemos convocar a Assembleia Constituinte?", perguntou Moissei Urítski, encarregado de supervisioná-la. "Sim. Devemos desfazê-la? Talvez; isso depende das circunstâncias." William Henry Chamberlin, *Russian Revolution*, I, p. 368.

126. D. A. Volkogonov, *Trotsky*, p. 121 (citando Liev Trótski, *Sochineniia*, XVII/i, p. 201). Em 19 de dezembro de 1917, Trótski havia convocado "o rolo compressor de ferro da revolução proletária para esmagar a coluna vertebral do menchevismo". Tratava-se dos companheiros social-democratas, para não dizer que era seu ex-partido. D. A. Volkogónov, *Trotsky*, p. 78.

127. Radkey especulou que, tendo em vista as fraquezas do PSR, a Assembleia Constituinte "teria caído com seu próprio peso". Oliver H. Radkey, *Sickle Under the Hammer*, p. 466.

128. Vários regimentos de guardas, totalizando talvez 10 mil soldados, juraram apresentar-se com suas armas caso fossem chamados, mas a liderança socialista revolucionária não queria uma defesa armada.

O Comitê Central do PSR chegou ao ponto de criar uma comissão para investigar os esforços para defender a Assembleia Constituinte pela força. B. F. Sokolov, "Zashchita vserossiiskogo uchreditelnogo sobraniia", em I. V. Guéssen, *Arkhiv russkoi revoliutsii* XIII, pp. 5-70 (pp. 41-4), 50, 60-1; James Bunyan e Harold H. Fisher, *Bolshevik Revolution*, pp. 380-4; *Istochnik*, n. 1, pp. 25-40, 1995; Alexander Rabinowitch, *Bolsheviks in Power*, p. 95 (citando Sokolov e Bakhmeteff Archive, Zenzinov Collection, protocolos do Comitê Central SR, pp. 18-9). Mais tarde, no entanto, um socialista revolucionário afirmou que "não houve tentativa de usar a força em 5 de janeiro, não porque não quiséssemos, mas porque não tínhamos força alguma". *Pravda*, 15 de junho de 1922 (Likhatch). Os mencheviques também não tinham uma resposta à assertividade bolchevique. Pouco antes da abertura da Assembleia Constituinte, em um Congresso do Partido Operário Social-Democrata da Rússia Menchevique a que compareceram cerca de cem delegados, Iúli Mártov propôs uma resolução (que ganhou o apoio da maioria) que rotulava corretamente o bolchevismo de um "regime de permanente anarquia". Mas a posição do próprio Mártov era dificilmente sustentável: ele instava os mencheviques a defender uma coalizão de todos os socialistas, inclusive bolcheviques, embora estes não desejassem compartilhar o poder e ainda que, na própria cabeça de Mártov, o socialismo genuíno na Rússia fosse impossível naquele estágio histórico. Ele apoiava as expropriações em andamento da burguesia e pensava que os trabalhadores iriam de algum modo ajudar a levar a cabo a fase da revolução burguesa da história. Jane Burbank, *Intelligentsia and Revolution*, pp. 13-6 (citando *Novyi luch*, 3 de dezembro de 1917, p. 4); Leopold H. Haimson, "The Mensheviks".

129. Orlando Figes, *Peasant Russia, Civil War*, pp. 40-69.

130. Em Moscou, cerca de 2 mil manifestantes fizeram passeata em 9 de janeiro de 1918; ao menos trinta morreram pisoteados ou baleados. *Pravda*, 22 de janeiro de 1918, p. 3, e 24 de janeiro de 1918, p. 3; Jan M. Yarkovsky, *It Happened in Moscow*, pp. 267-75; Timothy J. Colton, *Moscow*, p. 87 (citando Tsentralnyi arkhiv obshchestvenno-politicheskoi istorii Moskvy [TSAOPIM], f. 3, op. 1, d. 46, l. 296).

131. Mark Vichniak, *Dan proshlomu*, p. 289; Maksim Górki, *Nesvoevremmenye mysli I rassuzhdenii*, pp. 110-1; I. S. Malchévski, *Vserossiiskoe uchreditelnoe sobranie*; Oliver H. Radkey, *Sickle Under the Hammer*, pp. 386-416; T. E. Novitskaia, *Uchreditelnoe sobranie*; Alexander Rabinowitch, *Bolsheviks in Power*, pp. 123-5; Sydney D.Bailey, "The Russian Constituent Assembly of 1918"; Paul Avrich, *Anarchist Portraits*, pp. 107-9. Consta que Jelzniakov participou da "invasão" do Palácio de Inverno. Ele foi morto na guerra civil, em 1919, aos 24 anos, por um projétil da artilharia dos brancos.

132. Lênin escreveu dois conjuntos de teses sobre a Assembleia Constituinte, um antes e outro depois de sua dispersão. GARF, f. 130, op. 1, d. 7, l. 15-6, Hoover Institution Archives, Volkogonov Papers, contêiner 21; *Pravda*, 12 de janeiro de 1917, republicado em PSS, XXXV, pp. 162-6. Tal como Lênin e Svérdlov haviam calculado, os socialistas revolucionários de esquerda, depois de ganharem algumas pastas menores no Conselho dos Comissários do Povo, ficaram significativamente menos inflexíveis na defesa da Assembleia Constituinte.

133. John Keep, *Debate on Soviet Power*, p. 247. De 24 a 27 de dezembro de 1917, Lênin esteve numa estação de descanso na Finlândia (no dia 27, Stálin assinou um decreto sobre a estatização das fábricas Putilov "pelo presidente do Conselho dos Comissários do Povo": Hoover Institution Archives, Volkogonov Papers, contêiner 14). Mas, em vez de descansar, Lênin ocupou-se em escrever. De qualquer modo, deputados bolcheviques da Assembleia Constituinte apareceram na Finlândia sem avisar e o levaram de volta.

134. Dois congressos estavam acontecendo ao mesmo tempo: um dos deputados camponeses e um dos deputados operários e soldados, que se fundiram em 13 de janeiro de 1918. O congresso dos sovietes também reafirmou "o direito de todos os povos à autodeterminação até a completa secessão da Rússia". *Tretii vserossiiskii siezd sovetov rabochikh, soldatskikh i krestianskikh deputatov* (Petrogrado, 1918), p. 73.

135. Serge Oldenbourg, *Le Coup d'état bolchéviste*, pp. 169-70, 173-4. Quando o congresso aprovou, no dia seguinte, o "Decreto sobre a Paz", Lênin repetiu sua advertência de que "as guerras não podem acabar por uma recusa a lutar, elas não podem ter um fim apenas por um dos lados". K. G. Kotélnikov, *Vtoroi vserossiiskii siezd sovetov*, p. 62.

136. N. Avdeiev, *Revoliutsiia 1917 goda*, IV, pp. 285-6; George F. Kennan, *Russia Leaves the War*, pp. 75-6.

137. James Bunyan e Harold H. Fisher, *Bolshevik Revolution*, pp. 268-75.

138. *Izvestiia*, 10 de novembro de 1917, traduzido em James Bunyan e Harold H. Fisher, *Bolshevik Revolution*, pp. 242-4; M. P. Iróchnikov, *Sozdanie*, pp. 166-7; *DVP SSSR*, I, pp. 11-4.

139. Robert D. Warth, *The Allies*, p. 168.

140. O aspecto surreal da relação das novas autoridades com as forças militares foi captado por Aleksandr Ilin (nascido em 1894), conhecido como "o Genebrino" (de seus tempos de exílio pré-revolucionário), que foi nomeado secretário do novo Comissariado da Guerra e teve um vislumbre dos luxuosos gabinetes do Ministério da Guerra tsarista, junto ao canal Moika de São Petersburgo: "mobiliário de seda, papel de parede de seda, cortinas sobre as portas e janelas, espelhos, candelabros esculpidos e tapetes grossos nos quais nossos pés literalmente afundavam". Ilin e os outros administradores bolcheviques faziam questão de comer "a mesma sopa de repolho que alimentava os soldados", para transmitir o "caráter democrático" de sua autoridade. Ao mesmo tempo, Ilin reordou que Krylenko se ofendia quando sua autoridade não era reconhecida ("toda a sua pequena figura exalava uma verdadeira aura de poder"). Essa imperiosidade, no entanto, não incomodava Ilin, apesar da dieta "democrática" de sopa de repolho. "Em circunstâncias nas quais estávamos submetidos a mentira, calúnia e, em parte, recusa a reconhecer nossa autoridade [*vlast*]", observou ele, "era muito importante manter uma linha firme. Afinal, a autoridade só pode ser reconhecida como tal se está convencida de sua própria competência e, por seu comportamento, inspira os outros com essa convicção." Ilin-Jenévski, *Bolsheviki u vlasti*; Il'in-Zhenevskii, *Bolsheviks in Power*.

141. James Bunyan e Harold H. Fisher, *Bolshevik Revolution*, pp. 232-42, 264-8; Aleksánder I. Spiridóvitch, *Istoriia bolshevizma v Rossii*, pp. 406-7; Allan K. Wildman, *End of the Russian Imperial Army*, II, pp. 380-401.

142. *Novaia zhizn*, 13 de dezembro de 1917; *Russkoe slovo*, 6 de dezembro de 1917; James Bunyan e Harold H. Fisher, *Bolshevik Revolution*, pp. 267-8; T. G. Masaryk, *Making of a State*, pp. 163-4. Dukhónin passou a ser comandante supremo em exercício somente em 3 de novembro de 1917, dezessete dias antes de seu assassinato.

143. Fritz Fischer, *Germany's Aims*, p. 477; Allan K. Wildman, *End of the Russian Imperial Army*, II, pp. 400-1; *Sovetsko-Germanskie otnosheniia*, I, p. 108; Henri A. Niessel, *Le Triomphe des bolchéviks*, pp. 187-8.

144. *Pravda*, 15 de novembro de 1917, p. 1; James Bunyan e Harold H. Fisher, *Bolshevik Revolution*, pp. 258-9. Ver também *Izvestiia*, 2, 3, 4, 5, 6 e 9 de dezembro de 1917; e Liev Kámenev, *Borba za mir*. No caso de uma "paz geral", os alemães prometiam deixar a Bélgica, o norte da França, a Sérvia, Romênia, Polônia, Lituânia e Curlândia, procurando desse modo enfraquecer a alegação dos Aliados de que precisavam continuar a lutar para liberar esses territórios. Mas a promessa não era sincera. John Wheeler-Bennett, *Forgotten Peace*, p. 136.

145. RGASPI, f. 17, op. 109, d. 9, l. 23.

146. John Buchan, *History of the Great War*, IV, p. 135. Essas divisões foram levadas do front ocidental para Riga no final de 1917. Erich Ludendorff, *My War Memoires*, II, p. 34.

147. Gerald Freund, *Unholy Alliance*, p. 3. Radek manteve seu passaporte austríaco até 1918.

148. Ottokar, *In the World War* [1920], p. 246; John Wheeler-Bennett, *Forgotten Peace*, p. 113.

149. Trótski disse isso de maneira levemente diferente: *History of the Russian Revolution to Brest-Litovsk*, p. 5.

150. *Sovetsko-germanskie otnosheniia*, I, pp. 194-6.

151. Michael Geyer argumentou persuasivamente que sociedades que se mobilizaram *intensivamente* (o Império russo, a Alemanha), em vez de *extensivamente* (França e Grã-Bretanha, que contaram com suas colônias, bem como com empréstimos dos Estados Unidos), sofreram os maiores deslocamentos e turbulência social. Michael Geyer, "The Militarization of Europe", pp. 65-102.

152. *Izvestiia*, 2 de março de 1922 (Ioffe).

153. *Proceedings of the Brest-Litovsk Peace Conference*, p. 82; Leon Trotsky, *My Life*, pp. 311, 319-20; Id., *Lenin*, p. 128.

154. Sergei A. Pavliúchenkov, *Krestianskii Brest*, p. 22 (citando GARF, f. 130, op. 2, d. 11, l. 20; relatório de Mikhail Bonch-Bruevitch, um ex-oficial tsarista que agora chefiava o Estado-Maior vermelho, ao Conselho dos Comissários do Povo).

155. *Pravda*, 24 de fevereiro de 1918, pp. 2-3 (teses de Lênin, apresentadas em 7 de janeiro); James Bunyan e Harold H. Fisher, *Bolshevik Revolution*, pp. 500-5; *PSS*, XXXV, pp. 243-51; John Wheeler-Bennett, *Forgotten Peace*, p. 139. Autoridades do partido bolchevique de todo o país estavam na cidade para o próximo Congresso dos Sovietes e Lênin incluiu quase cinquenta chefes provinciais do partido na reunião do CC, esperando usá-los como grupo de pressão. Richard K. Debo, *Revolution and Survival* pp. 72-90.

156. *Protokoly Tsentralnogo Komiteta RSDRP (b)*, p. 171; *The Bolsheviks and the October Revolution: Central Committee Minutes*, p. 177.

157. *Protokoly, Tsentralnogo Komiteta RSDRP (b)*, p. 173. Ver também *Sedmoi ekstrennyi siezd RKP (b), mart 1918 goda*, pp. xxvi-xxvii; e N. K. Krúpskaia, *Reminiscences*, p. 448.

158. *PSS*, XXXV, pp. 253-4.

159. *Pravda*, 17 e 18 de janeiro de 1918; *Sochineniia*, IV, pp. 36-7.

160. M. Philips Price, *My Reminiscences*, pp. 224-5.

161. *Protokoly Tsentralnogo Komiteta RSDRP (b)*, pp. 174-80; *The Bolsheviks and the October Revolution: Central Committee Minutes*, p. 185. Em 13 de janeiro, os comitês centrais dos bolcheviques e dos SRs de esquerda se reuniram e a maioria foi a favor da fórmula de Trótski de "acabar a guerra, não assinar uma paz" (p. 283).

162. Clifford F. Wargelin, "A High Price for Bread."

163. Richard von Kühlmann, *Erinnerungen*, p. 531.

164. Como Hoffmann explicou, "as dificuldades eram transitórias; a qualquer momento poderíamos apoiá-la [a Rada] com armas e restabelecê-la". Max Hoffmann, *War Diaries*, II, p. 216.

165. Oleh S. Fedyshyn, *Germanys' Drive to the East*, pp. 65-86.

166. Fritz Fischer, *Germany's Aims*.

167. A. A. Ioffe, *Mirnye peregovory v Brest-Litovske*, I, pp. 207-8; *Proceedings of the Brest-Litovsk Peace Conference*, pp. 172-3; Max Hoffmann, *War Diaries*, II, pp. 218-9; D. G. Fokke "Na tsene I za kulisami", p. 207; John Wheeler Bennett, *Forgotten Peace*, pp. 227-9; Gerald Freund, *Unholy Alliance*, p. 6; *PSS*, XXII, pp. 555-8.

168. Leon Trotsky, *My Life*, p. 386. "Versátil, culto e elegante, podia ser encantador em seus momentos de bom humor", comentou um estudioso a respeito de Trótski. "Mas, em sua atitude mais comum de raiva desdenhosa, ele era fogo enregelante." John Wheeler-Bennett, *Forgotten Peace*, p. 152.

169. Il'in-Zhenevskii, *Bolsheviks in Power*, pp. 21-2.

170. Ottokar, *In the World War* [1919], p. 328; Max Hoffmann, *War Diaries*, II, p. 219. A Áustria-Hungria nem fazia mais fronteira com a Rússia, tendo em vista o tratado separado com a Ucrânia. (Os poloneses deixaram as fileiras militares austríacas e invadiram a Ucrânia para retomar território "polonês".)

171. Fritz Fischer, *Germany's Aims*, pp. 501-5; *Sovetsko-germanskie otnoshniia*, I, p. 328.

172. Judah L. Magnes, *Russia and Germany*, pp. 109-23.
173. K. F. Nowak, *Die Aufzeichnungen*, I, p. 187 (anotação de 22 de fevereiro de 1918).
174. Adeeb Khalid, "Tashkent 1917", p. 279.
175. Mustapha Chokaiev, "Turkestan and the Soviet Regime", p. 406.
176. A. A. Gordienko, *Obrazovanie Turkestanskoi ASSR*, pp. 309-10.
177. Adeeb Khalid, *Politics of Cultural Reform*, pp. 273-4. Utilizando jornais em língua turca da época, isso corrige a versão estabelecida por Gueórgi I. Safárov, *Kolonialnaia revoliutsiia*, p. 64.
178. *Pobeda oktiabrskoi revoliutsii*, II, p. 27.
179. Alexander G. Park, *Bolshevism in Turkestan*, pp. 15-22.
180. Adeeb Khalid, *Politics of Cultural Reform*, p. 277.
181. Mustapha Chokaiev, "Turkestan and the Soviet Regime", p. 408.
182. Vadim A. Tchaikan, *K istorii Rossiikoi revoliutsii*, p. 133.
183. P. Alekséenkov, *Kokandskaia avtonomiia*, p. 58.
184. P. T. Etherton, *In the Heart of Asia*, p. 154.
185. *PSS*, XXXV, pp. 245-54; John Wheeler-Bennett, *Forgotten Peace*, pp. 217-39.
186. *The Bolsheviks and the October Revolution: Central Committee Minutes*, p. 206; *Protokoly Tsentralnogo komiteta RSDRP (b)*, pp. 171-2, 199, 202-4, 212-3, 215-7; "Deiatelnost Tsentralnogo komiteta partii v dokumentakh (sobytiia i fakty)", *Izvestiia TsK KPSS*, n. 4, pp. 142-4, 1989.
187. Leon Trotsky, *My Life*, pp. 382-4; Id., *Lenin*, pp. 106-10. Ao VII Congresso do Partido, realizado em março de 1918, Lênin revelou suas conversações com Trótski: "foi acordado entre nós que seguraríamos até que os alemães apresentassem um ultimato, e então cederíamos". *PSS*, XXXVI, p. 30; Richard K. Debo, *Revolution and Survival*, p. 80.
188. *Protokoly Tsentralnogo komiteta RSDRP (b)*, p. 204; *The Bolsheviks and the October Revolution: Central Committee Minutes*, pp. 210-1; *VII ekstrennyi siezd RKP (b), mart 1918 goda*, pp. 197-201; *PSS*, XXXV, pp. 486-7; Isaac Deutscher, *Prophet Armed*, pp. 383, 390. A favor ficaram Lênin, Stálin, Svérdlov, Zinóviev, Sokólnikov, Smilga e Trótski; opuseram-se Ioffe, Lomov, Bukhárin, Krestínski e Dzierżyński.
189. *Pravda*, 20 de fevereiro de 1918.
190. Anthony F. Upton, *Finnish Revolution*, pp. 62-144.
191. *PSS*, XXXVI, p. 10.
192. John Wheeler-Bennett, *Forgotten Peace*, p. 254.
193. Leon Trotsky, *My Life*, p. 333.
194. Ibid., *My Life* [1930], pp. 388-9.
195. *Protokoly Tsentralnogo komiteta RSDRP (b)*, pp. 211-8; *Pravda*, 24 de fevereiro de 1918; *Proceedings of the Brest-Litovsk Peace Conference*, pp. 176-7; John Wheeler-Bennett, *Forgotten Peace*, pp. 255-7; Richard K. Debo, *Revolution and Survival*, p. 142.
196. *Protokoly Tsentralnogo komiteta RSDRP (b)*, p. 215; *The Bolsheviks and the October Revolution: Central Committee Minutes*, p. 223; *Pravda*, 24 de fevereiro de 1918; *PSS*, XXXV, pp. 369-70, 490; D. A. Volkogónov, *Stalin:Politicheskii portret*, I, p. 86; D. A. Volkogonov, *Stalin: Triumph and Tragedy*, p. 36. As outras abstenções foram de Krestínski, Dzierżyński e Ioffe. Bukhárin votou contra.
197. *Pravda*, 26 de fevereiro de 1918, p. 3.
198. *PSS*, XXXV, p. 381; Alexander Rabinowitch, *Bolsheviks in Power*, pp. 172-8.
199. Sokólnikov declarou que "esse triunfo dos imperialistas e militaristas sobre a Revolução Proletária internacional [...] é somente temporário e passageiro". *Proceedings of the Brest-Litovsk Peace Conference*, p. 180.

200. James Bunyan e Harold H. Fisher, *Bolshevik Revolution*, pp. 521-3; John Wheeler-Bennett, *Forgotten Peace*, p. 308.

201. John Wheeler-Bennett, *Forgotten Peace*, pp. 275-6. A recusa de Lênin a discutir as consequências de uma revolução antes que os bolcheviques tivessem tomado o poder é analisada em Esther Kingston-Mann, "Lenin and the Beginnings of Marxist Peasant Revolution".

202. Werner Hahlweg, *Diktatfrieden*, p. 51; *Novaia zhizn*, 30 de abril de 1918, p. 2 (S. Zagórski).

203. Richard Pipes, *Russian Revolution*, pp. 595-7.

204. Michael R. Dohan, "Soviet Foreign Trade in the NEP Economy", p. 218.

205. Para alguns estudiosos, a orientação alemã de Lênin, ao afastar aliados bolcheviques como os SRs de esquerda, mostrou-se conducente à ditadura, mas, antes, a orientação alemã quase destruiu os bolcheviques. John Wheeler-Bennett, *Forgotten Peace*, pp. 345-88; Evan Mawdsley, *Russian Civil War*, pp. 39-44.

206. *VII ekstrennyi siezd RKP (b), mart 1918 goda*, pp. 11-3, 127-9, 133, 176-7; *PSS*, XXXVI, pp. 1-77. D. Kin e V. Sórin, *Sedmoi siezd*.

207. As indústrias de Petrogrado também foram evacuadas para o interior. N. Avdeiev, *Revoliutsiia 1917 goda*, V, pp. 23, 30-1; *Rabochii put*, 6 de outubro de 1916; Roger Pethybridge, *Spread of the Russian Revolution*, p. 188; Timothy J. Colton, *Moscow*, p. 96. No plano de Kerenski, o Soviete de Petrogrado e seu Comitê Executivo Central teriam de se defender por si mesmos, sendo tecnicamente "privados" e não entidades governamentais. P. N. Miliukov, "From Nicholas II to Stalin".

208. Em 9 de outubro, quando o Governo Provisório anunciou que iria mobilizar até metade da imensa guarnição da capital (quase 200 mil homens) para a defesa dos caminhos que levavam à cidade, isso provocou acusações adicionais de querer apagar a revolução com o envio de soldados da guarnição (radicalizados) para a frente de batalha. N. Avdeiev, *Revoliutsiia 1917 goda*, V, p. 52.

209. "Iz perepiski E. D. Stasovoi."

210. Bonch-Bruevitch alegou mais tarde que as ruminações a respeito de mudança para Níjni Nóvgorod, junto ao Volga, haviam sido uma charada desenvolvida com o sindicato dos ferroviários dominado pelo PSR (Vikzhel). Vladímir D. Bonch-Bruevitch, *Pereezd Sovetskogo pravitelstva*. Ver também Iu. P. Malinóvski, "K pereezdu TsK RKP (b)". Riazánov fez uma analogia com os *communards* de Paris em 1871, que caíram junto com a cidade.

211. Liev Trótski, *Kak vooruzhalas revoliutsiia*, I, p. 105.

212. Arkádi L. Sídorov, *Revoliutsionnoe dvizheniie*; Krastiņš, *Istoriia Latyshskikh strelko*; Ģērmanis, *Oberst Vācietis*; "Iz vospominanii glavkoma I. I. Vatsetis".

213. Alexander Rabinowitch, *Bolsheviks in Power*, p. 201 (citando TsA VMF, f. r-342, op. 1, d. 116, l. 34-56ob).

214. Pável D. Malkov, *Zapiski komendanta* [1967], pp. 133-5.

215. *Izvestiia*, 17 de março de 1918, p. 2. O soviete aprovara *post facto* a mudança "temporária" da capital. Zinóviev se opusera à mudança para Moscou: ele preferia Níjni Nóvgorod, justamente porque, nesse caso, seria temporária.

216. O "tsarismo moscovita" só seria formalmente dissolvido em 9 de junho de 1918, em nome da "economia". V. I. Lênin, *Leninskie dekrety o Moskve*, pp. 62-3; Guennádi S. Ignátiev, *Moskva*, pp. 85-7. Lênin conseguiu abolir o conselho da província (*oblast*) em agosto de 1918, e pôs Kámenev na presidência do Soviete de Moscou para cuidar da capital.

217. *Istoriia Moskvy*, II, p. 127.

218. O hotel Metrópole tornou-se a Casa dos Sovietes nº 2; o Seminário Teológico, no coração de Moscou, Casa dos Sovietes nº 3, uma residência com escritórios. O prédio que abrigava o aparato do Comitê Cen-

tral, na rua Vozdvíjenka, foi designado Casa dos Sovietes nº 4. A Casa dos Sovietes nº 5 era um complexo residencial na rua Cheremétiev (rebatizada de rua Gránovskaia). O aparato do Comitê Central também ganhara uma parte do hotel Dresden.

219. *Krasnaia Moskva*, p. 347; *Izvestiia*, 25 de janeiro de 1921, p. 4; *Narodnoe khoziaistvo*, n. 11, pp. 11-4, 1918 (V. Obolenski-Ossínski).

220. Em dezembro de 1920, a Tcheká mudou sua sede para o prédio da Companhia de Seguros da Rússia, na Praça Lubianka, 2. George Leggett, *The Cheka*, pp. 217-20 (*Spravochnik uchrezdeniia RSFSR*, 22 de janeiro de 1920, pp. 215-28). Poucas semanas depois da mudança de março de 1918 para Moscou, a Tcheká lançou ataques em massa a mais de duas dezenas de complexos "anarquistas", entre eles a famosa mansão Riabuchínski, projetada pelo arquiteto moderno Fiódor Shekhtel, onde a polícia não fez nenhuma tentativa de dispersar o grande número de curiosos — que as massas vissem a Tcheká em ação! *MChK*, p. 20; Vassíli F. Kleméntiev, *V Bolshevistkoi Moskve*, p. 139.

221. Gueórgi Solomon [Isetski], *Sredi krasnykh vozhdei*, I, pp. 192-4. Gueórgi Isetski (1868-1934), também conhecido como Solomon, de família nobre, era próximo de Lênin. Ele afirma que passou a morar na colossal estrutura de seu comissariado (Narkomvnechtorg) na travessa Miliútin.

222. O governo alemão do pós-guerra, conhecido como República de Weimar (onde foi fundado), deixara vazio em Berlim o Palácio Hohenzollern, de mil cômodos, tentando evitar associações com a monarquia e o antigo regime militarista. Hitler e o regime nazista também ficariam longe desse palácio e de suas conotações de monarquia prussiana.

223. Uma pessoa que compareceu às reuniões do Conselho dos Comissários do Povo em 1918 achou sem vida os dois primeiros andares, abaixo da ala de Lênin na enorme estrutura. Viktor G. Bortnévski e E. L. Varustina, "A. A. Borman", I, pp. 115-49 (p. 129).

224. Pável D. Malkov, *Zapiski* [1967], pp. 116-20; Id., *Reminiscences*, pp. 123-4. Em Petrogrado, autoridades do novo regime haviam dirigido bondes. Id., *Zapiski* [1967], p. 43.

225. Pável D. Malkov, *Zapiski* [1967], pp. 133-5.

226. Leon Trotsky, *My Life*, pp. 351-2; Liev Trótski, *Portrety revoliutsionerov*, pp. 54-5.

227. Stanislau Pestkóvski, "Vospominaniia o rabote v narkomnaste (1917-1919 gg.)", *Proletarskaia revoliutsiia*, n. 6, pp. 124-31 (p. 130), 1930.

228. Gueórgi N. Golikov, *Vladimir Ilich Lenin*, V, pp. 307-8. As fontes oficiais não registram a data exata do casamento de Stálin, e ela foi deixada de fora de sua cronologia para 1918: *Sochineniia*, IV, pp. 445-56. Ele retornaria a Petrogrado somente em três outras ocasiões no resto de sua vida: em 1919, quando a cidade esteve sob a ameaça de forças antibolcheviques; em 1926, para marcar a destruição da máquina de Zinóviev; e em 1934, quando Kírov foi assassinado. Robert H. McNeal, *Stalin*, p. 342, n. 1.

229. Svetlana Alliluyeva, *Twenty Letters*, p. 104 (para Alisa Radchenko).

230. Vladímir Allilúiev, *Khronika odnoi semi*, p. 27.

231. RGASPI, f. 558, op. 4, d. 668, l. 18 (F. S. Allilúiev, "V Moskve [Vstrecha s t. Stalinym]", manuscrito datilografado sem data); Anna S. Allilúieva, *Vospominaniia*, p. 187.

232. *Moskovskii Kreml — tsitadel Rossii* (Moscou, 2008), p. 185.

233. Liev Trótski, *Portrety revoliutsionerov*, pp. 54-5.

234. W. Astrov, *Illustrated History*, II, p. 509.

235. V. I. Lênin, "Doklad o ratifikatsii mirnogo dogovora 14 marta", *Pravda*, 16-17 de março de 1918, em *PSS*, XXXVI.

236. O congresso também aprovou formalmente, com atraso, a mudança da capital para Moscou em 16 de março de 1918. Há conflito sobre o número de delegados: *Izvestiia*, 17 de março de 1918, p. 2.

237. *Chetvertyi Vserossiikii siezd sovetov rabochikh*, pp. 30-3; James Bunyan e Harold H. Fisher, *Bolshevik Revolution*, p. 532.

238. Robert D. Warth, *The Allies*, pp. 199-205, 235-41.

239. David Lloyd George, *War Memoirs*, II, pp. 1542-3, 1550-1, 1891-2, 1901; Michael Kettle, *Allies and the Russian Collapse*, pp. 172-3. A intervenção britânica na Rússia relembrou a malfadada campanha dos Dardanelos da Grande Guerra, uma tentativa de obter grandes ganhos a custo aparentemente baixo.

240. Não por coincidência, muitos dos agentes da inteligência britânica na Rússia tinham experiência prévia na Índia. Michael Occleshaw, *Dances in Deep Shadows*.

241. GARF, f. r-130, op. 2, d. 1 (reunião do Sovnarkom, 2 de abril de 1918).

242. *Protokoly zasedanii Vserossiiskogo*, pp. 263-70 (discurso de Lênin em 14 de maio de 1918).

243. *Pravda*, 26 e 27 de março de 1918.

244. *Pravda*, 3 e 4 de abril de 1918.

245. A. Goldenweiser, "Iz Kievskikh vospominanii (1917-1921 gg.)", em I. V. Guéssen, *Arkhiv russkoi revoliutsii*, VI, pp. 209-16; N. Moguilianski, "Tragediia Ukrainy", em I. V. Guéssen, *Arkhiv russkoi revoliutsii*, IX, pp. 84-90; James Bunyan, *Intervention*, pp. 6-17.

246. James Bunyan, *Intervention*, p. 4; Collin Ross, "Doklad ... o polozhenii del na ukraine", em I. V. Guéssen, *Arkhiv russkoi revoliutsii*, I, pp. 288-92; Oleh S. Fedyshyn, *Germanys' Drive to the East*, pp. 133-83.

247. L. Mártov, "Artilleriskaia podgotovka", *Vpered!*, 18 de março de 1918.

248. *Pravda*, 1º de abril de 1918; *Zaria Rossii*, 17 de abril de 1918.

249. RGASPI, f. 558, op. 2, d. 3, l. 1-63; op. 2, d. 42. O principal defensor de Stálin no julgamento, Sosnóvski, editor do *Pravda*, seria assassinado nos expurgos.

250. Hoover Institution Archives, Nicolaevsky Collection, n. 6, caixa 2, pasta 27; Grigóri Aronson, "Stalinskii protsess protiv Martova", *Sotsialisticheskii vestnik*, v. 19, n. 7-8 (28 de abril de 1930), pp. 84-9; *Vpered!*, 14 e 26 de abril de 1918; Bertram D. Wolfe, *Three Who Made a Revolution*, pp. 470-1 (citando entrevistas orais com Nicolaiévski, Rafael Abramóvitch e Samuel Levitas); Kariton A. Tchavitchvíli, *Révolutionnaires russes à Genève*, pp. 74-91; Leon Trotsky, *Stalin*, pp. 101-10; "Delo Iu. Martova v revoliutsionnyi tribunale", *Obozrenie*, n. 15, pp. 45-6; n. 16, pp. 43-6, 1985; Miklós Kun, *Unknown Portrait*, pp. 81-4. Mais tarde, o menchevique Nicoláevski, reagindo com exagero a memórias mencheviques, sustentou erroneamente que "o papel desempenhado por Stálin nas atividades do grupo de Kamó foi posteriormente exagerado". Boris Nicolaiévski, *Tainye stranitsy istorii*, p. 88. O destino dos depoimentos juramentados que Nicolaiévski colheu dos georgianos permanece um mistério.

251. A. Z. Okorókov, *Oktiabr i krakh russkoi burzuazhnoi pressy*, pp. 275-7.

252. Esse episódio foi muitas vezes distorcido: Anton Antónov-Ovséienko, *The Time of Stalin*, pp. 3-7.

253. N. Rútitch (Org.), "Dnevniki, zapisi, pisma generala Alekseeva i vospominaniia ob otse V. M. Alekseevoi-Borel", em *Grani*, n. 125, pp. 175-85, 1982.

254. W. Bruce Lincoln, *Red Victory*, p. 48 (citando K. N. Nikoláev, "Moi zhiznennyi put", pp. 150-1, no Bakhmeteff Archive, Columbia University, K. N. Nikolaev Collection).

255. S. M. Paul, "S Kornilovym", em *Beloe delo*, (Berlim: Miednyi vsadnik, 1926-33), III, pp. 67, 69, 7 v.

256. W. Bruce Lincoln, *Red Victory*, p. 88 (citando A. Bogaévski, "Pervyi kubanskii pokhhod [Ledianoi pokhod]", p. 82, no Bakhmeteff Archive, Columbia University); Khan Khadzíev, *Velikii boiar*, pp. 369, 396.

257. A. I. Deníkin, *Ocherki russkoi smuti*, II, p. 301.

258. "Rech v Moskokskom sovete ... 23 aprelia 1918 g.", *Pravda*, 24 de abril de 1919; *Izvestiia*, 24 de abril de 1919, em *PSS*, XXXVI, pp. 232-7.

259. Oscar Jászi, *Dissolution*.

260. *Rossiia v mirovoi voine 1914-1918*, p. 41.

261. Margarete Klante, *Von der Wolga zum Amur*, p. 318; James F. N. Bradley, *Allied Intervention*, pp. 65-105.

262. Victor M. Fić, *The Bolsheviks and the Czechoslovak Legion*, pp. 206, 242, 262, 307-8, 313. Os Legionários estavam estacionados principalmente na Ucrânia e, em fevereiro de 1918, quando o Exército alemão e austríaco entrou na Ucrânia em bloco, a Legião Tcheca havia recuado para a Rússia soviética.

263. Em março de 1918, o Soviete de Omsk indicou que não queria receber a Legião Tchecoslovaca, considerando-a uma força contrarrevolucionária: Stálin telegrafou em 26 de março para informá-los de que se tratava de uma decisão do Conselho dos Comissários do Povo. James Bunyan, *Intervention*, pp. 81-2.

264. V. Maksákov e A. Turúnov, *Khronika grazhdanskoi voiny*, p. 168. Trótski recebera um telegrama da Tcheká (20-21 de maio de 1918) a respeito de um oficial sérvio, Georgy Vukmanović, que estava na Legião Tchecoslovaca: "Estou convencido de que a organização dessas tropas tem um caráter contrarrevolucionário, eles estão sendo especialmente formados para serem despachados à França, mas, ao mesmo tempo, [...] pretendem concentrar suas tropas ao longo das estações ferroviárias da Sibéria e, no caso de um ataque japonês, tomarão todas as linhas férreas em suas mãos". O telegrama era contra-assinado por Dzierżyński, com uma nota escrita à mão, indicando que era cético em relação ao sérvio e seu suposto bolchevismo, mas não inteiramente desdenhoso. RGASPI, f. 17, op. 109, d. 13, l. 1.

265. James Bunyan, *Intervention*, pp. 86-92.

266. David Bullock, *Russian Civil War*, p. 46.

267. James Bunyan, *Intervention*, p. 277, n. 1.

268. S. S. Pestkóvski, "Vospominaniia o rabote v narkomnaste, p. 130.

269. I. V. Stálin, "O iuge Rossii", *Pravda*, 30 de outubro de 1918. "De todas as dificuldades que temos diante de nós", observou Trótski em um discurso feito em 9 de junho, "a mais urgente [...] é a da comida", citando incontáveis telegramas que falavam de fome e tifo. James Bunyan, *Intervention*, p. 468; Liev Trótski, *Kak vooruzhalas revoliutsiia*, I, pp. 74-86 (p. 74).

270. V. L. Israelin, "Neopravdavshiisia prognoz graf Mirbakha".

271. *Pravda*, 27 de abril de 1918. Radek escreveu sobre "o ódio com que cada trabalhador de Moscou saúda hoje o representante da capital alemã". *Izvestiia*, 28 de abril de 1918.

272. RGASPI, f. 17, op. 109, d. 4, l. 10.

273. *Izvestiia TsK KPSS*, n. 4, pp. 143-4, 1989.

274. *Nashe slovo*, 15 de maio de 1918, p. 2.

275. S. M. Drábkina, "Dokumenty germanskogo polsa v Moskve Mirbakha", p. 124; Richard Pipes, *Russian Revolution*, p. 617, citando Winfried Baumgart, *Vierteljahreshefte für Zietgeschichte*, v. 16, n. 1 (1968), p. 80.

276. Svérdlov enviou outras circulares naquele mês a todas as organizações do partido para reforçar a mensagem. *Pravda*, 19, 22 e 29 de maio de 1918; *Perepiska sekretariata TsK RKP (b)*, III, pp. 64, 72-4, 81-3; Richard Sakwa, "The Commune State in Moscow", pp. 443-7; e M. M. Hegelsen, "The Origins of the Party-State Monolith".

277. *PSS*, l, p. 88.

278. Nicolaiévski, *Tainy stanitsy istorii*, pp. 384-6 (palavras de Kurt Riezler).

279. Erich Ludendorff, *My War Memories*, II, p. 658; James Bunyan, *Intervention*, pp. 177-9; A. I. Deníkin, *Ocherki russkoi smuty*, III, pp. 82-3. Ludendorff encaminhou um longo memorando ao chanceler Imperial em 9 de junho de 1918.

280. Em menos de seis meses, seria Guilherme II que estaria *kaputt*. Z. A. B. Zeman, *Germany and the Revolution in Russia*, pp. 126-7, 137-9. "Por favor, usem quantias maiores", escreveu o secretário de Estado da Alemanha ao embaixador conde Mirbach em Moscou, em 18 de maio de 1918, "pois é geralmente de nosso interesse que os bolcheviques sobrevivam." E acrescentou: "Se mais dinheiro for necessário, por favor, telegrafe quanto. É muito difícil dizer daqui qual tendência apoiar se os bolcheviques caírem". Z. A. B. Zeman, *Germany and the Revolution in Russia*, pp. 128-9.

281. John Wheeler-Bennett, *Forgotten Peace*, pp. 348-55.

282. Winfried Baumgart, *Deutsche Ostpolitik 1918*, p. 84.

283. Ainda que a Alemanha, apesar de ter assinado o tratado de Brest-Litovsk, continuasse a tomar antigos territórios tsaristas (Ucrânia), Lênin pediu à Reichswehr que intercedesse contra unidades vermelhas incontroláveis (!). I. I. Vatsetis, *Pamiat*, n. 2, p. 44, 1979.

284. N. Rojkov, "Iskliuchenie oppozitsii iz TsIK", *Novaia zhizn*, 18 de junho de 1918; E. Drábkina, "Moskva 1918".

285. Lutz Häfner, *Die Partei der linken Sozialrevolutionäre*; Iaroslav V. Leóntiev, *Partiia levykh sotsialistov-revoliutsionerov*. Os SRs de esquerda existiram como partido autônomo somente a partir de novembro de 1917.

286. P. Makintsian, *Krasnaia kniga VChK*, II, pp. 129-30; K. V. Gússev, *Krakh partii levykh eserov*, pp. 193-4. O volume da Tcheká foi logo retirado de circulação; durante a perestroika, foi relançado (Moscou: Politizdat, 1989).

287. Alter Litvin, *Levye esery i VChK*, 69-73 (TsA FSB, d. N-2, t. 2, l. 10). Essa coleção de documentos amplifica P. Makintsian, *Krasnaia kniga VChK*.

288. *V Vserossiiskii siezd sovietov*, pp. 5-37; Alexander Rabinowitch, "Maria Spiridonova's 'Last Testament'", p. 426; Alexander Rabinowitch, *Bolsheviks in Power*, p. 288 (citando TsA SPb, f. 143, op. 1, d. 224, l. 75).

289. James Bunyan, *Intervention*, p. 198, n. 57.

290. *V vserossiiskii siezd sovetov*, pp. 22-3; James Bunyan, *Intervention*, p. 200.

291. Ibid., pp. 50-61; *Izvestiia*, 5 de julho de 1918, p. 5; James Bunyan, *Intervention*, pp. 207-9. A volta da pena de morte também enforeceu os SRs de esquerda, especialmente em um caso que envolvia aparente heroísmo. A frota do Báltico, ainda intacta, estava estacionada em sua base principal de Helsingfors (Helsinque), mas o desembarque de tropas alemãs no sudoeste da Finlândia em março de 1918 a punha em risco, bem como Petrogrado. Os britânicos, temendo que os alemães tomassem a frota russa, estavam conspirando com Trótski para afundar os navios. Em março-abril de 1918, o comandante Aleksei Schastny operou o milagre de levar a frota para a segurança em Kronstadt, abrindo caminho com quebra-gelos. Mas Trótski suspeitou erroneamente que Schastny hesitara em pôr em prática sua ordem de preparar a frota para destruição. Schastny renunciou em maio. Insatisfeito, o próprio Trótski organizou um julgamento e fez com que ele fosse executado sob a acusação fabricada de tentar derrubar o governo de Petrogrado. Trótski foi o único que teve permissão para testemunhar. Alexander Rabinowitch, "Dose Shchastnogo".

292. *V vserossiiskii siezd sovetov*, p. 73; James Bunyan, *Intervention*, p. 210.

293. Ibid., pp. 63, 69; A. V. Gogolévski, *Dekrety Sovetskoi vlasti o Petrograde*, p. 171.

294. P. Makintsian, *Krasnaia kniga VChK*, I, p. 185.

295. Ibid., pp. 201-6 (Bliúmkin); II, pp. 224-33. Ver também *Neizvestnaia Rossiia: XX vek* (Moscou, 1992), II, p. 55.

296. M. Lācis, *Proletarskaia revoliutsiia*, n. 9, p. 90, 1926.

297. Jacques Sadoul, *Notes sur la révolution bolchevique*, p. 305; Bruce Lockhart, *British Agent*, p. 295. Sadoul e Lockhart foram testemunhas oculares.

298. RGASPI, f. 4, op. 2, d. 527, l. 13 (recordações de Danichévski).

299. Leo Strauss, "Kurt Riezler, 1882-1955"; Wayne C. Thompson, *Eye of the Storm*.

300. Karl Dietrich Erdmann, *Kurt Riezler*, pp. 713-4 (depoimento dado em 1952); Karl Freiherr von Bothmer, *Mit Graf Mirbach in Moskau*, pp. 72, 78; P. Makintsian, *Krasnaia kniga VChK*, I, pp. 196-7; Gustav Hilger e A. G. Meyer, *Incompatible Allies*, pp. 5-6, 8-9; Konrad H. Jarausch, "Cooperation or Intervention?". Andreiev morreria de tifo em 1919. Suas credenciais tinham também a assinatura de Ksenofóntov, o secretário da Tcheká.

301. O adido militar alemão Bothmer havia corrido até o Comissariado das Relações Exteriores, no hotel Metrópole, de onde Liev Karakhan, vice-comissário, telefonou a Lênin. Gueórgi N. Golikov, *Vladimir Ilich Lenin*, V, p. 606.

302. Karl Dietrich Erdmann, *Kurt Riezler*, p. 715; Winfried Baumgart, *Deutsche Ostpolitik 1918*, p. 228, n. 71; G. Chicherin, *Two Years of Soviet Foreign Policy*; Jacques Sadoul, *Notes sur la révolution bolchevique*, p. 405. Alguns testemunhos indicam que Lênin assinou o livro de condolências.

303. *Pravda*, 8 de julho de 1918, reproduzido em F. E. Dzerjínski, *Izbrannye proizvedeniia*, pp. 111-6 (p. 114). A citação foi mantida em edições posteriores: (Moscou, 1967), I, p. 265; (Moscou, 1977), I, pp. 176-9.

304. "Ele acha que Lênin está fazendo secretamente o que Kámenev e Zinóviev fizeram em outubro", disse Dzierżyński em uma reunião do partido bolchevique. "Somos um partido do proletariado e devemos ter a clareza de ver que, se assinarmos essa paz, o proletariado não vai nos seguir." *VII ekstrennyi siezd RKP (b): mart 1918 goda*, p. 245.

305. Vladímir D. Bonch-Bruevitch, *Ubiistvo germanskogo posla Mirbakha I vosstanie levykh eserov*, p. 27. Ver também L. M. Spírin, *Krakh odnoi aventiury*, p. 38. Abram Belenki também foi feito refém junto com Dzierżyński.

306. P. Makintsian, *Krasnaia kniga VChK*, II, p. 194.

307. Alter Litvin, *Levye esery i VChK*, 97 (Lācis: TsA FSB, d. N-8, t. 9, l. 8); Vera Vladímirova, "Levye esery", p. 121.

308. Isaac Steinberg, "The Events of July 1918", p. 122.

309. Konstantin Paustóvski, *Povest o zhizni*, I, pp. 22-4; Bruce Lockhart, *British Agent*, pp. 294-300.

310. Alter Litvin, *Levye esery i VChK*, pp. 211-33 (Chliápnikov: *Za zemliu i voliu*, 16-19 de julho de 1918).

311. Isaac Steinberg, "The Events of July 1918", p. 20.

312. *PSS*, I, p. 114.

313. "Pismo V. I. Leninu", *Sochineniia*, IV, pp. 118-9; *Pravda*, 21 de dezembro de 1929; K. E. Vorochílov, *Lenin, Stalin, i krasnaia armiia*, p. 43; *Bolshevik*, n. 2, p. 74, 1936.

314. Vācietis, "Grazhdanskaia voina, 1918 god", pp. 26-7.

315. Muraviov iniciara sua carreira como chefe da segurança em Petrogrado, em 1917. Ele esmagou a Rada na Ucrânia em fevereiro de 1918, depois foi enviado à Bessarábia. Em abril, Dzierżyński mandou prendê-lo por saques, execuções sumárias, desacreditar o poder soviético e conspiração com anarquistas em Moscou. Porém, em 13 de junho de 1918, o alto-comando designou o destemido e sem limites Muraviov comandante supremo das forças pró-bolcheviques na importantíssima frente do Volga. Enquanto isso, o funcionário da embaixada alemã Kurt Riezler estava subornando Muraviov para atacar os rebeldes da Legião Tchecoslovaca, fato descoberto pela Tcheká. Depois que a rebelião dos socialistas revolucionários

de esquerda foi debelada, em 10 de julho, Muraviov declarou que estava mudando de lado para combater a Alemanha, "a vanguarda do imperialismo mundial", e convidou seus inimigos de dias antes, os tchecoslovacos, a se unirem a ele. Muraviov comandava a maior força vermelha na ocasião e sua traição ameaçava tirar dos bolcheviques todo o vale estratégico do Volga e seu suprimento de alimentos. Um jovem trabalhador bochevique lituano chamado Jonava Vareikis resolveu o problema na cidade de Simbirsk: em 11 de julho, atraiu Muraviov para uma armadilha, onde ele foi morto a tiros e golpes de baioneta. (Vācietis seria enviado ao local para pôr ordem nas coisas.) Alexander Rabinowitch, *Bolsheviks in Power*, p. 25 (citando *Izvestiia*, 2 de novembro de 1917); Victor A. Savtchenko, *Avantiuristy grazhdanskoi voiny*, pp. 44-64 (p. 56); Winfried Baumgart, *Deutsche Ostpolitik 1918*, p. 227; Karl Dietrich Erdmann, *Kurt Riezler*, pp. 474, 711; Alfons Paquet, em Winfried Baumgart, *Von Brest-Litovsk*, p. 76; Richard Pipes, *Russian Revolution*, p. 631; *Dekrety sovetskoi vlasti*, III, pp. 9-10; Vera Vladímirova, "Levye esery", pp. 120, 131; D. Lappo, *Iosif Vareikis*, pp. 13-4; L. M. Spirin, *Klassy i partii*, pp. 193-4; Evan Mawdsley, *Russian Civil War*, pp. 56-7.

316. Vācietis, "Grazhdanskaia voina, 1918 god", p. 16. Muitas unidades lituanas foram enviadas ao vale do Volga.

317. Alexander Rabinowitch, *Bolsheviks in Power*, p. 294 (citando GARF, f. 130, op. 2, d. 1098, l. 2).

318. Vācietis, "Grazhdanskaia voina, 1918 god", pp. 40-1. Ele afirmou que a luta durou sete horas, das cinco da manhã até o meio-dia, mas isso é muito improvável. Ver também P. Makintsian, *Krasnaia kniga VChK*, I, pp. 201-4 (Sablin).

319. Valdis Berzins, "Pervyi glavkom i ego rukopis", *Daugava*, n. 2-5, 1980 (memórias de Vācietis de 1919); "V. D. Bonch-Bruevitch — I. V. Stalinu", *Izvestiia TsK KPSS*, n. 4, pp. 199-201, 1989.

320. George Leggett, *The Cheka*, pp. 70-83; Isaac Steinberg, "The Events of July 1918", pp. 21-2 (citando Lacis); Isaac Steinberg, *Spiridonova*, p. 216.

321. *Izvestiia*, 8 de julho de 1918. Mesmo então, um comandante lituano informou que muitos de seus compatriotas achavam que os dias dos bolcheviques estavam contados. Geoffrey Swain, "Vācietis", p. 77 (citando Arquivos Estatais Lituanos, f. 45, op. 3, d. 11, l. 3).

322. D. A. Tchudáev, "Borba Komunisticheskoi partii za uprochnenie Sovetskoi vlasti", pp. 177-226. Dzierżyński havia resignado a chefia da Tcheká no dia em que foi libertado (7 de julho). De forma incomum, a resignação foi anunciada em todos os jornais e divulgada em toda a capital. Ele foi substituído, ao menos formalmente, pelo lituano Jēkabs Peterss, membro fundador da Tcheká e o homem que havia retomado a sede da Lubianka do Destacamento de Combate controlado pelos SRs de esquerda. (Peterss logo gabou-se a um jornal de que "não sou de forma alguma tão sedento de sangue quanto as pessoas pensam".) Dzierżyński, no entanto, permaneceu em Moscou durante o verão, e não está claro em que medida ele cedeu a autoridade. Em 22 de agosto, seria formalmente reconduzido à direção da Tcheká. S. K. Tsvigun, *V. I. Lenin i VChK*, pp. 69, 83; Vladímir D. Bonch-Bruevitch, *Vospominaniia o Lenine* [1969], p. 316; *Utro Moskvy*, 4 de novembro de 1918. Ver também Ia. Peters, "Vospominaniia o rabote v vChK", *MChK*, pp. 77-9; George Leggett, *The Cheka*, p. 251. O episódio da resignação de Dzierżyński foi descrito, de forma turva, em P. Makintsian, *Krasnaia kniga VChK*. Ainda em junho de 1919, quase um ano depois do desastre do PSR de esquerda, a Tcheká da cidade de Moscou confirmou dois ex-membros desse partido em seu colegiado, seu mais alto órgão dirigente. *MChK*, p. 154.

323. Arlem V. Blium, *Za kulisami "ministerstva pravdy"*, p. 34.

324. Karl Dietrich Erdmann, *Kurt Riezler*, p. 715; *Izvestiia*, 14 de julho de 1918, p. 4. Pópov foi condenado à morte in absentia e foi capturado somente em 1921. Alter Litvin, *Levye esery i VChK*, pp. 145-56 (Pópov: TsA FSB, d. N-963, l. 50-5).

325. *V vserossiiskii siezd sovetov*, pp. 108-28; Liev Trótski, *Sochineniia*, XVII/i, pp. 451-76; Id., *Kak vooruzhalas revoliutsiia*, I, pp. 266-74. Ver também G. Zinóviev e Liev Trótski, *O miatezhe levykh s. r.*; e Erde,

"Azefi i Azefshchina", *Izvestiia*, 9 de julho de 1918. Vācietis também sustentaria que os SRs de esquerda haviam tentado dar um golpe, mas simplesmente deixaram de agir com decisão: "Grazhdanskaia voina, 1918 god", p. 19.

326. Alter Litvin, *Levye esery i VChK*, p. 99 (Efretov: TsA FSB, d. n-8, t. 1, l. 177); Alexander Rabinowitch, *Bolsheviks in Power*, pp. 294, 443, n. 48, citando TsA FSB, n. 8, vol. Ia, p. 58, e RGALI SPb, f. 63, op. 1, d. 4, l. 155 (Prochian); Vera Vladímirova, "Levye esery", pp. 122-3; *PSS*, XXIII, pp. 554-6; P. Makintsian, *Krasnaia kniga VChK*, II, pp. 148-55. Prochian evitou a captura, mas logo morreu de tifo em um hospital provincial, onde dera entrada com passaporte falso. Lênin escreveu seu obituário! Alter Litvin, *Levye esery i VChK*, p. 14; *PSS*, XXXVII, p. 385.

327. P. Makintsian, *Krasnaia kniga VChK*, II, pp. 129-30, 186; Lutz Häfner, "The Assassination of Count Mirbach", *Piatyi vserossiiskii siezd sovetov*, p. 132, 208; *Pravda*, 9 de julho de 1918, p. 1, 3; *Izvestiia*, 10 de julho de 1918, p. 5. Piotr Smidovitch compreendeu de imediato que não era um golpe: *Izvestiia*, 8 de julho de 1918, p. 5. Os SRs de esquerda também assassinariam o comandante em chefe alemão na Ucrânia (em 30 de julho de 1918).

328. *V vserossiiskii siezd sovetov*, p. 109.

329. Leonard Schapiro, *Origin of the Communist Autocracy*, p. x.

330. Leon Trotsky, *History of the Russian Revolution*, III, p. 305. Spiridónova assumiu a culpa do fracasso. Alexander Rabinowitch, *Bolsheviks in Power*, p. 308, citando TsA FSB, n. N-685, vol. 6, l. 35ob (carta de Spiridónova da prisão para o IV Congresso do PSR de esquerda); P. Makintsian, *Krasnaia kniga VChK*, pp. 200-1.

331. Alfons Paquet, *Im kommunistischen Russland*, p. 26. Ver também Karl Dietrich Erdmann, *Kurt Riezler*, p. 467.

332. *Znamia truda*, 19 de abril de 1918. "Somos contra a guerra e não encorajamos a nação a retomá-la", Spiridónova havia dito no III Congresso do PSR de esquerda, em junho de 1918. "Exigimos que o Tratado de Paz seja rasgado em pedaços." Citado em Vera Vladímirova, "Levye esery", p. 113.

333. Durante a confusão com os socialistas revolucionários, Kurt Riezler mandou telegrama a Berlim prevendo que, "por meio de ação implacável imediata e boa organização, os bolcheviques manterão o controle e, a não ser que suas tropas fracassem, serão novamente vencedores". Konrad H. Jarausch, "Cooperation or Intervention?", p. 388. Sob o governo de Stálin, Spiridónova seria presa novamente quando estava no exílio em Ufa, em 1937, junto com uma dezena de outros SRs de esquerda. O NKVD a fuzilou junto com um grande grupo numa floresta nas cercanias da prisão de Oriol em setembro de 1941, quando a Wehrmacht se aproximava.

334. O bolchevique e ex-membro do Bund S. M. Nakhimson escreveu à secretaria do partido, em junho de 1918 (um mês antes de ser morto no levante dos SRs de esquerda em Iaroslavl), que "todos os sovietes e outras instituições são apenas órgãos auxiliares do partido". Nakhimson presidira um "julgamento" contra os mencheviques e SRs em Iaroslavl já em abril de 1918. D. B. Pávlov, *Bolshevistskaia diktatura*, p. 3 (citando RGASPI, f. 17, op. 4, d. 91, l. 24); I. Ríbálski, "Iaroslavskii proletaroiat na slame podsudimykh", *Vpered!*, 25 de abril de 1918; G. B. Rabinóvitch, "Kto sudit iaroslavskikh rabochikh (otkrytoe pismo)", *Vpered!*, 27 de abril de 1918.

335. P. M. Bikov, *Poslednie dni Romanovykh*, p. 121; Nikolai A. Sokolov, *Ubiistvo tsarskoi semi*, p. 266; Serge Smirnoff, *Autour de l'Assassinat des Grand-Ducs*; Rosemary A. Crawford e Donald Crawford, *Michael and Natasha*, pp. 356-61; Guénrikh Ioffe, *Revoliutsiia i sudba Romanovykh*, cap. 8. O assassinato foi encabeçado por Gavriil Miasnikov, que seria expulso do Partido Comunista em 1921 e preso em 1923 por pertencer à oposição trabalhista do partido. O filho de Mikhail Románov, Gueórgi (conde Brássov),

fora retirado clandestinamente da Rússia; ele morreu em 1931, na véspera de completar 21 anos, em um acidente de carro. A esposa de Mikhail, Natália Brássova, morreu na miséria num hospital de caridade parisiense, em 1952.

336. Jorge V temia que a presença do autocrata deposto na Inglaterra prejudicasse a popularidade da casa de Windsor. Kenneth Rose, *King George V*, pp. 211-5.

337. Richard Pipes, *Russian Revolution*, pp. 745-88; Mark Steinberg e Vladímir M. Khrustalëv, *Fall of the Romanovs*, pp. 169-376.

338. Isaac Steinberg, *Spiridonova*, p. 195; *Vechernii chas*, 12 de janeiro de 1918; *Nashe slovo*, 13 de abril de 1918; *Sovetskaia Rossiia*, 12 de julho de 1987, p. 4 (G. Ioffe).

339. Richard Pipes, *Russian Revolution*, p. 763, citando o diário de Trótski (9 de abril de 1935), Trotsky Archive, Houghton Library, Harvard University, bMS/Russ 13, T-3731, p. 110.

340. Richard Pipes, *Russia under the Bolshevik Regime*, 257n (citando *Chicago Daily News*, 23 de junho de 1920, p. 2 [citando o diário da imperatriz Alexandra]). O livro foi encontrado entre as posses de Alexandra em Ekaterinburg: Nikolai A. Sokolov, *Ubiistvo tsarskoi semi*, p. 281.

341. Os documentos fundamentais originais, com análise, encontram-se em Mark Steinberg e Vladímir M. Khrustalëv, *Fall of the Romanovs*, pp. 287-93, 310-5, 351-66.

342. Nenhuma ordem para matar enviada de Lênin ou Svérdlov veio à luz. Relatos de segunda mão, sendo o mais forte o que se encontra no diário de Trótski, indicam que Lênin e Svérdlov ordenaram os assassinatos. Richard Pipes, *Russian Revolution*, p. 770, citando o diário de Trótski (9 de abril de 1935), Trotsky Archive, Houghton Library, Harvard University, bMS/Russ 13, T-3731, p. iii. A ordem local para matar Nicolau II foi emitida no mesmo dia em que Svérdlov informou sobre o feito no Conselho dos Comissários do Povo. GARF, f. R-130, op. 2, d. 2 (reunião do Sovnarkom, 17 de julho de 1918). Depois que a imprensa europeia noticiou prematuramente a execução do ex-tsar, Lênin escreveu um telegrama em inglês: "Rumor não verdadeiro ex-tsar seguro todos rumores são somente mentiras da imprensa capitalista Lênin". Algumas horas depois, Nicolau foi morto. Richard Pipes, *Unknown Lenin*, p. 47.

343. *Izvestiia*, 19 de julho de 1918; *Pravda*, 19 de julho de 1918; *Dekrety*, III, p. 22.

344. Vladimir N. Kokóvtsov, *Out of My Past*, p. 522. "A ordem seria restabelecida e essas fantásticas ideias socialistas acabariam", relembrou o ex-primeiro-ministro tsarista Kokóvstov, que se viu em Kislovodsk. "O Exército Voluntário estava sendo formado e persistiam rumores de que o país seria salvo da opressão bolchevique. [...] Não se sabia nada ao certo, e todo mundo fazia as mais incríveis conjecturas, como a de que os alemães estavam avançando para salvar Kislovodsk. A grã-duquesa Maria Pavlovna [esposa do terceiro filho de Alexandre II] contou-me com toda a seriedade que esperava um trem para levá-la a Petrogrado, onde tudo estava pronto para uma restauração da velha ordem." Vladimir N. Kokovtsov, *Out of My Past*, p. 496.

345. Richard Pipes, *Russian Revolution*, pp. 654-5.

346. G. Chicherin, *Two Years of Soviet Foreign Policy*, pp. 15-7.

347. Winfried Baumgart, *Deutsche Ostpolitik 1918*, p. 244; Gerald Freund, *Unholy Alliance*, pp. 252-3; Evan Mawdsley, *Russian Civil War*, pp. 42-3.

348. *Pamiat*, n. 2, pp. 43-4, 1979; Karl Dietrich Erdmann, *Kurt Riezler*, pp. 112-3.

349. Cerca de seis meses depois, começou uma investigação a sério: os brancos capturaram um dos antigos guardas e desenterraram um grande número de artefafos da família real. O principal investigador, Nikolai Sokolov, com a ajuda de criptógrafos, estabeleceu o fato e a brutalidade incomum da morte de toda a família real. Nikolai A. Sokolov, *Ubiistvo tsarskoi semi*, pp. 247-53. Ver também Paul Bulygin, *Murder of the Romanovs*; Serguei P. Melgunov, *Sudba Imperatora Nikolaia II*; Bruce Lockhart, *British Agent*, pp. 303-4; Edvard Radzínski, *Ubiistvo tsarskoi semi*; e Helen Rappaport, *Last Days of the Romanovs*.

350. "Não obstante", Lênin assegurou a Zetkin, "acreditamos firmemente que evitaremos o curso 'usual' da revolução (como aconteceu em 1794 e 1849) e triunfaremos sobre a burguesia." *Leninskii sbornik*, XXI, p. 249 (26 de junho de 1918).

351. Evan Mawdsley, *Russian Civil War*, pp. 49-52. Ver também Louis Fischer, *Soviets in World Affairs*, I, p. 128 (citando conversas com Tchitchérin).

352. Viktor Bortnévski, "White Intelligence and Counter-intelligence", pp. 16-7; P. Makintsian, *Krasnaia kniga VChK*, II, p. 120; Viktor G. Bortnévski e E. L. Varustina, "A. A. Borman", I, pp. 115-49 (p. 139).

353. Winfried Baumgart, *Deutsche Ostpolitik 1918*, pp. 237-8; Richard Pipes, *Russian Revolution*, p. 656.

354. Alfons Paquet, *Im kommunistischen Russland*, p. 54.

355. Hoover Institution Archives, Nicolaevsky Collection, 128, caixa 1, pasta 9: Karl Helfferich, "Moia Moskovskaia missiia", p. 17; Konrad H. Jarausch, "Cooperation or Intervention?", pp. 392-4; Vladimir N. Brovkin, *Mensheviks After October*, p. 272. Helfferich passou todos os nove dias em Moscou antes de ser chamado de volta pelo Ministério das Relações Exteriores.

356. Richard Pipes, *Russian Revolution*, pp. 660-1; Karl Helfferich, *Der Weltkrieg*, III, p. 653; *PSS*, L, pp. 134-5; Winfried Baumgart, *Deutsche Ostpolitik 1918*, pp. 108-10; Karl Dietrich Erdmann, *Kurt Riezler*, 472n.; G. V. Tchitchérin, "Lenin i vneshniaia politika", *Mirovaia politika v 1924 godu* (Moscou, 1925), p. 5; Gerald Freund, *Unholy Alliance*, pp. 23-4.

357. G. V. Tchitchérin, *Vneshniaia politika Sovetskoi Rossii za dva goda*, p. 5; Brian Pearce, *How Haig Saved Lenin*, p. 71; John Wheeler-Bennett, *Forgotten Peace*, p. 436.

358. *Dokumenty vneshnei politiki*, I, p. 467; "Geheimzusatze zum Brest-Litowsker Vertrag", *Europäische Gespräche*, n. 4 (1926), pp. 148-53; Richard Pipes, *Russian Revolution*, pp. 664-5.

359. Em carta datada de 21 de agosto de 1918 para Vatslav Voróvski na Suécia, Lênin acrescentou falsamente que "ninguém pediu ajuda aos alemães, mas houve negociações sobre *quando* e *como* eles, os alemães, poderiam executar seu plano de atacar Murmansk e o general Alekseiev". D. A. Volkogónov, *Lenin: Life and Legacy*, p. xxxiii; RGASPI, f. 2, op. 2, d. 122, l. 1.

360. Konrad H. Jarausch, "Cooperation or Intervention?", p. 394.

361. Jan M. Meijer, *Trotsky Papers*, I, p. 117. Os vermelhos recapturaram Kazan no início de setembro de 1918.

362. Iu. S. Savélhiev, *V pervyi god velikogo oktiabria*, p. 109.

363. Robert Service, *Spies and Commissars*, cap. 9 (citando um memorando de Stephen Alley dado ao autor por Andrew Cook). Alley, um agente britânico na Rússia, retornou à Inglaterra em março de 1918, onde acabou sendo transferido para o MI5. Ele também era suspeito de conspirar para o assassinato de Rasputín. Tinha uma conexão no Cáucaso: antes das revoluções de 1917, havia ajudado a construir o oleoduto do mar Negro.

364. Nikolai Zubov, *F. E. Dzerzhinskii*, p. 187.

365. *PSS*, XXXVII, pp. 83-5 (*Izvestiia*, 1º de setembro de 1918); Vladímir D. Bonch-Bruevitch, *Pokushenie na Lenina*.

366. N. D. Kostin, *Vystrel v serdtse revoliutsii*, p. 84. O orador substituto de Lênin foi o esquerdista V. Ossínski [Obolenski], um adversário do tratado de Brest-Litovsk.

367. Vladímir D. Bonch-Bruevitch, *Izbrannye sochinenii*, III, pp. 275-90.

368. RGASPI, f. 4, op. 1, d. 91, l. 1-3 (recibos incluídos).

369. Robert H. McNeal, *Bride of the Revolution*, p. 209.

370. Vladímir D. Bonch-Bruevitch, *Tri pokusheniia na V. I. Lenina*, pp. 79-80.

371. Stephan K. Guil, *Shest let s V. I. Leninym*, pp. 23-4.

372. D. L. Golinkov, *Krushenie antisovetskogo podpolia v SSSR*, I, pp. 188-90.

373. Boris Orlov, "Mif o Fanni Kaplan", pp. 70-1; *Fanni Kaplan*; Valentin Leskov, *Okhota na vozhdei*, p. 75. Kaplan confessou ao ser interrogado por Peterss. Konoplióva não foi implicada e entrou para o Partido Comunista em 1921; foi fuzilada em 1937.

374. *Izvestiia*, 31 de agosto de 1918, p. 1.

375. RGASPI, f. 17, op. 109, d. 18, l. 3-5 (e aos comandantes da frente de batalha: l. 6-13).

376. Liev Trótski, "O ranenom", em *O Lenine*, pp. 151-6.

377. *Izvestiia*, 4 de setembro de 1918; Pável D. Malkov, *Reminiscences*, pp. 177-80; Id., *Zapiski* [1959], p. 160; Louis Fischer, *Life of Lenin*, p. 282. A edição de 1959 de *Zapiski komendanta Moskovskog Kremlia* é a única que contém o detalhe da incineração de Kaplan. *Istochnik*, n. 2, p. 73, 1993.

378. Devido às suas experiências na Rússia soviética, os fuzileiros letões, depois que foram repatriados, abstiveram-se de defender a República Socialista Soviética da Letônia, fundada em janeiro de 1919 e derrubada em maio. Geoffrey Swain, "The Disillusioning".

379. Winfried Baumgart, *Deutsche Ostpolitik 1918*, pp. 315-6; Richard Pipes, *Russian Revolution*, pp. 661-2.

380. Vladímir D. Bonch-Bruevitch, *Vospominaniia o Lenine* [1965], pp. 376-81.

381. *PSS*, l, p. 182; Nina Tumarkin, *Lenin Lives!*, p. 67. O primeiro monumento em pedra de Karl Marx foi erguido somente em 1º de maio de 1920. *Krasnaia Moskva*, pp. 568-9.

382. Até 1922, mais de duas centenas de ruas seriam renomeadas. A. M. Pégov, *Imena moskovskikh ulits*.

383. Liev Nikúlin, em *Beliдev, Mikhail Koltsov*, p. 162; Iu. A. Dimítriev, *Sovetskii tsirk*, p. 29; James von Geldern, *Bolshevik Festivals*, p. 114; *Tsirk*. Em 1920, Staniewski retornou para sua Polônia natal (então um país independente). Raduński logo o seguiu, mas em 1925 voltou para a União Soviética e recriou a dupla Bim-Bom com um novo Bim.

384. G. Zinóviev, *N. Lenin*, p. 64.

385. Stepan K. Guil, *Shest let s V. I. Leninym*, pp. 27-8; Nina Tumarkin, *Lenin Lives!*, p. 90.

386. *Dekrety Sovetskoi vlasti*, III, pp. 291-2 (5 de setembro de 1918); James Bunyan, *Intervention*, p. 239.

387. *Izvestiia*, 7 de setembro de 1918, p. 3.

388. Nina Berbérova, *Zheleznaia zhenshchina*, p. 93. "A menor oposição, o menor movimento entre os guardas brancos deve ser recebido com execuções por atacado", escreveu o comissário do Interior (Petróvski) numa diretiva. "Os comitês executivos locais devem tomar a iniciativa e dar o exemplo." *Ezhenedelnik chrezvychainykh komissii po borbe s kontr-revoliutsiei i spekulatsiei*, 22 de setembro de 1918, p. 11.

389. *Izvestiia*, 3 de setembro de 1918, p. 1. Ver também *Krasnaia gazeta*, 1º de setembro de 1918.

390. A. Vátlin, "Panika", pp. 78-81.

391. William Henry Chamberlin, *Russian Revolution*, II, p. 453; Robert V. Daniels, "The Bolshevik Gamble", pp. 334, 339.

8. LUTA DE CLASSES E UM PARTIDO-ESTADO [pp. 304-54]

1. Peter Struve, "Razmyshleniia o russkoi revoliutsii", *Russkaia mysl*, n. 1-2, p. 6, 1921 (novembro de 1919).

2. *Protokoly zasedanii Vserossiiskogo*, p. 80. Ver também Liev Trótski, "O voennykh kommissarakh" [outono de 1918], em *Kak vooruzhalas revoliutsiia*, I, pp. 183-4.

3. Alvin Gouldner, "Stalinism". Há muito tempo se reconhece que a construção de um Estado foi o principal resultado da guerra civil russa, mas a especificidade desse Estado não foi reconhecida com a devida clareza. Moshe Lewin, "The Civil War: Dynamics and Legacy", em Diane Koenker, *Party, State, and Society*, pp. 399-423; Moshe Lewin, "The Social Background of Stalinism", em Robert C. Tucker, *Stalinism*, pp. 111-36 (p. 116).

4. Os bolcheviques queixavam-se da ineficácia de sua própria propaganda e do confinamento às cidades. Peter Kenez, *Birth of the Propaganda State*, pp. 44-9, 53-6.

5. Charles Tilly, *Coercion, Capital, and European States*; Charles Tilly, "War Making and State Making as Organized Crime", pp. 169-91.

6. Um estudioso afirmou com razão que "a guerra civil foi o batismo de fogo do novo regime. Mas foi um batismo que os bolcheviques e Lênin pareciam querer". Sheila Fitzpatrick, "The Civil War", pp. 57-76 (p. 74).

7. Sheila Fitzpatrick, "The Civil War", pp. 57-76.

8. *PSS*, XXXVIII, pp. 137-8.

9. Como um estudioso observou corretamente, o golpe de Petrogrado "tornou-se uma revolução de uma nação inteira somente por meio de anos de guerra civil". Roger Pethybridge, *Spread of the Russian Revolution*, pp. 176-80. Outro estudioso afirmou que as "formas e os métodos específicos de exercer o poder [durante revoluções] diferem muito daqueles praticados durante 'tempos normais'", o que é verdade, mas, na Revolução Russa, as medidas de emergência foram institucionalizadas para sempre. Boris I. Kolonítski, "Anti-Bourgeois Propaganda".

10. Peter Holquist, *Making War*. Em outro lugar, na melhor análise curta da guerra, revolução e guerra civil, Holquist apresenta a sugestiva tese de que o status da Rússia como império colonial interno a levou a desenvolver técnicas de contrainsurgência que foram suscitadas pelo violento episódio de 1905-7 e depois pela conjuntura da guerra mundial. Além disso, ele acrescenta uma declaração sofisticada do papel crítico das ideias marxistas. Peter Holquist, "Violent Russia".

11. Reginald E. Zelnik, "Commentary: Circumstance and Political Will in the Russia Civil War", em Diane Koenker, *Party, State, and Society*, pp. 374-81 (p. 379).

12. Por exemplo, o decreto de Trótski, em nome do Comitê Executivo do Soviete, datado de 29 de outubro de 1917: RGASPI, f. 17, op. 109, d. 1, l. 3.

13. Ele acrescentou que, "todos os dias, há 20-35 casos de tifo". Jes Peter Nielsen e Boris Weil, *Russkaia revoliutsiia glazami Petrogradskogo chinovnika*, p. 46 (12 de março de 1918).

14. Lennard D. Gerson, *The Secret Police*, pp. 147-8 (citando *Ezhedelnik VCheka*, 13 de outubro de 1918, p. 25).

15. Donald J. Raleigh, *Experiencing Russia's Civil War*, pp. 262 ss.

16. Veja-se o caso de Dmítri Óskin (nascido em 1892), um jovem camponês das proximidades de Tula, cidade industrial ao sul de Moscou, que se apresentou como voluntário ao Exército tsarista em 1913, ganhou quatro cruzes de São Jorge por bravura no front e escalou a hierarquia do Exército à medida que seus superiores, sifilíticos e covardes, morriam ou ficavam incapacitados devido a ferimentos. O próprio Óskin teve uma perna amputada. Durante 1917, deu uma guinada para a esquerda, como as massas em geral, e, em 1918, tornou-se "comissário" em Tula. Defendeu "a revolução" contra a "contrarrevolução" a todo custo. Quando forças antibolcheviques se aproximaram da cidade, impôs a lei marcial, forçou a população a cavar trincheiras e se comportou como um déspota. Orlando Figes, *A People's Tragedy*, pp. 264-5; D. P. Óskin, *Zapiski soldata*. Óskin chegaria a ser um alto funcionário militar.

17. *Pravda*, 18 de outubro de 1918, p. 1 (Dukhóvski, um funcionário do Ministério do Interior ou NKVD, separado da Tcheká).

18. Lennard D. Gerson, *The Secret Police*, p. 195.

19. Citado em Richard Stites, *Revolutionary Dreams*, p. 39. Em um livro que Isaac Steinberg terminou no cárcere bolchevique em 1919, ele chamou a revolução de "uma grande tragédia em que tanto o herói como a vítima parecem muitas vezes ser o povo". *Ot fevralia po oktiabr 1917 g.*, pp. 128-9.

20. Mary McAuley, *Bread and Justice*, pp. 3-6, 427-8.

21. Um escritor observou em seu diário que "até mesmo as melhores pessoas e as mais inteligentes, inclusive eruditos, começam a se comportar como se houvesse um cão raivoso no jardim". Mikhail M. Príchvin, *Dnevniki*, II, p. 169 (setembro de 1918).

22. Peter Holquist, "'Information is the Alpha and Omega'"; Vladimir N. Brovkin, *Behind the Front Lines*, pp. 5-8, 104-5, 149-55. Ver também a coleção de documentos de Voronóvitch, *Zelenaia kniga*. Especialistas no Estado soviético sabiam das práticas de requisição durante a Grande Guerra, tanto da Entente como das Potências Centrais. Viz. N. M. Vichnévski, *Printsipy*, p. 65.

23. *Novaia zhizn*, 2 de novembro de 1917, reproduzido em G. Lelévitch, *Oktiabr v stavke*, pp. 147-8.

24. V. I. Lênin, em *Tarefas imediatas do Governo Soviético* (apresentado em 7 de abril e publicado três semanas depois), propôs a "utilização de especialistas burgueses" em todos os campos. *PSS*, XXXVI, p. 178. Em 1920, Trótski tentou introduzir "departamentos políticos" em lugar de células do partido nas ferrovias para fazer os trens funcionarem, mas sua proposta fracassou. Em breve, porém, as células do partido passaram a se parecer com os departamentos políticos.

25. *Otchet VChK za chetyre gody ee deiatelnosti*, pp. 82, 274.

26. Iu. M. Chachkov, "Model chislennosti levykh eserov v tsentralnom apparate vchk v 1918 g.", *Aktualnye problem politicheskoi istorii Rossii: tezisy dokladovi soobshchenii* (Briansk, 1992), II, p. 70.

27. *Iz istorii VChK*, p. 174.

28. Ele também notou que a Tcheká "dispunha de uma reserva de vodca, o que lhe possibilitava, quando necessário, afrouxar as línguas". Gueórgi Agabékov, *Ogpu*, pp. 3, 6-7, 10.

29. Em 25 de julho de 1918, o presidente (Vetóchkin) do "quartel-general revolucionário extraordinário" em Vologda queixou-se a Lênin de que "camaradas muitas vezes aparecem com mandados por escrito da Comissão Extraordinária [Tcheká] dando-lhes poderes extraordinariamente amplos que desorganizam o trabalho da Tcheká local e demonstram uma tendência a fazer da Tcheká o principal órgão político, acima do Comitê Executivo". Eles envolviam-se em atividades comprometedoras do poder soviético, tais como maquinações financeiras e prisões de quem se interpunha em seu caminho. Vetóchkin concluiu: "Deus nos livre desses amigos arquirrevolucionários e cuidaremos nós mesmos de nossos inimigos". RGASPI, f. 17, op. 109, d. 13, l. 24-5.

30. "Os únicos temperamentos que se devotam com disposição e tenacidade a essa tarefa de 'defesa interna' são aqueles que se caracterizam por suspeita, ressentimento, crueldade e sadismo", escreveu Viktor Khibaltchitch, conhecido como Victor Serge, que nasceu na Bélgica, filho de emigrados russos, ao analisar psicologicamente os agentes da polícia secreta que observou em Petrogrado em 1919. "Complexos de inferioridade antigos e memórias das humilhações e sofrimentos nas prisões do tsar os tornaram intratáveis, e, uma vez que a degeneração profissional tem efeitos rápidos, as Tchekás consistem inevitavelmente de homens pervertidos que tendem a ver conspiração em todos os lugares e a viver eles mesmos no meio de conspirações perpétuas." Victor Serge, *Memoirs of a Revolutionary*, p. 80; George Leggett, *The Cheka*, p. 189.

31. Leon Trotsky, *Stalin*, [1968], p. 385.

32. George Brinkley, *Volunteer Army*; Peter Kenez, *Civil War in South Russia*; Dimitry V. Lehovitch, *White Against Red*.

33. Gleb Drujina, "History of the North-West Army", p. 133.

34. George Constantine Guins, *Sibir*, II, p. 368.

35. A. V. Kvakin, *Okrest Kolchaka*, pp. 124, 167-8. Ver também Stephen M. Berk, "The Coup d'État of Admiral Kolchak". "O *Izvéstia* publicou um artigo obsceno que diz: 'Diga-nos, seu réptil, quanto eles lhe

pagam por isso?'", registrou o escritor Ivan Bunin em seu diário. "Persignei-me com lágrimas de alegria." Ivan Bunin, *Cursed Days*, p. 177 (17 de junho de 1919).

36. A restauração continuava impossível na prática política. Havia certas atitudes monarquistas entre alguns oficiais do movimento branco. John Ward, *With the "Die-Hards" in Siberia*, p. 160.

37. A. G. Kavtaradze, *Voennye spetsialisty*, pp. 21-4.

38. Ibid., pp. 176-7.

39. N. N. Golovin, *Russian Army*, p. 278; Peter Kenez, "Changes in the Social Composition of the Officer Corps"; John Bushnell, "Tsarist Officer Corps". Em 1917, quase que os únicos soldados rasos do Exército russo com instrução eram judeus, que ganharam destaque quando os soldados formaram sovietes devido à instrução. Viktor Chklóvski, *Sentimental Journey*, pp. 66-7.

40. Viktor Chklóvski, *Sentimental Journey*, p. 8.

41. John Erickson, "The Origins of the Red Army", em Richard Pipes, *Revolutionary Russia*, pp. 224-58. A data da criação do Exército Vermelho seria oficializada como sendo 23 de fevereiro de 1918, o que, na verdade, foi uma tentativa fracassada.

42. E. N. Gorodétski, *Rozhdenie*, pp. 399-401; *Dekrety Sovetskoi vlasti*, II, pp. 334-5.

43. Liev Trótski, "Krasnaia armiia", em *Kak vooruzhalas revoliutsiia*, I, pp. 101-22 (22 de abril de 1918: pp. 117-8). O socialista francês Jean Jaurès havia afirmado, já em 1911, que um exército democrático seria plenamente compatível com a eficácia de combate. Jean Jaurès, *L'Organisation socialiste*.

44. *Dekrety Sovetskoi vlasti*, II, pp. 63-70.

45. Leon Trotsky, *History of the Russian Revolution*, I, p. 289.

46. P. A. Golub, "Kogda zhe byl uchrezhden institute voennykh kommissarov Krasnoi Armi?", p. 157.

47. *Rabochaia i Krestianskaia krasnaia armiia i flot*, 27 de março de 1918; *Pravda*, 28 de março de 1918. Benvenuti (*Bolsheviks and the Red Army*, pp. 29-30) ressalta que Trótski omitiu essa entrevista em seu abrangente compêndio *Kak vooruzhalas revoliutsiia*.

48. Liev Trótski, "Vnutrennye i vneshnye zadachi Sovetskoi vlasti", em *Kak vooruzhalas revoliutsiia*, I, pp. 46-67 (21 de abril de 1918, pp. 63-4).

49. V. I. Lênin, "Uderzhat li Bolsheviki gosudarstvennuiu vlast?", em *PSS*, XXXIV, pp. 289-390 (pp. 303--11); T. H. Rigby, "Birth of the Central Soviet Bureaucracy". Mesmo em seu período lírico pré-revolucionário em que pregava a destruição do Estado, como em *Estado e a revolução* [1903], em que acusara de "oportunista" a ideia de que o Estado "burguês" poderia ser tomado e posto a serviço do proletariado, Lênin deixara claro que os bolcheviques deveriam reter a expertise burguesa válida.

50. "O governo soviético", se queixaria amargamente Deníkin, "pode se orgulhar da engenhosidade com que escravizou a vontade e o cérebro dos generais e oficiais russos, e fez deles seu instrumento relutante, mas obediente." A. I. Deníkin, *Ocherki russkoi smuty*, III, p. 146.

51. *Istoriia grazhdanskoi voiny*, III, p. 226.

52. A. G. Kavtaradze, *Voennye sptesialisty*, pp. 175-8, 183-96. Não sabemos quantos generais e oficiais desertaram para os brancos ou abandonaram a carreira e emigraram. No total, cerca de 70% do corpo de oficiais tsaristas (de 250 mil) serviram do lado vermelho (75 mil) ou branco (100 mil).

53. O II Congresso dos Sovietes, em outubro de 1917, no qual a tomada do poder foi anunciada, já pedia comissários novos. Mark von Hagen, *Soldiers in the Proletarian Dictatorship*, p. 27. Os comissários políticos bolcheviques seriam subordinados ao Birô de Comissários Militares de Todas as Rússias no Conselho dos Comissários do Povo, e não ao partido (que ainda não tinha burocracia).

54. Os departamentos políticos substituíram as células do partido no Exército já em janeiro de 1919; eles não eram eleitos, mas nomeados, e estavam subordinados aos especialistas militares. Francesco Benvenuti,

Bolsheviks and the Red Army, pp. 52-64 (citando *Pravda*, 10 de janeiro de 1919); Iúri P. Petrov, *Partiinoe stroitelstvo*, pp. 58-9.

55. *Voenno-revoliutsionnye komitety deistviiushchie armii*, pp. 30-1, 75-6. Ver também I. Kolesnitchenko e V. Lúnin, "Kogda zhe byl uchrezhden institute voennykh kommissarov Krasnoi Armi?", pp. 123-6.

56. "O comissário não é responsável por ordens puramente militares, operacionais ou de combate", escreveu Trótski (6 de abril de 1918), em uma das pouquíssimas diretivas centrais (assinada somente por ele) para esclarecer os poderes do comissário. Somente a detecção de "intenções contrarrevolucionárias" deveria induzir um comissário a impedir diretivas militares de um comandante. *Izvestiia*, 6 de abril de 1918, reproduzido em Savko, *Ocherki po istorii partiinykh organizatsii*, pp. 73-4.

57. Como um estudioso explicou, "o potencial para confusão e conflito no Exército foi aumentado pelo direito formal dos trabalhadores do partido de interferir em praticamente todos os assuntos de comando através de seus poderes de verificação e de assinatura conjunta". Timothy J. Colton, "Military Councils", pp. 37, 56.

58. Robert Argenbright, "Bolsheviks, Baggers and Railroaders".

59. Graeme J. Gill, *Peasants and Government*.

60. Lars Lih, *Bread and Authority*, pp. 95-6, 106-8, 95-6. No início de agosto, o Governo Provisório havia assegurado que não aumentaria os preços que o governo pagava pela aquisição de grãos. Roger Pethybridge, *Spread of the Russian Revolution*, p. 99 (citando *Vestnik vremennogo praveitelstva*, 5 de agosto de 1917).

61. Serguei Prokopóvitch, citado em Peter Holquist, *Making War*, p. 81.

62. Edward Hallett Carr, *Bolshevik Revolution*, II, pp. 227-44; Silvana Malle, *Economic Organization of War Communism*, pp. 322-6; Maurren Perrie, "Food Supply".

63. Peter Holquist, *Making War*, pp. 108-9, citando Nikolai Kondrátiev, *Rynok khlebov*, p. 222.

64. *Nash vek*, 10 de julho de 1918, p. 4.

65. Mary McAuley, "Bread Without the Bourgeoisie", em Diane Koenker, *Party, State, and Society*, pp. 158-79.

66. *Svoboda Rossii*, 18 de abril de 1918, p. 5; James Bunyan e Harold H. Fisher, *Bolshevik Revolution*, pp. 666-8.

67. Serguei A. Pavliúchenkov, *Krestianskii Brest*, pp. 26-9 (citando RGASPI, f. 158, op. 1, d. 1, l. 10). Tsiurupa superou em astúcia Trótski, cuja Comissão Extraordinária expirou.

68. "O razrabotke V. I. Leninym prodovolstvennoi politiki 1918 g.", p. 77.

69. K. Gulévitch e R. Gassánova, "Iz istorii borby prodovolstvennykh otriadov rabochikh za khleb", p. 104; Lars Lih, *Bread and Authority*, pp. 126-37; Silvana Malle, *Economic Organization of War Communism*, pp. 359-61.

70. *Protokoly zasedanii VsTsIK*, pp. 47-8.

71. Um estudioso sustentou que "a verdadeira relação entre necessidade militar e radicalismo ideológico é o inverso dessa suposta cadeia: a irrupção da guerra civil causou um recuo consciente da ambição ideológica", o que é verdade no nível do floreado retórico, mas menos no nível da prática. Lars Lih, "Bolshevik Razvesrtka", pp. 684-5.

72. "Resta somente uma solução", concluiu Lênin na primavera de 1918: "enfrentar a violência dos donos de grãos contra os pobres famintos com a violência contra os donos de grãos". Iu. K. Strijkov, *Prodovol'stvennye otriady*, p. 56. "Não hesitamos em arrancar a terra dos latifundiários, [...] e pela força das armas arrancar a coroa da cabeça estúpida do tsar", trovejou Trótski. "Por que então deveríamos hesitar em tomar os grãos dos cúlaques?" Liev Trótski, *Kak vooruzhalas revoliutisiia*, I, pp. 81-2. Ver também Aleksei Iziúmov, *Khleb i revoliutsiia*.

73. Orlando Figes, *Peasant Russia*.

74. Mikhail A. Vodoláguin, *Krasnyi Tsaritsyn*, p. 10; Raleigh, "Revolutionary Politics".

75. N. E. Kakúrin, *Kak srazhalas*, I, p. 261.

76. RGASPI, f. 2, op. 1, d. 6157; V. N. Iudin, *Lenin pisal v Tsaritsyn*, pp. 3-12; *Pravda*, 31 de maio de 1918; Esfir B. Guénkina, *Tsaritsyn v 1918*, pp. 73 (citando GARF, f. 1235, op. 53, d. 1, l. 106), 75; Leon Trotsky, *Stalin*, p. 283. A nomeação de Stálin aconteceu poucas semanas depois que ele venceu seu processo de calúnia (abril de 1918) contra o líder menchevique Iúli Mártov.

77. RGASPI, f. 17, op. 109, d. 3, l. 5-10 (relatório devastador de 29 de maio de 1918, de Snéssarev e Nossóvitch), reproduzido — sem menção a Nossóvitch — em V. L Gontcharov, *Vozvyshenie Stalina*, pp. 361-7 (p. 365). Este último é uma reedição de V. A. Mélikov, *Geroicheskaia oborona Tsaritsyna*, com documentos adicionais em apêndice. Ver também RGASPI, f. 17, op. 109, d. 3, l. 17-20 (30 de junho de 1918, relatório de Snéssarev); e V. V. Dobrínin, *Borba s bolshevizmom na iuge Rossii*, p. 111.

78. *Iz istorii grazhdanskoi voiny v SSSR*, I, pp. 563-4 (citando K. Ia. Zedin).

79. RGASPI, f. 558, op. 4, d. 668, l. 35-9 (F. S. Allilúiev, "Vstrechi s Stalinym").

80. *Pravda*, 21 de dezembro de 1929; K. E. Vorochílov, *Lenin, Stalin, i krasnaia armiia*, p. 43; "Pismo V. I. Leninu", *Sochineniia*, IV, pp. 118-9.

81. *Pravda*, 11 de junho de 1918.

82. *Pravda*, 3 de janeiro de 1935; Esfir B. Guénkina, *Tsaritsyn v 1918*, pp. 87-8. Em maio de 1918, o bolchevique do Cáucaso Sergo Ordjonikidze, que acabara de fugir de Rostov, ajudou a debelar uma revolta anárquica dentro de Tsarítsin; ele enviou um telegrama a Lênin informando que "são necessárias medidas mais decisivas, mas os camaradas locais são flácidos demais, toda oferta de ajuda é tomada como uma interferência em assuntos locais". Em contraste, Stálin impôs sua vontade. GARF, f. 130, op. 2, d. 26, l. 12; *Sergo Ordzhonikidze*; Esfir B. Guénkina, *Tsaritsyn v 1918*, pp. 59-64. Serguei Mínin, o dirigente bolchevique de Tsarítsin, também temia a interferência de Stálin em assuntos locais, mas não conseguiu superar a vontade e a autoridade dele. RGASPI, f. 558, op. 4, d. 668, l. 57 (F. S. Allilúiev, "Obed u Minina").

83. Lennar D. Gerson, *The Secret Police*, pp. 139-43 (citando Deníkin Commission Reports, U. S. National Archives, Washington, D. C., RG 59, rolo 36, quadros 0248-0250).

84. David Bullock, *Russian Civil War*, p. 36.

85. Lennard D. Gerson, *The Secret Police*, pp. 142-3 (citando U. S. National Archives, Washington, D. C., RG 59, rolo 36, quadros 0248-0250).

86. No regime tsarista, Tcherviakov foi expulso da academia médica militar de São Petersburgo por atividade política, mas completou a faculdade de direito (!) na Universidade de Moscou e trabalhou como inspetor na Escola de Comércio em sua cidade natal de Lugansk, na bacia do Donetsk. Em 1918, saiu da Ucrânia em direção ao leste à frente do avanço da Reichswehr e acabou em Tsarítsin, junto com um companheiro de Lugansk que se tornou "investigador" da Tcheká local. Disponível em: <rakurs.myftp.org/61410. html>; Robert Argenbright, "Red Tsaritsyn", p. 171. Quando Alfred Karlóvitch Borman, chefe da Tcheká municipal de Tsarítsin, mandou prender Ivanov, o comparsa de Tcherviakov, este prendeu Borman e soltou Ivanov. Névski, *Doklad ot narodnogo kommissara putei soobshcheniia*, p. 28.

87. F. F. Raskólnikov, *Rasskazy michmana Ilina*, pp. 31-3. Ver também Esfir B. Guénkina, "Priezd tov. Stalina v Tsaritsyn", p. 82.

88. "O inimigo consiste de remanescentes do exército de Kornílov, cossacos e outras unidades contrarrevolucionárias, e possivelmente tropas alemãs", observou um informe de 10 de julho: RGASPI, f. 17, op. 109, d. 3, l. 23-5 (Z. Chostak, um inspetor militar do Cáucaso Norte).

89. "Pismo V. I. Leninu", *Sochineniia*, IV, pp. 120-1. Stálin chamou Snéssarev de "líder militar flácido" em telegrama a Trótski (11 de julho de 1918) com cópia para Lênin e perguntou "você não tem outros candida-

tos?". A. V. Kvachónkin, *Bolshevistskoe rukovodstvo*, pp. 42-4 (RGASPI, f. 558, op. 1, d. 1812, l. 1-3). Stálin dissera a Lênin e Trótski (22 de junho de 1918) que Snéssarev, ao visitar as linhas de frente, mal conseguira escapar de ser preso, como se estivesse preocupado com o bem-estar de Snéssarev, quando estava, na verdade, levantando dúvidas sobre ele. *Bolshevistskoe rukovodstvo*, pp. 40-1 (RGASPI, f. 558, op. 1, d. 5404, l. 3). Ver também Leonid Kliúev, *Borba za Tsaritsyn*.

90. Trótski admitiu ainda que o comando das operações militares pudesse ser transferido para um novo conselho militar. RGASPI, f. 17, op. 109, d. 3, l. 44. Em 18 de julho, Stálin enviou um telegrama a Moscou exigindo que Snéssarev fosse demitido. RGASPI, f. 558, op. 1, d. 258, l. 1; Mikhail A. Vodoláguin, *Krasnyi Tsaritsyn*, p. 80 (RGVA, f. 6, op. 3, d. 11, l . 92 (17 de julho de 1918, resolução em Tsarítsin).

91. Gueórgi N. Golikov, *Vladimir Ilich Lenin*, V, pp. 645-6. A composição original era Stálin, Mínin e um "líder militar que será nomeado por recomendação do comissário do povo Stálin e do comissário militar Mínin". Essa pessoa era inicialmente A. N. Kovalévski, mas a partir de 5 de agosto seria Vorochílov. Kovalévski foi preso. A. V. Gólubev, *Direktivy glavnogo komandovaniiai*, pp. 74-5 (RGVA, f. 3, op. 1, d. 90, l. 268-9); RGASPI, f. 17, op. 109, d. 3, l. 14; V. L. Gontcharov, *Vozvyshenie Stalina*, pp. 391-2 (RGVA, f. 6, op. 4, d. 947, l. 71-71a); A. V. Kvachónkin, *Bolshevistskoe rukovodstvo*, pp. 40-1 (RGASPI, f. 558, op. 1, d. 5404, l. 3, 22 de junho de 1918); T. F. Karáeva, *Direktivy komandovaniia frontov*, I, pp. 289-90 (RGVA, f. 6, op. 4, d. 947, l. 71-71a). O decreto (por telegrama) do Conselho Militar Revolucionário da República era datado de 24 de julho e parece ter sido baixado em conexão com uma investigação in loco de Nikolai Podvóiski, chefe da Inspetoria do Exército Vermelho.

92. Em 24 de julho, pela linha direta de Moscou (aparelho de Hughes), Lênin falou a Stálin que "devo dizer que não está havendo distribuição de pão em Piter, nem em Moscou. A situação é terrível. Diga-nos se você pode tomar medidas extremas, porque, se não for de você, não temos de onde obter comida". Mas Stálin estava tendo dificuldades para atender ao pedido. Os brancos estavam apertando o laço. Ele saiu pessoalmente num trem blindado para inspecionar consertos nas linhas férreas. RGASPI, f. 558, op. 4, d. 668, l. 90 (F. S. Allilúiev, "T. Stalin na bronepoezde"). Em 26 de julho de 1918, após uma ida de reconhecimento a Kuban ("Até agora tínhamos apenas informações sem provas, mas agora temos fatos"), Stálin considerou crítica a situação ("o Cáucaso Norte inteiro, os grãos comprados e todas as taxas alfandegárias, o exército criado por esforços desumanos, estarão perdidos irremediavelmente") e implorou pelo envio imediato de uma divisão (aquela designada para Baku). "Espero a resposta. Do seu Stálin." RGASPI, f. 17, op. 109, d. 3, l. 35. Bonch-Bruevitch, ao enviar algumas tropas de Vorónej, uma divisão de Moscou, seguraria as coisas até então. RGASPI, f. 17, op. 109, d. 3, l. 37-8.

93. RGASPI, f. 17, op. 109, d. 3, l. 47. Uma segunda Remington foi acrescentada à folha de inventário à mão.

94. A. V. Kvachónkin, *Bolshevistskoe rukovodstvo*, p. 41, n. 2; Esfir B. Guénkina, *Tsaritsyn v 1918*, p. 121.

95. K. E. Vorochílov, "Avtobiografiia", em Iu. S. Gambárov, *Entsiklopedicheskii slovar*, XLI/i, p. 96.

96. V. Paríiski e G. Jávaronkov, "V nemilost vpavshii", *Sovetskaia kultura*, 23 de fevereiro de 1989.

97. *Leninskii sbornik*, XVIII, pp. 197-9; *Sochineniia*, IV, pp. 122-6.

98. Timothy J. Colton, "Military Councils", pp. 41-50.

99. A. Tchernomórtsev [coronel Nossóvitch], "Krasnyi Tsaritsyn". A data desse telegrama não está especificada. Andrei I. Khmelkov, *K. E. Voroshilov na Tsaritsynskom fronte*, p. 64 (3 de outubro, Stálin e Vorochílov para Lênin, Svérdlov e Trótski). Okúlov tornou-se membro do Conselho Militar Revolucionário do Front Meridional em Tsarítsin (outubro-dezembro de 1918); Lênin o chamou de volta a Moscou "tendo em vista as relações extremamente ásperas entre Vorochílov e Okúlov". D. A. Volkogónov, *Triumf i tragediia*, I/i, p. 94 (citando RGASPI, f. 558, op. 1, d. 486).

100. Robert Argenbright, "Red Tsaritsyn"; Gueórgi N. Golikov, *Vladimir Ilich Lenin*, v, pp. 630, 640; *Iz istorii grazhdanskoi voiny v SSSR*, i, p. 290; V. N. Iúdin, *Lenin pisal v Tsaritsyn*, pp. 61-2; *Sochineniia*, iv, pp. 116-7; *Leninskii sbornik*, xxxviii, p. 212.

101. Robert Argenbright, "Red Tsaritsyn", p. 165.

102. Id., p. 166 (citando V. I. Névski, *Doklad ot narodnogo komissara putei soobshcheniia*, pp. 17-8). Anexo a um relatório do Comissário de Transportes do Povo (V. I. Névski), o de Makhróvski foi apresentado a Lênin.

103. Em 27 de agosto de 1918 — mesmo dia em que o Tratado Suplementar com a Alemanha foi assinado em Berlim — Lênin ordenou que o chefe da Tcheká local libertasse Makhróvski e o especialista não partidário Alekseiev, mas a Tcheká respondeu que este último já fora fuzilado. Em 4 de setembro, Svérdlov repetiria a ordem para libertar Makhróvski; ele seria solto em 21 de setembro por um ex-tchekista de Baku que trabalhava no departamento central de suprimento de combustível. Robert Argenbright, "Red Tsaritsyn", pp. 175-6 (citando S. V. Salko, "Kratkii otchet o deiatelnosti Glavnogo Neftianogo Komiteta"). Em maio de 1921, Makhróvski seria julgado por desfalque na indústria de combustível e condenado ao fuzilamento, sentença que foi comutada para cinco anos de prisão. Sua esposa (Burtseva) também foi condenada ao cárcere. *Gudok*, 20 de maio de 1921.

104. A Tcheká de Tsarítsin, em um boletim, alegava ter prendido "em torno de 3 mil homens do Exército Vermelho", mas executado somente 23 líderes: *Izvestiia Tsaritsynskoi gubernskoi chrezvychainoi komissii*, outubro de 1918, pp. 16-22, e novembro de 1918, p. 36, em Hoover Institution Archives, Nicholaiévski Collection, n. 89, caixa 143, pasta 11.

105. B. Maguídov, "Kak ia stal redaktorom 'Soldat revoliutsii'", p. 30.

106. Jan M. Meijer, *Trotsky Papers*, i, pp. 134-7; Leon Trotsky, *Stalin*, pp. 288-9.

107. Se a cidade caísse para os cossacos, a barcaça dos prisioneiros deveria ser explodida e afundada — fonte, é óbvio, do subsequente rumor de que Stálin mandara afundá-la deliberadamente para afogar os prisioneiros. A. Tchernomórtsev [coronel Nossóvitch], "Krasnyi Tsaritsyn"; Nikita Khruschóv, *Memoirs*, ii, p. 141, n. 2. *Izvestiia KPSS*, n. 11, pp. 157, 161-2, 1989.

108. *Izvestiia Tsaritsynskoi gubernskoi chrezvychainoi komissii*, novembro de 1918, p. 16, em Hoover Institution Archives, Nicolaevsky Collection, n. 89, caixa 143, pasta 11; Esfir B. Guénkina, *Tsaritsyn v 1918*, pp. 126, 154.

109. Na época, em entrevista dada a um jornal, Stálin elogiou "dois fenômenos felizes: primeiro, o surgimento na retaguarda de administradores dos trabalhadores que são capazes não somente de agitar em favor do poder soviético, mas de construir um Estado sobre novos alicerces comunistas, e, em segundo lugar, o aparecimento de um novo corpo de comandantes que consiste em oficiais promovidos das fileiras militares que têm experiência prática na guerra imperialista e gozam de total confiança dos soldados do Exército Vermelho". *Izvestiia*, 21 de setembro de 1918; *Sochineniia*, iv, p. 131.

110. A nomeação (em 6 de setembro de 1918) foi provocada por um relatório, datado de 23 de agosto de 1918, de Aleksandr Egórov sobre a necessidade de um comando unificado. Valéri G. Krasnov e V. Daines, *Neizvestnyi Trotskii*, pp. 72-5.

111. Isaac Deutscher, *Prophet Armed*, p. 420. Nikolai Krylenko, o ex-porta-bandeira tsarista, havia renunciado ao comando supremo vermelho por causa da decisão de montar um exército permanente; ele passou para o Comissariado da Justiça.

112. Trótski decretou também que os prisioneiros do Exército Branco que assinassem um juramento de fidelidade aos vermelhos deviam ser enviados para a batalha, desde que membros de suas famílias fossem mantidos reféns. *Izvestiia*, 11 de agosto de 1918; Liev Trótski, "Prikaz" [8 de agosto de 1932], em *Kak*

vooruzhalas revoliutsiia, I, pp. 232-3. Naquele outono de 1918, diante da sugestão de que as barcaças que transportavam grãos pelo Volga hasteassem a bandeira da Cruz Vermelha, para que não fossem afundadas, Trótski explodiu em telegrama a Lênin: "Os charlatões e idiotas vão pensar que a entrega de grãos significa que há uma chance de conciliação e que a guerra civil não é uma necessidade". D. A Volkogónov, *Trotsky*, p. 125 (citando RGVA, f. 4, op. 14, d. 7, l. 79).

113. D. A. Volkogónov, *Stalin: Triumph and Tragedy*, p. 40.

114. A. Tchernomórtsev [Homem do Mar Negro], "Krasny Tsaritsyn", reproduzido em A. L. Nossóvitch, *Krasnyi Tsaritsyn*. Foi Vorochílov que identificou o Homem do Mar Negro como sendo o "general [sic] Nossóvitch". K. E. Vorochílov, *Lenin, Stalin, i krasnaia armiia*, pp. 45-7. Nossóvitch afirmou que o especialista Alekseiev estava realmente tramando com oficiais sérvios, mas que eles não se entendiam muito bem. Nossóvitch alegou falsamente que havia sido espião no campo vermelho, em vez de colaborador voluntário (os brancos continuavam a suspeitar dele). Embora mentiroso, entraria para a história como autor do primeiro retrato preciso de uma das figuras mais importantes da história mundial. Sobre as suspeitas dos brancos, ver Jan M. Meijer, *Trotsky Papers*, I, pp. 178-9. As obras soviéticas aceitaram as alegações de Nossóvitch ao pé da letra: Esfir B. Guénkina, *Tsaritsyn v 1918*, pp. 126-7 (citando um informe de Nossóvitch para Deníkin de dezembro de 1918); *Izvestiia TsK KPSS*, n. 11, p. 177, n. 20, 1989. Nossóvitch logo emigrou para a França, teve uma longa vida e morreu em Nice (1968). A. L. Nossóvitch, *Zapiski vakhmistra Nosovicha*.

115. Não há registro conhecido das emoções de Stálin naquele momento. Ele, Mínin e Vorochílov emitiram uma ordem pública em Tsarítsin segundo a qual "desertores do lado branco que entreguem voluntariamente suas armas não devem ser executados ou maltratados". Tratava-se de uma política do regime, mas, obviamente, não de uma prática em Tsarítsin. RGASPI, f. 17, op. 109, d. 3, l. 114; *Soldat revoliutsii* (1º de setembro de 1918).

116. Deníkin escreveria mais tarde que, em 1917, Sytin havia abordado a ele e outros generais com uma proposta para salvar a Rússia mediante a entrega gratuita de terras — fossem elas da aristocracia, do Estado ou da Igreja — aos camponeses que estavam lutando. Consta que o general Kalédin, que se matou com um tiro no início de 1918, retrucou: "Pura demagogia!". A. I. Deníkin, *Ocherki russkoi smuty*, I, p. 93.

117. A. V. Kvachónkin, *Bolshevistskoe rukovodstvo*, p. 51 (RGASPI, f. 558, op. 1, d. 5412, l. 2); Andrei I. Khmelkov, *Stalin v Tsaritsyne*, pp. 50-1; S. V. Lipítski, *Voennaia deiatelnost TsK RKP (b)*, pp. 126-9. A resposta invariável de Trótski a esses pedidos incessantes, não somente de munição, mas de armas, veículos blindados, aviões, pilotos, era citar o desperdício no gasto de materiais, provavelmente verdadeiro, mas que não era a solução para as necessidades imediatas. Jan M Meijer, *Trotsky Papers*, I, p. 162; A. V. Gólubev, *Direktivy glavnogo komandovaniia*, pp. 89-90; *Velikii pokhod K. E. Voroshilova*, p. 175.

118. D. A. Volkogonov, *Trotsky*, p. 262 (citando RGVA, f. 33987, op. 2, d. 19, l. 16-7).

119. T. F. Karáeva, *Direktivy komandovaniia frontov*, I, pp. 345-8 (RGVA, f. 10, op. 1, d. 123, l. 29-30); D. A. Volkogónov, *Triumf i tragediia*, I/i, p. 91.

120. I. Kolesnitchenko, "K voprosu o konflikte", p. 44.

121. Iákov Mikhailovitch Svérdlov, *Izbrannye porizvedennye*, III, p. 28.

122. RGASPI, f. 17, op. 109, d. 4, l. 60.

123. A. V. Kvachónkin, *Bolshevistskoe rukovodstvo*, pp. 52-3 (RGASPI, f. 558, op. 1, d. 5413, l. 1-2).

124. Baruch Knei-Paz, *Social and Political Social Thought*.

125. Jan M. Meijer, *Trotsky Papers*, I, pp. 134-6; A. V. Kvachónkin, *Bolshevistskoe rukovodstvo*, p. 54, n. 2 (RGASPI, f. 5, op. 1, d. 2433, l. 33); Leon Trotsky, *My Life*, p. 443. As frustrações de Trótski iam além de Stálin ("Mandem-me comunistas que saibam obedecer", escreveu em telegrama enviado do front para Lênin em 1918). Leonard Schapiro, *Communist Party*, p. 262.

126. Peter Kenez, *Civil War in South Russia*, I, p. 176. O líder cossaco Krasnov havia fundado uma "República do Don", que a Alemanha prontamente reconheceu, mas Deníkin deplorou isso como separatismo. Quando os alemães capitularam, em novembro de 1918, o exército de Krasnov se desintegrou; ele foi forçado a se subordinar a Deníkin, mas logo abandonou o sul e se uniu às forças de Iudénitch que agiam a partir da Estônia. Emigrou para o Ocidente em 1920 e, mais tarde, colaboraria com os nazistas.

127. RGASPI, f. 17, op. 109, d. 4, l. 64; D. A. Volkogonov, *Trotsky*, p. 132 (citando RGVA, f. 33987, op. 2, d. 40, l. 29); A. V. Kvachónkin, *Bolshevistskoe rukovodstvo*, p. 54 (RGASPI, f. 558, op. 1, d. 5414, l. 2-4, 5 de out. de 1918); Jan M. Meijer, *Trotsky Papers*, I, pp. 134-6. Ver também Liev Trótski, "Prikaz" [4 de novembro de 1918], em *Kak vooruzhalas revoliutsiia*, I, pp. 350-1. Trótski escreveria depois que "a atmosfera de Tsarítsin, com sua anarquia administrativa, desrespeito guerrilheiro pelo Centro [...] e grosseria provocativa em relação aos especialistas militares, não era naturalmente propícia a conquistar a boa vontade destes últimos e torná-los servidores fiéis do regime". Leon Trotsky, *Stalin*, pp. 273, 280-1, 288-9.

128. RGASPI, f. 17, op. 109, d. 4, l. 68. Em 5 de outubro de 1918, Trótski informara Svérdlov que "ontem falei pela linha direta e pus a responsibilidade em Vorochílov como comandante do Exército de Tsarítsin. Mínin está no Soviete Militar do 10º Exército de Tsarítsin. Não levantei a questão de Stálin". RGASPI, f. 17, op. 109, d. 4, l. 67.

129. RGASPI, f. 17, op. 109, d. 3, l. 46-7. Ver também bilhete de Svérdlov para Lênin (5 de outubro de 1918): Iákov Mikhailovitch Svérdlov, *Izbrannye proizvedenniia*, III, p. 36.

130. Gueórgi N. Golikov, *Vladimir Ilich Lenin*, VI, p. 156; Esfir B. Guénkina, *Tsaritsyn v 1918*, p. 183. Stálin mandou telegrama a Vorochílov e Mínin naquele dia (8 de outubro) sugerindo que tudo podia ser resolvido "sem barulho". I. Kolesnitchenko, "K voprosu o konflikte", pp. 45-6. Lênin comentou que esconder o dinheiro de Stálin era impróprio: "L. A. Fotievoi i L. V. Krasinu", *PSS*, l., p. 187 (9 de outubro de 1918).

131. A. F. Danilévski, *V. I. Lenin i voprosy voennogo stroitelstva*, pp. 37-8.

132. *Dekrety Sovetskoi vlasti*, V, p. 663; Leon Trotsky, *Stalin*, pp. 291-2; A. L. Litvin et al., "Grazhdanskaia voina: lomka starykh dogm i stereotypov", em *Istoriki sporiat* (Moscou, 1969), p. 63; *Iuzhnyi front*, p. 19.

133. RGASPI, f. 17, op. 109, d. 1, l. 20 (16 de outubro de 1919).

134. Jan M. Meijer, *Trotsky Papers*, I, pp. 158-64, 196.

135. RGASPI, f. 17, op. 109, d. 4, l. 71; A. V. Gólubev, *Direktivy glavnogo komandovaniia*, pp. 84-5.

136. Liev Trótski, "Prikaz" [5 de outubro de, 1918], em *Kak vooruzhalas revoliutsiia*, I, pp. 347-8. Uma caravana foi a Moscou para tentar trazer de volta alguns suprimentos, especialmente munição. Em 24 de outubro, um regimento do Exército Vermelho chegou de Moscou, composto de operários de duas fábricas. No dia seguinte, em Moscou, o Comitê Central examinou uma carta de Stálin em que ele pedia o julgamento do comandante da Frente Sul (Sytin) e outros (Okúlov) por sabotarem o suprimento para o 10º Exército em Tsarítsin; Svérdlov não deu bola para o pedido. RGASPI, f. 17, op. 109, d. 4, l. 71, 79, 82; D. A. Volkogónov, *Triumf i tragediia*, 1/i, p. 101. Em Moscou, Lênin recebeu Stálin em 23 de outubro e evidentemente mediou uma paz, que Svérdlov, em nome de Lênin, passou por telegrama a Trótski. Jan M. Meijer, *Trotsky Papers*, I, pp. 158-60; *Leninskii sbornik*, XXXVII, p. 106.

137. D. P. Jloba, "Ot nevinnomskoi do Tsaritsyna", em Andrei Búbnov, *Grazhdanskaia voina*, I, pp. 28-34, 32-4; N. K. Azóvtsev, *Grazhdanskaia voina v SSSR*, I, p. 229; V. Chtirliáiev, "Geroi grazhdanskoi voiny Dmitrii Zhloba", *Voenno-istoricheskii zhurnal*, n. 2, pp. 44-6, 1965; V. T. Sukhorúkhov, *XI Armiia*, pp. 81, 83-95. Sobre a situação militar, ver informe de Vãcietis a Lênin (13 de agosto de 1918): RGASPI, f. 17, op. 109, d. 8, l. 51-66.

138. P. N. Krasnov, "Velikoe voisko donskoe", em I. V. Guéssen, *Arkhiv russkoi revoliutsii*, V, pp. 190-320 (pp. 244-5).

139. *Izvestiia*, 30 de outubro de 1918; *Sochineniia*, IV, pp. 146-7. Jloba (nascido em 1887), o tipo de comandante camponês autodidata que Stálin costumava preferir, se revelou uma das poucas pessoas sem medo de
discutir com o senhor da guerra de Tsarítsin — um pecado maior para Stálin do que os limites como líder
militar que Jloba logo mostraria. Nossóvitch, A. L. *Krasnyi Tsaritsyn*, pp. 60-1. Antes do final de 1918, a Divisão de Aço de Jloba foi dispersada dentro da cavalaria comandada por Boris Dumenko, contra quem Jloba
fez intrigas e que acabou por assumir seu lugar. (Dumenko foi preso e executado por seu próprio lado sob
acusações aparentemente falsas de assassinato.) Em 1920, combatendo Wrangel na Crimeia, a cavalaria vermelha de Jloba foi cercada. Em 1922, ele deixou o Exército Vermelho. Stálin mandaria executá-lo em 1938.
140. Quase simultaneamente, no final de outubro de 1918, Roman Malinóvski, o agente da *okhranka* nas
fileiras bolcheviques, encarou um Tribunal Revolucionário acusado de traição. A promotoria estabeleceu
que ele havia traído 88 revolucionários para as autoridades tsaristas, mas o réu manifestou remorso somente em dois casos, "meus melhores amigos, Svérdlov e Koba. Esses são meus dois crimes verdadeiros".
Os seis juízes condenaram Malinóvski à morte e, nas primeiras horas do dia 6 de novembro, um dia antes
do primeiro aniversário da tomada do poder, ele foi executado por um pelotão de fuzilamento. Ele era
o traidor original dentro das fileiras bolcheviques. Igal Halfin, *Intimate Enemies*, pp. 7-17, citando *Delo
provokatora Malinovskogo* (Moscou: Respublika, 1992), pp. 159, 216, 108. Mínin (*Pravda*, 11 de janeiro de
1919) deu início ao retrato da quase queda de Tsarítsin em 1918 como uma incomparável vitória vermelha,
uma representação que ganhou mais força durante a ditadura de Stálin: K. E. Vorochílov, *Lenin, Stalin, i
krasnaia armiia*, pp. 42-8; V. A. Mélikov, *Geroicheskaia oborona Tsaritsyna*, pp. 138-9; Esfir B. Guénkina,
"Borba za Tsaritsyn v 1918 godu".
141. Sobre o inveterado jogo de alto risco dos militares alemães, ver Isabel V. Hull, *Absolute Destruction*,
pp. 291 ss.
142. Wilhelm Deist e E. J. Feuchtwanger, "Military Collapse of the German Empire".
143. Dominic C. B. Lieven, "Russia, Europe, and World War I", pp. 7-47; David R. Jones, "Imperial Russia's
Armed Forces", I; Brian Pearce, *How Haig Saved Lenin*, p. 7.
144. Robert Lewis Koehl, "Prelude to Hitler's Greater Germany", p. 65. Ver também Vejas Gabriel Liulevicius, *War Land on the Eastern Front*; Martin Kitchen, *Silent Dictatorship*; John Lee, *The Warlords*; e Erich
Ludendorff, *My War Memories*. Comparar com a ocupação da Galícia pelo Exécito russo em 1915: Mark
von Hagen, *War in a European Borderland*.
145. Citado em A. I. Deníkin, *Ocherki Russkoi smuty*, I, pp. 48-9. O chefe do Estado-Maior naval alemão,
almirante Georg von Müller, censurou Hindenburg e Ludendroff em seu diário da época: "Erro após erro
foram cometidos, sobretudo o tratamento negligente da paz com a Rússia, cujo colapso havia sido uma
dádiva de valor imensurável para nós e deveria ter sido explorado a fim de liberar tropas para o Ocidente.
Mas, em vez disso, conquistamos a Letônia e a Estônia e nos envolvemos com a Finlândia, consequência
de um excesso de megalomania". Georg von Müller, *The Kaiser and His Court*, p. 398 (29 de setembro
de 1918). Do mesmo modo, o general de brigada Hoffmann reclamaria das unidades desesperadamente
necessárias no Ocidente que permaneceram no Oriente e que "nosso vitorioso Exército na frente oriental
apodreceu com o bolchevismo". John Wheeler-Bennett, *Forgotten Peace*, p. 352 (citando *Chicago Daily
News*, 13 de março de 1919).
146. John Wheeler-Bennett, *Forgotten Peace*, p. 327; Ibid., "The Meaning of Brest-Litovsk Today".
147. Michael Geyer, "Insurrectionary Warfare".
148. *PSS*, XXXVII, pp. 150, 164. Em 7 de novembro de 1918, primeiro aniversário da Revolução de Outubro, Lênin fizera questão de visitar o clube da Tcheká (na rua Lubianka, 13). Sua chegada foi inesperada e

recebida com aplausos frenéticos. Ele retornou no dia seguinte para responder a perguntas por duas horas. *Izvestiia*, 9 de novembro de 1918; V. K. Vinográdov, *Arkhiv VChK*, pp. 92-3 (citando publicação interna); M Latsis, *Otchet Vserossiiskoi chrevzyvhanoi kommissi*, p. 81; V. I. *Lenin v vospominaniiakh chekistov*, pp. 111-2. Ver também *Pravda*, 18 de dezembro de 1927; e *PSS*, XXXVII, p. 174.

149. Em 18 de novembro de 1918, Max, príncipe de Baden, chanceler imperial, anunciou a abdicação do kaiser ocorrida nove dias antes. Guilherme levou uma vida confortável no exílio dinamarquês e morreu de causas naturais em junho de 1941, depois que os nazistas ocuparam a Holanda. Isabel V. Hull, *Entourage of Kaiser Wilhelm II*; Christopher Clark, *Kaiser Wilhelm II*.

150. David Stevenson, *Cataclysm*, pp. 379-406.

151. John Wheeler-Bennett, *Forgotten Peace*, pp. 370-1, 450-3.

152. "O período de divergências agudas entre nossa revolução proletária e a democracia dos menchevi-ques e socialistas revolucionários foi uma necessidade histórica", escreveu Lênin, acrescentando que "seria absurdo insistir unicamente em táticas de repressão e terror em relação à democracia pequeno-burguesa quando o curso dos eventos está forçando esta última a se voltar para nós." *Pravda*, 21 de novembro de 1918. Ver também *PSS*, XXXVII, pp. 207-33 (discurso de 27 de novembro de 1918).

153. Stephen Broadberry e Mark Harrison, *Economics of World War I*.

154. Brian Bond, *War and Society in Europe*, pp. 83-4.

155. S. Knobler, *Threat of Pandemic Influenza*, pp. 60-1. Contribuíram para essa estimativa: Rússia, com 15 milhões; Alemanha, com 13,1 milhões; França, com 8 milhões (quase 80% da população do pré-guerra com 15-49 anos); Grã-Bretanha, com 5,25 milhões (quase metade da população masculina do pré-guerra com 15-49 anos), além de 3,7 milhões do resto do império; Áustria-Hungria, com 7,8 milhões; Itália, com 5,6 milhões; Estados Unidos, com 4,3 milhões; Império Otomano, com 2,9 milhões; Romênia, com 750 mil; e Bulgária, com 1,2 milhão.

156. Talvez 775 mil tenham sido mortos em ação; 2,6 milhões foram feridos, dos quais até 970 mil mor-reram.

157. Em torno de 182 mil prisioneiros de guerra russos morreram. Peter Gatrell, *Russia's First World War*, pp. 255, 259; *Rossiia v mirovoi voine 1914-1918 goda*, 4 e 4n; G. F. Krivochéev, *Rossiia i SSSR*, pp. 101-96. Grã-Bretanha, França e Alemanha tiveram, juntas, 1,3 milhão de soldados aprisionados; a Áustria-Hungria, 2,2 milhões de prisioneiros de guerra.

158. *PSS*, XXXVII, p. 260.

159. Kandall E. Bailes, *Technology and Society*, p. 49.

160. "O que vocês pretendem está sendo realizado por nós; o que vocês chamam de 'comunismo' nós cha-mamos de 'controle estatal'", disse um negociador econômico alemão em Berlim, em 1918, ao bolchevique polonês Mieczysław Broński, que tinha um doutorado em economia de Zurique (e acompanhara Lênin no trem fechado da Suíça para a Rússia). *Trudy i Vserossiiskogo Sezda Sovetov Narodnogo Khoziiastva*, p. 157. (Broński, nascido em 1882 em Łódź, era pai de Wolfgang Leonhard.) Ludendorff veio a cunhar a expressão "guerra total". Jan Willem Honig, "The Idea of Total War", pp. 29-41; Sorer Chickering, "Sore Loser", esp. pp. 176-7.

161. "Os alemães tratavam a população local como se fossem animais que eram úteis para seu dono, mas não tinham nenhum direito", relembrou um súdito judeu da Rússia imperial originalmente de Vilna/Wil-no. Isso não se aplica somente aos judeus. Sob o domínio russo, os pogroms tornaram-se mais comuns durante a Grande Guerra e imediatamente depois dela. Hirsz Abramowicz, *Profiles of a Lost World*, p. 199; Aviel Roshwald, *Ethnic Nationalism*, pp. 122-4.

162. Peter Holquist, *Making War*, pp. 205, 285-7.

163. Esfir B. Guénkina, *Tsaritsyn v 1918*, p. 202. O 10º Exército era apenas uma das várias forças vermelhas empenhadas na Frente Sul. S. F. Naida, *O nekotorykh voprosakh istorii grazhdanskoivoiny*, pp. 106-11.

164. RGASPI, f. 17, op. 109, d. 4, l. 93. Trótski "declarou para Vorochílov e para mim", afirmou Mínin no VIII Congresso do Partido, "que vou conduzi-los de volta a Moscou por comboio". *Izvestiia TsK KPSS*, n. 9, p. 153, 1989. Mínin foi logo transferido para o Comissariado do Interior (dezembro de 1918). Sytin foi transferido para Moscou (meados de novembro).

165. RGASPI, f. 17, op. 109, d. 4, l. 117 (12 de dezembro de 1918).

166. RGASPI, f. 17, op. 109, d. 14, l. 65, e RGVA, f. 33 987, op. 2, d. 96, l. 10, Hoover Institution Archives, Volkogonov Papers, contêiner 17 (telegrama de Piatakov em Kursk para Stálin no Kremlin, cópias para Lênin e Svérdlov); A. V. Kvachónkin, *Bolshevistskoe rukovodstvo*, p. 75 (RGASPI, f. 17, op. 109, d. 12, l. 70, 4 de janeiro de 1919).

167. Para a Ucrânia, Trótski recomendava qualquer outro, até Moissei Rukhimóvitch (a quem também tinha em baixa conta). Por fim, Vorochílov e Rukhimóvitch foram ambos designados para a Ucrânia. Deutscher alega que Trótski se recriminaria por não ter lidado com mais dureza com essas críticas intrigantes, especialmente com Vorochílov, mas a verdade é que ele tentou ser duro com eles. Isaac Deutscher, *Prophet Armed*, pp. 431-2 (sem citação). Fiódor Sergueiev ("Artiom") foi nomeado chefe do governo na Ucrânia, substituindo Piatakov, que escreveu a Trótski perguntando sobre isso: RGASPI, f. 17, op. 109, d. 14, l. 78. Fiódor Sergueiev conhecera Stálin em 1906; havia morado com ele (e Nádia) no mesmo vagão em Tsarítsin. Aleksandr Egórov assumiu o 10º Exército.

168. Isaac Deutscher, *Prophet Armed*, pp. 425-6.

169. *Pravda*, 25 de dezembro de 1918.

170. Liev Trótski, "Po nauke ili koe-kak?" [10 de janeiro de 1919], em *Kak vooruzhalas revoliutsiia*, I, pp. 169-73 (pp. 170-2).

171. Robert MacNeal entendeu que Stálin conseguiu garantir alguns grãos, cumprindo sua tarefa de guerra pendurada na balança, que Lênin hesitou em remover Stálin apesar da insistência de Trótski, e que Lênin continuou a usar Stálin em outras missões críticas. Robert H. McNeal, *Stalin*, pp. 55-8. Robert Conquest, ao contrário, simplesmente condenou a insubordinação e o egoísmo de Stálin. Robert Conquest, *Stalin*, pp. 81, 85.

172. Francesco Benvenuti, *Bolsheviks and the Red Army*, pp. 89-91. Os três informes (de 1º, 13 e 31 de janeiro de 1919) podem ser encontrados em *Sochineniia*, IV, pp. 197-224; e *Perepiska sekretariata TsK RKP* (b), v, pp. 182-3.

173. D. A. Volkogonov, *Lenin: Life and Legacy*, p. 230 (citando RGASPI, f. 2, op. 1, d. 26388, l. 1-2); M. I. Uliánova, *O Lenine i seme Ulianovykh*, pp. 113-7; Stepan K. Guil, *Shestlet s V. I. Leninym*, pp. 28-34; Pável D. Malkov, *Reminiscences*, pp. 190-2; "Kak grabili Lenina". Uma versão muito mais inventiva encontra-se em Edvard Radzínski, *The Last Tsar*, p. 247 (sem citação). O caso foi solucionado quando a Rolls-Royce de Lênin foi encontrada batida num muro perto da Igreja de Cristo Salvador e agentes da Tcheká seguiram as pegadas na neve que se afastavam do carro, atravessavam o rio Moscou congelado e iam até um apartamento onde o principal bandido, Iachka Kochelkov, se entricheirou. A gangue de Kochelkov matara em torno de doze policiais e tchekistas desde a revolução. "Ele resistiu desesperadamente", escreveria o comandante do Kremlin Piotr Malkov, "e foi levado somente depois que esvaziara sua Mauser e não tinha mais balas." Pável D. Malkov, *Zapiski*, p. 159. Após a tentativa de assassinato de Lênin, em agosto de 1918, uma guarda pessoal rotatória de dezessete homens foi-lhe designada, mas Lênin não gostava de guarda--costas e estava com apenas um naquele dia. Abram Belenki, que participara do interrogatório depois da tentativa de assassinato, tornara-se chefe dos guarda-costas de Lênin (a partir de outubro de 1918), mas

não estava com ele naquele dia. De acordo com um relatório de novembro de 1919 do departamento político do 13º Exército, doze espiões haviam sido supostamente enviados para matar Lênin: GARF, f. 3, op. 22, d. 306, l. 4, Hoover Institution Archives, Volkogonov Papers, contêiner 21.

174. O valor de 132 bilhões de marcos ouro em 1919 equivaleria mais ou menos a 442 bilhões de dólares em 2013. Por duas vezes, em 1924 e 1929, os alemães negociaram a diminuição dessa quantia. Em 1933, Hitler suspendeu unilateralmente os pagamentos. Em 2010, a Alemanha terminou enfim de pagar o tributo. No total, levando-se em conta a inflação, pagou menos à Grã-Bretanha e à França do que a França havia pago à Alemanha depois de perder a Guerra Franco-Prussiana (1870-1).

175. Margaret MacMillan, *Paris 1919*. Harold Nicolson, em *Peacemaking*, retratou um bando de velhos incompetentes (seu último capítulo chamava-se "Fracasso").

176. Zara S. Steiner, *The Lights that Failed*, p. 772.

177. Em um trecho bem típico, o embaixador britânico na França escrevera em seu diário, em abril de 1916: "Embora os russos talvez venham a perder dois homens para cada alemão, a Rússia tem uma quantidade suficiente de homens para suportar perdas desproporcionais". Citado em M. M. Karliner, "Angliia i Petrogradskaia konferentsiia Antany 1917 goda", p. 329.

178. Keith Neilson, *Strategy and Supply*.

179. John M. Thompson, *Russia, Bolshevism and the Versailles Peace*, p. 398.

180. Ibid., pp. 310, 395.

181. Um dos argumentos de John Maynard Keynes contra Versalhes foi que uma Alemanha pária e uma Rússia pária poderiam abraçar uma a outra; Lênin tomou nota. Keynes advertiu que a Alemanha também poderia ir para a esquerda. J. M. Keynes, *Economic Consequences*, pp. 288-9; PSS, XLII, pp. 67, 69, XLIV, pp. 294-5.

182. Sadoul descreveu que, "do início ao fim, os delegados estavam com o melhor dos ânimos", e destacou "o riso sem fim e retumbante de Lênin, que faz seus ombros sacudirem e sua barriga tremer — o riso altivo e majestoso de um Danton ou Jaurès; a ironia penetrante de Trótski; a jocosidade maliciosa de Bukhárin; o humor desdenhoso de Tchitchérin. Misturadas com essas nuances do regozijo russo havia a alegria ruidosa dos bebedores de cerveja — [Fritz] Platten, [Hugo] Eberlein, Gruber [Karl Steinhardt] — e a sagacidade sutil de [Krastyo] Rakóvski, mais parisiense do que romeno" (Rakóvski era búlgaro). Jacques Sadoul, "La Fondation de la Troisiéme international", p. 180. Ver também o jornalista britânico Arthur Ransome, *Russia in 1919*, pp. 215, 217.

183. A. Vátlin, *Komitern*, p. 57 (RGASPI, f. 488, op. 1, d. 13, l. 13-9).

184. "Rozhdenie tretego internatsionala", *Pravda*, 7 de março de 1919 (Ossínski).

185. *Pravda*, 6 de março de 1919, reproduzido em Liev Trótski, *Piat let Kominterna*, II, pp. 28-30.

186. John Riddell, *Founding the Communist International*, p. 8.

187. H. Schurer, "Radek and the German Revolution".

188. Os delegados aprovaram também a declaração de Trótski que narrava a degradação do capitalismo e a marcha do comunismo. *Pervyi kongress Kominterna*, esp. pp. 250-1 (lista de delegados); John Riddell, *Founding the Communist International*, esp. pp. 18-9; Edward Hallett Carr, *Russian Revolution*, p. 14.

189. Arkadi Vaksberg apresenta uma variante da tese do trauma brusco, alegando que foi motivado pelo caráter judeu de Svérdlov. Arkadi Vaksberg, *Iz ada* (citando RGASPI, f. 5, op. 1, d. 2159, l. 36-7).

190. Liev Trótski, 13 de março de 1925, impresso em *Fourth International*, v. 7, n. 1, pp. 327-30, 1946. Lênin foi a Petrogrado de trem no dia 11 de março e retornou no dia 14, para o funeral de M. T. Ielizárov.

191. *Izvestiia TsK KPSS*, n. 8, p. 164, 1989.

192. *VIII siezd RKP(b), 18-23 marta 1919g.* em PSS, XXXVIII, pp. 127-215 (Lênin fez dez intervenções no congresso). Dois anos depois, no X Congresso do Partido, em março de 1921, Krestínski falou em

homenagem a Svérdlov, relembrando sua importância enquanto todos os delegados ficavam de pé. *X siezd* [1921], pp. 267-70; *X siezd* [1933], pp. 499-504.

193. A Rússia soviética tinha cerca de 8 mil comitês do partido, organizados em torno de quarenta diretórios provinciais, com um total de 220 495 membros. As organizações do partido no Exército Vermelho alegavam ter outros 29 706 membros. Diretórios na Finlândia, Lituânia, Letônia, Bielorrússia e Polônia contavam com 63 565 membros. *VIII siezd RKP (b)* [1959], p. 274. Ver também *Istoriia grazhdanskoi voiny*, III, pp. 312-3 (Stássova).

194. Além disso, 7% eram letões, 4% ucranianos e 3% poloneses, *VIII siezd RKP (b)* [1959], p. 451. Esses números mudariam pouco no IX Congresso do Partido, em 1920, exceto que os russos chegariam a 70% e os judeus cairiam para 14,5% dos menos de quinhentos participantes: *IX siezd RKP (b)*, p. 551. Sobre a questão judaica, ver Richard Pipes, *Russia under the Bolshevik Regime*, pp. 99-114.

195. O jornal *The Times*, de Londres (5 de março de 1919), afirmou que os judeus ocupavam 75% das mais altas posições. Roy Medvedev, *Let History Judge*, p. 560; Liev Trótski, *History of the Russian Revolution*, I, pp. 225-6.

196. Uma versão das atas foi publicada três vezes (1919, 1933, 1959), mas nenhuma era completa; todas deixaram de fora as sessões militares separadas de 20-21 de março. O discurso de Lênin na sessão fechada de 21 de março, no entanto, foi publicado (*Leninskii sbornik*, XXXVII, pp. 135-40). Fragmentos do discurso de Stálin foram publicados muito depois (*Sochineniia*, IV, pp. 249-50). Ver também Francesco Benvenuti, *Bolsheviks and the Red Army*, p. 106. A discussão militar foi finalmente publicada durante a glasnost: *Izvestiia TsK KPSS*, n. 9, pp. 134-90; n. 10, pp. 171-89; n. 11, pp. 144-78, 1989.

197. *PSS*, XXXVIII, pp. 137-8.

198. Semion Arálov, *Lenin vel nas k pobede*, pp. 96-7. Arálov era membro do Conselho Militar Revolucionário da República.

199. Trótski escreveu que, na véspera do congresso, sob o bombardeio da conversa sobre traição dos oficiais tsaristas, havia informado Lênin de que pelo menos 30 mil desses oficiais estavam servindo nas fileiras vermelhas, tornando os casos de traição comparativamente insignificantes. Lênin supostamente manifestou surpresa. (Ele era capaz de fingir surpresa.) Isaac Deutscher, *Prophet Armed*, pp 429-30. V. I. Lênin, *Sobranie sochinenii* [1920-6], XVI, p. 73.

200. Liev Trótski, *Sochineniia*, XVII/i, p. 362.

201. *Pravda* e *Izvestiia*, 25 de fevereiro de 1919, republicado em *Izvestiia TsK KPPS*, n. 9, pp. 175-81, 1989. Faziam parte da oposição militar Smirnov, Gueórgi Safárov (Vóldin), Grigóri "Iúri" Piatakov, Andrei Búbnov, Emelian Iaroslávski, V. G. Sórin, Vorochílov, Serguei Mínin, Filipp Goloschókin, Aleksandr Miasnikov, N. G. Tolmatchiov, R. S. Samóilova (Zemliátchka) e outros.

202. *Izvestiia TsK KPSS*, n. 8, pp. 171-3, 1989.

203. Alguns observaram que a solução seria treinar jovens comandantes vermelhos, mas Serguei Mínin, de Tsarítsin, objetou que o "Guardismo Branco" — ex-oficiais tsaristas a serviço do Exército Vermelho — impedia a ascensão de jovens comandantes proletários. Semion Arálov, membro do Conselho Militar Revolucionário da República em Moscou, defendeu posição oposta: "em qualquer área que se tome, suprimento, tecnologia, comunicações, artilharia, precisamos de especialistas militares para elas, e não os temos". *Izvestiia TsK KPSS*, n. 9, p. 153; n. 10, pp. 183-9; n. 11, pp. 156-9, 159-66, 1989; A. F. Danilévski, V. I. *Lenin i voprosy voennogo stroitelstva*, p. 76.

204. M. N. Pokróvski e Ia. A. Iákovlev, *Gusdarstvennoe soveshchanie*, pp. 61-6.

205. *Izvestiia TsK KPSS*, n. 11, pp. 162-4, 1989.

206. Trótski também acreditava que o campesinato trairia a revolução assim que seus interesses estivessem garantidos. Alfred Meyer, *Leninism*, p. 142. Sobre a quase universal hostilidade dos sociais-democratas russos em relação aos camponeses, ver Isaac Deutscher, *Unfinished Revolution*, p. 17.

207. Semion I. Arálov, *Lenin vel nas k pobede*, pp. 101-2.

208. Em agosto de 1919, Lênin instruiu Mikhail Frunze, comandante do front no Turquestão, "a exterminar todos os cossacos se eles atearem fogo no petróleo". Richard Pipes, *Unknown Lenin*, p. 69. Sobre a insensibilidade de Lênin, ver também *Proletarskaia revoliutsiia*, n. 3, pp. 168-9, 1924; também em Richard Pipes, *Unknown Lenin*, p. 50.

209. *Izvestiia TsK KPSS*, n. 11, p. 170, 1989; *Leninskii sbornik*, xxx, pp. 138-9.

210. A. F. Danilévski, *V. I. Lenin i voprosy voennogo stroitel'stva*, p. 88. Alguns delegados que apoiavam a posição de Trótski/Sokólnikov abandonaram o recinto depois do discurso de Grigóri Ievdokímov.

211. *VIII siezd RKP (b)*, p. 273, pp. 339-40, 412-23.

212. *Izvestiia TsK KPSS*, n. 9, p. 173, 1989.

213. Foi Zinóviev, que em seu discurso no congresso atacara Trótski — um alvo grande e convidativo, útil para promover sua própria figura —, que lhe enviou um telegrama para dizer que haviam sido feitas concessões à oposição militar e instruindo-o a tratar isso como uma "advertência". Em discurso (29 de março de 1919) para o diretório de Leningrado que ele supervisionava, Zinóviev disse que Trótski precisava absorver a mensagem de que, no Exército, o partido necessitava desempenhar um papel maior, porque não se podia confiar nos "especialistas militares". *Izvestiia TsK KPSS*, n. 8, pp. 185-98 (pp. 192-5), 1989.

214. *Pravda*, 1º de março de 1919; Francesco Benvenuti, *Bolsheviks and the Red Army*, pp. 72-4.

215. *VIII siezd RKP (b)* [1959], p. 177. Sobre a escassez de alimentos, ver também Vladimir N. Brovkin, "Workers".

216. Sobre a parte do Exército (25% de toda a farinha, 40% da forragem), ver Ossínski, "Glavnyi nedostatok", p. 236.

217. *Piat let vlasti Sovetov*, p. 377; Silvana Malle, *Economic Organization of War Communism*, pp. 407, 425.

218. Peter Scheibert, *Lenin an der Macht*.

219. *Krasnaia Moskva*, p. 54. O racionamento, que fora iniciado pelo Governo Provisório, assumira um caráter de classe: os trabalhadores em atividades de grande esforço físico compunham a categoria mais alta, seguidos por aqueles que não exerciam força física (isso incluía os funcionários) e, por fim, pelos elementos que não trabalhavam ou exploradores, aqueles que viviam do trabalho dos outros (isto é, a burguesia), que eram em quantidade pequena, mas conspícuos como símbolo. Os indivíduos tramavam para elevar sua classificação. Antes do final da guerra civil, a "ração de classe" daria lugar à "ração do trabalho", ou seja, quanto trabalho a pessoa havia realizado recentemente.

220. Mauricio Borrero, *Hungry Moscow*. As batatas seriam o único produto importante sobre o qual o governo não declararia monopólio (no final de 1919).

221. Terence Emmons, *Time of Troubles*, p. 237 (31 de janeiro de 1919), p. 392 (6 de dezembro de 1920).

222. *VIII siezd RKP (b)* [1933], p. 170.

223. *Istoriia grazhdanskoi voiny*, IV, p. 46.

224. Francesco Benvenuti definiu muito cedo a profundidade e a amplitude da animosidade contra Trótski ao escrever que, "por sua contribuição à criação das Forças Armadas soviéticas, Trótski foi recompensado com a desconfiança e o ódio de um grande número de seus camaradas de partido". Francesco Benvenuti, *Bolsheviks and the Red Army*, p. 216.

225. Leonard Schapiro, *Commmunist Party*, citando Lênin, *Sochineniia*, xxv, p. 112.

226. O birô político já estava funcionando em dezembro de 1918; o birô organizacional data de janeiro de 1919. Gueórgi N. Golikov, *Vladimir Ilich Lenin*, VI, pp. 284, 319, 328, 435, 577, 588.

227. O cofre de Svérdlov foi aberto somente em 1935 e devidamente entregue a Stálin: "Kuda khotel bezhat Sverdlov?", *Istochnik*, n. 1, pp. 3-4, 1994. Em 1919, circularam rumores de que os bolcheviques estavam transferindo dinheiro e ouro para o exterior, em preparação para uma possível fuga. Elena Stássova, *Stranitsy zhizni i borby*, p. 103. Boris Bajánov alegou que, durante a guerra civil, pedras preciosas confiscadas foram acumuladas por precaução, e que Klavdiia Novgoródtseva, a viúva de Svérdlov, era uma das pessoas incumbidas de guardar as joias, trancadas numa escrivaninha, inclusive grandes diamantes tirados evidentemente do fundo estatal. Boris Bajánov, *Vospominaniia* [1990], p. 96.

228. Frederick L. Carsten, *Revolution in Central Europe*.

229. J. P. Nettl, *Rosa Luxemburg*.

230. Rosa Luxemburgo, *Die russische Revolution*, p. 109.

231. Eric D. Weitz, *Creating German Communism*, p. 93.

232. *Pravda*, 22 de abril de 1930.

233. Allan Mitchell, *Revolution in Bavaria*; Robert G. L. Waite, *Vanguard of Nazism*.

234. Eric D. Weitz, *Weimar Germany*; Evan Mawdsley, *Russian Civil War*, p. 15.

235. Hoover Institution Archives, Thomas T. C. Gregory Papers, caixa 2: Hungarian Political Dossier, v. 1: Alonzo Taylor para Herbert Hoover, 26 de março de 1919.

236. Jame Degras, *The Communist International*, I, p. 52.

237. Telegramas de Kun de 2 de fevereiro e 19 de abril de 1919: RGASPI, f. 17, op. 109, d. 46, l. 1-2; mensagem de Trótski a Kh. G. Rakóvski, N. I. Podvóiski e V. A. Antónov-Ovséienko: RGASPI, f. 325, op. 1, d. 404, l. 86 (18 de abril de 1919); telegrama de Lênin a S. I. Arálov e J. Vãcietis: l. 92 (21 de abril de 1919); telegrama de J. Vãcietis e S. I. Arílov a V. A. Antónov-Ovséienko, op. 109, d. 46, l. 3-5 (23 de abril de 1919).

238. David Mitchell, *1919: Red Mirage*, p. 221 (citando o correspondente do *Manchester Guardian*).

239. Rudolf L. Tokés, *Béla Kun*; Andrew C. Janos e William Slottman, *Revolution in Perspective*.

240. Viktor Bortnévski, "White Intelligence and Counter-Intelligence"; Peter Kenez, *Civil War in South Russia*, I, pp. 65-78; Peter Holquist, "Anti-Soviet *Svodki*".

241. Viktor G. Bortnévski, "White Administration", p. 360 (citando N. M. Melnikov, "Pochemu belye na Iuge Rossiin e pobedili krasnykh?", p. 29, em N. M. Melnikov Collection, Bakhmetev Archives, Columbia University).

242. Evan Mawdsley, *Russian Civil War*, pp. 275-81.

243. Salo W. Baron, *The Russian Jew*, p. 219.

244. Citação e estatística em O. V. Budnítski, *Rossiiskie evrei mezhdu krasnymi*, pp. 275-6. O antissemitismo era uma faca de dois gumes que atraía (especialmente na Ucrânia) e repelia seguidores. Peter Kenez, "The Ideology of the White Movement", p. 83.

245. Peter Kenez, *Civil War in South Russia*, I, pp. 281-4; D. F. Filátiev, *Katastrofa Belogo dvizheniia*, p. 144.

246. A troca de mensagens entre Deníkin e Koltchak podia demorar um mês. A. I. Deníkin, *Ocherki russkoi smuty*, V, pp. 85-90.

247. Peter Kenez, *Civil War in South Russia*, II, p. xiii. Ex-diplomatas tsaristas que ainda residiam em capitais dos Aliados — Serguei Sazónov (Paris), Boris Bakhmetev (Washington), Vassíli Maklakov (Londres) — transferiram fundos das antigas contas do Governo Provisório para os exércitos brancos, ainda que considerassem os antibolcheviques incompetentes.

248. John Erickson, *Soviet High Command*, pp. 59-63.

249. Peter Kenez, *Civil War in South Russia*, I, p. 90.

250. Ver também os telegramas de Smilga a Lênin e Trótski em outubro de 1919 sobre salvar a frente de Tsarítsin: RGASPI, f. 17, op. 109, d. 3, l. 48-50.

251. W. Bruce Lincoln, *Red Victory*, p. 217 (citando "Rech generala Deníkina v Tsaritsyne, 20 iiunia 1919 g.", Bakhmeteff Archive, Denikin Collection, caixa 20); A. I. Deníkin, *Ocherki russkoi smuty*, V, pp. 108-9; S. Piontkóvski, *Grazhdanskaia voina v Rossii*, pp. 515-6. Os brancos se recusaram a reconhecer a mudança decretada pelos bolcheviques para o calendário gregoriano e continuaram treze dias atrás.

252. Suvenírov, *Tragediiv, RKKA 1937-1938*; Roy Medvedev, *Oni okruzhali Stalina*, pp. 229-30; V. N. Rapoport e Iu. Guéller, *Izmena rodine*, p. 385.

253. Liev Trótski, *Sochineniia*, VIII, pp. 272-81.

254. Leon Trotsky, *My Life*, p. 359.

255. Robert Argenbright, "Documents from Trotsky's Train", que inclui a carta de despedida de Trótski à equipe de seu trem (15 de julho de 1924).

256. Leon Trotsky, *My Life*, pp. 411-22 (esp. p. 413); D. A. Volkogónov, *Trotsky*, p. 164 (citando RGVA, f. 33987, op. 1, d. 25, l. 16-44). Muitos membros da tripulação eram letões chefiados por Rudolf Peterson. O trem de Trótski teve finalmente de ser dividido em dois.

257. N. S. Tarkhova, "Trotsky's Train", pp. 27-40.

258. Anatóli Lunatchárski, *Revolutionary Silhouettes*, p. 68.

259. Robert Argenbright, "Honour Among Communists", pp. 50-1.

260. *Vospominaniia o Vladimire Iliche Lenine* [1979], III, p. 446 (K. Danilévski).

261. Francesco Benvenuti, *Bolsheviks and the Red Army*, pp. 123-8. Trótski escrevera urgentemente a Lênin para remover Antónov, Podvóiski e Búbnov da supervisão dos confrontos militares na Ucrânia em 17 de maio de 1919. RGASPI, f. 17, op. 109, d. 12, l. 17 (enviado via Skliánski para Lênin).

262. Jan M. Meijer, *Trotsky Papers*, I, pp. 578-80 (minutas da plenária de 3 de julho).

263. *Sochineniia*, IV, p. 273; Nikolai A. Kornatóvski, *Stalin — rukovoditel oborony Petrograda*; Nikolai A. Kornatóvski, *Razgrom kontrrevoliutsionnykh zagovorov*. Stálin queria a plenária imediatamente em junho. S. F. Naida, *O nekotorykh voprosakh*, pp. 183-5. A respeito de Petrogrado, Stálin entrou em choque de novo com Aleksei Okúlov, e Lênin o chamou de volta pela segunda vez (a primeira fora provocada por Tsarítsin). D. A. Volkogónov, *Triumf i tragediia*, I/i, pp. 94-5.

264. John Erickson, *Soviet High Command*, p. 63. Ver também as memórias do breve substituto de errante, A. A. Samoilo, *Dve zhizni*, pp. 250 ss.

265. Leon Trotsky, *Stalin*, pp. 313-4. A perseguição de Koltchak nos Urais teria o inesperado bônus de expandir as fileiras vermelhas com operários fabris dos Urais.

266. Os partidários de Trótski tirados do conselho foram Ivan Smirnov e Arkádi Rosengoltz; outro homem ligado a Trótski, Fiódor Raskólnikov, já havia sido retirado em maio de 1919. Além desses, foram demitidos Konstantin Mekhonóchin, Semion Arálov, Nikolai Podvóiski, Konstantin Iurénev e Aleksei Okúlov. Stálin retornou em 18 de maio de 1920 (e ficou até 1º de abril de 1922). O relato de Bonch-Bruevitch sobre a sessão expandida do Conselho Militar Revolucionário da República é, em grande medida, fantasioso. Vladímir D. Bonch-Bruevitch, *Vsia vlast sovetam*, pp. 351-2. Bonch-Bruevitch e Vacietis odiavam-se (ibid., pp. 334-5).

267. Jan M. Meijer, *Trotsky Papers*, I, pp. 590-3; Leon Trotsky, *My Life*, p. 453.

268. O comando de Kámenev da Frente Oriental foi assumido por Mikhail Frunze.

269. *Izvestiia*, 8 e 10 de julho de 1919; Leon Trotsky, *My Life*, pp. 398, 452.

270. Há indicações de que Trótski se recusou a continuar na chefia das forças militares e de que foi preciso implorar para que permanecesse. RGASPI, f. 17, op. 3, d. 705 (8 de setembro de 1927, estenograma do Politbiuró).

271. A informação dificilmente poderia ser a surpresa que Trótski afirma que foi. Leon Trotsky, *My Life*, pp. 448-9.

272. *PSS*, XXXVII, pp. 525-7; Andrei Búbnov, *Grazhdanskaia voina*, I, pp. 246-9.

273. Isaac Deutscher, *Prophet Armed*, p. 413.

274. Francesco Benvenuti, *Bolsheviks and the Red Army*, pp. 143-61, 216-7.

275. Maksim Górki, *Lénine et la paysan russe*, pp. 95-6. Esse trecho sumiu das edições soviéticas da obra de Górki.

276. Na primavera de 1919, Lênin depreciara os oficiais tsaristas ("a velha equipe de comando era composta principalmente dos filhos mimados e depravados de capitalistas") e contemplara fazer de um funcionário do partido, Mikhail Lachévitch, comandante em chefe das forças militares, mas cedeu diante da demanda de Trótski por um verdadeiro especialista militar; ainda assim, Lênin apoiou Serguei Kámenev, com quem Trótski entrara em choque. Evan Mawdsley, *Russian Civil War*, pp. 178-9.

277. Stálin ocultaria em breve sua oposição anterior. (Stálin, "Novyi pokhod Antanty na Rossiiu", *Pravda*, 26 de maio de 1920.) *Sochineniia*, IV, pp. 275-7. A historiografia stalinista usaria a teoria de Trótski do terreno hospitaleiro versus terreno inóspito, sem mencioná-lo, para mitigar o constrangimento da queda de Tsarítsin. Esfir B. Guénkina, *Tsaritsyn v 1918*.

278. *Nash vek*, 10 de julho de 1918, p. 4.

279. Beryl Williams, *The Russian Revolution*, p. 63.

280. Ele acrescentou que, "apesar de minhas rações especiais de funcionário do governo, eu teria morrido de fome sem as sórdidas manipulações do mercado negro, onde negociamos as pequenas coisas que havíamos trazido da França". Victor Serge, *Memoirs of a Revolutionary*, pp. 70-1, 79.

281. Isaac Deutscher, *Prophet Armed*, pp. 442-3.

282. Richard Pipes, *Russia under the Bolshevik Regime*, pp. 93-5.

283. G. Zinóviev, *Borba za Petrograd*, pp. 52-3. Isaac Deutscher, *Prophet Armed*, p. 445. Em 1925, Lachévitch tornou-se vice-comissário para o Exército e a Marinha. Naquele ano, ele ficaria com Zinóviev, e, em 1926, com a oposição unida (Zinóviev e Trótski); Stálin o enviou a Harbin como representante da Ferrovia Oriental Chinesa, controlada pelos soviéticos (1926-8). Foi expulso do partido no XV Congresso, em 1927. Morreu no ano seguinte, em Harbin, China, em circunstâncias misteriosas.

284. Iudénitch morreria tranquilo no exílio na Riviera Francesa, em 1933. Nikolai N. Rútitch, *Belyi front generala Iudenicha*.

285. Liev Trótski, *Sochineniia*, XVII/ii, pp. 196-7.

286. N. E. Kakúrin, *Kak srazhalas*, II, pp. 242-5, 306.

287. Leon Trotsky, pp. 432-3; Liev Trótski, *My Life, Sochineniia*, XVII/ii, p. 310. Trótski é a única fonte para o episódio da Ordem da Bandeira Vermelha de novembro de 1919; seu relato da guerra civil se sustenta sempre que pode ser confirmado por outros documentos.

288. A. V. Kvakin, *Okrest Kolchaka*, pp. 175-6.

289. *The New York Times*, 30 de setembro de 1919.

290. Oleg Budnítski, *Dengi russkoi emigratsii*.

291. Alter Litvin, *Krasnyi i belyi terror*, pp. 55-6; Peter Holquist, "State Violence", pp. 19-45 (na p. 27, citando A. V. Kvachónkin, *Bolshevistskoe rukovodstvo*, p. 150).

292. G. F. Krivochéev, *Grif sekretnosti sniat*, p. 54.

293. "Nós demoramos demais em relação a cada batalha, cada guerra, cada campanha", admitiu Trótski. Liev Trótski, "Rech" [2 de novembro de 1921], em *Kak vooruzhalas revoliutsiia*, III/i, pp. 57-71 (p. 60).

294. Os brancos interceptavam as comunicações sem fio dos vermelhos e mesmo assim perderam; cada lado mantinha espiões no outro campo, mas ambos tinham dificuldades para identificar quem não era agente duplo, se é que havia alguém assim.

295. Já em setembro de 1918, Trótski havia sustentado que, tendo em vista que uma nova e potencialmente longa guerra estava de novo no horizonte, os bolcheviques tinham de traçar um plano para equipar o Exército, fazer todas as fábricas militares existentes voltarem a produzir e mobilizar a sociedade em função das necessidades militares. (RGASPI, f. 17, op. 109, d. 6, l. 10.) Às vezes, as autoridades locais conseguiam restaurar alguma produção. A. K. Sokolov, *Ot voenproma k VPK*, pp. 8-28.

296. Aleksei A. Manikóvski, *Boevoe snabzhenie russkoi armii* [1930], II, pp. 332-5.

297. Evan Mawdsley, *Russian Civil War*, pp. 184-5.

298. Mesmo com os estoques tsaristas, os vermelhos tinham dificuldades para montar operações. Consta que alguns estoques tsaristas ainda serviam aos vermelhos em 1928: A. Volpe, em Andrei Búbnov, *Grazhdanskaia voina*, II, p. 373.

299. Richard Pipes, *Russia under the Bolshevik Regime*, pp. 89-90.

300. Serguei P. Melgunov, *Tragediia Admirala Kolchaka*, III/i, pp. 69-70; Evan Mawdsley, *Russian Civil War*, p. 214. Pipes considera o fardo branco "insuperável". Richard Pipes, *Russia under the Bolshevik Regime*, p. 10.

301. N. E. Kakúrin, *Kak srazahals*, I, p. 135.

302. Mark von Hagen, *Soldiers in the Proletarian Dictatorship*, pp. 69-79; Leonard Schapiro, "The Birth of the Red Army", pp. 24-32.

303. L. S. Gaponenko e V. M. Kabuzan, "Materialy selsko-khoziastvennykh perepisei 1916-1917 gg.", *Voprosy istorii*, n. 6, pp. 97-115 (pp. 102-3), 1961.

304. De sua parte, os bolcheviques não enviaram tropas suficientes para ganhar as guerras civis nos Estados bálticos e na Finlândia, mas o fato de terem mandado tropas prejudicou a defesa da área central vermelha. Evan Mawdsley, *Russian Civil War*, p. 123.

305. William Henry Chamberlin, *Russian Revolution*, II, pp. 268-9; Richard Pipes, *Russia under the Bolshevik Regime*, pp. 119-21.

306. *Leninskii sbornik*, XXXVII, p. 167.

307. *Pravda*, 23 de setembro de 1919; *Izvestiia*, 27 de setembro, 5 e 12 de outubro de 1919. Ver também F. E. Dzerjínski, *Izbrannye proizvedennye*, I, pp. 197-8 (discurso de 24 de setembro de 1919, ao comitê do partido de Moscou); e Fiódor T. Fomin, *Zapiski staorog chekista*, p. 108.

308. P. Makintsian, *Krasnaia kniga VChK*, pp. 315-6; *Iz istorii VChK*, pp. 325-6, 349-54 (relatório interno da Tcheká, 28 de dezembro de 1919).

309. Certa vez, em algum momento posterior a 11 de dezembro de 1919, Lênin apareceu de surpresa no gabinete do comandante supremo Serguei Kámenev às duas da manhã, fez algumas perguntas, falou por linha direta com Khárkov e retornou ao Kremlin.

310. Na hagiografia, nenhuma decisão importante da guerra civil foi tomada sem Lênin. Semion I. Arálov, *Lenin i Krasnaia Armiia*, p. 32.

311. Para Volkogónov, Trótski era um "diletante" militar. D. A. Volkogónov, *Trotskii*, I, p. 254. Mikhail Bonch-Bruevitch, um ex-oficial tsarista próximo de Trótski, achava que seu chefe não tinha interesse pelo lado técnico da arte militar, mas era um proeminente e eficaz porta-voz dos militares. Mikhail D. Bonch-Bruevitch, *Vsia vlast sovetam*, pp. 269-71.

312. O contraste entre Trótski e Koltchak não poderia ser maior. "Ele anseia por estar com o povo, com os soldados", observou uma testemunha ocular sobre Koltchak, "mas, quando está diante deles, não tem ideia do que dizer." George Constantine Guins, *Sibir*, II, p. 367.

313. Leon Trotsky, "Hatred of Stalin?", em *Writings of Leon Trotsky*, pp. 67-71; Roy Medvedev, *Let History Judge*, pp. 64-5 (nota do tradutor, p. 72).

314. Leon Trotsky, *Stalin*, p. 243, p. 270 (citando Leonid Serebriakov).

315. Peter Kenez, *Civil War in South Russia*, II, p. 61. O julgamento duro de E. H. Carr ainda é válido: "Não é mais possível para qualquer homem são considerar as campanhas de Koltchak, Iudénitch, Deníkin e Wrangel outra coisa senão asneiras trágicas de dimensões colossais. Elas foram monumentos de tolice em concepção e de incompetência na execução; elas custaram, direta e indiretamente, centenas de milhares de vidas; e, exceto na medida em que podem ter aumentado o rancor dos dirigentes soviéticos contra os russos 'brancos' e os Aliados que os apoiaram sem muita convicção, não mudaram o curso da história em um único fio de cabelo". Ah, se Carr tivesse sido assim tão clarividente em relação ao bolchevismo! R. W. Davies, "Carr's Changing Views", p. 95.

316. Os funcionários soviéticos que retornavam da China viam paralelos. A Declaração de Karakhan (25 de julho de 1919) caracterizava Koltchak como um "tirano contrarrevolucionário que depende do poderio militar e do capital estrangeiro para fortalecer sua posição na Rússia". Arthur Waldron, "The Warlord". Ver também Joshua Sanborn, "Genesis of Russian Warlordism".

317. Amargurado, Alekseiev dissera ao agente britânico Bruce Lockhart em 1918 que preferiria cooperar com Lênin e Trótski a fazê-lo com Kerenski. Bruce Lockhart, *British Agent*, p. 288. Durante toda a guerra civil, Kerenski, cujo codinome na polícia soviética era "Palhaço", esteve escondido na Rússia ou na vizinha Finlândia. Ele partiria definitivamente em 1922 para Berlim e, depois, Paris.

318. Evan Mawdsley, *Russian Civil War*, p. 99.

319. Norman G. Pereira, *White Siberia*.

320. Aleksei Budberg, "Dnevik", p. 269; Evan Mawdsley, *Russian Civil War*, p. 155.

321. A. I. Deníkin, *Ocherki russkoi smuty*, III, pp. 262-3; IV, pp. 45-8.

322. Evan Mawdsley, *Russian Civil War*, p. 215 (citando "Final Report of the British Military Mission, South Russia" [março de 1920], PRO, WO 33/971, 29).

323. A. I. Uchakov, *Belyi iug*; Ia. S. Slaschov-Krimski, *Belyi Krym*, pp. 185-93. Entre os ministros civis de Wrangel estavam Piotr Struve e Aleksandr Krivochéin, o chefe de agricultura e reassentamento rural que acompanhara Stolypin à Sibéria em 1910.

324. Christopher Lazarski, "White Propaganda Efforts". Boris Bakhmetev, embaixador do Governo Provisório nos Estados Unidos, que ainda estava na embaixada em Washington, escreveu a Vassíli Maklakov, em 19 de janeiro de 1920, dizendo que os movimentos antibolcheviques fracassaram porque careciam de uma contraideologia convincente. Bakhmetev ansiava por uma "plataforma do renascimento nacional-democrático da Rússia" baseada na propriedade privada, na verdadeira soberania do povo, na democracia, no patriotismo e em um sistema político descentralizado. Essa era a visão liberal clássica do fracasso. Oleg Budnítski, "*Sovershenno lichno i doveritelno!*", I, pp. 160-5 (p. 161).

325. A. I. Deníkin, *Ocherki russkoi smuty*, V, p. 118.

326. Richard Pipes, *Russia under the Bolshevik Regime*, p. 14 (citando *Russkaia mysl*, maio-julho de 1921, p. 214). "O país precisava da vitória a qualquer custo, e todos os esforços tinham de ser feitos para garanti-la", disse Koltchak a uma inquirição bolchevique, logo antes de sua morte. "Eu não tinha absolutamente nenhum objetivo político." É evidente que a vitória militar só poderia ser obtida com uma política bem-sucedida. Elena Varneck, *Testimony of Kolchak*, p. 187. Do mesmo modo, Deníkin escreveu depois que tentara "isolar-nos e o exército das intensas e furiosas paixões políticas e basear a ideologia em símbolos nacionais simples e incontestáveis. Isso se revelou extraordinariamente difícil. A 'política' invadiu nosso trabalho". A. I. Deníkin, *Ocherki russkoi smuty*, III, p. 129.

327. Notas para um discurso ao X Congresso dos Sovietes, marcado para dezembro de 1922: Israel Getzler, "Lenin's Conception"; "Za dereviami ne vidiat lesa", PSS, XXXIV, pp. 79-85 (p. 80); "Tretii vserossiiskii siezd sovetov rabochikh, soldatskikh i krestianskikh deputatov", PSS, XXXV, pp. 261-79 (p. 268); "I vserossiiskii siezd po vneshkol'nomy obrazovaniiu", PSS, XXXVIII, pp. 329-72 (p. 339); "Konspekt rechi na X vserossiiskom sezde sovetov", PSS, XLV, p. 440. Em geral, os estudiosos citam Lênin se queixando das "deformidades burocráticas" e dos aspectos sufocantes do aparato que o socialismo pôs em existência, mas essas queixas surgiriam principalmente durante seu período de doença e incapacidade. Durante a guerra civil, as opiniões dele sobre construção do Estado eram militantes. "Foi uma grande e enaltecedora obra", falou com entusiasmo da máquina administrativa da guerra civil. PSS, XLIV, p. 106.

328. John Keep, Russian Revolution, pp. ix-x, 471.

329. Mary McAuley, Bread and Justice.

330. Leon Trotsky, Terrorism and Communism, p. 162.

331. Thomas F. Remington, "The Rationalization of State Kontrol", em Diane Koenker, Party, State, and Society, pp. 210-31.

332. MChK, p. 247; Boris Bazhanov, Bazhanov and the Damnation of Stalin, p. 136.

333. Krasnaia Moskva, p. 631.

334. Leon Trotsky, My Life, p. 477.

335. O menchevique Iúli Mártov, em carta privada, usou significativamente o vocabulário social do antigo regime, notando que, "no que diz respeito à classe [soslovie] dos 'comissários', seu padrão superior de vida está quase exposto na rua". Vladimir N. Brovkin, Dear Comrades, p. 210 (Mártov a David Schupack, 20 de junho de 1920). Lênin era sensível às percepções; em carta a Mólotov (4 de maio de 1921), observando que havia descoberto uma pousada (dom otdikha) expressamente no nome do Conselho dos Comissários do Povo, escreveu que "temo que isso possa causar reclamações". O local foi rebatizado de Prédio de Recreação nº 9, para ser supostamente compartilhado com o Comissariado da Agricultura. RGASPI, f. 2, op. 1, d. 18552, l. 1-2.

336. Do mesmo modo, Adolf Ioffe escreveu confidencialmente a Trótski em maio de 1920: "Há uma enorme desigualdade e a posição material de alguém depende, em grande medida, de seu posto no partido; você há de concordar que se trata de uma situação perigosa". Ioffe acrescentou a respeito dos comunistas no poder que "o velho espírito do partido desapareceu, o espírito do altruísmo revolucionário e de camaradagem devota!". O bolchevique de Tula e Ioffe são citados em Orlando Figes, A People's Tragedy, pp. 695-6 (citando GARF, f. 5972, op. 1, d. 245, l. 397-8; RGVA, f. 33987, op. 3 d. 46, l. 143).

337. PSS, XVL, pp. 14-5; Ríkov, Izbrannye proizvedenniia, p. 10; M. P. Iróchnikov, "K voprosu o slome burzzhuaznoi gosudarstvennoi mashiny v Rossii".

338. Iúri Ánnenkov, Dnevnikh moikh vstrech, II, pp. 120-8; René Fülöp-Miller, Mind and Face of Bolshevism [1928], p. 136. Ver também Adrian Piotróvski, Za sovetskii teatr!; Liev Nikúlin, Zapiski sputnika; N. Evreinoff, Histoire du Théâtre Russe; Nikolai Petrov, 50 i 500. Patrocinado pela Administração Política do Exército Vermelho, o espetáculo foi coreografado por Nikolai Ievreinov, um não bolchevique que perdeu a voz berrando instruções, mas foi agraciado com um casaco de pele (de raposa); outros ganharam tabaco ou maças congeladas. O navio de guerra Aurora, trazido especialmente de Kronstadt, deveria disparar três tiros e então a orquestra tocaria a música da vitória, mas, embora os técnicos apertassem sem parar o botão para deter o canhoneio, ele não parou. Ievreinov caiu na gargalhada.

339. Leon Trotsky, Stalin, p. 279.

340. No final de 1919, Ivar Smilga, em uma reunião de trabalhadores políticos no Exército, declarou: "Devemos agora pensar em como abolir a instituição do comissário". Sua proposta não foi adiante. Pravda, 13 de dezembro de 1919; Francesco Benvenuti, Bolsheviks and the Red Army, pp. 155-7.

341. V. M. Mólotov, *Na shestoi god*.

342. Tucker quase acertou quando escreveu que, "enquanto Trótski saiu da guerra [civil] com muita glória e pouco poder, Stálin saiu com pouca glória e muito poder", mas Tucker subestimou a negatividade em relação a Trótski. Ele também aplicou o que talvez seja um falso padrão: "Embora tenha adquirido uma valiosa experiência militar na guerra civil, Stálin não saiu dela com a reputação, dentro do partido, de ter uma cabeça militar de primeira classe". Mas quem saiu? Lênin? Zinóviev? Kámenev? Até Trótski? Tucker, porém, ressaltou que Stálin "recomendara-se pelo serviço prestado durante a guerra como líder enérgico com capacidade para avaliar rapidamente situações complexas e tomar medidas decisivas". Robert C. Tucker, *Stalin as Revolutionary*, pp. 209, 206.

343. No outono de 1918, ele disse aos novos comandantes de escalão menor: "Amanhã vocês estarão à frente de pelotões, companhias, batalhões, regimentos, e serão reconhecidos como verdadeiros exemplares de um exército em formação". Trótski, "Unter-ofitsery" [outono de 1918], em *Kak vooruzhalas revoliutsiia*, I, pp. 176-80.

344. Leon Trotsky, *Stalin*, p. 279. Outras estimativas da continuação do peso dos especialistas militares são mais altas. Andrei Búbnov, *Grazhdanskaia voina*, II, p. 95; John Erickson, *Soviet High Command*, p. 33.

345. MacNeal entendeu que a "contribuição [de Stálin] para a vitória dos comunistas só foi inferior à de Trótski". Robert H. McNeal, *Stalin*, p. 50. Na guerra civil, sustentou Moshe Lewin, "Stálin aprendeu o segredo da política vitoriosa nas situações mais assustadoras: coerção estatal como segredo do sucesso; mobilização, propaganda, poderio militar e terror eram os ingredientes do poder". É óbvio que quase todos os bolcheviques haviam aprendido essa lição, alguns já com a Grande Guerra. Moshe Lewin, "Stalin in the Mirror of the Other", em Moshe Lewin, *Russia/USSR/Russia*, p. 214.

346. N. Valentínov, *Novaia ekonomicheskaia politika*, p. 88.

347. O chefe da Cruz Vermelha da América na Rússia supostamente chamou Trótski de "o maior judeu desde Cristo". Bruce Lockhart, *Memoirs of a British Agent*, p. 225.

348. D. A. Volkogónov, *Trotsky*, p. 23 (citando RGVA, f. 33987, op. 1, d. 21, l. 35-41). O coreano Nigay aconselhou "a criar um poderoso exército judeu e armá-lo até os dentes".

349. S. I. Kartévski, *Iazyk, voina i revoliutsiia*, p. 36.

350. RGVA, f. 33987, op. 3, d. 13s, Hoover Institution Archives, Volkogonov Papers, contêiner 19 (Otto von Kurfell). O nazista Alfred Rosenberg escreveu em um panfleto que, "desde o seu início, o bolchevismo foi um empreendimento judeu", e que "a ditadura do proletariado sobre o povo atordoado, arruinado, semifaminto foi planejada nas lojas judaicas de Londres, Nova York e Berlim". Alfred Rosenberg, *Der jüdische Bolschewismus*. Ver também Boris Bazhanov, *Bazhanov and the Damnation of Stalin*, p. 144.

351. N. Valentínov, *Novaia ekonomicheskaia politika*, p. 88.

352. Edward Hallett Carr, *Socialism in One Country*, I, p. 157.

353. A ascendência judaica da família Uliánov seria descoberta pela irmã de Lênin, Anna Uliánova (1864--1935), que a contou para Stálin numa carta de 1932 em que enfatizava como seria benéfico revelar a ascendência um quarto judia de Lênin. Stálin proibiu a menção pública disso. D. A. Volkogonov, *Lenin: Life and Legacy*, p. 9. Em 1972, todos os documentos existentes sobre as origens de Lênin foram transferidos para o "arquivo especial".

354. D. A. Volkogonov, *Stalin: Triumph and Tragedy*, pp. 44-5.

355. Viktor G. Bortnévski e E. L. Varustina, "A. A. Borman", I, pp. 115-49 (p. 119). Borman escapou via Finlândia. (Mais tarde, vangloriou-se de que os tchekistas "estavam envolvidos principalmente na prisão de gente inocente, mas seus verdadeiros inimigos viajavam em trens de comissários, ocupavam cargos importantes em comissariados do povo e altos postos militares".) Viktor Bortnévski, "White Intelligence

and Counter-intelligence", p. 16; GARF, f. 5881, op. 1, d. 81 (Borman, "V stane vragov: vospominaniia o Sovetskoi strane v period 1918 goda"), l. 42.

9. VIAGENS DE DESCOBERTA [pp. 355-419]

1. Maksim Górki, "V. I. Lenin" [1924, 1930], em *Sobranie sochinenii*, XVII, pp. 5-46, reproduzido em B. A. Bialika et al., *V. I. Lenin i A. M. Gorkii*, pp. 238-78 (p. 262). Górki morou em Capri de 1907 a 1913; Lênin ficou com ele em 1908 e também o visitou em 1910.
2. *X siezd* [1933], pp. 573-83; *Vsesoiuznaia Kommunisticheskaia Partiia (b) v rezoliutsiiakh* [5. ed.], I, p. 393.
3. Stolypin havia esboçado algumas ideias para uma reorganização do Estado em maio de 1911, quatro meses antes de seu assassinato, de acordo com um especialista em finanças do governo autônomo local que ele consultava periodicamente. O esboço não foi encontrado nos arquivos estatais e as anotações do consultor sobre essa suposta conversa não foram preservadas: tudo o que temos são as memórias do consultor. Segundo esse relato, Stolypin previa a expansão e o fortalecimento do governo autônomo local e a expansão e a reorganização do sistema ministerial central, incluindo alguns ministérios novos: Trabalho, Previdência Social, Recursos Naturais, Religião e, o mais incomum, Nacionalidades. Sobre este último, consta que Stolypin imaginava que "todas as pessoas residentes na Rússia, independentemente de nacionalidade e crença religiosa, deveriam ser cidadãos iguais", e que o novo Ministério das Nacionalidades "deveria criar as condições para que os desejos culturais e religiosos de cada nação fossem, quando possível, plenamente satisfeitos". Mas ele também pensava que algumas minorias, como os poloneses e os ucranianos, com gente da mesma etnia em Estados vizinhos, representavam uma ameaça especial. Portanto, o novo ministério "não deveria ignorar todos os inimigos externos e internos que buscam desmembrar a Rússia. Qualquer tipo de vacilação e hesitação do governo em relação a essas nacionalidades que caem sob a influência da propaganda dos inimigos da Rússia poderia criar facilmente complicações nesse Estado". Aleksandr V. Zenkóvski, *Pravda o Stolypine* (Nova York: Vseslovianskoe, 1956), pp. 79-81, traduzido inadequadamente como *Stolypin, Russia's Last Great Reformer* (Princeton, N.J.: Kingston Press, 1986), pp. 33-4. Zenkóvski foi o principal especialista em finanças do *zémstvo* de Kiev, de 1903 a 1919.
4. *PSS*, XXXVII, p. 153; Richard K. Debo, *Revolution and Survival*, p. 408 (citando Lênin no VI Congresso dos Sovietes de Todas as Rússias).
5. Edward Hallett Carr, *Bolshevik Revolution*, III, pp. 231-7.
6. John Albert White, *Siberian Intervention*; Hara Teruyuki, *Shibberia shuppei*; John F. Stephen, *Russian Far East*, pp. 132, 142-5; Coox, *Nomonhan*, p. 9.
7. "A guerra civil entre vermelhos e brancos sempre foi levada a cabo por minorias relativamente insignificantes, contra a espantosa passividade da população", observou Piotr Struve, numa avaliação que Richard Pipes aceita: *Russia under the Bolshevik Regime*, pp. 136-8 (citando *Russkaia mysl*, maio-junho de 1921, p. 211). Ao contrário, Figes afirma que, "enquanto os camponeses temessem os brancos, eles aceitariam, arrastando os pés, as demandas do regime soviético [...]. Desse modo, a ditadura bolchevique subiu nas costas da revolução camponesa". Orlando Figes, *Peasant Russia*, p. 354.
8. Jonathan R. Adelman, "Development of the Soviet Party Apparat", p. 97.
9. Marlène Laruelle, *L'Idéologie eurasiste russe*; Stefan Widerkehr, "Forging a Concept".
10. *Iskhod k vostoku*, p. vii.
11. Nicholas V. Riasanovsky, "The Emergence of Eurasianism", p. 57. Ver também Serguei Glebov, "The Challenge of the Modern". A postura política dos autoproclamados "eurasianistas" variava, do bolchevismo nacional (Petr Savítski) ao trotskismo (Petr Suvtchínski) e ao antissovietismo (príncipe Nikolai Trubetskoi).

12. Robert H. McNeal, "Stalin's Conception". Stálin sobre o "russianismo": Edward Hallett Carr, *Bolshevik Revolution*, I, p. 102.

13. "O poder soviético deve se tornar querido e próximo das massas das fronteiras da Rússia", escreveu ele no *Pravda* (10 de outubro de 1920). "Mas, a fim de torná-lo querido, o poder soviético deve, sobretudo, ser compreensível para elas. Portanto, é necessário que os órgãos soviéticos das fronteiras, o tribunal, a administração, órgãos da economia, órgãos diretos do governo (e órgãos do partido) consistam, quando possível, em gente local que conheça a vida cotidiana, os hábitos, os costumes e a língua da população local". "Politika sovetskoi vlasti po natsionalnomu voprosu v Rossii", em *Sochineniia*, IV, pp. 351-63 (pp. 358-60).

14. Alfred J. Rieber, "Stalin: Man of the Borderlands".

15. Os escritos de Stálin sobre as questões colonial e nacional precedem os de Lênin: Demetrio Boersner, *The Bolshevik*, pp. 32-58.

16. Ernest Gellner, *Encounters with Nationalism*, p. 13, citando "Draft of an Article on Friedrich List's Book: *Das nationalische System der politischen Ökonomie*" (1845).

17. Jeremy Smith, *Bolsheviks and the National Question*, p. 9.

18. Luxemburgo escreveu uma série de seis artigos para sua revista na Cracóvia, *Przegląd Socjaldemokratyczny*, cinco dos quais estão disponíveis em tradução em <www.marxists.org/archive/luxemburg/1909/national-question>. Acesso em 15 dez. 2016.

19. Otto Bauer, "The Nationalities Question".

20. Alfred J. Rieber, "Stalin, Man of the Borderlands", n. 113. O georgiano Pilipe Makharadze fizera crítica semelhante da posição austríaca sobre a autonomia cultural. Stephen F. Jones, *Socialism*, p. 228. A obra de Stálin lembra a do social-democrata holandês Anton Pannekoek. Erik van Ree, *Political Thought of Joseph Stalin*, p. 67.

21. O artigo de Stálin existia em rascunho antes de sua chegada à Cracóvia, no início de janeiro de 1913, onde permaneceu por pouco tempo; também ficou pouco tempo em Viena. Erik van Ree, "Stalin and the National Question", pp. 220-1. Em cartas privadas, Lênin disse que o ensaio de Stálin de 1913 era "muito bom", mas não achou que cabia mencioná-lo em seu próprio artigo. *PSS*, XLVIII, p. 169 (25 de fevereiro de 1913), p. 173 (29 de março de 1913). Outro texto de Lênin sobre a questão nacional de um ano depois também omite qualquer referência a Stálin ou ao seu ensaio: "O prave natsii na samoopredeleniia", em V. I. Lênin, *Sochineniia*, 2. e 3 eds., XVII, pp 427-74. Após a publicação do ensaio de Stálin, Lênin escreveu a Stepan Chaumian, que havia publicado um longo artigo em 1906 atacando o federalismo no Cáucaso Sul: "Não esqueça também de procurar camaradas caucasianos que possam escrever artigos sobre a questão nacional no Cáucaso [...]. Um panfleto popular sobre a questão nacional é muito necessário". É difícil imaginar o que seria o ensaio de Stálin se não um "panfleto popular". V. I. Lênin, *Sochineniia*, XVII, p. 91.

22. V. I. Lênin, "O natsionalnoi gordosti Velikorossov", *Sotsial-Demokrat*, 2 de dezembro de 1924, *PSS*, XXVI, pp. 106-10. Ver também Jeremy Smith, *Bolsheviks and the National Question*, pp. 7-28. Ao longo dos anos, foram feitas muitas mudanças no corpus dos escritos de Lênin sobre a nação, especialmente naqueles dos anos 1915-8; às vezes, é necessário utilizar edições mais antigas de suas obras em vez da *PSS*.

23. Liev Trótski, *Literatura i revoliutsiia*, p. 68.

24. *PSS*, XXVI, p. 109.

25. "Rossiiskaia Sotsial-demokraticheskaia partiia i ee blizhaishie zadachi", *Sochineniia*, I, pp. 11-31 (pp. 11, 22).

26. *Sochineniia*, I, pp. 32-55; RGASPI, f. 558, op. 1, d. 7 (rascunhos).

27. Erik van Ree, "Stalin and the National Question", p. 218 (citando RGASPI, f. 71, op. 10, d. 183, l. 106-7).

28. Jeremy Smith, "Stalin as Commissar for Nationality Affairs", p. 54. Às vezes, Stálin apoiava da boca para fora o chauvinismo da Grande Rússia. Mas, com mais frequência, como em um discurso aos comunistas turcos feito em 1º de janeiro de 1921, ele dizia que a Grande Rússia era a nação dominante para a qual o nacionalismo era irrelevante. Os comunistas turcos, no entanto, "filhos de povos oprimidos", tinham de estar vigilantes contra seus sentimentos nacionalistas, "que servem como um freio contra a cristalização do comunismo no leste de nosso país". *Pravda*, 12 de janeiro de 1921, em *Sochineniia*, v, pp. 1-3.

29. Uma vez que muitos escritos de Lênin anteriores a outubro, bem como a descrição dos planos bolcheviques de Liev Karakhan a John Reed, não faziam menção a um órgão especial para as nacionalidades, isso foi considerado um mistério, em vez de uma reação óbvia aos eventos de pessoas que não os compreendiam completamente. Stephen Blank, *Sorcerer as Apprentice*; Robert C. Tucker, *Stalin as Revolutionary*, p. 181. Ver também T. H. Rigby, *Lenin's Government*, p. 5; John Reed, *Ten Days* [1960], p. 77.

30. Stephen Blank, *Sorcerer as Apprentice*, pp. 13-6; S. S. Pestkóvski, "Ob ktiabrskie dniakh v Pitere", pp. 101-5; Id., "Vospominaniia o rabote v Narkmonatse", pp. 124-31; *Istoriia natsionalno-gosudarstvennogo stroitelstva*, I, p. 48; A. Ia. Manusséevich, "Polskie sotsial-demkraticheskie", pp. 131-3.

31. *Pravda*, 19 de maio de 1918; *Sochineniia*, IV, pp. 88 ss.

32. Edward Hallett Carr, *Bolshevik Revolution*, I, pp. 135-6.

33. Ibid., p. 137.

34. "Protiv federalizma", *Pravda*, 28 de março de 1917, em *Sochineniia*, III, pp. 23-8 (p. 27).

35. *Sochineniia*, IV, pp. 32-3; IV, pp. 66-73, 79-80; Gueórgi S. Gurvitch, *Istoriia sovetskoi konstitutsii*, pp. 147-8 (rascunho de Stálin).

36. Gueórgi S. Gurvitch, *Istoriia sovetskoi konstitutsii*, pp. 33, 146-7 (teses de Stálin).

37. Eugene Hardy, "The Russian Soviet Federated Socialist Republic"; O. I. Tchistiakov, "Obrazovanie Rossiiskoi Federatsii, 1917-1920 gg"; Id., "Formirovanie RSFSR kak federativnoe gosudarstvo".

38. Edward Hallett Carr, *Bolshevik Revolution*, I, pp. 124-50, esp. p. 139.

39. "Odna iz ocherednikh zadach", *Pravda*, 9 de abril de 1918, em *Sochineniia*, IV, pp. 74-8. Ver também "Organizatsiia Rossiiskoi federativnoi respubliki", *Pravda*, 3 e 4 de abril de 1918, em *Sochineniia*, IV, pp. 66-73. I. V. Stálin, *Works*, IV, p. 372.

40. Essa análise foi feita por Isabelle Kreindler, que, erroneamente, atribuiu sua descoberta e desenvolvimento a Lênin: Isabelle Kreindler, "A Neglected Source of Lenin's Nationality Policy".

41. *VIII siezd RKP (b)* [1959], pp. 46-8, 77-81. Ver também Nenarókov, *K edinstvu ravnykh*, pp. 91-2 (Latsis), pp. 92-3 (Ioffe); e Slezkine, "USSR as a Communal Apartment", pp. 420-1. Antes de 1917, muitos liberais também consideravam a ideia de federação uma utopia. Ver os argumentos do barão B. E. Nolde, filho de um alemão do Báltico e de uma ucraniana que, de 1907 a 1917, ajudou a formular e a implementar políticas governamentais: Peter Holquist, "Dilemmas", pp. 241-73. Stálin buscava um meio-termo, reiterando seu apelo para que a nação servisse à classe e sustentando que o slogan da autodeterminação nacional "devia se subordinar aos princípios do socialismo". *Sochineniia*, IV, p. 158.

42. *VIII siezd RKP (b)* [1959], p. 55.

43. Ibid. [1919], pp. 343-4.

44. Ibid. [1959], p. 425; *Izvestiia TsK KPSS*, n. 8, p. 177, 1989.

45. Norman Davies, *White Eagle, Red Star*, p. 23.

46. Charles de Gaulle, *Lettres*, II, pp. 27-8 (23 de maio de 1919, para sua mãe).

47. A "Frente Ocidental" bolchevique, criada no final de 1918, contava com menos de 10 mil soldados. N. E. Kakúrin, *Russko-po'skaia kampaniia 1918-1920*, p. 14. Em torno da mesma época, um general alemão deu um golpe na Letônia; a Finlândia declarou guerra à Rússia pela Carélia.

48. Richard K. Debo, *Survival and Consolidation*, pp. 191-212 (esp. p. 202), p. 191 (citando *DBFP*, I, pp. 694, 696-8, 689-91, 710-5); Norman Davies, *White Eagle, Red Star*, p. 91; *Dokumenty i materialy po istorii sovetsko-polskikh otnoshenii*, II, pp. 339-43.

49. Michael Jabara Carley, "The Politics of Anti-Bolshevism".

50. Richard K. Debo, *Survival and Consolidation*, pp. 191-212 (esp. p. 202), 404, 406. Ver também Josef Korbel, *Poland Between East and West*, pp. 79-93.

51. Jerzy Borzęcki, *Soviet-Polish Treaty of 1921*; Piotr Wandycz, *Soviet-Polish Relations*. Ver também Edgar V. D'Abernon, *The Eighteenth Decisive Battle of the World*. As tropas polonesas travaram seis guerras simultâneas entre 1918 e 1922: Pogonowski, *Historical Atlas of Poland*.

52. O Guia Baedeker do Império russo (1914) afirmava que "as Províncias Ocidentais (o antigo reino da Polônia), as Províncias do Báltico e a Finlândia preservaram suas idiossincrasias nacionais", acrescentando que "a Rússia propriamente dita começa na linha traçada de São Petersburgo, via Smolensk e Kie, até a Bessarábia". Essa visão revelou-se profética. Karl Baedeker, *Russia, with Teheran*, p. XV.

53. V. I. Lênin, "Telegramma L. D. Trotskomu", *PSS*, LI, pp. 145-6 (27 de fevereiro de 1919); Norman Davies, *White Eagle, Red Star*, p. 98. Ivan Kostiuchko, *Polsko-Sovetskaia voina*, I, pp. 40, 43, 47; Stephen Blank, "Soviet Nationality Policy". Em 17 de março de 1920, um misto de Freikorps e outros malfeitores paramilitares, liderados pelo monarquista conservador Wolfgang Kapp, tentou um putsch na Alemanha; Lênin enviou telegrama a Stálin para acelerar a limpeza de brancos na Crimeia, "a fim de termos nossas mãos completamente livres, uma vez que uma guerra civil na Alemanha pode nos obrigar a avançar para oeste a fim de ajudar os comunistas". O golpe de Kapp fracassou e, para Lênin, ele pareceu uma repetição do caso Kornílov, pressagiando uma decisiva virada à esquerda em direção à revolução. V. I. Lênin, *V. I. Lenin*, pp. 330-1 (17 de março de 1920); G. M. Adibékov e K. K. Chírinia, *Politbiuro TsK RKP (b) – VKP (b) i Komintern*, p. 39; *PSS*, XL, pp. 235-6 (discurso ao IX Congresso do Partido, 29 de março de 1920), XL, p. 332 (29 de abril de 1920). Ver também Angelica Balabanoff, *Impressions of Lenin*, pp. 109-12; e Margarete Buber-Neumann, *Von Potsdam nach Moskau*, p. 8.

54. William Henry Chamberlin, *Russian Revolution*, II, p. 301; Piotr S. Wandycz, *Soviet-Polish Relations*, pp. 94-100; Jerzy Borzęcki, *Soviet-Polish Treaty of 1921*, pp. 27-9. Ver também M. K. Dziewanowski, *Joseph Piłsudski*. Para defender sua reivindicação às terras fronteiriças (*kresy wschodnie*, em polonês), os poloneses trataram de enfatizar que, no verão de 1918, os bolcheviques repudiaram todos os tratados da Rússia imperial, o que incluía aqueles que haviam legalizado a partilha da Polônia. Stephen Horak, *Poland's International Affair*, doc. 223.

55. John Reshetar, *The Ukrainian Revolution*, pp. 301-2; Piotr S. Wandycz, *Soviet-Polish Relations*, pp. 191-2; Michael Palij, *The Ukrainian-Polish Defensive Alliance*.

56. *Pravda*, 23 de abril de 1920. No encontro em Moscou, um dos oradores, Mikhail Olmínski [Vitímski], um velho admirador de Lênin, relembrou a má vontade que Lênin provocara antes da revolução. "Lênin era conhecido então (há dezoito anos) como uma pessoa que adorava o poder, batalhava por uma ditadura, rejeitava os melhores dos velhos líderes do movimento da social-democracia, criticava todo mundo e estava em guerra com todo mundo", observou ele, antes de concluir que Lênin "estava certo ao promover o princípio organizador da não democracia e o princípio da organização militar". Olga Velikanova, *Making of an Idol*, p. 34 (citando Búkov, *Nedorisovannyi portret, 1920*). Ver também Nina Tumarkin, *Lenin Lives!*, p. 103.

57. Olga Velikanova, *Making of an Idol*, p. 34 (citando *Nedorisovannyi portret, 1920*).

58. RGASPI, f. 44, op. 1, d. 5, l. 11 (Lênin, informe político à IX Conferência do Partido).

59. Jerzy Borzęcki, *Soviet-Polish Treaty of 1921*, pp. 63-8.

60. Liev Trótski, "Smert polskoi burzhuazii" [29 de abril de 1920], em *Kak vooruzhalas revoliutsiia*, II, p. 91. Ver também discurso de Lênin, naquele mesmo dia, no congresso dos vidreiros: *PSS*, XL, pp. 331-2.

61. Leon Trotsky, *Stalin*, p. 328. Mas ver também *Pravda*, 6 de maio de 1920.

62. Ióssif Stálin, "Novyi pokhod Antanty na Rossiiu", *Pravda*, 25 e 26 de maio de 1920; *Sochineniia*, IV, p. 319. Para a opinião de Stálin sobre o nacionalismo polonês, ver também *Pravda*, 14 de março de 1923, em *Sochineniia*, IV, p. 167.

63. Karl Tiander, *Das Erwachen Osteuropas*, p. 137.

64. Adam Zamoyski, *Warsaw 1920*, pp. 25-6.

65. S. M. Budióni, *Proidennyi put*, I, p. 245.

66. N. F. Kuzmin, *Krushenie poslednego pokhoda Antanty*, pp. 133-5; I. V. Iulénev, *Sovetskaia kavaleriia v boiakh za Rodinu*, pp. 169-74.

67. Norman Davies, *White Eagle, Red Star*, p. 120.

68. *Dirketivy glavnogo komandovaniia Krasnoi Armii*, p. 735.

69. Iúlia Kántor, *Voina i mir*, pp. 13-36.

70. Iúri Rubtsov, *Marshaly Stalina*, pp. 72-3 (reminiscências de V. N. Postorónkin, que iria aderir aos brancos).

71. Um de seus recomendados foi Ábel Ienukidze, secretário do Comitê Central Executivo do Soviete. V. O. Daines, "Mikhail Tukhatchesvki", *Voprosy istorii*, n. 10, 1989: dia 41; S. V. Vólkov, *Tragediia russkogo ofitserstva*, p. 314.

72. Gerald M. Easter, *Reconstructing the State*, p. 98, citando RGASPI, f. 124, op. 1, d. 302, l. 4.

73. Roman B. Gulh, *Krasnye marshaly*, p. 23. Ivan Smirnov liderou a destruição de Koltchak na Sibéria.

74. *PSS*, LI, pp. 206-8.

75. RGASPI, f. 17, op. 109, d. 74, l. 28.

76. Adam Zamoyski, *Warsaw 1920*, p. 60.

77. *Sochineniia*, IV, pp. 336-41; I. V. Mikhútina, *Polsko-Sovetskaia voina*, pp. 182-3.

78. Reproduzido nos apêndices a Skvortsov-Stepánov, *S Krasnoi Armiei*, p. 78.

79. S. M. Budióni, *Proidennyi put*, II, pp. 168-210.

80. L. D. Trótski para S. S. Kámenev, cópia para E. M. Skliánski, Lênin e o Comitê Central, 17 de julho de 1920: Valéri G. Krasnov e V. Daines, *Neizvestnyi Trotskii*, p. 307.

81. Karl Radek, *Voina polskikh belogvardeitsev protiv Sovetskoi Rossii*, p. 17; Karl Radek, "Polskii vopros i internatsional", *Kommunisticeskii internatsional*, n. 12, pp. 2173-88, 1990; Clara Zetkin, *Reminiscences of Lenin* (Londres: Modern Books, 1929), p. 20 (omitido em edições posteriores); Warren Lerner, *Karl Radek*, pp. 100-1; Edward Hallett Carr, *Bolshevik Revolution*, III, p. 321. Retrospectivamente, Radek escondeu as diferenças e se alinhou com Lênin: "Session of the Zentrale with the Representative of the Executive Committee for Germany, Friday, January 28, 1921", em Milorad M. Drachkovitch e Branko Lazitch, *The Comintern*, p. 285. Ver também Karl Radek, *Vneshniaia politika sovetskoi Rossii*, p. 62.

82. *Pravda*, 11 de julho de 1920; *Sochineniia*, IV, pp. 324, 333, 336-41. Ver também Richard H. Ullman, *Anglo-Soviet Accord*, p. 166.

83. James R. Hooker, "Lord Curzon and the "Curzon Line"", p. 137.

84. Jerzy Borzęcki, *Soviet-Polish Treaty of 1921*, pp. 79-82; Piotr S. Wandycz, *Soviet-Polish Relations*.

85. Jan M. Meijer, *Trotsky Papers*, II, pp. 228-31; Leon Trotsky, *My Life*, pp. 455-7. Lênin enviou um fonograma em 12-13 de julho em que pedia a Stálin sua análise da Nota de Curzon e comentava: "Acho que isso é um completo roubo para a anexação da Crimeia, que é insolentemente mencionada na Nota. Queremos uma vitória para arrebatar os meios de fazer promessas de roubo". *PSS*, LI, pp. 237-8.

86. I. Bábel, *1920 Diary*; Bábel, *Konarmiia*.

87. G. A. Airapetian, *Legendarnyi Gai*, p. 51.

88. Richard Pipes, *Unknown Lenin*, pp. 85-8. O tratado foi assinado em 12 de julho de 1920: Albert Gerutis, *Lithuania*, pp. 164-5; Richard K. Debo, *Survival and Consolidation*, pp. 222-3.

89. Alfred Erich Senn, "Lithuania's Fight for Independence".

90. G. A. Airapetian, *Legendarnyi Gai*, p. 124.

91. I. V. Mikhútina, *Polsko-Sovetskaia voina*, pp. 303-5 (AVP RF, f. 04, op. 32, d. 25, pap. 205, l. 30-1).

92. Jan M. Meijer, *Trotsky Papers*, II, pp. 228-31; Isaac Deutscher, *Prophet Armed*, pp. 463-7.

93. *Izvestiia TsK KPSS*, n. 2, p. 117, 1991; *Dokumenty vneshnei politiki*, III, pp. 47-53; I. V. Mikhútina, *Polsko-sovetskaia voina*, I, n. 1, pp. 142-3.

94. *PSS*, LI, p. 240. Lênin enviara um telegrama a Unszlicht em Minsk (15 de julho de 1920) perguntando se ele considerava "provável uma tomada soviética do poder na Polônia". Unszlicht respondeu que "considerava uma tomada soviética do poder na Polônia em conexão com a aproximação de nossas tropas da fronteira totalmente provável daqui a muito em breve", mas admitiu que não tinha certeza de quando se poderia esperar um levante na Polônia. I. V. Mikhútina, *Polsko-Sovetskaia voina*, pp. 173-4; Gueórgi N. Golikov, *Vladimir Ilich Lenin*, IX, p. 102. A propaganda bolchevique insistiu que não se tratava de uma invasão. "Avançar para oeste, não com o objetivo de conquistar Polônia, Alemanha, França, mas para nos unirmos aos trabalhadores poloneses, alemães, franceses — este é o nosso principal objetivo", explicou o jornal *Homem do Exército Vermelho* às tropas invasoras soviéticas. "É por isso que a Polônia Branca deve ser destruída, para criar uma Polônia proletária e desfraldar as bandeiras vermelhas sobre Varsóvia". Citado em Lech Wyszczelski, *Varshava 1920*, p. 67.

95. A. V. Gólubev, *Direktivy glavnogo komandovaniia*, pp. 643-4.

96. *Iz istorii grazhdanskoi voiny v SSSR*, III, p. 326; T. F. Karáeva, *Direktivy komandovaniia frontov*, III, pp. 225-6.

97. T. F. Karáeva, *Direktivy komandovaniia frontov*, III: doc. 260, 227.

98. Jerzy Borzęcki, *Soviet-Polish Treaty of 1921*, p. 87 (citando RGASPI, f. 2, op. 1, d. 14673: Kámenev em 13 de julho). Nota de Trótski sobre a Romênia, 17 de julho de 1920.

99. Richard Pipes, *Unknown Lenin*, pp. 90-1; A. V. Kvachónkin, *Bolshevistskoe rukovodstvo*, p. 148. Ver também D. A. Volkogónov, *Lenin: Life and Legacy*, p. 388 (citando RGASPI, f. 2, op. 1, d. 348); Robert Service, *Lenin*, III, p. 120.

100. Em um censo de 1921, a população de judeus da cidade era de 39 602, de um total de 79 792, ou 51,6%, o que foi considerado uma diminuição em relação a anos anteriores. Os poloneses eram 46,6%; os alemães, 1,9%; os russos, 1,8%; os bielorussos, 0,8%. Sara Bender, *Jews of Bialystok*, p. 18.

101. Julian Marchlewski, presidente do Comitê Revolucionário importado, não conseguiu estabelecer contato com o Partido Comunista polonês da cidade (que tinha oitenta membros). I. V. Mikhútina, *Polsko- -Sovetskaia voina*, p. 190.

102. Warren Lerner, "Attempting a Revolution"; I. I. Kostiuchko, *Polskoe biuro TsK RKP* (b); *Materialy "Osoboi papki" Politbiuro TsK RKP* (b); Adam B. Ulam, *Expansion and Coexistence*, p. 109.

103. Ivan I. Skvortsov-Stepánov, *S Krasnoi Armiei*, pp. 92-5. Skvortsov, testemunha ocular que registrou seus pensamentos em tempo real, notou o antissemitismo local: "Durante a ocupação alemã, os judeus trabalhavam nas ferrovias. Agora, os ferroviários poloneses do entroncamento de Belostok se recusam a contratá-los" (*S Krasnoi Armiei*, p. 29). Ele deixou de mencionar o êxodo judeu na véspera (e durante) a presença dos vermelhos, a expropriação e o saque de negócios e das propriedades polonesas e a dissolução feita pela Tcheká de organizações comunais judaicas. Sara Bender, *Jews of Bialystok*, p. 20 (citando Heschel Farbstein, *Invazja Bolszewicka a Zydzi: Zbior dokumentow* [Varsóvia, 1921], I, pp. 13-5).

104. Norman Davies, "Izaak Babel's 'Konarmiya' Stories", p. 847; A. V. Gólubev, *Direktivy glavnogo komandovaniia*, pp. 643-4, 649.

105. Adam Zamoyski, *Warsaw 1920*, pp. 64, 69. Ver também Vitovt Putna, *K Visle i obratno*, p. 31.

106. John Erickson, *Soviet High Command* [1962], p. 101.

107. *PSS*, LI, p. 248.

108. *Iz istorii grazhdanskoi voiny v SSSR*, III, pp. 338-9; T. F. Karáeva, *Direktivy komandovaniia frontov*, III, pp. 244-5; S. F. Naida, *O nekotorykh voprosakh*, p. 224.

109. I. V. Mikhútina, *Polsko-Sovetskaia voina*, p. 196; *Iz istorii grazhdanskoi voiny v SSSR*, III, p. 336. *Leninskii sbornik*, XXXVI, pp. 115-6.

110. S. M. Budióni, *Proidennyi put*, II, p. 281.

111. Redirecionado para a Crimeia a fim de combater Wrangel, Egórov queria levar a cavalaria de Budióni com ele. Budióni, Vorochílov e Mínin tentaram se desculpar em um telegrama a Trótski (10 de agosto), prometendo revogar a diretiva para se subordinarem à Frente Ocidental (eles citaram o perigo de exacerbar os problemas de suprimento). Numa conversa por linha direta entre Kámenev e Tukhatchévski, este último se manteve inflexível: ele queria o 1º Exército de Cavalaria. N. E. Kakúrin e V. A. Melikov, *Voina s belopoliakami*, pp. 504-6; N. Kuzmin, "Ob odnoi ne vypolennoi direktive Glavkoma", p. 62.

112. A. V. Gólubev, *Direktivy glavnogo komandovaniia*, pp. 707-8.

113. Tukhatchévski e Kámenev, numa comunicação por linha direta, por volta da meia-noite de 9-10 de agosto, discordaram a respeito da localização do grosso das forças polonesas: ao norte do Bug (Tukhatchévski), ou ao sul (Kámenev). A. V. Gólubev, *Direktivy glavnogo komandovaniia*, pp. 650-2.

114. Stephen Brown, "Lenin, Stalin and the Failure".

115. A. V. Gólubev, *Direktivy glavnogo komandovaniia*, pp. 709-10; T. F. Karáeva, *Direktivy komandovaniia frontov*, III, pp. 258-9 (conversa de Egórov-Kámenev pela linha direta, 18 de agosto, logo depois da meia-noite).

116. Robert C. Tucker, *Stalin as Revolutionary*, p. 205.

117. Leon Trotsky, *Stalin*, p. 329. A literatura se deu conta disso: Albert Seaton, *Stalin as Military Commander*, p. 72.

118. S. M. Budióni, *Priodennyi put*, II, pp. 204, 294.

119. Aleksandr Egórov, *Lvov-Varshava*, p. 97; S. F. Naida, *O nekotorykh voprosakh*, p. 226. Observe-se que, em 12 de agosto, Lênin mostrou que compreendia, ao escrever a Skliánski: "Não é hora de instruir Smilga que é necessário levar *todos* os homens adultos *sem exceção* (depois da colheita) para o Exército? É hora. Uma vez que Budióni está no sul, é necessário *fortalecer* o norte". S. F. Naida, *O nekotorykh voprosakh*, p. 228; A. V. Gólubev, *Direktivy glavnogo komandovaniia*, p. 615. No fim, Egórov cedeu à insistência do comandante supremo, mas Stálin, o comissário, se recusou a subscrever a ordem de Egórov de transferência para o 1º Exército de Cavalaria, então Budióni resolveu desconsiderá-la.

120. D. A. Volkogónov, *Triumf i tragediia*, I/i, p. 103 (citando RGVA, f. 104, op. 4, d. 484, l. 11).

121. Norman Davies, *White Eagle, Red Star*, p. 217; S. M. Budióni, *Proidennyi put*, II, pp. 191-339; Egórov, *Lvov-Varshava*, pp. 26-7. Ver o quadro de Guerássimov de 1935, *1º Exército de Cavalaria vol. I*, entre pp. 288-9.

122. Citado em Harald von Riekhoff, *German-Polish Relations*, p. 30.

123. A. V. Gólubev, *Direktivy glavnogo komandovaniia*, p. 655; RGASPI, f. 5, op. 1, d. 2136 (Viktor Kopp a Lênin, 19 de agosto de 1920); Jerzy Borzęcki, *Soviet-Polish Treaty of 1921*, p. 86; Robert Himmer, "Soviet Policy", p. 672; Richard Pipes, *Russia under the Bolshevik Regime*, pp. 189-90.

124. Foram 217 delegados, de 36 países, 169 com direito a voto: John Riddell, *Workers of the World*, I, p. 11.

125. *PSS*, XLI, p. 219.

126. *Kommunisticheskii trud*, 29 de julho de 1920; M. Farbman, *Bolshevism in Retreat*, p. 137. Para uma visão romântica do II Congresso do Comintern, ver Edward Hallett Carr, *Bolshevik Revolution*, III, p. 196.

127. Richard Pipes, *Russia under the Bolshevik Regime*, p. 177; Jane Degras, *Communist International* [Londres], I, pp. 111-3.

128. F. Isserson, "Sudba polkovodtsa", *Druzhba naorodov*, n. 5, pp. 184, 187, 1988.

129. A. V. Gólubev, *Direktivy glavnogo komandovaniia*, p. 662.

130. *PSS*, LI, p. 264.

131. Ibid., pp. 266-7; Jan M. Meijer, *Trotsky Papers*, II, pp. 260-1.

132. Richard K. Debo, *Survival and Consolidation*, p. 243 (citando Lloyd George Papers, F/203/1/9, F/203/1/10, 24 de agosto).

133. Vitovt Putna, *K Visle i obratno*, p. 242. A redenção do marechal polonês depois que seus colegas recusaram seu pedido de resignação (duas vezes), a perda temporária de contato por rádio do Exército Vermelho num momento crítico de vantagem e a derrota de Tukhatchévski são tão absurdas quanto uma cópia do plano de batalha de Piłsudski encontrado com um prisioneiro de guerra polonês.

134. Jerzy Borzęcki, *Soviet-Polish Treaty of 1921*, p. 95.

135. Stephen Brown, "Lenin, Stalin and the Failure", p. 43; T. F. Karáeva, *Direktivy komandovaniia frontov*, IV, pp. 180-2; Jan M. Meijer, *Trotsky Papers*, II, p. 240; V. A. Melikov, *Srazhenie na Visle*, pp. 125-7. "A catástrofe no front foi preparada muito tempo antes", informou um comandante a Trótski. "Nessa operação [Varsóvia], as forças polonesas superaram as nossas por um fator de mais de três, e, em alguns lugares, por seis vezes." T. Símonova, "Mir i schastie na shtykakh", p. 63 (citando N. Muránov).

136. *Kratkaia istoriia grazhdanskoi voiny v SSSR*, p. 444. Stálin foi substituído no cargo de comissário do Conselho Militar Revolucionário da Frente Sudoeste por Serguei Gússev.

137. A. S. Sumbadze, *Sotsialno-ekonomicheskie predposylki pobedy Sovetskoi vlasti*, p. 211 (Mikoian para Lênin), p. 212 (representante local para Stálin); *Grazhdanskaia voina v SSSR*, II, p. 330.

138. Jan M. Meijer, *Trotsky Papers*, II, p. 147 (Trótski a Lênin e Tchitchérin, 20 de abril de 1920).

139. Larisa Reissner, *Oktober*, pp. 163-5. Orjonikidze participara das revoltas em Tabriz de 1906-11, no norte do Irã.

140. Os soviéticos não viam em Kuchik um comunista, mas um nacionalista. *Izvestiia*, 16 de junho de 1920 (Vojnesenski); *Krasnaia gazeta*, 20 de junho de 1920 (Soltangäliev).

141. S. Zabih, *Communist Movement in Iran*, p. 18; George Lenczowski, *Russia and the West in Iran*, pp. 9-10, 52-9; *Komintern i Vostok*, p. 75; Cosroe Chaquèri, *The Soviet Socialist Republic of Iran*, pp. 166-213. Soltangäliev queria um Comintern do Oriente autônomo e um Exército Vermelho Muçulmano, com o Azerbaijão funcionando como trampolim para disseminar a revolução. Os comunistas armênios também queriam sovietizar o Irã. Nariman Narimánov, líder do partido no Azerbaijão, opunha-se a isso, pois considerava fracos os esquerdistas iranianos, e defendia a manutenção de uma coalizão anti-imperialista com os nacionalistas burgueses.

142. M. I. Volodárski, *Sovety i ikh iuzhnye sosedi Iran i Afganistan*, pp. 67-72.

143. Cosroe Chaquèri, *The Soviet Socialist Republic of Iran*, pp. 214-75.

144. Ordjonikidze e Stássova ajudaram a organizar o congresso. B. G. Gafúrov, *Lenin i natsionalno-osvoboditelnoe dvizhenie*, p. 77.

145. Zinóviev admitiu em outro lugar que a maioria dos participantes não era de membros do partido. Edward Hallett Carr, *Bolshevik Revolution*, III, p. 261, n. 1 (citando *Kommunisticheskii internatsional*, 6 de novembro de 1920). Ver também Louis Fischer, *Soviets in World Affairs*, I, pp. 283-4.

146. John Riddell, *To See the Dawn*, pp. 45-52, 231-2.

147. *Congress of the Peoples of the East. Baku, September 1920: Stenographic Report*, pp. 21-3.

148. "O Movimento de Mustafa Kemal é um movimento de libertação nacional", declarou um delegado da Turquia em Baku. "Nós o apoiamos, mas, assim que acabar a luta contra o imperialismo, acreditamos que esse movimento passará à revolução social." *Pervyi siezd narodov vostoka*, p. 159.

149. As convocações imprudentes de Zinóviev para uma guerra santa contra o imperialismo britânico poderiam ter saído pela culatra, envolvendo os bolcheviques em uma grande guerra graças aos jihadistas muçulmanos que Moscou não controlava, ao mesmo tempo que dariam rédea solta aos nacionalistas pan-turcos e outros grupos que tinham agendas políticas próprias. Stephen Blank, "Soviet Politics", p. 187.

150. Jeremy Smith, "Stalin as Commissar for Nationality Affairs", p. 58; Id., *Bolsheviks and the National Question*, pp. 32-4.

151. Leon Trotsky, *Stalin* [1968], pp. 255-62.

152. "O 'destino' não permitiu que Stálin nem uma vez em três anos e meio funcionasse tanto como comissário de Controle como comissário das Nacionalidades", escreveria Lênin a Adolf Ioffe em 1921. *PSS*, LII, pp. 99-101. Stephen Blank, embora não apresente comparações com o funcionamento de outros comissariados com grau semelhante de recursos, afirma que Stálin queria que o Comissariado das Nacionalidades fracassasse para evitar que os comunistas de minorias nacionais ganhassem um instrumento forte para seguir suas agendas próprias. Stephen Blank, *Sorcerer as Apprentice*, pp. 53, 64, 223-4.

153. V. G. Filimónov, *Obrazovanie i razvitie RSFSR*, p. 163. Em julho de 1919, o conselho dirigente do comissariado chegou a propor sua abolição, mas o Conselho dos Comissários do Povo rejeitou a medida. Ao mesmo tempo, alguns sovietes provinciais já haviam fechado as sucursais do Comissariado das Nacionalidades em seus territórios. Jeremy Smith, *Bolsheviks and the National Question*, p. 33 (citando GARF, f. 1318, op. 1, d. 2, l. 104). Ver também G. P. Makárova, *Narodnyi Komissariat*. Stálin continuaria a defender a ideia junto a Lênin: "Insisto na abolição (depois da União das Repúblicas não precisamos de NKnats)", mas Lênin escreveu no bilhete de Stálin: "NKnats são necessários para a satisfação das nats [minorias nacionais]". APRF, f. 3, op. 22, d. 97, l. 136-7, 137ob, Hoover Institution Archives, Volkogonov Papers, contêiner 23.

154. I. G. Gizzatúllin e D. R. Charafutdínov, *Mirsaid Sultan-Galiev*, p. 386.

155. Ibid., p. 52.

156. Zaki Valídi Togan, *Vospominaniia*, p. 197. Stálin escreveu outros artigos durante a guerra civil sobre a questão nacional, muitas vezes num tom indulgente. No *Izvestiia* (22 de fevereiro de 1919), por exemplo, repetiu a imagem dos dois campos de Lênin, que dividia o mundo em "o campo do imperialismo e o campo do socialismo", pondo no primeiro "Estados Unidos, Grã-Bretanha, França e Japão", e no outro "a Rússia soviética com as jovens repúblicas soviéticas, e a crescente revolução proletária nos países europeus". Stálin dizia ter confiança de que o imperialismo marchava "em direção a sua inevitável ruína" e atribuía às revoluções europeias a mais alta probabilidade de sucesso, mas também observou que o "rugido" das revoluções socialistas podia ser "ouvido nos países do Oriente oprimido". Reproduzido, sem muito contexto, em Xenia Eudin e Robert C. North, *Soviet Russia and the East*, pp. 45-6.

157. Zaki Valídi Togan, *Vospominaniia*, pp. 199, 229-30, 256.

158. Uma petição do escritório central das organizações comunistas dos Povos do Oriente, que era dirigida por Soltangäliev, fora enviada a Trótski em 2 de janeiro de 1920, solicitando que Stálin fosse chamado do front da guerra civil para que pudesse "supervisionar diretamente a política nacional interna e a política externa do poder soviético no Oriente", a fim de acalmar a insatisfação e superar o caos. Segundo eles, Djugachvíli tinha "colossal autoridade" entre os orientais por ser um homem do Cáucaso e um especialista na questão nacional. RGASPI, f. 17, op. 109, d. 76, l. 1-1ob.

159. Daniel E. Schafer, "Local Politics", pass. Ver também Richard Pipes, "First Experiment"; Serge Zenkovsky, "The Tataro-Bashkir Feud"; Id., *Pan-Turkism*, pp. 161-9; e Stephen Blank, "Struggle for Soviet Bashkiria".

160. Zaki Valídi Togan, *Vospominaniia*, p. 193.

161. Sobre os basquírios, ver Charles Robert Steinwedel, "Invisible Threads of Empire".

162. Mesmo que Stálin não tivesse bloqueado a criação de uma Grande Tartária em 1918, ela não teria sobrevivido às exigências da guerra civil e à necessidade de obter a lealdade dos basquírios. O decreto de março de 1918 que estabelecia uma república conjunta tártara-basquíria foi formalmente anulado apenas em dezembro de 1919. B. Kh. Iuldachbáev, *Obrazovanie Bashkirskoi Avtonomnoi Sovetskoi Sotsialisticheskoi Respubliki*, p. 423.

163. Daniel E. Schafer, "Local Politics", pp. 165-90.

164. Ibid., pp. 176 (citando GARF, f. 1318, op. 1, d. 45, l. 9, 44; RGASPI, f. 17, op. 65, d. 22, l. 218); Zaki Valídi Togan, *Vospominaniia*, p. 293; Soltangǎliev, *Stati, vtystupleniia, dokumenty*, p. 437.

165. Daniel E. Schafer, "Local Politics", p. 176; M.M. Z. Kulcharípov, *Z. Validov*, pp. 128-39 (Valídi a Stálin, 3 de maio de 1919); M. L. Murtázin, *Bashkiriia i bashkirskie voiska*, pp. 207-11; Zaki Valídi Togan, *Vospominaniia*, pp. 292-5.

166. Zaki Valídi Togan, *Vospominaniia*, pp. 250-1.

167. Ibid., p. 251.

168. *Izvestiia*, 20 e 29 de maio de 1920; *Pravda*, 29 de maio de 1920; *Politika Sovetskoi vlasti*, pp. 101-2; Walter Batsell, *Soviet Rule in Russia*, p. 142.

169. Jeremy Smith, *Bolsheviks and the National Question*, pp. 47-8 (citando RGASPI, f. 17, op. 3, d. 68, l. 4).

170. D. A. Magueróvski, *Soiuz Sovetskikh Sotsialisticheskikh Respublik*, 16n; Richard Pipes, *Formation of the Soiviet Union*, p. 247.

171. Azade-Ayse Rorlich, *Volga Tatars*, pp. 137-8, 146-9.

172. *TsK RKP (b) — VKP (b) i natsionalnyi vopros*, pp. 42-3 (RGASPI, f. 17, op. 112, d. 100, l. 83-83ob, 4).

173. Em 1919, Stálin havia supostamente dito ao seu adjunto Semion Dimanshtein que "há muito tempo Soltangǎliev olha com desconfiança para nós e só recentemente tem sido um pouco dócil". Stephen Blank, "Struggle for Soviet Bashkiria".

174. G. F. Dakhshleiger, *V. I. Lenin*, pp. 186-7; M. L. Murtázin, *Bashkiria i Bashkirskie voiska*, pp. 187-8; *Proletarskaia Revoliutsiia*, n. 12, pp. 205-7, 1926; Serge Zenkovsky, *Pan-Turkism*, pp. 205-6.

175. Zaki Valídi Togan, *Vospominaniia*, pp. 265-7.

176. Ibid., pp. 267-9. No final de 1922, Valídi escreveria uma carta solicitando anistia; Rudzutaks conversou com Stálin, que concordou em concedê-la, desde que Valídi fizesse uma renúncia pública e convencesse os *basmatchis* a deporem suas armas. Supostamente, Valídi não mais se manifestou. *Tainy natsionanoi politiki TsK RKP*, p. 93. Valídi combateu os soviéticos durante anos, depois emigrou para o Irã e em seguida para a Turquia, onde adotou o sobrenome Togan.

177. F. M. Bailey, *Mission to Tashkent*, pp. 119-21. O comissário da Guerra Óssipov escapou para o Irã.

178. *Zhizn natsionalnostei*, 2 de março de 1919; *Sochineniia*, IV, pp. 230-1.

179. Alexander Marshall, "Turkfront".

180. Allen J. Frank, *Bukhara*.

181. *Dokumenty vneshnei politiki*, II, p. 657 (RGASPI, f. 2, op. 1, d. 14345, l. 13).

182. T. E. Eleúov, *Inostrannaia voennaia interventsiia*, II, p. 513 (RGASPI, f. 2, op. 1, d. 14884, l. 1).

183. Dmitriy Litvak e Alexander Kuznetzov, "The Last Emir of Noble Bukhara and His Money". Ver também Seymour Becker, *Russia's Protectorates*, pp. 273-95.

184. Vladímir L. Guénis, "S Bukharoi nado konchat", pp. 39-44, 49-56. Frunze: *Istochnik*, n. 5, pp. 38-48, 1994.

185. A. V. Kvachónkin, *Bolshevistskoe rukovodstva*, p. 245, n. 2 (RGASPI, f. 5, op. 2, d. 315, l. 83: Tchitchérin a Mólotov).

186. *Gvardeitsy Oktiabria*, p. 269 (RGASPI, f. 124, op. 1, d. 1474, l. 3-5: autobiografia de 1928); Bessie Beatty, *Red Heart of Russia*, pp. 134-5. Peterss tinha uma esposa inglesa e falava inglês com sotaque londrino.

187. Peterss escreveu a Moscou: "Em minha opinião, dever-se-ia iniciar uma investigação, e aqueles que não tomaram medidas para evitar essas atrocidades deveriam ser responsabilizados". Vladímir L. Guénis, "S Bukharoi nado konchat", p. 49.

188. Vladímir L. Guénis, "S Bukharoi nado konchat'", pp. 39-49 (citando RGASPI, f. 76, op. 3, d. 234, l. 5; d. 357, l. 1). A. A. Plekhánov e A. M. Plekhánov, F. E. Dzerzhinskii, p. 596 (RGASPI, f. 76, op. 3, d. 357, l. 1: a Zinovi Katznelson, 14 de março de 1925).

189. Sh. Z. Urazáiev, Turkestanskaia ASSR.

190. Leonard Schapiro, "General Department".

191. Istoricheskii arkhiv, I (1992), pp. 14-29, traduzido em Richard Pipes, Unknown Lenin, pp. 94-115 (Pipes dá a data errada). Ver também Odd Arne Westad, Global Cold War, p. 46. O discurso de Lênin foi omitido do registro taquigráfico da IX Conferência do Partido publicado em 1972.

192. Robert Service, Lenin, III, pp. 140-5.

193. Pravda, 29 de setembro de 1920.

194. IX konferentsiia RKP (b), pp. 34-6 (Radek), pp. 60-2 (Stálin), pp. 75-9 (Trótski), p. 82 (Stálin), pp. 372-3, n. 18. Ver também Leon Trotsky, Stalin, pp. 327-8; Robert C. Tucker, Stalin as Revolutionary, p. 203.

195. "Nossa imprudente vanguarda, certa da vitória", contou Lênin em privado para a comunista alemã Clara Zetkin, "não tinha reforços de homens ou munição e não conseguia nem mesmo obter pão seco suficiente", o que os levou a apertar "camponeses e citadinos poloneses", que "viram nos homens do Exército Vermelho inimigos, e não irmãos e libertadores". Clara Zetkin, Vospominaniia o Lenine, pp. 18-9; Id., Reminiscences of Lenin, p. 20. Zetkin publicou pela primeira vez essas reminiscências em 1924. Ver também Pravda, 9 e 10 de outubro de 1920. Em breve, Lênin diria ao X Congresso do Partido: "Em nossa ofensiva, avançamos rápido demais, quase até Varsóvia; isso foi, sem dúvida, um erro. Não vou analisar agora se foi um erro estratégico ou político — o que me distanciaria demais de meu tópico. Penso que isso terá de ser obra de futuros historiadores". V. I. Lênin, "Otchet o politicheskoi deiatelnosti TsK RKP (b)" [8 de março de 1921], em PSS, XLIII, p. 11.

196. Norman Davies, White Eagle, Red Star, pp. 208-10.

197. Se os poloneses não tivessem expulsado Tukhatchévski de Varsóvia, do mesmo modo que Piłsudski havia sido expulso de Kiev, Grã-Bretanha e França teriam permitido uma tentativa de sovietizar a Polônia?

198. Os agitadores soviéticos disseram aos soldados do Exército Vermelho que eles eram "libertadores", mas eles se viram recebidos com ódio pelos trabalhadores poloneses. Vitovt Putna, K Visle i obratno, pp. 137-8; Edward Hallet Carr, Bolshevik Revolution, III, p. 215, n. 2; I. V. Mikhútina, Polskaia-Sovetskaia voina, pp. 191-5.

199. "Em 1920 e em parte de 1921", relembraria um comunista polonês anônimo, o partido trabalhou "sob uma ilusão a propósito do ritmo do desenvolvimento da revolução". M. K. Dziewanowski, Communist Party of Poland, p. 95 (citando K., "Poland", The Communist International, 1924, n. 1).

200. A presença bolchevique em Białystok/Belostok durou de 28 de julho a 22 de agosto de 1920. Como uma testemunha ocular entusiasta registrou na ocasião, "o Comitê Revolucionário Polonês chegou com um staff muito pequeno [rabótnikov]. A Polônia vermelha vai criá-lo com o tempo, no processo de trabalho". Ivan I. Skvortsov-Stepánov, S Krasnoi Armiei, p. 47.

201. Warren Lerner, "Poland in 1920", p. 410 (Julian Marchlewski). Ver também a análise em P. V. Súslov, Politicheskoe obespechenie sovetsko-polskoi kampanii.

202. No outono de 1920, numa conversa com Clara Zetkin, Lênin reconheceu que "o que aconteceu na Polônia talvez fosse inevitável [...]. Os camponeses e operários, enganados pelos seguidores de Piłsudski

e [do vice-premiê Ignacy] Daszyński, defenderam seus inimigos de classe, deixaram que nossos valentes soldados do Exército Vermelho morressem de fome, os atraíram a emboscadas e os mataram". Clara Zetkin, *Vospominaniia o Lenine*, p. 18-9; Id., *Reminiscences of Lenin*, p. 20. Ver também *Pravda*, 9 e 10 de outubro de 1920.

203. Warren Lerner, "Poland in 1920". Lerner especulou erroneamente que Tukhatchévski não tinha ordem expressa para marchar sobre Varsóvia. Mas é evidente que tinha: Mikhail Meltiúkhov, *Sovtesko-polskie voiny*, p. 74.

204. M. N. Tukhatchévski, *Pokhod za Vislu*, capítulo 3, traduzido em Piłsudski, *Year 1920* (Nova York: Pitsudski Institute of New York, 1972), pp. 242-4. O capítulo "Revolução do exterior" seria omitido de edições posteriores.

205. Ele escreveu obliquamente que "por toda uma série de razões inesperadas, os esforços do alto-comando para promover um reagrupamento do grosso das forças da Frente Sudoeste na ponta avançada de Lublin não foram bem-sucedidos". M. N. Tukhatchévski, *Izbrannye proizvedennye*, I, p. 154.

206. B. M. Chápochnikov, *Na Visle*. Para uma visão mais ampla, ver James M. McCann, "Beyond the Bug".

207. Muitos biógrafos seguiram a linha da insubordinação de Stálin. Robert C. Tucker, *Stalin as Revolutionary*, pp. 203-5. Uma exceção precoce é Adam B. Ulam, *Stalin*, pp. 188-9. Os discípulos de Lênin protegiam sua reputação, às custas de Stálin. "Quem na face da Terra iria a Varsóvia via Lvov!", teria comentado Lênin, de acordo com Bonch-Bruevitch, numa citação obviamente fabricada: *Na boevykh postakh*, p. 283.

208. Iúlia Kántor, *Voina i mir*, p. 206, citando as "zapíski o jízni" [anotações sobre a vida] de Tukhatchévski (9 de setembro de 1921), em sua ficha policial: TsA FSB, ASD n. R-9000.

209. Ben Lewis e Lars Lih, *Zinoviev and Martov*.

210. Ruth Fischer, *Stalin and German Communism*, p. 146, citando G. Zinóviev, *Zwölf Tage*, p. 74.

211. Werner T. Angress, *Stillborn Revolution*, pp. 71-2; Edward Hallett Carr, *Bolshevik Revolution*, III, pp. 217-20; Richard K. Debo, *Survival and Consolidation*, pp. 308-9; Eric D. Weitz, *Creating German Communism*, p. 98.

212. Pierre Broué, *German Revolution*, p. 502.

213. Os soviéticos declarariam a Bessarábia território soviético sob ocupação romena. Os Estados Unidos e o Japão não ratificaram o tratado. Em 1924, em resposta, a URSS criaria uma República Socialista Soviética Autônoma da Moldávia na margem esquerda do rio Dniester, na Ucrânia.

214. Lech Wyszczelski, *Varshava 1920*, p. 256.

215. Mikhail Meltiúkhov, *Sovtesko-polskie voiny*, pp. 104-5.

216. V. I. Lênin, "Nashe vneshnee i vnutrennee polozhenie i zadachi partii", *PSS*, XLII, pp. 17-38 (p. 22: discurso numa reunião do partido da província de Moscou, 21 de novembro de 1920).

217. Josef Piłsudski, *Year 1920*, p. 222.

218. *Pravda*, 7 de novembro.

219. V. Kj. Davatts e N. N. Lvov, *Russkaia armiia na chuzhbin*, p. 7. Wrangel alegou 160 mil: Hoover Institution Archives, Maria Dmitrevna Vrangel' Collection, caixa 145, pasta 28.

220. V. G. Zarúbin, *Bez pobeditelei*; A. L. Litvin, "vChK v sovremennoi istoricheskoi literatury", em V. K. Vinográdov, *Arkhiv VChK*, pp. 51-70 (p. 59). Iefim Ievdokímov era o chefe do departamento especial da Frente Sul.

221. William Henry Chamberlin, *Russian Revolution*, II, p. 431.

222. Stathis N. Kalyvas, *Logic of Violence*, p. 389.

223. Viktor Chklóvski, *Sentimental Journey*, p. 208.

224. T. V. Óssipova, *Klassovaia borba v derevene*, pp. 315, 317, 321; Raphael R. Abramovitch, *Soviet Revolution*, pp. 143-5; S. V. Iarov, "Krestianskoe volnenie na Severo-Zapade Sovetskoi Rossii", pp. 134-59;

Arthur Adams, "The Great Ukrainian Jacquerie", em Taras Hunczak, *The Ukraine*, pp. 247-70; Andrea Graziosi, *Bolshevikii i krestiane na Ukraine*; Petr Archínov, *Istoriia makhnovskogo dvizheniia*; V. P. Danílov, *Nestor Makhno*; P. F. Alióchkin e Iu. A. Vassíliev, *Krestianskie vosstaniia*; Donald J. Raleigh, *Experiencing Russia's Civil War*.

225. *Novaia zhizn*, 26 de março de 1918, 4 e 19 de abril de 1918, p. 4, em James Bunyan e Harold H. Fisher, *Bolshevik Revolution*, p. 664; *Pravda*, 17 de março de 1918.

226. Andrea Graziosi, "State and Peasants", pp. 65-117 (pp. 76-7, 87).

227. Erik C. Landis, *Bandits and Partisans*; V. P. Danílov, *Krestanskoe vosstanie*. Estudos anteriores: Seth Singleton, "The Tambov Revolt"; Oliver H. Radkey, *Unknown Civil War*; e Delano DuGarm, "Local Politics and the Struggle for Grain in Tambov, 1918-1921", em Donald J. Raleigh, *Provincial Landscape*, pp. 59-81.

228. Valentin Baránov, *Krestianskoe vosstanie*, p. 79.

229. Pavel A. Aptékar, "Krestianskaia voina", pp. 50-5 (citando GARF, f. 6, op. 12, d. 194; f. 235, op. 2, d. 56, l. 6; Chikunov).

230. *X siezd* [1921], p. 231.

231. V. I. Chichkin, *Sibirskaia Vandeia*, II, p. 128.

232. Alter Litvin, *Krasnyi i belyi terror*, p. 379 (13 de fevereiro de 1921).

233. Erik C. Landis, *Bandits and Partisans*, pp. 165-6.

234. "Temos de enfrentar a situação atual, que se deteriorou tanto interna como internacionalmente", disse Lênin ao diretório de Moscou em 24 de fevereiro de 1921. "[Um tratado formal de paz] com a Polônia ainda não foi concluído, e em casa temos um crescimento do banditismo e de revoltas dos cúlaques. Quanto a comida e combustível, as coisas foram de ruim para pior." Ele pôs a culpa na influência dos socialistas revolucionários. "As principais forças deles estão no exterior; a cada primavera, eles sonham em derrubar o poder soviético." V. I. Lênin, *Collected Works*, pp. 42, 272-3.

235. S. S. Máslov, *Rossiia posle chetyrekh let revoliutsii*, II, p. 133.

236. *Pravda*, 12 de fevereiro de 1921.

237. Lênin recebeu uma cópia dos nove pontos da resolução da Fábrica do Báltico. "1. Abaixo o comunismo e o poder comunista na República Socialista Russa, por não implementar os interesses da maioria do povo traballhador da República Soviética Socialista Russa. 2. Viva o poder soviético, isto é, aquele que concretizará os interesses da gente trabalhadora da República Soviética Socialista Russa." E assim por diante. Os operários exigiam um Estado sem derramamento de sangue e fechavam a resolução com o brado de "Viva a verdade, a liberdade de expressão e de imprensa na República Socialista livre". RGASPI, f. 2, op. 2, d. 561, l. 40.

238. "Doklad nachalnika 1-go spetsialnogo otdela vchK Feldmana v osobyi otdel vchK" [10 de dezembro de 1920], em Paul Avrich, *Kronstadt, 1921*, pp. 19-23. Em 28 de fevereiro, o Politbiuró adotou uma linha dura em relação a Kronstadt, e o vice-presidente da Tcheká, Ksenofóntov, afirmou que "SRs e mencheviques, valendo-se da natural insatisfação dos trabalhadores com as difíceis condições de vida, estão tentando convocar um movimento de greve contra o poder soviético e o Partido Comunista russo, dando a ela um caráter organizado, de todas as Rússias". Prikaz vchK "Ob usilenii borby s konterrevoliutsiie", em Paul Avrich, *Kronstadt, 1921*, pp. 36-7.

239. *Izvestiia Vremennogo revoliutsionnogo komiteta matrosov, krasnoarmeitsev i rabochikh*, 3 de março de 1921; Paul Avrich, *Kronstadt, 1921*, pp. 50-1; *Kronstadskaia tragediia*, pp. 114-5; Israel Getzler, *Kronstadt*, pp. 205-45 (pp. 213-4). Diz-se que mais de trezentos volumes de documentos arquivados sobre Kronstadt estão nos arquivos da FSB, reunidos de muitos órgãos e publicações, inclusive da própria Tcheká: *Kronstadtskaia tragediia*, I, p. 30. Pável Miliukov, em Paris, deu o slogan de Kronstadt como sendo "Sovietes

sem Comunistas", que era propaganda soviética contra os marinheiros, e muito repetida. *Poslednye novosti*, 11 de março de 1921.

240. *Pravda*, 3 de março de 1921; *Kronstadtskaia tragediia*, I, pp. 130-1. No dia 1º de março, Trótski queixara-se de que não conseguia obter informções sólidas sobre os acontecimentos em Kronstadt. No dia seguinte, Zinóviev, Kalónin e Lachévitch telefonaram a Grúchin, assistente de Trótski: "Estamos agora convencidos de que os eventos em Kronstadt constituem o início de uma revolta [...]. Precisamos de sua ajuda". Eles pediram carros blindados e tropas confiáveis (expressão riscada na versão do telegrama que foi enviada). Paul Avrich, *Kronstadt, 1921*, p. 59. Nenhum antigo oficial tsarista participava do Comitê Revolucionário de quinze membros, mas alguns foram convidados a ajudar no planejamento da defesa de Kronstadt.

241. Paul Avrich, *Kronstadt, 1921*, p. 60, p. 68.

242. *Kronstadtskaia tragediia*, I, p. 215; Vladimir N. Brovkin, *Behind the Front Lines*, pp. 396-7. A tomada de reféns incluiu qualquer pessoa com laços de família com Kozlóvski (27 pessoas, entre elas sua esposa e seus filhos), bem como com Petritchenko (inclusive pessoas que não tinham laços familiares, mas apenas o sobrenome Petritchenko).

243. Liev Trótski, *Kak vooruzhalas revoliutsiia*, III/i, p. 202; Alexander Berkman, *Kronstadt*, pp. 31-2. O editor do jornal, A. Lamánov, estaria entre os executados. Em Kronstadt, ao menos novecentos dos 2680 membros e candidatos a membro do Partido Comunista abandonaram o partido, e muitos deles solicitaram a publicação de suas resignações no jornal.

244. Valéri G. Krasnov e V. Daines, *Neizvestnyi Trotskii*, pp. 339-41.

245. *Kronstadskaia tragediia*, I, p. 287.

246. Valéri G. Krasnov e V. Daines, *Neizvestnyi Trotskii*, p. 345.

247. Tukhatchévski ficou chocado ao descobrir que uma divisão de infantaria siberiana considerada de absoluta confiança, que ele havia escolhido especialmente para a repressão, se recusara a atacar os marinheiros. "Se a 27ª Divisão não fará isso, ninguém fará", observou um funcionário do regime em 14 de março. Em 15 de março, um Tribunal Revolucionário sentenciou muitos dos soldados insubordinados à execução, que os jornais divulgaram. Paul Avrich, *Kronstadt, 1921*, p. 188 (V. Nasónov); S. T. Minakov, *Sovetskaia voennaia elita*, p. 269.

248. *X siezd*, pp. 750-65.

249. *Sotsialistickeskoe stroitel'stvo SSSR*, 2-3; I. A. Gladkov, *Sovetskoe narodnoe khoziaistvo*, pp. 151, 316, 357; S. A. Klépikov, *Statisticheskii spravochnik po narodnomu khoziaistvu*, p. 26 (quadro 8); S. G. Wheatcroft, "Agriculture", em Robert W. Davies, *From Tsarism to the New Economic Policy*, p. 94.

250. RGASPI, f. 17, op. 109, d. 6, l. 80.

251. Efim G. Guimpelson, *Sovetskii rabcohii klass*, pp. 80-2; V. M. Selúnskaia, *Izmeneniia sotsialnoi struktury sovetskogo obshchestva*, p. 258. Diane Koenker brincou que "quando viram que o apoio desaparecia, os líderes do partido bolchevique puseram a culpa no desaparecimento físico de seus partidários, em vez de na mudança de atitude". Diane Koenker, "Introduction: Social and Demographic Change in the Civil War", em Diane Koenker, *Party, State, and Society*, p. 51.

252. William Henry Chamberlin, *Russian Revolution*, II, pp. 431-6; Edward Hallett Carr, *Bolshevik Revolution*, I, pp. 197-200.

253. *XX siezd*, p. 98 (Rafail); Serguei A. Pavliútchenkov, "Orden mechenostsev", pp. 37-48.

254. V. I. Lênin, *Collected Works*, pp. 32, 41, 43, 52, 86. "Foi um grande erro pôr essas discordâncias em discussão ampla no partido e no congresso do partido", disse ele, porque o debate revelou que "o partido está doente". Neil Harding, "Socialist, Society, and the Organic Labour State", p. 33.

255. *X siezd* [1921], p. 1; *Ibid.* [1933], p. 4. A oposição dos Operários apresentou suas resoluções para consideração (a última vez que resoluções seriam submetidas por alguém que não fosse do aparato), mas elas não foram postas em votação.

256. V. I. Lênin, *Collected Works*, pp. 32, 206.

257. *X siezd* [1921], p. 207; Ibid. [1933], pp. 380-1. Em um trecho desse mesmo discurso, frequentemente citado fora de contexto, Lênin acrescentou, referindo-se às mobilizações de trabalhadores para o Exército promovidas por Trótski, que "primeiro devemos convencer, depois coagir [*prinudit*]. Não conseguimos convencer as grandes massas". *X siezd* [1921], p. 208; Ibid. [1933], p. 382.

258. No fim, o próprio Lênin assinou o tratado. Edward Hallett Carr, *Bolshevik Revolution*, I, p. 386; Arthur Adams, "The Great Ukrainian Jacquerie", em Taras Hunczak, *The Ukraine*, pp. 247-70 (p. 260).

259. Jurij Borys, *Sovietization of the Ukraine*. Ver também Bertram D. Wolfe, "The Influence of Early Military Decisions".

260. E. L. Magerovsky, "The People's Commissariat", I, pp. 179-84.

261. "Ob ocherednykh zadachakh partii v natsionalnom voprose: tezisy k X sezdu RKP (b)", *Pravda*, 10 de fevereiro de 1921, em *Sochineniia*, V, pp. 15-29 (pp. 21-2). Gueórgi Tchitchérin, comissário das Relações Exteriores, manifestou-se contra as teses de Stálin, afirmando que a ideia dele de estabelecer uma dicotomia entre Estados nacionais e multinacionais era antiquada porque surgira agora um Estado supranacional, resultado do imperialismo e das entidades financeiras globais. A luta, portanto, não era entre Estados fortes e fracos, independentes ou coloniais, mas entre a classe operária revolucionária e os trustes capitalistas supranacionais. G. V. Tchitchérin, "Protiv tezisov Stalina", *Pravda*, 6, 8 e 9 de março de 1921.

262. Jurij Borys, *Sovietization of the Ukraine*, p. 343.

263. *X siezd* [1933], pp. 184-91, *Sochineniia*, V, pp. 33-44.

264. Ibid., pp. 191-2; Ibid. [1963], p. 187.

265. Ibid., pp. 192-205; Ibid., [1921], pp. 189-96. Essa afirmação ousada — a de que o partido não criou a revolução no Turquestão, mas o contrário — tornou-se a base para um livro que ele publicou no mesmo ano. Gueórgi I. Safárov, *Kolonialnaia revoliutsiia*, publicado pela primeira vez como um ensaio curto em *Kommunisticheskii Internatsional*, n. 14, pp. 2759-68, 1920. Safárov gozava da distinção de pertencer ao grupo que havia retornado com Lênin no trem fechado e, em setembro de 1919, de estar entre as vítimas feridas pela bomba terrorista jogada na sede do partido em Moscou, na travessa Leóntiev. Após uma discussão com Tomski, chefe do diretório do partido do Turquestão, ambos foram chamados de volta.

266. *X siezd* [1933], p. 210. "Era necessário [...] levar em conta as circunstâncias locais e acomodar-se a elas", disse Mikoian no X Congresso do Partido. Gregory J. Massell, *Surrogate Proletariat*, p. 44.

267. *X siezd* [1933], p. 214.

268. Ibid., pp. 214-7; *Sochineniia*, V, pp. 45-9.

269. Ibid., pp. 573-83, 749; *Vsesoiuznaia Kommunisticheskaia Partiia (b) v rezoliutsiiakh* [5. ed.], I, p. 393.

270. RGASPI, f. 4, op. 2, d. 527, l. 38 (Danichévski), f. 17, op. 84, d. 200, l. 18; Serguei A. Pavliútchenkov, *Krestianskii Brest*, p. 261.

271. Ibid. [1921], p. 327; Ibid. [1933], pp. 856-7; *Izvestiia*, 23 de março de 1921.

272. Ibid., p. 222; Ibid., p. 406.

273. Silvana Malle, *Economic Organization of War Communism*, pp. 446-7 (Ossínski).

274. Valentin A. Sákharov, *Na Rasputie*, pp. 12-3. No X Congresso do Partido, Trótski lembrou aos delegados que ele já havia proposto as medidas um ano antes, mas fora rejeitado pelo Comitê Central. (*X siezd*, pp. 349-50). A fim de deter a "degradação econômica", ele propusera "que a expropriação de excedentes fosse substituída por uma dedução percentual fixa, ou imposto em espécie, de tal modo que uma lavoura

ou cultivo melhor ainda representassem um lucro". Sugerira ainda que "a quantidade de bens industriais entregues aos camponeses deveria ter uma relação próxima com a quantidade de grãos semeados". Em outras palavras, os camponeses deveriam receber incentivos e um acordo melhor, para aumentar a produção. A proposta de Trótski, "Questões fundamentais de política industrial e agrícola", foi publicada em 1926. Liev Trótski, *Sochineniia*, XVII/ii, pp. 543-4. A apresentação que Trótski fez depois de emigrar de sua suposta antecipação da NPE é absolutamente incorreta. Liev Trótski, *Moia zhizn*, II, p. 199. Ver também Serguei A. Pavliútchenkov, *Krestianskii Brest*, pp. 158-9. Cf. V. P. Danílov, "We Are Starting to Learn about Trotsky".

275. Valentin Baránov, *Krestianskoe vosstanie*, pp. 14-5. Em um congresso sobre aquisição de alimentos realizado em junho-julho de 1920, alguns funcionários haviam colocado o imposto em espécie na pauta. Lênin montou uma comissão governamental para examinar um imposto em espécie, inclusive a consequência de que ele exigiria o comércio privado dos excedentes depois do imposto. A questão foi debatida no *Pravda* (17 e 26 de fevereiro de 1921). Esfir B. Guénkina, "V. I. Lenin i perekhod k novoi ekonomicheskoi politike", p. 11.

276. Isso ia além dos bolcheviques: o menchevique Fiódor Dan, em dezembro de 1920, propusera um imposto sobre produtos alimentícios, mas repudiara a sugestão de que também desejava o livre-comércio. Lars Lih, *Bread and Authority*, p. 220.

277. *X siezd* [1921], pp. 223-4; Ibid. [1933], p. 409.

278. "Por que a requisição de alimentos continuou durante o outono de 1920 e a primavera de 1921, quando a guerra civil já fora vencida e a crise de fome já estava disseminada?", perguntou Orlando Figes. E respondeu: os funcionários encarregados do confisco no interior do país eram cumpridores cegos da política central ou eles mesmos fanáticos, dispostos a fazer o que parecesse necessário para defender o novo regime. Orlando Figes, *Peasant Russia*, pp. 271-2. Ver também William Henry Chamberlin, *Russian Revolution*, II, p. 375.

279. *X siezd*, pp. 224, 468; *PSS*, XLIII, pp. 69-70. Riazánov, em novembro de 1917, ajudara Kámenev a tentar formar um governo de coalizão com todos os socialistas.

280. *X siezd* [1921], p. 281; Ibid. [1933], pp. 523-4.

281. Ibid. [1933], p. 736. Somente membros da oposição dos Operários, que também não gostavam da introdução do livre-comércio, se opuseram à resolução "sobre unidade partidária". Um líder importante dessa oposição, Iúri Lutovínov (nascido em 1887), metalúrgico e sindicalista de Lugansk — a cidade natal de Vorochílov —, se suicidaria em 1924 por causa da multiplicação da burocracia e da Nova Política Econômica. Ele foi a primeira pessoa para quem o novo Mausoleu de Lênin seria usado (em 10 de maio de 1924), quando a liderança subiu por uma escada de madeira e falou para a multidão de cima do cubo elevado. *Izvestiia*, 11 de maio de 1924. Em breve, Stálin proibiria que suicídios fossem comemorados dessa maneira.

282. *X siezd* [1921], p. 289; Ibid. [1933], p. 540; Ibid., pp. 533-4. De acordo com Barmine, que depois desertou, Radek, no início de 1921, contou a um grupo de estudantes da Escola de Guerra, em Moscou, que os trabalhadores estavam famintos, exaustos e sem disposição para mais sacrifícios, mas que, em vez de ceder aos desejos deles, o partido seria resoluto e continuaria até a vitória. Os alunos estavam armados com rifles, preparando-se para entrar na luta contra a contrarrevolução, mas isso podia significar enfrentar os próprios trabalhadores em cujo nome o regime existia, num supremo teste de fé. Alexandre Barmine, *One Who Survived*, p. 94.

283. G. Zinóviev, *Sochineniia*, VI, p. 626.

284. Irina V. Pávlova, *Stalinizm*, pp. 47-8 (citando PANO, f. 1, op. 2, d. 12a, l. 14, 18, 20: K. Danichévski para Ivan Smirnov, então chefe do partido na Sibéria).

285. Valéri G. Krasnov e V. Daines, *Niezvestnyi Trotskii*, p. 346; K. E. Vorochílov, "Iz istorii podavleniia Kronstadtskogo miatezha", p. 22. O regime disseminou a calúnia de que, ao contrário dos marinheiros "conscientes" de 1917, os rebeldes eram rapazes que tinham acabado de vir das aldeias, inclusive transferidos da frota do mar Negro, que eram camponeses "ucranianos" (uma calúnia nacional). Portanto, nenhum verdadeiro socialista deveria ter receio em massacrá-los. Tratava-se de uma acusação que os mencheviques haviam usado para tentar explicar o apoio operário ao bolchevismo em 1917. Robert Service, *Bolshevik Party in Revolution*, p. 44. Ver também Orlando Figes, *A People's Tragedy*, p. 830.

286. L. M. Mlétchin, *Russkaia armiia mezhdu Trotskim*, p. 194. A caminho do congresso, alguns delegados encontraram Zinóviev indo a Moscou para apresentar um informe ao congresso que pintava um quadro sombrio de Kronstadt.

287. Somente três dos quinze membros do Comitê Revolucionário foram capturados: Petr Mikháilovitch Perepiólkin (1890-1921), Serguei Stepánovitch Verchínin (1886-1921) e Vladislav Antonóvitch Valhk (1883-1921). Paul Avrich, *Kronstadt, 1921*, p. 179. A maioria dos refugiados políticos retornaria graças a uma anistia.

288. Israel Getzler, "The Communist Leaders' Role", pp. 35-7.

289. Paul Avrich, *Kronstadt, 1921*, pp. 252-6 (APRF, f. 26, op. 1, d. 80, l. 26-34).

290. Quando o esquadrão de repressão do congresso do partido voltou a Moscou, Lênin o recebeu no dia 21 de março para uma fotografia de grupo comemorativa. Distribuíram-se medalhas. Aqueles que lideraram a repressão à rebelião seriam executados na década de 1930. K. E. Vorochílov, "Iz istorii podavleniia Kronshtadtskego miatezha".

291. Isaac Deutscher, *Prophet Unarmed*, pp. 55-6; Liev Trótski, *Kak vooruzhalas revoliutsiia*, III/1, p. 81.

292. *DVP SSSR*, III, pp. 607-14; *Izvestiia*, 7 de maio de 1921 (Krássin); Leonid Krássin, *Voprosy vneshnei torgovli*, pp. 286-8. Ver também Valéri A. Chíchkin, *Stanovlenie vneshnei politiki postrevliutsionnoi Rossii i kapitalisticheskii mir*, pp. 101-16.

293. M. V. Glenny, "The Anglo-Soviet Trade Agreement". Debo sustenta que o acordo feito entre Litvínov e James O'Grady em 1920, em Copenhague, "abriu caminho para as negociações mais abrangentes que vieram a seguir". Richard K. Debo, "Lloyd George and the Copenhagen Conference".

294. Chistopher M. Andrew, *Her Majesty's Secret Service*, pp. 262-73; Chistopher M. Andrew e Oleg Gordievsky, *kgb*, pp. 76-9.

295. *Documents on British Foreign Policy*, VIII, pp. 886-9.

296. "Onde obteremos as mercadorias? O livre-comércio requer mercadorias e os camponeses são gente muito esperta e extremamente capazes de zombaria." *X siezd* [1921], p. 227; *Ibid.* [1933], p. 413.

297. A Polônia ganhou o controle do oeste da Bielorrússia e do oeste da Ucrânia, um acréscimo de quase 135 mil quilômetros quadrados, e se tornou uma minoria de 30% (5 milhões de ucranianos, 1,5 milhão de bielorrussos, 1 milhão de alemães, além de 3 milhões de judeus), uma fonte potencial de instabilidade interna. De início, as grandes potências se recusaram a reconhecer as novas fronteiras orientais polonesas. A Entente concordou relutantemente com as novas fronteiras da Polônia em março de 1923; a Alemanha continuou a não aceitá-las. Piotr S. Wandycz, *Soviet-Polish Relations*, pp. 250-90.

298. Graças às manobras diplomáticas entre soviéticos e poloneses, a Lituânia, tal como a Estônia e a Letônia, também tiveram sua independência reconfirmada. A Rússia soviética pensara em ceder Wilno/ Vilna, onde predominavam os habitantes de língua polonesa, à Lituânia, como um meio maquiavélico de solapar o Estado nacional lituano, mas, no fim, concordaram em não intervir no conflito polonês-lituano pela cidade, garantindo o controle de facto da Polônia. Jerzy Borzęcki, *Soviet-Polish Treaty of 1921*, pp. 220-1. Em 1923, Moscou interromperia os pagamentos de repatriação acordados; além disso, mais de 1

milhão de refugiados poloneses não teriam permissão para deixar a URSS. Os dois lados lutaram encarniçadamente em razão da parte da Polônia nas reservas de ouro da Rússia tsarista; Moscou nunca pagou os 30 milhões de rublos de ouro que haviam sido combinados (reduzidos da reivindicação original de 300 milhões). Em 1927, depois de receber dois grandes pagamentos em pedras preciosas, os poloneses desistiram de obter o grosso desse dinheiro e se contentaram com a devolução de seus tesouros culturais. 299. Helmut Gruber, *International Communism*, p. 316; Werner T. Angress, *Stillborn Revolution*, pp. 109-10.

300. Werner T. Angress, *Stillborn Revolution*, p. 163 (citando *Rote Fahne*, 4 de abril de 1921).

301. Em 25 de junho de 1921, Zinóviev apresentaria um informe sumário ao III Congresso do Comintern, realizado em Moscou, seguido por dias de discussões durante as quais ele, Bukhárin e Radek defenderiam a "Ação de Março" na Alemanha; Lênin, Trótski e Kámenev a condenariam. Stálin estaria ausente e um alemão presente comentaria mais tarde que "era possível, em 1921, passar seis meses em Moscou sem saber de sua existência". E acrescentou que "não havia nada de notável em Lênin, nada impressionante [...]. Mas numa discussão, num grupo pequeno ou na plataforma de uma reunião gigantesca, ele era maravilhosamente convincente pelo modo como argumentava, pelo tom de sua voz, pela sequência lógica de afirmações através das quais chegava a sua conclusão". Bernard Reichenbach, "Moscow 1921", pp. 16-7.

302. Wernet T. Angress, *Stillborn Revolution*, pp. 137-96.

303. *X siezd* [1933], p. 35; *PSS*, XLIII, p. 24.

304. N. A. Márkina e T. S. Fióderovna, *Baltiiskie moriaki*, pp. 322-3; Israel Getzler, *Kronstadt*, p. 219. Ver também Id., "The Communist Leaders' Role".

305. Paul Avrich, *Kronstadt, 1921*, pp. 138-9 (5 de março). A ausência de provas do papel de Kozlóvski foi ocultada: em 25 de março, o Politbiuró criou uma comissão para estudar Kronstadt, chefiada por Semion Sorenson, conhecido como Iákov Agránov (nascido em 1893), um ex-socialista revolucionário e agente da Tcheká, e seu relatório interno dizia que "a rápida liquidação da rebelião não deu chance para o aparecimento de elementos e slogans da Guarda Branca". *Kronstadtskaia tragediia*, II, pp. 33-43, 42-3 (TsA FSB RF, d. 114 728, t. 1A; Paul Avrich, *Kronstadt, 1921*, pp. 230-42). A Tcheká também ficaria de olho na Cruz Vermelha russa, que havia chegado a Kronstadt em 8 de março via Finlândia e conseguira levar cem sacos de farinha e alguns suprimentos médicos. Fazia parte da missão o ex-comandante do *Sevastopol*, barão Pável Víktorovitch Vilken, que emigrara para a Finlândia. Os marinheiros haviam hesitado em deixar a Cruz Vermelha entrar, apesar de seu desespero por alimentos e remédios. A missão da Cruz Vermelha foi embora um dia depois de chegar; Vilken ficara para trás, mas os marinheiros recusaram sua oferta de até oitocentos homens armados, pois sabiam que ele era monarquista.

306. *PSS*, LXIII, pp. 130-43 (discurso aos trabalhadores em transporte, 27 de março de 1921). Lênin compreendeu que os marinheiros de Kronstadt não eram guardas brancos. Ele assegurou aos delegados ao X Congresso (15 de março) que qualquer "camponês consciente" tinha de entender que "qualquer volta para trás significava um retorno ao governo tsarista. A experiência de Kronstadt mostra isso. Lá, eles não querem guardas brancos, mas não existe nenhuma outra autoridade, eles não querem nosso poder estatal e ocupam uma posição que se torna a melhor agitação para nós e contra um novo governo". Em outras palavras, não existiam possibilidades políticas entre o bolchevismo e a restauração da Guarda Branca. E, contudo, os marinheiros de Kronstadt não eram guardas brancos. *X siezd* [1921], pp. 227-8; Ibid. [1933], p. 414.

307. Em vez disso, a Tcheká lançou uma publicação sensacional, "Uma comunicação sobre a descoberta em Petrogrado de um complô contra o Poder Soviético", que mencionava uma Organização de Combate liderada pelo professor V. N. Tagántsev (que fora preso em maio de 1921). *Izvestiia*, 31 de agosto de 1921.

308. Dzierżyński parecia obcecado pelo líder socialista revolucionário Viktor Tchernov, citando suas publicações do exílio em Reval como prova de sua cooperação com os brancos. Dzierżyński, "Doklad o vserossiiskoi chrezvychainoi komissii o raskrytykh i likvidirovannykh na territorii RSFSR zagorovakh protiv sovetskoi vlasti v period maia-iiunia 1921 goda", TsA FSB, f. 1, op. 5, d. 10, l. 1-20, em V. K. Vinográdov, *Arkhiv VChK*, pp. 593-612. Tchernov não teve envolvimento em Kronstadt: ele enviara uma nota por mensageiro da Estônia para o Comitê Revolucionário de Kronstadt indicando que, como presidente da Assembleia Constituinte (dispersa), iria para a ilha a fim de liderar a luta por sua restauração, mas, numa reunião em 12 de março, apenas um marinheiro apoiou a ideia, que foi engavetada. Petritchenko, em 13 de março, enviou uma nota de agradecimento, mas rejeitou a proposta. *Kronstadtskaia tragediia 1921*, I, p. 403; Paul Avrich, *Kronstadt, 1921*, pp. 124-5.

309. *Sotsialisticheskii vestnik*, 18 de março de 1921, p. 6.

310. Mártov, "Kronshtadt", *Sotsialisticheskii vestnik*, n. 5, p. 5, de abril de 1921; Anna Búrguina, *Sotsial-demokraticheskaia menshevistskaia literatura*, p. 297.

311. Israel Getzler, *Martov*, p. 204-17; Jane Burbank, *Intelligentsia and Revolution*, p. 59.

312. *PSS*, XLIII, pp. 241-2.

313. S. A. Éssikov e V. V. Kaníchev, "Antonovskii NEP", pp. 60-72.

314. "Zapiska E. M. Sklianskogo 26 Aprelia 1921 g", em V. I. Lênin, *V. I. Lenin*, pp. 428-9, 459-60. Lênin encontrou-se com Tukhatchévski não depois de 19 de dezembro de 1920, em Moscou, quando discutiram a Frente Sul e Lênin solicitou um relatório (que deveria ser enviado a Skliánski). Lênin o recebeu de novo no final de abril, quando ele foi designado para Tambov. Gueórgi N. Golikov, *Vladimir Ilich Lenin*, VIII, p. 130.

315. *Kronstadskaia tragediia*, I, p. 291 (Zinóviev).

316. Valentin Baránov, *Krestianskoe vosstanie*, pp. 147-8; Jan M. Meijer, *Trotsky Papers*, II, pp. 460-2 (Trótski deu retrospectivamente a data errada de junho; a nomeação de Tukhatchévski foi aprovada pelo Politbiuró em 28 de abril de 1921).

317. Erik C. Landis, *Bandits and Partisans*, pp. 209-41.

318. Pavel A. Aptékar, "Khimchistka po-Tambovskii", p. 56 (RGVA, f. 190, op. 3, d. 514; l. 73; f. 34228, op. 1, d. 383, l. 172-4; f. 7, op. 2, d. 511, l. 140, 151; 140, f. 235, op. 2, d. 82, l. 38; op. 3, d. 34, l. 1ob); Valentin Baránov, *Krestianskoe vosstaniie*, p. 179. Para as dificuldades em averiguar a extensão do uso de gás cloro, ver Erik C. Landis, *Bandits and Partisans*, pp. 265-9.

319. "'Sfotografirovannye rechi': govoriat uchastniki likvidatsii antonovshchiny", *Otechestvennye atrkhivy*, n. 2, p. 65, 1996 (chefe dos campos em Tambov, alegando ter 2 mil internos); Nicholas Werth, "A State Against Its People", pp. 110-7. Tukhatchévski logo informou as lições de sua campanha contra a insurgência: "Se a deportação não pode ser organizada imediatamente, então deve-se criar um amplo conjunto de campos de concentração". Mikhail Tukhatchévski, "Borba s kontrereolutsionnymi vosstaniiami", *Voina i revoliutsiia*, n. 6, pp. 6-9, n. 7, pp. 11-3, 1996. Alguns dos locais de encarceramento eram campos de concentração da Grande Guerra.

320. Valentin Baránov, *Krestianskoe vosstannie*, pp. 223-4, 226-7. Em Tambov, entre março e setembro de 1922, houve 217 resignações voluntárias do partido e apenas 29 membros novos, e quase nenhum deles vinha da classe operária. Serguei A. Pavliútchenkov, "Orden Mechenostsev", p. 275 (citando RGASPI, f. 17, op. 11, d. 110, l. 163).

321. A. A. Jdanóvitch, *Organy gosudarstvennoi bezopasnosti*, pp. 236-8; A. M. Plekhánov, VChK-OGPU, p. 360; Erik C. Landis, *Bandits and Partisans*, pp. 277-9.

322. A. Mnatsakanian, *Poslantsy Sovetskoi Rossii*, pp. 56-7.

323. Charles King, *Ghost of Freedom*, p. 169.

324. Firuz Kazemzadeh, *Struggle for Transcaucasia*, pp. 288-9; M. S. Iskendérov, *Iz istorii borby kommunisticheskoi partii Azerbaidzhana za pobedu sovetskoi vlasti*, pp. 527-9.

325. Como Jordánia explicou em 1918, baseando-se na autoridade de Kautsky, "os primeiros passos do proletariado vitorioso não serão as reformas sociais, mas o estabelecimento de instituições democráticas, a realização do programa mínimo do partido, e somente depois a transição gradual para o programa máximo do socialismo". Ronald Grigor Suny, *Georgian Nation*, p. 195.

326. N. Jordánia, "Staline, L'Écho de la lutte"; N. Vakar, "Stalin"; Firuz Kazemzadeh, *Struggle for Transcaucasia*, pp. 184-210; Ronald Grigor Suny, *Transcaucasia*, p. 249.

327. "O Estado da Geórgia social-democrático livre e independente", escreveu uma testemunha ocular perspicaz da república menchevique, "permanecerá sempre na minha memória como um exemplo clássico de uma 'pequena nação' imperialista. Tanto em arrebatamento de territórios fora quanto em tirania burocrática dentro, seu chauvinismo extravasava todos os limites." Carl Eric Bechhofer, *In Denikin's Russia*, p. 14.

328. *Pravda*, 8 de maio de 1920; *Mirnyi dogovor mezhdu Gruziei i Rossiei*. A equipe de negociação secreta da Geórgia era composta de Grigol Uratadze, David Saguirachvíli (ex-presidente do Soviete de Tsarítsin em 1917, para onde fora exilado) e Aristotle Mirski-Kobakhidze. Mirski-Kobakhidze, que fora enviado à Geórgia para promover subversão, pode ter iniciado a missão de paz de sua cela na prisão de Metekhi. A caminho de Moscou, eles foram interceptados por Ordjonikidze, que declarou que conduziria as negociações. Mirski-Kobakhidze conseguiu contatar Lênin, que passou por cima de Ordjonikidze. Tchitchérin fez seu adjunto Liev Karakhan [Karakhanian] assinar; Uratadze assinou pelo governo georgiano. Em 10 de maio de 1921, Lênin recebeu Uratadze em seu gabinete. Uratadze e Saguirachvíli foram recebidos também por Stálin. Realizou-se um banquete com a colônia georgiana em Moscou. Roy Stanley de Lon, "Stalin and Social Democracy". Uratadze não achou conveniente mencionar Saguirachvíli e Mirski em seu relato; Grigóri I. Uratadze, *Vospominaniia*. No final de 1921, a Tcheká deteve Saguirachvíli e o prendeu em Metekhi (de novo); ele foi exilado, junto com um grande grupo, em novembro de 1922, para a Alemanha.

329. Para o codicilo secreto, ver *Rossiiskaia Sotsialisticheskaia Federativnaia Sovcetskaia Respublika*, p. 16.

330. *Gleb Maksimilianovich Krzhizhanovskii*, pp. 33-4.

331. David Dallin, "Between the World War and the NEP", em Leopold H. Haimson, *The Mensheviks*, pp. 191-239 (p. 236). O menchevique Dallin compareceu ao congresso.

332. Jeremy Smith, *Bolsheviks and the National Question*, p. 4 (citando RGASPI, f. 17, op. 3, d. 74, l. 3; d. 122, l. 2; d. 46, l. 3; d. 55, l. 5).

333. Demetrio Boersner, *The Bolsheviks*, p. 63.

334. *Sochineniia*, IV, p. 408. No *Pravda* (4 de dezembro), Stálin chamou os dashnaks de "agentes da Entente". *Sochineniia*, IV, pp. 413-4.

335. *Sochineniia*, IV, pp. 162, 237, 372. Mais ímpeto pode ter vindo do espectro de Karl Kautsky, a *bête noire* do bolchevismo e herói do menchevismo georgiano, que visitou a república socialista não bolchevique do final de setembro de 1920 a janeiro de 1921 e achou que a independente "Geórgia não carece de nada para fazer dela não somente um dos países mais lindos, mas também um dos mais ricos do mundo". Karl Kautsky, *Georgia*, p. 14.

336. Stephen F. Jones, "Establishment of Soviet Power", pp. 620-1.

337. Jeremy Smith, "The Georgian Affair of 1922", p. 523 (citando RGASPI, f. 17, op. 3, d. 122, l. 2; op. 2, d. 46, l. 3; d. 55, l. 5; d. 56, l. 1); N. B. Makharadze, *Pobeda sotsialisticheskoi revoliutsii v Gruzii*, pp. 420-3; N. Jordánia, *Moia zhizn*, pp. 109-12. Trótski, que estava nos Urais, exigiu uma investigação. No final de

1921, Makharadze queixou-se a Tskhakaia, representante georgiano em Moscou: "No birô do Cáucaso há camaradas, mesmo agora, que não reconhecem a existência formal de repúblicas transcaucasianas e as consideram apenas províncias da RSFSR". Jeremy Smith, "The Georgian Affair of 1922", p. 524 (citando RGASPI, f. 157, op. 1/c, d. 14, l. 1-5).

338. PSS, XLII, p. 367. Em 2 de março, Lênin escreveu a Ordjonikidze para ordenar "uma política especial de concessões à intelligentsia georgiana e pequenos comerciantes [...]. É imensamente importante buscar um acordo aceitável com Jordánia ou mencheviques georgianos como ele [...]. Peço-lhe que compreenda que tanto os aspectos internos como internacionais da Geórgia exigem que os comunistas georgianos não apliquem o padrão russo, mas que, com habilidade e flexibilidade, criem uma tática particular baseada em concessões a todos os tipos de elementos pequeno-burgueses". V. I. Lênin, Collected Works, pp. 32, 362.

339. G. K. Ordjonikidze, Stati i rechi, I, p. 172.

340. Ordjonikidze queria, "com ferros em brasa", nas palavras de Stálin, "arrasar os remanescentes de nacionalismo", como declarou em Tíflis no final de novembro de 1921. G. K. Ordjonikidze, Stati i rechi, I, p. 216.

341. Charles King, Ghost of Freedom, p. 173; Z. D. Aválov, Nezavisimosti Gruzii, p. 285.

342. Ibid., p. 171.

343. Ver o longo memorando de Churchill de 16 de agosto de 1919, incluído em Winston Churchill, World Crisis, pp. 251-3.

344. Z. D. Aválov, Nezavisimosti Gruzii, pp. 288-9; Id., Independence of Georgia, pp. 266-8. Oliver Wardrop, um estudioso de literatura e história georgianas, era comissário britânico.

345. Dokumenty vneshnei politiki, II, p. 755; Vasif Garáfov, "Russko-turetskoe sblizhenie", p. 247.

346. Os georgianos não conseguiram criar um centro cultural no exterior. Donald Rayfield, Literature of Georgia, p. 234.

347. Mais de 150 mil georgianos lutaram no Exército tsarista durante a Grande Guerra, mas, depois de mortes no campo de batalha, capturas e deserções, o general Kvinitadze só conseguiu reunir 10 mil. O general Guiórgi Kvinitadze [Tchikovani] (1874-1970) nasceu no Daguestão e se formou na Escola de Infantaria São Constantino, em São Petersburgo, e, depois, na Academia do Estado-Maior Geral. Ele não falava georgiano. Não se dava bem com Jordánia, mas este o convidou para ser comandante supremo. Kvinitadze desanimou-se diante dos abusos de poder dos mencheviques georgianos, em meio a floreios retóricos a respeito do socialismo e internacionalismo e seus flertes com a "milícia do povo", em vez de um verdadeiro exército. Eles o liberaram, depois apelaram novamente a ele em tempo de crise. Em 1922, em Paris, escreveu suas memórias; seria enterrado no mesmo cemitério de Jordánia. G. I. Kvinitadze, Moi vospominaniia.

348. Em 17-18 de março, Jordánia enviara emissários para negociar com os bolcheviques localizados nas proximidades de Batum (o cunhado de Stálin, Aleksandr Svanidze, Ábel Ienukidze e Mamia Orakhelachvíli); os mencheviques concordaram em deixar o Exército Vermelho entrar pelo porto de Batum, para evitar sua tomada pelos turcos, e fornecer carroções para a cavalaria de Dmítri Jloba. Os bolcheviques prometeram anistia e posições em um governo soviético. Os mencheviques não confiaram na oferta.

349 Jordánia se instalaria ao sul de Paris; por fim, encontraria um patrono em Piłsúdski.

350. Serguei Kuleshov, "Lukollov mir", pp. 72-3 (RGASPI, f. 78, op. 1, d. 46, l. 1, 3).

351. RGASPI, f. 558, op. 4, d. 675, l. 1-23.

352. RGASPI, f. 2, op. 1, d. 24278, l. 1-2.

353. Gueórgi N. Golikov, Vladimir Ilich Lenin, VI, p. 390; IX, pp. 348, 618; X, pp. 348, 566, 588, 639; XI, pp. 47, 113, 128; Jan M. Meijer, Trotsky Papers, II, pp. 26-9, 66-7; Robert H. McNeal, Stalin, p. 50. Na mesma época, Trótski ganhou férias de oito semanas: RGASPI, f. 17, op. 112, d. 149, l. 93.

354. *TsK RKP* (*b*) –*VKP* (*b*) *i natsionalnyi vopros*, pp. 47-9 (RGASPI, f. 558, op. 1, d. 3530, l. 1-2; *Kommunist* [Baku], 31 de julho de 1921). Amaiak Nazaretian, um dos cinco membros do birô do Cáucaso, tornou-se em 1922 alto assistente de Stálin em Moscou.

355. Roy Stanley de Lon, "Stalin and Social Democracy", p. 125.

356. Leon Trotsky, *Stalin*, pp. 359-60; David Marshall Lang, *Modern History*, pp. 238-9 (sem citações, confiando evidentemente em relatos dos emigrados mencheviques); Robert Payne, *The Rise and Fall of Stalin*, pp. 275-6 (repete relato de Lang).

357. Joseph Iremachvíli, *Stalin und die Tragödie*, pp. 57-62.

358. *Pravda Gruzii*, julho de 1921, p. 13; I. V. Stálin, "Ob ocherednykh zadachakh kommunizma v Gruzii i Zakavkaie", em *Sochineniia*, v, pp. 88-100 (p. 95).

359. Evguéni Belov, *Baron Ungern fon Shternberg*; James Palmer, *Bloody White Baron*.

360. Dmitri Alioshin, *Asian Odyssey*, pp. 167, 183-7. Um relato sensacional dos feitos do barão, escrito por um professor polonês da universidade de Omsk que conviveu com ele, tornou-se um best-seller: Ferdinand Ossendowski, *Beasts, Men, and Gods*.

361. M. G. Tornóvski, "Sobytiiia v Mongolii-Khalkhe", pp. 168-328 (pp. 208-13); Dmitri Alioshin, *Asian Odyssey*, p. 231.

362. Serguei L. Kuzmin, *Istoriia barona Ungerna*, pp. 184-5.

363. L. Iuzefóvitch, *Samoderzhets pustyni*, pp. 3, 133-7.

364. Serguei L. Kuzmin, *Istoriia barona Ungerna*, pp. 410-3; Dmitri Alioshin, *Asian Odyssey*, p. 229.

365. O anglófobo Tchitchérin desempenhou um papel fundamental, insistindo que os Povos do Oriente consistissem não somente em muçulmanos, mas também em budistas. A Mongólia e o Tibete eram espinhos em potencial nas costas da Índia britânica. Amur Sanai, "Kloiuchki k vostokou", *Zhizn natsionalnostei*, 26 de maio de 1919.

366. Para um relato soviético sobre eles, ver Guénkin, *Severnaia Aziia*, n. 2, pp. 79-81, 1928.

367. C. Baabar, *Twentieth-Century Mongolia*, p. 202; S. K. Róschin, *Politicheskaia istoriia Mongolii*, pp. 35-6.

368. George G. S. Murphy, *Soviet Mongolia*, pp. 13-4.

369. Robert Rupen, *Mongols of the Twentieth Century*, I, p. 139; Sumiatski, "Na zare osvobozhdeniii Mongolii", *Pravda*, 26 de julho de 1920, em Xenia Eudin e Robert C. North, *Soviet Russia and the East*, pp. 203-4.

370. C. Baabar, *Twentieth-Century Mongolia*, p. 216; Robert Rupen, *Mongols of the Twentieth Century*, I, pp. 141, 155. Retrospectivamente, essa conferência tornou-se o I Congresso do Partido.

371. I. I. Lomakina, "Kommentarii", em D. P. Pérchin, *Baron Ungern*, pp. 189-259 (pp. 176-7).

372. I. Lepechínski, *Revoliutsiia na Dalnem vostoke*, pp. 429-32; Serguei L. Kuzmin, *Istoriia barona Ungerna*, p. 238.

373. O comandante do Exército Vermelho Konstantin Rokossowski, nascido em Varsóvia (em 1896), agregou sua substancial cavalaria às forças mongóis lideradas por Sükhbaatar, mas foi ferido e deixou o campo de batalha. S. K. Róschin, *Politcheskaia istoriia Mongolii*, pp. 20-1; Serguei L. Kuzmin, *Istoriia barona Ungerna*, pp. 244-5, 263.

374. *Pravda*, 9 de julho de 1921; Xenia Eudin e Robert C. North, *Soviet Russia and the East*, pp. 196-7. O III Congresso reuniu-se em Moscou de 22 de junho a 12 de julho de 1921. Stálin não estava entre os cinco soviéticos (Zinóviev, Bukhárin, Radek, Lênin e Trótski) eleitos para o Comitê Executivo do Comintern. Durante o congresso, recuperava-se no sul.

375. Irina Y. Morozova, *Comintern and Revolution in Mongolia*, p. 16 (citando RGASPI, f. 495, op. 154, d. 20, l. 1-7).

376. Dmitri Alioshin, *Asian Odyssey*, p. 266.

377. Serguei L. Kuzmin, *Istoriia barona Ungerna*, pp. 287-8.

378. James Palmer, *Bloody White Baron*, p. 228 (citando GARF, f. 9427, op. 1, d. 392, l. 36). Ver também Serguei L. Kuzmin, *Baron Ungern v dokumentakh i memuarakh*, pp. 199-242 (RGVA, f. 16, op. 3, d. 222, l. 123-4ob, 125, 1-19; f. 16, op. 1, d. 37, l. 128, 337, 333, 329; GARF, f. 9427, op. 1, d. 392, l. 7-13, 47-60, 35-46); *Sovetskaia Sibir*, 13 de setembro de 1921 (Ivan Pavlunóvski, Tcheká siberiana).

379. Serguei L. Kuzmin, *Baron Ungern v dokumentakh i memuarakh*, pp. 198-9 (RGASPI, f. 17, op. 3, d. 195, l. 1; op. 163, d. 178, l. 5; op. 163, d. 180, l. 3-3ob). Para assegurar-se de que nada desse errado, Moscou enviou Minei Gubelman, conhecido como Iemelian Iaroslávski, para ser promotor; acontecia de ele ser judeu, embora isso aparentemente não tenha sido levado em conta na decisão de quem condenaria o barão antissemita, pois Iaroslávski era do leste da Sibéria (filho de um exilado) e havia sido recentemente nomeado secretário do Comitê Central.

380. *Sovetskaia Sibir*, 16, 17, 18 e 20 de setembro de 1921; *Dalnevostochnaia pravda*, 25 de setembro de 1921; Serguei L. Kuzmin, *Baron Ungern v dokumentakh i memuarak*, pp. 242-63; Id., *Istoriia barona Ungerna*, pp. 294-304.

381. Serguei L. Kuzmin, *Baron Ungern v dokumentakh i memuarakh*, p. 263 (RGVA, f. 16, op. 1, d. 37, l. 330).

382. Yasuo Misshima e Goto Tomio, *Japanese View of Outer Mongolia*, p. 27.

383. D. Nyamaa, *Compilation of Some Documents*, pp. 7-8.

384. Dmítri B. Slavínski, *Sovetskii Soiuz i Kitai*, pp. 51-3 (AVP RF, f. 08, op. 5, psap. 3, d. 17, l. 1-2; d. 18, l. 4-5); Lin Tsziun, "Sovetskaia Rossiia i Kitai", pp. 54-5.

385. S. K. Róschin, *Politicheskaia istoriia Mongolii*, p. 37 (citando RGASPI, f. 495, op. 152, d. 9, l. 12-4: Boris Chumiátski para Tchitchérin, 12 de agosto de 1921); Serguei L. Kuzmin, *Baron Ungern v dokumentakh i memuarakh*, p. 264 (RGASPI, f. 5, op. 1, d. 145, l. 38: carta de Ioffe); Id., *Istoriia barona Ungerna*, p. 199. Ver também George G. S. Murphy, *Soviet Mongolia*; Thomas T. Hammond, "Communist Takeover of Outer Mongolia".

386. RGASPI, f. 495, op. 152, d. 11, l. 19-23.

387. Tchitchérin era a favor de um encontro e escreveu a Lênin que "o governo revolucionário da Mongólia é o ás de espadas em nossas mãos. Sua criação frustra os planos do Japão de montar uma frente antirrevolucionária que se estenda do Pacífico ao Cáspio. Com uma Mongólia amistosa, nossa fronteira fica totalmente segura". S. G. Luzyanin, "Mongolia", p. 76.

388. S. K. Róschin, *Politicheskaia istoriia Mongolii*, p. 70 (citando RGASPI, f. 495, op. 152, d. 9, l. 65); C. Baabar, *Twentieth-Century Mongolia*, p. 222 (citando arquivo central de relações exteriores, F-117, H/N-01); Irina Y. Morozova, *Comintern and Revolution in Mongolia*, p. 43, RGASPI, f. 495, op. 152, d. 9, l. 63-4.

389. Somente no início de janeiro de 1922, cerca de dois meses depois, o governo de Beijing começou a ouvir rumores acerca do conteúdo do tratado soviético-mongol. Bruce A. Elleman, "Secret Sino-Soviet Negotiations".

390. As autoridades soviéticas estavam conscientes de que a Mongólia tinha pouca diferenciação de classes e não contava com uma classe alta rica para ser expropriada (como relatou o estudioso Ivan Máiski, que fizera parte de uma expedição soviética à Mongólia Exterior). Ivan Máiski, *Sovremennaia Mongoliia*, p. 127.

391. Silvana Malle, *Economic Organization of War Communism*, pp. 506-11.

392. Lars Lih, *Bread and Authority*; I. V. Narski, *Zhizn v katastrofe*, p. 5.

393. *PSS*, XLIII, pp. 18, 24; XLIV, p. 159.

394. Roman E. Vaisberg, *Dengi i tseny*, p. 10.

395. Os decretos da NPE continuaram durante 1923, legalizando a atividade privada nas áreas de publicações, crédito e poupança e empréstimos, arrendando fábricas do Estado e permitindo que indústrias estatais fizessem negócios com comerciantes privados, desprezados como "homens da NPE".

396. Um decreto de 17 de outubro de 1921 sobre confisco e requisição determinava que fosse feito um protocolo no momento de qualquer confisco, com os nomes daqueles cujas mercadorias fossem tomadas, daqueles que realizassem o confisco e daqueles que recebessem as mercadorias para armazenamento em um depósito, bem como um inventário completo dos artigos. O protocolo tinha de ser asssinado inclusive por pelo menos duas testemunhas (frequentemente vizinhos). Estabelecia também o princípio da compensação por requisições e restrições sobre o uso de confisco somente para legitimar contextos punitivos. *Izvestiia*, 26 de outubro de 1921; N. S. Timachev, *Publichno-pravovoe polozhenie lichnosti*, I, pp. 177-8. As instruções para implementação tentavam estabelecer um limite firme para tudo, estipulando um fim para os esforços infrutíferos de adjudicar reivindicações legais prévias para confiscos. Um outro decreto sobre confiscos viria em 1922, em mais uma tentativa de pôr fim ao redemoinho de desapropriação revolucionária de 1917-22, permitindo àqueles que possuíam mercadorias confiscadas retê-las. *Izvestiia*, 29 de março de 1922.

397. Jeremy Smith, "Stalin as Commissar for Nationality Affairs".

398. *VIII siezd RKP* (*b*), p. 82.

399. O tratado de Riga (1921), que encerrou a Guerra Russo-Polonesa, reforçou o caminho para uma estrutura federal — a Bielorrússia e a Ucrânia eram signatárias. Trabalhando com Aleksandr Miasnikov (Miasnikian), um bolchevique armênio russificado, Stálin desempenhou um papel significativo na "anexação" da República Socialista Soviética da Bielorrússia em Minsk, em dezembro de 1919. A proclamação foi feita em russo, polonês e iídiche, mas não em bielorrusso, a língua dos camponeses. *Izvestiia*, 18 de dezembro de 1919; A. V. Kvachónkin, *Bolshevistskoe rukovodstvo*, pp. 71-5.

400. Em outubro de 1920, Stálin observara que "a demanda pela secessão das regiões fronteiriças da Rússia [...] deve ser rejeitada não somente porque vai contra a própria formulação da questão de estabelecer uma união entre o centro e as regiões de fronteira, mas, sobretudo, porque vai fundamentalmente contra os interesses da massa tanto no centro como nas regiões fronteiriças". *Sochineniia*, IV, p. 352.

401. *PSS*, LIII, pp. 189-90. Os dois dirigentes beligerantes eram Mikhail Tomski e Gueórgi Safárov. A questão foi levada ao Politbiuró em 13 de setembro, e, dentro de um mês, o pessoal do Turquestão foi mudado.

402. Foi nesse contexto que Kámenev, em 1922 (com uma segunda edição em 1923), publicou um gordo compêndio de seus variados artigos jornalísticos, *Entre duas revoluções*. Tardiamente, parecia que Kámenev havia vencido o famoso debate de abril de 1917 com Lênin, quando o líder bolchevique retornara do exílio para a estação Finlândia, criticando Kámenev (e Stálin), que argumentava contra a tomada do poder porque a revolução "democrática burguesa" ainda tinha muito caminho a percorrer. Lars Lih, "The Ironic Triumph of 'Old Bolshevism'".

403. RGASPI, f. 558, op. 3, d. 299, l. 55.

404. RGASPI, f. 558, op. 3, d. 68, l. 47.

405. Robert C. Tucker, *Stalin in Power*, pp. 45-9.

406. A. V. Kvachónkin, *Bolshevistskoe rukovodstvo*, pp. 223-7 (RGASPI, f. 5, op. 2, d. 315, l. 252-3, 260).

407. *Sochineniia*, V, pp. 117-27 (pp. 118-9); Edward Hallett Carr, *Bolshevik Revolution*, III, pp. 349-50.

PARTE III: COLISÃO [pp. 421-32]

1. Ióssif Stálin, "O Lenine", reproduzido em *Sochineniia*, VI, pp. 52-64 (p. 61).

2. Max Sering, *Die Unwälzung des osteuropäischen Agrarverfassung*, pp. 5-6; Alexis N. Antsiferov, *Russian Agriculture During the War*, pp. 382-3.

3. Para essa e muitas outras declarações intolerantes de Lênin, ver Israel Getzler, "Lenin's Conception" (citando *PSS*, XXXV, p. 268; XXXVIII, p. 339). Sem dúvida, depois que começou a epidemia de fome, em meados de 1921, e Lênin apelou para a ajuda internacional em alimentos, ele afirmou que a guerra civil "fora imposta aos operários e camponeses pelos latifundiários e capitalistas de todos os países". V. I. Lênin, *Collected Works*, pp. 32, 502.

4. V. I. Lênin, "O vremennom revoliutsionom pravitelstve [maio de 1905]", *PSS*, X, pp. 227-50; "Sedmaia (aprelsskaia) vesrossiiskaia konferentsiia RSDRP (b)" [abril de 1917], *PSS*, XXXI, pp. 339-81 (esp. pp. 353-4). É incrível, mas Rabinowitch sustenta (de novo) que a ditadura foi imposta a Lênin e aos bolcheviques, mesmo quando mostra, repetidas vezes, que em resposta a crises, frequentemente precipitadas pelos próprios bolcheviques, eles recorriam a prisões e golpes sujos (por exemplo, fraude eleitoral), que sempre buscaram justificar invocando a "guerra de classes" e a batalha contra a "contrarrevolução" (isto é, qualquer um que se opusesse a eles). Alexander Rabinowitch, *Bolsheviks in Power*.

5. *Pravda*, 28 de agosto de 1919; V. I. Lênin, *Collected Works*, pp. 29, 559.

6. A. J. Polan, *Lenin and the End of Politics*.

7. Marx também nunca desenvolveu uma teoria da política. Ele jamais abraçou explicitamente a possibilidade de plataformas políticas rivais competindo numa política aberta; quando críticos, como Mikhail Bakúnin, esclareceram as prováveis consequências dessa posição, Marx ficou em silêncio. Para ele, a única consideração era a representação dos "interesses" do proletariado, do qual ele e Engels eram os porta-vozes; eles atacaram os outros socialistas que alegavam expressar os interesses do proletariado de forma diferente. Para Marx, a política nunca foi uma atividade legítima em si mesma, muito menos uma necessidade.

8. *PSS*, XXXIII, p. 109; *Pravda*, 15 de janeiro de 1919 (Ossínski, um comunista de esquerda). Em anotações para si mesmo (no poder), ele mencionou o Estado como "uma ferramenta do proletariado em sua luta de classes, um *cacete* especial, *rien de plus!*". "O diktature proletariat", *Leninskii sbornilk*, III (1925), reproduzido em *PSS*, XXXIX, pp. 261-9 (p. 262). Lênin nunca terminou o panfleto "Sobre a ditadura do proletariado" para o qual escreveu essas anotações.

9. Edward Hallett Carr, *Bolshevik Revolution*, I, p. 155 (citando um funcionário do Comissariado da Justiça).

10. A. J. Polan, *Lenin and the End of Politics*, esp. pp. 91-2.

11. *Voprosy istorii KPSS*, n. 10, p. 6, 1988. Ver também *Izvestiia TsK KPSS*, n. 2, p. 128, 1991.

12. D. A. Volkogónov, *Lenin: Life and Legacy*, p. 410.

13. RGASPI, f. 17, op. 2, d. 21, l. 18; d. 71, l. 2; op. 3, d. 174, l. 5; *Izvestiia TsK KPSS*, n. 2, pp. 129-30, 137, 1991; Gueórgi N. Golikov, *Vladimir Ilich Lenin*, XI, p. 47.

14. RGASPI, f. 17, op. 3, d. 240, l. 1.

15. *Ogonek*, n. 4, p. 6, 1990 (dr. Óssipov). Ver também, *PSS*, LIV, p. 203 (Lênin para Varga).

16. *Izvestiia, TsK KPSS*, n. 2, pp. 131-2, 1991 (Darkchévitch). Em 6 de março, Lênin disse à facção comunista no congresso do sindicato dos metalúrgicos: "Minha doença [...] por vários meses não me permitiu participar de eventos políticos" — divulgando assim um segredo de Estado. *PSS*, XLV, p. 6.

17. Valentin A. Sákharov, *Politicheskoe zaveshchanie*, pp. 160 (RGASPI, f. 5, op. 2, d. 263, l. 1; d. 265, l. 1-2), 162-7. Stálin recebeu a responsabilidade pelo departamento de agitprop em 22 de agosto de 1921; depois, em 13 de setembro de 1921, o Politbiuró resolveu que ele deveria dedicar três quartos de seu tempo ao trabalho partidário, e um quarto à Rabkrin (Inspetoria de Operários e Camponeses). RGASPI, f. 17, op. 3, d. 193, l. 2; d. 201, l. 5-6. Ver também Feliks Chuev, *Sto sorok*, pp. 181, 229-30.

18. RGASPI, f. 17, op. 2, d. 78, l. 7; Gueórgi N. Golikov, *Vladimir Ilich Lenin*, XII, p. 267; Valentin A. Sákharov, *Politicheskoe zaveshchanie*, pp. 170-1; Feliks Chuev, *Sto sorok*, p. 181. Para fantasias sobre outros supostos candidatos a secretário-geral (Ivan Smirnov, Jānis Rudzutaks, Mikhail Frunze), ver Irina V. Pávlova, *Stalinizm*, p. 56. Ver também Leon Trotsky, *Stalin*, II, pp. 173-4.

19. Valentin A. Sákharov, *Politicheskoe zaveshchanie*, pp. 172-7.

20. Feliks Chuev, *Sto sorok*, p. 181; Valentin A. Sákharov, *Politicheskoe zaveshchanie*, pp. 170-1 (citando RGASPI, f. 48, op. 1, d. 21, l. 1-469); Id., *Na rasputie*, pp. 95-6 (RGASPI, f. 17, op. 2, d. 78, l. 2, 6-7ob; e *PSS*, XLV, 139). Depois dos nomes de Mólotov e Kúibichev, Lênin escreveu "secretário". Stálin ficou em décimo lugar na votação para os 27, em termos de quantos votos negativos recebeu. Os votos para o novo Comitê Central no XI Congresso são sugestivos: para Lênin, 477 de um total de 478; para Trótski, o mesmo número (a última vez que isso aconteceria); para Stálin, 463; para Kámenev, 454; e para Zinóviev, 448. Portanto, não é verdade que Kámenev ou Zinóviev tivessem mais prestígio no partido do que Stálin.

21. *XI siezd VKP (b)*, pp. 84-5, 143; *PSS*, XLV, p. 122.

22. RGASPI, f. 17, op. 3, d. 241, l. 2. Em fevereiro de 1922, o Profintern (sindicato internacional) ganhou um "secretário-geral" (Rudzutaks). RGASPI, f. 17, op. 3, d. 361, l. 15. Lênin rechaçara o pedido de Zinóviev de mudar o Comintern para Petrogrado; a designação de Kuusinen (em Moscou) foi uma concessão.

23. Alguém, evidentemente Lênin, bloqueou uma sugestão apresentada na plenária de 3 de abril de criar um presidente permanente do Comitê Central (*predsedatel*) acima do secretário-geral. RGASPI, f. 17, op. 2, d. 78, l. 2, 6.

24. Três dias depois de formalizar a designação de Stálin para secretário-geral, Lênin encomendou uma caixa cheia de Somnacetin e Veronal alemães da farmácia do Kremlin. V. I. Lênin, *V. I. Lenin*, p. 529 (RGASPI, f. 2, op. 1, d. 23036).

25. D. A. Volkogónov, *Lenin: Life and Legacy*, pp. 412-3. Os planos de encontrar para Lênin um retiro em algum lugar das montanhas, no Cáucaso ou nos Urais, não deram em nada. V. I. Lênin, *V. I. Lenin*, pp. 379, 537; *Leninskii sbornik*, XXXVI, pp. 468-9; *PSS*, LIV, pp. 229-30; *Izvestiia TsK KPSS*, n. 2, pp. 133-4, 1991 (RGASPI, f. 16, op. 3, d. 20); *PSS*, LIV, pp. 241-2; S. K. Tsvigun, *V. I. Lenin i VChK* [1987], p. 536. De repente, apareceu o velho bandido do Cáucaso Kamó (Ter-Petrosian), jurando proteger e servir a Lênin na região. *PSS*, LIV, pp. 230-1.

26. Klemperer contou ao *New York Times* que Lênin "estava doente, mas não tão gravemente", sem revelar seu diagnóstico. *The New York Times*, 4 de abril de 1922. O comissário da Saúde escreveu no jornal que as balas destinadas a Lênin haviam sido mergulhadas em curare, um veneno em que os indígenas americanos embebiam suas flechas — mas, se isso fosse verdade, o teriam matado em 1918. Nina Tumarkin, *Lenin Lives!*, p. 114 (citando *Bednota*, 22 de abril de 1922; Semachko). O rumor a respeito do "envenenamento" de Lênin, disseminado a partir do diagnóstico falso de Klemperer ou das afirmações falsas de Semachko, ricocheteou no exterior: *Rul*, 26 e 29 de março, 13, 15, 18 e 21 de junho, 19 de julho, 1º e 2 de agosto de 1922.

27. *Pravda*, 28 de abril de 1922.

28. O bilhete de Lênin dizia respeito à necessidade de montar alguns sanatórios modelares num raio de oitocentos quilômetros de Moscou. Lênin acrescentou num "P.S. Secreto" uma diretiva pra cuidar do suprimento de comida e transporte para Zubálovo, onde Stálin e Kámenev tinham datchas estatais e estava em construção uma datcha para Lênin. D. A. Volkogónov, *Lenin: politicheskii portret*, II, p. 34 (APRF, f. 45, op. 1, d. 694, l. 2). Dizia-se que Dzierżyński também tinha datcha em Zubálovo.

29. *Vospominaniia o Vladimir Iliche Lenine* [1956-61], II, p. 342 (V. Z. Rózanov, "Zapiski vracha").

30. O registro oficial das atividades de Lênin situa o derrame em 25-27 de maio: Gueórgi N. Golikov, *Vladimir Ilich Lenin*, XII, p. 349. Ver também *Vospominaniia o Vladimire Iliche Lenine* [1979], III, p. 320; *Molodaia gvardiia*, n. 2-3, p. 113, 1924; L. A. Fotíieva, *Iz zhizni*, pp. 178-9; *Ogonek*, 1990, n. 4, 6; *PSS*, LIV, p. 203; *Izvestiia TsK KPSS*, 1989, n. 1, p. 215; *Izvestiia TsK KPSS*, n. 2, pp. 130-6, 1991; Leon Trotsky, *My Life* [1930], p. 475.

31. Feliks Chuev, *Sto sorok*, p. 193.

32. Por exemplo, no final de 1921, Lênin disse que Kámenev era "um coitado, fraco, assustado, intimidado" — e Lênin tinha uma opinião relativamente elevada a respeito de Kámenev e "gostava mais dele" do que de Zinóviev (como relembrou Mólotov). Richard Pipes, *Unknown Lenin*, p. 138 (1º de dezembro de 1921); Feliks Chuev, *Sto sorok*, p. 183. Ver também D. A. Volkogónov, *Lenin: politicheskii portret*, II, p. 61. Em um prefácio a uma coletânea de seus escritos, Lênin inserira materiais danosos a Zinóviev e só os cortou pouco antes da publicação (Stálin insistira com ele para deixá-los). Valentin A. Sákharov, *Politicheskoe zaveshchanie*, pp. 143-6.

33. Lídia Fotíieva assumiu a secretaria pessoal de Lênin em agosto de 1918; em 1920, já havia uma equipe de sete (incluindo ela): cinco ajudantes e duas arquivistas. As duas auxiliares principais de Fotíieva eram Glasser e Volóditcheva. As outras eram N. S. Krássina, N. S. Lepechínskaia e a esposa de Stálin, Nádia Alli-lúieva, que, durante um tempo, foi responsável pelo arquivo de Lênin e pelos documentos mais secretos. T. H. Rigby, *Lenin's Government*, pp. 103-5; Aleksandr Kolesnik, *Khronika zhizni semi Stalina*, p. 28; Nils Erik Rosenfeldt, *The 'Special' World*, I, p. 123. Gorbunov (que substituíra Bonch-Bruevitch) permaneceria como chefe da diretoria de negócios do Conselho dos Comissários do Povo e secretário particular de Ríkov.

34. "Sou um mau juiz de pessoas, não as compreendo", teria dito Lênin a um membro de sua equipe, que observou que ele "tentava consultar antigos camaradas, Nadejda Konstantínova e Maria Ilíchina". Iákov Chatunóvski, citado em Chatunóvskaia, *Zhizn v Kremle*, pp. 36-7. "Em uma sociedade na qual as ligações pessoais eram parte integral da organização social, o distanciamento de Lênin era culturalmente revolucionário". Ken Jowitt, *New World Disorder*, p. 7.

35. Pável D. Malkov, *Zapiski*, pp. 150-2, 154, 181; Vladímir D. Bonch-Bruevitch, *Tri pokusheniie na V. I. Lenina*, p. 102; Robert H. McNeal, *Bride of the Revolution*, pp. 185-6. Foi durante a folga do outono de 1918 entre as tílias do jardim de Górki que Lênin escreveu sua violenta refutação de Kautsky.

36. Quando não esperava convidados, a família comia na cozinha. A porta da sala de jantar dava para o quarto de Lênin, que continha uma escrivaninha diante da janela — que se abria para a Praça do Senado —, uma mesa e uma cama pequena. Vera Dridzo, secretária de Krúpskaia, era uma das poucas pessoas a fazer refeições no apartamento com a família. Vera Dridzo, *Nadezhda Konstantinova Krupskaia*.

37. V. I. Zdesenko, *Gorki Leninskie*, pp. 115, 144 (foto da Rolls-Royce, com banda de rodagem de trator para a neve).

38. Trótski, mancomunado com Zinóviev e Kámenev, diria mais tarde que Stálin havia tramado para isolar Lênin (interpretação adotada por muitos estudiosos). Na verdade, o Politbiuró como um todo, inclusive Trótski, votou a favor de todos os arranjos para a estadia de Lênin em Górki.

39. As visitas de Stálin em 1922 ocorreram em 30 de maio, 10 e 30 de julho, 5, 9, 15, 19, 23 e 30 de agosto, 12, 19 e 26 de setembro. "M. I. Ulianova ob otnoshenii V. I. Lenina I I. V. Stalina", p. 198; M. I. Ulíanova, "O Vladimire Iliche", n. 4, p. 187. Kámenev visitou quatro vezes, em 14 de julho, 3 e 27 de agosto, e 13 de setembro; Bukhárin visitou quatro vezes, em 16 de julho e 20, 23 e 25 de setembro; e Zinóviev visitou duas vezes, em 1º de agosto e 2 de setembro. *Izvestiia TsK KPSS*, n. 12, pp. 200-1, 1989.

40. N. Valentínov, *Novaia eknomicheskaia politika*, 46-53.

41. *Izvestiia TsK KPSS*, n. 3, pp. 183-7, 1991; D. A. Volkogonov, *Lenin: Life and Legacy*, pp. 411-2 (citando APRF, f. 3, op. 22, d. 307, l. 136-7).

42. *Izvestiia, TsK KPSS*, n. 3, p. 185, 1991.

43. "Você está sendo dissimulado?", perguntou Lênin, de acordo com o relato de Maria. "Quem lhe disse que sou dissimulado?", replicou Stálin, no relato dela. *Izvestiia TsK KPSS*, n. 12, pp. 197-8, 1989.

44. *Izvestiia TsK KPSS*, n. 3, p. 198, 1991.

45. Valentin A. Sákharov, *Politicheskoe zaveshchanie*, pp. 132-3; *Ivestiia TsK KPSS*, n. 3, p. 121, 1991 (carta coletiva do Politbiuró de 31 de dezembro de 1923); RGASPI, f. 17, op. 2, d. 209, l. 9-11 (1º de janeiro de 1926, plenária). "M. I. Ulianova ob otnoshenii V. I. Lenina i I. V. Stalina", *Izvestiia TsK KPSS*, n. 12, pp. 196-9, 1989 (p. 197); RGASPI, f. 14, op. 1, d. 398, l. 1-8. Emelian Iaroslávski, homem fiel a Stálin, relembrou que Lênin "ficara fatalmente cansado" de Trótski e suas incessantes polêmicas públicas por causa de doutrina e diretrizes políticas. *Izvestiia TsK KPSS*, n. 4, p. 189, 1989.

46. Richard Pipes, *Unknown Lenin*, p. 124 (13 de março de 1921).

47. Em 16 de junho de 1921, o Politbiuró tratou da questão da transferência de Trótski para a Ucrânia como comissário do Suprimento de Alimentos. Ele se recusou a aceitar a decisão do Politbiuró, o que acelerou a convocação de uma plenária do Comitê Central para discutir o problema. Entrementes, Trótski telefonou para Cristian Rakóvski, chefe do partido na Ucrânia, que teria dito a ele que todas as medidas para levar grãos para a Ucrânia já haviam sido tomadas. Porém, documentos que Lênin estava recebendo contradiziam esse quadro. Lênin e Trótski se encontraram entre 16 e 23 de julho para uma série de longas discussões. Em 27 de julho, Lênin, depois de recebê-lo mais uma vez, recuou. Os dois chegaram a algum tipo de acordo em relação ao comportamento de Trótski, que continuou encarregado das forças militares soviéticas. Valentin A. Sákharov, *Politicheskoe zaveshchanie*, pp. 135-42 (citando *Izvestiia TsK KPSS*, n. 7, p. 187, 1990; RGASPI, f. 17, op. 3, d. 190, l. 4; *Voprosy istorii*, n. 8, pp. 138-9, 1989; Gueórgi N. Golikov, *Vladimir Ilich Lenin*, XI, pp. 105-6; *Leninskii sbornik*, XXXIX, p. 359; RGASPI, f. 17, op. 2, d. 71, l. 5, 24; f. 2, op. 1, d. 200015, l. 1-1ob, 5, 24-5; e *PSS*, LIV, p. 148).

48. Feliks Chuev, *Sto sorok*, p. 193. Ver também Adam B. Ulam, *Stalin*, pp. 207-9; e Robert Service, *Stalin*, pp. 189-90.

49. Gueórgi N. Golikov, *Vladimir Ilich Lenin*, XII, p. 357; L. A. Fotíieva, *Iz zhizni*, pp. 183-4. Em 13 de junho de 1922, Lênin estava bem o suficiente para ser mudado do prédio auxiliar do complexo (*fligel*) para a casa principal, mas, no dia seguinte, teve um espasmo dos vasos sanguíneos da cabeça e disse a Kojévnikov: "Então é isso. Será um derrame". Gueórgi N. Golikov, *Vladimir Ilich Lenin*, XII, pp. 353-4; D. A. Volkógonov, *Lenin*, p. 414. Em 18 de junho, o *Pravda* publicou um boletim que sugeria que ele se sentia bem, embora estivesse irritado com o regime restritivo dos médicos.

50. *Izvestiia TsK KPSS*, n. 2, pp. 198-200, 1989; D. A. Volkogónov, *Lenin: politicheskii portret*, II, pp. 23-5.

51. Ibid., n. 12, pp. 197-8, 1989; D. A. Volkogónov, *Trotskii*, II, p. 23.

52. RGASPI, f. 558, op. 1, d. 2397, l. 1.

53. *PSS*, LIV; p. 273; Gueórgi N. Golikov, *Vladimir Ilich Lenin*, XII, p. 359. A carta de 18 de julho a Stálin tem um início enigmático: "Pensei muito sobre sua resposta e não concordo com você". Não sabemos do que se trata.

54. V. I. Lênin, *V. I. Lenin*, p. 547; D. A. Volkogónov, *Lenin: Life and Legacy*, p. 257 (citando RGASPI. f. 2, op. 1, d. 25996, l. 1).

55. D. A. Volkogonov, *Lenin: Life and Legacy*, p. 416 (citando APRF, f. 3, op. 22, d. 307, l. 23). Os presentes eram Kámenev, Trótski, Stálin, Tomski, Mólotov, Zinóviev, Ríkov, Radek, Buhkhárin e Tchubar.

56. A. I. Mikoian, "Na Severnom Kavkaze", p. 202. Ver também *Pravda*, 6 de agosto de 1922.

57. L. A. Fotíieva, *Iz zhizni*, pp. 285-6.

58. V. I. Lênin, *V. I. Lenin*, pp. 548-9 (RGASPI, f. 2, op. 1, d. 26002); RGASPI, f. 5, op. 2, d. 275, l. 4-6; *XII siezd RKP* (b), p. 198; RGASPI, f. 558, op. 11, d. 816, l. 37-43, 49. Kámenev, chefe do Soviete de Moscou

e do diretório moscovita do partido, já era, informalmente, o principal substituto de Lênin no governo. T. H. Rigby, *Lenin's Government*, p. 201.

59. RGASPI, f. 5, op. 2, d. 275, l. 4-6; Iúri Felchtínski, *Kommunisticheskaia oppozitsiia v SSSR*, I, p. 11.

60. D. A. Volkogónov suspeitava que Lênin esperava e torcia para que Trótski não aceitasse, especialmente porque optara por não obter uma decisão do Politbiuró e impor a disciplina partidária a Trótski depois de sua recusa (nesse caso). D. A. Volkogónov, *Trotskii*, II, pp. 23-4. Sákharov, em outras instâncias um autor cauteloso, também especula que Lênin queria que Trótski recusasse, o que não está documentado. Valentin A. Sákharov, *Na rasputie*, p. 98; Id., *Politicheskoe zaveshchane*, pp. 190-1.

61. V. I. Lênin, *V. I. Lenin*, pp. 548-9; Richard Pipes, *Unknown Lenin*, pp. 171, 174 (carta de Lênin a Stálin com marcações, um fac-símile, pp. 172-3); Richard Pipes, *Russia under the Bolshevik Regime*, pp. 464, 466-7.

62. Isaac Deutscher, *Prophet Unarmed*, pp. 30-1.

63. RGASPI, f. 17, op. 3, d. 312, l. 4; f. 5, op. 2, d. 275, l. 4-6.

64. Em breve, Stálin tornaria pública a recusa de Trótski, no XII Congresso: *XII siezd RKP (b)*, p. 198.

65. *Sochineniia*, V, pp. 134-6.

66. A. V. Karagánov, *Lenin*, I, p. 382; Gueórgi N. Golikov, *Vladimir Ilich Lenin*, XII, p. 371.

67. Lênin cedeu aos pedidos para permitir que um fotógrafo (P. A. Otsup) registrasse o evento com uma foto de grupo para a posteridade, mas somente depois que a pauta fosse cumprida. A. V. Karagánov, *Lenin*, I, pp. 400-2; *Vospomianiia o Vladimire Iliche Lenine*, IV, p. 446; *Pravda*, 4 de outubro de 1922.

68. Vladímir Naúmov, "1923 god", p. 36; D. A. Volkogonov, *Lenin: Life and Legacy*, p. 257 (citando RGASPI, f. 2, op. 2, d. 1239, l. 1); D. A. Volkogonov, *Lenin: politicheskii portret*, II, p. 24. A resposta de Lênin não é datada; Naúmov especula que tenha sido escrita depois de 2 de outubro de 1922, quando ele retornou a Moscou.

69. *PSS*, XLV, pp. 245-51; *Izvestiia*, 1º de novembro de 1922; L. A. Fotíieva, *Iz zhizni*, pp. 231-2. Em 1º de novembro de 1922, Lênin realizou uma reunião em seu gabinete no Kremlin com um triunvirato: Stálin (aparato do partido), Kámenev (governo) e Zinóviev (Comintern). *Leninskii sbornik*, XXIX, p. 435; Gueórgi N. Golikov, *Vladimir Ilich Lenin*, XII, p. 454.

70. *PSS*, XLV, p. 270. Na celebração oficial do aniversário, no Bolchói, uma imagem de alumínio de Marx e Engels, feita por uma fábrica de Moscou, foi presenteada a Lênin. *Izvestiia*, 9 de novembro de 1922; Gueórgi N. Golikov, *Vladimir Ilich Lenin*, XII, pp. 466-7.

71. *PSS*, XLV, pp. 278-94; *Leninskii sbornik*, XXXIX, pp. 440; *Vospominaniia o Vladimire Iliche Lenine* [1979], V, pp. 452, 459-61, 462-3, 468-9, 472-3; *Voprosy istorii KPSS*, n. 9, pp. 41-3.

72. Serguei A. Pavliútchenkov, "Orden mechenostsev", pp. 195-6 (citando RGASPI, f. 4, op. 2, d. 1197, l. 1); *PSS*, XLV, pp. 30-9; *Leninskii sbornik*, XXXIX, p. 440; *Vospominaniia o Vladimire Iliche Lenine* [1979], IV, pp. 452-3; A. V. Kvachónkin, *Bolshevistskoe rukovodstvo*, pp. 268-9 (RGASPI, f. 85, op. 1/S, d. 13, l. 8-9: Nazaretian a Ordjonikidze, 27 de novembro de 1922).

73. N. S. Tchervínskaia, *Lenin, u rulia strany Sovetov*, II, pp. 240-1 (B. M. Bólin).

74. Alfred Rosmer, *Moscou sous Lenine*, p. 231. Ver também Moshe Lewin, *Lenin's Last Struggle*, pp. 33-4.

75. *Pravda*, 21 de novembro de 1922; *PSS*, XLV, pp. 300-1; V. I. Lênin, *V. I. Lenin*, pp. 566-73 (transcrição completa).

76. *PSS*, XLV, P. 457.

77. *Pravda*, 21 de janeiro de 1927; Gueórgi. N. Golikov, *Vladimir Ilich Lenin*, XII, p. 509; *PSS*, XLV, p. 463; A. M. Bessónova, *Biblioteka V. I. Lenina*, p. 56; L. A. Fotíieva, *Iz zhizni*, p. 240; *Izvestiia*, 1º de dezembro de 1922.

78. Giuseppe Boffa, *The Stalin Phenomenon*.

79. Feliks Chuev, *Sto sorok*, p. 381.

80. Max Sering, *Die Unwälzung des osteuropäischen Agrarverfassung*, pp. 5-6 (grifo meu).

10. DITADOR [pp. 433-79]

1. Feliks Chuev, *Tak govoril Kaganóvitch*, pp. 190-1; Id., *Kaganóvitch*, p. 263.

2. Ele continuou, dizendo que "a colheita deste ano é desigual e, no conjunto, muito abaixo das expectativas: é provável que até as estimativas de dois meses atrás se mostrem elevadas demais. As perspectivas para o próximo ano não são brilhantes". Kenneth Bourne e D. Cameron Watt, *British Documents on Foreign Affairs*, VII, p. 376 (sem data, data deduzida do conteúdo).

3. Liev Trótski, "Kak moglo eto sluchitsia?", em Liev Trótski, *Chto i kak proizoshlo*, pp. 25-36 (p. 25); *Stalin*, p. 393. Ver também Id., *My Life*, p. 512. Eugene Lyons, um correspondente americano de inclinações esquerdistas, concederia a Stálin a posse somente dos "talentos vulgares do político municipal elevado à dimensão de quase gênio", sem entender que isso era um grande elogio. Eugene Lyons, *Stalin*, p. 159.

4. E. O. Preobrajénski, "Stranitsa iz ego zhizni", *Pravda*, 18 de março de 1919, p. 2. Ver também Charles Duval, "The Bolshevik Secretariat"; Id., "Yakov M. Sverdlov".

5. Sobre as várias demandas dos comitês regionais do partido ao centro, ver Robert Service, *Bolshevik Party in Revolution*, pp. 277-95.

6. Em 18 de março de 1919, dia do depósito das cinzas de Svérdlov no Muro do Kremlin, Lênin disse numa reunião realizada no hotel Metrópole: "O trabalho que ele realizava sozinho na esfera da organização, seleção de pessoas, designação delas para cargos de responsabilidade de acordo com as mais variadas especializações — esse trabalho só será possível agora se cada um dos ramos de grande escala que o camarada supervisionava for tocado por grupos inteiros de pessoas que sigam suas pegadas e cheguem perto do que este homem fazia sozinho". *PSS*, XXXVIII, p. 79. Ver também o obituário de Svérdlov escrito por Lênin: *Pravda*, 20 de março de 1919.

·7. Trótski reivindicou o crédito pela designação de Kalínin. Liev Trótski, *Portrety revoliutsionerov*, p. 182 (carta de Trótski a Lunatchárski, 14 de abril de 1926). O Congresso dos Sovietes, que se reunia uma vez por ano, possuía ainda menos autoridade do que a Duma tsarista. A melhor análise da verdadeira estrutura da nova autoridade encontra-se em Mark Vichniak, *Le Regime sovietiste*. Em teoria, o Conselho dos Comissários do Povo respondia ao Comitê Executivo Central do Soviete, que, formalmente, possuía o direito de estruturar o Conselho dos Comissários do Povo e seus comissariados (Constituição de 18 de julho, artigo 35). O Conselho dos Comissários do Povo tinha a tarefa de baixar decretos e regulamentações (artigos 37, 38), mas o Comitê Executivo Central deveria aprovar esses decretos; o Conselho dos Comissários do Povo também deveria informar semanalmente suas atividades ao CEC. (N. Avdeiev, *Revoliutsiia 1917 goda*, VI, p. 167.) Na prática, o Conselho dos Comissários do Povo comportava-se como uma entidade soberana. Svérdlov, indiscreta mas corretamente, revelara certa vez numa reunião do CEC que o Conselho dos Comissários do Povo era não "somente um órgão executivo, como foi dito; ele é legislativo, executivo e administrativo". *Zasedanie vserossiiskogo tsentralnogo ispolnitelnogo komiteta 4-go sozyva*, pp. 66-77. Mikhail Vladímirski foi presidente interino do CEC de 16 a 30 de março de 1919.

8. E. D. Stássova, *Vospominaniia*, p. 161. Ver também Aleksandr Isbakh, *Tovarishch Absoliut*.

9. Nikolai Ossínski escrevera a Lênin (16 de outubro de 1919) para sugerir a "formação de uma ditadura organizacional consistente de três membros do Comitê Central, os melhores organizadores que se conhe-

ce", citando Stálin, Krestínski e Leonid Serebriakov (admitindo ao mesmo tempo que Dzierżyński também poderia ser apropriado). RGPASI, f. 5, op. 1, d. 1253, l. 6. Ossínski sobre Svérdlov no VIII Congresso do Partido: *VIII siezd RKP (b)*, p. 165. Lênin manteve Ossínski afastado de altos cargos depois de sua oposição ao Tratado de Brest-Litovsk.

10. Leonard Schapiro, *Origin of the Communist Autocracy* [1977], p. 266.

11. Robert V. Daniels, "The Secretariat", p. 33. Krestínski admitiu os defeitos: *IX siezd RKP (b)*, p. 41.

12. Ver, por exemplo, os comentários de Zinóviev no XI Congresso do Partido: *Pravda*, 2 de abril de 1921.

13. Embora Lênin tenha impedido a inclusão de Krestínski na lista eleitoral, 161 dos 479 delegados votaram em seu nome, um evento único nos anais do partido. *X siezd* [1963], p. 402. Krestínski também perdeu seu assento no Politbiuró (16 de março de 1921) e foi para a Alemanha como enviado soviético. Lênin não era sentimental: a esposa de Krestínski fora a primeira médica a tratá-lo quando ele levou um tiro, em 1918.

14. V. A. Níkonov, *Molotov*, pp. 517-8; M. V. Zelenov, "Rozhdeniie partiinoi nomenklatury", p. 4. Ver também J. Ali, "Aspects of the RKP (b) Secretariat".

15. Aumento substancial em relação aos 82 859 passes de 1920: *Izvestiia TsK*, v. 39, n. 3, p. 55, março de 1922.

16. James Harris, "Stalin as General Secretary: The Appointment Process and the Nature of Stalin's Power", p. 69 (citando RGASPI, f. 17, op. 2, d. 78, l. 2); *Pravda*, 2 de abril de 1922 [Zinóviev]); *Izvestiia TsK KPSS*, n. 4, p. 176, 1990.

17. *PSS*, XLIV, pp. 393-4. Mólotov relembraria que, quando assumiu a secretaria do partido, em 1921, Lênin lhe disse: "Como secretário do Comitê Central, você deve cuidar da política [políticas públicas] e delegar todo o trabalho técnico para adjuntos e auxiliares". Feliks Chuev, *Sto sorok*, p. 181.

18. Robert V. Daniels, "Stalin's Rise to Dictatorship"; Nils Erik Rosenfeldt, *Knowledge and Power*. Ver também Robert V. Daniels, "The Secretariat"; T. H. Rigby, "Early Provincial Cliques"; Nils Erik Rosenfeldt, *Stalin's Special Departments*; e as resenhas erroneamente desdenhosas de Gábor Rittersporn, *Russian History/Histoire Russe*, v. 17, n. 4, p. 468, 1990, e J. Arch Getty, *Russian Review*, v. 50, n. 3, pp. 372-4, 1991.

19. "Iosif Stalin: opyt kharakteristiki" (22 de setembro de 1939), em Liev Trótski, *Portrety revoliutsionerov*, pp. 46-60 (p. 59), 351, n. 35 (nota de Felchtínski, citando cadernos de Trótski da década de 1930). Em outro lugar, Trótski escreveu que "Stálin se apossou do poder não com a ajuda de qualidades pessoais, mas com a ajuda de uma máquina impessoal. E não foi ele que criou a máquina, mas a máquina que o criou". Leon Trotsky, *Stalin*, p. XV.

20. Abdurakhman Avtorkhánov, *Tekhnologiia vlasti*, p. 5; Robert H. McNeal, *Stalin*, p. 82.

21. "Não houve nada de 'automático' no processo da ascensão de Stálin durante a década de 1920", observou corretamente Tucker em 1973. "Era preciso um homem extraordinariamente dotado para navegar pelas águas traiçoeiras da política bolchevique com a habilidade que ele demonstrou naquele período." Robert C. Tucker, *Stalin as Revolutionary*, p. 392.

22. A secretaria pessoal de Lênin sobrepunha-se à do Conselho dos Comissários do Povo. Ela coletou todos os relatórios sobre o clima político de 1918 a 1922 e todas as propostas absurdas de governo.

23. Em 3 de março de 1920, Dzierżyński propusera a criação de duas listas de funcionários, uma alfabética e outra regional, sugestão imediatamente aceita. RGASPI, f. 17, op. 112, d. 14, l. 183.

24. RGASPI, f. 17, op. 11, d. 114, l. 14.

25. *XII siezd RKP (b)*, pp. 62-3, 180 (Viktor Nóguin, membro da Comissão de Revisão do XII Congresso do Partido). Nóguin morreu em maio de 1924.

26. A. V. Kvachónkin, *Bolshevistskoe rukovodstvo*, pp. 262-3 (RGASPI, f. 85, op. 1/S, d. 13, l. 10).

27. Este capítulo faz uso de *Vsia Moskva* (Moscou: Moskovskii rabochii, 1923) e *Vsia Moskva v karmane* (Moscou e Leningrado: Gosizdat, 1926), entre outras fontes.

28. Stálin havia implorado a Lênin para ser dispensado dessa tarefa, queixando-se de excesso de trabalho — não sem razão, embora sua presença na inspetoria de operários e camponeses ou no Comissariado das Nacionalidades fosse mínima. Ele abriu mão desses cargos no governo para se concentrar em tempo integral no aparato do partido, embora mantivesse um gabinete governamental no Senado Imperial do Kremlin.

29. German V. Charápov, *Razreshenie agrarnogo voprosa*, p. 174.

30. Esse seria o máximo da *proporção* rural de membros do partido em toda a história do regime. T. H. Rigby, *Communist Party Membership*, p. 135.

31. Roger Pethybridge, *One Step Backwards*. Em 1924, Smolensk, uma província rural, tinha dezesseis comunistas para cada 10 mil habitantes rurais em idade de trabalhar. Merle Fainsod, *Smolensk under Soviet Rule*, p. 44. Zinóviev, no congresso do partido de 1923, declarou categoricamente que o Partido Comunista era um partido urbano. *XII siezd RKP* (*b*), p. 39.

32. Simon Pirani, *Russian Revolution in Retreat*, p. 155.

33. Ibid., p. 101.

34. "'Menia vstretil chelovek srednego rosta...'".

35. Alexandre Barmine, *Vingt ans au service de l'U.R.S.S.*, pp. 256-60.

36. Lênin compreendeu que "a política se realiza através do povo". *PSS*, XLV, pp. 122-3. Uma primeira versão do slogan de Stálin de 1935, "os quadros decidem tudo".

37. A. N. Chéfov, *Moskva, kreml', Lenin*; D. A. Volkogonov, *Lenin: Life and Legacy*, p. 230; Water Duranty, "Artist Finds Lenin at Work and Fit".

38. A pensão era uma espécie de poço coletor: Kalínin, presidente do Comitê Executivo Central do Soviete, também montou escritório ali, no segundo andar, assim como Aleksei Ríkov, vice-presidente do Conselho dos Comissários do Povo, embora tivessem seus gabinetes principais no Senado Imperial, no mesmo andar de Lênin. O prédio da Vozdvíjenka, 3, abrigara os arquivos do Ministério das Relações Exteriores tsarista e se tornou o Arquivo do Estado soviético (e seria demolido para a expansão da Biblioteca Lênin), enquanto o nº 6, uma clínica particular, se tornou o hospital do Kremlin. A. G. Barmin, *Sokoly Trotskogo*, p. 155. A pensão, conhecida como Petergof, foi construída em 1877 e ganhou um quarto andar em 1902. Foi designada Casa dos Sovietes nº 4. O braço editorial do Comitê Central localizava-se na Vozdvíjenka, 9, enquanto o nº 10, construído pela Sociedade Econômica dos Oficiais do distrito militar de Moscou, viria a ser a Loja dos Militares (*Voentorg*); ele abrigava também o escritório do Comitê Central da Liga da Juventude Comunista, da associação editorial da Guarda Jovem e um dormitório. Béla Kun morou ali, em 1923-37, e não no hotel Lux. Mais adiante na mesma rua ficava a mansão Morózov, bem como o complexo da família Cheremétiev em Moscou, conhecido como a Casa da Esquina. A Vozdvíjenka era perpendicular ao Kremlin e a Mokhováia, paralela. Ela seria rebatizada de rua do Comintern em 1935; a Mokhováia tornou-se a avenida Karl Marx. P. V. Sytin, *Iz istorii Moskovskikh ulits* [1948].

39. *IX siezd RKP* (*b*), pp. 357, 610, n. 118; Serguei A. Pavliútchenkov, *Rossiia Nepovskaia*, p. 61; Id., "*Orden mechenostsev*", pp. 213-27. Mais tarde, o endereço da Vozdvíjenka, 5, foi ocupado pelo Museu Estatal de Arquitetura, que está lá até hoje.

40. Alexander Berkman, *Bolshevik Myth*, pp. 46, 36-7. Na Vozdvíjenka, 5, ficava também a sede do Jenotdel — Departamento de Mulheres Trabalhadoras e Camponesas (literalmente, Seção da Mulher) —, conhecido derrisoriamente como Tsentro-Baba.

41. O prédio construído por Kazakov ganhara um terceiro andar em 1898. O escritório inicial de Stálin na secretaria, quando foi designado para o trabalho partidário em tempo quase integral, antes de se tornar secretário-geral, fora montado em 26 de setembro de 1921 na travessa Trubnikóvski, 19, segundo andar, ao menos para correspondência. RGASPI, f. 558, op. 1, d. 4505, l. 1, 3; d. 1860, l. 1-4.

42. "Nós [o partido] nos tornamos o Estado", declarou um delegado no VIII Congresso do Partido, em 1919. *VIII siezd* [1959], p. 178 (Varlam Avanéssov). "Todo mundo sabe, não é segredo para ninguém, que, na verdade, o líder do poder soviético na Rússia é o Comitê Central", declarou Zinóviev em seu informe sobre o VIII Congresso à máquina partidária de Leningrado. *Izvestiia TsK KPSS*, n. 8, p. 187, 1989.

43. O governo de Lênin era efetivamente um gabinete, mas não um sistema de gabinete baseado numa maioria parlamentar (como no caso britânico). T. H. Rigby, *Lenin's Government*, p. 230.

44. T. H. Rigby, *Lenin's Government*, pp. 176-86. Havia evidentemente sovietes locais, mas essas instituições de base recrutavam sobretudo novos membros da elite política, muitos dos quais eram promovidos e saíam dos sovietes. R. Abrams, "Political Recruitment and Local Government". O comissariado para o governo local autônomo havia sido formalmente absorvido pelo Comissariado do Interior em 20 de março de 1918; entrementes, o regime facilitara a eliminação dos *zemstvo*, órgãos de governo local (que datavam das grandes reformas da década de 1860 e que o Governo Provisório democratizara e, no papel, expandira muito). Paul P. Gronsky, "The Zemstvo System".

45. Evguéni Preobrajénski, no IX Congresso do Partido (março de 1920), observou que alguns delegados "chegaram a ponto de sugerir que o partido pode ser abolido, porque temos sovietes, nos quais os comunistas são maioria". Mas Krestínski, então secretário do partido, sugeriu, ao contrário, a eliminação dos sovietes nas províncias. *IX siezd RKP (b)*, p. 68; *Izvestiia TsK KPSS*, n. 7, p. 160, 1990.

46. *Izvestiia TsK KPSS*, n. 28 (5 de março), pp. 23-4, 1921; n. 29, p. 7; n. 3 (39), p. 54, 1922. Ver também Leonard Schapiro, *Communist Party*, p. 250.

47. Richard Sakwa, *Soviet Communists*, pp. 49-53, 191-3; Orlando Figes, *A People's Tragedy*, p. 688.

48. Nils Erik Rosenfeldt, *The "Special" World*. Em 1924, o aparato central do partido inchou para quase setecentos.

49. P. V. Sytin, *Iz istorii moskovskikh ulits* [2000], p. 70. "Kitai", em russo, pode significar China, mas esse não é obviamente o significado do Kitai-gorod de Moscou, que ninguém estabeleceu definitivamente. Liev Kolódni, *Kitai-gorod*, pp. 5-16. O prédio da Vozdvíjenka, 5, passou para a comissão estatal de planejamento. O aparato separado da organização partidária de Moscou na capital estava todo instalado: após o atentado à bomba de 25 de setembro de 1919 contra sua sede na travessa Leóntiev, 18, ela se mudou para a rua Bolcháia Dmítrovka, 15a, onde ficava um clube rico antes da revolução, com restaurante, salão de exposições e concertos, salas de bilhar e de carteado, renomado por seus salões artísticos. O diretório de Moscou permaneceu na Bolcháia Dmítrovka até que Lázar Kaganóvitch, que era secretário do Comitê Central, assumiu também a direção do partido em Moscou (1930) e arrancou do Comissariado do Trabalho o prédio da Praça Velha, 6, a fim de continuar próximo do aparato central e de Stálin (no nº 4).

50. A. P. Balachov e Iu. S. Markhachov, "Staraia ploshchad, 4 (20-e gody)", n. 5, p. 192.

51. Boris Bazhanov, *Bazhanov and the Damnation of Stalin*, pp. 38-9.

52. Vladímir Lóginov, *Teni Stalina*, p. 95. Vlássik ditou suas reminiscências para a esposa, Maria; sua filha adotada Nadejda passou-as para Gueórgi Egnatchivíli, cujo pai, Aleksandr, havia trabalhado com Vlássik, como chefe do corpo de guarda-costas do membro do Politbiuró Nikolai Chvérnik.

53. O Politbiuró reunia-se geralmente às terças e quintas-feiras e o Conselho dos Comissários do Povo, às quartas.

54. Dominic C. B. Lieven, "Russian Senior Officialdom"; John Armstrong, "Tsarist and Soviet Elite Administrators". Algumas das funções do secretariado do tsar foram assumidas pelo Ministério da Família Imperial, que supervisionava as propriedades do imperador (conhecidas como Terras do Gabinete, o maior proprietário de terras da Rússia).

55. Anatóli V. Remniov, *Samoderzhavnoe pravitelstvo*, p. 83 (citando memórias inéditas de A. N. Kulomzin). A chancelaria imperial fazia mais do que meros resumos; seus funcionários reescreviam e restruturavam atas, chegando mesmo a eliminar argumentos para compor narrativas suaves da formação de políticas governamentais, criando documentos destinados a serem acessíveis ao tsar. Muitas vezes, a chancelaria "poupava" o tsar de relatórios das províncias. Os chefes das seções da chancelaria imperial cuidavam da edição final das leis, enquanto o diretor-geral supervisionava as nomeações e comparecia a praticamente todas as comissões especiais. Anatóli V. Remniov, *Samoderzhavnoe pravitelstvo*, pp. 68-110; L. E. Chépelev, *Chinovny mir Rossii XVIII-nachalo XX v.*, pp. 47-55.

56. Alexandre III tentara fazer com que sua chancelaria se tornasse uma espécie de guardiã pessoal da burocracia, mas não conseguiu. Os ministros criticaram e obstruíram a mudança, e o autocrata não conseguiu conquistar o controle operacional do Estado. Dominic C. B. Lieven, *Russia's Rulers*, pp. 286-7.

57. Edward Hallett Carr, nos catorze volumes de sua história dos primeiros doze anos da revolução, examinou a relação da contingência política (ditadura de Stálin) e o que ele considerou o determinante estrutural primário (o atraso russo). À medida que se avança na leitura dos volumes, o passado russo se inculca cada vez mais no leitor, tal como aconteceu com muitos revolucionários bolcheviques. Mas, no último volume, publicado em 1978, Carr reconsideraria isso, dizendo que a ênfase no tsarismo, "embora não errada, parece-me agora um pouco exagerada". Edward Hallett Carr, *Foundations of a Planned Economy*, III/iii, p. viii.

58. Aleksandr F. Ilin-Jenévski, "Nakanune oktiabria", pp. 15-6; Alexander Rabinowitch, *Bolsheviks Come to Power*, pp. 57-9.

59. A. P. Balachov e Iu. S. Markhachov, "Staraia ploshchad, 4 (20-e gody)", n. 5, pp. 191-2.

60. *PSS*, XLV, p. 123. Com todos os membros em teoria "rigorosamente subordinados à disciplina partidária", como o VIII Congresso do Partido enfatizou em 1919, "toda a questão da nomeação de funcionários do partido está nas mãos do Comitê Central [...]. Sua decisão é obrigatória para todos". O Comitê Central está encarregado de levar a cabo a luta mais determinada contra qualquer localismo ou separatismo nessas questões". O Comitê Central apropriou-se do direito de "sistematicamente fazer a rotação de funcionários de uma esfera para a outra, de uma região para a outra, com o objetivo de obter o uso mais produtivo dos mesmos". *VIII siezd RKP (b)* [1959], pp. 426-8; *Kommunisticheskaia partiia Sovetskogo Soiuza*, I, p. 444.

61. Do verão de 1922 ao outono de 1923, 97 dos 191 secretários locais do partido foram eleitos; Moscou "recomendou" ou simplesmente designou o resto. Tsakúnov, *V labirinte*, p. 93 (citando RGASPI, f. 17, op. 68, d. 484, l. 170-85); T. H. Rigby, "Early Provincial Cliques", pp. 15-9.

62. Dizia uma declaração política em 1922: "O Comitê Central considera ser seu dever observar constantemente os assuntos internos dos diretórios locais do partido e tentar de todas as formas eliminar das localidades as fricções e dissensões conhecidas pelo nome de 'skloki'". *Izvestiia TsK*, março de 1922, p. 13. Em abril de 1920, por exemplo, todos os membros do Comitê Central do Partido Comunista da Ucrânia foram transferidos para a Rússia. M. Rávitch-Tcherkásski, *Istoriia kommunisticheskoi partii*, apêndice 12. Ver também Robert Service, *Bolshevik Party in Revolution*.

63. RGASPI, f. 17, op. 84, d. 147, l. 150; *Spravochnik partiinogo rabotnika*, cap. 3, pp. 108, 118. Sobre o processo de centralização em Petrogrado sob o comando de Zinóviev, ver Mary McAuley, *Bread and Justice*, p. 145.

64. Robert V. Daniels, "The Secretariat"; Barrington Moore, *Soviet Politics*, p. 290. Depois de um expurgo no partido feito no outono de 1921, o terceiro em três anos, cujo alvo foram os carreiristas e inimigos de classe "disfarçados" e que resultou na expulsão de pouco menos de um quarto dos 659 mil membros (muitos saíram por vontade própria), seguiu-se em 1922 um processo de renovação do registro do restante meio milhão de comunistas; foi um verdadeiro "censo" do partido, durante o qual o aparato central coletou questionários de quase todos os membros e candidatos a membro. *Spravochnik partiinogo rabotnika*, cap. 3, pp. 128-30; Robert Service, *Bolshevik Party in Revolution*, p. 164; Efim G. Guimpelson, *NEP*, p. 329 (citando RGASPI, f. 17, op. 34, d. 1, l. 19); *Izvestiia TsK RKP* (b), 5 de março de 1921. Em 1921, muitas comissões do partido convidaram a massa não partidária a expressar sua opinião sobre os indivíduos comunistas. Em uma unidade militar da guarnição de Moscou, quatrocentos soldados não filiados expulsaram os 36 membros do partido da reunião e decidiram eles mesmos quem deveria ser expurgado, resultado que depois foi anulado. *Izvestiia MK RKP* (b), n. 1, p. 6, 1922. O aparato evidentemente não conseguiu indexar todos os membros do partido antes do início do XI Congresso, na primavera de 1922. *Pravda*, 10 de setembro de 1921; *Protokoly XI*, p. 52; Leonard Schapiro, *Origin of the Communist Autocracy*, 1977, pp. 337-8; Efim G. Guimpelson, *NEP*, p. 329 (citando RGASPI, f. 17, op. 34, d. 1, l. 19); *Izvestiia TsK RKP* (b), 5 de março de 1921.

65. Mólotov contara no XI Congresso do Partido (1921) que uma comissão de três pessoas enviada à província de Samara descobrira uma "total falta de disciplina" e uma queda no número de filiados de 13 mil para 4500 (deixando de lado o fato de que sofria uma epidemia de fome terrível), o que obrigou Moscou a substituir toda a liderança de Samara por gente nomeada. *XI siezd RKP* (b), pp. 57-8; *Izvestiia TsK*, março de 1922, p. 35. Inumeráveis circulares secretas, entre elas uma datada de 30 de novembro de 1922, referiam-se à "imensamente disseminada aceitação de suborno" entre os funcionários, que ameaçava uma "degeneração e destruição do aparato estatal dos trabalhadores", e exigiam que uma pessoa ou comissão em cada região fosse responsável por combater o flagelo. A culpa do suborno era atribuída à "falta geral de cultura e ao atraso econômico do país". RGASPI, f. 17, op. 11, d. 100, l. 234; op. 84, d. 291, l. 282.

66. *Izvestiia TsK*, n. 42, junho de 1922; n. 43, julho de 1922, n. 9 (45), setembro de 1922, n. 11-2.

67. James Harris, "Stalin as General Secretary". Devido, em parte, à enorme expansão e, em parte, à renovação. Somente de 20% a 40% dos delegados do partido participavam de dois congressos anuais seguidos. Dos 106 delegados com e sem direito a voto ao VII Congresso, 38% apareceram no VIII; dos 442 presentes no VIII, 23% foram ao IX; dos 593 no IX, 22% chegaram ao X; dos 1135 que participaram do X, somente 15% estavam no XI; apenas 36% voltaram no XII Congresso. Deve-se levar em conta ainda que a presença constante dos membros do Comitê Central era substancial e que esse órgão também se expandia (de 23 membros plenos e candidatos em 1918 para 46 em 1922). Graeme Gill, *Origins*, pp. 58, 61.

68. RGASPI, f. 17, op. 112, d. 370, l. 2; Serguei A. Pavliútchenkov, *Rossiia Nepovskaia*, p. 70 (citando RGASPI, f. 17, op. 11, d. 142, l. 4).

69. Catherine Merridale, *Moscow Politics*, p. 29.

70. *Izvetsiia TsK VKP* (b), janeiro de 1924, n. 1 (59), pp. 64-7, abril de 1924, n. 4 (62), p. 41, 18 de janeiro de 1926, n. 1 (122), pp. 22-4; A. P. Balachov e Iu. S. Markhachov, "Staraia ploshchad, 4 (20-e gody)", n. 4, p. 186; RGASPI, f. 17, op. 68, d. 139, l. 74; T. H. Rigby, "Origins of the Nomenklatura System", pp. 241-54; T. H. Rigby, "Staffing USSR Incorporated"; T. P. Korjíkhina e Iu. Figatner, "Sovetskaia nomenklatura".

71. *XII siezd RKP* (b), pp. 704-5; RGASPI, f. 17, op. 69, d. 259, l. 101. Não obstante, o aparato do Comitê Central também aproveitou a iniciativa para registrar burocratas estatais não filiados, derrotando uma tentativa do Comitê Executivo Central do Soviete de se encarregar dessa função. Serguei A. Pavliútchenkov, *Rossiia Nepovskaia*, p. 69; Id., *"Orden mechenostsev"*, pp. 227-53. Em breve, o sistema da nomenklatura

seria prática exigida em todas as repúblicas da União. Robert V. Daniels, "The Secretariat", pp. 37-8; T. H. Rigby, "Staffing USSR Incorporated", pp. 529-30. Em 1924, a lista já estava dividida em duas, com 3500 incluídos na lista nº 1 e 1500 na lista nº 2. Os da primeira lista deveriam ser indicados pelo Politbiuró, aprovados pelo Comitê Central e nomeados. RGASPI, f. 80, op. 19, d. 1, l. 6-14.

72. *XII siezd RKP (b)*, p. 63.

73. Os comitês locais do partido tinham autoridade circunscrita no papel. Uma circular do Comitê Central de novembro de 1922 enviada a todos os diretórios do partido estipulava que o pessoal local não tinha autoridade para alterar a essência das circulares do partido. Mas num reconhecimento tácito de que isso estava acontecendo, a circular observava que qualquer proposta de acréscimo a elas precisava da concordância do Comitê Central. Essa circular era assinada por Mólotov e Kaganóvitch. Irina V. Pávlova, *Stalinizm*, p. 73 (citando PANO, f. 1, op. 2, d. 238, l. 32).

74. A. N. Nikoláev, *Chekisty*, artigo de Velídov com biografia de Ksenofóntov; Michael Parrish, *Soviet Security*, pp. 219-20. No final de 1924 ou início de 1925, Ksenofóntov ordenou que trabalhadores consertassem o gabinete de Stálin depois da meia-noite; Balachov, que acontecia estar de plantão, não fora informado e se recusou a deixar os trabalhadores entrar no gabinete. Ksenofóntov ligou e gritou ao telefone; no dia seguinte, Balachov informou o ocorrido a Stálin, que ficou do seu lado. Ksenofóntov pediu demissão; Stálin não quis aceitá-la, mas Ksenofóntov insistiu. Ele passou para o setor de bem-estar social da RSFSR. A. P. Balachov e Iu. S. Markhachov, "Staraia ploshchad, 4 (20-e gody)", n. 5, p. 191. Ksenofóntov morreu em 23 de março de 1926, de câncer no estômago, aos 42 anos. Seu obituário (*Poletarskaia revoliutsiia*, n. 4, pp. 232-4, 1926) informou que ele era "um dos criadores e organizadores da Tcheká", embora tivesse sido transferido para o aparato do CC por três anos.

75. N. D. Psúrtsev, *Razvitie sviazi v SSSR*. Lênin fazia extenso uso do telefone; seu rascunho de diretivas para introduzir a NPE, por exemplo, foi transmitido por telefone para o Politbiuró. P. I. Makruchenko, "Voploshchenie mechty", *Promyshlenno-ekonomicheskaia gazeta*, 20 de abril de 1958, p. 3. O pouco investimento garantia que os aparelhos não se expandissem para muito além dos funcionários, mas também que os comissariados e outros órgãos oficiais montassem redes telefônicas próprias, que eram, portanto, sistemas fechados (motivo pelo qual as autoridades soviéticas tinham tantos telefones em suas mesas). Steven L. Solnick, "Revolution, Reform, and the Soviet Telephone Network", pp. 172-3; J. Patrick Lewis, "Communications Output in the USSR", p. 413.

76. Boris Bajánov afirmou ter visto uma vez Stálin fazendo escuta de uma rede telefônica, usando um dispositivo especial ligado a um fio dentro da gaveta de sua escrivaninha. Boris Bazhanov, *Bazhanov and the Damnation of Stalin*, pp. 39-41. Esse incidente não consta da obra anterior de Boris Bajánov, *Avec Staline dans le Kremlin*.

77. Na década de 1920, aqueles que viajavam à União Soviética estavam convencidos de que tudo era escutado secretamente — "dizia-se que, em Moscou, falar pelo telefone era como falar diretamente com a GPU" —, mas não devemos esquecer que todos os telefonemas do mundo passavam por telefonistas. Lancelot Lawton, *The Russian Revolution*, p. 282. Ver também Edward Hale Hullinger, *Reforging of Russia*, p. 114.

78. Havia uma mesa telefônica (*kommutator*) numa pequena sala entre a recepção de Stálin e seu gabinete, onde duas telefonistas trabalharam em turnos até meados de 1925, quando foram substituídas por guarda-costas que funcionavam também como operadores telefônicos. O número de telefones na Praça Velha saltou rapidamente de cerca de 250 para quinhentos. A. P. Balachov e Iu. S. Markhachov, "Staraia ploshchad, 4 (20-e gody)", n. 5, p. 192.

79. *Izvestiia TsK RKP (b)*, 18 de setembro de 1920; Irina V. Pávlova, *Stalinizm*, pp. 46-7 (citando RGASPI, f. 17, op. 84, d. 171, l. 2); G. A. Kurnenkov, "Organizatsiia zashchity informatsii v strulturakh RKP (b) —

VKP (b), 1918-1941 gg.: avtorefat kandidatskoi dissertatsii", RGGU, 2010; Boris Iu. Ánin, *Radioelektronnyi shpionazh*, pp. 24-32. Boki continuou encarregado do departamento de criptografia de janeiro de 1921 até meados de maio de 1937.

80. A comuna da datcha de Boki localizava-se na aldeia de Kútchino, a leste de Moscou, e cobrava de seus membros 10% de seus salários mensais. "Como regra, as bebedeiras eram acompanhadas por vandalismo desvairado e humilhações mútuas: os bêbados espalhavam tinta e mostarda em suas partes íntimas", relembrou Ievdokia Kártseva, uma agente da espionagem estrangeira soviética. "Aqueles que eram forçados a beber eram enterrados como se tivessem morrido [...]. Tudo isso era feito com acessórios sacerdotais, importados do campo de trabalho do mosteiro de Solovki (que Boki ajudara a montar). Em geral, duas ou três pessoas usavam trajes sacerdotais e dirigiam uma liturgia embriagada. Tomavam bebidas alcoólicas de um laboratório de química obtidas sob o pretexto de necessidades técnicas." Disponível em: <www.solovki. ca/camp_20/butcher_bokii.php>. Acesso em: 16 dez. 2016. Valéri Chambárov, *Gosudarstvo i revoliutsiia*, p. 592.

81. Nils Erik Rosenfeldt, *The "Special" World*, I, pp. 141-4.

82. *XII siezd RKP (b)*, pp. 70, 71, 74.

83. Irina V. Pávlova, *Stalinizm*, p. 90 (citando PANO, f. 5, op. 6, d. 142, l. 11).

84. Id., "Mekhanizm politicheskoi vlasti", p. 63. Em 8 de novembro de 1919, uma ata do Politbiuró registra a queixa de Stálin de que "certas informações sobre sessões do Comitê Central, reconhecidamente de forma corrompida, de algum modo chegam aos nossos inimigos". Ele sugeriu um procedimento "que permitisse que somente alguns poucos camaradas ficassem sabendo dos protocolos". Isso levou à instituição de regras sobre quem receberia trechos das reuniões do Politbiuró, destinados a servir de diretivas ou instruções. RGASPI, f. 17, op. 3, d. 37; *Archives of the Soviet Communist Party and Soviet State: Catalog of Finding Aids and Documents* (Hoover Institution Archives, 1995). Em 14 de junho de 1923, o Politbiuró resolveu fazer registros taquigráficos dos principais informes e comentários sumários sobre itens importantes da pauta, para a edificação dos ausentes. Adibékov, *Politbiuro TsK RKP (b) – VKP (b): povestki dnia zasedanii*, I, p. 223. Porém, esses registros raramente eram feitos, pois tratava-se de um trabalho exaustivo: as sessões tendiam a ser longas e os comentários registrados tinham de ser distribuídos a cada indivíduo para edição e aprovação. Os "livros vermelhos" resultantes, compostos tipograficamente, e assim chamados por causa da encadernação cor-de-rosa, podiam diferir substancialmente das observações originais taquigrafadas. Em 8 de dezembro de 1923, o Politbiuró resolveu que, em seus protocolos, "nada além das decisões do Politbiuró deve ser registrado". *Istochnik*, n. 5-6, pp. 88-95 (p. 91), 1993.

85. Serguei V. Dmitriévski, *Sovetskie portrety*, pp. 108-9. Dmitriévsvki, empregado da embaixada soviética na Suécia, desertou em 1930.

86. "'Menia vstretil chelovek srednego rosta...'".

87. P. M. Kérjentsev, *Printsipy organizatsii*. Kérjenstev também era um dramaturgo e defensor do teatro de massa que, em 1923-5, trabalhou na Inspetoria de Operários e Camponeses e escreveu panfletos sobre a organização científica do trabalho (taylorismo), gestão do tempo e como dirigir reuniões: *Nauchnaia organizatsiia truda (NOT) i zadacha partii* (São Petersburgo, 1923); *Borba za vremia* (Moscou, 1923); *Organizui samogo sebia* (Moscou, 1923); *Kak vesti sobaranie*, 5. ed. (Moscou, 1923).

88. Depois do sucesso do golpe, um bolchevique de Moscou comentou que "alguns camaradas não conseguiam se acostumar com a ideia de que a clandestinidade havia finalmente acabado". Na verdade, a tentativa de reter o poder dentro de um país hostil e um mundo hostil fez parecer que os pseudônimos e as mensagens codificadas ainda eram essenciais. P. G. Smidóvitch, "Vykhod iz podpolia v Moskve", p. 177. Smidóvitch presidiu o Comitê Revolucionário Militar de Moscou.

89. Em 1922, Lênin insistiu que as três secretarias do Comitê Central divulgassem seus horários de funcionamento mediante publicação no *Pravda*, indicando exatamente quando estariam abertas para receber funcionários, operários, camponeses ou quem aparecesse. Essa foi a origem dos livros de registro do gabinete de Stálin (não de seu gabinete no Kremlin, mas do escritório na rua Vozdvíjenka e depois na Praça Velha). Mais tarde, Stálin deixou de ter horário aberto e recebia funcionários e outros quando os convocava.

90. Richard Pipes, *Unknown Lenin*, p. 74.

91. Em 1918, o nome da Známenka foi mudado para rua da Bandeira Vermelha — Krasno-Znamiónnaia —, mas manteve coloquialmente seu nome original. O nº 23 passaria a ser o 19 em 1926.

92. RGASPI, f. 17, op. 11, d. 186, l. 129, 108; d. 171, l. 232, 167; op. 112, d. 474, l. 11; op 11, d. 171, l. 198; op 68, d. 49, l. 116.

93. Em 5 de agosto de 1921, Trótski ordenou que a administração política do Exército Vermelho reforçasse seu trabalho após a vitória na guerra civil. Ele visitou o acampamento de Khodinsk (*lager*) e uma escola para jovens comandantes. Pediu a publicação de jornais melhores e a organização de leituras coletivas: "Entre os soldados da 36ª Divisão há muitos ucranianos. Entre eles, muitos foram durante um bom tempo prisioneiros de guerra da burguesia polonesa. Eles foram tratados terrivelmente no cativeiro. Os ex-prisioneiros de guerra se animam quando surge o tema de seu cativeiro. É necessário dedicar um-dois-três dias de matérias jornalísticas a essa questão". Trótski sugeriu que achassem um jornalista que pudesse entrevistá-los e selecionar as melhores histórias. Advertiu que não esquecessem uniformes, botas e rifles, e que dessem atenção a suas necessidades, sem envolvê-las em fraseologia e clichês. Trótski queria garantir que o juramento de serviço fosse feito de maneira correta, não superficialmente. Mostrou também que era guiado pelas instruções de Lênin ao pedir-lhe, em 23 de novembro de 1921, seus textos sobre doutrina militar quando as discussões estavam em andamento (l. 173). Um dia antes, Trótski pedira que lhe passassem os novos regulamentos militares pós-Grande Guerra de outros países, "sobretudo os franceses" (l. 182). Queria que fossem escritos dois livros baseados em fatos, em estilo popular, um sobre a Polônia e outro sobre a Romênia, para que fossem usados como material de curso e agitprop dos soldados do Exército Vermelho — e tinham de ser acessíveis. Mandou mudar o nome da *Revista de Ciência Militar e Revolução* para *Guerra e Revolução*. RGVA, f. 33 987, op. 1, d. 448, l. 84-6, Hoover Institution Archives, Volkogonov Papers, contêiner 17.

94. *XII siezd RKP (b)*, p. 59.

95. Teodor Shanin, *Awkward Class*, pp. 190-2.

96. V. Zibert, "O bolshevistkom vospitanii".

97. I. N. Shpilrein et al., *Iazyk krasnoarmeitsa*. Por motivos políticos, o regime não confiava nos instrutores rurais que deveriam educar os camponeses, exatamente como o regime tsarista, mas de um ponto de vista político diferente. Roger Pethybridge, *One Step Backwards*, p. 79.

98. Mark von Hagen, *Soldiers in the Proletarian Dictatorship*, pp. 271-9, 288.

99. Em janeiro de 1924, uma comissão especial observou: "No momento atual, o Exército Vermelho, como uma força organizada, treinada, politicamente educada e suprida de recursos para mobilização, não existe. Em sua forma atual, o Exército Vermelho não está pronto para o combate". I. B. Bérkhin, *Voennaia reforma*, p. 60.

100. Mark von Hagen, *Soldiers in the Proletarian Dictatorship*, p. 183.

101. I. B. Bérkhin, *Voennaia reforma*, p. 60.

102. Marguerite Harrison, *Marooned in Moscow*, p. 227; George Leggett, *The Cheka*, pp. 34, 165.

103. Sobre o precoce "intenso interesse" de Stálin pela polícia secreta, ver Lennard D. Gerson, *The Secret Police*, p. 28.

104. Seu número de funcionários é um pouco enigmático, em parte devido ao modo como o pessoal era enumerado. No início, a Tcheká tinha poucos registros — "tudo era feito no modo de combate, às pressas, eles anotavam coisas quando podiam", relata uma história-memória. M. Latsis, *Otcheta VChK za chetyre goda ee deiatelnosti* (*20 dekabria 1917 g.-20 dekabria 1921 g.* [uso interno], p. 13, citado em V. K. Vinográdov, "Istoriia formirovaniia arkhiva vchK", em V. K. Vinográdov, *Arkhiv VChK*, pp. 5-50 (p. 5).

105. V. K. Vinográdov, *Genrikh Iagoda*, pp. 295-305 (TsA FSB, f. 2, op. 1, d. 138, l. 176-9). Logo, memorandos sem fim exigiram a eliminação de papelada e gastos. "Precisamos acabar com o gasto supérfluo de papel e reduzir o número de funcionários", escreveu Dzierżyński a um de seus adjuntos (4 de julho de 1921). Id., "Istoriia formirovaniia arkhiva vchK", em Id., *Arkhiv VChK*, p. 9, citando TsA FSB, f. 66, op. 1, d. 55, l. 108-108ob. Existem mais de trezentos volumes de documentos nos arquivos da FSB sobre Kronstadt, recolhidos de muitas agências e publicações, inclusive da própria Tcheká: *Kronstadtskaia tragediia*, I, p. 30.

106. S. V. Leónov, *Rozhdenii sovetskoi imperii*, pp. 298-300; Baigúzin, *Gosudarstvennaia bezopasnost Rossii*, p. 436.

107. *Pravda*, 22 de fevereiro de 1919 (Tcheká de Vladímir); *Sotsialistickesii vestnik*, 21 de setembro de 1922 (Tcheká de Stavropol).

108. Como escreveu poeticamente o exilado Maksim Górki, os tchekistas "entraram no poder como raposas, usaram-no como lobos e, quando apanhados, pereceram como cães". Maksim Górki, *Untimely Thoughts*, p. 211.

109. Em 1920, Stálin também substituiu Bukhárin como representante do Politbiuró no órgão dirigente da Tcheká (*collegium*). George Leggett, *The Cheka*, pp. 132-45, 159, 165. Até novembro de 1918, na opinião de Nikolai Krylenko, a Tcheká "existiu sem nenhum estatuto ou lei", muito menos supervisão. Nikolai Krylenko, *Sudoustroitstvo RSFSR*, p. 97.

110. Donald Rayfield, *Stalin and His Hangmen*, pp. 67-8.

111. George Popoff, *The Tcheká*; Serguei V. Dmitriévski, *Sudba Rossii*, p. 214. Os membros da polícia tsarista, em sua maioria, não recebiam ofertas de emprego na Tcheká, que poucos deles procuraram. Três agentes conhecidos da *okhranka* trabalharam na Tcheká: um em passaportes internos e outro ajudando a recrutar agentes em Paris, além do melhor especialista em codificação do antigo regime, Ivan A. Zibin, ex-chefe do departamento de criptologia tsarista. T. A. Sóboleva, *Istoriia shifrovalnogo dela*, pp. 417-9. Em contraste, estima-se que 90% dos membros da comissão de controle estatal do regime bolchevique fossem antigos funcionários da procuradoria tsarista. Remington, "Institution Building in Bolshevik Russia". O relatório sumário de 1923-4 para os altos líderes sobre as atividades da GPU reportou algum sucesso na incorporação de agentes no exterior da época tsarista. *Istochnik*, n. 4, pp. 72-80, 1995. Em 1925, a OGPU mudou os arquivos centrais da *okhranka* para Moscou (afirmou-se que os arquivos estrangeiros, em Paris, tinham sido perdidos, mas, na verdade, eles "sumiram" e depois reapareceram na Hoover Institution, em Stanford). Depois, publicou uma lista de nomes que constavam do índice de agentes secretos/informantes da *okhranka*, que continha quase 10 mil pessoas. *Spisok sekretnykh sotrudnikov, osvedomiteli, vspomogatelnykh agentov byv. Okhrannykh otdelenii i zhandarmskykh upravlenii*, 2 v. (Moscou, 1926-9).

112. George Leggett, *The Cheka*, p. 190. M. Latsis, *Chrezvychainye komissii*, p. 11.

113. Oleg Kaptchínski, *Gosbezopasnosti iznutri*, pp. 256-7.

114. Quando alguém gritou, dizendo ter sido encarcerado apesar de ter provas de sua inocência, Kámenev prometeu que "o soviete [de Moscou] vai resolver esse tipo de injustiça", provocando vaias. Simon Pirani, *Russian Revolution in Retreat*, p. 39 (citando TsGAMAO, f. 180, op. 1, d. 236, l. 9, 11, 21, 28, 46-7).

115. Em 29 de novembro de 1921, Lênin escreveu: "Camarada Kámenev! Sou mais próximo de você do que do camarada Dzierżyński. Aconselho-o a não recuar e levar a questão ao Politbiuró". *PSS*, LIV, p. 39.

116. Uma outra comissão especial (criada em 1º de dezembro de 1921), composta de Dzierżyński, Kámenev e Dmítri Kúrski, comissário da Justiça (1918-28) e procurador-geral, chegou a um impasse. Enquanto tentava convencer Kúrski, propondo o estabelecimento de procedimentos mais precisos para detenções, buscas e prisões, Dzierżyński orientou seu novo primeiro adjunto, Józef Unszlicht, a encontrar um modo de fazer o que a Tcheká queria sem alienar Lênin. A. A. Plekhánov e A. M. Plekhánov, *F. E. Dzerzhinskii*, pp. 339-40; D. B. Pávlov, *Bolshevistskaia diktatura*, pp. 54-5, citando RGASPI, f. 5, op. 1, d. 2558, l. 50; N. Jordánia, *Bolshevizm*, p. 71. Kúrski (nascido em 1874) viria a ser enviado soviético à Itália em 1928-32 e se suicidaria em dezembro deste último ano. F. F. Volóchin, "Dmitrii Ivanovitch Kurskii"; "Dmitrii Ivanovich Kurskii: k 100-letiiu so dnia rozhdeniia", *Sotsialisticheskaia zakonnost*, n. 11, pp. 48-9, 1974.

117. Para levar a cabo as mudanças, criou-se mais uma comissão, composta de Stálin, Kámenev e Kúrski — mas dessa vez com a participação também de Unszlicht, que realizou o trabalho de retaguarda em favor de Dzierżyński. A. M. Plekhánov, *VChK-Ogpu*, pp. 108-11. Dzierżyński certamente desejava uma maior adesão à legalidade, de modo a não desacreditar a GPU. Ver sua carta (2 de abril de 1923) à ex-secretária de Unszlicht (Andreieva) sobre não manter presos suspeitos por mais de duas semanas sem acusação: RGASPI f. 76, op. 3, d. 49, l. 117. O decreto do Politbiuró que aboliu a Tcheká havia declarado que a nova agência deveria "concentrar-se na institucionalização da informação e [coleta de] informações internas e elucidação de todos os atos contrarrevolucionários e antissoviéticos em todas as esferas". As palavras exatas dessa diretiva vieram da comissão sobre os SRs e mencheviques que fora criada pelo Politbiuró no final de 1921. D. B. Pávlov, *Bolshevistskaia diktatura*, p. 53 (citando APRF, f. 3, op. 59, d. 16, l. 1-2, 4).

118. *Vysylka vmesto rasstrela*, p. 11. No início de 1921, mais de 2 mil mencheviques já estavam nas prisões e nos campos de trabalho soviéticos. A. M. Plekhánov, *VChK-Ogpu*, p. 400 (TsA FSB, f. 1, op. 6, d. 138, l. 100). No Cáucaso Sul, a Tcheká passou a ser a GPU em 1926. De forma confusa, o escritório plenipotenciário da Tcheká central baseado em Tíflis se tornou o plenipotenciário da GPU em 1922, e o chefe da Tcheká do Cáucaso Sul era também o plenipotenciário da GPU do Cáucaso Sul. Gary Richard Waxmonsky, "Police and Politics in Soviet Society", p. 126; *Organy VChK-gpu-Ogpu na Severnom Kavkaze i v Zakavkaze, 1918-1934 gg*. Disponível em: <https://www.kavkaz-uzel.ru/system/attachments/0000/3107/%D0%9E%D1%80%D0%B3%D0%B0%D0%BD%D1%8B_%D0%92%D0%A7%D0%9A-%D0%93%D0%9F%D0%A3-%D0%9E%D0%93%D0%9F%D0%A3_%D0%BD%D0%B0_%D0%A1%D0%B5%D0%B2%D0%B5%D1%80%D0%BD%D0%BE%D0%BC_%D0%9A%D0%B0%D0%B2%D0%BA%D0%B0%D0%B7%D0%B5_%D0%B8_%D0%B2_%D0%97%D0%B0%D0%BA%D0%B0%D0%B2%D0%BA%D0%B0%D0%B7%D1%8C%D0%B5__1918--1934_%D0%B3%D0%B3._.pdf>. Acesso em: 16 dez 2016.

119. *PSS*, XLIV, pp. 396-400 (*pismo* D. I. Kurskomu). Ver também Serguei A. Pavliútchenkov, "*Orden mechenostsev*", p. 131 (citando RGASPI, f. 5, op. 2, d. 50, l. 64). Stálin mandou imprimir a carta de Lênin em *Bolshevik*, 15 de janeiro de 1937. Já em 28 de dezembro de 1921, o Politbiuró aceitara a recomendação de Dzierżyński de montar um julgamento público dos SRs, embora tenha demorado para fabricar o caso. Tsvigun, *V. I. Lenin i VChK* [1987], p. 518.

120. Robert Argenbright, "Marking NEP's Slippery Path"; Hiroaki Kuromiya, *Freedom and Terror*, p. 143. Não mais do que poucas semanas depois da concessão da legalização do comércio privado, em abril de 1921, Ivar T. Smilga propôs um julgamento em massa de engenheiros da indústria petrolífera. No inverno de 1921-2, Lênin instou o Comissariado da Justiça a montar julgamentos de gerentes econômicos. RGASPI, f. 17, op. 3, d. 155, l. 4; E. A. Rees, *State Control in Soviet Russia*, p. 35.

121. D. A. Volkogonov, *Lenin: Life and Legacy*, p. 359.

122. Roger Pethybridge, *One Step Backwards*, p. 206.

123. Citando não apenas a conveniência política, mas princípios, Górki escrevera a Ríkov (1º de julho de 1922) que, "se o julgamento dos SRs acabar em assassinato, será um assassinato premeditado, um assassinato criminoso! Peço que transmita minha opinião a Liev Trótski e outros". Ele denunciava o "assassinato insensato e criminoso das forças intelectuais de nosso país analfabeto e inculto". É revelador que mencionasse Trótski e não Stálin. *Shpion*, n. 1, p. 36, 1993 (RTSKHIDK, f. 7, op. 2, d. 2600, l. 11). Em 1919, Lênin escrevera em resposta a críticas de Górki que "os lacaios do capital se consideram o cérebro da nação. Na verdade, eles não são seu cérebro, mas sua merda". Diane Koenker, *Revelations*, pp. 229-30 (RGASPI, f. 2, op. 1, d. 11164, l. 1-6: carta de Lênin, 15 de setembro de 1919).

124. V. K. Vinográdov et al., *Pravoeserovskii politicheskii protsess*; Marc Jansen, *Show Trial*; K. N. Morózov, *Sudebnyi protsess sotsialistov-revoliutsionerov*; David Shub, "The Trial of the SRs".

125. As sentenças de morte só foram formalmente comutadas em janeiro de 1924. Trótski reivindicou o crédito pela proposta de Liev Kámenev: *Moia zhizn*, II, pp. 211-2. Em 1º de março de 1922, Mężyński ordenara que "todas as forças de informantes se direcionem para evitar a unificação dos grupos de SR" e "esmagar suas tentativas de unificação". *Sbornik tsirkuliarnykh pisem VChK-Ogpu*, III/i, p. 301. A GPU empregou especialistas em partidos socialistas como consultores (*referenti*), que ajudaram nas campanhas públicas de calúnia. Esse trabalho era comandado pelo amplo Departamento Operacional Secreto, mas seis dos dez departamentos da GPU estavam envolvidos na repressão a socialistas e anarquistas.

126. *Sbornik zakonodatelnykh i normativnykh aktov o repressiiiakh*, p. 12.

127. Lennard D. Gerson, *The Secret Police*, p. 222. Em dezembro de 1922, no quinto aniversário da polícia secreta soviética, festejado no teatro Bolchói, Zinóviev observou que, no exterior, os proletários "salivavam" ao ouvir as iniciais "VChK" — Tcheká de Todas as Rússias —, enquanto a burguesia "tremia ao escutar essas quatro letras apavorantes". O público riu. *Pravda*, 19 de dezembro de 1922, p. 3.

128. No cais, consta que a escolta da GPU teria tirado seus chapéus. Lesley Chamberlain, *Lenin's Private War*, p. 139 (citando Vera Ugrímova, p. 204). Ironicamente, muitos desses deportados sobreviveriam aos que os deportaram.

129. Roy P. Robson, *Solovki*; Abraham Ascher, "The Solovki Prisoners"; L. P. Beliakov, *Lagernaia sistema*, pp. 385-91. Havia três campos de designação especial: Arkhangelsk, Kholmogórski e Pertomínski.

130. Dzierżyński propôs que "uma pasta [*delo*] deveria ser aberta sobre cada intelectual" — culpado por definição. Mas ele subdividia a intelligentsia, para propósitos de vigilância, em, "aproximadamente, 1) romancistas, 2) publicistas e políticos, 3) economistas (aqui precisamos de subgrupos: especialistas em finanças, combustível, transporte, comércio exterior, cooperativas e assim por diante), 4) técnicos (aqui também subgrupos: engenheiros, agrônomos, médicos, pessoal do estado-maior e assim por diante), 5) professores e mestres-escolas etc. etc. etc.". Ele continuava: "Cada grupo e subgrupo deveria ser iluminado de todos os lados por camaradas qualificados, entre os quais esses grupos deveriam ser divididos por nosso departamento. As informações deveriam ser verificadas de vários lados para que nossas conclusões possam ser corretas e irreversíveis, o que não tem sido o caso até agora devido à pressa e à parcialidade da iluminação". E. E. Plátova, *Zhizn studenchestva Rossii*, p. 134. Em um de seus últimos atos como primeiro vice-presidente da GPU, Unszlicht escreveu à secretaria do partido (17 de março de 1923) sobre a necessidade "de fortalecer a tendência a divisões e desacordos nas fileiras dos partidos que são nossos inimigos" — referindo-se aos socialistas não bolcheviques. D. B. Pávlov, *Bolshevistskaia diktatura*, p. 3 (citando APRF, f. 3, op. 59, d. 14, l. 38). Sobre Unszlicht, ver também Douglas Weiner, "Dzerzhinskii and the Gerd Case".

131. Vladen S. Izmozik, *Glaza*, 115 (RGASPI, f. 76, op. 3, d. 306, l. 156).

132. S. A. Krassílnikov, "Politbiuro, GPU, ii intelligentsia v 1922-1923 gg.", em *Intelligentsiia, obshchestvo, vlast*, p. 53. O partido também criou um "departamento de informação" que, a partir de 1924 (como parte da batalha contra Trótski), seria fortalecido, mas ele coletava informações não somente sobre as células do partido, mas também sobre operários, camponeses, indústria, agricultura, nacionalidades e regiões. *KPSS v rezoliutsiiakh* [1984], III, p. 159. Na verdade, quase todas as organizações, do Exército Vermelho à Liga da Juventuda Comunista, se envolviam em vigilância e resumos do clima político.

133. Os *svodki* foram mantidos pelo Governo Provisório, para o Exército e a Marinha, e retomados pelos bolcheviques de Petrogrado para monitorar o estado de ânimo de soldados e trabalhadores. Com efeito, poucos dias depois do golpe, os bolcheviques de Petrogrado enviaram um questionário aos grupos regionais do partido sobre os sentimentos da massa em relação à "tomada do poder". Vladen S. Izmozik, *Glaza*, p. 50. Durante a Grande Guerra, Grã-Bretanha e Alemanha empenharam-se em violação de correspondência, bem como em censura e propaganda. Em 1918, os britânicos empregavam a mesma proporção per capita de censores que a União Soviética teria na década de 1920. Peter Holquist, "Information is the Alpha and Omega", pp. 422, 440. Os ingleses também procuraram não somente registrar, mas moldar o estado de ânimo nas trincheiras. David Englander, "Military Intelligence". Os exércitos de França e Alemanha não eram diferentes. Jean-Jacques Becker, *The Great War*, pp. 217-9.

134. RGASPI, f. 17, op. 84, d. 176, 196; Valentin A. Sákharov, *Politicheskoe zaveshchanie*, pp. 131, 142-3.

135. O número do prédio também era 5/21. A praça em frente ao comissariado seria rebatizada com o nome de Wacław Worowski, um crítico literário poliglota e diplomata soviético assassinado em maio de 1923 na Suíça por um emigrado antissoviético evacuado da Crimeia com as forças do barão Wrangel. Um tribunal suíço absolveu o assassino, julgando que o homicídio era um ato legítimo de desforra contra o regime soviético por suas atrocidades. Chistiakov, *Ubit za Rossiiu!*. Kreschatik, a famosa artéria central de Kiev, também se chamou Worowski de 1923 a 1937.

136. P. F. Liádov, *Istoriia Rossiiskogo protokola*, apêndice, documento 2.

137. Grigori Besedovski, *Revelations of a Soviet Diplomat*, p. 78-9.

138. E. L. Magerovsky, "The People's Commissariat", I, pp. 246-53. Uma fonte soviética deu um total de 1066 funcionários em janeiro de 1924: *Desiat let sovetskoi diplomatii*.

139. Teddy Uldricks, *Diplomacy and Ideology*, pp. 97-115.

140. Os representantes não russos no Comintern, conhecidos no jargão como os "melhores representantes da classe operária", em privado, eram chamados de "os melhores amigos do partido russo". Jon Jacobson, *When the Soviet Union Entered*, p. 39 (citando Kuusinen a Herbert Droz, 5 de fevereiro de 1923: arquivos de Jules Humbert Droz, I, p. 143).

141. Ruth von Mayenburg, *Hotel Lux* [1978]. A baronesa Ruth von Mayenburg trabalhou para a inteligência militar soviética. Ver também Arkadi Vaksberg, *Hôtel Lux*; Ruth von Mayenburg, *Hotel Lux* [1991]. Em 1933, os quatro andares originais seriam ampliados para seis, aumentando o número de quartos do hotel para trezentos, cheios de funcionários e refugiados de países que proscreveram o comunismo. (Originalmente rua Tverskáia, 36, passou a ser Górki, 10.)

142. Os soviéticos tinham de deixar uma carteira de identidade e preencher dois questionários para entrar no Lux; à meia-noite, todos deveriam cair fora. Ruth Kennel, "The New Innocents Abroad", p. 15.

143. Aino Kuusinen, *Rings of Destiny*, p. 44. Além de Kuusinen, a equipe dirigente do Comintern contava com Óssip Tarchis, conhecido como Óssip Piátnitski (nascido em 1882), um judeu lituano e ex-carpinteiro; e por fim, Dmítri Manuílski (nascido em 1883), filho de um sacerdote ortodoxo de uma aldeia ucraniana e o primeiro-secretário do Partido Comunista da Ucrânia, fiel a Stálin.

144. Ver M. Heimo e A. Tivel, *10 let Kominterna*. (A antiga mansão Berg foi para a embaixada italiana em fevereiro de 1924, quando as relações diplomáticas foram reatadas.) A biblioteca e os arquivos do Comintern eram mantidos no porão, onde também se realizavam as reuniões, na assim chamada sala do clube. "Não era brincadeira ficar sentado em bancos estreitos por horas a fio, especialmente depois de um dia de trabalho de oito horas, quando todos estavam cansados", observou Arvo, a esposa de Kuusinen. "Os estrangeiros que não entendiam russo sofriam em especial e tinham dificuldade para esconder seus bocejos. Mas ninguém ousava protestar, ou sequer mencionar o fato de que os membros do Comitê Executivo jamais apareciam." Aino Kuusinen, *Rings of Destiny*, p. 55. A biblioteca estava sob os cuidados de Allan Wallenius, um finlandês que fizera curso de biblioteconomia na Biblioteca Pública de Nova York; o arquivista era Boris Reinstein.

145. Walter G. Krivitsky, *In Stalin's Secret Service*, p. 47.

146. Aino Kuusinen, *Rings of Destiny*, pp. 39, 41, 59-60. Além de Piátnitski, Meyer Trilliser trabalhava no Departamento de Relações Internacionais antes de passar para a inteligência externa.

147. "Posledniaia sluzhebnaia zapiska Chicherina", *Istochnik*, n. 6, pp. 108-10, 1995; George F. Kennan, *Russia and the West*, p. 177.

148. G. M. Adibékov e K. K. Chírinia, *Politbiuro TsK RKP (b) — VKP (b) i Komintern*, p. 76 (RGASPI, f. 17, op. 3 d. 164, l. 2). A violação da proibição de atividades ilegais pelo pessoal da embaixada ficou demonstrada quando, dois anos depois, o Politbiuró proibiu os diplomatas soviéticos de difundir literatura revolucionária — exceto quando expressamente permitido (por Tchitchérin). RGASPI, f. 2, op. 1, d. 24 539; f. 17, op. 3, d. 158, l. 2 e d. 173, l. 2; Milorad M. Drachkovitch e Branko Lazitch, *Lenin and the Comintern*, p. 534. O financiamento de partidos comunistas no exterior foi transferido do Comissariado das Relações Exteriores para o Comintern, que passou a montar sua própria equipe de mensageiros internacionais, para a satisfação de Zinóviev. G. M. Adibékov e K. K. Chírinia, *Politbiuro TsK RKP (b) — VKP (b) i Komintern*, pp. 25-6; Edward Hallett Carr, *Bolshevik Revolution*, III, p. 67.

149. "Na visão de Moscou", continuava Kennan, "os estadistas não comunistas eram considerados incapazes de fazer o bem intencionalmente". George F. Kennan, *Russia and the West*, pp. 181-5.

150. Edward Hallett Carr, *Bolshevik Revolution*, III, pp. 67-8; Jon Jacobson, *When the Soviet Union Entered*.

151. Stálin, no *Pravda*, 18 de dezembro de 1921, em *Sochineniia*, V, pp. 118-20.

152. Os soviéticos, em negociações, entendiam que suas compras beneficiariam as economias e importantes eleitorados nos países capitalistas, os quais poderiam atrair. George F. Kennan, *Russia and the West*, pp. 189-95.

153. *Pravda*, 29 de outubro de 1921.

154. Anne Orde, *British Policy*; Charles S. Maier, *Recasting Bourgeois Europe*. Sobre a participação soviética: *Genuezskaia konferentsiia: Materialy i dokumenty* (Moscou: NKID, 1922); A. A. Ioffe, *Genuezskaia Konferentsiia*; Nikolai Liubímov e Aleksandr Erlikh, *Genuezskaia konferentsiia*.

155. Jane Degras, *Soviet Documents on Foreign Policy*, I, pp. 270-2, 287-8. Quando a Rússia anunciou unilateralmente que poderia representar todas as seis Repúblicas Socialistas Soviéticas na Conferência de Gênova, os líderes ucranianos ficaram furiosos (o novo tratado da União seria assinado somente no final daquele ano).

156. APRF, f. 3, op. 22, d. 306, l. 8-9, Hoover Institution Archives, Volkogonov Papers, contêiner 23: bilhete da Tcheká para Mólotov, 23 de janeiro de 1922. Nenhum dos líderes bolcheviques foi. O relatório da Tcheká também mencionava como alvo Gueórgi Tchitchérin, que chefiaria a delegação soviética, da qual faziam parte Maksim Litvínov, Adolf Ioffe, Cristian Rakóvski, Leonid Krássin, Wacław Worowski, Jānis Rudzutaks (então com 32 anos) e Aleksandr Beksadian (comissário das Relações Exteriores da Armênia).

157. V. I. Lênin, "V. M. Molotovu dlia chlenov politbiuro TsK RKP (b)", *PSS*, LIV, pp. 136-7.

158. Lênin acrescentou, ao seu feito: "Evidentemente, isso não deve ser mencionado nem mesmo em documentos secretos". Richard Pipes, *Unknown Lenin*, pp. 144-5. Tchitchérin também recebera instruções rigorosas de Lênin para permanecer em silêncio sobre a inevitabilidade de outra guerra imperialista, a derrubada do capitalismo, e assim por diante. Edward Hallett Carr e Robert W. Davies, *Foundations of a Planned Economy*, III/i, p. 120.

159. Stephen White, *Origins of Détente*; Carole Fink, *The Genoa Conference*.

160. Na Inglaterra, Lord Curzon e Winston Churchill, antibolchevistas intransigentes, se opuseram à iniciativa de Lloyd George, mas Lênin achava que Lloyd George era a ponta da lança imperialista britânica. *DBFP*, VIII, pp. 280-306. Ver também Timothy O'Connor, *Engineer of Revolution*; e Semen S. Khrómov, *Leonid Krasin*, pp. 64-82.

161. Sobre Gênova, ver Ernest Hemingway, "Russian Girls at Genoa", *Toronto Daily Star*, 13 de abril de 1922, reproduzido em *Hemingway By-Line, 75 Articles and Dispatches of Four Decades* (Londres: Penguin, 1968), pp. 46-7. Ver também Max Eastman, *Love and Revolution*, pp. 285-90; Jane Degras, *Soviet Documents on Foreign Policy*, I, pp. 298-301 (discurso de Tchitchérin). As negociações bilaterais soviético-alemãs já haviam começado no que dizia respeito à repatriação de prisioneiros de guerra russos. Robert C. Williams, "Russian War Prisoners"; Leonard Schapiro, *Soviet Treaty Series*, I, pp. 40-1. Gustav Hilger, que estudara em escolas russas, além de alemãs, e retornou para a Rússia soviética em 1919, aos 24 anos, como engenheiro mecânico, supervisionou as repatriações: Gustav Hilger e A. G. Meyer, *Incompatible Allies*, p. 25. Nem todos foram repatriados; em 1921, os russos emigrados somavam cerca de 500 mil na Europa.

162. Peter Krüger, "A Rainy Day, April 16, 1922: The Rapallo Treaty and the Cloudy Perspective for German Foreign Policy", em Carole Fink, *Genoa, Rapallo, and European Reconstruction*, pp. 49-64.

163. George F. Kennan, *Russia and the West*, pp. 198-210; Carole Fink, *Genoa Conference*. Ver também Stephen White, *Origins of Détente*.

164. *Dokumenty vneshnei politiki*, V, p. 226 (Litvínov).

165. *Izvestiia*, 10 de maio de 1922; *Sbornik deistvuiushchikh dogovorv soglashenii*, III, pp. 36-8. Lênin cuidara de negociar um tratado separado também com a Itália, para semear a discórdia entre as grandes potências, mas, depois que o tratado foi assinado (maio de 1922), não o ratificou.

166. Em 6 de dezembro de 1920, Lênin dissera aos militantes do partido de Moscou que, "embora ela mesma seja imperialista, a Alemanha é obrigada a buscar um aliado contra o imperialismo mundial porque foi esmagada. Essa é a situação que devemos virar a nosso favor". "Doklad o kontsessiiakh", *PSS*, pp. 55-78 (p. 68).

167. German Sandomírski, *Materialy Genuezskoi konferentsii*, pp. 327-8; Xenia Eudin e Harold T. Fisher, *Soviet Russia and the West*, p. 202 (Tchitchérin a Barthou, 29 de abril de 1922).

168. Serguei A. Gorlov, *Sovershennko sekretno, Moskva-Berlin 1920-1933*; Rolf-Dieter Müller, *Das Tor zur Weltmacht*; Zeidler, *Reichswehr und Rote Armee* [1993]; Erickson, *Soviet High Command* [1962], pp. 247-82. Em 19 de agosto de 1922, Krestínski, recém-nomeado enviado soviético a Berlim, escreveu a Trótski, com cópia para Stálin, solicitando que enviassem uma figura militar a Berlim, como Frunze ou Tukhatchévski. RGASPI, f. 558, op. 11, d. 755, l. 1. Bukhárin fez um discurso geral no Congresso do Comintern em novembro de 1922 para explicar que um Estado operário podia assinar alianças militares com grandes potências burguesas, assim como podia aceitar empréstimos. *IV Vsemirnyi kongress*, pp. 195-6, Xenia Eudin e Harold T. Fisher, *Soviet Union and the West*, pp. 209-10.

169. Stephen White, *Origins of Détente*, p. 181.

170. Jon Jacobson, *When the Soviet Union Entered*, pp. 90-8 (p. 98).

171. A partir de abril de 1922, a Alemanha gastou uma pequena fortuna para culpar Poincaré e a França pela Grande Guerra (uma suposta vingança pela perda da Alsácia-Lorena em 1870), uma blitz de propaganda da qual os soviéticos participaram avidamente, buscando desacreditar ainda mais Nicolau II ao retratar a guerra como uma agressão franco-russa tsarista. John Keiger, *Raymond Poincaré*, pp. 288-91; Annika Mombauer, *Origins of the First World War*, p. 200.

172. Harold H. Fisher, *Famine*, p. 300; *Golod 1921-1922*; I. L. Lubni-Guertsyk, *Dvizhenie naseleniia na territorii SSSR*; e Serguei Adamets, *Guerre civile et famine en Russie*. O *Pravda* (30 de junho de 1921) advertiu cedo sobre a catástrofe. O Comissariado do Suprimento de Alimentos previu uma aquisição catastrófica de menos de 4,3 milhões de toneladas (5,4 milhões foram adquiridas em 1920); a quantia real do imposto seria em torno de 2,7 milhões. *Piat let vlasti Sovetov*, p. 373; Esfir B. Guénkina, *Perekhod*, p. 302. Em 1928, um especialista de fora estimou que entre 1916 e 1924, de 8 a 10 milhões de pessoas morreram de epidemia. W. Horsley Grant, *Medical Review of Soviet Russia*, p. 15.

173. Harold H. Fisher, *Famine*, p. 96. Ver também Roger Pethybridge, *One Step Backwards*, pp. 91-119. Fridtjof Nansen, o coordenador norueguês da ajuda, vacilou em sua estimativa da população sujeita à fome intensa, entre 20 e 30 milhões (setembro de 1921) ou 50 milhões (1922). League of Nations, *Records of the... Assembly*, II, p. 545; III, p. 59. Ver também Andrea Graziosi, "State and Peasants", pp. 65-117 (p. 100).

174. Markus Wehner e Iu. Petrov, "Golod 1921-1922 gg.", p. 223 (citando GARF, f. 1065, op. 1, d. 86, l. 12). Algumas pessoas lucraram com a crise: em 1922, enquanto passageiros que clamavam por assentos em trens eram mandados de volta, um guarda de uma rota de trem expresso utilizou um compartimento inteiro, além do banheiro, para estocar sal, a moeda de comércio, e sua esposa fazia transações nas paradas em estações — "tantas libras de sal por um ganso, tantas por um leitão"; estes poderiam ser revendidos a preços astronômicos nas áreas flageladas que o trem atravessava. F. A. Mackenzie, *Russia Before Dawn*, p. 229.

175. Vladímir A. Logachiov, "'V khlebnom raoine Zapadnoi Sibiri': ot prodraverstka k golodu", pp. 36-43.

176. S. Beissembáev, *Lenin i Kazakhstan*, pp. 325-6.

177. F. E. Dzerjínski, *Feliks Dzerzhinskii: dnevnik zakliuchennogo*, pp. 229-30; A. V. Tichkov, *Dzerzhinskii* [1976], pp. 335-8; K. M. Bartachévitch, "Moskva zhdet... khleba", pp. 34-7; A. A. Plekhánov e A. M. Plekhánov, *F. E. Dzerzhinskii*, pp. 368-9.

178. A. Berelovitch e V. P. Danílov, *Sovetskaia derevnia glazami*, I, pp. 572-4 (TsA FSB, 1, op. 6, d. 461, l. 69-76).

179. Charles M. Edmondson, "The Politics of Hunger". Um historiador resumiu bem: "Em vez do campesinato ajudar as cidades, milhões de camponeses se tornaram objetos de ajuda". Lewis H. Siegelbaum, *Soviet State and Society*, p. 89.

180. Bertrand Patenaude, *Big Show in Bololand*; *Itogi posledgol s 15/X-1922 g. 1/viii-1923 g.* (Moscou: Tsentralnaia komissiia pomoshchi golodayushchim, 1923), p. 65. A ARA entregou 784 mil toneladas de alimentos. A importação total de alimentos superaria 2 milhões de toneladas, incluindo as compras no exterior. Harold H. Fisher, *Famine*, 298n, p. 554.

181. Tal como citado em H. Johnson, *Strana i mir*, n. 2, p. 21, 1922. A ARA beneficiou-se da brutalidade da repressão dos bolcheviques aos trabalhadores nas ferrovias e outros. O regime utilizou soldados do Exército Vermelho para vigiar os carregamentos de grãos enviados para áreas atingidas (os soldados ganhavam rações, mas se as viagens dos trens de entrega demorassem mais do que o esperado, muitos chegavam ao destino quase mortos). Harold H. Fisher, *Famine*, pp. 181, 191.

182. *PSS*, XLV, pp. 122, 127; L, 187, pp. 388-9; Gueórgi N. Golikov, *Vladimir Ilich Lenin*, VIII, p. 366; XI, p. 509; Robert H. McNeal, *Stalin*, p. 48; Hoover Institution Archives, Volkogónov Papers, contêiner 23.

183. Os bolcheviques supunham que a ARA daria prioridade para alimentar os "inimigos de classe" do regime. Na verdade, Hoover deu ordens para que o pessoal da ajuda não discutisse política, muito menos se organizasse politicamente, na crença de que o exemplo de eficiência da ARA inspirasse o povo russo a derrubar o bolchevismo. Alguns observadores se perguntavam se esse processo já não havia começado. Em 28 de maio de 1923, Boris Bakhmetev, o embaixador do Governo Provisório nos Estados Unidos, escreveu a uma confidente (Ekaterina Kuskova) sobre uma conversa que havia tido com Hoover. "Há pouco tempo, ele me disse persuasivamente que, em sua opinião, a formação de excedentes entre os camponeses levará a um confronto com o sistema existente de mando bolchevique", escreveu Bakhmetev. "Agentes [da ARA] avisaram corretamente Hoover a respeito da pressão sobre os preços desses excedentes e do crescimento natural entre os camponeses da ideia de que eles devem levar esses grãos ao mercado e vender pelo preço mais alto possível. Em consequência da expansão desse fenômeno, ou seja, do aumento dos excedentes de grãos, os donos da terra vão naturalmente querer vender esses excedentes pelo preço máximo, e um preço máximo significa condições de livre-comércio mundial. Penso que Hoover está certo e que o antagonismo desse instinto natural e insuperável de receber por seu grão o preço mais alto se tornará um dos inimigos mais fortes e invencíveis do sistema bolchevique." Pavel Nikolaevitch Miliukov Papers, c. 1879-1970, Columbia University, caixa 1. Ver também Oleg Budnitskii, "Boris Bakhmeteff's Intellectual Legacy"; e David C. Engerman, *Modernization*, p. 116.

184. Demorou algum tempo para a NPE se firmar. O termo "NPE" não era sequer usado nos dois primeiros meses de sua implantação. Na Ucrânia, sua introdução foi retardada; na Sibéria, somente poucos distritos foram inicialmente mudados do sistema de cotas obrigatórias para o de imposto em espécie. *Izvestiia*, 23 de março de 1921; *PSS*, XLIII, p. 62; *Pravda*, 21 de março de 1921; William Henry Chamberlin, *Russian Revolution*, II, pp. 502-3; A. M. Bolshakov, "The Countryside 1917-1924", em R. E. F. Smith, *Russian Peasant*, p. 48. Um funcionário provincial do partido insistiu que a coleta de imposto fosse feita "como na guerra, no sentido pleno da palavra". Citado em Oliver H. Radkey, *Unknown Civil War*, pp. 366-7. Muitas vezes, os coletores de impostos da época da NPE eram os que confiscavam antes de arma na mão. Efim G. Guimpelson, *Sovetskie upravlentsy*.

185. Edward Hallett Carr, *Bolshevik Revolution*, II, pp. 289, 295-6.

186. Dorothy Atkinson, *End of the Russian Land Commune*, p. 235.

187. Em 1928, Aleksei Schússev projetou uma nova sede colossal para o Comissariado da Agricultura, na travessa Orlikov, 1, em estilo construtivista. Nesse mesmo ano, Smirnov foi demitido. No ano seguinte, criou-se o Comissariado da Agricultura da URSS. A obra-prima de Schússev seria terminada em 1933.

188. James W. Heinzen, *Inventing a Soviet Countryside*, pp. 104-35.

189. Em 1927, o Comissariado da Agricultura já empregava um em cada cinco funcionários dos comissariados soviéticos. James W. Heinzen, *Inventing a Soviet Countryside*, pp. 93-4; *Gosudarstvennyi apparat SSSR*, pp. 16, 104-5. O Comissariado de Estatística era o quarto maior deles.

190. Mesmo assim, nenhum comissariado recebia a quantia total de fundos que pedia: o da guerra recebeu apenas 37% do pedido em 1919. Silvana Malle, *Economic Organization of War Communism*, pp. 172-82. Os corantes para imprimir dinheiro tinham de ser comprados no exterior com ouro.

191. No início de 1918, era possível comprar uma libra esterlina por 45 rublos; um ano depois, essa quantia saltara para quatrocentos rublos e, em meados da década de 1920, uma libra esterlina custava 10 mil rublos, um aumento de 222 vezes; no mesmo período, o marco alemão aumentou de um para cerca de cem rublos. No outono de 1921, após a implementação da NPE, o mercado negro de moedas já estava em pleno funcionamento, embora só viesse a ser formalmente legalizado em abril de 1922. M. Feitelberg, *Das Papiergeldwesen*, p. 50.

192. Andrei V. Aliámkin e Aleksandr G. Baránov, *Istoriia denezhnogo obrashcheniia*, pp. 194-5.

193. S. S. Katsenellenbaum, *Russian Currency*, p. 10.

194. Evguéni Preobrajénski, *Bumazhnye dengi*, p. 4. Ver também Arthur Z. Arnold, *Banks, Credit, and Money*, pp. 95-6; Gerald D. Feldman, *The Great Disorder*; Adam Fergusson, *When Money Dies*.

195. G. Ia. Sokólnikov, "Avtobiografiia", em Iu. S. Gambárov, *Entsiklopedicheskii slovar*, XLI/iii, pp. 73-88, republicado em Ivan A. Anfértev, *Smerch*, pp. 190-205, e em G. Ia. Sokólnikov, *Novaia finansovaia politika*, pp. 39-50; Samuel A. Oppenheim, "Between Right and Left"; Edward Hallett Carr, *Bolshevik Revolution*, II, p. 351. Krestínski foi nomeado e enviado a Berlim.

196. *Pravda*, 14 de fevereiro de 1919 (Stálin); Vladímir L. Guénis, "G. Ia. Sokolnikov". Sobre o trem fechado, ver Sokólnikov, em Ivan A. Anfértev, *Smerch*, p. 193. Talvez tenha sido Sokólnikov, e não Trótski, o primeiro a sugerir a coordenação do golpe de outubro de 1917 com a abertura do II Congresso dos Sovietes. V. I. Rubtsov, "Voenno-politcheskaia deiatelnost' G. Ia. Sokolnikova", p. 47.

197. *Pravda*, 10 de dezembro de 1917; G. Ia. Sokólnikov, *K voprosu o natsionalizatsii bankov*; Aleksandr S. Sokolov, *Finansovaia politika Sovetskoi vlasti*, esp. pp. 22-7.

198. Zinóviev recusou-se a ir e, por isso, a tarefa coube a Sokólnikov. Ivan A. Anfértev, "Vozvrashchenie Sokolnikova", em Ivan A. Anfértev, *Smerch*, pp. 158-89, e "Neizvestnyi Sokolnikov", *Vozvrashchenye imena* (Moscou: Novosti, 1989), II, pp. 223-42 (pp. 224-5); G Ia. Sokólnikov, *Brestskii mir*.

199. Em 1919, no VIII Congresso do Partido, Lênin o encarregou de apresentar o caso contra a "oposição militar" de Vorochílov e outros e a tática deles de guerra de guerrilha. Do front, Sokólnikov escreveu uma denúncia do saque promovido pelo 1º Exército de Cavalaria, indisciplinado e bêbado, da população civil do vale do Don após uma vitória, o que provocou o ódio perpétuo de Semion Budióni. Em julho de 1920, Trótski pediu a Sokólnikov que desse um curso na Academia do Estado-Maior para que, "além das palestras, a literatura socialista fosse enriquecida por um bom livro sobre assuntos militares". *VIII siezd RKP (b)* [1959], pp. 144-52, 273 (para o voto sobre as teses de Sokólnikov); G. Ia. Sokólnikov, "Avtobiografiia", em Ivan A. Anfértev, *Smerch*, pp. 190-205 (p. 200); S. M. Budióni, *Proidennyi put*, I, pp. 374-406. Oléssia Ia. Tchiguir, "Grigorii Iakovlevich Sokolnikov", p. 63 (citando RGASPI, f. 760, op. 1, d. 71, l. 124).

200. Gueórgi N. Golikov, *Vladimir Ilich Lenin*, IX, pp. 108, 159.

201. G. Ia. Sokólnikov, "Liquidatsiia Turkestanskogo rublia", *Pravda*, 30 de dezembro de 1920.

202. Arthur Z. Arnold, *Banks, Credit and Money*, p. 126; V. E. Iuróvski, "Arkhitektor denezhnoi reform", p. 141; S. S. Katzenellenbaum, *Russian Currency and Banking*, pp. 149-52; M. G. Nikoláev, "Na puti k denezhnoi reforme 1922-1924 godov", p. 89. Katzenellenbaum trabalhou com Sokólnikov. Na realidade, os esforços para a restauração dos bancos privados se iniciaram no outono de 1919, mas só deram frutos em 1921, quando o regime tratou de restabelecer relações comerciais normais, o que também exigiu determinar um valor para as dívidas da época tsarista. Sobre os problemas de saúde de Sokólnikov, ver V. Rózanov, "Vladimir Ilich Lenin", *Krasnaia nov*, n. 6, p. 153, 1924. O Banco do Estado situava-se na rua Neglinka, 12, numa sólida estrutura de dois andares, com figuras alegóricas na fachada; o prédio havia sido a agência de Moscou do Banco do Estado imperial, construído em 1894 no lugar onde ficava o jardim do clã dos Vorontsov. Os cofres (Gokhran) ficavam na travessa Nastasínski, no antigo prédio do Tesouro de Moscou, construído em 1913-6 no estilo do século XVII (chamado barroco moscovita ou neobizantino).

203. M. M. Altman, "Lichnost reformatora", p. 159. Detalhes sobre a reforma monetária encontram-se em *Finansovaia politika Sovetsko*; e Aleksandr S. Sokolov, *Finansovaia politika Sovetskogo gosudarstva*; *Denezhnaia reforma*; Zakharii Atlas, *Ocherki po istorii denezhnogo obrashcheniia*. Atlas (nascido em 1903) apresenta a história da reforma monetária sem mencionar o nome de Sokólnikov, uma estranheza relacionada ao dia da publicação de seu livro (1940). Ele era o chefe do departamento de circulação monetária e crédito em países capitalistas e também do Instituto Econômico da Academia de Ciências Soviética, na URSS.

204. Zakharii Atlas, *Ocherki po istorii denezhnogo obrashcheniia*, p. 196 (o qual, de novo, deixa de mencionar o nome de Sokólnikov); Iúri Goland, "Currency Regulation"; David Woodruff, "The Politburo on Gold, Industrialization, and the International Economy, 1925-1926", em Paul R. Gregory e Norman Naimark, *Lost Politburo Transcripts*, pp. 199-223. Herbert Hoover, quando soube, em 1923, de novas exportações de alimentos pelos soviéticos — que, sem que ele soubesse, serviam para pagar pelas importações de rifles e metralhadoras —, suspendeu as operações da ARA. Richard Pipes, *Russia under the Bolshevik Regime*, pp. 418-9.

205. S. S. Katzenellenbaum, *Russian Currency and Banking*, pp. 84-8, 105, 145. O rublo foi de 10 mil para 1 (1º de janeiro de 1922), de 100 para 1 (1º de janeiro de 1923), e de 50 mil para 1 (7 de março de, 1924). Lancelot Lawton, *Economic History of Soviet Russia*, I, p. 151.

206. Iúri Goland, *Diskusii ob ekonomicheskoi politike*. O ano de 1924 marcaria o último excedente da NPE.

207. Em 1924-5, a vodca renderia 500 milhões de rublos para o Orçamento, num renascimento espetacular e constrangedor do "orçamento bêbado" do antigo regime. Edward Hallett Carr, *Interregnum*, p. 43, n. 5.

208. A. V. Kvachónkin, *Bolshevistskoe rukovodstvo*, p. 278 (RGASPI, f. 76, op. 3, d. 231, l. 2).

209. Galina Serebriakova, "Iz vospominanii", em Ivan A. Anfértev, *Smerch*, pp 230-49 (p. 234).

210. Vladímir Mau, *Reformy i dogmy*, pp. 137-51.

211. *XI siezd RKP (b)*, pp. 360-1. Lárin, em meados da década de 1920, retratou-se totalmente: "Penso ser seguro dizer que, primeiro, esse é o mais inteligente de nossos comissariados, e, em segundo lugar, é o único comissariado com uma linha econômica clara em qualquer momento". Citado em Guénis, "Upriamyi narkom s Ilsinki", em G. Ia. Sokólnikov, *Novaia finansovaia politika*, pp. 5-38 (p. 19).

212. Edward Hallett Carr, *Socialism in One Country*, I, p. 490. A Inspetoria de Operários e Camponeses lutou por suas prerrogativas contra o Comissariado das Finanças.

213. O jovem e talentoso jornalista Mikhail Koltsov apelidou Sokólnikov de "o teimoso comissário de Ilinka", que impôs todos os tipos de impostos e restrições — os quais, no entanto, resultaram numa moeda verdadeira e em estabilização econômica. M. E. Koltsov, *Izbrannoe*, p. 39.

214. A Sociedade começou com 64 membros, que participavam de noites comemorativas e memórias publicadas. Dentro do regime, em paralelo, surgiram tensões a respeito da noção de Velhos Bolcheviques e se a duração comparativa de filiação ao partido deveria ser tratada como uma espécie de primazia. Em 1925, quando o partido quase dobraria de tamanho, com 1,1 milhão de membros e candidatos, somente 8500 deles (0,8%) havia entrado antes de 1917, e meros 2 mil (0,2%) antes de 1905 (a data mais antiga para ser membro elegível da Sociedade). *XIV siezd VKP (b)*, p. 460; T. Z. Korjíkhina, "Obshchestvo starykh Bolshevikov", pp. 50-65. *Ustav obshchestva starykh bolshevikov; Rezoliutsii i postanovleniia pervoi Vsesoiuznoi konferentsii Obshchestva starykh bolshevikov; Spisok chlenov Vsesoiuznogo obshchestvo starykh bolshevikov.*

215. T. H. Rigby, "The Soviet Political Elite", pp. 419-20. Rigby destaca que somente 13% dos delegados ao IX Congresso haviam comparecido a congressos do partido antes da Revolução de Outubro; no X Congresso, a proporção caiu para 5%. *IX siezd RKP (b)*, p. 483; *X siezd RKP (b)*, p. 762.

216. Lênin afligia-se com a diluição do partido causada pela admissão de demasiados operários, porque muitos só haviam chegado recentemente de um ambiente "pequeno-burguês" de aldeia, e queixou-se a Mólotov de que "a política proletária do partido não é determinada por sua composição, mas pela imensa e indivisível autoridade de seu estrato mais estreito, que poderia ser chamado de velha guarda do partido". Mas a maior parte dos outros altos funcionários se sentia constrangida pela escassez gritante de trabalhadores num partido operário. PSS, XLV, pp. 17-20; A. V. Kvachónkin, *Bolshevistskoe rukovodstvo*, pp. 239--41 (RGASPI, f. 5, op. 2, d. 27, l. 9-10).

217. Nas fábricas, a maioria dos membros em 1921 era de gerentes e administradores, não de proletários. O x Congresso do Partido voltou a priorizar o recrutamento de operários, objetivo reafirmado no XI Congresso. William J. Chase, *Workers, Society, and the Soviet State*, pp. 50-1; *X siezd*, pp. 236-41, 284, 564; T. H. Rigby, *Communist Party Membership*, pp. 93-5.

218. T. H. Rigby, "The Soviet Political Elite". Ver também Donald J. Raleigh, *Experiencing Russia's Civil War*, p. 132.

219. "A óbvia proeminência dos estratos baixo-médios obriga a repensar muitos problemas da revolução", observou corretamente um estudioso. "Ela foi como uma peça ausente de um quebra-cabeça cuja colocação permite muitas conexões novas". Daniel Orlovsky, "State Building in the Civil War Era: The Role of the Lower Middle Starta", em Diane Koenker, *Party, State, and Society*, pp. 180-209 (p. 203, n. 3). Ver também V. P. Buldakov et al., *Borba za massy*, pp. 164-256; e Lynn Hunt, *Politics, Culture, and Class*.

220. "Moi ded, Viacheslav Molotov, ne platil Leninu gonorarov", *Rodnaia gazeta*, 20 de maio de 2005 (entrevista com Viatcheslav Níkonov).

221. V. A. Níkonov, *Molotov*, pp. 88, 91-2, 109-13.

222. Derek Watson, *Molotov and Soviet Government*, p. 43.

223. Boris Bajánov, *Vospominaniia* [1990], p. 179.

224. V. V. Kúibichev, *Epizody iz moei zhizni*; Elena Kúibicheva, *Valerian Vladimirovich Kuibyshev*; Pável I. Beriózov, *Valerian Vladimirovich Kuybyshev*; G. V. Kúibicheva, *Valerian Vladimirovich Kuybyshev*; S. S. Khrómov e G. V. Kúibicheva, *Valerian Vladimirovich Kuybyshev*; Vassíli S. Fliórov, V. V. *Kuibyshev*; G. U. Buzurbáiev, *Kuibyshev v Sibiri*; Valéri Eroféev, *Valerian Kuibyshev v Samare*.

225. Leonard Schapiro, *Communist Party of the Soviet Union*, pp. 260-2; Id, *Origin of the Communist Autocracy*, 1977, pp. 288-9. Kúibichev substituíra Mikháilov na secretaria do partido.

226. Leon Trotsky, *Stalin School of Falsification*, p. 126.

227. Kúibichev apareceu num compêndio das altas figuras do regime, que incluía principalmente membros e candidatos ao Politbiuró (Mólotov não foi incluído). B. M. Vólin, *12 biografii*. Os doze, em ordem alfabética russa, eram Bukhárin, Dzierżyński, Zinóviev, Kalínin, Kámenev, Kúibichev, Ríkov, Smirnov, Stálin, Tomski, Trótski e Frunze.

228. E. A. Rees, "*Iron Lazar*", pp. 1-59.

229. "Eu sempre ri disso. Eu disse a Makhover, por exemplo, na presença de todos: 'Você nunca vai se parecer com Stálin, você tem um cérebro diferente, e, de qualquer modo, o principal é que você não tem bigode.'" A. P. Balachov e Iu. S. Markhachov, "Staraia ploshchad, 4 (20-e gody)", n. 5, p. 195. Balachov era baixo, com 1,53 metro de altura.

230. Em 1923, Kaganóvitch notou que ramos inteiros da indústria estavam concentrados nas mãos de gente não verificada e não filiada ao partido que, às vezes, nem eram os melhores especialistas não filiados, mas "carreiristas espertos" (*lovkikh proidokh*). O resultado, ele insistia, era que o partido tinha de se envolver e inserir sua gente. Serguei A. Pavliútchenkov, *Rossiia Nepovskaia "Orden mechenostsev"*, p. 68 (citando f. 17, op. 68, d. 49, l. 28-31).

231 Boris Bajánov, *Avec Staline dans le Kremlin*, p. 58.

232 Em 7 de abril de 1925, Stálin nomearia Kaganóvitch para chefiar o partido na Ucrânia, uma de suas três organizações estratégicas, ao lado de Moscou e Leningrado. E. A. Rees, "*Iron Lazar*", p. 17. Kaganóvitch não ganharia um verbete no dicionário enciclopédico Granat de 1925 dos 240 principais personagens da União Soviética, mas pertencia ao coração da máquina de Stálin. Iu. S. Gambárov, *Entsiklopedicheskii slovar*.

233. "Kalínin é um bom companheiro e, para nós, uma pessoa insubstituível", escreveu Vorochílov a Ordjonikidze depois de uma viagem na primavera de 1923 pelo Cáucaso Norte (Daguestão, Tchetchênia, Vla-

dikavkaz, Naltchik). "Para julgá-lo adequadamente, é preciso viajar com ele às aldeias e ouvir suas conversas com os camponeses; ali ele está completamente em toda a sua peculiar beleza e força, devo dizer sem rodeios. Não se pode achar outro como ele em nosso partido. Pouquíssimos podem, como ele, expor nossa teoria e prática aos camponeses [...]. Eu achava que ele era um pouco tolo, mas agora me arrependo e imploro perdão a Alá por meus pecados. Sugeri a Kalínin que ele o visitasse em Tíflis, mas ele me explicou claramente que sem permissão do Comitê Central não podia fazer coisas assim." A. V. Kvachónkin, *Bolshevistskoe rukovodstvo*, p. 274 (RGASPI, f. 85, op. 24, d. 150, l. 1-2).

234. O dirigente bolchevique de Tsarítsin Serguei Mínin ficaria ao lado da oposição contra Stálin no XIV Congresso do Partido, em 1925. Ele parece ter ficado mentalmente doente em 1927. Mínin sobreviveu ao terror e viveu até 1962. *Pravda*, 29 de junho de 1962. Aleksandr Tcherviakov, o mineiro do Donbass que foi chefe da Tcheká em Tsarítsin, retornou para a Ucrânia em 1919, depois do restabelecimento do regime bolchevique, e foi vice-presidente da Tcheká ucraniana. Em 1921, foi rebaixado a um posto do partido em Jitómir; durante um tempo, participou da comissão para a luta contra a fome em Zaporójie. Em 1922, foi transferido para o Comitê Executivo do Soviete da Ucrânia. Ele também sobreviveria ao terror. Na Segunda Guerra, quando os alemães se aproximaram de Moscou, apresentou-se como voluntário para o front, mas sobreviveu por ficar principalmente na retaguarda. Depois da guerra, deu aulas e escreveu; morreu em 1966. Esse Tcherviakov (Aleksandr Ivanovitch) não deve ser confundido com Aleksandr Grigórievitch Tcherviakov (1892-1937), de uma conferência do partido bielorrusso.

235. O. G. Nazárov, *Stalin i borba za liderstvo*, p. 93.

236. Nazaretian era o mensageiro a quem Stálin confiava a entrega de cartas particulares a Lênin (ou Trótski), e a pessoa que ele designava para rascunhar muitas circulares do Comitê Central. Boris Bajánov, *Vospominaniia* [1983], p. 53. Miklós Kun, *Unknown Portrait*, pp. 286-8.

237. I. B. Russánova, "I. P. Tovstukha". De 1924 a 1926, Stálin o enviaria ao Instituto Lênin, como auxiliar do diretor, responsável pelo arquivo de Lênin e pelas *Obras completas*. Em 1930-1, Stálin mandou Tovstukha de volta ao Instituto Marx-Engels-Lênin como vice-diretor e chefe dos arquivos. Ele morreria em agosto de 1935 e suas cinzas seriam enterradas no Muro do Kremlin.

238. Nazaretian, queixando-se de excesso de trabalho, depois de um período no *Pravda* em nome de Stálin, foi enviado de volta à Geórgia. *Proletarskaia revoliutsiia*, n. 6, pp. 129-31, 1935.

239. Iúri Rubtsov, *Iz-za spiny vozhdia*, p. 33.

240. A. P. Balachov e Iu. S. Markhachov, "Staraia ploshchad, 4 (20-e gody)", n. 6, pp. 184-5.

241. V. V. Demídov, *Politicheskaia borba i oppozitsiia*, pp. 61-72; Roy Medvedev, *On Stalin and Stalinism*, p. 25. Malenkov ingressou numa universidade técnica de Moscou em 1921, onde se tornou secretário do partido; sua esposa, Valéria Golubtsova (cuja tia conhecia Lênin), foi contratada para o Orgbiuró e conseguiu um apartamento perto do Kremlin, no antigo hotel Loskutnaia (Casa dos Sovietes nº 5), onde moravam muitos apparatchiks jovens. Malenkov recebeu um convite para o aparato central em 1924, tornando-se protegido de Posknóbichev, responsável pelos arquivos sobre funcionários. Nikolai Iejov (nascido em 1895) entraria para o aparato de Stálin em 1927, quando Poskrióbichev estava ganhando cada vez mais responsabilidades, e se tornou o novo patrão de Malenkov. V. P. Danílov, *Tragediia Sovetskoi derevni*, III, p. 850; Petrov, *Kto rukovodil NKVD*, pp. 184-6; Nils Erik Rosenfeldt, *Knowledge and Power*, pp. 131-2. O hotel Loskutnaia seria o quartel-general da construção do metrô de Moscou no início da década de 1930; em 1938, foi demolido e deu lugar à ampliação da praça, dentro do programa de reconstrução da capital.

242. E. A. Rees, "Iron Lazar", pp. 33-5.

243. "Um dos mais talentosos e brilhantes líderes bolcheviques", escreveu Bajánov (que trabalhou na secretaria de Stálin, sob o comando de Kaganóvitch, e no Comissariado das Finanças, com Sokólnikov). "Qualquer missão que recebesse, ele resolvia." Boris Bajánov, *Vospominaniia* [1990], pp. 122.

244. "Nosso querido, talentoso e valiosíssimo em questões práticas Sokólnikov não entende nada de comércio. E vai nos enterrar, se tiver a chance", queixou-se Lênin a Kámenev numa carta. Ao mesmo tempo, disse que o livro de Sokólnikov *Capitalismo de Estado e a nova política financeira* era "muito bem-sucedido". V. I. Lênin, *PSS*, XLIV, p. 428; LIV, p. 90. As *Obras completas* de Lênin (vol. LIV) contêm considerável correspondência com Sokólnikov em 1921-2.

245. Em 1908, Tchitchérin teve um confronto com Lênin e se passou para os mencheviques. Em 1917, os ingleses o prenderam por pregar a paz e o socialismo (ideias que consideravam pró-germânicas, anti-Entente). Trótski obteve a soltura de Tchitchérin em troca da retomada da concessão de vistos e correios diplomáticos para os britânicos. Ele se tornou auxiliar de Trótski para assuntos estrangeiros e depois, rapidamente, seu substituto. Richard K. Debo, *Revolution and Survival*, pp. 34-41. Ver também Richard K. Debo, "The Making of a Bolshevik"; Timothy O'Connor, *Diplomacy and Revolution*. Tchitchérin era um esquerdista. Em janeiro de 1922, por exemplo, manifestou alarme porque, do exterior, "as pessoas estão enviando jornais pelo correio para pessoas privadas. Permitir isso significa restaurar a possibilidade de agitação da imprensa contra nós. Exemplos gritantes da imprensa da Guarda Branca circularão em Moscou". Goriaeva, *Istoriia sovetskoi politicheskoi tsenzury*, pp. 427-8.

246. Litvínov acabou entrando para o Exército, apesar da visão ruim, dominou o russo e se familiarizou com a literatura revolucionária clandestina. Em 1898, estacionado em Baku, recusou-se a atirar numa multidão de operários em greve e foi dispensado. Gueórgi Tcherniávski, "Fenomenon Litvinova", *XX Vek: istoriia Rossii i SSSR*, 22 de janeiro de 1924.

247. Na Inglaterra, Litvínov foi preso em 8 de setembro de 1918 e acusado de estimular a propaganda bolchevique; libertado dez dias depois, foi trocado pelo espião britânico Bruce Lockhart. Arthur Pope, *Maksim Litvinoff*, pp. 129-30.

248. Zinovy Cheinis, "Pervye shagi diplomaticheskoi deiatel'nosti M. M. Litvoinov", p. 153; Gustav Hilger e A. G. Meyer, *Incompatible Allies*, pp. 110-2.

249. Vorochílov detestava Litvínov. Sabine Dullin, *Men of Influence*, p. 13 (citando *Zvezda* [Odessa], 21 de setembro de 1928).

250. Boris Bazhanov, *Bazhanov and the Damnation of Stalin*, pp. 88-9.

251. "Posledniaia sluzhebnaia zapiska Tchitchérina", *Istochnik*, n. 6, p. 100, 1995.

252. Gueórgi Tcherniávski, "Fenomenon Litvinova", *XX Vek: istoriia Rossii i SSSR*, 4 de fevereiro de 1924. Um retrato especialmente pouco indulgente de Litvínov pode ser encontrado no desertor Dmitriévski [Dmítriev], *Sovetskie portrety*, pp. 240-52, traduzido com o título *Dans Les Coulisses du Kremlin* (Paris: Plon, 1933), pp. 182-207.

253. Anatoli Ivanov, *Neizvestnyi Dzerzhinskii*; Aleksandr Plekhánov, *Dzerzhinskii*; A. A. Plekhánov e A. M. Plekhánov, *Zheleznyi Feliks*.

254. Andrei Sinyavsky, *Soviet Civilization*, p. 126 (sem citação). O filósofo cristão Nikolai Berdiáev foi preso e, depois de interrogado na Lubianka, escreveu que "Dzierżyński deu a impressão de ser uma pessoa completamente convencida e sincera. Ele era um fanático [...]. No passado, quis ser um monge católico e transferiu sua fé fanática para o comunismo". Nikolai Berdiáev, *Samopoznanie*, p. 215.

255. *Dvadtsat let VChK-Ogpu-NKVD*, pp. 20-3; Robert E. Blobaum, *Feliks Dzierżyński*.

256. Tishkov, *Dzherzhinskii* [1976], pp. 75, 78. Certa vez, apesar de estar debilitado, ele teria carregado um colega de cela doente nas costas quando tiveram permissão para sair ao pátio da prisão. Iúri Dmítriev, *Pervyi chekist*, pp. 53-62.

257. Clare Sheridan, *From Mayfair to Moscow*, p. 95.

258. A. M. Plekhánov, *VChK-Ogpu*, p. 227 (sem citação); Chteinberg Valentin, *Yekab Peters*, p. 119; Viktor Baklánov, "Slovo Dzherzhinskomu", *Gazeta "Dose"*, 3 de novembro de 2002. Viktor Tchernov chamou

Dzierżyński de "um genuíno monge-asceta. E uma pessoa realmente boa". D. A. Lutókhin, "Zarubezhnye pastyri", *Minuvshee*, 1997, p. 71.

259. Aparentemente para evitar que dados operacionais fossem revelados, Mężyński instruiu os funcionários da OGPU a não entregar à procuradoria nenhum documento relativo a crimes políticos, impedindo desse modo a provisão da supervisão das prisões pela procuradoria. A. V. Kvachónkin, *Bolshevistskoe rukovodstvo*, p. 305; A. A. Jdanóvitch, *Organy gosudarstvennoi bezopasnosti*, pp. 142-3, citando TsA FSB, f. 2, op. 3, d. 60, l. 40.; Fiódor Fomin, *Zapiski starogo chekista*, p. 214. Fomin chefiou os guardas de fronteira no Cáucaso Norte e, portanto, viu muitos visitantes da Tcheká ao spa de Kislovodsk. A filha de um diplomata soviético em Berlim lembrou que Menjínsli era"taciturno, sombrio e extremamente polido — ele até se dirigia a mim [ela tinha então doze anos] com o formal 'Senhora'". Nadejda Ioffe, *Vremia nazad*, cap. 2.

260. Richard Deacon, *History of the Russian Secret Service*, pp. 286-7.

261. Fiódor Fomin, *Zapiski starogo chekista*, pp. 220-1; Oleg Mozókhin e Teodor Gladkov, *Menzhinskii*, pp. 166-74.

262. V. K. Vinográdov, *Genrikh Iagoda*, p. 17.

263. A. M. Plekhánov, *VChK-Ogpu*, pp. 278-9. Iagoda reconstruiria o prédio da Lubianka, ergueria o clube do NKVD e o estádio do Dínamo para equipes de esportes patrocinadas pela polícia e supervisionaria uma pletora de projetos de construção monumentais executados com trabalho forçado.

264. V. K. Vinográdov, *Genrikh Iagoda*, pp. 273-5.

265. Teodor Gladkov, *Nagrada za vernost — kazn*; A. I. Kuvárzin, *Dorogami neskonchaemykh bitv*, p. 53; Mikhail Túmchis e Aleksánder Papchínski, *1937, bolshaia chistka*, p. 295.

266. Frunze comentou que "tenho dados de que informações secretas do Estado-Maior do Exército Vermelho estão vazando no exterior. Eu, por exemplo, recebo informações sobre diretivas da Polônia antes de Moscou". *Mikhaleva, Revvoensovet Respubliki*, p. 335.

267. V. K. Vinográdov, *Genrikh Yagoda*, pp. 312-7 (TsA FSB, f. 1, op. 6, d. 37, l. 102-3). Ver também A. M. Plekhánov, *VChK-Ogpu*, p. 228; e *Istochnik*, n. 6, pp. 154-5, 1995 (APRF f. 32, op. 1, d. 1, l. 27-27ob: Unszlicht, 21 de abril de 1922).

268. O agente, Jan Berzin, ficou preso por pouco tempo. Dzierżyński admitiu que ele tinha uma queda por penduricalhos como anéis e relógios de ouro, mas mandou soltá-lo. Lennard D. Gerson, *The Secret Police*, pp. 69-70 (citando *Pravda*, 25 e 26 e dezembro de 1918).

269. Chris Ward, *Stalin's Russia*, pp. 36-7.

270. RGASPI, f. 558, op. 1, d. 1594, l. 3; Evguéni S. Grómov, *Stalin*, p. 72.

271. *Leninskii sbornik*, XXXVI, p. 122; *Biulleten oppozitsii*, n. 36-7, p. 10, 1933.

272. Leon Trotsky, *My Life*, p. 477.

273. Id. *Stalin*, p. 389 (citando Serebriakov, que alegou ter ouvido isso de Ienukidze).

274. Liev Trótski, *Portrety revoliutsionerov*, pp. 54-5.

275. S. Ielizárov, "Stalin"; Grómov, *Stalin*, pp. 57-9; D. A. Volkogónov, *Triumf i tragediia*, I/ii, p. 118.

276. Boris Bazhanov, *Bazhanov and the Damnation of Stalin*, pp. 105-6.

277. "Stalin Closely Observed", em G. R. Urban, *Stalinism*, pp. 6-30 (p. 8).

278. "M. I. Ulianov ob otnoshenii V. Lenina i I. V. Stalina", p. 197.

279. *Izvestiia*, 5 de abril de 1923.

280. *Sochineniia*, VIII, pp. 66-8; Leon Trotsky, *History of the Russian Revolution*, III, pp. 1156. Ver também Nikolai Sukhánov, *Zapiski*, IV, pp. 32-4.

281. Israel Getzler, *Martov*, p. 218 (citando *Poslednye novosti*, 11 de abril de 1923, e *Sovremennye zapiski*, vol. 15, pp. 368-70, 1923).

282. S. M. Budióni, *Proidennyi put*, I, p. 339.

283. Leon Trotsky, *Portraits*, p. 217.

284. Mikhail S. Gorbatchóv, "Slovo o Lenine", *Pravda*, 21 de abril de 1990 (citando Aleksei Svidérski). Gorbatchóv estava interessado nessa vinheta como um exemplo de suposta sabotagem do aparato. Svidérski, na época de Stálin, trabalhou na Inspetoria de Operários e Camponeses e no Comissariado da Agricultura; suas cinzas foram guardadas no Muro do Kremlin, após sua morte de causas naturais em 1933. Ver também *PSS, spravochnyi tom*, II, pp. 471.

285. A. V. Kvachónkin, *Bolshevistskoe rukovodstvo*, pp. 256-7 (RGASPI, f. 85, op. 1/S, d. 13, l. 6). Nazaretian também relatou ter recebido um apartamento, de Ábel Ienukidze, o comandante do Kremlin. "O apartamento é excelente" (rua Povarskaia, 11). Depois de 9 de agosto de 1922, a Ordjonikidze: "Koba está me treinando até não poder mais. Estou sendo sumbetido a uma educação abrangente, mas extremamente tediosa. Por enquanto, estão tentando me transformar em um consumado funcionário, o mais perfeito controlador da implementação de resoluções do Politbiuró, Orgbiuró e secretaria". Nazaretian insistiu com Stálin para ser tirado do cargo pesadamente burocrático. A. V. Kvachónkin, *Bolshevistskoe rukovodstvo*, pp. 262-3 (RGASPI, f. 85, op 1/S, d. 13, l. 10).

286. A. V. Kvachónkin, *Bolshevistskoe rukovodstvo*, pp. 262-3. Ver também Viatcheslav Ia. Tchevitchélov, *Amaiak Nazaretian*.

287. "Víamos Stálin com frequência", relembrou Maria Ioffe, esposa de Adolf Ioffe (nascido em 1883), que estava entre as pessoas mais próximas de Trótski. "Topávamos com ele nas estreias do teatro Bolchói, no camarote da administração do teatro. Stálin costumava chegar na companhia de seus colegas mais próximos, entre os quais Vorochílov e Kaganóvitch. [...] Muito sociável, conversava amistosamente com todo mundo, mas não havia um gesto verdadeiro em nada disso. [...] Stálin era um ator de rara habilidade, capaz de mudar sua máscara para adequar-se a qualquer circunstância. E uma de suas máscaras preferidas era exatamente esta: o bom companheiro simples e comum, com o coração aberto." "Maria Ioffe, Nachalo", *Vremia i my*, n. 20, pp. 163-92 (p. 178), 1977. Maria emigrou para Israel em 1975.

288. Isso foi estabelecido, numa importante revisão da literatura, por T. H. Rigby, "Was Stalin a Disloyal Patron?".

289. RGASPI, f. 558, d. 1279, d. 1482.

290. RGASPI, f. 558, op. 11, d. 1289, l. 22.

291. A. I. Mikoian, *Tak bylo*, p. 357.

292. Ibid., pp. 351-2.

293. Em 1930, uma parte da terra seria usada para a construção de um santório de elite chamado Barvikha.

294. Vladímir Allilúiev, *Khronika odnoi semi*, p. 29; *Iosif Stalin v obiatiiakh semi*, p. 177.

295. A. F. Sergueiev e E. F. Gluchik, *Besedy o Staline*.

296. A datcha de Stálin era designada Zubálovo-4. A de Dzierżyński era em Górki-2, onde ele estabeleceu uma fazenda estatal da GPU para alimentar a elite. Mólotov também estava em Górki-2 (a partir do final da década de 1920).

297. Entrevista de Aleksándr Bek com Fotíieva. Disponível em: ‹protown.ru/information/hide/6965.html›. Acesso em: 19 dez. 2016.

298. "K istorii polsednikh Leninskikh dokumentov: Iz arkhiva pisatelia Aleksandra Beka, besedovavsheo v 1967 godu s lichnyi sekretariami Lenina", *Moskovskie novosti*, 23 de abril de 1989, pp. 8-9.

299. Robert H. McNeal, *Stalin*, pp. 46-7.

300. A. V. Kvachónkin, *Bolshevistskoe rukovodstvo*, pp. 262-3. Ver também Viatcheslav Ia. Tchevitchélov, *Amaiak Nazaretian*.

301. A. P. Balachov e Iu. S. Markhachov, "Staraia ploshchad, 4 (20-e gody)", n. 5, pp. 193-5. Stálin deixou Balachov entrar no Instituto dos Professores Vermelhos no outono de 1926.

302. Boris Bazhanov, *Bazhanov and the Damnation of Stalin*, p. 93.

303. A. P. Balachov e Iu. S. Markhachov, "Staraia ploshchad, 4 (20-e gody)", n. 5, p. 194. Um autor escreveu que "a base do poder de Stálin no partido não era o medo: era o charme. [...] quando decidia encantar alguém, era irresistível". Charme havia muito, mas medo também. Simon Sebag Montefiore, *Stalin*, pp. 41-2.

304. Balachov acrescentou que "Stálin deveria ver com seus próprios olhos como o povo vivia, passar um tempo com as massas, ouvir as pessoas, mas tudo o que ele fazia era mandar instruções e diretivas a essas pessoas. Acho que o principal infortúnio de Stálin e de outros líderes era que perdiam muito tempo brigando por questões teóricas, punham toda a energia nisso, e pouco se preocupavam com as pessoas vivas. Seria possível construir o socialismo em um único país, seria impossível? Era o que eles ruminavam da manhã à noite". Depois que Balachov perguntou o que eles diriam se dessem de cara subitamente com um camponês vivo, passaram a chamá-lo de brincadeira de "cúlaque". A. P. Balachov e Iu. S. Markhachov, "Staraia ploshchad, 4 (20-e gody)", n. 5, pp. 194-5.

305. Lídia Dan, "Bukharin o Staline", p. 182.

306. A. P. Balachov e Iu. S. Markhachov, "Staraia ploshchad, 4 (20-e gody)", n. 4, p. 182. Balachov, por casualidade, via Trótski com frequência, compartilhava a moradia com Vera Inber e seu pai, que era tio de Trótski. "Trótski e seus filhos (Sedov e duas meninas) vinham visitá-lo com frequência, outros camaradas, assembleias inteiras aconteciam" (n. 5, p. 193). Balachov conhecera Kaganóvitch no Turquestão, mas não o seguiu logo para Moscou, em março de 1922. Contraíra malária em Samarcanda, o que o levou a pedir transferência para a Rússia; depois que foi transferido, Kaganóvitch o acolheu, a partir de 1º de junho de 1922. Quando Stálin nomeou Kaganóvitch para chefiar o partido na Ucrânia, Balachov foi transferido do Departamento de Organização e Instrução de Kaganóvitch e tornou-se assistente de Tovstukha. Depois, passou a ser secretário do Politbiuró, substituindo Maria Burakova.

307. RGASPI, f., 558, op. 3, d. 131, l. 270-1. Erik van Ree, *Political Thought of Joseph Stalin*, p. 148.

308. Sobre o sistema soviético como "uma vasta coleção de seguidores pessoais", ver John Armstrong, *Soviet Bureaucratic Elite*, p. 146. Um eminente pesquisador sugeriu que o conceito de clientela é a característica definidora da política russa imperial, soviética e pós-soviética, sem, no entanto, apresentar comparações com outros sistemas que parecem muito semelhantes. Geoffrey A. Hosking, "Patronage and the Russian State", que é essencialmente uma glosa de M. N. Afanássiev, *Klientelizm i Rossiiskaia gosudarstvennost* (Moscou: Tsentr konstitutsionnykh issledovanii, 1997). Ver também Daniel Orlovsky, "Political Clientelism in Russia", pp. 174-99; e David Ransel, "Character and Style of Patron-Client Relations in Russia", entre outros.

309. Richard Pipes, *Russia under the Bolshevik Regime*, pp. 368-9.

310. Iu. A. Schetínov, "Rezhim lichnoi vlasti Stalina", em Iu. S. Kukúchkin, *Rezhim lichnoi vlasti Stalina*, p. 19 (citando GARF. F. 5865, op. 1, d. 41: carta a Ekaterina Kuskova).

311. PSS, XLV, p. 302.

11. "REMOVAM STÁLIN" [pp. 480-532]

1. PSS, XLV, p. 345.

2. Ibid.

3. Valentin A. Sákharov, *Politicheskoe zaveshchanie*.

4. Houve 217 greves entre agosto e dezembro de 1923, inclusive 51 em Moscou. O. Mozókhin, *VChK--Ogpu*, p. 26 (citando TsA FSB, f. 2, op. 1, por. 794, l. 141).

5. Exceções importantes são Jeremy Smith, *Bolsheviks and the National Question*, pp. 172-212, e Erik van Ree, "Stalin and the National Question".

6. RGASPI, f. 558, op. 1, d. 2479, l. 159-60, pp. 272-4.

7. *Izvestiia TsK KPSS*, n. 9, p. 199, 1989.

8. Valentin A. Sákharov, *Politicheskoe zaveshchanie*, pp. 646-7 (RGASPI, f. 5, op. 2, d. 278, l. 2; f. 558, op. 1, d. 2479, l. 262-5). Os membros da comissão do Orgbiuró eram Stálin, Kúibichev, Rakóvski, Ordjonikidze e Sokólnikov, além de representantes das repúblicas: Aleksandr Tcherviakov (Bielorrússia), Grigóri Petróvski (Ucrânia), Aleksandr Miasnikian (Armênia), S. A. Aga-Maly-Ogly (Azerbaijão) e Polikarp "Budu" Mdivani (Geórgia), entre outros.

9. *Izvestiia TsK KPSS*, n. 9, pp. 192-3, 196, 1989. Para a proposta formal manuscrita de Stálin, ver Valentin A. Sákharov, *Politicheskoe zaveshchanie*, pp. 647-8 (RGASPI, f. 558, op. 1, d. 2479, l. 241).

10. *PSS*, XLV, pp. 556-8, n. 136.

11. *Izvestiia TsK KPSS*, n. 9, pp. 198-9, 1989. (RGASPI, f. 5, op. 2, d. 28, l. 23-4, 22 de setembro de 1922); *TsK RKP (b) — VKP (b) i natsionalnyi vopros*, pp. 78-9; Jeremy Smith, *Bolsheviks and the National Question*, pp. 181-4 (citando RGASPI, f. 5, op. 2, d. 28, l. 19-21).

12. L. A. Fotíieva, *Iz zhizni*, p. 220.

13. *Leninskii sbornik*, XXXVI; *PSS*, XLV, pp. 211-3. Sobre a autofelicitação de Lênin, ver Moshe Lewin, *Lenin's Last Struggle*, p. 60.

14. V. I. Lênin, *PSS*, XLV, pp. 211-3.

15. Como disse um obediente estudioso soviético: "O chefe do governo da RSFSR, V. I. Lênin, indicou mais de uma vez em seus discursos que a RSFSR, em sua política interna e externa, expressava também os interesses das repúblicas soviéticas a ela federadas". V. G. Filimónov, *Vozniknovenie i razvitie rsfsr kak federativnogo gosudarstva*, p. 22.

16. De acordo com uma estimativa, tratam do nacionalismo 2% dos escritos de Marx, 25% dos de Lênin e 50% dos de Stálin. Ronaldo Munck, *Difficult Dialogue*, p. 76.

17. Miklós Kun, *Bukharin*, pp. 130-1.

18. Mdivani disse a Lênin que os georgianos concordariam com uma "união" de iguais numa URSS, mas não com uma incorporação à RSFSR — um ponto em que Stálin já havia cedido, como um bilhete do Politbiuró a Lênin confirmara. Segvard V. Kharmandarian, *Lenin i stanovlenie Zakavkazskoi federatsii*, p. 344; *Izvestiia TsK KPSS*, n. 9, p. 208, 1989.

19. Petr N. Pospélov et al., *Vladimir Ilich Lenin*. Lênin acusara Stálin de "açodamento" em uma carta anterior. No Politbiuró, em 28 de setembro, Stálin e Kámenev trocaram bilhetes. Kámenev: "Ilich decidiu pela guerra em defesa da independência. Ele propõe que eu me encontre com os georgianos". Stálin: "Precisamos de firmeza contra Ilich". Kámenev: "Acho que, tendo em vista que Ilich insiste, será pior resistir". Stálin: "Não sei. Faça como achar melhor". *Izvestiia TsK KPSS*, n. 9, pp. 206, 208-9, 1989; *PSS*, XLV, p. 214. Trótski estava de férias a partir de 13 de setembro de 1922, mas permaneceu em Moscou; Kámenev também estava oficialmente em férias.

20. John Reshetar, "Lenin on the Ukraine"; Roman Szporluk, "Lenin, 'Great Russia', and Ukraine".

21. *Izvestiia TsK KPSS*, n. 9, p. 205, 1989. Lênin escreveu um bilhete para Kámenev em 6 de outubro de 1922 em que dizia que "declarei uma luta até a morte contra o chauvinismo da Grande Rússia" e exigia que a presidência do Comitê Executivo Central Soviético da URSS fosse rotativa entre as repúblicas membros e não fosse controlada pela RSFSR. Lênin também sustentou essa posição (Stálin escreveu no bilhete de Lênin: "correto"). *PSS*, XLV, pp. 214, 559, n. 136; V. I. Lênin, *Sochineniia*, XXXIII, p. 335.

22. Jurij Borys, *Sovietization of the Ukraine*.

23. *PSS*, XLI, pp. 161-8 (p. 164); V. I. Lênin, *Sochineniia*, XXV, p. 624; "Iz istorii obrazovanii SSSR", em *Izvestiia TsK KPSS*, n. 9, pp. 191-218, 1989; n. 3, pp. 169-82; n. 4, pp. 158-76; n. 5, pp. 154-76, 1991. A carta de Stálin foi drasticamente abreviada em edições posteriores das obras de Lênin. Ver também Erik van Ree, *Political Thought of Joseph Stalin*, p. 209.

24. Jeremy Smith, "Stalin as Commissar for Nationality Affairs, 1918-1922", em Sarah Davies e James Harris, *Stalin*, pp. 51-2.

25. *Izvestiia TsK KPSS*, n. 4, p. 171, 1991. Como Jeremy Smith quase solitariamente afirma, a verdade sobre Lênin como arquicentralizador vai no sentido oposto do que é dito na literatura acadêmica (Pipes, Lewin, Carrère d'Encausse). Jeremy Smith, *Bolsheviks and the National Question*, p. 179.

26. Mamia Orakhelachvíli, *Sergo Ordzhonikidze*; Kiríllov e Iákov Mikhailovitch Svérdlov, *Grigorii Konstantinovich Ordzhonikidze*; Zinaída G. Ordjonokidze, *Put Bolshevika*; Ilhiá Moissévitch Dubínski-Mukhadze, *Ordzhonikidze*.

27. Oleg Khlevniuk, *In Stalin's Shadow*, pp. 14, 19-20.

28. O Birô do Cáucaso resolveu formalmente criar uma federação em 2-3 de novembro de 1921; em 8 de novembro, Ordjonikidze telegrafou a Stálin, informando-o de que o processo fora iniciado e questionado pela reação do Comitê Central em Moscou. Jeremy Smith, *Bolsheviks and the National Question*, pp. 198-9 (citando Ordjonikidze, *Stati i rechi*, I, p. 208; RGASPI, f. 17, op. 2, d. 231, l. 2; op. 3, d. 237, l. 2; f. 64, op. 1, d. 61, l. 16; *PSS*, XLIV, p. 255; e Segvard V. Kharmandarian, *Lenin i stanovleniie*, pp. 96-8, 202-3).

29. Jeremy Smith, "The Georgian Affair of 1922", p. 528 (citando RGASPI, f. 5, op. 2, d. 32, l. 61). Logo depois da tomada bolchevique da Geórgia menchevique, um plenipotenciário bolchevique no Azerbaijão (Behbud aga Chakhtakhtínski) propusera uma Federação do Cáucaso Sul com a finalidade de administrar várias disputas territoriais potencialmente explosivas.

30. V. A. Górni, *Natsionalnyi vopros*, pp. 144-5. Ordjonikidze tomara medidas unilaterais para unificar o sistema ferroviário e a economia do Cáucaso Sul antes mesmo de forçar a união política. Stephen F. Jones, "Establishment of Soviet Power", p. 622, citando *Comunisti*, o órgão do partido na Geórgia (setembro de 1921).

31. Jeremy Smith, "The Georgian Affair of 1922", pp. 529-30 (citando Ordjonikidze, *Stati i rechi*, I, p. 208); RGASPI, f. 17, op. 2, d. 231, l. 2. O Politbiuró, com a aprovação de Lênin, decretou: "Reconhecer como absolutamente correta a federação das repúblicas do Cáucaso Sul em princípio e como incondicionalmente a ser concretizada". *PSS*, XLIV, p. 255. Em 27 de setembro de 1922, dia em que Lênin recebeu Mdivani em Górki, Kámenev enviara ao líder bolchevique um diagrama da estrutura da URSS com a Federação do Cáucaso Sul. De acordo com o plano original de Stálin de autonomização da RSFSR, a Geórgia entraria como uma unidade autônoma, como a Ucrânia. Jeremy Smith, *Bolsheviks and the National Question*, p. 186 (RGASPI, f. 5, op. 2, d. 28, l. 13-4).

32. Segvard V. Kharmandarian, *Lenin i stanovleniie*, p. 218. Pilipe Makharadze, o estadista mais velho dos bolcheviques georgianos e conhecido até então por seu internacionalismo, queixou-se ao Comitê Central em Moscou, em 6 de dezembro de 1921, de que a chegada do Exército Vermelho "teve a aparência exterior de uma ocupação estrangeira. [...] Precisamos nos dar conta de que as massas georgianas se acostumaram com a ideia de uma Geórgia independente", querendo dizer que a Geórgia não deveria ser forçada a entrar numa federação do Cáucaso Sul. David Marshall Lang, *Modern History*, p. 240 (sem citação). Stálin enviou Svanidze a Berlim. Robert C. Tucker, *Stalin as Revolutionary*, p. 257.

33. Jeremy Smith, "The Georgian Affair of 1922".

34. Ronald Grigor Suny, *Georgian Nation*, pp. 214-5; G. K. Ordjonikidze, *Stati i rechi*, I, pp. 226 ss.

35. *Sochineniia*, IV, pp. 162, 237, 372.

36. O Exército imperial russo se opunha a unidades nacionais separadas e fazia questão de que três quartos de todas as unidades fossem compostos de eslavos orientais. Trótski recebeu bem as unidades "nacionais" nas forças vemelhas em 1918-9. Porém, a experiência ucraniana, em que as unidades nacionais queriam perseguir objetivos definidos em termos exclusivamente nacionais, fez com que mudasse de ideia. Mas o desejo de um Exército Vermelho único e integrado com uma única estrutura de comando mostrou-se esquivo nas regiões de fronteira do novo Estado. Um Exército Vermelho georgiano foi montado em agosto de 1922, para acalmar a insatisfação política. Serguei Kudriachov, *Krasnaia armiia*, p. 17 (APRF, f. 3, op. 50, d. 251, l. 158). Em torno de 97% do corpo de oficiais eram mencheviques. Em 1923, instituiram um recrutamento das "classes laboriosas"; um objetivo declarado era levar a influência do partido às massas não filiadas, especialmente nas aldeias. Em 1925, havia 40 mil soldados nas unidades georgianas. Iu. M. Katcharava, *Borba za uprochenie sovetskoi vlasti v Gruzii*, pp. 51-5; RGASPI, f. 5, op. 2, d. 32, l. 7-17.

37. Valentin A. Sákharov, *Politicheskoe zaveshchanie*, pp. 244-7 (citando RGASPI, f. 5, op. 2, d. 26, l. 10-2).

38. *PSS*, XLIV, pp. 299-300; XLV, p. 595, n. 210; Richard Pipes, *Formation of the Soviet Union*, p. 274. Lênin enviou uma cópia de sua reprimenda aos georgianos a Ordjonikidze. Em 21 de outubro de 1922, Stálin ligou para Ordjonikidze, bem como para Mamia Orakhelachvíli, secretário do comitê do Partido Comunista georgiano, e lhes disse que Lênin estava furioso, observando que os membros do Comitê Central georgiano haviam falhado na codificação de suas comunicações, permitindo a interceptação por estrangeiros. Cabeças rolariam. RGASPI, f. 558, op. 1, d. 2441, l. 1-2; d. 2491, l. 1-1ob. Outros georgianos, inclusive Makharadze, enviaram comunicações particulares a Lênin, por intermédio de Kámenev e Bukhárin, para evitar Stálin, no sentido de uma vez mais garantir a entrada da Geórgia na União com o mesmo status da Ucrânia e da Bielorrússia. Kámenev e Bukhárin responderam a Makharadze e outros em Tíflis, instruindo-os a desistir. *Sotsialisticheskii vestnik*, 17 de janeiro de 1923.

39. Segvard V. Kharmandarian, *Lenin i stanovleniie*, pp. 351-4.

40. Jeremy Smith, *Bolsheviks and the National Question*, p. 201 (citando RGASPI, f. 5, op. 2, d. 32, l. 49-50; Mikhail Okujava).

41. Os outros membros então escolhidos foram o comunista lituano Vincas Mickevičius-Kapsukas (presidente da efêmera República Socialista Soviética da Lituânia de 1918) e o jornalista Liev Sosnóvski, partidário de Trótski, mas Mdivani fez objeções a Sosnóvski e Stálin aproveitou a ocasião para substituir seu próprio partidário, o centralizador ucraniano Dmítri Manuílski. Segvard V. Kharmandarian, *Lenin i stanovleniie*, pp. 369-70; *XII siezd RKP* (b), pp. 541, 551. Há uma fotografia dessa época de Dzierżyński, Ríkov e Iagoda com Lakoba no Jardim Botânico Zugdid, em Sukhum. Uma comissão similar, encabeçada por Frunze, fora nomeada em maio de 1922 para investigar um protesto formal da RSS ucraniana de que a Rússia soviética infringira sua soberania. Essa comissão manteve tanto a existência da Ucrânia como as prerrogativas do Comitê Central. *TsK RKP* (b) — *VKP* (b) *i natsionalnyi vopros*, 64-6 (RGASPI, f. 17, op. 112, d. 338, l. 122-3), pp. 67-9 (RGASPI, f. 17, op. 84, d. 326, l. 1). Ver também V. V. Pentkóvskaia, "Rol V. I. Lenina", pp. 14-5; S. I. Iakubóvskaia, *Stroitelstvo soiuznogo sovetskogo sotsialisticheskogo gosudarstva*, pp. 139-40; e Solomon S. Guilílov, *V. I. Lenin*, pp. 145-6.

42. A. I. Mikoian, *Dorogoi borby*, p. 433; Segvard V. Kharmandarian, *Lenin i stanovleniie*, p. 370.

43. Valentin A. Sákharov, *Politicheskoe zaveshchane*, pp. 250-1 (RGASPI, f. 5, op. 2, d. 32, l. 43-43ob); V. S. Kiríllov e Iákov Mikhailovitch Svérdlov, *Grigory Konstantinovich Ordzhonikidze*, pp. 174-7.

44. Valentin A. Sákharov, *Na rasputie*, p. 41 (citando RGASPI, f. 325, op. 2, d. 50, l. 35-8); *Pravda*, 17 de março de 1922 (teses de Zinóviev); *XI siezd RKP* (b), pp. 680-7. Lênin reconheceu que Trótski tinha

razão: ele era incapaz de funcionar no mesmo grau que antes, e Stálin estava sobrecarregado. V. I. Lênin, *PSS*, XLV, pp. 103-4, 113-4, 122.

45. *V. I. Lenin: neizvestnye dokumenty*, pp. 513-5. O influente relato de Rigby da suposta tentativa de Lênin, depois de ter ficado doente, de combater a dominação do partido é contradito por demasiadas fontes internas. T. H. Rigby, *Lenin's Government*, pp. 207-22.

46. Iúri Felchtínski, *Kommunisticheskaia oppozitsiia v SSSR*, I, pp. 16-7; RGASPI, f. 325, op,. 1, d. 88, l. 1, 2, 5. A comissão estatal de planejamento, essencialmente uma continuação da Comissão Estatal de Eletrificação (GOELRO), com uma equipe de cerca de quarenta pessoas, fora criada quase ao mesmo tempo que a NPE. *Piat let vlasti Sovetov*, pp. 150-2. Kryżanowski chefiou a comissão de planejamento a partir de agosto de 1921; Tsiurupa a assumiu em dezembro de 1923 e permaneceu cerca de dois anos (quando Kryżanowski retornou), altura em que já tinha uma equipe de várias centenas. Piatakov foi seu vice-presidente (a partir de 1923). Trótski criticou a impotência da comissão estatal de planejamento desde quase a sua criação; Lênin comentou com Zinóviev que "Trótski está num humor duplamente agressivo". Isaac Deutscher, *Prophet Unarmed*, p. 42; *Leninskii sbornik*, XX, pp. 208-9. Além de Trótski, ninguém mais do círculo interno queria investir essa comissão de poderes ditatoriais extraordinários. Stálin zombara dele ao escrever para Lênin em março de 1921 dizendo que os apelos de Trótski por planejamento faziam-no parecer "um artesão medieval que se imagina um herói de Ibsen convocado para 'salvar' a Rússia por meio de uma saga antiga". *Kalinin, Stalin: sbornik statei*, reproduzido em *Sochineniia*, V, pp. 50-1.

47. *Izvestiia*, 28 e 29 de março de 1922; *PSS*, XLV, pp. 69-116 (pp. 77, 81-2).

48. Portanto, pelo raciocínio de Lênin, se a revolução socialista vencesse na Europa ocidental, os bolcheviques poderiam ignorar os desejos da vasta maioria da população da Rússia soviética. *XI siezd RKP (b)*, p. 130.

49. Valentin A. Sákharov, *Na rasputie*, pp. 43-4.

50. *V Vserossiiskii siezd RKSM, 11-19 oktiabria 1922 g.*, pp. 31-2.

51. Lênin acrescentou: "Permitam-me concluir com uma expressão de confiança que, assim como essa tarefa não é difícil, ela não é nova. [...] Todos nós, não amanhã, não em poucos anos, todos nós juntos resolveremos essa tarefa, não importa o que seja preciso, de tal modo que da Rússia da NPE surgirá a Rússia socialista". *PSS*, XLV, p. 309; Valentin A. Sákharov, *Na rasputie*, pp. 33-4.

52. Valentin A. Sákharov, *Na rasputie*, pp. 30-1.

53. No total, entre seu retorno a Moscou em 2 de outubro e 16 de dezembro de 1922, Lênin escreveu 224 cartas e memorandos, recebeu 171 visitantes registrados e presidiu 32 reuniões. Gueórgi N. Golikov, *Vladimir Ilich Lenin*, XII, p. xviii; *Voprosy istorii KPSS*, n. 4, p. 149 (Fotíieva), 1957.

54. *PSS*, XLV, p. 469. A substância da conversa entre Lênin e Ríkov não está documentada, mas é provável que tenha tocado, ao menos em parte, nos acontecimentos da Geórgia. As memórias de Fotíieva omitem essa reunião: L. A. Fotíieva, *Iz zhizni*, p. 249.

55. Gueórgi N. Golikov, *Vladimir Ilich Lenin*, XII, p. 534; L. A. Fotíieva, *Iz zhizni*, pp. 250-1; *PSS*, XLV, p. 596.

56. D. A. Volkogónov, *Lenin: Life and Legacy*, p. 416.

57. L. A. Fotíieva, *Iz zhizni*, p. 261.

58. *PSS*, LIV, pp. 331-2.

59. O monopólio estatal do comércio exterior foi estabelecido em 1918, mas, com a mudança para a NPE, a maioria dos dirigentes bolcheviques, inclusive Stálin, o considerava insustentável e coisa do passado; para Lênin, no entanto, era uma defesa ("senão os estrangeiros comprarão e exportarão tudo de valor") e uma fonte fundamental de receita. *PSS*, XLIV, pp. 427, 548, LIV, pp. 325-6, 338.

60. *PSS*, XLV, p. 596, n. 210.

61. *PSS*, XLV, pp. 338-9.

62. Liev Trótski, *Stalinskaia shkola fal'sifikatsii*, pp. 74-5; Id., *Portrety revoliutsionerov*, p. 279. Na verdade, Lênin confiava em várias pessoas para a manutenção do monopólio do comércio exterior. Valentin A. Sákharov, *Politicheskoe zaveshchanie*, pp. 203-22; V. I. Lênin, *PSS*, XLV, p. 471.

63. Valentin A. Sákharov, *Politicheskoe zaveshchanie*, pp. 207-22.

64. RGASPI, f. 16, op. 2, d. 13, l. 180-90.

65. *PSS*, XLV, p. 472; LIV, pp. 325-6.

66. *PSS*, XLV, p. 327.

67. Essa carta de Lênin não consta de *PSS*. Ver D. A. Volkogónov, *Lenin: politicheskii portret*, II, p. 329 (APRF, f. 3, op. 22, d. 307, l. 19); e Valentin A. Sákharov, *Politicheskoe zaveshchane*, p. 201 (que data a carta). De acordo com Maria Uliánova, Lênin "convocou Stálin e entregou a ele as tarefas mais íntimas". *Izvestiia TsK KPSS*, n. 12, p. 196, 1898.

68. O último encontro cara a cara entre Stálin e Lênin pode ter sido em 13 de dezembro de 1922. Gueórgi N. Golikov, *Vladimir Ilich Lenin*, XII, pp. 537-43.

69. "O zhizni i deiatelnosti V. I. Lenina (vospominaniia, pisma, dokumenty)", *Izvestiia TsK KPSS*, n. 12, pp. 189-201 (p. 191), 1989.

70. Lênin estabelecera a regra de que a saúde de um membro do Politbiuró estava sob a jurisdição do partido. Adam B. Ulam, *The Bolsheviks*, p. 560.

71. *Voprosy istorii KPSS*, n. 9, pp. 44-5, 1991.

72. *PSS*, LIV, pp. 327-8, 672. Trótski mecionou a carta a Kámenev, que, tal como Trótski solicitou, informou Stálin. Em 20 de dezembro de 1922, o dr. Otfried Förster chegou da Alemanha e viu Lênin no mesmo dia, mas não há registro de sua visita em 21 (ou 22) de dezembro, e não há nada no diário dos médicos sobre qualquer mudança no estado pessoal de Lênin que permitisse ditados. *Izvestiia TsK KPSS*, n. 12, pp. 191-2, 1989; L. A. Fotíieva, *Iz zhizni*, p. 274.

73. A carta de Lênin a Trótski foi suspeitamente publicada no exterior, no menchevique *Sotsialisticheski vestnik*, em 1923. Além disso, estava assinada "N. Lênin", uma assinatura que ele abandonara havia muito tempo, e registrada por "N. K. Ulíanova", nome que Krúpskaia jamais usava. A cópia no arquivo de Lênin tem uma anotação à mão de Krúpskaia para Trótski responder a Lênin por telefone, mas não sabemos quando foi escrita (pode ter sido acrescentada para explicar por que não havia resposta por escrito de Trótski). Valentin A. Sákharov, *Politicheskoe zaveshchanie*, p. 387; Trotsky Archive, Houghton Library, Harvard University, T 770; Iúri Felchtínski, *Kommunisticheskaia oppozitsiia v SSSR*, I, p. 72; *PSS*, XLIV, pp. 327-8, 672; Gueórgi N. Golikov, *Vladimir Ilich Lenin*, XII, p. 545.

74. O documento está assinado por Stálin, Zinóviev e Kámenev. É provável que Stálin tenha mostrado o texto a Lênin antes da plenária. Valentin A. Sákharov, *Politicheskoe zaveshchanie*, pp. 215-6 (citando RGASPI, f. 17, op. 2, d. 86, l. 7-7ob). Os estudiosos perpetuaram a falsidade de Trótski no que dizia respeito à manutenção do monopólio do comércio exterior de que somente ele havia vencido na plenária em nome de Lênin. V. A. Kumaniov e I. S. Kulikova, *Protivostoianie*, pp. 14-5. Na verdade, Krúpskaia, em nome de Lênin, escrevera também a Iaroslávski (um adversário de Trótski) para pedir-lhe que encontrasse alguém para substituir Lênin na discussão de 18 de dezembro de 1922, tendo em vista a piora do seu estado de saúde no dia 16. É digno de nota que Trótski não tenha recebido, nem pedido, uma cópia por completo dos protocolos da reunião sobre monopólio do comércio exterior. Esse assunto — que supostamente fez Lênin se afastar de Stálin — não aparece nos últimos documentos. Valentin A. Sákharov, *Politicheskoe zaveshchanie*, pp. 203-2.

75. RGASPI, f. 17, op. 2, d. 87, l. 1-2. Trótski, em suas memórias, inventou uma conversa com Lênin sobre atacar o burocratismo não só no Estado, mas também no partido, tendo por alvo específico o Orgbiuró, a fonte do poder de Stálin. Lênin, segundo Trótski, concluiu que "então lhe ofereço um bloco contra a burocracia em geral e contra o birô organizacional em particular". Trótski alega ter contado essa conversa aos seus seguidores: "Rakóvski, I. N. Smirnov, Sosnóvski, Preobrajénski e outros" — uma repetição que supostamente o ajudou a se lembrar dela. Liev Trótski, *Moia zhizn*, II, pp. 215-7; Leon Trotsky, *My Life*, pp. 78-9.

76. Krúpskaia procurou registrar o incidente da rudeza de Stálin escrevendo a Kámenev que "em conexão com a carta muito curta que Lênin ditou, com a permissão dos médicos, Stálin ontem se permitiu o ataque mais grosseiro contra mim. [...] Os interesses do partido e de Ilitch não são mais queridos para mim do que para Stálin". Esta carta a Kámenev existe, mas não está datada; uma data foi inserida — 23 de dezembro de 1922. *PSS*, LIV, pp. 674-5 (RGASPI, f. 12, op. 2, d. 250); *Izvestiia TsK KPSS*, n. 1, p. 192, 1989; Moshe Lewin, *Lenin's Last Struggle*, pp. 152-3. Por sua vez, o bilhete de Kámenev a Stálin em que ele afirma que Trótski lhe contou ter recebido uma carta de Lênin não tem data; foi retroativamente datado de "não depois de 22 de dezembro" por arquivistas, mas refere-se ao "congresso", não à plenária, e o congresso se realizou em março-abril de 1923. Stálin respondeu a Kámenev: "Como poderia o Velho manter uma correspondência com Trótski tendo em vista a proibição absoluta de Förster?". A resposta de Stálin costuma ser datada de 22 de dezembro e não está claro se isso está correto. Stálin não telefonou para Krúpskaia em 22 de dezembro e não a xingou. A proibição do Comitê Central de discussões políticas não mencionava contatos com membros da liderança; o Politbiuró impôs essa proibição somente em 24 de dezembro. *Izvestiia TsK KPSS*, n. 6, p. 193, 1991.

77. *Voprosy istorii KPSS*, n. 9, pp. 43-5, 1991; *PSS*, XLV, p. 474; D. A. Volkogónov, *Lenin: politicheskii portret*, II, pp. 337-78; *Izvestiia TsK KPSS*, n. 6, p. 191, 1991; n. 12, p. 196, 1989; Valentin A. Sákharov, *Politicheskoe zaveshchanie*, p. 202.

78. Gueórgi N. Golikov, *Vladimir Ilich Lenin*, XII, pp. 542-6.

79. *Voprosy istorii KPSS*, n. 9, p. 45, 1991.

80. Sákharov, entre outros documentos, reproduz um fac-símile do texto manuscrito, que atribui a Allilúieva: *Politicheskoe zaveshchanie*, pp. 352-3 (ilustrações). A carta existe em duas formas, manuscrita e datilografada. A versão manuscrita tem o título "Carta ao Congresso", sem dúvida acrescentado depois (uma vez que não era obviamente uma carta desse tipo). É revelador que a versão datilografada não tenha essa designação. Os textos não batem. Fotíieva escreveu a Kámenev em 29 de dezembro que Volóditcheva estivera presente. Volóditcheva disse depois que deu a carta a Stálin, mas não está claro se isso é verdade, embora seja o que Fotíieva escreveu a Kámenev (em 29 de dezembro). É possível que Nádia a tenha comunicado a Stálin. Para as histórias de Volóditcheva, ver *Izvestiia TsK KPSS*, n. 12, pp. 191-2, 198, 1989; Guenrikh Vólkov, "Stenografistka Ilicha", *Sovetskaia kultura*, 21 de janeiro de 1989 (um manuscrito datado de 18 de outubro de 1963, citando conversas com Volóditcheva); e *PSS*, XLV, p. 343; "K istorii poslednikh Leninskikh dokumentov: Iz arkhiva pisatelia Aleksandra Beka, besedovavshee v 1967 godu s lichnymi sekretariami Lenina", *Moskovskie novosti*, 23 de abril de 1989, pp. 8-9. Ver também *PSS*, XLV, p. 474. Quando Volóditcheva (ou alguém em seu nome) imaginou essa cena fantasiosa, de enviar anonimamente a carta a Stálin, todos os presentes já tinham morrido, exceto ela. Note-se também que a publicação no boletim do XV Congresso do Partido *não* incluiu o ditado de 23 de dezembro como parte da assim chamada Carta ao Congresso ou Testamento de Lênin. O texto também não estava numerado, como seria mais tarde. Iúri Felchtínski, *Kommunisticheskaia oppozitsiia v SSSR*, I, pp. 73-8.

81. Fotíieva escreveu que, a partir de 23 de dezembro de 1922, ninguém teve contato algum com Lênin, exceto ela mesma e Volóditcheva, Glasser (uma vez), os médicos e atendentes e Krúpskaia. Mas isso não é verdade. L. A. Fotíieva, *Iz zhizni*, p. 275.

82. Valentin A. Sákharov, *Politicheskoe zaveshchanie*, pp. 278-89 (esp. pp. 282-3); *Otechestvennaia istoriia*, n. 2, pp. 162-74, 2005.

83. *Voprosy istorii KPSS*, n. 2, p. 68, 1963; Adam B. Ulam, *The Bolsheviks*, p. 560.

84. *Izvestiia TsK KPSS*, n. 1, p. 57, 1990.

85. Valentin A. Sákharov, *Politicheskoe zaveshchanie*, pp. 653-8 (RGASPI, f. 5, op. 2, d. 305, l. 1-5; d. 301, l. 1-2).

86. Ibid. p. 459.

87. *PSS*, XLV, pp. 349-53; Valentin A. Sákharov, *Politicheskoe zaveshchanie*, p. 375 (RGASPI, f. 5, op. 4, d. 10, l. 13ob).

88. Valentin A. Sákharov, *Na rasputie*, pp. 58-9, n. 33 (citando RGASPI, f. 5, op. 4, d. 98, l. 114-45); *XIV siezd VKP (b)*, pp. 453-4.

89. Valentin A. Sákharov, *Politicheskoe zaveshchane*, pp. 557-60 (citando RGASPI, f. 5, op. 1, d. 274, l. 1-2); Iúri Felchtínski, *Kommunisticheskaia oppozitsiia v SSSR*, I, pp. 9-11.

90. Valentin A. Sákharov, *Politicheskoe zaveshchane*, pp. 660-2 (citando RGASPI, f. 5, op. 1, d. 275, l. 2-3); Iúri Felchtínski, *Kommunisticheskaia oppozitsiia v SSSR*, I, pp. 9-11.

91. *Izvestiia TsK KPSS*, n. 10, pp. 178-9, 1990 (carta de Trótski à Comissão Central de Controle, outubro de 1923).

92. Em 20 de janeiro, em outra carta, Trótski queixou-se de ter se absorvido no recente congresso do Comintern. Valentin A. Sákharov, *Politicheskoe zaveshchane*, pp. 660-72 (RGASPI, f. 5, op. 1, d. 275, l. 2-3; d. 307, l. 5; d. 308, l. 1-5); Iúri Felchtínski, *Kommunisticheskaia oppozitsiia v SSSR*, I, pp. 12-5.

93. As conclusões do relatório da comissão Dzierżyński foram discutidas e aprovadas no Orgbiuró em 21 de dezembro de 1922. O texto final do relatório, que confirmava que Ordjonikidze havia batido num companheiro comunista georgiano, não pedia nenhuma medida disciplinar e recomendava que os (ex-) membros do Comitê Central georgiano fossem redesignados para a Rússia soviética. Ele foi aprovado no Orgbiuró em 13 de janeiro de 1923 e enviado ao Politbiuró; uma cópia das conclusões foi para Lênin. O Politbiuró confirmou a decisão do Orgbiuró, bem como a nova composição do Comitê Central georgiano. Em 18 de janeiro, o Politbiuró resolveu adiar a discussão por uma semana, a fim de permitir que Mdivani e outros se familiarizassem com os materiais. RGASPI, f. 17, op. 3, d. 330, l. 3.

94. RGASPI, f. 17, op. 3, d. 331, l. 1. O relatório da comissão Dzierżyński: RGASPI, f. 5, op. 2, d. 32, l. 69-73.

95. *PSS*, XVL, p. 476; L. A. Fotíieva, *Iz zhizni*, p. 300; Gueórgi N. Golikov, *Vladimir Ilich Lenin*, XII, pp. 568-9.

96. L. A. Fotíieva, *Iz zhizni*, p. 301. Valentin A. Sákharov, *Politicheskoe zaveshchanie*, pp. 276-7 (citando RGASPI, f. 5, op. 4, d. 10, l. 23-23ob). Talvez valha a pena observar que Fotíieva admitiu ter pedido primeiro a Dzierżyński, que lhe disse que Stálin tinha os materiais.

97. Mólotov levantou outra possibilidade: "Stálin baixou uma decisão da secretaria uma vez que os médicos proibiam contatos desse tipo. Eles se queixaram para Krúpskaia. Ela ficou indignada, falou com Stálin e ele respondeu que 'o Comitê Central decidiu e os médicos acreditam que não se pode fazer visitas a Lênin'. 'Mas o próprio Lênin as deseja!' 'Se o Comitê Central assim decidir, podemos proibir até você de vê-lo'". Feliks Chuev, *Sto sorok*, p. 212.

98. Feliks Chuev, *Sto sorok*, pp. 212-3; Id. *Molotov Remembers*, p. 132.

99. Recordações que datam de 1926: M. I. Uliánova, "Ob otnoshenii V. I. Lenina k I. V. Stalina", pp. 198, 196.

100. *PSS*, LIV, p. 329; RGASPI, f. 17, op. 3, d. 332, l. 5.

101. *Kentavr*, outubro-dezembro de 1991, pp. 100-1; Valentin A. Sákharov, *Politicheskoe zaveshchane*, p. 392.

102. "Em última análise, a classe operária pode manter e fortalecer sua posição orientadora não através do aparato de governo, não através do Exército, mas através da indústria, que reproduz o próprio proletariado", escreveu Trótski em teses sobre a indústria. "O partido, os sindicatos, a liga da juventude, nossas escolas, e assim por diante, têm sua tarefa de educar e preparar novas gerações da classe operária. Mas todo esse trabalho terá sido construído sobre areia se não tiver uma base industrial crescente sob ele." As finanças estatais, instava ele, deveriam ser gastas na indústria estatal. Robert V. Daniels, *Documentary History of Communism* [1960], I, pp. 234-6 (citando Trotsky Archive, Houghton Library, Harvard University, 6 de março de 1923).

103. Stálin ganhou a briga e a reorganização aconteceu de acordo com suas propostas, conforme confirmado na plenária do Comitê Central no verão de 1923. Valentin A. Sákharov, *Politicheskoe zaveshchanie*, pp. 663-71; RGASPI, f. 17, op. 3, d. 363, l. 2; d. 364, l. 5; d. 369, l. 5.

104. V. Naúmov e L. Kúrin, "Leninskoe zaveshchanie", p. 36.

105. D. A. Volkogónov, *Lenin: Life and Legacy*, p. 421 (citando APRF, f. 3, op. 22, d. 307, l. 138-9).

106. *Izvestiia TsK KPSS*, n. 12, p. 198, 1989. As mulheres da secretaria do Conselho dos Comissários do Povo estavam evidentemente maldispostas em relação a Stálin. Mais tarde, elas visitariam seu apartamento a convite de sua ex-companheira de trabalho Nádia Allilúieva, por exemplo no nascimento de Svetlana (28 de fevereiro de 1926). Quando Stálin abriu a porta e Nádia lhe disse para fechá-la, ou o bebê pegaria um resfriado com o vento, ele teria respondido, com seu senso de humor bizarro, que, "se ela pegar um resfriado, vai morrer mais depressa". Guenrikh Vólkov, "Stenografistka Ilicha", *Sovetskaia kultura*, 21 de janeiro de 1989, p. 3 (manuscrito datado de 18 de outubro de 1963).

107. "Dnevnik dezhurnykh sekretarei V. I. Lenina", PSS, XLV, p. 607. Ver também Moshe Lewin, *Lenin's Last Struggle*, p. 96. Trata-se, talvez, do primeiro exemplo persuasivamente documentado sobre o caso da Geórgia em que Lênin manifesta dúvidas não somente sobre Ordjonikidze e Dzierżyński, mas também sobre Stálin.

108. Os médicos acrescentaram que "Vladímir Ilitch ficou bravo com essa recusa, declarou que já lera os protocolos e precisava deles apenas para uma questão". Valentin A. Sákharov, *Politicheskoe zaveshchanie*, p. 276. Glasser recusou-se a lhe entregar uma cópia da "Breve carta do CC aos comitês provinciais do partido sobre o conflito no Partido Comunista da Geórgia". *Izvestiia TsK KPSS*, n. 9, n. 153, n 1, pp. 162-3, 1990.

109. Gueórgi N. Golikov, *Vladimir Ilich Lenin*, XII, p. 589 (RGASPI, f. 5, op. 2, d. 32, l. 53-73); L. A. Fotíieva, *Iz zhizni*, p. 315. Os materiais do dossiê encontram-se em: RGASPI, f. 5, op. 2, d. 32, 33, 34. Glasser relatou a Bukhárin que Lênin "já tinha uma opinião preconcebida sobre nosso trabalho e estava terrivelmente preocupado que não conseguiríamos provar em nosso relatório o que ele precisava e não tinha tempo para preparar seu discurso ao congresso". *Izvestiia TsK KPSS*, n. 9, p. 163, 1990.

110. Valentin A. Sákharov, *Politicheskoe zaveshchanie*, p. 501 (citando RGASPI, f. 5, op. 2, d. 31, l. 1, 3, 4).

111. Ibid. pp. 345-62.

112. RGASPI, f. 5, op. 2, d. 34, l. 15; Leon Trotsky, *My Life*, pp. 482-8.

113. Jeremy Smith, "The Georgian Affair of 1922", p. 538 (citando RGASPI, f. 5, op. 2, d. 34, l. 3); Id. , *Bolsheviks and the National Question*, p. 208. Trótski e Lênin (bem como Ríkov) tinham o mesmo médico alemão, F. A. Guetier, então Trótski podia ter informações em primeira mão sobre o verdadeiro estado de saúde de Lênin, além de poder usar esse canal para se comunicar com o líder bolchevique.

114. PSS, XLV, pp. 329-30.

115. *Izvestiia TsK KPSS*, n. 12, pp. 192-3, 1989 (RGASPI, f. 2, op. 1, d. 26004, l. 3); D. A. Volkogónov, *Stalin: politicheskii portret*, II, pp. 384-5; D. A. Volkogonov, *Lenin: Life and Legacy*, p. 274 (citando APRF, f. 3, op. 22, d. 307, l. 27-9). Nota: "cerca de cinco semanas atrás" — o que significa final de janeiro, não

23 de dezembro. Em 1989, Vera Dridzo, secretária pessoal de Krúpskaia (de 1919 a 1939), lembrou-se subitamente que Stálin telefonara para pedir desculpas a Krúpskaia em março de 1923; Dridzo não mencionou isso em suas memórias publicadas na época de Bréjnev. V. Dridzo, p. 105; cf. Id., *Nadezhda Konstantinovna*.

116. Leon Trotsky, *Between Red and White*, p. 81.

117. *Kentavr*, 1991, Oktiabr-dekabr, pp. 109-12. Lênin também teria ditado "Melhor menos, mas melhor" (datado de 2-9 de março), uma condenação cáustica da administração estatal e da Inspetoria de Operários e Camponeses que deveria melhorar essa administração. Trótski afirmou ter forçado uma reunião para que esse ditado fosse publicado no *Pravda*. Leon Tretsky, *Stalin School of Falsification*, p. 72.

118. Liev Trótski, "Zaveshchanie Lenina [Portrety]", p. 280.

119. *Izvestiia TsK KPSS*, n. 9, p. 151, 1990. Naquele mesmo dia, Stálin mandou telegrama a Ordjonikidze contando sobre as cartas de Lênin. Trótski alegou ter informado Kámenev da carta para Mdivani e Makharadze, mas ela estava endereçada "com cópia para" Kámenev, além de Trótski. Não está claro se houve um encontro Kámenev-Trótski na noite de 6-7 de março, como alegou Trótski; nenhuma carta de Trótski a Kámenev foi registrada na secretaria de Kámenev, o qual disse que a reunião com Trótski aconteceu mais tarde, depois que o estado de saúde sem esperança de Lênin se tornara definitivo.

120. *PSS*, LIV, pp. 329-30 (RGASPI, f. 2, op. 1, d. 26004, l. 1-3 (inclusive a resposta de Stálin); *Izvestiia TsK KPSS*, n. 12, pp. 192-3, 1989. Ainda existe uma cópia da carta de Stálin, sem sua assinatura, manuscrita por Volóditcheva; uma segunda cópia, escrita evidentemente por Stálin, traz sua assinatura, mas parece uma versão fac-similar. Os arquivos contêm uma nota sobre a carta, escrita pela mão de Stálin: "Camarada Lênin para Stálin somente pessoalmente". Porém, não está claro se essa nota foi escrita para essa carta. Valentin A. Sákharov, *Politicheskoe zaveshchanie*, pp. 395-7.

121. *Voprosy istorii KPSS*, n. 2, 1963, reproduzido em *PSS*, XLV, pp. 455-86 ("diário" das secretárias de Lênin, 21 de novembro de 1922 a 6 de março de 1923).

122. D. A. Volkogónov, *Lenin: politicheskii portret*, II, p. 343.

123. Em 17 de março: "Após pouco tempo, ele quis expressar uma ideia ou um desejo, mas nem a enfermeira, nem Maria Ilitchna, tampouco Nadejda Konstantínova conseguiram entendê-lo". Valentin A. Sákharov, *Politicheskoe zaveshchanie*, p. 497. O médico de plantão anotou que Lênin "recebeu lascas de pão seco, mas durante um bom tempo não conseguiu pegá-las, fazendo tentativas ao redor do prato". D. A. Volkogonov, *Lenin: Life and Legacy*, p. 430 (citando RGASPI, f. 16, op. 2, d. 13). Ver também D. A. Volkogónov, *Lenin: politicheskii portret*, II, p. 343.

124. *Pravda*, 12 e 14 de março de 1923; *Izvestiia*, 14 de março de 1923.

125. N. Valentínov, *Novaia ekonomicheskaia politika*, pp. 33-40.

126. Olga Velikanova, *Popular Perceptions*, p. 27 (citando RGASPI, f. 76, op. 3, d. 287, l. 6-7, 13); Vladen S. Izmozik, *Glaza*, p. 84.

127. Liev Trótski, "O bolnom" (5 de abril de 1923), em *O Lenine*, pp. 159-61.

128. Karl Radek, "Trotskii, organizator pobedy", *Pravda*, 14 de março de 1923, republicado em seu *Portrety i pamflety* (Moscou e Leningrado: Gosizdat, 1927), mas suprimido de edições posteriores (1930, 1933-4).

129. N. Valentínov, *Novaia ekoniomicheskaia politika*, p. 54; N. Valentínov, *Nasledniki Lenina*, pp. 13-4.

130. G. N. Sevostiánov, "Sovershenno sekretno": *Lubianka — Stalinu*, I/i, pp. 51-2 (TsA FSB, f. 2, op. 1, d. 42, 24 de março de 1923). Os editores não reproduzem o documento completo, apenas poucos trechos, e não fazem nenhuma observação sobre a ausência do nome de Stálin.

131. Lênin pedira veneno a Stálin em 30 de maio e em 22 de dezembro de 1922.

132. *Sochineniia*, XVI, p. 25. Os destinatários da carta de Stálin foram Tomski, Zinóviev, Mólotov, Bukhárin, Trótski e Kámenev; Ríkov e Kalínin estavam ausentes. D. A. Volkogónov, *Lenin: politicheskii portret*, II, pp. 347-50 (APRF, f. 3, op. 22, d. 307, l. 1-2). Após a morte de Stálin, Fotíieva não repudiou o pedido de veneno e explicou sua ausência do caderno de anotações alegando que havia "esquecido" de registrá-lo. *Izvestiia TsK KPSS*, n. 6, p. 217, 1991; L. A. Fotíieva, *Iz zhizni*; "K istorii poslednikh leninskikh dokumentov", *Moskovskie novosti*, 23 de abril de 1989, pp. 8-9 (entrevistas feitas na década de 1960 por Aleksandr Bek com Fotíieva e Volóditcheva, publicadas após a morte de Bek: no relato de Bek, Stálin foi miraculosamente salvo pelo derrame de Lênin); M. I. Uliánova, "O zhizni i deiatelnosti V. I. Lenina (vospominaniia, pisma, dokumenty)", *Izvestiia TsK KPSS*, n. 12, pp. 189-201 (p. 199), 1989. O pedido anterior de veneno feito por Lênin (22 de dezembro de 1922) não foi anotado no registro diário. *Izvestiia TsK KPSS*, n. 6, p. 217, 1991.

133. Valentin A. Sákharov, *Politicheskoe zaveshchane*, 273n.

134. Stálin tentou tranquilizar Ordjonikidze em um telegrama de 16 de março: "Acho que as coisas no congresso [georgiano] irão bem e da mesma forma o XII Congresso do Partido Comunista russo apoiará a política do Comitê do Partido do Cáucaso Sul". RGASPI, f. 558, op. 1, d. 2518, l. 1.

135. Valentin A. Sákharov, *Politicheskoe zaveshchanie*, p. 505 (citando RGASPI, f. 5, op. 2, d. 33, l. 50).

136. Um telegrama de Ordjonikidze enviado de Tíflis a Vorochílov e Mikoian em Rostov, contando que Zinóviev estava a caminho, dizia deste último: "Ele se inclina um pouco, ao que parece, para os desviacionistas [nacionais], mas, mais do que ele, Kámenev, que oferece diversos conselhos aos desviacionistas. Falei com Zinóviev. E vocês dois falarão com ele. Todos os tipos de tentativas no momento atual da parte deles não lhes darão nada, orientarão nossos camaradas contra Kámenev e criarão uma divisão na delegação do Cáucaso Sul ao congresso". RGASPI, f. 85, op. 24, d. 2479, l. 1-1ob.

137. *TsK RKP (b) — VKP (b) i natsionalnyi vopros*, p. 106 (RGASPI, f. 558, op. 1, d. 2522, l. 1). Em 22 de março, no Politbiuró, as teses de Stálin sobre a questão nacional para o próximo congresso do partido foram aprovadas. *XII siezd RKP (b)*, pp. 816-9.

138. Trótski acusou que a criação da URSS fora decidida na secretaria-geral, não no Politbiuró. Uma carta coletiva de 29 de março do Politbiuró a Trótski repudiou essa mentira. Nos dois dias seguintes, na plenária do Comitê Central, Trótski tentou mais uma vez sacar Ordjonikidze e, mais uma vez, obteve um único voto além do seu. Jeremy Smith, *Bolsheviks and the National Question*, p. 210. Kaganóvitch relembrou que Trótski apoiou totalmente os "nacional-desviacionistas" georgianos. L. M. Kaganóvitch, *Pamiatnye zapiski*, p. 282.

139. Miklós Kun, *Bukharin*, pp. 130-1.

140. Após o telefonema, Fotíieva escreveu um bilhete a Stálin detalhando a data em que o artigo fora "escrito" [sic!] e que "Vladímir Ilitch propôs publicá-lo", mas "não tenho uma diretiva formal de Vladímir Ilitch". Fotíieva não enviou a Stálin o bilhete: "Não enviado, pois o camarada Stálin disse que não quer se envolver". Mas Fotíieva mandou uma carta a Kámenev, com cópia para Trótski e para o Politbiuró, observando que, "não muito antes de sua última doença, ele me disse que queria publicar este artigo, mas mais tarde. Depois disso, ficou doente sem dar orientações finais" — uma fórmula que ia além do que ela comunicara a Stálin. Ela também observava que o artigo já fora enviado para Trótski. Kámenev respondeu que Trótski lhe mostrara o artigo havia mais de um mês e que, seguindo o procedimento adequado, estava encaminhando a correspondência à secretaria do partido (ou seja, para Stálin). *Izvestiia TsK KPSS*, n. 9, pp. 155-6, 161, 1990.

141. Todo o resto dos últimos textos ditados atribuídos a Lênin — a correção do caminho de outubro, a necessidade de fortalecer a autoridade do partido e aperfeiçoar o funcionamento do aparato, os perigos da corrupção pequeno-burguesa da revolução, a promessa de cooperativas como uma maneira de os cam-

poneses superarem o mercado em direção ao socialismo — condiz com suas ideias. Lars Lih, "Political Testament".

142. *Kommunist*, n. 9, republicado em *PSS*, xlv, pp. 356-62, 1956.

143. L. A. Fotíeva, *Iz zhizni*, p. 286.

144. Valentin A. Sákharov, *Politicheskoe zaveshchanie*, pp. 514-8; Id, *Na rasputie*, pp. 136-44; *Izvestiia TsK KPSS*, n. 9, pp .151, 158, 1990; *Tainy natsionalnoi politiki TsK RKP*, p. 97.

145. Valentin A. Sákharov, *Politicheskoe zaveshchane*, pp. 329-30, 335-6.

146. N. Valentínov, *Nasledniki Lenina*, p. 17.

147. Stálin ficou com o informe organizacional, Bukhárin substituiu Zinóviev no informe sobre o Comintern e Trótski recebeu a incumbência de fazer o informe sobre a indústria (mas somente depois que o Politbiuró impôs revisões em suas teses sobre o papel econômico do Estado). Kámenev foi encarregado de substituir o doente Sokólnikov e fazer um relatório sobre política tributária. rgaspi, f. 17. op. 3, d. 329, l. 203; op. 2, d. 96, l. 1; op. 3, d. 346, l. 5. De forma mais pitoresca, Bajánov apresenta Stálin propondo Trótski para o principal informe político, Trótski recusando e propondo Stálin, e Kámenev intermediando a escolha de Zinóviev, que estava louco pelo papel. Boris Bazhanov, *Bazhanov and the Damnation of Stalin*, p. 30.

148. *XII siezd RKP (b)*, pp. 8-9. Zinóviev, em seu informe político, declarou: "uma divisão do trabalho, sim, uma divisão do poder, não", nas relações entre o partido e o Estado. Isso era dirigido evidentemente a Trótski. *XII siezd RKP (b)*, pp. 41-2. Sobre Zinóviev, Carr escreveu impiedosamente: "Sua ambição de assumir o manto de Lênin era tão ingenuamente exibida que tornava sua vaidade ridícula". Edward Hallett Carr, *Socialism in One Country*, i, p. 170. Ao contrário, Kámenev encontraria o tom apropriado ao observar a respeito de Lênin: "Seus ensinamentos foram nossa pedra de toque sempre que nos defrontamos com esse ou aquele problema, essa ou aquela questão difícil. Mentalmente, cada um de nós se perguntava: 'e como Vladímir Ilitch responderia a isso?'". *XII siezd RKP (b)*, p. 523.

149. *XII siezd RKP (b)*, p. 199.

150. *Pravda*, 7 de dezembro de 1923.

151. N. Valentínov, *Novaia ekonomicheskaia politika*, pp. 54, [1991], 99.

152. Robert V. Daniels, *Conscience of the Revolution*, p. 205; *Izvestiia*, 7 de abril de 1923 (Petróvski). Ver também Alexandre Barmine, *One Who Survived*, p. 212; e Isaac Deutscher, *Prophet Unarmed*, p. 94.

153. *XII siezd RKP (b)*, p. 393. Maurice Dobb imprimiu uma versão diferente do gráfico, tirada de Strumílin: Maurice Dobb, *Russian Economic Development*, p. 222.

154. *XII siezd RKP (b)*, pp. 306-22 (p. 321).

155. Edward Hallett Carr, *Interregnum*, pp. 32-4.

156. Alexandre Barmine, *One Who Survived*, pp. 93-4.

157. Ábel Ienukidze, que tinha contato próximo com Stálin, apresentou uma explicação menos inocente. "O camarada Lênin foi vítima de uma informação unilateral incorreta", especulou ele. "Quando vão até uma pessoa que, por estar doente, não tem a possibilidade de seguir os assuntos cotidianos, e dizem que tais e tais camaradas foram insultados, espancados, chutados, deslocados, e assim por diante, pode-se esperar que ele, evidentemente, escreva uma carta assim agressiva." *XII siezd RKP (b)*, p. 541. Em 18 de abril, o presidium do congresso do partido decidira mostrar as "Notas sobre a questão das nacionalidades" a um Conselho de Anciãos.

158. *Izvestiia TsK KPSS*, n. 4, pp. 171-2, 1991.

159. *Sochineniia*, v, p. 257.

160. *XII siezd RKP (b)*, p. 449.

161. *Ibid*. p. 31.

162. *Izvestiia TsK KPSS*, n. 4, p. 171, 1991.

163. *XII siezd RKP* (*b*), pp. 571, 650-2.

164. Ibid. pp. 561-4; Valentin A. Sákharov, *Politichskoe zaveshchane*, pp. 521-34. Cerca de cem pessoas participaram de uma "seção nacional" especial do congresso em 25 de abril para a discussão; ela incluía 24 pessoas que não eram delegados ao congresso, mas foram convidadas especialmente para essa discussão secional. Stálin relatou os resultados da discussão ao congresso. *XII siezd RKP* (*b*), pp. 649-61.

165. *XII siezd RKP* (*b*), p. 564. Bukhárin, no entanto, enfatizou o problema do chauvinismo da Grande Rússia, acrescentando: "Compreendo que nosso querido amigo camarada Koba não critique o chauvinismo russo severamente, mas, como georgiano, critique o chauvinismo georgiano". Ibid. p. 614. Acrimônia entre os georgianos: Ordjonikidze e Stálin haviam manipulado as coisas a seu favor no que dizia respeito aos delegados: havia nove delegados da Geórgia com direito a voto, dos quais somente Makharadze defendia a linha nacionalista georgiana; Mdivani e Koté Tsintsadze (o primeiro comissário da Tcheká georgiana) eram da mesma opinião, mas não tinham direito a voto. Makharadze declarou que o Comitê Central georgiano, entupido de partidários de Ordjonikidze, estava "doente". Ordjonikidze acusou Mdivani e Pilipe Makharadze de colaborar com os mencheviques durante o governo destes na Geórgia (1918-20), de abrigar inimigos de classe (terratenentes) no Partido Georgiano, além de "esquerdismo" e "aventureirismo". Radek reclamou que "a maioria do partido não compreende a significação da questão [nacional]". *XII siezd RKP* (*b*), p. 615.

166. Ibid, p. 113. Zinóviev alardeou que "as teses do camarada Stálin e do Comitê Central são superlativas, exaustivas, refletidas até o fim, completas, e ninguém pode dizer que há um erro nelas". *Ibid*, pp. 557, 607.

167. D. A. Volkogónov, *Stalin: politicheskii portret*, I, p. 160.

168. V. V. Chvetsov, *Diskussiia v RKP* (*b*), p. 10.

169. Stálin comparou a NPE a participar das eleições para a Duma depois de 1905, em vez de avançar na luta revolucionária. *Sochineniia*, V, pp. 215, 238-40, 244-5, 248-9; Robert Himmer, "The Transition from War Communism".

170. O. G. Nazárov, *Stalin i borba za liderstvo*, p. 85 (citando RGASPI, .f 50, op. 1, d. 58, l. 17). Menos votos foram recebidos somente por Rakóvski, Ordjonikidze, Ukhánov, Zalútski e Kharitónov, que teve o menor número de votos entre os eleitos (264).

171. "Ele se recuperou da afasia sensorial e começou a aprender a falar", observou esperançoso o dr. Kojévnikov. D. A. Volkogonov, *Lenin: Life and Legacy*, p. 429 (citando APRF, f. 3, op. 22, d. 307, l. 140).

172. Ibid, p. 430.

173. Angelica Balabanoff visitara Lênin em Górki no outono de 1918, depois da tentativa de assassinato, e já então observou a respeito de Krúpskaia: "Achei que ela parecia muito mais velha e emaciada do que da última vez em que a havia visto. A tensão dos últimos meses fora mais pesada para ela do que para o marido". Angelica Balabanoff, *My Life as a Rebel*, pp. 186-7.

174. Krúpskaia gostava da segunda esposa dele, Zlata Lilina-Bernstein; durante o tempo em que viveram no exílio, os dois casais se visitavam.

175. PSS, XLV, pp. 343-8, 593-4, n. 208; L. A. Fotíeva, *Iz zhizni*, pp. 279-82. O texto datilografado do suposto ditado contém curiosidades ou erros estranhos: "como eu disse acima", quando não existe nenhum acima; observações sobre Zinóviev e Kámenev que usam o pronome na terceira pessoa do singular ("para ele [emu]"). PSS, XLV, pp. 474-6, 482. Em comparação com ditados dos quais ainda existe o texto taquigrafado, eles mostram que Fotíeva tendia a deixar o amontoado original de palavras, ao passo que Volóditcheva introduzia correções gramaticais.

176. Faltam as anotações no diário das secretárias para muitos dias, 17 de dezembro, 19-22 de dezembro (o dia em que Stálin teria ligado para Krúpskaia; para todo o período de 25 de dezembro a 16 de janeiro, há apenas duas anotações, uma delas registrando que Lênin estava lendo Sukhánov. Isso quando Lênin estaria supostamente ditando esses documentos de monumental importância. "Dnevnik dezhurnykh sekretarei Lenina", *PSS*, XLV, pp. 457-86, 608, n. 297. Em 1967, aos oitenta anos, Fotíeva disse a Aleksandr Bek que "nós não escrevíamos tudo no diário". "K istorii polsednikh Leninskikh dokumentov: Iz arkhiva pisatelia Aleksandra Beka, besedovavsheo v 1967 godu s lichnyi sekretariami Lenina", *Moskovskie novosti*, 23 de abril de 1989, pp. 8-9. Em 1929, Volóditcheva diria que ela primeiro escrevia o ditado, depois o reescrevia em cinco cópias e, então, redatilografava uma cópia limpa que enviava ao *Pravda*. Portanto, deveria haver ao menos três versões. *PSS*, XLV, p. 592. Mas, hoje, não existe essa primeira versão taquigrafada, e tampouco alguma versão reescrita. No processo de ditado, o esperado era que se vissem múltiplas cópias, correções, inserções feitas depois que, por exemplo, Lênin tivesse revisado os rascunhos. O ditado raramente ocorre em um único lance limpo.

177. Iúri Felchtínski, *Kommunisticheskaia oppozitsiia v SSSR*, I, p. 73. Fotíeva escreveu que o pessoal da secretaria do Conselho dos Comissários do Povo esperava com ansiedade a volta dela ou de Volóditcheva depois de uma convocação de Lênin para saber como ele estava e se sentia. "Às vezes, depois de nosso retorno de Vladímir Ilitch, Nadejda Konstantínova [Krúpskaia] ou Maria Ilinitchna [Uliánova] liam o que ele havia ditado e compartilhavam seus pensamentos sobre o estado dele." L. A. Fotíeva, *Iz zhizni*, p. 281. Vladímir Naúmov concluiu que Stálin e os demais sabiam desde o início do assim chamado Testamento. *Pravda*, 26 de fevereiro de 1988. Mas tudo o que Stálin ficou sabendo — como atesta a carta de Fotíeva a Kámenev (29 de dezembro) — foi do ditado de 23 de dezembro, que, na verdade, era uma carta para Stálin; ninguém soube de imediato dos ditados de 24 ou 25 de dezembro, porque eles não aconteceram na ocasião.

178. Hiroaki Kuromiya, *Stalin*, p. 64 (citando carta de Trótski a Max Eastman, 7 de junho de 1933: Trotsky Manuscripts, Lily Library, Indiana University, Bloomington). Ver também Boris Bajánov, *Vospominaniia* [1990], p. 107.

179. Valentin A. Sákharov, *Politicheskoe zaveschane*, pp. 311-3.

180. Em meados de 1922, quando Dzierżyński era comissário das Ferrovias, o Politbiuró criou uma comissão de inquérito sobre compras feitas no exterior, o que constituía efetivamente um julgamento sobre o trabalho anterior de Trótski como comissário. Stálin, Ríkov, Tomski e Kámenev votaram a favor; Trótski votou contra. Lênin estava ausente; quando informado, não tentou derrubar a decisão do Politbiuró. RGASPI, f. 17, op. 3, d. 298, l. 1, 6; *Izvestiia TsK KPSS*, n. 3, pp. 189-90, 1991; Valentin A. Sákharov, *Politicheskoe zaveshchanie*, pp. 368-9.

181. *PSS*, XLV, p. 345. D. A. Volkogónov especula que Trótski, homem de autoestima absoluta, talvez tenha lido na Carta ao Congresso que Lênin o havia ungido sucessor — "provavelmente o homem mais capaz do atual Comitê Central" — e talvez tenha imaginado que Lênin acrescentara algumas críticas a seu respeito apenas para suavizar o golpe que sua elevação representaria para os outros. D. A. Volkogonov, *Trotsky*, pp. 264-5.

182. *XII siezd RKP (b)*, pp. 122, 136, 139; N. Valentínov, *Novaia ekoniomicheskaia politika*, pp. 57-8; Robert C. Tucker, *Stalin as Revolutionary*, p. 335. No próprio congresso, o triunvirato fez com que seus adeptos iniciassem uma campanha de sussurros sobre o suposto bonapartismo de Trótski. Isaac Deutscher, *Prophet Unarmed*, pp. 94-5; Id., *Stalin*, p. 273. Tudo isso estava longe de ser clandestino: em 19 de abril de 1923 (o segundo dia do XII Congresso), o *Jornal Econômico* republicou um ataque de Lênin de 1921 às propostas de Trótski para a comissão estatal de planejamento. Valentin A. Sákharov, *Politicheskoe zaveshchanie*, pp. 543-4.

913

183. *XII siezd RKP (b)*, pp. 47, 92-5, 121-2, 136-7, 139, 151; Valentin A. Sákharov, *Politicheskoe zaveshchanie*, pp. 418-27. Vladímir Kossior, irmão mais moço de Stanisław Kossior, chefe do partido da Sibéria e um dos homens de Stálin, seria expulso do partido sob a acusação de trotskista em 1928.

184. Valentin A. Sákharov, *Politicheskoe zaveshchanie*, p. 423.

185. Ibid., p. 427. D. A. Volkogónov observa corretamente que "é notável que Lênin fosse capaz de ditar essas obras longas em tão pouco tempo, especialmente levando-se em conta a aguda deterioração que ocorreu em seu estado nas noites de 16 e 22 de dezembro", uma piora notada por todos os médicos — Kramer, Kojénikov, Förster, Strumpfell, Hentschell, Nonne, Bumke e Ielistrátov. Mas Volkogónov não ligou os pontos: de fato, Lênin não poderia ter ditado tudo aquilo. D. A. Volkogónov, *Lenin: Life and Legacy*, p. 419.

186. Iúri Felchtínski, *Kommunisticheskaia oppozitsiia v SSSR*, I, p. 56 (bilhete de Zinóviev para Stálin datado de 2 de junho de 1923). Moshe Lewin captou corretamente que a *mensagem* do suposto Testamento de Lênin era, em essência, combater o nacionalismo em favor do internacionalismo, combater a burocracia, especialmente na liderança do partido, e remover Stálin, mas Lewin não questiona a legitimidade dos documentos que, afinal, foram publicados nas *Obras completas* de Lênin editadas pelo Instituto de Marxismo-Leninismo. Moshe Lewin, *Lenin's Last Struggle*, pp. 132-3.

187. Mais tarde, o próprio Trótski daria motivo para se suspeitar de seu envolvimento no ditado que, segundo ele, "arredonda e esclarece a proposta que Lênin me fez em nossa última conversa". De acordo com Trótski, Lênin "estava sistematicamente se preparando para dar no XII Congresso um golpe esmagador em Stálin como a personificação da burocracia, da proteção mútua entre funcionários, do mando arbitrário e da grosseria em geral". Ele acrescenta hilariamente que, "na época, a ideia de um 'bloco de Lênin e Trótski' contra os burocratas e homens do aparato só era conhecida por mim e Lênin". A razão de não ser "conhecida" de mais ninguém é que Trótski a imaginou. Leon Trotsky, *My Life*, pp. 479-81. Trótski não data essa suposta conversa com Lênin.

188. Em novembro de 1921, por exemplo, Stálin escreveu uma carta exasperada a Lênin sobre como Krúpskaia havia "de novo" se precipitado. RGASPI, f. 558, op. 1, d. 2176, l. 1-5ob. Sobre a hostilidade Krúpskaia--Stálin, ver também Boris Bazhanov, *Bazhanov and the Damnation of Stalin*, p. 31 (que segue Trótski).

189. Robert H. McNeal, *Bride of the Revolution*, p. 117.

190. Trótski, que não gostava de Maria Uliánova, chamando-a de "solteirona", presumiu que Krúpskaia a havia deixado de lado e a empurrado para o campo de Stálin, e os pesquisadores tenderam a seguir essa linha, vendo Uliánova como pertencente ao lado de Stálin e Krúpskaia como aliada de Trótski. Leon Trotsky, *Diary in Exile* [1963], p. 33; *Dnevniki i pisma* [1986], p. 76; Leon Trotsky, *Stalin*, II, pp. 254-5.

191. "Era extremamente difícil manter o equilíbrio entre Trótski e os outros membros do Politbiuró, em especial entre Trótski e Stálin", escreveu Uliánova. "Ambos são pessoas de extrema autoestima e impaciência. Para eles, o pessoal se sobrepõe aos interesses da causa." "M. I. Ulianova ob otnoshenii V. I. Lenina i I. V., Stalina", p. 197.

192. Stephen Blank, *Sorcerer as Apprentice*, pp. 157-8 (citando K. A. Khasanov, "Tatariia v borbe za Leninskuiu natsionalnomu politiku", *Revoliutsiia i natsionalnosti*, n. 11, p. 30, 1933).

193. Alexandre S. Bennigsen e S. Enders Wimbush, *Muslim National Communism*, pp. 51-7.

194. I. R. Taguírov, *Neizvestnyi Sultan-Galiev*, pp. 44-5 (TsGA IPD RT, f. 8237, op. 1, d. 2, l. 112). Antónov-Ovséienko disse que a carta resultou de uma provocação de Stálin, a fim de armar uma cilada para Soltanğäliev, afirmação seguida por outros autores. Anton Antónov-Ovséienko, *Stalin bez maski*, pp. 40-3; R. G. Landa, "Mirsaid Sultan-Galiev".

914

195. Bulat Sultanbékov, "Vvedenie", em *Tainy natsionanoi politiki TsK RKP*, pp. 4-11. Ver também Bulat Sultanbékov, *Pervaia zhertva Genseka*. Havia ainda relatórios secretos de informantes no sentido de que Soltangäliev estava organizando um congresso clandestino de comunistas do leste de toda a URSS. I. R. Taguírov, *Neizvestnyi Sultan-Galiev*, pp. 32-4 (TsGA IPD RT, f. 8237, op. 1, d. 5, l. 22-3). Dzierżyński, queixando-se de excesso de trabalho, designara Mężyński para o caso. I. R. Taguírov, *Neizvestnyi Sultan--Galiev*, p. 71 (TsA IPD RT, f. 8237, op. 1, d. 2, l. 117).

196. *Tainy natsionanoi politiki TsK RKP*, pp. 15-23. Os protocolos do interrogatório não mencionam um pedido de execução: I. R. Taguírov, *Neizvestnyi Sultan-Galiev*, pp. 74-5 (TsGA IPD RT, f. 8237, op. 1, d. 20, l. 103-4; d. 2, l. 121).

197. Skripnik acrescentou que um nacionalista muçulmano estava sendo demonstrativamente chamado a prestar contas, mas nenhum dos muitos comunistas russos chauvinistas. Trótski falou longamente, considerando que Soltangäliev não era uma questão de nacionalismo, mas de traição, e não traição por recrutamento da embaixada turca, mas por evolução política do nacionalismo, que "não encontrou a necessária resistência daqueles que trabalhavam junto com ele" — mesmo agora, camaradas tártaros tentavam protegê--lo, citando uma tradução ruim de suas cartas. *Tainy natsionanoi politiki TsK RKP*, pp. 54-7 (Ordjonikidze), p. 61 (Skripnik, Trótski), p. 74 (Trótski).

198. Rakóvski e Skripnik apresentaram seu projeto de constituição e defenderam a criação, nas repúblicas, de Comissariados das Relações Exteriores e do comércio exterior. Davletshin, "The Federal Principle in the Soviet State", p. 24; Robert S. Sullivant, *Soviet Politics and the Ukraine*, pp. 65-76; *TsK RKP (b) — VKP (b) i natsionalnyi vopros*, pp. 120-9 (RGASPI, f. 558, op. 1, d. 3478, l. 20-5, 30-7: reunião da comissão de 14 de junho de 1923). Antes do encerramento da reunião dos comunistas nacionalistas em Moscou, Rakóvski e Skripnik telefonaram a Stálin para explicar o uso dos termos "unida" e "indivisível" para descrever a URSS; ele respondeu que as reclamações e demandas deles equivaliam a uma confederação, em lugar da federação acordada. *Tainy natsionanoi politiki TsK RKP*, pp. 270-2 (Rakóvski e Stálin).

199. Dizia um rumor (da secretária de Kámenev, em 1926) que somente Kámenev e Zinóviev salvaram Soltangäliev da execução. Mais persuasiva é uma nota de Mężyński em que ele manifesta dúvidas sobre a alegação de um informante de contatos secretos de Soltangäliev com diplomatas turcos, persas e afegãos em Moscou — o tipo de material necessário para um processo de traição. (Stálin mencionou esses contatos como um fato durante a reunião do partido.) *Tainy natsionanoi politiki TsK RKP*, p. 64.

200. *Tainy natsionanoi politiki TsK RKP*, p. 85. (A versão da transcrição publicada nas *Obras* de Stálin difere levemente: *Sochineniia*, V, pp. 301-12.) Em 6 de junho de 1923, Mężyński também recomendara a libertação. I. R. Taguírov, *Neizvestnyi Sultan-Galiev*, pp. 76-80 (p. 80: TsGA IPD RT, f. 8327, op. 1, d. 5, l. 91-5). Na noite de 10 de junho, em sua principal participação, Stálin entrou numa longa história sobre como o Partido Comunista russo se forjara sob o tsarismo, primeiro na batalha contra o menchevismo, tendências burguesas, direitistas, e depois na luta contra os comunistas de esquerda, e que algo análogo estava acontecendo com o partido nas regiões de minorias nacionais. Mas acrescentou que o partido nas regiões fronteiriças não podia combater direitismo e esquerdismo em sequência, com a ajuda de um contra o outro, como o partido russo havia feito, mas tinha de lutar contra ambos ao mesmo tempo. *Tainy natsionanoi politiki TsK RKP*, pp. 99-106.

201. *Tainy natsionanoi politiki TsK RKP*, pp. 270-2 (Liev Kámenev), 273-4. Em algum momento dos quatro dias do processo, Zinóviev entregou a Stálin um bilhete sugerindo que "uma comissão permanente para assuntos nacionais no Comitê Central é absolutamente necessária". Stálin respondeu: "A questão é complexa: precisaríamos de gente de todas ou das principais nacionalidades [...] os comitês centrais nacionais e os comitês provinciais nacionais ficariam insatisfeitos se as questões fossem decididas sem eles em Moscou. [...]

Mais do que isso, eles têm pouca gente e não darão os seus melhores para uma comissão como essa (darão os piores, se derem alguém)". Ele propôs que perguntassem aos próprios comunistas das minorias nacionais se queriam essa comissão. Em suas observações finais, rejeitou a ideia da comissão ("duas ou três pessoas da Ucrânia não seriam capazes de substituir o Comitê Central do Partido Comunista ucraniano"). *TsK RKP (b) – VKP (b) i natsionalnyi vopros*, p. 119 (RGASPI, f. 558, op. 11, d. 734, l. 15-6); *Sochineniia*, v, pp. 338-9.

202. Em 1928, ele seria preso de novo, acusado de nacionalismo e atividades antissoviéticas, e, em julho de 1930, sentenciado ao fuzilamento, mas em janeiro de 1931 sua sentença foi comutada para dez anos de prisão. Em 1934, seria libertado com permissão para residir na província de Sarátov. Em 1937, sofreria mais uma prisão, a definitiva: foi executado em Moscou em 2 de janeiro de 1940.

203. I. R. Taguírov, *Neizvestnyi Sultan-Galiev*, pp. 81-184 (TsGA IPD RT, f. 15, op. 1, d. 857, l. 1-249). O chefe da GPU na Tartária era Serguei Chwartz.

204. Em 3 de julho, o Politbiuró aprovou seis semanas de férias para Zinóviev e dois meses para Bukhárin. RGASPI, f. 17, op. 3, d. 362, l. 5. Por coincidência, o historiador da Rússia Richard Pipes nasceu na Polônia um dia depois da reunião de caverna (11 de julho).

205. L. A. Fotíieva, *Iz zhizni*, p. 295.

206. Esta seção segue de perto Valentin A. Sákharov, *Politicheskoe zaveshchenia*, pp. 547-66, mas difere dele num ponto crucial (não houve complô no verão de 1923 para tirar Stálin, somente para contê-lo). Ver também Feliks Chuev, *Sto sorok*, p. 183.

207. *PSS*, XLV, pp. 343-8. O suposto ditado de dezembro de 1922 apresentado como uma carta ao congresso destinava-se ao público mais amplo do partido; o "pós-escrito" de 4 de janeiro parece ter sido para um grupo mais restrito: somente os conspiradores contra Stálin. Valentin A. Sákharov, *Politicheskoe zaveshchane*, pp. 563-5. O suposto pós-escrito pode ser encontrado em *PSS*, XLV, p. 346.

208. *Voprosy istorii KPSS*, n. 9, pp. 45, 47, 1991.

209. Valentin A. Sákharov, *Politicheskoe zaveshchanie*, pp. 538-9.

210. Mólotov relembrou a intriga como sendo uma iniciativa de Zinóviev. Feliks Chuev, *Sto sorok*, p. 183.

211. Vorochílov explicou no XIV Congresso do Partido: "Em Rostov, recebi um telegrama do camarada Zinóviev para ir a Kislovodsk. Naquele momento, os camaradas Zinóviev, Bukhárin, Ievdokímov, Lachévitch e outros camaradas estavam lá [no spa]. Cheguei a Kislovodsk e, em uma das reuniões privadas com os camaradas Zinóviev, Bukhárin, Ievdokímov e Lachévitch, discutimos a questão da liderança coletiva". *XIV siezd VKP (b)*, pp. 398-9. Posteriormente, em uma carta ao congresso, Vorochílov esclareceu a reunião de caverna: "na acima mencionada reunião de 'caverna', havia apenas cinco pessoas, a saber: camaradas Zinóviev, Bukhárin, Ievdokímov, Lachévitch e eu". Ibid., p. 950.

212. A essa altura, Vorochílov já fora embora. Ibid.

213. *Izvestiia TsK KPSS*, n. 4, p. 196, 1991. Trótski ganhara férias de 15 de junho a 7 de setembro de 1923, por motivo de doença. Mólotov também foi a Kislovodsk de férias.

214. Max Eastman, *Leon Trotski*. Kislovodsk estava agitada naquele verão: a dançarina americana Isadora Duncan também estava lá, com sua filha adotiva; Eastman topou com elas na estação ferroviária. Stálin talvez tivesse algum conhecimento dessas idas e vindas: Iefim Ievdokímov, um alto funcionário da polícia secreta de Moscou, acabara de se tornar plenipotenciário da GPU para o Cáucaso do Norte (em 22 de junho de 1923), e, em Rostov, talvez tenha tido algum papel na segurança dos membros do Politbiuró e de outros personagens importantes de férias em Kislovodsk, embora não saibamos se forneceu informações a Stálin sobre a clandestina "reunião de caverna".

215. *XIV siezd VKP (b)*, pp. 455-7. Zinóviev talvez imaginasse que, tendo em vista a inimizade notória entre Trótski e Stálin, poderia servir convenientemente de árbitro.

216. *XIV siezd VKP (b)*, p. 953 (Ordjonikidze).

217. *Izvestiia TsK KPSS*, n. 4, pp. 192-5, 198, 1991; Valentin A. Sákharov, *Politicheskoe zaveshchanie*, p. 557.

218. "Ilich byl tysiachu raz prav", *Izvestiia TsK KPSS*, n. 4, pp. 192-208 (pp. 197-9), 1991.

219. Oleg Khlevniuk observou que Ordjonikidze se permitiu enredar-se na intriga. Oleg Khlevniuk, *In Stalin's Shadow*, pp. 18-9. Mólotov, bem mais tarde, relembraria que, certa vez, Ordjonikidze estava elogiando Zinóviev por ser um verdadeiro leninista e que, quando Mólotov discordou, os dois quase partiram para a briga (Kírov interveio para separá-los; depois, Bukhárin serviu de apaziguador). Feliks Chuev, *Sto sorok*, pp. 190-1.

220. Mikoian, membro do Comitê Central e chefe do partido no Cáucaso do Norte, onde ocorreu a reunião da caverna, descobriu a respeito dela por meio de uma carta de Vorochílov e observou que ele e os outros membros do Comitê Central rejeitaram categoricamente o esforço de Zinóviev para enfraquecer a posição de Stálin. A. I. Mikoian, *Tak bylo*, p. 110.

221. *Izvestiia TsK KPSS*, n. 4, pp. 196-7, 1991; Valentin A. Sákharov, *Politicheskoe zaveshchanie*, pp. 554-5.

222. Ibid., pp. 199-200.

223. Ibid., pp. 201-2.

224. A carta de Stálin era com cópia para Vorochílov. *Izvestiia TsK KPSS*, n. 4, pp. 203-4, 1991. "Se os camaradas persistissem em seu plano, eu estava preparado para sair sem nenhum estardalhaço e sem nenhuma discussão, fosse aberta ou secreta", Stálin explicaria mais tarde. *XIV siezd RKP (b)*, p. 506.

225. *Izvestiia TsK KPSS*, n. 4, pp. 205-6, 1991.

226. Valentin A. Sákharov, *Politicheskoe zaveshchanie*, p. 561 (citando RGASPI, f. 17, op. 2, d. 246, cap. IV, s. 104: Bukhárin na plenária de julho de 1926)

227. RGASPI, f. 17, op 3, d. 370, l. 7 (aprovação pelo Politbiuró em 9 de agosto de um mês e meio de férias a partir de 15 de agosto).

228. Valentin A. Sákharov, *Politicheskoe zaveshchanie*, p. 565 (RGASPI, f. 17, op. 3, d. 374, l. 1; d. 375, l. 6).

229. Conan Fischer, *The Ruhr Crisis*. Édouard Herriot, prefeito de Lyon e líder do Partido Radical da França, junto com seu vice, Édouard Daladier, haviam visitado a URSS em setembro-outubro de 1922 numa viagem que, embora não oficial, se destinava a explorar a restauração de relações comerciais e diplomáticas, apesar do obstáculo das dívidas tsaristas pendentes. "A [França] era magnânima demais com seus inimigos", Herriot disse a Tchitchérin e Leonid Krássin (comissário do Comércio Exterior) em Moscou. "O preço dessa magnanimidade é que somos odiados por todos e a Alemanha não nos paga. A questão das reparações será resolvida muito rapidamente. Ela terá dois estágios. Primeiro estágio: a Alemanha está fraca demais e não pode pagar; segunda fase: a Alemanha está forte demais e não pagará. Estou absolutamente persuadido de que, em quinze anos, a Alemanha vai cair em cima de nós de novo". Michael Jabara Carley, "Episodes from the Early Cold War", p. 1277 (citando AVPRF, f. 04, o. 42, d. 53619, l. 259, ll. 23-5; relatório de Bronsky a Veinshtein, 22 de setembro de 1922, e l. 45: Tchitchérin para Trótski, 9 de outubro de 1922). Ver também Andrew J. Williams, *Trading with the Bolsheviks*, pp. 111-2; e Lewis Namier, "After Vienna and Versailles", pp. 19-33.

230. Gerald D. Feldman, *The Great Disorder*.

231. "Os imperialistas poloneses não tentam esconder seus planos de tomar o solo russo, bem como alemão", dizia o editorial de um jornal soviético. "Eles estão tentando dividir a federação unida de Repúblicas Socialistas Soviéticas em Estados em desacordo uns com os outros e pôr alguns desses Estados, como a Bielorrússia e a Ucrânia, sob sua influência direta." *Izvestiia*, 21 de janeiro de 1923, traduzido em Xenia Eudin e Harold T. Fisher, *Soviet Russia and the West*, pp. 200-1; Wolfgang Ruge, *Die Stellungnahme*, pp. 32-59; Wolfgang Eichwede, *Revolution und Internationalik Politik*, pp. 154-75.

232. G. M. Adibékov e K. K. Chírinia, *Politbiuro TsK RKP (b) – VKP (b) i Komintern*, pp. 155-6, n. 2 (RGASPI, f. 495, op. 2, d. 28, l. 45-6), pp. 157-8; Leonid G. Babitchenko, "Politbiuro TsK RKP (b)", pp. 126-7. Litvínov, ao relatar uma conversa com Brockdorff-Rantzau, advertira Zinóviev contra os efeitos ruins da subversão comunista na Alemanha. G. N. Sevostiánov, *Moskva-Berlin*, I, pp. 165-7 (RGASPI, f. 359, op. 1, d. 7, l. 95, 5 de junho de 1923). No final de 1918, Radek alardeara para Lênin que havia uma onda revolucionária envolvendo a Alemanha, o que se mostrou errado. Iákov S. Drábkin, *Komintern i ideia mirovoi revoliuitsii*, pp. 90-8 (RGASPI, f. 2, op. 2, d. 143, l. 22-6, 24 de janeiro de 1919). Radek foi preso na Alemanha em 12 de fevereiro de 1919.

233. M. I. Orlova, *Revoliutsionnyi krizis*, p. 264; L. I. Guintsberg, *Rabochee i kommunisticheskoe dvizhenie Germanii*, p. 117.

234. G. M. Adibékov e K. K. Chírinia, *Politbiuro TsK RKP (b) – VKP (b) i Komintern*, pp. 159-60, 162-4; Leonid G. Babitchenko, "Politbiuro TsK RKP (b)", pp. 129-30 (RGASPI, f. 17, op. 2, d. 317, l. 22). Trótski reproduziu a carta de Stálin a Zinóviev: *Stalin*, pp. 368-9. Ver também Isaac Deutscher, *Stalin*, pp. 393-5.

235. *Istochnik*, n. 5, p. 116, 1995.

236. "'Naznachit' revoliutsiii v Germaniiu na 9 noiabria", *Istochnik*, n. 5, pp. 115-39 (pp. 115-7), 1995. Em Kislovodsk, Zinóviev redigiu teses radicais do Comintern sobre a situação revolucionária na Alemanha nas primeiras semanas de agosto, quando se preparava para voltar para a capital soviética em meados de agosto. Sobre seu estado de ânimo, ver Otto Kuusinen, *Neudavsheesia izobrazhenie "nemetskogo Oktiabria"*, p. 10. Em 13 de agosto, Radek aconselhou Brandler por carta a ser sóbrio e cauteloso. G. M. Adibékov e K. K. Chírinia, *Politbiuro TsK RKP (b) – VKP (b) i Komintern*, p. 165, n. 1 (RGASPI, f. 495, op. 18, d. 175a, l. 275ob).

237. G. M. Adibékov e K. K. Chírinia, *Politbiuro TsK RKP (b) – VKP (b) i Komintern*, p. 166.

238. *Istochnik*, n. 5, pp. 120-7 (RGASPI, f. 17, op. 3, d. 375, l. 1-6), 1995. Bajánov compilou essas notas de discussão. Ver também Boris Bazhanov, *Bazhanov and the Damnation of Stalin*, pp. 46-50.

239. *Kommunisticheskii internatsional*, p. 196.

240. G. M. Adibékov e K. K. Chírinia, *Politbiuro TsK RKP (b) – VKP (b) i Komintern*, pp. 168-9 (RGASPI, f. 325, op. 1, d. 518, l. 90).

241. *Istochnik*, n. 5, pp. 115-39 (p. 128), 1995. O Politbiuró adotou também a sugestão de Trótski de fazer o Comintern convidar representantes dos partidos comunistas da França, Polônia, Tchecoslováquia e Bélgica, além da Alemanha, para discussões secretas conjuntas em Moscou. G. M. Adibékov e K. K. Chírinia, *Politbiuro TsK RKP (b) – VKP (b) i Komintern*, p. 168, n. 1 (RGASPI, f. 495, op. 2, d. 17, l. 163); Leonid G. Babitchenko, "Politbiuro TsK RKP (b)", p. 131 (RGASPI, f. 495, op. 2, d. 19, l. 161-162ob).

242. *Izvestiia TsK KPSS*, n. 4, p. 201, 1991.

243. *Proletarskaia revoliutsiia*, n. 9, pp. 227-32, 1923.

244. Em 11 de dezembro de 1923, Lênin pediria que lhe levassem o número de setembro da revista; evidentemente, alguém lhe falara dela. Gueórgi N. Golikov, *Vladimir Ilich lenin*, XII, p. 650.

245. *XIV siezd VKP (b)*, p. 456. Trótski congratulou-se e cumprimentou Bukhárin por terem "a prudência e a imaginação de ficar longe" das reuniões do Orgbiuró. Leon Trotsky, *Stalin*, p. 368.

246. Valentin A. Sákharov, *Politicheskoe zaveshchanie*, p. 550 (citando RGASPI, f. 17, op. 2, d. 246, cap. IV, s. 104: a plenária conjunta do Comitê Central e da Comissão Central de Controle de julho de 1926).

247. Bukhárin, agindo como representante de Zinóviev ou por iniciativa própria, parece ter escrito a Kámenev a fim de recrutá-lo para mudanças não especificadas em "métodos org[anizacionais]" antes mesmo da carta conjunta de 29 de julho para Stálin e Kámenev. Bukhárin, com certeza, assumiu uma postura mais agressiva e direta do que Zinóviev na carta conjunta datada de 29 de julho. *Izvestiia TsK KPSS*, n. 4, pp.

206-7, 1991. Sákharov explica como as cartas publicadas (em *Izvestiia TsK KPSS*) estão fora de ordem: *Politicheskoe zaveschanie*, pp. 553-4.

248. Ordjonikidze, em sua carta de 3 de agosto a Vorochílov, contou que havia falado com Kámenev — uma indicação, talvez, da vacilação política de Ordjonikidze em relação a Stálin e de que Kámenev considerara exageradas as queixas de Zinóviev e Bukhárin. *Izvestiia TsK KPSS*, n. 4, p. 201, 1991.

249. Francine Hirsch, *Empire of Nations*. Em 3 de julho, uma declaração estipulava que "todas as Repúblicas Socialistas Soviéticas que possam ser fundadas no futuro" teriam a opção de "aderir voluntariamente à União", numa evocação da revolução mundial. Naquele mesmo dia, Stálin sacou Cristian Rakóvski, aliado de Trótski, da chefia do governo da Ucrânia, planejando exilá-lo em algum cargo diplomático no exterior.

250. Feliks Chuev, *Sto sorok*, pp. 182-3.

251. N. K. Krúpskaia, "Poslednie polgoda zhizni Vladimira Ilicha (3 fevralia 1924 goda)", *Izvestiia TsK KPSS*, n. 4, pp. 169-78, 1989. Quando Evguéni Preobrajénski foi a Górki e recuou chocado, o chefe da segurança de Lênin, Abram Belenki, o chamou com um gesto que dizia "venha aqui, eles o estão carregando". Preobrajénski, em carta particular a Bukhárin de 29 de julho de 1923, explicou que "eu fui, sem saber exatamente como me comportar, ou mesmo, na verdade, quem eu veria. [...] Ele apertou minha mão com firmeza, eu instintivamente o abracei. Mas o rosto dele! Custou-me um grande esforço manter minha máscara e não chorar como um bebê". Ibid, pp. 186-7.

252. Em 31 de agosto de 1923, em Kislovodsk, ele recebeu a notícia de que os britânicos haviam consentido em receber Rakóvski como negociador soviético em conversações sobre reconhecimento diplomático; Stálin acabara de tirar Rakóvski da Ucrânia, em julho, com o objetivo de reduzir uma das bases de apoio de Trótski. RGASPI, f. 558, op. 11, d. 67, l. 1. Na Ucrânia, Vlas Tchubar substituiu Rakóvski.

253. Ruth Fischer, *Stalin and German Communism*, p. 312.

254. Os principais líderes comunistas búlgaros do levante escaparam, entre eles Gueórgi Dimítrov, que foi primeiro para a Iugoslávia, depois para a União Soviética, onde se instalou no hotel Lux.

255. RGASPI, f. 558, op. 11, d. 139, l. 11 (Stálin a August Thalheimer). O *Rote Fahne* publicou a carta de Stálin de 10 de outubro de 1923; Tchitchérin soube disso pelo rádio e escreveu a Mólotov: "essa notícia do rádio é uma completa fabricação ou há algo verdadeiro por trás dela?". Mólotov passou a carta a Stálin. G. M. Adibékov e K. K. Chírinia, *Politbiuro TsK RKP (b) – VKP (b) i Komintern*, pp. 169-70 (RGASPI, f. 558, op. 11, d. 139, l. 31).

256. Ao mesmo tempo, inaugurou-se em Moscou uma conferência de comunistas russos, alemães, poloneses, tchecoslovacos e franceses, sob os auspícios do Comintern, na qual os oradores pregaram aos conversos, defendendo a revolução na Alemanha. G. M. Adibékov e K. K. Chírinia, *Politbiuro TsK RKP (b) – VKP (b) i Komintern*, pp. 172-85 (RGASPI, f. 495, op. 19, d. 68, passim).

257. Fridrikh I. Fírsov, "K voprosu o taktike edinogo fronta v 1921-1924 gg.", p. 118. O Politbiuró aprovou por unanimidade as teses revisadas de Zinóviev, que estipulavam que uma revolução alemã era iminente e que se deviam esperar ações hostis do imperialismo mundial, "mas mesmo assim o Partido Comunista alemão manterá o poder", devido a "uma aliança entre uma Alemanha Soviética e a URSS". Houve insinuações de que uma revolução vitoriosa na Alemanha permitiria que a URSS repelisse a temida NPE. Irina V. Pávlova, *Stalinizm*, p. 208 (sem citação).

258. A. P. Luppol, "Iz istorii sovetskogo gosudarstvennogo gerba".

259. *Istochnik*, n. 5, pp. 130-5, 1995. Por outro lado, o *Pravda* (22 de setembro de 1923) observou a respeito da Alemanha que "consideramos que [...] a tomada do poder não é uma tarefa difícil e é totalmente factível. Muito mais complexa e difícil é a questão de manter o poder".

260. Internatsionale Presse Korrespondenz, 6 de outubro de 1923, pp. 957-9.

261. Kámenev fez a Academia do Estado-Maior avaliar quantas divisões a Entente tinha disponíveis para uma ocupação da Alemanha. Leonid G. Babitchenko, "Politbiuro TsK RKP (b)", p. 131 (RGASPI, f. 325, op. 1, d. 41, l. 47-50), p. 135 (f. 17, op. 2, d. 109, l. 15, 18, 19).

262. Ibid. p. 132, n. 32; Gereon Iwański, *ii Zjazd Komunistycznei Partii Rabotniczei Polski*, I, pp. 156, 162-3.

263. RGASPI, f. 17, op. 2, d. 101, l. 15-15ob.

264. RGASPI, f. 17, op. 2, d. 103. O segundo e o terceiro dias da plenária foram dedicados a informes sobre cooperativas, salários, designações versus eleições para cargos do partido (por Dzierżyński) e a crise da tesoura. O conteúdo do informe de Dzierżyński entrou sem especificações nos protocolos. RGASPI, f. 17, op. 2, d. 102.

265. De acordo com Deutscher, Zinóviev, por sua vez, sugeriu ir à Alemanha como presidente do Comintern, mas Stálin interrompeu jovialmente para dizer que o Politbiuró não poderia ceder nenhum de seus dois membros mais amados e, além disso, que não poderiam nem pensar em aceitar as resignações de Trótski. Nessa versão, Stálin também disse que não entraria para o Conselho Militar Revolucionário, como uma forma de manter a harmonia. Isaac Deutscher, *Prophet Unarmed*, pp. 111-2 (sem citação). É difícil imaginar que Trótski, nesse momento, soubesse da "Carta de Ilitch sobre o secretário [geral]" e ficasse em silêncio.

266. Boris Bazhanov, *Bazhanov and the Damnation of Stalin*, pp. 50-1; Boris Bajánov, *Vospominaniia* [1980], pp. 67-8; *Izvestiia TsK KPSS*, n. 3, p. 216, 1991.

267. "O Comitê Central estabelece que o camarada Trótski, ao deixar o salão da reunião em conexão com o discurso do camarada Komarov, no qual o Comitê Central não vê nada ofensivo contra o camarada Trótski, põe o Comitê Central numa posição difícil. O Comitê Central considera que o camarada Trótski se comportou incorretamente ao se recusar a cumprir o pedido do Comitê Central para que retornasse à reunião e obrigar o Comitê Central a discutir a questão da composição do Conselho Militar Revolucionário em sua ausência." RGASPI, f. 17, op. 2, d. 102.

268. A resolução incluía dois aliados de Trótski (Piatakov, Nikolai Murálov), um de Zinóviev (Mikhail Lachévitch) e dois de Stálin (Ordjonikidze, Vorochílov). RGASPI, f. 17, op. 2, d. 103, l. 2-3. No fim das contas, Piatakov, Murálov e Stálin não se tornaram membros, mas Vorochílov, Ordjonikidze e Lachévitch sim, junto com dois outros cujas nomeações ocorreram em fevereiro de 1924 (Andrei Búbnov e Ali Heydar-Karáev). Albert P. Nenarókov, *Revvoensovet Respubliki*. Eles uniram-se a Skliánski (o braço direito de Trótski), Antónov-Oveséienko (um fanático de Trótski), além de Kámenev e Frunze; o conselho havia acrescentado recentemente vários não russos (Chalva Eliava, Vatslav Bogútski, Heydar Vezírov, Inagadan Hydyr-Alíev e Unszlicht), bem como Semion Budióni.

269. D. A. Volkogonov, *Trotski*, p. 241 (citando Balachov); D. A. Volkogónov, *Trotskii*, II, pp. 8-9. Balachov não dá a data desse incidente.

270. William J. Chase, *Workers, Society, and the Soviet State*, pp. 231-2.

271. *XI siezd VKP (b)*, p. 279 (Tomski). Ver também William J. Chase, *Workers, Society, and the Soviet State*, pp. 231-2.

272. Vladimir N. Brovkin, *Russia after Lenin*, pp. 176-7, citando *Golos rabochego* [Sormovo], setembro de 1923 (um periódico clandestino).

273. *Pravda*, 13 e 21 de dezembro de 1923.

274. Olga Velikanova, *Popular Perceptions*, pp. 34-5.

275. Vladimir N. Brovkin, *Russia After Lenin*, p. 175 (citando RGASPI, f. 17, op. 87, d. 177, l. 5).

276. G. Zinóviev, *Istoriia Rossiiskoi kommunisticheskoi partii*, palestra 1; Roger Pethybridge, *One Step Backwards*), p. 270 (citando Zinóviev, *History of the Bolshevik Party: A Popular Outline* [Londres: New Park, 1973], p. 10).

277. Leon Trotskye Max Shachtman, *The New Course*, p. 154.

278. Efim G. Guimpelson, *NEP*, pp. 347-8 (citando RGASPI, f. 17, op. 84, d. 467, l. 128-9); Vladimir N. Brovkin, *Russia After Lenin*, p. 38 (citando RGASPI, f. 17, op. 84, d. 467, l. 2). Já em 14 de outubro, a carta de Trótski de 8 de outubro foi denunciada numa reunião da direção do partido de Moscou (ao qual Trótski era filiado), o que levou Mólotov, na secretaria, a acusá-lo de distribuir sua carta para um círculo mais amplo do que o Politbiuró havia permitido; de sua parte, Trótski acusou a secretaria de espalhar o documento. No dia seguinte, numa sessão especial da direção da Comissão Central de Controle, a carta de Trótski foi censurada por ser um ato de divisionismo partidário. Trótski enviou suas teses abrasadoras somente para órgãos internos do partido (não obstante, foram publicadas em seguida no exterior). RGASPI, f. 17, op. 2, d. 685, l. 53-68; *Izvestiia TsK KPSS*, n. 5, pp. 165-73, 1990; Ibid., n. 10, p. 184. Foram publicados trechos em *Sotsialisticheskii vestnik*, 24 de maio de 1924. Ver também Max Eastman, *Since Lenin Died*, pp. 142-3. V. P. Vilhkova, *RKP (b), vnutripartiinaia borba*, pp. 174-5 (RGASPI, f. 17, op. 2, d. 685, l. 93-5), 176-7 (l. 91-2), 178-80 (l. 96-7), 222.

279. Vladimir N. Brovkin, *Russia After Lenin*, pp. 44-5. Ver também RGASPI, f. 17, op. 87, d. 177, l. 5 (Iagoda sobre a bacia do Donets); A. V. Kvachónkin, *Bolshevistskoe rukovodstvo*, pp. 282-6 (284: RGASPI, f. 558, op. 1, d. 2565, l. 2-7; Maguídov sobre a bacia do Donets); e V. P. Vilhkova, *RKP (b), vnutripartiinaia borba*, pp. 55-61 (RGASPI, f. 17, op. 87, d. 177, l. 93-4, d. 178, l. 15, 18-9, 22-9), 61-2 (op. 84, d. 531, l. 97-97ob), 63 (l. 63).

280. V. P. Vilhkova, *RKP (b), vnutripartiinaia borba*, pp. 409-14 (RGASPI, f. 76, op. 3, d. 318, l. 60-9); *Pravda*, 7 de novembro de 1923 (Zinóviev). Em novembro de 1923, Anastas Mikoian chegou a Moscou vindo do Cáucaso Norte e foi orientado a comparecer a reuniões do partido em universidades para sentir a atmosfera; ele disse ter ficado chocado com a paixão dos estudantes pela oposição. A. I. Mikoian, *Tak bylo*, p. 111. Ver também Robert V. Daniels, "The Left Opposition".

281. *Izvestiia TsK KPSS*, n. 6, pp. 189-93, 1990; Iúri Felchtínski, *Kommunisticheskaia oppozitsiia v SSSR*, I, pp. 83-8; Edward Hallett Carr, *Interregnum*, pp. 367-73; Iúri Felchtínski, *Kommunisticheskaia oppozitsiia v SSSR*, I, pp. 83-8.

282. Vsévolod M. Ivanov e A. N. Chmeliov, *Leninizm i ideino-politicheskii razgrom trotskizma*, p. 343. Não há provas de que Trótski tenha escrito a Declaração dos 46. V. P. Vilhkova, *RKP (b), vnutripartiinaia borba*, p. 212. Ver também Edward Hallett Carr, *Interregnum*, pp. 303-7, 374-80.

283. A. P. Balachov e Iu. S. Markhachov, "Staraia ploshchad, 4 (20-e gody)", n. 6, p. 181. Ver também Boris Bazhanov, *Bazhanov and the Damnation of Stalin*, pp. 57-8. Em paralelo, Trótski, Radek e Piatakov também protestaram formalmente contra as "anotações" de Nazaretian nas reuniões e "a deliberada e maliciosa alteração do texto de documentos oficiais". RGASPI, f. 323 [Kámenev], op. 2, d. 64. Ver também Andrea Graziosi, "New Archival Sources", p. 40.

284. O próprio Trótski talvez não estivesse acima de pensar em meios incomuns na luta: ver os contatos entre E. A. Berens, um ex-capitão tsarista que servia sob o comando de Trótski no Conselho Militar Revolucionário e com frequência recebia missões especiais, e o exilado em Paris Aleksandr Guchkov, que havia sido o primeiro-ministro da Guerra do Governo Provisório e apoiara os brancos. Não está claro se Berens agia por conta própria ou por sugestão de Trótski, mas o fato de Stálin não usar os contatos para desacreditar Trótski indica que Berens não estava efetuando uma provocação por encomenda da GPU. D. A. Volkogonov, *Trotsky*, 329 (citando RGVA, f. 33987, op. 3, d. 1049, l. 96; GARF, f. 5868, op. 1, d. 15; Guchkov a N. N. Tchebichev, a quem ele chamava de "Almirante B").

285. *XIII siezd RKP (b)* [1924], pp. 371-3 (Boris Souvarine); Isaac Deutscher, *Prophet Unarmed*, pp. 140-1.

286. Boris Souvarine, *Staline*. Quando o Partido Comunista polonês, que estava exilado em Moscou, enviou cartas ao Comitê Central soviético condenando a perseguição a Trótski, Stálin mandou substituir

todo o Comitê Central polonês, sem a pretensão de realizar um congresso do partido polonês. M. K. Dziewanowski, *Communist Party of Poland*, pp. 103-10. Ver também *Bolshevik*, 20 de setembro de 1924; *Sochineniia*, VI, pp. 264-72.

287. Simon Liberman, *Building Lenin's Russia*, 79; Anatóli Lunatchárski, *Revolutionary Silhouettes*, pp. 43, 62, 27; Max Eastman, *Heroes*, pp. 258-9. Como observou Carr, Trótski simplesmente "não conseguia estabelecer sua autoridade entre colegas pelas artes modestas da persuasão ou atenção simpática às opiniões de homens de menor calibre intelectual do que ele". Edward Hallett Carr, *Socialism in One Country*, I, p. 166. Deutscher errou ao considerar que a reação à personalidade áspera de Trótski era resultado de "um sentimento de inferioridade", em vez de indignação. Isaac Deutscher, *Prophet Unarmed*, p. 34.

288. Leon Tritsky, *My Life*, 504. Embora endereçasse suas cartas ao "Caro Vladímir Ilitch", enquanto Stálin escrevia "Camarada Lênin", Trótski, ao contrário de Stálin ou Bukhárin, não visitava Lênin em casa. D. A. Volkogonov, *Lenin: Life and Legacy*, p. 256.

289. Leon Trotsky, *My Life*, p. 481; Max Eastman, *Since Lenin Died*, p. 17; Robert V. Daniels, *Conscience of the Revolution*, pp. 206-7.

290. Leon Trotsky, *My Life*, p. 498.

291. Ibid., p. 500.

292. V. Dorochenko e Irina V. Pávlova, "Poslednaia poezdka", *Altai*, n. 4, pp. 3-18, 1989. Os detalhes da viagem surpresa de Lênin vêm de seu enfermeiro-acompanhante (Kazimir Zorko-Rimcha), de sua irmã Maria, de sua esposa Krúpskaia e de relatos de testemunhas registrados na época.

293. D. A. Volkogonov, *Lenin: Life and Legacy*, pp. 431-2 (citando RGASPI, f. 4, op. 1, d. 142, l. 406-7); "Zapis Z. I. Zorko Rishmi", *IzvestiiaTsK KPSS*, n. 8, 1991 (RGASPI, f. 16, op. 2, d. 17, l. 857-76, 18 de outubro de 1923; l. 877-88 19 de outubro de 1923); "Poslednyi priezd Vladimira Ilicha v Moskvu: vospominaniia M. I. Ulianovoi", RGASPI, f. 16, op. 3, d. 37, l. 1-3 (anos 1930); N. K. Krúpskaia, "Poslednie polgoda zhizni Vladimira Ilicha (3 fevralia 1924 goda)", *Izvestiia TsK KPSS*, n. 4, pp. 169-78 (p. 174), 1989. Ver também *Kultura i zhizn*, n. 1, p. 11, 1975. (G. P. Kóblov); *Gudok*, 23 de abril de 1924; Gueórgi N. Golikov, *Vladimir Ilich Lenin*, XIII, pp. 638-9.

294. *Izvestiia TsK KPSS*, n. 8, 177, 1991. (RGASPI, f. 4, op. 2, d. 1744, l. 7-8; V. I. Ryabov, 16 de agosto de 1940).

295. "Poslednyi priezd Vladimira Ilicha v Moskvu: vospominaniia M. I. Ulianovoi", RGASPI, f. 16, op. 3, d. 37, l. 1-3 (anos 1930). Também mais tarde, um jornalista do *Pravda* se referiu a uma parte das memórias de outros enfermeiros-acompanhantes de Lênin daquele dia que mencionam o desapontamento de Lênin por não encontrar membros da liderança, mas não é possível encontrar isso nos arquivos existentes dessas memórias. *Kultura i zhizn*, n. 1, 11, 1975. (D. I. Novopliánski, citando V. A. Rukavíchnikov).

296. "Voot, voot, voot, voot!" em russo, de acordo com o acompanhante V. A. Rukavíchnikov (RGASPI, f. 16, op. 2, d. 91, l. 37-8, 19 de outubro de 1923).

297. RGASPI, f. 558, op. 11, d. 25, l. 110; RGASPI, f. 17, op. 162, d. 1., l. 21-2.

298. *Izvestiia TsK KPSS*, 1990, n. 7, pp. 176-89; V. P. Vilhkova, *RKP* (b), *vnutripartiinaia borba*, pp. 197--220 (RGASPI, f. 51, op. 1, d. 21, l. 51-4). Assinavam a resposta, em ordem alfabética russa, Bukhárin, Zinóviev, Kalínin, Kámenev, Mólotov, Ríkov, Stálin e Tomski; Lênin e Rudzutaks não assinaram. Bukhárin, que estava em Leningrado na ocasião, enviou um telegrama insistindo em mudanças no texto que Stálin ignorou, ao mesmo tempo que incluía o seu nome. *Izvestiia TsK KPSS*, n. 7, p. 190, 1990.

299. V. P. Vilhkova, *RKP* (b), *vnutripartiinaia borba*, 266-71. Entre os signatários da Declaração convidados a aparecer em 26 de outubro estavam Kossior, Lobánov, Murálov, Ossínski, Preobrajénski, Sere-

briakov e Smirnov. Entre os que participaram da discussão estavam Preobrajénski, Ossínski, Kámenev, Ríkov, Iaroslávski, Bumájni e Dzierżyński.

300. Valentin A. Sákharov, *Politicheskoe zaveshchanie*, p. 478. Iúri Felchtínski, *Kommunisticheskaia oppozitsiia v SSSR*, I, 9, pp. 18-9; RGASPI, f. 5, op. 2, d. 305, l. 2-4. Antes de janeiro de 1924, não havia a prática de fazer registros estenográficos das reuniões do Politbiuró.

301. Ver também Edward Hallett Carr, *Socialism in One Country*, I, p. 157.

302. V. P. Vilhkova, *RKP (b), vnutripartiinaia borba*, pp. 255-65 (RGASPI, f. 17, op. 2, d. 685, l. 39-49); Vsévolod M. Ivanov e A. N. Chmeliov, *Leninizm i ideino-politicheskii razgrom trotskizma*, p. 344 (citando RGASPI, f. 17, op. 2, d. 104, l. 46). Uma versão menos detalhada do discurso de Trótski feita por Bajánov está presente em: RGASPI, f. 17, op. 2, d. 104, l. 31-8. Ela também foi publicada em *Izvestiia TsK KPSS*, n. 10, pp. 183-7, 1990; e em *Voprosy istorii KPSS*, n. 5, pp. 33-9, 1990.

303. V. P. Vilhkova, *RKP (b), vnutripartiinaia borba*, pp. 250-5 (RGASPI, f. 17, op. 2. d. 104, l. 31-8).

304. Ibid., pp. 266-8 (RGASPI, f. 17, op. 2, d. 104, l. 1-4); V. V. Koloskov, *XIII konferentsiia RKP (b)*, 14.

305. *Izvestiia TsK KPSS*, n. 2, 201-2, 1989.

306. Leonid G. Babitchenko, "Politbiuro TsK RKP (b)", p. 136 (RGASPI, f. 495, op. 19, d. 362, l. 117). Tchitchérin comparecia a reuniões do Politbiuró embora não fosse membro.

307. Ruth Fischer, a rival esquerdista de Brandler, escreveu que ele e Zinóviev se detestavam mutuamente e asseverou que Brandler se aproximara de Trótski. Ruth Fischer, *Stalin and German Communism*, pp. 318, 323. Ver também *Lessons of the German Events*, pp. 36-7; *XIII konferentsiia RKP (b)*, pp. 158-78.

308. O jornalista soviético Grigóri N. Kamínski (nascido em 1895), ao contrário de seus colegas que escreviam quimeras sobre a força do proletariado alemão, noticiou a verdade em matéria enviada de Dresden (Saxônia) em 15 de outubro: os comunistas alemães estavam mal preparados para lutar e atingiam somente os trabalhadores já filiados ao partido. Leonid G. Babitchenko, "Politbiuro TsK RKP (b)", p. 135 (RGASPI, f. 495, op. 293, d. 673, l. 58; op. 18, d. 182, l. 10-1).

309. Ibid. pp. 134-5 (RGASPI, f. 495, op. 293, d. 14, l. 177).

310. Mesmo no governo de coalizão da Saxônia, os comunistas não despenderam seus esforços na construção de um movimento, mas em denúncias e intrigas contra os sociais-democratas, atitude que revelava os limites até mesmo de uma estratégia de "frente unida" sincera ordenada de cima. Ibid. p. 143 (RGASPI, f. 17, op. 2, d. 109, l. 22; Piatakov, 15 de janeiro de 1924). Para piorar ainda mais as coisas, os comunistas de esquerda de Berlim gastavam mais energia combatendo outros membros de seu próprio partido do que preparando uma insurreição. Ibid. p. 151 (RGASPI, f. 558, op. 2-e, d. 6968, l. 3; Vassíli Shmidt a Stálin e Zinóviev).

311. Aino Kuusinen, *Rings of Destiny*, pp. 63-5.

312. A. Voss et al., *Von hamburger Aufstand zur politische Isolierung*, p. 13; Leonid G. Babitchenko, "Politbiuro TsK RKP (b)", pp. 139-40 (RGASPI, f. 495, op. 293, d. 14, l. 37).

313. Em 3 de novembro, o Politbiuró resolveu chamar de volta a Moscou a equipe enviada à Alemanha. G. M. Adibékov e K. K. Chírinia, *Politbiuro TsK RKP (b) – VKP (b) i Komintern*, p. 216.

314. De Berlim, Stálin vinha recebendo informes periódicos de Piatakov, em geral queixas a respeito das dificuldades de montar a revolução, misturadas com preocupações sobre a política divisiva na URSS (Piatakov era próximo a Trótski): "P.S.: Estou preocupado com o conflito interno do partido na URSS. [...] Pelo amor de Deus, não comecem uma briga, ou abandonaremos nosso trabalho aqui". RGASPI, f. 558, op. 11, d. 785, l. 1-8ob.

315. RGASPI, f. 558, op. 11, d. 785, l. 23-6.

316. RGASPI, f. 558, op. 11, d. 785, l. 28. Radek escreveu a Moscou que a revolução havia sido "prematura". G. M. Adibékov e K. K. Chírinia, *Politbiuro TsK RKP (b) – VKP (b) i Komintern*, pp. 209-13; *Komintern i ideia mirovoi revolutsii. dokumenty*, pp. 428-35. Piatakov estava tentando fazer Stálin se concentrar nos comunistas alemães e escreveu para ele, em 14 de novembro, que "todos vocês, obviamente, não percebem que esse partido, em sua forma atual, não pode atrair a classe operária para um levante armado". O Politbiuró resolveu divulgar uma carta aberta sobre os eventos na Alemanha, mas não conseguiu chegar a um acordo sobre o texto. Leonid G. Babitchenko, "Politbiuro TsK RKP (b)", p. 145 (RGASPI, f. 495, op. 293, d. 638, l. 20-2). G. M. Adibékov e K. K. Chírinia, *Politbiuro TsK RKP (b) – VKP (b) i Komintern*, pp. 218-20. Foi em novembro de 1923 que a liderança dos alemães do vale do Volga propôs a criação de uma "República Socialista Soviética Autônoma dos Alemães do Volga", logo depois de ter celebrado o quinto aniversário da Primeira Autonomia Nacional (*oblast*). GARF, f. 58s, op. 1, d. 9, l. 14-10, Hoover Institution Archives, Volkogonov Papers, contêiner 21.

317. Harold J. Gordon, *Hitler and the Beer Hall Putsch; The Hitler Trial*.

318. Valentin A. Sákharov, *Politicheskoe zaveshchanie*, p. 311.

319. Feliks Chuev, *Molotov Remembers*, p. 135.

320. "M. I. U'ianova ob otnoshenii V. I. Lenina k I. V. Stalinu", *Izvestiia TsK KPSS*, n. 12, pp. 196-201, 1989 (198-9: RGASPI, f. 14, op. 1, d. 398, l. 1-8). Uliánova referia-se a sua declaração de 26 de julho de 1926 à plenária: ver capítulo 13.

321. Feliks Chuev, *Molotov Remembers*, p. 212.

322. Id. *Tak govoril Kaganóvitch*, pp. 190-1; Id. *Kaganóvitch*, p. 263.

12. PUPILO FIEL [pp. 533-92]

1. "Po povodu smerti Lenina", *Pravda*, 30 de janeiro de 1924, reproduzido em *Sochineniia*, VI, pp. 46-51.

2. O melhor biógrafo de Trótski comentou que "dificilmente algum autor menchevique atacou Lênin com tamanho veneno pessoal". Isaac Deutscher, *Prophet Armed*, p. 93.

3. V. I. Lênin, "Letter to Yelena Stasova and Others", em V. I. Lênin, *Collected Works*, pp. 42, 129.

4. V. I. Lênin, "Letter to Grigory Zinoviev", em V. I. Lênin, *Collected Works*, p. 34, pp. 399-400.

5. *Kommunist*, n. 6, pp. 3-5, 1988 (a Goldenberg, 28 de outubro de 1909).

6. V. I. Lênin, "Judas Trotski's Blush of Shame", *Collected Works*, pp. 18, 45. Lênin devolveu a causticidade: "Que porco que aquele Trotski é!" Ibid, pp. 39, 290.

7. *PSS*, XLIX, p. 390.

8. Liev Trótski, *Trotskii o Lenine i Leninizme; Lenin o Trotskom i trotskizme*.

9. Sobre a compreensão de Stálin de seu papel como vice de Lênin, ver o revelador texto datilografado no Comissariado das Nacionalidades, datado de 1923, com o título "Detalhes biográficos de Stálin", em D. A. Volkogónov, *Stalin: Triumph and Tragedy*, p. 512 (RGASPI, f. 1318, op. 3, d. 8, l. 85).

10. Edward Hallett Carr, *Socialism in One Country*, I, pp. 151-202 (retratos de Trótski, Zinóviev, Kámenev, Bukhárin e Stálin).

11. Angelica Balabanoff, *My Life as a Rebel*, pp. 243-4. Carr, no entanto, caracterizou mal Zinóviev, tanto o subestimando ("um intelectual nulo" e "fraqueza de convicção") como o superestimando ("a principal figura do partido" durante o triunvirato). Edward Hallett Carr, *Socialism in One Country*, I, pp. 165, 169. Em contraste, ver Lars Lih, "Zinoviev".

12. Até Walter Duranty entendeu isso: "Contudo, ocorrera-me que Trótski, que era essencialmente um aristocrata intelectual, para não dizer um esnobe intelectual, estava um pouco deslocado no meio bolchevique". Walter Duranty, *I Write as I Please*, p. 199.

13. Iúri Ánnenkov, encarregado de pintar o retrato de Trótski para o quinto aniversário do Exército Vermelho, em 1923, descobriu que ele era não somente "de estatura saudável, atarracado, de ombros largos e maravilhosamente musculoso", mas também familiarizado com o recente livro de retratos de Ánnenkov e conhecedor de Matisse e Picasso. Iúri Ánnenkov, *Dnevnik moikh vstrech*, II, pp. 286-7. Ver também Id, *Semnadtsat portretov*, II, pp. 295-6. Esse livro de Ánnenkov, que continha retratos desenhados de Trótski, Zinóviev Kámenev, entre outros, seria retirado de todas as bibliotecas, livrarias e coleções particulares soviéticas em 1928. Ánnekov também escreveu um perfil devastador de Lênin como anti-intelectual: *Dnevnik moikh vstrech*, II, pp. 268-70. O retrato que ele fez de Lênin em 1921 foi utilizado em selos soviéticos e apresentado no Pavilhão Soviético da Exposição de Paris, em 1925.

14. Lawrence Freedman convida-nos a considerar que a "estratégia é uma história sobre poder contada no tempo futuro do ponto de vista de um personagem principal" — exatamente a façanha de Stálin, dentro da rígida moldura marxista. Lawrence Freedman, *Strategy*.

15. O livro de Stálin baseado em palestras públicas, *O Lenine*, foi publicado com seu discurso aos cadetes militares do Kremlin. Zinóviev também o publicou em sua editora de Leningrado (Priboi). Ele saiu ainda em ucraniano (Khárkov: Derzhavne vyd-vo Ukraïny), alemão (Viena: Verlag für Literatur und Politik), francês (Paris: Bureau d'Éditions) e outras línguas.

16. V. P. Vilhkova, *RKP (b), vnutripartiinaia borba*, pp. 409-14 (RGASPI, f. 76, op. 3, d. 318, l. 60-9).

17. *Pravda*, 8 de janeiro de 1924.

18. Em 12 de janeiro, o jornal do partido noticiou que, das 72 células do PC nas instituições de ensino superior de Moscou, 32 (num total de 2790 membros) haviam votado no Comitê Central, enquanto 40 (com 6594 filiados) votaram na oposição de esquerda: eis onde o impaciente programa de indústria *agora*, socialismo *agora*, exerceu seu apelo. *Moskovskie Bolcheviki*, p. 83 (citando MPA, f. 3, op. 5, d. 2, l. 200); Isai L. Abramóvitch, *Vospominaniia i vzgliadi*, I, pp. 22, 36.

19. Uma polêmica acirrada aconteceu quando Grigóri Sokólnikov (Sr. Disciplina Fiscal) se levantou contra Evguéni Preobrajénski (Sr. Imprimir Dinheiro para Financiar a Indústria), com refutações agressivas a este último por gente como Bukhárin e Nikolai Uglánov, e uma pilha de votos para apoiá-los. Iúri Felchtínski, *Kommunisticheskaia oppozitsiia v SSSR*, II, pp. 34, 101; *XIII konferentsiia RKP (b)*; V. P. Vilhkova, *RKP (b): vnutripartiinaia borba*, pp. 390-406.

20. V. P. Vilhkova, *RKP (b), vnutripartiinaia borba*, pp. 385-93 (RGASPI, f. 17, op. 2, d. 109, l. 6ob-7ob); RGASPI, f. 17, op. 2, d. 107, l. 14-7 (o registro taquigráfico das plenárias do Comitê Central começou nessa reunião de 14-15 de janeiro de 1924); *XIII konferentsiia RKP (b)*, 95. Filiados provinciais da comissão de controle do partido foram mobilizados contra os oposicionistas: G. L. Olekh, *Povorot, kotorogo ne bylo*, p. 146 (citando *Dni*, 19 de dezembro de 1923).

21. RGASPI, f. 17, op. 2, d. 107, l. 100-1; *X siezd*, p. 524; *Sochineniia*, VI, p. 15. Leonard Schapiro, *Origin of the Communist Autocracy* [1977], pp. 317-8. Radek objetou corretamente que nenhum congresso do partido levantara o véu do sigilo sobre essa cláusula de punição, mas ninguém podia forçar Stálin a prestar contas. Robert V. Daniels, *Conscience of the Revolution*, p. 230; V. P. Vilhkova, *RKP (b), vnutripartiinaia borba*, pp. 403-8 (RGASPI, f. 17, op. 2, d. 109, l. 13ob- 14).

22. Quando Radek acusou que Trótski estava "sendo acossado", Stálin aproveitou a ocasião, em seu discurso de encerramento de 18 de janeiro de 1924, para relembrar o incidente de setembro de 1923, quando "Trótski levantou e abandonou o recinto. Vocês devem se lembrar que a plenária do Comitê Central enviou uma 'delegação' a Trótski para *pedir* que ele voltasse à reunião. Vocês devem se lembrar que Trótski se recusou a obedecer ao pedido". "Zakliuchitelnoe slovo (18 ianvaria [1924 g.])", *Sochineniia*, VI, pp. 27-45 (pp. 38-9). Mas a censura tinha se tornado tão implacável que Stálin se sentiu obrigado a responder a críticas de

que não havia impedido a publicação em 11 de dezembro do artigo de Trótski sobre *O novo caminho*: "Isso seria uma medida muito perigosa da parte do Comitê Central. Tentem proibir um artigo de Trótski que já foi lido em voz alta nos bairros de Moscou!" (p. 33).

23. *Pravda*, 26 de janeiro de 1924. Ver também Igal Halfin, *Intimate Enemies*; Robert Service, "How They Talked: The Discourse of Politics in the Soviet Party Politburo in the 1920s", em Paul R. Gregory e Norman Naimark, *Lost Politburo Transcripts*, pp. 121-34. Stálin também fez a XIII Conferência do Partido nomear uma comissão de reforma das Forças Armadas, encabeçada por Serguei Gússev, membro da Comissão Central de Controle do partido, o aríete que os homens de Stálin controlavam. A conferência confirmou uma decisão de 5 de dezembro de alistar 100 mil novos membros operários do partido.

24. Valentin A. Sákharov, *Politcheskoe zaveshchanie*, p. 576 (citando RGASPI, f. 16, op. 1, d. 98, l. 107).

25. Stálin era o líder, mas não o único a criticar o ausente Trótski. Aleksandr Chliápnikov, o sindicalista e ex-líder da oposição Operária proibida, estraçalhou Trótski e a oposição de Esquerda pela sua cumplicidade na repressão da oposição Operária em 1921. Aleksandr G. Chliápnikov, "Nashi raznoglasiia", *Pravda*, 18 de janeiro de 1924.

26. Leon Trotsky, *My Life*, p. 515.

27. Somente com atraso, no final de agosto de 1923, depois que seu estado de saúde havia melhorado um pouquinho, foi que o regime revelou a gravidade de sua doença, mas, mesmo depois dessa revelação, os informes oficiais continuaram a conter doses injustificadas de otimismo ("melhora substancial, [...] grandes progressos"). *Pravda*, 30 de agosto de 1923; *Pravda*, 21 de outubro de 1923 (comissário da Saúde Semachko). Ver também D. A. Volkogónov, *Lenin: Life and Legacy*, p. 414 (citando RGASPI, f. 16, op. 3, d. 6., l. 7), p. 430 (citando APRF, f. 3, op. 22, d. 307, l. 410); Gueórgi N. Golikov, *Vladimir Ilich Lenin*, XII, pp. 646, 650; e Nina Tumarkin, *Lenin Lives!*, 115-7. Kámenev instruíra o artista Iúri Ánnenkov a ir até Górki para o que julgava que seria um último retrato. Krúpskaia "disse que um retrato estava fora de questão", relembrou Ánnenkov. "E, com efeito, Lênin poderia servir somente de ilustração para sua doença, reclinado numa espreguiçadeira, enrolado em um cobertor com o olhar ausente e o sorriso desamparado, distorcido e infantil de um homem em sua segunda infância." Iúri Ánnenkov, *Dnevnykh moikh vstrech*, II, p. 271; Id. "Vospominania o Lenine", pp. 141-9.

28. Gueórgi N. Golikov, *Vladimir Ilich Lenin*, XII, pp. 658-9; N. K. Krúpskaia, "Chto nravilos Ilichu iz khudozhestvennoi literatury", *Narodnyi uchitel*, n. 1, pp. 4-6, 1927. Em 19 de janeiro, no XI Congresso dos Sovietes de Todas as Rússias, Mikhail Kalínin disse aos delegados que "raios de esperança já são visíveis" na batalha de Lênin para superar sua doença e voltar ao trabalho. "Urra", gritou o congresso, em episódio noticiado no jornal: *Izvestiia*, 20 de janeiro de 1924.

29. Bukhárin aparecia quase todos os sábados. *Izvestiia TsK KPSS*, n. 4, pp. 174-5, 1989.

30. D. A. Volkogónov, *Lenin: Life and Legacy*, pp. 299-301; Miklós Kun, *Bukhárin*, p. 135. Mais tarde, a presença de Bukhárin junto ao leito de morte de Lênin seria apagada pelos capangas de Stálin: A. I. Mikoian, *Mysli i vospominaniia*, pp. 235-6. Krúpskaia também, mesmo em suas memórias não publicadas, insistiu que Bukhárin não tivera permissão para entrar. D. A. Volkogónov, *Lenin: Life and Legacy*, p. 433 (citando APRF, f. 3, op. 22, d. 307, l. 175).

31. D. A. Volkogonov, *Lenin*, II, p. 361 (citando APRF, f. 3, op. 33, d. 307, l. 175-6); Id. *Lenin: Life and Legacy*, p. 435.

32. Gueórgi N. Golikov, *Vladimir Ilich Lenin*, XII, pp. 662, 664; Prof. V. Óssipov, "Bolezn i smert V. I. Lenina", *Ogonek*, n. 4, 1990; M. I. Uliánova, "O Vladimire Iliche", n. 3; N. Petrenk [B. Ravdin], "Lenin v Gorkakh: bolezn i smert'", *Minuvshee: Istoricheski almanakh*, n. 2, pp. 189-91, 1986.

33. Mikoian escreveu que, na tarde de 21 de janeiro, foi ao apartamento de Stálin para discutir estratégia e que "trinta ou quarenta minutos depois do início de nossa conversa, Bukhárin, excitado, irrompeu porta

adentro e não disse, mas guinchou, que Maria havia ligado de Górki dizendo que 'Lênin acabou de morrer, às 18h50". Isso é uma mentira, destinada a esconder o fato de que Bukhárin estava em Górki com o moribundo Lênin; o telefonema sobre a morte de Lênin não chegou através do apartamento de Stálin, mas foi feito para o Congresso dos Sovietes em sessão. A. I. Mikoian, *Tak bylo*, p. 113.

34. Nadejda Ioffe, *Vremia nazad*, cap. 4.

35. Vladímir Bonch-Bruevitch também organizou um trem especial de dois vagões para o comissário da Saúde e a equipe de médicos que faria a autópsia e o embalsamento, bem como para membros da família. Vladímir D. Bonch-Bruevitch, "Smert i pokhorony Vladimira Ilicha"; *Pravda*, 21 de janeiro de 1925; *Otchet Komissii TsIK SSSR*, p. 5.

36. Vladímir Bonch-Bruevitch, "Smert i pokhorony Vladimira Ilicha", pp. 189-90. Note-se que ele não menciona uma ida de Bukhárin a Górki nos veículos preparados para a neve ou no trem, mas o põe na sala dizendo adeus com os outros.

37. *Izvestiia*, 24 de janeiro de 1922.

38. Valentin A. Sákharov, *Politcheskoe zaveshchanie*, p. 576 (citando RGASPI, f. 16, op. 1, d. 44, l. 1).

39. *Izvestiia*, 25 de janeiro de 1924; *Pravda*, 26 de janeiro de 1924. O comissário da Saúde Nikolai Semachko observou que os vasos sanguíneos do crânio de Lênin, "quando batidos com uma pinça, soavam como pedra". *Pravda*, 24 de janeiro de 1924; Nikolai Semachko, *Otchego bolel*, p. 35. Ver também Louis Fischer, *Life of Lenin*, p. 672. Os relatórios publicados, que citavam "uma doença incurável dos vasos sanguíneos", pareciam estar dizendo que os médicos não tinham como ajudar Lênin; eles não poderiam salvá-lo e não deveriam ser culpabilizados. Mas, enquanto Semachko destacava a "atividade mental sobre-humana, a vida de constante agitação, ansiedade incessante" de Lênin, o dr. Abrikóssov enfatizava os fatores hereditários na arteriosclerose de Lênin. *Izvestiia*, 25 de janeiro de 1924; Nina Tumarkin, *Lenin Lives!*, p. 172, n. 34.

40. N. Valentínov, *Novaia ekonomicheskaia politika*, p. 87.

41. D. A. Volkogonov, *Lenin: Life and Legacy*, p. 409 (citando APRF, f. 3, op. 22, d. 307, l. 135: anotações do médico descobertas em dezembro de 1935 por Khodoróvski, chefe da administração médica do Kremlin, e guardadas num arquivo secreto).

42. Robert Service, *Lenin*, III, pp. 255-62. Lênin consultara especialistas em doenças nervosas já em 1900, quando estava na Alemanha. RGASPI, f. 2, op. 1, d. 385, l. 1.

43. Walter Duranty, "Lenin Dies of Cerebral Hemorrhage"; *Pravda*, 24 de janeiro de 1924. O congresso retomou seus trabalhos e se encerrou em 29 de janeiro, depois de aprovar a nova constituição da URSS. *XI Vserossiiskii siezd Sovetov*.

44. Maksímov, "U tovarsihcha Stalina (po vospominaniam byvshego detkora)", *Raboche-Krestianskii korrespondent*, n. 10, 1934; RGASPI, f. 558, op. 4, d. 649, l. 208 (Viktor Maksímov).

45. Ia. G. Zímin, "Skliánskii Efraim Markovich", em Albert P. Nenarókov, *Revvoensovet Respubliki*, pp. 56-70 (p. 68); Clara Zetkin, *We Have Met Lenin*, pp. 73-5; Guilh, *Shest let s V. I. Leninym*, pp. 100-1; Gueórgi N. Golikov, *Vladimir Ilich Lenin*, XII, pp. 664-79.

46. Vladen S. Izmozik, *Glaza*, p. 84.

47. G. N. Sevostiánov, "Sovershenno sekretno", I/i, pp. 52-3 (TsA FSB, f. 2, op. 2, d. 1, l. 1).

48. Vladen S. Izmozik, *Glaza*, pp. 160-1. Izmozik sustenta que, ao contrário dos funcionários do partido e do soviete, os tchekistas não enfeitavam a situação em seus domínios, embora diga que seus relatórios se tornaram "menos objetivos" no final da década de 1920.

49. RGASPI, f. 76, op. 3, d. 325, l. 6.

50. Mark von Hagen, *Soldiers in the Proletarian Dictatorship*, pp. 291-2.

51. Boris Bazhanov, *Bazhanov and the Damnation of Stalin*, p. 63.

52. N. Valentínov, *Novaia ekonomicheskaia politika*, pp. 88-9.

53. D. A. Volkogonov, *Trotsky*, p. 266 (citando RGVA, f. 33987, op. 3, d. 80, l. 587; RGASPI, f. 2, op. 1, d. 27088, l. 1); RGASPI, f. 558, op. 11, d. 816, l. 75-6.

54. Leon Trotsky, *My Life*, p. 508; Deutcher, *Prophet Unarmed*, pp. 131-4.

55. *Izvestiia*, 25 e 26 de janeiro de 1924.

56. *The New York Times*, 28 de janeiro de 1924 (Walter Duranty). Mais tarde, Duranty recriou uma conversa com um jornalista francês de *Le Temps* em Moscou. "Meu Deus, que oportunidade para perder! Aquiles enfurnado em sua barraca. *Quel idiot.* Como se ele não pudesse compreender que toda a força de sua posição era sua reputação junto às massas de principal auxiliar e apoiador de Lênin. [...] Se tivesse ido a Moscou [...] teria roubado o show, como vocês dizem nos Estados Unidos." Walter Duranty, *I Write as I Please*, pp. 225-6. Tratava-se de Henri Louis-Victor-Mars Rollin, que (Duranty esquece de mencionar ou não sabia) era visto como agente bolchevique pelo Quai d'Orsay. Rollin escreveu aquela que durante décadas foi a principal obra de história (*L'Apocalypse de notre temps*, 1939) sobre os *Protocolos dos sábios de Sião*.

57. Era possível sentir em sua carta "uma amarga perplexidade e uma repreensão desconfiada", observou a mãe de Natália Sedova a respeito da correspondência que receberam de Liev em Moscou. Leon Trotsky, *My Life*, p. 511. Ver também Bertrand Patenaude, *Stalin's Nemesis*, pp. 170-3.

58. RGAKFD, ed. khr. 1-14097 (ano de 1924).

59. Leon Trotsky, *Stalin*, p. 381.

60. "Lênin não existe mais" foi a frase transmitida a Moscou para publicação no *Pravda* e *Izvestiia: Pravda*, 24 de janeiro de 1924; *Izvestiia*, 24 de janeiro de 1924; D. A. Volkogonov, *Trotsky*, p. 266 (citando RGASPI, f. 2, op. 1, d. 27088, l. 1).

61. "Po povodu smerti Lenina", *Pravda*, 30 de janeiro de 1924; *Sochineniia*, VI, pp. 46-51. O nome de Stálin não constava da lista original de oradores decidida no Politbiuró; numa lista posterior, ele foi acrescentado como "condicional" (*uslovno*). Não está claro o que isso significou. O nome de Krúpskaia não aparece em nenhuma lista de oradores, mas é óbvio que não poderia haver dúvidas de que ela falaria (como de fato o fez). RGASPI, f. 16, op. 2s, d. 47, l. 1-4. Stálin fez outro discurso aos cadetes da escola militar do Kremlin em 28 de janeiro de 1924.

62. "Zavëty Lenina" era o título do artigo da primeira página publicado no *Izvestiia* em 24 de janeiro de 1924.

63. *Izvestiia*, 27 de janeiro de 1924. Ulam, em geral um analista sagaz, julgou erroneamente que o discurso estava deslocado. Adam B. Ulam, *Stalin*, p. 235.

64. *Pravda*, 30 e 31 de janeiro de 1924.

65. Gueórgi N. Golikov, *Vladimir Ilich Lenin*, XII, p. 678. Em julho de 1929, o Politbiuró decidiria construir um mausoléu permanente: uma cópia em granito do de madeira que ficaria pronta em 1933.

66. Adolf Ioffe, que era muito próximo de Trótski, escreveu a Zinóviev para propor que ninguém substituísse Lênin na presidência do Conselho dos Comissários do Povo e sugerir um presidium composto por Trótski, Zinóviev e Kámenev; se, no entanto, decidissem por um único chefe de governo, Ioffe sugeria que fosse Trótski. Não sabemos se Ioffe agiu por conta própria ou submeteu sua carta à aprovação de Trótski. N. A. Vasétski, *Trotskii*, p. 193.

67. *Pravda*, 12 de fevereiro de 1924, em *Sochineniia*, VI, pp. 52-64.

68. *Izvestiia TsK KPSS*, n. 6, p. 200, 1990 (RGASPI, f. 16, op. 2, d. 48, l. 41).

69. Uma plenária de três dias do Comitê Central terminou, em 31 de janeiro, por rebatizar o plano de filiação de 100 mil trabalhadores ao partido de "Inscrição Lênin". Gueórgi N. Golikov, *Vladimir Ilich Lenin*, XI, p. 679. O plano alegaria ter filiado 240 mil novos membros.

70. Dmítri Chélestov, *Vremia Alekseia Rykova*, pp. 222-3. Havia um segundo cargo executivo, também ocupado por Lênin — presidente do Conselho de Trabalho e Defesa —, e Kámenev ficou com ele. A irmã e a esposa de Lênin pemaneceram no apartamento do Kremlin (até 1939) e preservaram o quarto dele exatamente como era. Stálin despejou Krúpskaia e Maria Uliánova da datcha em Górki e, de início, pensou em ficar com ela, mas depois ela se transformou em museu. Em abril de 1955, Khruchióv abriria a suíte de Lênin no Kremlin à visitação pública (mais de 2 milhões de pessoas o visitariam); em 1994, todo o conteúdo do apartamento-museu de Lênin no Kremlin foi levado para a datcha de Górki e o Senado foi novamente fechado ao público. De 1994 a 1998, foi feita uma grande renovação do interior do Senado Imperial que o deixou irreconhecível.

71. Andrei Artamónov, *Spetsobekty Stalina*, pp. 33-4; Korotichévski, "Garzh osobogo znacheniia". A garagem especial era supervisionada por Stepan Guilh, motorista principal de Lênin, mas, mesmo antes da morte do líder, Pável Událov, principal motorista de Stálin, o havia substituído. Nikolai Soloviov, outro dos motoristas de Stálin, fora motorista do general Brussílov. O regime soviético comprou para Lênin e outros membros da elite 73 Silver Ghosts na Inglaterra, entre 1922 e 1925 (quando o modelo saiu de linha). Apesar das temperaturas enregelantes e das nevascas da URSS, eles preferiam os modelos sem capota.

72. A casa foi construída em 1922-3, mas a propriedade pertencera a Nikolai Smetskoi (às vezes escrito Smétski), e foi registrada como Resort nº 3 do Comitê Central Executivo. O nº 1 ficava na província de Kursk (condado de Ivanov-Lgóvski) e o nº 2 na Crimeia (Gurzuf). Andrei Artamónov, *Spetsobekty Stalina*, p. 128.

73. Leon Trotsky, *My Life*, p. 509.

74. Zinaída Rikhter, *Kavkaz nashikh dnei*.

75. Hoover Institution Archives, N. A. Lakoba Papers, pp. 1-23. Ver também Stanislav Lakoba, "Ia Koba, ty Lakoba", pp. 50-4. Trótski chegou com guarda-costas, também para sua "segurança". Em 6 de janeiro de 1924, Abram Belenki, chefe da guarda pessoal de Lênin, escreveu uma carta a Lakoba, marcada como "completamente secreta", sem timbre: "Os médicos proibiram o cam. Trótski de trabalhar e [ordenaram] que ele partisse imediatamente em férias de dois meses para recuperação no sul. Parece-me que não poderíamos escolher um lugar melhor do que junto a você em Sukhum, em especial porque os médicos insistem em Sukhum. Acho que o melhor lugar para instalá-lo seria a datcha de Smitskovo, isto é, onde no passado você pôs os camaradas Dzierżyński e Zinóviev". Belenki observou que os médicos receitavam tranquilidade absoluta, e "peço ao caro camarada Lakoba que use seus olhos certeiros e sua solicitude para pô-lo sob suas asas, de tal modo que aqui fiquemos totalmente despreocupados". Kauzov será responsável pela alimentação e segurança de Trótski. "Tenho certeza de que você me compreendeu em tudo. Está claro que não deve haver reuniões e desfiles. [...] O camarada Kauzov lhe dará fotografias que tirei em Zubálovo. Saudações sinceras e calorosas para você dos camaradas Dzierżyński e Iagoda". Lakoba Papers, pp. 1-28.

76. Enquanto o casal ainda estava a caminho de Sukhum, a esposa de Trótski observou que "a incerteza testa nossa paciência: que tipo de vida haveria em Sukhum? Teríamos inimigos ou amigos lá?" Leon Trotsky, *My Life*, 508.

77. V. K. Vinográdov, *Genrikh Iagoda*, 307-8 (TsA FSB, f. 3, op. 2, d. 9, l. 247).

78. D. A. Volkogonov, *Trotsky*, p. 267 (citando Trotsky Archive, Houghton Library, Harvard University, bMS.Russ.13.1, 8967-86, pasta 1/2, 1-2); Iúri Felchtínski, *Kommunisticheskaia oppozitsiia v SSSR*, I, p. 89; Leon Trotsky, *My Life*, p. 511.

79. *Pravda*, 3 de janeiro de 1924. Krúpskaia também fizera um discurso, publicado no *Pravda* (11 de janeiro de 1924), no diretório do partido do distrito de Bauman em Moscou, em conexão com as eleições para a conferência do partido, em favor do triunvirato governante (ela elogiou pelo nome somente Zinóviev). Robert H. McNeal, *Bride of the Revolution*, pp. 233-4.

80. "É bem sabido entre os amigos de Trótski", escreveria Max Eastman, "que ele recebeu uma carta da esposa de Lênin alguns dias depois da morte de Lênin, lembrando-o da antiga amizade deles." Max Eastman, *Since Lenin Died*, p. 13.

81. Serguei Kudriachov, *Krasnaia armiia*, pp. 96-102 (APRF, f. 3, op. 50, d. 254, l. 77, 83-84ob, 99-99ob, pp. 103-7). A substituição foi formalizada em 11 de março de 1924. RGASPI, f. 17, op. 3, d. 424, l. 8. Dzierżyński, no Conselho Supremo da Economia, levou Skliánski consigo, nomeando-o chefe do truste têxtil de Moscou. RGASPI, f. 17, op. 3, d. 424, l. 8.

82. Stanislav Lakoba, "'Ia Koba, a ty Lakoba'", p. 55.

83. Olga Velikanova, *Making of an Idol*, pp. 52-3 (citando RGASPI, f. 16, op. 2s, d. 49, l. 2-4; d. 48, l. 12; op. 3, d. 412, l. 1; op. 2s, d. 49, l. 37); Vladímir Bonch-Bruevitch, *Vospominaniia o Lenine* [1965], p. 435; *Izvestiia*, 26 de janeiro de 1924. Krúpskaia se opôs veementemente ao plano de mumificação de Lênin e sua veneração de tipo religioso. *Pravda*, 30 de janeiro de 1924. Um pesquisador destacou que, quando a múmia do rei egípcio Tutancâmon foi descoberta, em 1922, fascinando o mundo inteiro, o assunto recebeu ampla cobertura da imprensa soviética. Nina Tumarkin, *Lenin Lives!*, pp. 179-80. Em 1924, a Rússia não tinha crematórios.

84. Imagens religiosas já haviam aparecido quando Lênin foi baleado em 1918, e Liev Sosnóvski, então editor do jornal para ativistas camponeses (*Bednota*), o descreveu como uma figura de Cristo, afirmando que "Lênin não pode ser morto [...] porque Lênin é a ascensão dos oprimidos". Nina Tumarkin, *Lenin Lives!*, pp. 83-4 (citando L. Sosnóvski, "K pokousheniiu na tov. Lenina", *Petrogradskaia Pravda*, 1º de setembro de 1918).

85. Andrei N. Kotiriov, *Mavzolei V. I. Lenina*.

86. Nikolai Gorbunov, chefe da diretoria de negócios do governo, havia fixado sua Ordem da Bandeira Vermelha ao casaco de Lênin, morto em 22 de janeiro. No dia seguinte, Lênin ganhou sua própria medalha. Mas parece que a de Gorbunov permaneceu em Lênin até talvez 1943. É provável que Gorbunov tenha recebido aquela concedida ao líder bolchevique.

87. Krássin, "Arkhitekturnye uvekovechenie Lenina", *Izvestiia*, 3 de fevereiro de 1924; Benno Ennker, *Die Anfänge des Leninkults*, p. 234. Ver também Benno Ennker, "The Origins and Intentions of the Lenin Cult", pp. 118-28.

88. *Izvestiia*, 2 de agosto de 1924.

89. *The New York Times*, 4 de agosto de 1924.

90. "Enquanto ele estiver lá, enquanto ele não mudar, o comunismo está seguro e a nova Rússia prosperará", observou o escritor americano Theodore Dreiser em visita. "Mas — sussurro — se ele sumir ou for destruído, ah, então vem a grande e triste mudança — o fim desse sonho generoso." Theodore Dreiser, *Dreiser Looks at Russia*, p. 31.

91. *Pravda*, 8 de julho de 1923. O Museu Lênin atrairia 37 mil visitantes nos primeiros sete meses de 1925, a maioria em visitas organizadas. A. Aróssev, "Institut V. I. Lenina", n. 11; Nina Tumarkin, *Lenin Lives!*, p. 125; Larry E. Holmes e William Burgess, "Scholarly Voice or Political Echo?", p. 387.

92. Iúri Ánnenkov, "Vospominaniia o Lenine", p. 144. O museu recebera o cérebro de Lênin, bem como seu coração, em 25 de janeiro de 1924.

93. O professor tentou explicar o "culto" de Lênin por sua função de inspirar "os elementos ativos [do partido] a uma maior atividade", para os quais "Lênin é o guia, a ser estudado e seguido, e seus preceitos a serem cumpridos fielmente". Para as massas, Lênin é retratado com uma sugestão do sobrenatural, um "sol irrompendo através das nuvens com um raio brilhante de luz". Samuel N. Harper, *Civic Training*, pp. 39-40.

94. *Izvestiia*, 22 de agosto de 1923 e 28 de setembro de 1927; *Pravda*, 27 de outubro de 1923.

95. Kámenev perderia o cargo de diretor em janeiro de 1927.

96. *Izvestiia*, 21 de janeiro de 1927; *Vestnik Kommunisticheskoi akademii*, n. 27, p. 298, 1928; *Zapiski Instituta Lenina*, n. 1, p. 176, 1968. "IML k 100-letiiu so dnia rozhdeniia V. I. Lenina". *Kommunist*, n. 17, 1968. Houve outras iniciativas: uma foi a criação de um projeto para escrever a história do partido (conhecido em russo como *Istpart*), que derivava da convicção de Lênin de que o golpe de outubro havia justificado sua teoria da organização do partido; outro foi a conversão do Gabinete Marx, dedicado à coleção e ao estudo de documentos de e sobre Marx e Engels, no Instituto Marx-Engels. Ambas as propostas acabaram fundidas no Instituto Lênin. *PSS*, XLI, p. 176 (Mikhail Pokróvski e Vladímir Adorátski); N. S. Komarov, "Sozdanie i deietelnost Istparta 1920-1928 gg"; M. S. Vólin, "Istpart i Sovetskaia istoricheskaia nauka", pp. 189-206; Burgess, "The Istpart Commission"; N. S. Komarov, "K istorii instituta Lenina", pp. 181-91; L. V. Ivanova, "Institut Marksa-Engelsa-Lenina", IV, pp. 214-23.

97. V. I. Lênin, *Sobranie sochinenii*; Ibid, 2. e 3. eds. Em 1925, 6296 publicações de Leniniana seriam catalogadas. Michael Karpovitch, "Russian Revolution of 1917", p. 258.

98. *Otchet 15 siezdu partii*, p. 71.

99. Olga Velikanova, *Making of an Idol*, pp. 110-1 (citando RGASPI, f. 12, op. 2, d. 41, l. 1-1ob). Em 19 de fevereiro de 1925, o Politbiuró pediu a Krúpskaia para escrever a biografia de Lênin. RGASPI, f. 17, op. 3, d. 489, l. 4.

100. *Pravda*, 12 de fevereiro de 1924.

101. Maksim Górki, *Vladimir Ilich Lenin*, p. 10. Viktor Tchernov, o ex-líder exilado do Partido Socialista Revolucionário, em um retrato sagaz publicado na revista americana *Foreign Affairs*, concluiu que Lênin havia sido um "divisionista a vida inteira", mas vivia com um medo mortal de um cisma no partido. "O intelecto de Lênin era enérgico, mas frio [...] um intelecto irônico, sarcástico e cínico", acrescentou. "Para ele, nada era pior do que o sentimentalismo, uma palavra que estava pronto a aplicar a todas as considerações morais e éticas na política". Viktor Tchernov, "Lenin". Bertrand Russell, que fora à Rússia como comunista, mas desenvolveu dúvidas, disse de Lênin: "Acho que se eu o encontrasse sem saber quem era, não adivinharia que era um grande homem; ele me pareceu demasiado teimoso e estreitamente ortodoxo". Bertrand Russell, *Practice and Theory of Bolshevism*, p. 42.

102. Feliks Chuev, *Sto sorok*, p. 184.

103. *Soldatskaia Pravda*, maio de 1917, republicado em *Zapiski Instituta lenina*, n. 2, pp. 24-33, 1927; *Pravda*, 16 de abril de 1927, republicado em *PSS*, XXXII, 21; R. M. Savítskaia, "Razrabotka nauchnoi biografii V. I. Lenina", p. 4. No verão de 1924, a combinação marxismo-leninismo já aparecia em muitos documentos. Scherbakov, "A kratkii kurs blagoslovil", *Pravda*, 13 de setembro de 1990. Ver também Nikolai Babakhan [Sisak Babakhanian], "Marksizim i leninizm", *Pravda*, 6 de abril de 1923.

104. A Svérdlovka, como era conhecida, na Praça Miusskaia, 6, na antiga Universidade Chaniávski do Povo da Cidade de Moscou, era a instituição de ensino superior mais bem equipada da Rússia soviética. Aleksandr V. Reznik, *Trotzkizm i Levaia oppozitsiia*, p. 38; *Desiat let Kommunisticheskogo universiteta*; A. A. Ovsiánnikov, *Miusskaia ploshchad*, p. 6; Samuel N. Harper, *Civic Training*, p. 285. Originalmente, a Universidade Comunista conseguira ficar com as instalações do antigo clube da associação dos comerciantes de Moscou, na rua Malaia Dmítrovka, 6, erguido em estilo *art moderne* (até a iluminação, mobiliário e cortinas), mas, em 1923, foram abertos um cinema e um jazz hall nesse endereço.

105. *Sochineniia*, VI, pp. 52-64, 69-188. A Universidade Comunista Svérdlov acabou dando lugar à Escola Superior do Partido (criada em 1939).

106. A. N. Mikoian, *Tak bylo*, p. 370. Em 1918, no VII Congresso do Partido, quando Stálin foi indicado para a comissão que escreveria o novo programa do partido, algumas pessoas objetaram que ele não tinha

nenhum escrito teórico, mas o presidente da sessão apontou para a sua obra sobre a questão nacional e isso silenciou a objeção. *Sedmoi ekstrennyi siezd RKP* (b), *mart 1918 goda*, p. 163.

107. Em 30 de dezembro de 1926, em outra carta privada, Stálin não permitiu que Ksenofóntov citasse a carta de 1924. *Sochineniia*, IX, p. 152.

108. *Uchenie Lenina o revoliutsii*. Roy Medvedev, *Let History Judge*, pp. 821-2.

109. *Ksenofóntov, Lenin i imperialisticheskaia voina 1914-1918 gg.*, p. 16. Filipp Ksenofóntov se tornaria editor do jornal *Volga commune* em 1929, mas logo foi demitido, acusado de direitista; no outono de 1930, ele foi para o Instituto dos Professores Vermelhos, em Moscou. Seria preso em 16 de março de 1937, em Samara, e acusado de trotskismo. O tenente da segurança estatal Détkin, da província de Kúibichev, escreveu: "Em 1929, quando era editor do jornal regional, ele reuniu ao seu redor um grupo de trabalhadores trotskistas do jornal". Ksenofóntov recusou-se a confessar e foi mandado para Moscou, mas continuou recusando--se a confessar em Lefortovo. Oficialmente, morreu em 1º de janeiro de 1938, durante o interrogatório.

110. Ióssif Stálin, *O Lenine*; *Sochineniia*, VI, pp. 69-71.

111. Liev Trótski, *O Lenine*. Ver também Robert C. Tucker, *Stalin as Revolutionary*, p. 356.

112. *Kransaia nov*, n. 4, pp. 341-3, 1924.

113. *Za leninizm*, p. 186.

114. *Leningradskaia Pravda*, 13 de junho de 1924; Edward Hallett Carr, *Socialism in One Country*, II, p. 14.

115. G. Zinóviev, "O zhizni i deiatelnosti V. I. Lenina", *Izvestiia TsK KPSS*, n. 7, p. 178, 1989. Ivan Máiski, que trabalhava então na antiga capital, escreveu a Mólotov (10 de março de 1924) que o "camarada Zinóviev não passa muito tempo em Leningrado". Mas ele estava lá em 16 de abril de 1924, aniversário (conforme o novo calendário) da chegada de Lênin à estação Finlândia, colocando a pedra fundamental de um monumento a Lênin. *Pravda*, 18 de abril de 1924; *U Velikoi mogily*, pp. 517-9.

116. Zinóviev também escreveu: "Lênin é o gênio do leninismo". D. A. Volkogónov, *Lenin: Life and Legacy*, p. 281 (citando RGASPI, f. 324, d. 246, l. 2; d. 267, l. 4-7), p. 285 (citando RGASPI, f. 324, op. 1, d. 490, l. 2). A principal obra de Zinóviev sobre Lênin foi seu relatório ao XIII Congresso do Partido, que publicou em livro: *Po puti Ilicha* (Leningrado: Priboi, 1924). Ver também G. Zinóviev, *Leninizm*.

117. Nils Erik Rosenfeldt, *Knowledge and Power*, pp. 170-1.

118. O Instituto dos Professores Vermelhos foi fundado em 1921 e, em 1924, diplomou sua primeira turma de alunos, 51 dos 105 que haviam iniciado o curso (naquele ano, os três anos originais de estudo foram ampliados para quatro); mais de dois terços eram de colarinho-branco, apenas um pequeno punhado era composto de operários. A instituição sofria de escassez de professores. De início, localizava-se dentro de um antigo convento, a Paixão (*Strastnói*), que fora tomado pelo Comissariado da Guerra em 1919, mas, em seguida, em 1921-2, retomado pelas freiras (que moravam ao lado dos estudantes); pouco depois, o instituto mudou-se para a rua Ostojenka, 51, antigo Liceu Katkov. Em 1929, dezenove dos 236 formandos eram trabalhadores. Em abril de 1928, o convento foi entregue ao Arquivo Central; a estrutura seria demolida em 1937 e substituída por uma estátua de Púchkin e, mais tarde, um cinema. Na rua Ostojenka, os Professores Vermelhos ganhariam dormitórios em 1932.

119. Slepkov questionou a apresentação feita por Stálin da concepção da NPE de Lênin (no capítulo "A questão camponesa"), sustentando que a "aliança" operário-camponesa não havia sido uma reflexão posterior, pois em 1917 "o campesinato era obrigado, se quisesse terras, a apoiar o proletariado em sua luta contra o capital". *Bolshevik*, n. 9 (5 de agosto), pp. 102-5, 1924. No mês seguinte, Slepkov se tornou coeditor de *Bolshevik*, sob o patrocínio do editor-chefe Bukhárin. Slepkov foi também indicado para o conselho editorial do *Pravda*, também por Bukhárin, em 1924. Em 1925, seria ao mesmo tempo editor do *Komsolskaya pravda*.

120. Edward Hallett Carr, *Socialism in One Country*, II, pp. 332-3.

121. *XIII siezd VKP (b)*, *mai 1924 g.*, pp. 749-66.

122. Vera Dridzo, fiel secretária de Krúpskaia por muito tempo, relembrou que as negociações entre Krúpskaia e o triunvirato "duraram três meses e meio e somente na véspera do congresso, 18 de maio", ela "entregou o Testamento, concordando que fosse lido para as delegações ao congresso". Vera Dridzo, "O Krupskoi", p. 105. Incapaz evidentemente de convencer o triunvirato governante, ela tentou forçar a mão deles: em 18 de maio, na véspera do congresso, mandou uma carta manuscrita ao Comitê Central. Sákharov salienta que a carta indica que Krúpskaia já havia entregue os documentos a Zinóviev um ano antes, e que esse documento, conhecido como "protocolo de entrega", não se parece com aquele usado pelo Comitê Central daquela época; em vez disso, diz respeito a publicação ou distribuição, não à entrega. Valentin A. Sákharov, *Politcheskoe zaveshchanie*, p. 535; *PSS*, XLV, p. 594.

123. Trótski afirmou depois que Stálin abriu o pacote na presença de seus auxiliares Liev Mekhlis e Serguei Sirtsov e maldisse Lênin, mas não está claro como Trótski soube disso, se é que a cena aconteceu. Leon Trotsky, *Stalin*, p. 37.

124. Tomski, Bukhárin, Mólotov e Kúibichev (presidium da Comissão Central de Controle) concordaram. O resumo de Trótski rotulou-a de reunião do Politbiuró e presidium da Comissão Central de Controle, mas não indicou quando aconteceu a discussão. Iúri Felchtínski, *Kommunisticheskaia oppozitsiia v SSSR*, I, p. 56.

125. RGASPI, f. 17, op. 2, d. 129, l. 1-3. Stálin fez a secretaria encaminhar o pacote de Krúpskaia para uma "comissão do Comitê Central" especial, composta por ele mesmo, Zinóviev, Kámenev, Bukhárin, Kalínin e Aleksandr Smirnov (comissário da Agricultura), que resolveu "levar os documentos à atenção da plenária do Comitê Central com a sugestão de levá-los à atenção do congresso do partido". Valentin A. Sákharov, *Politicheskoe zaveshchanie*, p. 579 (citando RGASPI, f. 17, op. 2, d. 246, cap. IV, s. 65).

126. O escritor alemão Emil Ludwig, citando uma conversa com Radek, afirmou falsamente que Stálin leu em voz alta o Testamento, afirmação que Trótski repudiou. Trótski alegou falsamente que a oposição soube pela primeira vez do Testamento naquela ocasião, 22 de maio, no Conselho de Anciãos das delegações ao congresso. Leon Trotsky, "On The Testament of Lenin" [31 de dezembro de 1932]", em Id. *Suppressed Testament*, pp. 11-3; Valentin A. Sákharov, *Politcheskoe zaveshchanie*, pp. 577-8; Liev Trótski, "Zaveshchanie Lenina", pp. 267-8.

127. Liev Trótski, "Zaveshchanie Lenina" [*Gorizont*], pp. 38-41.

128. *XIV siezd VKP (b)*, pp. 398-9, 455-7, 506; *Izvestiia TsK KPSS*, n. 4, pp. 192-207, 1991; Feliks Chuev , *Sto sorok*, p. 183.

129. Segundo Bajánov, Zinóviev propôs que Stálin fosse reeleito secretário-geral e Trótski não apresentou objeção, alguns votaram contra e uns poucos se abstiveram (Bajánov afirma que ele foi encarregado de contar as mãos), mas isso parece truncado: nenhum Comitê Central antes de um congresso do partido tinha o direito de votar na reeleição do secretário-geral; isso só era feito depois, pelo Comitê Central recém-eleito no congresso. É possível que Bajánov tenha fundido as reuniões do Comitê Central antes e depois do congresso. Boris Bazhanov, *Bazhanov and the Damnation of Stalin*, pp. 75-6; Boris Bajánov, *Vospominaniia* [1980], pp. 106-7; Boris Bajanov, *Avec Staline dans le Kremlin*, pp. 43-5; Boris Bazhanov, *Stalin*, pp. 32-4. Outros relatos encontram-se em Max Eastman, *Since Lenin Died*, pp. 28-31; Bertram D. Wolfe, *Khrushchev and Stalin's Ghost*, pp. 258-9; Robert H. McNeal, *Stalin*, p. 110; e Ióssif Stálin, "Trotskistkaia oppozitsiia prezhde i teper: rech na zasedanii obedinennogo plenuma TsK I TsKKK VKP (b) 23 oktiabria 1927 g.", em *Sochineniia*, X, pp. 172-205. Iaroslávski, o adepto de Stálin, relembrou que "quando essas poucas páginas escritas por Lênin foram lidas aos membros do Comitê Central, a reação foi de incompreensão e alarme".

130. Os Jovens Pioneiros, criados em 1922, tinham somente 161 mil membros em toda a União; naquele dia, na Praça Vermelha, eles repetiram um juramento novo e modificado, "de observar inflexivelmente as leis e os costumes dos jovens pioneiros e os mandamentos de Ilitch". *XIII siezd RKP* (b) [1924], pp. 629--33. Ver também A. P. Balachov e Nelépin, *VLKSM za 10 let v tsifrakh*, pp. 34-7.

131. *XIII siezd RKP* (b), 106-7. Ele publicou o informe como panfleto: G. Zinóviev, *Po puti Ilicha: politicheskii otchet TsK XIII-mu sezdu RKP* (b) (Leningrado: Priboi, 1924). Stálin, depois de permitir que Zinóviev servisse de cão de ataque, fez um relatório sobre trabalho organizacional e pareceu razóavel. (Mais adiante, Stálin soltaria os cachorros em Trótski.) *Sochineniia*, VI, pp. 220-3; *XIII siezd RKP* (b), pp. 259-67.

132. *XIII siezd RKP* (b) pp. 153-68 (pp. 158, 165-6); Ibid. [1924], p. 372; Ibid. [1963], p. 167.

133. *Sochineniia*, VI, p. 227; Roy Medvedev, *Let History Judge*, pp. 127-8.

134. *Sotsialisticheskii vestnik*, 24 de julho de 1924, p. 13. A turma de Stálin atacou e Nikolai Uglánov declarou que na Usina de Engenharia de Sormovo os operários haviam votado no "Comitê Central", enquanto os engenheiros, remanescentes do antigo regime, haviam votado em Trótski, indicando desse modo que a oposição tinha uma base de classe estranha ao proletariado; Mólotov repetiu que a oposição estava enraizada em gente de outra classe. *XIII siezd RKP* (b), p. 169, pp. 523.

135. Valentin A. Sákharov, *Politicheskoe zaveshchanie*, pp. 584-5 (citando RGASPI, f. 17, op. 2, d. 246, cap. IV, 62, 64: uma carta de Stálin ao Politbiuró, 17 de julho de 1925, exigindo que Trótski repudiasse o livro de Max Eastman de 1925, o que Trótski faria).

136. *Komsomolskaia Pravda*, 11 de junho de 1988. Milchakov, que passou dezesseis anos nos campos de trabalho de Norilsk e Magadan, morreu em 1973.

137. Valentin A. Sákharov, *Politicheskoe zaveshchanie*, pp. 582-3 (citando RGASPI, f. 17, op. 1, d. 57, l. 184--6). Khruchióv, em seu discurso secreto no XX Congresso do PCUS, em fevereiro de 1956, confirmou que o "Testamento" de Lênin "foi dado a conhecer aos delegados presentes ao XIII Congresso do Partido, que discutiram a questão de transferir Stálin do cargo de secretário-geral". Nikita Khruchióv, "Secret Speech", 7.

138. RGASPI, f. 17, op. 2, d. 130.

139. Os desempregados saltaram de 160 mil em janeiro de 1922 para 1,24 milhão em janeiro de 1924, de acordo com registros da bolsa de trabalho mantida pelo Comissariado do Trabalho. L. S. Rogachevskaia, *Likvidatsiia bezrabotitsy*, pp. 76-7.

140. APRF, f. 3, op. 27, d. 13, l. 53-4, em *Istochnik*, n. 3, pp. 132-3, 1995.

141. RGASPI, f. 17, op. 16, d. 175, l. 165; A. Rojkov, "Internatsional durakov", pp. 61-6.

142. Metade dos membros do Partido Fascista italiano em 1922 não renovou sua filiação. R. J. B. Bosworth, *Mussolini's Italy*, p. 152.

143. O governo italiano renunciou em protesto, em vez de formar uma ampla coalizão antifascista, que teria de incluir os socialistas reformistas ou, então, incluir os fascistas no governo, sob a condição de que renunciassem ao seu comportamento ilegal, extraparlamentar. Esta última solução, no entanto, só poderia se concretizar com a divisão do movimento fascista e a cooptação de seus elementos politicamente mais responsáveis, o que não fora feito. Adrian Lyttelton, *Seizure of Power*, p. 79.

144. "Toda autoridade depende de confiança", explicou o grande historiador do fascismo italiano Adrian Lyttelton, "e o rei, racional ao extremo e com uma opinião baixa sobre a humanidade em geral, não tinha nenhuma. Ele cedeu [...] o único homem que podia fazer alguma coisa estava convencido de sua impotência." Adrian Lyttelton, *Seizure of Power*, p. 93. Além disso, o rei estava preocupado com intrigas palacianas que depositavam esperanças em seu mais imponente primo.

145. Ibid, p. 85 (Michele Bianchi).

146. Mabel Berezin, *Making the Fascist Self*, p. 81.

147. A. V. Kvachónkin, *Bolshevistskoe rukovodstvo*, pp. 263-5 (RGASPI, f. 5, op. 2, d. 326, l. 20-2). Bukhárin, em um comentário pouco percebido, também se maravilhou diante do fascismo italiano. "É característico dos métodos fascistas de combate que eles, mais do qualquer outro partido, adotaram e aplicaram na prática as experiências da Revolução Russa", disse ele aos delegados ao XII Congresso do Partido. "Se olharmos para eles do ponto de vista formal, ou seja, do ponto de vista da técnica de seus métodos políticos, então descobrimos neles uma aplicação completa das táticas bolcheviques e, em especial, aquelas do bolchevismo russo, no sentido de uma rápida concentração de forças, ação enérgica de uma organização militar firmemente estruturada, no sentido de um determinado sistema de comprometer as próprias forças, pessoal-atribuição-orgãos, mobilização etc. e a impiedosa destruição do inimigo, sempre que isso é necessário e exigido pelas circunstâncias." *XII siezd RKP (b)*, pp. 273-4.

148. *Pravda*, 31 de outubro, 1º de novembro de 1922.

149. Richard Pipes, *Russia under the Bolshevik Regime*, p. 253.

150. *V vsemirnyi kongress*, I, pp. 156-7, 175-92; *Diskussiia 1923 goda*, p. 262 (resolução do Comintern patrocinada por Ríkov, 27 de junho de 1924).

151. Isaac Deutscher, *Prophet Unarmed*, pp. 141-51.

152. Demetrio Boersner, *The Bolsheviks*, p. 152 (citando *Protokoll des Fuenften Kongresses der Kommunistchen International*, 2 v. [Hamburgo: Carl Hoym, 1924], I, p. 237).

153. *Izvestiia*, 19 de junho de 1924; *The New York Times*, 20 de junho de 1924; Nina Tumarkin, *Lenin Lives!*, pp. 193-4. Em maio de 1924, os delegados ao XIII Congresso do Partido também puderam dar uma olhada no corpo de Lênin, numa prévia do mausoléu quase pronto. *Pravda*, 13 de junho de 1924; B. I. Zbárski, *Mavzolei Lenina*, p. 41.

154. Fridrikh I. Fírsov, "Nekotorye voprosy istorii Kominterna", p. 89; Fernando Claudin, *Communist Movement*, pp. 152-3. Stálin também fez uma anotação enigmática: "A derrota da revolução na Alemanha é um passo em direção à guerra com a Rússia". RGASPI, f. 558, op. 11, d. 25, l. 101 (sem data). Stálin, junto com Zinóviev, foi além, encontrando-se secretamente com os ultraesquerdistas alemães Arkadi Maslow e Ruth Fischer, cujas ações destrutivas haviam ajudado a sabotar o esforço golpista. Porém, em breve eles foram promovidos, por serem inimigos da oposição de esquerda ao triunvirato soviético (Radek e Piatakov).

155. Giacomo Matteotti, *Un anno di dominazione fascista*.

156. M. Canali, *Il delitto Matteotti*, p. 218.

157 R. J. B. Bosworth, *Mussolini's Italy*, p. 197.

158. Renzo de Felice, *Mussolini il fascista*, I, pp. 632-6.

159. Adrian Lyttelton, *The Seizure of Power*, pp. 242-3.

160. R. J. B. Bosworth, *Mussolini's Italy*, pp. 212-3.

161. Em diálogo com Frunze sobre um documento que chamava Trótski de "líder [*vojd*] do Exército Vermelho", Stálin advertiu que "penso que seria melhor se falássemos sobre um *vojd* somente em termos do partido", ou seja, ele mesmo. A. V. Kvachónkin, *Bolshevistskoe rukovodstvo*, pp. 298-9 (RGASPI, f. 558, op. 1, d. 5254, l. 1: 10 de dezembro de 1924).

162. *Sotsialisticheskii vestnik*, 24 de julho de 1924, pp. 11-2.

163. Sem Lênin, Tchitchérin talvez imaginasse que teria uma liberdade maior de ação, mas logo estaria se queixando da "interferência" de Stálin nas relações exteriores. Richard K. Debo, "G. V. Tchitchérin", pp. 27-8; A. V. Kvachónkin, *Bolshevistskoe rukovodtsvo*, p. 295.

164. Em 1924, Albânia, Áustria, Dinamarca, Grécia, Noruega, Suécia, Afeganistão, Irã, China, México e Turquia também reconheceram a URSS, bem como os antigos territórios tsaristas da Estônia, Letônia, Lituânia e Finlândia.

165. Boris Iu. Ánin, *Radioelektronnyi shpionazh*, p. 24.

166. Sobre a concepção de Stálin e Lênin de que as missões de comércio exterior eram operações de espionagem, ver *Sochineniia*, v, pp. 117-20; e Edward Hallett Carr, *Bolshevik Revolution*, III, pp. 349-50.

167. *Izvestiia*, 26 de janeiro de 1924.

168. Tchitchérin fez os diplomatas soviéticos jurarem em falso para a China que a URSS "reconhece a Mongólia Exterior como parte integrante da República da China e respeita a soberania da China na região", além de prometerem retirar as tropas soviéticas assim que um cronograma fosse acertado numa iminente conferência sino-soviética. Bruce A. Elleman, *Diplomacy and Deception*.

169. William B. Ballis, "The Political Evolution of a Soviet Satellite"; Thomas T. Hammond, "The Communist Takeover of Outer Mongolia: Model for Eastern Europe", em Thomas T. Hammond e Robert Farrell, *Anatomy of Communist Takeovers*; Zoltan Barany, "Soviet Takeover".

170. Os alemães advertiram que "os russos retomarão a velha política tsarista imperialista contra a China". Citado em Bruce A. Elleman, "Secret Sino-Soviet Negotiations", p. 546. Ver também Peter S. H. Tang, *Russian and Soviet Policy*, pp. 388-9; e Robert Rupen, *How Mongolia is Really Ruled*, p. 44.

171. George G. S. Murphy, *Soviet Mongolia*, pp. 89-90.

172. A ação era conhecida por um círculo extremamente pequeno: a maioria dos funcionários do aparato de Stálin não soube de nada. A. P. Balachov e Iu. S. Markhachov, "Staraia ploshchad, 4 (20-e gody)", n. 6, p. 187.

173. Zinóviev havia evidentemente concluído dos fracassos anteriores que greves e protestos públicos de massa serviam apenas para deixar as autoridades em alerta, e, então, dessa vez, o Comintern tramou um golpe relâmpago, que presumivelmente inspiraria uma revolta dos trabalhadores em apoio de uma República Socialista Soviética da Estônia. Ruth Fischer, *Stalin and German Communism*, p. 463; Walter G. Krivitsky, *I Was Stalin's Agent*, pp. 64-5; Raymond W. Leonard, *Secret Soldiers*, pp. 34-7.

174. Juhan Saar, *Le 1-er décembre 1924*; Aino Kuusinen, *Rings of Destiny*, p. 66.

175. "The Reval Uprising", em A. Neuberg [nome falso], *Armed Insurrection*, pp. 61-80.

176. P. M. Pílski, "Pervoe dekabrai", I, pp. 218-9.

177. August Rei, *Drama of the Baltic Peoples*, pp. 180-6; August A. Sunila, *Vosstanie 1 dekabria 1924 goda*. Ver também Walter G. Krivitsky, *In Stalin's Secret Service*, p. 48.

178. Ióssif Stálin, *Na piutiakh k Oktiabriu*; *Sochineniia*, VI, pp. 348-401. Marx e Engels haviam negado categoricamente que a revolução poderia ter sucesso em um único país, mas seus discípulos social-democratas europeus haviam revisado essa concepção. "A vitória final do socialismo em um Estado qualquer ou em vários Estados" era possível, admitira um socialista democrático bávaro em 1878: Georg von Vollmar, *Der isolierte sozialistiche Staat*, p. 4. O Programa de Erfurt elaborado por Kautsky para os sociais-democratas alemães em 1891 adotara posição semelhante: Karl Kautsky, *Das Erfurter Programm*, pp. 115-6.

179. PSS, XLV, p. 309; Erik van Ree, "Socialism in One Country", que suplanta Edward Hallett Carr, *Socialism in One Country*, II, pp. 49-50; e Robert C. Tucker, *Stalin as Revolutionary*, pp. 368-94. Stálin, em carta privada, datada de 25 de janeiro de 1925, respondendo a uma nota crítica que recebera sobre seu artigo "Socialismo em um único país", afirmou que sua concepção se baseava em textos de Lênin, embora o exemplo *explícito* fosse fraco. *Sochineniia*, VII, pp. 16-8.

180. S. V. Tsakúnov, *V labirinte*, pp. 143-4 (citando RGASPI, f. 325, op. 1, d. 108, l. 44-5).

181. Robert H. McNeal, *Stalin's Works*, pp. 110-1; *Sochineniia*, VI, pp. 61-2.

182. O "Socialismo em um único país" de Stálin seria institucionalizado no Comintern. Fernando Claudin, *Communist Movement*, pp. 76-7.

183. Kámenev, em seu artigo contra o trotskismo de novembro de 1924, chegara ao nó da questão ao observar que a revolução permanente de Trótski "põe o governo dos trabalhadores na Rússia em exclusiva

e completa dependência de uma revolução proletária imediata no Ocidente". Liev Kámenev, "Leninizm ili Trotkizm (Uroki partiinoi istorii)", *Pravda*, 26 de novembro de 1924, reproduzido em Liev Kámenev, *Stati i rechi*, pp. 188-243 (p. 229); Edward Hallett Carr, *Socialism in One Country*, II, p. 57.

184. *Sotsialisticheskii vestnik*, 20 de junho de 1925, p. 21.

185. *Sochineniia*, VI, pp. 358-9.

186. John LeDonne, *Russian Empire and the World*, p. 222.

187. Em 10 de março de 1921, Maksim Litvínov, então embaixador soviético na Estônia, enviara uma nota ao ministro das Relações Exteriores estoniano protestando contra a formação de unidades em território estoniano do antigo Exército do Noroeste para a defesa de Kronstadt. ("Desse modo, elementos criminosos pretendem transformar a Estônia numa base para ações inimigas contra a República Russa.") O ministro estoniano negou categoricamente a presença deles. *Kronstadtskaia tragediia*, I, pp. 348-9, 371. A contrainteligência soviética deteve mais de cem agentes estonianos e seus colaboradores entre 1922 e 1927, dos quais 35 foram executados ou mortos por tchekistas em tentativas de captura. Mikhail Túmchis e Aleksánder Papchínski, *1937, bolshaia chistka*, pp. 307-8.

188. M. Iu. Litvínov e A. V. Sidúnov, *Shpiony i diversanty*, p. 39.

189. "Formou-se um anel em torno da grande URSS de pequenos países onde os burgueses resistiram graças ao apoio das nações predadoras da Europa Ocidental", escreveu Anatóli Lunatchárski, o comissário do Esclarecimento, sobre a Estônia e outros antigos territórios tsaristas, que ele chamou de "meros pedacinhos de terra". A. V. Lunatchárski, "Okrovavlennaia Estoniia" [1925], em Id, *Sobranie sochinenii*, II, p. 308.

190. No início de 1925, Stálin enviara um telegrama cifrado a Emanuel Kwiring, a quem havia nomeado chefe do partido da Ucrânia, em que dizia de Trótski: "É necessário demiti-lo do Conselho Militar Revolucionário"; mas acrescentava que, se a maioria não considerar "conveniente tirar Trótski do Politbiuró, mas emitir uma advertência", no caso de violações repetidas das diretrizes do Comitê Central, o Politbiuró poderia "imediatamente removê-lo do Politbiuró e do trabalho no Comitê Central". "Uma minoria", de acordo com Stálin, era a favor de "expulsá-lo imediatamente do Politbiuró, mas mantê-lo no Comitê Central". Stálin se incluía nessa minoria. *Izvestiia TsK KPSS*, n. 7, p. 183, 1991.

191. *Pravda*, 20 de janeiro de 1925. Oficialmente, Trótski foi removido por resolução do Comitê Executivo Central Soviético em 26 de janeiro de 1925. Uma tradução de sua longa carta de resignação pode ser encontrada em Max Eastman, *Since Lenin Died*, pp. 155-8. Mikhail Lakoba, meio-irmão de Nestor e vice-ministro do Interior da Abkházia, foi posto na equipe de guarda-costas de Trótski. Assim como Chalva Tsereteli, da Tcheká georgiana. Hoover Institution Archives, Lakoba Papers, pp. 1-47, 1-37.

192. *XIV siezd VKP (b)*, p. 484.

193. Józef Unszlicht, que fora transferido da Tcheká para a chefia do Comissariado dos Suprimentos de Guerra, tornou-se primeiro adjunto de Frunze. *Pravda*, 7 de fevereiro de 1925.

194. RGASPI, f. 17, op. 2, d. 162, l. 62; *Sochineniia*, VII, pp. 11-4.

195. "Literatura po leninizmu", *Sputnik politrabotnika*, n. 8-9, pp. 24-40, 1925. Ver também "Pomoshch samoobrazovaniiu: kratkaia programma po izucheniiu leninizma po skheme Stalina", *Krasnyi boets*, n. 13, p. 58, 1924. Stálin também escreveu naquele dia ao conselho editorial do *Jornal Operário* chamando Lênin de "professor" e convocando os habitantes soviéticos a amar e estudar o finado "líder" [*vojd*]. *Rabochaia gazeta*, 21 de janeiro de 1921, em *Sochineniia*, VII, p. 15.

196. *Pravda*, 30 de janeiro de 1925, em *Sochineniia*, VII, pp. 25-33 (p.27).

197. Alguns observadores acreditam que Tchitchérin mostrava uma forte inclinação pró-germânica, junto com uma política contra o Império britânico, o que significava apoiar as lutas pela independência nacional

e partidos comunistas no Oriente, enquanto seu vice, Maksim Litvínov, tinha uma queda para o lado britânico-francês. Jonathan Haslam, *Soviet Union and the Threat from the East*, p. 17.

198. Ver a disputa em 1923: *DBFP*, VIII, pp. 280-306.

199. *Izvestiia*, 10 de agosto de 1924; *Dokumenty vneshnei politiki*, VII, pp. 609-36; Adibékov, *Politbiuro TsK RKP (b) VKP (b) i Evropa*, pp. 48-9.

200. *DVP SSSR*, VII, 556-60, 560-1; Jon Jacobson, *When the Soviet Union Entered*, pp. 136-9.

201. Um grupo bielorrusso discordou e enviou um artigo ao *Pravda* ("Sobre o tratado inglês"), datado de 18 de agosto de 1924, citando Rakóvski no sentido de que "estamos pagando as dívidas antigas" somente para que a Grã-Bretanha ofereça um novo empréstimo. "E, assim, temos de liquidar quase todos os efeitos da Revolução de Outubro sobre a burguesia estrangeira", escreveram. "Ninguém nos perguntou sobre a assinatura do tratado." Eles chamaram o tratado de "uma derrota da revolução sem luta" e pediram uma discussão de todo o partido. S. S. Khrómov, *Po stranitsam*, pp. 216-7 (RGASPI, f., 558, op. 11, d. 290, l. 5-7). O artigo era assinado por N. Makárov, P. Léblev e A. Vassílev, de um assentamento na província de Minsk. O *Pravda* enviou o artigo a Stálin. Em 25 de agosto de 1924, Stálin o encaminhou ao Comitê Central bielorrusso (cujo chefe era Assátkin): "É necessário verificar se as pessoas nomeadas são comunistas, se elas assinaram o artigo e, em caso afirmativo, o que incitou seu conteúdo. Nenhuma medida repressiva deve ser tomada contra os autores" (l. 3). Em outras palavras, as posições dos conservadores ingleses e dos comunistas bielorrusos de esquerda coincidiam.

202. Na verdade, os soviéticos atribuíam um alto valor às relações com a Inglaterra, como se pode ver pela lista de enviados: Krássin, Rakóvski, Dovgalévski e Máiski.

203. Gustav Hilger e A. G. Meyer, *Incompatible Allies*, p. 124.

204. Os alemães pró-Ocidente admitiam que "o acordo de Rapallo nos deu muito e possibilitou um certo peso na política internacional, mas os bolcheviques o utilizaram mais", e reclamavam dos agentes do Comintern. Iu. L. Diákov e T. S. Bushueva, *Fashistskii mech kovalsia v SSSR*, pp. 60-4 (RGVA, f. 33987, op. 3, d. 98, l. 153-7, 5 de fevereiro de 1925).

205. O conde fora importante para libertar Karl Radek de uma prisão alemã em 1919. Richard K. Debo, *Survival and Consolidation*, pp. 67-70.

206. Ulrich Brockdorff-Rantzau, *Dokumente*, pp. 146 ss.

207. Kurt Rosenbaum, *Community of Fate*; Timothy O'Connor, *Diplomacy and Revolution*, pp. 95-6.

208. D. A. Volkogónov, *Lenin: Life and Legacy*, p. xxxiii (RGASPI, f. 2, op. 2, d. 515, l. 1).

209. Abdulkahn Akhtamzian, "Voennoe sotrudnichestvo SSSR"; Manfred Zeidler, *Reichswehr und Rote Armee* [1994].

210. Harvey L. Dyck, "German-Soviet Relations", p. 68 (citando Arquivos do Ministério das Relações Exteriores da Alemanha, L337/L1OO, pp. 564-68; Rantzau a Stresemann, 9 de março de 1925).

211. Harvey L. Dyck, "German-Soviet Relations", p. 69 (citando Arquivos do Ministério das Relações Exteriores da Alemanha, 5265/E317849-52; Rantzau ao ministro das Relações Exteriores, 1º de dezembro de 1924).

212. Edward Hallett Carr, *Socialism in one Country*, III, p. 257.

213. Jon Jacobson, *When the Soviet Union Entered*, pp. 156-8.

214. "K mezhdunarodnomy polozheniiu i zadacham kompartii", *Pravda*, 22 de março de 1925, em *Sochineniia*, VII, pp. 52-9 (p.53).

215. Em 1933, 450 pilotos da Luftwaffe treinaram em Liptesk.

216. S. A. Gorlov, *Sovershenno sekretno: alians Moskva-Berlin*, p. 146.

217. Paul W. Schroeder, "The Lights that Failed"; Józef Beck, *Dernier rapport*. Ver também Stephanie C. Salzmann, *Great Britain, Germany and the Soviet Union*; Gaynor Johnson, *Locarno Revisited*; Jonathan Wright, "Locarno: a Democratic Peace?".

218. Jon Jacobson, *When the Soviet Union Entered*, p. 174. Como resumiu Jacobson, em outros lugares, "a segurança da França era a insegurança da Alemanha; a segurança da Alemanha era a insegurança da Polônia". Jon Jacobson, "Is There a New International History of the 1920s?", p. 620.

219. *Pravda*, 20 de outubro de 1925; *Izvestiia*, 24 de novembro de 1925 (Litvínov).

220. Um importante analista para os soviéticos, o economista húngaro Jenő Varga (nascido em 1879), ministro das Finanças do breve governo soviético húngaro de Béla Kun, vinha apresentando longos relatórios nos congressos do Comintern sobre a "crise do capitalismo", mas, com Locarno, Varga, junto com outros, começou a escrever sobre uma "estabilização do capitalismo". Em 1926, Varga ficaria ao lado de Stálin contra a oposição unida de Trótski e Zinóviev; ele logo se tornaria um dos altos assessores para política externa de Stálin, chefiando o Instituto de Política e Economia Mundial, criado em 1925. Substituiu Fiódor A. Rothstein, que nascera na Lituânia tsarista, e passou trinta anos na Grã-Bretanha, mas publicou Trótski na revista do instituto. Odet Eran, *The Mezhdunarodniki*, p. 32; Gerhard Duda, *Jenő Varga*, pp. 37, 85, 97-8; André Mommen, *Stalin's Economist*.

221. RGASPI, f. 558, op. 11, d. 23, l. 126-7: notas para o principal informe político ao XIV Congresso do Partido, dezembro de 1925; Para o informe, ver: *Sochineniia*, VII, pp. 273-4.

222. *Sochineniia*, VII, pp. 12-3, 28, 280.

223. James D. White, "Early Soviet Historical Interpretations". Serguei Kírov, ao escrever ao diretório do partido em Baku, que dirigira em fevereiro de 1925, sobre as *Lições de Outubro* de Trótski, afirmou que "a questão não é uma simples briga teórica, mas, no sentido literal, o que está em jogo é o destino de nosso partido e de nossa revolução" — talvez uma admissão da exaustão provocada pela polêmica que ocupava todo o tempo disponível. *Bakinskii rabochii*, 5 de fevereiro de 1925.

224. Matthew E. Lenoe, "Agitation, Propaganda, and the 'Stalinization' of the Soviet Press", p. 6.

225. D. A. Volkogonov, *Trotsky*, 207. Uma exposição comemorativa do quinto aniversário do Exército Vermelho realizada em 1923 dedicara uma sala inteira ao lendário trem da guerra civil de Trótski, mas o trem, que fez sua última viagem em 1922, foi oficialmente desativado em julho de 1924. *Iubileinaia vystavka Krasnykh*; Robert Argenbright, "Documents from Trotski's Train".

226. Roy Medvedev, *Let History Judge*, p. 145. Isaac Zelénski tinha acabado de ser nomeado um dos secretários de CC em junho de 1924; em agosto, foi mandado para Tachkent.

227. Uglánov comentaria mais tarde que Zinóviev e Kámenev "tiveram conversas comigo das quais deduzi que eles estavam tentando de forma indireta me impor suas discordâncias com Stálin", mas ele "declinou do convite deles". *XIV siezd VKP (b)*, p. 193. Em Leningrado, quando Uglánov e vários funcionários jovens do partido entraram em choque com Zinóviev, Lênin, junto com Stálin e Mólotov, apoiara os jovens. Catherine Merridale, *Moscow Politics*, p. 29 (citando *Moskovskaia Pravda*, 12 de fevereiro de 1989). Ver também Boris Bazhanov, *Bazhanov and the Damnation of Stalin*, p. 142; e Edward Hallett Carr, *Socialism in One Country*, II, p. 62.

228. Valéri Nadtochéev, "'Triumvirat ili 'semerka'?", pp. 61-82. O grupo era conhecido também como o "coletivo principal". Trótski certamente suspeitava que havia pessoas se reunindo às suas costas. Em 1926, Zinóviev, depois que Stálin o tratara aos pontapés, também confessou a existência do septeto a Trótski. Mas Trótski só se manifestou contra ele em 1927. Iúri Felchtínski, *Kommunisticheskaia oppozitsiia v SSSR*, III, p. 87; Lars Lih, "Introduction", em Lars Lih, *Stalin's Letters to Molotov*, p. 5.

229. A aliança Stálin-Bukhárin parece ter começado no final de 1924, por iniciativa de Stálin: *XIV siezd VKP (b)*, pp. 136, 397-8, 459-60, 501; Stephen F. Cohen, *Bukharin*, p. 429, n. 1. Sobre o rompimento do triunvirato, ver Robert V. Daniels, *Conscience of the Revolution*, pp. 235-7; Edward Hallett Carr, *Socialism in One Country*, II, cap. 13.

230. Liev Trótski, *Sochineniia*, III/i, xi-lxvii; *Uroki Oktiabria*; "Lessons of October", em Leon Trotsky, *The Essential Trotsky*, pp. 125, 157, 172, 175. Ver também Isaac Deutscher, *Prophet Unarmed*, 151 s; e Serguei A. Pavliútchenkov, *Rossia Nepovskaia*, p. 97 (citando RGPASI, f. 325, op. 1, d. 361, l. 3). Já em 16 de outubro de 1924, Stálin, Zinóviev e Kámenev se reuniram no apartamento de Kámenev para tramar como iriam perseguir Trótski, usando o *Pravda* e outros fóruns, para colocá-lo na defensiva, mas ele os emboscou. Trótski escreveu as "Lições" como uma longa introdução ao terceiro volume de suas *Obras escolhidas*, que tratavam de 1917 e foram publicadas fora da ordem cronológica. Até 1927, seriam publicados 21 volumes, mais do que para qualquer outro alto líder, inclusive Lênin. Liev Trótski, *Sochineniia*. Ver também *Ekonomicheskaia zhizn*, 10 de dezembro de 1924. Tal como Trótski, Zinóviev tinha assistentes que registravam seus discursos para publicação posterior. Seis volumes das "obras" de Zinóviev foram publicados em 1924 (o prefácio do primeiro volume era datado de outubro de 1923): G. Zinóviev, *Sobranie sochinenii*, I, II, III, V, XV, XVI. Kámenev, que editou as *Obras escolhidas* de Lênin, não publicou as suas; ele tentara fazer uma edição em três volumes em 1907 (chegou a assinar um contrato, mas não foi adiante), mas, em 1924 lançou três volumes (I, X, XII) de seus *Discursos*, cuja publicação foi logo interrompida.

231. *Pravda*, 2 de novembro de 1924 (Bukhárin), reproduzido em *Za leninizm*, pp. 9-25; *Trotskizm i molodezh*, pp. 41-7 (Zinóviev); *Bolshevik*, n. 14 (5 de novembro), pp. 105-13 (Sokólnikov), 1925; *Za leninizm*, pp. 28-30, 60-2 (Kámenev).

232. *Pravda*, 26 de novembro de 1924. Ver também Liev B. Kámenev, *Stati i rechi*, I, pp. 188-243; *Za leninizm*, pp. 87-90, 94-5; e Stálin, *Sochineniia*, VI, pp. 324-57. Ver também G. Zinóviev, *Bolshevizm ili trotzkizm?*

233. *Pravda*, 16 de dezembro de 1924, em N. K. Krúpskaia, *Izbrannye proizvedeniia*, pp. 142-3; Robert H. McNeal, *Bride of the Revolution*, p. 249. Não está claro quem poderia ter inserido essas palavras cáusticas no texto insosso de Krúpskaia.

234. "Ienukidze" [8 de janeiro de 1938], em Liev Trótski, *Portrety revoliutsionerov* [1991], pp. 233-44 (p. 241); [1984], pp. 251-72 (pp. 264-6). Em 22 de março de 1925, Aleksandr Miasnikian, conhecido como Miasnikov, vice-presidente do Conselho dos Comissários do Povo do Cáucaso Sul, e Solomon Moguilévski, chefe da Tcheká na mesma região, morreram na queda de um avião Junkers logo depois de decolarem do aeródromo de Tíflis. Dois dias depois, um avião diferente chegou com amigos de Trótski, membros do Comitê Executivo Central: o embaixador soviético na França, Rakóvski, e o comissário do povo dos correios Smirnov, que afirmou que Ábel Ienukidze, íntimo de Stálin e secretário do Comitê Executivo Central, lhes fornecera o avião. A aeronave que caiu pegara fogo ainda no ar; a causa do fogo nunca foi determinada. Os dois pilotos também morreram. Béria comandou a primeira e inconclusiva comissão de investigação; uma segunda e, depois, uma terceira comissão chefiada por Karl Pauker, de Moscou, nunca chegaram às causas do acidente. Trótski, que suspeitava dos mencheviques georgianos, foi a Tíflis para o funeral. *Trudovaia Abkhazia*, 25 de março de 1925; *Proletarskaia revoliutsiia*, n. 6, pp. 234-6, 1925; *Biulleten oppozitsii*, janeiro de 1939, pp. 2-15.

235. O. G. Nazárov, *Stalin i borba za liderstvo*, pp. 108-9 (citando RGASPI, f. 17, op. 2, d. 179, l. 105).

236. Ivan A. Anfértev, *Smerch*, p. 233. Sokólnikov conhecera Galina (nascida em 1905) quando ela tinha dezessete anos — eles compartilhavam a mesma porta de entrada do Metrópole (ela morava um andar acima do dele) —, pouco antes de ela ir estudar na Faculdade de Medicina da Universidade de Moscou; ele

aparecia à noite para jogar xadrez com o primeiro marido dela, Leonid Serebriakov, com quem ela se casou em 1923, mas a quem deixou em 1925 para se casar com Sokólnikov. Galina Serebriakova, "Iz vospominanii", em Ivan A. Anfértev, *Smerch*, p. 235.

237. Ivan A. Anfértev, *Smerch*, pp. 233-4.

238. David Woodruff, *Money Unmade*, p. 27; G. Ia. Sokólnikov, *Novaia finansovaia politika*, pp. 200-1.

239. Simon Johnson e Peter Temin, "The Macroeconomics of NEP", p. 753. Sobre o ceticismo, ver Alexandre Barmine, *One Who Survived*, p. 125; e Victor Serge, *Ot revoliutsii k totalitarizmu*, p. 177.

240. Kenneth Bourne e Cameron D. Watt, *British Documents on Foreign Affairs*, VII, p. 376 (sem data, data deduzida do conteúdo).

241. *Vestnik Kommunisticheskoi Akademii*, n. 8, pp. 47-116, 1924, republicado em *Novaia ekonomika* (1926), pp. 52-126. Uma réplica de Bukhárin teve por título "Como destruir a aliança operário-camponesa" (*Pravda*, 12 de dezembro de 1924). Ver também Edward Hallett Carr, *Socialism in One Country*, I, pp. 219-26.

242. L. A. Neretina, "Reorganizatsiia gosudarstvennoi promyshlennosti v 1921-25 godakh: prontsipy i tendentsii razvitiia", em Robert W. Davies et al., *NEP*, pp. 75-87; Vladimir N. Brovkin, *Russia After Lenin*, 179-81. O comércio internacional privado era muito mais substancial do que a indústria privada, mas estava sendo hostilizado. Robert W. Davies, *Soviet Economy in Turmoil*, pp. 76-9.

243. G. Ia. Sokólnikov, *Gosudarstvennyi kapitalizm*; *Leninskii sbornik*, XXIII, pp. 192-3.

244. Zinóviev tentou se apossar da política agrícola com um apelo ao partido para que "voltasse seu olhar para o campo", parte de uma aposta para melhorar sua estatura como herdeiro de Lênin. A desinformação de Zinóviev, no entanto, era evidente: ainda em 3 de julho de 1924, seu jornal, o *Pravda de Leningrado*, previra uma grande *exportação* de grãos. *Pravda*, 30 de julho de 1924; *Pravda de Leningrado*, 30 de julho de 1924; G. Zinóviev, *Litsom k derevne*.

245. *Izvestiia*, 3 de setembro de 1924 (Ríkov); William Reswick, *I Dreamt Revolution*, pp. 84-96. (Reswick era um cidadão americano, nascido na Rússia, que estava disposto a ser usado pelo regime soviético em troca de acesso privilegiado.)

246. Andrei Andreiev, um secretário do Comitê Central, viajou pela Sibéria, pelos Urais e pelo Cáucaso Norte e chegou ao cerne da questão. "Uma burocrática [*chinovnichie*] introdução de leis amplia assustadoramente a papelada de nossas instituições — eis o mal principal", ele declarou. "Nossos funcionários do soviete e do partido devotam pouca atenção às pequenas questões concretas que o camponês levanta, mas gastam a maior parte de seu tempo vomitando respostas gerais. O lavrador faz uma pergunta concreta e é submetido a uma verborragia sobre grandes questões nacionais e internacionais." Efim G. Guimpelson, *NEP*, p. 384 (citando RGASPI, f. 17, op. 112, d. 733, l. 170).

247. Na sessão do Politbiuró de 3 de janeiro de 1925, Stálin instruiu os presentes a ler o folhetim de David Dallin publicado em vários números do jornal dos emigrados mencheviques, porque "ele traz dados maravilhosos sobre como o mujique pensa a respeito de cooperativas agrícolas e por que ele as prefere". Stálin discordava da afirmação de Sokólnikov de que "cooperativas de consumidores eram um salto para o desconhecido", mas aceitava sua ênfase na necessidade de focar a atenção nas cooperativas agrícolas. Stálin defendia que os cúlaques deveriam ter permissão para se associar a elas: "Isso teria um significado gigantesco porque funcionaria como um estímulo para que aldeias inteiras entrassem para as cooperativas". Ao mesmo tempo, discordava da sugestão de Aleksandr Smirnov, o comissário da Agricultura da RSFSR, de permitir que os cúlaques não só pudessem se associar a elas, como dirigi-las. "Na administração da sociedade, até mesmo um único cúlaque seria perigoso", declarou. "O cúlaque é uma pessoa esperta, experiente. Em um cargo de direção, é capaz de conquistar dez não cúlaques." Ele relembrou a instrução de Lênin de

que, depois do fim da guerra civil, os cúlaques poderiam ter permissão para concorrer às eleições para os sovietes, mas, cinco anos depois que os brancos haviam sido derrotados no campo de batalha, Stálin declarava que "temos um longo caminho a percorrer até a liquidação completa da guerra civil, e não chegaremos lá em breve". Aleksandr Vátlin et al., *Stenogrammy zasedanii Politburo*, I, pp. 305-7, 314-5; *Sotsialisticheskii vestnik*, n. 20, 21, 23, 24, 1925. Ver também A. M. Plekhánov, *VChK-Ogpu*, p. 91 (citando *Nashe otechestvo* [Moscou: Terra, 1991], II, p. 197).

248. Donald J. Male, *Russian Peasant Organization*.

249. *Bolshevik*, n. 3-4, pp. 23, 25 (Slepkov), 1924.

250. I. A. Gladkov, *Sovetskoe narodnoe khoziaistvo*, pp. 73, 343.

251. *Pravda*, 19 de dezembro de 1924; Edward Hallett Carr, *Socialism in One Country*, pp. 208-11.

252. *Sochineniia*, VI, pp. 135, 243-4.

253. *Pravda*, 4 de junho de 1930, em *Sochineniia*, VI, p. 321.

254. *Pravda*, 30 de janeiro de 1925, em *Sochineniia*, VII, pp. 25-33 (na p. 28).

255. *XIV konferentsiia VKP (b)*.

256. Ver os comentários radiantes de Stálin sobre o sucesso da NPE, feitos em um informe apresentado à XIV Conferência Regional do Partido em Moscou: *Pravda*, 12 e 13 de maio de 1925, reproduzido em *Sochineniia*, VII, pp. 90-132 (pp. 128-9). Ver também Andrea Graziosi, "'Building the First System'".

257. RGASPI, f. 558, op. 11, d. 23, l. 45. Quando os commissariados foram unidos (em 1926), Stálin nomeou Mikoian comissário do Comércio.

258. Barry J. Eichengreen, *Golden Fetters*, pp. 4-5; Giovanni B. Pittaluga, "The Genoa Conference". Argumentou-se que o padrão ouro, e seu efeito de exigir deflação de preços, forneceram um ímpeto adicional às tendências ideológicas do intervencionismo autoritário na economia de administrar preços. Karl Polanyi, *The Great Transformation*, pp. 233-4.

259. Aleksandr Vátlin et al., *Stenogrammy zasedanii Politbiuro*, I, p. 379 (2 de novembro de 1925), I, p. 533 (12 de dezembro de 1925), II, p. 507 (3 de janeiro de 1927). Agradeço ao professor Paul Gregory por me chamar a atenção para as demonstrações de Stálin de compreensão da economia política em fóruns do partido.

260. N . K. Bukhárin, "O novoi ekonomichheskoi politiki i nashikh zadachakh", pp. 3-15.

261. Bukhárin, para reforçar a mensagem, escreveu um panfleto, *Podemos construir o socialismo em um único país na ausência da vitória do proletariado europeu ocidental?* (abril de 1925). Por ocasião da XIV Conferência do Partido (27-29 de abril de 1925), Stálin editou as teses de Zinóviev, riscando alguns trechos, inserindo outros e produzindo o seguinte: "O leninismo ensina que a vitória final do socialismo, no sentido de uma garantia plena contra a restauração das relações burguesas, só é possível numa escala mundial (ou em vários países decisivos)". Além disso, acrescentou: "Em geral, a vitória do socialismo (não no sentido de uma vitória final) é absolutamente possível em um único país". RGASPI, f. 558, op. 1, d. 3359, l. 11, 6, 15. Zinóviev faria críticas à visão de Stálin em setembro de 1925, com seu livro sobre leninismo, mas elas eram incoerentes (a certa altura, ele escreve que "se alguém nos perguntar se podemos e devemos estabelecer o socialismo em um único país, responderemos que podemos e devemos"). Erik van Ree, "Socialism in One Country", p. 107. Em setembro de 1925, Jonava Vareikis, chefe da seção de imprensa da secretaria do partido, publicou um panfleto, *Vozmozhna li pobeda sotsializma v odnoi strane?* (Moscou: Molodaia gvardiia, 1925), elogiando o artigo de Stálin de dezembro de 1924 como sendo a única contribuição séria ao leninismo desde a morte do líder!

262. Lars Lih, "Zinóviev". Lih tem razão ao dizer que Carr estava errado quando escreveu que depois de janeiro de 1924 (da XIII Conferência do Partido) "podia-se ver claramente que o que estava em jogo eram personalidades em vez de princípios". Edward Hallett Carr, *Interregnum*, p. 340.

263. Clayton Black, "Zinoviev Re-Examined".

264. Vladimir N. Brovkin, *Russia After Lenin*, p. 160 (citando RGASPI, f. 17, op. 16, d. 766, l. 253).

265. *Sochineniia*, VII, p. 153. O episódio é tratado em Edward Hallett Carr, *Socialism in One Country*, I, pp. 260, 284.

266. *PSS*, XLIII, pp. 330, 333, 357 XLIV, 325, XLV, 372.

267. Edward Hallett Carr, *Socialism in One Country*, II, p. 79.

268. *Pravda*, 13 de maio de 1925; *Sochineniia*, VII, p. 132.

269. *Sochineniia*, VII, pp. 111, 123-4.

270. "Pode-se sentir tanta raiva e frustração nessas cartas que se fica realmente acabrunhado", escreveu o editor da revista *Nova Aldeia*. "Nunca antes tivemos cartas com tanto ressentimento, ódio e inveja das novas famílias agrícolas como agora. O camponês pobre e faminto está começando a odiar tanto os agricultores prósperos e trabalhadores que quer arruiná-los." Vladimir N. Brovkin, *Russia After Lenin*, p. 159 (citando RGASPI, f. 17, op. 87, svodka 45), p. 160.

271. Ilhiá Ehrenburg, *Memoirs*, p. 68.

272. Antony C. Sutton, *Western Technology and Soviet Economic Development*, I, p. 256 (citando U.S. State Department Decimal File, 316-164-205).

273. Um jornalista americano, que chamou a NPE de "uma trégua armada, na melhor das hipóteses", escreveu que os homens da NPE eram "uma classe que existe pelo sofrimento, desprezada e insultada pela população e oprimida pelo governo. Ela se tornou uma curiosa paródia do capitalismo, constrangida, suspeitosa, intimidada e ridícula". Eugene Lyons, *Assignment in Utopia*, pp. 84-5. Em 1925, só os impostos oficiais sobre os homens da NPE superavam aqueles pagos pelos comerciantes do pré-guerra. Mas os funcionários aplicavam uma tributação adicional "punitiva" por "bens de luxo", cuja definição era conveniente mente inflável. Ivan Ia. Trífonov, *Ocherki istorii klassovoi bor'by*, p. 84.

274. A aceitação de suborno e outras formas de corrupção começaram cedo e persistiram: A. Iu. Epíkhin e O. B. Mozókhin, *VChK-Ogpu v borbe s korruptsiei*, p. 312 (TsA FSB, f. 66, op. 1, por. 36, l. 324), pp. 315-7 (TSA FSB, f. 66, op. 1, po. 106, l. 64-64ob), pp. 334-5 (TSA FSB, f. 66, op. 1, d. 108, l. 83), p. 339 (APRF, f. 3, op. 58, po. 187, l. 16), pp. 482-4 (TsA FSB, 2, op. 4, por. 32, l. 5-6); A. A. Plekhánov e A. M. Plekhánov, *F. E. Dzerzhinskii*, pp. 442-3 (TsA FSB, f. 66, op. 1-T.D. 100v., l. 6).

275. Isaac Deutscher, *Prophet Unarmed*, p. 202, n. 1.

276. Lars Lih, *Stalin's Letters to Molotov*, pp. 69-84; L. Kocheliova et al., *Pisma I. V. Stalina V. M. Molotovu*, pp. 13-26.

277. *Bolshevik*, n. 16 [setembro], pp. 67-70, 1925. Ver também Edward Hallett Carr, *Socialism in One Country*, II, pp. 74-7; Isaac Deutscher, *Prophet Unarmed*, pp. 169-70, 247-8; Max Eastman, *Love and Revolution*, pp. 442-55, 510-6.

278. Stálin citaria Trótski: "Toda conversa sobre o 'testamento' [de Lênin], supostamente suprimido ou violado, é uma invenção mal-intencionada e dirigida totalmente contra a verdadeira vontade de Lênin e os interesses do partido que ele fundou'". *Sochineniia*, X, p. 175.

279. *Bolshevik*, n. 16 [setembro], pp. 67-70, 1925. O *Bolshevik* alegava ter uma tiragem de 40 mil. Kámenev, Bukhárin e Iaroslávski eram três dos cinco membros do conselho editorial.

280. N. Valentínov, *Novaia ekonomicheskaia politika* [1991], p. 295.

281. Mais tarde, Trótski alegaria ter sido forçado a fazer essa declaração "por uma maioria do Politbiuró". *Biulleten oppozitsii*, 19 de março de 1931 (carta de 11 de setembro de 1928).

282. Seu repúdio levantou a questão de seu possível envolvimento no incidente de Eastman e de que talvez estivesse ligada a Trótski. V. V. Chvetsov, "Lev Trotskii i Maks Istmen", pp. 141-63.

943

283. *Bolshevik*, n. 16, pp. 71-3, 1925. (carta de Krúpskaia datada de 7 de julho de 1925).

284. Houve quem especulasse que Rakóvski fora o intermediário, enquanto outros apontaram para Krúpskaia, que teria dado a carta a um membro da oposição que ia a uma conferência no exterior sobre dívidas internacionais e a entregado ao esquerdista francês Boris Souvarine em Paris. Robert H. McNeal, *Bride of the Revolution*, p. 258; Leon Trotsky, *The Real Situation in Russia*, pp. 320-3.

285. Frunze também isentou numerosas categorias de pessoas da conscrição militar e bendisse a experiência da Grande Guerra de unidades nacionais. I. B. Bérkhin, *Voennaia reforma*, pp. 116-45; John Erickson, *Soviet High Command*, [2001], pp. 164-213; Mark von Hagen, *Soldiers in the Proletarian Dictatorship*; Mark von Hagen, "The *Levée en masse*", pp. 159-88. Grande parte do debate por trás das reformas se iniciara numa sessão fechada do X Congresso do Partido, em março de 1921. Serguei Gússev e Mikhail Frunze haviam proposto uma reorganização do Exército Vermelho em consonância com uma nova estratégia de "guerra nacional defensiva", enquanto Trótski defendera a estratégia de "exportar a revolução". Símonov, *Voenno-promyshlennyi kompleks SSSR*, p. 22.

286. A. K. Sokolov, *Ot voenproma k VPK*, pp. 39-42 (citando RGAE, f. 2097, op. 1, d. 64, l. 8-24: relatório de 2 de março de 1924).

287. Kavtaradze, *Voennye spestaialisty*, p. 174. Em 1º de janeiro de 1921, os oficiais tsaristas compunham 34% dos comandantes do Exército Vermelho em todos os níveis, num total de cerca de 12 mil oficiais. Em 1921, o Departamento Especial iniciou um censo do Exército, recolhendo em torno de 400 mil respostas a um formulário de quinze perguntas, em busca daqueles que haviam servido em qualquer dos exércitos brancos ou nacionais durante a guerra civil. A. A. Jdanóvitch, *Organy gosudarstvennoi bezopasnosti*, p. 337 (citando TsA FSB, f. 1, op. 6, d. 670, 216-216ob).

288. A. G. Kavtaradze, *Voennye spestaialisty*, p. 174; A. A. Jdanóvitch, *Organy gosudarstvennoi bezopasnosti*, p. 342 (citando Arkhiv UFSB po Omskoi oblasti, f. 39, op. 3, d. 4, l. 77); Id. *Organy gosudarstvennoi bezopasnosti*, p. 269 (citando Tsa FSB, f. 2, op. 3, d. 674, l. 5); Anton Antónov-Ovséienko, *Stroitelstvo Krasnoi armii*, p. 31.

289. Liev Trótski, *Kak vooruzhalas revoliutsiia*, II, pp. 92-3.

290. A. A. Jdanóvitch, *Organy gosudarstvennoi bezopasnosti*, p. 102, citando TsA FSB, f. 2, op. 3, d. 773, l. 2 (A. Snéssarev). A espionagem soviética conseguiu recrutar agentes ou representantes em 27 países. A. M. Plekhánov, *VChK-Ogpu*, p. 283; Oleg Kaptchínski, *Gosbezopasnosti iznutri*, p. 115 (citando GARF, f. 130, op. 5, d. 89, l. 565-6), p. 117 (citando RGASPI, f. 17, op. 84, d. 227, l. 57). Em torno de 2 milhões de pessoas haviam deixado a Rússia durante a revolução e a guerra civil, e talvez 1,2 milhão ainda estivesse no exterior. Um grande número de pessoas que não partiu ganhou parentes "no exterior", muitas vezes em antigos pedaços do império, com quem se correspondiam, tornando-se assim alvos de violação sistemática da correspondência. V *Zhernovakh revoliutsii*; RGASPI, f. 76, op. 3, d. 331, l. 1-2, 30 de março de 1924).

291. Há duas histórias sobre as origens do Truste, que não são incompatíveis. De acordo com alguns relatos, a criação de uma irmandade clandestina de antissoviéticos foi originalmente obra da inteligência polonesa: na primavera de 1920, Wiktor Kijakowski-Steckiewicz (nascido em 1889), membro secreto da clandestina Organização Militar Polonesa, teria recebido a missão de entrar na União Soviética para organizar uma rede de espionagem em Petrogrado, mas foi preso e, segundo alguns relatos, concordou em colaborar. (Mais tarde, depois que sua esposa o abandonou, desesperado, ele tentou o suicídio e deixou de trabalhar na contraespionagem. Em 1932, foi transferido para a espionagem no exterior e enviado à Mongólia, onde morreu durante uma revolta.) A outra história é centrada em Aleksandr Iakúchev, um funcionário do Comissariado dos Transportes e devotado monarquista cujo nome surgiu evidentemente numa correspondência interceptada. Em vez de deter seu punhado de companheiros, a GPU o persuadiu

a cooperar e criar a Organização Monarquista da Rússia Central, codinome "o Truste". Ver Serguei L. Voitsekhóvski, *Trest*.

292. L. Fleishman, *V tiskakh provokatsii*; Guilensen, "V poednike s polskoi 'dvuikoi' pobedili sovetskie 'monarkhisty'", p. 75; Armen Gasparian, *Operatsiia Trest*; A. V. Serióguin, "Vyshii monarkhicheskii sovet i operatsiia 'Trest'", pp. 67-72; e Bernard Pares, *My Russian Memoirs*, p. 595.

293. S. T. Minakov, *Sovetskaia voennaia elita*, p. 58 (citando GARF, f. 5853, op. 1, d. 1-24: uma análise secreta da emigração em Berlim, 15 de fevereiro de 1922). Um "Bonaparte revolucionário", representante de Wrangel em Berlim, o general Von Lampe anotou em seu diário privado a respeito de Tukhatchévski. A. A. Jdanóvitch, *Organy gosudarstvennoi bezopasnosti*, pp. 280-1, citando GARF, f. 5853, op. 1, d. 2, l. 422.

294. "Glavkoverkh Tukhachevskii", *Rul*, outubro de 1922 (escrito pelo príncipe F. Kasátkin-Rostóvski, sob o pseudônimo de Antar); S. T. Minakov, *Sovetskaia voennaia elita*, pp. 60-2.

295. Por trás da revista estavam B. Bortnóvski e G. Teodori, embora o editor fosse M. I. Tmonov (depois A. K. Keltchévski, depois V. Kolossóvski). Teodori procurou justificar a derrota de Tukhatchévski em Varsóvia destacando que seu flanco fora exposto porque outras forças armadas soviéticas não apareceram (uma crítica implícita a Stálin); Teodori usou os mesmos argumentos na imprensa soviética. Ver também a nota do publicista N. Korjenévski no antigo arquivo de Praga: "Ioffe, 'Trest': legendy i fakty".

296. Durante manobras no Distrito Militar Ocidental, o Departamento Especial suspeitou que Tukhatchévski desejava tanto vingar-se da Polônia que seria capaz de iniciar sua própria guerra: todas as suas ordens e ações foram subitamente submetidas a uma investigação meticulosa no verão de 1923. Depois que as manobras terminaram, em 29 de setembro de 1923, Dzierżyński, que era obcecado por qualquer coisa que dissesse respeito à Polônia, ordenou que o Departamento Especial da OGPU central realizasse uma investigação ainda mais completa de Tukhatchévski. Depois de se familiarizar com os resultados, Dzierżyński escreveu em janeiro de 1924 a Wiaczesław Mężyński ordenando ação imediata. "É impossível esperar passivamente enquanto 'Smolensk [quartel-general ocidental] dita sua vontade ao Kremlin'." A. A. Jdanóvitch, *Organy gosudarstvennoi bezopasnosti*, pp. 285-7 (citando TsA FSB, f. 2, op. 1, d. 882, l. 829; op. 2, d. 27, l. 1; d. R-9000, t. 24, l. 165). No VII Congresso dos Sovietes da Bielorrússia, realizado em Minsk em 1925, Tukhatchévski declarou que o governo bielorrusso "põe a questão da guerra [contra a Polônia] em pauta". *VII Vsebelorusskii siezd sovetov*, p. 231.

297. Em 8 de outubro (quinta-feira), os médicos decidiram que ele tinha de fazer uma cirurgia; o sangramento interno assustava Frunze, mas ele se conteve. Stálin enviou Mikoian para insistir que Frunze fizesse a operação, depois foi vê-lo pessoalmente. Frunze escreveu para sua esposa Sofia, em Ialta, que "ainda estou no hospital. No sábado [10 de outubro] haverá uma nova consulta. Temo que a cirurgia possa de algum modo ser recusada (*kak by ne otkazali v operatsii*)". Veronika Kanonenko, "Kto ubil Mikhail Frunze" (citando RGVA, f. 32392, d. 142, l. 3-5).

298. Volkogónov codificou essa carta: D. A. Volkogónov, *Triumf i tragediia*, I/i, pp. 127-8. O texto completo aparece em Veronika Kanonenko, "Kto ubil Mikhaila Frunze".

299. *Pravda*, 29 e 31 de outubro de 1925; *Pravda*, 1º de novembro de 1925 (para a autópsia, realizada por A. I. Abrikóssov e assinada por toda a equipe médica).

300. Boris Bazhanov, *Bazhanov and the Damnation of Stalin*, pp. 100-2; Boris Bajánov, *Vospominaniia* [1990], p. 141; Ióssif K. Gamburg, *Tak eto bylo*, pp. 181-2.

301. *Pravda*, 3 de novembro de 1925.

302. Uma versão do assassinato de Frunze contada por um adepto de Trótski ao escritor Boris Pilnyak logo se transformou numa novela, "História da lua inextinta", publicada na revista *Novyi mir*; os censores confiscaram a edição inteira. Adam B. Ulam, *Stalin*, pp. 260-1; Edward Hallett Carr, *Socialism in One*

Country, II, pp. 123-4. Os camaradas de Frunze exigiram uma investigação especial, sob os auspícios da Sociedade dos Velhos Bolcheviques. O comissário da Saúde Nikolai Semachko testemunhou que a comisão médica do Comitê Central não tinha especialistas em úlceras e que, antes de a comissão tomar uma decisão, o professor Rózanov havia falado com Stálin e Zinóviev. Esse talvez seja o ponto até onde foi a investigação. Roy Medvedev, *Let History Judge*, pp. 156-8. Mais tarde, Stálin também seria acusado de organizar o assassinato de Efraim Skliánski, o ex-primeiro vice de Trótski no Comissariado da Guerra, que morreu em agosto de 1925 num acidente de barco em um lago no norte do estado de Nova York, 560 quilômetros ao norte de Manhattan, numa visita a Isaiah Hoorgin, presidente da Soviet-American Trading Co. (Amtorg). Enquanto esperavam a hora de retornar de trem para a cidade de Nova York, os dois estavam matando o tempo numa canoa quando uma ventania súbita virou a pequena embarcação. Nenhum dos dois era campeão de remo e o grupo que os acompanhava, em barcos a remo, estava longe demais (ou talvez bêbado demais) para resgatá-los. Hoorgin tinha 38 anos e Skliánski, 33. Liev Trótski, "Sklianskii pogib", *Pravda*, 29 de agosto de 1925; *The New York Times*, 30 de agosto de 1925; *Time*, 14 de setembro de 1925; *Pravda*, 22 de setembro de 1925. Bajánov lançou as acusações de assassinato; a morte ocorreu depois que ele havia deixado o serviço de Stálin: Boris Bazhanev, *Bazhanov and the Damnation of Stalin*, pp. 65-6. A perda de Hoorgin foi significativa. Litvínov escreveu a Stálin no final de 1925 pedindo urgência para a designação de "um camarada com autoridade, que possa assumir imediatamente a liderança do trabalho político, encontrar-se com representantes oficiais do governo americano para negociações não oficiais, fazer ofertas iniciais, responder a ofertas similares do outro lado e assim por diante". Ilhiá Gaiduk, "Sovetsko-Amerikanskie otnosheniia" (citando RGAE, f. 413, op. 2. d. 2040, l. 144-5). Piotr Ziv, adjunto de Hoorgin, assumiu temporariamente. A Amtorg foi em seguida dada a Saul Bron.

303. Aron B. Zalkind, "O zabolevaniiakh partaktiva". Em novembro de 1925, Leonid Krássin ficou mortalmente doente; os exames de sangue revelaram anemia aguda. Aleksandr Bogdánov, que vinha fazendo experiências com transfusões de sangue, recomendou esse tratamento, e Krássin examinou a pesquisa pessoalmente, concordou e pareceu rejuvenescer; correu a notícia de uma cura milagrosa e Stálin supostamente convocou Bogdánov. A visita deste a Stálin (final de dezembro de 1925) foi registrada no diário de Bogdánov, mas não no livro de registros do gabinete de Stálin; não sabemos o que eles discutiram. Bogdánov morreria em 1928 num experimento que deu errado: para mais uma transfusão, ele usou o sangue de um estudante que sofria de malária e tuberculose; talvez fosse de um tipo incompatível. Nikolai Krementsov, *A Martian Stranded*, p. 61 (citando GARF, f. A-482, op. 42, d. 590). Zalkind morreria de ataque cardíaco a caminho de casa em 1936, aos 48 anos.

304. RGASPI, f. 17, op. 84, d. 704, l. 27.

305. Ver *Adibékov, Politbiuro TsK RKP (b) VKP (b): povestki dnia zasedanii*, I, p. 421; RGASPI, f. 17, op. 3, d. 533, l. 10; Nikolai Krementsov, *A Martian Stranded*, p. 66 (citando RGASPI, f. 17, op. 84, d. 701, l. 73-95); *Izvestiia*, 28 de fevereiro de 1926, p. 5. Os alemães eram Friedrich Krause e Otfried Förster.

306. I. A. Tepliánikov, "Vnikaia vo vse", pp. 169-70. Ordjonikidze foi indicado para o Conselho Militar Revolucionário da República.

307. *Voennye arkhivy Rossii*, cap. 1, p. 406.

308. *Pravda*, 7 de novembro de 1925.

309. Tukhatchévski escreveu em 31 de janeiro de 1926: "Já lhe relatei oralmente que o Estado-Maior do Exército Vermelho funciona em condições anormais, o que torna impossível o trabalho produtivo e o impede de assumir a responsabilidade que lhe é atribuída". S. T. Minakov, *Stalin i ego marshal*, pp. 356-7.

310. Lennart Samuelson, *Soviet Defense Industry Planning*, p. 41.

311. Catherine Merridale, *Moscow Politics*, p. 260. Kámenev propunha um aumento de 20% no salário dos trabalhadores, embora soubesse, por presidir o Conselho de Trabalho e Defesa (o órgão executivo paralelo ao governo), que não havia fundos para isso. Propôs também que os operários compartilhassem dos lucros das fábricas (quase todas as fábricas eram deficitárias). *Moskovskie Bolsheviki*, pp. 128-9 (citando MPA, f. 3, op. 6, d. 28, l. 45; *XIV Moskovskaia gubpartkonferentsiia: biulleten no. 1*, p. 133).

312. Edward Hallett Carr, *Socialism in One Country*, II, p. 66. As intrigas resultaram em várias "sessões privadas" dos membros: Sergei L. Dmitrenko, *Borba KPSS za edinstvo svoikh riadov*, p. 211.

313. *Politicheskii dnevnik*, pp. 238-41; A. V. Kvachónkin, *Bolshevistskoe rukovodstvo*, pp. 309-12 (RGASPI, f. 76, op. 2, d. 28, l. 1-8); Miklós Kun, *Bukhárin*, pp. 159-61.

314. Robert E. Blobaum, *Feliks Dzerjínski*, p. 231. Sobre a defesa feita por Dzierżyński da OGPU, especialmente contra Bukhárin, ver Diane Koenker, *Revelations*, pp. 18-9 (RGASPI, f. 76, op. 3, d. 345, l. 1-1ob, 2-2ob); e A. V. Kvachónkin, *Bolshevistskoe rukovodstvo*, pp. 297-8, 302-6. Funcionários da economia consideravam Dzierżyński um bolchevique "direitista". N. Valentínov, *Novaia ekonomicheskaia partiia*, pp. 23, 102-6; Vladen S. Izmozik, *Glaza1*, p. 131.

315. Iu. S. Khelémski, "Soveshchanie v Sovnarkome o gosapparate [1923 g.]", pp. 113-4, 118: RGAE, f. 3429, op. 6, d. 86, l. 12-31, 1923.

316. Havia pelo menos 1,85 milhão de funcionários de colarinho-branco em 1925. Efim G. Guimpelson, *NEP*, p. 386 (citando GARF, f. 374, op. 171, d. omitido, l. 14-5). Se antes da revolução havia seiscentos títulos específicos para cargos estatais, havia agora mais de 2 mil. *Tekhnika upravleniia*, n. 1, pp. 23-4, 1925..

317. "Até mesmo aos domingos, na datcha dos arredores da cidade", relembrou sua esposa Zofia Muszkat, "em vez de descansar, ele sentava com seus papéis, verificava o que lhe era apresentado pelos departamentos do Conselho Supremo da Economia, todas as tabelas de dados, examinava montanhas de números." Oleg Mozókhin e Teodor Gladkov, *Menzhinskii*, p. 174.

318. Em 9, de janeiro de 1924, Dzierżyński escreveu a Stálin: "Pessoalmente. Ao camarada Stálin. A discussão do partido estabeleceu que a situação, em termos da política partidária, nos órgãos confiados a mim pelo Comitê Central, não está saudável no mais alto grau — na GPU e no Comissariado das Ferrovias. Isso me preocupa, em especial porque estou tão ocupado com o trabalho do soviete que não posso pessoalmente dedicar tempo suficiente ao trabalho do partido para superar o mal e até mesmo para expô-lo de maneira oportuna". Dzierżyński pediu dois secretários (linha que Stálin sublinhou), um para a GPU e outro para as ferrovias, que cuidariam dos assuntos do partido nessas áreas, bem como outros ajudantes. Stálin concordou com esses pedidos: assim poderia plantar sua gente. RGASPI, f. 558, op. 11, d. 726, l. 28-9.

319. RGASPI, f. 3, op. 1, d. 527, l. 1.

320. S. S. Khrómov, *Po stranitsam*, p. 92 (sem citação); A. M. Plekhánov, *VChK-Ogpu*, p. 277.

321. RGASPI, f. 558, op. 11, d. 35, l. 43, em Liubianka, *Stalin i VChK*, p. 108.

322. *Pravda*, 10 de dezembro de 1925 (discurso de Bukhárin); *Rabochaia Moskva*, 13 de dezembro de 1925 (discurso de Kámenev); *Pravda*, 20 de dezembro de 1925 (resposta do comitê do partido de Moscou aos de Lenigrado); *Novaia oppozitsiia* (Leningrado, 1926) (panfleto dos de Leningrado refutando as acusações ponto por ponto). O comitê do partido de Moscou publicou uma resposta em que defendia a NPE e o socialismo em um único país no *Pravda*, em 20 de dezembro de 1925. Edward Hallett Carr, *Socialism in One Country*, II, pp. 133-43; Catherine Merridale, *Moscow Politics*. Carr errou ao desconsiderar a nova oposição como meramente pessoal e carreirista.

323. *Sotsialisticheskii vestnik*, n. 17-8, 5, 1926.

324. Vladimir N. Brovkin, *Russia after Lenin*, p. 156 (citando RGASPI, f. 17, op. 16, d. 533, l. 199).

325. *Kommunist*, n. 8, pp. 82-4, 1989. Ele escrevera um bilhete anterior para Stálin, datado de 6 de dezembro de 1925, sobre o aparato estatal que esmagava iniciativas, que não enviou. A. M. Plekhánov, *VChK-Ogpu*, p. 278.

326. A. M. Plekhánov, *VChK-Ogpu*, p. 278. Imediatamente após a morte de Lênin, houve rumores de que Dzierżyński assumiria o governo (rumores, ao que parece, gerados por medo: julgava-se que ele era um tipo sem coração). O. V. Velikanova, "Lenina v massovom soznanii", p. 182.

327. *XIV siezd VKP* (*b*), pp. 99-130.

328. Ibid. pp. 130-53. Tal como Bukhárin, Stálin empregou os termos que eram agora lugar-comum a respeito de Zinóviev: "Histeria, não política pública". *Sochineniia*, VII, p. 378. "Quando há uma maioria para Zinóviev, ele é a favor da disciplina férrea, da subordinação", observou Mikoian. "Quando não tem maioria [...] ele é contra [a disciplina férrea]". Ibid. p. 186.

329. Ibid. pp. 158-66. Stálin rejeitou a caracterização que Krúpskaia fez da NPE como capitalismo, acrescentando polidamente "e que ela possa me perdoar". Em um momento posterior, no entanto, ficou mais mordaz: "e o que distingue exatamente a camarada Krúpskaia de qualquer outro camarada responsável?". *Sochineniia*, VII, pp. 364-5, 383-4. Krúpskaia só abandonou oficialmente a oposição no XV Congresso, em dezembro de 1927. Ela nunca foi forçada a se retratar publicamente e não foi presa. Em 1927, apenas fez um discurso para dizer que em 1925 havia sido necessário "verificar se havia suficiente socialismo em nossa estrutura", que ela agora dizia ser o caso, então não estava mais na oposição. Na verdade, ela deixara de se identificar com a oposição um ano antes. *Pravda*, 5 de novembro de 1927.

330. No congresso, Mólotov comentou a propensão de Kámenev para tratar das questões sempre "à guisa de discussão", como se estivesse pronto para recuar, mesmo quando estava apenas começando. *XIV siezd VKP* (*b*), pp. 484-5. Sobre as impressões a respeito do caráter "fraco" de Kámenev, ver também Nikolai Sukhánov, *Zapiski*, II, pp. 243-5.

331. *XIV siezd VKP* (*b*), pp. 96, 246. *Leninskii sbornik*, V, pp. 8-11.

332. *XIV siezd VKP* (*b*), *18-31 dekabria 1925 g.*, pp. 273-5; Robert V. Daniels, *Documentary History of Communism* [1984], I, pp. 183-6.

333. *XIV siezd VKP* (*b*), pp. 289-92.

334. Vladímir L. Guénis, "G. Ia. Sokolnikov", p. 80 (citando a então inédita autobiografia de G. I. Serebriakova); Galina Serebriakova, "Iz vospominanii", em Ivan A. Anfértev, *Smerch*, pp. 230-49 (na p. 241).

335. *XIV siezd VKP* (*b*), pp. 327-35.

336. Oléssia Ia. Tchiguir, "Grigorii Iakovlevich Sokolnikov", pp. 119-32 (citando RGASPI, f. 54, op. 1, d. 13, l. 76-117, esp. pp. 111-2, 114-5). O texto taquigrafado oficial removeu todas as frases percebidas como prejudiciais à autoridade de Stálin e editou o texto de Sokólnikov para aumentar a distância entre ele e Stálin; palavras e, às vezes, frases inteiras foram postas na boca de Sokólnikov. Ríkov zombou da oposição por causa de suas divisões; Krúpskaia apoiou Zinóviev do ponto de vista dos pobres, enquanto Sokólnikov os apoiou "da direita" (defesa de relações de mercado mais profundas). Edward Hallett Carr, *Socialism in One Country*, II, p. 156.

337. *XIV siezd VKP* (*b*), p. 397.

338. Ibid., p. 455-6.

339. Ibid., p. 508.

340. Ibid., p. 601.

341. Ibid., pp. 570, 600-1.

342. *Sochineniia*, VII, p. 262; Edward Hallett Carr, *Socialism in One Country*, III, p. 491; Edward Hallett Carr e Robert W. Davies, *Foundations of a Planned Economy*, III/i, pp. 3-5.

343. David Woodruff, "The Politburo on Gold, Industrialization, and the International Economy, 1925--1926", em Paul R. Gregory e Norman Naimark, *Lost Politburo Transcripts*, pp. 214-5.

344. V. Kuzmin, *Istoricheskii opyt sovestkoi industrializatsii*, pp. 28-9. Stálin desconsiderou a designação de Sokólnikov de "capitalismo de Estado", apontando para as ferrovias estatais, o comércio exterior e o sistema bancário. "Talvez nosso aparato soviético também represente o capitalismo e não um tipo de Estado proletário como Lênin o constituiu?", disse Stálin em tom de zombaria. RGASPI, f. 54, op. 1, d. 13, l. 82; f. 558, op. 3, d. 33; *XIV siezd*, p. 14.

345. *Resolutions and Decisions of the Communist Part*, II, pp. 258-60.

346. *Pravda*, 29 de dezembro de 1925; *XIV siezd VKP (b)*, pp. 504-5. Boa parte do discurso de Stálin foi reproduzida com muito mais rispidez no texto taquigrafado publicado: RGASPI, f. 54, op. 1, d. 13, l. 60; f. 558, op. 3, d. 33; *XIV siezd*, p. 8. O trecho sobre o sangue de Bukhárin foi cortado quando o discurso foi reimpresso. *Sochineniia*, VII, pp. 363-91 (pp. 379-80).

347. *XIV siezd VKP (b)*, pp. 710-1.

348. James Harris, "Stalin as General Secretary: The Appointment Process and the Nature of Stalin's Power".

349. Evan Mawdsley e Stephen White, *Soviet Elite*, pp. 36-9.

350. Leon Trotsky, *My Life*, pp. 521-2. Serebriakov disse ao XIV Congresso que "Zinóviev propôs uma aliança com o camarada Trótski", que, "no entanto, rejeitou categoricamente um bloco". Trótski, que estava presente, não fez nenhum esforço para repudiar essa declaração. *XIV siezd VKP (b)*, pp. 455-6.

351. Diz-se que Stálin abordou pessoalmente Leonid Serebriakov. Quando este retrucou que eles não tinham facção — o que seria ilegal —, Stálin teria comentado: "Leonid, eu o chamei para uma conversa séria. Transmita minha proposta para seu 'velho' [*starik*]" (referindo-se a Trótski). S. B. Tsakúnov, *V labirinte*, p. 169 (citando uma conversa com I. Vratchiov, que morava no mesmo prédio de Leonid Serebriakov).

352. John Dewey et al., *The Case of Leon Trotski*, pp. 322-3; Liev Trótski, *Moia zhizn*, II, p. 273; Isaac Deutscher, *Prophet Unarmed*, pp. 248-9.

353. Vladímir L. Guénis, "Upriamyi narkom s Ilhinki", em G. Ia. Sokólnikov, *Novaia finansovaia politika*, pp. 5-38 (p. 23); Vladímir L. Guénis, "G. Ia. Sokolnikov", p. 80 (citando a então inédita autobiografia de G. I. Serebriakova); Galina Serebriakova, "Iz vospominanii", em Ivan A. Anfértev, *Smerch*, pp. 230-49 (na p. 241).

354. RGASPI, f. 17, op. 3, d. 680. Ver também *XIV siezd*, pp. 323-36 (esp. pp. 335-6).

355. Stálin também pode ter pensado em nomear Kámenev comissário da Agricultura. Durante a reunião do Politbiuró, Zinóviev passou um bilhete para Kámenev: "Você precisa declarar (entre muitas outras coisas) que, se Sokólnikov não pode ser comissário das Finanças, eu [Kámenev] não posso ser comissário da Agricultura". O bilhete de Zinóviev continha também uma insinuação a respeito da necessidade de trazer Trótski para o lado deles. Mas Zinóviev continuava pessimista, baseado no fato de que Trótski permanecera em silêncio sobre a substituição forçada do editor do *Pravda de Leningrado*. O. G. Nazárov, *Stalin i borba za liderstvo*, p. 138 (citando RGASPI, f. 17, op. 2, d. 210, l. 101-229; f. 323, op. 2, d. 29, l. 59-60, 73).

356. A. V. Kvachónkin, *Bolshevistkoe rukovodstvo*, p. 318 (RGASPI, f. 85, op. 25, d. 118, l. 2-3).

357. O. G. Nazárov, *Stalin i borba za liderstvo*, pp. 143-4 (citando RGASPI, f. 324, op. 1, d. 540, l. 37-38ob). Sobre Mólotov nessas reuniões, ver também Girgóri I. Grigórov, *Povoroty sudby i proizvol*, pp. 413-9; e *Leningradskaia Pravda*, 22 de janeiro de 1926.

358. A. V. Kvachónkin, *Bolshevistkoe rukovodstvo*, pp. 319 (RGASPI, f. 558, op. 1, d. 2756, l. 1), 323-4. (RGASPI, f. 85, op. 25, d. 120, l. 1-2).

359. Grigóri I. Grigórov, *Povoroty sudby i proizvol*, p. 420. Kírov foi oficialmente confirmado como novo chefe do partido na conferência da província de Leningrado, à qual Dzierżyński também compareceu, em fevereiro de 1926. *Leningradskaia pravda*, 12 de fevereiro de 1926. O segundo-secretário de Leningrado,

Nikolai Chvérnik (nascido em 1888), um ex-operário de fábrica de telefones, carecia de capacidades comparáveis. Stálin não demorou a trazê-lo de volta para o aparato central do partido.

360. O. G. Nazárov, *Stalin i borba za liderstvo*, p. 150 (sem citação).

361. Em 27 de março de 1926, Leonid Serebriakov escreveu a Stálin indicando o desejo de cooperar com a proposta de conceder condições de trabalho mais normais no Comitê Central, mas se perguntando por que a difamação da oposição de 1923 continuava incessante na imprensa. "Ninguém pode acreditar que isso é feito sem a autorização da secretaria", escreveu Serebriakov. "Falei com Trótski, Piatakov e Radek. Eles manifestaram completa disposição para continuar as conversas que Trótski teve com Bukhárin e com você e que você e eu tivemos." A. V. Kvachónkin, *Bolshevistkoe rukovodstvo*, pp. 324-5 (RGASPI, f. 85, op. 1/s, d. 171, l. 1). Trótski escreveu a Serebriakov (2 de abril de 1926) que achava esquisito que Stálin usasse "um caminho oblíquo" (através de Serebriakov) para aprofundar discussões depois de já ter falado diretamente com Trótski. Iúri Felchtínski, *Kommunisiticheskaia oppozitsiia v SSSR*, I, p. 188.

362. Leon Trotsky, *Stalin*, p. 417; Liev Trótski, *Moia zhizn*, II, pp. 265-6. Ver também Ruth Fischer, *Stalin and German Communism*, pp. 547-8 (citando uma conversa com Zinóviev).

363. Victor Serge, *Memoirs of a Revolutionary*, p. 212; Isaac Deutscher, *Prophet Armed*, p. 267.

364. Não sabemos quais eram exatamente os problemas de saúde de Trótski, mas, a conselho de um médico, ele extraiu as amígdalas. Liev Trótski, *Moia zhizn*, II, pp. 266-8. Ele ficou em uma clínica privada até que a polícia alemã o informou sobre uma possível tentativa de assassinato por exilados brancos, o que o levou a se transferir para a embaixada soviética (seu adepto Krestínski estava no exílio como embaixador). Isaac Deutscher, *Prophet Unarmed*, pp. 265-6.

365. *Biulleten oppozitsii*, n. 54-5, p. 11, março de 1937 (citando Serguei Mratchkóvski).

366. Embora Cháguin seja nossa única fonte dessa história, ela é plausível. Cháguin acrescentou: "O caráter inesperado dessa declaração surpreendeu-me tanto que a preservei quase literalmente na minha memória". APRF, f. 3, op. 24, d. 493, l. 1-2 (carta de Cháguin a Khruchióv, 14 de março de, 1956), Hoover Institution Archives, Volkogonov Papers, contêiner 23. Também presentes no apartamento de Kírov: N. P. Komarov, N. K. Antípov e I. P. Júkov. Cháguin (1898-1967) havia sido segundo-secretário de Kírov no Azerbaijão.

367. Vladímir V. Zakhárov, *Voennye aspekty* (RGVA, f. 33988, op. 3, d. 78, l. 67-76); Abdulkahn Akhtamzian, "Soviet-German Military Cooperation", p. 100.

368. Abdulkahn Akhtamzian, "Voennoe sotrudnichestvo", p. 12.

369. Citado em Harvey L. Dyck, *Weimar Germany and Soviet Russia*, p. 76.

370. Josef Korbel, *Poland Between East and West*; Harvey L. Dyck, "German-Soviet Relations", p. 81 (citando Arquivos do Ministério das Relações Exteriores da Alemanha, K281/K097454-60: memorando de Dirksen, 19 de setembro de 1927).

371. Harvey L. Dyck, *Weimar Germany and Soviet Russia*, pp. 13, 68-72; George F. Kennan, *Russia and the West*, pp. 208-23; Edward Hallett Carr, *Socialism in One Country*, III, pp. 438-9.

372. "Esforcei-me continuamente desde que assumi meu posto aqui para criar, através de uma relação próxima com a Rússia soviética, um contrapeso contra o Ocidente, a fim de não ficar à mercê — a própria expressão me é repugnante — do favor ou desfavor das Potências da Entente", escreveu o embaixador alemão Von Brockdorff-Rantzau ao presidente Von Hindenburg depois do tratado de abril. "Nossa relação com a Rússia soviética [...] repousará sempre, em certa medida, sobre um blefe, isto é, será útil para criar vis-à-vis nossos assim chamados ex-inimigos a impressão de uma maior intimidade com a Rússia do que de fato existe." Edward Hallett Carr e Robert W. Davies, *Foundations of a Planned Economy*, III/i, p. 36 (citando Brockdorff-Rantzau Nachlass, 9101/24038-224046).

373. D. E. Moggridge, *The Return to Gold*, pp. 45-6.

374. John McIlroy et al., *Industrial Politics*; D. H. Robertson, "A Narrative of the General Strike of 1926".

375. Naquele mesmo dia, Stálin passou a notícia da greve dos mineiros do carvão na Inglaterra a Ríkov e Bukhárin e pediu a opinião deles. RGASPI, f. 558, op. 11, d. 34, l. 68.

376. *Adibékov, Politbiuro TsK RKP (b) – VKP (b) i Evropa*, pp. 117-20, 123-7.

377. G. Zinóviev, "Velikie sobytiia v Anglii", *Pravda*, 5 de maio de 1926; Edward Hallett Carr, *Socialism in One Country*, III, p. 494. Zinóviev já havia publicamente elevado a Grã-Bretanha, em lugar da Alemanha, ao posto de principal candidata à revolução proletária na Europa avançada.

378. Joseph Rothschild, *Piłsudski's Coup d'Etat*, pp. 20-1; Joseph Rothschild, *East Central Europe Between the World Wars*, pp. 46, 54-5.

379. A. V. Kvachónkin, *Bolshevistkoe rukovodstvo*, pp. 329-30 (RGASPI, f. 76, op. 3, d. 390, l. 3-4). Dzierżyński escrevera a Iagoda que era provável que a Polônia iniciasse uma guerra para tomar a Ucrânia e a Bielorrússia. RGASPI, f. 76, op. 3, d. 364, l. 55.

380. Joseph Rothschild, *Piłsudski's Coup d'Etat*, pp. 47-64, 360-1 (citando Kurjer Poranny, 27 de maio de 1926).

381. Piotr S. Wandycz, *Twilight of French Eastern Alliances*, p. 48. Ao mesmo tempo, autoridades britânicas estimulavam a Alemanha a recuperar Danzig e o Corredor Polonês, propondo que a Polônia fosse compensada com uma parte ou até mesmo toda a Lituânia independente. Von Riekhoff, *German-Polish Relations*, pp. 248-55.

382. Karl Radek publicou no *Pravda* análises detalhadas das divisões do Exército e da sociedade poloneses, zombando de Piłsudski ("o último moicano do nacionalismo polonês"), mas mostrou-se incapaz de negar o triunfo deste. *Pravda*, 15, 18, 22 de maio e 2 de junho de 1926.

383. *Pravda*, 16 de maio de 1926; Josef Korbel, *Poland Between East and West*, p. 205.

384. Piotr S. Wandycz, *August Zaleski*, p. 35.

385. Irina Livezeanu, *Cultural Politics in Greater Romania*.

386. *Dokumenty vneshnei politiki*, VIII, pp. 72-6; George Alexander Lensen, *Japanese Recognition of the USSR*.

387. S. D. Anóssov, *Koreitsy v ussuriiskom krae*, pp. 7-8; A. M. Brianski et al., *Vsesoiuznaia perepis naseleniia 1926 goda*, VII, p. 8.

388. Michael Gelb, "The Far-Eastern Koreans"; Terry Martin, "The Origins of Soviet Ethnic Cleansing", p. 835 (citando GARF, f. 1235, op. 140, d. 141, l. 144).

389. I. S. Iajboróvskaia e V. C. Papsadánova, *Rossiia i Polsha*, p. 83.

390. "A fonte mais potente da suspeita étnica dominante da diáspora mobilizada é a existência de sua 'pátria' fora do controle territorial da elite dominante", observou um analista, acrescentando que "as suspeitas da elite étnica dominante tendem a ser autorrealizáveis". John Armstrong, "Mobilized and Proletarian Diasporas", pp. 400-2.

391. Roy Medvedev, *Let History Judge*, pp. 111-2.

392. Leon Trotsky, *Stalin*, p. 215; Liev Trótski, *Predannaia revoliutsiia* [1937], pp. 25-7.

393. Roy Medvedev, *Let History Judge*, pp. 90-1 (Igor Sats, principal assessor de Lunatchárski).

394. Diz um estudioso que "um dos fatores do eventual sucesso de Stálin foi sua habilidade em evocar uma imagem de sua relação com Lênin que era muito mais atraente para a base do partido do que aquela de seus oponentes". Graeme Gill, "Political Myth and Stalin's Quest for Authority in the Party", em T. H. Rigby, *Authority, Power, and Policy*, pp. 98-117 (p. 99).

395. "Dve besedy s L. M. Kaganóvitchem", p. 114. Ver também Boris Bazhanov, *Bazhanov and the Damnation of Stalin*, pp. 114-7, 122.

13. DERROCADA TRIUNFANTE [pp. 593-657]

1. Gueórgi Tcherniávski, "Samootvod", pp. 68-9 (RGASPI, f. 17, op. 2, d. 335, l. 4-8: cópia de Ríkov do texto taquigrafado para correção). Ver também Iúri Múrin, "Eshche raz ob otstavkakh I. Stalina", pp. 72-3.
2. É o lugar onde ela se suicidaria em 1932. A estrutura ainda está de pé: o antigo quarto de Nádia é visível da bilheteria do teatro do Palácio dos Congressos do Kremlin, olhando-se para a direita.
3. Sobre os primeiros apartamentos de Stálin no Kremlin: A. I. Mikoian, *Tak bylo*, p. 351.
4. Lênin escreveu aos funcionários do Kremlin três vezes entre novembro de 1921 e fevereiro de 1922 insistindo na questão de um apartamento novo para Stálin. *PSS*, LIV, p. 44; Gueórgi N. Golikov, *Vladimir Ilich Lenin*, V, pp. 622-3; D. Chturman, *Mertvye khvataiut zhivykh*, p. 23; Svetlana Alliluyeva, *Twenty Letters*, p. 108. Belenki fora detido junto com Dzierżyński por SRs de esquerda em 1918. De 1919 a 1924, foi chefe da guarda pessoal de Lênin, e, de 1921 até janeiro de 1928, esteve também no comando de todos os guarda-costas da liderança. Stálin mandou prendê-lo em 1938 e fuzilá-lo em 1940.
5. "O camarada Stálin é uma pessoa viva, não uma raridade de museu, e ele mesmo não quer viver em um museu, recusando a residência sugerida a ele, tal como Zinóviev, no ano passado, declinou dessa mesma residência", escreveu Sedova a Lênin. "O camarada Stálin gostaria de ficar com o apartamento onde Flakserman e Malkov moram atualmente. Valentin A. Sákharov, *Politcheskoe zaveshchanie*, p. 150 (citando RGASPi, f. 5, op. 1, d. 1417, l. 1-1ob); *PSS*, XLIV, p. 162. Trótski imaginou que Leonid Serebriakov, um apparatchik da secretaria do partido (que era próximo dele), havia acabado com a rixa oferecendo a Stálin seu próprio apartamento. Liev Trótski, *Portrety revoliutsionerov* [1991], pp. 54-5. O anexo onde Stálin havia originalmente morado acabou sendo demolido para a construção do Palácio dos Congressos após a Segunda Guerra Mundial.
6. RGASPI, f. 558, op. 11, d. 753, l. 3 (12 de junho de 1925).
7. *Iosif Stálin v obiatiakh semi*, p. 14 (carta escrita em algum momento depois de 9 de setembro de 1927). Artiom voltaria a morar com sua mãe Elizaveta, que tinha um quarto no hotel Nacional de Moscou.
8. Lídia Chatunóvskaia, *Zhizn v Kremle*, p. 188; Boris Bajánov, *Vospominaniia* [1983], p. 154.
9. *Iosif Stalin v obiatiakh semi*, p. 154 (APRF, f. 44, op. 1, d. 1, l. 417-9).
10. Svetlana Allilúieva, *Dvadtsat pisem*, p. 98; Svetlana Alliluyeva, *Twenty Letters*, p. 103.
11. *Iosif Stalin v obiatiakh semi*, p. 177.
12. A. F. Sergueiev e E. F. Gluchik, *Besedy o Staline*, pp. 19-20.
13. *Iosif Stalin v obiatiakh semi*, p. 22 (APRF, f. 45, op. 1, d. 155, l. 5, agora RGASPI f. 558, op. 11: Stálin para Nádia, 9 de abril de 1928). Ver também Vladímir Allilúiev, *Khronika odnoi semi*, p 179; e Svetlana Allilúieva, *Dvadtsat pisem*, p. 124.
14. A criança (Galina) nasceu em 7 de fevereiro de 1929. Depois da morte do bebê, aos oito meses de vida, o casal se separou; Zoia, ainda casada oficialmente com Iákov, foi viver com Timon Kózyrev, um empregado da polícia regular (*militsia*). Iákov fez cursos técnicos e conseguiu um emprego de eletricista numa linha de montagem. *Komsomolskaia Pravda*, 20 de dezembro de 2005.
15. RGASPI, f. 558, op. 11, d. 34, l. 21.
16. Lars Lih, *Stalin's Letters to Molotov*, p. 103; *Pisma Stalina Molotovu*, p. 55. Em 1926, Sotchi-Matsesta tornou-se um "balneário estatal" especial. Naquela época, tinha seis sanatórios estatais gerais com 465 leitos, mas outros 21 com 1175 leitos de propriedade de determinados órgãos do governo, exclusivamente para seus funcionários.
17. A. I. Mikoian, *Tak bylo*, pp. 351-2.
18. S. S. Khrómov, *Po stranitsam*, p. 10 (citando RGASPI, f. 558, op. 11, d. 69, l. 23-24ob).
19. RGASPI, f. 558, op. 11, d. 69, l. 5 (M. Gorbatchóv).

20. "Neopublikovannye materialy iz biografii tov. Stalina", *Antireligioznik*.

21. Roy Medvedev, *Let History Judge*, pp. 590-1 (citando memórias inéditas de K. K. Ordjonikidze).

22. Leon Trotsky, *Where is Britain Going?*

23. Lars Lih, *Stalin's Letters to Molotov*, p. 108 (RGASPI, f. 558, op. 1, d. 3266, l. 1-2).

24. Edward Hallett Carr e Robert W. Davies, *Foundations of a Planned Economy*, III/i, p. 18 (citando DBRFP, série I A, ii [1968], pp. 724-9).

25. Gabriel Gorodetsky, "The Soviet Union and Britain's General Strike of May 1926".

26. Aleksandr Vátlin et al., *Stenogrammy zasedanii Politburo*, I, pp. 743-827 (nas pp. 743, 780: RGASPI, f. 17, op. 163, d. 686, l. 146-51, 152-6); O. G. Nazárov, *Stalin i borba za liderstvo*, p. 152 (citando RGASPI, f. 323, op. 2, d. 22, l. 47). Ver também instruções de Stálin: *Pisma Stalina Molotovu*, pp. 55-69.

27. *Zaria vostoka*, 10 de junho de 1926; *Sochineniia*, VIII, pp. 173-5.

28. *Sochineniia*, VIII, pp. 168-72.

29. Aleksandr Vátlin et al., *Stenogrammy zasedanii Politburo*, II, p. 109.

30. J. Adibékova e O. Latsis, "V predchuvstvii pereloma", pp. 85-6; A. A. Plekhánov e A. M. Plekhánov, *F. E. Dzerjínski*, pp. 654-5 (RGASPI, f. 76, op. 2, d. 257, l. 46-8); Efim G. Guimpelson, *NEP*, pp. 382, 384.

31. RGASPI, f. 76, op. 2, d. 270. Em 5 de abril de 1926, quando Dzierżyński lhe escrevera para se queixar de suas diferenças cada vez maiores com Piatakov e pedir a substituição deste a fim de ajudá-lo a dirigir a economia, Ríkov respondeu que Piatakov e Trótski estavam conspirando com Kámenev e Zinóviev e que, se fosse liberado dos encargos da administração, Piatakov teria mais tempo para conspirar politicamente. Não está claro se Ríkov não queria procurar um substituto ou se agia justamente conforme esses cálculos. A. V. Kvachónkin, *Bolshevistskoe rukovodstvo*, 326 (RGASPI, f. 76, op. 2, d. 168, l. 11).

32. Dzierżyński concluía: "Estou cansado demais dessas contradições". *Kommunist*, n. 8, pp. 87-8, 1989; A. A. Plekhánov e A. M. Plekhánov, *F. E. Dzerjínski*, pp. 659-60 (RGASPI, f. 76, op. 2, d. 270, l. 29-30, 3 de julho de 1926). A transformação de vermelho em pardo era um velho tema seu: em 9 de julho de 1924, ele escrevera a Stálin e a outros membros do Politbiuró para advertir que, se a situação não melhorasse, apareceria um ditador que enterraria a revolução, "não importa quais penas vermelhas estejam afixadas em sua roupa". A. M. Plekhánov, *VChK-Ogpu*, p. 277 (citando TsA FSB, f. 2, op. 2, d. 746, l. 14, 17).

33. Disponível em: <kremlin-9.rosvesty.ru/news/111>.

34. RGASPI, f. 558, op. 11, d. 1289, l. 6, 6ob.

35. B. S. Ielizárov, *Tainaia zhizn'*, p. 113.

36. Ivan Aleksandróvitch Valedínski [1874-1954], "Organizm Stalina vpolne zdorovyi", pp. 68-73 (p. 68).

37. Catherine Merridale, *Moscow Politics*, p. 38. A reunião em questão aconteceu em 6 de junho de 1926, embora seja possível que tenha havido mais de uma.

38. Victor Serge, *Memoirs of a Revolutionary*, p. 220.

39. *Moskovskie Bolsheviki*, pp. 189-90 (citando MPA, f. 69, op. 1, d. 374, l. 107).

40. A. A. Jdanóvitch, *Organy gosudarstvennoi bezopasnosti*, pp. 316-7 (citando TsA FSB, f. 2, op. 4, d. 145, l. 15; V. Vassíliev).

41. Lars Lih, *Stalin's Letters to Molotov*, p. 100 (citando RGASPI, f. 613, op. 1, d. 46, l. 21-2).

42. Ibid., pp. 115-7; *Pisma Stalina Molotovu*, pp. 72-5. Stálin também previu que "Trótski se tornará mais uma vez leal", e aconselhou que fosse tratado com leniência. Trótski participou de um protesto escrito para a plenária de julho de 1926 junto com Zinóviev, Kámenev, Krúpskaia e outros (treze, no total), mas a declaração não foi incluída na ata. Lars Lih, *Stalin's Letters to Molotov*, p. 116, n. 1.

43. A. V. Kvachónkin, *Bolshevistskoe rukovodstvo*; S. S. Khrómov, *po stranitsam*, 1-1 (RGASPI, f. 558, op. 11, d. 69, l. 53).

44. Edward Hallett Carr e Robert W. Davies, *Foundations of a Planned Economy*, III/i, pp. 76-80.

45. A. A. Plekhánov e M. Plekhánov, *F. E. Dzerjínski-predsedatel'*, pp. 663-4 (RGASPI, f. 76, op. 3, d. 364, 57--8, 70); S. S. Khrómov, *Po stranitsam*, p. 326 (citando RGASPI, f. 558, op. 11, delo não especificado, l. 56-56ob). Em 18 de julho, Dzierżyński escreveu a Iagoda para perguntar o que fora feito para fortalecer a contraespionagem contra Polônia, Bielorrússia, Ucrânia e Romênia: Ibid., p. 668 (RGASPI, f. 76, op. 3, d. 364, l. 62).

46. Ibid., , *F. E. Dzerjínski*, p. 665 (RGASPI, f. 76, op. 3, d. 88, l. 37).

47. Valéri A. Chíchkin, *Vlast, politika, ekonomika*, p. 296.

48. A. A. Plekhánov e M. Plekhánov, *F. E. Dzerjínski-predsedatel'*, p. 670 (RGASPI, f. 76, op. 4, d. 30, l. 50-1); *Pravda*, 1º de agosto de 1926; F. E. Dzerjínski, *Izbrannye proizvedennia*, II, pp. 381-92; S. Dzerjínskaia, V *gody velikikh boev*, pp. 400-3.

49. *Pravda*, 22 de julho de 1926, em *Sochineniia*, VIII, pp. 192-3. Ver também *Torgovo-promyshlennaia gazeta*, 1º de agosto de 1926.

50. Leon Trotsky, *Stalin*, II, p. 184. De acordo com Trótski, Stálin passou a impressão de que se tratava da carta de uma pessoa doente — uma manifestação da doença — e que Lênin era exageradamente influenciado por mulheres (*baby*), querendo se referir a Krúpskaia e, talvez, Fotíieva e Volóditcheva. Ibid., p. 253.

51. RGASPI, f. 17, op. 2, d. 246, cap. IV, s. 62, 66-7 (*Steongraficheskii otchet Obedinennogo plenuma TsK i TsKK VKP (b)*, 14-23 iuinia 1926 g.).

52. RGASPI, f. 17, op. 2, d. 246, cap. IV, s. 105.

53. Roy Medvedev, *Let History Judge*, pp. 85-6.

54. RGASPI, f. 17, op. 2, d. 246, cap. IV, s. 66.

55. Valentin A. Sákharov, *Politicheskoe zaveshchanie*, pp. 599-601.

56. RGASPI, f. 17, op. 2, d. 246, cap. IV , s. 66.

57. *Pravda*, 25 de julho de 1926; *KPSS v rezoliutsiiakh* [1970], III, pp. 332-54.

58. RGASPI, f. 558, op. 11, d. 69, l. 89, 102, 105.

59. Ordjonikidze recusou: "Não sou bom para aquele tipo de trabalho, pois sou improvavelmente explosivo e rude, analfabeto — em uma palavra, não sei escrever. [...] Não esqueça que ganhei uma repreensão que foi publicada na imprensa por causa de uma altercação [*mordoba*] física", um infame tápa no início de 1923. Em seu lugar, recomendou Rudzutaks, Kaganóvitch ou Andreiev. A. V. Kvachónkin, *Bolshevistskoe rukovodstvo*, pp. 39, 323-4 (RGASPI, f. 85, op. 25, d. 120, l. 1-2, 17 de março de 1926) ; Oleg Khlevniuk, *In Stalin's Shadow*, pp. 23-4; RGASPI, f. 558, op. 1, d. 34, l. 84, 87; *Pisma Stalina Molotovu*, pp. 82-6.

60. Oleg Khlevniuk, *In Stalin's Shadow*, pp. 23-4. Stálin escreveu a Mólotov em 30 de agosto de 1926, dando instruções para que o decreto fosse reescrito; Mólotov assumiu a responsabilidade, em carta ao "Caro Sergo" de 9 de setembro de 1926, e observou que, "de minha parte, espero que você não permaneça no Cáucaso Norte por muito tempo e que se transfira para Moscou no futuro não muito distante". *Pisma Stalina Molotovu*, pp. 82-6; A. V. Kvachónkin, *Bolshevistskoe rukovodstvo*, pp. 336-7 (RGASPI, f. 85, op. 25, d. 151, l. 1-3, 9 de set. de 1926).

61. Andrei Sinyavsky, *Soviet Civilization*, p. 128 (sem citação); I. E. Polikarenko, *O Felikse Edmundoviche Dzerzhinskom*; "Nad grobom Dzerzhinskogo", *Pravda*, 23 de julho de 1926, p. 1. Ver também A. A. Pávlov, *Chekisty*, p. 12. Os arquivos ganharam um estímulo com a morte de Dzierżyński, que induziu o regime a compilar seus "arquivos pessoais", seguindo o exemplo dos arquivos de Lênin. O arquivo de Dzierżyński nos arquivos do partido (RGASPI, f. 76) contém mais de 5 mil pastas. Os novos agentes da espionagem no exterior fariam seu juramento de cumprimento do dever no dia de seu aniversário (11 de setembro). Mais tarde, o salário de todos os tchekistas seria pago no dia 11 de cada mês. Nikolai S. Leónov, *Likholete*, p. 354; Christopher M. Andrew e V. M. Mitrokhin, *Mitrokhin Archive*, p. 30.

62. Christopher M. Andrew e Oleg Gordievsky, *KGB*, p. 42 (citando entrevista com o desertor Peter Deriabin, ex-membro das guardas). Sobre os aspectos religiosos do culto a Dzierżyński, ver Andrei Sinyavsky, *Soviet Civilization*, pp. 125-34.

63. Julie Fedor, *Russia and the Cult of State Security*, pp. 11-29; Ronald Hingley, *The Russian Secret Police*, p. 130. Ver também A. I. Mikoian, *Feliks Dzerjínski*.

64. Oleg Mozókhin e Teodor Gladkov, *Menzhinskii*, p. 353 (sem citação). Sobol tornou-se escritora com o pseudônimo de Irina Guro. A respeito de Mężyński, há um interessante fato secreto. Em junho-julho de 1915, sob pseudônimo, ele atacara selvagemente Lênin num jornal de língua russa publicado em Paris (*Nosso Eco*). "Lênin considera-se não somente o único sucessor do trono russo, assim que estiver vago, como o único sucessor da Internacional", escreveu com perspicácia, acrescentando que "Lênin [...] é um jesuíta político que distorceu o marxismo durante muitos anos para servir aos seus objetivos do momento e acabou irremediavelmente confuso. [...] Os leninistas não são nem mesmo uma facção, mas um clã de ciganos do partido, com vozes estentórias e paixão por brandir chicotes, eles imaginaram um direito indiscutível de serem os guias da classe operária". É bem possível que Stálin, por meio de denúncias, soubesse que Mężyński havia escrito essa diatribe e guardasse uma cópia para mantê-lo sob controle. S. D., "Lenin", *Nashe ekho*, 19 de junho de 1915, pp. 6-7; 15 de julho, pp. 6-7. *Nosso Eco* foi publicado de abril a agosto de 1915. Com frequência, os estudiosos citaram mal e erraram a data do artigo: ver, por exemplo, Donald Rayfield, *Stalin and His Hangmen*, p. 110. Mężyński se tornaria membro do Comitê Central em dezembro de 1927, mas nunca foi promovido ao Politbiuró.

65. RGASPI, f. 17, op. 2, d. 246, cap. IV, s. 32.

66. RGASPI, f. 17, op. 2, d. 246, cap. IV , s. 105.

67. *Izvestiia TsK KPSS*, n. 12, pp. 194-6, 1989. *Izvestiia TsK KPSS*, n. 4, p. 78, 1991. Para a carta de Trótski e suas anotações sobre ela, a quem chamou de "velha solteirona", ver Liev Trótski, *Dnevniki i pisma* [1990], pp. 76-7.

68. M. I. Uliánova, "Ob otnoshenii V. I. Lenina k I. V. Stalinu", pp. 198-9 (RGASPI, f. 14, op. 1, d. 398, l. 1-8).

69. Segundo Trótski, Krúpskaia teria dito a amigos em 1926: "Se Volódia estivesse vivo hoje, estaria na prisão". Liev Trótski, *Moia zhizn*, II, p. 219; Id., *Portrety revoliutsionerov* [1984], p. 56.

70. RGASPI, f. 17, op. 2, d. 246, cap. IV, s. 64. O Testamento seria publicado em um boletim especial do XV Congresso do Partido e, depois da morte de Stálin, em uma nova edição das atas normais. *XV siezd VKP* (*b*), II; pp. 1477-8. Milhares de pessoas seriam presas por tentar divulgar o Testamento, inclusive, em 1929, o estudante moscovita Varlam Chalámov, então com 22 anos.

71. *Moskovskie Bolsheviki*, pp. 174-5.

72. Aino Kuusinen, *Rings of Destiny*, p. 78. Stálin, no entanto, podia ser um supervisor impaciente. Ao receber o rascunho do texto do Comintern escrito por Kuusinen sobre a autonomia da Alsácia-Lorena, um território que a França retomara da Alemanha no Tratado de Versalhes, escreveu duramente, em 14 de agosto de 1926: "Você precisa inserir um parágrafo [...] que diga que a luta por autonomia não significa o enfraquecimento dos laços do proletariado da Alsácia-Lorena com o proletariado da França, mas, ao contrário, fortalece significativamente esses laços". Stálin também fez objeções ao tom do texto, que achou condescendente, e sugeriu que fosse reduzido para eliminar repetições. RGASPI, f. 558, op. 11, d. 755, l. 114, pp. 118-20.

73. Alexis Pogerelskin, "Kamenev in Rome", p. 102 (citando ACDS, Busta, 15 Fasciola: Kameneff, Mussolini: colloquio con Kameneff, 3 de fevereiro de 1927), p. 103.

74. *Na prieme*, p. 765. Davis levava cartas de apresentação de William Borah, presidente da Comissão de Relações Exteriores do Senado americano. Ele também pediu a Ossínski, que havia visitado os Estados Uni-

dos em 1924-5, para escrever uma carta a Stálin indicando que Davis publicaria um relatório da viagem da delegação americana a URSS, a ser usado para obter o reconhecimento dos EUA do Estado soviético. RGASPI, f. 558, op. 11, d. 726, l. 95-95ob, p. 96. Davis preparou perguntas por escrito com antecedência (l. 89-90).

75. Jerome Davis, "Stalin, New Leader". Tradução russa: RGASPI, f., 558, op. 11, d. 726, l. 119-32. Davis afirmou ter entendido o russo de Stálin; a sessão foi traduzida por Tivel. A conversa foi transcrita pelo lado soviético. Stálin proibiu a publicação da tradução russa, alegando que 90% dela diferia do que ele havia dito, acrescentando falsamente que não fora registrada por ninguém. RGASPI, f. 558, op. 11, d. 726, l. 139. Davis não aparece na agenda de Stálin no Kremlin; a entrevista teve lugar no escritório da Praça Velha. Ele tentou encontrar-se de novo com Stálin no ano seguinte em Moscou, mas não foi aceito. Ver também Samuel N. Harper e Paul V. Harper, *The Russia I Believe In*, pp. 234-5; Paul Hollander, *Political Pilgrims*, pp. 162, 165.

76. RGASPI, f. 558, op. 11, d. 726, l. 148.

77. RGASPI, f. 558, op. 11, d. 726, l. 97-105; S. S. Khrómov, *Po stranitsam*, pp. 249-57.

78. Sobre os camponeses: "Esperamos que o camponês acabe por se unir a nós. [...] Estamos criando condições materiais que os trarão para o nosso lado. O camponês é um homem prático. Ele precisa do quê? Ele deve ser suprido de bens manufaturados a preços razoáveis, ele precisa de créditos, ele quer sentir que o governo leva em conta seus interesses, ajuda-o em períodos de fome e está ansioso para trabalhar com ele e para ele. [...] Os camponeses percebem que queremos protegê-los dos antigos senhores que retomariam suas terras. Estamos dando a eles uma vida cultural que jamais tiveram". Davis também alegou ter se encontrado com a mãe de Stálin em Tíflis, em 1927.

79. Mary Nolan, *Visions of Modernity*.

80. Henry Ford, "Mass Production", *Encyclopedia Britannica* (13. ed.), XV, pp. 38-41.

81. *Na prieme*, pp. 759-66. Ivan Ksenofóntov, o ex-chefe do departamento de assuntos comerciais do partido, morreu de câncer no estômago aos 42 anos, em 23 de março de 1926.

82. Lars Lih, *Stalin's Letters to Molotov*, pp. 119-20; RGASPI, f. 558, op. 11, d. 34, l. 98-101.

83. RGASPI, f. 558, op. 11, d. 70, l. 20.

84. "Ob edeintsve partii", em Iúri Felchtínski, *Kommunisticheskaia oppozitsiia v SSSR*, II, pp. 77-82 (pp. 79-80).

85. Leon Trotsky, *Stalin School of Falsification*, pp. 89-90 (carta de Trótski ao Comitê Central, datada de 22 de novembro de 1927).

86. Em 9 de outubro de 1926, treze membros da oposição Unida "ativa" reuniram-se no apartamento de um deles, Ivan Bakáiev, no distrito moscovita de Sokólniki, para entrar em acordo a respeito de um texto de Trótski-Zinóviev sobre desistir de atividades oposicionistas. *Moskovskie Bolsheviki*, p. 205 (citando MPA, f. 85, op. 1, d. 318, l. 228).

87. *Pravda*, 17 de outubro de 1926.

88. Em 1956, Eastman escreveu a Isaac Deutscher para contar que conseguira o Testamento completo numa cópia de Krúpskaia por intermédio de um emissário que o havia levado para Boris Souvarine, em Paris. Edward Hallett Carr e Robert W. Davies, *Foundations of a Planned Economy*, II, p. 16, n. 2.

89. Iúri Múrin, "Eshche raz ob otstavkakh I. Stalina", pp. 72-3 (APRF, f. 45, op. 1, d. 126, l. 69-9: datado erroneamente de 1924).

90. *Sochineniia*, VII, p. 233.

91. *Pravda*, 24 de outubro de 1926; KPSS v rezoliutsiiakh, III, pp. 360-1.

92. *XV konferentsiia VKP (b)*, pp. 531-3. Ver também Liev Trótski, *Kommunistichekii internatsional posle Lenina*, pp. 109-10.

93. *XV konferentsiia VKP (b)*, pp. 564, 566.

94. "O sotsial-demokraticheskom uklone v nashei partii", *Pravda*, 5-6 de novembro de 1926, em *Sochineniia*, VIII, pp. 234-97 (p. 276).

95. Victor Serge, *La Vie et la mort*, p. 180-1 (citando as reminiscências da esposa de Trótski, Natália Sedova, que data erroneamente o incidente de 1927); Isaac Deutscher, *Prophet Unarmed*, pp. 296-7; Edward Hallett Carr e Robert W. Davies, *Foundations of a Planned Economy*, II, pp. 16-7. Ver também RGASPI, f. 323, op. 2, d. 98, l. 304.

96. *XV konferentsiia VKP (b)*, p. 535.

97. Ibid., p. 578.

98. *XV konferentsiia vsesoiuznoi kommunisticheskoi partii (b)*, pp. 599, 601. Ver também Isaac Deutscher, *Prophet Unarmed*, p. 305; e Stephen F. Cohen, *Bukharin*, p. 240.

99. *Pravda*, 12 de novembro de 1926, em *Sochineniia*, VIII, pp. 298-356.

100. N. S. Símonov, "'Strengthen the Defense of the Land of Soviets'", p. 1357.

101. A. V. Gólubev, *Esli mir obrushitsia na nashu Respubliku*, pp. 98-104; Lennart Samuelson, *Soviet Defence Industry Planning*, pp. 40-4.

102. Timothy O'Connor, *Diplomacy and Revolution*, pp. 131-2.

103. A. V. Gólubev, *Esli mir obrushitsia na nashu Respubliku*, pp. 98-104.

104. O. N. Ken e A. I. Rupássov, *Politbiuro TsK VKP (b)*, pp. 484-5, 491, 497.

105. Piotr S. Wandycz, *Twilight of French Eastern Alliances*, p. 50.

106. A. M. Plekhánov, *VChK-Ogpu*, p. 305; Zakóvski para Mężyński, 31 de janeiro de 1927).

107. Ibid., p. 318 (citando TsA FSB, f. 2, op. 5, d. 32, l. 16, 19).

108. Keith Neilson, *Britain, Soviet Russia and the Collapse*, pp. 52-3.

109. Cecil F. Melville, *Russian Face of Germany*.

110. *Pravda*, 16 de dezembro de 1926, em Xenia Eudin e Harold T. Fisher, *Soviet Union and the West*, pp. 208-9; Ruth Fischer, *Stalin and German Communism*, pp. 529-36.

111. Keith Neilson, *Britain, Soviet Russia and the Collapse*, p. 53 (citando FO 371/11787/N5670/387/38: memorando de J. D. Gregory).

112. Lennart Samuelson, *Plans for Stalin's War Machine*, p. 36 (citando RGVA, f. 33987, op. 3, d. 128, l. 24, 29 de janeiro de 1927).

113. Iu. L. Diákov e T. S. Buchúeva, *Fashistskii mech kovalsia v SSSR*, p. 80 (RGVA, f. 33987, op. 3, d. 128, l. 26: Jan Berzin a Vorochílov, 29 de janeiro de 1927); A. N. Duraczyński e E. Sákharov, *Sovetsko-Polskie otnosheniia*, p. 63.

114. Davies, resenha de David Stone (citando *Vestnik finansov*, n. 8, 140-1, 1927).

115. John Erickson, *Soviet High Command* [2001], pp. 301-4.

116. David R. Stone, *Hammer and Rifle*, p. 22.

117. John Erickson, *Soviet High Command* [2001], p. 288.

118. Serguei Kudriachov, *Krasnaia armiia*, pp. 139-41 (APRF, f. 3, op. 50, d. 257, 1, 30-1); A. K. Sokolov, *Ot voenproma k VPK*, pp. 62-3 (citando GARF, f. 8418, op. 16, d. 3, l. 355); Ken, *Mobilizatsionnoe planirovanie*, p. 21.

119. Iúri Múrin, "Eshche raz ob otstavkakh I. Stalina", p. 73 (APRF, f. 45, op. 1, d. 131, l. 64-5).

120. Lars Lih, *Stalin's Letters to Molotov*, pp. 131-2.

121. *Pravda*, 9 de janeiro de 1927.

122. *Pravda*, 9, 13, 14 e 20 de janeiro de 1927.

123. A interpretação mito-manipulação assume uma visão superficial: L. N. Nejínski, "Byla li voennaia ugroza SSSR v kontse 20-x-nachale 30-x godov?", *Istoriia SSSR*, n. 6, pp. 14-30, 1990; Olga Velikanova, "The Myth of the Besieged Fortress".

124. Lennart Samuelson, *Plans for Stalin's War Machine*, p. 35 (citando PRO, Foreign Office, N530/190/38, 26 de janeiro de 1927). Alguns estudiosos conjecturam corretamente que o medo da guerra era verdadeiro: Leonard Schapiro, *Communist Party*, pp. 303-4.

125. Serguei Prokófiev, *Soviet Diary 1927*, pp. 43-4, 59, 66, 106, 156. No início da década de 1930, Prokófiev retornaria para sempre à URSS de Stálin e trabalharia ao lado de Chostakóvitch, que nunca saiu do país.

126. Vladímir Lóginov, *Teni Stalina*, p. 95.

127. *Na prieme*, pp. 766-73.

128. Harald von Riekhoff, *German-Polish Relations*, pp. 248-55.

129. Iu. L. Diákov e T. S. Buchúeva, *Fashistskii mech kovalsia v SSSR*, pp. 71-6 (RGVA, f. 33987, op. 3, d. 151, l. 18-23).

130. Abdulkahn Akhtamzian, "Voennoe sotrudnichestvo", pp. 14-5; Id., "Soviet-German Military Cooperation", p. 105. Ver também Harvey L. Dyck, *Weimar Germany and Soviet Russia*, pp. 96-7; e Jon Jacobson, *When the Soviet Union Entered*, pp. 227-9.

131. Lennart Samuelson, *Plan's for Stalin's War Machine*, pp. 32-3 (citando RGASPI, f. 17, op. 3, d. 611, l. 18, 13 de janeiro de 1927).

132. A. M. Plekhánov, *VChK-Ogpu*, 53-4 (TsA FSB, f. 2, op. 6, d. 110, l. 114-5).

133. APRF, f. 3, op. 63, d. 137, l. 23-47 (cortesia de Serguei Kudriachov). O relatório do informante talvez tenha sido escrito e/ou fornecido por Mieczysław Loganowski (nascido em 1895), um funcionário do Comissariado das Relações Exteriores: alguém escreveu seu nome em letra de imprensa com lápis vermelho no texto datilografado. Loganowski era um veterano da inteligência do Exército Vermelho e havia sido anteriormente, sob o disfarce de diplomata, chefe ao mesmo tempo da base de Varsóvia da inteligência civil (GPU) e militar (GRU), onde organizou brigadas armadas de sabotagem e tramou o assassinato de Piłsudski. Protegido de Dzierżyński e especialmente de Unszlicht, conterrâneos poloneses, Loganowski desempenhou depois um papel similar na Áustria, antes de ser designado para o Comissariado das Relações Exteriores em Moscou. Um diplomata soviético em Varsóvia lembrou que ele era "uma pessoa de vontade forte, estamina de ferro e selvageria animal". Grigori Besedovski, *Na putiakh k terimodoru*, pp. 92-3; Aleksandr Séver e Aleksandr Kolpakídi, *Spetsnaz GRU*. Stálin conhecia Loganowski devido ao seu envolvimento com os esquadrões de sabotagem e golpe coordenados por Unszlicht em vários países. O nome de Loganowski no documento pode se referir à sua autoria, ou poderia ser um lembrete para entrar em contato com ele com o objetivo de acompanhamento.

134. Lennart Samuelson, *Plans for Stalin's War Machine*, p. 39 (citando RGASPI, f. 74, op. 2, d. 39, l. 6).

135. *Anglo-Sovetskie otnosheniia*, pp. 100-4; *DVP SSSR*, x, pp. 6-62.

136. Alla I. Tchernykh, *Stanovlenie Rossii sovetskoi*, p. 13. Em 1927, Moscou soube de um grupo de poucas dezenas de indivíduos na Iacútia que promovia agitações contra o poder soviético e previa sua queda. As chuvas e a lama da primavera impediram o envio de uma equipe da polícia até setembro para prender os conspiradores antes que pudessem iniciar o "levante". A. M. Plekhánov, *VChK-Ogpu*, p. 386 (TsA FSB, f. 2, op. 4, d. 204, l. 19).

137. *Pravda*, 3 de março de 1927, em *Sochineniia*, IX, p. 170.

138. *Izvestiia TsK KPSS*, n. 8, pp. 199-201, 1989 (A. G. Gorbunov, 16 de abril de 1927). Alguns informes do campo consideravam firme a lealdade política dos camponeses. "Não queremos guerra — ainda não nos recuperamos da última —, mas não desistiremos do poder soviético por nada", resumiu um informe de Ulianovsk. No caso de uma guerra, esses camponeses juravam que "até o último de nós lutará". D'Ann R. Penner, "Stalin and the Italianka", p. 53 (citando RGASPI, f. 17, op. 32, d. 110, l. 10, 20 de julho de 1927).

139. V. I. Lênin, *Collected Works*, pp. 30, 93-104 (setembro-outubro de 1919).

140. Erik van Ree, *Political Thought of Joseph Stalin*, p. 222 (citando RGASPI, f. 558, op. 4, d. 598, l. 5-8).

141. Steve A. Smith, *A Road is Made*.

142. Ibid., p. 28.

143. C. Martin Wilbur e Julie Lien-Ying How, *Documents on Communism*, p. 733.

144. Steve A. Smith, *A Road is Made*, p. 168.

145. Ibid., p. 171.

146. Stálin dava grande importância ao Exército do Guomindang. Em novembro de 1926, equiparou o movimento revolucionário chinês ao da Rússia em 1905, mas acrescentou que, "na China, não é um povo desarmado que encara as tropas de um governo velho, mas um povo armado na pessoa de seu exército revolucionário. Na China, uma revolução armada está lutando contra uma contrarrevolução armada". *Sochineniia*, VII, pp. 357-8, 363.

147. VKP (b), *Komintern i natsionalno-revoliutsionnoe dvizhenie v Kitae*, I, p. 64.

148. Ibid., p. 494.

149. Michael Weiner, "Comintern in East Asia, 1919-39", em Kevin McDermott e Jeremy Agnew, *Comintern*, pp. 158-190 (na p. 164, sem citação).

150. C. Martin Wilbur e Julie Lien-Ying How, *Missionaries of Revolution*, pp. 248-50. CU East Asian DS740.5.S65 W55 1989.

151. F. F. Liu, *Military History of Modern China*, cap. 2.

152. Rebecca Karl, *Staging the World*, p. 195 (citando Chen Duxiu, escrevendo em 1904).

153. Les Evans e Russell Block, *Leon Trotsky on China*, pp. 113-5.

154. *Pravda*, 22 de maio de 1925; RGASPI, f. 558, op. 1, d. 2714, l. 17, reproduzido em *Sochineniia*, VII, pp. 132-52 (mas sem a cláusula "conforme o modelo do Guomindang"). Na China, Stálin era um esquerdista, mesmo quando não parecia sê-lo. Aleksander Pantsov, *Bolsheviks and the Chinese Revolution*, pp. 86-9, 129; G. S. Kara-Murz, *Strategiia i taktika Kominterna v natsionalno-kolonialnoi revoliutsii*, p. 112.

155. Conrad Brandt, *Stalin's Failure in China*, pp. 44-5.

156. A. I. Kartunova, "Kitaiskii vopros"; Id., "Novyi vzgliad na razryv s Chan Kaishi..."; G. N. Peskova, "Stanovleniie diplomaticheskikh otnoshenii mezhdu Sovetskoi Rossiiei i Kitaem"; Id., "Diplomaticheskie otnosheniia mezhdu SSSR".

157. VKP (b), *Komintern, i natsionalno-revolutsionnoe dvizhenie v Kitae*, I, pp. 549-53; Aleksander Pantsov, *Tainaia istoriia*, p. 126; Id., *Bolsheviks and the Chinese Revolution*, pp. 84-5.

158. Dmítri B. Slavínski, *Sovetskii soiuz i Kitai*, p. 101, citando Tszian Chzhun-chzhen [Chiang Kai-shek], *Sovetskii Soiuz v Kitae*, p. 26 (14 de março de 1924).

159. RGASPI, f. 17, op. 3, d. 561, l. 1.

160. RGASPI, f. 17, op. 162, d. 3, l. 55 (29 de abril de 1926).

161. Conrad Brandt, *Stalin's Failure in China*, pp. 155-60; Aleksander Pantsov, *Bolsheviks and the Chinese Revolution*, pp. 101-23.

162. Conrad Brandt, *Stalin's Failure in China*, p. 73 (citando arquivos de Trótski: "Voprosy nashei politiki v otnoshenii Kitaia I Iaponii"). Vorochílov estava no mesmo comitê.

163. VKP (b), *Komintern i natsionalno-revolutsionoe dvizhenie v Kitae*, II, pp. 36-40; Aleksander Pantsov, *Tainaia istoriia*, p. 163 (citando RGASPI, f. 495, op. 1, d. 73, l. 15: Zinóviev para Hu, 8 de fevereiro de 1926, e f. 514, op. 1, d. 233, l. 33); Id., *Bolsheviks and the Chinese Revolution*, pp. 111-2.

164. Harold R. Isaacs, *Tragedy of the Chinese Revolution*, pp. 162, 351-2, n. 12.

165. *Izvestiia*, 8 de abril de 1927; C. Martin Wilbur e Julie Lien-Ying How, *Documents on Communism*, pp. 8-9.

166. Dmítri B. Slavínski, *Sovetskii soiuz i Kitai*, pp. 131-3; Mikhail S. Kápitsa, *Sovetsko-kitaiskie otnoshe-niia*, pp. 177-81; Benjamin I. Schwartz, *Chinese Communism*, pp. 42-60.

167. C. Martin Wilbur, *Nationalist Revolution in China*, p. 108.

168. Paul R. Gregory, Hsiao-ting Lin, Lisa Nguyen, "Chiang Chooses His Enemies", *Hoover Digest*, n. 2, 2010; RGASPI f.17, op. 2, d. 279, l. 1-7, 10, 12, d. 280, l. 2-17, d. 281, l. 1-7, d. 282, l. 94-154 (teses de Zinóviev), d. 283, l. 259-60, d. 284 (a plenária editada e encurtada, com corte de 15 de abril), l. 22-30 (protocolos com teses de Zinóviev anexadas; A. V. Gólubev, *Esli mir obrushitsia na nashu Respubliku*, p. 49 (citando TsDOOSO, f. 4, op. 5, d. 448, l. 20).

169. Conrad Brandt, *Stalin's Failure in China*, p. 115 (citando arquivos de Trótski, carta de 18 de abril de 1927)

170. Dmítri B. Slavínski, *Sovetskii soiuz i Kitai*, pp. 155-6.

171. Isaac Deutscher, *Prophet Unarmed*, p. 327. "Nossas primeiras discordâncias com o núcleo dirigente do atual Politbiuró em relação à questão chinesa já se refere ao início de 1926", escreveriam Zinóviev e Trótski no final de maio de 1927. A proposta de ambos de que os comunistas chineses rompessem com o Guomindang foi confirmada por Bukhárin e Stálin na plenária de julho de 1926. Aleksander Pantsov, *Tainaia istoriia*, p. 162 (RGASPI, f. 495, op. 166, d. 189, l. 2; *Obedeninennyi plenum TsK i TsKK VKP (b)*, *14-23 iiulia 1926 g.* cap.. 1, l. 15, 75).

172. Conrad Brandt, *Stalin's Failure in China*, p. 90.

173. Semion Iu. Vigódski, *Vneshniaia politika SSSR*, pp. 292, 145 (citando *Izvestiia*, 4 de dezembro de 1962).

174. *Lubianka: Stalin i VChk-Ogpu-NKVD*, pp. 133-4; (RGASPI, f. 17, op. 162, d. 5, l. 35). Gabriel Gorodetsky, *Precarious Truce*, pp. 221-31; Louis Fischer, *Soviets in World Affairs*, pp. 500-10; Id., *Russia's Road from Peace to War*, p. 169.

175. L. M. Khintchuk, *K istorii anglo-sovetskikh otnoshenii*, p. 46; *Izvestiia*, 18 de maio de 1927 (Mikoian).

176. *Lubianka: Stalin i VChK-Ogpu-NKVD*, p. 131.

177. O Japão faria isso de novo em março de 1928. Boris N. Slavinsky, *Japanese-Soviet Neutrality Pact*.

178. Iúri Felchtínski, *Kommunisticheskaia oppozitsiia v SSSR*, III, pp. 57-9; D. A. Volkogonov, *Trotsky*, p. 287.

179. *VKP (b), Komintern i natsionalno-revoliutsionnoe dvizhenie v Kitae*, II/ii, pp. 763-4.

180. *Bolshevik*, 31 de maio de 1927, em *Sochineniia*, IX, pp. 311-2.

181. Isaac Deutscher, *Prophet Unarmed*, pp. 336-7.

182. Trótski e Zinóviev, junto com mais de oitenta adeptos, enviaram ao Comitê Central um longo documento conhecido como a Declaração dos 84 (número dos assinantes iniciais, que subiria para mais de trezentos) solicitando uma sessão confidencial do Comitê Central para discutir a ampliação do movimento revolucionário na China. O documento também enumerava os fracassos internos de Stálin na política agrária e industrial, emprego, salários, habitação — em suma, tratava-se de um forte manifesto esquerdista pró-revolução, anti-NPE. "Declaration of the 84", em Leon Trotsky, *Challenge of the Left Opposition*, II, pp. 224-39.

183. Gabriel Gorodetsky, *Precarious Truce*; Jon Jacobson, *When the Soviet Union Entered*, p. 222. Arthur Henderson e V. Dovgalevsky, "Anglo-Soviet Relations". As relações só seriam retomadas em 1929.

184. Uma vez que as relações comerciais haviam sido retomadas em 1921, Moscou vendera para Londres mercadorias no valor de 70 milhões de libras esterlinas, ao mesmo tempo que comprara 24,3 milhões em algodão, lãs, máquinas, borracha e ferramentas. Olga Velikanova, *Popular Perceptions*, p. 54 (citando Foreign Office 371, 1927, vol. 12595, pp. 191, 193; vol. 12593, p. 161).

185. Nicolas Werth, "Rumeurs défaitistes et apocalyptiques"; Lynne Viola, "The Peasant Nightmare". Ver também N. S. Símonov, "'Strengthen the Defense of the Land of Soviets'", pp. 1355-6; *Lubianka: Stalin*

i VChK-Ogpu-NKVD, 117. Leonard Schapiro especulou que a liderança soviética talvez estivesse genuinamente preocupada — o que era verdade. Leonard Schapiro, *Communist Party*, pp. 303-4. Ver também John P. Sontag, "Soviet War Scare"; Alfred G. Meyer, "The Soviet War Scare of 1927"; e Andrea Romano, "Permanent War Scare", pp. 103-20.

186. A. I. Ríkov, *Angliia i SSSR*, pp. 4-5, 21-31, 36.

187. Harald von Riekhoff, *German-Polish Relations*, pp. 248-55.

188. Xenia Eudin e Robert C. North, *Soviet Russia and the East*, pp. 303-4; *Sochineniia*, x, pp. 31-3; Conrad Brandt, *Stalin's Failure in China*, p. 133.

189. Tien-wei Wu, "A Review of the Wuhan Débâcle".

190. Ivan Aleksandróvitch Valedinski, "Organizm Stalina vpolne zdorovyi", p. 69.

191. Os códigos criminais eram da alçada das repúblicas, não da União, e, no Código Criminal de 1926 da RSFSR, um indivíduo podia ser sentenciado por ser "perigoso" mesmo sem ter cometido um crime, mas simplesmente por ter "conexão com um ambiente criminoso" ou "atividade passada" (artigo 7º). O código também continha uma seção especial (artigo 58) dedicada a crimes contra a ordem política soviética, que eram considerados "os mais perigosos" e acarretavam a pena de morte. Ivan T. Goliakov, *Sbornik dokumentov po istorii ugolovnogo zakonodatelstva SSSR*, pp. 220-3, 267-9, 293-7; Harold J. Berman, *Soviet Criminal Law*, pp. 23-4; *Lubianka: Stálin i VChK-Ogpu-NKVD*, pp. 796-8, n. 61. Aleksandr Soljenítsin escreveria: "Não há passo, pensamento, ação ou falta de ação sob o céu que não possa ser punido pela mão pesada do artigo 58" [contrarrevolução]. Aleksandr Soljenítsin, *The Gulag Archipelago*, I, p. 60.

192. "Sovetskii Azef", *Segodnya* [Riga], 9 de maio de 1927. A OGPU decidira deflagrar sua grande operação conhecida como o Truste, que tinha por alvo os emigrados russos. A espionagem polonesa já havia descoberto: as informações do Truste não batiam com aquelas que ela estava recebendo de outros canais de espionagem. O Truste também continuava a adiar o planejado levante contra o regime soviético, dizendo que o momento não estava maduro, aumentando as suspeitas. O jogo já havia essencialmente sido jogado. Muita gente fora apanhada na teia, mas a polícia secreta não conseguira atrair de volta o general Kutépov, que chefiava a União Militar de Todas as Rússias, a principal organização de emigrados para oficiais e alvo principal da inteligência externa soviética. Mas o agente duplo Aleksandr Upenínysh (Upelints), um letão que usava os nomes Aleksandr Opperput e Eduard Staunitz, entre outros, atravessou da URSS para a Finlândia sem permissão na noite de 12-13 de abril de 1927 e se entregou, denunciando o Truste numa publicação em língua russa dos emigrados. Sua denúncia passava a impressão de que a GPU era ubíqua, onisciente e havia penetrado em tudo e em todos. Mas, para a GPU, a denúncia foi danosa. Kutépov foi à Finlândia e insistiu que Opperput-Staunitz, bem como Maria Zakhartchenko-Shultz, sobrinha de Kutépov, provassem a sinceridade de seus rompimentos com a GPU voltando clandestinamente à URSS e realizando um ato terrorista. Os agentes acharam que não tinham escolha senão obedecer a Kutépov para demonstrar sua boa-fé, mas, na tentativa de fuga, perto de Smolensk, Opperput-Staunitz foi morto; Zakhartchenko-Shultz morreria depois, num tiroteio ou pelas próprias mãos. Christopher M. Andrew e Oleg Gordievsky, *KGB*, p. 150.

193. A. M. Plekhánov, *VChK-Ogpu*, pp. 323-4. Em 26 de janeiro de 1930, agentes da OGPU conseguiriam sequestrar Kutépov em Paris. Ele teve um ataque cardíaco e morreu, ainda em Paris ou no navio soviético *Spartak* que partiu de Marselha para Novorossíisk. Pavel Sudoplatov, *Special Tasks*, p. 91; *Nedelia*, n. 49, 1989.

194. E. Arsénev, *Podzhigateli voiny*, pp. 21-2; *Dokumenty i materialy po istorii sovetsko-polskikh otnoshenii*, v, pp. 151-2; N. P. Jukóvski, *Polnomochnyi predstavitel SSSR*, pp. 202-5; Valéri A. Chíchkin, *Stanovlenie vneshnei politiki postrevliutsionnoi Rossii i kapitalisticheskii mir*, pp. 283-91; Paul W. Blackstock, *Secret Road*

to World War Two, pp. 136-61; Josef Korbel, *Poland Between East and West*, pp. 217-20. Os tribunais poloneses condenaram o assassino, Boris Koverda, à prisão perpétua, mas, em 15 de junho de 1937, o governo polonês o anistiou.

195. Valéri A. Chíchkin, *Stanovlenie vneshnei politiki postrevliutsionnoi Rossii i kapitalisticheskii mir*, pp. 289-90. Protesto soviético: Jane Degras, *Soviet Documents on Foreign Policy*, II, pp. 220-1, 228-31.

196. *Lubianka: Stalin i VChK-Ogpu-NKVD*, p. 133 (RGASPI, f. 558, op. 11, d. 71, l. 2-3); *Pravda*, 8 de junho de 1927. Ver também Valéri A. Chíchkin, *Stanovlenie vneshnei politiki postrevliutsionnoi Rossii i kapitalisticheskii mi*, pp. 283-91; Jane Degras, *Soviet Documents on Foreign Policy*, II, pp. 220-1, 228-31; *Dokumenty i materialy po istorii sovetsko-pol'skikh otnoshenii*, V, pp. 151-2; N. P. Jukóvski, *Polnomochnyi predstavitel SSSR*, pp. 202-5; Paul W. Blackstock, *Secret Road to World War Two*, pp. 136-61; Josef Korbel, *Poland Between East and West*, pp. 217-20.

197. *Lubianka: Stalin i VChK-Ogpu-NKVD*, pp. 137-8 (APRF, f. 3, op. 58, d. 3, l. 113-113ob), p. 796, n. 60.

198. RGASPI, f. 558, op. 11, d. 767, l. 35-6.

199. *Pravda*, 10 de junho de 1927. Quanto às diretivas de Stálin, a OGPU também reforçou sua rede de agentes com novos recrutas entre o assim chamado antigo povo (membros da classe alta tsarista e sacerdotes). A. M. Plekhánov, *VChK-Ogpu*, p. 313.

200. Ibid., *VChK-Ogpu*, p. 130 (citando TsA FSB, f. 2, op. 5, d. 136, l. 10; d. 36, l. 3). Em 19 de junho, Mężyński limitou "a quantidade de execuções [sumárias] para um número relativamente pequeno". V. P. Danílov, *Tragediia sovetskoi derevni*, I, p. 24. Mężyński admitiu (19 de julho de 1927) que "poucos grupos monarquistas ativos foram descobertos na Bielorrússia, em Smolensk, Moscou, Leningrado e assim por diante. V. K. Vinográdov, "Zelenaia lampa", p. 5.

201. *Lubianka: Stalin i VChK-Ogpu-NKVD*, p. 135 (RGGASPI, f. 558, op. 11, d. 71, l. 29). Como por encomenda, Stálin recebeu um relatório secreto sobre a destruição de uma rede de espionagem britânica em Leningrado, com agentes na Finlândia, cujo suposto objetivo era averiguar a capacidade de combate do Exército e da Marinha Vermelha, inclusive sua posse de armas químicas; cerca de vinte pessoas foram presas. A. M. Plekhánov, *VChK-Ogpu, 1921-1928*, p. 285 (citando TsA FSB, f. 2, op. 5, d. 136, l. 26-9).

202. *Pravda*, 10 de julho de 1927.

203. Aleksei G. Tepliakov, "Nepronizaemye nedra", p. 194.

204. A. A. Jdanóvitch, *Organy gosudarstvennoi bezopasnosti*, p. 299 (citando TsA FSB, f. 2, op. 5, d. 269, l. 9).

205. Olga Velikanova, *Popular Perceptions*, p. 74-5. Ver também N. S. Símonov, "Krepit oboronu stranam sovetov", p. 157; e Peter H. Solomon, *Soviet Criminal Justice*, pp. 66-7.

206. G. N. Sevostiánov, "Sovershenno sekretno", V, pp.362-78, 401-8, 411-83, 484-584, 855-906 (TsA FSB, f. 2, op. 5, d. 385, l. 256-361, 422-81; op. 4, d. 386, l. 45-84; op. 5, d. 394, l. 99-108; op. 6, d. 394, l. 109-12). Nicolas Werth, "Rumeurs défaitistes et apocalyptiques"; Lynne Viola, "The Peasant Nightmare".

207. Em agosto de 1929, Fischer passou vários dias com Tchitchérin em Wiesbaden, Alemanha. Louis Fischer, *Russia's Road from Peace to War*, p. 172; sobre o episódio de medo da guerra como um todo, ver pp. 165-79. Litvínov, o vice de Tchitchérin, ficou perplexo com o Politbiuró. Zinovy Cheinis, *Maxim Litvinov*, p. 194. "Eles dizem que nós, a oposição, estamos explorando a ameaça de guerra", Trótski comentou no Comitê Central em junho de 1927. "São vocês que estão explorando a ameaça de guerra para perseguir a oposição e se preparar para destruí-la." Iúri Felchtínski, *Kommunisticheskaia oppozitsiia v SSSR*, III, p. 96.

208. Olga Velikanova, *Popular Perceptions*, pp. 47, 76-7; M. M. Kudiúkhina, "Krasnaia armiia i 'voennye trevogi' vtoroi poloviny 1920-kh godov", e A. V. Baránov, "'Voennaia trevoga 1927 g. kak faktor politis-

cheskikh nastroenii v neposvskom obshchvestve (po material iuga Rossii)", *Rossiia i mir glazami druga druga: iz istorii vzaimovospriiatiia* (Moscou: IRI RAN, 2007), pp. 153-74, 175-93.

209. V. P. Danílov, *Tragediia sovetskoi derevni*, I, p. 25.

210. Lars Lih, *Stalin's Letters to Molotov*, p. 135. Em 24 de junho, Stálin teve Trótski diante do presidium da Comissão Central de Controle (Aaron Solts); eles debateram a Revolução Francesa!

211. Iúri Felchtínski, *Kommunisticheskaia oppozitsiia v SSSR*, III, pp. 126-7.

212. Isaac Deutscher, *Prophet Unarmed*, pp. 388-9.

213. RGASPI f. 558, op. 11, d. 767, l. 35-9, 45-8, 56-60; Gorlizki e Oleg Khlevniuk, "Stalin and his Circle", III, pp. 243-67; *Pravda*, 26 de junho de 1927.

214. Trotsky Archive, T 965 (28 de junho de 1927).

215. *Sochineniia*, IX, pp. 315-21. Pokróvski (nascido em 1905) seria preso em 16 de janeiro de 1934, acusado de agitação contrarrevolucionária e condenado a três anos de exílio em Ufa. Sobreviveria ao Grande Terror.

216. Isaac Deutscher, *Prophet Unarmed*, p. 339.

217. Lars Lih, *Stalin's Letters to Molotov*, pp. 136-7.

218. Oleg Khlevniuk, *Master of the House*, pp. 3-4. RGASPI, f. 558, op. 4, d. 767, l. 56-60).

219. T. H. Rigby, *Communist Party Membership*, p. 113.

220. Lars Lih, *Stalin's Letters to Molotov*, pp. 138, 139, 141-2, 143.

221. Lennart Samuelson, *Plans for Stalin's War Machine*, pp. 40-1 (citando RGVA, f. 33987, op. 3, d. 250, l. 60). Vorochílov, em um documento confidencial, era otimista sobre as conquistas das reformas militares e a condição do Exército em 1927, mas não em relação à indústria de defesa. Serguei Kudriachov, *Krasnaia armiia*, pp. 161-71 (APRF, f. 3, op. 50, d. 257, l. 98-119).

222. O. H. Ken, *Mobilizatsionnoe planirovanie*, p. 21.

223. Olga Velikanova, *Popular Perceptions*, p. 93.

224. Harvey L. Dyck, "German-Soviet Relations", p. 80 (citando Arquivos do Ministério das Relações Exteriores da Alemanha, L337/L100554-60: Memorando do conde Ulrich von Brockdorff-Rantzau, 24 de julho de 1927).

225. Harvey L. Dyck, *Weimar Germany and Soviet Russia*, pp. 96-7; Id. "German-Soviet Relations", pp. 67 (citando memorando de Dirksen, 19 de setembro de 1927), 83. Ver também Id., *Weimar Germany and Soviet Russia*, pp. 66-107; e John Erickson, *Soviet High Command* [1962], pp. 144-63, 247-82.

226. A OGPU informou-o de que mencheviques exilados acreditavam que o Partido Comunista cairia por causa dele. Na realidade, os mencheviques no exílio presumiam corretamente que Trótski e a oposição seriam esmagados. D. A. Volkogonov, *Trotsky*, pp. 293-4 (Arkhiv INO OGPU, d. 672, tom 1, l. 196); *Sotsialisticheskii vestnik*, 1º de agosto de 1927.

227. "Zametki na sovremennye tenmy", *Pravda*, 28 de julho de 1929, em *Sochineniia*, IX, pp. 322-61 (nas pp. 322, 327-30).

228. O. G. Nazárov, *Stalin i borba za liderstvo*, p. 162 (citando RGASPI, f. 17, op. 2, d. 317, cap. 1, l. 76, 50, 81).

229. Ibid., *Stalin i borba za liderstvo*, p. 163 (sem citação).

230. *Pravda*, 25 de julho de 1927.

231. *Sochineniia*, X, pp. 3-59 (p. 51).

232. Demetrio Boersner, *The Bolsheviks*, pp. 244-6.

233. RGASPI, f. 17, op. 162, d. 5, l. 74-9, 86-8 (17 de agosto de 1927). O agente do Comintern Borodin dissera a um estrangeiro ao deixar a China que, "quando o próximo general chinês vier a Moscou e gritar 'viva a revolução', é melhor mandar de imediato para a GPU. Tudo o que qualquer um deles quer são rifles".

Anna Louise Strong, *China's Millions*, p. 242. Borodin também disse à Sociedade dos Velhos Bolcheviques que se arrependia de sua indecisão em relação a Chiang Kai-shek: "Um erro fatídico. O momento para liquidar Chiang Kai-shek depois da captura de Nanjing foi perdido por nossa culpa". *VKP (b)*, *Komintern i natsional'no-revoliutsionnoe dvizhenie v Kitae*, II/ii, p. 926.

234. A. M. Plekhánov, *VChK-Ogpu*, p. 90.

235. Aleksandr Vátlin et al., *Stenogrammy zasedanii Politbiuro*, I, pp. 579-80.

236. Ibid., II, pp. 566, 573-4, 582. Em 12 de setembro, Trótski pediu ao seu partidário Iéltsin que verificasse a filiação partidária de Ienukidze durante o período de abril a outubro de 1917: Iúri Felchtínski, *Kommunisticheskaia oppozitsiia v SSSR*, IV, pp. 176-7.

237. Aleksandr Vátlin et al., *Stenogrammy zasedanii Politbiuro*, II, p. 586.

238. Ibid., pp. 593-6.

239. Ibid., p. 597 (RGASPI, f. 17, op. 3, d. 705).

240. RGASPI, f. 17, op. 3, d. 650, l. 1-2.

241. Aleksandr Vátlin et al., *Stenogrammy zasedanii Politbiuro*, I, pp. 579-80, 595.

242. Quando eles terminaram de perguntar, Stálin fez as suas perguntas: por que somente 3,5 milhões dos 18-19 milhões de operários industriais dos Estados Unidos pertenciam a sindicatos, e por que a AFL-CIO não apoiava o reconhecimento da URSS? "A classe operária americana não está interessada em assuntos internacionais", respondeu um deles. *Pravda*, 15 de setembro de 1927; *Sochineniia*, X, pp. 92-148; *Na prieme*, p. 25.

243. Victor Serge e Natalya Sedova Trotsky, *Life and Death*, p. 148; *Pravda*, 29 de setembro e 1º de outubro de 1927; Edward Hallett Carr e Robert W. Davies, *Foundations of a Planned Economy*, II, pp. 35-6. Mrachkóvski, dirigente do Truste Estatal de Máquinas de Costura, junto com Preobrajénski e Leonid Serebriakov, foram imediatamente expulsos do partido.

244. A. A. Jdanóvitch, *Organy gosudasrtvennoi bezopasnosti*, pp. 289-93, 382-3.

245. Iúri Felchtínski, *Kommunisticheskaia oppozitsiia v SSSR*, IV, p. 189; A. A. Jdanóvitch, *Organy gosudarstvennoi bezopasnosti*, p. 320 (citando TsA FSB, delo R-8209, l. 69; f. 2, op. 5, d. 98, l. 43, 98). Trótski admitira na plenária conjunta do Comitê Central e da Comissão Central de Controle, em agosto de 1927, que "alguns trabalhadores militares, sob a influência da possível ameaça de guerra, trocaram opiniões recentemente sobre a situação em nossas Forças Armadas [...] entre esses camaradas, eu mencionaria o camarada Murálov (inspetor das forças terrestres e navais), os camaradas Putna e Primakov (comandantes de corpos), afastados por terem opiniões de oposição, os camaradas Mrachkóvski e Bakáiev". Eles apresentaram um documento sobre as medidas necessárias à defesa do país, para elevar o ânimo revolucionário e combativo do Exército; Trótski pretendia passar o documento a Ríkov, chefe do governo, para discussão no Politbiuró. Isso foi a base para a acusação de que Trótski estava preparando um golpe militar — uma acusação que Trótski predissera. Iúri Felchtínski, *Kommunisticheskaia oppozitsiia v SSSR*, IV, p. 44.

246. Mężyński falou à plenária de outubro de 1927; ele contou que a OGPU prendera cinco participantes dos preparativos de um golpe militar no final de setembro: dois eram comandantes de graduação média, os outros haviam sido recentemente desmobilizados. Alegou que foram descobertos no decorrer de uma operação de gráfica clandestina. Na verdade, eles haviam sido descobertos antes da gráfica, mas só foram alvos de atenção depois que a ideia da gráfica veio à luz. O membro da Comissão Central de Controle Iaroslávski, um suplente de Stálin, instruiu Mężyński a não interrogar todos os detidos; a ideia de golpe militar era suficiente, não havia necessidade de detalhes ou complicações. A. A. Jdanóvitch, *Organy gosudarstvennoi bezopasnosti*, p. 321 (citando TsA FSB, f. 2, op. 5, d. 54, l. 88, 93-4).

247. Isaac Deutscher, *Prophet Unarmed*, pp. 357-8; *Sochineniia*, x, p. 187.

248. D. A. Volkogonov, *Trotsky*, 291-3 (citando RGASPI, f. 505, op. 1, d. 65, l. 1-35). A moção para expulsar Trótski do Comintern foi apresentada por John Murphy, que em breve deixaria o partido: J. T. Murphy, *New Horizons*, pp. 274-7.

249. *Pravda*, 23 de setembro e 25 de outubro de 1927.

250. *V. Ia. Bliukher v Kitae*.

251. Aleksander Pantsov, *Bolsheviks and the Chinese Revolution*, p. 156.

252. Em 1914, a Rússia respondia por 11% dos pedidos de empréstimos internacionais, abaixo somente dos Estados Unidos em termos absolutos. Uma vez que os Estados Unidos também eram fornecedores significativos de empréstimos, a Rússia era o maior tomador *líquido* do mundo. Rondo Cameron e V. I. Bovykin, *International Banking*, p. 13.

253. David Dallin, *Soviet Espionage*, pp. 32-41 (citação na p. 36 do *New York Times*, 11 de abril de 1927).

254. Kh. Rakóvski, *Kniaz Metternikh*. Rakóvski publicou uma análise suscinta da política externa soviética para o público americano: "The Foreign Policy of Soviet Russia", *Foreign Affairs*, vol. 4, n. 4 (julho de 1926), pp. 574-84.

255. *Izvestiia*, 11 de agosto de 1927. Kámenev, embaixador na Itália, também assinou o manifesto, mas Mussolini e o governo italiano não fizeram caso.

256. Jon Jacobson, *When the Soviet Union Entered*, p. 273-80.

257. *Le Matin*, 13 de setembro de 1927.

258. *Pravda*, 16 de setembro de 1927 (Litvínov); *Izvestiia*, 16 de setembro de 1927; "Novaia ugroza franko-sovetskomu soglasheniiu", *Kommunisticheskii internatsional*, 7 de outubro de 1927, pp. 7-8; Alfred Erich Senn, "The Rakovski Affair"; Michael Jabara Carley, "Episodes from the Early Cold War". O fracasso ocorreu embora os soviéticos tivessem acrescentado suavizantes e reduzido o tamanho do empréstimo pedido. Jane Degras, *Soviet Documents on Foreign Policy*, II, pp. 248-54.

259. Francis Conte, *Christian Rakovski*, pp. 196-204.

260. Pierre Naville, *Trotski Vivant*.

261. Iúri Felchtínski, *Kommunisticheskaia oppozitsiia v SSSR*, IV, pp. 219-24.

262. O. G. Nazárov, *Stalin i borba za liderstvo*, pp. 164-5 (RGASPI, f. 17, op. 2, d. 321, l. 4-5).

263. Iúri Felchtínski, *Kommunisticheskaia poppozitsiia v SSSR*, IV, pp. 223, 230-1; P. N. Miliukov, *Vospominaniia* II, pp. 19-20.

264. "Trotskistskaia oppozitssiia prezhde i teper'", *Pravda*, 2 de novembro de 1927, em *Sochineniia*, x, pp. 172-205 (nas pp. 172-6).

265. *Pravda*, 2 de novembro de 1927, em "Trotskistskaia oppozitsiia prezhde i teper'", *Sochineniia*, x, pp. 172-205; Stálin, *Ob oppozitsii*, p. 723. As posteriores *Obras escolhidas* de Stálin deixam de fora a citação direta do Testamento. Edward Hallett Carr, *Interregnum*, p. 267.

266. Iúri Felchtínski, *Kommunisticheskaia poppozitsiia v SSSR*, IV, pp. 230-1; Miklós Kun, *Bukhárin*, pp. 208-9 (sem citação).

267. *KPSS v rezoliutsiiakh* [1984], IV, pp. 210-49.

268. *Voprosy torgovli*, n. 1, p. 63, 1927.

269. Edward Hallett Carr e Robert W. Davies, *Foundations of a Planned Economy*, II, p. 41.

270. Ióssif Stálin, *Beseda s inostrannymi rabochimi delegatsiaiami*, pp. 44-8; *Pravda*, 13 e 15 de novembro de 1927, reeditado em *Sochineniia*, x, pp. 206-38 (p. 237). A reunião não foi registrada no diário do gabinete de Stálin, evidentemente porque o grupo era grande demais para ser recebido em seu escritório.

271. Robert V. Daniels, *Conscience of the Revolution*, p. 314 (citando *Inprecor*, 3 de novembro de 1927).

272. Iúri Felchtínski, *Kommunisticheskaia oppozitsiia v SSSR*, IV, pp. 254-6 (carta de Trótski ao Politbiuró e CC, 9 de novembro de 1927); Edward Hallett Carr e Robert W. Davies, *Foundations of a Planned Economy*, II, pp. 42-3.

273. "Grande nuvem, pouca chuva", observou um correspondente estrangeiro pró-regime, usando um provérbio camponês. William Reswick, *I Dreamt Revolution*, p. 205. Reswick compreendeu que as ações quixotescas davam a Stálin um pretexto para intensificar a repressão (pp. 207-8). Na mais esperta das ações da oposição, Smilga, Preobrajénski e outros foram capazes de gritar para os manifestantes que seguiam para a Praça Vermelha de uma sacada do antigo Grand Hotel Paris, um prédio de três andares na esquina da travessa do Caçador com a rua Tver, na frente do Kremlin, onde Smilga tinha um apartamento. Smilga havia levado a Frota do Báltico para o rio Nevá em apoio ao golpe de outubro de 1917. Ele e seus colegas desfraldaram retratos de Lênin, Trótski e Zinóviev, bem como o lema "Cumprir o Testamento de Lênin". Evidentemente, alguns manifestantes aplaudiram. Mas o chefe do partido do distrito de Krásnaia Présnia chegou com seu carro junto com pelotões vermelhos que começaram a gritar "abaixo a oposição judia", enquanto jogavam tijolos na sacada. Ao mesmo tempo, dos seis andares do hotel Nacional do outro lado da rua, o pessoal pró-regime começou a jogar batatas e pedras de gelo na sacada de Smilga. Não demorou e quinze a vinte cadetes das academias militar e da polícia derrubaram a porta, retiraram a bandeira e destruíram o lugar. Iúri Felchtínski, *Kommunisticheskaia oppozitsiia v SSSR*, IV, pp. 250-2 (nota de Murálov, Smilga e Kámenev, 7 de novembro de 1927), pp. 258-60 (carta de Smilga, 10 de novembro de 1927). O Nacional voltou a ser hotel no final da década de 1920; o Paris foi demolido em 1935, quando a rua Tver foi alargada, e perto de sua antiga localização surgiu o novo prédio do Conselho dos Comissários do Povo. Um historiador situa as figuras da oposição falando da sacada de um prédio na esquina de Vozdvíjenka e Mokhováia, que poderia ser a sede do Comintern ou uma antiga sede do partido que abrigava o escritório do Comitê Executivo Central do Soviete. Roy Medvedev, *Let History Judge*, p. 173.

274. D. A. Volkogonov, *Trotsky*, pp. 300-1. Ver também Iúri Felchtínski, *Kommunisticheskaia oppozitsiia v SSSR*, IV, pp. 256-7 (carta de Nikolaiev ao CC e à Comissão Central de Controle, 10 de novembro de 1927). Uma cena semelhante aconteceu em Leningrado, perto do Palácio de Inverno, onde Zinóviev fez um breve discurso de uma janela do lado oposto e outros membros da oposição tentaram interromper o fluxo de manifestantes oficiais na Praça do Palácio. Soldados montados e marinheiros chegaram a dispersar os contramanifestantes. Lachévitch, antigo segundo em comando do Conselho Revolucionário Militar, e Bakáiev, o ex-chefe da GPU de Leningrado, usando seus sobretudos de soldado sem insígnias, gritaram que os policiais deveriam ter vergonha de si mesmos. Foram feitas ao menos 81 prisões. Houve mais desordens e prisões no dia seguinte. Olga Velikanova, *Popular Perceptions*, p. 183, citando TsGAIPD SPb, f. 16, op. 1, d. 8485, l. 258-9); Liev Trótski, *Moia zhizn*, II, p. 280; Victor Serge, *Memoirs of a Revolutionary*, pp. 226-7. Passeatas de trabalhadores desempregados seriam impedidas de se unir às passeatas da oposição porque todas as colunas eram pré-aprovadas e supervisionadas. Olga Velikanova, *Popular Perceptions*, pp. 181-2 (citando TsGAIPD SPb, f. 24, op. 5, d. 75, l. 69). Ríkov fora enviado a Leningrado para as comemorações do aniversário e, no antigo Palácio Tauride, fez um discurso na sessão especial do Comitê Executivo Central do Soviete, quando apresentou um quadro colossal que mostrava uma recuperação econômica em formato de V, com o nadir em 1921 e 1927 superando em muito os níveis de 1913. *Izvestiia*, 19 de outubro de 1927; A. I. Rykov, *Ten Years of Soviet Rule*. O Instituto de Métodos de Trabalho Escolar realizou um grande estudo sociológico de 120 mil pessoas e coletou 1,5 milhão de declarações relacionadas ao décimo aniversário da revolução. V. A. Kozlov e E. A. Semiónova, "Sotsiaologiiia detstva", pp. 47-8.

275. S. M. Chertok, *Stop-Kadr*, p. 54. Eisenstein, nascido em Riga de pai judeu-alemão e mãe ortodoxa russa, convertera-se à ortodoxia e retornara do exterior para Moscou em 1920, onde começou a trabalhar

no teatro. *Outubro* foi o terceiro de seus grandes filmes mudos, depois de *Greve* (1924) e *Encouraçado Potemkin* (1925). Numa exposição do décimo aniversário do Conselho dos Comissários do Povo, descobriram-se retratos de oposicionistas que foram rapidamente removidos. Matvei Chkiriátov, da Comissão de Controle do Partido, conseguiu que retirassem os retratos, mas ainda estava batalhando para remover uma escultura do caixão de Lênin sendo carregado não por Stálin e os camaradas, mas por figuras simbólicas, então escreveu a Stálin pedindo desculpas e pedindo sua intervenção (a questão foi colocada na pauta do Politbiuró). *Voprosy istorii*, n. 11, 16-7, 2004 (RGASPI, op. 11, d. 826, l. 1-2), reproduzido em R. G. Pikhóia e M. V. Zelenov, *I. V. Stalin: istoricheskaia ideologiia*, I, pp. 44-7.

276. *Pravda*, 16 de novembro de 1927.

277. Iúri Felchtínski, *Kommunisticheskaia oppozitsiia v SSSR*, IV, p. 264.

278. No verão de 1925, todos os residentes do Kremlin que não exerciam funções estatais tiveram de se mudar dentro de uma semana; o turismo foi reduzido. Sobre a colonização bolchevique do Kremlin, ver Matte Rolf, *Sovetskie massovy prazdniki*, p. 149.

279. "Mariia Ioffe, Nachalo", *Vremia i my*, n. 20, pp. 163-92, 1977 (nas pp. 178-82). Maria Joffe, *One Long Night*. Ver também Nadzehda Joffe, *Back in Time*.

280. Liev Trótski, *Portety revoliutsionerov*, pp. 396-8; Isaac Deutscher, *Prophet Unarmed*, pp. 381-2; D. A. Volkogonov, *Trotsky*, p. 303.

281. Roy Medvedev, *Let History Judge*, p. 174 (Mikhail Iakubóvitch, que passou 24 anos em prisões e campos de trabalho e acabou sua vida num lar para inválidos em Karaganda, no Cazaquistão). Fonte de Mededev, Iakubóvitch alega ter visto a esposa de Stálin, Nádia Alliluíeva, caminhando discretamente atrás do caixão, no meio da multidão, mas isso não está corroborado. Roy Medvedev, *Let History Judge*, p. 174 (citando lembranças inéditas de Mikhail Iakubóvitch). Iagoda e Ienukidze estavam presentes. Dos 143 oposicionistas que foram expulsos do partido de Moscou em 1927, 82 eram estudantes e 41 eram funcionários de escritório; dezesseis eram operários. Catherine Merridale, *Moscow Politics*, p. 44. "A oposição consiste principalmente em intelectuais, que em seu nível intelectual estão acima do resto da massa de membros do partido, e isso provoca uma certa desconfiança em relação a eles", observou I. Girs, chefe da missão diplomática da Tchecoslováquia. "A força da posição stalinista consiste no fato de que eles representam a parte numericamente dominante do partido, isto é, a gente intelectualmente mediana." Valéri A. Chíchkin, *Vlast, politika, ekonomika*, p. 149.

282. Louis Fischer, *Men and Politics*, p. 94; Isaac Deutscher, *Prophet Unarmed*, pp. 383-4; Valéri A. Chíchkin, *Stanovlenie vneshnei politiki postrevliutsionnoi Rossii i kapitalisticheskii mir*, p. 282. N. P. Riútin e A. M. Lejava estavam lá em nome do comitê do partido de Moscou.

283. D. A. Volkogonov, *Trotsky*, pp. 279, 303 (GARF, f. 5446, op. 2, d. 33, l. 19).

284. *Pravda*, 25 de novembro de 1927.

285. *Moskovskie Bolsheviki*, p. 106 (citando MPA, f. 63, op. 1, d. 153, l. 75; f. 3, op. 5, d. 2, l. 200; *Pravda*, 2 de dezembro de 1927).

286. *XV siezd VKP (b)*, I, pp. 43-74.

287. Ibid., II, pp. 1596-8.

288. Ibid., I, pp. 89-90; *Sochineniia*, X, p. 351.

289. Ibid., I, p. 291. Roy Medvedev, *Let History Judge*, p. 175.

290. Ibid., I, pp. 279-85.

291. Ibid., pp. 411-21; *Sochineniia*, X, pp. 354-71 (p. 371).

292. *XV siezd VKP (b)*, I, p. 623; Roy Medvedev, *Let History Judge*, p. 86.

293. Ibid.

294. Boletim n. 30, suplemento n. 1, pp. 35-7. Roy Medvedev, *Let History Judge*. O Testamento foi publicado numa edição das atas posterior à morte de Stálin: *XV siezd VKP (b)*, II, pp. 1477-8.

295. V. P. Danílov, *Tragediia sovetskoi derevni*, I, pp. 119-35 (TsA FSB, f. 2, op. 5, d. 386, l. 1-3, 15-45). Uma piada sinistra fez sucesso: "Estão dizendo que aboliram a letra 'M' — não tem carne (*miaso*), não tem manteiga (*maslo*), não tem material para fazer roupas (*manufaktura*), não tem sabão (*mylo*) e não tem razão para manter o 'M', só para o sobrenome Mikoian" (o chefe do comércio soviético). Outro trocadilho era igualmente amargo: "A revolução deu aos trabalhadores um informe (*doklad*), aos funcionários um salário (*oklad*) e a suas esposas uma arca do tesouro (*klad*), e aos camponeses o inferno (*ad*)". Galina M. Ivanova, *Gulag v sisteme totalitarnogo gosudarstva*, p. 30.

296. G. N. Sevostiánov, "*Sovershenno sekretno*", V, p. 675.

297. Pável Mif, "Kitaiskaia Kommunisticheskaia partiiia v kriticheskie dni", p. 106.

298. "Iz istorii kollektivizatsii 1928 god: poezdka Stalina v Sibir", *Izvestiia TsK KPSS*, n. 7, pp. 182-6, 1991.

299. *XV siezd VKP (b)*, II, p. 1599. Ver também Isaac Deutscher, *Prophet Unarmed*, pp. 385-9.

300. Ibid., pp. 1599-1600.

301. Ibid., pp. 1398-1400.

302. Uma resolução do congresso apresentada formalmente por Ordjonikidze, na qualidade de presidente da comissão central de controle, pedia a expulsão de 75 oposicionistas proeminentes; foi aprovada sem debate. *XV siezd VKP (b)*, II, pp. 1468-70. Os oposicionistas foram acusados de criar "uma orientação ideológica" de derrotismo que "transformou a oposição trotskista em um instrumento de democracia pequeno-burguesa dentro da URSS e num destacamento auxiliar da social-democracia internacional fora de suas fronteiras". *Pravda*, 20 e 21 de dezembro de 1927; *KPSS v rezoliutsiakh*, IV, pp. 13-74. Na esteira do congresso, em torno de 1.500 membros do partido seriam expulsos, enquanto cerca de 2500 assinariam retratações por escrito. Nikolai Pópov, *Outline History of the C.P.S.U.*, II, p. 327; Robert Conquest, *The Great Terror*, p. 11 (sem citação).

303. Leon Trotsky, *My Life*, p. 521.

304. Entre 1917 e 1923, somente 49% dos membros do Comitê Central eram da Grande Rússia; esse número chegaria a 54% em 1934, mas se tornaria fortemente dominante em 1939. Evan Mawsdley, "An Elite within an Elite: Politburo/Presidium Membership under Stalin, 1927-1953", p. 74.

305. Grigóri I. Grigórov, *Povoroty sudby i proizvol*, p. 507. Trótski [Bronstein] acreditava que o fato de ele, Zinóviev e Kámenev serem judeus desempenhara um papel significativo em sua derrota. Liev Trótski, *Stalin*, II, pp. 224-5.

306. *Pravda*, 18 de dezembro de 1927.

307. Mozókhin, *VchK-Ogpu*, p. 24 (TsA FSB, f. 2, op. 5, por. 1, l. 31).

308. Lennard D. Gerson, *The Secret Police*, p. 269.

309. Shreider, *NKVD iznutri*, p. 22.

310. Gueórgi Tcherniávski, "Samootvod", pp. 67-70 (RGASPI, f. 17, op. 2, d. 335, l. 4-8: cópia de Ríkov da taquigrafia para correções). Ver também Iúri Múrin, "Eshche raz ob otstavkakh I. Stalina", pp. 72-3.

311. RGASPI, f. 17, op. 2, d. 335, l. 3-7. Ver também Gueórgi Tcherniávski, "Samootvod".

312. *KPSS v rezoliutsiiakh* [1970], III, p. 247; Edward Hallett Carr e Robert W. Davies, *Foundations of a Planned Economy*, I, p. 710.

313. A. V. Kvachónkin, *Bolshevistskoe rukovodstvo*, pp. 357-61 (GARF, f. R-5446, op. 55, d. 1338, l. 1-4).

314. *XV siezd VKP (b)*, II, p. 1132.

315. Ibid., pp. 1454-68; *Pravda*, 20 de dezembro de 1927.

316. *XV siezd VKP (b), dekabr 1927 goda,* I, pp. 66-7; II, p. 1419. Um estudioso afirmou que nem mesmo observadores cuidadosos do XV Congresso poderiam imaginar que o país estava no limiar de uma reconstrução revolucionária. Roger Pethybridge, *One Step Backwards,* p. 230.

317. *XV siezd VKP (b),* I, pp. 63, 66-7; II, pp. 1419-22.

318. Stálin realizou reuniões em seu gabinete no dia de seu aniversário: *Na prieme,* p. 773.

319. *Pravda,* 18 de dezembro de 1927; William Reswick, *I Dreamt Revolution,* pp. 210-9. Em 6 de novembro de 1926, Stálin escrevera ao *Pravda de Leningrado* recusando permissão para publicar uma versão em russo de sua conversa com Davis.

320. Ivan P. Tovstukha, "Stalin", em Iu. S. Gambárov, *Entsiklopedicheskii slovar,* XLI/iii, pp. 107-10; Ivan P. Tovstukha, *Iosif Vissarionovich Stalin.* Foi levemente ampliado e publicado no *Pravda* em 1929, por ocasião do aniversário de Stálin. Ver *Proletarskaia revoliutsiia,* n. 6, p. 130, 1935; e Robert C. Tucker, *Stalin as Revolutionary,* p. 428.

14. UMA VIAGEM À SIBÉRIA [pp. 658-717]

1. *Sochineniia,* XI, p. 170 (publicado pela primeira vez em 1952); Lynne Viola, *War Against the Peasantry,* p. 101.

2. Feliks Chuev , *Tak govoril Kaganóvitch,* p. 1.

3. *Sochineniia,* XI, pp. 369-70. Os registros do gabinete indicam que Stálin recebeu visitantes em seu gabinete em 17 de janeiro — Antípov e Goto, do Japão —, mas eles foram provavelmente recebidos por outra pessoa, pois Stálin viajara. Stétski também aparece como tendo sido recebido em 28 de janeiro de 1928, quando Stálin ainda estava na Sibéria. *Na prieme,* pp. 26, 768, 774, 781.

4. Paul R. Gregory, "National Income", em Robert W. Davies, *From Tsarism to the New Economic Polic* [1990], p. 247.

5. Charles P. Kindleberger, *World in Depression,* p. 46.

6. Edward Hallett Carr e Robert W. Davies, *Foundations of a Planned Economy,* I/ii, p. 943 (tabela 7).

7. Grigóri A. Kóniukhov, *KPSS v borbe,* p. 66 (citando RGASPI, f. 17 op. [sem numeração], d. 95, l. 29-30).

8. Naum Jasny, *Socialist Agriculture,* pp. 223-7; Michael R. Dohan, "The Economic Origins of Soviet Autarky", p. 605; Robert W. Davies, *Socialist Offensive,* p. 419 (tabela 1); Edward Hallett Carr e Robert W. Davies, *Foundations of a Planned Economy,* pp. 698, 916-9, 1027 (tabela 38). A safra recorde pós-revolucionária da NPE ocorreu em 1925-6: 76,8 milhões de toneladas.

9. Robert W. Davies, *Socialist Offensive,* pp. 1-18.

10. *Itogi vypolneniia pervogo piatiletnego plana,* p. 135.

11. Robert W. Davies e Stephen G. Wheatcroft, *Years of Hunger,* p. 446; Robert W. Davies, *Socialist Offensive,* pp. 4, 13. Os dados das safras da União Soviética na década de 1920 eram estimativas: os estatísticos pediam a uma amostra de camponeses para estimar suas safras antes que a colheita começasse, numa escala de um a cinco, depois derivavam uma porcentagem de uma média projetada e então multiplicavam por uma média pré-revolucionária. Por fim, elevavam suas estimativas aproximadas, pois acreditavam que os camponeses subestimavam as colheitas futuras para escapar dos impostos. É provável que os resultados oficiais superestimassem o tamanho da safra. Em 1929, os estatísticos invalidariam o uso da média pré-revolucionária, invalidando assim todas as suas estimativas das safras da década de 1920. Mark B. Tauger, "Statistical Falsification in the Soviet Union". A coletivização tornou possíveis avaliações exatas da safra soviética, embora isso não significasse que resultados exatos fossem divulgados.

12. Tanto as políticas do regime como a visão da economia em apoio da industrialização — em círculos bem mais amplos do que a facção de Stálin — eram incompatíveis com a NPE antes da viagem de Stálin à

Sibéria. Robert W. Davies e Stephen G. Wheatcroft, "Further Thoughts", p. 798. Um autor escreveu que a "NPE era uma casa construída sobre areia". Mas isso devido apenas ao comportamento do regime avesso ao mercado. Roger Pethybridge, *One Step Backwards*, p. 250.

13. L. A. Nerétina, "Reorganizatsiia gosudarstvennoi promyshlennosti v 1921-25 godakh: prontsipy i tendentsii razvitiia", em Davies, *NEP*, pp. 75-87 (p. 84).

14. Robert W. Davies e Stephen G. Wheatcroft, "Further Thoughts", p. 798; V. P. Dmitrenko, "Chto takoe NEP?", p. 46. Projetadas para ajudar os agricultores, a perseguição aos comerciantes privados e a imposição de controles de preços, na verdade, viraram os termos do comércio contra os agricultores, ao mesmo tempo que causavam danos à estabilização monetária, numa dinâmica que os bolcheviques não compreendiam. Deixar que o mercado determinasse os preços teria sido muito melhor para os agricultores e para a macroeconomia em geral. Simon Johnson e Peter Temin, "The Macroeconomics of NEP"; Paul R. Gregory e Manouchehr Mokhtari, "State Grain Purchases".

15. "V. V. Kuibyshev i sotsialisticheskaia industrializatsiia SSSR", *Istoricheskii arkhiv*, n. 3, p. 56, 1958.

16. Citado em V. Boguchévski, "Kanun piatiletki", p. 478. Ver também Hiroaki Kuromiya, *Stalin's Industrial Revolution*, p. 7.

17. Edward Hallett Carr, *Interregnum*, pp. 20-2; A. A. Bársov, *Balans stoimostnykh obmenov mezhdu gorodom*, p. 23; James R. Millar e Alec Nove, "A Debate on Collectivization", p. 57; S. G. Wheatcroft, "Agriculture", em Robert W. Davies, *From Tsarism to the New Economic Policy* [1990], pp. 79-103; Paul R. Gregory, *Russian National Income*, pp. 102-21, 194. Para os resultados de uma pesquisa com camponeses sobre as razões *deles* para não vender grãos, ver *Statistika i narodnoe khoziaistvo*, n. 2, p. 146, 1928.

18. Michael R. Dohan, "Soviet Foreign Trade in the NEP Economy", pp. 343-5. Durante uma crise anterior de aquisição de cereais ocorrida em 1925, as autoridades elevaram o preço pago aos grãos. Robert W. Davies, *Socialist Offensive*, pp. 37-41. Ver também David Woodruff, "The Politburo on Gold, Industrialization, and the International Economy, 1925-1926", pp. 206-8.

19. Mark Harrison, "Prices in the Politburo, 1927", pp. 224-46. Durante o XV Congresso do Partido, Ríkov encontrou-se com funcionários das regiões produtoras de grãos e os proibiu até mesmo de mencionar aumentos de preços para os grãos, uma diretriz formulada numa resolução do Politbiurŏ de 24 de dezembro de 1927; V. P. Danílov, *Tragediia sovetskoi derevni*, I, p. 112.

20. Edward Hallett Carr e Robert W. Davies, *Foundations of a Planned Economy*, I/i, p. 46; I/II, pp. 724-30. A questão da produtividade no verão é confusa. Um estudo dos operários têxteis de 1927, por exemplo, afirma que a produtividade *média* do trabalhador *aumentava* durante os meses de maio, junho e julho, época em que os trabalhadores que possuíam terras geralmente voltavam de férias às suas aldeias. S. V. Antrópov, "Sviaz tekstinykh rabochikh", pp. 4-7. Mas mesmo quando as médias subiam, a produção absoluta declinava.

21. G. N. Sevostiánov, "*Sovershenno sekretno*", VI, pp. 58-60 (TsA FSB, f. 2, op. 6, d. 575, l. 1-58).

22. Analistas da época atribuíam a escassez de mercadorias às dificuldades para pagar pela importação de matérias-primas para a indústria leve (algodão, tecidos, lã, couro). Michael R. Dohan, "Foreign Trade", p. 223. O regime procurou cortar custos e aumentar a eficiência na burocracia do comércio exterior mediante fusões e reduções de pessoal. Grigóri A. Kóniikhov, *KPSS v borbe*, p. 95 (citando *Molot*, 1º de fevereiro de 1928), pp. 131-2 (citando *Izvestiia Sibkraikoma*, n. 4, pp. 4-5, 1928).

23. V. P. Danílov, *Tragediia sovetskoi derevnia*, I, pp. 27, 108. Ver também XVI *siezd VKP* (b), pp. 762-3, 975-7; Olga Velikanova, *Popular Perceptions*, pp. 86-8.

24. Georg Cleinow, *Neue Sibirien*, p. 408. Mikoian, talvez o principal dirigente que mantinha um acompanhamento, declarou no início de dezembro de 1927: "Acreditamos que a queda na aquisição de grãos é

temporária e no futuro próximo será substituída por uma tendência de aumento". *Ekonomicheskaia zhizn*, 3 de dezembro de 1927. Uma semana depois,Ríkov classificou a situação de "crise", mas observou com otimismo que ela poderia ser superada com o fornecimento de mais bens manufaturados. *XV siezd VKP (b)*, II, pp. 859-60.

25. V. P. Danílov, *Kak lomali NEP*, I, p. 9 (RGASPI, f. 17, op. 3, d. 662, l. 3).

26. V. P. Danílov, *Tragediia sovetskoi derevni*, I, p. 136 (TsA FSB, f. 2, op. 6, d. 982, l. 99). O uso do artigo 107 contra comerciantes privados foi especialmente combinado a partir de 1927. Em 29 de outubro de 1927, Iagoda escreveu ao chefe de governo Aleksei Ríkov para advertir que "precisamos implementar rapidamente medidas repressivas, a fim de estimular uma melhoria imediata dos mercados", e apresentou o rascunho de um decreto contra os "especuladores" (comerciantes privados) a ser baixado em nome do governo. V. Ibid., pp. 100-1 (TsA FSB, f. 2, op. 6, d. 567, l. 1-5). A OGPU já tinha a prerrogativa de efetuar investigações extrajudiciais e condenar (inclusive à morte) por certos crimes, como aqueles cometidos pelo pessoal da OGPU no exercício do dever, bem como falsificadores e bandidos; além disso, a OGPU podia requisitar essa prerrogativa para casos específicos, mas não usualmente para crimes econômicos. Ver também Alec Nove, *Economic History of the USSR*, p. 137.

27. Oleg Mozókhin e Teodor Gladkov, *Menzhinskii*, p. 257 (sem citação).

28. "Iz istorii kollektivizatsii 1928 god", n. 5, pp. 193-5; Lynne Viola, *War Against the Peasantry*, pp. 32-4, 45-7.

29. L. P. Egórova, "Khlebozagotovitelnaia kampaniia 1927-1928", pp. 262 (PANO, f. 2, op. 1, d. 2571, l. 310-1), 264-5.

30. Edward Hallett Carr e Robert W. Davies, *Foundations of a Planned Economy*, I/i, pp. 44-6. Sobre a visão bolchevique do comportamento do mercado camponês, ver Iúri Lárin, *Sovetskaia derevnia*, p. 217.

31. V. P. Danílov, *Tragediia sovetskoi derevni*, I, pp. 105-8 (107; TsA FSB, f. 2, op. 6, d. 53, l. 32-49).

32. *Ugolovnyi Kodeks RSFSR* [1926], p. 31; *Ugolovnyi Kodeks RSFSR* [1927], p. 178; *Ugolovnyi kodesk RSFSR* [1929], pp. 64-5. Sobre o uso de medidas coercivas, ver Roberta T. Manning, "The Rise and Fall of 'the Extraordinary Measures'".

33. *Pravda*, 8 de janeiro de 1928.

34. A. A. Andreiev, *Vospominaniia*, pp. 168-9 (carta datada de 27 de janeiro de 1928). O *Pravda* (24 de dezembro de 1927) anunciara que funcionários da capital baixariam nas principais regiões produtoras de grãos — Andrei Jdánov no vale do Volga, Nikolai Chvérnik nos Urais e Anastas Mikoian no Cáucaso Norte.

35. *Izvestiia TsK KPSS*, n. 5, p. 193, 1991. Um historiador asseverou que a informação da doença de Ordjonikidze foi um mero pretexto para Stálin ir pessoalmente. Mas é evidente que ele poderia atribuir a missão a si mesmo sem precisar inventar um pretexto. V. I. Chíchkin, "Poezdka I. V. Stalina v Sibir'", p. 44.

36. *Izvestiia TsK KPSS*, n. 5, pp. 193-5, 1991; *Na prieme*, p. 779.

37. Irina V. Pávlova, "Poezdka Stalina v Sibir'", pp. 133-55; V. G. Kossachiov, "Nanakune kollektivizatsii", pp. 101-5; Feliks Chuev , *Sto sorok*, p. 377. Dois plenipotenciários, Aleksandr Dogádov, um funcionário do aparato central do Orgbiuró, e Pankrátov, já estavam em Novossibirsk, e se encontraram com a liderança siberiana em 6 e 9 de janeiro de 1928; no dia 10 de janeiro, as autoridades siberianas criaram uma "troika" especial, com um QG de estilo militar em Novossibirsk, para dirigir as operações de aquisição direta de grãos; era composta por Sirtsov, Robert Eihe, um letão que encabeçava o Comitê Executivo Soviético Siberiano, e o chefe do comércio na Sibéria, A. N. Zlóbin (GANO, f. 47, op. 5, d. 68, l. 197-9). Troikas similares para acelerar a aquisição de grãos seriam estabelecidas em todos os condados no final de janeiro. V. P. Danílov, *Tragediia sovetskoi derevni*, I, p. 780, n. 55; V. I. Chíchkin, "Poezdka I. V. Stalina v Sibir'", pp. 196-9; N. Ia. Gúschin, *Sibirskaia derevnia*, p. 185; L. P. Egórova, "Khlebozagotovitel'naia kampaniia 1927-1928", p. 262

(citando PANO, f. 2, op. 1, d. 217, l. 229); N. Ia. Gúschin e V. A. Ilhinikh, *Klassovaia borba*, p. 172. Em 12 de janeiro de 1928, setecentos funcionários e trabalhadores ferroviários se encontraram em Novossibirsk para discutir disciplina laboral e aceleração dos embarques de grãos; alguns chefes foram demitidos, para dar exemplo. J. R. Hughes, *Stalin, Siberia*, p. 136. Dogádov logo aderiu à assim chamada direita (1928-9) e, em 1931, foi removido para a Transcaucásia.

38. Bajánov entrara para o pessoal do Orgbiuró em 1922 e trabalhou brevemente como secretário técnico do Politbiuró (agosto de 1923-maio de 1924), no lugar de Maria Glasser. Em 28 de novembro de 1927, foi nomeado chefe da diretoria de negócios (*upravdelami*) da secretaria do partido no Turcomenistão. RGAE, f. 7733, op. 18, d. 527, l. 1-25 (pasta pessoal de Bajánov). Balachov afirma que Bajánov implorou ao consulado britânico em Achkhabad para organizar sua fuga através da fronteira e que sua amante casada chegou de Moscou para unir-se a ele, mas foi apanhada tentando cruzar a fronteira.

39. Gueórgi Agabékov, *Ogpu*, pp. 132-8, 234; Boris Bazhanov, *Bazhanov and the Damnation of Stalin*, p. 191. Ver também Viktor G. Bortnévski, "Oprichnina". Agabékov desertou em 13 de junho de 1930, quando estava em Istambul; no verão de 1937, foi perseguido e morto perto da fronteira franco-espanhola.

40. Gordon Brook-Shepherd, *Storm Petrels*, pp. 19-84, 107-8 (sem notas de rodapé). Em 12 de janeiro de 1937, Bajánov passou informações para a inteligência polonesa — documento que caiu em mãos soviéticas durante a captura do leste da Polônia em 1939. E. Duraczyński e A. N. Sákharov, *Sovetsko-Polskie otnoshenii*, pp. 65-6 (RGANI, f. 453, op. 1, d. 54, l. 25-33).

41. *Stalin, der rote Diktatur* (Berlim: Aretz, 1931), p. 21.

42. Boris Bazhanov, *Bazhanov and the Damnation of Stalin*, pp. 105-6.

43. Carles P. Kindleberger, *World in Depression*, pp. 73-4; Wilfred Malenbaum, *World Wheat Economy*.

44. Isso também significava vender produtos no exterior que estavam em falta no país, como algodão e tecidos. Michael R. Dohan, "Soviet Foreign Trade in the NEP Economy", pp. 482-3; Id., "Foreign Trade", p. 223.

45. Alfred J. Rieber, "Stalin as Foreign Policy Maker: Avoiding War, 1927-1953", pp. 141-2.

46. Citado em Danílov, "Vvedenie", em V. P. Danílov, *Tragediia sovetskoi derevni*, I, p. 25 (junho de 1927). Ver também O. N. Ken e A. I. Rupássov, *Politbiuro TsK VKP (b)*, pp. 484-5, pp. 491, 497.

47. A. A. Jdanóvitch, *Organy gosudarstvennoi bezopasnosti*, p. 382 (citando TsA FSB, d. PF 10289, t. 2, l. 393, 395). Pnévski (nascido em 1874) teve morte natural em 1928, ao contrário da maioria dos antigos oficiais tsaristas a serviço do Exército Vermelho.

48. RGASPI, f. 17, op. 163, d. 103 (3 de janeiro de 1927).

49. Mikhail Nazárov, *Missiia Russkoi emigratsii*, I, pp. 43-4.

50. Baseado no que ouvira dizer, um emigrado soviético caracterizou os esforços de Sirtsov como a organização de aldeias Potiômkin, como se isso fosse possível, tendo em vista a confiança de Stálin na OGPU. Abdurakhman Avtorkhanov, *Stalin and the Communist Party*, pp. 11-2.

51. Zakóvski fora designado para Novossibirsk junto com Sirtsov. Ele substituiu Ivan Pavlunóvski, que teve a infelicidade de ser transferido para o Cáucaso Sul, onde um jovem arrivista político chamado Lavrenti Béria o liquidou.

52. RGASPI, f. 558, op. 11, d. 119, l. 1-2.

53. As medidas soviéticas eram em *poods* (equivalente a cerca de dezesseis quilos). Stálin pediu 60 milhões de *poods*, de um total de 82 milhões, para o centro.

54. Em 9 de janeiro de 1928, A. N. Zlóbin, o terceiro membro da troika siberiana, havia informado a Dogádov que a safra siberiana estava na média. De acordo com M. Bassóvitch, do partido siberiano, a colheita per capita chegava a 6,9 *poods* na Sibéria, 7,5 nos Urais, 12 no médio Volga, 13,3 no baixo Volga, 13,9 na

Ucrânia e 14 no Cáucaso Norte. Irina V. Pávlova, "Poezdka Stalina v Sibir'", p. 134 (sem citação). Quase não houve exportação de grãos siberianos de 1913 a 1925; eles foram para as regiões industriais de Moscou e Leningrado, bem como para o Extremo Oriente russo. Em 1926-7, foram exportadas 345 mil toneladas de trigo siberiano, mas em 1927-8 seriam exportadas somente 5700 toneladas. N. Ia. Gúschin, *Siberiskaia dervenia*, p. 108; *Vneshniaia torgovlia SSSR*, pp. 94, 110.

55. *Izvestiia TsK KPSS*, n. 5, pp. 196-9, 1991; V. P. Danílov, *Tragediia sovetskoi derveni*, I, pp. 152-4 (GANO, f. 2, op. 4. d. 24, l. 26-28ob); Lynne Viola, *War Against the Peasantry*, pp. 69-71; *Za chetkuiu klassovuiu liniiu*, p. 76 (informe de Sirtsov à plenária de março de 1928 do partido siberiano); N. Ia. Gúschin e V. A. Ilhinikh, *Klassovaia borba*, pp. 172-3.

56. RGASPI, f. 558, op. 11, d. 121, l. 6-7, 47-9.

57. RGASPI, f. 558, op. 11, d. 121, l. 2. Konstantin Sergueiev (nascido em 1893), o auxiliar de viagem que fez o registro da viagem de Stálin (inclusive dos comentários dele), listou as seguintes brochuras: *Rodinskii raion Slavgorodskogo okruga: materialy obsledovaniia sibiriskoi derevni* (Novossibirsk, 1927); *Menshikovskii raion Barabinskogo okruga: materialy obsledovaniia sibiriskoi derevni* (Novossibirsk, 1927); *Abakinskii raion Minusinskogo okruga: materialy obsledovaniia sibirskoi derevni* (Novossibirsk, 1927). Sergueiev, que era de Tula, foi auxiliar de Stálin de janeiro de 1925 a junho de 1928.

58. G. N. Sevostiánov, "*Sovershenno sekretno*", VI, pp. 58-60 (TsA FSB, f. 2, op. 6, d. 575, l. 1-58).

59. RGASPI, f. 558, op. 11, d. 121, l. 4-4, 9.

60. "Por nossa conta e risco, lançamos uma diretiva sobre repressões aos cúlaques em cada região de aquisição de grãos", vangloriou-se Sirtsov mais tarde. "Expedimos uma diretiva do Comitê Regional pensando que não poderíamos adiá-la, embora já soubéssemos que o camarada Stálin estava a caminho." V. V. Demídov, "Khlebozagotovitelnaia akampaniia 1927/28 g. v sibirskoi derevne", p. 126. Em telegrama a Sirtsov do início de janeiro de 1928, Stálin havia depreciado "como um caminho para o pânico" os apelos de funcionários do partido por trocar grãos por bens manufaturados na Sibéria. *Za chetkuiu klassovuiu liniiu*, pp. 75-6.

61. *Izvestiia TsK KPSS*, n. 5, pp. 201-2, 1991; Lynne Viola, *War Against the Peasantry*, pp. 74-5. No mesmo telegrama de 19 de janeiro (manhã), Stálin também ordenou que Mólotov fosse enviado à Região da Terra Preta Central. No mesmo dia, às 17h35, ele mandou outro telegrama, dessa vez para Mólotov e Kossior, indicando que os desafios talvez fossem ainda maiores, mas reiterando que previa sucesso. Deve-se observar que as campanhas de aquisição na Sibéria costumavam começar somente em setembro (a colheita acontecia um pouco mais tarde na região, de agosto ao início de setembro). E também que, em 1928, apenas quatro silos de grãos de tamanho insuficiente estavam em operação em toda a Sibéria, graças à escassez de investimentos que datava de antes da revolução; mas, com atraso, havia vários em construção. M. Lébedev, "Sostoianie i perspektivy razvitiia elevatornogo khoziaistva", p. 34.

62. RGASPI, f. 558, op. 11, d. 121, l. 11.

63. *Izvestiia TsK KPSS*, n. 5, pp. 193-204 (pp. 199-201), 1991; V. P. Danílov, *Tragediia sovetskoi derevni*, pp. 154-6; Lynne Viola, *War Against the Peasantry*, pp. 71-4. Em 1930, Zagumiónni (nascido em 1897) foi considerado inválido e ganhou uma pensão, mas foi eleito presidente de uma fazenda coletiva e continuou a trabalhar, tornando-se finalmente chefe de uma fazenda estatal em sua província natal de Sarátov, onde, em 5 de agosto de 1937, foi preso. Submetido a julgamento público em maio de 1938, foi executado em 28 de novembro de 1938. Z. Gussakova, "Veril v luchshuiu zhizn naroda".

64. "Iz istorii kollektivizatsii 1928 god", n. 6, p. 212. Ver também *Sochineniia*, XI, p. 3. De janeiro a março de 1928, 3424 pessoas foram condenadas no Cáucaso Norte, entre elas mais de 2 mil camponeses pobres e médios (pelas estatísticas do regime). E. N. Osklókov, *Pobeda kolkhoznogo stroia*, p. 134.

65. A decisão foi tomada numa reunião da "troika dos grãos" em 26 de janeiro de 1928, da qual Stálin participou. Serguei Papkov, *Obyknovenyi terror*, p. 33 (citando GANO, f. P-20, op. 2, d. 176, l. 92-3); *Sovetskaia sibir*, 29 de janeiro de 1928; *Sochineniia*, XI, p. 4.

66 RGASPI, f. 558, op. 11, d. 118, l. 1-74 (stenogramma zasedaniia Sibkraikoma ot 20 ianvaria 1928 g.).

67. Em 1928, toda a Sibéria contava com talvez setecentos agrônomos, a maioria dos quais não tinha educação superior. *Sibirskaia Sovetskaia entsiklopediia*, I, pp. 17-8.

68. *Izvestiia TsK KPSS*, n. 6, pp. 203-5, 1991; RGASPI, f. 558, op. 11, d. 118, l. 23-6.

69. *Sochineniia*, VII, pp. 122-9 (abril de 1926), 286-7 (novembro de 1926).

70. *XVI partiinaia konferentsiia VKP (b)*, *aprel 1929 g.*, 293. Bukhárin dissera na XIV Conferência do Partido, em abril de 1925, que "a fazenda coletiva é uma coisa poderosa, mas não a estrada real para o socialismo". *XIV konferetnisia RKP (b)*, 188.

71. "Partiia i oppozitsiia", *Pravda*, 24 de novembro de 1927, reproduzido em *Sochineniia*, X, pp. 252-68 (p. 259).

72. *XVI Moskovskaia gubernskaia konferentsiia VKP (b)*, boletim n. 10, p. 88. *Stenografischeskii otchet*, pp. 492-520, 544-7. Stálin levou Bauman para a secretaria do partido em abril de 1928. Ele seria promovido a primeiro-secretário em 1929, substituindo Mólotov, para depois ser substituído por Kaganóvitch em 1930. Bauman ficaria com o birô da Ásia Central de 1931 a 1934.

73. *Izvestiia TsK KPSS*, n. 5, pp. 194-6, 1991.

74. V. P. Danílov, *Tragediia sovetskoi derevni*, I, pp. 172-92 (RGASPI, f. 82, op. 2, d. 137, l. 1-55).

75. A notícia da presença do secretário-geral se espalhou, evidentemente. Um secretário do partido de Krasnoiarsk escreveu a Stálin para transmitir um pedido de operários para que ele falasse na fábrica deles; Stálin respondeu que "estava em visita *extraoficial* para instrução *interna* de camaradas. Falar numa reunião de massa aberta seria exceder meu mandato e ludibriar o Comitê Central do partido". RGASPI, f. 558, op. 11, d. 119, l. 1045.

76. Donald Treadgold, *Great Siberian Migration*, pp. 155-83.

77. Abraham Ascher, *P. A. Stolypin*, p. 323.

78. Depois que retornou da Sibéria, Stolypin escreveu a Nicolau II (26 de setembro de 1910) que "minha impressão geral é mais do que confortadora", mas advertiu que "estamos estabelecendo a comuna numa terra que estava acostumada à propriedade privada, na forma de direitos de posseiros. [...] Tudo isso e muito mais são questões urgentes e imediatas. Senão, de uma maneira inconsciente e sem forma, será criado um enorme país grosseiramente democrático que estrangulará em breve a Rússia europeia". "Iz perepiski P. A. Stolypina s Nikolaem Romanovym", *Krasnyi arkhiv*, n. 5, pp. 82-3, 1928. Ver também Sergius Syromatnikov, "Reminiscences of Stolypin", p. 86; e M. N. Pokrovsky, *Brief History of Russia*, II, p. 291. Na Sibéria, desenvolveu-se uma posse de terra "livre" pela qual os camponeses simplesmente apareciam, aravam e plantavam. Mas à medida que a terra passou a ser totalmente ocupada em um determinado lugar, começou uma transição para a posse de terra "equalizada", com atribuição e redistribuição — ou seja, o aparecimento da comuna. Essa transição não costumava ser súbita ou em um único salto. E ocorreu somente nas áreas de ocupação mais densa (principalmente na província de Tobolsk, mais próxima da Rússia europeia), mas isso era um mau sinal para Stolypin, que estava pensando no longo prazo, quando mais assentamentos aconteceriam. V. V. Soldátov, "Izmeneniia form obshchinnogo zemlepolzovaniia", p. 36; K. Kocharovsky, "Aleksandr Arkadievich Kaufman", VIII, p. 550. Stolypin viajou à Sibéria acompanhado pelo ministro da terra e assentamento Kriovchéin, e buscou contestar as afirmações de que toda a terra arável já havia sido colonizada. O fracasso da safra de 1910 fez com que um grande número de colonos voltasse para a Rússia europeia. Gerold T. Robinson, *Rural Russia*, pp. 250-1; George Pavlovsky, *Agricultural Russia*, pp. 177-8; Donald Treadgold, *Great Siberian Migration*, p. 34.

79. Abraham Ascher, *P. A. Stolypin*, p. 325; Donald Treadgold, *Great Siberian Migration*, pp. 182-3.

80. *Poezdka v Sibir i povolzhe*, pp. 114, 117; Alexis N. Antsiferov, *Russian Agriculture*, pp. 340-3; "Zemelnye poriadki za uralom", I, p. 537. Na Sibéria, a terra era de propriedade do Estado, da Casa Imperial ou dos cossacos, mas os camponeses consideravam a terra que haviam registrado conforme o direito de usufruto (*zemlepolzovanie*) equivalente à propriedade. Eles já achavam que a terra era deles, de facto, mas precisavam que ela fosse mapeada e registrada a fim de legalizar o direito de revenda, especialmente onde os migrantes originais haviam feito grandes reivindicações, mas os lotes eram grandes demais para que eles os cultivassem, de modo que estavam tentando arrendá-los para migrantes posteriores. Donald Treadgold, *Great Siberian Migration*, pp. 182-3; *Poezdka v Sibir i povolzhe*, pp. 55-6, 64-5. Em 1917, o Governo Provisório transferiu as Terras do Gabinete (de propriedade da casa real) ao Tesouro; funcionários locais emitiram concessões dessas terras. S. Brike, "Ekonomicheskie protsessy", pp. 13-4; G. P. Jidkov, "Krestiane Altaia ot fevralia k Oktiabriu", cap. 2, pp. 92-110.

81. V. P. Voschínin, *Na sibirskom prostore*, pp. 47-8.

82. Em janeiro de 1927, na RSFSR, 95% das terras aráveis, cerca de 255 milhões de hectares (233 milhões de *desiatinas*), eram de comunas; 3,4% eram propriedades individuais privadas. Edward Hallett Carr, *Socialism in One Country*, I, p. 214; Daniel Thorniley, *Rise and Fall of the Soviet Rural Communist Party* [Basingstoke], p. 10. Em contraste, a RSS da Bielorrússia tinha uma alta porcentagem de fazendas consolidadas que persistiam de antes de 1917. P. N. Pérchin, *Uchastkovoe zemlepolzovanie Rossii*, pp. 46-7.

83. V. P. Danílov, *Rural Russia*, p. 160; Dorothy Atkinson, *End of the Russian Land Commune*, p. 246.

84. Ibid., p. 169.

85. A ideia de que Stálin pode ter visitado uma aldeia provém de uma frase do estenograma amalgamado e editado de seus discursos na Sibéria que diz: "Eu viajei pelos distritos do território de vocês" (*Sochineniia*, XI, p. 2). Mas isso não demonstra que ele tenha visitado alguma aldeia. Avtorkhánov, baseado em testemunho indireto (Sorokin), põe Stálin conversando com camponeses. Abdurakhman Avtorkhanov, *Stalin and the Communist Party*, p. 12.

86. Por exemplo, Moshe Lewin asseverou que Stálin buscava uma solução para a crise que ele mesmo provocara e não impôs um plano ideológico premeditado de coletivização: Moshe Lewin, *Russian Peasants*, pp. 107-16, 296-302. Do mesmo modo, Carr e Davies escrevem que "os pronunciamentos de Stálin e Mólotov dessa época não eram declarações de homens que haviam feito um movimento calculado para a esquerda, e menos ainda de homens que acreditavam que a coletivização em massa do campesinato era uma política praticável no futuro próximo, mas de homens hesitantes e perplexos diante de um problema intratável, que ainda esperavam de algum modo resolver". Edward Hallett Carr e Robert W. Davies, *Foundations of a Planned Economy*, I/i, p. 85. Lewin, Carr e Davies trabalharam em condições de acesso restrito a muitos documentos fundamentais; não está claro se a documentação adicional os levaria a alterar sua argumentação, e, se assim fosse, em que direção.

87. Serguei A. Pavliútchenkov, *Krestianskii Brest*, p. 158 (citando RGASPI, f. 325, op. 1, d. 67, l. 5; março de 1920).

88. V. P. Danílov, *Sovetskoe krestianstvo*, p. 233.

89. Menos de um em 140 lares camponeses tinha alguém filiado ao partido. *Izvestiia TsK RKP (b)*, n. 23 (p. 255), 1928; p. 9; T. H. Rigby, *Communist Party Membership*, p. 418. Como escreveu um historiador: "Quisesse o partido controlar ou persuadir, seu pessoal e os pontos de contato eram irremediavelmente inadequados para a tarefa". Edward Hallett Carr e Robert W. Davies, *Foundations of a Planned Economy*, II, p. 188. Sobre os filiados rurais do partido, ver também Daniel Thorniley, *Rise and Fall of the Soviet Rural Communist Party* [Nova York], pp. 11-7, 200-4.

90. *Izvestiia Sibkraikoma VKP (b)*, n. 7-8, pp. 1-2, 1928.

91. Roger Pethybridge, *One Step Backwards*, pp. 306-7.

92. Carr, por exemplo, disse erroneamente que o marxismo de Stálin era apenas "superficial". Edward Hallett Carr, *Russian Revolution*, p. 163.

93. O *Pravda* marcou a ocasião (15 de janeiro) publicando cartas que a OGPU havia interceptado, sob a rubrica "Subversão trotskista contra o Comintern".

94. Iúri Felchtínski, *Razgovory s Bukhárinym*, p. 14 (citando uma carta de Natália Sedova, 29 de fevereiro de 1960; Institute of International History, Amsterdam, documentos de Sara Jacobs-Weber).

95. Paul Scheffer, *Sieben Jahre Sowjetunion*, pp. 158-61.

96 Victor Serge, *Le Tournant obscur*, p. 155. Também presentes estavam a viúva de Adolf Ioffe e uma irmã (Bertha) de Abram Belenki. Sobre Belenki, ver o bilhete de Béria para Stálin, 6 de setembro de 1940. Disponível em: <stalin.memo.ru/spravki/13-038.htm>. Acesso em 20 dez. 2016.

97. Leon Trotsky, *My Life*, pp. 539-50; Isaac Deutscher, *Prophet Unarmed*, pp. 391-4.

98. Ibid., pp. 539-42; Victor Serge e Natalya Sedova Trotsky, *Life and Death* pp. 155-7; Bertrand Patenaude, *Stalin's Nemesi*, pp. 88-9; D. A. Volkogonov, *Trotsky*, II, pp. 92-5.

99. *Izvestiia TsK KPSS*, n. 5, p. 201, n. 2, 1991.

100. O Politbiuró discutira o exílio de Trótski em numerosas ocasiões, com Nikolai Bukhárin e Aleksei Ríkov contra, Stálin e Vorochílov como os mais francamente a favor e o resto assentindo. D. A. Volkogonov, *Trotsky*, p. 308 (citando APRF, f. 45, op. 1, d. 19, 20).

101. *Izvestiia TsK KPSS*, n. 5, p. 201, 1991. Quando Ivars Smilga, que estava sendo enviado para trabalhar no departamento de planejamento do Extremo Oriente, em Khabarovsk, chegou à estação Iaroslavl, em 9 de junho de 1927, sua despedida transformou-se numa espécie de manifestação pública da oposição; Trótski e Zinóviev fizeram discursos. Stálin tratou rapidamente de fazer com que suas ações fossem condenadas por violação da promessa que haviam feito em 16 de outubro de 1926 de desistir do divisionismo. Leon Trotsky, *My Life*, pp. 530-1.

102 William Reswick, *I Dreamt Revolution*, pp. 226-9. Reswick conseguiu com os soviéticos uma entrevista exclusiva sobre a deportação de Trótski; único jornalista testemunha ocular, seu relato ganhou o prêmio da AP de matéria extraordinária do ano.

103. Isaac Deutscher, *Prophet Unarmed*, p. 394.

104. Depois de protestar continuamente, a família de Trótski foi transferida para uma residência de quatro cômodos.

105. Sobre a frase, ver Maurice Baumont, *La Faillite de la paix*, I, p. 370.

106. Warren Lerner, *Karl Radek*, p. 150. Radek foi logo transferido para Tomsk.

107. D. A. Volkogonov, *Trotsky*, p. 280 (citando RGASPI, f. 326, op. 1, d. 113, l. 72, 27 de fevereiro de 1928). Radek, desesperado diante da perspectiva de um longo exílio, logo começou a criticar Trótski em suas cartas, uma maneira de ganhar o favor de Stálin e um passo na direção de implorar por reabilitação.

108. *Pravda*, 31 de janeiro de 1928; Grigóri A. Kóniukhov, *KPSS v borbe*, pp. 146-7.

109. Grigóri N. Bezrúkov, "Za chem Stalin priezhal na Altai?"; Id., *Priezd I. V. Stalina na Altai*; L. M. Dmítrieva, *Barnaul v vospominaniiakh starozhilov*, p. 97 (P. I. Zakhárov). O condutor do trenó era Ivan Sergovántsev.

110. "Iz istorii kollektivizatsii 1928 god", n. 6, pp. 212-4; RGASPI, f. 558, op. 11, d. 118, l. 78-84.

111. V. Kavráiski e I. Nussínov, *Klassy i klassovaia borba*, p. 78 (citando PAAK, f. 4, op. 2, d. 27, l. 48).

112. RGASPI, f. 558, op. 11, d. 119, l. 35.

113. "Stalin v Rubtsovske", *Khleborod Altaia*, 28 de dezembro de 1991 (recordações de L. A. Netchunáev); M. A. Pópov, *Rubtsovsk 1892-2000*, pp. 107-8.

114. *Bolshevik*, n. 15-6, pp. 90-9, 100-16, 1927. O autor, Gueórgi Safárov [Vóldin], retornara para a Rússia em 1917 no trem fechado de Lênin e se tornara líder da Liga da Juventude Comunista. J. R. Hughes, *Stalin, Siberia*, pp. 88-96.

115. L. S. Sosnóvski, "Chetyre pisma iz ssylki", p. 27. Sosnóvski escreveu três cartas naquele ano a Trótski no Cazaquistão. (Uma quarta, datada de 30 de maio de 1928, foi endereçada a Várdin.) Posteriormente, Sosnóvski foi detido e encarcerado no isolador de Tcheliabinsk.

116. J. R. Hughes, *Stalin, Siberia*, p. 58.

117. Ver a análise que a oposição de esquerda fez de sua derrota por Cristian Rakóvski, em Liev Trótski, *Predannaia revoliutsiia segodnia* [1990], p. 61 (carta de Astrakhan para Trótski em Alma-Ata, 6 de agosto de 1928).

118. V. I. Issáev e A. P. Ugrovátov, *Pravokhanitelnye organy Sibiri*, pp. 150-1; Aleksei G. Tepliakov, "Nepronitsaemye nedra", pp. 262-4 (citando GANO, f. 1204, op. 1, d. 4, l. 57-8); Mikhail Túmchis e Aleksánder Papchínski, *1937, bolshaia chistka*, pp. 7-78 (nas pp. 23-4).

119. *Sochineniia*, XI, pp. 3-4.

120. Ibid. p. 4. Ver também *Pravda*, 3 de julho de 1928, reproduzido em Ibid., p. 105. Naquele mesmo ano, ele acusou esses funcionários de ser gente que "não compreende a base de nossa política de classe e que está tentando conduzir as coisas de tal modo que ninguém no campo seja ofendido". Ibid., p. 235 (discurso ao comitê do partido e Comisão de Controle de Moscou, 19 de outubro de 1928).

121. *Za chetkuiu klassovuiu liniiu*, p. 56 (discurso de Sirtsov aos membros do partido em 17 de fevereiro de 1928). "Stálin tem razão ao dizer que o partido está pronto para o slogan de desculaquização", O. Barabáchev, um esquerdista e ex-adepto de Zinóviev exilado na Sibéria, concluiu no jornal local. "A pressão sobre os cúlaques implanta nas fileiras do partido um clima de desculaquização à moda antiga." *Sovetskaia Sibir*, 28 de janeiro de 1928.

122. *Sovetskaia Sibir*, 25 de janeiro de 1928. Em 22 de janeiro, o procurador-geral da Sibéria (I. D. Kúnov) publicou um artigo na imprensa local fazendo ginástica para tentar explicar a justificativa legal para a aplicação do artigo 107 não somente a comerciantes privados que negociavam com manufaturas, mas a camponeses que se recusavam a vender grãos. *Sovetskaia Sibir*, 22 de janeiro de 1928.

123. *Stepnoi pakhar*, 8 de fevereiro de 1928; V. Kavráiski e I. Nussínov, *Klassy i klassovaia borba*, p. 82; Grigóri A. Kóniukhov, *KPSS v borbe*, p. 101.

124. *Soverskaia Sibir*, 27 e 29 de janeiro de 1928 (notícia do julgamento de catorze cúlaques no condado de Bíisk, acusados de comprar grãos nas províncias vizinhas para revender).

125. As autoridades também confiscaram 78 moinhos de farinha e 68 celeiros, e fecharam 1500 oficinas de couro. *Pravda*, 14 e 29 de fevereiro de 1928 (Sirtsov); *Za chetkuiu klassovuiu liniiu*, p. 251; N. Ia. Gúschin, *Sibirskaia derevnia*, pp. 186, 190. O número de pessoas presas chegou a 1748 no final de maio, das quais 92% foram condenadas. Muitos camponeses pobres e "médios" também foram condenados nos termos do artigo 107 na Sibéria. L. P. Egórova, "Khlebozagotovitelnaia kampaniia 1927-1928", p. 269 (citando PANO, f. 2, op. 2, d. 217, l. 744). Em maio de 1928, em torno de 8 mil famílias siberianas já haviam sido "desculaquizadas". *Istochnik*, n. 1, p. 64, 2001.

126. Em 1928, a GPU tinha 36 674 nomes em listas de vigilância na Sibéria. A. P. Ugrovátov, *Krasnyi banditizm v Sibiri*, p. 187. Em 29 de fevereiro de 1928, a GPU siberiana já havia prendido 123 pessoas nos termos do artigo 58 (contrarrevolução), 64 das quais foram enviadas à procuradoria para verificação (somente vinte foram aprovadas). Aleksei G. Tepliakov, "Nepronitsaemye nedra", pp. 222-3.

127. I. Leónidov e A. Reikhsbaum, "Revoliutsonnaia zakonnost i khlebozagotovski", pp. 36-40. Ver também J. R. Hughes, *Stalin, Siberia*, p. 211.

128. *Na Leninskom puti*, 31 de janeiro de 1928, p. 3.

129. *Izvestiia Sibkraikoma VKP* (*b*), n. 13, p. 10, 1928. A primeira conferência siberiana de camponeses pobres. *Pravda*, 2 de março de 1928; *Izvestiia Sibkraikoma VKP* (*b*), n. 1, pp. 12-3, 1928.

130. O jornal citou outro delegado pedindo a redução dos preços pagos aos camponeses pelos grãos na primavera. *Pravda*, 2 de março de 1928.

131. *Altaiskaia pravda*, 8 de dezembro de 1988.

132. N. Ia. Gúschin, *Sibirskaia derevnia*, p. 188 (RGASPI, f. 17, op. 67, d. 365, l. 9). Sobre Sirtsov, ver J. R. Hughes, "Patrimonialism and the Stalinist System"; Id., *Stalin, Siberia*, pp. 200-4. Em termos de políticas públicas, Sirtsov se identificaria com a direita, mas apoiaria Stálin na luta contra ela.

133. I. Moletótov, *Sibkraikom*, p. 24.

134. *III Sibirskaia partiinaia kraevaia konfeterentsiia VKP* (*b*), p. 33.

135. Ibid., pp. 30-1, 43-4, 197; J. R. Hughes, *Stalin, Siberia*, p. 62.

136. Em abril de 1932, Zakóvski seria transferido para Minsk como chefe da GPU na Bielorrússia, para onde levou uma grande equipe daqueles que havia reunido na Sibéria.

137. "Iz istorii kollektivizatsii 1928 god", n. 6, pp. 214-5.

138. RGASPI, f. 558, op. 11, d. 119, l. 97, 112.

139. "Iz istorii kollektivizatsii 1928 god", n. 7, pp. 178-92.

140. Serguei Papkov, *Obyknovenyi terror*, pp. 34-5 (citando "Tsentr khraneniia iI izuchenia dokumentov noveishei istorii Krasnoiarskgo kraia", f. 42, op. 1, d. 435, l. 2-2ob; d. 438, l. 1-8 [lembranças de testemunhas oculares, entrevistadas e gravadas em 1953-4]), p. 36 (citando *Krasnoiarskii rabochii*, 2 de fevereiro de 1928).

141. Vladímir A. Ilhinikh, *Khroniki khlebnogo fronta*, pp. 143 (citando GANO, f. P-2, op. 2, d. 217, l. 151), 158 (citando GANO, f. P-2, op. 2, d. 217, l. 472).

142. "Iz istorii kollektivizatsii 1928 god", n. 7, pp. 179-82. Ver também *Pravda*, 10 de fevereiro de 1928 (Mikoian).

143. *Sochineniia*, XI, pp. 10-9. Um artigo sem assinatura publicado no *Pravda* (15 de fevereiro) repetia muitas das frases da circular secreta. ("A economia rural aumentou e prosperou. Sobretudo, o cúlaque aumentou e prosperou.") Entre fevereiro e maio de 1928, 1434 funcionários comunistas foram disciplinados (278 deles foram expulsos) — um gostinho do que estava por vir. I. P. Ikónnikova e A. P. Ugrovátov, "Stalinskaia repetistiia nastupleniia na krestianstvo", pp. 74-7.

144. Teodor Shanin, *Awkward Class*, pp. 1-2, 46-74; Merle Fainsod, *Smolensk under Soviet Rule*, p. 239.

145. *Izvestiia TsK VKP* (*b*), n. 12-3, p. 1, 1928; *Istoriia kommunisticheskoi partii Sovetskogo Soiuza*, pp. 544-5. Cerca de 10 mil foram mandados apenas para a Ucrânia. Grigóri A. Kóniukhov, *KPSS v borbe*, p. 118 (citando *Visti*, 28 de março de 1928).

146. *Sovetskaia Sibir*, 28 de janeiro de 1928. O. Barabáchev, "Isilkulskie zheleznodorzhniki o klhebe", pp. 47-8; Edward Hallett Carr, *Socialism in One Country*, II, pp. 118, 177. Barabáchev foi trabalhar em Irkutsk, depois na Crimeia, onde seria preso e executado em 1937. "Kak skladyvalas zhizn O. V. Rissa": Disponível em: <www.oleg-riss.ru/files/Riss_part01.doc>

147. A. Sénin, A. I. Rykov.

148. Trotsky Archive, Houghton Library, Harvard University, T 1106; *Sotsialisticheskii vetsnik*, 23 de julho de 1928, p. 15; *XVII siezd VKP* (*b*) [1934], p. 210; Edward Hallett Carr e Robert W. Davies, *Foundations of a Planned Economy*, I/i, p. 61; "Materialy fevralsko-martovskogo plenuma TsK VKP (b) 1937 goda", p. 19 (Bukhárin/Piatakov). Ver também Roy Medvedev, *Let History Judge*, pp. 194-5; Moshe Lewin, *Russian Peasants*, pp. 218-20; Stephen F. Cohen, *Bukharin*, pp. 278, 444, n. 31.

149. Somente Mólotov e Kúibichev apoiaram Stálin sem reservas. Ríkov admitiria que subestimara a extensão da crise; Mólotov, sua duração. Moshe Lewin, *Russian Peasants*, pp. 217-9.

150. A. V. Kvachónkin, *Sovetskoe rukovodstvo*, pp. 22-4.

151. V. P. Danílov, *Kak lomali NEP*, I, pp. 29-30.

152. Oleg Khlevniuk, *Stalinskoe Politbiuró*, p. 113 (nota do editor). Ver também o ensaio sagaz de E. A. Rees, "Stalin, the Politburo, and Rail Transport Policy", pp. 104-33.

153. A. I. Mikoian, *Tak bylo*, p. 292.

154. Nils Erik Rosenfeldt, *Knowledge and Power*, p. 34.

155. Id., *The "Special" World*, I, pp. 468-74.

156. *Pravda*, 10 de março de 1928, p. 1. Numa reunião da secretaria do partido do Cáucaso Norte realizada em 16 de março, Andreiev orientou Ievdokímov a escrever um editorial local "no espírito do editorial do *Pravda* e da formulação da questão em Moscou". S. A. Kislítsin, *Shakhtinskoe delo*, pp. 30-1. O Politbiuró criou uma comissão de investigação, composta por Mólotov (enviado a Stalino), Tomski (enviado a Chákhti) e Iaroslávski (enviado a Artemovsk), cujos discursos foram tão raivosos que Stálin teve até de mandar um telegrama para controlá-los, a fim de não desacreditar o julgamento que ainda aconteceria. Iu. S. Kukúchkin, *Rezhim lichnoi vlasti Stalina*, p. 96.

157. O povoamento era originalmente conhecido como Gruchevka (nome de um rio do lugar), mas, em memória do tsar assassinado Alexandre II, foi rebatizado de Aleksandrovsk-Gruchévski, nome que teve até fevereiro de 1920. Em novembro de 1923, 10 mil trabalhadores de Chákhti, quase toda a força de trabalho, entraram em greve, desarmaram os guardas da mina e marcharam até o prédio da GPU local, exigindo salários mais altos e a adoção de normas de segurança. Os soldados atiraram na multidão, matando vários manifestantes e dispersando os outros. A GPU impediu a entrada dos operários na mina e prendeu todos os supostos ativistas. Nikolai Krylenko chegou no dia 4 de novembro. Quando pediu que os trabalhadores que tinham sido açoitados se identificassem, ninguém o fez, por medo ou desconfiança. *Sotsialisticheskii vestnik*, n. 1, p. 7, 1924.

158. *Z arkhiviv VUChK-gpu-NKVD-kgb*, n. 1-2, p. 321, 1997.

159. Do círculo de Ievdokímov faziam parte Mikhail Frinóvski, Fómin, Elza Grundman, Nikolai Nikoláiev-Juid, V. Kúrski e outros.

160. A. M. Plekhánov, *VChK-Ogpu*, pp. 382-5; *Istochnik*, n. 5, pp. 140-51, 1995 (APRF, f. 3, op. 61, d. 648, l. 9-14).

161. *Voprosy istorii*, n. 2, pp. 3-7, 1995. A proximidade de Ievdokímov de Stálin era bem conhecida dentro da polícia secreta. Alexander Orlov, *Secret History*, p. 28.

162. A. M. Plekhánov, *VChK-Ogpu*, p. 130 (citando TsA FSB RF f. 2, op. 5, d. 29, l. 1). Ver também Stephen G. Wheatcroft, "Agency and Terror", p. 30.

163. Ievdokímov teve o mérito reconhecido no XVI Congresso do Partido, em 1930: *XVI siezd VKP* (*b*), pp. 538 ss.; G. K. Ordjonikidze, *Stati i rechi*, II, p. 230. As primeiras prisões, que vieram após denúncias feitas por trabalhadores, aconteceram em 14 de junho de 1927, e, de início, o caso envolvia seis indivíduos. A GPU teve dificuldades para fazer o caso andar e precisou pedir várias vezes extensão do prazo para levá-lo ao tribunal ou libertar os que estavam sob investigação. Em 16 de janeiro de 1928, a situação continuava incerta. Mas, no dia 9 de fevereiro, ela informou a Ríkov sobre o processo. A "investigação" já estava em andamento havia seis meses. S. A. Krassílnikov, *Shakhtinskii protsess*, p. 822, n. 1 (TsA FSB, f. r-49447, t. 26, cap. 1, l. 213-4, 608-9), n. 2. Ver também Abdurakhman Avtorkhanov, *Stalin and the Communist Party*, pp. 26-30 (citando conversas com Réjnikov); Kendall E. Bailes, *Technology and Society*, pp. 69-94; Aleksandr Soljenítsin, *The Gulag Archipelago*, pp. 44-5; e Edward Hallett Carr e Robert W. Davies, *Foundations of a Planned Economy*, I, pp. 584-90.

164. Andrei Andreiev, recém-designado para o Cáucaso Norte, herdara a batata quente de Chákhti e escreveu a Stálin (em 27 de fevereiro de 1928) que Ievdokímov iria em pessoa fazer um relatório direto. A. A. Andreiev, *Vospominaniia*, p. 209; S. A. Krassílnikov, *Shakhtinskii protsess*, I, p. 72.

165. V. P. Danílov, *Kak lomali NEP*, I, pp. 348-400 (RGASPI. f. 558, op. 11, d. 132, l. 3-18); *Na prieme*, p. 27. Ievdokímov levara com ele Konstantin I. Zónov, o chefe do departamento econômico da GPU do Cáucaso Norte que estava na origem do processo de Chákhti: GARF, f. 3316, op. 2, d. 628, l. 20. Ver também Boris A. Starkov, "Perekhod k 'politike razgroma'", cap. 2, pp. 260-1; Iu. A. Schetínov, "Rezhim lichnoi vlasti Stalina", em Iu. S. Kukúchkin, *Rezhim lichnoi vlasti Stalina*, pp. 9-97 (na p. 68, citando GARF sem maior especificação).

166. S. A. Krassílnikov, *Shakhtinskii protsess*, pp. 163-4, 177-81.

167. Krylenko compareceu a uma plenária do comitê do partido do Cáucaso Norte em 30 de março, na qual Ievdokímov fez o principal informe. Krylenko declarou que "a questão dos especialistas deveria estar clara para todos, que, sem eles, não poderíamos administrar". Andreiev concordou: "Somente com as nossas mãos, não podemos construir o socialismo, precisamos de especialistas. [...] Penso que entre nós, entre os administradores, há uma desconfiança interna de nossos órgãos da GPU, que estes se ocupam em encontrar crimes, que eles exageram nisso, e assim por diante. Essa desconfiança existe. Acho que precisamos extirpar essa desconfiança". Oleg Mozókhin e Teodor Gladkov, *Menzhinskii*, pp. 267-93.

168. S. A. Kislítsin, *Shakhtinskoe delo*, pp. 51-2.

169. Mikhhútina, "SSSR glazami polskikh diplomatov", p. 58; Kurt Rosenbaum, *Community of Fate*, p. 248.

170. Em janeiro de 1928, foi feito um esclarecimento a respeito do estatuto criminal sobre destruição (artigo 58.7) no sentido de que não era preciso prova da "intenção contrarrevolucionária" para abrir processo. Peter H. Solomon, *Soviet Criminal Justice*, pp. 139-40. Uma circular da OGPU de 1927 já havia equiparado negligência (*khalatnost*) e sabotagem, se ela resultasse em incêndios industriais, desmoronamentos ou explosões, com ou sem intenção criminosa. A circular concedia à OGPU o poder de impor sentenças fora dos tribunais. B. V. Víktorov, *Bez grifa "sekretno"*, p. 147.

171. Hiroaki Kuromiya, "The Shakhty Affair", pp. 46-7 (citando GARF, f. 1652, d. 49, l. 1-9 [sem opus]).

172. A dor na perna de Mężyński diminuiu, mas sua audição se deteriorou muito, dizia-se que em consequência da arteriosclerose; os médicos notaram um pequeno aumento de seu coração, bem como da aorta. Oleg Mozókhin e Teodor Gladkov, *Menzhinskii*, pp. 345-6 (sem citação).

173. Em 1937, quando Iagoda estava sendo destruído, Ievdokímov teve isto a dizer: "Pergunto a você, Iagoda, você era então meu chefe, que ajuda proporcionou de seu lado? (Iagoda: 'No caso Chákhti? Você mesmo não acreditava nele'.) Não me diga essa bobagem". *Voprosy istorii*, n. 2, pp. 6-7, 1995.

174. *Lubianka: Stalin i VChK-gpu-Ogpu-NKVD*, pp. 148-52 (APRF, f. 3, op. 58, d. 328, l. 20-5).

175. Ibid., pp. 148-61; Nikolai V. Krylenko, *Ekonomicheskaia kontr-revoliutsiia*. Consta que Ievdokímov possuía "cartas interceptadas" entre o engenheiro e gente no exterior, e alegava que seu conteúdo inócuo era, na verdade, um código, mas os documentos não seriam apresentados no julgamento. Abdurakhman Avtorkhanov, *Stalin and the Communist Party*, pp. 28-9. Em 1927, o cínico Radek — talvez detectando os ventos políticos, talvez por convicção — havia condenado os especialistas burgueses, dando nomes, ao mesmo tempo que criticava os burocratas "direitistas" corruptos e a alienação dos trabalhadores do esforço de industrialização do regime. Andrea Graziosi, "Stalin's Antiworker Workerism", p. 252.

176. Kurt Rosenbaum, "The German Involvement in the Shakhty Trial". Litvínov sugerira criar uma comissão confiável somente para determinar a culpa dos alemães e garantir a presença de um representante do Ministério das Relações Exteriores da Alemanha no interrogatório deles. Isso não aconteceu; Vorochílov,

que supervisionava as relações militares soviético-alemãs, foi acrescentado à comissão do Politbiuró sobre Chákhti em 13 de março.

177. S. A. Krassílnikov, *Shakhtinskii protsess*, I, pp. 164-5; *ADAP*, Série B, VIII, pp. 300-1; Harvey L. Dyck, *Weimar Germany and Soviet Russia*, pp. 129-30 (citando Arquivos do Ministério das Relações Exteriores da Alemanha, 2860/D559468-70: Rantzau para Stresemann, 6 de março de 1928, e 2860/D559755-6: Rantzau para Stresemann, 16 de março de 1928); Gustav Hilger e A. G. Meyer, *Incompatible Allies*, pp. 217-8.

178. Abdulkahn Akhtamzian, "Sovetsko-Germanskie ekonomicheskie otnosheniia", p. 53; Harvey L. Dyck, *Weimar Germany and Soviet Russia*, pp. 119-29.

179. S. A. Krassílnikov, *Shakhtinskii protsess*, I, pp. 163-4.

180. *Torgovaia promyshlennaia gazeta*, 17 de março de 1928, p. 1; Harvey L. Dyck, *Weimar Germany and Soviet Russia*, p. 131 (citando 5265/E319203-5: Stresemann a Rantzu a respeito de uma conversa com Litvínov).

181. RGASPI, f. 558, op. 11, d. 824, l. 54-64.

182. S. A. Kislítsin, *Shakhtinskoe delo*, I, pp. 218-9 (19 de março de 1928).

183. Ibid., pp. 231-3, 239-41; Kurt Rosenbaum, *Community of Fate*, pp. 254-5. A desorganização e má administração na indústria soviética do carvão estão bem detalhadas em "Report of Stuart, James & Cooke, Inc. to V.S.N.H.", cap. 1, p. 2, Hoover Institution Archives, Charles E. Stuart Papers, caixa 1. No final da década de 1980, a procuradoria da URSS invalidou as acusações de destruição deliberada, trabalho em nome de ex-donos das minas ou inteligência estrangeira, citando provas insuficientes. O. Mozókhin, *VChK-Ogpu, karaiushchii mech diktatury proletariat*, p. 315.

184. S. A. Kislítsin, *Shakhtinskoe delo*, I, p. 839, n. 48. Em 21 de março, o Politbiuró resolveu que a GPU verificasse "uma lista exata" daqueles detidos e mantidos presos. *Lubianka: Stalin i VChK-Ogpu-NKVD*, pp. 153-4 (APRF, f. 3, op. 58, d. 328, l. 195); S. A. Kislítsin, *Shakhtinskoe delo*, I, pp. 222-3.

185. Tchitchérin escreveu a Stálin (12 de março de 1928) sobre a forte reação estrangeira, não só na Alemanha, e recomendou a criação de uma comissão voltada para os cidadãos alemães acusados, mas Stálin não aceitou. Krestínski, o enviado soviético em Berlim, escreveu uma longa carta queixosa a Stálin (16-17 de março de 1928) sobre as consequências para as relações soviético-alemãs ("estamos marchando para um conflito difícil e prolongado com a indústria alemã e com o governo e a opinião pública"). S. A. Krassílnikov, *Shakhtinskii protsess*, I, pp. 203-4, 210-1; II, pp. 856-61.

186. Kurt Rosenbaum, *Community of Fate*, pp. 258-63.

187. Aleksandr M. Terpigórev, *Vospominaniia gornogo inzhenera*, p. 183; Boris A. Starkov, "Perekhod k 'politike razgroma'", pp. 255-6 (15 de março de 1928, resumo policial do estado de ânimo).

188. A carta continuava: "Será que a causa de Lênin vai morrer?". Oleg Mozókhin e Teodor Gladkov, *Menzhinskii*, pp. 291-2 (Boris Syssóev, 9 de junho de 1928). Vlas Tchubar, chefe do governo na Ucrânia, enviara o bilhete de suicídio para Stálin, que o distribuiu ao Politbiuró.

189. Kendall E. Bailes, *Technology and Society*, p. 79.

190. A. V. Kvachónkin, *Sovetskoe rukovodstvo*, p. 28 (Vorochílov a Tomski, 29 de março de 1928); Hiroaki Kuromiya, *Stalin's Industrial Revolution*, pp. 30-1. Vorochílov conhecia Ievdokímov de sua época de comissário no Front Meridional durante a guerra civil e como chefe do distrito militar do Cáucaso Norte (1921-4). Sobre Ríkov e Chákhti, ver *Pravda*, 11 de março de 1928; e William Reswick, *I Dreamt Revolution*, pp. 246-51.

191. *Pravda*, 28 de março de 1928. O Politbiuró já tinha uma comissão permanente para casos políticos, mas criara uma comissão especial sobre Chákhti composta por Ríkov, Ordjonikidze, Mólotov, Kúibichev e Stálin; Vorochílov, responsável pela cooperação militar germano-soviética, foi acrescentado em seguida.

192. *Torgovo-promyshlennaia gazeta*, 6 de março de 1928. O anúncio do caso Chákhti no jornal do órgão de Kúibichev fora silenciado. *Torgovo-promyshlennaia gazeta*, 10 e 11 de março de 1928; Khávin, *U rulia industrii*, pp. 79-81.

193. *Torgovo-promyshlennaia gazeta*, 29 de março de 1928.

194. Liev Trótski, *Portrety revoliutsionerov*, p. 228.

195. *Stenograficheskii otchet pervoi Leningradskoi oblastnoi konferenetsii VKP (b)*, p. 19.

196. A. V. Kvachónkin, *Sovetskoe rukovodstvo*, p. 28 (RGASPI, f. 74, op. 2, d. 45, l. 4-4ob, 6-60ob).

197. *Pravda*, 19 de abril de 1928; V. P. Danílov, *Kak lomali NEP*, I, 417-37. Ver também N. K. Bukhárin, *Izbrannye proizvedenie*, p. 376.

198. *Trud v SSSR*, p. 61; Solomon Schwarz, *Labor in the Soviet Union*, pp. 6-7. Ver também Krjijanóvski, *Desiat let khoziiastvennogo stroitelstva*.

199. Catherine Merridale, *Moscow Politics*, p. 18, calculando a partir de *Statisticheskii spravochnik goroda Moskvy i Moskovskoi gubernii* (Moscou: Mosgorkomstat, 1927); Robert W. Davies et al., *Economic Transformation of the Soviet Union*, p. 84.

200. Walter Duranty, *I Write as I Please*, pp. 145-7.

201. Hiroaki Kuromiya, *Freedom and Terror*, pp. 104-5 (citando GARF, f. 9474, op. 7, d. 259, l. 110), p. 141.

202. William J. Chase, *Workers, Society, and the Soviet State*, pp. 278-82; Id., "Workers' Control and Socialist Democracy", pp. 235-6.

203. Andrea Graziosi, "Stalin's Antiworker Workerism", p. 228.

204. S. A. Kislítsin, *Shakhtinskoe delo*, II, pp. 943-6.

205. Carmine J. Storella, *Voice of the People*, pp. 244-5 (RGAE, f. 396, op. 6, d. 114, l. 748-50).

206. Hiroaki Kuromiya, "The Chakhti Affair", p. 51 (citando GARF, f. 5459, op. 9, d. 354, l. 5); Eugene Lyons, *Assignment in Utopia*, p. 116.

207. S. A. Kislítsin, *Shakhtinskoe delo*, II, pp. 940-2.

208. Ksenofont Sanukov, "Stalinist Terror in the Mari Republic".

209. Hiroaki Kuromiya, "Crisis of Proletarian Identity".

210. *Izvestiia TsK KPSS*, n. 5, pp. 195-6, 1991.

211. Somente 452 das 1017 prisões feitas na Ucrânia nos primeiros meses de 1928 foram de cúlaques; 1087 das 2661 prisões no Cáucaso Norte no mesmo período; e 272 de 903 prisões nos Urais. Até mesmo na Sibéria, onde os "cúlaques" predominaram inicialmente nas estatísticas, as prisões daqueles oficialmente classificados como camponeses médios começaram a aumentar. Roberta T. Manning, "The Rise and Fall of 'the Extraordinary Measures'", p. 15 (citando TsA FSB, f. 2, op. 6, d. 567, l. 498-504).

212. Ibid., p. 15 (citando GARF, f. 353s, op. 16s, d. 6, 16-7, 23 de fevereiro de 1928). Em 12 de fevereiro, Mikoian, no *Pravda*, admitira "irregularidades" e pediu que as detenções fossem limitadas a verdadeiros cúlaques, definidos como camponeses que possuíam ao menos 36 toneladas de grãos (2 mil *poods*), e o Politbiuró, no dia seguinte, instou os funcionários a seguir rigorosamente essas diretrizes.

213. N. N. Chmeliov, *Borba KPSS*. Ver também Daniel R. Brower, "The Smolensk Scandal and the End of NEP".

214. V. P. Danílov, *Kak lomali NEP*, I, pp. 156-68. Ver também A. I. Lutchenko, "Rukovodstvo KPSS formirovaniem kadrov tekhnicheskoi intelligentsia", pp. 29-42 (na p. 33, citando RGASPI, f. 17, op. 2, d. 354, l. 790); e Efim G. Guimpelson, *NEP*, p. 254 (citando *Pravda*, 3 de outubro de 1988).

215. V. P. Danílov, *Kak lomali NEP*, I, pp. 203, 214-24.

216. Ibid., pp. 233-5.

217. *KPSS v rezoliutsiiakh* [8. ed.], IV, p. 84.

218. *Lubianka: Stalin i VChK-gpu-Ogpu-NKVD*, pp. 158-61 (APRF, f. 3, op. 58, d. 329, l. 32-7, 25 de abril de 1928).

219. Ibid., pp. 156-8 (APRF, f. 3, op. 58, d. 329, l. 28-31).

220. Carr e Davies afirmaram a respeito de abril de 1928 que "seria prematuro supor que naquele momento a maioria dos líderes, ou Stálin em particular, estava comprometida com a coerção, ou havia decidido trocar os métodos do mercado por uma política de ação direta". Mas o alcance das ações de Stálin indica outra coisa. Edward Hallett Carr e Robert W. Davies, *Foundations of a Planned Economy*, I, pp. 65-6.

221. *KPSS v rezoliutsiiakh* [1984], IV, pp. 315-6; Roberta T. Manning, "The Rise and Fall of 'the Extraordinary Measures'", p. 13.

222. Como Bukhárin destacaria em um informe à plenária do partido de Leningrado: N. K. Bukhárin, *Put k sotsializmu*, p. 284.

223. V. P. Danílov, *Kak lomali NEP*, II, p. 6 (RGASPI, f. 74, op. 2, d. 38, l. 30).

224. Campbell, que estava em alta demanda no mundo todo, foi à União Soviética duas vezes, a primeira em janeiro de 1929, quando se encontrou com Stálin, depois em junho de 1930. Mostraram-lhe as grandes fazendas mecanizadas no Cáucaso Norte. T. D. Campbell, *Russia: Market or Menace*.

225. V. P. Danílov, *Kak lomali NEP*, II, pp. 462-5.

226. *Pravda*, 18 de abril de 1928, reproduzido em *Sochineniia*, XI, p. 54 (nas pp. 46 e 48). Ver também Sheila Fitzpatrick, "The Foreign Threat during the First Five Year Plan".

227. Zíma, *Chelovek i vlast v SSSR*, pp. 77-8 (citando GARF, f. 5446, op. 89, d. 11, l. 94-5: F. Cherepanov).

228. Roberta T. Manning, "The Rise and Fall of 'the Extraordinary Measures'", p. 22 (citando RGASPI, f. 17, op. 165, d. 13, l. 5).

229. RGASPI, f. 17, op. 3, d. 683, l. 89.

230. *Moskovskie Bolsheviki*, p. 251 (citando *Obedinennyi plenum MK i MKK VKP (b), 23-25 aprelia 1928 g.: doklady i rezoliutsii*. Moscou, 1928, pp. 34-5).

231. V. P. Danílov, *Tragediia sovetskoi derevni*, I, pp. 236 (RGASPI, f. 17, op. 3, d. 683, l. 1-2), 261-2 (d. 684, l. 18-20), 255-62. Em 21 de abril, o regime substituíra o imposto por cabeça por um tributo progressivo sobre a renda agrária que incluía um imposto "individual" sobre altas rendas e uma sobretaxa da riqueza para o estrato mais alto ou elite dos cúlaques, em conformidade com o sentimento de pressionar os cúlaques por meios econômicos. Dorothy Atkinson, *End of the Russian Land Commune*, p. 329. O ex-oficial da Guarda Branca Piotr Wrangel morreu subitamente em 25 de abril de 1928, aos 49 anos, em Bruxelas, em decorrência de uma forma severa de tuberculose, que conforme a maioria dos relatos ele não havia contraído antes. Membros da família acharam que ele havia sido envenenado por um agente soviético, que seria alguém de dentro da casa ou um ex-ordenança que o visitara dez dias antes de sua morte. *Bolezn, smert i pogrebenie general-leitenanta barona Petra Nikolaevicha Vrangelia*.

232. A. P. Ugrovátov, *Informatsionnaia deiatelnost organov bezopasnosti*, pp. 82-4; *Sovetskaia dervenia glazami VChK-Ogpu-NKVD*, II, pp. 7-8, 21, 38, 46; S. A. Krassílnikov, *Shakhtinskii protsess*, I, pp. 242-83.

233. A. M. Plekhánov, *VChK-Ogpu, 1921-1928*, pp. 420-1 (citando TsA FSB, f. 66, op. 1, d. 187, l. 227ob). Naquele mesmo dia, Stálin falou em um congresso da Liga da Juventude Comunista: "Não, camaradas, nossos inimigos de classe existem. E não somente existem, como estão ganhando força e tentando agir contra o poder soviético". Ele instou os jovens a "organizar críticas de massa vindas de baixo". *Pravda*, 17 de maio de 1928, em *Sochineniia*, XI, pp. 66-77 (na p. 69).

234. *Izvestiia*, 19 de maio de 1928. Aconteceram alguns julgamentos nesse meio-tempo: em 1925, alguns engenheiros e ex-empregados de uma metalúrgica que havia sido de propriedade estrangeira foram julga-

dos e condenados por espionagem. *Pravda*, 4-16 de junho de 1925. Em 1926, talvez 50% da equipe técnica de uma bacia de carvão no Donbass foram julgados em consequência de acidentes industriais. Hiroaki Kuromiya, *Freedom and Terror*, pp. 143 (citando GARF, f. 5459, op. 7, d. 2, l. 139, 150), 144-5.

235. P. Ivanóvitch, "Finliandskie shpioni", pp. 193-7; *Vozrozhdenie*, 6 de janeiro de 1928; *Pravda*, 1º de janeiro de 1928.

236. Liliana Márkova, "Litso vraga", pp. 79-99 (nas pp. 808-1).

237. Eugene Lyons, *Assignment in Utopia*, p. 42.

238. Kendall E. Bailes, *Technology and Society*, p. 90.

239. Um estudioso especulou que Stálin pretendia minar seu éthos tecnocrático e sua possível solidariedade política. Kendall E. Bailes, "Politics of Technology", p. 464.

240. Id., *Technology and Society*, pp. 91-2.

241. William Reswick, *I Dreamt Revolution*, p. 247.

242. Gustav Hilger e A. G. Meyer, *Incompatible Allies*, pp. 219-20. Hilger compareceu ao julgamento. Bachkin fora educado na Alemanha.

243. O. Mozókhin, *VChk-Ogpu*, pp. 274-5 (TsA, PSB, f. ugolovnoe delo N-3738). Os soviéticos também descobriram que o diretor técnico alemão da concessão da Junkers estava listado em arquivos da época tsarista como ex-chefe da inteligência para o Exército oriental alemão durante a Grande Guerra. Esse antecedente, parecido com atributos físicos imutáveis, foi tomado como prova prima facie de atividade de espionagem em andamento de sua parte.

244. Eugene Lyons, *Assignment in Utopia*, pp. 125-6.

245. *Torgovaia promyshlennaia gazeta*, 4 de julho de 1928.

246. Hiroaki Kuromiya, "The Shakhty Affair", pp. 48-9 (citando GARF, f. 9474, op. 7, d. 253, l. 106-16).

247. Walter Duranty, *The New York Times*, 19 de maio de 1928.

248. A. V. Kvachónkin, *Sovetskoe rukovodstvo*, pp. 29-31 (RGASPI, f. 78, op. 7, d. 120, l. 1-3; f. 17, op. 162, d. 6, l. 100, 113).

249. Edward Hallett Carr e Robert W. Davies, *Foundations of a Planned Economy*, I/ii, pp. 702-4.

250. V. F. Zíma, *Chelovek i vlastv SSSR*, p. 78 (citando GARF, f. 5446, op. 89, d. 11, l. 110: A. Lesnikov).

251. A. M. Plekhánov, *VChK-Ogpu, 1921-1928*, p. 420 (citando TsA FSB, f. 66, op. 1, d. 187, l. 8, 15, 280).

252. Serguei Papkov, *Obyknovennyi terror*, p. 39 (citando GANO, P-2, op. 2, d. 289A, l. 69ob). Nikolai Zímin, presidente do comitê regional do partido de Irkutsk, subordinado a Sirtsov em Novossibirsk, denunciara Sirtsov a Moscou em março de 1928 por não implementar a política do regime, produzindo o que seria chamado de o Caso Irkutsk: I. Moletótov, *Sibkraikom*, p. 44; J. R. Hughes, "The Irkutsk Affair".

253. N. Ia. Gúschin, *Sibirskaia derevnia*, p. 187 (citando PANO, f. 2, op. 2, d. 279, l. 6); Ilhinikh, *Khroniki khlebnogo fronta*, pp. 165-6 (citando GANO, f. P-2, op. 2, d. 217, l. 738); Nils Erik Rosenfeldt, *The "Special" World*, I, p. 164.

254. A safra de 1927-8 ficou pelo menos 5 milhões de toneladas abaixo da de 1926-7, mas, em 30 de junho de 1928, as aquisições estatais de trigo e centeio igualaram as de 1926-7. Edward Hallett Carr, "Revolution from Above", p. 321.

255. Bordiugov e Kozlov, "The Turning Point of 1929".

256. A revista passou a carta a Ríkov, chefe do governo. V. F. Zíma, *Chelovek i vlastv SSSR*, p. 75 (citando GARF, f. 5446, op. 89, l. 12-5, 25, 56-64: V. Répin).

257. Edward Hallett Carr e Robert W. Davies, *Foundations of a Planned Economy*, I, p. 67. As cotas de grãos arriscaram provocar o que um historiador chamou apropriadamente de "as duas reações tradicionais do camponês: a resposta de curto prazo da ocultação de estoques e a de longo prazo da recusa em semear mais do que o necessário para alimentar sua família". Edward Hallett Carr, *Bolshevik Revolution*, II, p. 154.

258. Abdurakhman Avtorkhánov, *Tekhnologiia vlasti*, pp. 7-11.

259. Ibid., pp. 11-2.

260. *Pravda*, 2 de junho de 1928, em *Sochineniia*, XI, pp. 81-97.

261. Edward Hallett Carr, *Socialism in One Country*, II, pp. 106-7, citando Chókhin, *Kratkaia istoriia VLKSM*, pp. 115-6; Kenez, *Birth of the Propaganda State*, pp. 168-9; A. P. Balachov e Nelépin, *VLKSM za 10 let v tsifrakh*, pp. 21-2.

262. Roberta T. Manning, "The Rise and Fall of 'the Extraordinary Measures'", p. 30 (citando TsA FSB, f. 2, op. 6, d. 599, l. 385-7).

263. V. F. Zíma, *Chelovek i vlastv SSSR*, pp. 81-2 (citando GARF, f. 5446, op. 89, d. 9, l. 9-10).

264. A. A. Jdanóvitch, *Organy gosudarstvennoi bezopasnosti*, p. 306 (citando TsA FSB, f. 2, op. 6, d. 48, l. 15-6).

265. Miklós Kun, *Bukharin*, pp. 229-34, citando uma cópia da carta de Frumkin guardada no arquivo de Trótski, Houghton Library, Harvard University; *Sochineniia*, XI, pp. 116-23.

266. Em uma coleção de documentos publicada, a carta de Bukhárin está datada de "agosto de 1928", mas em abril de 1929, quando leu essa carta em voz alta numa plenária, ele a dataria de 1-2 de junho de 1928. A. V. Kvachónkin, *Sovetskoe rukovodstvo*, pp. 38-40 (RGASPI, f. 329, op. 2, d. 6, l. 58-60); N. K. Bukhárin, *Problemy teorii i praktiki sotsializma*, pp. 298-9.

267. Stálin respondeu a uma carta (15 de junho de 1928) de Moisei "Mikhail" Frumkin, em que o vice-comissário da Agricultura invectivava contra a linha agrária coerciva de Stálin, dizendo que ele estava fazendo o jogo da burguesia internacional. As regras do partido especificavam que esse tipo de carta deveria receber uma resposta coletiva do Politbiuró dentro de uma semana. Stálin, furioso, respondeu em seu próprio nome, sem esperar. *Sochineniia*, XI, pp. 116-26.

268. Em 27 de junho de 1928, Ríkov recebeu uma carta de um conhecido de uma aldeia da província ucraniana de Tchernihov. "Aleksei! Tendo recebido de Lênin tamanha riqueza em termos de experimentos, você, com seu falso aparato, está levando o país à ruina. [...] Você sabe, nós velhos revolucionários precisamos ir para a floresta e começar outra revolução." V. F. Zíma, *Chelovek i vlastv SSSR*, p. 79 (citando GARF, f. 5446, op. 89, d. 9, l. 5-6; T. S. Tregúbov).

269. V. P. Danílov, *Kak lomali NEP*, IV, pp. 558-63 (RGASPI, f. 84, op. 2, d. 40, l. 2-11); Anna Lárina, *This I Cannot Forget*, 117.

270. Carmine J. Storella, *Voice of the People*, pp. 235-6 (RGAE, f. 396, op. 6, d. 114, l. 747-8).

271. V. P. Danílov, *Kak lomali NEP*, II, pp. 184-7, 448. Ver também "Foreign Trade", pp. 225-6.

272. Aaron Solts, membro do presidium da comissão central de controle, escreveu a Ordjonikidze em 1º de julho a respeito do lançamento de medidas de emergência no início do ano que "as viagens de Mólotov e Stálin, quisessem eles ou não, foram uma convocação abrangente à arbitrariedade e a cuspir na lei". A. V. Kvachónkin, *Sovetskoe rukovodstvo*, pp. 31-4 (RGASPI, f. 85, op. 1/s, d. 156, l. 2-15, 1º de julho de 1928).

273. Paul Scheffer, *Sieben Jahre Sowjetunion*, p. 323. Brockdorff-Rantzau morreu em Berlim em 8 de setembro de 1928.

274. Transcrições inéditas em GARF, f. 9474sch, op. 7s, d. 181-261.

275. Garald I. Krúmin, *Shakhtinskii prostess*. Krúmin (1894-1943), nome resumido de Krúminch, era formado pelo Departamento de História da Universidade de Petrogrado (1916), editou o jornal *Ekonomicheskaia zhizn e*, em 1928, entrou para o conselho editorial do *Pravda*.

276. *Sochineniia*, XI, p. 47. Para provas do entusiasmo da classe operária pelo julgamento de Chákhti e o terror de 1928-31 contra "inimigos de classe", ver Hiroaki Kuromiya, "The Shakhty Affair", pp. 51, 56.

277. V. P. Danílov, *Kak lomali NEP*, I, p. 361; *Sochineniia*, XI, pp. 158-87. Na transcrição que lhe foi dada para editar seus comentários, Stálin inseriu: "Não é verdade que a crise da coleta de grãos foi o primeiro

ataque de elementos capitalistas da aldeia contra a política soviética". Ele então invocou Lênin, usando uma pergunta retórica: "O slogan de Lênin sobre confiança no camponês pobre, aliança com o camponês médio e combate ao cúlaque não deveria ser a base de nosso trabalho no campo?" (I, p. 360).

278. V. P. Danílov, *Kak lomali NEP*, II, pp. 354, 513.

279. *Sochineniia*, XI, pp. 159, 188-9 (publicado pela primeira vez em 1949).

280. V. P. Danílov, *Kak lomali NEP*, pp. 354-5. Mais adiante na discussão, Stálin declarou que um aumento de 40% no preço dos grãos, para induzir a venda de grãos pelos camponeses, custaria 300 milhões de rublos por ano, e "para obter esse dinheiro seria necessário tirar alguma coisa da indústria ou do comércio exterior" (II, p. 519, texto datilografado não corrigido.).

281. V. P. Danílov, *Kak lomali NEP*, II, pp. 360-1; *Sochineniia*, XI, pp. 170-1.

282. Em anotações para um panfleto sobre a ditadura do proletariado que fez em setembro-outubro de 1919, Lênin escreveu sobre "uma especial (mais alta) ferocidade da luta de classes e novas formas de resistência em relação ao capitalismo e seu estágio mais avançado (conspirações + sabotagem + influência sobre a pequena-burguesia etc. etc.) [...] A resistência dos exploradores começa *antes* da derrubada deles e se *agudiza* depois dos *dois* lados". "O diktature proletariata", *PSS*, XXXIX, pp. 261-3. Do mesmo modo, uma circular conjunta de Dzierżyński e Mólotov (fevereiro de 1921), por exemplo, afirmava que, "tendo perdido a batalha na frente externa, a contrarrevolução concentra seus esforços na derrubada do poder soviético de dentro. Ela usará qualquer meio para alcançar seu objetivo, aproveitando toda a sua experiência, todas as suas técnicas de traição". Iain Lauchlan, "Young Felix Dzerzhinsky", pp. 1-19 (citando RGASPI, f. 17, op. 84, d. 228, l. 52).

283. Erik van Ree, *Political Thought of Joseph Stalin*, pp. 114-5.

284. *Sochineniia*, XI, p. 45; Hiroaki Kuromiya, *Stalin's Industrial Rrevolution*, p. 6 (citando Trotsky Archive, Houghton Library, Harvard University T-1835).

285. Miklós Kun, *Bukhárin*, pp. 233-4.

286. V. P. Danílov, *Kak lomali NEP*, II, p. 380.

287. Em 19 de abril, 2 mil desempregados destruíram a bolsa de trabalho de Leningrado; em 3 de maio, 10 mil se revoltaram na bolsa de trabalho de Moscou, fazendo sangrar a polícia regular (*militia*) e atacando tendas de comércio; e em 15 de maio, em Semipalatinsk (Cazaquistão), 3 mil pesssoas forçaram a entrada na prefeitura e saquearam lojas. V. P. Danílov, *Kak lomali NEP*, II, pp. 5-6 (RGASPI, f. 17, op. 85, d. 307, l. 28-31, 41-5).

288. Ibid., pp. 382-7.

289. Ibid., pp. 460-1.

290. Iúri Felchtínski, *Razgovory s Bukhárinym*, p. 43. Ver também Moshe Lewin, *Russian Peasants*, p. 306.

291. V. P. Danílov, *Kak lomali NEP*, II, pp. 516-7.

292. *KPSS v rezoliutsiiakh* [1984], IV, p. 351; Ibid., II, pp. 516-7.

293. *Pravda*, 5 de agosto de 1928 (Mólotov).

294. Ao mesmo tempo, o procurador-geral Krylenko instruiu a máquina judiciária a estar pronta para a aplicação em massa do artigo 107 contra especuladores e aqueles que tentassem controlar o mercado de grãos. *Pravda*, 20 de julho de 1928; V. P. Danílov, *Kak lomali NEP*, III, p. 6. A anistia de Fainblitt para camponeses presos foi tardiamente aprovada e, em 7 de agosto, o comissário da Justiça Ianson ordenou que todos os camponeses pobres e médios condenados pelo artigo 107 fossem libertados. Roberta T. Manning, "The Rise and Fall of 'the Extraordinary Measures'", p. 41 (citando TsA FSB, f. 66, op. 1, d. 243, l. 243). S. Fainblitt, *Amnistiia i sudebnyi prigovor*.

295. Stálin disse ao partido de Leningrado, em um informe sumário à plenária, que, "mesmo assim, era preciso obter os grãos". *Pravda*, 15 de julho de 1928, em *Sochineniia*, XI, pp. 204-18.

296. V. A. Kumaniov e I. S. Kulikova, *Protivostoianie*, pp. 142-4.

297. "No início de 1927", Trótski escreveria, "Zinóviev estava pronto para capitular", quando os eventos na China o resgataram de sua irresponsabilidade, mas apenas temporariamente, pois, enquanto Trótski e seus adeptos se recusaram a retratar-se no XV Congresso do Partido, Zinóviev e Kámenev voltaram implorando para Stálin. Liev Trótski, *Moia zhizn* [1991], p. 502.

298. O. G. Nazárov, *Stalin i borba za liderstvo*, pp. 119-20 (citando RGASPI, f. 326, op. 1, d. 99, l. 12). Em janeiro de 1928, Zinóviev declarou que houvera uma "luta" dentro de seu bloco com Trótski. O. G. Nazárov, *Stalin i borba za liderstvo*, p. 119 (citando RGASPI, f. 324, op. 1, d. 363, l. 7).

299. Roy Medvedev, *Let History Judge*, pp. 196-8.

300. V. P. Danílov, *Kak lomali NEP*, IV, pp. 558-63 (RGASPI, f. 84, op. 2, d. 40, l. 2-11). Ver também Robert V. Daniels, *Documentary History of Communism* [1960], I, pp. 308-9 (Trotsky Archive, Houghton Library, Harvard University, T-1897); e Miklós Kun, *Bukharin*, pp. 251-61.

301. Anna Lárina, "Nezabyvaemoe", p. 120; Id., *This I Cannot Forget*, p. 118.

302. V. P. Danílov, *Kak lomali NEP*, IV, p. 561.

303. "Ele enlouqueceu", consta que Bukhárin disse de Stálin, na presença de Trótski, antes que este fosse para o exílio no Cazaquistão. "Ele acha que pode fazer tudo, que pode assumir tudo sozinho, que todos os outros são somente um estorvo." Liev Trótski, "Iz chernovikov nezakonchennoi Trotskim biografii Stalina" [1939?], em Liev Trótski, *Portrety revoliutionerov* [1991], pp. 180-1 (na p. 181); [1988], p. 141.

304. Kámenev estava evidentemente frustrado pela repreensão contínua de Trótski a ele e a Zinóviev por "capitulação", e, em setembro de 1928, diria a alguns adeptos de Trótski diante do teatro Bolchói que ele era "uma pessoa teimosa" e que jamais pediria para ser chamado de volta a Moscou, como Kámenev e Zinóviev, "e ficará em Alma-Ata até que mandem um trem especial para ele, mas mandarão esse trem somente quando a situação no país for de tal ordem que Kerenski estará esperando na porta de entrada". "Vstrecha i razgovor tt. K.i P. s Kámenevym 22 sentiabria 1928 goda", em Iúri Felchtínski, *Razgovory s Bukhárinym*, pp. 51-4 (p. 53).

305. Os supostos comentários de Stálin circularam de várias maneiras: *Trotski's Diary in Exile* [1958], p. 64; Maria Ioffe, *Odna noch*, pp. 33-4; Galina Serebriakova, "Oni delali v chest idee", p. 3.

306. Kámenev seria forçado a insistir que ele e Zinóviev estavam defendendo as condições de sua reintegração ao partido. RGASPI, f. 84, op. 2, d. 40, l. 12-3.

307. Bukhárin acrescentou que, "como um todo, o documento não é confiável e falso". V. P. Danílov, *Kak lomali NEP*, III, pp. 572-6 (RGASPI, f. 84, op. 2, d. 40, l. 25-31: carta a Ordjonikidze, 30 de janeiro de 1929).

308. Sokólnikov acrescentou que Bukhárin não buscara um bloco com Kámenev e Zinóviev, mas a neutralidade deles na luta contra Stálin. V. P. Danílov, *Kak lomali NEP*, IV, pp. 564-5 (RGASPI, f. 84, op. 2, d. 40, l. 14-5: carta a Ordjonikidze, 28 de janeiro de 1929).

309. Anna Lárina, *This I Cannot Forget*, pp. 115-7. Lárina tinha quinze anos na época do incidente.

310. V. P. Danílov, *Kak lomali, NEP*, II, pp. 531, 535.

311. Kevin McDermott e Jeremy Agnew, *Comintern*, p. 70.

312. Oleg Budnítski, *"Sovershenno lichno I doveritelno!"*, III, pp. 404-10 (16 de agosto de 1928).

313. Iu. Vátkin, "Goriachaia osen' dvadtsat vosmogo", p. 103.

314. Trótski enviou de Alma-Ata uma crítica da minuta do programa ao congresso apoiada por quase duzentos oposicionistas no exílio. Jane Degras, *The Communist International* [Londres], II, pp. 446-55.

315. G. M. Adibékov e K. K. Chírinia, *Politbiuro TsK RKP (b) – VKP (b) i Komintern*, pp. 541-3 (RGASPI, F. 17, op. 3, d. 700, l. 1-2), pp. 551-2 (RGASPI, f. 495, op. 19, d. 228, l. 129); Kevin McDermott e Jermey Agnew, *Comintern*, pp. 68-90.

316. De acordo com a terceira esposa de Bukhárin, Anna Lárina, Stálin disse certa vez ao pai de Bukhárin: "Como você fez seu filho? Quero adotar o seu método. Oh, que filho, que filho!". Anna Lárina, *This I Cannot Forget*, pp. 221-3.

317. Svetlana Alliluyeva, *Twenty Letters*, p. 31; e Paul R. Gregory, *Politics, Murder, and Love*, pp. 16-8; James Young, "Bolshevik Wives".

318. A minuta do programa não fora discutida por nenhum outro partido além do soviético; não menos revelador, as teses que seriam votadas ainda não estavam disponíveis quando o congresso se abriu. Xenia Eudin e Robert Slusser, *Soviet Foreign Policy*, I, pp. 106-20; Edward Hallett Carr e Robert W. Davies, *Foundations of a Planned Economy*, III, pp. 193-222.

319. Fridrikh I. Firsov, "N. I. Bukhárin v Kominterne", pp. 189-90; *International Press Correspondence*, 23 de agosto de 1928, p. 941.

320. *International Press Correspondence*, 4 de setembro de 1928, p. 1039.

321. A delegação britânica divulgou uma declaração (22 de agosto de 1928) contra o assim chamado desvio de direita: "Queremos expressar nosso enfático protesto contra o momento e o método de polemizar introduzido pelo camarada Kuusinen e certos outros camaradas", especialmente "o método de atribuir apressadamente rótulos a camaradas que têm opiniões diferentes". *International Press Correspondence*, 27 de dezembro de 1928, pp. 1743-4; Kevin McDermott e Jeremy Agnew, *Comintern*, pp. 233-4.

322. Mólotov não entregou cartas de Stálin daquele ano. Lars Lih, *Stalin's Letters to Molotov*, p. xiv. A última reunião registrada de Stálin em Moscou foi em 1º de agosto (com o comunista americano Jay Lovestone); seu primeiro encontro registrado ao voltar a Moscou foi em 5 de outubro de 1928 (com o escritor Fadeiev). *Na prieme*, pp. 28, 774, 780-1.

323. Ivan Aleksandróvitch Valedínski, "Organizm Stalina vpolne zdorovyi", p. 68-73.

324. V. P. Danílov, *Kak lomali NEP*, IV, p. 689; Liev Trótski, *Moia zhizn'*, II, p. 111.

325. Oleg Khlevniuk, *Politbiuro*, p. 22 (sem citação ou menção de data).

326. Michael R. Dohan, "Foreign Trade", p. 223.

327. V. P. Danílov, *Kak lomali NEP*, III, pp. 591-3 (592: RGASPI, f. 558, op. 11, d. 765, l. 48-49ob).

328. V. I. Vernádski, *Dnevniki*, pp. 76, 87. V. G. Iakovenko, presidente da comissão de terras e eleições do Comitê Executivo Central Soviético dirigido por Kalínin, após uma viagem a aldeias siberianas em junho-agosto de 1928, escreveu a Stálin em 3 de outubro de 1928 que "os agricultores são decididamente de opinião que o poder soviético não quer que eles vivam decentemente". *Izvestiia TsK KPSS*, n. 7, pp. 186-90, 1991,.

329. Viktor Pribítkov, *Apparat*, pp. 87-90 (com fac-símile do arquivo de Mikoian). Stálin acabava a carta perguntando sobre a saúde de Ordjonikidze.

330. Ibid., p. 100 (com fac-símile, pp. 98-9).

331. A. V. Kvachónkin, *Sovetskoe rukovidstvo*, pp. 44-8 (RGASPI, f. 669, op. 1, d. 30, l. 124-9).

332. V. P. Danílov, *Kak lomali NEP*, III, pp. 591-3 (nas pp. 592-3: RGASPI, f. 558, op. 11, d. 765, l. 48-49ob).

333. Mark B. Tauger, "Grain Crisis or Famine?", p. 167 (citando *Visty*, 27 de setembro de 1928, p. 2).

334. *International Press Correspondence*, 19 de outubro de 1928, pp. 1337-8, 26 de outubro de 1928, p. 1383, em Robert V. Daniels, *Documentary History of Communism* [1993], I, pp. 164-6.

335. Ibid., pp. 166-9. Ver também Stephen F. Cohen, *Bukharin*, pp. 295-6.

336. V. P. Danílov, *Kak lomali NEP*, III, p. 12.

337. F. M. Vagánov, *Pravyi uklon v VKP (b)*, pp. 161-3, 174-5.

338. Viktor Pribítkov, *Apparat*, p. 108.

339. V. P. Danílov, "Vvedenie", em Id., *Tragediia sovetskoi derevni*, I, p. 59. Ver também Edward Hallett Carr e Robert W. Davies, *Foundations of a Planned Economy*, I/i, p. 237.

340. *Izvestiia*, 7, 19 e 22 de fevereiro de 1929.

341. N. K. Bukhárin, *Problemy teorii i praktiki sotsializma*, pp. 306-7 (18 de abril de 1929).

342. A. V. Kvachónkin, *Sovetskoe rukovodstvo*, pp. 58-9 (RGASPI, f. 669, op. 1, d. 30, l. 133-42).

343. V. P. Danílov, *Kak lomali NEP*, III, p. 16 (RGASPI, f. 17, op. 2, d. 417, l. 125).

CODA: SE STÁLIN TIVESSE MORRIDO [pp. 719-33]

1. Lynne Viola, *Peasant Rebels*, p. 238; V. P. Danílov, *Tragediia sovetskoi derevni*, II, pp. 787-808 (TsA FSB, f. 2, op. 8, d. 679, l. 36-72, 15 de março de 1931).

2. Alec Nove, *The Soviet Economy*, p. 186. Courtois, *Black Book of Communism*, pp. 167-8.

3. Victor Kravtchenko, *I Chose Freedom*, p. 67.

4. Alec Nove, "Was Stalin Really Necessary?", pp. 86-92, reproduzido em Id., *Was Stalin Really Necessary?*, pp. 17-39, e resenha do livro de Nove escrita por Gregory Grossman, *Europe-Asia Studies*, v. 17, n. 2 (1965), pp. 256-60; Theodore H. von Laue, *Why Lenin?*; Eric Hobsbawm, *Age of Extremes*. Ver também Stephen Kotkin, "Left Behind".

5. Alec Nove, "The Peasants, Collectivization, and Mr. Carr"; Lars Lih, "Bukhárin's 'Illusion'".

6. Robert W. Davies, *Economic Transformation*, pp. 11-3.

7. Jon S. Cohen, "The 1927 Revaluation of the Lira".

8. Andrew Sloin e Oscar Sanchez-Sibony, "Economy and Power in the Soviet Union". Isso baseia-se na leitura de Michael R. Dohan, "Soviet Foreign Trade in the NEP Economy"; Id., "The Economic Origins of Soviet Autarky".

9. As análises dos debates soviéticos são convincentes, exceto na questão da estreiteza ideológica: Alexander Ehrlich, *The Soviet Industrialization Debate*; Moshe Lewin, *Political Undercurrents*.

10. Nikolai Ustriálov, *Pod zankom revoliutsii*; N. K. Bukhárin, *Tsezarizm pod maskoi revoliutsii*.

11. Valentin A. Sákharov, *Politcheskoe zaveshchanie*, p. 645.

12. N. K. Bukhárin, *Izbrannye proizvedeniia*, pp. 146-230 (nas pp. 196-7). Ver também Lewis H. Siegelbaum, *Soviet State and Society*, p. 228.

13. Id., "O novoi ekonomichheskoi politiki", p. 3-15.

14. Roberta T. Manning, "The Rise and Fall of 'the Extraordinary Measures'", p. 15 (citando GARF, f. 374, op. 217, del. 1556, l. 22-8.).

15. Vladimir N. Brovkin, *Russia After Lenin*, p. 168. Sobre a subestimação dos cúlaques feita por Bukhárin, ver Stephen F. Cohen, *Bukharin*, pp. 187-92.

16. Robert W. Davies, *Socialist Offensive*, p. 27.

17. Simon Liberman, *Building Lenin's Russia*, pp. 65-8.

18. Edward Hallett Carr e Robert W. Davies, *Foundations of a Planned Economy*, I/ii, pp. 733-5. R. W. Davies, que escreveu a melhor análise da Nova Política Econômica e seus dilemas, sustenta que a NPE estava condenada pelo programa soviético de industrialização. Isso pode ou não ser verdade. Mas o que impulsionou o programa de industrialização e, na verdade, tudo o que o bolchevismo levou adiante foi o compromisso com o socialismo (anticapitalismo). Foi a ideologia. Robert W. Davies, *Socialist Offensive*, pp. 36-7. Ver também Edward Hallett Carr, *Socialism in One Country*, I, p. 520.

19. Simon Johnson e Peter Temin, "The Macroeconomics of NEP"; Kiren Aziz Chaudhry, "The Myths of the Market".

20. G. Ia. Sokólnikov, *Finansovaia politika revoliutsii*, II, pp. 479-90.

21. *Pravda*, 8 de maio de 1927. Outros acharam a delegação soviética decepcionante: W. Leslie Runciman, "The World Economic Conference at Geneva".

22. *Pravda*, 3 de agosto de 1927.

23. Em 1926, para desacreditar parcialmente Sokólnikov, Stálin apressou a condenação e execução de um funcionário do Comissariado das Finanças por supostamente desorganizar o mercado de câmbio; na verdade, a publicidade em torno da prisão e execução congelou o mercado de câmbio, o que, no entanto, foi aplaudido por Ríkov. "O mercado negro de moeda estrangeira é uma criatura de Sokólnikov: ele o fez nascer, alimentou-o e cuidou dele o tempo inteiro", disse Ríkov à plenária do partido de julho de 1926. "E nós aniquilamos essa criatura de Sokólnikov. [...] E não precisamos mais gastar dinheiro" (para sustentar a taxa de câmbio dos tchervonets conversíveis). O. Mozókhin, *VChK-Ogpu*, pp. 208-10 (citando APRF, f. 3, op. 37, pro. 581, l. 121-2); RGASPI, f. 17, op. 2, d. 246, l. 53.

24. Stephen F. Cohen, *Bukharin*, p. 329.

25. Nikita Khruschóv, *Khrushchev Remembers*, p. 222.

26. *Pravda*, 10 de agosto de 1928.

27. Antony C. Sutton, *Western Technology and Soviet Economic Development*, v. II. Há motivo para dúvidas se a URSS poderia se arranjar sem uma ampla assistência técnica ocidental, uma circunstância não peculiar à URSS, exceto pelas questões políticas envolvidas. Werner Keller, *Ost minus West = Null*.

28. Oscar Sanchez-Sibony, "Depression Stalinism".

29. Em breve, a OGPU criaria institutos de pesquisa na prisão (*sharashki*) para especialistas "burgueses". B. V. Víktorov, *Bez grifa "sekretno"*, pp. 108, 146-7.

30. Abdurakhman Avtorkhánov, *Tekhnologiia vlasti*, p. 26.

31. Moshe Lewin propôs a questão do que teria acontecido se Stálin tivesse morrido, mas não a respondeu completamente: *Journal of Modern History*, v. 47, n. 2 (1975), pp. 364-72 (resenha de Robert C. Tucker, *Stalin as Revolutionary*).

32. Lênin escreveu à sua secretária Fotíieva (28 de dezembro de 1921): "Preciso me encontrar com Stálin, mas antes disso me conecte por telefone com [o dr. V. A.] Obukh para falar sobre Stálin". *PSS*, LIV, p. 99; Gueórgi N. Golikov, *Vladimir Ilich Lenin*, IX, pp. 565, 572. Sobre o apêndice de Stálin, ver um dos primeiros documentos subsistentes sobre sua saúde: RGASPI, f. 558, op. 4, d. 675, l. 1-23 (25 de março de 1921).

33. Nikolai Nad, "Kto ubil Mikhaila Frunze", *Izvestiia*, 26 de outubro de 2010.

34. Gueórgi N. Golikov, *Vladimir Ilich Lenin*, VI, p. 390; IX, pp. 348, 618; X, pp. 348, 566, 588, 639; XI, pp. 47, 113, 128; Meijer, *Trotski Papers*, II, pp. 26-9, 66-7; Robert H. McNeal, *Stalin*, p. 50.

35. Gueórgi N. Golikov, *Vladimir Ilich Lenin*, IX, pp. 565, 572.

36. RGASPI, f. 558, d. 1279, d. 1482.

37. A. A. Plekhánov e A. M. Plekhánov, *F. E. Dzerjínski*, p. 583 (TsA FSB, f. 2, op. 3, d. 4, l. 2, 8 de fevereiro de 1925).

38. R. J. B. Bosworth, *Mussolini's Italy*, p. 240.

39. Mikhail Túmchis e Aleksánder Papchínski, *1937, bolshaia chistka*, p. 52. Mikhail Frinóvski (nascido em 1898), então chefe do departamento especial da OGPU para o distrito militar de Moscou, pegou os terroristas a cerca de 25 quilômetros de distância na estrada de Sérpukhov. Os capturados foram Gueórgi Radkóvitch e Dmítri Monomákhov. Em novembro de 1928, Frinóvski seria promovido por Iagoda a chefe da guarnição do Kremlin.

40. Vladímir Lóginov, *Teni vozhdin*.

41. Iúri Felchtínski, *Razgovory s Bukharinym*, p. 43. Ver também Isaac Deutscher, *Prophet Unarmed*, p. 442.

42. "Samoubiistvo ne opravdanie", p. 93. Tomski jamais mencionaria o incidente de novo (exceto em seu bilhete de suicídio para Stálin de 22 de agosto de 1936), mas os auxiliares de Tomski (A. Slepkov, D. Marétski e L. Ginzburg) recontaram a história da ameaça de Tomski no outono de 1929.

43. Carr também escreveu: "Poucos grandes homens foram tão obviamente produto do tempo e do lugar em que viveram quanto Stálin". Edward Hallett Carr, *Socialism in One Country*, I, pp. 151, 192.

Referências bibliográficas

Ao longo de muitos anos de pesquisa e ensino, passei diferentes períodos de tempo em todos os arquivos listados abaixo (com exceção do arquivo da antiga KGB, que é fechado para quase todos os pesquisadores). Trabalhei exaustivamente no arquivo do antigo Partido Comunista e no arquivo da Hoover Institution (que tem um imenso acervo de duplicatas de pastas de arquivos da era soviética, bem como material original abundante). Desde o advento do escaneamento e da digitalização, muito material de arquivo pode ser consultado sem visitas pessoais demoradas (em particular se colegas russos com bom acesso os compartilham). Mas, tendo em vista a amplitude dessa empreitada, a estratégia de pesquisa mais eficiente parecia ser trabalhar em arquivos o máximo possível, ao mesmo tempo que realizava pesquisas exaustivas em coleções de documentos publicadas e nas obras de estudiosos que usam fontes inéditas de forma ampla e confiável. As coleções de documentos, bem como o minúsculo punhado de pesquisadores com acesso privilegiado a arquivos restritos, são especialmente fundamentais em assuntos militares e policiais secretos. Preocupei-me também em vasculhar a rica fonte dos periódicos da época e não negligenciar o conhecimento que possa ter sido produzido há muito tempo. Os leitores devem estar cientes de que a pesquisa foi realizada em diferentes momentos em diferentes lugares, e que alguns repositórios têm uma determinada edição de, digamos, um congresso do partido ou memórias publicadas, enquanto outros têm outra edição, o que está explicitado nas notas.

APRF: Arquivo Presidencial Russo (antigo arquivo do Politbiuró)
AVP RF: Arquivo da Política Externa da Federação Russa
GANO: Arquivo Estatal de Novossibirsk
GARF: Arquivo Estatal da Federação Russa

GF IML: Filial Georgiana do Arquivo do Partido Comunista

GIAG: Arquivo Histórico do Estado Geórgico

Hoover Institution Archives, Universidade Stanford

RGAE: Arquivo Econômico do Estado Russo

RGAKFD: Arquivo do Estado Russo de Fotografias e Filmes

RGALI: Arquivo do Estado Russo de Literatura e Arte

RGASPI: Arquivo do Estado Russo de História Social e Política (antigo arquivo central do partido)

RGIA: Arquivo Histórico do Estado Russo

RGVA: Arquivo Militar Russo

TsA FSB: Arquivo Central do Serviço de Segurança (antiga KGB)

TsGAKFFD SPb: Arquivo Central do Estado de Fotografias, Filmes e Documentos Fonográficos, São Petersburgo

ABRAHAM, Richard. *Alexander Kerensky: The First Love of the Revolution*. Nova York: Columbia University Press, 1987.

ABRAMOVITCH, Raphael R. *The Soviet Revolution, 1917-1939*. Nova York: International Universities Press, 1962.

ABRAMÓVITCH, Isai L. *Vospominaniia i vzgliadi*. Moscou: KRUK-Prestizh, 2004. 2 v.

ABRAMOWICZ, Hirsz. *Profiles of a Lost World: Memoirs of East European Jewish Life before World War II*. Detroit: Wayne State University Press, 1999.

ABRAMS, R. "Political Recruitment and Local Government: The Local Soviets of the RSFSR, 1918-1921", *Soviet Studies*, v. 19, n. 4, pp. 573-80, 1968.

ABRÓSSIMOVA, T. A. et al. (Orgs.). *Peterburgskii komitet RSDRP (b) v 1917 godu: protokoly imaterialy zasedanii*. São Petersburgo: Belveder, 2003.

ADAMETS, Serguei. *Guerre civile et famine en Russie: le pouvoir bolchevique et la population face à la catastrophe démographique, 1917-1923*. Paris: Institut d'Études Slaves, 2003.

ADELMAN, Jonathan R. "The Development of the Soviet Party Apparat in the Civil War: Center, Localities, and Nationality Areas", *Russian History v. 9*, n. 1, pp. 86-110, 1982.

ADIBÉKOV, G. M.; CHÍRINIA, K. K. (Orgs.). *Politbiuro TsK RKP (b) — VKP (b) i Komintern, 1919-1943: dokumenty*. Moscou: Rosspen, 2004.

_____. et al. (Orgs.). *Politbiuro TsK RKP(b) — VKP(b) i Evropa: resheniia 'osoboi papki', 1923-1939*. Moscou: Rosspen, 2001.

_____. *Politbiuro TsK RKP(b) — VKP(b): povestki dnia zasedanii 1919-1952*. Moscou: Rosspen, 2000-1. 3 v.

ADIBÉKOVA, J.; LATSIS, O. "V predchuvstvii pereloma: poslednye pisma i zapiski F. E. Dzerzhinskogo", *Kommunist*, n. 8, pp. 79-88, 1989.

AGABÉKOV, Gueórgi. *Ogpu: The Russian Secret Terror*. Nova York: Brentano's, 1931.

AGAFÓNOV, V. K. *Zagranichnaia okhranka*. Petrogrado: Kniga, 1918.

AGURSKY, Mikhail. "Stalin's Ecclesiastical Background", *Survey v. 28*, n. 4, pp. 1-14, 1984.

AIRAPETIAN, G. A. *Legendarnyi Gai*. Moscou: Voenizdat, 1965.

AIRAPETOV, Oleg. "Revolution and Revolt in the Manchurian Armies, as Perceived by a Future Leader of the White Movement", *The Russian Revolution of 1905: Centenary Perspectives*. Org. de Jonathan D. Smele e Anthony Heywood. Londres e Nova York: Routledge, 2005.

AJAVÁKOV, A. "Gorod Gori", *Sbornik materialov dlia opisaniia mestnosti i plemen Kavkaza*. Tíflis: Upravlenie Kavkazskogo uchebnogo okruga, 1883.

AKHTAMZIAN, Abdulkahn. "Voennoe sotrudnichestvo SSSR i Germanii v 1920-1933 gg.", *Novaia i noveishaia istoriia*, n. 5, pp. 3-24, 1990.

———. "Soviet-German Military Cooperation, 1920-1933", *International Affairs* [Moscou] n. 7, pp. 95--113, 1990.

———. "Sovetsko-Germanskie ekonomicheskie otnosheniia v 1922-1932 gg.", *Novaia i noveishaia istoriia*, n. 5, p. 42-56, 1990.

ALBERTINI, Luigi. *The Origins of the War of 1914.* Nova York: Oxford University Press, 1952-7, 3 v.

ALDANOV, Mark. "Durnovó: Prophet of War and Revolution", *Russian Review*, v. 2, n. 1, pp. 31-45, 1942.

ALEKSÁNDROV, G. F. *Iosif Vissarionovich Stalin: kratkaia biografiia.* 2. ed. Moscou: OGIZ, 1947.

ALEKSÉENKOV, P. *Kokandskaia avtonomiia.* Tashkent: Uzgiz, 1931.

ALI, J. "Aspects of the RKP (b) Secretariat, March 1919-April 1922", *Soviet Studies*, v. 26 n. 3, pp. 396-416, 1974.

ALIÁMKIN, Andrei V.; BARÁNOV, Aleksandr G. *Istoriia denezhnogo obrashcheniia v 1914-1924 gg.: po materialam Zauralia.* Ekaterinburg: Uralskii gos. universitet, 2005.

ALIÓCHKIN, P. F; VASSÍLIEV, Iu. A. (Orgs.). *Krestianskie vosstaniia v Rossii v 1918-1922 gg.: ot makhnovshchiny do antonovshchiny.* Moscou: Veche, 2012.

ALIOSHIN, Dmitri. *Asian Odyssey.* Nova York: Henry Holt, 1940.

ALLEN, W. E. D. "The Caucasian Borderland", *Geographical Journal*, v. 99 n. 5-6, pp. 225-37, 1942.

———. *A History of the Georgian People from the Beginning Down to the Russian Conquest in the Nineteenth Century.* Londres: K. Paul, Trench, Trubner, 1932.

ALLILÚIEV, Serguei. "Moi vospominaniia", *Krasnaia letopis'*, n. 5, pp. 169-81, 1923.

———. "Vstrechi s tovarishchem Stalinym", *Proletarskaia revoliutsiis*, n. 2, 1937.

———. *Proidennyi put.* Moscou: OGIZ, 1946.

ALLILÚIEV, Vladímir. *Khronika odnoi semi: Alliluevy-Stalin.* Moscou: Molodaia gvardiia, 1995.

ALLILÚIEVA, Anna S. *Vospominaniia.* Moscou: Soevtskii pisatel, 1946.

ALLILÚIEVA, Svetlana. *Dvadtsat pisem k drugu.* Nova York: Harper and Row, 1967.

ALLILUYEVA, Svetlana. *Only One Year.* Nova York: Harper and Row, 1969.

———. *Twenty Letters to a Friend.* Nova York: Harper and Row, 1967.

ALSTADT, Audrey. "Muslim Workers and the Labor Movement in Pre-War Baku", *Turkic Culture: Continuity and Change.* Org. de S. M. Akural. Bloomington: Indiana University Press, 1987.

ALTMAN, M. M. "Lichnost reformatora: narkom finansov G. Ia. Sokolnikova 1888-1939", *Denezhnaia reforma v Rossii, istoriia i sovremennost': sbornik statei.* Moscou: Drevlekhranilishche, 2004.

AMELUNG, Heinz. *Bismarck-Worte.* Berlim: Deutsches Verlagshaus Bong, 1918.

ANÁNITCH, Boris V.; GANÉLIN, R. Ch. "Nikolai II", *Voprosy istorii*, n. 2, pp. 58-76, 1993.

———. "Opyt kritiki memuarov S. Iu. Vitte", *Voprosy istoriografii i istochnikovedeniia istorii SSsr: sbornik statei.* Moscou e Leningrado: Akademiia nauk SSSR, 1963.

ANDERSON, K. M. (Org.). *Stenogrammy zasedanii politbiuro Tsk RKP (b) — VKP (b) 1923-1938 gg.*, Moscou: Rosspen, 2007. 3 v.

ANDREIEV, A. A. *Vospominaniia, pisma.* Moscou: Politicheskaia literatura, 1985.

ANDREW, Christopher M. *Her Majesty's Secret Service: The Making of the British Intelligence Community.* Nova York: Viking, 1986.

———; GORDIEVSKY, Oleg. *KGB: The Inside Story of its Foreign Operations from Lenin to Gorbachev.* Nova York: HarperCollins, 1990.

ANDREW, Christopher e MITROKHIN, V. M. *The Mitrokhin Archive.* Londres: Allen Lane, 1999.

ANFÉRTEV, Ivan A. (Org.). *Smerch*. Moscou: DOSAAF SSSR, 1988.

Anglo-sovetskie otnosheniia so dnia podpisaniia torgovogo soglasheniia do razryva (1921-1927 gg.): noty i dokumenty. Moscou: Litizdat narkomindela, 1927.

ANGRESS, Werner T. *Stillborn Revolution: The Communist Bid for Power in Germany, 1921-1923*. Princeton, NJ: Princeton University Press, 1963.

ÁNIN, Boris Iu. *Radioelektronnyi shpionazh*. Moscou: Tsentropoligraf, 2000.

ANIN, David S. "The February Revolution: Was the Collapse Inevitable?", *Soviet Studies*, v. 18, n. 4, pp. 435-57, 1967.

ANISIMOV, Evgeny. *The Reforms of Peter the Great: Progress through Coercion*. Armonk, NY: M. E. Sharpe, 1994.

ÁNNENKOV, Iúri. "Vospominaniia o Lenine", *Novyi zhurnal*, n. 65, 1961.

_____. *Dnevnikh moikh vstrech: tsikl tragedii*. Nova York: Inter-Language Literary Associates, 1966. 2 v.

_____. *Semnadtsat portretov*. Leningrado: Gosizdat, 1926. 2 v.

ANÓSSOV, S. D. *Koreitsy v ussuriiskom krae*. Khabarovsk-Vladivostok: Knizhnoe delo, 1928.

ANTCHABADZE, I. D.; VOLKOVA, N. Ia. *Stary Tbilisi: Gorod i gorozhane v xiX veka*. Moscou: Nauka, 1990.

ANTÓNOV-OVSÉIENKO, Anton. *Stalin bez maski*. Moscou: Vsia Moskva, 1990.

_____. *The Time of Stalin: Portrait of a Tyranny*. Nova York: Harper and Row, 1981.

_____. *Stroitelstvo Krasnoi armii v revoliutsii*. Moscou: Krasnaia nov', 1923.

ANTÓNOV-OVSÉIENKO, Vladímir. *Zapiski o grazhdanskoi voine*. Moscou: Gosizdat/Otdel voennoi literatury, 1924-33. 4 v.

ANTRÓPOV, S. V. "Sviaz' tekstinykh rabochikh s zemleiu i iiulskie otpuska", *Izvestiia tekstilnoi promyshlennosti i torgovli*, n. 23-4, 1927.

ANTSIFEROV, Alexis N. et al. *Russian Agriculture During the War: Rural Economy*. New Haven, CT: Yale University Press, 1930.

APTÉKAR, Pavel A. "Khimchistka po-Tambovskii", *Rodina*, n. 5, pp. 56-7, 1994.

_____. "Krestianskaia voina", *Voenno-istoricheskii zhurnal*, n. 1, pp. 50-5, 1993.

ARÁLOV, Semion I. *Lenin i Krasnaia armiia: vospominaniia*. Moscou: Znanie, 1958.

_____. *Lenin vel nas k pobede: vospominaniia*. Moscou: Gospolitizdat, 1962.

ARCHÍNOV, Petr. *Istoriia makhnovskogo dvizheniia, 1918-1921 gg*. Berlim: Izd. Gruppy russkikh anarkhistov v Germanii, 1923.

ARENSHTEIN, A. "Tipografiia Leninskoi 'Iskry' v Baku", *Voprosy istorii*, n. 11, pp. 105-12, 1956.

ARGENBRIGHT, Robert. "Bolsheviks, Baggers and Railroaders: Political Power and Social Space, 1917-1921", *Russian Review*, v. 52, n. 4, pp. 506-27, 1993.

_____. "Documents from Trotsky's Train in the Russian State Military Archive: A Comment", *Journal of Trotsky Studies*, v. 4, n. 1, pp. 1-12, 1996.

_____. "Honour among Communists: 'The Glorious Name of Trotsky's Train'", *Revolutionary Russia*, v. 11, n. 1, pp. 45-66, 1998.

_____. "Marking NEP's Slippery Path: The Krasnoshchekov Show Trial", *Russian Review*, v. 61, n. 2, pp. 249-75, 2002.

_____. "Red Tsaritsyn: Precursor of Stalinist Terror", *Revolutionary Russia*, v. 4, n. 2, pp. 157-83, 1991.

ARKOMED, S. T. *Rabochee dvizhenie i sotsial-demokratiia na Kavkaze: s 80-kh godov po 1903 g*. 2. ed. Moscou e Leningrado: Gosizdat, 1923.

ARMSTRONG, John A. "Tsarist and Soviet Elite Administrators", *Slavic Review*, n. 31, pp. 1-28, 1972.

ARMSTRONG, John. *The Soviet Bureaucratic Elite: A Case Study of the Ukrainian Apparatus.* Nova York: Praeger, 1959.

_____. "Mobilized and Proletarian Diasporas", *American Political Science Review* v. 70, n. 2, pp. 393-408, 1976.

ARNOLD, Arthur Z. *Banks, Credit and Money in Soviet Russia.* Nova York: Columbia University Press, 1937.

AROSEV, A. "Institut V. I. Lenina", *Proletarskaia revoliutsiia,* n. 11, pp. 269-74, 1923.

ARSÉNEV, E. *Podzhigateli voiny.* Moscou: Moskovskii rabochii, 1931.

ARSENIDZE, Razhden. "Iz vospominaniia o Staline", *Novyi zhurnal,* n. 72, pp. 218-36, 1963.

ARTAMÓNOV, Andrei. *Spetsobekty Stalina: ekskursiia pod grifom "sekretno".* Moscou: Algoritm, 2013.

ASCHER, Abraham. "Prime Minister P. A. Stolypin and his 'Jewish' Adviser", *Journal of Contemporary History,* v. 30, n. 3, pp. 515-32, 1995.

_____. "The Coming Storm: The Austro-Hungarian Embassy on Russia's Internal Crisis, 1902-1906", *Survey,* n. 53, pp. 148-64, 1964.

_____. "The Solovki Prisoners, the Mensheviks and the Socialist International", *Slavonic and East European Review,* n. 47, pp. 423-35, 1969.

_____. *P. A. Stolypin: The Search for Stability in Imperial Russia.* Stanford, CA: Stanford University Press, 2001.

_____. *The Revolution of 1905.* Stanford, CA: Stanford University Press, 1988-92. 2 v.

ASKEW, William C. "An American View of Bloody Sunday", *Russian Review,* v. 11, n. 1, pp. 35-43, 1952.

ASPREY, Robert B. *The German High Command at War: Hindenburg and Ludendorff Conduct World War.* Nova York: W. Morrow, 1991.

ASTÁFIEV, I. I. *Russko-germanskie diplomaticheskie otnosheniia, 1905-1911 gg.: ot Portsmutskogo mira do Potsdamskogo soglasheniia.* Moscou: Moskovskii Universitet, 1972.

ASTROV, W. et al. (Orgs.). *An Illustrated History of the Russian Revolution.* Nova York: International Publishers, 1928. 2 v.

ATKIN, Muriel. "Russian Expansion in the Caucasus to 1813", *Russian Colonial Expansion to 1917.* Org. de Michael Rywkin. Londres: Mansell, 1988.

ATKINSON, Dorothy. *The End of the Russian Land Commune, 1905-1930.* Stanford, CA: Stanford University Press, 1983.

ATLAS, Zakharii V. *Ocherki po istorii denezhnogo obrashcheniia v SSsr 1917-1925 gg.* Moscou: Gos. finansovoe izdatelstvo, 1940.

AVÁLOV, Z. D. *The Independence of Georgia in International Politics, 1918-1921.* Londres: Headley Brothers, 1940.

_____. *Prisoedinenie Gruzii k Rossii.* São Petersburgo: A. S. Suvorin, 1901.

_____. *Nezavisimost Gruzii v mezhdunarodnoi politikie 1918-1921 gg: vospominaniia, ocherki.* Paris: Imprimerie de Navarre, 1924.

AVDEIEV, N. et al. *Revoliutsiia 1917 goda: khronika sobytii.* Moscou: Gosizdat, 1923-30. 6 v.

AVREKH, A. Ia. "Chrezvychainaia sledstvennaia komissiia Vremennogo pravitelstva: zamysl i ispolnenie", *Istoricheskie zapiski,* n. 118, pp. 72-101, 1990.

AVRICH, Paul. *Anarchist Portraits.* Princeton, NJ: Princeton University Press, 1988.

_____. *Kronstadt, 1921.* Nova York: W. W. Norton, 1974.

AVTORKHANOV, Abdurakhman. *Stalin and the Communist Party: A Study in the Technology of Power.* Nova York: Praeger, 1959.

AVTORKHÁNOV, Abdurakhman, *Proiskhozhdenie partokratii.* Frankfurt am Main: Posev, 1973. 2 v.

AVTORKHÁNOV, Abdurakhman. *Tekhnologiia vlasti*. Munique: Tsentralnoe obedinenie politicheskikh emigrantov iz SSSR, 1959.

AYDIN, Cemil. *The Politics of Anti-Westernism in Asia: Visions of World Order in Pan-Islamic and Pan-Asian Thought*. Nova York: Columbia University Press, 2007.

AZÓVTSEV, N. K. *Grazhdanskaia voina v SSsr*. Moscou: Voenizdat, 1980-5. 2 v.

BAABAR, C. *Twentieth-Century Mongolia*. Cambridge: White Horse, 1999.

BÁBEL, I. *1920 Diary*. New Haven, CT: Yale University Press, 1995.

_____. *Konarmiia*. Moscou: OGIZ, 1926.

BABITCHENKO, Leonid G. "Politbiuro TsK RKP (b), Komintern i sobytiia v Germanii v 1923 g.: novye arkhivnye materialy", *Novaia i noveishaia istoriia*, n. 2, pp. 125-57, 1994.

BABKOV, Andrew. "National Finances and the Economic Evolution of Russia", *Russian Review*, v. 1, n. 3, pp. 170-91, 1912.

BADDELEY, John F. *The Russian Conquest of the Caucasus*. Londres: Longmans, Green, 1908.

BADRIACHVÍILI, N. I. *Tiflis*. Tíflis: Tifsovet, 1934.

BAEDEKER, Karl. *Russia: A Handbook for Travelers*. Nova York: C. Scribner's Sons, 1914; Arno Press, 1971.

BÁGUILEV, K. N. *Putevoditel po Tiflisu*. Tíflis: K. N. Begichev, 1896.

BAIGÚZIN, R. N. *Gosudarstvennaia bezopasnost Rossii: istoriia i sovremennost*. Moscou: Rosspen, 2004.

BAIKALOFF, A. *I Knew Stalin*. Londres: Burns Oates, 1940.

BAIKALOV. "Moi vstrechi s Osipom Dzhugashvili", *Vozrozhdenie*, n. 3-4, 1950.

BAILES, Kendall E. "The Politics of Technology: Stalin and Technocratic Thinking among Soviet Engineers", *American Historical Review*, v. 79, n. 2, pp. 445-69, 1974.

_____. *Technology and Society Under Lenin and Stalin: Origins of the Soviet Technical Intelligentsia, 1917-1941*. Princeton, NJ: Princeton University Press, 1978.

BAILEY, F. M. *Mission to Tashkent*. Londres: J. Cape, 1946.

BAILEY, Sydney D. "The Russian Constituent Assembly of 1918", *Parliamentary Affairs*, v. VII, n. 3, pp. 336-44, 1953.

BAJÁNOV, Boris. *Avec Staline dans le Kremlin*. Paris: Les Éditions de France, 1930.

_____. *Bajanov révèle Staline: souvenirs d'un ancien secrétaire de Staline*. Paris: Gallimard, 1979.

BAJÁNOV, Boris. *Vospominaniia byvshego sekretaria Stalina*. Paris: Tretia volna, 1980. 2. ed. Paris e Nova York: Tretia volna, 1983. Moscou: SP Sofinta, 1990.

BAZHANOV, Boris. *Bazhanov and the Damnation of Stalin*. Org. de David W. Doyle. Columbus: Ohio State University Press, 1990.

_____. *Stalin: der Rote Diktatur*. Berlim: P. Aretz, 1931.

BALABANOFF, Angelica. *Impressions of Lenin*. Ann Arbor: University of Michigan Press, 1964.

_____. *My Life as a Rebel*. Nova York: Greenwood Press, 1938.

BALACHOV, A. P.; NELEPIN. *VLKSM za 10 let v tsifrakh*. Moscou: Molodaia gvardiia, 1928.

_____; MARKHACHOV, Iu. S. "Staraia ploshchad, 4 (20-e gody)". *Polis*, n. 1, pp. 180-7, n. 2, pp. 166-74, n. 4, pp. 182-8, n. 5, pp. 189-96, n. 6, pp. 180-7, 1991.

BALLIS, William B. "The Political Evolution of a Soviet Satellite: The Mongolian People's Republic", *Western Political Quarterly*, v. 9, n. 2, pp. 293-329, 1956.

BARABÁCHEV, O. "Isilkulskie zheleznodorzhniki o klhebe", *Na leninskom puti*, n. 1, 31 jan. 1928.

BARÁNOV, A. V. "'Voennaia trevoga' 1927 g. kak factor politischeskikh nastroenii v neposvskom obshchvestve (po material iuga Rossii)", *Rossiia i mir glazami druga druga: iz istorii vzaimovospriiatiia*. Moscou: IRI RAN, 2007. pp. 175-93.

998

BARÁNOV, Valentin. *Krestianskoe vosstanie v Tambovskoi gubernii, 1920-1921 gg.* Tambov: [s.n.], 1991.

BARANY, Zoltan. "Soviet Takeover: The Role of Advisers in Mongolia and in Eastern Europe after World War II", *East European Quarterly*, v. 28, n. 4, pp. 409-33, 1994.

BARK, Sir Peter. "The Last Days of the Russian Monarchy: Nicholas II at Army Headquarters", *Russian Review*, v. 16, n. 3, pp. 35-44, 1957.

BARMIN, A. G. *Sokoly Trotskogo.* Moscou: Sovremennik, 1997.

BARMINE, Alexandre. *Vingt ans au service de l'U.R.S.S.: souvenirs d'un diplomate soviétique.* Paris: Albin Michel, 1939. Traduzido para o inglês como *One Who Survived: The Life Story of a Russian Under the Soviets.* Nova York: G. P. Putnam's Sons, 1945.

BARON, Salo W. *The Russian Jew under Tsars and Soviets.* Nova York: Macmillan, 1964.

BARON, Samuel H. "Between Marx and Lenin: G. V. Plekhanov", *Soviet Survey*, n. 32, pp. 94-101, 1960.

_____. *Plekhanov: Father of Russian Marxism.* Stanford, CA: Stanford University Press, 1963.

BARRACLOUGH, Geoffrey. *An Introduction to Contemporary History.* Nova York: Basic Books, 1964.

BARRETT, Thomas M. *At the Edge of Empire: The Terek Cossacks and the North Caucasus Frontier, 1700--1860.* Boulder, CO: Westview, 1999.

BÁRSOV, A. A. *Balans stoimostnykh obmenov mezhdu gorodom i derevnei.* Moscou: Nauka, 1969.

BARTACHÉVITCH, K. M. "Moskva zhdet... khleba", *Pogranichnik*, n. 16, pp. 34-7, 1967.

BATÉNINA, E. S. *Kavkaz.* Moscou: Transpechat' NKPS, 1927.

BATSELL, Walter Russell. *Soviet Rule in Russia.* Nova York: Macmillan, 1929.

Batumskaia demonstratsiia 1902 goda. Moscou: Partizdat, 1937.

BAUER, Otto. "The Nationalities Question and Social Democracy" [1907]. *The Nationalism Reader.* Org. de Omar Dahbour e Micheline R. Ishay. Atlantic Highlands, NJ: Humanities Press, 1995.

BAUMGART, Winfried (Org.). *Von Brest-Litovsk zur deutschen Novemberrevolution.* Göttingen: Vandenhoeck & Ruprecht, 1971.

_____. *Deutsche Ostpolitik 1918: Von Brest-Litowsk bis zum Ende des Ersten Weltkrieges.* Viena e Munique: Oldenbourg, 1966.

_____. *The Crimean War 1853-1856.* Nova York: Oxford University Press, 2000.

BAUMONT, Maurice. *La Faillite de la paix, 1918-1939.* Paris: Presses Universitaires de France, 1951. 2 v.

BEATTY, Bessie. *The Red Heart of Russia.* Nova York: Century Co., 1918.

BECHHOFER, Carl Eric. *In Denikin's Russia and the Caucasus, 1919-1920.* Londres: W. Collins Sons, 1921.

BECK, Hermann. *The Origins of the Authoritarian Welfare State in Prussia: Conservatives, Bureaucracy, and the Social Question, 1815-70.* Ann Arbor: University of Michigan Press, 1995.

BECK, Józef. *Dernier rapport: politique polonaise 1926-1939.* Neuchâtel: Éditions de la Baconnière, 1951.

BECKENDORFF, Paul. *Last Days at Tsarskoe Selo: An Inside Account.* Disponível em: <www.alexanderpalace.org/lastdays/intro.html>. Acesso em: 22 dez. 2016.

_____. *Last Days at Tsarskoe Selo.* Londres: W. Heinemann, 1927.

BECKER, Jean-Jacques. *The Great War and the French People.* Dover, NH: Berg, 1985.

BECKER, Seymour. *Nobility and Privilege in Late Imperial Russia.* Dekalb: Northern Illinois University Press, 1985.

_____. *Russia's Protectorates in Central Asia: Bukhara and Khiva, 1865-1924.* Cambridge, MA: Harvard University Press, 1968.

BEER, V. A. *Kommentarii novykh provintsialnykh uchrezhdenii 12 iulia 1889 goda.* Moscou: Tip. A. I. Mamontova, 1894.

BEISSEMBÁEV, S. *Lenin i Kazakhstan.* 2. ed. Alma-Ata: Kazakhstan, 1987.

BELÉTSKI, Stepan P. *Grigorii Rasputin: iz zapisok*. Petrogrado: Byloe, 1923.

_____. "Grigorii Rasputin: Iz vospominanii", *Byloe*, n. 20, 1922; n. 21, 22, 1923.

BELIÁEV, N. Z. et al. *Mikhail Koltsov, kakim on byl*. Moscou: Sovetskii pistael', 1989.

BELIAKOV, L. P. *Lagernaia sistema i politicheskie represii, 1918-1953*. Moscou-São Petersburgo: VSEGEI, 1999.

BELOV, Evguéni. *Baron Ungern fon Shternberg: biografiia, ideologiia, voennye pokhody, 1920-1921 gg*. Moscou: Agraf IV RAN, 2003.

BELOV, G. A. (Org.). *Iz istorii Vserossiiskoi Chrezvychainoi komissii, 1917-1922 gg.: sbornik dokumentov*. Moscou: Politicheskaia literatura, 1958.

BENDER, Sara. *The Jews of Bialystok during World War II and the Holocaust*. Hanover, MA: University Press of New England, 2008.

BENNIGSEN, Alexandre S.; WIMBUSH, S. Enders. *Muslim National Communism in the Soviet Union: A Revolutionary Strategy for the Colonial World*. Chicago: University of Chicago Press, 1979.

BENVENUTI, Francesco. *The Bolsheviks and the Red Army, 1918-1922*. Nova York: Cambridge University Press, 1988.

BERBÉROVA, Nina. *Zheleznaia zhenshchina*. Moscou: Knizhnaia palata, 1991.

BERDIAEV, Nikolai. *Samopoznanie*. Moscou: Mysl, 1991.

BERDZENICHVÍLI, V. "Iz vospominanii", *Zaria vostoka*, 28 fev. 1938.

BERELOVITCH, A.; DANÍLOV, V. P. (Orgs.). *Sovetskaia derevnia glazami VChK-Ogpu-NKVD: dokumenty i materialy, 1918-1939*. Moscou: Rosspen, 1998. 4 v.

BEREZIN, Mabel. *Making the Fascist Self: The Political Culture of Interwar Italy*. Ithaca, NY: Cornell University Press, 1997.

BERGHAHN, Volker R. *Germany and the Approach of War in 1914*. 2. ed. Nova York: St. Martin's Press, 1993.

_____. *Imperial Germany, 1871-1914: Economy, Society, Culture, and Politics*. Providence, RI: Berghahn Books, 2005.

BÉRIA, L. P.; BROIDO, G. (Orgs.). *Lado Ketskhoveli: Sbornik*. Moscou: Partizdat, 1938.

BERIA, Sergo. *Beria My Father: Inside Stalin's Kremlin*. Londres: Duckworth, 2001.

BERIÓZOV, Pável I. *Valerian Vladimirovich Kuybyshev, 1888-1935*. Moscou: Molodaia gvardiia, 1958.

BERK, Stephen M. "The Coup d'État of Admiral Kolchak: The Counter-Revolution in Siberia and Eastern Russia, 1917-1918. Columbia University, 1971. Tese de Doutorado.

BÉRKHIN, I. B. *Voennaia reforma v SSsr 1924-1925*. Moscou; Voenizddat, 1958.

BERKMAN, Alexander. *Kronstadt*. Berlim: Der Syndikalist, 1922.

_____. *The Bolshevik Myth: Diary 1920-1922*. Londres: Hutchinson, 1925.

BERLIN, Isaiah; JAHANBEGLOO, Ramin. *Conversations with Isaiah Berlin*. Nova York: Scribner's, 1991.

BERMAN, Harold J. *Soviet Criminal Law and Procedure: The RSFSR Codes*. Ed. rev. Cambridge, MA: Harvard University Press, 1972.

BERNSTEIN, Herman. *The Willy-Nicky Correspondence*. Nova York: Knopf, 1918.

BESEDOVSKI, Grigori. *Revelations of a Soviet Diplomat*. Londres: Williams and Norgate, 1931.

_____. *Na putiakh k terimodoru*. Paris: Mishen, 1931.

BESSÓNOVA, A. M. et al. *Biblioteka V. I. Lenina v Kremle*. Moscou: Vsesoiuznaia knizhnaia palata, 1961.

BEST, Geoffrey. "The Militarization of European Society, 1870-1914". *The Militarization of the Western World*. Org. de John Gillis. New Brunswick, NJ: Rutgers University Press, 1989.

BESTÚJEV, I. V. *Borba v Rossii po voprosam vneshnei politiki 1906-1910*. Moscou: Akadaemiiia nauk SSSR, 1961.

BEZOBRÁZOV, Vladimir Mikhailovitch. *Diary of the Commander of the Russian Imperial Guard, 1914-1917.* Org. de Marvin Lyons. Boynton Beach, FL: Dramco, 1994.

BEZRÚKOV, Grigóri N. "Za chem Stalin priezhal na Altai?", *Altaiskaia pravda,* n. 241-2, 8 dez. 1988.

_____. *Priezd I. V. Stalina na Altai: ianvar 1928 g.: materialy k seminarskim zaniatiiam po politistorii dlia studentov.* Barnaul: BGPU, 1997.

BIALIKA, B. A. et al. (Orgs.). *V. I. Lenin i A. M. Gorki: pisma vospominaniia, dokumenty.* 2. ed. Moscou: Akademiia Nauk, 1961.

BIBINEICHVÍLI, B. *Kamo.* Moscou: Staryi bolshevik, 1934.

BIGGART, John. "Kirov before the Revolution", *Soviet Studies,* v. 23, n. 3, pp. 345-72, 1972.

BLACK, Clayton. "Zioviev Re-Examined: Comments on Lars Lih's 'Populist leninist'", *The NEP Era: Soviet Russia, 1921-1928,* n. 2, pp. 25-38, 2007.

BLACKSTOCK, Paul W. *The Secret Road to World War Two: Soviet Versus Western Intelligence, 1921-1939.* Chicago: Quadrangle Books, 1969.

BLAINEY, Geoffrey. *The Causes of War.* Nova York: Free Press, 1973.

BLANK, Stephen. "Soviet Nationality Policy and Soviet Foreign Policy: The Polish Case, 1917-1921", *International History Review,* v. 7, n. 1, pp. 103-28, 1985.

_____. "Soviet Politics and the Iranian Revolution 1919-1921", *Cahiers du Monde Russe et Soviétique,* v. 21, n. 2, pp. 173-94, 1980.

_____. "The Contested Terrain: Muslim Political Participation in Soviet Turkestan, 1917-19", *Central Asian Survey,* v. 6, n. 4, pp. 47-73, 1987.

_____. "The Struggle for Soviet Bashkiria, 1917-1923", *Nationalities Papers,* v. 11, n. 1, pp. 1-26, 1983.

_____. *The Sorcerer as Apprentice: Stalin as Commissar of Nationalities, 1917-1924.* Westport, CT: Greenwood, 1994.

BLIUM, Arlen V. *Za kulisami "ministerstva pravdy": tainaia istoriia sovetskoi tsenzury 1917-1929.* São Petersburgo: Akademicheski proekt, 1994.

BLOBAUM, Robert E. "To Market! To Market! The Polish Peasantry in the Era of the Stolypin Reforms", *Slavic Review,* v. 59, n. 2, pp. 406-26, 2000.

_____. *Feliks Dzierżyński and the SDKPiL: A Study of the Origins of Polish Communism.* Boulder, CO: East European Monographs, 1984.

BLUM, Jerome. *Lord and Peasant in Russia from the Ninth to the Nineteenth Century.* Princeton: Princeton University Press, 1961.

BOERSNER, Demetrio. *The Bolsheviks and the National and Colonial Question 1917-1928.* Genebra: Librairie E. Droz, 1957.

BOFFA, Giuseppe. *The Stalin Phenomenon.* Ithaca, NY: Cornell University Press, 1992.

BOGDANÓVITCH, A. V. *Tri polednikh samoderzhavtsa: dnevnik.* Moscou e Leningrado: L. D. Frenkel, 1924; Novosti, 1990.

BOGUCHÉVSKI, V. "Kanun piatiletki". *God vosemnadtsatyi: almanakh vosmoi.* Org. de M. Górki. Moscou: Khudozhestvennaia literatura, 1935.

BOHN, T. M. "'Dummheit oder Verrat' — Gab Miljukov am 1. November 1916 das 'Sturmsignal' zur Februarrevolution?", *Jahrbücher für Geschichte Osteuropas,* v. 41, n. 3, pp. 361-93, 1993.

BOHON, J. W. "Reactionary Politics in Russia, 1905-1909. University of North Carolina at Chapel Hill, 1967. Tese de Doutorado.

Bolezn, smert i pogrebenie general-leitenanta barona Petra Nikolaevicha Vrangelia. Bruxelas: Soiuz gallipoliitsev v Belgii, 1928.

Bolshevik Propaganda: Hearings before a Subcommittee on the Judiciary, United States Senate, Sixty-Fifth Congress, Third Session and thereafter, Pursuant to S. Res. 439 and 469: February 11, 1919, to March 10, 1919. Washington, D. C.: Governement Printing Office, 1919.

Bolsheviks and the October Revolution: Central Committee Minutes of the Russian Social-Democratic Labour Party (bolsheviks), The, August 1917-February 1918. Londres: Pluto, 1974.

BÓLTINOV, S. "Iz zapisnoi knizhki arkhivista: novye dannye ob ubiistve Lado Ketskhoveli", *Krasnyi arkhiv,* n. 91, pp. 271-5, 1938.

BOMPARD, M. "Le Traité de Bjoerkoe", *Revue de Paris,* n. 25, pp. 423-48, 1918.

BONCH-BRUEVITCH, Mikhail D. *Vsia vlast sovetam: vospominaniia.* Moscou: Voenizdat, 1957, 1958, 1964.

BONCH-BRUEVITCH, Vladímir D. "Smert i pokhorony Vladimira Ilicha (po lichnym vospominaniiam)", *Krasnaia nov,* n. 1, pp. 186-91, 1925.

_____. *Izbrannye sochinenii.* Moscou: Akademiia nauk SSSR, 1959-63. 3 v.

_____. *Na boevykh postakh fevralskoi i oktiabrskoi revoliutsii.* 2. ed. Moscou: Federatisia, 1931.

_____. *Pereezd Sovetskogo pravitelstva iz Petrograda v Moskvu (po lichnym vospominaniiam).* Moscou: Zhizn i znanie, 1926.

_____. *Pokushenie na Lenina 30 Avgusta 1918 g.: po lichnym vospominaniiam.* Moscou: Zhizn i znanie, 1924.

_____. *Tri pokusheniie na V. I. Lenina.* Moscou: Federatisia, 1930.

_____. *Ubiistvo germanskogo posla Mirbakha i vosstanie levykh eserov (po lichnym vopsominaniiam).* Moscou: Gudok, 1927.

_____. *Vospominaniia o Lenine.* Moscou: Akademiia nauk, 1963; Nauka, 1965; Nauka, 1969.

BOND, Brian. *War and Society in Europe, 1870-1970.* Nova York: St. Martin's Press, 1984.

BORDIUGOV, G. A.; KOZLOV, V. A. "The Turning Point of 1929 and the Bukharin Alternative", *Soviet Studies in History,* n. 28, pp. 8-39, 1990.

BORDIUGOV, G. A. (Org.). *Neizvestnyi Bogdanov.* Moscou: Airo-xx, 1995. 3 v.

BORGES, E. "The New Tsar and What We May Expect From Him", *Harper's,* pp. 129-38, jun. 1895.

BORODIN, A. P. "P. N. Durnovó: Portret tsarskogo sanovnika", *Otechestvennaia istoriia,* n. 3, pp. 48-69, 2000.

_____. *Gosudarstvennyi sovet Rossii, 1906-1917.* Kirov: Viatka, 1999.

BORRERO, Mauricio. *Hungry Moscou: Scarcity and Urban Society in the Russian Civil War, 1917-1921.* Nova York e Oxford: Peter Lang, 2003.

BORTNÉVSKI, Viktor G. "White Administration and White Terror: the Denikin Period", *Russian Review,* v. 52, n. 3, pp. 354-66, 1993.

_____. "Oprichnina: nevozvrashchenets Grigorii Agabekov i sekretnaia sluzhba Stalina", *Sobesednik,* n. 34, pp. 12-3, ago. 1989.

_____. "White Intelligence and Counter-Intelligence During the Russian Civil War", Carl Beck Papers, n. 1108, 1995.

_____; VARUSTINA, E. L. (Orgs.). "A. A. Borman: Moskva 1918 (iz zapisok sekretnogo agenta v Kremle)", *Russkoe proshloe.* Leningrado: Svelen, 1991.

BORYS, Jurij. *The Sovietization of the Ukraine, 1917-1923: The Communist Doctrine and Practice of National Self-Determination.* Edmonton: Canadian Institute of Ukrainian Studies, 1960, 1980.

BORZĘCKI, Jerzy. *The Soviet-Polish Treaty of 1921 and the Creation of Interwar Europe.* New Haven, CT: Yale University Press, 2008.

BORZUNOV, V. F. "Istoriia sozdaniia transsibirskoi zhelezno-dorozhnoi magistrali — nachala xx. vv.". Tomsk, 1972. 3 v. Tese de Doutorado.

BOSWORTH, R. J. B. *Mussolini's Italy: Life under the Fascist Dictatorship, 1915-1945*. Nova York: Penguin, 2006.

BOURNE, Kenneth; WATT, D. Cameron (Orgs.). *British Documents on Foreign Affairs: Reports and Papers from the Foreign Office Confidential Print, II: From the First to the Second World War. Series A, the Soviet Union, 1917-1939*. Bethesda, MD: University Publications of America, 1984-92. 17 v.

BOYD, John. "The Origins of Order Number 1", *Soviet Studies*, v. 19, n. 3, pp. 359-72, 1967.

BRACKMAN, Roman B. *The Secret File of Joseph Stalin: A Hidden Life*. Londres e Portland, OR: Frank Cass, 2001.

BRADLEY, James F. N. *Allied Intervention in Russia*. Nova York: Basic, 1968.

BRADLEY, Joseph. *Voluntary Associations in Tsarist Russia: Science, Patriotism, and Civil Society*. Cambridge, MA: Harvard University Press, 2009.

BRANDT, Conrad. *Stalin's Failure in China, 1924-1927*. Cambridge, MA; Harvard University Press, 1958.

BREWER, John. *Sinews of Power: War, Money, and the English State, 1688-1783*. Cambridge, MA: Harvard University Press, 1988.

BREYFOGLE, Nicholas. *Heretics and Colonizers: Forging Russia's Empire in the South Caucasus*. Ithaca, NY: Cornell University Press, 2005.

BRIANSKI, A. M. et al. *Vsesoiuznaia perepis naseleniia 1926 goda*. Moscou: TsSU SSSR, 1928.

BRIDGE, F. R. *Great Britain and Austria-Hungary 1906-1914: A Diplomatic History*. Londres: London School of Economics and Political Science; Weidenfeld and Nicolson, 1972.

BRIKE, S. "Ekonomicheskie protsessy v sibirskoi derevne", *Zhizn sibiri*, n. 1, 1927.

BRINKLEY, George A. *The Volunteer Army and the Allied Intervention in South Russia, 1917-1921*. South Bend, IN: University of Notre Dame Press, 1966.

BRINTON, Crane. *Anatomy of Revolution*. Nova York: W. W. Norton, 1938.

BROADBERRY, Stephen; HARRISON, Mark (Orgs.). *The Economics of World War*. Nova York: Cambridge University Press, 2005.

BROCK, J. "The Theory and Practice of the Union of the Russian People, 1905-1907". University of Michigan, 1972. Tese de Doutorado.

BROIDO, Vera. *Lenin and the Mensheviks: The Persecution of Socialists under Bolshevism*. Aldershot, Inglaterra: Gower/M. Temple Smith, 1987.

BROOK-SHEPHERD, Gordon. *Storm Petrels: The First Soviet Defectors, 1928-1938*. Londres: Collins, 1977.

BROUÉ, Pierre. *The German Revolution, 1917-1923*. Leiden, Países Baixos: Brill, 2005.

BROVKIN, Vladimir N. *The Mensheviks After October: Socialist Oppression and the Rise of the Bolshevik Dictatorship*. Ithaca, NY: Cornell University Press, 1987.

———. "Workers' Unrest and the Bolsheviks' Response in 1919", *Slavic Review*, v. 49, n. 3, 350-73, 1990.

———. *Behind the Front Lines of the Civil War: Political Parties and Social Movements in Russia, 1918--1922*. Princeton, NJ: Princeton University Press, 1994.

——— (Org.). *Dear Comrades: Menshevik Reports on the Bolshevik Revolution and the Civil War*. Stanford, CA: Hoover Institution Press, 1991.

———. *Russia after Lenin: Politics, Culture, and Society, 1921-1929*. Londres e Nova York: Routledge, 1998.

BROWDER, Robert Paul; KERENSKY, Alexander F. (Orgs.). *The Russian Provisional Government: Documents*. Stanford, CA: Hoover Institution Press, 1961. 3 v.

BROWER, Daniel R. "The Smolensk Scandal and the End of NEP", *Slavic Review*, v. 45, n. 4, pp. 689-706, 1986.

BROWN, Stephen. "Lenin, Stalin and the Failure of the Red Army in the Soviet-Polish War of 1920", *War and Society*, v. 14, n. 2, pp. 35-47, 1996.

BRUNCK, Helma. *Bismarck und das preussiche Staatsministerium, 1862-89*. Berlim: Duncker and Humboldt, 2004.

BRUNN, Geoffrey; MAMATEY, Victor S. *The World in the Twentieth Century*. 4. ed. Boston: Heath, 1962.

BRUSILOV, A. A. *A Soldier's Note-Book, 1914-1918*. Londres: Macmillan, 1930.

BRUSSÍLOV, A. A. *Moi vospominaniia*. Moscou: Voenizdat, 1963.

BRUTZKUS, B. D. "Die russische Agrarrevolution", *Zeitschrift für die gesammte Staatswissenschaft*, n. 78, pp. 301-45, 1924.

BUBER-NEUMANN, Margarete. *Von Potsdam nach Moskau: Stationen eines Irrweges*. Stuttgart: Deutsche Verlags-Anstalt, 1957.

BÚBLIKOV, A. A. *Russkaia revoliutsiia*. Nova York: [s.n.], 1918.

BÚBNOV, Andrei et al. (Orgs.). *Grazhdanskaia voina 1918-21*. Moscou: Voennyi vestnik, 1928-30. 3 v.

BUCHAN, John. *A History of the Great War*. Boston: Houghton Mifflin, 1922. 4 v.

BUCHANAN, Meriel. *Petrograd: The City of Trouble, 1914-1918*. Londres: Collins, 1918.

BUCHANAN, Sir George. *My Mission to Russia and Other Diplomatic Memories*. Boston: Little, Brown, 1923. 2 v.

BUDBERG, Aleksei. "Dnevik", *Arkhiv russkoi revoliutsii*, Org. de Guéssen, v. XV, pp. 254-345, 1924.

BUDIÓNI, S. M. *Proidennyi put*. Moscou: Voenizdat, 1958-73. 3 v.

BÚDNIKOV, V. P. *Bolshevistskaia partiinaia pechat v 1917 g*. Khárkov: Kharkovskii universitet, 1959.

BUDNÍTSKI, O. V. *Rossiiskie evrei mezhdu krasnymi i belymi (1917-1920)*. Moscou: Rosspen, 2006.

BUDNÍTSKI, Oleg (Org.). *Sovershenno lichno i doveritel'no!' B. A. Bakhmetev-V. A. Maklakov: perepiska 1919-1951*. Moscou e Stanford: Rosspen and the Hoover Institution Press, 2001-2. 3 v.

_____. *Dengi russkoi emigratsii: kolchakovskoe zoloto 1918-1957*. Moscou: Novoe literaturnoe obozrenie, 2008.

BUDNITSKII, Oleg (Org.). "Boris Bakhmeteff's Intellectual Legacy in American and Russian Collections", *Slavic and East European Information Resources*, v. 4, n. 4, pp. 5-12, 2003.

BUKHÁRIN, N. K. "O novoi ekonomichheskoi politiki i nashikh zadachakh", *Bolshevik*, n. 9-10, pp. 3-15, 1 jun. 1925.

_____. *Izbrannye proizvedeniia*. Moscou: Politicheskaia literatura, 1988.

_____. *Problemy teorii i praktiki sotsializma*. Moscou: Politizdat, 1989.

_____. *Put k sotsializmu v Rossii: izbrannye proizvedeniia*. Novossibirsk: Nauka, Sibirskoe otdelenie, 1990.

_____. *Tsezarizm pod maskoi revoliutsii: po povodu knigi prof. N. Ustrialova Pod znakom revoliutsii*. Moscou: Pravda, 1925.

BUKHNIKACHVÍLI, G. *Gori: Istoricheskii ocherk*. Tbilíssi: Zaria vostoka, 1947.

BÚKOV, K. I. et al. (Orgs.). *Nedorisovannyi portret, 1920, 50-letie V. I. Lenina v rechakh stat'iakh, privetstviiakh*. Moscou: Moskovskii rabochii, 1990.

BULDAKOV, V. P. et al. *Borba za massy v trekh revoliutsiakh v Rossii: proletariat i srednie gorodskie sloi*. Moscou: Mysl', 1981.

BULLOCK, David. *The Russian Civil War, 1918-1921*. Oxford: Osprey, 2008.

BULYGIN, Paul. *The Murder of the Romanovs*. Londres: Hutchinson, 1935.

BUNIN, Ivan. *Cursed Days: A Diary of Revolution*. Chicago: Ivan R. Dee, 1998.

BUNYAN, James. *Intervention, Civil War, and Communism in Russia, April-December 1918: Documents and Materials*. Baltimore: Johns Hopkins University, 1936.

BUNYAN, James; FISHER, Harold H. (Orgs.). *The Bolshevik Revolution, 1917-1918: Documents and Materials.* Stanford, CA: Stanford University Press, 1934.

BURBANK, Jane. *Intelligentsia and Revolution: Russian Views of Bolshevism, 1917-1922.* Nova York: Oxford University Press, 1986.

BURDJÁLOV, E. N. *Vtoraia russkaia revoliutsiia: Vosstanie v Petrograde.* Moscou: Nauka, 1967. Traduzido para o inglês como *Russia's Second Revolution: The February 1917 Uprising in Petrograd.* Bloomington: Indiana University Press, 1987.

BURDZHALOV, E. N. "Revolution in Moscow", *Soviet Studies in History*, v. 26, n. 1, pp. 10-100, 1987-8.

BURGESS, William Francis. "The Istpart Commission: The Historical Department of the Russian Communist Party Central Committee, 1920-1928". Yale University, 1981. Tese de Doutorado.

BÚRGUINA, Anna. *Sotsial-demokraticheskaia menshevistskaia literatura.* Stanford, CA: Hoover Institution Press, 1967.

BUSHKOVITCH, Paul. "Princes Cherkasskii or Circassian Murzas: The Kabardinians in the Russian Boyar Elite, 1560-1700", *Cahiers du Monde Russe*, v. 45, n. 1-2, pp. 9-30, 2004.

_____. *Peter the Great: The Struggle for Power, 1671-1725.* Nova York: Cambridge University Press, 2001.

BUSHNELL, John. "The Tsarist Officer Corps 1881-1914: Customs, Duties, Inefficiencies", *American Historical Review*, v. 86, n. 4, pp. 753-80, 1981.

_____. *Mutiny amid Repression: Russian Soldiers in the Revolution of 1905-1906.* Bloomington: Indiana University Press, 1985.

BUZURBÁIEV, G. U. *Kuibyshev v Sibiri.* Novossibirsk: Novosibirskoe obl. gosizdat, 1939.

BIKOV, P. M. *Poslednie dni Romanovykh.* Sverdlovsk: Ural-kniga, 1926.

CAMERON, G. Poulet. *Personal Adventures and Excursions in Georgia, Circassia, and Russia.* Londres: Henry Colburn, 1845. 2 v.

CAMERON, Rondo; BOVYKIN, V. I. (Orgs.). *International Banking, 1870-1914.* Nova York: Oxford University Press, 1991.

CAMPBELL, T. D. *Russia: Market or Menace.* Londres: Longman, 1932.

CANALI, M. *Il delitto Matteotti: affarismo e politica nel primo governo Mussolini.* Bolonha: Il Mulino, 1997.

CARLEY, Michael Jabara. "Episodes from the Early Cold War: Franco-Soviet Relations 1917-1927", *Europe-Asia Studies*, v. 52, n. 7, pp. 1275-305, 2000.

_____. "The Politics of Anti-Bolshevism: The French Government and the Russo-Polish War, December 1919 to May 1920", *Historical Journal*, v. 19, n. 1, pp. 163-89, 1976.

_____. *Silent Conflict: A Hidden History of Early Soviet-Western Relations.* Lanham, Md.: Rowman & Littlefield, 2014.

CARR, Edward Hallett. "Revolution from Above: Some Notes on the Decision to Collectivize Soviet Agriculture", *The Critical Spirit: Essays in Honor of Herbert Marcuse.* Org. de K. H. Wolff e Barrington Moore, Jr. Boston: Beacon, 1967. pp. 313-27.

_____. *Socialism in One Country 1924-1926.* Nova York: Macmillan, 1958. 3 v.

_____. *The Bolshevik Revolution, 1917-1923.* Nova York: Macmillan, 1953. 3 v.

_____. *The Interregnum, 1923-1924.* Nova York: Macmillan, 1954.

_____. "The Origins and Status of the Cheka", *Soviet Studies*, v. 10, n. 1, pp. 1-11, 1958.

_____. *The Russian Revolution from Lenin to Stalin, 1917-1929.* Nova York: Macmillan, 1979.

_____; DAVIES, Robert W. *Foundations of a Planned Economy, 1926-1929.* Londres e Basingstoke: Macmillan, 1969-78. 3 v.

CARSTEN, Frederick L. *Revolution in Central Europe, 1918-1919.* Berkeley: University of California Press, 1972.

CHAMBÁROV, Valéri. *Gosudarstvo i revoliutsiia*. Moscou: Algoritm, 2001.

CHAMBERLAIN, Lesley. *Lenin's Private War: The Voyage of the Philosophy Steamer and the Exile of the Intelligentsiia*. Nova York: St. Martin's Press, 2006.

CHAMBERLIN, William Henry. *The Russian Revolution*. Nova York: Macmillan, 1935. 2 v.

CHANNON, John. "The Bolsheviks and the Peasantry: The Land Question during the First Eight Months of Soviet Rule", *Slavonic and East European Review*, v. 66, n. 4, pp. 593-624, 1988.

_____. "Tsarist Landowners After the Revolution: Former Pomeshchiki in Rural Russia during the NEP", *Soviet Studies*, v. 34, n. 4, pp. 575-98, 1987.

CHÁPOCHNIKOV, B. M. *Na Visle: k istorii kampanii 1920 g*. Moscou: Voenizdat, 1924.

CHAQUÈRI, Cosroe. *The Soviet Socialist Republic of Iran, 1920-1921: Birth of the Trauma*. Pittsburgh: University of Pittsburgh Press, 1995.

CHARÁPOV, German V. *Razreshenie agrarnogo voprosa v Rossii poske pobedy oktiabrskoi revoliutsii, 1917- -1920 gg*. Moscou: VPSh i AON pri TsK KPSS, 1961.

CHASE, William J. *Workers, Society, and the Soviet State: Labor and Life in Moscow, 1918-1929*. Urbana: University of Illinois Press, 1987.

_____. "Workers' Control and Socialist Democracy", *Science and Society*, v. 50, n. 2, pp. 226-38, 1986.

CHATSILO, K. F. "Delo polkovnika Miasoedova", *Voprosy istorii*, n. 4, pp. 103-16, 1967.

CHATUNÓVSKAIA, Lídia. *Zhizn v Kremle*. Nova York: Chalidze Publications, 1982.

CHAUDHRY, Kiren Aziz. "The Myths of the Market and the Common History of Late Developers", *Politics and Society*, n. 21, pp. 245-74, 1993.

CHAVCHAVADZE, David. *The Grand Dukes*. Nova York: Atlantic International Publications, 1990.

CHÉFOV, A. N. *Moskva, kreml, Lenin*. Moscou: Politizdat, 1969.

CHEINIS, Z. "Pervye shagi diplomaticheskoi deiatelnosti M. M. Litvoinov", *Novaia i noveishaia istoriia*, n. 1, pp. 152-69, 1988.

CHEINIS, Zinovy. *Maxim Litvinov*. Moscou: Progress Publishers, 1990.

CHÉLESTOV, Dmítri. *Vremia Alekseia Rykova*. Moscou: Progress, 1990.

CHELOKHÁIEV, V. V. *Politicheskie partii Rossii, konets XIX-pervaia tret' XX veka: entsiklopediia*. Moscou: Rosspen, 1996.

_____ (Org.). *Russkii liberalizm: istoricheskie sudby i perspektivy. Materialy mezhdunarodnoi nauchnoi konferentsii, Moskva, 27-29 maia 1998 g*. Moscou: Rosspen, 1999.

CHÉPELEV, L. E. *Chinovny mir Rossii xviii-nachalo XX v*. São Petersburgo: Iskusstvo-SPB, 1999.

CHERNIAVSKY, Michael (Org.). *Prologue to Revolution: Notes of A. N. Iakhontov on the Secret Meetings of the Council of Ministers, 1915*. Englewood Cliffs, NJ: Prentice-Hall, 1967.

_____. *Tsar and People: Studies in Russian Myths*. New Haven, CT: Yale University Press, 1969.

CHERNINA, Eugenia et al. "Property Rights, Land Liquidity, and Internal Migration", documento de trabalho.

CHERTOK, S. M. *Stop-Kadr*. Londres: OPI, 1988.

CHESTAKOV, Andrei V. *Krestianskaia revoliutsiia 1905-1907 gg. v Rossii*. Moscou: Gosizdat, 1926.

CHEVTSOV, A. V. *Izdatelskaia deiatelnost russkikh nesotsialisticheskikh partii nachala XX veka*. São Petersburgo: Rossiiskaia Natsionalnaia Biblioteka, 1997.

CHICHERIN, G. *Two Years of Soviet Foreign Policy: The Relations of the Russian Socialist Federal Soviet Republic with Foreign Nationes, from November 7, 1917, to November 7, 1919*. Nova York: The Russian Soviet Government Bureau, 1920.

CHÍCHKIN, V. I. "Poezdka I. V. Stalina v Sibir' (15 ianvaria-6 fevralia 1928 g.)", *Problemy agrarnogo i demograficheskogo razvitiia Sibiri v XX-nachale Xxi vv.: materialy vserossiiskoi nauchnoi konferentsii*. Org. de V. A. Ilinykh. Novossibirsk: Institut istorii SO RAN, 2009.

CHÍCHKIN, V. I. (Org.). *Sibirskaia Vandeia, 1920-1921*. Moscou: Mezhdunarodnyi fond Demokratiia, 2000-1. 2 v.

CHÍCHKIN, Valéri A. *Stanovlenie vneshnei politiki postrevliutsionnoi Rossii i kapitalisticheskii mir 1917-1930 gody: ot revoliutsionnogo "zapadnichestva" k "natsional-bolshevizmu", ocherk istorii*. São Petersburgo: Dmitrii Bulanin, 2002.

_____. *Vlast, politika, ekonomika: Poslerevoliutsionnaia Rossiia (1917-1928 gg.)* São Petersburgo: Dmitrii Bulanin, 1997.

CHICKERING, Roger. "Sore Loser: Ludendorff's Total War", *The Shadows of Total War: Europe, East Asia, and the United States, 1919-1939*. Org. de Roger Chickering e Stig Förster. Nova York: Cambridge University Press, 2003.

CHIKMAN, A. P. *Deiateli otechestvennoi istorii: Biograficheskii spravochnik*. Moscou, 1997.

CHÍPOV, D. N. *Vospominaniia i dumy o perezhitom*. Moscou: M. i. S. Sabashnikov, 1918.

CHISTIAKOV, K. *Ubit' za Rossiiu! Iz istorii Russkogo emigrantskogo "aktivizma", 1918-1939 gg*. Moscou: Ippolitov, 2000.

CHKSLÓVSKI, Viktor. *A Sentimental Journey: Memoirs, 1917-1922*. Ithaca, NY: Cornell University Press, 1984.

CHLIÁPNIKOV, A. G. *Kanun semnadtsatogo goda: Vospominaniia i dokumenty o rabochem dvizhenii i revoliutsionnom podpolie za 1914-1916 gg*. Moscou: Gosizdat, 1923. 2 v.

CHLIÁPNIKOV, Aleksandr G. "Nashi raznoglasiia", *Pravda*, 18 jan. 1924.

_____. *Semnadtsatyi god*. Moscou e Leningrado: Gos. Sots-ekon. izd., 1923-31. 4 v.

CHMELIOV, N. N. *Borba KPSS za razvitie tiazheloi promyshlennosti na Severnom Kavkaze, 1926-1932 gg*. Rostov-na-Donu: Rostovskii universitet, 1981.

CHMIELSKI, E. "Stolypin's Last Crisis", *California Slavonic Papers*, n. 3, pp. 95-126, 1964.

CHOKAIEV, Mustapha. "Turkestan and the Soviet Regime", *Journal of the Royal Central Asian Society*, n. 18, pp. 403-20, 1931.

CHÓKHIN, Andrei. *Kratkaia istoriia VLKSM*. 2. ed. Moscou: Molodaia gvardiia, 1928.

CHRISTENSEN, Thomas J.; SNYDER, Jack. "Chain Gangs and Passed Bucks: Predicting Alliance Patterns in Multipolarity", *International Organization*, v. 44, n. 2, pp. 137-68, 1990.

CHTEINBERG, Valentin. *Yekab Peters*. Moscou: Politicheskaia literatura, 1989.

CHTURMAN, D. *Mertvye khvataiut zhivykh: chitaia Lenina, Bukharina, i Trotskogo*. Londres: Overseas Publication Interchange, 1982.

CHTIRLIÁIEV, V. "Geroi grazhdanskoi voiny Dmitri Zhloba", *Voenno-instoricheskii zhurnal*, n. 2, pp. 44-6, 1965.

CHUEV, Feliks. *Kaganóvitch, Shepilov*. Moscou: Olma, 2001.

_____. *Molotov Remembers: Inside Kremlin Politics*. Chicago: I. R. Dee, 1993.

_____. *Molotov: Poluderzhavnyi vlastelin*. Moscou: Olma, 1999.

_____. *Sto sorok besed s Molotovym*. Moscou: Terra, 1991.

_____. *Tak govoril Kaganóvitch: ispoved' stalinskogo apostola*. Moscou: Otechestvo, 1992.

CHULHGUIN, V. V. *Chto nam v nikh ne nravitsia: Ob antisemitizme v Rossii*. Paris: Russia Minor, 1929.

_____. *Dni*. Belgrado: M. A. Suvorin, 1925.

_____. *Gody. Dni. 1920*. Moscou: Novosti, 1990.

CHURCHILL, Rogers Platt. *The Anglo-Russian Convention of 1907*. Cedar Rapids, IA: The Torch, 1939.

CHURCHILL, Winston. *The World Crisis: The Aftermath*. Londres: T. Butterworth, 1929.

CHVEITZER, V. I. "V achinskoi ssylke", *Izvestiia*, 12 mar. 1937.

_____. *Stalin v turukhanskoi ssylke: vospominaniia starogo podpolshchika*. Moscou: Molodaia gvardiia, 1943.

CHVETSOV, V. V. "Lev Trotskii i Maks Istmen: istoriia odnoi politicheskoi druzhby", *Novaia i noveishaia istoriia*, n. 6, pp. 152-69, 1990.

_____. *Diskussiia v RKP (b) 1923 goda: k 70-letiu nepa*. Moscou: Znanie, 1991.

CLARK, Christopher. *Kaiser Wilhelm II*. Harlow: Longman, 2000.

_____. *The Sleepwalkers: How Europe Went to War in 1914*. Nova York: Penguin, 2012.

CLAUDIN, Fernando. *The Communist Movement: From Comintern to Cominform*. Nova York: Monthly Review Press, 1975.

CLEINOW, Georg. *Neue Sibirien (Sib-krai): eine Studie zum Aufmarsch der Sowjetmacht in Asien*. Berlim: R. Hobbing, 1928.

CODRESCU, Andrei. *The Posthuman Dada Guide: Tzara and Lenin Play Chess*. Princeton, NJ: Princeton University Press, 2009.

COHEN, Jon S. "The 1927 Revaluation of the Lira: A Study in Political Economy", *Economic History Review*, v. 25, n. 4, pp. 642-54, 1972.

COHEN, Stephen F. *Bukharin and the Bolshevik Revolution: A Political Biography, 1888-1938*. Nova York: Oxford University Press, 1973.

COHN, Norman. *Warrant for Genocide: The Myth of the Jewish World-Conspiracy and the Protocols of the Elders of Zion*. Londres: Eyre & Spottiswoode, 1967.

COLTON, Timothy J. "Military Councils and Military Politics in the Russian Civil War", *Canadian Slavonic Papers*, v. 18, n. 1, pp. 36-57, 1976.

_____. *Moscou: Governing the Socialist Metropolis*. Cambridge, MA: Belknap Press of Harvard University, 1995.

CONANT, Charles A. *Wall Street and the Country: A Study of Recent Financial Tendencies*. Nova York e Londres: G. P. Putnam's Sons, 1904.

CONQUEST, Robert. *Stalin: Breaker of Nations*. Nova York: Viking, 1991.

_____. *The Great Terror: A Reassessment*. Nova York: Oxford University, 1990.

CONRAD, Sebastian. *Globalisation and Nation in Imperial Germany*. Nova York: Cambridge University Press, 2010.

CONTE, Francis. *Christian Rakovski, 1873-1941: A Political Biography*. Boulder, CO: East European Monographs, 1989.

COOK, Andrew. *To Kill Rasputin: The Life and Death of Gregori Rasputin*. Londres: Tempus, 2006.

COOX, Alvin D. *Nomonhan, Japan against Russia, 1939*. Stanford, CA: Stanford University Press, 1985, 1990.

COTTON, Sir Henry. *New India, or India in Transition*. Londres: Kegan Paul, Trench, Trübner, 1907.

COURTOIS, Stéphane et al. *The Black Book of Communism*. Cambridge, MA: Harvard University Press, 1999.

CRAMPTON, R. J. "The Balkans, 1914-1918", *The Oxford Illustrated History of the First World War*. Org. de Hew Strachan. Nova York: Oxford University Press, 1998.

CRAWFORD, Rosemary A.; CRAWFORD, Donald. *Michael and Natasha: The Life and Love of Michael II, the Last of the Romdnov Tsars*. Londres: Weidenfeld & Nicolson, 1997.

CRISP, Olga. "The State Peasants under Nicholas I", *Slavonic and East European Review*, v. 37, n. 89, pp. 387-412, 1959.

_____. *Studies in the Russian Economy Before 1914*. Nova York: Barnes and Noble, 1976.

D'ABERNON, Edgar V. *The Eighteenth Decisive Battle of the World: Warsaw 1920*. Londres: Hodder & Stoughton, 1931.

DAKHSHLEIGER, G. F. *V. I. Lenin i problem kazakhstanskoi istoriografii*. Alma-Ata: Nauka KSSR, 1973.

DALLIN, David J. *Soviet Espionage*. New Haven, CT: Yale University Press, 1955.

DALY, Jonathan W. *Autocracy Under Siege: Security Police and Opposition in Russia, 1866-1905*. DeKalb: Northern Illinois University Press, 1998.

———. *The Watchful State: Security Police and Opposition in Russia, 1906-1917*. DeKalb: Northern Illinois University Press, 2004.

DAN, Lídia. "Bukharin o Staline", *Novyi jurnal*, n. 75, pp. 181-2, 1964.

DAN, Theodore. *The Origins of Bolshevism*. Nova York: Harper and Row, 1964.

DANIELS, Gordon et al. "Studies in the Anglo-Japanese Alliance (1902-1923)", London School of Economics, Suntory and Toyota International Centres for Economics and Related Disciplines, Paper N. IS/2003/443, jan. 1903. Disponível em: <sticerd.lse.ac.uk/dps/is/is443.pdf>. Acesso em: 22 dez. 2016.

DANIELS, Robert V. "Stalin's Rise to Dictatorship". *Politics in the Soviet Union*. Org. Alexander Robert Dallin e Alan F. Westin. Nova York: Harcourt, Brace and World, 1966.

———. "The Bolshevik Gamble", *Russian Review*, v. 26, n. 4, pp. 331-40, 1967.

———. "The Left Opposition as an Alternative to Stalinism", *Slavic Review*, v. 50, n. 2, pp. 277-85, 1991.

———. "The Secretariat and Local Organizations in the Russian Communist Party, 1921-1923", *American Slavic and East European Review*, v. 16, n. 1, pp. 32-49, 1957.

———. *Conscience of the Revolution: Communist Opposition in Soviet Russia*. Cambridge, MA: Harvard University Press, 1960.

———. *Red October: The Bolshevik Revolution of 1917*. Nova York: Scribner's, 1967.

———. *The Nature of Communism*. Nova York: Random House, 1962.

——— (Org.). *The Russian Revolution*. Englewood Cliffs, NJ: Prentice Hall, 1972.

——— (Org.). *A Documentary History of Communism*. Nova York: Random House, 1960. Ed. rev.; 2 v. Hanover, NH: University Press of New England for University of Vermont, 1984; 3. ed. Hanover, NH: University Press of New England for University of Vermont, 1993.

DANILÉVSKI, A. F. *V. I. Lenin i voprosy voennogo stroitelstva na viii siezde RKP (b)*. Moscou: Voenizdat, 1964.

DANÍLOV, G. "How the Tsar Abdicated", *Living Age*, n. 336, pp. 99-104, abr. 1929.

DANÍLOV, Iu. N. *Rossiia v mirovoi voine, 1914-1915 gg*. Berlim: Slovo, 1924.

———. "Moi vospominaniia ob imperatore Nikolae II-om i vel. kniaze Mikhaile Aleksandrovitche", *Arkhiv russkoi revoliutsii*. Org. de Guéssen, v. XIX, 1928.

DANILOV, V. P. "We Are Starting to Learn about Trotsky", *History Workshop*, n. 29, pp. 136-46, 1990.

———. *Rural Russia under the New Regime*. Bloomington: Indiana University Press, 1988.

DANÍLOV, V. P. "Pereraspredelenie zemelnogo fonda Rossii v rezultate Velikoi Oktiabrskoi revoliutsii", *Leninskii dekret "o zemle" v desitvii; sbornik statei*. Org. de I. I. Mints. Moscou: Nauka, 1979. pp. 261-310.

———; KHLEVNIUK, Oleg (Orgs.). *Kak lomali NEP: stenogrammy plenumov TsK VKP (b) 1928-1929 gg*. Moscou: Demokratiia, 2000. 5 v.

——— (Org.). *Nestor Makhno, krestianskoe dvizhenie na Ukraine, 1918-1921: dokumenty i materialy*. Moscou: Rosspen, 2006.

——— et al. (Orgs.). *Krestianskoe vosstanie v Tambovskoi gubernii v 1919-1921 gg., "Antonovshchina": dokumenty i materialy*. Tambov: MINTS, 1994.

———. *Sovetskoe krestianstvo: kratkii ocherk istorii, 1917-1970*. 2. ed. Moscou: Politizdat, 1973.

———. *Tragediia sovetskoi derevni: kollektivizatsiia i raskulachivaniie, dokumenty i materialy, 1927-1939*. Moscou: Rosspen, 2000. 5 v.

DARLINGTON, Thomas. *Education in Russia*. Londres: Wyman and Sons, 1909.

DAULET, Shafiga. "The First All-Muslim Congress of Russia, Moscow, 1-11 May 1917", *Central Asian Survey*, v. 8, n. 1, pp. 21-47, 1989.

DAVATTS, V. Kj.; LVOV, N. N. *Russkaia armiia na chuzhbine*. Belgrado: Russkoe izdatestvo, 1923.

DAVIDOV, Mikhail A. *Vserossiiskii rynok v kontse xiX-nachale XX vv. i zheleznodorozhnaia statistika*. São Petersburgo: Aleteiia, 2010.

DAVIES, Norman. "Izaak Babel's 'Konarmiya' Stories, and the Polish-Soviet War", *Modern Language Review*, v. 67, n. 4, pp. 845-57, 1972.

_____. *White Eagle, Red Star: The Polish-Soviet War, 1919-1920*. Londres: Macdonald, 1972.

DAVIES, Robert W. "Carr's Changing Views of the Soviet Union", *E. H. Carr A Critical Appraisal*. Org. de Michael Cox. Londres: Palgrave, 2000.

_____. *From Tsarism to the New Economic Policy: Continuity and Change in the Economy of the USSR*. Basingstoke: Macmillan, 1990.

_____. *From Tsarism to the New Economic Policy: Continuity and Change in the Economy of the USSR*. Ithaca, NY: Cornell University Press, 1991.

_____. "Review of David Stone", *International History Review*, v. 23, n. 3, pp. 699-701, 2001.

_____. *The Socialist Offensive: The Collectivization of Soviet Agriculture, 1929-1930*. Cambridge, MA: Harvard University Press, 1980.

_____. *The Soviet Economy in Turmoil, 1929-1930*. Cambridge, MA: Harvard University Press, 1989.

_____; WHEATCROFT, Stephen G. "Further Thoughts on the First Soviet Five-Year Plan", *Slavic Review*, v. 34, n. 4, 1975.

_____. *The Years of Hunger: Soviet Agriculture, 1931-1933*. Nova York: Palgrave Macmillan, 1994.

_____. et al. *The Economic Transformation of the Soviet Union, 1913-1945*. Nova York: Cambridge University Press, 1994.

_____ (Org.). *NEP: priobreteniia i poteri*. Moscou: Nauka, 1994.

DAVIES, Sarah; HARRIS, James (Orgs.). *Stalin: A New History*. Nova York: Cambridge University Press, 2005.

DAVIS, Jerome. "Stalin, New Leader, Explains Aims and Policies of Soviets", *New York American*, 3 out. 1926, pp. 1-2.

_____. *Behind Soviet Power: Stalin and the Russians*. West Haven, CT: Reader's Press, 1949.

DAVIS, Mike. *Late Victorian Holocausts: El Niño, Famines, and the Making of the Third World*. Londres e Nova York: Verso, 2001.

DAVLETCHIN, Tamurbek. "The Federal Principle in the Soviet State", *Studies on the Soviet Union*, v. 6, n. 3, 1967.

_____. *Sovetskii Tatarstan: teoriia i praktika Leninskoi natsionalnoi politiki*. Londres: Our World, 1974.

DAWRICHEWY, Joseph. *Ah: Ce Qu'On Rigolait Bien Avec Mon Ami Staline!* Paris: Jean-Claude Simoen, 1979.

DE BASILY, Nicolas. *Diplomat of Imperial Russia, 1903-1917: Memoirs*. Stanford, CA: Hoover Institution Press, 1973.

DE BEGNAC, Yvon. *Palazzo Venezia: storio di un Regime*. Roma: La Rocca, 1950.

DE FELICE, Renzo. *Mussolini il fascista*. Turin: G. Einaudi, 1966-8.

_____. *Mussolini il rivoluzionario, 1883-1920*. Turim: G. Einaudi, 1965.

DE GAULLE, Charles. *Lettres, notes et carnets*. Paris: Plon, 1980-8. 12 v.

DE GROOT, Gerard J. *Douglas Haig, 1861-1928*. Londres: Unwin Hyman, 1988.

DE LON, Roy Stanley. "Stalin and Social Democracy: The Political Memoirs of David A. Sagirashvili". Georgetown University, 1974. Tese de Doutorado.

DE MADARIAGA, Isabel. *Russia in the Age of Catherine the Great*. New Haven, CT: Yale University Press, 1981.

DE MICHELIS, Cesare G. *The Non-Existent Manuscript: A Study of the Protocols of the Sages of Zion*. Lincoln: University of Nebraska Press, 2004.

DE TAUBE, Michel. *La Politique russe d'avant-guerre et la fin de l'empire des tsars (1904-1917): mémoires*. Paris: E. Leroux, 1928.

DEACON, Richard. *A History of the Russian Secret Service*. Nova York: Taplinger, 1972.

DEAL, Zack. *Serf and Peasant Agriculture: Khar'kov Province, 1842-1861*. Nova York: Arno, 1981.

DEBO, Richard K. "G. V. Chicherin: A Historical Perspective", *Soviet Foreign Policy, 1917-1991: A Retrospective*. Org. de Gabriel Gorodetsky. Londres: Frank Cass, 1994.

———. "Lloyd George and the Copenhagen Conference of 1919-1920: The Initiation of Anglo-Soviet Negotiations", *The Historical Journal* v. 24, n. 2, pp. 429-41, 1981.

———. "The Making of a Bolshevik: Georgii Chicherin in England, 1914-1918", *Slavic Review*, v. 25, n. 4, pp. 651-62, 1966.

———. *Revolution and Survival: The Foreign Policy of Soviet Russia, 1917-18*. Toronto: University of Toronto Press, 1979.

———. *Survival and Consolidation: The Foreign Policy of Soviet Russia, 1918-21*. Montreal e Buffalo: Mc-Gill-Queen's University Press, 1992.

DEDIJER, Vladimir. *The Road to Sarajevo*. Nova York: Simon & Schuster, 1966.

DEGÓEV, Vladímir V. *Kavkaz i velikie derzhavy, 1829-1864 gg.: Politika, voina, diplomatiia*. Moscou: Rubezhi XXI, 2009.

DEGRAS, Jane (Org.). *Soviet Documents on Foreign Policy*. Londres e Nova York: Oxford University Press, 1951-3. 3 v.

———. *The Communist International, 1919-1943: Documents*. Nova York: Oxford University Press, 1956--65. 3 v.

———. *The Communist International, 1919-1943: Documents*. Londres: Frank Cass, 1971. 2 v.

DEIST, Wilhelm; FEUCHTWANGER, E. J. "The Military Collapse of the German Empire: The Reality behind the Stab in the Back Myth", *War in History*, v. 3, n. 2, pp. 186-207, 1996.

Dekrety Sovetskoi vlasti. Moscou: Gosizdat/Rosspen, 1957. 16 v.

DEMÍDOV, V. V. "Khlebozagotovitelnaia akampaniia 1927/28 g. v sibirskoi derevne", *Aktual'nye problemy istorii sovetskoi Sibiri*. Org. de V. I. Shishkin. Novosibirsk: Nauka, sibirskoe otdelenie, 1990.

———. *Politicheskaia borba i oppozitsiia v Sibiri, 1922-1929 gg*. Novossibirsk: Sibirskii kadrovyi tsentr, 1994.

Denezhnaia reforma 1921-1924 gg., sozdanie tverdoi valiuty: dokumenty i materialy. Moscou: Rosspen, 2008.

Denezhnoe obrashchenie i kreditnaia sistema Soiuza Ssr za 20 let: sbornik vazhneishikh zakonodatelnykh materialov za 1917-1937 gg. Moscou: Gosfinizdat, 1937.

DENÍKIN, A. I. *Ocherki russkoi smuty: Krushenie vlasti i armii*. Paris e Berlim: J. Povolozky & Cie, 1921-6. 5 v.

Desiat let Kommunisticheskogo universiteta im. Ia. M. Sverdlova, 1918-1928 gg. Moscou: Kommunisticheskii universitet, 1928.

Desiat let sovetskoi diplomatii: akty i dokumenty. Litizdat narkomindela, 1927.

DEUTSCHER, Isaac. *Stalin: A Political Biography*. 2. ed. Nova York: Oxford University Press, 1967.

———. *The Prophet Armed: Trotsky, 1879-1921*. Nova York: Oxford University Press, 1954.

DEUTSCHER, Isaac. *The Prophet Unarmed: Trotsky, 1921-1929*. Nova York: Oxford University Press, 1959.

_____. *The Unfinished Revolution: Russia, 1917-1967*. Nova York: Oxford University Press, 1967.

DEWEY, John et al. *The Case of Leon Trotsky: Report of Hearings on the Charges Made Against Him in the Moscow Trials, by the Preliminary Commission of Inquiry*. Nova York: Harper and Row, 1937.

DIAKIN, V. S. "Stolypin i dvoriantsvo (Proval mestnoi reform)". *Problemy krestianskogo zemlevladeniia i vnutrennei politiki Rossii: Dooktiabrskii period*. Leningrado: Nauka, 1972. pp. 231-74.

_____. "The Leadership Crisis in Russia on the Eve of the February Revolution", *Soviet Studies in History*, v. 23, n. 1, pp. 10-38, 1984.

DIÁKIN, V. S. *Burzhuaziia, dvorianstvo i tsarizm v 1911-1914 gg*. Leningrado: Nauka, 1988.

_____. *Russkaia burzhuaziia i tsarizm: v gody pervoi mirovoi voiny (1914-1917)*. Leningrado: Nauka, 1967.

DIÁKOV, Iu. L.; BUCHUEVA, T. S. (Orgs.). *Fashistskii mech kovalsia v SSSR, Krasnaia Armiia i Reikhsver, tainoe sotrudnichestvo 1922-1933: neizvestnye dokumenty*. Moscou: Sovetskaia Rossiia, 1992.

DIATCHENKO, V. P. *Istoriia finansov SSSR 1917-1950 gg*. Moscou: Nauka, 1978.

DICKERMAN, Leah (Org.). *Dada*. Washington, D. C.: National Gallery of Art, 2006.

DICKINSON, G. Lowes. *The International Anarchy, 1904-1914*. Nova York: The Century Co., 1926.

DICKSON, P. G. M. *Finance and Government under Maria Theresa 1740-1780*. Oxford: Clarendon, 1987.

DILLON, Emile Joseph. *The Eclipse of Russia*. Londres e Toronto: J. M. Dent & Sons, 1918.

DIMANSHTEIN, S. M. (Org.). *Revoliutsiia i natsionalnyi vopros*. Moscou: Kommunisticheskaia akademiia, 1930.

DIMÍTRIEV, Iu. A. *Sovetskii tsirk: ocherki istorii, 1917-1941*. Moscou: Iskusstvo, 1963.

Dirketivy glavnogo komandovaniia Krasnoi Armii (1917-1920). Moscou: Voenizdat, 1969.

Diskussiia 1923 goda: materialy i dokumenty. Moscou: Gosizdat, 1927.

DMITRENKO, Sergei L. *Borba KPSS za edinstvo svoikh riadov, oktiabr 1917-1937 gg*. Moscou: Politiizdat, 1976.

DMITRENKO, V. P. "Chto takoe NEP?", *Voprosy istorii*, n. 9, pp. 44-7, 1988.

DMÍTRIEV, Iúri. *Pervyi chekist*. Moscou: Molodaia gvardiia, 1968.

DMÍTRIEV, V. K. *Kriticheskie issledovaniia o potreblenii alkogoliia v Rossii*. Moscou: V. P. Riabushinskii, 1911.

DMÍTRIEVA, L. M. (Org.). *Barnaul v vospominaniiakh starozhilov: XX vek*. Barnaul: Altaiskii gos. universitet, 2007.

DMITRIÉVSKI, Serguei V. *Sovetskie portrety*. Berlim: Strela, 1932.

_____. *Sudba Rossii: pisma k druziam*. Estocolmo: Strela, 1930.

Dnevnik imperatora Nikolaia ii, 1890-1906 gg. Berlim: Slovo, 1923. Moscou: Polistar, 1991.

DOBB, Maurice. *Russian Economic Development since the Revolution*. 2. ed. Londres: Routledge, 1929.

DOBRÍNIN, V. V. *Borba s bolshevizmom na iuge Rossii: Uchastie v borbe Donskogo Kazacehstva*. Praga: Slvianskoe izdatelstvo, 1921.

DOBROROLSKI, S. K. *Die Mobilmachung der russischen Armee 1914*. Berlim: Deutsche Verlagsgesellschat für Politik und Geschichte m.b.h, 1922.

DOCTOROW, G. S. "The Fundamental State Law of 23 April 1906", *Russian Review*, v. 35, n. 1, pp. 33-52, 1976.

_____. "The Introduction of Parliamentary Institutions in Russia during the Revolution of 1905-1907". Columbia University, 1975. Tese de Doutorado.

DOCTOROW, Gilbert S. "The Russian Gentry and the *Coup D'État* of 3 June 1907", *Cahiers du Monde Russe et Soviétique*, v. 17, n. 1, pp. 43-51, 1976.

Documents on British Foreign Policy, 1919-1939. Londres: H. M. Stationery Office, 1946-. Citado como DBFP. 62 v.

DOHAN, Michael R. "Soviet Foreign Trade in the NEP Economy and Soviet Industrialization Strategy". Massachusetts Institute of Technology, 1969. Tese de Doutorado.

_____. "Foreign Trade". From Tsarism to the New Economic Policy: Continuity and Change in the Economy of the USSr, Org. de Robert W. Davies. Ithaca, NY: Cornell University, 1991. pp. 212-34.

_____. "The Economic Origins of Soviet Autarky, 1927/8-1934", Slavic Review, v. 35, n. 4, pp. 603-35, 1976.

"Dokladnaia zapiska Vitte Nikolaiu II", Istorik-Marksist, n. 2-3, pp. 130-9, 1935.

Dokumenty i materialy po istorii sovetsko-polskikh otnoshenii. Moscou: Akademiia nauk SSSR, 1963-86. 12 v.

Dokumenty vneshnei politiki SSSr. Moscou: Politcheskaia literatura, 1957-77. 21 v. Citado como DVP SSSr.

DOLBILOV, Mikhail. "Rozhdenie imperatorskikh reshenii: Monarch, sovetnik i 'vysochaishaia volia' v Rossii XIX v.", Istoricheskie zapiski, n. 9, pp. 5-48, 2006.

DOWER, Paul Casteñeda; MARKEVITCH, Andrei. "Do Property Rights in Russia Matter? The Stolpyin Titling Reform and Agricultural Productivity", documento de trabalho, New Economic School, Moscow, Russia, 2012.

DOWLING, Timothy C. The Brusilov Offensive. Bloomington: Indiana University Press, 2008.

DRÁBKIN, Iákov S. et al. (Orgs.). Komintern i ideia mirovoi revoliuitsii: dokumenty. Moscou: Nauka, 1998.

DRÁBKINA, E. "Moskva 1918", Novyi mir, n. 9, pp. 156-7, 1958.

DRÁBKINA, S. M. "Dokumenty germanskogo polsa v Moskve Mirbakha", Voprosy istorii, n. 9, pp. 120-30, 1971.

DRACHKOVITCH, Milorad M.; LAZITCH, Branko (Orgs.). The Comintern: Historical Highlights, Recollections, Documents. Nova York: Praeger, 1966.

_____. Lenin and the Comintern. Stanford, CA: Hoover Institution Press, Stanford University, 1971.

DREISER, Theodore. Dreiser Looks at Russia. Nova York: H Liveright, 1928.

DREZEN, A. K. Burzhuaziia i pomeshchiki 1917 goda: chastnye soveshehaniia chlenov Gosudarstvennoi Dumy. Moscou e Leningrado: Partizdat, 1932.

DRIDZO, Vera. Nadezhda Konstantinovna. Moscou: Politcheskaia literatura, 1958.

_____. "O Krupskoi: pismo v redakstiiu", Kommunist, n. 5, pp. 105-6, 1989.

DRUJINA, Gleb. "The History of the North-West Army of General Iudenich". Stanford University, 1950. Tese de Doutorado.

DUBÉNSKI, D. (Org.). Ego Imperatorskoe Velichestvo Gosudar Imperator Nikolai Aleksandrovich v desitvuiushchei armii. Petrogrado: Ministerstvo Imp. Dvora, 1915-6. 4 v.

DUBENTSOV, B.; KULIKOV, A. "Sotsialnaia evoliutsiia vysshei tsarskoi biurokratii vo votroi polovine XIX- -nachale XX v.", Problemy sotsialno-ekonomicheskoi i politicheskoi istorii Rossii xiX- XX vekov: sbornik statei. Org. de Boris Anánitch et al. São Petersburgo: Aleteiia, 1999.

DUBÍNSKI-MUKHADAZE, Ilhiá Moisséevitch. Ordzhonikidze. Moscou: Molodaia gvardiia, 1963, 1967.

DUBRÓVSKI, Serguei M. Stolypinskaia zemelnaia reforma: iz istorii selskogo khoziaistva i krestianstva Rossii v nachale XX veka. Moscou: Akademiia nauk, 1963.

DUDA, Gerhard. Jenő Varga und die Geschichte des Instituts für Weltwirtschaft und Weltpolitik in Moskau 1921-1970: zu den Möglichkeiten und Grenzen wissenschaftlicher Auslandsanalyse in der Sowjetunion. Berlim: Akademie, 1994.

DULLIN, Sabine. Men of Influence: Stalin's Diplomats in Europe, 1930-1939. Edimburgo: Edinburgh University Press, 2010.

DÚMOVA, N. "Maloizvestnye materialy po istorii kornilovshchiny", Voprosy istorii, n. 2, pp. 69-93, 1968.

DURACZYŃSKI, E.; SÁKHAROV, A. N. (Orgs.). Sovetsko-Polskie otnosheniia v politicheskikh usloviakh Evropy 30-x godov XX stoletiia: sbornik statei. Moscou: Nauka, 2001.

DURANTY, Walter. "Artist Finds Lenin at Work and Fit", *The New York Times*, 15 out. 1922.

_____. "Lenin Dies of Cerebral Hemorrhage; Moscow Throngs Overcome With Grief; Trotsky Departs Ill, Radek In Disfavor", *The New York Times*, 23 jan. 1924.

_____. *I Write as I Please*. Nova York: Simon & Schuster, 1935.

DURNOVÓ, Nikolai. *Sudba gruzinskoi tserkvi*. Moscou: Russkii stiag, 1907.

DUVAL, Jr., Charles. "The Bolshevik Secretariat and Yakov Sverdlov: February to October 1917", *Slavonic and East European Review*, v. 51, n. 122, pp. 47-57, 1973.

_____. "Yakov M. Sverdlov and the All-Russian Central Executive Committee of Soviets (VTSIK): A Study in Bolshevik Consolidation of Power, October 1917-July 1918", *Soviet Studies*, v. 31, n. 1, pp. 3-22, 1979.

Dvadtsat let VChK-Ogpu-NKVD. Moscou: OGIZ, 1938.

"Dve besedy s L. M. Kaganovichem", *Novaia i noveishaia istoriia*, n. 2, pp. 101-22, 1999.

DYCK, Harvey L. "German-Soviet Relations and the Anglo-Soviet Break 1927", *Slavic Review*, v. 25, n. 1, pp. 67-83, 1966.

_____. *Weimar Germany and Soviet Russia, 1996-1933: A Study in Diplomatic Instability*. Nova York: Columbia University Press, 1966.

DZERJÍNSKAIA, S. *V gody velikikh boev*. Moscou: Mysl, 1964.

DZERJÍNSKI, F. E. *Feliks Dzerzhinskii: dnevnik zakliuchennogo, Feliks Dzerzhinskii: dnevnik zakliuchennogo pisma*. Minsk: Belarus, 1977.

_____. *Izbrannye proizvedeniia*. Moscou: OGIZ, 1947.

DZIEWANOWSKI, M. K. *Communist Party of Poland: An Outline of History*. Cambridge, MA: Harvard University Press, 1959.

_____. *Joseph Piłsudski: A European Federalist, 1918-1922*. Stanford: Hoover Institution Press, 1969.

EASTER, Gerald M. *Reconstructing the State: Personal Networks and Elite Identity in Soviet Russia*. Nova York: Cambridge University Press, 2000.

EASTMAN, Max. *Heroes I Have Known: Twelve Who Lived Great Lives*. Nova York: Simon & Schuster, 1942.

_____. *Leon Trotsky: The Portrait of a Youth*. Nova York: Greenberg, 1925.

_____. *Love and Revolution: My Journey through an Epoch*. Nova York: Random House, 1964.

_____. *Since Lenin Died*. Nova York: Boni & Liveright, 1925.

EDGERTON, David. *The Shock of the Old: Technology and Global History since 1900*. Nova York: Oxford University Press, 2006.

EDMONDSON, Charles M. "The Politics of Hunger: The Soviet Response to the Famine of 1921", *Soviet Studies*, v. 29, n. 4, pp. 506-18, 1977.

EGÓROV, Aleksandr. *Lvov-Varshava, 1920 god: vzaimodeistvie frontov*. Moscou e Leningrado: Gosizdat otdel voennoi literatury, 1929.

EGÓROVA, L. P. "Khlebozagotovitelnaia kampaniia 1927-1928 gg. i borba s kulachestvom v zapadno-sibirskoi derevne". *Voprosy istorii Sibiri, Tomsk: Tomski gosudarstvenyi universitet*, 1967, cap. 3, pp. 255-70.

EHRENBURG, Ilhiá. *Memoirs, 1921-1941*. Cleveland, OH: World Pub., 1968.

EHRLICH, Alexander. *The Soviet Industrialization Debate, 1924-1928*. Cambridge, MA: Harvard University Press, 1960, 1967.

EICHENGREEN, Barry J. *Golden Fetters: The Gold Standard and the Great Depression, 1919-1939*. Nova York: Oxford University Press, 1992.

EICHWEDE, Wolfgang. *Revolution und Internationale Politik: zur kommunistischen Interpretation der kapitalistischen Wetlt, 1921-1925*. Colônia: Böhlau, 1971.

1014

EINAUDI, Luca. *Money and Politics: European Monetary Unification and the Gold Standard, 1865-1873.* Nova York: Oxford University Press, 2001.

Ekonomicheskoe polozhenie Rossii nakanune Velikoi Oktiabrskoi sotsialisticheskoi revoliutsii: Dokumenty i materialy, 3 vols. Moscou: Akademiia nauk, 1957; Leningrado: Nauka, 1967.

ELEÚOV, T. E. *Inostrannaia voennaia interventsiia i grazhdanskaia voina v Srednei Azii i Kazakhstane: dokumenty i materialy.* Alma-Ata: Akademiia nauk Kazakhskogo SSR, 1964.

ELLEMAN, Bruce A. "Secret Sino-Soviet Negotiations on Outer Mongolia, 1918-1925", *Pacific Affairs*, v. 66, n. 4, pp. 539-63, 1993-4.

_____. *Diplomacy and Deception: The Secret History of Sino-Soviet Diplomatic Relations, 1917-1927.* Armonk, NY: M. E. Sharpe, 1997.

ELLIS, John. *Social History of the Machine Gun.* Baltimore: Johns Hopkins University Press, 1976, 1986.

ELPATÉVSKI, S. Ia. *Vospominaniia.* Leningrado: Priboi, 1929.

ELWOOD, Ralph Carter. *Roman Malinovsky: A Life without a Cause.* Newtonville, MA: Oriental Research Partners, 1977.

_____. *Russian Social Democracy in the Underground: A Study of the RSDRP in the Ukraine, 1907-1914.* Assen: Van Gorcum, 1974.

ELY, Christopher. "The Question of Civil Society in Late Imperial Russia". *A Companion Volume to Russian History.* Org. de Abbott Gleason. Oxford: Blackwell, 2009.

EMMONS, Terence (Org.). *Time of Troubles: The Diary of Iurii Vladimirovich Got'e.* Princeton, NJ: Princeton University Press, 1988.

_____. *The Formation of Political Parties and the First National Elections in Russia.* Cambridge, MA: Harvard University Press, 1983.

ENGEL, Barbara. "Not By Bread Alone: Subsistence Riots in Russia durign World War I", *Journal of Modern History*, v. 69, n. 3, pp. 696-721, 1997.

ENGELSTEIN, Laura. *Moscow 1905: Working Class Organization and Political Conflict.* Stanford, CA: Stanford University Press, 1982.

ENGERMAN, David C. *Modernization from the Other Shore: American Intellectuals and the Romance of Russian Development.* Cambridge, MA: Harvard University Press, 2003.

ENGLANDER, David. "Military Intelligence and the Defence of the Realm", *Bulletin of the Society for the Study of Labour History*, v. 52, n. 1, pp. 24-32, 1987.

ENNKER, Benno. "The Origins and Intentions of the Lenin Cult", *Regime and Society in Twentieth Century Russia.* Org. de Ian Thatcher. Londres: Macmillan Press, 1999. pp. 118-28.

_____. *Die Anfänge des Leninkults in der Sowjetunion.* Colônia: Böhlau, 1997.

EPÍKHIN, A. Iu.; MOZÓKHIN, O. B. *VChK-Ogpu v borbe s korruptsieiv gody novoi ekonomicheskoi politiki, 1921-1928.* Moscou: Kuchkovo pole, 2007.

ERDMANN, Karl Dietrich (Org.). *Kurt Riezler: Tagebücher, Aufsätze, Dokumente.* Göttingen: Vandenhoeck & Ruprecht, 1972.

ERICKSON, John. *The Soviet High Command: A Military-Political History, 1918-1941.* Nova York: St. Martin's, 1962. 3. ed. Londres e Portland, OR: Frank Cass, 2001.

ERIKÁLOV, E. F. *Oktiabrskoe vooruzhennoe vosstanie v Petrograde.* Leningrado: Lenizdat, 1966.

ERIKSON, Erik H. *Young Man Luther: A Study in Psychoanalysis and History.* Nova York: W. W. Norton, 1958.

ERÓCHKIN, N. P. *Ocherki istorii gosudarstvennykh uchrezdenii dorevoliutsionnoi Rossii.* Moscou: Gos. Uchebno-pedagogicheskoe izdatel'stvo, 1960.

EROFÉEV, Valéri. *Valerian Kuibyshev v Samare: mif stalinskoi epokhi.* Samara: Samarskoe otdelenie Litfonda, 2004.

ESADZE, Semen. *Istoricheskaia zapiska ob upravlenii Kavkazom.* Tbilíssi: Guttenberg, 1907. 2 v.

ESSIKOV, S. A.; KANÍCHEV, V. V. "Antonovskii NEP", *Otechestvennaia istoriia,* n. 4, 1993.

ESTHUS, Raymond A. "Nicholas II and the Russo-Japanese War", *Russian Review,* v. 40, n. 4, pp. 396-411, 1981.

ETHERTON, P. T. *In the Heart of Asia.* Londres: Constable and Co., 1925.

EUDIN, Xenia Joukoff; NORTH, Robert C. (Orgs.). *Soviet Russia and the East, 1920-1927: A Documentary Survey.* Stanford, CA: Stanford University Press, 1957.

_____; SLUSSER, Robert (Orgs.). *Soviet Foreign Policy, 1928-1934: Documents and Materials.* University Park, PA: Pennsylvania State University Press, 1967.

EUDIN, Xenia; FISHER, Harold T. (Orgs.). *Soviet Russia and the West, 1920-1927: A Documentary Survey.* Stanford, CA: Hoover Institution Press, 1957.

EVANS, Les; BLOCK, Russell (Orgs.). *Leon Trotsky on China.* Nova York: Monad, 1976.

EVREINOFF, N. *Histoire du Théâtre Russe.* Paris: Du Chène, 1947.

FAERMAN, E. "Transportirovka 'Iskry' iz-za granitsy i rasprostranenie ee v Rossii v 1901-1903 gg.", *Muzei revoliutsiii SSsr: pervyi sbornik.* Moscou, 1947.

FAINBLITT, S. *Amnistiia i sudebnyi prigovor: s prilozheniem vaxhneishikh aktov ob amnistii za 10 let.* Moscou: Gosizdat, 1928.

FAINSOD, Merle. *International Socialism and the World War.* Cambridge, MA: Harvard University Press, 1935.

_____. *Smolensk Under Soviet Rule.* Cambridge, MA: Harvard University Press, 1958.

FALASCA-ZAMPONI, Simonetta. *Fascist Spectacle: The Aesthetics of Power in Mussolini's Italy.* Berkeley: University of California Press, 1997.

FALLOWS, T. "Governor Stolypin and the Revolution of 1905 in Saratov", *Politics and Society in Provincial Russia: Saratov, 1590-1917.* Org. de Rex A. Wade e Scott J. Seregny. Columbus: Ohio University Press, 1990.

FARBMAN, M. *Bolshevism in Retreat.* Londres: Collins, 1923.

FAY, Sidney B. "The Kaiser's Secret Negotiations with the Tsar, 1904-1905", *American Historical Review,* v. 2, n. 1, pp. 48-72, 1918.

_____. *The Origins of the World War.* Nova York: Macmillan, 1929. 2 v.

FEARON, James D. "Rationalist Explanations for War", *International Organization,* v. 49, n. 3, pp. 379-414, 1995.

FEDOR, Julie. *Russia and the Cult of State Security: The Chekist Tradition, from Lenin to Putin.* Abingdon, Oxon e Nova York: Routledge, 2011.

FEDYSHYN, Oleh S. *Germanys' Drive to the East and the Ukrainian Revolution, 1917-1918.* New Brunswick, NJ: Rutgers University Press, 1971.

FÉIGUINA, L. A. *Borkskoe soglashenie.* Moscou: Izd. M. i S. Sabashnikovykh, 1928.

FEIS, Herbert. *Europe: The World's Banker 1870-1914: An Account of European Foreign Investment and the Connection of World Finance with Diplomacy before the War.* New Haven, CT: Yale University Press, 1930.

FEITELBERG, M. *Das Papiergeldwesen in Räte-Russland.* Berlim: Praeger, 1920.

FELDMAN, Gerald D. *The Great Disorder: Politics, Economics, and Society in the German inflation, 1914-1924.* Nova York: Oxford University Press, 1993.

FELDMAN, Robert. "The Russian General Staff and the June 1917 Offensive", *Soviet Studies*, v. 19, n. 4, pp. 526-42, 1968.

FELCHTÍNSKI, Iúri (Org.). *Kommunisticheskaia oppozitsiia v SSsr, 1923-1927: iz arkhiva L'va Trotskogo.* Benson, VT: Chalidze, 1988. 4 v.

_____. *Bolsheviki i levye esery, oktiabr 1917-iuin 1918: na puti k odnoi partiinoi diktatuey.* Paris: YMCA, 1985.

_____. *Brestskii mir, oktiabr 1917 goda-noiabr 1918 g.* Moscou: Terra, 1992.

_____. *Razgovory s Bukharinym.* Nova York: Telex, 1991.

FERGUSON, Niall. "Political Risk and the International Bond Market between the 1848 Revolution and the Outbreak of the First World War", *Economic History Review*, v. 59, n. 1, pp. 70-112, 2006.

_____. *The Pity of War.* Nova York: Basic Books, 1999.

FERGUSSON, Adam. *When Money Dies: The Nightmare of Deficit Spending, Devaluation, and Hyperinflation in Weimar Germany.* Nova York: Public Affairs, 2010.

FERRIS, John. "Turning Japanese: British Observations of the Russo-Japanese War". *Rethinking the Russo--Japanese War, 1904-05.* Org. de Rotem Kowner. Folkstone: Global Oriental, 2007. 2 v.

FERRO, Marc. "The Russian Soldier in 1917: Undisciplined, Patriotic, and Revolutionary", *Slavic Review*, v. 30, n. 2, pp. 483-512, 1971.

_____. *La Révolution de 1917: la chute du tsarisme et les origines d'Octobre.* Paris: Aubier, 1967.

_____. *The Great War.* Londres: Routledge and Keegan Paul, 1973.

"Fevralskaia revoliutsiia i okhrannoe otdelenie", *Byloe*, n. 1, pp. 158-76, 1918.

FIĆ, Victor M. *The Bolsheviks and the Czechoslovak Legion: The Origins of Their Armed Conflict.* Nova Delhi: Abinav, 1978.

FIELD, Daniel (Trad.). "Petition Prepared for Presentation to Nicholas II", documentos sobre história russa. Disponível em: <academic.shu.edu/russianhistory/index.php/Workers'_Petition,_January_9th,_1905_(Bloody_Sunday)>. Acesso em: 22 dez. 2016.

FIGES, Orlando; KOLONÍTSKI, Boris. *Interpreting the Russian Revolution: The Language and Symbols of 1917.* New Haven, CT: Yale University Press, 1999.

FIGES, Orlando. "The Failure of February's Men", *The Historical Journal*, v. 31, n. 2, pp. 493-9, 1988.

_____. *A People's Tragedy: The Russian Revolution, 1891-1924.* Londres: Jonathan Cape, 1996.

_____. *Peasant Russia, Civil War: The Volga Countryside in Revolution, 1917-1921.* Oxford: Clarendon Press, 1989.

FILÁTIEV, D. F. *Katastrofa Belogo dvizheniia v Sibiri, 1918-1922 gg.: vpechatleniia ochevidtsa.* Paris: YMCA--Press, 1985.

FILIMÓNOV, V. G. *Vozniknovenie i razvitie rsfsr kak federativnogo gosudarstva: material v pomoshch lektoru.* Moscou: Obshchestvo po rasprostraneniiu politicheskogo i nauchnogo znanii, 1958.

_____. *Obrazovanie i razvitie rsfsr.* Moscou: Iuridicheskaia literatura, 1963.

Finansovaia politika Sovetskoi vlasti za 10 let: sbornik statei. Moscou: Moskovskii rabochii, 1928.

FINER, Samuel E. *The Man on Horseback: The Role of the Military in Politics.* 2. ed. Nova York: Penguin, 1976.

FINK, Carole. *The Genoa Conference: European Diplomacy, 1921-1922.* Chapel Hill: University of North Carolina Press, 1984.

_____ et al. (Orgs.). *Genoa, Rapallo, and European Reconstruction in 1922.* Nova York: Cambridge University Press, 1991.

FÍRSOV, F. I. "K voprosu o taktike edinogo fronta v 1921-1924 gg.", *Voprosy istorii KPSS*, n. 10, pp. 113-27, 1987.

FÍRSOV, F. I. "N. I. Bukharin v Kominterne". *Bukharin: chelovek, politik, uchenyi*. Org. de V. V. Juravliov e A. N. Solópov. Moscou: Politicheskaia literatura, 1990.

_____. "Nekotorye voprosy istorii Kominterna", *Novaia i noveishaia istoriia*, n. 2, pp. 75-107, 1989.

FISCHER, Conan. *The Ruhr Crisis, 1923-1924*. Nova York: Oxford University Press, 2003.

FISCHER, Fritz. *Germany's Aims in the First World War*. Nova York: W. W. Norton, 1967, 1976.

_____. *War of Illusions: German Policies from 1911 to 1914*. Londres: Chatto & Windus, 1975.

FISCHER, George. *Russian Liberalism: From Gentry to Intelligentsia*. Cambridge, MA: Harvard, 1958.

FISCHER, Louis. *Men and Politics: Europe Between the Two World Wars*. Nova York: Harper & Row, 1946.

_____. *Russia's Road from Peace to War: Soviet Foreign Relations 1917-1941*. Nova York: Harper & Row, 1969.

_____. *The Life of Lenin*. Nova York: Harper & Row, 1964.

_____. *The Soviets in World Affairs: A History of Relations between the Soviet Union and the Rest of the World, 1917-1929*. Princeton, NJ: Princeton University Press, 1951. 2 v.

FISCHER, Ruth. *Stalin and German Communism: A Study in the Origins of the State Party*. Cambridge, MA: Harvard University Press, 1948.

FISHER, Harold H. *The Famine in Soviet Russia, 1919-1923: The Operations of the American Relief Administration*. Nova York: Macmillan, 1927.

FITZPATRICK, Sheila. "The Civil War as Formative Experience". *Bolshevik Culture: Experience and Order in the Russian Revolution*. Org. de Abbott Gleason et al. Bloomington: Indiana University Press, 1985.

_____. "The Foreign Threat during the First Five Year Plan", *Soviet Union/Union Soviétique*, v. 5, n. 1, pp. 26-35, 1978.

FLEER, M. G. (Org.). *Rabochee dvizhenie v gody voiny*. Moscou: Voprosy truda, 1925.

FLEISCHHAUER, Ingeborg. *Die Deutschen im Zarenreich: Zwei Jahrhunderte deutsch-russische Kulturgemeinschaft*. Stuttgart: Deutsche verlags-Anstalt, 1986.

FLEISHMAN, L. *V tiskakh provokatsii: operatisiia "Trest" i russkaia zrubezzhnaia pechat*. Moscou: Novoe literaturnoe obozrenie, 2003.

FLIÓROV, Vassíli S. *V. V. Kuibyshev — vydaiushchiisia proletarskii revoliutsioner i myslitel: stati, vospominaniia, dokumenty*. Tomsk: Tomskii gosudarstvennyi universitet imeni V. V. Kuibysheva, 1963.

FOFANOVA, M. V. "Poslednoe podpol'e V I Lenina", *Istoricheskii arkhiv*, n. 4, pp. 166-72, 1956.

FOKKE, D. G. "Na tsene i za kulisami Brestskoi tragikomedii tmemuary uchastnika". Org. de Gesseu, *Arkhiv russkoi revoliutsii*, n. 20, pp. 5-207, 1930.

FOMIN, Fiódor T. *Zapiski starogo chekista*. 2. ed. Moscou: Politicheskaia literatura, 1964.

FORSTER, Kent. *The Failures of the Peace: The Search for a Negotiated Peace During the First World War*. Washington, D. C.: American Council on Public Affairs, 1942.

FÖRSTER, Stig. "Dreams and Nightmares: German Military Leadership and the Images of Future War". *Anticipating Total War: The German and American Experiences*. Org. de Manfred F. Boemke. *1871-1914*. Washington, D. C.: German Historical Institute, 1999. pp. 343-76.

FOTÍIEVA, L. A. *Iz zhizni V. I. Lenina*. Moscou: Politcheskaia literatura, 1967.

FRANK, Allen J. *Bukhara and the Muslims of Russia: Sufism, Education, and the Paradox of Prestige*. Leiden e Boston: Brill, 2013.

FRANK, V. S. "The Land Question and the 1917 Revolution", *Russian Review*, v. 1, n. 1, pp. 22-35, 1945.

FRANKEL, Edith Rogovin et al. (Orgs.). *Revolution in Russia: Reassessments of 1917*. Nova York: Cambridge University Press, 1992.

FREEDMAN, Lawrence. *Strategy: A History*. Nova York: Oxford University Press, 2013.

FREEZE, Gregory L. "Reform and Counter-Reform 1855-1890". *Russia: A History*. Org. de Gregory L. Freeze. Nova York: Oxford University Press, 1997.

FRENCH, David. *British Strategy and War Aims, 1914-1916*. Londres: Allen & Unwin, 1986.

FRÉNKIN, Mikhail S. *Russkaia armiia i revoliutsiia, 1917-1918*. Munique: Logos, 1978.

FRÉNKIN, Mikhail. *Zakhvat vlasti bolshevikami v Rossii i rol tylovykh garnizonov armii: podgotovka i provedenie Oktiabrskogo miatezha, 1917-1918 gg*. Jerusalém: Stav, 1982.

FREUND, Gerald. *Unholy Alliance: Russian-German Relations from the Treaty of Brest-Litovsk to the Treaty of Berlin*. Nova York: Harcourt, Brace, 1957.

FRIDENSON, Patrick. "The Coming of the Assembly Line to Europe". *The Dynamics of Science and Technology*. Org. de Wolfgang Krohn et al. Dordrecht, Holanda, e Boston: D. Reidel Publishing Company, 1978.

FRIERSON, Cathy A. (Org.). *Aleksandr Nikolaevich Englehardt's Letters from the Country, 1872-1887*. Nova York: Oxford University Press, 1993.

FUHRMANN, Joseph T. *Rasputin: A Life*. Nova York: Prager, 1990.

_____ (Org.). *The Complete Wartime Correspondence of Tsar Nicholas ii and the Empress Alexandra: April 1914-March 1917*. Westport, CT: Greenwood, 1999.

FULLER, Jr., William C. "The Russian Empire". *Knowing One's Enemies: Intelligence Assessments before the Two World Wars*. Org. de Ernest F. May. Princeton: Princeton University Press, 1985.

_____. *Civil-Military Conflict in Imperial Russia, 1881-1914*. Princeton: Princeton University Press, 1985.

_____. *Strategy and Power in Russia 1600-1914*. Nova York: Free Press, 1992.

_____. *The Foe Within: Fantasies of Treason and the End of Imperial Russia*. Ithaca, NY: Cornell University Press, 2006.

FÜLÖP-MILLER, Réné. *Rasputin: The Holy Devil*. Nova York: Viking Press, 1928.

_____. *The Mind and Face of Bolshevism: An Examination of Cultural Life in Soviet Russia*. Londres e Nova York: G. P. Putnam's Sons, 1927.

_____. *The Mind and Face of Bolshevism: An Examination of Cultural Life in Soviet Russia*. Nova York: Knopf, 1928.

FUTRELL, Michael. *Northern Underground: Episodes of Russian Revolutionary Transport and Communication through Scandinavia and Finland*. Nova York: Praeger, 1963.

GAFÚROV, B. G. *Lenin i natsionalhno-osvoboditelnoe dvizhenie v stranakh vostoka*. Moscou: Vostochnaia literatura, 1970.

GAGLIARDO, J. *From Pariah to Patriot: The Changing Image of the German Peasant, 1770-1840*. Lexington: University Press of Kentucky, 1975.

GAIDÁ, Fiódor A. *Liberalnaia oppozitsiia na putiakh k vlasti (1914—vesna 1917 g.)*. Moscou: Rosspen, 2003.

GAIDUK, Ilhiá. "Sovetsko-Amerikanskie otnosheniia v pervoi polovine 20-x godoov i sozdanie 'Amtorga'". *Russkii vopros*, n. 2, 2002.

GALAI, Shmuel. *The Liberation Movement in Russia, 1900-1905*. Nova York: Cambridge University Press, 1973.

GALHPÉRINA, B. D. et al. (Orgs.). *Sovet ministrov Rossiiskoiimperii v gody Pervoi mirovoi voiny: Bumagi A. N. Iakhontova*. São Petersburgo: Bulanin, 1999.

_____. "Chastnye soveshchanii gosudarstennoi dumy — tsentr splocheniia burzhuaznykh partii Rossii". *Neproletarskie partii Rossii v trekh revoliutsiakh: sbornik statei*. Org. de K. V. Gússev. Moscou: Nauka, 1989.

GALOIAN, G. A. *Rabochee dvizhenie i natsional'nyi vopros v Zakavkaze, 1900-1922*. Erevan: Aiastan, 1969.

GALPÉRINA, B. D et al. (Orgs.). *Sovet ministrov Rossiiskoi imperii v gody Pervoi mirovoi voiny: Bumagi A. N. Iakhontova*. São Petersburgo: Bulanin, 1999.

_____. "Chastnye soveshchanii gosudarstvennoi dumy — tsentr splocheniia burzhuaznykh partii Rossii". *Neproletarskie partii Rossii v trekh revoliutsiakh: sbornik statei*. Org. de K. V. Gússev. Moscou: Nauka, 1989.

GAMBÁROV, Iu. S et al. (Orgs.). *Entsiklopedicheskii slovar russkogo bibliograficheskogo instituta Granat*. Moscou: Russkii biograficheskii institut Granata, 1922-48. 58 v.

GAMBURG, Ióssif K. *Tak eto bylo: vospominaniia*. Moscou: Politcheskaia literatura, 1965.

GAMMER, Moshe. *Muslim Resistance to the Tsar: Shamil and the Conquest of Chechnia and Daghestan*. Londres e Portland, OR: F. Cass, 1994.

GANÉLIN, Rafail et al. "Vospominaniia T. Kirpichnikova kak istochnik po istorii fevralskikh revoliutsionnykh dnei 1917 g. v Petrograde". *Rabochii klass Rossii, ego soiuzniki i politicheskie protivniki v 1917 godu*. Leningrado: Nauka, 1989.

GANÉLIN, Rafail. "The Day Before the Downfall of the Old Regime, 26 February 1917 in Petrograd". *Extending the Borderlands of Russian History: Essays in Honor of Alfred J. Rieber*. Org. de Marsha Siefert. Nova York: Central European University Press, 2003.

GANN, Lewis H. "Western and Japanese Colonialism: Some preliminary Comparisons". *The Japanese Colonial Empire, 1895-1945*. Org. de Ramon Meyers et al. Princeton, NJ: Princeton University Press, 1984.

GAPON, George. *The Story of My Life*. Londres: Chapman and Hall, 1905.

GAPONENKO, L. S. (Org.). *Revoliutsionnoe dvizhenie v Rossii posle sverzheniia samoderzhaviia*. Moscou: Akaademiia nauk SSSR, 1958.

_____; V. M. Kabuzan. "Materialy sel'sko-khoziastvennykh perepisei 1916-1917 gg", *Voprosy istorii*, n. 6, pp. 97-115, 1961.

GARÁFOV, Vasif. "Russko-turetskoe sblizhenie i nezavisimost Azerbaijana 1919-1921 gg.", *Kavkaz i globalizatisiia*, v. 4, n. 1, pp. 240-8, 2010.

GASPARIAN, Armen. *Operatsiia Trest: Sovetskaia razvedka protiv russkoi emigratsii, 1921-1937 gg*. Moscou: Veche, 2008.

GATRELL, Peter. *Government, Industry, and Rearmament in Russia, 1900-1914: The Last Argument of Tsarism*. Nova York: Cambridge University Press, 1994.

_____. *Russia's First World War: A Social and Economic History*. Harlow, Inglaterra: Pearson-Longman, 2005.

_____. *The Tsarist Economy, 1857-1914*. Nova York, 1986.

_____. *Whole Empire Walking: Refugees in the Russian Empire during the First World War*. Bloomington: Indiana University Press, 1999.

GEIFMAN, Anna. *Entangled in Terror: The Azef Affair and the Russian Revolution*. Wilmington, DE: Scholarly Resources, 2000.

_____. *Revoliutsionnyi terror v Rossii, 1894-1917*. Moscou: Kron Press, 1997.

_____. *Thou Shalt Kill: Revolutionary Terrorism in Russia, 1894-1917*. Princeton, NJ: Princeton University Press, 1993.

GELB, Michael. "The Far-Eastern Koreans", *Russian Review*, v. 54, n. 3, pp. 389-412, 1995.

GELLNER, Ernest. *Encounters with Nationalism*. Oxford: Blackwell, 1994.

GEORGE, David Lloyd. *War Memoirs*. Londres: Odhams Pm, 1942. 2 v.

GERASSIMOFF, Alexander. *Der Kampf gegen die erste russische Reovolution: Erinnerungen*. Frauenfeld: Leipzig, 1934.

GÉRMANIS, Uldis. *Oberst Vācietis und die lettischen Schützen im Weltkrieg und in der Oktoberrevolution.* Estocolmo: Almqvist & Wiksell, 1974.

GERSHCHENKRON, Alexander. "Agrarian Policies and Industrialization in Russia 1861-1917". *The Cambridge Economic History of Europe.* Org. de H. J. Habakkuk e M. Postan. Nova York: Cambridge University Press, VI/II. pp. 706-800.

GERSON, Lennard D. *The Secret Police in Lenin's Russia.* Filadélfia: Temple University, 1976.

GERUTIS, Albertis (Org.). *Lithuania, 700 Years.* Nova York: Manyland Books, 1969.

GETZLER, Israel. "Lenin's Conception of Revolution As Civil War", *Slavonic and East European Review,* v. 74, n. 3, pp. 464-72, 1996.

_____. "The Communist Leaders' Role in the Kronstadt Tragedy of 1921 in the Light of Recently Published Archival Documents", *Revolutionary Russia,* v. 15, n. 1, pp. 24-44, 2002.

_____. *Kronstadt, 1917-1921: The Fate of a Soviet Democracy.* Nova York: Cambridge University Press, 2002.

_____. *Martov: A Political Biography of a Russian Social Democrat.* Nova York: Cambridge University Press, 1967.

GEYER, Dietrich. *Russian Imperialism: The Interaction of Domestic and Foreign Policy 1860-1914.* New Haven, CT: Yale University Press, 1987.

GEYER, Michael. "Insurrectionary Warfare: The German Debate about a *Levée en masse* in October 1918", *Journal of Modern History,* v. 73, n. 3, pp. 459-527, 2001.

_____. "The Militarization of Europe", *The Militarization of the Western World.* Org. de John Gillis. New Brunswick, NJ: Rutgers University Press, 1989.

"Gibel' tsarskogo Petrograda: fevralskaia revoliutsiia glazami gradonachlnika A. P. Balka", *Russkoe proshloe: Istoriko-dokumentalnyialm almanakh,* n. 1, pp. 7-72, 1991.

GILL, Graeme J. *Peasants and Government in the Russian Revolution.* Nova York: Barnes and Noble, 1979.

_____. "Political Myth and Stalin's Quest for Authority in the Party". *Authority, Power, and Policy.* Org. de T. H. Rigby. Nova York: St Martin's, 1980. pp. 98-117.

_____. *The Origins of the Stalinist Political System.* Nova York: Cambridge University Press, 1990.

GILLIARD, Pierre. *Thirteen Years at the Russian Court.* Londres: Hutchinson, 1921.

GIPPIUS, Zinaída. *Siniaia kniga: Peterburgskii dnevnik, 1914-1918.* Belgrado: Radenkovich, 1929.

GLADKOV, I. A. *Sovetskoe narodnoe khoziaistvo 1921-25 gg.* Moscou: Akademiia nauk SSSR, 1960.

GLADKOV, Teodor. *Nagrada za vernost — kazn.* Moscou: Tsentrpoligraf, 2000.

GLEASON, William. "Alexander Guchkov and the End of the Russian Empire", *Transactions of the American Philosophical Society,* New Series, v. 73, n. 3, pp. 1-90, 1983.

Gleb Maksimilianovich Krzhizhanovskii: zhizn i deiatelnost. Moscou: Nauka, 1974.

GLEBOV, Serguei. "The Challenge of the Modern: The Eurasianist Ideology and Movement, 1920-1929". Rutgers University, 2004. Tese de Doutorado.

GLENNY, M. V. "The Anglo-Soviet Trade Agreement, March 1921", *Journal of Contemporary History,* v. 5, n. 2, pp. 63-82, 1970.

GLINKA, Ia. V. *Odinnadtsat let v Gosudarstvennoi Dumy, 1906-1917: dnevnik i vospominaniia.* Moscou: NLO, 2001.

GLURDJIDZE, G. "Pamiatnye gody". *Rasskazy starykh rabochikh Zakavkazia o velikom Staline.* Tbilíssi: Molodaia gvardiia, 1937. pp. 17-21.

GOGOKHIIÁ, D. "Na vsiu zhizn zapomnilis eti dni". *Rasskazy starykh rabochikh Zakavkazia o velikom Staline.* 2. ed. Tbilíssi: Molodaia gvardiia, 1937. pp. 7-16.

1021

GOGOLÉVSKI, A. V. et al. (Orgs.). *Dekrety Sovetskoi vlast o Petrograde, 25 oktiabria (7 noiabria) 1917 g. – 29 dekabria 1918 g.* Leningrado: Lenizdat, 1986.

GOIKHBARG, A. G. *A Year in Soviet Russia: A Brief Account of the Legislative Work of 1917-1918.* Londres: People's Information Bureau, 1929.

―――. *Sotsialnoe zakonodatelstvo sovetskoi respubliki.* Moscou: Narodnyi kommissariat iustitsii, 1919.

GOLAND, Iúri. "Currency Regulation in the NEP period", *Europe-Asia Studies*, v. 46, n. 8, pp. 1251-96, 1994.

―――. *Diskusii ob ekonomicheskoi politike v gody denezhnoi reformy, 1921-1924.* Moscou: Ekonomika, 2006.

GOLDER, Frank A. (Org.). *Documents of Russian History, 1914-1917.* Nova York e Londres: The Century Co., 1927.

GOLIAKOV, Ivan T. *Sbornik dokumentov po istorii ugolovnogo zakonodatelstva SSsr i rsfsr, 1917-1952 gg.* Moscou: Iuridicheskaia literatura, 1953.

GOLIKOV, Gueórgi N. (Org.). *Vladimir Ilich Lenin: biograficheskaia khronika.* Moscou: Politicheskaia literatura, 1970-82. 12 v.

GOLINKOV, D. L. *Krushenie antisovetskogo podpol'ia v SSSR.* Moscou: Politizdat, 1978. 2 v.

Golod 1921-1922: sbornik. Nova York: Predstavitelstvo Rossiskogo obshchestva Krasnogo kresta v Amerike, 1923.

GOLOVIN, N. N. *Rossiiskaia kontr-revoliutsiia v 1917-1918 gg.* Paris: Illustrirovaniia Rossiia, 1937. 5 v.

―――. *The Russian Army in the World War.* New Haven, CT: Yale University Press, 1931.

―――. *Voennye usiliia Rossii v mirovoi voine.* Paris: Tovarishchestvo obedinennykh izdatelei, 1939. 2 v.

GOLUB, P. A. "Kogda zhe byl uchrezhden institute voennykh kommissarov Krasnoi Armi?", *Voprosy istorii KPSS*, n. 4, pp. 155-60, 1962.

GÓLUBEV, A. V. *Esli mir obrushitsia na nashu Respubliku: sovetskoe obshchestvo i vneshnaia ugroza.* Moscou: Kuchkovo pole, 2008.

―――. et al. (Orgs.). *Direktivy glavnogo komandovaniia Krasnoi Armii, 1917-1920: sbornik dokumentov.* Moscou: Voenizdat, 1969.

GONTCHAROV, V. L. (Org.). *Vozvyshenie Stalina: oborona Tsaritsyna.* Moscou: Veche, 2010.

GOODWIN, Barry K.; GRENNES, Thomas. "Tsarist Russia and the World Wheat Market", *Explorations in Economic History*, n. 35, pp. 405-30, 1998.

―――. *Vladimir Ilich Lenin.* Leningrado: Gosizdat, 1924.

GORDIENKO, A. A. *Obrazovanie Turkestanskoi ASsr.* Moscou: Iuridicheskaia literatura, 1968.

GORDON, Jr., Harold J. *Hitler and the Beer Hall Putsch.* Princeton, NJ: Princeton University Press, 1972.

GORGUILADZE, "Rasprostranenie marksizma v Gruzii". *Ocherki istorii Gruzii.* Org. de M. M. Gapridandachvíli e O. K. Jordánia. Tbilíssi: Metsniereba. 8 v.

GORIAEVA, T. M. *Istoriia sovetskoi politicheskoi tsenzury: dokumenty i kommentarii.* Moscou: Rosspen, 1997.

GORIATCHKIN, F. T. *Pervyi russkii fashist: Petr Arkadievich Stolypin.* Kharbin: Merkurii, 1928.

GÓRKI, A. M. "Prazdnik shiitov", *Nizhegorodskii listok*, 28 jun. 1898.

―――. *Nesvoevremennye mysli i rassuzhdenii o revoliutsii i kulture 1917-1918 gg.* Moscou: Interkontakt, 1990.

GÓRKI, Maksim. *Sobranie sochinenii.* 2. ed. Moscou e Leningrado: Khudozhestvennaia literatura, 1933. 25 v.

GORKY, Maxime. *Lénine et la paysan russe.* Paris: Editions du Sagittaire chez Simon Kra, 1925.

―――. *Untimely Thoughts: Essays on Revolution, Culture, and the Bolsheviks, 1917-1918.* Nova York: P. S. Eriksson, 1968.

GORLIZKI, Yoram; KHLEVNIUK, Oleg. "Stalin and his Circle". *The Cambridge History of Russia.* Org. de Ronald Grigor Suny. Nova York: Cambridge University Press, 2006.

GORLOV, S. A. *Sovershenno sekretno: alians Moskva-Berlin, 1920-1933.* Moscou: Olma, 2001.

GORLOV, Serguei A. *Sovershennko sekretno, Moskva-Berlin 1920-1933: (Voenno-politicheskiie otnosheniia mezhdu SSsr i Germaniei).* Moscou: IVI RAN, 1999.

GÓRNI, V. A. (Org.). *Natsionalnyi vopros v perekrestke mnenii, 20-e gody: dokumenty i materialy.* Moscou: Nauka, 1992.

GORODÉTSKI, E. N. *Rozhdenie Sovetskogo gosudarstva (1917-1918 gg.).* Moscou: Nauka, 1965.

GORODETSKY, Gabriel. "The Soviet Union and Britain's General Strike of May 1926", *Cahiers du Monde Russe et Soviétique,* v. 17, n. 2-3, pp. 287-310, 1976.

———. *Precarious Truce: Anglo-Soviet Relations, 1924-1927.* Nova York: Cambridge University Press, 1977.

Gosudarstvennyi apparat SSsr, 1924-1928 gg. Moscou: Tsentralnoe statisticheskoe upravlenie SSSR, 1929.

Gosudarstvennyi Sovet: stenograficheskie otchety, treze sessões. São Petersburgo: Gosudarstvennaia tip., 1906-17.

GOULDNER, Alvin. "Stalinism: A Study of Internal Colonialism", *Telos,* n. 34, pp. 5-48, 1977-8.

———. *The Two Marxisms: Contradictions and Anomalies in the Development of Theory.* Londres: Macmillan, 1980.

GOURKO, Basil. *War and Revolution in Russia.* Nova York: Macmillan, 1919.

GRAF, D. W. "Military Rule behind the Russian Front, 1914-1917: The Political Ramifications", *Jahrbücher für Geschichte Osteuropas,* v. 22, n. 3, pp. 390-411, 1974.

GRANT, S. "The Peasant Commune in Russian Thought, 1861-1905". Harvard University, 1973. Tese de Doutorado.

GRANT, W. Horsley. *A Medical Review of Soviet Russia.* Londres: British Medical Association, 1928.

GRAVE, Berta (Org.). *Burzhuaziia nakanune fevralskoi revoliutsii.* Moscou: Gosizdat, 1927.

Grazhdanskaia voina v SSSR. Moscou: Voenizdat, 1986.

GRAZIOSI, Andrea. "'Building the First System of State Industry in History': Piatakov's VSNKh and the Crisis of the NEP, 1923-1926", *Cahiers du Monde Russe et Soviétique,* v. 32, n. 4, pp. 539-80, 1991.

———. "Stalin's Antiworker Workerism, 1924-1931", *International Review of Social History,* v. 40, n. 2, pp. 223-58, 1995.

———. "State and Peasants in the Reports of the Political Police, 1918-1922". *A New, Peculiar State: Explorations in Soviet History, 1917-1937.* Org. de Andrea Graziosi. Westport, CT: Praeger, 2000.

———. "The New Archival Sources: Hypotheses for a Critical Assessment", *Cahiers du Monde Russe,* v. 40, n. 1-2, pp. 13-64, 1999.

———. *Bolsheviki i krestiane na Ukraine, 1918-1919 gg.* Moscou: Airo-XX, 1997.

GREGOR, A. James. *The Fascist Persuasion in Politics.* Princeton, NJ: Princeton University Press, 1974.

———. *Young Mussolini and the Intellectual Origins of Fascism.* Berkeley: University of California Press, 1979.

GREGORY, Paul R. "Grain Marketings and Peasant Consumption, Russia, 1885-1913", *Explorations in Economic History,* v. 17, n. 2, pp. 135-64, 1980.

———. *Before Command: An Economic History of Russia from Emancipation to the First Five-Year Plan.* Princeton, NJ: Princeton University Press, 1994.

———. *Politics, Murder, and Love in Stalin's Kremlin: The Story of Nikolai Bukharin and Anna Larina.* Stanford, CA: Hoover Institution Press, 2010.

GREGORY, Paul R. *Russian National Income, 1885-1913*. Nova York: Cambridge University Press, 1983.

_____; NAIMARK, Norman. *The Lost Politburo Transcripts: From Collective Rule to Stalin's Dictatorship*. New Haven, CT: Yale University Press, 2008.

_____; MOKHTARI, Manouchehr. "State Grain Purchases, Relative Prices, and the Soviet Grain Procurement Crisis", *Explorations in Economic History*, v. 30, n. 2, pp. 182-94, 1993.

GRIGÓROV, Grigóri I. *Povoroty sudby i proizvol: vospominaniia, 1905-1927 gody*. Moscou: OGI, 2005.

GRINEVÉTSKI, V. I. *Poslevoennye perspektivy Russkoi promyshlennosti*. 2. ed. Moscou: Vserossiiskii tsentralnyi soiuz potrebitelskikh obshchestv, 1922.

GRÓMOV, Evguéni S. *Stalin: Iskusstvo i vlast*. Moscou: EKSMO Aloritm, 2003.

GRONSKY, Paul P. "The Zemstvo System and Local Government in Soviet Russia, 1917-1922", *Political Science Quarterly*, v. 38, n. 4, pp. 552-68, 1923.

_____; ASTROV, Nicholas J. *The War and the Russian Government*. New Haven, CT: Yale University Press, 1920.

GROSS, Jan. "War as Social Revolution". *The Establishment of Communist Regimes in Eastern Europe, 1944-1949*. Org. de Norman Naimark e Leonid Gibianskii. Boulder, CO: Westview Press, 1997.

GRUBER, Helmut. *International Communism in the Era of Lenin: A Documentary History*. Ithaca, NY: Cornell University Press, 1967.

GRUNT, A. Ia. *Moskva 1917-i: Revoliutsiia i kontrrevoliutsiia*. Moscou: Nauka, 1976.

"Gruzinskii ekzarkhat". *Pravoslavnaia bogoslovskaia entsiklopediia*. Org. de A. P. Lopukhin. São Petersburgo: Milshtein, Nevskaia, Rossiia, 1900-11.

GUEGUECHIDZE, Zinaída T. *Georgii Teliia: Biografícheskii ocherk*. Tbilíssi: Sabchota Sakartvelo, 1958.

GUÉNIS, Vladímir L. "G. Ia. Sokolnikov", *Voprosy istorii*, n. 12, pp. 59-86, 1988.

_____. "*S Bukharoi nado konchat": k istorii butaforskikh revoliutsiii, dokumentalnaia khronkia*. Moscou: MNPI, 2001.

GUENKINA, Esfir B. "Borba za Tsaritsyn v 1918 godu", *Proletarskaia revoliutsiia*, n. 1, pp. 75-110, 1939.

_____. "Priezd tov. Stalina v Tsaritsyn", *Proletarskaia revoliutsiia*, n. 7, pp. 61-92, 1936.

_____. "V. I. Lenin i perekhod k novoi ekonomicheskoi politike", *Voprosy istorii*, n. 5, pp. 3-27, 1964.

_____. *Perekhod sovetskogo gosudarstva k novoi ekonomicheskoi politike, 1921-1922*. Moscou: Politicheskaia literatura, 1954.

_____. *Tsaritsyn v 1918 godu*. Moscou: Politizdat pri TsK VKP (b), 1940.

GUERASSÍMOV, Aleksandr V. "Na lezvii s terroristami". *Okhranka: vospominaniia rukovoditelia politicheskogo syska*. Org. de Z. I. Peregudovaia. Moscou: NLO, 2004. 2 v.

_____. *Na lezvii s terroristami*. Paris: YMCA, 1985.

GUÉSSEN, I. V. (Org.). *Arkhiv russkoi revoliutsii*. Berlim: Slowo, 1921-37. 22 v.

GUIL, Stepan K. *Shest let s V. I. Leninym: vospominaniia lichnogo Shofera Vladimira Ilicha Lenina*. 2. ed. Moscou: Molodaia gvardiia, 1957.

GUILENSEN, V. M. "V poednike s polskoi 'dvuikoi' pobedili sovetskie 'monarkhisty'", *Voenno-istoricheskii zhurnal*, n. 6, 2001.

GUILÍLOV, Solomon S. *V. I. Lenin, organizator Sovetskogo mnogonatsionalnoe gosudarstvo*. Moscou: Politicheskaia literatura, 1960.

GUIMPELSON, Efim G. *NEP i Sovetskaia politicheskaia sistema 20-e gody*. Moscou: Institut Rossiiskoi istorii RAN, 2000.

_____. *Sovetskie upravlentsy, 1917-1920 gg*. Moscou: Institut Rossiiskoi istorii RAN, 1998.

_____. *Sovetskii rabochii klass, 1918-1920 gg*. Moscou: Nauka, 1974.

GUÍNDIN, Aron M. (Org.). *Kak bolsheviki ovladeli gosudarstvennym bankom: fakty i dokumenty oktiabrskikh dnei v Petrograde*. Moscou: Gosfinizdat, 1961.

GUINS, George Constantine. *Sibir, soiuzniki i Kolchak, povorotnyi moment russkoi istorii, 1918-1920: vpechatleniia i mysli chlena Omskogo pravitelstva*. Beijing: Russkaia dukhovnaia missiia, 1921. 2 v.

GUINTSBERG, L. I. *Rabochee i kommunisticheskoe dvizhenie Germanii v borbe protiv fashizma, 1929-1933*. Moscou: Nauka, 1978.

GUIZZATÚLLIN, I. G.; CHARAFUTDÍNOV, D. R. (Orgs.). *Mirsaid Sultan-Galiev: stati, vystupleniia, dokumenty*. Kazan: Tatarskoe knizhnoe izd-vo, 1992.

GULÉVITCH, K.; GASSÁNOVA, R. "Iz istorii borby prodovolstvennykh otriadov rabochikh za khleb i ukreplenie sovetskoi vlasti (1918-1920 gg.)", *Krasnyi arkhiv*, n. 89-90, pp. 103-54, 1938.

GULH, Roman B. *Krasnye marshaly: Tukhachevskii, Voroshilov, Bliukher, Kotovskii*. Moscou: Molodaia gvardiia, 1990.

GULÍEV, A. *Muzhestvennyi borets za kommunizm: Lado Ketskhoveli*. Baku: Arzernesir, 1953.

GUMZ, Jonathan E. *The Resurrection and Collapse of Empire in Habsburg Serbia, 1914-1918*. Nova York: Cambridge University Press, 2009.

GURKO, Vladimir Iosifovitch. *Features and Figures of the Past: Government and Opinion in the Reign of Nicholas ii*. Stanford, CA: Stanford University Press, 1939.

GURVITCH, Gueórgi S. *Istoriia sovetskoi konstitutsii*. Moscou: Sotsalisticheskaia akademiia, 1923.

GÚSCHIN, N. Ia. *Sibirskaia derevnia na puti k sotsializmu: sotsialno-ekonomicheskoe razvitie sibirskoi derevni v gody sotsialisticheskoi rekonstruktsii narodnogo khoziaistva 1926-1937 gg*. Novosibirsk: Nauka, sibirskoe otdelenie, 1973.

_____; ILHINIKH, V. A. *Klassovaia borba v sibbirskoi derevne, 1920-e-seredina 1930-x gg*. Novossibirsk: Nauka, 1987.

GUSSAKOVA, Z. "Veril v luchshuiu zhizn naroda", *Gazeta nedeli* [Sarátov], 20 nov. 2012.

GÚSSEV, K. V. *Krakh partii levykh eserov*. Moscou: Sotsialno-ekonomicheskaia literatura, 1963.

Gvardeitsy Oktiabria: rolh korennykh narodov stran Baltii v ustanovlenii i ukreplenii bolshevistskogo stroia. Moscou: Indrik, 2009.

Gvosdev, Nikolas K. *Imperial Policies and Perspectives towards Georgia, 1760-1819*. Nova York: St. Martin's Press, 2000.

HABER, Ludwig F. *The Poisonous Cloud: Chemical Warfare in the First World War*. Oxford: Clarendon, 1986.

HÄFNER, Lutz. "The Assassination of Count Mirbach and the 'July Uprising' of the Left Socialist Revolutionaries in Moscow, 1918", *Russian Review* v. 50, n. 3, pp. 324-44, 1991.

_____. *Die Partei der linken Sozialrevolutionäre in der russischen Revolution von 1917/18*. Colônia: Böhlau Verlag, 1994.

_____. *Gesellschaft als lokale Veranstaltung: Die Wolgastäsdte Kazan und Saratov (1870-1914)*. Colônia: Böhlau Verlag, 2004.

HAHLWEG, Werner. *Der Diktatfrieden von Brest-Litowsk 1918 und die bolschewistische Weltrevolution*. Münster: Aschendorff, 1960.

_____. *Lenins Rückkehr nach Russland, 1917: die deutschen Akten*. Leiden: E. J. Brill, 1957.

HAIMSON, Leopold H. "The Mensheviks after the October Revolution, Part II: The Extraordinary Party Congress", *Russian Review*, v. 39, n. 2, pp. 181-207, 1980.

_____. "The Problem of Social Stability in Urban Russia, 1905-17", *Slavic Review*, v. 23, n. 4, pp. 619-42, 1964; v. 24, n. 1, pp. 1-22, 1965.

HAIMSON, Leopold H. "The Workers' Movement After Lena: The Dynamics of Labor Unrest in the Wake of the Lena Goldfield Massacre (April 1912-July 1914)". *Russia's Revolutionary Experience, 1905-1917: Two Essays.* Nova York: Columbia University Press, 2005.

_____ (Org.). *The Mensheviks: From the Revolution of 1917 to the Second World War.* Chicago: University of Chicago Press, 1974.

HALÉVY, Élie. *The World Crisis of 1914-1918: An Interpretation.* Oxford: Clarendon, 1930.

HALFIN, Igal. *Intimate Enemies: Demonizing the Opposition, 1918-1928.* Pittsburgh: University of Pittsburgh Press, 2007.

HALL, Coryne. *Imperial Dancer: Mathilde Kschessinskaya and the Romanovs.* Thrupp, Stroud, Gloucestershire: Sutton, 2005.

HAMILTON, Richard F.; Herwig, Holger H. *Decisions for War, 1914-1917.* Nova York: Cambridge University Press, 2004.

HAMMOND, Thomas T. "The Communist Takeover of Outer Mongolia: Model for Eastern Europe?", *Studies on the Soviet Union*, v. 11, n. 4, pp. 107-44, 1971.

_____; FARRELL, Robert (Orgs.). *The Anatomy of Communist Takeovers.* Munique: Institute for the Study of the USSR, 1971.

HARCAVE, Sidney. *Count Sergei Witte and the Twilight of Imperial Russia: A Biography.* Armonk, NY: M. E. Sharpe, 2004.

HARD, William. *Raymond Robins' Own Story.* Nova York e Londres: Harper & Bros, 1920.

HARDING, Neil. *Leninism.* Durham, NC: Duke University Press, 1996.

HARDY, Eugene. "The Russian Soviet Federated Socialist Republic: The Role of Nationality in its Creation". University of California, Berkeley, 1955. Tese de Doutorado.

HARPER, Samuel N. *Civic Training in Soviet Russia.* Chicago: University of Chicago Press, 1929.

_____. *The New Electoral Law for the Russian Duma.* Chicago: University of Chicago Press, 1908.

_____; HARPER, Paul V. *The Russia I Believe In.* Chicago: University of Chicago Press, 1945.

HARRIS, James. "Stalin as General Secretary: The Appointment Process and the Nature of Stalin's Power", Davies e Harris, *Stalin: A New History*, pp. 63-82.

HARRISON, Marguerite. *Marooned in Moscou: The Story of an American Woman Imprisoned in Russia.* Nova York: Doran, 1921.

HARRISON, Mark. "Prices in the Politburo, 1927: Market Equilibrium Versus the Use of Force". *Lost Politburo Transcripts.* Org. de Gregory e Naimark, pp. 224-46.

HART, B. H. Liddell. *The Real War, 1914-18.* Boston: Little, Brown and Co., 1930.

HASEGAWA, Tsuyoshi, "Crime, Police and Mob Justice in Petrograd During the Russian Revolution of 1917". *Religious and Secular Forces in Late Tsarist Russia: Essays in Honor of Donald W. Treadgold.* Org. de Charles E. Timberlake. Seattle: University of Washington Press, 1992.

_____. *The February Revolution: Petrograd, 1917.* Seattle: University of Washington Press, 1981.

HASLAM, Jonathan. *The Soviet Union and the Threat from the East, 1933-41: Moscow, Tokyo, and the Prelude of the Pacific War.* Houndmills, Basingstoke: Macmillan, 1992.

HEADRICK, Daniel R. *The Tools of Empire: Technology and European Imperialism in the Nineteenth Century.* Nova York: Oxford University Press, 1981.

HEENAN, Louise Erwin. *Russian Democracy's Fatal Blunder: the Summer Offensive of 1917.* Nova York: Praeger of Greenwood, 1987.

HEGELSEN, M. M. "The Origins of the Party-State Monolith in Soviet Russia: Relations between the Soviets and the Party Committees in the Central Provinces, October 1917-March 1921". University of New York at Stony Brook, 1980. Tese de Doutorado.

HEIMO, M.; TIVEL, A. *10 let Kominterna v resheniiakh i tsifrakh*. Moscou: Gosizdat, 1929.

HEINZEN, James W. *Inventing a Soviet Countryside: State Power and the Transformation of Rural Russia, 1917-1929*. Pittsburgh: University of Pittsburgh Press, 2004.

HELFFERICH, Karl. *Der Weltkrieg*. Berlim: Ullstein & Co, 1919. 3 v.

HELLIE, Richard. "The Structure of Russian Imperial History", *History and Theory*, v. 44, n. 4, pp. 88-112, 2005.

HENDERSON, Arthur; DOVGALEVSKY, V. "Anglo-Soviet Relations, 1918-1929", *Bulletin of International News*, v. 6, n. 7, pp. 3-12, 10 out. 1929.

HENNOCK, E. P. *The Origin of the Welfare State in England and Germany, 1850-1914: Social Policies Compared*. Nova York: Cambridge University Press, 2007.

HERWIG, Holger H. "Germany and the 'Short War' Illusion: Toward a New Interpretation", *Journal of Modern History*, v. 66, n. 3, pp. 681-93, 2002.

HEWITSON, Mark. "The Kaiserreich in Question: Constitutional Crisis in Germany before the First World War", *Journal of Modern History*, v. 73, n. 4, pp. 725-80, 2001.

_____. *Germany and the Causes of the First World War*. Nova York: Berg, 2004.

HICKEY, Paul C. "Fee-Taking, Salary Reform, and the Structure of State Power in Late Qing China, 1909-1911", *Modern China*, v. 17, n. 3, pp. 389-417, 1991.

HILGER, Gustav; MEYER, A. G. *The Incompatible Allies: A Memoir-History of German-Soviet Relations, 1918-1941*. Nova York: Macmillan, 1953.

HILL, George. *Go Spy the Land*. Londres: Cassell, 1932.

HILLIS, Faith. "Between Empire and Nation: Urban Politics, Violence, and Community in Kiev, 1863-1907". Yale University, 2009. Tese de Doutorado.

HIMMER, Robert. "First Impressions Matter: Stalin's Brief Initial Encounter with Lenin, Tammerfors 1905", *Revolutionary Russia*, v. 14, n. 2, pp. 73-84, 2001.

_____. "Soviet Policy toward Germany during the Russo-Polish War, 1920", *Slavic Review*, v. 35, n. 4, pp. 665-82, 1976.

_____. "The Transition from War Communism to the New Economic Policy: An Analysis of Stalin's Views", *Russian Review*, v. 53, n. 4, pp. 515-29, 1994.

HINDUS, Maurice. *The Russian Peasant and the Revolution*. Nova York: Holt, 1920.

HINGLEY, Ronald. *The Russian Secret Police: Muscovite, Imperial Russian, and Soviet Political Security Operations*. Nova York: Simon & Schuster, 1971.

HIRSCH, Francine. *Empire of Nations: Ethnographic Knowledge and the Making of the Soviet Union*. Ithaca, NY: Cornell University, 2005.

Hitler Trial Before the People's Court in Munich, The. Arlington, VA: University Publications of America, 1976.

HOARE, S. *The Fourth Seal: The End of a Russian Chapter*. Londres: W. Heinemann Ltd, 1930.

HOBSBAWM, Eric. *Age of Extremes: A History of the World, 1914-1991*. Nova York: Pantheon Books, 1994. [Ed. bras.: *A era dos extremos: O breve século XX, 1914-1999*. São Paulo: Companhia das Letras, 2008.]

HOCH, Steven L. *Serfdom and Social Control in Russia: Petrovskoje, a Village in Tambov*. Chicago: University of Chicago, 1986.

HOCHSCHILD, Adam. *King Leopold's Ghost: A Story of Greed, Terror, and Heroism in Colonial Africa*. Nova York: Houghton Mifflin, 1998.

HOETZSCH, Otto. *Russland*. Berlim, 1915.

HOFFMANN, Max. *War Diaries and other Papers*. Londres: M. Secker, 1929. 2 v.

HOLLANDER, Paul. *Political Pilgrims: Western Intellectuals in Search of the Good Society*. New Brunswick, NJ: Transaction, 2004.

HOLMES, Larry E.; BURGESS, William. "Scholarly Voice or Political Echo? Soviet Party History in the 1920s", *Russian History/ Histoire Russe*, v. 9, n. 1-2, pp. 378-98, 1982.

HOLQUIST, Peter. "'Information Is the Alpha and Omega of Our Work': Bolshevik Surveillance in Its Pan--European Context", *Journal of Modern History*, v. 69, n. 3, pp. 415-50, 1997.

_____. "Anti-Soviet *Svodki* from the Civil War: Surveillance as a Shared Feature of Russian Political Culture", *Russian Review*, v. 56, n. 3, pp. 445-50, 1997.

_____. "Dilemmas of a Progressive Administrator: Baron Boris Nolde", *Kritika*, v. 7, n. 2, pp. 241-73, 2006.

_____. "State Violence as Technique: The Logic of Violence in Soviet Totalitarianism". *Modernity and Population Management*. Org. de Amir WEINER. Stanford, CA: Stanford University Press, 2003.

_____. "Violent Russia, Deadly Marxism? Russia in the Epoch of Violence, 1905-21", *Kritika*, v. 4, n. 3, pp. 627-52, 2003.

_____. *Making War, Forging Revolution: Russia's Continuum of Crisis, 1914-1921*. Cambridge, MA: Harvard University Press, 2002.

HONE, Joseph N.; DICKINSON, Page L. *Persia in Revolution: With Notes of Travel in the Caucasus*. Londres: T. Fisher Unwin, 1910.

HONIG, Jan Willem. "The Idea of Total War: from Clausewitz to Ludendorff". *The Pacific War as Total War*. Tóquio: NIDS International Forum on War History, National Institute for Defence Studies, 2012.

HOOKER, James R. "Lord Curzon and the 'Curzon Line'", *Journal of Modern History*, v. 30, n. 2, 1958.

HORAK, Stephen (Org.). *Poland's International Affairs, 1919-1960: A Calendar of Treaties, Conventions, and Other International Acts, with Annotations, References, and Selections from Documents and Texts of Treaties*. Bloomington: Indiana University Press, 1964.

HORNE, John (Org.). *A Companion to World War I*. Chichester, U. K. e Malden, MA: Wiley-Blackwell, 2010.

HORNEY, Karen. *Neurosis and Human Growth: The Struggle toward Self-Realization*. Nova York: W. W. Norton, 1950.

_____. *The Neurotic Personality of our Time*. Nova York: W. W. Norton, 1937.

HOSKING, Geoffrey A. *The Russian Constitutional Experiment: Government and Duma, 1907-1914*. Nova York: Cambridge University Press, 1973.

_____. "Patronage and the Russian State", *Slavonic and East European Review*, n. 78, pp. 306-13, 2000.

_____. *Russia: People and Empire, 1552-1917*. Cambridge, MA: Harvard University Press, 1997.

HOUNSHELL, David. *From the American System to Mass Production, 1800-1932*. Baltimore: John Hopkins University Press, 1984.

HOWARD, Michael. *The Causes of Wars*. Cambridge, MA: Harvard University Press, 1983.

_____. *The First World War*. Nova York: Oxford University Press, 2002.

HUGHES, J. R. "The Irkutsk Affair: Stalin, Siberian Politics and the End of NEP", *Soviet Studies*, v. 41/2, pp. 228-53, 1989.

_____. *Stalin, Siberia, and the Crisis of the New Economic Policy*. Nova York: Cambridge University Press, 1991.

_____. "Patrimonialism and the Stalinist System: the Case of S. I. Syrtsov", *Europe-Asia Studies*, v. 48, n. 4, pp. 551-68, 1996.

HUGHES, Lindsey. *Peter the Great: A Biography*. New Haven, CT: Yale University Press, 2002.

HULL, Isabel V. *Absolute Destruction: Military Culture and the Practices of War in Imperial Germany*. Ithaca, NY: Cornell University Press, 2005.

———.*The Entourage of Kaiser Wilhelm II, 1888-1918*. Nova York: Cambridge University Press, 1982.

HULLINGER, Edward Hale. *The Reforging of Russia*. Nova York: E. P. Dutton, 1925.

HUNCZAK, Taras (Org.). *The Ukraine, 1917-1921: A Study in Revolution*. Cambridge, MA: Harvard Ukrainian Research Institute, 1977.

HUNT, Lynn. *Politics, Culture, and Class in the French Revolution*. Berkeley: University of California Press, 1984.

HYNES, A. L. et al. (Orgs.). *Letters of the Tsar to the Tsaritsa, 1914-1917*. Nova York: Dodd, Mead, 1929.

I Leningradskaia oblastnaia konferentsiia VKP (b), 15-19 noiabria 1927 goda: stenograficheskii otchet. Leningrado: VKP (b), 1929.

IAJBORÓVSKAIA, I. S.; PAPSADÁNOVA, V. C. *Rossiia i Polsha: sindrom voiny 1920 g.* Moscou: Academia, 2005.

Iakov Mikhailovich Sverdlov: sbornik vospominanii i statei. Leningrado: Gosizdat, 1926.

IAKUBÓVSKAIA, S. I. *Stroitel'stvo soiuznogo sovetskogo sotsialisticheskogo gosudarstva, 1922-1925 gg.* Moscou: Akademiia nauk SSSR, 1960.

IAROSLÁVSKI, E. *O Tovarishche Staline*. Moscou: OGIZ, 1939.

IAROV, S. V. "Krestianskoe volnenie na Severo-Zapade Sovetskoi Rossii v 1918-1919 gg.". em *Krestianovedenie, teoriia, istoriia, sovremennost: ezhegodnik*. Org. de P. Danílov e T. Chánin. Moscou: Aspekt, 1996.

IELIZÁROV, B. S. *Tainaia zhizn Stalina*. Moscou: Veche, 2002.

IELIZÁROV, S. "Stalin, Strikhi k portretu na fone ego biblioteki i arkhiva", *Novaia i noveishaia istoriia*, n. 3, pp. 182-205; n. 4, pp. 152-66, 2000.

IENUKIDZE, A. *Nashi podpolnye tipografii na Kavkaze*. Moscou: Novaia Moskva, 1925.

IGNÁTIEV, Anatóli V. *Russko-angliiskie otnosheniia nakanune Oktiabrskoi revoliutsii, fevral-oktiabr 1917 g.* Moscou: Nauka, 1966.

IGNÁTIEV, Guennádi S. *Moskva v pervyi god proletarskoi diktatury*. Moscou: Nauaka, 1975.

———. *Oktiabr 1917 goda v Moskve*. Moscou: Nauka, 1964.

III Sibirskaia partiinaia kraevaia konferentsiia VKP (b): stenograficheskii otchet. Novossibirsk: Sibkraikom VKP (b), 1927.

III vserossiiskii siezd sovetov rabochikh, soldatskikh i krestianskikh deputatov. Petrogrado: TsIK, 1918.

IKÓNNIKOVA, I. P.; UGROVÁTOV, A. P. "Stalinskaia repetistiia nastupleniia na krestianstvo", *Voprosy istorii KPSS*, n. 1, pp. 68-81, 1991.

ILHINIKH, Vladímir A. *Khroniki khlebnogo fronta: zagotovitelnye kampanii kontsa 1920-kh gg. v Sibiri*. Moscou: Rosspen, 2010.

IL'IN-ZHENEVSKII. *The Bolsheviks in Power: Reminiscences of the Year 1918*. Londres: New Park, 1984.

ILIN-JENÉVSKI, Aleksandr F. "Nakanune oktiabria", *Krasnaia letopis*, v. 19, n. 4, pp. 5-26, 1926.

IÓFFE, A. A. (V. Krimski). *Genuezskaia Konferentsiia*. Moscou: Krasnaia nov, 1922.

———. *Mirnye peregovory v Brest-Litovske s 22/9 dekabría 1917 g. po 3 marta (18 fevralia) 1918 g.* Moscou: NKID, 1922.

IÓFFE, Guénrikh. "'Trest': legendy i fakty", *Novyi zhurnal*, n. 2047, 2007.

———. *Revoliutsiia i sudba Romanovykh*. Moscou: Respublika, 1992.

IÓFFE, Maria. *Odna noch: povest o pravde*. Nova York: Khronika, 1978.

IÓFFE, Nadejda. *Vremia nazad: moia zhizn, maia sudba, moia epokha*. Moscou: Biologicheskie nauki, 1992.

Iosif Stalin v obiatiakh semi: iz lichnogo arkhiva. Moscou: Edition q, 1993.

IREMACHVÍLI, Joseph. *Stalin und die Tragödie Georgiens*. Berlim: Verfasser, 1932.

IRÓCHNIKOV, M. P. "K voprosu o slome burzzhuaznoi gosudarstvennoi mashiny v Rossii". *Problemy gosudarstvennogo stroitelstva v pervye gody Sovetskoi vlasti: sbornik statei*. Leningrado: Nauka, 1973. pp. 46-66.

_____. *Predsedatel soveta narodnykh komissarov V. I. Ulianov (Lenin): ocherki gosudarstvennoi deiatelnosti v 1917-1918 gg*. Leningrado: Nauka, 1974.

_____. *Sozdanie sovetskogo tsentralnogo gosudarstvensogo apparata*. Moscou: Nauka, 1966.

ISAACS, Harold R. *The Tragedy of the Chinese Revolution*. Ed. rev. Stanford, CA: Stanford University Press, 1951.

ISBAKH, Aleksandr A. *Tovarishch Absoliut*. Moscou: Znanie, 1963, 1973.

ISKENDÉROV, M. S. *Iz istorii borby kommunisticheskoi partii Azerbaidzhana za pobedu sovetskoi vlasti*. Baku: Azerbaidzhanskii gosizdat, 1958.

Iskhod k vostoku. Sofia: Rossiisko-Bolgarsko knigo, 1921.

ISKROV, M.V. "O razrabotke V. I. Leninym prodovolstvennoi politiki 1918 g.", *Voprosy istorii KPSS*, n. 7, pp. 74-86, 1963.

ISRAELIN, V. L. "Neopravdavshiisia prognoz graf Mirbakha: Iz istorii antisovetskoi politki germanskogo imperializma v 1917-1918 gg.", *Novaia i noveishaia istoriia*, n. 6, pp. 56-65, 1967.

ISSÁEV, V. I.; UGROVÁTOV, A. P. *Pravokhanitelnye organy Sibiri v sisteme upravleniia regionom, 1920-e gg*. Novossibirsk: Nuaka-Tsentr, 2006.

Istoricheskie mesta Tbilisi: putevoditel po mestam sviazannym s zhizn'iu i deiatel'nostiu I. V. Stalina. 2. ed. Tbilíssi: GF IML, 1944.

Istoricheskii ocherk razvitiia tserkovnykh shkol za istekshee dvadtsatipiatiletie, 1884-1909. São Petersburgo: Uchilishchnyi sovet pri Sviateishem synode, 1909.

Istoriia grazhdanskoi voiny v SSSR. Moscou: Gosizdat, 1935-60. 5 v.

Istoriia kommunisticheskoi partii Sovetskogo Soiuza. Moscou: Politizdat, 1970.

Istoriia Moskvy. Moscou: Akademiia nauk, 1952-9. 6 v.

Istoriia natsionalno-gosudarstvennogo stroitelstva v SSSR 1917-1972. Moscou: Mysl, 1972. 2 v.

ISWOLSKY, A. P. *Recollections of a Foreign Minister*. Nova York: Doubleday, 1921.

Itogi vypolneniia pervogo piatiletnego plana razvitiia narodnogo khoziaistva Soiuza SSR. Moscou: Gosplan SSSR, 1933.

Iubileinaia vystavka Krasnykh Armii i Flota, 1918-1923: kratkii putevoditel. Moscou: Muzei Krasnykh Armii i Flota, 1923.

IÚDIN, V. N. *Lenin pisal v Tsaritsyn: Dokumentalno-publitsistkie ocherki*. Volgograd: Nizhne-Volskoe knizhnoe izdatel'stvo, 1985.

IULDACHBÁEV, B. Kh. (Org.). *Obrazovanie Bashkirskoi Avtonomnoi Sovetskoi Sotsialisticheskoi Respubliki: Sbornik dokumentov i materialov*. Ufa: Bashkirskoe knizhnoe izdatelstvo, 1959.

IULÉNEV, I. V. *Sovetskaia kavaleriia v boiakh za Rodinu*. Moscou: Voenizdat, 1957.

IURÓVSKI, V. E. "Arkhitektor denezhnoi reform 1922-1924", *Voprosy istorii*, n. 2, pp. 138-43, 1995.

IURTÁEVA, E. *Gosudarstvennyi sovet v Rossii (1906-1917 gg.)*. Moscou: Editorial URSS, 2001.

IUZEFÓVITCH, L. *Samoderzhets pustyni: fenomenon sudby barona R. F. Ungern-Shternberga*. Moscou: Ellis--Bak, 1993.

Iuzhnyi front (mai 1918-mart 1919), borba sovetskogo naroda s interventami i belogvardeitsami na iuge Rossii: sbornik dokumentov. Rostov-na-Donu: Rostovskoe knizhnoe izd-vo, 1962.

IV Vsemirnyi kongress Kommunisticheskogo Internatsionala, 5 noiabria-3 dekabria 1922 g.: izbrannye doklady, rechi i rezoliutsii. Petrogrado: Gosizdat, 1923.

IV Vserossiikii siezd sovetov rabochikh, soldatskikh, krestianskikh, i kazachikh deputatov: Stenografischeskii otchet. Moscou: Gosizdat, 1919.

IVANOV, Anatoli. *Neizvestnyi Dzerzhinskii: fakty i vymysly.* Minsk: Valev, 1994.

IVANOV, I. E. *Podpolnye tipografii Leninskoi "Iskry" v Rossii, 1901-1903 gody.* Kichinev: Shtintsa, 1962.

IVANOV, N. Ia. *Kornilovshcina i ee razgrom.* Leningrado: Leingradskii universitet, 1965.

IVANOV, Vsévolod M.; CHMELIOV, A. N. *Leninizm i ideino-politicheskii razgrom trotskizma.* Leningrado: Leninzdat, 1970.

IVANOVA, Galina M. *Gulag v sisteme totalitarnogo gosudarstva.* Moscou: Moskovskii obshchestvennyi nauchnyi fond, 1997.

IVANOVA, L. V. "Institut Marksa-Engelsa-Lenina: Komissiia po istorii oktiabrskoi revliutsii i istorii kommunisticheskoi partii (1ª parte)". *Ocherki istorii istoricheskoi nauki v SSSR.* Org. de M. V. Néchkina. Moscou: Nauka, 1966.

IVANÓVITCH, P. "Finliandskie shpioni: delo Pauku i drugie v Voennom tribunale Leningradskogo voenogo okruga". *Sud idet* [Leningrado], n. 4, 1928.

IWAŃSKI, Gereon et al. (Orgs.). *II Zjazd Komunistycznej Partii Rabotniczej Polski, 19.IX-2.X.1923: Protokoły, Obrad, i Uchwały.* Varsóvia: Książka i Wiedza, 1968.

IX konferentsia RKP (b), sentiabr 1920 goda: protokoly. Moscou: Politicheskaia literatura, 1972.

IX siezd RKP (b), mart-aprel 1920: Protokoly. Moscou: Politicheskaia literatura, 1960.

"Iz besedy tovarishcha Stalina s nemetskim pisatelem Emilem Liudvigom, 13 Dekabria 1931 g.", *Bolshevik,* n. 8, pp. 33-42, 1932.

"Iz istorii kollektivizatsii 1928 god: poezdka Stalina v Sibir'", *Izvestiia TsK KPSS,* n. 5, 193-204, n. 6, pp. 202-16; n. 7, pp. 179-86, 1991.

Iz istorii grazhdanskoi voiny v SSSR: sbornik dokumentov i materialov,. Moscou: Sovetskaia Rossiia, 1960-1. 3 v.

Iz istorii VChK: sbornik dokumentov, 1917-1921 gg. Moscou: Politizdat, 1958.

"Iz perepiski E. D. Stasovoi i K. T. Novgorodtsevoi (Sverdlovoi), mart-dekaibr 1918 g.", *Voprosy istorii,* n. 10, pp. 91-2, 1956.

"Iz vospominaniia I. I. Vatsetisa". *Voenno-istoricheski jurnal,* n. 4, 1962.

"Iz zaiavleniia uchashchiksia tifliskoi dukhovnoi seminarii ekzarkhu Gruzii, 1 dekabria 1893". *Lado Ketsokhevli: sbornik dokumentov i materialov.* Tbilíssi: Sabchota sakartvelo, 1969.

IZIÚMOV, Aleksei S. (Org.). *Khleb i revoliutsiia: prodovolstvennaia politika kommunisticheskoi partii i sovetskogo pravitelstva v 1917-1922 gg.* Moscou: Sovetskaia Rossiia, 1972.

IZMOZIK, Vladlen S. *Glaza i ushi rezhima: gosudarstvennyi politicheskii kontrol za naseleniem sovetskoi Rossii v 1918-1928 godakh.* São Petersburgo: Sankt-Peterburgskii universitet ekonomiki i finansov, 1995.

IZVPOLSKI, Alexander. *The Memoirs of Alexander Izwolsky.* Londres: Hutchinson, 1920.

JABLONOWSKI, Horst. "Die Stellungnahme der russischen Parteien zur Aussenpolitik der Regierung von der russisch-englischen Verständigung bis zum ersten Weltkrieg", *Forschungen zur osteuropäischen Geschichte,* n. 5, pp. 60-92, 1957.

JACOBSON, Jon. "Is There a New International History of the 1920s?", *American Historical Review,* v. 88, n. 3, pp. 617-45, 1983.

_____. *When the Soviet Union Entered World Politics.* Berkeley: University of California Press, 1994.

JAHN, Hubertus F. *Patriotic Culture in Russia during World War I.* Ithaca, NY: Cornell University Press, 1995.

JANOS, Andrew C.; SLOTTMAN, William (Orgs.). *Revolution in Perspective: Essays on the Hungarian Soviet Republic of 1919*. Berkeley: University of California Press, 1971.

JANSEN, Marc. *A Show Trial Under Lenin: The Trial of the Socialist Revolutionaries, Moscow, 1922*. Haia e Boston: M. Nijhoff e Kluwer Boston, 1982.

JARAUSCH, Konrad H. "Cooperation or Intervention? Kurt Riezler and the Failure of German Ostpolitik, 1918", *Slavic Review*, v. 31, n. 2, pp. 381-98, 1972.

_____. *The Enigmatic Chancellor: Bethmann-Hollweg and the Hubris of Imperial Germany*. New Haven, CT: Yale University Press, 1972.

JASNY, Naum. *The Socialized Agriculture of the USSR: Plans and Performance*. Stanford, CA: Stanford University Press, 1949.

JÁSZI, Oscar. *The Dissolution of the Habsburg Monarchy*. Chicago: University of Chicago Press, 1929.

JAURÈS, Jean. *L'Organisation socialiste de la France: l'armée nouvelle*. Paris: L'Humanité, 1911.

JDANÓVITCH, A. A. *Organy gosudarstvennoi bezopasnosti i Krasnaia armiia: deiatelnost organov VChK-Ogpu po obespecheniiu bezopasnosti RKKA, 1921-1934*. Moscou: Kuchkovo pole/Iks-Khistori, 2008.

JERSILD, Austin. *Orientalism and Empire: North Caucasus Mountain Peoples and the Georgian Frontier, 1845-1917*. Montreal: McGill-Queen's University Press, 2002.

JERVIS, Robert. *Perception and Misperception in International Relations*. Princeton: Princeton University Press, 1976.

JIDKOV, G. P. "Krestiane Altaia ot fevralia k oktiabriu: k istorii krakha kabinetskogo zemlevladeniia". *Voprosy istorii sotsialno-ekonomicheskoi i kulturnoi zhizni Sibiri i Dalnego Vostoka*. Novossibirsk: Nauka, Sibirskoe otdelenie, 1968.

JILINSKI, V. B. *Organizatsiia i zhizn okhrannago otdeleniia vo vremia tsarskoi vlasti*. Moscou: T-vo Riabushkinskikh, 1918.

JITKOV, N. "Prodfurazhnoe snabzhenie russkikh armii v mirovuiu voinu", *Voenno-istoricheskii zhurnal*, n. 12, pp. 65-81, 1940.

JOFFE, Maria. *One Long Night: A Tale of Truth*. Londres: Clapham, 1978.

JOFFE, Nadzhedha. *Back in Time: My Life, My Fate, My Epoch*. Oak Park, MI: Labor Publications, 1995.

JOHNSON, Gaynor (Org.). *Locarno Revisited: European Diplomacy 1920-1929*. Londres: Routledge, 2004.

JOHNSON, Simon; TEMIN, Peter. "The Macroeconomics of NEP", *Economic History Review*, v. 46, n. 4, pp. 750-67, 1993.

JONES, David R. "Imperial Russia's Armed Forces at War, 1914-1917: An Analysis of Combat Effectiveness (1986)". *Military Effectiveness*. Org. de A. R. Millet e W. Murray. Boston: Allen and Unwin, 1988, I. pp. 249-328.

_____. "Nicholas II and the Supreme Command: An Investigation of Motives", *Study Group on the Russian Revolution: Sbornik*, n. 11, pp. 47-83, 1985.

JONES, Stephen F. "Russian Imperial Administration and the Georgian Nobility: The Georgian Conspiracy of 1832", *Slavonic and East European Review*, v. 65, n. 1, pp. 55-76, 1987.

_____. "The Non-Russian Nationalities", *Society and Politics in the Russian Revolution*. Org. de Robert Service. Nova York: St. Martin's Press, 1992.

_____. *Socialism in Georgian Colors: The European Road to Social Democracy, 1883-1917*. Cambridge, MA: Harvard University Press, 2005.

_____. "The Establishment of Soviet Power in Trascaucasia: The Case of Georgia, 1921-1928", *Soviet Studies*, v. 40, n. 4, pp. 616-639.

JORDÁNIA, N. *Moia zhizn*. Stanford, CA: Hoover Institution Press, 1968.

_____. *Bolshevizm*. Berlim: TsK sotsial-demoktraticheskoi rabochei partii, s.d.

JORDÁNIA, N. N. "Staline, L'Écho de la lutte" [out. 1936], manuscrito inédito, em Hoover Institution Archives, Boris Nicolaevsky Collection, box 144, folder 3, pp. 1-2.

Journal intime de Nicholas II (juillet 1914-juillet 1918). Paris: Payot, 1934.

JOWITT, Ken. *New World Disorder: The Leninist Extinction*. Berkeley: University of California Press, 1992.

JÚKOV, G. K. *Vospominaniia i razmyshleniia*. Moscou: Novosti, 1995. 3 v.

JUKOVSKI, N. P. *Polnomochnyi predstavitel SSSR*. Moscou: Politizdat, 1968.

JVANIIA, G. K. *Bolshevistkaia pechat Zakavkazia nakanune i v period pervoi Russkoi revoliutsii*. Tbilíssi: Tsentralnyi komitet Kommunisticheskoi partii Gruzii, 1958.

KABUZAN, Vladímir M. *Russkie v mire: dinamika chislennosti i rasseleniia (1719-1989): formirovanie etnicheskikh i politicheskikh granits russkogo naroda*. São Petersburgo: BLITS, 1996.

———. *Izmenenie v razmeshchenii naseleniia Rossii v xviii-pervoi polovine xiX vv*. Moscou: Nauka, 1971.

KAGANÓVITCH, L. M. *Pamiatnye zapiski rabochego, kommunista-bolshevika, profsoiuznogo, partinogo i sovetsko-gosudarstvennogo rabotnika*. Moscou: Vagrius, 1996.

KAHAN, Arcadius. *The Plow, The Hammer and the Knou: An Economic History of Eighteenth-Century Russia*. Chicago: University of Chicago Press, 1985.

KAHN, David. *The Codebreakers: The Story of Secret Writing*. Nova York: Macmillan, 1967.

Kak russkii narod zavoeval svobodu: Obzor revoliutsionnykh sobytii. Petrogrado: S. Samoilov, 1917.

KAKÚRIN, N. E. *Kak srazhalas revoliutsiia*. Moscou e Leningrado: Gosizdat, 1925-6. 2 v.

———. *Russko-polskaia kampaniia 1918-1920: politiko-strategicheskii ocherk*. Moscou: Vysshii voenno--redaktsionnyi sovet, 1922.

———. *Razlozhenie armii v 1917 godu*. Moscou e Leningrado: Gosizdat, 1925.

———; MÉLIKOV, V. A. *Voina s belopoliakami 1920 goda*. Moscou: Voenizdat, 1925.

KALÍNIN, M. I. *Stalin: sbornik statei k piatidesitiletiu so dnia rozhdeniia*. Moscou e Leningrado: Gosizdat, 1929.

KALYVAS, Stathis N. *The Logic of Violence in Civil War*. Nova York: Cambridge University Press, 2006.

KÁMENEV, Liev. *Borba za mir: otchet o mirnykh peregovorakh v Breste*. Petrogrado: Zhizn' i znanie, 1918.

———. *Stati i rechi*. Leningrado: Gosizdat, 1925.

———. *Mezhdu dvumia revoliutsiiami: sbornik statei*. 2. ed. Moscou: Novaia Moskva, 1923.

KAMÍNSKI, V.; VERESCHÁGUIN, I. "Detstvo i iunost vozhdia", *Molodaia Gvardiia*, n. 12. 1939.

KANN, S. K. "Opyt zheleznodorozhnogo stroitelstva v Amerike i proektirovanie Transsiba". *Zarubezhnye ekonomicheskie i kulturnye sviazi Sibiri (XVIII-XX vv.)*. Org. de L. M. Goriuchkin. Novossibirsk: RAN, Sibirskoe otdelenie, 1995.

KANONENKO, Veronika. "Kto ubil Mikhail Frunze", *Shpion*, v. 3, n. 1, pp. 78-81, 1994.

KÁNTOR, Iúlia. *Voina i mir Mikhaila Tukhachevskogo*. Moscou: Ogonek, 2005.

KÁNTOR, R. "K istorii chernykh kabinetov", *Katorga i ssylka*, XXXVII, 1927.

KANTORÓVITCH, V.; ZASLÁVSKI, D. *Khronika fevralskoi revoliutsii: fevral-mai 1917*. Moscou: Byloe, 1924.

KÁPITSA, Mikhail S. *Sovetsko-kitaiskie otnosheniia*. Moscou: Politicheskaia literatura, 1958.

KAPPELER, Andreas. *The Russian Empire: A Multiethnic History*. Harlow, Reino Unido: Longman, 2001.

KAPTCHÍNSKI, Oleg. *Gosbezopasnosti iznutri: Natsionalnyi i sotsialnyi sostav*. Moscou: Iauza-Eksmo, 2005.

KARAEVA, T. F. (Org.). *Direktivy komandovaniia frontov krasnoi armii, 1917-1922 gg.: sbornik dokumentov*. Moscou: Voenizdat, 1971-8. 4 v.

KARAGÁNOV, A. V. *Lenin: sobranie fotografii i kinokadrov*. 2. ed.. Moscou: Iskusstvo, 1980. 2 v.

KARA-MURZ, G. S. et al. (Orgs.). *Strategiia i taktika Kominterna v natsionalno-kolonialnoi revoliutsii na primere Kitaia: sbornik dokumentov*. Institut MKh i MP, 1934.

KARL, Rebecca. *Staging the World: Chinese Nationalism at the Turn of the Twentieth Century*. Durham, NC: Duke University Press, 2002.

KARLÍNER, M. M. "Angliia i Petrogradskaia konferentsiia Antany 1917 goda". *Mezhdunarodnye otnosheniia, politika, diplomatiia XVI-XX veka: Sbornik stateĭ k 80-letiiu akademika I. M. Maiskogo*. Org. de V. V. Altman. Moscou: Nauka, 1964.

KARPÍNSKI, V. A. "Vladimir Ilich za granitsei v 1914-1917 gg.". *Zapiski instituta Lenina*. Moscou: Institute Lenina pri TsK VKP (b), 1927-8. 3 v.

KÁRPOV, Nikolai. *Krestianskoe dvizhenie v revoliutsii 1905 goda v dokumentakh*. Moscou: Gosizdat, 1926.

KARPOVITCH, Michael. "The Russian Revolution of 1917", *Journal of Modern History*, v. 2, n. 2, pp. 258--80, 1930.

_____. "Two Types of Russian Liberalism: Maklakov and Miliukov", *Continuity and Change in Russian and Soviet Thought*. Org. de Ernest J. Simmons. Cambridge, MA: Harvard University Press, 1955.

KARTÉVSKI, S. I. *Iazyk, voina i revoliutsiia*. Berlim: Russkoe universaloe izdatelstvo, 1923.

KARTUNOVA, A. I. "Kitaiskii vopros v perepiske G. V. Chicherin i L. M. Karakhana", *Novaia i noveishaia istoriia*, n. 6, 1998.

_____. "Novyi vzgliad na razryv s Chan Kaishi", *Vostok*, n. 1, 1997.

Katalog Tiflisskoi Deshevoi biblioteki, chast 1. Tiflis, 1896.

KATCHARAVA, Iu. M. (Org.). *Borba za uprochenie sovetskoi vlasti v Gruzii: Sbornik dokumentov i materialov (1921-1925 gg.)* Tbilíssi: Sabchota Sakartvelo, 1959.

KATKOV, George. "German Foreign Office Documents on Financial Support to the Bolsheviks in 1917", *International Affairs*, v. 32, n. 3, pp. 181-9, 1956.

_____. *Russia, 1917: The February Revolution*. Nova York: Harper & Row, 1967.

_____. *The Kornilov Affair: Kerensky and the Breakup of the Russian Army*. Nova York: Longman, 1980.

KATZENELLENBAUM, S. S. *Russian Currency and Banking, 1914-1924*. Londres: P. S. King, 1925.

KAUFMAN, A. E. "Cherty iz zhizni gr. S. Iu. Vitte", *Istoricheskii vestnik*, n. 140, abr. 1915.

KAUTSKY, Karl. *Das Erfurter Programm in seinem grundsätzlichen Teil erläutert*. Berlim-Bad-Godesberg: Verlag J. H. W. Dietz Nachf., 1974.

_____. *Georgia, A Social-Democratic Peasant Republic: Impressions and Observations*. Londres: International Bookshops, 1921.

Kavkaz: Opisanie kraia i kratkii istoricheskii ocherk ego prisoedineniia k Rossii. 3. ed. Moscou: I. V. Leóntieva, 1911.

Kavkaz: spravochnaia kniga storozhila. 2. ed. Chast 1. Tiflis: E. G. Meskhi, 1889.

KAVRÁISKI, V.; NUSSÍNOV, I. *Klassy i klassovaia borba v sovremennoi derevne*. Novossibirsk: Sibkraiizdat, 1929.

KAVTARADZE, A. G. *Voennye spetsialisty na sluzhbe Respubliki sovetov, 1917-1920 g*. Moscou: Nauka, 1988.

KAZEMZADEH, Firuz. *The Struggle for Transcaucasia, 1917-1921*. Nova York: Philosophical Library, 1951.

KCHESÍNSKAIA, M. *Vospominaniia*. Moscou: ART, 1992.

KEEGAN, John. *The First World War*. Nova York: Knopf, 1999.

KEEP, John L. H. *The Russian Revolution: A Study in Mass Mobilization*. Nova York: W. W. Norton, 1976.

_____. *The Rise of Social Democracy in Russia*. Oxford: Clarendon, 1963.

_____. "1917: The Tyranny of Paris over Petrograd", *Soviet Studies*, v. 20, n. 1, pp. 22-35, 1968-9.

_____. "Light and Shade in the History of the Russian Administration", *Canadian-American Slavic Studies*, v. 6, n. 1, pp. 1-9, 1972.

_____. *Soviet Studies*, v. 18, n. 3, pp. 376-80, 1967.

KEEP, John L. H. (Org. e Trad.). *The Debate on Soviet Power: Minutes of the All-Russian central Executive Committee, Second Convocation.* Oxford, 1979.

KEIGER, John F. V. *Raymond Poincaré.* Nova York: Cambridge University Press, 2002.

KELLER, V.; ROMANENKO, I. *Pervye itogi agrarnoi reformy.* Voronej: Gosizdat, Voronejskoe otdelenie, 1922.

KELLER, Werner. *Ost minus West = Null: der Aufbau Russlands durch den Western.* Munique e Zurique: Drömersche Verlagsanstalt Th. Knauer Nach folger, 1960. Traduzido para o inglês como *East Minus West = Zero: Russia's Debt to the Western World, 862-1962.* Nova York: Putnam, 1962.

KEN, O. H. *Mobilizatsionnoe planirovanie i politcheskie resheniia, konets 1920-seredina 1930-kh godov.* São Petersburgo: Evropeiskii universitet, 2002.

KEN, O. N.; RUPÁSSOV, A. I. *Politbiuro TsK VKP (b) i otnosheniia SSsr s zapadnymi sosednimi gosudarstvami (konets 20-30-kh gg.): problem, dokumenty, opyt kommentariia.* São Petersburgo: Evropeiskii dom, 2000.

KENDIRBAI, Gulnar. "The Alash Movement". *The Turks.* Org. de Hasan Celal Guzel et al. Ancara: Yeni Turkiye, 2002.

KENEZ, Peter. "Changes in the Social Composition of the Officer Corps during World War I", *Russian Review*, v. 31, n. 4, pp. 369-75, 1972.

_____. "The Ideology of the White Movement", *Soviet Studies*, v. 32, n. 1, pp. 58-83, 1980.

_____. *Civil War in South Russia.* Berkeley, University of California Press, 1971, 1977. 2 v.

_____. *The Birth of the Propaganda State: Social Methods of Mass Mobilization, 1917-1929.* Nova York: Cambridge University Press, 1985.

KENNAN, George F. "The Sisson Documents", *Journal of Modern History*, v. 37, n. 2, pp. 130-54, 1956.

_____. *Russia and the West Under Lenin and Stalin.* Boston: Little, Brown, 1961.

_____. *Russia Leaves the War.* Princeton: Princeton University Press, 1956.

_____. "The Breakdown of the Tsarist Autocracy". *Revolutionary Russia.* Org. de Richard Pipes, pp. 1-15.

_____. *The Fateful Alliance: France, Russia and the Coming of the First World War.* Nova York: Pantheon, 1984.

KENNEDY, David. *Over Here: The First World War and American Society.* Nova York: Oxford University Press, 1980.

KENNEDY, Paul M. *The Rise of the Anglo-German Antagonism, 1860-1914.* Boston: George Allen and Unwin, 1980.

KENNEL, Ruth. "The New Innocents Abroad", *American Mercury*, v. XVII, maio 1929.

KERENSKI, A. F. *Delo Kornilova.* Ekaterinoslav, 1918. Traduzido para o inglês como *The Prelude to Bolshevism: The Kornilov Rising.* Nova York: Dodd, Mead, and Company, 1919.

_____. "Lenin's Youth — and My Own", *Asia*, v. 34, n. 2, pp. 69-74, 1934.

_____. *The Catastrophe: Kerensky's Own Story of the Russian Revolution.* Nova York: D. Appleton, 1927.

_____. *The Kerensky Memoirs: Russia and History's Turning Point.* Nova York: Duell, 1965.

KÉRJENTSEV, P. M. *Printsipy organizatsii.* 3. ed. Moscou-Petrogrado: Gosizdat, 1924.

KERN, Stephen. *The Culture of Time and Space, 1880-1918.* Cambridge, MA: Harvard University Press, 1983.

KETSKHOVÉLI, Vanó. "Druzia i soratniki tovarishcha Stalina", *Rasskazy o Velikom Staline*, kn. 2. Tbilíssi: Zaria vostoka, 1941.

_____. "Iz vospominanii o Lado Ketskhoveli", *Zaria vostoka*, 17 ago. 1939.

_____. "Na zare sozdania partii rabochego klassa", *Zaria vostoka*, 17 jul. 1939.

KETTLE, Michael. *The Allies and the Russian Collapse, March 1917-March 1918*. Minneapolis: University of Minnesota Press, 1981.

KEYES, Ralph. *The Quote Verifier: Who Said What, Where, and When*. Nova York: Macmillan, 2006.

KEYNES, J. M. *The Economic Consequences of the Peace*. Londres: Macmillan, 1919.

KHADZIEV, Khan. *Velikii boiar*. Belgrado: M. A. Suvorin, 1929.

KHALID, Adeeb. "Tashkent 1917: Muslim Politics in Revolutionary Turkestan", *Slavic Review* v. 55, n. 2, pp. 270-96, 1996.

_____. *The Politics of Cultural Reform: Jadidism in Central Asia*. Berkeley: University of California Press, 1998.

KHARMANDARIAN, Segvard V. *Lenin i stanovlenie Zakavkazskoi federatsii, 1921-1923 gg*. Ierevan: Aiasgan, 1969.

KHASSÚSTOV, V. N et al. (Orgs.). *Lubianka: Stalin i VChK-gpu-Ogpu-NKVD, ianvar 1922-dekabr 1936*. Moscou: Mezhdunaordnyi fod demokratiia, 2003.

KHATCHAPURIDZE, G. "Gruziia vo vtoroi polovine XIX veka", *Istorik Marksist*, n. 8, pp. 46-66, 1940.

KHÁVIN, A. F. *U rulia industrii*. Moscou: Politizdat, 1968.

KHELEMSKI, Iu. S. "Soveshchanie v Sovnarkome o gosapparate [1923 g.]", *Sovetskoe gosudarstvo i pravo*, n. 9, pp. 111-2, 1990.

KHINTCHUK, L. M. *K istorii anglo-sovietskikh otnoshenii*. Moscou: Gosizdat, 1928.

KHLEVNIUK, Oleg V. *In Stalin's Shadow: The Career of "Sergo" Ordzhinikidze*. Armonk, NY: M. E. Sharpe, 1995.

_____. *Master of the House: Stalin and His Inner Circle*. New Haven, CT: Yale University Press, 2009.

_____. *Politbiuro: mekhanizmy politcheskoi vlasti v 30-e gody*. Moscou: Rosspen, 1996.

_____ et al. (Orgs.). *Stalinskoe politburo v 30-e gody: Sbornik dokumentov*. Moscou: AIRO-XX, 1995.

KHMELKOV, Andrei I. (Org.). *K. E. Voroshilov na Tsaritsynskom fronte: sbornik dokumentov*. Stalingrado: Stalingradskoe oblastnoe knizhnoe izdatelstvo, 1941.

_____ (Org.). *Stalin v Tsaritsyne: sbornik statei i dokumentov*. Stalingrado: Stalingradskoe oblastnoe knizhnoe izdatelstvo, 1939.

KHOCHTÁRIA-BROSE, Edícher V. *Ocherki sotsialno-ekonomicheskoi istorii Gruzii: Promyshlennost, goroda, rabochii klass (XIX v.-nachalo XX v.)*. Tbilíssi: Metsniereba, 1974.

KHRÓMOV, S. S. *Po stranitsam lichnogo arkhiva Stalina*. Moscou: Moskovskii gos. Universitet, 2009.

KHRÓMOV, S. S.; KÚIBICHEVA, G. V. *Valerian Vladimirovich Kuybyshev: biografiia*. Moscou: Politicheskaia literatura, 1988.

KHRÓMOV, Semen S. *Leonid Krasin: neizvestnye stranitsy biografii, 1920-1926 gg*. Moscou: Insitut Rossiiskoi istorii RAN, 2001.

KHRUSCHÓV, Nikita. *Khrushchev Remembers*. Boston: Little, Brown, 1970.

_____. *Memoirs*. University Park, PA: Pennsylvania State University Press, 2004-7. 4 v.

_____. "Secret Speech to 20th Congress CPSU". *The Anti-Stalin Campaign and International Communism: A Selection of Documents*. Nova York: Columbia University, Russian Institute, 1956.

KILCOYNE, Martin. "The Political Influence of Rasputin". University of Washington, 1961. Tese de Doutorado.

KIM, M. P. (Org.). *Istoriia Sovetskogo krestianstva i kolkhoznogo stroitelstva v SSsr: materialy nauchnoi sessii, sostoiavsheisia 18-21 aprelia 1961 g. v Moskve*. Moscou: Akademiia nauk SSSR, 1963.

KIMITAKA, Matsuzato. "Sōryokusensōto chihōtōchi: daiichiji sekaitaisenki roshsia no shokuryōjigyō to nōjishidō". Tokyo University, 1995. Tese de Doutorado.

KIN, D.; SÓRIN, V. (Orgs.). *Sedmoi siezd: mart 1918 goda*. Moscou: Gosizdat, 1928.

KINDLEBERGER, Charles P. *The World in Depression, 1929-1939*. Berkeley: University of California Press, 1986.

KING, Charles. *The Ghost of Freedom: A History of the Caucasus*. Nova York: Oxford University Press, 2008.

KINGSTON-MANN, Esther. "Deconstructing the Romance of the Bourgeoisie: A Russian Marxist Path Not Taken", *Review of International Political Economy*, v. 10, n. 1, pp. 93-117, 2003.

_____. "Lenin and the Beginnings of Marxist Peasant Revolution: The Burden of Political Opportunity July-October, 1917", *Slavonic and East European Review*, n. 50, pp. 578-88, 1972.

KIRBY, D. G. *War, Peace, and Revolution: International Socialism at the Crossroads, 1914-1918*. Aldershot: Grower, 1986.

KIRIÁNOV, Iu. I. *Pravye partii v Rossii, 1911-1917*. Moscou: Rosspen, 2001.

_____ (Org.). *Pravye partii: dokumenty i materialy, 1905-1917*. Moscou: Rosspen, 1998. 2 v.

KIRÍLINA, Alla. *Neizvestnyi Kirov: mify i realnost*. Moscou: Olma, 2001.

KIRÍLLOV, V. S.; SVÉRDLOV, A. Ia. *Grigorii Konstantinovich Ordzhonikidze (Sergo): biografiia*. Moscou: Politicheskaia literatura, 1962.

KIRION, Epískop. *Kratkii ocherk istorii Gruzinskoi tserkvi i ekzarkhata*. Tíflis: K. P. Kozlovskii, 1901.

KISLÍTSIN, S. A. *Shakhtinskoe delo: nachalo stalinskikh represii protiv nauchno-tekhnicheskoi intelligentsia v SSSR*. Roston-na-Donu: NMTs Logos, 1993.

KITÁNINA, T. M. *Voina, khleb i revoliutsiia: Prodovolstvennyi vopros v Rossii 1914-oktiabr 1917 g.* Leningrado: Nauka, 1985.

KITCHEN, Martin. *The Silent Dictatorship: The Politics of the German High Command under Hindenburg and Ludendorff, 1916-1918*. Nova York: Holmes & Meier, 1976.

KIZEVÉTTER, A. A. "Moda na sotsializm", *Russkie vedomosti*, 25 jun. 1917.

KLANTE, Margarete. *Von der Wolga zum Amur: Die tschechische Legion und der russissche Bürgerkrieg*. Berlim: Ost-Europa Verlag, 1931.

KLEMÉNTIEV, Vassíli F. *V Bolshevitskoi Moskve (1918-1920)*. Moscou: Russkii put, 1998.

KLEMM, Max (Org.). *Was sagt Bismarck dazu?*. Berlim: A Scherl, 1924. 2 v.

KLÉPIKOV, S. A. *Statisticheskii spravochnik po narodnomu khoziaistvu*, cap. 2. Moscou: Gosudarstvennoe izdatelstvo, 1923.

KLIER, John Doyle. *Russia Gathers her Jews: The Origins of the "Jewish Question" in Russia, 1772-1825*. Dekalb: Northern Illinois University Press, 1986.

KLIÚEV, Leonid. *Borba za Tsaritsyn 1918-1919 gg.* Moscou e Leningrado: Gosizdat, otdel voennoi literatury, 1928.

KLYUCHEVSKY, Vasily. *Peter the Great*. Boston: Beacon, 1958.

KNEI-PAZ, Baruch. *The Social and Political Social Thought of Leon Trotsky*. Oxford: Clarendon, 1978.

KNOBLER, S. et al. (Orgs.). *The Threat of Pandemic Influenza: Are We Ready? Workshop Summary*. Washington, D. C.: The National Academies Press, 2005.

KNOX, Alfred. "General V. A. Sukhomlinov", *Slavonic Review*, v. 5, n. 13, pp. 148-52, 1926.

_____. *With the Russian Army, 1914-1917: Being Chiefly Extracts from the Diary of a Military Attaché*. Nova York: Dutton, 1921. 2 v.

KOCHAN, Lionel. "Kadet Policy in 1917 and the Constituent Assembly", *Slavonic and East European Review*, n. 45, pp. 183-92, 1967.

KOCHAROVSKY, K. "Aleksandr Arkadievich Kaufman". *Encyclopedia of the Social Sciences*. Org. de Edwin Seligman e Alvin Johnson. Nova York: Macmillan, 1948.

KOCHELIOVA, L. et al. *Pisma I. V. Stalina V.M. Molotovu, 1925-1936 gg.: sbornik dokumentov*. Moscou: Rossiia molodaia, 1995.

KODA, Yoji. "The Russo-Japanese War: Primary Causes of Japanese Success", *Naval War College Review*, v. 58, n. 2, pp. 10-44, 2005.

KOEHL, Robert Lewis. "A Prelude to Hitler's Greater Germany", *American Historical Review*, v. 59, n. 1, pp. 43-65, 1953.

KOENKER, Diane. *Moscow Workers and the 1917 Revolution*. Princeton, NJ: Princeton University Press, 1981.

_____ et al. (Orgs.). *Party, State, and Society in the Russian Civil War: Explorations in Social History*. Bloomington: Indiana University Press, 1990.

_____ (Orgs.). *Revelations from the Russian Archives: Documents in English Translation*. Washington, D. C.: Library of Congress, 1997.

KOFOD, A. A. *Russkoe zemleustroistvo*. 2. ed. São Petersburgo: Selskii vestnik, 1914.

KOJÉVNIKOVA, V. "Gody staroi *Iskry, 1901-1902 gg.*", *Proletarskaia revoliutsiia*, v. 26, n. 3, pp. 133-41, 1924.

KOKÓVTSOV, Vladímir N. *Iz moego proshlogo: Vospominaniia, 1903-1919*. Paris: publicação particular, 1933. 2 v.

KOKOVSTOV, Vladimir N. *Out of My Past*. Stanford, CA: Hoover Institution Press, 1935.

KOLESNIK, Aleksandr. *Khronika zhizni semi Stalina*. Moscou: IKRA, 1990.

KOLESNITCHENKO, I. "K voprosu o konflikte v Revvoensovete Iuzhnogo fronta (sentiabr-oktiabr 1918 goda)", *Voenno-istoricheskii jurnal*, n. 2, 1962.

_____; LÚNIN, V. "Kogda zhe byl uchrezhden institute voennykh kommissarov Krasnoi Armi?", *Voenno--istoricheskii zhurnal*, n. 9, 1961.

KOLÓDNI, Lev. *Kitai-gorod: avtorskii putevoditel*. Moscou: Golos-Press, 2004.

KOLONÍTSKI, Boris I. "Pravoekstremistskie sily v marte-oktiabre 1917 g. (na materialakh petrogradskoi pechati)". *Natsionalnaia pravaia prezhde i teper: istoriko-sotsiologicheskie ocherki*. Org. de O. T. Vite. São Petersburgo: Institut sotsiologii Rossiiskoi Akademii nauk, Sankt-Peterburgskii filial, 1992. 3 v.

_____. *Symvoly vlasti i borba za vlast: K izucheniiu politicheskoi kultury Rossiiskoi revoliutsii 1917 goda*. São Petersburgo: Dmitrii Bulanin, 2001.

_____. "'Democracy' in the Consciousness of the February Revolution", *Slavic Review*, v. 57, n. 1, pp. 95-106, 1998.

_____. "Anti-Bourgeois Propaganda and anti-'Burzhui' Consciousness in 1917", *Russian Review*, v. 53, n. 2, pp. 183-96, 1994.

_____. "Kerensky". *Critical Companion to the Russian Revolution 1914-1921*. Org. de Edward Acton et al. Bloomington: Indiana University Press, 1997.

KOLOSKOV, V. V. *XIII konferentsiia RKP (b)*. Moscou: Vysshaia shkola, 1975.

KOLTSOV, M. E. *Izbrannoe*. Moscou: Moskovskii rabochi, 1985.

KOMAROV, N. S. "K istorii instituta Lenina i tsentral'nogo partiinogo arkhiva 1919-1931 gg.", *Voprosy istorii*, n. 10, pp. 181-91, 1956.

_____. "Sozdanie i daiatelnost Istparta 1920-1928 gg.", *Voprosy istorii KPSS*, n. 5, pp. 153-65, 1958.

Komintern i Vostok: borba za leninskuiu strategiiu i taktiki v natsionalno osvoboditelnom dvizhenii. Moscou: Vostochnaia literatura, 1969.

Kommunisticheshkaia partiia Sovetskogo Soiuza v rezoliutsiiakh i resheniiakh siezdov, konferentsii i plenumov TsK. 8. ed. Moscou: Politicheskaia literatura, 1970. 13 v.

Kommunisticheskaia partiia Sovetskogo Soiuza v rezoiliutsiiakh i resheniiakh siezdov, konferentsii i plenumov TsK, 1898-1986. 9. ed. Moscou: Politicheskaia literatura, 1983. 15 v.

Kommunisticheskii internatsional: kratkii istoricheskii ocherk. Moscou: Politizdat, 1969.

KONDRATENKO, E. *Kratkii ocherk ekonomicheskogo polozheniia Kavkaza po noveishim ofitsialnym i drugim otchetam: prilozhenie k Kavkazskomu kalendariu (na 1888 g.)*. Tíflis: [s.n.], 1888.

KONDRÁTIEV, Nikolai. *Rynok khlebov i ego regulilirovanie vo vremia voiny i revoliutsii*. Moscou: Novaia derevnia, 1922.

KÓNIUKHOV, Grigóri A. *KPSS v borbe s khlebnymi zatrudneniami v strane 1928-1929 gg*. Moscou: Sotsialno-ekonomicheskaia literatura, 1960.

KORBEL, Josef. *Poland Between East and West: Soviet and German Diplomacy toward Poland, 1919-1933*. Princeton, NJ: Princeton University Press, 1963.

KÓRBUT, M. "Uchet departamentom politsii opyta 1905 goda", *Krasnyi arkhiv*, n. 18, pp. 219-27, 1926.

KORJÍKHINA, T. P.; FIGATNER, Iu. Iu. "Sovetskaia nomenklatura: stanovlenie, mekhanizmy, deistviia", *Voprosy istorii*, n. 7, pp. 25-38, 1993.

KORJÍKHINA, T. Z. "Obshchestvo starykh Bolshevikov (1922-1935)", *Voprosy istorii KPSS*, n. 11, pp. 50-65, 1989.

KORKUNOV, N. M. *Russkoe gosudarstvennoe pravo*. São Petersburgo: M. M. Stasiulevich, 1901.

KORNAKOV, P. K. "Opyt privlecheniia veksilologicheskikh pamiatnikov dlia resheniia geral'dicheskikh problem". *Novye numizmaticheskie issledovaniia*, n. 4, Trudy Gosudarstvennogo Istoricheskogo muzeia, cap. 61, 1986. pp. 134-48.

_____. "Znamena Fevralskoi revoliutsii". *Geraldika: materialy i issledovaniia: sbornik nauchnykh trudov*. Org. de G. V. Vilinbákhov. Leningrado: Gos. Ermitazh, 1983.

KORNATÓVSKI, Nikolai A. *Razgrom kontrrevoliutsionnykh zagovorov v Petrograde v 1918-1919 gg*. Leningrado: Lenizdat, 1972.

_____. *Stalin – rukovoditel oborony Petrograda, vesna-leto 1919 goda*. Leningrado: Gazetno-zhurnalnoe i knizhnoe izd-vo Leningradskogo soveta RK i KD, 1939.

KOROLIOVA, V. V. "Daiatelnost V. I. Lenina po organizatsii dostavki 'Iskry' v Rossiiu (dekabr 1900 g.--noiabr 1903 g.)". *Trudy Kazanskogo aviatsionnogo instituta*, cap. 54, 1962. pp. 17-30.

KOROTICHÉVSKI, Viktor. "Garzh osobogo znacheniia", *Proza*, 27 maio 2009. Disponível em: <www.proza. ru/2009/05/27/581>. Acesso em: 22 dez. 2016.

KORROS, Alexandra. *A Reluctant Parliament: Stolypin, Nationalism, and the Politics of the Russian Imperial State Council, 1906-1911*. Lanham, MD: Rowman and Littlefield, 2002.

KOSSACHIOV, V. G. "Nanakune kollektivizatsii: poezdka I. V. Stalina v Sibir'", *Voprosy istorii*, n. 5, 1998.

KÓSTIN, N. D. *Vystrel v serdtse revoliutsii*. Moscou: Politizdat, 1989.

KOSTIUCHKO, I. I. *Polskoe biuro TsK RKP (b) 1920-1921 gg*. Moscou: RAN Institut slavianovedeniia, 2005.

KOSTIUCHKO, Ivan (Org.). *Polsko-Sovetskaia voina 1919-1920 gg.: ranee neopublikovanye dokumenty i materialy*. Moscou: Institut slavianovedeniia i balkanistiki RAN, 1994. 2 v.

KÓSTRIKOVA, A. M.; KÓSTRIKOVA, E. M. *Eto bylo v Urzhume*. Kírov, 1962.

KOTÉLNIKOV, K. G. (Org.). *Vtoroi vserossiiskii siezd sovetov R. i S.D*. Moscou e Leningrado: Gosizdat, 1928.

KOTÉLNIKOV, K. G.; MUELLER, V. L. (Orgs.). *Krestianskoe dvizhenie v 1917 godu*. Moscou e Leningrado: Gosizdat, 1927.

KOTIRIOV, Andrei N. *Mavzolei V. I. Lenina: proektirovanie i stroitelstvo*. Moscou: Sovetskii khudozhnik, 1971.

KOTKIN, Stephen. "Left Behind: Is Eric Hobsbawm History?", *The New Yorker*, 29 set. 2003.

_____. "Modern Times: The Soviet Union and the Interwar Conjuncture", *Kritika*, v. 2, n. 1, pp. 111-64, 2001.

_____. *Magnetic Mountain: Stalinism as a Civilization*. Berkeley: University of California Press, 1995.

KOTSONIS, Yanni. *Making Peasants Backward: Managing Populations in Russian Agricultural Cooperatives, 1861-1914*. Nova York: St. Martin's Press, 1990.

KOURNAKOFF, Sergei. *Savage Squadrons*. Boston e Nova York: Hale, Cushman, and Flint, 1935.

KOZLOV, V. A.; SEMIONOVA, E. A. "Sotsiaologiia detstva: obzor sotsialno-pedagogicheskikh obsledovanii 20-x godov", *Shkola i mir kultury etnosov*. Moscou, cap 1., 1993.

KRAMER, Alan. *Dynamic of Destruction: Culture and Mass Killing in the First World War*. Nova York: Oxford University Press, 2007.

Krasnaia Moskva, 1917-1920 gg. Moscou: Moskovskii sovet, 1920.

KRASNOV, Valéri G.; DAINES, V. (Orgs.). *Neizvestnyi Trotskii: krasnyi Bonapart: dokumenty, mneniia, razmyshleniia*. Moscou: Olma, 2000.

KRASSÍLNIKOV, S. A. (Org.). *Shakhtinskii protsess 1928 g.: podgotovka, provedenie, itogi*. Moscou: Rosspen, 2011. 2 v.

_____ et al. (Orgs.). *Intelligentsiia, obshchestvo, vlast: opyt vaizootnoshenii, 1917-konets 1930 gg.* Novossibirsk: RAN, Sibirskoe otdelenie, 1995.

KRÁSSIN, Leonid. *Voprosy vneshnei torgovli*. Moscou: Gosizdat, 1928.

KRASTIŅŠ, Jānis (Org.). *Istoriia Latyshskikh strelkov, 1915-20*. Riga: Zinatne, 1972.

Kratkaia istoriia grazhdanskoi voiny v SSSR. Moscou: Politicheskaia literatura, 1962.

KRAVTCHENKO, Victor. *I Chose Freedom: The Personal and Political Life of a Soviet Official*. Nova York: Scribner's, 1947.

KREINDLER, Isabelle. "A Neglected Source of Lenin's Nationality Policy", *Slavic Review*, v. 36, n. 1, pp. 86-100, 1977.

KREMENTSOV, nikolai. *A Martian Stranded on Earth*. Chicago: University of Chicago Press, 2011.

KRIJANÓVSKI, G. M. *Desiat let khoziaistvennogo stroitelstva v SSSR, 1917-1927*. 2. ed. Moscou: Gosplan, 1927.

KRIJANÓVSKI, Serguei E. *Vospominaniia iz bumag S. E. Kryzhanovskago, posliedniogo gosudarstvennago sekretaria Rossiiskoi imperii*. Berlim: Petropolis, 1938.

KRYLENKO, Nikolai V. *Sudoustroitstvo rsfsr: lektsii po teorii i istorii sudoustroitstva*. Moscou: Iuridicheskoe izdatelstvo NKIu, 1924.

_____ (Org.). *Ekonomicheskaia kontr-revoliutsiia v Donbasse: itogi shakhtinskogo dela, stati i dokumenty*. Moscou: Iuridicheskoe izsatelstvo NKIu RSFSR, 1928.

KRIVITSKY, Walter G. *In Stalin's Secret Service*. Nova York: Harper & Bros., 1939.

_____. *I Was Stalin's Agent*. Londres: H. Hamilton, 1939.

KRIVOCHÉEV, G. F. (Org.). *Grif sekretnosti sniat*. Moscou: Voennoeizdat, 1993.

_____. *Rossiia i SSSR v voinakh XX veka: Poteri vooruzhenykh sil, statisticheskoe issledovanie*. Moscou: Olma, 2001.

Kronstadskaia tragediia 1921 g.: dokumenty. Moscou: Rosspen, 1999. 2 v.

KRÚMIN, Garald I. *Shakhtinskii prostess*. Moscou e Leningrado: Moskovskii rabochii, 1928.

KRÚPSKAIA, N. K. *Izbrannye proizvedeniia*. Moscou: Politicheskaia literatura, 1988.

_____. *O Lenine: sbornik statei i vystuplenii*. Moscou: Politicheskaia literatura, 1965.

_____. "Poslednie polgoda zhizni Vladimira Ilicha (3 fevralia 1924 goda)", *Izvestiia TsK KPSS*, n. 4, pp. 169-78, 1989.

KRÚPSKAIA, N. K. *Memories of Lenin*. Nova York: International Publishers, [1930].

———. *Reminiscences of Lenin*. Moscou: Progress, 1959.

KSENOFÓNTOV, F. A. *Lenin i imperialisticheskaia voina 1914-1918 gg.: k desiatiletiiu imperialisticheskoi voiny*. Tachkent: Sredne-aziatskoe biuro, 1924.

KUDÉLLI, Praskóvia F. (Org.). *Pervyi legalnyi Peterburgskii komitet bolshevikov v 1917 godu: Sbornik materialov i protokolov zasedanii*. Moscou e Leningrado: Gosizdat, 1927.

KUDIÚKHINA, M. M. "Krasnaia armiia i 'voennye trevogi' vtoroi poloviny 1920-kh godov". *Rossiia i mir glazami druga druga: iz istorii vzaimovospriiatiia*. Moscou: IRI RAN, 2007. pp. 153-74.

KUDRIACHOV, Serguei (Org.). *Krasnaia armiia v 1920-e gody*. Moscou: Vetsnik arkhiva prezidenta Rossiiskoi Federatsii, 2007.

KÚIBICHEV, V. V. *Epizody iz moei zhizni*. Moscou: Staryi bolshevik, 1935.

KÚIBICHEVA, Elena. *Valerian Vladimirovich Kuibyshev, 1888-1935: iz vospominanii sestry*. Moscou: Politicheskaia literatura, 1938.

KÚIBICHEVA, G. V. *Valerian Vladimirovich Kuybyshev: biografiia*. Moscou: Politicheskaia literatura, 1966.

KUKÚCHKIN, Iu. S. *Rezhim lichnoi vlasti Stalina: k istorii formirovanii*. Moscou: Moskovskii universitet, 1989.

KULCHARÍPOV, M. M. *Z. Validov i obrazjovanie Bashkirskoi Avtonomnoi Sovetskoi Respubliki (1917-1920 gg.)* Ufa: Bashkirskoe knizhnoe izdatelstvo, 1992.

KULECHOV, Serguei. "Lukollov mir", *Rodina*, n. 9-10, pp. 72-5, 1991.

KULIKOV, S. "Vremennoe pravitelstvo i vysshaia tsarskaia biurokratiia", *The Soviet and Post-Soviet Review*, v. 24, n. 1-2, pp. 67-83, 1997.

KUMANIOV, V. A.; KULIKOVA, I. S. *Protivostoianie: Krupskaia-Stalin*. Moscou: Nauka, 1994.

KUN, Miklós. *Bukharin: ego druzia i vragi*. Moscou: Respublika, 1992.

———. *Stalin: An Unknown Portrait*. Budapeste: Central European University Press, 2003.

KUROMIYA, Hiroaki. "The Crisis of Proletarian Identity in the Soviet Factory, 1928-1929", *Slavic Review*, v. 44, n. 2, pp. 280-97, 1985.

———. "The Shakhty Affair", *South East European Monitor*, v. 4, n. 2, pp. 41-64, 1997.

———. *Freedom and Terror in the Donbas: A Ukrainian-Russian Borderland, 1870-1990s*. NovaYork: Cambridge University Press, 1998.

———. *Stalin*. Nova York: Pearson/Longman, 2005.

———. *Stalin's Industrial Revolution: Politics and Workers, 1928-1932*. Nova York: Cambridge University Press, 1988.

KUROPATKIN, A. N. *The Russian Army and the Japanese War*. Londres: J. Murray, 1909. 2 v.

KURZMAN, Charles. *Democracy Denied, 1905-1915: Intellectuals and the Fate of Democracy*. Cambridge, MA: Harvard University Press, 2008.

KUUSINEN, Aino. *Rings of Destiny: Inside Soviet Russia from Lenin to Brezhnev*. Nova York: Morrow, 1974.

KUUSINEN, Otto. *Neudavsheesia izobrazhenie "nemetskogo Oktiabria": po povodu "Uroki Oktiabria" Trotskogo*. Leningrado: Gosizdat, 1924.

KUVÁRZIN, A. I. *Dorogami neskonchaemykh bitv*. Kiev: Politicheskaia literatura Ukrainy, 1982.

KUZMIN, N. F. *Krushenie poslednego pokhoda Antanty*. Moscou: Politicheskaia literatura, 1958.

———. "Ob odnoi ne vypolnennoi dikertive glavkoma", *Voenno-is-toricheskii zhurnal*, n. 9, pp. 49-66, 1962.

KUZMIN, S. *Pod gnetom svobod (Zapiski natsionalista)*. São Petersburgo: M. Aleneva, 1910.

KUZMIN, Serguei L. (Org.). *Baron Ungern v dokumentakh i memuarakh*. Moscou: KMK, 2004.

KUZMIN, Serguei L. *Istoriia barona Ungerna: opyt rekonstruktskii*. Moscou: KMK, 2011.

KUZMIN, V. I. *Istoricheskii opyt sovestkoi industrializatsii*. Moscou: Mysl', 1969.

KVACHÓNKIN, A. V. (Org.). *Bol'shevistskoe rukovodstvo: perepiska, 1912-1927*. Moscou: Rosspen, 1996.

KVAKIN, A. V. (Org.). *Okrest Kolchaka: dokumenty i materialy*. Moscou: AGRAF, 2007.

KVINITADZE, G. I. *Moi vospominaniia v gody nezavisimosti Gruzii 1917-1921*. Paris: YMCA, 1985.

Lado Ketskhoveli: Sbornik dokumentov i materialov. Tbilíssi: Sabchota Sakartvelo, 1969.

LAFEBER, Walter. *The Clash: A History of U.S.-Japanese Relations*. Nova York: W. W. Norton & Company, 1997.

LAKOBA, Stanislav. "'Ia Koba, a ty Lakoba'". *Moe serdtse v gorakh: ocherki o sovremennoi Abkhazii*. Org. de Fasil Iskander. Ypshkar Ola, 2001. pp. 50-78.

LAMBERT, Nicholas A. *Planning Armageddon: British Economic Warfare and the First World War*. Cambridge, MA: Harvard University Press, 2012.

LAMZDORF, V. N. *Dnevnik, 1891-1892*. Moscou: Akademiia, 1934.

LANDA, R. G. "Mirsaid Sultan-Galiev", *Voprosy Istoriia KPSS*, n. 8, pp. 53-70, 1999.

LANDIS, Erik C. *Bandits and Partisans: The Antonov Movement in the Russian Civil War*. Pittsburgh: University of Pittsburgh Press, 2008.

LANE, D. *Roots of Russian Communism: A Social and Historical Study of Russian Social-Democracy, 1898-1907*. Assen: Van Gorcum, 1969.

LANG, David Marshall. *A Modern History of Soviet Georgia*. Nova York: Grove Press, 1962.

_____. *The Last Years of the Georgian Monarchy, 1658-1832*. Nova York: Columbia University Press, 1957.

LAPIN, N. (Org.). "Progessivnyi blok v 1915-1917 gg.", *Krasnyi arkhiv*, n. 56, pp. 80-135, 1933.

LAPORTE, Maurice. *Histoire de l'Okhrana, la police secrète des tsars, 1880-1917*. Paris: Payot, 1935.

LAPPO, D. *Iosif Vareikis*. Moscou: Politicheskaia literatura, 1966.

LÁRIN, Iúri. "Ukolybeli", *Narodnoe khoziaistvo*, n. 11, 1918.

_____. *Sovetskaia derevnia*. Moscou: Ekonomicheskaia zhizn', 1925.

LÁRINA, Anna. *This I Cannot Forget: The Memoirs of Nikolai Bukharin's Widow*. Nova York: Norton, 1993.

_____. "Nezabyvaemoe", *Znamia*, n. 11, 1988.

LARSONS, M. J. *Im Sowjet-Labyrinth*. Berlim: Transmare Verlag, 1931.

LARUELLE, Marlène. *L'Idéologie eurasiste russe, ou Comment penser l'empire*. Paris: L'Harmattan, 1999.

LÁTICHEV, A. G. *Rassekrechennyi Lenin*. Moscou: Izd-vo Mart, 1996.

LATSIS, M. *Chrezvychainye komissii po borbe s kontr-revoliutsiei*. Moscou: Gosizdat, 1921.

_____. *Otchet VChK za chetyre goda ee daiatelnosti, 20 dekabria 1917-20 dekabria 1921 g*. Moscou: vchK, 1922.

_____. "Vozniknoveniie Narodnogo kommisariata Vnutrennikh Del i organizatsiia vlasti na mestakh", *Proletarskaia revoliutsiia*, v. 37, n. 2, pp. 136-59, 1925.

LAUCHLAN, Iain. "The Accidental Terrorist: Okhrana Connections to the Extreme-Right and the Attempt to Assassinate Sergei Witte in 1907", *Revolutionary Russia*, v. 14, n. 2, pp. 1-32, 2001.

_____. "Young Felix Dzerzhinsky and the Origins of Stalinism." Disponível em: <www.ed.ac.uk/polo-poly_fs/1.124547!/fileManager/wp-iain-lauchlan-YoungFelix.pdf>.

_____. *Russian Hide-and-Seek: The Tsarist Secret Police in St. Petersburg, 1906-1914*. Helsinque: Suomalaisen Kirjiallisuuden Seura/Finnish Literature Society, 2002.

LAWTON, Lancelot. *An Economic History of Soviet Russia*. Londres: Macmillan, 1932. 2 v.

_____. *The Russian Revolution, 1917-1926*. Londres: Macmillan, 1927.

1042

LAZARSKI, Christopher. "White Propaganda Efforts in the South during the Russian Civil War, 1918-19: The Alekseev-Denikin Period", *Slavonic and East European Review*, v. 70, n. 4, pp. 688-707, 1992.

LEDONNE, John P. *The Russian Empire and the World 1700-1917: The Geography of Expansion and Containment*. Nova York: Oxford University Press, 1997.

_____. *Absolutism and Ruling Class: The Formation of the Russian Political Order, 1700-1825*. Nova York: Oxford University Press, 1991.

_____. *The Russian Empire and the World, 1700-1917: The Geopolitics of Expansion and Containment*. Nova York: Oxford University Press, 1997.

League of Nations. *Records of the... Assembly, Plenary Meetings*. Genebra: Publications Department of the League of Nations, 1920-46. 26 v.

LÉBEDEV, M. "Sostoianie i perspektivy razvitiia elevatornogo khoziaistva v sibkrae", *Zhizn sibiri*, n. 2, 1928.

LEE, Hermione. *Virginia Woolf's Nose: Essays on Biography*. Princeton, NJ: Princeton University Press, 2005.

LEE, John. *The Warlords: Hindenburg and Ludendorff*. Londres: Weidenfeld & Nicolson, 2005.

LEGGETT, George. *The Cheka: Lenin's Political Police*. Oxford: Clarendon, 1981.

LEHOVITCH, Dimitry V. *White Against Red: The Life of General Anton Denikin*. Nova York: W. W. Norton, 1974.

LELACHVÍLI, G. "Lado Ketskhoveli, besstrashnyi revoliutsioner", *Rasskazy o Velikom Staline*, kn. 2. Tbilíssi: Zaria vostoka, 1941.

LELÉVITCH, G. (L. G. Kalmanson). *Oktiabr v stavke*. Gomel: Istpart, 1922.

LEMKE, Mikhail. *250 dnei v tsarskoi stavke (25 sentabria 1915-2 iiulia 1916)*. Petersburgo: Gosudarstvennoe izdatelstvo, 1920.

LENCZOWSKI, George. *Russia and the West in Iran, 1918-1948*. Ithaca, NY: Cornell University Press, 1949.

Lenin v pervye mesiatsy sovetskoi vlasti: Sbornik statei i vospominanii. Moscou: Partizdat, 1933.

Lenin v vospominaniiakh chekistov. Moscou: Pogranichnik 1969.

LÊNIN, V. I. *Collected Works*. Moscou: Foreign Languages Pub. House, 1960-70. 45 v.

_____. *Selected Works*. Moscou: Progress, 1975. 3 v.

_____. *Lenin o Trotskom i trotskizme*. Moscou: Novaia Moskva, 1925.

_____. *Leninskie dekrety o Moskve*. Moscou: Moskovskii rabochii, 1978.

_____. *Polnoe sobranie sochinenii [PSS]* 5. ed. Moscou: Politicheskaia literatura, 1958-65. Citado como *PSS*. 55 v.

_____. *Sobranie sochinenii*. Moscou e Leningrado: Gosizdat, 1920-6. 20 v.

_____. *Sobranie sochinenii*. 2. e 3. eds. Moscou e Leningrado: Gosizdat, 1925-32. 30 v.

_____. *Sobranie sochinenii*. 4. ed. Moscou: Politicheskaia literatura, 1941-67. 45 v.

_____. *V. I. Lenin: neizvestnye dokumenty, 1891-1922*. Moscou: Rosspen, 1999.

Leninskii sbornik. Moscou: Gosizdat, 1924-85. 40 v.

LENOE, Matthew E. "Agitation, Propaganda, and the 'Stalinization' of the Soviet Press, 1922-1930", Carl Beck Papers, n. 1305, 1998.

LENSEN, George Alexander. "Japan and Tsarist Russia: The Changing Relationship", *Jahrbücher für geschichte Osteuropas*, v. 10, n. 3, pp. 337-49, 1962.

_____. *Japanese Recognition of the USsr: Japanese-Soviet Relations, 1921-1930*. Tallahassee, FL: Diplomatic Press, 1970.

LEONARD, Raymond W. *Secret Soldiers of the Revolution: Soviet Military Intelligence, 1918-1933*. Westport, CT: Greenwood Press, 1999.

LEÓNIDOV, I.; REIKHSBAUM, A. "Revoliutsonnaia zakonnost i khlebozagotovski", *Na leninskom puti*, n. 1-2, 31 jan. 1928.

LEÓNOV, Nikolai S. *Likholetie*. Moscou: Mezzhdunarodnye otnosheniia, 1994.

LEÓNOV, S. V. *Rozhdenie sovetskoi imperii: gosudarstvo i ideologiia, 1917-1922 gg.* Moscou: Dialog-MGU, 1997.

LEÓNTIEV, Iaroslav V. (Org.). *Partiia levykh sotsialistov-revoliutsionerov: Dokumenty i materialy, 1917-1925 gg.* Moscou: Rosspen, 2000. 3 v.

LEONTOVITSCH, Victor. *Geschichte des Liberalismus in Russland*. Frankfurt am Main: Vittorio Klostermann, 1957.

LEPECHÍNSKI, I. *Revoliutsiia na Dalnem vostoke*. Moscou: Gosizdat, 1923.

LERNER, Warren. "Attempting a Revolution from Without: Poland in 1920", *Studies on the Soviet Union*, v. 11, n. 4, pp. 94-106, 1971.

———. "Poland in 1920: A Case Study in Foreign-Policy Decision Making under Lenin", *South Atlantic Quarterly*, v. 72, n. 3, pp. 406-14, 1973.

———. *Karl Radek: The Last Internationalist*. Stanford, CA: Stanford University Press, 1970.

LEROY-BEAULIEU, Anatole. *The Empire of the Tsars and Russians*. Nova York e Londres: G. P. Putnam's Sons, 1898. 3 v.

LÉSKOV, Valentin. *Okhota na vozhdei: ot Lenina do Trotskogo*. Moscou: Veche, 2005.

Lessons of the German Events. Londres: London Caledonian Press, 1924.

LEVINE, Isaac Don. *Stalin's Great Secret*. Nova York: Coward-McCann, 1956.

LEWIN, Moshe. *Lenin's Last Struggle*. Nova York: Panetheon, 1968.

———. *Political Undercurrents in Soviet Economic Debates: From Bukharin to the Modern Reformers*. Princeton, NJ: Princeton University Press, 1974.

———. *Russia/USSR/Russia: The Drive and Drift of a Superstate*. Nova York: New Press, 1995.

———. *Russian Peasants and Soviet Power: A Study of Collectivization*. Nova York: Norton, 1968.

LEWIS, Ben; LIH, Lars (Orgs.). *Zinoviev and Martov: Head to Head in Halle*. Londres: November Publications, 2011.

LEWIS, J. Patrick. "Communications Output in the USSR: A Study of the Soviet Telephone Systems", *Soviet Studies*, v. 28, n. 3, pp. 406-17, 1976.

LEWIS, Jon E. *The Mammoth Book of Eyewitness World War I: Over 280 First-Hand Accounts of the War to End All Wars*. Filadélfia: Running Press, 2003.

LIÁDOV, M. "Zarozhdenie legal'nogo i revoliutsionnogo Marksizma v Rossii", *Front nauki i tekhniki*, n. 2, 1933.

LIÁDOV, P. F. *Istoriia Rossiiskogo protokola*. Moscou: Mezhdunarodnye otnosheniia, 2004.

LIBERMAN, Simon. *Building Lenin's Russia*. Chicago: University of Chicago Press, 1945.

LIEBICH, André. "Menshevik Origins: The Letters of Fedor Dan", *Slavic Review*, v. 45, n. 4, pp. 724-8, 1986.

LIEVEN, Dominic C. B. "Bureaucratic Authoritarianism in Late Imperial Russia: The Personality, Career, and Opinions of P. N. Durnovó", *Historical Journal*, v. 26, n. 2, pp. 391-402, 1983.

———. "Dilemmas of Empire 1850-1918: Power, Territory, Identity", *Journal of Contemporary History*, v. 34, n. 2, pp. 163-200, 1999.

———. "Pro-Germans and Russian Foreign Policy 1890-1914", *International History Review*, v. 2, n. 1, pp. 34-54, 1980.

———. "Russia, Europe, and World War I". *Critical Companion to the Russian Revolution, 1914-1921*. Org. de Edward Acton et al. Bloomington: Indiana University Press, 1997.

LIEVEN, Dominic C. B. "Russian Senior Officialdom under Nicholas II: Careers and Mentalities", *Jahrbücher für Geschichte Osteuropas*, v. 32, n. 2, pp. 199-223, 1984.

_____. *Empire: The Russian Empire and its Rivals*. New Haven, CT: Yale University Press, 2002.

_____. *Nicholas II: Twilight of the Empire*. Nova York: St. Martin's Press, 1994.

_____. *Russia and the Origins of the First World War*. Nova York: St. Martin's Press, 1983.

_____. *Russia's Rulers under the Old Regime*. New Haven, CT: Yale University Press, 1989.

_____. *The Aristocracy in Europe, 1815-1914*. Nova York: Columbia University Press, 1992.

_____ (Org.). *British Documents on Foreign Affairs: Reports and Papers from the Foreign Office Confidential Print*. Part I, Series A, Russia, 1859-1914. Frederick, MD: University Publications of America, 1983. 6 v.

LIH, Lars T. "The Ironic Triumph of 'Old Bolshevism'", *Weekly Worker*, 25 nov. 2010. Disponível em: <www.cpgb.org.uk/home/weekly-worker/843/the-ironic-triumph-of-old-bolshevism>.

_____. *Lenin Rediscovered: What is to be Done? in Context*. Leiden: Brill, 2006.

_____. "1912: 'A faction is not a party'", *Weekly Worker*, n. 912, 3 maio 2012.

_____. "Bolshevik *Razverstka* and War Communism", *Slavic Review*, v. 45, n. 4, pp. 673-88, 1986.

_____. "Bukharin's 'Illusion': War Communism and the NEP", *Russian History/Histoire Russe*, v. 27, n. 4, pp. 417-59, 2000.

_____. "Political Testament of Lenin and Bukharin and the Meaning of NEP", *Slavic Review*, v. 50, n. 2, pp. 240-52, 1991.

_____. "Zinoviev: Populist Leninist". *The NEP Era: Soviet Russia, 1921-1928*, 2, 2007. pp. 1-23.

_____. *Bread and Authority in Russia, 1914-1921*. Berkeley: University of California Press, 1990.

_____. *Lenin*. Londres: Reaktion Books, 2011.

_____ et al. (Orgs.). *Stalin's Letters to Molotov*. New Haven, CT: Yale University Press, 1995.

LINCOLN, W. Bruce. *Passage Through Armageddon: The Russians in War and Revolution, 1914-1918*. Nova York: Simon & Schuster, 1986.

_____. *Red Victory: A History of the Russian Civil War*. Nova York: Simon & Schuster, 1989.

LIPÁTNIKOV, Iu. "Byl li agentom okhranki Sverdlov?", *Situatsii*, n. 1, 1991.

LIPÍTSKI, S. V. *Voennaia daiatelnost' TsK RKP (b), 1917-1920*. Moscou: Politizdat, 1973.

LITVAK, Dmitriy; KUZNETZOV, Alexander. "The Last Emir of Noble Bukhara and His Money", *International Bank Note Society journal*, v. 50, n. 3, 2011.

LITVIN, Alter (Org.). *Levye esery i VChK: Sbornik dokumentov*. Kazan: NKT, 1996.

_____. *Krasnyi i belyi terror v Rossii, 1918-1922 gg*. Kazan: Tatarskoe gazetno-zhurnalnoe izd-vo, 1995.

LITVÍNOV, M. Iu.; SIDÚNOV, A. V. *Shpiony i diversanty: borba s pribaltiiskim spionazhem i natsionalisticheskim bandformirovaniiami na Severo-Zapade Rossii*. Pskov: Pskovskaia oblastnaia tipografiia, 2005.

LIU, F. F. *A Military History of Modern China, 1924-1929*. Princeton, NJ: Princeton University Press, 1956.

LIUBÍMOV, Nikolai Nikoláevitch; ERLIKH, Aleksandr Nikoláevitch. *Genuezskaia konferentsiia: vospominaniia uchastnikov*. Moscou: Institut mezhdunarodnykh otnoshenii, 1963.

LIUBOSH, S. *Russkii fashist: Vladimir Purichkevitch*. Leningrado: Byloe, 1925.

LIULEVICIUS, Vejas Gabriel. *War Land on the Eastern Front: Culture, National Identity, and German Occupation in World War I*. Nova York: Cambridge University Press, 2000.

LIVEZEANU, Irina. *Cultural Politics in Greater Romania: Regionalism, Nation Building, and Ethnic Struggle, 1918-1930*. Ithaca, NY: Cornell University Press, 1995.

LOBÁNOV, M. P. *Stalin v vospominaniiakh sovremennikov i dokumentakh epokhi*. Moscou: Eksmo-Algoritm, 2002.

LOCKHART, R. H. Bruce. *British Agent*. Nova York: G. P. Ptunam's Sons, 1933.

_____. *Memoirs of a British Agent: Being an Account of the Author's Early Life in Many Lands and of His Official Mission to Moscow in 1918*. Nova York: G. P. Ptunam's Sons, 1932.

LOEWE, Heinz-Dietrich. *Antisemitismus under reaktionaere Utopie: Russischer Konservatismus um Kampf gegen Wandel von Staat under Gesellschaft, 1890-1917*. Hamburgo: Hoffmann und Campe, 1978.

LOGACHIOV, Vladímir A. "'V khlebnom raoine Zapadnoi Sibiri': ot prodraverstka k golodu", *Vestnik Tomskogo gusudarstvennogo universiteta: Istoriia*, n. 3, 2012.

LÓGINOV, V. T. *Leninskaia "Pravda" 1912-1914 gg*. Moscou, 1962.

LÓGINOV, Vladímir. *Teni Stalina: General Vlasik i ego soratniki*. Moscou: Sovremennik, 2000.

LOHR, Eric. "War and Revolution, 1914-1917". *The Cambridge History of Russia*, Org. de Dominic Lieven. Nova York: Cambridge University Press, 2006.

_____. *Nationalizing the Russian Empire: The Campaign Against Enemy Aliens During World War I*. Cambridge, MA: Harvard University Press, 2003.

LOUKIANOV, Mikhail. "Conservatives and 'Renewed Russia', 1907-1914", *Slavic Review*, v. 61, n. 4, pp. 762-86, 2002.

LÖWE, Heinz-Dietrich. "Political Symbols and Rituals of the Russian Radical Right, 1900-1914", *Slavonic and East European Review*, v. 76, n. 3, pp. 441-66, 1998.

LUBNI-GUERTSYK, I. L. *Dvizhenie naseleniia na territorii SSSR za vremia mirovoi voiny i revoliutsii*. Moscou: Planovoe khoziaistvo, 1926.

LUCHÍNSKAIA, A. V. *Velikii provokator Evno Azef*. Petrogrado: Raduga, 1923.

LUDENDORFF, Erich. *My War Memories, 1914-1918*. Londres: Hutchinson, 1919. 2 v.

LOUKOMSKI, A. S. *Memoirs of the Russian Revolution*. Londres: Fisher, Unwin, 1922.

_____. *Vospominaniia*. Berlim: Otto Kirchner, 1922.

LUNATCHÁRSKI, Anatóli. *Revolutiuonary Silhouettes*. Nova York: Hill and Wang, 1967.

_____. *Revoliutsionnye siluety*. Moscou: Deviatoe ianvaria, 1923.

_____.V. *Sobranie sochinenii*. Moscou: Khudozhestvennaia literatura, 1963-7. 8 v.

LUPPOL, A. P. "Iz istorii sovetskogo gosudarstvennogo gerba", *Ezhegodnik Gosudarstvennogo istoricheskogo muzeia*. Moscou: Sovetskaia Rossiia, 1960.

LUTCHENKO, A. I. "Rukovodstvo KPSS formirovaniem kadrov tekhnicheskoi intelligentsia, 1926-1933 g.", *Voprosy istorii KPSS*, n. 2, pp. 29-42, 1966.

LUTOVÍNOV, I. S. *Likvidatsiia miatezha Kerenskogo-Krasnogo*. Moscou e Leningrado: Voenizdat, 1965.

LUXEMBURGO, Rosa. *Die russische Revolution: eine kritische Würdigung*. Berlim: Gesellschaft und Erziehung, 1920.

LUZYANIN, S. G. "Mongolia: Between China and Soviet Russia (1920-1924)", *Problems of the Far East*, n. 2, 1995.

LYANDRES, Semyon. "On the Problem of 'Indecisiveness' among the Duma leaders during the February Revolution: The Imperial Decree of Prorogation and the decision to Convene the private meeting of February 27, 1917", *The Soviet and Post-Soviet Review*, v. 24, n.2, pp. 115-27, 1997.

_____. "Progressive Bloc Politics on the Eve of the Revolution: Revisiting P. N. Miliukov's 'Stupidity or Treason' Speech of November 1, 1916", *Russian History*, v. 31, n. 4, pp. 447-64, 2004.

_____ (Org.). "'O Dvortsovom perevorote ia pervyi raz uslyshal posle revoliutsii...': Stenogramma besedy N. Z. Bazili s A. S. Lukomskim (parizh, 24 fevralia 1933 g.)", *Russian History*, v. 32, n. 3-4,. pp. 215-58, 2005.

LYONS, Eugene. *Assignment in Utopia*. Nova York: Harcourt, Brace, 1937.

_____. *Stalin: Tsar of All the Russias*. Filadélfia: J. B. Lippincott, 1940.

LYTTELTON, Adrian. *The Seizure of Power: Fascism in Italy 1919-1929*. 2. ed. Princeton, NJ: Princeton University Press, 1987.

MACEY, David A. J. *Government and Peasant in Russia, 1861-1906: The Prehistory of the Stolypin Reforms*. DeKalb: Northern Illinois University Press, 1987.

MACHIAVELLI, Niccolo. *Gosudar'*. Org. de N. Kurotchkin. São Petersburgo, 1869.

MACKENZIE, David. *Apis: The Congenial Conspirator. The Life of Colonel Dragutin T. Dimitrijević*. Boulder, CO: East European Monographs, 1989.

MACKENZIE, F. A. *Russia Before Dawn*. Londres: T. F. Unwin, 1923.

MACMILLAN, Margaret. *Paris 1919: Six Months that Changed the World*. Nova York: Random House, 2002.

MAGEROVSKY, E. L. "The People's Commissariat for Foreign Affairs, 1917-1946". Columbia University, 1975. Tese de Doutorado.

MAGNES, Judah L. *Russia and Germany at Brest-Litovsk*. Nova York: Rand School of Social Science, 1919.

MAGUERÓVSKI, D. A. *Soiuz Sovetskikh Sotsialisticheskikh Respublik: obzor i materialy*. Moscou: NKID, 1923.

MAGUÍDOV, B. "Kak ia stal redaktorom 'Soldat revoliutsii'", *Bolshevistskaia pechat*, n. 11, pp. 30-3, 1936.

MAIER, Charles S. *Recasting Bourgeois Europe: Stabilization in France, Germany, and Italy in the Decade after World War I*. Princeton, NJ: Princeton University Press, 1975.

MÁISKI, Ivan. *Sovremennaia Mongoliia*. Irkutsk: Irkutskoe otdelenie, 1921.

MAKÁROV, S. V. *Sovet ministrov Rossiiskoi Imperii 1857-1917*. São Petersburgo: St. Petersburg University Press, 2000.

MAKÁROVA, G. P. *Narodnyi Komissariat po delam natsionalnostei rsfsr 1917-23 gg*. Moscou: Nauka, 1987.

MAKÉEV, N. Ia. "Bakinskaia podpolnaia tipografiia 'Nina' (1901-1905)". *Trudy Azerbaidzhanskogo filiala IML pri TsK KPSS*. Baku, 1952.

MAKHARADZE, F. E.; KHATCHAPURIDZE, G. E. *Ocherki po istorii rabochego i krestianskogo dvizheniia v Gruzii*. Moscou: Zhurnal'no-gazetnoe obideneniie, 1932.

MAKHARADZE, F. *K tridsatiletiiu sushchestvovaniia Tiflisskoi organizatsii: Podgotovitel'nyi period, 1870--1890. Materialy*. Tíflis: Sovetskii Kavkaz, 1925.

_____. *Ocherki revoliutsionnogo dvizheniia v Zakavkaze*. Tbilíssi: Gosizdat Gruzii, 1927.

MAKHARADZE, N. B. *Pobeda sotsialisticheskoi revoliutsii v Gruzii*. Tbilíssi: Sabchota Sakartvelo, 1965.

MAKINTSIAN, P. (Org.). *Krasnaia kniga VChK*. Moscou: Gosizdat, 1920. 2 v.

MAKLAKOV, V. A. "The Agrarian Problem in Russia before the Revolution", *Russian Review*, v. 9, n. 1, pp. 3-15, 1950.

_____. *Pervaia Gosudarstvennaia Duma: vospominaniia sovremennika*. Paris: L. Beresniak, 1939.

MAKSÁKOV, B. (Org.). "Iz arkhiva S. Iu. Vitte" e "Doklady S. Iu. Vitte Nikolaiu II", *Krasnyi arkhiv*, n. 11-12, pp. 107-43, pp. 144-58, 1925.

MAKSÁKOV, V.; TURÚNOV, A. *Khronika grazhdanskoi voiny v Sibiri 1917-1918*. Moscou e Leningrado: Gosizdat, 1926.

MALCHÉVSKI, I. S. (Org.). *Vserossiiskoe Uchreditelnoe Sobranie*. Moscou e Leningrado: Gosizdat, 1930.

MALE, Donald J. *Russian Peasant Organization Before Collectivization: A Study of Communes and Gathering, 1925-1930*. Nova York: Cambridge University Press, 1971.

MALENBAUM, Wilfred. *The World Wheat Economy, 1885-1939*. Cambridge, MA: Harvard University Press, 1953.

MALIA, Martin. *Alexander Herzen and the Birth of Russian Socialism, 1812-1855*. Cambridge, MA: Harvard, 1961.

MALIÁVSKI, A. D. *Krestianskoe dvizhenie v Rossii v 1917 g.* (*mart-oktiabr*). Moscou: Nauka, 1981.

MÁLICHEV, M. O. *Oborona Petrograda i izgnanie nemetskikh okkupantov s severeozapada v 1918 godu.* Leningrado: Leningradskii universitet, 1974.

MALINÓVSKI, Iu. P. "K pereezdu TsK RKP (b) i Sovetskogo pravitelstva iz Petrograd v Moskvu (mart 1918 g.)", *Voprosy istorii*, n. 11, pp. 99-103, 1968.

MALKOV, Pável D. *Zapiski komendanta Moskovskogo Kremlia.* 3. ed. Moscou: Molodaia gvardiia, 1959, 1967.

_____. *Reminiscences of a Kremlin Commandant.* Moscou: Progress, 1960.

MALKOV, V. L. (Org.). *Pervaia mirovaia voina: prolog XX veka.* Moscou: Nauka, 1998.

MALLE, Silvana. *The Economic Organization of War Communism, 1918-1921.* Nova York: Cambridge University Press, 1985.

MALOZEMOFF, Andrew. *Russian Far Eastern Policy, 1881-1904, with Special Emphasis on the Causes of the Russo-Japanese War.* Berkeley: University of California Press, 1958.

MÁMONTOV, V. I. *Na Gosudarevoi sluzhbe: vospominaniia.* Tallinn: Tallinna Eesti Kirjastus-Ühisuse trükikoda, 1926.

MANCHESTER, Laurie. *Holy Fathers, Secular Sons: Clergy, Intelligentsia, and the Modern Self in Revolutionary Russia.* DeKalb: Northern Illinois University Press, 2008.

MANIKÓVSKI, A. A. *Boevoe snabzhenie russkoi armii, 1914-1918 gg.* Moscou: Voennyi Redaktsion, 1923.

_____. *Boevoe snabzhenie russkoi armii v mirovoiu voinu.* Moscou: Voennaia literatura, 1930. 2 v.

MANNING, Roberta T. "The Rise and Fall of 'the Extraordinary Measures', January-June 1928: Towards a Reexamination of the Onset of the Stalin Revolution", Carl Beck Papers, n. 1504, 2001.

MANUIL (Lemechévski), Metropolitan. *Die Russischen orthodoxen Bischöfe von 1893 bis 1965: Bio Bibliographie.* Erlangen: Lehrstuhl für Geschichte und Theologie des Christlichen Ostens, 1979-89. 6 v.

MANUSSÉVITCH, A. Ia. "Polskie sotsial-demkoraticheskie i drugie revoliutsionnye grupy v Rossii za Pobedu v uprochenie sovetskoi vlasti (oktiabr 1917-ianvar 1918 gg.)". *Iz Istorii Polskogo rabochego dvizheniia.* Moscou: Sotsialno-ekonomicheskaia literatura, 1962.

MARCH, G. Patrick. *Eastern Destiny: Russia in Asia and the North Pacific.* Westport, CT: Praeger, 1996.

MÁRKINA, N. A.; FIÓDEROVNA, T. S. (Orgs.). *Baltiiskie moriaki v borbe za vlast Sovetov v 1919 godu: dokumenty i materialy.* Leningrado: Nauka, 1974.

MÁRKOV, Evguéni. *Ocherki Kavkaza: Kartiny kavkazskoi zhizni, prirody i istorii.* 2. ed. São Petersburgo e Moscou: M. F. Volf, 1904.

MÁRKOV, Nikolai E. *Voiny temnykh sil.* Paris: Doloi zlo, 1928-30.

MÁRKOVA, Liliana. "Litso vraga". *Kino: politika i liudi, 30-e gody.* Moscou: Materik, 1995.

MARKS, Steven. *Road to Power: The Trans-Siberian Railroad and the Colonization of Asian Russia, 1850--1917.* Ithaca, NY: Cornell University Press, 1991.

MARSHALL, Alexander. "Turkfront: Frunze and the Development of Soviet Counter-insurgency in Central Asia". *Central Asia: Aspects of Transition.* Org. de Tom Everett-Heath. Londres: RoutledgeCurzon, 2003.

MARTIN, Terry. "The Origins of Soviet Ethnic Cleansing", *Journal of Modern History*, v. 70, n. 4, pp. 813-61, 1998.

MARTÍNOV, A. "Ot abstraktsii k konkretnoi deiatel'nosti", *Nashe slovo*, 16 set. 1915.

MARTÍNOV, A. P. *Moia sluzhba v otdenom korpuses zhandarmov: Vospominaniia.* Stanford, CA: Hoover Institution Press, Stanford University, 1972.

MARTÍNOV, Evguéni I. *Kornilov: Popytka voennogo pervorota.* Leningrado e Moscou: Izdatelstvo voennoi tip. upr. delami Nkvm. i RVS SSSR, 1927.

———. *Tsarskaia armiia v fevralskom perevote.* Leningrado: Izd. Voennoi Tip. upr. delami narkomvoenmor i RVC SSSR, 1927.

MÁRTOV, L. *Spasiteli ili uprazdniteli? Kto i kak razrushal R.S.D.R.P.* Paris: Golos Sotsialemokrata, 1911.

MARX, Karl; ENGELS, Friedrich. *Selected Correspondence of Karl Marx and Friedrich Engels: A Selection with Commentary and Notes.* Londres: M. Lawrence, 1944.

———. *Selected Correspondence.* Moscou: Progress, 1965.

———. *Collected Works.* Nova York: International Publishers, 1975-2004. 50 v.

———. *Selected Works.* Londres: Lawrence and Wishart, 1968.

———. *The Communist Manifesto.* Com um novo prefácio de Stephen Kotkin. Nova York: Signet, 2010.

MASARYK, T. G. *The Making of a State.* Londres: Allen and Unwin, 1927.

MÁSLOV, P. *Agrarnyi vopros v Rossii.* St. Petersburg, 1905-8. 2 v.

MÁSLOV, S. S. *Rossiia posle chetyrekh let revoliutsii.* Paris: Russkaia pechat', 1922.

MASSELL, Gregory J. *The Surrogate Proletariat: Moslem Women and Revolutionary Strategies in Soviet Central Asia, 1919-1929.* Princeton, NJ: Princeton University Press, 1974.

MASSIE, Robert K. *Nicholas and Alexandra.* Nova York: Atheneum, 1967.

MASSÓLOV, Aleksandr. *Pri dvore imperatora.* Riga: Fillin, s.d.

"Materialy fevralsko-martovskogo plenuma TsK VKP (b) 1937 goda", *Voprosy istorii,* n. 2-3, 1992.

Materialy "Osoboi papki" Politbiuro TsK RKP (b) — VKP (b) po voprosu sovetsko-polskikh otnosheniii 1923--1944 gg. Moscou: RAN Institut slavianovedeniia, 1997.

MATTEOTTI, Giacomo. *Un anno di dominazione fascista.* Roma: Ufficio stampa del Partito Socialista Unitario, 1924.

MAU, Vladímir. *Reformy i dogmy, 1914-1929: ocherki istorii stanovleniia khoziastvennoi sistemy sovetskogo totalitarizma.* Moscou: Delo, 1993.

MAWDSLEY, Evan; WHITE, Stephen (Orgs.). *The Soviet Elite from Lenin to Gorbachev: The Central Committee and Its Members, 1917-1991.* Nova York: Oxford University Press, 2000.

———. *The Russian Civil War.* Boston: Allen & Unwin, 1987.

———. "An Elite Within an Elite: Politburo/Presidium Membership under Stalin, 1927-1953". *The Nature of Stalin's Dictatorship: The Politbburo, 1924-1953.* Org. de E. A. Rees. Nova York: Palgrave Macmillan, 2004. pp. 59-78.

MAYLUNAS, Andrei; MIRONENKO, Sergei (Orgs.). *A Lifelong Passion: Nicholas and Alexandra, Their Own Story.* Nova York: Doubleday, 1997.

MAYZEL, Matitiahu. *Generals and Revolutionaries: The Russian General Staff During the Revolution. A Study in the Transformation of Military Elites.* Osnabrück: Biblio, 1979.

MCAULEY, Mary. *Bread and Justice: State and Society in Petrograd, 1917-1922.* Oxford: Clarendon, 1991.

MCCANN, James M. "Beyond the Bug: Soviet Historiography of the Soviet Polish War of 1920", *Soviet Studies,* v. 36, n. 4, pp. 475-93, 1984.

MCCAULEY, Martin (Org.). *The Russian Revolution and the Soviet State 1917-1921: Documents.* Londres e Basingstoke: Macmillan, 1975.

MCCLELLAND, Charles E. *The German Historians and England: A Study in Nineteenth-Century Views.* Nova York: Cambridge University Press, 1971.

MCCULLOUGH, David. *The Path Between the Seas: The Creation of the Panama Canal, 1870-191.* Nova York: Simon & Schuster, 1977.

MCDERMOTT, Kevin; AGNEW, Jeremy. *The Comintern: A History of International Communism from Lenin to Stalin*. Houndmills, Basingstoke: Macmillan, 1996.

MCDONALD, David MacLaren. "A Lever without a Fulcrum: Domestic Factors and Russian Foreign Policy, 1905-1914", *Imperial Russian Foreign Policy*. Org. de Hugh Ragsdale. Washington, D. C. e Nova York: Woodrow Wilson Center and Cambridge University Press, 1993.

_____. "The Durnovo Memorandum in Context: Official Conservatism and the Crisis of Autocracy", *Jahrbücher für Geschichte Osteuropas*, v. 44, n. 4, pp. 481-502, 1996.

_____. "United Government and the Crisis of Autocracy, 1905-1914". *Reform in Modern Russian History*. Org. de Theodore Taranovski. Washington, D. C. e Nova York: Woodrow Wilson Center e Cambridge University Press, 1995.

_____. *United Government and Foreign Policy in Russia, 1900-1914*. Cambridge, MA: Harvard University Press, 1992.

MChK: *Iz Istorii Moskovskoi Chrezvychainoi Komissii (1918-1921)*. Moscou: Moskovskii Rabochii, 1978.

MCILROY, John et al. (Orgs.). *Industrial Politics and the 1926 Mining Lockout*. 2. ed. Cardiff: University of Wales Press, 2009.

MCKEAN, Robert B. "Constitutional Russia", *Revolutionary Russia*, v. 9, n. 1, pp. 33-42, 1996.

_____. *St. Petersburg Between the Revolutions: Workers and Revolutionaries, June 1907-February 1917*. New Haven, CT: Yale University Press, 1990.

MCKEAN, Robert. *The Russian Constitutional Monarchy, 1907-1917*. Nova York: St. Martin's Press, 1977.

MCLELLAN, David (Org.). *Karl Marx: Selected Writings*. Oxford: Oxford University Press, 2000.

MCNEAL, Robert H. "Stalin's Conception of Soviet Federalism", *Annals of the Ukrainian Academy of Arts and Sciences in the United States*, v. 9, n. 1-2, pp. 12-25, 1961.

_____. *Bride of the Revolution: Krupskaya and Lenin*. Ann Arbor: University of Michigan Press, 1972.

_____. *Stalin: Man and Ruler*. Nova York: New York University Press, 1988.

_____. *Stalin's Works: An Annotated Bibliography*. Stanford, CA: Hoover Institution Press, 1967.

MCREYNOLDS, Louise. "Mobilising Petrograd's Lower Classes to Fight the Great War", *Radical History Review*, n. 57, pp. 160-80, 1993.

MEDISH, Vadim. "The First Party Congress and its Place in History", *Russian Review*, v. 22, n. 2, pp. 168--80, 1963.

MEDLIN, Vergil D.; POWERS, Steven L. (Orgs.). *V. D. Nabokov and the Russian Provisional Government 1917*. New Haven, CT: Yale University Press, 1976.

MEDVEDEV, Roy. "New Pages from the Political Biography of Stalin". *Stalinism: Essays in Historical Interpretation*, Org. de Robert C. Tucker. Nova York: W. W. Norton, 1977.

_____. *Let History Judge: The Origins and Consequences of Stalinism*. Nova York: Columbia University Press, 1989.

_____. *On Stalin and Stalinism*. Oxford e Nova York: Oxford University Press, 1979.

MEDVÉDEVA TER-PETROSYAN, S. F. "Tovarishch Kamo", *Proletarskaia revoliutsiia*, v. 31-32, n. 8-9. pp. 117-48, 1924.

MEHLINGER, Howard D.; THOMPSON, John M. *Count Witte and the Tsarist Government in the 1905 Revolution*. Bloomington: Indiana University Press, 1972.

MEIJER, Jan M. (Org.). *The Trotsky Papers, 1917-1922*. Haia: Mouton, 1971. 2 v.

MEIR, Natan. *Kiev, Jewish Metropolis: A History, 1859-1914*. Bloomington: Indiana University Press, 2010.

MELANCON, Michael S. *The Lena Goldfields Massacre and the Crisis of the Late Tsarist State*. College Station: Texas A&M University Press, 2006.

MELANCON, MICHAEL S. *The Socialist Revolutionaries and the Russian Anti-War Movement*. Columbus: Ohio State University Press, 1990.

_____. "From the Head of Zeus: The Petrograd Soviet's Rise and First Days, 27 February-2 March 1917", Carl Beck Papers, n. 2004, 2009.

MELGUNOV, Serguei P. "Zolotoi nemetskii kliuch" k bolshevitskoi revoliutsii." Paris: Dom knigi, 1940.

_____. *Kak bolsheviki zakhvatili vlast: oktiabrskii perevorot 1917 goda*. Paris: La Renaissance, 1953.

_____. *Martovskie dni 1917 goda*. Paris: Editeurs reunis, 1961.

_____. *Sudba Imperatora Nikolaia ii posle otrecheniia*. Paris: La Renaissance, 1951.

_____. *Tragediia Admirala Kolchaka: iz istorii grazhdanskoi voiny na Volge, Urale i v Sibiri*. Belgrade: Russkaia tipografiia, 1930-1. 3 v.

_____.*The Bolshevik Seizure of Power*. Santa Barbara, CA: ABC-Clio, 1972.

MÉLIKOV, V. A. *Geroicheskaia oborona Tsaritsyna v 1918 godu*. Moscou: Voenizdat, 1940.

_____. *Srazhenie na Visle v svete opyta maisko-avgustskoi kampanii 1920 goda: politiko-strategicheskii i operativnyi ocherk*. Moscou: Krasnoznamennaia voennaia akademiia R.K.K.A. im. M. V. Frunze, 1931.

MELTIÚKHOV, Mikhail. *Sovtesko-polskie voiny: Voenno-politicheskoe protivostoianie 1918-1939 gg*. Moscou: Veche, 2001.

MELVILLE, Cecil F. *The Russian Face of Germany: An Account of the Secret Military Relations Between the German and Soviet-Russian Governments*. Londres: Wishardt and Co., 1932.

MENDEL, Arthur. "Peasant and Worker on the Eve of the First World War", *Slavic Review*, v. 24, n. 1, pp. 23-33, 1965.

"'Menia vstretil chelovek srednego rosta...' Iz vospominaniia skulptura M. D. Ryndiuksoi o rabote nad biustom I. V. Stalina v 1926 g.". *Golosa istorii: Muzei revoliutsii. Sbornik nauchnykh trudov*, Moscou, cap. 23, kn. 2, 1992. pp. 111-8.

MENNING, Bruce W. *Bayonets Before Bullets: The Imperial Russian Army, 1861-1914*. Bloomington: Indiana University Press, 1992.

MERRIDALE, Catherine. *Moscow Politics and the Rise of Stalin: The Communist Party in the Capital, 1925- -32*. Nova York: St. Martin's Press, 1990.

MEYER, Alfred. *Leninism*. Cambridge, MA: Harvard University Press, 1957.

_____. "The Soviet War Scare of 1927", *Soviet Union*, v. 5, n. 1, pp. 1-25, 1978.

MGALOBLICHVÍLI, Sofron. *Vospominaniia o moei zhizni: Nezabyvaemye vstrechi*. Tbilíssi: Merani, 1974.

MGELADZE, Akaki. *Stalin, kakim ia ego znal: stranitsy nedavnogo proshlogo*. Tbilíssi, 2001.

MIF, Pável. "Kitaiskaia Kommunisticheskaia partiiia v kriticheskie dni", *Bolshevik*, n. 21, 23-4, 1927.

MIKHÁILOVITCH, Velíki kniaz Aleksandr. *Kniga vospominanii*. Paris: Biblioteka illiustrirovanoi Rossoi, 1933. 2 v.

_____. *Once a Grand Duke*. Nova York: Farrar and Rinehart, 1932.

MIKHALIOVA, V. M. (Org.). *Revvoensovet Respubliki: protokoly 1920-1923 gg*. Moscou: Editorial URSS, 2000.

MIKHHÚTINA, I. B. "SSSR glazami polskikh diplomatov (1926-1931 gg.)", *Voprosy istorii*, n. 9, pp. 45-58, 1993.

MIKHÚTINA, I. V. *Polsko-Sovetskaia voina, 1919-1920 gg*. Moscou: Institut slavianovedeniia I blakanistiki, 1994.

MIKOIAN, A. I. "Na Severnom Kavkaze", *Novyi mir*, n. 12, 1972.

_____. *Dorogoi borby: kniga pervaia*. Moscou: Politizdat, 1971.

_____. *Feliks Dzerzhinskii*. Moscou: Partizdat, 1937.

MIKOIAN, A.I. *Mysli i vospominaniia o Lenine*. Moscou: Politizdat, 1970.

_____. *Tak bylo*. Moscou: Vargrius, 1999.

MILIUKOV, P. N. "From Nicholas II to Stalin: Half a Century of Foreign Politics", manuscrito datilografado (s.d.), Hoover Institution Archives (o manuscrito parece datar de 1942).

_____. *Istoriia vtoroi russkoi revoliutsii*. em 1. Sofia: Rossi sko-Bolgarskoe izd-vo, 1921-4. 3 v.

_____. *Ocherki po istorii Russkoi kultury*. São Petersburgo: I. N. Skorokhodov, 1904.

_____. *Vospominaniia, 1859-1917*. Nova York: Izd-vo im. Tchekhova, 1955. 2 v.

_____. *Vtoraia Duma: Publitsitskaia khronika 1907*. São Petersburgo: Obshchestvenaia polza, 1908.

_____; STITES, Richard. *The Russian Revolution*. Gulf Breeze, FL: Academic International Press, 1978.

MILIUKOV, Paul et al. *Histoire de Russie*. Paris: E. Leroux, 1932-3. 3 v.

MILIÚTIN, Vladímir. *O Lenine*. Leningrado: Gosizdat, 1924.

MILLAR, James R.; NOVE, Alec. "A Debate on Collectivization: Was Stalin Really Necessary?", *Problems of Communism*, v. 25, n. 4, pp. 49-62, 1976.

MILLER, Viktor I. *Soldatskie komitety russkoi army v 1917 g.: vozniknovenie i nachalnyi period daiatelnosti*. Moscou: Nauka, 1974.

MILTCHIK, I. I. "Fevralskie dni", *Leningradskaia pravda*, 28 fev. 1917.

MINAKOV, S. T. *Sovetskaia voennaia elita*. Orel: Orelizdat, 2000.

_____. *Stalin i ego marshal*. Moscou: Yauza Eksmo, 2004.

MINCZELES, Henri. *Histoire générale du Bund: un mouvement révolutionnaire juif*. Paris: Editions Austral, 1995.

Ministerstvo finansov, 1802-1902. São Petersburgo: Ekspeditsiia zagotovleniia gosudarstvennykh bumag, 1902. 2 v.

Ministerstvo vnutrennykh del: istoricheskii ocherk. St. Petersburg, 1902. 2 v.

MINTS, I. I. *Dokumenty velikoi proletarskoi revoliutsii*. Moscou: Gosizdat, 1938, 1948. 2 v.

MÍNTSLOV, S. R. *Petersburg v 1903-1910 godakh*. Riga: Kniga dlia vsekh, 1931.

Mirnyi dogovor mezhdu Gruziei i Rossiei. Moscou: Prodput', 1920.

MIRONOV, Gueórgi E. *Gosudari i gosudarevy liudi: gosudari i gosudarevy liudi, rossiiskie reformatory i kontr-reformatory XIX-nachala XX veka*. Moscou: Mart, 1999.

MISSHIMA, Yasuo; TOMIO, Goto. *A Japanese View of Outer Mongolia*. Nova York: Institute of Pacific Relations, 1942.

MITCHELL, Allan. *Revolution in Bavaria, 1918-1919: The Eisner Regime and the Soviet Republic*. Princeton, NJ: Princeton University Press, 1966.

MITCHELL, David J. *1919: Red Mirage*. Nova York: Macmillan, 1970.

MITCHELL, Mairin. *The Maritime History of Russia, 848-1948*. Londres: Sidgwick and Jackson, 1949.

MLÉTCHIN, L. M. *Russkaia armiia mezhdu Trotskim i Stalinym*. Moscou: Tsenrtopoligraf, 2002.

MNATSAKANIAN, A. *Poslantsy Sovetskoi Rossii v Armenii*. Erevan: Aipetrat, 1959.

MOGGRIDGE, D. E. *The Return to Gold, 1925: The Formulation of Economic Policy and Its Critics*. Cambridge, Reino Unido: Cambridge University Press, 1969.

MOLETÓTOV, I. A. *Sibkraikom: partiinoe stroitelstvo v Sibiri 1924-1930 gg*. Novossibirsk: Nauka, 1978.

MÓLOTOV, V. M. *Na shestoi god*. Moscou: Gosizdat, 1923.

MOMBAUER, Annika. "A Reluctant Military Leader? Helmuth von Moltke and the July Crisis of 1914", *War in History*, v. 6, n. 4, pp. 417-46, 1999.

_____. *Helmuth von Moltke and the Origins of the First World War*. Nova York: Cambridge University Press, 2001.

MOMBAUER, Annika. *The Origins of the First World War*. Londres: Longman, 2002.

MOMMEN, André. *Stalin's Economist: The Economic Contributions of Jenő Varga*. Londres e Nova York: Routledge, 2011.

MONAS, Sidney. "The Political Police: The Dream of a Beautiful Autocracy". *The Transformation of Russian Society*. Org. de Cyril Black. Cambridge, MA: Harvard University Press, 1967.

_____. *The Third Section: Police and Society in Russia under Nicholas I*. Cambridge, MA: Harvard University Press, 1961.

MONTEFIORE, Simon Sebag. *Young Stalin*. Nova York: Knopf, 2007. [Ed. bras.: *O jovem Stálin*. São Paulo: Companhia das Letras, 2008.]

_____. *Stalin: Court of the Red Tsar*. Londres: Weidenfeld, 2003. [Ed. bras.: *Stálin: A corte do tsar vermelho*.São Paulo: Companhia das Letras, 2006.]

MOORE, Barrington. *Soviet Politics: The Dilemma of Power*. Cambridge, MA: Harvard University Press, 1950.

MORÓZOV, K. N. *Sudebnyi protsess sotsialistov-revoliutsionerov i tiuremnoe protivostoianie (1922-1926): etika i taktika protivo-borstva*. Moscou: Rosspen, 2005.

MORÓZOV, V. M. *Sozdanie i ukreplenie sovetskogo gosudarstsvennogo apparata, noiabr 1917 g. — mart 1919 g*. Moscou: Politicheskaia literatura, 1957.

MOROZOVA, Irina Y. *The Comintern and Revolution in Mongolia*. Cambridge: White Horse, 2002.

MORRIS, Edmund. *Colonel Roosevelt*. Nova York: Random House, 2010.

MOSKALIOV, M. A. *Bolshevistskie organizatsii Zakavkazia Pervoi russkoi revoliutsii i v gody stolypinskoi reaktsii*. Moscou, 1940.

Moskovskie Bolsheviki v borbe s pravym i "levym" opportunizmom, 1921-1929 gg. Moscou: Moskovskii rabochii, 1969.

MOSKVITCH, Grigóri. *Putevoditel po Kavkazu*. 20. ed. São Petersburgo: Putivoditeli, 1913.

MOSTASHARI, Firouzeh. *On the Religious Frontier: Tsarist Russia and Islam in the Caucasus*. Londres e Nova York: I. B. Tauris, 2006.

MOSTÍEV, B. M. (Org.). *Revoliutsionnaia publitsistika Kirova, 1909-1917 gg*. Ordjonikidze: Ir, 1971.

MOTHERWELL, Robert. *Dada Painters and Poets: An Anthology*. Nova York: Wittenborn, Shultz, 1951.

MOTOJIRŌ, Akashi. *Rakka ryūsui: Colonel Akashi's Report on His Secret Cooperation with the Russian Revolutionary Parties during the Russo-Japanese War*. Traduzido [condensado] por Inaba Chiharu. Helsinque: Suomen Historiallinen Seura, 1988.

MOZÓKHIN, O. *VChK-Ogpu, karaiushchii mech diktatury proletariat: na zashchite ekonoimicheskoi ezopasnosti gosudarstva i v borbe s terrorizmom*. Moscou: Eksmo, 2004.

_____. GLADKOV, Teodor. *Menzhinskii: intelligent s Lubianki*. Moscou: Iauza, 2005.

MSTISLÁVSKI, Serguei D. *Piat dnei: nachalo i konets Fevralskoi revoliutsii*. 2. ed. Berlim: Z. I. Grzhebin, 1922.

_____. *Five Days Which Transformed Russia*. Bloomington, Indiana University Press, 1988.

MÜLLER, Rolf-Dieter. *Das Tor zur Weltmacht: Die Bedeutung der Sowjetunion für die deutsche Wirtschafts — und Rüstungspolitik zwischen den Weltkriegen*. Boppard am Rhein: Harald Boldt, 1984.

MUNCK, J. L. *The Kornilov Revolt: A Critical Examination of the Sources and Research*. Aarhus, Dinamarca: Aarhus University Press, 1987.

MUNCK, Ronaldo. *The Difficult Dialogue: Marxism and Nationalism*. Londres: Zed, 1986.

MÚRIN, Iúri. "Eshche raz ob otstavkakh I. Stalina", *Rodina*, n. 7, pp. 72-3, 1994.

MURPHY, George G. S. *Soviet Mongolia: A Study of the Oldest Political Satellite*. Berkeley: University of California Press, 1966.

MURPHY, J. T. *New Horizons*. Londres: J. Lane, 1941.

MURTÁZIN, M. L. *Bashkiriia i bashkirskie voiska v grazjidanskuiu voinu*. Moscou: Voennaia tipografiia upr. delami Narkomvoenmor i RVS, 1927.

Na prieme u Stalina: tetradi (zhurnaly) zapisei lits, priniatykh I.V. Stalinym, 1924-1953 gg. Moscou: Novyi khronograf, 2008.

NABÓKOV, Vladímir D. *Vremennoe pravitelstvo: vospominaniia*. Moscou: Mir, 1924.

_____. "Vremennoe pravitel'stvo". *Arkhiv russkoi revoliutsii*. Org. de Guéssen, v. I, pp. 9-96.

_____. "Nachalo voiny 1914 g: podennaia zapis' b ministerstva innostrannykh del", *Krasnyi arkhiv*, n. 4, pp. 3-62, 1923.

NAD, Nikolai. "Kto ubil Mikhaila Frunze", *Izvestiia*, 26 out. 2010.

NADÉJDIN, P. P. *Kavkazskii krai: priroda i liudi*. 2. ed. Tula: E. I. Drujinina, 1895.

NADTOCHÉEV, Valéri. "'Triumvirat ili 'semerka'? Iz istorii vnutripartiinoi borby v 1924-1925 godakh". *Trudnye voprosy istorii: poiski, razmyshleniia, novyi vzgliad na sobytiia i fakty*. Org. de V. V. Juravliov. Moscou: Politicheskaia literatura, 1991.

NAFZIGER, Steven. "Communal Institutions, Resource Allocations, and Russian Economic Development, 1861-1905". Yale University, 2006. Tese de Doutorado.

NAIDA, S. F. *O nekotorykh voprosakh istorii grazhdanskoivoiny v SSsr*. Moscou: Voenizdat, 1958.

NAMIER, Lewis. "After Vienna and Versailles". *Conflicts: Studies in Contemporary History*. Org. de Lewis Namier. Londres: Macmillan, 1942.

NÁRSKI, I. V. *Zhizn v katastrofe: budni naseleniia Uraka v 1917-1922 gg*. Moscou: Rosspen, 2001.

NASH, Ian Hill. *The Anglo-Japanese Alliance: The Diplomacy of Two Island Empires 1894-1907*. Londres: Athlone, 1966; Curzon (reimpressão), 2004.

NAÚMOV, A. N. *Iz utselevshikh vospominanii, 1868-1917*. Nova York: A. K. Naúmova e O. A. Kusevítskaia, 1954-5. 2 v.

NAÚMOV, V.; KÚRIN, L. "Leninskoe zaveshchanie". *Urok daet istoriia*. Org. de V. Afanássiev e G. Smirnov. Moscou: Polizdat, 1989.

NAÚMOV, Vladímir. "1923 god: sudba leninskoi alternativy", *Kommunist*, n. 5, pp. 30-42, 1991.

NAVILLE, Pierre. *Trotsky Vivant*. Paris: Juillard, 1962.

NAZÁNSKI, V. I. *Krushenie velikoi Rossii i doma Romanovykh*. Paris, 1930.

NAZÁROV, Mikhail. *Missiia Russkoi emigratsii*. Stavropol: Kavkazskii krai, 1992.

NAZÁROV, O. G. *Stalin i borba za liderstvo v bolshevistkoi partii v usloviakh NEPa*. Moscou: IVI RAN, 2002.

NEILSON, Keith. *Britain and the Last Tsar: British Policy and Russia, 1894-1917*. Oxford: Clarendon Press, 1995.

_____. *Britain, Soviet Russia and the Collapse of the Versailles Order, 1919-1939*. Nova York: Cambridge University Press, 2006.

_____. *Strategy and Supply: The Anglo-Russian Alliance, 1914-1917*. Londres: George Allen & Unwin, 1984.

NEKLIÚDOV, M. A. "Souvenirs diplomatiques: l'Entrevue de Bjoerkoe", *Revue des Deux Mondes*, n. 44, pp. 423-48, 1918.

NENARÓKOV, Albert P. *K edinstvu ravnykh: kulturnye faktory obedinitelnogo dvizheniia sovetskikh narodov, 1917-1924*. Moscou: Nauka, 1991.

_____. (Org.). *Revvoensovet Respubliki, 6 sentiabria 1918 g.-28 avgusta 1923 g*. Moscou: Politizdat, 1991.

"Neopublikovannye materialy iz biografii tov. Stalina", *Antireligioznik*, n. 12, pp. 17-21, 1939.

NETTL, J. P. *Rosa Luxemburg*. Nova York: Oxford University Press, 1966.

NEUBERG, A. *Armed Insurrection*. Londres: NLB, 1970.

NÉVSKI, V. I. *Doklad ot narodnogo kommissara putei soobshcheniia predesedateliu soveta narodnykh komissarov tov. Leninu*. Moscou: Narkomput, 1919.

NEWSTAD, E. R. W. "Components of Pessimism in Russian Conservative Thought, 1881-1905", University of Oklahoma, 1991. Tese de Doutorado.

NEWTON, Lord Thomas. *Lord Lansdowne: A Biography*. Londres: Macmillan, 1929.

NICOLAEVSKY, Boris. *Aseff: The Russian Judas*. Londres: Hurst and Blackett, 1934.

NICOLSON, Harold. *King George V: His Life and Reign*. Londres: Constable, 1952.

_____. *Peacemaking 1919: Being Reminiscences of the Paris Peace Conference*. Nova York: Houghton Mifflin, 1933.

NIELSEN, Jes Peter; WEIL, Boris (Orgs.). *Russkaia revoliutsiia glazami Petrogradskogo chinovnika: Dnevnik 1917-1918 g.* Oslo: Reprosentralen Universitetet i Oslo Slavisk-Baltisk Institut, 1986.

NIESSEL, Henri A. *Le Triomphe des bolschéviks et la paix de Brest-Litovsk: Souvenirs, 1917-1918*. Paris: Plon, 1940.

NIKOLÁEV, A. N. *Chekisty: sbornik*. Moscou: Molodaia gvardiia, 1987.

NIKOLÁEV, M. G. "Na puti k denezhnoi reforme 1922-1924 godov: chetyre arestov N. N. Kutlera", *Otechestvennaia istoriia*, n. 1, 2001.

NIKOLAIÉVSKI, Boris. *Tainye stranitsy istorii*. Org. de Iu. Felchtínski. Moscou: Gumanitarnaia literatura, 1995.

"Nikolai II — imperatritse Marii Fedeorovne, 12 ianvaria 1906", *Krasnaia nov*, t. 3, p. 22, 1927.

NIKOLAI-ON [Danielson]. *Ocherki nashego poreformennogo obshchestvennogo khoziaistva*. São Petersburgo: A. Benke, 1893.

NIKÓLSKI, B. V. "Iz dnevnikov 1905 g.". *Nikolai ii. Vospominaniia. Dnevniki*. Org. de B. V. Anánitch e R. Ch. Ganélin. São Petersburgo: D. Bulanin, 1994.

NÍKONOV, V. A. *Molotov: molodost*. Moscou: Vagrius, 2005.

NIKÚLIN, Lev. *Zapiski sputnika*. Leningrado: Izd. Pisatelei, 1932.

NISH, Ian. "The Clash of Two Continental Empires: the Land War Reconsidered", *Rethinking the Russo--Japanese War, 1904-05*. Org. de Rotem Kowner. Folkstone: Global Oriental, 2007. 2 v.

_____. *The Origins of the Russo-Japanese War*. Londres: Longman, 1985.

NOLAN, Mary. *Visions of Modernity: American Business and the Modernization of Germany*. Nova York: Oxford University Press, 1994.

NOLDE, Boris. "Tseli i realnost v velikoi voine". *Dalekoe i blizkoe: Istoricheskie ocherki*. Paris: Sovremennye zapiski, 1930.

NOSSÓVITCH, A. L. *Krasnyi Tsaritsyn, vzgliad iznutri: zapiski belogo razvedchika*. Moscou: AIRO-XXI, 2010.

_____. *Zapiski vakhmistra Nosovicha*. Paris: publicação do autor, 1967.

NOVE, Alec. "The Peasants, Collectivization, and Mr. Carr", *Soviet Studies*, v.10, n. 4, pp. 384-9, 1958.

_____. *An Economic History of the USSR*. Londres: Allen Lane, 1969.

_____. *The Soviet Economy: An Introduction*. 2. ed. Nova York: Praeger, 1969.

_____. "Was Stalin Really Necessary?", *Encounter*, pp. 86-92, abr. 1962.

_____. *Was Stalin Really Necessary? Some Problems of Soviet Political Economy*. Nova York: Praeger, 1964.

NOVÍTSKAIA, T. E. *Uchreditelnoe sobranie, Rossiia, 1918: stenogrammy i drugie dokumenty*. Moscou: Nedar, 1991.

NOWAK, K. F. (Org.). *Die Aufzeichnungen des Generalmajors Max Hoffmann*. Berlim: Kulturpolitik, 1929. 2 v.

NYAMAA, D. (Org.). *A Compilation of Some Documents Relating to the Foreign Relations of the Mongolian People's Republic*. Ulan Bator: State Publishing House, 1964.

NALBANDIAN, E. N. "'Iskra' i tipografiia 'Nina' v Baku", *Trudy Azerbaizhanskogo filiala IML pri TsK KPSS*. Baku, 1960.

O'BRIEN, Phillips Payson. *The Anglo-Japanese Alliance, 1902-1922*. Londres: RoutledgeCurzon, 2004.

O'CONNOR, Timothy. *The Engineer of Revolution: L. B. Krasin and the Bolsheviks, 1870-1926*. Boulder, CO: Westview Press, 1992.

_____. *Diplomacy and Revolution: G. V. Chicherin and Soviet Foreign Affairs, 1918-1930*. Ames: Iowa State University Press, 1988.

O'ROURKE, Kevin; WILLIAMSON, Jeffrey. *Globalization and History: The Evolution of a Nineteenth-Century Atlantic Economy*. Cambridge, MA: Massachusetts Institute of Technology Press, 1999.

OCCLESHAW, Michael. *Dances in Deep Shadows: The Clandestine War in Russia, 1917-20*. Nova York: Carroll and Graf, 2006.

ODET ERAN. *The Mezhdunarodniki*. Ramat Gan: Turtledove Publishers, 1979.

OFFER, Avner. "Going to War in 1914: a Matter of Honour?", *Politics and Society*, v. 23, n. 2, pp. 213-41, 1995.

_____. *The First World War: An Agrarian Interpretation*. Oxford: Clarendon, 1989.

OKORÓKOV, A. Z. *Oktiabr i krakh russkoi burzuazhnoi pressy*. Moscou: Mysl, 1970.

OLDENBOURG, Serge (Org.). *Le Coup d'état bolchéviste, 20 octobre-3 decembre 1917*. Paris: Payot, 1929.

OLDENBURG, Serguei S. *Gosudar Imperator Nikolai ii Aleksandrovich*. Berlim: Stiag i fond po izdaniiu tsarskikh portretov, 1922.

_____. *Istoriia tsarstvovaniia Imperatora Nikolaia II 1894-1917*. Belgrado: Obshchestvo rasprostraneniia russkoi natsionalnoi i patrioticheskoi literatury, 1938. 2 v.

_____. *Last Tsar: Nicholas II, His Reign, and His Russia*. Gulf Breeze, Fla.: Academic International Press, 1975-8. 4 v.

OLEKH, G. L. *Povorot, kotorogo ne bylo*. Novossibirsk: Novossibirsk universiteta, 1992.

OMISSI, David. *The Sepoy and the Raj: The Indian Army, 1860-1940*. Basingstoke: Macmillan, 1994.

OPPENHEIM, Samuel A. "Between Right and Left: Grigorii Yakovlevich Sokolnikov and the Development of the Soviet State, 1921-1929", *Slavic Review*, v. 48, n. 4, pp. 592-613, 1989.

ORAKHELACHVÍLI, Mamia. *Sergo Ordzhonikidze: biograficheskii ocherk*. Leningrado: Partizdat, 1936.

ORDE, Anne. *British Policy and European Reconstruction after the First World War*. Nova York: Cambridge University Press, 1990.

ORDJONIKIDZE, G. K. *Stati i rechi*. Moscou: Politicheskaia literatura, 1956-7. 2 v.

_____. "Borba s menshevikami". *Dvadtsat piat let bakinskoi organizatsii bolshevikov*. Baku, 1924.

ORDJONOKIDZE, Zinaída G. *Put Bolshevika: stranitsy iz zhizni G.k. Ordzhonikidze*. Moscou: Politcheskaia literatura, 1956, 1967.

ORLOV, Alexander. *Secret History of Stalin's Crimes*. Nova York: Random House, 1953.

ORLOV, Boris. "Mif o Fanni Kaplan", *Istochnik*, n. 2, pp. 70-1, 1993.

ORLOVA, M. I. *Revoliutsionnyi krizis 1923 g. v Germanii i politika kommunistitcheskoi partii*. Moscou: Moskovskii universitet, 1973.

ORLOVSKY, Daniel. "Corporatism or Democracy: The Russian Provisional Government of 1917". *Landscaping the Human Garden: Twentieth Century Population Management in a Comparative Framework*. Org. de Amir Weiner. Stanford, CA: Stanford University Press, 2003.

ORLOVSKY, Daniel. "Political Clientelism in Russia: The Historical Perspective", *Leadership Selection and Patron-Client Relations in the USSR and Yugoslavia*. Org. de T. H. Rigby e B. Harasymiw. Londres e Boston: Allen & Unwin, 1983.

_____. "Reform During Revolution: Governing the provinces in 1917". *Reform in Russia and the USSR: Past and Prospects*. Org. de Robert O. Crummey. Urbana: University of Illinois Press, 1989.

_____. "Russia in War and Revolution". *Russia: A History*. Org. de Gregory Freeze. Nova York: Oxford University Press, 1997.

ÓSKIN, D. P. *Zapiski soldata*. Moscou: Federatisia, 1929.

OSKLÓKOV, E. N. *Pobeda kolkhoznogo stroia v zernoykh raionakh Severnogo Kavkaza*. Rostov-na-Donu: Rostovskii universitet, 1973.

OSSENDOWSKI, Ferdinand. *Beasts, Men, and Gods*. Nova York: E. P. Dutton, 1922.

Ossínski. "Glavnyi nedostatok". *Prodovolstvennaia politika v svete obshchego khoziaistvennogo stroitelstva sovetskoi vlasti: sbornik materialov*. Moscou: Gosizdat, 1920.

OSSORGUIN, M. A. *Okhrannoe otdelenie i ego sekrety*. Moscou: Griadushchee, 1917.

OSTÁLTSEVA, Alevtina F. *Anglo-russkoe soglashenie 1907 goda: vliianie russko-iaponskoi voiny i revoliutsii 1905-1907 godov na vneshniuiu politiku tsarizma i na peregruppirovku evropeiskikh derzhav*. Sarátov: Saratovskii universitet, 1977.

OSTRÓVSKI, Aleksandr V. "Predki Stalin", *Genealogicheskii vestnik*, n. 1. 2001.

_____. *Kto stoial za spinoi Stalina?* Moscou: Tsentropoligraf-Mim Delta, 2004 (edição anterior: Olma, 2002).

Otchet 15 siezdu partii. Moscou: VKP (b), 1925.

Otchet Komissii TsIK SSSR po uvekovecheniiu pamiati V. I. Ulianova (Lenina). Moscou: TsIK SSSR, 1925.

Otchet po revizii Turkestankogo kraia. São Petersburgo: Senatskaia tip., 1910.

OTTOKAR. (Theobald Otto Maria) Czernin von und zu Chudenitz, conde. *In the World War*. Nova York: Harper & Brothers, 1920.

OVSIÁNNIKOV, A. A. *Miusskaia ploshchad, 6*. Moscou: Moskovskii rabochii, 1987.

OWEN, Launcelot A. *The Russian Peasant Movement, 1906-1917*. Londres: P. S. King & Son, 1937.

PACHUKANIS, S. (Org.). "K istorii anglo-russkogo soglasheniia 1907 g.", *Krasnyi arkhiv*, n. 69-70, pp. 3-39, 1935.

PALÉOLOGUE, Maurice. *An Ambassador's Memoirs*. Paris: Plon, 1921-2. 3 v.

_____. *La Russie des Tsars pendant la grand guerre*. Paris: Plon, 1921-2. 3 v.

PALIJ, Michael. *The Ukrainian-Polish Defensive Alliance, 1919-1921: An Aspect of the Ukrainian Revolution*. Edmonton: Canadian Institute of Ukrainian Studies, 1995.

PALLOT, Judith. *Land Reform in Russia, 1906-1917: Peasant Responses to Stolypin's Project of Rural Transformatio*. Nova York: Oxford University Press, 1999.

PALMER, James. *Bloody White Baron: The Extraordinary Story of the Russian Nobleman Who Became the Last Khan of Mongolia*. Nova York: Basic Books, 2009.

PANKRÁTOVA, A. N. et al. (Orgs.). *Revoliutsiia 1905-1907 gg. v Rossii: Dokumenty i materialy*. Moscou: Akademiia nauk, 1955-61. 5 v.

PANTSOV, Aleksandr. *Tainaia istoriia sovetsko-kitaiskikh otnoshenii: bolsheviki i kitaiskaia revolutsiia 1919--1927*. Moscou: Muravei-Gaid, 2001. Traduzido para o inglês como *The Bolsheviks and the Chinese Revolution, 1919-1927*. Richmond, Surrey: Curzon, 2000.

Papers Relating to the Foreign Relations of the United States: Russia, 1918. Washington, D. C.: Department of State, 1931-2. 3 v.

PAPKOV, Serguei. *Obyknovenyi terror: politika Stalinizma v Sibiri*. Moscou: Rosspen, 2012.

PAQUET, Alfons. *Im kommunistischen Russland: Briefe aus Moskau*. Iena: E. Diederichs, 1919.

PARES, Bernard (Org.). *Letters of the Tsaritsa to the Tsar, 1914-1916*. Westport, CT: Hyperion, 1979.

———. *My Russian Memoirs*. Londres: J. Cape, 1931.

———. *The Fall of the Russian Monarchy: A Study of Evidence*. Nova York: Knopf, 1939.

PARK, Alexander G. *Bolshevism in Turkestan, 1917-1927*. Nova York: Columbia University Press, 1957.

PARKADZE, G. "Boevye bolshevistskie druzhiny v Chiature v 1905 gody", *Rasskazy o Velikom Staline*, kn. 2. Tbilíssi: Zaria vostoka, 1941.

PARRISH, Michael. *Soviet Security and Intelligence Organizations, 1917-1990: A Biographical Dictionary and Review of Literature in English*. Nova York: Greenwood Press, 1992.

PARSONS, J. W. R. "The Emergence and Development of the National Question in Georgia, 1801-1921". University of Glasgow, 1987. Tese de Doutorado.

PATENAUDE, Bertrand. *A Wealth of Ideas: Revelations from the Hoover Institution Archives*. Stanford, CA: Stanford General Books, 2006.

———. *Stalin's Nemesis: The Exile and Murder of Leon Trotsky*. Londres: Faber and Faber, 2009.

———. *The Big Show in Bololand: The American Relief Expedition to Soviet Russia in the Famine of 1921*. Stanford, CA: Stanford University Press, 2002.

PAUSTÓVSKI, Konstantin. *Povest o zhizni*. Moscou: Sovremenny pistael, 1993.

———. *The Story of a Life*. Nova York: Pantheon Books, 1967.

PAVLIÚTCHENKOV, Serguei A. *"Orden mechenostsev": Partiia i vlast posle revoliutsii 1917-1929*. Moscou: Sobranie, 2008.

———. *Krestianskii Brest, ili predystoriia bolshevistskogo NEPa*. Moscou: Russkoe knigoizdatelskoe t-vo, 1996.

———. *Rossiia Nepovskaia*. Moscou: Novyi khronograf, 2002.

PÁVLOV, A. A. (Org.). *Chekisty: sbornik dokumentalnykh rasskazov i povesti*. Górki: Volgo-Vyatskoe knizhnoe izdatelstvo, 1968.

PÁVLOVA, Irina V. "Mekhanizm politicheskoi vlasti v SSSR v 20-30-e gody", *Voprosy istorii*, n. 11-12, pp. 49-66, 1998.

———. "Poezdka Stalina v Sibir': pochemu v Sibir'?", *Eko*, n. 2, 1995.

———. *Stalinizm: Stanovlenie mekhanizma vlasti*. Novossibirsk: Sibirskii khronograf, 1993.

PAVLÓVITCH, M. "SSSR i vostok", *Revoliutsionnyi vostok*. Moscou e Leningrado, 1927.

PAVLOVSKY, George. *Agricultural Russia on the Eve of the Revolution*. Londres: G. Routledge and Sons, 1930.

PAYNE, Robert. *The Rise and Fall of Stalin*. Nova York: Simon & Schuster, 1965.

PEARCE, Brian. *How Haig Saved Lenin*. Nova York: St. Martin's Press, 1987.

PEARCE, Cyril. *Comrades in Conscience: The Story of an English Community's Opposition to the Great War*. Londres: Francis Boutle, 2001.

PEARSON, Raymond. *The Russian Moderates and the Crisis of Tsarism, 1914-1917*. Nova York: Barnes and Noble, 1977.

PEDRONCINI, Guy. *Les Mutineries de 1917*. 2. ed. Paris: Publications de la Sorbonne, Presse Universitaires de France, 1983.

PÉGOV, A. M. et al. *Imena moskovskikh ulits*. Moscou: Moskovskii rabochii, 1979.

PENNER, D'Ann R. "Stalin and the Italianka of 1932-1933 in the Don Region", *Cahiers du Monde Russe*, v. 39, n. 1-2, pp. 27-67, 1998.

PENTKÓVSKAIA, V. V. "Rol V. I. Lenina v obrazovanii SSSR", *Voprosy istorii*, n. 3, pp. 13-24, 1956.

PÉRCHIN, D. P. (Org.). *Baron Ungern: Urga i Altan-Bulak*. Samatra: Agni, 1999.

PÉRCHIN, P. N. *Uchastkovoe zemlepolzovanie Rossii: khutora i otrubaikh rasprostranenie za desiatiletie 1907--1911 gg. i sudby vo vremia revoliutsii* (*1917-1920 gg.*). Moscou: Novaia derevnia, 1922.

PEREGÚDOVA, Z. I. "Deitel'nost komissii Vremennogo pravtitelstva i sovetskikh arkhivov po raskrytiiu sekretnoi agentury tsarskoi okhranki", *Otechestvennye arkhivy*, n. 5, pp. 10-22, 1998.

_____. *Politicheskii sysk Rossii, 1880-1917*. Moscou, 2000.

PEREIRA, Norman G. O. *White Siberia: The Politics of Civil War*. Montreal e Kingston: McGill-Queen's University Press, 1996.

Perepiska sekretariata TsK RSDRP (b) s mestnymi partiinymi organizatsiiamii: sbornik dokumentov. Moscou: Politicheskaia literatura, 1957-74. 8 v.

Perepiska V. I. Lenina i rukovodimykh im uchrezhdenii s partiinymi organizatsiiami, 1903-1905 gg. Moscou, 1975.

PERLMUTTER, Amos. *Modern Authoritarianism: A Comparative Institutional Analysis*. New Haven, CT: Yale University Press, 1981.

PERRIE, Maureen. "Food Supply in a Time of Troubles: Grain Procurement and the Russian Revolution", *Peasant Studies*, v. 17, n. 3, pp. 217-25, 1990.

_____. "The Russian Peasant Movement of 1905-1907: Its Social Composition and Revolutionary Significance", *Past and Present*, n. 57, pp. 123-55, 1972.

_____. *The Agrarian Policy of the Russian Socialist-Revolution Party: From its Origins through the Revolution of 1905-1907*. Nova York: Cambridge University Press, 1976.

Pervaia vseobshchaia perepis naseleniia Rossiiskoi imperii, 1897 g., LXIX (Tiflisskaia guberniia). São Petersburgo: Tsentralnyi statisticheskii komitet MVD, 1905.

Pervyi kongress Kominterna mart 1919 g. Moscou: Partizdat, 1933.

Pervyi legalnyi Peterburgskii komitet bolshevikov v 1917 godu: sbornik materialov i protokolov zasedanii. Moscou e Leningrado: Gosizdat, 1927.

Pervyi siezd narodov vostoka, Baku, 1-8 sentiabria, 1920 g.: stenograficheskie otchety. Petrogrado: Kommunisticheskii internatsional, 1920.

PESKOVA, G. N. "Diplomaticheskie otnosheniia mezhdu SSSR i Kitaem, 1924-1929 gg.", *Novaia i noveishaia istoriia*, n. 1, .p. 2, 1998.

_____. "Stanovleniie diplomaticheskikh otnoshenii mezhdu Sovetskoi Rossiiei i Kitaem, 1917-1924 gg.", *Novaia i noveishaia istoriia*, n. 4, pp. 105-34, n. 1, pp. 106-19, n. 2, pp. 66-88, 1998.

PESTKÓVSKI, S. S. "Ob oktiabrskie dniakh v Pitere", *Proletarskaia revoliutsiia*, n. 10, pp. 101-5, 1922.

_____. "Vospominaniia o rabote v Narkmonatse", *Proletarskaia revoliutsiia*, n. 6, pp. 124-31, 1930.

PETERS, [Ia]. "Vospominaniia o rabote vchK v pervyi gody revoliutsii", *Proletarskaia revoliutsiia*, v. 33, n. 10 pp. 5-33, 1924.

PETERSON, Claes. *Peter the Great's Administrative and Judicial Reforms: Swedish Antecedents and the Process of Reception*. Estocolmo: A.-B/Nordiska Bokhandeln, 1979.

PETHYBRIDGE, Roger. *One Step Backwards, Two Steps Forward: Soviet Society and Politics in the New Economic Policy*. Oxford: Clarendon, 1990.

_____. *The Spread of the Russian Revolution: Essays on 1917*. Nova York: St. Martin's Press, 1972.

Petrogradskaia obshchegorodskaia konferentsiia RSDRP (bolshevikov), aprel 1917 goda: protokoly. Moscou: Politicheskaia literatura, 1958.

PETROV, Iúri P. *Partiinoe stroitelstvo v Sovetskoi armii i flote: daiatelnost KPSS po sozdaniiu i ukrepleniiu politorganov, partiinykh i komsomolskikh organizatsii v vooruzhennykh silakh* (*1918-1961 gg.*). Moscou: Voenizdat, 1964.

PETROV, Nikolai. *50 i 500*. Moscou: Vserossiiskoe teatralnoe obshchestvo, 1960.

PFLANZE, Otto. *Bismarck and the Development of Germany*, 2. ed. Princeton, NJ: Princeton University Press, 1990. 3 v.

PIASKÓVSKI, A. B. (Org.). *Vosstanie 1916 godu v Srednei Azii i Kazakhstane: sbornik dokumentov*. Moscou: Akademiia Nauk, 1960.

Piat let vlasti Sovetov. Moscou: TSIK, 1922.

PIETSCH, Walter. *Revolution und Staat: Institutionen als Träger der Macht in Sowjetrussland 1917-1922*. Colônia: Verlag Wissenschaft und Politik, 1969.

PIKHÓIA, R. G.; ZELENOV, M. V. (Orgs.). *I. V. Stalin: istoricheskaia ideologiia v SSsr v 1920-1950-e gody: perepiska s istorikami, stati i zametki po istorii, stenogrammy vystuplenii. Sbornik dokumentov i materialov*. São Petersburgo: Nauka-Piter, 2006.

PILENKO, Aleksandr (Org.). *At the Court of the Last Tsar; Being the Memoirs of A. A. Mossolov, Head of the Court Chancellery, 1900-1916*. Londres: Methuen, 1935.

PÍLSKI, P. M. "Pervoe dekabrai". *Baltiiskii arkhiv: russkaia kultura v Pribaltike*. Org. de Irina BELOBRÓVTSEVA et al. Talin: Avenarius, 1996.

PIŁSUDSKI, Josef. *Year 1920*. Nova York: Piłsudski Institute of New York, 1972.

PIONTKÓVSKI, S. *Grazhdanskaia voina v Rossii: khrestomatiia*. Moscou: Kommunisticheskii universitet im. Ia. M. Sverdlova, 1925.

PIOTRÓVSKI, Adrian. *Za sovetskii teatr!* Leningrado: Academia, 1925.

PIPES, Richard (Org.). *The Unknown Lenin: From the Secret Archive*. New Haven, CT: Yale University Press, 1996.

_____. *Revolutionary Russia*. Cambridge, MA: Harvard University Press, 1968.

_____. "The First Experiment in Soviet Nationality Policy: the Bashkir Republic, 1917-1920", *Russian Review*, v. 9, n. 4, pp. 303-9, 1950.

_____. *Peter Struve*. Cambridge, MA: Harvard University Press, 1970, 1980. 2 v.

_____. *Russia under the Bolshevik Regime*. Nova York: Knopf, 1994.

_____. *The Degaev Affair: Terror and Treason in Tsarist Russia*. New Haven, CT e Londres: Yale University Press, 2003.

_____. *The Formation of the Soviet Union: Communism and Nationalism, 1917-1923*. Cambridge, MA: Harvard University Press, 1953.

_____. *The Russian Revolution*. Nova York: Knopf, 1990.

PIRANI, Simon. *The Russian Revolution in Retreat, 1920-24: Soviet Workers and the New Communist Elite*. Londres: Routledge, 2008.

PITCHER, Harvey J. *Witnesses of the Russian Revolution*. Londres: John Murray, 1994.

PITTALUGA, Giovanni B. "The Genoa Conference: Was it Really a Failure?" Disponível em: <dev3.cepr.org/meets/wkcn/1/1671/papers/The_Genoa_Conference_finale.pdf>. Acesso em: 22 dez. 2016.

PLÁTOVA, E. E. *Zhizn studenchestva Rossii v perekhodnuiu epokhu, 1921-1927 gg*. São Petersburgo: SPbGUAP SPbGU, 2001.

PLATTEN, Fritz. *Die Reise Lenins durch Deutschland in plombierten Wagen*. Berlim, 1924.

PLEKHÁNOV, A. A.; PLEKHÁNOV, A. M. *Zheleznyi Feliks: Belye piatna v biografii chekista*. Moscou: Olma, 2010.

_____ (Orgs.). *F. E. Dzerzhinskii — predsedatel VChK-Ogpu: sbornik dokumentov, 1917-1926*. Moscou: Mezhdunarodnyi fond Demokratiia, 2007.

PLEKHÁNOV, A. M. *VChK-Ogpu v gody novoi ekonomicheskoi politiki 1921-1928*. Moscou: Kuchkovo pole, 2006.

_____. *VChK-Ogpu, 1921-1928*. Moscou: X-History, 2003.

PLEKHÁNOV, Aleksandr. *Dzerzhinskii: Pervyi chekist Rossii*. Moscou: Olma, 2007.

Pobeda oktiabrskoi revoliutsii v Uzbekistane: sbornik dokumentov. Tashkent: Fan, 1963-72. 2 v.

PODBOLOTOV, Sergei. "Monarchists Against their Monarch: The Rightists' Criticism of Tsar Nicholas II", *Russian History*, v. 31, n. 1-2, pp. 105-20, 2004.

"Podpolnaia titpografiia 'Iskra' v Baku (Materialy Vano Sturua)". *Iz proshlogo: Stati i vospominaniia iz istorii Bakinskoi organizatsii i rabochego dvizheniia v Baku*. Baku: Bakinskii rabochii, 1923.

PODVÓISKI, N. I. *Krasnaia gvardiia v oktiabrskie dni*. Moscou e Leningrado: Gosizdat, 1927.

Poezdka v Sibir i povolzhe: zapiska P. A. Stolypina i A. V. Kriosvehina. São Petersburgo: A. S. Suvorin, 1911.

POGERELSKIN, Alexis. "Kamenev in Rome", *The NEP Era: Soviet Russia, 1921-1928*, n. 1, pp. 101-81, 2007.

POGREBÍNSKI, A. P. "Voenno-promyshlennye komitety", *Istoricheskie zapiski*, n. 11, pp. 160-200, 1941.

_____. *Ocherki istorii finansov dorevoliutsionnoi Rossii, XIX-XX vv*. Moscou: Gosfinizdat, 1954.

POJIGÁILO, P. A. (Org.). *P. A. Stolypin — programma reform: dokumenty i materialy,.* Moscou: Rosspen, 2003. 2 v.

POKHLÉBIN, V. V. *Velikii psevdonim*. Moscou: Iudit, 1996.

POKRÓVSKI, M. N.; IÁKOVLEV, Ia. A. (Orgs.). *Gosudarstvennoe soveshchanie*. Moscou e Leningrado: Gosizdat, 1930.

POKRÓVSKI, M.; GUÉLIS, I. R. (Orgs.). "Politcheskoe polozhenie Rossii nakanune fevralskoi revoliutsii v zhandarmskom osveshchenii", *Krasnyi arkhiv*, n. 17, pp. 3-35, 1926.

POKROVSKY, M. N. *A Brief History of Russia*. Londres: Martin Lawrence, 1933. 2 v.

POLAN, A. J. *Lenin and the End of Politics*. Berkeley: University of California Press, 1984.

POLANYI, Karl. *The Great Transformation*. Boston: Beacon, 1957.

POLETÁEV, V. E. et al. *Revoliutsionnoe dvizhenie v Rossii: aprelskii krizis*. Moscou: Akademiia nauk, 1958.

POLIKARENKO, I. E. (Org.). *O Felikse Edmundoviche Dzerzhinskom: vospominaniia, stati, ocherki sovremennikov*. Moscou: Politiizdat, 1977.

Politicheskii dnevnik, 1964-1970. Amsterdam: Fond Imeni Gertsena, 1972.

Politika Sovetskoi vlasti po natsionalnym delam za tri goda. 1917-1920 gg. Moscou: Gosizdat, 1920.

POLIVÁNOV, A. A. *Iz dnevnikov i vospominanii po dolzhnosti voennogo ministra i ego pomoshchnikov, 1917- -1916 gg*. Moscou: Vysshii voen. redaktsionnyi sovet, 1924.

POLLOCK, Troy E. *Creating the Russian Peril: Education, the Public Sphere, and National Identity in Imperial Germany, 1890-1914*. Rochester, NY: Camden House, 2010.

PÓLNER, T. I. *Zhiznennyi put kniazia Georgiia Evgenevicha Lvova*. Paris, 1932; Moscou: Russkii put', 2001.

Polnoe sobranie zakonov Rossiiskoi imperi, série 3. São Petersburgo, Tipografia Il Otdielenia Sobstvennoi Ego Imperatgorskago Velichestva Kantseliari, 1830-1916.

POLOVTSOFF, Peter. *Glory and Downfall: Reminiscences of a Russioan General Staff Officer*. Londres: G. Bell, 1935.

PÓLOVTSOV, A. A. *Dvenik gosudarstvennogo sekretaria*, P. A. Zaontchkóvski, ed. Moscou: Nauka, 1966. 2 v.

POPE, Arthur. *Maksim Litvinoff*. Nova York: I. B. Fischer, 1943.

POPOFF, George. *The Tcheka: The Red Inquisition*. Londres: A. M. Philpot, 1925.

POPOV, Nikolai. *Outline History of the C.P.S.U.* Nova York: International Publishers, 1934. 2 v.

POPOV, M. A. *Rubtsovsk 1892-2000: istoricheskie ocherki*. Rubtsovsk: [s.n.], 2004.

POSPÉLOV, Petr N. et al. *Vladimir Ilich Lenin; biografiiia*. Moscou: Politicheskaia literatura, 1960, 1963.

PRAVÍLOVA, Ekaterina. *Zakonnost i prava lichnosti: administrativnaia iustitsiia v Rossii, vtoraia polovina 19 veka — oktiabr 1917*. São Petersburgo: Obrazovanie-Kultura, 2000.

PREOBRAJÉNSKI, Evguéni. *Bumazhnye dengi v epokhu proletarskoi diktatury*. Moscou: Gosizdat, 1920.

PRIBÍTKOV, Viktor. *Apparat*. São Petersburgo: VIS, 1995.

PRICE, M. Philips. *My Reminiscences of the Russian Revolution*. Londres: G. Allen & Unwin, 1921.

PRICE, Morgan Philips; ROSE, Tania (Orgs.). *Dispatches from the Revolution: Russia 1916-1918*. Londres e Chicago: Pluto, 1997.

PRÍCHVIN, Mikhail M. *Dnevniki*. Moscou: Moskovskii rabochii, 1991-2012. 11 v.

PRIOR, Robin; WILSON, Trevor. *The Somme*. New Haven, CT: Yale University Press, 2005.

Proceedings of the Brest-Litovsk Peace Conference [electronic resource]: the peace negotiations between Russia and the Central Powers 21 November, 1917-3 March, 1918. Washington, D. C.: Government Printing Office, 1918.

PROKÓFIEV, Serguei. *Soviet Diary 1927 and Other Writings*. Londres: Faber and Faber, 1991.

PROTÁSSOV, L. G. *Vserossiiskoe Uchreditolnoe Sobranie: istoriia rozhdeniia i gibeli*. Moscou: Rosspen, 1997.

Protokoly Tsentralnogo komiteta RSDRP (b), Avgust 1917 g. — fevral 1918 g. Moscou e Leningrado: Gosizdat, 1929.

Protokoly zasedanii Vserossiiskogo Tsentralnogo Ispolnitelnogo Komiteta V-go sozyva: stenograficheskii otchet. Moscou: VTSIK, 1919.

Protokoly zasedaniia VTsIK Sovetov rabochikh, soldatskikh, krestianskikh i kazachikh deputatov ii sozyva. Moscou: VTSIK, 1918.

PSÚRTSEV, N. D. *Razvitie sviazi v SSSR*. Moscou: Sviaz', 1967.

PURICHKEVITCH, V. M. *Bez zabrala: otkrytoe pismo bolshevikam Soveta Petrogradskikh rabochikh deputatov*. Harbin: Bergut, 1917.

_____. *Vpered! Pod dvukhtsvetnym flagom (Otkrytoe pismo russkomu obshchesvtu)*. Petrogrado, 1917.

PUTÍNTSEV, N. D. "Statisticheskii ocherk Tomskoi gubernii", *Otchet po kommandovaniiu predsedatelia ot voennogo ministerstva v ekspeditsiiu dlia izyskaniia Zapadno-Sibirskoi Zheleznoi dorogi*. Samara, 1892.

PUTNA, Vitovt. *K Visle i obratno*. Moscou: Voennyi vestnik, 1927.

RABINOWITCH, Alexander "Dose Shchastnogo: Trotskii i delo geroia Baltiiskogo flota", *Otechestvennaia istoriia*, n. 1, pp. 61-81, 2001.

_____. "Maria Spiridonova's 'Last Testament'", *Russian Review*, v. 54, n. 3, pp. 424-44, 1995.

_____. *Prelude to Revolution: The Petrograd Bolsheviks and the July 1917 Uprising*. Bloomington: Indiana University Press, 1968.

_____. *The Bolsheviks Come to Power: The Revolution of 1917 in Petrograd*. Bloomington: Indiana University Press, 1976.

_____. *The Bolsheviks in Power: The First Year of Soviet Rule in Petrograd*. Bloomington: Indiana University Press, 2007.

RADEK, Karl. *Vneshniaia politika sovetskoi Rossii*. Moscou-Petrogrado: Gosizdat, 1923.

_____. *Voina polskikh belogvardeitsev protiv Sovetskoi Rossii (Doklad na sobranii agitatorov Moskovskikh organizatsii komunisticheskoi partii 8 maia 1920 g.)*. Moscou: Gosizdat, 1920.

RADKEY, Oliver H. *Agrarian Foes of Bolshevism*. Nova York: Columbia University Press, 1968.

_____. *Russia Goes to the Polls: The Election to the Russian Constituent Assembly of 1917*. Ithaca, NY: Cornell University Press, 1989.

_____. *The Sickle Under the Hammer: The Russian Socialist Revolutionaries in the Early Months of Soviet Rule*. Nova York: Columbia University Press, 1963.

_____. *Unknown Civil War in Soviet Russia: A Study of the Green Movement in the Tambov Region, 1920-1921*. Stanford, CA: Hoover Institution Press, 1976.

RADZÍNSKI, Edvard. *Ubiistvo tsarskoi semi*. Moscou: Novosti, 1991. Traduzido para o inglês como *The Last Tsar: The Life and Death of Nicholas II*. Nova York: Doubleday, 1992.

RADZINSKY, Edvard. *Stalin: The First In-depth Biography Based on Explosive New Documents from Russia's Secret Archives*. Nova York: Doubleday, 1997.

————. *The Rasputin File*. Nova York: Nan A. Talese/Doubleday, 2006.

RAEFF, Marc. *Understanding Imperial Russia*. Nova York: Columbia University Press, 1984.

————. "Some Reflections on Russian Liberalism", *Russian Review*, v. 18, n. 3, pp. 218-30, 1959.

————. "The Bureaucratic Phenomenon of Imperial Russia, 1700-1905", *American Historical Review*, v. 84, n. 2, pp. 399-411 (esp. pp. 405-6), 1979.

————. "The Russian Autocracy and its Officials", *Harvard Slavic Studies*, n. 4, pp. 77-91, 1957.

RÁKHIA, Eino. "Poslednoe podpole Vladmira Ilicha", *Krasnaia letopis*, v. 58, n. 1 pp. 79-90, 1934.

————. "Moi predoktiabrskie i posleoktiabrskie vstrechi s Leninym", *Novyi mir*, n. 1, pp. 24-39, 1934.

RAKÓVSKI, Kh. *Kniaz Metternikh: ego zhizn i politicheskaia deiatelnost'*. São Petersburgo: Iu. N. Erlikh, 1905.

RALEIGH, Donald J. "Revolutionary Politics in Provincial Russia: the Tsaritsyn 'Republic' in 1917", *Slavic Review*, v. 40, n. 2, pp. 194-209, 1981.

————. *Experiencing Russia's Civil War: Politics, Society, and Revolutionary Culture in Saratov, 1917-22*. Princeton, NJ: Princeton University Press, 2002.

————. *Revolution on the Volga, 1917 in Saratov*. Ithaca, NY: Cornell University Press, 1984.

———— (Org.). *Provincial Landscapes: Local Dimensions of Soviet Power, 1917-1953*. Pittsburgh: University of Pittsburg Press, 2002.

RANDOLPH, John. *The House in the Garden: The Bakunin Family and the Romance of Russian Idealism*. Ithaca: Cornell, 2007.

RANK, Otto. *The Trauma of Birth*. Nova York: Harcourt, Brace, 1929, 1973.

RANSEL, David. "Character and Style of Patron-Client Relations in Russia". *Klientelsysteme im Europa der Frühen Neuzeit*. Org. de Antoni Maczak. Munique: R. Oldenbourg, 1988.

RANSOME, Arthur. *Russia in 1919*. Nova York: B. W. Heutsch, 1919.

RAPOPORT, V. N.; GUÉLLER, Iu. *Izmena rodine*. Moscou: Pik strelets, 1995.

RAPPAPORT, Helen. *The Last Days of the Romanovs: Tragedy at Ekaterinburg*. Nova York: St. Martin's Press, 2009.

RASKÓLNIKOV, F. F. "V iiulskie dni", *Proletarskaia revoliutsiia*, n. 5, pp. 53-101, 1923.

————. *Krosnshtadt i piter v 1917 godu*. Moscou e Leningrado: Gosizdat, 1925.

————. *Na boevykh postakh*. Moscou: Voerilzdat, 1964.

————. *Rasskazy michmana Ilina*. Moscou: Sovetskaia literatura, 1934.

————. "V tiurme Kerenskogo", *Proletarskaia revoliutsiia*, v, 22, n. 10, pp. 150-2, 1923.

RÁVITCH-TCHERKÁSSKI, M. *Istoriia kommunisticheskoi partii (bolshevikov) Ukrainy*. Khárkov: Gosizdat Ukrainy, 1923.

RAWSON, Donald C. *Russian Rightists and the Revolution of 1905*. Nova York: Cambridge University Press, 1995.

————. "The Death Penalty in Tsarist Russia: An Investigation of Judicial Procedures", *Russian History*, v. 11, n. 1, pp. 29-52, 1984.

RAYFIELD, Donald. "Stalin as Poet", *PN Review*, n. 41, pp. 44-7, 1984.

————. *Stalin and His Hangmen: An Authoritative Portrait of a Tyrant and Those who Served Him*. Nova York: Viking, 2004.

RAYFIELD, Donald. *The Literature of Georgia: A History*. 3. ed. Londres: Gannett, 2010.

_____. *The Literature of Georgia: A History*. Oxford: Clarendon, 1994.

REED, John. *Ten Days That Shook the World*. Nova York: Boni and Liveright, 1919; Vintage, 1960.

REES, E. A. *"Iron Lazar": A Political Biography of Lazar Kaganovich*. Londres e Nova York: Anthem Press, 2012.

_____. "Stalin, the Politburo, and Rail Transport Policy", *Soviet History 1917-1953: Essays in Honour of R. W. Davies*. Org. de Julian Cooper, Maureen Perrie e E. A. Rees. Nova York: St. Martin's Press, 1995.

_____. *State Control in Soviet Russia: The Rise and Fall of the Workers' and Peasants' Inspectorate, 1920- -1934*, 1987.

REI, August. *The Drama of the Baltic Peoples*. Estocolmo: Kirjaustus Vaba Eesti, 1970.

REICHENBACH, Bernard. "Moscow 1921: Meetings in the Kremlin", *Survey*, n. 53, pp. 16-22, 1964.

REISS, Tom. *The Orientalist*. Nova York: Random House, 2005.

REISSNER, Larisa. *Oktober, ausgewählte Schriften*. Berlim: Neuer deutscher Verlag, 1927.

REMAK, Joachim. *Sarajevo: The Story of a Political Murder*. Nova York: Criterion, 1959.

REMINGTON, Thomas. "Institution Building in Bolshevik Russia: The case of 'State Kontrol'", *Slavic Review*, v. 41, n. 1, pp. 91-103, 1982.

REMNIOV, Anatóli V. *Samoderzhavnoe pravitelstvo: komitet ministrov v sisteme vyshshego upravleniia Rossiiskoi imperii (vtoraia polovina XIX-nachalo XX veka)*. Moscou: Rosspen, 2010.

RENDLE, Matthew. *Defenders of the Motherland: The Tsarist Elite in Revolutionary Russia*. Nova York: Oxford University Press, 2010.

RESHETAR, John. *The Ukrainian Revolution, 1917-1920*. Princeton, NJ: Princeton University Press, 1952.

_____. "Lenin on the Ukraine", *Annals of the Ukrainian Academy of Arts and Sciences in the United States*, v. 9, n. 1-2, pp. 3-11, 1961.

Resolutions and Decisions of the Communist Party of the Soviet Union, Toronto e Buffalo, NY: University of Toronto Press, 1974. 5 v.

RESWICK, William. *I Dreamt Revolution*. Chicago: H. Regnery Co., 1952.

REZÁNOV, A. S. *Shturmovoi signal P. N. Miliukova: S prilozheniem polnago teksta rechi, proiznesennoi Miliukovym v zasiedanii Gosudarstvennoi Dumy 1 noiabria 1916 g*. Paris: publicação do autor, 1924.

REZNIK, Aleksandr V. *Trotzkizm i Levaia oppozitsiia v RKP (b) v 1923-1924 gody*. Moscou: Svobodnoe maksistskoe izdatelstvo, 2010.

Rezoliutsii i postanovleniia pervoi Vsesoiuznoi konferentsii Obshchestva starykh bolshevikov (25-28 ianv. 1931). Moscou, 1931.

RIABUCHÍNSKI, V. P. (Org.). *Velikaia Rossiia*. Moscou: P. P. Riabushinkii, 1911. 2 v.

RIASANOVSKY, Nicholas V. "The Emergence of Eurasianism", *California Slavic Studies*, n. 4, pp. 39-72, 1967.

_____. *The Teaching of Charles Fourier*. Berkeley: University of California Press, 1969.

RIDDELL, John (Org. e Trad.). *Workers of the World and Oppressed Peoples, Unite!: Proceedings and Documents of the Second Congress, 1920*. Nova York: Pathfinder Press, 1991. 2 v.

_____ (Org.). *Founding the Communist International: Proceedings and Documents of the First Congress, March 1919*. Nova York: Pathfinder Press, 1987.

_____. *To See the Dawn: Baku 1920 — First Congress of the Peoples of the East*. Nova York: Pathfinder Press, 1993.

RIEBER, Alfred (Org.). *The Politics of Autocracy: Letters of Alexander II to Prince A. I. Bariatinskii, 1857- -1864*. Paris: Mouton, 1966.

_____. "Stalin: Man of the Borderlands", *American Historical Review*, v. 106, n. 5, pp. 1651-91, 2001.

1064

RIEBER, Alfred. "Alexander II: A Revisionist View", *Journal of Modern History*, v. 43, n. 1, pp. 42-58, 1971.

———. "Persistent Factors in Russian Foreign Policy: An Interpretive Essay", *Imperial Russian Foreign Policy*. Org. de Hugh Ragsdale. Washington, D. C.: Wilson Center Press, 1993.

———. "Stalin as Foreign Policy Maker: Avoiding War, 1927-1953". *Stalin: A New History*. Org. de Davies e Harris. Nova York: Cambridge University Press, 2005. pp. 140-58.

———. "Stalin as Georgian: The Formative Years". *Stalin: A New History*. Org. de Davies e Harris. Nova York: Cambridge University Press, 2005, 18-44.

RIGBY, T. H. "Birth of the Central Soviet Bureaucracy", *Politics* [Sydney], v. 7, n. 2, pp. 121-135, 1972.

———. "Early Provincial Cliques and the Rise of Stalin", *Soviet Studies*, v. 33, n. 1, pp. 3-28, 1981.

———. "Staffing USSR Incorporated: The Origins of the Nomenklatura System", *Soviet Studies*, v. 40, n. 4, pp. 523-37, 1988.

———. "The First Proletarian Government", *British Journal of Political Science*, v. 4, n. 1, pp. 37-51, 1974.

———. "The Origins of the Nomenklatura System". *Felder und Vorfelder russischer Geschichte*. Org. de Inge Auerbach et al. Freiburg (im Breisgau): Rombach, 1985.

———. "The Soviet Political Elite, 1917-1922", *British Journal of Political Science*, v. 1, n. 4, pp. 415-36, 1971.

———. "Was Stalin a Disloyal Patron?", *Soviet Studies*, v. 38, n. 3, pp. 311-24, 1986.

———. *Communist Party Membership in the U.S.S.R., 1917-1967*. Princeton, NJ: Princeton University Press, 1968.

———. *Lenin's Government: Sovnarkom, 1917-1922*. Nova York: Cambridge University Press, 1979.

——— et al. (Orgs.). *Authority, Power, and Policy in the USsr: Essays Dedicated to Leonard Schapiro*. Londres: Macmillan, 1980.

RIHA, Thomas. *A Russian European: Miliukov*. South Bend, IN: University of Notre Dame Press, 1969.

RÍKHTER, Zinaída. *Kavkaz nashikh dnei*. Moscou: Zhizn i znanie, 1924.

RÍKOV, A. I. *Angliia i SSSR: doklad na plenume Moskovskogo soveta 1 iiunia 1927 g*. Moscou: Gosizdat, 1927.

———. *Izbrannye proizvedenniia*. Moscou: Ekonomika, 1990.

ROBBINS, Jr., Richard G. "Choosing the Russian Governors: The Professionalization of the Gubernatorial Corps", *Slavonic and East European Review*, n. 58, pp. 541-60, 1980.

———. *The Tsar's Viceroys: Russian Provincial Governors in the Last Years of the Empire*. Ithaca, NY: Cornell University Press, 1987.

ROBERTSON, D. H. "A Narrative of the General Strike of 1926", *Economic Journal*, n. 36, pp. 375-93, 1926.

ROBINSON, Geroid T. *Rural Russia under the Old Regime*. Nova York: Columbia UniversityPress, 1934.

ROBSON, Roy P. *Solovki: The Story of Russia Told Through its Most Remarkable Islands*. New Haven, CT: Yale University Press, 2004.

RODZIANKO, M. V. *Krushenie imperii*. Leningrado: Priboi, 1929.

———. *Reign of Rasputin: An Empire's Collapse*. Gulf Breeze, FL: Academic International Press, 1973.

RODZIANKO, Mikhail V. *The Reign of Rasputin*. Londres: Philpot, 1927.

ROGACHÉVSKAIA, L. S. *Likvidatsiia bezrabotitsy v SSSR 1917-1930 gg*. Moscou: Nauka, 1973.

ROGGER, Hans. "Russia in 1914", *Journal of Contemporary History*, v. 1, n. 4, pp. 95-120, 1966.

———. "Russia", *The European Right: A Historical Profile*. Org. de Hans Rogger e Eugen Weber. Berkeley: University of California Press, 1965.

———. "The Formation of the Russian Right, 1900-1906", *California Slavic Studies*, III. Org. de Nicholas Riasanovsky e Gleb Struve. Berkeley e Londres: University of California Press, 1964.

———. "Was There a Russian Fascism? The Union of Russian People", *Journal of Modern History*, v. 36, n. 4, pp. 398-415, 1964.

1065

ROGGER, Hans. *Russia in the Age of Modernization 1881-1917*. Londres e Nova York: Longman, 1983.

_____. *Jewish Policies and Right-Wing Politics in Imperial Russia*. Londres: Macmillan, 1986.

RÖHL, John C. G.; SOMBART, Nicolaus (Orgs.). *Kaiser Wilhelm ii, New Interpretations: The Corfu Papers*. Nova York: Cambridge University Press, 1982.

ROJKOV, A. "Internatsional durakov", *Rodina*, n. 12, pp. 61-6, 1999.

ROLF, Matte. *Sovetskie massovy prazdniki*. Moscou: Rosspen, 2009.

ROLLIN, Henri. *L'Apocalypse de notre temps: les dessous de la propagande allemande d'après des documents inédits*. Paris: Gallimard, 1939.

ROMANO, Andrea. "Permanent War Scare: Mobilization, Militarization, and Peasant War", *Russia in the Age of Wars, 1914-1945*. Org. de Andrea Romano e Silvio Pons. Milão: Feltrinelli, 2000.

ROMÁNOV, B. A. "Rezentsiia: Graf S. Iu. Vitte, Vospominaniia tsarstvovaniia Nikolaia ii", *Kniga i revoliutsiia: Ezhemesiachnyi kritiko-bibliograficheskii zhurnal*, v. 26, n. 2, pp. 54-6, 1923.

_____. *Rossiia v Manchzhurii 1892-1906*. Leningrado: Institute Dalnego vostoka, 1928.

RONALDSHAY, Earl of. *The Life of Lord Curzon: Being the Authorized Biography of George Nathtaniel, Marquess Curzon of Kedleston, K. G.* Londres: Ernest Benn, 1928. 3 v.

ROPPONEN, Risto. *Die Kraft Russlands*. Helsinque: Historiallisia tutkimiksia, 1968.

RORLICH, Azade-Ayşe. *The Volga Tatars: a Profile in National Resilience*. Stanford, CA: Hoover Institution Press, 1986.

RÓSCHIN, S. K. *Politicheskaia istoriia Mongolii, 1921-1940 gg.* Moscou: Institut vostokovedeniia RAN, 1999.

ROSE, Kenneth. *King George V.* Nova York: Random House, 1984.

ROSENBAUM, Kurt. "The German Involvement in the Shakhty Trial", *Russian Review*, n. 26, pp. 238-60, 1962.

_____. *Community of Fate: German-Soviet Diplomatic Relations, 1922-1928*. Syracuse, NY: Syracuse University Press, 1965.

ROSENBERG, Alfred. *Der jüdische Bolschewismus*. [S.l.], 1921.

ROSENBERG, William G. "Representing Workers and the Liberal Narrative of Modernity", *Slavic Review*, v. 55, n. 2, pp. 245-69, 1996.

_____. *Liberals in the Russian Revolution: The Constitutional Democratic Party, 1917-1921*. Princeton, NJ: Princeton University Press, 1974.

ROSENFELDT, Nils Erik. *Knowledge and Power: The Role of Stalin's Secret Chancellery in the Soviet System of Government*. Copenhague: Rosenkilde and Bagger, 1978.

_____. *Stalin's Special Departments: A Comparative Analysis of Key Sources*. Copenhague: C. A. Reitzels Forlag, 1989.

_____. *The "Special" World: Stalin's Power Apparatus and the Soviet System's Secret Structures of Communication System..* Copenhague: Museum Tusculanum, 2009. 2 v.

ROSHWALD, Aviel. *Ethnic Nationalism and the Fall of Empires: Central Europe, Russia and the Middle East, 1914-1923*. Londres e Nova York: Routledge, 2001.

ROSMER, Alfred. *Moscou sous Lenine*. Paris: Pierre Horay, 1953.

Rossiia v mirovoi voine 1914-1918 (v tsifrakh). Moscou: Tip. M.K. Kh. imeni F. Ia. Lavrova, 1925.

Rossiia: entsiklopedicheskii slovar. São Petersburgo: Brokgauz i Efron, 1898.

Rossiiskaia Sotisalisticheskaia Federativnaia Sovetskaia Respublika i Gruzinskaia demokraticheskia respublika, ikh vzaimootnoshenii. Moscou: Gosizdat, 1922.

ROSTUNOV, I. I. *General Brusilov*. Moscou: Voenizdat, 1964.

_____. *Russkii front pervoi mirovoi voiny*. Moscou: Nauka, 1976.

ROTHSCHILD, Joseph. *East Central Europe Between the World Wars*. Seattle: University of Washington Press, 1974.

_____. *Piłsudski's Coup d'Etat*. Nova York: Columbia University Press, 1966.

RUBÁKIN, N. A. *Rossiia v tsifrakh*. São Petersburgo, 1912.

RUBTSOV, Iúri. *Iz-za spiny vozhdia: politicheskaia i voennaia deiatelnost L.Z. Mekhlisa*. Moscou: Ritm Esteit, 2003.

_____. *Marshaly Stalina*. Moscou: Feniks, 2002.

RUBTSOV, V. I. "Voenno-politcheskaia deiatelnost G. Ia. Sokolnikova, 1917-1920 gg." Moscou, 1991.

RUGE, Wolfgang. *Die Stellungnahme der Sowjetunion gegen die Besetzung des Ruhrgebiets: zur Geschichte der deutsch-sowjetischen Beziehungen von Januar bis September 1923*. Berlim: Akademie-Verlag, 1962.

RUNCIMAN, W. Leslie. "The World Economic Conference at Geneva", *Economic Journal*, n. 37, pp. 465-72, 1927.

RUPEN, Robert. *How Mongolia is Really Ruled — A Political History of the Mongolian People's Republic 1900-1978*. Stanford, CA: Hoover Institution Press, 1979.

_____. *Mongols of the Twentieth Century*. Bloomington: Indiana University Press, 1964. 2 v.

RUSSÁNOVA, I. B. "I. P. Tovstukha: k 80-letiiu so dnia rozhdeniia", *Voprosy istorii KPSS*, n. 4, pp. 128-30, 1969.

RUSSELL, Bertrand. *Justice in War Time*. Chicago: Open Court, 1916.

_____. *The Practice and Theory of Bolshevism*. Nova York: Harcourt, Brace and Howe, 1920.

RUSSKY, N. S. "An Account of the Tsar's Abdication", *Current History*, v. 7, n. 2, pp. 262-4, 1917.

RUTHERFORD, Ward. *The Tsar's War, 1914-1917: The Story of the Imperial Russian Army in the First World War*. Ed. rev. Cambridge, Reino Unido: Ian Faulkner, 1992.

RÚTITCH, Nikolai N. *Belyi front generala Iudenicha: biografii chinov Severo-Zapadnoi armii*. Moscou: Russkii put', 2002.

RUUD, Charles A.; STEPANOV, Sergei A. *Fontanka 16: The Tsars' Secret Police*. Montreal: McGill-Queen's University, 1999.

RYKOV, A. I. *Ten Years of Soviet Rule: An Economic, Social and Political Survey of the Soviet Government's Achievements from 1917 to 1927*. Londres: National Committee of Friends of Soviet Russia by the Labour Research Dept, 1928.

SAAR, Juhan (Eduard Laaman). *Le 1-er décembre 1924: l'échec du coup d'état tenté par les communistes à Tallinn (Esthonie)*. Tallinn: Walwur, 1925.

SÁDIKOV, P. (Org.). "K istorii poslednikh dnei tsarskogo rezhima (1916-1917 gg.)", *Krasnyi arkhiv*, n. 14, pp. 227-49, 1926.

SADOUL, Jacques. "La Fondation de la Troisiéme international", *La Correspondance international*, v. 4, n. 17, 12 mar. 1924.

_____. *Notes sur la révolution bolchevique, octobre 1917-janvier 1919*. Paris: Éditions de la Sirène, 1919.

SAFÁROV, Gueórgi I. *Kolonialnaia revoliutsiia: opyt Turkestana*. Moscou: Gosizdat, 1921.

SAGAN, Scott D. "1914 Revisited: Allies, Offense, and Instability", *International Security*, v. 11, n. 2, pp. 151-76, 1986.

SÁKHAROV, Valentin A. *Na rasputie: diskussiia po voporsam perspektiv i putei razvitiia sovetskogo obshchestva, 1921-1929*. Moscou: Akva-Term, 2012.

_____. *Politicheskoe zaveshchanie Lenina: realnost istorii i mify politiki*. Moscou: Moskovskii universitet, 2003.

SAKWA, Richard. "The Commune State in Moscow in 1918", *Slavic Review*, v. 46, n. 3-4, pp. 429-49, 1987.

SAKWA, Richard. *Soviet Communists in Power: A Study of Moscow During the Civil War, 1918-21*. Nova York: St. Martin's Press, 1988.

SALKO, S. V. "Kratkii otchet o deiatelnosti Glavnogo Neftianogo Komiteta za pervyi god ego sushchestvovaniia", *Izvestiia Glavnogo Neftianogo Komiteta*, n. 213, p. 77, 1919.

SALZMANN, Stephanie C. *Great Britain, Germany and the Soviet Union: Rapallo and After, 1922-1934*. Rochester, NY: Boydell Press, 2003.

SAMOILO, A. A. *Dve zhizni*. 2. ed. Leningrado: Lenizdat, 1963.

SAMÓILOV, F. *Pervyi sovet rabochikh deputatov*. Leningrado: Molodaia gvardiia, 1931.

"Samoubiistvo ne opravdanie: predsmertnoe pismo Tomskogo Stalinu", *Rodina*, n. 2, pp. 90-3, 1996.

SAMUELSON, Lennart. *Plans for Stalin's War Machine: Tukhachevskii and Military Planning, 1925-1941*. Nova York: St. Martin's Press, 2000.

_____. *Soviet Defence Industry Planning: Tulhachevskii and Military-Industrial mobilization*. Estocolmo: Stockholm Institute of East European Economies, 1996.

SANBORN, Joshua. "The Genesis of Russian Warlordism: Violence and Governance during the First World War and the Civil War", *Contemporary European History*, v. 19, n. 3, pp. 195-213, 2010.

SANCHEZ-SIBONY, Oscar. "Depression Stalinism: The Great Break Reconsidered", *Kritika*, v. 15, n. 1, pp. 23-39, 2014.

SANDOMÍRSKI, German (Org.). *Materialy Genuezskoi konferentsii: podgotovka, otchety zasedanii, raboty komissii, diplomaticheskaia perepiska i pr.* Moscou: Izd. Pisatelei, 1922.

SANDQVIST, Tom. *Dada East: The Romanians of Cabaret Voltaire*. Cambridge, MA: Massachusetts Institute of Technology Press, 2006.

SANTONI, W. "P. N. Durnovo as Minister of the Interior in the Witte Cabinet". University of Kansas, 1968. Tese de Doutorado.

SANUKOV, Ksenofont. "Stalinist Terror in the Mari Republic: The Attack on 'Finno-Ugrian Bourgeois Nationalism'", *Slavonic and East European Review*, v. 74, n. 4, pp. 658-82, 1996.

SAPIR, Boris (Org.). *Fedor Ilich Dan: Pisma (1899-1946)*. Amsterdam: Stichting Internationaal Instituut voor Sociale Geschiedenis, 1985.

SARKÍSSOV, A. *Bakinskaia tipografiia leninskoi "Iskry"*. Baku, 1961.

SAVÉLHIEV, Iu. S. *V pervyi god velikogo oktiabria*. Moscou: Mysl, 1985.

SÁVINKOV, B. S. *K delu Kornilova*. Paris: Union, 1919.

SÁVITCH, G. G. (Org.). *Novyi gosudarstvennyi stroi Rossii: Spravochnaiai kniga*. São Petersburgo: Brokgauz- -Efron, 1907.

SÁVITCH, N. *Vospominaniia*. São Petersburgo e Dusseldorf: Logos e Gluboi vsadnik, 1993.

SAVITSKAIA, R. M. "Razrabotka nauchnoi biografii V. I. Lenina", *Voprosy istorii*, n. 4, pp. 120-30, 1971.

SAVKO, N. *Ocherki po istorii partiinykh organiizatsii v Krasnoi Armii, 1917-1923 gg.* Moscou e Leningrado: Gosizdat, 1928.

SAVTCHENKO, Viktor A. *Avantiuristy grazhdanskoi voiny: istoriucheskie rassledovaniie*. Khárkov: Folio; Moscou: AST, 2000.

SAZÓNOV, S. D. *Vospominaniia*. Paris: E. Sial'skaia, 1927.

Sbornik deistvuiushchikh dogovorv soglashenii i konventsii, zakliuchennykh R.S.F.S.R. s inostrannymi gosudarstvami. São Petersburgo: Gosizdat, 1921-3. 5 v.

Sbornik tsirkuliarnykh pisem VChK-Ogpu. Moscou, 1935.

Sbornik zakonodatelnykh i normativnykh aktov o repressiiakh i reabilitatsii zhertv politicheskikh repressii. Moscou: Respublika, 1993.

SCHAFER, Daniel E. "Local Politics and the Birth of the Republic of Bashkortostan, 1919-1920", *A State of Nations: Empire and Nation-Making in the Age of Lenin and Stalin*. Org. de Ronald Grigor Suny e Terry Martin. Nova York: Oxford University Press, 2001.

SCHAPIRO, Leonard. "Lenin after Fifty Years". *Lenin, the Man, the Theorist, the Leader: A Reappraisal*. Org. de Leonard Schapiro e Peter Reddaway. Nova York: Praeger, 1967.

_____. "The Birth of the Red Army". *The Red Army*. Org. de Liddel Hart. Nova York: Harcourt, Brace, 1956.

_____. "The General Department of the CC of the CPSU", *Survey*, v. 21, n. 3, pp. 53-65, 1975.

_____. *The Origin of the Communist Autocracy: Political Opposition in the Soviet State, First Phase 1917--1922*. Cambridge, MA: Harvard University Press, 1956; Nova York: Praeger, 1965; Londres: LSE, 1977.

_____. *Soviet Treaty Series: A Collection of Bilateral Treaties, Agreements, and Conventions, Etc.*, Concluded Between the Soviet Union and Foreign Powers. Washington, D. C.: Georgetown University Press, 1950. 2 v.

SCHEFFER, Paul. *Sieben Jahre Sowjetunion*. Leipzig: Bibliographisches Institut Ag., 1930.

SCHEGOLIOV, P. E. *Okhranniki i avantiuristy, sekretnye sotrudniki i provokatory*. Moscou: GPIB, 2004.

_____ (Org.). *Padenie tsarskogo rezhima: stenograficheskie otchety doprosov i pokazanii, dannykh v 1917 g. v Chrezvychainoi sledstvennoi komissii Vremennogo pravitelstva*, 7 vols. Leningrado: Gosizdat, 1924-7.

_____. *Otrechenie Nikolaia ii.* Leningrado: Krasnaia gazeta, 1927.

SCHEIBERT, Peter. *Lenin an der Macht: Das Russische Volk in der Revolution 1918-1922*. Weinheim: Acta Humaniora, 1984.

SCHEIDEMANN, Philipp. *Memoiren enies Sozialdemokraten*. Dresden: Reissner, 1930.

SCHIMMELPENNINCK VAN DER OYE, David. *Toward the Rising Sun: Russian Ideologies of Empire and the Path to War with Japan*. DeKalb: Northern Illinois University Press, 2001.

SCHLEIFMAN, Nurit. *Undercover Agents in the Russian Revolutionary Movement: The SR Party, 1902-14*. Basingstoke, Hampshire: Macmillan, 1988.

SCHNEIDERMAN, Jeremiah. *Sergei Zubatov and Revolutionary Marxism: The Struggle for the Working Class in Tsarist Russia*. Ithaca, NY: Cornell University Press, 1976.

SCHORSKE, Carl. *Fin-de-Siècle Vienna: Politics and Culture*. Nova York: Knopf, 1980.

SCHROEDER, Paul W. "Stealing Horses to Great Applause: Austria-Hungary's Decision in 1914 in Systemic Perspective". *An Improbable War: The Outbreak of World War I and European Political Culture before 1914*. Org. de Holger Afflerbach e David Stevenson. Nova York: Berghahn Books, 2007.

_____. "The Lights that Failed – and Those Never Lit", *International History Review*, v. 28, n. 1, pp. 119-26, 2006.

SCHURER, H. "Radek and the German Revolution", *Survey*, n. 53, pp. 59-69, 1964; n. 55, pp. 126-40, 1965.

SCHWARTZ, Benjamin I. *Chinese Communism and the Rise of Mao*. Cambridge, MA: Harvard University Press, 1951.

SCHWARZ, Solomon. *Labor in the Soviet Union*. Nova York: Praeger, 1952.

SCHWITTAU, G. G. *Revoliutsiia i narodnoe khoziaistvo v Rossii 1917-1921*. Leipzig: Tsentralnoe t-vo kooperativnogo izdatelstva, 1922.

SCOTT, James C. *Seeing like a State: How Certain Schemes to Improve the Human Condition have Failed*. New Haven, CT: Yale University Press, 1998.

SEATON, Albert. *Stalin as Military Commander*. Nova York: Praeger, 1976.

Selected Correspondence of Karl Marx and Friedrich Engels: A Selection with Commentary and Notes. Londres: Lawrence, 1944.

Selskokhoziaistvennoe vedomstvo za 75 let, 1837-1912. São Petersburgo: Kantselariia Glavnoupravleniia zemleustroitsom i zemledeliem, 1914.

SELÚNSKAIA, V. M. *Izmeneniia sotsialnoi struktury sovetskogo obshchestva: oktiabr 1917-1920*. Moscou: Mysl, 1974.

SEMACHKO, Nikolai. *Otchego bolel i umer V. I. Lenin*. Leningrado: Gosizdat, 1924.

SEMENNIKOV, V. P. *Monarkhiia pered krusheniem*. Moscou e Leningrado, 1927.

SÉNIN, A. S. *A. I. Rykov: stranitsy zhizni*. Moscou: Rosvuznauka, 1993.

SENN, Alfred Erich. "Lithuania's Fight for Independence: The Polish Evacuation of Vilnius, July 1920", *Baltic Review*, n. 23, pp. 32-9, 1961.

_____. "The Rakovski Affair: A Crisis in Franco-Soviet Relations, 1927", *Études Slaves et Est-Européennes/Slavic and East-European Studies*, v. 10, n. 3-4, pp. 102-17, 1965-6.

_____. *The Russian Revolution in Switzerland, 1914-1917*. Madison: University of Wisconsin Press, 1971.

SEREBRIAKOVA, Galina. "Oni delali v chest idee, kotoroi sluzhili", *Izvestiia*, 30 jan. 1989.

SEREBRIANSKI, Z. "Sabotazh i sozdanie novogo gosudarstvennogo apparata", *Proletarskaia revoliutsiia*, n. 10, pp. 5-17, 1926.

SERGE, Victor. *La vie et la mort de Léon Trotsky (avec Natalya Sedova)*. Paris: Amiot-Dumont, 1951.

_____. *Le Tournant Obscur*. Paris: Îles d'or, 1951.

_____. *Memoirs of a Revolutionary, 1901-1941*. Nova York: Oxford University Press, 1963.

_____. *Ot revoliutsii k totalitarizmu: vospominaniia revoliutsionera*. Orenburg: Praksis, 2001.

SERGE, Victor; TROTSKY, Natalya Sedova. *The Life and Death of Leon Trotsky*. Nova York: Basic Books, 1975.

SERGEEV, Evegeny. *Russian Military Intelligence in the War With Japan, 1904-5: Secret Operations on Land and at Sea*. Nova York: Routledge, 2007.

Sergo Ordzhonikidze v Tsaritsyne i Stalingrade. Stalingrado: Obl. kn-vo, 1937.

SERGUEIEV, A. A. (Org.). "Fevralskaia revoliutsiia 1917 goda", *Krasnyi arkhiv*, n. 21, pp. 3-78, 1927.

SERGUEIEV, A. F.; e GLUCHIK, E. F. *Besedy o Staline*. Moscou: Krimskii most, 2006.

SERING, Max. *Die Unwälzung des osteuropäischen Agrarverfassung*. Berlim: Deutsche Landbuchhandlung, 1921.

SERIÓGUIN, A. V. "Vyshii monarkhicheskii sovet i operatsiia 'Trest'", *Vorprosy istorii*, n. 11, 2012.

SERVICE, Robert. *Lenin: A Political Life*. Bloomington: Indiana University Press, 1985. 3 v.

_____. *Spies and Commissars: Bolshevik Russia and the West*. Londres: Macmillan, 2011.

_____. *Stalin: A Biography*. Cambridge, MA.: Harvard Belknap, 2005.

_____. *The Bolshevik Party in Revolution: A Study in Organisational Change, 1917-1923*. Nova York: Barnes and Noble, 1979.

SETON-WATSON, Hugh. *The Russian Empire, 1801-1917*. Oxford: Clarendon, 1967.

SEVER, Aleksandr; KOLPAKIDI, Aleksandr. *Spetsnaz GRU: samaia polnaia entsiklopediia*. Moscou: Eksmo--Iauza, 2012.

SEVOSTIÁNOV, G. N. (Org.). *Moskva-Berlin, politika i diplomatiia Kremlia, 1920-1941: sbornik dokumentov*. Moscou: Rosspen, 2011. 3 v.

_____. "Sovershenno sekretno": Lubianka — Stalinu o polozhenii v strane (1922-1934 gg.). Moscou: IRI RAN, 2001-13. 10 v.

_____. *Delo Generala Kornilova, materialy Chrezvychainoi komissii po rassledovaniiu dela o byvshem Verkhovnom glavnokomanduiushchem generale L. G. Kornilove i ego souchastnikakh, avgust 1917-iiun 1918: dokumenty*. Moscou: Mezhdunarodnyi fond Demokratiia, 2003. 2 v.

SHAGRIN, Boris; TODD, Albert (Orgs.). *Landmarks: A Collection of Essays on the Russian Intelligentsia*. Nova York: Karz Howard, 1977.

SHANIN, Teodor. *Late Marx and the Russian Road: Marx and the Peripheries of Capitalism*. Nova York: Monthly Review Press, 1983.

_____. *The Awkward Class: Political Sociology of Peasantry in a Developing Society*. Oxford: Clarendon Press, 1972.

_____. *The Rots of Otherness: Russia's Turn of the Century*. New Haven, CT, e Londres: Yale University Press, 1986. 2 v.

SHANKOWSKY, Lew. "Disintegration of the Imperial Russian Army in 1917", *Ukrainian Quarterly*, v. 13, n. 4, pp. 305-28, 1957.

SHERIDAN, Clare. *From Mayfair to Moscou: Clare Sheridan's Diary*. Londres: Boni and Liveright, 1921.

SHIN, Peter Yong-Shik. "The Otsu incident: Japan's Hidden History of the Attempted Assassination of Future Emperor Nicholas II of Russia in the town of Otsu, Japan, May 11, 1891 and its Implication for Historical Analysis". University of Pennsylvania, 1989. Tese de Doutorado.

SHOWALTER, Dennis E. *Tannenberg: Clash of Empires*. Hamden, CT: Archon, 1991.

SHPILREIN, I. N. et al. *Iazyk krasnoarmeitsa*. Moscou e Leningrado: Gosizdat, 1928.

SHREIDER, Mikhail. *NKVD iznutri: zapiski cheskista*. Moscou: Vozvrashchenie, 1995.

SHUB, David. "The Trial of the SRs", *Russian Review*, v. 23, n. 4, pp. 362-9, 1964.

_____. *Lenin: A Biography*. Garden City, NY: Doubleday, 1949.

SHUKMAN, Harold. *Lenin and the Russian Revolution*. Nova York: Putnam, 1967; 1981.

Sibir i velikaia zheleznaia doroga. São Petersburgo: I. A. Efron, 1896.

Sibirskaia Sovetskaia entsiklopediia. Novossibirsk: Sibirikoe kraevoe izd, 1929-32. 3 v.

SHULGIN, V. V. *Days of the Russian Revolution: Memoirs from the Right, 1905-1917*. Gulf Breeze, FL: Academic International Press, 1990.

SÍDOROV, Arkádi L. (Org.). *Revoliutsionnoe dvizheniie v armii i na flote v gody pervoi mirovoi voiny, 1914-feval 1917*. Moscou: Nauka, 1966.

SÍDOROV, Vassíli. *Po Rossii. Kavkaz. Putevye zametki i vpechatleniia*. São Petersburgo: M. Akifiev i I. Leontiev, 1897.

SIDORÓVNIN, Guennadi (Org.). *Stolypin, zhizn i smert: sbornik*. 2. ed. Sarátov: Sootchestvennik, 1997.

SIEGELBAUM, Lewis H. "The Workers Group and the War-Industries Committees: Who Used Whom", *Russian Review*, v. 39, n. 2, 1980.

_____. *Soviet State and Society Between Revolutions, 1918-1929*. Nova York: Cambridge University Press, 1992.

_____. *The Politics of Industrial Mobilization in Russia, 1914-1917*. Nova York: St. Martin's Press, 1983.

SIGLER, Krista Lynn. "Kshesinskaia's Mansion: High Culture and the Politics of Modernity in Revolutionary Russia". University of Cincinnati, 2009. Tese de Doutorado.

SÍMONOV, N. S. "'Strengthen the Defense of the Land of Soviets': The 1917 'War Alarm' and its Consequences", *Europe-Asia Studies*, v. 48, n. 8, 1996.

_____. "Krepit oboronu stranam sovetov (voenna trevoga 1927 i ee posledstviia)", *Otechestvennaia istoriia*, n. 3, pp. 155-61, 1996.

_____. *Voenno-promyshlennyi kompleks SSSR v 1920-1950-e gody: tempoy ekonomicheskogo rosta, struktura, organizatsiia proizvodstva i upravlenie*. Moscou: Rosspen, 1996.

SÍMONOVA, T. "Mir i schastie na shtykakh", *Rodina*, n. 10, pp. 60-4, 200.

SINÉLHNIKOV, S. S. *Kirov*. Moscou, 1964.

SINGLETON, Seth. "The Tambov Revolt". *Slavic Review*, v. 25, n. 3, pp. 497-512, 1969.

SINYAVSKY, Andrei. *Soviet Civilization: A Cultural History*. Nova York: Arcade, 1990.

SIRTSOV, V. A. *Skazanie o Fedorovskoi Chudotvornoi ikone Bozhei materi, chto v g. Kostrome*. Kostroma, 1908.

SKÓBELEV, M. "Gibel tsarizma", *Ogonek*, pp. 1-2, 13 mar. 1927.

SKVORTSOV-STEPÁNOV, Ivan I. *S Krasnoi Armiei na panskuiu Polshu: vpechatleniia i nabliudeniia*. Moscou: Gosizdat, 1920.

SLASCHOV-KRIMSKI, Ia. S. *Belyi Krym 1920 g.* Moscou: Nauka, 1990.

SLAVÍNSKI, Dmítri B. *Sovetskii Soiuz i Kitai: istoriia diplomaticheskikh otnoshenii, 1917-1937 gg.* Moscou: Iaponiia segodnia, 2003.

SLAVINSKY, Boris N. *The Japanese-Soviet Neutrality Pact: A Diplomatic History, 1941-1945*. Londres e Nova York: RoutledgeCurzon, 2004.

SLEZKINE, Yuri. "The USSR as a Communal Apartment, or How a Socialist State Promoted Ethnic Particularism", *Slavic Review*, v. 53, n. 2, pp. 414-52, 1994.

SLIÓTOV, S. *K istorii vozniknoveniia partii sotsialistov revoliutsionerov*. Petrogrado: P. P. Soikina, 1917.

SLOIN, Andrew; SANCHEZ-SIBONY, Oscar. "Economy and Power in the Soviet Union, 1917-39", *Kritika*, v. 15, n. 1, pp. 7-22, 2014.

SLUSSER, Robert. *Stalin in October: The Man Who Missed the Revolution*. Baltimore, Johns Hopkins University Press, 1987.

SMIDÓVITCH, P. G. "Vykhod iz podpolia v Moskve", *Proletarskaia revoliutsiia*, v. 13, n. 1 pp. 171-7, 1923.

SMIRNOFF, Serge. *Autour de l'assassinat des Grand-Ducs: Ekaterinbourg, Alapaievsk, Perm, Pétrograd*. Paris: Payot, 1928.

SMIRNOV, N. *Repressirovanoe provosudie*. Moscou: Gelios ARV, 2001.

SMITH, Edward Ellis. *The Young Stalin: The Early Years of an Elusive Revolutionary*. Nova York: Farrar, Strauss and Giroux, 1967.

SMITH, Jeffrey R. "The Monarchy Versus the Nation: The 'Festive Year' 1913 in Wilhelmine Germany", *German Studies Review*, v. 23, n. 2, pp. 257-74, 2000.

SMITH, Jeremy. *The Bolsheviks and the National Question, 1917-1923*. Nova York: Macmillan, 1999.

_____. "The Georgian Affair of 1922 – Policy Failure, Personality Clash or Power Struggle?", *Europe--Asia Studies*, v. 50, n. 3, pp. 519-44, 1998.

_____. "Stalin as Commissar for Nationality Affairs, 1918-1922". *Stalin: A New History*. Org. de Davies e Harris pp. 45-62.

SMITH, Leonard V. *Between Mutiny and Obedience: The Case of the French Fifth Infantry Division during World War I*. Princeton, NJ: Princeton University Press, 1994.

SMITH, R. E. F. (Org.). *The Russian Peasant 1920 and 1984*. Londres: Cass, 1977.

SMITH, Steve A. *A Road is Made: Communism in Shanghai 1920-1927*. Honolulu: University of Hawaii Press, 2000.

SNYDER, Jack. *Ideology of the Offensive: Military Decision Making and the Disasters of 1914*. Ithaca, NY: Cornell University Press, 1984.

SÓBOLEV, Ivan. *Borba s "nemetskim zasiliem" v Rossii v gody Pervoi Mirovoi Voiny*. São Petersburgo: Rossiiskaia natsional'naia biblioteka, 2004.

SÓBOLEVA, T. A. *Istoriia shifrovalnogo dela v Rossii*. Moscou: OLMA, 2002.

SOKÓLNIKOV, G. Ia. *Brestskii mir*. Moscou: Gosizdat, 1920.

_____. *Finansovaia politika revoliutsii*. Moscou: Nauka, 2006. 2 v.

SOKÓLNIKOV, G. Ia._Gosudarstvennyi kapitalizm i novaia finansovaia politika. Moscou: NKF, 1922.

_____. K voprosu o natsionalizatsii bankov. Moscou, 1918.

_____. Novaia finansovaia politika: na puti k tverdoi valiute. Moscou: Nauka, 1995.

SOKOLOV, A. K. Ot voenproma k VPK: Sovetskaia voennaia promyshlennost' 1917-iiun' 1941 gg. Moscou: Novyi khronograf, 2012.

SOKOLOV, Aleksandr S. Finansovaia politika Sovetskogo gosudarstva 1921-1929 gg. Moscou: Zvedopad, 2005.

SOKOLOV, E. N. Finansovaia politika Sovetskoi vlasti (oktiabr' 1917-avgust 1918 gg.). Ryazan: Riazanskii gos. universitet im. S. A. Esenina, 2008.

SOKOLOV, Nikolai A. Ubiistvo tsarskoi sem'i. Berlim: Slowo, 1925.

SOLDÁTOV, V. V. "Izmeneniia form obshchinnogo zemlepol'zovaniia v Sibiri", Voprosy kolonizatsii, n. 7, 1910.

SOLJENÍTSIN, Aleksandr. The Gulag Archipelago. Nova York: Harper & Row, 1973. 3 v.

SOLNICK, Steven L. "Revolution, Reform and the Soviet Telephone System, 1917-1927", Soviet Studies, v. 43, n. 1, pp. 157-76, 1991.

SOLOMON [ISETSKI], Gueórgi. Sredi krasnykh vozhdei: lichno perezhitoe i vidennoe na sovetskoi sluzhbe. Paris: Mishen, 1930. 2 v.

SOLOMON, Jr., Peter H. Soviet Criminal Justice Under Stalin. Nova York: Cambridge University Press, 1996.

SOLOV DV, Iu. G. "Samoderzhavie i dvorianskii vopros v kontse XIX v.", Istoricheskie zapiski, n. 88, pp. 150-209, 1971.

SOLOVIOV, E. D.; CHUGUNOV, A. I. Pogranichnye voiska SSSR, 1918-1928: sbornik dokumentov i materialov. Moscou: Nauka, 1973.

SONTAG, John P. "The Soviet War Scare of 1926-1927", Russian Review, v. 34, n. 1, pp. 66-77, 1975.

SONTAG, Raymond James. Germany and England: Background of Conflict, 1848-1894. Nova York e Londres: D. Appleton-Century, 1938.

SOROKIN, Pitirim A. Leaves from a Russian Diary. Nova York: E. P. Dutton & Co, 1924.

SOSNÓVSKI, L. S. "Chetyre pisma iz ssylki", Biulleten oppozitsii, pp. 3-4, pp. 15-29, set. 1929.

Sotsialistickheskoe stroitelstvo SSSR. Moscou, 1923.

SOUVARINE, Boris. Stalin: A Critical Survey of Bolshevism. Nova York: Longman, Green, 1939.

_____. Staline; aperçu historique du bolchévisme. Paris: Plon, 1935.

Sovetsko-Germanskie otnosheniia ot peregovorov v Brest-Litovske do podpisaniia Rapallskogo dogovora: sbornik dokumentv. Moscou: Politicheskaia literatura, 1968-71. 2 v.

Sovety v Oktiabre: sbornik dokumentov. Moscou: Kommunisticheskaia akademiia, 1928.

"Sovremennoe pravosudie", Dym otechestva, n. 22, pp. 1-2, 1914.

SPIRIDÓVITCH, Aleksánder I. Istoriia bolshevizma v Rossii: ot vozniknoveniia do zakhvata vlasti, 1883-1903- -1917. Paris: Franko-Russkaia pechat', 1922.

_____. Zapiski zhandarma. Khárkov: Proletarii, 1928.

_____. Raspoutine 1863-1916, d'après les documents russes et les archives privées de l'auteur. Paris: Payot, 1935.

_____. Velikaia voina i fevralskaia revoliutsiia 1914-1917 gg. Nova York: Vseslavianskoe izd., 1960-2. 3 v.

SPÍRIN, L. M. Klassy i partii v grazhdanskoi voine v Rossii. Moscou: Mysl, 1968.

_____. Krakh odnoi aventiury, miatezh levykh eserov v Moskve 6-7 iiulia 1918 g. Moscou: Politicheskaia literatura, 1971.

SPÍRIN, L. M. *Krushenie pomeschchikikh i burzhuaznykh partii v Rossiinachalo XX v-1920 g.* Moscou: Mysl, 1977.

Spisok chlenov Vsesoiuznogo obshchestvo starykh bolshevikov na i ianv. 1933. Moscou, 1933.

SPRING, D. W. "Russia and the Coming of War", *The Coming of the First World War.* Org. de R. J. W. Evans e Hartmut Pogge von Strandmann. Oxford: Clarendon, 1988.

STÁLIN, I. V.. *Beseda s inostrannymi rabochimi delegatsiaiami.* Moscou e Leningrado: Gosizdat, 1927.

_____. *Na piutiakh k Oktiabriu.* Moscou: Gosizdat, 1925.

_____. *Ob oppozitsii: stati i rechi, 1921-1927.* Moscou: Gosizdat, 1928.

_____. *Na putiakh k Oktiabriu: stati i rechi, mart-oktiabr 1917.* Moscou: Gosizdat, 1925.

_____. *O Lenine i o leninzme.* Moscou: Gosizdat, 1924.

_____. *Sochineniia,* 13 vols. Moscou: Politicheskaia literatura, 1946-51, Org. de Robert H. MacNeal. Stanford, CA: Hoover Institution, 1967. Citado como *Sochineniia* (autor subentendido). v. 14-6.

STALIUNAS, Darius. *Making Russians: Meaning and Practice of Russification in Belarus and Lithuania After 1863.* Amsterdam: Rodopi, 2007.

STANKÉVITCH, V. B. *Vospominaniia 1914-1919 gg.* Berlim: J. Ladyschnikow, 1920.

STARKOV, Boris A. "Perekhod k 'politike razgroma': shakhtinskoe delo". *Istoriki otvechaiut na voprosy.* Org. de N. N. Máslov e A. N. Sválov. Moscou: Moskovskii rabochii, 1988.

STARR, S. Frederick. *Decentralization and Self-Government in Russia, 1830-1870.* Princeton: Princeton University Press, 1972.

STÁRTSEV, Vitáli I. "Begstvo Kerenskogo", *Voprosy istorii,* n. 11, pp. 204-5, 1966.

_____. *Vnutronniaia politika Vremennogo pravitel'stva: pervogo sostava.* Leningrado: Nauka, 1980.

STÁSSOVA, E. D. *Vospominaniia.* Moscou: Mysl, 1969.

_____. *Stranitsy zhizni i borby.* Moscou: Politizdat, 1957.

"Stavka 25-26 oktiabria 1917 g.", *Arkhiv russkoi revoliutsii.* Org. de Guéssen, n. VII, pp. 279-320.

STEAD, W. T. *Truth about Russia.* Londres e Nova York: Cassell & Company, 1888.

STEIMETZ, George. *Regulating the Social: The Welfare State and Local Politics in Imperial Germany.* Princeton, NJ: Princeton University Press, 1993.

STEINBERG, Isaac. "The Events of July 1918", manuscrito sem data, Hoover Institution Archives.

_____. *Spiridonova: Revolutionary Terrorist.* Londres: Methuen, 1935.

_____. *Ot fevralia po oktiabr 1917 g.* Berlim-Milão: Skify, 1919.

STEINBERG, John W. *All the Tsar's Men: Russia's General Staff and the Fate of Empire, 1898-1914.* Washington, D. C. e Baltimore: Woodrow Wilson Center/Johns Hopkins University, 2010.

STEINBERG, Jonathan. *Bismarck: A Life.* Nova York: Oxford University Press, 2011.

_____. *Yesterday's Deterrent: Tirpitz and the Birth of the German Battle Fleet.* Londres: Macdonald, 1965.

STEINBERG, Mark. "Revolution", *The Fall of the Romanovs: Political Dreams and Personal Struggles in a Time of Revolution.* Org. de Mark D. Steinberg e Vladimir M. Khrustalëv. New Haven, CT: Yale University Press, 1995.

_____. "Workers and the Cross: Religious Imagery in the Wreitings of Russian Workers 1910-1924", *Russian Review,* v. 53, n. 2, pp. 213-39, 1994.

_____. *Moral Communities: The Culture and Class Relations in the Russian Printing Industry 1867-1907.* Berkeley: University of California Press, 1992.

_____; KHRUSTALËV, Vladimir M. (Orgs.). *The Fall of the Romanovs: Political Dreams and Personal Struggles in a Time of Revolution.* New Haven, CT: Yale University Press, 1995.

STEINER, Zara S. *The Lights that Failed: European International History 1919-1933*. Oxford: Oxford University Press, 2005.

STEINWEDEL, Charles Robert. "Invisible Threads of Empire: State, Religion, and Ethnicity in Tsarist Bashkiria, 1773-1917". Columbia University, 1999. Tese de Doutorado.

STEKLOV, Iu. M. *Bortsy za sotsializm*. 2. ed. Moscou e Leningrado: Gosizdat, 1923-4. 2 v.

STEPÁNOV, S. A. *Chernaia sotnia v Rossii 1905-1914 gg*. Moscou: Rosvuznauka, 1992.

STEPHAN, John J. "The Crimean War in the Far East", *Modern Asian Studies*, v. 3, n. 3, pp. 257-77, 1969.

_____. *The Russian Far East: A History*. Stanford, CA: Stanford University Press, 1994.

STEPUN, Fiódor. *Byvshee i nesbyvsheesia*. Nova York: Izd-vo im. Chekhova, 1956. 2 v.

STEVENSON, David. *Armaments and the Coming of War: Europe, 1904-1914*. Oxford: Clarendon, 1996.

_____. *Cataclysm: The First World War as Political Tragedy*. Nova York: Basic Books, 2004.

STITES, Richard. *Revolutionary Dreams: Utopian Vision and Experimental Life in the Russian Revolution*. Nova York: Oxford University Press, 1989.

STOCKDALE, Melissa Kirschke. *Paul Miliukov and the Quest for a Liberal Russia*. Ithaca, NY: Cornell University Press, 1996.

_____. "Politics, Morality and Violence: Kadet Liberals and the Question of Terror", *Russian History*, v. 22, n. 1, pp. 455-80, 1995.

STONE, David R. *Hammer and Rifle: The Militarization of the Soviet Union, 1926-1933*. Lawrence: University Press of Kansas, 2000.

STONE, Helena M. "Another Look at the Sisson Forgeries and their Background", *Soviet Studies*, v. 37, n. 1, pp. 90-102, 1985.

STONE, Norman. *The Eastern Front, 1914-1917*. Nova York: Scribner's, 1975.

STORELLA, Carmine J. e SOKOLOV, A. K. (Orgs.). *The Voice of the People: Letters from the Soviet Village, 1918-1932* . New Haven, CT: Yale University Press, 2013.

STÓROJEV, V. N. "Fevralskaia revoliutsiia 1917 g.", *Nauchnye izvestiia* (Moscou, 1922), sbornik 1, 142-3.

STRACHAN, Hew. *The First World War*. Nova York: Oxford University Press, 2003.

_____. *The First World War*. Nova York: Viking, 2004.

STRAUSS, Leo. "Kurt Riezler, 1882-1955", *Social Research*, v. 23, n. 1, pp. 3-34, 1956.

STRIJKOV, Iu. K. *Prodovolstvennye otriady v gody grazhdanskoi voiny I inostrannoi interventsii, 1917-1922*. Moscou: Nauka, 1973.

STRONG, Anna Louise. *China's Millions: The Revolutionary Struggles from 1927 to 1935*. Nova York: Knight Publishing Co., 1935.

STRUVE, P. V. "Istoricheskii smysl russkoi revoliutsii i natsionalnye zadachi". *Iz glubiny: sbornik statei o russkoi revoliutsii*. Moscou: Moskovskii universitet, 1990.

STRUVE, Peter (Org.). *Food Supply in Russia During the War*. New Haven, CT: Yale University Press, 1930.

STRUVE, Petr. "Witte und Stolypin". *Menschen die Geschichte machten: viertausend Jahre Weltgeschichte in zeit- und lebensbildern*. Org. de Peter Richard Rohden e Georg Ostrogorsky. Viena: L. W. Seiden & Sohn, 1931. 3 v.

SUDOPLATOV, Pavel. *Special Tasks: The Memoirs of an Unwanted Witness, a Soviet Spymaster*. Boston: Little, Brown, 1994.

SUKÉNNIKOV, M. *Krestianksaia revoliutsiia na iuge Rossii: s pismami L. N. Tolstogo tsariu*. Berlim: Ioann Réde, 1902.

SUKHÁNOV, Nikolai. *The Russian Revolution, 1917: Eyewitness Account.*. Nova York: Harper and Row, 1962. 2 v.

SUKHÁNOV, Nikolai. *Zapiski*. Berlim: Z. I. Grzhebin, 1922-3. 7 v.

SUKHORÚKHOV, V. T. *XI Armiia v boiakh na Severnom Kavkaze i Nizhnei Volge, 1918-1920 gg.* Moscou: Voenizdat, 1961.

SULIACHVÍLI, David. *Uchenicheskie gody*. Tbilíssi: Zarya vostoka, 1942.

SULLIVANT, Robert S. *Soviet Politics and the Ukraine, 1917-1957*. Nova York: Columbia University Press, 1962.

SULTANBÉKOV, Bulat. *Pervaia zhertva Genseka: Mirsaid Sultan-Galiev, sudba, liudi, vremia*. Kazan: Tatarskoe knizhnoe izdatelstvo, 1991.

SULTAN-GALIEV, Mirsaid. *Stati, vtystupleniia, dokumenty*. Kazan: Tatarskoe knizhnoe izdatelstvo, 1992.

SUMBADZE, A. S. *Sotsialno-ekonomicheskie predposylki pobedy Sovetskoi vlasti v Azerbaidzhane*. Moscou: Nauka, 1972.

SUNILA, August A. *Vosstanie 1 dekabria 1924 goda: opyt kommunisticheskoi partii Estonii v podgotovke i provedenii vooruzhennogo vosstania estonskogo proletariat 1924 goda i ego istoricheskoe znachenie*. Tallinn: Eesti Raamat, 1982.

SUNY, Ronald Grigor (Org.). *Transcaucasia, Nationalism, and Social Change: Essays in the History of Armenia*. 2. ed. Ann Arbor: University of Michigan Press, 1996.

———. "A Journeyman for the Revolution: Stalin and the Labor Movement in Baku, June 1907-May 1908", *Soviet Studies*, v. 23, n. 3, pp. 373-94, 1972.

———. "Beyond Psychohistory: The Young Stalin in Georgia", *Slavic Review*, v. 50, n. 1, pp. 48-58, 1991.

———. "Tiflis, Crucible of Ethnic Politics, 1860-1905", *The City in Late Imperial Russia*. Org. de Michael F. Hamm. Bloomington: Indiana University Press, 1986.

———. *Looking Toward Ararat: Armenia in Modern History*. Bloomington: Indiana University Press, 1993.

———. *The Making of the Georgian Nation*. 2. ed. Bloomington: Indiana University Press, 1994.

SÚSLOV, P. V. *Politicheskoe obespechenie sovetsko-polskoi kampanii 1920 g.* Moscou: Gosizdat, 1930.

SUTTON, Antony C. *Western Technology and Soviet Economic Development*. Stanford, CA: Hoover Institution on War, Revolution, and Peace, Stanford University, 1968-73. 3 v.

SUVÓRIN, A. S. *Dnevnik*. Moscou-Petrogrado, 1923.

SUVÓRIN, S. A. *Chetvertyi (obedinitelnyi) siezd RSDRP: Aprel (aprel-mai) 1906 goda: Protokoly*. Moscou: Politicheskaia literatura, 1959.

SUVÓROV, N. I. (Org.). *Trekhsotletie doma Romanovykh 1613-1913: Istoricheskie ocherki*. Moscou: A. I. Mamontov, 1913.

SVÉRDLOV, Iákov Mikhailovitch. *Izbrannye proizvedennye*. Moscou: Politcheskaia literatura, 1957-60. 3 v.

SVÉRDLOVA, K. T. *Iakov Mikhailovich Sverdlov*. Moscou: Molodaia Gvardiia, 1957, 1960, 1976; 4. ed. Moscou: Molodaia gvardiia, 1985.

SVERTCHKOV, Dmítri F. *Kerenskii*. 2. ed. Leningrado: Priboi, 1927.

SVIATÍTSKI, N. V. *Kogo russkii narod izbral svoimi predstaviteliami*. Moscou: Zemlia i volia, 1918.

Svod zakonov Rossiiskoi imperii.. São Petersburgo: Obshchestvennaia polza, 1897. 16 v.

SWAIN, Geoffrey. "The Disillusioning of the Revolution's Praetorian Guard: Latvian Riflemen Summer--Autumn 1918", *Europe-Asia Studies*, v. 51, n. 4, pp. 667-86, 1999.

———. "Vācietis: The Enigma of the Red Army's First Commander", *Revolutionary Russia*, v. 16, n. 1, pp. 68-86, 2003.

SYROMATNIKOV, Sergius. "Reminiscences of Stolypin", *Russian Review*, v. 1, n. 2, pp. 71-88, 1912.

SYTIN, P. V. *Iz istorii Moskovskikh ulits*. Moscou: Moskovskii rabochii, 1948. Sovremennik, 2000.

SZEFTEL, Marc. *The Russian Constitution of April 23, 1906: Political Institutions of the Duma Monarchy*. Bruxelas: Éditions de la Librarie Encyclopédique, 1976.

SZPORLUK, Roman. "Lenin, 'Great Russia,' and Ukraine", *Harvard Ukrainian Studies*, v. 28, n.1-4, pp. 611-26, 2006.

TAGÁNTSEV, N. A. *Perezhitoe: uchrezhdenie Gosudarstvennoi Dumy v 1905-1906 gg*. Petrogrado: Gos. Tip. 1919.

TAGUÍROV, I. R. (Org.). *Neizvestnyi Sultan-Galiev: rassekrechennye dokumenty i materialy*. Kazan: Tatarskoe knyzhnoe izdatel'stvo, 2002.

Tainy natsionalnoi politiki TsK RKP: Chetvertoe soveshchanie TsK RKP (b) s otvestvennymi rabotnikami natsionalnykh respublik i oblastei v Moskve 9-12 iiunia 1923 g. Moscou: INSAN, 1992.

TALAKAVADZE, Sevasti. *K istorii kommunisticheskoi partii Gruzii*. Tíflis: Glavpolitprosvet, 1926.

TANG, Peter S. H. *Russian and Soviet Policy, em Manchuria and Outer Mongolia, 1911-1931*. Durham, NC: Duke University Press, 1959.

TARANOVSKI, Theodore. "The Politics of Counter-Reform: Autocracy and Bureaucracy in the Reign of Alexander III, 1881-1994". Harvard University, 1976. Tese de Doutorado.

TARASIUK, D. A. *Pozemelnaia sobstvennost poreformennoi Rossii: istochnikovedchestvennoe issledovanie po perepisi 1877-1878 gg*. Moscou: Nauka, 1981.

TARATUTA, V. K. "Kanun revoliutsii 1905 g. na Kavkaze (iz vospominaniia)", *Zaria vostoka*, 19 dez. 1925.

TARKHOVA, N. S. "Trotsky's Train: An Unknown Page in the History of the Civil War". *The Trotsky Reappraisal*. Org. de Terry Brotherstone e Paul Dukes. Edimburgo: Edinburgh University Press, 1992.

TARLE, E. V. "Germanskaia orientatsiia i P. N. Durnovó v 1914 g.", *Byloe*, n. 19, 161-76, 1922.

_____. "Zapiska P. N. Durnovó Nikolaiu II: Fevral 1914 g.", *Krasnaia nov*, n. 10, pp. 178-99, 1922.

TATISCHEV, S. S. *Imperator Aleksandr Vtoroi*. São Petersburgo: A. S. Suvorin, 1903. 2 v.

TAUGER, Mark B. "Grain Crisis or Famine? The Ukranian State Commission for Aid to Crop-Failure Victims and the Ukranian Famine of 1928-1929", trabalho inédito, cortesia do autor.

_____. "Statistical Falsification in the Soviet Union: A Comparative Case Study of Projections, Biases, and Trust", Donald Treadgold Papers, University of Washington, 2001.

TAYLOR, A. J. P. *The First World War: An Illustrated History*. Londres: H. Hamilton, 1963.

_____. *The Struggle for Mastery in Europe*. Oxford: Clarendon, 1963.

_____. *War by Timetable*. Londres: Macdonald, 1969.

TCHAIKAN, Vadim A. *K istorii Rossiikoi revoliutsii*, cap. 1. Moscou: Grzhebin, 1922.

TCHAKHVACHVÍLI, I. A. *Rabochee dvizhenie Gruzii, 1870-1904*. Tbilíssi: Sabchota Sakartvelo, 1958.

TCHAVITCHVÍLI, Khariton A. *Patrie, prisons, exil — Stalin et nous*. Paris: Defense de la France, 1946.

_____. *Révolutionnaires russes à Genève en 1908*. Geneva: Poésie Vivante, 1974.

TCHELIDZE, Karlo S. *Iz revoliutsionnogo proshlogo Tbilisskoi dukhovnoi seminarii*. Tbilíssi: Tbilisskoi universitet, 1988.

TCHERMÉNSKI, E. D. "Nachalo vtoroi rossiiskoi revoliutsii", *Istoriia SSSR*, 1987, n. 1, 1987.

_____. *IV Gosudarstvennaia Duma i sverzhenie tsarizma v Rossii*. Moscou: Mysl, 1976.

TCHERNIÁVSKI, Gueórgi. "Samootvod: kak Stalin sam sebia s genseka snimal", *Rodina*, n. 1, pp. 67-9, 1994.

TCHERNOMÓRTSEV A. "Krasnyi Tsaritsyn", *Donskaia volna (ezhedelnik istorii, literatury i satiri)*, pp. 6-10, 3 fev. 1919.

TCHERNOV, V. M. *Rozhdenie revoliutsionnoi Rossii (fevralskaia revoliutsiia)*. Paris, Praga e Nova York: Iubeleiyni komitet po izdaniiu trudov V. M. Tchernova, 1934.

TCHERNOV, V. M. "Lenin: A Contemporary Portrait", *Foreign Affairs* pp. 366-72, mar. 1924.

_____. *The Great Russian Revolution*. New Haven, CT: Yale University Press, 1936.

TCHERNYKH, Alla I. *Stanovlenie Rossii sovetskoi, 20-e gody v zerkale sotsiaologii*. Moscou: Pamiatniki istoricheskoi mysli, 1998.

TCHERVÍNSKAIA, N. S. *Lenin, u rulia strany Sovetov: po vospominaniiam sovremennikov i dokumentam, 1920-1924*. Moscou: Politcheskaia literatura, 1980. 2 v.

TCHEVITCHÉLOV, Viatcheslav Ia. *Amaiak Nazaretian*. Tbilíssi: Sabchota Sakartvelo, 1979.

TCHIGUIR, Oléssia Ia. "Grigorii Iakovlevich Sokolnikov: lichnost i deiatelnost". Ryazan, 2009. Tese de Doutorado.

TCHISTIAKOV, O. I. "Formirovanie RSFSR kak federativnoe gosudarstvo", *Voprosy istorii*, n. 8, pp. 3-17, 1968.

_____. "Obrazovanie Rossiiskoi Federatsii, 1917-1920 gg.", *Sovetskoe gosudarstvo i pravo*, n. 10, pp. 3-12, 1957.

TCHITCHÉRIN, G. V. *Vneshniaia politika Sovetskoi Rossii za dva goda: ocherk, sostavlennyi k dvukhletnei godovshchine raboche-krestianskoi revoliutsii*. Moscou: Gosizdat, 1920.

TCHKHÉTIA, Chalva K. *Tbilisi v XIX stoletii* (1865-1869). Tbilíssi, 1942.

TCHUDÁEV, D. A. "Bor'ba Komunisticheskoi partii za uprochnenie Sovetskoi vlasti: razgrom levykh eserov". *Uchenye zapiski Moskovskogo oblastnogo pedagogicheskogo instituta*, XXVII/II. Moscou, 1953, pp. 177-226.

TCHUGÁEV, D. A. *Revoliutsionoe dvizhenie v Rossii v avguste 1917 g.: razgrom kornilovskogo miatezha*. Moscou: Akademiia nauk SSSR, 1959.

_____ et al. (Orgs.). *Petrogradskii voenno-revoliutsionnyi komitet: dokumenty i materialy*. Moscou: Nauka, 1966-7. 3 v.

TCHULOK, I. S. *Ocherki istorii batumskoi kommunisticheskoi organizatsii 1890-1921 gody*. Batum: Sabtsota Adzara, 1970.

TEPLIÁKOV, Aleksei G. *"Nepronitsaemye nedra": VChK-Ogpu v Sibiri 1918-1929 gg*. Moscou: AIRO-XXI, 2007.

TEPLIÁNIKOV, I. A. "Vnikaia vo vse". *Marshal Tukhachevskii: vospominaniia druzei i soratnikov*. Org. de Nikolai Koritski et al. Moscou: Voenizdat, 1965.

TERPIGÓREV, Aleksandr M. *Vospominaniia gornogo inzhenera*. Moscou: Akademiia nauk SSSR, 1956.

TERUYUKI, Hara. *Shibberia shuppei: kakumei to kanshō, 1917-1922*. Tóquio: Chikuma Shobō, 1989.

THADEN, Edward (Org.). *Russification in the Baltic Provinces and Finland, 1855-1914*. Princeton, NJ: Princeton University Press, 1981.

THATCHER, Ian D. "Trotskii, Lenin, and the Bolsheviks, August 1914-February 1917", *Slavonic and East European Review*, v. 72, n. 1, pp. 72-114, 1994.

_____. *Leon Trotsky and World War One: August 1914-February 1917*. Nova York: St. Martin's Press, 2000.

THOMPSON, John M. *Russia, Bolshevism and the Versailles Peace*. Princeton, NJ: Princeton University Press, 1966.

THOMPSON, Wayne C. *In the Eye of the Storm: Kurt Reizler and the Crisis of Modernity*. Ames: University of Iowa Press, 1980.

THORNILEY, Daniel. *The Rise and Fall of the Soviet Rural Communist Party, 1927-1939*. Nova York: Macmillan, 1988.

THUN, Alphons. *Istoriia revoliutsionnykh dvizhenii v Rossii*. São Petersburgo: Ligi Russk. Revoliuts. Sots.-Dem., 1906.

TIANDER, Karl. *Das Erwachen Osteuropas: Die Nationalbewegung in Russland und der Weltkrieg*. Viena e Leipzig: Wilhelm Braumueller, 1934.

TICHKOV, A. V. *Felix Dzerzhinskii: Commemorating the Centenary of His Birth*. Moscou: Novosti Press Agency Publishing House, 1976.

TIKHOMÍROV, L. A. "Nuzhny li printsipy?". *K reforme obnovlennoi Rossii: Stati 1909, 1910, 1911 gg*. Org. de Tikhomírov. Moscou: V. M. Sablina, 1912.

TILLY, Charles. "War Making and State Making as Organized Crime". *Bringing the State Back In*. Org. de Peter B. Evans et al. Nova York: Cambridge University Press, 1985.

———. *Coercion, Capital, and European States, AD 990-1990*. Cambridge, MA: Blackwell, 1990.

TIMACHEV, N. S. *Publichno-pravovoe polozhenie lichnosti. — Pravo Sovetskoi Rossii*. Praga: Plamia, 1925.

TOGAN, Zaki Valídi. *Vospominaniia: borba musulman Turkestana i drugikh vostochnikh tiurok za natsional'noe sushchestvovanie i kul'turu*. Moscou: [s.n.], 1997.

TOKÉS, Rudolf L. *Béla Kun and the Hungarian Soviet Republic: The Origins and Role of the Communist Party of Hungary in the Revolutions of 1918-1919*. Nova York: Praeger, 1967.

TOLF, Robert W. *The Russian Rockefellers: The Saga of the Nobel Family and the Russian Oil Industry*. Stanford, CA: Hoover Institution Press, 1976.

TORKE, Hans-Joachim. "Das Russische Beamtentum in der ersten Hälfte des 19. Jahrhunderts", *Forschungen zur osteuropäischen Geschichte*, n. 13, pp. 7-345, 1967.

TORNÓVSKI, M. G. "Sobytiia v Mongolii-Khalkhe v 1920-1921 godakh: voenn-istoricheskii ocherk (vospominaniia)", *Legendarnyi baron: neizvestnye stranitsy Grazhdanskoi voiny*. Org. de Serguei L. Kuzmin. Moscou: KMK, 2004.

Tovarishch Kirov: rasskazy rabochikh, inzhenirov, khoziaistvennikov, uchenykh, kolkhoznikov i detei o vstrechakh s S. M. Kirovym. Moscou: Profizdat, 1935.

TOVSTUKHA, Ivan P. (Org.). *Iosif Vissarionovich Stalin: kratkaia biografiia*. Moscou: Gosizdat, 1927.

TREADGOLD, Donald. *The Great Siberian Migration*. Princeton, NJ: Princeton University Press, 1957.

TRÉPOV, "Vespoddaneishaia zapiska D. F. Trepova (16 oktiabria 1905)", *Byloe*, n. 14, pp. 109-11, 1919.

TRÍFONOV, Ivan Ia. *Ocherki istorii klassovoi borby v SSSR, 1921-1937 gg*. Moscou: Politcheskaia literatura, 1960.

TRIMBERGER, Ellen Kay. *Revolution from Above: Military Bureaucrats and Development in Japan, Turkey, Egypt and Peru*. New Brunswick, NJ: Transaction, 1978.

TRÓITSKI, S. M. *Russkii absoliutizm i dvorianstvo v XVIII veke: Formirovanie biurokratii*. Moscou: Nauka, 1974.

TRÓTSKI, Liev. "Vospominaniia ob oktiabrskom perevorote", *Proletarskaia revoliustiia*, n. 10, pp. 59-61, 1922.

———. "Zaveshchanie Lenina" [dez. 1932], em *Portrety revoliutsionerov* [1991], pp. 265-91. Também em *Gorizont*, n. 6, pp. 38-41, 1990.

———. *Chto i kak proizoshlo: shest statei dlia mirovoi burzhuaznoi pechati*. Paris: Navarre, 1929.

———. *Dnevniki i pisma*. Tenafly, NJ: Ermitage, 1986, 1990.

———. *Kak vooruzhalas revoliutsiia (na voennoi rabote)*. Moscou: Vysshii voennyi redaktsionnyi sovet, 1923-5. 3 v.

———. *Kommunistichekii internatsional posle Lenina: velikiii organizator porazhenii*. Moscou: Spartakovets-printima, 1993.

———. *Literatura i revoliutsiia*. Moscou: Krasnaia nov, 1923.

———. *Moia zhizn: opyt avtobiografii*. Berlim: Granit, 1930; Moscou: Panorama, 1991; [Nota: Todas as citações nas notas referem-se à edição de 1930, exceto quando indicado em contrário.]

TRÓTSKI, Liev. *O Lenine: materialy dlia biografii*. Moscou: Gosizdat, 1924.

_____. *Piat let Kominterna*. Moscou: Gosizdat, 1924.

_____. *Portrety revoliutsionerov*. Org. de Iu. Felchtínski. Benson, VT: Chalidze, 1984 e 1988; Moscou: Moskovsky rabochii, 1991.

TRÓTSKI, Liev. *Predannaia revoliutsiia*. Moscou: NII kultury, 1991.

_____. *Sochineniia*. Moscou: Gosizdat, 1920-7. 21 v.

_____. *Stalin*. Benmson, VT: Chalidze, 1985; Moscou: Politicheskaia literatura, 1990. 2 v.

_____. *Stalinskaia shkola falsifakatsii: popravki i dopolneniia k literature epigonov*. Berlim: Granit, 1932.

_____ e Safárov, G. I. *Trotskii o Lenine i leninizme: sbornik materialov*. Leningrado: Priboi, 1925.

Trotskizm i molodezh: sbornik materialov. Leningrado: Priboi, 1924.

TROTSKY, Leon. *1905*. Moscou: Gosizdat, 1922; Nova York: Random House, 1971.

_____. *Between Red and White: a Study of Some Problems of Revolution, with Particular Reference to Georgia*. Londres: Communist Party of Great Britain, 1922.

_____. *Challenge of the Left Opposition, 1926-27*. Nova York: Pathfinder Press, 1975, 1980. 2 v.

_____. *Lenin*. Nova York: Garden City Books, 1959.

_____. *On Lenin: Notes Toward a Biography*. Londres: Harrap, 1971.

_____. *My Life: An Attempt at an Autobiography*. Nova York: C. Scribner's Sons, 1930; Pathfinder Press, 1970. [Nota: Todas as citações nas notas referem-se à edição de 1970, exceto quando indicado em contrário.]

_____. *Stalin: An Appraisal of the Man and His Influence*. Nova York: Harper and Brothers, 1941; Nova York: Stein and Day, 1946; Londres: Macgibbon and Kee, 1968. [Nota: Todas as citações nas notas referem-se à edição de 1941, exceto quando indicado em contrário.]

_____. *Stalin: Volume Two: The Revolutionary in Power*. Londres: Panther, 1969.

_____. *Terrorism and Communism: A Reply to Karl Kautsky*. Ann Arbor: University of Michigan Press, 1961.

_____. *The Essential Trotsky*. Nova York: Barnes & Noble, 1963.

_____. *The History of the Russian Revolution to Brest-Litovsk*. Londres: Socialist Labour Party, 1919.

_____. *The History of the Russian Revolution*. Nova York: Simon & Schuster, 1932. 3 v.

_____. *The History of the Russian Revolution*. Ann Arbor: University of Michigan, 1961.

_____. *The Real Situation in Russia*. Londres: Allen & Unwin, 1928.

_____. *The Stalin School of Falsification*. Nova York: Pioneer, 1937.

_____. *The Suppressed Testament of Lenin*. Nova York: Pioneer, 1935.

_____. *Trotsky's Diary in Exile, 1935*. Cambridge, MA: Harvard University, 1958; Nova York: Atheneum, 1963.

_____. *Where Is Britain Going?* Londres: Communist Party of Great Britain, 1926.

_____. *Writings of Leon Trotsky, 1936-1937*. Nova York: Pathfinder Press, 1978.

_____; SHACHTMAN, Max. *The New Course*. Nova York: New International, 1943.

_____ et al. *Portraits: Political and Personal*. Nova York: Pathfinder Press, 1977.

Trud v SSSR: ekonomiko-statisticheskii spravochnik. Moscou: Ekonomgiz, 1932.

Trudy i Vserossiiskogo Siezda Sovetov Narodnogo Khoziiastva, 25 maia-4 iuinia 1918: Stenograficheskii otchet. Moscou: Vysshii sovet narodnogo khoziaistva, 1918.

TRÚSSOVA, N. S. (Org.). *Nachalo pervoi russkoi revoliutsii: ianvar-mart 1905 goda*. Moscou, 1955.

TSAKÚNOV, S. V. *V labirinte doktriny: iz opyta razrabotki ekonomicheskogo kursa strany v 1920-e gody*. Moscou: Rossiia molodaia, 1994.

TSAPENKO, M. N. *Vserossiiskoe soveshchanie soveta rabochikh i soldatskikh deputatov*. Leningrado: Gosizdat, 1927.

TSERETÉLI, I. G. *Vospominaniia o fevralskom revoliutsii*. Paris: Mouton, 1963. 2 v.

"Tsensura", *Bolshaia sovetskaia entsiklopediia*. 1. ed., LX.

Tsirk: malenkaia entsiklopediia. 2. ed. Moscou: Sovetskaia entsiklopediia, 1979.

TsK RKP (b) – VKP (b) i natsionalnyi vopros. Moscou: Rosspen, 2005.

TSVIGUN, S. K. et al. (Orgs.). *V. I. Lenin i VChK: sbornik dokumentov 1917-1922 gg*. Moscou: Politizdat, 1975.

TSZIUN, Lin. "Sovetskaia Rossiia i Kitai v nachale 20-x godov", *Novaia i noveishaia istoriia*, n. 3, pp. 46-57, 1997.

TUCHMAN, Barbara Wertheim. *Guns of August*. Nova York: Macmillan, 1962.

TUCKER, Robert C. "A Case of Mistaken Identity: Djugashvili-Stalin", *Biography*, v. 5, n. 1, pp. 17-24, 1982.

_____. "A Stalin Biography's Memoir". *Psychology and Historical Interpretation*. Org. William McKinley Runyan. Nova York e Oxford: Oxford University Press, 1988.

_____. *Stalin as Revolutionary, 1879-1929: A Study in History and Personality*. Nova York: W. W. Norton, 1973.

_____. *Stalin in Power: The Revolution from Above, 1929-1941*. Nova York: Norton, 1990.

_____ (Org.). *Stalinism: Essays in Historical Interpretation*. Nova York: Norton, 1977.

_____. *The Lenin Anthology*. Nova York: Norton, 1975.

TUKHATCHÉVSKI, M. N. *Izbrannye proizvedenniia*. Moscou: Voenizdat, 1964.

_____. *Pokhod za Vislu: lektsii, prochitannye na dopolnitelnom kurse Voennoi Akademii RKKA 7-10 fevralia 1923 goda*. Smolensk: Tipografiia Zapfronta, 1923.

TUMARKIN, Nina. *Lenin Lives! The Lenin Cult in Soviet Russia*. Cambridge, MA: Harvard University Press, 1983.

TÚMCHIS, Mikhail; PAPCHÍNSKI, Aleksánder. *1937, bolshaia chistka: NKVD protiv ChK*. Moscou: Yauza--EKSMO, 2009.

TURNER, L. F. C. "The Russian Mobilization in 1914". *The War Plans of the Great Powers, 1880-1914*. Org. de Paul M. Kennedy. Boston: George Allen and Unwin, 1979.

TUTAEV, David; ALLILUYEV, Sergei; ALLILUYEVA, Anna. *The Alliluyev Memoirs: Recollections of Svetlana Stalina's Maternal Aunt Anna Alliluyeva and her Grandfather Sergei Alliluyev*. Nova York: Putnam, 1968.

TYRKOVA-WILLIAMS, Ariadna. *From Liberty to Brest Litovsk: The First Year of the Russian Revolution*. Londres: Macmillan, 1919.

U Velikoi mogily. Moscou: Krasnaia zvezda, 1924.

UCHAKOV, A. I. *Belyi iug: noiabr 1919-noiabr 1920 gg*. Moscou: AIRO-XX, 1997.

Uchenie Lenina o revoliutsii I diktature roletariat. Moscou: Gosizdat, 1925.

UGLÁNOV, N. A. "O Vladmire Iliche Lenine (v period 1917-1922 gg.)", *Izvestiia TsK KPSS*, n. 4, pp. 192, 1989.

Ugolovnyi Kodeks rsfsr. Moscou: NKIu, 1926, 1927, 1929.

UGROVÁTOV, A. P. *Krasnyi banditizm v Sibiri, 1921-1929 gg*. Novossibirsk: IUKEA, 1999.

UKHTÓMSKI, E. E. *Puteshestvie na Vostok ego imperatorskogo vysohchestva gosudaria naslednika tsarevicha, 1890-1891*. São Petersburgo, 1893-97. 3 v.

UKRAINTSEV, N. "A Document on the Kornilov Affair", *Soviet Studies*, v. 25, n. 2, pp. 283-98, 1973.

ULAM, Adam B. *Expansion and Coexistence: The History of Soviet Foreign Policy*. Nova York: Praeger, 1968.

_____. *Stalin: The Man and His Era*. Nova York: Viking Press, 1973.

ULAM, Adam B. *The Bolsheviks: Tthe Intellectual and Political History of the Triumph of Communism in Russia*. Nova York: Macmillan, 1965.

ULDRICKS, Teddy. *Diplomacy and Ideology: The Origins of Soviet Foreign Relations 1917-30*. Londres: Sage, 1979.

ULIÁNOVA, M. I. *O Lenine i seme Ulianovykh: vospominaniia, ocherki, pisma*. Moscou: Politicheskaia literature, 1978.

_____. "O Vladimire Il'iche (poslednie gody zhizni"), *Izvestiia TsK KPSS*, n. 1, pp. 127-38; n. 2, pp. 125--40, n. 3, pp. 183-200; n. 4, pp. 177-91, 1991.

_____. "Ob otnoshenii V I. Lenina k I V Stalinu", *Izvestiia TsK KPSS*, n. 12, pp. 196-9, 1989.

ULLMAN, Richard H. *The Anglo-Soviet Accord*. Princeton, NJ: Princeton University Press, 1972.

ULRICH BROCKDORFF-RANTZAU, Graf. *Dokumente*. Charlottenburg: Deutsche Verlags, 1920.

ULRICKS, T. J. "The 'Crowd' in the Russian Revolution: Towards Reassessing the Nature of Revolutionary Leadership", *Politics and Society*, v. 4, n. 3, pp. 397-413, 1974.

UPTON, Anthony F. *The Finnish Revolution, 1917-1918*. Minneapolis: University of Minnesota Press, 1980.

URATADZE, Grigóri I. *Vospominaniia gruzinskogo sotsial-demokrata*. Stanford, CA: Hoover Institution Press, 1968.

URAZÁIEV, Sh. Z. *Turkestanskaia ASSR — pervoe sotsialisticheskoe gosudarstvo v Srednei Azii*. Moscou: Politicheskaia literatura, 1961.

URBAN, G. R. *Stalinism: Its Impact on Russia and the World*. Londres: Maurice Temple Smith, 1982.

Uroki Oktiabria. Berlim: Berlinskoe knigoizd-vo, 1924.

URÚSSOV, S. D. *Zapiski tri goda gosudasrtvennoi sluzhby*. Moscou: NLO, 2009.

Ustav obshchestva starykh bolshevikov: Instruktsiia po organizatsii filial'-nykh otdelenii, Spisok chlenov Obshchestvo i anketa. Moscou, 1928.

USTRIÁLOV, Nikolai. *Pod zankom revoliutsii*. Harbin: Russkaia zhizn, 1925.

V Vsemirnyi kongress Kommunisticheskogo Internatsionala 17 iiunia-8 iiulia 1924 g.: stenograficheskii otchet Moscou: Gosizdat, 1925. 2 v.

V Vserossiiskii siezd RKSM, 11-19 oktiabria 1922 g.: stenograficheskii otchet. Moscou e Leningrado, 1922.

V Vserossiiskii siezd sovietov rabochikh, krestianskikh, soldatskikh i kazachikh deputatov, Moskva, 4-10 iiulia 1918 g.: stenograficheskii otchet. Moscou: VTSIK, 1918.

V zhernovakh revoliutsii: russkaia intelligentsia mezhdu belymi I krasnymi v porevoliutsionnye gody, sbornik doumentov i materialov. Moscou: Russkaia panorama, 2008.

V. I. Lenin: neizvestnye dokumenty, 1891-1922. Moscou: Rosspen, 1999.

V. Ia. Bliukher v Kitae 1924-1927 gg.: Novye dokumenty glavnogo voennogo sovetnika. Moscou: Natalis, 2003.

VĀCIETIS, "Grazhdanskaia voina, 1918 god", *Pamiat: istoricheskii sbornik*, n. 2. (Moscou, 1977; Paris, 1979).

VAGÁNOV, F. M. *Pravyi uklon v VKP (b) i ego razgrom, 1928-1930*. Moscou: Politicheskaia literatura, 1970.

VAISBERG, Roman E. *Dengi i tseny: podpolnyi rynok v period "voennogo kommunizma"*. Moscou: Gosplan SSSR, 1925.

VAKAR, N. "Stalin: Po vospominaniiam N. N. Zhordaniia", *Poslednie novosti*, 16 dez. 1936.

VAKSBERG, Arkadi. *Hôtel Lux: les partis frères au service de l'Internationale communiste*. Paris: Fayard, 1993.

_____. *Iz ada v rai i obratno*. Moscou: Olimp, 2003.

_____. *Stalin's Prosecutor: The Life of Andrei Vyshinsky*. Nova York: Grove Weidenfeld, 1991.

VALEDÍNSKI, Ivan Aleksandróvitch. "Organizm Stalina vpolne zdorovyi", *Istochnik*, n. 2, pp. 68-73, 1998.

VALENTÍNOV, N. *Nasledniki Lenina*. Moscou: Terra, 1991.

VALENTÍNOV, N. *Novaia ekonomicheskaia politika i krizis partii posle smerti Lenina*. Stanford, CA: Hoover Institution Press, Stanford University, 1971. Moscou: Sovremennik, 1991. [Nota: Todas as citações nas notas referem-se à edição de 1971, exceto quando indicado em contrário.]

VALLIANT, Robert Britton. "Japan and the Trans-Siberian Railroad, 1885-1905". University of Hawaii, 1974. Tese de Doutorado.

VALÚIEV, P. A. *Dnevnik P. A. Valueva*. Moscou: Akademiia nauk SSSR, 1961. 2 v.

VAN DE VEN, Hans J. "Public Finance and the Rise of Warlordism", *Modern Asian Studies*, v. 30, n. 4, pp. 829-68, 1996.

VAN EVERA, Stephen. "The Cult of the Offensive and the Origins of the First World War", *International Security*, v. 9, n. 1, pp. 58-107, 1984.

_____. "Why Cooperation Failed in 1914", *World Politics*, n. 38, pp. 80-117, 1985.

VAN HALEN, D. J. *Memoirs of Don Juan Van Halen*. Londres: Henry Colburn and Richard Bentley, 1830. 2 v.

VAN REE, Erik. "Reluctant Terrorists? Transcaucasian Social-Democracts 1901-9", *Europe-Asia Studies*, v. 60, n. 1, pp. 127-54, 2008.

_____. "Socialism in One Country: A Reassessment", *Studies in East European Thought*, v. 50, n. 2, pp. 77-117, 1998.

_____. "Stalin and the National Question", *Revolutionary Russia*, v. 7, n. 2, pp. 214-38, 1994.

_____. "The Stalinist Self", *Kritika*, v. 11, n. 2, pp. 257-82, 2010.

_____. *The Political Thought of Joseph Stalin: A Study in Twentieth-Century Revolutionary Patriotism*. Nova York: RoutledgeCurzon, 2002.

VARNECK, Elena (Org.). *The Testimony of Kolchak and Other Siberian Materials*. Stanford, CA: Stanford University Press, 1935.

VASÉTSKI, N. A. *Trotskii: opyt politicheskoi biografii*. Moscou: Respublika, 1992.

VASILEVA, Larisa. *Kremlin Wives*. Nova York: Arcade, 1994.

VASILYEV, A. T. *The Ochrana: The Russian Secret Police*. Filadélfia: Lippincott, 1930.

VASSÍLHTCHIKOV, Boris. *Vospominaniia*. Moscou-Pskov: Nashe nasledie, 2003.

VÁTKIN, Iu. "Goriachaia osen dvadtsat vosmogo (k voprosu o stalinizatsii kominterna)". *Oni ne molchali*. Org. A. V. Afanássiev. Moscou: Politizdat, 1991.

VÁTLIN, A. "Panika: Sovetskaia Rossiia oseni 1918 goda glazami nemtsa", *Rodina*, n. 9, pp. 78-81, 2002.

_____. *Komitern: idei, resheniia, sudby*. Moscou: Rosspen, 2009.

_____ et al. (Orgs.). *Stenogrammy zasedanii politburo TsK RKP (b), 1923-1938*. Moscou: Rosspen, 2007.

VELIKÁNOVA, O. V. "Lenina v massovom soznanii", *Otechestvennaia istoriia*, n. 2, 1994.

VELIKANOVA, Olga. "The Myth of the Besieged Fortress: Soviet Mass Perception in the 1920s-1930", Stalin-Era Research and Archives Project, University of Toronto Centre for Russian and East European Studies, documento de trabalho n. 7, 2002.

_____. *Popular Perceptions of Soviet Politics in the 1920s. Disenchantment of the Dreamers*. Basingstoke: Palgrave Macmillan, 2013.

_____. *The Making of an Idol: On Uses of Lenin*. Göttingen: Muster-Schmidt, 1996.

Velikii pokhod K. E. Voroshilova ot Lugansks k Tsaritsynu i geroicheskaia oborona Tsaritsyna. Moscou: Gos. voen. izd-vo Narkomata Oborony Soiuza SSR, 1938.

VERESCHAK, Semion. "Stalin v tiurme (vospominaniia politicheskogo zakliuchennogo)", *Dni*, 22 jan. 1928.

VERNÁDSKI, V. I. *Dnevniki, 1926-1934*. Moscou: Nauka, 2001.

VERNER, Andrew. *The Crisis of Russian Autocracy: Nicholas ii and the 1905 Revolution*. Princeton: Princeton University Press, 1990.

VI (*Parizhskaia*) *Vserossiiskaia konferentsiia RSDRP, 18-30 (5-17) aprelia 1912 g.: sbornik statei i dokumentov*. Moscou: Politicheskaia literatura, 1952.

VI *siezd RSDRP* (*bolshevikov*), *avgust 1917 goda: protokoly*. Moscou: Politicheskaia literatura, 1958.

VICHNÉVSKI, N. M. *Printsipy i metody organizivannogo raspredeleniia produktov prodovolstviia I predmetov pervoi nobkhodimosti*. Moscou: VSNKh, 1920.

VICHNIAK, Mark. *Dan proshlomu*. Nova York: Chekhov, 1954.

_____. *Le Regime sovietiste*. Paris: Union, 1920.

_____. *Vserossiiskoe uchreditelnoe sobranie*. Paris: Sovremennyia zapiski, 1932.

VIGÓDSKI, Semion Iu. *Vneshniaia politika SSSR, 1924-1929*. Moscou: Politcheskaia literatura, 1963.

VII (*aprelskaia*) *Vserossiiskaia konferentsiia RSDRP* (*bolshevikov*). Moscou: Politicheskaia literatura, 1958.

VII *ekstrennyi siezd RKP* (*b*), *mart 1918 goda: stenograficheskii otchet*. Moscou: Politicheskaia literatura, 1962.

VII *Vsebelorusskii siezd sovetov: stenograficheskii otchet*. Minsk: TSIK BSSR, 1925.

VIII *siezd RKP* (*b*), *18-28 marta 1919 goda: stenograficheskii otchet*. Moscou: Kommunist, 1919. Partizdat, 1933. Politicheskaia literatura, 1959.

VIII *siezd RKP* (*b*), *mart 1919 goda: protokoly*. Moscou: Politicheskaia literatura, 1933. Politizdat, 1959.

VÍKTOROV, B. V. *Bez grifa "sekretno": zapiski voennogo prokurora*. Moscou: Iuridicheskaia literatura, 1990.

VILHKOVA, V. P. (Org.). *RKP* (*b*), *vnutripartiinaia borba v dvadtsatye gody: dokumenty i materialy*. Moscou: Rosspen, 2004.

VINOGRÁDOV, V. K. "Zelenaia lampa", *Nezavisimaia gazeta*, 20 abr. 1994.

_____ (Org.). *Genrikh Iagoda: narkom vnutrennykh del SSSR, generalnyi kommissargosudarstvennoi bezopasnosti: sbornik dokumentov*. Kazan: [s.n.], 1997.

_____. *Arkhiv VChK: sbornik dokumentov*. Moscou: Kuchkovo Pole, 2007.

_____ et al. *Fanni Kaplan, ili kto strelial v Lenina: Sbornik dokumentov*. 2. ed. Moscou: X-History, 2003.

_____ et al. *Pravoeserovskii politicheskii protsess v Moskve, 8 iiunia-4 avgusta 1922 g.: stenogrammy sudebnykh zasedanii*. Moscou: Rosspen, 2011.

VIOLA, Lynne. "The Peasant Nightmare: Visions of Apocalypse in the Soviet Countryside", *Journal of Modern History*, v. 62, n. 4, pp. 747-70, 1990.

_____. *Peasant Rebels Under Stalin: Collectivization and the Culture of Peasant Resistance*. Nova York: Oxford University Press, 1996.

_____ (Org.). *The War Against the Peasantry, 1927-1930: The Tragedy of the Soviet Countryside*. New Haven, CT: Yale University Press, 2005.

VIROUBOVA, Anna. *Memories of the Russian Court*. Nova York: Macmillan, 1923.

_____. *Souvenirs de ma vie*. Paris, 1927.

WITTE, S. Iu. *Samoderzhavie i zemtsvo: Konfidentialnaia zapiska ministra finansov stats-sekretaria S. Iu. Vitte* (*1899 g.*), 2. ed. Stuttgart: J. H. W. Sietz Nachf., 1903.

_____. *Vospominaniia: tsarstvovanie Nikolaia II*. Moscou e Leningrado: Gosizdat, 1923-4. Moscou: Izd. sotsialno-ekonomicheskoi literatury, 1960; AST, 2000. 3 v.

VKP (*b*), *Komintern i natsionalno-revoliutsionnoe dvizhenie v Kitae: dokumenty*, Moscou: Buklet, 1994--2003. 4 v.

VLADÍMIROVA, Vera. *Kontr-revoliutsiia v 1917 g.: Kornilovshchina*. Moscou: Krasnaia nov', 1924.

_____. "Levye esery v 1917-1918 gg.", *Proletarskaia revoliutsiia*, n. 4, pp. 101-40, 1927.

Vneshniaia torgovlia SSSR za 1918-1940 gg.: statisticheskii obzor. Moscou: Vneshtorgizdat, 1960.

_____. "Iul'skie dni 1917 goda", *Proletarskaia revolutsiia,* n. 5, pp. 3-52, 1923.

VODOLÁGUIN, Mikhail A. *Krasnyi Tsaritsyn.* Volgograd: Nizhne-Volzhskoe knizhnoe izd-vo, 1967.

VOEIKOV, Vladímir N. *S tsarem i bez taria: vospominaniia poslednego Dvortsovogo Komendanta Gosudaria Imperatora Nikolaia ii.* Helsinque: [s.n.], 1936.

VOITSEKHÓVSKI, Serguei L. *Trest: vospominaniia i dokumenty.* Ontário, Canadá: Zaria, 1974.

VÓLIN, B. M. *12 biografii.* Moscou: Rabochaia Moskva, 1924.

VÓLIN, B. M. (Org.). *Sedmaia (aprelskaia) konferentsiia RSDRP (b).* Moscou: Politicheskaia literatura, 1955.

VÓLIN, M. S. "Istpart i Sovetskaia istoricheskaia nauka". *Velikii oktiabr: istoriia, istoriografiiia, istochniko-vendenie: sbornik statei.* Org. de Iu. A. Poliakov. Moscou: Nauka, 1978.

VÓLIN, S. Iu. "Vokrug Moskovskoi Dumy", *Proletarskaia revoliutsiia,* n. 6, 1922.

Voline [Vsevolod Mikhailovitch Eichenbaum], *The Unknown Revolution, 1917-1921.* Nova York: Free Life Editions, 1974.

VOLKOGÓNOV, D. A. *Lenin: politicheskii portret.* Moscou: Novosti, 1994. 2 v.

_____. *Stalin: politicheskii portret.* 4. ed. Moscou: Novosti, 1996. 2 v.

_____. *Triumf i tragediia: politicheskii portret I. V. Stalina.* Moscou: Novosti, 1989. 2 v.

_____. *Trotskii: politcheskii portret.* Moscou: Novosti, 1992. 2 v.

VOLKOGONOV, D. A. *Lenin: Life and Legacy.* Londres: HarperCollins, 1994.

_____. *Stalin: Triumph and Tragedy.* Nova York: Grove Weidenfeld, 1991.

_____. *Trotsky: The Eternal Revolutionary.* Nova York: The Free Press, 1996.

VÓLKOV, S. V. *Tragediia russkogo ofitserstva.* Moscou: Tsentropoligraf, 2002.

VOLOBÚIEV, Pavel. *Ekonomicheskaia politika Vremmenogo Pravitelstva.* Moscou: Nauka, 1962.

VOLÓCHIN, F. F. "Dmitrii Ivanovich Kurskii (k 100-letiiu so dnia rozhdeniia)", *Sovetskoe gosudarstvo i pravo,* n. 12, pp. 98-102, 1974.

VOLODÁRSKI, M. I. *Sovety i ikh iuzhnye sosedi Iran i Afganistan 1917-1933.* Londres: Overseas Publications Interchange, 1985.

VOMPE, P. *Dni oktiabrskoi revoliutsii i zheleznodorozhniki: Materialy k izucheniiu istorii revoliutsionnogo dvizheniia na zheleznykh dorogakh.* Moscou: TsK zheleznodorozhnikov, 1924.

VON BOTHMER, Karl Freiherr. *Mit Graf Mirbach in Moskau: Tagebuch-Aufzeichnungen und Aktenstrücke vom 19 April bis 24 August 1918.* 2. ed. Tübingen: Osiander'sche Buchhandlung, 1922.

VON CLAUSEWITZ, Carl. *On War.* Nova York: Knopf, 1993.

VON GELDERN, James. *Bolshevik Festivals, 1917-1920.* Berkeley: University of California Press, 1993.

VON HAGEN, Mark. "The *Levée en Masse* from the Russian Army to the Soviet Union, 1874-1938". *People in Arms: Military Myth and National Mobilization since the French Revolution.* Org. de Daniel Moran e Arthur Waldron. Nova York: Cambridge University Press, 2003.

_____. *Soldiers in the Proletarian Dictatorship: The Red Army and the Soviet Socialist State, 1917-1930.* Ithaca, NY: Cornell University Press, 1990.

_____. *War in a European Borderland: Occupations and Occupation plans in Galicia and Ukraine, 1914--1918.* Seattle: University of Washington Press, 2007.

VON HINDENBURG, Paul. *Out of My Life.* Nova York: Harper and Brothers, 1921. 2 v.

VON KOROSTOWETZ, W. K. *Graf Witte, der Steuermann in der Not.* Berlim: Brückenverlag, 1929.

VON KÜHLMANN, Richard. *Erinnerungen.* Heidelberg: L. Schneider, 1948.

VON LAUE, Theodore H. "A Secret Memorandum of Sergei Witte on the Industrialization of Russia", *Journal of Modern History,* v. 26, n. 1, pp. 60-74, 1954.

VON LAUE, Theodore H. "The Fate of Capitalism in Russia: The Narodnik Version", *American Slavic and East European Review*, v. 13, n. 1, pp. 11-28, 1954.

_____. "The High Cost and the Gamble of the Witte System: A Chapter in the Industrialization of Russia", *Journal of Economic History*, v. 13, n. 4, pp. 425-48, 1953.

_____. *Sergei Witte and the Industrialization of Russia*. Nova York: Columbia University Press, 1963.

_____. *Why Lenin? Why Stalin? A Reappraisal of the Russian Revolution, 1900-1930*. Filadélfia: Lippincott, 1964, 1971.

VON MAYENBURG, Ruth. *Hotel Lux: Das Absteigequartier der Weltrevolution*. Munique: Piper, 1991.

VON MAYENBURG, Ruth. *Hotel Lux: Mit Dimitroff, Ernst Fischer, Ho Tschi Minh, Pieck, Rakosi, Slansky, Dr. Sorge, Tito, Togliatti, Tschou En-lai, Ulbricht und Wehner im Moskauer Quartier der Kommunistischen Internationale*. Munique: Bertelsmann, 1978.

VON MOLTKE, Helmuth. *Erinnerungen, Briefe, Dokumente 1877 bis 1916*. Stuttgart: Der kommende Tag Verl., 1922.

VON MÜLLER, Georg. *The Kaiser and His Court*. Londres: MacDonald, 1961.

VON RIEKHOFF, Harald. *German-Polish Relations, 1918-1933*. Baltimore: Johns Hopkins Press, 1971.

VON VOLLMAR, Georg. *Der isolierte sozialistiche Staat: eine sozialökonomische Studie*. Zurique: Volksbuchhandlung, 1878.

VON ZWEHL, Hans. *Erich von Falkenhayn: General der Infanterie: eine biographische Studie*. Berlim: E. S. Mittler, 1926.

VOROCHÍLOV, K. E. "Iz istorii podavleniia Kronshtadtskego miatezha", *Voenno-istoricheskii zhurnal*, n. 3, pp. 15-35, 1961.

_____. *Lenin, Stalin, i krasnaia armiia: stati i rechi*, Moscou: Partizdat, 1934.

_____. *Rasskazy o zhizni (vospominaniia)*. Moscou: Politizdat, 1968.

VORÓNIN, E. P. et al. (Orgs.). *Voenno-revoliutsionnye komitety deistviiushchie armii, 25 oktiabria 1917-mart 1918 g*. Moscou: Nauka, 1978.

VORONÓVITCH, N. (Org.). *Zelenaia kniga: istoriia krestianskogo dvizheniia v chernomorskoi gubernii*. Praga: Chernomorskaia krestianskaia delegatsiia, 1921.

VOSCHÍNIN, V. P. *Na sibirskom prostore: kartinny pereselentsev*. São Petersburgo: Nash vek, 1912.

Vospominaniia o Vladimire Iliche Lenine,. Moscou: Politicheskaia literatura, 1956-61. 3 v; 2. ed. Moscou: Politcheskaia literatura, 1979. 5 v.

VOSS, A. et al. *Von hamburger Aufstand zur politische Isolierung: kommunistische Politik 1923-1933 in Hamburg und in deustchen Reich*. Hamburgo: Landeszentrale für politische Bildung, 1983.

Vsesoiuznaia Kommunisticheskaia Partiia (b) v rezoliutsiiakh siezdov, konferetnsii i plenumov TsK, 1898-1935. 5. ed. Moscou: Partizdat, 1935-6. 2 v.

Vsesoiuznaia Kommunisticheskaia Partiia (b) v rezoliutsiiakh siezdov, konferetnsii i plenumov TsK, 1898-1939. 6. ed. Moscou: Partizdat, 1940-1. 2 v.

VUCINICH, Wayne S. "Mlada Bosna and the First World War". *The Habsburg Empire in World War I: Essays on the Intellectual, Political, Military and Economics of the Habsburg War Effort*. Org. de Robert A. Kann et al. Boulder, CO: East European Quarterly, 1977.

VULLIAMY, C. E. (Org.). *From the Red Archives*. Londres: Geoffrey Bles, 1929.

Vysylka vmesto rasstrela 1921-1923: deportazatsiia intelligentsii v dokumentakh VChK-gpu. Moscou: Russkii put', 2005.

"Vystuplenie N. I. Bukharina posviashchennoe pamiati Skvortsova-Stepanova", *Voprosy istorii*, n. 5, pp. 75-84, 1988.

WADE, Rex A. "Argonauts of Peace: The Soviet Delegation to Western Europe in the Summer of 1917", *Slavic Review*, v. 26, n. 3, pp. 453-67, 1967.

———. "Why October? The Search for Peace in 1917", *Soviet Studies*, v. 20, n. 1, pp. 36-45, 1968.

———. *Red Guards and Workers' Militias in the Russian Revolution*. Stanford, CA: Stanford University Press, 1984.

———. *The Russian Revolution, 1917*. Nova York: Cambridge University Press, 2000.

———. *The Russian Search for Peace: February-October 1917*. Stanford, CA: Stanford University Press, 1969.

WAGNER, Moritz. *Travels in Persia, Georgia and Koordistan*. Londres: Hurst aqnd Blackett, 1856. 3 v.

WAITE, Robert G. L. *Vanguard of Nazism: The Free Corps Movement in Post-War Germany, 1918-1923*. Nova York: Norton, 1952.

WALDRON, Arthur. "The Warlord: Twentieth-Century Chinese Understandings of Violence, Militarism, and Imperialism", *American Historical Review*, v. 96, n. 4, pp. 1073-1100, 1991.

WALDRON, Peter. *Between Two Revolutions: Stolypin and the Politics of Renewal in Russia*. Londres: UCL, 1998.

WALKIN, Jacob. *The Rise of Democracy in Pre-Revolutionary Russia: Political and Social Institutions Under the Last Three Tsars*. Nova York: Praeger, 1962.

WALLER, Bruce. *Bismarck at the Crossroads: The Reorientation of German Foreign Policy After the Congress of Berlin, 1878-1880*. Londres: Athlone, 1974.

WANDRUSZKA, Adam. *House of Habsburg: Six Hundred Years of a European Dynasty*. Nova York: Doubleday, 1964.

WANDYCZ, Piotr S. *August Zaleski: Minister Spraw Zagranicznych RP 1926-1932 w Świetle Wspomnień i Dokumentów*. Paris: Instytut Literacki, 1980.

———. *Soviet-Polish Relations, 1917-1921*. Cambridge, MA: Harvard University Press, 1969.

———. *Twilight of French Eastern Alliances, 1926-1936: French-Czechoslovak-Polish Relations from Locarno to the Remilitarization of the Rhineland*. Princeton, NJ: Princeton University Press, 1988.

WARD, Chris. *Stalin's Russia*. Nova York: Routledge, Chapman and Hall, 1993.

WARD, John. *With the "Die-Hards" in Siberia*. Londres: Cassell, 1920.

WARGELIN, Clifford F. "A High Price for Bread: The First Treaty of Brest-Litovsk and the Break-Up of Austria-Hungary, 1917-1918", *International History Review*, v. 19, n. 4, pp. 757-88, 1997.

WARTH, Robert D. *Nicholas II: The Life and Reign of Russia's Last Monarch*. Westport, CT: Praeger, 1997.

———. *The Allies and the Russian Revolution*. Durham, NC: Duke University Press, 1954.

WATERS, Brenda Meehan. *Autocracy and Aristocracy: The Russian Service Elite of 1730*. New Brunswick, NJ: Rutgers University Press, 1982.

WATERS, M. A. (Org.). *Rosa Luxemburg Speaks*. Nova York: Pathfinder Press, 1970.

WATSON, Derek. *Molotov and Soviet Government: Sovnarkom, 1930-41*. Nova York: St. Martin's Press, 1996.

WAXMONSKY, Gary Richard. "Police and Politics in Soviet Society 1921-1929". Princeton University, 1982. Tese de Doutorado.

WCISLO, Francis W. *Reforming Rural Russia: State, Local Society and National Politics, 1855-1914*. Princeton, NJ: Princeton University Press, 1990.

———. *Tales of Imperial Russia: The Life and Times of Sergei Witte, 1849-1915*. Nova York: Oxford University Press, 2011.

WEEKS, Theodore. *Nation and State in Late Imperial Russia and Russification on Russia's Western Frontier, 1861-1914*. De Kalb: Northern Illinois University Press, 1994.

WEHNER, Markus; PETROV, Iu. A. "Golod 1921-1922 gg. v Smarskoi gubernii i reaktsiia sovetskogo pravitelstva", *Cahiers du Monde Russe*, v. 38, n. 1-2, pp. 223-41, 1997.

WEINER, Douglas. "Dzerzhinskii and the Gerd Case: The Politics of Intercession and the Evolution of 'Iron Felix' in NEP Russia", *Kritika*, v. 7, n. 4, pp. 759-91, 2006.

WEISSMAN, Neil B. *Reform in Tsarist Russia: The State Bureaucracy and Local Government, 1900-1914*. New Brunswick, NJ: Rutgers University Press, 1981.

_____. "Regular Police in Tsarist Russia, 1900-1914", *Russian Review*, v. 44, n. 1, pp. 45-68, 1985.

WEITZ, Eric D. *Creating German Communism, 1890-1990: From Popular Protests to Socialist State*. Princeton, NJ: Princeton University Press, 1997.

_____. *Weimar Germany: Promise and Tragedy*. Princeton, NJ: Princeton University Press, 2007.

WERTH, Nicolas. "Rumeurs défaitistes et apocalyptiques dans l'URSS des années 1920 et 1930", *Vingtième Siècle, Revue d'Histoire*, n. 71, pp. 25-35, 2001.

WESTAD, Odd Arne. *The Global Cold War: Third World Interventions and the Making of Our Times*. Cambridge: Cambridge University Press, 2005.

WESTWOOD, J. N. *A History of Russian Railways*. Londres: G. Allen and Unwin, 1964.

_____. *The Historical Atlas of World Railroads*. Buffalo, NY: Firefly, 2009.

_____. *Russia Against Japan, 1904-5: A New Look at the Russo-Japanese War*. Albany: State University of New York, 1986.

WHEATCROFT, Stephen G. "Agency and Terror: Evdokimov and Mass Killing in Stalin's Great Terror", *Australian Journal of Politics and History*, v. 53, n. 1, pp. 20-44, 2007.

WHEELER-BENNETT, John. *The Forgotten Peace: Brest-Litovsk, March 1918*. Londres: Macmillan, 1938.

_____. "The Meaning of Brest-Litovsk Today", *Foreign Affairs*, v. 17, n. 1, pp. 137-52, 1938.

WHEEN, Francis. *Karl Marx*. Londres: Fourth Estate, 1999.

WHITE, Elizabeth. *The Socialist Alternative to Bolshevik Russia: The Socialist Revolutionary Party, 1921--1939*. Londres e Nova York: Routledge, 2011.

WHITE, Howard J. "1917 in the Rear Garrisons". *Economy and Society in Russia and the Soviet Union, 1860--1930: Essays for Olga Crisp*. Org. de Linda Edmondson e Peter Waldron. Nova York: St. Martin's Press, 1992.

_____. "Civil Rights and the Provisional Government". *Civil Rights in Imperial Russia*. Org. de Olga Crips e Linda Edmondson. Oxford: Clarendon Press, 1989.

WHITE, J. D. "The Kornilov Affair: A Study in Counter Revolution", *Soviet Studies*, v. 20, n. 2, pp. 187-205, 1968.

_____. "Early Soviet Historical Interpretations of the Russian Revolution, 1918-1929", *Soviet Studies*, v. 37, n. 3, pp. 330-52, 1985.

WHITE, John Albert. *The Diplomacy of the Russo-Japanese War*. Princeton, NJ: Princeton University Press, 1964.

_____. *The Siberian Intervention* Princeton, NJ: Princeton University Press, 1950.

WHITE, Stephen. *The Origins of Détente: The Genoa Conference and Soviet-Western Relations, 1921-1922*. Nova York: Cambridge University Press, 1985.

WIDERKEHR, Stefan. "Forging a Concept: 'Eurasia' in Classical Eurasianism", trabalho apresentado no Annual Soyuz Symposium, Princeton University, abr. 2007.

WILBUR, C. Martin. *The Nationalist Revolution in China, 1923-1929*. Nova York: Cambridge University Press, 1984.

WILBUR, C. Martin. HOW, Julie Lien-ying. *Documents on Communism, Nationalism, and Soviet Advisers in China, 1918-1927: Papers Seized in the 1927 Peking Raid.* Nova York: Columbia University Press, 1956.

_____. *Missionaries of Revolution: Soviet Advisers and Nationalist China, 1920-1927.* Cambridge, MA: Harvard University Press, 1989.

WILCOX, E. H. *Russia's Ruin.* Londres: Chappell & Hall, 1919.

WILDMAN, Allan K. *The End of the Russian Imperial Army.* Princeton, NJ: Princeton University Press, 1980, 1988. 2 v.

_____. "Officers of the General Staff and the Kornilov Movement". *Revolution in Russia.* Org. de Frankel. pp. 76-101.

WILLIAMS, A. R. *Through the Russian Revolution.* Nova York: Boni and Liveright, 1921.

WILLIAMS, Andrew J. *Trading with the Bolsheviks: The Politics of East-West Trade, 1920-1939.* Manchester: Manchester University Press, 1992.

WILLIAMS, B. J. "Great Britain and Russia, 1905-1907 Convention". *British Foreign Policy under Sir Edward Grey.* Org. de F. H. Hinsley. Nova York: Cambridge University Press, 1977.

WILLIAMS, Beryl. *The Russian Revolution, 1917-1921.* Oxford: Basil Blackwell, 1987.

WILLIAMS, Robert C. "Russian War Prisoners and Soviet-German Relations, 1918-1921". *Canadian Slavonic Papers,* v. 9, n. 2, pp. 270-95, 1967.

WILLIAMSON, Jeffrey G. "Globalization, Factor Prices and Living Standards in Asia before 1940". *Asia Pacific Dynamism 1550-2000.* Org. de A. J. H. Latham et al. Londres: Routledge, 2000.

WILLIAMSON, Jr., Samuel. *Austria-Hungary and the Origins of the First World War.* Houndmills e Londres: Macmillan, 1991.

WILSON, Keith (Org.). *Decisions for War, 1914.* Nova York: St. Martin's Press, 1995.

WOHLFORTH, William C. "The Perception of Power: Russia in the Pre-1914 Balance", *World Politics,* v. 39, n. 3, pp. 353-81, 1987.

WOLFE, Bertram D. "Lenin and the Agent Provocateur Malinovsky", *Russian Review* v. 5, n. 1, pp. 49-69, 1945.

_____. "The Influence of Early Military Decisions upon the National Structure of the Soviet Union", *American Slavonic and East European Review,* v. 9, n. 3, pp. 169-79, 1950.

_____. *Three Who Made a Revolution.* Nova York: Dial Press, 1948.

_____ (Org.). *Khrushchev and Stalin's Ghost.* Nova York: Praeger, 1957.

WOODRUFF, David. *Money Unmade: Barter and the Fate of Russian Capitalism.* Ithaca, NY: Cornell University Press, 1999.

_____. "The Politburo on Gold, Industrialization, and the International Economy, 1925-1926". *Lost Politburo Transcripts.* Org. de Gregory e Naimark. pp. 199-223.

WOODWORTH, Bradley. "Civil Society and Nationality in the Multiethnic Russian Empire: Tallinn/Reval, 1860-1914". Indiana University, 2003. Tese de Doutorado.

WORTMAN, Richard. "Nicholas II i obraz samoderzhaviia", *Istoriia SSSR,* n. 2, pp. 119-28, 1991.

_____. "Russian Monarchy and the Rule of Law: New Considerations of the Court Reform of 1864", *Kritika,* v. 6, n. 1, pp. 145-70, 2005.

_____. *Scenarios of Power: Myth and Ceremony in Russian Monarchy.* Princeton: Princeton University Press, 2000. 2 v.

_____. *The Crisis of Russian Populism.* Nova York: Cambridge University Press, 1967.

WRIGHT, Jonathan. "Locarno: a Democratic Peace?", *Review of International Studies* v. 26, n. 2, pp. 391--411, 2010.

WU, Tien-wei. "A Review of the Wuhan Débâcle: The Kuomintang-Communist Split of 1927", *Journal of Asian Studies*, v. 29, n. 1, pp. 125-43, 1969.

WYSZCZELSKI, Lech. *Varshava 1920*. Moscou: Astrel', 2004.

X siezd RKP (b), mart 1921 goda: stenograficheskii otchet. Moscou: Gosizdat, 1921. Moscou: Partizdat, 1933. Moscou: Politicheskaia literatura, 1963.

XI siezd RKP (b): protokoly. Moscou: Partizdat, 1936. *Stenograficheskii otchet*. Moscou: Politicheskaia literatura, 1961.

XI Vserossiiskii siezd Sovetov: stenograficheskii otchet. Moscou: VTSIK SSSR, 1924.

XII siezd RKP (b): stenograficheskii otchet. Moscou: Politizdat, 1968.

XIII konferentsiia rkp (B): biulleten. Moscou: Krasnaia nov, 1924.

XIII siezd VKP (b), mai 1924 g.: stenograficheskii otchet. Moscou: Politizdat, 1963.

XIV konferentsIia RKP (b): stenograficheskii otchet. Moscou e Leningrado: Gosizdat, 1925.

XIV siezd VKP (b): stenograficheskii otchet. Moscou e Leningrado: Gosizdat, 1926.

XV konferentsiia VKP (b), 26 oktiabria-3 noiabria 1926 g.: stenograficheskii otchet. Moscou e Leningrado: Gosizdat, 1927.

XV siezd VKP (b): stenograficheskii otchet, Moscou, Gosizdat, 1928. Moscou: Politicheskaia literatura, 1961-2. 2 v.

XVI Moskovskaia gubernskaia konferentsiia VKP (b). Moscou: MGK VKP (b), 1927.

XVI partiinaia konferentsiia VKP (b), aprel 1929 g.: stenografischekii otchet. Moscou: Politicheskaia literatura, 1962.

XVI siezd VKP (b): stenografischekii otchet. Moscou: Partizdat, 1935.

XVII siezd VKP (b): stenograficheskii otchet, 26 ianvaria − 10 fevralia 1934 g. Moscou: Partizdat, 1934.

YANEY, George L. "Some Aspects of the Imperial Russian Government on the Eve of the First World War", *Slavonic and East European Review*, n. 43, pp. 68-90, 1964.

_____. "The Concept of the Stolypin Land Reform", *Slavic Review*, v. 23, n. 2, pp. 275-93, 1964.

_____. *The Systematization of Russian Government: Social Evolution in the Domestic Administration of Imperial Russia, 1711-1905*. Urbana: University of Illinois Press, 1973.

_____. *Urge to Mobilize: Agrarian Reform in Russia, 1861-1930*. Urbana: University of Illinois Press, 1982.

YANOV, Alexander. *The Origins of Autocracy: Ivan the Terrible in Russian History*. Berkeley: University of California Press, 1981.

YARKOVSKY, Jan M. *It Happened in Moscow*. Nova York: Vantage Press, 1961.

YAROSLAVSKY, E. *Landmarks in the Life of Stalin*. Moscou: Foreign Publishing House, 1940.

YEVTUHOV, Catherine. *Portrait of a Russian Province: Economy, Society, and Civilization in Nineteenth-Century Nizhnii Novgorod*. Pittsburgh: University of Pittsburgh Press, 2012.

YOUNG, Harry F. "The Misunderstanding of August 1, 1914", *Journal of Modern History*, v. 48, n. 4, pp. 644-65, 1976.

YOUNG, James. "Bolshevik Wives: A Study of Soviet Elite Society". Sydney University, 2008. Tese de Doutorado.

Za chetkuiu klassovuiu liniiu: sbornik dokumentov kraikoma VKP (b) i vystuplenii rukovodiashchikh rabotnikov kraia. Novossibirsk: Sibkraikom VKP (b), 1929.

Za leninizm: sbornik statei. Moscou e Leningrado: Gosizdat, 1925.

ZABIH, S. *The Communist Movement in Iran*. Berkeley e Los Angeles: University of California Press, 1966.

ZACHÍKHIN, A. N. "O chisle zhertv krovavogo voskresenia", *Vestnik pomorskogo universiteta*, n. 3, 5-9, 2008.

ZAGORSKY, S. O. *State Control of Industry in Russia During the War*. New Haven, CT: Yale University Press, 1928.

ZAKHÁROV, Vladímir V. *Voennye aspect vzaimootnosheniia SSSR i Germanii, 1921-iiun 1941*. Moscou: Gumanitarnaaia Akademiia vooruzhennykh sil, 1992.

ZALKIND, Aron B. "O zabolevaniiakh partaktiva", *Krasnaia nov*, n. 4, pp. 187-203, 1925.

ZALKIND, I. A. "N.K.I.D. v semnadtsatom godu", *Mezhdunarodnaia zhizn*, n. 10, 1921.

ZAMOYSKI, Adam. *Warsaw 1920: Lenin's Failed Conquest of Europe*. Londres: HarperCollins, 2008.

ZAMYATIN, Yevgeny. "Comrade Churygin Has the Floor", *The Fatal Eggs and Other Soviet Satire 1918--1963*. Org. de Mirra Ginsburg. Nova York: Grove, 1964.

ZAONTCHKÓVSKI, P. A. *Pravitelstvennyi apparat samoderzhavnoi Rossii v XIX v*. Moscou: Mysl, 1978.

ZARÚBIN, V. G. *Bez pobeditelei: iz istorii grazhdanskoi voiny v Krymu*. Simfereopol: Tavriia, 1997.

Zasedanie vserossiiskogo tsentralnogo ispolnitelnogo komiteta 4-go sozyva: protokoly. Moscou: Gosizdat, 1920.

ZBÁRSKI, B. I. *Mavzolei Lenina*. Moscou: Politcheskaia literatura, 1945.

ZDESENKO, V. I. *Gorki Leninskie*. Moscou: Moskovskii rabochii, 1985.

ZEIDLER, Manfred. *Reichswehr und Rote Armee 1920-1933: Wege und Statioinen einer ungewöhnlkichen Zusammenarbeit*. Munique: R. Oldenbourg, 1993; 2. ed., 1994.

ZELENOV, M. V. "Rozhdeniie partinoi nomenklatury", *Voprosy istorii*, n. 2, pp. 3-24, 2005.

ZEMAN, Z. A. B. *The Break-Up of the Habsburg Empire, 1914-1918*. Nova York: Oxford University Press, 1961.

_____ (Org.). *Germany and the Revolution in Russia 1915-1918: Documents from the Archives of the German Foreign Ministry*. Nova York: Oxford University Press, 1958.

"Zemelnye poriadki za uralom", em *Aziatskaia Rossiia*. Org. de G. V. Glinka. São Petersburgo: A. F. Marks, 1914. 3 v.

ZENKÓVSKI, Aleksandr V. *Pravda o Stolypine*. Nova York: Vseslovianskoe, 1956.

ZENKOVSKY, Serge. "The Tataro-Bashkir Feud of 1917-1920", *Indiana Slavic Studies*, n. 2, pp. 37-61, 1958.

_____. *Pan-Turkism and Islam in Russia*. Cambridge, MA: Harvard University Press, 1967.

ZETKIN, Clara. *Reminiscences of Lenin*. Nova York: International, 1934.

_____. *Vospominaniia o Lenine*. Moscou: Politicheskaia literatura, 1955.

_____ et al. *We Have Met Lenin*. Moscou: Foreign Languages Publishing House, 1939.

ZIBERT, V. "O bolshevistkom vospitanii", *Na strazhe*, n. 25, pp. 9-10, 1924.

ZÍMA, V. F. *Chelovek i vlast v SSSR v 1920-1930e gody: politiki represii*. Moscou: Sobranie, 2010.

ZIMMERMAN, Joshua D. *Poles, Jews, and the Politics of Nationality: The Bund and the Polish Socialist Party in Late Tsarist Russia, 1892-1914*. Madison: University of Wisconsin Press, 2005.

ZINÓVIEV, G. *Leninizm: vvedenie v izuchenie Leninizma*. Leningrado: Gosizdat, 1925.

_____. *Litsom k derevne!* Leningrado: Gosizdat, 1925.

_____. *N. Lenin*. Petrogrado: Petrogradskii Sovet, 1918.

_____. *God revoliutsii: fevral 1917 — mart 1918*. Leningrado: Gosizdat, 1925.

_____. *Istoriia Rossiiskoi kommunisticheskoi partii (bolshevikov)*. Ekaterinburg: Ural-kniga, 1923.

_____. *Bolshevizm ili trotzkizm?* Leningrado: Proletarii, 1925.

_____. *Borba za Petrograd, 15 oktiabra-6 noiabria 1919*. Petrogrado: Gos. sotsialno-ekonomicheskoe izd., 1920.

ZINÓVIEV, G. *Zwölf Tage in Deutschland*. Hamburgo: C. Hoym Nachf. L. Cahnbley, 1921.

_____; TRÓTSKI, L. *O miatezhe levykh s. r.* Moscou: Petrogradskii Sovet, 1918.

ZITSER, Ernest A. *The Transfigured Kingdom: Sacred Parody and Charismatic Authority at the Court of Peter the Great*. Ithaca, NY: Cornell University Press, 2004.

ZIV, G. A. *Trotskii: kharakteristika (po lichnym vospominaniiam)*. Nova York: Narodopravstvo, 1921.

ZLOKÁZOV, G. I. *Petrogradskii Sovet rabochikh i soldatskikh deputatov v period mirnogo razvitiia revoliutsii*. Moscou: Nauka, 1969.

ZNÁMENSKII, Oleg N. *Vserossiiskoe Uchreditelnoe Sobranie: istoriia sozyva i politicheskogo krusheniia*. Leningrado: Nauka, 1976.

ZOHRAB, Irene. "The Socialist Revolutionary Party, Kerensky and the Kornilov Affair: From the Unpublished Papers of Harold W. Williams", *New Zealand Slavonic Journal* 131-61, 1991.

ZUBER, Terence. *Inventing the Schlieffen Plan: German War Planning, 1871-1914*. Nova York: Oxford University Press, 2002.

ZUBOV, Nikolai. *F. E. Dzerzhinskii: Biografiia*. 2. ed. Moscou: Politicheskaia literatura, 1965.

ZUBOV, Platon. *Kartina Kavkazskogo kraia prinadlezhashchago Rossii, i sopredelnykh onomu zemel: v istoricheskom, statisticheskom, etnograficheskom, finansovom i torgovom otnosheniiakh*. São Petersburgo: Konrad Vingeber, 1834-5. 4 v.

ZUCKERMAN, Fredric S. *The Tsarist Secret Police in Russian Society, 1880-1917*. Basingstoke, Hampshire: Macmillan, 1996.

ZVIÁGINTSEVA, A. P. "Organizatsiia i deiatelnost militsii Vremmenogo pravitelstva Rossii v 1917 g". Universidade Estadual de Moscou, 1972. Tese de Doutorado.

Créditos das imagens

AGKM: Museu Regional Estatal de Altai
RGAKFD: Arquivo do Estado Russo de Fotografias e Filmes
RGKFAD SPb: Arquivo do Estado Russo de Filmes e Fotografias, São Petersburgo
RGASPI: Arquivo do Estado Russo de História Social e Política (antigo arquivo central do partido)

Primeiro caderno

Página 1: acima: Arquivo do Estado Russo de Fotografias e Filmes (RGAKFD), albom 1068, n. 80; abaixo: Museu Estatal de História Política da Rússia (GMPIR).

Página 2: acima: RGAKFD, albom 830, n. 20; abaixo: *Adskaia pochta*, 1906, n. 3.

Página 3: acima: RGAKFD, ed. khr. 5-4736; abaixo: TsGAKFFD, E-6486.

Página 4: acima: RGAKFD, albom 1057, foto 2; abaixo: Getty Images.

Página 5: no alto, à esq. Museu Stálin de Góri; no alto, à dir. Arquivo do Estado Russo de História Social e Política (RGASPI), f. 558, op. 11, d. 1671, l. 01; abaixo, à esq. RGAKFD, ed. khr. 4-8936; abaixo, à dir. Museu Stálin de Góri.

Página 6: acima: Museu Stálin de Góri; abaixo: Museu Stálin de Góri.

Página 7: acima: Museu Stálin de Góri; abaixo: Ostróvski, *Kto stoial za spinoi Stalina*.

Página 8: acima: Hoover Institution Archives; no meio: Revista *Ogonyok*, dezembro de 1949; abaixo: RGAKFD, ed. khr. 2-19694.

Página 9: acima: Arquivo da República Socialista Soviética Georgiana (II), f. 6, documentos de I. Stálin; abaixo: RGAKFD, ed. khr. V-2.

1093

Página 10: acima: Arquivo Histórico de Sarajevo; abaixo: Arquivo Nacional da Bósnia e Herzegóvina.

Página 11: acima: RGAKFD, ed. khr. 4-8391; abaixo: RGAKFD, ed. khr. 0-140426.

Página 12: no alto: Kornilov (série: jizn zamechatelnikh liudei); abaixo, à esq. RGAKFD, ed. khr. 2-30761; abaixo, à dir. The Granger Collection, Nova York.

Página 13: acima: TsGAKFFD Sankt-Peterburga, d. 19316; abaixo: Jonathan Sanders.

Página 14: acima: RGAKFD, ed. khr. V-2410; abaixo: Hoover Institution Archives.

Página 15: acima: RGASPI, f. 393, op. 1, d. 26; abaixo: RGAKFD, ed. khr. 58898.

Página 16: acima: RGASPI, f. 558, op. 11, d. 1651, l. 18, 19; abaixo: RGAKFD, ed. khr. G-343.

Segundo caderno

Página 1: acima: Vladímir Guenis, *S Bukharoi nado konchat: k istorii butaforskikh revoliutsii: dokumentalnaia khronika*; abaixo: S. L. Kuzmin, *Istoriia barona Ungerna: opit rekonstruktsii*.

Página 2: acima: David King Collection, Londres; abaixo: Hoover Institution Archives.

Página 3: acima: RGASPI, f. 393, op. 1, d. 32, l. 3; abaixo: RGAKFD, ed khr. V-1438.

Página 4: no alto, à esq. RGASPI, f. 393, op. 1, d. 39, l. 7; no alto, à dir. RGAKFD, ed. khr. 4-8538; abaixo, à esq. RGASPI, f. 394, op. 1, d. 30, l. 4; abaixo, à dir. David King Collection, Londres.

Página 5: acima: Museu de Arquitetura Schússev; à direita: RGAKFD; abaixo, à esq. Biblioteca do Estado Russo (Leninka), Moscou, cartão-postal; abaixo, à dir. David King Collection, Londres.

Página 6: acima: David King Collection, Londres; abaixo: RGAKFD, ed. khr. V-20.

Página 7: acima: Aleksandr Plekhánov et al., *Feliks Dzerjinski: k 130-letiiu so dnia rojdeniia*; abaixo: RGAKFD, ed. khr. V-3334.

Página 8: no alto, à esq. RGAKFD; no alto, à dir. *Artúzov* (série: *jizn zamechatelnikh liudei*); abaixo, à esquerda: *Artúzov* (série: *jizn zamechatelnikh liudei*); abaixo, à dir. domínio público.

Página 9: acima: RGASPI, d. 74, op. 2, d. 168, l. 21; abaixo: RGAKFD, ed. khr. 5-10767.

Página 10: acima: RGASPI, ed. khr. G-21; à esq. Museu de Arquitetura Schússev, Moscou; abaixo: Serguei Deviatov et al, *Blijnaia dacha Stalina*.

Página 11: no alto, à esq. Artem Sergueiev, *Besedy o Staline*; no alto, à dir. RGASPI, f. 558, op. 11, d. 1651, albom l. 9, foto 27; abaixo, à esq. The Granger Collection, Nova York; abaixo, à dir. Coleção da Família Allilúiev.

Página 12: no alto, à esq. Bettmann/CORBIS; no alto, à dir. Bettmann/CORBIS; abaixo: RGAKFD.

Página 13: acima: RGAKFD, ed. khr. V-40; abaixo: RGAKFD, ed. khr. 2-54874.

Página 14: acima: Museu Regional Estatal de Altai (AGKM), nvf 2032; abaixo: AGKM, of 2627.

Página 15: acima: RGAKFD, ed. khr. 2-54971; abaixo: RGAKFD, ed. khr. 2-53820.

Página 16: acima: FotoSoyuz; abaixo: RGASPI, f. 74, op. 2, d. 169, l. 22.

Sobre o autor

Stephen Kotkin é um dos maiores especialistas do mundo da história da União Soviética. É autor dos livros *Magnetic Mountain: Stalinism as a Civilization* e *Armageddon Averted: The Soviet Collapse 1970-2000*. É professor de história na Woodrow Wilson School of Public and International Affairs na Universidade de Princeton.

Índice remissivo

1º Exército de Cavalaria (Vermelho), 368, 370-1, 374, 465
1º Regimento de Cavalaria basquírio, 383
3º Corpo de Cavalaria (vermelho), 371

Abachidze, David, 62, 71
ABC do comunismo, O (Bukhárin e Preobrajénski), 690
Abkházia, abkhazianos, 41, 502, 543, 558, 565
Abramidze-Tsikhitatrichvíli, Machó, 43
Academia Comunista, 700, 712
Academia do Estado-Maior, 575
Adelkhánov, Curtume, 46, 48, 50, 69, 74
Administração Americana de Auxílio (ARA), 458
Afeganistão, 132, 403
África, 89, 95, 330
África do Sudoeste, rebelião dos hereros, 173
Agabékov, Gueórgi (Arutiúnov), 664
agricultura russa, 90, 117, 313-4; confisco de terras durante a guerra, 209; consolidação,

671; exportações, 117, 157, 185; falta de modernização, 459, 660, 668; fome de 1921-2, 457-9; política de "medidas extraordinárias" para, 693, 700, 704, 707, 716; reformas de Stolypin, 118, 120; safras baixas, 117, 457, 567, 569, 646, 655, 659-61, 676, 696, 715-6; *ver também* camponeses russos
Aleksandr Mikháilovitch, grão-duque, 184
Aleksei, tsaréviche, 114, 148, 150, 180, 187, 191-2; assassinato de, 296; hemofilia, 182, 199
Alekseiev, Mikhail, 180, 184, 187, 191-2, 202, 217, 227, 230, 246, 265, 284, 298, 310
Alekseiev, N. P., 318-9
Alemanha imperial: Bálcãs e, 163; burocracia na, 83-4; captura base naval de Sebastopol, 287; captura Odessa, 280; corteja antibolcheviques, 288; crescimento econômico, 32; desenvolvimento naval, 162, 172; em "tratado de resseguro" com a Rússia, 32;

escassez e greves durante a guerra, 186, 268; expansionismo, 167; Grã-Bretanha e, 162; industrialização, 44, 90, 95; na aliança das Potências Centrais, 162; na deflagração da Grande Guerra, 165-71; na Grande Guerra, 172, 174, 178, 217-8, 226, 248, 264-70, 324-5 (*ver também* Potências Centrais); na Tríplice Aliança, 32; nacionalismo na, 60; ocupa a Polônia, 260, 298; ocupa a Ucrânia, 269, 281, 283, 286, 288-9, 298, 315, 318; ocupa o litoral báltico, 260, 298; ofensiva ocidental de 1918, 324-5; plano Schlieffen, 167, 169; política de Lênin em relação à, 287, 297-9; prisioneiros de guerra austro-húngaros e, 285; produção de aço, 88, 163; renova ofensiva russa, 269, 272, 275, 286-7; Rússia tsarista e, 132, 161; Tratado de Brest-Litovsk e, 274, 280-1, 285, 288, 298, 329, 639; unificação, 30-2, 44, 727

Alemanha, Weimar, 308; Guerra Polaco-Soviética e, 375; em acordo de cooperação militar com o Exército Vermelho, 456, 562, 587, 616, 619, 636, 699-700; Grã-Bretanha e, 561-2, 587, 619; greve geral, 337; greves de massa, 515; hiperinflação, 460, 514; no Pacto de Locarno, 563; no Tratado de Rapallo com a Rússia soviética, 455-6, 481, 514, 562, 599; pacto soviético de não agressão com, 587-8; reaproximação com o Ocidente, 456; relações soviéticas com, 559-60, 562, 610, 621, 636, 687, 699; reparações de guerra devidas, 514; tentativa de golpe comunista, *ver* Partido Comunista alemão, tentativa de golpe; Tratado de Versalhes e, 329

Alexandra, tsarina, 113-4, 142, 150, 180, 184, 187-8, 191-2, 295; assassinato, 296; Raspútin e, 181-2

Alexandre I, tsar, 113

Alexandre II, tsar, 84-5, 113; assassinato de, 85, 155; grandes reformas, 55, 84-5, 91, 109

Alexandre III, tsar, 85, 109, 113, 142, 179, 365

Aliados (Grande Guerra), *ver* Entente (Aliados)

Allilúiev, família, 177, 213, 475

Allilúiev, Sergei, 78, 80, 139, 280, 594

Allilúieva, Anna, 213, 328

Allilúieva, Nadejda "Nádia", 280, 316, 328, 409, 593, 631; casamento com Stálin, 140, 280, 475-6, 594-5, 702, 714; cortejada por Stálin, 213; dores de cabeça e depressão, 475-6, 594; expurgada do partido e reintegrada, 476; na secretaria de Lênin, 424, 475-6, 492

Allilúieva, Olga, 213, 594

Allilúieva, Svetlana, 35, 595, 631, 713

Alma-Ata, 673-4, 713

anarquismo, anarquistas, 65, 347

"Anarquismo ou socialismo?" (Stálin), 130, 547

Andreiev, Andrei, 466, 606, 663, 714

Andreiev, Nikolai, 290

Anna, tsarina, 113

antissemitismo, 122-3, 151, 339; de Stálin, 135; nos exércitos brancos, 339; *Protocolos dos sábios do Sião* e, 123, 151

Antónov, Aleksandr, 359, 392, 405

Antónov-Ovséienko, Vladímir, 359, 393, 405

apparatchiks, 436, 440, 442

Arauto Socialista, 404, 496, 554, 557

Arkhangelsk, 285; desembarque britânico em, 297-8

Armand, Inessa, 173, 208, 300, 424, 534

Armênia, República Soviética da, 406

Armênia, 255, 356, 378, 406, 408, 411, 483, 487

armênios, 138, 487; em Tíflis, 55, 74, 487; genocídio turco dos, 172; na Geórgia, 41, 502

artigo 107, 663, 665, 667, 677-8, 695-6, 700, 702, 707

Artúzov, Artur, 470, 633, 653

Ásia: expansão russa, 92, 134, 555; ideias de Stálin sobre a revolução na, 623; imperialismo japonês, 134; movimentos de libertação nacionalistas, 556

Ásia Central, 384-8; expansão russa na, 92, 134; muçulmanos na, 385-6

Assembleia Constituinte, 259-64, 268, 294

Associação Internacional dos Trabalhadores, 66

Associação Russa do Instituto de Pesquisas em Ciências Sociais, 700

Áustria, 329, 360

Áustria-Hungria, 28, 31-2, 60, 132, 356; anexa a Bósnia, 133, 164, 166; Bálcãs e, 163; escassez de alimentos durante a guerra, 268; na Grande Guerra, 162, 183, 205, 217, 219, 265-6, 285 (ver também Potências Centrais); no início da Grande Guerra, 165, 170; Tratado de Brest-Litovsk e, 274

autodeterminação, 356, 359-60, 364, 430

automóveis, 611; como interesse especial de Stálin, 543

Avílov, Boris, 239, 275

Axelrod, Pável, 70, 157, 208

Azerbaijão, 356, 378, 380, 406, 408, 411, 483, 487

Bábel, Isaac, 371

Bajánov, Boris, 464-7, 472, 527, 663

Baku, 38, 75, 80, 282, 315; capturada pelo Exército Vermelho, 378; Congresso dos Povos do Oriente em, 379; greves em, 166; indústria petrolífera, 137, 299; proletariado em, 378; Stálin em, 135, 137-8, 140, 143, 145

Baku Proletária, jornal, 129

Baku-Batum, oleoduto, 76

Bakúnin, Mikhail, 67, 212

Balabanoff, Angelica, 534

Balachov, Aleksei, 440-1, 466; sobre Stálin, 477

Bálcãs, 163, 165

Baldwin, Stanley, 560

Balítski, Vsévolod, 662, 684, 694

Balk, Aleksandr, 188-9

Balkaro-Kabarda, 684

Balzac, Honoré de, 62

Banco do Estado Russo, 256; assalto de Tíflis, 136-7

Banco do Estado Soviético, restaurado por Sokólnikov, 461

bancos, confisco de depósitos pelos bolcheviques, 256

Bandeira Vermelha, A, jornal, 520

Barabáchev, Oleg, 681

Barbusse, Henri, 27

Barmine, Aleksandr, sobre a aparência de Stálin, 438

Barnaul, 659, 665, 675, 677

"basmatchi", 384

Basquíria, República Socialista Soviética Autônoma da, 382-4, 457

basquírios, 381, 487

Batum, 102, 315; massacre de trabalhadores em, 77-8; Stálin em, 76-7

Bauer, Otto, 155, 360
Baumanis, Kārlis (Bauman, Karl), 669
Baviera, República Soviética da, 337
Beck, Józef, 563
Bédni, Demian (Pridvórov, Efrim), 276, 601, 603
Belenki, Abram, 593-4
Belenki, Grigóri, 602
Bélgica: na Grande Guerra, 167, 169, 173; no Pacto de Locarno, 563
Beloboródov, Aleksandr, 673
Belostótski, Ivan "Vladímir", 146
Beneš, Edvard, 330
Béria, Lavrenti, 33, 407, 544
Berlim, Tratado de (1926), 587-8
Bernstein, Eduard, 103
Berzin, Jan (Ķuzis, Pēteris), 556, 617
Besser, Lídia, 176
Bezobrázov, Aleksandr, 97
Bielorrússia, bielorrussos, 121, 141, 147, 178, 366, 399, 483, 548; como república independente, 356, 380; plano da União Soviética e, 483; Polônia e, 365, 615
Bielorrússia, República Soviética da, 417
Bismarck, Otto von, 30, 95-6, 107, 118, 132, 136, 141, 161-3; Rússia e, 31, 33; sobre a arte da política, 31-2; unificação da Alemanha por, 30-2, 727
Björkö, Tratado de, 133, 161
Blanqui, Louis Auguste, 103
blanquismo, 103-4
Bliukher, Vassíli, 627, 629, 641
Bliúmkin, Iákov, 290
Blok, Aleksandr, 151
Blok, Ivan, 99
Bodoo, 413
Bogrov, Mordekhai "Dmítri", 144
Boki, Gleb, 387, 444

Bolchevique (publicação), 548
bolcheviques dos Urais, culpa atribuída a eles pelo assassinato dos Romanov, 296
bolcheviques, bolchevismo, 29, 104, 126, 129, 131, 137, 141, 146, 158, 197; VI Congresso do Partido, 224, 231; VII Congresso (Extraordinário) do Partido, 275; adesão de Trótski, 220-1; apreciam a polarização política, 227; assaltam um banco em Tíflis, 136-7; Birô da Rússia, 210; como inimigos do colonialismo, 381; como ordem mundial alternativa, 356; conferência de Praga, 145; controlam o Soviete de Petrogrado, 231-2, 237; criticam o fanatismo de Lênin, 212; excluídos da Conferência de Estado de Moscou, 225; expectativa de fase histórica burguesa, 210; ganham vida nova com a tentativa de golpe de Kornílov, 231-2; golpe de outubro, *ver* Revolução de Outubro; Governo Provisório e, 200, 227; ignoram os camponeses, 254, 437; Kerenski os acusa de traição, 222-3; na eleição da Assembleia Constituinte, 261-2; no I Congresso dos Sovietes, 216; perdem confiança, 232; promovem agitação no Exército russo, 218; rompimento dos mencheviques, 102, 104-5, 126, 131, 137, 145-6, 158; russificação dos, 361; sede em Petrogrado, 207, 210, 212, 222-3; Stálin como, 135, 198
bolsa de valores, crash de 1929, 727
Bonch-Bruevitch, Mikhail, 267, 341
Bonch-Bruevitch, Vera, 300
Bonch-Bruevitch, Vladímir, 258, 267, 276, 291, 300, 302
Boríssov, Serguei, 412-3
Borman, Arkádi, 354

Borodin, Mikhail (Grusenberg), 626-7, 629

Bósnia-Herzegóvina, 133, 164, 166

Boxer, rebelião, 89

brancos (antibolcheviques), 297-8, 307, 310, 313, 339, 348, 357, 391

Brandler, Heinrich, 515, 519-20, 529

Brdzola (*A Luta*, publicação), 75, 80, 101, 361

Brest-Litovsk, 266, 366, 373

Brest-Litovsk, Tratado de, 274, 280-1, 285, 288, 329, 401, 461, 468-9, 639; adendos ao, 298; denunciado pelos SRs de esquerda, 289-90; repudiado pela Rússia, 325

Briand, Aristide, 563

brigadas letãs, 277, 292, 297; em ataque à Tcheká, 293

Brigadas Sagradas (Centúrias Negras), 101, 110, 123, 203

Brockdorff-Rantzau, Ulrich, conde von, 555, 561, 636, 687-8, 699, 704, Tchitchérin e, 561

Broido, Gerch, 385

Bronstein, Aneta, 220

Bronstein, David, 220

Brussílov, Aleksei, 183-5, 187, 205, 216-7, 219, 265

Brutzkus, Boris, 256

Bryant, Louise, 451

Budióni, Semion, 358, 368, 370-1, 374-5, 378, 465, 473

Bug (rio), 370

Bukhara, 114, 271, 355; saqueada pelo Exército Vermelho, 385-7

Bukhara, República Soviética Popular de, 387

Bukhárin, Nikolai, 155, 263, 267, 273, 275, 278, 292, 328, 336, 344, 347, 363-4, 366, 396, 400, 403, 426, 473, 477, 500, 503, 517, 538, 596, 607, 612, 618, 629-30, 638, 653, 672, 682, 690, 702, 733; "carta de Ilitch sobre o secretário" e, 510, 512-3, 517; como chefe do Comintern, 713; como líder soviético alternativo, 723; como possível sucessor de Lênin, 499; complô para tirar Stálin do posto de secretário-geral e, 708-9, 711, 714; Kámenev e, 722; luta pelo poder na sucessão e, 564-5, 579-80, 584, 638-9, 641; morte de Lênin e, 537; na "reunião de caverna", 511, 654-5; no Politbiuró, 596; NPE e, 571-2, 721; sobre a ditadura de Stálin, 480, 482, 513-4, 518, 725; sobre a política de "medidas extraordinárias", 706-7; sobre industrialização, 716; Stálin e, 614, 702-3, 709, 713, 716; tentativa de golpe comunista alemão e, 515; Testamento de Lênin e, 505

Bulgákov, Mikhail, 619

Bulgária, 329; fracasso de golpe comunista na, 519

Burckhardt, Jacob, 166

burguesia, 66; na Rússia, 90; substitui os donos de servos, 67; visão marxista da, 210, 307-8

calmucos, 195

Caminho dos Operários (jornal), 198, 234; Stálin editor de, 231, 275

caminho para o socialismo e a aliança operário-camponesa, O (Bukhárin), 722

camisas-negras (*squadristi*), 551

Campbell, Thomas, 695

camponeses russos, 37, 63-4, 67-8, 117, 123, 421; apoio ao proletariado, 224;

coletivização e, *ver* coletivização; como ignorantes das melhores práticas agrícolas, 459; como mercado para bens industriais, 571, 661, 677; comunas de, 67, 90, 119-20, 209-10, 314, 441, 459, 568; escassez de alimentos e, 185; falta inicial de interesse dos bolcheviques por, 254, 437; filiação partidária, 437; inverno de 1920-1 e, 391-3; mal compreendidos por Lênin, 314; na eleição para a Assembleia Constituinte, 261; NPE e, *ver* Nova Política Econômica; opinião sobre os comunistas, 482, 550, 571, 610, 623, 651, 671; rebeliões, 92, 99, 108, 154, 157, 242, 392, 399-400, 405, 416, 478, 576; Stálin e, 126, 334, 569, 570 (*ver também* coletivização); Stolypin e, 118, 120; tomam terras, 209-10, 239, 256, 311, 431-2; *ver também* agricultura russa; cúlaques

camponeses russos, requisições de grãos dos, 457, 659-63, 666-8, 670, 676, 678, 680-2, 693, 695-6, 700, 704-5, 707, 715-6, 722; "medidas extraordinárias" e, 693, 700, 704, 707, 716; açambarcamento por, 646, 656, 661-5, 676, 695, 706-7; protestos, 702-4, 716; substituídas por impostos em espécie, 388, 392-3, 400, 405, 416

capitalismo, 65, 210, 489, 727; colonialismo e, 623; Lênin sobre, 173, 306, 414, 454, 456, 623; na Rússia, 67, 215; nacionalismo e, 360; Sokólnikov sobre, 566-7; Stálin sobre, 130, 454, 562, 564, 583, 649, 694; visão marxista do, 65, 102-3, 173, 210, 302, 307, 360

Carr, E. H., 733

"Carta ao Congresso" *ver* Testamento de Lênin

"carta de Ilitch sobre o secretário", 510, 512-4, 517-9, 548, 654-5; Stálin e, 517, 519; Trótski e, 521; *ver também* Testamento de Lênin

Catarina I, tsarina, 112

Catarina II, "a Grande", tsarina, 113-4, 279

Cáucaso, 41, 68, 378, 449, 695; bolcheviques no, 131, 282; conquista russa do, 29, 38-9; Exército britânico no, 286, 409; mencheviques no, 135, 146; terrorismo político no, 137; viagem de Stálin em 1926 ao, 597, 599, 601

Cáucaso Norte, 457, 663, 684-5, 696

Cáucaso Sul, *ver* Cáucaso

Causa do Povo, jornal, 255

Cazaquistão, 673, 696

Centelha, jornal, 404

Centro de Moscou, 561

Centro Nacional, 346-7

Centúrias Negras (Brigadas Sagradas), 101, 110, 123, 203

Centúrias Vermelhas, 101, 105

Cháguin, Piotr, 586

Chákhti, suposta sabotagem em, 694; julgamento teatral de, 697-9, 704, 706, 728; Stálin e, 685-6, 689, 693, 704, 706, 709, 727

Chákhti, suposta sabotagem em, 683-92

Chamberlain, Austen, 560, 562-3

Chapóchnikov, Boris, 389

chauvinismo na Grande Rússia, 361, 417, 494, 503

Chechênia, chechenos, 318, 684

tchervonets, 461, 583

Chiang Kai-shek, 205, 625, 629-30, 642, 652, 712; apoiado por Stálin, 628-9; desconfia dos comunistas, 626; ordena massacre dos comunistas de Shanghai, 628

Chicago, revolta da Praça Haymarket, 75

China, 88, 92, 376; assessores soviéticos, 624-7; Comintern e, 624-5, 627-8, 637; comunistas, ver Partido Comunista chinês; dinastia Qing, 30, 89, 91, 412; fome na, 88; nacionalistas na, ver Guomindang; revolução de 1911, 153-4, 624; Rússia soviética e, 415; Stálin e, 624-31, 637, 652; Trótski e, 625-6, 628-30; União Soviética e, 616, 621, 623-31, 648, 652; Zinóviev e, 627-8

Chklóvski, Viktor, 392

Chliápnikov, Aleksandr, 210, 240, 315, 359, 397

Choqai-Beg, Mustafá, 270

Chostakóvitch, Dmítri, 618

Chulguin, Vassíli, 193

Chumiátski, Boris, 415

Churchill, Winston, 409

Clemenceau, Georges, 329-30

coletivização, 126, 432, 459, 571, 584, 656, 671, 678-9, 691, 716, 720, 727, 733; Bukhárin sobre, 703; como grande aposta de Stálin, 728; desculaquização e, 432; discursos de Stálin sobre, 668-9, 672, 675, 701, 707, 712; economia global e, 721; fome e, 719; ideologia comunista da, 719-22; industrialização e, 720; Politbiuró e, 672; resistência dos camponeses à, 719; Ríkov e, 726; safras baixas, 720; superioridade da agricultura capitalista, 720; Trótski sobre, 671

colonialismo, 87, 90, 356, 376, 649; bolcheviques como inimigos do, 381; capitalismo e, 623; Comintern e, 380; estatismo e, 119; fome e, 88; Grande Guerra e, 173; Tratado de Versalhes e, 330

comerciantes privados (homens da NPE), 314, 569, 572, 604, 614, 646, 659, 662-3, 724

Comissão Central de Controle, 387, 440, 460, 464, 508, 526, 578, 583, 594, 606, 613, 634, 637; investiga Trótski, 525; plenárias conjuntas com o Comitê Central, 607-8, 613, 637, 643-6, 648, 693-5, 703, 705-6; plenárias conjuntas com o Comitê Central, 526-9; proíbe circulação do Testamento de Lênin, 543

comissão de planejamento estatal, 491, 507, 527; Trótski e, 492-3

Comissão Extraordinária de Combate à Contrarrevolução, Sabotagem e Especulação, 308

Comissão Extraordinária para a Alimentação e os Transportes, 314

Comissariado da Agricultura, 459

Comissariado das Finanças, 460, 462, 478, 724; dirigido por Sokólnikov, 566

Comissariado das Nacionalidades, 246, 255, 268, 271, 280, 361, 380, 440, 466

Comissariado das Relações Exteriores, 247, 451-3, 620, 622

Comissariado do Abastecimento de Alimentos, 459

Comissariado do Comércio Exterior, 460

Comissariado Militar do Cáucaso Norte, 315, 317

comissários: no Exército Vermelho, 352, 363; seu papel em expansão, 352

Comitê Central, 145, 175, 211, 233, 251-2, 272, 287, 334-5, 341-2, 363, 397, 401, 437, 440, 444, 484, 495, 508, 578, 634, 725; adeptos de Stálin no, 464-5; ampliação promovida por Stálin no, 504; aprova o plano da União Soviética,

485, 491; como órgão formulador de políticas, 439; conversações de paz com a Alemanha e, 267, 273; críticas a Lênin, 212; dá poderes ditatoriais ao grupo de Lênin, 260; departamentos secretos do, 445; eleições para, 213, 335, 503, 549, 584; escassez de grãos e, 662, 665, 670, 680; exclusão dos trotskistas do, 401, 423, 434, 584, 648; expulsão de Trótski, 645; expulsão de Zinóviev, 645; guerra com a Polônia e, 372, 374; ingenuidade econômica do, 570; mantém o monopólio do comércio exterior, 491; plano de triunvirato de Bukhárin, 517; plenárias, 145, 341, 374, 423, 440, 485, 491, 493, 520, 526, 536, 548, 558, 586, 603-4, 613, 620, 628, 636; plenárias conjuntas com a Comissão Central de Controle, 526-9, 607-8, 613, 637, 643-6, 648, 693-5, 703, 705-6; proposta de ampliação por Lênin, 492; rejeita plano econômico de Trótski, 491; renúncia de Kámenev, 253; Revolução de Outubro e, 233-4; secretaria do *ver* secretaria; Stálin no, 145-6, 154, 213; Stálin pede demissão do, 242, 514, 606, 613, 617, 645, 653-6; tomado pelos bolcheviques, 145-6, 155; Trótski como presidente do, 233-4

Comitê Central, aparato do, 438-9, 443, 448; ampliação promovida por Stálin, 436-7; controle de Stálin, 486, 494; corrupção e excessos, 523; críticas de Mólotov, 523; duplica funções do Conselho dos Comissários do Povo, 439; escritórios na Praça Velha, 440-1; exige relatórios infindáveis, 445; mística do, 445; obsessão de Stálin em cumprir suas diretivas, 443; presença dos adeptos de Stálin, 462-7, 478; Trótski o denuncia, 522-3, 526; vazamentos e violações da segurança, 444; *ver também* Orgbiuró; Politbiuró; secretaria

Comitê Executivo Central do Soviete, 220, 233, 239, 244, 251, 253, 264, 274, 276, 278-9, 281, 284, 289, 301, 434, 441, 538

Comitê Militar Revolucionário (CMR), 233-5, 237, 251, 516

Comitê Revolucionário Basquírio, 382

Comitê Revolucionário Polonês, 372-3, 377, 389

Comitê Revolucionário Provisório, 395, 404, 413

"Como a social-democracia compreende a questão nacional" (Stálin), 101-2

Comuna de Paris (1871), 250, 332; cinquentenário, 402

comunas, 67, 90, 119-20, 209-10, 314, 441, 459, 568

comunismo, 66, 210, 349, 597; *ver também* leninismo; marxismo, marxistas

Comunista, periódico, 275

comunistas de esquerda, 281, 328, 396, 578

Conferência de Estado de Moscou, 225-6, 237, 334

Congresso Americano e auxílio à Rússia, 458

Congresso de Deputados Camponeses de Todas as Rússias (I), 207

Congresso dos Muçulmanos de Todas as Rússias, 204

Congresso dos Povos do Oriente, 379, 384, 406

Congresso dos Soviets, 363, 366; I, 216; II, 234, 236-8, 243, 251, 264, 275, 407; III, 264, 267; IV, 281; V, 289-90, 292, 294-5; VI, 325; X (I da URSS), 492-3; XI (II da URSS), 537-8, 541-2

Conselho de Estado, 122, 150, 156, 158, 200

Conselho de Ministros da Rússia, 85, 110, 200

Conselho do Trabalho e Defesa, 427-8, 484

Conselho dos Cinco, 230

Conselho dos Comissários do Povo, 246-7, 251-3, 258, 260, 279, 282, 286, 293, 296, 363, 424, 427, 429, 436, 438, 484, 499, 681; controlado por Lênin, 247, 253; duplica funções do Comitê Central, 439; SRs de esquerda e, 254, 281, 289

Conselho dos Comissários do Povo, URSS, 543

Conselho Militar Revolucionário da República, 301, 322-4, 341, 347, 446, 558; Trótski na chefia, 301, 354, 520, 540

Conselho Supremo da Economia, 259, 278, 280, 469, 492-3, 578, 580, 600, 606, 660, 689-90

conservadorismo, 64

constitucionalismo, 81, 85, 103, 106, 108-9, 114, 116-7, 122-4, 126, 132, 144, 149-50, 153, 158, 178, 192-3, 196-7, 199-201, 227, 241

construção do Estado soviético, 304-7, 356

"Contra o federalismo" (Stálin), 362

contrarrevolução, 203, 206; Conferência de Estado de Moscou e, 226; leis soviéticas contra, 631; obsessão bolchevique com, 251, 258, 262, 302-3, 305-6, 403-4; rótulo utilizado por Stálin como estratégia política, 320-1; Stálin sobre, 226, 228, 232; tentativa de golpe de Kornílov e, 227-31, 238

controvérsia militar, 333-4

Coreia, coreanos, 134, 376, 590, 615

corredor polonês, 329, 375-6, 515, 619

cossacos, 39, 270, 284, 286, 310, 318, 320, 324, 340, 368, 411

Cracóvia, 155

Credo (Stálin), 101

Crimeia, 345, 369, 371, 375, 378, 386, 391, 457

Crimeia, Guerra da, 84, 91-2, 115

cristianismo ortodoxo, 123, 141, 147, 151, 363

cristianismo ortodoxo oriental, 36, 38-9

cúlaques (camponeses ricos), 67, 314, 568, 571-2, 579, 582, 614, 646, 665, 667-8, 672, 676, 680, 706-7; açambarcamento de grãos por, 569, 665, 667-8, 676, 678, 691; coletivização e, 568; donos de fazendas de grande escala, 668; exílio forçado, 707; impostos em espécie e, 400; NPE e, 722-3; prisões e julgamentos de, 665, 66-8, 676-8, 692, 700; tolerados pelos comunistas, 314, 400, 579, 582, 677, 679-81, 685

Curzon, Lord, 371-2, 409

dadaísmo, 248, 250

Daguestão, 38

Dalai Lama, 412

Dan, Fiódor, 158, 407, 477

Danielson, Nikolai F., 68, 90

Danzan, 359, 412, 415

Danzig, 329, 375-6, 619

Dashnak (Federação Revolucionária Armênia), 138, 158, 364, 406, 411

Davis, Jerome, 608-9, 656

Davitachvíli, Mikheil "Micko", 63-4, 72, 74

Davrichévi, Damian, 46

Davrichévi,Ióssif "Sossó", 50

de Gaulle, Charles, 365

Declaração dos 46, 524, 527-8

decretismo, 445

1107

Decreto da Terra Socialista Revolucionário, 257

democratas constitucionais (cadetes), 114, 117-8, 122, 128, 132, 152-3, 157, 159, 178, 196, 199, 201, 205, 215-6, 219, 222, 224, 257, 259-61, 356, 473

democratas nacionais (poloneses), 600

Deníkin, Anton, 312, 315, 343, 348-9, 365-70, 378, 397; apoiado pelos cossacos, 311; ataque fracassado a Moscou, 344; líder do Exército Voluntário, 310, 339; na ofensiva de 1919, 339, 341; recuo para a Crimeia, 345; toma Kiev, 343

Departamento de Organização e Instrução, 465

Desart, Lord, 168-9

desculaquização, 432, 681, 702, 719, 722

Desde que Lênin morreu (Eastman), reação de Stálin a, 573-4

Devdariani, Seid, 61, 63, 128

dezoito Brumário de Luís Bonaparte, O (Marx), 130

Dgebuadze, Aleksandr, 410

Dias dos turbins (Bulgákov), 619

Didi Liló, 41, 51, 73

Dinamarca, guerra da Prússia contra, 31

Dirksen, Herbert von, 587

Djugachvíli, Bessarion (Vissarion) "Bessó", 130; alcoolismo, 45, 50; aparência, 45; casamento com Keké, 42-3, 45; como sapateiro, 41, 46; impostos devidos, 73; morte, 139; queda, 50, 53; relação de Stálin com, 47, 50

Djugachvíli, Guiórgi, 732

Djugachvíli, Iákov, 129, 137-8, 475, 593, 595

Djugachvíli, Ioseb, *ver* Stálin, Ióssif

Djugachvíli, Ketevan "Keké", 42, 45, 51, 74, 128, 594; casamento com Bessó, 42-3, 45;

devoção de Stálin, 49; exige retorno de Stálin para Góri, 49; promove educação de Stálin, 47; rumores de promiscuidade, 46; trabalhos domésticos, 46, 52

Djugachvíli, Vanó, 41

Djugachvílí, Zazá, 41

Dmitriévski, Piotr Aleksandrovitch, 291, 293

Dogádov, Aleksandr, 653

Domingo Sangrento, 98, 148, 185

Don, República Soviética do, 255

Don (rio), 284, 311, 315, 324, 343

Donetsk, Truste do Carvão de, 686-7, 698

doutrina da revolução de Lênin, A (Ksenofóntov), 547

Dukhónin, Nikolai, 265

Duma, 106-8, 115, 117, 122, 132, 136, 142, 158, 166-7, 178, 184, 189, 200, 202, 241; ala direita e, 124, 125; Comitê Provisório, 190-1, 193; Governo Provisório e, 200-1; investiga massacre dos garimpos de Lena, 148; Nicolau II e, 99, 106-7, 114-5, 117, 125, 149-50, 179, 184, 187, 190; Stálin sobre, 128; Stolypin e, 118, 121, 124

Duranty, Walter, 545

Durnovó, Piotr, 109-10, 114, 116, 125, 147, 150, 152, 168, 171, 179, 188, 193, 207, 419, 421, 559; Nicolau II e, 156; no Conselho de Estado, 156; renúncia, 115; sobre o resultado provável da guerra contra a Alemanha, 153, 156; visão da democracia, 157; visão e presciência política, 157-8

Dzierżyński, Félix, 128, 143, 253, 258, 267, 273, 276, 290-1, 293, 300, 314, 328, 346, 364, 370, 372, 377, 386, 404, 407, 449, 462, 477, 490, 579, 588, 596, 601, 684, 732; a fome de 1921-2 e, 457-8; capturado por SRs de esquerda, 291;

como chefe da OGPU, 578; como chefe da Tcheká-GPU, 468; como possível sucessor de Lênin, 499; estadia de Trótski em Sukhum e, 544; formação, 468; investiga insubordinação georgiana, 488, 494, 496; luta pela sucessão e, 578-9; Mężyński e, 469; morte, 604; morte de Lênin e, 498-9, 537, 539; mumificação de Lênin e, 545; NPE e, 578; presidente do Conselho Supremo da Economia, 578, 580, 600; prisão e exílios internos, 468; sobre a expansão da burocracia, 600; teme novo ataque polonês, 603-4

Eastman, Max, 511, 573-4, 645; publica Testamento de Lênin, 613
economia mundial, 89-90; coletivização soviética e, 720; dicotomia, 89-90; Stálin sobre, 570
economia soviética, 418; desemprego na, 691; dívida externa e, 715, 727; emissões monetárias, 570, 585, 661; inflação, 460, 584, 660; moeda, 460, 461; na guerra civil, 460; reformas monetárias, 387, 461, 567, 570, 584-5; safra de 1924 e, 567; Trótski busca ditadura da, 489, 491-5, 507, 523; ver também Comissariado das Finanças; Nova Política Econômica
Egnatachvíli, família, 53
Egnatachvíli, Iákov "Koba", 42, 46, 49-50, 71, 129
Egnatachvíli, senhora, 43
Egórov, Aleksandr, 369, 374, 378, 389, 465, 589
Eihe, Roberts, 679
Eisenstein, Serguei, 647
Eisner, Kurt, 337
Ekaterinburg, 296-7

Elisabedachvíli, Grigóri, 33
embaixadas soviéticas: escritórios do Comintern nas, 453; GPU nas, 453
En Route (jornal do trem de Trótski), 341
Enciclopédia Granat, biografia de Stálin publicada na, 657
Engels, Friedrich, 34, 65, 173, 250
Entente (Aliados), 162, 168, 239, 264, 273, 275, 288, 377, 562; a Guerra Polaco-Soviética e, 365, 367, 372; ajuda militar aos brancos, 311; deseja continuar operações na frente oriental, 281; e a oferta de cessar-fogo de Lênin às Potências Centrais, 264; e tomada da Geórgia pelos bolcheviques, 408; na divisão do Império Otomano, 379; negociações secretas de Trótski e, 281; oferta de cessar-fogo de Lênin às Potências Centrais e, 264; Romênia e, 390; suprimentos para o Exército Branco, 340, 365; tem por objetivo a derrota total da Alemanha, 274
entente anglo-russa (1907), 132-3, 156, 162
Erdan, Nikolai, 619
Eristavi, Rapiel, 59
Ernest Renan, navio, 409
Esquerdismo, doença infantil do comunismo (Lênin), 376
Estado e a revolução (Lênin), 157, 222
Estados Unidos: bolha das ferrovias, 89; crescimento econômico, 44, 610; escravidão, 44-5; industrialização, 45, 659; liberalismo nos, 154; na Grande Guerra, 265, 324; o Tratado de Versalhes e, 329-30; pânico financeiro de 1914, 170; produção de aço, 88; produção em massa, 611; relações soviéticas com, 610; Sétima Emenda, 107

estatismo, dedicação de Stálin ao, 359

Estocolmo, 126

Estônia, 299, 310, 343-4, 603; como nação independente, 255, 356; golpe comunista abortado, 556, 558

Estreitos Turcos, 157, 167

Estrela Vermelha, 461

Etiópia, 89

Eurásia, 28, 159, 260-1, 356-7, 362; diversidade, 81; guerras civis, 309, 358; muçulmanos na, 362, 378-81, 383-4; nacionalismo na, 417; proletariado como minoria na, 362; uso do termo, 358

Europa: expatriados russos na, 127, 404, 496, 554, 557-8, 575; temor do bolchevismo, 348

Exército Branco, 315, 343, 363, 368, 381-2; antissemitismo no, 339; cerca e captura de Tsarítsin, 320, 324, 340; colapso, 344-5; desorganização, 348; ex-oficiais tsaristas no, 312-3; na Crimeia, 369, 391; ofensiva de 1919, 339-41, 348, 382-3; suprimentos da Entente para, 339, 365; *ver também* cossacos; Exército Voluntário

Exército de Cavalaria, O (Bábel), 371

Exército francês, motim de 1917, 217

Exército russo, 39, 41; agitadores bolcheviques no, 218; colapso, 265, 269; deserções, 192, 217; desmobilização, 274-5; destruído pelo Governo Provisório, 202; escassez de alimentos, 185, 187; escassez de materiais, 178, 183; estilhaçamento nacionalista, 221; isenção de serviço militar de Stálin, 177; motins, 183, 219; na eleição da Assembleia Constituinte, 261; ofensiva de 1917, 216-20, 223, 230, 237, 242; Ordem nº 1 e, 202, 220; Ordem nº 2 e, 203;

radicalização, 242; Revolução de Fevereiro e, 190, 192, 196; *ver também* Exército Vermelho

Exército Vermelho, 282, 284, 293, 301, 305, 308, 356, 378, 460, 639, 684; abastecimento do, 314; ataque a Bukhara, 385-6; camponeses no, 311, 357; captura o Azerbaijão, 406; captura Urga, 413; comissários no, 352, 363; comissários políticos no, 312, 333, 352, 363; departamentos políticos no, 446; desmobilização, 357, 437, 446; despreparado para combate, 604, 617, 620, 636; em acordo de cooperação militar com a Alemanha, 456, 562, 587, 616, 619, 636, 699-700; em choques com a Romênia, 373; em Tsarítsin, 316, 319; escassez de alimentos e, 646, 659; industrialização e, 575, 587; invade a Geórgia, 408-9; invade a Polônia, 374; membros do partido no, 357, 575; na Crimeia, 391; na reconquista da Ucrânia, 397; no Turquestão, 384-6; nomenklatura do, 447; obtém armas tsaristas, 345; OGPU e, 575; presença de ex-oficiais tsaristas, 312, 320, 323, 327, 333-4, 342, 352, 363, 369, 404, 575; rebelião de Tambov e, 405; reforma, 575; Stálin pede disciplina forte, 334; Stálin rejeita especialistas militares, 312; Stálin usa para educação política, 447; Trótski exige disciplina e expertise, 312

Exército Vermelho, Administração Política do, 559

Exército Voluntário, 284, 286, 310, 345; ofensiva de 1919 do, 340-1; *ver também* brancos

Exílio em massa, 1906-1916 (Svérdlov), 175

Êxodo para o Oriente, manifesto dos exilados russos, 358

Fabergé, Peter Carl, 149

Farinacci, Roberto, 554

fascismo, 145, 551-4, 720; incompreensão de Stálin do, 552; na Romênia, 590

Federação do Cáucaso Sul, 487-8, 500, 502-3

Federação dos Anarco-Comunistas, 207

Federação dos Trabalhadores Judeus (Bund), 63, 70, 104, 121, 126, 158, 364

federalismo, 356; dedicação de Stálin ao, 359, 362-4

Ferrovia Meridional da Manchúria, 134

Ferrovia Transcaucasiana, 40, 76

Ferrovia Transiberiana, 93, 96, 99, 194, 285

feudalismo, 66, 210

Figner, Nikolai, 149

Finlândia, 114, 486, 558, 603; como nação independente, 255, 355; dá asilo aos rebeldes de Kronstadt, 402; Lênin na, 136, 232, 240; ocupação alemã, 260; União Soviética e, 590

Fischer, Louis, 633

floresta, A (Ostróvski), 619

Foch, Ferdinand, 325, 329-30

fome de 1921-2 na Rússia, 457-9; auxílio americano para, 458; Lênin e, 457-8; requisição de grãos e, 457-8

fome, em países não industrializados, 88-9

Ford, Henry, 610

Förster, Otfried, 424

Fotíieva, Lídia, 429, 476, 494, 496, 510, 531; e suposto artigo de Lênin sobre nacionalidades, 500; Testamento de Lênin e, 481

Fourier, Charles, 64, 66

França, 107; e reparações de guerra alemãs, 514; em aliança defensiva com a Rússia, 132-3; império colonial, 30, 173, 330; na Grande Guerra, 171, 173, 177, 217-9; na Tríplice Entente, 162, 168; no início da Grande Guerra, 169; no Pacto de Locarno, 563; o Tratado de Versalhes e, 329-30, 561; política antibolchevique, 264, 356; Polônia e, 560, 589, 621; relações com a Rússia soviética, 562, 642, 689, 727

Francisco Ferdinando, arquiduque, assassinato do, 164-5, 170, 284

Francisco José, kaiser da Áustria-Hungria, 164-6

Frederico II, "o Grande", rei da Prússia, 84

Freikorps, 337

frota do Báltico, baluarte bolchevique, 207

Frunze, Mikhail, 339, 359, 511-2, 732; como comissário da guerra, 558; como vice-comissário da guerra, 544, 575; doença e morte, 576; na Crimeia, 386, 391; no Turquestão, 385-7, 399

"Fundamentos do leninismo" (Stálin), 535, 547, 557

fuzileiros letões, 277

Gai Dmítrievitch Gai (Bjichkian, Haik), 358, 371-3, 377, 382

Galícia, 366, 373

Gasprínski, Ismail, 381

Gazeta do Mercado de Ações, 197

Gegen, Bogd, 412-3, 415, 555

Gênova, conferência internacional sobre Rússia e Alemanha em, 454-5, 599

geopolítica: como causa da modernidade, 30, 87-90; como motor da história, 30

Geórgia, 110, 355, 378, 481, 483; armênios na, 502; bolcheviques na, 129, 283;

como república independente, 255, 356, 406; composição religiosa e étnica, 39; invadida pela Turquia, 409; invadida pelo Exército Vermelho, 408-9; língua russa na, 40; marxismo na, 56, 64, 68-9; mencheviques na, 126, 129, 131, 145, 155, 261, 406-8, 410-1; muçulmanos na, 39, 50; nacionalismo na, 35, 56, 58-9, 411, 600; plano da União Soviética e, 483-5, 487; rebelião camponesa na, 92; tomada pelos bolcheviques, 408-11

Geórgia, República Soviética da, 408

Gilliard, Pierre, 229

Gladstone, William, 44

Glasser, Maria, 495

Glinka, Mikhail, 149

Goglitchidze, Simon, 47

Gógol, Nikolai, 83

Goldstein, Franz, 688

Goloschókin, Issái "Filipp", 550, 650

Góri, 28, 33, 35, 40, 46, 49-50, 52-3, 61, 78

Göring, Hermann, 530

Górki, Maksim, 155, 204, 342, 458, 546

Górki, propriedade rural de: Lênin na, 425, 428, 438, 450, 484, 490; visitas de Stálin a, 425, 428, 484

gossudárstvennost, 356

Gothier, Iúri, 335

Governo Provisório, 196, 199, 203, 232, 241-2, 248, 259, 275, 288, 295, 311-2, 351, 394, 463; abole polícia e *okhranka*, 201, 242; acusa bolcheviques de traição, 222; apoio menchevique, 215; colapso, 235-6; como instituição burguesa, 197; como socialista, 197; constitucionalismo e, 197, 199-201; direita e, 203; Duma e, 200-1; em mudança para o Palácio de

Inverno, 232, 235, 237-8; Grande Guerra e, 207, 215-20; lança ofensiva em 1917, 216-20; monopólio dos grãos do, 313; Ordem nº 1, 202, 220, 312; Ordem nº 2, 203; poderes do plenário transferidos para, 199; resignação em massa, 228; resiste à redistribuição de terras, 209; ruptura da ordem e, 201-2; Soviete de Petrogrado e, 202-3, 211; Stálin e, 210, 224; teme golpe bolchevique, 227; *ver também* Kerenski, Aleksandr

GPU (Administração Política do Estado), 449, 458, 468-71; corrupção na, 471; julgamentos teatrais e, 450; ordena deportações e exílios internos, 450; poderes extralegais, 450; *ver também* OGPU

Grã-Bretanha: Alemanha e, 162, 561-2, 587, 619; batida policial nos escritórios soviéticos, 629; cargo de primeiro-ministro, 107-8; comércio com a Rússia soviética, 402-3, 599, 629; comércio exterior, 131-2, 162, 168; como potência mundial, 131; considera Bismarck uma ameaça, 32; decodifica códigos soviéticos, 555; desembarque em Arkhangelsk, 297-8; economia, 33, 169, 588; em entente com a Rússia tsarista, 132-3, 156-7, 162; expedição ao Cáucaso, 286, 409; greve geral, 588, 598, 612; Guerra Polaco-Soviética e, 367, 371; Japão e, 134; liberalismo, 154; Marinha, 134, 162; na deflagração da Grande Guerra, 168-71; na Grande Guerra, 172-3, 177, 217-9, 326, 330; na Guerra da Crimeia, 84, 92; na Tríplice Entente, 162, 169; no Pacto de Locarno, 563; política anticomunista, 264, 356-7, 559-60, 622; política russa

em relação à, 281; Polônia e, 615; principal
inimigo da União Soviética para Stálin,
621-2, 629-30, 632-3; produção de aço,
88; reconhece a União Soviética, 560;
relações soviéticas com, 616, 620-2, 630,
636; reparações de guerra alemãs e, 514;
Revolução Industrial, 65; Rússia tsarista
e, 132; serviço secreto, 299; sindicatos na,
598; Tratado de Versalhes e, 329-30; visão
de Stálin da, 559
Gramsci, Antonio, 146
Grande Depressão, União Soviética e, 728
Grande Guerra, 28-9, 151, 158, 205, 557,
564, 588; Alemanha na, 172, 174, 178,
217-8, 226, 248, 324-5; Alemanha
na, 264-70; armistício, 325; Áustria-
-Hungria na, 183, 205, 217, 219, 265-6,
285; baixas, 172-3, 186, 326; colapso
da autocracia russa e, 193; colonialismo
e, 173; consequências, 172, 326, 336-7,
356; conversações de paz germano-russas,
264-70; dadaísmo e, 248; deflagração
da, 163-71; Estados Unidos na, 265, 324;
estratégia dos Aliados, 217-9; Governo
Provisório e, 207, 215, 216-20; Grã-
-Bretanha na, 172-3, 177, 217-9, 326,
330; impasse na, 171; nacionalismo e,
483; ofensiva alemã na Rússia, 269, 275;
ofensiva russa em 1917, 216-20, 223, 230,
237, 242; Polônia na, 367; recrutamento e,
177; regime bolchevique e, 264; Revolução
de Fevereiro e, 196; rivalidade anglo-
-germânica na raiz da, 163; Rússia na, 172,
178, 183, 187, 226, 230, 237, 242, 248-9,
311, 326, 330; Rússia na, 264-70; Tratado
de Versalhes ver Versalhes, Tratado de
Grandes Reformas, 55, 84-5, 91, 109
Grey, Edward, 168-9, 171

Grodno, 115, 366, 372
guardas brancos, 603, 633
guardas vermelhos, 231-2, 235, 238, 251,
257, 259, 268, 272, 318, 351
guardas vermelhos (húngaros), 338
Guchkov, Aleksandr, 187, 193, 202, 588
Gueladze, Guió, 53
Gueladze, Ketevan, ver Djugachvíli, Ketevan
"Keké"
Gueladze, Sandala, 53
Gueórgi, grão-duque, 181
guerra civil americana, 44-5
guerra civil finlandesa, 272
Guerra civil na França (Marx), 250
guerra civil russa, 249, 285, 298, 313, 339-
43, 363, 368-72, 381, 391, 446, 639;
baixas, 345; campanhas de propaganda,
348-9; causa fortalecimento do regime
bolchevique, 305, 349; como guerra
econômica, 416; consequências, 416-
7; derrota definitiva dos brancos, 391;
economia de escambo, 460; escassez
de grãos e, 416; êxodo em massa da
classe profissional durante, 416; inflação
durante, 460; Lênin na, 347; nacionalismo
e, 358; ofensiva de 1919, 348, 382; papel
de Stálin, 309, 312, 317-24, 328, 334,
341, 345, 347, 352, 391; papel de Trótski,
299, 301, 304, 311, 313, 317-8, 320-4,
327, 332-4, 339-44, 347, 352; Ungern-
Sternberg na, 411; vantagens bolcheviques,
345-6
Guerra e a crise no socialismo (Zinóviev),
418
Guerra e paz, revista, 576
Guerra Polaco-Soviética (1919-20), 364-78;
papel de Stálin, 374-5, 377, 388-9; Stálin
sobre, 367, 370

Guerra Russo-Japonesa (1904-5), 97, 99-
100, 106, 132, 156, 188, 205
Guerra Russo-Otomana, 91
Guerra Sino-Japonesa (1894-5), 96
guerra submarina, 324
guerras balcânicas (1912-3), 164-5
Guetier, Fiódor, 536
Guil, Stepan, 246, 300, 328
Guilherme I, kaiser da Alemanha, 32, 142
Guilherme II, kaiser da Alemanha, 113, 156-
7, 161, 180, 269; abdicação, 325; aumento
do poderio naval, 162; deflagração da
Grande Guerra e, 165-6, 168-9; em pacto
secreto com a Rússia, 132-3, 161
Gunina, Zóia, 595
Guomindang, 637, 648, 712; ajuda militar
soviética ao, 625-6, 638; ataca os
comunistas, 652; como movimento
nacionalista, 624; em aliança com os
comunistas, 624-5; exército do, 624-5;
facção esquerdista (Wuhan) do, 627, 630,
634-5; na Expedição do Norte, 627, 629;
trai os comunistas, 635, 638
Guriana, República, 92, 110
Gurko, Vladímir, 111
Gurvitch, Esfir, 713
Gurvitch, Fiódor, ver Dan, Fiódor
Gússev, Serguei (Drabkin, Iákov), 342, 583

Haig, Douglas, 173
Harriman, Averell, 610
Haymarket, revolta da Praça, 75
Hearst, William Randolph, 609
Hegel, G. W. F., 66
Heimo, Mauno, 452
Helfferich, Karl, 298
Henry, E. R., 86
hereros, 173

Herzen, Aleksandr, 301
Hess, Rudolf, 530
Hilferding, Rudolf, 173, 390, 403
Hindenburg, Paul von, 183, 269, 325
história: concepção marxista, 66, 102;
movida pela geopolítica, 30
Hitler, Adolf, 48; ascensão, 28-9;
nacionalismo e, 60; no Putsch da
Cervejaria, 530
Hitler, Alois, 60
Hitler, Klara, 48, 60
Ho Chi Minh, 552
Hobson, John, 173
Hoffmann, Max, 266, 269, 272, 274-5
homens da NPE, ver comerciantes privados
Hoover, Herbert, 458
Horthy, Miklós, 338
Hötzendorf, Franz Conrad, barão von, 170
Hugo, Victor, 62
Hungria, 329, 338, 348
Hungria, República Socialista Soviética da, 338

Iagoda, Guenrikh (Jehuda, Jenokhorn),
451, 470, 539, 544, 567, 588, 604, 653,
662, 685, 696, 711; caso Chákhti e,
687-8, 694; complô para tirar Stálin da
secretaria-geral e, 709; formação, 469-70;
segundo vice-chefe da GPU, 470-1
Iákovlev, Iákov, 579, 724
Ianson, Nikolai, 693
Iaroslávski, Iemelian (Gubelman, Minei),
401, 435, 444, 551, 693
Ienukidze, Ábel, 75, 80, 472, 488, 520, 538,
639
Ievdokímov, Grigóri, 511, 650, 652
Ievdokímov, Iefim, 684
Igreja ortodoxa russa, 39, 40; ver também
cristianismo ortodoxo oriental

Ilin, Aleksandr ("o Genebrino"), 441
Ilinka 9, 436, 460, 478
Iluminismo, artigo de Stalín em, 155
Imenitov, Solomon, 698-9
imperialismo: fase superior do capitalismo, O (Lênin), 173, 175
Império Britânico, 30, 163, 173, 330
Império Otomano, 27-8, 74, 84, 91, 106, 133, 274, 356, 378; Bálcãs e, 163; divisão, 379; expansão russa e, 38-9, 41, 76; genocídio armênio, 172; na Grande Guerra, 172; revolução dos jovens turcos, 153-4, 193
Império Persa, 38
imprensa: Lênin censura a, 255, 262; *ver também publicações específicas*
Índia, 88
indigenização, 503, 510
indústria estatal, 443
industrialização, 720; da Alemanha, 44, 90, 95; dicotomia global na, 88-90; do Japão, 90; em Tíflis, 56; matérias-primas na, 88; na Rússia tsarista, 90-1, 94, 115-6, 163, 642; na União Soviética, 566-7, 572, 575, 582, 584, 587, 604, 623, 636, 655, 659-61, 682, 689-90, 693, 705, 716, 720, 727; nos Estados Unidos, 45; NPE e, 572, 669; Sokólnikov sobre, 656
indústrias financeiras, 88
inspetor geral, O (Gógol), 83
inspetoria dos operários e camponeses, 460, 466
Instituto dos Professores Vermelhos, 548, 700, 707
Instituto Lênin, 546, 581
inteligência britânica decifra códigos russos, 403
intelligentsia, 63, 66

"Internacional", 66, 197, 239
Internacional Comunista (Comintern), 403, 424, 515; I Congresso, 331, 359-60, 381; II Congresso, 66, 331, 376; III Congresso, 414, 452; IV Congresso, 429, 438; V Congresso, 552; VI Congresso, 713-4; Bukhárin como presidente, 713; colonialismo e, 380; Congresso de Baku e, 379; controlada por Stálin, 512, 608; departamento mongol-tibetano, 412; expulsão de Trótski, 641; ineficiência e corrupção, 452-3; Kuusinen como presidente, 452; política para a China do, 624-5, 627-8, 637; presença de agentes da GPU, 453; relações exteriores soviéticas e, 560; tentativa de golpe comunista alemão e, 516, 529-30, 560; Zinóviev como presidente, 608, 614
Internacional da Juventude Comunista, 641
Ioffe, Adolf, 266, 336, 417, 637; suicídio de, 648
Ioffe, Maria, 648
Ipátiev, Nikolai, 296
Irã (Pérsia), 38, 132, 167, 357; britânicos no, 378; invasão soviética, 378; revolução constitucional, 153-4; tratado com a Rússia soviética, 403
iranianos, 55-6, 357
Iremachvíli, Ióssif (Ioseb) "Sossó", 49, 57, 63, 410
Isabel, tsarina, 113
Iskra (Centelha), jornal, 70, 75-6, 102
Itália, 133, 348; comunistas, 551, 553; consequências da Grande Guerra na, 337; fascismo, 551-2, 554, 720; Kámenev como embaixador na, 608; manifestações antifascistas, 553-4; na Tríplice Aliança, 32; no Pacto de Locarno, 563

Iudénitch, Nikolai, 310, 339, 343-4, 348, 370

Iugoslávia, 516

Iuróvski, Iákov, 296

Iuróvski, Leonid, 461

Iussúpov, príncipe Félix, 184

Ivan IV, "o Terrível", tsar, 33, 37-8, 53

Ivanov, Nikolai, 191

Iveria, jornal, 59, 64, 69

Izvéstia, jornal, 225, 302, 308, 473, 542, 551, 699

Japão: anexa a Coreia, 615; comércio com o leste da Ásia, 96; Grã-Bretanha e, 133; imperialismo, 96, 173; industrialização, 90; invade a Sibéria, 357; invade Vladivostok, 282; marinha, 96, 134, 162; modernização, 44; política antissoviética, 620; restauração Meiji, 30, 44, 727; Rússia tsarista e, 96, 98, 100, 132-3, 135; União Soviética e, 590, 615, 620, 630

jardim das cerejeiras, O (Tchékhov), 35

Jdánov, Andrei, 466

Jibladze, Silibistro "Silva", 59, 68-9, 73, 137, 283

Jloba, Dmítri, 324

Jordánia, Noé, 68-9, 73, 76, 79, 99, 104, 131, 136, 406

Jorge I, rei da Inglaterra, 107

Jorge V, rei da Inglaterra, 114, 169, 295

Jornal Pequeno, 229

Jovem Bósnia, 164

Jovens Pioneiros, 549

judeus, 38, 124, 135, 151, 203, 330; no regime bolchevique, 353; Trótski como, 353, 527

Júkov, Gueórgi, 368

julgamento SR, O (filme), 450

julgamentos teatrais, 472; Lênin pede, 450; no caso Chákhti, 697-9, 704, 706, 728

Jūsis, Ivan, 601, 733

Kabakhidze, Akaki, 488, 494, 496

Kaganóvitch, Lázar, 334, 387, 433, 532, 612, 638, 644, 653, 658, 663, 692, 694; como chefe do Departamento de Organização e Instrução, 465; como secretário do Comitê Central, 465; fiel a Stálin, 465, 726; formação, 464, 467; Trótski e, 465, 591

Kalínin, Mikhail, 75, 233, 336, 344, 394, 434, 465, 505, 518, 585, 665, 669, 695, 707; complô para tirar Stálin da secretaria--geral e, 708-9; fiel a Stálin, 726; morte de Lênin e, 538; no Politbiuró, 596

Kaluga, 255

Kámenev, Liev (Rozenfeld), 78, 104, 143, 154-5, 175, 194, 210, 223, 239, 242, 244, 294, 336, 344, 353, 373, 377, 396, 427, 450, 479, 497, 499, 503, 509, 534, 546, 558, 596, 599, 604, 614, 647, 707, 733; Bukhárin e, 722; comissário do comércio, 585; como intrigante, 517; como possível sucessor de Lênin, 499; complô para tirar Stálin da secretaria-geral e, 708-9, 711, 714; editor do *Pravda*, 211, 213; embaixador na Itália, 608; exílio interno, 708; expulso do Comitê Central, 648; fracasso na remoção de Stálin no XIII Congresso do Partido e, 554; Lênin e, 484; morte de Lênin e, 538; na luta pela sucessão, 565, 577, 579-82, 584, 586, 604-5, 612, 614, 634, 637-8, 650, 652, 708, 724, 730; na resignação do Comitê Central, 253; na resignação do Comitê Executivo Central Soviético, 253, 434; no Conselho dos Comissários

do Povo, 428; no triunvirato com Stálin e
Zinóviev, 521, 564; no XIV Congresso do
Partido, 580-1, 586; no XV Congresso do
Partido, 650; prisão, 224, 231; reforma
da polícia e, 449; Revolução de Outubro
e, 233, 242, 505, 565, 605, 638, 645;
sobre Stálin, 433; Sokólnikov e, 708; Stálin
e, 212, 518; tentativas de incluir outros
socialistas no regime bolchevique, 251,
253-4; Testamento de Lênin e, 505, 605-
6, 645; Trótski e, 242, 482

Kámenev, Serguei, 341, 343, 368, 372, 374-
5, 377, 383, 388, 393, 396, 405, 520

Kánner, Grigóri, 477

Kapanadze, Peti "Piotr", 61, 64, 598

Kapital, Das (Marx), 65, 112; tradução russa,
68, 90

Kaplan, Fânia, 300, 301

Karakhan, Liev (Karakhanian), 379, 468,
621, 626, 648

Kautsky, Karl, 68, 103, 155, 173, 221, 360

Kazan, 99, 255, 298-9, 320, 339, 345, 381,
384

Kazan, Soviete de, 282

Kédrov, Mikhail, 449

Kemal, Mustafa, 409, 509

Kennan, George, 454

Kerenski, Aleksandr, 29, 148, 199, 201-2,
204, 222, 231, 246, 251, 275, 294, 351;
acusa bolcheviques de traição, 222-3;
assume papel de comandante supremo,
230; como anátema para a esquerda e a
direita, 215, 230; convoca Conferência de
Estado, 225-6; cria o Conselho dos Cinco,
230; formação, 205-6; Kornílov e, 223,
225, 227-9, 231, 237; lança ofensiva russa
em 1917, 216-7, 219-20, 230, 237, 242,
285; Lênin e, 215, 220, 225; no Governo

Provisório, 206; ordena prisão de líderes
bolcheviques, 234; os Romanov e, 295;
temor de sua volta, 251

Ketskhovéli, Vladímir "Ladó", 59, 75; mentor
de Stálin, 56, 64, 69, 73, 75, 80, 729;
morte, 80

Khabálov, Serguei, 188, 190-1, 223, 394

Khan, Gêngis, 359, 386, 411

Khárkov, 41, 103, 282, 340, 368

Khartichvíli, David "Mokheve", 77

Khiva, 114, 355, 385

Khorezm, República Soviética Popular de,
385

Khorochénina, Serafima, 143

Khruchióv, Nikita, 726

Khutsichvíli, Vanó, 45

Kiev, 41, 268, 274, 343; capturada pelos
poloneses, 367-9, 389; retomada pelo
Exército Vermelho, 370

Kireiev, Aleksandr, 149

Kírov, Serguei, 53, 140, 318, 401, 465, 476,
585-6, 606, 726

Kírshon, Vladímir, 694

Kirtava-Sikharulidze, Natacha, 78

Kitiachvíli, Maria, 74

Kliuchévski, Vassíli, 143

Knox, Alfred, 241

Kojévnikov, A. M., 426

Kokand, 270, 271

Kokand, Autonomia de, 271, 385

Kokóvtsov, Vladímir, 297

Kollontai, Aleksandra, 359, 397

Koltchak, Aleksandr, 227, 229, 312, 315,
328, 341, 343, 367, 369-70, 381, 561;
apropria-se do ouro tsarista, 345; ditadura
de, 348; execução de, 344; líder dos
cossacos siberianos, 310; na Sibéria, 384;
ofensiva de 1919, 339, 348, 383

Koltsov, Mikhail, 567

Komarov, Nikolai, 521

Konoplióva, Lídia, 300

Kornílov, Lavr, 195, 198, 205-6, 219, 246, 265, 334, 369; comandante do Exército Voluntário, 284; comandante militar de Petrogrado, 223, 230; Kerenski e, 223, 225, 227-9, 231, 237; morte, 284, 310; na Conferência de Estado de Moscou, 226; tentativa de golpe de, 227-31, 237

Kórotkov, Ivan, 517

Kosovo, batalha de (1389), 164

Kossior, Stanisław, 466, 666, 673-4, 700, 706

Kossior, Vladímir, 506

Kotlarévski, S. A., 204

Koverda, Boris, 632

Kozlóvski, Aleksandr, 359, 404

Kramer, V. V., 425, 495, 498, 538

Krasnoiarsk, 194, 658, 679

Krasnov, Píotr, 320

Krássin, Leonid, 75, 80, 136, 425, 452, 545

Kremlin, 278; apartamentos de Stálin no, 593-4; como nova sede bolchevique, 279; visita de Lênin em outubro de 1923, 525-6

Krestínski, Nikolai, 336, 401, 434, 436, 438, 452, 461, 463, 596, 619, 688

Krijanóvski, Serguei, 107, 124

Kriukova, Sófia, 143

Kronstadt, base naval, 203, 207, 222, 237; rebelião de marinheiros em 1921, 395, 398, 402-4, 466, 576

Kruchevan, Pável, 123

Krúpskaia, Nadejda, 136, 208, 212, 246, 328, 425, 491, 496, 510, 525, 537, 607, 613; dossiê contra Dzierżyński e, 496; luta pela sucessão e, 565, 578, 580; morte

de Lênin e, 537; pedido de Lênin de cianeto e, 499; reminiscências de Lênin, 546; repudia Desde que Lênin morreu, 574; Stálin e, 494-5, 497, 519, 531-2, 546; supostos ditados de Lênin e, 491, 496-7, 500, 507, 517-9; Testamento de Lênin e, 481, 504, 506, 531-2, 608; Trótski e, 507, 528, 544, 549, 573-4, 630

Krylenko, Elena, 573

Krylenko, Nikolai, 265, 685, 693, 697, 704

Krymov, Aleksandr, 187, 227-8, 251

Kryżanowski, Gleb, 239, 492

Krzesińska, Matilda, 149, 207

Ksenofóntov, Filipp, 547

Ksenofóntov, Ivan, 443

Kuban, 284, 286, 311

Kuchek Khan, Mirza, 359, 379

Kühlmann, Richard von, barão, 266

Kúibichev, Valerian, 387, 401, 500, 508, 516, 520, 565, 600, 661, 682, 689, 693, 714, 716; fiel a Stálin, 464-5; presidente da Comissão Central de Controle, 464; presidente do Conselho Supremo da Economia, 606

Kun, Béla, 338, 380

Kuprin, Aleksandr, 238

Kureika, 175, 214

Kuusinen, Aino, 530

Kuusinen, Otto, 424, 452, 530, 608

Kuzákova, Matriona, 143

Kvali (O Sulco), 60, 68-9, 73, 75, 80

Lachévitch, Mikhail, 344, 511, 538, 550, 577, 603, 648

Lācis, Mārtinš (Sudrabs, Jānis), 291, 293, 449

Lakoba, Nestor, 543, 545

Lárin, Iúri (Lúrie, Mikhail), 462, 614

Lárina, Anna, 278

Lazard Brothers, 170

"lei fundamental da acumulação socialista, A"
(Preobrajénski), 567

Leis Fundamentais, 109, 117, 121, 200

Lena, massacre dos garimpos de, 147-8

Lênin e a guerra imperialista, 1914-1918
(Ksenofóntov), 547

Lênin, Vladímir, 34, 70, 97, 103, 105, 146,
157, 212, 244, 246, 249, 276, 282, 296,
336-7, 347, 355, 362, 366, 377, 403, 417,
423, 435, 499, 546, 552; II Congresso da
Internacional Comunista e, 376; acusado
de traição pelo Governo Provisório, 222;
aparência física, 238; assalto a banco em
Tíflis e, 136; assassinato de Mirbach e,
291; atacado por Rosa Luxemburgo, 337;
autópsia, 538; autor de editoriais de Iskra,
76; carisma, 240; censura a imprensa,
255, 262; cisão bolchevique-menchevique
e, 104, 131, 146; como ditador, 255, 262,
430; contra o chauvinismo da Grande
Rússia, 361, 417, 494; convalescência,
322; conversações de paz com a Alemanha
e, 266-7, 272; criação da União Soviética
e, 483, 488; críticas dos bolcheviques,
211-2, 396; decreta confisco de terras,
239; defende partido centrado na
intelligentsia, 76, 103; derrames cerebrais,
29, 424, 450, 457, 482, 490, 492, 498,
500, 533; ditados, 490-2, 495-7, 506,
510-1, 531, 548-9; em confronto pelo
controle do Conselho dos Comissários
do Povo, 253-4; em fuga de Petrogrado
em 1917, 222, 276; em mudança para o
Kremlin, 279; em retorno a Petrogrado
em outubro de1917, 233, 240; em viagem
de Zurique a Petrogrado, 208; em visita

ao Kremlin em outubro de 1923, 525-
6; esquece nome verdadeiro de Stálin,
174; Exército Vermelho e, 312; exilado
na Sibéria, 70; exílios voluntários, 127,
136, 157, 174, 185, 194, 208, 216, 224-5,
231-2, 240, 248; fanatismo, 212, 214-
5, 220, 232, 236, 250, 274, 294; faz
oferta de cessar-fogo, 264, 266; fome de
1921-2 e, 457-8; formação, 206; funeral,
540, 543; Grande Guerra e, 173, 326-
7; Guerra Polaco-Soviética e, 365, 367,
372, 375, 388-9; impede a reforma da
polícia, 450; insônia e dores de cabeça,
422; insubordinação georgiana e, 487,
494, 496-7; isolamento, 494-5; Kámenev
e, 252-3, 484; Kerenski e, 215-6, 220,
225; luta de classes como seu princípio
central, 306, 453-4, 731; má compreensão
dos camponeses, 314; mandado de prisão,
240; Mártov e, 102, 283, 404; marxismo
de, 173; morte, 29, 537-9; mumificação,
545; na chefia do partido bolchevique,
206; na propriedade de Górki, 425,
428, 438, 450, 484, 490; na revisão do
Conselho Militar Revolucionário, 341;
na Revolução de Outubro, 239-40, 294;
no II Congresso dos Sovietes, 238; no III
Congresso do Comintern, 414; NPE e, 357,
400-1, 416-7, 427, 457, 467, 482, 489,
494, 531, 569, 572, 581; opõe-se ao apoio
ao Governo Provisório, 211; oposição
operária e, 397; ordena os julgamentos
teatrais, 450; pede cianeto, 426, 491,
499; plano da União Soviética, 484, 486,
491, 493, 502; política externa, 453-7;
política para a Alemanha, 287, 297-9;
presidente do Conselho dos Comissários
do Povo, 247; primeiro contato de Stálin

com as ideias de, 76; propõe estatização de terras, 126; rejeita o Estado de direito, 422; relação com o Politbiuró, 424, 427; relação Stálin-Trótski e, 426; revolta de Kronstadt e, 404; Revolução de Fevereiro e, 195; revolução mundial como objetivo, 417; rumores sobre sua morte, 302; sabota conferência de Gênova, 454-5; saúde debilitada, 421, 422-30, 433, 495-501, 504, 507, 510, 537; sobre a necessidade de conquistar povos nativos, 417; sobre a primazia das relações internacionais, 356; sobre contrarrevolucionários, 404, 552; sobre nacionalismo e autodeterminação, 360; sobre o impacto da guerra civil, 349; sovietização da Europa como objetivo, 373, 376; Stálin e, ver relação Lênin-Stálin; Stálin visto como sucessor improvável, 433-4; suposto artigo sobre nacionalidades, 500, 506; Svérdlov e, 214, 252, 332; tentativa de assassinato, 249, 300, 321, 425; "Teses de abril", 211; Testamento, ver Testamento de Lênin; tomada da Geórgia pelos bolcheviques e, 407-8; Tratado de Brest-Litovsk e, 273, 275, 281, 639; Trótski como seu possível sucessor, 428-9; Trótski e, 221, 233, 240-2, 251, 272, 353, 369, 397, 401, 426, 480, 489, 527, 534, 644; unidade do partido e, 401; violência política como princípio, 421; visão do capitalismo, 173, 306, 414, 454, 456, 623

Leningrado, 542, 586; escassez de alimentos, 715; greves, 571-2, 622; máquina de Zinóviev em, 578-9, 584-5; ver também Petrogrado

leninismo, 210-1, 536, 564, 625; adesão de Stálin ao, 225, 431, 546-7, 591, 613, 717;

conversão de Trótski ao, 221; ver também marxismo, marxistas

Leopoldo, príncipe da Baviera, 266

Letônia, 122, 266, 515, 558, 603; como nação independente, 255, 356; tentativa de golpe comunista alemão e, 556

liberais, liberalismo, 154, 241

liberdade, 153

Liberman, Simon, 723

"Lições de Outubro" (Trótski), 565

Liebknecht, Karl, 337

"Liev Trótski: o organizador da vitória" (Radek), 499

Liga da Juventude Comunista, 550, 575, 585, 701

Liga das Nações, 329, 563, 724

Liga dos Três Imperadores, 132

Liga Espartaquista, 288, 336

limítrofe, 558, 603, 615, 621, 727

Lincoln, Abraham, 422

língua georgiana, abandonada por Stálin, 135

língua persa, 38, 357

língua turca, 38, 357

litoral báltico, ocupação alemã do, 260, 298

Lituânia, 115, 266, 299, 365-6, 515, 589, 603, 621; como nação independente, 255; golpe militar na, 616; invasão polonesa, 365; nacionalistas na, 372; tratado soviético de não agressão com, 615, 617

Litvínov, Maksim (Wallach, Meir), 131, 137, 467, 583, 619-20, 621, 648, 687

livre-comércio, a NPE como concessão ao, 401, 417, 427

Lloyd George, David, 329-30, 403, 454-5

Locarno, Pacto de Paz de (1925), 563

Lominadze, Bessarion "Bessó", 637

Lubianka 2, 436, 447-51

Lublin, 375

Lublin-Varsóvia, 372

Ludendorff, Erich, 193, 265, 288, 297, 325, 327, 365

Ludwig, Emil, 37

Luís XIV, rei da França, 44

Lunatchárski, Anatóli, 242, 245, 314

Lúrie, Aleksandr "Sacha", 471

luta de classes: como fundamento do Estado soviético, 307; como justificativa para execuções em massa, 309; como princípio central do pensamento de Lênin, 306, 453, 731; crença fervorosa de Stálin na, 320-1, 323, 358, 454, 677, 683, 694, 705, 726, 728; Marx sobre, 307, 731; política externa soviética e, 453-4; rebeliões camponesas e, 393

Luxemburgo, Rosa, 104, 241, 332, 578; assassinato, 337; ataca Lênin e o bolchevismo, 337; sobre o nacionalismo, 360

luxemburguismo, 360, 362, 364, 381

Lvov, príncipe Gueórgi, 187, 223, 227

Lwów (Lviv, Lvov), 266, 366, 372, 374, 378; não capturada pelo Exército Vermelho, 375

Lyttelton, Adrian, 242

Lytton, Lord, 89

Maier, Max, 698, 704

Makharadze, Pilipe, 359, 408, 410, 496-7

Makhróvski, K. E., 318-9

Maklakov, Vassíli, 242, 712

Malenkov, Gueórgi, 466

Malinóvski, Roman, 155, 175

Malkov, Pável, 245, 279, 300-1

Mámontov, Savva, 278

Manchester Guardian, 616, 619

Manchúria, 96-7, 134, 411, 590, 626

mandato, O (Erdman), 619

Manifesto comunista (Marx e Engels), 65, 69-70, 123, 130, 173

"Manifesto Dada" (Tzara), 245

Mannerheim, Carl Gustav, 272, 343

Mantáchiov, Aleksandr, 76

Manuílski, Dmítri, 530, 574

Mao Tsé-tung, 624, 638, 652

Maquiavel, Nicolau, 78

Marinha russa, 37, 242; desmobilização, 274-5; na eleição da Assembleia Constituinte, 261; Revolução de Fevereiro e, 192, 196

Marinha, EUA, 162

Markus, Maria, 586

Mártov, "Iúli" (Tsederbaum, Julius), 70, 102, 104, 131, 136, 157, 185, 208, 218, 236, 246, 281, 283, 289, 294, 390, 396, 404, 472-3, 531

Marx, Karl, 30, 33-4, 44, 64, 82, 90-1, 112, 123, 130, 173, 250; sobre luta de classes, 307, 731; sobre nacionalismo, 359

Marx, Wilhelm, 616

marxismo, marxistas, 56, 64, 66, 69, 102-3, 173, 546; a história vista pelo, 64, 68, 102, 210; austríaco, 360; autodeterminação vista pelo, 360; burguesia vista pelo, 307-8; capitalismo visto pelo, 102-3, 307; dedicação de Stálin ao, 36, 112, 116, 130, 159, 321, 672; na Rússia, 67-9, 71, 79, 99, 102-3, 116, 159; teoria do Estado, 250; *ver também* comunismo; leninismo

"marxismo e a questão nacional, O" (Stálin), 155, 175

Masaryk, Tomáš, 330

materialismo dialético, 130

Matteotti, Giacomo, 553

Mdivani, Polikarp "Budú", 359, 410, 485, 487, 494, 497, 500, 503, 605

Mekhlis, Liev, 466

Meiji, restauração, 30, 44, 727

mencheviques, 126-7, 129, 131, 137, 145-6, 155, 158, 208, 215-6, 218, 221, 231, 239, 243, 252, 260-1, 274, 281, 289, 294, 311, 326, 364, 394, 396, 404, 450, 729; apoio ao Governo Provisório, 215; cisão com bolcheviques, 102, 104-5, 126, 131, 137, 145-6, 158; judeus, 135; na Europa, 404, 496, 554, 557; na Geórgia, 126, 129, 131, 145, 155, 261, 406-8, 410-1; no Cáucaso, 135, 146; nos julgamentos teatrais, 472; Revolução de Outubro e, 236

Mendeleiev, Dmítri, 63, 115

Mensageiro Russo, 218

Merkúlov, Serguei, 538

Metekhi (prisão), 74, 80

Meyerhold, Vsévolod, 619

Mężyński, Wiaczesław, 256, 267, 342, 509, 615, 633, 644, 653, 662, 686, 706; diretor da OGPU, 607; formação, 469; vice-diretor da GPU, 469-70

Mif, Pável, 652

Mikhail Aleksandrovitch, grão-duque, 148, 181-2, 187, 191-2; assassinato, 295, 413; nomeado sucessor por Nicolau II, 199

Mikháilov, Vassíli, 435

Mikhailóvskaia, Praskóvia "Pacha" Gueorgievna, 72

Mikhelson, fábrica de máquinas, 299-300, 321, 429

Mikoian, Anastási "Anastas", 399, 427, 465, 680, 683, 696, 703, 714; comissário do comércio exterior, 606; correspondência com Stálin, 680, 715-6; fiel a Stálin, 465,

474-5, 584, 606, 726; viagem de Stálin ao Cáucaso e, 597, 601

Miliukov, Pável, 114, 153, 161, 178, 184, 199-202, 208, 214, 216, 221, 226, 245-6

Miltchakov, Aleksandr, 550

Mínin, Serguei, 317, 322-3, 327

Ministério das Finanças tsarista: rivalidade com o Ministério do Interior, 93; Witte dirige, 93-4

Ministério do Interior tsarista: rivalidade com o Ministério das Finanças, 93; *ver também okhranka*; polícia tsarista

Minsk, 366, 370, 372; fundação do POSDR em, 70

Mirabeau, conde de, 206

Mirbach, conde Wilhelm, 286-8, 290; assassinato, 290-1, 452; corteja os antibolcheviques, 286; sobre o provável colapso dos bolcheviques, 286, 288

modernidade, 116, 142, 154, 156; como processo geopolítico, 30, 87-90; na Rússia, 90-2, 118, 121, 142, 150

Mogilev, 179, 187, 366

Mólotov, Viatcheslav (Scriabin), 210, 213, 352, 387, 401, 424, 431, 434, 436, 438, 440, 495, 505, 518, 531, 565, 663, 669, 687, 693, 703, 713, 717; correspondência com Stálin, 579, 596, 598, 603, 612, 617, 620-1, 632-4; critica o aparato do Comitê Central, 523; fiel a Stálin, 463, 465, 532, 637, 669, 682, 689, 696, 710-1, 714, 726; formação, 463-4; luta pela sucessão e, 646; morte de Lênin e, 537; no Politbiuró, 585, 596; ordena execuções retaliadoras, 632; sobre crueldade de Lênin, 546; sobre o Testamento de Lênin, 532; Trótski e, 547, 598, 637

1122

Moltke, Helmuth von (o Moço), 163, 167, 169-70

Moltke, Helmuth von (o Velho), 30

Mongólia, República Popular da, 555

Mongólia, mongóis, 167, 357, 412-3, 555, 615; tropas chinesas expulsas da, 414-5

Monosselidze, Mikheil, 128

Moscou, 252, 255; bairro de Kitai-gorod, 460; escassez de alimentos, 286, 335; escassez de combustível, 318; evacuação bolchevique para, 275-7; greves, 225; mudança do nome de ruas, 301; revolta de 1905 em, 110; Revolução de Fevereiro, 192

Moscou Vermelha, 350

Moscou, Conselho dos Comissários do Povo de, 255, 277

Moscou, Soviete de, 278, 324, 489

Mtkvari (rio), 40, 48

Muchkat, Sófia, 457

muçulmanos: cisão sunita-xiita, 509; cultivados por Stálin, 380; massacrados em Kokand, 271; na Ásia Central, 385-6; na Eurásia, 362, 378-81, 383-4; na Geórgia, 39, 50; na Rússia, 38-9, 204, 381; no Partido Comunista, 508, 531, 710; no Turquestão, 270, 508-9; vigiados pela OGPU, 507-8

Mukden, batalha de, 98-9

Murálov, Nikolai, 577, 638, 650, 652

Muraviov, Mikhail, 293

Murmansk, desembarque britânico em, 281, 297

Murmansk, ferrovia, 281

Mussolini, Benito, 145-6, 553, 608, 720; assassinato de Matteotti e, 553; primeiro-ministro, 551, 553; tentativas de assassinato de, 733

Mussórgski, Modest, 156

"Nacionalidade moderna" (Kautsky), 360

nacionalismo, 141, 355, 358-60, 362, 372, 382, 483, 508; Lênin sobre, 360, 364; na Alemanha, 60-1; na Eurásia, 417; na Geórgia, 600; na Rússia, 141, 147; política de indigenização e, 502, 510; Stálin sobre, 175, 360, 417, 485-6, 502, 509; suposto artigo de Lênin sobre, 500, 506

nacionalistas chineses, *ver* Guomindang

Nani, Agosto, 28

Napoleão I, imperador da França, 28, 30, 206

Napoleão III, imperador da França, 32

Naprávnik, Eduard, 148

Naville, Pierre, 643

Nazaretian, Amaiak, 436, 438, 465, 473, 477, 524

nazistas, 699

Negro, mar, 38, 40

Netcháiev, Serguei, 78

Neuilly, Tratado de (1919), 329

New York American, 609

New York Times, The, 613

New York Tribune, 44

Nicolaiévski, Boris, 236, 283

Nicolau I, tsar, 84, 113

Nicolau II, tsar, 85, 87, 90, 94-5, 97, 99, 106, 109, 113-6, 124, 144, 149, 153, 178, 181-2, 184, 207, 217, 229, 241, 451; abdicação, 29, 192, 199, 248, 275; assassinato, 296; comandante da linha de frente, 179-80, 188; complôs de aristocratas contra, 187; crescente desilusão com, 148-9; deflagração da Grande Guerra e, 166-7; Duma e, 99, 106-7, 114-5, 117, 125, 149-50, 179, 184, 187, 190; Durnovó e, 156; em pacto secreto com a Alemanha, 132,

161; em retorno abortado a Petrogrado, 191; intrigas políticas, 142, 149; ordena repressão de protestos em 1917, 188-9; petição dos trabalhadores, 98; política para o Extremo Oriente, 96-7; prisão domiciliar, 295; Proclamação de Outubro, 106, 108-9, 114, 116; promete constituição, 108-9; promulga Leis Fundamentais, 109; relação com Stolypin, 116, 142; relação com Witte, 95, 97, 108, 115

Nicolau, grão-duque "Nikolacha", 106, 179, 180, 187

Niedermeyer, Oskar von, 561

Nina (gráfica clandestina), 75

No caminho leninista (revista), 678

No caminho para Outubro (Stálin), 556

Nobel, irmãos, 76, 137

Noguin, Viktor, 335

"nomenklatura", 443, 447

Nossa Senhora de Kazan (catedral), 148-9

Nossa Senhora de São Teodoro, 149

Nossas diferenças (Plekhánov), 67

"Nossas tarefas no Oriente" (Stálin), 381

Nossóvitch, Anatóli, 319, 321

"Notas de um economista" (Bukhárin), 716

"Notas sobre a questão das nacionalidades" (Lênin), 500, 503, 506, 605; refutação de Stálin, 502

Nova Política Econômica (NPE), 357, 388, 400-1, 416-7, 419, 427, 431, 456-7, 459, 467, 479, 482, 489, 502-3, 521, 528, 531, 578, 580, 614, 653, 659-60, 667, 671, 677, 690, 721; como concessão ao capitalismo, 572, 669, 706; críticas de Zinóviev, 572; cúlaques e, 722-3; industrialização e, 572, 669; Ríkov e, 681, 723; Sokólnikov e, 566, 578-9; Stálin e,

431, 494, 503, 531, 569-70, 572, 592, 667, 669, 678-9, 701, 706, 731

Nóvgorod, Níjni, 84

"novo dirigente da Rússia, O" (Davis), 609

Novogoródtseva, Klávdiia, 176

Novonikoláievsk, 414

Novos Tempos, jornal, 97

Novossibirsk, 658, 666, 669, 707

O que fazer? (Lênin), 76, 103, 302

O que Ilitch escreveu e pensou sobre Trótski, 506

Odessa, 41, 98, 280

OGPU, 510, 578, 615, 684-5; comemoração de seu décimo aniversário, 653; controle de Stálin, 683; Departamento Oriental, 507; dirigida por Dzierżyński, 578; Exército Vermelho e, 575; exílio de Trótski e, 673-4; homens da NPE e, 573; morte de Lênin e, 498-9, 539; poderes extrajudiciais, 632, 647; prende grevistas, 522; relatórios sobre escassez de alimentos e mercadorias, 651; requisições de grãos e, 662-3, 666; sob a direção de Mężyński, 607; substitui a GPU, 493; teme ataque do Ocidente, 615; tentativa de golpe comunista alemão e, 529; terrorismo e, 632

okhranka (*Okhránnoe otdeliénie*; polícia política), 86-7, 91, 93, 95, 100, 104, 117, 127, 137-8, 148, 151, 181, 449, 451; abolida pelo Governo Provisório, 201; assassinato de Stolypin e, 144; direita e, 124; infiltrada em grupos revolucionários, 140, 155, 185; prende Stálin, 154; Revolução de Fevereiro e, 189-90; vigia Stálin, 140, 143; *ver também* polícia tsarista

Okúlov, Aleksei, 318

Onúfrieva, Pelagueia, 143
oposição de esquerda, 522-3, 528, 536, 544,
  546, 548-9, 602, 669, 675-6, 731
oposição operária, 397, 401
oposição unida, 612, 648, 652, 669, 682,
  708, 723
Orakhelachvíli, Mamiia, 410
Ordem nº 1, 202, 220, 312
Ordjonikidze, Grigol "Sergo", 139, 146,
  378-9, 406, 410, 436, 473-4, 485, 500,
  509, 512, 518, 544, 577-8, 585, 598,
  600-1, 651-2, 689, 695, 715, 717; agride
  Kabakhidze, 488, 494, 496; complô para
  tirar Stálin da secretaria-geral e, 708-9,
  711; correspondência com Stálin, 427,
  500, 595; Federação do Cáucaso Sul e,
  487, 500; fiel a Stálin, 401, 465, 476,
  512, 726; formação, 53, 486; Mdivani
  e, 487; presidente da Comissão Central
  de Controle, 606, 634, 637; tomada
  bolchevique da Geórgia e, 408, 412
Orenburg, 255
Orenburg, Soviete de, 282
Orgbiuró (birô de organização), 336, 434-6,
  440, 443, 445, 449, 517, 527, 550
Oriol, batalha de, 343-4, 369
Ossétia, ossétios, 41, 502, 684
Ossínski, Valerian, 655
Ostróvski, Aleksandr, 619
Otto, Ernst, 704
outubristas, 122
Outubro (filme), 647
Owen, Robert, 64

Palácio de Inverno, 95, 98, 114, 125, 148,
  207; a assim chamada invasão do, 238,
  351-2; mudança do Governo Provisório
  para, 232, 235, 237-8

Panchen Lama, 412
Panina, Sofia, 450
pan-islamismo, 398, 508
Pares, Bernard, 118
Parlamento-2, operação, 508
parricida, O (Qazbégui), 49-50
Partido Comunista, 275, 281, 287, 311, 352;
  VI Congresso, 556; VIII Congresso, 332-3,
  335, 342, 381-2, 407; IX Conferência,
  388; X Congresso, 357, 396-402, 416,
  422, 434, 466; XI Congresso, 423, 442,
  474, 489; XII Congresso, 427, 436, 443,
  447, 495, 501, 507; XIII Conferência,
  536; XIII Congresso, 548-50, 554, 574,
  606, 608; XIV Conferência, 570, 572; XIV
  Congresso, 580-6; XV Conferência, 613-4;
  XV Congresso, 596, 637-8, 641, 649-53,
  655-6, 661-2, 670, 725; Comitê Central
  do, ver Comitê Central; crescimento,
  357; estrutura hierárquica, 305, 442,
  478; expulsão de Trótski e Zinóviev,
  648, 652; informe sobre nacionalidades
  de Stálin, 502; muçulmanos no, 508,
  710; nacionalismo e, 358; NPE e, 431;
  organizações locais, 443; proposta
  de liderança coletiva, 433; relatório
  organizacional de Stálin, 501; Stálin
  designado secretário-geral, 423, 435,
  489, 493, 533; triunfo de Stálin sobre
  Trótski, 507; Trótski no, 502; trotskistas
  sacrificados, 501; Zinóviev e, 501
Partido Comunista alemão, 332, 336, 390,
  699
Partido Comunista alemão, tentativa
  de golpe do, 403, 481, 552; ajuda do
  Politbiuró, 516, 520; Bukhárin e, 515;
  Comintern e, 516, 529-30, 560; falta de
  apoio dos trabalhadores, 529-30; Stálin e,

515-6, 519, 526, 529, 558; Trótski e, 516; Zinóviev e, 515-6, 519

Partido Comunista chinês, 637; VI Congresso, 712; ajuda soviética, 625, 638; desconfiança de Chiang, 626; em aliança com o Guomindang, 624-5; massacre de Shanghai, 627-8; Stálin sobre as táticas do, 625-6; traição de Stálin, 629; traído pelo Guomindang, 635, 638, 652

Partido Comunista francês, 524, 643

Partido Comunista georgiano: II Congresso, 500; Comitê Central, 483, 485, 488, 500; insubordinação do, 487, 494, 496, 500; investigação de Dzierżyński, 488, 494

Partido Comunista húngaro, 338

Partido Comunista italiano, 552-3, 608, 714

Partido Comunista polonês, 362, 520, 524, 600

Partido Comunista ucraniano, Comitê Central, 483

Partido Operário Social-Democrata Judeu (Poaley Syjon), 158-9

Partido Operário Social-Democrata Russo (POSDR), 70, 76-7, 101, 121, 130, 137, 141, 152, 275; I Congresso (Minsk), 70; II Congresso (Londres), 102-4, 220; III Congresso (Tammerfors), 105; IV Congresso (Estocolmo), 126; V Congresso (Londres), 131, 135; adota política antiterrorista, 136-7; cisão bolchevique-menchevique, 102, 104-5, 126, 131, 137, 145-6, 158; Comitê Central do, ver Comitê Central; Conferência de Praga, 145-6, 154, 175; ver também sociais-democratas russos

Partido Operário Social-Democrata Russo (POSDR), seção do Cáucaso, 75-6;

animosidade entre Stálin e, 77-8, 102; cisão bolchevique-menchevique, 102, 104-5, 137

Partido Popular da Mongólia, 413, 415, 555

Partido Social-Democrata Independente (alemão), 390, 403

Partido Socialista Italiano, congresso (1912), 145-6

Partido Socialista Polonês, 158

Partido Socialista Revolucionário (SRs), 104, 122, 126, 136, 140, 155, 157, 159, 197, 206, 208, 215-6, 218, 231, 236, 239, 251-2, 257, 259, 261, 263, 392, 394, 404-5, 450; ver também socialistas revolucionários de esquerda

Passau, Alemanha, 60

passeatas de Primeiro de Maio, 75, 103, 129, 148

Paulo I, tsar, 113-4

Pávlov, Ivan, 63

Pávlova, Anna, 149

Pávlovitch, Dmítri, grão-duque, 184

Pavlóvski, batalhão de guardas, 190

Pedro I, "o Grande" tsar, 81-2, 112

Pedro II, tsar, 113

Pedro III, tsar, 113

pequena biografia de um homem grande, Uma, 506

pequena nobreza russa, 82, 94; propriedades rurais da, 209-10

Perepríguin, Aleksandr, 177

Perepríguina, Lídia, 176

Perm, 328, 413

Pérsia, República Socialista Soviética da, 379

Pérsia, ver Irã

Pestkowski, Stanisław, 280, 286, 362, 380; assistente de Stálin, 246-8

Pétain, Philippe, 217

Petersburgo, Soviete de, 106, 108-9
Peterss, Jēkabs, 302, 359, 386, 508
Petliura, Simon, 366
Petritchenko, Stepan, 395
Petrogrado, 180, 194, 232, 252, 313; avanço
alemão sobre, 275, 287; avanço do
Exército Branco sobre, 343; distrito de
Vyborg, 207, 224; escassez de alimentos,
286; evacuação bolchevique, 275-7; greves
e protestos, 105-6, 166, 185, 187, 394,
422; levante de soldados e marinheiros,
222; manifestação das mulheres, 186-7;
massacre do "Domingo Sangrento", 98,
148, 185; quartel-general bolchevique,
207, 210, 212, 222, 233; reencenação da
"invasão" do Palácio de Inverno, 351-2;
Stálin em, 139, 144, 154, 207, 211; Tcheká
em, 394; tropas estacionadas, 189; ver
também Leningrado
Petrogrado, Soviete de Representantes dos
Operários e Soldados, 190, 203, 218,
221, 225, 264; Comitê Executivo Central,
ver Comitê Executivo Central Soviético;
Comitê Militar Revolucionário do, ver
Comitê Militar Revolucionário; controle
bolchevique, 231-2, 237; Governo
Provisório e, 202, 211; Revolução de
Outubro como golpe contra, 241; substitui
a Duma, 202; Trótski como presidente do,
231; ver também Soviete de Moscou
Petróvskaia, Stefánia, 143
Petróvski, Grigóri, 401, 580, 596, 612
Piatakov, Grigóri "Iúri", 254, 364, 450, 604,
613-4; Testamento de Lênin e, 505
Piátnitski, Óssip, 530
Piłsudski, Józef, 346, 358, 364, 389, 391,
563, 615, 620; move-se para a direita,
600; na Guerra Polaco-Soviética, 365,

367, 376-7; no golpe de 1926, 589, 600,
620
Plehve, Viatcheslav von, 123
Plekhánov, Gueórgi, 67-8, 70, 102, 104, 705
Pnévski, Nikolai, 665
Poaley Syjon, partido, 158-9, 466
Poincaré, Raymond, 455
Pokróvski, Serafim, 634
polícia tsarista, 74, 86, 93, 109, 151, 185;
dissolução, 201, 242; ficha de Stálin, 74,
77; inadequação, 127; prende Stálin, 73-4,
77; ver também okhranka
Politbiuró (birô político), 336, 343, 401-2,
434-5, 437-8, 440, 582, 585, 606, 614,
649, 724; ajuda no golpe comunista
alemão, 516, 520; coletivização e, 672;
como peça fundamental para a ditadura
de Stálin, 596; como principal órgão
elaborador de políticas de Lênin, 439;
ditadura de Stálin e, 683, 695; expulsão
de Zinóviev, 606; maioria russa, 652;
morte iminente de Lênin e, 499; relação
de Lênin com, 424, 496; resignação
oferecida por Stálin, 514, 606, 613;
Trótski e, 426-7, 495, 524, 526, 614;
unidade especial de codificação do, 444
política externa soviética, 559, 694; crítica
de Litvínov, 620-1; ditada por Lênin, 456;
duas faces, 453, 643; guerra de classes e,
453-4; Stálin e, 555, 583, 621,-2
Polkóvnikov, Gueórgi, 235
Polônia, poloneses, 121, 141, 178, 266,
274, 287, 329, 357, 362, 388, 417, 486,
526, 558, 562, 588, 604; após a Grande
Guerra, 364; Bielorrússia e, 615; como
nação independente, 255, 356; França e,
560, 589, 621; golpe de Piłsudski, 589,
600, 603, 620; na Grande Guerra, 367;

1127

no Pacto de Locarno, 563; nova ameaça de guerra com a União Soviética e, 621; ocupação alemã, 260, 298, 364; relação com a União Soviética, 589; Romênia e, 590, 615; tratado com a União Soviética, 403; Ucrânia e, 365-6, 615

Ponte do Ferreiro 15 (*Kuznéski most*), 436, 451

Pópov, Dmítri, 293

populistas, populismo, 64, 67-8

Port Arthur (Lushun), China, 96-7, 134

Portsmouth, Tratado de (1905), 99, 105

Poskrióbichev, Aleksandr, 387, 700

Potências Centrais, 162, 178, 216-7; em conversações de paz com bolcheviques, 266-7; Lênin oferece cessar-fogo, 264-6

Potiômkin, príncipe, 114

Potiômkin, tomado pelos trabalhadores, 99

povos turcos, 55, 204-5, 357

Praça Velha 4, 436, 440-1

Praga, conferência do POSDR em, 145-6, 154, 175

Pravda: artigos contra Trótski, 565; artigos de Stálin, 198, 282-3, 556, 565, 636; ataca política do Governo Provisório, 218; Kámenev editor, 211; publica "Teses de abril" de Lênin, 211; sobre a doença de Lênin, 498; Stálin editor, 213; tomado pelo Governo Provisório, 222

Pravda de Leningrado, 580

Preobrajénski, Evguéni, 224, 401, 423, 434, 503, 512, 567, 690

Primeira Guerra Mundial, *ver* Grande Guerra

Primeira Internacional, 331, 359, 360

Princip, Gavrilo, 164, 170, 284

Princípios da organização (Kérjentsev), 445

Prochian, Proch, 294

Proclamação de Outubro, 106, 108-9, 114, 116

produção de aço, 88, 101, 163

Prokófiev, Serguei, 618-9, 674

proletariado russo, 51; agitação bolchevique, 207; apoio dos camponeses, 224; cada vez mais descontente com o regime soviético, 691-2; caso Chákhti e, 691; desemprego, 550; "ditadura" do, 222-3, 243, 250, 349; exige sindicatos, 397; greves e protestos, 69, 73, 91, 98, 103, 105-6, 108-9, 147-8, 166, 185, 187, 394, 422, 522-3, 571-2; levantes de 1905-6, 98, 115, 127, 152, 154, 188; massacre de Lena, 147-8, 157; massacre do "Domingo Sangrento", 98; posição precária dos comunistas junto ao, 437; prisões em massa, 185

Proletariado, artigos de Stálin em, 198

Proletariatis Brdzola, jornal, 361

Protocolos dos sábios do Sião, 123, 151, 296, 310

Protopópov, Aleksandr, 188

Proudhon, Pierre-Joseph, 65

Prússia, 31-2, 83, 107-8, 119

Pskov, 193

Púchkin, Aleksandr, 429

Purichkévitch, Vladímir, 122, 184, 203

Putilov (usina siderúrgica), 185

Pútin, Spiridon, 425

Putsch da Cervejaria de Munique, 28, 530

Qazbégui, Aleksandr, 49-50

Qing, dinastia, 30, 89, 91, 412

"questão nacional e a social-democracia, A" (Stálin), 360

Rabinóvitch, Isaak, 618

Rabinóvitch, Lázar, 698-9

Rada Central ucraniana, 268, 274, 282-3

Radek, Karl, 208, 266-7, 274, 291, 329, 332, 370, 377, 380, 388, 401, 418, 473, 499, 501, 515, 562, 675

Raduński, Ivan, 301

Rákosi, Mátyás, 338, 529

Rakóvski, Cristian (Stántchev, Kristo), 483, 485, 503, 509, 573, 642-3, 647-8, 652, 673, 687

Ramichvíli, Isidor, 76, 283, 410

Ramichvíli, Noé, 102

Rapallo, Tratado de (1922), 455-6, 481, 514, 562, 599

Raskólnikov, Fiódor (Ilin), 317, 320, 378, 404

Raspútin, Grigóri, 181, 188; assassinato, 184, 203

Rathenau, Walther, 455-6

Redens, Stanisław, 328

Reed, John, 221, 238, 263, 380

regime bolchevique (1918-22): carência de autoridade nacional, 271; carência de força policial, 257; colapso do sistema financeiro e, 256, 259; como ditadura, 249; como partido-Estado, 352, 358, 478; comparação com o dadaísmo, 248, 250; confisco de grãos, 392, 400, 457; confisco de propriedades, 259; construção do Estado pelo, ver construção do Estado soviético; declínio da força de trabalho no, 396; escassez de alimentos no, 305, 314-6, 321, 335; escassez de combustível no, 335; estatização das propriedades dos Romanov, 297; evacua Petrogrado, 276, 278; excluído das conversações de paz de Versalhes, 331; facção stalinista, 401; facção trotskista, 402; fanatismo ideológico do, 597; fanatismo ideológico

e, 307-8; federalismo e, 356; Grande Guerra e, 249, 264; guerra civil e, ver guerra civil russa; insurreições armadas contra, 249; judeus no, 353; máquina de propaganda do, 305; mentalidade de assédio, 351; Mirbach sobre seu provável colapso, 286, 288; monopólio dos grãos, 313; nas conversações de paz com as Potências Centrais, 265, 267; natureza caótica do, 248-51; obcecado com a contrarrevolução, 251, 258, 262, 302-3, 305-6, 403-4; organizações de base como alvo, 349; repudia dívida tsarista, 256; Stálin como sua força dominante, 310; sufrágio universal sob, 260; tentativas de Kámenev para incluir outros socialistas, 251, 253-4; territórios cedidos pelo, 274; Terror Vermelho de 1918, 302; Tratado de Brest-Litovsk e, 274, 280-1, 285, 288, 298, 326, 329, 639; ver também Partido Comunista; Conselho dos Comissários do Povo; República Socialista Federativa Soviética da Rússia

regime bolchevique (1918-22), burocracia do, 304-5, 437; competição interna, 432; corrupção na, 307, 335, 350-1, 530; expansão, 396, 578, 600; incompetência, 307, 435; natureza hierárquica da, 350; peso financeiro, 350-1; privilégios da elite, 350; redundância, 439

Reisner, Larissa, 379

relação Lênin-Stálin, 143, 155, 347; v Congresso do POSDR e, 131; ampliação do papel de Stálin e, 423, 428; confiança de Lênin em Stálin, 247, 474, 607; congresso de Tammerfors e, 105; correspondência, 177, 316, 322-3, 374, 376, 490-2; culpa pela derrota na guerra contra a Polônia e, 388; derrame de Lênin e, 424-7; designação de Stálin para o Comitê Central e, 145-6; disposição de Stálin para assumir qualquer tarefa e, 250; disposição de Stálin para criticar as ideias de Lênin e, 213; doença de Stálin em 1921 e, 409-10; federalismo como pauta comum, 359; lealdade mútua, 212-3, 244, 252, 267, 272-3, 353, 401, 729; Lênin como mentor na, 105, 431, 479, 534, 600; morte de Lênin e, 537, 539; pedido de cianeto de Lênin e, 426, 499; percepção de Lênin da, 354, 423; plano para a União Soviética e, 484-5; questão da sucessão e, 430; suposto artigo de Lênin sobre nacionalidades e, 500; Testamento de Lênin e, *ver* Testamento de Lênin; Uliánova sobre, 531-2, 607

Renânia, desmilitarização da, 329

Repartição Negra, 209

República de Weimar, *ver* Alemanha, Weimar

República dos Trabalhadores Socialistas Finlandeses, 272

República Federal Democrática Russa, 270

República Socialista Federativa Soviética da Rússia (RSFSR; Rússia Soviética): acordo de comércio com a Grã-Bretanha, 402-3; anexa o Turquestão, 399; China e, 415; Comitê Executivo Central, 484; criação da União Soviética e, 483; economia da, *ver* economia soviética; fome de 1921-2 na, *ver* fome de 1921-2; fundação, 268, 363; independência mongol e, 415; invade a Armênia, 406; inverno de 1920-1, 390-1, 393; monopólio do comércio exterior, 490-1; muçulmanos na, 380-1; na guerra polonesa, *ver* Guerra Polaco-Soviética

(1919-20); no Tratado de Rapallo com a Alemanha, 455-6, 481, 514, 562, 599; rebelião de Kronstadt e, 395-6, 398; rebelião de Tambov e, 392-3; relações diplomáticas, 402, 404; repúblicas nacionais autônomas e, 383; trabalho de Stálin na constituição da, 282; Ucrânia e, 397, 483; *ver também* regime bolchevique

repúblicas soviéticas, oposição de Stálin à sua independência, 398-9, 401

Revolução Bolchevique, 159, 250; como revolução democrática burguesa, 417; na visão de Stálin, 556, 558; participação de Stálin, 159, 198; *ver também* Revolução de Fevereiro; Revolução de Outubro

revolução burguesa, 68, 102, 196, 215, 219, 417

Revolução de Fevereiro, 188-97, 203, 209, 215, 306, 312, 463; como golpe liberal, 201, 241; como revolução burguesa, 196, 215, 219; exército e, 190, 192, 196; marinha e, 193, 196

Revolução de Outubro, 234, 236-7, 239-41, 366, 429; ausência de autoridade política depois da, 248-9; CMR na, 233-5; Comitê Central e, 233-4; como golpe contra o Soviete de Petrogrado, 241; décimo aniversário, 647, 661-2; fracasso previsto da, 245-6; guardas vermelhos na, 235, 238; Kámenev e, 233, 242, 505, 565, 605, 638, 645; Lênin na, 239-40, 294; Stálin na, 242-3; Trótski na, 234, 237, 239; Zinóviev e, 233, 242, 505, 519, 565, 605, 638, 645

revolução dos jovens turcos, 153-4

Revolução e Cultura (revista), 476

Revolução Francesa, 119, 206, 215, 251, 362, 647

Revolução Industrial, 65

Revolução Mexicana, 153-4

revolução mundial: como alvo principal de
Lênin, 418; Stálin sobre, 418, 556-8, 564,
571, 592, 694, 725; União Soviética e,
557-8

Revolução Proletária, 517

Reza Khan, 359, 402

Rhodes, Cecil, 95

Riazánov, David, 400

Ricardo, David, 65

Riezler, Kurt, 290, 297-8

Riga, captura pelos alemães, 226-7

Riga, Tratado de (1921), 403

Ríkov, Aleksei, 253, 342, 405, 473, 488,
490-1, 505, 518, 520, 537, 540, 565,
567-8, 596, 612, 617, 630, 649, 651, 672,
681-2, 702-3, 715, 717; caso Chákhti e,
683, 693; como líder soviético alternativo,
725; como presidente do Conselho dos
Comissários do Povo da URSS, 543,
654, 682; complô para tirar Stálin da
secretaria-geral e, 709, 711; escassez de
grãos e, 715-6; na luta da sucessão, 565;
NPE e, 681, 723; Stálin e, 654, 681-3, 695

Rindziúnskaia, Marina, 438, 445

riqueza das nações, A (Smith), 65

Rochau, August von, 31

Rodzianko, Mikhail, 179, 187-8, 190-1, 199,
227

Romanov, família, 112-3, 295, 297;
tricentenário de domínio, 148-9, 151,
154-5

Romanov, Mikhail Fiódorovitch, 149

Romênia, 330, 356-7, 365, 558, 603-4;
ameaça de guerra com a União Soviética e,
621; anexa a Bessarábia, 390; em choques
com o Exército Vermelho, 373; fascismo

na, 589; invadida pela Hungria, 338; na
Grande Guerra, 183; Polônia e, 590, 615

Roosevelt, Theodore, 99, 161

Rosenberg, Alfred, 353

Rostov, 287

Rothschild, irmãos, 76, 137

Roy, Manabendra Nath, 380, 623, 631

Rózanov, V. N., 576, 732

Rozengolts, Arkádi, 320

Rudzutaks, Jānis, 516, 537, 596, 606, 639

Rukhimóvitch, Moissei, 340

Russell, Bertrand, 172

Rússia tsarista: agricultura, *ver* agricultura
russa; aristocracia, 82-3, 94, 108;
camponeses, *ver* camponeses russos;
celebração do tricentenário dos
Romanov, 148-9, 151, 154-5; Conselho
de Estado, 107, 150, 156, 200; direita,
122-5, 141, 144, 148, 179; dívida externa,
91, 94; economia, 163, 182-3; elite
política, 90, 95, 116-7, 119, 150-1, 157,
241; escassez de alimentos, 185, 209;
establishment fundiário, 37, 42, 120,
209; exportações de grãos, 91, 659,
704; extensão geográfica, 27, 37, 81, 92,
355; Grã-Bretanha e, 131-3, 156-7, 162;
Grandes Reformas, 55, 84-5, 91, 109;
industrialização, 90-1, 94, 115-6, 163,
642; Japão e, 96, 98, 100, 132-3, 135;
judeus na, 38, 151; levantes de 1905-6,
29, 105-6, 108-11, 115; Marinha, 97, 99;
marxismo, 67-9, 71, 79, 99, 102-3, 116,
159; modernidade, 116, 118, 121, 142,
150; na deflagração da Grande Guerra,
166-70; na Grande Guerra, 172, 178, 183,
187, 226, 230, 237, 242, 248-9, 311, 326,
330; na Guerra da Crimeia, 84, 115; na
Tríplice Entente, 162, 169; nacionalismo,

141, 147; ocidentalização, 81; política expansionista, 27, 29, 38, 91-3, 95, 134, 149, 162, 167, 558; política externa, 32, 96, 98, 131-5, 151, 161, 166; população, 196; proletariado, ver proletariado russo; recrutamento universal, 177; Revolução de Fevereiro na, ver Revolução de Fevereiro; sistema educacional, 91, 99; sistema político autocrático, ver sistema autocrático russo; socialismo, 66, 197; sufrágio, 106, 118, 121, 132, 136; terrorismo político, 85-6, 98, 112-3, 118, 123,-4, 137, 156

Rússia revolucionária: ausência de autoridade central, 255; escassez de alimentos, 257, 313; estilhaçamento nacionalista, 221, 255; liberdades civis, 204-6; linguagem e classe, 196, 207; muçulmanos, 204; províncias fronteiriças, 203-4; socialismo, 249; violência e anarquia, 257, 259; ver também regime bolchevique; revolução bolchevique; Revolução de Fevereiro; Revolução de Outubro; Governo Provisório

Rússia soviética, ver República Socialista Federativa Soviética da Rússia

russificação, 361

Rustavéli, Chota, 35, 42

Ruzski, general, 191-2

Ryndin, Kuzma, 650

"sabotagem", 687, 690-1, 704, 706, 728

Sacro Império Romano, 44

Safárov, Gueórgi (Vóldin), 359, 398

Saguirachvíli, David, 198, 243, 251

Said-Galíev, Sahib Garei, 358, 383

Saint-Simon, conde Henri de, 64, 66

Sakhalin (ilha), 100, 590

Samara, 306, 339

São Petersburgo, Universidade Imperial de, 115

São Petersburgo, ver Petrogrado

Sarajevo, 164-5

Sarátov, 115, 118, 393

Savenko, A. I., 112

Schlieffen, Alfred, conde von, 167

Schlieffen, Plano, 167, 169, 324

Schuróvski, Vladímir, 714

Schússev, Aleksei, 545

Schweitzer, Vera, 177, 194

Sebastopol, base naval de, 287

secretaria, 434-6, 441, 444

Sedov, Liev, 540

Sedova, Natália, 536, 543, 594, 673

Segunda Guerra Mundial, 30

Seminário Teológico de Tíflis, 68; livros proibidos no, 61-2, 71; Stálin no, 28, 52, 56-63, 69-72

Senado Imperial, 113, 279-80, 294, 300-2, 347, 425, 438, 440, 525, 543

Serebriakov, Leonid, 401, 434, 472

Serebriakova, Galina, 566, 582, 585

Serguei, grão-duque, 86

Sergueiev, Artiom, 475, 593

Sering, Max, 421, 432

Sérvia, 163, 164, 165, 166, 170, 172

servos, servidão, 33, 37, 41-2, 82; emancipação dos, 42, 48, 63, 67, 84-5, 721

Sétima Emenda, EUA, 107

Sèvres, Tratado de (1920), 329, 379

Shanghai, 627-8

Sheridan, Clare, 468

Sibéria, 41, 67, 93, 120, 154, 261, 286, 384, 392, 412-3, 457; exílios de Stálin na, 35, 78, 155, 174, 194; invasão japonesa, 357; massacre de Lena, 147-8, 157; Partido

Comunista na, 676, 679-80; viagem de Stálin de 1928 à, 658-63, 665, 671-2, 675, 679, 733

Simbirsk, 369

Sindicato dos Ferroviários, 248, 251, 254

sindicatos, 522; debate do X Congresso do Partido sobre, 397, 401, 434, 465, 469

Sirtsov, Serguei, 466, 665-6, 675-6, 679, 700

sistema autocrático russo, 29, 36, 82-5, 112, 147; agricultura no, 90; aversão à política de massas, 152; burocracia do, 83-4, 94-5, 107, 142; cargo de primeiro ministro e, 107-8; chancelaria do, 441; Conselho de Ministros no, 85, 110; constitucionalismo e, 81, 85, 103, 106, 108-9, 114, 116-7, 122-4, 126, 132, 144, 149-50, 153, 158, 178, 192-3, 241; desdém pelos partidos políticos, 159, 179; Duma e, *ver* Duma; Grande Guerra e colapso, 193; industrialização no, 90; intransigência, 79, 91, 98, 159, 179; modernidade e, 87, 90-2; Pedro, o Grande e, 81-2; revoltas de 1905-6 e, 105-6; terrorismo político e, 124-7

Skliánski, Efraim, 278, 340, 342, 405, 516, 544

Skorutto, Nikolai, 698

Skripnik, Mikola, 359, 399, 503, 509

Slepkov, Aleksandr, 548

Smetona, Antanas, 617

Smilga, Ivar, 342, 370, 372

Smirnov, Aleksandr, 459

Smirnov, Ivan, 320, 401, 414

Smirnov, Vladímir, 333

Smith, Adam, 65

Smolensk, 368, 370

Smólni, 235, 243, 246

Smólni, Instituto, 233

Snéssarev, Andrei, 315, 317-8

Sóbinov, Leonid, 149

Sobol, Raíssa, 607

Sobre Lênin (Trótski), 547

Sobre Lênin e o leninismo (Stálin), 557, 559

"Sobre o front dos grãos" (Stálin), 701

Sobre o imposto em espécie (Lênin), 405

sociais-democratas, 34, 173, 215, 349, 408, 552

sociais-democratas alemães, 66, 68, 103, 136, 151, 221, 288, 332, 337, 390, 516, 520, 529, 552, 616, 699

sociais-democratas austríacos, 69

sociais-democratas do Cáucaso, 126, 136; animosidade entre Stálin e, 77-8

sociais-democratas do Cáucaso Sul, 78

sociais-democratas georgianos, 63, 74-5, 92, 101, 122, 406, 729

sociais-democratas húngaros, 338

sociais-democratas letões, 126

sociais-democratas poloneses, 126

sociais-democratas russos, 75-6, 106, 121, 126, 147, 151, 157, 260-1, 467, 473

socialismo, 29, 64, 66, 197, 210; abraçado pela direita, 230; como missão da vida de Stálin, 57; na Rússia, 66, 154, 249; *ver também partidos específicos*

Socialismo e luta política (Plekhánov), 67

Socialismo em um único país (Stálin), 535, 556

socialistas revolucionários (SRs) de esquerda, 251-2, 259, 261, 274, 281, 288, 646; III Congresso do Partido dos, 289; capturam Dzierżyński, 291; execução em massa dos, 293; no complô para assassinar Mirbach, 290; no Conselho dos Comissários do Povo, 254

Socialistas Revolucionários da Ucrânia, 261-2

Socialistas Revolucionários de direita, 289, 294, 300, 407, 450

Sociedade Cooperativa de Todas as Rússias, 629

Sociedade dos Velhos Bolcheviques, 462

Sociedade Georgiana de Alfabetização, 58, 61, 64

Sokólnikov, Grigóri (Brilliant, Gerch "Gária"), 274, 287, 333, 387, 483, 493, 569, 613, 705, 707, 711, 733; como comissário das finanças, 461, 566, 723; como líder soviético alternativo, 724-5; formação, 461, 467; imagina o socialismo de mercado, 724; Kámenev e, 708; luta pela sucessão e, 565, 578, 724; no Turquestão, 461; no XIV Congresso, 582; NPE e, 566, 578-9; plano para tirar Stálin da secretaria-geral e, 708; reformas econômicas, 462, 567, 569-70, 584; rejeita possibilidade de economia planejada, 724; retirado do comissariado das finanças e do Polibiuró, 585, 724; sobre capitalismo, 566-7; sobre industrialização, 656

Sokolov, Nikolai, 220

Soldado da Revolução, jornal, 319

Soldado, jornal, 234

Soltangäliev, Mirsäyet, 358, 380-1, 383-4, 508-9, 710

Solvytchegodsk, 138, 143

Somme, batalha do, 171, 173, 183

Sosnóvski, Liev, 676

Sotchi, caso, 693

Sotchi, férias de Stálin em, 596-7, 601, 611-2, 631, 633, 635, 714

Souvarine, Boris, 524

Spandarian, Suren, 129, 146, 176, 194

Spiridónova, Maria, 263, 290, 292-4

St. Germain, Tratado de (1919), 329

Stálin (Barbusse), 27

Stálin, Ióssif (Djugachvíli): agenda federalista, 359, 362-3; ambição, 47, 63, 80, 472, 478; apelido de "Koba", 49, 77, 598; astúcia, 29, 435, 438, 474, 507, 535, 540; autoaperfeiçoamento, 29, 33, 36, 47, 139; autocentrado, 176, 476; autopiedade, 482, 513, 531, 591, 595, 613, 617, 644, 653, 655, 730; charme, 474, 602, 730; como autodidata, 47, 57, 139, 673; como comissário das nacionalidades, 246, 255, 268, 271, 280, 361, 380, 440, 466; como diretor de assuntos alimentares para o sul da Rússia, 286, 315-24; como poeta, 59-60; como propagandista, 73, 138, 198, 207, 214, 243, 275, 319-20, 471; competitividade, 344; crescimento no poder, 347, 353, 401, 435, 478, 535; desencanto religioso, 62; designado secretário-geral do partido, 423, 435, 489, 493, 533; doenças, 43, 46, 409-10, 601, 732; em Tíflis, 34, 47, 136-7, 143, 147, 283-4, 410, 599; escolaridade, 47, 51-3; estilo faz-tudo, 80, 146, 321, 347, 354, 471, 474, 477, 597, 733; exílios internos, 35, 78, 138, 143, 155, 174-6, 194; falsa humildade, 599, 655; fanático da luta de classes, 320, 323, 358, 454, 677, 683, 694, 705, 726, 728; fé ortodoxa de, 53; formação, 28, 33, 35; habilidades organizacionais, 29, 80, 401, 435-6; habilidades políticas, 33, 433, 435, 733; ignorância militar, 312, 321; imperiosidade, 34; infância, 43, 46-54, 729; insta a tomada da Geórgia pelos bolcheviques, 407-8; intelecto, 33; interesse pelas artes, 619; leitor voraz, 58, 62, 71-3, 138-9, 174, 176, 472, 666; Lênin e, *ver* relação Lênin-Stálin; males físicos, 46-7, 474, 601-2, 631, 658, 714; mentalidade de assédio, 591, 597, 655, 730; mulherengo, 34, 143, 176; na luta da sucessão, 428, 526-8, 535-6, 542, 556, 564-5, 573-4, 577, 579-80, 582, 584, 586, 590-1, 596, 603-5, 613, 633-6, 638-41, 644-5, 649-50, 652, 708, 729-30; paranoia, 597, 717, 730; pessimismo, 418; prisões, 138, 140, 144; renúncia a postos militares, 377; ressentimentos, 35, 591; seminarista, 28, 52, 57-63, 69-72; sobre a Guerra Polaco-Soviética, 367, 370; socialismo como missão de vida, 34, 57; suscetibilidade, 139, 597; vaidade, 375; viagem de 1928 à Sibéria, 658-63, 665, 671-2, 675, 679; vingativo, 597, 614, 710, 714, 716, 725, 730; visão de mundo marxista-leninista, 36, 112, 116, 130, 159, 321, 354, 431, 438, 471, 479, 620, 672, 695, 725, 731

Stálin, Ióssif, ditadura de, 431, 433-79, 530, 586, 649; alternativas à, 721-7; ambivalência de Stálin em relação à, 595-6; apparatchiks na, 437, 441-2; camponeses e, *ver* coletivização; cargo de secretário-geral como passo em direção à, 436-7; "conspirações" da oposição contra, 602-3; debatida no xiv Congresso do Partido, 581-3; morte de Lênin e, 541; não prevista pela liderança partidária, 433-4; oposição de Bukhárin, 480, 482, 518, 725; Politbiuró e, 437, 596, 682, 695; rede de informantes, 451; Ríkov e, 654; triunfo da, 655; Trótski e, 480, 493-

4, 535, 612; visão de Kámenev, 518-9; Zinóviev e, 480, 482, 511-4, 518
Stálin, Vassíli "Vássia", 35, 475, 593, 595, 631
Staniewski, Mieczysław, 301
Stássova, Elena, 434, 438, 596
Steinberg, Isaac, 307-9
Sten, Jan, 702
Stolypin, Piotr, 124, 141, 147, 156, 158, 188, 200, 256, 356, 721; assassinato, 144, 670-1; busca a modernização, 116, 118, 121, 142, 150; cristianismo ortodoxo e, 141, 150; Duma e, 118, 121, 124, 142; fracasso de reformas governamentais, 116, 143, 150, 152; governador de Sarátov, 115, 118; oposição autocrática a, 150-1; ordena prisões em massa e execuções, 127, 129; política externa, 131-5, 151; promovido a primeiro-ministro, 115-6; reformas sociais, 118, 120, 670; relação com Nicolau ii, 116, 142; tentativa de assassinato, 125
Stravínski, Igor, 618
Stresemann, Gustav, 516, 562-3
Struve, Piotr, 70, 304, 349
Suíça, Lênin na, 157, 194, 208
Sukhánov, Nikolai, 197, 234
Sükhbaatar, 359, 413, 415
Sukhomlínov, Vladímir, 180, 182, 184
Sukhova, Tatiana, 139
Sukhum, 540, 543, 545
Sun Yat-sen, 625
Sunday Worker, 574
Suvórin, Aleksei A., 229
Svanidze, Aliocha, 128, 487
Svanidze, Ketevan "Kató", 137, 594; casamento com Stálin, 128-9; morte, 138, 732
Svanidze, Maria, 594

1135

Svanidze-Monosselidze, Aleksandra "Sachikó", 128-9

Svérdlov, Iankel "Iákov", 224, 231, 233, 244, 246, 252, 254, 268, 273, 276, 279, 287, 290, 296, 300-1, 321, 327, 409, 425, 732; caso Mártov e, 283; conflito Stálin-Trótski e, 322-4; exílio na Sibéria, 175, 214; habilidades organizacionais, 214, 231, 254, 332, 434; Lênin e, 214, 252, 332; morte, 332, 434; na Revolução de Outubro, 242; presidente do comitê executivo central, 254, 289, 434; relação com Stálin, 175, 214; Trótski e, 332

Sytin, Pável, 322-4

Tachkent, 271, 385

Tachkent, Congresso dos Sovietes, 270

Tachkent, Soviete de, 237, 270-1, 282, 385

Tambov, rebelião camponesa em, 392, 393, 400, 405, 422, 576

Tammerfors, Finlândia, 105

Tartária, República da, 383, 485, 508

Tartária, República Socialista Soviética Autônoma da, 383

tártaros, 204, 380, 382-3, 411, 487

Tartu, Universidade de, 63

Tcharkviani, Cristófor, 42, 46-7

Tchavtchavadze, Iliá, 58-9, 61, 64, 68-9

Tchecoslovaca, Legião, 285, 296-7, 311, 345; revolta da, 285-6, 292

Tchecoslováquia, 330, 338, 516, 563, 589

Tcheká, 254, 278, 280, 289, 306, 386, 395, 443; confisca propriedades, 259; controlada por Stálin, 449; corrupção na, 309; criação da, 258; descobre complô do Centro Nacional, 346; em Petrogrado, 394; execuções sumárias e, 309; na Geórgia, 410, 544; no assassinato do tsar

Nicolau e família, 296; no assassinato do grão-duque Mikhail, 295; no complô para assassinar Mirbach, 291; ódio disseminado contra, 258; prende SRs de esquerda, 293; proposta de controle sobre, 449; rebelião de Kronstadt e, 404; reputação de sadismo, 449; seções locais da, 308; sede e prisão na Lubianka, 448; sofre ataque letão, 293; substituída pela GPU, 449, 458

Tcheká de Tsarítsin, 316, 319; subverte expedição alimentar de Makhróvski, 319

Tchékhov, Anton, 35, 476

Tcheremísov, V. A., 235

Tchernov, Viktor, 157, 185, 206, 218, 222, 246, 252, 263, 294

Tcherviakov, Aleksandr L., 317, 319

Tchiatura, 110, 315; Stálin em, 101, 105

Tchíjikov, Piotr, 144

Tchitchérin, Gueórgi, 279, 291, 298, 372, 379, 398, 403, 415, 453-4, 456, 516, 529, 561, 563, 589, 615-6, 621, 629, 633, 648, 687-8; Brockdorff-Rantzau e, 561; como designado por Lênin, 467; correspondência com Stálin, 418; hábitos de trabalho, 467; relação com Litvínov, 467

Tchkheidze, Nikoloz "Karlo", 76, 211, 644

Tchubar, Vlas, 401

Téliia, Guiórgi, 129, 130, 547

Terceira Internacional (Comintern), 331-2

Terceiro Grupo (Mesame Dasi), 68-9, 76

Terek, jornal, 140

Ter-Petrossian, Simon "Kamó", 136

terror branco na guerra civil, 416

Terror Vermelho, 302, 385, 416

"Teses de abril" (Lênin), 211

Testamento de Lênin, 430, 481, 504-6, 531-2, 534, 582, 607; autoria incerta, 481,

495; descrição de Stálin no, 505; informe
à plenária do Comitê Central sobre, 549;
Kámenev e, 505, 605-6, 645; Krúpskaia
e, 481, 504-6, 531-2, 608; leitura no XIII
Congresso do Partido, 550; publicação
restrita por Stálin, 651; publicado por
Eastman, 613; Stálin e, 549, 554, 592,
605-6, 613, 640, 645, 653, 730; Trótski
e, 506, 573-4, 605-6, 640, 643, 645;
trotskistas fazem circular, 543, 574, 604-
5; Zinóviev e, 504-5, 605-6, 645

The New York Times, 540, 545

Tíflis (Tblíssi), 41, 46, 56, 74, 78, 129,
539; armênios em, 55, 74, 487; assalto ao
banco pelos bolcheviques, 34, 136, 283;
capturada pelo Exército Vermelho, 408;
diversidade étnica, 55-6; filial de banco
otomano, 483; governo, 56; greves, 69,
73; passeatas do Primeiro de Maio, 75;
Stálin em, 47, 73-5, 136-7, 283

Tikhomírov, Liev, 161

Til, Karolina, 595

Times (Londres), 353

Timochenko, Semion, 368

Tirpitz, Alfred von, 170

Tkhinvaléli, Kitá, 128

Togliatti, Palmiro, 714

Tolstói, Liev, 92

Tomski, Mikhail (Efríemov), 428, 505, 518,
522, 565, 581, 596, 599, 612, 672, 690,
693, 707, 713, 733; complô para tirar
Stálin da secretaria-geral e, 709, 711, 714;
luta pela sucessão e, 565

Tovstukha, Ivan, 465-6, 472, 546, 598, 603,
657

Trabalhador e Soldado (revista), 226

trabalhadores (operários), *ver* proletariado
russo

Trépov, Dmítri, 106

Trianon, Tratado de (1920), 329

Tribunal Revolucionário, 393

Tribunal Supremo Revolucionário, 443

trilhos estão zumbindo, Os (Kírchon), 694

Tríplice Aliança, 32, 133

Tríplice Entente, *ver* Entente (Aliados)

triunvirato, 517, 521, 523, 548, 564

Trótski, Liev (Bronstein), 34, 87, 104,
106, 109, 131, 137-8, 165, 179, 203, 213,
239, 244, 252, 262, 279, 290, 336,
366, 370, 431, 435, 464, 473, 476-7,
515, 547, 596, 598, 604, 613, 682, 710,
729, 731; adere aos bolcheviques, 220-1;
aparência física, 353; biografia de Stálin,
62-3; "carta de Ilitch sobre o secretário"
e, 521; China e, 625-6, 628-30; como
chefe do Conselho Militar Revolucionário,
301, 354, 520, 540; como comissário
da guerra e naval, 274, 304, 311, 320,
322-4, 327, 332-3, 339-44, 352, 368,
372, 402, 447, 544; como comissário das
relações exteriores, 247; como judeu, 353,
527; como orador, 234, 239, 266, 268;
como possível sucessor de Lênin, 428-9,
499, 501; como presidente da Comissão
Extraordinária para a Alimentação e
os Transportes, 314; como presidente
do Comitê Central, 233-4; como
presidente do Soviete de Petrogrado, 231;
convalescência em Sukhum, 536, 540,
543; conversações de paz com alemães
e, 266-8, 272, 274; criação da União
Soviética e, 483; crise da insubordinação
georgiana e, 496-7, 500; defende uso de
ex-oficiais tsaristas, 333, 342; defesa de
Tsarítsin e, 322-4; defesa de Petrogrado
e, 343-4; denuncia aparato do Comitê

1137

Central, 522-3, 526; em busca da ditadura econômica, 489, 491-5, 507, 523; em negociações secretas com a Entente, 281; exilado em Alma-Ata, 673-5; exílio autoimposto, 174, 185, 220; exílio interno, 731; expulsão do Comitê Central, 645; expulsão do Partido Comunista, 648, 652; expulsão do Politbiuró, 614; expulso do Comintern, 641; febres, 524, 535; formação, 220; greve geral britânica e, 598; investigado pela Comissão Central de Controle, 525; Ioffe e, 648; justifica deportações e exílios internos, 451; Kaganóvitch e, 465; Kámenev e, 242, 584; Krúpskaia e, 507, 544, 549, 573-4, 630; Lênin e, 221, 233, 240-1, 251, 255, 272, 353, 369, 397, 401, 426, 480, 489, 527, 534, 644; modos imperiosos, 336, 341-2; morte de Lênin e, 537, 539-40, 541; na Assembleia Constituinte, 263; na luta pela sucessão, 428-9, 523-4, 526-9, 535-6, 543, 556, 564-5, 573-4, 584, 586, 590, 604, 612-3, 634-5, 637-41, 643-5, 708, 730; na Revolução de Outubro, 234, 237, 239-40; no XII Congresso do Partido, 501-2; NPE e, 489, 502-3; o Tratado de Brest-Litovsk e, 273; objeto de antipatia, 336, 352-3, 401, 506, 511, 517, 521, 524, 534-6; opõe-se à ditadura de Stálin, 480, 494, 612; oposição de esquerda e, 522-3, 528, 549, 731; papel de Stálin em Tsarítsin e, 317, 639; pede que bolcheviques tomem a Geórgia, 407-8; plenárias conjuntas sobre o divisionismo de, 526-8, 643-4; prisão, 224, 231; publica *Sobre Lênin*, 547; rebelião de Kronstadt e, 396, 398; rejeita presidência da comissão central de planejamento, 493; rejeita presidência do Conselho Supremo, 493; rejeita ser membro do Conselho dos Comissários do Povo, 428; rejeita vice-presidência da União Soviética, 493; relação de antagonismo com Stálin, 242, 321-4, 327, 342, 347, 352, 354, 369, 381, 388, 397, 401, 426, 428, 469, 479, 482, 510, 713; renuncia ao posto de comissário da guerra, 558; repudia *Desde que Lênin morreu*, 574; seu trem blindado e, 340-1, 344, 352; sobre a ditadura do proletariado, 349; sobre a Guerra Polaco-Soviética, 366; sobre a instituição dos comissários, 352; sobre burocratas bolcheviques, 328; sobre coletivização, 671; sobre os perigos de outros partidos socialistas, 407; sobre Stálin, 33, 309, 433, 472; suposto artigo de Lênin sobre nacionalidades e, 500; Svérdlov e, 332; tentativa de golpe comunista na Alemanha e, 516; Testamento de Lênin e, 506, 573-4, 605-6, 640, 643, 645; Vorochílov e, 323, 327; Zinóviev e, 482, 529, 547

trotskistas, 354, 402, 423, 434, 440, 543, 652

Tsaritsa (rio), 315

Tsarítsin, 315, 343, 369, 639; assédio e captura pelo Exército Branco, 320, 324, 340; Conselho Militar Revolucionário de, 317; Exército Vermelho em, 316, 319; rebatizada de Stalingrado, 685; Stálin chamado de, 323, 324, 328, 639; Stálin em, 286, 292, 306, 315-24, 327, 334, 352

Tsárskoe Seló, 98, 110, 116, 187, 191-2; capturada pelo Exército Branco, 343

Tseretéli, Akáki, 58, 60

Tseretéli, Guiórgi, 60, 68

Tseretéli, Irakli, 212, 218
Tsiurupa, Aleksandr, 314, 570
Tskhakáia, Mikho, 105, 128
Tsushima, batalha do estreito de, 98
Tukhatchévski, Mikhail, 358, 370, 372,
    563, 577, 589, 617; como chefe do
    Estado-Maior, 577; na captura de Baku,
    378; na guerra civil russa, 369-72; na
    Guerra Polaco-Soviética, 373-7, 388-9;
    prisioneiro de guerra, 369; rebelião de
    Kronstadt e, 396, 402, 576; rebelião
    de Tambov e, 405, 576; rivalidade com
    Vorochílov, 577; vigiado pela OGPU, 576
turcomanos, 384
Turquestão, 83, 167, 260, 270, 282, 383-4,
    398, 417, 461; Exército Vermelho no,
    384-6; Frunze no, 385-7, 399; Fuga de
    Valídi para, 384; muçulmanos no, 270-1,
    508-9
Turquestão, República Socialista Soviética
    Autônoma do, 387, 399
Turquia, 403, 406, 409
Turukhansk, 464, 613, 619, 682; exílio de
    Stálin em, 174-6, 194
Tzara, Tristan, 245, 248

Ucrânia, República Socialista Soviética da,
    397, 417
Ucrânia, ucranianos, 67, 121, 147, 219, 355,
    483, 548, 663, 683, 695; antissemitismo,
    339; captura pelo Exército Branco, 343;
    fome de 1921-2, 457; invasão polonesa,
    365, 367; nacionalistas na, 141, 364,
    411; ocupação alemã, 269, 281, 283,
    286, 288-9, 315, 318; plano da União
    Soviética e, 483, 485-6; Polônia e, 366,
    615; reconquista pelo Exército Vermelho,
    397; relações com a Rússia soviética, 483;

república independente, 255, 356, 380;
    safras, 715; tratado de paz em separado
    com a Alemanha, 268
Ufa, 255, 285, 339, 381, 383
Ufa, Soviete de, 282
Uglánov, Nikolai, 443, 550, 564, 596, 612,
    717; na luta pela sucessão, 564, 638, 709
Uliánov, Aleksandr, 85, 206
Ulíanov, família, 205
Uliánov, Vladímir, ver Lênin, Vladímir
Uliánova, Maria, 424, 426-8, 495, 507,
    525, 531, 607
Ulíanova, Maria: morte de Lênin e, 537;
    sobre a relação Lênin-Stálin, 607-8
Ulrich, Vassíli, 393
Ungern-Sternberg, Roman, barão von, 359,
    411-5, 551
União das Repúblicas Socialistas Soviéticas
    (URSS), ver União Soviética
União do Campesinato Trabalhador, 392
União do Povo Russo, 122-4, 141, 159, 184,
    203
União Nacional Lituana, 617
União Soviética: apoia greve geral britânica,
    588, 598, 612; China e, 616, 621, 623-
    31, 648, 652; comércio exterior, 599,
    629, 704, 715, 728; Constituição, 518,
    543; economia, ver economia soviética;
    escassez de alimentos, 185-6; escassez
    de grãos, 638, 646, 651, 655, 658-63,
    665, 667, 669, 676, 678, 680-2, 693,
    695-6, 700, 703, 705-7, 715-6, 722;
    escassez de mercadorias, 651; estados
    fronteiriços e, 558, 727; exportação de
    petróleo, 703; exportações de grãos, 659,
    662; França e, 562, 642, 643, 689, 727;
    fundação formal, 492; Grã-Bretanha e,
    559, 616, 620-2, 629-30, 632-3; Grande

Depressão e, 728; greves de 1923, 522-3; guerra com a Romênia, 621; importação de grãos, 569, 714; industrialização, 522, 566-7, 572, 575, 582, 584, 587, 604, 623, 636, 655, 659-61, 669, 682, 689-90, 693, 705, 716, 720, 727; Japão e, 590, 620, 630; necessidade de tecnologia ocidental, 560, 664, 689, 700, 727; Pacto de Locarno e, 563; pacto de não agressão com Alemanha, 587-8; papel de Stálin na criação da, 431, 483, 486, 493; plano de Lênin para, 484-6, 493, 502; política externa, 559, 694; reconhecimento estrangeiro, 554, 560; relações com a Alemanha, 559-2, 610, 621, 636, 687, 699; relações com os EUA, 610; repudia dívidas tsaristas, 610, 614, 621, 642; revolução mundial e, 557-8; temores de guerra, 617-8, 620-1, 623, 633, 636, 646, 655, 661, 665, 715, 730-1

Unificação (semanário), 125

Universidade Comunista Svérdlov, 546, 548, 556-7, 700

Unszlicht, Józef, 358, 370, 372, 470, 587, 619, 636

Urais, Soviete dos, 296

Urga, 412

Urítski, Moissei, 300

Urutadze, Grigol, 145

Vācietis, Jukums, 277, 292, 297, 299, 324, 327-8, 343; comandante em chefe do Exército Vermelho, 301, 320, 341; prisão, 342

Valedínski, Ivan, 601-2, 631, 714

Valídi, Akhmetzaki, 359, 380; protegido de Stálin, 382-4

Vareikis, Jonava "Ióssíf", 369

Varsóvia, 41, 368; avanço do Exército Vermelho sobre, 373-6

Varsóvia, Tratado de (1920), 366

Vassíltchikov, Boris A., 83

"Velho Ninika" (Sosseló), 60

Verdun, batalha de, 171, 183, 324

Verkhóvski, Aleksandr, 308

Vernádski, Vladímir, 715

Versalhes, Ordem de, 365, 375, 392

Versalhes, Paz de, 172

Versalhes, Tratado de (1919), 328-9, 331, 455, 561, 588; culpa alemã da guerra e, 329, 561; revisionismo territorial no, 329

Vértov, Dziga, 450

Verzílov, Vassíli, 714

Vichínski, Andrei, 222, 697-8, 704

Vida de Jesus (Renan), 63

vida para o tsar, Uma (Glinka), 149

Vilna (Wilno), 366, 372, 390

Vítor Emanuel III, rei da Itália, 551, 553

Vitória, rainha da Inglaterra, 113, 150

Vladivostok, 285, 357, 590

Vlássik, Nikolai, 733

Vóikov, Piotr, 452, 632

Voitínski, Grigóri, 626

Volga, vale do, 285, 315, 339, 457, 567, 569

Volóditcheva, Maria, 481, 494, 496, 531

Vologda, 276; Stálin em, 143, 145-6

Vontade do Povo, 85

Vorochílov, Klimenti "Klim", 128, 322, 324, 333, 340-1, 368-9, 401-2, 465, 501, 512, 583, 585, 596, 601, 617, 620, 653-4, 690, 695, 699; como comissário da guerra, 577, 635, 637; complô para tirar Stálin da secretaria-geral e, 708-9; na "reunião de caverna", 511; na defesa de Tsarítsin, 318; protegido de Stálin, 318,

320, 327, 334, 398, 726; rivalidade com
Tukhatchévski, 577; Trótski e, 323, 327
Vozdvíjenka 4, 439
Vozdvíjenka 5, 436, 439
Vujović, Voja, 641

Wilson, Woodrow, 329, 356
Witte, Serguei, 100-1, 106-8, 119, 133, 141,
148, 150; Ferrovia Transiberiana e, 93,
96; formação, 93; ministro das Finanças,
93-4, 642; primeiro-ministro, 108, 110;
Proclamação de Outubro e, 108, 116;
relação com Nicolau II, 95, 97, 108, 115;
renúncia, 115; tentativa de assassinato de,
125
Wrangel, barão Piotr, 345, 348, 369, 371,
374, 386, 391

Zagórski, Vladímir, 347
Zagumiónni, Serguei, 667
Zakóvski, Leonid, 615, 666, 675, 677-9
Zassúlitch, Vera, 70
Zetkin, Clara, 297, 422
Zinóviev, Grigóri (Radomílski), 128, 143,
145, 174, 208, 213-4, 222, 242, 244,
252-3, 277, 302, 331, 336, 343, 353, 366,
380, 390, 394, 396, 398, 403, 418, 423,
479, 497-8, 501, 503, 507, 517, 521-2,
534, 596, 598, 634, 648, 710; ambição,
518; "carta de Ilitch sobre o secretário" e,
510-4, 517-8; China e, 626, 628; como
presidente do Comintern, 515, 608, 614;
critica a NPE, 572; ditadura de Stálin
e, 480, 482, 511-4, 518; em tentativas
de incluir outros socialistas no regime
bolchevique, 253; exilado interno, 708;
exílios voluntários, 224-5, 231; luta pela
sucessão e, 499, 529, 554, 564-5, 577,

579-80, 582, 584, 586, 603-6, 612-3,
634, 638, 640, 645, 648, 652, 708,
710, 724, 730; morte de Lênin e, 537-8;
na "reunião de caverna", 511, 518, 654-5;
no triunvirato com Kámenev e Stálin,
521, 564; Revolução de Outubro e, 233,
242, 505, 519, 565, 605, 638, 645; suas
reminiscências de Lênin, 547; tentativa
de golpe comunista na Alemanha e, 515-6,
519; Testamento de Lênin e, 504-5, 605-
6, 645; Trótski e, 482, 528, 547
Ziv, G. A., 220
Známenka 23, 436, 446-7
Známia, jornal, 123
Zona de Assentamento, 38, 70, 123, 135,
220, 266, 464
Zubálov, Levon (Zubalachvíli), 475
Zubálovo, datcha, 475, 594
Zurique, 208, 248

ESTA OBRA FOI COMPOSTA PELA ABREU'S SYSTEM EM INES LIGHT
E IMPRESSA EM OFSETE PELA LIS GRÁFICA SOBRE PAPEL PÓLEN SOFT DA SUZANO
PAPEL E CELULOSE PARA A EDITORA SCHWARCZ EM ABRIL DE 2017

A marca FSC® é a garantia de que a madeira utilizada na fabricação do papel deste livro provém de florestas que foram gerenciadas de maneira ambientalmente correta, socialmente justa e economicamente viável, além de outras fontes de origem controlada.

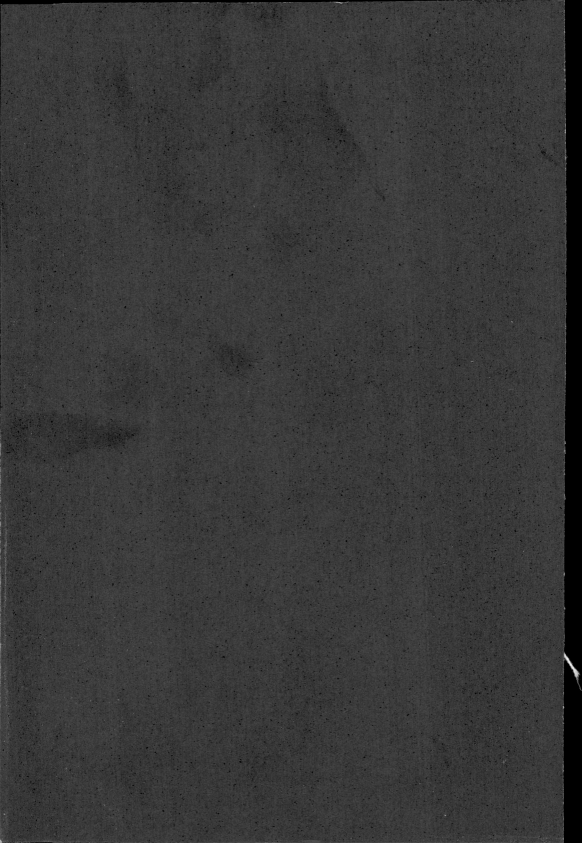